STUDIEN ZUR DEUTSCHEN LITERATUR

Band 75

Herausgegeben von Wilfried Barner, Richard Brinkmann und Friedrich Sengle

Gunter E. Grimm

Literatur und Gelehrtentum in Deutschland

Untersuchungen zum Wandel ihres Verhältnisses vom Humanismus bis zur Frühaufklärung

Max Niemeyer Verlag Tübingen 1983

Als Habilitationsschrift auf Empfehlung der Neuphilologischen Fakultät der Universität Tübingen gedruckt mit Unterstützung der Deutschen Forschungsgemeinschaft.

CIP-Kurztitelaufnahme der Deutschen Bibliothek

Grimm, Gunter E.:
Literatur und Gelehrtentum in Deutschland : Unters. zum Wandel ihres Verhältnisses vom Humanismus bis zur Frühaufklärung / Gunter E. Grimm. – Tübingen : Niemeyer, 1983.
(Studien zur deutschen Literatur ; Bd. 75)
NE: GT

ISBN 3-484-18075-7 ISSN 0081-7236

Printed in Germany
Satz und Druck: Maisch + Queck, Gerlingen
Einband: Heinr. Koch, Tübingen

»... daucht mich / daß heutiges Tages Eltern / nit gar rathsam thun / wann sie ihre Kinder bloß nur Studiren lassen / dann / man siehets ja / wie es mit denen Befoderungen dahergehet / das Gunst / der Geschickligkeit vorgezogen / und dannenhero / mancher / der lang und viel studiret, dennoch zu keiner Befoderung gelangen kan / zu dem gehören zum studiren viel Bücher / so ein grosses Geld kosten / welches meinem Erachten nach wohl besser könte angeleget werden / angesehen / die Bücher / wann sie gekauffet werden / groß Geld erfodern / wann sie aber wieder sollen verkauffet werden / fast nichts gelten wollen / und so dann daß bekante Sprichwort wahr wird / daß die Gelahrten / bey ihrem Absterben / nichts hinterlassen / dann Liberos & Libros, Kinder und Bücher / so beyde nicht viel gelten mögen.«

Johann Lassenius (1636–1692)

Inhaltsverzeichnis

Einleitung

Intentionen – Problemfelder (Akzentuierung der Fragen und Methoden) – *Zeitraum*

Wenn Goethes ›Sänger‹ verkündet: »Ich singe, wie der Vogel singt, / Der in den Zweigen wohnet, / Das Lied, das aus der Kehle dringt, / Ist Lohn, der reichlich lohnet«, so besitzt dieser scheinbar dimensionslose Vergleich doch programmatischen Charakter. Er steht auf dem Gipfel der Kehrtwendung gegen die traditionsreiche Gestalt des poeta eruditus, der, anders als der unwissende, nur mit schöner Stimme begabte Vogel, aus reicher Kenntnis der Antike, der poetischen Überlieferung und der poetologischen Regeln, seine Gedichte auf dem Schreibpult zusammengefügt und mit gelehrten Anmerkungen versieht; und er wendet sich gegen die Indienstnahme der Poesie zu gesellschaftlichen Zwecken, gegen jegliche Form humanistisch-barocker Kasualpoesie. Dagegen propagiert der Sänger den neuen Begriff von ›Gelegenheitsdichtung‹: nicht mehr aus äußerlichem Anlaß, womöglich auf Bestellung und gegen Bezahlung, sondern aus innerlichem Anstoß ›singt‹ der Dichter-Sänger. Die Erlebnisdichtung verdrängt die gelehrte Poesie seit den Genietagen des ›Sturm und Drang‹ bis ins frühe 20. Jahrhundert dermaßen, daß Dichter wie Hölderlin und Platen langezeit als Außenseiter, nicht als Vollender und Fortführer jahrhundertelanger Tradition galten. Ein Nachhall aus der Spätromantik bezeugt das antigelehrte Konzept, das vom frühen Goethe über Brentano und Heine bis zu Storm dominiert: Justinus Kerner, der schwäbische Romantiker, widmet seine ›Lieder‹ den Frauen:

> »Das Herz, das Herz allein, kann sie verstehn,
> Dieweil sie einzig nur das Herz geschrieben.
> Sie schrieb gelehrtes Wissen nicht, nicht Kunst,
> Nach solchen hat's den Dichter nie getrieben [...].«[1]

Zweihundert Jahre zuvor hätte ein Poet mit solch einem Bekenntnis sich von der literarischen Gesellschaft ausgeschlossen. Kerners Wunsch-Publikum, die fühlenden Frauen, existierte weder im 16. noch im 17. Jahrhundert. Auch für die literarisch tätigen Frauen verband sich der Ruhmestitel einer Dichterin selbstverständlich mit dem Etikett ›gelehrt‹. Freilich waren die Frauen Außenseiter der gelehrten Gesellschaft, signalisieren jedoch die Übermacht der humanistisch-gelehrten Norm, der alle Angehörigen ›gebildeter‹ Kreise verpflichtet waren.

---

[1] Justinus Kerner: An die Frauen. In: Kerner, Werke, Teil 2. Hrsg. v. Raimund Pissin. Berlin u. a. o. J., S. 20.

Petrarca, Celtis, Opitz, Gryphius, Lohenstein, Wernicke und Günther – sie alle galten als gelehrte Dichter, und ihr höchstes Lob war es, sie als gelehrte Männer, als der »Wissenschaft Kundige« oder gar als »lebende Bibliothek« zu bezeichnen. Erst im Laufe des 18. Jahrhunderts wandelt sich das Ideal. Johann Andreas Cramers Bericht, Gellert habe nicht »nach einer weitläuftigen und ausgebreiteten Gelehrsamkeit« gestrebt,[2] Lessings emphatischer Ausspruch, er sei nicht gelehrt, habe nie beabsichtigt gelehrt zu sein und wolle auch nicht gelehrt sein,[3] schließlich Herders Kampfansage gegen die Gelehrsamkeit und den Typus des Gelehrten: dieses »Tintenfaß von gelehrter Schriftstellerei«, dieses »Repositorium voll Papiere und Bücher«, »das nur in die Studierstube gehört«[4] – indizieren die tiefgreifende Veränderung, die sich auch in der poetischen Normenwelt vollzieht.

Indes ist es von Gellerts ›urbaner Natürlichkeit‹ über Lessings Synthese von ›Herz und Witz‹ bis zu Herders und Bürgers Ideal des ›Volksdichters‹ noch ein weiter Weg. Herders vehemente Vorwürfe richten sich insbesondere gegen das in der Opitz-Ära eingeführte Poesie-Verständnis, das Gedanken und Empfindungen von der Kunst abtrennte wie ›Körper‹ und ›Kleid‹. Herders organologischem Konzept stellte sich das Verhältnis von Sinn und Ausdruck als eine Seele-Körper-Einheit dar, die er nur in der Muttersprache für realisierbar hielt. Auf Herders Gegenpositionen von ursprünglicher Volkspoesie und lebloser Kunstpoesie baut dann Gottfried August Bürgers Programm einer ›volkstümlichen Poesie‹ auf, das den verloren gegangenen Zusammenhang zwischen Dichtung und Volk wieder herzustellen versucht. Herders am Volkslied orientierte Stilideale – »wild, lebendig, frei, sinnlich, klar, lebendig anschauend« – gründen auf Empfindung und Sinnen;[5] er spielt sie explizit gegen die Kunst-Poeten aus: »Das Volk, das mehr Sinne und Empfindung hat, als der studirende Gelehrte, fühlt sie [...].«[6] Herders später deutlicher hervortretende Skepsis gegenüber der Verwirklichung einer neuen Volkspoesie und Bürgers Scheitern als ›Volksdichter‹ weisen auf denselben Grund hin: den fehlenden Rückhalt in einem sozial emanzipierten ›Volk‹.[7]

Nichts geringeres, als die Gründe für diesen Wandel aufzuzeigen, hat sich die Untersuchung über das Verhältnis von ›Literatur und Gelehrtentum‹ vorgenommen. Während in der Blütezeit des Humanismus die lateinische Sprache das einigende Band für Wissenschaft und Poesie in sämtlichen europäischen Ländern war, setzten im 16. und 17. Jahrhundert mit dem Postulat nationalsprachlicher Dichtung literarische Sonderentwicklungen ein. Obwohl Opitz in Deutschland trotz der Muttersprachlichkeit die gelehrte Kunstübung weiter propagiert, ist bereits mit dem Verlassen der internationalen Latinität der erste Schritt zur

---

[2] Johann A. Cramer: Christian Fürchtegott Gellerts Leben. Gellerts sämmtliche Schriften. Bd. 10, S. 33.

[3] Lessing LM XVI, S. 33.

[4] Herder SWS 4, S. 347.

[5] Herder: Auszug aus einem Briefwechsel über Ossian und die Lieder alter Völker. In: SWS 5, S. 159–257, bes. S. 164, 181.

[6] Ebd., S. 200.

[7] Herder SWS 8, S. 424 und S. 433. Vgl. Pascal: Der Sturm und Drang, S. 105ff.

Auflösung der in der Renaissance noch untrennbaren Einheit vom Dichter-Gelehrten getan: gelehrte Poesie konnte fortan in der Muttersprache verfaßt werden, ›Wissenschaft‹ hingegen nur in lateinischer Sprache. Obwohl formal von der ›Wissenschaft‹ getrennt, blieb die Poesie, seit dem Humanismus als selbständige Abteilung der Rhetorik aufgewertet, Teil der akademischen Lehrdisziplinen – angenehme Beschäftigung für Nebenstunden, galante Schwester der Beredsamkeit, »Sammelbecken der Künste und Wissenschaften«, wie die apologetisch-legitimationsbemühten Bezeichnungen alle heißen.

Die Umwandlung der Normen hat sich nicht schlagartig vollzogen; sie ist das Ergebnis eines langsamen und komplexen Prozesses, der sich nicht als innerliterarische Bewegung umschreiben läßt. Gerade gelehrte Poesie steht per definitionem im Bezugsfeld wissenschaftlicher und sozialer Entwicklungen, die das Gelehrtentum als Wissenschaftsparadigma und als sozialer Stand durchmacht.

Zwei große Tendenzen bestimmen die Neuere Geschichte: die Verwissenschaftlichung des Weltbilds und die Emanzipation der sozial unterdrückten Schichten. Die erste Tendenz vollzieht sich im Bereich der Wissenschaften, als Ablösung der beherrschenden scholastischen und humanistischen Disziplinen durch Mathematik, Naturwissenschaften und erkenntniskritische Philosophie. Die andere Tendenz beherrscht die europäische Geschichte seit der Umwandlung des mittelalterlichen, auf dem Personalitätsprinzip basierenden Lehnstaates in den modernen, auf dem Territorialprinzip beruhenden Nationalstaat. Im Laufe des 17. und 18. Jahrhunderts erstarkt das Bürgertum und stellt die geistig und ökonomisch tragende Gesellschaftsformation dar, in welche sämtliche privilegierten nichtadeligen Sondergruppen, einschließlich des Gelehrtentums, integriert werden. Freilich verlaufen beide Entwicklungen nicht linear. Im Rahmen dieser Studie erscheinen sie bezogen auf das Verhältnis, in dem Literatur und Gelehrtentum zueinander stehen. Das geistes- und sozialgeschichtliche Spannungsfeld, in dem die literarische Entwicklung sich vollzieht, ist daher von großer und dynamischer Komplexität.

Der wissenschaftliche und der soziale Trend, beide selbst in spannungsvollem Wechselbezug zueinander, wirken auf das Kommunikationsgefüge der Literatur ein: auf deren Produktion und Konsumtion und – auf die *literarische Form* selbst. Die Untersuchung umfaßt daher verschiedene Bereiche: die *Literatur* in ihren gattungsspezifischen Ausprägungen, ihre Produzenten und ihr Publikum; die *Wissenschaft* in ihren historisch unterschiedlich besetzten Paradigmen, ihre Vertreter als ständisch geschlossene Gruppe und ihre Adressaten bzw. Mäzene; schließlich die *Gesellschaft* selbst in ihren epochenspezifischen Modellen, die Zielsetzung der Wissenschaft *und* der Literatur bestimmen. Dabei beeinflußt das herrschende Wissenschaftsdenken vor allem die dichterische Form, während die gesellschaftlichen Normen sich besonders im inhaltlichen Gestus niederschlagen.

Eine Untersuchung, die sich dem breitgefächerten Problemfeld ›Literatur und Gelehrtentum‹ widmet, sieht sich vor verschiedene Schwierigkeiten und Entscheidungen gestellt. Die in den letzten Jahren stärker ins Bewußtsein gerückte Tatsache, daß Wissenschaft über eine eigene Historizität verfügt, die mit der

Sozialgeschichte in komplexem Zusammenhang steht, hat das hier eingeschlagene zweisträngige Vorgehen bestätigt.

Wissenschaftsgeschichte und *Sozialgeschichte* sind die zwei wichtigsten Disziplinen, die es erlauben, die Entwicklung des Gelehrtentums sachgerecht zu betrachten. Das Interesse der Arbeit gilt freilich dem Gelehrtenstand nur in seiner Funktion für die Konzeption poetischer Theorien und für die Ausprägung der Dichtung selbst. Da sich die Analyse an der Position orientiert, welche die ›Literaturproduzenten‹ gegenüber Gelehrsamkeit und Gelehrtentum einnehmen, ist die genuin *literarische* Problemstellung garantiert: Literatur erscheint nicht als Medium der Wissenschaftsgeschichte, sondern als gleichberechtigter Sektor im komplexen Wechselverhältnis zwischen Literatur und ›Wissenschaften‹. Der historische Rückgriff zeigt, daß eine Divergenz beider Bereiche zwischen Humanismus und Aufklärung kategorial nicht gegeben war. Aus dem engen Konnex hat sich erst durch tiefgreifende wissenschaftstheoretische und poetologische Umwandlungen die Dichtung gelöst und sich partiell in Opposition zur ›Wissenschaft‹ gestellt. Dichtung, ursprünglich als »schöne Wissenschaft« klassifiziert, ist als ›Kunst-Gedicht‹ undenkbar ohne gelehrte Zutat, seine Erfindung und »auffmutzung« (Opitz) konsequenterweise undenkbar ohne ›gelehrte Bildung‹ des Poeten. Hinter der für die Umbruchzeit zwischen Barock und Sturm und Drang spezifischen Frage nach dem literarischen Stellenwert der Gelehrsamkeit steht also die prinzipielle Problematik des Verhältnisses von Literatur und Wissenschaft; Gelehrsamkeit fungiert zunächst als Ausdruck eines wissenschaftlichen Paradigmas, dessen Negation nicht ersatzlose Abschaffung, sondern Inaugurierung eines anderen Paradigmas bedeutet; darüber hinaus (auch in chronologisch-historischer Hinsicht) als Kriterium eines Kunstideals, das im ›poeta eruditus‹ den (wertneutralen) Gegensatz zum primär auf Phantasiewerte, Gefühls- oder Erlebnishaftigkeit abhebenden Dichter fixiert.

Die Inaugurierung eines neuen Wissenschaftsparadigmas hat verschiedene Gründe – Lepenies hebt in seiner Studie »Das Ende der Naturgeschichte – Wandel kultureller Selbstverständlichkeiten in den Wissenschaften des 18. und 19. Jahrhunderts« den »Erfahrungsdruck« hervor, der die Aufgabe allgemein anerkannter Systematisierungen erzwingt. Neben der wissenschaftsverändernden Funktion sozialer und politischer Umwälzungen (z. B. Dreißigjähriger Krieg, Erstarken der Territorialherrschaften) spielen wissenschaftsimmanente theoretische Umwandlungen eine wichtige Rolle.

Dichtung, Poesie wurde lange Zeit in literaturgeschichtlichen Darstellungen als gesondertes kulturelles Phänomen betrachtet. Auch wenn in neuerer Zeit die sozialgeschichtliche Betrachtung den historischen Stellenwert literarischer Produkte im Wachstumsprozeß gesellschaftlicher Strukturen herausarbeitet, bleibt der Standort, den die Dichtung im hierarchischen Gefüge der institutionalisierten geistigen Tätigkeiten einnahm, weitgehend unberücksichtigt. Vom 15. bis zum 18. Jahrhundert galt Poesie als ›gelehrte Disziplin‹, die an Schule und Universität als Lehrfach unterrichtet wurde. Sie muß daher auch im Kontext der übrigen Disziplinen, besonders der artistischen Fakultät, gesehen werden.

Im wesentlichen ist die Wissenschaftsgeschichte des behandelten Zeitraums in drei Phasen oder Paradigmen einzuteilen. Dem überwundenen scholastischen Paradigma folgt für den Bereich der artistischen Fakultät das *humanistisch-rhetorische Konzept*. Die innerhalb seiner Geltung entstehende Poesie ist rhetorisch-antiquarisch geprägt; ihre Produzenten sehen in der imitatio klassischer Autoren die wichtigste Kunst-Methode. Nach einer komplexen Übergangsphase setzt sich ein *philosophisch-rationalistisches Modell* durch, das in der Mimesis (der Naturnachahmung) die wichtigste Wesensbestimmtheit von Dichtung erblickt. Konsequenterweise wird die Fabel zur ›Seele‹ der Dichtung und löst ›äußerliche‹ Kennzeichen wie gebundene Rede oder metaphorische Ausdrucksweise ab. An die Stelle des gelehrten Zitierens tritt das philosophische Argument. Dichtung wird zum Instrument der Erkenntnisvermittlung. Ein drittes Konzept, das beiden gelehrten, obgleich verschiedenen Paradigmen zugehörigen Poesiemodellen opponiert, ist das *ästhetisch-subjektivistische Modell,* das den bisher vernachlässigten »Seelenkräften« Gefühl, Empfindung, Naturbegabung, Genie zu ihrem Recht verhilft und in Originalität, Fantasie, Volkstümlichkeit und organischer Struktur neue Formen entwickelt, die eigenen – ästhetischen – Gesetzen folgen, also vom literarisch-poetologischen Reproduzieren allgemein-wissenschaftlicher Normen unabhängig sind.

Freilich vermeidet die Untersuchung eine starre, am Paradigmenbegriff Thomas S. Kuhns orientierte Gliederung der Wissenschafts- und Dichtungsgeschichte. Zum einen hat die Vertiefung in die historischen Quellen ergeben, daß diese ursprünglich vorgesehene Einteilung: 1) humanistisch-rhetorisches Paradigma, 2) philosophisch-kritisches Paradigma, 3) organologisch-ästhetisches Paradigma der Vielfalt der Erscheinungen und den Übergangsphänomenen nicht gerecht zu werden vermag. Die Ablösung der Paradigmen erfolgt weder abrupt noch total; sie ist regional und fachspezifisch differenziert. Gerade in der Frühzeit der Aufklärung überschneiden sich polyhistorische und ›politische‹ Vorstellungen mit den pragmatischen, nicht plan als aufklärerisch zu bezeichnenden Neuansätzen Seckendorffs, Schupps und Weises. In der Epoche der Aufklärung selbst herrscht ebenfalls kein Einzel-Paradigma: Mathematischer Rationalismus und empirischer Sensualismus gehen bei einigen Philosophen bemerkenswerte Verbindungen ein (in Deutschland ansatzhaft bei Christian Wolff selbst; in England bei Locke und Hume). Eine ähnliche Parallelbewegung begegnet in der Literatur zwischen 1740 und 1770, die mit vernunftgegründeter Lehrdichtung und empfindsamkeitsbezogener ›Rührungs‹-Dichtung ungenügend definiert ist. Beide Typen basieren auf einem wirkungsästhetischen Poesie-Modell und werden von einem Dichter ohne Widerspruch gemeistert (z. B. Gellert). Zum anderen wechseln die ›Bezugsfronten‹. Im Rahmen der Naturwissenschaften läßt sich eine klare Paradigmengliederung erkennen. Die Literatur dagegen steht unter dem Einfluß verschiedener Wissenschaftsdisziplinen mit je anderer Geschichtlichkeit. Im allgemeinen garantiert bereits ihre Zugehörigkeit zum artistischen Kanon, daß die Wandlungen innerhalb dieser Fächer auch sie am nachhaltigsten tangieren. Doch spielen für die Umwertung und Umwandlung der Fakultäten auch allgemeine Veränderungen eine Rolle, zum Beispiel die letztlich gesellschaftlich und ökonomisch bedingte ›Politisierungs‹- und Pragmatisierungstendenz oder der das ganze 18. Jahrhundert prägende Säkularisationsprozeß. So gerät die Poesie – noch immer zum rhetorischen Verbund rechnend – unter den Einfluß polyhistorischer, ›politischer‹ und ›realistischer‹ Tendenzen, ehe sie ins philosophische System der ›schönen Wissenschaften‹ eingegliedert wird. Deduktiver Rationalismus und induktiver Empirismus wirken sich *strukturbildend* in der Dichtung der zwanziger, dreißiger und vierziger Jahre aus.

Fünf Bereichen gilt das Interesse: der *Poetik,* der *Dichtung,* den *Wissenschaftsparadigmen,* der *sozialen Realität* und – oftmals diese Bezirke mit-aufeinander beziehend – der *literarischen Gelehrsamkeits- und Gelehrten-Kritik* (vor allem in der Programmatik). Da je nach Zeitraum die Reihenfolge und Gliederung dieser Bereiche modifiziert ist, erfolgt die explizitere Diskussion in der Untersuchung selbst. Hier sei verkürzt die themaspezifische Bedeutung der Bereiche und die Logik der Anordnung erläutert.

In der Darstellung rückt, je nach historischem Stellenwert, ein Bereich vor den andern, übernimmt ein Bereich die Funktion der Anleitung, ein anderer die der Vermittlung. Konkretisiert: Im Zeitalter des Barock scheint eine Anordnung sinnvoller zu sein, die, ausgehend von den theoretischen Programmen, die Umsetzung der Postulate in der Dichtung an repräsentativen Beispielen betrachtet. Der Status des Dichtens (als Metier) rechtfertigt hier die Vorgängigkeit der Theorie vor der Dichtung.

Naturgemäß steht an erster Stelle die Charakterisierung des jeweils *dominanten Wissenschaftsmodells,* dem Poetik und Poesie zugehören. Der historische Prozeß der Loslösung der Poesie aus dem Rhetorik-Verbund des Humanismus und ihre immer noch ›gelehrte‹ Neukonstitution als moralisch-philosophische Disziplin wird unter der Perspektive analysiert, welche Rolle die Gelehrsamkeit in dieser Entwicklung spielt. Die Abwertung der ›gelehrten Dichtung‹ geht nicht Hand in Hand mit der Ablösung der »Gelahrtheit« durch das Ideal der Vernunftschlüsse, der rationalen Zweckbezogenheit. Wenn aber Gottsched, bekanntlich ein Anhänger Christian Wolffs, vom Poeten noch Gelehrsamkeit und Kenntnis aller Wissenschaften fordert und die Poesie als den »vornehmsten Theil der Gelehrsamkeit« bezeichnet,[8] so hat dieses Postulat einen anderen wissenschaftstheoretischen, poetologischen und sozialen Stellenwert als bei Opitz, der Dichten als Werk der »vornemen wissenschafft« definierte.[9]

Die *soziale Motivation* des Paradigmenwechsels ist von nicht geringerer Bedeutung für den Wandel in der Beurteilung des ›gelehrten Dichtens‹. Ältere ausschließlich geistesgeschichtliche Darstellungen geben letztlich keine Auskunft auf die Frage nach Gründen für die wissenschaftsgeschichtlichen Prozesse. Ohne Aufweis der historischen Entwicklung, die der Typus des gelehrten Dichters bzw.

---

[8] Gottsched: Critische Dichtkunst (^{4}1751), S. 67.
[9] Opitz: Poeterey ed. Alewyn, S. 3.

Dichter-Gelehrten erfährt, läßt sich weder die Einheit von Gelehrsamkeit und Dichtung noch deren Auflösung beurteilen. Die Frage nach der personalen Situation des Dichter-Gelehrten – seinem Verhältnis zu den Institutionen der Gelehrsamkeit (Schulen, Universitäten, Akademien) und zum Gelehrtenstand (»nobilitas literaria«, Beziehungen zu Kollegen, Gelehrte Gesellschaften), seinem Verhältnis zum Hof und zum Adel (Dichterkrönungen, Hofdichter-Amt), schließlich seiner sozialen Position – leitet über zur Frage nach der gesellschaftlichen Funktion von Kunsttheorie und Dichtung (z. B. Gelegenheitsdichtungen an Höfen, Schulen, Universitäten; Fürstenlob; Kalendergedichte). Da gerade in der Epoche ›gelehrter‹ Poesie die literarische und poetologische Tradition bewußt aufgegriffen wird, läßt sich die Funktion der im synchronen Kommunikationsprozeß literarisch wirksamen Momente freilich nicht ausschließlich aus der sozialen Struktur erklären. Andererseits erhellt die Analyse der sozialen Tatbestände das Fehlen oder Fallenlassen theoretischer Sätze in den Poetiken und literarischer Themen (und Formen) in der Dichtung.

Schließlich spielt als Vehikel beim Paradigmenwechsel die *theoretische Kritik* am jeweiligen Wissenschaftsparadigma eine entscheidende Rolle; einerseits als wissenschaftsinterne Programmatik, andererseits – und hier werden die Verbindungslinien zur Literatur sichtbar – als literarische Gelehrsamkeits- und Gelehrtenkritik. Neben ihrer wissenschaftstheoretischen Funktion als eines Gelenkstücks zwischen älteren und neueren Wissenschaftsmodellen wird als ihre zweite, literarische Funktion die Ausrichtung der Dichtung (und ihrer Theorie) auf die neuen wissenschaftlichen Konzeptionen erkennbar – wobei »Ausrichtung« nicht unbedingt Konformität bedeutet. So erscheint die Kritik ›gelehrter Poesie‹ organisch als Teilbereich der zugrundeliegenden allgemeinen Kritik und Programmatik des Gelehrtentums.

Die Behandlung der *Poetik* ergibt sich aus ihrem Stellenwert im Wissenschaftskanon. Ihre Position zwischen ›Wirklichkeit‹ und Dichtung macht sie zum zentralen Untersuchungsbereich. Sie expliziert die dichtungsgeschichtlich bedeutsamen Innovationen, enthält jedoch auch die entscheidenden Richtungskämpfe selbst. Dabei sind nicht nur die bekannten Poetiken von Opitz, Harsdörffer, Buchner und Birken Gegenstand der Analyse. Erst die systematische Erfassung *aller* Poetiken garantiert ein ausgewogenes Urteil über Repräsentativität oder Innovatorik einzelner Sätze oder Werke insgesamt. Das gilt in besonderem Maß für die eigentlichen Schulpoetiken, unter deren Anleitung die Schüler ihre ersten poetischen Gehversuche unternahmen. Ebenso berücksichtigt sind die in allgemeinen Wissenschaftsdarstellungen eingelagerten poetologischen Abrisse. Sie erlauben es, den wissenschaftshistorischen Stellenwert der Poesie und der Poetik in der Hierarchie der akademischen Disziplinen zu bestimmen. Da sich Eloquenz und Poesie im Barock nur durch ligatio und Metaphorik unterscheiden, erfaßt die Analyse systematisch erst die *Rhetoriken* des Wolff-Gottschedschen Zeitraums. Die humanistische Einheit von Poesie und Oratorie löst sich auf, beide Nachbardisziplinen machen von diesem Zeitpunkt an getrennte Entwicklungen durch.

Die *Dichtung* selbst, die freilich nicht nur Erfüllung der theoretischen Postulate ist, wird (wenn auch nicht linear) auf die innovatorischen oder konservierenden Programme der Poetik bezogen; die ›gelehrte Poesie‹ gilt dabei zunehmend als Ausdruck des ständischen und – mit fortschreitender Bewußtwerdung des Bürgertums – als reaktionär geltenden Ordo. Das von den Wissenschaften erzeugte Welt-Bewußtsein muß mit den angemessenen formalen Mitteln gestaltet werden. Die Analyse der Beziehungen zwischen Wissenschaft und Literatur darf nicht beim Konstatieren von Übereinstimmungen im materialen Weltbild, d. h. der Übernahme des neuen Erklärungsmodells durch den Dichter, stehen bleiben, sie muß nach der spezifischen Gestaltung, der artistischen Formung dieses Weltbildes fragen. Die Angemessenheit der Mittel orientiert sich wiederum an den Inhalten des Bewußtseins, sie müssen den wissenschaftlichen Erkenntnismethoden entsprechen. Diese Adäquanzfrage wird an exemplarischen Dichtungen untersucht, deren Gattung und Struktur für den behandelten Zeitraum repräsentativ sind. Für die frühklassizistische, ausschließlich an antiken, italienischen und französischen Vorbildern orientierte Opitz-Phase ist dies das »heroische Gedicht«, unter dem Opitz insbesondere das Lehrgedicht versteht. Nicht zufällig steht es in der »Poeterey« an der Spitze der Gattungshierarchie. In der pansophisch, ›politisch‹ und polyhistorisch geprägten zweiten Hälfte des 17. Jahrhunderts sind das Drama und der weiträumige Roman spezifisch, doch auch die metaphorisch überwuchernde Lyrik Hofmannswaldaus und Kuhlmanns; auf einer pragmatischen, unmittelbar auf den gesellschaftlichen Zweck bezogenen Ebene ist es das ›politisch‹-pragmatische Kasualgedicht (Morhof); in der argutem Witz und judiziösem Räsonnement verpflichteten Übergangsphase ist es das scharfgeschliffene und das ›meditierende‹ Epigramm (Wernicke). Im Wolff-Gottschedschen Zeitraum mit den dominanten, auf Descartes zurückgehenden, besonders von Boileau propagierten Stilnormen der Klarheit und der Deutlichkeit sind die zwei Gattungen des Lehrgedichts und der Satire beispielhaft. Zwar problematisiert Gottsched selbst die Zugehörigkeit des Lehrgedichts zur Poesie, weil ihm die mimetische Basis fehlt, doch entspricht es dafür präzise der anderen Forderung Gottscheds nach ›philosophischer‹ Zweckhaftigkeit von Poesie. In der Satire dagegen ist der mimetische Grund deutlich ausgeprägt, bei gleichzeitiger lehrhafter Tendenz.

Die gewählten Gattungen korrespondieren einander: Die zwei Lehrgedichte von Opitz und Kästner erlauben den unmittelbaren Vergleich. Sie zeigen, wie unterschiedliche Wissenschaftsmethoden und -normen eine Gattung prägen. Epigramm und Satire stehen sich in ihrer kritischen Tendenz nahe. Sie verkörpern – verkürzt definiert – den ›politisch-judiziösen‹ und den ›vernunftgerichtet-tadelnden‹ Geist der Philosophieschulen von Christian Thomasius und Christian Wolff. Schließlich bildet die Satire gleichsam die negative Entsprechung der Lob- und der Lehr-Dichtung. Statt zu loben, tadelt sie; statt positiv zu belehren, belehrt sie durch Spott und Ironie. Aus Gründen poetologischer und gelehrten-thematischer Korrespondenz wurden als Gegenstand kasuellen Lobes ein Promotionsgedicht – also ein Lobpreis auf die Gelehrsamkeit – und als Gegenstand der Satire die Gelehrtenkritik gewählt. Geltung und Reichweite der These, daß die Literatur zwischen Humanismus und Frühaufklärung im wesentlichen ›gelehrte‹ Dichtung sei, ist daher auch an solchen Texten und Gattungen zu überprüfen, die Gelehrsamkeit nicht schon apriori thematisieren und Lehre nicht qua Genus zum Inhalt haben.

Gerade weil Gelehrsamkeit in der Lehrdichtung selbstverständlich konstitutives Element ist, wird die hypertrophe Gelehrsamkeit an Gattungen aufgezeigt, wo man sie gerade nicht erwartet – in der Lyrik, im Drama und im Roman. Ein Kapitel, das die gelehrten Elemente auch in Werken ›volkstümlicher‹, vom Anspruch her nicht-gelehrter Autoren nachweist, wurde aus Raumgründen hier ausgeschieden. Es wird in anderem Kontext gesondert erscheinen. Diese angedeutete Ausweitung auf die verschiedensten poetischen Gattungen belegt, daß das gelehrte Moment prinzipiell die ganze Dichtung des untersuchten Zeitraums erfaßt und in stofflich-materialer wie auch in strukturell-formaler Hinsicht prägt.

Im Verhältnis Wissenschaft – Gesellschaft – Literatur besitzen zwar alle drei Größen eine Eigenbewegung, jedoch eine unterschiedlich starke Auswirkung. Die Tatsache, daß die Literatur von diesen drei Größen prinzipiell diejenige mit der geringsten Möglichkeit einer Einflußnahme ist, muß in dieser Studie nicht bewiesen werden.

Literatur hat, wie ich ein auf Wielands Erzählkunst gemünztes Diktum verallgemeinern möchte, schon viel erreicht, wenn sie die »versteinerten Verhältnisse in unseren Köpfen« zum Tanzen bringt.[10] Thomasius' zunächst kurioser Hinweis auf den Nutzen, den ein Jurist von der Poesie haben kann, ist eine zugegeben enge Anwendung dieser Betrachtungsweise. Gottscheds Erwägungen über den philosophisch-moralischen Nutzen stellen ein zwar traditionelles Argument gezielt ins Zentrum poetologischer Legitimation.

Am Beginn der Arbeit steht ein Abriß der sozialen Position des *Gelehrtentums* vom 15. Jahrhundert bis in die Anfänge des 18. Jahrhunderts, mit besonderer Betonung des humanistisch-barocken Zeitraums. Die Darstellung des Gelehrtenstandes bildet die Basis zum Verständnis der bildungspolitischen Anstrengungen der ›gelehrten Dichter‹, ihrer Abgrenzung vom ›Volk‹ und ihrer Annäherung oder Distanzhaltung gegenüber dem Hof. Unerläßlich zum Verständnis der gelehrten Poesie ist eine begriffliche Darlegung dessen, was humanistische Gelehrsamkeit impliziert und wogegen sie sich abgrenzt. Sinnvollerweise steht dieses allgemeine Kapitel am Anfang, weil es einen Einstieg in die ganze Breite des sozialen Problemfeldes gewährt, und weil an späteren Stellen seine Ergebnisse leicht wieder aufgegriffen und vertieft werden können. Jedenfalls ist die Bündelung der epochenweise divergierenden Positionen zu einem die Gesamtentwicklung anvisierenden (wenn auch verkürzenden) Abriß zweckmäßiger als eine über die einzelnen Wegmarken der Entwicklung verstreute Darstellung, die nicht umhin könnte, die zum Verständnis der Einzelstadien notwendigen Tendenzen der Gesamtentwicklung des öfteren zu wiederholen.

---

[10] Christoph Martin Wieland: Der goldne Spiegel und andere politische Dichtungen. Hrsg. v. Herbert Jaumann. München 1979. Nachwort, S. 889.

Der hier behandelte Zeitraum umfaßt im wesentlichen Humanismus, Barock und Frühaufklärung. Der Humanismus stellt die Basis für die späteren Modifikationen des Gelehrtentums bereit, d. h. sowohl des Wissenschafts- als auch des Poesie-Konzepts. Ohne Kenntnis der humanistischen Positionen lassen sich die Abwandlungen, Übernahmen und Oppositionen schlechtweg nicht verstehen. Diesem historischen Defizit sind auch die eklatanten Fehlurteile in Markwardts »Geschichte der Deutschen Poetik« zuzuschreiben. Während für den formalen Aspekt barocker Gelehrsamkeit Manfred Windfuhrs Monographie »Die barocke Bildlichkeit und ihre Kritiker« eine detaillierte Grundlage bietet, ist die Aufarbeitung materialer Aspekte erst partiell geleistet (Dyck, Herrmann, Fischer, Barner und Sinemus). Für den gesamten Zeitraum von 1500 bis 1700 fehlt eine Untersuchung, wie sich die Dichtung im Wechselbezug von Wissenschaft und eigener – literaturgeschichtlicher – Tradition entwickelt hat. Die Arbeit gliedert sich daher in zwei Hauptteile. Der erste (I–II) behandelt das Modell der ›gelehrten Poesie‹ im humanistisch-rhetorischen Paradigma; der zweite (III–VII) dann Stationen der Reduktion und der Modifikation.

Drei Stufen lassen sich als repräsentativ für *Modifikation* und *Krise* des *gelehrten Dichtens* und für die Entwicklung einer neuen poetologischen Position herausstellen.

1. Die Vorstellung einer *politisch-galanten Poesie.*
2. Die Vorstellung einer *philosophisch-kritischen Poesie.*
3. Die Vorstellung einer *volkstümlich-geniehaften Poesie.*

Die von pragmatischen Überlegungen geprägte ›politische‹ Weltanschauung, die sich in der Pädagogik und im Lehrkanon der Schulen und Universitäten bemerkbar macht, ist ein deutlich transitorisches Phänomen.

Eine dezidierte *Krise der ›gelehrten Poesie‹* setzt erst im nachgottschedschen Zeitraum ein; sie ist durch die Namen Lessing, Klopstock, Herder, und die Epoche des ›Sturmis und Drangs‹ bezeichnet. Die vorausgehende Phase zwischen Thomasius und Gottsched rechnet dagegen – auch vom eigenen Selbstverständnis her – noch zur ›gelehrten Poesie‹. Sie modifiziert die humanistisch-rhetorische Basis jedoch gravierend; nicht mehr Klassikerimitation und Rhetorik, sondern Naturähnlichkeit und Logik sind die neuen Fundamente. Dieses Umwandlungsphänomen kann nicht bereits als Ausdruck der Krise gewertet werden. Zweifellos handelt es sich um eine gewichtige Umstrukturierung der Basis, nicht jedoch bereits um eine Abkehr vom Gelehrsamkeitsideal selbst. Die Krise der ›gelehrten Poesie‹ ist nicht identisch mit der Krise der humanistisch-rhetorischen Poesie, die bereits um 1690 beginnt und im Zeichen der Wolff-Rezeption ihren Höhepunkt erlebt. Die Krise der rhetorischen Poesie erweist sich nur als Modifikation der ›gelehrten Poesie‹: der Gelehrsamkeitsbegriff umfaßt einen weiteren Bereich als die humanistischen Disziplinen, er impliziert die Disziplinen des Quadriviums ebenso wie die des Triviums. Die Modifikation äußert sich als Aufwertung der Disziplinen des Quadriviums und als Ausdehnung ihrer Prinzipien auf die Fächer des Triviums selbst: logische Regeln rücken an die Stelle traditioneller rhetorischer Regeln. Diese Unterscheidung zwischen Modifikation und Krise wirkt sich auf den Gegenstandsbereich dergestalt aus, daß Poetiken und Dichtungen im Umkreis der politischen und philosophischen Wissenschaftskonzeption noch berücksichtigt werden, nicht jedoch Theorie und Dichtung nach Gottsched. Erst in der Mitte des 18. Jahrhunderts beginnt die Abkehr der Poetik und Poesie von Gelehrsamkeitskonzepten; die Poetik nimmt erst jetzt anti-gelehrte Tendenzen auf. Politisch-galante Poetik und Poesie *sowie* philosophisch-kritische Poetik und Dichtung rechnen noch zum Typus der Modifikation ›gelehrter Poesie‹, wobei der philosophische Typus sich zweifellos weiter vom ursprünglichen humanistischen Konzept der Dichter-Gelehrten entfernt, gleichwohl an der Gelehrtheit von Poesie und poetischem Können festhält. Erst das Postulat des volkstümlich genialen Dichtens vollzieht die Abkehr von der ›gelehrten Poesie‹ in zweifacher Hinsicht – in sozialer, als es die alte Bildungsexklusivität gegenüber dem Nicht-Gelehrten aufgibt, und in wissenschaftsgeschichtlicher, als es ein wissenschaftlich voraussetzungsloses, an Genie und Gefühl orientiertes Produzieren dem antiquarischen Anweisungs- und dem philosophischen Regel-System entgegensetzt. Die große Zäsur liegt nicht zwischen humanistisch-rhetorischer und politisch-galanter Poesie. Der Wechsel vom philosophischen Poesiekonzept zum antigelehrten, geniehaft-volkstümlichen Dichtungsideal stellt einen tieferen Einschnitt in der Entwicklungskontinuität der Poesie dar als die einzelnen Wandlungen innerhalb der Gesamtkonzeption einer ›gelehrten Poesie‹.

Bis zu Gottsched galt die Poesie stets als Wissenschaft, gehörte innerhalb des akademischen Lehrkanons fest zum Bereich der Gelehrsamkeit. Erst die nachgottschedsche Etablierung einer selbständigen Ästhetik (durch Baumgarten und Meier) brachte die tiefgreifende Neugestaltung des ›Systems der Künste‹, das sich vom System der Wissenschaften absetzte. An die Stelle der erweiterten artes liberales setzten sich nun zwei Gruppen, die nicht mehr die gemeinsame Basis der Gelehrsamkeit besaßen, sondern sich als verschiedene Form geistiger Tätigkeit auffaßten: die Kluft zwischen den ›künstlerischen‹ und den wissenschaftlichen Berufen datiert erst aus der nachgottschedschen Phase.

Diese Tatsache läßt es zweckmäßig erscheinen, die eigentliche Untersuchung mit dem Erörtern der letzten ›gelehrten‹ Modifikation, nämlich der demonstrativisch-logischen Variante, zu beschließen.

Um die Perspektive über die eigentliche Darstellung hinaus zu weiten, wird die anti-gelehrte Poesie-Konzeption im ›Ausblick‹ kurz aufgezeigt. Im Rahmen dieser Arbeit war es nicht sinnvoll, eine totale Neukonzeption, die im Grunde bereits nicht mehr bloße Krise der ›gelehrten Poesie‹, sondern intentional deren Überwindung bedeutet, in die Darstellung einzubeziehen.

Die Studie versteht sich als streng historische Untersuchung. Sie verzichtet daher auf essayhafte Ausblicke in die Gegenwart. Der Verfasser ist sich der Tatsache durchaus bewußt, daß im Rückblick das vom Sturm und Drang über Klassik und Romantik bis zur Jahrhundertwende herrschende Bild des genialen und gleichsam bewußtlos schaffenden Dichters eher ein Einsprengsel in der Dichtungsgeschichte war, und daß in der Moderne ›gelehrte‹ oder ›artistische‹ Tendenzen die Oberhand gewonnen haben. Indes, selbst wenn die Erlebnisdichtung im Goetheschen Sinn nur eine ›Episode‹ in der europäischen Dichtungsgeschichte sein sollte, so hat sie doch nachhaltig auch auf die moderne Auffassung des Autors oder Schriftstellers eingewirkt. Tatsächlich stellt die hier untersuchte Entwicklung des humanistisch-rhetorischen poeta doctus ein ›abgeschlossenes Kapitel‹ dar. Vom Bild des modernen poeta doctus, wie er sich spätestens zu Beginn des 20. Jahrhunderts in fast allen europäischen Literaturen findet, ist nämlich die Wissenschaftlichkeit im nach-humanistischen, im mathematisch-naturwissenschaftlich geprägten Sinn nicht mehr fortzudenken. Erfindung und Stil – die beiden wesentlichen Kriterien der gelehrten Dichtung – unterliegen nicht mehr dem mechanisch-imitatorischen Duktus eines rhetorischen Schul- und Lehrbetriebes. In die moderne Ausprägung des poeta doctus sind die ›Errungenschaften‹ der ›subjektiven‹ Dichtungsepoche eingegangen. Auch wenn der Geniebegriff und das Originalitätsideal überholte, mittlerweile eindeutig reaktionär besetzte Vorstellungen sind, kann nicht davon gesprochen werden, daß gesichtslose – bis zur Verwechselbarkeit gehende – Anpassung an Vorbilder an die Stelle eigensüchtiger Einmaligkeit getreten sei. Vielmehr strebt der moderne Typus des poeta doctus die Synthese von ›eigenem Ton‹ und materialer Wissenschaftskenntnis an. Zum Unterschied vom humanistischen poeta doctus ist sein moderner Bruder nicht ›gelehrt‹ im formal-artistischen Sinn. Gottfried Benn, ein häufig genanntes Beispiel eines modernen poeta doctus, wäre unter diesem Gesichtspunkt nicht als gelehrt anzusprechen. Die zahlreichen poetae docti – immer wieder begegnen die Namen Thomas Manns, Hermann Brochs und Robert Musils; mühelos ließen sie sich um Hofmannsthal, den späten Gerhart Hauptmann, Brecht und neuerdings Günter Grass erweitern – diese modernen poetae docti basieren doch alle auf d e m Wissenschaftsbegriff, der den humanistisch-rhetorischen ablöst. Diesem Prozeß, dessen Anfänge im 16., 17. und 18. Jahrhundert liegen, wissenschafts- und sozialgeschichtlich ein wenig auf die Spur zu kommen, ist die Aufgabe dieser Untersuchung.

Die aus Umfangsgründen hier ausgeschiedenen Kapitel zur wissenschaftlichen und poetologischen Oppositionsbewegung gegen das humanistisch-rhetorische Paradigma – naturwissenschaftliche und pädagogische Gegen-Modelle, ›volkstümlich‹-ungelehrte Dichtungskonzepte sowie Gelehrtensatire – werden als selbständige, diese Studie ergänzende Darstellung erscheinen.

Die Diskussion mit der Forschung ist grundsätzlich in die Darstellung integriert. Da es sich im wesentlichen um eine auf den Quellen selbst aufbauende Studie handelt, haben neuere, während der Niederschrift oder nach deren Abschluß erschienene Arbeiten (etwa Sinemus und Beetz) die Konzeption nicht verändert, sie allenfalls bestätigt und ergänzt. Teilweise wurden diese Neuerscheinungen noch im Text, auf alle Fälle in den Anmerkungen berücksichtigt. In den erwähnten Bereichen divergiert der *Forschungsstand.* Auf dem Sektor der sozialgeschichtlichen Forschung liegen mittlerweile zahlreiche ältere und neuere Arbeiten vor (Biedermann, Balet/Gerhard, Habermas, Haferkorn, Koselleck, Kofler, Elias, Gerth, Bruford, Kiesel/Münch u. a.). Die großen Poetikdarstellungen (z. B. Markwardt, Böckmann, Nivelle) enthalten verschiedene Hinweise, freilich unter anderem Blickwinkel, speziellere Arbeiten (z. B. Dyck, Fischer, Herrmann, Stahl, Klassen) beschäftigen sich mit Begriffen, die im Zusammenhang mit Gelehrsamkeitsprogramm und -kritik stehen (Einbildungskraft, Witz, Erfindung, Ingenium, Regeln usw.). Sozial- und bildungsgeschichtliche Fragestellungen erörtern die Darstellungen von Barner und Sinemus. Die Dichtung selbst als Ausdruck rhetorisch-gelehrter Nebenbeschäftigung rückt erst in Segebrechts Studie in den Vordergrund; die meisten Literaturgeschichten projizieren ja die Vorstellung vom Dichten als einer ›Hauptbeschäftigung‹ bedenkenlos in die vorklassische Zeit zurück. Gerade in diesem sozial bedingten, theoretischen und literarischen Bereich wirken die barocken Standeseinstellungen bis weit in die Aufklärung hinein und machen sich noch bei der Bewertung des von Klopstock inaugurierten ›Dichter-Amtes‹ bemerkbar. Zur (literarischen) Gelehrsamkeits- und Gelehrtenkritik sind kaum Vorstudien (Martens) vorhanden. Das Wenige findet sich in Untersuchungen zu kritischen und satirischen Schriften einzelner Autoren (z. B. Liscow, Rabener, Lessing).

Diese Bemerkungen mögen zur Zielsetzung der Arbeit genügen. Als historisch angelegte Untersuchung ist sie keiner einzelnen Methode verschworen. Im wesentlichen sind fünf Betrachtungsweisen einander zugeordnet: wissenschaftsgeschichtliche Gliederung, sozialgeschichtliche Fundierung, historisch-kritische Objektbetrachtung, textanalytisches Verfahren und ergänzend dazu Erstellung semantischer Felder auf der synchronen wie (zum Vergleich) diachronen Achse. Im übrigen sollte der Nutzen einzelner angewandter Verfahrensweisen aus der Darstellung selbst einsichtig werden. Meine Absicht ist es nicht, eine einzelne neue Methode zu propagieren, sondern mit Hilfe eines sinnvoll eingesetzten Methodenverbundes bekannte und weniger beachtete Phänomene neu zu beleuchten, die Zusammenhänge, in denen sie stehen, kritisch zu erhellen, sie schlüssig zu analysieren und historisch einzuordnen.

I. Gelehrtentum und Humanismus im 16. Jahrhundert

0. Zur Problemstellung

Das Problemfeld ›Krise der gelehrten Poesie‹, Ablösung des gelehrten ›Tichtens‹ durch einen neuen Dichtungstypus, ist eingelagert zwischen die beiden Pole ›Literatur‹ und Gelehrtentum. Beide liegen auf verschiedenen Ebenen. Der Ablösungsprozeß spielt sich ab im Rahmen einer Veränderung des Wissenschaftsmodells; die verschiedenen Wissenschaftsparadigmen wirken auf die Literatur in unterschiedlicher Weise und Intensität ein. Und er spielt sich ab im Rahmen einer gesellschaftlichen Entwicklung, der Umwandlung der feudal-absolutistischen in eine bürgerliche Gesellschaft. Für die Rolle, die der Literatur für die Gesellschaft zukommt, hat diese Entwicklung den Vorrang. Sie manifestiert sich, betrachtet man lediglich das Verhältnis zwischen Literatur und Gesellschaft, in der sozialen Position der Literaturproduzenten und in ihrem Verhältnis zu den die gesellschaftliche Entwicklung bestimmenden Kräften.

Im Zeitraum zwischen Renaissance und später Aufklärung spiegeln sich beide Entwicklungen, die wissenschaftsgeschichtliche und die gesellschaftliche, an der Gruppe der Literaturproduzenten und in der Literatur selbst. Während im 16. und 17. Jahrhundert die Gelehrten die Träger der ›gelehrten‹ Poesie waren, setzten sich im Laufe des 18. Jahrhunderts einzelne Autoren dezidiert vom Gelehrtenstand ab, um als bürgerlich definierte Schriftsteller eine Literatur zu propagieren, die nicht mehr von Interessen der Gelehrtenschaft bestimmt war. Das Poesie-Ideal der Gelehrsamkeit wird von ihnen folgerichtig verworfen zugunsten eines Ideals, das an den gesellschaftlichen Interessen orientiert ist, denen ihr Wirken gilt. Für das 18. Jahrhundert bedeutet das die Infragestellung des gelehrten Ideals dann, wenn es mit den politischen Interessen des Bürgertums nicht konvergiert.

Um diesen Absetzungsprozeß bürgerlicher Literatur von gelehrter Literatur einerseits und die Emanzipation bürgerlicher Schriftsteller vom Gelehrtenstand andererseits zu verstehen, müssen die Anfänge der neuhochdeutschen Literatur beleuchtet werden.

Was zu Beginn des 15. und 16. Jahrhunderts an deutschsprachiger Literatur vorlag, stellte gesunkenes Kulturgut dar und bewegte sich im Bereich der Sagen- und Märendichtung, der Erbauungs- und Predigtliteratur. Nur ungelehrte Kreise lasen diese Texte, die auf Jahrmärkten oder über Kolportage vertrieben wurden. Wo Literatur an geistesgeschichtlichen Entwicklungen teil hatte, bediente sie sich der lateinischen Sprache und bewegte sich in den Kreisen der Gelehrten, deren Sprache international das Latein der Scholastiker war. Diese Ambiguität bringt der Begriff des ›Gelehrtentums‹ zum Ausdruck; er meint »die Gelehrten und Gelehrsamkeit als begriffliches Ganzes«[1] – er umfaßt also den sozialen Stand und das von ihm verfochtene Wissenschaftsmodell, das zugleich ein Berufsideal ist. Bei der Untersuchung, welches Verhältnis das Gelehrtentum im 16. und 17. Jahrhundert zur Literatur hatte, ist also zu fragen nach dem gesellschaftlichen Ort, wo die ›Gelehrten‹ unterzubringen sind als Stand, als Klasse oder als soziale Gruppe, und nach dem wissenschaftsgeschichtlichen Ort, wo ›Gelehrsamkeit‹ als wissenschaftliches Paradigma[2] einzuordnen ist.

1. Der historische Begriff und die soziale Wirklichkeit des Gelehrtenstandes

1.1. Forschungskontroversen um die Stellung des Gelehrtenstandes in der sozialen Großgliederung

Zur Beantwortung der Frage, wer denn die Gelehrten seien, ob sie ein geschlossener gesellschaftlicher Stand, ob sie bloß eine vage bildungsbedingte Gruppe seien, gibt es außer der Trunzschen Studie[3] bisher noch keine sozialgeschichtliche Untersuchung. Welche gegensätzlichen Meinungen das Feld beherrschen, zeigt die symptomatische Auseinandersetzung Barners mit den Darlegungen Willi Flemmings. Flemming sieht die »eigentlich kulturschöpferische Schicht« vorwiegend durch das Beamtentum gebildet. Die Identifikation des Beamten mit dem Gelehrten verbietet sich bei einem Verständnis der Barockliteratur als einer »Gelehrtenmache«.[4] Im Artikel »Gelehrtendichtung« im Reallexikon der deutschen Literaturgeschichte konstatiert Flemming:

> »Besonders die Literatur des 17. Jahrhunderts wurde damit früher als innerlich unwahre Mache pedantischer Stubengelehrter gebrandmarkt, die mit Hilfe angelernter, volksfremder Lateinbildung beliebige, unerlebte Themata als Zeitvertreib schulmäßig abhandelt.«[5]

Solche Verallgemeinerung sei von der Forschung als unhaltbar erwiesen worden; ihrem Beruf nach seien die Poeten des Barock mehr Beamte als Gelehrte. Diese Argumentation verstärkt Flemming in seiner Darstellung der »Deutschen Kultur im Zeitalter des Barocks«. Die Haltung des im 16. Jahrhundert gebildeten Standes der weltlichen Gelehrten als nobilitas literaria, der sich mit seiner neulateinischen Poesie in Distanz gehalten habe, werde nun als Pedanterie verspottet: »Jetzt schreibt man meist deutsch und fühlt sich nicht als Fachgelehrter, sondern als Träger und Mehrer moderner Kultur, im Dienst des Staates. Der Jurist, dazu der

---

[1] Grimm, DWB IV 1, 2 (1897), Sp. 2977, s.v. Gelehrtenthum.
[2] Kuhn: Die Struktur wissenschaftlicher Revolutionen.
[3] Trunz: Der deutsche Späthumanismus, S. 147–181.
[4] Flemming: Deutsche Kultur, S. 44.
[5] Flemming: Gelehrtendichtung (1958), S. 549 I.

Gymnasial- und Universitätslehrer, auch die Theologen, sie alle fühlen sich als Beamte.«[6]

Dagegen moniert Barner zu Recht, ein Beamtengefühl habe sich erst im Laufe der zweiten Hälfte des 17. Jahrhunderts bemerkbar gemacht. Flemmings Eliminierung des gelehrten Elementes aus der Barockliteratur beruhe auf seinem Fehlverständnis des »Gelehrten«. Dieser meine nicht etwa den »Fachgelehrten«, sondern umfasse alle diejenigen, die eine »gelehrte« Ausbildung erhalten hätten, also sämtliche Absolventen einer Lateinschule und einer Universität.[7] Was Erich Trunz für die Epoche um 1600 feststellt, gilt mit nur geringen Modifikationen für die erste Hälfte des 17. Jahrhunderts: Die Gesamtzahl der akademisch Gebildeten zu Beginn des 17. Jahrhunderts betrug in Deutschland etwa 50000. Nur ein Teil dieser Gruppe machte den eigentlichen Gelehrtenstand aus, »die Zahl derer, die gelehrte Berufe ergriffen und auch nach ihrem Studium stets an dem wissenschaftlichen Leben tätigen Anteil nahmen.« Trunz zählt die »halbgelehrten Schreiber« und die Küster nicht zu der Gelehrtenschaft. »Die wirkliche Gelehrtenschicht mag zwei Drittel aller derer, die auf Hochschulen gewesen waren, ausgemacht haben. [...] Den bürgerlichen Berufen nach, auf welche sie sich verteilten, waren sie Geistliche, Richter, Lateinlehrer, Hochschullehrer, fürstliche und städtische Beamte und Ärzte.«[8] Die Trunzsche Gliederung läßt sich allerdings noch weiter systematisieren durch Einbezug einiger von ihm nicht beachteter sozialer Gesichtspunkte. Freilich sollte auch bei weit gefaßtem Begriff des »Gelehrten« nicht außer acht gelassen werden, daß nicht jeder, der als »gelehrt« gelten mochte, bereits zum »Gelehrtenstand« im eigentlichen Sinne zu rechnen war. Hier läßt sich aufgrund der überlieferten Zeugnisse mit relativ großer Exaktheit differenzieren.

Eine überregional geltende *Standesgliederung* existiert in der frühen Neuzeit nicht. *Jost Ammans »Ständebuch«* von 1568 etwa teilt nach Berufen ein, kennt jedoch innerhalb dieser am exaktesten für das Handwerkertum passenden Einteilung die Hierarchie im Klerus und in der weltlichen Herrschaft.[9] Auf den Papst folgen der Kardinal, der Bischof, die Pfaffen, die Mönche, schließlich die Jakobs-Brüder; auf den Kaiser der König, der Fürst, der Edelmann,[10] darauf der Doktor. Allerdings zeigt sich gerade hier der Übergang der vertikalen Hierarchiestruktur in die horizontale Berufs-Struktur, denn der Doktor wird als »Doctor der Artzney« präzisiert. Er eröffnet die Reihe ›gehobener‹ Berufe: Apotheker, Astronom, Procurator. Ihnen schließen sich die handwerklichen Berufe an.[11]

Knappe hundert Jahre zuvor begegnet in Huebers deutschsprachiger Rhetorik, *»Rhetorica vulgaris«* (1477) eine für Anredeformeln in Briefen entworfene Stände-

---

6 Flemming: Deutsche Kultur, S. 44.

7 Barner: Barockrhetorik, S. 224f.

8 Trunz: Der deutsche Späthumanismus, S. 154f.

9 Jost Amman: Das Ständebuch. Eigentliche Beschreibung Aller Stände auff Erden / Hoher vnd Nidriger / Geistlicher vnd Weltlicher [...] Franckfurt am Mayn 1568. Hrsg. von M. Lemmer, Frankfurt a. M. 1975.

10 Ebd., S. 10 »Der Gentelon«, von »gentil homme«.

11 Beginnend mit dem »Schrifftgiesser« und endend mit dem »Stocknarr«, S. 15, S. 114.

gliederung.[12] Sie kennt den geistlichen, den weltlichen und den gelehrten Stand und unterteilt jeden wiederum in drei Rubriken. Der an erster Stelle behandelte geistliche Stand führt in der obersten Rubrik die hohen Würdenträger: Papst, Kardinal, Bischof; in der mittleren den Abt, Archidiakon, Prior; in der untersten den Pfarrer, Priester, Kaplan und Chorherrn. Der weltliche Stand reicht vom Kaiser, König, Pfalzgraf, Herzog, Markgraf über den Grafen und Baron bis zu den Rittern und einfachen Edelleuten, Hofleuten, Kaufleuten, Richtern, Bürgermeistern, Handwerkern und Bauern. Der Stand der Gelehrten kennt diese Dreigliederung:

»In dem Hochstenn grade (Rector der hochenn schuelnn, all doctores, licennciatenn, maister, Juristenn – Hochgelerttnn. // Nota war sach das sy ettlich Angeporenn adl der gelychenn briesterliche Wirdigkait oder Andere Ambt an Innen hiettenn die magstw Innenn auch zw schreibnn mit Sambt dem an benanten Erwortn. In dem mitlen grade (Halbmaister, Bacularius – Gelertnn / Hoffrodnner – wolberodenn / Offennschreiber – warhafftigenn / Schuelmaister, Studennttn – Ersamen. // Nota ... (wie die eben vorausgegangene). In dem niderstenn grad (Locaten – Emsignn . pedagogenn Schuller – vleissigenn / Beanenn – Grobenn Rudischenn.«[13]

Diese Einteilung deckt sich nicht mit der bekannten Formel *»Lehrstand – Wehrstand – Nährstand«*. Auffallend für das frühe Datum ist die Trennung zwischen dem geistlichen und dem gelehrten Stand. Im Mittelalter noch bildeten sie eine Einheit gegenüber den zwei weltlichen Ständen, dem Nähr- und dem Wehrstand. Dagegen scheint diese traditionelle Zuordnung in der orthodox lutherischen Ständegliederung des *Cyriacus Spangenberg* durch, die er in seinem »Adels-Spiegel« (1591) vorgelegt hat.[14] Ihm zufolge hat Gott drei Stände gestiftet: den »Ehestand«, den »Regierstand oder Oberkeit Stand« und als vornehmsten das »Predigtamt«.[15] Der »Ehestand« oder »Hausstand« ist mit dem »Nährstand« identisch; das weltliche Regiment ist der »Wehrstand«. Der »Lehrstand« umfaßt wiederum die geistlichen und die weltlichen Gelehrten:

»Im dritten Stande sind vnd gehören darein alle Väter / Patriarchen / Propheten / Seher / Schawer / Aposteln / Bischoffe / Euangelisten / Superintendenten / Hirten oder Pastores, Prediger / Lehrer / Pfarrherrn / Capellan / Helffer / Catechisten / Schulmeister / Schuldiener / vnd alle die im Lehrampt andern wol vorstehen / so ferne sie solches nach Gottes Wort / befehl vnd willen verrichten / vnd nicht mit falscher Lehre vnd Abgötterey oder gottlosem leben andere vergifften / verleiten vnd verführen.«[16]

Die Koppelung des Predigt- und Lehramtes in einem Stand bei Spangenberg kommt nicht von ungefähr. Obwohl für eine deutsche Schule bestimmt, ist Huebers »Rhetorica vulgaris« vom humanistischen Paradigma geprägt. Das geht nicht allein aus der Intention, R h e t o r i k an einer deutschen Schule zu lehren,

---

12 Hueber: Rethorica volgaris (1477), abgedruckt bei Müller: Quellenschriften, S. 368ff.; vgl. Joachimsen: Aus der Vorgeschichte des ›Formulare und Deutsch Rhetorica‹, S. 24–121; Rockinger: Briefsteller und formelbücher.

13 Müller: Quellenschriften, S. 369.

14 Cyriacus Spangenberg: Adels-Spiegel [...] Schmalkalden 1591.

15 Ebd., S. 1 v.

16 Ebd., S. 3.

hervor; es wird auch explizit gemacht: »Rhetorica Haisset Ein gelimpte Kunst hofflicher Red vnd kunstlicher gedicht durch die man der newen loff vnd Stillum halbn kurcz Ordennlichn missinen Auch ander anligender vrsach werbnn vnd Erzellung begriffenn vnd lernen mag.«[17]

Humanistischen Geistes ist die Trennung zwischen dem geistlichen Stand und dem weltlichen Gelehrten-Stand. Wieder aufgehoben erscheint diese Trennung bei den orthodoxen Protestanten, die in diesem Punkt zur mittelalterlichen Ordnung zurückkehren: Für sie gibt es keinen weltlichen Gelehrten-Stand als unabhängige gesellschaftliche Formation, weil der Gelehrte immer als ›frommer Gelehrter‹ definiert ist – nach der berühmten Formel Johannes Sturms von der sapiens atque eloquens pietas oder pietas literata.[18]

Anders wiederum bei *Johannes Heinrich Alsted,* dem von ramistischer Philosophie beeinflußten reformierten Theologen (1588–1638). Seine den gesamten Wissenschaftsbereich zusammenfassende »Encyclopaedia« (1630) eröffnet er mit der Darlegung einer ständischen Hierarchie, die auf der strikten Trennung von weltlichem Gelehrten und Klerus basiert. Die Frage »Quot sunt status, sive ordines vitae humanae?« beantwortet er mit der Feststellung »Quatuor: videl. Oeconomicus, Scholasticus, Politicus, & Ecclesiasticus: quibus tanquam quadrigis universum hominum genus vehi voluit Deus, author & fautor ordinis, cujus deliciae sunt conversari cum hominibus.«[19]

Oeconomicus bezeichnet den Handel- und Gewerbetreibenden Stand, Politicus das weltliche Regiment, Ecclesiasticus den geistlichen und Scholasticus den gelehrten Stand. Gegenüber der gängigen Formel vom »Lehr-, Wehr- und Nährstand« bringt Alsted als Novum die Unterscheidung zwischen weltlicher und geistlicher Lehre, eine von den modernen Staatsrechtlern aufgegriffene Differenzierung. *Christoff Weigels* zusammenfassende Darstellung der Stände vom Ende des Jahrhunderts (1698)[20] bewegt sich eigentümlich zwischen konservativer Tradition der Gattung ›Ständeordnung‹ und modernen Erfordernissen des absolutistischen Staates. Einerseits greift Weigel zurück auf die platonische Dreiteilung vom Regierstand – »so die Fürnehmste seyn und regiren solten«, vom Lehrstand – »so andern mit klugen Rath und Beystand an die Hand zu gehen vermöchten« – und vom ›Nehrstand‹ – »so zu den Feld-Bau und andern schweren Arbeit gewidmet«; andererseits gliedert er seine 25 Stände-Rubriken nach Berufsbildern, also nicht nach hierarchischen Gesichtspunkten.[21] Eine Brücke zwischen diesen beiden –

---

[17] Müller: Quellenschriften, S. 368.

[18] Z. B. im Schulplan von 1538 für das Straßburger Gymnasium: »De literarum ludis recte aperiendis, liber Johannis Sturmii ad prudentissimos viros, ornatissimos homines, optimos cives, Jacobum Sturmium, Nicolaum Cripsium, Jacobum Meierum.« Abgedruckt bei Vormbaum: Evangelische Schulordnungen, Bd. 1, S. 653ff.; Inhalt bei Mertz: Das Schulwesen, S. 146ff.

[19] Johann Heinrich Alsted: Compendium Encyclopaediae Universae. Liber I. Hexilogia, S. 27; zur Bedeutung der ständischen Ordnung im Barockzeitalter s. Trunz: Weltbild und Dichtung, S. 5ff., S. 13ff.

[20] Christoff Weigel: Abbildung Der Gemein-Nützlichen Haupt-Stände (1698).

[21] Ebd., Vorrede S.)(f.

dem konservativ-hierarchischen und dem modern-berufsmäßigen Ordnungsprinzip – schlägt die diskutierte Ordnung des Staatswesens nach Regentenstand, Mittelstand und Handwerks- und Bauernstand. Der Mittelstand entspricht weitgehend dem alten Lehrstand, bezieht jedoch das ganze, mit dem Aufkommen des absolutistischen Territorialstaats entstandene Beamtenwesen mit ein; dementsprechend charakterisiert Weigel den Mittelstand als »sorgsam, jedoch mit Ehren bekleidet«, während der Handwerksstand »mühesam« und der Bauernstand »mit sehr harter Arbeit belegt« ist. Die Auflockerung des alten feudalen Ordnungsprinzips macht sich in der Systematik der Darstellung bemerkbar. Zum Regier- oder Wehrstand rechnet Weigel drei Abteilungen: die »eine friedliche Regierung unterstützenden Stände« (Regent, Rat, Jurist, Beamter, Schreiber, Notar), die »eine wolgefaßte Regierung beschützenden und zu dem Krieg zu Land behülfflichen Stände« (Soldat, Ingenieur, Minier, Konstabel, Bombardier, Feuerwerker, Stuck- und Glockengießer, Pulvermacher, Plattner, Panzermacher, Schwertfeger, Büchsenmacher, Schiffter, Bogner), und schließlich die »so wol in Kriegs- als Friedens-Zeiten zu Wasser beschützenden Stände«, also eigentliche Regierung, Herrscher und Beamtenkader, Armee und Marine. Bereits in der zur »Regierung« im weitesten Sinne zählenden Gruppe mischen sich Angehörige verschiedener traditioneller Stände: die Fürsten, die juristischen Ratgeber, das Militär und die ›militärischen Handwerker‹, eine im Absolutismus von der zivilen Hierarchie eximierte Truppe. Dem ehemaligen ›Lehrstand‹ korrespondiert bei Weigel nur die vierte Abteilung der »die Gottesfurcht fortpflantzenden und bey dem Gottesdienst dienstleistenden Stände«, die im einzelnen den Geistlichen, den Lehr- und Schulmeister, den Kantor, den Kirchner und den Küster umfassen. Zweifellos zum Mittelstand gehören der Stand der »zur Gesundheit dienlichen« Berufe (Arzt, Apotheker, Bader u. a.) und die Kaufmannschaft sowie der moderne, mit dem höfisch-galanten Gesellschaftsideal erst entstandene Berufszweig der »in rühmlichen Exercitien sich übenden Stände« wie Bereiter, Fechtmeister, Tanzmeister, Ballspiellehrer und Jäger. Ungeklärt bleibt die Stellung der »zur Bild- und Mahlerey-Kunst gehörigen Stände«; sie wie auch die »zur Instrumental-Music erforderten Stände« stehen auf der Schwelle zwischen der zum Mittelstand rechnenden Kaufmannschaft und den eigentlich handwerklichen Berufen, die vom Buchhersteller über den Metall- und Holzbearbeiter, den »zur menschlichen Nothdurfft, als auch Delicatesse, zu Speiß und Tranck bemüheten Ständen« bis zum Leichenbitter und Totengräber reichen. Die Bauern, am unteren Ende der Skala und einen eigenen, den vierten Stand bildend, bleiben außerhalb der Weigelschen Betrachtung.[22]

---

[22] Auch Johann Christian Lange unterscheidet in seiner »Protheoria Eruditionis« (1709), S. 84ff. ebenfalls Wehr-, Lehr- und Nährstand und ordnet die Gelehrten dem mittleren Stand zu, erkennt aber, daß seine Mitglieder je nach Beruf auch zur Regierung gehören können (»zugleich mit einer Hochansehnlichen Obrigkeitlichen Macht und Jurisdiction begabet / und also hoc respectu mit unter den Regenten-Stand zu rechnen ist«). Auch Johann Jänichen: Gründliche Anleitung zur poetischen Elocution (1706), S. 950ff., bezieht die Stilgruppen auf die drei Stände: Hoher Stand, Mittelstand (Gelehrte,

Für *Johann Joachim Becher,* den Vertreter eines ökonomisch-staatsrechtlichen, konsequenterweise auch in der Pädagogik sich niederschlagenden Reformkurses ergibt sich aus den modernen Gegebenheiten des merkantilistisch fundierten absolutistischen Staates der Verzicht auf das alte Dreierschema.[23] Becher kennt nur noch zwei Gruppierungen, die Regierenden und die Regierten.[24] Die Regierung selbst kennt außer der Obrigkeit im engeren Sinn noch zwölf ›Ämter‹ bzw. Berufsgruppen, Geistliche, Juristen, Ärzte, Professoren und Lehrer; Soldaten, Statisten,[25] Proviant-Verwalter und die für den absolutistischen Beamtenstaat spezifischen Regierungsbeamten: Kommerzienräte, Kammerräte, Bau-Herren,[26] Polizeiräte, Zeremonienmeister. Das aus dem Bauern-, dem Handwerks- und dem Kaufmannsstand zusammengesetzte »gemeine Wesen« ist zu ihrem Unterhalt verpflichtet. Gegenüber der eher von der Gesellschaft ausgehenden Einteilung Weigels orientiert sich Becher stärker am Staatsrecht; der ›Mittelstand‹, den Berufen nach zwischen Regierungs- und Untertanenseite getrennt, existiert bei ihm als soziale Größe nicht. Auch dies ist ein Charakteristikum des nach juristischen Gesichtspunkten ordnenden Vertreters des absolutistischen Staates. Die staatsrechtliche Zweiteilung wird gerade der durch die ökonomischen Produktionsverhältnisse des Absolutismus geschaffenen sozialen Situation nicht gerecht.

Eine vom aufklärerischen Staatsrechtler *Johann Jakob Moser* vorgenommene Einteilung der Reichsstände kennt vier Stände. Bei dieser Einteilung handelt es sich nicht um die politischen oder staatsrechtlichen Stände (etwa Landstände), sondern um die Geburts- oder Berufsstände,[27] also die zivilrechtliche Zuordnung des gesellschaftlichen Individuums.

Moser, dessen »Neues teutsches Staatsrecht« im wesentlichen eine zusammenfassende Kompilation der geltenden Verordnungen ist, übernimmt hierbei die traditionellen Grade. Er unterscheidet bei den Berufs- und Geburtsständen den geistlichen Stand, den Adel-Stand, den Bürger-Stand und den Bauren-Stand. Der bürgerliche Stand ist in drei Klassen unterteilt. Zu ihm rechnen auch die Gelehrten. Die erste dieser Classen heiße die der ›Honoratiores‹.

Civilbediente = Beamte, Militärbediente = Offiziere, renommierte Bürger) und übriger Bürgerstand. Der Begriff des ›Mittelstandes‹ kommt also in der Umbruchsphase zwischen Barock und Aufklärung auf und signalisiert die Auflösung der eigentlichen Ständeordnung, zugleich auch eine gewisse Ratlosigkeit in der gesellschaftlichen Einteilung, bevor sich das Bürgertum als Klasse konstituierte.

[23] Johann Joachim Becher: Psychosophia Oder Seelen-Weißheit (^{2}1705).

[24] Ebd., S. 105f.; Sinemus: Poetik und Rhetorik, S. 65f., weist an Jänichens genannter »Gründlichen Anleitung« auf eben diese Tendenz hin, einerseits die Vermischung altständischer mit berufsständischen Gruppierungen, andererseits die Überformung dieser Gruppen durch den Gegensatz höfisch-nichthöfisch, der die ihrer Rechte beraubten Stände in einen einheitlichen Untertanenverband umwandelt.

[25] Becher: Psychosophia, S. 106. »Andere mit Aufsehung und Erhaltung guter Correspondentz / Fried und Ruh mit den Benachbarten / das seyn die Statisten.«

[26] Ebd., S. 106. »Andere mit Aufsicht auf das Bauwesen / das seyn die Bau-Herren«, also das ›Hochbauamt‹.

[27] Oestreich: Ständetum und Staatsbildung, S. 278.

»Dahin gehören fürnemlich die graduirte Personen und andere Gelehrte von allen Facultäten; deren jene selbst in denen Reichs-Gesezen für ihre Personen gewisser massen dem Adel gleich gestellet seynd. Weiter seynd darunter zu zählen des Landes-Herrns Räthe von allen Gattungen, wie auch die Subalternen derselben, wenigstens die angesehenere und in denen höheren Collegiis; die angesehenere Herrschafftliche Hof- und Land-Bediente von allen Gattungen; die Ober-Officiers, u.d. Ferner rechnet man hieher die Geschlechtere und Patricien in Reichs- und anderen Stätten, welche man nicht unter dem Adel paßiren lässet; so dann Banquiers, Handels-Leute, die ins Grosse handlen, Entreprenneurs von beträchtlichen Fabriquen, Leute, die von ihren Renten reichlich zu leben haben; die Commun-Vorstehere in ansehnlichen Stätten, etc.«[28]

In die zweite Klasse gehören die niedrigen Bedienten einer herrschaftlichen Hofkanzlei, Bürgermeister, Gerichts- und Ratspersonen, Kaufleute, Künstler und Gastwirte, Handwerker, Gutsbesitzer, Privatiers, Unteroffiziere, fürstliche Gardesoldaten und Pächter. Zur dritten dieser in sich ziemlich heterogenen Gruppierungen rechnet Moser die herrschaftlichen Subaltern-Bedienten wie Einheizer, Leute in Städten, »welche levis notae macula laboriren«, ferner Beisassen, Tagelöhner, ihre Felder selbst bestellende Gutsbesitzer (in Stadt und Land), schließlich untergeordnete Gemeindediener, Hirten, Schäfer, Jäger, Totengräber und Büttel.[29] Bei Moser, dem Vertreter des aufgeklärten Absolutismus, hat sich der Bürgerliche Stand definitiv als staatsrechtlicher Begriff des bei Weigel noch verschwommen gebliebenen ›Mittelstandes‹ etabliert. In den *Reichsstädten,* wo naturgemäß der Begriff des bürgerlichen Standes existierte, begegnet die von Moser übernommene Dreiteilung des Bürgerstandes von früh an.[30] Im allgemeinen besteht der erste Stand aus den Bürgermeistern und Ratsherren, den Patriziern, Großkaufleuten, vermögenden Privatiers, Leuten, die »etwas redliches studiret haben«,[31] also Graduierten, dann den höheren städtischen Beamten wie Syndicis, Hauptleuten, Advokaten und Richtern, mitunter Pfarrern und, je nach Bedeutung der Schule, den Rektoren der Lateinschule. Der zweite Stand rekrutiert sich aus den kleinen Kaufleuten, den Handwerkern, den niedrigen städtischen Beamten, den Privatiers mit mittleren Einkünften und den Mitgliedern der »Kaufleute-Stuben«.[32] Im dritten Stand versammeln sich die Dienstberufe: Knechte, Aufwärter(innen), Ammen, Zofen, Näherinnen, Lohnarbeitende;[33] mitunter Handwerksgesellen und arme Bürger. Andere Städte kennen eine fünf- oder sechsstufige Gliederung, wie etwa Frankfurt und Straßburg.

Die *Frankfurter Polizeiordnung* von 1671 führt fünf Stände auf. Zum ersten gehören Schultheiß, Schöffen, Regimentspersonen, Doktoren, Syndici, adelige Personen; zum zweiten rechnen die Ratsherren der zweiten Bank, die vornehmsten Bürger und Groß-Kaufleute, zum dritten die Ratsherren der dritten Bank, Notare, Prokuratoren, Künstler

---

[28] Johann Jakob Moser: Von der Teutschen Reichs-Stände Landen, S. 927.
[29] Ebd., S. 928.
[30] Riedel: Artikel ›Bürger‹, S. 672ff.
[31] Lübeck 1612; Eisenbart: Kleiderordnungen, S. 60.
[32] Ebd. mit Einzelbelegen.
[33] Ebd., S. 60f.

und Krämer, zum vierten die kleinen Krämer, Handelsdiener und Handwerker, zum fünften schließlich der Rest der städtischen Einwohner, besonders aufgezählt sind Kutscher, Fuhrleute und Tagelöhner.[34]

Die *Straßburger Kleiderordnung* von 1660 setzt auf die unterste, erste Stufe die dienstleistenden Lohnarbeiter(innen); auf die zweite Tagelöhner, Hirten, geringgeschätzte Handwerker und niedrige städtische Dienstboten. Der dritte Grad bildet sich aus den ›gemeinen‹ Handwerkern und ›gemeinen‹ Bürgern: Schreiber, Krämer, Gastwirte, einfache städtische Bedienstete; der vierte zweigeteilte Grad aus Kunsthandwerkern, geachteten Gewerben und mittleren Beamten; Schreibern, Münzmeistern und Notaren. Über die Zugehörigkeit zum ebenfalls zweigliedrigen fünften Grad entscheiden Berufsansehen (z. B. Stadtamtleute) und vornehme Abstammung. Im sechsten Grad befinden sich die Mitglieder des Rats, das städtische Regiment, Landadel und Rechtsanwälte. Innerhalb dieser bis ins Detail differenzierenden Ordnung haben auch die ›Gelehrten‹ ihren festen Platz. Die Lehrer der deutschen Schulen gehören zum dritten Grad, stehen also in einer Reihe mit Kutschern und Stallboten; die Lehrer der Lateinschulen rechnen zum oberen vierten Grad. Gelehrte ohne Doktor- und Lizentiatengrad, doch mit so umfänglichem Wissen, »daß sie würcklich practiciren und auch sich habilitiren könnten«, sind in den unteren fünften Grad eingestuft. Wie gewöhnlich sind Doktoren, Lizentiaten und Professoren auch von der Straßburger Ordnung eximiert.[35]

In *Zedlers Universallexikon* (1744) erscheint die strenge soziale Hierarchie bereits aufgelöst:[36] Hier werden so verschiedene, nicht mehr auf den sozialen Bereich bezogene »Standes«-Begriffe erörtert wie 1. der Lehr- oder geistliche, der Wehr- oder obrigkeitliche, der Nehr- oder bürgerliche und Bauern-Stand, 2. Adel, Bürger und Bauern, 3. gelehrter (Geistliche, Juristen, Ärzte) und ungelehrter Stand, 4. Einteilungen nach Geschlecht, Alter, Gesundheit, zivilrechtlichem Status usw. Die Aufzählung zeigt, daß der Standesbegriff seine vom mittelalterlichen ordo-Denken hergeleitete Funktion einer Stabilisierung der Gesellschaftshierarchie nicht mehr wahrnehmen konnte. Die hier genannten Standesbegriffe übergreifen den politischen Bereich. Auch das Gegensatzpaar ›gelehrt‹ – ›nicht gelehrt‹ meint nicht wie in den Anfängen die soziale Differenz und die mit ihr begründete Privilegierung des ›gelehrten‹ Standes. Hier, in der Mitte des 18. Jahrhunderts, ist die entscheidende Bedeutung des ›Gelehrtseins‹ deutlich zurückgegangen.

Johann Jakob Moser ordnet in seiner großen Gesamtaufnahme des bestehenden Rechts, im 17., den Rechten und Pflichten der »Teutschen Unterthanen«

---

[34] Greuner: Rangverhältnisse, S. 24f., mit Angaben über weitere Frankfurter Kleiderordnungen von 1356, 1373, 1456, 1489, 1597, 1621, 1625, 1636, 1640, 1731. Vgl. ebd., S. 26f. die Bremer Vierständeeinteilung und die umfangreiche Regensburger Kleiderordnung von 1661, die sieben Stände kennt. Doktoren und Lizentiaten juris und medicinae gehörten zum zweiten Stand, nichtgraduierte Syndici und Sekretäre zum dritten Stand, Schulmeister an deutschen Schulen zum vierten Stand. Da der erste Stand von »Ratsherren, Konsulenten, adeligen Beisitzern, die von ihren Renten leben«, gebildet wird, zeigt die Zurückstufung der Doktoren in den zweiten Stand die für Süddeutschland typische Höherwertung des städtischen Patriziats.

[35] Eisenbart: Kleiderordnungen, S. 63. Ebenso zeigt die Universitätskleiderordnung von Leipzig aus dem Jahre 1482 die getrennte Behandlung des gelehrten Standes.

[36] Zedlers Universal-Lexicon Bd. 39 (1744), s. v. Stand, Sp. 1093–1103.

gewidmeten Band des »Neuen teutschen Staatsrechts« Gelehrte und Graduierte eindeutig dem bürgerlichen Stand zu;[37] ein Indiz für die Aufhebung aller außerständischen Privilegien und für die stattgefundene Integration des Gelehrtentums in das Bürgertum mit allen Konsequenzen für Funktion, Legitimation und Verpflichtung des beamtenrechtlich definierten Wissenschaftlers.

Welche Schwierigkeiten die Definition des Gelehrtenstandes in der 2. Hälfte des 18. Jahrhunderts bereitete, charakterisiert die Feststellung *Michael von Loens:*

> »Der gelehrte Stand ist eigentlich kein besonderer Stand: Es geziemet allen Menschen etwas zu wissen: Wir sollten alle nach den Absichten des Schöpfers verständige Creaturen und Schüler der Weisheit seyn. Wir sollten uns, ein jeder nach seinem Stand und nach der Fähigkeit, die er besitzt, in allerhand nützlichen Künsten und Wissenschaften unterrichten lassen; Denn, wo der Weisen viel sind, da ist des Volkes Heil.«[38]

Loens Definition des »gelehrten Standes« – die übrigens Wilhelm Heinrich Riehls Begriff des »unechten Standes« vorgreift, bringt zum Ausdruck, daß der erfaßte Personenkreis einen reinen Berufs- und Gesinnungsstand meint. Jedoch enthält von Loens Charakterisierung des Gelehrten nicht nur das aufklärerische Postulat, es schwingt darin auch ein Bedauern über die Abwertung des Gelehrtenstandes mit, der in einem ausschließlich vom Hof gelenkten Untertanenstaat nicht mehr die ihm zukommende Funktion des weisen Ratgebers einnehmen kann. Im 18. Jahrhundert befand sich der Gelehrtenstand als sozial privilegierter Stand bereits in voller Auflösung.

So ist der Vorschlag, den Johann Daniel Schulze in seiner gegen Ende des 18. Jahrhunderts verfaßten Universitätsgeschichte Leipzigs macht, eine konsequente Resultante dieser Entwicklung. Er stuft die »Gelehrtenschaft« nicht mehr nach sozialen Gesichtspunkten ab, sondern sieht eine rein innerakademische Rangordnung vor, wenn er empfiehlt, eine Gelehrtengeschichte der in- und außerhalb Leipzigs verstorbenen Gelehrten nach den Rubriken »akademische Gelehrte«, »Gelehrte an Kirchen« (Prediger) und »Gelehrte an Schulen« (Schullehrer), »Privatgelehrte«, »gelehrte Kaufleute« u. a. zu schreiben.[39] »Gelehrter« bezeichnet hier ausschließlich eine geistige Verfassung: Gelehrter ist, gleichgültig, welchem Berufsstand er angehört, ein im Besitz von ›Gelehrsamkeit‹ befindlicher Mann.

Der Begriff »gelehrter Stand« erfaßt nun eine nicht mehr sozial eindeutig fixierbare Schicht: »Die Gelehrten zusammengenommen, als Ganzes betrachtet.«[40] Die Identifikation des ›Gelehrten‹ mit dem Autor, dem Schriftststeller, die

---

[37] Moser: Von der Teutschen Unterthanen Rechten, S. 463.

[38] Johann Michael von Loen: Freye Gedanken, S. 19–24, hier S. 19f.; vgl. Cohn: Gesellschaftsideale, S. 212ff.; Kiesel: ›Bei Hof, bei Höll‹, S. 199ff.; ferner Haeckel: J. M. von Loen, S. 36ff.; Sieber: J. M. von Loen.

[39] Schulze: Abriß S. XLf.

[40] Campe: Wörterbuch, 2. Teil (1808), S. 291.

Christian Gottlieb Jöcher in der Vorrede zum ›Allgemeinen Gelehrten-Lexicon‹ vornimmt, folgt daraus fast zwangsläufig.[41]

Anders war die Situation im 16. und 17. Jahrhundert. Hier galt keineswegs jeder Autor als ›Gelehrter‹; dagegen gehörten zahlreiche Nicht-Autoren zur Gruppe der ›Gelehrten‹, die sich nicht allein durch ihre Tätigkeit, sondern ebenso stark durch ihre Ausbildung definierte.

1.2. Differenzierungen innerhalb des Gelehrtenstandes

(1) Der lateinsprachige Gelehrtenstand im weiteren Sinne

Als ›Gelehrter‹ konnte jeder gelten, der eine Lateinschule (auch Partikular- oder Trivialschule genannt) besucht hatte und der imstande war, eine Unterhaltung in lateinischer Sprache zu führen. Die Abgrenzung des eigentlichen Gelehrtenstandes von den Nicht-Gelehrten war durchaus sozial fixiert – der Gelehrtenstand war Inhaber zahlreicher Privilegien; doch in den Randsphären war diese sozialökonomische Privilegierung nicht gegeben. Dagegen spielte das rein äußerliche Unterscheidungskriterium der lateinischen Sprache auch in den Randbereichen die ausschlaggebende Rolle. Gelehrt war, der Herkunft des Begriffes gemäß, wer die lateinische Sprache, das internationale Verkehrsmittel der gelehrten Welt, beherrschte, mochte er auch eine gesellschaftliche Position einnehmen, die nicht eigentlich mit dem Beruf eines Gelehrten vereinbar war. Die Gelehrtenschaft grenzte sich selbst von anderen gesellschaftlichen Schichten ab durch den Gebrauch einer eigenen Sprache; von ihrer Beherrschung her definierte sich zunächst ganz äußerlich der Status der Gelehrten. Denn wenn auch das Latein in Italien seit etwa 1500, in Deutschland seit etwa 1600 für die Literatur an Bedeutung verlor, so spielte es unverändert für die Gelehrten die Rolle des allgemeinen Kommunikationsmittels und reflektierte die gemeinschaftliche Gesinnung, die den Gelehrtenstand als *Gesinnungsstand* charakterisierte. »Die Lateinkenntnis ist der einzige Befähigungsnachweis, den die Schulen und die Gelehrtenrepublik von ihren Jüngern verlangen; sie allein öffnete ihnen die Tore der civitas Dei.«[42] Mit Zunahme der Sprachenkenntnis stieg rein äußerlich auch das Gelehrtenansehen. Der Ausspruch des Crailsheimer Rektors Johann Ernst Geyer gegenüber seinen Schülern »Wie fein stehet es, wenn man redet hebräisch, griechisch und latein« ist, noch in der Mitte des 17. Jahrhunderts, für diese Gesinnung symptomatisch.[43]

Als gelehrt galten im Mittelalter selbstverständlich sämtliche Kleriker als alleinige Inhaber der Lese- und Schreibtechnik. Der Ritter, der lesen oder gar

---

[41] Jöcher: Allgemeines Gelehrten-Lexicon, Bd. 1 (1750), Vorrede. Neben eindeutig als ›Gelehrten‹ charakterisierten Autoren wie Opitz, Lohenstein (»Poete, Redner und Polyhistor«), Gryphius (»Redner und Poete«) findet auch der nicht-gelehrte Autor Grimmelshausen (»hat einige deutschen Romanen [...] ediret«) Erwähnung.

[42] Olschki: Galilei, S. 113.

[43] Zit. nach Seiferheld: Geschichte, S. 643.

schreiben konnte, war eine Ausnahme. In der Renaissance allerdings erlebte gerade die vom Sprachlichen sich herleitende Definition eine Einengung: die Humanisten, deren Stilideal ausschließlich die römische Klassik und das ciceronianische Latein waren, werteten das Küchenlatein der Mönche und das spätmittelalterliche Latein der Scholastiker unübersehbar ab. Die »alten patres« galten als »schlecht gelert«, »dann sie haben nur am Pirlipars und Peter von Hispanien gelernet, wissen nit vil von dem zierlichen Latein Ciceronis und Virgili zu sagen«.[44] Trunz umschreibt diese gesellschaftliche, nur ungenau als (sozialer) Stand fixierbare Schicht der Gelehrten mit dem Begriff der »nobilitas literaria«.[45] Sie ist jedoch nicht völlig identisch mit dem Kreis derer, die als ›Gelehrte‹ anzusprechen sind. Zu Recht betont Trunz, daß der Gelehrte keines akademischen Titels bedurft habe; auch der Magistertitel sei nicht notwendig: »Jeder, der einen gelehrten Beruf hatte, der Geistlicher, Richter oder Lateinlehrer war, wurde dem Gelehrtenstande zugezählt.«[46] Etwas schief ist die Argumentation lediglich deshalb, weil Trunz offenbar den Magistertitel allzu sehr vom Stand des 20. Jahrhunderts aus bewertet. »Viele besaßen nur den Magistertitel« – die Akten der Universität Leipzig für die Jahre 1427–1520 zeigen immerhin, daß nur ⅐ aller Baccalarien den Magistergrad der artistischen Fakultät erwarb.[47] Von den immatrikulierten Studenten erreichte nur etwa ¼ den Grad des Baccalarius.[48]

Als seltene Möglichkeit trifft es zwar zu, daß die Gelehrtenschicht nach oben »durch die Doctoren in den Adel« überging, weniger jedoch, daß der *Berufsstand* auch nach unten hin den Übergang ins Bürgertum vermittelt habe. Trunz nennt als Vermittlungsstufe den zum Handwerker oder Kaufmann gewordenen Baccalarius.[49] Diese Sichtweise trifft den Sachverhalt insofern nicht, als die Gelehrtenschaft und der ›Adel‹ einerseits, die ›Gelehrtenschaft‹ und das ›Bürgertum‹ andererseits auf verschiedenen Ebenen lagen und sich als gesellschaftliche Formationen nicht ausschlossen.[50] Nur in einem sehr eingeengten Sinn und für eine relativ umgrenzte Gruppe hatte der Gelehrtenstand die Bedeutung eines sozialen Standes. Im weiteren Sinn des ›Gesinnungsstandes‹ umfaßte der Gelehrtenstand Teile des Adels und des Bürgertums: Ein Adliger wie auch ein Bürgerlicher

---

44 Schade: ain schöner dialogus, sat. 2; zit. nach Grimm, DWB IV 1, 2, Sp. 2961.
45 Trunz: Der deutsche Späthumanismus, S. 150. Zum Gelehrtenstand im Mittelalter s. Borst: Lebensformen, S. 500ff., bes. S. 560ff.
46 Ebd., S. 151.
47 Kaufmann: Geschichte, Bd. 2, S. 305 Anm. 3.
48 S. die Tabelle bei Kaufmann, ebd., S. 306.
49 Trunz: Der deutsche Späthumanismus, S. 151.
50 Wiedemann: Barocksprache, S. 40f., äußert sich skeptisch gegenüber dem in der Forschung häufig anzutreffenden Junktim von Gelehrtentum und Bürgerlichkeit. Nach Wiedemann ist Gelehrtentum »überwiegend mittelständisch«, seiner Funktion nach »notwendig herrschaftsorientiert«. Dem ist, mit Christoph Weigel, zuzustimmen; doch unterscheidet etwa Ambrosius Lobwasser strikt zwischen Gelehrtentum und Bürgertum in: »Zierliche / nützliche vnd artige Deutsche Epigrammata. Von allerley Ständen und Leuten in gemein.« Magdeburg 1611.

konnte zugleich Gelehrter sein. Das Beispiel des Lehrers an einer städtischen Lateinschule ist hierfür typisch.

Thomas Platter berichtet in seiner Lebensbeschreibung von verschiedenen Lehrern, vom »Magister Parisiensis« Wolfgang Knöwell, der Schulmeister in Zürich geworden war,[51] von einem Lehrer aus Einsiedeln, »ein gar gelehrter Mann und Schulmeister, aber grausam wunderlich«,[52] von einem »Baccalaureus mit Namen Georg von Andlow, ein gar gelehrter Gesell, der vexierte die Bacchanten so jämmerlich übel mit dem Donat [...].« Sein eigener Wunsch, gelehrt zu werden, reflektierte sicherlich die sozialen Aufstiegsmöglichkeiten dieses Standes.[53] Der »faule ungelehrte Pfaffe«, dem die Schüler beim Singen der Messe helfen mußten, von dem er berichtet, war zweifellos ein des Lateinischen nur unzulänglich Kundiger.[54]

Von den anzustellenden Lehrern wurde neben der Gelehrsamkeit in erster Linie Frömmigkeit verlangt; der Lehrer sollte ein »frommer, untadlicher, wohlgelehrter« Mann sein (Leisniger Kastenordnung).[55] Die *Braunschweiger Kirchenordnung* von 1528 bestimmte: »Wir wollen uns befleißigen, redliche und genugsam gelehrte Gesellen zu halten bei den Schulen.«[56] Ein gelehrter Magister könne in drei Jahren die Kinder besser erziehen als ein schlechter in 20 Jahren. Auch die Hessische Visitationsordnung von 1537 forderte »tügliche, fromme, gelerte und gotßförchtige« Männer.[57] Manche Kirchen- und Schulordnungen sahen eine Prüfung des Lehramtskandidaten vor Übernahme der Stelle vor: in Minden wurde neben christlicher Einstellung und Gelehrsamkeit dazuhin Kenntnis des Griechischen und des Hebräischen erwartet (Minden 1530). Die *Württembergische Kirchenordnung* von 1559 sah neben einem Nachweis der Studienausbildung und der bisherigen Tätigkeiten ein zweifaches Examen vor: »Dieweil zu dem heiligen Predigamt, weltlicher Oberkeit, zeitlichen Amptern, Regimenten, vnn Haußhaltung, rechtgeschaffne, weise, gelerte, geschickte vnn gotsferchtige Menner gehören.«[58] Das eine Examen bestand in einer ›Lehrprobe‹, in der vor allem die Tauglichkeit in der Grammatik zu erweisen war, das andere in einer Gesinnungsanalyse, in der der Kandidat von den Kirchenältesten »seiner Pietät halben auf Unsern Katechismum [...] ordentlich und mit sonderm Fleiß examiniert« wurde. Mitunter wurde der Erwerb eines akademischen Grades zur Voraussetzung einer Einstellung gemacht. Die Hadelnsche Kirchenordnung von 1544 wünschte einen Magister promotus, wenigstens aber einen Magister latinus et congruus Dialecti-

[51] Thomas Platter: Lebensbeschreibung. Hrsg. von Retter, S. 73f.
[52] Platter: Lebensgeschichte, S. 28.
[53] Ebd., S. 77.
[54] Ebd., S. 79.
[55] Mertz: Das Schulwesen, S. 408.
[56] Ebd.
[57] Vormbaum: Die evangelischen Schulordnungen, Bd. 1, Nr. 7. Hessische Ordnung von 1537, hier S. 33.
[58] Schulordnung aus der Württembergischen Kirchenordnung von 1559. In: Vormbaum I, Nr. 14, S. 68–165, hier S. 68ff.

cus et Musicus. Im Heidelberger Pädagogium sollten die Lehrer der unteren Klassen das Baccalaureat, die der oberen Klassen den Magistertitel besitzen.[59] Einige Schulordnungen widmeten einen eigenen Paragraphen den Privilegien der »gelehrten« Schulmänner. Die in der *Schleswig-Holsteinischen Kirchenordnung* enthaltene Schulordnung von 1542 verfügte:

> »Priuilegia der gelerden.
>
> Darmit dat Wort Gades, vnde de dögeden yn eeren, geholden mögen werden, So wille wy ock geliker wyse al se wy van vnsen vorfedern entfangen, ock van allen Christliken Fürsten geholden wert, Dat de Prediger vnde ander, so wol kercken alse scholen dener, sampt den Schölern vnde studenten ere wöntlike Priuilegia vnde fryheide beholden, Dat se fry syn, van aller beschattinge vnde beschweringe, wente solcke lüde hebben genoch tho donde, dat se vp ere Ampte, welckere dem gemenen manne, thom besten kümpt, sehen vnde acht geuen möthen.«[60]

Die *Kursächsische Schulordnung* von 1580 forderte, wie viele andere Ordnungen auch, »gelehrte, gottfürchtige und zu solchem Ambt und Arbeit gut eifrige und unverdrossene Schulmeister.« Drei Dinge verlangte sie von ihnen: Sie müssen »wohl gelehrt« sein; sie müssen fleißig und unverdrossen sein und sich gegenüber den Knaben mit freundlicher Bestimmtheit verhalten; schließlich sollen sie die richtigen Lehrmethoden beherrschen. »Denn was will der lehren, der selbst ungelehrt ist und nichts gelernet hat?«[61]

Die *Lehrer an den Lateinschulen* standen jedoch, obwohl sie zweifellos als ›Gelehrte‹ galten, nur in geringem gesellschaftlichem Ansehen,[62] trotz der von den Humanisten und den Reformatoren Luther und Melanchthon[63] für die Hebung des Lehrerstandes vorgebrachten Argumente. An den meist den Universitäten inkorporierten Pädagogien, den Übergangsschulen zwischen Lateinschulen und Universitäten, hießen die Lehrer ›professores‹, die Lehrer der gewöhnlichen Lateinschulen wurden ›praeceptores‹ genannt. Daneben gab es ›provisores‹ oder ›collaboratores‹ geheißene Hilfslehrer.[64] Obwohl während des 16. Jahrhunderts die Anzahl der Lateinschulen zunahm und sogar kleinere Städte zwei bis sechs Lehrer an einer Schule, größere Städte mehr als 20 Lateinlehrer hatten,[65] schwankte die gesellschaftliche Geltung des Lehrerstandes. In der sozialen Rangordnung der städtischen Honoratioren nahm er eine mittlere Position ein. Selbstverständlich wurde er zu öffentlichen Anlässen eingeladen. Die Tatsache, daß sein

---

[59] Mertz: Das Schulwesen, S. 410.

[60] Schulordnung aus der Schleswig-Holsteinischen Kirchenordnung von 1542. In: Vormbaum I, Nr. 8, S. 38; vgl. den Passus »Privilegia der Gelehrden« in der Schulordnung der Braunschweig'schen Kirchenordnung von 1543. Ebd., Nr. 9, S. 50; sowie die Schulordnung aus der Lippe'schen Kirchenordnung von 1571. Ebd., Nr. 19, S. 225.

[61] Schulordnung aus der Kursächsischen Kirchenordnung von 1580. In: Vormbaum I, Nr. 21, S. 251, 277; vgl. die Schulordnung aus der Niedersächsischen Kirchenordnung von 1585. Ebd., Nr. 25, S. 397.

[62] Mertz: Das Schulwesen, S. 408ff.

[63] Ebd., S. 403.

[64] Ebd., S. 404.

[65] Trunz: Der deutsche Späthumanismus, S. 156.

Name in Urkunden hinter dem Vogt, dem Bürgermeister und dem Pfarrer erscheint, ist jedoch ein Indiz für sein mittleres soziales Ansehen. In der Regel stand er auf einer Stufe mit Vikaren, Stadtschreibern und Gerichtsbeamten.[66] Die Lösung des Lehramtes vom geistlichen Beruf brachte zwar zunächst eine Minderung des Ansehens mit sich, doch wuchs bereits im 16. Jahrhundert die Bedeutung des Lehrers der Lateinschule, zweifellos eine Auswirkung der humanistischen, schließlich auch von den Reformatoren geförderten Bewegung. Eine Ausnahme blieb freilich die Anordnung des Grafen Helfenstein von 1532, jeder Schulmeister in Wiesensteig solle von den Einkünften des Stiftes ebenso viel zugeteilt bekommen wie ein Stiftsherr, weil ein Lehrer nötiger als ein Stiftsherr sei.[67] Über die soziale Lage der Lehrer in der freien Reichsstadt Esslingen unterrichten verschiedene öffentliche Ordnungen. Die Leichenordnung von 1677 kennt drei Klassen: In der ersten Klasse befinden sich die Bürgermeister, die Geheimen, die Geistlichen, der Kleine Rat, verschiedene städtische Beamte, die »medici absque concessione« und die Lehrer.[68] Die zweite Klasse umfaßt den Großen Rat, den Obermeister, den Stadtarzt, den obersten Zollbeamten und andere Vornehme. Zur dritten Klasse rechnen die gemeinen Bürger. Dagegen gliedert die Kleiderordnung von 1711 die Einwohner nach fünf Klassen. Die Lehrer gehören hier nicht mehr der zweiten Klasse an, zu der die Träger akademischer Titel zählen: Geistliche, Ärzte und Juristen, ferner Mitglieder des Inneren Rates und ihnen ranggleiche Beamte; sie stehen hier erst in der dritten Klasse zusammen mit dem Großen Rat, den Apothekern und den größeren Kaufleuten.[69] Selbst die Rektoren mußten öfters um ihren sozialen Rang kämpfen. Im Jahre 1729 noch verlangte der Rektor Salzmann »einen ehrlichen Lokus unter andern Gelehrten«, weil das städtische Pädagogium, in dem alles auf Gymnasien Übliche gelehrt werde, mehr »Consideration« verdiene als die Trivialschule einer kleinen Stadt, und wegen seiner Position als Rektor, der Realdisziplinen unterrichte und seine Schüler »immediate«, also ohne Umweg über ein Pädagogium, auf die Universität schicke.[70] Anders als 1677 standen 1724 die Lehrer beim Leichengeläut wesentlich unterhalb der Geistlichkeit: hinter dem Großen Rat, den Spital- und den Kastenoffizianten; bei anderen öffentlichen Anlässen blieb die Gleichrangigkeit allerdings gewahrt. 1764 schließlich wurde wenigstens der Rektor den Diakonen wieder gleichgesetzt.[71] In Esslingen wurden die Klagen der »armen Schulleute« auch besonders hörbar.[72] Die hohe nervliche Belastung des Berufes und die geringe Besoldung machten das Lehramt unattraktiv. Wieder von den Esslinger Lehrern heißt es:

---

[66] Julius Wagner: Die Zeit des Humanismus, S. 399.
[67] Ebd., S. 400.
[68] Mayer: Geschichte, S. 264.
[69] Kleiderordnung vom 27. August 1711. In der ersten Klasse sind Bürgermeister, Stadtammann, Geheime, Konsulenten und alle Ranggleichen. Pfaff: Geschichte der Reichsstadt Eßlingen, S. 633.
[70] Mayer: Geschichte, S. 264.
[71] Ebd., S. 264.
[72] Ebd., S. 264 Anm. 17.

»Die Gelehrten werden so schützisch und bachantisch gehalten, daß sie kaum das tägliche Brot kriegen mögen und dazu mit Eselsarbeit überladen, daß sie kaum Atem fahen können, dafür sie nichts denn Schmach, Nachred und allerlei Undank empfahen.«[73] Daher strebten zahlreiche Lehrer das Pfarramt an, und betrachteten die Schulzeit nur als Durchgangsstadium.[74] Luther selbst, der das Schulmeisteramt für das nach dem Predigtamt wohl »allernützlichste, größte und beste« hielt,[75] hatte das Übel des häufigen Lehrerwechsels erkannt: »Jetzt wollen die jungen Gesellen von Stund an alle Prediger werden und fliehen der Schulen Arbeit«. Sein Verständnis für den harten Beruf des Lehrers vermochte freilich dem Übelstand nicht abzuhelfen: »Aber wenn einer hat Schule gehalten ungefähr zehn Jahre, so mag er mit gutem Gewissen davon lassen. Denn die Arbeit ist zu groß und man hält sie zu geringe.«[76]

Wie die Lehrer gehörten auch die *Studenten* zur Gelehrtenschicht. Fließend wurden die Übergänge erst im Bereich derer, die zwar die Lateinschulen besucht, jedoch nicht studiert hatten oder keinen gelehrten Beruf ausübten. Zu dieser »Zwischenschicht« rechnen die Buchdrucker, die Apotheker und Wundärzte, die beamteten Schreiber, Sekretäre und Amtsleute, die Küster, die Alchimisten und die Laientheologen.[77]

Der *Küster* ist vielleicht für die Gruppe der Halbgelehrten die typischste Gestalt. Er lehrte die Kinder an den Volksschulen, den zur Unterscheidung von den Lateinschulen sogenannten ›deutschen Schulen‹, zunächst den Katechismus. Dazu brauchte er keine besondere Vorbildung. Im Laufe der Zeit kam regelmäßig der Unterricht im Lesen, Schreiben und Rechnen an den deutschen Schulen hinzu.

Zuweilen unterrichtete er sogar in den unteren Klassen der Lateinschulen die Grundbegriffe des Lateinischen.[78] Der Meißener Visitationsabschied von 1540 hielt die Anstellung gelehrter Küster für erstrebenswert.[79] Mit der Erweiterung der Berufspflichten wuchsen die an das Küsteramt gestellten Anforderungen und

---

[73] Wagner: Die Zeit des Humanismus, S. 400. Vgl. Mertz: Das Schulwesen, S. 426f. In Brandenburg ist den Lehrern durch die Visitations- und Konsistorialordnung von 1573 das Betreiben von Handwerken, von Arznei- und Prozeßkrämerei verboten.

[74] Mertz: Das Schulwesen, S. 412; Mayer: Geschichte, S. 401.

[75] Mertz: Das Schulwesen, S. 402

[76] Ebd., S. 410. Zur sozialen Notsituation des Schullehrerstandes im 17. Jahrhundert s. Kuranders (d.i. Balthasar Kindermann) »Neue Gesichter«. Wittenberg 1673; darin das zweite Gesicht »Der Verachtete Schulen-Diener«, erste Ausgabe Wittenberg 1666. Zur Tradition der Schulklage s. auch Eberhard von Bethune: De miseriis rectorum scholarum, um 1212; Philipp Melanchthon: De miseriis paedagogorum – eine akademische Gelegenheitsrede. Vgl. Andreas Fabricius' Urteil: Der Heylige / Kluge / vnd Gelehrte Teuffel, S. CXCIV. »Welche Mühselige arbeit ist es nur / einen Tag eine Schule regieren / darinne etliche Hundert knaben seyn / schweige denn / etliche viel Jhare / das einer lieber solt Hundert mal Todt seyn / das niemand gleubet / denn der es versuchet.«

[77] Trunz: Der deutsche Späthumanismus, S. 158.

[78] Mertz: Das Schulwesen, S. 406.

[79] Ebenso die Pommersche Kirchenordnung von 1563; ebd., S. 400.

das gesellschaftliche Ansehen.[80] Die Wirklichkeit freilich entsprach selten den Sollbestimmungen der Kirchenordnungen; oft hatten ungelehrte Handwerker oder ›Bachanten‹ das Küsteramt bzw. die Lehrstellen an deutschen Schulen inne. Sie zählten von vornherein nicht zur societas der Gelehrten.

An die große Gruppe der ständisch nicht exakt definierbaren ›Gelehrten‹, die also nur im landläufigen Sinn als gelehrt galten oder die ihrer Selbsteinschätzung zufolge gelehrt zu sein glaubten, ohne daß sich dies in der sozialen Rangordnung bemerkbar machte, schließt sich die eigentliche ständisch fixierbare Klasse der Gelehrten an. Sie legte auf die Privilegien ihres Standes einen kaum zu steigernden Wert, den sie zumindest im 16. und frühen 17. Jahrhundert auch gesetzlich zugebilligt erhielt.

(2) Die gesetzliche Definition der Graduierten und ihrer Vorrechte

Dieser eigentliche Gelehrtenstand, die als ›Gelehrtenrepublik‹ oder in späterer Zeit, unter bezeichnender Berücksichtigung der nationalen Grenzen, als das ›gelehrte Teutschland‹[81] apostrophierte Kongregation entstammte dem geistlichen Stand des Mittelalters und gewann erst mit der Ausbreitung der Universitäten einen Status als privilegierter weltlicher Stand.[82] Die enge Verbindung mit der Universität ist für den Gelehrtenstand daher während des späten Mittelalters und der frühen Neuzeit charakteristisch.[83]

Die Struktur der mittelalterlichen Universität kannte keinen Fachgelehrten im modernen Sinn. Die Fluktuation zwischen den Fakultäten, vor allem von der artistischen zu den drei höheren, war beträchtlich; vielen Universitätslehrern galt die artistische Fakultät als Durchgangsstadium. Sie mußte, sollte ein Lehramt in einer höheren Fakultät erreicht werden, ohnehin absolviert werden; das entsprach dem Ideal des ›studium generale‹. Doch konnten Lehrende etwa der juristischen Fakultät ebenfalls Veranstaltungen philosophischen oder ethischen Inhalts abhalten (Moralethik gehörte in den Fachbereich der artistischen Fakultät). Als Universitätsangehörige durften sie allerdings nur einer Fakultät angehören. Wer einen akademischen Grad, den Magister- oder den Doktortitel erworben hatte, war beinahe automatisch zum akademischen Unterricht berechtigt. Bereits in einer Fakultät Arrivierte begannen nach Beendigung ihres Studiums häufig ein Zweitstudium. Das erste Studium umfaßte also die Ausbildung in der artistischen Fakultät mit dem Magisterabschluß und, wenn der etwa 25jährige Magister Theologie studieren wollte, weitere 6 Jahre bis zum Erwerb des theologischen Doktorgrades.[84] Das Zweitstudium, entweder Jurisprudenz oder Medizin, konnte

---

80 Dazu die einzelnen Kirchenordnungen bei Mertz, S. 406f. und Vormbaum I, passim.

81 Johann Georg Meusel: Das gelehrte Teutschland, 5. Ausgabe. 23 Bde. Lemgo 1796–1834.

82 Zum folgenden vgl. Boehm: De negotiis scholaris, S. 29ff.

83 Kaufmann: Geschichte; Classen: Die Hohen Schulen, S. 145ff.

84 Kaufmann: Geschichte, Bd. 2, S. 277ff.

also erst mit Anfang 30 begonnen werden. Dieser Sachverhalt erklärt die fließenden Grenzen zwischen Studierenden und Lehrenden, und die Schwierigkeit, an der Universität selbst im Sinne einer heutigen Hierarchie exakte Rangstufen festzulegen.

Die Gruppe der eigentlichen *›Gelehrten‹* bildeten alle mit einem akademischen Grad versehenen Hochschulabsolventen. Sie waren mit dem Magistertitel der artistischen Fakultät oder mit dem Doktortitel der höheren Fakultäten ausgestattet, also Lehrer an gehobenen Lateinschulen, Ärzte, Advokaten und Theologen, die nicht an der Universität lehrten, jedoch durch ihren Titel zur Lehre befähigt waren. Sie standen in kaiserlichen, fürstlichen oder städtischen Diensten oder übten freie Berufe aus.

Noch das »Wörterbuch der Deutschen Sprache« von Joachim Heinrich Campe von 1808 kennt die traditionellen Typen des ›Gelehrten‹, »nach Maßgabe des Theiles der Gelehrsamkeit, den er vorzüglich sich zu eigen gemacht hat«: den Gottesgelehrten, den Rechtsgelehrten, den Arzeneigelehrten, den Schulgelehrten und den Sprachgelehrten, schließlich noch den »amtfreien« Gelehrten, also den Privatgelehrten.[85] In Kaspar Stielers Wörterbuch »Der Teutschen Sprache Stammbaum« von 1691 finden sich ebenfalls die Begriffe des »Rechtsgelehrten«, des »Gottesgelehrten« und des »gelehrten Arztes«. Unter den außerdem genannten »Weysheitsgelehrten« und »Kunstgelehrten« versteht Stieler den Philosophen und den Philologen.[86] Schul- und Sprachgelehrte, Philosophen und Philologen sind aus der artistischen Fakultät hervorgegangen; sie genießen, weil eben die artistische Fakultät bis ins 18. Jahrhundert hinein vorbereitende Funktionen zu übernehmen hatte, ein geringeres Ansehen als die Mitglieder oder Absolventen der höheren Fakultäten. Das zeigte sich am Berufsstand der Lehrer-Gelehrten in negativer Hinsicht; es zeigt sich in positiver Hinsicht an der sozialen Geltung der *Doktoren der oberen Fakultäten.* Diese Gruppe läßt sich mit Hilfe der Reichs- und der landesfürstlichen Gesetzgebung exakt erfassen. Besonders die zahlreichen *Kleiderordnungen* geben ein umfangreiches Material an die Hand.[87]

Deutschland folgt in der Kleidergesetzgebung Frankreich und Italien mit einer Verspätung von rund 50 Jahren. Nach Ansätzen auf dem Reichstag von Lindau wurde die erste Reichsordnung auf dem Augsburger Reichstag von 1500 erlassen; ihr folgten die *Reichsabschiede* von 1530, 1548 und 1577. Der Augsburger Reichstag von 1530 unterscheidet folgende Stände:

Titel X. »Bauers-Leute auff dem Land«,
XI. »Bürger und Inwohner in Städten«,
XII. »Kauff- und Gewerbs-Leute«,
XIII. »Bürger in Städten / so vom Rath / Geschlechten / oder sonst fürnehmes Herkommens sind / und ihrer Zinß und Renthen geleben«,

---

[85] Campe: Wörterbuch 2. Teil (1808), S. 291.

[86] Kaspar Stieler: Der Teutschen Sprache Stammbaum, Bd. 1, S. 1127.

[87] Zu den Kleiderordnungen vgl. Sinemus: Stilordnung, S. 22–43; generell Eisenbart: Kleiderordnungen.

XIV. »Adel«,
XV. »Doctoren«,
XVI. »Graffen und Herren«.[88]

Der Augsburger Reichsabschied von 1548 rafft diese Einteilung: Bürger, Bauern und andere Untertanen werden in einen Titel (X) zusammengefaßt. Unverändert folgen die Titel über den Adel (XI), die Doktoren (XII) und die »Graffen und Herren« (XIII).[89]

Unter dem gegen den Kleiderluxus gerichteten Titel »XXII. Von Überflüssigkeit der Kleider / und andern« bestimmen die Paragraphen 5–8 der unter Maximilian auf dem Augsburger Reichstag von 1500 erlassenen Reichskleiderordnung:

> § 5
> »Item / sollen jederman gefalten Hembder und Brusttücher mit Gold oder Silber gemacht / auch gülden und silbern Hauben zu tragen verbotten seyn / außgescheiden / Fürsten und Fürstmässigen / auch Grafen / Herrn / und die vom Adel / sollen hierinn nicht begriffen seyn / sondern sich sonst jeglicher nach seinem Stand / in solchem ziemlich halten und tragen / und Ubermaß vermeyden. Und sonderlich sollen die vom Adel / die nicht Ritter oder Doctores sind / Perlin oder Gold in ihren Hembdern und Brusttüchern zu tragen abstellen und vermeyden. Doch mögen die vom Adel / die Ritter / oder Doctores, zwo Untz Silbers / und nicht darüber / in ihren Hauben tragen.
>
> § 6
> Item / Bürger in Städten / die nicht vom Adel / Ritter oder Doctores sind / sollen kein Gold / Perlin / Sammet / Scharlach / Seyden / noch Zöblin oder Hermlin Futter tragen. Doch mögen sie ungefährlich Sammet oder Seyden zu Wämbsern / auch Schamlot zu Kleidung tragen. Deßgleichen ihren Frauen und Kindern ihre Kleider mit Sammet oder Seyden ziemlich verbremen und umblegen / aber nicht mit gülden oder silbern Stücken. Auch sollen ihren Töchtern / Jungfrauen / Perlin Hauptbändlein zu tragen unverbotten seyn / doch daß sie sich darinn auch einer ziemlichen Maaß befleissen / und nicht Ubermaß treiben.
>
> § 7
> Item / die vom Adel / so sie noch nicht Ritter / oder Doctores sind / sollen kein Gold noch Perlin offentlich tragen / und ihre Kleidung mit Farben / besonder auch gestickelt / ob sie dero machen lassen wolten: ziemlich machen.
>
> § 8
> Item / die vom Adel: so Ritter / oder Doctores sind / sollen kein gülden Stück tragen / doch soll es ihnen zu Wämbsern zu tragen unverbotten seyn.«[90]

Aus den Bestimmungen geht die Ranggleichheit zwischen den Doktoren und den Rittern hervor, wobei die Doktoren über dem einfachen Adel stehen.[91] Diese

---

[88] Reichs-Abschiede; hier der Abschied des Reichstags zu Augsburg 1530, S. 244–266; die Reichspolizeiordnung S. 267ff., hier S. 271f.

[89] Dazu Lauffer: Ausstattung nach Rang und Stand, S. 512–534. Lauffer orientiert sich an Falke: Die deutsche Trachten- und Modenwelt. Zweiter Theil (1858).

[90] Reichs-Abschiede: Abschied des Reichstags zu Augsburg 1500 »Von der Gülden und Silbern Müntz«, S. 81–93, hier S. 83.

[91] Zedlers Grosses Universal-Lexicon Bd. 15 (1737), s.v. Kleid, Sp. 889–897, hier Sp. 891. Eine wahrscheinlich aus der zweiten Hälfte des 15. Jahrhunderts stammende Pfälzer Polizeiordnung gliedert die Stände in fünf Gruppen: 1. Bauern und Arbeiter, 2. Handwerksleute und Bürger, 3. Geschlechter = Patrizier, 4. Adelige, die nicht Ritter oder Doktor sind, 5. Ritterschaft und promovierte Adelige. Baur: Kleiderordnungen, S. 24.

Bestimmung wird unter Karl V. auf dem Reichstag von Augsburg 1530 erneuert. Die Doktoren erscheinen eingereiht zwischen den Adel (Titel XIV) und die Grafen und Herren (Titel XVI):

»XV. Von Doctoren.
Dergleichen sollen und mögen die Doctores, und ihre Weiber / auch Kleider / Geschmuck / Ketten / gülden Ring und anders / ihrem Stand und Freyheit gemäß / tragen.«[92]

Der Abschied von 1530 verordnet, daß niemand »Pferds-Zeug« im Wert von mehr als zwei Gulden mit sich führen dürfe, »er sey dann ein Ritter oder Doctor«.

In den österreichischen, den Reichskleidergesetzgebungen nahestehenden Verordnungen begegnet ebenfalls die Gleichstellung von Doktoren und Adeligen. Die unter Maximilian I. 1518 erlassene Kleiderordnung bestimmt: »Perlen, goldene Ketten, und goldene Ringe um den Hals sollen jene, so nicht Ritter oder Doctoren sind, öffentlich nicht tragen; auch soll keiner einen Federbusch führen, der über 10fl. werth ist; aber Rosse und Harnische mag Jeder haben, so gut er will, nach seinem Vermögen.«[93]

Stärker differenziert eine handschriftlich erhaltene bairische Kleiderordnung von 1526, die innerhalb ihrer 17 Gruppen an erster Stelle die Ritter und Doktoren aufführt, an zweiter »Die Von Adl so nit Ritter, auch die Doctores so nit von Adl sind.« Der einfache Adelige mit Doktorsdiplom ist dem Ritter, der nichtadelige Doktor dem einfachen Adeligen gleichgestellt.[94]

Abgesehen von den territorialen Sonderbestimmungen läßt sich für das Reich die Gleichberechtigung des ›geistigen Adels‹ mit dem Geburtsadel konstatieren: »Die Erwerbung eines akademischen Grades bedeutete eine förmliche Standeserhöhung, der *doctor* titel ersetzte den Blutsadel.«[95] Die nächste Kleiderordnung des Augsburger Reichstages von 1548 kennt dieselbe Hierarchie,[96] im Titel über das »Pferds-Zeug« fällt allerdings der ›Doctor‹ weg. Die Policey-Ordnung von Frankfurt 1577 schließlich behält die übliche Bestimmung unverändert bei und schließt sich in der Frage des »Pferd-Zeugs« der Ordnung von 1548 an.

Die Kleiderordnungen haben verschiedene Motive. Vor allem in den landesfürstlichen und städtischen Kleiderordnungen begegnet das religiös-ethische

---

92 Reichs-Abschiede: »Ordnung und Reformation guter Policey / im Heiligen Römischen Reich / zu Augspurg / Anno 1530. auffgericht«, S. 267–278, hier S. 272.

93 Kink: Geschichte, Bd. 1, S. 54 und S. 54 Anm. 65. Das gleiche bestimmen auch die Kleiderordnungen von 1542, 1552, 1568, 1659, 1671, 1686, 1687, 1688, 1697. Über den Vorrang des Doktors sogar vor dem Ritter in Italien vgl. Meiners: Geschichte der Entstehung, Bd. 2, S. 318f.

94 Baur: Kleiderordnungen, S. 25. Die »Fürstliche Bayrische Landßordnung« von 1578 dagegen stellt Ritter, Adelige und Doktoren gleich, ebd., S. 27. Zu den Kleiderbestimmungen von 1526 vgl. S. 46f.

95 Boehm: Die Verleihung, S. 164–178. Zur ›nobilitas literaria‹ auch Sinemus: Poetik und Rhetorik, S. 207–244.

96 Reichs-Abschiede: »Ordnung und Reformation guter Policey / zu Beförderung des gemeinen Nutzens auff dem Reichs-Tag zu Augspurg, A.D. 1548 auffgericht«, S. 498–515, hier S. 504.

Motiv:[97] der Ursprung der Kleider komme vom Sündenfall und sollte daher »ein ewiges Denckmahl seyn unserer Schande und Elendes«; daher müsse gegen den »sträfflichen Überfluß«, gegen die »Kostbar- und Zärtlichkeit«, welche die Kleider zu einem »Pannier der Hoffahrt« und zu einer »Hecke der Wohllust« machten,[98] eingeschritten werden. Neben diesem Motiv dürfte jedoch das ökonomische Motiv wesentlicher sein. Man bekämpfte den Kleider- und Schmuckluxus, um den Import teurer ausländischer Stoffe, Edelmetalle und Schmucksteine herabzusetzen und die eigene Industrie zu fördern.[99] In den verschiedenen Reichstagsabschieden lautet die übereinstimmende Begründung:

> »[...] es wird durch die gülden Tücher / Sammet / Damast / Atlaß / fremde Tücher / köstliche Barreten / Perlen / und Untz-Gold / dero man sich jetzo zu Köstlichkeit der Kleydung gebraucht / ein überschwencklich Geld aus Teutscher Nation geführt / auch Neyd / Haß und Unwillen / zu Abbruch Christlicher Liebe erweckt / und so solche Köstlichkeit der Kleydung durchaus also unmässiglich gebraucht / daß unter dem Fürsten und Graffen / Graffen und Edelmann / Edelmann und Bürgern / Bürgern und Bauersmann / kein Unterscheid erkannt werden mag: So haben wir uns mit Churfürsten / Fürsten / und Ständen nachfolgender Ordnung der Kleydung vereinigt / und verglichen / die wir auch bey Straff und Pön darauff gesetzt / gäntzlich gehalten haben wollen.«[100]

Das merkantile Motiv, die Finanzkraft im eigenen Land zu stärken, die Steuereinnahmen zu erhöhen, die Arbeitslöhne und Lebensmittelpreise zu senken, ist in den Reichstagsabschieden mit einem sozialen Motiv gekoppelt, das, religiös verbrämt, im Kern machtpolitisch strukturiert ist: der gottgegebene Unterschied der Stände soll erhalten bleiben.[101] Seiner Aufrechterhaltung dient die Demonstration der Rangfolge in der Tracht. Der nur unwesentlich variierten Feststellung[102] stimmt der Volksprediger Geiler von Kaisersberg vorbehaltlos zu: »Wenn man die Stendt nit me in der Cleidunge unterscheiden kan, das ist ein bös Anzeichen!«[103]

Reichsgesetz bricht Landesgesetz. Auch Städte können Kleiderordnungen

---

97 Clemen: Eine Leipziger Kleiderordnung, S. 306.

98 Zedlers Grosses Universal-Lexicon 15 (1737), Sp. 889.

99 Baur: Kleiderordnungen, Kap. 4 »Gründe für die Kleiderordnungen«, S. 120–128.

100 Reichs-Abschiede: »Ordnung und Reformation guter Policey / zu Beförderung des gemeinen Nutzens auff dem Reichs-Tag zu Augspurg, A.D. 1548 auffgericht«, S. 498–515, hier S. 503; vgl. die entsprechenden Titel im Reichstagsabschied von Augsburg (1500), Tit. XXII, S. 83; Reichstagsabschied von Augsburg (1530), § 98, S. 258 und die ebd. beschlossene Polizeiordnung, § 1, S. 267f.; Tit. IX, S. 271; Reichs-Policey-Ordnung von Frankfurt (1577), Tit. IX, S. 876.

101 Treue: Kulturgeschichte, S. 201, deutet Kleiderordnungen als Ausdruck städtischer Auseinandersetzung, somit als Zeugnisse gesellschaftlicher Umstrukturierung.

102 Die Rangfolge findet sich in den Ordnungen der Reichs-Abschiede: Augsburg (1500), Tit. XXII, § 5–8, S. 83; Augsburg (1530), Tit. XIV–XVI, S. 272; Augsburg (1548), Tit. XI–XIII, S. 504; Frankfurt (1577), Tit. XI–XIII, S. 876f.

103 Sebastian Brant: Das Narrenschiff, Kap. 82 »Von burschem uffgang«, S. 213. Dazu die Predigt von Geiler von Kaisersberg über das Gedicht von Brant, Straßburg 1520. Ferner Janssen: Geschichte des deutschen Volkes, Bd. 1, S. 441; Scherr: Deutsche Kultur- und Sittengeschichte, S. 252; Steinhausen: Geschichte, Bd. 2, S. 94f.

erlassen, die allerdings nur für die ihrer Jurisdiktion Unterworfenen gelten. Ein in der Stadt wohnhafter Doktor ist also nicht »wider seine in den Reichs-Constitutionen erlangte *Priuilegia*«[104] an die städtische Kleiderordnung gebunden.

Der Schutz seiner Privilegien geht sogar soweit, daß ein Schluß aus der Tatsache seines städtischen Domizils auf den Verzicht seiner allgemeinen Vorrechte untersagt wird. Das gilt auch für die von den freien und Reichsstädten in das von Maximilian errichtete Reichsregiment abgeordneten Doktoren.[105] Von den insgesamt 20 Personen, die das Reichsregiment bildeten, sollten 6 aus den neuerrichteten Kreisen kommen; jeweils zwei von ihnen sollten in vierteljährlichem Turnus wechselnd die Reichsstädte Köln, Augsburg; Straßburg, Lübeck; Nürnberg, Goslar; Frankfurt und Ulm vertreten.[106] Die »Cammergerichtsordnung« von 1500 stellt anläßlich der Besoldungsnovelle Doktoren, Lizentiaten, Ritter und Edelleute in eine Gehaltsklasse.[107] Im übrigen begegnet die ständische Motivierung für Kleidergesetze zuerst in der landesfürstlichen Gesetzgebung. Die Mobilität einzelner Gruppen im Rahmen der durch Geburts- und Herrschaftsstände bestimmten mittelalterlichen Gesellschaft blieb Ausnahme.[108] Im Mittelalter hatte lediglich der Klerus die Möglichkeit eines sozialen Statuswechsels; im Zusammenhang mit der Säkularisation der Bildung erweiterte sich die Mobilität auf den Kreis der Graduierten. Doch lockerten sich im 15. Jahrhundert auch die Strukturen der übrigen Stände, bedingt vom Aufstieg der Städte und der damit verbundenen Etablierung eines ökonomisch starken bürgerlichen Patriziats. Die sächsischen Herzöge wandten sich in einem Brief aus dem Jahre 1478 gegen die Autonomiebestrebungen der Städte. Sie mißbilligten in Leipzig die Vernachlässigung der »ordenung und sacczunge, so ir der cleidung, hochzeit vnnd ander halben uf vnnser geschefte [...] gesacczt vnnd gemacht« und drangen auf Einhalten der gesetzlichen Bestimmungen, »dadurch mann eynen stannt vor den anderrn, alße das herkomenn, auch billich ist, erkennen vnnd haltten muge«.[109] Das Motiv der »Aufrechterhaltung der Standesunterschiede« begegnet in der Reichsgesetzgebung zuerst im Reichstagsabschied von 1530 und der dort errichteten Policey-Ordnung.[110] Seither taucht es in allen Reichs-, landesfürstlichen und städtischen Kleiderordnungen auf.[111]

---

104 Zedlers Grosses Universal-Lexicon 15 (1737), Sp. 891.

105 Reichs-Abschiede: »Ordnung des Regiments«, Reichstag zu Augsburg 1500, S. 60–68, S. 62f.

106 Ebd., S. 61–63, Tit. IV »Wie zwantzig Personen in das Regiment genommen seynd«, und Tit. V »Wie Sechs Räth aus der Ritterschafft / und Doctorn oder Licentiaten / aus den sechs Kreyßen sollen genommen werden.«

107 Reichs-Abschiede: »Cammergerichtsordnung« von Augsburg 1500, S. 72–77, hier S. 73, Tit. I, sieht einen gebesserten Besoldungsschlüssel vor. Vgl. auch die Vergünstigung der graduierten Notare in der »Ordnung der Notarien« von Köln 1512; Reichs-Abschiede, S. 130–136, hier § 15, S. 133.

108 Eisenbart: Kleiderordnungen, S. 53.

109 Ebd., S. 58.

110 Reichs-Abschiede, S. 258, 267f., 271.

111 Eisenbart: Kleiderordnungen, S. 58f., 115.

Verschiedene *städtische Kleiderordnungen* räumten den Graduierten eine Sonderstellung ein, insofern sie den Anordnungen der Reichs- bzw. Landesgesetze unterworfen waren. Gehörten die Graduierten jedoch einer Universität an, so galten für sie nicht die Reichsgesetze, sondern die von der jeweiligen Universität erlassenen Bestimmungen. Die Entwürfe zu der frühen (nicht erhaltenen) Leipziger Kleiderordnung von 1478 sahen (wie in Straßburg) Exemtion der Doktoren vor.[112] Die Leipziger Polizeiordnung von 1506[113] stellte die Doktoren und Lizentiaten frei: »Doch sollen Doctores und Licentiaten inn adir ausserhalb den Rethen, den solches von wirden ires standes zw tragen gebüreth, Des gleichen die gesste, die sich zw Liptzk wesentlich nicht enthalten, mit diesen obgeschriben Statuten nicht begriffen sein.«[114] Gesonderte Bestimmungen erhielten die Doktoren, die nichtadligen fürstlichen Räte ebenso wie die adligen Herren und Grafen auch in der sächsischen Landesordnung von 1546.[115] Im Unterschied zu den Frauen und Töchtern der Universitätsprofessoren genossen die weiblichen Familienmitglieder der bürgerlichen Graduierten keine Vorrechte:

> »In allen obgeschrieben pungkten und artigkeln sollen der Doctores weiber und töchter der weiber und töchter, die in Reten sein adir ine gleich geacht werden, sich mit cleidung und anderm yne gleichmessig zwhalden vorbunden sein, Bey pene eins itzlichen artigkels ubir der andern der obgerurten weyber und töchter kleidung gesatzt und aussgedrugkt.«[116]

Auch *landesfürstliche Kleiderordnungen* nahmen (in den Anfängen) die Graduierten aus: eine kurfürstlich-sächsische Kleiderordnung von 1612 ließ dem Adel Freiheit bei der Wahl von Kleiderstoffen; die bürgerlichen Doktoren mit dem Titel ›kurfürstlicher Rat‹ sollten sich nach der Reichspolizeiordnung richten. Sie stellte die Doktoren dem Adel gleich.[117] Daß die von Trunz für das 16. Jahrhundert herausgearbeitete Hochschätzung der ›Gelehrten‹ zumindest für die erste Hälfte des 17. Jahrhunderts in gleicher Weise galt, belegen zwei bairische Ordnungen von 1604 und 1626. Der Verordnungsentwurf von 1604 unterscheidet 13 Gruppen: 1. Grafen, Freiherrn und Hofadel, 2. Gräfinnnen, Freiinnen, Frauen von Adel, 3. Doktoren, 4. Sekretäre, Ratsschreiber und andere Kanzleiverwandte, 5. Hof- und Kammerdiener, und anderes niederes Hofgesinde, 6. Grafen und Herren, die nicht stets bei Hof sind, 7. Adel im Land (»so nicht bei Hof«), 8. Grafen, Herren und Adelige, deren Frauen, Diener und Dienerinnen usw.

---

112 Kroker: Leipziger Kleiderordnungen, S. 35. Zu den Straßburger Kleiderordnungen, die den hohen Rang der akademisch Gebildeten in der städtischen Hierarchie belegen, Hertner: Stadtwirtschaft, S. 17.

113 »Etliche der Stat Lipczk gesetz obir der burger: burgerin: auch ander inwoner tracht: Cleidung: wirtschafft: und anders uß des Raths ordnung und statuten in sunderheit gezcogen.« Clemen: Leipziger Kleiderordnung, S. 307; Abdruck der Ordnung S. 308–320.

114 Ebd., S. 310.

115 Eisenbart: Kleiderordnungen, S. 61.

116 Clemen: Leipziger Kleiderordnung, S. 312.

117 Bartsch: Sächsische Kleiderordnungen, S. 23; Steinhausen: Geschichte, Bd. 2, S. 77, 94f.; vgl. Bd. 1, S. 397.

Nichtadelige Doktoren, die an angesehenen Universitäten promovierten, galten dem Landadel gleich.[118] Bemerkenswert ist an dieser Ordnung die ausschließliche Orientierung der ständischen Hierarchie am Hof. Die Tatsache, daß die Schreiber und die Kammerdiener *vor* dem Landadel genannt – allerdings nicht ständisch eingestuft – werden, beleuchtet die zunehmende Bedeutung des Hofes als des gesellschaftlichen Zentrums im 17. Jahrhundert. Die Ordnung von 1626 differenziert bei den Graduierten. Wer als Graduierter kurfürstlicher Rat in München oder bei den Regierungen bzw. Professor an der Universität Ingolstadt war, wurde mit seiner Familie dem Adel gleichgestellt. Ein ›einfacher‹ Graduierter in der Stellung eines Advokaten, Stadtschreibers usw. wurde dagegen dem städtischen Patriziat zugeordnet.[119]

Die bairische Kleiderordnung von 1737 gliederte – dies ein deutlicher Unterschied zu den feudalistischen Ordnungen – im wesentlichen nach Berufskriterien. Sie enthält eine Liste der »gefreiten Personen«, der Gruppen, die von allgemein gültigen Verboten ausgenommen sind. In ihr stehen »diplomirte Personen« in einer Reihe mit Landadel und Patriziern.[120] Ein Mandat von 1730 verbot den Bürgern (mit Ausnahme der Räte) und Bauern das Tragen von Gold, Silber, kostbaren Stoffen und Spitzen. Die Mandate von 1747 und 1749 eximierten von diesen Einschränkungen die höheren Beamten (1747), Doktoren, Lizentiaten, Siegelführenden und besonders Dispensierten (1749).[121] Eine weitere Ausdehnung des befreiten Personenkreises erfolgte schon 1752 – für höhere Offiziere und Bürgermeister der Hauptstädte. Die Verordnung ist für den ›aufgeklärten Absolutismus‹ charakteristisch, da sie einerseits der feudalen Machtstruktur, andererseits der wachsenden (ökonomisch-kulturellen) Bedeutung des Bürgertums Rechnung trägt.

Schließlich läßt sich der gehobene Rang der Graduierten, insbesondere der Doktoren an der fürs Barockzeitalter symptomatischen *Titelvergabe* erkennen. Nach einem aus den 90er Jahren des 16. Jahrhunderts stammenden Edikt Kaiser Rudolfs II. nehmen die Doktoren eine Zwischenstellung zwischen dem zweiten und dem dritten Stand ein. Die »creirten Ritter« wurden mit »Edler Gestrenger Herr N.« (nicht »Herr von N.«), einfache Adelige mit »Edel Vester N.« (nicht »Herr«), Adelige in der Funktion von wirklichen Räten mit »Edel und Vester Herr N.«, Doktoren mit »Edler Hochgelehrter N.« (nicht »Herr« oder gar »Herr von«) angeredet. Der dritte Stand, das gehobene Bürgertum, erhält die Anrede »Edel-Vest«, dem vierten Stand, der Bevölkerung der Städte und Marktflecken, steht die Anrede »Ehrbarer« zu.[122] Innerhalb der Hausordnung, gegenüber dem Gesinde stand den Rittern die Anrede »Gestrenger Herr«, den Adeligen »Vester

---

[118] Baur: Kleiderordnungen, S. 28f.

[119] Ebd., S. 30; zu den Kleiderbestimmungen S. 54ff.; ebenso verfügt die Kleiderordnung von 1683, S. 33.

[120] Ebd., S. 37. [121] Ebd., S. 38; vgl. S. 67.

[122] Kayser Rudolphi II. als Ertz-Hertzoges zu Oesterreich Generale [...] In: Collectio Nova (1730), S. 362–366, hier S. 363f. Zwengels 1574 publiziertes »Formelbuch« nennt diese Regeln: Der adelige Doktor erhält die Titel »edel, ehrenvest, hochgelehrt«, der Magister

Herr«, den Doktoren lediglich ein »Herr« zu, in keinem Fall das dem höheren Adel vorbehaltene Prädikat »Gnädig«. Die Fixierung der Anrede ist bis in den Buchstaben hinein exakt. Den Doktoren gebührt nicht der Titel »Edel« und »Gestreng«, d. h. sie sind nicht dem einfachen Adel (»Edel Vester N.«) gleichgestellt. Wie die Ritter haben sie als erstes Glied in der Doppelanrede das Prädikat »Edler«. Bei den Doktoren, deren Anrede »Edler« sich von ihrer Anstellung als fürstlicher oder kaiserlicher Rat herleitet, weist der zweite Anrede-Bestandteil auf die akademische Herkunft.[123] Jakob Sporenbergs »Titul- und Namenbuch« von 1659 führt die Titulatur in differenzierter Weise auch für die niedrigeren Stände fort.[124]

Wie exakt diese Titel trotz einiger kleiner Unterschiede gehandhabt wurden, zeigt schon die Widmung von Opitz' »Buch von der Deutschen Poeterey«, für die Bürgermeister und Ratsverwandten der Stadt Bunzlau. Sie sind »ehrenvest«, »wolweise«, »wohlbenambt« und »wolgelehrt«. Aus dem Fehlen der Prädikate »edel« und »hochgelehrt« in der Anrede läßt sich schließen, daß Bunzlau weder eine vornehme Stadt noch eine Reichsstadt war, und daß keine graduierten Mitglieder im städtischen Rate saßen.[125] Bezeichnend in diesem Zusammenhang

---

freier Künste »ehrenhaft, wohlgelehrt«, der Baccalaureus der Künste »ehrbahr, gelehrt«, der Baccalaureus der Theologie »ehrbar, wohlgelehrt«. Zu zahlreichen anderen Formel-, insbesondere Traubüchern und zur Verschiebung in der Titulatur nach Epoche und Landschaft s. Greuner: Rangverhältnisse, S. 49–98. Zum Titelwesen im 17. Jahrhundert s. Lüders: Die Auffassung, S. 32ff.; zu den einzelnen Autoren S. 33f. Reiche Fundgruben zu Titeln bieten die Briefsteller, etwa Bohse: Der allzeit fertige Briefsteller, S. 27ff., B. Neukirch: Anweisung, S. 118f., zu den Gelehrten bes. S. 25f.; vgl. auch Samuel Butschky: Erweiterte Hochdeutsche Kanzelley. Breslau 1666.

123 Collectio Nova, S. 364. »Doctores, welche in Unsere Räth, und Dienst gezogen werden, ihrem Vorgeben nach, ratione officii, den Titul Edel und Gestreng begehren, welcher ihnen aber auch nicht gebühret.« Zur Titulierung der Gelehrten s. Kaspar Goldmayer: Vom gelehrten Staate. In: Literar. Blätter bzw. Neuer oder fortges. allgem. literar. Anzeiger Bd. 6 (1805), S. 53f.

124 Jacob Sporenberg: Titul- Vnd Namenbuch [...] 1659. In Frankfurt ist für die juristischen Doktoren »ehrenvest und hochgelehrt« die häufigste Anrede. Die Anrede »edel« setzt sich zu Beginn des 17. Jahrhunderts auch bei persönlich Geadelten nicht durch, dagegen findet sie sich um die Jahrhundertmitte regelmäßig bei graduierten Juristen. Medizinische Doktoren heißen »ehrenvest und hochgelehrt«. Theologen »ehrwürdig und hochgelehrt« neben »ehren- und wohlgelehrt«, nichtgraduierte Prediger »ehrwürdig und wohlgelehrt«. Jedoch erhalten um die Jahrhundertmitte häufig alle, auch die philosophischen Doktoren, die Titel »edel«, »Vest« und »hochgelehrt«. Greuner: Rangverhältnisse, S. 55f., 66ff. Zur Benennung der unteren Stände, besonders des dritten Standes vgl. Speidel: Speculum, S. 22.

125 Opitz: Poeterey ed. Alewyn, S. A IIr. Zur bürgerlichen Adressatenschaft von Opitz (also nicht höfisch!) s. Lüders: Die Auffassung, S. 33. »Die durchgängigste Anrede für Bürgerliche, die sich sonst keine Verdienste erworben haben und einem im Stande untergeordnet sind, ist: »Ehrenvest«. Übrigens verwendet sie schon die bürgerliche Welt des 16. Jahrhunderts als ehrendes Beiwort für ihre Angehörigen. Vgl. Sinemus: Poetik und Rhetorik, S. 248 Anm. 9, gegen Barner: Barockrhetorik, S. 227, der das Epitheton »Wolgelehrt« für ein ›schmeichelhaftes‹ Prädikat hält. Allerdings läßt der Titel »Wolgelehrt« eben gerade den Schluß auf den Doktor- oder Lizentiatengrad nicht zu.

ist das Faktum, daß Georg Philipp Harsdörffer im Jahre 1658 den Sekretär der ›Fruchtbringenden Gesellschaft‹, Georg Neumark, auf die Standesgleichheit eines Nürnberger Patriziers mit der Ritterschaft aufmerksam macht: Er habe nicht den »Titel deß hochgelehrten« – im Nürnberger Rat säßen keine Doktoren –, sondern des »Edel Gestrengen« wie der fränkische und schwäbische Ritterstand.[126]
Die bedeutenden *Privilegien*, deren äußerlicher Niederschlag sich in Kleidung und Titelei kundtat, waren besonders von den die höchsten staatlichen Ämter bekleidenden Juristen erstritten worden und galten, mit den (etwa für die Theologen) berufsbedingten Modifikationen ebenfalls für die Doktoren der zwei anderen hohen Fakultäten. Im 16. Jahrhundert wurde in Deutschland – infolge der Rezeption des römischen Rechts und der Entwicklung des Staatsapparats – gerade der Doktor der Rechte wie ein Ritter eingestuft.[127] Da ihm eine früher dem Adel vorbehaltene Stelle übertragen war, versuchte er sich konsequenterweise auch dem sozialen Range nach dem Adel gleichzustellen. Ein Doktor, der 20 Jahre an der Universität gelehrt hatte, sollte sogar einem Grafen gleichgestellt werden.[128]

---

[126] Zit. nach Sinemus: Poetik und Rhetorik, S. 226, Anm. 71. Zum Patrizierstand Harsdörffers s. Martino: Barockpoesie, S. 139f.; Hofmann: Nobiles Norimbergenses, S. 145; Hirschmann: Das Nürnberger Patriziat, S. 265.

[127] Zur Rezeption des römischen Rechts F. Wieacker: Privatrechtsgeschichte der Neuzeit. Göttingen 1967; K. H. Burmeister: Das Studium der Rechte im Zeitalter des Humanismus im deutschen Rechtsbereich. Wiesbaden 1974; G. Wesenberg / G. Wesener: Neuere deutsche Privatrechtsgeschichte im Rahmen der europäischen Rechtsentwicklung. Lahr 1976; Hammerstein: Reichspublicistik und humanistische Tradition, S. 79ff.; Mitteis-Lieberich: Deutsche Rechtsgeschichte, S. 182ff. Zum Doktortitel v. a. der Juristen, der Jurisconsulti oder abgekürzt »Icti« s. den Artikel »Doctor« von Dieck, Sp. 241. Diese Doktoren hatten das Recht, sich wie ein Ritter zu kleiden. Erklärt haben die Juristen die Gleichstellung mit dem historisch-etymologischen Argument, da der Codex civilis von »miles legum« und von »miles iustitiae« spreche, liege eine Identität von (Rechts-)Doktoren und Rittern vor. Im Mittelalter hieß bekanntlich der Ritter ›miles‹, während dieser lateinische Begriff in der Antike die Beamten und andere Amts- bzw. Ehrenstellen bezeichnet hat. Die Doktoren, als milites, seien also adelig, ritterbürtig. Zum ›gelehrten Adel‹ s. Spangenberg: Adels-Spiegel (1591), Buch VIII »Vom vergünstigten / gegebenen / verehrten / gemachten / Item wolerworbenen oder verdienten Adel«, Kap. 15 »Vom gelahrten / weisen vnd geschickten Adel«, S. 202ff. Stieg der Rang der Juristen im Laufe des 17. Jahrhunderts – wegen der Entwicklung des Staatsapparats und der Rezeption des römischen Rechts, sogar noch weiter, so gab es doch bereits um 1600 Klagen über schwindendes Ansehen der Gelehrten besonders nichtjuristischer Provenienz. Reicke: Der Gelehrte, S. 121. Vgl. Müller: De Gradu Doctoris. Kap. V. De Jure & Privilegiis Doctorum; Bechmann: Tractatus historico-iuridicus, insbes. S. 48ff., hier S. 60: »§ VI. Doctores esse nobiles traditur ab interpretibus. Quod debet intellegi non de nobilitate in specie sumta, sed in genere, quatenus Doctores sunt exemti a plebeja conditione. Sic ex permissu Caroli V. Doctores habent jus gestandi easdem aureas catenas, easdemque vestes, quibus utuntur nobiles. [...] In quibusdam Cathedralibus ecclesiis Doctores admittuntur ad Canonicatus aeque ut Nobiles. Ab Imperatore vocantur amici, summoque honore afficiuntur.«

[128] Mundt: Geschichte der deutschen Stände, S. 368f. Vgl. Dieck: Artikel »Doctor«, S. 242. Über die außergewöhnliche Hochschätzung der Professoren berichtet anläßlich einer Kirchenprozession Kundmann: Die Hohen und Niedern Schulen, S. 725ff., Nr. 25. Vgl. Anm. 172.

Im 17. Jahrhundert wurden noch Wiener Universitätsprofessoren als adelige Landstände geführt.[129] Erst im 18. Jahrhundert verschwand diese Auszeichnung allgemein.

In den Anfängen, im 15. und 16. Jahrhundert, waren die Ansprüche der Graduierten, wie die jeder auf soziale Anerkennung drängenden Schicht, besonders hoch geschraubt. Petrus Rebuffus hat in seinem 736 Seiten umfangreichen, durch ein 22seitiges Register erschlossenen Standardwerk »Privilegia Universitatum, Collegiorum, Bibliopolarum« die Privilegien der Gelehrten fixiert.[130] Ebenfalls von beträchtlichem Umfang sind die Nachfolgewerke von Georg Christoph Walther und Johann Christian Itter.[131] Die Postulate und Bestimmungen reichen über Ausnahmen in der Arbeitszeitbemessung wie »Diebus etiam festis scholastici studere debent« bis zu Regelungen bei Lärmbelästigung: »Scholasticus fabrum expellit«,[132] und das Verbot einer Berufung: »Faber a sententia expulsionis non appellat«.

In einer Jenaer Dissertation »De Gradu Doctoris« von 1687 erörtert Peter Müller den Satz »possunt expellere vicinum strepidu sibi molestum« mit Hilfe zahlreicher Gewährsmänner:

> »Ulterius ut habitatio illi sua sit quieta & secura, neve ab aliis in vigiliis & meditationibus suis turbetur, indultum eidem est, ut possit fabris caeterisque qui artem strepitu suo vel foetore, aliove modo molestiam sibi futuram exercent, in viciniam suam concessuris, & officinam extructuris novum opus nunciare, & ne sedes ibi suas sibi figant, prohibere.

---

129 Klebel: Das Ständewesen, S. 56f.

130 Rebuffus: Privilegia Universitatum, S. 4. Vgl. Erman-Horn I, S. 163.

131 Itter: De Honoribus sive Gradibus Academicis Liber; Walther: Tractatus Juridico-Politico-Historicus, bes. Kap. XV, S. 262–291: »De Privilegiis Doctorum et in specie de privilegiis eorum competentibus quoad personam.« Zu Walther s. Verweyen: Dichterkrönung, S. 18f.; in diesem Zusammenhang ist auf folgende Titel u. a. hinzuweisen: Christoph Philipp Richter: De Literatorum Statu, Jure ac Privilegiis. Jena 1655; Johannes Lauterbach: Tractatus novus de Armis et Literis, quo de praecedentia Militis et Doctoris affatim disseritur (1595); Johannes Halbritter: Oratio de privilegiis Doctorum (1604/1607); Matthias Stephan: Tractatio de nobilitate scientiae sive litteraria, et de privilegiis [...] et immunitatibus Doctorum (1613); Heinrich Bocer: De Bello et Duello tractatus (1616); Johannes Harpprecht: Oratio de vera nobilitate (1619); Ericus Mauritius: De honorum academicorum origines oratio (1698); Petrus Lenauderius: De privilegiis doctorum (Venedig 1584); Hermann Conring: De antiquitatibus academicis dissertationes septem (1651); Peter Müller: De Gradu Doctoris (1687); Joh. Volkmar Bechmann: Tractatus historico-iuridicus (1741).

132 Rebuffus: Privilegia Universitatum, S. 4; S. 20–27, etwa »Expelli propter malos odores, an poßit inferens«, S. 25. Itter: De Honoribus sive Gradibus Academicis Liber, Cap. XII »De privilegiis & immunitatibus Doctorum & c. quoad res.« Dabei führt Itter zu dem Satz »Doctor opifices multo cum strepitu artem suam exercentes potest expellere«, S. 473–476, einen instruktiven Fall aus Naumburg (1617) auf. Hier entschied ein Gericht, daß nicht nur Universitätsgelehrte, sondern auch praktizierende Doktoren nicht dulden müßten, wenn sich ein Handwerker (hier ein Böttcher), dessen Tätigkeit mit Lärm verbunden ist, in der Nachbarschaft einkaufe. Zu den übrigen Privilegien vgl. Cap. XI »De Juribus & privilegiis Doctorum & c. quoad ipsorum personas« (S. 422–465), Cap. XII, S. 465–478, und Cap. XIII »De Juribus & privilegiis Doctorum & c. quoad Actiones s. Judicium«, S. 478–506.

[...] Praeventionis jure praevalet Doctor [...] quamvis alias sua cuique domus sit tutissimum refugium & nemo invitus ea expelli debeat.«[133]

Dieses auch gerichtlich einklagbare Übergewicht wurde hin und wieder in der Praxis geltend gemacht; wenn Handwerker in manchen Fällen auch nur zur zeitweiligen Unterbrechung ihrer geräuschvollen Tätigkeit verurteilt wurden. Sofern der Doktor keine geeignete Wohnung in einer anderen Straße finden könne, müsse der Handwerker seine Tätigkeit aufgeben. Die Begründung basiert auf einem ungebrochenen Selbstverständnis des Gelehrtentums, das noch nicht von der Welle der ›politischen‹ oder ›realistischen‹ Reformprogramme erreicht wurde: »Quia utilior est causa studiorum, & Doctor officio & consiliis suis plus prodest Reipublicae, quàm artificio & opera sua artifex.«[134]

Die Lärmparagraphen waren ein stehendes Privileg, das jedoch bereits gegen Ende des 17. Jahrhunderts weitgehend außer Kraft getreten war.[135] Deutliches Zeichen der Zeit ist das – später exakter zu analysierende Plädoyer von Christian Thomasius gegen die Wahrnehmung dieses angeblichen Rechtes durch gerichtliche Klage.[136]

Der Kollege des Thomasius, Johann Peter von Ludewig, hielt 1705 eine Vorlesung über das Buch des Rebuffus und erwies eine große Anzahl der privilegia studiosorum für unbegründet und angemaßt. Dennoch gibt es noch im 18. Jahrhundert Verfechter dieses Gelehrten-Sonderrechts. In seinem Traktat »De Professorum Privilegiis« von 1752 führt Johann Joachim Gotthilf Sturm aus: »Atque exinde Interpretes vulgo deducunt, quod ii, qui artem suam cum strepitu exercent, domum juxta Professorum aedes, his invitis, conducere haud possint.«[137] Den Studenten als auf Zeit einwohnenden Mietern wird dieses Vorrecht jedoch nicht eingeräumt. Dem Wandel der Zeiten trägt allenfalls die Einsicht Rechnung, daß der zuerst Anwohnende ein gewisses Erstrecht hat, mithin das akademische Vorrecht einschränkt.

»Attamen tribuitur etiam aliis literatis & Doctoribus non ad numerum Professorum pertinentibus, & quidem ob eandem rationem. Id tamen monendum nobis adhuc esse videtur, quod, si Professores & literati hoc suo jure singulari commode uti velint, necesse requiratur, ut ipsi jam in ea domo habitent, juxta quam artifex habitare intendit, quodsi enim hic jam ante hancc domum inhabitavit, ac tum Doctor vel Professor juxta eum domicilium constituere vult, non iis est jus Opificem expellendi, cum sibi imputare debeant, quod non alium quendam locum sibi elegerint.«[138]

---

[133] Müller: De Gradu Doctoris. Cap. V. »De Jure & Privilegiis Doctorum«, S. 27–45, Nr. 6, S. 33.

[134] Ebd., S. 34.

[135] Daß auch Singen für den Gelehrten zur Belästigung zählt, belegt eine Fußnote Kants in der »Kritik der Urteilskraft«. Immanuel Kant: Kritik der Urteilskraft. Hrsg. von Wilhelm Weischedel. Wiesbaden 1957, S. 270.

[136] Thomasius: Von der Freyheit der Gelehrten die hämmernden und pochenden Handwercker aus der Nachbarschafft zu treiben. In: Ernsthaffte [...] Gedancken und Erinnerungen, Teil 3 (1721), 17. Handel.

[137] Sturm: De Professorum Privilegiis, S. XIX.

[138] Ebd., S. XIX.

Noch das Zedlersche Universallexikon von 1734 führt außer den Kleidervorrechten eine ganze Reihe von Privilegien auf, die allerdings keine allgemeine Geltung mehr hatten.[139] Unter anderem: Ein *Doktor* müsse vor Magistrat und Richter nicht stehen, er dürfe sich setzen. Der Titel »Edel« (im Unterschied zu »Edelgeboren«) leitet sich aus der Gleichberechtigung mit den Rittern und Adeligen her. Sie, ihre Söhne, und Diener dürfen Degen tragen; sie werden immer mit »Sie« angeredet, anders als der Adel, der nach Kanzleigebrauch vielfach mit »Du« angesprochen wird. Doktoren sind von Steuern für ihre eigenen innerhalb der Stadt gelegenen Häuser befreit. Von Einquartierungen sollen die Graduierten verschont bleiben.[140] Ein Gläubiger darf von einem graduierten Schuldner nicht mehr anfordern, als dieser zahlen kann; wegen einer Geldschuld darf er nicht in den Kerker geworfen werden. Doktoren dürfen ohne kaiserliche Einwilligung sich eigene Wappen wählen. Vor Gericht haben sie verschiedene Vorteile; sie müssen schriftlich zur Verhandlung geladen werden, sie sollen im eigenen Haus vernommen werden; einem Doktor wird mehr Glauben als einem Nicht-Graduierten geschenkt. »Es statuiren dahero die Rechts-Lehrer, daß, wo nur zwey Doctores auf einer Seiten zeugen, denenselben mehr zu glauben sey, als wenn auf der andern Seiten drey Zeugen wären.«[141] Ein Doktor ist von der Folter ausgenommen, außerdem darf er bei Kriminaldelikten nicht »in öffentliche oder tieffe Gefängnisse, unter der Erden geleget«, sondern muß in »leidlicher Verwahrung« gehalten werden. Die Privilegierung erstreckt sich auch auf die Angehörigen: die Frauen und Kinder des Graduierten, solange sie zu seinem Hausstand gehören.[142] Doch bereits Mitte des 17. Jahrhunderts konnten die Graduierten diese Privilegien nirgends mehr realiter beanspruchen. Nach dem 30jährigen Krieg wurden im Zuge der Dezentralisierung der Legislativ- und Exekutivgewalten auch die Doktoren der Landesgesetzgebung unterworfen. Eines der wichtigsten Vorrechte des juristischen und theologischen Doktors, die Stiftsfähigkeit, ging bereits im 17. Jahrhundert überwiegend verloren.[143] Dieck führt als Beispiel für die gesunkene Achtung des Doktortitels im 18. Jahrhundert das hessencasselsche Rangreglement von 1762 an. Es stellt die Doktoren zu den Kammerdienern, Büchsen-

---

139 Zedlers Grosses Universal-Lexicon 7 (1734), Sp. 1123.

140 Itter: De Honoribus, widmet diesem Sachverhalt einen besonderen Abschnitt des 12. Kapitels, S. 465: »Doctores immunes sunt ab inhospitatione militum«: »Quoad jus Rerum illustre est Doctorum privilegium, quo ab oneribus realibus, solutione scil. vectigalium, gabellarum, collectarum, & inhospitatione militum, immunes eos esse, ICti nostri communiter tradunt.«

141 Zedlers Grosses Universal-Lexicon 7 (1734), Sp. 1124.

142 Ebd., Sp. 1125; dazu rechnen auch die verwitweten Frauen. Ferner vgl. die Aufzählung der Privilegien bei Dieck: Artikel »Doctor«, S. 242, wo zahlreiche Hinweise auf ältere Literatur zu finden sind.

143 Dazu Pütter: Ueber den Unterschied, S. 62ff., zu den Domkapiteln. Ein päpstlicher Erlaß von 1417 bestimmte, daß der sechste Teil der Kanonikate in jedem Stift von Graduierten besetzt werden sollte. Ein Indiz für den sozialen Abstieg der Doktoren gibt Gottschling: Kurtze Nachricht, S. 97, § 19. Zur faktischen Relativierung des Anspruchs der Gelehrten auf Gleichheit mit dem Adel s. Benjamin Neukirch: Anweisung, S. 25f.

spännern, Hausconditoren und Küchenschreibern in die zehnte Klasse. Ein Protokoll des Geheimen Rates von 1786 hebt sie zwar um zwei Stufen an, zu den Hof- und Residenzpredigern, den Spezialsuperintendenten und den Beisitzern ohne Stimme in den höheren Kollegien,[144] doch signalisiert auch diese Einstufung, daß der Doktor im 18. Jahrhundert nur noch ein akademischer Titel ohne Anspruch auf gesellschaftliche Privilegien geworden ist; die Vorrechte des Doktors sind wesentlich auf die Universität beschränkt.

Der *Magistertitel* hat eine fast stärkere Abwertung durchgemacht. Er galt – bei geringen regionalen Unterschieden – allgemein als Abschluß des artistischen Studiums – der Doktortitel dagegen als Abschluß des Studiums an den höheren Fakultäten. Das erklärt die von Anfang an geringere Einstufung.[145] Doch hing gerade die regionale Einschätzung stark ab vom Ansehen der jeweiligen Fakultät. In Paris und in Wien stand die artistische Fakultät in hohem Ansehen.[146] Der käufliche Titelerwerb im 16. Jahrhundert hat die Magister- (und die Doktor-)Würde um ihren einst hohen Ruf gebracht; doch gilt diese Wertminderung nicht für alle Universitäten.[147] Auch Magister konnten verschiedene Privilegien genießen.[148]

Der Staatsrechtler Johann Jakob Moser erkennt den graduierten Personen in der Mitte des 18. Jahrhunderts nur noch eingeschränkt, d. h. territorial bedingte Sonderrechte zu. Die eigentlichen, früher von den Gelehrten wahrgenommenen oder auch nur beanspruchten Privilegien – etwa in der Kleidung – besitzen keine Geltung mehr, andere Vorrechte kommen nicht mehr ausschließlich den Graduierten zu. Auch auf die territorialstaatlich mögliche Rangminderung der Graduierten gegenüber dem Hofstaat wird hingewiesen.

> »1. Daß solche Personen fähig seynd, Cammergerichts-Beysizere zu werden; die nicht graduirte bürgerliche Personen aber nicht: Hingegen können auch nicht graduirte würckliche Kayserliche Reichs-Hofräthe werden. [...]
>
> 3. [...] Daß die Gradibus academicis Insigniti, wo es denen Stifftungen nicht zuwider ist, von denen geistlichen Würden nicht ausgeschlossen werden sollen; wiewohl gleich darauf aliis personis ideoneis eben dises Recht auch beygeleget wird.
> Die besondere Vorzüge derer Graduirten beruhen auf der Verfassung jeden Landes oder Ortes. So ist z. E. in manchen Orten, sonderlich in Reichsstätten, [....] Niemand fähig, gewisse geist- oder weltliche Aemter zu bekleiden, er seye dann Doctor oder Licentiat.
> In der Hessen Casselischen neuen Rangordnung seynd die Doctores denen (ver-

---

[144] Dieck, Artikel »Doctor«, S. 243.

[145] Näheres im nächsten Abschnitt über die akademischen Grade.

[146] Zedlers Grosses Universal-Lexicon 19 (1739), s.v. Magister, Sp. 317–321, hier Sp. 319.

[147] Vgl. die satirische Behandlung der ›Magister von Greifswald‹ durch Georg Christoph Lichtenberg, in der Satire »Timorus« (1773). Grimm: Satiren der Aufklärung, S. 162 bzw. S. 296 Anm. 105; Augusto Menduni: Il Timorus di G. Chr. Lichtenberg. Genua 1967, S. 121ff. Anm. 69.

[148] Johann Burkhard Mencke: Programma de Dignitate Magistri Lipsiensis, im Anhang zu dessen »De Charlataneria Eruditorum«. Leipzig 1719. Zedlers Grosses Universal-Lexicon 19 (1739), Sp. 321.

muthlich Fürstlichen) Cammerdienern, Büchsenspannern und Küchenschreibern, gleich gesezt, und dadurch ernidriget worden.
Auch im Hessen=Casselischen seynd doch auch die Doctores denen Untergerichten nicht unterworffen.«[149]

Wenn sich Graduierte noch irgendwelche Vorrechte bewahren konnten, dann nicht kraft ihres Gelehrtseins, sondern kraft ihres zivilrechtlichen Amtes, das sie an einem Hof oder in einer der großen Städte inne hatten. Die von einer Privilegierung des eximierten Gelehrtenstatus zu einer Bevorrechtung eines integrierten Beamtentums führende Entwicklung ist an den Aufstieg absolutistischer Territorialstaaten geknüpft. Vorrechte kamen letztlich in diesen Staaten nur den Personen und Institutionen zu, die einen erkennbaren Nutzwert für den Staat selbst hatten. Das Privileg bedeutete daher das soziale Äquivalent der ›politischen‹ Funktion. Den Wandel vom humanistischen zum ›politischen‹ Gelehrtenideal und die in ihm manifeste Verstaatlichungstendenz, dokumentieren auf verschiedenen Ebenen deutlich die Vertreter dieses pädagogisch bestimmten Programms: Christian Weise und Christian Thomasius.

(3) Die akademischen Gelehrten und ihre Vorrechte

Die Universität stellt im Zeitraum vom 15. bis ins 18. Jahrhundert das Zentrum der ›Gelehrsamkeit‹ dar. In ihr wurden nicht nur die wissenschaftsgeschichtlich relevanten Neuerungen vollzogen, sondern auch wichtige Impulse für das Paradigma der ›gelehrten‹ Dichtung gegeben.

Von den städtischen Kleiderordnungen sind die Universitätsprofessoren ausgenommen.[150] Seit dem späten Mittelalter bestand für die an der Universität Lehrenden eine eigene Tracht; auch hier zeigte die *Kleidung* den in der akademischen Hierarchie eingenommenen Rang an. Im Mittelalter glich sich die Amtstracht der Universitätsgelehrten, die selbst vielfach Geistliche waren, der Amtstracht des Klerus an.[151] Die Verordnungen der Konzile über die Klerikertracht galten auch für den Weltklerus, vestitus clericalis und vestitus habitus wurden abwechselnd getragen. Die Amtstracht der Doktoren und Magister bestand aus dunkelfarbigem Mantel und Barett,[152] aus dem langen Mantel mit Kapuze und Gürtel, oder aus dem langen talarartigen Rock;[153] doch beweisen die zahlreichen

---

[149] Moser: Von der Teutschen Unterthanen Rechten, S. 463f.

[150] Die Ausführlichkeit, mit der hier Fakten über die akademischen Grade mitgeteilt werden, ist nicht selbstzweckhafter Ausfluß eines blinden Positivismus. Sie bilden die zum Verständnis der ›gelehrten‹ Poesie in ihren verschiedenen sozialen und bildungsmäßigen Abstufungen notwendige Voraussetzung, auf die später zurückzugreifen ist (z. B. im Kap. III 3). Zur älteren Literatur über die akademischen Grade sei verwiesen auf die umfassende Bibliographie von Erman-Horn I, Nr. 16, 1–24, S. 225–287. Zur Exemtion der Professoren von den städtischen Kleiderordnungen s. Mertz: Das Schulwesen, S. 404; Kroker: Leipziger Kleiderordnungen, S. 38.

[151] Bringemeier: Priester- und Gelehrtenkleidung, S. 27.

[152] Kaufmann: Geschichte, Bd. 2, S. 82–91.

[153] Über die Verordnungen an den einzelnen Universitäten vgl. Kaufmann, Bd. 2, S. 83ff.

Universitätskleiderordnungen, daß ein Großteil der Lehrenden und die Studenten sich nicht an diese Vorschriften gehalten haben.[154] Die Trennung beider Bereiche erfolgte mit der Reformation. Die Reformatoren trugen zwar die Schaube, die als übliche Gelehrtentracht galt, doch bereits Ende der 30er Jahre trat die weltliche Kleidung an die Stelle der traditionellen Tracht. Bei der Vorlesung und allen akademischen Veranstaltungen war das Tragen der ›Professorenröcke‹ verpflichtend.[155] Bei außerakademischen Anlässen gestatteten zahlreiche Kleiderordnungen des 17. Jahrhunderts, den Doktoren, Lizentiaten und Professoren der Universität, sich nach Belieben zu kleiden, d. h. im Rahmen der durch die Reichskleiderordnungen festgelegten Bestimmungen.[156] Die Bevorrechtung erstreckte sich auch auf die Angehörigen der Professoren. Die sächsisch-kurfürstliche Landesordnung von 1612 gestattete den Frauen von Professoren und Doktoren das Tragen von Seiden-Atlas, Damast, »Seiden Grobgrün«, was die Reichsordnung nur adeligen Damen zugestand, Lündisch Tuch und Harras zu langen Mänteln, den Professorentöchtern Grobgrün, Doppeltaffet und Karteck zu Röcken (Seidenatlas und Damast an ihrem Hochzeitstage), Damassken und Doppeltaffet zu Schauben.[157] Die Frauen des nächstunteren Standes der nicht graduierten Hofdiener und der höheren Sekretäre durften sich wie Professorentöchter kleiden, Seidenatlas jedoch »zum Unterscheid der Doctoren Weiber« auf keinen Fall verwenden.[158]

Auch beim Tragen von Schmuck waren die Professorenfrauen bevorrechtet. Sie durften goldene Ketten im Wert bis zu 200 Gulden tragen, goldene Armbänder und Ringe, silberne und vergoldete Leib- und lange Gürtel, Messerscheiden je nach Vermögen, eine mit Perlen besetzte goldene oder seidene Haube (ohne Goldrosen und ohne goldene, vergoldete oder silberne ›Stifte‹ und ›Körner‹), einen mit Perlen verklöppelten Schleier (nicht teurer als 50 Gulden).[159] In der Kleidung manifestierte sich der soziale Rang; für den gesamten Zeitraum des Mittelalters bis ins 18. Jahrhundert stellten die Kleidungsgesetze daher nicht nur Äußerlichkeiten dar. Sie spiegeln einen gottgewollten ›ordo‹ und sind Ausdruck eines exakt reglementierten obrigkeitlichen Ständestaats.[160] Sie weisen zugleich auf die Privilegien hin, die ihr Träger kraft seines Standes innehat. Die Sonderstellung der Lehrenden und Lernenden der Universitäten ist nur erklärbar durch die Geschichte dieser europäischen Bildungsanstalt.

---

[154] Jens: Eine deutsche Universität, S. 66ff.

[155] Bringemeier: Priester- und Gelehrtenkleidung, S. 82f. Vgl. Friedrich Nicolais Darstellung im »Sebaldus Nothanker«, Erster Teil.

[156] Zur strengen Handhabung der Kleiderbestimmungen in Freiburg vgl. Schreiber: Geschichte, Bd. 1, S. 88f. Hier hatte der Vicerektor den Magister Philipp (Lehrstuhl für Poetik) 1520 aufgefordert, den Überrock nicht so kurz wie ein Handwerker zu tragen oder den darunter hervorblickenden Degen abzulegen. Seine dreiste Antwort hätte den Poeta fast die Stelle gekostet. Vgl. auch Bechmann: Tractatus historico-iuridicus, S. 60.

[157] Bartsch: Sächsische Kleiderordnungen, S. 23, 25.

[158] Ebd., S. 23. [159] Ebd., S. 26.

[160] Boehm: De negotio scholaris, S. 32. Vgl. Eisenbart: Kleiderordnungen, S. 52f.; Schwer: Stand und Ständeordnung, S. 5; Manz: Der Ordo-Gedanke, S. 51; Huizinga: Herbst des Mittelalters, S. 56; Groethuysen: Die Entstehung, Bd. 2, S. 197ff., 204.

Das entscheidende Kriterium der mittelalterlichen Standesbildung ist die *libertas,*[161] die innerhalb des ordo die rangadäquate Freiheit meint. Aus der Ansicht, die artes liberales seien die eines homo liberalis würdigen Wissenschaften und Künste,[162] entwickelte sich der Begriff der libertas scholastica und die ihm angeschlossene Forderung der Lehr- und Lernfreiheit. Das gesellschaftliche Äquivalent dieser libertas spiritus, der Geistesfreiheit, war deren Umsetzung in den öffentlich-rechtlichen Bereich: es bestand aus rechtlichen Immunitäten, aus dem rechtlich geschützten Freiraum gegenüber städtischen, staatlichen und kirchlichen Herrschaftsbestrebungen.[163] Es konnte indes erst realisiert werden, als sich der Bildungserwerb von den Kloster- und Domschulen gelöst hatte, d. h. als nicht mehr klerikale Zwecke das Studium leiteten. Der Gedanke, daß Bildung adle, ist ein Indiz für den säkularisierten Begriff von Bildung, die nun zum Kriterium des gelehrten Berufsstandes wird. Die Bedeutung dieses Kriteriums bezeugt der Satz des Johannes von Salisbury, bloße Lektüre genüge zur Bildung nicht: diejenigen, »welche die antiken und christlichen klassischen Autoren nicht wirklich kennen, ›illiterati dicuntur, etsi litteras noverint‹«.[164] Die positive Umwertung der als sündhaft geltenden curiositas im Zeitalter Abälards[165] machte die Wissenschaftspflege zum negotium scholare. Sie bildete – das hat Laetitia Boehm aufgezeigt – eine fundamentale Voraussetzung für das Entstehen eines »Berufs- und Standesbewußtseins des Gelehrten«.[166] Die Anerkennung eines gelehrten Standes als eines nichtklerikalen Standes durch den Klerus selbst kommt im Confessionale, einem aus der zweiten Hälfte des 13. Jahrhunderts stammenden Auszug aus der Summa Confessorum des Johannes von Freiburg (gen. Teutonicus, † 1314)[167] zum Ausdruck. Es kennt drei hierarchisch geordnete Stände: den aus episcopi, prelati, clerici, beneficiati, sacerdotes, religiosi bestehenden geistlichen Stand; den aus iudices, advocati, medici, doctores, magistri sich zusammensetzenden akademischen Stand und den nicht-gelehrten weltlichen Stand, zu dem die principes, nobiles, mercatores, artifices, mechanici rechnen. Analog zu dieser Entwicklung eines Standesbewußtseins ging seit der Mitte des 12. Jahrhunderts die Privilegierung des korporativ zur Universität zusammengeschlossenen Gelehrtenstandes einher, und zwar erfolgte die Privilegierung ursprünglich nach dem Personalitätsprinzip: sie war also nicht mit der Institution der Universität verknüpft, sondern an die Person des Lehrenden gebunden. Die akademischen Privilegien selbst leiteten sich aus den im Corpus iuris civilis festgehaltenen Sonderrechten für Juristen, Ärzte und Lehrer der artes liberales einerseits und andererseits aus den Standesvorrechten des Klerus ab.[168] Sie begegnen zuerst in der *Authentica Habita*

---

[161] Zum Begriff s. Boehm: De negotio scholaris, S. 32.
[162] Zur Definition von artes liberales durch Johannes von Salisbury ebd., S. 33.
[163] Ebd., S. 34.
[164] Ebd., S. 37.
[165] Dazu Blumenberg: Der Prozeß der theoretischen Neugierde.
[166] Boehm: De negotio scholaris, S. 38.
[167] Dazu Ersch-Gruber: Allgemeine Encyklopädie, Section 2, Bd. 22. (1843), S. 185.
[168] Boehm: De negotio scholaris, S. 42.

Friedrichs I. von 1158, die früher in ihrer praktischen Reichweite allerdings überschätzt worden, in ihrem schulemachenden Einfluß jedoch kaum überzubewerten ist.[169]

Die *Habita* gewährte allen nicht-einheimischen Scholaren, d. h. Lehrenden und Studierenden, mehrfachen Schutz. Sie verbot, daß ein Scholar für Vergehen eines Landsmannes haftbar gemacht wird; sie gewährte den Scholaren, die aus Studiengründen ihren Wohnsitz wechseln, den Geleitschutz für die Reise und den Studienaufenthalt, und sie entzog die Scholaren der örtlichen Gerichtsbarkeit, indem sie ihnen die Wahl zwischen der Gerichtsbarkeit des städtischen Bischofs oder ihrer persönlichen Lehrer freistellte. Die Exemtion der Scholaren aus ihrer heimischen wie aus der landesherrlichen Jurisdiktion war der erste Schritt zu einer eigenen akademischen Gerichtsbarkeit. Es ist offenkundig, daß der Gelehrtenstand seine Privilegierung zum guten Teil der machtpolitischen Auseinandersetzung zwischen Kaisertum und Papsttum verdankt.[170] So erweiterten die päpstlichen Privilegien das Exemtionsvorrecht durch die Freistellung geistlicher Scholaren gegenüber der Diözesanjurisdiktion.[171] Die eigentliche Organisation der Institution ›Universität‹ erfolgte zu Anfang des 13. Jahrhunderts in Paris, Bologna und Oxford.[172] Die wichtigsten Vorrechte, die das studium neben dem imperium und dem sacerdotium, den Gelehrtenstand neben dem Geburts- und dem geistlichen Stand zu einem gleichberechtigten autonomen juristischen Stand machte, sind die korporative Disziplinargerichtsbarkeit und das Selbstergänzungsrecht der Anstalt durch Verleihung akademischer Grade.[173] Die Entwicklung der Universität seit

---

[169] Text der »Authentica Habita« nach dem Corpus juris civilis, ed. Krüger et Mommsen 1877, S. 511 (vgl. Monumenta Germ. hist. leges II, 114); Kaufmann: Geschichte, Bd. 1, S. 165f. Zur »Authentica Habita« vgl. Koeppler: Frederick Barbarossa, S. 577–607, Textabdruck S. 606f.; auch in: Constitutiones et acta publice imperatorum et regum. Hrsg. von L. Weiland. Hannover 1893 (MGH Legum Sectio IV, S. 249).

[170] von Raumer: Geschichte der Pädagogik, 4. Teil. Darin die Abschnitte »B. Der Papst und die deutschen Universitäten«, S. 11f., »C. Der Kaiser und die Universitäten«, S. 12–16.

[171] Zu weiteren päpstlichen Privilegien Boehm: De negotio scholaris, S. 44. Die einschlägigen Verordnungen Friedrichs II. finden sich in der frühen Publikation »Privilegia et immunitates clericorum«. Hrsg. Joh. Froschauer. Augsburg 1481. Vgl. Koch: Die klerikalen Standesprivilegien.

[172] Kibre: Scholarly Privileges in the Middle Ages; dies.: Scholarly Privileges. Their Roman origins, S. 543ff.

[173] Kaufmann: Geschichte, Bd. 2, S. 91–100, über akademische Gerichtsbarkeit, auch S. 315. Meiners: Geschichte der Entstehung, Bd. 2, viertes Buch, über die »Privilegien hoher Schulen«. In Tübingen wurde die Jurisdiktion von der Universität über ihre Angehörigen bis 1828 ausgeübt. Jens: Eine deutsche Universität, S. 46. Zur Universitäts-Jurisdiktion, die sich auch auf Kriminaldelikte erstreckte, vgl. ebd., S. 47, S. 72–100. Vgl. dazu die mißverständliche Ordnung Herzog Ulrichs vom 3. November 1536: »Conformatio Priuilegorum Vniuersitatis Ducis Udalrici Anno 1536«, in: Roth: Urkunden zur Geschichte, Nr. 39, S. 186f. Allgemein zur Gerichtsbarkeit Maack: Grundlagen des studentischen Disziplinarrechts. Im allgemeinen blieb für kriminelle Straftaten die geistliche oder weltliche Gerichtsbarkeit zuständig. Zur Theorie des Alexander von Roes von den drei Weltämtern des sacerdotium (1), des studium (2) und des imperium (3) vgl.

dem 15. Jahrhundert verlief allerdings in einer für die *korporative* Autonomie ungünstigen Weise, sobald sie den Charakter einer freien Vereinigung von Lehrenden und Studierenden verlor und den Charakter einer fürstlichen Stiftung annahm. Anfänge dieses Universitätstypus finden sich in der von Friedrich II. 1224 gegründeten Universität Neapel. An ihr galt noch nicht das in der Gründungsurkunde der Universität Toulouse (1233), von Papst Gregor IX festgelegte Prinzip der licentia ubique docendi (Ubiquität der venia legendi). Mit dem Stiftungswesen mußte die Universität notwendig dem Staat oder der landesfürstlichen Gewalt, der sie ihre Gründung verdankte, ein Aufsichtsrecht einräumen, dessen Umfang von der Liberalität des Stifters abhing.[174]

Die wichtigsten *Privilegien der Universitätsmitglieder* sind in den Gründungsurkunden niedergelegt. Es handelt sich meist um ökonomische und juristische Sonderbestimmungen, um Exemtionen vom allgemeinen Recht. Dazu zählen das Privilegium des sicheren Geleits,[175] und verschiedene Immunitäten für Lehrende, Studierende und deren Bediente, wie Zollfreiheit,[176] Befreiung von öffentlichen Steuern. Der Grund für dieses weitreichende Privileg war der zunächst geistliche Charakter wenigstens der vom Pariser Modell sich herleitenden Kanzler-Universitäten.[177] Diese Freiheiten wurden von den französischen Königen während des 14. Jahrhunderts gegenüber den Eingriffen der königlichen Steuereinnehmer bestätigt und sogar weiter ausgedehnt. Karl VI. erließ 1383 den Angehörigen, einschließlich der Studenten und subalternen Bedienten der Universität die Akcise von Weinen und Früchten der eigenen Güter und Benefizien.[178] Lehrer und Studierende bildeten eine Einheit; das erklärt die Teilnahme der Studenten an der Privilegierung, etwa am Recht der Miettaxation und am Recht, große und kleine Boten halten zu können.[179] Die Befreiung vom sogen. ›Droit d'Aubaine‹, das bei Fehlen eines Testaments den Anheimfall der Güter verstorbener Studierender an die Krone vorschrieb, gehörte dazu wie auch die Befreiung von zeitraubenden öffentlichen Ämtern und Pflichten[180] für Ärzte, Lehrer der Philosophie, der Rhetorik und Grammatik, und für Theologen. Die Universität von Paris lehnte

---

Grundmann: Sacerdotium, S. 5ff.; über den weltlichen Charakter der mittelalterlichen Universität s. Kaufmann: Geschichte, Bd. 1, S. 87ff.

174 Boehm: De negotio scholaris, S. 49, z. B. »Statutenbestätigung, Mitspracherecht bei Besetzung der Lehrstellen, schiedsrichterliche Entscheidung bei strittigen Rektoratswahlen und anderen internen Unstimmigkeiten«, v. a. jedoch »oberste Appellationsinstanz«. Dazu vgl. von Seckendorff: Teutscher Fürsten-Staat (1737), S. 227; einschränkend gegen die Vorstellung mittelalterlicher Autonomie Kaufmann: Geschichte, Bd. 2, S. 110; auch Jens: Eine deutsche Universität, S. 72–100.

175 Meiners: Geschichte der Entstehung, Bd. 2, S. 336. Besonders hervorzuheben ist in diesem Zusammenhang wieder die »Authentica Habita« Friedrichs I. von 1158.

176 Meiners: Geschichte der Entstehung, Bd. 2, S. 359f., 316–318, 361.

177 Boehm: Die Verleihung, S. 167–169.

178 Meiners: Geschichte der Entstehung, Bd. 2, S. 361.

179 Ebd., S. 353ff.

180 Ebd., S. 363.

1467 das Ansinnen der Regierung ab, die Universitätsbediensteten und die Studenten zum Zweck der Verteidigung der Stadt Paris zu bewaffnen: Die Universität sei »ein Licht der ganzen Christenheit, der Wahrheit und des Friedens«; ein Eingreifen in den Krieg zieme sich nicht für sie. Wer wolle noch auf dieser Universität studieren, wenn bekannt werde, daß Studenten zum Waffendienst gezwungen würden? Schließlich werde durch den Wehrdienstbefehl der Ruf des allerchristlichsten Königs von Frankreich Einbuße erleiden. Die königlichen Räte begnügten sich in diesem Fall mit dem Angebot der Universität, »für den glücklichen Fortgang der Königlichen Waffen« zu beten.[181]

Die italienischen Universitäten, die dem Modell der Stadt-Universität Bologna folgten,[182] hatten bekanntlich keine theologische Fakultät und konnten daher, anders als Paris, die Vorrechte des Klerus nicht für sich beanspruchen. Dennoch genossen in Bologna die landesfremden Studierenden und Lehrenden auch die bürgerlichen Rechte, ohne die Lasten (Zölle, Steuern) auf sich nehmen zu müssen,[183] während die Landeskinder alle Abgaben wie ein gewöhnlicher Bürger entrichten mußten und zum Wehrdienst herangezogen werden konnten.[184] In Padua galten die Privilegien auch für die landesgebürtigen Lehrenden und Studierenden;[185] der Verstoß der Steuer- oder Zolleinnehmer gegen die Privilegien wurde mit hohen Bußgeldern geahndet. Die Gründer der ersten deutschen Universitäten folgten dem französischen Modell; sie ließen ihren Gründungen die weitestreichenden Privilegien zukommen. Herzog Rudolf IV. von Österreich befreite 1365 die Wiener Universität von allen Zöllen, Steuern, öffentlichen Lasten und Diensten.[186] Die Beiträge zur 1537 ausgeschriebenen Kriegssteuer waren freiwillig – daher blieben die Beschwerden des Magistrats über die geringe Spendewilligkeit der Universität vergeblich. Ingolstadt und Freiburg genossen ähnliche Privilegien;[187] darunter auch die Steuerfreiheit für das eigene, selbst bewohnte Haus. Die von Eberhard von Württemberg erlassene Stiftungsurkunde der Universität Tübingen von 1477 schloß sich dem Freiburger Vorbild an.

> »Auch wöllen Wir, daß alle Magister und Studenten, die hie zu Tübingen seindt, oder herkommen, oder hinweg ziehen, an Ihren Personen auch an allen ihren Gütern wie die seyen genannt: Es seye Tuch, Wein, Korn, Habern, Fleisch, Bücher, oder anders, so sie brauchen wöllen, alle Schatzung, Zoll, Stewr, Umbgelts, Gewerpff, Tribut, oder anderer Beschwehrung, wie die genannt werden, zu Ewigen Zeiten, in allem Unserm Land, uff dem Wasser, Veldt, oder in Stätten, oder in Dörffern hinein zu führen oder tragen, durch sich selbst oder andere, nach oder vor Sanct Martinstag, wie, wann, oder an welchen Enden sie die kauffen, führen, tragen, oder bestellen, gantz frey und ledig sein sollen, und von allen Unsern Zollern, Amptleuten und andern, denen dis zu erfordern und einzunehmen zusteht, ledig gezehlt und gelassen werden, ohne Widerrede, allweg bey Poene hundert Gulden, halb uns, und halb der Universität verfallen, ausgenommen, was Gütter weren, die sie jetzo hetten, oder führter überkämen, die nicht frey an sie kommen

[181] Ebd., S. 364f.
[182] Boehm: Die Verleihung, S. 169f. Zu den Modellen von Bologna und Paris vgl. Kristeller: Humanismus und Renaissance, Bd. 2, S. 214–217.
[183] Meiners: Geschichte der Entstehung, Bd. 2, S. 365.
[184] Ebd., S. 367. [185] Ebd., S. 368. [187] Ebd., S. 371. [186] Ebd., S. 369.

weren, mit denselben solle es gehalten werden, wie mit andern dergleichen Güttern, ußgenommen, were ob Doctor oder Magister der Universitet, Korn, Wein oder anders deß Ihren verkauffen wöllen, da sollen sie sich mit dem Verkauffen halten, wie andere die Unsern, und nicht höher beschwähret werden von newem, alles ohngefährlich. Wir geben auch Doctorn, Magistern und Studenten die Freyheit, ob es immer darzu käm, daß von uns oder Unsern Nachkommen, oder denen von Tübingen einicherley Beschwerung uff Wein oder Korn, Bücher oder anders, was das were, weitter, dann jetzo ist, gesetzt würdt, zu Tübingen oder uffgelegt, das soll gantz und gar die genandte Doctor, Magister oder Studenten, noch auch die so ihnen zu kauffen geben, nicht binden noch beschwären. [...].«[188]

Marburg und Jena genossen noch weitergehende Privilegien,[189] aus der Befürchtung, daß bei geringerer Privilegierung für die neuerrichteten Universitäten Lehrende und Studierende abwanderten. Erst die Neugründungen Halle (1690) und Göttingen (1734) schränkten die Privilegien ein, doch blieben auch hier die Befreiungen von bürgerlichen Pflichten (Halle: Wachen, Einquartierung, Kaufgebühren für eigene Häuser, zollfreie Wein- und Biereinfuhr; Göttingen: Gerichtsgebühren, Einquartierung im eigenen Haus, zollfreier Bierbezug). Die ökonomische Privilegierung der Universitätsmitglieder stellte – natürlicherweise – einen ewigen Zankapfel zwischen Universität und Universitätsstadt dar, die in dem Maß der Privilegienausdehnung die Lasten der Universität auf sich nehmen mußte.[190] Der Unmut der Bürgerschaft entlud sich in Drohungen, bisweilen in Gewalttätigkeiten.[191] Zu den ökonomischen Privilegien traten die juristischen, vor allem das bereits in der *Authentica Habita* Friedrichs I., enthaltene Recht der Exemtion von städtisch-staatlicher Gerichtsbarkeit: Mitglieder der Universität unterstanden ihrer eigenen, akademischen Rechtsprechung.

Einige dieser im Gefolge der Verabsolutierung landesfürstlicher Gewalt reduzierten Vorrechte haben sich bis ins 18. Jahrhundert gehalten. Justus Christoph Dithmar stellte in der sechsten Auflage seiner »Einleitung in die öconomische, Policey- und Cameral-Wissenschaften« (1769) fest, die auf die vier Fakultäten verteilten Professoren seien von den »persönlichen und theils realen bürgerlichen Beschwerden, auch Abschoß und Abzug befreyet.«[192] Auch die Studenten besaßen an einigen Universitäten noch verschiedene Freiheiten und Vorrechte. Johann Jakob Moser konstatierte im »Neuen Teutschen Staatsrecht« (1774), Gelehrte als Gelehrte genössen nirgendwo Vorrechte, außer daß sie

»1. Degen tragen dörffen;
2. Ihnen der Vorgang vor den gemeinen Burgern gestattet wird;

---

[188] Zeller: Ausführliche Merckwürdigkeiten, S. 319.

[189] Zu Tübinger Privilegien vgl. Jens: Eine deutsche Universität, S. 46ff. Zu den Privilegien von Marburg und Jena s. Meiners: Geschichte der Entstehung, Bd. 2, S. 373f.; zu den Professorenprivilegien allgemein zu Beginn des 18. Jahrhunderts vgl. Gottschling: Kurtze Nachricht, S. 71.

[190] Kaemmel: Geschichte, S. 271. Die Bürger Freiburgs waren über die Gründung der Universität so verärgert, daß sie den Papst um Widerrufung der Stiftung ersuchten.

[191] Meiners: Geschichte der Entstehung, Bd. 2, S. 377. In Orleans ereigneten sich z. B. solche Fälle.

[192] Dithmar: Einleitung, S. 148.

3. Daß man sie mit den persönlichen gemeinen Diensten des Wachens, Frohnens, Hagens, Jagens, Botenlaufens, u. d. entweder gar verschont, oder doch erlaubt, daß sie einen andern Mann für sich stellen, oder etwas an Geld dafür geben dörffen.«[193]

Die an der Universität lehrenden Graduierten vermochten ihre Privilegien zwar längere Zeit zu bewahren, doch blieb am Ende der Entwicklung als Relikt der staatlich geltenden Vorrechte nur die inneruniversitäre Rangordnung mit ihrer bloßen akademischen Reichweite übrig.

Wie Laetitia Boehm nachgewiesen hat, ist der allmähliche *Verlust der Privilegien* eine Konsequenz der Verstaatlichungstendenz auf landesfürstlicher Ebene.[194] Der Sieg des »Obrigkeitsanspruches« über den »korporativen Autonomieanspruch« hatte für den Gelehrtenstand die Folge, daß der Status der Universitätslehrer sich dem Status des Staatsbeamten anglich. Mit der Besoldung und der Berufung der Universitätslehrer durch den Landesherrn erhielt das universitäre Selbstergänzungsrecht einen fremdbestimmten Modus: der akademische Eid war undenkbar ohne den Beamteneid. Kaum aus den Abhängigkeiten von der Kirche entlassen, geriet die Universität in die Abhängigkeit des Staates. Der Tribut für die Privilegierung und die Schutzstatuten war die Verpflichtung der ›freien‹ Lehre auf die ideologischen und verfassungsrechtlichen Grundlagen des Staates: Wo sie gefährdet zu sein schienen, wurde selbst im 18. Jahrhundert der akademische Freiraum rücksichtslos beseitigt. Das beweist am schlagendsten die ›Vertreibung‹ Christian Wolffs aus Halle; ihm wurde ja nicht nur das Gehalt entzogen und die Lehre untersagt, sondern bei »Strafe des Stranges« der Aufenthalt in Brandenburg-Preußen verboten.[195] Dagegen festigte die »Intensivierung der berufsständischen Beziehungen zwischen Universität und Staat« die gesellschaftliche Position des Universitätslehrers. Der Einengung wissenschaftlicher Freiheit auf der einen Seite trat der soziale Machtzuwachs auf der anderen Seite entgegen. So konnte das für die mittelalterliche Universität undenkbare, jedoch für die Universität des 18. bis 20. Jahrhunderts bezeichnende Phänomen entstehen, daß ein kraft Besoldung auf höherem Rang befindlicher Universitätslehrer wesentlich weiterreichende Befugnisse hat als ein ›lediglich‹ auf Grund seiner wissenschaftlichen Tätigkeiten hervorgetretener Gelehrter.

(4) Die akademischen Grade der frühen Neuzeit

Landesfürstliche Universitätsgründungen bedurften der kaiserlichen bzw. der päpstlichen Bestätigung. Die durch die päpstlichen Bullen von Toulouse (1233)

---

[193] Moser: Neues Teutsches Staatsrecht, Bd. 17 (1774), S. 463. Auch Michaelis: Raisonnement, Tl. 4, S. 109 und S. 113f., stellt klar, daß akademische Titel außerhalb der Universitäten keine rechtlichen oder wirtschaftlichen Vorteile bringen.

[194] Boehm: De negotio scholaris, S. 50f. Zu den landesfürstlichen Universitäten im Konfessionsstreit s. Petry: Die Reformation, Bd. 2, S. 347ff.

[195] Kawerau: Aus Halles Litteraturleben; zu Christian Wolff S. 142–173, hier S. 165. Vgl. Zeller: Wolffs Vertreibung, S. 117–152. Wolff selbst berichtet darüber im Brief vom 1. März 1724 an L. Blumentrost. In: Briefe von Christian Wolff aus den Jahren 1719 bis 1753, S. 21.

und Salamanca (1255) aufgebrachte licentia ubique docendi hatte für die Ausgestaltung des studium-generale-Modells die Konsequenz, daß die Universität die vollen Rechte – zur Unterscheidung der studia generalia von den studia particularia oder provincialia – von einer Universalmacht erhalten mußte. Erst im 17. und 18. Jahrhundert stifteten Landesfürsten Universitäten, ohne deren Ausstattung durch kaiserliche Privilegien in jedem Falle einzuholen.[196] Der an der Gründung der Universität Halle maßgeblich beteiligte Veit Ludwig von Seckendorff bezeichnete immerhin die »kayserliche Begnadigung« als obligatorisch.[197] Die Verleihung der akademischen Grade stellte das oberste dieser kaiserlichen Privilegien dar.[198] Die Graduierung bedeutete den »Schlußstein der rechtlichen Abschließung des gelehrten Berufsstandes«.[199] Einerseits ist sie Ausfluß des Selbstergänzungsrechtes der Universität, andererseits konstituiert sie erst die Institution als Korporation persönlich Privilegierter. Während die übrigen Privilegien zur Ausstattung des ›gelehrten Standes‹ dienten, stellten die akademischen Grade des Magisters, des Lizentiaten und des Doktors sein konstitutives Fundament dar. In Analogie zu der kaiserlichen oder päpstlichen Bestätigung der Universitätsgründung erhielten lediglich die an diesen Universitäten verliehenen Grade eine allgemeine Rechtskraft.[200]

In der mittelalterlichen Universitätsordnung des studium generale hatte die artistische Fakultät zu einem wesentlichen Teil propädeutische Funktion. Die Absolvierung des Studiums in der artistischen Fakultät galt gewöhnlich als Voraussetzung für das Studium in den oberen Fakultäten,[201] doch zum Erwerb einer artistischen Regenz mit selbständiger Bedeutung genügte der Abschluß in der

---

[196] Meiners: Geschichte der Entstehung, Bd. 2, S. 309f. Doch erteilten die katholischen Kaiser weiterhin den protestantischen Universitäten die Privilegien, wenn auch oft mit gehöriger Verspätung. Königsberg erhielt seine Privilegien durch den König Sigismund von Polen (1556), da der Kaiser der 1544 gegründeten Universität die Konfirmation versagte. von Raumer: Geschichte der Pädagogik, Teil 4, S. 15f. Bei Meyhöfer: Die kaiserlichen Stiftungsprivilegien, S. 291–418, ein Register kaiserlicher Gründungsprivilegien vom 14. bis zum 16. Jahrhundert und ein Register der päpstlichen Gründungsprivilegien bis 1507. Auch Wretschko: Universitätsprivilegien der Kaiser, S. 793ff.

[197] von Seckendorff: Teutscher Fürsten-Staat (1656), S. 226f.

[198] Ebd., S. 228.

[199] Boehm: De negotio scholaris, S. 50. Zur Graduierung vgl. die Literaturangaben bei Erman-Horn, Bd. 1, S. 225–287. Ferner: Die akademischen Grade, in: Kaufmann: Geschichte, Bd. 2, S. 268–323; Boehm: Die Verleihung; Meiners: Geschichte der Entstehung, Bd. 2, Buch 4: Geschichte der Privilegien hoher Schulen: Bd. 2, Abschnitt 4: Geschichte der akademischen Würden. S. 203–319; Kink: Geschichte, Bd. 1, S. 50ff. Vgl. auch die Artikel »Doctor« und »Magister« in Zedlers Grossem Universal-Lexicon. Der Doktorgrad war gleichbedeutend mit der Lehrbefugnis an den Universitäten, Kristeller: Humanismus und Renaissance, Bd. 2, S. 214f.

[200] Boehm: Die Verleihung, S. 171. Die Gradverleihung war bis 1803 ein kaiserliches Reservat.

[201] Ebd., S. 169. »Erst seit dem 16. Jahrhundert setzte sich eine praktische Gleichordnung der Artistenfakultät mit den anderen Fakultäten durch, gleichzeitig übrigens mit der Einbürgerung ihres neuen Namens ›Philosophische Fakultät‹.«

Artistenfakultät.[202] An den französischen und deutschen Universitäten waren drei *akademische Grade* üblich: 1) Baccalar, 2) Lizentiat, 3) Magister oder Doktor, wobei gewohnheitsrechtlich die Promotion in der Artistenfakultät mit dem Magister-, die in den oberen Fakultäten mit dem Doktortitel abgeschlossen wurde; doch waren Ausnahmen keine Seltenheit,[203] etwa daß auch juristische und theologische, weniger allerdings medizinische Magister begegnen. In der Fakultäten-Hierarchie folgte der theologischen die juristische Fakultät,[204] deren Verdienste um Erwerb der Privilegien berufsbedingte Qualifikation war, und schließlich die an den meisten Universitäten auch rein zahlenmäßig weniger bedeutsame medizinische Fakultät – eine Sachlage, die bis zur Empirisierung der Medizin durch die großen Entdeckungen des 16. und 17. Jahrhunderts nicht unberechtigt war. Gerade die Ärzte waren den Gefahren der Scharlatanerie stärker ausgesetzt als Theologen und Juristen, sie mußten daher in besonderem Maß als Zielscheibe des Spottes in Satire und Komödie herhalten.[205] Der Titel des artistischen Baccalars wurde durch eine Prüfung erworben;[206] der Kandidat mußte mindestens 1½ Jahre studiert haben; er durfte nicht jünger als 17 Jahre alt sein (Wien).[207] Als Durchschnitt pendelte sich eine dreijährige Studienzeit ein,[208] in der sich der Studierende mit den im Trivium und Quadrivium gelehrten Wissenschaften und Künsten vertraut machen sollte. Die wichtigsten Disziplinen während des Mittelalters waren Grammatik und Dialektik. Lateinkenntnis beschränkte sich auf Sprachfertigkeit und war mit einer gewissen Routiniertheit im Ausüben des Lateinischen verbunden, ohne literarische Ansprüche zu stellen. Sie bildete die Grundlage für die Dialektik, die in der Scholastik beherrschende Lehrmethode, unumgänglich für die mündlichen Disputationen wie für das Verstehen der Lehrbücher.[209] Vorrechte genoß der Baccalar gegenüber den nichtgraduierten Studenten der artistischen Fakultät; er durfte Vorlesungen über die Anfangsgründe des Triviums

---

202 Zu Ausnahmen Kaufmann: Geschichte, Bd. 2, S. 314f.

203 Ebd., S. 274ff.

204 Tholuck: Das akademische Leben, S. 45–55; Jens: Eine deutsche Universität, S. 161f. Die Rangordnung spiegelt sich auch in der Besoldung. In Wittenberg erhielten 1536 ein theologischer Professor 200, ein juristischer 100–200, ein medizinischer 80–150, ein artistischer Professor 80–100 Gulden. Melanchthon, der eine Ausnahmeposition hatte, erhielt 300, seit 1541 wie Luther 400 Gulden. Reicke: Der Gelehrte, S. 54.

205 Quellenverzeichnis bei Erman-Horn Bd. 1, Nr. 23 Poetische, satirische, humoristische Darstellungen des Universitätslebens, S. 750–826; zum Medizinstudium Nr. 84, S. 470–508.

206 Kaufmann: Geschichte, Bd. 2, S. 302ff. Prüfungsanforderungen.

207 Ebd., S. 304, 307; Reicke: Der Gelehrte, S. 33.

208 Meiners: Geschichte der Entstehung, Bd. 2, S. 247, gibt für Paris an, das philosophische Studium habe zunächst 6, dann 5, im 15. Jahrhundert dreieinhalb, dann 3, 2, 5 und schließlich nur noch 2 Jahre gedauert.

209 Ein Leipziger Statut verordnet, niemand dürfe Baccalar oder Magister werden, »der nicht einen vorgelegten Satz grammatisch zergliedern, Hauptworte und Zeitworte bestimmen und die Fragen aus der Konjugation, Deklination, der Lehre von der Kongruenz usw. beantworten könne.« Zarncke: Die Statutenbücher, S. 416f., hier S. 417, Zeile 15ff.; vgl. Kaufmann: Geschichte, Bd. 2, S. 305.

abhalten[210] und sollte an Disputationen mitwirken, er konnte in den Bursen Gehilfe oder Leiter werden, schließlich genügte der Titel für das bürgerliche Amt eines Schreibers oder Lehrers (auch der Lateinschulen[211]). Wie groß die Geltung sogar des Magistertitels im bürgerlichen Leben war, zeigt die Tatsache, daß von sämtlichen Studierenden durchschnittlich ¼ das Baccalariat erwarb, von den Baccalaren selbst ¼–⅒ den Magistertitel.[212] Innerhalb der Baccalare gab es eine nach dem Senioritätsprinzip exakt festgelegte Rangordnung;[213] es gab Unterschiede zwischen den baccalarii novelli und den alten jedoch nicht den Magistergrad ansteuernden baccalarii seniores, und den baccalarii formales, womit die Baccalaren bezeichnet wurden, die den 1–2jährigen, zum Erwerb des Magistergrades vorgesehenen Studienkursus absolviert hatten.[214]

Der Erwerb der *philosophischen Lizenz* (licentia legendi, regendi, disputandi et docendi) war ebenfalls an das Ablegen einer umfangreichen, bis zu 14 Tage dauernden privaten (tentamen) und öffentlichen Prüfung (examen rigorosum) gebunden, in der die Examinatoren[215] nicht mehr wie im Baccalariatsexamen frei gewählt werden konnten,[216] sondern von der Fakultät bestimmt wurden.[217] Der Verleihung der Lizenz folgte das von den Lizentiaten bezahlte Festmahl (prandium Aristotelis).[218] Nach den Pariser Statuten mußte der Magister das Alter von 21 Jahren haben.[219] Im Zentrum des Verleihungsaktes (inceptio) stand die Übergabe der Insignien, das Ablegen der Eide und die Zusicherung, im Verlauf des obligatorischen, an der Universität zu verbringenden bienniums die Pflichten des magister regens zu erfüllen.[220]

Da das *Studium der höheren Fakultäten* gewöhnlich den magister artium voraussetzte und selbst fünf bis sechs Jahre dauerte, erwarb kein Studierender unter 30 Jahren den Doktortitel. In der theologischen Fakultät mußte sich der nach fünfjährigem Studium Baccalarius gewordene Scholar wie üblich verpflichten, an keiner anderen Universität die selben Grade noch einmal zu erwerben, zwei Jahre die vorgeschriebenen Vorlesungen zu hören und selbst je 80 kursorische Vorlesungen zu halten. Das Baccalariat gliederte sich ebenfalls in drei Stufen mit insgesamt vierjähriger Dauer.[221] Der Lizentiat mußte sich verpflichten, ein

---

210 Kaufmann Bd. 2, S. 308f.
211 Ebd., S. 305.
212 Zahlenangaben ebd., S. 305f. Anm. 3.
213 Ebd., S. 310.
214 Ebd., S. 307f., Anm. 3, S. 310; Meiners: Geschichte der Entstehung, Bd. 2, S. 297.
215 Meiners Bd. 2, S. 306f.; Kaufmann Bd. 2, S. 310ff.
216 In Oxford wurden Lizentiaten sogar für die artistischen Unterrichtsfächer Grammatik, Poetik, Rhetorik und Musik vergeben; Meiners Bd. 2, S. 253f.
217 Kink: Geschichte, Bd. 2, S. 191; Kaufmann Bd. 2, S. 307.
218 Kaufmann Bd. 2, S. 319.
219 Boehm: Die Verleihung, S. 167.
220 Kaufmann Bd. 2, S. 307, 313.
221 Über die Vorschriften der Universität Tübingen unterrichtet das Statut von 1505, abgedruckt in: Roth, Urkunden zur Geschichte, S. 406–25; vgl. Boehm: Die Verleihung, S. 168; Kaufmann Bd. 2, S. 314.

Jahr nach erhaltenem Magister- oder Doktorgrad als Magister oder Doctor regens zu bleiben.[222] Da das Studium der Theologie einen Kursus von mehr als 10 Jahren vorschrieb,[223] war – geht man von einem Durchschnittsalter des magister artium von 23 Jahren aus – kaum ein doctor theologiae jünger als 32 Jahre.[224] Die Pariser Universität schrieb sogar ein Alter von 35 Jahren vor.[225] Tatsächlich waren theologische Doktoren mit 40 und mehr Jahren keine Seltenheit, da auch von Unterbrechungen der Studienzeit auszugehen ist. Ein magister artium konnte nach einer im ›Berufsleben‹ verbrachten Phase wieder an die Universität zurückkehren, oder ein an der Universität bereits lehrender magister artium konnte sich zur Aufnahme eines Studiums in den höheren Fakultäten entschließen.

Ähnlich liegen die Zahlen für *Jurisprudenz*. Die Pariser Fakultät für geistliches Recht beschloß 1370, Baccalarius könne man nur nach einem sechsjährigen Studium des geistlichen Rechts, Lizentiat nach fünfjährigem, eigene Vorlesungen einschließendem Kursus werden.[226] In Wien wurde man in der Rechts-Fakultät nach vier Jahren Baccalarius, nach sieben Jahren Lizentiat.[227] Das *medizinische Baccalariat* konnten in Wien die magistri artium in zwei, die Baccalarii in zweieinhalb, einfache Studenten in drei Jahren erlangen. Nach weiteren drei Jahren konnten sie Lizentiat werden. Den Doktortitel erhielt man in der Regel erst mit 28 Jahren,[228] ausnahmsweise sogar mit 26 Jahren. Wie das Pariser Vorbild für Wien, so diente Wien als Vorbild für Ingolstadt.[229]

Während das Baccalariat (anders als bei den Artisten) an keine Prüfung gebunden war, sondern auf Vorschlag eines Magisters von der Fakultät verliehen wurde, machten einige Universitäten den Erwerb des Theologie-Lizentiats von einer weiteren Prüfung abhängig (Wien, Ingolstadt, Erfurt), andere (Köln, Leipzig, Tübingen) verzichteten auf die Prüfung.[230] Die Lizenz (licentia doctorandi) war einerseits das Anrecht auf den Doktortitel, andererseits verlieh sie selbst die Befähigung zur Lehre an *allen* Universitäten.[231] Da also der Lizentiat, abgesehen von rangspezifischen Vorrechten des Doktors ebenfalls zur Lehre befugt war (obgleich oft nur in Begleitung eines Doktors),[232] verzichteten wegen der mit den Doktorpromotionen verbundenen hohen Kosten viele Lizentiaten auf den Erwerb

---

[222] Kaufmann Bd. 2, S. 281, 198.
[223] Ebd., S. 277f.
[224] Obligatorisch war für den Baccalaureus das Alter von 25; für den Lizentiaten das Alter von 30 Jahren; Kaufmann Bd. 2, S. 314; Meiners Bd. 2, S. 292; Reicke: Der Gelehrte, S. 35; vgl. Jens: Eine deutsche Universität, S. 164.
[225] Boehm: Die Verleihung, S. 167; Kaufmann Bd. 2, S. 277–280 rechnet 5–6 Jahre vor Erwerb des Baccalaureats und 8–9 Jahre Studium als Baccalaureus, so daß sich eine Studiendauer von 13–15 Jahre ergibt.
[226] Meiners Bd. 2, S. 247, 278.
[227] Ebd., S. 294.
[228] Ebd., S. 296.
[229] Ebd., S. 299ff.
[230] Kaufmann Bd. 2, S. 280.
[231] Kink: Geschichte, Bd. 1, S. 50f.; Kaufmann Bd. 2, S. 281.
[232] Kink: Geschichte, Bd. 2, S. 51; Meiners Bd. 2, S. 298.

des Doktortitels.[233] Die vollen, etwa in den außeruniversitären Gesetzen festgelegten Privilegien waren nur dem Doktorgrad eingeräumt. Während die Lizentiaten vom Kanzler ernannt wurden, stand das Recht der Verleihung des Baccalarius- und des Doktortitels ausschließlich den Fakultäten zu; die vom Papst aufgrund einer Prüfung (auctoritate apostolica) ernannten doctores bullati, die kein regelrechtes Studium absolviert hatten, und die vom Kaiser auctoritate caesarea ernannten Doktoren gewannen keinen ebenbürtigen Rang.[234] Ein Lizentiat oder Doktor konnte im übrigen nicht mehreren Fakultäten angehören. Ein Doktor der höheren Fakultäten mußte auf die ihm als magister artium zustehenden Kolleggelder und sonstigen Einnahmen verzichten.[235]

Äußeres Zeichen der erworbenen akademischen Grade – des Lizentiaten, des Magisters und des Doktors – waren bestimmte, allen Fakultäten gemeinsame *Insignien* – eine wichtige Analogie zur Aufnahme in den Klerus. Nach Leistung des Promotionseides bat der Kandidat um Erteilung der Insignien, die ihm der Promotor (der Magister oder Doktor, unter dessen Leitung er studiert hatte) auf der cathedra übergab: den Mantel (illum cappa doctorali induit), das Birett (pirreto tegit), den goldenen Ring (annulo aureo ornat). Mit einem Kuß wurde er in das Kolleg aufgenommen und erhielt als signum der Wissenschaft und als Ansporn zu unermüdlichem Fleiß ein offenes und ein geschlossenes Buch überreicht (librum clausum et apertum adsignat).[236] Die benedictio beendete den Verleihungsakt.[237]

Dem hierarchischen Aufbau der Fakultäten entsprechend standen auch ihre graduierten Mitglieder in einer exakt festgelegten *Rangordnung* zueinander. In Ingolstadt trugen die Doktoren der höheren Fakultäten ein rotes Birett wie die

---

233 Z. B. Gebühren, Festmahl, Ehrengeschenke. Ein Doktor der Rechte mußte Anfang des 16. Jahrhunderts mit Ausgaben um 250 Dukaten rechnen. Kaufmann Bd. 2, S. 301, 317f., 321; Meiners Bd. 2, S. 295f., 300; Reicke: Der Gelehrte, S. 36f.

234 Kaufmann Bd. 2, S. 202, 316; Boehm: Die Verleihung, S. 171; Meiners Bd. 2, S. 308ff.

235 Kaufmann Bd. 2, S. 197; Kink: Geschichte, Bd. 1, S. 51 Anm. 62. Die theologische Fakultät Wien schloß den theologischen Doktor Johann Kaltenbrunner aus, weil er als juristischer Lizentiat auch die Versammlungen der juristischen Fakultät besucht hatte.

236 Boehm: Die Verleihung, S. 174f.; Kink: Geschichte, Bd. 1, S. 51. Der Lizentiat durfte kein Birett tragen. Kaufmann Bd. 2, S. 322f. Zu den Doktorinsignien: Hut, verschlossenes Buch, Ring, Stirnkuß, eventuell langer Rock s. Gottschling; Kurtze Nachricht, S. 95f. Das verschlossene Buch sagt, »daß er auch ohne Beyhülffe eines Buches / oder erst in selbiges zu sehen / etwas gelehrtes vorzubringen capable seyn solle.« Der Ring zeigt an, »daß er sich mit allen hohen Wissenschafften nunmehro gleichsam vermählet habe.«

237 Dazu Kaufmann Bd. 2, S. 310–320; Meiners Bd. 2, S. 311ff.; Kink: Geschichte, Bd. 1, S. 52–57. In Bologna und in Padua galt das Buch, an den deutschen Universitäten der Hut als das Hauptsymbol; Kaufmann Bd. 2, S. 281, 323; weshalb eben dem Lizentiaten das Tragen eines Biretts nicht gestattet war. Später kamen als Insignien auch an Stelle der cappa und der toga je nach Fakultät verschiedenfarbige Schulterkragen auf, ferner eine goldene Halskette; Boehm: Die Verleihung, S. 175. Zu den Doktordiplomen s. Kink: Geschichte, Bd. 1, S. 53f.; in Tübingen wurde der Lizentiat erst nach einem obligatorischen Doktorschmaus als Doktor anerkannt; Meiners Bd. 2, S. 305, 314.

magni prelati, die magistri artium ein braunes wie die niederen Prälaten und Kanoniker; die Baccalare durften, wie einfache Priester, nur schwarze Mützen tragen.[238] Die Hierarchie dokumentiert sich vor allem bei öffentlichen Anlässen in den Sitzordnungen für die Fakultätsmitglieder. Das Wiener »Statutum [...] de ordine Suppositorum« vom 24. März 1388 präzisiert die Reihenfolge.[239] Die Doktoren der Theologie standen im selben Rang wie die Hocharistokratie, die Doktoren des Rechts wurden wie simplices illustres eingestuft, und die Doktoren der Medizin wie die minores illustres, der niedere Adel.[240] Bei der Rektoratsübergabe in Ingolstadt saßen auf der Graduiertenbank neben dem Rektor, den adligen scholares, die Doktoren des Rechts und der Medizin sowie sämtliche Graduierten der Theologie.[241] Wichtiger freilich als die bloße Graduierung war im akademischen Berufsbereich die Position, die ein Lehrender einnahm – das erweist sich auch aus dem zitierten Wiener Statut. Die Mitglieder einer Fakultät actu regentes standen im höheren Rang als die Doktoren oder Magister actu non regentes, die keine vom Studiengang her anerkannten Veranstaltungen abhielten.[242]

Gegenüber den doctores facultatis genossen die doctores collegii, denen die Leitung der Fakultät oblag, einen Vorrang. Karl V. hatte im Jahre 1530 die doctores collegiatos von Bologna zu Rittern und Pfalzgrafen ernannt mit dem Recht, selbst Doktoren zu Rittern zu schlagen.[243] In der juristischen Fakultät von Bologna gab es vier Klassen der Doctores, an der Spitze die doctores collegiati.[244] Im 16. Jahrhundert kam der Tiel des Ordinarius auf, abgeleitet von dem Titel ›ordinarie legentes‹. Die Ordinarien waren besoldete Doktoren, die bestimmte, von der Fakultät für den Vortrag obligatorisch gemachten libri ordinarie legendi vortrugen.[245]

Obgleich ursprünglich die Besoldung keinen Einfluß auf die juristische Posi-

---

[238] Boehm: De negotio scholaris, S. 51; dies.: Die Verleihung, S. 172f.; zur Uneinheitlichkeit Meiners Bd. 2, S. 313.

[239] Wiedergabe bei Kink: Geschichte, Bd. 2, Nr. 14, S. 89ff., hier bes. S. 90f.

[240] Boehm: Die Verleihung, S. 173: dies.: De negotio scholaris, S. 51; Aschbach: Geschichte, Bd. 1, S. 53ff.

[241] Boehm: De negotio scholaris, S. 51; dies.: Verleihung, S. 173. In Prag waren auch die baccalarii formati der Theologie den magistri artium übergeordnet, weil hier die Studenten der höheren Fakultäten regelmäßig den Magistergrad erworben hatten. Meiners Bd. 2, S. 292.

[242] Zum Recht der Regenz s. Kaufmann Bd. 2, S. 191f. Anm. 5. ›actu regentes‹ hießen die Doktoren und Magister, die vor Beginn der Vorlesungen bei den Fakultäten das Thema ihrer Veranstaltung angaben: »ut quis Magistrorum dicatur regens, statuimus, quod quilibet Magister, qui per totum tempus pro ordinario deputatum legerit cum favore facultatis, regens censeatur per annum illum totum.« Kink: Geschichte, Bd. 1, S. 56 Anm. 67. Da der Doktor über die Lizentiaten und Baccalaurien, die ihm bei den Vorträgen und Disputationen zur Seite standen, die Leitung innehatte, bürgerte sich die Bezeichnung ›regens cathedram‹ oder kurz ›regens‹ ein. Die Regenz war an eine gewisse Anzahl abzuhaltender Vorlesungen und Disputationen gebunden.

[243] Meiners Bd. 2, S. 280f.

[244] Ebd., S. 284ff. (Ritter-Doktoren).

[245] Kink: Geschichte, Bd. 1, S. 55.

tion der Doktoren hatte, gewannen die besoldeten *Professoren* – dieser Titel bürgerte sich im Laufe des 16. und 17. Jahrhunderts für die Universitätslehrer ein[246] und wurde später mit der zusätzlichen Leistung der Habilitation verknüpft – das Übergewicht. Das Besoldungsprinzip verdrängte im Laufe des 15. bis 17. Jahrhunderts das Senioritätsprinzip. Die unbesoldeten Baccalare, Lizentiaten und Doktoren wurden zu Anwärtern auf die besoldeten Stellen degradiert.

> »Der Gegensatz zwischen besoldeten und nicht besoldeten und nicht verpflichteten aber zu gewissen Vorlesungen berechtigten und verpflichteten Docenten war wichtiger, jedenfalls fühlbarer als der des Gradunterschiedes zwischen Lizentiaten und Doktoren.«[247]

Die Fakultätenhierarchie spiegelt sich auch in der unterschiedlichen Besoldung, wie sie eine 1697 verfügte Gehaltserhöhung an der Universität Königsberg bestimmt: Der Professor Theologiae Primarius erhielt ein Jahresgehalt von 1000 Mark, der Professor Juris und Medicinae Primarius 800 Mark, der ordentliche Professor der Philosophischen Fakultät aber nur 750 Mark.[248]

Eine weitere Gefährdung (im akademischen Bereich) bedeutete die Anstellung von »non doctores« in besoldete Stellen. Schließlich tat auch die um sich greifende Korruption den Titeln Abbruch. In Paris wurde man um 1500 automatisch Baccalar und magister artium nach Absolvierung der Studienzeit und Bezahlung der Promotionskosten.

Selbst unter den Handwerkern, ja unter Dienern und Straßenräubern habe es Magister und Baccalare gegeben.[249] Auch die Übertreibung birgt einen wahren Kern in sich. Auf den deutschen Universitäten rissen während des 30jährigen Krieges Mißbräuche ein.

> »Seyn Leute in Theologia auf Universiteten Doctores, Licentiati promovirt worden, die nicht gar zwey Jahre auf Universiteten haben studiert, sondern gesoffen; niemahls an die Theologey gedacht, sondern nach einem Magistellen sich gesähnet, niemahls einige Probe disputando, opponendo, responendo, declamando gethan: die nicht ein einziges Specimen des Fleisses und Geschicklichkeit vorzeigen können.«[250]

Gegenüber den Promotionsbeschränkungen der höheren Fakultäten (in der geistlichen Rechtsfakultät von Paris jährlich 40 Baccalare) ließ sich die Gradverleihung in der artistischen Fakultät an keine Jahresquote binden, »weil die Facultät der

---

246 Der Titel des Professors leitete sich von der Befugnis her, über ein von ihm selbst bestimmtes Thema ganz oder fragmentarisch Vorlesungen abzuhalten (profiteri). Kink: Geschichte, Bd. 1, S. 55; Meiners Bd. 3, S. 227f. Während im Mittelalter der Doktortitel den höchstgraduierten Universitätslehrer bezeichnete, kam die Unterscheidung zwischen ›Doktor‹ und ›Professor‹ seit dem Zeitpunkt auf, als auch die nicht-lesenden Doktoren Fakultätsmitglieder bleiben und die Privilegien der Universität beanspruchen konnten. In Wien wurde diese Ausweitung der Fakultätsmitgliedschaft 1429 vom Herzog Albrecht V. erwirkt. Kink: Geschichte, Bd. 1, S. 57 Anm. 68.

247 Kaufmann, Bd. 2, S. 212.

248 Vgl. Anm. 206; prinzipiell ist also die Rangordnung des 16. Jahrhunderts auch Ende des 17. und Anfang des 18. gewahrt geblieben.

249 Zur Korruption in Bologna ebd., S. 279, 285; Meiners Bd. 2, S. 250.

250 Meiners Bd. 2, S. 306; Zitat Meyfarts.

Künste die Wurzel aller übrigen Facultät sey und aus allen Enden der Christenheit Zöglinge erhalte.«[251]

Die Grade des Baccalars und des Lizentiaten der artistischen Fakultät verschwanden an den protestantischen deutschen Universitäten im Laufe des 16. Jahrhunderts, an den katholischen erst im 18. Jahrhundert; in den höheren Fakultäten (mit gelegentlicher Ausnahme der Juristen) allgemein im 16. Jahrhundert. Der Erwerb des Lizentiats wurde mit dem des Doktorats zusammengelegt; Ausnahmen waren meist berufsbedingt – manche Berufe galten in der öffentlichen Meinung als einem Doktor nicht angemessen.[252] Ebenfalls in dieser Zeitspanne bildete sich dann das herkömmliche Ordinariensystem aus.[253] Durch das Aufkommen des Humanismus einerseits und die Entwicklung der Mathematik, der Naturwissenschaften und der Philosophie andererseits erhielt die artistische Fakultät eine solche Aufwertung, daß die alte Rangfolge umgekehrt wurde: die ›höheren‹ Fakultäten vermittelten nur das Brotstudium, während die ›eigentliche‹, wissenschaftsfremden Zwecken nicht unterworfene Wissenschaft an der ‹philosophischen‹ Fakultät betrieben wurde.[254] In den Vorschlägen, die Johann Daniel Schulze um die Wende vom 18./19. Jahrhundert machte, eine Gelehrtengeschichte zu schreiben, spielt die traditionelle Fakultätsrangfolge nur eine untergeordnete Rolle.[255]

(5) Poetae laureati

Seit dem Eindringen des Humanismus in die Universitäten Europas gibt es den neugeschaffenen Titel des poeta laureatus, der die neue Bewegung gegenüber den aus dem scholastischen Geist des Mittelalters stammenden akademischen Graden geradezu versinnbildlicht. Da er als akademischer Grad galt, stellt er das Verbindungsglied zwischen der akademischen ›Gelehrtenschaft‹ und dem nichtakademischen Dichtertum dar.[256] Allerdings darf hierunter nicht ein ›freier‹, nicht-gelehrter Dichter verstanden werden. Sämtliche poetae laureati waren ›gelehrte‹ Dichter, ja oft mehr Gelehrte als Dichter, eine aus der Genese der humanistischen Bewegung erklärbare Erscheinung. Dichter zu sein ohne Kenntnis der antiken Vorbilder war schlechthin undenkbar.[257] Dichten als gelehrte Kunst bedurfte der nachzuahmenden Muster. Daher verstanden sich die humanistischen

---

[251] Ebd., S. 249.

[252] Ebd., S. 252, 302ff.; zu den Ausnahmen S. 304f.

[253] Laspeyres: Ordinarius, S. 511–516; hier auch die ältere Literatur.

[254] Zum Beginn dieser Umwertung durch Christian Wolff s. Kapitel VI. 1.3.

[255] Schulze: Abriß, S. XLf., schlägt für Leipzig eine Ordnung vor mit den zwei Hauptrubriken: 1. *in* Leipzig verstorbene und 2. außer Leipzig verstorbene Gelehrte. Die erste Rubrik gliedert er nach den vier Nationen (!) und nach den Besoldungsstufen.

[256] Neuerdings dazu Verweyen: Dichterkrönung, S. 7–19, dessen Ergebnisse die vor Erscheinen seines Aufsatzes unabhängig gewonnenen Resultate bestätigen.

[257] Hankamer: Deutsche Gegenreformation, S. 45. »Der Poeta-Begriff des Humanismus war vor allem bestimmt durch den Besitz humanistischer Bildung.«

Dichter als Dichter-Philologen, bei denen die Pflege der lateinischen (und griechischen) Klassikertexte organisch mit der eigenen, auf deren imitatio basierenden Kunst verbunden war. Die erste Dichterkrönung der frühen Renaissance ereignete sich bekanntlich am Ostertag 1341; Petrarca nahm aus der Hand des römischen Senators Graf Orso dell'Anguillara den Lorbeerkranz entgegen.[258] Von den nationalstolzen Italienern war die Dichterkrönung in der Fortsetzung römischer Tradition gesehen worden. Die Ausübung dieses Rechtes durch den Luxemburger Kaiser Karl IV. (1355 in Pisa Verleihung des Lorbeers an Zanobi da Strada) fand daher unter den italienischen Humanisten verständlicherweise keine Zustimmung.[259] Seit dieser bedeutsamen Initiation verblieb das Recht der Dichterkrönung beim Kaiser. Eine Erweiterung der ursprünglich an den italienischen Raum gebundenen Lorbeervergabe stellte die Krönung Enea Silvio Piccolominis dar, den Friedrich III. 1442 in Frankfurt am Main bekränzte.[260] Die zahlreichen Lorbeerverleihungen Friedrichs brachten die Institution des poeta laureatus in Mißkredit, kaum daß sie geschaffen war. Aus den gekrönten Dichtern ragen einige Namen hervor: Konrad Celtis (1487), Johannes Cuspinianus (1493), Jakob Locher (1497) und Heinrich Bebel (1501).[261] Immerhin zeigt die Tatsache, daß der 1487 zum poeta laureatus gekrönte Konrad Celtis in seinen Schriften von keinem anderen Titel mehr Gebrauch machte,[262] welche Geltung dem Institut des poeta laureatus in den Anfängen zukam. Nicht nur eine Aufwertung, sondern auch eine Veränderung des mit dem Lorbeer verbundenen Status brachte 1501 die Einrichtung eines Kollegiums der Poeten und Mathematiker (›Collegium poetarum et mathematicorum‹) an der Universität Wien (31. Oktober 1501).[263]

Maximilian I. verlieh dem Anreger Konrad Celtis und dessen Nachfolgern das Recht der Dichterkrönung.[264] Das Kolleg sollte in enger Verbindung zur artistischen Fakultät stehen und wohl nicht, wie Eder ohne Ironie feststellt, als »quintas facultas« gelten.[265] Dennoch erhielt das Kollegium eine gewisse Unabhängigkeit von der Artistenfakultät: Celtis als Vorstand des Instituts war dem artistischen

---

258 Schottenloher: Kaiserliche Dichterkrönungen, S. 648; dort weitere Literaturangaben, S. 648f. Anm. 1.; vgl. Meiners Bd. 2, S. 290. Spezielle Titel: V. Lancetti: Memorie intorno ai poeti laureati d'ogni tempo e d'ogni nazione. Mailand 1839; E. H. Wilkins: The Coronation of Petrarch. In: Speculum XVIII (1943), S. 155–197.

259 Schottenloher: Dichterkrönungen, S. 649f.

260 Hausmann: Enea Silvio Piccolomini, S. 442.

261 Dazu Burger: Renaissance, S. 256.

262 Hasse: Die deutsche Renaissance, Bd. 1, S. 133.

263 Mit Konrad Celtis an der Spitze. Husung: Kaiserlich gekrönte Dichter, S. 40. Stiftungsurkunde bei Kink: Geschichte, Bd. 2, Statutenbuch der Universität Wien, Nr. 42, S. 305–307; vgl. Hasse: Die deutsche Renaissance, Bd. 1, S. 150f.

264 Celtis vererbte der Wiener Universität in seinem Testament sein privilegium creando poetas; Aschbach: Geschichte, Bd. 2, S. 66f., 71f.; das Privileg wurde 1558 durch Ferdinand I. bestätigt, Bd. 3, S. 61; Husung: Kaiserlich gekrönte Dichter, S. 40.

265 Georg Eder: Catalogus rectorum et illustrium virorum archigymnasii Viennensis. Wien 1559, S. 48; dazu kritisch Aschbach: Geschichte der Wiener Universität. Bd. 2, S. 65; zustimmend Kaufmann Bd. 2, S. 73f., v. a. S. 74, und Paulsen: Geschichte, Bd. 1, S. 127.

Dekan nicht untergeordnet (wohl aber dem Rektor der Universität). Der am Institut erwerbbare Titel des poeta laureatus war zum akademischen Grad transponiert, der sich auch nach Schließung des Kollegiums gehalten hat und von der artistischen Fakultät übernommen wurde (wie übrigens an den anderen Universitäten von vornherein).[266] Der Krönung ging ein Examen und ein Beschluß über die Würdigkeit des Kandidaten voraus. Insignien des poeta laureatus waren – wie beim Doktor – der Ring und das Barett; dazu kamen ein mit dem Kaiseradler und den kurfürstlichen Wappen verziertes Szepter, ein Siegel mit dem Emblem des Merkur und des Apoll und der Legende »Sigillum collegii poetarum Viennae« und, als Hauptsymbol der Lorbeerkranz mit dem Doppeladler.[267] Die Dichterkrönung in Wien galt zugleich als Erwerb des philosophischen Doktorgrades – der poeta laureatus nannte sich entsprechend Doctor philosophiae (Celtis, Cuspinian).[268]

Als Ausfluß des akademischen Charakters des Poeten-Grades ist das Recht anzusehen, Poetik und Rhetorik an allen Universitäten zu lehren.[269] In der Praxis freilich war die Lehrbefugnis der Poeten an das bereits vor der Krönung bekleidete Professorenamt gebunden. Ausdruck des akademischen Charakters des Poetentitels ist das 1560 anläßlich einer dreifachen Dichterkrönung gedruckte Programm, in dem der Grundsatz vertreten ist, niemand, der nicht in Redekunst, Mathematik und Dichtkunst gebildet sei, könne zum poeta gekrönt werden.[270] Zu diesem Zweck ging der Ernennung eine von Professoren der Wiener Universität geleitete Prüfung voraus.

In den Anfängen ist es die typische Begeisterung der Humanisten für den als Symbol ihrer Bestrebungen geschätzten Poetentitel, die Konrad Celtis und Jakob Locher zu überschwänglichen Verherrlichungen veranlaßte. Zahlreiche, auch den eigenen Büchern vorangesetzte Abbildungen des gekrönten Poeten dienen diesem Zweck. Locher, dem ohnehin ein etwas anmaßendes Selbstbewußtsein eignete, sah sich durch die Ehrung (1497) dermaßen erhoben, daß er sogar den Vortritt vor

---

[266] Der poeta laureatus wurde zu einem Grad der philosophischen Fakultät. Kaufmann Bd. 2, S. 74. Zum Gebrauch der Begriffe ›artistische‹ oder ›philosophische‹ Fakultät ebd.; Verweyen: Dichterkrönung, S. 8ff.

[267] Abbildung bei Schottenloher: Kaiserliche Dichterkrönungen, S. 655, und bei Reicke: Der Gelehrte, S. 65.

[268] Aschbach: Geschichte, Bd. 2, S. 66 und Anm. ebd.

[269] In Huttens Verleihungsurkunde ist ausdrücklich vom Recht des Gekrönten die Rede, an allen Schulen und Universitäten die Dicht- und Redekunst zu lehren. Für die Minderer dieses Rechts ist eine Strafe von 15 Mark Gold angesetzt, die eine Hälfte dem kaiserlichen Fiskus, die andere dem Poeten selbst zahlbar. Vgl. Eberle: Poeta laureatus, S. 11–16. Vgl. auch die Verleihungsurkunde Nicodemus Frischlins (1576), in dessen Opera epica. Straßburg 1601, S. 441ff.; sowie die bei Verweyen: Dichterkrönung, S. 8ff., abgedruckten, von den Comes palatini Birken und Rist ausgestellten Dichterdiplome. Interessant auch das Poetendiplom für Joachim Vadianus 1518, abgedr. bei Heger: Spätmittelalter, Humanismus, Reformation, Bd. 2, S. 13–16, bes. S. 15.

[270] Corona poetica a Petro a Rotis sub rectoratu Melchioris Hoffmairi tribus collata. Wien 1560; dazu Schottenloher: Kaiserliche Dichterkrönungen, S. 669.

dem Dekan der Fakultät beanspruchte.[271] Auch der ähnlich temperamentvolle Nicodemus Frischlin beanspruchte nach seiner Dichterkrönung durch Kaiser Rudolf II. im Jahre 1576 einen besseren Platz als der Dekan der philosophischen Fakultät. Zu jener Zeit, rund 100 Jahre nach der Hauptblüte des Humanismus, war dieser Anspruch jedoch nicht einmal mehr in akademische Realität umzusetzen. Der Senat wies Frischlin ohne Rücksicht auf die Würde des poeta laureatus den alten Sitz in seiner Fakultät zu.[272] Für das 17. Jahrhundert konstatiert Georg Christoph Walther, der Poetentitel schwanke im Kurswert.[273] Trotz der in Doktor- und Poeten-Diplomen gleichlautenden Poenformel läßt die rechtswissenschaftliche Diskussion, wie auch die juristische Praxis, den Schluß auf eine rechtliche Gleichstellung, also die »Austauschbarkeit des Privilegienkatalogs« von Doktoren und Poeten faktisch nicht zu.[274]

Von den zahlreichen Dichterkrönungen Maximilians I.[275] ist die Ulrich von Huttens bemerkenswert (1517), weil er auch mit seiner deutschen Poesie Resonanz gefunden hat. Freilich den Dichterlorbeer erhielt Hutten auf Peutingers Veranlassung doch ausschließlich für seine lateinische Poesie. Unter Karl. V. kam es zu wenigen Krönungen, und auch die Regierung Ferdinands I. brachte nur eine kurze Nachblüte.[276] Im übrigen hat der Titel des poeta laureatus als typische, an den Humanismus gebundene Modeerscheinung seine Geltung mit Aufkommen der Reformation eingebüßt. Wenn er dennoch eine jahrhundertlange Existenz fristete, so war dies eben Resultat seiner Institutionalisierung. Seit die Pfalzgrafen (comes palatinus) das Amt der Dichterkrönung erhalten hatten, nahm die Anzahl der poetae laureati sprunghaft zu, was dem Titel nicht zum Vorteil gereichte.[277] Auch von Kurfürsten und Königen sind Verleihungen bekannt.[278] Ende des 16. Jahrhunderts ging die coronatio fast völlig in die Befugnis der Pfalzgrafen über, meist Universitätsrektoren oder -prorektoren oder auch ›freie‹ kaiserliche Pfalzgrafen.[279] Die Pfalzgrafen mußten nicht humanistische, selbst dichtende Gelehrte sein; vielfach waren es Juristen, seltener Mediziner. Das wirft ein bezeichnendes Licht auf den Charakter des poeta laureatus-Grads, der von ihnen wie der Titel des kaiserlichen Notars verliehen wurde. Er war weniger Auszeich-

---

[271] Schottenloher: Kaiserliche Dichterkrönungen, S. 654.

[272] Bebermayer: Tübinger Dichterhumanisten, S. 58.

[273] Walther: Tractatus Juridico-Politico-Historicus, S. 433ff.

[274] Verweyen: Dichterkrönung, S. 21f. Ihrer sozialen Stellung nach waren die poetae laureati oftmals wenig geachtet. S. Joachim Dycks Nachwort zu Georg Neumarks »Poetischen Tafeln«, S. 8; generell Suchier: Dr. Christoph Philipp Hoester.

[275] Schottenloher: Kaiserliche Dichterkrönungen, S. 659–664.

[276] von Kralik: Dichterkrönungen, S. 389ff.; Literatur bei Schottenloher: Kaiserliche Dichterkrönungen, S. 666 Anm. 4; von Bradish: Dichterkrönungen, S. 367–383; Aschbach: Geschichte, Bd. 3, S. 60–65.

[277] Birken hat von 1655–79 fünfundzwanzig (25) und Rist von 1655–65 sechzehn (16) Dichterkrönungen vollzogen; Verweyen: Dichterkrönung, S. 29.

[278] Schottenloher: Kaiserliche Dichterkrönungen, S. 670 Anm. 6.

[279] Husung: Kaiserlich gekrönte Dichter, S. 40f.; Schottenloher: Kaiserliche Dichterkrönungen, S. 672 Anm. 2.

nung für inspiriertes, hervorragendes Dichten, sondern hatte die Eigenschaft eines aufgrund irgendwelcher Verdienste erworbenen, mit bestimmten Vorrechten ausgestatteten Titels. Man erhielt ihn aufgrund von Bewerbung oder Empfehlung.[280] Im übrigen konnten ja auch die Doktoren der höheren Fakultäten die eingereichten lateinischen Poeme beurteilen, da sie in der Regel das artistische Studium ebenfalls absolviert hatten.

Die meisten der gekrönten Dichter waren akademische Gelehrte; daß sie ›gelehrte Leute‹ ohnehin waren, versteht sich von selbst, da die Sprache der gekrönten Dichtwerke lateinisch sein mußte. Erst im 17. Jahrhundert wurde es üblich, neben den lateinisch dichtenden auch deutschschreibende Dichter zu krönen. Der erste in dieser Reihe war der durch den Kaiser Ferdinand II. selbst gekrönte Martin Opitz (1625). Andreas Gryphius (1637), Johann Rist (1644) und andere setzten die Reihe der für das deutsche Dichten gekrönten poetae fort.[281] Trotz dieser Verschiebung haben sämtliche im 17. Jahrhundert gekrönten deutschsprachigen Dichter auch lateinische Poeme hinterlassen. Im Laufe der Zeit spielte dann die Sprache immer weniger die entscheidende Rolle, sondern die Gelehrtheit, die sich seit der Opitzschen Reform auch in der Muttersprache kundtun konnte. Diese am poeta laureatus aufgezeigte Entwicklung führt in das Zentrum des hier behandelten Problemfeldes. Noch während des 17. Jahrhunderts verlor der Titel freilich zunehmend an Geltung;[282] die Verleihung durch den Kaiser blieb eine Ausnahme. Mit dem Ausverkauf des Titels infolge allzu häufiger Vergabe an mittelmäßige Dichter oder Gelehrte wurde es nachgerade zur Ehre, kein gekrönter Dichter zu sein. In seiner Satire über die Poeten äußert sich Joachim Rachel drastisch über diesen Mißbrauch:

»Jetzund wenn einer nur kan einen Reim herschwatzen,
Die Leber ist vom Huhn, und nicht von einer Katzen,
Da heist er ein Poet. Komm, Edler Palatin,
Leg deinen Lorbeerkrantz zu seinen Füßen hin...
[...]
O daß ihr mit dem Krantz' auch plötzlich dabeneben
Ihr Herren von der Pfaltz, Gelahrtheit könntet geben,
Ich hett' euch all mein Guth, ich hett' euch all mein Geldt
(Ihr wißt noch nicht wie viel), vorlängst schon zugestellt.«[283]

Die hier geäußerte Kritik geht durchaus noch vom Ideal der Gelehrsamkeit aus. Sie verurteilt gerade von diesem Standpunkt deren ›Ausverkauf‹ durch den mühelosen Erwerb des Poetentitels.

---

[280] Husung: Kaiserlich gekrönte Dichter, S. 41; vgl. dazu die Satire Sacers »Reime dich oder ich fresse dich«, S. 119ff., Kap. XI.ff.

[281] Eine systematische Aufarbeitung der Dichterviten unter soziologischen Gesichtspunkten fehlt für das Barockzeitalter. So muß man sich behelfsweise die Daten aus Jördens, Jöcher und Goedeke zusammensuchen. Einige Angaben bietet auch Neumeister: Geistlichkeit und Literatur.

[282] Zum Verschleiß der Dichterkrönung im Barock s. Paul Raabe: Lorbeerkranz und Denkmal, S. 415; Ebel: Über die Göttinger Dichterkrönungen, S. 31ff.

[283] Rachel: Satyrische Gedichte, S. 111.

Eine der letzten und unrühmlich bekannt gewordenen Dichterkrönungen war eine ›literaturpolitische‹ Maßnahme des tief in der Auseinandersetzung mit den Zürichern stehenden Gottsched, der damals Dekan der philosophischen Fakultät Leipzig war.[284] In seiner Eigenschaft als kaiserlicher Pfalzgraf krönte er am 18. Juli 1752 in Abwesenheit den Grafen Christoph Otto von Schönaich für sein deutschsprachiges Epos ›Hermann oder das befreite Deutschland‹.[285] Der letzte gekrönte Dichter war Karl Reinhard (1804), der Herausgeber der ästhetischen Vorlesungen Gottfried August Bürgers.[286] Zu dieser Zeit war der Titel freilich schon längst nicht mehr als ein bedeutungsloses Relikt einer für den rhetorisch-humanistischen Zeitraum repräsentativen Graduierung.[287] Auch Albrecht von Haller hat als Prorektor eine Dichterkrönung vorgenommen. 1747 verlieh er Dr. Christoph Philipp Hoester den Titel des ›Kaiserlich Gekrönten Dichters‹.[288] Der Göttinger Prorektor Christoph August Heumann hat sogar einer Dichterin, Anna Margareta Pfeffer geb. Specht, 1739 das Diplom verliehen. Hoester und Pfeffer dichteten in deutscher Sprache.[289]

Am akademischen Grad des poeta laureatus läßt sich der Übergang vom scholastischen zum humanistischen Wissenschaftsparadigma ablesen. Er ist eine typische Neuschöpfung des Humanismus und an dessen Poeten-Ideal gebunden. An diesem institutionalisierten Dichtertypus ist der Doppelcharakter des Poeten als Dichter-Redner und als Gelehrter klar demonstrierbar.[290] Gelehrter sein heißt hier nicht nur, Historiker, Altertumswissenschaftler oder Philologe zu sein. Dichter oder Poet zu sein genügte völlig für die Bezeichnung des Gelehrten, weil der Poetenbegriff in sich die Kenntnis der antiken Autoren notwendig implizierte. Aus allem ergibt sich nun die Frage, was unter dem spezifisch humanistischen Gelehrsamkeitsbegriff zu verstehen ist und in welchem Zusammenhang er mit der Dichtkunst steht.

---

[284] Über das erst 1741 vom Kurfürsten Friedrich August II. an die philosophische Fakultät verliehene Krönungsrecht vgl. Johann Christoph Gottsched: Programma de poetis laureatis. Leipzig 1752; Schulze: Abriß, S. 89f.

[285] Dazu vgl. etwa Waniek: Gottsched, S. 580f.; Stern: Beiträge zur Literaturgeschichte, S. 95ff.; Husung: Kaiserlich gekrönte Dichter, S. 42f.; Schulze: Abriß, S. 405f.; gesammelt sind die Zeugnisse in: Der Lorbeerkranz, welchen der Hoch- und Wohlgebohrne FreyHer von Schönaich von der löbl. Philosoph. Fakultät allhier zu Leipzig feyerlichst erhalten hat. Leipzig 1752.

[286] Zum letzten poeta laureatus Karl Reinhard (dem Editor von Bürgers ästhetischen Schriften), der 1804 vom Bürgermeister von Minden gekrönt wurde s. Raabe: Lorbeerkranz und Denkmal, S. 416.

[287] Husung: Kaiserlich gekrönte Dichter, S. 43 Anm. 2; Schottenloher: Kaiserliche Dichterkrönungen, S. 673.

[288] Suchier: Dr. Christoph Hoester.

[289] Sie wurde in Wolfenbüttel gekrönt. M. J. Husung über Anna M. Pfeffer in: Braunschweigisches Magazin 1917, Nr. 12.

[290] Als Redner etwa war der 1555 zum poeta laureatus gekrönte Nikolaus Mameranus mehrfach hervorgetreten. Schottenloher: Kaiserliche Dichterkrönungen, S. 666.

2. Humanistische Gelehrsamkeit und Poetik

2.1 Wesen und Ausbreitung des Humanismus

(1) Gelehrsamkeit und Wissenschaftsparadigma

Der Überblick über die Hierarchie der Gelehrten, die Berufe, die sie ausübten, die sozialen Positionen, die sie einnahmen, und die Privilegien, die sie genossen, hat die Frage, worin das Wesen des ›Gelehrtseins‹, der Gelehrsamkeit oder Gelehrtheit, besteht, nur anvisiert. Die Definition des Stielerschen Wörterbuchs (1691), Gelehrtheit sei »eruditio, literatura, doctrina«,[291] weist auf den Kern der für das 16. bis 18. Jahrhundert geltenden Gelehrsamkeitsvorstellung hin. Danach ist gelehrt nur derjenige, der die vorgeschriebene Ausbildung durchlaufen, der die einschlägige Literatur gelesen hat, also der Schriftenkundige, und der das Gelehrte auch gelernt hat. *Literatura* meint zunächst die Schriftkenntnis, die Sprach- und Grammatiklehre, dann auch die Literaturkenntnis, die (oft synonym gebrauchten) Begriffe *eruditio* und *doctrina* bezeichnen den Unterricht (an Lateinschule bzw. Universität) und das erworbene Wissen selbst, die Kenntnis der durch Anweisung und Übung vermittelten Fachdisziplinen (vgl. S. 429). A und O der Gelehrsamkeit ist die Beherrschung der Sprache, in der mündlich und schriftlich gelehrt, disputiert und gelesen wird.[292] Die wechselseitige Bezogenheit der Sprachform und der Lehrinhalte wird im Umbruch zwischen Spätmittelalter und Renaissance deutlich. Das vermittelte Sachwissen ändert sich je nach Ausbildungsgang und Epoche. Inhalt der Gelehrsamkeit waren die einzelnen Fächer des Triviums, des Quadriviums, also der artistischen Fakultät, und der höheren Fakultäten. Doch haben auf die in diesen ›Lehrgängen‹ vermittelten Kenntnisse und Methoden die umgreifenden Paradigmen den prägenden Einfluß. ›Gelehrsamkeit‹ oder ›Gelehrtheit‹ gelten noch nicht, wie im 18. Jahrhundert, als Inbegriff bloßen Bücherwissens, oder als Sammelbezeichnung der historischen Wissenschaften, in denen es zunächst auf Faktenkenntnis ankam, im angeblichen Gegensatz zu den Naturwissenschaften oder zur Mathematik, wo der reine Verstand oder die Fähigkeit zu ›Vernunftschlüssen‹ zu dominieren schienen. Diese Trennung hat sich erst im Laufe des 17. und 18. Jahrhunderts herausgebildet – ihr Einfluß auf die Entwicklung der Literatur bestimmt den Gang dieser Untersuchung. Im 16. Jahrhundert bezeichnen also die Begriffe der ›Gelehrtheit‹/›Gelahrtheit‹ die auf den Lateinschulen und Universitäten vermittelte doctrina. Wissenschaft war noch nicht in die Sektionen der Geistes- und Naturwissenschaften aufgespalten, sondern bildete eine nach der Fakultätenhierarchie gestufte Ordnung, in der die artistische Fakultät das heterogenste und vielfältigste Lehrangebot bereithielt. Nicht von ungefähr leiten sich daher die Perioden der Wissen-

---

[291] Stieler: Der Teutschen Sprache Stammbaum. Bd. 1, S. 1128.

[292] Vgl. Grimm, DWB IV, 1, 2, s.v. gelehrt, Sp. 2962. Eine bezeichnende Anekdote über den Wert, den Herzog Eberhard von Württemberg dem Latein zugemessen hat, steht bei Zinkgref, Der Teutschen Scharfsinnige kluge Sprüche, S. 160.

schaftsgeschichte seit dem 15. Jahrhundert aus Wandlungen ab, die sich in der artistischen Fakultät abgespielt haben und die den Anstoß für die Inauguration neuer Paradigmen gegeben haben. Während die Wissenschaft des Mittelalters von der Dialektik bestimmt war, deutlich von der Theologie abhängig war und außerdem eng mit der Jurisprudenz zusammenhing, geht der für den Zeitraum der Renaissance und des Barock charakteristische Verbund von Rhetorik und Kenntnis antiker Autoren von einer Umgewichtung innerhalb der Artistenfakultät aus. Ebenfalls aus der artistischen Fakultät haben sich die Mathematik und die verschiedenen Zweige der Naturwissenschaften als eigene Disziplinen entwickelt, ja im Bereich der Mechanik und Optik etwa gaben Fortschritte in den außeruniversitären, unfreien Künsten den Anstoß zur Bildung neuer ›Wissenschaften‹. Die *Logik* des 18. Jahrhunderts war nicht bloße Nachfolgerin der ›artistischen‹ Dialektik; zusammen mit der zur artistischen Fakultät gerechneten Ethik bildete sie die neue Disziplin Philosophie.

Im Mittelalter Deutschlands war die Theologie bestimmend; ebenso in der Reformations- und Gegenreformationsepoche. Dazwischen eingesprengt lag der ›reine‹ Humanismus, dessen christlich getönte Variante seit Melanchthon die Bildung an den deutschen Lehranstalten weitertrug. Die Naturwissenschaften existierten in der Renaissance noch nicht als eigenständige Disziplinen. Leonardo da Vinci beklagt sich mehrfach über ihre Geringschätzung durch die ›Gelehrten‹, die dem scholastischen oder dem humanistischen Typus angehörten.[293] In Verbindung mit der Mathematik, die ja (wie auch die Astronomie) bereits arriviertes Lehrfach war, begannen sich die Naturwissenschaften seit dem 17. Jahrhundert auch an den Universitäten zu etablieren. Die großen Entdeckungen einerseits und die durch erfolgreiche Gelehrte vertretenen Fächerkombinationen andererseits verhalfen ihnen zum Aufstieg aus der Sphäre des Handwerklichen in die der geistigen ›freien‹ Künste. Maßgeblichen Anteil an dieser Umwertung haben hier Bacons theoretische Aufwertung des Experiments, Galileis Einführung der mathematischen Methode in die (experimentierenden) Naturwissenschaften, schließlich Descartes' für die Folgezeit einflußreichste, auf mathematischen Prinzipien begründete, und damit von der Theologie unabhängig gemachte Philosophie.[294] Die Naturwissenschaften entwickelten ein Sonderbewußtsein. Ihre im 15. und 16. Jahrhundert in Italien gebildete Methode kam erst mit der Ausbreitung der cartesianischen Philosophie in Deutschland zum Tragen.

Von dieser hier nur angedeuteten Entwicklung blieb der Begriff und das Wesen des Gelehrtseins nicht unberührt. Gelehrsamkeit als Erscheinung und als Inhalt machte eine der Wissenschaftsgeschichte analoge Wandlung durch. Am Ende dieser Begriffsveränderung blieb von den Inhalten der Scholastik und des Humanismus kaum etwas übrig.[295]

---

[293] Zu den nicht-literati, den Ingenieurskünstlern s. Zilsel: Die sozialen Ursprünge, S. 56, 159ff., bes. Anm. 2 und Anm. 3; auch Olschki: Geschichte, Bd. 1, S. 45–447; Zilsel: Die Entstehung, S. 130–143, 144–157.

[294] Zilsel: Soziale Ursprünge, S. 29, 49ff., 59ff.

[295] Darauf gehe ich in einer selbständigen Studie über die Gelehrtensatire ein.

In der vorliegenden Darstellung stehen zwei Perioden der Wissenschaftsgeschichte im Zentrum: der Humanismus und seine Ablösung durch den Rationalismus in seinen verschiedenen Varianten wie Pragmatismus, Logizismus und Empirismus. Der Einfluß der Theologie und der Mystik auf die Wissenschafts- und Literaturentwicklung im 16. und 17. Jahrhundert bedürfte einer eigenen Darstellung.

Lediglich im Zusammenhang mit den Ablösungstendenzen zwischen dem 17. und 18. Jahrhundert, etwa der mit dem vielzitierten Säkularisierungsprozeß verbundenen Etablierung der rationalistischen Schulphilosophie, der Naturrechtslehre und der auf den Natürlichkeitsprinzipien beruhenden modernen Pädagogik, werden Streiflichter auf die kaum überschätzbare theologische Fundierung auch des gelehrt-humanistischen Paradigmas geworfen. Eine Darstellung der Beziehungen zwischen dem Sonderbereich »Theologie als Gelehrsamkeitszweig« und der Poesie würde den Rahmen dieser Arbeit sprengen, die sich dem Grundverhältnis zwischen ›Gelehrsamkeit‹ als allgemeiner Charakterisierung eines Wissenschafts-Zustandes und der Dichtkunst widmet. Es versteht sich in diesem Rahmen von selbst, daß bei Betonung des allgemeinen Charakters der Gelehrsamkeit die artistische Fakultät und deren Umstrukturierung im Zentrum steht. Denn in der artistischen Fakultät wurden die Disziplinen gelehrt, die mit der Poesie in unmittelbarer Beziehung standen: Grammatik, Rhetorik und Dialektik bereits im Trivium, Poetik selbst in engem Verbund mit der Rhetorik als der für den humanistischen Zeitraum wesentlichen und die Nachbarfächer bestimmenden Disziplin. Rhetorik ist nicht bloß ein Lehrfach unter anderen; als wesentlicher Ausdruck des humanistischen Strebens ist es der leitende Faktor aller literarischen Tätigkeiten.

(2) Das Eindringen des Humanismus in Italien und Deutschland

Die mit der humanistischen Bewegung verbundene Säkularisierungstendenz ist mehrfach herausgearbeitet worden. Es ist zwar richtig, daß im Mittelalter die Kirche das Wissenschaftsmonopol (mit wenigen Ausnahmen) hatte und daß die artistische Fakultät auch mehr oder weniger christlich orientiert war. In dem von den septem artes liberales und den sich anschließenden höheren Fakultäten bereitgestellten Rahmen gab es keinen Platz für Geschichte und Literatur als selbständig betriebene Wissenschaften. Wenn der Humanismus nun diese Lücke ausgefüllt hat, so darf er dennoch mit weltlicher Wissenschaft nicht pauschal in eins gesetzt werden. Das Ausspielen humanistischer Gelehrsamkeit gegen kirchliche Tradition war selten intendiert und angesichts der auch politisch beherrschenden katholischen Kirche nur schwer möglich. Es handelte sich bei der humanistischen Bewegung, wie sie zunächst außerhalb der italienischen Universitäten sich entwickelte, um eine *formale* Neuerung im damaligen Wissenschaftsmodell, die erst in der Folge die inhaltlichen Neuerungen nach sich zog. Die erste Neuerung erstreckte sich auf das Sprachmodell; sie war erst durch die Wiederentdeckung der lateinischen Klassiker ermöglicht.[296] Das Sprachideal war eindeutig die lateinische

Antike geworden; Hand in Hand damit ging das Verwerfen des mittelalterlichen Lateins. Diese vorerst formale Abgrenzung wurde früher als Gegensatz zwischen Humanismus und Scholastik gedeutet. Die Forschungen Paul Oskar Kristellers haben jedoch mit großer Eindeutigkeit ergeben, daß es über theologische Lehrinhalte keine Meinungsverschiedenheiten geben konnte – denn die Humanisten bewegten sich nicht wie die Scholastiker im theologischen Themenbereich.[297] Die Humanisten beschäftigten sich nur mit Teildisziplinen der artistischen Fakultät: mit der Grammatik, der Rhetorik und, worauf später zurückzukommen sein wird, mit der Mathematik. Der Gegensatz zwischen Humanismus und Scholastik war primär formaler, sprachlicher Natur. Beide Geistesrichtungen existierten langezeit nebeneinander her. In Italien hatte die Scholastik mit einiger Verspätung eingesetzt; sie begann, rund hundert Jahre nach den westeuropäischen Anfängen, um 1350, und dauerte bis gegen die Mitte des 16. Jahrhunderts. Das Auftreten Petrarcas (1304–1374) ereignet sich fast gleichzeitig wie das Aufkommen der Scholastik. Der italienische Humanismus kann daher als Parallelerscheinung zur italienischen Scholastik bezeichnet werden. Anders liegen die Verhältnisse in Frankreich, England und Deutschland, wo zwar die Scholastik eher einsetzt, der Humanismus jedoch aus Italien übernommen wird. In diesen Ländern hat daher die scholastische Methode[298] durch die Tradition größeres Gewicht erhalten, so daß der Humanismus sich hier – besonders an den Universitäten – nur langsam durchzusetzen vermochte. Der Ablösungsprozeß ereignete sich selbstverständlich nur in den Disziplinen, in denen ein konkurrierendes Verhältnis zwischen beiden Geistesrichtungen als Methoden herrschte – und das konnte fast nur in der artistischen Fakultät der Fall sein. In der Theologie hat die Scholastik auch im protestantischen Deutschland trotz der humanistischen Bestrebungen mehrerer Reformatoren neuen Aufschwung erlebt.[299] Der wesentliche, über das rein Formale hinausgehende, aber durch dieses sprachliche Moment bedingte Unterschied ist der Ersatz des dialektischen Prinzips der Scholastik durch das rhetorische Prinzip des Humanismus.[300] Die Rhetorik orientierte sich jetzt nicht nur fast ausschließlich an Cicero (und an Quintilian), sie erhielt dazuhin innerhalb des Studiums einen höheren Stellenwert. Betrachtet man die ersten programmatischen Äußerungen der frühen, im 15. Jahrhundert wirkenden Humanisten, so ergibt sich ein einheitliches Bild ihrer geistigen Ziele. Peter Luder betont in seiner 1456 gehaltenen Antrittsrede in Heidelberg, sein hauptsächlichstes Interesse habe

---

[296] Dazu Voigt: Die Wiederbelebung des classischen Alterthums.

[297] Kristeller: Humanismus und Renaissance, Bd. 1, S. 105ff.

[298] F. Ch. Copleston: A history of medieval philosophy. Scranton 1972; E. Bréhier: La philosophie du moyen âge. Paris 1971; Grabmann: Mittelalterliches Geistesleben.

[299] Melanchthon betonte mehrfach die grundsätzliche Bedeutung der Dialektik, etwa in seiner Abhandlung »De artibus liberalibus oratio« (1517), in: Corpus Reformatorum Vol. XI (1843) Philippi Melanthonis OPERA Quae supersunt omnia. Vol. XI.III Declamationes Philippi Melanthonis (1552), Nr. 1, S. 8.

[300] Clark: Rhetoric and Poetry, S. 131ff. Zur Rhetorik als neuem ›Paradigma‹ s. Buck: Italienische Dichtungslehren, S. 54–74.

dem Studium der humanitas, der Historiker, der Redner und der Dichter gegolten. Lektüre und Übung (lectio, exercitatio) waren die eingesetzten Methoden. Die Bitte um Nachfolge enthält in nuce einen Katalog der humanistischen Bestrebungen.

»Amplectimini queso mecum poetas legentes, oratores atque historiographos, quibus sic lectis, explosis viciis virtutibus inherentes, perpetuum tandem glorie augmentum et utilitatem vobis, decorem vero patrie et nomen indelebile parturietis.«[301]

Die moralethische Komponente fundierte die humanistischen Studien und versöhnte sie zugleich mit der Kirche. Der Topos vom Ruhm, vom Nutzen des Vaterlands und vom ›ewigen Namen‹ bezeichnen dabei das für den Geist der Renaissance spezifische Individualmoment[302] und die damit verbundene republikanische Tugend des communitas-Denkens.[303] Ähnliche Verlautbarungen finden sich in fast allen programmatischen Antrittsvorlesungen der humanistischen Hochschullehrer. Das Neue an der humanistischen Bewegung ist die Wertschätzung eines Teilbereiches der artes liberales, der *studia humanitatis,* denen persönlichkeitsbildende Faktoren zugesprochen wurden.[304]

»Die studia humanitatis umfaßten allmählich eine klar definierte Gruppe gelehrter Disziplinen, nämlich Grammatik, Rhetorik, Geschichte, Dichtkunst und Moralphilosophie. Das Studium jedes dieser Fächer sollte das Lesen und Interpretieren der bedeutendsten antiken Schriftsteller in Latein, und – in geringerem Maße – in Griechisch einschließen. Diese Bedeutung behielten die studia humanitatis im allgemeinen während des 16. Jahrhunderts und später.«[305]

---

301 Peter Luder: Oracio habita coram tota Universitate almi studii Heydelbergensis. Heger: Spätmittelalter, Humanismus, Reformation, Bd. 1, S. 557–560, hier S. 559.

302 Burckhardt: Die Kultur der Renaissance in Italien. Zweiter Abschnitt »Entwicklung des Individuums«, und vierter Abschnitt »Die Entdeckung der Welt und des Menschen«; zur Ruhm-Ideologie ebd. Kap. »Der moderne Ruhm«, S. 95–102; zur Begrifflichkeit Rupprich: Die deutsche Literatur. Erster Teil, S. 425ff.

303 Buck: Einleitung zu Renaissance und Barock. Teil 1, S. 12ff. Das letzte Ziel der humanistischen Bildung erblickt Buck in der Persönlichkeitskultur und der Erziehung zum Staatsbürger.

304 Gadol: Die Einheit der Renaissance, S. 399ff.

305 Kristeller: Classics and Renaissance Thought, S. 10, zit. nach Hay: Geschichte Italiens, S. 117. Kristeller behandelt den humanistischen Kanon mehrfach: Humanismus und Renaissance, Bd. 1, S. 16ff.; Bd. 2, S. 11, 248. Grundlegend auch Buck: Der italienische Humanismus, S. 12ff., 20f.; ders.: Das Selbstverständnis der italienischen Humanisten, in: Studia humanitatis, S. 23ff.; Gadol: Die Einheit der Renaissance, S. 402, betont die ethische virtus-Programmatik. Ferner Buck: Der Wissenschaftsbegriff, S. 56f.; ders.: Der Renaissance-Humanismus, S. 222f.; reiche Belege bei dems.: Die ›Studia Humanitatis‹, bes. zum Begriff der ›studia humanitatis‹, S. 275. Zum Begriff des Humanisten auch Dresden: Humanismus und Renaissance, S. 222f., 238f. Eine gute Definition des Geltungsbereichs der studia humanitatis gibt Papst Nikolaus: »de studiis autem humanitatis quantum ad grammaticam, rhetoricam, historicam et poeticam spectat ac moralem.« Zit. nach Buck: Der Wissenschaftsbegriff, S. 56 Anm. 39. Vgl. Kristeller: Humanismus und Renaissance, Bd. 2, S. 207–222; zum humanistischen Schrifttum ebd., Bd. 1, S. 87–111. Zu Poliziano, Vergerio, Valla u. a. s. Müller: Bildung und Erziehung, S. 398f. Leonardo Brunis Studienprogramm lautet: »Haec enim duo sese invicem iuvant mutuoque deser-

Ursprünglich bildeten die studia humanitatis die Fächer des mittelalterlichen Triviums: Grammatik, Rhetorik und Dialektik. Die Humanisten erhoben Dichtkunst, Geschichte und Moralphilosophie zu selbständigen Disziplinen.[306] Während Rhetorik und Poesie im umfassenden Logik-System des Mittelalters[307] enthalten waren, vertritt der Humanismus, im Anschluß an Aristoteles, die Gleichberechtigung beider Fächer.[308] Scaliger führt als immaterielle artes neben Dialektik und Rhetorik Geschichte und Poesie auf.[309] Humanistische ›Gelehrsamkeit‹ rekrutierte sich aus Disziplinen, die erst im Laufe des 17. und 18. Jahrhunderts in ›Künste‹ und ›Wissenschaften‹ auseinanderdifferenziert wurden.[310] Die Humanisten vertraten im Studiengang die Fächer des studium generale, die sie mit einem weit darüber hinaus reichenden Anspruch für die Fächer hielten, die das sittliche Wesen des Menschen bildeten und seine Erziehung für das gesellschaftliche Leben betrafen.[311] An den Universitäten wurden neben Lehrstühlen in den erwähnten Disziplinen neue Planstellen für Lateinisch, Griechisch und Hebräisch geschaffen.[312] Unlösbar verbunden mit der Zielsetzung einer Inauguration des klassischen Lateins und der klassischen Autoren war zunächst die Ablehnung des mittelalterlichen Lateins, wie es die Scholastiker und die Aristoteles-Kommentatoren pflegten.[313]

Rudolf Agricola etwa wandte sich in seinem Schreiben »de formando studio«

---

viunt. Nam et litterae sine rerum scientia steriles sunt et inanes, et scientia rerum quamvis iugens, si splendore careat litterarum, abdita quaedam obscuraque videtur.« L. Bruni Aretino: Humanistisch-philosophische Schriften. Hrsg. von H. Baron. Leipzig, Berlin 1928, S. 19; zum Erziehungsideal Brunis vgl. Hay: Geschichte Italiens, S. 118f.

306 Müllner: Reden und Briefe. Zur Geschichte vgl. Buck: Der italienische Humanismus, S. 21ff.; ders.: Der Wissenschaftsbegriff, S. 54f.; Kristeller: Humanismus und Renaissance, Bd. 2, S. 175–181. Verskunst und Lektüre lateinischer Dichter begegnet zum ersten Mal 1321 in einem Dokument aus Bologna; Kristeller: Humanismus und Renaissance, Bd. 1, S. 218f. Weinberg: A History, Bd. 1, S. 1ff., legt den Stellenwert der Poesie unter den anderen Wissenschaften detailliert dar.

307 Zu Thomas von Aquin s. Clark: Rhetoric and Poetry, S. 131f.

308 Ebd., S. 133f.

309 J. C. Scaliger: Poetices libri septem (1561), Buch III, cap. 1, S. 80ff. Brinkschulte: Scaligers kunsttheoretische Anschauungen, S. 36f.

310 Grundlegend dazu Kristeller: Das moderne System der Künste. In: Humanismus und Renaissance, Bd. 2, S. 164–206. Das Wesentliche am antiquarisch-rhetorischen Modell humanistischer Gelehrsamkeit ist die Einheit beider – noch gar nicht als verschiedenartig aufgefaßten – geistigen Betätigungen.

311 Zum Verhältnis Humanismus – Politik vgl. Buck: Der italienische Humanismus, S. 31–35.

312 Meiners: Geschichte der Entstehung, Bd. 3, S. 234.

313 Kristeller: Humanismus und Renaissance, Bd. 1, S. 106; Buck: Der Wissenschaftsbegriff, S. 47f.; Müller: Bildung und Erziehung, S. 392. Dazu stehen die Feststellungen Kristellers von der Parallelität des humanistischen und des scholastischen Paradigmas in Italien in keinem Widerspruch; Kristeller: Humanismus und Renaissance, Bd. 1, S. 40. Wenn der Gegensatz zwischen Humanismus und Scholastik auch primär formal begründet war, griff er auch auf die gelehrten Inhalte über: Mit den Vorbildern wechseln die Lehren. So auch Kink: Geschichte, Bd. 1, S. 186f. Die Angriffe der Humanisten galten dem »Inhalte der bisherigen Wissenschaft und Lehre und noch mehr der Form.«

an Jakob Barbirianus gegen die sophistisch betriebene, auf leeren Disputationen aufbauende Philosophie der Universitäten; die richtige Philosophie kenne nur zwei Zweige: die Moral- und die Naturphilosophie.[314] Die Moralphilosophie sei ebenso aus den Historikern, Poeten und Rednern zu erlernen wie aus den eigentlichen Philosophen, Aristoteles, Cicero und Seneca; die von ihnen gelieferten Beispiele vermittelten die Erkenntnis des Guten und Bösen am wirksamsten. Für den Humanisten bezeichnend ist das Hintansetzen der Naturphilosophie: Geographie, Botanik und Zoologie sind Bildungszweige von geringerer Bedeutung.[315] Moral- und Naturphilosophie sollen aus den klassischen Autoren gelernt werden; und zugleich die Kunst ihrer Vermittlung, die Rede.

> »Postremo ut hunc locum concludam, quicquid eris scripturus, des operam, ut quam purissime id recte tantum latineque inter initia eloquaris. Ornate dicendi posterior erit cura. Quod contingere certe, nisi sana et integra sit oratio, non potest.«[316]

Erlernen der Lehrinhalte und der Ausdrucksmittel ging Hand in Hand. Insofern war die von Agricola gegen den schlechten Schul-Rhetorikunterricht gewandte Empfehlung, die klassischen Schriftsteller zu imitieren, sowohl formaler wie inhaltlicher Natur. Das Zeugnis der besten antiken Autoren galt als unumstößliche Autorität für beides, den Lehrinhalt und den Stil.[317]

Wesentlich für das Selbstverständnis der Humanisten und der von ihnen propagierten *Imitations-Methode* ist der Tatbestand, daß eine Trennung zwischen Inhalt und Form nicht existierte, ja nicht einmal vorgenommen werden konnte. Die überlieferten antiken Schriften galten nicht nur in formaler Hinsicht als Muster; die in ihnen enthaltenen Lehren hatten noch dieselbe Gültigkeit wie in der Antike selbst.[318] Wer über Feldbau sich orientieren wollte, der griff eben zu Vergils »Georgica«; oder wer über Moralphilosophie Bescheid wissen wollte, las Ciceros oder Senecas Schriften. Sach- und Stil-Interesse gingen parallel. Die angeratene imitatio war nirgends,[319] wie es oft den Anschein erwecken könnte, ein

---

[314] Zur Naturphilosophie s. Buck: Der Wissenschaftsbegriff, S. 50.

[315] Zum Ausschluß der Logik, Naturphilosophie, Metaphysik, Mathematik, Astronomie, Medizin, Jurisprudenz und Theologie aus den studia humanitatis vgl. Kristeller: Humanismus und Renaissance, Bd. 1, S. 17f. Die italienischen Humanisten wandten sich auch gegen die Naturphilosophie, und gegen Logik bzw. Dialektik. Vgl. Enea Silvio Piccolomini »De liberorum educatione« ed. J. St. Nelson. Diss. Washington 1940; Buck: Der italienische Humanismus, S. 24; zur Moralphilosophie des Humanismus s. Kristeller: Humanismus und Renaissance, Bd. 2, S. 30–84.

[316] Rudolf Agricola: De formando studio (Privatbrief an Jakob Barbirianus, Heidelberg 1484), s. Heger: Spätmittelalter, Humanismus, Reformation, Bd. 1, S. 561; vgl. Kaemmel: Geschichte des Deutschen Schulwesens, S. 411.

[317] Als inhaltlicher Aspekt wären in humanistischer Terminologie die Kenntnis der res zu bezeichnen, also die antiquarische Altertumswissenschaft; als formaler Aspekt die Beherrschung der verba, die Rhetorik bzw. deren Ideal, die eloquentia; Kristeller: Humanismus und Renaissance, Bd. 1, S. 92.

[318] Die Renaissance-Humanisten waren konsequenterweise keine Vertreter des wissenschaftlichen ›Fortschritts‹; die klassischen Autoren galten ihnen als »unübersteigbar«. Zilsel: Die sozialen Ursprünge, S. 132; vgl. Reicke: Der Gelehrte, S. 39.

[319] Buck: Die ›Studia Humanitatis‹, S. 278.

ausschließlich formales Prinzip. Erasmus etwa verfocht die inhaltliche und die formale Musterhaftigkeit der antiken Autoren.[320] Der Schüler müsse die lateinische und die griechische Sprache erlernen, um das der Menschheit notwendige Wissen zu erlangen (und zwar durch Lektüre – im Gegensatz zum mittelalterlichen Grammatikunterricht – und durch Schreiben, also durch Imitieren der Vorbilder).[321] Dem gemäßigten Standpunkt des Erasmus entspricht im Streit um den Vorrang der res oder der verba trotz der zeitlichen Priorität der Wortkenntnis das Betonen der res.[322]

Die imitatio der antiken Form implizierte das Erreichen der als vorbildlich empfundenen virtus: die Pflege der menschlichen Werte (Tugend) durch das Studium der klassischen Literatur.[323] Erst mit der Herausbildung einer selbständigen Naturwissenschaft verloren die übermittelten Lehren ihre autoritative Geltung und es konnte sich beim Imitieren eine Kluft zwischen dem empfohlenen *Stil* und der belanglos gewordenen *Lehre* auftun. Das Wesentliche der neuen, von den Humanisten propagierten Botschaft ist daher der Rückgriff auf die *originalen* Texte der antiken Autoren und die damit verbundene restitutio linguae latinae. Der nichtformale Charakter der Bewegung[324] wird deutlich an den Folgen, die sich in der Lehre bemerkbar machten. Nicht nur, daß viele der im Mittelalter als aristotelisch ausgegebenen Lehren sich als Verballhornungen des Originals oder als Kommentatoren-Meinung erwiesen; es rückten auch Texte ins Blickfeld, die aufgrund der mittelalterlichen Tradition bisher im Schatten gestanden hatten. Ein Beispiel ist die Poetik des Aristoteles, die erst im Laufe des 16. Jahrhunderts ein Äquivalent zur Horazischen ars poetica darzustellen begann.[325] Erst der Humanismus führte – wie erwähnt – Geschichte und Literatur in das mittelalterliche System der artes liberales ein.[326] Das Krönungsdiplom Petrarcas (8. 4. 1341) »Privilegium

---

320 Desiderius Erasmus Roterodamus: De ratione studij (1519), S. 256; dazu Reichling: Ausgewählte pädagogische Schriften des Desiderius Erasmus, S. 102ff.

321 Burger: Renaissance, Humanismus, Reformation, S. 289; Reichling: Ausgewählte pädagogische Schriften, S. 103–119.

322 Dazu s. Kaemmel: Geschichte, S. 357ff.; Frank: Dichtung, Sprache, Menschenbildung, S. 57f.

323 Gadol: Die Einheit der Renaissance, S. 402, betont das zugrundeliegende Prinzip, die »Nachahmung der Formen antiken Denkens« gebe »dem Menschen seine natürliche Größe und Vorzüglichkeit zurück«. Ebd., S. 418, zur Verbindung von Gelehrsamkeit und Tugend. Dazu die Ausführungen in Battista Guarinos »De ordine docendi et studendi«, der die studia humanitatis über den Tugendbegriff mit dem Paideia-Ideal der Griechen ineinssetzt. In Deutschland etwa hielt der seit 1466 in Erfurt tätige Humanist Jacobus Publicius das Beispiel der Alten allein für maßgebend. Die Rückkehr zu ihrem Muster galt als unerläßliche Pflicht jedes, »der auf den Namen eines Gelehrten Anspruch machen will«. Kampschulte: Die Universität Erfurt, Bd. 1, S. 33.

324 Buck: Der Wissenschaftsbegriff, S. 50, betont den »unaufhebbaren Zusammenhang von Sprache und Inhalt«, die Einheit von eloquentia und sapientia. Mit dem Verlust des bildenden Charakters der Klassikerbeschäftigung sinkt der Humanismus zur Textphilologie herab; Buck: Der Renaissance-Humanismus, s. 228f.

325 Obwohl die Poetik dem Mittelalter nicht unbekannt gewesen war; Kristeller: Humanismus und Renaissance, Bd. 1, S. 43.

326 Bernal: Die Wissenschaft, S. 195ff.

laureae receptae« proklamierte den Preisträger zum »poeta et historicus« und erteilte ihm entsprechend die Befugnis, Dichtkunst und Historie (Lektüre und Interpretation griechischer und römischer Historiker) zu lehren und die antiken Autoren zu erklären.[327]

Im Zentrum der antiken Texte standen die Schriften der Dichter, der Historiker und der Philosophen. Wie Enea Silvio Piccolomini in seinem Schreiben an den Herzog Sigismund von Österreich versicherte (5. 12. 1443), genüge zur wahren humanistischen Bildung das Lateinsprechen nicht. Erst wenn er die Redner verstehe, die Philosophen kenne und die Dichter lese, sei er gebildet.

> »Illud autem cure tibi esse volo, ut doctus sit, quem audias, et prudens, quem sumas magistrum, nec te vana titulorum ambitio fallat. non enim propterea doctior est aliquis, quod magisterii nomen aut Parisius est aut Athenis sortitus. ille autem peritus est, qui naturali preditus ingenio vigili cura perscrutatus est magistros artium auctores, qui cum multa viderit atque legerit librorum volumina, tum memorie plurima commendaverit, qui non solum divinis litteris sed etiam secularibus sit imbutus.«[328]

Die Humanisten selbst, die solche Texte herausgeben konnten, bedurften einer philologischen Schulung.[329] Doch war die Philologie freilich nur das Mittel zum Zweck; parallel mit der Edition der klassischen Autoren ging die eigene, durch die klassischen Texte angefeuerte Produktion.[330] Poesieproduktion und Textedition gingen ein Bündnis ein, das konsequent aus dem angewandten imitatio-Prinzip folgte. Daher galt zumindest unter den jüngeren Humanisten, die stärker von poetischen Werten affiziert waren als die moraltheologisch orientierten älteren Humanisten, die Kombination des Philologen und des Poeten als Regel. Die Lektüre der antiken Autoren war nicht, wie im Neuhumanismus, Mittel zur inneren Bildung der Persönlichkeit, sie sollte vielmehr unmittelbar in die Lebenspraxis umgesetzt werden. Die Rhetorik lehrte die klassischen Autoren, die praecepta und exempla zum Zweck, selbst ein guter orator (was den rhetor implizierte) zu werden. Dasselbe galt für den Poeten.[331] Poetik, weder historische noch ›verstehende‹ Wissenschaft, war eine angewandte Wissenschaft mit einem lehrbaren Produkt.[332]

---

[327] Buck: Italienische Dichtungslehren, S. 74; zur Gleichordnung von Poesie und Historie bei Scaliger s. Brinkschulte: Scaligers kunsttheoretische Anschauungen, S. 36f.

[328] Der Briefwechsel des Eneas Silvius Piccolomini, Nr. 99. Eneas Silvius an Herzog Sigismund von Österreich, Graz, 5. Dezember 1443, Über Lesen und Bildung, S. 222–236, hier S. 228. Dazu Burckhardt: Die Kultur der Renaissance, S. 116; Hausmann: Enea Silvio Piccolomini, S. 448ff.

[329] Buck: Der italienische Humanismus, S. 13ff. zur Philologie der italienischen Humanisten. Poliziano erhebt die Philologie sogar zur grundlegenden Wissenschaft; Buck: Der Wissenschaftsbegriff, S. 60f.; A. Scaglione: The Humanist as Scholar and Politian's Conception of the ›Grammaticus‹. In: Studies in the Renaissance 8 (1961), S. 41–70.

[330] Zu den Humanistentypen, Philologen und Poeten s. Reicke: Der Gelehrte, S. 66ff.

[331] Müller: Bildung und Erziehung, S. 392f.; Kristeller: Humanismus und Renaissance Bd. 1, S. 25. Zum poeta eruditus-Ideal Buck: Literatur und Gesellschaft in der italien. Renaissance, in: Studia humanitatis, S. 145ff.

[332] Erhard: Geschichte des Wiederaufblühens, Bd. 3, S. 266. »Lehrbücher für den lateinischen Styl im allgemeinen sind eben nicht bekannt; ihre Stelle vertraten jedoch die

Die Einschätzung eines *Klassiker-Kommentars* als einer rhetorischen Aufgabe hatte, wie Buck bemerkt, das Zurschaustellen der an den antiken Musterautoren geschulten Eloquenz zur Folge, aber auch ein starkes didaktisches Interesse an der Vermittlung des klassischen Stils.[333] Rhetorik nahm im Selbstverständnis der Humanisten die zentrale Stelle ein, an der sich die anderen Betätigungsweisen orientierten.[334] Ihre ethische Fundierung unterscheidet die frühe und die Blütezeit vom Formalismus des Späthumanismus. Eloquentia und sapientia, nach dem beherrschenden Vorbild Ciceros, sind als Einheit zu denken;[335] und nur der sittlich-pädagogische Appell macht die weitreichende Wirkung des eloquentia-Ideals verständlich.[336] Das belegen die Bezeichnungen orator oder poeta, die dem Terminus humanista vorgezogen wurden,[337] um sich von ihren Vorläufern auf den Grammatik-Lehrstühlen, den dictatores, abzugrenzen;[338] und das belegt die Einschätzung Ciceros als des unangefochtenen Vorbildes für die Humanisten seit Petrarca.[339] Daß die Rhetorik die Philosophie (bzw. Logik) als fundamentale Disziplin verdrängte, ist auch als Konsequenz der Opposition zum scholastischen

---

Lehrbücher der Rhetorik, deren wir von Conrad Celtes, Jacob Locher u. A. besitzen.« Vgl. Bök: Geschichte, S. 97, 116.

333 Buck: Der italienische Humanismus, S. 17.

334 Zur Rhetorik vgl. Buck: Der Wissenschaftsbegriff, S. 55f.; ders.: Der italienische Humanismus, S. 18ff.; Kristeller: Humanismus und Renaissance, Bd. 1, S. 19, bezeichnet gar den Renaissance-Humanismus als »eine charakteristische Phase dessen«, »was man die Tradition der Rhetorik im westlichen Kulturkreis nennen könnte.« Zu den Ursprüngen der Rhetorik bei den dictatores vgl. ebd., S. 19ff. und Fischer: Gebundene Rede, S. 132ff.; Kristeller: Humanismus und Renaissance, Bd. 1, S. 94ff.

335 Buck: Italienische Dichtungslehren, S. 58, 62.

336 Müller: Bildung und Erziehung, bes. S. 397–408; Gadol: Die Einheit der Renaissance, S. 401f.

337 Buck: Der Wissenschaftsbegriff, S. 57: ders.: Der Renaissance-Humanismus, S. 223 zum Begriff ›humanista‹; zu ›poeta‹ Kaufmann: Geschichte, Bd. 2, S. 519. »Ein Begriff, der keineswegs mit Dichter wiederzugeben ist, auch nicht mit Versmacher, sondern die Beschäftigung mit den lateinischen Rhetoren und Dichtern und mit Versuchen ihrer Nachahmung bezeichnet.« Vgl. Hausmann: Enea Silvio Piccolomini, S. 452f.

338 Kristeller: Humanismus und Renaissance, Bd. 1, S. 101f. »Da die klassischen lateinischen Autoren als die hauptsächlichen Vorbilder zur Nachahmung betrachtet wurden, war das Lesen dieser Autoren untrennbar verknüpft mit dem theoretischen und praktischen Unterricht in der Dichtung und Redekunst. So können wir verstehen, weshalb die Humanisten des 14. und 15. Jahrhunderts übereinkamen, ihren Studienbereich Poetik zu nennen, und weshalb sie oft als Dichter bezeichnet wurden, obgleich sie keine Werke schufen, die sie als Dichter im modernen Sinne qualifizieren würden.«

339 Buck: Der Renaissance-Humanismus, S. 224; Kristeller: Humanismus und Renaissance, Bd. 1, S. 25. Vgl. zum Ciceronianismus C. Lenient: De Ciceroniano bello apud recentiores. Paris 1855; R. Sabbadini: Storia del Ciceronianismo. Turin 1855; Zielinski: Cicero; H. Baron: Cicero and the Roman Civic Spirit in the Middle Ages and Early Renaissance. In: Bulletin of the John Rylands Library XXII (1938), S. 72–97; Rüegg: Cicero und der Humanismus; Isora Scott: Controversies over the Imitation of Cicero. New York 1910; Buck: Italienische Dichtungslehren, S. 56ff.; Norden: Die antike Kunstprosa, Bd. 2. Der Ciceronianismus und seine Gegner, S. 773–780. Zum Streit um das ciceronianische Stilideal im Späthumanismus Kühlmann: Gelehrtenrepublik, S. 189ff.

Aristoteles-Kult zu bewerten.[340] Das Phänomen ist jedoch in mindestens eben solchem Maß Ausdruck der diesseitsbezogenen Lebensauffassung der Renaissance. »Nicht die neue Anschauung der Natur, sondern die neue Anschauung vom Selbstwert des Menschen war das eigentliche Motiv der Befreiung.«[341] Antiken Geistes ist das Streben nach Ruhm, der ebenso durch Bücherschreiben wie durch historische Taten errungen werden kann. Poggio konstatiert, allein diejenigen hätten ›gelebt‹, die gelehrte und eloquente lateinische Bücher geschrieben hätten.[342] Allerdings handelt es sich nur um das Ansehen bei den Kennern, den gleichstrebenden, der latinitas und eloquentia ergebenen Humanisten.[343] Darauf deutet die paradoxe Unterscheidung des Konrad Celtis: »doctos quaerimus, doctores plurimes [!] habemus«.[344] ›Gelehrt‹ war nach Celtis' Meinung schon derjenige, »welcher die Schriften Anderer erklärt«. Ein besserer Geist allerdings, wer die ausländische Literatur verdolmetscht; der beste schließlich der Neues erfindet. Das war in Celtis' Augen der poeta.

In diesem Sinne besingt Gibertus Barbetta Konrad Celtis als »doctissime Celtis«.[345] Celtis selbst huldigt dem ›poeta doctus‹-Ideal. Sein Poem »Ad iuventutem litterariam diebus canicularibus« schließt:

»Ne tamen ignores, aderunt tibi in arte libelli.
Calcographus pressit: me duce doctus eris.«[346]

Und das Epigramm »Ad poetas« vereinigt bonitas und sapientia, eine Kombination, die von den reformatorischen Lehrplänen ohne Bedenken übernommen werden konnte.

»Ad poetas.
Formosa ut mulier clausa se continet aede
Et raro in plateis cernitur ire vagis:
Sic bonus et sapiens faciet, quicunque poeta est,
Pallidus in cella scribat ut illa sua.«[347]

Die Bestrebungen des mittelalterlichen Bildungsadels wurden vom Humanismus zweifellos gefördert. Die Meinung, die Nichtgebildeten seien »Pöbel«, »ob sie auch sonst große Herren und erlaucht heißen«, steht nicht vereinzelt.[348] Dieser

---

340 Zur Auseinandersetzung zwischen Pico della Mirandola und Ermolao Barbaro s. Buck: Der italienische Humanismus, S. 19; Der Renaissance-Humanismus, S. 226f.; Italienische Dichtungslehren, S. 64f.

341 Zum neuen Ichbewußtsein vgl. Cassirer: Individuum und Kosmos, S. 126.

342 Jacob Burckhardt: Die Kultur der Renaissance, S. 130.

343 Schalk: Das Publikum im italienischen Humanismus.

344 Zit. nach Geiger: Renaissance und Humanismus, S. 458.

345 Konrad Celtis: Fünf Bücher Epigramme, S. 622, Nr. 346. Vgl. auch S. 616f. die Charakterisierung des Celtis durch Joachim Vadian. Vgl. auch Celtis' Gedichte »Ad Wilhelmum Mammerlochum civem Coloniensem et philosophum« und »Ad Sigismundum Fusilium Vratislaviensem. de his quod futurus philosophus scire debeat«; in: Schnur, Lateinische Gedichte, S. 44–50.

346 Celtis: Epigramme, S. 108, Nr. 31.

347 Ebd., S. 90, Nr. 77.

348 von Martin: Soziologie der Renaissance, S. 60f.

Einschätzung entsprach das Abrücken der Humanisten vom verachteten profanum vulgus. Man bildete einen (zur internationalen Elite ausgeweiteten[349]) Kreis von Kennern zur Pflege der gemeinsamen Ideale,[350] streng abgegrenzt von den in der Volkssprache redenden illiterati und den im ›Küchenlatein‹ Wissenschaft betreibenden Scholastikern.
Die *bildungsmäßige Exklusivität*[351] stellte im Florentiner Humanismus das Korrelat für die soziale Position seiner Vertreter dar; fast alle stammten, wie die Forschungen Lauro Martines ergeben haben, aus der begüterten Oberschicht.[352] Doch stießen im Laufe der zweiten Hälfte des 15. Jahrhunderts zu den humanistisch interessierten Juristen auch Angehörige der Kaufmannschaft.[353] So vermochte in Italien, wie Buck feststellt, der Humanismus »auf dem Wege über das Bildungsinteresse des Laienpublikums in die bürgerliche Ideologie« integriert werden.[354] Die soziale Zuordnung der Humanisten läßt sich in Italien nicht eindeutig fixieren. Neben den ausgesprochenen »Vertretern des Bürgerhumanismus«[355] gab es zahlreiche Humanisten, die in fürstlichem Dienst standen und daher zu panegyrischen Verlautbarungen genötigt waren.[356] Das Bündnis der Humanisten mit den Regierenden war fast eine Berufsnotwendigkeit – denn Lehrer ausschließlich humanistischer Fächer gab es auch an den Universitäten selten, deren Studienplan noch von dem traditionellen Lehrsystem der artes liberales bestimmt war.[357] Kristeller ordnet die Humanisten der Klasse der »professionellen Lehrer der humanistischen Disziplinen an den Universitäten wie auch an den höheren Schulen« zu sowie der Klasse der »berufsmäßigen Kanzler und Sekretäre« in verschiedenen Positionen.[358] Der Humanismus ist per definitionem eine geistesgeschichtlich prägende Kraft der historischen Epoche der Renais-

---

349 Zum übernationalen Charakter der Humanisten äußert sich Erasmus Anfang September 1522 gegenüber Zwingli, er wünsche ein Weltbürger zu sein, allen zu gehören, oder besser noch Nichtbürger bei allen zu sein; Newald: Erasmus Roterodamus, S. 208f.

350 Schalk: Das Publikum, S. 23. Vespasiano da Bisticci beginnt seine Lebensbeschreibungen mit der Feststellung über die Lateinkenntnisse des Porträtierten; wer kein Latein könne, werde nirgends geachtet, lautet die übereinstimmende Maxime der Humanisten. Vgl. zur Abwertung der Nichtgebildeten und des Volks bei Petrarca und Alberti von Martin: Soziologie der Renaissance, S. 87f.

351 Kristeller: Humanismus und Renaissance, Bd. 2, S. 223–243, bes. S. 235.

352 Martines: The Social World of the Florentine Humanists 1390–1460.

353 von Martin: Soziologie der Renaissance, S. 60.

354 Buck: Der italienische Humanismus, S. 37.

355 Ebd., S. 38.

356 Es existierten Kontakte der Humanisten zu den Höfen und dem Florentiner Bürgertum; auch gegenüber dem politischen Geschehen bekundeten die Humanisten Interesse, gegen Hauser: Sozialgeschichte, Bd. 1, S. 363. Als Beispiel ließe sich Leonardo Bruni nennen; vgl. Schalk: Das Publikum, s. 30f.; auch Buck: Renaissance und Barock, S. 9–12 zu »Adel und höfischer Gesellschaft« und zur »ständischen Ordnung«.

357 Kristeller: Humanismus und Renaissance, Bd. 2, S. 207–222.

358 Kristeller: Humanismus und Renaissance, Bd. 2, S. 13; Die Humanisten waren rangmäßig an den Universitäten untergeordnet. Kaufmann: Geschichte, Bd. 2, S. 541. »Die bedeutendsten Humanisten vermieden es deshalb auch, an den Universitäten zu lehren, oder thaten es doch nur vorübergehend.«

sance.[359] Als Bildungssystem stellt er das für die Entwicklung der neulateinischen Literatur entscheidende Paradigma dar. Doch auch für die nationalsprachlichen Literaturen sind die Normen des Humanismus verbindlich, sofern es um eine von der volkstümlichen Dichtung abgehobene Poesie geht. Das Berufen auf die antiken Vorbilder in der Theorie und der Praxis, die daraus abgeleitete Methode der imitatio (in Inhalt und Form), sowie die Verbindung mit der Rhetorik sind die für die italienische, die englische, die französische und die deutsche Poesie in gleicher Weise maßgeblichen Prinzipien.

Das *Vordringen des Humanismus* in das Geistesleben der westeuropäischen Nationen ist ein vielfach behandeltes Thema, dem hier keine neue Variante hinzugefügt werden soll.[360] Er wurde zunächst von wandernden ›Poeten‹, dann von stärker philologisch tätigen, an und außerhalb der Universität wirkenden Persönlichkeiten (ohne Amt: Agricola und Erasmus; dann in städtischen Diensten: Pirckheimer und Peutinger; schließlich Wander-Gelehrte wie Luder, Celtis und Hutten) und Vereinigungen vermittelt[361] – doch wäre deren Wirkung nur vorübergehend gewesen, wenn keine Institutionalisierung im universitären Lehr- und Studienplan gefolgt wäre. Bei der Aufnahme der ›Poeten‹ in die artistische Fakultät und bei der Einrichtung humanistischer Kurse innerhalb der Fakultät wichen die einzelnen Universitäten Deutschlands stark voneinander ab.[362] Wäh-

---

[359] Zur begrifflichen Abgrenzung von Humanismus und Renaissance vgl. Kristeller: Humanismus und Renaissance, Bd. 1, S. 11f., S. 15ff., S. 93.

[360] Kristeller: Humanismus und Renaissance, Bd. 2, S. 85–100, 265–271 mit reichen Literaturangaben; Kaufmann: Die Geschichte, Bd. 2, S. 490–562; Paulsen: Geschichte, Bd. 1, S. 56–180; ders.: Das deutsche Bildungswesen, S. 23–37; Kaemmel: Geschichte, S. 251–314.

[361] Anfänglich genossen die Poeten-Philologen an den deutschen Universitäten Hochachtung. Peter Luder und Jacob Publicius wurden an der Universität Erfurt voller Achtung aufgenommen; sie wurden allen Neuangekommenen vorgezogen, sogar die üblichen Gebühren wurden ihnen erlassen. Luder wurde 1460 immatrikuliert als »Dms Petrus Luder, professus poesim gratis ob reverentiam sui«, er steht an erster Stelle; Publicius wurde 1466 mit denselben Worten aufgenommen; Kampschulte: Die Universität Erfurt, Bd. 1, S. 31. Zur Vertreibung des Aesticampianus 1511 aus Leipzig s. Paulsen: Geschichte des Gelehrten Unterrichts. Bd. 1, S. 95f.; vgl. auch Paulsen: Das deutsche Bildungswesen, S. 32. Im übrigen wirkte der Humanismus kaum auf die übrigen Fakultäten, allenfalls als Besserung der Lehrbücher; Kaufmann: Geschichte, Bd. 2, S. 534ff.; vielfach besaßen die Wanderhumanisten keine akademischen Titel, Hasse: Die deutsche Renaissance, Tl. 1, S. 97.
Zu den Sodalitäten: Über die 1497 gegründete Donaugesellschaft (sodalitas litteraria Danubiana) s. Hasse: Die deutsche Renaissance, Bd. 1, S. 148ff.; Kaufmann: Geschichte, Bd. 2, S. 509; Aschbach: Geschichte der Wiener Universität, Bd. 2, S. 73ff., 421–438 mit Aufzählung der Mitglieder. Celtis gründete mit Johann von Dalberg 1493 in Mainz die Sodalitas litteraria Rhenana; Hasse Bd. 1, S. 192ff.

[362] Kaemmel: Geschichte, S. 266f.; Paulsen: Bildungswesen, S. 32, zu den starken Widerständen gegen die Integration der Poeten; in Tübingen etwa war H. Bebel nicht gerne gesehen und anfangs kein reguläres Mitglied der artistischen Fakultät; Klüpfel: Geschichte, S. 13. Zu den artistischen Kursen s. Kaemmel, S. 268–294; Paulsen: Geschichte, Bd. 1, S. 107–140.

rend Wien, Freiburg, Basel, und besonders Erfurt Hochburgen der Humanisten wurden,[363] blieben Heidelberg, Köln, Greifswald streng scholastisch trotz kurzlebiger humanistischer Einbrüche.[364] In Mainz, Frankfurt an der Oder und in Krakau gewann über die humanistischen Ansätze die Scholastik bald wieder die Oberhand.[365] Schwankend blieb das Verhältnis an den Universitäten Ingolstadt, Tübingen und Leipzig.[366] Der Erfolg der humanistischen Methode war hier, wie Bebel und Frischlin für Tübingen Celtis und Locher für Ingolstadt und Celtis, Buschius (v. d. Busche), Aesticampianus und Modellanus für Leipzig belegen, an das Wirken überdurchschnittlicher Lehrer gebunden. Gerade das Nebeneinander der scholastischen und der humanistischen Methoden in den verschiedenen Fakultäten deutscher Universitäten stützt Kristellers für die italienischen Universitäten aufgestellte These, beide Modelle hätten, da sie an verschiedene Lehrfächer gebunden waren, in keinem Konkurrenzverhältnis zueinander gestanden.[367] Konkurrenzen allerdings gab es, wie auch Kristeller zugibt, an der artistischen Fakultät im Bereich des Triviums, in der Einschätzung der Poesie und der Künste, in der Hierarchie der Bewertung von Rhetorik und Dialektik, in der Methode, Grammatik und Literatur zu lehren.[368]

---

363 Paulsen: Geschichte, Bd. 1, S. 126f., 134ff.; Kaemmel: Geschichte, S. 268f., 271f., 282ff. Zu Wien: Kink, Aschbach, Lhotsky; zu Freiburg: Schreiber; zu Basel: Vischer; zu Erfurt: Kampschulte, Bauch.

364 Paulsen: Geschichte, Bd. 1, S. 133, 241; Kaemmel: Geschichte, S. 273, 278, 292. Zu Heidelberg: Hantz, Hinz; zu Köln: Bianco.

365 Kaemmel: Geschichte, S. 278, 291, 293.

366 Paulsen: Geschichte, Bd. 1, S. 137ff.; Kaemmel: Geschichte, S. 270, 274f., 286ff. Zu Ingolstadt: Kaufmann: Zwei katholische und zwei protestantische Universitäten; Prantl (zu Lochers Lehrtätigkeit, die einen Zusammenstoß zwischen Humanisten und Theologenfakultät bewirkte, ebd. Bd. 1, S. 131); Seifert; zu Tübingen: Bök, Eisenbach, Haller, Klüpfel, Jens; zu Leipzig: Gretschel, Helbig, Schulze, Kreußler; Karl-Marx-Universität Leipzig 1409–1959. Beiträge zur Universitätsgeschichte, Bd. 1. Leipzig 1959.

367 Kristeller: Humanismus und Renaissance, Bd. 1, S. 40, 105f., 108; Bd. 2, S. 220f.; Kaufmann: Geschichte, Bd. 2, S. 534ff. In Deutschland bildete sich allerdings zuweilen ein Gegensatz zwischen Scholastik und Humanismus heraus, s. Kaemmel: Geschichte, S. 244ff., besonders scharf in Erfurt, Kampschulte: Die Universität Erfurt, Bd. 1, S. 112ff.

368 Kristeller: Humanismus und Renaissance, Bd. 1, S. 46, besonders wurde der Konflikt von den Humanisten Valla, Nizolius und Ramus geschürt. Die vom Ramismus mit Hilfe der Rhetorik angestrebte Reform der Logik ging von humanistischer Basis aus. Vgl. Kristeller: Humanismus und Renaissance, Bd. 1, S. 137; Bd. 2, S. 160f. Zu Ramus s. N. W. Gilbert: Renaissance Concepts of Method. New York 1960; Ong: Ramus, method and the decay of dialogue; ders.: Ramus and Talon Inventory. Cambridge/Mass. 1958; vgl. auch Kaufmann: Geschichte, Bd. 2., S. 488f.; Lhotsky: Die Wiener Artistenfakultät, S. 201, macht darauf aufmerksam, daß die ›Scholastiker‹ von der humanistischen Betonung der Eloquenz im artes-Kursus eine »Verkümmerung der realen Disziplinen« befürchteten. Ferner Aschbach: Geschichte der Wiener Universität, Bd. 1, S. 339–356; Bd. 2, S. 41–60; Buck: Der Wissenschaftsbegriff, S. 55. Ein Indiz etwa ist die Ablösung der philosophischen Grammatik des Alexander Villa dei durch humanistische, am Lektüreprinzip orientierte Grammatiken.

Volkstümlich waren die Humanisten genau so wenig wie die Scholastiker.[369] Bezeichnend für die Exklusivität des humanistischen Paradigmas ist die Tatsache, daß der Humanismus lediglich von Wittenberg aus einen weiterreichenden Einfluß auf das deutsche Bildungssystem gewonnen hat.[370] Freilich nicht in der Form des reinen ›poetisch-philologischen‹ Humanismus, wie er im Erfurter Kreis um Hessus und Mutianus Rufus gepflegt wurde, sondern in der Verbindung mit der Reformation. Der Humanismus allein hätte wohl nicht die Kraft aufgebracht, bis in die ›Niederungen‹ der Schule hinabzusteigen. Erst seine – zum Teil durch Luthers Wendung gegen die Scholastik bedingte – Amalgamierung durch die Volksbewegung der Reformation hat ihm die Breitenwirkung ermöglicht, allerdings in religiös modifizierter Weise.[371] Humanismus im Dienst der Konfessionen – der Katholizismus, allen voran die Jesuiten, folgte dem evangelischen Beispiel rasch – verfälschte die humanistischen, eigentlich nichtchristlich-antiken Ideale. Gingen sie verloren, so blieb nur die Beherrschung des Formalen übrig. Die imitatio bezog sich nicht mehr auf die geglaubten Inhalte. Wenn sich die nachreformatorische imitatio der antiken Götternamen auch weiterhin bediente, so funktionierte sie freilich die in der Renaissance als Lebenswerte und Ausdruck eines neuen, antikischen Lebensgefühls empfundenen Inhalte zu ausschließlich formalen Versatzstücken um. Das gilt in besonderem Maß für die deutschsprachige Barockpoesie, die an den humanistischen Mustern orientiert war. Die Frage der christlichen Legitimation sogar der formalen Versatzstücke wird in der poetologischen Diskussion des Barock zur Sprache kommen.[372]

2.2 Axiome der humanistischen Poetik

Konstitutiv für das Gelehrsamkeitsbewußtsein vom 15. bis zur Wende des 16. zum 17. Jahrhundert ist die Akzentverschiebung innerhalb des Triviums: in der artisti-

---

[369] Richtig Paulsen: Geschichte, Bd. 1, S. 73. Ein wichtiger Beleg ist Brants »Narrenschiff«, das dem Verfasser selbst erst in Lochers Latinisierung für die Gelehrten geeignet erschien. Wimpfeling empfahl für den Schulunterricht nur die lateinische Version Lochers; Kaemmel: Geschichte, S. 422.

[370] Paulsen: Geschichte, Bd. 1, S. 107, 184ff., 224f., Kaemmel: Geschichte, S. 289f., 294; Grohmann: Annalen, Bd. 1, S. 6ff.; Friedensburg: Geschichte der Universität Wittenberg.

[371] Vgl. Kaufmann: Geschichte, Bd. 2, S. 560f. zur anfänglichen Außenseiterposition der Humanisten; erst die Reformation mit ihrer Beseitigung der scholastischen Theologie verschaffte dem Humanismus ein breiteres Wirkungsfeld. Zu Luthers Polemik gegen Aristoteles Paulsen: Geschichte, Bd. 1, S. 184ff. Die Kehrtwendung gegen die Scholastik unter dem Motto der Aristotelespolemik begegnet bei Thomasius wieder, der sich dabei auf Luther beruft.

[372] Ganz grundsätzlich zu diesem Problem Thomas Murner in seiner Schrift »De augustiniana hieronymianaque reformatione poetarum« (1509), wo die Reform der Poesie als Reduzierung auf die theologischen Inhalte propagiert wird. Dazu Burger: Renaissance, Humanismus, Reformation, S. 368f. Heidnische Eloquentia und Poesie werden verworfen – das Verdikt schließt sogar Vergil ein; zu Celtis s. Hasse: Die deutsche Renaissance, Bd. 1, S. 152.

schen Fakultät des Mittelalters lag das Schwergewicht auf Grammatik und Dialektik – Dialektik war auch die Leitmethode der scholastischen Theologie und Philosophie –; in der Renaissance verlagerte sich der Akzent auf die Rhetorik und ihre Nachbardisziplinen.[373] Der Rückgriff auf die Originaltexte der lateinischen und griechischen Autoren wirkte sich formal und inhaltlich auf die Literatur aus: das eloquentia-Ideal zog die Aufwertung der Rhetorik zur fundamentalen Lehrdisziplin nach sich; die Inthronisation der antiken Redner und Poeten als vorbildhafte Autoritäten begründete die klassische Altertumswissenschaft. Freilich handelt es sich bei beiden Gelehrsamkeitszweigen nicht um ›reine‹ Wissenschaften. Der Praxis-Bezug bleibt unübersehbar; er motiviert erst zur Beschäftigung mit der Antike. Das wissenschaftliche Prinzip der didaktischen Rhetorik ist die imitatio; die inhaltliche Komponente äußert sich in der Belesenheit. Seit Petrarca bis zum Ausgang des Barockzeitalters ist für den sprachlich-literarischen Bereich das humanistisch-rhetorische Wissenschaftsmodell das herrschende Paradigma. ›Gelehrsamkeit‹ bezieht sich immer auf diesen ›Typus‹. Naturwissenschaftliche Kenntnis und technisch-empirische Fertigkeiten rechnen nicht zur ›Gelehrsamkeit‹. ›Gelehrte Poesie‹ meint den als humanistisch-rhetorisch charakterisierten Typus. Dessen Analyse muß sowohl die literarisch-poetologische Tradition wie auch die sozialgeschichtlichen Motive berücksichtigen. Wie die Musterung der wichtigsten poetologischen Theoreme zeigt, bilden Renaissance-Humanismus und Barock eine Einheit, deren Axiome erst unter dem Einfluß der neuerlichen Akzentverschiebung im Verbund der ›artistischen‹ Disziplinen gegen Ende des 17. Jahrhunderts außer Kraft gesetzt werden. An ihre Stelle schiebt sich ein rationalistisch-philosophisches Modell, das die Literatur der ersten Hälfte des 18. Jahrhunderts prägt.[374]

Welche Position nimmt innerhalb des humanistisch-rhetorischen Paradigmas die Poesie ein?

Die im vorigen Kapitel angedeutete Aufwertung und die weitgehende Verselbständigung der Poesie als einer eigenwertigen Disziplin der studia humanitatis ist durch Petrarcas Wirken gefördert worden. *Petrarca* nennt sich mit Stolz einen poeta.[375] Als er gefragt wurde, zu welcher der artes liberales die Poesie denn rechne, erwiderte er, zu keiner. Poesie umfasse alle artes und stehe, wie Theologie und Philosophie, über ihnen.[376] Diese Bewertung des Poeten ist durchaus neu. Bisher begegneten zwar Identifikationen von orator und poeta, so bereits bei

---

[373] Vossler: Poetische Theorien, S. 41f.

[374] Dazu Kapitel VI, 1.

[375] Voigt: Die Wiederbelebung, Bd. 1, S. 29. Schon Petrarca begründete in seiner anläßlich der Dichterkrönung am 8. April 1341 gehaltenen Rede die gesellschaftliche Position des Dichters als Wahrheitsverkünders und Nachruhmspenders. Buck: Studia humanitatis. S. 146.

[376] Dazu Petrarca ep. sen. XV, 11; s. Vossler: Poetische Theorien, S. 51f.; vgl. Buck: Dichtungslehren der Renaissance, S. 76. Auch Boccaccio verlangt vom Dichter Kenntnis der »artes liberales«, der Moralphilosophie, der antiken Geschichtszeugnisse, der Geographie *und* der Naturwissenschaften; Buck: Die humanistische Tradition, S. 230f.

Annius Florus zu Beginn des 2. Jahrhunderts, und bei Cola di Rienzo, der vom römischen Volk als poeta gefeiert wurde.[377] Petrarca betont gegenüber der Maxime ausschließlicher imitatio die Selbständigkeit der Erfindung, wobei er sich auf die vielzitierte Stelle Quintilians stützt: »imitatio per se ipsa non sufficit, vel quia pigri est ingenii contentum esse iis, quae sint ab aliis inventa.«[378] Nicht der blinden Nachahmung (vor allem Ciceros)[379] redet er das Wort; er schlägt eine Methode der eklektizistischen imitatio vor, wobei er mehrfach das horazische Bild von der Biene zitiert, die aus dem Zucker vieler Blumen das Gemisch eines nur ihr eigentümlichen Honigs herstellt.[380] Obwohl mit dieser maßvollen Maxime bereits vor dem Cicero-Kult des frühen Humanismus ein Gegenmodell geschaffen war,[381] das im Laufe des 17. Jahrhunderts häufig aufgegriffen wurde, steht Petrarca noch für die Übergangsphase vom Dichter-Theologen zum Poeten-Philologen.[382] Signifikant für die Übergangsposition ist Petrarcas traditionell mittelalterliche Auffassung, das Wesen der Poesie sei die Allegorie, ihr Zweck die Moral.[383] Mit seiner Inaugurierung des eloquentia-Ideals für Rhetorik und Poesie hat er die neue Ära der Poetik eingeleitet. Die Betonung der rhetorischen τέχνη schließt für Petrarca nicht den Hinweis auf die Bedeutung der Naturanlage aus. Er folgt hierin Cicero, der in seiner in diesem Zusammenhang gerne zitierten Rede »Pro Archia poeta« mehrfach die natura über die ars gestellt, freilich die Verbindung beider für erstrebenswert gehalten hatte.[384] In Platons Nähe gerät die Berufung auf den »göttlichen Anhauch«, von dem die Dichter angeweht würden.[385] Die Behauptung, die anderen Künste verlangten nur Studium und Fleiß, zur Poesie hingegen sei gottverliehene Begabung erforderlich, dient der Legitimation der Poesie.[386] Die großen poetologischen Entwürfe entstehen allerdings erst eineinhalb Jahrhunderte nach Petrarcas Tod.

In der antiken Poetik, auf die die Theoretiker der Renaissance zurückgriffen, gab es hauptsächlich *drei Modelle:* Platos Inspirationstheorie[387] und Aristoteles'

---

[377] Bei Florus in der Abhandlung »Vergilius orator an poeta?«, Quintilian, Inst. X. 1, 46ff.; zu Rienzi s. Vossler: Poetische Theorien, S. 51; Petrarca, ep. fam. XIII, 6.

[378] Quintilian: Inst. X, II, 4.

[379] Dazu Streckenbach: Stiltheorie und Rhetorik, S. 11, 43.

[380] Petrarca: ep. fam. I, 7, nach Seneca, 84. Brief an Lucilius; zum Bienengleichnis s. Stackelberg: Das Bienengleichnis; Stemplinger: Horaz, S. 176; Buck: Dichtungslehren der Renaissance, S. 33; zur imitatio vgl. Buck: Italienische Dichtungslehren, S. 54ff.; zu Petrarcas imitatio auch Müller: Bildung und Erziehung, S. 394f.

[381] Petrarca war dezidierter Ciceronianer; Buck: Italienische Dichtungslehren, S. 56, 72; H. Gmelin: Das Prinzip der Imitatio, S. 121ff.; Zielinski: Cicero, S. 171.

[382] Vgl. hierzu Buck: Italienische Dichtungslehren, S. 68ff. für Mussato etwa war Poesie eine andere Form der Theologie; zu Boccaccio und Salutati ebd., S. 77–87.

[383] Voigt: Die Wiederbelebung, Bd. 1, S. 30; Vossler: Poetische Theorien. S. 49f.

[384] Cicero: Pro Archia poeta, cap. 15.18.

[385] Ebd. cap. 19. »divino quodam spiritu afflari«.

[386] Dies in Petrarcas Rede vom 8. April 1341 anläßlich der Dichterkrönung. Scritti inediti di F. Petrarca. ed. A. Hortis. Trieste 1874, S. 311–328.

[387] Die Kenntnis dieser Theorien wird vorausgesetzt. Zur Orientierung allgemein: Clark: Rhetoric in Greco-Roman Education; Jäger: Paideia, Bd. 3; Fuhrmann: Einführung in

Mimesistheorie[388] waren genuin poetologische Entwürfe mit klarer Trennung zwischen Poesie und den Nachbarkünsten. Anders das am rhetorischen System[389] orientierte Modell, bei dem letztlich nur das äußerliche Merkmal der gebundenen Rede den Unterschied konstituierte.

Die während des Mittelalters vorherrschende Tradition hat das rhetorische Poesie-Modell. Es stützt sich im wesentlichen auf die Werke Ciceros (»de oratore«, »orator«, »de inventione«) und pseudo-ciceronianische Schriften (»Rhetorica ad Herennium«[390]), Plutarchs und Quintilians (»Institutio oratoria«)[391] und integriert in diesen Kanon die »ars poetica« des Horaz.[392]

Theoreme aller drei Modelle begegnen in den Poetiken der Renaissance und des Barock, ohne daß sie – und das ist für das ›wissenschaftliche‹ Verfahren der Epoche charakteristisch – miteinander verschmolzen worden wären.[393]

Schematisch vergröbert läßt sich die italienische Renaissance-Poetik in drei Gruppen einteilen.

---

die antike Dichtungstheorie; Baldwin: Ancient Rhetoric and Poetic; Abriß bei: Scherer: Poetik, S. 36ff.; Artikel »Poetik«, in: Lexikon der Alten Welt, Sp. 2385–2388; Atkins: Literary Criticism. Zu Platos Inspirationstheorie s. Buck: Italienische Dichtungslehren, S. 87–97; Barmeyer: Die Musen, bes. S. 167–181; Groothoff: Untersuchungen, S. 26–163; Huber-Abrahamowicz: Das Problem der Kunst; Stählin: Die Stellung der Poesie; Pieper: Begeisterung und göttlicher Wahnsinn; Wiegmann: Geschichte der Poetik, S. 2ff.; Fuhrmann: Einführung in die antike Dichtungstheorie, S. 72ff. Allgemein zum Platonismus in der Renaissance s. Kristeller: Humanismus und Renaissance, Bd. 1, S. 50–68; Atkins: Literary Criticism, Bd. 1, S. 33–70.

[388] Zu Aristoteles' Mimesistheorie: Verdenius: Mimesis; Koller: Die Mimesislehre in der Antike; Auerbach: Mimesis; Finsler: Platon und die aristotelische Poetik; Curtius: Europäische Literatur, S. 401f.; Kohl: Realismus, S. 15–38; Blumenberg: Nachahmung der Natur, S. 266ff.; Clark: Rhetoric and Poetry, S. 10ff.; Groothoff: Untersuchungen S. 164–266; Wiegmann: Geschichte der Poetik, S. 5ff.; Fuhrmann: Einführung in die antike Dichtungstheorie, S. 3ff.; Baldwin: Ancient Rhetoric and Poetic.

[389] Zum rhetorischen Poesie-Modell (Horaz, Cicero, Quintilian) Barwick: Die Gliederung, S. 1ff.; Artikel »Rhetorik« in: Lexikon der Alten Welt, Sp. 2611–2626; Ueding: Einführung in die Rhetorik; Schulte: Orator; Sloan, Waddington: The Rhetoric of Renaissance Poetry; Streckenbach: Stiltheorie und Rhetorik; Volkmann: Die Rhetorik der Griechen und Römer; Eisenhut: Einführung in die antike Rhetorik; Appell: Das Bildungs- und Erziehungsideal Quintilians; Barwick: Das rednerische Bildungsideal Ciceros; zu Cicero s. Atkins: Literary Criticism, Bd. 2, S. 1–46; ferner Clark: Rhetoric and Poetry, S. 23ff.

[390] Dazu Streckenbach: Stiltheorie und Rhetorik, S. 11.

[391] Quintilianisch ist die Integration der Poesie in die Rhetorik; Inst. X, 1, 27; dazu Clark: Rhetoric and Poetry, Cap. III, 5 »Poetic as Part of Rhetoric«, S. 32–34; vgl. die Umkehrung der Position bei Aristoteles, Poetik Cap. 19; ferner vgl. zu Quintilian Atkins: Literary Criticism, Bd. 2, S. 254–298.

[392] Clark: Rhetorik and Poetry, Cap. II, III, IV und V; Atkins: Literary Criticism, Bd. 2, S. 47–103, bes. S. 57ff.; Fuhrmann: Einführung in die antike Dichtungstheorie, S. 99ff., 187ff.; M. A. Grant and G. C. Fiske: Cicero's Orator and Horace's Ars Poetica. Cambridge/Mass. 1924.

[393] Die Idee der Gottbeseeltheit des Dichters findet sich bei Plato, Horaz, Ovid, Cicero und Plinius; Belege bei Curtius: Europäische Literatur, S. 467f. Der Terminus ›furor poeticus‹ erscheint erstmals 1482 als Untertitel von Platons »Ion«, auf den auch A. Buchner im »Weg-Weiser«, S. 12, verweist.

1. *Ältere Poetik* (1350–1500) mit dem Ideal des poeta rhetor (eloquentia). Die Hauptvertreter waren Petrarca und Boccaccio, deren Vorbilder Cicero, Horaz, Quintilian und Seneca.
2. Die *platonistische Poetik* (1450–1500). Die Inspirationstheorie postuliert eine dichterische Fähigkeit, die unabhängig von Fleiß und Gelehrsamkeit vorhanden sei. In Gegensatz zur Rhetorik gerät die Theorie dort, wo sie die imitatio in Richtung ›Schöpfung‹ auflockert. Hauptvertreter waren L. Bruni, M. Ficino, C. Landino und A. S. Minturno.
3. Die *jüngere Poetik* (1500–1650), die auf der aristotelischen Poetik beruht und platonische Einschläge verzeichnet. Hauptvertreter waren F. Robortello, A. S. Minturno, J. C. Scaliger und L. Castelvetro.

Die Poetik des Aristoteles wurde erstmals 1498 übersetzt;[394] der Erstdruck des griechischen Originals erfolgte 1508. Die eigentliche Aristoteles-Rezeption begann indes erst mit dem Erscheinen der Pazzischen Separatausgabe von 1536, die den Urtext und eine lateinische Übersetzung enthielt.[395] Die 1520 erschienene Poetik Vidas ignoriert Aristoteles noch und stützt sich ausschließlich auf den Verbund der rhetorischen und horazischen Maximen.[396] Vor allem im Stilbereich wirkt die mittelalterliche Rhetorik-Tradition nach.[397] Rhetorisch ist auch die Auffassung von der Poesie als einer lehrbaren Kunst, die sich aufgrund von Regeln und Beispielen erlernen lasse (praecepta, exempla).[398] Im Lehrbarkeitsgedanken hat das Prinzip der imitatio seinen Ursprung.[399] Dem Rhetorik-System entstammen im wesentlichen folgende Bestandteile, die ohne Abänderung vom Redner auf den Poeten, von der Rede auf die Poesie übertragen werden.

---

394 Kohl: Realismus, S. 49ff. zur Rezeption; Clark: Rhetoric and Poetry, S. 70f.; Vossler: Poetische Theorien, S. 88. Diese erste Übersetzung stammte von Giorgio Valla; erst zehn Jahre später wurde auch der Urtext publiziert; Fuhrmann: Einführung, S. 198; vgl. auch die Einleitung Bucks in Scaligers Poetik, S. VII Anm. 13.

395 Fuhrmann: Einführung, S. 199.

396 Clark: Rhetoric and Poetry, S. 73.

397 Zur Genese Quadlbauer: Die antike Theorie. Der Vergleich humanistischer stiltheoretischer Werke mit solchen der Antike und des Mittelalters ergibt »eine auffallend starke Gebundenheit der humanistischen Stilkunst an wesentliche Züge der mittelalterlichen Briefformelbücher, der sogen. Artes dictandi.« Streckenbach: Stiltheorie und Rhetorik, S. 51f.; Fischer: Gebundene Rede, S. 17ff.; Clark: Rhetoric and Poetry, S. 71. Zur Verbindlichkeit der Rhetorik für den Dichter im französischen Mittelalter (Thomas Sébillet, Bernard Lamy) s. Curtius: Europäische Literatur, S. 435; weitere Literatur s. Anm. 443.

398 Curtius: Europäische Literatur, S. 67ff.

399 Clark: Rhetoric and Poetry, S. 73; zur imitatio: Buck: Dichtungslehren der Renaissance, S. 32ff.; Curtius: Europäische Literatur, S. 68f.; Kohl: Realismus, S. 49–56; Buck: Italienische Dichtungslehren, S. 56ff.; zur Genese Reiff: Interpretatio, imitatio, aemulatio. Grundlegend Quintilian Inst. X, 2, 1–27 mit dem Tenor, wetteifern sei besser als nachahmen: »sed etiam qui summa non adpetent, contendere potius quam sequi debent«. Gmelin: Das Prinzip der Imitatio, S. 118ff.; McKeon: Literary Criticism, S. 1–35; Clark: Rhetoric in Greco-Roman Education, S. 144–176, bes. S. 145 und 159. Vgl. auch Mainusch: Dichtung als Nachahmung, S. 122–138; zum Verhältnis von Nachahmung und aemulatio bei den Humanisten s. Lange: Aemulatio veterum, S. 107–147.

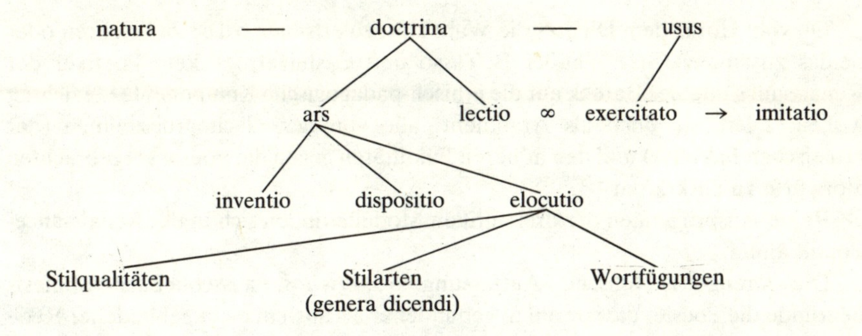

In der Übernahme der rhetorischen Redeteile (exordium, narratio, propositio, probatio, refutatio, conclusio) folgen die Poetiker dem Aufbau der Gerichtsrede nur selten. Die elocutio umfaßt in Oratorie und Poesie die Stilqualitäten (virtutes dicendi) mit den fünf Idealen der puritas, perspicuitas, brevitas, des aptum und ornatus, die drei Stilarten (genera elocutionis, genera dicendi) des genus subtile, medium oder mixtum und des genus grande oder sublime (schlichter, mittlerer, erhabener Stil), schließlich die auf Dionysios von Halikarnaß zurückgehenden Wortfügungsarten (structura) der glatten, mittleren und rauhen Fügung (structura polita, media, aspera).[400]

Die kommunikative Bestimmung der Poesie erfolgt analog der Zweckgerichtetheit forensischer Rede.[401] Mit Ciceros Definition des rhetorischen Ziels »docere, delectare, movere«[402] ließ sich Horaz' Empfehlung, Aufgabe des Poeten sei das »prodesse« und »delectare«,[403] leicht vereinen.[404]

Die horazische Abwägung von ars und natura wiederum ließ sich mit dem rhetorischen Schema in Einklang bringen,[405] wobei gerade der platonische Einschlag in Landinos Werk[406] auf die Bedeutung der natura hinweist, auf die »infolge ihres göttlichen Ursprungs [...] von menschlichem Fleiß und menschlicher Gelehrsamkeit« völlig unabhängige dichterische Fähigkeit.[407]

---

400 Nach »Der Kleine Pauly«, Bd. 4. (1972), S. 1411/12; vgl. Ueding: Einführung in die Rhetorik, S. 196–282; zur Spezifizierung des hier etwas vereinfacht wiedergegebenen Schemas s. Clark: Rhetoric in Greco-Roman Education; zu Cicero bes. Baldwin: Ancient Rhetoric and Poetic, S. 40–61.

401 Plett: Textwissenschaft und Textanalyse; Shawcross: Thc Poet as Orator, S. 7f.

402 De optimo genere oratorum I, 3; Orator 69; De oratore II, 28. Zum Verhältnis Ciceros zur Rhetorik s. Ueding: Einführung, S. 36ff.; Baldwin: Ancient Rhetoric and Poetic, S. 57f.

403 Ars poetica v. 333f.

404 Baldwin: Ancient Rhetoric and Poetic, S. 244ff.

405 Buck: Dichtungslehren der Renaissance, S. 36; Fuhrmann: Einführung, S. 201, der die Neigung konstatiert, Aristoteles mit Horaz und der Rhetorik zu harmonisieren.

406 Zu Landino s. Buck: Italienische Dichtungslehren, S. 91ff. Landino unterscheidet zwischen Eloquentia und Poesie nicht: »elocutionis praecepta communia pene cum oratore habet poeta.« (Horatii Flacci Opera cum interpretatione Cristofori Landini. Venedig 1486).

407 Buck: Italienische Dichtungslehren, S. 92.

Obwohl Horaz dem Dichter die Wahl läßt, zu erfreuen oder zu belehren oder beides zusammen, hat – außer B. Tasso und Castelvetro – kein Poetiker der Renaissance und des Barock auf die ethisch-pädagogische Komponente verzichten wollen. Dient sie doch als Argument, alle von den Nachbardisziplinen (der artistischen Fakultät) und den höheren Fakultäten gegen die Poesie vorgebrachten Vorwürfe zu entkräften.[408]

Reine Ausprägungen der drei antiken Modelle finden sich in der Renaissance-Poetik kaum.

Die streng-aristotelische Auffassung *Robortellos,* ausschließlich Mimesis begründe die Poesie, die sowohl in gebundener als auch in nicht gebundener Rede sich manifestieren könne, bleibt vereinzelt.[409] Für die kontaminierende humanistische Poetik-Diskussion charakteristisch sind die Poetiken Minturnos und Scaligers.[410] *Antonio Sebastiano Minturno* vertritt in seiner ersten poetologischen Arbeit »De poeta« (1559) einen eklektizistischen Standpunkt.[411] ›Sapientia‹ und ›eloquentia‹ bezeichnen den pädagogischen und den rhetorischen Aspekt. Die Ciceronischen und Horazischen Zweckbestimmungen begegnen ebenso wie der die Wahrscheinlichkeits- (verisimilitas) und Nachahmungs-Postulate (imitatio im Doppelsinn) ansprechende admiratio-Begriff und der ethisch-medizinische purgatio-Katharsis-Begriff.[412] Die Ausweitung des poetischen Darstellungsbereiches und die damit verbundene Aufwertung der Poesie zur Krönung der geistigen Tätigkeiten signalisieren Sätze wie:

> »Non modo uitae ac morum imitationem, et imaginem ueritatis, rerumque omnium et priuatarum, et publicarum simulacra; sed etiam omne genus doctrinae, omnes artes, omnes literarum uarietates locupletissimè contineri.«[413]

Zum Gebot der Wahrscheinlichkeit und der in den Gesetzen des Decorum sich äußernden Wahrhaftigkeit gesellen sich die rhetorisch definierten Fertigkeiten des Poeten: die inventio bezieht sich auf die res, die elocutio auf die verba, die dispositio, obwohl zwischen beiden vermittelnd, rechnet zur inventio, also zu den Sachen.[414] Dieser Standpunkt wird fast im ganzen Barock beibehalten. Wenn von den verschiedenen Systemen, denen Minturno seine Lehren entnimmt, doch eines als dominant bezeichnet werden kann, so ist es als ordnendes Prinzip das rhetori-

---

[408] Clark: Rhetoric and Poetry, S. 131f.; zur mittelalterlichen Tradition, S. 133–136.

[409] Ebd., S. 72.

[410] Zu weiteren Poetiken vgl. Buck: Einleitung zu Julii Caesaris Scaligeri Poetices libri septem, S. VII, Anm. 12. Weitere Literaturangaben bei Patterson: Three Centuries, Bd. 2, S. 25–50, und Weinberg: A History of Literary Criticism, Bd. 2, S. 1113–1158; vgl. Buck: Italienische Dichtungslehren passim.

[411] Weinberg: A History of Literary Criticism, Bd. 2, S. 737, auch Bd. 1, S. 68f.

[412] Ders. Bd. 2, S. 738ff.

[413] Minturno: De poeta, S. 9.

[414] Weinberg: A History of Literary Criticism, Bd. 2, S. 741. Die Trennung von res und verba erscheint zuerst bei Cicero: De orat. III, 5, 19; Quintilian: Inst. III, 5, 1, formuliert: »Omnis autem oratio constat aut ex iis, quae significantur, aut ex iis, quae significant, id est rebus et verbis.«

sche System.[415] »What Minturno does, essentially, is to take over the whole rhetorical schematism of his times, to substitute for the orator the poet, and to introduce [...] all the known materials on the art of poetry.«[416]

Die einflußreichste lateinische Poetik der Renaissance ist das posthum publizierte Werk »Poetices libri septem« (Lyon 1561) des *Julius Caesar Scaliger* (1484–1558),[417] das neben Ronsard und Heinsius auch die Hauptquelle für Opitz gebildet hat. Scaliger verteidigt die Poesie gegen Platons im ›Staat‹ geäußerten Vorwürfe als etwas Naturgegebenes.[418] Poeten werden von den versificatores streng unterschieden. Ihr Wesentliches erblickt Scaliger in der Neues ersinnenden Schöpferkraft.

> »Sola poesis haec omnia complexa est, tantò quàm artes illae excellentius, quòd caeterae (ut dicebamus) res ipsas, utî sunt, repręsentant, veluti aurium pictura quadā at poeta & naturam alterā, & fortunas plures etiam: ac demū sese isthoc ipso perinde ac Deum alterū efficit. Nam quae omnium opifex cōdidit, eorū reliquae scientiae tāquam actores sunt: Poetica verò quū & speciosius quę sunt, & quae non sunt, eorū speciem ponit: videtur sanè res ipsas, non vt aliae, quasi Histrio, narrare, sed velut alter deus condere: vnde cum eo cōmune nomen ipsi non à consensu hominū, sed à naturae prouidentia inditum videatur.«[419]

Mit Aristoteles[420] ist Poesie als Nachahmung der Natur definiert.[421] Indem der Poet jedoch nicht nur nachahmt, was ist, sondern auch, was sein könnte oder sollte, vermag er die Natur zu vervollkommnen.[422] Doch stellt Scaligers Rückgriff auf die platonische Inspirationstheorie (in den drei Stufen: von Natur, durch die Musen, durch Weingenuß inspiriert) zugleich eine Wendung gegen die aristotelische Lehre der Naturnachahmung dar, in der Scaliger lediglich ein Mittel zum Zweck der moralischen Besserung erblickt.[423]

---

415 Weinberg: A History of Literary Criticsm, Bd. 2, S. 743; anders Buck: Italienische Dichtungslehren, S. 96f., der Minturno aufgrund des Inspirationstheorems zum Platonismus rechnet; in der 1563 erschienenen »arte poetica« bezieht Minturno dagegen den Standpunkt eines orthodoxen Aristotelikers; Fuhrmann: Einführung, S. 200.

416 Weinberg: A History of Literary Criticism, Bd. 2, S. 743.

417 Julius Caesar Scaliger: Poetices libri septem. Lyon 1561. Weitere Auflagen: Genf 1561; Heidelberg 1581, Heidelberg 1586, Leyden 1594, Heidelberg 1607, Heidelberg 1617. Zu Scaliger s. Fuhrmann: Einführung, S. 202–211; Weinberg: A History of Literary Criticism, Bd. 1, S. 68, Bd. 2, S. 743–750; Brinkschulte: J. C. Scaligers kunsttheoretische Anschauungen; Hall: Scaliger's defense of poetry, S. 1125ff.

418 Buck: Einleitung zu Scaligers »Poeticcs libri septem«, S. XIV; Fuhrmann: Einführung, S. 205.

419 Scaliger: Poetices libri septem, S. 3.

420 Aristoteles: Poetik, cap. 9.

421 Kohl: Realismus. Theorie und Geschichte, S. 50.

422 »Hanc autem Poesim appellarunt, propterea quòd non solùm redderet vocibus res ipsas quae essent, verumetiam quae non essent, quasi essent, & quo modo esse vel possent vel deberent, repraesentaret. Quamobrem tota in imitatione sita fuit.« Scaliger: Poetices libri septem, S. 1. Dazu Mainusch: Dichtung als Nachahmung, S. 125f.; zum Unterschied zwischen Dichter und Historiker Fuhrmann: Einführung, S. 206.

423 Weinberg: A History of Literary Criticism, Bd. 2, S. 744, zur Opposition gegen Aristoteles; ders.: Scaliger versus Aristotle on Poetics, in: Modern Philology 39 (1942), S. 337–360; Buck: Einleitung zu Scaliger, S. XVf. und Anm. 39.

»Hic enim finis est medius ad illum vltimum, qui est docendi cum delectatione. Nanque Poeta etiam docet, non solùm delectat, vt quidam arbitrabantur.«[424]

Indem Scaliger im Laufe seiner von Widersprüchen nicht freien Darstellung den Mimesisbegriff auf den Begriff der imitatio antiker Musterautoren reduziert[425] – es sei »für die modernen Dichter empfehlenswerter [...], sich an diese Vorbilder zu halten, statt die sie umgebende Welt unmittelbar nachzuahmen«[426] – gerät er ganz in das Geleise der rhetorischen Poesie-Auffassung. Bestimmend für sein System werden die rhetorischen Prinzipien des docere – delectare – movere und die Decorum-Lehre.[427] Entsprechend dem rhetorischen Poesie-Begriff gilt der Vers als konstituierendes Kriterium der Poesie.[428] Was sind die Voraussetzungen, die ein Poet nach Scaliger mitzubringen hat, und die Aufgaben, die ihn erwarten? Abweichend von anderen Poetikern, die das Thema, den behandelten Gegenstand als materia der Poesie bezeichnen, vertritt Scaliger die Auffassung, die Wörter, der Stil und der Rhythmus seien die materia, während das Sujet als Idea zu betrachten sei.[429] Die Poesie ist als sprachliche Betätigung definiert. Sie steht in einer streng geregelten Beziehung zur Umwelt (res) und zur Sprache (verba). Das mimetische Prinzip[430] stellt den Bezug zwischen den res und den verba her, mit der Einschränkung, daß sich die imitatio genau so auf fiktive wie auf reale Gegenstände beziehen kann.[431] Aus der platonischen Begründung des Verhältnisses res – verba leitet sich die für eine humanistische Poetik ungewöhnliche Höherstellung der res ab.[432] Den Übergang zum traditionellen rhetorischen imitatio-Modell schafft Scaligers Orientierung an Vergils ›Aeneis‹. Was anderes als den Zusammenfall von Mimesis und imitatio enthält die Empfehlung Scaligers, der Poet solle sich bei seiner Naturnachahmung an den exempla aus Vergils ›Aeneis‹ ausrichten? Vergil ist nicht nur die Natur, er stellt bereits die vervollkommnete Natur dar, so daß der Poet, wenn er über die Darstellung des Vorhandenen hinaus

---

424 Scaliger: Poetices libri septem, Lib. I, cap. 1, S. 1; vgl. Lib. III, cap. 25 mit Bezug auf Horaz.

425 Scaliger: Poetices libri septem, Liber III. Zu Scaligers Mimesisbegriff, der imitatio eines literarischen Vorbildes und Naturnachahmung meint (in Horaznachfolge), s. Gaede: Poetik und Logik, S. 57ff.

426 Buck: Italienische Dichtungslehren, S. 153.

427 Scaliger: Poetices libri septem, Lib. I, cap. 1. Der erste Satz des Werkes lautet: »Res omnes nostrae aut necessarii, aut vtilis, aut delectabilis genere comprehenduntur«; vgl. S. 346 »Nulla igitur imitatio propter se. nempe ars omnis extra se prospectat quod alicui conducibile sit.« Ferner Lib. III, cap. 25, S. 113 »Id quod Horatius rectissimè expressit eo versu: ›Omne tulit punctum qui miscuit vtile dulci.‹ [Ars. poet. v. 343] vt tota Poeseos vis duobus capitibus absoluatur, docēdo, & delectando.« Zu Scaligers Anschauungen vgl. Weinberg: A History of Literary Criticism, Bd. 2, S. 745ff.; Fuhrmann: Einführung, S. 208f.; Bucks Einleitung, S. XVf.; Brinkschulte: Scaligers kunsttheoretische Anschauungen, S. 35f. zum »Ziel der Poesie«.

428 Scaliger: Poetices libri septem, S. 1, S. 3, S. 5, S. 55.

429 Buch 2 heißt »Hyle« und Buch 3 »Idea«.

430 Vgl. Weinberg: A History of Literary Criticism, Bd. 2, S. 744ff.

431 Hierzu vgl. auch Buck, Einleitung zu Scaliger, S. XV.

432 Weinberg: A History of Literary Criticism, Bd. 2, S. 745f.

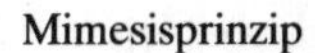

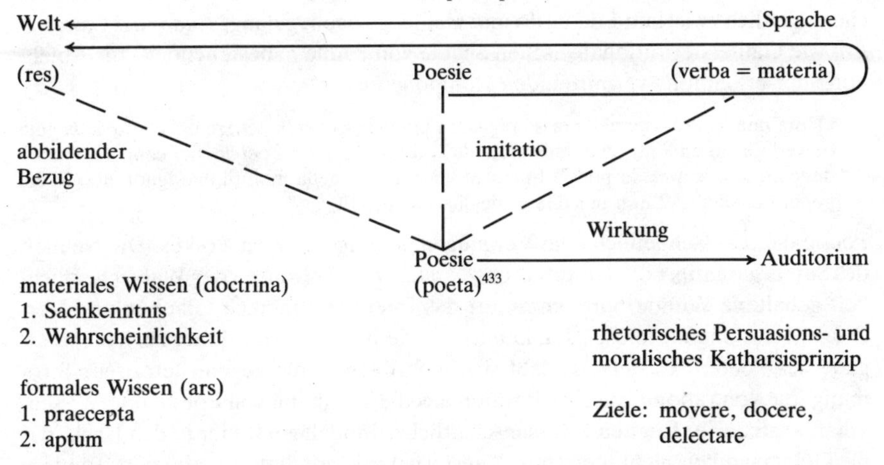

das, was sein könnte oder sollte, abbilden wolle, sich Vergil zum Muster zu nehmen habe:

> »id quod vt quàm commodissime faciamus, petenda sunt exempla ab eo, qui solus Poetae nomine dignus est. Virgilium intelligo: è cuius diuino Poemate statuemus varia genera personarum.«[434]

Im übrigen schaltet Scaliger bei der imitatio antiker Autoren das iudicium als Kontrollinstanz vor. Der Poet muß bei der Erdichtung von Personen und Handlungen den Gesetzen der Wahrscheinlichkeit folgen; des weiteren wird von ihm »prudentia, efficacia, varietas, suavitas« verlangt. Hier, wo die Postulate bereits den poetischen Stil berühren, kommen die in der Decorum-Lehre enthaltenen Regeln der Entsprechung zwischen res und verba zur Geltung. Gemäß der persuasiv-pädagogischen Zielsetzung[435] gelten für die Poesie dieselben Prinzipien wie für die übrigen Wissenschaften. Der Poet muß sich in den Naturwissenschaften, in Astrologie, Theologie gleicherweise auskennen wie in den studia humanitatis. Notwendige Konsequenz von Scaligers die res über die verba stellender Hierarchie war das Postulat, der Poet müsse im Besitz einer umfassenden Gelehrsamkeit sein. »There can thus be no independent science of poetics; poetry can be considered only in relationship to the scheme of things entire.«[436]

Welche Funktion dieses Postulat in einer Poetik hat, die auf einer umgekehrten Hierarchie basiert, wird die Musterung der Barock-Poetiken erweisen.[437]

---

433 Weinberg: A History of Literary Criticism, Bd. 2, S. 747; zum Verhältnis der Poesie zu den Wissenschaften s. Brinkschulte: Scaligers kunsttheoretische Anschauungen, S. 36f.

434 Scaliger: Poetices libri septem, S. 83; vgl. Mainusch: Dichtung als Nachahmung, S. 126.

435 Vgl. Scaliger: Poetices libri septem, S. 2, S. 80, S. 347f.

436 Weinberg: A History of Literary Criticism, Bd. 2, S. 750; auch Buck: Einleitung zu Scaliger, S. IX.

437 Buck: Renaissance und Barock, S. 54, zur Priorität der verba über die res in der manieristischen Poetik.

Freilich blieb das humanistisch-rhetorische Poesiemodell nicht unwidersprochen. Zeitlich zwischen Leonardo und Galilei gelegen, gelangt *Ludovico Castelvetro,* wie Galilei der rationalistischen Schule von Padua nahestehend,[438] zur Ablehnung der erkenntnis-vermittelnden Komponente.

> »Hora non è vero, che nelle rassomiglianze poetiche si debba tenere piu conto della noia de veditori intendenti, che della gioia de veditori ignoranti. percioche, come habbiamo dimostrato di sopra, la poesia fu trovata per diletto della moltitudine ignorante, & del popolo cõmune, & non per diletto degli scientati.«[439]

Poesie dient ausschließlich dem Vergnügen des ungebildeten Volkes. Die Neuheit des Sujets garantiert die Unterhaltung.[440] Das in den Grenzen der Wahrscheinlichkeit gehaltene Wunderbare garantiert das Interesse (nämlich Glauben und Vergnügen) des phantasielosen Publikums.[441] Die inventio wird daher zur Hauptaufgabe des Poeten. Castelvetro läßt sich einordnen in die gegen-rhetorische Strömung, die von rationalistischer Position aus die Trennung von Poesie und Wissenschaft ansteuerte. Ein neues wissenschaftliches Modell gerät hier in den Blick, das die Gelehrsamkeit nicht mehr mit ›Kunst und Wissenschaft‹ identifiziert, sondern Kunst von Wissenschaft abgrenzt, jener das Vergnügen und dieser die Erkenntnis zuordnet.[442] Diese Ansätze zu einer Ästhetik, die sich um Abgrenzung der Kunst von Ethik und Erkenntnistheorie bemüht, sind zwar im 17. Jahrhundert nicht weiterverfolgt worden. Castelvetros Entwurf deutet jedoch auf die Richtung hin, aus der das neue Wissenschaftsparadigma und mit ihm die neue Abgrenzung und Definition der Wissenschaften und der Künste stammte.

Im humanistischen Paradigma bildeten Künste und Wissenschaften eine im ›Gelehrsamkeits‹-Modell der erweiterten artes liberales versammelte Einheit. Das in Mittelalter und Renaissance durchgehend *praktizierte* Poesie-Modell war jedenfalls mit wesentlichen rhetorischen Elementen ausgestattet.[443] Die antike Nachbarschaft von Rhetorik und Poesie blieb im 16. und 17. Jahrhundert erhalten über die von platonischen und aristotelischen Gedankengängen beeinflußten humanistischen Poetiken hinaus. Die Betonung des spezifisch rhetorischen Ideals des movere stammt aus dem ausgehenden 16. Jahrhundert. *Jakob Pontanus* stellt es in

---

[438] Charlton: Castelvetro's Theory; Clark: Rhetoric and Poetry, S. 72, 131; Schröder: Die Exploration des Möglichen, S. 97.

[439] Lodovico Castelvetro: Poetica d'Aristotele, S. 679.

[440] Ebd., S. 29. Vgl. auch Buck: Italienische Dichtungslehren, S. 148f.

[441] Weinberg: A History of Literary Criticism, Bd. 1, S. 69.

[442] Schröder: Die Exploration des Möglichen, S. 97f.

[443] Für die englische Literatur zeigen das Clark: Rhetoric and Poetry, S. 56–68, 76–102; Shawcross: The Poet as Orator, S. 5ff., der am ›forensischen‹ Typus der Renaissance-Poesie das distributio – recapitulatio-Schema untersucht; H. O. White: Plagiarism and Imitation during the English Renaissance. A Study in Critical Distinctions. Reprint New York 1965 der Ausg. Cambridge 1935; Brinkmann: Zu Wesen und Form, S. 33. Zu den artes dictandi, deren stilistischer Teil sich mit den Anweisungen der Poetiken deckt, s. Wattenbach: Über Briefsteller des Mittelalters; Rockinger: Briefsteller und Formelbücher; Faral: Les arts poétiques du XIIe et du XIIIe siècle; auch Fischer: Gebundene Rede, S. 9f.; Stötzer: Deutsche Redekunst, S. 105f.

seinen »Poeticarum Institutionum libri tres«[444] über delectare und docere. Der von ihm konzipierte ›poeta rhetor‹ soll Zuhörer oder Leser zur Bewunderung bewegen.[445] Begünstigt wurde dieser Trend durch die traditionelle Nachbarschaft von Poesie und Rhetorik im Lehrkanon (bedingt durch die didaktische Komponente des Rhetorik-Modells). Platons furor-Lehre begegnet – umfunktioniert – vor allem zur Legitimation oder zur Apologie des Dichtens; vorherrschendes Modell wurde sie erst mit Aufkommen subjektivistischer Strömungen in der zweiten Hälfte des 18. Jahrhunderts. Von den aristotelischen Theorien machte besonders die Beurteilung der Tragödie Schule, während die Katharsis- und die Mimesis-Theorie zwar mit großer Regelmäßigkeit in den Poetiken des 16. und 17. Jahrhunderts erscheinen,[446] jedoch eher traditionelle Topoi als konstituierende Maximen sind.

Die rhetorische Ausprägung der Poesie ist ein Ausdruck der gesellschaftlichen Funktion von Kunst im Zeitalter der Renaissance und des Barock: Poesie dient der Repräsentation, der Belehrung oder Unterhaltung an Höfen oder in gebildeten städtischen Zirkeln. Der Öffentlichkeitscharakter, welcher mittelalterlicher Schriftdarbietung eignete, ist ihr im 16. und 17. Jahrhundert noch anzumerken.[447]

Terminologie, Aufbau und Auffassung der Poesie als einer lehrbaren und nützlichen ›Wissenschaft‹ entstammen weitgehend dem rhetorischen System. Mimesis als Naturnachahmung gerät – als Folge vereinfachender Horaz-Auslegung[448] – bei vielen Poetikern zur Identität mit dem rhetorischen Prinzip der imitatio; sie verliert damit gerade die spezifische Qualität der Realitäts-Abbildung.[449] Poesie ist dann nichts anderes als versifizierte Oratorie.[450] Die Dreiheit von ars, usus (exercitatio) und imitatio prägt auch die lateinischen Poetiken der deutschen Humanisten.[451]

Die ›imitatio‹ der klassischen Vorbilder ist die von allen humanistischen

---

444 Jacob Pontanus: Poeticarum Institutionum libri tres. Behrens: Die Lehre von der Einteilung, S. 101; Borinski: Die Poetik der Renaissance, S. 37f., 40; ders.: Die Antike, Bd. 2, S. 41f.

445 Buck: Renaissance und Barock, S. 36, auch S. 53.

446 Fischer: Gebundene Rede, S. 71ff.; Hankamer: Deutsche Gegenreformation, S. 77ff.

447 Wenn auch eigener Buchbesitz ein Lesen ›für sich‹ möglich machte, erstreckte sich doch die Rezeption über die unmittelbare Konsumtion hinaus auf Briefwechsel, Schriften und gelehrte Disputationen. Die an Schule und Universität vorgeschriebenen Disputationen förderten den rhetorischen Charakter der Literatur ebenso wie die theologischen Richtungskämpfe. Herzog: Einführung in die Barocklyrik, S. 16ff.; Hankamer: Deutsche Gegenreformation, S. 131; Hauser: Sozialgeschichte, Bd. 1, S. 494ff.

448 Mainusch: Dichtung als Nachahmung, S. 125.

449 Zur Begriffsunklarheit von imitatio s. auch Borinski: Poetik der Renaissance, S. 203, z. B. bei Gerhard Vossius: Institutiones Poeticae, Lib. I, cap. 2; zur begrifflichen Trennung von imitatio und Mimesis s. auch Kohl: Realismus, S. 50f. Im hier verwendeten Sinn meint Mimesis den Realitätsbezug, während imitatio das Verhältnis zu den literarischen Vorbildern impliziert.

450 Scherer: Poetik, S. 40f.

451 Zu Celtis' »ars versificandi« von 1487 s. Lempicki: Geschichte der deutschen Literaturwissenschaft, S. 68f.; Bebel: Ars uersificandi (1510).

Theoretikern für Redner und Poeten in gleichem Maße empfohlene Methode. Das bezeugt in der Mitte des 16. Jahrhunderts für die protestantischen Gebiete Deutschlands *Melanchthon:*

»Ita dubitari non debet, quin ille noster imitator, ex lectione Ciceronis melior, quàm ex alijs autoribus futurus sit. Cum enim in Poetica maximam uim esse imitationis appareat, dubitari non debet, quin et in hac uicina arte plurimum polleat. Tanta est enim inter has cognatas artes similitudo, ut pleriq; illustriores loci Ciceronis ac Liuij, si rectè existimemus, poemata iure dici poßint.«[452]

Die ungebrochene Kontinuität des rhetorischen Modells verbürgt gegen Ende des Jahrhunderts *Nicodemus Frischlin* mit seinem Insistieren auf der imitatio als wichtigster Übungsmethode.

»Est enim exercitatio omnis, tam Oratoria, quàm Poetica, ferè nihil aliud, quàm quaedam bonorum auctorum imitatio, & similium operum cum aliis effectio.
Is enim optimè censetur imitari aliquem auctorem, qui illi est in componenda oratione simillimus, non tamen idem.«[453]

Melanchthon steht dem ciceronianischen Ideal noch näher als Frischlin, der sich zum eklektizistischen Verfahren bekennt.[454] Auch distanziert er sich von einer identifizierenden imitatio; Ähnlichkeit gilt ihm als erstrebenswerter Nachahmungsmodus. Besonders deutlich läßt sich die Einwirkung humanistischer Lehren in der kompilatorischen Enzyklopädie *Johann Heinrich Alsteds*[455] betrachten, die den reformierten Universitäts- und Gymnasialbereich repräsentiert. Charakteristisch ist es, daß die eingangs, im Kapitel ›Hexilogia‹ vorgenommene Kennzeichnung der verschiedenen menschlichen Befähigungen in den späteren Kapiteln nicht mehr auftaucht. Die eloquentia erscheint hier als »habitus acquisitus« (wie auch u. a. sapientia, prudentia, ars), während die intelligentia poetica als »habitus innatus« ausgezeichnet ist (wie intelligentia, conscientia, syntesis).[456] Für Theorie und Praxis wesentlicher ist der Verbund von Wohlredenheit und Dichtkunst, der sich bereits in der Definition erweist. Oratorie wird im Unterschied zur Rhetorik, der »ars tradens modum ornatè dicendi«,[457] als »ars benè effingendi orationē

---

[452] Philippi Melanthonis Elementorum Rhetorices libri duo, S. 164f.

[453] Frischlin: Oratio De Exercitationibus Oratoriis, S. A 8. Zur imitations-Praxis bei Frischlin s. Elschenbroich: Imitatio und Disputatio.

[454] Unter Bezugnahme auf Quintilian: Institutiones X, 2, 24–26.

[455] Alsted: Compendium Encyclopaediae universae (1630); zu Alsted s. T. Wotschke: J. H. Alsted, in: Archiv für Reformationsgeschichte 33 (1936), F. W. E. Roth: J. H. Alsted, in: Monatshefte der Comenius-Gesellschaft 4 (1895).

[456] Alsted: Encyclopaedia, S. 27. Interessant ist es, daß Alsted nicht die platonische Bestimmung der Poesie aufgreift; er kennt noch einen dritten Status, den »habitus infusus«, zu dem er »fides supernaturalis«, »lumen propheticum«, »donum miraculorum« und »donum linguarum« rechnet. Poesie ist dem Theologen doch kein ›göttliches‹ Instrument wie Plato oder Cicero.

[457] Alsted: Encyclopaedia, S. 28, Liber VIII. Zum Unterschied von Rhetorik und Oratorie vgl. S. 373 »Regulae. Rhetorica differt ab Oratoriâ, ut angustius à latiori.« Dazu Dyck: Ticht-Kunst, S. 32, Anm. 3.

solutam« definiert[458] und konvergiert exakt mit der Definition der Poesie: »ars bene effingēdi orationem ligatam.«[459] Der Unterschied zwischen Rede und Poesie ist ausschließlich das äußerliche Kriterium der Gebundenheit (ligatio); denn inventio, dispositio und elocutio sind beiden gemeinsam,[460] – bei der Rede treten lediglich das Gedächtnis und die Darbietung hinzu.[461] Den Zweck der ›Oratorie‹ bestimmt Alsted als »Finis Oratoriae facultatis ultimus est persuadere; subordinatus est docere, delectare, et movere.«[462] Für die Poesie gilt, ausgenommen die ›persuasio‹, dieselbe Zielsetzung: »Remotus est docere, delectare, & movere oratione ligatâ.«[463] Sie wird allerdings noch weiter ausdifferenziert:

»III. Finis Poëticae & poësios est generalis, specialis, vel specialissimus.
Finis generalis est triplex: remotus, propinquior, & proximus. Finis remotus est, prodesse reip. & Ecclesiae. Nam poëtae sunt philosophi instituendae civitati idonei: & Ecclesiae DEI prosunt poëtae sacri, dum rhythmos componunt, quibus publicè laudetur Dominus. Huc pertinet, quòd poësis dicitur juvare oratorem. Nam à poëtâ loqui oratores discunt. Finis propinquior est docere, delectare, & flectere oratione ligatâ. Finis proximus est orationem adstringere numeris, & illius modum praescribere. Finis specialis est, fingere quaedam, & fingendo instituere, tanquam adhibito stratagemate, vel etiam involucro. Finis specialissimus est, laudare DEUM carmine pio & affectuoso. De his finibus teneantur istae regulae. 1. Poësis secularis, quam vocant, & sacra inprimis differunt fine. Nam primarius finis poëseos & Poëticae sacrae est, celebrare DEUM: secundarius, docere & delectare. At primarius finis poëseos secularis est docere, vel delectare, vel utrumque simul facere, atque adeò docendo & delectando movere seu persuadere. 2. Modus eloquentiae solutus omnia ad τὸ πιθανὸν dirigit, ligatus ad τὸ ἡδὺ sua inprimis accommodat. Itaque poëta inprimis sibi proponit delectationem. Nam id quod docet, instillat, & magnâ cum voluptate persuadet. 3. Poëma est loquens pictura, pictura est tacitum poëma. Quod itaque pictores solent, idem poëtis est propositum: videlicet anxia & solicita imaginis, quam meditantur, exornatio. 4. Tres vulgò constituuntur classes poëtarum: nempe qui docent, qui delectant, qui utrumque faciunt. Quae distributio sumta est ex illo Horatii:

Aut prodesse volunt, aut delectare poëta,
Aut simul & jucunda & idonea dicere vita.

Sed pergamus ad subjectum hujus artis.«[464]

---

[458] Alsted: Encyclopaedia, S. 29, Liber IX.

[459] Ebd., S. 29, Liber X.

[460] Ebd., S. 29, Oratoria: »4. Quaenam sunt illa officia? Inventio & dispositio oratoria, elocutio, memoria, & pronuntiatio.« – Poetica: »4. Quaenam sunt partes orationis ligatae? Inventio, dispositio, & elocutio poetica.«

[461] Ähnlich in der Poetik des Jesuiten Jakob Masen: Palaestra Eloquentiae Ligatae (1661).

[462] Alsted: Encyclopaedia, S. 468.

[463] Ebd., S. 509.

[464] Ebd., S. 510; vgl. Masen: Palaestra, S. 4. »Lectorem delectando, pariterque monendo. Hic scopus Poetae est.« Jakob Pontanus: Poeticarum Institutionum libri tres. Eiusdem Tyrocinium Poeticum. Ingolstadt 1594, S. 16 »[...] poetis esse scopum docere & delectare.« Gegenüber Pontanus' Bestimmung des Poeten als eines μιμητής (»poeta est μιμητής, quoniam poesis praecipuè est μίμησις, & à Plutarcho μίμητικὴ τεχνη ars imitatrix, sive ars in imitatione posita vocatur, & ab Aristotele ex imitatione orta dicitur.«) betont Alsted die Bedeutung des Schöpfens ποιεῖν: »Et hoc modo Poëtica dicta est παρὰ τὸ ποιεῖν, quòd non tantùm res imitetur, sed quasi facere videatur.«

Die anschließenden Kapitel handeln, analog dem Oratorie-Kapitel, vom »Subjectum Poeticae« (ingenium poeticum, oratio ligata etc.), von der »inventio poetica«,[465] der »dispositio« und der »elocutio«. Auffällig ist auch bei Alsted die apologetische Haltung, die bei der Behandlung der Oratorie nicht begegnet; ausdrücklich konstatiert er (am Rand): »Poesis non est pars insaniae«.[466]

Die theoretische Besinnung auf die Eigengesetzlichkeit von Poesie und Rhetorik und auf die strukturell unterscheidenden Merkmale setzt erst in der zweiten Hälfte des 17. Jahrhunderts ein. Bis dahin galten natura, doctrina (bzw. ars) und usus als die, wenn auch wechselnd bewerteten, doch entscheidenden Voraussetzungen. Auf ihrer Basis war es zwar möglich, eine Hierarchie poetischer Gattungen und Materien zu errichten.[467] Eine Definition des inneren Wesens von Poesie (im Unterschied zu den Nachbarwissenschaften Oratorie und Historie) konnte jedoch erst gegeben werden, nachdem sich die Poesie von der Rhetorik gelöst hatte.

2.3 Poesie als Lehrfach an Universität und Schule des 16. Jahrhunderts

(1) Poesie im Rahmen der artistischen Fakultät

Die in der Antike weniger bei Aristoteles als bei Horaz vorfindliche enge Verbindung von Rhetorik und Poesie erfuhr in der Renaissance nicht nur eine die nächsten zwei Jahrhunderte bestimmende Wiederbelebung, sie erhielt sogar eine in den Lehranstalten institutionalisierte Form. Die *Institutionalisierung* hat zweifellos zum Bestand dieses ›Paradigmas‹ gelehrt-rhetorischer Poesie beigetragen. P. O. Kristeller hat auf den Paradigmencharakter des Kunstbegriffes hingewiesen und die Etablierung des noch heute geltenden Kunstbegriffes im 18. Jahrhundert aufgezeigt.[468] Seit der Aufklärung bilden Malerei, Bildhauerei, Architektur, Musik und Poesie das System der Künste.[469] Anders im Mittelalter und der frühen Neuzeit. Die endgültige Fixierung des Kanons der sieben freien Künste findet sich zuerst bei Martianus Capella (»De nuptiis Mercurii et Philologiae«, zwischen 410 und 439).[470] Im System der freien Künste[471] war die Poesie mit den beiden im

---

465 »Argumentum poeticum in genere est docens, delectans, vel movens; & docens, est substantiale, id est, explicans & probans, vel accessorium, id est, amplificans: in specie est generis demonstrativi, deliberativi, vel judicialis.« Alsted: Encyclopaedia, S. 511.

466 Ebd., S. 509.

467 Etwa bei Rotth: Vollständige deutsche Poesie (1688).

468 Kristeller: Das moderne System der Künste, in: Humanismus und Renaissance, Bd. 2, S. 164–206.

469 Kristeller: Das moderne System der Künste, S. 165.

470 Ebd. S. 171.

471 Zu den artes liberales vgl. Curtius: Europäische Literatur, S. 47ff.; Kink: Geschichte, Bd. 1, S. 85f.; Koch: Artes liberales; P. A. Conway: The liberal arts in St. Thomas Aquinas. Washington 1959; L. J. Paetow: The arts course at medieval universities. Champaign/Ill. 1910; A. Clerval: L'enseignement des arts libéraux à Chartres et à Paris dans la première moitié du XIIe siècle. Paris 1889.

Trivium gelehrten Künsten der Grammatik und der Rhetorik eng verbunden.[472] Die spätantike Einteilung der sieben freien Künste wurde nach dem 12. Jahrhundert mehrfach erweitert.[473] In den hochmittelalterlichen Systemen tritt die Dichtkunst zusammen mit Grammatik, Rhetorik und Logik auf,[474] als lehr- und lernbare Disziplin. Die Umgewichtung innerhalb der Trivium-Gruppe sowie ihre Erweiterung um Geschichte, griechische Sprache und Moralphilosophie wertete auch die Dichtkunst auf. Sie verselbständigte sich zum eigenen Lehrfach,[475] mit dem Lernziel der imitatio der lateinischen Klassiker und der interpretatio eben dieser Vorbilder.[476] In allen in der Renaissance entwickelten Kunst-Systemen stehen die nach späterem Verständnis so genannten ›schönen Künste‹ im Verbund mit den ›Wissenschaften‹.[477] Für den Zeitraum der Renaissance und des Barock galt das aus der Antike entnommene Modell, in dem Rhetorik und Poesie in enger Nachbarschaft standen. Von besonderem Einfluß auf diese Zusammenstellung waren hier die viel zitierte ars poetica des Horaz, später auch die Schriften des Aristoteles.[478] Durch die Cicero-imitatio wurde das enge Verhältnis in der Praxis, eben durch Übernahme der bei Cicero und Quintilian aufgeführten rhetorischen Regeln, nachdrücklich gefestigt.[479] Im Leben der Humanisten stellten Wissenschaft und Poesie eine Einheit dar: Poesie als Wissenschaft läßt sich gar nicht von Philologie und Rhetorik trennen. Die Werkverzeichnisse zahlreicher humanistischer Poeten weisen umfangreiche wissenschaftliche, d. h. grammatikalische und editorische Schriften auf; wie auch umgekehrt solche Humanisten, die in erster Linie als Philologen, Philosophen und Prosaschriftsteller bekannt geworden sind, eine mehr oder minder bedeutsame poetische Produktion vorzuweisen haben. Das gilt für einen so schulmeisterlichen Humanisten wie Wimpfeling ebenso wie für Erasmus und Melanchthon.[480]

---

[472] Baldwin: Ancient Rhetoric and Poetic, S. 1ff., 63ff., 226ff.

[473] Isidor von Sevilla gliedert die Philosophie in Logik, Ethik und Physik; Kristeller: Das moderne System, S. 173.

[474] Kristeller: Das moderne System, S. 173; R. McKeon: Poetry and Philosophy in the twelfth century, in: Modern Philology 43 (1946), S. 217–234.

[475] Kristeller: Humanismus und Renaissance, Bd. 1, S. 87ff.

[476] Kristeller: Das moderne System, S. 176.

[477] Z. B. bei Agrippa von Nettesheim: De incertitudine et vanitate scientiarum; Scaliger: Poetices libri septem; Alsted: Encyclopaedia; Vossius: De artium et scientiarum natura ac constitutione libri quinque.

[478] Dazu Fuhrmann: Einführung in die antike Dichtungstheorie, S. 188ff.

[479] Kristeller: Das moderne System, S. 168.

[480] Dazu Ellinger: Geschichte der neulateinischen Literatur, Bd. 1, S. 379ff.; S. 416ff.; Bd. 2, S. 65ff. Der zunächst als Poet bekannte Jakob Locher Philomusus hat u. a. geschätzte Textausgaben von Horaz (1498), Claudian (»Raub der Proserpina«), Cicero (»Orator«), Plinius (»Panegyricus«), Fulgentius (»Mythologicon«) angefertigt; zu seinen poetischen Leistungen s. Ellinger Bd. 1, S. 427–434; Hehle: Der schwäbische Humanist Jakob Locher Philomusus; Hasse: Die deutsche Renaissance, Bd. 1, S. 177–183; Schreiber: Geschichte, Bd. 1, S. 70–81. Für Heinrich Bebel, Professor der Poesie in Tübingen, verstand sich poetische Praxis wie ›poetische Wissenschaft‹ von selbst; Ellinger Bd. 1, S. 435–441; zur wissenschaftlichen Leistung vgl. Bebermeyer: Tübinger Dichterhumani-

In ihrer *Einstellung zur Poesie* gab es allerdings symptomatische Divergenzen. In der Frühzeit betonte Petrarca den Rang der Dichtkunst (aufgrund des Urteils bedeutender Männer und der Leistungen der Dichter). Sie müsse als notwendig, als heilsam für die studierende Jugend erklärt werden, sie solle unter die freien Künste aufgenommen werden.[481] Daß der italienische Apostel des Humanismus in Deutschland, Enea Silvio Piccolomini, das Lob der Dichtkunst in hohen Tönen feierte, sie als die »ästhetisch-philosophisch-historische Zentralwissenschaft« pries, versteht sich von selbst.[482] Im älteren, christlich getönten Humanismus des Straßburg-Schlettstädter Kreises stand man der antiken Poesie skeptisch gegenüber. Wimpfeling verstieg sich im Lauf seiner Fehde mit Jakob Locher sogar zu einer parteipolitisch motivierten, einseitig ausgefallenen Verdammung der heidnischen Poeten[483] »Contra turpem libellum Philomusi Defensio theologiae scholasticae«: Ein Poet, obwohl aller Wissenschaften unkundig, maße sich den Vorrang an, beanspruche Aufnahme ins Universitätskonzil, »ohne überhaupt einen akademischen Grad erworben zu haben; denn der poetische Lorbeer sei kein Grad.« Die Poesie sei keine Wissenschaft für sich, sie nehme unter den artes vielmehr die »unterste Stelle« ein.[484] Ist diese Stellungnahme auch, wie die befremdliche Parteinahme für die sonst bekämpfte Scholastik, der im persönlichen Streitfall raschen Entflammbarkeit Wimpfelings zuzuschreiben, so betrachtete er doch auch in ruhigen Zeiten, darin mit Sebastian Brant und Ulrich Zasius übereinstimmend, die heidnischen Dichter mit Reserve.[485] Plautus, Terenz, Vergil, Lucan und Horaz stehen den Schülern offen; gegenüber Juvenal, Ovid, Martial, Tibull, Properz und Catull macht er sittliche Bedenken geltend. Die Lektüre der (übrigens auch in der Lebenspraxis erfolgreicheren!) Redner sei nicht nur aus Gründen leichterer Verständlichkeit vorzuziehen, ihre Schriften seien wahrer und sittlicher.[486]

Erasmus vertritt wie in den meisten seiner Stellungnahmen den Grundsatz eines maßvollen Ausgleichs. In seiner für die humanistische Lektüre-Methode maßgeblichen Schrift »De ratione studii« empfiehlt er als gute griechische Autoren: Lucian (1), Demosthenes (2), und Herodot (3) als Prosaisten, als Poeten Aristophanes (1), Homer (2), Euripides (3); als nachahmenswerte lateinische Autoren Terenz (1) und in Auswahl Plautus, Vergil (2), Horaz (3), Cicero (4!), Cäsar (5).[487] Ein Grund für die Bevorzugung der Dichter liegt in ihrer von

---

sten. Zu Konrad Celtis s. Ellinger Bd. 1, S. 443–460; Aschbach: Geschichte der Wiener Universität, Bd. 2, S. 189ff.; Rupprich: Die deutsche Literatur, 1. Teil, S. 522ff.; Friedrich von Bezold: Kulturgeschichtliche Studien. München 1918; zu U. von Hutten: R. Goodell: U. v. Hutten as Orator-Poet. A Study in Rhetoric. Diss. Columbia Univ. 1951; Ellinger Bd. 1, S. 465–479.

[481] Geiger: Petrarka, S. 115.

[482] Rupprich: Die deutsche Literatur, 1. Teil, S. 472.

[483] Hehle: Der schwäbische Humanist, S. 14–19; Schreiber: Geschichte, Bd. 1, S. 78f.

[484] Paulsen: Geschichte, Bd. 1, S. 99.

[485] Eine Ausnahme machte man i. a. mit Vergil; Hehle: Der schwäbische Humanist, S. 7.

[486] Kaemmel: Geschichte, S. 374. Zu Wimpfeling s. Knepper: Jakob Wimpfeling.

[487] Erasmus: De ratione studij (1519), S. 256. In einem Brief an Cornelius Aurelius nennt Erasmus Vergil, Horaz, Ovid, Juvenal, Statius, Martial, Claudian, Persius, Lukan,

Erasmus angesprochenen stofflichen Vielfalt. Da sie aus allen Wissensgebieten ihre Stoffe entnehmen, kann der Schüler durch ihre Lektüre am meisten Realien kennenlernen, und ist genötigt, zum Verständnis der Poesie sich in den verschiedensten Realwissenschaften umzusehen, wie in Philosophie, Mythologie, Geographie, Altertumswissenschaft, Naturwissenschaft, Geschichte, mystischer Literatur u. a.

> »Postremo nulla disciplina est, nec militiae, nec rei rusticae, nec musices, nec architecturae, quae non usui sit ijs, qui poëtas aut oratores antiquos susceperint enarrandos.«[488]

Vollends bei Locher, Hutten und vor allem dem Erfurter Kreis um Eobanus Hessus wurde die Poesie rückhaltlos glorifiziert. Von einer apologetischen Haltung war man hier gleichermaßen entfernt wie von einer Legitimierung humanistischer Studien durch ihre christliche Indienstnahme. Dieser Gedanke tauchte konsequenterweise erst dort wieder auf, wo die humanistischen Studien selbst von den neu erwachten konfessionellen Interessen gefährdet waren. Melanchthon, Sturm und andere Reformatoren haben den christlich legitimierten und christlich umgeformten Humanismus institutionalisiert und dadurch erst die Bildung einer humanistischen Tradition ermöglicht.

Auch für die Lehrpraxis war der Verbund zwischen Rhetorik und Poesie entscheidend.[489] Ein Blick in die Praxis einiger artistischer Fakultäten des 16. Jahrhunderts erweist die Evidenz dieser Konnexion.

In der 1365 gegründeten *Wiener Universität* hatte die artistische Fakultät eine gegenüber den höheren Fakultäten starke Position.[490] Im 15. Jahrhundert wurde die Nova Poetica und Rhetorica des Normannen Gamfredus gelehrt.[491] Mathematiker und Astronomen hielten die ersten Vorlesungen über lateinische Klassiker:[492] Georg Peuerbach 1454 und 1460 über Vergils »Aeneis«, 1456 über die Satiren Juvenals, 1458 über die Gedichte Horaz'; Johann Müller gen. Regiomontanus las 1461 über die »Bucolica« Vergils.[493] Solche Vorlesungen behandelten

---

Tibull, Properz; Opus epistolarum Des. Erasmi Roterodami ed. Allen. Bd. 1, Nr. 20. Vgl. Huizinga: Erasmus, S. 17. Zur Einstellung des Erasmus zur Poesie vgl. Schottenloher: Erasmus im Ringen, S. 58–72; zu Erasmus eigener poetischer Produktion ebd., S. 62ff. Von den christlichen Poeten schätzt Erasmus besonders den Prudentius.

488 Erasmus: De ratione studij (1519), S. 262.

489 Zur Methode s. Paulsen: Geschichte, Bd. 1, S. 337.

490 Aschbach: Geschichte, Bd. 1, S. 339.

491 Kink: Geschichte, Bd. 1, S. 86 Anm. 95.

492 Bereits 1408 las Johann von Gmunden als magister artium, seit 1420 nur über Mathematik; Kaufmann: Geschichte, Bd. 2, S. 481.

493 Kaufmann: Geschichte, Bd. 2, S. 481f.; Kink: Geschichte, Bd. 1, S. 182; Aschbach: Geschichte, Bd. 1, S. 353; zum Vergleich die Universität Ingolstadt: Prantl: Geschichte, Bd. 1, S. 58f. Der Verbund von Poesie und Mathematik war nicht selten. So interessierten sich auch Nikolaus von Cusa, K. Celtis und J. Vadianus für Mathematik und Astronomie. Georg Peuerbach verfaßte mathematische und astronomische Studien; Regiomontan zog von Wien nach Nürnberg, da hier die Möglichkeiten für einen Mathematiker größer waren. Auch in Tübingen las der Humanist Nicodemus Frischlin über Astronomie; Jens: Eine deutsche Universität, S. 171. Kaufmanns These besagt, der Aufschwung von Mathematik und Astronomie habe sich unter dem Einfluß des Huma-

Prosodie, philologische und realienbezogene Fragen, und gaben darüber hinaus Hinweise zum eigenen Dichten. In der Konsequenz des imitatio-Prinzips umfaßte Poetik noch Text-Analyse und Anleitung zum Selbstproduzieren. Die Dichtung galt nicht als Objekt einer verstehenden Interpretation. Die Zweckfrage tauchte als prinzipielle Fragestellung gar nicht erst auf, denn sie war durch den Bezug zur eigenen Praxis, der die analysierte Dichtung das Muster hergab, von vornherein beantwortet. Gegenüber dem älteren Humanismus, dem die Verbindung von Mathematik und Poesie nicht ungewöhnlich war – Konrad Celtis lehrte ja beide Fächer in Wien –, brachte der jüngere Humanismus die Verselbständigung der Dichtkunst oder vielmehr deren engere und endlich ausschließliche Bindung an die Philologie. Textedition und praktizierte Dichtkunst ergänzten einander. Ein Signal für die Ablösung des scholastischen Paradigmas auch im Trivium ist die 1469 gehaltene Vorlesung des Magisters Wolfgang Hayden über die Rhetorik Ciceros (Rhetorica nova Ciceronis), die die bisher beherrschende Position des Boethius und des Aristoteles beeinträchtigte.[494] Die Darbietung der Ciceronischen Rhetorik durch den Magister Briccius Preporst verstärkte den Trend. 1475 standen Vorlesungen über Vergils »Bucolica« und »Aeneis« und die »Sermones« des Horaz auf dem Programm; 1478 Vergils »Georgica« und 1480 sogar zweimal dessen »Bucolica«, sowie eine Komödie des Terenz, 1481 die Oden des Horaz.[495] Unter der Regierung des humanistenfreundlichen Maximilian (1493–1519) gewann das humanistische Element an Einfluß: Es gab vier besoldete Professoren in der artistischen Fakultät – für Dichtkunst, Beredsamkeit, Mathematik und Astronomie.[496] Wanderhumanisten hielten mehrfach Vorträge über klassische Autoren,[497] über Eloquenz und Prosodie, etwa Celtis in den Jahren 1490 und 1492. Sie gaben den Anstoß für seine Berufung auf die Wiener Professur für Poetik und Rhetorik (1497).[498] Ab 1493 hielt der Magister Paulus Amaltheus Vorlesungen über Poetik und Rhetorik,[499] allerdings wegen schlechter Besoldung nur wenige Wochen.[500] Dagegen hielt seit 1493 Johann Spiesshaimer, gen. Cuspinianus, Vorlesungen über Poetik und Rhetorik, er aufgrund einer besseren Besoldung mit längerer Dauer. Zu den von ihm herangezogenen lateinischen Autoren gehörten neben Cicero und Sallust die Dichter Horaz, Vergil und

nismus vollzogen, habe einen Teil der humanistischen Bewegung gebildet. Kristeller geht dagegen von der Trennung der studia humanitatis und der Scholastik aus und sieht die Tradition von Naturwissenschaft und Mathematik in der mittelalterlichen Scholastik begründet. Festzuhalten bleibt jedoch, daß der Einfluß, den der Humanismus auf Mathematik und Naturwissenschaft ausgeübt hat, in jedem Fall erweckend und fördernd gewesen ist. Er stellte die Schriften der antiken Naturphilosophen und Mathematiker zum großen Teil erst bereit, leistete also durch Aufbereitung der Texte wenigstens Handlangerdienste.

494 Kink: Geschichte, Bd. 1, S. 182 und S. 86 Anm. 95.

495 Ebd., Bd. 1, S. 182f.

496 Aschbach: Geschichte, Bd. 2, S. 86.

497 Ebd., Bd. 2, S. 49. 498 Ebd., Bd. 2, S. 56f., 62ff. 499 Ebd., S. 50.

500 Kink: Geschichte, Bd. 1, S. 196, 204.

Lucan.[501] Der venezianische Jurist Hieronymus Balbus, mit dem die Universität alsbald Streitigkeiten wegen seiner überhöhten Ansprüche hatte, lehrte neben dem römischen Recht vor allem über Vergil.[502] Celtis selbst lehrte außer Rhetorik und Poetik platonische Philosophie (nach Apuleius) und Geographie. Doch die eigentliche Wirkungsstätte für die Ausbreitung der auf Lektüre lateinischer und griechischer Originale beruhenden humanistischen Methode fand er erst in dem 1501 gegründeten Collegium poetarum et mathematicorum.[503] Es umfaßte die Lehrfächer Mathematik, Astronomie und Physik in einer unteren Abteilung. In der oberen Abteilung lehrte man Poetik und Rhetorik. Die gegenüber dem Betrieb der artistischen Fakultät umgekehrte Hierarchie ist für die humanistische Bewertungsskala symptomatisch. Die mit den verba befaßten ›Künste‹ stehen über den mit der Lehre der res beschäftigten ›Wissenschaften‹,[504] wobei eben gerade diese Trennung in Künste und Wissenschaften noch nicht existierte. Im übrigen bewahrte die in Wien gepflegte Personalunion des Mathematik- und Poesie-Unterrichts das Rhetorik- und Poesie-Studium vor dem Absinken in den von Erasmus verspotteten ciceronianischen Formalismus.[505] Die artistische Fakultät blieb im scholastischen Usus stecken; auch nach Celtis' Tod (1508), als das Collegium sich auflöste, wirkten die humanistischen Lehrer nicht regelmäßig an der Universität.[506] Als Auswirkung der Reformation verlor die Universität zunächst das Gros ihrer Studenten; kaum 50 waren übrig geblieben. Erst um die Mitte des Jahrhunderts erlebte die Wiener Universität, infolge der höheren Besoldung und der Aufhebung der Kollegiengelder, einen neuen Aufschwung. In dieser Zeit lehrten die Humanisten Angelus Cospus, Johann Riccutius und Joachim Vadian; zahlreiche humanistische Lehrer wechselten, wie vor Einzug des Humanismus, die Fakultät, und lehrten später Medizin, Jurisprudenz oder Theologie, andere übernahmen einträglichere Ämter außerhalb der Universität.[507] Das Reformstatut Ferdinands I. von 1537[508] verstärkte zwar wieder das dialektisch-

---

501 Aschbach: Geschichte, Bd. 2, S. 51.

502 Ebd., S. 52f.

503 Ebd., S. 65. Dazu A. Horawitz: Der Humanismus in Wien (1454–1545), in: Raumers Historisches Taschenbuch, Folge 6, Jg. 2 (1883), S. 139–200; Bradish: Der ›Erzhumanist‹ Celtes, S. 21–32; Kink: Geschichte, Bd. 1, S. 199ff.; Hasse: Die deutsche Renaissance, Bd. 1, S. 150f.; Burger: Renaissance, Humanismus, Reformation, S. 285f.

504 Aschbach: Geschichte, Bd. 2, S. 65.

505 Ebd., S. 84f.

506 Zur ersten Hälfte des 16. Jahrhunderts vgl. Aschbach: Geschichte, Bd. 3, S. 43–65. Reformgesetze vom 15. 9. 1537. Gelesen wurde um 1550, wie die Besoldungsliste zeigt, über lateinische Grammatik, griechische Grammatik, hebräische Grammatik, Dialektik, Aristotelisches Organon, Rhetorik, Historie, Poesie (Terenz, Vergil), Arithmetik, Astronomie, Physik des Aristoteles, Ethik; der Lehrplan von 1450 war dagegen noch rein scholastisch; vgl. Bd. 1, S. 352. Rhetorik wurde nach Aristoteles, Cicero und Quintilian gelehrt; Poesie nach Vergil, Ovid, Horaz, Terenz, Lukan, Valerius Flaccus, Papinius Statius; ebd., Bd. 3, S. 46ff.

507 Aschbach: Geschichte, Bd. 2, S. 87ff.

508 Kink: Geschichte, Bd. 2, S. 342–368.

philosophische Moment innerhalb des Artistenkurses, kannte daneben jedoch auch die Pflege der antiken Autoren nach den humanistischen Prinzipien.[509] Neu und durchaus im humanistischen Sinne war die Errichtung einer Professur für Geschichte (Lectura Historia).[510] Für das Fach Poetik war die Lektüre von Vergil, Ovid, Horaz, Terenz, Lucan, Valerius Flaccus, Papinius Statius angeordnet. Poetik stand den Ferdinandeischen Gesetzen zufolge in einer Reihe mit den Fächern lateinische und griechische Sprache bzw. Grammatik, Hebräisch, Dialektik, Rhetorik, Geschichte, Mathematik und praktische Philosophie (Natur- und Moralphilosophie). Diese neun Fächer zusammen bildeten den Verbund der artistischen Fakultät.[511] Die Wiederaufnahme des Brauches der Dichterkrönung trug zwar für die Poesie selbst keine Früchte, doch stellte sie ein Indiz dar für die Neubelebung der humanistischen Prinzipien an der Universität Wien.[512] Nicht die Scholastik bedeutete nun die Hauptgefahr für den Humanismus; es waren die exakten, ebenfalls von den Artisten gepflegten Wissenschaften, von denen aus die Gegenposition gegen den Humanismus und die Scholastik aufgebaut wurde,[513] ferner die Jurisprudenz und die Medizin mit ihren fachübergreifenden lebenspraktischen Interessen. Auf den Naturwissenschaften und der Mathematik beruhte das neue Wissenschaftsmodell des 17. und 18. Jahrhunderts, das auf die restlichen artistischen Lehrfächer rückwirkte. Vom Naturrecht und seinen Konsequenzen leiteten sich die ›politischen‹ Implikationen des neuen Modells her.

An den *anderen deutschen Universitäten* sah die Situation bis zur Reformation im Prinzip ähnlich aus. Wo sie Wien in der Aufnahme humanistischer Gedanken folgten, blieb der Verbund von Rhetorik und Poesie in der Lehre erhalten. Allerdings eine Regelkombination von Poesie und Rhetorik gab es nicht; auch ›Rhetorik‹ wurde ja mit ›Historie‹ oder mit dem Unterricht der klassischen Sprachen vielfach kombiniert.[514] Im übrigen gewährleistete das Prinzip der sogen. ›walzenden‹ Vorlesungen – die verschiedenen Fächer wurden in einem bestimmten Turnus von allen Professoren gelehrt – von vornherein eine positive Fluktuation.[515]

---

[509] Zum Latein, zum Griechischen, Hebräischen und zur Rhetorik s. Aschbach: Geschichte, Bd. 3, S. 45f.

[510] Lektüre waren die Historiker Sallust, Caesar, Livius, Tacitus, Curtius, Valerius Maximus, Vitruvius, Frontinus; Aschbach: Geschichte, Bd. 3, S. 46.

[511] Aschbach: Geschichte, Bd. 3, S. 45ff.; zur sozialen Geltung vgl. die Besoldungstabelle S. 50 Anm. 1; auch Kink: Geschichte, Bd. 1, S. 166.

[512] Aschbach: Geschichte, Bd. 3, S. 60ff.

[513] Ebd., S. 63: Mathematik und Naturwissenschaften.

[514] Barner: Barockrhetorik, S. 417. Prinzipiell zu den Universitäten Paulsen: Geschichte, Bd. 1, S. 126–150; Kaemmel: Geschichte, S. 251–314.

[515] Tholuck: Das akademische Leben, Bd. 1, S. 58f. Rungius wurde zuerst Professor Poeseos in Greifswald, dann Professor für Theologie und Hebraistik; Conring, philosophiae et medicinae doctor, bittet 1636 um eine Stelle in der medizinischen Fakultät; Melanchthon gar verband theologische, medizinische und juristische Fächer in seiner Position; Paulsen: Geschichte, Bd. 1, S. 224. So lehrte Melanchthon Rhetorik, Dialektik, Physik, Ethik, Geschichte, griechische Grammatik, Erklärung griechischer und lateinischer Autoren, kirchlicher und weltlicher (Homer, Demosthenes, Sophokles, Euripides, Thu-

In *Freiburg* wurde 1471 der Magister Heinrich Gundelfinger Professor für Rede- und Dichtkunst (mit dem Gehalt von 24 Gulden);[516] er behielt die Stelle bis zu seinem Übertritt (1481) in die theologische Fakultät.[517] Seine Nachfolger waren Johann Lunson und Gabriel Münzthaler; dieser hielt ab 1499 vorübergehend juristische und ›poetologische‹ Vorlesungen, bis er 1500 ganz in die Juristenfakultät überwechselte und die Poesie Ulrich Zasius überließ. Zasius wechselte ebenfalls, bereits 1503 zur Juristenfakultät,[518] sein Nachfolger wurde der bekannte Jakob Locher Philomusus, einer der als Philologe und Dichter hervorragendsten Humanisten.[519] 1506 ging Locher nach zahlreichen Streitigkeiten mit den Kollegen und den elsäßischen Humanisten nach Ingolstadt. Auch bei seinen Nachfolgern war das Überwechseln in eine der höheren Fakultäten keine Ausnahme.[520] Auch nach der Reformation blieb die Poesie im Verbund mit Grammatik, d. h. Sprachenlehre, Rhetorik und Geschichte.[521]

In *Tübingen*, wo der poeta laureatus Heinrich Bebel den Humanismus auf der 1496 von Graf Eberhard errichteten Lektur für Dicht- und Redekunst vertrat,[522] wurde die Artistenfakultät 1544 durch Herzog Ulrich aufgewertet. Auch hier wechselten noch im 18. Jahrhundert Professoren von der artistischen in eine der höheren Fakultäten über, z. B. Israel Gottlieb Conz (1689–1753), der 1733 ordentlicher Professor für Beredsamkeit und Dichtkunst wurde, 1734 Logik und Metaphysik lehrte und 1739 eine Theologieprofessur übernahm.[523] In *Ingolstadt* standen gegen Ende des 15. Jahrhunderts die Poesie, aber auch Mathematik,

---

kydides), hebräische Autoren, Altes Testament. In Tübingen lehrte er Mathematik, Astronomie, Theologie, Geschichte, Jurisprudenz und Medizin; Kaemmel: Geschichte, S. 277.

516 Schreiber: Geschichte, Bd. 1, S. 68.

517 Ebd., S. 69.

518 Ebd., S. 70; Hasse: Die deutsche Renaissance, Bd. 1, S. 159.

519 Zu Locher vgl. Schreiber: Geschichte, S. 70–81; Heidloff: Untersuchungen; vgl. Anm. 480.

520 Bei Pius Hieronymus Baldung und bei Kaspar Baldung; Schreiber: Geschichte, Bd. 1, S. 82ff.

521 Schreiber: Geschichte, Bd. 2, S. 157–217. Heinrich Loriti gen. Glareanus war 1529 Professor für Dichtkunst, hernach für Mathematik, mathematische Geographie und Musik; Münzthaler lehrte Jurisprudenz, Rhetorik und Poesie; Apollinaris Burkhart von Heitersheim, eigentlich cin Mediziner, lehrte von 1563 bis 65 Poesie, Jakob Bosch von 1565 bis 68; aushilfsweise Jodocus Lorichius; 1579 wurde der Lehrstuhl für Poesie Nikodemus Frischlin angeboten, der jedoch dem Ruf nicht Folge leistete. Darauf wurde der Lehrstuhl für Poetik eingestellt und die Poetik unter dem Namen der Humanität der Vorbereitungsklasse zugeordnet. 1585 ging der Lehrstuhl an Joachim Rosalechius, 1595–97 an Bernhard Moosmüller (dem späteren Rat beim Herzog von Bayern und bei Kaiser Ferdinand), 1597 an Johann Fautsch, 1608 an Johann Thuilus, 1612–20 an Erhard Brenzinger als Doktor der Rechte und ›Professor Humanitatis‹; außerdem war 1612 Georg Nicolasius Professor für Poesie, später auch für Rhetorik, griechische Sprache und Geschichte; Joseph Langius wurde 1604 Professor für Rhetorik (und Griechisch), seit 1611 Professor für Mathematik und Griechisch.

522 Kaemmel: Geschichte, S. 274f.

523 Bök: Geschichte, S. 169; zum Rhetorik-Lehrstuhl s. Barner: Barockrhetorik, S. 387–447.

Griechisch und Hebräisch außerhalb des artistischen Lehrbetriebs; aber rund 100 Jahre später gehörten auch sie zu den regulären acht, von den Artisten vertretenen Fächern: »Jetzt haben die artisten noch 8 lectiones, als nemblich ethicam, mathematicam, dialecticam, orationam, poesin, graecam, hebraeam und paedagogiam.«[524] Von hin und wieder auftauchenden Legitimationsschwierigkeiten einzelner artistischer Fächer unter der jesuitischen Leitung zeugt ein Gutachten Erasmus Fends von 1585. Er führt gegen die vorgebrachten Einwände u. a. aus:

> »Dann das die drej lectiones, dialecticae, poeseos et humanitatis, item darzue lectio linguae graecae, gar abzeschaffen seyen, das ist ie und almaln der hochen schuel nit allein für ublständig und unrüemlich, sondern auch für nachteilig gehalten, ja auch von den patribus de Societate nie dahin gemeint worden, das sy gar aus dem wege geraumbt werden und vaciern sollen. Gleichwol hetten sy gern gesechen, das man dieselben publice in academia nit, sonder nur bei inen und in irem collegio läse. Dawider ist aber eingefallen und bedacht, das dardurch nit ein geringer thail scholarn solcher lectionen entrathen müeste, weil ja gewiß unnd unvernainlich, das auch den jungen juristen vom adl und andern studiosen dieselben, voraus dialectica, höchst von nötten, die andern gleichsfals auch wolständig und tauglich send [...]«[525]

In einem wenige Zeit später (1600) vorgelegten Gutachten zur Reform der Artistenfakultät wird denn auch die Unverzichtbarkeit der humanistischen Fächer betont: »In facultate artium necessarij sunt professores physicae, logicae, mathematices, historiarum, eloquentiae, linguae graecae et hebraicae, et poesios.« Die vorgeschlagene Ordnung sieht daher folgenden Lehrverbund vor: »Potest artista aliquis docere historias et ethica ac politica simul, eloquentiam et graecam linguam simul, poesin et mathematica simul, et artistarum non solent ita magna esse stipendia.«[526] Auch hier begegnet die besonders von Wien her bekannte, aber auch in Freiburg anzutreffende Verbindung von Poesie und Mathematik.

In *Wittenberg* erhielt 1536 die philosophische Fakultät Professuren für zehn Fächer: Grammatik, Dialektik, Rhetorik, Physik, Moral, Poetik, Griechisch, Mathematik (2), Hebräisch.[527] *Leipzigs* Artistenfakultät hatte 1539 sieben Professuren und sechs Lektorate für dieselben Fächer außer Hebräisch.[528] Der Humanis-

---

524 Seifert: Die Universität Ingolstadt, S. 342; Note vom Februar 1576.

525 Gegengutachten Erasmus Fends vom 21. Februar 1585; Seifert: Die Universität Ingolstadt, S. 380.

526 Ebd., S. 502f.; vgl. Prantl: Geschichte, Bd. 2, S. 347.

527 Mertz: Das Schulwesen, S. 206f.; Barth: Der gelehrte Unterricht, S. 240. Wer Baccalaureus werden wollte, mußte Dialektik, Rhetorik und Poetik studieren, sowie sich in Mathematik und Physik Kenntnisse verschaffen, nach der von Melanchthon 1545 revidierten Ordnung »Leges Academiae Vitenbergensis de studiis et moribus auditorum« und »leges collegii facultatis artium, quas Philosophia continet«; CR X, S. 992ff., 1008ff. Für das Magisterium war die Kenntnis der griechischen Sprache, der Physik und Ethik des Aristoteles nach den Urtexten, der Mathematik und Astronomie die Voraussetzung. Vgl. auch zum Verhältnis Luthers zu den Universitäten Paulsen: Geschichte, Bd. 1, S. 184ff.; zur Universitäts-Reform ebd., S. 209ff. und zu Melanchthons Lehrtätigkeit und zum Wittenberger Lektionsplan von 1560, ebd., S. 224f.

528 Barth: Der gelehrte Unterricht, S. 240.

mus war seit dem Niedergang der Universität Erfurt[529] in das religiös motivierte Programm der protestantischen Universitäten integriert; die Fächerkombinationen standen innerhalb der Fakultät frei. In späterer Zeit werden die Lehrstühle exakter nach Kompetenzen getrennt. Die philosophische (!) Fakultät der Universität Leipzig (gegründet 1409) kennt vom 16. bis zum 18. Jahrhundert die Lehrstühle für

1. Dialektik und Metaphysik (von Anfang an)
2. Eloquentia / Beredsamkeit (seit 1685)
3. Historia / Geschichte (von Anfang an)
4. Poesie / Dichtkunst (seit 1691)
5. Physik (von Anfang an)
6. griechische und lateinische Sprache (von Anfang an)
7. Moral und Politik
8. Organon Aristotelis oder Logik (von Anfang an)
9. Mathematik (von Anfang an).[530]

Der humanistischen Bewegung sind die Rhetorik-, Poesie- und Moralphilosophie-Lehrstühle zu verdanken. Unter den sieben von Schulze aufgeführten Poetik-Professoren hat noch einer, Friedrich Menz, den Wechsel zu einem anderen Fach vorgenommen: 1739 übernahm er den Lehrstuhl für Physik. Alles in allem blieb die für das mittelalterliche Universitätsleben symptomatische Mobilität erstaunlich lange gewahrt; die Wechsel von einem Fach zum andern begegnen nicht nur innerhalb der relativ heterogenen artistischen bzw. philosophischen Fakultät, sondern auch zwischen den Fakultäten selbst.[531]

Der ›gelehrte‹ Kontext, in dem Poesie an Universitäten und Schulen vermittelt wurde, ist aus *Johann Heinrich Alsteds* »Encyclopaedia«, einem Standardwerk von 1630, ersichtlich. Alsted kennt sieben Oberrubriken, die sowohl von der mittelalterlichen Einteilung als auch von der spezielleren humanistischen Gliederung abweichen. Die »praecognita disciplinarum« (1) enthält »Hexilogia, Techno-

---

529 Kampschulte: Die Universität Erfurt, Bd. 2, S. 106ff.; bes. Krause: Helius Eobanus Hessus (1879).

530 Schulze: Abriß, S. 39–49; s. Paulsen: Geschichte, Bd. 1, S. 233ff.

531 Z. B. wurde 1782 Christian A. Clodius, der Professor für Aristotelisches Organon und Logik auch Professor für Poesie; nach seinem Tod wurde der Professor für griechische und lateinische Sprache, Friedrich Wolfgang Reiz, sein Nachfolger als Professor der Poesie; sein Nachfolger wieder wurde der Professor für Moral und Politik, Johann Georg Eck; 1750 wurde der Professor für griechische und lateinische Sprache, Johann Heinrich Winckler, Professor für Physik, 1710 wurde der Professor für Physik, Johann Cyprian, Professor für Theologie, und 1801 noch wurde der Professor für griechische und lateinische Sprache, Christian Daniel Beck, Professor der Eloquenz; der Professor für griechische und lateinische Sprache, Gottfried Olearius, wurde 1708 Professor für Theologie; denselben Fachwechsel unternahm 1782 Samuel Friedrich Nathan Morus; der Professor für Moral und Politik, Christian Friedrich Börner, wurde 1708 Professor für griechische und lateinische Sprache und 1713 Professor für Theologie; der Professor für Moral und Politik, Johann Christian Schelle, wurde Professor für öffentliches Recht; Schulze: Abriß, S. 42ff.

logia, Archelogia, Didactica«, die Philologia besteht aus »Lexica, Grammatica, Rhetorica, Logica, Oratoria, Poetica«; die Philosophia theoretica aus »Metaphysica, Pneumatica, Physica, Arithmetica, Geometria, Cosmographia, Uranometria, Geographia, Optica, Musica«; die Philosophia practica aus »Ethica, Oeconomica, Politica, Scholastica«; die »tres superiores facultates« wie üblich aus »Theologia, Jurisprudentia, Medicina«; die Artes mechanicae aus »Artes mechanicae in genere, artes mechanicae mathematicae, artes mechanicae physicae«; die »Farragines disciplinarum« schließlich aus »Mnemonica, Historica, Chronologia, Architectonica, Quodlibetica«.[532]

Von diesen ›Wissenschaften‹ befaßte sich der ›gelehrte‹ Poet am ausgiebigsten mit der philologischen Gruppe. Inwieweit seine Sachkenntnis, seine Vertrautheit mit den anderen Wissenschaften philologisch vermittelt und demzufolge antiquarisch eingeschränkt war, wird die Analyse barocker ›gelehrter Poesie‹ zu erweisen suchen.

(2) Poesie in der Reformationspädagogik und an den Gelehrten-Schulen des protestantischen Deutschland

Charakteristisch für die Struktur des höheren Bildungswesens im 16. und 17. Jahrhundert wurde das Nebeneinanderbestehen städtischer Lateinschulen und landesfürstlicher Gelehrtenschulen.[533] Das für die protestantische Gelehrtenschule verbindliche Lehrprogramm wurde in der ersten Hälfte des 16. Jahrhunderts festgelegt und mit unwesentlichen Modifikationen das ganze 17. Jahrhundert beibehalten. Die Reformatoren, allen voran Melanchthon, hatten die humanistischen Lehrmethoden übernommen, sie allerdings theologisch motiviert. Was in den Schulprogrammen des 16. und 17. Jahrhunderts an humanistischen Ideen begegnet, darf nicht darüber hinwegtäuschen, daß es sich dabei nicht um den ›reinen‹ Humanismus der Wende des 15./16. Jahrhunderts handelt, sondern um einen den reformatorischen Ideen amalgamierten, um einen in den Dienst der Religion gestellten Humanismus.[534] Da er nur noch als Lehrmethode fungierte, nicht mehr die Ideale selbst bereithielt, kann die Veräußerlichung, der gerade seine Form anheimfiel, nicht verwundern. Den in seinem Zeichen entstandenen lateinischen Dichtungen seit der Reformation fehlt im allgemeinen der Impetus, der mancher früheren Humanistenpoesie zu eigen war.[535]

---

[532] Johann Heinrich Alsted: Encyclopaedia (1630), S. 1.

[533] Paulsen: Geschichte, Bd. 1, S. 318.

[534] Ebd., S. 209ff. Die Reformation veränderte den Gehalt des Humanismus im protestantischen Sinne, ›theologisierte‹ ihn, während er in Italien mit einer Säkularisationstendenz verknüpft war. Vgl. auch Kaemmel: Geschichte, S. 194f.

[535] Eine Ausnahme stellt Nikodemus Frischlin dar; er ist von den reformatorischen Tendenzen auch unberührt. Grundlegend Paulsen: Geschichte, Bd. 1, Kap. 5 Die Neubegründung des Gelehrtenschulwesens in den protestantischen Gebieten, S. 268ff., und Kap. 6 Gestalt und Unterrichtsbetrieb der protestantischen Schulen um 1580, S. 335ff.; ferner: Barner: Barockrhetorik, S. 258–321; Mertz: Das Schulwesen; Bender: Geschichte des

Luthers Stellung gegenüber der Beredsamkeit als einer ars rhetorica war bekanntlich eher ablehnend.[536] Auch wenn Luther 1523 in einem Brief an Eobanus Hessus seine Geistesverwandtschaft mit dem humanistischen Poeten betont und hinzufügt, die Jugend werde nur durch Poesie und Rhetorik für die Theologie geschickt, so zeigt gerade diese Zweckbestimmung den Charakter des bloßen Mittels, den Luther den spezifisch humanistischen Studien zuweist. Von eigentlicher Geistesverwandtschaft kann – trotz der Publikation dieses Briefs (und anderer) durch Hessus wohl nicht die Rede sein.[537] Mit dem Erziehungswesen hat sich Luther an zwei zentralen Stellen auseinandergesetzt und ein Programm für die mit der Reformation aus dem Geleise geratenen Schulen und Universitäten gestiftet.[538] In der Schrift »An den christlichen Adel deutscher Nation« von 1520 widmet er der Universitätenreform ein umfangreiches Kapitel. Die darin enthaltene Aristoteles-Polemik ist bekannt. Lediglich dessen formale Schriften über Logik, Rhetorik und Poetik will Luther beibehalten, ebenso die Rhetorik Ciceros.[539] Das Erlernen der klassischen Sprachen, denen er großen Wert beimißt, fungiert wieder bezeichnenderweise zum besseren Verständnis des Evangeliums, ist also religiös motiviert. Das kommt besonders in der zweiten Schrift, die der Reform der vom Niedergang bedrohten Schulen[540] gewidmet ist, und die Einrichtung einer protestantischen Bürgerschule propagiert,[541] zum Ausdruck. In diesem Schreiben »An die Burgermeyster und Radherrn allerley stedte ynn Deutschen landen« von 1524 heißt es:

»Ja sprichstu aber mal / ob man gleich sollt vndműste schulen haben / was ist vns aber nűtze / lateynisch / kriechisch / vnd ebreyisch zungen vnd / andere freye kűnste zu leren / kűnden wyr doch wol deutsch die Bibel vnd Gottis wort leren / die vns gnugsam ist zur selickeyt. Antwort. Ja ich weys leyder wol / das wyr deutschenműssen ymer bestien vnd tolle thier seyn vnd bleyben / wie vns denn die vmbligende lender nennen vnd wyr auch wol verdienen. Mich wundert aber / warumb wyr nicht auch ein mal sagen / Was sollen vns seyden / wein / wűrtze / vnd der frembden auslendischen ware / so wyr doch selbs weyn / korn / wolle / flachs / holtz / vnd steyn ynn deutschen landen / nicht alleyn die fűlle haben zur narung / sondern auch die kűr vnd wal zu ehren vnd schmuck? Die kűnste vnd sprachen die vns on schaden / ia grősser schmuck / nutz / ehre vnd frumen sind / beyde zur heyligen schrifft zuvverstehen vnd welltlich regiment zu fűren / wőllen wyr verachten /

Gelehrtenschulwesens, S. 1ff., bes. S. 33ff. und S. 73ff.; Heubaum: Geschichte des Deutschen Bildungswesens; Geschichte des humanistischen Schulwesens in Württemberg, Bd. 2, 1 und 2; die Programme selbst gesammelt bei Vormbaum: Evangelische Schulordnungen.

536 Barner: Barockrhetorik, S. 259f.; Kristeller: Humanismus und Renaissance, Bd. 1, S. 39; Schubert: Reformation und Humanismus, S. 7f.

537 Mertz: Das Schulwesen, S. 272.

538 Scheel: Luther und die Schule, S. 141–175; vgl. Paulsen: Geschichte, Bd. 1, S. 184ff.

539 Luther: An den christlichen Adel. Kap. 25, S. 99–102; vgl. Mertz: Das Schulwesen, S. 259 zu Luthers Einschätzung von Dialektik und Rhetorik.

540 Dazu Müller: Quellenschriften, S. 377f.

541 Martin Luther: An die Burgermeyster und Radherrn allerley stedte ynn Deutschen landen, in: Luthers Werke in Auswahl, Bd. 2, S. 442–464; dazu Scheel: Luther und die Schule, S. 175.

vnd der auslendischen ware die vns wider not noch nuͤtze sind / dazu vns schinden bis auff den grat / der woͤllen wyr nicht geratten / heyssen das nicht billich deutsche narren vnd bestien.«[542]

Ohne Kenntnis der Sprachen ist eine Auslegung des Evangeliums nicht möglich. Doch auch wegen des weltlichen Regiments muß die schulische Erziehung intakt bleiben; erforderlich sind zum Regieren Geschichtskenntnisse und zum Hausstandführen Kenntnisse in den Künsten.[543]

»Ich rede fur mich / Wenn ich kinder hette vnd vermoͤchts / Sie muͤsten mir nicht alleyne die sprachen vnd historien hoͤren / sondern auch singen / vnd die musica mit der gantzen mathematica lernen. Denn was ist dis alles / denn eyttel kinder spiel? darynnen die Kriechen yhre kinder vor zeytten zogen / da durch doch wunder geschickte leut aus worden zu allerley hernach tuͤchtig. Ja wie leyd ist mirs itzt / das ich nicht mehr Poeten vnd historien gelesen habe / vnd mich auch die selben niemand gelernt hat. Habe dafur muͤst lesen des teuffels dreck / die Philosophos vnd Sophisten mit grosser kost / erbeyt / vnd schaden / das ich gnug habe dran aus zufegen.«[544]

Schließlich erleichtert die Beherrschung des Lateins auch den internationalen Verkehr – ein gerade für Kaufleute wichtiges Argument: »Die Sprachen, sonderlich die Lateinische, wissen, ist allen nütze, auch Krieges- und Kaufleuten, auf daß sie mit fremden Nationen sich bereden und mit ihnen umgehen können, ohne Dolmetscher.«[545] Luther empfiehlt die Errichtung von Bibliotheken, in denen nicht die scholastischen Schriften der Juristen, Theologen, Philosophen und Mönche gesammelt werden sollten, sondern »rechtschaffene buͤcher«.

»Erstlich sollt die heylige schrifft beyde auff Lateinisch / Kriechisch / Ebreisch / vnd Deutsch / vnd ob sie noch ynn mehr sprachen were / drynnen seyn. Darnach die besten ausleger vnd die Elltisten beyde Kriechisch / Ebreysch / vnd Lateinisch / wo ich sie finden kuͤnde. Darnach solche buͤcher / die zu den sprachen zu lernen dienen / alls die Poeten vnd Oratores / nicht angesehen ob sie Heyden odder Christen weren / Kriechisch odder Lateinisch. Denn aus solchen mus man die Grammatica lernen.«[546]

Melanchthon war durch seinen wissenschaftlichen Werdegang eigentlich zum Humanisten prädestiniert. In seiner Jugend rühmt er die eloquentia, die dicendi artes »quae in speciem nihil profitentur eius modi, cui vulgus adplaudat, caeterum utilitate facile res humanas omnes vicerint.«[547] Weniger rigoros als Luther verwirft

---

542 Ebd., S. 449f.

543 Ebd., S. 457 Luther argumentiert, die Geschichtskenntnis ersetze weitgehend eigene Erfahrung. »Die zucht aber die man daheyme on solche schulen fur nimpt / die will vns weyse machen durch eygen erfarung / ehe das geschicht / so sind wyr hundert mal tod / vnd haben vnser lebenlang alles vnbedechtig gehandelt / denn zu eygener erfarung gehört viel zeyt.«

544 Ebd., S. 458.

545 Luther: Sämtliche Schriften, Bd. 22, S. 2238; vgl. Bd. 10, S. 502. Vgl. Müller: Quellenschriften, S. 280.

546 Luther: An die Burgermeyster, in: Luthers Werke, Bd. 2, S. 462.

547 Melanchthon: Encomium eloquentiae (1522), in: Corpus Reformatorum. Bd. 11, S. 50–66, hier S. 50; vgl. Barth: Der gelehrte Unterricht, S. 231.

er von den Schriften des Aristoteles nur die Physik, Metaphysik und Ethik,[548] steht ihm sonst jedoch günstig gesonnen gegenüber.

> »Eruditam Philosophiam requiro, non illas cavillationes, quibus nullae res subsunt. Ideo dixi unum quoddam Philosophiae genus eligendum esse, quod quam minimum habeat Sophistices, et iustam methodum retineat: talis est Aristotelis doctrina.«[549]

Die Rhetorik wird von ihm in ganz anderem Maß als von Luther gefördert; für den Schulunterricht verfaßt er ein rhetorisches Lehrbuch.[550] In Übereinstimmung mit Ermolao Barbaro (gegen Pico della Mirandola) verficht Melanchthon die Unentbehrlichkeit der Rhetorik für alle Wissenschaften.[551] Echte Beredsamkeit setzt Sachkenntnis voraus. Die Lektüre von Rednern und Poeten dient dem Erlernen der Grammatik; die Poesie gilt als Teil der Rhetorik.[552] Das Beherrschen der Grundfähigkeiten ist die Voraussetzung für den Redner, dessen höchstes Ziel nicht in der eloquentia allein liegt.[553] Sein Ideal ist ebenfalls die sapiens et eloquens pietas oder pietas literata, wie es später Johannes Sturm formuliert hat.[554] Humanismus und Reformationsbewegung sind sich zwar einig in der Wendung gegen die Scholastik. Wenn die Reformatoren also humanistische Methoden aufgreifen und humanistische Lehrbücher benutzen,[555] so bedeutet das keine Vernachlässigung der für das Theologiestudium unerläßlichen Schulung der Dialektik, deren Pflege – nach den unverfälschten Schriften des Aristoteles – auch die Reformatoren empfehlen.[556] Luther und Melanchthon betonen mehrmals den Zusammenhang zwischen Dialektik und Rhetorik.

---

548 In der »Oratio Didymi«, vgl. Mertz: Das Schulwesen, S. 255f.

549 De philosophia, in: Corpus Reformatorum. Bd. 11, Nr. 38, S. 278–284, hier S. 282; vgl. Corpus Reformatorum, Bd. 13, Dialectica Ph. Melanthonis, S. 507–752, hier S. 656 »Aristotelica«.

550 De rhetorica libri tres. Wittenberg 1519; vgl. ferner die »Rhetorik«, die an die Dialektik angehängt ist, von 1542 (CR Bd. 9); »de utilitate studiorum eloquentiae, oratio Georgii Sabini, habita in Gymnasio Francofordensi, 1538 (CR Bd. 11, S. 364–373); »necessarias esse ad omne studiorum genus artes dicendi, sive encomium eloquentiae«, 1523 (CR Bd. 11, S. 50–66); »de cura recte loquendi«, 1557 (CR Bd. 11, S. 214f.); Elementorum Rhetorices libri duo recens recogniti ab autore (1546). Dazu Mertz: Das Schulwesen, S. 261ff.; Hartfelder: Philipp Melanchthon.

551 Breen: The Subordination, S. 13–28.

552 Prosodie (1529) als Teil der Grammatik aufgefaßte Anleitung zum Versemachen; Corpus Reformatorum Bd. 20, S. 379–390.

553 Zu Melanchthons Rednerideal Mertz: Das Schulwesen, S. 262; Hartfelder: Philipp Melanchthon, S. 178ff.; prinzipiell s. Melanchthons »Encomium eloquentiae«, das auch in den »Lateinischen Litteraturdenkmälern des XV. und XVI. Jahrhunderts«, Heft 4, S. 27–48, abgedruckt ist.

554 Sturm: De literarum ludis, Cap. 2, 10; bei Vormbaum: Evangelische Schulordnungen, Bd. 1, Beilagen I, 1, S. 653ff.; vgl. Mertz: Das Schulwesen, S. 146ff.; Barth: Der gelehrte Unterricht, S. 231; zum Verhältnis von Rhetorik und Dialektik s. Mertz, S. 259ff. »Fast alle Schulordnungen setzen als letztes Ziel des Unterrichts fest ›die weise und beredte Frömmigkeit‹.«

555 Zur Verwendung älterer humanistischer Lehrbücher an protestantischen Schulen Mertz: Das Schulwesen, S. 260.

556 Ebd., S. 259, mit Beispielen.

»Neque enim rhetorica citra dialecticorum usum commode tractari absolvique possunt. Non iam, quod omnes inter se cognatae sunt Cyclicae disciplinae, quam quod illis proprie cum ratione dialectica sic convenit, ut nihil certi, nihil firmi rhetores tradituri sint, si tollas e medio dialectica.«[557]

Zur imitatio empfiehlt Melanchthon an erster Stelle Poeten und Historiker: »Primi omnium sunt, ad quos cognoscendos invitatur iuventus, Poetae ac Historici.«[558] Melanchthons Hochschätzung der Poesie ist bekannt. Wer keine Poesie betrieben habe, äußert er gelegentlich, der krieche auf dem Boden und lasse das rechte Gewicht der Worte und die Gewalt der Redefiguren sowie einen gewissen Rhythmus vermissen. Wo man die Poesie zu verschmähen beginne, sei es um die ganze Gelehrsamkeit geschehen.

»Cudes autem et versiculos et solutam orationem: video enim putidiuscule dicere, quotquot poeticen non attigerunt, planeque humi repere, nec verborum pondus, aut ullam figurarum vim tenere. Iam cum asperas confragosasque compositiones multo sit facilimum in versibus deprehendere, fit, ut qui carmen condunt, de solutae orationis numeris rectius iudicent. Et haud scio an de literis omnibus actum sit, ubi poetice fastidiri coeperit.«[559]

Melanchthons Vorstellungen sind in die von ihm entworfene *Kursächsische Schulordnung* von *1528* eingegangen.[560] Die Klassenordnung sieht drei »hauffen« vor. In der ersten Gruppe wird Lesen gelernt und ein genügender Wortschatz erworben. In der zweiten wird Grammatik gelehrt. Sie besteht aus Etymologie, Syntax und Prosodie (!); Lehrbasis sind zunächst Sentenzen, dann Äsop-, Terenz- und Plautus-Texte.[561] Eigentliche Poetik ist der dritten Gruppe vorbehalten. Hier stehen Vergil, Ovid und Cicero auf dem Programm; zunächst noch für Grammatikübungen. Wenn die Schüler die Etymologie und die Syntax beherrschen, dann »sol man yhnen Metricam furlegen, dadurch sie gewenet werden, Vers zu machen, Denn die selbige vbung ist sehr fruchtbar, anderer schrifft zu uerstehen, Machet auch die knaben reich an worten, vnd zu vielen sachen geschickt.«[562] Danach folgt eine Stunde der Dialektik- und der Rhetorik-Übung. Die enge Verbindung von Grammatik, Dialektik und Rhetorik dient nicht einseitig formalen Zwecken. Melanchthon strebt im Unterricht ein Gleichgewicht von verba und res an.

---

557 Melanchthons Brief an Johann Schwertfeger vom März 1520, in: Corpus Reformatorum Bd. 1, Nr. 67, S. 152–154, hier S. 153.

558 Encomium eloquentiae, in: Corpus Reformatorum Bd. 11, S. 56.

559 Ebd., S. 61; vgl. Corpus Reformatorum Bd. 1, S. 783, Melanchthons Brief an Micyllus von 1526, wo er konstatiert, wer nicht die Poesie betrieben habe, der habe in keinem wissenschaftlichen Fach ein rechtes Urteil, und auch die Prosa derer, welche nicht von der poetischen Kunst einen Geschmack hätten, habe keine Kraft. Dazu Paulsen: Geschichte, Bd. 1, S. 207, und Barth: Der gelehrte Unterricht, S. 234.

560 Vormbaum: Evangelische Schulordnungen, Bd. 1, S. 1–8. Andere von Melanchthon beeinflußte Schulordnungen bei: K. Hartfelder: Melanchthoniana Paedagogica. Eine Ergänzung zu den Werken Melanchthons im Corpus Reformatorum. Gesammelt und erklärt von K. H. Leipzig 1892, S. 1–14.

561 Vormbaum: Evangelische Schulordnungen, Bd. 1, S. 6.

562 Ebd., S. 8.

Selbstverständlich läuft der gesamte Unterricht in lateinischer Sprache ab: »Es sollen auch die knaben dazu gehalten werden, das sie lateinisch reden, Vnd die schulmeister sollen selbs, so viel müglich, nichts denn lateinisch mit den knaben reden, dadurch sie auch zu solcher vbung gewonet und gereitzt werden.«[563]

Für die Gestaltung des protestantischen Schulunterrichts ist der von *Johannes Sturm* eingerichtete *Straßburger Lehrplan* von *1538* maßgeblich.[564] Er hat sich fast im ganzen protestantischen Deutschland durchgesetzt und war bis ins 17. Jahrhundert in Geltung.[565] In Sturms Schulprogramm erhält die eloquentia noch einen höheren Stellenwert als bei Melanchthon.[566] Konsequenterweise gewinnt die Poesie bei ihm ebenfalls verstärkte Bedeutung in der Unterrichtspraxis.[567] Neben den Reden sind auch artige, wohlkomponierte Gedichte zur Vorlesung zugelassen.[568] Im epochemachenden Schulplan von 1538 handeln mehrere der insgesamt 38 Kapitel von der Poesie. Die Studienzeit umfaßt 14 Jahre, sie dauert vom 7. bis ins 21. Lebensjahr (cap. 10). Der Plan sieht neun Klassen vor (cap. 12). Bereits in der neunten (= untersten) Klasse lesen die Schüler leichtere Briefe Ciceros, in der achten Klasse dazu die Eklogen Vergils; an ihnen wird die Skansion geübt. Die siebente Klasse beschäftigt sich zuerst mit den Dichtern. In der ersten Stunde des Tagespensums lernen die Schüler Silbenlängen und Versmaße. Die zweite Stunde sieht die Lektüre von Ciceros »de amicitia« und »de senectute« vor, die dritte handelt von poetischen Texten, besonders Vergils »Aeneis«, dann Catull, Tibull und Horaz (cap. 17). Stilübungen in Poesie und Prosa folgen. In der sechsten Klasse treten die Dichter Terenz und Plautus hinzu (ca. 20), in der fünften Vergils »Georgica« (cap. 21). Die vierte Klasse sieht nach Plutarchschem Muster Vergleiche zwischen Cicero und Demosthenes, Vergil und Homer vor (Griechisch wird ab der fünften Klasse gelernt). Das 30. Kapitel gibt detaillierte Auskunft über die für den Schulunterricht geeigneten Autoren. Die Aufstellung und Begründung ist für den protestantischen Unterricht symptomatisch.

> »Poetae excutiendi sunt, qui graves sunt et ad intelligendum difficiles, post bene perceptum Vergilium et Homerum: et quoniam multa sunt Poetarum genera, ab utiliori-

---

563 Ebd., S. 8; vgl. ebd., S. 5. »Erstlich sollen die schulmeister vleis ankeren, das sie die kinder allein lateinisch leren, *nicht deudsch* oder grekisch, oder ebreisch, wie etliche bisher gethan, die armen kinder mit solcher manchfeltickeit beschweren, die nicht allein vnfruchtbar, sondern auch schedlich ist.« Vgl. Müller: Quellenschriften, S. 379.

564 Paulsen: Geschichte, Bd. 1, S. 265ff.

565 »De literarum ludis recte aperiendis, liber Johannis Sturmii ad prudentissimos viros, ornatissimos homines, optimos cives, Jacobum Sturmium, Nicolaum Cripsium, Jacobum Meierum«; Mertz: Das Schulwesen, S. 146–151; dort, und auch in Barner: Barockrhetorik, S. 261 Anm. 14 zu weiteren Schriften Sturms. Zu Sturm insbes. Schmidt: La vie et les traveaux; Laas: Die Pädagogik; Sohm: Die Schule Johann Sturms; von Raumer: Geschichte der Pädagogik, Bd. 1, S. 218f., 243ff.; Matthias: Geschichte des deutschen Unterrichts, S. 21ff.; Laas: Der deutsche Unterricht, S. 22f.

566 Mertz: Das Schulwesen, S. 263.

567 Zum Lehrplan unter Sturm s. auch Paulsen: Geschichte, Bd. 1, S. 285.

568 Sturm: De literarum ludis, Cap. 37, in: Vormbaum: Evangelische Schulordnungen, Bd. 1, S. 676; vgl. Barth: Der gelehrte Unterricht, S. 234.

bus est incipiendum. Ovidius prope in omnibus facilis est, ideoque relinquendus bibliothecis, et legendus domi. Fastorum tamen libri et utilitatem habent et difficultatem. Metamorphosis legi omnino debet: at scholae curriculum impedit. Necessaria magis est Comicorum et Tragicorum Graecorum explicatio, sed non omnium vel Tragoediarum, vel Comoediarum, sed Comicorum et Tragicorum omnium. Sunt enim insignes, ut Euripides, Sophocles, Aeschylus. Aristophanem propter nubes et calumnias adversus optimum philosophum Socratem fictas atque conflatas de ludo eiicerem, nisi utilitas in eo tanta esset, ut cum optimis comparetur. Pindari hymni et Horatianae odae recte componuntur et leguntur. Idem de Vergilii Eclogis et Theocriti Idilliis statuo: sed Vergilius puerili ludo et inferiori ordini aptior est. Theocritus in hisce scholis collocandus. Praeterieram Hesiodum, qui cumprimis est legendus, neque male Homero succedit. Aratum mathematicis cum Dionysio relinquo. Lucretius philosopho dignus est, sed tamen concedimus illum ocio poetarum: est in illo vetustas verborum et sententiarum insignes formae sunt, cum de divinis ac naturalibus rebus agit: Multa habet quae vel oratorem deceant. Olim grammatici poetas interpretabantur: poetae vero tantum sua recitabant: nostra tempora requirunt, ut idem sit et grammaticus et poeta.«[569]

Die antiken Autoren dienen nicht nur als Autoritäten für formale Lateinbeherrschung;[570] sie sind zugleich die Vermittler realen Wissens (cap. 33). Die Verbindung von Sprach- und Sachkenntnis bezeugt Sturms Kollege Hieronymus Wolf in der zweiten Ausgabe der »deliberatio de Augustani Gymnasii instauratione« (1576): Latein und Griechisch zu verstehen, sei an sich noch keine Gelehrsamkeit, sondern lediglich Eingang und Vorhof. Immerhin lerne man zugleich mit den Worten manches Wissenswerte, vorausgesetzt man lese mit Aufmerksamkeit gute Autoren.[571]

Rhetorik und Dialektik stehen in Sturms Programm in enger Verbindung (cap. 25).[572] Poesie fungiert wie üblich als Unterabteilung der Rhetorik.[573] Abwechselnd erlernt man Grammatik, entnimmt Sentenzen und Redewendungen und holt Beispiele für Redeschmuck und Argumentation aus Dichtern, aus Rednern und Historikern.[574] Von einer textspezifischen Verschiedenheit dieser Genera ist keine Rede.

Die von *Valentin Trozendorf* entworfene *Goldberger Schulordnung* von *1546* schreibt für den Grammatikunterricht die Lektüre von Terenz, Plautus und Cicero

---

[569] Vormbaum: Evangelische Schulordnungen, Bd. 1, S. 672.

[570] Auch Sturms Lauinger Schulordnung von 1565 betont den Wert der Lektüre für die Spracherlernung. In: Vormbaum: Evangelische Schulordnungen, Bd. 1, Beilagen I 4, S. 723ff.

[571] Dazu das Kapitel über Lektüre bei Mertz: Das Schulwesen, S. 287–305, bes. S. 290f. Melanchthon bezeugt, er habe sich immer bemüht, Autoren vorzulegen, welche zugleich auch die Kenntnis der Dinge vermehren und zur Bereicherung der Rede am meisten beitragen. Corpus Reformatorum. Bd. 11, S. 112; vgl. ebd. S. 56ff., 235, 369; Bd. 12, S. 25 zu den Realkenntnissen und zum praktischen Nutzen.

[572] In der dritten Klasse wird die Rhetorik mit der Dialektik verbunden, »damit eine große Redefertigkeit erzielt wird. Die Regeln für die Dialektik sind aus Aristoteles, die Beispiele dafür aus den Autoren zu nehmen«. Mertz: Das Schulwesen, S. 149.

[573] Breslauer Schulordnung (1570), in: Vormbaum: Evangelische Schulordnungen, Bd. 1, Nr. 18, S. 184ff., hier S. 202.

[574] Bes. in den Kapiteln 15, 17, 20, 21, 25 und 26.

vor:[575] »Beineben auch lectiones aus Poeten, als Virgilio, etliche Bücher Ovidii, daß die Knaben auch die metrica begreifen, lernen Verße machen und reifen Vorrath in gutem Verstande erlangen.«[576] Genaueren Einblick in die Methode des Schulunterrichts verschafft die in der *kursächsischen Kirchenordnung* von *1580* enthaltene Schulordnung.[577] Die Praeceptores sollen den Knaben, »so sie auch wollen lernen Carmina schreiben«, »erstlich aus denen Poeten etliche versus stückweise zerlegen, und die Worte versetzen, nachmals von denen Knaben fordern, wie die Worte wiederum zusammen zu bringen, damit der versus recht und gantz sey. Alsdann auch ihnen eine *materiam* vorgeben, und wie sie vor sich selbst auch versus schreiben sollen, treulich weisen. Sie sollen auch die Knaben lehren, wie sie derer alten Poeten Carmina verändern, und auf eine andere Weise und Art machen sollen, dergestalt sie lernen werden, Epigrammata und Elegiaca carmina zu schreiben. Was nun die Knaben geschrieben, sollen die Praeceptores desselben Tages alsbald wiederum von ihnen fordern, damit die Knaben nicht unfleißig, noch die dazu verordneten Stunden verlohren und unnützlich angeleget werden.«[578]

Im 17. Jahrhundert bleiben der Lektürekanon und auch die von den Reformatoren eingeführten Methoden im wesentlichen unverändert.[579] Die *Herzoglich Sachsen-Coburg-Gothaische Schulordnung* von *1605* sieht Lektionen und Übungen in Theologie, Jurisprudenz, Medizin und Philosophie vor. Zur letzten rechnen traditionell Metaphysik, Physik, Mathematik, Geometrie, Astronomie und praktische Philosophie, nämlich Ethik, Politik und Ökonomie. Sprachen und »disciplinae instrumentariae« runden das Programm ab: »In disciplinis Instrumentariis explicentur Dialectica, sufficienter et accurate: Rhetorica, eleganter et ornate; Oratoria, eloquenter et copiose: Poetica, decenter et speciose.«[580] Bei dem engen Verbund von Rhetorik und Poesie, der Austauschbarkeit der Autoren zuläßt, sind die lateinischen Autoren je nach Schwierigkeitsgrad einerseits und nach Vorbildlichkeit andererseits ausgewählt. Obenan stehen Cicero und Vergil, dicht gefolgt

---

575 Die Goldberger Schulordnung von 1546 bei Vormbaum: Evangelische Schulordnungen, Bd. 1, Nr. 11, S. 54ff. Zu Trozendorf s. Matthias: Geschichte, S. 21ff.; Raumer: Geschichte der Pädagogik, Bd. 1, S. 213ff. Die Grammatik wird als »Mutter und Ernährerin der andern Künste« bezeichnet. Zur Bedeutung der Grammatik im Unterricht s. Mertz: Das Schulwesen, S. 269–275.

576 Vormbaum: Evangelische Schulordnungen, Bd. 1, S. 54. Zur Ulmer Gelehrtenschule des 16. Jahrhunderts s. Greiner: Geschichte, S. 29ff. Die oberste Klasse las Ciceros Briefe und »De officiis«, Vergil und Ovid. Die Breslauer Schulordnung von 1570 empfiehlt: »Wir nemen aber beydes Poetica vnd Oratoria studia, Graeca vnd Latina, wie auch Cicero seinem Son befihlet, so viel müglich ist, zusammen.« Vormbaum: Evangelische Schulordnungen, Bd. 1, Nr. 18, S. 202.

577 Schulordnung aus der Kursächsischen Kirchenordnung, 1580, in: Vormbaum: Evangelische Schulordnungen, Bd. 1, Nr. 21, S. 230ff.

578 Ebd., S. 285.

579 Vgl. Paulsen: Geschichte, Bd. 1, S. 351, bes. zum ›poetischen‹ Schulbetrieb S. 352ff.

580 Herzoglich Sachsen-Coburg-Gothaische Schulordnungen, 1605, in: Vormbaum: Evangelische Schulordnungen, Bd. 2, Nr. 1, S. 24.

von Terenz und Plautus.[581] Auf diese vier Autoren folgen Ovid, seltener Horaz und andere lateinische Klassiker. Von den neueren Dichtern sind erwähnt u. a. Eobanus Hessus, Sabinus, Stigellius, Prudentius; von den Historikern werden bevorzugt Livius, Sallust und Caesar gelesen; genannt werden noch Nepos, Justinus, Florus und Mela.[582] Von den Rhetorikern folgen auf Cicero Cornificius und Quintilian in deutlichem Abstand.[583] Daneben werden ›halb-poetische‹ Texte wie die Disticha Catonis und die Mimi Publiani (in der Ausgabe des Erasmus von 1515) gelesen, ferner die von Luther und Melanchthon gleichermaßen geschätzten Fabeln des Äsop (in der lateinischen Version des Phaedrus).

Der *Lehrplan des Gymnasiums von Beuthen (1614)* nennt folgende Schulautoren.

Quinta — Donatus

Quarta — Sententiae Ciceronis, Proverbia Salomonis

Tertia — Epistolae Ciceronis a Domino Sturmio selectae; Erasmi libellus de Civilitate Morum; Elementa Prosodiaca; Disticha Catonis; Stilübungen (Cicero, Vergil, Erasmus), Erlernen von Phrasen

Secunda — Epistolae Ciceronis ad Familiares; Terentius; Pleniora Prosodiae praecepta; narrationes Ciceronianae; Ciceronis Libri de Officiis; Bucolica Virgilii, vel Elegiae Ovidii; Sentenzen aus Cicero, Terentius, Vergil und Ovid.

Prima — Epistola Ciceronis; Commentarii C. Julii Caesaris; Cicero-Reden (Lex Manilia, pro Milone); Aeneis Virgiliana; Plutarchi Libellus de Puerorum Educatione; Exempel aus Reden und Briefen Ciceros, dann aus den Büchern Vergils und Caesars.[584]

Einige Schulordnungen sehen für manche Klassen eine Konzentrierung poetischer Texte vor. Die *landgräfliche Hessische Schulordnung* von *1618* nennt, bei insgesamt 8 Klassen (die achte ist die unterste Klasse), die vierte Klasse die ›poetische‹ und schreibt dieses Pensum vor:

»Die Vierte Class, sonst Poetica genandt.

1) Hat mit der vntersten Class gleichsfalß gemein 1. das Gebet, 2. den Catechismum, 3. die Sontägliche Lectionen, 4. die Music vnd die Arithmetic.
2) Die dieser Classen aber eigentlich vnd alleinig zustendige Lectionen sind diese: Daß man den Montag, Dienstag, Donnerstag vnd Freytag die Poetic vor mittags vmb 7 vnd 8 vhr Lesen vnd widerholen sol.
3) Nach mittag sol man auff abgesetzte Tage den Virgilium, Horatium, oder sonstet einen andern bewehrten vnd beruffenen Poeten, damit man auch alle halbe Jahr abwechseln kan, Lesen vnd erklären.

---

581 Zur Auswahl der Dichter-Texte vgl. Mertz: Das Schulwesen, S. 291ff., bes. S. 295–300. Für den Universitäts- und Gelehrtenschulunterricht standen zahlreiche Poetik-Anleitungen zur Verfügung: H. Bebels »Commentaria epistolarum conficiendarum« (1500), »Ars versificandi« (1506), Celtis' »Ars versificandi« (1486), Huttens »de arte versificandi liber unus heroico carmine« und Murmellius' »De verborum compositis, de verbis communibus et deponentibus«; dazu Kaemmel: Geschichte, S. 386ff.

582 Mertz: Das Schulwesen, S. 300.

583 Ebd., S. 301–305, zum folgenden S. 292f.; zur Stellung der Rhetorik im Lehrplan s. Barner: Barockrhetorik, S. 281–285.

584 Ordnung des Gymnasiums zu Beuthen, 1614, in: Vormbaum: Evangelische Schulordnungen, Bd. 2, Nr. 6, S. 114ff.

4) Mittwochen vnd Sonabends aber sollen die Exercitia styli oder Orationis also getrieben werden, daß sie entweder ein Poetisch Gedicht in eine schlechte gewöhnliche Rede, oder hingegen etwas in verse verwandeln, oder aufs geringste sich in wieder zurechtbringung der versetzten versen üben sollen.«[585]

Folge der Kriegswirren ist ein allgemeiner Abfall der Leistungsansprüche, wie sich in der *landgräflichen Hessischen Schulordnung* von 1656 deutlich zeigt.[586] Manches von dem, was in der Schulordnung von 1618 für die vierte Klasse vorgesehen war, wird um 1656 erst in der zweiten bzw. ersten Klasse durchgenommen.[587] Der lehrpraktische Verbund poetischer und oratorischer Texte geht aus dem *Gründungslehrplan des Heilbronner Gymnasiums* von *1620* hervor. In der 3. Klasse sind die »versus sententiosi ex Poetis varijs« eingestreut in die Lektüre der Cicerobriefe, der Komödien Frischlins, der griechischen Fabeln Äsops und des griechischen Neuen Testamentes. Die zweite Klasse behandelt systematisch die »Institutiones Catecheticae, Dialecticae, Rhetoricae et Oratoriae« und wählt Texte von Cicero (Oratio aut Epistolae), Vergil (»cum exercitio Poeseos«) und Isocrates (»Oratio Graeca«). In der ersten Klasse lesen die Schüler u.a. »Orationes Ciceronis, aut Justinum, aut per intervalla Plauti quandam fabulam. Isocratem ad Demonicum et Nicoclem, Hesiodum aut Homerum, Q. Horatium Flaccum« und haben »exercitia Styli non tantum hebdomadaria exquisitiora, sed etiam pro ratione auctorum et temporis extemporanea, in utrâque linguâ prosae et ligatae orationis.«[588] Die *Heilbronner Schulordnung* von *1675* sieht für die obersten drei Klassen das Erlernen der Prosodie vor.[589] An einem poetischen Text müssen die Schüler das erlernte Dicht-»Handwerk« demonstrieren:

»Aus dem Vergilio, welcher gleichfals wie anietzo von Cicerone gemeldet worden, tractirt wirdt, werden ad imitationem eiusdem materiae poëticae dictirt, welche mit phrasibus Virgilianis zu elaboriren. Mit den inferioribus werden die scansiones versuum, genera carminum et pedum secundum regiones et regulas prosodicas, vor die handt genommen, examinirt, undt, wenn die subiecta da seindt undt es die Zeit leiden mag, auch angewiesen, wie sie ex ligatâ prosam machen undt den poetischen Text paraphrasiren können.«[590]

Die protestantische Gelehrtenschule wandte sich tatsächlich – und der Intention ihrer Gründer entsprechend – an das städtische Bürgertum.[591] Die katholische Bevölkerung und sogar ein Großteil des protestantischen Adels besuchten in der

---

[585] Landgräflich Hessische Schulordnung, 1618, ebd., Bd. 2, Nr. 8, S. 186. Die Klassenordnung lautet: »Die 8. vnd vnterste Class. Siebende Class, sonst Etymologica genandt. Die Sechste Class, sonstet Syntactica genandt. Die Fünfte Class, sonst Lexicographa genandt. Die Vierte Class, sonst Poetica genandt. Die Dritte oder Grichische Class. Die andere oder Logische Class. Die Erste Class Rhetorica genandt.«
Die Breslauer Schulordnung von 1570 legt die Poesie hauptsächlich in die zweite Klasse. »In ihr befinden sich nur Schüler, welche Anlagen zur Poesie haben und studieren wollen. [...]« Zitiert nach Mertz: Das Schulwesen, Anhang: Die evangelischen Kirchen- und Schulordnungen im 16. Jahrhundert, S. 575.

[586] Landgräflich Hessische Schulordnung, 1656, in: Vormbaum: Evangelische Schulordnungen, Bd. 2, Nr. 23, S. 448–477.

[587] Vgl. ebd., die Tabelle, S. 457.

[588] Lang: Geschichte, S. 108f. [589] Ebd., S. 128. [590] Ebd., S. 131.

[591] Weitere Belege, v.a. zu Melanchthon und Sturm, bei Barner: Barockrhetorik, S. 368.

Regel diese Schulen (wie auch die protestantischen Universitäten) nicht.[592] In den *Jesuitenschulen* und den *Ritterakademien* sah die Situation im Prinzip wenig anders aus – mit charakteristischen Akzentverschiebungen bei der Funktionsbestimmung der eloquentia.[593] Die Poetik galt als Teil der Rhetorik; sie unterschied sich weniger von ihr, als daß sie, unter Hinzufügung der Metrik, die selben Regeln zur Verfertigung von Poesie angab.[594] Die poetischen Texte hatten im Unterricht, nach heutiger Einschätzung lediglich Hilfsfunktionen. In formaler Hinsicht dienten sie zum Erlernen der Grammatik und der Rhetorik (als Theorie), die beide als Voraussetzung der religiös und politisch motivierten Beredsamkeit (oratoria) galten. In materieller Hinsicht vermittelten auch die poetischen Texte Sachwissen. Dieses heute beinahe abwegige Motiv leuchtet bei Betrachtung der Poesien selbst viel unmittelbarer ein, als es weitschweifige Beschreibungen plausibel machen könnten. Die Poesie war einerseits lehrhafter, didaktischer; andererseits war sie mit Sachwissen in bewußter Weise beladen, z. T. beinahe überfrachtet. Schließlich muß die Buchmarktsituation berücksichtigt werden. Die heute so bestsellerträchtigen popularwissenschaftlichen Werke, die ›Sachbücher für den Laien‹, gab es im 16. und 17. Jahrhundert nicht. So konnte der Poesie die Aufgabe einer Wissensvermittlung über den engeren Gelehrtenzirkel hinaus um so leichter zufallen, als es gerade die strikte Trennung zwischen Dichtung als Fiktion und Sachbuch als Informationsquelle für Realien nicht gegeben hat. Eine weitere dem Poetikunterricht zugrundeliegende Maxime handelt vom pragmatischen Zweckcharakter aller Dichtkunst. Poesie muß anwendbar sein, sie muß einen lebenspraktischen Nutzwert haben. Der Einblick in die Lehrpraxis steht nicht als Selbstzweck. Er weist einerseits die Wirksamkeit der Poetik-Theorie im Hochschul- und im Schulunterricht nach, und stellt Hinweise für den Erfolg der Opitzschen ›Poesiereform‹ bereit. Denn die Opitzsche Reform war nichts anderes als die Übertragung der für die lateinische Poesie geltenden Prinzipien und Schulmethoden auf den Bereich der muttersprachlichen Dichtung.

---

592 Ausnahmen etwa gibt es bei der Universität Ingolstadt, Seifert: Die Universität Ingolstadt, S. 381: »Das dan auch ansechlicher guetter leuth khinder, so wol von catholischen als lutherischen orthen, daher geschickht werden [...]«; zu den Adeligen Barner: Barockrhetorik, S. 384ff.

593 Kayser: Der rhetorische Grundzug, in: Deutsche Barockforschung, S. 328.

594 Auch die Jesuitenschulen kennen das Primat des Lateinischen und die Ausrichtung am eloquentia-Ideal; Barner: Barockrhetorik, S. 321, zur humanistischen Basis S. 327–330. Jesuitische Studienordnungen in MG Paed. Bd. 2, 5, 9 und 16, für die Zeit von 1541 bis 1832. Vgl. auch P. Rosenthal: Die ›Erudition‹ in den Jesuitenschulen. Diss. Erlangen 1905; ferner Paulsen: Geschichte, Bd. 1, S. 413ff. Zur Gleichschaltung von Poesie und Rhetorik vgl. MG. Paed. Bd. 5, S. 404. Die humanistischen Bildungstendenzen finden sich auch an den Adelsschulen – für den protestantischen Adel – obgleich hier mit höfischer Akzentuierung (Scharfsinn, Eleganz): der Hofmann soll über humanistisches Wissen zwar verfügen, jedoch nicht in erster Linie humanista sein; Barner: Barockrhetorik, S. 367–386, bes. zu den Lehrplänen S. 378ff., 382ff. Entsprechend dem ›politischen‹ Hofmann-Ideal erhält der Realien-Unterricht einen stärkeren Akzent; zu den Ritterakademien auch Paulsen, Bd. 1, S. 501ff. Vgl. Friedrich: Die Entwicklung des Realienunterrichts, und Semel: Die Realienprogramme.

```
"","Inst. Volumen","GA - Eingang"
" 1/87","    7",""
" 2/87","   20",""
" 3/87","   71",""
" 4/87","  136",""
" 5/87","  238",""
" 6/87","  353",""
" 7/87","  410",""
" 8/87","  421","   7.2"
" 9/87","  519","   7.2"
"10/87","  674","   7.2"
"11/87","  832","   7.2"
"12/87","  931","   7.2"
" 1/88"," 1036","   7.2"
" 2/88"," 1255","   7.2"
" 3/88"," 1390","   9.3"
" 4/88"," 1537","  10.7"
" 5/88"," 1661","  12.8"
" 6/88"," 1766","  14.3"
" 7/88"," 1894","  15.2"
" 8/88"," 2056","  22.0"
" 9/88"," 2180","  26.8"
"10/88"," 2299","  32.7"
"11/88"," 2451","  40.5"
"12/88"," 2581","  43.0"
" 1/89"," 2698","  43.5"
" 2/89"," 2890","  42.2"
" 3/89"," 3080","  44.5"
" 4/89"," 3291","  43.0"
" 5/89"," 3549","  35.8"
" 6/89"," 3868","  37.8"
" 7/89"," 4103","  45.5"
" 8/89"," 4366","  51.5"
" 9/89"," 4579","  50.3"
```

II. ›Gelehrte Poesie‹ im Zeitalter des Barock

1. Gelehrtes Dichten in der Muttersprache: das Bildungsprogramm von Martin Opitz

1.1. Das Konzept muttersprachlicher Poesie

Welche Gründe es immer waren, daß zu Ende des Jahrhunderts die Verdienste Opitz' um die Inaugurierung einer deutschen Poesie voll anerkannt, die der Fruchtbringenden Gesellschaft und der übrigen Sprachgesellschaften verdrängt wurden – ob hier stärker soziale Motive hereinspielten,[1] oder ob der Vorbildcharakter des dichterischen Werkes ausschlaggebend war – fest steht, daß das von Opitz eingeführte theoretische Modell unangefochten die poetologische und die poetische Produktion beherrschte. Gemessen an dieser wirkungsgeschichtlichen Tatsache spielt es keine wesentliche Rolle, daß Opitz nicht der erste der Reformbemühten gewesen war.[2] Angesichts seines Erfolges – ein Verdienst des Literaturorganisators, nicht des Dichters allein[3] – verblaßt für die Zeitgenossen die Leistung der Psalmenübersetzungen Lobwassers und Melissus',[4] der Gedichte Theobald Hocks,[5] in denen der Umschlag in ›gelehrtes Dichten‹ und die Wendung gegen die bisher beliebte volkstümliche Dichtung am deutlichsten hervortritt. Das Hauptmotiv zur Etablierung einer deutschsprachigen Kunstdichtung lieferte der nationale Wettstreit.[6] Zunächst galt es, eine der französischen und italienischen Kunstdichtung gleichberechtigte Position zu erreichen, dann, sich mit den europäischen Vorbildern, den Dichtern der griechischen und lateinischen Antike, zu messen. Eine einheitliche Regelung der prosodischen Voraussetzungen war unumgänglich. Hock fragt:

---

[1] Etwa, daß die Fruchtbringende Gesellschaft vorwiegend aus Adeligen bestand, die Beurteiler dagegen (wie Morhof) dem akademischen Stand angehörten.

[2] Zu den voropitzschen Ansätzen Höpfner: Reformbestrebungen, S. 3–45.

[3] So schon Alewyn: Vorbarocker Klassizismus, S. 12.

[4] Die Psalmenübersetzung von Paul Melissus Schede stammt von 1572 und wurde durch die von Ambrosius Lobwasser, die ein Jahr später erschienen war, verdrängt. Rist beklagt, daß einige Unverständige die Lobwassersche Übersetzung über die Opitzsche stellen würden; Rist: Rettung, nicht pag.

[5] Theobald Hock (auch Hoeck): Schönes Blumenfeldt (1601). Kritische Textausgabe. Von Klaus Hanson. Bonn 1975.

[6] Zum Motiv des ›nationalen Wettstreits‹ bei den Humanisten s. Daube: Der Aufstieg, S. 16ff. mit Literaturhinweisen. Auch Rüdiger: Martin Opitz' Aristarchus, S. 145, 150.

»Warumb sollen wir den vnser Teutsche sprachen,
In gwisse Form vnd Gsatz nit auch mögen machen,
Vnd Deutsches Carmen schreiben,
Die Kunst zutreiben,
Bey Mann vnd Weiben.«[7]

Zur historischen Würdigung der Opitianischen Reform gehört die Analyse der voraufgehenden muttersprachlichen Bewegung. Das soll hier nicht im einzelnen weiterverfolgt werden. Die Verdienste der Reformatoren um die deutsche Sprache sind nicht pauschal beurteilbar. Die Bibelübersetzung als wichtigstes Dokument der neuen Hochsprache nahm in der deutschen Sprachentwicklung eine andere Stelle ein als Dantes »Divina Commedia« in der italienischen Sprachgeschichte.[8] Sie war ein religiös motiviertes Produkt, dessen Wirkweise im Laufe des 17. Jahrhunderts immer stärker den konfessionellen Tendenzen ausgeliefert war. Im Schulunterricht bekam die deutsche Sprache auch bei Luther nur einen untergeordneten Rang; in der ›Lateinschule‹ war für Deutsch ohnehin kein Platz vorhanden.[9] Die Tendenz zur Vernachlässigung des Deutschen begegnet verständlicherweise bei Melanchthon,[10] noch stärker ausgeprägt bei Sturm und Trozendorf.[11] Dieser verbot in der ›Goldberger Schulordnung‹ den Gebrauch der deutschen Sprache:

»Vernacula lingua uti ne audiuntor, sed sermonem latinum, cum praeceptoribus vel aequalibus vel aliis doctis loquentes, habento.«[12]

Dieses Gebot entspricht der von Melanchthon in der erwähnten Kursächsischen Schulordnung von 1528 ausgesprochenen Empfehlung und spiegelt die für den humanistischen Lehrbetrieb übliche Einstellung zur deutschen Sprache. Im Jahre 1529 bekundet Johannes Muschler in seiner Schrift »Von Schulzucht«:

»Es ist ein verkehrter Weg ohne Grund, daß man einen Knaben [...] am ersten in die deutschen Schulen schreiben und lesen lernen gehen läßt. [...] und es ist fast zu verwundern, was doch die Eltern dazu bewegt, so viel Fleiß auf das Deutsch zu verwenden, daß ihre Kinder vor lateinischer und griechischer Zunge das Deutsch zu lernen mit solcher Kraft befohlen werden, welches sie von Natur und ein jeder ungelehrter Laie von sich selber mit der Zeit gewöhnen, üben und reden lernen.«[13]

Der Unterschied zwischen den im nationalen Wettstreit befindlichen Humanisten und den Reformern zu Beginn des 17. Jahrhunderts bestand großteils im gewählten Sprachmedium. Das Interesse am nationalen Charakter, an der Geschichte, der Gelehrsamkeit und an der Durchsetzung eines humanistischen Tugendkodex

---

7 Hock: Schönes Blumenfeldt, in: Schöne (Hrsg.), Das Zeitalter des Barock, S. 3.
8 Zum Verhältnis Dantes zur italienischen Volkssprache Dantes Abhandlung »de vulgari eloquentia«. Dazu Daube: Der Aufstieg, S. 17; Buck: Renaissance und Barock, S. 56; Voigt: Die Wiederbelebung.
9 Matthias: Geschichte, S. 20.
10 Ebd., S. 21.
11 Zu Sturm und Trozendorf vgl. Kap. I, Anm. 565; vgl. Matthias: Geschichte, S. 21ff.
12 Vormbaum: Evangelische Schulordnungen, Bd. 1, S. 57.
13 Zit. nach Mertz: Das Schulwesen, S. 319.

war beiden Bewegungen gemeinsam. Deutlich zeigt sich die allgemeine Zielsetzung in der Satzung der Fruchtbringenden Gesellschaft.[14] Ihr oberstes Statut verlangt bekanntlich von den Mitgliedern ehrbares, nützliches und »ergetzliches« Verhalten und Handeln (»in worten und wercken«), und erst das zweite Statut sieht die Pflege der hochdeutschen Sprache vor.[15] Eine gemeinsame Tendenz vereinigte die überwiegend dem Adel und nur zum Teil dem gehobenen ›Bürgertum‹[16] entstammenden Mitglieder: die aristokratische Wendung gegen die volkstümliche Dichtung der Nicht-Gebildeten. Das reformatorische Engagement für die deutsche Sprache beschränkte sich auf die unteren Stufen des Grammatikunterrichts. Die in den Religionsauseinandersetzungen entstandenen Dichtungen gehörten alle zur Volksebene, verfolgten polemische, satirische oder didaktische Zwecke und erhoben keine poetischen Ansprüche. Gerade der Aufschwung der deutschen Poesie auf die internationale Höhe der Kunstpoesie war das erklärte Ziel der Sprachgesellschaften und einzelner ›Poeten‹, allen voran Martin Opitz'. Das Bündnis zwischen Ludwig von Anhalt-Köthen und Wolfgang Ratke (Ratichius) läßt sich aus Ludwigs übergeordneter Zielsetzung erklären: die angestrebte deutsche Kunstpoesie bedurfte einer vorausgehenden schulisch-pädagogischen Unterweisung in der deutschen Sprache. Wenn sich die umfassend angelegten Pläne auch zerschlugen,[17] so demonstriert dieser auch auf pädagogischem Sektor bekundete Organisationswille den realen Machtfaktor, den die fürstliche Institution der Fruchtbringenden Gesellschaft in den ersten Jahren ihres Bestandes innehatte. Wie aber das Schicksal aller ausschließlich der Organisation dienenden Institutionen ist, nach Beendigung ihrer unmittelbaren Wirkung nur nach dem Anteil des Übriggebliebenen beurteilt und demzufolge unterschätzt zu werden, so trat auch die Fruchtbringende Gesellschaft gänzlich hinter dem Ansehen des Martin Opitz zurück, der ein Theoriebuch und eine ganze Reihe der neuen Lehre entsprechender Poesien vorzuweisen hatte, die für die nächsten fünfzig Jahre unbestrittenen kanonischen Rang einnahmen. Worin lag nun die paradigmenbegründende Bedeutung von Opitz? Ludwig von Anhalt-Köthen hatte zwar nach dem Florentiner Vorbild der humanistischen ›Accademia della Crusca‹ »seine« Gesellschaft eingerichtet,[18] doch blieben die sprachreformatorischen Bemühungen ihrer Mitglieder zunächst kreisintern.[19] Diese Beschränkung der ohnehin schwerfällig und in sich nicht immer einigen Gesellschaft – die wichtigen gramma-

---

[14] Abgedruckt bei Neumark: Der Neu-Sprossende Palmbaum (1668) und Hille: Der Teutsche Palmbaum (1647). Dazu Otto: Die Sprachgesellschaften; Stoll: Sprachgesellschaften.

[15] Neumark: Der Neu-Sprossende Palmbaum, S. 25ff.

[16] Zur sozialen Struktur die späteren Ausführungen.

[17] Zur Verbindung Ratkes mit deutschen Höfen s. Weithase: Die Pflege, S. 649ff.; Matthias: Geschichte, S. 47f. Am Scheitern trägt Ratkes scharlatanhafter Charakter eher Schuld als Ludwig.

[18] Am 24. August 1617; Otto: Die Sprachgesellschaften, S. 15f.; Barthold: Geschichte der Fruchtbringenden Gesellschaft.

[19] Dazu Bircher: Sprachgesellschaften, Sozietäten, Dichtergruppen; Krause: Ertzschrein. Zur FG s. Otto, S. 14–33 mit Literaturangaben.

tischen und poetologischen Publikationen erschienen erst im Laufe der vierziger Jahre[20] – erleichterte die Durchsetzung der Opitzschen Prinzipien.[21] Opitz trat – nach den mehrjährigen Meinungsverschiedenheiten mit dem Fürsten Ludwig und mit Tobias Hübner[22] – zu einem Zeitpunkt in die Fruchtbringende Gesellschaft ein, als er in den übrigen maßgebenden Kreisen bereits Anerkennung gefunden hatte.

Von einer Opitianischen ›Reform‹ läßt sich im eigentlichen Sinne nicht sprechen. Was Opitz vorschwebte, war nicht das Wiedererreichen eines verloren gegangenen Zustandes, sondern die Übertragung der für die süd- und westeuropäischen Literaturen bereits etablierten Kunstprinzipien, die der lateinischen und griechischen Antike entnommen waren. Daß Opitz in der neulateinischen Umgebung sich nicht als »kühner Neuerer«, sondern eher als »Traditionalist« ausgenommen habe, hat schon Windfuhr festgestellt[23] und die »große Leistung« von Opitz eben in der »Anwendung humanistischer Dichtungs- und Stilvorstellungen auf die deutsche Sprache« erblickt. Opitz' Ziel war es, »eine Kunstdichtung in deutscher Sprache zu schaffen«.[24] Das Wesen seines propagierten Programms war die Übernahme des humanistisch-rhetorischen Gelehrsamkeitsparadigmas.[25] Da für beide, die latein- wie die deutschsprachige Kunstpoesie – Conrady hat es exemplarisch nachgewiesen – dieselben praecepta, Musterautoren und exempla galten, äußerte sich die Übernahme zunächst als Fortsetzung der »lateinischen Poesie in deutscher Sprache«[26] und zielte auf die Ablösung der volkstümlichen durch die humanistisch-gelehrte Tradition. Die gerade von Gelehrtenkreisen gegen das muttersprachliche Dichten vorgebrachten Einwände ließen sich historisch durch den Hinweis auf die Praxis des Auslands,[27] und von der Sache her durch die Betonung des gelehrt-›artistischen‹ Momentes auch in der muttersprach-

---

[20] Am wichtigsten von Christian Gueintz: Deutsche Rechtschreibung (1645) und von Justus Georg Schottel: Teutsche Vers- oder Reimkunst (1645).

[21] Trotz nicht verborgener Meinungsverschiedenheiten, etwa in der Frage der Akzentregel. Gervinus: Geschichte der Deutschen Dichtung, Bd. 3, S. 184, beurteilt richtig die von der FG geleistete Vorarbeit: »Durch adlige Empfehlung und fürstlichen Schutz konnte die neue Dichtung allein hinauf kommen.« Grundlegende Informationen über die FG bei Zöllner: Einrichtung und Verfassung.

[22] Szyrocki: Martin Opitz, S. 65ff.

[23] Windfuhr: Barocke Bildlichkeit, S. 10.

[24] Szyrocki: Martin Opitz, S. 19.

[25] Wehrli: Latein und Deutsch, S. 144. Auf die rhetorische Grundhaltung barocker Poesie wies außer Conrady: Lateinische Dichtungstradition, van Ingen: Vanitas, S. 47f., hin. Ebd., S. 28ff. zur Tradition des Verbunds von Poetik und Rhetorik. Zusammenfassend Gaede: Humanismus, S. 145. Vgl. auch Rüdiger: Martin Opitz' Aristarchus, S. 142ff.; Alewyn: Vorbarocker Klassizismus, S. 12, spricht von der »Nationalisierung der humanistischen Poesie«.

[26] Matthias: Geschichte, S. 47; so auch Grucker: Histoire des Doctrines littéraires, S. 180f. und Albertsen: Das Lehrgedicht, S. 81.

[27] Opitz weist im »Aristarchus« auf die muttersprachlichen Dichtungen Petrarcas, Ariosts, Tassos, Marots, Bartas', Ronsards und vor allem Heinsius' hin. Aristarchus ed. Witkowski, S. 97.

lichen Praxis beschwichtigen, wenn auch nicht gänzlich entkräften. Es gibt keinen angesehenen Barockpoeten, der die neulateinische Tradition nicht fortgeführt hätte.[28] Das Nebeneinander lateinischer und deutscher Dichtung konnte zumindest in den Anfängen so bruchlos verlaufen, weil die poetologischen Normen, denen sich die Dichter verpflichtet wußten, identisch waren. Erst im Laufe des 17. Jahrhunderts bahnte sich ein Absetzungsprozeß an, dessen Ziel die Abgrenzung beider Poesien nach sprachimmanenten Prinzipien war.[29] Von einer »Überwindung der lateinischen Tradition«[30] kann in der ersten Hälfte des 17. Jahrhunderts keine Rede sein – man möchte fast im Gegenteil behaupten, die römisch-antike Tradition habe sich durch Hinzugewinn eines neuen Sprachmediums gekräftigt. Tradition manifestiert sich ja in Inhalten, in Prinzipien und Mustern; sie bedarf der originalen Form nicht uneingeschränkt, um in die Breite und auf die Dauer zu wirken.[31] Die Behauptung Szyrockis ist daher verfehlt, für Opitz sei die deutsche Sprache »zur scharfen Waffe im Kampf gegen die latinisierte Kultur der herrschenden Schichten« geworden und »Volks- und Kirchenlieder« seien der »neuen deutschen Dichtung« vorausgegangen.[32] Wie der Überblick über den Schulunterricht gezeigt hat, spielte die deutsche Sprache (und erst recht die deutsche Poesie) an den Schulen keine Rolle. Opitz setzt weder das protestantische Kirchenlied des 16. Jahrhunderts noch die volkstümliche Dichtung fort. Seine Übernahme der humanistisch-rhetorischen Prinzipien für die deutsche Sprache wendet sich vielmehr gegen die Machart volkstümlicher Poesie. Der Einsatz für altdeutsche Sprachzeugnisse steht damit in keinem Widerspruch. Die Edition des Annoliedes wie auch die Arbeit an den dacischen Altertümern war das Werk eines Historiker-Philologen.[33] Als Poet hätte Opitz nicht daran gedacht, die Prinzipien der althochdeutschen Dichtung aufzugreifen. Ebenso schief ist Szyrockis Urteil,

---

[28] Dazu Forster: Fremdsprache und Muttersprache, S. 177–195; ferner: Wehrli: Latein und Deutsch; Conrady: Lateinische Dichtungstradition. Zum polyglotten humanistischen Standpunkt s. die Vorrede von Daniel Heinsius' »Nederduytsche Poemata« (1618), wo der Herausgeber Scriverus schreibt: Was derjenige, der nur die eigene Sprache kenne, schreibe, das bleibe wertlos und wirke sogar schädlich; nach Scholte: Grimmelshausen, S. 321. Die Sammlung panegyrischer Gelegenheitsgedichte auf Herzog August d. J. von Braunschweig und Lüneburg, »Arbustum vel Arboretum Augustaeum« von Martin Gosky, Wolfenbüttel 1650, enthält z. B. fünf Sechstel lateinische, ein Sechstel deutsche Poesie, vereinzelt französische, italienische, griechische und hebräische Gedichte; Wiedemann: Vorspiel der Anthologie, S. 15ff.; zum polyglotten Dichten niederländischer Poeten (Cats, Huygens) Huizinga: Holländische Kultur, S. 86ff.; grundsätzlich auch Wehrli: Dichten in fremden Sprachen.

[29] Nach den prosodischen Unterscheidungen durch Opitz selbst hat v. a. Schottel herausgearbeitet, daß für deutsche und lateinische Poesie andere syntaktische Regeln gelten. Schottel: Teutsche Sprachkunst (1641).

[30] Wentzlaff-Eggebert: Dichtung und Sprache, S. 12.

[31] Freilich tritt mit zunehmender Sprachferne auch eine Entfernung von den vermittelten Inhalten ein; das zeigt sich im Rahmen der vorwiegend aus hebräischen, griechischen und lateinischen Quellen sich rekrutierenden abendländischen Kultur.

[32] Szyrocki: Martin Opitz, S. 13; dazu auch Wehrli: Latein und Deutsch, S. 136.

[33] Gose: Dacia antiqua, S. 127–144.

trotz der Schwächung des Bürgertums und dem Erstarken des landesfürstlichen Absolutismus sei »die deutsche Dichtung im Kampf gegen die latinisierte Kultur der herrschenden Schichten erfolgreich« gewesen und habe »die Grundlagen für eine deutsche Nationalliteratur« geschaffen.[34] An der Zuordnung von latinisierter Kultur und herrschenden Schichten nimmt Wehrli mit gutem Grund Anstoß.[35] Sein Gegenargument, die »gelehrten neulateinischen Poeten und Schulmeister« seien kaum als »herrschende Klasse« (Szyrocki spricht vorsichtiger von »Schicht«) aufgetreten, und umgekehrt hätten »die herrschenden Klassen eher Französisch und Italienisch als Latein« gekonnt, trifft den Sachverhalt ebenfalls nur teilweise. Auch im Mittelalter war nicht jeder Lateinkundige automatisch Angehöriger der ›herrschenden Schicht‹ gewesen. Die Darlegung über den Gelehrtenstand der frühen Neuzeit hat die soziale Divergenz der gelehrten Berufe gezeigt. Zu den ›Herrschenden‹ gehörte am ehesten der Jurist oder der Theologe, am wenigsten der Absolvent des artistischen Studiums. Im 17. Jahrhundert hatte der Gelehrtenstand nicht mehr die privilegierte Stellung wie 200 Jahr zuvor. Das mit der Herausbildung des modernen Territorialstaates im Ansatz entstandene Berufsbeamtentum übernahm die leitenden Funktionen im Staat. In der ersten Hälfte des 17. Jahrhunderts bediente es sich vorwiegend der lateinischen Sprache als der Amtssprache – neben dem von Maximilian zur Amtssprache erhobenen *Deutsch*. Italienisch und Französisch sprachen zwar die Adeligen, die ein ausländisches Universitätsstudium absolviert hatten, die aufgrund verwandtschaftlicher Beziehungen eine lebende Fremdsprache pflegten oder die eine weniger humanistisch ausgerichtete Erziehung genossen hatten.[36] Der Haupteinwand, den ich gegen Szyrockis Formulierung vorbringen würde, richtet sich gegen ihre Pauschalität. Die von Szyrocki angesprochene »deutsche Dichtung« bekämpfte eben nicht die »latinisierte Kultur«, sie übernahm vielmehr deren tragende Prinzipien. Daß diese deutsche Kunstpoesie die »Grundlage für eine deutsche Nationalliteratur« geschaffen habe, ist in dieser Ausschließlichkeit eine unhaltbare Behauptung.[37] Wenn die »deutsche Nationalliteratur« den Bereich der im Bewußtsein *lebendigen* Dichtung meint, dann rechnet die von Opitz inaugurierte Dichtkunst nicht dazu. Wenn der Begriff jedoch auch die zum Entstehen einer deutschsprachigen ›Klassik‹ notwendigen Vorstufen umfaßt, dann läßt sich gegen Szyrockis These einwenden, die eigentliche neuere ›Nationalliteratur‹ sei im Absetzungsprozeß *gegen* die Opitianische Kunstpoesie entstanden. Herder griff ja auf die volkstümliche, voropitianische Tradition zurück. Eher trifft Wehrlis Befund, die Inkorporation

[34] Szyrocki: Martin Opitz, S. 13; vehementer noch die Formulierung S. 35f. »[...] den Kampf gegen das Diktat der herrschenden Klasse auf dem Gebiet der Literatur aufzunehmen und eine deutsche, nationale Dichtung anzubahnen.« Vgl. auch die andere Nuancierung in der Geschichte der deutschen Literatur 1600–1700, S. 36.

[35] Wehrli: Latein und Deutsch, S. 136.

[36] Allerdings kamen die Adelsschulen und Ritterakademien erst im Lauf des 17. Jahrhunderts auf; s. Debitsch: Die staatsbürgerliche Erziehung an den deutschen Ritterakademien; Barner: Barockrhetorik, S. 377ff.

[37] Wehrli: Latein und Deutsch, S. 144.

der humanistisch-rhetorischen Kategorien in die Volkssprache hätte die lateinische Dichtung »im Grunde gegenstandslos« gemacht[38] – obwohl die poetische Praxis der gelehrten Poeten auch diese Konsequenz im großen Ganzen widerlegt: das Anfertigen lateinischer Poemata blieb weiterhin Usus.

Der kleine Exkurs dient der Klarstellung der Begriffe und damit der historischen Tatsachen. Die ›Literaturreform‹ Opitz' war weder eine Vorwegnahme Herders – als Ausspielen deutschen ›Volksgeistes‹ gegen die lateinische Internationalität und Artifizialität – noch der Versuch einer sprachlich instrumentalisierten sozialen Revolution. Beide (Fehl-)Deutungen übersehen die dezidierte Gelehrten-Position, von der Opitz an die Formulierung der poetologischen Programmatik heranging. Sie manifestiert sich bereits in der 1617 verfaßten Rede »Aristarchus sive de contemptu linguae Teutonicae«.[39] Für einen nationalistisch[40] oder sozialrevolutionär[41] eingestellten Opitz hätte es schlechthin einen Widerspruch dargestellt, das Programm einer deutschsprachigen Dichtung ausgerechnet in *lateinischer* Sprache vorzutragen – *der* internationalen Sprache par excellence oder der Sprache der ›Herrschenden‹. Die von Opitz gebrauchte Argumentationskette – ›Zerfall der lateinischen und Unverfälschtheit der deutschen Sprache‹[42] – sollte nicht allzu wortwörtlich genommen werden. Sie dient zu nichts anderem als zur *Legitimation* des muttersprachlichen Dichtens gegenüber den ›gelehrten‹ Kreisen, für die Latein das sine qua non darstellte,[43] und gegenüber den (gewünschten) adeligen Mäzenen. Außerdem widersprach Opitz' eigene literarische Praxis dieser Behauptung. Das Kernmotiv dürfte eher im Wettstreit mit den benachbarten Nationen zu suchen sein. Weniger nationalistisch im Sinn eines Übertrumpfens als vielmehr patriotisch stellt sich Opitz' Programm dar.[44] Dafür spricht der Tadel,

---

[38] So schon Goedeke III, S. 1ff.

[39] Opitz: Aristarchus; zum »Aristarchus« s. Faber du Faur: Der Aristarchus, S. 566–90; Rüdiger: Martin Opitz' ›Aristarchus‹; vgl. Gellinek: Die weltliche Lyrik, S. 29. Zum Kontext der Auseinandersetzung über Rang und Geltung des Lateins s. Kühlmann: Apologie, S. 33ff., zu Opitz S. 53ff.

[40] Etwa bei Newald: Die deutsche Literatur, S. 435; Hankamer: Deutsche Gegenreformation, S. 227f. zu Gryphius.

[41] So Szyrocki: Martin Opitz, S. 22.

[42] Das Motiv vom Alter bzw. der Unverfälschtheit deutscher Sprache begegnet bei Opitz, Schottel, Logau u.a.; dazu Wehrli: Latein und Deutsch, S. 144; Dyck: Rhetorische Argumentation, S. 82ff.

[43] In diesem Sinne auch das Marner-Zitat im »Aristarch« ed. Witkowski, S. 96f.; ähnlich argumentiert Harsdörffer: Poetischer Trichter 1. Tl., S.)(vv. Es stehe wohl und sei »fast nohtwendig / daß ein Gelehrter seine Muttersprache gründlich verstehe / und derselben Poeterey nicht unwissend sey.«

[44] Interessanterweise urteilt so auch Grucker: Histoire des Doctrines littéraires, S. 182. »Ce qui mérite avant tout d'être loué chez lui, c'est l'intention patriotique qui l'inspire.« Diese Tendenz erhellt auch Zinkgrefs Dedicatio der Teutschen Poemata von Opitz in der Ausgabe von 1624. Opitz: Teutsche Poemata, S. 1, wo Opitz dieselben Argumente verwendet, nun um die Muttersprache als den lebenden Fremdsprachen ebenbürtig darzustellen.

den Opitz der Mißachtung eigener Sprache zollt,[45] die Warnung vor Sprachvermischung[46] und die Absicht, den als Mitstreitern apostrophierten Volkssprachen eine gleichberechtigte deutsche Kunstpoesie zur Seite zu stellen.

> »Sedulo hoc agamus, ut qui à Gallis ac Italis humanitatem mutuamur & elegantiam: non minus ab ipsis & linguam nostram, quod certatim eos facere in sua animadvertimus, perpolire accurate & exornare addiscamus.«[47]

Die zentrale Stelle wirkt in ihrer Betonung der aemulatio fast wie ein Vorgriff auf des Thomasius' Discours von der Franzosennachahmung.[48] Der Forderung nach Schutz der Muttersprache[49] entspricht der Versuch ihrer Legitimation:

> »Ingenium certe verborum nostrorum & tractus sententiarum ita decens est, ita felix: ut neque Hispanorum majestati, neque Italorum decentiae, neque Gallorum venustae volubilitati concedere debeat.«[50]

Und zwar steht die deutsche Sprache weder in gebundener noch in ungebundener Rede irgend einer anderen Sprache nach (»nec soluta nec astricta oratione cedimus ulli linguarum«[51]). Das Motiv des friedlichen Agons erscheint mehrfach variiert. Das Aufblühen einer muttersprachlichen Poesie in Italien und Frankreich beschämt die Deutschen. Opitz weist auf die Niederländer hin, die den ›edlen‹ Wettkampf mit Erfolg aufgenommen hätten: »Belgae quoque eadem virtute stimulati id ipsum tentaverint. Nec infeliciter sane.«[52] Die Erwähnung des hochgelehrten Heinsius (»hominis ad miraculum usque eruditi«) dient wieder zur Legitimation der Muttersprachlichkeit gegenüber den lateinsprachigen Gelehrten.[53] Quasi als Engführung begegnen die Argumente von der Unverfälschtheit und

---

[45] Aristarchus ed. Witkowski, S. 90. »Sic dum effrenata quadam cupidine peregrinum idioma addiscimus, negligimus nostrum ac in contemptum adducimus.«

[46] Ebd., S. 92f. »Jam à Latinis, jam Gallis, Hispanis etiam ac Italis mutuamur, quod domi nascitur longe elegantius. Vidi quoque, qui ne à Graecis quidem se abstineret. Talis illa vox, quae sine risu non excipiebatur: Jungfraw, sie muß auch das τό πςεπον observiren.«

[47] Aristarchus ed. Witkowski, S. 91.

[48] Vgl. insbes. die Widmung an die zwei Adeligen Friedrich von Kreckwitz und Austen und Wigand von Gerßdorff. Dazu Faber du Faur: Der »Aristarchus«. Eine Neuwertung, S. 577, der die weltmännische Komponente neben der gelehrten in Opitz' Gesellschaftsideal betont.

[49] Aristarchus ed. Witkowski, S. 93. »Atque utinam candidi omnes Germani, condensato agmine satis elegantem linguam nostram servaremus, qui virtutem nondum amisimus.«

[50] Ebd., S. 95. [51] Ebd., S. 96. [52] Ebd., S. 97.

[53] Zum Einfluß von Heinsius auf Opitz s. Gose: Dacia Antiqua, S. 141f.; Muth: Über das Verhältnis; Pott: Martin Opitz' Translations; Bornemann: Anlehnung und Abgrenzung; Rubensohn: Der junge Opitz. 2. Hipponax und Aristarchus, in: Euphorion 6 (1899), S. 49–57; Beckherrn: Opitz, Ronsard und Heinsius; Weevers: The influence of Heinsius; ders.: Some aspects of Heinsius' influence. Opitz' eigenes Bekenntnis »Vber des Hochgelehrten vnd weitberümbten Danielis Heinsii Niderländische Poemata«, in: Opitz: Teutsche Poemata, Nr. 5, S. 24f.; auch in Wagenknecht: Epochen der deutschen Lyrik, S. 51f. Zur Heinsius-Nachfolge bes. die Schlußverse V. 52–55. »Jch auch / weil jhr mir seyt im Schreiben vorgegangen / Was ich für Ruhm vnd Ehr durch Hochteutsch werd erlangen / Will meinem Vatterlandt bekennen ohne schew / Daß ewre Poesy der meinen Mutter sey.«

Schutzwürdigkeit der deutschen Sprache am Ende von Opitz' Appell. Den Schluß bildet jedoch als Kernstück der Opitzschen Argumentation abermals der Gedanke des friedlichen Wettstreits:

> »Facite denique, ut qui reliquas gentes fortitudine *vincitis* ac fide, linguae quoque praestantia iisdem *non cedatis*.«[54]

Opitz' Vorrede »An den Leser« vor Zincgrefs Ausgabe seiner »Teutschen Poemata« von 1624 führt die Argumentation weiter.[55] Die von Opitz – in der »Poeterey«[56] und besonders in der Fürst Ludwig von Anhalt-Köthen gewidmeten Vorrede von 1628 zur Ausgabe der »Weltlichen Poemata« – anvisierte Allianz zwischen Gelehrtentum und höfisch-aristokratischem Publikum hat neuerdings Volker Sinemus hervorgehoben.[57] Den mehrfach zutage tretenden Opitzschen Bemühungen um fürstlichen Beistand widerspricht das propagierte Literaturprogramm nicht; es bleibt jedoch – als Produkt des humanistischen Gelehrtentums – von inhaltlichen Konzessionen an die absolutistische Wertordnung frei (dazu Kap. 1.3.1.). Im Jahre 1628 erblickt Opitz bereits die ersten Früchte seiner Literaturreform. Was im »Aristarchus« noch Appell war, gilt ihm jetzt als ein in naher Zukunft erreichbares Ziel.

> »Wir Deutschen / wie wir zu dem Latein vnd Griechischen / nebenst den freyen Künsten / etwas später kommen sind / vnd doch alle andere Nationen an reichem Zuwachs der gelehrtesten Leute vberholet vnnd hinter vns gelassen haben: also wollen wir von vnserer eigenen Poeterey ingleichen hoffen / die / vngeachtet der nunmehr langwirigen Kriege / sich allbereit hin vnd wieder so sehr wittert vnd reget / daß es scheinet / wir werden auch dißfals frembden Völckern mit der Zeit das Vorurtheil ablauffen.«[58]

1.2. Der soziale Aspekt der Opitzschen Kunstreform

Gegenüber dem Legitimationsversuch und dem Wettstreits-Appell Opitz' erhebt sich die Frage, wieso gerade zu diesem Zeitpunkt die Bestrebungen allgemein in Gang kamen, eine deutschsprachige Kunstpoesie der lateinischen zu parallelisieren und der volkstümlichen deutschen Dichtung entgegenzustellen. Opitz wendet

---

54 Aristarchus ed. Witkowski, S. 104.

55 Opitz: Teutsche Poemata, S. 5–9.

56 Opitz: Deutsche Poeterey ed. Alewyn, S. 55. Der größte Lohn für die Poeten sei ihre Nähe zum fürstlichen Hof, ihre Förderung durch fürstliche Mäzene; Sinemus: Poetik und Rhetorik, S. 15 und S. 17, identifiziert die in der Poeterey, S. 3, genannten »vornemen Leute« mit dem fürstlich-höfischen Publikum, *nicht* dagegen mit dem (Bunzlauer) Stadtpatriziat.

57 Sinemus: Poetik und Rhetorik, S. 18–22, bes. S. 20 zum Zusammenhang zwischen Herrschaftsausübung und Poesieaufschwung; vgl. Barner: Barockrhetorik, S. 228, hierzu wiederum Sinemus, S. 248 Anm. 24. Zur höfischen Affinität des Opitzschen Programms s. Geschichte der deutschen Literatur 1600–1700. Berlin (Ost), S. 121. Die humanistischen Bestrebungen hatten sich zu Opitz' Zeit »bis zu einem gewissen Grade Eingang an fürstlichen Höfen verschafft (vgl. die Sprachgesellschaften)«; von der höfischen Gesellschaft aufgenommen, wurden sie auch von deren gesellschaftlichen Bedürfnissen geprägt.

58 Opitz: Weltliche Poemata (1644), 1. Teil, Vorrede nicht pag.

sich mit seiner Argumentation an zwei Adressatenkreise: an die Gelehrten, die er von ihrer Befangenheit gegenüber allem Nichtlateinischen zu befreien trachtet (Musterbeispiele die hochgelehrten Heinsius und Dornau), und an den einflußreichen Adel, dem er Beispiele aus der (klassischen) Geschichte und aus der Gegenwart vor Augen führt (Tiberius und Tobias Scultetus; in anderen Schriften Augustus und Leo X.). Die Behauptung Szyrockis, die »fortschrittlichen, in gewisser Hinsicht revolutionären Anschauungen« Opitz' hätten den Boden bereitet für den Gedanken, »den Kampf gegen das Diktat der herrschenden Klasse auf dem Gebiet der Literatur aufzunehmen«, dieser Kampf habe »später zu einer jahrelangen Auseinandersetzung zwischen dem jungen mittellosen bürgerlichen Dichter und der aristokratischen Fruchtbringenden Gesellschaft« geführt, läßt sich unschwer widerlegen.[59] Opitz' doppelte Zielrichtung entspringt einer realistischen Einschätzung der Kulturszenerie zu Beginn des 17. Jahrhunderts. Das Publikum der neulateinischen Poesie waren überwiegend ›Gelehrte‹ gewesen, ob sie nun in ihrer Berufstätigkeit stärker ›akademisch‹ oder ›bürgerlich‹ ausgerichtet waren.[60] Entgegenkommen für deutschsprachige Literatur konnte von dieser kosmopolitsch eingestellten Gruppe am wenigsten erwartet werden. Eine Förderung der muttersprachlichen Tendenzen war eher von den Höfen zu erhoffen, einmal durch Gründung von Sprachgesellschaften, zum anderen durch Regelung des Unterrichtswesens. Ludwig von Anhalt-Köthen, mit dem Opitz keine sozial begründeten Differenzen hatte,[61] vereinigt beide Tendenzen.[62] Gerade das für die Fruchtbringende Gesellschaft charakteristische Junktim von Adel und Gelehrtentum mußte der Sache einer deutschsprachigen *Kunst*poesie förderlich sein. Gegenüber den zahlreichen ideologisch-modischen Verzerrungen ist festzuhalten, daß Opitz' Bestreben weder einer nationalistischen Volkstumsideologie entstammte noch sozialrevolutionäre Implikationen aufwies. Das Programm entsprang der Gelehrtenwelt, und die Basis seines Vorgehens war die traditionell humanistische Gelehrsamkeit. Mit seiner Distanzierung von der Volkssprache als der Sprache des Pöbels steht Opitz in einer Reihe mit den Adeligen *und* den zeitgenössischen und ihm nachfolgenden Gelehrten.[63] Volkssprache ist im barocken Verständnis nicht zu identifizieren mit der ›reinen‹ und ›unverfälschten‹ Muttersprache. Gerade die um Einführung deutscher Kunstpoesie bemühten Poeten glaubten, im Besitz der echten Muttersprache zu sein. Die Sprache des ›gemeinen‹ Volkes

---

[59] Szyrocki: Martin Opitz, S. 35f.

[60] Zum Publikum der neulateinischen Poesie Conrady: Lateinische Dichtungstradition, S. 271f.

[61] Etwas anders nuanciert Szyrocki: Martin Opitz, S. 67f.

[62] Zu Ludwig von Anhalt die mit Vorsicht zu genießende Monographie von Denk: Fürst Ludwig zu Anhalt-Köthen; dazu Stoll: Sprachgesellschaften, S. 167f.

[63] Vgl. Wiedemann: Barocksprache, S. 37. Zwei Belege: Im Gedicht »An Asterien« grenzt er sich vom Pöbel ab: »Es sey auch wie es will / so werd' ich von dem Hauffen / Deß Pöfels seyn getrennt«, und im 38. Sonett: »Ermuntert meinen Geist / daß er sich höher schwingt / Als wo der Pöfel kreucht / vnd durch die Wolcken dringt / Geflügelt mit Vernunfft vnd muthigen Gedancken.« Opitz: Gedichte ed. Müller, S. 148, 179.

bezeichnet für die Humanisten die wildwüchsige Sprache der Ungebildeten und sozial niedrig Gestellten. Darauf wird zurückzukommen sein.[64]

Die *ältere Barockforschung* hat, wenn sie nach den sozialen Grundlagen der Poetik und der Dichtung gefragt hat, den Blickwinkel der Nachgoethezeit gewählt. Daß eine Untersuchung wie Markwardts »Geschichte der deutschen Poetik«, die mit den poetologischen Kategorien des Sturm und Drang, der Klassik und der Romantik an die Barockepoche herangeht, den Charakter der barocken Dichtkunst verfehlt, weil ihr Wesen in der Übernahme und Modifikation der antik-humanistischen Tradition sich manifestiert, ist seit den Darstellungen von Dyck, Fischer und Herrmann allgemein akzeptiert worden.[65] Anders sieht es noch in den Diskussionen der sozialen Grundlagen aus. Die Theoreme und Probleme der ›Bürgerlichkeit‹ und des Feudalismus, oft der angebliche Gegensatz zwischen beiden, stehen im Mittelpunkt der Erörterungen.[66] Man kann sich des Eindrucks nicht erwehren, daß hier eine voreingenommene Rückprojektion von begrifflichen Gegensätzen des 18. Jahrhunderts stattfindet. Ein Bürgertum, wie es um 1700 entstand, gab es in der ersten Hälfte des 17. Jahrhunderts nicht; nach dem 30jährigen Krieg waren diese Entwicklungstendenzen als bloße Ansätze vorhanden. Die Rolle des Hochadels, die unter einer gewissen ideologischen Perspektive durch ihren Gegensatz zum Bürgertum definiert wurde, bedarf ebenfalls einer erneuten Untersuchung. Die Tatsache, daß die früher gängige Vorstellung von der barocken Literatur als einer ›gelehrten‹ Poesie allmählich in den Hintergunrd gedrängt wurde, läßt am synthetischen Charakter historischer Wissenschaft zweifeln. Allzu plan und ideologisch präformiert sind die einfachen Gegensatzpaare ›bürgerlich‹ – ›feudal‹; ›fremdländisch‹ – ›deutsch-volkstümlich‹ und ›gelehrt‹ – ›nicht-gelehrt‹. Die Wirklichkeit zeigt hier mehrere Kombinationsmöglichkeiten: interessenbedingte Gruppierungen von Adel und ›bürgerlichem Gelehrtentum‹, von Gelehrtentum und Nicht-Gebildeten, von gelehrten Puristen wie von sprachmengenden Gelehrten. Gerade die Betonung des Höfischen oder des frühbürgerlichen Elements macht es notwendig, das Augenmerk wieder stärker auf die gelehrte Komponente zu lenken, in ihrer sozialen und hernach in ihrer geistesgeschichtlichen Funktion.

Georg Gottfried Gervinus hatte die Bedeutung des Gelehrtentums für die Entwicklung der neueren Poesie nachdrücklich dargestellt.[67] Die allgemeine Tendenz spricht sich bereits in den Kapitelüberschriften aus »Rücktritt der Dichtung

---

[64] Vgl. Abschnitt 3.3.

[65] Dyck: Ticht-Kunst; Fischer: Gebundene Rede; Herrmann: Naturnachahmung und Einbildungskraft.

[66] Vgl. bes. die älteren Untersuchungen von Vogt: Die gegenhöfische Strömung; Hirsch: Bürgertum und Barock; Cohn: Gesellschaftsideale. Neuere Untersuchungen haben sich dem Schäferroman zugewandt, z. B. Jaumann: Bürgerlicher Alltag; Wiedemann: Literatur und Gesellschaft.

[67] Gervinus: Geschichte der Deutschen Dichtung, Bd. 3, S. 203, betont die Einheit der deutschen Literatur von Opitz bis zu Gottsched, allerdings in kritischer Absicht: es habe sich an der Dichtung gerächt, daß sie Sache der Gelehrten, nicht des Volkes gewesen sei.

aus dem Volke unter die Gelehrten«[68] und »Eintritt des Kunstcharakters der neueren Zeit«.[69] Nach den Berührungspunkten »gelehrter Volksleute oder volkstümlicher Gelehrter« im Mittelalter entstand »eine Spannung zwischen der Volksdichtung und der gelehrten«, »die sich durch den Uebertritt der lateinischen Dichter so verstärkt fühlte, daß ihr ein gewisser Sieg über die ohnehin verfallende Volksdichtung leicht zu Theile ward.«[70] Die Zentren dieser Dichtung waren nicht mehr die Städte, sondern charakteristischerweise die Universitäten.

> »Der Uebergang der gelehrten und gekrönten Dichter zum Gebrauche des Deutschen statt des Lateins erhielt in gefahrvollen Zeiten unsere Sprache vor Verderbniß und Untergang, daher ist auch jeder dieser humanistischen Dichter zugleich ein deutscher Patriot, ein Anbeter der deutschen Sprache. Was nur diese Klasse feindlich stimmte gegen die Volksdichtung, war ihre große Gesunkenheit in Stoff und Form. Den Adel, den die Dichtung haben soll, hatte sie ja ganz verloren, sie war ganz pöbelhaft geworden.«[71]

Gervinus' Argumentation läuft der Szyrockis strikt entgegen. Die gelehrt-patriotischen Interessen der humanistischen Poeten standen weder im Gegensatz zum Adel noch zum städtischen ›Bürgertum‹ als sozialen Formationen. Daß den Gelehrten höfische und geistliche Kreise eher Unterstützung boten als bürgerliche, deutet auf den Gleichklang aristokratischer und humanistischer Interessen. Gervinus gebraucht die seit Trunz[72] wieder aufgenommene Formel der ›nobilitas literaria‹: die Dichtung trete in den »engeren Kreis eines gelehrten Adels« zurück.[73] Es genügt hier, auf Gervinus' eingeschränkt positive Beurteilung der Opitzschen Okulation hinzuweisen.[74] In ihr scheint das auch für Gervinus gültige Ideal der Nationaldichtung durch.[75] Obgleich nicht beabsichtigt, habe Opitz durch sein Etablieren einer deutschen Kunstpoesie den (sprachlichen) Boden bereitet für eine Dichtung, »die Würde mit Natur, Adel mit Volksthümlichkeit paarte und dann nicht mehr einseitige Adels- und Gelehrtenpoesie, nicht mehr Pöbelpoesie war, sondern Volksdichtung in dem erhöheten Sinne des Worts [...].«[76] Die Beurteilung, die nur nach den Folgen fragt, wird indes der historischen Intention Opitz' und der Realität, die er vorfand, kaum gerecht. Sie verkennt vor allem die Berechtigung dieser Kunst *in* ihrer Zeit. Nur eine auf humanistisch-rhetorischen Prinzipien gegründete Kunstpoesie vermochte die gebildeten, bürgerlichen und

---

68 Ebd., S. 3. 69 Ebd., S. 172. 70 Ebd., S. 3. 71 Ebd., S. 4f.

72 Trunz: Der deutsche Späthumanismus; Hankamer: Deutsche Gegenreformation.

73 Gervinus: Geschichte, Bd. 3, S. 172.

74 Die Persönlichkeit Opitz' allerdings wird abgewertet; Gervinus: Geschichte, Bd. 3, S. 215f.

75 Zu Gervinus E. Wolf: G. G. Gervinus. Sein geschichtlich-politisches System. Leipzig 1931; W. Dietze: G. G. Gervinus als Historiker der deutschen Nationalliteratur, in: Sinn und Form 1959, H. 3, S. 445ff.; M. Rychner: G. G. Gervinus: Ein Kapitel über Literaturgeschichte. Bern 1922; G. Grimm: Rezeptionsforschung als Ideologiekritik. Aspekte zur Rezeption Lessings in Deutschland, in: Über Literatur und Geschichte. Festschrift für Gerhard Storz. Frankfurt 1973, S. 125ff.

76 Gervinus: Geschichte, Bd. 3, S. 5. Ebenso auch Bouterwek: Geschichte, Bd. 3, S. 93f.

adeligen Schichten für deutschsprachiges Dichten überhaupt einzunehmen und durch deren Engagement dem Überfremdungsprozeß Einhalt zu bieten.[77]

Mit der Nationalisierung der Literaturgeschichtsschreibung geriet die barocke Kunstübung in wachsenden Mißkredit. Bereits bei *Wilhelm Scherer* ist die im Vergleich zum liberalen Gervinus negative Akzentsetzung unübersehbar.[78] Scherer betont besonders die nach 1618 sich vollziehende Entfernung der deutschen Dichtung von der »volksthümlichen Richtung«.[79]

> »Die gelehrten Dichter waren allein maßgebend, und sie verachteten die bestehende einheimische Poesie, statt sie zu veredeln. Sie gründeten eine Poesie für Gelehrte und vornehme Herren. Sie setzten in deutscher Sprache fort, was sie bisher lateinisch getrieben; und wie sie die lateinische Poesie aus dem Buche zu lernen gewohnt waren, so verfaßten sie Lehrbücher der deutschen. Aber sie büßten durch den Bruch mit der nationalen Dichtung ihre Selbständigkeit ein. Uebersetzen und Nachahmen ward ihre größte Kunst.«[80]

Allenfalls Verdienste in der Metrik und der Stilistik hält Scherer für nachweisbar. Scherer geht weit über Gervinus' Position einer nationalen Literaturgeschichtsschreibung hinaus, indem er »nationale Dichtung« geradezu mit der »volkstümlichen Richtung« identifiziert. Insofern billigt er Opitz nicht einmal eine für die spätere Entwicklung deutscher Dichtung nützliche Funktion zu. In seinem berüchtigten Verdikt, nie habe »ein unbedeutender Dichter mit so geringem Recht eine bedeutende Stellung in der Litteraturgeschichte errungen, wie Opitz«,[81] spiegelt sich das Unverständnis für die *sozialen* Gegebenheiten, deren Ausdruck Opitz' Programm war, wie sein Erfolg augenfällig beweist. Scherer geht sogar soweit, seinen nachherderschen Dichtungsbegriff zu verabsolutieren, daß er bei Opitz Poesie und Gelehrsamkeit trennt und einander entgegensetzt: als Opitz 1639 starb, sei »sein Eifer für die Poesie bereits erkaltet« gewesen – »der Ruhm der Gelehrsamkeit« habe ihn mehr gelockt.[82] Solche totale Verkennung der Opitianischen Kunstpoesie leitet sich nicht allein aus der poetologischen Voreingenommenheit Scherers her, sie stellt im Grunde nur den Ausfluß seines methodologischen Vorgehens dar, das – wenigstens in diesem Zeitabschnitt – die sozialen Voraussetzungen außer acht läßt.

Einen wesentlichen Beitrag, die Analyse dieser aus der nachgoetheschen Perspektive so andersartigen Kultur zu versachlichen, hat *Günther Müllers* Untersuchung »Höfische Kultur der Barockzeit« geleistet.[83] Er sieht die rhetorische Komponente der barocken Literatur, meint jedoch, sie verliere mit dem Zurücktreten ihrer Verfasser, der »städtischen Schulmeister und Pastoren«, an Bedeutung.[84] Beherrschend werde der höfische Charakter. »Opitz ist humanistisch

---

[77] Dazu Wolff: Der Purismus; Pranger: Ein Jahrzehnt deutscher Sprachreinigung. Bereits vor dem dreißigjährigen Krieg war diese Überfremdung ein häufig beklagtes Phänomen.

[78] Scherer: Geschichte der Deutschen Litteratur. Berlin ³1885.

[79] Ebd., S. 317f. [80] Ebd., S. 318. [81] Ebd., S. 320. [82] Ebd., S. 320.

[83] Müller-Naumann: Höfische Kultur (1929); auch in: Alewyn, Deutsche Barockforschung, S. 147–181.

[84] Ebd., S. 91.

gelehrter Höfling, Gryphius und Lohenstein wirken als politische Beamte in unvermeidlicher Fühlung mit höfischen Kreisen.«[85] Die höfische Kunst orientiert sich am Wiener Kaiserhof:[86] Anton Ulrich von Braunschweig rechnet für ihn zu den Propagatoren, Maximilian I, die Fruchtbringende Gesellschaft und Opitz. Mit welchem Recht, wird noch zu erörtern sein. Müller verschweigt nicht die Existenz einer »Kultur der unterhöfischen Kreise«,[87] die als »antihöfisch« definiert erscheint. Die wichtigste Vorentscheidung für das Zustandekommen barocker Kultur fällt im Sozialbereich: die ökonomische und politische Macht verlagert sich vom Bürgertum auf die Landesfürsten. Humanismus und Hof gehen den bereits im 15. Jahrhundert angepeilten Bund ein.[88] Nach Müllers Auffassung zeitigt die »›prästabilisierte Harmonie‹ der höfischen und der humanistischen Bewegung« das Zusammenwirken der gelehrten und der höfischen Ideale.[89] So sehr Müllers Hinweis auf die sozialen Gegebenheiten höfischer Kultur weiterführte, so notwendig war *Erika Vogts* Korrektur dieses vereinseitigten Bildes. Ihre Untersuchung über »die gegenhöfische Strömung in der deutschen Barockliteratur«[90] relativiert das von Müller in den Vordergrund gestellte höfische Moment. Ihre Gegenthese von der im protestantischen Kulturkreis bis gegen 1650 lebendigen antihöfischen Strömung (mit dem Ideal des ›redlichen Teutschen‹) orientiert sich (zu) ausschließlich an der Müllerschen Ausgangsposition. Gegenhöfische Strömungen werden damit fast zwangsläufig zu frühbürgerlichen Bewegungen deklariert.[91] Infolge der Orientierung am Höfischen kommt weder bei Müller noch bei Vogt das gesamte Spektrum der vorhandenen literarischen Strömungen ins Blickfeld. Müller konstatiert zwar die Existenz »unhöfischer Erscheinungsformen von Literatur«, etwa im (kirchlichen) Gemeindelied, im Hamburger und im Königsberger Kreis. Doch schränkt er deren Selbständigkeit sogleich wieder ein: ihre »unhöfischen literarischen Erzeugnisse« seien »mitbestimmt von absinkenden höfischen Formen«.[92] Eine Differenzierung des von Vogt herausgearbeiteten Gegensatzpaares ›höfisch-antihöfisch‹ muß an Müllers Ausgangshypothese kritisch ansetzen.

---

[85] Ebd., S. 91f. So auch Hankamer: Deutsche Gegenreformation, S. 133. »Opitz lebte noch in zwei Formen: als der ein wenig weltängstliche gelehrte Humanist und als der humanistisch gebildete Weltmann, der in der gesellschaftlich gewordenen Welt seinen Platz sucht [...] halb Magister, halb Höfling.« Vgl. aber S. 136, wo Hankamer die Stellung Opitz' außerhalb des Höfischen konstatiert.

[86] Richtig gesehen ist, daß Versailles erst nach 1682 Einfluß gewinnt; Müller: Höfische Kultur S. 96; zu den politisch-militärischen Gründen für das Entstehen der höfischen Kultur s. S. 116.

[87] Ebd., S. 92.

[88] Ebd., S. 117.

[89] Höfische Ideale z. B.: Tapferkeit, Großmut, Galanterie, Treue; gelehrte Ideale: Witz, Scharfsinn, Gelehrsamkeit; Müller, S. 118.

[90] Vogt: Die gegenhöfische Strömung (1932).

[91] »In der teutschen Richtung regen sich zuerst Kräfte, aus denen im Zeitalter der bürgerlich-protestantischen Kultur die Idee der nationalen Bildung erwächst.« Vogt: Die gegenhöfische Strömung, S. 1.

[92] Müller: Höfische Kultur, S. 139.

Überwiegt beim Verbund humanistischer und höfischer Ideale in der ersten Hälfte des 17. Jahrhunderts tatsächlich das höfische Moment derart, daß es als der bestimmende Teil anzusprechen ist? Sowohl Müllers als auch Vogts These basieren beide auf der (unausgesprochenen) Prämisse, daß Humanismus bzw. Gelehrtentum nur als ›bürgerlich‹ oder als ›höfisch‹ bedingt denkbar sei. Beide übersehen die zur Jahrhundertwende 1500 faktische und im ganzen 17. Jahrhundert wenigstens als Anspruch vorhandene Unabhängigkeit des Gelehrtentums von sozialen Großformationen. Der Exemtionscharakter des Gelehrtenstandes verleiht dann der gelehrten Komponente einen ganz anderen Nachdruck, eine Autonomie, die eine literarhistorische Beurteilung nicht vernachlässigen darf.[93] Wenn Gelehrtentum als selbständige Größe zu werten ist, so differenzieren sich ›unhöfische‹, dem Verbund ›höfisch-gelehrter‹ Literatur entgegengesetzte Strömungen in *›antihöfische‹* und in *›antigelehrte‹* Teilbewegungen. Beide Tendenzen sind apriorisch nicht identisch. Sie gehen nur partielle Bündnisse ein. Wo sie mit ›bürgerlich‹ zu identifizieren sind, läßt sich allerdings nicht mehr bloß an ihrer Oppositionshaltung ablesen. ›Bürgerlichkeit‹ bedarf einer positiven Bestimmung. Sie spielt im Zeitalter des Barock eine geringere Rolle als die bisherigen, in der Antithetik ›Hof‹ – ›Bürgertum‹ befangenen Untersuchungen glauben machen wollten.

Zweifel an der hergebrachten Formel von der ›gelehrt-höfischen‹ Poesie meldete schon 1931 *Heddy Neumeister* in ihrer Untersuchung über »Geistlichkeit und Literatur« an. Es wäre eigentlich die Chance dieser Studie mit dem verheißungsvollen Untertitel »Zur Literatursoziologie des 17. Jahrhunderts«[94] gewesen, die sozialen Gegebenheiten mit Hilfe von Quellenforschung zu untersuchen. Das Selbstverständnis des Klerus im 17. Jahrhundert und seine objektive Einordnung hätten nur erlaubt, ihn als einen, wenn nicht sogar den wesentlichen Teil des Gelehrtenstandes zu definieren. Statt dessen begnügt Neumeister sich, von modernen Vorstellungen ausgehend, den Klerus als Teil des Bürgertums zu definieren. Das Verharren im Klischee einer nach Adel und Bürgertum dichotomisierten Gesellschaft führt zu einer Fehleinschätzung des Opitianischen Modells. Die Frage, welche Kreise das Publikum deutscher Kunstpoesie gebildet hätten, beantwortet sie: »Die neue Dichtung trug freilich – kam sie doch vom Humanismus her – überwiegend gelehrten Charakter; aber darum war sie doch, eben seit Opitz, nicht mehr das Reservat des gelehrten Standes.«[95] Die neue Kunstpoesie, weder Adelsdichtung noch Gelehrtenpoesie, werde vom »leidenschaftlichen Bil-

---

[93] Bereits Hankamer: Deutsche Gegenreformation, S. 51f., S. 65, hebt gegenüber der Müllerschen Position den gelehrt-humanistischen Ursprung der Barockliteratur hervor und weist die These von einer »höfischen Signatur der deutschen Barockdichtung« zurück.

[94] Neumeister: Geistlichkeit und Literatur (1931). Neuerdings weist Krummacher auf das Desiderat einer bildungsgeschichtlichen Fundierung der gelehrten Literatur hin; Krummacher: Einführendes Referat, S. 314. Zum sozialen Fundament barocker Dichter vgl. das Autorenverzeichnis bei Wiedemann: Der galante Stil, S. 160ff.

[95] Neumeister: Geistlichkeit, S. 65.

dungswillen im Bürgertum« getragen. Die »eigentlich bedeutenden Vertreter der neuen Dichtung« seien »sämtlich bürgerlicher Abkunft« gewesen, und auch ihr Publikum hätten sie »vielfach in Bürgerkreisen« gefunden.[96]

> »Es ergibt sich also, daß die Dichtung des 17. Jahrhunderts weder die Domäne der Gelehrten noch die des Hofes ist, sondern daß sie mit ihrem gelehrt-höfischen Charakter zwei sehr energische bürgerliche Tendenzen vertritt und also den Vorwurf mangelnder Volkstümlichkeit jedenfalls nicht in dem Maße verdient wie bisher.«[97]

Auch der hier verwendete Begriff des Bürgertums oder der Bürgerlichkeit verfehlt die sozialen Strukturen des 15. und des 16. Jahrhunderts. Zwei Zeugnisse aus der zweiten Hälfte des 17. Jahrhunderts, also einem Zeitraum, in dem die Bewußtseinsbildung eines bürgerlichen Standes vorangeschritten und die Position des Gelehrtenstandes vermindert war, belegen die Unvereinbarkeit des modernen und des frühneuzeitlichen Bürger-Begriffs. In seinem Standardwerk über die »Sekretariatkunst« (1673) verteilt Kaspar Stieler die innerhalb der Decorum-Lehre entwickelten Stilarten auf drei Personenkreise. Die »hocherhabene Schreibart« (stilus gravis), deren Zweck im movere liegt, ist für »vornehme / Hochgelahrte und erleuchte Leute / Fürsten und Herren« bestimmt. Die mittlere Schreibart (stilus mediocris) bezieht sich auf »Gelehrte / Weltweise / Stats- und Hofleute«, die niedrige Schreibart (stilus humilis) schließlich auf Gespräche »unter Bekanten / Hausgenoßen / Verwandten und andern guten Freunden.«[98] Der stilus mediocris soll in erster Linie erfreuen, der stilus humilis belehren. Damit sind die drei rhetorischen Zweckbestimmungen auf die drei Stilebenen verteilt.[99] Genauer definiert Stieler das genus humilis:

> »Die gemeine / geringe und niederträchtige / milde Schreibart / so auch die bürgerliche / häusliche / lieblende / scheinende / stille / lindfließende und fallende genennet werden könte / bestehet in gemeinen / schlechten / einfältigen / geringen / doch eigenen: deut- und verständlichen Worten.«[100]

Dem inneren aptum ist das äußere zugeordnet: die Simplizität des Ausdrucks unterstützt die Aufgabe des docere: »damit der gemeine Mann sie desto eher faßen und verstehen könne.« Stieler unterscheidet deutlich drei Adressatenkreise: den bürgerlichen (Vertrautheitssphäre, »gemeiner Mann«), den adelig-gelehrten und den hochadeligen Bereich. Die von 1698 stammende, also den Stielerschen Zeitraum widerspiegelnde, früher schon erwähnte Ständeordnung Christoph Weigels erlaubt eine Präzisierung dieser Bereiche. Sie gliedert die das Staatswesen konstituierenden Stände gemäß der platonischen Dreiteilung vom Wehr-, Lehr- und Nährstand in 24 Gruppen ein, deren erste drei die zum Regieren notwendigen

---

[96] Ebd., S. 66.

[97] Ebd. Neumeister verweist hier auf die kleineren Sprachgesellschaften und den Königsberger Kreis. Die zwei angesprochenen Tendenzen sind: der Bildungswille und die Annäherung an die Sitten des Adels.

[98] Kaspar Stieler: Teutsche Sekretariat-Kunst, Buch 1, Tl. 2, S. 334ff.

[99] Ebenso bei Alsted und Moller; Dyck: Ticht-Kunst, S. 93, 96. Kempe bezieht die Gattungen auf die drei Stilarten, ebd., S. 109.

[100] Stieler: Sekretariat-Kunst, Bd. 1, Tl. 2, S. 334.

Stände,[101] deren vierte und fünfte den geistlichen und weltlichen Lehrstand, sowie die dem Gesundheitswesen dienenden Stände, und deren restliche 19 die zum Nährstand rechnenden Berufe umfaßt. Allenfalls sie könnten als ›bürgerlich‹ bezeichnet werden. Die Stände- und Kleiderordnungen des 17. Jahrhunderts enthalten keine Definition eines umfassenden Bürgerstandes (wie etwa im 18. Jahrhundert das Staatsrecht Johann Jakob Mosers).[102] Sie unterscheiden stärker nach Berufs- und Geburtsständen. Das Lehramt bildet einen eigenen, nicht den übrigen ›bürgerlichen‹ Berufsständen subsumierbaren Stand. Bürgerliche oder ›frühbürgerliche‹ Literatur – auch diese Bezeichnung trifft die soziale Realität nicht – könnte im Zeitraum 15. bis 17. Jahrhundert konsequenterweise nur die Schriftwerke einbeziehen, die von Personen mit ›bürgerlichem Beruf‹[103] verfaßt wurden, oder die Interessen und Tendenzen dieser Gesellschaftsschicht vertraten. Aber gerade dieser ›bürgerliche‹ Personenkreis wurde von Opitz' Neuerungen nicht angesprochen. Das von Müller für unhöfische Literatur herangezogene Beispiel Hamburgs und Königsbergs[104] erhält in der neuen Perspektive einen anderen Stellenwert: Beide Dichterkreise rekrutierten sich aus dem (geistlichen und weltlichen) Gelehrtentum. Ihr städtischer Charakter machte ihre Mitglieder nicht zu ›Bürgerlichen‹ schlechthin.[105] Ihrem Selbstverständnis nach waren sie ebenso wie die von Erika Vogt als ›antihöfisch‹ eingestuften Rist, Schottel, Harsdörffer u. a.[106] nichts anderes als ›Gelehrte‹, vom Bürgertum abgehoben durch Privilegien, vom Hof getrennt durch die auch von ihnen mitgetragene städtische Kultur. Die »teutsche Bewegung«, die sich aufgrund ihrer antihöfischen Perspektive als Einheit präsentiert, zerfällt unter dem Aspekt des ›Gelehrtentums‹ in unvereinbare Segregationen. Erika Vogt rechnet den in den Adelsstand

---

[101] Vgl. Weigels Aufzählung bürgerlicher, also zum ›Nährstand‹ gehörender Berufe, S. 19f. Mauser: Opitz, S. 303, meint, der Adel habe von der »ständischen Grundlage« (Nährstand, Wehrstand, Lehrstand) losgelöst existiert.

[102] Zu Moser vgl. S. 21f. Juristisch ist per definitionem der Bürger zunächst eine den Gesetzen der Stadt unterworfene Person. Eigentliche Gelehrte – nicht aber Schulmeister, Rektoren – sind aufgrund ihrer Privilegien von diesen Gesetzen eximiert. Zur Integration des ›Bürgerstandes‹ in den allgemeinen Untertanenverband des absolutistischen Staates bei Paulus Negelein (»Vom Burgerlichen Stand.« Amberg 1600, Frankfurt ^{3}1616) und Adam Contz (»Methodus doctrinae civilis, seu Abissini regis historia.« Köln 1628) vgl. Breuer: Bürgerliche Literatur, S. 220f.; ders.: Adam Contzens Staatsroman, S. 77ff.

[103] Also von Angehörigen der städtischen Mittelschicht. Zur Problematik einer bürgerlichen Literatur im 17. Jahrhundert s. Breuer: Bürgerliche Literatur, S. 211. Breuer hält den Begriff ›bürgerlich‹ zur Beschreibung sozialer Verhältnisse im 17. Jahrhundert für unangemessen: Bürgerlichkeit als Gegenentwurf zum absolutistischen Stände-Staat existiert erst im 18. Jahrhundert.

[104] Müller: Höfische Kultur, S. 139.

[105] Dies muß gegen Neumeister: Geistlichkeit, S. 66, festgestellt werden. Gerade der Königsberger Kreis ist allerdings nur bedingt ›gelehrt‹. Obwohl seine Mitglieder ausgesprochene Gelehrte waren, wenden sich zahlreiche der Gelegenheitsgedichte (etwa von Dach) an bürgerliche, also ›gemeine‹ Schichten des städtischen Mittelstandes.

[106] Vogt: Die gegenhöfische Strömung, S. 27ff.

erhobenen Pastor und Kirchenrat Johann Rist zur »bürgerlichen Schicht«. Seine »altdeutsche«, mit »gegenhöfisch« identifizierte Gesinnungsrichtung verbindet ihn (und Harsdörffer!)[107] jedoch nur scheinbar mit Grimmelshausen, dem Repräsentanten sozial niedrigerer Schichten.[108] Die sozial und daher auch gesinnungsmäßig ausschlaggebende Trennungslinie wird durch die Schulbildung gezogen. Der gelehrte Geistliche Rist und der Autodidakt Grimmelshausen haben trotz ihrer Zugehörigkeit zur »teutschen Bewegung« – akzeptiert man einmal dieses anfechtbare Urteil – kaum etwas miteinander gemeinsam. Daß literarisch geäußerte Hofkritik nicht an der persönlichen Existenz des Kritikers festgemacht werden darf, beweisen die Lebensläufe zahlreicher ›antihöfisch‹ eingestellter ›bürgerlicher‹ Dichter. Rist etwa hatte, wie auch Vogt konstatiert, enge Verbindungen zu verschiedenen Höfen.[109] Der topische Charakter[110] von Hofkritik und die Einschränkung der Kritik auf das tatsächlich Tadelnswerte sollten verhindern, das ›Antihöfische‹ zum wesentlichen Faktor bei der Definition aller nichthöfischen Bewegungen zu machen. Die Trennung zwischen ›gelehrt‹ und ›nicht-gelehrt‹ ist demgegenüber gravierender. Nicht-gelehrte Kreise sind von vornherein ebenso wenig gegenhöfisch eingestellt, wie gelehrte Kreise von vornherein prohöfische Tendenzen vertreten müssen. Die Trennungslinie zwischen ›gelehrt‹ und ›ungelehrt‹ läuft der Trennung zwischen ›höfisch‹ und ›gegenhöfisch‹ *nicht parallel*. Im Gegensatz zu dieser, die wenigstens in der ersten Hälfte des 17. Jahrhunderts stärker literarischen als existentiellen Charakter hatte, repräsentiert der Gegensatz von Gelehrten und Nichtgelehrten die soziale Realität. Wie die Biographien barocker Dichter belegen, trennt das Kriterium des ›Gelehrtseins‹ oder ›Nichtgelehrtseins‹ stärker, als das Kriterium des ›Antihöfischen‹ zusammenführen konnte. Diese Feststellung sollte dem Usus entgegenwirken, der von einer höfisch-gelehrten Kultur und von einer antihöfisch-bürgerlichen Kultur spricht. Im Bereich des Stadt-›Bürgertums‹ etwa spielte das gelehrte Moment ohnehin die unmittelbarere, sozial wirksame Rolle. Die Scheidelinie, die nach zeitgenössischem Bewußtsein die *literarische* Gesellschaft trennte, orientierte sich nicht an (Hof-)Adel oder Bürgerlichkeit, sondern am Maßstab der schulmäßig erworbenen eruditio, der humanistischen Bildung. Der Unterschied zur humanistisch-neulateinischen Szenerie des 16. Jahrhunderts lag nun allerdings in der Verbindung des humanistischen mit dem nationalen Moment, das sich in der Pflege der deutschen Sprache äußerte. Illustres Beispiel für dieses Tendenzenamalgam ist die fürstliche Gründung der *Fruchtbringenden Gesellschaft*. Sie hat – im Gegensatz zur rein höfischen Spielart der nicht auf Sprachreform abzielenden Gesellschaften[111] –

---

[107] Zu Harsdörffer, dessen Haltung freilich ambivalent ist: altdeutsch und höfisch-weltmännisch, ebd., S. 47.

[108] Vogt, S. 49, spricht von »soziologischer Unterschicht«. [109] Ebd., S. 27f.

[110] Dazu H. Kiesel: Bei Hof, bei Höll. passim.

[111] Z. B. »La Noble Académie des Loyales« oder »L'Ordre de la Palm d'Or« und »l'Académie de vrais amants«; Otto: Die Sprachgesellschaften, S. 19; Barthold: Geschichte der Fruchtbringenden Gesellschaft, S. 138–147. Weitere Literaturangaben zur FG bei Martino: Lohenstein, S. 109f. Anm. 310.

unter dem Fürsten Ludwig den apriori nicht-höfisch definierten Gelehrtheits-Aspekt betont. Auch wenn man die Zielvorstellung nicht »in der Überwindung des Ständischen und des Konfessionellen durch das Bildungshafte«[112] erblicken kann, so deutet der Gebrauch gesellschaftsinterner Übernamen[113] und Ludwigs Ablehnung eines 1647 durch adelige Mitglieder gemachten Vorschlags, die Fruchtbringende Gesellschaft in einen rein höfischen Ritterorden umzuwandeln,[114] auf die national modifizierte humanistische Grundtendenz der Vereinigung. Das Faktum, daß die gemeinsame Gesinnung das entscheidende Kriterium war, erklärt das zunächst schwer verständliche Auseinanderklaffen zwischen dem Brauch ›standesnivellierender‹[115] Gesellschaftsnamen einerseits und der innerhalb und außerhalb der Gesellschaftszusammenkünfte dennoch üblichen Beachtung der Standeshierarchie andererseits.[116] Van Ingen hat auf den praktischen Sinn der Gesellschaftsnamen hingewiesen. Sie sollten, indem sie den umständlichen »Ehrengepräng-streit« verhinderten, ein sachbezogenes Arbeitsgespräch ermöglichen und fördern.[117] Zwei Gesellschaftsschichten ohne gemeinsame soziale Inter-

---

[112] Vogt: Die gegenhöfische Strömung, S. 34 und 36; so auch Bircher: Soziologische Aspekte. Dagegen van Ingen: Überlegungen, S. 85ff.

[113] Die Übernamen aufgezählt bei Goedeke III, S. 6–16; dazu van Ingen: Überlegungen, S. 84f. Von den (bis 1668) 806 bei Neumark aufgezählten Mitgliedern waren: 1 König, 3 Kurfürsten, 49 Herzöge, 4 Markgrafen, 10 Landgrafen, 8 Pfalzgrafen, 19 Fürsten, 60 Grafen, 35 Freiherren und 600 Adelige und Gelehrte. Gervinus: Geschichte, Bd. 3, S. 188: »eigentlicher bürgerlicher Gelehrter sind darunter kaum Hundert und 1647 war außer Andreä und Rist noch kein Geistlicher in der Gesellschaft!« Etwas andere Zahlen ergibt Krauses Aufzählung: Ertzschrein, S. 4f.; Weithase: Die Pflege, S. 658f. Anm. 28; vgl. ferner Otto: Die Sprachgesellschaften, S. 17.

[114] Vogt: Die gegenhöfische Strömung, S. 45f.; Krause: Ertzschrein, S. 98f. Brief Ludwigs an Christian II. von Anhalt, auch abgedruckt bei Stoll: Sprachgesellschaften, S. 43ff. Besonders wichtig der Passus: »Der Zweck ist alleine auf die Deutsche sprache und löbliche tugenden, nicht aber auf Ritterliche thaten alleine gerichtet, wiewohl auch solche nicht ausgeschlossen [...]« Vgl. auch Neumark: Der Neu-Sprossende Palmbaum, S. 172. Erst unter Ludwigs Nachfolger Herzog Wilhelm von Sachsen-Weimar (1651–62) und seinem Sekretär Georg Neumark wurden Adelige bevorzugt. Auch dies ein Beleg für die nach 1650 einsetzende Höfisierungstendenz der Literatur und der Kultur insgemein.

[115] Vogt: Die gegenhöfische Strömung, S. 36; ähnlich Bircher: Soziologische Aspekte der FG.

[116] Neumark: Der Neusprossende Teutsche Palmbaum, S. 17f. Neumark erinnert, daß bei »Gesellschaftssachen« der »Ehrengepräng-streit« aufgehoben werden solle, »weil im übrigen jeder Gesellschafter einer gegen dem anderen / nach Erheischung Standes und Würden / sich ohne das von selbst der bescheidenen Höflichkeit zu erinnern / verbunden.« Damit stimmt überein, was Neumark an anderer Stelle, S. 77, nochmals nachdrücklich ausführt.

[117] Van Ingen: Überlegungen, S. 85ff. Schon Vietor und Zöllner: Einrichtung, S. 22, weisen darauf hin, daß weder Stand noch Stellung des einzelnen um Aufnahme Nachsuchenden den Ausschlag gab. Auch Mankowski: Opitz, S. 638, stellt fest, daß die FG »Standespersonen und Gelehrte ohne Unterschied des Geschlechtes« umfaßt.
Die ältere Forschungsmeinung zur FG findet sich etwa bei Bouterwek: Geschichte, Bd. 3, S. 39: »Sie knüpfte ein schönes Band zwischen den Fürsten, dem deutschen Adel, und den Dichtern und Gelehrten vom bürgerlichen Stande, die sich durch Aufnahme in

essen traten in der Fruchtbringenden Gesellschaft zusammen, um ein Ziel, das weder dem Adel noch dem Gelehrtentum ursprünglich zu eigen war, gemeinsam anzusteuern: die Pflege einer reinen deutschen Sprache und einer deutschen Kunstpoesie. Wollte man dieses gemeinsame Ziel nicht aufgeben, so war der Verbund zwischen Adel und Gelehrtentum umso unverzichtbarer, als die eigentlichen literarischen und wissenschaftlichen Leistungen von den gelehrten Mitgliedern erbracht wurden.[118] Im Votum des Fürsten Ludwig wird diese Erkenntnis deutlich:

> »Das fürnemste aber ist, das von anfang her und noch, bis nun in das ein und dreyssigste Jhar, in der geselschaft wol erwogen und betrachtet gewesen das von wegen der freyen künste wissenschaft, die gelehrten, auch edel, sowol als die erfarnen in waffen gehalten werden können, so doch die feder am meisten führen müßen, nicht möchten ausgeschlossen sein, und man ihrer nützlich, Zu fortpflantzung der Muttersprache, Zu gebrauchen, inmassen auch solches vielfältig von ihnen geschehen, und an den Tag gekommen.«[119]

Evidenter noch wird das Ergebnis bei Betrachtung der anderen Sprachgesellschaften, deren Mitglieder überwiegend Gelehrte in verschiedenen Positionen waren.[120] Die in fast allen Untersuchungen gebrauchte Formel, die Mitglieder rekrutierten sich aus Adel und Bürgerstand,[121] seien fast ausschließlich bürgerlich oder Bürgerliche, verzerrt die soziale Realität. Da ein humanistisch-gelehrtes Ziel Adel und Gelehrtentum zusammenführte, spielte die Abgrenzung zwischen beiden Ständen nur eine Nebenrolle. Primäre Intention war die Sonderung von den nicht-gelehrten Tendenzen, die von den eigentlich ›Bürgerlichen‹ getragen wur-

---

diese Gesellschaft um so mehr geehrt fühlen mußten, weil die größte Anzahl der Mitglieder immer aus Fürsten und Adlichen bestand.« Hier wird immerhin auf das Streben nach sozialer Reputation der gesellschaftlich unterlegenen Schicht hingewiesen, freilich kommt dadurch die Intention des fürstlichen Initiators der FG nicht zum Ausdruck. Zur teilweise überzogenen Beurteilung der FG s. auch Geschichte der deutschen Literatur 1600–1700, Berlin (Ost), S. 128–138. Zur sozialen Zusammensetzung der 100 Mitglieder der FG s. Bircher: Zur Quellen- und Forschungslage, S. 33. Vgl. auch Anm. 161.

[118] Geschichte der deutschen Literatur 1600–1700. Berlin (Ost), S. 131. Verzeichnisse der Schriften von Mitgliedern der FG findet man bei Neumark: Der Neusprossende Teutsche Palmbaum, S. 446–480; Bulling: Bibliographie, S. 3–110; Goedeke III, unter den einzelnen Autoren.

[119] Ludwig von Anhalt-Köthen an Christian II. zu Anhalt; Krause: Ertzschrein, S. 98f.; Stoll: Sprachgesellschaften, S. 44.

[120] Zur ständischen Zusammensetzung der Sprachgesellschaften s. Otto: Die Sprachgesellschaften, S. 36, 46, 54; ders.: Soziologisches zu den Sprachgesellschaften, S. 151ff. bes. zur Deutschgesinneten Genossenschaft. Die FG besaß 75% Adelige, die Deutschgesinnete Genossenschaft 28 Adelige von 207 Mitgliedern, also 13,5%, der Pegnesische Blumenorden 4,1% Adelige, der Elbschwanenorden 6,39% Adelige, die Straßburger Tannengesellschaft keinen Adeligen; vgl. H. Ludwig: Die Aufrichtige Gesellschaft von den Tannen. Eine Monographie. Diss. Wien 1971. In der Deutschgesinneten Genossenschaft überwogen Lehrer, Prediger, Rechtsanwälte.

[121] Neumeister: Geistlichkeit, S. 66; zum ›bürgerlichen‹ Element in den Sprachgesellschaften s. Otto: Soziologisches, S. 152f.

den. Die Teilnahme von Adeligen an den Sprachgesellschaften blieb daher für deren Zielsetzung in sprachlich-literarischen Angelegenheiten unerheblich. Der Elbschwanenorden verlangte konsequent für die Aufnahme neuer Mitglieder

> »die Einige und Höheste Beachtung / das die Ordens Glieder alle Gelärte Leute / Sinreiche Geister / künstliche Mäister / und daferne es immer müglig / Käiserl: Gekrönete Poeten sein müssen.«[122]

Läßt sich also das mißverständliche Etikett ›bürgerlich‹ aus Gewohnheitsgründen nicht beseitigen, so sollte es nur in Verbindung mit ›gelehrt‹ gebraucht werden. ›Gelehrt‹ meint nicht allein die intendierte geistige Haltung, sondern markiert darüber hinaus deren soziale, vom Anspruch her außerbürgerliche Grundlage. Die bürgerlich-gelehrten Mitglieder der Sprachgesellschaften stammten ausschließlich aus Gelehrtenkreisen, hatten eine humanistische Ausbildung genossen und übten gelehrte Berufe aus.[123] Von den Vertretern der volkstümlichen, nichtgelehrten Dichtung fand sich kein Verfasser – wenn er nicht akademischer Gelehrter war oder in einem ›gelehrten‹ Beruf praktizierte – in den Listen der Sprachgesellschaften.[124] Die wichtigsten gelehrten Berufe waren der akademische Lehrer (Professor eloquentiae bzw. poeseos) und der Geistliche.[125] Die im ganzen 17. Jahrhundert anhaltende und darüber hinaus dauernde Wertschätzung Martin Opitz' erklärt sich aus dem Gleichklang seiner Intention und der im Laufe des Jahrhunderts sich verwirklichenden Tendenzen: Er war der erste, der die humanistischen Normen in die deutsche Poetik einführte und sie zugleich erfüllte. So vermochte er für alle Anhänger der Kunstpoesie sowohl die mustergültigen praecepta als auch die exempla zu liefern.

1.3. Der Erfolg des Opitzschen Modells

(1) Zierlichkeit – ein absolutistisch-höfisches Ideal?

Gegenüber dem 16. Jahrhundert mit seiner bürgerlich-städtischen Kulturorientierung verlagerte sich im 17. Jahrhundert der kulturelle Schwerpunkt zunehmend an die Fürstenhöfe. Freilich befand sich der mit dem Niedergang der ökonomischen Macht der Städte und dem weiteren Schwund der kaiserlichen Zentralgewalt

---

[122] Conrad von Hövelen: Des Hochlöblich-ädelen Swanen-Ordens Deudscher Zimber-Swan. Candore, Virtute, Honore. Lübeck 1666; zit. nach Otto: Die Sprachgesellschaften, S. 54.

[123] Eine systematische Auflistung der Sprachgesellschaften nach Berufen steht noch aus; Ansätze finden sich bei Neumeister sowie in den Hinweisen bei Goedeke III, S. 6ff. und bei Otto: Die Sprachgesellschaften mit Literaturhinweisen zu einzelnen bedeutenderen Mitgliedern.

[124] Moscherosch z. B. war in der FG unter dem Namen »Der Träumende« Mitglied; Goedecke III, S. 13.

[125] Eine Aufstellung der dichtenden Universitätsprofessoren fehlt; zur Geistlichkeit s. Neumeister: Geistlichkeit, passim.

verbundene Territorialisierungsprozeß erst in den Anfängen.[126] Die Universitäten verloren erst im zweiten Drittel des Jahrhunderts ihre Bedeutung als Träger der Wissenschaften – jedoch müssen auch hier territoriale Unterschiede beachtet werden.[127] Gerade die städtisch-gelehrten Sprachgesellschaften belegen, daß über die Mitte des Jahrhunderts hinaus das rein ›gelehrte‹ Moment neben dem höfischen Einfluß sich behaupten konnte.[128]

Vor diesem Hintergrund einer noch nicht notwendigen Verbindung des Gelehrtentums mit dem Hof ist der Opitzsche Neuansatz zu beurteilen. Die poetologische Mission Opitz' ist mehrfach untersucht worden;[129] keine Literaturgeschichte kommt um eine Stellungnahme zu seiner Tätigkeit herum.[130] Seine Quellenauswertung und seine Kontaminationsleistung sind, bedingt durch die jeweiligen Frageperspektiven, wechselnden Bewertungen unterworfen.[131] Da gegenüber der Wirkung Opitz' die ihm vorausgehenden Bemühungen verblassen,[132] stellt sich bei der Betrachtung seiner Tätigkeit die Frage nach den Ursachen seines Erfolgs. Zwei 1976 erschienene, unabhängig voneinander entstandene Untersuchungen stellen eine Verbindung zwischen dem absolutistischen System und dem poetologischen Regelwerk her.

Wolfram Mauser betont in seinem Erklärungsversuch,[133] das Entscheidende an der sogenannten Opitzschen Reform sei »offenbar nicht die eine oder andere Vorschrift«, sondern der geglückte Versuch, dem Regel- und Exempelkanon »eine poetische Schreibweise« an die Seite zu stellen, »die den Erwartungen und

---

[126] Zur Sozialgeschichte und Verfassungsgeschichte s. u.a. Vierhaus: Deutschland im Zeitalter des Absolutismus; Hubatsch: Das Zeitalter des Absolutismus, S. 105–122; Gebhardt: Handbuch, Bd. 2, bes. die Beiträge von Braubach: Vom Westfälischen Frieden, S. 203ff.; Oestreich: Verfassungsgeschichte, S. 317ff.; Treue: Wirtschafts- und Sozialgeschichte, S. 366ff. Vgl. Hartung: Deutsche Verfassungsgeschichte, S. 127ff., 92ff. und 147ff.

[127] Prinzipiell dazu Paulsen: Geschichte; eine neuere umfassende Geschichte der deutschen Universitäten fehlt. Zu den einzelnen Universitäten s. Erman-Horn: Bibliographie der deutschen Universitäten 3 Bde.; Hassinger: Bibliographie zur Universitätsgeschichte.

[128] Van Ingen: Die Erforschung, S. 16, vgl. S. 18: »Daneben ist jedoch zu bedenken, daß schon im 17. Jahrhundert die Kräfte freigesetzt werden und der Stand der Gelehrten und Schriftsteller aus dem Humanismus stammende Topoi übernehmen und mit neuem Gehalt füllen konnte, um sich gegenüber dem nächsthöheren Stand immer dann als eigenständige Schicht zu etablieren, wenn er sich mit ererbten Privilegien konfrontiert sah und veranlaßt wurde, über seinen eigenen Wert und seine Identität nachzudenken.«

[129] Berghoeffer: Martin Opitz' Buch; Fritsch: Martin Opitzen's Buch; Borinski: Die Kunstlehre der Renaissance; dazu die einschlägigen Opitzmonographien: Strehlke: Martin Opitz; Sinemus: Poetik und Rhetorik, S. 12ff.; Szyrocki: Martin Opitz, S. 57ff.

[130] Eine Aufzählung erübrigt sich hier. Von älteren Arbeiten seien jedoch erwähnt Lemcke: Von Opitz bis Klopstock (1882), S. 198ff.; Grucker: Histoire des Doctrines littéraires (1883), S. 152ff.

[131] Dazu Garber: Martin Opitz – »der Vater der deutschen Dichtung«.

[132] Dazu Höpfner: Reformbestrebungen, S. 32ff.

[133] Mauser: Opitz und der Beginn, S. 281–314; vgl. ders.: Dichtung, Religion und Gesellschaft, S. 290ff.

Geschmacksvorstellungen der herrschenden Gesellschaft« entsprochen habe.[134] In der Kategorie der ›Zierlichkeit‹ erblickt er die zentrale Kategorie zur Beschreibung dieser Schreibart.[135] Während Paul Böckmann in seiner geistesgeschichtlichen Überschau,[136] die bekanntlich das Barockzeitalter unter den Elegantia-Begriff subsumierte, von den literarischen Produkten selbst ausging, gewinnt Mauser sein übereinstimmendes Ergebnis aus den wirkungsgeschichtlichen Dokumenten: aus nachopitzschen Poetiken, Vorreden und Widmungen. Im Begriff der ›Zierlichkeit‹ versammeln sich poetologische, ethische und gesellschaftliche Vorstellungen und Postulate.[137] Mausers aufwendige Beweisführung[138] zentriert sich um die mehrfach wiederholte These, die vom absolutistischen System ausgebildeten »spezifischen Wertvorstellungen« – eben die »Normen der Tugendhaftigkeit und des Schicklichen«[139] – hätten »alle gesellschaftlichen Bereiche« durchdrungen, auch die »bürgerliche Welt«.[140] Im gehobenen Stil erblickt Mauser das »Korrelat des ethisch-ästhetisch ausgerichteten Leitbildes« des adligen und in zunehmendem Maße des bürgerlichen Lebens.[141] Der unvergleichliche Erfolg der «Poeterey« sei vor dem Hintergrund des von Adel und Bürgertum entwickelten »ethisch-ästhetischen Selbstverständnisses« erklärbar. Er beruhe auf der Einlösung der Postulate, »die deutsche Sprache und Literatur auf einen höheren Stand der Ausdrucksfähigkeit, der Geschmeidigkeit und der Zierlichkeit zu heben«.[142] ›Zierlichkeit‹, von Mauser als deutsche Entsprechung des lateinischen Decorum interpretiert,[143] repräsentiert also das adelige, vom absolutistischen Staat getragene Lebensideal.

Gegen diese Betrachtungsweise lassen sich mehrere Einwände erheben. Daß die nach 1648 auch im Reich zum Tragen gekommenen absolutistischen Tendenzen Opitz' poetologisches Modell begünstigten, trifft mit großer Wahrscheinlichkeit zu, bedarf jedoch detaillierterer Analysen. Es läßt sich unschwer nachweisen, daß sie im Reich erst nach dem westfälischen Frieden auf ein der westeuropäischen Entwicklung vergleichbares Niveau gelangten.[144] Sie erklären also eher die Wirkung des Opitzschen Modells in der zweiten Hälfte des Jahrhunderts als zur

---

[134] Was heißt »herrschende Gesellschaft«? Meint Mauser ›herrschende Gesellschaftsschicht‹ – also den Geschmack einer gebildeten Minderheit? Oder meint er ›herrschenden Geschmack‹ – also die allgemein gehegten Erwartungen?

[135] Ebd., S. 288, 310.

[136] Böckmann: Formgeschichte, Kapitel 4: Das Elegantiaideal und das rhetorische Pathos des Barock, S. 318–470.

[137] Mauser: Opitz und der Beginn, S. 288.

[138] Ebd., S. 303f., 307; zur Erklärung des »menschlichen Leitbilds« der Tugend und der Schicklichkeit vgl. S. 305.

[139] Ebd., S. 303. [140] Ebd., S. 302, 307, 309, 312f. [141] Ebd., S. 309. [142] Ebd., S. 309f.

[143] Ebd., S. 311. Den Opitzschen Beleg bleibt er indes schuldig. In der Dreistillehre bezeichnet Opitz das genus grande als »ansehliche / volle und hefftige reden«, sowie als die Umschreibung eines Dings mit »prächtigen hohen worten«. Poeterey ed. Alewyn, S. 32; S. 24 identifiziert Opitz »ziehrligkeit« mit »elegantz«.

[144] Oestreich: Verfassungsgeschichte, S. 329f., 351ff. Die absolutistischen Ansprüche des Kaisertums begegnen zwar seit dem Restitutionsedikt von 1629 immer wieder, verloren jedoch nach Ferdinands II. Tode an Nachdruck.

Zeit seines Erscheinens, als immerhin der Fürst Ludwig von Anhalt-Köthen zu den Gegnern dieses Modells zählte. Doch genügen die adelig-absolutistischen Tendenzen zur Erklärung des Opitzschen Erfolges nicht. Außer dem Begriff der ›Zierlichkeit‹ müssen – auch in der Opitz-Nachfolge – andere Begriffe wie »artig, rein(lich), deutlich, klar, lieblich« u. a. ergänzend hinzugezogen werden, um die ganze Breite des Opitzschen Stilideals zu erfassen.[145] Die elocutio stellt nur einen Teil des Opitzschen Regelgebäudes dar. Eine Betrachtung der übrigen Partien erweist, daß sich das Opitzsche Modell nicht auf das genetisch adelige Leitbild des ›politischen Menschen‹ und dessen Zierlichkeits-Ideal reduzieren läßt.[146] Das politisch-galante Modell findet zwar Ansatzpunkte in Theorie und Werk von Opitz, ist jedoch selbst eine von den Klassizisten als Verfälschung gebrandmarkte Weiterentwicklung der Opitzschen Theorie, die im absolutistischen Staat der zweiten Jahrhunderthälfte erst wirksam wurde. Mausers Reklamierung der Opitz-Phase für das ›politische‹ Ideal basiert auf der Annahme einer gesellschaftlichen Dichotomie zwischen Adel und Bürgertum. Stillschweigend wird das Gelehrtentum wohl dem Bürgertum subsumiert. Daß diese vom modernen Klassenverständnis plausible Zuordnung für das Barock nicht angeht, belegt Harsdörffer, den man noch am ehesten als ›bürgerlichen‹ Vertreter des Zierlichkeitsideals benennen könnte. Er identifiziert in seinen »Poetischen Beschreibungen« den Bürger eindeutig mit dem städtischen Nährstand, nicht dagegen mit dem Lehrstand.

> »Der sichre / ummaurte / eingepfällte / angesessne / arbeitsame / nahrhaffte Burgersmann. [...] Er wird bedeutet durch die Omeys oder nahrhaffte Bienlein.«[147]

Exemplarisch belegt Mausers Beurteilung der *Fruchtbringenden Gesellschaft*, daß die Dichotomie Adel – Bürgertum zu kurz greift:

> »Die Tatsache, daß gemeinsame Ziele (die als Neuerung in Deutschland zugleich von nationalem Interesse waren) Adel und Bürgertum verbinden konnten, zeigt sich sehr deutlich an den literarischen Gesellschaften – allen voran der ›Fruchtbringenden Gesellschaft‹ –, in denen die Bürger neben Fürsten und Adeligen nicht nur ihren Platz hatten, sondern auch eine Funktion ausübten, die beide Stände betraf.«[148]

Sie als die repräsentative Vereinigung von am Tugend- und Schicklichkeitskodex orientierten Adeligen und ›Bürgerlichen‹ müßte notwendig das Zierlichkeits-Ideal in ihre Satzung aufgenommen haben. Im ersten, dem moralischen Verhalten gewidmeten Paragraphen, fehlt jedoch dieser Begriff.

---

145 Z. B. Poeterey ed. Alewyn, S. 24, 27, 30, 32. Opitz' eigene Definition, S. 24, lautet: »Die ziehrligkeit erfodert das die worte reine vnd deutlich sein.«

146 Nichts anderes beschreibt Mauser, ohne es begrifflich zu benennen. Zur Genese vgl. auch Barner: Barockrhetorik, S. 135–149. Der auf S. 309 von Mauser als »Korrelat des ethisch-ästhetisch ausgerichteten Leitbildes des Lebens« bezeichnete »gehobene Stil« zielt, wie gerade die Ausrichtung an der Hofetikette deutlich macht, eher auf die Vertreter des Hochbarocks als auf Opitz und dessen Altersgenossen.

147 Harsdörffer: Poetischer Trichter, Bd. 3, S. 157. Zum Gebrauch von »zierlich« im Harsdörfferschen Umkreis s. Fischer: Gebundene Rede, S. 219ff.

148 Mauser: Opitz und der Beginn, S. 307.

»Nemlichen / daß ein jedweder Gesellschafter I, erbar / weiß / tugendhaft / höflich / nutzlich / und ergetzlich / gesell- und mässig sich überall bezeigen / rühm und ehrlich handeln / bey Zusammenkunften sich gütig / frölich und vertreulich / in Worten / Geberden und Werken treulichst erweisen / und gleichwie bey angestellten Zusammenkunften keiner dem andern ein widriges Wort vor übel aufzunemen höchlich verboten; Also solle man auch dagegen aller ungeziemenden Reden und groben Schertzens sich zu enthalten / festiglich verbunden seyn.«[149]

Der zweite, der Sprachpflege gewidmete Paragraph führt den Begriff in charakteristischer Verbindung mit »deutlich« auf, ganz im Sinne der auch von Opitz[150] angestrebten Reinhaltung der Sprache:

»So soll auch den Gesellschaftern vor das II. und vor allen Dingen obligen / unsere hochgeehrte Muttersprache / in ihrem gründlichen Wesen / und rechten Verstande / ohn Einmischung fremder ausländischer Flikkwörter / sowol in Reden / Schreiben als Gedichten / aufs allerzier- und deutlichste zu erhalten und auszuüben.«[151]

Allerdings entstammt diese Version dem Geschichtswerk Carl Gustav von Hilles aus dem Jahre 1647. Die ursprüngliche, Ludwigs Intention am nächsten stehende Fassung findet sich im »Kurtzen Bericht der Fruchtbringenden Gesellschaft Zweck und Vorhaben« von 1622. Hier lautet die entsprechende Formulierung:

»Fürs ander / daß man die Hochdeutsche Sprache in jhren rechten wesen und standt / ohne einmischung frembder außländischer wort / auffs möglichste und thunlichste erhalte / und sich so wohl der besten außsprache im reden / alß der reinesten art im schreiben und Reimen=dichten befleißigen.«[152]

Wenn schon nicht in den Satzungen der Fruchtbringenden Gesellschaft, so müßte sich das Zierlichkeits-Ideal aber in Ludwigs eigener Vers-Poetik finden. Denn sofern Opitz' Poetik Ausdruck adelig-absolutistischen Selbstverständnisses ist, dann müßte diese Tendenz sich umso reiner beim Vertreter des Hochadels selbst aussprechen. Die von 1639 stammende »Anleitung Zu der Deütschen Reimekünst« beginnt:

»Wer eines guten reims weiß', art und mass will wißen
Zu unsrer Deütschen Sprach': Aufs erste sey beflißen,
Zu schreiben drinnen klar, leicht ungezwungen rein,
An frembde Sprachen sich und worte ja nicht binde,
Er geh auch, in dem fall' er folgen will, gelinde,
Biß er den seinen sich befind ein Meister sein.

---

149 Hille: Der Teutsche Palmbaum, S. 16f. II. »Von der Hochlöblichen Fruchtbringenden Gesellschaft Satzungen«. Vgl. auch Neumark: Neusprossender Teutscher Palmbaum, S. 25ff.

150 Opitz: Poeterey ed. Alewyn, S. 24ff.

151 Hille: Der Teutsche Palmbaum, S. 17.

152 Die Fassung entstammt dem »Kurtzen Bericht der Fruchtbringenden Gesellschafft Zweck und Vorhaben«. Köthen 1622; abgedruckt bei Schöne: Das Zeitalter des Barock, S. 38–40, hier S. 39. Gleichlautend sind die entsprechenden Partien in den übrigen Gesellschaftsverlautbarungen. Otto: Die Sprachgesellschaften, S. 28, druckt eine lediglich orthographisch verschiedene Version von 1646 ab.

Er nehm in acht die Fäll' und solche nit verkehre,
Und wo verkehret sie ein beßers andern lehre,
Nach wahrer eigenschafft der Zung' in unserm Land',
Da sie mit reiner Ziehrd' und deütlich wird getrieben
Zu ungebundner red', alß sie dann auch geschrieben
Gebunden werden soll in wollgemeßnem Band.«:[153]

Ludwigs ausführliche Darlegung entspricht Opitz' Postulat: »Ziehrlichkeit« erfordere, »das die worte reine vnd deutlich sein.«[154] Die Übereinstimmung der Aussagen in der Satzung der Fruchtbringenden Gesellschaft, in Ludwigs und Opitz' Poetik ist evident. Sie läßt sich unschwer erklären.

Die Regeln der Fruchtbringenden Gesellschaft basieren auf den Satzungen der italienischen ›Accademia della Crusca‹, deren Mitglied Fürst Ludwig seit 1600 war.[155] Wenn der Charakter dieser Akademie (im Gegensatz zu anderen, städtischen, jedoch aus demselben Gesellschaftspotential sich rekrutierenden Gesellschaften[156]) als höfisch definiert wird, so vernachlässigt dieses Etikett zum einen die besondere Situation des mediceischen Hofes in Florenz, der zum Stadtpatriziat, dem die Medici selbst entstammten, in einem engeren Verhältnis stand als etwa ein deutscher Landesfürst zum gehobenen Bürgertum, zum andern die spezifisch humanistische Prägung dieses Hofes und des in der Akademie versammelten Adels. Die meisten Mitglieder waren zwar Adelige,[157] organisierten sich jedoch zum Zweck humanistisch-gelehrter Tätigkeit, die sich am eindrucksvoll-

---

153 Ludwig von Anhalt-Köthen: Kurtze Anleitung (1640); abgedruckt bei Stoll: Sprachgesellschaften, S. 116–118; Chr. Wagenknecht: Epochen der deutschen Lyrik. Bd. 4, S. 90–92; Krause: Ertzschrein, S. 219–221.

154 Opitz: Poeterey ed. Alewyn, S. 24.

155 Ludwig wurde am 21. Juli 1600 in die Accademia della Crusca aufgenommen; Otto: Die Sprachgesellschaften, S. 16; Conermann: War die FG eine Akademie, S. 105ff. Die Leggi dell'Academia della Crusca Riformate l'anno 1589 handeln in 19 Kapiteln über Aufnahme, Gesellschaftsnamen und Imprimatur. Zum Verhältnis der FG zum italienischen Vorbild vgl. Hille: Der Teutsche Palmbaum, S. 187 u.ö.; von Reumont: Zur Geschichte, S. 207–213 Teutsche Akademiker, hier bes. S. 209.

156 Vgl. etwa die soziale Zusammensetzung der »Affidati« (»Ragionamento di Luca Contile sopra la proprietà delle imprese con le particolari de gli Academici Affidati.« Pavia 1574): 1574 hatte diese Gesellschaft 107 Mitglieder, davon 17 ohne Titel, Stand oder Amt; 5 Fürsten, 18 Geistliche, 11 Adelige, 5 Ritterordensmitglieder, 7 Offiziere, 15 zivile Amts- oder Titelträger, 13 Professoren, 16 weitere gelehrte Mitglieder (v.a. Juristen), 1 Pfalzgraf, 1 Arzt, 1 Philosoph und Poet, 3 Philosophen; Conermann: War die FG eine Akademie, S. 115.

157 Ebd., S. 114f., 121f. Doch waren in den italienischen Akademien Adel und gehobenes Bürgertum kaum noch getrennt. Vgl. von Reumont: Zur Geschichte, S. 146f., 149f.; Maylender: Storia delle Accademie, Bd. 2, s.v. Accademia della Crusca – Firenze, S. 122–146; S. 124, die Gründungsmitglieder Bernardo Canigiani, Giambattista Deti, Antonfrancesco Grazzini (il Lasca), Bernardo Zanchini, Bastiano de Rossi waren in Personalunion »uomini notissimi per eccelenza d'ingegno, nobilità di natali e cariche pubbliche da essi con lode coperte.« Vgl. Ersch-Gruber: Allgemeine Encyclopädie, Tl. 20. Leipzig 1829, s.v. Crusca, Accademia della, S. 234–236.

sten im »Vocabulario degli Accademici della Crusca« niederschlug.[158] Alfred von Reumont bezeichnet denn auch die Akademie als »Gelehrtenverein«;[159] und die Zugehörigkeit von Wissenschaftlern wie Galilei, Toricelli und Viviani, Dichtern wie Tasso und Künstlern wie Michelangelo charakterisiert sie deutlich als eine überständische Organisation.[160]

Die Einrichtung der Fruchtbringenden Gesellschaft bedeutete auf institutioneller Ebene das »Analogon zu Opitz' ›Einrichtung‹ einer deutschen Poeterey«. Denn diese – das haben die ausgedehnten quellenkritischen Untersuchungen einwandfrei belegt – stellte nichts anderes dar als die Übertragung des von italienischen und französischen Humanisten geschaffenen Poetik-Modells auf die deutsche Literatur.

Die Sprachgesellschaften rekrutierten sich, wie erwähnt, nicht aus dem einzig als ›Bürgertum‹ ansprechbaren ›Nährstand‹, sondern aus Adel und weltlichem (weniger geistlichem) Lehrstand. Ludwig spricht ja ausdrücklich von den »gelehrten«, die »auch edel« seien. Das Verbot ständischer Unterscheidung innerhalb der Gesellschaft indiziert die ›gelehrte‹ Zielsetzung.[161]

In den anderen Sprachgesellschaften traten die in der Fruchtbringenden Gesellschaft stark etablierten Adelsmomente zurück. Wenn das Tugend- und Sprach-Reinigungsideal dennoch weitgehend gemeinsam war, so läßt sich dieser Sachverhalt nicht auf ein bereits ins ›Bürgertum‹ vorgedrungenes Adelsideal zurückführen, sondern auf die Verschmelzung humanistischer und weltmännischer Ideale.[162] Die von Mauser behauptete Entsprechung zwischen den adeligen Leitbildern der Tugendhaftigkeit, der Schicklichkeit und dem Stilbegriff der ›Zierlichkeit‹ läßt sich genetisch nicht aufrecht erhalten. Der Begriff der Zierlichkeit stellt das Analogon zum lateinischen elegantia-Ideal dar, wie es die italienischen Humanisten und der ›Weltbürger‹ Erasmus gepflegt haben und wie es als

---

158 Vocabulario degli Accademici della Crusca, con tre indici delle voci, locuzioni e proverbj latini e greci. Venezia 1612.

159 von Reumont: Zur Geschichte, S. 207. Buck bezeichnet die Gründung der Crusca als eine »Reaktion einer Gruppe von Literaten auf gewisse Pedanterien der Accademia Fiorentina«. Buck: Die humanistischen Akademien in Italien, in: Studia humanitatis, S. 221f.

160 Ebd., S. 150ff.; zu den italienischen Sprachgesellschaften s. Th. F. Crane: Italian Customs of the Sixteenth Century and their Influence on the Literatures of Europe. New Haven/London 1920.

161 Dazu Conermann: War die FG eine Akademie, S. 111, 129f. unter Bezugnahme auf Hille: Der Teutsche Palmbaum, S. 69, 142:»Wie in den Akademien sollten nach Hille auch in der FG die Namen ›Vertreulichkeit/Gleichheit und Freundschaft‹ stiften« – ohne Beobachtung des Herkommens; ebenso Neumark: Der Neusprossende Teutsche Palmbaum, S. 143; vgl. hier Anm. 116. Bis 1641 stellt Conermann in der FG höfisch-adelige Mitglieder fest (Offiziere, Räte, Sekretäre, Stiftsherren; Generäle, Fürsten, Grafen, Herren, Adelige), seit 1642 auch außerhöfische Bürger und Gelehrte.

162 Humanistisches Gelehrtentum und weltmännische Einstellung schlossen sich nicht aus, wie Opitz und Harsdörffer genügend erweisen. Keineswegs muß die weltmännische Komponente einsträngig auf den Einfluß des Adels zurückgeführt werden. Vgl. auch Wiedemann: Vorspiel, S. 5f.

Forderung in den humanistischen Lehrplänen begegnet.[163] Der Schüler soll nicht mehr das mittellateinische barbarische Küchenlatein reden und schreiben, sondern das elegante Latein der Klassiker, vor allem Ciceros. Der ciceronianische Stil ist der elegante Stil par excellence. *Elegantia* – so ist festzuhalten – ist das Stilideal der humanistischen Gelehrten.[164] Bei der Übertragung des Humanistenideals aus der Latein- in die Muttersprachlichkeit wird elegantia konsequent verdeutscht als »Zierlichkeit«. Opitz spricht von »elegantz oder ziehrligkeit«.[165] Die Rhetorica ad Herennium, der Opitz sein Einteilungsschema entnimmt, versteht unter elegantia die korrekte lateinische Ausdrucksweise (latinitas) und die Klarheit und Deutlichkeit der Rede (explanatio).[166] Reinheit und Deutlichkeit des Wortgebrauchs sind auch in Opitz' Zierlichkeits-Ideal vorausgesetzt. Die Stoßrichtung der Übernahme wird deutlich: Wie die lateinische elegantia von den Humanisten dem Scholastikerlatein entgegengesetzt wurde, so setzen die deutschen Poeten die ›Zierlichkeit‹ ihrer Sprache dem ungehobelten Deutsch der volkstümlichen ›bürgerlichen‹ Tradition und der fremdwörtersüchtigen Sprachmengerei adliger und gelehrter Kreise entgegen. Von einem ›adeligen‹ oder einem ›bürgerlichen‹ Ideal läßt sich gerade bei der Elegantia nicht sprechen. Sie war – wenigstens in der ersten Hälfte des 17. Jahrhunderts – ein humanistisches Ideal.

Daß heißt allerdings nicht, daß die Gelehrtenschaft in toto dieses Ideal propagiert hätte. Dem kosmopolitischen Humanistenideal hingen lediglich solche Teile des Adels und des Gelehrtenstandes an, die durch das national motivierte Interesse am Aufschwung deutscher Sprache und Poesie verbunden waren.

Opitz selbst gebraucht, wie Drux zu Recht feststellt, den Zierlichkeitsbegriff im Sinne des Auctor ad Herennium. Erst in der zweiten Jahrhunderthälfte bezeichnet der Begriff den Sprachschmuck und das Decorum-Prinzip.[167] Gegen

---

[163] Damit stimmt Windfuhrs Betrachtung der Dignität überein: Opitz' Bildlichkeits-Programm enthalte keine barocken Ansätze; Windfuhr: Barocke Bildlichkeit, S. 12ff.; zu Erasmus' Sprachideal s. Hildebrandt-Günther: Antike Rhetorik, S. 22ff. und Streckenbach: Stiltheorie und Rhetorik der Römer, s. 40ff. Noch A. Buchner leitet die ›Zierlichkeit‹ von den »Griechen und Lateinern« ab; Kurzer Wegweiser, S. 81. Vgl. Borcherdt: A. Buchner und seine Bedeutung, S. 55ff., bes. S. 59 zum antikischen Charakter.

[164] Zum humanistischen Elegantia-Ideal s. Hildebrandt-Günther: Antike Rhetorik, S. 37f., 85; Böckmann: Formgeschichte, S. 318ff., 355ff.

[165] Opitz: Poeterey ed. Alewyn, S. 24. Opitz entnimmt die Gliederung in ›elegantia‹, ›compositio‹ und ›dignitas‹ der Rhetorik ad Herennium. Eine Entsprechung von elegans und zierlich schlagender Natur findet sich im »Pflantzgarten aller Sprachen und Wissenschaften«: »zieren« ist lat. »expolire, exornare«, »zierlich« aber ist lat. »eleganter«; Hildebrandt-Günther: Antike Rhetorik, S. 35. Zur Wirkung des Opitzschen Postulats vgl. Johann Micraelius' »Aganthander« (1633), Prologus: »Wer wil dann Heut zu Tag den Deutschen diß verweisen / daß sie Lateinsche Zierd in Deutscher Sprache preysen. // Sol vnser runde Zung nur sein der Römer Knecht? / Sol sie es andren / vnd sich nicht / machen gerecht?«

[166] Vgl. Drux: Martin Opitz, S. 31, 38.

[167] So auch Drux, ebd., S. 31. Für Mauser: Opitz und der Beginn, S. 311, ist nur die Bedeutung als ›Decorum‹ von Belang. Das Reinlichkeitsideal (wie auch das Klarheitsideal) ist ebenfalls humanistisch: auch die lateinischen Klassiker vermengten ihr Latein

Mauser, der das dem Hochbarock entnommene Decorum-Leitbild für Opitz' Erfolg verantwortlich macht, muß betont werden, daß die Umdeutung des Zierlichkeits-Ideals – von Elegantia auf Decorum (mit all den höfisch-galanten Implikationen) – die Glorifizierung Opitz' gerade beeinträchtigt hat. In der zweiten Jahrhunderthälfte galt der humanistische Poet Opitz bezeichnenderweise nicht mehr als unüberbietbares Vorbild.[168]

(2) *Die ›Poeterey‹ als »ästhetische Verwirklichung einer absolutistischen Ordnung«?*

Gegenüber Böckmanns Überstrapazierung des Elegantia-Ideals[169] plädiert *Rudolf Drux* für stärkere Beachtung des Komplexes der »ziehr«. »Ziehr« bezeichnet bei Opitz – wieder dem Auctor ad Herennium folgend, die Ausschmückung der elocutio, also ornatus und dignitas. »Zierlichkeit« bezieht sich auf die Verständlichkeit der Worte selbst, »composition oder zuesammensetzung« auf das Verhältnis der Worte zueinander, »dignitet und ansehen« schließlich auf die Tropen und Figuren, mit denen die Rede ausstaffiert wird. Opitz selbst verweist auf den rhetorischen Charakter dieses Bereichs,[170] der die Dreistillehre umfaßt.[171] Bezeichnenderweise taucht der Decorum-Aspekt (»dignitet und ansehen«) erst im Zusammenhang mit den drei Stilmöglichkeiten auf – und auch hier nur bezogen auf ihre sachangemessene Verwendung (inneres aptum).

Das in den Territorien realisierte monarchisch-absolutistische Prinzip bestimmt für Drux das Konstrukt von Opitz' hierarchisch gegliedertem Regelsystem.[172] Danach antizipierte Opitz im Ästhetischen die absolutistische Ordnung des Reiches,[173] indem er alle deutschen Regionen auf seinen Regelkanon verpflichtete.

---

nicht mit fremdsprachigen, etwa griechischen Wörtern. Dazu Fischer: Gebundene Rede, S. 220ff. Schon Harsdörffer vertritt ein Zierlichkeitsideal, das über die Elegantia hinausgeht und den gesamten ornatus umfaßt. Harsdörffer: Poetischer Trichter, Tl. 1, S. 106: »Zierlich ist / wann man hohe Dinge mit hohen prächtigen Machtworten / mittelmäßige mit feinen verständigen / und nidrige mit schlechten Reden vorträget.« »Zierlich« wird fast synonym für »gemäß« verwendet, steht als repräsentativ für das Decorum; Gesprechsspiele Bd. 5, CCIV, S. 17. Fischer macht darauf aufmerksam, daß der Übergang des Zierlichkeits-Begriffs von Elegantia auf Decorum – ornatus schon in Meyfarts Rhetorik zu konstatieren ist; Fischer: Gebundene Rede, S. 220f.

[168] Z. B. für Morhof oder Männling, auch Stieler.

[169] Kritisch gegenüber Böckmanns Verwendung des Begriffs »Zierlichkeit« Drux: Martin Opitz, S. 31: Der wichtige Begriff »ziehr« entspreche nicht elegantia, sondern dignitas oder ornatus. Tatsächlich verwendet Opitz den Begriff der »ziehr« im Sinne der Auszierung (bzw. der »aufmutzung«); Opitz: Poeterey ed. Alewyn, S. 24ff.

[170] Poeterey ed. Alewyn, S. 29.

[171] Zur Genese der Dreistillehre s. Dyck: Ticht-Kunst, S. 91–112; vgl. Fischer: Gebundene Rede, S. 106ff.; Ueding: Einführung in die Rhetorik, S. 89–94. Der von Dyck herangezogene Alsted kann indes nur bedingt als Vertreter eines Absolutismus gelten.

[172] Drux: Martin Opitz, S. 152.

[173] Obwohl Sinemus: Poetik und Rhetorik, S. 51f., dieselbe Meinung wie Drux vertritt, daß in Opitz' Poetikprogramm frühabsolutistische, »auf die territorialstaatliche Herrschafts-

Der Dichter als »Bürokrat der sprachlichen Formen« verwaltet die »res« und repräsentiert durch ihre (wertende) Benennung die absolutistische Hierarchie.[174] Den Erfolg der Opitzschen, auf den ethischen Normen des aptum-Systems basierenden Poetik begründet Drux durch die Zustimmung der absolutistisch eingestellten Gelehrtenkreise.[175]

> »Indem das Werk des Martin Opitz, das die absolutistischen Tendenzen seiner Zeit widerspiegelte und sie im System der poetischen Regeln zur ästhetischen Entfaltung brachte, von den Gelehrten und Teilen des Adels, dem Beamtenreservoir des 17. Jahrhunderts, gelesen, nachgeahmt und umgesetzt wurde, trug es dazu bei, eine Geisteshaltung zu schaffen, auf der die absolutistische Staatsform Fuß fassen konnte.«[176]

Drux erblickt also wie Mauser, obgleich stärker auf die Gesamtleistung der Opitzschen Poetik abhebend, den Grund für den anhaltenden Erfolg in der gesellschaftlichen Funktionalität, die sie im Vorfeld und während der absolutistischen Staatsform gehabt hat. Daß viele Partien der Poetik der hierarchischen Struktur der absolutistischen Gesellschaft entsprachen, ist nicht zu leugnen. Andererseits enthält sie auch Partien, die unter dem Absolutismus weniger Anklang fanden: etwa die *sach*bezogene Empfehlung des genus grande[177] und das ambivalente Verhältnis von natura und ars.[178] Man könnte bei Betrachtung der Opitz-Rezeption zum Schluß kommen, daß das Opitzsche Modell eher ins Vorfeld des Absolutismus gehörte, und daß mit dessen Etablierung der Einfluß der »Poeterey« eher schwand. Erst Gottsched, der Vertreter eines aufgeklärten Absolutismus, hat das vorabsolutistische Ideal Opitz' nochmals inthronisiert.[179]

---

ordnung« gerichtete Tendenzen enthalten seien, urteilt er doch vorsichtig über den realen Stand im Reich: »Von einem realen Zusammenhang zwischen Poetik und Politik, wie ihn Heitmann für Frankreich in der systematisch betriebenen Reglementierung der Literatur und der planvollen Neugestaltung des Staates auf der Grundlage des Autoritätsprinzipes behauptet, kann für das territorialstaatlich zersplitterte, uneinheitliche Deutschland in dieser Weise nicht gesprochen werden [...].« Vgl. Wiedemanns vorsichtige Beurteilung der Analogie poetischer und politischer Absolutismustendenzen; Vorspiel, S. 5. Zwar hält Wiedemann Opitz' Reform für die »ästhetische Vorausprojektion« eines Reichsabsolutismus (Wiedemann: Barockdichtung in Deutschland, S. 181), schreibt jedoch die kulturelle Erneuerung dem Zusammengehen der bürgerlichen Humanisten und des schöngeistigen Adels zu: Die »Verbindung von Humanismus und höfischer Ideologie« bilde »das Grundreagenz des deutschen Literaturbarock«; dazu Sinemus: Poetik und Rhetorik, S. 26 und S. 251 Anm. 26. Vgl. auch Sinemus' These von der Stilordnung als einem Analogon zur Polizeigesetzgebung des Reiches; Sinemus: Stilordnung, S. 31f., 36f.

[174] Drux: Martin Opitz, S. 153. Auf die im einzelnen herausgearbeiteten Entsprechungen kann hier nicht eingegangen werden.

[175] Die Quelle dafür ist der bekanntlich für das Hl. Röm. Reich nicht sehr verläßliche Hauser: Sozialgeschichte, Bd. 1, S. 471 und 492ff.

[176] Drux: Martin Opitz, S. 154.

[177] Opitz: Poeterey ed Alewyn, S. 32 (inneres aptum).

[178] Ebd., S. 7, 11, 17 u. ö.

[179] Dazu vgl. Kapitel VII 2.; Garber: Martin Opitz, S. 44–54; Zeman: Die Entfaltung, S. 397f., setzt die politische Intention deutschsprachiger Kunstpoesie des 17. Jahrhunderts entschieden von der (reichseinenden) Intention lateinsprachiger Poesie der Humanisten des 16. Jahrhunderts ab.

Wesentlicher als die ideologische Fixierung des Opitzschen Publikums auf die absolutistischen Normen ist die Feststellung, daß es sich dabei um »Gelehrte« gehandelt hat.[180] Dieser in der Forschung bisher vernachlässigte Sachverhalt bedarf einer eigenen Überlegung.

(3) Opitz im Rahmen der humanistischen Bildungstradition

Stärkere Zweifel als gegenüber den vorgetragenen Erfolgsbegründungen sind angebracht gegenüber einer Interpretation der Poetik selbst als eines Regelwerks aus absolutistischem Geist. Bei der Frage nach Erfolg und Funktion einer Theorie liegt der Schluß von der Wirkung auf das Wesen nahe. Dieses einseitige Verfahren läßt jedoch die werkbegründende Tradition und die (von ihr mitbestimmte) Intention des Autors außer acht. Es dürfte schwer fallen, in der Poetik explizite absolutistische Grundsätze nachzuweisen, die nicht schon in den vorausgehenden lateinischen und französischen Poetiken enthalten wären – zu einer Zeit, als vom Absolutismus noch kaum Spuren vorhanden waren.

Außerdem ist selbst bei einer funktionalen Betrachtungsweise vor Verallgemeinerungen gerade im ›Deutschen Reich‹ des 17. Jahrhunderts zu warnen. Absolutistische Tendenzen gab es zwar im kaiserlich-katholischen Machtbereich vor, im (für Opitz und seine Anhänger geistig wesentlichen) protestantischen Bereich erst nach 1648 in staatspolitisch-verfassungsrechtlich relevanter Form. Doch läßt sich Opitz' Poetik-Neuansatz ebensowenig für die katholische wie für die protestantische Tendenz reklamieren. Windfuhr betont die geistige und literarische Herkunft Opitz' »aus den Kreisen der Späthumanisten von Heidelberg und Leiden.«[181] Die humanistische Tradition erklärt Opitz' Unabhängigkeit gegenüber den Konfessionen[182] *und* gegenüber dem Adelstitel.[183]

Das von Opitz in wenigen Tagen niedergeschriebene »Buch von der Deutschen Poeterey« ist eine Kompilation aus anerkannten lateinischen und volkssprachli-

---

[180] Vage Drux: Martin Opitz, S. 154. Trotz des Ansatzes von Trunz fehlt immer noch eine Darstellung über die lateinsprachige nobilitas literaria. Die materialreichen Arbeiten von Engelsing behandeln nur die deutschsprachige Leserschaft.

[181] Windfuhr: Barocke Bildlichkeit, S. 343f.; ausführlich über das Verhältnis Opitz' zu den Humanisten, S. 10–21. Opitz' Neuerung, die im formalen Akt der Übertragung »internationaler Renaissance-Gedanken auf die nationale Situation« besteht, hat sich indes auf sozialem Sektor auch inhaltlich ausgewirkt. Opitz' geistige Partner stammen aus den internationalen Gelehrtenkreisen, wie der Briefwechsel belegt: Bernegger, Buchner, Grotius, Gruter, Heinsius, Lingelsheim, Scaliger u. a.; Gose: Dacia antiqua, S. 130f.

[182] Zu Opitz' vielumstrittener »Charakterlosigkeit« s. Szyrocki: Martin Opitz, S. 74, 84 (»religiöse Indifferenz«); Palm: Martin Opitz, S. 198ff.; Gellinek: Die weltliche Lyrik, S. 270 geht doch in ihrem Urteil etwas zu weit, veranschlagt, unhistorisch-modernistisch, einen aufklärerischen Vernunftbegriff für Opitz: »Wegen seiner Toleranz religiösen Fragen gegenüber hat man in Opitz jedoch mit Recht einen Vorläufer der Aufklärung gesehen.«

[183] Dazu Kapitel II. 4.1.; vgl. auch Drux: Martin Opitz, S. 168.

chen Poetiken und Vorreden humanistischer Gelehrter und Dichter.[184] Es enthält keinen Gedanken, der nicht in einer der Vorlagen begegnen würde.[185] Ein Vergleich der Opitzschen Grundsätze mit den maßgeblichen Poetiken der Renaissance – dem Nachzeichnen ihrer Hauptprinzipien diente das Kapitel »Axiome der humanistischen Poetik« – zeigt die vollkommene Kongruenz der Regelempfehlungen, der Funktionsbestimmungen und der Legitimationsversuche. Opitz' ›neues Modell‹ fügt sich der humanistischen Lehrweise an Schule und Universität widerspruchslos ein. Das heißt: Opitz' Modell ermöglichte es, alles in der Latein- bzw. Gelehrtenschule und in der artistischen Fakultät für die lateinische Poesie Erlernte in toto auf die deutsche Sprache und Poesie zu übertragen. Diese – mit Ausnahme der Akzentregeln – totale Übertragbarkeit zeigt sich besonders in den Anfängen der Neuerung. Später werden Züge vorsichtiger Distanz erkennbar – etwa in syntaktisch-grammatischen Fragen.[186] Opitz' Konformität mit der lateinischen Bildungstradition zeigt sich an der Übernahme des über ein Jahrhundert für das lateinische Dichten geltenden praecepta- und exempla-Kanons in das Lehrbuch der deutschen Poesie. Opitz' Neuerung besteht eigentlich in einem Umsetzungsvorgang, einer Vertauschung des Mediums bei gleichbleibendem Regelkodex und Autorenkanon. Die Konformität mit dem rhetorischen Lehrsystem – »Poesie als Lehrfach an Universität und Schule im 16. Jahrhundert« – erklärt auch die praktische Priorität des Lehrbarkeitsmomentes gegenüber Opitz' theoretischer Betonung der natura.[187]

Die Orientierung der »Poeterey« an der Rhetorik erlaubte die zwanglose Eingliederung der Poesie in das bestehende Lehrsystem. Die hier anzutreffende poetische Praxis ignorierte faktisch die natura-Theorie oder degradierte sie zum meist nicht eingelösten Postulat. Die Folge der rhetorischen Praxis war eine Reduktion des Opitzschen Modells, das Ausgewogenheit von natura und ars postulierte, auf die lehrbaren, der rhetorischen Tradition entnommenen Elemente. Der von Opitz unter so verschiedenen Aspekten wie dem Verhältnis verba – res, der Funktionsbestimmung der Poesie (»docere, delectare, movere«), der Legitimation des Dichterberufes und der Einteilung des oratorischen Lehrstoffs (»inventio – dispositio – elocutio«) übernommene Verbund zwischen Rhetorik und Poesie erfuhr nur unwesentliche Änderungen, meist aber in Richtung des

---

[184] Zu den Quellen s. die Literaturangaben Anm. 129; auch Grucker: Histoire des Doctrines littéraires, S. 152ff.

[185] Vgl. die synoptische Tabelle bei Berghoeffer: Martin Opitz' Buch, S. 86ff.

[186] Eine Untersuchung, die die Übersetzungstechniken und -maximen barocker Dichter und Wissenschaftler mit modernen sprachwissenschaftlichen Methoden analysieren würde, steht noch aus. Einen guten Einstieg bietet Schöne: Das Zeitalter des Barock, S. 153ff. mit verschiedenen Proben der barocken Psalmenübersetzungen und der Hoheliedübertragungen. Vgl. auch M. Goebel: Die Bearbeitungen des Hohen Liedes im 17. Jahrhundert. Diss. Leipzig 1914; Alewyn: Vorbarocker Klassizismus; G. Schulz-Behrend: Opitz' Übersetzung von Barclays Argenis, in: PMLA 70 (1955), S. 455–473. Daß die deutsche Poetik des 17. Jahrhunderts aus ›humanistischem‹ Geist konstituiert wurde, bestätigt für Prosodie und Metrik Schmidt: Deutsche Ars poetica.

[187] Opitz: Poeterey ed. Alewyn, S. 7, 9, 16f., 53f.

Vorrangs rhetorischer Momente: etwa der Betonung des Persuasionsprinzips[188] oder des Ausbaus der elocutio.[189] Die rhetorisch akzentuierten Veränderungen der Opitzschen Ausgangsbasis mögen durch die absolutistisch-›politischen‹ Momente der zweiten Jahrhunderthälfte mitbedingt sein. Die Konformität des Modells mit den humanistischen Normen, die sich in seiner reibungslosen Integration ins Bildungssystem widerspiegelt, also die evidente Verpflichtung der Poesie auf *gesellschaftliche Zwecke*, bildet den tieferen Grund für den durchschlagenden Erfolg.

Gegenüber der im lateinischen »Aristarchus« manifesten Kritik an lateinischer Sprachpraxis wirkt die »Poeterey« diplomatischer. Sie stellt den umfassenden übersprachlichen Charakter des Verbunds von Rhetorik und Poesie heraus. Opitz hofft,

> »es werde nicht alleine die Lateinische Poesie [...] vngeacht dieser trübseligen zeiten vnd höchster verachtung gelehrter leute / bey ihrem werth erhalten werden; sondern auch die Deutsche / zue welcher ich nach meinem armen vermögen allbereit die fahne auffgesteckt / von stattlichen gemütern allso außgevbet werden / das vnser Vaterland Franckreich vnd Italien wenig wird bevor dörffen geben.«[190]

Gerade die Übereinstimmung mit den international geltenden humanistischen Normen sicherte den Vertretern des nationalen Wettstreitdenkens – den Adligen und den Gelehrten – ein erfolgversprechendes Zusammenwirken. Daß im Laufe des 17. Jahrhunderts zwei Entwicklungsstränge sich herausgebildet haben, die das Konzept Opitz' nur in hypertrophierter und in reduzierter Form zur Wirkung kommen ließen, gründet in den strukturellen Veränderungen innerhalb des Adels- und des Gelehrtenstandes, im Aufkommen einer wissenschaftsinternen Humanismusopposition und im Vordringen der ›politischen‹ Bewegung, die den wahrhaften Ausdruck des absolutistischen Systems bildet. Ars und doctrina, bei Opitz noch in Verbindung zur natura gesehene lebendige Realität, uferten aus oder erstarrten zu Floskeln, deren Realgehalt sich auf eine formalistische imitatio reduzierte.

In der Gestalt Martin Opitz' kristallisiert sich klar die ständische und die weltanschauliche Position des Gelehrtentums. Die Dichotomie Bürgertum – Adel ist eine unzulässige Vereinfachung der historischen Situation. Opitz ist weder dem Bürgertum noch dem Adel zuzuordnen; er vertritt in eindeutiger Weise das Gelehrtentum. Auch gegenüber Darstellungen, die entweder die höfische Orientierung Opitz' betonen oder die emanzipativ-revolutionären Elemente hervorheben, ist hier an der Zugehörigkeit Opitz' zum Gelehrtenstand als einer gesellschaftlichen Schicht eigenen Zuschnitts festzuhalten. Spezifisch für das Gelehrtentum ist – Trunz hat es für das 16. Jahrhundert herausgearbeitet – seine durch den ausschließlichen Gebrauch der lateinischen Sprache erst ermöglichte Kosmopolitie. Obwohl der Gelehrtenstand bereits am Ende des 16. Jahrhunderts nicht mehr

---

188 Zur persuasio s. Dyck: Ticht-Kunst, S. 16, 33f., 58.
189 Vgl. Kapitel III. 2.
190 Opitz: Poeterey ed. Alewyn, S. 14.

die weitreichenden sozialen Privilegien wie im 14. und 15. Jahrhundert genoß, bildete er immer noch eine innerhalb des Staatsgefüges eigene Formation, eine Berufs-Gesinnungsschicht, die nun weniger auf gesetzmäßiger Sonderstellung, als auf internationaler Zusammengehörigkeit basierte. In ihr dokumentierte sich die staatsübergreifende Gesinnung des Standes. Opitz' Zuordnung zu dieser Gruppe löst auch das langezeit von der Literarhistorie mit schlechtem Gewissen vorgenommene heikle Problem der transliterarischen Einschätzung Opitz'. Wie Ermatinger betont, ist bei Opitz das humanistisch-formalistische Element so stark entwickelt, »daß er sich über die religiös-weltanschaulichen Spannungen seiner Zeit recht eigentlich erhaben fühlt.«[191] Man hat Opitz von moralischer Warte aus Gesinnungslosigkeit vorgeworfen, etwa weil er, der gebürtige Protestant, für den Grafen Dohna eine jesuitische Streitschrift gegen den Protestantismus aus dem Lateinischen ins Deutsche übersetzt habe. Für Opitz bedeutete der Konfessionenstreit aus der Perspektive des Gelehrten allerdings einen Abstieg in die Niederungen, denen der mit Bildungswerten souverän schaltende Gelehrte enthoben war. Dem italienischen Renaissancekünstler mit seiner Gleichgültigkeit gegenüber inhaltlichen Dogmen und seiner synkretistischen Haltung, die christliche und antike Traditionen zu artifiziellen Zwecken mischte, kommt im Deutschland des 17. Jahrhunderts kein national eingestellter Künstler näher als Opitz. ›Unbekümmert‹ stellt er griechisch-antike Mythologie neben christliche Glaubensaussagen. Dem orthodoxen Protestantismus konnte diese Vermengung von Glauben und Aberglauben nur fatal sein; für Opitz stellten jedoch beide Glaubenstraditionen ›Mythologien‹ dar, die er zu ausschließlich künstlerischen Zwecken verwertete. Aus konfessioneller Perspektive wäre die etwa hundert Jahre andauernde Verherrlichung Opitz' kaum erklärbar. Sie läßt sich jedoch durch die vom Protestantismus propagierte rhetorische Strukturierung des Schul- und Universitätsunterrichts plausibel machen. Die rhetorischen Erwartungen wurden durch das von Opitz inaugurierte nationale Poesie-Modell voll erfüllt; der vorgetragene Synkretismus befriedigte sowohl die humanistischen Ansprüche als auch die Erfordernisse einer pietas christiana. Entscheidend ist das Transponieren des – von Melanchthon und Sturm entwickelten – bildungspolitischen Synkretismus aus der standesexklusiven Latinität in die einer breiteren sozialen Schicht zugängliche Muttersprache. Das Politikum der von Opitz propagierten deutschsprachigen ›Gelehrten Poesie‹ ist also weniger die Nationalisierung der Poesie, als vielmehr der (gelungene) Versuch, einen weiteren Interessentenkreis für das bildungspolitische Programm einer humanistischen deutschen Poesie zu gewinnen. Der Opitzsche Einfluß hörte folgerichtig zu dem Zeitpunkt auf, als das rhetorische Unterrichtsmodell an den Erziehungsinstitutionen abgelöst wurde, in der ersten Hälfte des 18. Jahrhunderts. Die Vorbildlichkeit Opitz', trotz seiner weltanschaulichen Indifferenz während des ganzen Barockzeitalters unangefochten, wurde paradoxerweise dann in Zweifel gezogen, als die Theologie ihre beherrschende Stellung selbst zu verlieren begann. Mit der Dominanz empirisch-rationaler Prinzipien

---

[191] Ermatinger: Barock und Rokoko, S. 33.

gerieten theologische, scholastische und humanistische Wertvorstellungen gleicherweise ins Wanken.

2. Poeta eruditus – das humanistische Poetenideal in der deutschen Barockpoetik

2.1. Opitz' Apologie des Poeten

Wie die protestantischen Schulordnungen belegen, verfolgte die Lektüre lateinischer Klassiker und die Übung in Poesie und Oratorie den pragmatischen Zweck, die lateinische Sprache zu vermitteln. Der geistliche Zweck: mit Hilfe der Lateinkenntnis das Evangelium besser zu verstehen, bot den Legitimationsgrund der lateinsprachigen Rhetorik und Poesie. Für eine deutschsprachige Poesie fiel dieses Legitimationsmodell fort.[192] Jedoch anders als der calvinistische Klerus im puritanischen England[193] vermochte das Luthertum über die Vermittlung des Humanismus auch zur deutschen Kunstpoesie ein positives Verhältnis zu gewinnen.[194] Opitz' Intention war es wohl nicht, ein »allgemeines deutsches literarisches Publikum« zu schaffen. Auch geht es zu weit, das Zerfließen der humanistisch-isolierten Gelehrtenkreise in eine »allgemeine Schicht der Gebildeten« als Folge der Zerstörung humanistischer Form zu bezeichnen.[195] Fraglich bleibt, ob Opitz den Wunsch hegte, »von vielen tausenden gelesen zu werden«.[196] Jedenfalls darf diese Absicht nicht als Popularisierungstendenz gedeutet werden, als hätte Opitz durch seine deutschsprachige Poesie auch das »gemeine Volk« ansprechen wollen.[197] Opitz' Wunsch nach Ausweitung des Publikums bezog sich ausschließlich auf gelehrte und vornehme Kreise. Besonders im Adel war ein Publikum zu erschließen, das der lateinsprachigen Gelehrten-Poesie meist fremd gegenüberstand. Bereits die Widmung der »Poeterey« deutet auf die gehoben-patrizischen Kreise hin: »Denen Ehrenvesten / Wolweisen / Wolbenambten vnd Wolgelehrten HErren Bürgermeistern vnd Rathsverwandten der Stadt Buntzlaw [...].«[198] Gegen Ende äußert Opitz die Hoffung auf »vornemer leute gunst vnd liebe«.[199] Sie ist ihm und seinem Modell in der Folgezeit denn auch reichlich zuteil geworden.

---

192 Vgl. Paulsen: Geschichte, Bd. 1, S. 308ff.

193 W. Schirmer: Antike, Renaissance und Puritanismus. München 1924; Neumeister: Geistlichkeit, S. 7–13, 35–56.

194 Neumeister: Geistlichkeit, S. 62.

195 Ebd., S. 65.

196 Borinski: Die Poetik, S. 113.

197 Neumeister: Geistlichkeit, S. 65. »Sein Wunsch war: von vielen Tausenden gelesen zu werden – so ›laizisierte‹ er die Dichtung wie einst Luther die Religion. Verflachung, Verbreiterung, Popularisierung ist sein Ziel – daß dies zunächst keineswegs zu einer Höhe der dichterischen Leistung führen konnte, ist allzu bekannt.«

198 Opitz: Poeterey ed. Alewyn, S. 3. Vgl. Kap. I, Anm. 124, 125.

199 Ebd., S. 56, vgl. S. 7. Er habe die Poetik »auff ersuchung vornemer Leute« verfaßt.

Opitz' bewegendes Motiv ist der Wettkampf mit der lateinischen, französischen und italienischen Poesie. Der intendierte Wandel des Sprachmediums bewirkt jedoch keine Änderung der Machart und der Auffassung des Dichtertums. Wenn es möglich sein sollte, auch in deutscher Sprache gelehrt zu dichten, so ist die imitatio gerade der gelehrten Elemente der lateinischen Poesie unabdingbares Erfordernis. Ausbildung in den antiken Sprachen und Kenntnis der Wissenschaften erst ermöglichen die Nachfolge der lateinischen, die Gleichberechtigung neben der neulateinischen und die Aufnahme des Wettstreits mit der zeitgenössischen nationalsprachlichen Kunstpoesie.[200] Opitz wußte sich mit den muttersprachlichen Bemühungen von Ratke und Komensky einig.[201] Von den schulmeisterlich pedantischen Neulateinern distanzierte sich Opitz übrigens genauso wie von der kunstlosen Volksdichtung.[202] Das zwischen »Aristarchus« und der »Poeterey« verfaßte Gedicht »Hipponax ad Asterien« enthält die treibenden Motive und das Ziel einer gelehrten Kunstpoesie vollzählig. Hunger nach Ruhm (»fames famae«) und Liebe zu den Wissenschaften (»laus scientiae«) trennen den Dichter von der Vielzahl nichtiger, den Pöbel beunruhigenden Sorgen (»atque secernit Plebe implicata multum inanibus curis«, v. 215f.), wie auch von den schnöde die Dichterehre veräußernden Poetastern (»non sum minor misellulis poetastris, / Qui prostitutae honore laureae imponunt / Plebi insciae sibique.« v. 217ff.). Weder Schulfüchse noch Grammatisten vermöchten seinen Geistesflug zu hemmen (v. 223ff., v. 235ff.).

»Cor excelsum
Plus tendit ultra, nec Scholastici regni
Pomoeriis quiescit; immemor metae,
Flagransque laudis igne libero cursu
Scientiae omnis atque disciplinarum
Decurrit aequor omnium [...]«

»Nec posterorum me favor situ putri
Unquam sinet iacere si integer vitae
Labisque purus, unico fretus mentis
Sanae furore ad templa celsa doctrinae
Laudisque purae regia via grassor.«[203]

Ziel des Poeten ist der hochragende Tempel der Gelehrsamkeit. Seine Gegner sind die »reaktionären« Gelehrten, die käuflichen Gelegenheitsdichter und das niedrige Volk. Die positive wie die negative Zielsetzung hat Opitz in der »Poeterey« wie auch in den Dichtungen selbst beibehalten. Beide bestimmen die apologetische Beweisführung und liefern einen wichtigen Bestandteil der legiti-

---

[200] Nicht ›volkssprachlichen‹ (wegen der Nähe zu ›volkstümlich‹). Zum Motiv des ›Wettstreits mit anderen Völkern‹ s. Anm. 6; auch Trunz: Weltbild und Dichtung, S. 25.
[201] Zur Beziehung Opitz' zu Komensky s. Szyrocki: Martin Opitz, S. 26.
[202] »Hipponax ad Asterien«, in: Martin Opitz. Gesammelte Werke, hrsg. Schulz-Behrend, Bd. 1, S. 98–109.
[203] Zitate ebd., S. 106f.; V. 247ff.; V. 256ff.

mierenden Argumentation. Abgrenzung, Rechtfertigung und Propaganda durchziehen das ›Argumentationssystem‹ Opitz'.[204] Geistliche und weltliche Gelehrtenschaft, Adel und allenfalls gehobenes Bürgertum sind die Adressaten. Ihnen gilt die historische wie die logische Beweisführung. Die genetische Erklärung der Poesie als einer anfangs »verborgenen Theologie«[205] wie die Behauptung von der Göttlichkeit des poetischen Antriebs[206] wenden sich an den Klerus. Analog richtet sich die antike Hypothese von der Poeterey als der »ersten Philosophie«,[207] der »erzieherinn des lebens von jugend auff« an die Gelehrten, die Lehrer an Lateinschulen oder an Universitäten. Ihnen gilt auch die Betonung des docere[208] und der in der Poesie enthaltenen wie auch durch sie vermittelbaren Gelehrsamkeit.[209] An das gelehrte Beamtentum und den Adel richtet sich der Versuch, den Vorwurf der Ämteruntauglichkeit dichtender Personen zu entkräften sowie die – in späterer Zeit regelmäßig begegnende – Argumentation, Dichten schärfe den Verstand, weil es auf Subtilitäten aufmerksam mache, und vergrößere den Wortschatz.[210] Ebenso wichtig ist das später zum Paradigma ausgebaute Argument, Poesie sei eine Beschäftigung der Nebenstunden.[211] Der letzte Argumentationsstrang erscheint bei Opitz erst im Ansatz.

Die Einwände des Klerus richteten sich gegen den unchristlichen Charakter der antiken Poesie. Da sie der deutschsprachigen Kunstdichtung Pate stand, konnten die apologetischen Argumente unverändert der lateinsprachigen Tradition entnommen werden.[212] Sowohl christlich als auch philosophisch motiviert ist die Abwehr des Lügenvorwurfs an die als Fiktion verstandene Poesie.[213] Widersprüche oder gar Gegensätze zwischen christlichem Dogma und humanistischem Programm konnten ohnehin nur als Folge ausufernden Gebrauchs antik-heidnischer Mythologie entstehen.[214] Der eigenen Zielsetzung entsprechend, eine

---

204 Vgl. Dyck: Ticht-Kunst, S. 113–134; ders.: Rhetorische Argumentation, S. 69ff.

205 Opitz: Poeterey ed. Alewyn, S. 7; dazu Bachem: Dichtung als verborgene Theologie; Hacken: The religious thought of Martin Opitz.

206 Opitz: Poeterey ed. Alewyn, S. 7, 11, 53f.

207 Ebd., S. 8.

208 Ebd., S. 8f., 12. Vgl. Gundolf: Martin Opitz, S. 28. »Solange der Gedanke der geistigen Autonomie noch nicht formuliert war, konnte die Poesie nur von Gott oder von der Gesellschaft aus berechtigt werden: sie mußte heilig oder nützlich sein. Opitz spricht ihr beides zu.«

209 Opitz: Poeterey ed. Alewyn, S. 10.

210 Vgl. Abschnitt 3.2 dieses Kapitels.

211 Dies die Poesieauffassung im ›politischen‹ Gesellschaftskonzept, s. Kapitel III. 3.1.; V. 2.3; Ansätze bei Opitz: Poeterey ed. Alewyn, S. 56.

212 Zur theologischen Apologie in mittelalterlicher und humanistischer Tradition s. Curtius: Europäische Literatur, S. 221ff.

213 Opitz: Poeterey ed. Alewyn, S. 9; Titz: Zwey Bücher, S. Aijv. Zur Abwehr des Vorwurfs der Lügenhaftigkeit s. Herrmann: Nachahmung, S. 78; Neumeister: Geistlichkeit, S. 72; Bachem: Dichtung, Einleitung.

214 Zum Widerspruch zwischen Gelehrsamkeit und Christlichkeit bes. Neumeister: Geistlichkeit, S. 72ff.; Dyck: Rhetorische Argumentation, S. 75ff.; ders.: Athen und Jerusalem.

»humanistische Poesie in deutscher Sprache«[215] anzuregen, steht bei Opitz die Gelehrsamkeits-Argumentation im Mittelpunkt. War in der neulateinischen Tradition die Legitimation des Poeten durch das Gelehrsamkeitspostulat allmählich zum Topos erstarrt – denn ausschließlich gelehrte Poeten, die den humanistischen Studiengang absolviert hatten, vermochten lateinisch zu dichten –, so gewann die Forderung für den deutschsprachigen Dichter neue Berechtigung. Was war an ihm Besonderes? Konnte nicht jeder einfache Bürger deutsche Verse anfertigen? Um den intendierten Typus des Dichters vom sozial niedrig stehenden Verfasser volkstümlicher deutscher Dichtung abzusetzen, betont Opitz ständig den Wert der Gelehrsamkeit. So ist es bezeichnend, daß der Ausgangspunkt der neuen Kunstpoesie nicht eine mustergültige Dichtung bildete, sondern eine Poetik, ein theoretisches Lehrbuch. Sie weist auf den Charakter der empfohlenen Poesie, deren umfangreichster Bestandteil, die Kasualcarmina, sich der Ausführung vorgegebener Regeln verdankte, mehr Produkt der ars als der natura war. Dem Nachdruck, der auf den Kunstcharakter gelegt wird, entspricht die Abwehr der Fantasie. Herrmann hat darauf aufmerksam gemacht, daß Opitz seine unmittelbare Vorlage, Ronsards Kapitel »De L'Invention«, so abändert, daß die Vorstellung vom Ingenium (»le bon naturel d'imagination«) und der im Verb »concevoir« enthaltene Beiklang des Schöpferischen entfallen.[216] Die Warnung vor der Fantasie begegnet – außer in dem positiv ihr gegenüber stehenden Nürnberger Kreis – in den Poetiken bis Morhof.[217] Es ist dasselbe Mißtrauen des feingebildeten Buchgelehrten gegenüber dem Wildwuchs der Fantasie, wie es auf dem Gipfel der mittelhochdeutschen Kunstdichtung Gottfried von Straßburg gegenüber dem »kunstlosen« Wolfram von Eschenbach,[218] dem »vindaere wilder maere«, geäußert hat.[219]

---

[215] Burdach: Reformation, S. 199. Neuerdings zu Opitz' Begründung der muttersprachlichen Kunstdichtung Kühlmann: Gelehrtenrepublik, S. 255ff.

[216] Pierre de Ronsard: Abbregé de l'art poétique françoys, in: Oeuvres complètes, Bd. 14, Paris 1949, S. 12f. »L'invention n'est autre chose que le bon naturel d'une imagination concevant les Idées et formes de toutes choses qui se peuvent imaginer tant celestes que terrestres, animées ou inanimés [!] pour apres les representer, descrire et imiter [...].« Bei Opitz: Poeterey ed. Alewyn, S. 17, lautet der entsprechende Passus: »Die erfindung der dinge ist nichts anders als eine sinnreiche faßung aller sachen die wir vns einbilden können / der Himlischen vnd jrrdischen / die Leben haben vnd nicht haben / welche ein Poete jhm zue beschreiben vnd herfür zue bringen vornimpt [...]« Zur Entwicklung in Frankreich s. Schmidt: La Poésie scientifique, zu Ronsard S. 95–138.

[217] Dazu generell Herrmann: Naturnachahmung, S. 81–91, bes. S. 83ff.

[218] Wolfram: Willehalm, V. 19–22. »swaz an den buochen stêt geschriben, / des bin ich künstelôs beliben. / niht anders ich gelêret bin: / wan hân ich kunst, die gît mir sin.« Vgl. Parzifal, V. 115, 27ff. Dazu de Boor: Geschichte der deutschen Literatur, Bd. 2, S. 92.

[219] Gottfried von Straßburg: Tristan, V. 4665–4672: »vindaere wilder maere, / der maere wildenaere.« Dazu Walter J. Schröder: Vindaere wilder maere. Zum Literaturstreit zwischen Gottfried und Wolfram, in: Beiträge 80 (Tübingen) (1958), S. 269–287; auch in: Wolfram von Eschenbach. Hrsg. von Heinz Rupp. Darmstadt 1966, S. 319–340; David Dalby: Der maere wildenaere, in: Euphorion 55 (1961), S. 77–84; Frederick Norman: The Enmity of Wolfram and Gottfried, in: GLL 15 (1961/62), S. 53–67; Joachim Bumke: Wolfram von Eschenbach. Stuttgart ^{3}1970, S. 7f.

Hinter der Abwehr steht die Befürchtung, die Fantasie könnte die Regeln durchbrechen und damit die Unterschiede zwischen der Kunst- und der Volks-Poesie verwischen, weitergehend die Furcht vor jeglicher Störung des gottgegebenen ordo und seiner staatlich fixierten Hierarchie. Der Abgrenzung gegenüber dem Nichtgelehrten, der sich ungezügelten Eingebungen überläßt, folgt die positive Bestimmung des neuen Typus. Sie fällt ganz der humanistischen Lehre und Tradition gemäß aus. Der »poeta eruditus«, ›Künstler‹ und Lehrer-Gelehrter in einem, mußte die in der artistischen Fakultät vermittelte doctrina zur »Ausübung seiner Kunst« beherrschen, mit der er das Wissen seinerseits weitergab.[220] Von der in Celtis' Epigramm »Ad poetas«[221] angesprochenen Stubengelehrsamkeit hat sich zwar Opitz mehrfach distanziert,[222] doch die Gelehrsamkeit bleibt auch für ihn die unerläßliche Voraussetzung und der verbindliche Inhalt der Poesie. Der Gelehrsamkeitsbegriff entstammt ausschließlich dem humanistischen Paradigma und meint erstens den formalen Aspekt der – von der ars poetica gelehrten – Anfertigung; zweitens den inhaltlichen Aspekt – Poesie als Wissensträger – und drittens den pragmatischen Gesichtspunkt, den in der Formel »movere, docere, delectare«[223] enthaltenen gesellschaftlichen Zweckcharakter.

Alle von Opitz ausgiebig zitierten apologetischen Argumente dienen dazu, den Poeten zu akkreditieren. Infolge sozialer Umschichtungen – Aufstieg der Höfe, Niedergang der Städte, Abkapselung und beginnende Absonderung des Gelehrtenstandes von den gesellschaftlichen Entwicklungen – war sogar der neulateinisch dichtende Poet in Mißkredit geraten. Allzu großzügig war der Titel des ›poeta laureatus‹ verliehen worden. Schon für ein panegyrisches Huldigungsgedicht wurde er vergeben. Doch vor allem die Gelegenheitsdichter, die zu jedem beliebigen Anlaß ihre Dienste, gebeten und ungebeten,[224] gegen entsprechende (und auch geforderte) Entlohnung anboten, hatten dem Ansehen des Dichteramtes geschadet. Obwohl sie nicht zu den ungelehrten volkstümlichen Dichtern rechneten, bekämpft Opitz auch sie als Vers- und Reimeschmiede.[225] Sie verkennen das Wesen der Dichtkunst, das nicht in der Prosodie, den Reimen und den Versen liegt – das sind nur äußerliche Unterschiede –, sondern in der inventio.[226] Damit integriert Opitz auch die deutsche Kunstpoesie vollständig in das rhetorische System. Dessen Regeln gelten für den Poeten – fast – im selben Maße wie für

---

220 Buck: Dichtungslehren, S. 37. Entner: Zum Dichtungsbegriff, S. 330ff.

221 Celtis: Fünf Bücher Epigramme, S. 622, Nr. 346. Vgl. hier S. 76.

222 Im zitierten Gedicht »Hipponax ad Asterien«; und in der Ode »Ich empfinde fast ein grawen«; Poeterey ed. Alewyn, S. 23f., einer Kontrafraktur von Ronsards französischem Original. Dazu Tonnelat: Deux imitateurs allemands, S. 557–589; Beckmann: Motive und Formen der deutschen Lyrik.

223 Opitz: Poeterey ed. Alewyn, S. 12. »Dienet also dieses alles zue uberredung vnd vnterricht auch ergetzung der Leute; welches der Poeterey vornemster zweck ist.«

224 Ebd., S. 11. »Wiewol etliche / gemeiniglich aber die schlimmesten / sich selber hierzue antragen [...].«

225 Ebd., S. 11.

226 Dazu s. Abschnitt 3.1.

den Redner.[227] Der deutschsprachige Dichter mußte es in der Gelehrtenschicht naturgemäß schwer haben. Seiner speziellen ›Approbation‹ diente das Postulat von der Reinheit der deutschen Sprache. Folgte Opitz noch der lateinischen puritas-Tradition, so errichteten Schottel, Kempe, Neumark, Harsdörffer und Klaj darauf die Ideologie vom Alter und von der ›unbefleckten Jungfrauschaft‹ der seit den Anfängen unvermengt erhaltenen »teutschen Hauptsprache«.[228] Reinheit und Alter der Sprache sind zwei Argumente, die der deutschen Sprache einmal gegenüber den lebenden Nationalsprachen Ebenbürtigkeit, ja Vorrang sichern sollten.[229] Darüber hinaus verschafften sie der deutschen Sprache und Poesie eine Würde, die sie sogar den auf lateinische Sprache und Poesie fixierten Gelehrten attraktiv machen konnte.

2.2. Voraussetzungen des gelehrten Poeten

(1) Das Verhältnis von natura und ars

In der neueren Barockforschung hat sich allgemein die Erkenntnis durchgesetzt, daß das Begriffspaar natura – ars aus der antiken Poetik stammt und keinen Gegensatz darstellt. Markwardts Versuch, die Begriffe zu isolieren und das natura-Postulat als Vorgriff auf die Geniedebatte zu deuten, hat sich als unhaltbar erwiesen.[230] Weder ist ›ingenium‹ mit ›Genie‹, ›Einbildungskraft‹ oder ›Fantasie‹ identifizierbar, noch läßt sich ›natura‹ selbst strikt vom platonischen Enthusiasmus oder dem lateinischen furor poeticus unterscheiden.[231] Geht man indes von den lateinischen Begriffen aus, so wird eine inhaltliche Abgrenzung möglich. *natura* meint Naturanlage, Temperament, Denkungsart, Charakter im weiteren Sinn; natürliches Gefühl, natürlicher Trieb; *ingenium* allgemein Naturanlage, Temperament, Sinnes- und Gemütsart, Herz und Charakter, bezogen auf die Intelligenz die angeborene Fähigkeit, natürliche Anlage, Verstand, insbesondere Begabung, Scharfsinn, Erfindungsgeist, Fantasie, geistiges Talent, Geist und Witz.[232] Die

---

[227] Bereits bei Opitz findet sich jedoch die kleine Einschränkung: »Die Poeten / denen mehr freyheit als den Oratoren eingeräumet ist [...]«; Poeterey ed. Alewyn, S. 30. Bei Harsdörffer u. a. erscheint die licentia poetica systematisch ausgebaut; vgl. auch zur Unterscheidung von Poesie und Oratorie Fischer: Gebundene Rede, S. 37–98.

[228] Hierzu Fischer: Gebundene Rede, S. 253–262: Barockpoetiker über ihr Verhältnis zur Tradition.

[229] Dyck: Ticht-Kunst, S. 71.

[230] Markwardt: Geschichte, Bd. 1. Register S. 498f.

[231] Zu den verschiedenen Positionen Fischer: Gebundene Rede, S. 37–52; zum furor poeticus van Ingen: Vanitas, S. 43f.; zur Verspottung des furor poeticus durch Sacer: Reime dich, S. 60f. und Wernicke: Epigramme ed. Pechel, S. 327f.; zur Tradition des Theorems vom »göttlichen Wahnsinn« der Dichter im Mittelalter vgl. Curtius: Europäische Literatur, S. 467f.; Delatte: Les conceptions de l'enthousiasme, S. 28ff.

[232] S. die einschlägigen Artikel in George: Kleines Lateinisch-deutsches Handwörterbuch. Buchner etwa unterscheidet zwischen natura und äußerem göttlichen Antrieb: »Wie

Begriffspalette zeigt bei ingenium eine Tendenz zur intellektuellen Fähigkeit gegenüber dem allgemeiner gefaßten natura-Begriff. Beide Begriffe beschreiben, einander ergänzend, das Feld der angeborenen, nicht erlernbaren Fähigkeiten, die der Mensch – ohne Fremdeinwirkung wie etwa beim göttlichen Enthusiasmus – von Geburt an mitbringt. Wie in der italienischen Renaissancepoetik gibt es auch in deutschen Barockpoetiken Strömungen, die stärker das rhetorische natura/ingenium, und Strömungen, die eher den platonischen Enthusiasmus hervorheben. Schon Cicero hatte das ingenium für den Redner gefordert und einen Katalog angeborener Eigenschaften zusammengestellt, die in der natura des idealen Redners sich finden müssen. Systematisch hat Renate Hildebrandt-Günther die Beziehung zwischen Poesie und Rhetorik in den einzelnen Poetiken katalogisiert,[233] freilich ohne das erforderliche Räsonnement. Die Arbeiten von Dyck, Fischer und Herrmann[234] bilden das Fundament für die Analyse barocker Poetik-Normen. Eine neuzuschreibende Geschichte der Poetik,[235] die darüber hinaus die Lehr- und Alltagspraxis[236] einbeziehen müßte, hätte von ihren Ergebnissen auszugehen. Systematisch hat Dyck das Verhältnis von »natura« und »ars« dargestellt.[237] Fischer hat für den Nürnberger Kreis eine stärkere Betonung des »poetischen Geistes« herausgearbeitet.[238] Weitere Belege, die nicht schwer beizubringen sind, lassen keine neuen Positionen erkennen. Die Grundposition hat wieder Opitz vertreten. Er ordnet die Begriffe »natur« und »göttlicher Antrieb« einander zu, ohne zunächst einen wesensmäßigen Unterschied festzuhalten.[239] Plato gilt ihm als Beleg für die Identität von Inspiration und Naturanlage: »diese natürliche regung [...] welche Plato einen Göttlichen furor nennet.«[240]

Der nach Ovid ›himmlischen‹ »regung des Geistes«[241] läßt sich zwar – auf höchst irdische Weise: durch Weingenuß[242] – nachhelfen, doch eine natürliche ›poetische‹ Anlage ist die unerläßliche Voraussetzung. Zu der Poesie, heißt es bei Opitz, brauche man »tüchtige ingenia«, man müsse »Poete von natur« sein oder

---

dann allezeit dafür gehalten worden / daß der Poeten Thun mehr von einem Göttlichen Antrieb und Einfluß / als Kunst und Geschickligkeit der Menschen herrühre.« Buchner: Der Poet, S. 11f.

233 Hildebrandt-Günther: Antike Rhetorik und deutsche literarische Theorie.

234 Dyck: Ticht-Kunst; Fischer: Gebundene Rede; Herrmann: Naturnachahmung und Einbildungskraft.

235 Die Markwardts Werk ersetzte und nicht den Schematismen Wiegmanns verfiele.

236 Für die Rhetorik hat Barner: Barockrhetorik, die Lehrpraxis aufgezeigt, für die Kasualpoesie hat Segebrecht: Das Gelegenheitsgedicht, den sozialen Kontext dargestellt.

237 Dyck: Ticht-Kunst, S. 116–122.

238 Fischer: Gebundene Rede, S. 37ff.

239 Opitz: Poeterey ed. Alewyn, S. 7. Die Schriften der Poeten kämen – nach Plato – »auß einem Göttlichen antriebe vnd von natur.«

240 Ebd., S. 54, ebenso S. 56: »Wir folgen dem / an welches vns Gott vnd die natur leitet.«

241 Ebd., S. 11; vgl. auch S. 53 das Ovid-Zitat, in dem natura und der »deus in nobis« gleichgesetzt sind.

242 Ebd., S. 12; bei anderen Poetikern wird auch der ›moderne‹ Tabakgenuß erwähnt.

»von natur selber hierzue geartet« sein.[243] Regel- und Gesetzeskenntnis allein macht den *guten* Poeten nicht aus, ingenium *und* »göttlicher antrieb« sind unabdingbar. Beide – rhetorische und platonische – Traditionen sind auch von den deutschen Humanisten weitervermittelt worden, so daß Opitz' direkter Rückgriff auf Scaliger nichts prinzipiell Neues erbracht hat. Melanchthon, dessen Rhetorik und Dialektik im 15. und 16. Jahrhundert richtungsweisend waren, kennt die Bedeutung des ingenium und der exercitatio. In seiner Dialektik-Lehre definiert er:

> »Nec fœlix Poeta effici potest, nisi peculiaris uis ingenij ad poeticen rapiat : nec satis est nosse syllabarum mensuras, quemadmodum & Horatius inquit:
> Tu nihil inuita dices, faciésue Minerua.
> Sed ad perfectam uirtutem efficiendam ille singularis impetus in animis requiritur, quem φυσικὴν ἀρετὴν Aristoteles & alij uocarunt.[244]

Die Forderung nach natura begegnet in sämtlichen Poetiken, vielfach zur obligatorischen Floskel erstarrt,[245] und hin und wieder ergänzt durch die Begriffe ›Witz‹ und ›Scharfsinn‹.[246] Birken differenziert zwischen Naturanlage und göttlicher Begeisterung: Es werde »solcher Göttlichen Begeisterung / gleichsam durch die Natur der Weg gebahnet / mit einpflanzung / sowol eines hurtigen Geistes / als einer redfärtigen Zunge oder Feder.« »Scharfsinnigkeit« benötige der Dichter zum Aussinnen der Themen und Argumente, »Wolredenheit« zu deren wortgewandter Wiedergabe.[247] Den göttlichen Antrieb betonen außer Opitz eigens

---

243 Ebd., S. 14, 16, 53. Den Opitzschen Trend, die natura der ars gleich- ja fast überzuordnen, haben u. a. Bouterwek: Geschichte der deutschen Poesie und Beredsamkeit, Bd. 3, S. 399f. und Ulrich: Das Lehrgedicht, S. 22f., betont. So etwa in Opitz' Gedicht »An Asterien«: »Die trefflichen Poeten / Sind viel mehr als man meynt / jhr hoher Sinn vnd Geist / ist von deß Himmels Sitz' in sie herab gereist.« Opitz: Gedichte ed. Müller, S. 147f.; ebenso im Gedicht auf den Maler Strobl: »Ein Bürgermeister zwar wird alle Jahr erkohren, / Ein Ratsherr wird gemacht, wir aber nur geboren. Ein Maler und Poet ist minder, der die Kunst / Aus Müh und Übung hat, als von des Himmels Gunst.« Zit. nach Kindermann: Die Danziger Barockdichtung, S. 310. Indes steht der natura-Aufwertung bei Opitz das Leitmotto der »Poeterey« selbst entgegen, das aus Horaz' »Epistula ad Pisones« stammt: »Descriptas servare vices, operumqúe colores, / Cur ego, si nequeo, ignoroqúe, Poeta salutor? / Cur nescire, pudens pravè, quam discere malo?« Belege zur Aufwertung der natura finden sich bei vielen Humanisten und Barockdichtern, z. B. Simon Dach: Gedichte, Bd. 1, S. 171; Justus Schottel: Ausführliche Arbeit von der Teutschen Hauptsprache, S. 800/1. Zu Eobanus Hessus s. Schnur: Lateinische Gedichte, S. 214.

244 Philippi Melanthonis De Dialectica libri quatuor, S. 78.

245 Außer den im folgenden Genannten auch bei Zesen: Hochdeutscher Helicon, S. 10; Moller: Tyrocinium Poeseos Teutonicae, S. 4; Männling: Helicon, S. 27f., 32; Morhof: Unterricht, S. 218; Wagenseil: Pera Librorum Juvenilium, S. 680; Schelwig: Entwurff, S. 1; Kornfeld: Selbst-Lehrende Alt-Neue Poesie, Widmungsgedicht.

246 Etwa bei Birken: Teutsche Rede-bind und Dicht-Kunst; vgl. Mainusch: Dichtung als Nachahmung, S. 123.

247 Birken: Teutsche Rede-bind und Dicht-Kunst, S. 170. Vgl. Omeis: Gründliche Anleitung, S. 130, der vom Dichter einen »muntern Geist und hurtige Einbildungs-Krafft« verlangt.

Buchner,[248] Harsdörffer,[249] Birken,[250] Klaj,[251] Titz,[252] Schottel,[253] Rist,[254] Stieler,[255] Omeis[256] und Kindermann.[257] Die unveränderliche Wiederkehr des ingenium-Postulats sollte nicht darüber hinwegtäuschen, daß es sich hier mehr um einen sine qua non-Topos handelt, als um einen ausbaufähigen, auf die schöpferische Erfindung zielenden Gedanken. Nicht von ungefähr steht die Forderung nach natura oder ingenium in den Vorreden, in den Schlußworten und in den Kapiteln zu Lob und Apologie des Dichters. Der Besitz von ingenium steigert das Ansehen des Poeten und grenzt ihn vom handwerklichen Pritschmeister und bloßen Verseschmied ab.

Auch die Nürnberger setzen beim Inspirationsgedanken an, um das spezifisch Poetische vom Oratorischen abzugrenzen.[258] »Natürliche Fähigkeit und gleichsam angeborne Geschicklichkeit«[259] sind für Poet und Redner erforderlich, den Unterschied zwischen beiden konstituiert erst die »höhere Eingebung«, eben der von außen einwirkende furor poeticus.[260] Die Poetiken stellen in ihrer Gesamtheit Belege dar für die wichtige Rolle, die der ars im Poesie-Verständnis des Barock zukommt.

Der »Aufstieg der deutschen Poesie« zeichnet sich, nach dem allgemeinen Urteil der barocken Poeten, von dem Zeitpunkt ab, als die Gesetze der lateinischen ars auch für die deutsche Dichtung verbindlich eingeführt wurden.[261]

---

248 Buchner: Wegweiser, S. 29; Poet, S. 11f.

249 Harsdörffer: Poetischer Trichter, S.)(vf.; Vorrede zum 2. Tl.; Vorrede zum 3. Tl., ebd. S. 27f.

250 Birken: Teutsche Rede-bind und Dicht-Kunst, Vorrede, S. 14, 168f., 165f.

251 Klaj: Lobrede der Teutschen Poeterey, S. 388, 403f.

252 Titz: Zwey Bücher, I. Von der Poeterey in gemein, Nr. 6.

253 Schottel: Teutsche SprachKunst, Siebende Lobrede, S. 218ff.

254 Rist: Die Aller Edelste Belustigung, in: Schöne: Das Zeitalter des Barock, S. 44; ders.: Rettung, Vorrede.

255 Stieler: Dichtkunst des Spaten, S. 14, 17f., 154.

256 Omeis: Gründliche Anleitung, S. 129f., 131f. trennt zwischen »guter Natur, munterer Phantasie und feurigem enthusiasmus«; vgl. Herrmann: Naturnachahmung, S. 89.

257 Kindermann: Der Deutsche Poet, S. 1f., 6, 27f.

258 Dazu Fischer: Gebundene Rede, S. 39ff.

259 Harsdörffer: Poetischer Trichter Tl. 2, S. 1.

260 Ebd. 3. Tl., Vorrede S.)(ijf.; dazu Fischer: Gebundene Rede, S. 40.

261 Fast alle bedeutenden Poetiker haben sich zum ›Aufstieg der deutschen Poesie‹ geäußert. Opitz: Poeterey, S. 14, 53; Titz: Zwey Bücher, Die Vorbereitung II. »Von der Deutschen Poeterey insonderheit«, nicht pag.; Peschwitz: Hoch-teutscher Parnaß, S. 6f.; Prasch: Gründliche Anzeige, S. 2ff.; Hadewig: Kurtze und richtige Anleitung, S. Avv; ders.: Wolgegründete teutsche Versekunst, S. 91f.; Tscherning: Unvorgreiffliches Bedencken, Vorrede (auch bei Szyrocki: Barockpoetiken, S. 167); Männling: Der Europäische Helicon, S. 2,8; Buchner: Vorrede zu Treuer: Deutscher Dädalus; Neumark/ Kempe: Poetische Tafeln, S. 18f.; Birken: Teutsche Rede-bind und Dicht-Kunst, Vorrede, S. 22; Kindermann: Der Deutsche Poet, S. 32ff.; Klaj: Lobrede der Teutschen Poeterey, passim, bes. S. 383, 390ff.; Hofmannswaldau: Deutsche Ubersetzungen, Vorrede, ab S.)( )(ff.; Morhof: Unterricht, S. 223ff.; Kempe: Neugrünender Palmzweig, V. 264ff., 376ff., 464ff., 640ff.; Schottel: Teutsche SprachKunst, Siebente Lobrede, S. 216–247 (»Vermeldet und beweiset / daß die Teutsche Sprache zu der Poeterey nach

Ars meint in bezug auf Rhetorik und Poesie die Kenntnis des konstituierenden Regelwerks, der Grammatik, Rhetorik und Prosodie und die Fertigkeit, die Regeln in ›angewandte Kunst‹ umzusetzen, also die Kunstfertigkeit im theoretischen und im praktischen Sinne. Die erst durch Segebrechts Untersuchung wieder ins Bewußtsein gerückte, in den gängigen Literaturgeschichten unbeachtet gebliebene Kasualpoesie stellt ja – sowohl der Menge als auch der gesellschaftlichen Funktion nach – einen der ›hohen‹ Poesie ebenbürtigen Bereich dar. Die Gelegenheitsgedichte wurden vielfach – vom poetischen Laien – nach den Anweisungen angefertigt. Doch mit den tradierten Regeln mußten auch die Werke der geübten und anerkannten Poeten übereinstimmen. Die gesamte Barockpoesie, sofern sie als Kunstpoesie intendiert wurde, ist regelgebunden. Jede Durchbrechung gilt nicht als schöpferische Innovation, sondern als Verletzung der unangefochten gültigen Tradition. Die poetische ars, die oratio ligata, ist, wie die Rhetorik selbst, eine Wissenschaft.[262] Die Attribute wechseln je nach angesprochenem Adressatenkreis. Opitz nennt die Poesie in der an die Bürgermeister und Ratsverwandten gerichteten Vorrede eine »vorneme wissenschaft«;[263] später, in der Abwehr theologischer Einwände, gilt sie ihm als »göttliche wissenschafft«.[264] Buchner weist der Fabel als dem Kernstück der Poesie eine Stelle »zwischen der Wissenschafft und Unwissenheit« zu.[265] Dem Poeten gehe es nicht um eine »volkömliche

---

aller erforderter Liebligkeit und Reichtuhm geschikt sei [...]«). Bei Schottel, S. 223ff., findet sich die Tendenz, die deutsche Literatur habe die Nachbarliteraturen bereits überflügelt. In der Ausführlichen Arbeit von der Teutschen HaubtSprache (1663) verficht er bekanntlich die Behauptung, Deutsch und Hebräisch seien die beiden ältesten Sprachen. Meyfart: Teutsche Rhetorica, Vorrede, S. A1,3; Rotth: Vollständige Deutsche Poesie, Tl. 1, Vorrede § 1, S. A4; Stieler: Dichtkunst des Spaten, S. 18, 127; Omeis: Gründliche Anleitung, S. 1ff.; Rist: Rettung der Edlen Teutschen Hauptsprache, Vorrede; weitere Belege bei Schöne: Das Zeitalter des Barock, S. 19f., 37ff.

262 Als Wissenschaft bezeichnen die Poesie Opitz: Poeterey ed. Alewyn, S. 3, 7f., 56; Fritschler: Anweisung, S. 388, Ludwig: Teutsche Poesie, Vorrede, S. 377; Schelwig: Entwurff, S. 1; Hofmann: Lehr-mässige Anweisung, S. 1; Kornfeld: Selbst-Lehrende Alt-Neue Poesie, S. 1; Hadewig: Wolgegründete teutsche Versekunst, S. 59, 68; Moller: Tyrocinium Poeseos Teutonicae, S. 1f.; Neumark: Poetische Tafeln, S. 197; Birken: Teutsche Rede-bind und Dicht-Kunst, Vorrede, S. 21, 25, 175; Buchner: Poet, S. 8; vgl. S. 26; Kindermann: Der Poet, S. 32; Titz: Zwey Bücher, S. Aiiij, Vorrede 6., S. Biij, Tv.; Schottel: Teutsche Vers- oder ReimKunst, S. 1; Männling: Helicon, S. 1, 26; Harsdörffer: Poetischer Trichter, 1. Tl., S.)(vv; 2. Tl. Vorrede, S. Av; 3. Tl., S. 112; Rist: Die Aller Edelste Belustigung, in: Schöne: Das Zeitalter des Barock, S. 43f.; ders.: Musa Teutonica, ebd., S. 19.; Wagenseil: Pera Librorum Juvenilium, S. 680. Zum rhetorischen Poesiebegriff des Barock vgl. auch Ulrich: Das Lehrgedicht, S. 18ff., ebenso Ueding: Einführung in die Rhetorik, S. 108ff. Bereits der Humanist Eobanus Hessus deklarierte: »Nemo fere doctus habendus est, qui rationem syllabarum, mensurasque ac qualitates carminum ignoret.« Aus: Scribendorum versuum maxime compendiosa ratio in schola Nuremberge nuper instituta pueris proposita Autore Eobano Hesso. Wittemberg [!] 1534; zit. nach Borinski: Poetik der Renaissance, S. 16f.

263 Opitz: Poeterey ed. Alewyn, S. 3.

264 Ebd., S. 56; vgl. S. 7 »verborgene Theologie«.

265 Buchner: Poet, S. 8.

Wissenschafft« wie dem um Wahrheitsermittlung bemühten Philosophen, »sondern nur auff eine äusserliche Erkäntnis derer Dinge / davon Er Ihme zu handeln fürgenommen / anderen zu Nutze.«[266] Buchners Position ist jedoch Ausnahme – außerdem paßt er sich in Schriften, die sich an ein weiteres Publikum wenden, dem allgemeinen Sprachgebrauch an: In der Vorrede zu Gotthilf Treuers »Deutschem Dädalus« bezeichnet er die Poesie als »edele Wissenschafft«.[267] »Teutsche Poesie«, definiert Theodor Kornfeld in seiner »der Jugend zum besten an das Licht gebrachten« Poetik, sei »eine künstliche Wissenschafft gute Teutsche Reime / Verse und Gedichter zu machen.«[268] Diese Auffassung entspricht der communis opinio und fügt sich der didaktischen Konzeption der humanistischen Studiengänge ein. Am exaktesten differenziert Johann Peter Titz, zum Zeitpunkt der Publikation seiner »Zwei Bücher Von der Kunst Hochdeutsche Verse und Lieder zu machen« gerade 23 Jahre alt und noch in Rostock studierend.[269]

> »So ist demnach Poeta, der Poet oder Tichter / der Meister; vnd Poëma, das Getichte / das Werck / das er machet. Poësis aber /die Poesy / Poeterey oder Tichterey / ist nicht / wie etliche gemeinet / ein grosses Getichte / (denn alles / was der Poete tichtet / es sey groß oder klein / heisset Poema,) sondern die weise / form vnd gestalt / in welcher der Poet sein Werck verfertiget. Poetica, (nehmlich Ars,) die Tichtkunst / ist die Kunst vnd Wissenschafft / die den Poeten lehret / wie er ein Getichte stellen soll.«[270]

Die Akzentuierung der ars verfolgt denselben Zweck wie das Betonen der Gelehrsamkeit: Abgrenzung von den sozial tiefer stehenden ›bürgerlichen‹ Dichtern[271] und Legitimation gegenüber den Gelehrten. Ars meint in erster Linie die Dichtkunst, erst in zweiter die Reimkunst.[272] Obwohl Poesie ja als oratio ligata galt,[273] bestand ihr Wesen nicht in der Gebundenheit, sondern im Redecharakter. Wie die Formel bereits verrät, ist »ligata« ein charakterisierendes Zusatzmerkmal, »oratio« das Objekt selbst. Dichtkunst ist wie jede Wissenschaft erlernbar. Naturanlage und Fertigkeit im Reimen genügen keineswegs. Auch Sacers Satire gegen die Reimeschmiede gründet auf dem poetologischen Konsens von der Dicht k u n s t als dem wesentlichen Teil der Poetik.[274] Doch verwirft er anderer-

---

266 Ebd., S. 27f.; s. Herrmann: Naturnachahmung, S. 71f.

267 Vorrede Buchners zu Treuer: Deutscher Dädalus, oder Poetisches Lexicon.

268 Kornfeld: Selbst-Lehrende Alt-Neue Poesie, S. 1, § 1.

269 Goedeke III, S. 139.

270 Titz: Zwey Bücher, S. Aiiij. Eine Seite zuvor spricht Titz von der »edlen vnd Göttlichen Kunst der Poeterey«. ›Kunst‹- und ›Wissenschafts‹-Begriff werden gemäß der artes-Einteilung der Universitätsdisziplinen vielfach synonym verwendet.

271 Oft wird Hans Sachs genannt; dazu vgl. Abschnitt 3.3.

272 Zum Gegensatz Dichtkunst – Reimeschmiede s. Herrmann: Naturnachahmung, S. 55. Meist wird von den Poetikern der äußerliche Reim gegen die inventio als Seele der *Dicht*kunst ausgespielt (Schottel, Buchner, Stieler, Männling, Sacer, Harsdörffer, Rist u. a.).

273 Masen: Palaestra Eloquentiae Ligatae; Birken: Teutsche Rede-bind- und Dicht-Kunst, Vorrede, Nr. 26; Rotth: Vollständige Deutsche Poesie, Vorrede § 3; Ludwig von Anhalt-Köthen: Kurtze Anleitung, V. 11/12 u. a.; zur Problematik s. Herrmann: Naturnachahmung, S. 54f., und Dyck: Philosoph, Historiker, S. 3ff.

274 Sacer: Reime dich, S. 1–43, Kap. 1–17, Kap. 25–30, S. 59–71.

seits die bei Pritschmeistern offenbare Mißachtung jeglicher formaler Regeln: »Die jenigen so da vermeinen daß ein Poët nothwendig müsse Prosodien verstehen / irren sehr weit«, heißt es ironisch. Gleichfalls satirisch sind die – keineswegs der ›freien‹ Erfindung das Wort redenden Formulierungen:

> »Weist du nicht / ein Poët wird durch kein Gesetz gemacht und zu gerichtet? Ein Poët [...] wird gebohren / er bringet die Kunst mit aus Mutterleibe / wie jener Spielmann die Fiedel / und ein Müller den Sack. Die Poëten können die Kunst die sie niemahls studiret haben. [...] Du bist ein freyer Mensch und an keine Regulen gebunden einiger prosodia.«[275]

Die Gleichordnung kann mitunter den Anschein eines Vorrangs der natura erwecken.[276] Wer, trotz aller Kenntnis der technischen Voraussetzungen keine dichterische Naturanlage (»poetischen Geist«) besitzt, handelt nach Rists Meinung »viel klüglicher«, wenn er die poetischen Übungen aufgibt und sich mit »der blossen Wissenschafft dieser edlen Kunst« begnügt, also besser ›Literaturwissenschaftler‹ oder Kritiker wird als ein stümpernder Dichter.[277]

Johann Peter Titz konstatiert, die zwei wichtigen Erfordernisse eines Poeten seien »die Natur / ohn welche aller fleiß und alle bemühung nur vergeblich und umbsonst angewendet« werde, und »die Kunst / dadurch die Natur erwecket und geführet werden« müsse.[278] Kunst als Führerin der Natur ist der Kerngedanke der Titzschen Argumentation. Ähnlich urteilt Sigmund Birken: Ein »Poet von Natur« sei noch kein »Poet«, denn er habe »Belehrung« nötig. »Ein Weg wird leichter erlernet vermittels eines Wegweisers / als wañ man ihn selber suchen muß.«[279] Ebenso betont Kaspar Stieler die Notwendigkeit, Kunstgesetze zu erlernen und vorbildliche Autoren nachzuahmen.

> »Wie nun ein harter Kopf am Dichter ist zu lästern,
> so taugt nicht, ohne Kunst, Natur, sie bleiben Schwestern
> und sollen seyn getraut.«[280]

Stieler relativiert die natura sogleich. Ohne »ächtes Angeschick und Führung« seien »Sinn, Neigung, Wille« »lahm und blind«.[281] Das rechte Verhältnis stellen zwei häufig gebrauchte Vergleiche her. Das von Quintilian entlehnte[282] Bild von

---

275 Ebd., S. 60, 62.

276 Neumark/Kempe: Poetisches Tafeln, Kap. 1, § 4. »Bey einem ieglichen / der sich einer Kunst ergeben will / werden nach Außage der Weltweisen / dreyerley erfordert: Nemlich die Natur / die Unterweisung und die Ubung In allen andern Wissenschafften können die zwo letzten Stücke viel verrichten / In der Poesie aber wird nothwendig die natürliche Neigung vorangesetzet [...]«.

277 Rist: Poetischer Schauplatz, S. biiij/bv.

278 Titz: Zwey Bücher, S. Vv.

279 Birken: Teutsche Rede-bind und Dicht-Kunst, S. 172.

280 Stieler: Dichtkunst des Spaten, S. 18; V. 209ff.

281 Ebd., V. 211f.

282 Quintilian: Institutiones 2, 19, 2; weitere Belege zum Bild des Ackers s. Dyck: Ticht-Kunst, S. 120 Anm. 3.

der Kultivierung des fruchtbaren Ackerbodens vereinigt natura und ars.[283] Das Bild vom feingeschliffenen Diamanten[284] erweitert demgegenüber die Bedeutung der ars. Balthasar Kindermann benützt in seiner Argumentation beide Vergleiche.

»Das Erdreich / je besser es von Natur ist / iemehr wird es verderbet / wann man sein nicht pfleget: Also ist es auch mit dem Verstande des Poeten beschaffen. Es mag derselbe so glückselig und göttlich sein / als er wolle / so ist ihm doch gar wenig damit geholffen / dafern Er desselben Güte nicht achtet. Gleich wie aber ein rauher Diamant / durch kunstmässigen Fleiß / auf das helleste geschliffen wird: Also wird auch die unpolirte / und ihre Krafft noch im verborgen haltende Natur des Dichters / durch die Kunstgeübte Hirnschleiffer (ich wolte sagen / die Lehr=Meister) vermittelst der Kunst und Ubung / dergestalt bemeistert / daß der verborgene Geist seine Stralen weit von sich wirft / und Himmelhoch anzuflammen beginnet. Was die Natur anfängt und bequehm macht / das leitet die Kunst / und macht es leichte; Die fleissige Ubung aber bringt es alsdann zur rechten Vollkommenheit.«[285]

Noch eindeutiger urteilt 1656 Alhard Moller über den Poeten:

»Wie auch daß er dieselbste Kunst / einen Verß einzukleiden / wol begriffen: Dann wie der Römische Herold und Mercurius Cicero redet: ist ars dux certior quam natura, daß also Kunst und Natur müssen verehlicht werden / soll eine herrliche Frucht der Wissenschafft / in Himmlischer Verß= und ReimKunst empfangen und erzeuget werden.«[286]

Das postulierte Gleich- und das praktische Übergewicht der ars entspricht dem gelehrten Charakter der angestrebten Poesie. In der zweiten Hälfte des Jahrhunderts verstärkt sich die Betonung der ars.[287] Martin Kempe, der in seiner Ausarbeitung der Neumarkschen »Poetischen Tafeln« (1667) an der »natürlichen Neigung« als Grundbedingung festhält, betont ebenfalls die lehrbaren Elemente der Poesie – Unterweisung und Übung. Natur könne »ohne Behuff der grund=richtigen Unterweisung / die in gewissen Lehrsätzen bestehet« weder »ihr volliges Vermögen darstellen« noch »außfündig machen«.

---

283 Bei Harsdörffer etwa heißt es: »So gut und fett ein Feld seyn mag / so muß es doch bepflüget und besämet werden / wenn es nicht veröden sondern gute Früchte bringen sol.« Poetischer Trichter Tl. 3, S. 27; vgl. ebd. Tl. 2, S. 2 und Tl. 3, S. 1; Kindermann: Der Deutsche Poet, S. 4f., verwendet das Bild vom schwachen und niedrigen Efeu, der seiner Natur nach »allezeit auf der Erde würde kriechen / und sich nimmermehr in die Lufft erheben / im fall Er nicht / durch sonderbahren Fleiß / und künstliches Erkühnen / seine Natur bemeisterte / und um die Bäume sich legete / damit er also / durch allmähliches wachsen und aufsteigen / den höchsten Gipffel erreichen möchte.«

284 Kempe benutzt in seinem Kommentar zu Neumarks Poetischen Tafeln, S. 5, das Bild vom behauenen Marmor.

285 Kindermann: Der Deutsche Poet, S. 6.

286 Moller: Tyrocinium Poeseos Teutonicae, S. 4. Bezeichnenderweise zitiert Dyck die Passage nicht vollständig, weil sie seiner Einschätzung der Kunst als lediglich einer »wichtigen Ergänzung des Ingenium« widersprechen würde, Dyck: Ticht-Kunst, S. 120f. Zur Frage nach der Priorität der ars oder des ingenium in der Antike vgl. W. Kroll: Studien zum Verständnis der römischen Literatur. Stuttgart 1924, S. 24ff.; vgl. auch Brinkmann: Zu Wesen und Form, S. 14f.

287 Zum Hyperbolismus s. Kap. III.2.

»Wie die Würckung der Natur und Kunst zu unterscheiden sey / kan bey einem gelehrten und ungelehrten Menschen gar genau beobachtet werden. Die Kunst machet vollkommen / was die Natur angefangen.«[288]

Die hier durchscheinende Werteskala manifestiert sich auch in der kritischen Beurteilung nichtgelehrter Poeten. Hans Sachs würde, befindet Hofmannswaldau, »wann er bessere Wissenschaft von gelehrten Sachen / und genauere Anweisung gehabt hätte / es vielen [...] weit vorgethan haben.«[289] In Männlings »Poetischem Lexikon« lautet das Urteil entsprechend positiv:

»Die gemeine Welt pfleget auch diese gemeine Red=Art zu führen : Poëtae non fiunt, sed nascuntur. Ich getraue mir aber gantz richtig den Gegen=Satz zu behaupten / daß Poeten nicht gebohren / sondern durch gute Unterweisung gemacht würden.«[290]

Bestes Beispiel ist für Männling der Polyhistor Lohenstein:

»Wer kennt nicht den grossen Lohenstein, der keine Zeil ohne eine Reale schrieb / den hat die Kunst mehr zu einem Poeten / als die Natur gemacht.«[291]

Auf den Stellenwert beider Positionen in der Entwicklung der poetologischen Theorie wird zurückzukommen sein. Hier genügt der Hinweis auf die Zunahme der Tendenz, die Kunstfertigkeit im Grundverhältnis natura – ars auch theoretisch zu bekräftigen. Die Gleichrangigkeit von natura und ars spiegelt sich in der Beziehung zwischen res und verbum. Verbale und materiale Hyperbolik geht auf die Aufwertung der ars unmittelbar zurück. Doch ist schon im Werk von Opitz die Tendenz zur gelehrten Ausstaffierung unverkennbar.

Eine Beurteilung der poetologischen Modelle kommt zum Ergebnis: Die Forderung nach poetischem Enthusiasmus (furor poeticus) steht in keiner unmittelbaren Beziehung zu den technisch-praktischen Empfehlungen. Keine Poetik legt seine Funktion für das Schaffen des Dichters und die Entstehung eines Gedichtes genauer dar. Anders verhält es sich mit dem natura-Postulat, das, ganz der rhetorischen Tradition entsprechend, an das Regelwerk der ars gekoppelt ist. Nicht das mit ›Genie‹ und ›göttlichem Antrieb‹, sondern mit natura identifizierte ingenium vermag die Forderung nach ars, nach Kunstbeherrschung und handwerklichen Geschicklichkeiten zu rechtfertigen und den scheinbaren Widerspruch beider Forderungen aufzulösen. Wie Herrmann feststellte, fehlt der barocken Theorie die »prinzipielle Loslösung der Naturbegabung von dem, was lern- und lehrbar ist, und damit die qualitative Unterscheidung des Genies vom Talent.«[292] Der talentierte Poet kann im Gegensatz zum Genie noch nicht aus eigener Schöpfungskraft produktiv werden; die natura bildet lediglich die Voraussetzung für einen fruchtbaren Umgang mit den Regeln. Andererseits zeigt die Koppelung beider Begriffe, daß bloße Kunstfertigkeit nicht bereits die Gewähr für glückliche Ausführung der vorgegebenen Regeln ist. Die Leistung des ingenium besteht

---

288 Neumark/Kempe: Poetische Tafeln, S. 5.

289 Hofmannswaldau: Deutsche Ubersetzungen und Getichte, Vorrede, S.) (4v.

290 Männling: Poetisches Lexicon, Vorrede.

291 Ebd.

292 Herrmann: Naturnachahmung, S. 58.

daher nicht im Hervorbringen eines Original-Neuen, sondern in der unauffällig-gekonnten Anwendung der Regeln auf einen bestimmten Gegenstand, ein durch Tradition oder gesellschaftlichen Kontext bereitgestelltes Thema. Die Kunst, deklariert Harsdörffer, müsse unter der Natur »gleichsam verborgen ligen«;[293] und die entsprechende lateinische Sentenz »Ars est quae non sapit artem« gibt er mit dem Zweizeiler wieder:

»Kunst ohne (verstehe scheinbare) Kunst
bringt Ehr' und Gunst.«

Auch Harsdörffers zurückhaltende Einstufung des Kunstcharakters darf über die prinzipielle Wertigkeit der ars nicht hinwegtäuschen. Auch er betont – als allgemein bekannte Selbstverständlichkeit: »das was die Natur anfänget / das kan die Kunst vollenden und zu Nutze bringen.«[294]

Die von der ars bereitgestellten Methoden zur Auffindung und Techniken zur Ausschmückung behalten ihre fraglose Geltung. Den Rang des Poeten macht jedoch die Kunst aus, das handwerkliche Können vergessen zu machen. Die poetische Praxis – darauf wurde bereits hingewiesen – wertet die ars gegenüber der natura auf. Die meisten Poetik-Lehrbücher verstanden sich als Hilfestellungen für Gelegenheitsdichter, nicht etwa als Mittel, poetische Genies zu erwecken. Da sie sich vorwiegend an die angehenden oder die Gelegenheitspoeten wandten, widersprach die Anweisungsmethode und die Praxis der Gelegenheitsdichterei dem Modell des ausgewogenen ars-natura-Verhältnisses zwar nicht, rückte es jedoch in einen Bezirk des Unverbindlichen. In der Praxis trat an die Stelle des ohnehin schwer nachweisbaren ingenium die Gelehrsamkeit,[295] und die fehlende natura wurde weitgehend durch die institutionell verankerte Schulung wettgemacht.[296] Beide aber gehörten im weiteren Sinn in den Sektor der rhetorischen ars.

Drei für verschiedene Phasen barocker Poetik *repräsentative Systeme* stammen von Johann Peter Titz (1642), Sigmund von Birken (1679) und Magnus Daniel Omeis (1704, repräsentativ für den Stand um 1694/95). Johann Peter Titz definiert:

»Zu der Kunst gehöret fürnehmlich / erstlich / die Wissenschafft und der Verstand der Gesetz und Regeln / nach denen sich ein Poet in stellung der Verse und Getichte richten muß: darnach / fleissiges Lesen: ferner / die übung im Schreiben: und endlich / die Imitation od' Nachfolge.«[297]

Die Wissenschaft von der Dichtkunst vermittelt »die Praecepta Artis, oder Regeln und Gesetze der Kunst«.[298] Der Nutzen der Schreibübung besteht in der Vermitt-

---

[293] Harsdörffer: Poetischer Trichter Tl. 3, S. 81.
[294] Ebd., Tl. 3, S. 81.
[295] Dyck: Ticht-Kunst, S. 65.
[296] Hildebrandt-Günther: Antike Rhetorik, S. 69.
[297] Titz: Zwey Bücher, S. Vv.
[298] Ebd., S. Vij.

lung technischer Fertigkeit. Die gezielt-nachahmende Schreibübung verbessert den poetischen Stil: es müsse, »wenn man einen guten Poeten eine zeitlang unter händen gehabt / nothwendig etwas davon kleben bleiben / dadurch man nachmals seinen eigenen Getichten eine zier und liebligkeit geben könne.«[299]

Sigmund von Birken verlangt von dem befähigten Dichter, er müsse »zu Lebenden und Todten in die Schule gehen / und erstlich eine Prosodiam oder Dichtlehre fleißig lesen.« Nach dieser »Anweisung« solle er selbst ein Gedicht anfertigen und es einem guten und erfahrenen Poeten zur Beurteilung vorlegen. Als dritter Teil folgt die Übung: »Diese nun bestehet wieder / im Lesen und Schreiben«. Nur die besten Poeten sollten Vorbilder abgeben.[300] Die Unterschiede betreffen nur Feinheiten. Titz kennt die reine Schreibübung, Birken orientiert sie auf die zuvor erlernten prosodischen Regeln. Die bei Titz einzeln aufgeführte Lektüre und die Imitation faßt Birken als »Übung« zusammen. Die Koppelung erscheint sinnvoll angesichts der Tatsache, daß die Lektüre vorbildlicher Autoren ausschließlich zum Zweck der eigenen poetischen Praxis betrieben wird.

Magnus Daniel Omeis hält neben der Natur ebenfalls die Kunstlehre und die Übung im Lesen und Schreiben für erforderlich. Omeis folgt Birken fast wörtlich.[301] Lediglich die Übung differenziert er in »Lesung guter Poeten«, Übersetzen und Schreiben »aus eigenem Kopf«. Die Kenntnis der übrigen Wissenschaften ist in der Kunstlehre zwar nicht inbegriffen, sie wird von Birken[302] und Omeis[303] jedoch ausdrücklich als Voraussetzung verlangt.

Die Synthese der verschiedenen Entwürfe ergibt einen gleichbleibenden Katalog von Voraussetzungen und Forderungen:

1. *subjektiv-persönliche Prämissen*
   1.1. natura (individuelle Anlage)
   1.2. furor poeticus (von außen herangetragener göttlicher Antrieb)

2. *objektive, überindividuelle Prämissen*
   2.1. Kenntnis der Wissenschaften (doctrina)
   2.2. Kunstlehre (ars poetica: praecepta der Rhetorik, Grammatik, Prosodie)
   2.3. Übung (exercitatio) mit den Stufen
      a) allgemeine Schreibübung
      b) Lektüre (lectio) der vorbildlichen Autoren (exempla)
      c) Imitatio (spezielle Schreibübung)

---

299 Ebd., S. Viij.

300 Birken: Teutsche Rede-bind und Dicht-Kunst, S. 172f. Vgl. Stieler: Dichtkunst des Spaten, V. 4617–4620. »Will wer sich recht versichern, / der wehle solchen Mann, der nicht sey fremd in Büchern, / geübet in der Kunst, geleitet vom Verstand, / am urteil reif, und dem die Sprache wol bekant.«

301 Omeis: Gründliche Anleitung, S. 130f.

302 Birken: Teutsche Rede-bind- und Dicht-Kunst, S. 185f.

303 Omeis: Gründliche Anleitung, S. 131; dazu ausführlicher Abschnitt 2.2. (3)

Im Bereich der ars poetica als dem Pendant zur Naturanlage herrscht bei den Barockpoetikern Einmütigkeit. Sie umfaßt die rhetorischen Regeln und Gesetze und die Anweisungen zur Silben-Akzentuierung, zur Metrik und zur Reimkunst. Die exercitatio findet ihren Platz entweder im Schul- oder Universitäts-Unterricht selbst oder ist als didaktische Anleitung dem pädagogischen Kursus entnommen.

(2) *Die Übung (exercitatio) und ihre Bestandteile (lectio und imitatio)*

> »Wer keiner Arbeit scheut und pflegt den Fleiß zulieben,
> der schärft den Geist und nimmt an Wort- und Sachen zu
> ehr, als ers sich versieht. Man wird nicht stracks im Nu!
> noch schlaffend ein Poet. Durch schwimmen lernt man schwimmen,
> durch schmieden wird ein Schmied. Wer auf den berg will klimmen
> der nach den wolken führt, muß regen Hand und Fuß.
> Der Leuffer kömmt zum Ziel. Es muß da kein Verdruß
> bey Verseschreiben seyn. Kein Lehrsatz tuhts alleine
> wie heuffig er auch ist. der schleußt in enge Zäune
> die weite Poesie, wer ihren großen Raum
> in wenig Regeln zwingt. Gesetz ist nur ein Zaum
> vor einen Pegasus, wenn er zu hoch will fliegen;
> An Ubung, an der Schrift, da pflegt es an-zu-liegen.
> Apoll und Tullius, Amfion können nichts
> ohn solche Stetigkeit. Der Ubung Vielheit richts,
> daß immer ein Poet den andern übersteiget.
> die Ubung ists, die Kunst und Kraft und Vorraht zeuget,
> und alles leichter macht.«[304]

Die maßgeblichen Poetiken betonen ähnlich wie der hier zitierte Kaspar Stieler die Nützlichkeit der Übung.[305] Exercitatio kann verschiedene Bereiche umfassen:[306] die allgemeine Übung in der Fertigkeit des Schreibens, die Lektüre der vorbildlichen Autoren, die für das eigene Schreiben das Muster abgeben, und die verschiedenen Stufen imitatorischen Schreibens.

---

[304] Stieler: Dichtkunst des Spaten, S. 126f., V. 4546–4562.

[305] Birken: Teutsche Rede-bind und Dicht-Kunst, S. 174f.; Harsdörffer: Poetischer Trichter Tl. 1, Vorrede Nr. 12, 3. Tl., V. Von der Nachahmung, S. 35–54; Hübner: Poetisches Handbuch, S. 138; Neumark/Kempe: Poetische Tafeln, S. 4; Männling: Helicon, S. 27; Kindermann: Der Deutsche Poet, S. 6; Omeis: Gründliche Anleitung, S. 130f.

[306] Mertz: Das Schulwesen, S. 269ff. teilt in drei gleichgeordnete Rubriken ein: Grammatik (praecepta), Übung (exercitatio), Lektüre (imitatio). Gegen die Identifikation von Lektüre und imitatio richtet sich Barners Einwand, Barockrhetorik, S. 285 Anm. 135, Lektüre sei Vorbedingung der imitatio, die ihrerseits ein »Teil der exercitatio« sei. Mertz, S. 275ff., meint mit exercitatio vorwiegend die allgemeine Schreibübung; eine strikte Trennung zwischen ihr und der imitatio ist allerdings nicht möglich. Wie schwer es ist, eine übergreifende Terminologie zu finden, zeigen allein die zitierten Beispiele Titz' und Birkens. Sie wenden die Begriffe auf verschiedene Sachverhalte an. Titz trennt Lektüre und imitatio; Birken ordnet beide einander zu und subsumiert sie der exercitatio. Johann Hübner teilt sein »Neu-vermehrtes Poetisches Handbuch« (1731) in die drei Bücher: 1. Praeparation (Rhytmus, Pedes, Genera), 2. Exercitation (Invention, Disposition, Elocution), 3. Imitation (Muster sammeln und Nachahmungen).

Die Schreibübung an sich ist kein spezifisches Erfordernis für den angehenden Dichter. Sie kann allerdings auch eine speziellere Funktion erhalten: Der Schüler muß versuchen, die ›theoretischen‹ Regeln der ars poetica in die Praxis umzusetzen, zunächst ohne (andere als die in den Poetiken selbst mitgelieferten) Vorbilder.[307] Diese Übung schreiben jedoch nicht alle Poetiker vor.

Für den angehenden Poeten sind die Lektüre (*lectio*) und die Nachahmung (*imitatio*) wichtiger. Den *Wert der Lektüre* für »Witz und Vorraht«, d.h. für Kunstverstand, Kunstfertigkeit und Musterkanon hat wiederum Kaspar Stieler treffend formuliert:

> »Aus Lesen kommet beydes
> und aus Nachahmen her, Kein Kopf bringt was gescheites
> aus seinem Kopf' hervor, wo nicht was drinn' erst steckt,
> das ein Poeten geist hat geistreich ausgeheckt
> in Rom und in Atehn.«[308]

Die aus der Lektüre kanonischer Autoren gewonnenen exempla repräsentieren rhetorisch-poetische Musterleistungen, in denen der Schüler die Anwendung der gelernten Regeln erblickt und durch Analyse die rhetorischen Prinzipien der Argumentation, Anordnung und Stilistik erkennt. Die Auswahl griechischer und lateinischer Autoren entspricht dem im Rhetorik- und Poesie-Unterricht empfohlenen Kanon.[309] Schon in den voropitianischen Reformbestrebungen findet sich die Forderung, der gelehrte deutsche Poet müsse die antiken Autoren kennen.[310] Zum unumstößlichen Fundament der deutschsprachigen Kunstpoesie hat Opitz diese Anschauung gemacht. Wer »in den griechischen vnd Lateinischen büchern nicht wol durchtrieben« sei, »vnd von jhnen den rechten grieff erlernet« habe, dem könnten sogar Naturanlage und Kenntnis der Kunstlehre nicht weiterhelfen. Sein Versuch, auf deutsch zu dichten, sei »eine verlorene arbeit«.[311] Der »rechte grieff« meint einerseits die praecepta, die über das in einer ars poetica Gebotene hinausgehen (inventio, dispositio, elocutio) und die für die elocutio erforderlichen ›Zutaten‹: den Schmuck und die Realien.

Zahlreiche Autoren folgen Opitz' Absolutsetzung des antiken Regelkanons widerspruchslos.[312] Die Besinnung auf den eigenen, anders gearteten Charakter der deutschen Sprache, der die imitatio griechischer und römischer Autoren nicht

---

307 Zur Übung *vor* der imitatio vgl. Wagenseil: Pera Librorum Juvenilium, S. 681. »Die Mittel zu der Poeterey zu gelangen / sind 1. daß man einen kurtzen Entwurff derselben zu Sinn fasse. 2. Daß man anfänglich Verse ohne Reimung schreibe / oder vermischte Verse wieder einrichte / oder aus einer Reimart in die andere setze. 3. Daß man die besten Teutschen Poeten lese / ihnen folge / und den Anfang seiner Gedichte / andern zu verbessern überreiche.«

308 Stieler: Dichtkunst des Spaten, S. 121, V. 4321ff.; vgl. S. 122, V. 4389f. »Stets klebt was bey dem Lesen, / auch unvermerkt, uns an.«

309 Vgl. Kapitel I 2.3.

310 Dazu Höpfner: Reformbestrebungen, S. 33f., 36ff.

311 Opitz: Poeterey, S. 16f.

312 Z. B. Kindermann: Der Deutsche Poet, S. 3; Birken: Teutsche Rede-bind und Dicht-Kunst, Vorrede Nr. 22.

angemessen sei, setzt bei Harsdörffer und Schottel ein; sie erklären die »fremden Lehrsäzze« für nicht verbindlich.[313]

Bei ihnen finden sich auch Ansätze zu einer historischen Sprachbetrachtung.[314] Der unveränderten Übernahme von Regeln und Anweisungen steht nach Schottels Überzeugung die Eigengesetzlichkeit jeder Sprache entgegen. Die Kunst als eine »Nachäffin der Natur« muß sich, »nach der izzigen Natur der Welt« richten. Ein deutschsprachiger Poet, der einen Gegenstand seiner Umwelt thematisieren wolle, habe »gar nicht zuhoffen auf das Handgekläpper der Grichen und Römer.«[315] Harsdörffer, auf den sich Schottel in der siebten Lobrede selbst beruft,[316] ist nicht so rigoros. Auch Kempe reduziert nur das Maß der imitatio sprachfremder Autoren. Der Poet muß beachten, »wie weit unsrer Sprachen Eigenschaft andern nachzufolgen / gestatte«. Ein Gedicht darf nicht gegen die deutsche Syntax verstoßen.[317] Gegen das sklavische Imitieren der prosodischen Regeln hatte sich bereits Opitz gewandt. Sein Abweichen in der Akzentregelung stellt ja einen wesentlichen Teil seiner Neuerung dar. Johann Peter Titz etwa beruft sich auf Opitz' Empfehlung, von den griechischen und lateinischen Poeten als den »vollkommensten Meistern« »die Kunst / wie man auff Poetische art ein Getichte verfertigen / die Sachen erfinden / einordnen vnd stattlich außarbeiten sollte«, zu erlernen,[318] er weist indes auf Opitz' Differenzierung hin, daß nicht in allen Dingen eine sklavische imitatio möglich sei:[319] »Die Quantität der Sylben aber hat er / nach dem exempel der gelehrten Holländer / nach jhrem Accent oder Laut abgemessen.«[320] Abgesehen von dieser Eigenheit deutscher Sprache bleibt für inventio, dispositio und elocutio der antike Kanon verbindlich. Buchner und Stieler vertreten die communis opinio:[321]

---

313 Schottel: Teutsche SprachKunst, Siebente Lobrede, S. 222f. »Dis meinet der Poet; wir weren nicht verbunden / An frömder Völker Art: Sagt / Teutschland habe funden / Sein' eigne Zier und Art.«

314 Etwa bei Harsdörffer in den Gesprächsspielen Tl. 5, S. 133f., Nr. 16. Vgl. ders.: Poetischer Trichter, Tl. 2. I. Betrachtung, S. 1–7.

315 Schottel: Teutsche SprachKunst, S. 224f. »Ja es ist vielmehr ein unverantwortliches Wesen / unserer Sprache jhre Zähne / wie Lutherus redet / auszubrechen / und sie zwingen wollen den frömden nachzumumlen.«

316 Ebd., S. 226, und zwar auf die Gesprächsspiele und den ersten und zweiten Teil des »Poetischen Trichters«.

317 Neumark/Kempe: Poetische Tafeln, S. 299; ebenso Hofmann: Lehrmäßige Anweisung, S. 10. Die deutsche Dichtkunst müsse sich nicht nach den Gesetzen der Lateiner, Griechen und Hebräer richten, weil sie ihre eigene Gesetze habe. Übrigens beruft sich auch Hofmann auf Harsdörffer: »Germanica Poesis non ad normam Graecae & Latinae Prosodiae exigenda; sed linguae nostrae genio planè singulari aestimanda est.«

318 Titz: Zwey Bücher, S. Bv, Bij.

319 Ebd., s. Bij. »Was die Sprache vnd das Carmen anbelanget / vermerckte er auch leichtlich / daß wir dißfalls eben so wenig / als andere Völcker / den Lateinern vnd Grichen in allem folgen könten / sondern bißweilen einen andern weg gehen musten.«

320 Ebd., S. Bij.

321 Sie findet sich auch bei Kindermann: Der Deutsche Poet, S. 3, der Opitz zitiert; bei Hadewig: Kurtze und richtige Anleitung, S. 5; ders.: Wohlgegründete teutsche Versekunst, S. 96; Mitternacht: Bericht von der teutschen Reimkunst, S. Aiij, § 1.

»Im übrigen soll man gewiß dafür halten / daß der Ursprung und Qvell aller Zierde / Schmuckes und Ansehnlichkeit der Reden nirgends anders / als bey dē Griechen und Lateinern zu sehen ist / von denen alles hergeflossen / wodurch die Frantzosen / und Italiäner zuförderst ihre Sprache so hoch gebracht haben.«[322]

Joachim Rachel, der als dezidierter Opitz-Anhänger gegen die Gelegenheitsdichter und gegen Zesen die Position der gelehrten Poesie verficht, tritt für die unveränderte Geltung der antiken Musterautoren ein:

»Wer ein Poet will seyn, der sei ein solcher Mann /
Der mehr als Worte nur und Reimen machen kan /
Der aus den Römern weiß, den Griechen hat gesehen /
Was für gelahrt, beredt und sinnreich kan bestehen.«[323]

Gelehrsamkeit, Beredsamkeit und Scharfsinn (doctrina, eloquentia, argutia) bilden bei Rachel die notwendigen Voraussetzungen; alle stammen aus der humanistischen Tradition. Opitz selbst hat die Rolle der argutia durch Koppelung mit der inventio hervorgehoben.[324] Sacers satirische Frage an Hans Wurst »Was gehet dich Rom und Athen an?« bestätigt die Gültigkeit dieser Normen. Sein Satz »Daß man aber dir auch anmuthen wolte / daß dir es zukäme / dich ein wenig in den alten Poeten der Griechen und Lateiner umbzusehen / das ist ein falscher Wahn«, verhöhnt das voraussetzungslose Versifizieren der Reimenschmiede und Massenproduzenten, [325] denen auch der Lorbeerkranz keine Gelehrsamkeit verleiht.[326] Die Lektüre vergrößert – dies ist auch ein Nebeneffekt der rein imitierenden Übung – fast automatisch die Sachkenntnis, zumal der Leser die Gedanken und Redewendungen, also formale und inhaltliche Partikel ständig exzerpiert.[327]

Noch Morhof, dessen »Unterricht von der teutschen Sprache und Poesie« eine wichtige Übergangsstufe zwischen barockem und ›politischem‹ Modell bezeichnet, insistiert auf dem ursächlichen Zusammenhang von Belesenheit und inventio:

»Erstlich / ehe einer erfinden kan / muß er zuvor gelesen und gesamblet haben / sonsten wird er leeres Stroh dreschen. Er muß nicht allein die vornehmbsten Teutschen Poeten / sondern auch die Lateinischen und Griechischen / von welchen doch alles herfliesset /

---

[322] Buchner: Wegweiser, S. 80f.; Stieler: Dichtkunst des Spaten, S. 121, V. 4341–4353. Zur Kenntnis der Antike als Voraussetzung des ›gelehrten‹ Dichters s. Cohn: Gesellschaftsideale, S. 85f.

[323] Rachel: Satyrische Gedichte, Nr. 8, S. 108, V. 79–82. Die Gegenposition zeigt Sacer: Reime dich, S. 19f., Caput VII, satirisch auf.

[324] Opitz: Poeterey ed. Alewyn, S. 17: Die »erfindung der dinge« als »sinnreiche faßung aller sachen«.

[325] Sacer: Reime dich, S. 19, Caput VII; vgl. ebd., S. 22f., Caput IX. »Ein Poet [...] ist ein gebohrner Deutscher Mann / leer von andern Sprachen allen / voll von Einbildung / frey von Künsten / Wissenschafften / Regulen / und Gesetzen [...].« Ferner S. 27, Caput X.

[326] Ebd., S. 138, Caput LV.

[327] Stieler: Dichtkunst des Spaten, S. 122, V. 4384, V. 4389f. Zum Erwerb verwendbarer exempla s. Harsdörffers Ausführungen über Exempel und Geschichten als Quellen der Erfindung; Poetischer Trichter, Tl. 2, S. 55f. »und soll auch dessenwegen der Poet viel gelesen haben / und seine Wissenschafft schicklich einzuflechten wissen.« Auch ebd., 3. Tl., S. 27.

wohl durchkrochen / und ihre Künste ihnen abgelernet haben. Will er diesen die Außländer / als Spanier / Frantzosen / Italiäner / hinzusetzen / wird er seinen Schatz desto grösser machen.«[328]

Zu den antiken gesellen sich musterhafte ausländische Autoren lebender Sprachen.[329] Für einen deutschsprachigen Poeten erscheint es jedoch naturgemäß wichtiger, Vorbilder in der eigenen Sprache zu erhalten. Das ist seit dem Wirken von Opitz möglich geworden. Von hierher wird Opitz' rigorose Ausschließlichkeit verständlich: da es zu Beginn des 17. Jahrhunderts noch keine empfehlenswerten deutschen Muster gab, mußten die antiken Muster dezidierter angepriesen werden als in der Folgezeit. Sobald die Opitzsche Poetik zu wirken begann, gab es auch deutsche Poeten zu empfehlen, allen voran Opitz selbst. Johann Klaj zitiert in der »Lobrede der Teutschen Poeterey« (1642) einige exempla von Heinsius (in deutscher Übersetzung), von Opitz, Rist, Freinsheim, Fleming und Tscherning, um den – nach barocker Sprachtheorie[330] postulierten – engen Zusammenhang zwischen Sprache und ihrem Objekt zu demonstrieren.[331] Harsdörffer nennt im »Poetischen Trichter« (1647/53) Opitz, Rist, Fleming, Londen und Homburg.[332] Auf den Mangel eines Schulunterrichts in deutscher Poesie weist bereits 1650 Johann H. Hadewig hin. Die deutschen Muster sollen die antiken nicht ersetzen, wohl aber ergänzen. Die Einführung der »Teutschen Poesie« an den Schulen würde »derselben nicht wenig nützen«. Als mustergültige Poeten nennt Hadewig neben Opitz Buchner, Rist, Tscherning, Zesen und Fleming.[333]

Die Verfechter einer christlichen Poesie ziehen ohnehin die christlichen den antiken Autoren vor.[334] Auf die Spitze getrieben erscheint die christliche Ideologie bei Balthasar Kindermann. Er plädiert, die rechte Tugend und Weisheit könne nicht »aus den Büchern der verdammten Heiden« erlernt werden.

---

328 Morhof: Unterricht, S. 313f.

329 Ohne Nachahmung der »alten Griechen und Lateiner« hätten Gryphius, Lohenstein und Hofmannswaldau nicht ihre vorbildlichen Werke schaffen können: »Denn wo keine gründliche Gelehrsambkeit bey einem Tichter ist / so wird nie was gutes und vollenkommenes von seinen Händen kommen.« Morhof: Unterricht, S. 216. Ähnliche Forderungen nach Kenntnis moderner Sprachen und Vorbilder finden sich bei Kindermann: Der Deutsche Poet, S. 17f.; besonders ausführlich bei Omeis: Gründliche Anleitung, S. 137f.; Harsdörffer: Poetischer Trichter, 3. Tl., S. 53; B. Neukirch: Vorrede zur Hofmannswaldauischen Anthologie, S. 19, nicht von ungefähr also bei ›moderneren‹ Autoren. Zu ihnen vgl. Kapitel V 2.1. und 2.2.

330 Hankamer: Die Sprache. Ihr Begriff und ihre Deutung.

331 Klaj: Lobrede der Teutschen Poeterey, S. 14–18.

332 Harsdörffer: Poetischer Trichter, Tl. 3, S. 53. Bei Londen handelt es sich vielleicht um Zacharias Lund (Goedeke III, S. 58, Nr. 146); bei Homburg um Ernst Christoph Homburg (Goedeke III, S. 77f., Nr. 26).

333 Hadewig: Kurtze und richtige Anleitung, Vorrede S. AVv.

334 Rist: Neuer teutscher Parnass, S. 12. Gegen die heidnische Mythologie hatten sich außer Rist auch Harsdörffer: Gesprächsspiele I, S. 248, und Kindermann ausgesprochen; vgl. Kawerau: Kindermann, S. 168f. Freilich gerade die Praxis Harsdörffers und Kindermanns zeigt, daß es sich hier lediglich um ein Schutz-Argument handelt, das in der Poesie selbst weitgehend außer Kraft gesetzt war.

»Dahero trauen wir / weder dem Homerus / noch dem Hesiodus / noch dem Pindarus / und andern heidnischen Poeten / zu / daß sie / von dem einigen und wahren GOTT / was warhafftiges hätten reden und schreiben sollen.«[335]

Ihnen seien christliche Neulateiner vorzuziehen (etwa Frischlin und Schonaeus [Schoner] statt Plautus und Terenz[336]) – selbst wenn sie die antiken Autoren nicht erreichten. Besser sei es, »etwas zuentbehren / in den grossen freyen Künsten und hohen Sprachen / als an der wahren Gottseligkeit.«[337] Der religiöse Vorbehalt gegen die von den antiken Autoren vermittelten Lehren kam dem Dichten in deutscher Sprache zugute. Natürlich ist die Tatsache, daß die neulateinischen und die deutschsprachigen Autoren Christen waren, ein rein äußerliches Kriterium. Birkens Postulat einer christlichen Poesie ist bekannt.[338]

Seiner Hinwendung zu den christlichen und deutschen Poeten kommt Schottels These von der deutschen Hauptsprache entgegen.[339] »Ohne Widerrede« gelten ihm Opitz, Fleming und Tscherning[340] als die drei ersten und besten deutschen Dichter: »dann sie schreiben lauter Kern / Geist und Nachdruck / reden viel in wenig Worten und zierlich / und folgen der Latinischen Poesy.«[341] Für Birken vertragen sich also deutsches Dichten und Nachahmen lateinischer Vorbilder – das bestätigt seine Übernahme des Opitzschen Axioms von der Musterhaftigkeit antiker Autoren.[342]

Im letzten Drittel des Jahrhunderts beginnt sowohl ein grundsätzliches Umdenken als auch ein Wandel im Kanon. Johann Ludwig Praschs Motivation, die deutsche Poesie zu verbessern, gründet auf den Argumentationen von Opitz (»Aristarchus«) und Schottel (Teutsche Haupt- und Heldensprache).[343] Von einem deutschen Gedicht hält er mehr als von einem lateinischen. Die Eignung der deutschen Sprache zum Dichten steht außer Zweifel.

»Summa ich darf kecklich sagen / daß die Teutsche Poesie / ihrer Natur und Eigenschafft nach (dañ die Kunst halte ich zum wenigsten für gleich / ausser daß die Griechen und Lateiner zweifelsfrey obschweben) aller anderer Sprachen Dichterey weit übersteiget.«[344]

---

335 Kindermann: Der Deutsche Poet, S. 8, § 4.
336 Ebd., S. 11, § 10.
337 Ebd., S. 12, § 10.
338 Birken: Teutsche Rede-bind und Dicht-Kunst, Vorrede, Nr. 25 »Gegenwärtige Poesy-Anweisung / zielet auf der frommen Zweck / daß diese Edle Kunst zur Ehre dessen / von dem sie einfliesset / möchte verwendet werden.« Vgl. Dyck: Rhetorische Argumentation, S. 69ff.; ders.: Athen und Jerusalem.
339 Birken, ebd., Vorrede, Nr. 22. Zum Argument vom Alter der deutschen Sprache s. Dyck: Rhetorische Argumentation, S. 82ff.
340 Birken, S. 174; im Original heißt es »Thening«.
341 Ebd., S. 174.
342 Ebd., Vorrede, Nr. 22. »Man hält hingegen für gewiß / daß der nichts weniger als ein Poet sei / der nicht die Lateinische und Griechische Poeten gelesen hat / und selbst einen solchen / wenigst in Latein / abgibet [...].«
343 Prasch: Gründliche Anzeige, S. 1. Der »teutschen Muttersprache und Poesie« sei er außerdem mehr als der lateinischen verpflichtet und verwandt.
344 Ebd., S. 5.

Die Verschiebung im deutschen Kanon zeigt sich am sinkenden Kurswert von Opitz selbst. Kaspar Stieler setzt Fleming – aufgrund des eher ›politischen‹ als humanistischen Scharfsinn-Kriteriums – über Opitz:

> »[...] Es heißt der dichter Meister
> zwar unser Bunzlersohn: doch, wenn ich sagen darf,
> so singt, nach meiner Wahl, mein Flemming ja so scharf
> als Opitz singen mag, ja schärfer noch zuzeiten,
> wiewol ich nicht gesinnt mit iemand drob zustreiten.«[345]

Auch bei andern Meistern wie Rist und Zesen findet er »was fein- und würdiges«. Die bei Morhof vollzogene Umwertung wurde schon angedeutet: Er stellt Fleming über die gleichrangigen Opitz und Tscherning. Auf dem Gipfel stehen Gryphius, Lohenstein und Hofmannswaldau.[346] Albrecht Christian Rotth, der in literarhistorischer Hinsicht sich eng an Morhof anlehnt, stellt Opitz, Fleming, Buchner, Schottel, Rist und die »berühmten« Hofmannswaldau und Caspar auf eine den antiken Dichtern ebenbürtige Stufe.[347] Johann Christoph Männling, der eifrige Anhänger Lohensteins, folgt Morhofs Wertung. Muster sind für ihn »die unvergleichlichen Lichter Schlesiens / Hoffmannswaldau / Caspari von Lohenstein / Gryphius, Mühlpfort / Ziegler / Weiß / Neukirch und andere mehr.«[348]

Ein Streifblick auf eine Schulpoetik, Theodor Kornfelds 1685 (drei Jahre nach Morhofs »Unterricht«) erschienene Vers-Kunst belegt, wie sehr die für Schulen bestimmten Lehrbücher hinter dem neuen Trend herhinkten. Kornfeld empfiehlt noch ausschließlich die Autoren des ›alten‹ Kanons: Opitz, Fleming, Zesen, Schottel, Buchner, Klaj, Rist, Harsdörffer, Tscherning, Sieber, Lanckisch, Kindermann, Dach und Francke.[349] Soweit die – bewußt keine Vollständigkeit anstrebenden – Hinweise auf die Lektüreempfehlungen.[350]

In der Praxis lassen sich lectio und imitatio kaum trennen. Diese Feststellung ist unerläßlich, um die *Systematik der imitatio* keinen Mißverständnissen auszuliefern. Die barocken Poetiker kennen fünf Arten der imitatio. Jede erfüllt im Rahmen der exercitatio ihren didaktischen Zweck.

1. einfaches Ausschreiben des Vorbildes
2. Übersetzen

---

345 Stieler: Dichtkunst des Spaten, S. 125, V. 4482ff.

346 Morhof: Unterricht, S. 214, 216.

347 Rotth: Vollständige Deutsche Poesie, Tl. 1, Vor-Rede, § 2.

348 Männling: Helicon, S. 8.

349 Kornfeld: Selbst-Lehrende Alt-Neue Poesie, S. 3, § 12.

350 Eine Untersuchung des barocken Literatur-Kanons, die den Schwankungen im Werturteil nachginge, wäre wünschenswert. Ansätze zur Analyse der Akzentverlagerung im Kanon des 16. und 17. Jahrhunderts (am Beispiel von Ovid, Lucan, Statius, Claudian) bei H. J. Lange: Aemulatio veterum, S. 84–106. Zur Entstehung eines muttersprachlichen Exempla-Kanons vgl. auch Herrlitz: Der Lektüre-Kanon, S. 24–28. Zu den Musterautoren vgl. auch Wendland: Die Theoretiker, S. 137ff. Zu den Lektüreempfehlungen in Poetiken und Rhetoriken müßten auch die einschlägigen Hodegetiken und Gelehrtengeschichten herangezogen werden.

3. Nachahmung eines bestimmten deutschsprachigen Autors
4. Nachahmen mehrerer guter Autoren
5. Transponieren einzelner vorgegebener Motive.[351]

Das totale *Ausschreiben* ist entweder eine Anfängerübung[352] oder ein Behelfsmittel für einen unter Zeitdruck ›arbeitenden‹ Gelegenheitsdichter. Die Fragwürdigkeit dieses Vorgehens, der diebische Charakter ist den Theoretikern bewußt.[353] Ein solches Dichten, das entweder ganze Partien wortwörtlich den deutschen Vorlagen entnimmt,[354] oder gar ein vollständiges fremdes Gedicht unter dem eigenen Namen laufen läßt,[355] trifft der Vorwurf des Plagiats bereits in dieser nicht durch Gesetze die Verfasser schützenden Epoche.[356] Die hin und wieder auftauchende Behauptung, der Plagiatbegriff sei den Barockautoren gänzlich fremd gewesen, läßt sich in solcher Pauschalität nicht aufrecht erhalten. Die stumme Übernahme von Gedanken und Phrasen war zulässig, solange es sich nicht um

---

[351] Zur imitatio-Lehre van Ingen: Vanitas, S. 35f., die bewußte Nachahmung vorbildlicher Autoren, wie sie die Rhetorica ad Herennium und Quintilian bereits vorsahen; Rhet. ad Her. 1, 2, 3; Inst. orat. 10, 2, 1. Zur Imitationspraxis s. Gaede: Poetik und Logik, S. 60f.; poetische Beispiele zu den Imitationsgraden bei Waldberg: Die deutsche Renaissance-Lyrik, S. 217–234; zum Stellenwert von praecepta, exempla und imitatio im Schulunterricht s. Dyck: Ticht-Kunst, S. 9, Barner: Barockrhetorik, S. 59ff. Vgl. Kap. I, Anm. 399.

[352] Stieler: Dichtkunst des Spaten, S. 121f., V. 4361. »Im Anfang ists vergönnt: Man fleugt nicht ohne Schwingen.«

[353] Ebd., S. 126, V. 4521ff. Birken: Teutsche Rede-bind und Dicht-Kunst, S. 178. »Man darf wol borgen / oder übersetzen: aber man muß denjenigen nennen / von dem man geborget / und nicht zum Diebe werden.« Sacer: Reime dich, Caput IX, S. 23ff. »Die meisten heutige Reimen Macher seynd Kunst Diebe.« Im folgenden gibt Sacer eine Anleitung zum poetischen Diebstahl.

[354] Stieler: Dichtkunst des Spaten, S. 121, V. 4353ff. »Im Teutschen geht das plündern / nicht an, wie beym Latein, da niemand mich wird hindern, / wird schelten, schrieb' ich gleich viel Zeil- und Sachen aus, / vielmehr rühmt man sich drob und macht was großes draus.«

[355] Vgl. etwa Harsdörffer: Poetischer Trichter, 1. Tl., S. 102f. »Etliche bedienen sich frembder Poeten Erfindungen / und ist solches ein rühmlicher Diebstal bey den Schülern / wann sie die Sache recht anzubringē wissen / wie Virgilius deß Theocriti, und Homeri. [...] Es muß aber solches nicht dergestalt mißbrauchet werden / daß man ein gantzes Gedicht / fast von Wort zu Wort / Übersetzet / und für das Seine dargiebet / welches bey denen / so es in einer andern Sprache auch gelesen / nicht verantwortlich ist: Man kan aber wohl darzuschreiben aus dem Lateinischen fast aus dem Frantzösischen oder Spanischen etc.«

[356] Zur Geschichte des Plagiats s. Rosenfeld: Zur Geschichte von Nachdruck und Plagiat, S. 3211ff.; Rechtsfähiger Tatbestand wird der Plagiatvorwurf erst mit dem Eigentumsbegriff des 18. und 19. Jahrhunderts. Zum Plagiatproblem s. allgemein Hans Günther Hauffe: Der Künstler und sein Recht. München 1956, S. 117ff.; zum Barockzeitraum bes. Szyrocki: Die deutsche Literatur des Barock, S. 48ff.; v. Waldberg: Die Deutsche Renaissance-Lyrik, S. 201ff.; Segebrecht: Das Gelegenheitsgedicht, S. 148. Richtig ist es zweifellos, daß die Frage des geistigen Eigentums und somit des Plagiats kaum ins Bewußtsein getreten ist, besonders nicht im Bereich der Kasualpoesie; vgl. auch Wiedemann: Vorspiel, S. 8. Zum Plagiatvorwurf s. Stolle: Anleitung zur Historie der Gelahrheit, S. 57; Joh. Conrad Schwartz: Liber unus de Plagio Literario (1706).

bloße Reproduktion des Werkganzen, sondern um Verwendung einzelner ›Bauteile‹ zum selbstkonstruierten Werk handelte. Dabei spielte auch der Gedanke herein, das Fortleben eines Dichters in der Verarbeitung durch andere Autoren bezeuge, ja erhöhe seinen Ruhm.

Als poetische Übung und als eigene poetische Leistung gilt dagegen das *Übersetzen*. Opitz betont den didaktischen Wert der Übersetzung (»eine guete art der vbung«),[357] damit eine antike Grundposition im Gegenüber von Römern und Griechen aufgreifend. Sie ermöglicht am leichtesten das Transponieren des antiken Ideals in die deutsche Sprache. Opitz selbst hat bekanntlich diese Übung zeitlebens gepflegt. Die Übersetzungen machten einen wesentlichen Teil seines Werkes aus und vermehrten seinen Ruhm. Erst im letzten Drittel des Jahrhunderts begegnet der Einwand, Übersetzen sei keine eigentliche schöpferische Leistung.[358] Johann Peter Titz schätzt die eigene Erfindung zwar höher als das Übersetzen ein, er akzeptiert jedoch die allgemeine Anerkennung, die das Entlehnen einzelner »Sachen« aus fremdsprachigen Autoren schon in der Antike genossen hat.[359] Übersetzen gilt ihm als eine Nachahmung von Worten und Sachen. Der Übersetzer muß auf Übereinstimmung der Redeform (elocutio: »reinligkeit der Worte«, »zierligkeit der Phrasen oder Redensarten«, »glantz und ansehen der Troporum und Figurarum«) und genaue Wiedergabe der »eigentlichen Meinung des Autors« achten.[360] Angehenden Dichtern rät Titz, »eh sie aus ihrem eigenen Kopfe etwas herfürzugeben sich unterfangen«, sich zuvor »in fleissiger Metaphrasi allerhand gutter und nützlicher Sachen« zu üben.[361] Für Titz ist die Übersetzung »die beste und fruchtbarste« aller Übungen, da sie ein »rechtes Vorspiel« darstellt,

---

357 Opitz: Poeterey ed. Alewyn, S. 54. Zur Bedeutung des Übersetzens im Humanismus s. Hankamer: Die Sprache, S. 145ff. Bei Opitz hat die Übersetzung dazuhin die Funktion, die Gleichrangigkeit deutscher Sprache zu beweisen. In der Vorrede zu den »Teutschen Poemata« von 1624, ed. Witkowski, S. 8, sagt er, um »unserer Sprache Glückseeligkeit zu erweisen«, habe er »einen zimlichen Theil dieses Büchlins auß frembden Sprachen vbersetzen wollen; daß man auß gegenhaltung derselben die Reinigkeit vnd Zier der vnseren besser erkennen möchte.«

358 Etwa bei Morhof: Unterricht, S. 213f.; Stieler: Dichtkunst des Spaten, S. 121f., bes. V. 4366ff. Vgl. zur Funktion der Übersetzung in Opitz' Literaturprogramm Wenderoth: Die poetischen Theorien, S. 449ff. Als erster stellte der Holländer Joost van den Vondel Opitz' Dichtertum in Frage und wollte ihm nur den Titel eines guten Dolmetschers geben; Birrer: Die Beurteilung von Martin Opitz, S. 9. Als früher Einwand findet sich bei Harsdörffer in den »Sonntagsandachten«, Vorrede Tl. 1, fol. B3v der Passus: »Gewiß ist / daß die Erfindung (der Ausrede in Reimung zu geschweigen) einen Poeten den Namen giebet / und deßwegen der berühmte J. van den Vondeln / und andere / unsren Seel. Martin Opitz für keinen Poeten gehalten / weil er das meinste aus andern Sprachen übersetzet / und wenig aus seinem Gehirn zu Papier gebracht / und also mehr nicht / als das Lob eines guten Dolmetschers / aber keines Poeten zu erfordern habe.« Zit. nach Sinemus: Poetik und Rhetorik, S. 246 Anm. 3; vgl. Trunz: Nachwort zu »Weltl. Poemata«, Tl. 2, S. 105^{+}f.; auch v. Waldberg: Die Deutsche Renaissance-Lyrik, S. 207.

359 Titz: Zwey Bücher, S. Dz VIII. Cap. II. Buch, Nr. 3.

360 Ebd., VIII. Cap. des II. Buches, Nr. 5, Nr. 6. Vgl. auch Neumark/Kempe: Poetische Tafeln, S. 299.

361 Ebd., S. Viij.

aus dem der werdende Dichter lernt, »wie man auch aus seinem eignen Kopfe allerhand Poetische Getichte artig ersinnen und stellen soll.«[362] Ausgiebig hat sich auch Harsdörffer mit der »Dolmetschung« beschäftigt.[363] Er versucht, zwischen ›Nachdichtung‹ als eigenem Werk und ›Übersetzung‹ als transponiertem Werk zu unterscheiden: der redlich Handelnde füge – wie Opitz – der Übersetzung hinzu: »fast aus dem Niederländischen / nach Ronsards Sonnet«.[364] Bei Übernahme der »Art zu reden« oder einzelner Partien müsse die Quelle indes nicht mitgeteilt werden. Für die Nachahmung fremdsprachiger Vorbilder gelten dieselben Regeln wie für die muttersprachlicher Texte. Wer vom fremdsprachigen Muster nur »gleiche« Gedanken übernimmt und die Ausarbeitung selbständig vollbringt, steht auf einer höheren Stufe.[365] Immerhin rechnet Harsdörffer mit dem Fall, »daß diese Nachahmung nicht nur dem urständigen Stücke (Original) gleich / sondern von dem Meister der Kunst noch wol besser gemacht wird.« Für Omeis, den letzten der barocken Poetiker, hat die Übersetzung noch immer die für das humanistische Poesie-Modell spezifische Funktion der Vorübung zum eigenen Dichten. Der Übung des Lesens schließt sich unmittelbar die Übung des Übersetzens an, »etwan aus einem guten Lateinischen oder anderer Sprache Poeten«.[366]

Das *Nachahmen eines Autors,* d.h. die Übernahme seiner Gedanken und Themen oder seiner Art zu dichten, gilt als legitime Form der imitatio.[367] Höher eingestuft wird im allgemeinen *das eklektizistische Vorgehen.* Harsdörffer empfiehlt es sowohl für die imitatio deutscher wie ausländischer Vorbilder. Die Lektüre ist unter inhaltlichem und formalem Aspekt zu betreiben. Darüber hinaus sollen griechische, lateinische, französische, italienische, spanische und niederländische Poeten »durchsuchet« werden mit dem Zweck, »ihren Erfindungen und zierlichen Red-Arten / so viel ohne Zwang thunlich und dienlich scheinet«, nachzufolgen.[368] Die Argumente entstammen der Antike. Quintilian besonders hat das eklektizistische Verfahren angeraten.[369] Das Bild von der honigsaugenden Biene[370] steht seit Petrarca als Ausdruck der verbreitetsten Spielart der imitatio und findet sich bereits bei Opitz und Harsdörffer.[371] Birken greift es in seiner

---

362 Ebd., S. Viijv.

363 Harsdörffer: Poetischer Trichter, Tl. 3, V. Von der Nachahmung, Nr. 43, Nr. 44, S. 37ff.

364 Ebd., Tl. 1, S. 103; vgl. Tl. 3, Nr. 47, S. 41.

365 Ebd., Tl. 3, Nr. 46, S. 42.

366 Omeis: Gründliche Anleitung, S. 130f.

367 Zum ›Dichten im Tone des [...]‹ vgl. Waldberg: Die Deutsche Renaissance-Lyrik, S. 226ff., z. B. opitzieren, petrarquiser, pindarisieren. Harsdörffer: Poetischer Trichter, Tl. 1, Vorrede Nr. 12 II.; Hübner: Neu-vermehrtes Poetisches Hand-Buch, S. 185.

368 Harsdörffer: Poetischer Trichter, Tl. 3, Nr. 50, S. 53; vgl. auch Vorrede zu Tl. 1, Nr. 12 IV.

369 Quintilian: Institutiones X, 2, 26.

370 Z. B. bei Männling: Helicon, S. 8; Stieler: Dichtkunst des Spaten, S. 124, V. 4445f.; Omeis: Gründliche Anleitung, S. 138. Zum Bienengleichnis vgl. auch van Ingen: Vanitas, S. 37f. Logau charakterisiert das „Bücherlesen" ebenfalls durch das Bienengleichnis. Friedrichs von Logau Sämmtliche Sinngedichte, S. 9, Nr. 12.

371 Opitz: Poeterey ed. Alewyn, S. 13; Harsdörffer: Poetischer Trichter, Tl. 1, S. 16, Tl. 3, S. 54.

repräsentativen Erläuterung auf, in der er auch das Problem des ›geistigen Eigentums‹ anspricht.

> »Wer wol Poetisiren wil / der lese erstlich ein gutes Latein- oder Teutsches Gedichte von selbiger Materie: ein Geist / wird den andern anzünden. Diß thun ja ihrer viele: aber sie holen nicht nur das Feuer / sondern sie pflegen auch das Holz zu stehlen / und schreiben oft Plätze aus / darauf man ein Pferd tummeln könte. Man darf wol borgen / oder übersetzen: aber man muß denjenigen nennen / von dem man geborget / und nicht zum Diebe werden. Man muß entnehmen / wie die Bienen ihr Honig aus den Blumen. Man muß das Gehirne zum guten Magen machen / der die Speise / nicht wie er sie empfangen wieder herauskotze / sondern verdeue und in eignen Nahrung-Saft verwandele.«[372]

Aus den guten Poeten das Beste auszuwählen, raten auch Stieler und Männling.

> »In iedem ist was fein- und würdiges zu finden,
> das junge Schüler mag zur Nachahmung verbinden.
> Nur, daß das beste man erbaulich auserwehl'
> und seinem Kiel dardurch geb' eine neue Seel'
> und einen neuen Leib«,

heißt es bei Stieler,[373] und Männling empfiehlt dem Dichter eine Auswahl (selectus) aus der Menge der Poeten, »die nach seinem Appetit und Gemüthe sind«, daß er sie »fleissig lese / imitire und dabey bleibe«.[374] Der ganz auf Anleitung für den Anfänger bedachte Johann Hübner definiert den Imitator: wer einen bestimmten Poeten nachahme, werde ein Sectarius; wer verschiedenen Poeten das Beste entnehme, werde ein Eclecticus. Er bekennt sich zur »letzten Manier zu poetisiren«: »solches Principium« pflege er auch seinen »Scholaren zu recommendiren«.[375]

Im übrigen gibt es doch feine Unterschiede zwischen der ›Mosaik‹-Arbeit aus deutschen und aus fremdsprachigen Mustern. Die »Ahrt von fremden etwas abzuborgen« mache niemanden »straffällig oder tadelhaft«, befindet Martin Kempe.[376] Zur Begründung dieser imitatio dient ihm das Mimesis-Prinzip! Wie die Griechen ihre Statuen nach der Natur gearbeitet hätten, so dürfe ein deutscher Poet den besten ausländischen Beispielen »ein Model der Wohlredenheit« entnehmen.[377] Auch Stieler gibt offen zu, im Deutschen gehe »das plündern nicht an, wie beym Latein«. Wer lateinische Autoren fleißig heranziehe, erwerbe sich sogar den Ruf eines gelehrten, vielbelesenen Mannes. Hinzutritt das legitimierende Argument, schon die römischen Dichter hätten gelegentliche Anleihen bei der griechischen Poesie gemacht, allerdings auf so »treffliche« Art, »daß ein Gelehrter nur kommt ihnen auf die Sprünge / und man es nährlich merkt.«[378] Stieler mißt wie die anderen Poetiker mit zweierlei Maß. Dem Satz »Wir Teutsche sollen uns auf stehlen nicht befleißen« steht die Rechtfertigung desselben Vorgangs gegenüber:

---

372 Birken: Teutsche Rede-bind und Dicht-Kunst, S. 178.
373 Stieler: Dichtkunst des Spaten, S. 125, V. 4497–4501.
374 Männling: Helicon, S. 82.
375 Hübner: Neu-vermehrtes Poetisches Hand-Buch, S. 185f.
376 Neumark: Kempe: Poetische Tafeln, S. 299.
377 Ebd., S. 299.
378 Stieler: Dichtkunst des Spaten, S. 122, V. 4376ff.

»Von andern Sprachen doch erborgt man ohn Gefährden.«[379] Innere Wahrhaftigkeit spielt bei der auf imitatio gegründeten poetischen Praxis keine Rolle; ausschlaggebend ist die Wirkung, die ein – mit allen Kunst-Mitteln angefertigtes – Gedicht auf den Zuhörer macht.

Die freieste Art der imitatio ist das Variieren vorgegebener Themen und Motive. Sie kommt der eigenen Poesie nahe.

»Viel beßer ists, Ihr nehmt
Euch etwas ähnlichs vor, so dem, wornach ihr schreibet
an Umstand ist verwant, worein ihr einverleibet,
doch mit Geschicklichkeit, daß man es kaum vernimmt,
was an Erfindung zu – mit jenem Model – stimmt.«[380]

Es versteht sich, daß nicht dieselben Worte und Wendungen benutzt werden dürfen.Die Tatsache, daß die Sach- über der Wort-Nachahmung stand, erklärt Stielers Wertung, die Variation beider sei die höchste Stufe der imitatio.

»Noch schöner kommts heraus, wird Sach' und Wort verwandelt,
und wann ein kluger Geist verdeckt im Absehn handelt,
und worvon Anlaß nimmt zuschreiben ein Gedicht
das keiner sonst gedacht.«[381]

Das freie Variieren und Transponieren der Motive und Gedanken besitzt sein traditionelles Äquivalent im Bild vom Seidenwurm. Wer diese Stufe der imitatio meistert, ist nach barockem Kunstverständnis bereits ein Poet. Harsdörffer konstatiert die Rangfolge: »erstlich« muß der Poet es den Bienen gleichtun, »nachmals« dem Seidenwurm nacheifern, »der von sich selbst den köstlichen Faden spinnet«.[382] Harsdörffers Stufenfolge, Ausdruck seiner Hochschätzung der natura und seiner Reserviertheit gegenüber der imitatio als maßgeblichem Kunstverfahren, hebt die poetische Eigenart über den gekonnten Eklektizismus.

Die *Quellenangabe* bei Dichtungen, die auf dieser Stufe stehen, beugt nicht lediglich dem Vorwurf des Plagiats vor. Sie ist vielmehr ein Ausweis für die Gelehrsamkeit des Autors. Imitatio ist in der Barockpoesie wesentlich gefaßt als Nachahmung vorbildlicher Muster. Ein Indiz für die Problemlosigkeit der ›Mimesis‹-Auffassung ist der identifikatorische Gebrauch der Begriffe Mimesis und imitatio.[383] Bei Divergenzen erhält die imitatio den übergeordneten Rang.[384]

---

379 Ebd., S. 121f., V. 4357, V. 4366.
380 Ebd., S. 125, V. 4508ff.
381 Ebd., S. 126, V. 4533ff.
382 Harsdörffer: Poetischer Trichter, Tl. 1, S. 16; ders.: Gesprächsspiele VI, Anmerkungen S. 71.
383 Titz: Zwey Bücher, S. Aff. »Es kan aber ein Getichte beschrieben werden / daß es sey eine Nachmachung / darinnen ein ding / wie es ist / seyn köndte oder solte / in einer auff Poetische art verfasseten Rede / abgebildet wird. In dem Nachmachen / nachthun / nachfolgen / (denn so müssen wir das geben / was die Griechen μίμεῖν, vnd die Lateiner Imitari, nennen:) besteht das ampt des Poeten.“ Es bleibt bei Titz jedoch bei der funktionslosen Nennung des Mimesis-Topos. Tatsächlich spielt bei ihm wie bei den anderen Barockpoetikern die imitatio die wesentliche Rolle.
384 Vgl. Hankamer: Deutsche Gegenreformation, S. 79.

Stieler erläutert die Naturnachahmung als »die Ubung, diß und das nach würden zu beschreiben« gemäß der eigenen Erfahrung. Ihr stellt er die Behauptung entgegen:

> »Nachahmung [imitatio] doch geht vor
> ohn die wird selten wer erhoben in den Chor
> der hochbekrönten Schaar.«[385]

Zwar wird von fast allen Theoretikern die Naturnachahmung als verbindliche Leitlinie genannt,[386] auch von Stieler.[387] Ihr formales, durch die Decorum-Lehre (inneres und äußeres aptum) und das Wahrscheinlichkeitsprinzip (verisimile) bestimmtes Wesen zielt jedoch nicht auf das Problem der historischen oder natürlichen Wahrheit. Diese tritt – das hat Herrmann herausgearbeitet[388] – hinter der »Lehrwahrheit der Poesie« zurück. Das praktische Übergewicht der imitatio über die Mimesis läßt sich aus dem ungleichen Verhältnis von ars und natura erklären. Wo die Kunst so eindeutig im Vordergrund der Praxis steht, kann die Natur keinen unvermittelten Maßstab für die ›poetische Arbeit‹ abgeben. Sie bedarf gleichsam eines Filters, durch welches sie hindurchscheint. Wer den großen Meistern nachfolgt, ahmt indirekt auch die idealische Natur nach.[389]

(3) Allgemeine gelehrte Kenntnisse

Es versteht sich von alleine, daß der ›poeta eruditus‹ außer dem speziellen, von der ars poetica vermittelten Wissen, allgemeine Kenntnisse benötigt, die ihm eine ›sachgemäße‹ Erfindung, Anordnung und Ausführung eines Poems erlauben. Da ein studierter Poet mindestens den artistischen Kursus durchlaufen hat, beherrschte er die studia humanitatis und die weiteren zum ehemaligen Quadrivium rechnenden Fächer Mathematik, Komposition usw. Sein Ansehen stieg natürlich, wenn er dazuhin eine höhere Fakultät besucht hatte, denn Dichten galt nicht als Hauptberuf. Opitz hat darauf hingewiesen, »das es mit der Poeterey alleine nicht auß gerichtet sey«,[390] und Weigel führt noch 1698 zwar den Kantor als

---

385 Stieler: Dichtkunst des Spaten, S. 124, V. 4459; vgl. V. 4453ff.

386 Buchner: Anleitung, S. 17; ders.: Poet, S. 9f.; Zesen: Hochdeutsche Helikonische Hechel, S. 10; Hofmann: Lehrmässige Anweisung, S. 6; Neumark/Kempe, S. 3, 32; Schottel: Teutsche SprachKunst, S. 220, 224, 239; Harsdörffer: Poetischer Trichter, Tl. 2, S. 7f.; Rotth: Vollständige Deutsche Poesie, Tl. 3, S. 10; Morhof: Unterricht, S. 519; Hunold: Allerneueste Art, S. 64; Omeis: Gründliche Anleitung, S. 221, 229; Breslauer Anleitung, S. 94; Männling: Helicon, S. 9, 11; auch Meyfart: Teutsche Rhetorica, S. 196; Pontanus: Poeticarum Institutionum Libri Tres, S. 16. Weitere Belege bei Herrmann: Naturnachahmung, S. 26ff.; Gersh: The Meaning of Art, S. 259–265, bes. zu Opitz und Schottel, S. 260f.

387 Stieler: Dichtkunst des Spaten, S. 124, V. 4468–4473. „So wächst die Wißenschaft und Kunst, und güldnet ganz / durch der Nachfolge Müh' und ähnlich werden wollen, / zumal beym Dichtervolk, die auch vor andern sollen, / als Mahler der Natur, abbilden, was sie sehn / und eyfern, daß ihr Stück sey noch einmal so schön / denn das, worvon es kahm.“

388 Herrmann: Naturnachahmung, S. 26–36.

389 Opitz: Poeterey ed. Alewyn, S. 11.

390 Ebd., S. 3.

eigenen Beruf auf, nicht jedoch den Poeten[391] – obwohl es ja im 17. Jahrhundert einige frühe ›Schriftsteller‹ gegeben hat, die das Schreiben zu ihrem Brotberuf gemacht hatten.[392] Kenntniserwerb und Sprachenbesitz gehen Hand in Hand. Diese Anschauung stimmt mit dem Grundsatz überein, die imitierten antiken Autoren böten sowohl die poetischen Muster als auch das notwendige Sachwissen. Die Einheit des formalen und des materialen Aspekts war nur möglich auf Gebieten, wo die Wissenschaft nicht über den Kenntnisstand der Antike hinausgekommen war. Da die Voraussetzung auf viele – nicht nur formale – Bereiche zutraf, erklärt sich das in allen Gelehrsamkeitskatalogen an erster Stelle rangierende Postulat der *Sprachenkenntnis*. Nur wer die griechische und die lateinische Sprache beherrschte, vermochte erfolgreich die antiken Klassiker zu imitieren. Die imitatio bezieht sich immer auf den ›realen‹ und den ›verbalen‹ Aspekt – was nur annähernd mit ›formal‹ und ›material‹ (inhaltlich) gleichgesetzt werden kann.

Schon vor Opitz[393] hat Theobald Hock 1601 die Forderung nach Kenntnis des Griechischen und Lateinischen erhoben:

»Niembt sich auch billich ein Poeten nennet /
Wer dGriechisch vnd Lateinisch Sprach nit kennet /
Noch dSingkunst recht thut richen /
Vil Wort von Griechen /
Ins Deutsch her kriechen.«[394]

Die Zusammengehörigkeit von Sprachenkenntnis, Kenntnis der ars poetica und Imitationsübung ist schon vor Opitz selbstverständlich. Johann Rist weist den bloß im Technischen versierten Versemachern die Tür:

»dieweil solche Gesellen vorhinn inn unterschiedlichen Spraachen gantz ungeübet / und der nohtwendigen Künste und Wissenschafften sind unerfahren / haben dazu weinig geistliche / weltliche / Historische und andere nützliche Bücher gelesen / dahero sie eben so geschickt zuer Poeterey werden erfunden als die Säue zuem tantzen [...].«[395]

Stärker den formalen Aspekt betont Alhardus Moller: ein Dichter müsse der Sprachen »kündig und läufig« sein und deren Eigenart kennen, weil sie ihm »in poetischen Gedichten« helfen könnten.[396] Ebenso äußern sich Tscherning und Sacer. Den »Wolstand eines Gedichtes« könne man »nicht besser als aus den Griechischen und Lateinischen Poeten erlernen.« Wer »nur seiner Muttersprache kündig«, könne nicht »vor einen rechten deutschen Poeten« gelten, denn »die besten *Dichtergriffe* werden aus der Lateiner und Griechen Schrifften abgemer-

---

391 Weigel: Abbildung der Gemein-Nützlichen Haupt-Stände, 4. Abteilung Nr. 3.

392 Z. B. Zesen und Happel.

393 Opitz: Poeterey ed. Alewyn, S. 16f.; häufig zitiert wird auch Opitz' Gedicht an Zinkgref: „[...] wer nicht den Himmel fühlt / Nicht scharff vnd geistig ist / nicht auf die Alten ziehlt / Nicht jhre Schrifften kennt / der Griechen vnd Lateiner / Als seine Finger selbst / und schawt / daß jhm kaum einer / Von jhnen aussen bleibt / wer die gemeine Bahn / Nicht zu verlassen weiß / ist zwar ein guter Mann / Doch nicht auch ein Poet." Opitz: Weltliche Poemata, Tl. 2, S. 32f.

394 Hock: Von Art der Deutschen Poeterey, in: Schöne, Das Zeitalter des Barock, S. 4.

395 Rist: Poetischer Schauplatz, S. biij; vgl. auch S. ciij zu den richtigen Poeten, auch S. 127.

396 Moller: Tyrocinium Poeseos Teutonicae, S. 4.

cket.«[397] In ähnliche Richtung weist es, wenn Martin Kempe die Rolle des ornatus hervorhebt.[398] Die Einheit von Sprachen- und Sachgelehrsamkeit ist den am humanistisch-rhetorischen Wissenschaftsparadigma orientierten Poeten ein Axiom. Zweifel, die an ihm ansetzen, deuten auf die außerhumanistische Herkunft oder Intention des Verfassers hin. Opitz und Rist hatten die Untrennbarkeit von Sprach- und Sachkenntnis betont.[399] Titz verweist nachdrücklich auf die Bedeutung der antiken Schriften als Quelle der Weisheit und der ›Wissenschaften‹. Jeder Verständige müsse zugeben,

> »daß die Grichische vnd Lateinische Sprache vnter allen andern / (die Heilige außgenommen) die fürnemsten vnd zu wissen nothwendigsten sind / weil in diesen beyden so viel hohe vnd fürtreffliche Leute die Wissenschafft aller Gött= vnd Menschlichen Sachen so fleissig auffgezeichnet / vnd durch die gantze Welt außgebreitet haben / daß keiner / der jhrer nicht kündig ist / den Namen eines gelehrten recht vertreten kan. Welches die jenigẽ / so die Außübung der Deutschen Sprache vnd Poeterey verfechten / so gar nicht in abrede sind / daß sie es vielmehr festiglich bekräfftigen / vnd außdrücklich sagen / daß keiner im Deutschen etwas sonderliches verrichten könne / dem die Schrifften der Alten nicht wol bekandt sind.«[400]

Die Akzentuierung der Sprachen als der Träger von Sachwissen leitet über zu dem Aspekt des Realienwissens, der von den Poeten verlangten *Kenntnis der Wissenschaften und Künste.* Das Postulat wissenschaftlicher Ausbildung ist dem antiken Rednerideal (etwa bei Isokrates) entnommen. Als erster hat Platon sie im »Gorgias« gefordert – als Postulat einer ›Ganzheit des Wissens‹ tritt sie im »Phaidros« auf.[401] Cicero begründet die Forderung auf verschiedene Weise. Amplificatio und loci communes seien nur aufgrund von Realkenntnissen erfolgreich einsetzbar.[402] Formales Redevermögen lasse sich von Sachwissen nicht

---

[397] Sacer: Nützliche Erinnerungen, S. 59; dieser Passus auch abgedruckt bei Szyrocki: Poetik des Barock, S. 181. Sacer zitiert zwei Belege von Tscherning: »Ego in campo Poeseos facilè aliis concedo palmam: si tamen quid in eo profeci, magnam partem Graecis & Latinis debeo" und das Gedicht: »Wer nicht genau versteht / Was Rom war und Athen / heist weit nicht ein Poet.« Sacer: Reime dich, S. 124, 138, empfiehlt Hanswurst, einen Freund beim Comes Palatinus vorstellig werden zu lassen, damit er mit dessen Unterstützung den Lorbeerkranz des poeta laureatus erhalte: „Er muß sprechen du seyst der Lateinischen und Grichischen Sprachen über alle massen kündig / du seyst wohl beredt / mit herrlichen Gaben ausgeziert in vielen schönen Künsten und Wissenschafften trefflich erfahren / und köntest sonderlich wohl auch in der Deutschen Sprache ein Schulrecht ablegen.«

[398] Neumark/Kempe: Poetische Tafeln, S. 299.

[399] Rist: Rettung der Edlen Teutschen Hauptsprache, nicht pag. Rists Haltung ist insofern widersprüchlich, als er in der »Aller Edelsten Belustigung« J. B. Schupps Plädoyer für den nichstudierten, selbstgewachsenen Poeten zustimmt; Schöne: Das Zeitalter des Barock, S. 44f.

[400] Titz: Zwey Bücher, S. Biijv, Biiij.

[401] Dazu Schulte: Orator, S. 62ff.

[402] Cicero: Rhetorica ad Herennium 2, 50; de oratore I, 30ff.; Orator 125. Vgl. Barwick: Das rednerische Bildungsideal Ciceros, S. 50; Schulte: Orator, S. 41ff., ebd., zum Verhältnis von Wissenschaft und Bildung, S. 59–102; ferner Dyck: Ticht-Kunst, S. 105, 124f. Zur Tradition der loci communes-Verwendung s. Buck: Die studia humanitatis, S. 283ff.

ablösen: »Dicendi enim virtus, nisi ei, qui dicet, ea, quae dicet, percepta sunt, exstare non potest.«[403] Für den Gerichtsredner, den Philosophen und den Politiker sind Kenntnisse in Spezialfächern (Politik, Physik, Mathematik u. a.), in Ethik und Psychologie unumgänglich.[404] Redner sei eigentlich nur derjenige, »qui, quaecumque res inciderit, quae sit dictione explicanda, prudenter et composite et ornate et memoriter dicet cum quadam actionis etiam dignitate.«[405] Ciceros Definition greift alle fünf Bestandteile der Rhetorik auf: inventio, dispositio, elocutio, memoria und actio. Er selbst stellt die Verbindung zum Poeten her: Der Dichter stehe dem Redner nahe, er sei im Numerus zwar gebundener, jedoch in der ›licentia verborum‹ freier – ein Topos, der in den Barockpoetiken ständig zur Abgrenzung von Orator und Poet begegnet. Im ornatus verfolgen beide fast dasselbe Ziel: »in hoc quidem certe prope idem, nullis ut terminis circumscribat aut definiat ius suum, quo minus ei liceat eadem illa facultate et copia vagari qua velit.«[406] Redner und Dichter müßten sowohl »in omni genere sermonis« als auch »in omni parte humanitatis« vollkommen ausgerüstet sein.[407]

Die Forderung nach Sachenkenntnis oder ›Gelehrsamkeit im engeren Sinn‹[408] ging über die italienischen und französischen Poetiken auch in die deutschsprachigen Theorien ein. Der Dichter müsse von allem etwas verstehen, er müsse »in erster Linie Wissenschaftler« sein. Bernardo Tasso nennt Geographie, Astrologie, Theologie und »alle anderen Wissenschaften«;[409] A. G. Parrasio fordert in seinem Kommentar der horazischen Poetik: »Quemcumque autem poetam verum omnium peritum esse oportet, ut de unaquaque re copiose dicere«, und nennt im einzelnen Sitten, Bräuche und Gesetze, Ackerbau, Kriegskunst, Sentenzen und Res gestae berühmter Persönlichkeiten, Zeichenkunst, Geometrie, Architektur, Musik, Naturwissenschaften, Moralphilosophie, Medizin, Jurisprudenz, Astrologie und Astronomie.[410] Homer und Vergil gelten – auch wegen ihres Sachwissens – als die gelehrtesten der antiken Dichter, Homer geradezu als »Ozean« allen Wissens.[411] Du Bellay hatte die Gelehrsamkeit in enge Beziehung zur imitatio der

---

[403] Cicero: de oratore I, 48; Orator, 14–16.

[404] Cicero: de oratore I, 60ff. Quintilian legt besonders Wert auf die Kenntnis von Musik und Geometrie. Inst. or. I, 10, 1–49.

[405] Ebd., I, 64. [406] Ebd., I, 70. [407] Ebd., I, 72.

[408] Im engeren Sinn, weil das humanistische Wissenschaftsverständnis formales und materiales Wissen als ›Gelehrsamkeit‹ bezeichnet. Zum Postulat des ›gelehrten Poeten‹ und der umfassenden Gelehrsamkeit vgl. Cohn: Gesellschaftsideale, S. 85f.; van Ingen; Vanitas, S. 33f.; Martino: Lohenstein, S. 144f.; zur Funktion der Dichtung als Vermittlung von Wissen und enzyklopädischen Kenntnissen vgl. Buck: Il concetto di ›poeta eruditus‹, S. 86–105; zum 17. Jahrhundert Fischer: Gebundene Rede, S. 79–83; Dyck: Ticht-Kunst, S. 129–134; Barner: Barockrhetorik, S. 220–238; Markwardt: Geschichte, Bd. 1, passim.

[409] Zit. nach Garin: Der italienische Humanismus, S. 200.

[410] A. G. Parrasio: In Q. Horatii Flacci Artem poeticam commentaria. Napoli 1531, S. 2v–3; Buck: Einleitung zu Scaliger „Poetices libri septem", S. IX.

[411] Pseudoplutarch: De vita et poesi Homeri; das Argument durchzieht toposartig auch die deutschen Poetiken, z. B. Opitz' Vorrede »An den Leser« vor den »Teutschen Poemata« ed. Witkowski, S. 6: »Item, daß Homerus der Brunnenquell und Vrsprung aller Weißheit zu sein geschetzet worden.« Quintilian: Institutiones X, 1, 46; Kindermann: Der Deut-

guten Autoren gesetzt und prinzipiell Wissen vom Dichter verlangt.[412] Ronsard konkretisierte den Wissenskatalog im Vorwort zur »Franciade«: Der (epische) Dichter, der einen vielseitigen Stoff behandle, sei Philosoph, Arzt, Herborist, Anatom und Jurist.[413] Beide Autoren gehören zu Opitz' direkten Vorlagen.[414] Opitz setzt das Postulat dann ein in der Abwehr des Vorwurfs, Dichter seien in öffentlichen Angelegenheiten (»ämptern«) nicht zu gebrauchen, weil sie über ihrer Poeterei »die andern künste und wissenschafften« vernachlässigten.[415] Man hat Opitz' Argumentation – Vergil als »gutter Ackersman«, Lukrez als »vornemer naturkündiger«, Manilius als Astronom usw. – verspottet,[416] ohne freilich die Tradition zu beachten, in der Opitz hier steht. Außerdem will Optiz ja weder Vergil auf einen Ackersmann oder Oppianus auf einen »Jägermeister« *reduzieren*, er bedient sich des Argumentes nur, um den Anschein der Nicht-Gelehrsamkeit zu widerlegen. Gravierender als die etwas hausbackene Formulierung ist das Fakt, daß sich die Argumentation des *Lehrgedichtes* bedient,[417] um Gelehrsamkeit zu demonstrieren. Der billige, auf diese Weise errungene Sieg schadet der nichtdidaktischen Poesie, deren Legitimität fragwürdig erscheinen muß. Denn eigentlich zielt Opitz ja nicht auf einen Teilsieg, sondern auf den Nachweis, daß für die gesamte *Kunstpoesie* Sach-Gelehrsamkeit vonnöten sei. Homer als der »viel wissende vnnd aller dinge erfahrene Mensch«, Tertullian als »Vater der freyen künste«, Plato als »aller dinge kündiger«, Philosoph, Mathematiker und Astronom,[418] verkörpern das Ideal des ›poeta rhetor‹. Die mit »zuesammen gehenckten händen« tanzenden Musen versinnbildlichen die Einheit und die »verwandtschafft aller künste«, deren der gelehrte Dichter bedarf. Auf die Rolle, die »Bildung und Tugend« im barocken Argumentationssystem »Lob des Dichters« spielten, hat Joachim Dyck hingewiesen und den Charakter der Universalbildung herausgearbeitet.[419] Er subsumiert unter verschiedene Stichworte eine Reihe antiker und barocker Texte, die das oratorische Ideal für den Barockpoeten bestätigen. Die hier vorgenommene Analyse einiger – chronologisch angeordneter – deutscher Poetiken versucht hingegen zu erkunden, ob sich nicht zeit- und autorbedingte Differenzierungen ergeben, sowohl im Hinblick auf das Ideal des Dichters selbst als auch auf den Umfang und die Eigenart der verlangten Gelehrsamkeitszweige.

---

sche Poet, S. 8; Stieler: Dichtkunst des Spaten, S. 17, V. 161f. Dazu s. Bleicher: Homer in der deutschen Literatur; Finsler: Homer in der Neuzeit von Dante bis Goethe.

[412] Du Bellay: La Deffence et Illustration, 2. Buch, Kap. 3; Hausmann: Französische Poetiken. Tl. 1, S. 63.

[413] Ronsard: La Franciade. Au lecteur, ebd., S. 95. An die Gelehrsamkeitsforderung schließt sich das Bienengleichnis und das Wahrscheinlichkeitspostulat an.

[414] S. Anm. 129; Markwardt: Geschichte, Bd. 1, S. 29.

[415] S. Dyck: Apologetic argumentation, S. 97ff.

[416] Opitz: Poeterey ed. Alewyn, S. 10.

[417] Opitz nennt Eratosthenes, Parmenides, Empedokles, Servilius und Heliodor als Lehrdichter, ebd. Auch bei G. Pontano begegnet diese unmittelbare Koppelung von docere und eruditio/doctrina im Argument, nur der poeta eruditus könne andere belehren.

[418] Opitz: Poeterey ed. Alewyn, S. 10.

[419] Dyck: Ticht-Kunst, S. 122–129, bes. S. 123.

Poetisch-rhetorische Kunst setzt Sachkenntnis voraus. Da die Gegenstände der Poesie[420] aus allen menschlichen Bereichen entstammen, fordert Johann Peter Titz umfassende Kenntnisse.[421] Die meisten Poetiker greifen auf Opitz' apologetische Formel zurück oder erweitern sie. So Johann Rist und Johann Klaj. Rist verstärkt Opitz' Abwehr der närrischen Meinung, zur Poesie gehöre nichts als Vers- und Reimtechnik: Erfahrenheit in »vielen schönen Künsten vnd Wissenschafften« gehöre dazu, Kenntnis der antiken »Geschichten« und Übung in alten und modernen Sprachen.[422] Auch bei Klaj wird die Untrennbarkeit von Sprach- und Sachwissen deutlich; Sprachenkunde und Realienwissen dienen ihm zur Erstellung eines Vorrats von Redemustern und Argumentationsbeispielen, die je nach Bedarf ›einsetzbar‹, ja ›abrufbar‹ sind.

> »Es muß ein Poet ein vielwissender / in den Sprachen durchtriebener und allerdinge erfahrner Mann seyn: Er hebet die Last seines Leibes von der Erden / er durchwandert mit seinen Gedanken die Länder der Himmel / die Strassen der Kreise / die Sitze der Planeten / die Grentzen der Sterne / die Stände der Elementen. Ja er schwinget die Flügel seiner Sinne / und fleucht an die Stellen / da es regnet und schneiet / nebelt und hagelt / stürmet und streitet. Er durchkreucht den Bauch der Erden / er durchwädet die Tiefen / schöpffet scharffe Gedanken / geziemende zierliche Worte lebendige Beschreibungen / nachsinnige Erfindungen / wolklingende Bindarten / ungezwungene Einfälle / meisterliche Ausschmükkungen / seltene Lieblichkeiten / und vernünfftige Neurungen.«[423]

Die im humanistischen Paradigma geforderte Einheit beruht ausschließlich auf ihrer Funktionalität – für Rede oder Poesie. In der Antike und in der italienischen Renaissance ist die Legitimation durch alexandrinische und neoterische Dichtideale und besonders durch Rhetorik begründet. Hier hat die Rhetorik tatsächlich eine Funktion im öffentlichen und im privaten Lebensbereich. Dagegen erscheint – Stötzer hat darauf hingewiesen[424] – die pragmatische Funktion der Rhetorik im absolutistischen Staat beträchtlich eingeschränkt. Von den aristotelischen, für die antike Rhetorik geltenden Rubriken scheidet im Barockzeitraum der politische Bereich aus; bedeutsamster Sektor bleibt die Panegyrik. Sie neigt zu Realitätsferne und ›politisch‹ motivierter Hyperbolik. Hyperbolik der Redeweise und des Sachgehaltes – Anhäufung von Formeln, Zierraten, Versatz- und Prunkstücken toter, d. h. funktionsloser Gelehrsamkeit – scheint mit der Ausbildung des absolutistischen Systems verkoppelt zu sein.

---

[420] Zu den Gegenständen der Poesie im besonderen Buchner: Wegweiser, S. 17ff.; ders.: Poet, S. 15f., 20ff.; Klaj: Lobrede, S. 389f.; Titz: Zwey Bücher, S. Aiif.; Schottel: Teutsche SprachKunst, S. 237f.; Harsdörffer: Poetischer Trichter, Tl. 3 IV. Von dem Inhalte der Rede, S. 27ff.

[421] Titz: Zwey Bücher, Buch 1, Kap. 18, bes. § 1.

[422] Rist: Rettung der Edlen Teutschen Hauptsprache, 2. Brief. Ein Auszug steht bei Neumark/Kempe: Poetische Tafeln, Motto auf der Innenseite; weitere Belege bei Dyck: Ticht-Kunst, S. 124 Anm. 1. Zum poeta eruditus, bes. zum in der Renaissance aufbrechenden Kompetenzstreit zwischen dem universalistischen Anspruch von Rhetorik und Poesie auf der einen und den Naturwissenschaften auf der anderen Seite s. Heidelberger/Thiessen: Natur und Erfahrung, S. 227ff.

[423] Klaj: Lobrede der Teutschen Poeterey, S. 5.

[424] Stötzer: Deutsche Redekunst, S. 59ff.

Obwohl Schottel (1645) die auf Opitz zurückgehende Ristsche Formulierung zitiert,[425] legt er, seinem Axiom von der teutschen Hauptsprache entsprechend,[426] stärkeren Wert auf Naturkenntnis:

»Ein gelahrter Poet / voll Eiver und Geistes / muß jedes Ding / hoch oder niedrig / guht oder bös / also wissen anzugehn und vorzudeuten / daß er nach dem / lengst durch weiser Leute Zeugnisse jhm anererbten Nahmen / nemlich eines Bruders der Natur / alles und jedes also und derogestalt natürlich darstelle / wie nach innerster Eigenschaft es beschaffen / und kraft seiner gerühmten Kunst / es erfodert wird.«[427]

Schottels – das Mimesisgebot beim Wort nehmende – Auffassung wird um die Jahrhundertwende wieder aufgegriffen werden, zu einem Zeitpunkt, als der Naturbegriff empirisch umgewertet wurde. Harsdörffer relativiert die Gelehrsamkeit auf deren Funktionalität für die Poesie: Der Poet behandle die Künste oder Wissenschaften nicht mit allen Umständen – »er wolle dann seine Grentzen überschreiten« – vielmehr entlehne er aus ihnen nur gerade so viel, »als er zu seinem Vorhaben vonnöthen hat«.[428] Moller,[429] Tscherning,[430] Sacer,[431] Buchner,[432] Kindermann,[433] Kempe,[434] Neumark[435] und Birken[436] fügen der allgemeinen Forderung keine neuen Gesichtspunkte hinzu. Einen Höhepunkt erreichen die Anforderungen in Philipp von Zesens Ideal des ›Dichtmeisters‹.[437] Zesens (1668) Dichter-Stufenfolge führt vom Reimeschmied über den Reimer, den

---

425 Schottel: Teutsche SprachKunst, S. 233.

426 Ebd., S. 224. Die Kunst müsse sich »nach der izzigen Natur der Welt richten«.

427 Ebd., S. 238f.; vgl. S. 240f.; »Derohalben dan / je höher und Sinnreicher ein Poet gelanget / je deutlicher und lieblicher er gesungen; daß ist / je näher er zu der Natur angetreten / je weiteren Tritt der Vortreflichkeit / und lobfesteres Angedenken er ihm erworben hat.« Vgl. ebd., S. 242; sowie Buchner: Der Poet, S. 27f.

428 Harsdörffer: Poetischer Trichter, Tl. 1., S. 5; vgl. auch Tl. 2 Vorrede Nr. 1 und 5 und S. 31–48; Tl. 3, S. 377: »Keine Kunst ist / er hat sie durchsuchet / keine Wissenschafft ist er hat sie erforschet / und mit hochgestirnten Geist / glücklich und schicklich zu Nutzen gebracht.«

429 Moller: Tyrocinium Poeseos Teutonicae, S. 4. »III. DAß ein solcher / in allen Theilen der Welt=Weißheit / auch beides in lengst= und erst=jüngst verstrichenen Welt=geschichten / ja alles uff einmahl außredend / in vielen / so wol Himmel; als Erd= beliebigen Wissenschafften erfahren und belesen sein.«

430 Tscherning: Unvorgreiffliches Bedencken, S. 214, zitiert Opitz.

431 Sacer: Nützliche Anleitung, S. 59.

432 Buchner: Wegweiser, S. 18ff.; Der Poet, S. 21–25.

433 Kindermann: Der Deutsche Poet, S. 3, zitiert ebenfalls Opitz, sowie S. 5 und S. 16f., wo er Opitz' Gedicht an Zinkgref zitiert.

434 Kempe: Neugrünender Palmzweig, S. A, V. 672ff., V. 685ff. »Wer irgend einen Reim zusammen weiß zu bakken / Ist fast nicht ein Poet / wenn keine Wissenschafft / In dem Gedichte stekkt / so hat es wenig Krafft / Die blossen worte sind nur leeres Ertz und Schlakken.«

435 Neumark/Kempe: Poetische Tafeln, S. 5.

436 Birken: Teutsche Rede-bind und Dicht-Kunst, S. 185f. »Zu einem wahren rechten Poeten / der da fähig seyn soll / von allen Dingen zu poetisiren / gehört notwendig die Wissenschafft aller / sonderlich himlisch= und natürlicher / Dinge. Er muß belesen seyn / in allen Welt=Geschichten / und die Personen kennen / die vor ihm gewesen sind.«

437 Zesen: Helikonische Hechel, S. 4ff.

Reimdichter, den Dichter bis zum Dichtmeister.[438] In ihm vereinigen sich Kunst und Natur. Basis dafür ist »eine fast volkommene kündigkeit aller wissenschaften und künste / die jemahls unter sterblichen bekant gewesen.«

Die Gelehrsamkeitsforderung findet sich selbstverständlich in den hochbarokken Poetiken Stielers und Männlings[439] wie in den diversen Schulpoetiken der Zeit.

> »Er muß mit Wißenschaft und Künsten seyn gefärbet,
> Beredtsamkeit muß ihm seyn gleichsam angeerbet,
> Geschichte, Sitten, Recht, Gewohnheit, die Natur,
> des Alters Hang und Trüb, der Zeiten lange Spur
> und Folge, Meer und Land, und wie sie Nahmen tragen,
> muß er verstehn und her- wie auf dem Nagel -sagen.«[440]

Stielers Katalog, der mit der Aufzählung der vorbildlichen lateinischen und deutschen Poeten fortfährt,[441] zeigt erneut die Unteilbarkeit sprachlicher und ›sachwissenschaftlicher‹ Ausbildung. Gegenüber Stielers in poetischen Nuancen vorgetragenen, auch in anderen seiner Schriften für den Sekretär[442] oder den Zeitungsschreiber[443] aufgestellten Forderungen nehmen sich die Postulate der *Schulpoetiken* bescheiden aus. Sie reduzieren den Gelehrsamkeitskatalog auf ein dem lernenden Schüler und Anfänger entsprechendes Maß.[444] In der Praxis bedeutet das die Reduktion des Sachkenntniserwerbs auf die Lektüre der auch in sprachlich-rhetorischer Hinsicht musterhaften Autoren.[445] Theodor Kornfelds für die Jugend bestimmte Poetik handelt in Fragen und Antworten – eine gerade für Schulzwecke beliebte Form[446] – die Lernbereiche ab. Der Schüler erfährt, daß Orthographie, Etymologie, Syntax und Prosodie erforderlich seien, dazuhin inventio, compositio (dispositio und elaboratio) und rhetorische exornatio. Der Frage »Was muß dann dieser Poetischen Kunst Liebhaber mehr fassen und verstehen lernen [außer der Vers- und Reimkunst, GG]?« respondiert die Antwort: »Alles / was die Natur und Künste in sich fassen und halten / Alle irdische und himmlische Sachen; Alle alte und neue Poetische Fabulen / Gedichte und Erfindunge.«

Drei weitere Fragen richten sich auf den Grund, den Erwerb und auf den

---

438 Ebd., S. 9. Zu Zesens Dichter-Legitimation – eine Apologie gegen die moralische Anrüchigkeit – vgl. Maché: Zesens Bedeutung, S. 209. Zu stark betont Maché allerdings Zesens Bewertung des Talents gegenüber der Kunst; ebd., S. 10.

439 Männling: Helicon, S. 16.

440 Stieler: Dichtkunst des Spaten, S. 19, V. 273–278.

441 Ebd., S. 21f., V. 279–286.

442 Stieler: Teutsche Sekretariatkunst, Bd. 1, S. 134ff.

443 Ders.: Zeitungs Lust und Nutz, S. 8ff., 43ff.

444 Dazu Kapitel III 3.2; zu den Schul- und Anweisungspoetiken.

445 Hadewig: Kurtze und richtige Anleitung, S. 5f.; Hofmann: Lehrmäßige Anweisung, Vorbericht Nr. 6 und Nr. 9.

446 Kornfeld: Selbst-Lehrende Alt-Neue Poesie; auch die Lehrbücher von Ludwig: Teutsche Poesie dieser Zeit, von Uhse: Wohl-informirter Poet, und Hübner: Kurtze Fragen aus der Oratorie sind im Frage-Antwort-Stil abgefaßt. Vgl. Kap. V, Anm. 39.

Begriff der gelehrten Kunstpoesie, bringen das ganze System in die für den Anfänger praktikable Diktion.

»§. 17. Warumb das?

Resp. Auf das ein Carmen nicht aus blossen Wörtern und Reimen / sondern vielmehr aus allerhand herlichen Materien und Sachen bestehen möge.

§. 18. Muß man dann zur Erwerbung solcher Sachen allein Poetische Schrifften lesen?

Resp. Ach nein; Sondern so wol andere / als Poetische Schrifften; damit einer Materi- und Wortreich sey aus allerley Büchern / und auch durch die Erfahrung.

§. 19. So viel man vernimmt / so ists mit der Teutschen Poeterey so leicht / und so gering nicht gethan / als sich viel einbilden?

Resp. Nein; Sondern es gehört gar viel dazu / ein Teutsch Poëta zu seyn; So / das es heißt / nach der Aussage der Alten: Poêtam si dixeris, omninò doctum dixeris.«[447]

Auf Morhofs Position wird später noch genauer einzugehen sein. In der Gelehrsamkeitsforderung unterscheidet er sich von seinen Vorgängern nicht. »Wo keine gründliche Gelehrsambkeit bey einem Tichter ist«, werde nichts Gutes und Vollkommenes herauskommen.[448] Am Ende der Entwicklung barocker Poetik steht Magnus Daniel Omeis. Als Topos begegnet bei ihm die übliche Forderung an jeden »rechtschaffenen Poeten«.[449] Für die veränderte Situation ist es bezeichnend, daß er die gesamte Palette gelehrter Forderungen – unter dem Einfluß Christian Weises – in den Zusammenhang des von den barocken Großpoetiken nur en passant behandelten Gelegenheitsgedichtes stellt. Auch die Reihenfolge seiner Anweisungen zeigt wiederum die Zweckgebundenheit des Kenntniserwerbs. Beherrschung der ars poetica und Lektüre vorbildlicher Autoren haben die Priorität. Was die empfohlenen Autoren nicht bieten, kann den wissenschaftlichen Disziplinen entnommen werden. In deren Hierarchie macht sich allerdings der ›politische‹ Einfluß der Thomasius-Zeit bemerkbar (vgl. Kap. V, 2.1. u. 2.2.).

Die Stereotypie der Formulierungen und die Unveränderlichkeit des Katalogs weisen auf einen möglichen Widerspruch zwischen Theorie und poetischer Praxis hin. Vergleicht man die Gelehrsamkeitsforderungen und deren Einlösungen, so könnte man oft an einen Widerspruch glauben. Besonders die Gelegenheitsdichter entnahmen ja ihr Wissen, ihre Sachkenntnis häufig nur Realiensammlungen. Und doch galten sie, wenn sie ein gewisses Maß an Kunstfertigkeit besaßen, als ›gelehrte‹ Dichter, wenn sie ein den Regeln entsprechendes Gedicht anfertigen und mit tradierten Phrases und Sentenzen oder Argumenten auszieren konnten. Man kann daher das Betonen der Lehr- und Wissens-Argumente nicht lediglich als Legitimationsversuche innerhalb einer apologetischen Strategie deuten.[450] Mißdeutungen entstehen, legt man den heutigen Wissenschaftsbegriff dem barokken Wissenschafts- und Gelehrsamkeitsmodell zugrunde. Das Fundament der barocken Poetik – die humanistischen Disziplinen, insbesondere die Rhetorik – mutet heutzutage vergleichsweise formal an. Der barocke Poet konnte sein

---

447 Kornfeld: Selbst-Lehrende Alt-Neue Poesie, S. 4f.

448 Morhof: Unterricht, S. 216.

449 Omeis: Gründliche Anleitung, S. 131.

450 So Grucker: Histoire des Doctrines littéraires, S. 164f.

Sachwissen legitim aus vier Quellen beziehen: aus den Wissenschaftsdisziplinen als den ›ungetrübtesten‹ Quellen, aus den vorbildlichen Autoren, aus Realien- und Sentenzensammlungen und schließlich aus der eigenen Erfahrung. Die empfohlene Reihenfolge beginnt freilich mit den exempla. Diese Priorität der Musterautoren sowie der von den Gelegenheitspoeten geübte Brauch, das Sachwissen den Thesauri zu entnehmen, erhellt den Wissenschaftsbegriff, mit dem Poetiker und Poeten gemeinsam operieren. Wenn in neuerer Zeit ein Dichter wie Gottfried Benn als ›poeta doctus‹ bezeichnet wurde, so gründet dieses Urteil auf Benns Belesenheit, vor allem in antiquarisch-mythologischen Bereichen, *und* seiner ›wissenschaftlichen‹ Ausbildung (im modernen Sinn). Nicht jedoch auf seiner *formalen* Meisterung überkommener Poesiegattungen und -prinzipien. Dieser moderne poeta doctus-Begriff darf auf den barocken Poeten nicht rückübertragen werden. Sich selbst versteht der humanistische Dichter-Gelehrte nicht als revolutionierenden Neuerer, sondern als Vollender und Fortentwickler einer lebendigen Tradition.

Die Gelehrsamkeit des poeta doctus umfaßt in gleicher Weise Wissenschaft im engeren Sinn, Sprachenbeherrschung, Belesenheit und Kenntnis kunstspezifischer Regeln. Doch stehen für den Poeten ars und Sprachen an erster Stelle; die Realwissenschaften figurieren als die »anderen künste und wissenschaften« und sind vergleichsweise untergeordnet. Generell läßt sich für die Masse barocker Gedichte vermuten, daß der Dichter sein Sachwissen aus den poetischen Vorbildern (hauptsächlich den antiken Autoren) bezog, nicht jedenfalls aus den Naturwissenschaften oder den mechanischen Künsten, die er selten zur Kenntnis nahm. Ob der große, den antiken Vorbildern gleichgestellte und selbst zum Muster gewordene Dichter nicht doch eine gegründetere Wissenschaftskenntnis als der Gelegenheitspoet besitzen, ob er nicht sogar einen Kenntnisstand aufweisen mußte, der über Belesenheit in antiken und neueren Autoritäten hinausging, wird am Beispiel Opitz' zu untersuchen sein. Die Forderung, die Johann Rist in einem Epigramm an einen poeta laureatus stellt, läßt es vermuten.

»Wer nicht auff alle Fragen schier
kann den Gelahrten Antwort geben /
Der darff itzt schwehrlich mit Begiehr
nach einer Lorbeer=Krohnen streben.«[451]

3. Funktionen der poetischen Gelehrsamkeit

3.1. Gelehrsamkeit in der Poesie (Strukturelle Funktion)

Bei der Frage nach der Funktion der humanistischen Gelehrsamkeit für die Poesie ist vom Axiom des Verbunds zwischen Oratorie und Poesie auszugehen.[452]

---

[451] Rist: Poetischer Schauplatz, S. 112.

[452] Außer Dyck, Barner und Herrmann hat bereits 1928 Hennig Brinkmann auf die »alles beherrschende Macht der Rhetorik« hingewiesen; Brinkmann: Zu Wesen und Form, S. 29ff., 35ff.

Rhetorisch sind nicht allein, wie Stötzer meint, »die Grundsätze für den Ausdruck, elocutio«;[453] rhetorisch ist vielmehr die gesamte Struktur der Dichtkunst. Es gibt keine Poetik, in der das rhetorische Schema inventio-disposito-elocutio nicht wenigstens durchscheint.[454] Dieses strukturelle Schema ist auf das Gliederungsprinzip verba – res bezogen, dem ungeschieden die gesamte Objektwelt und die Kommunikationsmedien unterworfen sind. Übereinstimmend rechnen alle Poetiker die inventio zu den res,[455] weil die Erfindung oder, treffender, das Auffinden des Themas, des Stoffes und der Argumente als Sach- oder Ding-Bereich aufgefaßt ist. Opitz und mit ihm die meisten Poetiker stellen die dispositio (oder compositio) ebenfalls zu den res,[456] weil es sich nach ihrer Meinung hierbei weniger um das *formale* Moment einer poetischen Struktur handelt, als um die Anordnung der Sachen. Abweichungen, die dispositio und elocutio näher zueinanderrücken, finden sich erst in der Spätzeit barocker Poetiken.[457] Nach allgemeinem Verständnis gehören die verba zur elocutio, dem mit Ausstaffierung der Redeteile (ornatus, Figuren und Tropen) betrauten Sektor.[458] Die plane Trennung in res und verba vernachlässigt freilich das Faktum, daß keine Kommunikation im unverhüllten Darbieten der ›Dinge an sich‹ besteht, sondern in deren Vermittlung durch Begriffe und Vorstellungen. Der fiktive Charakter poetischer Wortdarbietung bleibt ohnehin unberücksichtigt. Der barocke (wie der humanistische) Redebegriff basiert auf dem Axiom einer Kongruenz von Wort und Ding. Sachverhalte können klar und deutlich ausgedrückt werden. Wo Dunkelheit und Unverständlichkeit[459] sich breit machen, liegt es ausschließlich am falschen Wortgebrauch: an der syntaktischen oder lexischen Unachtsamkeit des Sprechers. Opitz teilt den Verbalbereich in drei Untergruppen ein. »Elegantz oder ziehrlichkeit« meint Reinheit und Deutlichkeit (claritas, perspicuitas) sowohl der Wörter als auch ihrer syntaktischen Folge; »composition oder zuesammensetzung« bezeichnet die ästhetische Formung der Wörter, die Anordnung von Buchstaben, Silben und Wörtern zueinander; »dignitet und ansehen« schließlich erfaßt die Tropen und Schemata (Figuren). Die in der ›*elocutio*‹ sich äußernde Gelehrsamkeit stammt ausschließlich aus der ars poetica bzw. der Rhetorik. Obwohl der ornatus nach heutigem

---

453 Stötzer: Deutsche Redekunst, S. 105.

454 Dazu bes. Fischer: Gebundene Rede, S. 9ff.

455 Eine Aufstellung findet sich bei Hildebrandt-Günther: Antike Rhetorik, S. 72–77. Beispielhaft die Formulierungen bei Opitz: Poeterey ed. Alewyn, S. 17, und bei Titz: Zwey Bücher, S. Bv.

456 Belege bei Hildebrandt-Günther: Antike Rhetorik, S. 78–80.

457 Omeis: Gründliche Anleitung, Tl. 2, Kap. 2. »Von der erfundenen Sachen zierlicher Ausarbeitung (d. i. Dispositione & Elocutione Poetica).«

458 Vgl. die Definition der »Worte« durch Titz: Zwey Bücher, Kap. VIII. des 2. Buches, Nr. 6; generell zum ornatus Dyck: Ticht-Kunst, S. 76–90. Zur Beziehung der elocutio (besonders der Figurenlehre) auf die Affektenlehre ebd., S. 83ff.; Dockhorn: Macht und Wirkung der Rhetorik, S. 91; wichtig in diesem Zusammenhang das Werk von Valentin Thilo: Pathologia Oratoria sive adfectuum movendorum ratio. Regiomontanum (Regensburg) 1647.

459 Vgl. die Anweisungen bei Opitz: Poeterey ed. Alewyn, S. 27.

Verständnis formaler Natur ist, gehört er zum Wesen poetischer Gelehrsamkeit, ja er liefert sogar ein wichtiges Unterscheidungsmerkmal zwischen Poet und Redner. Der ›poetischen Rede‹ wird größerer Freiraum als der nicht-gebundenen Rede gestattet. Buchner greift das bei Opitz[460] nur angedeutete Argument auf und macht es zur Grundlage einer stilistischen Abgrenzung zwischen Philosoph, Redner, Historiker und Poet. Anders als der Redner und der Historiker, deren Rede »vulgaris«, volksnahe, sei, schwinge sich der Poet »in die Höhe«, trete »die gemeine Art zu reden unter sich« und setze »alles höher / kühner / verblümter und frölicher«. Die Forderung, daß die poetische Rede »neu / ungewohnt / mit einer sonderbaren Majestät vermischt / und mehr einem Göttlichen Ausspruch oder Orakel [...] als einer Menschen-Stimme gleich scheine«,[461] verbindet sich mit der Empfehlung des Metapherngebrauchs.[462] Sie tendiert zur Praxis des genus grande (stilus gravis) und bereitet dem hyperbolischen Sprechen in der zweiten Jahrhunderthälfte den Boden. Die einem lautmalerischen Ideal ergebenen Nürnberger betonen fast selbstverständlich die Sonderstellung des Poeten im Verbalbereich.[463] Harsdörffer vergleicht die Poesie dem ›Tanzen‹ gegenüber dem bloßen ›Gehen‹ der Rede;[464] der ungezwungenen Rede stellt er »die aufgeblasne / hochtrabende / und mit vielen Figuren verkünstelte Poëterey« entgegen.[465] Doch greift er Ronsards Warnung vor Schmucküberhäufung auf.[466] Die größere Freiheit in der Redezier gestehen auch die Rhetoriker dem Poeten zu. Meyfart erlaubt in der Poeterey »ein reichers« an Metaphern,[467] gestattet dem Poeten »ein mehrers« an Metonymien,[468] befindet, die Synekdoche stehe »zierlicher an dem Poeten als sonst dem Redner.«[469] Auch Tropen[470] und Inversionen (Hypallage)[471] schickten sich eher für den Poeten. Ja, er mahnt den Redner sogar, »Poetische Arten« zu vermeiden »aus Vrsach / weil sie jhm nicht wohl anstehen / oder selten gerathen«.[472] Schottel stimmt Buchners und Harsdörffers Argumenten zu, und fügt zum Beweis für den »unerschöpften Reichtuhm der so milden und wortwilligen Teutschen Hauptsprache« eine Liste aller poetischen Umschreibungsmöglichkeiten für den Begriff ›sterben‹ an.[473] Auch bei Morhof, Stieler und Männling

---

[460] Ebd., S. 30. »Die Poeten / denen mehr freyheit als den Oratoren eingeräumet ist [...].« Zur Unterscheidung von Dichtung und Beredsamkeit s. Fischer: Gebundene Rede, S. 37–98.

[461] Buchner: Anleitung, S. 15f.

[462] Ebd., S. 67.

[463] Zu Harsdörffers Stilideal s. W. Kayser: Die Klangmalerei bei Harsdörffer.

[464] Harsdörffer: Poetischer Trichter, Tl. 2, S. 1; vgl. Tl. 3, Vorrede S.)(ij und S. 35, wo zwar prinzipielle Gleichartigkeit von Poesie und Oratorie behauptet wird. Tl. 3, S.)(ijv betont dennoch bei der Poesie die »von der gemeinen Sprache gleichsam abgesonderte höhere Arten zu reden«.

[465] Ebd., Tl. 3, Vorrede S.) (iij.

[466] Ebd., Tl. 3, S. 67.

[467] Meyfart: Teutsche Rhetorica, S. 81.

[468] Ebd., S. 100. [469] Ebd., S. 111. [470] Ebd., S. 138. [471] Ebd., S. 205.

[472] Ebd., S. 215.

[473] Schottel: Teutsche SprachKunst, Siebte Lobrede, S. 241f.; S. 243–247.

begegnet der auf der eigengearteten elocutio begründete Unterschied zwischen dem Dichter und allen anderen, die sich der Sprache bedienen.[474] Das höhere Sprechen konstituiert die poetische elocutio bereits in den Poetiken der ersten Jahrhunderthälfte. Da die elocutio ja alle drei Stile (grande, medium, humile) umfaßt, bezeichnet die Gehobenheit oftmals den höheren Grad an Kunstfertigkeit und damit an »wissenschafft«. Daß die elocutio als spezifische Form der Gelehrsamkeit gewertet wurde, geht aus Stielers kunstvoller Anweisung zur Genüge hervor:

»Was mehr ein kunstgedicht' ausdehnet und verschönet,
ist bey der Blümerey vorhin mit Fleiß erwehnet:
Aus diesen gebe man der Sachen eine Zier,
erweitre, beßre auch, seh' ein bald dort, bald hier,
hab' auf den Wolklang acht und meid' ein wiederholen
mustr' alles Flickwort' aus, und laße sich befohlen
seyn, Urteil und Gebühr, so auf der Bildart haft
und iedem Vers' erteilt Anständigkeit und Kraft.«[475]

Die *Sachen-Gelehrsamkeit* fällt primär in den Bezirk der inventio. Ihrer Technik widmen sich die Poetiken von Opitz bis Johann Georg Neukirch (1724) mit großer Ausführlichkeit. Hans Peter Herrmann betrachtet den Komplex »Erfindung« unter dem res-Aspekt.[476] »Erfindung« meint durchweg nicht Schöpfung (creatio), sondern Finden, Auffinden (inventio) von »Sachen«.[477] Die von Herrmann in der Mehrheit herangezogenen Poetiken des letzten Drittels des 17. Jahrhunderts akzentuieren bereits den *geistigen* Gehalt der »Sachen«: die Auffindung des »Themas« und der »Argumentationen«.[478] Diese Formulierung des res-Aspekts findet sich erst in den späteren Poetiken des Barockzeitalters. Zuvor und daneben existiert eine gegenständlichere Auffassung der res. Opitz' Formel, die in den Nachfolge-Poetiken wiederbegegnet, besagt ja, die »erfindung der dinge« sei »nichts anderes als eine sinnreiche faßung aller sachen [...]«.[479] »Sachen« meint hier das Thema und den Stoff des Gedichtes im weitesten Sinn; sie bezeichnen sämtliche die Aussagen konstituierenden Elemente, gehen also über den Bereich des Themas: der Leitgedanken und der verwendeten Argumentationen hinaus. Das wird deutlich, wenn man die für die Praxis empfohlene Handhabung der »Sachen« betrachtet. Der Inhalt eines Gedichtes richtet sich nach dem gesellschaftlichen Zweck. Die Dichtkunst lehrt, die Erfindung nach diesem Zweck auszurichten. Deshalb gilt die Erfindung auch als die »Seele der Poesie« oder

---

474 Morhof: Unterricht, S. 321, 325, auch 318; Stieler: Dichtkunst des Spaten, S. 89, 122, 131; Männling: Helicon, S. 17, 81.

475 Stieler: Dichtkunst des Spaten, S. 131, V. 4745–4752.

476 Herrmann: Naturnachahmung, S. 52–81.

477 Dyck: Ticht-Kunst, S. 50; Fricke: Die Bildlichkeit, S. 19f.

478 Dazu Herrmann: Naturnachahmung, S. 52ff., bes. S. 56, stellt eine Betonung der inventio analog der Aufwertung der ›Sachen‹ fest; es handelt sich jedoch eher um eine ›Umwertung‹ der Sachen.

479 Opitz: Poeterey ed. Alewyn, S. 17; vgl. S. 11.

»Poeterey«.[480] Die »Erfindung« sammelt nicht allein Themen, Argumente und Stoffe von außen, gleichsam »von der Sache« her, sie »findet« sie im wörtlichen Sinne auch in den Worten selbst. Der formalisierende Charakter der inventio würde es nach heutigem Verständnis nicht erlauben, res und inventio einander ausschließlich zuzuordnen. Formale »Findekunst« ist es ja, den »Inhalt des Gedichts«,[481] also die »Sachen« selbst wiederum aus den Worten abzuleiten – eine bei den Barockpoeten sehr beliebte Praktik. Besonders dem Gelegenheitsdichter bietet sie oft billige »Gelegenheit«, mit seinem sinnreichen Witz zu brillieren. Der Inhalt oder die Erfindung kann aus verschiedenen Bereichen genommen werden, z. B., wie Harsdörffer darlegt,

1) aus den Worten oder den Dingen selbst,
2) aus dem Anfang, der Mitte und dem Ende der Sache,
3) aus den Umständen der Zeit und des Ortes,
4) aus dem Gleichnis.[482]

Besonders in den für den Schulunterricht verfaßten Anweisungspoetiken finden sich hierzu umfangreiche, mit Beispielen gespickte Kapitel.[483] Für das formalisierte Finden des Inhalts aus dem Wort[484] bieten sich besonders Personennamen an:

> »Wann man die Namen der Personen betrachtet / welche man mit dem Gedicht zu ehren gewillt ist / und auf selbe mit dem Inhalt zielet / als auf *Reymund* / kan ich bringen reines Munds seyn / oder deß Reyen Mund.«[485]

Weitere Möglichkeiten enthalten die »Letterkehr«, die Buchstabenvertauschung,[486] die »Wortgrifflein« oder die »Worträhtsel«.[487] Die Zeit- und Jahrreime,

---

480 Aus der großen Zahl der Belege hier eine Auswahl: Masen: Palaestra, S. 6; Hofmannswaldau: Deutsche Ubersetzungen, S.)(3; Neumark/Kempe: Poetische Tafeln, S. 33; Stieler: Dichtkunst des Spaten, S. 22f.; Omeis Gründliche Anleitung, S. 129; Birken: Teutsche Rede-bind und Dicht-Kunst, S. 162, 172; vgl. Herrmann: Naturnachahmung, S. 54f.

481 So Harsdörffer: Poetischer Trichter, Tl. 1, S. 10.

482 Ebd., Tl. 1, S. 10–12. Ders.: Gesprächsspiele Tl. V, S. 16–59 (neue Zählung S. 128–171), S. 133f. Zur Inventionslehre Harsdörffers s. Sieveke: Topik, S. 34–45. Weitere Belege zu diesen Rubriken verzeichnet Hildebrandt-Günther: Antike Rhetorik, S. 74–77.

483 Kindermann: Der Deutsche Poet, S. 47ff., folgt Harsdörffer; ebenso Wagenseil: Pera Librorum Juvenilium, S. 682f.

484 Bei Harsdörffer: Poetischer Trichter, heißt das einschlägige Kapitel »Von den Poetischen Erfindungen / so aus dem Namen herrühren«, Tl. 2 S. 15–30; Kindermann: Der Deutsche Poet, S. 50.

485 Harsdörffer: Poetischer Trichter, Tl. 2, S. 15f.

486 Als Beispiele nennt Harsdörffer, ebd. Tl. 2, S. 17f. die Anagramme: Johann Saubert wird zu Jonas Abendruh, Die Fruchtbringende Gesellschafft zu ›Deutscher Gegend lieblicher Safft‹; Wagenseil: Pera Librorum Juvenilium, S. 737, schüttelt den Namen Herr Gottfried von Peschwitz in: Du recht frewdiger Opitz-Sohn. Für die Widerstände stehe Stieler: Dichtkunst des Spaten, S. 73, V. 2424ff.

487 Dazu Harsdörffer: Poetischer Trichter, Tl. 2, S. 22ff.; Wagenseil: Pera Librorum Juvenilium, S. 738f.

Zahlreime,[488] Bilderreime, Krebsreime, Wiederhalle und Wiederkehren gehören nach (früh)barockem Verständnis zur inventio, stellen also verbale Möglichkeiten dar, zum Inhalt eines Gedichtes zu kommen. Das unterscheidet sie von den Figuren (der elocutio), die keinen Einfluß auf den Inhalt (oder die res) des Gedichtes haben.[489] Die Verwandtschaft dieser Kunstgriffe mit den (inhaltändernden und somit bedingt inhaltstiftenden) Tropen bleibt von den Poetikern undiskutiert. Die Zuordnung von res und inventio erscheint beim zweiten Bereich, aus dem die inventio schöpft, plausibler: dem Bereich der Sachen selbst.[490] Während der Poet für das Finden des Inhalts aus den Worten lediglich die ars, die Kunstfertigkeit, besitzen mußte, kommt erst im Bereich der »Sachen« die doctrina rerum zum Zuge: der Poet, der seine Erfindung aus diesem Sektor nimmt, muß, da die Sachen »unterschiedlich und mancherley«, sich in ihnen auskennen (»in allen derselben Wissenschaft erfahren und kundig seyn«):

> »Weil er von den Sternen / und dem Him̃el / Gewülk / Blitz / Donner / Lufftzeichen / und ihrer Beschaffenheit reden / so muß er derselben Wissenschaft eigentlich und vollständig besitzen. Wil er von den Bäumen / Blumen / Früchten / Erdgewächsen und derglechē reden / so muß er derselben Eigenschaft erlernet haben. Wil er von der Ehre / Reichthum / Schönheit / von den Tugenden und Lastern handeln / so muß der Sittenlehrē nicht unerfähren seyn.«[491]

Bezeichnenderweise steht an der Spitze der Hilfsmittel, Sachkenntnis zu erlangen, wiederum die Lektüre vorbildlicher Poeten.

> »Es ist aber solche vielfältige Wissenschafft zu befinden sowol in der alten und neuen Poeten wolverfassten Schrifften.«[492]

Der empfehlende Hinweis kennzeichnet die nötige Sachkenntnis als ausschließlich vom poetischen Zweck bestimmt. Es kommt nicht etwa auf wissenschaftliche Stringenz an, vielmehr auf ihre poetische Brauchbarkeit. Diese ist vollauf gewährleistet durch den Gebrauch, den vorbildliche antike und neuere Autoren von bestimmten res machen. Die Verwendung in der poetischen Tradition genügt also, um Sachwissen als solches auszuweisen. Die *imitatio* stellt auch im scheinbar von Rhetorik und Poetik losgelösten Bereich der »Sachen« das zentrale Finde-Prinzip dar. Die *Topik* als Systematik, Fundorte für Realien aufzusuchen und ›abzurufen‹, wird erst in der zweiten Jahrhunderthälfte zum bedeutsamsten Hilfsinstrument. In diesem Wandel deutet sich eine Zunahme des technisch-artifiziellen Momentes an, zugleich eine Abkehr vom humanistischen Stilideal. Dritte und vierte Findeart tauchen regelmäßig in den späteren Topik-Katalogen auf. Hars-

[488] Harsdörffer: Poetischer Trichter, Tl. 2, S. 24ff.; schönes Beispiel bei Wagenseil: Pera Librorum Juvenilium, S. 735.

[489] Wagenseil, S. 713ff., behandelt diese artifiziellen Gebilde jedoch (zu Recht) im Kapitel »Von unterschiedlichen Arten der Gedichte«.

[490] Harsdörffer: Poetischer Trichter, Tl. 2, S. 31–48. Sieveke: Topik, S. 35, weist auf die Verwandtschaft des Topos »von den Sachen« mit der Rhetoriktradition der definitio hin. Dieser Bezug scheint mir eher bei der zweiten inventio-Quelle gegeben zu sein.

[491] Harsdörffer: Poetischer Trichter, Tl. 2, S. 31.

[492] Ebd., S. 32.

dörffers Auswahl korrespondiert seinem klangmalerisch-affektiven Poesie-Ideal.[493]

Die Konsequenz dieser Findekunst für die poetische Praxis besteht zwangsläufig in einer ständigen Reproduktion von Formeln, die gleichermaßen Wortschmuck und »Sachen« umfassen, ja die beides, verba und res, auf *eine* Ebene transformieren. Dieser Aspekt wird bei der Analyse barocker Poesie ausführlicher zu Wort kommen. Im Prinzip bleibt diese formalistische »Findekunst« unverändert. Sie erfährt allenfalls Erweiterungen und Modifikationen.[494] Da sie wie auch die dispositio dem rhetorischen Kursus entstammt, begnügen sich manche Poetiker mit dem Hinweis auf die Hilfsmittel der Rhetorik.[495] In der zweiten Jahrhunderthälfte, mit Zunahme der Tendenz zu aufwertender Abgrenzung des Poeten vom Redner, rückt die poetische inventio noch stärker als bisher in die Nähe des ›Göttlichen‹ und der außernatürlichen Eingebung.[496] Die Gegenbewegung gegen das ›ungemeine‹ Sprechen betont dagegen wiederum die Gemeinsamkeiten von Rhetorik und Poesie.

Vor der Behandlung der hyperbolischen und reduktionistischen Tendenzen in der Opitz-Nachfolge, der unterschiedlichen Ausgestaltung von Gelehrsamkeit in ›hoher‹ und kasueller Poesie ein Blick auf die Rolle, die ›gelehrte Poesie‹ in der Gesellschaft spielte, welchen Legitimationsgrund sie gegenüber dem Publikum hatte und welche sozialen Folgen sich für den poeta doctus daraus ergaben.

3.2. Poetische Gelehrsamkeit und der Leser (Didaktische Funktion)

Wort- und Sachgelehrsamkeit bliebe Spielerei, erhielte sie nicht durch den sozialen Kontext, in den die ›gelehrte Poesie‹ hineingestellt ist, ihre funktionale Berechtigung. Die Frage nach der Funktion von Gelehrsamkeit im sozialen Zusammenhang der Poesie bezieht sich nur auf einen Teilbereich des docere- und prodesse-Komplexes. Ausgeklammert bleibt die ›politische‹, die ›moralische‹ oder religiöse Variante.[497] Gelehrsamkeit erscheint in den Argumentationen oft auf das lehrhafte Moment reduziert, wobei Lehre als Medium von Sachwissen, als Realientransport fungiert. Jedoch begegnet das Argument vom sittlichen Nutzen der Dichtung häufiger.[498] Im Barock orientiert sich der Begriff der ›Lehrwahrheit‹

---

[493] Dazu bes. Sieveke: Topik, S. 34ff. Zur Topik vgl. auch Kapitel III 3.3.

[494] Birken: Teutsche Rede-bind und Dicht-Kunst, S. 187, Nr. 143; Kindermann: Der Deutsche Poet, S. 47ff.

[495] Etwa Titz: Zwey Bücher, Tl. 2, Kapitel 2, § 12; Schelwig: Entwurff, S. 21; Buchner: Anleitung, S. 67; Männling: Helicon, S. 80f. folgt Hübners »Oratorischen Fragen«.

[496] Etwa bei Stieler: Dichtkunst des Spaten, S. 89, 154.

[497] Etwa die Gottesfurcht; Birken: Teutsche Rede-bind und Dicht-Kunst, s. 184f.; Männling: Helicon, S. 12.

[498] Schon bei Opitz: Poeterey ed. Alewyn, S. 8, 12; vgl. Omeis: Gründliche Anleitung, S. 11 des Anhangs.

an der wirkungsgerichteten persuasio und der Wahrscheinlichkeit, verleugnet also den rhetorischen Ursprung nicht.[499] Die um den Wahrheitsbegriff zentrierte philosophische Bestimmung des Lehrgedichts begegnet erst in der Aufklärung. Eine charakterisitsiche Koppelung des bonum und des utile (nicht des verum!) findet sich vor und nach Opitz. Theobald Höck rechtfertigt die Dichtkunst: mit ihrer Hilfe könne der Leser auf mühelose Weise »Kunst, Weißheit und Tugendt« erwerben.[500]

Johann Peter Titz greift, wie Opitz, auf das beliebte Diktum Platos zurück, Poesie sie eine »ältere Philosophy«.[501] Die »einige vnd eigentliche« Absicht des Poeten sei das Führen des Lesers oder Hörers »zu der Tugend vnd Weisheit«. Auch die Verbrämung der Poesie mit lustigen Begebenheiten diene letztlich dazu, den Menschen »die Tugend und Wissenschafft füglicher eintröpffeln« zu können.[502] »Wissenschaft« steht in unmittelbarer Nähe zu »Weisheit«. Die bei Buchner[503] u. a., noch bei Omeis[504] und in verändertem Kontext bei Gellert begegnende Auffassung der Poesie als eines Kleids für die Lehre, als Verzuckerung der ernsten Lehrmeinung, wird schon von Titz ausführlich behandelt. Der Ausbreitung der »Weißheit« dient das ›Versüßen‹ und ›Annehmlich‹-Machen: »Wie auch noch etliche den Kindern durch feine Bilder viel nützliche Geschichten / heilsame Lehren / vnd andere gute Sachen gar leicht vnd mit lust beyzubringen wissen.«[505] Johann Klaj nun betont in der »Lobrede der Teutschen Poeterey« Wissenschaft und Weisheit ebenfalls in Verbindung mit dem für Leser und Poeten gleichermaßen geltenden Element des ›delectare‹. Die Poesie führe nämlich die »jungen Studenten« »durch die Blumreichsten Auen der Wissenschafften« und trage sie auf »den Göttlichen Hügel der Weißheit«.[506] Ein verbaler Aspekt der vermittelten Gelehrsamkeit ist die durch Poesie-Lektüre erreichbare Vervollkommnung der Muttersprache,[507] die Schärfung des Sprachsinns[508] und des Verstandes überhaupt.[509] Stieler faßt zusammen:

---

499 Dazu Herrmann: Naturnachahmung, S. 33, 48ff.

500 Hoeck: Schönes Blumenfeldt, Kap. V, Gedicht »An den Leser«, S. 11.

501 Titz: Zwey Bücher, S. Aijf.; Opitz: Poeterey ed. Alewyn, S. 8.

502 Titz: Zwey Bücher, S. Aiij.

503 Buchner: Der Poet, S. 29f., 32f.

504 Omeis: Gründliche Anleitung, S. 11 des Anhangs.

505 Titz: Zwey Bücher, S. Aiiij; auch bei Sacer: Nützliche Erinnerungen, S. 59, § 52.

506 Klaj: Lobrede der Teutschen Poeterey, S. 21; wörtlich gleich bei Schottel: Teutsche SprachKunst (auch von 1645), S. 221.

507 Rotth: Vollständige Deutsche Poesie, Tl. 1, Vor-Rede, § 3, S. A 4v. Die Übung im Gebrauch der Muttersprache könne »nicht wenig durch die Anmuthige Dichte=Kunst befördert werden«. Männling: Helicon, S. 17; Stieler: Dichtkunst des Spaten, S. 154, V. 5675.

508 Harsdörffer: Poetischer Trichter, Tl. 3, Vorrede, S.)(vv.

509 Stieler: Dichtkunst des Spaten, S. 17, V. 165f. »Allein durch sie wird schärfer / der menschliche Verstand.« Harsdörffer: Poet. Trichter, Tl. 1, Vorrede Nr. 9; Männling: Helicon, S. 12.

»Kurz: sie legt den ersten Stein
zu aller Wißenschaft: braucht alle: führet ein,
Was auser Hoffnung stund zu fallen in die Blicke
der sonst gelehrten Welt: Giebt jedem sein Geschicke:
fährt aus den Schranken aus der Menschlichkeit und pflanzt
bey Göttern ihren Sitz.«[510]

Daß Männling, der Lobredner Lohensteins, den ›gelehrten‹ Nutzen der Poesie besonders hervorhebt, verwundert nicht. Poesie als Lobpreis Gottes und ›Spiegel‹ des Mitmenschen nützt dem Leser, weil sie dessen iudicium ausbildet, Sentenzen und Geschichte sowie »nachsinnliche Reden« lehrt.[511]

Die Forderung, der Poet müsse in allen Künsten und Wissenschaften beschlagen sein, gründet auf dem öfters begegnenden Satz, die Poesie behandle *alle* Gegenstände. »Der Poet handelt von allen uñ jeden Sachen / die ihm vorkommen«, behauptet Harsdörffer.[512] Buchner leitet dieselbe Aussage aus der Entwicklung der Dichtkunst ab.[513] Göttliche und menschliche Dinge in unvermischter und in vermischter Form sind die Gegenstände schon der antiken Dichter:

»So nun die Poeterey in Warheit eine Philosophie ist / die Philosophia aber alle Göttliche und Menschliche Sachen in sich begreifft / so erscheinet hieraus / daß die Poeterey nicht enger eingeschränckt / als die Welt und Natur an ihr selbst / sey [...].«[514]

Der Poet dürfe daraus das Recht ableiten, von allem, was auf Erden, unter und in dem Himmel vor sich gehe, zu handeln (»Verrichtungen«). Die antiken, von Opitz' Argumentation her bekannten Beispiele schließen sich an. Die ganze Argumentation verläuft in einem Zirkel, dessen Sinn darin besteht, die Poesie durch Autoritäten allzeitig vor der gebildeten Welt zu legitimieren. Ähnlich formulieren die an Opitz sich anschließenden Poetiken. Stieler gestattet dem Dichter, für das Erdichten von »Sinnbildern« die ganze Welt als ›Arsenal‹ zu benutzen.

»Sein Buch ist die Natur und was darinnen lebet,
ja unbeseeltes gar, drinn' eine Wirkung webet,
als etwa beym Magnet-Pantarban, Palmenbaum,
und, was der Arzt entdeckt in dem gedritten Raum
des ihm vertrauten Reichs: Zusamt dem Künstler sachen,
die ein' Aufmerksamkeit und Nachgedenken machen.«[515]

Zehn Jahre später (1695) greift Johann Christoph Wagenseil die Formulierung Harsdörffers wortwörtlich auf. Mit dem bekannten Hinweis auf den Umfang des

---

[510] Stieler: Dichtkunst des Spaten, S. 17, V. 183–188; vgl. S. 154, V. 5673. »Alleine die Poeten / sind Väter erster Lahr. Ohn sie müst' ietzt noch röten / vor Schaam der Gottesmann, der Redner und Jurist [...].« So auch Hofmannswaldau: Deutsche Ubersetzungen, S.) (5.

[511] Männling: Helicon, S. 13; vgl. dessen Kapitel III »von dem Nutz der Poesie«.

[512] Harsdörffer: Poetischer Trichter, Tl. 1, S. 3.

[513] Buchner: Wegweiser, S. 17ff.

[514] Ebd., S. 19; ders.: Der Poet, S. 20ff., v. a. S. 22.

[515] Stieler: Dichtkunst des Sapten, S. 71f., V. 2357–2362.

Darstellbaren[516] erstarrt die Aussage zum Topos. Noch kurz vor Gottscheds Auftreten, im Jahre 1727, verkündet eine anonyme Breslauer »Anleitung zur Poesie« den traditionellen Satz: »Die Poesie allein kan alles thun.«[517] Dieser Universalitätsanspruch verdichtet sich im Topos, Poesie sei das »Sammelbecken aller Wissenschaften und Künste«. Von Opitz über Klaj, Schottel, Buchner und Kindermann findet sich das Argument mit geringen Abwandlungen.[518] Auch Harsdörffer erhebt die Poesie »über alle andre Wissenschafften«.[519] Für Männling (1704) gilt die Poesie als »Confect aller Wissenschafften«.[520] Er kann Lohensteins »Arminius« nicht genug preisen als »Oceanus« und als »Gelehrsamkeitskammer«.[521] Die Verbindung zwischen dem Poeten als dem centrum eruditionis und der Poesie als dem »Sammelbecken« stellt die früher genannte, vielfach gebrauchte Formel von Homer als dem »Ocean allen Wissens« dar.[522] Homer fungiert als Begriff für die durch ihn repräsentierten vorbildlichen Dichtwerke.

Die Betonung der »gelehrten und in allen Wissenschafften grunderfahrnen Poesie«, des »wolausgearbeiteten gelehrten Kunstgetichtes« entspricht der Einschätzung des Poeten als eines Gelehrten. Die ganze Gelehrsamkeitsargumentation dient somit zwei sozialen Zwecken: der *Apologie* gegenüber von außen an die Poesie und die Poeten herangetragenen Vorwürfen,[523] und der *Abgrenzung der Kunstpoesie* als einer gelehrten Tätigkeit gegenüber der bloß handwerklichen Versifikation der Gelegenheitsdichter und gegenüber der volkstümlichen, ausschließlich auf der natura gründenden Dichtung. Wie die Dichtpraxis sich allmählich von der apologetisch-legitimierenden Haltung freimachte und Gelehrtheit zum Gesellschaftsspiel oder zum Selbstzweck erhob, zeigt beispielhaft Lohenstein. Die Akzentuierung der Gelehrsamkeit im »Arminius« (wie auch in Zesens »Assenat«) konnte als Legitimationsakt für eine noch nicht voll anerkannte poetische Gattung gewertet werden; die gelehrte Ausstaffierung der Dramen (und aller traditionell anerkannten Gattungen) fiel jedoch nicht unter diese Kategorie. Sie belegt den konstitutiven Charakter gelehrter Elemente, die nicht Appendix zur eigentlichen Dichtung und sozial bedingten Legitimationszweck mehr darstell-

---

516 Wagenseil: Pera Librorum Juvenilium, S. 681.

517 Breslauer Anleitung, S. 7.

518 Opitz: Poeterey ed. Alewyn, S. 10. »So ist auch ferner nichts närrischer / als wann sie meinen / die Poeterey bestehe bloß in jhr selber; die doch alle andere künste vnd wissenschafften in sich helt.« Klaj: Lobrede der Teutschen Poeterey, S. 5. »Niemand muß ihm aber die Meinung schöpfen / als ob die Poeterey mit lauter Vnwarheiten ümgienge / und bestünde bloß in ihr selber / da sie doch alle andere Künste und Wissenschafften in sich hält.« Schottel: Teutsche SprachKunst, S. 236; Buchner: Wegweiser, S. 18ff.; Kindermann: Der Deutsche Poet, S. 4ff.; vgl. Markwardt: Geschichte, Bd. 1, S. 154.

519 Harsdörffer: Poetischer Trichter, Tl. 3, S. 112.

520 Männling: Helicon, S. 11.

521 Männling: Arminius Enucleatus, Vorrede zu Bd. 2.

522 S. Anm. 411. Vgl. auch die Hinweise bei G. Finsler: Homer in der Neuzeit; Bleicher: Homer in der deutschen Literatur.

523 So schon bei Opitz: Poeterey ed. Alewyn, S. 9.

ten, sondern das Wesen der Kunstpoesie selbst ausmachten. Mit dieser Einschätzung stieg auch der Dichter in der sozialen Hierarchie.

3.3. Die Exklusivität der ›gelehrten Poeten‹

Ingenium und natura, so belegen die Poetiken, werden zwar bei jedem Dichter vorausgesetzt, sie bilden jedoch nicht den Grund für seine *soziale Wertschätzung*. Im sozialen Legitimationssystem liefern ausschließlich ars und doctrina die Gründe für den beanspruchten Rang als Gelehrter. Wie der Blick auf die gesellschaftlichen Formationen gezeigt hat, sind Privilegien an den Gelehrtenstatus des Dichters, nicht etwa an dessen Dichtertum geknüpft. In konsequenter Fortführung des Opitzschen Programms betonen die Poetiker des 17. Jahrhunderts die gelehrte Adressatenschaft der Kunstpoesie und die soziale Zugehörigkeit des poeta doctus zum Gelehrtenstand.[524] Joachim Dyck hat das »Elite«-Syndrom im Rahmen seiner Darstellung über das Selbstverständnis des barocken Poeten behandelt und auch den Aspekt der Ordensbildung berührt.[525] Wilfried Barner stellte es in den Zusammenhang von »literarischer Kunstübung und ständischer Basis«.[526] Die Abgrenzung von den Nicht-Gelehrten präzisiert den sozialen Standort der gelehrten Kunstpflege.[527] Beide Argumentationen finden sich in enger Nachbarschaft

---

[524] Bei Opitz in mehreren Gedichten, z. B. »An Asterien«: »[...] Geschrey deß Volcks / das ähnlich ist den Hunden: / Sie bellen in die Lufft wo sie nicht können gehn / Und bleiben doch allhier weit von dem Himmel stehn.« V. 22f.; »Es sey auch wie es will / so werd' ich von dem Hauffen / Deß Pöfels seyn getrennt [...].« Opitz: Gedichte ed. Müller, S. 147f. Sonnet XXXVIII, ebd., S. 179. Zur Exklusivität von Opitz' Literaturprogramm s. auch Sinemus: Poetik und Rhetorik, S. 21; Wiedemann: Barockdichtung in Deutschland, S. 179.

[525] Dyck: Ticht-Kunst, S. 129–134.

[526] Barner: Barockrhetorik, S. 225–232.

[527] Hankamer bezeichnet die Abgrenzung der gelehrten Dichter, ihre »zünftige Abgeschlossenheit« von den Ungelehrten als humanistisch, nicht etwa höfisch bedingt; Hankamer: Deutsche Gegenreformation, S. 52. Anders begründet Martino: Lohenstein, S. 145f. »Je mehr der gelehrte Dichter versucht, sich der Sphäre des Adels zu nähern, desto mehr muß er sich von der ›plebs‹ distanzieren.«
Schon Weckherlin dichtete 1619 in einem Panegyricus »Wan ich die zeit schadloß vertreib / Vnd frölich schreib / So schreib ich doch weder für noch von allen: / Vnd meine Vers kunstreich vnd wehrt / Sollen nur denen die gelehrt / Vnd (wie Sie thun) weisen Fürsten gefallen.« Weckherlin: Gedichte, S. 64f. Dazu Breuer: Gibt es eine bürgerliche Literatur, S. 217f. Interessant für die soziale Einschätzung ist das Faktum, daß auch einige Mystiker zur Gelehrtenexklusivität tendierten. Davon zeugt etwa Czepkos Vorrede »An den Gelehrten Leser«: »Den Ungelehrten mag ich nicht zu Richtern meiner Bücher einladen. Sie pflegen sich ungebeten wol einzustellen: und, weil sie weder die Art der Schrifften, viel weniger die Nachsinnigkeit des Erfindens verstehen, herausgegebene Sachen entweder zu verachten, oder, wann es hoch kommt, über den letzten Sylben, ob sie in ihren Ohren einen angenehmen Wiederschall geben zu urtheilen.« Daniel von Czepko: Weltliche Schriften, S. 353. Deutlich wird auch die Abkehr von den Ungelehrten in der von Ziegler und Kliphausen verfaßten Grabschrift Jakob Böhmes, von Ziegler:

und gehen oftmals in einander über. Buchner, nach Opitz der einflußreichste Barockpoetiker,[528] definiert den Kommunikationssektor der Kunstpoesie im Vorwort zur »Anleitung«. Danach wendet sich die Poetik ausdrücklich nicht an diejenigen deutsch-sprachigen Leser, »die mehr nicht / als ein Bauer und Idiot verstehen und können«, vielmehr an einen Personenkreis, der über das Wesen der deutschen Sprache und Prosodie informiert ist.[529] Daß der Zirkel gelehrter Kenner das anvisierte Publikum sei, geht aus den scharfen *Ausfällen gegen den Pöbel* hervor. Die Poeten hätten

> »ihr Absehen nicht so sehr auf den gemeinen Pöbel / der nichts verstehet / und Unflath oft mehr / als Reinligkeit liebet / als auf Leute / die etwas wissen / und ein gerechtes Urtheil fällen können / ob aller Unsauberkeit auch einen Ekel schöpfen.«[530]

Horaz' berühmter Vers »Odi profanum vulgus et arceo« wird zum vielzitierten Beleg.[531] In den Polemiken gegen den »rauhen / dummen Herrn Omnis«[532] oder gegen den »Pöbel« drückt sich die elitäre Haltung aus. Allein die Redeweise – »gemeiner Pöbel«,[533] »schnöder Pöbel«,[534] »gemeiner Pöbelsmann«[535] – kennzeichnet die Distanz, die zwischen den Poeten deutscher Kunstpoesie und dem Volk herrscht. Harsdörffer grenzt das Werk des »in den Wissenschaften und freyen Künsten wol erfahrenen« Poeten vom Volk ab: Seine »kunstsinnige Gedichte« könnten dem »gemeinen Mañ« nicht gefallen, »weil sie ihm zu hoch / und er nicht loben kan / was er nicht versteht.«[536] Ein »rechtes poetisches Gedicht« – so

---

Täglicher Schauplatz, S. 1365. In seinem Epitaph liegt allerdings eine Distanzierung des studierten hochbarocken Dichters vom nichtstudierten ›Handwerker‹ Böhme vor. Eine Studie über die soziale Herkunft und Orientierung der Mystiker fehlt; sie würde – wenn man an Gestalten wic Frankenberg oder Kuhlmann denkt – neue Akzente setzen können.

528 Newald: Die deutsche Literatur, S. 179ff.

529 Buchner: Anleitung, S. 1f.

530 Ebd., S. 27f. Der Gelehrtenexklusivität und der Abkehr vom Pöbel entspricht auf der anderen Seite die Gelehrtenpanegyrik. Dazu Weisz: Das Epigramm, Kap. IV 4, S. 122f.

531 Das Horaz-Zitat findet sich etwa bei Buchner: Anleitung, S. 28; Birken: Teutsche Redebind und Dicht-Kunst, S. 167, übersetzt einen Passus aus Horaz' Epistula ad Pisones. Vgl. auch die Abwehr des Pöbels bei Kempe: Neugrünender Palmzweig, nicht pag., V. 780ff. »Das eusserliche Zeichen / Macht keinen Tichter nicht / in dem nicht ist ein Geist / Der nach der Adler Ahrt vom Pöfel sich entreißt.« Stieler: Dichtkunst des Spaten, S. 47, V. 1399f. »Ein edler Ubermuht / entzieht sich mit Vernunft dem, was der Pöfel tuht.«

532 Harsdörffer: Poetischer Trichter, Tl. 3, S. 379; vgl. Tl. 1, Vorrede, S.)(v, Nr. 6 »deß Pövels Thorheit«; Birken: Teutsche Rede-bind und Dicht-Kunst, S. 164 »das thumme Volk«, S. 165 »Wer für Herrn Omnis schreibt / ist der Gelehrt zu nennen?«

533 Rist: Rettung der Edlen Teutschen Hauptsprache, Vorrede.

534 Buchner: Der Poet, S. 18.

535 Harsdörffer: Poetischer Trichter, Tl. 3., Vorrede, S.)(vv, Tl. 3, Zuschrifft, S. aijv, der »Büffelhirnige Pövel«, S. 378f. Stichwort »Pövel«, Nr. 353; ferner Tl. 3, S. 65, 67. Vgl. auch Stieler: Dichtkunst des Spaten, S. 40, V. 1089ff.

536 Harsdörffer: Poetischer Trichter, Tl. 1, S. 5; noch drastischer Tl. 3, Zuschrifft, S. aijv. Vgl. Wiedemann: Barocksprache, S. 36f.

proklamiert Harsdörffer – »gehoeret nicht für den gemeinen Poevel / sondern für gelehrte und mehr verstaendige Leute.«[537]

Die enge Verbindung der Kunstpoesie mit dem Gelehrtentum und dem Adel hebt Birken in der »Teutschen Rede-bind und Dicht-Kunst« hervor:

»Und was soll man von solchen Poesy-Schändern sagen / die da schelten / was nicht allein Gelehrte / sondern auch soviel hohe Personen loben u. üben / auch von uralters her gelobet und geübet: die da verachten / was die höchstlöblichste Gesellschaft sovieler Durchleuchtigen / Hoch- und Wolgebornen u. Edlen Palmgenoßen / Ehrachtet und selbst mit machet.«[538]

Für Birken wie für Opitz gilt, daß deutschsprachige Kunstdichtung »die sozialen Grenzen zwischen den Gelehrten und den Vornehmen überspringen« solle.[539] Nur in dieser Verbindung konnte ihr ein dauerhafter Erfolg beschieden sein.[540] Die soziale Orientierung wirkt sich unmittelbar in der poetischen Sprache aus. Buchner untersagt den Gebrauch von Wörtern, die von »Bauren und gemeinen schlechten Leuten« verwendet werden. So sei »schnaken« statt »reden«, oder »Dirnske« statt »Stube« ganz unschicklich. Doch würde sich ein »Hofmann« auch vor der Bezeichnung »Stube« für »Gemach« oder »Zimmer« ›ekeln‹.[541] Ebenso zählt Tscherning eine ganze Reihe von Wörtern auf, deren Unschicklichkeit er verschieden begründet. Entweder sind es Dialektwörter oder veraltete (ungebräuchliche) Ausdrücke, doppelsinnige oder sozial diskriminierte Wörter. Die soziale Differenz bildet den wichtigsten Grund:

»Derer wörter / so nur bey den bauren und gemeinen Pöfel im brauche / zumal in einem wichtigen wercke / da nicht etwan bauren oder sonst ihres gleichen eingeführet werden / sol ein Poët sich nicht gebrauchen.«[542]

Harsdörffer betont die Überlegenheit der »besondren gelehrten Sprache« der Poeten (wie auch der Philosophen und Scholastiker). Sie sei »so viel herrlicher und wehrter«, je höher sich ihre Gedanken »über deß Pövelvolkes untüchtiges Nachsinnen« erhöben.[543] Konsequent lehnt er jegliche Beurteilung der Poesie durch Ungelehrte ab:

»Wie nun die Kunstgedichte den Verstand deß gemeinen Pövels weit übertreffen / und die Perlen nit für die Säue zuwerffen; so hat man sich an der Ungelehrten Urtheil so wenig / als des Esels Anschreiben zu kehren.«[544]

Nach Schottels Ansicht darf der »weit über den Pöbelgang« erhobene Poet keine

---

537 Harsdörffer: Gesprächsspiele, Tl. 6, S. 39ff.; vgl. ebd., Tl. 1, S. 240f.
538 Birken: Teutsche Rede-bind und Dicht-Kunst, Vorrede, Nr. 23.
539 Barner: Barockrhetorik, S. 227. Zum Verhältnis von Adel und Kunstpoesie ebd., S. 228f.
540 Faber du Faur: Monarch, S. 249ff.
541 Buchner: Anleitung, S. 28f.
542 Tscherning: Unvorgreiffliches Bedencken, S. 39ff.; Teilabdruck bei Szyrocki: Poetik des Barock, S. 167ff.
543 Harsdörffer: Poetischer Trichter, Tl. 3, S. 21.
544 Ebd., Tl. 2, S. 3; vgl. auch Tl. 3, S. 17f.

Alltagswörter benützen.[545] Eine Sonderstellung nehmen lediglich die satirischen Genres einschließlich der Komödie ein. Erklärte Feinde der gelehrten Poesie sind die »Reimenschmiede«, die Pritschmeister und die nicht-gelehrten Dichter ohnehin. Auf die Polemik gegen die bei jeder Gelegenheit zum Federkiel greifenden Versificatores kann hier nicht eigens eingegangen werden. Sie findet sich in jeder Poetik.[546] Georg Wilhelm Sacer hat gegen den bornierten Gelegenheitsdichter eine treffsichere Satire verfaßt, die ex negativo zugleich den gesamten Katalog gelehrter Erfordernisse liefert.[547] Nicht zu Unrecht hat Daniel Georg Morhof auf Nützlichkeit und Ergötzlichkeit dieser »wieder dergleichen unzeitige Reimer« gerichteten Satire hingewiesen, differenziert allerdings Sacers pauschale Koppelung von Pritschmeistern und ungelehrten Dichtern.[548] Obwohl Morhof sich einerseits gegen die »durch den Gebrauch des Pöbels« verkleinerten »gemeinen Metaphorae« wendet,[549] will er andererseits (mit Castelvetro) den Gebrauch der dem Volk unverständlichen »Kunstwörter« einschränken[550] und bringt für ›Naturbegabungen‹ ein bemerkenswertes Verständnis auf.[551] Das zeigt sich in der Übernahme von Hofmannswaldaus freundlichem Urteil über Hans Sachs, das in barocker Poetik ziemlich vereinzelt steht.[552] Man müsse sich wundern, »daß ein Handwercksmann / der Lateinischen und Griechischen Sprache unkündig«, manche Sachen habe schreiben können, »die nicht ohne Geist seyn«.[553] Positive wie negative Beurteilungen sind ebenso wie der Kanon vorbildlicher Autoren, der Lieferanten von exempla, gattungsgebunden. In einer von vornherein als »Wissenschaft« deklarierten ars poetica hat daher ein positives Urteil über Hans Sachs keinen Platz. Johann Christoph Wagenseil, ebenfalls Verfasser einer Poetik,[554] äußert sich in seiner Geschichte der Meistersingerkunst beinahe überschwänglich positiv über Sachs – in seiner Poetik ist von Sachs bezeichnenderweise keine Rede. Unter Sachsens Gedichten fänden sich

---

[545] Schottel: Teutsche SprachKunst, S. 236, 232; ähnlich Harsdörffer: Poetischer Trichter, Tl. 3, S. 377. »Seine Rede erhebet sich über die alltags Sprache / seine Nachsinnung ist von deß Pövels Eitelkeit besondert und klebet nicht an der niedren Erden / sondern schwebet in den hochfreyen Lüfften.« Auch Schottel: Ausführliche Arbeit von der Teutschen Haubtsprache, S. 114, wo Schottel sich vom »altags Geschwätze« der »krummen gebükten Seelen« distanziert.

[546] Zur Vielschreiberei Dyck: Ticht-Kunst, S. 130ff.; generell: Segebrecht: Das Gelegenheitsgedicht.

[547] Sacer: Reime dich (1673). Dazu Markwardt: Geschichte, Bd. 1, S. 199–207; Pfeil: Gottfried Wilhelm Sacer's »Reime dich«; Kelsch: Reime dich oder ich fresse dich! Der Wolfenbütteler Jurist G. W. Sacer, S. 85–97.

[548] Morhof: Unterricht, S. 218. Speziell zu den Pritschmeistern führt Morhof, S. 172, aus: »Es ist noch eine andere / dieser gleiche [d. i. der Meistersänger] / Art Reimenmacher / die man die Pritschmeister nennet / welche bey öffentlichen Auffzügen / Vogelschiessen / und dergleichen / ihre närrische und ungereimbte Reime hervor gebracht.«

[549] Ebd., S. 318. [550] Ebd., S. 322. [551] Ebd., S. 218.

[552] Hofmannswaldau: Deutsche Ubersetzungen, Vorrede, S.)( )(4v.

[553] Morhof: Unterricht, S. 185.

[554] Wagenseil: Pera Librorum Juvenilium (1695); ders.: Buch von der Meister-Singer Holdseligen Kunst. Zu Wagenseil bes. das Nachwort Brunners.

»viel Sachen von guter Erfindung / auch so vernünftig ausgearbeitet / daß sie damals nit besser hätten seyn können / und wegen deß herrlichen Nachdrucks / und Verstandes / so überal sich zeiget / vielem / so neuerlich geschrieben worden / mit Rechten vorzuziehen.«[555]

Auch »fürnehme Gelehrte Leute« hätten Sachsens Gedichte sehr gelobt, etwa Melanchthon. »Gemeine Leute« brächten ihm dieselbe Wertschätzung entgegen wie Gelehrte dem Homer, Vergil, Ovid und Horaz.[556] Morhof und Wagenseil stehen bereits in einer von sich wandelnden Normen geprägten Übergangsphase. In den spezifischen Barockpoetiken gilt *Hans Sachs* nämlich als Inbegriff des lächerlichen, nicht-gelehrten Handwerks-Poeten. Seine Verse erscheinen so ungehobelt, weil ihnen der von den griechischen und lateinischen Autoren erborgte und aus der ars poetica erlernte Kunstgriff fehlt. Entscheidend für die Einstufung ist also nicht das stoffliche, sondern das formale Moment. Obwohl er mythologisch-antike Stoffe verarbeitet, gilt Sachs nicht als ›gelehrter Dichter‹.

»Leicht reimt sichs her, leicht wagt mans auf die Zweyfelschanze,
man schützt und schmeichelt sich, holt Beyfall her von heim,
wann mans bey Licht besieht, ists mehr nicht als ein Reim,
den auch Hans Sachse schmiedt auf einen Schusterladen
ohn Wortklang, Zeit und Maaß.«

»Der übet sich ümsonst, der nur viel Reimen macht,
und misbraucht des Papiers, der Zeit und seiner Finger,
ohn Nachsinn, Urteil, Wahl. Alzeßis bleibt ein Jünger
ob er gleich hundert Vers' auf einmal schüttelt raus.
Es machets hier die Zahl, der Uberfluß nicht aus.
Hans Sachs ist stets Hans Sachs mit den sechstausent Stücken
die in die Luft er streut, Apollo kehrt den Rücken,
ihm doch verächtlich zu.«

So heißt es bei Stieler.[557] Und in direktem Widerspruch zu Morhofs und Wagenseils Ansicht, Sachs' Verstand habe sich »weit ultra crepidam« erstreckt,[558] steht Sacers symptomatisches Verwerfen des vom »Schuster-Geiste« regierten »Hanß Sachse«.[559] Der in den Poetiken, in Gedichtsammlungen und in »Poetischen Schatzkammern«[560] dokumentierte Preis der Gelehrtheit zielt konsequent auf die Ablehnung versifikatorischer Massenproduktion und volkstümlicher Literatur. Zwischen Reimeschmieden und ›volkstümlichen‹ Dichtern wird kein prinzipieller Unterschied gemacht. Oft werden beide in einen Topf geworfen. Volksmärchen gelten Kempe als des »gemeinen Pöfels ungereimte Fratzen«.[561] Markwardts

---

555 Wagenseil: Meister-Singer, S. 517.
556 Ebd., S. 518.
557 Stieler: Dichtkunst des Spaten, S. 18, V. 214–218; S. 127, V. 4580–4587.
558 Morhof: Unterricht, S. 186; Wagenseil: Meister-Singer, S. 517.
559 Sacer: Reime dich, S. 9; dazu Markwardt: Geschichte, Bd. 1, S. 207; vgl. ebd., S. 218 und 280 (Wernickes satirisches »Helden-Gedichte, Hans Sachs genannt« von 1704); dazu Eichler: Das Nachleben des Hans Sachs.
560 Dazu Kapitel III 3.3.
561 Neumark/Kempe: Poetische Tafeln, S. 51ff.; Neumark auch im »Fortgepflanzten Musikalisch-Poetischen Lustwald« (1657); dazu Markwardt: Geschichte, Bd. 1, S. 159.

Deutung dieses abwertenden Urteils als »Abwehr des nachwirkenden Grobianismus«[562] trifft den Kern nicht. Poesie, die bloß auf Reimtechnik (Prosodie) oder Naturveranlagung (natura) basiert, gilt gleicherweise als nichtgelehrt und muß vom Gelehrtenstandpunkt aus abgelehnt werden.[563] Birken nennt die »Reim Schmiede« und die »Liednieter« drastisch »Poeten-Pöbel«.[564] Die Kunstpoesie – vor allem der historische Roman – kann sogar »das gemüte / von den gemeinen meinungen des adel-pöbels läutern«.[565] Der Begriff des Pöbels, der im allgemeinen auf die sozial niedrige Schicht des Volkes zielt, steht hier als Bezeichnung für »gemeine« Gesinnungsart, übergreift also den sozialen Radius.

Die verpflichtende Übermacht des humanistischen Gelehrsamkeitsdogmas erweist sich schließlich an den bürgerlich-volkstümlichen Autoren selbst. Hans Sachs dankt Gott für die ihm reichlich gespendete ›Eingebung‹:

»GOtt sey Lob /
der mir sant herab /
So mildiglich die Gottes gab /
Als einem ungelehrten Mann /
Der weder Latein noch Griechisch kan [...].«[566]

Daß ein Absolvent der studia humanitatis zu dichten vermochte, war eine Selbstverständlichkeit. Der Versuch des Ungelehrten, eine auf natura und göttlicher Eingebung gegründete Gegenposition aufzubauen, blieb während der Herrschaft des rhetorischen Paradigmas im Ansatz stecken. Der Autodidakt Grimmelshausen bemüht sich sogar geflissentlich um gelehrte Ausstaffierung seiner Schriftstellerei; gerade wo er gegen das rhetorische Dogma polemisiert, trägt seine Argumentation deutlich apologetische Züge.[567] Johann Beer, ebenfalls Verfasser volkstümlicher Romane, hat stets den gelehrten Charakter seiner Ausbildung betont, sich selbst also zum Gelehrtenstand gerechnet.[568] In seiner Autobiographie berichtet er nicht nur von seiner Autorschaft an drei lateinischen Komödien, angefertigt

---

562 Markwardt: Geschichte, Bd. 1, S. 158.

563 Neumark: Musikalisch-Poetischer Lustwald, S. 7. Die Nichtgelehrten und nur naturbefähigten Dichter seien »mehr wegen ihrer guten Geburtsahrt mit Verwunderung wehrt zu halten als vor recht geschickkte Poeten zu achten.«

564 Birken: Teutsche Rede-bind und Dicht-Kunst, S. 163.

565 Birkens Vorwort zu Anton Ulrichs von Braunschweig Roman »Aramena«; abgedruckt bei Schöne: Das Zeitalter des Barock, S. 34–38, hier S. 35.

566 Zitiert bei Morhof: Unterricht, S. 185.

567 Besonders im »Satyrischen Pilgram« und im »Teutschen Michel«. In der ursprünglichen Konzeption war zwischen der Behandlung der humanistischen Barockpoesie und der ›politischen‹ Denkmodelle ein Kapitel über die Oppositionsströmungen zur gelehrten Poesie und zum Humanismus im 17. Jahrhundert eingeschoben, das die volkstümliche Opposition (Moscherosch, Schorer, Lauremberg, Grob, Grimmelshausen u. a.) und die naturwissenschaftliche und pädagogische Realismusbewegung (Vives, Montaigne, Bacon; Ratke, Andreae, Comenius; Schupp, Becher, Seckendorff, Weigel; Tschirnhaus) darstellte. Diese ›realistische‹ Bewegung hat der späteren Verschiebung im Lehrkanon (Kapitel V) vorgearbeitet. Ich werde dieses Kapitel in anderem Zusammenhang publizieren.

568 Johann Beer: Sein Leben, S. 5. Belege für Beers ›Bildung‹ S. 16, 17, 20.

als Schulexerzitien, er führt von seiner Regensburger Schulzeit auch die Lehrer auf:

> »In humanioribus waren meine Praeceptores, deren Ich keinen vorbey gehen will, Erstlich der Schörflingsche Schullmeister [...]. / In höheren Schullen haben mich informirt, Herr Magister Kirchmeyer, der mich auch in re poëtica exercirt, und mir sehr viel Gutes gethan hat.[569]

Gelehrtheit bzw. gelehrte Ausbildung stellt einen Legitimationsfaktor selbst dort dar, wo das Produkt kaum von der erlernten doctrina getragen wird. Johannes Grob, Autodidakt wie Grimmelshausen, bläst ins selbe Horn wie die Kunstpoeten: »Das ungelehrte Volk weiß nicht zu unterscheiden.«[570] Der gelehrte Kenner gilt ihm mehr als das Urteil der Menge.[571] Die Geltung des gelehrten Ideals manifestiert sich daher am sichtbarsten in der Poesie selbst.

4. Das Verhältnis von ›res‹ und ›Wissenschaft‹ bei Opitz

4.1. Opitz als Gelehrter

Martin Opitz als der Inaugurator einer deutschsprachigen ›gelehrten Poesie‹ gab in doppelter Hinsicht das Vorbild ab. Einerseits wurde seine Poesie zum Muster für das gesamte 17. Jahrhundert, andererseits wurde er selbst zum Inbegriff des ›gelehrten Poeten‹. Für alle Historiker des Barock verkörpert er die echte humanistische Gelehrsamkeit. Er beherrscht alle zu den studia humanitatis zählenden Disziplinen. Den Inhalt seiner Gelehrsamkeit nennen zahlreiche Nekrologe: umfassende Sprachkenntnisse und Vertrautheit mit antiken Autoren und dem von ihnen übermittelten Wissen.[572] Johann Rist rühmt an Opitz die Beherrschung des Griechischen, Hebräischen, Italienischen, Französischen, Ungarischen, Tschechischen, Polnischen und besonders des Lateinischen:

> »Es war ja sein Latein
> Nicht wie des Ennius und Scotus pflag zu seyn.
> Wer Cicero gekannt, wer Plinius gehöret,
> Und wer Sallustius gelernet und gelehret,
> Ein solcher muss mit mir bekennen ohne Scheu,
> Dass Opitz ihnen gleich, wo nicht ihr Meister sey.«[573]

Dabei erwähnt Rist nicht einmal das Niederländische und das Englische, Sprachen, die Opitz auch verstanden hat. An der von Opitz verkörperten Verbindung

---

569 Ebd., S. 20.
570 Johann Grob: Poetisches Spazierwäldlein, S. 132.
571 Barner: Barockrhetorik, S. 231.
572 Titz ordnet ihn dem ›gelehrten Adel‹ zu; vgl. Joh. P. Titz: Lobschrift an den Edlen, Vesten und Hochgelahrten Herrn Martin Opitzen von Boberfeld; Goedeke III, S. 139.
573 Rist: Lob-, Trawer- und Klag Gedicht, zit. Birrer: Die Beurteilung, S. 8f.; vgl. Garber: Opitz, S. 38f.

von Gelehrtem und Hofdiener erscheint ihm besonders das Gelehrtentum bemerkenswert. Die Gelehrsamkeit bildet den eigentlichen Grund der fürstlichen Gunstbeweise:

> »Denn du mein Opitz bist von Fürsten so geliebt
> Als der Virgilius [...] an dir ist vmb vnd an
> Nur lauter Wissenschaft / drum hat dich jedermann
> Vorauß der Fürsten Volck in seine Gunst genommen.«[574]

Dagegen erkennt Christoph Köhler, der erste Biograph Opitz', die Spannung zwischen dem Hofdienst und dem Gelehrtenstatus: »Das erstere hat doch unser Opitz stets verachtet und verlachet, das letztere aber jederzeit gewünscht und begehret.«[575] Sie findet zunächst einen Ausgleich in der Idealität des Dohnaschen Hauses, wo der Burggraf sogar als gelehrter Mäzen erscheint, und wird generell aufgehoben in Opitz' gelehrtem Charakter selbst. Er stellt für Köhler die »ideale Kombination aus Gelehrsamkeit und Welterfahrung, Dichtertum und diplomatischer Gewandtheit« dar, die ihn zugleich zum »vollkommenen Humanisten und Hofmann« machen.[576] Hofmannswaldau, gegenüber dem Schulrektor Köhler[577] abgesetzt durch die eigene Nähe zum Hof, betont gleichwohl die Gelehrsamkeit Opitz', dessen ›reiner Schreibart‹ er nacheiferte.[578] Daniel Georg Morhof, der bekanntlich Fleming als Dichter über Opitz stellte, schätzt an Opitz vor allem die Gelehrsamkeit:

> »Herr Opitz war ein gelehrter Mann / und in Historien / Griechischer und Lateinischer Sprache wohl erfahren / wie seine Variae lectiones, Commentaria in Catonis Disticha, und andere Sachen zur Genüge anzeigen.«[579]

Das noch Hofmannswaldau zugängliche Werk »Dacia antiqua«, auf dem Opitz' Hauptruhm als Gelehrter basierte,[580] gilt Morhof bereits als verloren gegangen. Daß der Polyhistor Morhof die antiquarische Gelehrsamkeit zu schätzen wußte, versteht sich von selbst. Die lobende Erwähnung dieses Tatbestandes durch Benjamin Neukirch, den Protagonisten einer nur rudimentär auf humanistischem

---

574 Rist: Lob-, Trawer- und Klag Gedicht, V. 295f.; vgl. V. 550ff. »[...] jedoch weil niemand könte meiden / Der Lästermäuler Gifft / so wehr sein Wunsch allein / Von der Gelehrten Zunfft durchauß geliebt zu seyn.« Dazu Sinemus: Poetik und Rhetorik, S. 20f.

575 Christopheri Coleri lateinische Lobrede auf Martin Opitzen. In: Lindner: Umständliche Nachricht, S. 35–112; Verdeutschung ebd., S. 113–238; S. 190; dazu Garber: Opitz, S. 40ff.

576 Garber: Opitz, S. 43.

577 M. Hippe: Christoph Köler, ein schlesischer Dichter des siebzehnten Jahrhunderts, sein Leben und eine Auswahl seiner deutschen Gedichte. Breslau 1902.

578 Hofmannswaldau: Deutsche Ubersetzungen und Gedichte, S.)(2r.; weitere Lobgedichte auf Opitz s. Weisz: Das Epigramm, S. 122f.

579 Morhof: Unterricht, S. 213f., bzw. 387. Das fürstliche Urteil Christians II. von Anhalt, das die Synthese von Gelehrtheit und Welthaftigkeit betont, ist von besonderer Bedeutung. In einem Brief an Christoph von Dohna charakterisiert Christian den Dichter als »sehr gelehrte Persönlichkeit«, er kenne »seine Sprachen« und sei »wohlbereist«. Szyrocki: Martin Opitz, S. 69.

580 Dazu s. Szyrocki: Martin Opitz, S. 53f., 123; Gose: Dacia Antiqua, S. 127ff.

Fundament erstellten Poesie, signalisiert dagegen, daß die Veränderungen der Poesiekonzeption das Gelehrsamkeitsideal zunächst nicht tangierten – es erhält sich mit relativer Konstanz bis in die Ära Gottscheds.

Opitz, der Bahnbrecher der deutschen Poesie, gilt Neukirch als ein Mann, »welcher so viel verstand als feuer / viel sprachen zu seinen diensten / und von allen wissenschafften eine gründliche und ungemeine känntniß gehabt« habe.[581] Nicht von ungefähr eröffnet Kaspar Gottlieb Lindner, der Herausgeber der »Umständlichen Nachricht« von Opitz' »Leben, Tode und Schriften« von 1739,[582] den Vorbericht mit der Aussage: »Unter den so vielen gelehrten Männern, worauf sich Schlesien etwas einzubilden hat, stehet gewiß Martin Opitz von Boberfeld mit oben an.«[583] Lindner rühmt an ihm den »munteren Geist«, die »vielen Kundschaften in Sprachen und was sonst zu den schönen Wissenschaften gehöret«, die ausnehmende Erfahrenheit in den Alterthümern«, die »starke Einsicht in die gelehrte Rechts- und Staatsgeschichte«, kurzum: »Er war ein Mann von einer gar besondern Gelehrsamkeit, welcher wenig seines gleichen haben wird.«[584] Die gutgemeinte Sammlung »alter und neuer Lobgedichte«, die Lindner seinem Quellenwerk anfügt, enthält einige der bis ins 18. Jahrhundert hinein gängigen Urteile. Sie spiegeln die communis opinio, die trotz gewisser Schwankungen im literarhistorischen Urteil (Morhof) für Martin Opitz kontinuierlich den ersten Platz auf dem deutschen Poeten-Parnaß reserviert. Charisius bedichtet den ›schlesischen Schwan‹:

»Dichter sind sie, was sie sind, müssen Feuer-reiche Gaben,
Witz, Verstand, Gelehrsamkeit, Tugend und Erfahrung haben.«[585]

Die Lobredner betonen Opitz' Verdienst um die deutsche Poesie, die er aus der Barbarei der Meistersingerdichtung gehoben habe. *Das rechte Maß* charakterisiert Opitz' Verstand, Natur und Witz; weder Plattheit noch Schwulst gefährde seine Poesie: »Er denkt, wie die Vernunft ihn treibt, / Nach Regeln, Ordnung, Maaß und Schranken.«[586] Hier ist freilich die Gottsched-Schule unüberhörbar, deren Ideale explizit auf Opitz rückprojiziert sind. Doch tangiert die klassizistische Programmatik Gottscheds nicht unmittelbar den Preis von Opitz' Gelehrsamkeit.

»Sein laut und ausgespieltes Rohr
Läst nicht nur leere Tone hören.
Sein Reim vergnügt nicht nur das Ohr,
Sein Lied enthält die schönsten Lehren.
Wie groß ist die Belesenheit!
Wie gründlich die Gelehrsamkeit!
Womit er Schrift und Reime zieret.
Fast jedes Wort hat seine Kraft.
Und zeigt von Kern und Wissenschaft;
Das ists, was edle Geister rühret.«

---

[581] B. Neukirch: Vorrede zu »Herrn von Hoffmannswaldau und andrer Deutschen auserlesener und bißher ungedruckter Gedichte erster theil«, S. 9.
[582] Lindner: Umständliche Nachricht (1740–41).
[583] Ebd., S. 1. [584] Ebd., S. 2. [585] Ebd., S. 272. [586] Ebd., S. 275, 277.

»Was hat ihn euch beliebt gemacht?
Gelehrsamkeit und kluges Wissen,
Das hat ihn bis dahin gebracht,
Den Purpur eurer Huld zu küssen:
Das bracht ihm Wappen, Helm und Schild.
O Ruhm! Der über alles gilt!«[587]

Opitz' Ideal der humanistischen Gelehrsamkeit geht aus dem »Aristarchus« und der »Poeterey« gleichermaßen hervor: Die Berufung auf die antiken Autoren und die Poetiken der Renaissance dienen nicht zuletzt als Belege der eigenen Gelehrsamkeit. Argumente setzen sich weniger kraft der ihnen innewohnenden Beweiskraft durch, als wegen der hinter ihnen stehenden Autoritäten, die es zu zitieren gilt. Der »hochragende Tempel der Gelehrsamkeit«[588] ist jedoch nicht bloß theoretisches Ideal geblieben. Opitz' Verdienste als Philologe (der klassischen und der altdeutschen Literatur) und als Altertumsforscher, sein rezeptives Verhältnis zur Antike, sind mehrfach untersucht worden.[589] Selbstzeugnisse weisen die Lektüre der antiken Autoren als »höchste Freude und Lust auf der Welt« aus; dem Zeitvertrieb durch »Fressereyen, Bartspiel, unnütze Geschwäze« stellt Opitz die »Anmutigkeit des Studierens« gegenüber.[590] Übersetzungen aus dem Griechischen (»Antigone« des Sophokles) und dem Lateinischen (Senecas »Trojanerinnen«, »Disticha Catonis«) untermauern den Gelehrsamkeitsanspruch, ebenso die ›imitatorische‹ Verwertung der antiken Autoren in den eigenen Dichtungen. Homer, Plato, Plutarch, Stobäus sind die meistbenutzten griechischen; Catull, Claudian, Juvenal, Lucan, Lucrez, Martial, Ovid, Properz, Silius Italicus, Statius, Tibull, Vergil, besonders aber Horaz und Seneca sind die bevorzugt herangezogenen lateinischen Dichter.

Stärker die Tatsache der Selbsteinschätzung Opitz' und seiner Einstufung durch die Zeitgenossen als der faktische Nachweis gelehrter Arbeiten belegt die soziale Zugehörigkeit des maßstabsetzenden Barockdichters. Gegenüber den Verfechtern von Opitz' ›höfischer Wendung‹ ist am Gelehrtentum Opitz' festzuhalten. Der weltliche Gelehrtenstand, der weder durch ein Amt an der Universität noch durch eine geistliche Sinekure abgesichert war, mußte bereits im 16. Jahrhundert um seine Existenz kämpfen. Der 30jährige Krieg schwächte die ohnehin ungesicherte Basis dieses Standes. Opitz' Bemühen um diplomatische Aufgaben und um Anstellung in adelig-höfischen Kreisen ist nicht als individueller Hang zum Hof zu interpretieren. Die existentielle Notwendigkeit seiner unruhvollen diplomatischen Tätigkeit ist durch Selbstaussagen in der privaten Korrespondenz

---

[587] Ebd., S. 280, 282.
[588] Szyrocki: Martin Opitz, S. 27f. (zit. nach »Aristarchus«).
[589] Fritz: Zu Martin Opitzens philologischen Studien, S. 102ff.; Strehlke: Martin Opitz, S. 138ff.; zur lateinischen Dichtung Opitz: s. Conrady: Lateinische Dichtungstradition, S. 195ff.; Rademann: Versuch eines Gesamtbildes, legt ein Quellenverzeichnis vor; vgl. Stemplinger: Martin Opitz und die Antike, S. 177ff.
[590] Stemplinger: Martin Opitz, S. 179ff. zu Opitz Gelehrsamkeit; vgl. Heuwes: Beiträge zur Würdigung der Opitzschen Übersetzung der Sophokleischen Antigone. Programm Warendorf 1890, S. 8f.

ausreichend bezeugt.[591] Es ist daher zu einseitig, vom Faktum »Intensität der Hofkontakte« als »Kriterium gesellschaftlicher Reputation« ausgehend, »Opitz' ständiges Bemühen um Nobilitierung und damit um Überwindung seines bürgerlichen Status« als Beleg für die »hohe Wertschätzung« zu deuten, »die er dem Leben am Hof, dessen politische und kulturelle Machtstellung er durchschaute«, entgegengebracht habe.[592] Wenn auch die zahlreichen hofkritischen Äußerungen Opitz' nicht wörtlich zu nehmen sind, da ihre Argumentationen der ›gelehrten‹ Tradition literarischer Hofkritik zurechnen,[593] bleibt doch unübersehbar, daß Opitz' glücklichste Zeit in Siebenbürgen sich fern dem Hofleben vollzog (»Zlatna«) und ausschließlich der gelehrten Arbeit gewidmet war.[594] Den kaum überbrückbaren Gegensatz zwischen Hof- und Gelehrtensphäre bringt Opitz' Gedicht »Ein Gelehrter bey Hofe«, das die neulateinische Tradition des Typus *doctus in aula* fortführt, schlagend zum Ausdruck.

»Der du die Musen liebst die ruh und still seyn lieben /
Dem Witz und Weißheit steht im Hertzen eingeschrieben /
Du hast von Büchern dich nach Hofe hergemacht /
Wo man bey nichts thun schwitzt / bei schlaf uñ wollust wacht.
Wie spottet man dich auß / daß du dir suchst zu schaffen
Wo Faulheit Arbeit ist / bist Esel unter Affen?
Was thust du wo es nicht bey Menschen Menschen hat?
Wo nichts ist das dir gleicht da hast du keine stat.«[595]

---

591 Drux: Martin Opitz, S. 155ff. »In ihr artikuliert sich der Mißmut über Unterbrechungen seiner schriftstellerischen Tätigkeit, der Ärger über ständige tagespolitische Okkupationen und die Freude über Gelegenheiten, sich ungestört den Büchern widmen zu können.«

592 Ebd., S. 168.

593 Kiesel: ›Bei Hof, bei Höll‹. Einschränkend zur Höfisierung muß die genuin unterschiedliche Tradition von Hof- und Gelehrten-Bewußtsein berücksichtigt werden. Die Annäherung beider schwächt zwar die oppositionelle Dichotomie, verwischt indes nicht die Verschiedenheit der Normen. Zutreffend urteilt Conrady: Lateinische Dichtungstradition, S. 274, über die neulateinischen Poeten des 16. Jahrhunderts, die sich den höfischen Normen anzupassen versuchten. »Doch bringen sie ihre Anschauung von Welt und Dingen mit und fühlen sich stets der Gelehrtenrepublik enger und verpflichtender verbunden als der höfischen Atmosphäre. Man kann von »Höfischer Kultur« nicht sprechen, ohne die ständige Kritik der Gebildeten an der vita aulica mitzunehmen.« Für das frühe 17. Jahrhundert gilt ebenfalls der Satz: »Die Tugenden der humanistischen Gelehrtenwelt werden als Verpflichtung auch des Herrschers und des höfischen Lebens dargestellt. Keineswegs unterwirft sich der Poet den Gewohnheiten und Anschauungen des Hofes.«

594 Schulz-Behrend: Opitz' Zlatna, S. 398ff.; Szyrocki: Martin Opitz, S. 51ff. Zu den Schwierigkeiten, die gelehrte Poeten, die zwischen akademischer und höfischer Karriere wählen konnten, mit ihrer Selbstdefinition hatten Lohmeier: Beatus ille, S. 156ff., zu Opitz S. 193ff.

595 Opitz: Weltliche Poemata, 2. Teil, S. 42. Das Epigramm »Ein Gelehrter bey Hofe« zuerst in Opitz Sammlung »Florilegii variorum epigrammatum liber unus«. Danzig 1639, S. 37f. Dazu Weisz: Das Epigramm, S. 177. »Der Hofadel, der mit dem gelehrten Teil des Adels nichts zu tun hat, wird als das radikale Gegenbild der Ethik des Gelehrtenstandes geschildert.«

Im Panegyricus auf den Burggrafen von Dohna (1627) entwirft Opitz ein Selbstbildnis:

»Ich bin kein Hofemann / ich kan nicht Rauch verkauffen /
Nicht küssen frembde Knie / nicht vnderthänig lauffen
Nach Gunst die gläsern ist; mein Wesen / Gut vnd Ziehr
Ist Lust zur Wissenschafft / ist Feder vnd Papier.«[596]

Die Nobilitierungsurkunde vom 14. September 1627 verlieh Opitz und seinen ehelichen Nachkommen den Adel und damit das Recht, »recht Edelgeborne Rittermäßige Lehens und Turniersgenoßen« zu sein.[597] Sie stellt ein Indiz dafür dar, daß in der ersten Hälfte des 17. Jahrhunderts ein Adeliger de facto *und* de jure mehr Privilegien genoß als ein Gelehrter. Bemerkenswert und für Opitz' Humanistenhaltung symptomatisch ist die Tatsache, daß er zwar das Wappen, nicht jedoch den Adelstitel gebraucht hat.[598] Ironisch schreibt er am 4. Mai 1628 an Balthasar Venator: »Martinus Opitius de Boberfeldt. Sum enim, Caesare ita volente, eques ἄνιππος et nobilis sine rusticis.«[599] Innerhalb des Gelehrtenzirkels, in dem Opitz verkehrte,[600] galt der ›Adel der Gelehrsamkeit‹ ebenso viel. Eine Auswahl aus den Anrede-Formeln in Opitz' Korrespondenz belegt das Selbstverständnis des Gelehrten. Auch die Partner verstehen Opitz stets als Gelehrten. Köhler redet Opitz im August 1626 und im Mai 1627, also vor der Nobilitierung, mit der Formel an »Vir clarissime ac eruditissime«;[601] danach ändert sich die Titulation nicht. 1631 grüßt Köhler »Vale, meum et Musarum delicium unicum«,[602] 1632 unterzeichnet er mit »Tuae virtutis ac eruditionis aeternus cultor«.[603] Opitz selbst wendet sich an Köhler in derselben Tonart: »Eruditissime Colere«[604] und »ornatissime ac doctissime Colere«.[605] Hugo Grotius, der mit Opitz nach dessen Nobilitierung einen Briefwechsel führte, spricht stets nur den Gelehrten in Opitz an: »Clarissimae eruditionis summarumque virtutem viro Martino Opitio Hugo Grotius«.[606] Ein Gedicht versieht er mit der Widmung: »Ad virum clarissimae eruditionis Martinum Opitium Hugonis Grotii gratiarum actio«.[607] Andere Schlußformeln lauten: »Vale, vir doctissime«, »Tuae

---

596 Weltliche Poemata, Tl. 2, S. 23, Lobgedicht auf den Burggrafen von Dohna. Im »Lob des Krieges Gottes« heißt es analog: »Dem einen ist zu thun / zu schreiben mir gegeben / Vnd möcht' ich / wie geschieht, nicht in den Büchern leben / Ich lebte gar nicht mehr.« Weltliche Poemata, Tl. 1, S. 156.

597 Abdruck des Entwurfs des Adelsdiploms bei Palm: Martin Opitz, S. 220ff.

598 Ebd., S. 222; vgl. Szyrocki: Martin Opitz, S. 80.

599 Reifferscheid: Quellen zur Geschichte, S. 321.

600 Zum Gelehrtenumgang Opitz' s. Gose: Dacia Antiqua, S. 130f.

601 Reifferscheid: Quellen, Nr. 210, S. 262, Brief vom 8. August 1626; Nr. 240, S. 295, Brief vom Mai 1627, hier begegnet auch die Formel »bene Martinum Opitium, principem poetarum Germaniae.«

602 Ebd., Nr. 386, S. 452; Brief vom 1. Mai 1631.

603 Ebd., Nr. 426, S. 487; Brief vom Februar 1632.

604 Ebd., Nr. 355, S. 425; Brief vom 20. Oktober 1630.

605 Ebd., Nr. 362, S. 433; Brief vom 24. Januar 1631.

606 Ebd., Nr. 507, S. 584; Brief vom 1. September 1639.

607 Ebd., Nr. 508, S. 586.

eruditionis non ingratus aestimator H. Grotius«,[608] »Vale, vir eruditissime.«[609] Im Brief vom 13. März 1631 spendet Grotius dem Dichter-Gelehrten überschwängliche Lobeserhebungen. Er grüßt ihn: »Rarae eruditionis ac virtutis viro Martino Opitio H. Grotius«, versteigt sich zur Aussage: »Non periit Germania, Opiti doctissime, quae te habet locupletissimum testem, quid lingua Germanica, quid ingenia Germanica valeant«, und schließt mit der Formel »Vale lumen Germaniae«.[610] In den Gelehrten-Kreisen waren solche hyperbolischen Wendungen selbstverständlich und standen in der humanistischen Tradition. Wie wenig der soziale Anspruch der Gelehrten in der Wirklichkeit begründet war,[611] zeigt das Beispiel Opitz', dessen Gelehrtheit für seine Diplomatenkarriere zwar vorteilhaft,[612] aber weniger ausschlaggebend war als die soziale Erhebung in den Adelsstand. Noch gegen Ende des 18. Jahrhunderts konnten Bürgerliche, ja sogar Neuadelige, nicht in Stifte und Ritterorden eintreten, weil zur Aufnahme eine Ahnenprobe erforderlich war. An größeren Höfen wurden sie nicht zu Hofdiensten zugelassen und durften weder an der herrschaftlichen Tafel noch an Hof-Gesellschaften teilnehmen.[613] Stellte also die Nobilitierung für Opitz' Berufslaufbahn – als ›bürgerlicher‹ Diplomat im höfischen Dienst – eine unumgängliche Voraussetzung dar, so spielte dagegen für sein gelehrt-poetisches Wirken und für die Kreise, in denen es sich vollzog, ausschließlich der Schein-Status eines autonomen Gelehrtentums die entscheidende Rolle.[614]

Dieser Selbsteinschätzung widerspricht offensichtlich die Tatsache, daß auch Opitz seinen Beitrag zur Herrscherpanegyrik geleistet hat. An dem rezeptionsgeschichtlich bedeutsamen[615] »Lobgedicht an die Königliche Majestät zu Polen und Schweden« hat Theodor Verweyen die rhetorische Verankerung, den sozialgeschichtlichen Konnex und die Gattungsproblematik einleuchtend dargelegt.[616] Die Aristie Wladislaws IV. belegt, trotz der Zentrierung auf den absolutistischen Monarchen, daß der scheinbar affirmative,[617] tatsächlich sozial und ethisch begründete Herrscherpreis ganz im Rahmen humanistisch-rhetorischer Gelegenheitsdichtung bleibt,[618] auch wenn er dabei einen persönlichen und einen politischen Zweck verfolgt[619] – Sympathiewerbung für den Exulanten und Propaganda

---

608 Ebd., Nr. 505, S. 580; Brief vom 11./21. Mai 1639.
609 Ebd., Nr. 406, S. 470; Brief vom 24. 7. 1631.
610 Ebd., Nr. 371, S. 440f.
611 Zur Ideologie des ›Geistesadels‹ s. Sinemus: Poetik und Rhetorik, S. 207–241.
612 Szyrocki: Martin Opitz, S. 69 zum Brief Christians II. an Christoph von Dohna, wo zuerst der Adel, dann erst Gelehrsamkeit und Welterfahrung betont werden. Abdruck in: Euphorion 4 (1897), 3. Ergänzungsheft, S. 7.
613 Pütter: Ueber den Unterschied der Stände, S. 107f.
614 Vgl. Opitz' »Vielguet«, wo Gleichberechtigung mit dem Geburtsadel gefordert wird.
615 Benjamin Neukirch bezeichnet es als »unverbesserlich«, Vorwort zur Hofmannswaldauischen Anthologie.
616 Verweyen: Barockes Herrscherlob, passim; Szyrocki: Martin Opitz, S. 104ff.
617 Hans Magnus Enzensberger: Poesie und Politik, S. 116.
618 Krummacher: Das barocke Epicedium, bes. S. 96; vgl. S. 93, 105f., 107f.
619 Verweyen: Barockes Herrscherlob, S. 30ff. gegen Enzensbergers Diktum von der generellen Affirmation panegyrischer Poesie.

für den toleranten König. Zwar erweist sich bereits in der Panegyrik Opitz' strukturelle und argumentative Bezugnahme auf antike Muster, doch läßt sich aus ihr noch kein Urteil über sein eigentliches materiales Gelehrsamkeitsideal bilden. Dazu bedarf es der Analyse einer – formaliter und materialiter – als ›gelehrt‹ intendierten Gattung. Sie beantwortet die Frage nach dem wissenschaftsgeschichtlichen und sozialen Stellenwert des Opitzschen Programms.

4.2. Das Lehrgedicht »Vesuvius« als Exempel für humanistisch-gelehrte Poesie

Opitz selbst hat in der »Poeterey« das Lehrgedicht zur Stützung seines Argumentes, Poesie enthalte »alle andere künste und wissenschafften«, herangezogen.[620] Daß er damit die Auffassung einer ›reinen Poesie‹ nicht gerade gefördert hat, kann hier außer Betracht bleiben,[621] da barockes Poesieverständnis die Trennung von Poesie und Gelehrsamkeit noch nicht kennt. Opitz wie Klaj führen zwar eine Reihe von Lehrgedichten auf, doch klassifizieren sie – anders als die Humanistenpoetiker – diese Gedichte *nicht* als didaktische Poesie.[622]

Im *Lehrgedicht* kulminiert vielmehr konsequent das humanistische Poesieverständnis. Seine hohe Wertschätzung geht bereits aus der Hierarchie der in der »Poeterey« behandelten Gattungen hervor. Das »Heroisch getichte (das gemeiniglich weitleufftig ist / vnd von hohem wesen redet)« rangiert noch vor der Tragödie, die Opitz nur als »an der majestet dem Heroischen getichte gemeße« bezeichnet.[623] Daß Opitz beim »heroischen Getichte« jedoch besonders an das »große, entsprechend der hohen Thematik im ›heroischen‹ Stil abgefaßte ›Lehrgedicht‹« denkt[624] und nicht nur, wie heute im allgemeinen behauptet wird, an das Epos, belegen die als Beispiele angeführten Lehrdichtungen – Vergils »Georgica«, das eigene »Trostgetichte in Wiederwertigkeit des Krieges« und Lukrez' »De rerum natura«.

Eine innerhalb dieses Paradigmas verbleibende Frage ergibt sich jedoch aus den Opitz'schen Einzelbeispielen. Plato etwa kannte die Geometrie des Theodor von Kyrene, die Astronomie der Ägypter »und ist aller dinge kündig gewesen«. Und Eratosthenes, Parmenides, Empedokles, Servilius, Heliodor mußten die Dinge, über die sie Lehrgedichte verfaßten, genau gekannt haben, wie auch

---

620 Opitz: Poeterey ed. Alewyn, S. 10.

621 Dazu Cholevius: Geschichte der deutschen Poesie, Tl. 1, S. 318.

622 Klaj in der »Lobrede«; vgl. Nahler: Das Lehrgedicht, S. 44, und Hankamer: Deutsche Gegenreformation, S. 135. »Die Lehre ist für die deutsche Dichtung des Zeitalters schon aus ihrer sozialen Funktion notwendig, aus der diese gesellschaftliche Epoche tatsächlich die weltliche Dichtung rechtfertigen muß.« Zur Gattungsgeschichte s. Ulrich: Das Lehrgedicht, S. 5–17, ferner S. 24f., 29; zur Bewertung der Lehrdichtung in der barocken Poetik vgl. Hildebrandt-Günther: Antike Rhetorik, S. 34.

623 Opitz: Poeterey ed. Alewyn, S. 17ff. Lediglich bei dem Gedicht »La semaine« von Guillaume de Saluste du Bartas, einer Darstellung der Schöpfungsgeschichte, handelt es sich um ein Epos.

624 Szyrocki: Die deutsche Literatur, S. 82.

Vergil, Lukrez, Manilius, Lukan und Oppian. Hinter dem im allgemeinen als platt bezeichneten Argument, Vergil müsse ein »gutter Ackersman« und Lukrez ein »vornemer naturkündiger« gewesen sein, steht jedoch die alles andere als platte Forderung, der Autor müsse den Gegenstand seiner Darstellung kennen, er müsse – wenn das Objekt zur Wissenschaft rechnet – ständigen Kontakt zur lebendigen Entwicklung der Wissenschaft halten. Der Lehrdichter bedarf des neuesten wissenschaftlichen Standes, um das sachgemäße Wissen zu vermitteln. Der Sachbezug steht also für die Beurteiler des 17. Jahrhunderts wie der Gegenwart außer Frage; das Problem des ›eigentlich‹ Dichterischen wird für Opitz nicht akut, da Poesie bisher als oratio ligata aufgefaßt, also noch nicht wesensmäßig zu definieren versucht wurde. Die Frage nach Opitz' Gelehrsamkeitsverständnis läßt sich daher am evidentesten durch Analyse eines Lehrgedichtes beantworten. Den Zeitgenossen galt in dieser Hinsicht das Poem »Vesuvius« von 1633 am höchsten. Matthias Bernegger schreibt am 2. September 1633 an Opitz:

»Sub exitu veris accepi Vesuvium tuum, quem avidissime lectum, cum aliis amicis, tum ante omnes amplissimo Lingelshemio nostro, deliciarum Opitianarum ut sitientissimo, ita scientissimo, legendum exhibui. Iudicia de eo lata nec referre mei pudoris est, cui vel veris laudibus adulationis suspicionem incurrere displicet: nec, ut opinor, ad aures aequo animo admittere, tuae ingenuitatis, quae fructum excellentis ingenii doctrinaeque in sua ipsius aliorumque conscientia potius quam praeconiis quibusque reponere solet.«[625]

Der Ruhm des »Vesuvius«-Gedichtes dauerte bis in die Epoche Gottscheds. Noch 1737 preist der anonyme Verfasser des »Versuchs einer Critik über die Deutschen Dichter« das Werk:

»So prächtig, wie dein Lob, ist sein Vesuvius,
Hier schweigt Empedokles, hier schweigt Lucretius,
Er dringt in Tiefen ein, durchkriecht die hohlen Klüfte,
Verräth den ersten Grund der schwefelreichen Düfte,
Jagt kühnlich den Vulcan aus seinem Sitz heraus,
Und lacht das Fabelwerk von Typhons Kerker aus.
Und höhnt die Sterblichen, die sich doch Weise nennen,
Und weder die Natur, noch ihre Wirkung, kennen.«[626]

Die Perspektive ist hier bezeichnenderweise naturwissenschaftlich – materialgelehrt, nicht etwa bloß verbal-poetologisch oder bereits ästhetisch. Obwohl der Anonymus damit dem Charakter des Poetischen nicht gerecht wird, zeigt seine einseitige Wertung noch zu Beginn des 18. Jahrhunderts die Untrennbarkeit des poetisch-formalen und des wissenschaftlich-materialen Aspekts, die für den Barockzeitraum symptomatisch ist. Wie gänzlich verschieden ein Urteil ausfällt, das den Hauptakzent auf das Ästhetische – eingeengt auf das Organisch-Ästhetische im Sinne der Deutschen Klassik – legt und das Gelehrt-Lehrhafte nur als Akzidens betrachtet, wird an Carl Lemckes sogar um Verständnis bemühten Darstellung deutlich.

---

625 Reifferscheid: Quellen, Nr. 456, S. 518; Brief vom 2. September 1633.

626 In: Gottsched (Hrsg.): Beyträge zur Critischen Historie, Bd. 8 (1742), Nr. 9, S. 173–186, hier S. 179.

»Selbst in Werken, in denen er [Opitz] das Meiste gesündigt hat, lagen unter allen Schalen und Hülsen lebensfähige Keime. Man nehme z. B. seine Gedichte Vielgut und Zlatna oder das bis zum Unerträglichen, Geschmacklosesten gehende Lehrgedicht Vesuvius. [...] Der Dichter bleibt im Realismus; er hat noch nicht die richtige Behandlungsweise gefunden; statt des früher beliebten Abenteuerlichen vom Lebermeer und Magnetberg, von Greifen, Riesen, Kranichmenschen u.s.w. weiss er nur die überall stöbernde Gelehrsamkeit einzuführen; er weiss die Natur noch nicht allein sprechen zu lassen, aber der Anfang ist gemacht.«[627]

Zu Recht hebt Lemcke als Neues den Versuch Opitz' hervor, Naturgeschehen auf ›wissenschaftliche‹ Weise zu erklären und poetisch darzustellen.

Das äußere Erscheinungsbild des Gedichtes mutet für einen poetischen Text befremdlich an, da Opitz die Alexandrinerverse durch umfangreiche gelehrte Anmerkungen unterbricht – ein Brauch, dem sich zahlreiche andere Barockautoren angeschlossen haben.[628] Moderne Interpretationen haben sich abwertend über dieses – unverständliche oder unverstandene – Verfahren geäußert. Die kommentierten Barock-Dichtungen sind bisher noch nicht als eine Einheit von Text und Kommentar analysiert worden. Das trifft auch für den lediglich im Rahmen von Untersuchungen über das Lehrgedicht häufig interpretierten »Vesuvius« zu. Die Publikationen von Strehlke (1856), Ulrich (1959), Nahler (1961) und Albertsen (1967) gehen zwar auf die antike Vorlage, das anonyme »Ätna«-Gedicht, ein;[629] sie untersuchen jedoch nicht die für Opitz' Gelehrsamkeitsauffassung symptomatischen Anmerkungen.

Poetischer Text und gelehrter Kommentar gehören nach Absicht des Verfassers unlösbar – funktional – zueinander. Darauf hat Barner hingewiesen: »eine wirkliche Konfrontation rhetorischer doctrina und rhetorischer elaboratio« sei noch immer ein Desiderat.[630] Es geht nicht an, die moralische oder didaktische Lehre als »Hauptanliegen« zu bezeichnen, und dann zu behaupten, der ›Zeitstil‹ begründe das Verdecken dieses »Hauptanliegens« durch ausgewalzte Exempel oder weit hergeholte gelehrte Exkurse oder durch die Praxis wissenschaftlicher Anmerkungen und Erläuterungen.[631]

Die Tatsache, daß die *Anmerkungen* nicht gebündelt am Ende des Gedichtes erscheinen, sondern an den betreffenden Stellen in den Versablauf eingelagert sind, verdeutlicht ihre Funktion für das Gedicht: Opitz betrachtet sie nicht als »äußeren Aufputz«[632] oder als »mächtigen Ballast«, die den Redefluß unterbrechen und den Gesamteindruck stören könnten,[633] sondern als *wesentlichen*

---

627 C. Lemcke: Von Opitz bis Klopstock, S. 207f.

628 Z. B. hat Johann Rist einige Gedichte in seiner Sammlung »Neuer Teutscher Parnaß« kommentiert; auch Quirin Kuhlmann einige Gedichte in den »Himmlischen Liebesküssen«, z. B. S. 3ff., 13ff., 21f., 32, 46f., 50f., 62f.

629 Strehlke: Martin Opitz, S. 119ff.; Ulrich: Das Lehrgedicht, S. 18ff.; Nahler: Das Lehrgedicht, S. 107ff.; Albertsen: Das Lehrgedicht, S. 83ff.

630 Barner: Barockrhetorik, S. 58.

631 Nahler: Das Lehrgedicht, S. 119.

632 Ebd., S. 119.

633 So Langer: Der Vesuvius von Martin Opitz, S. 16.

Bestandteil des Gedichtes selbst. Allerdings sind die fortlaufenden Anmerkungen nicht als Erläuterungen eines Wissenschaftlers für ein Laienpublikum aufzufassen. Das zeigen wenige Beispiele. Die Verse

»Die Ziegen-Insel auch / da jener Keyser saß /
Vnd sein betrübtes Brod mit Furcht vnd Zittern aß /
Bloß auß gewissens Angst / zum Spiegel der Tyrannen /
Die erstlich gute Leut' / hernach sich selbst verbannen /
Seynd aller Menschen Schmach / vñ müssen blutig hin
Nach kurtzer Grawsamkeit zu Ceres Eydam ziehn.«[634]

Opitz' Anmerkungen entschlüsseln zwar »Ziegen-Insel« als Capri und nennen den Namen des Kaisers Tiberius. Doch sind solche Erläuterungen ganz vereinzelt. Spezifisch für den Kommentar sind die beiden Noten:

»Bloß auß Gewissens=Angst / Welches jhn zwang an den Rath zu Rom vnter andern diese schröckliche Worte zuschreiben / wie Tacitus im 6. der Jahrbücher / vnd Suetonius in seinem Leben erzehlen: Ihr der Rath / Wann ich weiß was ich dieser Zeit an euch schreibe / oder wie ich schreibe / oder was ich auch gar nicht schreibe / so straffen mich die Götter vnnd Göttinnen noch ärger / als ich empfinde / daß ich täglich gestrafft werde. Tacitus macht gar eine schöne Außlegung darüber.«
»vnd müssen blutig hin / Der Author siehet auff die bekandten Verß deß Juvenalis.«[635]

»Ceres Eydam« wird nicht erläutert, eben weil der kundige Leser wußte, daß es sich dabei um Pluto handelte. An diesen Leser, den Gelehrten und Kenner, wendet sich Opitz. Darum ist sein Apparat kein philologischer Erläuterungs-, sondern ein Belegstellen-Kommentar. Der gelehrte Leser benötigt im Grunde auch die (darum vereinzelten) Auflösungen von Periphrasen und Figuren nicht, ihn interessiert vielmehr der Fundort des verwendeten Bildes oder des mitgeteilten Sachverhaltes.

Die Anmerkungen untermauern erst die Wissenschaftlichkeit der Lehre, sichern den von Opitz in der Theorie aufgestellten Anspruch ab. Sie belegen die poetologische Anschauung, daß Poesie als gelehrte Wissenschaft zu gelten hatte, nicht etwa als ›Original-Schöpfung‹.[636] Von den Interpreten des Gedichtes behandelt nur Langer (1896) das Quellenverhältnis ausführlicher, ohne freilich sämtlichen Hinweisen Opitz' nachzugehen.

Zugrunde liegt dem Gedicht ein historisches Ereignis: der Vesuvausbruch vom 16. Dezember 1631.[637] Die Vorgeschichte der Vesuvausbrüche übergeht Opitz mit Absicht:

»[...] Wir müssen näher kommen;
Der bleiche Monde hat eylff mal erst abgenommen /
Und newe Hörner kriegt / seit daß der heisse Grund
Sein Fewer werffen ließ den auffgesperrten Schlundt.«[638]

634 Opitz: Vesuvius, in: Opitz: Weltliche Poemata, Tl. 1, S. 33–84, hier S. 50.
635 Ebd., S. 52.
636 Belege bei v. Waldberg: Die Deutsche Renaissance-Lyrik, S. 225.
637 Langer: Der Vesuvius, S. 14; Beschreibung von Mascolo.
638 Opitz: Vesuvius, S. 55.

Die wissenschaftliche Leitfrage, deren Beantwortung das Gedicht dient, formuliert Opitz selbst:

»ich will mit Warheit schreiben,
Warumb Vesuvius kan Steine von sich treiben /
Woher sein Brennen rührt / vnd was es etwan sey
Darvon der Glut sich nehrt.«[639]

Um den Modus von Opitz' ›Gelehrsamkeit‹ zu bestimmen, müssen *Komposition* und *Quellenbehandlung* untersucht werden.
Für die humanistische Poetik ist die »Aufspaltung der Dichtung in Form und Inhalt« charakteristisch.[640] Die strikte Trennung in verba und res deckt sich allerdings mit dem modernen Form-Inhalt-Schema nicht völlig. In der dreiteiligen Struktur lehnt sich Opitz deutlich an das anonyme römische *»Ätna«-Gedicht* an.[641] In diesem folgt dem Eingang mit der Themastellung und dem Verdikt poetisch-mythologischer Erklärungen der Hauptteil, die ›naturwissenschaftliche‹ Erörterung des Vulkanismus. Hier behandelt das «Ätna«-Gedicht zunächst die Theorie der Erdhöhlen, dann, nach einem Exkurs über die Erderforschung, die Theorie von den unterirdischen Winden und die Theorie über die Entstehung des Feuers in bestimmten Gesteinsarten (Molarstein-Verflüssigung). Der Schlußteil widmet sich den ›falschen‹ Wundern und der Sage von den ›Frommen Brüdern‹.[642] Opitz hat die Einleitung und den Hauptteil im wesentlichen übernommen.[643] Erst der dritte Teil bringt gegenüber der Vorlage eine neue Partie, die Consolatio. Die von Opitz aus der antiken Vorlage in den Hauptteil übernommene Polemik gegen die poetische und mythologische Vulkanologie läßt, wie auch die zitierte Zielsetzung, vermuten, daß er sich um tatsächlich ›wissenschaftliche‹ Erklärung des Naturvorgangs bemüht.[644] Es tut der Wissenschaftlichkeit keinen Abbruch, daß Opitz bei der vom »Ätna«-Gedicht abweichenden Partie, der Schilderung Kampaniens und des Vesuvausbruchs sich *nicht* auf die über 100 zeitgenössischen Berichte stützt,[645] sondern bis in die Details Plinius d. J. und Dio Cassius folgt, und auch für weitere Einzelheiten Vergils poetische Schilderung in der »Aeneis« heranzieht.[646] Da sich

---

[639] Ebd., S. 43.
[640] Böckmann: Formgeschichte, S. 359.
[641] Zur Verfasserfrage des »Ätna«-Gedichtes s. Richter in: Aetna, Einleitung, S. 2f. Das Gedicht wurde Vergil, Cornelius Severus (so, nach Scaliger, auch Opitz) und Lucilius (seit Wernsdorf), dem Freund Senecas (ep. 79, 5) zugesprochen.
[642] Zur Struktur des »Ätna«-Gedichtes ebd., S. 8f.
[643] Einen genauen Vergleich bietet Albertsen: Das Lehrgedicht, S. 84. Opitz' Gedicht gliedert sich in eine Einleitung (V. 1–102), einen Hauptteil (V. 103–482) und einen Schlußteil (V. 483–686).
[644] Vesuvius, V. 275–279 ≙ Aetna, V. 25–45, 69–73, 91/92. Vesuvius, S. 61.
[645] Langer: Der Vesuvius, S. 14. In den Jahren 1631 und 1632 erschienen etwa 25 poetische, 70 geognostische und 10 philosophisch-moralische Behandlungen des Vulkanausbruches. Vgl. Roth: Der Vesuv und die Umgebung von Neapel. Berlin 1857. Zum Vergleich von Opitz' Schilderung s. die Beschreibung des Vulkanausbruchs von 1631 nach den Quellen bei Sapper: Katalog der geschichtlichen Vulkanausbrüche, S. 12f.
[646] Aeneis III, V. 571–582 ≙ »Vesuvius«, V. 195–200.

Opitz die Erklärung des Vulkanismus, nicht die Deskription eines einzelnen Ausbruchs vorgenommen hat, spielt die historische Tatsachentreue keine ausschlaggebende Rolle.

Außer Zweifel stand, daß in der elocutio, dem verbalen Sektor der ars, die antiken Autoren die Vorbilder abgeben mußten. Rist, Titz und Kindermann[647] berufen sich denn auch auf Opitz in den bekannten Manier: Ein rechter, d.h. gelehrter und rechtschaffener Poet (bonus et eloquens) müsse in griechischen und lateinischen Autoren belesen sein. Von ihnen habe Opitz die Kunst, »wie man auff Poetische art ein getichte verfertigen / die Sachen erfinden / einordnen und stattlich außarbeiten solle / recht gelernet.«[648]

Da inventio, dispositio und elocutio von den antiken Musterautoren zu erlernen, res und verba aus ihren Schriften zu beziehen sind, dokumentiert sich die formal-rhetorische und die inhaltlich-antiquarische Gelehrsamkeit in der *imitatio*. Opitz hat sich mehrfach über die Bedeutsamkeit der Wissenschaft geäußert,[649] – in »Zlatna« zählt er die ihm rühmenswert erscheinenden Wissenschaften und Künste katalogartig auf. Geologisches, arithmetisches und geometrisches Wissen des Bergwerkverwalters steht gleichberechtigt neben »Malerkunst« und Musik;[650] Universalismus prägt seine wissenschaftliche Intention.[651] Es fragt sich daher, ob ein Dichter von Opitz' wissenschaftlichem Anspruch sich auf die Formen der imitatio beschränkt, oder ob er nicht auch Kontakte zur lebendigen Wissenschaft, zur zeitgenössischen ›Forschung‹ benötigt, besonders wenn er ein Lehrgedicht über einen naturwissenschaftlichen Gegenstand verfaßt. Hier müßte sich – im Text selbst und in den Anmerkungen – die Forderung nach Kenntnis außerrhetorischer Wissenschaften realisieren. Hier könnte der Poet in der Tat zeigen, daß er ein »Naturkundiger« auf der Höhe der Zeit ist.

Der eigenen Einteilung in »Sachen« und »Worte« entsprechend, bietet Opitz in seinem Kommentar Belege sowohl zu den res als auch zu den verba, zum Gegenstand und dessen Erklärung, wie auch zu den poetischen Wörtern und Figuren.[652]

Bei der Betrachtung des *Quellenkatalogs* fällt das Fehlen moderner Autoren auf. Der poetische Usus erlaubte, antike Dichter in die eigene Sprache zu transponieren, einzelne Bilder, Figuren oder ganze Wendungen zu entnehmen. Opitz macht von dieser *verbalen imitatio* auch reichlichen Gebrauch. Das Bild »die Welt das grosse Buch« übernimmt Opitz von Dionysius Eremita.[653] Die Landschaftsbeschreibung Cajetas speist sich aus Plinius, Vergil, Josephus und Cassio-

---

647 Rist: Rettung der Edlen Teutschen Hauptsprache, unpag.; Titz: Zwey Bücher, S. Bij; Kindermann: Der Deutsche Poet, S. 3.

648 Titz: Zwey Bücher, S. Bij.

649 Nahler: Das Lehrgedicht, S. 176ff.

650 Martini Opitii Zlatna, Oder Von Ruhe deß Gemüths, in: Opitz: Gedichte ed. Müller, S. 79–109, hier S. 88.

651 Ebd., S. 95, V. 511–516.

652 S. den Quellenkatalog im Anhang I, S. 753ff.

653 Vesuvius, S. 48.

dor, die Wendung »und selbst der Hannibal verlohren seine Macht / Durch Laster nicht durch Krieg« ist dem fünften Carmen des Sidonius nachgebildet: »Sic Barchaeus opimam Hannibal ad Capuam periit, quum fortia bello Inter delicias mollirent corpore Baiae.«[654] Der ja nicht sonderlich originelle Vergleich »das Thier so Honig machet / Ist bey der Süssigkeit deß Stachels nimmer frey; Wo eine Rose blüht / da steht ein Dorn darbey« ist Claudianus nachgesprochen: »Armat spina rosas, mella tegunt apes.«[655] Die Verse

»Der Nächte Mittag macht
Die Wiesen nie so schwartz wañ deß Gestirnes Pracht
Im dicken Nebel steckt / als dieser Dampff sich zeiget /
Der wie ein Fichtenbaum hoch von der Wurtzel steiget.«

kommentiert Opitz zweifach. Die Metapher »der Nächte Mittag« stammt aus Varro,[656] der Vergleich »der wie ein Fichtenbaum« aus Plinius d. J. »16. Schreiben deß 6. Buchs«.[657] Andere Gleichnisse und Metaphern bezieht Opitz aus Cassiodor, Aristophanes, Basilius, Symposius, Philo, Ovid, Cyprian, Aristoteles und Epiktet[658] u. a. Opitz verwendet für die elocutio, für Stil und Ausschmückung, die verschiedensten Quellen: griechische, römische und christliche Dichter, Philosophen und Naturforscher. Die poetische Auskleidung basiert also auf einem für poetische Sprache unspezifischen Kanon.

Welche Quellen benutzte Opitz für die *Sachdarstellung* und die wissenschaftliche Erklärung? Haben sie ein ausschließlich ›wissenschaftliches‹ Gepräge? Auch aus einem anderen als dem erwähnten Grund läßt sich Langers Vorwurf, Opitz vernachlässige die moderne Naturwissenschaft, nicht unbedingt als Argument gegen Opitz' Wissenschaftlichkeit einsetzen. Denn tatsächlich hatte die Vulkanologie seit der Antike bis zum 17. Jahrhundert *keinen* Fortschritt erzielt. Die beiden wichtigsten antiken Theorien stammen von Plato und von Aristoteles.[659] Plato nimmt einen im hohlraumdurchsetzten Erdinnern umhergetriebenen Feuerfluß an (›Pyriphlegeton‹) und als Ursache der Explosion die eingeschlossene gespannte Luft.[660] Einflußreicher war die Theorie des Aristoteles. Dieser erklärt Vulkanausbrüche als Folge der Entzündung von im Erdinnern eingeschlossener komprimierter Luft (Pneumatische Theorie). Die Ausdünstung der Erde dringe als Lufthauch ins Erdinnere ein und werde vom Meer am Austreten gehindert bzw. zurückgetrieben. Das unruhige Meer drängt besonders an zerklüfteten (karstigen) Ufern den Wind in das Erdinnere und fördert dadurch Erdbeben und Vulkanausbrüche. Die Reibung der Luft in den engen Erdgängen und -höhlungen bewirkt die

---

654 Ebd., S. 51.
655 Ebd., S. 53f.
656 Ebd., S. 57. Das Varro-Zitat lautet: »Repente noctis circiter meridiem, / Quum pictus aer feruidis late ignibus / Caeli choreas astricas ostenderet.«
657 Vesuvius, S. 59.
658 Ebd., S. 74, 78, 79.
659 Zur antiken Theorie s. Sapper: Vulkankunde, S. 356ff.; Wolff: Der Vulkanismus. Bd. 1, S. 680ff.
660 Platon: Phaedon 111–113.

Entzündung.[661] Für Platos und Aristoteles' Theorie ist die mittelmeerische Karstlandschaft Voraussetzung der Vorgänge im Erdinnern; Plato erklärt den Ausbruch als Ergebnis intraterrestrischer Prozesse, Aristoteles als Folge der von außen ins Erdinnere einströmenden Winde.[662] Die von Aristoteles abweichenden Theorien (etwa der Stoiker) hat Seneca in seinen »Naturales Quaestiones« verzeichnet.[663] Für Strabo, Seneca und den »Ätna«-Dichter war Poseidonios die wichtigste Quelle. Auch er behauptet, die von Wassergewalt fortgetriebene und durch die Luftlöcher ins Erdinnere eingedrungene Luft entzünde die Feuerstoffe des Vulkans.[664] Im Mittelalter verbreiteten sich neben der antiken Tradition christlich-biblische Vorstellungen von der Hölle als Feuerofen oder -see im Erdinnern.[665] Vulkanausbrüche galten (etwa nach Tertullian) als »unmittelbare Wirkung des im Innern der Erde brodelnden Höllenfeuers«.[666] Der Enzyklopädist des Frühmittelalters, Isidor von Sevilla, schließt sich dagegen der durch Justin vermittelten aristotelischen Ansicht an. Die bedeutendste Theorie des Mittelalters hat Albertus Magnus im Anschluß an Aristoteles und Seneca entwickelt,[667] in der er dem durch Erhitzung entstehenden Wasserdampf eine explosive Kraft zuspricht. Im 16. Jahrhundert erweitert sich infolge der Entdeckung Amerikas das Anschauungsmaterial wesentlich. Gonzalo Fernandez de Oviedo, Fray Blas del Castillo, Fray Bartolomé de las Casas und Fray Toribio Motilinia haben über diese Erscheinungen berichtet, doch blieben ihre Erörterungen im nicht-spanischen Europa weitgehend unbeachtet. Georg Agricola fußt in seinem zusammenfassenden Werk »De ortu et causis subterraneorum« (1546) auf antiken Anschauungen. Nicht die Sonne entzünde das unterirdische Feuer, da sogar am Tage liegendes Schwefelgestein nicht in Brand gerate. Die eigentliche Ursache sieht Agricola im spiritus ignus, der durch Kälte hervorgepreßt wird (ähnlich der Erzeugung des Blitzes durch die Wolken), oder der durch Komprimierung, Reibung und Erhitzung von Dämpfen entsteht. Das unterirdische Feuer erhält sich durch Bergöl (Bitumen) und durch Schwefel.[668]

Die *Hauptquellen für* Opitz' *Vulkantheorie* sind Aristoteles, der Verfasser des

---

[661] Aristoteles: Meteorologie 366a–367a. ed. Gohlke, S. 100ff.; vgl. Sapper: Vulkankunde, S. 357.

[662] Aristoteles folgen Kallisthenes, Poseidonios; Philo Judaeus dagegen dem Plato.

[663] Seneca: Naturales Quaestiones VI 13 zu Straton; VI 11 zu den Stoikern; VI 9 zu Poseidonios; vgl. II 26, 30.

[664] Sapper: Vulkankunde, S. 359; Wolff: Der Vulkanismus, Bd. 1, S. 681; vgl. A. Nehring: Die geologischen Anschauungen des Philosophen Seneca. Wolfenbüttel 1876.

[665] K. Kretschmer: Die physische Erdkunde im christlichen Mittelalter. Wien 1890; Otto Stegmann: Die Anschauungen des Mittelalters über die endogenen Erscheinungen der Erde. Leipzig 1913.

[666] Sapper: Vulkankunde, S. 361.

[667] Albertus Magnus: Liber III Meteororum Tract. II; Sapper: Vulkankunde, S. 364.

[668] Georg Agricola: De ortu et causis subterraneorum. Basel 1546, S. 34f. Deutsch von A. Lehmann: G. Agrikolas Mineralogische Schriften. Freiberg 1806. Giordano Bruno nimmt ebenfalls ein Einwirken des Meeres auf das Erdinnere als Ursache der Vulkanausbrüche an. Wolff: Der Vulkanismus, Bd. 1, S. 682.

»Ätna«-Gedichtes, Seneca und Plinius. Nur drei dieser Autoren können den Rang antiker ›Naturwissenschaftler‹ beanspruchen, der »Ätna«-Dichter fußt seinerseits auf den »Naturales quaestiones« des Seneca und dem Epos »De rerum natura« des Lukrez.[669] Die Schilderung Kampaniens, die den Hauptteil eröffnet, basiert auf dem ersten Buch von Florus' »Bellum Samniticum«. Der theoretische Teil (Vers 159–274) zieht für die Sachaussagen – oft nur Details – außer den genannten Hauptautoren weitere Schriften von Lukan, Tacitus, Tertullian, Strabo und Plinius d. Ä. heran. Bei seiner dem »Ätna«-Dichter folgenden Abkehr von poetischen und mythologischen Erklärungen stützt sich Opitz außer auf Aristoteles, Seneca und das »Ätna«-Gedicht auf die Historiker Justinus und Trogus.[670]

Das Erdreich sei löcherig und hohl, das Meer höhle die Erde aus und presse die Winde in diese Hohlräume. Die eingefangene Luft vermöge durch die vom Wasser versperrten Eingänge nicht mehr nach außen zu gelangen. Sie vermische sich mit dem in der Erde enthaltenen Schwefel und breche, einem Waldbrand vergleichbar, los:

»wo nun die Lufft sich regt /
Vnd sucht die Hölen auß / vnd Stein zu Steine schlägt /
Darbey deß Schwefels Krafft vñ Zunder sich befinden /
So geht das Fewer an / wie etwan von den Winden /
Wañ jhr ergrimter Sturmb den Wald zusamen treibt /
Ein Baum so offt vnd viel deß andern Aeste reibt /
Daß durch Erhitzung sich der liechte Loh empöret [...].«[671]

Als Brennstoff bezeichnet Opitz den bei der Glut aus Kot und Erde entstehenden Alaun; Schwefel und ein Harz gebe den Zunder ab. Auch hier entstammt die Hauptinformation den »Naturales quaestiones« des Seneca (6. Buch),[672] Einzelheiten aus Strabo und Lukrez (etwa das Bild des ›Waldbrandes‹). Das vulkanische Gestein, der Zunder, »der auch im Wasser brennt / vnnd sich vom Wasser nehret«, erinnert an den lapis molaris des »Ätna«-Gedichtes. Für die Darstellung des Aschenregens (»Pims und Eysen=Stein«) zieht Opitz die Verse 570–582 aus dem dritten Buch von Vergils »Aeneis« heran. Er erklärt den Vorgang als eine Folge der vulkanischen Eruption. Das Feuer durchdringt die Erde und schleudert Felsbrocken aus dem Krater empor. Die unerschöpfliche Erde sorge selbsttätig für Nachschub des Materials.

Die Quellenhinweise ergeben ein klares Bild von Opitz' ›Gelehrsamkeit‹. Sie ist ausgesprochen antiquarisch-rhetorischen Charakters, also humanistisch definiert. Wie er im ›verbalen‹ Bereich ausschließlich den klassischen antiken Vorbildern »nachahmt« – und zwar sowohl in der dispositio (»Ätna«-Gedicht) als auch in der elocutio –, ebenso folgt er im inhaltlichen (»realen«) Bereich ausschließlich

---

669 Langer: Der Vesuvius, S. 17, 20ff. mit Quellenvergleich. Richter in der Einleitung zum »Aetna«-Gedicht nennt Lukrez, Vergil, Ovid und Manilius (möglicherweise Seneca und Lucan) als Quellen des »Aetna«-Gedichtes; Richter, S. 5f.
670 Vesuvius, S. 61ff., 65.
671 Ebd., S. 68.
672 Vgl. Langer: Der Vesuvius, S. 21f.

antiken Quellen: Die imitatio umfaßt den Verbal- und den Realien-Bereich. Auch wenn die einzigen neueren Autoren, die Opitz heranzieht, Kommentare zu antiken Schriftstellern und Dichtern sind und ebenfalls mehrere 100 Jahre vor Opitz' Lebenszeit liegen, ist in Opitz' ausschließlicher Berufung auf antike Theorien kein Rückschritt oder Stillstand zu erblicken. Gegenüber der christlichen ›Vulkanologie‹ des Mittelalters nehmen die antiken Autoren einen wissenschaftlicheren Standpunkt ein. Sie repräsentieren durchaus den ›neuesten‹, den gültigen Stand der Wissenschaft. Die *Einheit von Tradition und modernem Wissenschaftsstand* in den Naturwissenschaften kam hier dem humanistischen Wissenschaftsprinzip entgegen. Da sich die neueren Traktate zur Vulkanologie ebenfalls auf die antiken Theorien bezogen, ist Opitz' Belegverfahren – was die erreichbaren Resultate anlangt – nicht veraltet. Indes wird man Opitz ohnehin mit einem modernen Wissenschaftsverständnis nicht gerecht. Ihm kommt es nicht auf *empirisch* abgesicherte Wissenschaftsresultate an, sondern auf *legitimierbare* Ergebnisse. Die Legitimierbarkeit ist eine Frage der *wissenschaftlichen Gesinnung*. Sie manifestiert sich auf zweierlei Weisen, die fast im Widerspruch zueinander stehen. Im Schlußteil bekennt sich Opitz ausdrücklich zu einer rationalistischen Erklärung der Naturereignisse.[673] Den Wunderglauben, dem das Volk noch anhängt, lehnt er ab.

»Noch wundert sich das Volck / vnd weil es bey den Sachen
Von jhrer Eygenschafft nicht Rechnung weiß zu machen /
Gebraucht die Augen mehr als Sinnen vnd Verstand /
So meynt es was jhm nicht steht täglich für der Hand
Sey vber die Natur.«[674]

Dagegen hält Opitz sein Credo: Wer die tagtäglichen Naturerscheinungen nicht für Wunder hält, wie kann ihm ein Vulkanausbruch als über-natürlich erscheinen?

»Diß alles ist Natur; wir aber sind so gar
Geblendet vnd verstockt / daß wir in allen Wercken
Deß weisen Schöpffers Macht vnnd Ordnung nimmer mercken /
Als wann was newes sich / wie schlecht es auch mag seyn /
Für vnsern Augen zeigt.«[675]

Die ›wissenschaftlich-rationale‹ Gesinnung ist freilich der christlich-stoischen Consolatio funktional zu- und damit gedanklich untergeordnet. Eigentlicher *Zweck des Gedichtes* ist die in der Consolatio enthaltene Ermahnung zum Frieden. Der Vulkanausbruch dient nur als Vehikel, dem außergewöhnlichen Naturereignis das größere Verhängnis des von Menschen verursachten Krieges entgegenzuhalten. Die auffällig das jambische Versmaß sprengende Zeile »Déin Vesuvius ist hier«[676] verweist den Menschen auf die ständige Gefährdung auch seines scheinbar sicheren Alltagslebens. Am Schluß des Gedichtes überhöht Opitz den humanistischen, von der Willensfreiheit der Menschen ausgehenden Friedensappell durch den Glauben an Gottes allumfassendes Erbarmen.

---

673 Vgl. Nahler: Das Lehrgedicht, S. 108ff.
674 Vesuvius, S. 75. 675 Ebd., S. 76f. 676 Ebd., S. 78.

»O Christe / Gott vnd Mensch / der du herab bist komen /
Vnd hast vns in den Bund der Ewigkeit genommen /
Auff / rüste deine Hand / reiß auß das grimme Schwerdt
Dem Volcke das Gesetz' vnd Billigkeit verkehrt;
Laß seyn vns wo wir sind; vnd wo wir nicht sind / ziehen;
Laß Land vnnd Feldt mit Frucht / mit Zucht die Hertzen blühen;
Schickt' vns das Himmel-Kind den thewren Frieden her;
Erlöse dieses Landt von Furchten vnd Beschwer [...].«[677]

Von diesem eigentlichen – moralischen – Zweck her relativiert sich der Gattungscharakter »Lehrgedicht«.[678] Opitz' Ziel ist gar nicht die Vermittlung der auf dem neuesten Wissenschaftsstand errichteten Lehre, sondern die *Mahnung* der Menschen und das *Gebet* an Gott. Die Lehre ist ihm – anders als dem »Ätna«-Dichter – kein Selbstzweck. Die moralphilosophische Betrachung des Schlußteils kann nicht als ›Abweichung vom Vorbild‹ angesprochen werden;[679] sie ist der Kern, auf den hin die Deskription und die wissenschaftliche Erklärung angelegt ist. Daher ist es weder angebracht, das Gedicht über den »Vesuvius« schlechthin als ›Lehrgedicht‹ zu bezeichnen;[680] noch, seine ›Wissenschaftlichkeit‹ mit den Maßstäben moderner Naturwissenschaft zu beurteilen, noch zu verlangen, daß Opitz die historischen Dokumente des Vesuvausbruchs von 1631 hätte heranziehen sollen.[681] Da ihm das als *natürlich* erklärte Ereignis des Vesuvausbruchs nur als Gleichnis dient, genügt zum Erweis der Wissenschaftlichkeit das Zitieren anerkannter Autoritäten. Außer Frage für den humanistisch gebildeten Opitz steht dabei die Berufung auf die antiken Autoren. In diesem eingeschränkten Sinne ist Opitz' »Vesuvius« eine »klassizistische Reverenz vor dem antiken Aetna«, nicht jedoch ein neuzeitlicher Versuch, »in der nationalen Literatur dasselbe zu leisten, was es in der römischen schon gibt.«[682] Wäre diese blinde imitatio Opitz' Absicht gewesen, dann wäre der »Vesuvius« allerdings schon zum Zeitpunkt seines Erscheinens hoffungslos veraltet gewesen.[683]

Im Rahmen der *moralphilosophischen Zielsetzung* des Gedichtes läßt sich die Gelehrsamkeit des Dichters mit größerer Gerechtigkeit bestimmen als im Rahmen eines naturwissenschaftlichen Lehrgedichtes. Und hier zeigt sich, daß die Gelehrtheit des »Vesuvius« in der *freien imitatio* besteht, d. h. im souveränen Beherrschen der antiken *Originalquellen*. Die humanistische ›Wissenschaftlichkeit‹ besteht in der totalen Absicherung formaler und inhaltlicher Aussagen durch antike Autoren

---

677 Ebd., S. 83f.
678 Opitz' theoretische Äußerungen über das Lehrgedicht sammelt Nahler: Das Lehrgedicht, S. 72–77.
679 Albertsen: Das Lehrgedicht, S. 83.
680 So verfahren Nahler, Ulrich und Albertsen in ihren gattungsgeschichtlichen Darstellungen.
681 Langer: Der Vesuvius, S. 14, 19, 21, 24; Strehlke: Martin Opitz, S. 121f.
682 Albertsen: Das Lehrgedicht, S. 83.
683 Ebd., S. 84. »›Vesuvius‹ ist also einerseits ein Gedicht, das auf eine heute spielerisch anmutende Weise Fragen bespricht, die um tausend Jahre veraltet sind, und sich nur an solche Leser wendet, die ihre lateinische Poesie auswendig können.«

– selbst wenn deren Feststellungen den Wissenschaftsansprüchen empirischer Disziplinen nicht zu genügen vermögen. In der Traditionskonformität hat humanistische Gelehrsamkeit ihr axiomatisches Prinzip, in der Belesenheit, der formalen und inhaltlichen Absicherung durch Autoritäten ihr wissenschaftliches Fundament, ihre ›Methode‹. Naturnachahmung (Mimesis) fällt für Opitz ganz nach dem Vorbild Scaligers mit der imitatio der antiken Autoren zusammen.

Der von Opitz durchgängig praktizierte Rückgriff auf die vorbildliche Antike weist auf die Statik des humanistischen Wissenschaftsmodells hin. Da die meisten Disziplinen seit dem Altertum keine Entwicklung durchgemacht haben, haftet dem Griff in den Beleg- und Formelkasten etwas Beliebiges an. Das Imitations-Prinzip erfordert im materialen Bereich ein evolutionsfreies Wissenschaftsmodell, im formalen ein ebenso entwicklungsloses Poesie-Ideal. Die Statik des Wissenschaftsmodells bildet die Voraussetzung für die vorbehaltlose imitatio antiker Autoren unter dem Aspekt des Sachwissens. Opitz selbst sah sich der Schwierigkeit, humanistisches Imitations-Prinzip und naturwissenschaftliches Erfahrungswissen zu konfrontieren, noch nicht ausgesetzt. Die hier angedeutete Begrenztheit der humanistischen Wissenschaftsmethode – auch für die poetischen Darstellungen naturwissenschaftlicher Vorgänge – wird im 17. Jahrhundert in zunehmendem Maße deutlich. Gegen Ende des Jahrhunderts, als die großen makro- und mikrokosmischen Entdeckungen vorlagen, hatte sich die Imitation als Wissenschaftsmethode endgültig erledigt.

Alewyns Urteil, Opitz, sei ein »verspäteter Humanist« gewesen, »in einer Welt, die sich um ihn herum in Stoffen, Kräften und Erlebnissen schon ins Barock« verwandelt habe,[684] findet aus der Perspektive seiner Gelehrsamkeit Bestätigung. Opitz tendiert zwar zum Realhumanismus Vives'scher oder Montaignescher Prägung, indem er außerliterarische Quellen heranzieht. Sein *Postulat rationalistischer Welterklärung* wendet sich gegen den Volksaberglauben und implizit gegen die ›unwissenschaftlichen‹ Erklärungen der mittelalterlichen Kirchenväter. Vom *naturwissenschaftlichen* Standpunkt (auch der Renaissance) wird dieses Postulat jedoch mit unzulänglichen Mitteln realisiert: nicht den empirisch-naturwissenschaftlichen, sondern den ›altphilologischen‹ des Zitierens und Belegens. Sie führen die Rationalität gleichsam ad absurdum, da sie – wie bei den Humanisten des 16. Jahrhunderts – wieder auf Autoritäten, und nicht auf Vernunftgründen aufgebaut wird.

Überdeutlich wird der Widerspruch an der ›Gelenkstelle‹, die Hauptteil und Consolatio verbindet. Einerseits rühmt Opitz die stoische Gemütsart und das vernünftige Erkennen der welthaften Dinge; andererseits zählt für ihm zum

[684] Alewyn: Vorbarocker Klassizismus, S. 53; vgl. auch das gleiche Urteil Ermatingers: Barock und Rokoko, S. 32, dessen Begründung aber abzulehnen ist. Das »Machen«, der Griff in das »Formen- und Aussagen-Arsenal«, scheide Opitz vom Barock und stelle ihn in die Reihe der Humanisten. Ermatinger faßt Barock zu einseitig als theologisch bestimmte Epoche auf, vernachlässigt gänzlich die rhetorische Komponente. Das ›Machen‹ stand gleichberechtigt neben dem ›Glauben‹, die ars neben der confessio.

›Erkennen‹ die Wahrnehmung von prophetischen Naturerscheinungen. Kometen, Erdbeben und Vulkanausbrüche sind Vorzeichen verheerender irdischer Nöte wie Regierungsumsturz, Krieg und Seuche. Der Vesuvausbruch kündigt die fast völlige Verwüstung Deutschlands an.

»Was vormahls sey geschehn; jetzt aber wer mag fragen
Was diese newe Glut deß Berges vns will sagen?
Der Außgang ist schon da. Das Bürgerliche Schwerdt
Hat Teutschlandt durch vnd durch nunmehr fast auffgezehrt.«[685]

Der von Opitz gegen den törichten Volksaberglauben propagierte Rationalismus ist nicht empirisch fundiert. Er verträgt sich durchaus mit einem traditionellen Offenbarungsglauben, dem Naturphänomene als göttliche Verkündigung gelten. Die von Opitz beigebrachten Belege über die Zulässigkeit, diese Erscheinungen als Prophezeiungen zu deuten, sind ausschließlich heidnischen Ursprungs. Sie stammen von Wahrsagern und Traumdeutern: aus den Sibyllinischen Orakeln, aus Homers »Ilias«, aus Artemidorus' Traumbuch und aus dem eschatologischen Werk des Rabbis Elcha. Der im eigentlichen Lehrgedicht verfochtene Vernunftglaube wird beim Übergang zum ethischen Postulat überlagert von einem aus obskuren Quellen gespeisten religiösen Synkretismus. Er relativiert den Anspruch, keine anderen Belege und Argumente heranzuziehen, »als was vnlaugbar ist.«[686]

Ein Fazit der Opitz'schen Gelehrsamkeitsbestrebungen hat die Verhaftung seines naturwissenschaftlichen Beobachtens und Erklärens an die humanistische Imitationsmethode zu konstatieren. Die paradoxe Verwendung einer genuin gegen-naturwissenschaftlichen Methode bei der Darlegung naturwissenschaftlicher Probleme führte indes zu tragbaren Resultaten, solange die zitierten antiken Autoritäten noch Geltung besaßen, bedeutete jedoch unweigerlich einen Rückschritt, sobald die naturwissenschaftliche Forschung die antiken Größen widerlegte. Die von Opitz uneingeschränkt vertretene humanistische Gelehrsamkeit kennt als *qualitativen* Wertmesser nicht, wie die Naturwissenschaft, Vernunft und Erfahrung, sondern ausschließlich den *Grad der Quellennähe*. Ihn sollen die ausführlichen Belege, ihre Diskussion und Einbettung ins Verweis-System, augenfällig erweisen. Der minder gewerteten Gelehrsamkeit, die ihre Belege aus zweiter Hand, aus Realien- und Phrasensammlungen gewinnt, steht die hochgewertete gegenüber, die res und verba für inventio, dispositio und elocutio direkt aus den antiken Quellen schöpft. Dieser in der Poesie von Opitz inaugurierte Gelehrsamkeitsgebrauch machte Schule.[687]

---

685 Vesuvius, S. 80.

686 Ebd., S. 61.

687 Zur Funktion gelehrter Anmerkungen Weisz: Das Epigramm, S. 170. Sogar die Epigrammdichter stützen ihre scharfsinnigen Verse mit Stellenangaben ab. Bei ihnen wird der soziale, nichtgenuin wissenschaftliche Zweck dieses Verfahrens deutlich. Einmal dokumentieren die Quellenhinweise die souveräne Gelehrsamkeit des Autors, zum andern signalisieren sie, für welchen Leserkreis – den exklusiv-gelehrten – die Gedichte bestimmt sind.

Die antiquarisch-rhetorische imitatio setzt sich, auch in deutschsprachiger Poesie, auf höherer und niederer Ebene – in der ›eigentlichen‹ und in der gesellschaftlich zweckgebundenen Kasualpoesie durch. Hier ist der Weg in die Hyperbolik der antiquarischen und der rhetorischen Gelehrsamkeit vorgezeichnet und der Weg in die Reduktion der hypertrophen Spielarten. Für die Behandlung naturwissenschaftlicher Themen stellt diese in der zweiten Jahrhunderthälfte sich vollziehende Entwicklung einen Abweg dar. Es bedurfte erst der pädagogischen Bemühungen, den modernen Wissenschaftstendenzen allgemeines Gehör zu verschaffen, ehe in den sprachlich-literarischen Disziplinen ein Paradigmenwandel anvisiert werden konnte.

III. Gelehrtes Dichten zwischen Hyperbolik und Pragmatik

1. Zur geistigen Grundlegung der zweiten Hälfte des 17. Jahrhunderts

1.1. ›Politische Bewegungen‹ und die Entwicklung des polyhistorischen Ideals

Für die Entwicklung der nachopitz'schen ›gelehrten Poesie‹ werden drei geistesgeschichtliche Tendenzen maßgeblich. Im theologisch-religiösen Sektor ist es die Pansophie, in ihrer humanistisch gefilterten Form; im Bereich ›Wissenschaft‹ die Polymathie und in der Gesellschafts- bzw. Sittenlehre die aus Spanien und Italien über französische Vermittlung nach Deutschland eindringende Lehre von der ›Politik‹. Die Pansophie, die in ihren radikalen Ausprägungen des 15. und 16. Jahrhunderts eine humanistenfremde Haltung verkörpert,[1] im 17. Jahrhundert beim Böhme-Kreis sich zur Opposition gegen die weltlich-akademische Wissenschaft versteigt, kann als Gesamtphänomen hier außer Betracht bleiben.[2]

Von größerer Tragweite, größerer Breitenwirkung sind Polymathie und Politik, erstere eher als Wissenschafts-Ideal, letztere als allgemein propagiertes Lebens- und Erziehungs-Ideal. Über das Vordringen von ›politischen‹ Anschauungen seit Beginn des 16. Jahrhunderts und ihrer modischen Alleinherrschaft gibt es, seit Borinski und Cohn, zahlreiche Untersuchungen.[3] Was Logau in seinem

---

[1] Zur Pansophie im 15. und 16. Jahrhundert Peuckert: Pansophie (^{2}1956). Zur humanistenfeindlichen Tendenz der Pansophisten ist das Werk Czepkos ergiebig. Dazu W. Milch in der Einleitung zu Czepkos geistlichen Schriften, S. XVIII; auch P. Joachimsen: Johann Valentin Andreae und die evangelische Utopie, in: Zeitwende 2 (1926) H. 1, wies auf die erziehungsgeschichtliche Bedeutung des Paracelsismus hin: »Das melanchthonisch-humanistische Bildungsstreben war erschüttert, der Glaube drängte nach neuen Formen, und die in der Gestalt des Paracelsus zuletzt und am einprägsamsten verwirklichten Lehren übernahmen die neue Aufgabe, als ›Pansophie‹ Gegenströmungen des orthodoxen Luthertums zu werden.« Dazu Czepkos Gedichte, S. 14f., 16f., 26f., 230, 240, 244.

[2] Zu Sebastian Franck s. H. Weigelt: Sebastian Franck und die lutherische Reformation. Gütersloh 1972; W. E. Peuckert: Sebastian Franck. München 1943. Zur Pansophie des Böhmekreises, bes. zu Abraham von Frankenberg s. Newald: Vom Späthumanismus zur Empfindsamkeit, S. 235ff.

[3] Borinski: Gracian und die Hoflitteratur; Cohn: Gesellschaftsideale; Zaehle: Knigges Umgang mit Menschen; Barner: Barockrhetorik, S. 135ff.; Meyring: Politische Weltweisheit; Gebauer: Die Klugheitsmoral als Erbteil des 17. Jahrhunderts, in ders.: Geistige Strömungen und Sittlichkeit, S. 9ff.; Meinecke: Die Idee der Staatsräson, bes. S. 139–172; Oestreich: Der Geist des Machtstaates und die Antike, in ders.: Geist und Gestalt, S. 11–156; Maier: Die Lehre von der Politik an den deutschen Universitäten; Stolleis: Arcana imperii und Ratio status. Vgl. Kap. IV Anm. 3.

vielzitierten Epigramm[4] über den negativen Aspekt des ›Politischen‹ verlautbart, trifft sich mit Sacers ausführlicher Beschreibung des Machiavellischen Politicus und mit Moscheroschs Versen:

»Wilt in der Welt gut Leben han,
Reich werden und hoch kommen an /
So red nach Gunst / dich freundlich stell /
Halt hinterm Berg / sey gut Gesell /
Und brauch nicht allzeit waare Wort /
Sonst komstu in der Welt nicht fort.«[5]

Das politische Denken geht mit der Zunahme des höfischen Einflusses Hand in Hand, ist jedoch nicht ausschließlich an den Hof gebunden. Harsdörffer, der Nürnberger Patrizier, ist einer der Hauptvertreter im zweiten Drittel des 17. Jahrhunderts, und die sogen. zweite schlesische Schule rechnet ebenfalls nicht zum unmittelbaren Umkreis des Hofes. Die Lehre vom weltklugen Handeln ist im städtischen Patriziat und im ›Gelehrtentum‹ ebenfalls anzutreffen, findet dort sogar ihre entschiedenen Theoretiker. Das Bürgertum tritt hier noch nicht als selbstbewußte gesellschaftliche Formation in Erscheinung. Die Lehre von der Politik erfährt durch das ›Bürgertum‹ erst zu dem Zeitpunkt eine wesentliche Modifikation, als sich spezifisch *bürgerliche* Verhaltens- und Denkweisen herausgebildet hatten, oder vielmehr: als die Träger dieser (bisher literarisch nur latent vorhandenen) Denkweisen mit der ›Politik‹ sich konfrontiert sahen. Die ›Verbürgerlichung‹ der ›Politik‹ setzt mit Christian Weise ein und erlebt ihren Höhepunkt bei Thomasius. Die Nachfolger und Ausläufer des politisch-christlichen Eklektizismus haben bis über die Mitte des 18. Jahrhunderts hinausgewirkt.[6] Die zahlreichen ›Komplimentierbücher‹, deren bekanntester Epigone Knigge ist,[7] führen das

---

[4] Friedrich von Logau: Heutige Welt-Kunst, in: Lyrik des Barock, Bd. 1, Hrsg. von M. Szyrocki, S. 83f.

[5] Zit. nach Cohn: Gesellschaftsideale, S. 10. Ähnlich das Epigramm Christian Knittels von 1672: »Politisch=seyn. // WEnn man wohl betriegen kan / das heißt itzt Politisch sein; // Wer sich dienst= und freundlich stelt nur mit Worten und zum Schein // Da das Hertz doch anders denckt / der wird hoch geschickt genent: / Der ist kein Politisch Mann / der die Schmeicheley nicht kennt.« Christian Knittel: Kurtz-Gedichte. Frankfurt / Oder 1672, Nr. CXIX, S. 29; zit. nach Weisz: Das Epigramm, S. 177. Vgl. Sacer: Reime dich, S. 160ff. Weitere poetische Zeugnisse zur negativen Auffassung von Politik verzeichnet Stolleis: Arcana imperii und Ratio status, S. 24ff. Stolleis erklärt das Vorherrschen der antimachiavellistischen Tendenz in der Dichtung durch den »Konformitätsdruck in Richtung auf eine Bindung der Politik an Religion, Moral und Recht.«

[6] Etwa Julius Bernhard von Rohr mit diversen Schriften, jedoch auch Christoph August Heumann. Vgl. G. v. Graevenitz: Innerlichkeit und Öffentlichkeit, s. 14+ff.

[7] Zaehle: Knigges Umgang, S. 163ff. Zu den Komplimentierbüchern s. auch Kawerau: Kindermann, S. 156f.; v. Waldberg: Galante Lyrik, S. 43. Wichtige Texte sind Farets »L'honneste homme« in Kaspar Bierlings Übersetzung; vgl. A. Hauffen: Caspar Scheidt. Straßburg 1889, S. 92ff.; Harsdörffers Übersetzung von Du Refuges »Klugem Hofmann«, Hamburg 1655; Georg Greflingers »Ethica complementoria« von 1645; Hans von Aleweins »Kurtze doch grundrichtige Anleitung zur Höflichkeit«; Bacons »Sermones fideles« in Joh. Wilhelm von Stubenbergs Übersetzung »Getreue Reden, die Sitten-,

höfische Ideal bis in Niederungen der Exercitia, der Fecht-, Reit- und Tanzbücher hinab.[8]

Gibt die ›Politik‹ die weltanschauliche Richtung auch für die Poesie an, so gewinnt sie ihre Stoffe aus dem Bereich weitgespannter Gelehrsamkeit. Die *Wissenschaft im Zeitalter des Barock* verstand sich als Fortsetzung der in der Renaissance angebahnten Umwandlung des scholastischen Lehrgebäudes. Wie die Humanisten des 15. und 16. Jahrhunderts bildeten auch die Gelehrten des 17. Jahrhunderts noch eine internationale Einheit, durch dieselbe Sprache verbunden und von den sie umgebenden Nationalitäten abgesetzt. Infolge der zahlreichen Neuentdeckungen und Erweiterungen des wissenschaftlichen Arbeitsfeldes eignet der Gelehrsamkeit des 17. Jahrhunderts jedoch ein universalistischer Zug, der im 15. Jahrhundert nur vergleichsweise wenigen Gelehrten zugesprochen werden kann. Das Gemeinsame zwischen den Polyhistoren des Barockzeitalters und den Humanisten der Renaissance ist die philologisch-historische, d. h. rhetorisch-antiquarische Grundlage ihrer Wissenschaft. Während die im 16. Jahrhundert in Italien (Galilei) und in England (Bacon) vorbereitete Schwerpunktverlagerung von den philologischen zu den naturwissenschaftlichen Disziplinen der Polyhistorie nicht entgegenkam, bildete sich der Typus des Polyhistors in Holland, Frankreich und Deutschland, den Zentren philologisch-humanistischer Wissenschaft aus.[9] Stärker als die Vertreter des pädagogischen Realismus, die gegenüber dem herkömmlichen, auf Rhetorik und Dialektik aufgebauten Unterrichtswesen kritisch eingestellt waren, strebten die Polyhistoren des 17. Jahrhunderts eine Synthese zwischen rhetorisch-philologischer Tradition und Realienbewegung an.[10] Dieses Faktum ist institutionengeschichtlich unschwer zu erklären: Während die ›realistischen‹ Wissenschafts- und Pädagogik-Reformer – Bacon, Ratke, Andreae, Komensky, Schupp, Seckendorff, um nur einige zu nennen – außerhalb der Universitäten standen, auf vorhandene Systemhierarchien weniger praktische Rücksicht nehmen mußten, sind die bekannten Polyhistoren in den Schul- und Universitätsbetrieb fest integriert. Morhof ist ein prägnantes Beispiel eines solchen um Synthese bemühten Polyhistors, in dessen universalistischem System gleichwohl das philologisch-humanistische Element überwiegt. Aufgrund dieser Syntheseintention stehen Morhof und Lohenstein entschieden näher beieinander als etwa Lohenstein und Bacon oder der spätere, dem Universitätsbetrieb entfernte Johann Balthasar Schupp.

Regiments- und Hauslehre betreffend«. Nürnberg 1654. Vgl. die Bibliographie von Hugo Hayn: Deutsche Complimentir-Bücher: In: Zentralblatt des deutschen Bibliothekswesens 7 (1890), S. 551ff.

[8] Z. B. Gottfried Taubert: Rechtschaffener Tanzmeister oder gründliche Erklärung der Französischen Tanzkunst. 2 Bde. Leipzig 1717; zu weiteren Titeln (Pasch, Behr) s. Kap. V, Anm. 252.

[9] Zur Polymathie s. Kern: Morhof, S. 28ff.; Heubaum: Geschichte des Deutschen Bildungswesens, S. 26ff.; Wolfgang Schmidt-Biggemann: Topica Universalis. Eine Modellgeschichte humanistischer und barocker Wissenschaft. Hamburg 1983.

[10] Cohn: Gesellschaftsideale, S. 26f.

Die Reihe der berühmten Polyhistoren reicht von Wilhelm Buddaeus (1468–1540) über Josef Scaliger (1540–1609), Justus Lipsius (1547–1606), Isaak Casaubonus (1559–1614), Johann Wouwer (1547–1612), Daniel Heinsius (1580–1655), Hugo Grotius (1583–1645), Johann Heinrich Alsted (1588–1638) zu Athanasius Kircher (1602–1680), Hermann Conring (1606–1681), Johann Joachim Becher (1635–1682), Daniel Georg Morhof (1639–1691), Samuel Schurtzfleisch (1641–1708), Jakob Gronov (1645–1702), und Karl Gustav Heräus (1677–1730), um nur einige wenige Namen aus der Überfülle zu nennen, und umfaßt Vertreter aller an den Universitäten traditionell gelehrten Disziplinen. Hermann Conring, in der Theologie, Medizin und den politischen Wissenschaften tätig, gilt als »miraculum saeculi«; Samuel Schurtzfleisch erhält den Namen einer ›lebendigen Bibliothek‹ bzw. eines ›wandelnden Museums‹.[11] Diese Ehrentitel begegnen bei den ›poetae eruditissimi‹ ebenfalls:[12] Sie gelten als Gelehrte, bzw. die Polyhistoren dichten, d.h. betätigen sich auf dem Feld der Poesie ebenso wie auf dem der Rhetorik, der Geschichte oder der Sprachwissenschaft.

Wie die Wechsel der Professoren zwischen den Fakultäten belegen, war die fachumgreifende Lehr- und Schreibtätigkeit sogar die Regel. Noch Thomasius hält sich nicht nur an das ihm zugewiesene Gebiet der Jurisprudenz, sondern liest über Philosophie und Ökonomie, über Politik und Ethik; im übrigen jedoch – und das ist bezeichnend für die zu Ende des Jahrhunderts noch geltende Studienordnung – außerhalb seiner Fachdisziplin stets über Gegenstände aus der artistischen Fakultät, die er studienhalber selbst durchlaufen hatte. Immerhin griff er schriftstellerisch auch auf Probleme der Theologie über, blieb hier jedoch, wie auch in allen seinen nichtjuristischen Tätigkeiten, Popularphilosoph.

Wagenseil apostrophierte das 17. Jahrhundert als das »saeculum sapiens et eruditum«. Denn fast jede Wissenschaft sei »wo nicht gar zur höchsten Vollkommenheit, doch wenigst zu einem großen Wachsthum und Aufnahme« gebracht worden.[13]

Es ist das Verdienst Conrad Wiedemanns, auf das Phänomen der Polyhistorie im Zusammenhang mit der Gelehrtensatire aufmerksam gemacht zu haben.[14] Dennoch haben seine – unter dem Eindruck von Lessings im »Jungen Gelehrten« geübter Kritik am Polyhistorismus – gewählten Beispiele und seine daraus abgeleitete historische Abgrenzung des Phänomens eine nicht unerhebliche Verzerrung der wissenschaftsgeschichtlichen Daten zur Folge gehabt. Nach Wiedemann gilt

---

[11] Jöcher: Allgemeines Gelehrten-Lexikon 4 (1751), Sp. 393ff. Eine zusammenfassende Arbeit über Geschichte und Ausprägungen der Polymathie wäre ein dringendes Desiderat. Die allenthalben miserablen Lexikonartikel zu diesem Stichwort weisen auf die tabula rasa hin. Überholt ist jedenfalls der von Cysarz vertretene Standpunkt, der Polyhistorie mit rubrizierender Enzyklopädie gleichsetzt und der »systematischen Durchdringung« gegenüberstellt. Cysarz: Vom Geist des deutschen Literatur-Barocks, in: Alewyn, Deutsche Barockforschung, S. 29.

[12] Vgl. Anm. 469. Mühlpfort: Gedichte, S. 42.

[13] Wagenseil: Meistersinger, Cap. 1, S. 451.

[14] Wiedemann: Polyhistors Glück, S. 215–235, bes. S. 218ff.

Morhof als der Initiator der polyhistorischen Bewegung, die zwischen 1690 und 1720 schreibenden Autoren sind die – epigonalen – Realisatoren seines Konzeptes.[15] Tatsächlich verkennt diese zeitliche Fixierung das Phänomen der Polyhistorie, da sie lediglich die epigonalen Ausläufer erfaßt, die sich zum eigentlichen Phänomen der Polyhistorie wie die Verfasser der Realien-Schatzkammern zur eigentlichen Gelehrsamkeit verhalten. Die Blütezeit der Polyhistorie oder Polymathie fällt in Deutschland in die zweite Hälfte des 17. Jahrhunderts; ihr später Höhepunkt, ja ihr eigentlicher Abschluß, der zugleich der Bewegung den Namen gibt, ist Morhofs »Polyhistor«. Die von Wiedemann als Polyhistoren aufgeführten Verfasser von Hodegetiken und Gelehrtengeschichten sind keine eigentlichen Polyhistoren mehr, eher Enzyklopädisten vom Schlage des Benjamin Hederich, der die großen Summen der Polyhistoren bereits wieder in alphabetisch oder systematisch katalogisierte Rubriken auseinanderdividiert. Nicolaus Hieronymus Gundling, ein Schüler und Kollege des Thomasius und selbst am Ende der polyhistorischen Bewegung stehend, sie jedoch intentional nicht weiterführend, charakterisiert diesen wissenschaftsgeschichtlichen Trend:

> »Wer omnia scientiarum fundamenta wohl innen, und eine Connexion, von selbigen / hatt / der ist ein Polyhistor.«

Diesen Anspruch erfüllen zweifellos das Opus des Daniel Georg Morhof und die Summe des Johann Heinrich Alsted, nicht jedoch die zahlreichen lexikographischen Werke der Jahrhundertwende. Gundling grenzt denn auch das polyhistorische Ideal von den mißbräuchlichen Anwendungen ab:

> »Die heutige Welt nennet dergleichen Leute, welche nur Bücher verstehen, Polyhistores. Aber sie sind Nichts wenigers. Ein Polyhistor ist Was schönes. Denn die Polyhistoria besteht, in Realibus; Daß man nemlich einen sororium nexum derer Disziplinen habe.«[16]

Aus Gundlings Definition geht das positive Moment des polyhistorischen Ideals hervor, das im Betonen des Ganzheitsaspekts, des Einheitscharakters der zahlreichen Einzeldisziplinen besteht. Gundlings Bezeichnung von Thomasius als einem der letzten Polyhistoren ist unter *diesem Ganzheitsaspekt* nicht ganz von der Hand zu weisen.[17] Wenn auch den Polyhistoren meist der emanzipatorische Zug, der

---

[15] Ebd., S. 227ff., nennt Heumann, Lambecius, Stolle, Gundling, Clarmundus, Bernhard – also alles Autoren, die nach Gundlings Definition zu Unrecht den Ehrentitel des Polyhistors führen.

[16] Gundling: Historie der Gelahrheit, Tl. 1, S. 55f., § 17. Vgl. ebd. S. 55 Anm. q. »Darum wird es Denenjenigen ungereimt beygeleget / Die nur einen Auctorem Classicum, cum Notis Variorum & variantibus Lectionibus, herausgegeben; Oder die / in alten Dingen / etlicher alten Buchstaben Bedeutungen entdecket haben; Oder wenn Einer / ein Wenig / die Histor. Literar. verstehet; Oder die Jugemens des savans und die Novelles de la Republique des lettres fleißig lieset; In die Buchläden gehet; Titulum, Praefationem, Dedicationem und Indicem, von einem Buche, ansiehet.« Zum Begriff der Polyhistorie ebd., S. 57f.

[17] Ebd., S. 3325. »Ja es ist solchemnach mehr ermeldter Thomasius, nicht nur unter die Polygraphos unserer Zeiten, sondern auch billig mit unter die Polyhistores zurechnen; Allermasen sich seine Gelehrsamkeit, fast in alle Wissenschaften, diffundiret, und dahero auch seine Schriften, in alle Facultaeten und Disciplinen, laufen.«

doch das Wesentliche an Thomasius' wissenschaftsgeschichtlicher Bedeutung ausmacht, noch abgeht, sie in erster Linie die Erstellung von ›Summen‹ anstreben, so verbindet sie mit dem Wissenschaftsgeist des Thomasius doch das Ideal der ›geistigen Einheit‹, die das zerstreute Einzelwissen nicht zufällig zusammenliest, sondern zu einem System verbindet, das ein Analogon zum hierarchischen ordo von Welt und Kosmos bildet.

Insofern überpointiert Wiedemann die Diskrepanz zwischen der dem Ganzheitsdenken verschriebenen Pansophie und der angeblich den Blick aufs Ganze verlierenden, sich ausschließlich der Sammlung säkularisierter Einzelkenntnisse widmenden Polyhistorie. Die Pansophie läßt sich auch nicht als eine in Abwehr des Empirismus entwickelte Spätstufe des Humanismus deuten,[18] sie ist, entschiedener als der Humanismus, wesentlich religiös bestimmt und intendiert vielmehr eine Überwindung des Humanismus durch eine – im Gegensatz zur Polyhistorie – noch nicht säkularisierte, also auf Gott bezogene Sach-Gelehrsamkeit. Die Orientierung an den res verbindet Pansophie und Polyhistorie zunehmend und unterscheidet sie vom Verbal-Humanismus; die andersgeartete Ausrichtung – religiös und wissenschaftsimmanent – grenzt sie untereinander ab.

Morhofs »Polyhistor« ist nicht einmal repräsentativ für den Polyhistorismus des Barockzeitalters, da er – wie Wiedemann mit Nachdruck herausgearbeitet hat – die Momente des iudicium und des ingenium als methodische Leitlinien propagiert. Damit rechnet sein Werk bereits zu der Übergangsphase zwischen eigentlicher Polyhistorie und Rationalismus, die durch das Aufwerten des intellektuellen iudicium gegenüber der bloßen doctrina gekennzeichnet ist.

Immerhin demonstriert Morhofs zusammenfassende Darstellung nochmals Spannweite und Problematik der Polyhistorie.[19] Morhof selbst verkörpert den fortschrittlichen Typus, der das traditionelle philologisch-rhetorische Fundament[20] durch Einbezug praktischer[21] und ›naturwissenschaftlicher‹ Disziplinen erweitert.[22]

Der wenigstens intendierten Öffnung der Gelehrsamkeit für naturwissenschaftliche und ›gesellschaftswissenschaftliche‹ Fragestellungen entspricht ein allgemeiner Wandel im wissenschaftlichen Werdegang der Scholaren. Morhof repräsentiert diese Veränderung. Während die Humanisten des 15. und 16. Jahrhunderts nach Italien wallfahrteten (oder doch den Wunsch hegten), geht die Bildungsreise nun nach Holland, in dem außer der Philologie Wissenschaften aller Art, auch mechanische und ›künstlerische‹ blühten, sowie nach England und Frankreich. Morhof lernte während seines Englandaufenthaltes 1661 das Werk Bacons und

---

[18] So Wiedemann: Polyhistors Glück, S. 220. Zur Pansophie s. auch Garin: Geschichte und Dokumente, Bd. 3, S. 43f.

[19] Zur Wertschätzung Morhofs s. die Zeugnisse bei Kern: Morhof, S. 27.

[20] Zur eloquentia-Grundlage Kern: Morhof, S. 29f.; Willmann: Didaktik als Bildungslehre, S. 318.

[21] Heubaum: Geschichte des Deutschen Bildungswesens, S. 28.

[22] Kern: Morhof, S. 29; Heubaum: Geschichte des Deutschen Bildungswesens, S. 5.

den Pragmatismus kennen.[23] Er selbst hat die nützliche Wirkung des Reisens hervorgehoben. Jede Reise mußte eine ›gelehrte Reise‹ sein, die zu großen Gelehrten, zu historischen Stätten und immer zu bedeutenden Bibliotheken führte.[24] Der Verkehr mit verschiedenartigen Menschen, die Betrachtung der wechselnden Natur dient der Kenntniserweiterung. Durch Aufzeichnung der Reisebeobachtungen und deren Veröffentlichung mache man sich um die Wissenschaft verdient.[25] Auf der zweiten Reise pflegt Morhof in Holland und in England vor allem Kontakte zu Medizinern und Naturwissenschaftlern.[26] Für die Übergangsstellung seiner Wissenschaftsauffassung ist es jedoch charakteristisch, daß er einerseits dem Kopernikanischen System anhängt, andererseits der Magie und der Astrologie den Wahrheitsgehalt nicht abspricht. An der Existenz von Zauberei und Hexenwesen hält er unbeirrt fest.[27] Zukunftsweisend dagegen ist sein Eintreten für die Einrichtung einer Professur für Ökonomie.[28] Leitgedanken der Wissenschaftsgeschichte und -systematik ist die Brauchbarkeit, die gesellschaftliche Nützlichkeit: Polymathie wird bei Morhof zur Entsprechung des allgemeinen ›politischen‹ Ideals auf wissenschaftlichem Sektor.[29]

Der »Polyhistor« (1682) galt den Zeitgenossen als ein Wunderwerk der Gelehrsamkeit und behielt, aller Fortentwicklung in den Einzeldisziplinen zum Trotz, noch bis in die frühe Goethezeit seine Geltung.[30] Gegenüber den anderen lateinischen und deutschen Wissenschaftseinführungen bedeutet Morhofs Werk die konsequente Synthese von Polyhistorie und Pragmatik. Er stellt die Wissenschaften selbst dar und erfaßt sie bibliographisch, reflektiert ihre Bedingungen und gibt

---

[23] Kern: Morhof, S. 9. Morhof zitiert aus Bacons sermo fid. 48; vgl. Eymer: Morhof und sein Polyhistor, S. 32f.

[24] Mit den ›gelehrten Reisen‹ beschäftigt sich eine eigene Literatur, die ›Apodemik‹: wie man am besten und mit größtem Nutzen reisen solle. Noch Tschirnhaus behandelt in seinen 30 Anmerkungen dieses Gebiet ausführlich. Vgl. Willmann: Didaktik als Bildungslehre. Die Bibliographie von Uli Kutter »Apodemiken und Reisehandbücher. Bemerkungen und ein bibliographischer Versuch zu einer vernachlässigten Literaturgattung«, in: Das achtzehnte Jahrhundert. Mitteilungen der Deutschen Gesellschaft f. d. Erforschung des 18. Jahrhunderts Jahrg. 4, H. 2 (1980), S. 116–131, verzeichnet die einschlägigen Quellen von 1561 bis 1843. Vom 24. bis 26. September 1980 fand in Wolfenbüttel eine Tagung über Reiseliteratur statt; vgl. den Bericht über die 5. Jahrestagung der Deutschen Gesellschaft f. d. Erforschung des 18. Jahrhunderts, ebd. S. 84–86. Die Vorträge werden in den »Studien zum achtzehnten Jahrhundert« publiziert. In diesem Zusammenhang ist der Beitrag Karol Sauerlands »Der Übergang von der gelehrten zur aufklärerischen Reise« von besonderem Interesse. Im übrigen finden sich zum Komplex ›gelehrte Reise‹ in jeder Gelehrtenvita zweckdienliche Hinweise. Beispielhaft etwa die Heumann-Biographie von Cassius. Vgl. Mead: The Grand Tour in the 18th Century.

[25] Kern: Morhof, S. 14.

[26] Z. B. zu Johann Swammerdamm, Robert Boyle und Isaac Newton.

[27] Kern: Morhof, S. 25.

[28] Ebd., S. 33.

[29] Heubaum: Geschichte des Deutschen Bildungswesens, S. 27ff.

[30] Vgl. das Urteil von Thomasius über den »Polyhistor«, in: Monatsgespräche 1688, August, S. 275.

die Möglichkeiten zum eigenen Weiterstudium an. Gleich das einleitende Kapitel »De Polymatia« setzt den methodischen Akzent.[31]

> »Cum divinam & humanam sapientiam omnem veterum monumentis traditam ac ad posteros propagatam habeamus, quorum praeceptis ac doctrina intellectus noster imbutus rerum aliquam notitiam ac prudentiae sibi vim acquirit: in id incumbendum omnibus est, ut natales ejus investigent altius: primos illius autores magistrosque, suis quosque aetatibus, sua docendi ratione distinctos exquirant; in bibliothecis latitantes in lucem proferant: similia quaedam vel ad eorum ingenium, vel nova etiam a se excogitata scribant, & aliquem scientiarum complexum, aut POLYMATHIAM animo comprehendant.«[32]

Der erste, noch von Morhof selbst fertiggestellte Band bespricht in detaillierter Breite die literarisch-philologischen Disziplinen.[33] Der zweite und dritte Band überschreiten diesen Radius und beziehen die Naturwissenschaften in die Betrachtung ein, handeln jedoch nicht mit derselben Ausführlichkeit.[34] Da beide Bände nicht von Morhof selbst redigiert wurden und erst posthum erschienen, entspricht die Unausgewogenheit der Akzentverteilung nicht unbedingt Morhofs Intention. Allerdings bleibt es doch zweifelhaft, ob der Professor für Poesie und Eloquenz den mathematisch-naturwissenschaftlichen Disziplinen einen dem rhetorisch-historischen Sektor vergleichbaren Umfang zugestanden hätte. Die im zweiten Band (»Philosophus«) behandelten Gegenstände sind ungleichwertig: neben dem »liber philosophico-historicus« stehen ein relativ ausführliches Buch »Polyhistor physicus«, ein Buch »De Artibus divinatoriis et magia«, ein lediglich zwölf Seiten umfassendes Buch »Polyhistor mathematicus« und ein noch knapperes »Polyhistor logico-metaphysicus« von nur fünf Seiten Umfang. Bemerkenswert für Morhofs ›progressiven Eklektizismus‹ ist die Aufnahme realistischer Programmpunkte bei der Gestaltung des praktischen Unterrichts. Auch für den Philosophen hält Morhof die Ausübung mechanischer Fertigkeiten für wünschenswert, wie überhaupt jeder Gebildete sich eine überdurchschnittliche Kenntnis mechanischer Fertigkeiten bzw. Künste erwerben sollte.[35]

In ähnlicher Kürze bespricht der dritte Band »Polyhistor practicus« die Moralphilosophie, die bürgerliche Klugheit (›Politik‹), die Ökonomie, die Geschichte, und schließlich, etwas ausführlicher, die Theologie und die Jurisprudenz, danach, wieder unangemessen knapp, die Medizin (vier Seiten). Im Ganzen erweckt der »Polyhistor« also den Eindruck einer ›Summe‹ der Wissenschaften aus ›aufgelokkert‹ humanistisch-rhetorischer Perspektive, wobei die ›Auflockerung‹ nicht etwa in Richtung Mathematik und Naturwissenschaften geht, sondern in Richtung ›Weltklugheit‹, also den Einfluß des lebenspraktischen ›politischen‹ Modells bezeugt.

---

[31] Polyhistor, Tom. I, S. 1–8; generell, überbewertend, zum »Polyhistor« Kern: Morhof, S. 28–49.

[32] Polyhistor, Tom. I, S. 2.

[33] Tomus I, enthält folgende Bücher: I. Bibliothecarius, II. Methodicus, III. ΠΑΡΑΣ ΚΕ ΥΑΣΤΙΚΟΣ, IV. Grammaticus, V. Criticus, VI. Oratorius, VII. Poeticus.

[34] Wiedemann: Polyhistors Glück, S. 223f. schließt daraus auf die »rhetorisch-philologische Grundeinstellung« des Autors.

[35] Polyhistor, Tom. II, 2, 1, S. 1ff.

Morhofs Vorschlag, mit Hilfe der Fürsten und der Städte einen Universalkatalog aller Wissenschaften ausarbeiten zu lassen, um ein Gesamtsystem aller Wissenschaftssysteme zu erhalten, das aus einem einzigen Buch erlernbar sei,[36] vereinigt humanistische, ›realistische‹ und ›politische‹ Tendenzen. Der Nutzwert, den die Lehrenden und die Lernenden aus dieser ›synthetischen‹ Methode ziehen können, besteht im Vermeiden der Schwierigkeiten, die ein untergeordnetes Nebeneinander wissenschaftlicher Systeme hervorbringt. Von der Polyhistorie Morhofscher Prägung läßt sich – dies ist unschwer zu erkennen – die Brücke zu Christian Thomasius' Wissenschaftsreform leichter schlagen als zu dem rein rationalistischen System Christian Wolffs.

Waren die Polyhistoren auch noch im Besitz lebendigen Wissens, so erstarrte es in der Kompilation ihrer Epigonen zu einem fixierten Kenntnisstand, dessen einzelne Informationen beliebig abrufbar wurden. In der Hand des ›Politikers‹ wurde das polymathische Wissen zum opportunistisch verwendbaren Formelschatz. Nicht mehr fortschreitende Erkenntnis bildete das Ziel, als die vielseitige Verwertbarkeit. Insofern kam die Polymathie der utilitaristischen Tendenz politischer Lehren entgegen, bzw. der Politiker bediente sich des enzyklopädischen Modells als eines willkommenen Werkzeugs.[37] Nicht als ob Polymathie in jedem Fall und notwendig die Tendenz zum oberflächlichen Nutzdenken hätte enthalten müssen. Dennoch lag in ihrem Prinzip der universalistischen Zusammenschau die Gefahr des ausschließlich historischen Referates ohne kritische Eigenleistung dann nahe, wenn die Ausdehnung der Einzelwissenschaften das Fassungsvermögen des Einzelnen überstieg. Zur Gefahr, die Wissenschaftsentwicklung zu hemmen, wurde die polymathische Methode erst in ihrer Verbindung mit den außerwissenschaftlichen Zwecken der ›Politiker‹. Die Verabsolutierung der Nützlichkeitsmaxime zu einer platten Brauchbarkeitsmoral mußte der wissenschaftlichen Weiterentwicklung zwangsläufig entgegenwirken. Diese Tendenz zeigt sich bereits bei Johann Balthasar Schupp, der – gegen die Weltfremdheit scholastischer Problematik gewiß bewußt parteiisch – die Schiffbarmachung der Lahn für wichtiger erklärt als das Entdecken neuer Sterne. Freilich erfolgte der ›Ausverkauf‹ der Polymathie nicht so sehr durch die Befürworter einer ›realistischen‹ Wissenschaft, deren Ideal immerhin die lebensverwertbaren Realdisziplinen bildeten, als vielmehr durch die Epigonen einer Verbal-Wissenschaft, die Gelegenheits-Redner und -Poeten. Auch hier zeigt Morhofs Beispiel, daß Sammeleifer und der ›Ausverkauf‹ des Angesammelten, daß enzyklopädische Methode und utilitaristische Tendenz sich widerspruchslos vereinigen konnten.

Die von Morhof verfaßte ›Exzerpierkunst‹, eine Anleitung zum Exzerpieren (auch für poetische Texte), weist in diese Richtung, wie auch das entsprechende Kapitel »Hyle Inventionum poeticarum« im »Polyhistor«.[38]

Eben weil die Kehrseite des universalistischen Alleswissens blinder Sammelei-

[36] Ebd., Tom. I, 1, 20, S. 22ff.
[37] Zum Begriff der Enzyklopädie s. Joh. Chr. Lange: Protheoria, S. 655.
[38] Zur ars excerpendi Eymer: Morhof, S. 25.

fer und Quisquilienkrämerei war, erlag das – bei Morhof stark entwickelte Abwägungsvermögen – dem puren kritiklosen Lexikalismus. »Curiös« wird zur Schlagwortbezeichnung für eine eher vordergründige Neugierde.[39] Es bezeichnet, pointiert ausgedrückt, den um die historische Dimension verkürzten Begriff des ›Politischen‹: polymathisch ist allenfalls noch die Sucht, *alles,* was in der Gegenwart vorfällt, zu erfahren.[40] Daß dieser auf bloße Gegenwärtigkeit eingeengte Informationshunger zur Verflachung, zur Mode gerät, wird in den diversen Anleitungen zur galanten und kuriösen Konversation am Ende des Jahrhunderts unübersehbar. Nicht zufällig liegen hier die Anfänge des Journalismus.[41] Ein Streiflicht auf die Tendenz zur ›Vermarktung‹ des polyhistorischen Ideals wirft der Titel einer Schwanksammlung, in dem die kuriöse Umbiegung des ursprünglichen Wissenschaftsmodells zum Ausdruck kommt: »Der Kurtzweilige Polyhistor, in welchem viele auserlesene, lustige, poßirliche, theils schertz-, theils ernsthafte Historien erzehlet werden. Von Hilario Sempiterno. Cosmopoli 1719.«[42]

1.2 Grundtendenzen der antihumanistischen ›Realismusbewegung‹

Morhofs pragmatisch-politisch orientierter Polyhistorismus ist der Endpunkt, an dem zwei wissenschaftsgeschichtliche Entwicklungsstränge zusammentreffen: die traditionelle humanistische Gelehrsamkeit und die *Realismusbewegung*. Sie wirkte seit der Renaissance und während des ganzen Barockzeitalters faktisch als Opposition gegen den reinen Humanismus. Gegen Ende des 17. Jahrhunderts gelingt ihr dann dessen Modifikation. Mit Morhof und Weise ist die Synthese der rhetorischen und der realistisch-pragmatischen Tendenzen erreicht.[43]

Das Aufkommen ›realistischer‹ Strömungen im 17. Jahrhundert ist an die Ausbildung einer frühkapitalistischen Wirtschaftsform gebunden. Äußerlich ist es die Folge der wissenschaftlichen Entdeckungen und Erfindungen. Die Tatsache, daß das Gelehrtentum ›alten Schlags‹, scholastischer wie humanistischer Provenienz, allmählich verdrängt wurde, beruht auf dem ökonomischen Einsatz der neuen Wissenschaften. Wie ein Streiflicht auf das Wissenschaftssystem der Renaissance zeigt, galten die mechanischen Künste im Kanon der traditionellen artes noch nicht als ›Wissenschaften‹. Bei Galilei war der praktische Beginn einer Aufwertung auch der ›unfreien‹ Künste in den Kreis der artes liberales gemacht. Diese Entwicklung wurde in zahlreichen Fällen durch die Personalunion begün-

---

[39] Zum Begriff »curieus« s. Cohn: Gesellschaftsideale, S. 71f.; Frühsorge: Der politische Körper, Exkurs: Curieus und curieuse Methode, S. 193ff. Zum philosophischen Hintergrund s. Blumenberg: Der Prozeß der theoretischen Neugierde.

[40] Weise: Politischer Academicus, Cap. XXV, S. 54f.; Cohn: Gesellschaftsideale, S. 72; Beetz: Rhetorische Logik, S. 146f.

[41] Stieler: Zeitungs Lust und Nutz; vgl. Prutz: Geschichte des deutschen Journalismus, Bd. 1.

[42] Goedeke III, S. 267, Nr. 39. Vgl. auch Kap. III, Anm. 435.

[43] Eine ausführliche Darstellung der Gegenbewegung gegen den Humanismus werde ich gesondert vorlegen. Hier genügt eine Skizze der ideellen Tendenzen.

stigt, in der ein Gelehrter zugleich Mathematiker, Astronom, Philosoph und dazuhin Optiker, Mechaniker oder Baumeister war. Doch darf über der praktischen, durch den staatswirtschaftlichen Bedarf geförderten Wandlung im Wissenschaftssystem nicht übersehen werden, daß die Anfänge zu einer Neubewertung im Humanismus selbst angelegt waren. Eine Chance, Eingang in den festgefügten Kanon der universitären Lehrdisziplinen zu finden, erhielten die mechanischen Disziplinen erst in der Folge von Bacons Ausformulierung der neuen Wissenschaftskonzeption, nicht primär als Konsequenz der neuen Theorie, sondern der merkantilistischen Einbeziehung der Wissenschaften ins Erziehungsprogramm des Staates. Theorie und Praxis der neuen Wissenschaftskonzeptionen waren zwar Parallelerscheinungen, doch hatten sie paradoxerweise nicht immer die notwendige Verbindung miteinander; das belegt deutlich Bacon, der seine Theorie ohne positive Bezugnahme auf Kepler, Gilbert und Galilei aufstellte und die zeitgenössischen experimentellen Versuche fast völlig ignorierte.[44]

Die Realismusbewegung geht aus von der humanistischen Vorrangstellung der verba gegenüber den res, der sie in stufenweiser Entwicklung zunächst das Modell einer Gleichberechtigung beider Bereiche, dann einer Übergewichtigkeit der res entgegenstellt. Dabei sind die Vertreter der Realienbewegung nicht insgesamt als humanismusfeindlich zu bezeichnen. Der von Eugenio Garin benutzte Begriff des »Real-Humanismus«[45] zeigt die mögliche Kooperation beider Tendenzen. Erst gegen die Auswüchse des Verbal-Humanismus bildet sich das Gegenextrem eines antihumanistischen Realismus heraus.

Die Legitimation der Verschiebungen durchläuft ebenfalls einen Entwicklungsprozeß. Die Argumente gehen von den humanistischen Axiomen der Vorbildhaftigkeit des klassischen Lateins aus, geraten im 17. Jahrhundert in die religiös-pansophische Bewegung und dann in das Feld der Säkularisationstendenzen.

Die von der Partei des pädagogischen Realismus regelmäßig aufgeführten Argumente gegen das humanistische Lehrmodell beziehen sich vorrangig auf den sprachlichen Aspekt, auf die rhetorische Basis und auf das Verständnis der res, also der materialen Gelehrsamkeit. Alle drei Argumente bedingen sich gegenseitig, eines erwächst konsequent aus dem anderen. Rücken empirische und rationalistische Gesichtspunkte mit den Kategorien ›Erfahrung‹ und ›vernunftgeleitetes Denken‹ in den Vordergrund, so erleidet das autoritätenverhaftete Realiensammeln und das im Belesenheitsnachweis steckenbleibende Realienverständnis ebensolche Einbuße wie das scholastische System der Syllogismen, dessen Kategorien der Prüfung durch die Vernunft nicht standzuhalten vermögen. Die aus den antiken Autoren ausgezogenen, antiquarischen Realien genügen den technischen Ansprüchen einer als ›Handlungsverbund‹ sich gerierenden Gesellschaft nicht mehr. Die Niederlande und England sind die Länder, in denen die Prinzipien der neuen Wissenschaft zuerst theoretisch formuliert und praktisch umgesetzt wur-

[44] Röd: Geschichte der Philosophie, Bd. 7, S. 31; Hoßfeld: Francis Bacon, S. 140ff.
[45] Garin: Geschichte und Dokumente, Bd. 3, S. 43.

den; sie sind zugleich die Länder mit dem ausgeprägtesten Welthandel. Italien mit seiner rückständigen Gesellschaftsstruktur vermochte trotz bahnbrechender naturwissenschaftlicher Leistungen nicht Schritt zu halten.[46] Im europäischen Wissenschaftsverständnis verkörperte es weiterhin die humanistische Grundhaltung; England dagegen in wachsendem Maß die empirisch-naturwissenschaftliche Komponente. Die Niederlande verbanden beide Strömungen; darum waren sie im 17. Jahrhundert sowohl für Philologen als auch für Naturforscher das ›Eldorado der Gelehrsamkeit‹.[47] Mit der bis ins 18. Jahrhundert sich erstreckenden – an die Uminterpretation von Realität gebundenen – Veränderung des Realienbegriffes ging die Opposition gegen die Rhetorik parallel; sie und die Gegnerschaft gegen das scholastische Denken stellten für die verschiedenen Neukonzeptionen eine gemeinsame Negativbasis dar.

Im Zusammenhang mit der ›politischen‹ Bewegung war das Persuasionsprinzip weitgehend seiner ethischen Fundierung verlustig gegangen. ›Überreden‹ um jeden Preis, d. h. mit allen zur Verfügung stehenden rhetorischen Mitteln, mußte die zwangsläufige Interpretation von ›persuasio‹ für Rhetorik, Epistolographie und Poesie werden. Das neue Modell einer vernunftgemäßen Wissenschaft fordert die Neukonzeption von persuasio als – vom Prinzip der Wahrheit geleitete, mit den Instrumenten des Erkenntnisgewinns zuwege gebrachte – ›Überzeugung‹. Eine Radikalisierung dieses Schrittes bedeutet das Verwerfen der Rhetorik als einer *wahrheitsgegründeten* Wissenschaft und damit die Loslösung der Poesie aus dem Verbund mit der Rhetorik. Im 17. Jahrhundert werden hierzu die Weichen gestellt.

Der dritte, nur scheinbar äußerliche Oppositionspunkt ist die Polemik gegen die Lateinsprachigkeit und das entsprechende Plädoyer für Muttersprachlichkeit an den Schulen und in den Wissenschaften. Hier hat das Zeitalter des Absolutismus zwar im Schulbereich theoretische Konzepte und praktische Erfolge aufzuweisen; die Forderung nach der Deutschsprachigkeit der Wissenschaften hat hier jedoch noch nicht den Kreis der propädeutischen Disziplinen verlassen und ist noch nicht in die Kernfächer der artistischen Fakultäten eingedrungen. Diesen Schritt hat erst Thomasius unternommen. Die Forderung nach muttersprachlichem Wissenschaftsunterricht ist an die Wesensbestimmung der Realdisziplinen geknüpft. Realwissenschaften sind an keine besondere Wissenschaftssprache gebunden und bedürfen nicht der Legitimation durch klassische Autoren. Im Gegenteil, der langwierige Erwerb gerade toter Sprachen kann den Lernprozeß in den Realdisziplinen aufhalten;[48] ganz abgesehen davon, daß die ausgestorbenen Sprachen für die modernen technischen Phänomene keine angemessenen Bezeich-

---

[46] Bernal: Die Wissenschaft in der Geschichte, S. 412f.

[47] Calixt nennt es »compendium orbis eruditi«; Tholuck: Das akademische Leben, Bd. 1, S. 308; zu den Reisen ebd., S. 305–316.

[48] Noch Leibniz klagt über die Vernachlässigung der Realien: »Wir nötigen unsere Jugend zuerst dazu, die Herkulesarbeit der Bezwingung verschiedener Sprachen zu leisten, wodurch die Schärfe des Geistes abgestumpft wird.« Zit. nach Friedrich Dannemann: Handbuch für den Physikunterricht. Langensalza 1919, S. 9.

nungen parat halten. Dieser Vorwurf richtet sich natürlich gegen die Humanisten und ihr Ideal des unveränderbaren – ciceronianischen – Lateins, nicht gegen das immerhin sich weiterentwickelnde Neo-Latein der Scholastiker. Gerade das ausschließliche Verwenden vorgeprägter Formeln mit unveränderlichem Wortschatz verleitete ja zur Verabsolutierung auch des in diesen Formeln überlieferten Wissensstandards. Opitz' auf dem Kenntnisstand der antiken Autoritäten errichtete »Vesuvius«-Interpretation lieferte das beredte Beispiel für die Erstarrung materialen Wissens im Kreise der Humanisten. Wer nicht ausgesprochener Gelehrter werden wollte – so forderte das neue Erziehungsprogramm – sollte eher moderne als tote Fremdsprachen erlernen. Hier verschränken sich politische, pragmatische und ›realistische‹ Motive: die Ideale der Lebenserfahrung und der Welthaltigkeit sind höfischen und bürgerlich-ökonomischen Ursprungs. Die von Italien, Spanien und Frankreich nach Deutschland und England eindringenden Klugheitslehren haben diese Tendenzen verstärkt; sie verbinden sich mit den wissenschaftlichen Neukonzeptionen und den ökonomischen Bedürfnissen. Freilich wäre es zu einfach, für diese drei Bereiche eine einzige gesellschaftliche Bedingtheit anzunehmen und sie in eine gemeinsame Front gegen die humanistische Rhetorik zu stellen. Die ›politische‹ Bewegung verbindet sich mit den rhetorischen Disziplinen wie mit den ›realistischen‹. Ein Mann wie Johann Balthasar Schupp zeigt die Variabilität dieser drei Größen. Er ist Professor für Eloquenz und Geschichte, vertritt pragmatisch-utilitaristische Grundsätze im ökonomischen Sektor und propagiert den Ausbau der Realdisziplinen in den Unterrichtsanstalten. Er gilt der communis opinio als ›Politicus‹. Dabei ist sein Stilbegriff völlig anders geartet als der hochrhetorische des ›Politicus‹ Lohenstein.[49] Wieder anders fundiert ist die Rhetorik des ›Politicus‹ Thomasius. Bei der Etikettierung ist also Vorsicht am Platze. Oft sind die Unterschiede unter den Gegnern des Humanismus größer als die Gemeinsamkeiten. Auch spiegelt die Zugehörigkeit zum ›Realismus‹ manchmal eine Gegnerschaft zum Humanismus vor, die erst nachträglich – aufgrund der überbewerteten zukunftsweisenden Divergenzen – konstruiert worden ist.

Der ›Realhumanist‹ Ludovico Vives gehört ebenso zur realistischen Bewegung wie Michel de Montaigne, der einmal als Humanist, ein andermal als Realist apostrophiert wird, je nachdem, welcher Aspekt seines vielseitigen und synkretistischen Werkes im Vordergrund steht.

Wolfgang Ratke, Johann Valentin Andreae und Jan Amos Komensky, die Hauptvertreter des pädagogischen Realismus, vermitteln stärker als der einflußreichste Wissenschaftsprogrammatiker des 16. Jahrhunderts, Francis Bacon, zwischen den bewährten Errungenschaften des Humanismus und den neuen, technisch-naturwissenschaftlichen Tendenzen. Komensky wie auch der ältere Ratke

---

[49] Schupp: Der Teutsche Lehrmeister, S. 72; Doctoris Schuppii Morgen= Und Abend= Lieder. In: J. B. Schupp: Schrifften o. J. S. 934f. Zu Schupps Poesieverständnis Stötzner: Johann Balthasar Schupp, S. 45f.; Vogt: Johann Balthasar Schupp, in: Euphorion 17 (1910), S. 482f.

vertreten ein ganzheitliches, jedoch stark von der religiös motivierten Pansophie beeinflußtes Konzept, in dem die Naturwissenschaft allenfalls als – modernes – Mittel zum Zweck definiert ist.

Früh schon hat Christian Weise auf die Gefahr hingewiesen, die dem rigoros betriebenen Realismus droht: den Auseinanderfall der Realität in einzelne Realitätspartikel, die das einigende Band vermissen lassen. Allerdings, wenn er diese Kritik gegen Komenskys Schulbuch »Orbis pictus« vorträgt,[50] trifft er vielleicht die schulische Praxis, die mit diesem Lehrbuch verbunden war, in keinem Fall jedoch die Intention Komenskys selbst. Dessen Absicht war jedenfalls auf eine universale Erfassung der religiös gegründeten Welt ausgerichtet, und die Methode des rechten Zugangs war der mühsame Weg über die Erfahrung, sei es die wissenschaftlicher oder die persönlich-erlebender Art.

Gegen Ende des Jahrhunderts nehmen gegenüber den religiösen Motivationen die pragmatischen Tendenzen zu. Während bei Johann Balthasar Schupp der lebenspraktische Nützlichkeitsaspekt überwiegt, dominiert in den Schriften Veit Ludwig von Seckendorffs eine eher christlich-politische Auffassung. Johann Joachim Becher bezieht als einer der ersten ökonomisch-volkswirtschaftliche Gesichtspunkte in seine pädagogischen Überlegungen ein; bei Erhard Weigel schließlich tritt die mathematische Komponente in den Vordergrund. Diese Namen signalisieren die wichtigen Komponenten ›moderner‹ Wissenschaft: Die gesellschaftlich-politische Bezugsetzung, den Aspekt des individuellen und des staatlichen Nutzens und die mathematisch-naturwissenschaftliche Grundlegung.[51]

Die Humanismuskritiker unterschiedlicher Couleur – die als ›volkstümlich‹ oder ›altdeutsch‹ bezeichneten sind hier nicht genannt[52] – vertreten gemeinsam fünf Punkte:

1. den Abbau der Lateinsprachigkeit und die Förderung des muttersprachlichen Unterrichts,
2. die Betonung der Erfahrungswerte mit der erkenntnistheoretischen und pädagogischen Überordnung der res über die verba,
3. die Aufwertung mathematisch-naturwissenschaftlicher Disziplinen gegenüber den sprachlich-literarischen Fächern,
4. die Etablierung galant-politischer Sonderfächer, die den Schüler zum ›Weltmann‹ bilden sollen,
5. die Propagierung ›natürlicher‹ Grundsätze vor allem in Poesie und Beredsamkeit.

In Lohensteins und in Morhofs Werk verbinden sich diese realistischen Tendenzen der modernen Zeit – in unterschiedlicher Akzentuierung – mit der herkömmlichen

---

[50] Auch Vierhaus: Deutschland im Zeitalter des Absolutismus, S. 100, weist auf die Gefahren des Realismus hin.
[51] Moog: Geschichte der Pädagogik, Bd. 2, S. 255ff., 300ff.
[52] Etwa Moscherosch, Rompler von Löwenhalt, Grimmelshausen, Lauremberg und Grob; vgl. Windfuhr: Barocke Bildlichkeit, S. 341ff., 351ff., 363ff.

sprachlich-literarischen Komponente unter dem Mantel synthetisierender Polyhistorie; bei Weise schlägt sich der utilitaristische Geist direkt in der Poesie-Konzeption nieder.

2. Die Hyperbolisierungstendenz in der nachopitzschen Kunst-Poesie

2.1 Die Aufschwellung verbaler Elemente (Manierismus)

Kennzeichnend für die Entwicklung der deutschsprachigen ›gelehrten Poesie‹ in der zweiten Hälfte des 17. Jahrhunderts ist ihre Hyperbolisierung. Sie erstreckt sich auf den Gebrauch der verba und der res.[53] Die Verbalhyperbolik tritt naturgemäß in der elocutio und als verbale Spielart der inventio in Erscheinung. Das vieldiskutierte Phänomen wurde zunächst, in Anlehnung an die Manierismus-Debatte,[54] als pararhetorisch definiert.[55] Conrad Wiedemann, der den von Gustav René Hocke geprägten Begriff[56] aufnahm, unterschied zwischen einer rhetorisch strukturierten klassizistischen Poesie (»katadox«) und einer pararhetorisch strukturierten manieristischen Poesie (»paradox«) und folgerte, die Kunstpoesie des Barockjahrhunderts habe keine antirhetorische Haltung, allenfalls eine überrhetorische gekannt. Diese Einschätzung, das haben die erst nach Wiedemanns Ansatz vorgelegten Untersuchungen über barocke Rhetorik gezeigt, war unhaltbar, weil sie auf einem zu eng gefaßten Rhetorikverständnis basierte.[57] Insbesondere Ludwig Fischer hat die Besonderheit des »poetischen Stils« im Rahmen der rhetorischen Stilvorschriften herausgearbeitet.[58] Joachim Dycks Einwände gegen die von Fischer an Buchners Poetik vorgenommene Taxierung des poetischen Stils erweisen zwar den apologetischen Charakter der Buchnerschen Argumente,[59] doch – hier ist Sinemus zuzustimmen – schließen sie eine Verallgemeinerung des Ergebnisses nicht aus. Sinemus zitiert selbst verschiedene Barockpoetiken, die den »stilus poeticus« gegenüber der Oratorie abgrenzen.[60] Die Belege ließen sich

---

[53] Buck betont für die italienische Poesie denselben Trend des Gegeneinander von res und verba. Im Marinismus z. B. überwiegt deutlich der verba-Aspekt (argutia, Konzeptualismus). Buck: Renaissance und Barock, S. 54, bes. zu Tesauro.

[54] Zur Manierismus-Debatte s. Barner (Hrsg.): Der literarische Barockbegriff.

[55] Wiedemann: J. Klaj und seine Redeoratorien, S. 113–126.

[56] Hocke: Manierismus, bes. S. 101, 169f.; dazu Ueding: Einführung in die Rhetorik, S. 96.

[57] Barner: Barockrhetorik, S. 71, nennt den Begriff der Para-Rhetorik »sachlich abstrus«. Kritisch zu Wiedemann auch Fischer: Gebundene Rede, S. 274f.; er stellt fest, daß es sich nicht um Para-Rhetorik handle, »sondern um eine bestimmte, geschichtlich sich oftmals in unterschiedlichen Formen andeutende Art von Rhetorik.«

[58] Fischer: Gebundene Rede, S. 52–60. Vgl. auch die Abhandlungen von Fritz Strich: Der lyrische Stil, und von A. Joseph: Sprachformen der deutschen Barocklyrik, in: Alewyn, Deutsche Barockforschung, S. 229ff., S. 284ff.

[59] Dyck: Rezension von Fischer: Gebundene Rede, S. 74; ders.: Orator and Poet, S. 1–15.

[60] Sinemus: Poetik und Rhetorik, S. 201f. nämlich Uhse, Hübner, Hunold, Morhof und Männling. Wichtig besonders der letztere, Helicon, S. 17, der den stilus poeticus strikt von der »Redner=Art« unterscheidet.

unschwer vermehren. Gerade gegen Ende des Jahrhunderts nimmt die Berufung auf die licentia poetica zu, so daß der poetische Stil gegenüber dem den Rednern zugestandenen zwar nicht exakt definiert, wohl aber abgegrenzt werden kann. Falsch wäre allerdings, in der dem Poeten eingeräumten Freiheit nun das ›pararhetorische‹ Element zu sehen. Es handelt sich bei der licentia um Zugeständnisse, das gewählte genus zu verlassen, während der Redner streng daran gebunden bleibt. Hunold und Morhof weisen der Poesie gegenüber der Oratorie generell das genus grande zu, sie zeichne sich durch »höhere«, »härtere« Metaphern aus,[61] sie sei eine Form der eloquentia, die »an Figuren, Metaphoren / Allegorien und Sententien / wo nicht einen Überfluß / doch keinen Mangel hat.«[62]

Bei der folgenden Reflexion geht es nicht um die Abgrenzung eines poetischen von einem rhetorischen Stil oder um die exakte Situierung der poetischen Stilhöhe innerhalb der rhetorischen Stillehre. Der verwendete Begriff der ›Hyperbolik‹ bezieht sich auf den Sachverhalt der historischen Entwicklung innerhalb des poetischen Stiles selbst: auf die Verlagerung vom genus medium auf das genus grande (oder sublime).[63] Bezeichnend für die Verschiebung ist das auch im Sektor der Rhetorik selbst und der Epistolographie beobachtete Vordringen des Ideals der Zierlichkeit, der Zunahme schmückender Elemente.[64] Charakteristisch für diese Tendenz ist die – von Windfuhr im hyperbolischen Zusammenhang gedeutete – Mode des Komplimentierwesens.[65] Ansätze zu einer Erweiterung der elocutio in Richtung manieristischer Stile finden sich weniger bei Buchner,[66] der eher Opitz' humanistisch-rhetorische Linie fortsetzt,[67] als bei den Nürnbergern,

---

[61] Morhof: Unterricht, S. 607f.

[62] Hunold: Teutsche Oratorie, S. 4.

[63] Zum hohen Stil Dyck: Ticht-Kunst, S. 94ff. Zur Hyperbel van Ingen: Vanitas, S. 256ff. »Die Übertreibung hat den Zweck, einen wichtigen Gegenstand noch wichtiger und wuchtiger zu machen. Sie gibt dem Thema durch die Wucht der Bilder und des sprachlichen Ausdrucks überdimensionale Proportion, wodurch sie eine gesteigerte Aufnahmebereitschaft des Hörers zu erzielen sucht.«

[64] Zum Vordringen des Zierlichkeitsstils Windfuhr: Barocke Bildlichkeit, S. 344f. Während bei Opitz und seinen Anhängern die »Reinlichkeit« vor der »Zierlichkeit« figuriert, dringt diese bereits bei Zesen vor. Ansätze zur Umwertung des Decorum-Begriffs finden sich bei Harsdörffer (dazu Fischer: Gebundene Rede, H. J. Lange: Aemulatio veterum); zur Verhöfischung des Briefstils s. Nickisch: Die Stilprinzipien, S. 79f., S. 210. »Die Zierlichkeit oder das Zierliche ist das für die deutsche Brieftheorie des 17. Jahrhunderts meistberufene und wichtigste Stilprinzip. Um die Mitte des Jahrhunderts hat es alle anderen Stilgrundsätze an Bedeutung überflügelt und wird in der zweiten Jahrhunderthälfte als das oberste Stilprinzip zum beherrschenden Stilideal.«

[65] Windfuhr: Barocke Bildlichkeit, S. 159ff. »Im Kompliment schafft sich die Hyperbel ihre angemessenste sprachliche Form. Die Barockzeit bevorzugt die schweren, großen Höflichkeitsbezeugungen, nicht die zierlichen wie die Periode der Galanten und des Rokoko. Sie wählt hohe kosmische Vergleiche, Metaphern und Exempel aus der Göttermythologie, den heroischen Abschnitten der Bibel, sowie prächtige, tiefsinnige Sentenzen. Die Höflichkeiten müssen eindrucksvoll und gewaltig sein.«

[66] Buchner: Anleitung, S. 14ff.; Fischer: Gebundene Rede, S. 53ff.

[67] Zu Buchners Klassizismus Böckmann: Formgeschichte, S. 366.

bei Harsdörffer und Klaj.[68] Die Aufschwellung der formalen Elemente, die sich in der praktischen Aufwertung der ars (gegenüber der natura) und innerhalb ihrer Anweisungen im Akzentuieren von ornatus-Bestimmungen (Decorum-Lehre) äußert, geht einerseits auf Kosten der inhaltlichen inventio, andererseits verbindet sie sich – wie bei Lohenstein – mit einer Hyperbolisierung der Realien-Gelehrsamkeit. Die Zunahme des artifiziellen Sprechens führt über Harsdörffer, Schottel, Birken, bis zu Stieler und dem Kreis um Hofmannswaldau und Lohenstein. In Deutschland vollzieht sich eine Entwicklung, die in Italien wesentlich früher zum Abschluß gekommen war.[69] Marinismus und Asianismus[70] sind manieristische Spielarten, die erst nach Opitz auf die deutsche Poesie zu wirken begannen. Hugo Friedrichs Charakterisierung des Manierismus als einer Anhäufung von Stilfiguren auf engem Raum, deren Verwendung »weder von der dargestellten Sache erfordert, noch aus Zweck und Rang der Darstellung motivierbar« sei,[71] zielt auf den Asianismus, nicht aber auf den antiken Manierismus, der H. J. Lange zufolge zum beherrschenden Stiltypus der barocken Literatur des 16. und 17. Jahrhunderts avancierte. In Deutschland trifft Langes Charakterisierung auf die unmittelbaren Nachfolger von Opitz und allenfalls auf die Nürnberger zu, nicht mehr dagegen auf die schlesischen Dichter der zweiten Jahrhunderthälfte. Auf sie haben die Theorien der argutezza (acutezza) so bestimmend eingewirkt, daß von der Opitz'schen Ausgewogenheit zwischen verba und res nichts mehr übrig geblieben ist. Daß das Streben nach einer »erhöhten, vom Gewöhnlichen abweichenden Sprachkunst« den Keim zum Manieristischen enthält,[72] läßt sich den theoretischen Äußerungen auch deutscher Poetiker entnehmen. August Buchners früher erwähnte Behauptung, der Poet schwinge sich über den Redner und den Historiker, mag apologetisch motiviert sein;[73] die Anschließung Harsdörffers an Ronsards im Vorwort der »Franciade« abgegebenes Urteil »Le Style prosaique est ennemy capital de l'eloquence poetique«[74] zeugt bereits von einer selbständigen Tradition poetischer Kunstrede. Ihr Charakteristikum ist das Figurenkleid, das die Rede »von den gemeinen alltagsworten« absondert.[75] Schottel, Neumark/Kempe

---

[68] Zu Harsdörffer Dyck: Ticht-Kunst, S. 90, Böckmann: Formgeschichte, S. 371, Herrmann: Naturnachahmung, S. 86, Kayser: Die Klangmalerei, passim; Windfuhr: Barocke Bildlichkeit, S. 166, zu Harsdörffers Bestreben, den Barockstil auf die Stadtkultur zu übertragen: »Das adelige Vorbild ist stets gegenwärtig, wird aber den beschränkten Verhältnissen der Städter angepaßt.« Ebd., S. 315, 321. Übrigens bringt Morhof als erster den Schwulst-Vorwurf gegen die Nürnberger, nicht etwa gegen die zweite schlesische Schule auf; Unterricht, S. 217. Zu den Schäferdichtungen speziell v. Waldberg, Die galante Lyrik, S. 190f.; Meyer: Schäferroman, S. 18f.; vgl. Harsdörffer: Gesprächsspiele V, S. 316ff.; Birken: Teutsche Redebind- und Dicht-Kunst, S. 205.

[69] Dazu H. J. Lange: Aemulatio veterum; Friedrich: Manierismus, S. 353ff.

[70] Lange: Aemulatio veterum, S. 27f.

[71] Friedrich: Manierismus, S. 354.

[72] Ebd., S. 354; Wendland: Die Theoretiker und Theorien, S. 221.

[73] Wiedemann: J. Klaj, S. 116f.

[74] Harsdörffer: Poetischer Trichter, Tl. 3, S. 67.

[75] Ebd., S. 66f. Vgl. S. 112 »Die Edle Poeterey gleichet einer reichlich geschmückten Königin / welcher Thron über alle andre Wissenschaften hinauf gesetzet ist.«

und Zesen bauen diese Tradition weiter aus.[76] Kaspar Stieler, der in der »Sekretariatkunst« die hohe Stilart beschrieben hat,[77] stellt in seiner Poetik – von der Pindarischen Ode, in welcher der Dichter »vor andern himmlisch seyn« müsse – explizit die Forderung des »ungemeinen Sprechens« auf.[78]

»Gleich wie er überal die Rede so muß führen,
daß ein Poetenklang in Versen sey zuspüren.
Schreibt wer nur, wie er redt', ob er schon reimt zuletzt
der wird drüm nicht sobald vor Föbus Kind geschätzt.
Es braucht der Helikon ein ungemeines Sprechen,
draus Ansehn, Feur und Kunst mit kühner Freyheit brechen,
hoch, sinnreich, Anmuts voll, bewegend und entzückt,
buntfärbig, das iedoch der Meinung Kraft ausdrückt
mit Anstand und Gebühr [...]«[79]

Das Postulat gilt keinesfalls nur für Odendichtung. An anderer Stelle – anläßlich der Empfehlung, deutsche Schriften zu lesen – vergleicht Stieler die Überlegenheit der »sondren dichtersprach« über das »gemeine Sprechen« dem Vorstrahlen der Sonne und des Mondes über die Sterne.[80] Eine besonders in den Schulpoetiken[81] empfohlene Technik der Stil-Hyperbolik ist die Amplificatio.[82] Stieler behandelt in seinen elocutio-Anweisungen mit Vorliebe Fragen der Sprachreinheit und des Wohlklangs, rhetorische Figuren und Tropen.[83] In der Poesie selbst begegnen am häufigsten die Epitheta ornantia, Metaphern und Gleichnisse als Ausdruck der stilistischen Aufschwellung. Im syntaktischen Gefüge entspricht dieser Tendenz die Zunahme der Hypotaxe.[84] Manfred Windfuhr hat in seiner umfassenden

---

[76] Schottel: Teutsche Vers- oder Reimkunst, S. 2. »Denn ein Poetischer Geist ist von sich selbst von Sinnreichen anmuhtigen Einfällen / voll Fewers / Steiget unnachfölgig / keckes unternehmens / flügelt sich mit Göttlicher Vernunfft / übertrifft die Altags-Erfindungen / und übersteiget das / was nur erlernet wird.« Vgl. Böckmann: Formgeschichte, S. 367ff. Kempe/Neumark: Poetische Tafeln, S. 298, zitiert Buchners »Wegweiser«; Zesen im »Helicon«.

[77] Stieler: Sekretariatkunst, Tl. 2, S. 341; dazu Nickisch: Die Stilprinzipien, S. 88–96.

[78] Bei Stieler fällt die Diskrepanz zwischen der eigenen frühen Poesie (»Geharnschte Venus«) und den späteren, zum ›ungemeinen‹ Stil tendierenden theoretischen Schriften auf. Windfuhr: Barocke Bildlichkeit, S. 169.

[79] Stieler: Dichtkunst des Spaten, S. 89, V. 3049–3057; ferner V. 3063ff., wo vom Austausch des »Werkelkleids« mit dem »güldnen Stück« die Rede ist. Dazu Markwardt: Geschichte, Bd. 1, S. 218f. mit der bei ihm üblichen begrifflichen Fehlbewertung.

[80] Stieler: Dichtkunst des Spaten, S. 122, V. 4380f.; vgl. auch S. 131, V. 4745ff. über »Blümerey«; dazu Markwardt: Geschichte, Bd. 1, S. 216ff.; Böckmann: Formgeschichte, S. 266; Bolte: Eine ungedruckte Poetik, S. 116.

[81] Dazu Kapitel III 3.2.

[82] Zur Amplifikation s. Dyck: Ticht-Kunst, S. 53. Stieler definiert in der »Sekretariatkunst« I, Tl. 2, S. 105: »Erweiterung als welche durch ermelter Stellen [loci] Zusammenhäuffung eine Rede und Schrift gleichsam ernehret / und vervollkommnet« wird. Ferner v. Waldberg: Renaissancelyrik, S. 236ff. Wichtig ist die Amplificatio in den Poetiken von Rotth, Reimmann: Poesis Germanorum, S. 4f., wo faktisch die amplificatio verbalis und realis mit der Verbal- und der Realhyperbolik zusammenfallen.

[83] Bolte: Eine ungedruckte Poetik, S. 116.

[84] Nickisch: Die Stilprinzipien, S. 81ff.

Studie über »Barocke Bildlichkeit« die von der Hyperbolisierung erfaßten Stilbereiche mit großer Ausführlichkeit dargestellt,[85] so daß sich die Aufzählung von Exempeln erübrigt. Die Hyperbolik darf dabei nicht allzu eng gefaßt werden; sie beschränkt sich nicht auf den ornatus, sie ist auch nicht mit der Spättendenz des ›Schwulstes‹ identisch.

Zur Überfunktion des Stils zählen auch die onomatopoetischen Versuche der Nürnberger. Wagenseil (1695) zitiert die Beispielverse

»Brummet Immen / um und um /
Summet / brummelt / seyd nicht stumm.«

Der in ihnen »den Geschöpfen« zugeeignete »natürliche Thon« sei eine »Zierde der Verse«.[86] Wichtiger für die Entwicklung verbaler Aufschwellung sind Wagenseils Feststellungen über die Epitheta und die Periphrases, die in der zweiten schlesischen Schule zentrale Bedeutung gewinnen.

»Eine schöne Verszierde sind die Epitheta oder Beysatzwörter / die einen Substantivo beygefügt werden: und diese muß man von den Eigenschafften dessen / dem sie zugesetzet werden / hernehmen. Z. B. Der König David kan heissen / der braune / tapfere / süß-spielende / herrschende David. Der Wein wird genennet / der Sorgenvertreiber / Freudenwecker / Traurenzwinger / Schlafreitzer / Poetensaft / das Kälterblut. [...]
Eine Verse-Zier sind die Umschreibungen oder Periphrases, wann ein Ding durch etwas ihm eignendes beschreiben wird. Als / wann ich sage: Der Hirt von Betlehem / der Mann nach GOttes Hertzen / der Jesse Sohn / und darunter den David verstehe. Herr Opitz umschreibt an unterschiedlichen Orten die Sonne / daß sie sey / des Tages Augenlied: des Himmelslampe: des Tages Zier: die Kertze dieser Erden: der schöne Himmels-Schild: der Fürst der Planeten: die helle Tages-Kertze: der Wagenherr der Erden: der Printz der schönen Zahl.«[87]

Was bei Opitz zu den überlegt eingesetzten Stilfiguren gehört, wird in der zweiten Jahrhunderthälfte zur Regel. Ein Streiflicht auf die artifizielle Technisierung der elocutio wirft Athanasius Kirchers Erfindung einer ›Metaphernmaschine‹.[88] Hofmannswaldaus »Lobrede an das liebwertheste frauen-zimmer« häuft die Metaphern – das hyperbolische Sprechen wird zur Manier. Der nach den Zeilen

»Der sinnen schiff soll mich in solche länder führen /
Wo auff der see voll milch nur liebes-winde wehn«

anhebende Lobpreis des weiblichen Busens umfaßt 76 mit Vergleichen und Metaphern vollgestopfte Verse (von insgesamt 108 Versen). Einmal sind die

---

85 Windfuhr: Barocke Bildlichkeit, S. 160. Zu den Schwulst-Dichtern ebd., S. 314f. Als ›schwülstig‹ galten Lohenstein, von Ziegler, Männling, G. Chr. Lehms, J. G. Neidhardt, bedingt Hofmannswaldau; überwiegend schwülstig Chr. H. Amthor, der junge Benjamin Neukirch, Quirinus Kuhlmann; z. T. Andreas Gryphius, die Nürnberger, Chr. H. Postel, der frühe Joh. Chr. Günther.

86 Wagenseil: Pera Librorum Juvenilium S. 709.

87 Ebd., S. 708f.

88 A. Kircher: Physiologia Kircheriana Experimentalis. Amsterdam 1680, S. 127ff. Dazu Hocke: Die Welt als Labyrinth, S. 123f.

Brüste »ein paradieß / in welchem äpfel reiffen«, dann »zwei felsen / um die stets des Zephirs winde pfeiffen«, ein andermal »ein ausgeputzt altar / für dem die welt sich beugt«.

»Ein kräfftig himmel-brod / das die verliebten schmecken;
Ein alabaster-hauß / so mit rubinen prahlt;
Ein süsser honigseim / den matte seelen lecken;
Ein himmel / wo das heer der liebes-sterne strahlt.
Ein scharff geschliffen schwerd / das tieffe wunden hauet /
Ein rosen-strauch / der auch im winter rosen bringt.
Ein meer / worauff man der Syrenen kräffte schauet /
Von denen der gesang biß in die seele dringt.
Sie sind ein schnee-gebürg / in welchem funcken glimmen /
Davon der härtste stahl wie weiches wachs zerfleust.
Ein wasser-reicher teich / darinnen fische schwimmen /
Davon sich sattsam ein verliebter magen speist.«[89]

Angesichts dieser ›Überfunktion des Stils‹[90] wird der später von Wernicke erhobene Vorwurf des Schwulstes verständlicher. Aber noch Morhof rühmt an Hofmannswaldau die »Sinn- und Spruchreiche Schreibart«, die er nach italienischer Manier geführt habe – sein Hauptwerk, die »Heldenbriefe« seien »sehr zierlich / und mit Metaphorischen Redensarten / nach der Italiänischen Weise / durch und durch gewürtzet.«[91] Die einer solchen verbal-hyperbolischen Stilisierung zugrundeliegende Anschauung findet sich bei den italienischen Theoretikern des Manierismus, bei Tesauro und Pellegrini.[92] Argutezza und ingegno werden zu Leitbegriffen der italienischen Poetik. Ungewohnte und uneigentliche Wörter sind ein Ausdruck der scharfsinnigen Erfindungskraft des Poeten.[93]

Gegenüber dem nackten grammatischen Ausdruck verlangt das argute und rhetorische Sprechen ingeniöse Arbeit.[94] Das Gipfelprodukt einer solchen Anstrengung des ingegno ist die Metapher:

---

[89] Christian Hofmann von Hofmannswaldau: Lob-rede an das liebwertheste frauen-zimmer, in Hofmannswaldau: Gedichte ed. Windfuhr, S. 27.

[90] Friedrich: Manierismus, S. 354. Vgl. auch Cohn: Gesellschaftsideale, S. 87f. zu Tscherning. Über die Verbalhyperbolik Hofmannswaldaus äußert sich Gaede: Humanismus, S. 175f. zutreffend. »Die Verselbständigung des Stils war Folge des von Hoffmannswaldau betonten freien ›erfindens‹, da das die Unverbindlichkeit gegenüber jedem Sachbezug einschloß. [...] Das bedeutete den Triumph der verba über die res, des Stils über die Sache.«

[91] Morhof: Unterricht, S. 216, vgl. S. 110. Ebenso B. Neukirch: Vorwort zur Hofmannswaldauischen Anthologie, S. 13.

[92] K.-P. Lange: Theoretiker des literarischen Manierismus. Zur italienischen Scharfsinn-Lehre s. Martino: Lohenstein, S. 137ff.; Gaede: Humanismus, Barock, Aufklärung, S. 177f. A. Buck: Emanuele Tesauro und die Theorie des Literaturbarock. In: Emanuele Tesauro, Il cannocchiale aristotelico. Bad Homburg 1968, S. V–XXIV.

[93] Lange: Theoretiker, S. 74ff. Zur Verbindung von Hyperbolik und Scharfsinn Cohn: Gesellschafsideale, S. 88. Zur Acutezza im 17. Jahrhundert: Beetz: Rhetorische Logik, S. 209–245.

[94] Lange: Theoretiker, S. 73.

»Et eccoci alla fin peruenuti grado per grado al più alto colmo delle ›Figure Ingegnose‹: à paragon delle quali tutte le altre Figure finquì recitate perdono il pregio: essendo la METAFORA: il più ›ingegnoso‹ & ›acuto‹: il più ›pellegrino‹ e ›mirabile‹: il più ›giouiale‹ & ›gioueuole‹: il più ›facondo‹ & ›fecondo‹ parto dell' humano intelletto.«[95]

Auffällig ist die Tendenz zur Aufwertung der aus den Worten abgeleiteten Erfindung. Wagenseil – nur einer unter vielen – definiert:

»Die Erfindung wird hergenommen / entweder von dem Wort / oder von dem Dinge selbsten / davon man handelt / oder von den Umständen desselben / oder den gehörigen Gleichnissen.«[96]

Die beliebtesten Erfindungen knüpfen an Namen an. Magnus Daniel Omeis' Name könnte etwa den ingeniösen Dichter veranlassen, seinen Fleiß mit dem einer Ameise zu vergleichen. Andere Erfindungen basieren auf Anagrammen, den sogen. »Letterkehren« oder »Buchstabenwechseln«. Aus »Die fruchtbringende Gesellschaft« schüttelt man »Deutscher Gegend lieblicher Safft« heraus. ›Herr Gottfried von Peschwitz‹, der Kompilator eines poetischen Realienlexikons, versetzt seinen Namen in die verheißungsvolle Formel »Du recht frewdiger Opitz=Sohn«.[97] Andere verbale Spielereien sind die »Wortgrifflein; (Logogriphi): Aus »Lieb« wird »Beil«, »Leib«, »Blei« und, bei Tausch von i und ü sogar »übel«. Das gibt Anlaß zu dem Sinnspruch

»Die Lieb in unserm Leib heisst Ubel mancherley /
Bald ist sie wie ein Beil / bald ganz erstarrtes Bley.«[98]

Krebsreime (Palindromi – »si bona non a nobis«) wurden noch von Klopstock als geistreiche Spielerei gepflegt – ohne freilich als ›Poesie‹ zu gelten. In den »Zahlgebänden« (Chronodisticha) steigt der poetische Geist zur Zahlenkabbalistik auf.[99] Poetisch freilich sind solche Spielereien kaum noch zu nennen, sie weisen allenfalls auf den ›ingeniösen‹ Geist des Verfassers hin. Eine andere Spielart der ars-Hyperbolik übersteigt den Verbal-Bereich und reicht in die Struktur des Poems hinein. Es handelt sich um die zunehmend bevorzugten Formen, die nicht mehr den antiken Vorbildern entstammen, sondern sich geistreich-scharfsinniger Spielerei verdanken, wie etwa Bild- oder Figurengedichte,[100] Centones oder »Stückelgebände«, konzettigefüllte Epigramme und Rätsel.

---

95 Zit. nach Lange, S. 78.

96 Wagenseil: Pera Librorum Juvenilium, S. 682.

97 Zur Letterkehr ebd., S. 736f.; vgl. Böckmann: Formgeschichte, S. 372. Ferner Redtel: Ein Nothwendiger Unterricht, Kap. 17, z. B. »Unser Herr Jesus Christus« wird zu »Wirst unser Herrscher seyn«; »Unser Römischer Kayser« zu »Sey Schirmer unß erkohren«.

98 Ebd., S. 738.

99 Zur Verwendung der Zahlen in der Barockpoetik Sieveke: Topik, S. 39f.; Hocke: Manierismus, S. 168; Curtius: Europäische Literatur, S. 491ff., 371ff., 499f. Die ars Lulliana wurde erst 1660 in Daniel Richters »Theasaurus oratorius novus« für die inventio nutzbar gemacht – als Entsprechung des polyhistorischen Ideals.

100 Redtel: Ein Nothwendiger Unterricht, Kapitel 10; ausführlich auch bei Wagenseil: Pera Librorum Juvenilium, S. 733f.

Im Bereich geistlicher Poesie hat diese verbale Aufschwellung eine analoge Entwicklung erlebt. Wie bei der weltlichen Poesie die Polymathie Pate der inhaltlichen Aufgipfelung war, so bei der geistlichen Poesie die Pansophie und ihre verwandten Strömungen. Im Werk Christian Knorrs von Rosenroth (1636–89) und Johannes Schefflers (1624–77) erhalten die früher bei Czepko und Franckenberg bemerkbaren Tendenzen den bezeichnenden Ausdruck gelehrt-mystischer Poesie.[101] Schefflers Anfänge sind durch die Pansophie bestimmt; Rosenroths Mystizismus enthält kabbalistische[102] und rosenkreuzerische Bestandteile[103] und führt die Entwicklungslinie Paracelsus – Böhme fort. Die Verbindung zum herkömmlichen humanistischen Ideal stellt auch bei ihm die Schule her: Rosenroths Gelehrsamkeit, vor allem seine Sprachenkenntnis – er soll zwölf Sprachen beherrscht haben – liefern dafür das Indiz.

Die Übersteigerung auf religiös-mystischem Gebiet manifestiert sich im Werk Quirin Kuhlmanns (1651–89). Einerseits ist die inhaltliche Gelehrsamkeit dem Glauben nachgeordnet: Wissenschaften »machen zwar gelährt; aber nicht Gottesfürchtig; verständig in Weltsachen / doch nicht in Himmelsdingen klüger«.[104] Andererseits bedient sich dieser, die Franckenbergsche Skepsis gegenüber der weltlichen Wissenschaft weitertreibende Mystizismus einer extrem formalen Kunst, stellt also das rhetorische Können selbst in den Dienst der Absage an ausschließlich humanistische Gelehrsamkeit. Die wahre Weisheit emaniert aus Gott. Ihr vollkommenster Ausdruck ist die Dichtkunst. Der Poet wird zum wahren Gelehrten: »Rechtschaffene Tichter sind aller Weisheit Großväter; ihre Reime gleichen sich den Kleinodien / mit denen di Wissenschafften sich auszieren.«[105] Dem Axiom von der himmlischen Wesensart der Poesie entspricht die Aufwertung der natura gegenüber der ars, freilich im Rahmen des bekannten dualistischen Schemas:

> »Rechtschaffene Tichter werden gebohren: di Natur überwiget weit di Kunst in der Poeterei; doch ist das eine sonder das andere unvollkommen; werden si aber zusammen vermählet / verdinet es gantz keine Verwunderung / wenn mühsamerlangte Verskünstelei muß den Krebsgang gehen.«[106]

Die Argumentation einer Verbindung von natura und ars, die Ablehnung der als »Einbildungswerck« verurteilten nicht-gelehrten Poesie und die traditionelle

---

[101] Dazu Newald: Vom Späthumanismus zur Empfindsamkeit, S. 234ff., 260ff.; Hankamer: Deutsche Gegenreformation, S. 103ff.; W.-E. Peuckert: Die Entwicklung Abrahams von Franckenberg bis zum Jahr 1641. Diss. Breslau 1926.

[102] 1677 und 1684 publizierte er die zwei Bände seiner »Kabbala denudata«, 1667 gab er zusammen mit Helmont die »Consolatio philosophiae« des Boethius heraus. Zu Knorr s. K. Salecker: Christian Knorr von Rosenroth. Leipzig 1931.

[103] Besonders ausgeprägt in dem Lustspiel: Von der Vermählung Christi mit der Seelen, in: Neuer Helicon mit seinen Neun Musen, Das ist: Geistliche Sitten-Lieder. Nürnberg 1684, S. 211–262.

[104] Dietze: Kuhlmann, S. 92; zum Verhältnis von Wissenschaft und Poesie bei Kuhlmann ebd., S. 92–95.

[105] Geschicht-Herold, Vorgespräche, § 6.

[106] Ebd., S. 523.

Zuordnung der Poesie zur Beredsamkeit[107] weisen auf das humanistische Fundament auch der ekstatischen, scheinbar nicht- oder sogar gegenhumanistischen Dichtung Kuhlmanns hin. Die humanistische Herkunft seiner poetologischen Theoreme erhellt aus der Tatsache, daß er bereits mit 21 Jahren 1672 zum poeta laureatus (in Rudolstadt) gekrönt worden war,[108] und daß er während seiner Schulzeit von einem polyhistorischen Wissensdrang beherrscht war.[109] Sein Lobpreis des Polyhistors Hermann Conring zeugt von dem Wissenschaftsideal, dem der junge Kuhlmann angehangen hat,[110] ebenso wie der umfangreiche, den Gedichten beigegebene Anmerkungsapparat, mit dem er die eigene Gelehrsamkeit demonstriert.[111] Der geistigen Abkehr vom Humanismus entspricht indes kein formales Äquivalent. Denn formal ist Kuhlmanns Poesie von den Anfängen bis in die Zeit des »Kühlpsalters« ein hochartifizielles Produkt der Hyperbolisierung. Einflüsse der Nürnberger ›Schule‹ sind bei Kuhlmann unübersehbar.[112] Bereits das 41. Sonett aus der 1671 erschienenen Sammlung »Himmlische Libesküsse« bezeugt die rhetorische Schulbildung des Dichters:

»Auf Nacht / Dunst / Schlacht / Frost / Wind / See / Hitz / Süd / Ost / West / Nord / Sonn / Feur und Plagen /

Folgt Tag / Glantz / Blutt / Schnee / Still / Land / Blitz / Wärmd / Hitz / Lust / Kält / Licht / Brand / und Noth:

Auf Leid / Pein / Schmach / Angst / Krig / Ach / Kreutz / Streit / Hohn / Schmertz / Qual / Tükk / Schimpff / als Spott /

---

[107] Hermathena Peregrinantium, Vorrede: zit. nach Dietze: Kuhlmann, S. 93. »Poesis est Eloquentia ligata, Eloquentia Poesis soluta, Soror haec natu minor, illa major, ista sublimior, haec amaenior [...].«

[108] Dietze: Kuhlmann, S. 62–67. Im Rudolstädter Kreis galt Kuhlmann als ausgesprochener Gelehrter. Der kaiserliche Pfalzgraf Ahasver Fritsch schreibt ihm am 3. März 1672: »Egregia sanè sunt specimina Eruditionis, quae legenda transmisisti.« Auch Athanasius Kircher redet Kuhlmann »excellentissime, inclute, doctissime« (1674) an; Dietze, S. 103.

[109] Kuhlmann: Himmliche Libes-Küsse, Nachwort von B. Biehl-Werner, S. 7+f.; vgl. dies.: ›Himmlische Libesküsse‹. Untersuchungen.

[110] Kuhlmann: Geschicht-Herold, S. 355, Nr. 463. »J. H. Conring gleichet einem unschäzbar kostbahren Karfunkel / den der Allweiseste in das ädle Teutschland / als einen göldnen Ring versätzet / welcher seine Prachtstrahlen durch gantz Europa auswirfet / und mit dem Lichtglänzenden Schimmer der Finsterniße der Unwissenheit ausjaget. Conring ist ein Zirkel / dessen Mittelpunkt in den Helmstädter Refir; der Umkreiß aber zeucht sich / mit seinen ewiglebenden Nachruhme durch den gantzen Europeer-erdkreiß herum.«

[111] Auch Kuhlmann demonstriert seine Gelehrsamkeit durch Anhäufen umfangreicher Verweise auf antike und humanistische Autoritäten; Kuhlmann: Unsterbliche Sterblikeit, 2. Aufl. Jena 1671, S. 52f.

[112] Zu Kuhlmanns Beziehungen zu den Nürnbergern s. Dietze: Kuhlmann, S. 74–82, bes. S. 79ff. »Die maßlose schriftstellerische Fruchtbarkeit Harsdörffers und sein unvorstellbar umfangreiches Lexikonwissen scheinen Kuhlmann dazu veranlaßt zu haben, auf dem Wege wahlloser Stoffkompilation ähnliche Versuche zu unternehmen.« Auch im Formalen übernimmt Kuhlmann von den Nürnbergern »das Prinzip der spielerischen Abwandlung eines Themas, Motivs oder Verses, die übertriebene Lautmalerei, die Hypertrophie an Metaphern.«

Wil / Freud / Zir / Ehr / Trost / Sig / Rath / Nutz / Frid / Lohn / Schertz / Ruh / Glükk / Glimpff / stets tagen.«[113]

Die drei folgenden Quartette sind nach demselben Muster des nominalen (und adverbialen) vers rapporté gebaut. Kuhlmann, der sich als »Neubegeisterter Böhme« empfand,[114] hat, auf den Spuren des Görlitzer Schusters, die Tradition der Lateinsprachigkeit angegriffen. Das Vorwort des »Lehrreichen Geschicht-Herolds« (1673) nimmt Schottelsche Argumente auf.[115] In jeder Sprache könne jeder Gegenstand behandelt werden.

»Darum funden wir / daß die Gelährtesten di höchsten Gemüttserfindungen in ihrer Vaterlandssprachen aus tifsinnigstem Vorbedacht belehret / und Grichen Grichisch / Römer Lateinisch / Ebreer Ebreisch / Mohren Arabisch / Italiäner Welsch / Frantzosen Frantzösisch / Spanier Spanisch / Holländer Niederländisch geschriben / weil si ihre Sprache von Natur besser / als eine fremde verstanden. Alsdann achteten wir nicht derjenigen Torheit / welche da di wenigüberblibenen Hefen von dem mittelmäßigem Weine der Römersprache weit liber schmekken wollen / als den Himmlischen Trank / den uns Teutschland in ihrer erstblühenden Mundart zu kosten darreichet. Die Teutsche Sprache ist rechtgöttlich [...].«[116]

Die Tendenz, Muttersprachlichkeit zu fördern, begegnet auch in der pansophisch ausgerichteten Didaktik von Komensky.[117] Freilich galt meist auch in der Theorie das Postulat nur für die Anfänge der Ausbildung. Wahrhafte Wissenschaft wurde weiterhin in lateinischer Sprache betrieben. Ein gewisser Widerspruch, den weder Opitz noch seine Nachfolger ausräumen konnten, bestand zwischen der Ausnahmslosigkeit, mit der sie ihre wissenschaftlichen Abhandlungen auf Latein verfaßten, und der Deklaration der Poesie als der höchsten Stufe der ›Wissenschaft‹. Erst Schottel hat wenigstens für die mit deutscher Grammatik und Sprachwissenschaft befaßte Wissenschaft die Konsequenz gezogen, sie auch im verherrlichten deutschen Idiom abzufassen. Kuhlmann knüpft an Schottel an, auch mit der Forderung nach Sprachreinheit (gegen »fremde Wortuntermischung«[118]) und

---

[113] Zit. nach Kuhlmann: Der Kühlpsalter ed. Arnold, S. 263; auch bei Dietze: Kuhlmann, S. 88. Dazu W. Mönch: Das Sonett. Gestalt und Geschichte. Heidelberg 1955, S. 151f.

[114] »A. Z. Quirin Kuhlmanns Neubegeisterter Böhme, begreiffend Hundert-fünftzig Weissagungen / mit der Fünften Monarchi oder dem JESUS REICHE des Holländischen Propheten JOHAN ROTHENS übereinstimmend / Und Mehr als 1000000000 Theosophische Fragen / allen Theologen und Gelehrten zur beantwortung vorgeleget; wiewohl nicht eine eintzige ihnen zu beantworten / wo si heutige Schulmanir sonder Gottes Geist folgen. Darin zugleich der so lang verborgene Lutherische Antichrist abgebildet wird. Zum allgemeinen Besten der höchstverwirrten Christenheit / in einem freundlich ernsten und eifrig-feurigem Liebesgeiste ausgefertiget an des Lutherthums Könige / Churfürsten / Printzen und Herren / wi auch allen Hoh-schulen und Kirchengemeinen Europens. Zu Leiden in Holland / Gedrukt vor den Autor, und ist zu bekommen bei Loth de Haes, 1674.« Zu Kuhlmanns Böhme-Erlebnis Dietze: Kuhlmann, S. 100–113.

[115] Bereits im Gedicht »Straffgetichte über di Mißgebrauchte Vers-kunst« (1671); Dietze: Kuhlmann, S. 71ff.

[116] Kuhlmann: Geschicht-Herold, Vorgespräch § 6.

[117] Komensky: »Magna Didactica« und »Pampaedia«.

[118] Prinzipiell dazu Wolff: Der Purismus; Dietze: Kuhlmann, S. 77.

orthographischer Vereinheitlichung. Die Empfehlung ›Schreibe wie du sprichst‹ bezieht sich noch ausschließlich auf die Orthographie, nicht auf den Redeausdruck (Stil). Zunächst hat Kuhlmann sich intensiv mit der Kombinatorik Athanasius Kirchers (»Ars Magna Sciendi sive Combinatoria«, 1669)[119] und der mechanischen Methode des mittelalterlichen Scholastikers Raymund Lullus (»Ars magna et ultima«) beschäftigt, eine eigene Denkmethode (»Wechselkunst«[120]) entwickelt und ein polymathisches Werk geplant.[121] Erst nach dem Böhme-Erlebnis bricht die Verachtung akademischer Gelehrsamkeit bei ihm durch:

> »Meine Jugend ist in Studiren zugebracht / habe vil gearbeitet / gelesen / geschriben / Bibliotheken besuchet / di wahre Weisheit in manch tausend büchern vergebens gesuchet [...]«[122]

Der utopische Entwurf »De Monarchia Jesuelitica« (1682) sieht die Ersetzung des akademischen Wissenschaftsbetriebs durch eine universalistisch ausgerichtete ›Gottes-Wissenschaft‹ vor.[123] Alchemistische Tendenzen rücken in den Vordergrund.[124] Kuhlmanns fortschreitende (ekstatische) Hyperbolisierung des Stils mag der Intention nach ›para-rhetorisch‹ gewesen sein. Doch das Ziel einer Sprachreform konnte, wie schon Newald gesehen hat, nicht mit »einer Übersteigerung der gleichen Mittel« erreicht werden.[125] Gerade im Extremwerk dieser Richtung, dem »Kühlpsalter« (1684/86), manifestiert sich die praktische Überlegenheit des humanistischen Poesie- und Rhetorik-Verbunds, der die antihumanistische Gesinnung doch nur in übersteigerter rhetorischer Rede Wort werden läßt.[126]

2.2. Die Zunahme der Realelemente als Ausdruck polyhistorischer Haltung

Oft vereint sich mit der Aufschwellung der Redeform die Hyperbolisierung des Sach-Inhalts: des verarbeiteten Stoffes und der eingesetzten Realien, der Bestand-

---

119 Windfuhr: Barocke Bildlichkeit, S. 343. Zur Kombinatorik von Raimund Lullus und deren Verbreitung durch Alsted, Kircher und Daniel Richter s. Sieveke: Topik, S. 32f.; Dyck: Ticht-Kunst, S. 31; Biehl-Werner, Nachwort zu Himmlische Libes-Küsse, S. 8⁺f. Insbes. vgl. die Nr. 16, 17 und 23 in der Bibliographie der Werke Kuhlmanns, bei Dietze, S. 538f.; Risse: Die Logik der Neuzeit, Bd. 1, S. 532f.

120 Vgl. Geschicht-Herold, S. 86–92; Dietze: Kuhlmann, S. 84, 90.

121 Dietze: Kuhlmann, S. 84, zählt 18 geplante Werke auf.

122 Kuhlmann: Zuschrift des Neubegeisterten Böhme (1674); zit. nach Dietze: Kuhlmann, S. 112; hier spricht Kuhlmann von der »Befleckung« durch den »Antichristlichen Rechts-Doctorgrad«, zu dessen Wegwerfen er sich entschlossen habe.

123 In diesem System existieren »kein Lachenswürdiger Doctor-Licentiat-Magister-Baccalauriat-Actus und andere dergleichen Närrische Titul«, sondern allein »wahre Erkäntnüsse / die aus der ewigen Lehr des ewigen Lehrmeisters ihren ewigen Uhrsprung hatten.« A. Z. Salomon a Kaiserstein cosmopolita de Monarchia Jesuelitica. London 1682. Zit. nach Dietze: Kuhlmann, S. 212.

124 Kuhlmann: A. Z. Cyrus Refrigeratorius Jerusalemitanus de Magnalibus naturae, ultimo aevo reservatis, ad adeptos magnosque orbis terrarum. (1682).

125 Newald: Vom Späthumanismus zur Empfindsamkeit, S. 271.

126 Zum Kühlpsalter Dietze: Kuhlmann, S. 263–300.

teile der Argumentationsstruktur, zu denen neben tatsächlichen Argumenten auch Embleme, Mythologeme, Hieroglyphen, Allusionen und Allegorien gehören.[127] Ein anschauliches Beispiel bietet Christoph Kaldenbachs »Anbindungs-Sonnet«, das mit mythologischen Figuren vollgestopft ist.

»Auff / schönest' Eos / auff! die Pleiades verbleichen /
Vnd funckeln minder jtzt; Cassiopea wil
Ihr helles Licht entziehn; die Sonne hat nicht viel
Selbst fort zu seumen mehr; die Cynthia desgleichen
Eilt mit erblaßtem Rund der Sternen abzuweichen /
Vnd gönnet dir den Platz. Brich von dem letzten Ziel
Der lawen Ost-See an auff meiner Seiten-Spiel:
Vnd bring' uns doch den Tag / den Tag zum guten Zeichen!
Ihr Nymphen selbst / stimmt an am grünen Helicon
Auff süß-beliebtern Klang der hellen Seiten Thon /
Zu trew-bedientem Gruß der güldnen Him̄els-Kertzen /
Die mein Maecenas hofft. Sie sol bestrahlter gehn /
Vnd mit erfrewtem Glantz offt wider auff-noch-stehn /
Je newen Anmuts voll; befreyht von Leid und Schmertzen!«[128]

Eos, Pleiades, Cassiopeia, Cynthia, Nymphen, Helicon, Maecenas sind Namen aus der antiken Mythologie und Geschichte, die nur der in griechisch-römischer ›Antiquität‹ Bewanderte versteht. In rhetorischer Hinsicht ist das Sonett nicht überladen, wohl aber in antiquarisch-inhaltlicher. Freilich ist das Gedicht für die in der zweiten Jahrhunderthälfte sich herausbildende Realienhyperbolik nicht spezifisch; dazu ist es zu professoral auf den vorgegebenen antiken Mythenschatz beschränkt. Die aufwendigste Gelehrsamkeit findet sich bei Lohenstein, den zu rühmen die Zeitgenossen nicht müde werden. Wie nahe die communis opinio den Formvirtuosen Hofmannswaldau und den Sammler historischer Bücherweisheit Lohenstein einander zuordnete, belegen die Exzerpten-Sammlungen, die Johann Christoph Männling aus dem »Arminius« herausgezogen hat. Im »Außerlesenster Curiositäten Merckwürdigen Traum-Tempel« heißt es in der Dedikation: »Unser Schlesischer Seneca, der grosse Lohenstein, weiß nach seiner Arth / überaus lieblich zu schreiben.«[129] Diese Einstufung des sonst eher als sententiös und erhaben apostrophierten Lohensteinschen Stils belegt zugleich, daß Lohenstein – in den Augen der Zeitgenossen – durchaus im Rahmen der rhetorischen Stilarten verbleibt. Schon Johann Gottlieb Meister stellt die hochbarocken schlesischen Dichter in die Tradition der aus Italien und Frankreich stammenden argutia-

---

[127] Zur Hieroglyphik Borinski: Die Antike, Bd. 2, S. 31f.; zur Emblematik Jöns: Das Sinnen-Bild, S. 3–58; Sulzer: Zu einer Geschichte der Emblemtheorien, S. 23–50; Landwehr: German Emblem Books, verzeichnet 661 Titel; dazu Sulzer: Literaturbericht, S. 60–69. Nach Martino: Lohenstein, S. 140 wurden zwischen 1531 und 1600 in Deutschland 34, zwischen 1601 und 1700 375 Emblembücher publiziert. Zur Emblemdichtung des 16. und 17. Jahrhunderts Conrady: Lateinische Dichtungstradition, S. 181f., deutet sie als Ausdruck des Meditierend-Deiktischen. Wentzlaff-Eggebert: Emblematik und Rhetorik, S. 493–497.

[128] Kaldenbach: Deutsche Lieder, S. 46.

[129] Männling: Traum-Tempel, S. a4.

Lehren. Ihre »scharffsinnigen Schrifften« hätten den Italienern und Franzosen die »Politesse« abgenommen.[130] Die Vorreden-Argumentation ist – dieser Kontext muß im Blick bleiben – oftmals von der gegen Bouhours' Deutschenpolemik gerichteten apologetischen Zielrichtung bestimmt.[131] Der Epigrammtheoretiker schätzt daher besonders Hofmannswaldau, da er dem Ideal des ›bel esprit‹ am nächsten komme. Gerade er vermißt an Lohenstein die Lieblichkeit und begründet den Mangel mit einem für die Realien-Hyperbolik spezifischen Argument.

> »Es ist wahr / man befindet was besonderns in den Lohensteinischen Versen / und sind die Sachen offt dergestalt angehäuffet / daß es unmöglich scheinet / die Worte allezeit bey ihrer angebohrnen Lieblichkeit gelassen zu haben.«[132]

Männling weist auf die Tatsache hin, daß bei der Betonung der ›doctrina rerum‹ (im Unterschied zur ›doctrina artis‹) die natura von geringerer Bedeutung ist als die Kenntnis der Wissenschaften. Für ihn zählen auch die Realwissenschaften zur Kunst. Gegenüber der notwendigen natura sei Kunst wie das Öl, das den Geist hell leuchten läßt.

> »Der unvergleichliche Caspari hat mehr durch Fleiß und Ubung ausgerichtet und erlanget / als andere durch Austheilung der Natur.«[133]

Morhof faßt die communis opinio über Lohensteins Gelehrsamkeit und deren Auswirkung auf den Stil zusammen:

> »Herr Daniel Caspar ist sehr Spruchreich in seiner Schreibart / und hat eine sonderliche Art / sehr kurtz dieselbe zu fassen / so wohl in Trauerspielen / als in Oden.«

Die Poesie von Gryphius und Lohenstein sei so wohl geraten, »weil sie die alten Griechen und Lateiner zum Zweck ihrer Nachahmung gehabt / ohne welchen nichts beständiges und vollenkommenes außgeführet werden kan. Denn wo keine gründliche Gelersambkeit bey einem Tichter ist / so wird nie was gutes und vollenkommenes von seinen Händen kommen.«[134] Doch meldet sich bei ihm schon der kritische Ansatz: Zwar können seine »unvergleichlichen Schrifften« »wegen deß sonderlich hohen Geistes« nicht hoch genug gelobt werden, doch enthalten sie »die schönen Gedancken in solcher Mänge«, daß sie »auch fast darüber unverständlich werden.«

> »Dann es ist an dem / daß in den hohen Redens=Arten / wann sie so kurtz auff einander folgen / und constipiret werden / der Leser seinen Verstand verwickelt / daß er so gleich eines für das andere nicht recht begreiffen kan [...]«[135]

Benjamin Neukirchs Vorwort zur berühmten Hoffmannswaldauischen Anthologie, das eine Wende zur galanten Poesie einleitet, anerkennt die drei Schlesier als die unerreichbaren Vorbilder, zu denen Opitz, Tscherning, Dach und Fleming nur

---

130 Meister: Unvorgreiffliche Gedancken, S. 27.
131 So bei Meister, ebd., S. 5ff.
132 Ebd., S. 45; zu Lohensteins Sprache s. C. Müller: Beiträge zum Leben, S. 93ff.
133 Männling: Europäischer Helicon, S. 28.
134 Morhof: Unterricht, S. 216.
135 Ebd., S. 17.

das Vorspiel waren.[136] Von den Schlesiern wiederum steht Lohenstein an höchster Stelle.

> »Alle seine gedancken sind scharffsinnig / seine ausbildungen zierlich / und wenn ich die wahrheit sagen soll / so findet man in diesem eintzigen fast alles beysammen / was sich in denen andern nur eintzeln zeiget. Denn er hat nicht allein von Opitzen die heroische / von Gryphio die bewegliche / und von Hoffmannswaldau die liebliche art angenommen; sondern auch viel neues hinzu gethan / und absonderlich in sententien / gleichnissen / und hohen erfindungen sich höchstglücklich erwiesen.«[137]

Auf die Rezeption Lohensteins sei nicht weiter eingegangen;[138] er steht immer als Prototyp für umfassende Realiengelehrsamkeit, in der er Gryphius und Hofmannswaldau überflügelt. Noch Hieronymus Gundling bezeichnet in seiner »Historie der Gelehrsamkeit« Lohenstein als einen »hochgelehrten Mann«.[139] Die Anthologie »Schlesischer Helicon« faßt das allgemeine Urteil der Zeitgenossen über die drei Hauptvertreter des ›hohen Stils‹ zusammen:

> »Wer in der Tichterkunst will unvergleichlich sein,
> Der führe Lohensteins gelehrt und hohen Geist,
> Und was in Gryphius nett und beweglich heisst,
> Mit Hoffmanns Lieblichkeit in seinen Werken ein.«[140]

Die gelehrt-poetische Ausrichtung war Lohenstein durch seine humanistische Ausbildung vorgegeben. In Breslau besuchte er seit 1642 das Magdalenengymnasium, das die bedeutendste Bibliothek der Stadt besaß.[141] Der Unterricht war noch ganz am humanistisch-rhetorischen Kanon orientiert.[142] Lohenstein dichtete dort lateinische Epicedien, Gratulationes usw.; eine Arbeit der Schülerzeit ist sein deutschsprachiges Drama »Ibrahim«. »Sein allda unermüdeter 9jähriger Fleiß und herrliches Ingenium hat ihn Anno 1652 und also im 16ten Jahre seines Alters der Universität fähig« gemacht, erklärt der Bruder Hans in seiner Lebensbeschreibung Lohensteins.[143] Sechzehn Jahre waren selbst für das 17. Jahrhundert ein frühes Schulabschlußalter. In Leipzig studierte er Rechtswissenschaft v.a. bei

---

[136] B. Neukirch: Vorrede zur Hofmannswaldauischen Anthologie, Tl. 1, S. 12. »Denn diese haben nicht allein dem Opitz weit glücklicher als Flemming gefolget; sondern in gewissen stücken auch übertroffen.« Zu Neukirch s. Markwardt: Geschichte, Bd. 1, S. 258–264.

[137] Neukirch: Vorrede, S. 14.

[138] Zur Lohenstein-Rezeption die umfassende Monographie von Martino; vgl. Martin: Der Stil in den Dramen Lohensteins, S. 89ff.

[139] Gundling: Historie der Gelahrheit, S. 4797.

[140] Schlesischer Helicon, S. 82.

[141] Asmuth: Lohenstein, S. 4. Zu Lohensteins Ausbildung und Standort vgl. Mulagk: Phänomene des politischen Menschen, S. 12ff., rückt zugleich K. G. Justs ›politische‹ Neudeutung zurecht; vgl. auch Verhofstadt: Untergehende Wertewelt, S. 17–78; C. Müller: Beiträge zum Leben, S. 9f. Das Magdalenäum wurde 1643 zum Gymnasium erhoben und dem älteren Elisabethanum gleichgestellt.

[142] C. Müller: Beiträge zum Leben, S. 11. Die Primaner mußten wöchentlich eine prosaische und eine metrische Arbeit anfertigen.

[143] Lebens-Lauff Deß sel. Autoris, von H. C. v. Lohenstein, unpaginiert. Nach C. Müller: Beiträge, besuchte Lohenstein die Universität Leipzig von 1651 bis 1655.

Carpzow, seit 1653 in Tübingen bei Lauterbach, beides Koryphäen ihres Faches. Eine Promotion Lohensteins zum Doctor juris ist nicht belegt.[144] Die Bildungsreise – bereits gegenüber den humanistischen Reisen des 15. und 16. Jahrhunderts zur Kavalierstour modifiziert – führte ihn zunächst in die Niederlande, »in welchen Er sich die herrlichen Städte / am meisten aber die gelehrten Leute zu Leiden und Utrecht eine Zeitlang aufhalten ließ.«[145] Das Neue der Bildungsreisen des 17. Jahrhunderts gegenüber den Humanistenreisen der Renaissance äußert sich in der veränderten Zielrichtung der Reise; der wissenschaftsgeschichtliche Grund wurde bereits angedeutet: Seit den Zeiten des Erasmus waren die Niederlande nicht allein in den eigentlich philologischen Fächern Italien ebenbürtig zur Seite getreten; sie besaßen auf mechanisch-naturwissenschaftlichem Sektor sogar das Primat. Die Ausweitung der Reiseroute von Italien auf Holland und Frankreich entspricht einem gewandelten Wissenschaftsmodell, für das soziale Gründe den Ausschlag gaben. Holland vertrat, vereinfacht gesagt, das pragmatische Element der neuen Ausbildung, Italien das humanistisch-rhetorische und Frankreich das gesellschaftlich-›politische‹. Nicht mehr der Gelehrte war das Ideal der neuen Erziehung, sondern der in allen gelehrten Disziplinen, historischen und lebenspraktischen, wohlbeschlagene Weltmann. So verstand es sich, daß Lohenstein neben Italienisch auch Französisch und Spanisch erlernte. Zwar veranlaßte ihn die drohende Pest, die begonnene Italienreise abzubrechen, doch bereiste er dafür einen großen Teil Ungarns – auch dies wieder eine symptomatische Abweichung vom humanistischen Reiseschema. Während seiner praktischen Tätigkeit als Advokat in Breslau (seit 1657) legte Lohenstein eine »herrliche Bibliothek« an.[146] Regierungsrat in Oels wurde er 1668, 1670 Syndikus und 1675 Obersyndikus in Breslau. Im Frühjahr 1675 konnte er eine diplomatische Mission in Wien erfolgreich abschließen.[147] Den Adel erhielt er bereits 1670, 1675 wurde er zum kaiserlichen Rat ernannt. 1673 erwarb er das Gut Kittelau, im selben Jahr erbte er zwei weitere Güter (Reisau und Roschkowitz). Die rastlose Tätigkeit setzte Lohensteins Gesundheit zu; 1683, im Alter von 48 Jahren, erlag er einem Hirnschlag. Die zahlreichen Nekrologe rühmten besonders seine Klugheit und Gelehrsamkeit. Seine Bibliothek geriet schon 1684 durch Verkauf in verschiedene Hände und ist nur indirekt und unvollständig erschließbar.[148]

Lohensteins dichterische Produktion, die neben seiner aufreibenden politisch-juristischen Arbeit herlief, umfaßte Gedichte, Dramen, Reden und das junge Genre des Staatsromans. Am geringsten schätzte Lohenstein die Gedichte ein, die ihm als Nebenwerk galten. Seine »wichtigere Geschäffte« hätten ihm verboten, mit ihnen »viel Zeit zu verschwenden«; sie hätten ihm »nur als blosse Neben=dinge einen erleuchtenden Zeit=Vertreib / nicht aber eine beschwerliche Bemühung

[144] Asmuth: Lohenstein, S. 7.
[145] Lebens-Lauff, unpag.; vgl. Asmuth: Lohenstein, S. 8.
[146] Pfeiffer: Das Leben [Lohensteins], S. 91; Asmuth, S. 11.
[147] C. Müller: Beiträge zum Leben, S. 45–61.
[148] Justs Register in der Ausgabe der Trauerspiele basiert auf den in den Anmerkungen genannten Autoren.

abgegeben.«[149] Wenn er trotz seiner beruflichen Auslastung die ›poetische‹ Arbeit weitertrieb, so leitete ihn die Anschauung,

> »daß die Poesie die erste Wiege der Weißheit gewest sey / und ihr kern so wenig in den Schalen der Getichte / als die Perle in schönen Muscheln etwas von ihrer Gütte verliere. Diese haben vielmehr in ihren Zahlen einen so durchdringenden Nachdruck: daß Lucian die Redner den Fuß=Knechten vergliechen / die Poeten aber zu Reitern gemacht /und sie auf den flügenden Pegasus gesetzt; andere aber die Poesie für die Sprache der Götter erkläret haben; als welche auch nur vom Himmel und der Natur eingeflößt / durch keinen Fleiß aber erworben würde.«[150]

Mit dem Topos von der Poesie als dem »Sammelbecken aller Wissenschaften« stimmt Lohensteins universalistisches Wissenschaftsideal überein. Im Nachruf auf Hofmannswaldau rühmt Lohenstein den Verstorbenen als »Mappe des Universums«, getreu dem pansophisch determinierten Polymathie-Ideal, dem auch der »Arminius«-Roman huldigt.[151] Von der reinen Verbalkunst grenzt Lohenstein sein eigenes Dichtungsideal in ebendieser Grabrede ab – vielleicht nicht von ungefähr.

> »Zwar nichts anders als tichten können / ist eben so viel als ein Kleid allein von Spitzen tragen. Die Weißheit und ernste Wissenschafften müssen der Grund / jenes der Ausputz seyn / wenn ein gelehrter Mann einer Corinthischen Seule gleichen sol.«[152]

Ähnlich preist Lohenstein im Trauergedicht auf Andreas Gryphius »Die Höhe des menschlichen Geistes über das Absterben Hn. Andreae Gryphii, Des Glogauischen Fürstenthums Landes=Syndici« an dem Verstorbenen alle die Züge, die einst ihm selber zugeschrieben werden.

> »Ja da meist einer dort nur spielt in einem Meister /
> So grief Herr Gryphens doch sich fast in allem an /
> Hielt für gelehrt=seyn nicht / in einem etwas missen /
> In vielen etwas nur / in einem alles wissen.«[153]

Das universalistische Ideal sieht Lohenstein noch auf der rhetorischen Basis ruhen, allerdings nicht mehr auf einer innerakademisch-philologischen Beredsamkeit, sondern auf einer den Problemen des (Alltags-)Lebens zugewandten ›politischen‹ Redekunst. Der Lobspruch für Gryphius' ›Honig-Zunge mit Stacheln‹ und seine »mit klugen Lehren« erfüllten »Zentner-Worte« verdeutlichen den politischen Charakter des Ideals.[154] Der Katalog zählt folgende Fähigkeiten und Kenntnisse auf: Gryphius verstand Lateinisch, Griechisch, Hebräisch, und er kannte die Schriften der antiken Autoritäten. So weit reicht der mit dem humanistischen Ideal konforme Kanon der Gelehrsamkeit. Darüber hinaus sei Gryphius

---

149 Lohenstein: Sämmtliche Gedichte, Vorrede, S.):(3v und S.):(4.
150 Ebd., Vorrede, S.):(5 und 5):(5v.
151 Vgl. Hankamer: Deutsche Gegenreformation, S. 86f.
152 Lohenstein: Lob-Rede Bey Des [...] Herrn Christians von Hofmannswaldau [...] Leichbegängnüße, S. B 3.
153 Lohenstein: Sämmtliche Gedichte, S. 27. Dieses Gedicht tadelt Gottsched in der »Critischen Dichtkunst« (1751), S. 281f.
154 Lohenstein: Sämmtliche Gedichte, S. 27.

bewandert in den Schriften der Hebräer und der Chaldäer; er habe Astrologie und die Geheimnisse der Kabbala gekannt. An Universitäten habe er »mit viel Ruhm gelehret / Wie weit Welt und Natur sich in sich selbst erstreckt«, also Physik und Biologie. Höher schätzt indes Lohenstein Gryphius' politische Tätigkeit ein:

> »Noch grössre Kunst ist es / und schätzbarer als Schätze /
> Dem Vaterlande Dienst / und andern Rath verleihn /
> Verteidigen das Recht / beschirmen die Gesätze /
> Und für des Volckes Heyl in steten Sorgen seyn.«[155]

Hier zeichnet sich die Ablösung des im Grunde weltfernen humanistischen Gelehrsamkeitsideals ab. Noch ist es nicht durch ein neues Modell ersetzt, aber doch insoweit modifiziert, als gerade in seinen Erweiterungen und in seiner funktionalen Bestimmung das wesentlich Andersartige der ›politischen‹ Wissenschaftskonzeption durchscheint. Die von Opitz her bekannte humanistisch-antiquarische Gelehrsamkeit ist bei Lohenstein um pragmatische und universalistische Züge bereichert, die auf die enzyklopädische Tendenz der zeitgenössischen Wissenschaft und deren zunehmenden Gesellschaftsbezug hindeuten.

Als Inbegriff hoher Gelehrsamkeit galt den Zeitgenossen Lohensteins unvollendet gebliebener »Arminius«-Roman.[156] Der »Lebens-Lauff« verheißt:

> »Der Scharffsinnige und von allen Wissenschafften angefüllete Arminius aber wird ihm / wenn Er auch schon Staub und Asche seyn wird / bey erlangtem Tages-Lichte vor aller Nachwelt das Lebens-Licht wieder anzünden.«[157]

Die Zuordnung des »Arminius«-Romans war von den Zeitgenossen Lohensteins bis in die literaturwissenschaftliche Forschung der Gegenwart kontrovers. Er läßt sich einerseits als überdimensionale Aufgipfelung humanistisch-antiquarischen Realienwissens betrachten, andererseits als Ausdruck einer modernen politisch-judiziösen Denkmethode. Die »Acta Eruditorum«, Tentzels »Monatliche Unterredungen«, Christian Schröter und Johann Christoph Männling betonen die Menge des verarbeiteten Sachwissens, und rubrizieren den Roman als eine »Art popularwissenschaftliches Lexikon«.[158] Das Werk wird zum »Gebrauchslexikon für gelehrte Realien, geistreiche Sentenzen und seltene Erfindungen.« Der Nutzwert besteht für sie, wie Kafitz zutreffend formuliert, in der »lexikalischen Hilfestellung«.[159]

Der als »Schatzkammer der Realien« gewürdigte Roman[160] häuft in Dialogen, Episoden und gelehrten Exkursen ein lexikalisches Wissen, das weit über den

---

155 Ebd., S. 29.
156 Zum »Arminius« s. die Literaturangaben bei Asmuth: Lohenstein, S. 66ff.; Newald: Vom Späthumanismus zur Empfindsamkeit, S. 329ff.; grundlegend die Monographie von Szarota: Lohensteins Arminius als Zeitroman.
157 Lebens-Lauff, unpag.
158 Dazu Kafitz: Lohensteins ›Arminius‹, S. 45–49.
159 Ebd., S. 49.
160 Inhalt bei Cholevius: Die bedeutendsten deutschen Romane, S. 314ff., 390ff.

herkömmlichen Stand des durch Lektüre antiker Autoren vermittelten Wissens hinausgeht.[161] Kein Wunder, daß diese verkappte Enzyklopädie[162] durch ein Register erschlossen wurde und von einem ihrer Verehrer in ihre abertausend Bestandteile zerlegt, der Kunst-Fassade entkleidet und in ein ›brauchbares‹ Realienlexikon umgewandelt wurde.[163] Der polymathischen Hyperbolisierung folgte die ganz auf den Gebrauch abgestimmte Reduktion auf dem Fuße.

Die Anhängerschaft der Vertreter eines aufgeklärteren Gelehrsamkeitsideals, Christian Thomasius, Benjamin Neukirch, Christian Friedrich Hunold-Menantes und Georg Christian Gebauer, weist indes auf die Ambivalenz von Lohensteins Roman selbst hin.[164] Thomasius stellt den Roman auf eine Ebene mit Saavedras »Abriss eines Christlich-Politischen Printzens« und mit La Mothe le Vayers »Instruction de Monseigneur le Dauphin«,[165] Benjamin Neukirch mit Gracians »Katholischem Ferdinand«.[166]

Im »Arminius« schließen sich verschiedene Tendenzen zusammen, die gesellschaftlich-weltanschaulichen und wissenschaftsgeschichtlichen Ursprungs sind. Die polymathischen Kriterien fallen zunächst ins Auge; sie zentrieren sich jedoch um ein eher pansophisches Wissensmodell.[167] Die Vorliebe für Realien, die gegen Ende des Jahrhunderts sich bemerkbar macht, ist sicherlich eine Wirkung der wissenschaftlichen und pädagogischen Realienbewegung, die freilich bei ihrer Reform nicht die Anhäufung von Realien im Sinne hatte. Für Lohensteins Standpunkt ist es bezeichnend, daß er die Aufwertung der Realien nicht gegen den Humanismus und die Rhetorik ausspielt, vielmehr eine Synthese im Zeichen

---

161 Kafitz: Lohensteins ›Arminius‹, S. 54ff., unterscheidet politische, gesellschaftliche, ethische und religiöse Themengruppen und Exkurse aus Medizin, Naturheilkunde, Tierkunde, Baukunst, Technik, Alchemie, Geologie, Mineralogie, Ökonomie, Militärwesen und Kuriositäten.
Die ältere Forschung, repräsentiert durch C. Müller: Beiträge, S. 72, urteilt: »Leider aber hat in Lohenstein bei einem Streite seiner Doppelnatur der Forscher fast immer den Dichter unterdrückt, und gelehrte Pedanterie den Flug seiner Phantasie gewaltsam eingeschnürt, um ihn in dem Schneckengange philologischer Exegese und träger Zwangsreime weiter zu führen.« Zur Stoffülle im »Arminius« s. Wagman: Magic and Natural Science, S. 138f.; zur Gelehrsamkeit in Lohensteins Werken Katz: Zur Weltanschauung Lohensteins, S. 43; Kafitz: Lohensteins ›Arminius‹, S. 22ff. Die quantitative Überlegenheit an Belehrungsstoff begründete die qualitative Höherbewertung des Romans – ein Indiz für die Einheit des gelehrten und des poetischen Aspekts.

162 Bekannt wurde Eichendorffs Urteil, der Roman sei eine »toll gewordene Realenzyklopädie«. Zu Lohensteins Bildungselementen Jacob: Lohensteins Romanprosa, S. 11ff.; auch Newald: Vom Späthumanismus zur Empfindsamkeit, S. 332f. mit negativer Tendenz, der Zug zum Enzyklopädischen sei »noch ganz mittelalterlich«.

163 Männling: Arminius Enucleatus (1708). Welzig: Einige Aspekte, S. 566.

164 Zur Arminius-Rezeption Gundling: Historie der Gelahrheit, S. 4798, bes. Anm. p113 (S. 4798–4801). Der Roman wurde danach noch 1731 in den Leipziger Neuen Zeitungen von gelehrten Sachen gepriesen. Ferner: Kafitz: Lohensteins ›Arminius‹, S. 49.

165 Monatsgespräche vom August 1689, S. 681.

166 Widmungsgedicht Benjamin Neukirchs vor dem zweiten Band des »Arminius«, Strophe 14.

167 Hankamer: Deutsche Gegenreformation, S. 86f.

des traditionellen Bildungsideals anstrebt. Hinzutritt – und dies ist das von Thomasius und den Wissenschaftsreformern betonte Neue am »Arminius« – die ›politisch-didaktische‹ Konzeption, die Rhetorik und Polyhistorie einem klaren gesellschaftlichen Zweck verpflichtet. Der – nicht von Lohenstein selbst herrührende – Anmerkungs- und Registerteil, der dem Romanautor die Freiheit, historische Fakten zu verändern, zugesteht, macht für die spezifisch ›gelehrten‹ Partien des Romans, die »Liebesgeschichte« und »Lob der Teutschen« umranken, einen anderen Zweck namhaft: die Belehrung.[168] Die Niederschrift »bloß-erdichteter Dinge« konnte nicht Lohensteins Ideal sein.

> »Vielmehr musten diese Gedichte ein Blendwerck nothwendiger und ernsthaffter Wissenschaften seyn / um diejenigen auch wider ihren Vorsatz gelehrt / klug und tugendhafft zu machen / welche daselbst nichts / als verliebte Eitelkeiten / suchen würden. Dannenhero schweifft er in seinen Unterredungen aus / bald auf den Ursprung / Glauben und Gebräuche aller frembder Völcker / bald auf die Geschichte unterschiedener beschriehener Weltweisen / bald auf die Beschreibung aller Tugenden / Laster und Gemüths-Regungen des Menschen / bald auf wichtige Staats-Händel und die hierüber entstandene Streit-Fragen / bald auf die grösten Wunder der Naturkündiger und neuen Aerzte; so gar / daß der jenige sehr verwöhnten Geschmackes seyn muß / den eine so grosse Veränderung und Vermischung lustiger und ernsthaffter Dinge zu vergnügen unfähig wäre. Gewiß ists / daß gleich wie der grundgelehrte Lohenstein eine lebendige Bibliothec gewesen / also dieses Buch ein rechter Kern und Auszug seiner gantzen leblosen Bibliothec mit allem Rechte heissen kan.«[169]

Die pädagogische Tendenz teilt Lohenstein mit Komensky und Morhof. Betrachtet man die Themen, denen sich die episodenhafte Gelehrsamkeit des »Arminius« widmet, so zeigt sich hier besonders der Drang, alles, das Wichtige wie das Nebensächliche zu erfassen. Neben den allgemeinen, den politischen und moralischen Themen (z. B. Fürstenspiegel, II 5), neben historischen und fachwissenschaftlichen Abhandlungen nehmen Disputationen über die Fähigkeiten des weiblichen Geschlechts, über Heldenverehrung, über (durch Notsituationen erzwungenen) Kannibalismus, über Vorzüge von Haut- und Augenfarbe breiten Raum ein.[170] In den zeitgenössischen Rezensionen findet sich durchgängig[171] das Lob dieser aufgestapelten Gelehrsamkeit, die weniger als überflüssiges Beiwerk zu werten sei denn als lehrbares Wissen, das auf angenehme Weise vermittelt würde.[172]

Dem Vorrang des docere entspricht das Vernachlässigen der psychologischen Figurenzeichnung ebenso wie das Betonen moralischer Beispielhaftigkeit.[173] Auf

---

168 Zu den lehrhaften Elementen Jacob: Lohensteins Romanprosa, S. 18ff., hier S. 20.

169 Arminius, Nachwort, S. 7 I.

170 Kafitz: Lohensteins ›Arminius‹, S. 22f.

171 Asmuth: Lohenstein, S. 65; Kafitz: Lohensteins ›Arminius‹, S. 26–53 zu den zeitgenössischen »Arminius«-Rezensionen; vgl. Bender: Lohensteins Arminius, S. 382.

172 So unterstellt der Vorbericht, gemäß Huets »Traité de l'origine des romans« (1670), daß Unterhaltung nur Nebenzweck, Belehrung in Realien aber Hauptzweck des Romans ausmachten.

173 Kafitz: Lohensteins ›Arminius‹, S. 28f.

die Funktionalität des Registers hat Werner Welzig hingewiesen. Es bietet den »Schlüssel zu jener Vielfalt von Materien, deren Arrangement und Kombination Gestaltungsabsicht des Autors und Lektüreerwartung des Publikums gilt.«[174] Das Register erschließt die Fülle des Sachwissens, dem – und nicht etwa der Personenpsychologie – das Hauptinteresse von Autor und Leser sich zuwendet. Der »Arminius«-Roman ist der in ›Kunst‹ umgesetzte Morhofsche »Polyhistor«. So faßt noch Zedlers Universallexikon das Buch auf. Lohenstein habe den Roman geschrieben, »damit junge Standes-Personen, welche gerne Romainen lesen, hierdurch eine Neigung zu den Künsten und Wissenschaften bekommen möchten.«[175]

Die Leitkategorie des ›Sinnreichen‹, unter der das Buch steht,[176] – bezeichnenderweise hat Thomasius sie in seinem positiven Werturteil über den »Arminius«-Roman herausgearbeitet,[177] Hunold sie zur Charakterisierung Lohensteins verwendet[178] – steht in enger Beziehung zur argutia-Lehre.[179] Diese wiederum ist das intellektuelle Integral aller mit dem ›politischen‹ Gesellschaftsmodell verbundenen Normen.[180] Während Welzig das Attribut als ästhetische Kategorie deutet,[181] ist hier der wissenschaftstheoretische Aspekt zu betonen. In der Kategorie des ›Sinnreichen‹ kündigt sich der trans-humanistische Aspekt der Weltklugheit, des Nutzwerts im Rahmen der menschlichen Gesellschaft an, der in den zahlreichen Anleitungen, wie man zu einer »artigen und galanten Conduite« gelangen könne, seinen spezifisch pädagogischen Ausdruck findet.[182] In der Wissenschaftsprogrammatik des Thomasius nimmt die Kategorie des Scharfsinns im Zusammenhang mit der Aufwertung des iudicium einen wichtigen Platz ein.

Die Kategorie des Scharfsinns, nicht der aufklärerische Vernunftbegriff, leitet die Disputationen, deren strukturierenden Charakter Kafitz und Verhofstadt für

---

174 Welzig: Einige Aspekte, S. 564. Die Neuauflage des »Arminius« von 1731 erweitert das Register sogar von 158 auf 174 Spalten.

175 Zedlers Universal Lexicon Bd. 18 (1738), s. v. Lohenstein, Sp. 278b.

176 Welzig: Einige Aspekte, S. 567f.

177 Vgl. dazu Kapitel IV 2.5.

178 Hunold bescheinigt Lohenstein nicht nur den Rang eines Polyhistors, sondern auch die Qualitäten eines philosophischen Kopfes, in seiner Vorrede zu Erdmann Neumeister: Die Allerneueste Art, S. 10ff.

179 Barner: Barockrhetorik, S. 45f.; Beetz: Rhetorische Logik, S. 209ff.

180 Zur ›Lehre der Klugheit‹ bei Lohenstein Wucherpfennig: Klugheit und Weltordnung, S. 35–113; zum Einfluß Saavedra Fajardos auf den Roman ebd., S. 311–317; auch Mulagk: Phänomene des politischen Menschen, S. 184–190; zu Gracian S. 191–306; ferner Laporte: Lohensteins Arminius, S. 45ff.

181 Welzig: Einige Aspekte, S. 567f.

182 Eine Untersuchung der Anstandsbücher des 17. Jahrhunderts steht noch aus; sie wären besonders unter den Schlagworten ›Scharfsinn‹, ›Klugheit‹, ›Artigkeit‹ usw. von Interesse. Ansätze bei Martens: Der gute Ton und die Literatur. Anstandsbücher als Quelle für die Leseforschung, S. 203ff.; Trier: Die Worte des Wissens, S. 33ff.; ders.: Die Idee der Klugheit, S. 625ff.; ders.: Der deutsche Wortschatz im Sinnbezirk des Verstandes; Trelle: Zwei Feldgefüge im Sinnbezirk des Verstandes; Steinhausen: Galant, curiös, politisch, S. 22ff.; F. Schramm: Schlagworte der Alamodezeit.

den Roman herausgearbeitet haben.[183] Zu Recht erblickt Wolfgang Bender in der Disputation und dem dahinterstehenden Skeptizismus, der die vorgebrachten Meinungen nicht immer zur Entscheidung oder zur Synthese führt, ein Kriterium, das den »Arminius« von den höfisch-historischen und höfisch-galanten Romanen unterscheidet.[184] In der Tat gehört der Roman mit seinem auf Scharfsinn und Urteil basierenden Disputationsverfahren[185] in den Umkreis der judiziösen Phase der allgemeinen Wissenschaftsgeschichte. Er ist von einer didaktisch-politischen Intention geprägt, als deren Instrument die eklektizistische Selektion dient – eine ähnliche Methode übrigens, wie der ›Aufklärer‹ Thomasius sie gebraucht.[186] Graduell nicht geringer ist das von Lohenstein in den Gedichten[187] und Dramen aufgehäufte Wissen. Die Bearbeitung der »Cleopatra« aus dem Jahre 1680, fast zwanzig Jahre nach der ersten Fassung, belegt die Aufschwellung formal- und materialhyperbolischer Elemente.[188] Es geht nicht an, im Anmerkungsapparat eine ›Degradierung‹ des Lohensteinschen Schauspiels zum Lesedrama zu erblikken[189] oder ihn als »krauses Zeug« abzuqualifizieren.[190] Wie Opitz' Anmerkungen

---

[183] Kafitz: Lohensteins ›Arminius‹; Verhofstadt: Untergehende Wertwelt. Der von Lohenstein in den Trauerspielen gebrauchte Vernunft-Begriff steht in nahem Bezug auf die politische Klugheit, meint ratio status, Staatsraison, nicht aber ethisch begründete Vernunft.

[184] Bender: Lohensteins Arminius, bes. S. 404ff. Zur skeptizistischen Haltung Lohensteins Kafitz: Lohensteins ›Arminius‹, S. 43, S. 71ff. Im »Arminius« selbst wird der Zweifel »Probierstein der Warheit« genannt; Bd. 2, S. 268a. Anders nuanciert Wagman: Magic and Natural Science, S. 140. »Authority is of great importance. Thus the endless discussions in *Arminius* (which led absolutely nowhere) and the constant references to authorities are meant, to a certain extent, as instruction.«

[185] Zum Disputationsverfahren Kafitz: Lohensteins ›Arminius‹. S. 54ff.

[186] Gegen Verhofstadts These: Untergehende Wertwelt, S. 296ff., Lohenstein gebe die Erkenntnis- und Belehrungsfunktion seiner Dichtung zugunsten eines »ästhetischen Illusionismus« auf, stimme ich mit Voßkamp: Zeit- und Geschichtsauffassung, S. 162, überein, der dagegen die didaktischen und – unter dem Einfluß der ›politischen‹ Theorien – pragmatische Tendenz von Lohensteins Dichtung betont.

[187] Brancaforte: Lohensteins Preisgedicht ›Venus‹.

[188] Juretzka: Lohenstein »Cleopatra« – 1661 und 1680. Die Neigung zu rhetorischer Aufschwellung macht sich hier deutlich bemerkbar. Gegenüber der Urfassung ist die Bearbeitung von 1680 um 1146 Zeilen gewachsen, die Anmerkungen wurden erweitert. Flemming: Nachwort zu »Cleopatra« ed. Barth, S. 182f.

[189] Zu Lohensteins Anmerkungen Markwardt: Geschichte, Bd. 1, S. 178f., betont die Diskrepanz zwischen »der Scheinekstase der Darstellung und der Nüchternheit der Anmerkung«. Vgl. Lunding: Das Schlesische Kunstdrama, S. 92; Schings: Consolatio Tragoediae, S. 40; Schulz: Das Bild des Herrschers, S. 16; Mulagk: Phänomene des politischen Menschen, S. 33; Benjamin: Ursprung des deutschen Trauerspiels, S. 52f., auch S. 87f. deutet die Anmerkungen als Ausweis der historischen Wahrhaftigkeit; anfechtbar dagegen ist seine Bemerkung zur Gelehrsamkeitsfunktion, S. 143; sie solle »mit dem Wust ihrer Anmerkungen den Alb« andeuten, »als welcher die Realien auf der Handlung lasten.« Besonders von den Gottschedianern wird dem Trauerspiel Lohensteins vorgeworfen, es sei für die Aufführung ungeeignet, da zu seinem Verständnis erst die Lektüre der Anmerkungen erforderlich sei; Schimansky: Gottscheds deutsche Bildungsziele, S. 152.

[190] Geschichte der deutschen Literatur 1600–1700, S. 378.

haben auch Lohensteins Noten weniger den Charakter von Erläuterungen, ohne deren Lektüre der Text unverständlich bliebe; sie bilden vielmehr das gelehrte Fundament, zum Erweis, daß hier nicht freie Fabelei, sondern wohlgegründete Wissenschaft vorliege – als Nachweis historischer Faktizität für die im Text als res significantes stehenden, auf »geistig-sittliche Zusammenhänge« verweisenden Realien.[191] Lohenstein geht in der Wissenschaftlichkeit allerdings über Opitz hinaus. Er bietet nicht nur einen oder mehrere Belege – er sichert zweifelhafte Stellen durch moderne Kommentatoren ab, er setzt aus mehreren Belegen einen Tatbestand zusammen und weist in der Anmerkung auf Parallelen aus dem außerantiken Bereich hin.[192] Ein Musterbeispiel aus der ersten Abhandlung der »Sophonisbe«: Vermina muß, um dem Mond ein Opfer darbringen zu können, mit Sophonisbe die Kleider tauschen. Sophonisbe (V. 375–384):

»Vermina schmücke dich mit unserm Frauen-Kleide /
Die Andacht macht: daß sich ein Held mit unser Seide
Hier nicht verstellt und fleckt. Zeuch meinen Rock auch an;
Daß ich in Helden-Tracht dem Mohnden opfern kan /
Und du dis heil'ge Bild in Weiber-Kleidern ehren;
Weil sonst die Göttin nicht pflegt Betende zu hören.
Errette Kabar uns / du Schutzstern dieser Stadt!
Baaltis höre mich / weil man dir allzeit hat
Hochedles Menschen-Blutt und Kinder-Fleisch gewehret:
Daß es dein glüend Bild verbrennt hat und verzehret.«[193]

Die Anmerkungen zu diesen zehn Versen umfassen annähernd sechs Seiten. Was hält Lohenstein eines Kommentars für wert? Die im ersten Vers (V. 375) beschriebene »Abgötterey« wird durch einen Beleg aus des Athanasius (296–372 n. Chr., Bischof von Alexandria) Rede gegen die Abgötterei gestützt. Die Umstände des Mondopfers entnimmt Lohenstein Athanasius Kirchers (1602–1680) »Oedipus Aegyptiacus [...]«, die dieser seinerseits aus John Seldens (1584–1654) Werk »De Diis Syris syntagmata II« hat: »Daß bey den Alten Venus und der Mohnde einerley / beyde auch Männ- und Weibliches Geschlechts gewesen sey. Dahero hätten ihr die Männer in weib- die Weiber in männlichen Kleidern opfern müssen.« Nicht genug damit! Weitere Belege versammelt Lohenstein aus Maimonides' »Môreh nebûkhim« (Basel 1629), aus Julius Firmicus Maternus' (4. Jahrhundert) »De religionum profanarum errore« (1645). Darauf ziele das Verbot im

---

191 Lohenstein äußert sich selbst zu seinen Quellenangaben, er halte es für besser, seine Wegweiser zu eröffnen, als fremde Waren für eigene zu verkaufen. In der Einleitung zu den Anmerkungen der »Cleopatra« erklärt er: »Uber dis ist di fürnemste Ursache dieser Erklärung diese: daß ich wol weiß: es werden derogleichen Schrifften nicht alleine Gelehrten / sondern auch denen / so der Römischen Geschichte so genaue Wissenschafft nicht haben / unter di Hände kommen / und dannenhero ein und di ander Erinnerung weder vor undienlich noch scheltens-würdig schätzen.« Lohenstein: Afrikanische Trauerspiele, S. 222. Zu den Anmerkungen in Lohensteins Dramen bes. Spellerberg: Verhängnis und Geschichte, S. 160–167.

192 Weitere Beispiele bietet C. Müller: Beiträge zum Leben, S. 73ff.

193 Sophonisbe I, V. 375–384. (Hrsg. v. R. Tarot, S. 33; Afrikanische Trauerspiele ed. Just, S. 271).

Deuteronomium 22.5. Einen ähnlichen, den Phöniziern abgeschauten Brauch pflegten die Coer, wie Plutarch berichte, ebenso die Deutschen nach des Tacitus Mitteilung (»De morte Germanici«, cap. 43). Zu dieser Tacitus-Stelle zieht Lohenstein den Kommentar Georg Hornius' (1620–70) »Historiae Philosophicae libri septem« (1655) heran: »Deorum genera non semper ab Antiquis distincta fuisse, ab Hermete & Platone Deum ἀῤῥενόϑηλον dictum, Fortunamque & Venerem masculum, Lunam Lunumque cultum fuisse.« Ein Hinweis auf weitere Nachrichten in John Seldens »De Diis Syris syntagmata« (1672) beschließt diese ›Normal-Anmerkung‹.

Das rein antikisch orientierte Wissen überschreitet die folgende Anmerkung. Zum Hilferuf »Errette Kabar uns« (V. 381) zitiert Lohenstein hebräische und griechische Parallelen, die er den Spezialwerken Kirchers und Seldens entnimmt. »Kabar« oder wie sie bekannter heißt »Astarte«

> »sol die gantze Welt durchwandert / ihrem Haupte einen Ochsen-Kopff / als ein Merckmahl ihres Reichs / aufgesetzet / einen aus der Luft gefallnen Stern gefunden / und selbten auf dem Eylande Tyrus geopffert haben.«

So berichtet Selden. Diesen Bericht verwerfe jedoch Samuel Bochart (1599–1667) in der »Geographia sacrae pars altera« (1646) als lächerlich. Er deute die bei Suidas (um 1100) überlieferte Stelle nicht als Ἀστέρα, sondern als ἀεροπετῆ Ἀστερίαν, als eine große Adlerart. Dann erweise Bochart aus dem Epiker Nonnos (um 400), »daß das Eyland Tyrus dem Neptun durch einen geschlachteten Adler eingeweihet worden sey.«[194] Diese Anmerkung entspricht dem Disputationsstil im »Arminius«. Lohenstein disputiert über ein Thema, nennt verschiedene Belege, erörtert die in ihnen enthaltenen Argumente, wägt sie gegeneinander ab oder überläßt dem Leser das Urteil selbst, ein Prinzip, das nicht von ungefähr den Beifall des Thomasius gefunden hat.[195]

Für die Darstellung der syrisch-phönizischen Göttin Baaltis, der Entsprechung des männlichen Himmelsgottes Baal, zieht Lohenstein die »Jüdischen Antiquitäten« des Flavius Josephus heran: Sie ist Herodian (3. Jahrhundert n. Chr.) zufolge eine mit Astarte und Urania identische Gottheit. Belege für den synkretistischen Charakter dieses Kults liefern Vergil (»Aeneis«, dort als Juno) und Cicero (als Urania). Bei den Assyrern und Chaldäern hieß die Göttin Mylidtha (= Mutter), die Araber nannten sie Halilath (= gebärender Mond), die Phryger verehrten sie als Göttermutter, die Griechen bezeichneten sie als Jo und ἑκατη (Hekate) usw. Die ganze Anmerkung präsentiert sich als Auszug aus Seldens Buch über die syrischen Götter. Die Anmerkung über das Menschenopfer hat einen Umfang von drei Seiten und entspricht dem ausführlichen Artikel eines Reallexikons. Sie bietet einen Abriß über die »Abgötterey« bei den Juden (Abraham), den Karthagern, den germanischen Semnonen, verschiedenen amerikanischen Indianerstämmen, und besonders den Phöniziern. Die Gewährsleute sind antike Autoren; ob Lohenstein seine Kenntnisse direkt aus ihnen bezogen hat, läßt sich nicht ausma-

---

194 Sophonisbe ed. Tarot, S. 130; ed. Just, S. 358.

195 Zur Rezeption s. Bender: Lohensteins Arminius, S. 382. Zu Thomasius Kap. IV 2.5.

chen. Es ist zumindest unwahrscheinlich, da er ständig auf die großen zeitgenössischen Darstellungen von Selden, Lipsius, Hendreich, Kircher, Hornius und Johnstone[196] verweist und weitere Kommentare, hier den von Ludovico Vives zu Augustins »Civitas Dei« heranzieht.[197]

Gerade angesichts der gegenüber Opitz aufwendigeren Gelehrsamkeit fällt bei fortlaufender Lektüre der Anmerkungen Lohensteins ein charakteristischer Unterschied ins Auge. Opitz bezieht sich fast nur auf antike Originalquellen und zitiert nur aus ihnen. Ihm dienen die Anmerkungen als Belege und insofern als Erweis der These, Poesie sei eine Form von (humanistischer) Gelehrsamkeit. Seine Kommentierung trägt, wie auch der theoretische Kontext in der »Poeterey«,[198] apologetische Züge, die freilich erst aus dem sozialen und poetologischen Bezugsfeld erschließbar sind. Anders Lohenstein. Sein Kommentar benennt zwar eine größere Anzahl von Quellen, darunter auch hebräische[199] und arabische.[200] Ihr Zweck ist jedoch nicht der Erweis der Wissenschaftlichkeit der *Poesie selbst,* sondern die Wissenschaft liegt in *ihnen.* Lohenstein kann dabei auf Sekundärquellen zurückgreifen;[201] er zitiert sie ja nicht, um das Original sich zu sparen, sondern um 1) einen Abriß der behandelten Thematik anhand der neuesten Fachliteratur zu geben, 2) um die Quellen mit ihrer Hilfe ›kritisch‹ zu erörtern und dadurch 3) der Bildung eines eigenen Urteils vorzuarbeiten. Gegenüber der ›einfachen‹ Belegtechnik Opitz' hat Lohensteins Zitier- und Verweistechnik ›wissenschaftliche‹ Methode: Sie führt über das im Text gegebene Stichwort weit hinaus, hinein nämlich in die wissenschaftliche Diskussion auf fachlich höchster Ebene.[202] Die

---

[196] Joannis Seldeni J. C. De Diis Syris syntagmata. 2 Bde. Leipzig 1672; Justus Lipsius (1547–1606): Monita et exempla politica. 2 Bde. Leyden 1630; Christoph Hendreich: Carthago, sive Carthaginensium Respublica. Frankfurt/Oder 1664; Athanasius Kircher: Oedipus Aegyptiacus; hoc est, Universalis Hieroglyphicae veterum Doctrinae temporum injuriâ abolitae instauratio. 3 Bde. Rom 1652–54; Georg Hornius: Arca Noae, sive Historia Imperiorum et Regnorum a condito orbe. Leyden 1666; Johann von Johnstone: Historia civilis et ecclesiastica. Frankfurt 1672.

[197] Weitere Beispiele der »Ausladung seiner abstrusen Wissenschaftlichkeit« bietet Martin: Der Stil in den Dramen Lohensteins, S. 18ff.

[198] Opitz: Poeterey ed. Alewyn, S. 10.

[199] David Kimchi: Hebr. Titel [= The Old Testament, with Aramaic versions [...], and the commentaries of Rashi, Abraham Ibn Ezra, David Kimhi and others [...] 4 Bde. Basel 1618/1619; Maimonides: Rabbi Mosis Majemonidis liber doctor perplexorum. Basel 1629; Salomon Jarchi: Hebr. Titel [= The Pentateuch, accompanied by the commentary of Rashi...] Konstantinopel 1546; Talmud: Specimen disputationum Gemaricatum excerptum ex codice Talmudico Beracoth. 1696.

[200] Abenephi, zit. nach Kirchers latein. Übersetzung »De mysteriis Aegyptiorum«.

[201] Martin: Der Stil in den Dramen Lohensteins, S. 18; Nachweise der Benutzung von Sammelwerken bei C. Müller: Beiträge zum Leben; Kerckhoffs: D. C. v. Lohensteins Trauerspiele.

[202] Zu den modernen Standardwerken s. die Zusammenstellung der Titel bei Sophonisbe, ed. Tarot, S. 211–228. C. Müller: Beiträge zum Leben, S. 76f., gibt einen Katalog der für die »Cleopatra«-Ausgabe von 1680 neu zitierten geographischen und naturwissenschaftlichen Abhandlungen, und der neueren historisch-antiquarischen, theologischen und juristischen Standardwerke. Den Entlastungscharakter der Anmerkungen für die Dich-

Poesie – der poetische Text – hat bei Lohenstein also gleichsam (lediglich) den Zweck, den Leser zu den Anmerkungen hinzuführen, aus denen er profunde Belehrung schöpfen kann. Bei Lohenstein zeichnet sich bereits, obgleich dem Autor nicht bewußt und von ihm nicht beabsichtigt, die Trennung in Kunst und Wissenschaft ab. Die Poesie bildet einerseits den Leitfaden, an dem entlang der Leser zu den Realien-Schatzkammern geführt wird – sie liefert Stichworte für das Ausbreiten des Wissens, andererseits macht sie dem Leser die Belehrung zum angenehmen Zeitvertreib, weil er sie hier en passant mitnehmen darf. Das apologetisch-humanistische Konzept Opitz' hat sich in ein pädagogisch-politisches Konzept umgewandelt. ›Politisch‹ daran ist das – besonders deutlich an den Registern erkennbare – Moment der beliebigen Abrufbarkeit und der praktischen Verwertbarkeit des Wissens.

Der zweckorientierte, über das Kunstwerk hinausweisende Grundzug der barocken ›gelehrten Poesie‹ eignet auch den barocken Wissenschaftstheorien, deren universalistische Struktur in der Pansophie stärker teleologisch, in der Polymathie (eines Morhof) stärker ›politisch‹ definiert ist. Beides findet sich im »Arminius« und in den Dramen Lohensteins, wobei das vordergründig-politische Motiv, durch Wissensvermittlung dem persönlichen Fortkommen in der Gesellschaft zu nützen, zweifellos für den Erfolg der Texte entscheidend war. Das Faktum, daß die Gegenstände seines wissenschaftlichen Diskurses bereits der Aufklärung als abstrus galten, weist dann allerdings wiederum auf die Zwischenstellung Lohensteins hin. Die Inhalte seiner Gelehrsamkeit sind noch extrem antiquarisch,[203] ja mittelalterlich, während die immanente Methode der Darbietung und die transzendierende Zweckhaftigkeit des Dargebotenen Ausdruck des modernen ›politischen‹ Geistes sind.

2.3 Weises Charakterisierung des manieristischen Stils

Im Stil der poetischen Texte wirkt sich dieses wissenschaftlich-poetische Verfahren in der Tat so aus, daß die vielgenannten »Zentnerworte« dichtgedrängt aufeinander folgen.[204] Sie sind die Realmetaphern, die Embleme, Sentenzen[205] und die beziehungsreichen Fakten, die Lohenstein das Stichwort für das breite Erörtern im Text selbst oder für das Ausbreiten zeitgenössischer Wissenschaftsdiskussion in den Anmerkungen liefern. Die zeitgenössischen Poetiken nennen diesen fakten- und argumentenerfüllten Stil den »sententiösen Stil«, der sich von

tung bzw. die Funktion, zur eigenen Vertiefung anzuregen, benennt Lohenstein in der »Cleopatra« selbst: »Denn obzwar diese nicht etwan einige heilige Heimligkeiten eröffnen / so entwerffen sie doch meistentheils dis etwas deutlicher / was hin und wider kurtz in denen Geschichten berühret / oder verweisen ja den Leser zu ferner Nachricht: In dem sich doch nicht allezeit thun läst / denen Wechsel-Reden lange Erzehlungen weitläuftiger Geschichte einzuverleiben [...].« Cleopatra ed. Barth, S. 139; ed. Just, S. 221.

[203] Martin: Der Stil in den Dramen Lohensteins, S. 19f.

[204] Newald: Vom Späthumanismus zur Empfindsamkeit, S. 326.

[205] Martin: Der Stil in den Dramen Lohensteins, bes. S. 20f.

Hofmannswaldaus »lieblichem« Stil deutlich abgrenzt, obwohl beide innerhalb des genus grande verbleiben. Wenn auch manche Härte und Dunkelheit auf die dem Berufsleben abgezwungene Nachtarbeit, die wenig Feile zuließ, zurückzuführen ist,[206] so bleibt der Stil Lohensteins doch von einheitlichem – »hart gefugtem« – Duktus. Im »sententiösen Stil« schließen sich verbale und reale Hyperbolik zusammen.[207]

Etwas anders bewertet Christian Weise Lohensteins Stil. Als Vertreter eines gemäßigt humanistischen Kursus und als Gegner jeglicher Hyperbolik schätzt er zwar den ›sententiösen Stil‹, findet ihn jedoch gerade bei Lohenstein nicht verwirklicht. Lohensteins Verehrer rühmen die in seinen Schriften unerschöpflichen Vorräte kluger Gedanken und Sentenzen. Nach Weise besteht jedoch der sententiöse Stil nicht in übermäßiger Verwendung von Sentenzen:

> »sondern man befleißiget sich hier keiner mühsamen Connexion, die Worte zeucht man auch nach Möglichkeit zusammen / daß man bey Gelegenheit ohne die geringste Veränderung des Styli, kluge Sententias mit einmischen kan.«[208]

Zum Unterschied vom ›politischen Stil‹ mit seinen »manierlichen Connexiones«, den eingestreuten Verbindlichkeiten, besteht der sententiöse Stil aus kurzen parataktischen Aussagen, die im Vergleich zu der üblichen barocken schnörkeligen Syntax lapidar wirken. Die persönliche Aussage erfährt eine distanzierende Objektivation.[209]

Lohenstein rechnet in Weises Rubrizierung weder zum politischen noch zum sententiösen Stil. Er wie auch Hofmannswaldau zählen zur besonderen Kategorie des »hohen und mühsamen Styli«.[210] Weises gemeinschaftliche Taxierung beider trägt der Tatsache Rechnung, daß Verbalhyperbolik und Realienhyperbolik auf stilistischer Ebene sich in der Regel treffen. Wo das Übermaß des Sachwissens zum abrufbaren Realienschatz umgemünzt erscheint, gerät die Realie ohnehin zur verbalen Formel. Der Gebrauch von Concetti, Emblemen, Paradoxien, Hyperbeln, Antithesen ist das formale Analogon der Realien-Anhäufung.[211] In den ›Sentenzen‹ gipfelt der das Faktenübermaß ordnende Scharfsinn, bringt die Exempla gleichsam auf den verwertbaren Begriff.[212] Für Weise stellt der sogen. »stylus oratorius« oder »panegyricus« eine Mischung aus »stylus politicus« und

---

206 Lohenstein: Arminius, Vorbericht an den Leser.

207 Lohensteins Stil wird i. a. als sententiös bezeichnet; vgl. Asmuth: Lohenstein, S. 69ff.; besonderen Ausdruck findet diese Einstufung im Titel von Männlings Anthologie »Lohensteinius sententiosus«.

208 Weise: Curiöse Gedancken Von Deutschen Brieffen (1691), S. 416.

209 Ebd., S. 421. »Wiewol bey den Worten ist dieß zu merken: Sie müssen zwar fremde klingen; doch sie müssen verständlich seyn.« Der sententiöse Stil bevorzugt »simplicität / welche sich mehr in scharffsinnigen realien / als in der eußerlichen Pracht zu belustigen pfleget.« Ebd., S. 449.

210 Ebd., S. 486ff.

211 Martin: Der Stil in den Dramen Lohensteins, S. 30ff., 49ff., 76ff.

212 Ebd., S. 81ff.; Jacob: Lohensteins Romanprosa, S. 18ff.

»sententiosus« dar, die »durch vielfältiges Nachsinnen / mit allerhand prächtigen Galantereyen« aufgehöht wird.[213] Er ist ein »hoher / affectirter / und prächtiger Stylus«, der den Prunk »entweder in der Sache selbst durch sinnreiche Meditationes, oder von aussen durch allerhand zusammen gesuchte Allusiones« erreicht. Weise erkennt bereits die Verwandtschaft zwischen dem nürnbergischen und dem breslauischen Stil.[214] Gegenüber dem primär allegorisch definierten Stil Harsdörffers betont Weise die Einheit der Schreibweise von Opitz, Hofmannswaldau und Lohenstein, deren gemeinsames Prinzip er in der gelehrten Anspielung erblickt.

> »Wiewol den Anfang der heutigen Zierligkeit hat unstreitig Herr Opitz gemacht / der als ein gebohrner Schlesier / seinen Lands-Leuten die Begierde gleichsam eingepflantzet / den deutschen Annehmligkeiten ferner nachzusinnen. Und weil er nicht nur allein vor sich der curieusen Philologie sonderlich ergeben gewesen / sondern auch mit den vornehmsten Gelehrten hin und wieder vertraute correspondence gepflogen: so gieng er dahin / daß er allemahl eine gewisse allusion auf die gelehrte Antiqvität / oder auff etwas sinnreiches aus gelehrten und curieusen Ausländern zu richten wuste [...].«[215]

Lohenstein führt diese Linie fort; neben den »unvergleichlichen Realien«, die er bringe, führe er auch »etwas unvergleichliches in dem Stylo«.[216] Fünf Kriterien nennt Weise: 1) er übersetze kuriöse Partien aus anderen Autoren (etwa aus Tacitus) und einverleibe sie »unvermerckt« der eigenen Schrift, 2) er mische »allerhand gelehrte Meditationes, das ist / sinnreiche allusiones auf allerhand Wissenschafften« in das Werk, 3) er baue Anspielungen »auff allerhand alte und neue Historien« ein, 4) ferner »angenehme Allusiones auff allerhand curieuse Dinge« (künstlicher oder natürlicher Beschaffenheit), 5) schließlich spiele er mit »allerhand argutias«, also »scharffsinnigen Vergleichungen«. Dieser »sich etwas hoch hinauff« schwingende und »affectirende« Stil ist von der Kenntnis der Real-Disziplinen und von eigener Erfahrung abhängig. Zur Nachahmung für Anfänger eignet er sich deshalb nicht. Weises vorwiegend pädagogisch orientierte Charakteristik überspielt bei dieser Zusammenschau der schlesischen Dichter freilich den wesentlichen Unterschied zwischen der Stufe von Martin Opitz einerseits und der Stufe Hofmannswaldaus und Lohensteins andererseits. Für ihn entscheidet das Moment der Gelehrsamkeit, über die der Schüler noch nicht in dem Maße verfügt, daß er an eine imitatio des ›hohen‹ (auch ›erhabenen‹) Stils sich wagen dürfte.

Der andersgeartete Zuschnitt der Lohensteinschen Gelehrsamkeit spielt für Weises Einschätzung eine eher untergeordnete Rolle. In ihr manifestiert sich unübersehbar der gesellschaftlich-geistige Wandel, der sich gegen Ende des Jahrhunderts im deutschen Bildungswesen angebahnt hat.

Von Weise ist es nur ein Schritt zum radikalen Verdikt, das die Gottsched-Schule über Lohenstein gefällt hat. Sie macht zwischen Verbal- und Realelementen keinen Unterschied mehr. Carl Friedrich Flögel, der Verfasser einer Pionier-

---

[213] Weise: Curiöse Gedancken von Deutschen Brieffen, S. 487.
[214] Ebd., S. 491.
[215] Ebd., S. 502.
[216] Ebd., S. 510.

arbeit leistenden »Geschichte der komischen Litteratur« formuliert die bekannten (klassizistischen) Vorwürfe, das einst Gerühmte nun ins Negative verkehrend:

> »Er war ein frühzeitiger und sehr fähiger Kopf, dabei besaß er eine weitläuftige Gelehrsamkeit, sein Unglück war, daß er dem falschen und ausschweifenden Witze der neuern Italiener, und besonders des Marino zu sehr anhieng, auch sich nach dem Seneca und Gracian zu sehr bildete; darüber verfiel er in Schwulst, und brachte seine Gelehrsamkeit am unschicklichen Orte auf eine pedantische Weise an, daß man immer den Lohenstein in den Personen reden hört, die er in seinen Schauspielen auftreten ließ.«[217]

2.4 Zur sozialen Begründung des deutschen Manierismus

Die Hyperbolik-Bewegung der zweiten Jahrhunderthälfte hat zwei Komponenten, eine formale und eine inhaltliche – entsprechend der zeitüblichen Einteilung literarischer Elemente in res und verba. Die Verbalhyperbolik, die sich als Übernahme marinistischer Stiltendenzen aus dem italienischen Kulturraum darstellt, besteht phänomenologisch in einer Verschiebung innerhalb der genera dicendi, vom genus medium zum genus grande. Während bei den Humanisten auf dem Sektor der elocutio der Sachbezug, das innere aptum, die Ausgewogenheit und Angemessenheit von res und verba dominierte – bezeichnenderweise fehlt in der »Poeterey« des Humanisten Opitz die Behandlung des äußeren, situativen aptum gänzlich; er behandelt nur das Verhältnis von res und verba, die beide wie Materie und Habitus zueinander stehen[218] – schob sich im Laufe des Jahrhunderts das Moment des äußeren aptum, der kommunikative bzw. repräsentative Aspekt in den Vordergrund.

Nicht von ungefähr begegnet der kommunikative Aspekt der aptum-Lehre zuerst bei Harsdörffer, dem von politischen Idealen beeinflußten Nürnberger Patrizier und Weltmann.[219] Ebenso plausibel erklärbar ist die bei ihm offensichtliche Umdeutung des ›Zierlichkeits‹-Begriffes vom humanistischen Elegantia-Ideal zum politisch-höfischen aptum- bzw. Decorum-Theorem.[220]

Darüber hinaus besteht die erwähnte Tendenz zur Erhöhung des poetischen Stils über den rhetorischen, etwa bei Johann Matthäus Meyfart, der den Poeten generell die höhere Stillage zubilligt.[221] Stieler und Morhof bilden die Theorie eines ›ungemeinen Sprechens‹ aus, das allerdings – wie schon bei Buchner[222] – durch das materiale aptum in den richtigen Maßen gehalten wird. Die grundsätzli-

---

[217] Flögel: Geschichte der komischen Litteratur, Bd. 4, S. 315f.

[218] Opitz: Poeterey ed. Alewyn, S. 30; auch Titz: Zwey Bücher, Bd. 2, S. 3, 7; Morhof: Unterricht, S. 321.

[219] Harsdörffer: Gesprächsspiele VI, Anmerkungen, S. 70.

[220] Sinemus: Poetik und Rhetorik, S. 78, nimmt zu Recht die Synonymität der Begriffe »zierlich« und »aptum« an; wogegen Fischer: Gebundene Rede, S. 154, von einer Indifferenz Harsdörffers ausgeht.

[221] Meyfart: Teutsche Rhetorica, S. 81, 100; vgl. Kap. II 3.1 und III 2.1.

[222] Buchner: Anleitung, S. 16f.

che Anhebung des poetischen Stils über den rhetorischen relativiert die herkömmliche Dreistillehre. Bereits der stilus humilis erscheint im Rahmen des poetischen Stils über den stilus humilis der Oratorie erhoben. Joachim Dyck hat auf diese manieristische Stilentwicklung hingewiesen, indem er das Zwischenschalten der ›poetischen Höhe‹ für die Lockerung des Bezugs von Stil und Gegenstand verantwortlich machte.[223] Den ungehemmten Einsatz des »ungemeinen Sprechens« propagieren erst Schröter und Männling, die Schüler und Verehrer Hofmannswaldaus und Lohensteins.[224]

Die kultur- bzw. stilgeschichtliche Erklärung, die mit einer Übernahme des in Italien auch theoretisch entwickelten Stils operierte, vermochte über das Konstatieren des Phänomens hinaus zu keiner zureichenden Begründung zu gelangen; denn die Beeinflussung deutscher Poeten und Poetiker durch die Theoretiker des Manierismus bedarf selbst einer Interpretation.

Schon früh hat man die Manierismustendenz, mit der nach dem dreißigjährigen Krieg verstärkt einsetzenden Höfisierung, der Ausbildung des Territorialfürstentums und der Orientierung der kulturtragenden Schichten an den Höfen, in Zusammenhang gebracht. Die ›gelehrte Poesie‹ der humanistischen Dichter-Gelehrten wandte sich in erster Linie an ranggleiche Gelehrte, denen der Sach-Bezug (inneres aptum) im Vordergrund stand, da die Gleichheit der sozialen Basis durch die Kollegenschaft gegeben war. Mit der bewußten, bereits von Opitz anvisierten Adressierung der Poesie an das höfische Publikum war eine Leserschaft gewonnen, deren erhöhtem Stand man durch die Wahl der Stilhöhe Rechnung tragen mußte. Das höfische Publikum verlangte den erhaben-prächtigen Stil, das »ungemeine Sprechen«, um sich von den nicht-höfischen Schichten sprachlich abzusetzen. Das sprachliche Gewand stellte ein Analogon zum Kleiderordnungswesen dar; hoher Stil und prächtige Kleidung waren verschiedene Ausdrucksweisen eines ständisch orientierten Herrschaftswillens.[224a] Manfred Windfuhr hat den höfischen Lebens- und Kunststil, dessen Repräsentationshaltung »die Hyperbel als tägliches Antriebsmittel« benötigte, einprägsam beschrieben.

> »Das Stilideal der barocken Höfe ist nicht die natürliche Rede- und Lebensweise, sondern im Gegenteil die künstlich-tropische. In allen Bereichen stoßen wir auf Erscheinungsformen, die sich auf die Doppelstruktur der Tropen zurückführen lassen. Die Neigung zur allegorischen Indirektheit reicht ebenso über die sprachlichen Künste hinaus wie der Kult der Hyperbel und die Bevorzugung des Seltenen gegenüber dem Vertrauten, die metonymische Grundeinstellung.«[225]

Rudolf Vierhaus hat erst neuerdings diese Verhöfischung mit dem Niedergang der städtisch-bürgerlichen Schichten erklärt, und zugleich mit der Höfisierung die

---

223 Dyck: Ticht-Kunst, S. 96.

224 Männling: Helicon, S. 17; Jänichen: Gründliche Anleitung, passim, bes. S. 32ff.; Grüwel: Gründliche Vers- Reim- und Dichtkunst, S. 224. »Dy Figürliche und Ungemeine sind, derer sich dy gelahrte Oratores, und voraus dy Poeten gebrauchen.«

224a Sinemus: Stilordnung, S. 22ff.

225 Windfuhr: Barocke Bildlichkeit, S. 156; vgl. S. 159, zur Hyperbolik auch S. 162.

Zunahme der gelehrten Elemente in der Poesie konstatiert.[226] Bereits Borinski hat die Manierismustendenz der gelehrten Poesie auf die deutliche Neigung der Gelehrten bezogen, sich dem an Höfen üblichen Umgangston anzupassen: »Man will vor den Hofleuten nicht bloß für ebenbürtig, sondern für ebenartig gehalten sein.«[227] Die gemeinsame Gegnerschaft gegen den ›gemeinen Pöbel‹ verbindet Adel und Gelehrtentum, schließt sie bei zusehends sich annähernden Geschmacksnormen noch fester aneinander.

> »Die barocke Vorliebe für den Hermetismus, die Verschlüsselungen, für Ana- und Kryptogramme und esoterische Gelehrsamkeit ist auch Ausdruck der aristokratischen Verachtung der Intellektuellen für den gemeinen Mann.«[228]

In durchaus kritischer Weise hatte Opitz selbst das Zustandekommen der Hyperbolik durch das lügnerisch-schmeichlerische Wesen der Hofleute, also durch die Höfisierungstendenz im weitesten Sinne erklärt.[229] In einseitiger Ausdeutung dieses Phänomens hat Günther Müller die Entwicklung in ein Abhängigkeitsverhältnis zum Wiener Kaiserhof gebracht,[230] dessen Einfluß alle Österreich verbundenen Länder – also auch Schlesien – erfaßt habe. Versailler Klassizismus mache sich erst seit 1682 bemerkbar, und zwar stärker im protestantischen als im weiterhin von Wien abhängigen katholischen Kulturbereich. Zu Recht hat Alberto Martino die Bedenken, die sich gegen den literarischen Einfluß Wiens erheben, zusammengefaßt und verstärkt; bei aller Bedeutung Wiens für die Ausbildung der barocken Künste bleibt die deutsche Literatur konsequent außerhalb der kulturellen Ambitionen des Kaiserhofes.[231]

---

[226] Vierhaus: Deutschland im Zeitalter des Absolutismus, S. 19. Zur Höfisierung des Gelehrtentums im 17. Jahrhunderts s. Lohmeier: Beatus ille, S. 352–363 (»Der neuzeitliche Machtstaat und der Gelehrtenstand«). Schon Hankamer: Deutsche Gegenreformation, S. 44f., hat herausgearbeitet, daß mit der sozialen Auflösung des Gelehrtenstandes der Poet Exponent des Hofes oder des aufsteigenden Bürgertums wird. Man wird heute nicht ohne weiteres das frühe Bürgertum als gleich geschlossene Gesellschaftsklasse dem Hof gegenüberstellen; doch liegen in der Deklassierung des Gelehrtentums als eines eximierten Standes und in der Aufgabe des internationalen Lateins bzw. der Hinwendung zur national begrenzten Volkssprache die Gründe für die sich abzeichnende Dichotomie des Schriftstellerstandes in höfisch und bürgerlich orientierte Autoren.

[227] Borinski: Gracian und die Hoflitteratur, S. 55; vgl. Gaede: Humanismus, S. 83ff.

[228] Martino: Barockpoesie, S. 122.

[229] Opitz begründet die Hyperbolik durch das lügnerisch-schmeichlerische Wesen der Hofleute; im Gedicht »An eine Jungfraw« heißt es: »Wil derenthalben auch mich nimmer vnterstehn // Von wegen ewrer Gunst mit Lügen umb zu gehn. / Diß alles laß ich euch die Hofeleut' erzeigen / Die prächtig Berg hinan mit Reden können steigen // Vnd jedes Wort auffziehn nicht ohne grossen Schein // Auff daß sie so bey euch in Gnaden mögen seyn.« Opitz: Gedichte ed. Müller, S. 142. Zur Hofkritik im »Vielguet« bes. V. 410ff., ebd., S. 122. Zur Gelehrtenkritik am ›politischen Ideal‹ s. Weisz: Das Epigramm, S. 177.

[230] Müller: Höfische Kultur, S. 96.

[231] Zu Müllers These von der kulturellen Ausstrahlung Wiens für das katholische Deutschland des 17. Jahrhunderts Martino: Lohenstein, S. 112f. Wie Müller argumentieren Hankamer: Deutsche Gegenreformation, S. 32f., und Straub: Repraesentatio Maiestatis, S. 132ff. Doch bereits Hankamer hat die Bedeutsamkeit relativiert, da die Wiener

Eine Beeinflussung städtischer Kreise durch das politische Denken läßt sich erst für die zweite Jahrhunderthälfte in vollem Umfang konstatieren.[232] Das Klugheitsideal hat – bis zu den Ansätzen einer ›bürgerlichen‹ Ethisierung um 1700 – ausschließlich höfischen Charakter. Ob die allgemein konstatierte ›Höfisierung‹ oder ›Verhofung‹ jedoch ein zureichendes Erklärungsmodell zu bieten vermag, bleibt – gerade angesichts der mit Überzeugtheit vorgetragenen sozialen Erklärungen – weiterhin zu überdenken.

Zunächst, betrachtet man lediglich die Viten der beiden Hauptvertreter der hyperbolischen Gelehrsamkeit, ist von einer Höfisierung wenig zu bemerken. Während Martin Opitz trotz seines für den Gelehrten traditionellen Widerstrebens ein Amt bei Hofe bekleidete, blieben Hofmannswaldau und Lohenstein (wie auch Gryphius) zeitlebens im Dienst der Stadt Breslau, deren Patriziat sie ihrer Herkunft nach angehörten.[233] Dieser äußere Lebenslauf verdeckt freilich die unterschiedene innere Orientiertheit von Opitz auf der einen, von Hofmannswaldau und Lohenstein auf der anderen Seite. Ihre Existenz ist nicht wie bei Opitz genuin humanistisch-gelehrt, sondern ›politisch‹ angelegt, ein Faktum, das sich in ihrer kavaliersmäßigen Bildungsreise und ihren städtischen Funktionen dokumentiert, das sich aber auch in ihrer Dichtung spiegelt. Sie wird ganz in den Bereich der ›Nebenstunden‹ verwiesen.[234] Hofmannswaldau publiziert zu Lebzeiten nur wenige Gelegenheitsgedichte – die maßgebliche Sammlung kommt erst nach seinem Tode zustande.[235] Lohenstein bezeugt mehrfach, daß er »aus der Tichter-Kunst niemals ein Handwerck gemacht« und keinen Gewinn aus ihr gezogen habe,[236] zumal – wie bereits erwähnt – seine Gedichte ihm allezeit »nur als blosse Neben-dinge« erschienen seien und ihm als »erleuchtender Zeit-Vertreib«, nicht als »beschwerliche Bemühung« gegolten hätten.[237]

Bei Hofmannswaldau und Lohenstein, die zwar keine Hofdichter wie die späteren Frühklassizisten waren,[238] macht sich der höfische Einfluß auf indirekte

---

Kultur für die Wortkunst unerheblich war. Die Literatursprachen des Wiener Hofes waren Lateinisch und Italienisch. Ebenso betonen Brunner: Adeliges Hofleben, S. 232, und Herzog: Literatur in Isolation und Einsamkeit, S. 539, die Nichtliterarizität Wiens im Barockzeitalter. Martino: Lohenstein, S. 116f., macht auf das bezeichnende Faktum aufmerksam, daß der niederösterreichische Literat Hohberg und sein Kreis in Wien übergangen wurden und mit literarischen Sprachgesellschaften, besonders der FG und mit Nürnberg, Kontakte anzuknüpfen suchten.

[232] Windfuhr: Barocke Bildlichkeit, S. 166.

[233] Zu Lohensteins sozialer Lage Wucherpfennig: Klugheit und Weltordnung, S. 12ff.

[234] Zu den ›Nebenstunden‹ bei Lohenstein s. Mulagk: Das Phänomen des politischen Menschen, S. 187 Anm. 174; zur Poetik der ›Nebenstunden‹ bes. Segebrecht: Das Gelegenheitsgedicht, S. 212–224.

[235] Rotermund: Hofmann von Hofmannswaldau, S. 16ff.; Heiduk: Hoffmannswaldau und die Überlieferung, S. 1ff. Die ›Grabschriften‹-Drucke sind nicht autorisiert.

[236] Lohenstein bezeugt selbst den Nebenwerk-Charakter in der Vorrede seiner Lyriksammlung »Blumen«, S. 8.

[237] Lohenstein: Sämmtliche Gedichte, Vorrede, S.):(3vf.

[238] C. Müller: Beiträge zum Leben, S. 54 Anm. 24, nennt Lohenstein immerhin »eine Art Hofpoet« des Piastenhauses.

Weise bemerkbar.[239] Bei Hofmannswaldau als Zuwachs galanter Thematik und als Ausbildung des geistreich-frivolen Stils;[240] bei Lohenstein in der Zwecksetzung seines genuin gelehrten Unterfangens. Denn die sozialgeschichtliche Erklärung der Stilaufschwellung – als Folge territorial-fürstlicher Verhofungstendenzen – deckt das Phänomen der Realienhyperbolik nicht genügend ab. Sie bildet in erster Linie das poetische Analogon zum wissenschaftsgeschichtlichen Polymathie-Modell.

Bei Lohenstein könnte man zunächst von der Übersteigerung der antiquarisch-rhetorischen Gelehrsamkeit auf eine Opitz-Nachfolge schließen.[241] Dennoch unterscheiden ihn von rein humanistischer Gelehrsamkeit sowohl die Breite, die Vielfalt der einbezogenen Wissensbereiche und Fachdisziplinen, als auch die hinter der Wissensaufhäufung stehende Intention. Der angestrebte Verbund polymathischer und politischer Momente äußert sich im Einsatz gelehrter, vorwiegend realwissenschaftlicher Disziplinen in der poetologischen Struktur zum Zweck pragmatisch-utilitaristischer Belehrung. Trotz der abwegig erscheinenden Exkurse – hier wäre immerhin zu untersuchen, ob das heute abwegig und abstrus Erscheinende auch dem Barockzeitalter so vorkam: für Emblematik und Heraldik zumindest trifft dieses Urteil nicht zu – ist die Gesamttendenz des »Arminius« alles andere als weltfremd und verschroben. Sie ist vielmehr, das geht bereits auch aus dem allegorischen Einbezug der habsburgischen Geschichte hervor,[242] ein politisch-didaktisches Manifest, dessen universalistischer Anspruch nur auf der Basis der sozialen Entwicklung und des ihr entsprechenden wissenschaftsgeschichtlichen Konzepts zu verstehen ist. Die Zweckhaftigkeit von Lohensteins ausgebreitetem Sachwissen weist denselben utilitaristischen Geist auf, wie er sich in den polyhistorischen Enzyklopädien der Zeit findet, die der ›Politicus‹ benötigte zur umfassenden Unterrichtung für amtliche Tätigkeit und private Konversation.

Von den Zeitgenossen wurde der »Arminius«-Roman denn auch als »ein für den Fürsten bestimmtes Lehrbuch politischen Handelns und als Fundgrube staatsnützlichen Wissens« geschätzt[243] – als ein »stummer Hofemeister«.[244] Der Dichter selbst galt als »vollkommener Staats-Mann«.[245] Eine »Erlauchte Person« soll – laut

---

239 Zur Hofnähe Lohensteins s. Martino: Lohenstein, S. 156ff.

240 Rotermund: Affekt und Artistik, bes. S. 102ff.; Geschichte der deutschen Literatur 1600–1700, S. 345; Hofmannswaldau schrieb die »Heldenbriefe« für ein höfisches Publikum.

241 So C. Müller: Beiträge zum Leben, S. 13; vgl. auch die außerordentlich negative Wertung ebd., S. 72; vgl. das Gesamturteil S. 107.

242 Zur Geschichtsdarstellung Lohensteins Laporte: Lohensteins Arminius; Szarota: Lohensteins Arminius als Zeitroman; Voßkamp: Untersuchungen zur Zeit- und Geschichtsauffassung; Wehrli: Das barocke Geschichtsbild.

243 Wucherpfennig: Klugheit und Weltordnung, S. 3.

244 So Benjamin Neukirch in dem »Vorbericht an den Leser« zu Lohensteins »Arminius«, S. 6.

245 Lebens-Lauff, S. B 2 r/v. Noch Zedlers Universal-Lexicon Bd. 18 (1738), Sp. 278 II gilt Lohenstein als ein Mann, der »sowol in seinen Schrifften als Thaten gewiesen, daß er ein

Vorbericht zum »Arminius« – zu Lohenstein gesagt haben, das Glück habe sich beim Verteilen der Ehrenämter geirrt, weil es ihn nicht zum Staatsdiener eines bedeutenden Herrschers gemacht habe.[246] Der »Arminius«-Roman war an den Adel gerichtet – tatsächlich wurde er auch von Adeligen gelesen[247] – und an die »Hofbeamten, Gelehrten und Studenten und großen Handelsherren«.[248]

Beim Zusammentreffen der politischen und polymathischen Denkweise fungieren der Universalismus und die Zweckhaftigkeit als Bindeglied. Polymathie und Pansophie – eine Untersuchung über ihr Verhältnis wäre ein dringliches Desiderat – stellen beide, was ihre Haltung zu Fragen der Sprache und der Poesie anlangt, Sonderentwicklungen des Humanismus dar, die zugleich dessen Kritik enthalten. Sie bilden bereits die Vorstufen zur Überwindung des antiquarisch-rhetorischen Modells.

Wie die verbale Hyperbolik hat man auch die Realienhyperbolik der Barockpoesie zu erklären versucht: Die hyperbolische Gelehrsamkeit komme durch die soziale Neuorientierung der Autoren und ihres Publikums zustande.

Alberto Martinos bereits in seiner Monographie zur Wirkung Lohensteins vorgetragene, 1976 in einem Aufsatz und 1977 in der deutschen Ausgabe der Monographie untermauerte These von der sozialen Struktur des barocken Literaturpublikums[249] rechnet mit »wenigen tausend Personen«,[250] die sich der ›schöngeistigen‹ Literatur zuwandten. Dieses Publikum rekrutiert sich in der Mehrheit aus der hohen Beamtenschaft der Höfe – aus Gründen des Geldes und der Zeit. »Nur wer über sehr viel freie Zeit verfügte«, konnte sich den Luxus leisten, geschichtlich-höfische Romane zu lesen – Martino setzt für die Lektüre des »Arminius« bei einem täglichen Lesepensum von zehn Stunden zwei Monate an.[251] Der dagegen vorgebrachte Einwand, Martino lasse das wesentlich größere Publikum der niederen Literaturgattungen: der erbaulichen Schriften und Traktate, der Kalender und Flugblätter, außerhalb seiner Berechnung,[252] kann im

---

grosser Politicus gewesen.« Die Trauergedichte zu Lohensteins Tod betonen politisches Wissen und gründliche Gelehrsamkeit; Martino: Lohenstein, S. 155.

246 Lohenstein: Arminius, Vorbericht an den Leser, S. 12.

247 Schröter: Gründliche Anweisung zur deutschen Oratorie, S.)(5v; das Titelblatt des »Arminius« verweist ebenfalls auf adeliges Publikum: »Den deutschen Adel aber zu Ehren und rühmlichen Nachfolge«.

248 Spiegel: Der Roman und sein Publikum, S. 41. Die intendierte Leserschaft Lohensteins war mithin der Adel, das hohe Hofbeamtentum, das städtische Patriziat und das Gelehrtentum; Martino: Lohenstein, S. 157ff. Im Vorwort zu den »Blumen« (1680) sagt Lohenstein selbst: »Das meiste / was aus meiner Feder geflossen / hat die Begierde vornemen und vertrauten Freinden damit zu dienen / so wol anfangs gebohren / als itzt selbten zuzueignen veranlasset.« Vorrede, S. 10. Ähnlich Tetzels Urteil in den »Monatlichen Unterredungen« (1689); Martino: Lohenstein, S. 156.

249 Martino: Lohenstein, S. 43–193.

250 Martino: Barockpoesie, S. 111.

251 Ebd., S. 113.

252 Marian Szyrocki in einem 1978 in Tübingen gehaltenen Vortrag »Buchproduktion und Lesepublikum im 17. Jahrhundert«.

Zusammenhang mit der ›gelehrten Poesie‹ unberücksichtigt bleiben, wesentlich ist das von Sinemus erhobene Bedenken gegen die behauptete Homogenität dieser Schicht.[253]

Martino rechnet (wie schon Flemming[254]) mit einer Verschmelzung von städtischem Patriziat bzw. nobilitiertem Gelehrtentum und Altadel in der neuen Schicht des höfischen Beamtentums:[255] Die »modern gebildete Schicht von Beamten adeliger wie patrizisch-bürgerlicher Herkunft« entstehe »aus der kulturellen, sozialen und blutmäßigen Vermischung jenes Anteils des Gelehrtenstandes, der sich im 16. und 17. Jahrhundert an die Höfe begeben hatte, um sich in den Dienst der Fürsten zu stellen, mit jenem Feudaladel, der zur gleichen Zeit ›verhoft‹ und sich seinerseits ebenfalls in ein Hofbeamtentum verwandelt.«[256] Gegen die Annahme einer geschlossenen Hofbürokratie[257] wendet Sinemus mit verschiedenen Belegen ein, daß die vom Altadel als nicht gleichberechtigt anerkannten Neuadeligen »zwischen dem Bürgertum und dem in seiner politisch-sozialen Funktion veränderten altständischen Geblütsadel eher eine neue Schicht« gebildet hätten, die »ihrer Selbstinterpretation nach eher zur gelehrten Meritokratie als zur ständischen Aristokratie« zu rechnen sei.[258]

Für die Richtigkeit dieser Annahme spricht auch die Tatsache der zweiten, 1731 veranstalteten Auflage des »Arminius« durch den Leipziger Verleger Johann Friedrich Gleditsch.[259] Wie Thomasius schon bemerkte, gehörte Lohensteins Roman nicht eigentlich zur höfisch-historischen Gattung. Er erkennt ihm etwas »sonderliches und irregulaires« zu.[260] Die Anerkennung Lohensteins im Kreis um Thomasius und Gundling kann als Indiz dafür gelten, daß der »Arminius« – in

---

253 Sinemus: Poetik und Rhetorik, S. 240.

254 Flemming: Deutsche Kultur, S. 38.

255 Martino: Barockpoesie, S. 117ff., 120, zählt den poetischen Werken inhärente Elemente auf, »die untrüglich auf den Adel, und in zweiter Linie auf das Patriziat als die vornehmlichen Adressaten und Konsumenten der deutschen Barockdichtung hinweisen.« Bei den Bürgern der Reichsstädte kann seit der zweiten Hälfte des 16. Jahrhunderts, seit Ferdinand II. die Zunahme der Nobilitierungen als Indiz für die Höfisierungstendenz gelten. Riedenauer: Kaiserliche Standeserhebungen, S. 27–98, bes. S. 75ff. Nach einem Rückgang unter Ferdinand III. steigen nach 1651 die reichsstädtischen Nobilitierungen wieder an; Höhepunkte dieser Tendenz fallen in die ersten Regierungsjahre Leopolds I., 1661 und 1664. Die Nobilitierungen bestanden in der Verleihung des »rittermäßigen« Adelsstandes, in Ritter- und Freiherrendiplomen und in dem meist dem Gelehrtenstand vorbehaltenen Palatinat, mit dem keine erbliche Adelsqualität verbunden war. Zu den Nobilitierungen auch Barner: Barockrhetorik, S. 228.

256 Martino: Barockpoesie, S. 124f. Martino meint dabei nicht den gesamten Stand, sondern jeweils den Teil, »welcher (mit gebührenden Ausnahmen) von den Beamten der kaiserlichen, landesherrlichen oder städtischen Bürokratie gestellt wird (dazu gehören z. B. Hoffmannswaldau, Andreas Gryphius, Abschatz, Lohenstein, Haugwitz, Czepko, Logau, Knorr von Rosenroth, Prasch, Assig).«

257 Ebd., S. 128.

258 Sinemus: Poetik und Rhetorik, S. 240.

259 Zu Gebauers Neuauflage des »Arminius« s. Martino: Lohenstein, S. 164f. Anm. 482.

260 Thomasius: Monatsgespräche 1689, S. 664.

zunehmendem Maß – auch nicht-höfische Leserschaften ansprach.[261] Ein weiterer Einwand läßt sich gegen Martino erheben. Zweifellos haben die gelehrten Juristen für die Höfisierung der ›gelehrten Poesie‹ eine wichtige Rolle gespielt: gerade Gryphius, Hofmannswaldau, Lohenstein, Mühlpforth und Abschatz waren als Juristen tätig. Dennoch läßt sich das Publikum nicht nur auf die höfisierten Gelehrten beschränken. Die dezidierten Anhänger des Hyperbolismus, Johann Christoph Männling und Christian Schröter, der frühe Benjamin Neukirch waren als Pfarrer und Pädagogen weder selbst Juristen, noch rechneten sie zum höfischen Umkreis.[262]

Martino betrachtet zu ausschließlich die juristischen Gelehrten und betont zu sehr den höfischen Charakter der Studierenden. Daneben muß mit einer erheblichen Anzahl Poesie-produzierender und -konsumierender Pfarrer und städtischer Beamter (Gymnasiallehrer) gerechnet werden. Heddy Neumeister hat dieses Interesse für die Geistlichkeit des 17. Jahrhunderts aufgezeigt,[263] Jutta Weisz hat für die Herkunft der Epigramm- und Kurzgedicht-Verfasser denselben Anteil geistlicher wie juristischer Elternhäuser nachgewiesen.[264] Von 80 untersuchten Autoren entstammen – soweit sich dies feststellen ließ – sechs dem mittleren und niederen Adel, elf dem städtischen Patriziat, 34 dem Gelehrtenstand, in dem juristische (14) und geistliche (13) Berufe dominieren, 15 ständisch niedrigeren Schichten (Wirtschaftsbürgertum, Handwerkerelite), 7 dem einfachen Handwerkerstand, einer dem Bauernstand.[265] Von den Autoren selbst absolvierten 25 ein juristisches, 25 ein theologisches, sechs ein medizinisches und neun ein wohl nur artistisches Studium.[266] Wegen dieser eindeutigen – zeitlich sich nicht verschiebenden – Dominanz des Gelehrtenstandes bei Herkunft und Beruf barocker Schriftsteller läßt sich die These nicht aufrecht erhalten, das Interesse für Poesie sei »in den mittleren und unteren sowie den Gelehrtenständen gleich Null« gewesen – im Gegensatz zum Interesse bei Adel und städtischem Patriziat.[267] Selbst wenn man die nicht-gelehrte Poesie ganz außer acht läßt, ist Martinos Begriff der Kunstpoesie zu eng. Lyrik etwa läßt er ganz außerhalb seiner Betrachtung. Dabei hat gerade die Geistlichkeit einen bedeutenden Anteil an der Produktion gelehrter – geistlicher und weltlicher – Lyrik. Martino untersucht lediglich Autoren und Publikum der zwei Repräsentationsgattungen, des schlesischen Kunstdramas und des historisch-höfischen Romans – wobei ja die Zugehörigkeit des »Arminius« zu

---

[261] Bender: Lohensteins Arminius, S. 404f.

[262] Christian Schröter war Konrektor der Fürstlichen Stadt- und Landschule in Liegnitz/Schlesien (Zedler 35, 1743, Sp. 1258); Christoph Männling Prediger zu Stargard (Zedler 19, 1739, Sp. 170f.).

[263] Neumeister: Geistlichkeit und Literatur; vgl. zur Soziologie der Hyperbolik Windfuhr: Barocke Bildlichkeit, S. 363.

[264] Weisz: Das Epigramm, S. 157. [265] Ebd., S. 155ff.

[266] Ebd., S. 160. Oestreichs These von der Zunahme der Juristen unter den Autoren bestätigt sich bei den Epigrammatikern nicht; Oestreich: Policey und Prudentia civilis, S. 21.

[267] Martino: Barockpoesie, S. 116f., 120.

diesem Genre nicht einmal feststeht. Bei derart reduzierter Auswahl barocker Poesie ist die Reduktion des Publikums auf eine höfisch situierte Interessentenschicht fast zwangsläufige Konsequenz.

Indes ist für die historisch-höfischen Romane – wie auch für die Werke Lohensteins – die Lektüre durch Studenten bezeugt; der »Arminius« wurde sogar im Rhetorikunterricht herangezogen.[268] Eine »Curieuse Studenten-Bibliothec« von 1708 empfiehlt den Studenten die Lektüre Lohensteins und der auf seinem Werk gegründeten »Gründlichen Anleitung zur deutschen Oratorie« von Christian Schröter.[269]

Martinos These, daß es sich bei der Barockliteratur (der zweiten Jahrhunderthälfte) nicht um eine Standeskultur, sondern um eine »Hofkultur« gehandelt habe, »deren Schöpfer letztlich der Fürst ist und deren wahre Funktion in der Verherrlichung höfisch-aristokratischer Werte und der Rechtfertigung, Glorifizierung und Repräsentation der Macht und ihres sakralen und absoluten Charakters besteht«,[270] ist von Jutta Weisz für die Epigrammatik und deren soziale Grundlagen zurückgewiesen worden. In der Epigrammatik manifestiert sich ein selbständiges Gelehrten-Standesbewußtsein. Die hofkritische Komponente erweist darüber hinaus, daß die Epigrammdichter sich konsequent einer Indienstnahme zur »Verherrlichung höflich-aristokratischer Werte« verweigern.[271] Die Motivation liegt einerseits in der Tendenz zur Kastenexklusivität des Gelehrtentums seit dem Humanismus, andererseits im Bestreben, den sozialen Status der »nobilitas literaria« gegenüber dem neuen Typus des weltmännischen, aus Adel und Beamtentum stammenden Kavaliers zu erhalten.[272]

Sicherlich steht die Verbalhyperbolik weniger in der Gelehrtentradition als die deutlich dem judiziösen Ideal der Jahrhundertwende zutendierende Realienhyperbolik Lohensteins. Sein Beispiel zeigt zwar die Höfisierungstendenz der genuin gelehrten Schriftstellerei. Dennoch läßt sich die einfache Klipp-Klapp-Logik, derzufolge die hyperbolische Literaturausprägung an die Feudalstruktur der Höfe gebunden sei, nicht pauschal aufrecht erhalten.[273] Opitz, Gryphius, Hofmannswaldau und Lohenstein gehörten derselben Gesellschaftsschicht an und bedienten sich doch verschiedenartiger Stile. Und die eigentlichen Hofdichter der Jahrhundertwende – Canitz, Besser und König, zeigen mit ihrer Ablehnung Lohensteins, daß höfischer Stil nicht a priori an hyperbolische Verbal- oder Realienentfaltung gebunden war.

---

[268] Zum historisch-höfischen Roman Martino: Lohenstein, S. 128ff.

[269] Curieuse Studenten-Bibliothec, worinnen gezeigt wird, was vor Bücher Ein Studiosus Philosophiae und Politices, Theologiae, Juris und Medicinae nöthig habe, und sich bekannt machen müsse.« Leipzig 1708, 5. Aufl. 1721; Martino: Lohenstein, S. 154.

[270] Martino: Barockpoesie, S. 131; Martino: Lohenstein, S. 147f.

[271] Weisz: Das Epigramm, S. 180.

[272] Johann Beer: Teutsche Winternächte, S. 237f.; Martino: Lohenstein, S. 153f.; vgl. Sinemus: Poetik und Rhetorik, S. 207ff.

[273] Zum funktionalen Zusammenhang von Gesellschaftsstruktur und Schaffensweise van Ingen: Vanitas, S. 51f.

Ulrich von König erblickt in der Überwindung der ›Schwulstpoesie‹[274] gerade den Grund für die Wiederannäherung von Hof und Poesie.

»Doch der Geschmack nebst der Natur
Fieng an, sie edler auszuzieren,
Und sicher auf der Alten Spur
Nach Hofe wieder hinzuführen.«[275]

Der Grund dafür liegt gewiß einerseits in dem neuen, von Versailles herstammenden klassizistischen Stilideal;[276] jedoch andererseits – materialiter – auch darin, daß das Hyperbolik-Phänomen seine sozialen Bedingtheiten übersteigt und mit ebenso großer Berechtigung wissenschaftsgeschichtlich zu deuten ist. Gaedes Hinweis auf die Rolle, die bei der Ausbildung des manieristischen Stils das Ideal des Ingeniösen spielt, sollte – gegenüber den sozialen und politischen Ursachen – wissenschaftsgeschichtlich untersucht werden.[277] Soziale Situationen und Stilausprägungen sind also keineswegs immer einander konform, sondern reagieren in verschiedenen Regionen unter verschiedenartigen Kultureinflüssen auf unterschiedliche Weise. Die soziale Situation – die Annäherung von Hof und Gelehrtentum – erklärt die Hyperbolik-Bewegung nicht zureichend, sie bildet lediglich eine Voraussetzung, die ihrer Ausgestaltung günstig war.

3. Barocke Kasualpoesie

3.1. Die gesellschaftliche Situation: Kasualpoesie als Reduktion humanistischer Gelehrsamkeit

Beim Terminus ›gelehrte Poesie‹ stellt sich wohl meist die Assoziation der ›großen‹, ›hohen‹ oder ›eigentlichen‹ Poesie ein. Man darf jedoch nicht aus dem Blick verlieren, daß die – in Literaturgeschichten und Monographien fast völlig vernachlässigte – Gelegenheitspoesie die Hauptmasse der ausgesprochen ›gelehrten‹ Dichtung bildet. Sieht man von dem knappen Abriß ab, den Carl Enders über die »Deutsche Gelegenheitsdichtung bis zu Goethe«[278] vorgelegt hat, so ist das ganze weite Gebiet erst mit der umfangreichen Monographie von Wulf Segebrecht wieder ins Bewußtsein gerückt.[279] Man mag der Kasualpoesie des 17. Jahrhun-

---

[274] Vgl. Brockhaus Bd. 1 (1837), S. 557 s.v. Deutsche Kunst, Literatur und Wissenschaft; Goedeke III, § 193, S. 268 »Verfall der Dichtung«.

[275] von König: Über das Kupffer-Bild; in: Gedichte 1700–1770. Hrsg. v. J. Stenzel, S. 120. Vgl. auch das Schreiben des Magisters May an König. »Euer Hochedelgebornen besitzen nicht nur eine vortreffliche Gelehrsamkeit; sondern Sie haben dieselbe auch durch dero liebreiche und höfliche Art zu leben, so angenehm gemacht, daß sich die Grösten des Hofes daran vergnügen, und dadurch unvermerkt höhere Gedanken von der Gelehrsamkeit überhaupt bekommen, woraus eine wahre Hochachtung und Begierde entstehet, dieselbe immer mehr und mehr in besseres Ansehen zu bringen.« Ulrich von König: Gedichte (1745), S. 631.

[276] Ueding: Einführung in die Rhetorik, S. 92.

[277] Gaede: Humanismus, S. 86ff.

[278] Enders: Deutsche Gelegenheitsdichtung, S. 292–307.

[279] Segebrecht: Das Gelegenheitsgedicht. Stuttgart 1977.

derts weiterhin einen geringen ästhetischen Wert zubilligen; dennoch steht außer Zweifel, daß sie für die historische Analyse des barocken ›Literaturbetriebs‹ von mindestens ebenso großer Bedeutung ist wie die wenigen noch heute gelesenen Romane oder Dramen.

Wieso zählt aber die Gelegenheitsdichtung (vorgoethescher Prägung) zur ›gelehrten Poesie‹? Festzuhalten ist: Ein Gedicht gilt dann als ›gelehrt‹, wenn es den Maximen der Wissenschaften gemäß angefertigt wird. ›Wissenschaften‹ sind alle an den Schulen und Universitäten gelehrten Disziplinen, zu denen nicht nur materiale, also Realien vermittelnde, sondern auch formale, also Regeln und Formeln vermittelnde Fächer gehören. Rhetorik und Dialektik, Grammatik und Poesie sind ebenso Wissenschaften wie Mathematik, Astronomie, Theologie usw., obwohl ihre Lehren eher formaler Natur sind. Ein Gedicht, das nicht nach den Regeln der Oratorie gebaut ist, gilt als ›ungelehrt‹, auch wenn es Sachkenntnisse vermittelt. Die Forderung, der Poet müsse gelehrt sein, steht vor dem Hintergrund der natura-ars-Debatte, und dem humanistischen imitatio-Prinzip. Wie Georg Brates nachgewiesen hat, betonen die Barockpoetiker durchgehend die Funktion der natura als unumgänglicher Voraussetzung für die Dichtkunst.[280] Brates weist dabei auf den Unterschied hin, den die Poetiker selbst zwischen erlernbarer Reim- und naturgegebener Dichtkunst machen. Daß ›große Poesie‹ ohne bedeutende Naturanlage entstehen könne, gilt auch den Barockpoetikern als Ding der Unmöglichkeit. Wohl aber die Gelegenheitsdichtung, deren Anfertigung nur ein geringes Talent erfordert, zu dem sich die Beherrschung der ars gesellt.[281] Diese Unterscheidung betont besonders der Poetiker Christian Albrecht Rotth. Er trennt Gebrauchsdichtung von eigentlicher Poesie; nur die erste ist lehr- und lernbar.[282]

Daß die auf der ars gegründete Kasualpoesie die Hauptmasse barocker ›Lyrik‹ ausmacht, läßt sich aus der gesellschaftlichen Funktion der Poesie erklären. Sie war – anders als heute – in das öffentliche Leben integriert und erfüllte zahlreiche repräsentative Aufgaben,[283] im privaten Alltag und bei festlichen Anlässen. Sie

---

[280] Brates: Die Barockpoetik als Dichtkunst, S. 346ff. Zwei Einwände gegen Brates lauten: er faßt die vorgottschedsche Poetik als eine Einheit, ohne den Übergang zum galanten Ideal herauszuarbeiten; er nimmt das toposhafte Axiom als Realität. Tatsächlich beweist aber die Lehrbarkeit der Poesie auf Schule und Universität wie auch ihr Gebrauch zu täglichen und festlichen Gelegenheiten, daß das Moment der ars überwiegt. Einschränkend zu Brates s. Markwardt: Geschichte, Bd. 1, S. 363.

[281] Van Ingen: Vanitas, S. 44ff.

[282] Rotth: Deutsche Poesie, Tl. 3, S. 41. »Darum kan einer wohl manchmal Verse machen / er ist aber deßwegen nicht ein Poet oder Dichter.«

[283] Beispiele bei Segebrecht: Das Gelegenheitsgedicht, S. 360f.; noch E. Uhses Vorrede zum »Wohl-informirten Poeten« (1731) hebt die gesellschaftliche Funktion des Verseschreibens hervor: »Wer einen öffentlichen Schulmann, oder Privat-Informatorem abgeben will, kan die Poesie unmöglich entbehren, weil er andere darinnen zu unterweisen schuldig ist. Und wie will sich ein Client bey seinen Patronen an Geburts- und Namens-Tagen, und bey vielen anderen Gelegenheiten recommendieren, wenn er nicht einen zierlichen Vers zu machen weiß.«

wurde gleicherweise in akademischen, patrizischen und höfischen Kreisen gepflegt. Die Komplimentierbücher der Zeit betonen ihre gesellschaftliche Notwendigkeit.[284] Wie verschiedene städtische Ordnungen belegen, war der Usus der Gelegenheitsdichterei in der Stadt dem gehobenen Bürgertum vorbehalten, d. h. den obersten Ständen, den Bürgermeistern, Ratsherren, Doktoren.[285] Die mittleren Schichten (Kaufleute, gehobene Handwerker) mußten sich mit Carmina geringeren Umfangs begnügen. Den unteren Ständen blieb der Druck von Gelegenheitsgedichten bei Strafe untersagt.[286] Den aufstrebenden ›Gelehrten‹ nutzte die Kasualpoesie beim Anknüpfen von Hofkontakten, in städtischen Diensten oder an den Universitäten selbst.[287] Sie erfüllte ›Freundschafts‹-Dienste zwischen Gleichgestellten: Die zahlreichen Widmungsgedichte und die oft auf Bitte eines Verfassers hin geschriebenen Proömien sind ein noch heute kaum erschlossenes Betätigungsfeld; die Willkomm- und Abschiedsgedichte rechnen dazu wie auch die Laudationes zu empfangenen Ämtern und Ehren. Schließlich wurden Gedichte auf Bestellung verfaßt.[288] Simon Dach, der Professor Poeseos in Königsberg, dichtete nicht nur für höhergestellte Adelige und für ranggleiche Akademiker, sondern auch für ›gemeine‹ Bürger (nicht Patrizier!) zu allen möglichen festlichen bzw. offiziellen Anlässen.[289] Die Masse der Kasualpoesie läßt sich in verschiedene sozial determinierte Gruppen einteilen:

1) höfisch-adelige Adressatenschaft,
2) städtisch-patrizische Adressatenschaft,
3) städtisch-bürgerliche Adressatenschaft,
4) akademische Adressatenschaft,
5) schulische (entweder rein zu Übungszwecken, sonst mit der vierten Gruppe zusammentreffend).

---

[284] v. Waldberg: Die Deutsche Renaissance-Lyrik, S. 216.

[285] Zur Nürnberger Gelegenheitspoesie Wiedemann: Vorspiel der Anthologie, S. 14f.; Konetzki: Kasualdrucke, S. 37–68.

[286] Beispiele aus den Ordnungen von Thorn (1623), Nürnberg (1705) und Onolzbach (1733) bei Schöne: Kürbishütte, S. 639f. Anm. 108. Von Dachs Gelegenheitsgedichten sind 778 an Bürgerliche, 179 an Adelige gerichtet.

[287] Zu den Produktionsmotivationen der Kasualpoesie Segebrecht: Das Gelegenheitsgedicht, S. 175–184; er nennt sieben Gründe: 1) aus Pflicht und Schuldigkeit, 2) wegen Rekommandation, 3) auf Begehren, 4) Erfüllung eines Versprechens, 5) Gegenseitigkeit, 6) anstelle persönlicher Anwesenheit, 7) in fremdem Namen. Poesie kann auch als Mittel der Selbstdarstellung der Universitäten fungieren; Schöne: Kürbishütte, S. 642. Joseph Leighton: Gelegenheitssonette aus Breslau und Danzig, S. 539 stellt die These auf, die Gelegenheitsdichtung sei in erster Linie als städtische Literatur aufzufassen. Bei den Auftraggebern in Breslau dominieren Bürger und Handelsleute mit 20,9%, Pfarrer mit 22,9%; es folgen Juristen mit 13,3%, Lehrer mit 12,4%, Angehörige des Rates bzw. Senats mit 10,5%, Ärzte mit 7,6%, der Landadel mit 5,7%; nicht zu ermitteln sind 6,7%. Jedenfalls rechnet die Mehrzahl der Auftraggeber zum ›gelehrten Stand‹, die Gelegenheitspoesie gilt als »Ausdruck des Selbstbewußtseins des gelehrten Standes«.

[288] Zu den Rezeptionsmotivationen der Kasualpoesie Segebrecht: Das Gelegenheitsgedicht, S. 185ff.; er nennt 1) öffentliche Bedeutung, 2) Nachruhm und Nachwelt, 3) Unterhaltung der Gäste.

[289] Vgl. Schöne: Kürbishütte, S. 638f.

Natürlich gab es aufgrund der sozial unterschiedlichen Adressatenkreise auch Unterschiede in der Ausstattung eines Kasualpoems. Daß der höfisch-aristokratische Kreis den prächtigeren, den erhabenen Stil verlangte, daß der engere Kreis der ›Gelehrten‹ den sententiösen, mit Realien und mythologischen Anspielungen gespickten Stil zugewiesen erhielt, und daß schließlich die einfache städtische Bürgerschaft mit einem in Machart und Inhalt vergleichsweise bescheidenen Gedicht vorlieb nehmen mußte, entspricht den Anweisungen der Decorum-Lehre über das äußere aptum.[290] Den eigentlichen Charakter des ›gelehrten‹ Gedichtes veränderten diese Anpassungen an den sozialen Status der Empfängerschaft jedoch nicht. Da sich der *gelehrte* Charakter des Gedichtes im Einhalten rhetorischer Regeln dokumentierte, wurde der Einbau von bzw. die Fundierung durch Realien eher sekundär. Ihr Hinzutreten fungierte als zusätzlicher Schmuck. Nach dem Verständnis der humanistischen Poetik gehörte es nicht wesentlich zum ›gelehrten Gedicht‹, daß es ›wissenschaftlich‹ im heutigen Sinne der Realwissenschaften sei, daß es wissenschaftlichen Geist atme bzw. vermittele. *Realwissenschaft* war in den gelehrten Gedichten des Barock nur ganz veräußerlicht enthalten, in der Form a) *gelehrter Realien,* b) *gelehrter Zitate* und *Sentenzen,* c) antiker *Anspielungen* und d) gelehrter *Anmerkungen.* Tatsächlich unterschieden sich die Realien nur unwesentlich von Phrasen, Metaphern und Sentenzen. Beide Gruppen konnten sich bis zur Identität einander nähern. Realien in dieser Spielart waren durchaus formaler Natur und als solche nur in einem veräußerlichten Sinne als Realien faßbar. Sie waren im Grunde nichts anderes als Versatzstücke rhetorischer Manier. Die leichte Handhabbarkeit humanistisch-rhetorischer Gelehrsamkeit macht es plausibel, daß gerade die Gelegenheitsdichtung des 17. Jahrhunderts das quantitativ wichtigste Betätigungsfeld der gelehrten Poeten darstellt. Für die Entwicklung gelehrter Poesie selbst und für die gegenläufige Bewegung stellt sie insofern eine wichtige Etappe dar, als sie den ›Ausverkauf‹ der humanistischen Gelehrsamkeit repräsentiert. An die Stelle echter Gelehrsamkeit tritt die bloße Anweisung und der vorgeprägte Formel- und Realienschatz.

Die Klagen der großen Poeten und Poetiker über das Ausufern der Kasualpoesie ist bekannt.[291] Kaum ein Poet, der sich Opitz hierin nicht anschließt, obgleich es kaum einen Dichter gibt, der nicht selbst ausgiebig diesem Brauch gehuldigt hätte. Freilich wenden sich die Poeten nicht gegen die Kasualpoesie an sich, sondern gegen ihren Mißbrauch. Aus den fast obligatorisch gewordenen Verdikten der Poetiker erhellt auch das Gelehrsamkeitsverständnis, das zwischen hoher Poesie und ›abgesunkener‹ Gelegenheitsdichtung unterscheidet.

Martin Opitz (1624):

»Es wird kein buch / keine hochzeit / kein begräbnüß ohn uns gemacht; vnd gleichsam als niemand köndte alleine sterben / gehen vnsere gedichte zuegleich mit jhnen vnter. Mann

---

290 Sinemus: Poetik und Rhetorik, S. 66ff.

291 Indiz für die Überladung mit Gelegenheitspoesie ist der Erlaß der Stadt Hamburg vom 30. März 1658 gegen das Überhandnehmen der Gelegenheitsdichterei; Enders: Deutsche Gelegenheitsdichtung, S. 300.

wil vns auff allen Schüsseln vnd kannen haben / wir stehen an wänden vnd steinen / vnd wann einer ein Hauß ich weiß nicht wie an sich gebracht hat / so sollen wir es mit vnsern Versen wieder redlich machen [...]. Mussen wir also entweder durch abschlagen jhre feindschafft erwarten / oder durch willfahren den würden der Poesie einen mercklichen abbruch thun.«[292]

Für die Frühphase deutschsprachiger ›gelehrter‹ Poesie ist diese Stellungnahme symptomatisch.[293] Die Poeten selbst sind die passiv Gezeichneten; sie verfassen die Gelegenheitsdichtung nur auf Drängen anderer.[294] Das später immer häufiger gegen die Kasualpoesie vorgebrachte Argument, die Poeten selbst drängten sich zu jeder Gelegenheit mit ihren Gedichten vor, um Benefizien, Geldgeschenke oder Ämter zu erhalten, war zu Anfang des Jahrhunderts noch nicht gegeben.

Johann Rist (1642):

»Aber / da gehet es gemeinlich solchen mit dem eitelen Winde der selbst-eingebildeten Geschickligkeit auffgeblasenen Phantasten / wie unseren heutigen teutschen Reimemacheren / die sich selbst vermessentlich überreden / daß / wenn sie nur etliche / entweder gantz oder halbteutsche Wörter / alß da seyn: Bedencken vnd lencken / incommoditäten vnd betretten / rahten vnd praten / Sitten vnd qualitäten / geehrtet vnd Pferd / hören vnd Ohren / mild vnd gilt / wäßken vnd häßken / gebissen vnd gegessen / gespannt vnd rennt / hert vnd wehrt / vertrawen vnd Augen / pfratz vnd platz / Kopf vnd Büchsenpopff / ümb vnd müm / vertrauwen vnd mauwen (alle diese Reime vnd theils vnteutsche Wörter habe ich noch newlich in einen einzigen Hochzeit-Gedichte gefunden) zusammen setzen können / alsdenn müsse man sich über einen solchen Grillenfänger alse einen fürtreflichen Poeten alsobaldt verwunderen / da doch ein solcher in keiner einzigen seiner Wissenschafften (vnd wenn es auch sein armer Donat oder Vocabularium ex quo were) schlechter vnd elender als eben in der wahren teutschen Poesy ist beschlagen vnd erfahren. O Midas, lange doch deine Pritschen her für solche stoltze Gesellen!«[295]

Die Tendenz der Kritik ist deutlich verschieden von der Opitzschen. Rist wendet sich gegen die Sprachverhunzer und die Reimenschmiede, die das ›gelehrte‹ Dichten (und die Dichter) aufgrund ihres Unvermögens in Mißkredit bringen. Dem *gesellschaftlichen Mißbrauch* der Poesie durch Andere steht bei Rist die Entwertung der Poesie durch die Poeten selbst gegenüber. Das entspricht der fortgeschrittenen Entwicklung deutschsprachiger Poesie; und ist zugleich ein Beleg für den *gesellschaftlichen Erfolg* der Opitzschen Bemühung. Interessanterweise hat Rist das im theoretischen Traktat vorgebrachte Bedenken schon 1638, in der Vorrede zu eigenen Gelegenheitsgedichten geäußert.[296] Diese Tatsache weist auf die Zielrichtung des Vorwurfs hin: nicht Gelegenheitsdichtung schlechthin, nur die von Nichtskönnern mißbrauchte fällt unter das Verdikt. Heilmittel gegen den Mißbrauch ist folgerichtig nicht das Verbot der gesellschaftlich ›verwendba-

---

[292] Opitz: Deutsche Poeterey ed. Alewyn, S. 11; zu Opitz' eigener Gelegenheitsdichtung s. Gellinek: Die weltliche Lyrik des Martin Opitz, S. 186f.

[293] v. Waldberg: Die Deutsche Renaissance-Lyrik, S. 215ff., 235.

[294] Opitz: Deutsche Poeterey ed. Alewyn, S. 11. »Ferner so schaden auch dem gueten nahmen der Poeten nicht wenig die jenigen / welche mit jhrem vngestümen ersuchen auff alles was sie thun vnd vorhaben verse fodern.«

[295] Rist: Rettung der Edlen Teutschen Hauptsprache, nicht paginiert.

[296] Rist: Poetischer Lust=Garte, Vorrede, nicht paginiert.

ren‹ Poesie, sondern die Empfehlung, mit poetischen Werken nicht hervorzutreten, bevor man »den rechten Grund d'Kunst vnd Wissenschafft verstehen lernen.«[297] *Martin Kempe* (1664) rückt die eilfertigen Gelegenheitsdichter zu den Pritschmeistern.

»Die Reimenmacher=Zunfft / die Wort= uñ Sylben=stümpler /
Die Sprachen=Martyrer / die auff der Folterbank
Die Rede dehnen aus / daß nachmahls ihr Gesang
Des Gugkugs änlich ist / uñ doch wil solch ein Hümpler /
Ihm soll ein Daphnen=Laub den Hasen=Scheitel zieren /
Ihn hat das grimme Thier / die Ehrsucht / so bethört /
Darüm erheischet er / daß man ihn Tichter ehrt /
Ob ihm ein Kälber=schwantz viel besser kan gebühren.«[298]

Von besonderer Wichtigkeit ist der Hinweis auf die Abwertung des Dichtertitels infolge des Übergangs der Lorbeer-Verleihung vom Kaiser auf die Pfalzgrafen. Das allgemeine Überhandnehmen der Dichterkrönungen, oftmals an völlig unbedeutende Gelegenheitspoeten (etwa aufgrund eines Panegyricus an den Pfalzgrafen selbst), schadete der Sache der ›gelehrten Dichtung‹.[299] So wundert es nicht weiter, daß auch der Pädagog und Theolog *Balthasar Kindermann,*[300] der Verfasser einer ausgesprochenen Anweisungspoetik, gegen das allzuviele Gelegenheitsreimen opponiert.

»§ 7. Aus welchen allen dann klärlich erscheinet / daß wir nicht von der gemeinen art der Poeten / oder denjenigen / die sich wegen etlicher Pritschreime / bey männiglich / dafür ausschreien / und wol gar kröhnen lassen / allhier reden; sondern allein võ denen / die zu was grössers gebohren sind.
§ 8. Zubeklagen ist es / wiewohl schwerlich zu endern / daß dergleichen Lumpenhunde in der Welt herummer lauffen müssen / welche ohne allen Danck Poeten seyn wollen / und noch darzu / ihre grobe Unwissenheit / unter dem edlen Lorbeer=Krantze / verdecken und verstecken. Die zwar bey allen und ieden Hochzeiten / Kindtauffen Gebuhrts= und Nahmens=Feyer / Begräbnissen und sonsten / ihre Bettlers Mantel / unersucht / und ungebeten / einschicken / darinnen weder Erfindung / weder Geist noch Leben /weder Redensarten / noch einige gute und zierliche Worte anzutreffen. Weßwegen auch mit ihren Schmadereyen mehrentheils an solche Oerter geeilet wird / dahin sie von rechts wegen gehören / und wo sie weder Sonne noch Mond bescheinet.«[301]

Den bei Kempe anklingenden satirischen Ton baut *Joachim Rachel* aus. Seine ebenfalls 1664 erschienene Satire »Der Poet« vertritt das Opitzsche Ideal des ›gelehrten Dichters‹.

---

297 Ebd., nicht paginiert.

298 M. Kempe: Neugrünender Palm-Zweig, V. 611–623, V. 721–728.

299 Außer den einschlägigen Arbeiten von Schottenloher, Raabe und Husung (s. Literaturverzeichnis) vgl. Arndt: Zur Entwicklung des kaiserlichen Hofpfalzgrafenamtes, S. V–XXIV. Wentzel verurteilt die Kasualpoesie: »Ja viele schreiben diß in gleiche Rollen ein / Gekröhneter Poet und ein Fantaste seyn.« Joh. Christ. Wentzel: Lorbeer-Hayn, S. 114.

300 Kawerau: Balthasar Kindermann, ein Kulturbild aus dem 17. Jahrhundert.

301 Kindermann: Der Deutsche Poet, S. 19. Kindermann zitiert im Anschluß mehrere gleichlautende Belege von Held, Opitz und Tscherning.

»Zwar tausend werden sich und vielmahl tausend finden,
Die abgezählte Wort in Reime können binden;
Des Zeuges ist so viel als Fliegen in der Welt,
Wann aus der heissen Luft kein Schnee noch Hagel fält.
Auf einem Hochzeitmahl da kommen oft geflogen
Des künstlichen Papiers bey vier und zwantzig Bogen.
[...]
Diß lumpen Völklein will (mit Gunst) Poeten heissen,
Daß nie was guts gelernt, daß niemahls den Verstand,
Hat auf was wichtiges und redliches gewand.
Die nichts denn Worte nur zu Markte können tragen.«[302]

Rachels Satire ist übrigens längst nicht so originell und witzig wie die umfangreiche, ebenfalls das Opitzsche Ideal gegen die Pritschmeister und Gelegenheitsreimer verfechtende Schrift *Gottfried Wilhelm Sacers* »Reime dich oder ich fresse dich«, die dem zur Poesie absolut unbegabten Hans Wurst einen gangbaren Weg empfiehlt, schließlich doch noch die Lorbeerkrone des Poeta laureatus zu empfangen.[303] Unter ihren Argumenten findet sich immerhin eines, das auf die Verschleißerscheinung im Arsenal gelehrten Zubehörs hinweist. Realien-Gelehrsamkeit wird überhaupt nicht mehr verlangt; lediglich verba reihen diese Poeten aneinander, und meist auch diese in kunstloser, abgeschmackter oder gar abgedroschener Manier. Das Argument wird im Zusammenhang der Wissenschaftskritik noch mehrfach begegnen.

Sigmund Birkens Poetik greift schließlich zu christlichen Gegenargumenten.

»§ 20. Es gereichet auch der Poesy zur Schmach / wañ man / sonderlich zu Hochzeiten / unschambare Sau-Verse machet / Ehrliebende Ohren damit beleidigt und die Allgegenwart Gottes erzürnet: oder auch / wañ mancher vermeinet / er könne keinen Vers schreiben / es werden dañ andere damit gehechelt u. geblechelt. Solche thun nicht anders / als wie die unflätige Schweine / welche niemand können vorbei gehen lassen / den sie nicht mit ihren Rüßel und Füßen beschmutzen.«[304]

Von den opponierenden Argumenten der ›gelehrten Dichter‹ gegen die Gelegenheitspoesie können im Zusammenhang mit der Gelehrsamkeitsfrage die moralischen außer Betracht bleiben. Die sozialen Gründe wiegen schwerer. Kindermann spricht die soziale Folge des poetischen Mißbrauchs direkt an. Ein Ergebnis der ausufernden Poesie sei es, »daß das Wort Poet / bey den meisten / so verächtlich gehalten wird / und ihrer nicht wenig der *Gelehrten* Bedencken getragen haben / sich dieses Titels zugebrauchen.«[305]

---

302 Rachel: Der Poet, V. 109–116, 126–129; S. 109f.

303 Dazu Enders: Deutsche Gelegenheitsdichtung, S. 301; L. Pfeil: Gottfried Wilhelm Sacers' »Reime dich oder ich fresse dich«; ein Neudruck der Satire ist von mir geplant im Rahmen der Reihe ›Litteratur-Cabinet‹, München.

304 Birken: Teutsche Rede-bind und Dicht-Kunst, Vorrede § 20.

305 Kindermann: Der Deutsche Poet, S. 21, § 12. Ein Indiz für die Anfang des 18. Jahrhunderts gesunkene Wertschätzung der Poeten liefert Neumeister: Die Allerneueste Art, S. 7, § XXVIII. »Die Zeiten sind vergangen, da grosse Herren einen Poeten mehr respectirten, als einen geheimten Raht.«

Da aber prinzipiell Gelegenheitspoesie eine anerkannte Form des gelehrten Dichtens ist, muß bei ihrer Masse eine Veränderung der Substanz erfolgt sein. Die Massenhaftigkeit an sich würde die scharfen Angriffe noch nicht rechtfertigen; erst die damit verbundene Abwertung des poetischen Ideals. Rachel deutet diesen Sachverhalt an: den Verschleiß humanistischer Gelehrsamkeit als Folge diskreditierter Gelegenheitspoesie. Er äußert sich als Reduktion der (von Opitz und Lohenstein her bekannten) Quellen-Gelehrsamkeit auf ein abrufbares Realienwissen, das in Schulpoetiken, poetischen Schatzkammern und Sachlexiken eingesehen werden konnte. Die Reduktionsbewegung gründet auf einer Pragmatisierung gelehrter Poesie, die, obwohl sie dem Ursprung nach humanistisch war, dem humanistischen Ideal entgegenwirkte. Die Pragmatik konnte, wie angedeutet, sowohl höfisch als auch bürgerlich ausgeprägt sein. Für den Charakter der Reduktion war dieser Sachverhalt nicht entscheidend. Die vor allem in der zweiten Hälfte des 17. Jahrhunderts erfolgende, in den zahlreichen Lehrbüchern zur Kasualpoesie sich manifestierende Aufwertung der Gelegenheitspoesie präsentiert sich als Krisenerscheinung der echten humanistischen Gelehrsamkeitspraxis. Die hier geübte Gelegenheitspoesie ist im Grunde, obwohl rhetorisch und antiquarisch, nur pseudo-gelehrt. Die *Reduktionsthese* bezeichnet also die Rücknahme der alten Forderung nach umfassender Gelehrsamkeit des Poeten: die aus der mühsamen Klassikerlektüre erworbenen ›Sachen‹ erstarren zu Versatzstücken und unterliegen einem Formalisierungsprozeß. Auch wo sich hin und wieder die Reduktion als Hyperbolisierungsprozeß präsentiert – in Gelegenheitsgedichten mit angehäuften Realien, Metaphern und Bildern – gehören diese Produkte nicht zur echten, polyhistorisch begründeten Gelehrsamkeitshyperbolik. Im Unterschied zur Aufschwellung materialer Gelehrsamkeit bei Lohenstein handelt es sich in den Gelegenheitspoesien dieser Art um den Einbau von vorfabrizierten und formelhaften Realien. Bereits die Barockzeit unterscheidet hier die res echter Gelehrsamkeit von den realia der im Schnellverfahren angeeigneten Wissenssegmente. Die zu Formeln erstarrten res der Realien-Lexika unterscheiden sich nicht wesentlich von den in den poetologischen Phrasen- und Metaphern-Sammlungen enthaltenen verba. Beide fließen in einer Topik zusammen, deren lexikalischer Charakter im Grunde nichts anderes ist, als das ›Ausverkaufsangebot‹ der Polyhistorie.[306] Die Anweisungspoetiken bieten Hinweise zur Machart aller möglichen Gelegenheitsgedichte, und sie bauen auf den Formelsammlungen auf, die reale und verbale Versatzstücke, nur theoretisch in realia und verba geteilt, enthalten. Gerade die Beliebigkeit, mit der diese Gelehrsamkeits-Brocken verwendet werden können, formalisiert die doctrina zu einem Museumswissen, das jeglichen Kontakt zur lebendigen Wissenschaft verloren hat. Obwohl die Angriffe gegen diese Verschleißform humanistischer Poesie von den humanistischen Poeten selbst

---

[306] Vgl. Kapitel III 1. Zutreffend der Hinweis Dycks: Ticht-Kunst, S. 59, daß auch die von Komensky empfohlene Methode des Realien-Sammelns, des Exzerpierens, diesem loci communes-Trend Vorschub geleistet habe. Zum Begriff und seiner Verwendung s. Beetz: Rhetorische Logik, S. 125ff.

vorgebracht wurden, konnten sie selbst keine Erneuerung des ›gelehrten Dichtens‹ in die Wege leiten. Sacers auch in diesem Zusammenhang symptomatische Satire »Reime dich oder ich fresse dich« bietet das Opitzsche Ideal zwar an; doch bleibt es ohne reformerische Qualität zu einem Zeitpunkt, als die humanistische Klassiker-Gelehrsamkeit zum Warenhaus vorgeprägter Formeln verkommen war. Wesentlich anders war ja die Opitzsche doctrina auch nicht gewesen; lediglich der mühsamere Weg zu den Quellen unterschied sie vom bequemeren Griff zum Realienbuch. Gelehrtheit präsentiert sich auf der niedrigeren Ebene der Kasualpoesie nur instrumentaliter verschieden, essentiell blieb sie dieselbe.

3.2. Die Schul- und Anweisungspoetiken für Kasualpoesie

Gelehrsamkeit und Wissenschaftskenntnis erscheint im Bereich der Kasualpoesie zur Beherrschung der Topik reduziert, zur Kunstfertigkeit, nach den von der Logik bereit gehaltenen Regeln (loci topici), Themen (Aristoteles) und Argumente zu finden (inventio), auszuweiten (amplificatio) und zu modifizieren, und zur ›bibliographischen‹ Kunst, Realien- und Phrases-Sammlungen (loci communes, Aeraria, Florilegia) zur Auszierung der elocutio zu benutzen.[307]

In der Kasualpoesie erhält der zentrale Begriff der inventio den ausschließlichen Sinn des ›Auffindens‹.[308] Die Reduktionsthese gilt für einen gesellschaftlich exakt definierbaren Bereich. Die Reduktion nimmt zu, je mehr sich das Poetisieren dem Schulbereich nähert. Dieser Sachverhalt ist zugleich ein Indiz für das Vordringen des deutschsprachigen Poesie-Handwerks, allerdings nicht im Sinne von Opitz. Die in den Gymnasialpoetiken gipfelnde Reduktionstendenz wird von einigen der großen Poetiken eingeleitet, die, auch wenn sie den auftretenden Verschleißerscheinungen kritisch gegenüberstehen, der gesellschaftlichen Erwünschtheit solcher Anleitungen für Kasualpoesie Rechnung tragen.

---

[307] Vgl. Herrmann: Naturnachahmung, S. 54, bes. Anm. 140; zur Toposlehre im 17. und 18. Jahrhundert nun Beetz: Rhetorische Logik, S. 144–161; ferner van Ingen: Vanitas, S. 148ff. Vielfach erscheint die Topik auf die Suchformeln »quis, quid, ubi, quibus auxiliis, cur, quomodo, quando« reduziert. Rotth: Vollständige Deutsche Poesie, Tl. 1, S. 15ff., 89, stellt fest, daß er mit Hilfe seiner Suchformeln 227 ›Materien‹ gefunden hat. Zur Tradition der Toposlehre s. die Diskussions-Sammlungen von M. L. Baeumer (Hrsg.): Toposforschung. Darmstadt 1973; P. Jehn (Hrsg.): Toposforschung. Eine Dokumentation. Frankfurt 1972; L. Bornscheuer: Topik. Zur Struktur der gesellschaftlichen Einbildungskraft. Frankfurt 1976; D. Breuer/H. Schanze (Hrsg.): Topik. Beiträge zur interdisziplinären Diskussion. München 1981, darin bes. Wiedemann: Topik als Vorschule der Interpretation, S. 233ff. setzt dem kausallogischen Denk-Paradigma das topische Paradigma entgegen.

[308] Dyck: Ticht-Kunst, S. 59. Zum Wert der Topik s. Harsdörffers Urteil in den »Frauenzimmer Gesprächsspielen« Tl. 8 (1649), S. 284: »Nach diesen Fragen kan man von allen Sachen reden / die man auch sonsten nicht versteht.« Segebrecht: Das Gelegenheitsgedicht, S. 111–151 führt die Anfertigung eines Kasualgedichts mit Hilfe des Realienkatalogs und der (13) Loci anschaulich vor. Die poetische Erfindung besteht danach im Anschließen der Realien an die Loci.

Bereits die frühe Poetik von Johann Peter Titz (1642) zählt 31 Möglichkeiten auf, Gelegenheitsgedichte zu verfassen.[309] Auch Justus Georg Schottel geht im vierten Buch seiner 1656 erschienenen »Teutschen Vers- oder Reim-Kunst« auf die »Matery / wovon ein Poet handelt« ein. Den »Trauerhändeln«, den »Lob- und Lasterhändeln«, die selbstverständlich für Epen, Dramen, Hymnen und andere hohe Dichtungsarten den Stoff abgeben, subsumiert Schottel auch die Gelegenheitspoemata.[310] Interessant ist an seiner wahllosen Zuordnung von Dichtarten und Stoffen das Faktum, daß er keine qualitativen Unterschiede kennt, also die Gelegenheitsgedichte weder abwertet noch überhaupt in eine geschlossene Gruppierung zusammenstellt.

Kaspar Stieler gibt genaue Anweisungen für das Anfertigen von Gedichten zu Hochzeiten, zu Geburten, zu Geburts- und Namenstagen, zum Erwerb amtlicher und akademischer Würden, zur Ankunft eines Fürsten u. a.[311] Omeis, der die Tradition der großen Barockpoetiken beendet und selbst schon Einflüsse etwa von Weise aufgenommen hat,[312] widmet fast selbstverständlich den Gelegenheitsgedichten ein umfangreiches Kapitel: »Unterschiedliche im gemeinen Leben öffters fürkommende Gedichte«. Darunter rechnet er »Geburts-Gedichte, Namens-Tag= und Anbind-Gedichte, Neu=Jahrs=Gedichte, Ehren=Gedichte, Lob=Gedichte, Dank=Gedichte, Siegs=Glückwünschung, Hochzeit=Gedichte, Leich=Gedichte, Glückwunsch wegen wieder erlangter Gesundheit, Glückwunsch zur bevorstehenden Reise, Willkomm=Gedichte, Ehren=Gedichte u.s.w.«[313]

Die bedeutenden Barockpoetiker würdigen den gesellschaftlichen Brauch, wobei sie allerdings (so Stieler[314]) immer peinlich genau den Unterschied zwischen dem Dichter und dem Reimeschmied oder Pritschmeister festhalten. Anders die für Schulen und Anfänger bestimmten Poetiken. Es ist charakteristisch für die reinen Anweisungspoetiken, daß ihnen der *allgemeine* Einleitungsteil fehlt, der das Verhältnis zwischen natura und ars diskutiert. Sie beschränken sich auf das Verabreichen der in der ars enthaltenen Anleitungen zur Mache eines Poems.[315] Dieser Poetik-Typus beeinflußte wohl die meisten Dichter, auf alle Fälle die Verfasser von Gelegenheitspoesie; er prägte im Schulbetrieb den Umgang mit Poesie und vermittelte die Anfangs-Regeln (weniger die Anfangs-Gründe). Damit überwog im Poetik-Schulbetrieb das Moment der lehrbaren ars bei weitem das der individuellen natura. Die Entwicklung der Anweisungspoetik läßt sich in eine Phase zwischen Opitz und dem schlesischen Hochbarock und in eine nachlohensteinsche Phase gliedern. Die zweite Phase ist nicht streng abgrenzbar. Schullehr-

---

309 Titz: Zwey Bücher, S. Oij bzw. S. 02a.
310 Schottel: Teutsche Vers- oder Reim-Kunst, S. 265.
311 Stieler: Dichtkunst des Spaten, V. 1893–2149, S. 60–66.
312 Omeis: Gründliche Anleitung, S. 52, stimmt Weises Forderung nach Einhalten der constructio prosaica in Versen zu.
313 Ebd., Kapitel III, S. 151ff.
314 Stieler: Dichtkunst des Spaten, V. 115ff., S. 15f.
315 Kawerau: Kindermann, S. 179.

bücher hinken der theoretischen Diskussion im allgemeinen stärker nach als die ausgesprochen für den Universitätsbetrieb verfaßten Lehrbücher, bei deren Verfassern auch der Wunsch, etwas Neues zu bringen, eine Rolle spielen mag.[316] So begegnen die altherkömmlichen Einteilungen und Argumente noch in den Schullehrbüchern der galanten Epoche,[317] ja sogar noch in Lehrbüchern der Gottsched-Zeit.[318] Auf der anderen Seite kommt es auch vor, daß ein Schulmann nicht nur fortschrittlicher als ein Universitätsprofessor ist, sondern daß er sein Modell auch selbständiger entwickelt als der im institutionalisierten akademischen Kursus verharrende Professor eloquentiae. Die eklatantesten Beispiele hierfür sind Albrecht Christian Rotth, dessen Poetik in mancher Hinsicht ihrer Zeit weit vorauseilt, und Magnus Daniel Omeis, der trotz seiner Bezugnahmen auf Morhof und Weise die Opitz-Tradition weiterführt.[319] Aller Wahrscheinlichkeit nach wirkte Omeis' Amt, die Präsidentschaft des Pegnesischen Blumenordens und die Altdorfer Professur, eher als Hemmnis, die Theorie den neuesten poetologischen Entwicklungen anzupassen.

Zwischen Opitz' »Poeterey« (1624) und Lohensteins »Arminius« (1689/90) sind bereits mehrere Anweisungspoetiken erschienen:

1650 Johann Henrich Hadewig: Kurtze und richtige Anleitung, Wie in unser Teutschen Muttersprache ein Teutsches Getichte zierlich und ohne Fehler könne verfertiget werden[320]

1653 Johann Sebastian Mitternacht: Bericht von der teutschen Reimkunst oder Kunst hochdeutsche Verse zu machen[321]

---

316 Zum Moment der Neuheit bzw. Seltenheit Herrmann: Naturnachahmung, S. 58f.

317 Johann E. Weise: Unvorgreiffliche Gedancken von Teutschen Versen (1708), Joh. Samuel Wahll: Kurtze doch gründliche Einleitung zu der rechten, reinen und galanten Teutschen Poesie (1709), Joh. Hübner: Neu-vermehrtes Poetisches Hand-Buch (1712), Joh. Georg Neukirch: Anfangs-Gründe zur Reinen Teutschen Poesie (1724), Erdmann Uhse: Wohlinformierter Poet (1703, 1719); (Breslauer) Anleitung zur Poesie (1725), Joh. Friedrich Rottmann: Lustiger Poete (1718).

318 M. J. H. Tiemeroth: Kurtze und deutliche Anführung zur Teutschen Poesie (1732); Andreas Köhler: Deutliche und gründliche Einleitung zur deutschen Poesie (1734); Christoph Weißenborn: Einleitung zu den Anfangs-Gründen der Teutschen und Lateinischen Rede- und Dichte-Kunst, gehört zur vorgottschedschen Poetik; vgl. Kap. V, Anm. 539.

319 Omeis war allerdings gegenüber den Vorgängern des Pegnesischen Blumenordens nicht unkritisch. Er pflichtet Morhofs Tadel bei, die Nürnberger Poesie klinge in den Ohren der Schlesier und Meißner nicht gut; Omeis: Gründliche Anleitung, S. 52. Zu Omeis s. Zedler: Großes Universal-Lexicon 25 (1740), Sp. 1411–13; Jöcher III, Sp. 1073–75; Jöcher-Erg. V, Sp. 1103–10; ADB 24, S. 347–49.

320 Kapitel XVIII »Von dem Gebrauch der Gedichte« enthält Anweisungen zu »Glückwünschungs-Freuden- Klag- und Trauer / wie auch Trost-Erinnerung- An- und Abmahnungs-Gichte«. Die Ausgabe von 1660 behandelt die Gelegenheitsgedichte in den Kapiteln XX–XXVI.

321 Zu Mitternacht s. Maché: Zesens Bedeutung, S. 246ff. Mitternachts Poetik ist ein knapper Auszug aus Zesen.

1656 Alhardus Moller: Tyrocinium Poeseos Tevtonicae, Das ist: Eine kunst- und grund-richtige Einleitung Zur Deutschen Verß- und Reim-kunst[322]

1660 Johann Henrich Hadewig: Wolgegründete teutsche Versekunst, oder Eine nüzliche und ausfürliche Anleitung, wi in unser teutschen Muttersprache ein teutsches Getichte zirlich und ohne Fehler könne gescriben und verfertigt werden

1661 Gottfried Wilhelm Sacer: Nützliche Erinnerungen wegen der Teutschen Poeterey

1664 Balthasar Kindermann: Der Deutsche Poet, Dariñen gantz deutlich und ausführlich gelehret wird, welcher gestalt ein zierliches Gedicht, auf allerley Begebenheit [...] kan wol erfunden und ausgeputzet werden

1668 Albrecht Christian Rotth: Kürtzliche, doch deutliche und richtige Einleitung zu den eigentlich so benahmten poetischen Gedichten[323]

1671 Samuel Schelwig: Entwurff der Lehrmäßigen Anweisung zur Teutschen Ticht-Kunst[324]

(1674 Christoph Kaldenbach: Poetice Germanica, seu de ratione scribendi carminis Teutonici libri duo)

1685 Theodor Kornfeld: Selbst-Lehrende Alt-Neue-Poesie Oder Vers-Kunst Der Edlen Teutschen-Helden-Sprache, darinnen grund eigendlich aller gebräuchlichen [...] Beschaffenheiten, Nebenst guter Invention der Getichter, deutlich vorgestellet werden[325]

1685 Johann Christoph Männling: Dichtkunst[326]

1687/8 Albrecht Christian Rotth: Vollständige Deutsche Poesie, in drey Theilen, Deren I. Eine Vorbereitung, In welcher die gantze Prosodia enthalten .. II. Eine fernere Anleitung zu den insgemein üblichen Gedichten .. III. Eine richtige Einleitung zu den vor andern so beniemten Poetischen Gedichten [= Ausgabe 1668] gründlich geredet wird

Die Poetiken von Kindermann und Rotth vertreten den konventionellen und den ›progressiven‹ Typus dieser Ebene (wobei beide sich keineswegs auf Kasualpoesie beschränken). Bei *Kindermann* kommt der pragmatische Zweck schon im Titel deutlich zum Vorschein: »Der Deutsche Poët / Dariñen gantz deutlich und ausführlich gelehret wird / welcher gestalt ein zierliches Gedicht / auf allerley Begebenheit / auf Hochzeiten / Kindtauffen / Gebuhrts= und Nahmens=Tagen / Begräbnisse / Empfah= und Glückwünschungen u.s.f. So wohl hohen als niederen Standes=Personen / in gar kurtzer Zeit / kan wol erfunden und ausgeputzet werden

[322] Moller bringt zwar im 5. Kapitel des 2. Teils eine Liste neu erfundener Reimgattungen, jedoch kein eigenes Kapitel über Kasualpoesie. Auffällig bei Moller ist der kaum überbietbare Schwulst.

[323] Der 3. Teil der Rotthschen Poetik über die ›poetischen‹ Gedichte erschien bereits 1668, die Teile 1 und 2 erst 1687 und 1688.

[324] Schelwig enthält neben einer belanglosen, die allgemeinen Anschauungen reproduzierenden Einleitung praktische Anweisungen ohne jegliche Reflexion. Die Berufung auf Opitz, auch auf Harsdörffer ist häufig.

[325] Kornfeld behandelt in Kapitel 26 »De Inventione materiarum adhuc specialibus« die Gelegenheiten; empfiehlt als Anweisung den »Teutschen Poeten« von Kindermann.

[326] Bei Goedeke III, S. 24 Nr. 35a; war mir nicht zugänglich.

[...]«.[327] Das dritte Buch »Von der Vollführung Unser Erfindungen« behandelt die Gattungen (Heroische, tragische, komische u.s.w.), das vierte Buch widmet sich Gedichten zu unterschiedlichen Gelegenheiten,[328] das fünfte ausschließlich den »Glückwünschungen«.[329] In sechs Kapiteln behandelt Kindermann die »Glückwünschung zum Herren= oder Adel=Stande«, zum Rektorat, zum Doktorat und Magisterium, zum »Poetischen Lorbeer-Krantze«, zum Regierungsantritt und zum Antritt eines neuen Amtes. Das bei ihm wie auch bei den anderen, der Anfertigung von Kasualgedichten gewidmeten Poetiken, anzutreffende Rubrizierungsprinzip ist nicht völlig konsequent, da es den Formen (bzw. Gattungen) und den gesellschaftlichen Anlässen besondere Kapitel zuweist, also die traditionellen formalen und die gesellschaftlich begründeten inhaltlichen Kriterien gleichstellt, nicht jedoch beide einander zuordnet.[330] Im übrigen baut Kindermann seine Poetik und seine Rhetorik völlig übereinstimmend auf.[331] Das zeigt sich auch am Detail. Dem Redner, der eine Doktorat-Rede zu halten hat, empfiehlt Kindermann, daß er

»I. Erstlich / von der Freude wiederum seinen Eingang mache / welches die beste und beständigste Art ist.

II. Darnach seiner Schuldigkeit / und des Wunsches an sich selbst erwehne.

III. Drittens / um getreuliche Fortsetzung ihrer Freundschafft / oder fernere Gewogenheit Ansuchung thue.«[332]

Dem Poeten gibt Kindermann eine ausführlichere Anleitung:

»Wan wir ersuchet werden / auf Doctorat und Magisterien was zuschreiben / können wir wol die Erfindung / welches dan fast die üblichste ist / von der Zeit nehmen / und Anfänglich von dem itzigen Zustand / es sey derselbe gut oder böse / etwas erinnern. Darnach auf unsern Candidaten kommen / und sagen / wie höchlich es uns erfreue / daß wir hören / Er solle gekröhnet werden.
Fürs Dritte denselben rühmen / von seinem Fleiß / und Studieren / und darauf erfolgten Ehren Krohn (welches dan mit einem Gleichniß von dem Adler genommen / kan zierlich gemachet werden.)

---

327 Der Titel fährt fort: »Mit sattsahmen / und aus den vornehmsten Poeten hergenommenen Gedichten beleuchtet / und also eingerichtet / daß den Liebhaber der Göttlichen Poesie dieser an statt aller geschriebenen Prosodien und Poetischen Schrifften zur Nothdurft dienen kan.« Zu Kindermanns »Poet« s. Bouterwek: Geschichte der deutschen Poesie, Bd. 3, S. 405f.; insbesondere Kawerau: Balthasar Kindermann, S. 131–239, S. 165ff.

328 Kindermann: Der Deutsche Poet, Buch IV., S. 304–580.

329 Ebd., Buch V, S. 581–660.

330 Ebenso verfährt auch G. Ludwig: Teutsche Poesie dieser Zeit (1703), S. 42. »Die eine Sorte hat ihren Nahmen hauptsächlich à materia, oder dem Innhalt; wohin zum Exempel gehören die Nahmens-Gedichte / Leichen-Gedichte / Hochzeit-Gedichte /u.s.f. Die andre Sorte hat ihren Nahmen hauptsächlich à forma, oder der äuserlichen Gestalt / wohin gehören die Alexandrinische Verse / die Oden / Sonnetten / Madrigalle etc.« Ebenso J. E. Weise: Unvorgreiffliche Gedancken (1708), S. 59.

331 Kindermann: Der Deutsche Redner / In welchen unterschiedene Arten der Reden auf allerley Begebenheiten [...] enthalten sind [...] Wittenberg 1660, 3. Aufl. 1665.

332 Ebd., S. 588, § XX.

Fürs Vierdte preisen wir die Stadt / darinnen der neue Doctor künfftig lehren wird. Und Fürs Fünffte wünschen wir Ihm zu seinen neuen Ehren Glück und Segen.«[333]

Daran schließt sich ein Mustergedicht aus Rists Feder an, aus dem Kindermann seine fünf Anweisungspunkte ausgezogen hat.[334] Das Verfahren im einzelnen muß nicht vorgeführt werden. Es folgt den üblichen Empfehlungen zur Gewinnung der inventio aus res und verba.[335]

Albrecht Christian Rotth bezieht sich auf Masen und auf Morhof.[336] In seiner dreiteiligen »Vollständigen deutschen Poesie« nimmt die Anleitung zur Erfindung der »insgemein üblichen Gedichte« den Hauptanteil ein. Gegenüber dem ersten, die Prosodie enthaltenden Teil mit 69 Seiten und dem dritten, bereits 1668 publizierten, die einzelnen Gattungen abhandelnden Teil mit 416 Seiten beträgt der Umfang des zweiten Teils 604 Seiten. Er verbindet die Darlegung der inventio mit der Behandlung der Kasualpoesie.[337] Die Koppelung leuchtet ein: Ein großer Poet holt nach zeitgenössischem Verständnis seine Beispiele nicht aus einer Poetik, wohl aber jemand, der aus bestimmtem Anlaß in die Situation kommt, ein Carmen verfassen zu müssen. Die Anleitung fällt dementsprechend schulmäßig aus. Da die Anfertigung von Gelegenheitspoesie – Rotth bezeichnet sie als die »insgemein üblichen Gedichte«[338] – von jedem Mitglied der gehobenen Gesellschaft beherrscht werden muß, steht sie, die den lehrbaren Teil der Poesie repräsentiert, im Zentrum der Darlegungen des Schulmannes. Ihr Stellenwert geht bereits aus dem Titel der Poetik hervor: »Kunstmäßige und deutliche Anleitung zu Allerhand Materien / welche sowohl sonst in der Rede-Kunst / als insonderheit in der Poesie nützlich zu gebrauchen seyn wird. Und wird hierinne gewiesen:

I. Was die Materie in dieser Bedeutung eigentlich sey /
II. Woher dieselbe zu nehmen sey /
III. Wie dieselbe künstlich könne ausgearbeitet und dem Leser vorgestellet werden.

Welches letztere denn allemal mit solchen Exempeln erläutert worden / daß es verhoffentlich jungen Leuten an statt eines andern feinen Poeten zugleich dienen kan [...].«[339]

---

333 Kindermann: Der Deutsche Poet, S. 597f.

334 Ein ähnliches Verfahren wählt Kindermann beim Magisterium; ebd., S. 602, 605, 607, 610, 612. Anweisungen zu »Glückwünschungen zu dem Poetischen Lorbeer-Krantze« enthält das Kapitel IV, S. 613–623. Rist stellt für Kindermann im übrigen eine absolute Autorität dar; Kawerau: Kindermann, S. 168.

335 Kindermann: Der Deutsche Poet, S. 47–65 mit mehreren Beispielen.

336 Zu Rotths Poetik s. Hildebrandt-Günther: Antike Rhetorik, S. 57ff.; Borinski: Poetik der Renaissance, S. 341 zu den Einflüssen Masens, Donats und Rappolts. Rotth (1651–1701) war Konrektor des Hallenser Gymnasiums; Jöcher III, Sp. 2255f.; Zedler: Großes Universal-Lexicon 32 (1741), Sp. 1248f.

337 Der Titel lautet: »Eine fernere Anleitung zu den insgemein üblichen Gedichten. Dabey gewiesen wird was deren Materie sey / wo sie könne hergenommen / und wie sie könne ausgearbeitet werden.« Leipzig 1688.

338 Im Titel des zweiten Teils; Vorrede zum Teil 3, S. 2.

339 Innentitel des zweiten Teils.

An Rotths Poetik fällt die Betonung der Realien auf. Sie haben einen größeren Stellenwert als die Verba. Diese Akzentuierung trifft sich mit der ebenfalls auffälligen, von Morhof und Weise abgeleiteten Tendenz zur Reduktion der elocutio-Ausstaffierung.[340] So ist es im Mittelteil Rotths vornehmste Aufgabe, an die Materie zu den »fast täglich vorkommenden« Gedichten hinzuführen.[341]

»Durch die Materia eines Gedichtes wird nichts anders verstanden / als die Sache / welche man in einem solchem Gedichte vorträget. Ein Logicus nennet es objectum oder thema.«[342]

Gegenüber den Vorgängern hat Rotth damit eine terminologische Präzision erreicht, die sein schlußfolgerndes Vorgehen von den an Vorbilder-Imitation oder Realiensammlungen orientierten Poetiken vorteilhaft abgrenzt. Nur tut er des Guten in seiner mit fast bewundernswerter schulmeisterlicher Systematik oder Pedanterie entwickelten poetologischen Syllogistik etwas zu viel.[343] Das Thema kann entweder *simplex, compositum,* oder *conjunctum*[344] sein, besteht also in einem Wort (»die Sonne«) oder in einem prädikativen Satz (»kein Mensch ist ohne Fehler«) und kann auf verschiedene Arten ›amplifiziert‹ werden (etwa durch die Umstandsfragen quis, quid, ubi, quibus auxiliis, cur, quomodo, quando[345]). Auf 78 Seiten behandelt Rotth dann die Frage »Woher die Materia eines solchen Gedichtes könne genommen werden.«[346]

Interessant an Rotths Systematik ist die strikte Trennung zwischen Gelegenheitsdichtung und »großer Dichtkunst«. Alle die für Schule und Universität bestimmten Poetiken behandeln die inventio im Hinblick auf die Anfertigung eines Gelegenheitsgedichtes. Für die »eigentlich so benahmten Poetischen Gedichte«, die Rotth im dritten Teil behandelt, gelten die syllogistischen Rhetorikregeln nur bedingt. Im dritten Teil wird dem Leser »das innere Cabinet der Göttlichen Poesie eröffnet«,[347] der Bereich der »vor andern so beniemten Poeti-

---

340 Rotth: Vollständige Deutsche Poesie, Tl. 1, folgt in der historischen Einteilung deutscher Poesie Morhofs »Unterricht«. In der Vorrede zum 1. Teil heißt es im § 3: »Denn ob gleich die ungebundenen Reden etwas anderer Arth sind (daher denn auch deren Ubung zuweilen absonderlich anzustellen) so kommen sie doch mit den gebundenen darinne überein / daß sie rein / sauber und bequemes Deutsch brauchen müssen. Dannenhero auch diejenigen / welche in gebundenen Reden sich wol geübet haben / den Ungebundenen nicht eine unanständige Arth geben können.«

341 Rotth: Vorrede zum 2. Teil. »Als da man einem zu Hochzeiten / Kindtauffen / Namens-Tagen etc. Glück wünschet / oder auch zu Ehren-Staffeln und Ehren-Aemptern / als wenn iemand Magister, Doctor, Cantzler etc. wird; Wozu denn auch die Nacht-Musicke mitgehöret / die man in dergleichen Fällen einem bringet; desgleichen auch solche Gedichte / wodurch man einem andern sein Beyleyd an den Tag legt / als Leich-Verse oder Klagen über eines Landes Unglück und Weh.«

342 Ebd., Teil 2, S. 3.

343 Ebd., Teil 2, S. 12–90.

344 Rotth: Vollständige Deutsche Poesie, Teil 2, S. 3ff.

345 Ebd., S. 4, 14ff.

346 Ebd., S. 12–90.

347 Ebd., Teil 3, Vorrede, S. 1.

schen Gedichten«, unter denen er besonders die »Haupt-Gedichte«, die Hirtenlieder, Satiren, Komödien, Tragödien, Epen, Romane versteht.[348] Die Poetik vermag die Anfertigung von Kasualpoesie zu lehren; indes zu den »Poetischen Gedichten« kann sie nur »den Anfang des Weges / welchen ein Künstler hierinne zu gehen hat / gleichsam nur von ferne« zeigen – Glück, Fleiß und Gottes Segen trügen zur Vollkommenheit »in den höheren Gedichten« bei.[349] Die Erfindungen der »Poetischen Gedichte« sind mit denen der Kasualpoesie nicht identisch. Das ist eine bemerkenswerte Differenzierung und ein wichtiger Schritt einerseits zur Überwindung barocker Gelegenheitspoesie und andererseits zur Definition des »eigentlich Poetischen«, das mit den mechanischen Begriffen res und verba nicht mehr erfaßt werden kann. Die ›poetische Erfindung‹ identifiziert Rotth, im Rückgriff auf Masen,[350] mit der *fictio poetica*. Sie bezeichnet »die Handlung oder das Nachsinnen eines Poeten« oder »die erfundene Sache selbst«.[351] Es versteht sich, daß mit diesem veränderten Erfindungs-Begriff, der ins Vorfeld der Gottschedschen Fabel-Theorie vorstößt, der alte Begriff der Gelehrsamkeit als einer bibliographischen Fertigkeit, ›Dinge‹ zu finden, und einer Kombinationsakrobatik, aus Worten selbst ›Dinge‹ herauszuschütteln, und einer (topischen) Assoziationstechnik, beide mit Umstandsbestimmungen und Gleichnissen zu erweitern, nur wenig gemein hat. Auch für den Dichterbegriff selbst ergibt sich damit eine Neuakzentuierung des schöpferischen Momentes: des Schaffens gegenüber dem Finden, des »Aussinnens oder Ausdenckens« gegenüber der äußerlichen Fertigkeit einer technisch gekonnten Versifikation.[352] Rotth bezeichnet die Stufe in der poetologischen inventio-Diskussion, wo ein anderer Wissenschaftsbegriff zu wirken beginnt.[353]

Die Zweiteilung der Poetik, der noch gänzlich rhetorisch orientierte erste und zweite Teil, und der in Richtung einer philosophischen (bzw. ästhetischen) Bestimmung weisende dritte Teil belegen die Übergangsposition Rotths. Zukunftsweisend an seinem Modell ist die Zuordnung des veralteten ›Finde‹-Schemas zur Kasualpoesie, des Fiktionsbegriffs zur ›höheren Poesie‹. Wie immer man die vergleichsweise mechanische Syllogistik im Bereich der Gelegenheitspoesie bewerten mag, fest steht, daß Rotths Poetik trotz ihrer rhetorischen Verhaftung von allen Barockpoetiken den entschiedensten Schritt zu Gottsched hin

---

348 Der Innentitel des dritten Teils führt die Gattungen einzeln auf.

349 Rotth: Vollständige Deutsche Poesie, Teil 3, Vorrede, S. 2f. »Ich vermahne aber einen jedweden auffs treulichste / daß er sich nicht zu balde an dieses Stück der Poesie wage / sondern erstlich wohl / nach Einnehmung des Grundes der deutschen Poesie / in den ins gemein üblichen Gedichten sich übe; an dieses aber / als einen wohl verwahrten und allzuhochgesetzten Schatz / sich nicht ehe zu machen gedencke / biß er sich erstlich in den vorigen wohl geübt befinde.«

350 Rotth: Vollständige Deutsche Poesie, Teil 3, S. 5.

351 Ebd., S. 6.

352 Ebd., S. 6ff.

353 Gottsched bezeichnet nicht von ungefähr in den »Critischen Beyträgen«, Bd. 5, S. 443, Rotths Poetik als die »neben des Hn. Prof. Bodmers Schriften und der critischen Dichtkunst« besonders wichtige Poetik; Borinski: Poetik der Renaissance, S. 341.

macht, nicht nur hinsichtlich ihrer Betonung des rationalistischen Kalküls, sondern auch ihrer konsequenten Aufwertung der Mimesis gegenüber der imitatio, und der Verdrängung des Ideals der Zierlichkeit durch das der Deutlichkeit und der Verständlichkeit. Rotth markiert den einen Pol der poetologischen Entwicklung, die von Opitz bis zu Weise verläuft, ohne vom Einfluß der Hyperbolisierungsbewegung tangiert zu werden.

Die Hyperbolisierungstendenz erfaßte in der zweiten Hälfte des 17. Jahrhunderts zahlreiche Poetiken. Wie Ulrich Wendland dargelegt hat, reichen die Ausläufer dieser bei Lohenstein und Hofmannswaldau gipfelnden Bewegung bis ins dritte Jahrzehnt des 18. Jahrhunderts hinein, bewahren also während der ›galanten‹ Epoche ihre Geltung. Zunächst gegen die Hyperbolik gerichtet, dann selbständig neben ihr bestehend, ging die Reduktionstendenz als eine unter anderen Stilarten in die eklektizistischen Poetiken des frühen 18. Jahrhunderts ein. Zwischen Lohensteins »Arminius« und den Lehrbüchern ›galanter‹ und frühklassizistischer Poesie (um 1700) gibt es eine Reihe von Schul- und Anweisungspoetiken.

1692 Gregor Fritschler: Vor die Liebhaber der Teutschen Poeterey [...] eine kurtze Anweisung zu selbiger. In: Johann Adolph Frohnius: Kurtze und leichte METHODE GRAMMATICAM LATINAM durch meistentheils Teutsche Regeln der zarten Jugend beyzubringen / in vier CURSUS abgetheilt [...] samt angehengter Anweisung zur Teutschen Poesie

1692 Christian Weise: Curiöse Gedancken von Deutschen Versen, Welcher Gestalt Ein Studierender in dem galantesten Theile der Beredsamkeit was anständiges und practicables finden sol

1695 Johann Christoph Wagenseil: Pera Librorum Juvenilium: Qua Ingenuos, viamque ad eruditionem et bonam mentem affectantes

1702 Johann Hofmann: Lehr=mässige Anweisung / Zu der Teutschen Verß= und Ticht=Kunst[354]

1703 Gottfried Ludwig: Teutsche Poesie dieser Zeit / Vor die in Gymnasiis und Schulen studirende Jugend [...] durch Frag und Antwort vorgestellet

1703 Erdmann Uhse: Wohl-informirter Poet / worinnen Die Poetischen Kunst-Griffe / vom kleinsten bis zum grösten durch Frag und Antwort vorgestellet, und alle Regeln mit Exempeln erkläret werden (erlebte mehrere Auflagen)

1703 Jacob Friderich Reimmann: Poesis Germanorum Canonica et Apocrypha. Bekandte und Unbekandte Poesie der Teutschen [...]

1703 Conrad Dunckelberg: Zur Teutschen Prosodi Vierstuffichte Bahn [...]

1704 Johann Christoph Männling: Der Europäische Helicon, Oder Musen-Berg, das ist Kurtze und deutliche Anweisung Zu der Deutschen Dicht-Kunst [...]

---

[354] Diese noch bei Goedeke III, S. 25, Nr. 41, unter der Verfasserschaft Eberhard Grafes angeführte Poetik stammt von Johann Hofmann, der in der Mitgliedsliste der »Deutschgesinneten Genossenschaft« als 185. Mitglied unter dem Gesellschaftsnamen »Der Taurende« genannt ist. Otto: Die Sprachgesellschaften, S. 70; bereits Markwardt: Geschichte, Bd. 1, S. 304 spricht diese Vermutung aus; sie findet sich indes noch früher bei Bertram: Anfangslehren, S. 148 § 29. Nun Bircher: Die Poetik des ›Taurenden‹, S. 112f.

1704 Magnus Daniel Omeis: Gründliche Anleitung zur Teutschen accuraten Reim= und Dicht=Kunst / durch richtige Lehr=Art / deutliche Reguln und reine Exempel vorgestellet [...]

1704 Friderich Redtel: Ein Nohtwendiger Unterricht von der Teutschẽ Verskunst [...]

1706 Johann Jänichen: Gründliche Anleitung zur Poetischen Elocution, Die man bey Teutschen Versen gebrauchen muß [...]

1709 Johann Grüwel: Hochteutsche Kurze / deutliche und gründliche Vers= Reim= Und Dicht=Kunst / Samt etlichen seiner Geistlichen und Weltlichen Lidern und Gedichten

1713 Christoph Weissenborn: Gründliche Einleitung zur Teutschen und Lateinischen ORATORIE und POESIE [...] der studirenden Jugend zum Besten ausgeführet [...]

1716 Franz Woken(ius): Anleitung zur Teutschen Poesie, zum beqvemen Gebrauch seiner Auditorum entworfen

1716 Johann Joachim Statius: Der wohlgebahnte Weg zu der deutschen Poesie

1724 Christian Michael Fischbeck: Der studirenden Jugend GOtt=gefällige und erbauliche Ergetzlichkeiten, in der höchst=angenehmen POESIE zu finden [...]

Im Bereich der Kasualpoesie haben seit Lohenstein alle, für private Liebhaber und für den Schulbetrieb bestimmten Poetiken einen Zug gemeinsam,[355] gleichgültig, wie sie sich zum ornatus: zur Aufschwellung der elocutio, also zur verbalen Hyperbolik, einstellen.[356] Kennzeichnend für die nachlohensteinsche Phase ist ein gewandeltes Verhältnis zu den Realien. Wurden bisher die vorbildlichen antiken und deutschen Schriftsteller zur imitatio empfohlen, so ergänzt in den Poetiken dieser Phase regelmäßig der Hinweis auf die Realien- (und Phrasen-) Sammlungen die traditionelle Empfehlung.[357] Der Hinweis auf das lexikalische Handwerkszeug bleibt dabei nicht nur auf den Kreis der Schulpoetiken beschränkt. Der Mühlhausener Rektor Gregor Fritschler nennt drei Quellen für ›zierliche Phrasen‹: griechische, lateinische und deutsche Poeten. Zur ausführlichen Namensliste gesellt sich der Hinweis: »Dazu deñ auch zugebrauchen / Bergmanns Poetisches AErarium, Dreuers Daedalus, Poetische Schatzkammer / Peschwitzens Parnaß /

---

[355] Die Stilisierung der Poetiker in ein Lohenstein- und ein Weiselager setzt erst nach Gottsched ein. Köhler: Deutliche und gründliche Einleitung (1734), S. 5ff., S. 68, nennt Weiseaner und Hofmannswaldauer.

[356] Darüber informiert Markwardt: Geschichte, Bd. 1, am jeweiligen Ort, bes. S. 176ff., 258ff.

[357] Das heißt nicht, daß vorher solche Hinweise generell fehlen würden. Doch sind sie noch nicht die Regel. Hinweise bei Titz, Harsdörffer, Zesen und Tscherning. Sacer: Nützliche Erinnerung, S. 51, weist anläßlich der Behandlung der – übrigens vorsichtig zu handhabenden – Periphrases auf die Schatzkammern als mögliche Quellen hin: »Mehr Exempel seynd in Hn. M. Treuers Daedalo. Herrn Harßdörffers poetischen Trichter. Hn. Tschernings poetischen Schatzkam̃er, Hn. M. Bergmannens AErario Poetico mit besondern Fleiße aus Hn. Opitzen / Hn. Risten / Hn. Flem̃ingen / Hn. Homburgen / Hn. Albinen / Hn. Francken / Hn. Schirmern / Hn. Helden / und vielen andern trefflichen Poeten ordentlich zusammen getragen.« Das ist freilich keine Empfehlung der Schatzkammern. Sie stünde dem Opitzianer Sacer auch schlecht zu Gesicht, da er in seiner Satire »Reime dich oder ich fresse dich« das Schatzkammer-Dichten verspottet. Sacer: Reime dich, S. 75f.; vgl. auch Windfuhr: Barocke Bildlichkeit, S. 404f.

etc.«[358] Zu den Wort- und Sach-Lexika treten Reimwörterbücher. Zesens Anhang zum »Deutschen Helicon« (1640) bildet den Anfang.[359] Gottfried Ludwigs Schulpoetik von 1703 bietet der »studirenden Jugend« gleich innerhalb der Anleitung ein »hierzu gehöriges Reim=Register«;[360] der Benützung von »Poetischen Phrases-Büchern« steht er, anders hierin als Christian Weise,[361] skeptisch gegenüber.[362] Gerade um die Jahrhundertwende existieren in den Poetiken sich überschneidende, scheinbar einander ausschließende Tendenzen. Selbst die Weises Verbal-Reduktion folgenden Poetiken nehmen bei der Realienfrage, d. h. bei der Frage nach Zulässigkeit oder gar Empfehlbarkeit poetischer Schatzkammern – keine einheitliche Haltung ein. Hofmann, Ludwig, Uhse und Redtel[363] vertreten den traditionellen, an die topischen Regeln gebundenen inventio-Begriff. Realien sind mit der Topik zu ›finden‹ oder den Loci communes-Sammlungen zu entnehmen.

Eine geschlossene Gruppe bilden die *Anhänger Lohensteins* – Männling, Schröter und Jänichen; beeinflußt von den hochbarocken Schlesiern sind in eigentümlicher Weise Reimmann[364] und Grüwel. In *Männling* trifft die Verbalhyperbolik Hofmannswaldauischer[365] und die Realienhyperbolik Lohensteinscher Prägung zusammen.[366] Sein 1704 überarbeitet herausgegebenes Werk »Der Europäische Helicon« vereinigt alle die seit Harsdörffers »Poetischem Trichter« (1647/53) und den frühen Aeraria anzutreffenden Tendenzen, dem Gelegenheitsdichter in kurzer Zeit ein möglichst umfassendes ›gelehrtes‹ Instrumentarium an die Hand zu geben.

> »Macht daß in dem Heilightum des Clarischen Apollo das aus seiner Höle getrunckene Wasser / auch die ungelehrten Priester so geschickt / daß sie in gebundner Rede aufs zierlichste weissagen / so wird dieser Poetische Musen=Berg es noch viel eher thun / und wie der Stein Synochites alle Geister und was nur kan ersonnen werden / in Versse sich zustellē / zwingen [...].«[367]

---

358 Fritschler: Anhang zu Frohnius, S. 402f.

359 Zesen: Deutscher Helicon, oder Kurtze verfassung aller Arten der Deutschen jetzt üblichen Verse. Wittenberg 1640; weitere Auflagen erschienen 1641, 1643, 1649, 1656.

360 G. Ludwig: Teutsche Poesie, S. 469ff.

361 Zu Weises Position s. Kapitel IV 1.3.

362 Ludwig: Teutsche Poesie, S. 379 meint, bei »sattsamen Mitteln aus der Oratorie« nutzen »die Poetischen Phrases-Bücher wenig oder gar nichts.«

363 Hofmann: Lehrmässige Anweisung, S. 26ff.; Ludwig: Teutsche Poesie, S. 381; Uhse: Wohl-informirter Poet, S. 96ff., unterscheidet bei der inventio die unmittelbare Art und die mittelbare (d. h. mit Hilfsmitteln), vgl. S. 103; Redtel: Ein Nohtwendiger Unterricht, Abtl. 8 (nicht paginiert); Markwardt: Gesch. der Dt. Poetik. Bd. 1, S. 306.

364 Reimmann: Poesis Germanorum, führt in seiner Aufstellung unbekannter Poesie-Sorten die abstrusen Gelehrsamkeitstendenzen fort; er nennt emblematische, symbolische, hieroglyphische, parabolische, paradigmatische und mythische Verse.

365 Männling: Helicon, S. 17.

366 Dazu Tworek: Leben und Werke des Johann Christoph Männling, S. 62. Männling nennt im »Helicon«, S. 8, als Musterpoeten »die unvergleichlichen Lichter Schlesiens / Hofmannswaldau / Caspari von Lohenstein / Gryphius, Mühlpfort / Ziegler / Weiß / Neukirch.« Zu Männling vgl. auch Hildebrandt-Günther: Antike Rhetorik und deutsche literarische Theorie, S. 63f.

367 Männling: Helicon, Vorrede, S.)(3v.

Die Poesie als »Confect aller Wissenschafften«[368] ist das Ziel der Dichtkunst.[369] Zum Schatz gelehrter Ingredienzen führt neben »fleissigem Lesen anderer Poeten« die Lektüre einer vorfabrizierten Auswahl der besten Autoren: Von Hofmannswaldau also die »schönen Phrases«, von Lohenstein »die herrlichsten Realia, Similia, Historien und Sententien«.[370] Diese empfohlenen Auswahlbücher hat Männling bald hernach selbst auf den Markt gebracht.

Obwohl *Christian Schröter* keine Poetik verfaßt hat, gehört seine »Gründliche Anweisung zur deutschen Oratorie« (1704) in diesen Kontext, weil sie zeigt, daß der Lohensteinsche Einfluß auch in der Rhetorik nach denselben Prinzipien verarbeitet wurde wie in der Poetik. Bereits der Titel spezifiziert die Stilart als die ›hohe‹ und ›sinnreiche‹, die besonders nach dem »Großmüthigen Herrmann und andern herrlichen Schrifften [...] des vortrefflichen Herrn von Lohensteins« gelehrt werde.[371] An Schröters Anweisung fällt trotz dieser bedingungslosen Nachfolge Lohensteins immerhin auf, daß er in Weise und Lohenstein keine absoluten Gegensätze erblickt;[372] diese (verzerrende) Perspektive kommt erst zu Anfang des 18. Jahrhunderts auf. Wie die Ebenbürtigkeit, ja die Überlegenheit der deutschen Poesie unter den europäischen Nationalliteraturen von mehreren Poetikern im 17. Jahrhundert behauptet worden ist, so beansprucht Schröter 1704 diese Gleichrangigkeit auch für die deutsche Rednerkunst; das Hauptverdienst spricht er Christian Weise zu.

> »Zu dieser Kunst hat der um die studierende Jugend hochverdiente Herr Weise durch deutliche Anweisung den Weg gewiesen / und andern das Eyß gebrochen; der unvergleichliche Herr von Lohenstein aber in seinem vortrefflichen Arminio öffentlich bewiesen: daß man in der deutschen Sprache so geschickt / hoch / scharffsinnig und nachdencklich könne reden / als in einer andern.«[373]

Lohensteins »Arminius« gilt ihm als non plus ultra der Gelehrsamkeit, das die Wissenschaften und Kenntnisse von Plinius, Tacitus und Seneca zusammenfaßt.[374] Alle Exempel, die Schröter seinen Anweisungen beigibt, stammen aus diesem

---

[368] Ebd., S. 11. [369] Ebd., S. 10; vgl. S. 16.

[370] Ebd., S. 82f. Männling beruft sich auf Bergmanns Aerarium Poeticum, S. 28.

[371] Schröter: Gründliche Anweisung zur deutschen Oratorie nach dem hohen und Sinnreichen Stylo Der unvergleichlichen Redner unsers Vaterlandes, besonders Des vortrefflichen Herrn von Lohensteins in seinem Großmüthigen Herrmann und andern herrlichen Schrifften. Leipzig 1704. Vom selben Autor stammt die Schrift: Politischer Redner, Welcher aufs deutlichste zeiget, wie man die in dem sinnreichen Arminio des berühmten Herrn von Lohensteins enthaltene vortreffliche Staats- Regierungs- Kriegs- Lebens- und Sitten-Regeln [...] Samt andern denckwürdigen Begebenheiten zu allerhand gelehrten Discursen, wie auch mit leichter Mühe und Arbeit zu allerhand Politischen, Vornemlich zu Lob- Trauer- Hochzeit- und Glückwünschungs-Reden appliciren [...] kan. Leipzig 1714. Zu Schröter s. Martino: Daniel Casper von Lohenstein, Bd. 1, S. 276ff.

[372] Zur Schröters Oratorie, mit ihrer Synthese Weisescher Methodik und Lohensteinscher Realiengelehrsamkeit s. Kafitz: Lohensteins Arminius, S. 47. Übrigens erscheint es doch recht bezeichnend, daß der Lohenstein-Verehrer Schröter eine »Information der Adlichen« (1704) verfaßt hat.

[373] Schröter: Gründliche Anweisung, Vorrede, S.)(5.

[374] Schröter meint insbesondere Naturkenntnis, Politik, Vernunft und Moral, also Ethik.

Werk. Die Tatsache, daß Lohenstein im »Arminius« selbst keine Redeanweisung gegeben hat, stellt für Schröter kein Hindernis dar: »Alle Praecepta des Herrn Weisen«, dem er als dem Besten folge, ließen sich »überaus wohl aus dieser Helden=Schrifft erläutern«.[375] Der auf den ersten Augenschein unverträgliche Eklektizismus aus Lohensteinscher Realien-Überfülle und Weisescher Reduktions-Form dient denn auch nur zur Anleitung für die Anfänger. Sie sollen sich zuerst in der mittleren Schreibart (Weises) üben, bevor sie sich an den »hohen Stylo« Lohensteins wagen können. Als Vorübung empfiehlt Schröter, auf Lohensteins »Worte / Redens=arten / Verbindungen / Ausdrückungen und Sinnreiche Sprüche« zu achten,[376] die er aus dem »Arminius« ausgezogen habe. Schröters Exempelsammlung stellt insofern eine Vorform zu Männlings anthologischen Lohenstein-Extrakten dar.[377]

Wie Schröter hält auch Rotths Kollege *Johann Jänichen* sowohl die Weisesche Prosakonstruktion als auch die Lohensteinschen ›Inhalte‹ für musterhaft.[378] In stilistischer Hinsicht spricht er sich für ›Entschlackung‹ aus; er wendet sich auch gegen den Schwulst (zu dem er jedoch Lohensteins Werk nicht rechnet) und empfiehlt eine »kurtzgefaßte Elocution«.[379] Die poetischen Vorbilder müssen rein, deutlich, kurz, gelehrt, zierlich, scharfsinnig und den Personen oder Sachen gemäß geschrieben sein.[380] Was Jänichens eklektizistische, durch ein besonderes Nebeneinander verschiedener Stile charakterisierte Poetik auch in die Nachfolge Lohensteins stellt, ist die unverhältnismäßige Ausführlichkeit, die er dem Aspekt der Gelehrsamkeit widmet.[381] Von den fünf expressis verbis genannten deutschen Musterautoren Opitz, Fleming, Lohenstein, Hofmannswaldau und Weise erhalten Lohenstein und Hofmannswaldau die höchsten Ränge. Das ihnen zuteil werdende Lob zielt wiederum auf den Endzweck, den alle Schulpoetiken verfolgen: die Werke der Musterautoren nicht zum ästhetischen bzw. ganzheitlichen Genuß zu empfehlen, sondern zum Gebrauchs-Objekt für bestimmte imitatorische Absichten – zum ›Steinbruch‹, aus dem die ›gelehrten‹ Sammler sich ihre Edelsteine herausschlagen.

---

375 Schröter: Gründliche Anweisung, Vorrede, S.)(6v.

376 Ebd., S.)(6v.

377 Ebd. »Denn ich habe mit Fleiß alle Praecepta mit den schönsten Exempeln aus diesem Wercke beleget / damit die studirende Jugend einen Kern von reinen und auserlesenen Worten / ausbündigen Gleichnüssen / vortrefflichsten Realien / merckwürdigsten Geschichten / klugen Staats- Krieges- und Sitten-Regeln in einem kurtzen Auszuge möge beysammen haben. [...] Vornemlich hab ich mich beflissen / alle Regeln mit Politischen Exempeln zu erklären / damit sonderlich die Adeliche Jugend beyzeiten einen Vorschmack in dieser Wissenschafft bekomme.«

378 M. Johann Jänichen: Gründliche Anleitung zur Poetischen Elocution, Die man bey Teutschen Versen gebrauchen muß. Leipzig 1706, S. 106 (»Verrücke nicht die natürliche Ordnung der Rede«).

379 Ebd., S. 138.

380 Ebd., S. 1020.

381 Jänichen behandelt in eigenen Kapiteln die reine, deutliche, gelehrte, zierliche und scharfsinnige Elocution; besonders umfangreich ist der Teil, den er der gelehrten Elocution widmet, S. 198–448.

»Des Herrn von Lohenstein Schrifften sind einem Ringe zuvergleichen / in welchem die schönsten Diamanten / Rubinen und andere Kostbarkeiten mit den angenehmsten Strahlen leuchten; Weil die wohlgetroffene Anführung der herrlichsten Sachen / daraus man eine gründliche Gelehrsamkeit schließen kann / in ungemeiner Menge in seinen Versen anzutreffen ist.«[382]

Das Lob Hofmannswaldaus ist nicht geringer: Sein Werk gleiche einem Ring, »welcher aus reinem Golde verfertiget ist / und an gehörigen Orte mit einer schönen Rose von dem herrlichsten Edelgesteinen anmuthig spielet.« Wer seine »reinen deutlichen / gelehrten und Sinnreichen Schrifften« liest und imitiert, der brauche sich im Grunde um andere Autoren gar nicht zu kümmern.[383] Worauf dieses Lob abzielt, ist leicht erkennbar: auf die totale Verwertbarkeit des Werkes ›hoher‹ Poeten für die ›niedrigeren‹ alltäglichen Zwecke der Kasualpoesie. Diese Zwecksetzung steht für Jänichen in keinem Widerspruch zu den modernen ›iudiziösen‹ Prinzipien, die auf seine Poetik eingewirkt haben. Sie werden an anderer Stelle behandelt (Kap. V. 2.1.).

Die Tradition der reinen Anweisungspoetiken bleibt im Schulbereich noch bis ins erste Drittel des 18. Jahrhunderts gewahrt. Die »zum Nutzen der lieben Jugend« angefertigte Poetik des Theologen *Johann Joachim Statius* (1716) und das rhetorisch-poetologische Lehrbuch des Pädagogen *Christian Michael Fischbeck* (1724) nehmen sich im galant-kuriösen Kontext altmodisch-konservativ aus.[384] Unter den Gedichtmustern fallen die veralteten Typen des Anagramms, des Chronodistichons, des »Eckreims«, »Kettenreims«, des Echos und der Bilderreime ins Auge. Die empfohlenen Dichtpraktiken halten sich ganz an das bewährte inventio-Schema, das in der Topik,[385] in den Phrases-Sammlungen[386] und Poetischen Lexiken[387] nützliche Hilfsmittel erblickt. Die Poetik erscheint auf die Vers-Kunst reduziert; die Bezeichnung ›Dichte-Kunst‹ für die ›Wissenschaft‹ von der Poesie hat sekundären Rang.[388] Das anvisierte Ziel, »Ausstaffirung eines

---

382 Ebd., S. 12. 383 Ebd., S. 13.

384 Johann Joachim Statius: Der Wohlgebahnte Weg zu der Teutschen Poesie. Bremen 1716; Christian Michael Fischbeck: Der studierenden Jugend Ergötzlichkeit in der Redekunst und Poesie. 2 Tle. Gotha 1724.

385 Statius: Der Wohlgebahnte Weg, S. 86f.

386 Ebd., S. (o): Wer Poetische Phrases und Elegantien sucht, »der kan nur nach belieben von denen Büchern einige sich anschaffen / die ich anfänglich mit Fleiß als herrliche Subsidia oder Hülffs-Mittel recommendire. [...] Ja es wird ihm so wol in der Erfind- als Ausarbeitung keine Difficultät mehr übrig bleiben / so bald nur eine accurate Durchlesung dieses Büchleins geschehen ist: Denn man findet darin von allen Generibus ein besonders Schema, welches imitabel ist / wo anders nur das Subjectum, so damit umgehet / einige Capacität hat etwas zu fassen.«

387 Ebd., S. (6)ff.; er nennt die Sammlungen von Peschwitz (mit veralteten exempla), G. Treuer (entbehrlich), M. Bergmann und Joh. Hübner, deren Anschaffung er empfiehlt.

388 Ebd., S. 20. »Die Teutsche Poesie ist eine Wissenschaft / die ungebundene Reden in zierliche und von sich selbst fliessende Reymen setzet.« Sie wird Verse-Kunst oder auch Dichte-Kunst genannt, »weil sie uns Anlaß giebet / wie wir die Sache recht ausdrucken und aus-sinnen / oder nachgrüblen sollen / ehe wir unsere Gedancken eröffnen / oder zu Papier bringen.«

galanten und zierlichen Carminis«[389] bleibt modischer Firnis, ebenso wie das zeitübliche Etikett »galante Wissenschaft« für die Poesie. Tatsächlich ist für Statius' (und Fischbecks) Poetik eine christlich-konservative Ablehnung der weltlich-frivolen Poesie typisch.

> »Lezlich warne ich nochmahls die Jugend hertzlich / daß sie sich doch enthalten wolle der Lesung der charmanten Gedichte; und gesetzet / daß sie solten wider ihren Willen dieselbe antreffen / auch mit in denen Büchern / die ich anfänglich als subsidia recommendiret habe / so wird das beste Mittel seyn / daß sie sich praeserviren mit einem eifrigen Gebet / damit sie nicht dadurch berücket und bestricket werden zum Nachtheil ihres Heyls. Wer diese Erinnerung nicht in den Wind schläget / der wird davon gewißlich grossen Nutzen haben. Indessen so empfehle den aufrichtigen und lehrbegierigen Leser der gnädigen Protection Gottes. [...]«[390]

Daß ein ausgesprochen rückständiger Herr wie der kaiserlich gekrönte Poet und Bürgermeister zu Cremmen, *Johann Grüwel,* der noch 1709 dem ›ungemeinen Sprechen‹ das Wort redet, es den Poeten nicht ›verargt‹, »wenn sy auß den alten und neuen Poeten gute Redens=Ahrten / und anständige Erfindungen samlen«,[391] versteht sich ebenso selbstverständlich wie seine Empfehlung, locos communes anzulegen, in denen die bei guten Autoren angetroffenen Phrasen verzeichnet werden sollen.[392] Rückständig ist hier nicht so sehr der Hinweis auf das Hilfsmittel der ›Blütenlesen‹, als dessen einseitige Beschränkung auf das verbale Element der ›Phrases‹, das mit dem Weises Reduktionsideal entgegengesetzten ›ungemeinen Sprechen‹ übereinstimmt. Die Tatsache, daß sich der Gebrauch von Realiensammlungen mit der Reduktion des ornatus gut vertrug, zeigt Christian Weises Förderung der Realienpädagogik. Es erhebt sich allerdings die Frage, was fortan unter *›Realien›* zu verstehen war, und in welchem Verhältnis sie zu den wissenschaftlichen ›Real-Disziplinen‹ standen. Genau an diesem Punkt, am Verständnis des wissenschaftlichen Realienbegriffs, setzte die Wissenschafts-Programmatik ein, in deren Gefolge die pädagogische Reform und schließlich die poetische Erneuerungsbewegung.

3.3. Die Schatzkammern für Phrasen und Realien

Es versteht sich fast von selbst, daß die letzte Zusammenfassung barocker Poetiken, die »Gründliche Anleitung zur Teutschen accuraten Reim= und Dicht=Kunst« (1704) von Magnus Daniel Omeis, obwohl sie nicht für Anfänger und Schulzwecke, sondern »zu Nutzen und Ergetzen der Liebhaber Teutscher Poësie« verfaßt wurde, auf das reichlich vorhandene Handwerkszeug hinweist. Auf die

---

[389] Ebd., S. (o). [390] Ebd., S. 126.

[391] Grüwel: Hochteutsche kurze / deutliche und gründliche Vers-Reim- und Dichtkunst. Neuen-Ruppin 1709, S. 224ff., 226.

[392] Grüwel: Hochteutsche [...] Dichtkunst, S. 230ff., gibt Beispiele (z. B. »inn ein Horn blasen«, das ist, einer Meinung sein). Er widmet den »Hochteutschen Redens-Ahrten« (= Phrases) das 12. Kapitel, S. 222–233, und unterscheidet »gemeine« von »ungemeinen« oder figürlichen Redensarten.

»Haubt-Frage«, wo man die »Poëtische Erfindungen« hernehmen solle, antwortet Omeis mit dem üblichen Hinweis auf Lehre, Kunst und Nachsinnen; »absonderlich« jedoch seien, »wie einem Artis Oratoriae Studioso, also auch einem Anfänger in der Poësie / zu recommendiren die Loci Topici; daraus eine unerschöpfliche Menge der Erfindungen kan genommen werden.«[393] Die *Loci Topici* verkörpern allerdings eine ›gehobene Art‹ der Realiengewinnung, insofern sie eigenes Nachdenken erfordern; es sind die von Weise im »Politischen Redner«[394] empfohlenen Loci Etymologiae, Definitionis, Enumerationis partium, Causarum, Effectorum, Adjunctorum, Oppositorum, Similium, Exemplarum.[395] Für die Gleichnisrede gibt Omeis anhand des Satzes »Ich lobe die Gelehrsamkeit / und schände die Ignoranz« mehrere Beispiele:

> »Kommt nun dem Poëten zu Gesicht die Sonne / so denket er: Die Gelehrsamkeit erleuchtet die menschlichen Gemüter / wie die Sonne diese Unter-Welt. Hingegen ein Ignorant ist eine Welt ohne Sonne / und bleibet mit einer mehr Aegyptischen Finsterniß umhüllet.
> Ein Berg: Durch die Gelehrsamkeit ersteigen wir den Parnaßus und Helicon. Und wie die Berge über die Thäler hervorragen / also schweben auch die Gelehrte weit über die Ungelehrten. Ein Acker: Die Gelehrsamkeit bringt die edelsten Früchte und eine reiche Ernde. Die Unwißenheit gebieret Distel und Dornen. Ein Fluß oder Brunn: Die Geschicklichkeit ist ein rechter Heil-Brunn. Oder / sie tränket uns aus dem Pferde-Brunn; (fonte caballino, Hippocrene) die Unwißenheit aber aus dem Fluß Lethe / und machet auch / daß wir das wenige / so uns noch wißend / vergeßen.
> Eine Thür: Die Gelehrsamkeit öffnet uns die Thür zum Ehren-Tempel; welcher der Ignoranz immerzu verschloßen bleibet.«[396]

Dieses im Rahmen der verschiedenen Imitationsmöglichkeiten immerhin anspruchsvollere Verfahren wird abgegrenzt von der bloßen Übernahme vorgeprägter Formeln. Gerade diese ›Methode‹ beherrschte jedoch das Gros barocker Gelegenheitsdichterei und galt als legitimes poetisches Hilfsmittel. Originalität der ›Erfindung‹ konnte in diesem Sektor den Maßstab natürlicherweise nicht abgeben, wo die Regeln exakt befolgt und das Formelarsenal kaum verändert benutzt wurde. Doch war die pedantische Befolgung der Anweisungen (praecepta) und der Gebrauch der empfohlenen Phrases und Realia unumgänglich, wenn der gesellschaftlichen Funktion kasueller Poesie entsprochen werden sollte.[397]

---

[393] Omeis: Gründliche Anleitung, S. 132. Sieveke: Topik im Dienst poetischer Erfindung, S. 26ff., behandelt Omeis' Topik-Darstellung geradezu als exemplarisch für die Poetik des 17. Jahrhunderts (!). Zu den Schatzkammern vgl. Markwardt: Geschichte der Deutschen Poetik, Bd. 1, S. 45ff.; Borinski: Gracian und die Hoflitteratur, S. 116f.; v. Waldberg: Deutsche Renaissance-Lyrik, S. 223, S. 229; schließlich außer den Standardwerken von Dyck und Herrmann die Dissertation von Beetz und der Aufsatz von Joachimsen: Loci communes, S. 33, 55ff., 61f.; Böckmann: Formgeschichte der Dichtung, S. 372f. Zum System der loci Segebrecht: Das Gelegenheitsgedicht, S. 114ff.

[394] Weise: Politischer Redner, Teil 1, S. 114ff.; Nothwendige Gedanken, S. 404f.

[395] Beispiele bei Omeis: Gründliche Anleitung, S. 132–137.

[396] Ebd., S. 136f.

[397] Thesauri gab es v.a. für Predigten. Weithase: Zur Geschichte der gesprochenen deutschen Sprache, Bd. 2, S. 42, nennt die Werke von Christian Weidling, Christian Forster, Christoph Lehmann, J. J. Moller.

Poetische Schatzkammern für »rhetorische Schmuckformeln«[398] gab es schon bald nach dem Erscheinen von Opitz' »Poeterey«. In der zweiten Jahrhunderthälfte verschob sich der Akzent auf die Realien. Diese im Humanismus ursprünglich angelegte Tendenz verstärkte sich unter dem Einfluß des pädagogischen Realismus, entsprach jedoch dessen eigentlichen Intentionen nicht. Denn das in den Realien-Sammlungen aufgespeicherte Real-Wissen stellte im Grunde nichts anderes dar als die Festschreibung eines lebendigen Prozesses, zugleich die Formalisierung seines zuletzt erreichten Status in beliebig verfügbare und damit austauschbare Bestandteile. Die Petrefizierung des Realwissens bedeutet daher die letzte, nicht mehr weiterentwickelbare Stufe des humanistisch-rhetorischen Modells. Sie ist die Konsequenz einer ausschließlich literarisch betriebenen imitatio. Die Tendenz der Poetiken, die Anlage eigener Exzerpte und Kollektaneen[399] oder wenigstens den Gebrauch vorhandener Realien-Sammlungen zu empfehlen, geht mit der gesellschaftlichen Aufwertung der Kasual-Poesie konform, zugleich auch mit dem ästhetischen Niedergang der rhetorischen Poesiepraxis. Neben den wichtigsten Sammlungen zwischen Opitz und Gottsched existieren noch zahlreiche Reimlexika.[400]

1626 Fruchtbringende Gesellschaft: Pindus poeticus d.i. Poetisches Lexikon[401]
1637 Lehmann: Florilegium Politicum (steht für eine ganze Gruppe der Sentenzen- und Apophthegmenanthologien)[402]
1653 Harsdörffer: Poetischer Trichter, Teil 3
1658/9 Tscherning: Anhang zur Poetik »Unvorgreifliches Bedenken«[403]
1662 Bergmann: Deutsches Aerarium Poeticum (^{2}1676)[404]

---

398 Böckmann: Formgeschichte, S. 373.

399 Beetz: Rhetorische Logik, S. 146.

400 Zu den Schatzkammern s. auch Bouterwek: Geschichte der deutschen Poesie, Drittes Buch, S. 402ff.; Blackall: Die Entwicklung des Deutschen, S. 162; Windfuhr: Barocke Bildlichkeit, S. 68–77; Wiedemann: Vorspiel, S. 11f.; zu den poetischen Wörterbüchern Lüders: Die Auffassung des Menschen, S. 3ff.

401 Zuvor erschien noch »Schatzkammer / Schöner / zierlicher Oratorien / Send-briefen / Gesprächen / Vorträgen / Vermahnungen / vnd dergleichen: Auß den vier vnd zwentzig Büchern des Amadis von Franckreich zusamen gezogen. Vnd allen derselben Liebhabern / vnnd sonderlich denen so sich Teutscher Sprach Lieblichkeit vnd zierd befleissigen / zu gutem ihn Truck gegeben. O. O. (Straßburg) 1597.«

402 Dazu Wiedemann: Vorspiel, S. 19ff. II. Sammelformen zwischen Bildungs- und volkstümlicher Literatur.

403 Tscherning: Unvorgreiffliche Bedencken über etliche mißbräuche in der deutschen Schreib- und Sprach-Kunst / insonderheit der edlen Poeterey. Wie auch kurtzer Entwurff oder Abrieß einer deutschen Schatzkammer / Von schönen und zierlichen Poetischen redens-arten / umbschreibungen / und denen dingen / so einem getichte sonderbaren glantz und anmuth geben können. Lübeck [...] 1659.

404 Die mir vorliegende Ausgabe, die zweite Auflage, stammt von 1676. Sacer: Nützliche Erinnerungen (1661) erwähnt indes schon Bergmanns Aerarium, ebenfalls Treuers Daedalus (Sacer, S. 51). Markwardt: Geschichte der Deutschen Poetik. Bd. 1, S. 48f., vermutet mit einiger Berechtigung, daß auch Buchners Vorrede – Buchner starb im Jahre 1661 – auf einen früheren als den überlieferten Entstehungstermin hinweist.

1663 Peschwitz: Jüngst-Erbauter Hoch-Teutscher Parnaß[405]
1675 Treuer: Deutscher Dädalus, Oder poetisches Lexicon[406]
1675 Werner: Deutscher Daedalus oder poetisches Lexicon
1698 Rulff: Horatius Enucleatus[407]
1702 Portmann: Bibliotheca Poetica
1708 Männling: Arminius Enucleatus
1710 Männling: Lohensteinius sententiosus
1714 Männling: Traum-Tempel
1715 Männling: Poetisches Lexikon ([2]1719 erweitert)
1737 Hamann: Poetisches Lexikon[408]

Harsdörffer leitet die Reihe der eigentlichen poetischen Schatzkammern ein. Für die verbalhyperbolische Tendenz der Nürnberger ist seine Sammlung symptomatisch, da sie »poetische Beschreibungen / verblümte Reden und kunstzierliche Ausbildungen« enthält.[409] In der Vorrede bezieht er sich auf die lateinischen Vorbilder, die »Aeraria Poetica, Flosculi und Thesauri« für die »angehenden Lehrlinge«; dem Benutzer empfiehlt er, sein Exemplar mit freien Blättern durchschießen zu lassen und es mit eigenen Lektürefrüchten zu vervollständigen.[410] Das Lexikon bietet zu 539 alphabetisch angeordneten Nomina zunächst Redewendungen, dann Wesensbeschreibungen und schließlich allegorische Deutungen bzw. emblematische Darstellungen.[411] Auch *Tscherning* geht alphabetisch vor; im Unterschied zu Harsdörffer bietet er bereits eine Zitatensammlung, hauptsächlich den Werken Opitz' und Flemings entnommen.[412] *Michael Bergmann,* der seine

---

405 Titz erklärt im Vorwort zu Peschwitz' Sammlung, er habe sie bereits vor zehn Jahren kennengelernt; auch hier ist also mit einer früheren, internen Wirksamkeit zu rechnen.
406 Entstanden ist dieses Sammelwerk wohl zwischen 1655 und 1661; vgl. Anm. 416. Dazu Böckmann: Formgeschichte, S. 373; Markwardt: Geschichte, Bd. 1, S. 47f.
407 Joachim Rulff: Horatius Enucleatus, Das ist Q. Horatius Flaccus, Verdeutschet also, Das erst der Text von Wort zu Wort erkläret, hier auff die darinn enthaltene Phrases und Poetische Redensarten Lateinisch und Teutsch herausgegeben, und dann die darinn liegende Loci communes Und Lehren hinzugefügt. Leipzig 1698. Dazu s. Böckmann: Formgeschichte der deutschen Dichtung, S. 347f., der weitere Titel aus der ›Entkernungs‹-Tradition nennt, z. B. M. Jacobi Sorgeri Scholae Silusianae Rectoris Homerus enucleatus, sive Phraseologia Homerica, in qua optimae quaeque phrases per omnia homeri opera dispersae ordine alphabetico colliguntur, ita ut instar locorum communium esse possint, Frankfurt; Nucleus Terentianus, hoc est Gnomologia et Phraseologia Latino-Germanica, continens sententias morales et formulas Latine loquendi in hoc auctore memoria dignas, a Friderico Habersack, Rostock.
408 Johann George Hamanns »Poetisches Lexicon« erschien erstmals 1725 und wurde bis 1756 mehrmals herausgegeben. Dazu E. Lüders: Die Auffassung des Menschen im 17. Jahrh. Dargestellt an Hand der Poetischen Wörterbücher; ferner Windfuhr: Barocke Bildlichkeit, S. 76f.
409 Harsdörffer: Poetischer Trichter, Tl. 3, S. 112.
410 Ebd., S.)(v (v, r). Als Quellen gibt Harsdörffer deutsche, spanische, französische, italienische und niederländische Poesie an.
411 Ebd., S. 114, Beispiel Nr. 1 »Aal« (dreiteilig); wichtig S. 377f., Nr. 352 »Poet«, »Poeterey«.
412 Zum Stichwort »gelehrt sein: Kunst« Tscherning: Unvorgreiffliche Bedencken, S. 214; zu Tscherning Markwardt: Geschichte, Bd. 1, S. 47.

Auszüge nach Fachdisziplinen gliedert,[413] weist in der Vorrede auf die pragmatische Funktion der Aeraria und der aus ihnen ›zusammengestellten‹ Poesie hin: Die Poeterei, »als welche eine sonderbare Wahl der auserlesensten Wörter und Redens=Arthen anstellet«, diene zur Hebung des Redevermögens – ein für die gesellschaftliche Karriere an Höfen, in der Verwaltung und im geistlichen Beruf vorausgesetztes Erfordernis. Während im allgemeinen die großen Poetiken auf solche Hilfsmittel herabsehen, da sie der Topik, also der Kunst, mit Hilfe des eigenen Assoziationsvermögens oder der eigenen Belesenheit Worte und Sachen aufzufinden, nicht entsprechen,[414] würdigt *Johann Peter Titz,* selbst Verfasser einer linientreuen Poetik in der Opitz-Nachfolge, auch diese Lehrmittel, allerdings schränkt er deren Geltung eben doch auf die *lernende* Jugend ein. Natürlich spielt der Stellenwert dieser Anschauung eine gewisse Rolle – sie steht als Vorrede vor *Gottfried von Peschwitz'* umfangreicher Sammlung »Jüngst-Erbauter Hoch-Teutscher Parnaß«.

> »Unter solche Hülff-Mittel gehören auch die Poetischen Schatz-Kammern / darinnen aus guten Poeten allerhand schöne Worte und Redens-Arten / zierliche Beschreibungen / wohlständige Gleichnisse / und was dessen mehr ist / dadurch ein Gedicht anmuthig wird / und seinen Wohlstand bekommet / fleißig und bedachtsam zusammen gebracht werden: Damit ein jeder nach Nothdurfft und Belieben / insonderheit aber die angehende die Poeterey liebende Jugend / sich desselben bescheidentlich gebrauchen / und erfahrnen Meistern glücklicher folgen könne.«[415]

Von vielleicht noch größerer Reichweite war *August Buchners* Vorwort zu der umfangreichsten Sammlung, die es überhaupt gegeben hat, *Gotthilff Treuers* »Deutschem Dädalus (oder Poetischem Lexikon)«.[416] Er lobt dort Treuers Fleiß, hebt die dargebotenen Möglichkeiten hervor, ein Gedicht mit Hilfe von »artigen Außschweiffungen« ansehnlicher zu machen, und weist besonders auf den Wert des Kompendiums für Anfänger hin: »Angehende sind zu schwach stracks zu erfinden / was dißfalls erfordert wird / sie müssen Körbe haben dabey sie schwimmen lernen.«[417] Doch auch den bereits praktizierenden Poeten falle nicht immer der rechte Ausdruck ein – und die eilige Gelegenheit erlaube kein langes Nachsinnen:

> »Kan demnach dieses Werck denen Unerfahrnen aufhelffen / denen Geschicktern aber so weit an die Hand gehen / daß sie um eines Verses willen sich nicht aufhalten / und andern / Verrichtungen Abbruch thun dörffen.«[418]

---

[413] Markwardt: Geschichte, Bd. 1, S. 48f.

[414] Ebd., S. 50.

[415] Titz: Vorrede zu Peschwitz' »Jüngst-Erbautem Hoch-Teutschem Parnasz«, S. 8.

[416] Zum Vergleich: Peschwitz' »Hoch-Teutscher Parnasz« hat 873 Seiten, Bergmanns »Deutsches Aerarium« 1330 Seiten, Treuers »Deutscher Dädalus« hat zwei Bände mit je 936 und 968 Seiten.

[417] Buchners Vorrede zu Treuer: Deutscher Dädalus, nicht paginiert. Auch Portmann betont, daß er für Anfänger, nicht für Gelehrte schreibe; Portmann: Bibliotheca Poetica, S. a 5f.

[418] Buchners Vorrede, nicht paginiert.

Die über den Schulgebrauch hinausreichende Geltung der lexikalischen Kompendien läßt sich mit der ›Politisierung‹ gesellschaftlicher Umgangsformen erklären. Zum guten Ton, zum weltklugen Verhalten gehörte es für den Adeligen wie für den wohlerzogenen Bürger, bei offiziellen, aber auch privaten Anlässen einen Erweis seiner Gesinnung in kunstmäßiger Form vorzulegen. Die geistige Haltung der Jahrhundertwende forderte – so formuliert Tworek zutreffend – »zu einer lexikalischen Verarbeitung dichterischer Gelehrsamkeit geradezu heraus.«[419] Ähnlich wie heute bildete die Edition lexikalischer Werke einen wichtigen Bestandteil ›gelehrter‹ Tätigkeit. Noch 1731 vermerkt Johann Peter Ludewig, der Kollege von Thomasius in Halle, in der Vorrede zu Zedlers »Universallexikon«, man finde in den Buchläden

> »1) außer denen vielen Historischen Lexiconen / oder / wie sie die Frantzosen in ihrer Sprache genennet / Dictionairen / 2) Biblische 3) Theologische 4) Juristische 5) Medicinische 6) Philosophische 7) Mathematische 8) Staats- 9) Zeitungs- 10) Antiquitäten- 11) Heiligen- 12) Schul- 13) Adels- 14) Kunst- oder Handwercks- 15) Natur- 16) Gelehrte 17) Geographische 18) Haußhaltungs- 19) Frauenzimmer- und endlich auch 20) Diebes- und Spitzbuben-Lexica.«

Er schließt daran die Bemerkung, ein jeder könne voraussehen, «daß endlich die gantze Gelahrtheit sich in die Lexica verstecken werde.«[420]

Christian Portmann nennt in seinem »Poetischen Bücher-Vorrath« 47 Arten von Gelegenheitsgedichten, darunter so spezielle wie »Bey der Promotion eines Licent. oder Doct. Juris« (4), »Bey der Promotion eines Magisterii« (6), »Bey Nacht-Musicen« (12), »Bey Tafel-Musicen« (13), »Dancksagungs-Carmina« (36), »Excusations-Carmina« (37), »Carmina propemtica« (44), »Leichen-Carmina« (46), »Poetische Grabschrifften« (46) und schließlich vier verschiedene »Zeit-Carmina« (47). Der Anhang bietet den poetischen Anfängern eine praktische Anleitung, »wie sie Gelehrter Leute CARMINA geschickt imitiren / und durch solche IMITATION ein eintziges Carmen unvermerckt auff vielfältige casus appliciren können.«[421] Während Portmann die Linie Christian Weises fortsetzt,[422] ist *Männling* der dezidierte Epigone Lohensteins.[423] Der erwähnte Rhetoriklehrer Christian Schröter unterscheidet zwischen der connexio verbalis und der connexio realis. Die letztere trifft man bei den im Stylus sublimen und sententiosus verfaßten Reden an. Lohenstein gilt als Musterbeispiel:

> »Denn da siehet man / daß die Res nicht allemahl durch wortliche Connexiones aneinander hängen / sondern meistentheils gar weggelassen / und die Sachen selbst unmittelbar mit einander verbunden werden.«[424]

---

419 Tworek: Leben und Werke des Joh. Chr. Männling, S. 64.
420 Zedler: Universal-Lexicon. Bd. 1, Vorrede, S. av, § 3.
421 Portmann: Bibliotheca Poetica, S. 83–99.
422 Ebd., S. 83f., 98.
423 Bereits im »Europäischen Helicon« von 1704; dazu Tworek: Leben und Werke des Joh. Chr. Männling, S. 39–62.
424 Schröter: Gründliche Anweisung, S. 57; vgl. ebd., S. 83, § 11 zur »Real-Imitation«.

Männling schlägt von Anfang an den Weg des *Realien*kompendiums ein. Sein erstes Werk, der »Arminius Enucleatus«, bietet »Herrliche Realia, köstliche Similia, Vortreffliche Historien / Merckwürdige Sententien, und sonderbahre Reden«,[425] die er aus dem »Arminius«-Roman exzerpiert hat. Männling kann sich bei der Wahl seines Objektes auf die Autorität des Thomasius stützen, der ja in den »Monatsgesprächen« dem »Arminius«-Roman bescheinigt hatte, das gelehrteste und nachsinnensnötigste Buch überhaupt zu sein.[426] Die Frage, ob Männlings Verfahren, die im »Arminius« enthaltenen Realien zu einem ›Reallexikon‹ zu verarbeiten, aus der positiven Einstellung des Thomasius abgeleitet werden kann, muß verneint werden.[427] Thomasius definiert Lohensteins angewandten Scharfsinn als Prinzip, Denkanstöße zu vermitteln. Männling bleibt ganz äußerlich: Lohenstein ist ihm ein moderner Homer – »ein reicher Oceanus oder Meer / das nicht Tropffen von sich rinnen lasse / sondern sie in gantzen Bächen ausschütte«,[428] sein Roman entsprechend eine »Raritäten- und Gelehrsamkeits-Kammer«.[429] Anders als die systematisch oder alphabetisch geordneten Sammlungen folgt Männling der Anordnung des Originals.[430] Das hat einerseits den Vorteil, das Auffinden der Originalstellen zu erleichtern, andererseits den Nachteil, dem rasch nach Beispielen für bestimmte Stichwörter Suchenden umständliches, durch die Register kaum erleichtertes Blättern zuzumuten. Das Fleißwerk diente beinahe mehr dem Ruhm Lohensteinscher Antiquitätengelehrsamkeit als dem Gebrauch für eilige Poeten. Das zweite Kompendium Männlings, der »Lohensteinius sententiosus«, zerpflückt das übrige Werk, die Gedichte, Dramen und Prosaschriften in ebendieser Art.[431] Groteskerweise werden hier sogar die Verse des Originals in Prosa umgewandelt. Auch Männlings nächstes, immerhin vom Thema her nicht ganz gewöhnliches, aber die Art seiner Gelehrsamkeit gut charakterisierendes Werk »Außerlesenster Curiositäten Merck=würdiger Traum=Tempel« (1714) führt die Realienanthologie fort. Den Gipfel seiner lexikographischen Arbeit stellt das

---

[425] Arminius Enucleatus. Das ist: Des unvergleichlichen Daniel Caspari von Lohenstein / Herrliche Realia, Köstliche Similia, Vortreffliche Historien / Merckwürdige Sententien, und sonderbahre Reden. Als Köstliche Perlen und Edelgesteine aus dessen deutschen Taciti oder Arminii Ersterem Theile. Mit fleiß dehnen Liebhabern der Deutschen Wohl-Redenheit / Nebst einem vollkommenen Register zusammen getragen. Stargardt und Leipzig 1708; vgl. die Widmung zu Bd. 2, wo Männling erklärt, Ziel der Sammlung sei, daß sie »der Jugend und allen denen so gelehrte Realia verlangen nützlich möge erscheinen.«

[426] Männling: Arminius Enucleatus, Vorrede zu Bd. 1, nicht paginiert.

[427] Dazu Kapitel IV 2.5.

[428] Männling: Arminius Enucleatus, Vorrede zum 1. Teil, nicht paginiert. Lohenstein war ein »perfecter Redner / sinnreicher Poet, unvergleichlicher Historicus, accurater Philosophus, treflicher Jurist.«

[429] Ebd., Vorrede zum 2. Teil. »Ich will den Ruhm mit andern Worten unserm Arminio zu legen / daß darinnen anzutreffen (1) ein Vergnügen ohne Eckel / wegen der süßen Annehmlichkeit / (2) ein Reichthum ohne Ende / wegen der vielen Realien / und (3) eine Erndte ohne Mühe / wegen der zusammen gesuchten Curiositaeten.«

[430] Zur Machart vgl. Tworek: Leben und Werke des Joh. Chr. Männling, S. 29–34.

[431] Dazu ebd., S. 35–38.

in erster Auflage 1715, in vermehrter zweiter schon 1719 erschienene »Poetische Lexikon« dar. Es enthält auch theoretisch die konsequenteste Aufwertung der ars gegenüber der natura.

> »Die gemeine Welt pfleget auch diese Red=Art zu führen: Poetae non fiunt, sed nascuntur. Ich getraue mir aber gantz richtig den Gegen=Satz zu behaupten / daß Poeten nicht gebohren / sondern durch gute Unterweisung gemacht würden.«

Als Beispiel fungiert wieder »der keine Zeile ohne eine Reale« schreibende Lohenstein – »den hat die Kunst mehr zu einem Poeten / als die Natur gemacht.«[432] Das eigene Buch soll die älteren, mittlerweile überholten Aeraria ersetzen; die »aufgeweckte curieuse Welt« verlange immer etwas »curieusers / netters und zierlichers«.[433] Seine Beispiele entnimmt Männling den schlesischen Dichtern. Von den drei Stilarten »gemeine«, »sonderbahre« und »sinnreiche galante« Dichtung bevorzugt er die letzte; innerhalb dieser wiederum die sogen. »tichtende oder nachsinnende« gegenüber der historischen, »weil sie ein scharffes Nachsinnen erfordert«. Wie Omeis seiner Poetik fügt er der Beispielsammlung eine »Historia Mythologica« an. Trotz der christlichen Vorbehalte gegenüber der heidnischen Götterwelt hält er die Poesis Mythologica für ein unentbehrliches Reservoir von Allegorien und Sinnbildern. Daß Männlings »Poetisches Lexikon« noch im ersten Drittel des 18. Jahrhunderts gute Aufnahme gefunden hat, belegt die positive Beurteilung seiner ›Methode‹ in der »Neuen Bibliothek« von 1715. Die Kunst sei wichtiger als die Natur: »Wann die Kunst darinn die vornehmsten Epitheta oder Beywörter, die nettesten Expressiones und Poetische Redens-Arten aus den besten Poeten excerpiret / und in Alphabetischer Ordnung vorgetragen werden / kann nicht anders als einem, der sich auf die Poesie legt, großen Nutzen schaffen.«[434] Die geplanten geographischen und historischen Real-Kompendien gelangten nicht zur Ausführung.[435] Das »Poetische Lexikon«, nicht mehr der Verherrlichung eines Dichter-Gelehrten gewidmet, ist aus pragmatischen Gründen rein alphabetisch aufgebaut. Im übrigen vertritt Männling durchgehend das Prinzip des Verbunds von Poesie und Oratorie.[436] Deren gemeinsamer Nenner bleibt die inventio in ihrer formalistischen, nach res und verba aufgeteilten Definition.

---

[432] Männling: Poetisches Lexicon, Vorrede, nicht paginiert.

[433] Ebd., Vorrede.

[434] Zit. nach Tworek: Leben und Werke des Joh. Chr. Männling, S. 64 Anm. 74.

[435] Ebd., S. 69. Eine Sammlung merkwürdiger Realien enthält Männlings dreiteilige Sammlung »CURIOSITÄTEN-ALPHABETH, Das ist: Eine angenehme Schau=Bühne Historischer Ergetzlichkeiten« von 1720/21. Sie bietet unter bereits ›kuriosen‹ Titeln einen reichen Schatz angelesener und erfahrener, historischer und zeitgenössischer Beispiele, etwa »Die seltsamen Ehestifftungen«, »Indiens Curiositäten-Compendium, oder Indianische Merckwürdigkeiten«, »Die grausame Marter«, »Die sonderbahre Nachrichten aus der Fremde von Gebräuchen und Sitten«, »Die bedencklichen Omina, Praesagia, Zeichen und Vorbothen«, »Die schreckliche Rache«, »Die seltzamen Träume«, »Xanthippes Schwesterschafft, oder böse Weiber« usf.

[436] Besonders eklatant im »Expediten Redner«; Tworek: Leben und Werke des Joh. Chr. Männling, S. 77–91.

Daß der Gebrauch der Schatzkammern für Anfänger und unfähige Gelegenheitspoeten den scharfen Spott der echten Opitzianer erfuhr, beweist Sacers Satire. Er nimmt die poetischen Handwerker aufs Korn, die ohne einen Funken poetischer Begabung sich ihre Poeme aus Phrasen und Realien anderer Dichter zusammenstückeln:

»Allezeit wenn du ein geschicktes und gespricktes carmen elaborieren wilst, um andere Poeten abzustechen, nim Tschernings Poet. Schatzkammer, Harsdörffers Poetischen Trichter, Treuers neulich herausgegebenen Daedalum, Bergmanns AErarium poeticum &c. zur Hand. Lege diese Bücher rings umb dich herüm nebenst den Opitz / den Flemming / Risten / Schirmern / Albinen / Neumarcken / Homburgen / Siebern / Clajum / Francken / Helden &c. Nim aus jeden was dir Wunders werth vorkömmt und was deiner Meinung nach das beste ist / flicke / sticke weiß auff schwartz / grün auff roth / rechts auff lincksch: so wird ein ieder sich über deine Poetische influenz, suadam und Wohlredenheit mit Händen und Füssen wundern müssen / und wird dein Gedichte so artig contrabund außsehen / wie ein Paradies-Vogel oder Papagey aus Ostindien / oder wie ein Wiedehopff aus Deutschland / stehet aus der massen nett und darff über dieses nicht viel Kopffbrechens.«[437]

3.4. Kasualpoesie zwischen Polyhistorie und ›Politik‹: Das Exempel Daniel Georg Morhofs

Die gängigen Anthologien barocker Lyrik vermitteln nur ein verzerrtes Bild des Literaturbetriebs. Der Kenner barocker Gedichtausgaben weiß, daß die thematisch allgemeinen Gedichte selbst in Ausgaben so bekannter Dichter wie Opitz und Fleming nur den einen Teil ausmachen, den anderen, genauso umfangreichen, die Gelegenheitspoesie einnimmt. Entgegen der offiziellen Ideologie von der Unsterblichkeit, die der Dichter dem poetisch Verherrlichten verleihen würde, hat sich die besondere Vergänglichkeit der Widmungs- und Gelegenheitsgedichte herausgestellt. Meist werden sie heute in Auswahlausgaben oder Anthologien nur aufgenommen, wenn der Bedichtete sich bereits außerhalb der Poesie einen Namen gemacht hat. Das Barockzeitalter wertete anders; es brachte einigen Gelegenheitsdichtern eine außerordentliche Wertschätzung entgegen. Johann Christoph Wentzel[438] und Heinrich Mühlpfort[439] sind Namen, die von den Poetikern in einem Atem mit Fleming, Gryphius und Hofmannswaldau genannt werden. Gerade Mühlpfort gehörte für die Zeitgenossen zu den Gipfeln der Poesie; seine Werke entsprachen dem geforderten Standard ausnahmslos. Der Herausgeber seiner »Teutschen Gedichte« (1686) begründet die Anerkennung in der Vorrede:

---

[437] Sacer: Reime dich, S. 75f.

[438] Johann Christoph Wentzel (1659–1723) studierte in Erfurt Philosophie und Medizin, in Jena Theologie, und wurde Adjunkt der philosophischen Fakultät; seit 1695 war er Direktor in Altenburg, seit 1713 in Zittau, fünf Jahre nach Christian Weises Tod.

[439] Heinrich Mühlpforth (1639–1681) studierte in Wittenberg und wurde in Breslau Sekretär am Konstistorial- und Vormundschaftsgericht.

»Seine nette Erfindungen / herrliche Worte / und aus allen Zeilen hervorblickende Gelehrsamkeit / giebt genugsam zu erkennen / daß ihm die Römische und Griechische Poeten / nebst den Geheimnüssen der innersten Weißheit nicht unbekandt gewesen.«[440]

Segebrechts bahnbrechende Studie hat den Blick auf dieses weite, bisher vernachlässigte Gebiet gelenkt. Das von ihm gewählte exemplarische Vorgehen ist dem Gegenstand allein angemessen, da es hier kaum um poetische Individualitäten oder um einmalige Prägungen geht. Das Wesen der Kasualpoesie ist ihr gesellschaftlicher Modus; d. h. eine Gebrauchsstruktur, deren ästhetisches Moment sich aufs Beherrschen sanktionierter Normen reduziert. Das völlige Aufgehen in ihnen erklärt, bei stattgehabtem Normenwandel, das Absinken dieser Poesie. Auch Anthologien werden von diesem ›Schicksal‹ erfaßt. Die einst neben Neukirchs freilich berühmterer Anthologie »Herrn von Hoffmannswaldau und andrer Deutschen .. Gedichte«[441] repräsentative Anthologie für die Poesie der zweiten schlesischen Schule »Des Schlesischen Helicons auserlesene Gedichte« (1699)[442] gliedert ihre zwei Teile in

I. Teil 1) Glückwünschungs-Gedichte (S. 1–128)
2) Hochzeits-Gedichte (129–368)
3) Begräbniß-Gedichte (369–772)
4) Vermischte Gedichte (Widmungen etc.) (773–863)

II. Teil 1) Verliebte Gedichte (1–144)
2) Vermischte Gedichte (145–158)

Die Vorrede belegt den Anspruch der Gleichrangigkeit der neueren mit den griechischen und lateinischen Poeten. Hofmannswaldau und »unser in allem zum Wunder gewordener« Morhof hätten der deutschen Poesie die internationale Ebenbürtigkeit verschafft. Diese Gleichsetzung verwundert doch ein wenig, doch ist sie für die eklektizistische Haltung des Spätbarock symptomatisch. Gleich darauf erweitert die Vorrede den Kreis der Musterautoren um (die ebenso verschieden gearteten) Gryphius, Lohenstein und Weise, und kommt beim Vergleich internationaler Poesie zum Resultat:

»Und wie kan ich des Boylo Satyren / des Marini Pastorell / und anderer ihre vollkommene Gedichte genung erheben / daß ich gleichwohl nicht auch dabey Hoffmannswaldaues / Lohensteins / welchen der scharffsinnige Thomasius auch Virgilio vorgezogen wissen wil / Opitzes / Mühlpforthes / Flemmings und sehr viel anderer zugleich erwehne?«[443]

---

440 Mühlpforth: Teutsche Gedichte, Vorrede.

441 Benjamin Neukirchs Anthologie ›Herrn von Hoffmannswaldau und andrer Deutschen auserlesener und bißher ungedruckter Gedichte erster theil‹. Hrsg. v. Angelo George de Capua und Ernst Alfred Philippson. Tübingen 1961. Insgesamt 7 Teile, erschienen an wechselnden Druckorten von 1695 bis 1727; Goedeke III, S. 269, Nr. 1,5.

442 Des Schlesischen Helicons auserlesene Gedichte Oder Etlicher vortreflicher Schlesier biß anhero ohnbekandte Poetische Galanterien / Nebst einer Vorrede von Vortrefligkeit der Neueren Deutschen Poeten. Franckfurt und Leipzig 1699.

443 Ebd., Vorrede, nicht paginiert.

An dieses anonyme Vorwort schließt sich der Abdruck von Hofmannswaldaus bekanntem literarhistorischem Abriß an (ohne daß der Verfasser genannt ist). Die Anthologie stellt die hochbarocken Schlesier über Opitz und Fleming (und wendet sich dabei gegen Morhof[444]). So ist es auch konsequent, daß die in ihr enthaltenen Gedichte zum Poeten- und Poesie-Preis das Hyperbolik-Ideal vertreten bzw. dessen Träger als Muster inthronisieren. Drei bezeichnende Epigramme lauten:

»Auf den Herrn von Lohenstein.
Rom pral / und mache dich mit deinem Maro groß.
Setzt Grichen den Homer in des Apollo schooß.
Wer ohne blendung siht / wird dennoch wohl gestehn:
Daß sie dem Lohenstein nicht einmahl gleiche gehn.«[445]

»Von der Poesie.
Wer in der Tichter Kunst will unvergleichlich seyn /
Der führe Lohensteins gelehrt= und hohen Geist /
Und was im Gryphius nett und beweglich heist /
Mit Hoffmanns Liebligkeit in seinen Wercken ein.«[446]

»Auf die vortreffliche Schrifften des Herrn von Lohenstein.
Wenn Fama sich erhebt / und in den freyen Lüfften
Noch höher fliegen wil / als sie sonst kommen kan /
So knüpfft sie Lohensteins gelehrt und kluge Schrifften /
Die unvergleichlich sind / ihr statt der Flügel an.«[447]

Unter den Glückwünschungsgedichten nehmen die anläßlich des akademischen Titelerwerbs verfaßten Verse einen bedeutenden Platz ein.[448] Dabei werden die ideologischen Schlagworte in das persönliche Huldigungsgedicht eingeflochten. »Adel der Gelehrten« heißt der Titel des einen Promotionsgedichtes,[449] »Sieg der Gelehrten« der des anderen,[450] »Ruhm der Gelehrigkeit« schließlich der des dritten.[451] Der unter den »Vermischten Gedichten« eingeordnete Hymnus »Nutz

[444] Ebd., Vorrede zum Teil 2. »Denn Morhoff macht sich vergebene Mühe / wenn er den Flemming / den ich sonst gerne vor einen guten Poeten passiren lasse / über die Unsrigen so hoch empor hebt / wie er denn auch biß dato wenig Beyfall erhalten hat.«

[445] Ebd., Tl. 1, S. 834.

[446] Ebd., Tl. 2, S. 83.

[447] Ebd., Tl. 2, S. 56.

[448] Im »Schlesischen Helicon« die Glückwünsche zum Doktorat S. 56–58, 92–96, 96–101, 104–111, zum Magisterium S. 111–114, 123–125, 125–126, 126–128, zur Poetenkrönung S. 83–89; im zweiten Teil. Bei Fleming, Morhof, Weise, Mühlpforth, Männling, Kindermann u. a. finden sich zahlreiche Beispiele für Doktorats- und Magisterium-Glückwünsche. Vielleicht werde ich zur Poetenkrönung einige Poemata vergleichend analysieren.

[449] Schlesischer Helicon, Tl. 1, S. 92–96; zum ideologischen Hintergrund des Schlagworts vom ›Gelehrten Adel‹ vgl. Sinemus: Poetik und Rhetorik im frühmodernen deutschen Staat, S. 207–244, bes. S. 228–336. Das auch von Sinemus zitierte Gedicht befindet sich auch in Neukirchs Anthologie: Herrn von Hoffmannswaldau und andrer Deutschen auserlesener [...] Gedichte erster theil, S. 290–293.

[450] Schlesischer Helicon, Tl. 1, S. 96–101.

[451] Ebd., Tl. 1, S. 126–128.

der Gelehrsamkeit« vereinigt die Argumente des Weisheitslobs mit denen des Wissenserwerbs; betont werden dabei die staatserhaltenden Züge.[452] Die Gelehrten werden mit den Weisen identifiziert.

»Drum laß dir die schaar der weisen / kluge welt / befohlen seyn.
Stim̃e nur in ihr vergnügen / in der künste wachsthumb ein.
Soll der erden bester ruhm nicht in barbarey erkalten /
Ey / so spare keinen fleiß kunst und tugend zu erhalten.«[453]

Ist für den heutigen Beurteiler das Nebeneinander von Hofmannswaldau, Lohenstein und Morhof erstaunlich, weil Morhof eher der Weiseschen Tendenz zur Reduktion des hyperbolischen Sprechens zuneigt,[454] so verringert sich für den Zeitgenossen diese Differenz. Für sie galt *Morhof* in erster Linie als Verfasser des »Polyhistors« und als schätzenswerter Poet. Als solcher steht er fest auf dem Boden der ›gehobenen‹ Kasualpoesie, deren theoretische und praktische Anleitungen und Hilfsmittel er empfiehlt.[455] Das Kapitel »Von den Erfindungen« aus dem an sich fortschrittlichen »Unterricht von der Teutschen Sprache und Poesie« reproduziert die humanistisch-rhetorische Praxis. Der gelehrte Poet muß aus allen Kultursprachen die poetischen Metaphern zusammensuchen: »Da muß man nun von diesen Metaphoris gantze Lexica zusammen tragen / die mehr nutzen / als alle Aeraria Poetica geben werden.«[456] Freilich redet Morhof doch eher einer Sammlung von Redewendungen das Wort;[457] es nimmt nicht wunder, daß gerade der große Polyhistor den Zerfall seines Wissenschaftsgebäudes in Reallexika nicht mitmacht. Doch gehen bei der loci communes-Praxis Phrasen und Realien ohnehin im Bereich der Sententien und der Vergleiche ineinander über. Auch in Morhofs Dichtungspraxis zeigt sich die Gefahr des Zerbröselns der Universalgelehrsamkeit in Einzelfakten. Der utilitaristische Gedanke der totalen Verwaltbarkeit des Wissens führt an den Umschlagplätzen der Wissenschaft, wo sich ihr ›Gebrauchswert‹ erweisen soll, notwendig zur Statik. Die in der Abrufbarkeit des Wissens sich dokumentierende Präsenz hat als Kehrseite die progredierende Tendenz zur Erstarrung. Im Hinblick auf die Realienbewegung und die Hyperbolisierungsreduktion rechnet Morhof (wie Weise) zu den Wegbereitern des pragmatischen Denkens (und zu den Verfechtern einer christlich getönten, moralischen Auffassung des ›Politischen Modells‹). Auch seine Haltung zum humanistischen Kanon und zur rhetorischen Methode ist aufgelockert. Zwar bilden die Rhetorik,

---

452 Ebd., S. 827f. »Alles was der menschen auge hoch u. wunderns=würdig schaut / Die triumph= u. ehren=bogen hat der weisen rath erbaut. Dieser stützt den Königs=thron / ziert die prächtigẽ paläste Er bewahret stadt uñ land / machet thor uñ mauren feste.«
453 Ebd., S. 828.
454 Morhof: Unterricht, S. 17, 315ff., 318, 321. Vgl. C. Lemcke: Von Opitz bis Klopstock, S. 352ff.; Hildebrandt-Günther: Antike Rhetorik, S. 54ff.
455 Morhof: Unterricht, S. 314.
456 Ebd., S. 318.
457 Ebd., S. 312; unter den Exzerpten versteht er »Excerpta Phrasium, Descriptionum, Comparationum, Iconismorum«, S. 314; vgl. S. 318f. v. Waldberg: Die Deutsche Renaissance-Lyrik, S. 209f., 223.

die auf imitatio beruhende inventio,[458] die verba und res-Einteilung, die genera dicendi noch das Fundament seiner Poetik. Doch ist Morhof in der Handhabung großzügiger als die Schulmeister-Poetiker.[459] Sein Haften am rhetorischen Modell wird am ehesten deutlich an der eigenen poetischen Praxis, zu der er als Professor eloquentiae aus gesellschaftlich-beruflichen Gründen verpflichtet war. Deutlich wie kaum in einer anderen Sparte des Literaturbetriebs ist an der Kasualpoesie der enge Konnex von polyhistorisch orientiertem Realienwissen und utilitaristischer Denkform erkennbar. Die Kasualpoesie reduziert das universalistische Modell auf die nach pragmatischen Gegebenheiten benötigten ›gelehrten‹ Bestandteile; sie bildet auf literarischem Sektor das Gelenkstück zwischen Polyhistorie und politischem Modell, und zwar auf dem plansten Niveau unvermitteltgesellschaftlicher Bedürfnisse.

Der Kluft zwischen echter Gelehrsamkeit und dem gelegenheitlichen Gebrauch gelehrten Wissens war Morhof sich bewußt. Seine deutschen Gedichte stuft er selbst nicht sehr hoch ein:

»Wie aber jederzeit mein Absehen mehr auff eine beständige / als geschwinde ungefehr zusammengeschlagene Arbeit gehabt; so habe ich diese unzeitige Frühzeitigkeit und Pfifferlings=Gebuhrten niemahls belieben können.«[460]

Sie gelten ihm als »verlohrne Arbeiten«, als ausgesprochen »beyläuffige« Produkte der Nebenstunden.[461]

Im »Polyhistor« gibt Morhof eine Anleitung, wie eine Exzerptensammlung für oratio und oratio ligata anzulegen sei.[462] Das Kapitel «Hyle Inventionum poeticarum« bringt die Nutzanwendung der aufgeführten 361 Beispiele. Für ein Gratulationsgedicht zum Antritt des akademischen Rektorats kann der Poet den Stoff von den Personen, von den Amtsabzeichen und dem Zeitpunkt hernehmen. Beim Gelehrten:

»Hic dies, quomodo Musis cum Imperio conveniat, non esse Tyrannicum sed virginale et placidum: non jam inter steriles tantum Parnassi arenas dominari Apollinem: non jam amplius boves pascere, sed selectissimos iuvenes Musas latius imperium habere, quam Reges, quae ipsis dominantur Regibus.«[463]

---

458 Morhof lehnt die Phantasie ab; Morhof: Unterricht, S. 322f.

459 Besonders Rotth, Jänichen und Omeis.

460 Daniel Georg Morhof: Teutsche Gedichte. Kiel 1682, Vorrede, S. 2.

461 Die Gedichtsammlung besteht aus drei Teilen; im ersten befinden sich die Glückwunschgedichte (S. 1–176), im zweiten die Gedichte auf »Leichbestattungen« (S. 177–304), im dritten »Allerhand Arten derselben / Geistliche / Weltliche / Oden / Bey-Schrifften« (S. 305–471).

462 Morhof: Polyhistor (1747), Kap. Idea Lexici Poetici pro translatis (Politik; Tom. 1, Lib. III, Kap. XI, S. 631–666). Er unterscheidet beim Exzerpieren zwischen Excerpta Phraseologica, Lexica et Observata, Critica, Exegetica, Antiquaria, Ornatae Orationis, Copiosae Orationis, Oratoria Systematica, Oratoria Enthymematica. Kern: Morhof, S. 38f. Morhofs posthum von Johann Peter Kohlins herausgegebene Exzerpierkunst trägt den Titel »De Legendis, Imitandis, et Excerpendis Auctoribus«.

463 Morhof: Polyhistor (1747), S. 670.

Dem über alle Disziplinen verfügenden Philosophen komme auch die Herrschaft über die Musen zu; der Mediziner gleiche Apoll, der über die Musen und die Gesundheit gebiete. Auffällig ist die Verbindung der Gelehrten mit den Musen – Zeichen einer Verschwisterung von Wissenschaft und Poesie. Bei den Amtssymbolen könne der Dichter Zepter, Purpur, Schlüssel usw. als Stoffe (res) verwenden. Die Zeit bietet ebenfalls Anregungen: Jahr, Monat und Tag können besondere Anspielungen erlauben; möglich sind auch Analogien zu anderen Epochen.

Für Morhofs eigene Praxis aufschlußreich sind seine Hinweise im »Unterricht von der Teutschen Sprache«.[464] Er pflege bei der Anfertigung eines Gedichtes alles, was ihm über eine Sache einfalle, »sofort zu Papier zu bringen, ohne Ordnung, ohne Connexion, halbe, gantze Verse«, damit er die ersten Einfälle nicht vergesse.

> »Unter diesen sind allezeit, die mir ohne sonderlichen Nachdencken beykommen, die besten, die ich aber sofort oder nachgehends durch weiteres Nachsinnen hinzu setze, und aus einigen fontibus, (welche) die Kunst eröffnet, herhole, entfernen sich mehr von den Sachen, und haben den Nachdruck nicht.«[465]

Die Bemerkung belegt Morhofs Neigung zu einer aufgelockerten Praxis; das geht auch aus seiner Anleitung zur Kasualpoesie hervor. Die kleinen Carmina, schreibt er, könnten »am besten durch gewisse Lemmata und Ornamenta gefasset werden« – so habe er es selbst gehalten: »Denn die Dispositiones Rhetoricas so genau hierin zu suchen, scheinet zu Haarkläuberisch«.

> »Man setzet etliche sententias, die auff einander schlußrichtig folgen / diese schmücket man aus mit Metaphoris, Descriptionibus, Iconismis, Fabulis und dergleichen / wie es sich am besten schicket.«[466]

Für Morhofs Dichten ist das Promotionsgedicht Nr. XL besonders instruktiv.[467] An ihm läßt sich die empfohlene Machart deutlich ablesen; die Sentenzen oder die Lemmata sind sogar durch Fettdruck hervorgehoben. Darüber hinaus thematisiert es einen für das humanistische Gelehrsamkeitsverständnis wesentlichen Akt des wissenschaftlichen Kursus (s. S. 310f).

In Morhofs Promotionsgedicht begegnen – wie auch in manchen Promotionsgedichten anderer Poeten – die historischen Tatsachen als Realien, die das einleitende Kapitel vorgestellt hat. Insofern bildet das Gedicht beinahe dessen poetische Nutzanwendung und schlägt die Brücke zwischen der wissenschaftsgeschichtlichen Entwicklung und der rhetorischen Lehre, wie Umwelt-Erfahrung und Wissenschaft als Realien in der Poesie zu verwerten seien. Zugleich zeigt es, inwieweit Morhofs eigene Position bereits von den dogmatischen Maximen humanistisch-antiquarischer Gelehrsamkeit abweicht. Morhof befolgt das eigene

---

[464] Dazu s. Kern: Morhof, S. 70ff.
[465] Morhof: Unterricht, S. 345.
[466] Ebd., S. 325.
[467] Morhof: Teutsche Gedichte Tl. 1, Nr. XL, S. 119–122.

Rezept, nicht allzu komplizierte rhetorische Regeln anzuwenden – ein deutliches Zeichen für die Reduktion des artifiziellen Momentes, die im Vergleich mit dem thematisch verwandten – aber metaphernbeladenen, streng nach den Grundsätzen der zweiten schlesischen Schule ›angefertigten‹ Promotionsgedicht Wentzels offenkundig wird.[468]

---

[468] Joh. Christoph Wentzel: Lorbeer-Hayn Oder Poetischer Vorraht. Von Verschiedenen teutschen Poematibus Welche bey Promotionen, Antritt der Ehren-Aemter / Geburts- und Nahmens-Tagen / usw. / Meistens im Nahmen anderer verfertiget worden. Jena 1700, S. 200f. »Der Kräfftige Rosen-Strauß / Als (Tit.) Herr Daniel Evseb. Jäger / V. J. Doctorandus, den 29. Jun. 1693. DOCTOR wurde.« Auffällig ist die in Hofmannswaldaus Gefolge zur Schau getragene Wortpracht.

„HOchwerther / da Du Dich in Tyrus Seide zeigest /
Und zu dem Morgen-Roht der höchsten Würde steigest /
Kommt mir Dein werthes Haupt als Stock voll Rosen für;
Und freylich ist es so; was Deine Schläffe schmücket /
Was dein geweihtes Haar mit sanffter Bürde drücket /
Ist ein beliebtes Bild von frischer Rosen-Zier.
Der Rosen Lust-Scarlat ergötzet das Gesichte:
So strahlt Dein Doctor-Hut in goldgemengtem Lichte /
Dieweil Er seinen Glantz von grossen Keysern nimmt.
Der Rosen Ruch ist gut / ob ihn schon welche fliehen;
So kan Dein Ehren-Stand als ächte Würde blühen /
Ist auch ein Aristarch schon wieder ihn ergrimmt.
Ich wüntsche: Wie ein Safft in holden Rosen stecket /
Der Geistern und Gehirn erwüntschte Krafft erwecket /
Sosey Dein Ehren-Schmuck voll edler Nutzbarkeit.
Wie Rosen jährlich blühn / so blühe Dein Vergnügen!
GOtt lasse Glück und Lust ümb Deine Würde siegen;
So bleibt mein Freundes-Hertz bey Deinem Heil erfreut.«

Noch hyperbolischer klingt das zweite Promotionsgedicht auf Johann Weißenborn, S. 258–264. Wentzel verwendet hier dieselben Embleme und Symbole wie Morhof:

»Belobter Weißenborn / den Ruhm und Ehre küssen /
Dem Sion Cron und Crantz ümb seine Schläffe legt /
Dein Beyfall wird den Spruch beglaubet machen müssen /
Den unsre Niedrigkeit in schlechte Sylben prägt.
So bald dein wacher Geist des Himmels Sporn empfunden /
Und nun der Tugend Brand in dir entglommen war /
So bald war Müh und Schweiß mit deinem Fleiß verbunden /
Und machte dir das Looß der Frommen offenbar.« S. 259.
»Je mehr dein *weiser Born* durch scharffe Kiesel rinnet /
Je mehr kömmt dessen Fluß zu frischer Liebligkeit.
Je dünner List und Neid die Unglücksfaden spinnet /
Je mehr bekömmst du Stoff zu schönem Purpur-Kleid.
Korallen wachsen nur in scharffem Saltz der Wellen /
Der Traurbaum blüht allein / wo Nacht und Schatten schreckt.« S. 262f.
»Hier ist der Purpur-Hut / der dich nun Doctor nennet /
Ob schon der arme Neid das Maul in Falten zeucht.
Wir / die wir ehemals an deinen Lippen hiengen /
Ermuntern unsre Lust an deinem Freuden-Licht;
Und sind wir nicht geschickt / ein Opffer darzubringen /

XL.

Dem WolEhrwürdigen und Wolgelahrten
Herrn Leonhard Pegman/
Hertzogen Hn. Ernst Günthers Hoff-Predigers/ und der Stadt Sünderburg Pastoren/
Wie Er durch meine Hand die höchste Ehren-Stelle in der Philosophie empfing.

BEsteige dann den Thron/ den dir die Tugend zeiget/
Den Thron/ für welchem sich der blöde Pöbel beuget/
Den Thron/ der dir/ mein Freund/ den Fürsten gleich gebühret/
Den du mit Kunst und Witz/ der Dich mit Ehren ziert.
Hie siehstu um Dich her den Chor der Musen stehen.
Auff diesem Schauplatz must du alles übersehen/
Welt/ Eitelkeit/ und Pracht/ die Dir zun Füssen liegt:
Dieweil du als Monarch und Selbst-Herr sie besiegt.
Ein weiser herrschet recht/ die Welt ist ihm zu enge.
Er mist den Himel selbst/ er zählt der Sternen menge.
Das Erdgebäu ist ihm ein viel zu kleines Reich.
Ja Alexander selbst der thut es ihm nicht gleich/

Den auch Diogenes im Fasse kan verhönen?
Wie viel ihn Zepter ziern/ wie viel ihn Krohnen krönen.
So sey dann auch ein Herr! so nennen wir dich jetzt.
Sieh wie der Purpur dir an deiner Scheitel blitzt!
Der/ wie er Fürsten ziehrt/ auch einen Muht bedeutet/
Der nie zur Knechtschafft wird durch Noht und Zwang geleitet.
Wer keine Freyheit kennt/ der ist ein Thor mit recht/
Der ist sein eigener und aller Knechte Knecht.
Man öffnet dir ein Buch. Hie sind der Seelen Speisen.
Die Todten müssen uns zum Leben unterweisen:
Von diesen hast auch Du viel Witz und Kunst gefast.
Bey diesen warestu ein angenehmer Gast.
Man schliest es wieder zu. Die Stummen müssen schweigen/
Die Bücher kön̄en nicht vor sich die Weißheit zeugen.
Es muß ja der Verstand auch einmahl Meister seyn.
Der Weisen Hertz ist recht das ware Bücher-schrein.
Die Bücher müssen uns/ wir nicht den Büchern frohnen.
Sie müssen nur in uns/ wir nicht in ihnen wohnen.
Und endlich ist allein das Welt-Buch fast genug.
Wer dieses außgelernt/ kan aller Bücher Buch/
Und eine kleine Welt mit recht genennet werden/
Deß Sinnen schwanger gehn mit Himmel und mit Erden.

Morhof, Promotionsgedicht (s. S. 308).

Der Auff- und Niedergang mit den Gedancken mist/
Und nirgends in der Welt ein Gast un Frembdling ist.
Nim ferner hin den Ring. Durch den wird dir vermählet
Die Weißheit/ die dich hat zum Bräutigam erwehlet/
Die Schöne / welche nie auff frembde Schmincken giebt /
Die ungefärbten Sinn und reine Seelen liebt/
Die diesem Golde gleich die Proben können halten /
Und denen eingepregt die güldne Zeit der Alten.
Sie beut dir auch dabey den Kuß des Friedens an/
Der Hertzen unter sich gar fest verbinden kan.
Die Zwietracht dienet nicht dem der nach Warheit trachtet.
Wer nicht auff Einigkeit und milde Sanfftmuht achtet/
Der findet ausser sich und in sich keinen Grund.
Da komt Frau **Eris** dann und stosset Mund an Mund.
Da geht der Sturmwind loß auß Osten / Süden/ Norden.
Da wollen jene sich mit Federkielen morden.
Da schlägt der Donner dann von allen Seiten ein.
So wird die Wissenschafft gelernt zur stäten Pein.
Du aber/ wehrter Freund/ läst dieses dich nicht irren/
Läst nur durch tollen Witz die andre sich verwirren.

Dich führt dein sanffter Muht auff viel gewissrer Bahn!
So zünden wir Dir nun die Ehren-Fackeln an.
Die Dir der Tugend Licht ganz klar für Augen stellen/
Die die Gemühter macht den Flammen gleich erhellen.
Sie ist ein Himlisch Feur/ das ihrer Strahlen Schein
In unsre Seelen senckt/ dadurch sie himlisch sein/
Und durch den reinen Glantz die Finsterniß bestreiten.
Kein Nebel tilget sie/ kein Rauch der Eitelkeiten:
Sie steigt/ wie Feur/ empor/ und zieht nach sich den Geist/
Der von der Erden sich mit hin gen Himmel reist.
Wolan so lasset dann die Ehren-Fackeln brennen!
Man muß die Tugend auch an Dir/ mein **Pegman** kennen/
Der Du im Hertzen stets den Zunder hast gehegt/
In dem sich jederzeit ihr stilles Feur geregt.
Das nun gantz helle flamt/ sich deinem Fürsten zeiget/
Der seiner Güte Strahl nach deiner Fackel neiget/
Die Du/ wie wir Dir jetzt/ Ihm selber trägest vor.
So hebet sich dein Licht in beider Licht empor.
Diß laß dann ferner Ihm und allen Frommen leuchten.
Des Höchsten Gnaden-Oehl wird dir dein Licht befeuchten/
Biß endlich dich und Sie / nach überbrachter Nacht/
Der Vater alles Lichts zu Lichtes-Kindern macht.

In sozialer Hinsicht vertritt Morhof die traditionelle Abgrenzung der nobilitas literaria vom »blöden Pöbel« und die postulierte Gleichstellung mit dem Geburtsadel. Erstaunlicherweise deutet sich wissenschaftsgeschichtlich der Umschlag in ein neues Paradigma an. Denn die Skepsis, ja Abwehr gegenüber der (ja traditionell humanistischen) Absolutsetzung der Büchergelehrsamkeit[469] entspricht einem pragmatischen Denken, das zur Etablierung naturwissenschaftlicher Methodik führt, die Morhof explizit als ›Messen‹ und ›Zählen‹ anspricht. Der Gelehrte, »Monarch und Selbst-Herr« im Reich der Wissenschaft, erhält mit dem Purpur das Zeichen der geistigen Herrschaft und damit den Auftrag, die Freiheit der Lehre mit unbeirrbarem Mut zu verfechten.

Wie in der Poesie, wo er der ›ungezügelten Phantasie‹ eine Abfuhr erteilt,[470] so stellt Morhof auch in der Wissenschaft dem verwirrenden »tollen Witz« die ausgewogene Verbindung von »Kunst und Witz« entgegen. Konsequent identifiziert er die Weisheit, anders als der zitierte Text aus dem »Schlesischen Helicon«, nicht mehr mit Gelehrsamkeit: Verstand und »Hertz« sind die neuen Instanzen. Die Herzmetapher bedeutet keinen Vorgriff auf die Empfindsamkeit, sie umschreibt hier zusammen mit dem Intellekt den Sitz des iudicium: Aus ratio und sensus rekrutiert sich der urteilfällende Geschmack. So erhalten die Bücher zwar hohen Wert zugewiesen, doch die größere Weisheit erringt man durch die Erfahrung – im ›Welt-Buch‹. Bücher sind Mittel zum Zweck, nicht mehr Endzweck oder Sinn der Wissenschaft. Das ist deutliche Abwehr gegen die seit der Renaissance verkündigten humanistischen Dogmen, ist Abkehr von Autoritäten, Hinwendung zur Empirie. Der Abneigung gegen Gelehrtenstreitigkeiten entspricht die Propagierung von Weltoffenheit und Urteilsfähigkeit. Schließlich deuten die transzendenten Werte – manifest in der Verpflichtung der Gelehrsam-

---

So dulde / daß ein Wuntsch aus treuen Seelen bricht.
Du nimmst den Purpur an; der Strom aus Jesus Wunden /
Dem keine Schnecke gleicht / durchröthe deinen Pracht /
Daß / wenn sich Macht und List zum Gegner eingefunden /
Dein wohlümbgläntztes Haupt als Carmels Spitze lacht!
Der Ring beziehret dich; das Gold der Ewigkeiten
Laß deines Nahmens Ruhm der Sonnen ähnlich seyn!
Es ehret dich der Kuß: GOtt küsse deine Zeiten /
Und hülle dir den Mund in Liebes-Nectar ein.
Hier reichet man das Buch: Es schreibe dich der Seegen
Ins Buch der Redligkeit mit güldnen Littern an!
Sey mit des Höchsten Buch den Feinden überlegen /
Biß Gott das heilge Buch des Lebens aufgethan!« S. 263f.

469 Mühlpforth: Teutsche Gedichte, S. 38ff., »Als Tit. Herr Georg Schöbel in die Hochlöbl. Fruchtbringende Gesellschafft unter dem Titel des Himmlisch-gesinnten Anno 1669. auffgenommen wurde.« In diesem Gedicht heißt es – als ein Beispiel für die umfangreiche gelehrtenpanegyrische Tradition – »So heiß ich dich mit Recht der Künste Sonnen-Wende / Du sihst den Himmel an / dich der Gelehrten Schaar / Und ein Gestrenger Rath wolt eben zu dem Ende / Dich lebend Bücher-Hauß / den Büchern stellen dar.«

470 Morhof: Unterricht, S. 322, 323, 325. Gegen die »ungezähmte Phantasie« setzt Morhof das »gute Urtheil« und die »Sachen selbst«.

keit auf die ›himmlische‹ Tugend und in der verheißenen überirdischen Belohnung – auf den christlichen Rahmen der Wissenschaftskonzeption. Auch sie ist Ausdruck der ethisch fundierten politisch-pragmatischen Gesellschaftslehre, deren bildungs- und wissenschaftsgeschichtlich einflußreichste Vertreter der Zittauer Rektor Christian Weise und der Hallenser Professor Christian Thomasius sind, beide nicht von ungefähr Pädagogen und den Fragen des ›rechten Verhaltens‹ im privaten und öffentlichen Bereich zugewandt.

IV. Das poetologische System unter dem Einfluß der ›Politik‹

1. Humanismustradition und ›politische Bewegung‹ – Christian Weises Versuch einer Synthese

1.1. Pragmatismus und christliche Politik – zur wissenschaftshistorischen und gesellschaftlichen Standortbestimmung Weises

Gegen Ende des 17. Jahrhunderts machen sich allerorten Tendenzen zur Vereinigung der verschiedenen gesellschaftlichen und wissenschaftlichen Prozesse bemerkbar. Zunächst lief die Entwicklung in den traditionellen humanistischen und den mathematisch-naturwissenschaftlichen Fächern getrennt nebeneinander her. Die Veränderungen im sprachlich-literarischen Sektor stehen noch kaum unter dem Einfluß der Umwertung des Wissenschaftssystems und der Neubestimmung wissenschaftlicher Methoden und Definitionen, sie vollziehen sich vielmehr als Folge der gesellschaftlichen Umorientierung. Nicht mehr Wien, sondern Versailles gibt in politisch-galanten Fragen auch für den deutschen Adel den Ton an. Der Polyhistor Daniel Georg *Morhof* steht selbst in der humanistisch-rhetorischen Tradition, deren Maximen er in seiner Poetik praktiziert. Sein polyhistorisches Ideal läßt ihn jedoch zur Zusammenschau der philologischen und der naturwissenschaftlichen Bestrebungen kommen, allerdings – und das stellt ihn selbst in die Reihe traditioneller studia humanitatis – auf der Basis der Büchergelehrsamkeit. Morhofs Zusammenfassung oder Überblick ist freilich keine echte Synthese, eher eine große Realienkompilation auf der Basis der neuesten Wissenschaftsentwicklung. Morhof selbst ist nicht wie Leibniz oder Tschirnhaus *forschender* Gelehrter, er ist im Grunde Vertreter des topischen Erfindungs-Begriffs. Die Verschiebung ereignet sich lediglich im Bezugsfeld: an die Stelle der antiken Autoritäten treten die wissenschaftlichen Kapazitäten des 17. Jahrhunderts. Das hindert Morhof nicht, wie am Promotionsgedicht gezeigt wurde, das Erfahrungsideal gegen das abgewirtschaftete Ideal der Büchergelehrtheit auszuspielen. Doch bildet die ars inveniendi für sein eigenes Werk nicht die *synthetisierende* Methode, die von innen heraus ein neues Wissenschaftssystem zu schaffen imstande wäre. Sein Versuch einer Synthese trägt dem Wandel der Methoden, der Neudefinition des inventio-Begriffs nicht genügend Rechnung; sie bleibt äußerliche *Modernisierung* eines herkömmlichen Wissenschaftsmodells.

Obwohl Morhof das System nicht reformiert hat im Zeichen der naturwissenschaftlichen Prinzipien, darf der pragmatische Geist nicht unterschlagen werden, der in seiner Darstellung herrscht. Morhof hat die Einflüsse des pädagogischen

Realismus verarbeitet; mit Johann Balthasar Schupp teilt er die Wertschätzung der Realdisziplinen und der Welterfahrung. Doch – wie bei Schupp – zeigt die Analogisierung von Welterfahrung und wissenschaftlicher Empirie, daß sein Pragmatismus in erster Linie gesellschaftlich definiert ist. Tschirnhaus, dessen Schrift »Medicina mentis«[1] zuerst Ausdruck einer (empirischen und rationalistischen) Wissenschafts-Haltung war, hatte dagegen weniger den politisch-pragmatischen Nutzen, als den erkenntnistheoretischen und den ethischen Vorteil (Wahrheitsgewinn, Glückseligkeit) betont. Auf die Tatsache, daß der von Morhof vertretene Utilitarismus weniger das Resultat einer wissenschaftlichen Grundeinstellung als einer gesellschaftlichen Orientierung war, deutet auch die Wertschätzung hin, die Morhof dem Werk Lohensteins entgegenbringt.

Bei der generellen Aufwertung des Erfahrungs-Komplexes spielt die *Welterfahrung* die entscheidende Rolle. Sie ist Indiz für das ›politische‹ Gesellschaftsideal, das in der zweiten Hälfte des 17. Jahrhunderts kulturell maßgeblich wurde. Im Wissenschaftsbereich setzte es an die Stelle des weltfremden, büchergelehrten Pedanten das Ideal des weltkundigen und ›gesellschaftsfähigen‹ homme d'esprit. Während bei Johann Balthasar Schupp sich ›politische‹ (d.h. an diesem Ideal des welterfahrenen Hofmannes orientierte) Züge mit ›altdeutschen‹ und traditionell humanistischen Elementen überkreuzen, steht Morhof ganz unter dem Einfluß des ›politischen‹ Ideals. Allerdings ist er noch kein Vertreter der aus Frankreich stammenden Kombination des Politischen mit dem Galanten. Diese Stufe vertritt erst der frühe Thomasius. Wie verzerrend Epocheneinteilungen sein können und wie sehr sie wichtige kulturelle Zusammenhänge aus dem Gesichtskreis drängen können, belegen die Daten einiger wichtiger Publikationen. 1679 erscheinen Hofmannswaldaus Gedichte, 1682 Morhofs »Unterricht von der teutschen Sprache und Poesie«, 1687 Thomasius' »Discours von der Nachahmung der Franzosen«, 1690 Lockes »Essay on Human Understanding«, 1692 Christian Weises »Curiöse Gedancken von deutschen Versen«. Hofmannswaldau, oft zum Spät- oder gar Hochbarock gerechnet, erweist sich in dreifacher Hinsicht als zukunftsorientierter ›Politicus‹: Sein literarhistorischer Versuch führt direkt zu Morhofs »Unterricht«, seine Literaturkritik leitet die über Neumeister (bzw. Hunold-Menantes) zu Wernicke hinführende Entwicklung ein, seine Geschmacksprogrammatik bereitet den von Weise, Thomasius und den Hofpoeten propagierten Klassizismus vor. Die Jahrzehnte des Übergangs zwischen 1680 und 1720 tragen januskopfartige Züge; traditionelle, in den Humanismus zurückweisende

---

[1] Tschirnhaus: Medicina mentis sive tentamen genuinae Logicae. Amsterdam 1687; Medicina mentis sive artis inveniendi praecepta generalia. editio nova. Leipzig 1695. Tschirnhaus legte schon 1682 einen Entwurf der »Medicina mentis« der Akademie der Wissenschaften in Paris vor. Klüger: Die pädagogischen Ansichten des Philosophen Tschirnhaus, S. 18. Das deutsche Manuskript wurde von Tschirnhaus' Jugendfreund Pieter van Gent 1682 ins Lateinische übersetzt und 1687 publiziert; eine verbesserte Neuausgabe erfolgte 1695, ein Nachdruck 1705 und 1733. Zur Entstehung vgl. Winter: Der Bahnbrecher der deutschen Frühaufklärung, S. 23ff.

Momente begegnen sich hier mit vorwärtsweisenden aufklärerischen Trends. Wissenschaftstheoretischer und gesellschaftlicher Aspekt bedürfen einer besonderen Beachtung.

Christian Weise repräsentiert in dieser Übergangsphase den Versuch einer Synthese zwischen der humanistischen Tradition und dem pragmatischen Geist der Zeit, der sich ihm im weltmännischen Politicus-Ideal verkörpert.[2] Allerdings erscheint das v. a. von Gracián und Faret entwickelte Politicus-Ideal in konfessionell modifizierter Version als *»christianus politicus«*.[3] Bereits im Roman vom »Politischen Näscher« fällt diese Kombination auf. Die Vorrede enthält die einfachste Definition des Politischen als einer »Klugheit das gemeine Wesen wohl zu conserviren«.[4] Der Anhang betont in 84 Sätzen den Primat der christlichen Glückseligkeit, den Dienst an Gott und den Nächsten, auch für die weltlichen

---

[2] Barner: Barockrhetorik, S. 135ff., zur Wortbedeutung S. 142. Grundlegend Borinski: Gracian und die Hoflitteratur in Deutschland; Meinecke: Die Idee der Staatsräson in der neueren Geschichte; Kruedener: Die Rolle des Hofes; Hennig: Politik und praktische Philosophie. Eine Studie zur Rekonstruktion der politischen Wissenschaft; v. Waldberg: Galante Lyrik, S. 13; Hirsch: Bürgertum und Barock, S. 52; Zarneckow: Christian Weises ›Politica Christiana‹, S. 1f.; Heubaum: Geschichte des Deutschen Bildungswesens, S. 31–34; S. 41. Weitere Literaturangaben in Kap. III, Anm. 3.

[3] Das Konzept des ›Politicus christianus‹ bes. in Weises Schrift »Gründliche Nachricht von der POLITICA, Welcher Gestalt die vornehme Jugend hierinne einen Grund legen / So dann aus den heutigen Republiqven gute Exempel erkennen / Endlich auch in practicablen Staats=Regeln den Anfang treffen soll.« Dresden 1691; Vorrede zum »Politischen Näscher«. Zu Weises Politicus-Verständnis s. Barner: Barockrhetorik, S. 139ff.; Schmidt: Christian Weise, S. 527; Horn: Weise als Erneuerer, S. 45–87; Sinemus: Poetik und Rhetorik, S. 116ff.; Frühsorge: Der politische Körper (dazu Sinemus, S. 132ff.); zu Weises Quellen s. Horn, S. 49ff., besonders kommen hier Lipsius, Conring, aber auch Bacon, Bessel und Gracian in Frage; zur Tradition des Konzepts Zarneckow: Weises ›Politica Christiana‹, S. 3ff., 12ff.; Horn: Weise als Erneuerer, S. 198f.; Frühsorge: Der politische Körper, S. 22f.; Cohn: Gesellschaftsideale, S. 206; Kaiser: Mitternacht, Zeidler, Weise, S. 123–128; Schaefer: Das Gesellschaftsbild, S. 14–29. Schäfer deutet den ›christlichen Politicus‹ als Kompromiß zwischen Weises bürgerlicher Position und ›feudalabsolutistischer‹ Erziehungsaufgabe, zwischen »den Anforderungen des höfisch-gesellschaftlichen Lebens und denen seines eigenen Gewissens« und betont, S. 27, die Unterschiede zu Gracians Programm. Zur Weise später bewußt gewordenen Dichotomie zwischen weltlichem politischem Ideal und christlicher Lehre s. Hirsch: Bürgertum und Barock, S. 47ff., 52f. Weises Stellung zum Pietismus, dem er insgesamt eher ablehnend gegenübersteht, behandelt Zarneckow, S. 60–82; Erdmannsdörffer: Deutsche Geschichte, Bd. 2, S. 111f.; die Distanz zu Francke arbeitet auch Horn, S. 184f., heraus. Das ethische Moment betont auch Burger: Geschichte der unvergnügten Seele, S. 5. Negative Einschätzung von Weises politischen Schriften unter dem Aspekt der Gracian-Rezeption Borinski: Gracian und die Hoflitteratur, S. 79ff.

[4] Weise: Politischer Näscher, Vorrede, nicht paginiert. Zur Definition des ›Politicus‹, s. auch »Der Bäurische Machiavellus«. Hrsg. v. L. Fulda. DNL Bd. 39, Tl. 2, Berlin u. Stuttgart o. J., S. 97: »Politicus, das ist der kluge Werkmeister der zeitlichen Glückseligkeit.«

Zwecke: die Befestigung des Staates, die glückliche Führung in Frieden und Krieg und das Streben nach ökonomischer Prosperität.[5]

Anders als bei dem Schulkomödiendichter Johann Sebastian Mitternacht, dem die *sapientia* in der Nachfolge des Sturmschen Ideals der sapiens et eloquens pietas erzieherisches Leitbild war, vereinigt sich in Weises an der prudentia (der Weltklugheit) ausgerichtetem Politicus-Ideal die Vorstellung vom Gelehrten und vom Kavalier.[6] Man hat in Weises theoretischen und praktischen Bemühungen um die Etablierung des ›politischen‹ Denkens ein bürgerliches Element zu erblicken gesucht. Tatsächlich sind bei Weise gesellschaftspolitische Erwägungen von großer Bedeutung. Doch dient – dieser Nachweis ist mittlerweile mehrfach geführt worden[7] – seine Zittauer Schule nicht der Erziehung eines seiner Bürgerlichkeit bewußten Bürgertums, als vielmehr der Ausbildung einer ständisch im oberen Bürgertum anzusiedelnden *Beamtenschaft.*[8] Die Nichtbürgerlichkeit von Weises Erziehungsziel wird evident angesichts der – im übrigen damals üblichen – stolzen Erwähnung der zahlreichen Adeligen, die Weises Gymnasium besuchten. Dem ›politischen‹ Ideal in seiner vom Hofleben selbst abstrahierten Geltung entsprach gesellschaftlich der Beamtenstatus. An dessen Bedürfnissen ist der Zittauer Lehrplan und Weises Unterrichtsgestaltung orientiert. Indiz dafür ist die überragende Bedeutung, die Weise der *muttersprachlichen Rhetorik* beimißt.[9] Das Postulat der Muttersprachlichkeit ist bei Weise nicht wie bei den Vertretern der Naturwissenschaft und bei den pädagogischen Realisten an die Aufgabe gekop-

---

[5] Weise: Politischer Näscher, s. Anhang: Sätze Nr. 75, 77 und 80; vgl. Hirsch: Bürgertum und Barock, S. 47f. zur Vereinigung des Glückseligkeitsideals mit dem ›politischen‹ Leben.

[6] Kaiser: Mitternacht, Zeidler, Weise, S. 125f.; gegen Horn: Weise als Erneuerer, S. 417, der behauptet, bei Weise trete das Ideal des Gemeinnutzens hinter dem des Privatnutzens völlig zurück; Kaiser betont dagegen die Rolle des persönlichen Erfolgs und der sozialen Verantwortlichkeit.

[7] Barner: Barockrhetorik, S. 210ff.; Sinemus: Poetik und Rhetorik, S. 131ff.

[8] Hirsch: Bürgertum und Barock, S. 50ff.; Horn: Weise als Erneuerer, S. 72f.; Beetz: Rhetorische Logik, S. 41. Zur Ausweitung politischer Maximen auf außerhöfische Schichten durch Weise äußert sich bereits Gundling: Collegium historico-Literarium, S. 846, § LIX. »Weisivs sahe wohl; Politicam, non tantum ad civitatem, pertinere; sondern daß sie, auch zu einem jedweden Stande, gehöre. Weil er nun ein gutes Ingenium besas und lustigen Humeurs war; So hatt er seinen Politischen Näscher, Maulaffen, Bratenwender etc. geschrieben und darbey gewiesen; Daß auch der gemeinste Mensch Politisch seyn müsse.«

[9] Weise: Reiffe Gedancken, Vorrede. »Ich gehe mit der Jugend um / und führe das einzige Symbolum in meiner Arbeit: DISCE LOQVI. Also muß ich alle mögliche Mittel ergreiffen / damit die Zierlichkeit im Reden / theils durch Verse / theils durch ungebundene Worte befördert werde [...] Lernet der Jünger so schreiben als sein Meister / so hat er, zum wenigsten in der Schule vollkommen ausgelernet.« Zur praktischen Beredsamkeit s. Weise: Oratorisches Systema, S. 2. »Was ist die Oratorie? Es ist eine Lehre von der Beredsamkeit, wie man die Gedancken mit guten Effekt aussprechen soll.« Vgl. Heubaum: Geschichte des Deutschen Bildungswesens, S. 38; Schaefer: Das Gesellschaftsbild, S. 143ff.

pelt, Realdisziplinen zeitsparend zu vermitteln.[10] Sie ist ein gesellschaftliches bzw. berufliches Erfordernis. Für den Staatsdienst war das Halten deutscher Reden, das Abfassen deutscher Briefe,[11] zu gesellschaftlichen Anlässen auch das Schreiben deutscher Kasualpoesie wichtiger als lateinische Oratorie und Poesie. Bereits am Ende des Jahrhunderts war die Bedeutung des Lateins gesellschaftlich so zurückgegangen, daß es außer zu gelehrten Zwecken keine große Rolle mehr spielte. In der Diplomatie herrschte das Französische (außer an dem italienisch sprechenden Wiener Hof), in der Schriftstellerei dominierten die Nationalsprachen. In Westeuropa, vor allem in Frankreich und in England, löste die Muttersprache das Latein auch als Wissenschaftssprache zunehmend ab.

Von Vertretern der Muttersprachlichkeit war schon immer die Rolle der Muttersprache in der Politik hervorgehoben worden; neben Luthers Bibelübersetzung galten die Reichstagabschiede lange Zeit als Muster deutscher Sprachübung. Im Staatsdienst wurde gegen Ende des Jahrhunderts neben dem internationalen Französisch die Muttersprache zur unerläßlichen Voraussetzung. Kaspar Stieler, der Verfasser der repräsentativen Anweisung »Der teutsche Secretarius«, hatte bereits 1679 an der Universität Jena deutsche Vorlesungen gehalten, Jahre vor dem Auftreten des Thomasius.[12]

Die ›politisch‹-gesellschaftliche Begründung des Muttersprachlichkeitspostulats geht auch aus *Weises Verhältnis zu den zeitgenössischen Vertretern der Wissenschaft und Erziehung* hervor. Sein Werk weist zahlreiche Verbindungen zum Pragmatiker Schupp auf.[13] Die Ablehnung der Komenskyschen Lern-Methode geschieht ganz unter der Perspektive des ›Nutzwerts‹.[14] Weises, an Becher[15] erinnernde Kritik wird Komenskys Intentionen, der Koppelung von Sprach- und Sachunterricht, nicht gerecht.

> »Ich finde viel Zeugs, das zu lernen ist, doch sehe ich nichts, das ins künfftige zu gebrauchen ist, die wunderlichen Leute wollen nur Latein gelernt haben, und sehen nit auf den scopum, warum man eben solcher Sprache von nöthen hat. Es gemahnt mich wie mit jenem Bürgermeister, der schrieb an drey Universitäten ümb einen Magister, der seinen Sohn in allen Handwercks-Officinen herumführte, und ihm sagte, wie alles

---

[10] Dieser Aspekt wird in einer gesonderten Darstellung behandelt. Vgl. Kap. II, Anm. 567.

[11] Selbstverständlich äußert sich die ›politische‹ Reformbewegung besonders in der Kanzlistik, Zeitungstheorie und Komplimentierkunst. Schwind: Schwulst, S. 107ff., 116ff., 201ff.

[12] Weithase: Geschichte der gesprochenen deutschen Sprache, Bd. 1, S. 264f. Kritik am Lateinunterricht in den Schulen übt auch Johannes Riemer im »Neu-aufgehenden Stern-Redner«, S. 4–8. Dazu Krause: Feder kontra Degen. Zur literarischen Vermittlung des bürgerlichen Weltbildes im Werk Johannes Riemers.

[13] Vogt: Schupps Bedeutung für die Pädagogik, S. 19, vermutet Abhängigkeit Weises von Schupp.

[14] S. auch zum Verhältnis Weises zu Ratke Heubaum: Geschichte des Deutschen Bildungswesens, S. 36.

[15] Becher wendet sich im »Novum Organon Philologicon«, S. 72ff., bes. gegen Komenskys »Janua linguarum reserata« und setzt Komenskys Sachen-Ordnung eine an der Grammatik-Struktur der Sprache orientierte Ordnung entgegen.

lateinisch hieße, gleich als bestünde die Kunst darin, daß man solche Sachen lateinisch verstünde; die wohl der vornehmste Professor nicht Teutsch zu nennen weiß. Unterdessen lernt ein Kind viel nomina, die Verba hingegen und die particulae connectendi bleiben außen. Wenn nun ein Moraldiscurs oder sonst ein Disciplin soll tractiret werden, so stehen die Kerlen mit ihrem bettelsäckischen Latein, und können ihre Schauffeln, Querle, Mistgabeln und Ofenkrücken nicht anbringen.«[16]

Auch Weises *Beziehung zu Tschirnhaus* bleibt äußerlich, bei aller gegenseitigen Hochschätzung. Es ist selbstverständlich, daß Tschirnhaus das Eintreten Weises für die deutsche Sprache anerkennt.[17] Im Januar 1692 bekundet er gegenüber Weise, wie hoch er originelle Bücher schätze, und daß er darum Weises diesem Originalitätsideal entsprechende Schriften stets weiterempfehle.

»Deßentwegen, da viel dergleichen von Meinem Höchstgeehrtisten Herrn Rektor ediret sehe, so meinen Gedanken sehr conform, so habe solche vielen recommendiret, welches umb so viel mehr nöthig erachtet, weil die teutsche Sprache zu excoliren die Jugend hierdurch wohl angeführt wird, welches bishero mit großem Nachteil in Schulen unterlaßen worden.«[18]

Der Passus steht in Tschirnhaus' Antwort- und Dankschreiben für die Zusendung der zu Neujahr 1692 erschienenen Poetik Weises, den »Curiösen Gedancken von deutschen Versen«, die Weise ihm gewidmet hatte.[19] Wie in der »Medicina mentis« und der späteren »Gründlichen Anleitung« betont Tschirnhaus das Prinzip des Selbstdenkens, das zur Erforschung realer Wahrheiten führe. Bücherlesen allein gilt ihm nicht als Zeichen von Wissenschaftlichkeit. Wie auch aus seinem Briefwechsel (mit dem Prager Baron von Blum) hervorgeht, hat Weise Tschirnhaus geschätzt und über dessen naturwissenschaftlichen Experimente und Schriften Bescheid gewußt, allerdings sich nur mit seinen philosophischen Schriften näher beschäftigt. In seiner Abhandlung »Q.D.B.V. ad parentationem Wincklerianam, in Gymnasio Zittaviensi, d. 29. Maji 1687 habendam...« analysiert er die »Medicina mentis« unter dem pädagogisch-didaktischen Aspekt:

»Tantoque magis me afficiit extraordinaria quidem, et ut primum apparet, a Scholis nostris diversa methodus, quod mihi, sive docenda esset Logica, sive reliquis Disciplinis applicanda, non pauca placuerint ex iisdem fontibus deducta.«[20]

Bei aller auch von Weise hervorgehobenen Gemeinsamkeit der pädagogischen Anschauungen erkennt der Praktiker Weise, daß viele von Tschirnhaus' Maximen nur für sozial privilegierte und intellektuell überdurchschnittliche Schüler realisierbar seien. Entscheidend ist seine Ablehnung des Tschirnhaus'schen Grundge-

---

[16] Weise: Die drey ärgsten Ertz-Narren, Kap. XIV, S. 82; zur Kritik an Komensky bes. S. 83.

[17] Richter: Tschirnhaus als Pädagoge, S. 125ff.

[18] Brief Tschirnhaus' an Weise, vom 30. Januar 1692; ebd., S. 127.

[19] Winter: Der Bahnbrecher, S. 77, 80.

[20] In der Schrift »Q. D. B. V. ad parentationem Wincklerianam, in Gymnasio Zittaviensi d. 29. Maji 1687 habendam omnes laudatissimi hujus instituti fautores decenter et officiose invitat Christianus Weise Rect. Zittaviae Typis Michaelis Hartmanni«. Zit. nach Richter: Tschirnhaus als Pädagoge, S. 130.

dankens, »die Schüler durch die mathematica über die physica zu den moralia zu führen.«[21]

In Weises Gymnasium hatte, wie erwähnt, die Mathematik, bis 1704 keinen Platz im Lehrplan.[22] Seine *Schule* stand ganz in der Tradition des humanistisch-rhetorischen Unterrichts, den er den ›modernen‹ gesellschaftlichen Gegebenheiten anzupassen versuchte. Weises Reformversuch steht insofern außerhalb der naturwissenschaftlichen Realismusbewegung und geht von sozial und wissenschaftshistorisch anderen Voraussetzungen aus. Für die Erziehung seiner zu Juristen und Theologen bestimmten Schülerschaft empfiehlt Weise eine doctrina catechetica, hebt also in ganz anderer Weise als der eher zur Freigeisterei tendierende Tschirnhaus das religiöse Moment hervor.[23] Dagegen übernimmt Weise die Anregung, einen Lektürestoff nicht vollständig im Klassenverbund zu behandeln, sondern nur so weit, daß der interessierte Schüler ihn privat beenden kann. Im didaktischen Bereich teilen also Weise und Tschirnhaus das Prinzip, den Schüler zu selbständiger Arbeit anzuhalten.[24]

Wesentlich enger gestaltete sich das Verhältnis zwischen *Weise und Morhof*; beide waren sich in der pragmatischen Umorientierung des humanistisch-rhetorischen Grundmodells einig – trotz der noch zu erörternden Divergenzen.[25] Weise gehört so wenig wie Morhof oder später Thomasius zu den Gegnern des Humanismus. Anders als Tschirnhaus und John Locke streben sie nicht eine Dominanz der Realdisziplinen an, sondern eine Reform der humanistischen Studien nach den politischen Maximen der Gegenwart. Dabei rücken die pragmatischen Gesichtspunkte in den Vordergrund, bei Weise der rhetorische,[26] bei Thomasius der moralphilosophische und ›psychologische‹ Aspekt. Der Zweck, den Weise seinem Rhetorikmodell setzt, ist eindeutig die Karriere innerhalb der Gesellschaft; Thomasius entwickelt zu diesem Zweck eine eigene Theorie, die ›Gemüter‹ der Mitmenschen zu erkennen und das Verhalten danach einzurichten. Deutlich sind beide Modelle vom Typus des ›homme de cours‹ geprägt, den sie in der außerhöfi-

---

21 Klüger: Die pädagogischen Ansichten, S. 51.

22 Weise sprach sich gegen die Einführung von Mathematik und Physik aus, da sie für Theologen und Politiker ohne Bedeutung seien. Heubaum: Geschichte des Deutschen Bildungswesens, S. 40f.

23 Weise lehnt auch die Eingangsüberschrift des Platonischen Musenhains ab: »Non licet adscribere scholis: μηδεις ἀγεωμέτρητος εἰσίτω«. Klüger: Die pädagogischen Ansichten, S. 51.

24 Weises Kritik am Auswendiglernen findet sich in den »Ertz-Narren«, S. 80ff.; generell zu Weise als Pädagog s. Kaemmel: Christian Weise; Wünschmann: G. Hoffmanns Leben und Bedeutung; bezeichnend ist auch Weises Ablehnung der Mnemonik; Vogt: Schupps Bedeutung für die Pädagogik, S. 19.

25 Kern: Morhof, S. 77f. Bei Weise überwiegt deutlich die Frage nach dem praktischen Gebrauch die reine Gelehrsamkeit; bei Morhof wirkt trotz utilitaristischer Tendenzen noch viel von der humanistischen Tradition des Anstapelns erlesener Wissensmengen.

26 Weises im »Politischen Redner« eingelegte Komplimentierkomödie lehrt die angehenden Redner, wie sie »die Hände, den Hut, die Handschuh und alles unter wärender Rede führen« sollen; Cohn: Gesellschaftsideale, S. 31.

schen Welt zum Leitbild erheben wollen. Charakteristische Unterschiede in der Einstellung zur humanistischen Tradition fallen jedoch in den Fächern auf, die am stärksten von der Umwertung erfaßt werden, in der Rhetorik und der Poesie. Die Rhetorik steht im Zentrum des Weiseschen Schulsystems. Bei Thomasius, der bekanntlich Rechtswissenschaft und Philosophie lehrte, kann sie schon aus institutionellen Gründen nur eine – allerdings unerläßliche – propädeutische Funktion erhalten. Der andere Stellenwert innerhalb des Studiums wirkt sich auch auf den Lehrinhalt selbst aus.[27]

1.2. ›Politische‹ Poetik: Der gesellschaftliche Einsatz der Gelegenheitsdichtung

Bekanntlich war Weise von 1668 bis 1670 in gräflichem Dienst als Sekretär und Informator angestellt, bevor er 1670 Professor an der Weißenfelser Ritterakademie und 1678 Rektor des Zittauer Gymnasiums wurde.[28] Dort konnte er seine theoretischen Kenntnisse in den von ihm bevorzugten ›politischen‹ Studienfächern Geschichte und Eloquenz um die praktische Dimension erweitern. Zweifellos ist Weises erzieherische Intention von den in den Ritterakademien gelehrten Bildungsidealen beeinflußt.[29] Rein äußerlich änderte Weise das *Unterrichtsprogramm* der Lateinschule nur gering. Die Schulordnung von 1594 blieb weiterhin maßgeblich.[30] In der Tertia und der Sekunda stand Latein mit je 21 Stunden an erster Stelle,[31] ihm folgten Griechisch (mit 2 bzw. 4) und Religion (mit 2 Stunden). Die Prima erst dehnte das Unterrichtsspektrum ein wenig auf andere artes aus: neben den zwölf Stunden Latein[32] gab es zwei Stunden Griechisch, eine Stunde Hebräisch, vier Stunden Oratorie (mit Weises »Erläutertem politischem Red-

---

[27] Weise kann im Hinblick auf den Lehrkanon lediglich als Vorstufe von Thomasius gelten: Was dieser an den Universitäten als Kanon etablierte, sah Weise ebenfalls für das akademische Studium vor, ohne es selbst an der Schule bereits praktizieren zu können.

[28] Barner: Barockrhetorik, S. 206ff.

[29] Kaemmel: Christian Weise, S. 2.; Schaefer: Das Gesellschaftsbild, S. 70; Horn: Weise als Erneuerer, S. 48. Zu den Adelsschulen Heubaum: Geschichte des Deutschen Bildungswesens, S. 19ff. Die Ritterakademien vermittelten *keine* spezifische Ausbildung für Staatsbeamte, sondern nur eine höfische Erziehung, der sich das Hochschulstudium anschloß. Vgl. Norbert Conrads: Ritterakademien der Frühen Neuzeit. Göttingen 1982.

[30] Kaemmel: Christian Weise, S. 31ff.; vgl. ders.: Weise (ADB), S. 534. Weises Lehrplan sieht ein Nacheinander der Disziplinen statt des üblichen Nebeneinanders vor. Weise: Ertz-Narren, S. 86f.

[31] Tertia: 6 Stunden Janua Comenii (seit 1686 leichte Briefe Ciceros), 4 Stunden Catonis Disticha, 6 Stunden Grammatik nach Elias Weises Enchiridion, 4 Stunden schriftliche Übungen, 1 Stunde Versifikation. Sekunda: 8 Stunden Grammatik, 3 Stunden Repetition der Janua Comenii (seit 1686 Lektüre des Cornelius Nepos), 2 Stunden Ovid und Rhetorik, 2 Stunden Terenz (seit 1690 Weises »Bellaria Juventutis«, leichte Briefe Ciceros und lateinische Exerzitien), 5 Stunden stilistische Übungen, 1 Stunde Versifikation.

[32] Gewidmet wurden 3 Stunden Cicero, 2 Stunden Cornelius Nepos, 3 Stunden Vergil, 3 Stunden Martial und 1 Stunde Versifikation.

ner«), vier Stunden Logik und vier Stunden Religion. Daneben her lief der Musikunterricht. Die Unterweisung in den Realdisziplinen und der fortgeschrittenen Beredsamkeit wurde in Privatlektionen gegeben.[33] In ihnen und in der Unterrichtsmethode lag das Novum der Weiseschen Erziehung. Die Richtung, die Weises ›politische‹ Pädagogik ansteuerte, geht am klarsten aus seiner 1684 publizierten Schrift *»Politischer Academicus«* hervor,[34] die eine detaillierte *Studienempfehlung* für den werdenden Staatsbeamten enthält. Von den drei Kapiteln

1. »Wie man sich als ein kluger Frembdling auf der Universität halten soll?«,
2. »Wie man sich in den Exercitiis manierlich guberniren könne?«,
3. »Endlich und zum vornehmsten / wie man den Ruhm eines gelehrten Politici davon tragen solle«,

interessiert hier das dritte besonders, das die Ausbildung eines Mannes behandelt, der »einmahl dem Fürsten und dem Vaterlande [...] mit klugen Consiliis will zu statten kommen.«[35] Die richtige Verbindung erkennt Weise im Üben des bereits auf der Schule Erlernten und im Neuerwerb verschiedener Hauptdisziplinen. Zum ersteren rechnet er die Pflege der *studia humaniora,* allen voran der lateinischen Sprache, die man zwar im Staatsdienst kaum, wohl aber wegen ihrer Internationalität an den Universitäten brauche (§ XI). Weise vergleicht die Instrumentalwissenschaften mit einem Wagen, den man auf der Universität mit Waren belädt.[36] Hier unterscheidet Weise zwischen den zum »Hauptwercke« gehörenden Disziplinen und den zwar ebenfalls notwendigen, jedoch in den Nebenstunden zu betreibenden Fächern.

Den scholastischen Zentraldisziplinen *Logik* (Dialektik) und *Metaphysik* steht er skeptisch gegenüber; alle spitzfindig-subtilen Disputationen gelten Weise als »Eitelkeit« oder »anmuthige Grillen«. Ihren Nutzen erblickt er nur in ihrer Anwendbarkeit für die Erfordernisse des Politicus: Bei der Logik, sofern sie der Redekunst dient und sofern sie als Topik analytische Kategorien bereitstellt (§ VII, § VIII); bei der Philosophia de Natura universalium, soferne sie eine auch dem Juristen brauchbare Begrifflichkeit vermittelt.
Wichtiger für den Politicus ist die *Physik,* allerdings nicht die von Aristoteles gelehrten und von dessen Gegnern bestrittenen Erkenntnisse, sondern die von zahlreichen Naturkundigen empirisch erfahrenen Tatsachen.[37] Die empfohlene

---

[33] An erster Stelle stand hier der Unterricht in Geschichte, dann Gelehrsamkeitsgeschichte, Geographie, Genealogie, Chronologie, Physik, Moral, Politik, Zeichnen, Geometrie, Optik, Musik und Tanz; Kaemmel: Christian Weise, S. 54; ders. (ADB), S. 535.

[34] Weise: Politischer Academicus. Das ist: Kurtze Nachricht / wie ein zukünftiger Politicus seine Zeit und Geld auff der Universität wohl anwenden könne. Amsterdam 1684.

[35] Ebd., S. 35, § VIII.

[36] Ebd., S. 38, § III.

[37] Ebd., S. 46, § XIV. Weises Mißtrauen gegenüber der experimentell forschenden Naturwissenschaft kommt in den »Haupt-Verderbern« zum Ausdruck: »Der erste ›Haupt-Verderber‹ triumphierte, daß die Menschen jetzt – ›durch Hülffe der Mathematic‹ – den Ursachen der Naturerscheinungen nachgrübeln, statt zu fragen, ›warumb / und zu was Ende dieses grosse Weltgebäude auffgerichtet worden / oder wer denn der jenige sey / der es so herrlich und wunderlich außgerüstet.« Vgl. Schaefer: Das Gesellschaftsbild, S. 112.

Einbeziehung des Handwerks in die Physik erinnert an Schupps entsprechende Vorschläge. Die abstrakten Lehrsätze müssen durch Realkenntnisse abgedeckt sein,[38] eine von Weise auch anderwärts vertretene Maxime.[39] Ebenso legt er dem angehenden Politicus die mathematischen Fächer Geometrie, Arithmetik und Astronomie ans Herz – da die »curieusen Leute in Holland/Engeland/ auch wohl Franckreich« diese Fächer »aus dem Fundament« trieben, dürfe man bei einer einschlägigen Konversation nicht »als ein Ignorante still schweigen«.[40] Der Absage an Astrologie, Physiognomie und Chiromantie entspricht die Empfehlung der exakten Disziplinen Optik, Mechanik, Fortifikation, Hydraulik, Münz- und Gewichtkunde (§ XVIII).

Gegenüber diesen Beschäftigungen, zu denen sich auch etwas Information über die Lutherische Theologie gesellen kann, stellen das *Studium Juridicum und Politicum* den Hauptzweck dar. Die Politik gliedert sich in verschiedene Disziplinen: Geographie, Chronologie, Historie,[41] Avisen-Lektüre, vor allem Konversation (»mit rechtschaffenen Leuten«),[42] Besuch von Buchläden, Genealogie und politische Oratorie sind die den Nebenstunden vorbehaltenen »Nebenwercke«, über die keine Kollegien besucht werden müssen. Wohl aber in den Fächern Ethik, Politik, Statistik, Politica specialis [Staatskunde], Jus Naturae und Gentium, Jus publicum, Notitia imperiorum et Rerumpublicarum. Seine Skepsis gegenüber dem Nutzen der ethischen und politischen Kollegien hält Weise allerdings nicht zurück: man lerne dort wenig, was der »eigenen Klugheit so gar zuträglich wäre.«[43] Daher genügen – statt der allgemeinen Einführungen – auch Wörterbücher, mit deren Hilfe der Student die wichtigsten Termini Politici lernen könne. Gewisse Bedenken äußert Weise gegenüber der neuen Disziplin des Naturrechts, das faktisch den Katechismus ersetzt habe[44] – er empfiehlt dagegen ein Principium,

> »welches die jungen Leute erfreulich auf das Christenthum weiset/ damit wir alle zu thun haben/ nach diesem mag man sehen/ was die verderbte Vernunft von diesem Lichte vor Funcken übrig behalten habe.«[45]

Hauptdisziplin ist die Jurisprudenz selbst (§ XLII). Bei der Wahl von Professoren entscheidet der gegenwartsorientierte *Nützlichkeitsaspekt:*

---

[38] Ebd., S. 48, § XV. »[...] sonst wird die gantze Physica zu einem Lexico Philosophico werden / das ist / man wird etliche Terminos erklähren / und damit das Collegium solenniter beschliessen.«

[39] Weise: Der grünenden Jugend überflüssige Gedancken, Schlußgedicht »An das hochwerthe Deutschland wegen dieser Lieder«, ed. v. Waldberg, S. 171–173, hier S. 172. »Und mein erregter Sinn verwickelt die Gedancken, / Mehr in der Sachen selbst, als in ein kahles Wort.«

[40] Weise: Politischer Academicus, S. 48f., § XVI.

[41] Weises Anweisung zum Geschichtsstudium ist in der Schrift »Der Kluge Hoff-Meister« (1675) enthalten.

[42] Weise: Politischer Academicus, S. 56, § XXVI.

[43] Ebd., S. 59, § XXX.

[44] Ebd., S. 65, § XXXVII.

[45] Ebd., S. 66, § XXXIX.

»[...] wer die alten Leges gar zu viel allgiret, wer die Philologiam Juridicam, die Historiam Juris und Consultorum, auch andere unnöthige Fragen auf die Bahn bringet/ davon in gemeinem Leben kein Bauer einen Groschen und kein Edelmann keinen Pfennig bezahlen wird/ der mag wohl vor einen gelehrten Mann passiren/ doch will ich nicht hoffen/ daß ein Politicus, wenn er dem Lande nutzen soll/ durch solche Wissenschafft viel werde secundiret werden.«[46]

Der Ausbau der Territorialherrschaften ließ die Nachfrage nach Amtsträgern, besonders juristischen Verwaltungsfachleuten, steigen und förderte die Etablierung eines eigenen Beamtentums.[47] Wie aus Stielers »Teutscher Sekretariatskunst« (1681) hervorgeht, waren fürstliche Sekretäre in der zweiten Jahrhunderthälfte dem Adel gleichgeachtet und standen über den Doktoren und Lizentiaten.[48] Christian Weises Erziehung paßt sich diesem sozialen Prozeß an.[49] In der Widmung seines »Politischen Redners« – an die Stände der Oberlausitz – bekennt er, daß sein pädagogisches Wirken der Ausbildung der künftigen Beamtenschaft, d. h. der höheren Bürgerstände und der Adeligen zu Staatsdienern, also fürstlichen Beamten, gilt.[50] Für weltfremde, scholastische oder humanistische Gelehrsamkeit war darin kein Platz.[51] Das Ziel des Schulunterrichts erblickt Weise denn

---

46 Ebd., S. 69, § XLIII.

47 Vierhaus: Deutschland im Zeitalter des Absolutismus, S. 141, S. 77f. Zur Entwicklung des Beamtentums in Preußen s. Schmoller: Der preußische Beamtenstaat unter Friedrich Wilhelm I., bes. S. 163, zur Gleichberechtigung des Verdienstadels neben dem Geburtsadel. Kruedener: Die Rolle des Hofes, S. 72, akzentuiert die Neudefinition adeliger Ehre durch den Bezug des Adels zum Fürsten und erblickt im Nutzen der Funktion eine Voraussetzung für das Entstehen von Bürokratie. Zum Aufstieg des bürgerlichen Juristenstandes im territorialstaatlichen Fürstendienst s. Lotz: Geschichte des Deutschen Beamtentums, S. 59f. Beispielsweise hatten die Juristen noch in der ersten Hälfte des 18. Jahrhunderts unter Friedrich Wilhelm I. bestimmte Privilegien, wie Siegelmäßigkeit, Wappenrecht, Freistellung von zahlreichen Steuern und von Truppeneinquartierung; Gerhard: Amtsträger zwischen Krongewalt und Ständen, S. 243. Neu ist die Tatsache, daß Juristen (Iurisconsulti) neben dem alteingesessenen Patriziat in Städten und Territorien des 17. Jahrhunderts leitende Positionen einnahmen; Oestreich: Policey und Prudentia civilis, S. 14f., Literaturangaben Anm. 10.

48 Vgl. z. B. Stieler: Teutsche Sekretariat-Kunst, S. 83. Weise deklariert in der »Politischen Nachricht von sorgfältigen Briefen«, S.):(1vf.: »Es thut auch nichts zur Sache / ob das Fundament dieses Respects in dem Stande und in der Verrichtung selbst beruhet / wie man leicht gedencken kan / daß ein geheimer Rat / der sich um des Fürsten Interesse bekümmert / höher gehalten wird / als ein Justitien-Rath / der um die Angelegenheit gewisser Privat-Personen zu sorgen pfleget: oder ob der Vorzug nach des Fürsten Gnade genommen wird. Gnung daß wir mercken / wie viel uns eine solche Person helffen oder schaden kan / und wie man mit einer anständigen Veneration weder ihn noch andere zu beleidigen hat.« Zu höfischen Rangordnungen s. die Tabellen bei Lotz: Geschichte des Deutschen Beamtentums, S. 141ff.

49 Weises Verdienst besteht nach Gundling gerade in der Ausweitung der ›Politik‹ auf jeden Stand; vgl. Anm. 8.

50 Sinemus: Poetik und Rhetorik, S. 131; Barner: Barockrhetorik, S. 159, zur ›Beamtenaristokratie‹ als Weises Publikum. Diese Beamtenschaft ist nicht etwa quasi-identisch mit dem Bürgertum, wie noch Hirsch: Bürgertum und Barock, S. 42ff., behauptet. Ebd., S. 52 zu Weises Kritik an Mittel- und Unterschicht.

51 Ein solcher Katalog scholastisch-spitzfindiger Disputationsthemen findet sich in den »Ertz-Narren«, Kap. XXI, S. 107–111.

auch nicht darin, »in der Schule« für »gelehrt« zu gelten, sondern »dem gemeinen Leben was nütze« zu werden. Die Schule wird zum gesellschaftsbildenden Instrument.

> »Vielleicht würden auch die Gelehrten an vielen Orten nicht so veracht seyn, wenn sie mit ihrem thun erwiesen, daß die Welt ihrer nicht entrathen könte.«[52]

Dem Zweck der gesellschaftlichen Verwendbarkeit entsprach folgerichtig die Reduktion der Übungen in lateinischer Sprache und Literatur und die Aufwertung einer deutschsprachigen Beredsamkeit.[53] Auch inhaltlich wirkte sich die Umorientierung auf die gesellschaftliche Praxis im *Rhetorikunterricht* aus. Weise entnahm die Themen für die rhetorischen Übungen dem öffentlichen Leben der Gegenwart (anstatt der Antike), um die Schüler auf die spätere Praxis vorzubereiten.[54] Ein »gelehrter Politicus« kann heißen, wer »bey guter Zeit auf sein Mund=Werck bedacht« ist. In der Vorrede zum »Politischen Redner« führt Weise die technischen Voraussetzungen und die gesellschaftlichen Anlässe an.[55] Bildet die muttersprachliche Beredsamkeit gleichsam die »Grundlage der politischen Bildung«,[56] so setzt die Poesie die Zwecke der Oratorie mit lediglich spezielleren – stärker auf das delectare abhebenden – Mitteln fort.[57]

Bei Christian Weises *poetologischen Äußerungen*[58] darf nie die Tatsache aus dem Blick geraten, daß sie sich ausschließlich auf Kasualpoesie beziehen. Auch

---

52 Weise: Nothwendige Gedancken, S. 436; zur Gelehrtenkritik Horn: Weise der Erneuerer, S. 48f.; Kaiser: Mitternacht, Zeidler, Weise, S. 124; Sinemus: Poetik und Rhetorik, S. 109, 322.

53 Palm: Christian Weise, S. 6. Vgl. Weise: Curiöse Gedancken von Deutschen Brieffen, Vorbereitung, S. 1. »Daß ein Gelehrter in Deutschland müsse deutsch reden und schreiben können / solches wird niemand wiedersprechen. Ob man aber dieses vor sich selber lernen könne / daß man also keiner guten Anweisung solte vonnöthen haben / das wird mich wol niemand überreden. [...] Ja warum geschiehet es / daß auch die Gelehrten mehrentheils lieber einen langen Lateinischen Brieff concipiren / als daß sie nur wenig deutsche Zeilen an einen rechtschaffenen Mann auffsetzen? Ists nicht wahr? sie haben in ihrer Jugend die deutsche Sprache liegen lassen / und haben sich eingebildet / daß ein gebohrner Deutscher mit allen Schreiben und Reden wol würde zurecht kommen: das heist / sie haben sich die Mutter-Sprache leichter gemachet als Cicero, welcher auff seine Latinität, als ein gebohrner Lateiner / ziemlichen Fleiß hat spendiren müssen.« Vgl. ders.: Nothwendige Gedancken, S. 436. Zu Weises Stellung zur Antike s. Barner: Barockrhetorik, S. 187f.

54 Palm: Weise, S. 6; Barner: Barockrhetorik, S. 189, S. 64 Anm. 124. So ist der »Politische Redner« ganz speziell zur Ausbildung für »Regimentspersonen« bestimmt; Weise: Curiöse Gedancken von der Imitation, S. 280. Direktes Vorbild für die deutschen Reden waren Seckendorffs »Teutsche Reden aus dem praktischen Geschäftsleben« (1660–85).

55 Weise: Politischer Redner, Vorrede. Gegenüber den Anlässen des »gemeinen Lebens« wird als »Haupt-Werck« bezeichnet, »wie man zu Hofe und bey hohen Personen seine Wohl=Redenheit brauchen solle.«

56 Horn: Weise als Erneuerer, S. 90ff.; zur Rolle des Lateins für die galante Erziehung Böckmann: Formgeschichte, S. 488.

57 Weise: Reiffe Gedancken, S. 328.

58 Zu Weises Poetik Sinemus: Poetik und Rhetorik, S. 140–144; Hildebrandt-Günther: Antike Rhetorik, S. 60ff.; Borinski: Poetik der Renaissance, S. 331ff.; Markwardt: Geschichte, Bd. 1, S. 249–258, 405ff.; Wendland: Theoretiker und Theorien, S. 32ff.

sein Amt als Schul-Lehrer bestätigt diese Sicht. Weise hatte es mit Schülern zu tun, die eine gesellschaftliche Fertigkeit erlernen sollten, nicht mit großen Poeten und ›hoher‹ Poesie. Seine Lehrbücher sind daher in der Tradition der barocken Kasualpoetiken, nicht der großen Poetiken (Opitz, Buchner) zu interpretieren.[59] Weises Ablehnung, Versifikation mit Dichten zu identifizieren, und sein Diktum, bei ihm selbst könne nur das Versemachen gelernt werden,[60] entsprechen zugleich den eigenen frühen Erfahrungen und Erfolgen in Leipzig. Die Notwendigkeit, ein junger Mensch müsse sich in der Poesie üben, betont Weise schon 1675 (»Der Grünenden Jugend Nothwendige Gedancken«): Theologie, Jurisprudenz und Medizin lassen sich zwar ohne Poesieübung praktizieren. Die Poesie hat jedoch eine im Verhältnis zu diesen Brotberufen stehende Funktion:

> »So fern ein junger Mensch zu etwas Rechtschaffenes wil angewisen werden / daß er hernach mit Ehren sich in der Welt kan sehen lassen / der muß etliche Neben=Stunden mit Vers=schreiben zubringen.«[61]

Die Hervorhebung des das Decorum bezeichnenden Attributs »mit Ehren« weist in den vom politischen Ideal charakterisierten Sozialbereich. Im Berufsleben, argumentiert Weise, leiste man so viel, als man die Beredsamkeit beherrsche. Die Poesie steht zu ihr in enger Beziehung.

> »Ist nun die Geschickligkeit im Reden nothwendig / so folgt auch / daß man der Poeterey nicht allerdings entrathen könne: als welche auf allerhand liebliche und wohlanständige Veränderungen abgericht ist / dadurch die Affecten bezwungen / und die Hertzen gleichsam angefesselt werden.«[62]

Weise begreift bereits hier die Poesie als den »galantesten Teil der Beredsamkeit«,[63] der die zweckgerichteten Handlungen auf angenehme Weise ins Werk setzt. Da ihm Poesie ausschließlich als soziales Instrument gilt, hält er ihre Erhebung zum ›Hauptberuf‹ für unklug:

> »Die Leute sind lächerlich / welche bey den Versen bleiben / und nicht weiter hinaus dencken: Und daher ist der Poeten=Nahmen so veracht worden / daß auch der vortreffliche Siberus zu Wittenberg sich schon zu seiner Zeit offtmahls Poëtam non coronatum geschrieben hat: das ist / einen solchen Mann / der nicht sein Lob in Versen suchen /

---

[59] Weise: Curiöse Gedancken Von Deutschen Versen, Tl. 2, Kap. 1, S. 5. »Wenn wir dem Fundamente recht nachsinnen / so ist es ein ander thun um einen also genannten Poeten / und um einen Studiosum Poeseos, oder / wie das correlatum nothwendig darbey steht / um einen Professorem Poeseos: Denn ich nehme es bey mir ab / ich habe die Ehre gehabt ein Professor Poeseos zu seyn: doch wer mich einen Poeten genennet hätte / oder wer mich mit dem Titul noch beschwerte / und in der Ausschrifft der Brieffe einen Sinnreichen nennen wolte / der würde schlechten Danck bey mir verdienen.«

[60] Zur Lehr- und Lernbarkeit der Dichtkunst Schaefer: Das Gesellschaftsbild, S. 146–150.

[61] Weise: Nothwendige Gedancken, Vorrede, nicht paginiert. Zu Weises Lyrik Witkowski: Geschichte des literarischen Lebens, S. 262–271.

[62] Weise: Nothwendige Gedancken, Vorrede, nicht paginiert.

[63] Im Titel der Schrift »Curiöse Gedancken Von Deutschen Versen / Welcher gestalt Ein Studierender In dem galantesten Theile der Beredsamkeit was anständiges und practicables finden soll [...]«; vgl. Sinemus: Poetik und Rhetorik, S. 140f.

sondern dieses gantze Werck gleich als einen Werckzeug zu höhern Gedancken anwenden wolte.«[64]

In historischer Hinsicht trifft Weises Erklärung nicht zu: Siber lehnt durch den Gebrauch der Formel »poeta non coronatus« nicht schon die ganze Poesie ab, er wendet sich gegen das Unwesen der poetae laureati. Doch ist Weises Fehldeutung für seinen eigenen Standpunkt charakteristisch: er hat nur noch die Kasualpoesie im Blick und projiziert die gegen sie erhobenen Einwände auf die Dichtung schlechthin.

Die Poesie als »principal-Werck« und der Dichterberuf als »sonderbarer Stand« sind ihm suspekt, »weil im effecte bey diesem studio kein Verdienst zu hoffen ist / und da man die meiste fortun einer fremden und ungewissen Freygebigkeit überlassen soll.«[65] Vorbildlich sind Schottel, der Hofrat in Wolfenbüttel, Harsdörffer, der Ratsverwandter in Nürnberg, und Hofmannswaldau, der Praeses in Breslau war, weil sie die Poesie nur nebenberuflich betrieben und sie nicht zu Erwerbszwecken verwenden mußten. Opitz gilt als Beispiel, wie ein hochbegabter Dichter zeit seines Lebens in unsicheren Verhältnissen stand.[66]

Der Student darf Poesie nur als ›Freizeitbeschäftigung‹ betreiben, nicht als ›Brotstudium‹. Weise spricht damit der ›hohen‹ Poesie nicht etwa die Existenzberechtigung ab, er weist ihr nur die *Nebenstunden* als den sozial legitimen Bereich zu. In Weises Argumentation spielt auch der von Hofmannswaldau und Lohenstein her bekannte, bis zu Canitz begegnende Aspekt der ›Angemessenheit‹ für Vornehme herein. Für die ›politisch‹ definierte Existenz des einzelnen hat die Poesie lediglich eine gesellschaftliche Funktion, nach der ihr pragmatischer Wert sich bemißt. Der Beschränkung der Poesie auf den Gelegenheitsbereich folgt 1) die *totale Ausdehnung rhetorischer Prinzipien auf die Poesie,* und 2) die *Unterordnung der Poesie unter die Oratorie* als ein minder wichtiges ›politisches‹ Instrument. Die Poesie wird zum »Nebenwerck«,[67] dessen »herrlichem Studio« gleichwohl »etliche Stunden zu überlassen« sind.[68]

Die *Rede* ist immer funktional definiert. Sie ist an bestimmte Gelegenheiten

---

64 Weise: Nothwendige Gedancken, Vorrede, nicht paginiert; vgl. ders.: Curiöse Gedancken von Deutschen Versen, Tl. 2, Kap. 1, S. 11.

65 Weise: Curiöse Gedancken von Deutschen Versen, Tl. 2, S. 12f.

66 Ebd., S. 13–15.

67 Ebd., S. 15f. »Hingegen sind die Studiosi Poeseos und hernach die Professores, von welchen die Studiosi lernen sollen / nur solche Leute / welche die Verse vor ein manierliches Nebenwerck halten / und die gantze Zierlichkeit als ein Instrumental-Wesen ansehen / damit andern und höhern studiis gedienet wird [...].« Vgl. ebd., S. 55f. »[...] Ich lebe in einem Stande / da man die Jugend mehr ad Instrumentalia führen muß; doch wenn ich ein Ingenium antreffe / davon ich etwas sonderliches hoffen kan / so werde ich ihm bald die Augen auffthun / wie er sein Instrument dermahleins in höhern Dingen anbringen soll / und also wenn jemand Verse macht / so bitte ich selbst / er soll sich gar zu lange nicht darbey auffhalten / und worinne er seiner nöthigen eloquenz nichts dienen kan / das soll er bey seite setzen.« Vgl. ferner Nothwendige Gedancken, S. 433; Reiffe Gedancken, S. 328.

68 Weise: Nothwendige Gedancken, Vorrede, nicht paginiert.

geknüpft und bezieht sich auf ein sozial fixierbares Publikum. Gelegenheitsverknüpftheit und Publikumsorientierung machen Rede und Gelegenheitsgedicht zu gesellschaftlich analogen Textsorten. Die rhetorische Zweckbestimmung der Kasualpoesie erklärt auch die rhetorische Fundierung ihrer Machart durch die Kategorien der inventio, dispositio und elocutio.[69] Während ›hohe Poesie‹ – auch im Barock – ohne den äußeren Anlaß einer gesellschaftlich gegebenen Gelegenheit entsteht und sich an keine Personen richtet, somit lediglich auf die Beachtung des inneren aptum verpflichtet ist,[70] orientiert sich die Gelegenheits-Rede und -Poesie am äußeren aptum, wie es die gesellschaftliche Situation und der betroffene Personenkreis erfordern. Dem gemeinsamen gesellschaftlichen Charakter von Rede und Kasualpoesie entspricht die Gleichartigkeit der Verwendungszwecke.

Die im Register des »Politischen Redners« aufgeführten Glückwünschungsfälle lassen sich ohne Abstrich auch für die Poesie heranziehen.[71] Die Beispielreden selbst können als Entwürfe für die Versifikation fungieren. Dieser Sachverhalt demonstriert die Verwendung eines technischen Poesiebegriffs, der sich vom Redebegriff nur durch die Zutat der Prosodie unterscheidet. Weise versteht unter Poesie dezidierter als seine Vorgänger »oratio ligata«, – die Fiktion gilt ihm *nicht* als notwendige Voraussetzung einer poetischen Invention.[72] Eine gewisse Einschränkung seiner rigiden Nivellierung bedeutet es, wenn Weise für den Bereich der ›hohen Poesie‹ artifiziellere Stilarten als den ›politischen‹ Stil zuläßt.[73]

Weises Unterordnung der Poesie unter die Rhetorik kommt einer Reduktion poetischer ars gleich.[74] Sie ist die Konsequenz der Politisierung aller im gesellschaftlichen Leben brauchbaren Redegattungen. Anwendbarkeit und Zweckmäßigkeit sind die Prinzipien der Redeformen, die dem gesellschaftlichen Aufstieg, dem Erfolg, dienen. Zweifellos stellt diese – eben durch die pragmatischen Zweckbestimmungen erklärbare[75] – Subordination der Poesie unter die Rhetorik

---

[69] Weise: Curiöse Gedancken von Deutschen Versen, Tl. 2, S. 62f.

[70] Hildebrandt-Günther: Antike Rheotrik, S. 118f.

[71] Weise: Politischer Redner, S. 256ff.; vgl. auch ders.: Neu-Erleuterter Politischer Redner, Register.

[72] Weise: Nothwendige Gedancken, S. 396. »Weil eigentlich ein Poete / dem Griechischen Worte nach // à faciendo vel fingendo genennet wird / so meynen etliche / es sey allzeit ein Gedichte von nöthen / wo Verse gemacht werden.« Weise lehnt die Mode, ausschließlich in der Form von Schäfereien, Träumen und Spaziergängen zu dichten, ab. Vgl. auch ders.: Überflüssige Gedancken, S. 396.

[73] Weise: Curiöse Gedancken von Deutschen Brieffen, S. 486ff.

[74] Die formale Reduktion Weises signalisiert eine Anti-Schwulst-Bewegung innerhalb der gelehrten Poesie, ist jedoch nicht etwa ›volkstümlich‹, da alle rhetorisch-gelehrten Prämissen beibehalten sind. Weises Empfehlung einer Verbalreduktion und Realien-Nutzung läuft konform mit dem Propagieren einer gegenhyperbolischen Kasualpoesie. Zu Weise als dem Gelenkstück zwischen Reduktion und ›Kritik‹ Frank: Dichtung, Sprache, Menschenbildung, Bd. 1, S. 82ff. Nach Weise hat Hofmann: Lehr-mässige Anweisung, den Gedanken, Poesie sei Dienerin der Oratorie, besonders aufgegriffen, S. 8.

[75] Weise: Curiöse Gedancken von Deutschen Versen, Tl. 2, S. 16.

gegenüber den in den Barockpoetiken vertretenen Hierarchien ein Novum dar. Es bringt die Einstellung der ›Politiker‹ zur Poesie klar zum Ausdruck: Poesie überhaupt und die Etablierung eines Schulfachs Poesie hatten nur unter dem Gebrauchsaspekt eine gesellschaftliche Legitimation. Das bedeutete nichts anderes als die totale Reduktion der Poesie auf (lehrbare) Gelegenheitsdichtung,[76] denn nur sie war für gesellschaftliche Anlässe von Nutzen.[77]

Der *Nutzen der Poesie* ist zweifach. Der *»äußerliche Nutzen«* besteht in der Schmeidigung des Stils: der verborum copia und der Kunst der Variation. Wer den exakteren numerus poeticus beherrscht, gewöhnt sich auch in der Prosa, »die verdrießlichen constructiones« auszulassen.[78] Den *»innerlichen Nutzen«* der Poesie, dort wo sie nicht nur stilistisches Mittel ist, erblickt Weise im sozialen Gebrauch: Man vermag in verschiedenen Lebenssituationen den Leuten gefällig zu sein, man kann die – eigenen und fremden – Affekte vergnügen und zu »meditationen« anregen; schließlich dient die Poesie der eigenen Belustigung in den Nebenstunden.[79]

Seine poetologischen Gedanken hat Weise vor allem in den Schriften »Der Grünenden Jugend Nothwendige Gedancken« (1675) und »Curiöse Gedancken von deutschen Versen« (1691) niedergelegt. Sie stimmen in den wesentlichen Punkten überein. Grundvoraussetzung auch der Kasualpoesie sind die natura des Verfassers und die von ihm erworbene ars.[80] Das poetische ingenium ist unerläßlich:

> »Denn wer keine Inclination bey sich spüret / der mag sich mit den Regeln biß auf den Tod martern lassen / er wird sich doch zu keinem Verse bequemen / da hingegen ein ander die Lehre wie ein Zunder fängt / und in allen so glückliche progressen macht / daß er offt den Lehrmeister selbst übertreffen kan.«[81]

---

[76] Ulrich: Das Lehrgedicht, S. 91f., betont bei Weise das endgültige Übergewicht der Rhetorik in der Poetik: »Die Dichtung ist endgültig und prinzipiell lehr- und lernbar. Sie wird als ein Mittel unter anderen, und nicht gerade als ein bedeutendes, einbezogen in eine gesellschaftliche Erziehung, der es um den lebensklugen, ›politischen‹, in der Öffentlichkeit agierenden Mann geht.«

[77] Bereits die Breslauer Anleitung, S. 83, bemerkt, Christian Weise habe dazu beigetragen, daß die Poesie von der hohen zur Kasualpoesie reduziert worden sei: Er habe die Jugend von der »Heroischen Art«, von der »wahren Poesie« abgeführt und eine Schreibart angewöhnt, die nur dem Pöbel gefalle.

[78] Weise: Curiöse Gedancken von Deutschen Versen, Tl. 2, S. 17.

[79] Ebd., S. 17f.

[80] Zur Ergänzung der natura durch Regeln Weise: Curiöse Gedancken von Deutschen Versen, Tl. 1, S. 142. »Immittelst hab ich doch dazumahl als mir die Professio Poeseos in Weissenfels aufgetragen ward / so weit nachgedacht / daß ich meiner natürlichen Inclination auch durch gewisse Regeln habe können behülflich seyn.« Ebd. »Ich stehe zwar in den Gedancken / als weñ das Naturel etwas sonderliches darzu helffen mag.« Nothwendige Gedancken, S. 396. »Alldieweil doch die Poeterey gleichsam in der Natur steckt / und durch die gute Anweisung allein ermuntert und hervor gelocket wird.«

[81] Weise: Curiöse Gedancken von Deutschen Versen, Tl. 2, S. 19. »Wer ein Ingenium darzu hat / der wird sich selber finden: und wer keine Naturalia darzu hat / der wird sich aus meinen Regeln schlecht erbauen.« Lust und Nutz der Spielenden Jugend, Vorrede.

Der von Poesieprofessoren in ihren Lehrbüchern dargelegten Vielfalt und Komplexität der Regeln bringt Weise ein gesundes Mißtrauen entgegen. Für die Gelegenheitspoesie und deren Übung braucht man nicht viele Regeln.

> »Es ist wahr / die Praxis thut es nicht allein; Und wer sich damit behelffen will / der bleibet offt in der besten Erfindung stecken. Doch sage ich dieß / wenn ich eines von beyden wehlen solte / so wolte ich lieber gar keine / als gar zu viel Regeln haben.«[82]

Weise empfiehlt dem »Liebhaber der Poesi« (nicht dem Poeten!), zur Produktion guter die grammatischen, und zur Produktion geschickter Verse die rhetorischen Regeln zu beachten.[83] Die *grammatischen Postulate* beziehen sich auf die Lexik und die Syntax. Weise steht in der Tradition der maßvollen Reformer, er ist kein Purist.[84] Auch bei Worterfindungen und -zusammensetzungen gilt der Rat, »daß ein iedweder auff die Natur der Sprache sehe / ob dergleichen derivation gezwungen oder ungezwungen heraus komme.«[85] Mythologische Götternamen sind erlaubt, wenn sie nicht im religiösen Sinn – als Glaubensobjekte – verwendet werden.[86] In der Syntax fordert Weise den ausschließlichen Gebrauch der ›natürlichen‹ Prosakonstruktion: »Welche Construction in prosâ nicht gelitten wird, die sol man auch in Versen darvon lassen.«[87] Im übrigen vertritt Weise diese vielgenannte und umstrittene Regel[88] nicht, wie fast immer zu lesen ist, erst in den »Curiösen Gedancken von deutschen Versen« (1691). Sie taucht zum ersten Mal in den »Nothwendigen Gedancken« (1675) auf, im Kapitel »Von der Richtigkeit in der Construction oder Wortfügung«. Dort lautet die ausführlich dargelegte Regel in ihrer Kurzfassung:

> »Ich besinne mich / daß ich auff der Universität an eine Disputation dieß Corollarium mit anhieng: In Poësi Germanica omnis Constructio, qvae in prosa non toleratur, vitiosa est.«[89]

Auf diese Stelle bezieht Weise sich in den »Curiösen Gedancken von deutschen Briefen« (1691);[90] ebenso zielt Morhofs Stellungnahme im »Unterricht« (1682) nur auf diese 1675 erstmals erschienenen Darlegungen Weises.[91]

In den »Nothwendigen Gedancken« und den »Curiösen Gedancken von deutschen Versen« entwickelt Weise die alte Inversionstechnik zu einer eigenen *Wort-*

---

82 Weise: Nothwendige Gedancken, S. 305.
83 Ebd., S. 306; vgl. auch Schaefer: Das Gesellschaftsbild, S. 146f.
84 Weises Verspottung der Puristen in der »Zweyfachen Poeten-Zunfft«; ebd., S. 187; Nothwendige Gedancken, S. 307f.; Palm: Weise, S. 79.
85 Weise: Nothwendige Gedancken, Tl. 1, S. 310.
86 Ebd., S. 311f.
87 Weise: Curiöse Gedancken von Deutschen Versen, Tl. 1, S. 141. Dazu auch Windfuhr: Barocke Bildlichkeit, S. 432; Palm: Weise, S. 13.
88 Zur Rezeption dieser Regel Blackall: Die Entwicklung des Deutschen, S. 159ff.
89 Weise: Nothwendige Gedancken, S. 316.
90 Weise: Curiöse Gedancken von Deutschen Brieffen, Tl. 2, S. 307. »Darnach muß meine Regel aus den Nothwendigen Gedancken pag. 316. nicht zurücke bleiben / denn die Construction, die sich in der ungebundenen Rede nicht reimet / die sol in deutschen Versen vermieden werden.«
91 Morhof: Unterricht, S. 251f.

Verschiebetechnik weiter,[92] die er an zahlreichen Beispielen erläutert. Die Wörter werden so lange verschoben bzw. gegen andere vertauscht, bis die natürliche Prosasyntax erreicht ist.

> »Ich versuchte es / ob man dieser gezwungenen Freyheit müßig gehen / und solche Verse machen könte / welche in allen Stücken der Sprache näher kämen. Es gieng an. Ja ich befand / daß man durch dieses Kunst=Stücke zu leichten und lieblichen Reden könte angewiesen werden.«[93]

Die Verschiebungs*freiheit* gehe in lateinischer Poesie und Prosa an,[94] nicht jedoch in der starreren deutschen Syntax. Die (heutzutage natürliche) Feststellung ist deshalb so wichtig, weil unter das humanistische imitatio-Prinzip nicht nur Tropen, Figuren und Realien fielen; auch für die deutsche Satzkonstruktion gaben die lateinischen Klassiker das Vorbild ab. Unter sprachhistorischem Aspekt bedeutete Weises Postulat allgemein-gültiger Prosakonstruktion einen wichtigen Schritt bei der Loslösung von der lateinischen Syntax und bei der Besinnung auf die eigenständige deutsche Grammatik. Weise selbst hat seine Empfehlung jedoch eher unter poesiegeschichtlichem Aspekt betrachtet.[95] Hier bedeutet das Postulat der Prosakonstruktion den Inbegriff der Reduktion verbaler Hyperbolik, ist also Ausdruck der Opposition gegen die Übersteigerung des artifiziellen Momentes in der Kasualpoesie. Weise richtet sich weniger gegen die Vertreter des Hochbarocks selbst, als gegen deren unvermögende Nachahmer.

Weises *Reduktion der ars* korrespondiert einem Natürlichkeitsideal, das die Tendenz zu einer Überordnung der natura über die ars in sich birgt. Weise wendet sich implizit gegen alle Inversionsfiguren, nivelliert das Sprechen auf eine vom Alltagssprechen bestimmte Norm. Seine Verpflichtung der Poesie auf die ›natürliche‹ Prosa-Wortfolge negiert das eigentlich Poetische, die von den Barockpoetiken mehr oder weniger anerkannte kleine Abweichung, die poetische Lizenz.

Unter poetologischem Aspekt ist daher Morhofs Einwand gegen Weises Forderung gerechtfertigt. Morhof konzediert ein Abweichen der poetischen von der prosaischen Syntax. Zwischen den rigiden Nachahmern der lateinischen Muster und der totalen Prosaisierung hält er die Mitte:[96] Nicht alle im Lateinischen möglichen Versetzungen lassen sich auch im Deutschen anbringen, jedoch die »nach Art der Sprache« zulässigen.[97] Christian Weise sei »gar zu sorgfältig in diesem Stücke / wenn er die Constructionem Prosaicam zu einer vollkommenen Richtschnure« setze. Morhof hält sogar die ursprüngliche Fassung der von Weise wegen ihrer ›unnatürlichen‹ Wortfolge getadelten Verse für besser:

---

[92] Weise: Nothwendige Gedancken, S. 316–320; Curiöse Gedancken von Deutschen Versen, Tl. 1, S. 124–213 »Von der Construction«.

[93] Weise: Nothwendige Gedancken, S. 317.

[94] Ebd., S. 318.

[95] Obwohl auch der Gedanke einer selbständigen deutschen Sprache bei Weise anklingt, Curiöse Gedancken von Deutschen Versen, Tl. 2, S. 56ff.

[96] Morhof: Unterricht, S. 252f.

[97] Ebd., S. 253. »Dieses ist eben der so genannte Numerus in der Rede / der noch viel geheimes in sich hat / und von niemanden / noch zur Zeit recht untersuchet ist.«

»Der Himmel mag stürmen / mag hitzen und blitzen:
Wann unter den Schirmen der Liebe wir sitzen.«
(statt: »Wann wir unter den Schirmen der Liebe sitzen.«).

Als Rechtfertigungsgründe für die Umstellung nennt Morhof die Notwendigkeit, Metrum und Reim einzuhalten. Zu dieser formalen Argumentation tritt noch ein inhaltlicher Grund.

»Es ist die gebundene Rede einer gewissen Art der Versetzung fähig / die in der ungebundenen Rede keine statt findet / insonderheit / wenn der Nachdruck der Wörter selbst solche an die Hand giebt / welches das Urtheil der Ohren bey einem verständigen Manne nur allein begreiffen kan.«[98]

Der Feststellung, emphatisches Sprechen und verbaler Wohlklang gestatten die syntaktische Inversion, kommt der von Morhof betonte Unterschied zwischen prosaischem und poetischem ornatus entgegen. Unter Berufung auf Harsdörffer[99] vertritt er die Beibehaltung der Metaphern trotz des »Reinligkeits-« und »Deutligkeits-« Ideals;[100] er scheidet sogar durch den Alltag (»Gebrauch des Pöbels«) abgenutzte Metaphern aus. Verworfen werden lediglich die »sonderlichen Zierligkeiten«, die »schwülstigen Epitheta und Periphrases« und die »Dithyrambische Composita« vor allem des italienischen Marinismus.[101] Morhofs Zugeständnis an die Besonderheit, die Erlesenheit poetischer Sprache basiert auf dem platonischen Dichterverständnis: Poeten würden »durch einen sonderlichen Geist getrieben«.[102]

Dieser Auffassung steht Weise weit skeptischer gegenüber. Er betrachtet die Poeten unter rein gesellschaftlichen Gesichtspunkten. Poeten hätten allzu oft die für ihre praeparation notwendigen Affekte »gar zu bloß gegeben / und den raptum ihres Gemüthes in einer indifferenten conversation nicht wol haben verbergen können«, so daß sie in gesellschaftliche Mißachtung geraten wären und ihr ungezügeltes Verhalten für »Fantasie« oder sogar für eine »ecclipsin judicii« gehalten worden sei.[103] Weitergehend als Morhof[104] sieht Weise in der pejorativ bestimmten Fantasie eine gesellschaftliche Fehlhaltung:

»Die alten nenneten solches furorem poeticum, und solcher ist nichts anders / als die affectuöse Entzückung / dadurch man zu artigen inventionibus getrieben wird. Hat nun jemand diesen furorem nicht verbergen können / so hat er manchen zum praejudiz die opinion in die Welt gebracht / daß sich niemand gerne wil vor einen furiosen declariren lassen.«[105]

---

98 Ebd., S. 252.
99 Ebd., S. 315.
100 Ebd., S. 318. »Denn diese müssen in einer Poetischen Rede seyn / sonsten krichet sie auff der Erde / und hat nichts / wodurch sie sich erheben kan.«
101 Ebd., S. 315ff.; vgl. auch S. 321.
102 Ebd., S. 314.
103 Weise: Curiöse Gedancken von Deutschen Versen, Tl. 2, S. 21.
104 Morhof: Unterricht, S. 322 (»ungezähmte Phantasie«); S. 323 (»ein grosser Mißbrauch / daß man die Gedancken und die Phantasie weiter lauffen läst / als die Gebühr erfordert.«); vgl. S. 325.
105 Weise: Curiöse Gedancken von Deutschen Versen, Tl. 2, S. 22.

Weises Replik auf Morhofs Einwände basiert ganz auf dem von ihm entwickelten Modell des äußerlichen Nutzens der Poesie, verfehlt also Morhofs poetologische, auf ›hohe‹ Poesie und deren eigenwertige – ›dichterische‹ Qualität abzielende Blickrichtung.[106] Seine Prosakonstruktions-Regel fungiert als »Recept wieder die Unannehmligkeit der Sprache«, steht also konsequent im Weiseschen System als Hilfsmittel zur Ausbildung einer fließenden Beredsamkeit.[107] Weise konzediert lediglich, daß Regeln »schärffer« gefaßt werden müssen als sie in der Praxis gehalten werden.[108] Die poetische Lizenz ist rein negativ definiert, da sie nur zum Kaschieren wohl unvermeidbarer Fehler und Normwidrigkeiten dient.

> »Ich weiß wol / was Licentia poëtica bißweilen mit sich bringt / daß man eines ungeschickten Wortes / oder auch einer Formul wegen / die sich nothwendig in dem Verse sol finden lassen / ein Auge zuthun / und etwas gezwungenes vortragen muß. Wiewol solches ist eine *exception,* die meiner Regel an sich selbst keinen Eintrag thut. Die Freyheit darff auch nicht weiter *extendiret* werden / als auff solche Casus, und es bleibt bey der gemeinen Erinnerung / sonderlich weñ junge Leute zum *imitiren* kommen [...]. Drum bleibt es darbey / wo der Sache leicht kan abgeholffen werden / da findet *licentia poëtica* schwerlich statt.«[109]

Das didaktische steht neben dem ›politischen‹ Argument. Der Jugend soll »auf allen Seiten zur anständigen Construction die Bahne gebrochen« werden.[110] Die Poesie ist also nur ein Instrument unter anderen, das sich aus technischen Gründen besonders für Sprachübungen empfiehlt. Wie das Verständnis der formalen ars, also der rhetorischen bzw poetologischen Regeln, erklärt sich auch das Realien- und Gelehrsamkeitsverständnis Weises aus einer Perspektive, der es nicht um das Zustandekommen großer Dichtung, sondern um gesellschaftliches Fortkommen der ›Poeten‹ ging.

1.3. Der Einfluß von Weises Gelehrsamkeitsauffassung auf das poetologische Konzept

Geschickt sind Verse, die nicht gegen die rhetorischen Regeln verstoßen. Zum Wohlklang gesellen sich Ordnung und Sinn. Die drei aus der Rhetorik bekannten Lehrkomplexe der inventio, dispositio und elocutio stellen die nötigen Anweisungen bereit. Weise weicht in der *elocutio* von den gängigen Lehren nicht ab. Grundvoraussetzung ist die verborum copia; die Periphrases oder zierlichen Redensarten können aus Poetischen Trichtern, aus Ärarien und Kollektaneen

---

106 Weise: Curiöse Gedancken von Deutschen Brieffen, Tl. 2, S. 307–321.
107 Ebd., S. 308; vgl. S. 307. Vgl. Borinski: Poetik der Renaissance, S. 336. Weise führt in den »Curiösen Gedancken von Deutschen Versen«, Tl. 1, S. 175ff. aus – als Zugeständnis an Morhof –, daß zwar nicht technische, wohl aber reale Gründe wie Repercussion, Emphasis und Parhenthesis das »Verlassen der Construction« entschuldigen können.
108 Weise: Curiöse Gedancken von Deutschen Brieffen, Tl. 2, S. 310.
109 Ebd., S. 317f.
110 Ebd., S. 320.

geholt werden.[111] In späterer Zeit (1691) wendet sich Weise allerdings entschieden gegen den Gebrauch der Phrases-Sammlungen (im Unterschied zu den Realien-Sammlungen).[112] Imitations-[113] und Chrienmethode[114] sind die bevorzugten, ganz im traditionellen rhetorischen Kursus verbleibenden Übungspraktiken. Vorbild der eklektizistischen Imitation sind die ›guten‹ Autoren,[115] insbesondere Martin Opitz.[116] Wichtigstes technisches Mittel des Schülers ist die Übung anhand fingierter Gelegenheiten (casus).[117] Der Nutzen dieses Verfahrens liegt in der Gewöhnung an die Versifizierung (»alles in den Vers zu bringen«)[118] und im Erlernen der Disposition. Sie folgt dem oratorischen Schema Proposition – Applikation.[119] Den naturbegabten Poeten nimmt Weise vom Erlernen der fixen Regeln aus.

---

111 Weise: Nothwendige Gedancken, S. 358; S. 391.

112 Zu Weises Opposition gegen die Phrases-Sammlungen: Neu-Erleuterter Redner, S. 339; Curiöse Gedancken von Deutschen Versen, Vorrede; Tl. 2, S. 77f. § XXVII. »Etliche erfodern zur praeparation zierliche Phrases-Bücher auch gar zusammengelesene epitheta: doch ich muß mich schämẽ / daß gelehrte Leute diesen Vorschlag als ein vortreffliches Werck rühmen können: denn wer ein gebohrner Deutscher ist / also daß er die Worte und die construction judiciren kan / der mag die circumstantias wol bedencken / so werden ihm die phrases zierlicher und geschickter einfallen / als wenn er die Worte von einem andern abbetteln soll / die sich mehrenteils nach der specialinvention so genau nicht richten wollen.« Dazu Böckmann: Formgeschichte, S. 491. Kämmel: Weise, S. 47; Windfuhr: Barocke Bildlichkeit, S. 405. Gleichwohl hat Weises Schüler Johann Christian Lange 1703 die Schrift »Christiani Weisii Nucleus Ethicae et Politicae«, und 1712 die Schrift »Nucleus Logicae Weisianae« herausgegeben.

113 Weise: Curiöse Gedancken von der Imitation, S. 9. Weise empfiehlt auch die lectio guter Verse zur Anregung, um den Dichter in die richtige Stimmung zu versetzen; Curiöse Gedancken von Deutschen Versen, Tl. 2, S. 77. »[...] denn unser Ingenium ist schon darzu incliniert / und wenn etwas manierliches gelesen wird / so ist der Zunder im Gemüthe schon vorhanden / der einen Funcken nach dem andern auffängt.« Auf das Verhältnis Poesie – Realität geht Weise nirgendwo ein; Hildebrandt-Günther: Antike Rhetorik, S. 60; Fischer: Gebundene Rede, S. 177f.

114 Weise: Politischer Redner, S. 24ff.; ders.: Subsidium Juvenile, S. 5; ders.: Oratorisches Systema, S. 508. Zu den Chrien-Übungen Horn: Weise als Erneuerer, S. 106ff. Zur Entwicklung der Chrienlehre Klassen: Logik und Rhetorik, S. 109–116; Beetz: Rhetorische Logik, S. 190–198; ders. S. 27–50 zur Stellung Weises in der Logiktradition.

115 Weise: Curiöse Gedancken von der Imitation, Zuschrift und S. 9. Für Latein nennt Weise auch ›moderne‹ Autoren: nämlich Erasmus, Muretanus, Politianus, Manutius. Da sie gegenwartsnäher sind, müssen zu ihrem Verständnis nicht so viele Realien gelernt werden; ebd., S. 15f.

116 Weise: Nothwendige Gedancken, S. 365. Zu Opitz' Vorbildlichkeit s. Curiöse Gedancken von Deutschen Versen, Tl. 2, S. 45–52.

117 Weise: Nothwendige Gedancken, S. 366. Vgl. Curiöse Gedancken von Deutschen Versen, Tl. 2, S. 78ff. Kap. V »Von der Operation«. Weise führt hier aus: »§ 3. Ich gebe meinen Untergebenen ein thema vor und helffe es ihnen elaboriren / daß sie mir alle Vorthel und Handgriffe deutlich ablernen; zuförderst hüte ich mich vor praemeditirten Sachen / und lasse mir die casus von ihnen selber vorschlagen: denn sonst bring ich lauter praejudicia, und vorher bedachte Dinge / da sie mir nicht zugesehen haben / und das sie gleicher gestalt nicht imitiren können.«

118 Weise: Nothwendige Gedancken, S. 366.

119 Ebd., S. 379.

> »Solte ein selbst wachsener Poet sich auff seine *naturalia* verlassen / so will ich ihm das jenige / was ihm die also genannte gütige Zeuge-Mutter gegönnet hat / nicht mißgönnen: Sonderlich / wofern er in allen Fällen mit gleicher Geschickligkeit erscheinen kan.«[120]

Der *Inventionsbegriff* der »Nothwendigen Gedancken« schließt sich dem topischen Findesystem an.[121] Die inventio ist an die Schicklichkeit (Decorum) gebunden.[122] Bezeichnend ist für Weises Abkehr von der artifiziellen inventio die Verurteilung des Anagramms als einer Praxis für Schulknaben mit übriger Zeit.[123] Die Kunst des Poeten besteht in der Präparation und der Operation, die Präparation aus »guten Realien«, »bequemen Affecten« und einem »klugen judicium«.[124] Die vom Poeten geforderten Affekte meinen das innere Beteiligtsein gemäß der Regel, nichts gehe zum Herzen, was nicht vom Herzen komme.[125] Das gute iudicium dient zur Überprüfung der sachlichen Richtigkeit, zur Kontrolle der Effektivität und zur Absicherung der Worte und Realien gegenüber böswilligen Auslegungen,[126] ist also nicht nur poesie-, sondern auch ›rezeptionskritisch‹ definiert. Am wichtigsten ist die Rolle des iudicium bei der Untersuchung, ob die ganze Schrift den Adressaten, für den sie bestimmt ist, »afficiren« kann.

Im Zentrum der Inventionstechnik stehen *Realienbegriff* und *-verwendung.* Sie erhellen die Tradition, in der Weises Gelehrsamkeitsverständnis steht. Redner *und* Poet müssen gelehrt sein.

> »An sich selbst muß ein geschickter Redner gelehrt seyn / ich will sagen / wer die Worte nachdrücklich und vernünfftig setzen kan / wer auch in allen Begebenheiten seiner Proposition mächtig ist / der muß solches entweder aus den Büchern und von guten Lehrmeistern / oder aus der *Experienz* und aus guten *Exempeln* gelernet haben.«[127]

---

120 Ebd., S. 379; zur »geschickten Disposition« S. 379–395.

121 Ebd., S. 396–433 »Von der geschickten Invention«; die Regeln finden sich auf S. 404–431.

122 Ebd., S. 397.

123 Ebd., S. 407.

124 Weise: Curiöse Gedancken von Deutschen Versen, Tl. 2, S. 20; Operation meint Reime, Skansion und Konstruktion; vgl. ebd., S. 62; Neu-Erleuterter Politischer Redner, S. 223, § XVII. »Und eben darum ist es unmöglich / daß ein junger Mensch im Reden könne vollkommen seyn / ehe sich das Judicium recht findet. Denn ob man zwar viel Zeug aneinander setzen kan / so ist gleichwol die Erkäntnis der Personen / der Inclinationen und dergleichen noch sehr verborgen; und es scheinet immer / als wenn die Lehren nicht wolten zulänglich seyn / wenn die eigene Experienz nicht darzu kömmt.«

125 Weise: Curiöse Gedancken von Deutschen Versen, Tl. 2, S. 21; vgl. ebd., S. 65ff. Zur Affektenlehre Weises Schaefer: Das Gesellschaftsbild, S. 142; Markwardt: Geschichte, Bd. 1, S. 254.

126 Weise: Curiöse Gedancken von Deutschen Versen, Vorrede: S. 68. Zum iudicium internum und externum Fischer: Gebundene Rede, S. 179f., 245ff.; Horn: Weise als Erneuerer, S. 61; zum iudicium politicum im weiteren Sinne Sinemus: Poetik und Rhetorik, S. 121–132, S. 332 Anm. 159; auch Weises Schriften: Curiöse Gedancken von der Imitation, S. 20; Neu-Erleuterter Politischer Redner, S. 223. Zum iudicium ferner Barner: Barockrhetorik, S. 184f.; Heubaum: Geschichte des Deutschen Bildungswesens, S. 37; Beetz: Rhetorische Logik, S. 149ff.

127 Weise: Gelehrter Redner, Vorbereitung, S. 3.

Die Realien sind für Weise, anders als für die pädagogischen Realisten, nicht der Zweck des Studiums; sie dienen ihm als Mittel zur praktischen Oratorie.[128] Damit die Verse genügendes Gewicht erhalten, um vor dem gelehrten Urteil bestehen zu können, bedarf es der

> »Realia, welche den lieblichen Worten die Krafft geben. Die Carosse soll schön gebutzt seyn / doch soll auch ein Gast darinnen sitzen / der einen solchen Schmuck verdienet hat.«[129]

Der Poet braucht also »was reales« für die inventio, für die dispositio und die elocutio.[130] Da das eigentliche Studium der Realdisziplinen der Universität vorbehalten blieb,[131] durfte der Schüler sich der üblichen Hilfsmittel bedienen.

> »Wenn ein Schneider das Kleid verfertigen wil / so muß er wissen / in welchem Laden der beste Zeug anzutreffen ist: Und wenn aus der Rede was gutes werden soll / so muß der Ort bekant seyn / da man zu wichtigen Realien gelangen kan.«[132]

Weise nennt vorgefertigte (»klug=zusammen gesuchte«) Miszellaneen und (»mühsam und vielfältig zusammen=gesuchte«) Kollektaneen.[133] Dem Anlegen eigener Exzerptsammlungen widerrät er.[134] Den Sammlungen können »realia primaria«, »die schönsten Argumente«, und »realia secundaria«, Exempel, Sprüche, Sinnbilder, Münzen usw. entnommen werden.[135] Freilich genügt dieses vorfabrizierte Realienwissen nicht. »Wer sich mit Collectaneis, Aerariis, Poetischen Trichtern und anderen gebrechlichen Rohrstäben hat trösten wollen / der findet sich nun

---

[128] Kämmel: Weise, S. 54f.; Stötzner: Deutsche Redekunst, S. 76f., konstatiert Zunahme des Realien-Gehaltes im »Gelehrten Redner« (1692) gegenüber dem »Politischen Redner« (1684), urteilt jedoch insgesamt falsch über die Rolle, die die Realdisziplinen in Weises Schul-Lehrplan spielten, und über die Rolle der Realiensammlungen für Weises Oratorie.

[129] Weise: Curiöse Gedancken von Deutschen Versen, Vorrede.

[130] Zur grundlegenden Bedeutung der Realien Horn: Weise als Erneuerer, S. 107f.; Böckmann: Formgeschichte, S. 490f. Das Kupfer zu den »Curiösen Gedancken von Deutschen Versen« zeigt zwei dichtende Perückenjünglinge. Aus den Wolken blasen pausbäckige Köpfe die Blätter vom Tisch, symbolisierend den Wind der Kritik »Numero, Mensura et Pondere«. Besonders ohne Pondus, ohne Gewicht der Realia bläst der Wind alles noch so exakt Skandierte hinweg.

[131] Vgl. dazu die Ausführungen im »Politischen Academicus«, auch hier S. 268ff.

[132] Weise: Gelehrter Redner, S. 712.

[133] Ebd., S. 34f. Zu den Reden aus Miszellaneen S. 39–538; zu den Reden aus Kollektaneen S. 539–685. Definition auf S. 42. »Miscellanea sind zusam̃en geschriebene Sachen / dadurch ein Studierender seinem Gedächtnüsse zu statten kömmt.« Vgl. S. 542. »Collectanea sind zusammen geschriebene Sachen / welche nach gewissen Titeln eingetheilet sind / daß man sich derselben etwas bequemer bedienen kan.« Vgl. auch Oratorisches Systema, S. 390–416, Kap. XIV »Von den Auctoribus und Collectaneis.« Dazu Barner: Barockrhetorik, S. 64 Anm. 124; Böckmann: Formgeschichte, S. 490.

[134] Weise: Oratorisches Systema, S. 404f. »Doch es verlohnt kaum der Mühe, weil ein Mensch auch in seinem gantzen Leben wenig vor sich bringen, noch viel weniger in Praxi was rechtes damit schaffen kan. Und damit thut derselbe wol am klügsten, der sich mit einem Buche bekand macht, da solche Dinge schon colligirt sind.«

[135] Ebd., S. 405.

betrogen.«[136] Weise vertröstet die lernende Jugend auf den Zuwachs an Erfahrung:

> »Bey zunehmendem Alter wird das Gewichte nicht aussenbleiben / wenn sie erfahren werden / was die gedoppelte Losung bey den Gelehrten zu bedeuten hat: DOCTRINA & EXPERIENTIA.«[137]

In dieser mehrfach betonten Doppelung liegt Weises Gelehrsamkeitsbegriff beschlossen. Die Realienanthologien dienen allenfalls für den Anfang,[138] die echte Gelehrsamkeit stammt aus der Kenntnis der wissenschaftlichen Disziplinen selbst und aus der Erfahrung.[139] Damit leitet Weise die Abkehr von der Veräußerlichung der Realien zu reinen Schmuckformeln wenigstens theoretisch auch für die Kasualpoesie ein.

Aus den *Disziplinen* erhält man die *generalia,* »wie eine jedwede Sache nach ihrem fundamente beschaffen ist.« Wer ein Bußlied verfassen wolle, müsse sich in der theologischen Pönitenzlehre, wer einen Panegyricus auf einen Feldherrn schreiben wolle, müsse sich in der Kriegswissenschaft auskennen.

Die *specialia* stammen aus der *›Experienz‹*. Wer selbst in »Sünden-Angst« gesteckt habe, oder wer selbst den Krieg miterlebt habe, dem kommen bessere Einfälle und ›manierlichere‹ Ausführungen für Bußlied und Panegyricus.[140] Die ›Experienz‹ erstreckt sich nicht bloß auf das Hauptgeschehen, sondern auf alle Umstände. War zumindest in der Kasualpoesie die Gelehrsamkeitsforderung eine toposartige Formel eher apologetischen Charakters, die in der poetischen Praxis durch die Empfehlung von Phrases- und Realiensammlungen ad absurdum geführt worden war, so macht Weise – wenigstens theoretisch – mit der Wissenschaftlichkeit Ernst. Die Realien sollen durch den Bezug auf die Wissenschaftsdisziplinen ihrer Formelhaftigkeit entkleidet werden und eine fundierte Abstützung erhalten. Um welche Disziplinen es sich für Weise dabei handelt, geht aus den ausführlichen Darlegungen und Empfehlungen des »Politischen Academicus« hervor. Zugleich werden die Realien durch Einbezug der ›Experienz‹ auch der individuellen Realität nähergebracht.

Die von Weise in seinen Romanen, besonders in den »Erznarren« angewandte Erzähltechnik zeigt die dichterische Praxis solcher erfahrungsgesättigten Hinwen-

---

[136] Weise: Curiöse Gedancken von Deutschen Versen, Vorrede, nicht paginiert. Vgl. Palm: Christian Weise, S. 7.

[137] Weise: Curiöse Gedancken von Deutschen Versen, Vorrede. Vgl. den Vorbericht des »Klugen Hoff-Meisters« (1676). Zu den Realdisziplinen und zur ›Experienz‹ Horn: Weise als Erneuerer, S. 107; Sinemus: Poetik und Rhetorik, S. 118.

[138] Im »Oratorischen Systema« wird das Vorgehen nach der Topik als der »leichte Weg« bezeichnet; S. 298. Auf der höheren Stufe geht man von den rechten Disziplinen aus.

[139] Weise: Curiöse Gedancken von Deutschen Versen, Tl. 2, S. 63. »Weil wir uns in diesem Capitel um die praeparation bekümmern sollen / so müssen wir erst guten Zeug / d. i. gute realia haben / und die lernen wir theils in guten disciplinen theils in der experienz.« Vgl. Curiöse Gedancken von Deutschen Brieffen, S. 522. Ähnlich im Gelehrten Redner, Vorrede, und im Oratorischen Systema, S. 310, 317.

[140] Weise: Curiöse Gedancken von Deutschen Versen, Tl. 2, S. 64.

dung zu den Realien.[141] In dem aus späterer Zeit stammenden »Oratorischen Systema« geht Weise sogar einen Schritt weiter in Richtung einer vernunftgemäßen Begründung der rhetorischen Regeln.[142] Die neue, vielleicht vom Einfluß Tschirnhausens zeugende Definition besagt, Gelehrsamkeit sei »nichts als daß wir einem jedweden subjecto gewisse Praedicata zutheilen, *und solche zugleich beweisen können.*«[143] Freilich kommt Weise über eine solche Annäherung an das Vernunftprinzip nicht hinaus. Der im allgemeinen von ihm vertretene Inventionsbegriff basiert noch auf dem topischen System.[144] Die Öffnung des topischen Instrumentariums auf die Wissenschaften und die Erfahrung verschafft der Kasualpoesie einen objektiv höheren Wert im Kreis der gelehrten Künste und gewinnt ihr eine individuelle Dimension, die im Bereich der galanten Poesie und der Anakreontik weiterentwickelt wurde. Diese Öffnungstendenz modifiziert trotz Beibehaltung des rhetorischen Rahmensystems die Inventionspraxis. Die gegen die »sclavische Admiration der Alten« wie auch der deutschen Musterautoren in Rhetorik und Poesie vertretene »freye und eigenmächtige Invention«[145] verfolgt – neben der ›Modernität‹ im Sinne gesellschaftlicher Brauchbarkeit – das Ziel eines ›natürlichen‹ Stils, der dem individuellen ›Naturell‹ entspricht.[146] Sinemus hat zu Recht betont, daß es sich hierbei nicht um ›Originalität‹ im modernen Sinn, um »Verwirklichung von Individualität [...] im sprachlichen Ausdruck« handelt, sondern daß »Gemüt« und »Naturell« die gesellschaftliche »Affektdisposition des

---

[141] Zur Rolle der Erfahrung in den politischen Romanen Weises Hirsch: Bürgertum und Barock, S. 45ff.; Wagman: Magic and Natural Science, bes. Kap. IX. »Experiment and Experience in Society«, S. 135–149. Zum Widerspruch in Weises Roman »Die drey ärgsten Ertz-Narren«, S. 216ff., zwischen Tradition und Realexperienz bemerkt Wagman, S. 143; »Obviously, the manner of finally solving the problem is in direct conflict with Weise's own plea for experience over against scholastic, a priori disputation.« Tatsächlich zeigen die »Ertz-Narren« auch die Grenzen des Erfahrungsprinzips. Die auf der Suche nach den drei größten Narren befindliche Gesellschaft kommt vor lauter Empirie zu keinem Resultat und holt schließlich Rat bei einem Collegium Prudentium (Cap. XLVII), das in einer Abhandlung (Cap. XLVIII) »Erörterung Der Frage Welcher der gröste Narr sey«, zu dem Ergebnis kommt, derjenige, »der umb zeitliches Kothes willen den Himmel verschertzt.« Dazu auch Cohn: Gesellschaftsideale, S. 31f., besonders zum »Politischen Näscher«, und Sauder: ›Galante Ethica‹ und aufgeklärte Öffentlichkeit, in: Grimminger (Hrsg.), Deutsche Aufklärung bis zur Französischen Revolution, S. 225. Zur modischen ›politischen‹ Literatur s. Goedeke III, S. 281, Nr. 1–35; Rötzer: Der Roman des Barock, S. 110–124; Meid: Der deutsche Barockroman, S. 81ff.

[142] Auch Sinemus: Poetik und Rhetorik, S. 131, stellt fest, daß Weise im ›Spätwerk‹ zunehmend die Freiheit als Ziel der Imitationsübungen nennt.

[143] Weise: Oratorisches Systema, S. 314.

[144] Beetz: Rhetorische Logik, S. 157ff.; Lemcke: Von Opitz bis Klopstock, S. 347.

[145] Weise: Gelehrter Redner, S. 955f.

[146] Weise: Oratorisches Systema, S. 326; Curiöse Gedancken von der Imitation, S. 306; vgl. auch Überflüssige Gedancken, Tl. 2, S. 284, den Grundsatz, man müsse die Sachen also vorbringen, wie sie »naturell und ungezwungen« seien, sonst verlören sie »alle grace, so künstlich als sie abgefasset« wären. Zur Natürlichkeitsnorm Schaefer: Das Gesellschaftsbild, S. 141, 145. Vgl. die Äußerungen Johann Beers über die individuelle Schreibart, zit. bei Sinemus: Poetik und Rhetorik, S. 328 Anm. 120.

Menschen« bezeichnen.[147] Die Grundlage für die Neufassung des inventio-Begriffs bildet nicht die Aufwertung des Fiktionsbegriffs oder der Fantasie, sondern der Ausbau der ›politischen‹ iudicium-Lehre und der mit ihr verbundenen Affekten- und argutia-Theorie.[148] Diese drei Bereiche werden in der zeitgenössischen Wissenschaft und der Poetik – als Fortentwicklung und Anpassung der humanistischen Normen – zu selbständigen Disziplinen erweitert.

Auf die *eigene Gelegenheitsdichtung* wirkt sich die Freiheit der Invention als witzige Behandlung ungewöhnlicher Themen aus.[149] Beispielsweise reimt Weise aus Anlaß »Als Herr CASPAR SAGITTARIUS, Histor. Prof. in Jena / den 14. Maji 1678. Theologiae Doctor ward / und zugleich Hrn. Bosens hinterlassene Witwe / Fr. Annen Barbaren / zur Ehe bekam.«[150] Oder er versifiziert ein Thema in fünf Variationen: »Als 1679. das feuchte Herbst-Wetter die allgemeine Spatzier-Lust dergestalt verderbete / daß die meisten mit Schnupfen und Husten bezahlet wurden / auf unterschiedene Manier variieret.«[151] Oder er verfaßt »Politische Gedanken über eines guten Freundes Unglück / der sich das Maul an der Suppe verbrennet hatte.«[152]

1.
»Was bedeutet diß Erschrecken /
Daß du so gen Himmel siehst /
Und die Zung an allen Ecken
Nach der frischen Lufft bemühst?
Ist die Suppe nicht geschmaltzen
Oder ist sie gar versaltzen.

2.
Nein ich merck an deinen Thränen /
Daß der Schade grösser ist;
Weil du sonst an Mund und Zähnen
Allerdings nicht eckel bist.
Ach die Köchin hat im Essen
Ihren heissen Qverl vergessen.«

Die ›politische‹ Wendung erfährt das Gedicht in der fünften Strophe. Wer zur Unzeit redet, frech fordert, grobe Worte verliert, den Respekt vergißt, über

[147] Sinemus: Poetik und Rhetorik, S. 115, 130f. Dazu paßt auch die Ablehnung der Autoritäten und das Bekenntnis zum eigenen Denken: »Ich bin kein Sklave von fremden Gedanken, und in diesen menschlichen Dingen, die von unserer Vernunft dependieren, gilt der locus autoritatis bei mir so viel, als ich in der Praxi und in der nützlichen Probe selbst fortkommen kann.« Curiöse Gedancken von Deutschen Brieffen, zit. nach Heubaum: Geschichte des Deutschen Bildungswesens, S. 35.

[148] Kaemmel: Weise, S. 49f.; Fischer: Gebundene Rede, S. 182; Sinemus: Poetik und Rhetorik, S. 166, 363 Anm. 44.

[149] Zu Weises Poesie v. Waldberg: Galante Lyrik, S. 18f.; Palm: Weise, S. 16ff.; ein bezeichnender Titel lautet »Als eine Braut am andern Hochzeits-Tage eine harte Maulschelle anstatt des Liebes-Schlages von dem Bräutigam bekam.«

[150] Weise: Reiffe Gedancken, S. 61.

[151] Ebd., S. 487.

[152] Ebd., S. 436–438.

unbekannte Dinge klugschwätzt; wer mit Höhergestellten scherzt, Geheimnisse verrät, seine Freunde anschwärzt und gegen Kollegen intrigiert – »dieser hat nach einer Stunde / Zwantzig Blasen in dem Munde.« Wer weiß, wie leicht das »politische Feuer« brennt, der hält seine Reden im Zaume.

»Diese Blase wird dir heilen /
Denn es trifft nur um den Rand:
Aber dort hilfft kein Verweilen;
Ist das Maul einmahl verbrandt /
Ach so wehrts das Leben über
Und noch vierzehn Tage drüber.«

Weise kennt den politischen, den sententiösen, den hohen und den poetischen Stil.[153] *Politischer* (stylus fluidus) und *sententiöser Stil* (stylus abruptus) zählen zur Gruppe des stylus simplex, da sie sich »keiner weitgesuchten Redens=Art« bedienen oder sich den Anschein geben, »als hätte man mehr auff die Realia, als auf die eußerlichen Worte gezielet.«[154] Zur Gruppe des »stylus floridus« rechnen der ›hohe‹ Stil und der ›poetische‹ Stil. Der *hohe Stil*[155] sucht – wie erwähnt – das »prächtige Wesen« in den res und den verba. Weise bekennt, daß er diesen recht bezeichnend auch »mühsam« genannten Stil nur selten gepflegt habe. Im allgemeinen sei er »vergnügt gewesen / die Sache selbst zu untersuchen und gegen einander zu halten«, als daß er »in fremder Weitläufftigkeit hätte sollen gar zu mühsam seyn.«[156] In der hohen Stilart sind Lohenstein und Opitz die Musterautoren.[157] Über Opitz' anspielungsreiche Carmina könne »man allezeit einen Commentarium« machen.[158]

Den ›poetischen Stil‹ hält Weise für noch gezwungener als den oratorischen[159] – »weil man darinnen viel schwere und weitgesuchte Concepte zusammen treiben / und gleichsam durch einen heimlichen Zwang in das Geschicke bringen muß.«[160] Diesen »blumigen« und metaphorischen Stil, der mit seinen gelehrten, vor allem mythologischen Anspielungen sogar den hohen Stil noch übertrifft, lehnt Weise zwar als Ganzes ab, erlaubt jedoch seine punktuelle Anwendung.[161] Innerhalb dieses Stilbereichs hat die Invention einen noch größeren Spielraum.

»Endlich können wir auch in der Invention einige Freyheit gebrauchen / wenn wir ein artiges Gedicht concipiren. Denn ein Poëte heist eigentlich ein Dichter / der eine wahrhafftige Sache unter gewissen Bildern vorstellet.«[162]

Diese für die »Deutschen Briefe« ausgesprochene Empfehlung gilt für Reden und Verse ebenso. Weises eigene Gedichte rechnen zum politischen Stil. Seine und seiner Nachfolger lehrhaften Dichtungen sind im sententiösen Stil verfaßt. Wie bei der Fabel stehen einzelne Motive und Sentenzen im Zentrum; sie vermitteln bestimmte, auf praktische Lebensklugheit zielende Maximen.[163]

---

[153] Weise: Curiöse Gedancken von Deutschen Brieffen, S. 322–546.
[154] Ebd., S. 486f. [155] Ebd., S. 487. [156] Ebd., S. 488. [157] Ebd., S. 491–501, 501–515.
[158] Ebd., S. 502. [159] Vgl. hier S. 262f. [160] Ebd., S. 524.
[161] Ebd., S. 526; instruktives Beispiel auf S. 525f. [162] Ebd., S. 535.
[163] Ulrich: Das Lehrgedicht, S. 92f.

Die pragmatischen Zwecke der Rhetorik, ihre Indienstnahme für die (berufliche) Lebenspraxis machten die *Abkehr vom hohen Stil* notwendig. Weise empfiehlt generell einen mittleren Stil (genus medium),[164] in dem das Deutlichkeitspostulat über dem Zierlichkeitsideal steht.[165] Dem ›politischen‹ Zweck der Rhetorik entsprechend schätzt er innerhalb der verschiedenen Stilarten den ›politischen‹ Stil am höchsten: Er wird in der Oratorie und in der Epistolographie am häufigsten benötigt. Deshalb nennt er den politischen auch den »gewöhnlichen« Stil und hält ihn den anderen, weniger gebrauchten Stilarten entgegen: dem »sinnreichen und sententiösen«, dem »hohen und mühsamen«, und dem »gezwungenen und halb-Poetischen« Stil.[166] Die Abwertung der von der Üblichkeitsnorm abweichenden Gruppen weist in die Richtung des selbst vertretenen Ideals, als dessen Prinzipien er Kürze (brevitas), Leichtigkeit (levitas) und Praktikabilität nennt.[167] Den *›politischen Stil‹* identifiziert Weise nicht mit dem Hofstil, er definiert ihn als »den gemeinen und gewöhnlichen Stylum, welcher in der Politischen Zusammenkunfft / und in allen bürgerlichen Händeln am allerbeqvemsten zu gebrauchen ist.«[168] Er ziemt sich vor allem für den Adel und den Gelehrtenstand.[169] Er darf nichts »Gezwungenes«, nichts »Undeutliches«, soll jedoch »etwas sonderliches« enthalten.[170] Simplicitas, perspicuitas und dignitas charakterisieren ihn.[171] Die »Simplicität« erreicht man, wenn man wie die »galanten Leute« redet

---

[164] Böckmann: Formgeschichte, S. 488f. Herrmann: Naturnachahmung, S. 71. Zu Weises Übergangssituation im Hinblick auf Formideale und das Verhältnis von Rhetorik und Logik auch Hirsch: Bürgertum und Barock, S. 40ff.; Beetz: Rhetorische Logik, S. 35ff., 157.

[165] Weise: Gelehrter Redner, Tl. 2, Kap. 2 »Von der nachdrücklichen Expression«; Kap. 3 »Von der deutlichen Expression«; Kap. 4 »Von der zierlichen Expression«. Fischer: Gebundene Rede, S. 176ff., betont das Moment des Individuellen und grenzt Weise von der traditionellen Dreistillehre ab.

[166] Weise: Curiöse Gedancken von Deutschen Brieffen, S. 306.

[167] Ebd., Vorrede. [168] Ebd., S. 322.

[169] Ebd., S. 391. Zu beachten sind zwei Prinzipien, »darauff unsere Dignität und der Unterscheid von solchen Formuln beruhet. Der Adel-Stand / und der Gelehrten-Stand. Der Adel-Stand hat Könige / Chur- und Fürsten / Grafen / Baronen / Edelleute. Der Gelehrte Stand hat Doctores, Licentiatos, und Magistros. Wer nun in einem solchen Stande sitzet / daß er einem Fürsten / einem Grafen / einem Baron, einem vom Adel gleich gehalten wird / dem wird in den Formuln mit eben solchem respect begegnet. Also auch / wer dem Rang nach so gut ist als ein Doctor, als ein Licentiat, als ein Magister, dem mag man auch mit solcher Höfligkeit entgegen gehen. [...]«

[170] Ebd., S. 370.

[171] Ebd., Vorrede. Definitionen auf S. 370ff. Simplicitas bedeutet: 1. »Man rede / wie galante Leute zu reden pflegen.« 2. »Wo man nichts neues von realien hat / da multiplicire man die Worte nicht.« 3. »Was zum concepte nicht von nöthen ist / das lasse man darvon.« Perspicuitas: 1. »Man hüte sich vor danckeln Worten.« 2. »Man hüte sich vor dunckeln allusionibus.« 3. »Man hüte sich vor confusen Constructionibus.« Dignitas: »Man hat 1. etwas sonderliches in Worten / 2. etwas sonderliches in der Politischen Behutsamkeit / 3. etwas sonderliches in dem Vortrage der Sachen / die man zu reden oder zu schreiben hat.« »Wer etwas sonderliches in Worten suchet / der richtet sich entweder nach der allgemeinen Gewohnheit / oder nach der eingeführten Höfligkeit / oder auch nach einer Politischen Nothwendigkeit.«

und seine Rede nicht mit überflüssigen Worten aufbläht. Die Regel »Wo man nichts neues von realien hat / da multiplicire man die Worte nicht«,[172] ist die zentrale Maxime von Weises Opposition gegen die verbale Hyperbolisierung und deren Amplifikationstechnik. Sie richtet sich gegen »neue und ungewöhnliche Wörter«,[173] gegen verschnörkelte Syntax wie auch gegen den Gebrauch der heidnischen Mythologie, nicht etwa aus religiösen Bedenken, sondern wegen den bei vielen Lesern auftretenden Verständnisschwierigkeiten.[174] Statt »Er sitzt zu Rosse« sage man »zu Pferde«; statt der metaphorischen Rede »Die Röthin hatte ihre Wasser-Perlen mit den Graß=Schmaragden zu vereinigen kaum angefangen« sage man »Die Sonne wolte gleich aufgehen.«[175] Weises Reduktion des verbalen Moments setzt das von Montaigne, Bacon[176] und Schupp propagierte Nützlichkeitsdenken fort und stellt das Gleichgewicht zwischen den res und den verba in den Gebrauchsgattungen wieder her. In dieselbe Richtung weist seine Opposition gegen Reimspielereien (Binnenreime, Reimhäufung und -verschlingung),[177] gegen Kunstformen wie das Sonett und Bildergedichte (Kreuze, Pokale usw.).[178]

Peter Schwind hat in seiner Untersuchung über das Phänomen des Schwulstes die *Ursachen des Stilwandels* herauszuarbeiten und den Beweis zu führen versucht, daß es sich bei der Opposition gegen barocke Hyperbolisierung nicht um poesieimmanente Wandlungen gehandelt habe. Er nennt für die Vereinfachung des Stils drei Motive: die Erfordernisse der Verwaltungssprache, die Zielsetzungen des Zeitungsstils und des höfischen Umgangstones.[179] Diese drei Kriterien treffen für Weises Erziehungsprogramm mehr oder weniger zu, wobei die staatspolitischen Bedürfnisse den Vorrang haben. Jedenfalls verliert der ›Barockstil‹ bereits in der Epoche Weises seinen Kurswert; das rhetorische System selbst allerdings behält bis zu Wolff und Gottsched seine Geltung.

Festzuhalten bleibt, daß für Weises ›politischen‹ Poesiebegriff die Reduktion des Verbalaspekts eine wesentliche Konsequenz der Berufung auf die »rechten«, d.h. nützlichen Disziplinen und die individuelle Erfahrung ist. Damit bahnt sich auch für die Poesie eine Erneuerung des Realienbegriffs in Richtung wissenschaftsgegründeter Argumentation an.

Die Frage, ob die Weiseschen Neuerungen für die Entwicklung der ›hohen‹ Poesie von Vor- oder Nachteil waren, kann hier außer Betracht bleiben. Eine solche Fragestellung wurde erst von den Reformatoren der ›hohen‹ Dichtung

---

172 Ebd., S. 373. Vgl. auch Palm: Weise, S. 10. Weise: Curiöse Gedancken von Deutschen Versen, S. 94.
173 Weise: Curiöse Gedancken von Deutschen Versen, Tl. 1, S. 131ff.
174 Ebd., Tl. 1, S. 135.
175 Ebd., S. 371f.
176 Zum Verhältnis Weises zu Bacon Horn: Weise als Erneuerer, S. 50.
177 Weise: Curiöse Gedancken von Deutschen Versen, Tl. 1, S. 34ff.
178 Ebd., Tl. 2, S. 109.
179 Schwind: Schwulst-Stil. Historische Grundlagen von Produktion und Rezeption manieristischer Sprachformen in Deutschland.

selbst (besonders von Gottsched) aufgebracht. Die fast notwendige Verurteilung der Weiseschen Prinzipien wurde seiner Intention, die sich nur auf die Ebene der Gebrauchspoesie bezog, nicht gerecht. Sie berücksichtigte nicht, daß Weise sein eigenes Dichten und seine Poetik nicht der ›hohen‹ Poesie, deren Vertreter Lohenstein er ja hochschätzte,[180] zugerechnet hat. Allein dieses Faktum verbietet das von den Gottschedianern gepflegte Ausspielen der beiden Dichter als Vertreter des Schwulstes und des Plattismus.[181] Dieses Polarisationskonstrukt projiziert die Verschiedenartigkeit auf die Ebene der Textqualität und vernachlässigt die Unterschiede des Bestimmungszweckes und des Adressatenkreises. Eine Rezeptionsgeschichte Weises – für Lohenstein liegt sie mittlerweile auch in deutscher Sprache vor[182] – bleibt unter pädagogik- und literaturgeschichtlichem Aspekt ein Desiderat. Sie würde den Tatbestand erhellen können, daß im vorgottschedschen Zeitraum Weise allgemein hohe Achtung – bei ›Klassizisten‹ und ›Galanten‹ – genoß.[183] Erdmann Neumeister, dessen galante Poetik Hunold-Menantes herausgegeben hat, preist in seiner für die Literaturgeschichtsschreibung wichtigen Schrift »Specimen Dissertationis Historico-Criticae De Poëtis Germanicis« (1695) Weise:

> »Arduum aliquid ac plane supra vires mihi sumerem, si hunc Virum laudare ingrederer, quem Ingenii doctrinaeque gloria dudum aternitati commendavit. Sudent alii et conentur; Nostrum felicior quidam genius per omnia circumduxit, non an helantem, non desudantem, dum indolis ille vigor, divinaeque vis mentis suffecit ubivis.«[184]

Und Caspar Gottschling rückt in seiner 1703 erstmals erschienenen »Einleitung in die Wissenschafft guter und meistentheils neuer Bücher«[185] Weise in die unmittelbare Nähe des Scholastik-Gegners Thomasius: »Dem sel. Weisio gehöret billig die Ehre / daß er unter die ersten gerechnet wird / welche das Aristotelische Joch mit allem Ernst vom Halse geworffen haben.«[186] Der Rhetoriklehrer habe mit seinen zahlreichen Lehrbüchern einen weitreichenden Einfluß ausgeübt.[187] Trotz mancher überflüssiger Auslassungen komme ihm das Verdienst zu, daß er »die Deutschen ihre deutsche Sprache gelehret hat.«[188] Der Einfluß Weises auf die Briefsteller und Poetiken zwischen 1680/90 und 1720 ist nicht minder einzuschät-

---

180 Dazu E. Schmidt: Weise (ADB), S. 526.

181 Schon Wernicke betrachtet Weise als Gegenpol des von ihm bekämpften Schwulstes; Schmidt: Weise, S. 525.

182 Alberto Martino: Lohenstein, s. Lit.verz.

183 Windfuhr: Barocke Bildlichkeit, S. 400ff.

184 Neumeister: Specimen Dissertationis Historico-Criticae, S. 114f.

185 Gottschling: Einleitung in die Wissenschafft guter und meistentheils neuer Bücher. Dresden, Leipzig 1703, 2. Aufl. 1713.

186 Ebd., S. 236, bezieht sich dabei auf Weises Logik-Lehrbuch »Doctrina Logica duabus partibus comprehensa«. Zitau 1681.

187 So konstatiert Gottschling, ebd., S. 158, »Dem berühmten Weisio sind die übrigen alle nachgefolget« und nennt Talander und Weidling.

188 Ebd., S. 158.

zen.[189] Erst Gottsched rügt an dem 1725 noch als Dichter empfohlenen Weise[190] den Mangel philosophischer Erkenntnisse und die Gelehrsamkeit aus zweiter Hand.[191]

Beim Anschneiden der Frage, ob Weises Theorie und eigene poetische Praxis als ›bürgerlich‹ zu definieren seien, darf die Orientierung am Hof einerseits und an der humanistischen Tradition andererseits nicht außer acht gelassen werden. Weises *Romane* stehen nicht im selben Maß wie Grimmelshausens Werk in der volkstümlichen Tradition.[192] Dies hat Grimmelshausen durchaus verkannt; Weise selbst dagegen – gerade in seiner Abgrenzung von Grimmelshausen – hervorgehoben.[193] Von Moscherosch, der die Quevedosche Vorlage doppelsinnig »verteutscht«, trennt ihn eben die Tendenz.[194] Darin steht Weise Quevedo näher, dessen »Buscon« ja, wie in gewissem Sinn auch Weises Romane, zum pikaresken Typus gehört.

Die *Schulkomödien* schließlich führen das seit dem 16. Jahrhundert geübte lateinische Drama der Humanisten fort, auch hier die muttersprachlichen Anstöße, wie in der Rhetorik, aufgreifend.[195] Sie stellen in dramengeschichtlicher

---

189 Dazu Kap. V 2.2.; Beetz: Rhetorische Logik passim. Heubaum: Geschichte des Deutschen Bildungswesens, S. 35, weist auf Weises Einfluß auf den sächsischen Adel hin. Der Weiseschüler und spätere zeitweilige Professor der Moral in Gießen Joh. Christian Lange verfertigte zwei bezeichnende Auszüge aus Weises Schriften, s. Anm. 112; vgl. Horn: Weise als Erneuerer, S. 182.

190 Gottsched in den »Vernünftigen Tadlerinnen« von 1725, 12. Stück der Beilage; s. Schaefer: Das Gesellschaftsbild, S. 145; Witkowski: Geschichte des literarischen Lebens, S. 243.

191 Gottsched: Handlexicon oder Kurzgefaßtes Wörterbuch der schönen Wissenschaften und freyen Künste (1760), S. 1642f.

192 Zu den Romanen Palm: Weise, S. 26–40; Gervinus: Geschichte der Deutschen Dichtung, Bd. 3, S. 399ff. Aus Weises poetischer Behandlung von Stoffen, die in sozial niedrigeren Ebenen spielen, schließt Palm, S. 9, auf eine Hinneigung Weises zum Volkstümlichen. Dagegen spricht der von Palm, S. 21, erwähnte Vorbehalt Weises, der die Melodien zu seinen Liedern nicht mitteilt, weil diese sonst »die gemeinen Kerlen in allen Bauernschenken zu leicht lernten, wie es den Kriegerischen Arien ergangen sei, welche man viel höher hielte, wenn nicht alle Sack-Pfeiffer und Dorff-Fiedler die herrlichen Melodien zerlästerten und gemein machten.«

193 Eine Abgrenzung Weises von Grimmelshausen auch unter dem Adressatenaspekt nimmt Hankamer: Deutsche Gegenreformation, S. 57ff., vor; allerdings ist seine Standortbestimmung von Grimmelshausen überholt. Vgl. auch Speter: Grimmelshausens Einfluß auf Christian Weises Schriften.

194 Schmidt behauptet den Einfluß von Moscherosch, Kindermann und Grimmelshausen; Schmidt: Weise, S. 526.

195 Palm: Weise, S. 40, betont die Tradition der Volksschauspiele; die hergestellte Linie – Gryphius – Weise – Lessing, verläuft jedoch allzu plan. Schmidt: Weise, S. 527, erkennt einen dreifachen Zweck: Das Schultheater fördert die galante Sprache, die Kenntnis der Ethik und der Geschichte; das oratorische Talent; die ›politische‹ Courage. Kaiser: Mitternacht, Zeidler, Weise, S. 171, sieht in Weises Schultheater »das Instrument einer bürgerlich geprägten Beamtenerziehung«, gerichtet gegen die »von Opitz erhobene und zumal von den Schlesiern verwirklichte Forderung, der Dramatik ein aristokratisch gefärbtes Selbst- und Weltverständnis zugrundezulegen.« Das »gegenhöfische« Schul-

Hinsicht einen wichtigen Schritt zur Überwindung der rhetorischen Redeeinheitlichkeit dar. Weise radikalisiert den Gesichtspunkt des inneren aptum: Da die Komödie ein Spiegel des menschlichen Lebens sei, muß auch die Rede der handelnden Figuren der menschlichen Alltagsrede entsprechen.

> »Ein Cavallier, ein fürnehmes Frauenzimmer, ein liederlicher Kerl, ein gemeiner Mann, ein Bauer, ein Jude muß den Accent führen, wie er im gemeinen Leben angetroffen wird«,

d.h. den Dialekt bzw. den standesspezifischen Jargon.[196] Auf die Diskrepanzen zwischen dem dichterischen und dem pädagogischen Werk Weises haben Schaefer und Kaiser hingewiesen.[197] Die Tatsache, daß Brüggemanns Behauptung, Weise vertrete wie Thomasius einen frühaufklärerischen ›Subjektivismus‹, er habe »im Gegensatz zum Kunstdrama den aufklärerischen Nutzen der Dramatik in der Pflege des Volksdramas« gesehen,[198] Weises tatsächlicher Position nur partiell gerecht wird, geht aus seiner ›politischen‹, auf die Ausbildung einer territorialstaatlichen Beamtenaristokratie zielenden Erziehungsintention hervor, aus seiner Fortführung gelehrt-humanistischer Tradition und aus seiner Abgrenzung von den ausgesprochen ›volkstümlichen‹ Autoren wie Grimmelshausen und Hans Sachs (und damit implizit von deren Publikum, dem Bürgertum im Verständnis des 17. Jahrhunderts).

Deutlich wird Weises Position in seiner Einstellung zum Gelehrtenstand selbst. Weise hat die traditionelle Privilegierung des Gelehrtentums nicht in Frage gestellt, und auch die Hierarchie innerhalb des Standes anerkannt. Wie die Humanisten faßt er den Gelehrtenstand als eine dem Adel gleichberechtigte »nobilitas literaria« auf. Er definiert den »gelehrten Adel«:

> »Wenn jemand in einer gewissen Facultät zum Doctor wird. Denn hiermit hat er nechst unterschiedenen Praerogativen auch die Praecedentz vor denjenigen unter den Gelehrten / welche noch nicht promoviret haben. Sie werden in unterschiedenen Stifftern denen von Adel gleich gehalten / was die Perception der Praebenden betrifft. Sie haben im Reichs-Hoff-Rath eine Stelle / da man die gesammten Assessores in die Cavalliers-Banck / und in die gelehrte Banck einzutheilen pflegt.«[199]

---

theater wird zur »Vorstufe« der Bemühungen der Aufklärer. Zum »Bäurischen Machiavellus« insbesondere Schubert: Sprichwort oder Zitat, S. 160. Zu den Schulkomödien jetzt Konradin Zeller: Pädagogik und Drama. Untersuchungen zur Schulcomödie Christian Weises. Tübingen 1980 (Studien zur deutschen Literatur Bd. 61).

[196] Vorrede zu »Lust und Nutz«, zit. nach Palm: Weise, S. 54. »Bloß bey fürstlichen Personen läßet man das gezwungene Hochdeutsch passieren.«

[197] Schaefer: Das Gesellschaftsbild, und Kaiser: Mitternacht, Zeidler, Weise, zeigen, daß die Behandlung der Schauspiele Weises eine ›bürgerlichere‹ Orientierung erbringt als die theoretischen Werke. Ein Grund dafür ist in den verschiedenen Traditionen zu suchen. Beispiele für die Diskrepanz zwischen Dichter und Pädagog – der Dichter verficht das häusliche Privatglück des Mittelstandes, der Schulmann erzielt Politici, bei Schaefer, S. 70–93.

[198] Brüggemann: Aus der Frühzeit der deutschen Aufklärung, Einleitung, S. 14.

[199] Weise: Politische Fragen, Das ist: Gründliche Nachricht von der Politica, S. 83f.; vgl. Curiöse Gedancken von Deutschen Brieffen, S. 391.

Weise hält also, ganz anders als der jüngere Thomasius, am Sonderstatus des Gelehrtenstandes als einer Selbstverständlichkeit fest. An seine Integration in die bürgerlichen Schichten denkt Weise nicht. Latein bleibt das unangefochtene Verständigungsmittel der Gelehrten:

»Niemand darff sich vor einen Gelehrten ausgeben / der in der Gelehrten Mutter-Sprache nichts gethan hat. Es ist auch nicht genung / daß man die Bücher und andre Discurse verstehet / man sol zugleich im reden und schreiben was praestiren koennen.«[200]

Diesem sozialen Traditionalismus entspricht auch die Art von Weises Aufnahme der reformpädagogischen Prinzipien. Zwar bedient er sich der Methoden des pädagogischen Realismus, setzt sie jedoch, auch hierin von Thomasius unterschieden, nicht in gesellschafts*um*bildender Absicht ein. Wenn er die humanistische Lehrtradition mit Hilfe der pädagogischen Neuansätze dem territorialstaatlichen Erziehungs- und Bildungswesen anpaßt, so bleibt er darin intentional ›systemimmanent‹ und leistet der Entwicklung bürgerlichen Selbstbewußtseins keinen Vorschub.

Eine Hinwendung zu ›politischen‹ Disziplinen, zu den Realdisziplinen oder zu den Normen ›Natur‹ und Erfahrung ist ja noch nicht per se ›bürgerlich‹. Die Entwicklung und Institutionalisierung dieser Wissenschaftstendenzen und Anschauungsweisen wird zwar durch den ökonomischen Aufstieg des Stadtbürgertums auch vorangetrieben. Dennoch besaßen im 17. und 18. Jahrhundert die Fürsten die bedeutenderen Mittel zur Wissenschafts- und Kunstförderung. Erst die Verbindung von Wissenschaftsfortschritt, Säkularisation und ökonomischer Umstrukturierung konstituieren das Bewußtsein des Bürgertums, das als gesellschaftlich im modernen Sinn definierte Klasse erst zur Lessingzeit existierte. Thomasius und Wolff stellen in philosophischer, Weise und Gottsched in poetologischer Hinsicht Stufen innerhalb dieses Entwicklungsprozesses dar. Das dokumentiert sich nicht nur an einer Zunahme begrifflicher Definitionen des Bürgertums und deren Gebrauch, sondern auch am allmählichen Verwischen der Abgrenzungen zwischen Bürgertum und Gelehrtenstand. Zu Weises Zeit steckte diese Entwicklung jedenfalls erst in den Anfängen.

2. Politisch-galante Wissenschaft und Poetik. Das Beispiel Christian Thomasius

2.1. Zur gesellschaftlichen Bestimmung von Thomasius' ›politischem‹ Denken

Obwohl einer communis opinio Thomasius nicht als originaler Denker gilt, läßt sich an ihm die Vermittlung des neuen poetischen Modells deutlich machen. Wie kein anderer Zeitgenosse hat Thomasius sein Leben und Wirken dem Kampf

[200] Weise: Curiöse Gedancken von der Imitation, S. 6; vgl. Politischer Academicus, S. 37f.; ferner Bericht vom Politischen Näscher; Masaniello, ed. Martini, S. 125.

gegen das voraufklärerische Wissenschaftsmodell gewidmet, dessen Hauptstützen, die antiken oder die patristischen Autoritäten, er durch das *Prinzip der praktischen Vernunft* ersetzte.[201] Die Einschränkung, daß es sich nicht um ein theoretisches und absolutgesetztes Vernunftprinzip handelte, muß bei Thomasius auf alle Fälle gemacht werden.[202] Die Vernunft gilt ihm nicht als ein die Offenbarungswahrheiten außer Kraft setzendes oder sie überflüssig machendes Prinzip, es führt nur bis an die Stelle, wo deren Gültigkeit beginnt. Darüber dürfen auch die Streitigkeiten mit der Orthodoxie oder mit den Pietisten nicht hinweg täuschen.[203] Auch darf bei einem so lebendigen Denker wie Thomasius kein starres unveränderliches System angenommen werden wie etwa bei dem späteren Christian Wolff. Thomasius' Denken ist deutlichen Schwankungen unterworfen. *Vier Phasen* lassen sich in seiner Einstellung zur Rolle der Vernunft unterscheiden.[204] Die Frühzeit erstreckt sich bis zum Tode des Vaters (1684); sie verläuft in den üblichen Bahnen akademischer Tätigkeit. Die zweite Phase (1684–92), die seit der ›Bekehrung‹ durch die Lektüre der Schriften Pufendorfs gerechnet wird,[205] setzt die kulturgeschichtlich bedeutsamen Akzente mit der Ankündigung einer deutschsprachigen Vorlesung über Graciáns »Grund-Reguln/Vernünfftig/klug und artig zu leben« und den »Monatsgesprächen«. Diese Phase steht für die Betrachtung der ›politischen‹ Motive der Frühaufklärungsbewegung im Zentrum des Interesses. Die dritte Phase (1692–1702) datiert von der Annäherung des Thomasius an den Pietismus und ist charakterisiert durch die Auseinandersetzung mit August Hermann Francke, der 1692 nach Halle berufen worden war. Die pietismusangenäherte Phase ist umrahmt durch die zweimalige Herausgabe des Buches »De eruditione solida, superficiaria et falsa« von Pierre Poiret, einem ›quietistischen Mystiker‹ und Verehrer des Thomas a Kempis, in den Jahren 1696 und 1708.[206] Die Auflösung des freundschaftlichen Verhältnisses zu Francke hat mehrere Gründe; ein Hauptgrund dürfte die unterschiedliche Einschätzung pädagogischer Zwecksetzungen gewesen sein. Die Diskrepanz macht sich besonders in der Kritik Thomasius' an Franckes Entwurf zur »Einrichtung des Paedagogii zu Glaucha an Halle« bemerkbar, die er 1699 in bereits ziemlich scharfer Form vorgetragen

---

201 Generell zu Thomasius die Würdigungen von Fleischmann und Bloch, s. Literaturverzeichnis; ferner Kawerau: Aus Halles Literaturleben, S. 22ff.; Schoeps: Das Zeitalter des Barock, S. 180ff.; Luden: Christian Thomasius; Witkowski: Geschichte des literarischen Lebens, S. 199ff.; Böckmann: Formgeschichte, S. 483ff.

202 Der pragmatische Aspekt geht bereits aus den Titeln der thomasischen Logik-Schriften hervor, etwa im Zusatz zur »Einleitung zu der Vernunfft-Lehre«, wo er verspricht, »durch eine leichte / und allen vernünfftigen Menschen waserley Standes oder Geschlechts sie seyn / verständliche Manier« den Weg zu zeigen, das Wahre, Wahrscheinliche und Falsche zu unterscheiden.

203 Dazu Hinrichs: Das Bild des Bürgers, S. 88ff.

204 Zur geistigen Entwicklung Thomasius' Fleischmann: Christian Thomasius (1929), S. 14f.

205 Der 17jährige setzte sich mit Pufendorfs 1672 erschienenem Werk »De iure naturae et gentium« auseinander; vgl. Thomasius: Kleine teutsche Schriften (1721), S. 365f.

206 Dessoir: Geschichte der neueren deutschen Psychologie, S. 58.

hat.[207] 1702 artete der schwelende Zwist vollends in offene Feindschaft aus, die erst nach längeren Streitigkeiten durch ein formales Einlenken beider Parteien ein Ende fand, ohne daß sich neuerliche inhaltliche Annäherungen ergeben hätten.[208] In der bis zu seinem Lebensende dauernden vierten Phase (1702–1728) kehrt Thomasius zu den vernunftorientierten Grundsätzen der zweiten Phase zurück, wobei nun dem enthusiastischen Geist der frühen Verlautbarungen eine gemäßigte Haltung korrespondiert. Für die Beurteilung der thomasischen Philosophie ist diese Phasengliederung wichtig; ihre unterschiedliche Orientierung verbietet es, eine Synopse aller Schriften zu erstellen. Sie würde die persönliche Entwicklung des Autors außer Acht lassen. Naturgemäß stehen die ›politischen‹ Schriften der zweiten Phase wegen ihres revolutionierenden Habitus im Zentrum der Betrachtung; die Schriften der vierten Phase ergänzen sie vor allem in pädagogischer und wissenschaftstheoretischer Hinsicht. Ausgespart bleibt die schon mehrfach untersuchte Auseinandersetzung des Thomasius mit den Pietisten,[209] da sie die Perspektive von der artistischen Fakultät auf die Sonderprobleme der theologischen und juristischen Fakultäten verlagern würde.

Wenn Thomasius seinen Ort in der Darstellung nach Christian Weise findet, so hauptsächlich aus dem Grund, weil er nicht, wie Weise, die politischen Maximen ausschließlich ›systemimmanent‹ einsetzt – zur Ausbildung eines den absolutistischen Staat sichernden Beamtenwesens, sondern weil bei ihm bereits Ansätze eines bürgerlichen Eigenbewußtseins erscheinen. Insofern hat Thomasius in ganz anderem Maße als Weise gesellschafts u m bildend gewirkt. Zwar gehörte Thomasius so wenig wie Weise zur Opposition des humanistischen Schulbetriebs, doch brachte er deren propagierte Wissenschaftshaltung, die Grundprinzipen der Vernunft und der Erfahrung, in stärkeren Bezug zur gesellschaftlichen Entwicklung. Das unterscheidet ihn auch von Tschirnhaus, mit dem ihn die Besprechung der »Medicina mentis« in Konflikt gebracht hatte.[210] Die Umwandlung der wissenschaftlichen Tradition erfolgt bei Thomasius wesentlich ausgeprägter als bei Weise unter gesellschaftlichem Vorzeichen, unter dem Aspekt der Entwicklung eines selbständigen gehobenen Mittelstandes, der zwischen Adel und ›Nährstand‹ eingelagert war. Weise und Thomasius stellen Stufen auf dem Weg einer Herausbildung frühbürgerlichen Bewußtseins dar, rechnen selbst aber noch zur besser als ›politische Bewegung‹ charakterisierten Form eines Zwischenstadiums, das ›Bürgertum‹ noch nicht im Sinne einer geschlossenen, *gegen* Adel und Geistlichkeit gestellten Klasse verstand. Deutlich wird es beim späteren Thomasius, der die

---

[207] Thomasius: Bericht von Einrichtung des Pädagogii zu Glaucha an Halle, nebst der von einem gelehrten Manne verlangten Erinnerung über solche Einrichtung. Frankfurt und Leipzig 1699.

[208] Hinrichs: Das Bild des Bürgers, S. 111–121.

[209] Neisser: Christian Thomasius und seine Beziehungen zum Pietismus; Bienert: Die Philosophie des Christian Thomasius; Nebe: Thomasius in seinem Verhältnis zu A. H. Francke, S. 386ff.

[210] Vgl. 2.3.(2). Zur Auseinandersetzung zwischen Thomasius und Tschirnhaus s. Luden: Christian Thomasius, S. 65–69.

typisch ›politischen‹ Normen seiner Frühzeit nur noch in modifizierter Form aufnahm.

Die ›politische‹ Bewegung löst das sozial nicht mehr fundierte humanistische Gesellschaftsmodell ab und integriert die Rhetorik in die höfisch ausgerichtete Pragmatik. Die Lehre von der Politik und deren Vertreter sind noch nicht per se aufklärerisch.[211] Die ›politische Lehre‹ als Pragmatisierung wissenschaftlichen Denkens und Ethisierung gesellschaftlichen Handelns leitet praktisch-pädagogisch zur Aufklärung über, ohne bereits deren Ethos, den menschheitsumspannenden Impetus zu besitzen.[212] Indem sie jedoch die Zuwendung zur Realität, zu den Erfahrungsgegebenheiten propagiert, bereitet sie die Theorie der bürgerlichen Vernunft vor, die ebenfalls auf Erfahrungsnormen basiert und auf die Erkenntnis der Realität zielt, ohne zunächst deren Änderung im bürgerlich-klassenmäßigen Sinn anzustreben.

Auf das Fehlen dieses »anthropologischen und des Vernunftoptimismus« bei Thomasius hat Hinrichs mit Nachdruck hingewiesen.[213] Wie bei Weise macht sich auch bei Thomasius ein starker christlicher Einschlag in der ›politischen Lehre‹ bemerkbar.[214] Es würde gewiß eine unzulässige Vereinfachung darstellen, diesen ethischen Zug als Ausdruck ›bürgerlichen‹ Geistes zu deuten. Repräsentative Vertreter einer ›christlichen Politik‹, allen voran Seckendorff,[215] rechneten selbst zum Adel. Die Hauptangriffe der Opponenten politischer Klugheitslehre wandten sich gegen deren negative Ausprägung, wie sie für die Tradition Machiavelli repräsentierte,[216] nicht gegen eine mögliche christliche ›Politik‹. Im Gegenteil, christliche Politik wurde als Positivum gegen die opportunistische Variante ausgespielt. Vorbilder gab es in Italien[217] selbst, in Spanien[218] und in Frankreich.[219] Die

---

[211] Zur Politik s. Kap. III. 1.; zu Thomasius besonders Brückner: Staatswissenschaften, S. 112–148; Maier: Die Lehre der Politik, S. 64ff.; Kiesel: ›Bei Hof, bei Höll‹, S. 187ff.; Cohn: Gesellschaftsideale, S. 13–31; Paulsen: Geschichte, Bd. 1, S. 517; Hirsch: Bürgertum und Barock, S. 86f.; Schneiders: Naturrecht und Liebesethik, S. 117ff.; Zaehle: Knigges Umgang mit Menschen, S. 106ff.

[212] Das erhellt bereits aus der höfischen, also ständisch elitären Herkunft der ›Politik‹; während die eigentlich ›aufklärerischen‹ Anstöße aus der Schicht des bisher politisch machtlosen Bürgertums kommen.

[213] Hinrichs: Das Bild des Bürgers, S. 88f.

[214] Zur Ethisierung der ›Politik‹ Bieber: Staat und Gesellschaft, S. 16; Schulz-Falkenthal: Christian Thomasius, S. 536f.

[215] Besonders in der späten Schrift »Der Christen-Stat« (1685); Prahner: Veit Ludwig v. Seckendorff und seine Gedanken über Erziehung und Unterricht.

[216] Machiavell galt als Ausdruck des utilitaristisch-prudentistischen Charakters der politischen Bewegung; Brückner: Staatswissenschaften, S. 101. Ein Beispiel machiavellistischer Politica gibt Sacer: Reime dich, S. 160f.

[217] B. Castiglione: Il Cortegiano (1882); Kiesel: ›Bei Hof, bei Höll‹, S. 78ff.

[218] Antonio de Guevara und Baltasar Gracián; Barner: Barockrhetorik, S. 124ff., 142ff.; Kiesel: ›Bei Hof, bei Höll‹, S. 88ff., 176ff.; Borinski: Gracian und die Hoflitteratur S. 73ff., 83ff.; Zaehle: Knigges Umgang mit Menschen, S. 42ff., 81ff.; Krauss: Graciáns Lebenslehre.

[219] Nicolas Faret: L'Honneste homme ou l'Art de plaire à la court (1630); Zaehle: Knigges Umgang, S. 49ff.

Gracián-Rezeption verdrängte allmählich die negative Auffassung von Politik,[220] wie sie einige Jahrzehnte zuvor, erkennbar in den Urteilen Moscheroschs und Logaus,[221] an den Höfen propagiert worden ist. ›Politik‹ erhält in den letzten Jahrzehnten des 17. Jahrhunderts einen überwiegend positiven Klang, ablesbar auch an der Unzahl ›politischer‹ Publikationen: praktischer Lehrbücher[222] und didaktischer Romane und Schauspiele.[223] Schrittmacher dieser Neuwertung sind einerseits die Realpädagogen, andererseits, und mit größerer Absicht, die aus Ritterakademien hervorgehenden Konzepte zur Neuorganisation von Schule und Universität.[224] In diesem Sinne hat Heubaum davon sprechen können, was Weise für die Schulen, das sei Thomasius für die Universitäten gewesen.[225] Dies gilt jedoch nur in einem eingeschränkten Sinn. Heubaum selbst hat die Unterschiede kenntlich gemacht. Sie liegen in erster Linie auf der gesellschaftlichen Ebene.[226] Hier hat Thomasius doch die weitere Perspektive anzubieten als Weise, der in der Anpassung humanistischer Tradition an die beruflichen Bedürfnisse seiner Gegenwart es sich genug sein läßt. Thomasius verfolgt im Vergleich hierzu zukunftsträchtigere Ziele. Allerdings wird man nicht so weit gehen wie Heubaums Behauptung, Thomasius habe bei seinen wissenschaftspädagogischen Planungen stets »alle Klassen der Gesellschaft zugleich« im Auge behalten.[227] Die Ausbil-

---

[220] Zur Gracián-Rezeption Barner: Barockrhetorik, S. 142ff.; Borinski: Gracian und die Hoflitteratur, S. 83ff., betont wohl zu stark das Nur-Politische an Thomasius' Gracián-Nachfolge. Zum höfisch-gesellschaftlichen Lebensideal von Guevara bis Gracián Tiemann: Das spanische Schrifttum, S. 47ff., insbes. zu Thomasius' Gracián-Rezeption S. 56ff.

[221] Vgl. S. 215f.; Kap. III Anm. 4 und Anm. 5.

[222] S. Kapitel V 1.1.; erwähnt seien die Schriften von Christoph August Heumann, dazu v. Graevenitz: Innerlichkeit und Öffentlichkeit, S. 14⁺ff., und die Schriften Julius Bernhard von Rohrs. Besonders einflußreich waren etwa die Schriften des (hier nicht einbezogenen) Andreas Rüdiger: Anweisung zu der Zufriedenheit der menschlichen Seele (1721); Klugheit zu leben und zu herrschen (1722); Philosophia synthetica (1706, 1711, 1717, 1723, 1729); Institutiones eruditionis; Philosophia pragmatica. Dazu auch Brückner: Staatswissenschaften, S. 125ff.

[223] Hier ist in der Weise-Nachfolge besonders wichtig Johannes Riemer mit seinen Lehrbüchern, Romanen und Schauspielen; Goedeke III, S. 226 Nr. 79, S. 239 Nr. 18; Krause: Feder kontra Degen.

[224] Zu den Ritterakademien Paulsen: Geschichte, Bd. 1, S. 510, 514ff., 587; Hirsch: Bürgertum und Barock, S. 42ff.; Heubaum: Geschichte des Deutschen Bildungswesens; Moog: Geschichte der Pädagogik, S. 311ff.; Martino: Lohenstein, S. 106 definiert das pädagogische Ideal: »Das pädagogische Ideal der Ritterakademien bestand darin, die humanistische Erziehung – jedoch unter Preisgabe jeder philologischen Pedanterie – mit den konkreten Erfordernissen des Hoflebens und der künftigen politischen und militärischen Laufbahn, für die die Abkömmlinge des Adels ja bestimmt waren, in Einklang zu bringen.« Korrigierend hierzu Weisz: Das Epigramm, S. 161. Umfassende Literaturangaben macht Martino: Lohenstein, S. 107 Anm. 302; ferner s. Brückner: Staatswissenschaften, S. 103f., zur Einheit von Standes-, Berufs- und Bildungsideal.

[225] Heubaum: Geschichte des Deutschen Bildungswesens, S. 40; sicherlich ist die Behauptung, Thomasius habe sich, anders als Weise, an das »ganze Volk« gewendet, nicht zutreffend. Ebd., S. 105.

[226] Ebd., S. 105f. [227] Ebd., S. 105f.

dung, die Thomasius den einzelnen Teilen des Volkes zukommen lassen will, ist noch stark am herkömmlichen System des Decorum orientiert.[228] Darüber sollte die Aussage nicht hinwegtäuschen, auch »der unstudierte Mann, Soldat, Kaufmann, Handwerksmann oder Bauer oder eine Weibsperson« müsse die Wahrheit verstehen und vortragen können.[229] Der Anschein ständeübergreifender Geltung von Thomasius' Aussagen basiert auf nichts anderem als dem anthropologischen Konzept, das seiner politischen Lehre zugrunde liegt.[230]

Die Gleichförmigkeit der menschlichen Verhaltensweisen begründet jedoch noch nicht den Anspruch des Einzelnen auf Gleichheit gesellschaftlicher Chancen. Von einer Politisierung im modernen Sinne ist das ›politische Denken‹ der frühbürgerlichen Phase denkbar weit entfernt. In diesem Punkte steht es noch ungebrochen in der ordo-Tradition des Mittelalters und des Barocks.[231] Dennoch darf nicht übersehen werden, daß die praktischen *Folgen* der thomasischen Reformen für das Bildungswesen dem politischen Selbstbestimmungstrend des Bürgertums Vorschub geleistet haben. Wolff, der ja nicht als wissenschaftstheoretischer Nachfolger des Thomasius gesehen werden darf, hat diesen Trend – allerdings mit erheblichen Modifikationen – weitergeführt.

Thomasius' gesellschaftliches Ideal hat selbst eine Entwicklung durchgemacht. Von der anfänglichen Befangenheit in höfischen Kategorien und Maßstäben (»Hofphilosophie« und »Discours«)[232] führt der Weg über die 1692 erschienene

---

[228] Zur Decorum-Lehre des Thomasius Brückner: Staatswissenschaften, S. 118–121, 133–138, 143–148; Sinemus: Poetik und Rhetorik, S. 161–170.

[229] Thomasius: Einleitung zu der Vernunfft-Lehre, Vorrede, § 4, S. 13. Vgl. ders.: Summarischer Entwurff, S. 68ff.; Höchstnöthige Cautelen, Kap. XII, S. 260ff. Im »Discurs« (ed. v. Düffel, S. 43) tritt Thomasius für eine Abgrenzung vom »gemeinen Pöbel« ein; vgl. Sinemus: Poetik und Rhetorik, S. 167.

[230] Zu Thomasius' anthropologischer Einstellung instruktiv: Kurtzer Entwurff der politischen Klugheit (1710), S. 89f., §§ 37–39; S. 92, § 42. Der Tenor lautet »Ein kluger Mensch studiret im Buche der menschlichen Natur«: »Hierinnen übet er sich so viel fleißiger / je mehr er durch die tägliche Erfahrung überzeuget wird / daß alle diejenigen / so andern Studiren mehr obliegen / als man in täglichen Geschäfften daraus Nutzen schaffen kan / und dannenhero die Untersuchung der menschlichen Natur beyseite setzen / von der Klugheit am weitesten entfernet seyn / und weder sich selbst noch andern rathen können / ob sie es gleich in ihren Studiis auffs höchste gebracht, und vor die grösten Wunder der Gelehrsamkeit passiren.« Vgl. auch Einleitung zu der Vernunfft-Lehre, Kap. 1. § 105.; zur anthropologischen Basis Wundt: Die deutsche Schulphilosophie, S. 28ff., 37ff.

[231] Dazu Brückner: Staatswissenschaften; zum neuen ›politischen Ideal‹ Wedemeyer: Das Menschenbild des Christian Thomasius, S. 519ff.

[232] Thomasius: Introductio ad Philosophiam aulicam [...] (1688); ins Deutsche übersetzt: Einleitung zur Hoff-Philosophie, oder kurtzer Entwurff und die ersten Linien von der Klugheit zu bedencken und vernünfftig zu scheinen [...] (1710; 1712); Christian Thomas eröffnet der Studirenden Jugend zu Leipzig in einem Discours Welcher Gestalt man denen Frantzosen in gemeinem Leben und Wandel nachahmen solle? ein COLLEGIUM über des GRATIANS Grund-Reguln / Vernünfftig / klug und artig zu leben (1687). Dazu Kawerau: Aus Hallers Literaturleben, S. 28f.; Wedemeyer: Das Menschenbild des Christian Thomasius, S. 520; Fleischmann: Christian Thomasius (1929), S. 16ff.

›Sittenlehre‹[233] zum 1705 zuerst lateinisch publizierten »Entwurf der politischen Klugheit«.[234] Das *Ideal des ›klugen Mannes‹*[235] erfährt schließlich in dem kurzen Abschnitt der »Höchstnötigen Cautelen« von 1713 seine zusammenfassende Formulierung.[236] Hier hat sich das höfische, vorwiegend am gesellschaftlichen Nutzen orientierte Konzept philosophisch gewandelt, in Richtung einer Individualisierung und einer Vertiefung des pragmatischen Aspekts. Die Ethisierung hat gleichsam eine subjektive Begründung erhalten. Das von vielen Kritikern gerügte veräußerlichte Wesen des thomasischen Ideals des ›galant homme‹,[237] das auf der Erfüllung eines pragmatischen Nutzen-Programms basierte, ist später durch das Ideal der Glückseligkeit und der individuellen Gemütsruhe ersetzt oder doch zumindest erweitert.[238] Das Ideal des Hofmannes und seine Werte der Höflichkeit,[239] des angenehmen Umgangs – ausgedrückt in der besonderen Lehre der Komplimen-

---

[233] Thomasius: Einleitung zur Sittenlehre (1692, 4. Aufl. 1706, 7. Aufl. 1726).

[234] Thomasius: Primeae Lineae de Jureconsultorum Prudentia Consultatoria, in quibus docetur, quid sit prudentia, quid consultatoria [...] (1705); 1707 ins Deutsche übersetzt: Kurtzer Entwurff der politischen Klugheit, sich selbst und andere in allen menschlichen Gesellschafften wohl zu rathen und zu einer gescheidten Konduite zu gelangen; dazu Gundling: Historie der Gelahrheit, S. 3328; auch Borinski: Gracian und die Hofliteratur, S. 86ff. Das lateinische Original des Thomasius wurde von Dr. George Beyer übersetzt (1707) und von Thomasius selbst 1720 in einer verbesserten Übersetzung herausgegeben; Stolle: Anleitung zur Historie der Gelahrheit, S. 740f.

[235] Thomasius: Kurtzer Entwurff der politischen Klugheit (1710), S. 90, § 40. Zum Hofideal Wothge: Über Christian Thomasius, S. 536ff.; zum Ideal des ›scavant‹ und ›honnête homme‹ Kühlmann: Gelehrtenrepublik, S. 313ff.; Scheffers: Höfische Konvention, passim.

[236] Thomasius: Höchstnöthige Cautelen, Kap. XVI, S. 405–421.

[237] Insbesondere Thomasius: Chr. Th. eröffnet der Studierenden Jugend Einen Vorschlag / Wie er einen jungen Menschen / der sich ernstlich fürgesetzt / GOtt und der Welt dermahleins in vita civili rechtschaffen zu dienen / und als ein honnet und galant homme zu leben / binnen dreyer Jahre Frist in der Philosophie und singulis Jurisprudentiae partibus zu informiren gesonnen sey, in: Kleine Teutsche Schriften, Nr. IV, S. 233–270. Zum Wortfeld ›galant‹, ›curiös‹ und ›politisch‹ s. Steinhausen: Galant, Curiös und Politisch, S. 22ff.; Horn: Weise als Erneuerer, S. 73; Kaiser: Mitternacht, Zeidler, Weise, S. 125f.; Barner: Barockrhetorik, S. 142, 178f.; Wendland: Die Theoretiker und Theorien, S. 1–11; zu den Schlagwörtern »Curiosität«, »Galante Ethica« und »Politic« s. Sauder in: Grimminger (Hrsg.): Deutsche Aufklärung bis zur Französischen Revolution, S. 220–224. Zum Widerstand gegen das politisch-galante Ideal s. die Schrift »Eines alten Theologi Christliches Bedencken / Uber deß Hn. Christian Thomas gehaltene Rede an die Herren Studenten zu Leipzig [...], in: Thomasius: Kleine Teutsche Schriften, S. 116ff.; dazu Kiesel: ›Bei Hof, bei Höll‹, S. 190ff.

[238] Thomasius: Einleitung zur Sittenlehre, S. 86ff.; Horn: Weise als Erneuerer, S. 87, konstatiert zutreffend, daß mit der Zuwendung zum praktischen Leben sich eine Umbildung der Moralbegriffe vollziehe, »die bei Weise noch im Gange, bei Thomasius bereits bewältigt ist.« Vgl. auch Thomasius: Kurtzer Entwurff der politischen Klugheit, S. 36f.; Thomasius bezieht seine Klugheitsregeln auf »alle Menschen, sie mögen seyn in was vor Stande oder Gesellschaft sie wollen, wie sie ihr Tun und Vorhaben wohl ausführen wollen.«

[239] Schubart-Fikentscher: Decorum Thomasii, S. 9; Schulz-Buschhaus: Honnête Homme und poeta doctus, S. 133.

tierkunst –, der welthaltigen Klugheit,[240] der Einhaltung des Decorum und der von Thomasius besonders entwickelten Lehre der Menschenerkenntnis,[241] einer in den Dienst pragmatischen Handelns gestellten Psychologie, erhalten beim späteren Thomasius den gesellschaftlich konkreten Bezug, der sie einer Verbürgerlichungstendenz nutzbar macht. Brauchbares Wissen und politische Klugheit sollen zwar noch der Lebenspraxis, also der Bewältigung gesellschaftlicher Aufgaben dienen, sind nun aber auch zur Erfüllung des inneren Glücks des Einzelnen abgestellt.[242] Diese Beziehung auf das Innenleben des Einzelnen leitet aber zur bürgerlichen Tugend- und Morallehre unmittelbar über, wenn auch Thomasius selbst nur bedingt als deren Vertreter in Anspruch genommen werden kann.

Die Politik steht in engem Zusammenhang mit der »Wissenschaft, wohlanständig zu leben«.[243] Sinemus hat in neuerer Zeit die Haltung des Thomasius in der Tradition der Decorum-Lehre hervorgehoben.[244] Ethik (oder Sittenlehre), Decorum (oder Anstand) und Politik (gesellschaftlich kluges Verhalten) stehen in wechselseitigem Bezug.[245] In den »Cautelen« für Juristen begreift Thomasius als Politik die »Regeln der Nutzlichkeit oder die Lehre dessen daraus die Ruhe der Menschen bestehet, d.i. wenn der Mensch weder Schmertzen noch Armuth, noch auch sonst eine Beschimpffung leydet, oder vielmehr, wenn er einen wahren Mangel des Schmertzens, eine wahre Genügsamkeit und Ehre hat.«[246] Hier zeichnet sich bereits eine Entwicklung ab, die erst im Laufe der Aufklärung zur Entfaltung kommt: die Wende vom kaufmännischen Ideal zum Ideal des »Weisen«.

Steht beim frühen Thomasius – besonders deutlich abzulesen an der Wertung der vier diskutierenden Partner des ersten Bandes der »Monatsgespräche« – das *Ideal des Kaufmanns* neben dem des Kavaliers,[247] so rückt beim späteren Thoma-

---

240 Fischer: Der Intellektualwortschatz, S. 65ff.; Sinemus: Poetik und Rhetorik, S. 163f.

241 Thomasius: Kurtzer Entwurff der politischen Klugheit; Erfindung der Wissenschaften anderer Menschen Gemüther zu erkennen, in: Kleine Teutsche Schriften, Nr. X, S. 466ff.; dazu Bienert: Die Philosophie des Christian Thomasius, S. 55ff.

242 Thomasius: Einleitung zur Sittenlehre, Kap. 2, § 115; Höchstnöthige Cautelen, Kap. I, § 34ff.

243 Thomasius: Höchstnöthige Cautelen, S. 365–405.

244 Sinemus: Poetik und Rhetorik, S. 161ff.

245 Zur ethischen Fundierung der Politik s. »Höchstnöthige Cautelen«, S. 415, § 26. »Derohalben ist keiner ein guter Politicus, der nicht in seinen Verrichtungen zeiget, daß er ein guter Ethicus sey.«

246 Thomasius: Höchstnöthige Cautelen, S. 406.

247 Im ersten Monat diskutieren Herr Augustin, »ein gereisseter Cavallier«, Herr Benedict, ein gelehrter und studierter Mann, Herr Christoph, »ein Handels-Herr«, und Herr David, ein »Schulmann«. Mit Abstand vertreten Augustin und Christoph die unbefangensten, das sind die vernünftigsten Meinungen. Zur Rangordnung und Einschätzung der Gesprächspartner Witkowski: Geschichte des literarischen Lebens, S. 207. Der gesellschaftliche Aufstieg des Kaufmanns – infolge der für das Staatswohl wichtigen Ökonomik – hebt wiederum die Bedeutung der Realdisziplinen – und senkt den Sozialstatus des Gelehrten, der unter dem Erwerbsaspekt keinen unmittelbaren ›Gewinn‹ abwirft.

sius das Bild des *weisen* und doch geschäftstüchtigen Mannes in den Vordergrund.[248] Dieses Ideal des ›weltklugen Weisen‹ ist nur erreichbar in einer Vereinigung äußerlicher und innerlicher Postulate: die innere Glückseligkeit ist Resultat dieser Synthese. Bei der Betrachtung des von Thomasius entworfenen Wissenschaftsmodells und seiner Kritik am herkömmlichen Gelehrten- und Gelehrsamkeitsideal muß daher der Wandel seines eigenen gesellschaftlichen Ideals im Blick behalten werden. Der Abkehr vom Typus des weltabgewandten, nur seiner Wissenschaft lebenden Gelehrten entspricht zunächst die Hinwendung zum lebensorientierten, weltpraktischen Ideal des Kaufmanns als bürgerlicher Variante und des Kavaliers als höfischer Variante des neukonzipierten ›politischen‹ Typus.

Charakteristisch für die thomasische Konzeption ist ihre relative Unabhängigkeit von innerwissenschaftlichen Entwicklungen, wie sie etwa die Wissenschaftsideale eines Descartes, Leibniz oder Tschirnhaus noch geprägt hatten, vor allem die fast ausschließliche Orientierung an gesellschaftlichen Gegebenheiten und Bedürfnissen. Diese gesellschaftliche Pragmatik bezeichnet denn auch die Bedeutung des thomasischen Modells und zugleich seine Grenze. Wissenschaftstheoretisch selbst hat Thomasius eine nur transitorische Wirkung besessen; wissenschaftsgeschichtlich dagegen ist sein Entwurf der symptomatische Ausdruck seiner Zeit. Das erklärt auch die Begrenztheit des wissenschaftlichen Charakters der thomasischen Lehren selbst, die weniger Vollzug einer fälligen innerwissenschaftlichen Entwicklung waren als Wolffs großer Systembau, sondern stärker außerwissenschaftlichen Interessen Rechnung trugen. Die fortdauernde Bedeutung des Thomasius liegt daher weniger in wissenschaftlichen Neukonzeptionen selbst, als in der Herausarbeitung des gesellschaftlichen Stellenwerts von Wissenschaft überhaupt. Thomasius kommt das Verdienst zu, der Selbstgenügsamkeit scholastischer und humanistischer Wissenschaft die Berechtigung abgeschnitten und jegliche Wissenschaft auf ihren gesellschaftlichen *Nutzwert* verpflichtet zu haben.[249] Das Ideal des Kaufmanns beleuchtet den pragmatischen Zug des thomasischen Denkens. Der historische Standort erklärt auch das Überziehen dieses pragmatischen Aspekts,[250] der die Wissenschaft nur dort rechtfertigen will, wo ein gesellschaftlicher Nutzen unmittelbar einsichtig wird. Diese zu kurz greifende Begründung hat sich bei Thomasius nicht geändert. Wohl aber hat sein gesellschaftliches Konzept, das der frühen Wissenschaftskritik entsprach, durch die Einflüsse des Pietismus

---

[248] Thomasius: Kurtzer Entwurff der politischen Klugheit (1710), S. 98, § 61. »Dahero bedienet sich ein Weiser der Augen seines Gemüths / seine wahren Freunde von den Freunden seines Reichthums oder Ehren-Standes zu unterscheiden [...]«; zum Ideal des ›politischen Weltweisen‹ Brückner: Staatswissenschaften, S. 112–118. In der »Politischen Klugheit«, Kap. I, S. 4–21, postuliert Thomasius die Untrennbarkeit der Begriffe Weisheit und Klugheit.

[249] »Alle Wahrheiten die keinen Nutzen haben / sind nicht Stücke der Weißheit / sondern Thorheit.« Thomasius: Außerlesene und in Teutsch noch nie gedruckte Schriften (1705), S. 110.

[250] Dazu auch Schaefer: Das Gesellschaftsbild, S. 63ff.

die nötige Erweiterung um innere Werte erfahren. Für die Wissenschaftslehre hat Thomasius diese Erweiterung selbst nicht mehr vollzogen: daß zum Aspekt des gemeinnützigen Vorteils der Aspekt des wissenschaftsimmanenten Gewinns hinzutrete. Gesellschaftlich weist das von Thomasius entwickelte Ideal des ›politischen‹ Weisen auf die Nathan-Gestalt Lessings voraus, die ja auch ein Ergebnis experimentierender Argumentationsmodelle war. Die Gestalt des Kaufmanns war jedenfalls auch im Wolff-Gottschedschen Umkreis langezeit die Idealfigur, hier jedoch, anders als bei Thomasius, deutlich unter englisch-holländischem Einfluß. Auch bei Lessing spielt in den Jugendstücken der Kaufmann als Vorbildfigur eine wichtige Rolle,[251] ehe er eine Vertiefung, eine ›ethische Läuterung‹ erfährt in der Gestalt des ›weisen‹ Kaufmanns.

Eine Abwendung vom politisch-höfischen Bildungsideal bahnt sich in Thomasius' Werk selbst bereits an. Zwischen der ausgesprochen höfisch orientierten Frühphase und der bürgerlich-politischen Spätphase ist die Berührung mit dem Pietismus eingelagert. Sie begründet zumindest die Abkehr von der reinen Galanterie und der Ausschließlichkeit des höfischen Musters. Das in den »Cautelen« und der »Politischen Klugheit« niedergelegte Modell bürgerlicher Klugheit, das die politisch-galanten Ideale der Frühzeit den bürgerlichen Interessen annähert, hat in der Wissenschaftsgeschichte bis zum Auftreten Christian Wolffs einen beherrschenden Einfluß ausgeübt.

2.2. Gelehrtenkritik und Wissenschaftsneukonzeption

(1) Gelehrtenkritik als Ausfluß des politischen Gesellschaftsideals

Die neue, seit dem Ende des dreißigjährigen Krieges und der Verstärkung französischer Einflüsse gebildete soziale Hierarchie erfaßt in besonderem Maße die Beamtenaristokratie. Zu ihr rechnet stärker als im 16. Jahrhundert und in der ersten Hälfte des 17. Jahrhunderts der Adel[252] und der bürgerliche Juristenstand, der ansatzhaft die Grenze zwischen Adel und Bürgertum zu verwischen beginnt.[253]

[251] Der geldfixierte Chrysander, »ein alter Kaufmann« im »Jungen Gelehrten«, bedingt; dazu Schlaffer: Tragödie und Komödie. Ehre und Geld. Lessings ›Minna von Barnhelm‹, in Schlaffer: Der Bürger als Held, S. 105ff.

[252] Sinemus: Poetik und Rhetorik, S. 236ff.; Oestreich: Strukturprobleme des europäischen Absolutismus, in: Geist und Gestalt, S. 187ff.; ders.: Ständetum und Staatsbildung in Deutschland, ebd., S. 285ff.; Rößler: Schlußwort, in: Deutscher Adel 1555–1740, S. 347f.; Zeeden: Das ZA der Glaubenskämpfe, S. 201.

[253] v. Graevenitz: Innerlichkeit und Öffentlichkeit, S. 56⁺ff.; Vierhaus: Deutschland im Zeitalter des Absolutismus, S. 77ff., bes. zur Situation in Preußen; Rosenberg: Bureaucracy, Aristocracy and Autoracy; Schmoller: Über Behördenorganisation, Amtswesen und Beamtentum, S. 13–143; Gerhard: Amtsträger zwischen Krongewalt und Ständen, bes. S. 243f. Die ›politischen‹ Unterweisungen wenden sich in erster Linie an die Icti, die werdenden Politiker; Weise empfiehlt im »Politischen Academicus« Jura als ein Hauptstudium; bei Thomasius ergibt sich diese Akzentuierung aus seiner beruflichen Position von selbst. Flemming: Deutsche Kultur, S. 45f.; Oestreich: Verfassungsgeschichte, S. 87 (»Behördenpatriziat«).

Es ist weniger der vielzitierte »Adel des Geistes«, der eine reale politische dem Adel vergleichbare Position einnehmen konnte, als der sich neu bildende Stand juristischer Regierungsbeamter. Durch Nobilitierung wurde jedoch dieser Zwischenstand schließlich dem Adel integriert und dadurch eine Erhöhung des ›bürgerlichen‹ Status vermieden.[254] Allerdings hat sich dieser Zwischenstand selbst, der die Stationen des gelehrten Studiums hinter sich gebracht hat, nicht mehr als bürgerlich verstanden. In das ungleich feinere Raster der Stände waren Gelehrte nach wie vor anders eingegliedert als Bürger, die von Haus aus als Handeltreibende dem ›Nährstand‹ zugerechnet wurden. Gelehrte an Universitäten und geachteten Schulen gehörten ebenso wie die Geistlichkeit zum *›Lehrstand‹*.[255] Juristen dagegen zählten, wenn sie an der Regierung in höheren Positionen teilnehmen konnten, zum ›Wehrstand‹ oder dem Regimentswesen im weiteren Sinne. In dieser Einschätzung macht auch Thomasius keine Ausnahme. Bei der Taxierung des Decorum wird die herkömmliche Ständeperspektive deutlich. Der durch den Adel gebildete Wehrstand ist für die Gestaltung des Decorum nach wie vor verantwortlich.

> »Nun solte dieser zwar dahin sehen / daß durch das decorum und die Sitten des Landes wieder die Erbarkeit nichts vorgenommen würde / und wenn der *Lehrstand* gewahr werden solte / daß dißfalls die Erbarkeit hindan gesetzet würde / ist es seines Amts dieserwegen gehörige iedoch bescheidene Christliche Erinnerungen zu thun / und die Unziemlichkeit der Sache glimpflich vorzustellen. Der *Nehrstand* hält sich gemeiniglich in ansehen des decori passivè und neigt sich hin / wo die beyden ersten Stände oder einer von denenselben incliniret.«[256]

Der Hof wird also in der zweiten Hälfte des 17. Jahrhunderts in verstärktem Maße als zuvor zum Gradmesser der sozialen Geltung.[257] Auch auf die soziale Taxierung der Gelehrten gewinnt dieser Prozeß Einfluß. Im 15. und 16. Jahrhundert war der Gelehrtenstand dem Adel – wenn auch nicht überall mit derselben Reichweite – gleichgestellt worden, weil er seine Exemtion aus der bürgerlichen Standeshierarchie durchzusetzen gewußt hatte. Mit der kulturellen Verlagerung, vor allem dem Abstieg der Universitäten sank auch die soziale Geltung des Gelehrten. Seine Ferne zum Hof – ausgenommen sind immer die Juristen – und sein unhöfisch-ungeselliges Verhalten vertieften die Diskrepanz und bildeten den Ausgangspunkt

---

[254] Brunner: Neue Wege der Sozialgeschichte, S. 146ff.; Dobler: Das kaiserliche Hofpfalzgrafenamt, S. 89–135. Das bedeutet allerdings nicht, daß die Nobilitierten dem ständischen (Alt-)Adel gleichgestellt wären.

[255] Schoeps: Deutsche Geistesgeschichte, Bd. 2, S. 178–182; zum Gelehrtentum nach dem dreißigjährigen Krieg Schulz-Falkenthal: Christian Thomasius, S. 535f.

[256] Thomasius: Vier Programmata über seine Grundlehren, in: Außerlesene und in Teutsch noch nie gedruckte Schriften, Tl. 2, S. 213ff., auch S. 221ff.

[257] Zur Höfisierungstendenz in der zweiten Hälfte des 17. Jahrhunderts Steinhausen: Geschichte der Deutschen Kultur, Bd. 2, Kap. V. »Die Säkularisierung und Modernisierung der Kultur unter fremdem Einfluß und unter Führung der Hofgesellschaft«, S. 310–376.

für die Gelehrtenkritik der siebziger und achtziger Jahre,[258] wie sie bei Thomasius exemplarisch begegnet.[259] Für den Beginn einer Mißachtung reinen Gelehrtentums gibt es zahlreiche Belege. Die von Liselotte von der Pfalz monierten »narische maniren, die die Gelehrten ahn sich haben undt nicht wie ander leute sein können«,[260] wirkten als Trennungsmerkmal zwischen Hof und Gelehrtentum. Der Topos vom contemptus vitae aulicae erscheint als Ausdruck des Selbstverständnisses der Gelehrtenschaft.[261] Der in der zweiten Jahrhunderthälfte einsetzende Höfisierungstrend wirkt dem nicht-galanten Gelehrtentum grundsätzlich entgegen. Der Dichter Johann Christoph Wentzel konstatiert

»Da / wo die Lufft der Höhe wehet
Wird dieses Purpurs Ehren-Pracht
Gar offt vom Mopsus ausgelacht [...].«[262]

Auf der anderen Seite schadet auch der ökonomische Aufstieg des gewerbetreibenden Bürgertums dem Ansehen des Gelehrtenstandes.[263] Das an den Bedürfnissen des Alltags und des Wohllebens orientierte Zweckdenken findet an den gelehrten Spielereien und historischen Wissensansammlungen ohne erkennbaren Marktwert keinen Gefallen. Die alten Normen geraten aus der ökonomischen Perspektive in Verruf:

»Auch nützt der Doctor-Nahme nicht
Und muß sich steten Schimpffs befahren

---

[258] Zum gegenhöfischen Programm erhebt Heumann diese Verschiedenheit von Hof und Gelehrtentum, in einer Anmerkung über die »Klugheit im Konuersiren« mit Ranghöheren: »Ich habe hierbey dieses auch zu erinnern, daß ein Philosophus, und überall ein wegen Gelehrsamkeit wohlangesehener Mann, Fürstliche Höfe, und die Conuersation der Hoffleute, meiden solle, so viel als möglich ist. Denn zu Hofe wird die Gelehrsamkeit nicht pro summo bono gehalten, und ein Gelehrter, der in foro literario eine grosse figur machet, wird von den meisten Hoffleuten unter den Titel eines Pedanten verachtet. So sind auch die mores eines aulici gantz unterschieden von denen eines Philosophi: und kan es also nicht fehlen, es muß einer vor dem andern in seinem Hertzen gleichsam einen Eckel und Antipathie empfinden.« Heumann: Der politische Philosophus, S. 36f. Anm. p.

[259] Thomasius: Einleitung zur Hoff-Philosophie, Vorwort, S.):(2v. »[...] so geschiehet es auch heute selten gnug / daß die von Adel und Standes-mässige Personen / und noch viel seltener / daß Fürsten auf Academien dem Studiren ergeben sind / sondern es werden selbige vielmehr an den Höfen selbst unter der Direction solcher ansehnlichen Männer / welche von den Academischen Sitten gantz entfernet sind / in nöthigen und galanten Disciplinen unterrichtet. Diesem kömmt noch hinzu / daß nebst den Academischen Sitten auch so gar die Lehrer selbst / die auf Academien gebräuchlich sind / an den Höfen gemeiniglich in so üblem Ruff stehen / daß sie auch dieselbe insgemein mit dem Namen Pedanterey zu belegen pflegen.«

[260] Briefe der Herzogin Elisabeth Charlotte von Orléans, aus dem Jahre 1672, Bd. 1, S. 145. Vgl. Wedemeyer: Das Menschenbild, S. 516ff. »Der Gelehrtenstand und sein Alltag«.

[261] v. Graevenitz: Innerlichkeit und Öffentlichkeit, S. 1^{+}ff., S. 67.

[262] Johann Christoph Wentzel: Lorbeer-Hayn Oder Poetischer Vorraht, S. 256, aus dem Promotionsgedicht für Johann Weißenborn.

[263] Wedemeyer: Christian Thomasius, S. 518.

Im fall Mercur / als Gott der Waaren
Sein unbedachtes Urtheil spricht.«[264]

Wentzel selbst als poeta eruditus steht der Abwertung des Gelehrtentums nicht günstig gegenüber. Aber der Frage, die kaufmännischer Erwerbsgeist an den gelehrten Stand richtet: »Wem ist wohl / spricht ein Vieh / der rothe Deckel nütze?« ist nicht durch Hochhalten der Tradition allein zu begegnen. Der traditionelle Gelehrte, das zeigt die Formulierung Wentzels, der den Vertreter der utilitaristisch-ökonomischen Tendenz schlichtweg als »Vieh« abqualifiziert, steht dieser Umwertung einigermaßen rat- und wehrlos gegenüber.[265]

Die ›*Politisierung*‹ auch dieses Standes und seiner Tätigkeit ist die Konsequenz aus der gesellschaftlichen Infragestellung der alten Traditionsform. Obwohl die Indienstnahme der traditionellen Gelehrsamkeit durch die neuen politischen Zwecksetzungen sich schon bei Christian Weise anbahnt, findet sich bei ihm noch keine Kritik am Gelehrtentum des alten Schlags. Es ist sicherlich nicht nur eine Frage des Naturells, daß Weise als der vorsichtigere, ja ›politischere‹ Typus im Vergleich zum impulsiv-aggressiven Thomasius die Abkehr vom traditionellen Gelehrtentypus noch nicht vollzieht. Thomasius nimmt, anders als der in diesem Punkt konservativ-vermittelnde Weise, in der Wissenschaftsgeschichte darum einen bedeutsamen Platz ein, da er die Abkehr vom Typus des reinen Gelehrten in Erkenntnis der Notwendigkeit gesellschaftlicher Anpassung der Wissenschaftler und der Notwendigkeit gesellschaftlicher Verpflichtung der Wissenschaft selbst propagiert. Erst bei Thomasius beginnt systematisch – nach vereinzelten kritischen Ansätzen bei den Satirikern und den Realpädagogen des Barocks[266] – die Frontstellung gegen den rhetorischen Humanismus und die dialektische Scholastik, als Paradigmen des antiquierten Gelehrtenverständnisses.[267] Möglich wurde die dezidierte Abkehr indes nur durch die Konzeption eines Gegenideals, das auf den modernen gesellschaftlichen Entwicklungen beruhte. Mochte sich dieses ›politische‹ Gesellschaftsmodell vorerst auch prinzipiell nicht von dem Weises unterscheiden, so hat doch Weise aus dem ›politischen Modell‹ nicht die Konsequenzen für den Gelehrtenstand gezogen. In der Neuformierung des Unterrichts-Kanons selbst blieb Weise ja – deutlich wurde dies gemacht an seiner Einstellung gegenüber den Realdisziplinen – einigermaßen konservativ; während er in der Gestaltung des Lehrmodus eher eine progressive Stufe einnahm. Thomasius selbst blieb indes bei der Konsequenz, die er aus dem ›politischen Modell‹ für Gelehrsamkeit und Gelehrtenstand vornahm, nicht stehen. Seine späteren Schriften weisen gegenüber dem »Discours« und den »Monatsgesprächen« bereits Ansätze einer spezifischen Verbürgerlichung des Gelehrsamkeitsbegriffs auf.

Die wirkungsvolle und vordergründige *Kritik am Gelehrtentum* findet sich in

---

[264] Wentzel: Lorbeer-Hayn, S. 256.
[265] Ebd., S. 487, aus dem Promotionsgedicht für Johann Heinrich Trumph.
[266] Vgl. Monatsgespräche I (1688), S. 181 zu Moscherosch; Cohn: Gesellschaftsideale, S. 58.
[267] Vgl. die betreffenden Stellen in den »Monatsgesprächen«, Register zu Bd. I und II s. v. Academien, Aristoteles, Gelehrte, Pedant, Ungelehrte, Universitäten.

den Frühschriften nach 1687.[268] Ihre – von Thomasius verteidigte –[269] satirische Form trug zu ihrer Effektivität wesentlich bei.[270] Die umfangreiche, mit großer Heftigkeit geführte Kritik muß hier nicht im einzelnen nachvollzogen werden. In jeder größeren Darstellung über Thomasius finden sich Abschnitte über die von ihm besonders bekämpften Typen, unter denen der *Pedant* an erster Stelle rangiert.[271] Obwohl der Begriff in jeder antigelehrten Schrift auftaucht und im Register der »Monatsgespräche« beachtlichen Raum beansprucht,[272] hat Thomasius doch keine ganz klare Definition dieses Typus gegeben. Zunächst orientiert er sich an dem durch die Tradition vorgegebenen Typus des ›pedante‹, wie er von der

---

[268] Besonders in den Schriften »Discours, welcher Gestalt man denen Frantzosen in gemeinem Leben und Wandel nachahmen solle?« (1687); »Introductio ad Philosophiam aulicam« (1688); »Discours Von denen Mängeln der Aristotelischen Ethic, und von andern das jus publicum betreffenden Sachen« (1688); »Discours Von denen Mängeln derer heutigen Academien, absonderlich aber der Jurisprudenz« (1688); »Monatsgespräche« (1688–1690); »De Praejudiciis oder von den Vorurteilen« (1689), in: Gemischte Händel, Tl. 3.

[269] Thomasius rechtfertigt in den »Monatsgesprächen«, Bd. IV (1689), S. 1146f., die umstrittene satirische Schreibweise, von der er unter pietistischem Einfluß abrückt. Dazu vgl. die Schrift »Oster-Gedancken vom Zorn und der bittern Schreib-Art«, in: Kleine Teutsche Schrifften, Nr. XVIII. Bereits in den »Monatsgesprächen«, Bd. IV, S. 1153f., ist sich Thomasius der Wirkungslosigkeit auf die eigentlich Betroffenen bewußt.

[270] Zu den »Monatsgesprächen« s. Luden: Christian Thomasius, S. 36–85, 95f., 159, 162ff.; Prutz: Geschichte des deutschen Journalismus, Tl. 1, S. 286–341; Witkowski: Geschichte des literarischen Lebens, S. 204–214.

[271] Zur Wortgeschichte des Pedanten-Begriffs Böhm: Sokrates im achtzehnten Jahrhundert, S. 29; Borinski: Gracian und die Hofliteratur, S. 55f., 101ff.; Schulz-Falkenthal: Christian Thomasius, S. 535ff., 545, 548ff.; Wundt: Die deutsche Schulphilosophie, S. 33, 76; zur Kritik am veralteten Gelehrtenideal des Schulunterrichts Martino: Lohenstein, S. 103ff.; Martens: Von Thomasius bis Lichtenberg, S. 8f. Außer in den »Monatsgesprächen« polemisiert Thomasius mit Heftigkeit gegen die Pedanten in der »Einleitung zur Hoff-Philosophie«, Vorrede, S.):(2v, in den »Außerlesenen Anmerckungen«, Tl. 2, S. 101f., (Hoffart, Vielschreiberei), Kleine Teutsche Schrifften, Abhandlungen Nr. 2, Nr. 3, Nr. 4. Zum Pedantismus s. auch die Definition Ecksteins in Ersch/Grubers: Allgemeine Encyklopädie, S. 406ff.; Deutsches Fremdwörterbuch. Hrsg. v. Hans Schulz / Otto Basler, Bd. 2. Berlin 1942, s. v. Pedant, S. 436ff. Zur gesellschaftlichen und wissenschaftsgeschichtlichen Begründung jetzt auch Kühlmann: Gelehrtenrepublik, S. 423ff.

[272] Thomasius: Monatsgespräche, Register zu Bd. I und II; bezeichnende Stichworte heißen: »Pedanten refutiren das / was sie noch nicht gelesen«, »Pedanten werffen mit Syllogismis um sich«, »Pedanten sind trotzige und verzagte Leute«, »Pedanten sind von irraisonablen Impressionen nicht abwendig zu machen«, »Pedanten lassen sich gerne loben«, »Pedanten können nicht leiden / daß man ihnen widerspricht«, »Pedanten sind melancolisch und von gezwungenen Schertz«, »Pedanten schmieren anderen falsche Opiniones an«; »Beten in ihren discursen Lateinische und Griechische loca autorum her, und allegiren dieselbe noch darzu«. »Mischen gerne Frantzösisch mit unter / ob sie es gleich nicht können«, usw. Zur Pedantenkritik vor Thomasius Pierre Poiret: De eruditione triplici solida, superficiaria et falsa libri tres, Frankfurt und Leipzig 1708, S. 91ff., zählt verschiedene Typen auf; R. Zeller: Spiel und Konversation, S. 64ff. zur Pedantenkritik bei Harsdörffer.

italienischen commedia dell'arte ausgebildet worden ist.[273] Die zweite Ursprungslinie führt in die Niederlande, nicht von ungefähr, weil dort sich zuerst das neue Gelehrtenverständnis entwickelt hat.

In der »Hofphilosophie« beruft Thomasius sich ausdrücklich auf die Rede Ulrich Hubers gegen die Pedanterie und referiert sogar deren wichtigste Argumente.[274] Nach Huber wird das Wort ›Pedanterey‹, im eigentlichen oder im uneigentlichen Sinn benutzt. Uneigentlich werden von ungelehrten und unerfahrenen Leuten »alle gelehrte Männer insgemein davor gehalten«, ferner die Fürsten, die sich des Studiums befleißen, die Doktoren und Magister der »honnetten Künste«, die Philosophen, die Philologen oder die »Lehr-Meister der untersten Schulen«.[275] Eigentlich aber zeigt die Pedanterey eine Haltung an, »welche mit einem auffgeblasenen abgeschmackten Wesen / ungeschicktem Urtheil / und einer erdichteten Tugend« verdorben worden sei.[276] Mit dieser Zusammenfassung der übrigens weitläufig ausgeführten Einzellaster stimmt Thomasius' eigene Definition überein, »daß die Pedanterey eine Unklugheit vernünfftig zu schliessen sey / die mit einer Auffgeblasenheit vergesellschafftet wäre.«[277] Es erhellt, daß der hier verwendete Pedantenbegriff von dem heute üblichen abweicht. Besonderen Wert legt Thomasius natürlicherweise auf das Fehlen der Klugheit und des vernünftigen Urteils; dazu kommt die Aufgeblasenheit, die der innerlichen Unfähigkeit den Schein einer besonderen Geisteskraft zulegt.

Wesentlich ist der von Thomasius gerügten Scheingelehrsamkeit einerseits die Behandlung weltfremder und spitzfindiger[278] Probleme, wie sie Dialektik und Theologie, ähnlich der mittelalterlichen Scholastik, noch immer praktizierten; andererseits die Methode des belegenden Argumentierens, die mit Autoritäten statt mit Vernunftschlüssen operierte.[279] Hierin hatten sich mittlerweile Neuscho-

---

[273] Hinck: Das deutsche Lustspiel, S. 119, 215f. Zur Pedantentradition Flögel: Geschichte der komischen Litteratur; Kühlmann: Gelehrtenrepublik, S. 285ff., 372ff.

[274] Thomasius: Einleitung zur Hoff-Philosophie [...] Statt eines Anhangs ist noch hinzugekommen Herrn Ulrich Hubers / Eines berühmten Niederländischen Rechts-Gelehrten / gehaltene Rede Von dem Laster der Pedanterey [...], S. 292–296. Eine ausführliche Paraphrase von Hubers Rede findet sich auch in den »Monatsgesprächen«, Bd. V (1690), S. 55–85. Zu Hubers »Oratio de Pedantismo« Gundling: Kurtzer Entwurff eines Collegii über die Historiam Literariam, S. 276f. Ulrich Hubers am 1. Juni 1688 gehaltene Rede stellt ihrerseits ein Echo auf Thomasius' »Discours« von 1687 dar; vgl. Kühlmann: Gelehrtenrepublik, S. 438ff.

[275] Thomasius: Hoff-Philosophie, S. 293.

[276] Ebd., S. 294.

[277] Ebd., S. 293; in der lateinischen Ausgabe »Introductio ad Philosophiam aulicam«, S. 242, heißt die entsprechende Definition, Pedanterie sei eine »imprudentia cum fastu et opinione prudentiae conjuncta«. Pedanterie ist also nicht bloß Schrulligkeit, ein formaler, sondern ein inhaltlicher Fehler, sie ist die eigentliche »Feindin« der Gelehrsamkeit. Kleine Teutsche Schrifften, S. 463.

[278] Antischolastische Polemik besonders in der Schrift »D. Melchiors von Osse Testament«, S. 145.

[279] Thomasius: Außerlesene Schrifften, S. 22; Müller: Geschichte der deutschen Seele, S. 168.

lastik und Humanismus einander angenähert. Nicht von ungefähr führt Thomasius als Muster des Pedanten in einer romanhaften Darstellung den von ihm – und von Luther, den er in dieser Hinsicht als Stammvater in Anspruch nimmt – heftig bekämpften Aristoteles vor.[280]

Hier zeigt sich jedoch deutlich die maßlose Seite seines satirischen Vorgehens, das um des positiven Zieles willen den Bogen der Negation überspannt. Kritik an Thomasius' Pedantenschelte übt ein »Wohlmeinendes Gutachten« eines Unbekannten;[281] Thomasius habe, obwohl er »doch so viele Leute zu Pedanten machen« wollte, selbst keine »deutliche Beschreibung« der Pedanterie gegeben. Der Opponent definiert selbst:

> »Die Pedanterey sage ich derowegen / ist ein einfältiger Hochmuth / wodurch Leute / die in Ausübung der Wissenschaften occupirt sind / entweder wegen wahrer oder eiteler Wissenschafft sich erheben / auch per force dergleichen Hochachtung von andern praetendiren / aber anstatt derer eine hönische Verachtung zu Lohne bekommen.«[282]

Die hier gebotene, zum Teil wirkungsbezogene Definition deckt sich indes nicht völlig mit der des Thomasius. Der Opponent betont, Pedanten seien auch, »die sich wegen wahrer Wissenschaft etwas einbilden«, legt also auf den Hochmut, die Überheblichkeit als Grundlage der Pedanterie den Hauptakzent, gleichgültig, wie die tatsächlich betriebene Wissenschaft beschaffen ist. So weit geht Thomasius nicht. Basis des Pedanterie-Verdikts ist für ihn immer die falsch betriebene Wissenschaft. Die Einbildung auf diese unqualifizierte Gelehrsamkeit kommt als Sekundärmerkmal hinzu. Pedanterie, läßt sich zusammenfassen, stellt für Thomasius immer die Form einer *Scheinwissenschaft*[283] auf der Objektseite dar, zu der sich auf der Subjektseite der Schein großer Gelehrsamkeit gesellt.

Die Äußerungsformen des Pedanten sind mannigfaltig. Er steht jedoch, indem seine Wissenschaft sowohl der Klugheit als auch der Vernunft entbehrt, im

---

280 Thomasius: Monatsgespräche I (April 1688), S. 449–585; zum Aristoteles-Roman als einer Satire auf die Leipziger Verhältnisse s. Witkowski: Geschichte des literarischen Lebens, S. 211ff.; Schulz-Falkenthal: Thomasius, S. 543f. Zur Rezeption des Aristoteles in Deutschland R. Eucken: Die Methode der Aristotelischen Forschung. Berlin 1872; Petersen: Geschichte der Aristotelischen Philosophie im protestantischen Deutschland. Leipzig 1921. Auf Luther beruft sich Thomasius in der »Historie der Weisheit«, S. 7ff.; gegen Aristoteles richtet sich besonders die Abhandlung »Von den Mängeln der Aristotelischen Ethik«, in: Kleine Teutsche Schrifften, S. 68–108; gegen die aristotelische Logik spricht sich Thomasius auch im »Summarischen Entwurff«, Kap. X, S. 62, aus. Verwunderlich ist es jedoch, daß er auch diskutiert, ob Montaigne ein Pedant sei; Monatsgespräche IV (1689), S. 678; Außerlesene Anmerckungen, Bd. 2, § 18.

281 Wohlmeinendes Gutachten Uber Herrn Thomas Bißherige Art zu schreiben / Nach dem unlängst heraus gekommenen Vorschlag / Wie Er einen jungen Menschen binnen drey Jahren in der Philosophie und singulis Jurisprudentiae partibus zu informieren gesonnen sey. Entworffen von einem Unbekannten, in: Kleine Teutsche Schrifften, Nr. IV, S. 270ff.

282 Thomasius: Kleine Teutsche Schrifften, S. 283.

283 Wie bei Joachim Lange: Medicina mentis (1704), Kap. 7; vgl. Wundt: Die deutsche Schulphilosophie, S. 76.

Gegensatz zum Hof- und zum Handelsmann. Irmgard Wedemeyer hat die verschiedenen Formen des pedantischen Gelehrten zur allgemeinen Kulturkritik des Thomasius in Beziehung gebracht,[284] und die Nachbarschaft von Pedanterie und Heuchelei in Thomasius' Wortgebrauch hervorgehoben.[285] Zur Gelehrtenkritik und -satire tritt ergänzend die Rüge der leichtfertigen, an den falschen traditionellen studentischen ›Idealen‹ des Pennalismus orientierten Jugend.[286] Auch hier bot ihm die Tradition der Studentenliteratur ein reichhaltiges Material.[287] Nicht zufällig begegnet in diesem Kontext der Name und die Argumentation Balthasar Schupps.[288]

Die kritischen und programmatischen Anstöße des Thomasius wurden von Johannes Zeidler (1655–1711) in mehreren, besonders gegen protestantische Orthodoxie und scholastische Philosophie gerichteten Satiren aufgegriffen.[289] Auch der Vielschreiber Eberhard Werner Happel (1647–1690) übernimmt in seinem bekannten »Academischen Roman« (1690) die thomasische Dichotomie. Er stellt neben die Figur des Cavina, den »Vertreter der aktuellen galanten Gelehrsamkeit«,[290] den traditionsreichen Pedanten Troll:

> »Er meynet es sey kein Witz / als Bücher-Witz / und der Mensch lebe nur darum / auf daß er lese und studire, und lese nicht darum / auf daß er lebe. Gestalt er selbst immerzu lieset / gleich als ob man nichts auß der täglichen Erfahrung und der täglichen Experienz oder dem großen Natur-Buch lernen könte.«[291]

---

284 Wedemeyer: Das Menschenbild, S. 511ff.

285 Ebd., S. 524.

286 Thomasius: Vom elenden Zustand der Studenten, in: Kleine Teutsche Schrifften, Nr. XIV, S. 567–614; vgl. D. Melchiors von Osse Testament, S. 222ff.

287 Zur Tradition der Studenten-Darstellungen s. die Bibliographie von Erman/Horn; ferner Hinweise bei Singer: Der galante Roman, S. 12, 18; Schoeps: Das Zeitalter des Barock, S. 182; zum Studentenleben der Zeit besonders informativ Eberhard Werner Happels Roman »Der Akademische Roman« (1690), bes. Kap. 24; in der Ausgabe von Scholz (1962), S. 269ff.

288 Thomasius zitiert Schupps Schriften laufend, besonders den »Teutschen Lehrmeister« in seiner späten Schrift »D. Melchiors von Osse Testament«.

289 Zu Zeidlers Satiren über »Metaphysica oder Übernaturlehre«, »Gnostologia«, »Noologia«, »Fiscologia«, »Pneumatica«, »Physica« und »Ethica« s. Flögel: Geschichte der komischen Litteratur, Bd. 3, S. 446–457, hier S. 446: »Man glaubte damals, daß Christian Thomasius dahinter stekte, der ihn zum satirisiren aufgemuntert, und ihm die Hauptdata selbst an die Hand gegeben hätte; welches auch gar nicht unwahrscheinlich ist, da Thomasius manche von Zeidlers Meinungen selbst geäußert, und Zeidler ein großer Verehrer von Thomasius war, auch einige Schriften deßelben aus dem lateinischen ins deutsche übersetzt hatte.«

290 Kühlmann: Happels ›Academischer Roman‹, S. 388.

291 Zit. nach Kühlmann, ebd., S. 393; vgl. S. 270f. der Ausgabe Scholz: »Von guten Sitten wissen sie auch nur vom Hörensagen, können mit niemand Konversation halten, sind im Werk keine Menschen, sondern nur Schatten von Menschen, die da einen Leib ohne Seele und Gemüt, und nur allein mit kalten Gedanken überschwemmt, herumtragen [...]«.

Die Gelehrtentradition, die in ihrer Eigenständigkeit der gesellschaftlichen Anpassung verlustig gegangen ist und damit jeglichen überständischen Zweck entbehrte, erscheint seit Thomasius durch die Ideale des Politischen und des Pragmatischen relativiert. Die Welt des Hofes, verkörpert in der Gestalt des Kavaliers, und die Welt des erwerbstätigen Bürgertums mit der Repräsentativgestalt des Kaufmanns stehen bei dem neuen, von Thomasius propagierten Wissenschaftsbegriff Pate. Die galante Annehmlichkeit und der gemeine Nutzen sind die Maximen, an denen sich die neue Wissenschaft zu orientieren hat.[292]

(2) Gelehrtenideal und Wissenschaftsprogramm

Beim jungen Thomasius stehen das höfisch-galante und das bürgerlich-pragmatische Prinzip gleichberechtigt nebeneinander. Deutlich wird dies besonders in der Antrittsvorlesung, die das neue Wissenschaftsprogramm enthält, dem »Discours, Welcher Gestalt man denen Frantzosen in gemeinem Leben und Wandel nachahmen solle.«.[293] Das Gelehrtenideal erscheint als Ableitung des neuen Gesellschaftsideals, des »parfait homme sâge«. Die Wissenschaft stellt den Grund dar, auf dem erst sich ein *bel esprit* entwickeln kann;[294] der gute Geschmack (le bon gout) oder »das natürliche iudicium« bauen auf beiden auf.[295] Aus diesen drei Eigenschaften schließlich entsteht »ein parfait homme galant«.[296] Das Fundament aller dieser Ingredienzien des neuen Kavaliersideals bildet jedoch die Honneteté,

---

[292] »Anmuthige und nützliche Wissenschafften« heißt die entsprechende Verbindung im »Discours« ed. v. Düffel, S. 20.

[293] In: Kleine Teutsche Schrifften, Nr. I; Abdruck bei Opel: Christian Thomasius: Kleine deutsche Schriften, Halle 1894, S. 70–122; Deutsche Literaturdenkmäler des 18. und 19. Jahrhunderts, Nr. 51. NF Nr. 1. Stuttgart 1894; zitiert wird nach der Ausgabe von Düffels wegen der leichten Greifbarkeit. Bei dieser Empfehlung geht es um eine Nachahmung des Wesens, nicht der Äußerlichkeiten; Discours, S. 13. Zum Problem der von Thomasius angeschnittenen Kulturtradition und deren Übertragbarkeit Wedemeyer: Das Menschenbild, S. 520. Aus französischer Sicht Grucker: Histoire des Doctrines littéraires, S. 351f., betont die Idee des Nützlichen. Scheffers: Höfische Konvention, S. 103ff., weist auf die bürgerlich-moralisierende Umakzentuierung des honnête-homme-Begriffs durch Thomasius hin (»ehrlicher, gerechter Mann«).

[294] Zur vielumstrittenen bel esprit-Debatte hat D. Bouhours den Anstoß gegeben; Haase: Zur Frage, ob ein Deutscher ein Bel Esprit sein kann, S. 360ff.; Böckmann: Formgeschichte, S. 483ff.; Deutsche Gegenstellungnahmen sammelt v. Waldberg: Eine deutsch-französische Literaturfehde, S. 87–116.

[295] Zum Geschmacksbegriff bei Bouhours Garrity: Taste and a case for understatement, S. 136ff.; H. Gillot: La Querelle des Anciens et des Modernes en France, Nancy 1914; R. F. Jones: Ancients and Modernes. St. Louis 1936; Vogler: The cult of taste, S. 241ff. Sinemus: Poetik und Rhetorik, S. 165, stellt einen Zusammenhang zwischen Thomasius' iudicium und dem Geschmacksbegriff her.

[296] Thomasius: Discours, S. 37. Zum Ideal des ›galant homme‹ Hazard: Die Krise des europäischen Geistes, S. 366ff.; Steinhausen: Galant, Curiös und Politisch, S. 22ff.; ders.: Die Idealerziehung im Zeitalter der Perrücke, S. 209ff.; Nicolson: Vom Mandarin zum Gentleman, S. 199–225 »L'honnête homme«.

also ein ethisches Moment, das diesen Kavalier vom Politicus älterer Ausprägung unterscheidet. Von den Erfordernissen, »ein ehrlicher / gelehrter / verständiger / kluger und artiger Kopff«[297] zu sein, betont Thomasius – in seinem Amt und vor seinen studierenden Zuhörern verständlich – die Funktion der Gelehrsamkeit. Die französische Gelehrsamkeit dient der deutschen vorbehaltlos als Muster;[298] diese befindet sich auf einem niedrigeren Niveau, »weil sich sehr viel von denen unserigen [Gelehrten, G. G.] auff die Abstractiones Metaphysicas derer Schullehrer befleißigen [...] oder die nöthigen Wissenschafften nur obenhin und ohne gründlichen Verstand wie die Nonnen den Psalter lernen [...].«[299] Nachahmung soll die bisher fehlgeleitete deutsche Gelehrsamkeit auf den richtigen Weg führen, auf dem sich die Franzosen bereits befinden.[300] Sie verstehen unter einem Gelehrten, anders als die deutschen Universitätsgelehrten, die zurückgezogen zwischen ihren Büchern hausen und sich – ein vielfach in der Tradition anzutreffender Vorwurf – in der Gesellschaft unbeholfen und linkisch bewegen,[301] einen Mann, »der mit schönen und den menschlichen Geschlecht nützlichen Wissenschafften gezieret ist.«[302] Der am Bouhours'schen Ideal des bel esprit orientierte Gelehrte bedarf einen subtilen und wendigen Verstand, der unabhängig von der allgemeinen Meinung über die Dinge aus Sachkompetenz urteilen kann. Wesentlich ist die gesellschaftliche Komponente: der Gelehrte soll »lustig und lebhafft« sein, er soll seine Gedanken »mit guter manier und Anmuthigkeit« vorbringen.[303] Gegen die Scholastiker wendet sich die Forderung, der Gelehrte dürfe den Kopf nicht »voll unnöhtige Grillen und Sophistereien« haben (»welche zu nichts nütz seyn«),[304] gegen die Humanisten und Grammatiker das Postulat, der Gelehrte solle es vermeiden, eigene Schriften »mit nichts als Sprüchelgen / die er aus denen alten und neuen Scribenten zusammengesucht«, auszuschmücken.[305] Kenntnis aller »guten« Wissenschaften, klare und deutliche Formulierung, persönliche Bescheidenheit sind Charakteristika des neuen Typus.[306] Als einer der Kronzeugen der

---

297 Thomasius: Discours, S. 13.

298 Ebd., S. 9ff. Bei Thomasius gibt es kein nationalistisches Denken, wohl aber das aus dem Humanismus bekannte Motiv vom Wettstreit der Nationen; ebd., S. 20.

299 Ebd., S. 23f.

300 Zur Modalität der Nachahmung ebd., S. 10, 13, 43f., 45; besonders S. 9f. gegen die Altdeutschen; vgl. S. 11f.

301 Borinski: Gracian und die Hoflitteratur, S. 55f., 101ff. Die in der ursprünglichen Konzeption enthaltenen Kapitel über die Gelehrtensatire in Renaissance, Barock und Aufklärung werden gesondert publiziert.

302 Thomasius: Discours, S. 14.

303 Höflichkeit wird als ›nötiges Stück‹ eines Gelehrten gefordert; D. Melchiors von Osse Testament, S. 214–219 Anm. 106. »Höfligkeit hat den Nahmen von Hoff. Denn ob gleich der Hoff ein Auffenthalt auch vieler Laster ist / so ist doch kein Zweiffel / daß man an Höffen / als auf den höchsten Schulen / viel Gutes lernen kan [...].« Auch Schubart-Fikentscher: Zum 300. Geburtstage von Christian Thomasius, S. 9.

304 Thomasius: Discours, S. 14.

305 Ebd., S. 15.

306 Ebd., S. 16.

Superiorität französischer Gelehrsamkeit gilt Petrus Ramus – wie Thomasius ein Gegner der aristotelischen Philosophie.[307] Auf ihn datiert Thomasius »das Hauptstück der Weltweißheit« zurück, nämlich den rechten Gebrauch der eigenen (natürlichen) Vernunft.[308] Es wird deutlich, daß die »guten« oder »klugen« Wissenschaften[309] stets die vernunftgegründeten und damit nützlichen Wissenschaften sind. Die Verbindung des Nützlichen mit dem ethisch Guten ist trotz der wechselnden Bewertungen einzelner Wissenszweige durch Thomasius eine der Konstanten, die in jeder der erwähnten Entwicklungsphasen erhalten bleibt.

Man hat dem im »Discours« empfohlenen *Gelehrsamkeitsideal* Oberflächlichkeit vorgeworfen,[310] und tatsächlich ist es stark an einem gesellschaftlichen Konversationsideal orientiert,[311] dem das angenehme und vernünftige Plaudern über allerlei nützliche Gegenstände zum Hauptanliegen wird. Läßt sich auch dieser Vorwurf für die Frühphase nicht von der Hand weisen – Thomasius selbst hat in dieser Phase in Form wissenschaftlicher Leistungen keinen Gegenbeweis vorzulegen – so darf über der wissenschaftsimmanenten Bewertung nicht der pädagogische Charakter dieser Hinwendung zum Extravertiertheitstypus des französischen Gelehrten übersehen werden. Erst die neue gesellschaftliche Bestimmung des Gelehrten und der Wissenschaft ermöglicht die Neukonzeption der Wissenschaft selbst. Hinter dieser Reihenfolge steht der primär ›politische‹ Gedanke von der Funktionalität des Wissenschaftsbetriebs für die Gesellschaft.[312] Aus ihm entspringt das Postulat nach der Anpassung der Wissenschaft an die jeweiligen gesellschaftlichen Verhältnisse. Es bleibt eine Tatsache, daß bei Thomasius über der Priorität des gesellschaftlichen Aspekts das eigengesetzliche Moment der Wissenschaft zu kurz kommt, ebenso der Aspekt, daß Wissenschaft von sich aus die Gesellschaft verändern könne. Bleibt Thomasius in diesem Kontext auch ganz Kind seiner Zeit – selbst in der dritten, pietistisch beeinflußten

---

307 Ebd., S. 20f. Thomasius propagiert die Ablösung der aristotelischen Philosophie und die Einführung solcher Systeme, »die weder dem Plato, noch den Aristoteles, sondern eintzig und alleine die gesunde Vernunfft zur Richtschnur brauchen / und ihre Lehrsätze nicht mit großbärtigen Autoritäten / sondern mit vernünfftigen und wohl gegründeten Ursachen behaupten.« Thomasius: Von den Mängeln der aristotelischen Ethic, in: Thomasius portentosus, S. 22.

308 Thomasius: Discours, S. 21. Bereits in der »Einleitung zur Hoff-Philosophie«, S. 122, spricht sich Thomasius gegen eine aristotelische Syllogistik aus. »Wir gelangen aber zu der Warheit insgemein durch vernunfftmässiges urtheilen / speciatim aber durch meditiren / lehren / auslegen / examiniren und disputiren / derohalben wir auch von diesen Arten in der Definition bereits Erwehnung gethan haben.«

309 Thomasius: Discours, S. 16, 22, 24.

310 Vor allem in der älteren einschlägigen Forschung, etwa Kawerau: Aus Halles Literaturleben, S. 27ff., Heubaum: Geschichte des Deutschen Bildungswesens, S. 108f.

311 Thomasius: Discours, S. 32f.; auch Einleitung zur Hoff-Philosophie, Vorrede, S.):(3. Zur Konversationslehre Thomasius': Kurtzer Entwurff der politischen Klugheit, Kap. V und Kap. VI. Dazu Henn-Schmölders: Ars conversationis, S. 29ff.; dies. (Hrsg.): Die Kunst des Gesprächs, Einleitung, S. 49f.

312 Wedemeyer: Das Gesellschaftsbild, S. 515.

Phase, als er die ›politischen‹ Schriften verwirft[313] – so ist doch nicht zu übersehen, daß seine verschiedenen Definitionen des neuen Gelehrsamkeitsideals mehrere Nuancen enthalten, die über das etwas äußerliche Bild, das er im »Discours« entwirft, hinausgehen.

In der »Einleitung zu der Vernunfft-Lehre« (1691) handelt das erste Kapitel von der *»Gelahrheit insgemein«*.[314] Die Definition vereint erkenntnistheoretische und ethische Kriterien.

> »Die Gelahrheit ist eine Erkäntnüß / durch welche ein Mensch geschickt gemacht wird das wahre von den falschen / das gute von dem bösen wohl zu unterscheiden / und dessen gegründete wahre / oder nach Gelegenheit wahrscheinliche Ursachen zu geben / umb dadurch sein eigenes als auch anderer Menschen in gemeinen Leben und Wandel zeitliche und ewige Wohlfarth zu befördern.«[315]

Die Definition ist nicht eigentlich originell. Sie stellt nur eine Weiterentwicklung der aus dem ›politischen‹ Denken hervorgegangenen Gelehrsamkeitsforderung dar. Bereits Christian Weise hatte in seinem ›politischen‹ Roman von den »Drey Hauptverderbern« (1673) Torheit als »Mangel der Klugheit« definiert. Die Klugheit besteht nach Weise »vornehmlich in Erwählung des Guten und Vermeidung des Bösen / also daß derjenige vor den Klügsten gehalten wird / der sich am besten vor der instehenden Gefahr hüten/ und seinen Nutzen in allen Stücken befördern kan.«[316] Die Parallelität des ersten Teils der Begriffsdefinitionen fällt ins Auge, obgleich bei der Klugheit der Charakter des gesellschaftlichen Handelns gegenüber dem Charakter der verstandesmäßigen Erkenntnis bei der Gelahrheit stärker betont ist.[317] Allerdings impliziert der zweite Teil der thomasischen Definition ebenfalls das gesellschaftliche Handeln. Die Unterscheidung des Wahren vom Falschen, des Guten vom Bösen bleibt nicht bei der theoretischen Erkenntnis stehen. Wie sehr der thomasische Gelahrheitsbegriff auf dem umfassenderen

---

313 Zum Abrücken des Thomasius von den Pietisten nach 1698 und der offenen Absage im Jahre 1702 Wundt: Die deutsche Schulphilosophie, S. 53; Bieber: Staat und Gesellschaft, S. 16. Anlaß dazu war u. a. Lockes »Essay concerning human understanding«, dessen Einfluß Thomasius 1724 in einem lateinischen Programm bekannt hat; Programmata Thomasiana Et Alia Scripta Similia Breviora Conjunctim Edita Cum Notis Hincinde De Novo Adjectis. Halle 1724, S. 647–650. Zur Ablehnung der politischen Literatur in Thomasius' pietistischer Phase s. H. M. Wolff: Die Weltanschauung der deutschen Aufklärung, S. 46. In der »Ausübung der Sittenlehre«, S. 338f., nennt Thomasius Bessels »Schmiede des Politischen Glücks«, Callières und Graciáns Schriften. Ebenso lehnt er unter Franckes Einfluß das Tanzen ab: »Tanzen wäre eine verteufelte mode, welche gleich diejenigen zur Geilheit reize, welche nur ein wenig copiam seminis hätten, und seye weiter nichts, als ein bloßer Müßiggang.« Schiele: Thomas. Collegio, S. 438.

314 Thomasius: Einleitung zu der Vernunfft-Lehre, S. 75–88.

315 Ebd., S. 75f.; vgl. Wolff: Weltanschauung, S. 29. »Dieses ist keine Gelarheit zu nennen, die weder in dem menschlichen Leben einigen Nutzen stiftet, noch zur Seeligkeit anführet.« Einleitung der Sitten-Lehre, Kap. I, S. 5.

316 Weise: Die drey Haupt-Verderber, S. 448.

317 Bieber: Staat und Gesellschaft, S. 15f. Die Gelahrheit ist auf der Basis der Klugheit definiert.

›politischen‹ Klugheitsbegriff basiert (ohne mit ihm identisch zu sein),[318] zeigt eine weitere Feststellung Weises aus dem Roman »Die drey klügsten Leute«. Die Klugheit, heißt es dort, besteht aus drei Stücken.

»Erstlich ist der klug / welcher sein Glück wohl befördern kan. Zum andern ist der klug / welcher seine Affecten wohl regieren kan. Endlich ist der klug / welcher sich vor seinen Feinden wohl hüten kan.«[319]

Gelahrheit bei Thomasius meint stets die praktische Erkenntnis, die eine theoretische erst nutzbar macht durch Indienstnahme für gesellschaftliche Zwecke. Die Klugheit ist eine Fähigkeit, die auf der Ausbildung des iudicium und der persönlich-welthaften Erfahrung beruht. Insofern bildet das von Thomasius mehrfach hervorgehobene iudicium einen Gegenpol gegen die ausschließliche Bücherweisheit,[320] die Belesenheit in den klassischen antiken Mustern und die Kenntnis der neueren Autoritäten. In dieser Gegenüberstellung liegt noch nicht per se ein Gegensatz begründet; er kann sich aber, wenn beide Prinzipien nicht mehr vereinbar sind, als solcher herauskristallisieren.[321] Dann steht dem vernunftgegründeten iudicium die Priorität zu. Deutlich wird dies in der kurzen Formulierung: »Die Gelahrheit besteht nicht im Gedächtnis, sondern in judicio et meditatione.«[322]

---

318 Zur Unterscheidung von Klugheit und Gelehrsamkeit s. Kurtzer Entwurff der politischen Klugheit, S. 22, § 56; auch D. Melchiors von Osse Testament, S. 164 Anm. 84: »Es kan einer wohl gelahrt seyn. Aber deswegen ist er nicht zugleich verständig. Zu denen Zeiten / da der Autor dieses schriebe / beurtheilte man die Gelahrheit daraus / daß einer viel wuste und gelesen hatte / wann es gleich fein unordentlich / und das Hunderste ins Tausenste vor= und an den Mann gebracht wurde / das ist, ob es gleich solchen Leuten an einen guten natürlichen judicio mangelte. Wie wolten aber solche Gelehrte / die doch von vielen ihres gleichen vor verständig gehalten werden / fähig seyn / gute Köpfe von andern zu unterscheiden / zumahlen / wann man die guten Köpffe nicht nach ihren guten natürlichen judicio, sondern gröstentheils daraus / daß sie brav auswendig lernen kunten / beurtheilte.« Vgl. ebd., S. 206f. Anm. 100.

319 Weise: Die drey Klügsten Leute, S. 354. Zum Wortfeld ›Klug‹ im 17. Jahrhundert s. H. Fischer: Der Intellektualwortschatz, S. 65–70, 88ff., zur Gelehrtheit bes. S. 100: »Der Gelährte ist im Gegensatz zu dem Weisen ein Mann, der wohl über ein außerordentliches Maß an Wissen verfügt, es jedoch nicht richtig geordnet und verarbeitet hat.«

320 Thomasius: Monatsgespräche II (1689), S. 641.

321 Hierzu Bieber: Staat und Gesellschaft, S. 15f.

322 Thomasius: Summarischer Entwurff, Vorrede. Definitionen finden sich in der »Ausübung der Sittenlehre«, wo Thomasius über die »gelahrte Wohllust« handelt, S. 204ff. Die *»vergangenen und abwesenden«* Dinge »stellen die Gedancken sich gemeiniglich für / wie und in was für Ordnung sie gewesen sind / als sie gegenwärtig waren. Diesses heisset *Gedächtnüs.* Die *gegenwärtigen* halten die Gedancken mehrentheils gegen einander / und beobachten ihren genauen Unterscheid / auch die Ursachen ihres Ursprungs und Würckung. Dieses heisset die *Urtheilungs-Krafft* oder Judicium. An die *zukünfftigen* wird fürnehmlich gedacht / wie sie ohn gefehr mit einander verknüpfft seyn / und wie immer eines aus dem andern folgen werde / da denn an die Gleichförmigkeit der Dinge / und wie sie sich zusammen schicken / gedacht wird. Dieses heist Ingenium, und was man so denckt / eine *Erfindung* / *Gedichte* u.s.w.«

Bei den Ausführungen und Definitionen des Thomasius ist die polemische Absicht, die Kampfesgeste unübersehbar. Sie wenden sich bewußt gegen die herkömmliche Universitätswissenschaft, die auf Bücherwissen beruhte und in enzyklopädischer Polymathie das Ideal erblickte.[323] Der Definition eines Studenten, Gelahrheit sei »eine Erkänntniß vieler Dinge, die der Pöbel nicht wüste«, stellt Thomasius sein Paradoxon entgegen, Gelahrheit bestehe darin, »wenn man viele Dinge nicht wisse, die die Gelehrten wissen.«[324]

Beide Gelahrheits-Definitionen Thomasius' enthalten eine Spitze gegen die Wissenschaft als bloße Sammelleidenschaft, deren Wissensmassen unbefragt und daher gleichwertig in dickleibige Wälzer gepreßt werden, in denen nützliche Dinge neben ausschließlichen Kuriositäten, lebendige neben obskuren Traditionen stehen. Für Thomasius bedeutet diese Abkehr vom Sammel- und Beleg-Ideal der Büchergelehrsamkeit und der von ihr gepflegten Memorier-Methode[325] kein globales Verdikt aller Bücherwissenschaft.[326] In dem für Thomasius' Wissenschaftsverständnis bedeutsamen Nachwort zu den »Monatsgesprächen« von 1689, »Beschluß und Abdanckung«, wendet sich Thomasius lediglich gegen die Ausschließlichkeit des Bücherwissens, gegen das Übermaß des Sammelns und Lesens: »Es ist wahr: so wenig der Mensch ohne Speise und Tranck seyn kan / so wenig kan er auch ohne Bücher oder etwas dergleichen zur Erkentniß der Warheit und Tugend kommen.«[327] Die übermäßige Lektüre gleicht der Maßlosigkeit im Essen und Trinken, beides ist dem Leib und dem Geist nicht förderlich.

> »Wie nun ein Mensch / der stetswährend isset und trincket / die concoction verhindert / und sich viele Kranckheiten / ja endlich selbst den Todt zuwege bringet; also überschüttet sich auch derjenige / der nach erfolgter Reiffung seines Verstandes denselben mit continuirlicher Lesung neuer Bücher überhäuft / daß er keine Zeit übrig hat / die in seiner Seelen gewurtzelte Praejudicia abzulegen / und seine Erkäntnüß von denenselben zu saubern.«[328]

Das ganze wissenschaftspädagogische Bestreben des Thomasius richtet sich, über den engen Kreis der Gelehrten hinausgehend, auf die Erweckung einer allen vernünftigen Menschen gemeinsamen Fähigkeit: des *Selbstdenkens.* Sie ist im Grunde identisch mit dem Ablegen der Vorurteile.[329] Die zahlreichen Schriften

---

323 Dazu bes. Gundling: Historie der Gelahrheit; Stolle: Anleitung zur Historie der Gelahrheit.

324 Thomasius: Gemischte Händel, Tl. 3, VII. Handel, S. 636ff.; vgl. Brüggemann: Aus der Frühzeit der deutschen Aufklärung, S. 7; ferner: Wedemeyer: Das Menschenbild, S. 519ff. Ähnlich die Feststellung in den »Höchstnöthigen Cautelen«, Kap. 2, § 46: »Das rechte Forschen und Streben nach Weißheit bestehet in Erkäntniß der Gräntzen des menschlichen Verstandes.«

325 Thomasius: Discours, S. 32; Monatsgespräche II (1688), S. 608ff.; Schubart-Fikentscher: Christian Thomasius, S. 504; Sinemus: Poetik und Rhetorik, S. 161ff.

326 Positiv äußert sich Thomasius über das Bücherwissen in: Außerlesene Anmerckungen, Vorrede.

327 Thomasius: Monatsgespräche V (1689), S. 1155.

328 Ebd., S. 1156.

329 Thomasius: D. Melchiors von Osse Testament, Vorrede, S. 19.

des Thomasius gegen die Praejudicia[330] sind nichts anderes als ein Versuch, den Boden zu bereiten für das richtige, vernunftgemäße iudicium. Daß sich dieses nicht im herkömmlichen Wissenschaftsbetrieb erschöpfen darf, zeigt der Appell Thomasius' gegen die gelehrte Schreibpraxis, die wesentlich nichts anderes als ein Arrangieren vorgeprägter Versatzstücke darstellte. Die Herstellung der beliebten Extrakte aus gelehrten Büchern und Journalen sei eines gelehrten Kopfes unwürdig, wie es auch einem Gelehrten nicht anstehe, sich solcher Aeraria zu bedienen.

»Wer wolte nicht sagen / daß das ein elender Mensch wäre / der sein Leben darmit zubrächte / daß er anderer Leute Sprache verdolmetschte und für sich nichts redete. Ein Gelehrter wird derhalben Gelehrt genennet / daß er andern Leuten den Weg zur Warheit und Tugend weise / nicht daß er ihnen sage / welcher Weg von andern dahin zu führen gehalten werde.«[331]

Dem persönlichen, ja subjektiven Wesen des Thomasius entspricht es, die abstrakten Definitionen an einem Beispiel zu konkretisieren. Meist bedient er sich – dem aufgestellten Wissenschaftsideal gemäß – der eigenen Erfahrung. So faßt er die verschiedenen Gelahrheitsdefinitionen bei der Schilderung des eigenen wissenschaftlichen Werdegangs zusammen. Zum Zeitpunkt, als er das iudicium bei sich reifen spürte und sich als ein vernunftbegabtes Wesen erkannte, stellte er den Widerspruch zwischen diesen Fähigkeiten und den empfohlenen Methoden fest: er hätte sich, sagt Thomasius in seiner drastischen Ausdrucksweise, an Gott versündigt, wenn er sich »von andern länger bey der Nase, wie ein dummes Vieh«, würde herumführen lassen. Er habe zunächst die Augen vor dem gesellschaftlichen Ansehen einzelner Personen (und ihrer Urteile) geschlossen und allein die »Beweißthümer auff beyden Seiten« überlegt, bis er sich entschlossen habe, er müsse nichts mehr tun, als vieles bisher Gelernte wieder zu verlernen. Denn ein großer Teil des offiziell vermittelten Wissens sei nur ein »verworrener Mischmasch«.

»Nachdem ich aber durch fleißiges nachdenken diesen Mischmasch ein wenig in Ordnung gebracht, ward ich wider meinen Willen ein Überläuffer, aber ein solcher, wie etwa einer wider einen Tyrannen, der die Freyheit der Republic unterdrücken will, die Waffen ergreiffet.«[332]

Hier fällt ein für des Thomasius Wissenschaftsbegriff wesentliches Stichwort: die *Freiheit*. Die mehrfach begegnende Freiheitsforderung ist ein aufklärerischer Zug im thomasischen Wissenschaftsbegriff, der über das ›politische‹ Denken hinausgreift.[333]

---

330 Dazu Wundt: Die deutsche Schulphilosophie; H. M. Wolff: Die Weltanschauung der deutschen Aufklärung, S. 30f.; vgl. auch die Register zu den Monatsgesprächen I und II.

331 Thomasius: Monatsgespräche V (1689), S. 1159.

332 Vorrede zur deutschen Übersetzung »Herrn Christian Thomasii Drey Bücher der göttlichen Rechtsgelahrheit« (1709), S. 6f., des bereits 1688 erschienenen lateinischen Buchs »Institutionum iurisprudentiae divinae libri tres«.

333 Thomasius: Historie der Weißheit, S. 11. Bereits Fabricius: Abriß einer allgemeinen Historie der Gelehrsamkeit Bd. 1, S. 421 urteilt: »Nachdem Christi. Thomasius die Freyheit zu philosophiren wieder hergestellet [...]« Wie Fabricius urteilt auch Bertram:

Bei der Erwägung, welche Ursachen der Fortschritt der Wissenschaften hat, kommt Thomasius zu dem Ergebnis, nicht Völkermentalitäten seien dafür verantwortlich. Die Holländer dienen ihm als Beispiel, die trotz ihrer phlegmatischen Konstitution den ersten Rang in den europäischen Gelehrtennationen einnähmen. Der Grund:

> »Es ist ungebundene Freyheit / ja die Freyheit ist es / die allem Geiste das rechte Leben giebet / und ohne welche der menschliche Verstand / er möge sonsten noch so viel Vortheil haben als er wolle / gleichsam todt und entseelet zu seyn scheinet.«[334]

Der forschende Geist kann sich erst entfalten, wenn er von menschlichen Autoritäten[335] nicht beeinträchtigt wird und frei von wissenschaftsfremden Motivationen wie Ehre und Geldgier ist. Lediglich Gott will Thomasius als »Ober-Herrn« des Verstandes anerkennen.[336] Insbesondere gehört zum Freiheitspostulat die *Befreiung der Vernunft* aus der Bevormundung durch die orthodoxe Theologie.[337] Wie die Freiheitsforderung die Nutzenideologie relativiert, so schiebt ihrerseits die Nutzenmaxime der ungezügelten Freiheit einen Riegel vor. Über die Bestimmung des Nutzens hat sich Thomasius an vielen Stellen ausgelassen.[338] In der Vernunft-Lehre appliziert er die Nutzenstrategie auf den Gelehrtenbegriff: ein gelehrter Mann sei derjenige, »der etliche wenige Wahrheiten gewiß weiß / die er zum gemeinen Nutzen anwenden / und daraus in allerhand Wissenschafften andere Wahrheiten wieder herleiten kan [...].«[339]

Einleitung in die Philosophischen Wissenschaften, S. 39f. Schulz-Falkenthal: Christian Thomasius, S. 548, hebt drei Motivationen von Thomasius' Konzeption hervor: 1. »die Idee der Freiheit und Selbständigkeit der Forschung«, 2. »die Idee der Verbreitung wissenschaftlicher Erkenntnisse im Bürgertum«, 3. »die Idee von der Anwendung so gewonnener Erkenntnisse in der Praxis und im täglichen Lebenskampf.«

[334] Thomasius: Kleine Teutsche Schrifften, S. 458f.

[335] Thomasius: Monatsgespräche II (1688), S. 669, 671ff.; Monatsgespräche IV (1689), S. 1149. Die »Seele« der gelehrten Urteile bestehe »in der Freyheit / daß man seine Gedancken eröffnet / wie sie an sich selbsten sind / und kein Ansehen der Person beobachtet.« Thomasius lehnt die in der Autorität verankerte Gelehrtheit ab und gründet seinen philosophischen Ansatz auf die Forderung, daß man »in Erforschung der Weisheit alle seine Locos Communes, seine Eltern und Praeceptores vergessen / und nichts als seinen eigenen Verstand als eine Gabe Gottes gebrauchen und anwenden müsse.« Ausübung der Vernunftlehre. Hrsg. v. W. Schneiders, Widmung, S. fa 7r.; ferner: Discours, S. 36.

[336] Thomasius: Kleine Teutsche Schrifften, S. 459.

[337] Kawerau: Geschichte des literarischen Lebens, S. 25f., 27.

[338] Thomasius: Versuch vom Wesen des Geistes, S. 110; Einleitung zur Hoff-Philosophie, Vorrede, S.):(2, 122, 73; Einleitung zu der Vernunfft-Lehre, S. 87; Einleitung zur Sittenlehre, S. 5; dazu H. M. Wolff: Die Weltanschauung der deutschen Aufklärung, S. 29f.; Bienert: Die Philosophie des Christian Thomasius, S. 60; Wedemeyer: Das Menschenbild, S. 515. Zum Nutzenaspekt sind folgende Schriften ebenfalls informativ: Gemischte Händel, S. 687; Kleine Teutsche Schrifften, S. 215; Monatsgespräche III (1689), S. 306; Monatsgespräche II (1688), S. 718ff.; Summarischer Entwurff, Vorrede und Kap. 1–6.

[339] Thomasius: Einleitung zu der Vernunfft-Lehre, S. 78, § 10.

Das umfangreiche Werk des Thomasius enthält zahlreiche Wiederholungen, so daß das Zitat einer grundlegenden Maxime um fast beliebig andere ähnlichen Inhalts vermehrt werden könnte. Gemeinsam ist allen Äußerungen zur *Nutzenideologie* deren Verpflichtung auf einen *ethischen Grund*.[340] Das gute Handeln des Menschen gilt als der eigentliche Antrieb auch der Wissenschaft, nicht etwa der reine Erkenntnistrieb oder gar die innere Befriedigung, die ein Wissenschaftler bei der Entdeckung neuer Wahrheiten erlebt.[341] In späterer Zeit überhöht Thomasius das Ideal des Gelehrten durch das Ideal des Weisen, der Erkenntnis und kluges Handeln ethischen Zwecken unterwirft. Die Gelahrheitsdefinition der »Vernunftlehre« weiterführend, definiert Thomasius in den »Cautelen« die Weisheit als »lebendige Erkäntniß des wahrhafften Guten.«[342] Mit voller Absicht sage er »des Guten«, denn der »Irrthum der gemeinen Lehre« müsse vermieden werden, »da man die wahre Gelehrsamkeit und Weißheit in der blossen Erkäntniß der Wahrheit suchet.« Zu den Vertretern dieser Ansicht rechnet er Tschirnhaus.[343] Gegen diese von Tschirnhaus in der »Medicina mentis« verfochtene – spinozistische – Grundhaltung[344] bezieht Thomasius auch außerhalb seiner Besprechung in den »Monatsgesprächen« Stellung.[345] Gegen Tschirnhaus propagiert Thomasius die These: »Ein Tugendhafftes Leben verursacht ein grosses Vergnügen und Gemüths-Ruhe«, relativiert sie indes ebenso wie die Tschirnhaussche These: »dieses Vergnügen sey nicht eben ein Anzeigen / daß man eine Warheit erfunden / weil ein Unwissender ja so eine grosse Freude kan spühren lassen / als ein Gelehrter«.[346] Daß Thomasius dennoch gegen Tschirnhaus dezidiert für die *Verknüpfung von Tugend und Gelehrsamkeit* plädiert, liegt an der anthropologischen Basis seiner Wissenschaftskonzeption.[347] Anders als der Mathematiker und Physiker Tschirnhaus erkennt Thomasius der Wissenschaft an sich keinen Wert zu, wenn sie nicht der menschlichen Gesellschaft nützlich im ethischen Sinne werden kann.[348] Thomasius hat dieses Problem noch mehrfach berührt. In der

---

[340] Wundt: Die deutsche Schulphilosophie, S. 43f.; Wedemeyer: Das Menschenbild, S. 522ff.; Schneiders: Naturrecht und Liebesethik, S. 117ff., 201f.

[341] Maier: Die Lehre von der Politik, S. 64.

[342] Thomasius: Höchstnöthige Cautelen, S. 1. Zur Wechselwirkung und zum Unterschied von Weisheit und Klugheit s. die Definitionen im: Kurtzen Entwurff der politischen Klugheit (1710), S. 8f., §§ 20, 21; H. M. Wolff: Die Weltanschauung der deutschen Aufklärung, S. 33f.

[343] Thomasius: Höchstnöthige Cautelen, S. 1, Anm. d.

[344] Zu Tschirnhaus Verweyen: Tschirnhaus als Philosoph, S. 130f.

[345] Thomasius: Monatsgespräche I (1688), S. 392. Zu Thomasius' Verhältnis zu Tschirnhaus ausführlich Stolle: Anleitung zur Historie der Gelahrheit, S. 467f.

[346] Thomasius: Monatsgespräche I (1688), S. 429.

[347] Dazu Wundt: Die deutsche Schulphilosophie, S. 30, 37ff.; Dessoir: Geschichte der neueren deutschen Psychologie, S. 47ff.; Freydank: Thomasius als Journalist; Wolff: Die Weltanschauung der deutschen Aufklärung, S. 32. Zur anthropologischen Haltung s. Monatsgespräche I (1688), S. 355–381; Kurtzer Entwurff der politischen Klugheit (1710), S. 89.

[348] Zur Auseinandersetzung mit Tschirnhaus Monatsgespräche I (1688), S. 430ff.

»Einleitung zur Sittenlehre« nimmt er ausdrücklich darauf Bezug. Die Wahrheiten, die der Mensch bei fortwährender Verbesserung seines Verstandes finde, sind letztlich nur dazu angetan, ihn »von der Erkäntniß seyn selbst immer mehr und mehr« abzuführen. Die unzähligen Wahrheiten, die der Mensch doch niemals alle ausschöpfen könne, trieben ihn dagegen »zu einer solchen unruhigen Begierde an, immer was Neues zu erfinden, daß er seiner selbst und aller seiner anderen, auch der größten Güter darüber vergißt.«[349]

In der Verurteilung der Gelehrten, »die von diesen sonst lobwürdigen Wissenschafften truncken gemacht sind, aus Passion für die selben sie allzusehr erheben und die Erfindung neuer Wahrheiten für das größte Gut auszugeben sich unterstehen«, erfährt das Descartes'sche, von der Mathematik und der Naturwissenschaft zur Leitmaxime erhobene Ideal ein ethisch-anthropologisch begründetes Verdikt.[350]

Thomasius kommt einerseits von der naturrechtlichen Begründung,[351] andererseits von allgemeinen philosophischen Traditionen her.[352] Zu den Naturwissenschaften und der Mathematik hat er kein inneres Verhältnis, aufgrund dessen er ihnen eine Sonderposition zugebilligt hätte.[353] Auf eine Stellungnahme zur mathematischen Lehrmethode wird später einzugehen sein. Jedenfalls hat er bereits in den »Monatsgesprächen« Kritik an der rationalistischen Erkenntnismethode geübt und dagegen die ›Experientz‹, die persönliche Erfahrung gestellt.[354] Diesem anthropologisch-psychologischen Ansatz entspricht auch Thomasius' Modell der ›Gemüterkennungskunst‹, einer von ihm auf der Grundlage ›politischer‹ Affektenlehren entwickelten und mit großem Stolz vorgezeigten ›Wissenschaft‹, mit der er sogar am preußischen Hofe Lorbeeren einzuheimsen suchte.[355] Der *anthropologische Ansatz* verbindet Thomasius wiederum mit der humanistischen Tradition,

---

349 Thomasius: Einleitung zur Sittenlehre, Kap. II, §§ 47, 51.

350 Ebd., Kap. II, § 52.

351 Bienert: Die Philosophie des Christian Thomasius; Bloch: Christian Thomasius, ein deutscher Gelehrter ohne Misere; E. Wolf: Große Rechtsdenker der deutschen Geistesgeschichte.

352 Zur philosophiegeschichtlichen Einordnung Wolff: Die Weltanschauung der deutschen Aufklärung, S. 29ff.

353 Thomasius: Monatsgespräche III (1689), S. 278; Gemischte Händel III, Anhang II, S. 113, 145.

354 Thomasius: Monatsgespräche I (1688), S. 784ff.

355 Thomasius: Die neue Erfindung einer wohlgegründeten und für das gemeine Wesen höchstnöthigen Wissenschafft / Das Verborgene des Hertzens anderer Menschen auch wider ihren Willen aus der täglichen Conversation zu erkennen, in: Kleine Teutsche Schrifften, Nr. 10, S. 449–490. Zur Tradition der ›Gemüterforschungskunst‹ und zum ›politischen‹ Einsatz der Affektenlehre wichtig die Schriften J. B. von Rohrs, etwa »Unterricht von der Kunst der Menschen Gemüther zu erforschen«; v. Rohr basiert zwar auf Thomasius, grenzt sich jedoch partiell von ihm ab. Bezeichnend für die politische Motivation des Psychologieansatzes ist die Tatsache, daß v. Rohr die Zeremonialwissenschaften pflegte. Zur Affektenlehre Wundt: Die deutsche Schulphilosophie, S. 45ff.; Brückner: Staatswissenschaften, S. 121ff.; Schings: Melancholie und Aufklärung, S. 26f.; Dilthey: Weltanschauung und Analyse des Menschen, S. 471f.

von deren Auswuchserscheinungen er sich lediglich abwendet. In Sokrates,[356] den er gegen das Musterbild des Pedanten, Aristoteles, ausspielt, sieht Thomasius sein Ideal des wahrhaft gelehrten und tugendhaften Menschen[357] verwirklicht. In ihm gewinnt der praktische Zug der Gelehrsamkeit, die Frage nach der Brauchbarkeit und der Anwendungsmöglichkeit ebenso Ausdruck wie der ethische Zug, die Frage nach dem sittlichen Wesen des Menschen, und das Problem, wie ihm die Wissenschaft bei seinem Verhalten förderlich sein könne. In der *Einheit* des Politischen, des Ethischen und des Decorum besteht der unübersehbare Fortschritt gegenüber den älteren Wissenschaftsmodellen, die lediglich aus Tradition oder Politik die Begründung übernahmen. So ist es nur folgerichtig, daß Thomasius auch gegen das polymathische Ideal opponiert,[358] und gegen ein mehr oder weniger äußerlich angeordnetes Wissenschaftssystem, dessen einzelne Disziplinen vermöge der Memorier-Methode allgegenwärtig zu sein hatten. In den »Monatsgesprächen« widmet Thomasius eine ausführliche Besprechung Morhofs »Polyhistor«.[359] Insbesondere wendet sich Thomasius gegen Morhofs Eintreten für die Ars Lulliana und die etwa von Kircher und Kuhlmann entwickelte ars combinatoria, die immerhin später Leibniz wieder aufgegriffen hat. Die Gedächtniskunst,[360] die Morhof in der Theologie, der Jurisprudenz, der Medizin und in der Geschichte für unerläßlich hält (nicht aber in der Metaphysik, Physik, Ethik, Politik und Mathematik), und auch bei Sprachenerwerb und Ausübung der Beredsamkeit als nützlich deklariert, verwirft Thomasius in Bausch und Bogen mit den vielzitierten Worten:

> »Was aber im übrigen die Orationes und Historien betreffe / bin ich der wunderlichen Meynung / daß ein Mensch / so viel als möglich ist / auch hierinnen sich hüten solle / an seinem Gedächtniß nicht zu künstlen; nicht alleine weil mehrentheils was dem Gedächtniß auff einer Seite zugehet / das gehet gewiß dem Judicio auff der andern Seite wieder ab / da doch nicht zu leugnen / daß ein Loth judicium viel besser sey / als ein Pfund memorie, sondern auch / weil insgemein diejenigen / die ihr Gedächtniß durch Kunst forciret, wenn sie alt worden / dasselbige nebst dem judicio gar verlohren haben.«[361]

Der Einwand gegen Morhofs Empfehlung, die Moral besser durch Exempla als durch Regeln zu erlernen, beruft sich auf die jeweilige Bedingtheit der Beispiele, die eine Verallgemeinerung nicht erlaubt. Hier deutet sich die Abstraktionsten-

---

356 Böhm: Sokrates im achtzehnten Jahrhundert, S. 25ff. Die Gestalt des Sokrates führt Thomasius in Deutschland durch seine Übersetzung von Charpentiers Paraphrasen der Memorabilien »La vie de Socrate« als »Das Ebenbild eines wahren und ohnpedantischen Philosophen« vor: »Der Kern wahrer und nützlicher Weltweisheit, ehedessen von Xenophon in Beschreibung der merckwürdigen Dinge des Socrates vorgestellet und aus dem Frantzösischen des Herrn Charpentier übersetzet« (1963).

357 Dieses Ideal vorgeführt in der Einleitung zur Sittenlehre Kap. III § 46.

358 Zu Thomasius' eigenem Polyhistorismus Fleischmann: Thomasius (1929), S. 15; Schmidt-Biggemann: i.V.

359 Zur Auseinandersetzung mit Morhof Monatsgespräche II (1688), S. 567–688; vgl. Luden: Christian Thomasius, S. 75ff.

360 Thomasius: Monatsgespräche III (1689), S. 611.

361 Thomasius: Monatsgespräche II (1688), S. 613f.

denz der vernünftigen Weltanschauung an, die an Beispielen die Beweiskraft vermißt.[362]

Die »gründliche Gelahrheit« besteht nicht in einem »farragine exemplorum«,[363] also einem Gemische der Beispiele, vielmehr im »Verstand der Kunst-Wörter / und in deutlicher Erkäntniß weniger und aneinander hangenden Regeln«. Hier wenigstens deutet sich die spätere Regelsystematik ansatzhaft an. Die Vernunft ist systematisierbar nach ihr immanenten Prinzipien; ableitbar aus ihr sind die Grundregeln, nach denen sich der denkende Geist richten kann. Wenn Thomasius auch längst nicht so rigoros wie Wolff einer Systematisierung und einer Entwicklung abstrakter, für alle Einzelfälle geltenden Regeln zustrebt, so zeigt sich doch die *anti-polymathische Stoßrichtung* der thomasischen Erörterung. Nur sehr eingeschränkt kann daher das von Gundling überlieferte Urteil gelten, Thomasius sei einer der großen Polyhistoren seiner Zeit gewesen[364] – wenigstens geht es völlig an der *Intention* des thomasischen Wissenschaftsmodells vorbei. Nicht Wissenshortung, sondern Wissensanwendung ist die oberste Maxime seines Konzepts. Wie wenig er sich selbst als Polyhistor verstanden wissen wollte, geht aus einer Äußerung in den »Monatsgesprächen« hervor, die an Lessings bekannten, ebenfalls polemisch-argumentativ gemeinten Satz erinnert: »Ich bin nicht gelehrt – ich habe nie die Absicht gehabt gelehrt zu werden – ich möchte nicht gelehrt seyn [...].«[365] Thomasius (März 1688) wendet sich gegen das Urteil seiner Feinde (!), er sei ein Gelehrter: er selbst wisse es besser. Da er keiner Fakultät richtig zugeordnet werden könne, sei er »dieses praedicats gantz nicht fähig«.[366] In einer langen Auflistung geht er alle Disziplinen durch und beweist,[367] keiner rechtens zuzugehören.

> »Also / nachdem ich bey dieser Bewandniß für keinen gelehrten passiren kan / bemühe ich mich noch über dieses / daß ich andern Leuten / auch denen / die als Gelehrte zu mir kommen / ihre Gelehrsamkeit benehmen / und diese ignoranz beybringen / auch sie dazu anhalten möge / daß sie in dem wenigen / so ein Mensch durch seinen Verstand begreiffen kan / allezeit einen rechten Grund suchen / im übrigen aber sich befleissigen / wie sie bey Zeiten sich angewöhnen / andern Leuten / von waserley Zustand sie auch seyn mögen / denen sie dermahleins nach Unterscheid ihres Standes zu dienen Gelegenheit erlangen werden / ihren Nutzen zuschaffen / und sich selbsten also zu guberniren / damit man sie in gemeinen / Leben nicht auslachen möge.«[368]

Ähnlich Lessing; nur dezidierter und polemischer: »Alles wornach ich ein wenig gestrebt habe, ist, im Fall der Noth ein gelehrtes Buch brauchen zu können.« Beide verfechten keine gelehrsamkeitsfeindliche Position, sie wenden sich nur

---

[362] Ebd., S. 681f.
[363] Ebd., S. 684.
[364] Gundling: Historie der Gelahrheit, S. 3325. Kafitz: Lohensteins ›Arminius‹, S. 79, bezeichnet Thomasius auch als »Polyhistor par excellence«, betont jedoch zugleich seine Kritikfähigkeit. Vgl. die Ausführungen S. 227f. hier.
[365] Lessing: Sämtliche Schriften LM 16, S. 535.
[366] Thomasius: Monatsgespräche I (1688), S. 267.
[367] Ebd., S. 267ff.
[368] Ebd., S. 269f.

gegen die Gelehrsamkeit als Selbstzweck. Die Brauchbarkeitsmaxime leitet auch Thomasius in seiner Stellungnahme zum humanistischen Sprachenstudium, das für eine herkömmliche ›gelehrte‹ Ausbildung unerläßliche Voraussetzung war. In der Auseinandersetzung zwischen der humanistisch-traditionellen, von Morhof im »Polyhistor« empfohlenen Lehrmethode und der mathematisch-realistischen Erhard Weigels tendiert Thomasius, bei aller Anerkennung Morhofs und trotz aller Skepsis gegenüber den ›Realisten‹, eher zu Weigels sachorientiertem Lehrprogramm. Morhof propagiert das herkömmliche Sprachenstudium, Weigel setzt dagegen das Ideal der Dreiheit Gottesfurcht, Sittenlehre und Mathematik.[369]

> »Der Mensch ist nicht auff der Welt der Sprachen halber / und die Sprachen machen für sich keinen gelehrten Mann / sondern die Sprachen sind erfunden / daß die Menschen dadurch ihre Gedancken ein ander eröffnen sollen / und die Gelehrsamkeit bestehet nicht in zierlich gesetzten Worten / sondern in wahrhafftigen und mit der Sache übereinstimmenden Gedancken.«[370]

An diesem Punkt verläßt die Argumentation den Bereich der Wissenschaftskonzeption selbst und verlagert sich in den Bereich der Wissenschaftspolitik und der Pädagogik, welche Disziplinen zu studieren und mit welcher Lehrmethode sie zu vermitteln seien. Auf diesem wissenschaftspraktischen Sektor sind die Verdienste des Thomasius schon immer als bahnbrechend herausgestellt worden.

2.3. Muttersprachigkeit und Gelehrtentum

(1) Das Postulat einer muttersprachlichen Wissenschaft

Das Zitat über die Funktion der Sprache deutet die Stoßrichtung des thomasischen Konzeptes an. Anders als Opitz steht Thomasius nicht mehr auf dem unerschütterten Boden eines internationalen Humanismus mit seiner Priorität verbaler Gelehrsamkeit. Auf der anderen Seite ist Thomasius kein bedingungsloser Anhänger der Realpädagogik. Seine Zurückhaltung gegenüber Naturwissenschaft und Mathematik zeigt sich besonders an der Besprechung der Bücher und Methoden von Tschirnhaus und Weigel, auch wenn er letzterem prinzipiell positiv gegenübersteht.[371] Den Realpädagogen diente die Sprache lediglich als Transportmittel für Realien, für natur-wissenschaftliche Inhalte und Sachkenntnisse. Christian Weise wiederum entwarf die muttersprachliche Rhetorik als Gegenkonzept gegen die lateinsprachige Oratorie zur Herausbildung eines territoralstaatlichen Beamtentums. Beide Zwecksetzungen sind für Thomasius nicht bestimmend. Die Sprache dient Thomasius als Mittel zur Ausbreitung des neuen, iudicium-gegründeten pragmatischen Wissenschaftsgeistes. Unzweifelhaft steckt hinter seiner

---

[369] Thomasius: Monatsgespräche II (1688), S. 639.
[370] Ebd., S. 640.
[371] Ebd., S. 638–646 Auseinandersetzung mit Weigel. Im übrigen verhält Thomasius sich zunächst negativ, sein Urteil gegenüber Weigel wird, nach genauerer Erkundigung über dessen Ziele und Methoden, positiver. Vgl. Anm. 457.

anfangs noch ›politisch‹ definierten Zwecksetzung einer aufklärerische Intention, die bei Weise nicht zu finden ist. Deutlich wird der revolutionierende Charakter seiner Konzeption an den sozialen Konsequenzen für den Gelehrtenstand selbst. Das wichtigste Ergebnis seiner Universitätspraxis ist weniger in der Deutschsprachigkeit der Kurse selbst als in deren systemsprengenden Wirkungen zu sehen. In kulturgeschichtlichen Darstellungen erhält Thomasius im allgemeinen den Rang eines Vaters der deutschsprachigen Wissenschaft zugewiesen.

Die Analogie zwischen Opitz und Thomasius liegt scheinbar auf der Hand: Opitz' Inauguration der deutschen Sprache in der Poesie findet ihr Pendant in der Einführung der deutschen Wissenschaftssprache. Sie ist jedoch nur sehr bedingt aufrecht zuerhalten. Die Übereinstimmung der Postulate ist mehr äußerlicher Natur und bezieht sich lediglich auf den Gebrauch des Deutschen als Ausdrucksmaterials für Poesie und Wissenschaft. Die zugrunde liegende *Motivation* unterscheidet sich wesentlich. Bei Opitz kann von einem traditionellen humanistischen Wettbewerbsmotiv ausgegangen werden. Mit der Absicht, die deutsche Sprache solle im Reigen der nationalen Poesien eine ebenbürtige Position einnehmen, ist noch keine Abwertung der lateinischen Poesie und Sprache verbunden. Das zeigt die Praxis der barocken Poeten insgesamt, die gleichzeitige Pflege muttersprachlicher und lateinischer oder gar griechischer Poesie. Schon gar nicht dachte Opitz an eine Opposition gegen den Gelehrtenstand oder gar an dessen Auflösung. Er und seine Nachfolger verstanden sich ausschließlich als ›gelehrte Dichter‹. Bezeichnend für Thomasius ist es, daß er den literarischen Argumenten keinen Platz in seiner Beweisführung einräumt. Das hängt einerseits mit seiner persönlichen Ausbildung, und seiner beruflichen Stellung als Jurist zusammen,[372] andererseits ist es ein Resultat des abgewirtschafteten Humanismus. Die Intentionen des Thomasius, die er bei der Einführung des Deutschen als Wissenschaftssprache verfolgte, gehen bereits aus seiner berühmten Ankündigung über die Nachahmung der Franzosen hervor. Er betont das »überaus kluge absehen«, mit dem die Franzosen, die Meister der galanten Wissenschaften, ihre Werke in französischer Sprache drucken lassen, ja, wichtige lateinische, griechische und deutsche Werke in ihre Muttersprache übersetzen.[373] Dadurch werde »die Gelehrsamkeit unvermerckt mit grossen Vortheil fortgepflantzet / wenn ein ieder das jenige / was zu einer klugen Wissenschafft erfordert wird in seiner Landes Sprache lesen kan / und es sich nicht erst umb frembde Sprachen zuerlernen sauer werden lassen muß.«[374]

Am nächsten kommt Thomasius mit dieser Argumentation den politisch-ökonomisch begründeten Ausführungen Schupps, und tatsächlich beruft er sich in seinen späteren Schriften häufig auf ihn.[375] Diese Nachbarschaft macht den Unterschied zwischen Thomasius und Opitz deutlich. Thomasius wendet sich

---

[372] Zu Thomasius beruflicher Position Fleischmann: Christian Thomasius. Leben und Lebenswerk (1931).

[373] Thomasius: Discours, S. 21f.

[374] Ebd., S. 22.

[375] Besonders in der späten Schrift »D. Melchiors von Osse Testament«, s. Kapitel 2.4.1.

primär gegen das herrschende Vorurteil, »es sey die Wissenschafft der Lateinischen Sprache ein wesentliches Stücke eines gelehrten Mannes.«[376]

An die Stelle der langwierig zu erlernenden lateinischen Sprache setzt Thomasius nicht unbedingt die deutsche Sprache. Zum jetzigen Zeitpunkt scheint ihm das wohl verfrüht zu sein – haben doch zahlreiche Gelehrte und Gesellschaften vergeblich an der Aufwertung des Deutschen gearbeitet. Die eigentliche Empfehlung des Thomasius geht in andere Richtung und korrespondiert seinem Nachahmungsmodell auch in formaler Hinsicht: da in Deutschland die französische Sprache allgemein bekannt sei und gesprochen werde, sollte man sich »lieber derselben als eines Mittels bedienen / die Gelehrsamkeit dadurch fortzupflantzen«.[377] Anders als bei Opitz oder Schottel liegt dem thomasischen Vorschlag kein sprachbezogener Wettbewerbsgedanke zugrunde: daher gilt es ihm gleich, ob Deutsch oder Französisch als Wissenschaftssprache eingeführt wird.

»Warum solte es nicht angehen / daß man durch Hülffe der Teutschen und Frantzösischen Sprache / welche letztere bey uns naturalisiret worden / Leute / die sonsten einen guten natürlichen Verstand haben / in kurtzer Zeit viel weiter in der Gelehrsamkeit brächte / als daß man sie erst so viel Jahre mit dem Lateinischen placket.«[378]

Das erklärte Ziel des Thomasius ist die *Ausbreitung der Wissenschaft,* und hierin liegt allerdings *sein* nationales Anliegen. Die Konkurrenzfähigkeit der deutschen Wissenschaft erweist sich nicht an der Sprache, in der sie vorgetragen wird, sondern in ihren Inhalten. Diese deutlich den realpädagogischen Konzepten verpflichtete Vorstellung mutet einigermaßen paradox an: Ersetzung der Fremdsprache Latein durch die Fremdsprache Französisch. In der Praxis hat Thomasius einen modernen Internationalismus allerdings wenig gefördert. Eben dieser Sachverhalt hat in der Forschung zu Mißverständnissen geführt: da er sich in seiner wissenschaftlichen und journalistischen Produktion nicht des Französischen bediente, lag die Deutung seiner Programmatik als nationale Selbstbesinnung ziemlich nahe.[379]

Die vehemente Polemik gegen den Katholizismus[380] verstärkte den Eindruck eines wissenschaftlichen Partikularismus. Latein geriet in theologiekritischem Kontext für Thomasius geradezu zum Ausdruck papistischer Verführungskünste.

---

[376] Thomasius: Discours, S. 25. Wichtig und Außerlesene Anmerckungen, Tl. 3, s. Anm. 380.

[377] Thomasius: Discours, S. 29; Heubaum: Geschichte des Deutschen Bildungswesens, S. 106.

[378] Thomasius: Discours, S. 29.

[379] So etwa Danzel; vgl. Kawerau: Aus Halles Literaturleben, S. 35; dagegen Bienert: Die Philosophie des Christian Thomasius, S. 72.

[380] Thomasius: Kleine Teutsche Schrifften, S. 377f.; Außerlesene Anmerckungen, Tl. III: »Die achte Anmerckung / Doctor Carolstads Geschichte und guter Nachruhm«, S. 108. »Man solte das Latein nur darumb abschaffen / weil es junge Leute hindert / daß sie nicht recht Deutsch lernen / geschweige daß so lange wir uns mit der Pabsts-Sprache schleppen / wir das Pabsts arme Leute bleiben / und das Pabstthum überm Halse behalten in secula seculorum.« Vgl. auch D. Melchiors von Osse Testament, S. 252.

Auch das ist ein bemerkenswerter Unterschied zu Opitz, der in konfessionellen Dingen die Neutralität des übernationalen Gelehrtentums wahrte. Thomasius' Absichten bezogen sich auf das Gesellschaftssystem und orientierten sich an der Decorum-Lehre.[381] Seine Frontstellung galt der Nutzlosigkeit einer Wissenschaft, die den Kontakt zur Lebenspraxis verloren hatte. Das Nutzenpostulat war ökonomisch-politischen Ursprungs; seine Zielrichtung war nur indirekt national. Direkt steuerte es soziale Zwecke an. Kern des thomasischen Reformversuches ist die Herstellung einer Verbindung zwischen Wissenschaft und ›Leben‹.[382] Dazu konnte nur eine ›lebende‹, eine vielbenutzte Verkehrssprache als Mittel fungieren. Während Opitz trotz der propagierten Deutschsprachigkeit in rein wissenschaftlichen Dingen vorbehaltlos zur internationalen lateinsprachigen Gelehrtenschaft rechnete, gilt dies für Thomasius nicht mehr.

Intentional ist Thomasius' Bestrebung national*pädagogisch*. Der Einwand Pufendorfs gegen den Gebrauch der Muttersprache in der Wissenschaft, die Sprachenvielfalt sei letztlich für die Wissenschaft unpraktikabler als *eine* internationale Sprache Latein,[383] berührt Thomasius' Anliegen nicht,[384] da es von der reinen Wissenschaft her nicht zu verstehen ist. Thomasius betrachtet Wissenschaft als eine im Dienst der Gesellschaft stehende Tätigkeit, die einen ersichtlichen Zweck erfüllen muß.[385]

Die meisten historischen Darstellungen betonen – und Thomasius hat es in seinen zahlreichen autobiographischen Vorreden und Schriften selbst getan – welche Furore seine leipziger Ankündigung[386] einer *deutschsprachigen Vorlesung* von 1687 gemacht hat.[387]

Die Furore wird nicht ganz verständlich angesichts der Tatsache, daß es in Deutschland bereits eine gewisse Tradition deutschsprachiger Vorlesungen gegeben hat,[388] auf die sich jeder berufen konnte. Die immer wieder zu lesende Behauptung, die Vorlesung von 1687 sei die erste deutschsprachige Vorlesung gewesen, ist schon längst widerlegt. Wie konnte also eine solche Erregung zustande kommen?

---

381 Sinemus: Poetik und Rhetorik, S. 161ff.

382 Witkowski: Geschichte des literarischen Lebens, S. 200ff.

383 Pufendorf an Thomasius, Schreiben vom 31. Oktober 1691; Briefe S. P.s an Chr. Thomasius, ed. Gigas, S. 60f. Diese Haltung begegnet noch hundert Jahre später bei Johann Friedrich Schlosser.

384 Ebd., S. 60.

385 Thomasius weist die Pufendorfsche Argumentation anläßlich der Rezension einer Übersetzung von D. Heydentryk Overkamp: »Oeconomia animalis« durch D. Schreyer zurück; Monatsgespräche IV (1689), S. 1044f.

386 Lieberwirth: Thomasius, S. 16, Nr. 25.

387 Dazu Kawerau: Aus Halles Literaturleben, S. 33; Fleischmann: Thomasius (1931), S. 16ff. u. S. 10 Anm. 1 (autobiographische Belege Thomasius').

388 Hodermann: Universitätsvorlesungen, S. 7f.; Weithase: Zur Geschichte der gesprochenen deutschen Sprache, Bd. 1, S. 264, 271ff.; Witkowski: Geschichte des literarischen Lebens, S. 201. Tilemann Heverlingh las 1501 in Rostock über Juvenal in deutscher Sprache, Paracelsus hielt 1527 in Basel eine deutschsprachige Vorlesung.

Irmgard Weithase erklärt das Faktum durch den Hinweis, es habe sich wie Thomasius selbst ausführt – um den Anschlag eines deutschen Programms auf das bisher ausschließlich lateinischen Ankündigungen vorbehaltene schwarze Brett gehandelt.[389] Zu diesem äußerlichen Grund tritt die fakultätenspezifische Tatsache, daß es sich bei Thomasius offensichtlich um die erste deutschsprachige Vorlesung im philosophischen Disziplinenbereich gehandelt hat. Bisherige deutschsprachige Vorlesungen – etwa von Paracelsus und Weigel – fielen in den Sektor der Realdisziplinen. Dieser Vorgang war durch die Muttersprachigkeit in den Schulen vorbereitet worden.

Sieht man von Heverlingh und Kaspar Stielers Jenaer Vorlesungen über deutschen Stil ab[390] – Stieler war jedoch kein regelrechtes Mitglied des Lehrkörpers – so ist die Vorlesung des Thomasius tatsächlich die erste in einem nicht zu den Realdisziplinen rechnenden Fach, die in deutscher Sprache gehalten wurde. Damit war ein Übergreifen der Muttersprache über die nicht-humanistischen Fächer auf die übrigen Disziplinen vorbereitet, ein für den Paradigmenwandel entscheidender Vorstoß.[391] Das Revolutionäre der deutschsprachigen Vorlesungen für die akademische Hierarchie und deren Lehrkanon war die Übernahme von Prinzipien, die den ursprünglich verachteten Realdisziplinen entstammten.

Nichts anderes verfolgt auch die *journalistische Betätigung* des Thomasius, insbesondere in den »Monatsgesprächen«.[392] Sie fungieren als verlängerter Arm seiner Wissenschaft und dienen demselben Ziel, eine über die enge zunftmäßig in sich abgeschlossene Gelehrtenschaft hinausgehende, bildungswillige Schicht mit den neuesten Ergebnissen internationaler Wissenschaft vertraut zu machen.[393] Journalismus und Wissenschaft sind für Thomasius keine Widersprüche oder Gegensätze. Die Edition der »Monatsgespräche« ergänzt das engere, auf die Universität beschränkte Reformprogramm in *notwendiger* Weise, weil die Ausführung des thomasischen Wissenschaftsprogramms erst auf der Basis eines refor-

---

389 Weithase: Zur Geschichte der gesprochenen deutschen Sprache, Bd. 1, S. 268f.; Thomasius: D. Melchiors von Osse Testament, S. 252; Kleine Teutsche Schrifften, S. 53.

390 Weithase: Zur Geschichte der gesprochenen deutschen Sprache, Bd. 1, S. 264–268. Stieler war Universitätssekretär, als er 1679 seine Vorlesung hielt; vgl. H. Koch: Deutsche Vorlesungen an der Thüring. Landesuniversität im Jahre 1679, in: Das Thüringer Fähnlein 4 (1935) H. 6, S. 323ff. Blackall: Die Entwicklung des Deutschen, S. 9; vgl. auch Haendcke: Deutsche Kultur, S. 245, der eine deutschsprachige Vorlesung in Königsberg aus dem Jahre 1641 erwähnt.

391 Zum Erfolg der deutschsprachigen Vorlesung vgl. Thomasius: Juristische Händel, Tl. 2, S. 106; zu den deutschsprachigen Vorlesungen nach Thomasius s. Hodermann: Universitätsvorlesungen, S. 22ff., bes. S. 30ff.

392 Zu den Monatsgesprächen bes. Woitkewitsch: Thomasius' Monatsgespräche passim; Wothge: Über Christian Thomasius passim; Inhaltsangabe bei Luden: Christian Thomasius; ferner Witkowski: Geschichte des literarischen Lebens, S. 200ff. Zu Vorläufern der ›Monatsgespräche‹ Zeller: Spiel und Konversation im Barock. Untersuchungen zu Harsdörffers ›Gesprächspielen‹.

393 Thomasius: Monatsgespräche I (1688), S. 107; Freydank: Thomasius als Journalist. Zum Zweck Woitkewitsch: Thomasius' Monatsgespräche, S. 664.

mierten Schulkursus und eines bildungsoffenen Publikums möglich wurde. Die »Monatsgespräche« nehmen sich die Schaffung einer ›wissenschaftlich‹ diskutierenden Öffentlichkeit zum Ziel,[394] die aus den gehobenen bürgerlichen Schichten sich rekrutierte. Die prononcierten Bekundungen, alle vernünftigen Leute, und seien es auch Soldaten, Kauf- und Handwerksleute, seien als Mitarbeiter der »Monatsgespräche« gewünscht, richten sich dezidiert gegen den Zunft-Gelehrten, dessen ›Gelehrsamkeit‹ an akademischen Titeln ablesbar ist.[395] Denn Thomasius' Bildungsprogramm sollte ja gerade über den Raum der traditionellen Universitätskaste auf die breiteren Schichten des Bürgertums ausgreifen.[396] Der volksbildnerische Zug unterscheidet sein Wirken von dem ebenfalls reformbedachten Leibniz, der sich von der Beschränktheit des deutschen akademischen Betriebs abwandte und den Fortschritt der Wissenschaft in der Gründung von Sozietäten und Akademien gewährleistet fand.[397] Dieses elitäre Konzept übersah jedoch die ursprüngliche Verbindung von Wissenschaftsfortschritt und Ausbreitung des Wissens auf bildungsfähige, jedoch ›nichtgelehrte‹ Schichten, wie sie dem thomasischen Aufklärungsmodell von Wissenschaft selbstverständlich war.

Leibniz, der seine wissenschaftliche Tätigkeit hauptsächlich in französischer Sprache betrieb – womit er immerhin auch Forderungen des Thomasius erfüllte – näherte sich in späteren Jahren der thomasischen Wissenschaftskonzeption. In seinen zwei in deutscher Sprache verfaßten, jedoch erst posthum (1717) veröffentlichten Schriften »Ermahnung an die Teutsche, ihren Verstand und Sprache besser zu üben, samt beigefügten Vorschlag einer Teutsch-gesinten Gesellschaft« (1679/80) und »Unvorgreiffliche Gedancken, betreffend die Ausübung und Verbesserung der Teutschen Sprache« (1697)[398] weist er auf die mit dem Gebrauch von Fremdsprachen verbundenen Gefahren hin:[399] zum einen die Möglichkeit, hinter der von nur Eingeweihten verstandenen lateinischen Sprache »geheime Unwissenheit« zu verbergen,[400] zum anderen die Kluft, die zwischen den wenigen Latein-

---

394 Thomasius: Außerlesene Anmerckungen, Tl. 2, S. 101f.

395 Unter den »Weißheit Liebenden«, an die sich sein Journal wendet, versteht er »nicht eben Doctores, Licentiatos, Magistros, Baccalaureos oder mit einem Worte die cabale so sich Gelehrte nennen / (wiewohl ich diese auch nicht ausschliesse) sondern alle diejenigen / die ihre von Gott verliehene Vernunfft zu seinen Ehren und den allgemeinen menschlichen Heyl recht schaffen anwenden / wenn es auch Soldaten / Kauff- und Handwercks-Leute wären; Wenn sie nur die schädlichen praejudicia loß worden / und der Erforschung der Wahrheit mit einfältiger Klugheit nachstreben.« Historie der Weiszheit, S. 12.

396 Zu den volkstümlich-bürgerlichen Intentionen der ›Monatsgespräche‹ s. Heubaum: Geschichte des Deutschen Bildungswesens, S. 104–114. Allerdings bezieht Thomasius sein Aufklärungsmodell, also die Vermittlung von Bildung, nicht auf alle Gesellschaftsmitglieder. Dies hätte eine Auflösung der Stände zur Folge. Thomasius bleibt mit seinem Bildungsprogramm innerhalb der durch das Decorum gezogenen Grenzen, verschiebt dort aber einige durch die Gesellschaftsentwicklung überholten Gliederungen.

397 Heubaum: Geschichte des Deutschen Bildungswesens, S. 69ff., 75ff.

398 Zu Leibniz' Schriften s. Böckmann: Formgeschichte, S. 477f. Die Schrift »Unvorgreifliche Gedanken« wurde erst 1717, die »Ermahnung« erst 1846 gedruckt.

399 Weithase: Zur Geschichte der gesprochenen deutschen Sprache, Bd. 1, S. 274.

400 Leibniz: Ermahnung an die Deutschen, S. 13.

sprechenden und der Mehrheit des Volkes, die niederes Bürgertum und Adel gleicherweise umfaßt, besteht und sich zusehends verstärkt.[401] Die Gelehrten führen damit eine Sonderexistenz, bilden einen Staat im Staate, und der Hauptteil des Volkes, der kein Latein gelernt hat, ist »von der Wissenschaft gleichsam ausgeschlossen«. Gerade gegen diese Trennung hatte Thomasius sein politisch-pragmatisches Konzept gerichtet. Nicht in einer bestimmten revolutionierenden Methode liegt daher die Sprengkraft des thomasischen Schrittes, sondern in der Negierung einer jahrhundertealten Sonderposition des Gelehrtentums. Thomasius trug damit nur einer gesellschaftlichen Entwicklung Rechnung, deren Realität schon längst die gelehrten Privilegierungsansprüche ab absurdum geführt hatte.

(2) Die Integration des Gelehrtentums in die bürgerliche Gesellschaft

Die öffentliche Diskussion der Wissenschaftsergebnisse war durch die Deutschsprachigkeit der Vorlesungen eingeleitet, durch die gesprächsweise oder referierend vorgetragenen Abhandlungen der »Monatsgespräche« fortgeführt worden. Ein Versuch, den jegliche Öffentlichkeit ausschließenden Riegel der lateinischen Sprache zu beseitigen, war damit erfolgreich unternommen worden – trotz der zahlreichen Widerstände, die sich bis zum Ende des Jahrhunderts der vollständigen Deutschsprachigkeit der Vorlesungen an den Universitäten in den Weg stellten.[402] Im übrigen hat sich die Deutschsprachigkeit erst allmählich durchgesetzt, von Universität zu Universität und von Disziplin zu Disziplin verschieden.[403] Friedrich Wilhelm Bierling ist nur einer von vielen, der Anfang des 18. Jahrhunderts wegen seines Programms »Discours von der rechten Art zu philosophieren« mit der philosophischen Fakultät der Universität Rinteln Schwierigkeiten bekam, »weil solches teils in deutscher Sprache, teils mit thomasischen Meinungen angefüllet« war.[404]

Thomasius intendierte mit seinem muttersprachlichen Nutzenideal einen Bund zwischen Wissenschaft und gehobenem Bürgertum, das für ihn neben dem Hof die ›Lebenspraxis‹ repräsentierte. Der frühe »Discours« legt natürlicherweise die Annahme nahe, Thomasius sei es bei seiner Gelehrtenprogrammatik um eine Annäherung an das Kavaliersideal gegangen, der Gelehrte solle sich in Erscheinung und Schreibweise dem galanten Hofideal anpassen.[405] Das persönliche Auftreten des Thomasius in Halle in modischer Kleidung und Degengehänge

---

401 Ebd., S. 14ff.

402 Der pedantische Gelehrte David in den Monatsgesprächen will z. B. nicht wie »iedweder Handwercksmann« sprechen. Johann Julius Hecker verfaßte die Schrift »Wohlgemeinter Vorschlag, wie die lateinische Sprache bey Würden und Ehren zu erhalten« (1749); Hodermann: Universitätsvorlesungen in deutscher Sprache, S. 35, 64.

403 Wothge: Über Christian Thomasius, S. 558; Weithase: Zur Geschichte der gesprochenen deutschen Sprache, Bd. 1, S. 270ff.

404 Jöcher: Allgemeines Gelehrten-Lexicon, Bd. 1, S. 1081f.

405 Kiesel: ›Bei Hof, bei Höll‹, S. 165ff; im Discours etwa S. 47; vgl. Cohn: Gesellschaftsideale, S. 76ff.

verstärkt diese Vermutung. Sie trifft jedoch nur für die galant-politische Frühphase zu; in der späteren Zeit, die nach der Berührung mit dem Pietismus datiert, überlagern andere – bürgerliche – Elemente den höfischen Einfluß.[406] Nun tendiert Thomasius zur Erziehung des Bürgertums im Sinne eines politischen, an den Decorum-Lehren orientierten Verhaltens; diesem ›politisch-pragmatischen‹ Bürgertum subsumiert er das Gelehrtentum selbst. Von einer unmittelbaren Beziehung zwischen Gelehrtentum und Hof unter Ausschluß des gehobenen Bürgertums ist nicht mehr die Rede.

Dem Ziel einer Loslösung des Gelehrtentums aus seiner privilegierten Sonderposition und seiner Integration in die umfassendere bürgerliche Gesellschaft mit den Standesrechten des gehobenen Bürgertums[407] dient in erster Linie das Postulat muttersprachlicher Kommunikation auch in ›gelehrten‹ Diskussionen. Im sozialen Kontext gewinnt die Sprachenbewertung, die Thomasius in den humanistischen Disziplinen vorfindet, einen neuen Stellenwert. Bei der Besprechung von Weigels »Wurtzelzug« rügt Thomasius die herkömmliche Lehrart auf den Schulen: es sei »ein gemeiner Fehler in der gewöhnlichen Lehrart: daß man auff denen Schulen nur umb die Lateinische und Griechische Sprache bekümmert ist / die Wissenschafften aber selbst / imgleichen den Tugend-Weg und die Zucht durch taugliche methode der Jugend beyzubringen vergißt.«[408] Der Tadel richtet sich lediglich gegen die einseitige Ansicht, Wissenschaft bestünde ausschließlich in der Sprachenkenntnis. Als ebenso einseitig empfindet Thomasius die Weigelsche Methode, Sprachen zu vernachlässigen zugunsten des Rechnens, der Mathematik und der Tugendlehre. Er neigt eher zu einem Kompromiß,[409] tendiert allerdings, wenn eine Wahl zu treffen sei, zum realpädagogischen Programm Weigels.

> »Denn die Sprachen können wohl einen gelehrteren Mann machen / aber ohne dieselbe kan man doch gelehrt seyn. Hingegen wer nichts als Sprachen kan / im übrigen aber seinen Kopff von Wissenschafften und der morale ledig findet / der übersteiget sich ein wenig in seinen Gedancken / wenn er sich für einen gelehrten Mann ausgeben wil.«[410]

Die Annahme einer von umfassender Sprachenkenntnis unabhängigen Gelehrsamkeit führt zurück zu der anfangs zitierten Gelehrsamkeitsdefinition aus der »Vernunft-Lehre« [s. S. 366]. Gelehrsamkeit als Unterscheidungs- und Begründungsfähigkeit ist eine Eigenschaft des Verstandes.[411] Weil Gelehrsamkeit weder Vielwisserei meint noch von Quantitäten gelesener Bücher abhängt, erhält sie eine breitere Basis. Da Thomasius den Verstand allen Menschen zuspricht, hält er »auch alle Menschen fähig die Gelahrheit zu erlangen«, wie es in den Zeiten der

---

[406] Dazu Elias: Über den Prozeß der Zivilisation, Bd. 1, S. 24f. belegt, daß die Höfisierung aus bürgerlichem Interesse angestrebt wurde, und zwar in zwei Stufen. Dabei fungierte die Universität als mittelständisches Gegenzentrum des Hofes.

[407] Ebd., S. 31f. skizziert den Weg vom eximierten Gelehrtentum zur mittelständischen Intelligenzschicht.

[408] Thomasius: Monatsgespräche II (1688), S. 639ff.

[409] Ebd., S. 643.

[410] Ebd., S. 641.

[411] Einleitung zu der Vernunfft-Lehre, S. 76, § 2.

»Unschuld« gewesen war. Nach dem Sündenfall erst kam die Zweiteilung der Menschheit in Gelehrte und Ungelehrte zustande. Bemerkenswert an der ganzen, hier nur angeschnittenen historischen Erklärung ist bei aller Neuheit der Gelehrsamkeitsdefinition die traditionelle theologische Argumentationsstruktur.[412] An Entgegenstellung von Vernunft und Religion denkt Thomasius nicht; auch ist von Säkularisation noch keine Rede. Dafür zeugt besonders der Paragraph 12:

> »Wiewol nun die Gelahrheit den Menschen aus seiner Unvollkommenheit heraus reisset / und dannenhero billich alle Menschen sich bemühen solten / gelehrt zu werden / so lässet doch der Zustand der menschlichen Gesellschafft nach dem Fall solches nicht zu / weil der Unterscheid der Stände denen meisten so viel zu thun giebt / daß sie die Zeit / so zu Erlangung der Gelahrheit erfordert wird / dem gemeinen Wesen zum besten zu was andern anwenden müssen.«[413]

Das *Bildungsprogramm* enthält eine Art von Stufenmodell: Die breite Masse der Berufstätigen soll wenigstens tägliche Erfahrungen ansammeln und Gelehrte um Rat fragen, um der völligen Unwissenheit zu entgehen. Ziel ist die Förderung der allgemeinen und der eigenen Glückseligkeit. Die gehobenen – im Besitz von ›Musse und Gelegenheit‹ befindlichen bürgerlichen Stände sollen an ihrem Verstand arbeiten und sich über den Zustand der Unwissenheit erheben, »daß / ob sie gleich nicht für Gelahrte passiren können / dennoch auch nicht ungelehrt genennet werden mögen.«[414] Wer aus seiner »Gelahrheit« einen Beruf machen möchte, bedarf neben dem »natürlichen Licht« des Verstandes das »übernatürliche«, aus der göttlichen Offenbarung herrührende Licht.[415] Gottesgelahrheit steht gleichbedeutend neben der Weltweisheit, Theologie also neben Philosophie.[416] Dazu gesellt sich die Kenntnis entfernter oder vergangener Dinge, also die Historie.[417] Das neue Bildungsprogramm umfaßt verschiedene Punkte, die aus den allgemeinen Erörterungen resultieren: Keine Gelahrheit sei,

1. die weder Nutzen bringe noch zur Seligkeit führe,
2. die nur in der Kenntnis zahlreicher Sprachen bestehe,
3. die eines besonderen »Beruffs« bedürfe,
4. die sich auf Männer beschränke und Frauen ausschließe,
5. die in Vielwissen sich erschöpfe,
6. die es nicht in Taten erweisen könne,
7. die Verstandes- und Offenbarungswahrheiten verwechsle.[418]

Ebensowenig wie die Religion ist der menschliche Verstand menschlicher Herrschaft unterworfen:[419] in »der natürlichen Erkäntniß und Wissenschafft« steht den Menschen die »gleiche Freyheit« zu. Die üblichen Standesgrenzen gelten in der Wissenschaft nicht!

> »Die Respublica literaria hat mit denen andern Rebuspublicis wenig Gemeinschafft / sondern sie ist der Societati maximae gentium quà talium nicht ungleich. Sie erkennet kein Oberhaupt / also die gesunde Vernunfft / und alle diejenigen / die darinnen leben / sind einander gleich / sie mögen von was Nationen oder Stande seyn was sie wollen.«[420]

---

412 Ebd., S. 76, §§ 3, 4. 413 Ebd., S. 79, § 12. 414 Ebd., S. 80, § 14.
415 Ebd., S. 80, §§ 16, 17. 416 Ebd., S. 81f., § 21. 417 Ebd., S. 82f., § 25.
418 Ebd., S. 87f., §§ 36–44.
419 Thomasius: Monatsgespräche IV (1689), S. 1148. 420 Ebd., S. 1146.

In wissenschaftlichen Angelegenheiten kommt allen das gleiche Stimmrecht zu. Thomasius spricht sich sogar gegen Mehrheitsbeschlüsse aus; im Gelehrtenstaat müsse eigentlich jedes Votum mit dem »Maßstab gesunder Vernunfft« gemessen werden.

»Die Seele derer votorum bestehet in der Freyheit / daß man seine Gedancken eröffnet / wie sie an sich selbsten sind / und kein Ansehen der Person beobachtet.«[421]

Die Bedeutung der sozialen Position des Urteilenden spielt gegenüber dem Wahrheitsgehalt seines Urteils keine Rolle mehr. Diesen Standpunkt hat Thomasius auch in der wissenschaftlichen Diskussion verfochten; das belegt beispielhaft die Auseinandersetzung mit Ehrenfried Walther von Tschirnhaus. Thomasius hatte im Märzheft 1688 der »Monatsgespräche« ein Referat und eine (teilweise etwas spitzfindige) Kritik der »Medicina mentis« vorgelegt, die dem eklektizistischen Verfasser epikuräische, platonische, cartesianische und spinozistische Gedanken nachwies.[422] Die Tatsache der einstigen engen Verbindung zwischen Tschirnhaus und Spinoza konnte jedoch in dem von orthodoxem Geist bestimmten sächsischen Staat nur schaden.[423] Aus diesem Grunde hat sich Tschirnhaus mit einer von (verständlicher) Erregtheit zeugenden Schärfe gegen die Kritik gewandt und dabei autoritäre Mittel angedroht, die seinem eigenen Denkansatz übrigens widersprachen. Bereits der erste Satz seiner in Thomasius' »Monatsgesprächen«[424] abgedruckten Erwiderung »Eilfertiges Bedencken wieder die Objectiones [...]« charakterisiert die formal-traditionalistische Haltung von Tschirnhaus, der einer Verwendung der Muttersprache in der Wissenschaft kein Verständnis entgegenbringt.

»Anfangs gestehe ich / daß nicht gerne gesehen / daß mein Name exprimiret / solche Objectiones in Teutscher Sprache formiret vielen judiciis also unterworffen worden / die nicht wohl fähig von dieser Sache zu urtheilen [...].«[425]

Trotz der Abkehr von den pedantischen Gelehrten teilt Tschirnhaus die Ansicht des ›Aufklärers‹ Thomasius nicht, Wissenschaft bzw. Gelehrsamkeit müsse durch Muttersprachlichkeit allen zugänglich gemacht werden – ein während der Verbürgerlichungsphase der Wissenschaft ständig begegnendes, meist im zünftischen Sinne, also reaktionär angewendetes Argument.[426] Tschirnhaus schließt seine Entgegnung mit den – auch im Hinblick auf die von ihm vertretene philosophische Position – bedenklichen Sätzen:

---

421 Ebd.

422 Thomasius: Monatsgespräche I (März 1688), S. 419–426; S. 441f. Tschirnhaus rechnet für Thomasius nicht zur Klasse der »Pedantisch-gelehrten«, sondern zu den »beaux-esprits«.

423 Zur Auseinandersetzung zwischen Thomasius und Tschirnhaus s. Winter: Der Bahnbrecher der deutschen Frühaufklärung, S. 28ff.; Stiehler: Tschirnhaus als Philosoph, S. 89f.; Zaunick in der Einleitung zur »Medicina mentis«, S. 12.

424 Thomasius: Monatsgespräche I (Juni 1688), S. 746–792.

425 Ebd., S. 746f. Zum »Eilfertigen Bedencken« s. Winter: Der Bahnbrecher der deutschen Frühaufklärung, S. 30.

426 Etwa bei Johann Georg Schlosser: Ueber Pedanterie und Pedanten, als eine Wahrnung für die Gelehrten des XVIII. Jahrhunderts. Basel 1787.

»Was meinet nun der gelehrte Leser? solte auch wohl der Mühe werth seyn / solche ungegründete objectiones weitläufftig zuwiederlegen? Wie ich dann hiermit protestiren / daß wenn ich hin führo klar erkennen werde / das einer mich so elende assequiret / ich nicht die geringste Antwort geben wil / (wiewohl ich auch diese nicht öffentlich / sondern nur vor etliche gute Freunde und Patronen ausgefertiget) so fern ich aber evident ersehe / daß es nicht aus blosser ignorantz: sondern auch aus einer sonderbaren malice, wie ietzo / geschiehet / so werde mich der Mittel gebrauchen / die mir GOTT / Stand und Geburth an die Hand gegeben.«[427]

Mag einerseits die wissenschaftliche Haltung des Thomasius, der Anstoß am Spinozismus nimmt, zeitgebundener erscheinen als Tschirnhaus' freiere Einstellung, so eignet andererseits Thomasius das wissenschaftlich einwandfreie Verhalten. In seiner der Tschirnhaus'schen Erwiderung unmittelbar folgenden fingierten Stellungnahme fragt der eine Gesprächspartner den anderen, wie ihm das Tschirnhaus'sche ›Bedenken‹ denn gefalle.[428] Besonders bestürzt sind beide über die Schlußpartie. Mit beißender Ironie greift Thomasius sich diesen Passus heraus und variiert die Wendung von den »sonderlichen Mitteln, die ihm Gott, Stand und die Geburt an die Hand gegeben« hätten. Drohungen weist er zurück; wer ihm ein »irraisonnabel tractement« vorsetze, dem wolle auch er zeigen, daß ihm »Gott, Stand und die Geburt« die Mittel gegeben hätten, »ein voll gedrückt / gerüttelt / und überflüssiges Maß wieder zu zumessen.«[429] So weit will Thomasius es jedoch nicht kommen lassen. Mehrfach hatte er seiner Meinung Ausdruck verliehen, Tschirnhaus zähle zu den Wissenschaftlern des neuen Typus, den ›galants hommes‹, nicht zu den Pedanten.[430]

»Denn es wäre ein exemplum sine exemplo, wenn ein galant homme, dem GOtt / Stand und die Geburt für andern was sonderliches gegeben hat, wegen einer disputation aus der Metaphysic mit dem andern einen Kampf auff Leib und Leben anfangen wolte: und wüste ich nicht / in was vor einer morale der Herr T. dergleichen principium begriffen haben müste. Dieses weiß ich aber wohl / daß mir mein GOtt / mein Stand und meine Geburt erlaubet / ein irraisonnables tractament auff alle Wege abzuwenden. Ja es würde der Herr T. Da ihm ja solche sonderliche Gedancken in den Sinn kommen sollen / sich so denn gefallen lassen zu erwegen / daß GOtt uns beyde / so wohl auch unser Stand und unsere Geburt zu Unterthanen eines Durchlauchtigsten Landes-Vaters gemacht hat / der sowohl den gnädigsten Willen / als großmächtigstes Vermögen hat / seine Unterthanen ohne Ansehen des Standes oder Geburt wieder alles irraisonnables beginnen zuschützen. Daß ich also / so viel dieses Compliment betrifft / das mir der Hr. T. zuletzt gemacht / künfftig ja so ruhig schlaffen will als zuvor.«[431]

Thomasius vertritt in diesem von ihm mit Überlegenheit geführten Disput die gesellschaftlich fortgeschrittenere Position. Das ist weniger Resultat seines philosophischen Ansatzes als Konsequenz seines neuen Gelehrsamkeitsverständnisses, das die Öffnung der Wissenschaften für alle Mitglieder der Vernunftgemeinschaft

---

427 Thomasius: Monatsgespräche I (Juni 1688), S. 792.
428 Ebd., S. 793–797, eine außerordentlich wichtige Passage, die jedoch der Länge wegen nicht zitiert wird.
429 Ebd., S. 796.
430 Thomasius: Monatsgespräche I (März 1688), S. 416; (Mai 1688), S. 618.
431 Thomasius: Monatsgespräche I (Juni 1688), S. 797.

vorsieht. In der Öffnungstendenz, die mit dem Muttersprachlichkeitspostulat verknüpft ist, manifestiert sich der spezifisch bürgerliche Aufklärungsgehalt. Er drängt auf die Auflösung der ständischen Schranken und auf die Schaffung einer allgemein zugänglichen, nicht an Geburt, Stand und traditionelle Ausbildung gebundenen ›überständischen Gelehrtenrepublik‹.

Für Jedermann, Standesperson oder akademischen Gelehrten, hat der *Öffentlichkeitscharakter der vernunftmäßigen Wissenschaft* die Konsequenz, daß seine Publikationen der allgemeinen vernünftigen Kritik offenstehen; ja daß die Publikation bereits »die allgemeine censur der vernünfftigen Menschen gleichsam provociret«.[432] Die Argumentation der »Monatsgespräche« trifft sich mit den Ausführungen über die Freiheit des Geistes. Intoleranz ist für Thomasius das Zeichen für einen schwerfälligen Verstand.[433] Deutsche Wissenschaft konnte im internationalen Vergleich deshalb keinen Spitzenrang einnehmen, weil im Reich die »Gelahrheit als ein geschlossen Handwerck« betrieben wurde. Das Monopolwesen in geistigen Dingen, der Zwang, erst mit Hilfe eines Privilegiums seine geistigen Fähigkeiten nutzbringend einsetzen zu dürfen; die Verfolgungen, die dem nicht durch Autoritäten gedeckten Forscher drohten, ermöglichten der Wahrheit und der Tugend (»als die keine andere Mutter als die wahre Weißheit hat«) keine Ausbreitung.[434] Gewährung von Freiheit und Schutz vor Verfolgung dagegen bewirken nach Thomasius' Meinung die Aufmunterung auch der »schläffrigsten und langsamsten Ingenia«. Die Blüte der englischen, holländischen, auch der französischen Wissenschaft (vor Vertreibung der Reformierten); der Mißstand der italienischen und der spanischen dienen ihm als Belege seiner These, und lassen ihn die Hoffnung aussprechen, auch in Deutschland werde der Geist der Freiheit Einzug halten und die »Sclavische Schein-Weißheit«, eben die Pedanterie, vertreiben.[435] Daß die *Freiheit der Lehre* mehr Studenten an eine Universität ziehe als eine »Papistische Einschränckung«, hat Thomasius in seinem Kommentar zu Osses Testament behauptet und zugleich festgestellt, auch die Regierung erkenne allmählich, daß eine »vernünfftige Freyheit dem weltlichen Regiment sehr profitable sey«.[436]

Die Entfaltung der Vernunft erfolgt im Rahmen des zwar als menschliche »Schwachheit« begriffenen, nichtsdestoweniger notwendigen Decorum.[437] In Halle selbst, wo Thomasius seit 1687 deutsche Vorlesungen hielt, besuchten auch Nichtstudenten, bildungswillige Einwohner Halles, seine Veranstaltungen.[438] In der Erinnerung gerät Thomasius diese Realität zum Modell einer großen wissenschaftlichen Republik.

---

432 Ebd., S. 1150.
433 Thomasius: Kleine Teutsche Schrifften, S. 460.
434 Ebd., S. 461.
435 Ebd., S. 460f. Dieselbe Argumentation legt Thomasius in den Mund des gelehrten Benedict, Monatsgespräche I (1688), S. 108ff.
436 Thomasius: D. Melchiors von Osse Testament, S. 277f.
437 Thomasius: Außerlesene Schriften, Tl. 2, S. 213ff.
438 Weithase: Zur Geschichte der gesprochenen deutschen Sprache, Bd. 1, S. 269.

»Immaßen nach der Zeit die Halleute nicht allein meine lectiones publicas, (weil ich selbige, so lange ich allhier gewesen, in teutscher Sprache gehalten), fleißig besuchten, sondern auch, wenn sie in denen Bier-Kellern mit denen andern gemeinen Bürgern in compagnie waren, wieder dieselbigen und dero falsche Beschuldigungen mich nach ihrem Vermögen, jedoch ohne Zanck und Streith, vertheydigten, [...].«[439]

Auch die meisten Professoren Halles stimmten dem Vorstoß des Thomasius zu, »ut jam ibi quicquid sciri potest, Germanicis verbis audias proponi, linguamque Romanam a clave sapientiae paene remotam cernas«.[440] Der Erfolg der Vorlesungen gab Thomasius recht. Nicht nur die meisten »vornehmen« Studenten gingen nach Halle;[441] der regelmäßige Besuch seiner Veranstaltungen wirft ebenfalls ein helles Licht auf das offenbare Bedürfnis nach deutschsprachiger Wissenschaft.[442]

In diesen Äußerungen, den kritischen wie den programmatischen, bekundet sich die *frühbürgerliche Position* des Gelehrten Thomasius. Es geht nicht an, pauschal von einer ›bürgerlichen‹ Gesinnung Thomasius' zu sprechen, oder von seinem »Bekenntnis zum Bürgertum«,[443] da ein solches Bürgertum als geschlossene Klasse Ende des 17. Jahrhunderts noch nicht existierte. Die Distanzierung des Thomasius vom Pöbel,[444] von den ja auch zum Bürgertum zählenden Unterschichten, fällt weit schärfer aus als seine Kritik an anderen Ständen – mit Ausnahme des Gelehrtenstandes. Wie bereits die »Monatsgespräche« zeigen, hat er bei seinem Bildungsprogramm die gehobenen bürgerlichen Stände, die Beamten, die Lehrer und Kaufleute im Auge. Christoph, neben dem Kavalier Augustin, im ersten Monat der »Monatsgespräche« die dominierende Figur, wird als »gelehrter Handels-Herr« charakterisiert, der in seiner Jugend »denen studiis fleißig obgelegen« und neben seiner Handelstätigkeit her sich noch um Lektüre »curieuser Bücher« bemüht.[445] ›Bürgerlichkeit‹ meint hier also den vorher angesprochenen, weiter gefaßten Bildungskreis, in dem neben Gelehrten »von Profession« auch interessierte Liebhaber von Wissenschaften gleiche Rechte einnehmen. Der Begriff deckt sich mit dem Programm der ›literarischen Öffentlichkeit‹, das durch die deutschsprachigen Journale in der Folgezeit geschaffen wurde.[446] In der *Praxis* manifestiert sich die ›bürgerliche‹ Gesinnung des Thomasius im Rechts-

---

439 Thomasius: Juristische Händel, Tl. 2, S. 80.

440 J. G. Eccard: Historia studii etymologici linguae germanicae hactenus impensi. Hannover 1711, S. 257f., zit. nach Hodermann: Universitätsvorlesungen, S. 22.

441 Kawerau: Aus Halles Literaturleben, S. 333, Anm. 83.

442 Weithase: Zur Geschichte der gesprochenen deutschen Sprache, Bd. 1, S. 269; Hodermann: Universitätsvorlesungen, S. 19; Thomasius: Göttliche Rechtsgelahrheit, Vorrede, § 17.

443 Schulz-Falkenthal: Christian Thomasius, S. 547f. Richtig dagegen Sinemus: Poetik und Rhetorik, S. 169.

444 Bereits im Discours, S. 43.

445 Ebd., S. 73; vgl. die ähnliche Charakterisierung Augustins, S. 63: »ein Cavallier, der in seiner Jugend studiret [...] und seine Zeit in Lesung curieuser und artiger Bücher zu bringet.«

446 Zur Fortführung der ›Monatsgespräche‹ durch Johann Jacob von Ryssel Witkowski: Geschichte des literarischen Lebens, S. 217ff.

streit über die Frage, ob den Gelehrten zugemutet werden könne, den Lärm hämmernder und pochender Handwerker zu ertragen, oder ob ihnen das alte Privilegium, solche Handwerker oder auch lediglich singende Personen zu vertreiben, noch heute zuzubilligen sei.[447] Thomasius meint, nach Musterung der ganzen »aus dem dicksten und ungehobelten Pabstthum« herstammenden Tradition: könne und müsse ein Gelehrter sich bei einem Singenden in Geduld fassen, so könne er sich auch »(guten Theils) in Gedult fassen, wenn er einen hämmernden und pochenden Nachbar hat, oder sich mit demselben in Güte abfinden, daß er ihn und seine Auditores zu etlichen wenigen gewissen Stunden da gelesen würde, nicht turbirte.«[448] Einem von ähnlichem Mißgeschick betroffenen Freund rät Thomasius, von seinen Privilegien keinen Gebrauch zu machen: »denn seine Feinde würden sonst daher Gelegenheit nehmen, sich über ihn zu mocquiren«. Geduld überwinde alles, ein diplomatisches Gespräch mit den zuständigen Ordnungshütern sei gewiß erfolgreicher als eine reguläre Klage gegen sie. Überhaupt ließen sich mit einiger Gewöhnung auch »bey grossen euserlichen Tumult und Geschrey [...] nützliche oder tiefsinnige Dinge« denken.[449] Politische und christliche Argumentation verbindet sich hier.

Thomasius teilt die Meinung seines Kollegen, des Juristen Johann Peter Ludwig, der sogar in öffentlichen Vorlesungen auf die Ungegründetheit der meisten Privilegien hingewiesen hat, die Rebuffus für die Gelehrten beansprucht.[450] Interessant an der Argumentation des Thomasius ist, daß er im Rechtsstreit zwischen Gelehrten und Handwerkern nicht von einer Gleichheit der Ansprüche beider Parteien ausgeht. Zu einer solchen juristischen Gleichstellung von bisher mit Sonderrechten ausgestatteten Gelehrten und den unteren Schichten des Bürgertums ist auch Thomasius nicht bereit. Dennoch empfiehlt er ein diplomatisches, ein ›politisches‹ Einlenken, mit Gründen, die den tatsächlichen Ausgang des Streits im Auge behalten, um deswillen er lieber auf fragwürdige, in der Anwendung faktisch nutzlose Privilegien verzichtet. Damit redet er einer Gleichstellung der Ansprüche zwar theoretisch nicht das Wort, leistet wohl aber einer solchen Entwicklung Vorschub. Die Integration der gelehrten Berufe in das gehobene Bürgertum beginnt bereits einen Schatten auf die rechtliche Situation des gesamten Bürgerlichen Standes zu werfen.

Unter anderem, nicht-juristischem Aspekt hat Thomasius diese Entwicklung gefördert: in der *Pädagogik* und auf dem Sektor des *akademischen Lehrkanons*. Hier öffnet Thomasius das herkömmliche Gelehrtheitsideal den bürgerlichen

---

[447] Thomasius: Von der Freyheit der Gelehrten die hämmernden und pochenden Handwercker aus der Nachbarschafft zu treiben, in: Jurist. Händel, Tl. 2, Nr. XVII, S. 359–367.

[448] Ebd., S. 365.

[449] Ebd., S. 366. Thomasius rät zum gütlichen Einvernehmen der streitenden Parteien, zur Geduld und warnt vor Überempfindlichkeit: »Wer von Jugend auff nicht verzärtelt, oder auff münchische Art aufferzogen wäre, könne sich wohl angewöhnen auch bey grossen eusserlichen Tumult und Geschrey zu studiren, auch nützliche oder tieffsinnige Dinge zu meditiren.«

[450] Ebd., S. 366.

(einschließlich handwerklichen) Tätigkeiten, und paßt den traditionellen Studienplan den Erfordernissen des modernen bürgerlichen Staates an.

Die Öffnung des Gelehrtenstandes ergibt sich für Thomasius fast als zwangsläufige Konsequenz der Neudefinition von Wissenschaft bzw. Gelahrheit. Deren Orientierung an pragmatisch-politischen Maximen erhält eine Entsprechung in den empfohlenen Lehrmethoden und den angebotenen Lehrdisziplinen. Auch hier überdecken die bürgerlichen Motivationen – Erwerbsbestreben, das protestantische Arbeitsethos und die Tugendideologie – allmählich die rein ›politischen‹ Beweggründe. Augenfällig wird die einsetzende Verbürgerlichung der Gelehrsamkeit in der ethischen Motivation, die bei Thomasius doch in ganz anderem Maße wirksam wird – in der Theorie und im eigenen beruflichen Werdegang – als bei Christian Weise.

Der Gelehrtenstand als Träger des neuen, ethisch fundierten, dem Gemeinwohl dienenden Wissenschaftsmodells hat seine Berechtigung in der Gesellschaft erst, wenn er deren Normen auch für sich anerkennt und sich seiner jahrhundertalten Sonderrechte faktisch begibt. Es ist ein Teil der politischen Tradition und Argumentationsweise, daß Thomasius sich zu dieser rechtlichen Konsequenz in der Theorie noch nicht bekennt, wohl aber in der Praxis des Lebens, die ihm ohnehin als der wichtigere Part erschien.

2.4. Pädagogik und Universitätsreform

(1) Die pädagogischen Ansichten des Thomasius

Selbständige pädagogische Abhandlungen hat Thomasius nicht verfaßt. Doch ziehen Überlegungen über Lehrmethoden und Verbesserungsvorschläge zum Schul- und Universitätsunterricht durch sein ganzes Werk.[451] In den Anfängen ist die politisch-galante Komponente im Erziehungswesen stärker akzentuiert. In der »Einleitung zur Hofphilosophie« (1688) betrachtet Thomasius die Behandlung der Philosophie unter dem speziellen Gesichtspunkt, welche Disziplinen einem Hofmann nützlich seien. Wichtiger als Physik scheint Thomasius hier die verstandesschärfende Logik und die Moral zu sein. Ethik und Politik zeigen dem Hofmann, wie er sein Leben »ehrbar / lustig / nützlich / mit einem Wort / glückselig« gestalten kann.[452] Auch Geschichte und Mathematik gehören zu den notwendigen Studienfächern des Hofmannes.[453] Die Einflüsse der Realpädagogen sind in den Überle-

---

[451] Zu Thomasius' pädagogischen Ansichten s. D. Melchiors von Osse Testament; Kleine Teutsche Schrifften; Auserlesene Anmerckungen, Tl. 1; Observationes. Schubart-Fikentscher: Unbekannter Thomasius, S. 16–36; Schulz-Falkenthal: Christian Thomasius, S. 551ff.; Wedemeyer: Das Menschenbild, S. 510.

[452] Thomasius: Einleitung zur Hoff-Philosophie, Vorrede, S.):(4.

[453] In den Monatsgesprächen IV (Oktober 1689), S. 875–926, finden sich zwei Besprechungen von Büchern, die sich mit Fürsten- und Adelerziehung befassen. Zur Bedeutung des Geschichtsstudiums s. Vier Programmata, Nr. 1, in: Außerlesener und dazu gehöriger Schrifften zweyter Theil, S. 199f.

gungen des Thomasius zwar unverkennbar, dennoch baut er seine Konzeption nicht ausschließlich auf den pragmatischen Leitlinien der Muttersprachschule auf. Sein Zielpublikum ist [in erster Linie] nicht das Bürgertum der Handwerker und Kaufleute, sondern der gehobene, aus dem Beamtentum und ›Lehrstand‹ sich rekrutierende Mittelstand.[454] Von Interesse ist es immerhin, daß Thomasius nicht zeitlebens auf den ›politischen‹ Maximen eines Christian Weise, die seine Anfänge geprägt haben, verharrte. Seine späteren Erwägungen sind deutlicher von den bürgerlichen Momenten der realpädagogischen Lehren beeinflußt. Mit den Programmen der Realpädagogen teilt Thomasius verschiedene Absichten. Enge Konnexe gibt es mit Ratke, Andreae, Komensky[455] und Schupp,[456] vor allem in drei Punkten, die sich aus der Vorrangigkeit der res gegenüber den verba, und der Ausrichtung an der naturgemäßen Erziehung ableiten:

1. dem *Volksschulgedanken* mit dem Postulat der Wissensverbreitung,
2. der Forderung nach *muttersprachlichem Unterricht*,
3. der Betonung einer *berufsbezogenen Ausbildung*, mit ihrer Überordnung der lebenspraktischen Bedürfnisse über die Normen der Tradition.

Die ausführlichsten Exkurse zum Schulwesen hat Thomasius in den Anmerkungen zu »Melchiors von Osse Testament« niedergelegt.[457] Das allgemeine Prinzip, iudicium über memoria zu stellen, leitet auch die Erwägungen zum Lehrkanon und zur Lehrart. So grenzt sich das thomasische Modell vom leibnizischen ab, das noch am enzyklopädischen Ideal des europäischen Polyhistorismus orientiert war.[458] Die Betonung des realen Momentes richtet sich gegen die herkömmliche – grammatische (also humanistische) Lehrart und die (scholastische) Metaphysik. Nach seiner Meinung fördern die Fächer des Triviums, die Disziplinen des Quadriviums dagegen verhindern den Autoritätenglauben. Im Kampf gegen die Autoritäten[459] erhält die auf Evidenz und Vernunft (raison) achtende Mathematik einen besonderen Rang.

Unmittelbar ist Thomasius bei zwei Gelegenheiten mit pädagogischen Problemen konfrontiert worden. Einmal anläßlich der Besprechung von Weigels Schriften und des angeschlossenen Besuches seiner Lehranstalt in Jena;[460] zum andern

---

454 Kähler: Das Eliteproblem in der Erziehung.

455 Zu Andreae äußert sich Thomasius v. a. in den »Summarischen Nachrichten von erlesenen Büchern der Thomasischen Bibliothek«. Halle 1715/1716 (mit Auszügen aus Werken Andreaes). Zu Komensky s. Schubart-Fikentscher: Unbekannter Thomasius, S. 31.

456 Thomasius: D. Melchiors von Osse Testament, S. 207ff. Anm. 102, S. 215 Anm. 106; Anm. 145, 147, 157, 160 u. ö.

457 Thomasius: D. Melchiors von Osse Testament, S. 240ff. zu Partikularschulen; Stellungnahme zu Weigels Tugendschule ebd., S. 243ff. Anm. 115.

458 Heubaum: Geschichte des Deutschen Bildungswesens, S. 111.

459 Vgl. Kap. IV 2.4.(2). D. Melchiors von Osse Testament, S. 245.

460 Thomasius: Monatsgespräche II (Nov. 1688), S. 639ff.; Monatsgespräche IV (Dez. 1689), S. 1032f., 1038; vgl. ebd., S. 1129; Kleine Teutsche Schrifften, S. 182ff.; dazu Schulz-Falkenthal: Christian Thomasius, S. 551ff.; Wagner: Christian Thomasius, S. 146f.

bei seinem Gutachten über das Franckesche Pädagogium.[461] Gegen *Weigels* übertriebene Hoffnungen auf die Mathematik setzt Thomasius eine gesunde Skepsis: er glaubt nicht, »daß die Mathesis an und für sich selbst zur Tugend viel beytrage«.[462]

Thomasius plädiert zwar für eine Verstärkung des Mathematikunterrichts an den Schulen und auf der Universität, betont aber den Hilfscharakter dieser Disziplinen;[463] ebenso setzt er sich für den Ausbau des Geschichts- und Politikstudiums ein,[464] z. T. unter Berufung auf die Reformen Melanchthons und die Schriften Johann Balthasar Schupps (die er gerade in den Osse-Anmerkungen ausführlich zitiert). Im Entscheidungsfall zieht Thomasius die mathematische Methode Weigels der herkömmlichen Morhofs vor, strebt jedoch einen Kompromiß an.[465] Als Ergänzung eines solchen sprach- und realienorientierten Unterrichts fordert er die Ausbildung im wohlanständigen Verhalten. Menschliches Tun und Lassen werde unter vier Kategorien der Vollkommenheit eingestuft: ehrbar (honesta), artig (decora), nützlich (utilis), belustigend (iucunda). Die Humanisten achten auf Belustigung und Nutzen, nicht dagegen auf Ehrbarkeit und »Manierligkeit«.[466] Weigel gesellt zu den humanistischen Werten die Tugend oder Ehrbarkeit, vernachlässigt jedoch ebenfalls »die Manierligkeit im Thun und Lassen / und die artige Höffligkeit der Sitten.« Auf diesen in allen Schulen und Universitäten mißachteten Aspekt des Decorum legt Thomasius aber den größten Wert; er stellt das Zentrum seiner Gesellschaftslehre dar, in die sich die einzelnen wissenschaftlichen Disziplinen nach Zweckgesichtspunkten integrieren lassen.[467] Besonders kritisiert er seinen Absens an den »gemeinen Schulen«.[468]

Zwei Klassen unterscheidet Thomasius: Aus dem ersten Schultypus kommt die Jugend nicht anders heraus als »pecora campi«, nämlich von »aller Höffligkeit und Manirligkeit so gar entblösset«, daß sie von Bauern nicht zu unterscheiden sind. Der zweite Schultypus entläßt seine Absolventen zwar etwas »morater« und sittsamer, doch ist ihre »Sittsamkeit« nicht naturgewachsen, sondern »sclavisch

---

[461] S. Anm. 207.

[462] Thomasius: D. Melchiors von Osse Testament, S. 245.

[463] Ebd., S. 340; vgl. Summarischer Entwurff; Höchstnöthige Cautelen, Kap. 11.

[464] Thomasius: D. Melchiors von Osse Testament, S. 342–346.

[465] Thomasius pädagogische Vorstellungen haben den Lehrplan von Franckes Pädagogium beeinflußt; Rausch: Thomasius' Bedeutung für deutsches Geistesleben und deutsche Erziehung. Wothge: Über Christian Thomasius, S. 557f.; Kramer: A. H. Franckes pädagogische Schriften, S. 322ff.

[466] Thomasius: Monatsgespräche II (1688), S. 644.

[467] Vgl. Anm. 228. Sinemus: Poetik und Rhetorik, setzt m. E. Geschmack, bon gout und iudicium nicht ganz zu Recht gleich. Zum Decorum s. Thomasius: Vier Programmata, Nr. 2, in: Außerlesener und dazu gehöriger Schrifften zweyter Theil, S. 210–220, bes. S. 213ff., und im Programma Nr. 3, S. 277ff. »Das Decorum ist die Seele der Menschlichen Gesellschafften / es ist eine Schwachheit / aber es ist kein Laster.« Auch Sauder in: Grimminger: Deutsche Aufklärung bis zur Französischen Revolution, S. 244f.; Schubart-Fikentscher: Decorum Thomasii.

[468] Thomasius: Monatsgespräche II (1688), S. 645.

und knechtisch« und mit einer »so grossen Blödigkeit vermischt«, daß sie gantz Leute scheu sind / und für rechtschaffenen Leute sich ärger / als die Kinder für dem Knecht Ruprecht fürchten.«[469] Thomasius zielt auf eine Schule, in der »eine freye und muntere Höffligkeit« gelehrt wird, und ein respektvolles, den Leuten nach ihrem Stand begegnendes Auftreten, das für die »zeitlichen profectus« unabdingbar sei. Denn »ein Mensch / der noch so gelehrt / darbey aber von ungeschickten moribus und übler conduite sey«, könne in der Welt weniger reussieren als jemand, »der ohne Gelehrsamkeit artige und höffliche Sitten an sich habe«.[470] Die Höfe dienen Thomasius als Beleg: an ihnen treffe man tatsächlich mehr galante und artige als grundgelehrte Leute an. Der mit den Weltsitten vertraute Mann verwinde leichter Verluste, da er überall sich hineinzufinden weiß und überall sein Aus- und Fortkommen findet. Thomasius' Fazit lautet:

»Wannenhero ich nochmahl der gäntzlichen Meinung bin / daß wenn man die Schulmängel mit gutem success ausbessern wolle / man auff eine solche methode bedacht seyn müsse / durch welche denen Knaben zugleich die Sprachen / die mathematischen und historischen Wissenschafften / die gottesfürchtige Sittenlehre / und die manierliche Höffligkeit durch eine leichte und vernünfftige Weise eingeflösset werde.«[471]

Diese ›politischen‹ Überlegungen flossen nicht nur in das thomasische Wissenschaftssystem ein, sie wirkten sich auch auf die aus einer Ritterschule hervorgegangene Universität Halle aus, an deren Gründung Thomasius maßgeblichen Anteil hatte.[472]

In den wissenschaftstheoretischen Überlegungen des frühen Thomasius galt der Hof ausschließlich als Orientierungszentrum; dies vor allem, um die Angriffe gegen das traditionelle Gelehrtentum wirkungsvoll, durch das Ansehen einer ebenfalls internationalen ›Autorität‹ gestärkt, vortragen zu können.[473] Die ›politische‹ Haltung des Thomasius gewinnt dann später, nach dem Durchgang durch die pietistische Phase, erneut an Bedeutung, und zwar bezeichnenderweise in der Auseinandersetzung mit dem Franckeschen Pädagogik-Konzept.[474] Gegenüber dem auf Gottesfurcht und Arbeitsethos aufgebauten Franckeschen Lehrplan[475] weist Thomasius wieder auf die positiven Seiten der Weltpraxis hin. Seine *Kritik an Francke* basiert auf seiner mittlerweile vollzogenen Abwendung vom Pietismus und dessen traurigem und heuchlerischem Wesen. Thomasius hat – im Wider-

---

469 Ebd., S. 646. 470 Ebd., S. 647. 471 Ebd., S. 649.

472 1688 wurde eine Ritterakademie, 1693 die Universität in Halle gegründet; die Einweihung fand 1694 statt. Hoffbauer: Geschichte der Universität zu Halle; Schrader: Geschichte der Friedrichs-Universität zu Halle.

473 Dyck: Zum Funktionswandel der Universitäten.

474 Kawerau: Aus Halles Literaturleben, S. 31; an die Kontroverse knüpft an »Besonders curieuses Gespräch Im Reich der Todten, Zwischen zweyen im Reich der Lebendigen hochberühmten Männern, Christian Thomasio, und August Hermann Francken.« 3 Teile. Frankfurt und Leipzig 1729.

475 A. H. Francke: Schriften über Erziehung und Unterricht, S. 255ff. zum Disziplinen-Kanon auf höheren Schulen; zu den Schulordnungen in den Franckeschen Stiftungen zu Halle (1702) s. Vormbaum: Evangelische Schulordnungen, Bd. 3, S. 83ff.; zur Ordnung von 1721 bes. zum deutschen Stil, S. 245f.

spruch zu seinem sonstigen Streben nach Wissenschaftsverbreitung – den Wert der Privaterziehung (wie Locke) über den der öffentlichen Unterweisung gestellt,[476] – auch dies ein Ausdruck der politisch-höfischen Tradition, zu der er sich bekennt. Thomasius' Kritik an Franckes »Bericht von Einrichtung des Paedagogii zu Glaucha an Halle« wirkt besonders scharf, weil sie lediglich einen Katalog von Fragen enthält, die aus dem Bewußtsein einer autoritären Instanz vorgetragen werden. Dezidierte Kritik am Pietismus übt er mit solchen Fragen, die den Verbund von Erfolgs- und Karrieredenken und »puritanischer Askese und Lebensdiziplin« anzweifeln:

»Ob zu vermuten, daß durch eine Einrichtung, wodurch nur, oder doch hauptsächlich, die der Wollust anklebenden Neben-Laster etwas gehindert werden, auch der Ehrgeiz und Geldgeiz gehindert oder nicht vielmehr dadurch befördert und also notwendiger Anlaß zu einer subtilen Heuchelei und Selbstbetrug gegeben werde?«

und:

»Ob z. B. das Wachen, Arbeitsamkeit, Stilleschweigen den Ehr- und Geldgeiz nicht auf gleiche Weise stärken als das Faulenzen, Müßiggehen, Plaudern die Wollust?«[477]

Die drei Ziele des Franckeschen Unterrichts waren das Erlangen der »wahren Gottseligkeit«, Kenntnis der »nöthigen Wissenschafften« und der »äusserlichen wolanständigen Sitten«. Thomasius zeigt an den Decorum-Lehren besonderes Interesse. Ob zu den »äußerlichen wolanständigen Sitten« nicht etwa das Befolgen der landesüblichen Sitten gehöre? Ob die gegen diese Landessitte gerichtete Lebensart, die auf »Mönchs-Sitten« hinauslaufe, ein brauchbares Mittel sei? Nach Papismus und Heuchlerei schmeckt ihm die pietistische Lehrart, die ein »ängstliches und seufzendes Wesen« hervorbringe und »knechtische, furchtsame und tückische Gemüter« heranziehe.[478] Zwei Fragen zielen auf diesen Kontext und peilen das eigene Decorum-Verständnis an:

»Welcher für Gott angenehmer und dem gemeinen Wesen nützlicher sei, derjenige, der z. E. auf einer Hochzeit nach des Landes Sitte mit der Braut nach der Musik einen sogenannten Ehren-Tanz tanzet oder eine Gesundheit, ohne sich mit dem Trunk zu belästigen, Bescheid thut, oder der bei sich selbst spricht, ›ich danke Dir, Gott, daß ich nicht bin wie dieser Tänzer‹?«

»Weil die Landessitte oder die äußerliche, wohlanständige Sitten sich nach der Mode, die Mode aber guten Theils nach dem Hof sich richten, ob solche Leute der Jugend solche Sitten lernen können, die des Hofes oder auch bürgerlichen Lebens unerfahren?«[479]

Der Abneigung gegen das eingezogene, von der Welthaftigkeit und der Lebenspraxis abgeschnittene Wesen des halleschen Pädagogiums entspricht wieder die Orientierung am Hof, dem Lehrmeister der welthaltigen Sitte. Es ist keine Frage,

---

[476] Thomasius: Monatsgespräche II (1688), S. 627f., gegen Morhof: Polyhistor, Tl. 2, Kap. 10; zu Locke Monatsgespräche II, S. 635f.

[477] Thomasius: Bericht von Einrichtung des Paedagogii; Nebe: Thomasius in seinem Verhältnis zu A. H. Francke, S. 413ff.

[478] Hinrichs: Das Bild des Bürgers, S. 105.

[479] Thomasius: Bericht von Einrichtung des Paedagogii; Hinrichs: Das Bild des Bürgers, S. 107.

daß Thomasius dem innersten Antrieb Franckes nicht gerecht wird, der eben gerade nicht auf ›politischen‹ Nutzen achtete, auf das äußerliche Fortkommen in einer sündhaften Welt, sondern einer neuen Verinnerlichung zuarbeitete.[480] Es stehen sich hier zwei Modelle bürgerlichen Denkens gegenüber, das eine deutlich als Übergangsstufe charakterisiert durch sein Bestreben, höfische Normen zu übernehmen und sich ihnen anzupassen. Für die Entwicklung der typisch bürgerlichen Ideologie des 18. Jahrhunderts, wie sie im nachwolffschen Zeitraum Allgemeingeltung erlangte, ist das pietistische Modell von größerer Tragweite. Dennoch überdauern die thomasischen Bedenken gegen die mit einem gewissen Hochmut zur Schau getragene Bescheidenheit und Demut der ›Stillen im Lande‹; in abgewandelter Form erhalten sie in der zweiten Hälfte des 18. Jahrhunderts neuen Auftrieb. Francke hat in seiner Erwiderung die Andersartigkeit seines ›bürgerlichen‹ Modells betont; Welttüchtigkeit besitzt bei Francke stärker ökonomische Akzente als bei Thomasius, ist also mit den (von Thomasius als Laster bezeichneten) Eigenschaften »Ehrgeiz« und »Geldgeiz« verknüpft. Gegen das thomasische Ideal des ›galant homme‹ wendet Francke ein: es sei der Jugend schädlich, »viel von Hofsitten, welche mehrenteils wider das Christentum und sündlich sind«, zu wissen. Die Pädagogen der Franckeschen Anstalt müssen daher auch keine Kenntnis des Hoflebens besitzen; Kenntnis der bürgerlichen Welt genügt vollauf.[481]

Stärker dem pragmatischen Denken verbunden sind weitere Kritikpunkte. Franckes Schüler waren vom Aufstehen bis ins Zubettgehen einem strenggeregelten Tagesablauf unterworfen, der ihnen keinerlei Zeit zur Eigenbesinnung ließ. Selbst für die Mittagsstunde sah Francke den öffentlichen Bibelvortrag vor. Thomasius hält – bezeichnend wiederum für seinen Bildungsbegriff – Zeitungslektüre für nützlicher. Zur Rekreation läßt Franckes Programm täglich einige Stunden frei, in denen die Schüler unter Aufsicht einiger »christlicher Studenten« körperlichen Betätigungen nachgehen sollen, z. B. dem Drechseln, oder mechanische Fertigkeiten erlernen können, z. B. Glas oder Kupfer schleifen.[482] Damit ist den Schülern jede Gelegenheit genommen, in »allerley Muthwillen und Zerstreuung des Gemüths« zu verfallen. Gegen die ausschließliche Zerstreuung durch handwerkliche Beschäftigung wendet sich Thomasius und betont die Möglichkeit geistiger ›Erholung‹: »Ob es nicht rathsam / daß denen Kindern täglich eine Stunde gegeben werde / etwas Gutes zu dencken? Denn die Geschicklichkeit des Verstandes besteht im Dencken / und wird durch continuirliches Hören und Nachsprechen auch Lesen verdorben.«[483] Dem Vorschlag Franckes, vormittags zwischen 11 und 12 Uhr entweder Mathematik oder Rhetorik und Logik zu lernen, hält Thomasius die Frage entgegen: »Was die Logica und Rhetorica [...]

480 Kramer: Neue Beiträge zur Geschichte A. H. Franckes; ders. A. H. Francke, ein Lebensbild.
481 Kramer: A. H. Francke, ein Lebensbild, Bd. 2, S. 149ff.
482 Thomasius: Bericht von Einrichtung des Paedagogii, S. 23, § 19.
483 Ebd., S. 23. Vgl. Schubart-Fikentscher: Unbekannter Thomasius, S. 24 Anm. 2.

zur Gottseeligkeit oder sonsten nütze?« Dieses Urteil ist ein Indiz für die relative Geringschätzung dieser Disziplinen durch Thomasius,[484] für den Ethik und Politik die höchste Rangstufe einnehmen. Damit zeichnet sich für die Rhetorik im Schulunterricht seit Weise ein gravierender Bedeutungsschwund ab. Die Logik, meist als System der Syllogismen verstanden, spielt im ganzen Zeitraum 1680–1720 unter dem Einfluß der Naturwissenschaften einerseits, der politischen Bewegung andererseits nicht die Rolle wie in der traditionellen Schulbildung des 17. Jahrhunderts und der Epoche nach Christian Wolff.[485]

Ein weiterer realpädagogischer Zug an Thomasius' Gegenkonzept zeigt sich an der verstärkten Aufnahme des Deutschen als Unterrichtssprache.[486] In der Auseinandersetzung mit Francke nimmt Thomasius jedoch lediglich Argumente auf, die er bereits gegen Ende des 17. Jahrhunderts in den lateinischen Observationes und in einer Vorlesung (1699/1700) benutzt hatte. Die philosophischen und pädagogischen Schriften John Lockes wirken auf Thomasius erst nach der Jahrhundertwende ein.[487]

An die Stelle des Franckeschen Prinzips von Lektüre, Diktat und Nachschrift setzt er einen aufgelockerten, durch Frage und Antwort charakterisierten Unterricht. Dem Schüler sind auch Zweifel an den Worten des Lehrers gestattet; sie wie die Aufmunterung zum Äußern eigener Gedanken stehen im Dienst der Erziehung zum Selbstdenken, zum vernunftgegründeten iudicium.[488]

Von den verschiedenen kleinen Schriften über pädagogische Fragen, die in den »Auserlesenen Anmerkungen« gesammelt sind, verdienen besonders zwei Abhandlungen Aufmerksamkeit. Im Aufsatz »Ob Schulen nöthig und nützlich seyn zur Lehre der Weißheit«[489] befürwortet Thomasius wieder den Privatunterricht gegenüber den öffentlichen Schulen auch aus dem ökonomischen Grund, daß die Ausbildung in den öffentlichen Schulen zu einer Überproduktion von Studierenden und Gelehrten führe. Das ›Erfinden‹ der Wahrheit durch die zahlreichen Doctores sei sicherlich notwendig – sofern auch »alle Warheiten zur Weißheit nöthig wären«.[490] Tatsächlich verhalte es sich doch so, daß die meisten auf Schulen gelernten Wahrheiten keinen Nutzen hätten: »es ist nicht alles nöthig / was wahr ist / denn es ist nicht alles was wahr ist / nützlich.«[491] Maßgeblich für die Beurteilung

---

[484] Die Hochschätzung bleibt im Rahmen des Verbunds ›politischer‹ Disziplinen; vgl. D. Melchiors von Osse Testament, Vorrede, S. 31.

[485] Zur Logik-Tradition grundlegend Risse: Die Logik der Neuzeit. 2 Bde. Für den Zeitraum 1640–1780, Bd. 2.

[486] Außer dem Bericht von Einrichtung des Paedagogii vgl. die Observationes; Schubart-Fikentscher: Unbekannter Thomasius, S. 16ff.; Fleischmann: Thomasius, S. 16f.

[487] Lockes »Some Thoughts concerning Education« erschienen erst 1693. Der Einfluß macht sich bemerkbar in den beiden lateinischen Schriften von Thomasius »Fundamenta Juris Naturae et Gentium« (1705), der Neuausgabe der Schrift »Institutio Jurisprudentiae Divinae Libri Tres« (1687). Beide Werke erschienen deutsch im Jahre 1709 zu Halle.

[488] Schubart-Fikentscher: Unbekannter Thomasius, S. 26.

[489] Thomasius: Auserlesene Anmerckungen, S. 42–76.

[490] Ebd., S. 54, § 15.

[491] Ebd., S. 54, § 16.

des Wertes von Wahrheiten sind die Fragen, ob das Wahre gut sei, glückselig und ruhig mache, also einen gemeinnützigen und einen individuellen Gewinn bringe. Unter diesen Gesichtspunkten mustert Thomasius einzelne schulische Lehrfächer. Die Grammatiker können *Wahrheiten* nicht finden, weil in Worten nur »Reinigkeit« und »zierligkeit«, aber keine Wahrheit stecke. Die Rhetorik vollends eignet sich zur Wahrheitsfindung nicht, da der Redner in erster Linie auf Überredung zielt, nicht auf den Sachbezug, »es mag nun wahr oder erlogen seyn«. Die traditionelle Logik[492] lehrt zwar disputieren; ihr Ausbildungsziel, die Fertigkeit der syllogistischen Beweisführung, verfehlt jedoch die Aufgabe der Wahrheitssuche.[493]

Mathematik und Physik rühmen sich zwar ihrer Wichtigkeit bei der Wahrheitsfindung. Das meiste hält Thomasius aber für Prahlerei, weil ihre Wahrheiten auf dem »schlüpfferigen fundament« der Postulate, Hypothesen oder auf einander widersprechenden »propositionen« bestehen. Die praktischen Disziplinen sind ohnehin unvermögend zur Wahrheitssuche, weil sie teils von menschlichen, auf Zufall beruhenden Angelegenheiten, teils von in der Zukunft gelegenen Dingen handeln, die sich nicht in gleichmäßige Gesetzesregeln fassen lassen. Die einzige von Thomasius zur Weisheit für erforderlich betrachtete, nicht auf Schulen erlernbare Wahrheit basiert auf seiner Lehre der Willensunfreiheit: »Es ist alles ganz eitel.« Wer diese Grundwahrheit erkannt habe, finde zu allen Wissenschaften leichten Zugang und bedürfe keiner besonderen Regeln und Formeln.[494]

Sprachen sind aus der Übung zu erlernen. Thomasius folgt der Methode der Realpädagogen von der Vorrangigkeit der Sachen vor den Worten und des natürlichen Lernens.[495] Auch Poeten und Redner werden nicht durch Regeln gemacht, sie werden geboren. Von der Mathematik sei allein diejenige nützlich, »die auch kleine Kinder begreiffen können.« Aus eigenem Willen gelangt der Mensch nicht zum Guten, er bedarf der göttlichen Führung, die ihn auf den Weg der Wahrheit lenkt. Eine solche Einstellung ist trotz des Freiheitspostulats der freien Entwicklung von Wissenschaft nicht sonderlich günstig, da bereits auf den Schulen der Wahrheitsdrang in das enge Korsett des Nutzens geschnürt wird.

Die andere Abhandlung »Daß ein jeder Mensch sein eigener Handwercksmann seyn soll und könne«, ist wiederum stärker der Realienpädagogik verpflich-

---

[492] Zum Begriff der ›gemeinen Logik‹ s. Thomasius: Höchstnöthige Cautelen, S. 192, § 3.

[493] Zu Thomasius' Logik Risse: Die Logik der Neuzeit, Bd. 2, S. 553ff.

[494] Thomasius: Auserlesene Anmerckungen, S. 62. »Er weiß daß man Sprachen mehr aus der Ubung / als aus vielen Regeln / die auff keinen andern Grund als auff die Ubung gebauet / erlernen solle / und daß ein weiser / sich mehr umb die Sachen als umb die Wort bekümmert. Er weiß / daß Poeten und Redner gebohren / und nicht durch Regeln gemacht werden / und daß die Warheit bey den Weißheitliebenden keines Gedichts oder überredens bedarff / unverständige aber durch keinen Beweiß / vielweniger durch Poetische Schmincke und Oratorischen Schmuck zu bedeuten sind / die Warheit mit Nutz zuverstehen / sondern daß man sie vielmehr vor ihnen verbergen solle / damit man nicht die Perlen vor die Säue werffe.«

[495] Zur Lehrmethode Schubart-Fikentscher: Unbekannter Thomasius, S. 25.

tet.[496] In ihr verficht Thomasius die Forderung einer *naturgemäßen Erziehung*. Das »stiere« Ins-Buch-Sehen führt zu einer einseitigen Verabsolutierung der »Buch-Gelahrheit« und zu einer ›Hintansetzung‹ des ›Buches der Natur‹. Thomasius redet keiner Spezialausbildung des einzelnen in allen Handwerken das Wort, wohl aber dem Erlernen der Grundlagen zu den »nöthigsten und nützlichsten Handwercken«.[497] Wer die Physik – das »Buch der Natur« – oder das »allgemeine Handwerck« kennt, und sich einer ›natürlichen‹ Philosophie annimmt, ist von den Fachhandwerkern unabhängig:

> »Denn die Philosophie ist eine Erfinderin aller Künste und Handwercke / sie ist Obermeisterin darinne / die alle Handwercke dirigiret / und es heißt; oder soll doch heissen: Vbi desinit artifex, ibi incipit Philosophus.«[498]

Das von Thomasius hier anvisierte Ideal des allseits ausgebildeten und daher autonomen Menschen,[499] der noch nicht den Zwängen der Arbeitsteiligkeit unterworfen ist, mutet in seiner Konkretisierung mitunter fast skurril an:

> »Also ist derjenige vor keinen gelehrten zuhalten / welcher wenn er dazu hat was nöthig ist / seine Bücher nicht besser binden kan / als der beste Buchbinder / seine Schuh nicht besser machen / als der beste Schuster / seine Kleider nicht förmlicher / als der beste Schneider. Und man solte keinem den lateinischen Magistertittel geben / der nicht auch den teutschen Meister-Tittel meritirte / und von den Meistern davor erkant würde.«[500]

Den auf der Hand liegenden Einwand, eine solche allseitige Ausbildung löse die Standesgrenzen auf, hält Thomasius für gänzlich unberechtigt. Thomasius sieht die soziale Ungerechtigkeit: Studenten, Pfaffen, Mönche und Bettler gehen müßig, während die Arbeit »nur auff die Bauren und Handwercker« kommt, welche »die andern müßigen Stände ernehren« müßten.[501] Interessant ist daher das ökonomische Argument, die allseitige Ausbildung gleiche die unterschiedliche Verteilung der Arbeit in der Gesellschaft aus. Auch das Eintreten für Frauenbildung fügt sich in diesen Rahmen.[502]

Die Einrichtung öffentlicher Anstalten soll der Unterweisung in die operationes mechanicas dienen.[503] Erwägenswert scheint Thomasius auch zu sein, Verheiratung und Amtsübernahme an das Absolvieren praktischer Kurse zu binden.[504]

---

[496] Thomasius: Auserlesene Anmerckungen, S. 276–338.
[497] Ebd., S. 297.
[498] Ebd., S. 300.
[499] Zum Ganzheitsideal paßt auch die Gegnerschaft gegen den reinen Rationalismus mit seiner Überbewertung des Verstandes; dagegen setzt Thomasius das ›ethisch Gute‹. Einleitung der Sittenlehre, Kap. I § 9. »Das Gute des Menschen aber ist insonderheit von dem Wahren darinnen unterschieden, daß es in der Übereinstimmung anderer Dinge mit dem ganzen Menschen, oder mit allen seinen Theilen und Kräfften, nicht aber mit dem Verstande alleine bestehe.«
[500] Thomasius: Auserlesene Anmerckungen, S. 301.
[501] Ebd., S. 325, vgl. S. 332.
[502] Thomasius: Vorschlag einer Jungfer-Academie; Schubart-Fikentscher: Unbekannter Thomasius, S. 33ff.
[503] Thomasius: Auserlesene Anmerckungen, S. 326, vgl. S. 336.
[504] Ebd., S. 328.

Speziell für Gelehrte sind solche Einrichtungen nützlich: die Kenntnis in praktischen Dingen wälze die Schande von ihnen, »als ob sie ungeschickte Leute wären und e. g. keinen Nagel einschlagen könten / indem hierdurch der gemeine Mangel bey den Literatis ersetzet / und die Gelahrheit ergäntzet wird.«[505]

(2) Universitätsreform und Lehrkanon

Umfangreicher und vielseitiger sind die Ausführungen Thomasius' zur Universitätsreform. Hier führt er die Bestrebungen Johann Balthasar Schupps und Veit Ludwig von Seckendorffs weiter. Da Thomasius selbst ausschließlich an Universitäten gewirkt hat und sein Verdienst hauptsächlich in ihrer Reform liegt, kommt der größere Bekanntheitsgrad seiner universitätsreformerischen Schriften nicht von ungefähr.[506]

Den gesellschaftlichen Auftrag der Universitäten hat Thomasius mehrfach betont.[507] Sie dienen nicht dem Heranzüchten eines auf sich beschränkten gelehrten Geistes, einer im Staat abgeriegelten Gelehrtenkaste, sondern sollen zu Anstalten einer staatsbürgerlichen Erziehung und Ausbildung werden.

> »Denn Universitäten sollen Seminaria Reipublicae seyn. Die Historie weiset denen Leuten den Ursprung der gemeinen Irrthümer / die Sprachen sind allgemeine Instrumenta anderer gute Gedancken zu lesen und zu verstehen / die Mathematischen Wissenschafften praepariren den Verstand / daß er von blinder Leichtglaubigkeit befreyet wird / und haben vielfältigen Nutzen im gemeinen Wesen; Die Logic soll die Unterthanen anweisen / das Wahre von dem Falschen zu unterscheiden / und sowohl sich selbsten / als andern damit zu dienen; Die Ethic soll eine lebendige Erkentnüß des wahren Guten denen Menschen beybringen / und zugleich Anleitung geben, wie sie ein recht tugendhafftes Leben führen sollen u. s. w.«[508]

Die reformerischen Vorschläge des Thomasius zu den Universitäten führen auf einer höheren Ebene die pädagogischen Erörterungen fort.[509] Die Schulen und der auf ihnen praktizierte Unterricht haben sich seit der Reformation in einem fast

---

505 Ebd., S. 336.

506 Dazu besonders die Schriften »Discours von den Mängeln derer heutigen Academien«, in: Kleine Teutsche Schrifften, Nr. 3; »Discours von dem Elenden Zustand der Studirenden Jugend auff Universitäten«, ebd., Nr. 14; Monatsgespräche II (Nov. 1688); Summarischer Entwurff, Kap. 1, Kap. 4; Historie der Weißheit und Thorheit, Tl. 1., bes. Vorrede und die Abhandlung »D. Martin Luthers Meinung von Reformation der Universitäten«, S. 1–59, bes. S. 41ff.

507 Die umfangreichen Belege verzeichnet Schubart-Fikentscher: Christian Thomasius, S. 504 Anm. 47; zur ›politischen‹ Universitätsreform Wundt: Die deutsche Schulphilosophie, S. 27f.

508 Thomasius: D. Melchiors von Osse Testament, S. 345. Diesem an Breitenwirkung interessierten Programm entspricht Thomasius' Praxis einer Staffelung der Studiengebühren: Arme dürfen umsonst teilnehmen. Thomasius: Einleitung zu der Vernunfft-Lehre, S. 2.

509 Ebd., S. 246ff. Anm. 116; Historie der Weißheit und Thorheit. Tl. 1, S. 1ff.; Wedemeyer: Das Menschenbild, S. 521–529; Heubaum: Geschichte des Deutschen Bildungswesens, S. 105ff.

unveränderten Zustand erhalten, so daß die Erstarrung den hauptsächlichen Ansatzpunkt für Kritik bildete.[510] Bei den Universitäten waren es der Stillstand in der wissenschaftlichen Entwicklung, der Sittenverfall unter den Studierenden und teilweise unter dem Lehrpersonal selbst, das der Korruption, oft aus finanzieller Notlage heraus, freie Tür ließ. Eine Folge des weltfremden Lehrstoffes war die Etablierung der *Ritterakademien*, deren Schülerschaft sich ausschließlich aus dem Adel rekrutierte. Der Lehrplan der Ritterakademien war gegenüber dem der traditionellen Lateinschulen stärker lebenspraktisch orientiert, er nahm Realdisziplinen und praktische Fächer auf; in den traditionellen Fächern wurde stärkerer Akzent auf lebende als auf tote und nur gelehrte Sprachen gelegt.[511] Die Decorum-Lehre, also der Unterricht im ›wohlanständigen Verhalten‹ bildete einen für den werdenden Hofmann unerläßlichen Teil der Ausbildung.[512] Die Neuerrungenschaften der Ritterakademien wurden in das Lehrangebot der 1694 neugegründeten *Universität Halle* übernommen, obgleich alle von Thomasius verlangten Disziplinen wegen ständiger Unterbesetzung der artistischen Fakultät, deren Lehrstoff umfangreicher als der der 3 höheren Fakultäten zusammen war, nicht vorgetragen werden konnten. Zum Gründungszeitpunkt gab es in Halle nur vier Professoren in der philosophischen Fakultät: Cellarius, Hoffmann, Francke und Buddeus; unter Friedrich I. nicht mehr als acht.[513] Dennoch war selbst noch zu Beginn des 18. Jahrhunderts das Lehrprogramm von Halle moderner als das anderer Universitäten.[514] Vor allem Natur- und Staatswissenschaften standen im Vordergrund der nun auch häufig von Adligen besuchten Universität.

Die Fortschrittlichkeit des Thomasius, der zu den eifrigsten Reformatoren im engeren Bereich der Rechtswissenschaft und im weiteren der Staatswissenschaften gehört, zeigt sich deutlich an einem Vergleich mit dem von Morhof im »Polyhistor« vorgeschlagenen Lehrkanon. Anläßlich der Besprechung dieses Standardwerkes in den »Monatsgesprächen« ist Thomasius auf die Divergenzen eingegangen.[515] Von der unterschiedlichen Einschätzung der Sprachen war schon die Rede.[516] Ciceronianer, die ihre eigene Schreibe mit Belegstellen aus den lateinischen oder griechischen Vorbildern versehen, sind für Thomasius »rechte Pedanten«,[517] die nicht bedenken, daß Wörter um der Gedanken willen da seien. Morhof empfiehlt den Neuankommern auf Akademien die Pflege der studia

---

510 Zum Mißstand der Universitätsdisziplin Thomasius: Kleine Teutsche Schrifften, S. 567–614; D. Melchiors von Osse Testament, S. 223f. Anm. 109; zur Korruption Monatsgespräche II (1688), S. 657f. Generell dazu Paulsen: Geschichte, Bd. 1, S. 511ff.; Reicke: Der Gelehrte, S. 126ff.

511 Debitsch: Die staatsbürgerliche Erziehung an den deutschen Ritterakademien; Dyck: Zum Funktionswandel der Universitäten, S. 372f.

512 Paulsen: Geschichte, Bd. 1, S. 501ff.; Barner: Barockrhetorik, S. 377ff.

513 Hoffbauer: Geschichte der Universität zu Halle, S. 112.

514 Dyck: Zum Funktionswandel der Universitäten, S. 376, legt einen interessanten Vergleich mit dem Lehrplan der Universität Königsberg vor.

515 Thomasius: Monatsgespräche II (1688), S. 567–688, bes. S. 603ff.

516 Ebd., S. 625ff., vgl. Anm. 408.

517 Ebd., S. 626.

humaniora:[518] besonders der Logik, der Rechenkunst und der Geometrie, der Kirchen- und Profan-Historie und der verschiedenen Teile der Philosophie.[519] Bei der Fürstenerziehung betont Morhof die Rolle der Geschichte, doch spielen auch Mathematik und Physik eine bedeutsame Rolle. Den besonderen Beifall findet Morhofs Hochachtung der Geschichte:[520] »wer die Historie von einer ieden disciplin genaue wisse / der wisse mehr als alle Meister derselbigen«. Dagegen wendet sich Thomasius gegen Morhofs Empfehlungen, die Obrigkeit möge auf Beibehaltung der peripatetischen Lehre achten, um die Jugend vor den sophistischen Wahrheiten der Neueren zu bewahren.[521] Ob freilich die Neigung der Jugend zu neuen Lehren ein gewöhnlicher Fehler der Jugend sei, »welchen sich die Obrigheit auff alle Weise auszurotten solle lassen angelegen seyn / das ist eine andere Frage.« Morhofs Empfehlung, die Lehrfreiheit aus ›pädagogischen‹ Gründen einzuschränken, stößt auf Thomasius' Widerspruch. In zwei Dritteln der studierenden Jugend erkennt er Konservative, die sich »lieber würden todschlagen lassen / als eine Hand breit von der alten wohlhergebrachten Lehre abweichen«,[522] auch wenn diese voller Irrtümer stecke. Thomasius, hierin dem modernen Forschergeist verpflichtet, rät, Neuerungen um jeden Preis, ohne vorherige Untersuchung und deutliche Darlegung der Mängel der hergebrachten Lehre, zu unterlassen. Wer dagegen »klar und deutlich« die Verbesserung der gewöhnlichen Lehrart erkennt, »derselbe mag nur kühnlich und in Gottes Namen anfangen [...] denen alten Irrthümern die Wahrheit zu sagen / und sich die vielfältigen darbey für fallenden Schwürigkeiten nicht irre machen lassen.« Auch durch Vertreibung dürfe sich ein solcher Neuerer nicht abhalten lassen.[523] Die Aktualität dieser Sentenz erweist nicht allein Thomasius' Schicksal selbst;[524] auch seinem Widersacher Wolff sollte 35 Jahre danach dasselbe Schicksal widerfahren.

Gegen das unverdrossene Beibehalten der aristotelischen Lehrbücher wendet sich Thomasius schon aus Prinzip:[525] weder die Logik, noch die Ethik, noch Politik und Rhetorik finden seinen Beifall, von der allgemein als überholt betrachteten Physik zu schweigen. Den eigenen Entwurf eines Studienplanes und zugleich eines ›politischen‹ Wissenschaftssystems hat Thomasius hauptsächlich an drei Orten vorgelegt. Der »Summarische Entwurff derer Grundlehren« spezifiziert ebenso wie die ausführliche Darstellung »Höchstnöthige Cautelen« das Universitätsstudium auf einen Jusstudenten. Die pragmatische Tendenz wird daran deutlich, daß der gesellschaftlich angesehene Brotberuf die Auswahl und Anordnung des Stu-

[518] Morhof: Polyhistor, Kap. 11.
[519] Thomasius: Monatsgespräche II (1688), S. 629.
[520] Ebd., S. 662ff.
[521] Ebd., S. 630f. »weil des Aristotelis seine Lehre in der Logic, Politic und Rhetoric so beschaffen wäre / daß sie nicht leichte könne verbessert werden.«
[522] Ebd., S. 668.
[523] Ebd., S. 672ff.
[524] Thomasius: Summarische Erzehlung von der Verjagung des Autoris aus seinem Vaterlande, in: Gemischte Händel, Tl. 2, 2. Handel, S. 44–201; vgl. Juristische Händel, Tl. 3.
[525] Thomasius: Monatsgespräche II (1688), S. 676ff.

diums determiniert. Aus früheren Jahren stammt das stärker ›politisch-galant‹ geprägte Programm »Vorschlag, wie er einen jungen Menschen / der sich ernstlich fürgesetzt / Gott und der Welt dermahleins in vita civili rechtschaffen zu dienen / und als ein honnet und galant homme zu leben / binnen dreyer Jahre Frist in der Philosophie und singulis Jurisprudentiae partibus zu informiren gesonnen sey«.[526]

Das von Thomasius entworfene Programm bedeutet einen wichtigen Schritt in der Aufwertung der philosophischen und literarischen Disziplinen. Der erste Teil des im »Summarischen Entwurff« (1699) vorgestellten *Studienplans* heißt »Von denen Lehren, die ein Studiosus Juris wissen muß ehe er die Jurisprudentz anfänget« und behandelt in eigenen Kapiteln Philosophie, Geschichte, Philosophiegeschichte, Sprachlehre, Poetik, Rhetorik, Logik, Metaphysik, Mathematik, Physik, Ethik, Naturrecht, Decorum-Lehre, Politik und christliche Lehre. Der elf Jahre später entworfene Plan in den »Höchstnöthigen Cautelen« (1710) vermehrt diesen Katalog um Ökonomie und Medizin.[527]

Nach den einleitenden Kapiteln zur »wahren Gelehrsamkeit« und den Mitteln, die Weisheit zu erlangen, und den besonderen Ausführungen über die »Rechts-Gelahrheit« und die »Pflicht eines Rechts-Lehrers« handelt Thomasius die einzelnen Disziplinen ab, die der Jusstudent vor Antritt des eigentlichen Rechtsstudiums sich aneignen sollte. Basis des Studiums der artistischen Fakultät[528] sind Philosophie und Historie, die »zwey Augen der Weißheit«.[529] Es folgen die Geschichte der Philosophie (Cap. 6), das Studium der Grammatik, der Poesie, der Redekunst, der Logik, der mathematischen Wissenschaften, der Metaphysik, der Physik, der Sittenlehre (Ethik), des Decorum, der Politik, der Oeconomic, dann der zwei höheren Fakultäten Medizin und Theologie. Die Spannweite dieses studium generale basiert auf der in der Vorrede von Thomasius ausgesprochenen Grundüberzeugung: Weisheit bestehe in lebendiger, vorurteilsfreier Erkenntnis des Guten. Daher muß ein »weisheit-liebender« Jus-Student auf alles bedacht sein, »was zur Erhaltung oder Wiederbringung seiner eigenen Gesundheit / am meisten aber zu Erlangung seiner ewigen Seeligkeit nöthig ist.«[530] Thomasius

---

[526] Thomasius: Kleine Teutsche Schrifften, S. 234–270; dazu Kawerau: Aus Halles Literaturleben, S. 28f.

[527] Thomasius: Höchstnöthige Cautelen, Kap. 17 und 18. Abdruck bei Fleischmann: Christian Thomasius. Leben und Lebenswerk, S. 183–191.

[528] Thomasius: Höchstnöthige Cautelen, S. 65 § 9; ebenso Kleine Teutsche Schrifften, S. 240; sie gilt als »instrument der drey höhern Facultäten«. Zur Notwendigkeit der humanistischen Studien auch für Juristen s. Hammerstein: Jus und Historie, S. 130, S. 210f.

[529] »Historia & philosophia sunt duo oculi sapientiae, quorum uno, qui caret, monoculis est ob summam utriusque connexionem«; Cautelae circa Praecognita Jurisprudentiae, S. 57; Höchstnöthige Cautelen, S. 82; Auserlesene Anmerckungen, S. 300f.; Außerlesene Schrifften Tl. 2, S. 199f.; D. Melchiors von Osse Testament, S. 343; Historie der Weißheit und Thorheit, S. 5, wo Thomasius die Historie als rechtes Auge eines Weisen, die tägliche Erfahrung in bürgerlicher Konversation als linkes Auge bezeichnet; Kleine Teutsche Schrifften, S. 243.

[530] Thomasius: Höchstnöthige Cautelen, Vorrede, nicht paginiert.

unterscheidet bei den Philosophen die Eklektiker und die Sektierer;[531] er selbst schlägt sich ganz auf die Seite der Eklektiker.[532] Der pragmatischen Ausrichtung in Wissenschaft und Lehre entspricht auch seine *Stellungnahme* zu den *›modernen‹ Wissenschaften*: der Mathematik und Physik einerseits, der Politik und der Ökonomie andererseits.

Descartes, vielleicht der wichtigste Stammvater der neuen Philosophie exakten und mathematischen Geistes, wird von Thomasius zwar gewürdigt, doch fällt durchweg auf, daß er dessen Irrtümer besonders hervorhebt und sich von den cartesianischen Lehren distanziert.[533] Wie bereits aus der Diskussion um Tschirnhaus hervorgegangen ist, wird Thomasius der ›mathematischen‹ Ausrichtung des Rationalismus nicht gerecht. Er selbst rechnet sich zwar zu den Empirikern und Realisten, die auf Erfahrung und Experimente Wert legen,[534] er sieht jedoch nicht, daß sowohl Descartes als auch Tschirnhaus den Empirismus nicht negieren, vielmehr ihn mit einer logisch-mathematischen Denkform zu vereinen trachten. Hier macht die Feindschaft gegen Aristoteles und gegen Scholastik schlechthin Thomasius offenbar blind. Sein eigener Empirismus, der die Erkenntnis auf die Sinne und deren Wahrnehmung zurückführen will, fällt erkenntnistheoretisch durchaus hinter die logisch-empirischen Synthesen Descartes' und Tschirnhaus' zurück. Die Sinne stehen für Thomasius am Anfang aller menschlichen Erkenntnis: was der Verstand durch die Sinne erkennt, ist wahr; sie betrügen nicht.[535] Neue Wahrheiten werden nicht durch Syllogismen gefunden. Sie müssen auf

---

[531] Ebd., Kap. 5 »Cautelen von der Historie und der Philosophie überhaupt.« Zur Einteilung in Sektierer und Eklektiker s. Fabricius: Abriß einer Allgemeinen Historie der Gelehrsamkeit, Bd. 1, S. 345ff.; dazu Beetz: Rhetorische Logik, S. 50. Vgl. Kap. VI, Anm. 2.

[532] Thomasius bezeichnet sich und wurde eingeschätzt als Eklektiker. »Ob nun wohl ein Weißheit-Liebender kein Sectirer ist, so ist er dennoch weder ein Feind der Philosophie, noch ein Syncretist; sondern ein Eclecticus, welcher aus allen Philosophischen Secten die Wahrheiten auslieset, ihre Fehler bemercket, und alle Lehren an dem Probierstein der gesunden Vernunfft streichet.« Höchstnöthige Cautelen, S. 135 § 95, Kap. 6, § 61; Ausübung der Vernunfft-Lehre, Vorrede, S. 67f.; Historie der Weißheit und Thorheit, S. 9f.; Monatsgespräche II (1688), S. 140. Stolle äußert sich über Thomasius' Verdienst: »Dem Geheimden Rath Thomasio haben wir Teutschen vor andern viel zu dancken. Denn er ist der erste, der das Joch so wohl der cartesianischen, als der peripatetischen, ja aller sectirischen Philosophie gäntzlich abgeworffen.« Stolle: Anleitung zur Historie der Gelahrheit, S. 433f., 468; Bertram: Anfangslehren der Historie der Gelehrsamkeit, S. 114, 222.

[533] Thomasius: Höchstnöthige Cautelen, S. 193f., 301ff.; Vom Wesen des Geistes, Vorrede; Kleine Teutsche Schrifften, S. 241. Dazu Wundt: Die deutsche Schulphilosophie, S. 58.

[534] Thomasius: Monatsgespräche I (1688), S. 785f., 833ff.; Höchstnöthige Cautelen, S. 310. Experimente dienen für Thomasius zur Erläuterung bereits erkannter Wahrheiten, nicht zur Erfindung von Wahrheiten selbst.

[535] Thomasius: Einleitung zu der Vernunfft-Lehre, 6. Hauptstück, §§ 25ff., S. 156ff. Anticartesianisch ist das Ausnehmen der durch die Sinne wahrnehmbaren Realität vom Zweifel. Wolff: Die Weltanschauung der Aufklärung, S. 32; Bienert: Die Philosophie des Christian Thomasius, S. 69.

eigenen, durch richtige Definitionen und Einteilungen bestimmten Erfahrungen beruhen.[536]

Die Diskussion um die Bedeutung der *Mathematik* als Mittels zur Erkenntnis zeigt die Beschränkung der thomasischen Anschauung in naturwissenschaftlichen Dingen, die zum späteren Gegensatz zu Christian Wolff beigetragen hat.

Unter Mathematik versteht Thomasius, wie übrigens die ganze erste Hälfte des 18. Jahrhunderts,[537] die Wissenschaft von den meßbaren Größen.[538] Thomasius ist, wie erwähnt, ein Befürworter des Mathematik-Studiums,[539] weil es »aus dem Vorurtheil menschlicher autorität« losreißen könne. Arithmetik reinigt den Verstand von Vorurteilen und schärft das iudicium; Geometrie und besonders Rechenkunst kann in vielen bürgerlichen Berufen gebraucht werden.[540] Obwohl Thomasius in den »Cautelen« die Mathematik geradezu als die wichtigste Grundwissenschaft, wichtiger als die Rechtswissenschaft selbst, herausstellt – wer sie beherrscht, kann in vielen Berufen tätig sein –,[541] warnt er doch vor ihrer Überschätzung als der »eintzig und allein den Menschen glücklich« machenden und »alleine den Nahmen der Wissenschaft« verdienenden Disziplin. Er zählt eine Reihe von Irrtümern (§§ 13–18) auf, die den Mathematikern unterlaufen sind.

> »Der allervornehmste Irrthum bestehe darinnen, daß die Mathematici in Vortrag der Mathematischen Lehren nicht fürnemlich darauf reflectiret, wie weit man dieselbe in gemeinen Leben und Wandel nutzen könne, sondern daß sie bloß die Untersuchung der Wahrheit zu ihren Zweck gesetzt, und sich nicht bekümmert, ob diese Wahrheit einigen Nutzen in gemeinen Leben habe oder nicht; denn auf diese Weise wären sie in die tiefsinnigste Betrachtungen vieler gar zu subtilen aber dabey gantz unnützen Grillen verfallen.«[542]

Der zweite Irrtum sei die Annahme, andere Wissenschaften gingen von den »Sinnligkeiten« aus und abstrahierten von diesen, während die Mathematik ausschließlich mit sinnlichen, nicht begreifbaren Dingen zu tun hätte, die zum »eigentlichen [= reinen] Verstande«, nicht zur »Einbildungs-Krafft« gehörten

---

[536] Thomasius: Einleitung zu der Vernunfft-Lehre, 12. Hauptstück; vgl. Wundt: Die deutsche Schulphilosophie, S. 41.

[537] Fabricius: Abriß einer Allgemeinen Historie der Gelehrsamkeit, Bd. 1, S. 424; G. P. Müller: Academische Klugheit, Kap. XIV, S. 112ff.

[538] Thomasius: Höchstnöthige Cautelen, S. 226.

[539] Vgl. Anm. 484; Höchstnöthige Cautelen, S. 227f. Zur Beeinflussung der Schriften Thomasius' durch Mathematik s. Borinski: Gracian und die Hofliteratur, S. 90f., etwa in der Temperamentenlehre.

[540] Thomasius: Höchstnöthige Cautelen, S. 229 Anm. h. »Die Rechenkunst ist allen Hauß-Vätern / Landleuten / Kauffleuten / Handwerckern / Soldaten / Hoffleuten / sonderlich Cammer-Räthen höchstnützlich. Wer sie nicht versteht / der schadet sich und andern. Die Geometrie braucht man insonderheit bey dem Acker-Wesen / in der Mechanic und in Cammer-Bedienungen; in andern Ständen ist sie nicht so nöthig.«

[541] Thomasius: Höchstnöthige Cautelen, S. 230f.

[542] Thomasius: Gemischte Händel, Tl. 3, S. 118f.; vgl. Höchstnöthige Cautelen, S. 232. Gegen die allzu großen Subtilitäten wendet sich Thomasius auch in der »Einleitung der Sittenlehre«, S. 76ff.

(§ 15). Aus diesen Irrtümern sei eine Reihe anderer gefolgt, z. B. bei Demonstrationen die Zugrundelegung von bloßen Bedingungen oder Hypothesen, also ungewisser oder unbeweisbarer Sätze, oder die Behauptung, die Mathematik könne unendliche oder unmögliche Dinge demonstrieren (§§ 17, 18).[543]

Dieses infinitum der Mathematiker hält Thomasius für die »Grille einer krancken phantasie«.[544] Im Widerspruch zwischen mathematischen Demonstrationen und mechanischen Erfahrungen liegt die Wahrheit für Thomasius allemal bei der »sinnlichen Erfahrung«:

> »Weil nun die sinnliche Uberzeugung das erste und unbetrüglichste Kennzeichen der Wahrheit wäre, und solchergestalt als eine Grund-Wahrheit keiner ferneren demonstration oder Beweises bedürffte, auch nicht demonstriret werden könne, so wäre daraus offenbar, daß die Mathesis, so ferne die Grund-Sätze derselben aus dergleichen unbetrüglichen Wahrheiten bestünden, zwar einer Wissenschafft gleich zu achten, aber doch eigentlich keine Wissenschafft sey; soferne sie aber der sinnlichen Uberzeugung entgegen gesetzt werde, nothwendig falsche Lehren fürbringe [...]«[545]

Beim Erweis durch physikalische Exempel werde sich gegebenenfalls herausstellen, daß manche der mathematischen Wahrheiten von den Sophistereien der Scholastik sich ableiteten (§ 37). Ja, die dem sensu communi entgegenstehenden Subtilitäten würden dem Verstand eher schaden (§ 41). Ein Jusstudent soll – so lautet Thomasius' Fazit – die Mathematik nur insoweit betreiben, als sie einen »augenscheinlichen Nutzen in der Physik, in der Mechanic und im gemeinen Leben« habe,[546] und er soll die mathematischen Wahrheiten mehr durch die Sinne als durch Demonstrationen begreifen.

Gegen diese Einwände des Thomasius, die sich nur gegen die Auswüchse der im 17. Jahrhundert beliebten mathematischen Spielereien richteten, veröffentlichte Johann Friedrich *Weidler* 1715 in Wittenberg ein Programm »Defensio mathematum«, in dem er, wie Thomasius sich in den Anmerkungen zu »v. Osses Testament« beschwert, ihn als »Feind der Studiorum Mathematicorum« darstellte. Offenbar muß diese Anschuldigung Thomasius so schwer getroffen haben, daß er 1725 im dritten Teil der »Gemischten Händel« den Streitfall nochmals aufgreift.[547] Ein Abschnitt seiner Schrift »Warum der Autor seinen bißherigen Widersachern zu antworten nicht gesonnen sey«, enthält eine detaillierte Verteidigung des 11. Kapitels der »Cautelen«, wobei er nochmals den Wert der Mathematik klarstellt und lediglich von deren übertriebenem Gebrauch sich distanziert.[548]

---

[543] Thomasius: Höchstnöthige Cautelen, S. 236f.
[544] Thomasius: Gemischte Händel, Tl. 3, S. 123.
[545] Thomasius: Gemischte Händel, Tl. 3, S. 122. Die Sinnlichkeit gilt auch als Korrektiv der Vernunft; Außerlesene Schriften, S. 8.
[546] Thomasius: Gemischte Händel, Tl. 3, S. 127.
[547] Thomasius: D. Melchiors von Osse Testament, S. 341 Anm. 159; ein Referat des Weidlerschen Programms in Gemischte Händel, Tl. 3, S. 129–142; zum Streitfall ebd., S. 110ff.
[548] Thomasius: Gemischte Händel, Tl. 3, bes. S. 143; enthält auf S. 115–128 ein exaktes Referat des 11. Kapitels der Höchstnöthigen Cautelen.

Auf die Streitpunkte muß nicht im einzelnen eingegangen werden.[549] Interessant ist die Auseinandersetzung deshalb, weil in ihr die verschiedenen Standpunkte der ›politischen‹ Bewegung und der mathematisch-philosophischen aufeinanderprallen. Weidler beruft sich auf die Zurückweisung der Einwände Thomasius' durch Christian Wolff im »Commentarium de Methodo Mathematico«, und Thomasius zielt im weiteren Verlauf seiner Rechtfertigung deutlich auf Christian Wolff und dessen mathematische Lehrmethode selbst. Wovor Thomasius angesichts des absoluten Geltungsanspruchs der Wolff-Schule warnt, ist die Übertragung der mathematischen Methode auf die anderen Disziplinen.[550] Prinzipiell begrüßt Thomasius den Aufschwung, den die Mathematik, besonders durch das Wirken der Jesuiten an Schulen und Universitäten erlebt hat, doch warnt er vor der Maßlosigkeit, mit der einige Mathematiker nach der mathematischen Methode »und denen mathematischen principiis auch die andern Philosophischen, Medicinischen, Juristischen und Theologischen disciplinen einrichten wollen«.[551] Die Zeit dieser in ihrer Begeisterung einseitigen Mathematiker sieht Thomasius nun, Mitte der zwanziger Jahre wieder gekommen.[552] Die Behandlung der übrigen philosophischen Disziplinen und der Theologie [!] auf mathematische Lehrart hätte diese Disziplinen »verhuntzet«.[553] Von Leibniz als einem Stammvater dieser Lehre distanziert sich Thomasius bei aller Anerkennung seiner Verdienste um Geschichte und Mathematik schon aus dem Grund, weil Leibniz einige Bestandteile der scholastischen Philosophie übernommen hat. Thomasius denkt hier an die ihm – wie übrigens auch Tschirnhaus – verhaßten Syllogismen, die über Leibniz den Weg in das Wolffsche System gefunden haben. Wie von Leibniz distanziert sich Thomasius auch von Konfuzius und dessen gerade Mode gewordener Philosophie – dies bereits in den »Monatsgesprächen«.[554] Sehr scharf fällt die Attacke gegen Wolff aus:

---

549 »Wenn ich aber daselbst auch tadelte, daß die Mathematischen demonstrationes denen Mechanischen Erfahrungen entgegen gesetzt würden, so wäre doch dieses denen Regeln des Mathematischen methodi conform, und also mehr zu loben als zu tadeln [...].« Gemischte Händel, Tl. 3, S. 135; vgl. S. 136: »Wenn ich ferner § 25 lehrete, daß die sinnliche Augenscheinligkeit ein unbetrügliches Hauptcriterium der Wahrheit wäre, so müste er dieses platterdings leugnen, indem ja die Sinne, wenn das Gemüth nicht genau achtung darauf gäbe uns auf vielerley Art betrögen, und also das Gemüth (mens) beurtheilen müsse, ob die sinnliche Erfahrung gegründet wäre oder nicht.«

550 Dazu Kap. VI. 1.2. Auch den Physikern wird angekreidet, daß sie von der Sinnlichkeit absehen und sich – wie die Cartesianer – nur auf mathematische Demonstrationen verlassen. Höchstnöthige Cautelen, S. 306, § 23.

551 Thomasius: Gemischte Händel, Tl. 3, S. 115.

552 »[...] da etliche von denenselben sich unterstehen, nach denen principiis ihre doctrinarum Mathematicarum nicht nur die übrigen Philosophischen disciplinen, sondern auch gar die Theologie, und insonderheit Theologiam naturalem zu verbessern.« Gemischte Händel, Tl. 3, S. 145.

553 Ebd., S. 145f., auch zu Leibniz, der »die gemeine irrige Aristotelische und scholastische Lehre, quod homo sit species infima« verteidigen wollte.

554 Thomasius: Monatsgespräche IV (1689), S. 599–634.

»Da aber vor wenigen Jahren ein neuer Confucianer und Leibnizianer so verwegen war, in einer öffentlichen oration die scientiam Sinicam & sapientiam Confucianam gantz unverschämt heraus zu streichen, habe ich mich nebst meinen andern Herren Collegen gar sehr über diese Thorheit entsetzt, und muß bekennen, daß seit der Zeit, so offt ich dieses Confucianers Streit-Schrifften, und seine übrige tractate, in welchen er die Philosophie nach Mathematischen Grillen reformiren will, lese, mir zum öfftern, aus denen Evangelien-Sprüchen, die ich in meiner ersten Jugend als ein Knabe gelernet, der bekandte spruch einfällt:
Daß dich der Wolff nicht falscher Weiß
Unter den Schaaff-Kleidern zureiß etc.«[555]

Christian Wolff hat später zu diesen Vorwürfen Thomasius' Stellung bezogen; darauf wird im Zusammenhang mit seinem System noch einzugehen sein.

Was Thomasius gegen das mathematisch orientierte Philosophiesystem zu stellen hatte, war ein *psychologischer Empirismus*, der sich von dem naturwissenschaftlichen durch seine anthropozentrische Orientierung unterschied. Auf die beherrschende Stellung der thomasischen – bewußt eklektischen – Philosophie, die bis zur Ausbreitung des Wolffschen Systems zahlreiche Anhänger an deutschen Universitäten gefunden hatte, hat Wundt hingewiesen.[556] Noch das Zedlersche Lexikon spricht in selben Atem von einer leibnizischen und einer thomasischen Philosophie.[557] Mit der Betonung der sensuellen Momente hängt es zusammen, daß Thomasius den Realdisziplinen[558] größeres Recht einräumt als den rein theoretischen Disziplinen wie Metaphysik,[559] Logik und Mathematik. Die objektiven Wissenschaften erhalten in Thomasius dann einen Fürsprecher, wenn sie einen subjektiven Nutzwert aufzuweisen haben: so die Ökonomie und die Physik. Thomasius hat als einer der ersten einen Lehrstuhl für Ökonomie gefordert.[560] Im

---

[555] Thomasius: Gemischte Händel, Tl. 3, S. 146f. Thomasius' Vorbehalte gegen Wolffs »spitzige Mathematische Vernunfft-Schlüsse« kommen auch im »Besonders Curieusen Gespräch Im Reich der Todten« zwischen Thomasius und Francke zum Ausdruck, S. 40ff.

[556] Wundt: Die deutsche Schulphilosophie, S. 19–60; zu den Phasen Pütz: Die deutsche Aufklärung, S. 82f.

[557] Zedlers Universallexicon 43 (1745), Sp. 1552–1579; vgl. Fabricius: Abriß einer allgemeinen Historie der Gelehrsamkeit, Bd. 1, S. 359f.; Bertram: Anfangslehren der Historie der Gelehrsamkeit, S. 113f.; Stolle: Anleitung zur Historie der Gelahrheit, S. 433; Gundling: Historie der Gelahrheit, S. 3314. Zur Einschätzung von Thomasius' Philosophie s. Wedemeyer: Das Menschenbild, S. 509; Windelband: Geschichte der neueren deutschen Philosophie, Bd. 1, 4. Aufl., S. 510.

[558] Thomasius: Kleine Teutsche Schrifften, S. 243; Einleitung zur Hoff-Philosophie, Vorrede, S.):(4; Versuch vom Wesen des Geistes, S. 8; zum geringen Nutzwert des Reisens äußert sich Thomasius im »Kurtzen Entwurff der politischen Klugheit«, S. 93f., § 46.

[559] Thomasius' Metaphysik – »Versuch vom Wesen des Geistes« – wird allgemein negativ beurteilt; symptomatisch Borinski: Gracian und die Hofliteratur, S. 92. Ein kommentierter Neudruck, hrsg. von H. G. Kemper ist geplant.

[560] Thomasius: Kleine Teutsche Schrifften, S. 254f. »Und muß ein Welt-kluger Mensch die Wissenschafft / ein ehrlich Vermögen zuwege zu bringen / gelernet haben / weil Geld und Gut die Mittel seyn / dadurch sowohl das zeitliche Wohlseyn eines Staats unterhalten / als die Tugend in desto herrlichern Glantz erhalten wird / gleichwol aber zum öfftern diejenigen / so sich Gelehrte nennen / dergestalt sich von derselben entblösset finden / daß

Zentrum seines Interesses stehen jedoch die empirisch-anthropozentrischen Disziplinen, unter den zur Philosophie gehörenden besonders die Lehre vom Decorum,[561] die Ethik und die Politik.[562] Auf der psychologischen Empirie basiert die thomasische Affektenlehre,[563] die wiederum das wichtigste Instrument der Politik und der Rhetorik werden sollte. Gegenüber der Rhetorik ist das Verhältnis des Thomasius längst nicht so traditionalistisch-ungebrochen wie bei Christian Weise.[564] Bei ihm zeichnet sich – in der Annäherungsphase an den Pietismus – wenigstens in Ansätzen die bürgerliche Wendung gegen die Rhetorik als eine Lügenkunst ab. Die neue realwissenschaftliche Einstellung des Thomasius macht sich in ihr im selben Maße bemerkbar wie in der Poetik-Lehre.

2.5. Rhetorik und Poetik im Lehrkanon des Thomasius

Während die antiken Sprachen Griechisch und Latein, die Philosophie des Aristoteles und die Mathematik für Thomasius zu den »lectiones majores« (»perpetuae«), die Ethik, die Physik, die Lektüre der Autoren Aristoteles, Quintilian, Vergil, Terenz zu den »lectiones mediae« zählen, rechnet er die Dialektik, die Rhetorik, die lateinische und griechische Grammatik und die Arithmetik zu den »lectiones minores«.[565]

In einer auf die Universtitätsebene zielenden Systematik unterscheidet Thomasius zwischen einer instrumentalen und einer prinzipalen Philosophie. Zur ersten gehören Poesie, Rhetorik, Logik und Geschichte. Zum theoretischen Teil der prinzipalen Philosophie rechnet er Metaphysik, Physik und Mathematik, zum

/ wenn man ihrer vielen die öffentlichen Salaria entzöge / sie Hunger leiden müsten.« Zur Errichtung eines Lehrstuhls für Ökonomik Höchstnöthige Cautelen, Kap. 17, S. 421f. Anm. a; ebd., S. 423 Anm. b, S. 426 zu den Vorurteilen der Gelehrten gegenüber der anfangs als Handwerk gewerteten Ökonomie. Bieber: Staat und Gesellschaft, S. 19; Roscher: Geschichte der Nationalökonomik in Deutschland; Salin: Geschichte der Volkswirtschaftslehre. 1727 wurden in Halle und Frankfurt a. d. Oder Professuren für Kameralwissenschaft gegründet. Die Professores Oeconomiae sollten den Studenten »die Principia der Landwirthschaft, wie auch die Policey, ingleichen die Einrichtung der Anschläge von Aemtern und Gütern, nicht weniger gute Verfaß- und Regulirung der Städte beibringen.« Schmoller: Der preußische Beamtenstaat, S. 169.

[561] Zur Unterrichtung des Decorum an Universitäten s. Monatsgespräche II (1688), S. 649f.; Kleine Teutsche Schrifften, S. 257ff.; zur Anpassung des Gelehrten an die Hofsitten wäre, so argumentiert Thomasius, die Einrichtung einer Professur über civilitatis moribus wünschenswert; D. Melchiors von Osse Testament, S. 215 Anm. 106.

[562] Zur akademischen Behandlung der Politik Thomasius: Kurtzer Entwurff der politischen Klugheit, Kap. III, § 1–44; vgl. Bienert: Die Philosophie des Christian Thomasius, S. 55ff.

[563] Dessoir: Geschichte der neueren deutschen Psychologie, S. 59ff.; im übrigen fehlt eine zureichende Geschichte psychologischer Theorien, die sowohl Temperamenten- als auch Affektenlehre an den repräsentativen Vertretern der Ethik behandeln würde.

[564] Zu Weises Rhetorik Barner: Barockrhetorik, S. 211f.; Beetz: Rhetorische Logik, S. 35ff. Weise orientiert sich anders als Thomasius noch überwiegend an Autoritäten.

[565] Thomasius: D. Melchiors von Osse Testament, S. 317ff.

praktischen Teil Naturrecht, Ethik, Politik und Ökonomik.[566] Diese Einteilung bleibt durchaus im Rahmen der erweiterten artes liberales und ist nicht ungewöhnlicher als die Systeme seit Ramus, Keckermann und Alsted.[567] Dagegen fällt die Verabsolutierung des instrumentellen Charakters bei Rhetorik und Poesie auf. Natürlich hängt dieses Faktum auch mit der in den »Cautelen« gewählten Perspektive zusammen, wo Thomasius die einem Jusstudenten nützlichen Disziplinen abhandelt. Die Verengung des Blickwinkels ist freilich charakteristisch: Der ›innere‹ Wert einer Disziplin steht nicht absolut, sondern ergibt sich erst aus ihrem Nutzwert für die Gesellschaft.[568]

Die Folgen lassen sich deutlich am Kernfach des Humanismus, der *Rhetorik*, ablesen. Thomasius wendet sich mehrfach ganz entschieden gegen die herkömmliche humanistische Rhetorik und ihre Figuren- und Tropen-Lehre. In seinem Erziehungsplan für den ›honnetten und galanten‹ Menschen spricht er sich konsequent gegen eine Beschäftigung mit Rhetorik v o r der praktischen Philosophie (Ethik, Politik, Ökonomik) aus. Rhetorikunterricht vor der Behandlung der Realdisziplinen vermittle nur leere Formeln.[569]

Thomasius bemängelt, daß die »rechtschaffene Oratorie«, die zu überreden vermöge und sich an die Herzen und die Affekte der Zuhörer wende, auf den Schulen gänzlich vernachlässigt werde. Sie setze nämlich die Kenntnis der Moral (Ethik und Decorum) und der Politik voraus. Den im »Summarischen Entwurff« propagierten Idealen der Klugheit und Weisheit entsprechend, warnt Thomasius im Kapitel IX »Von Nutzen der Rhetoric und Oratorie in studio Juris« die Windbeutel, »daß man vorerst recht klug und weise sein müsse, ehe man einen Poeten und Redner abgeben könne«.[570] Der Verbreitung dieser theoretischen Maximen diente Thomasius das 1691 in Halle eröffnete »collegium Styli«.[571] Das wirkungsästhetische Prinzip, der Ausdruck des Redners solle beim Hörer die entsprechenden Gedanken hervorrufen, insistiert auf einem Modell der Übereinstimmung der bezeichneten Objekte mit den Zeichen, deren begriffliche Exaktheit aller rhetorischen Ausschmückung vorgeht.[572] Die Hochschätzung der realistischen Lehrstoffe gegenüber den humanistischen Fächern entspricht der praktizierte catonische Grundatz »rem tene, verba sequuntur« in der »rechtschaffenen

566 Zur Ergänzung der bei Schmeitzel: Versuch zu einer Historie der Gelehrheit, S. 452f. mitgeteilten Tabelle der Wissenschaftenhierarchie s. Fabricius: Abriß einer allgemeinen Historie, Bd. 1, S. 342. Zum Nutzen der Instrumentaldisziplinen in der Jurisprudenz s. Vier Programma, in: Außerlesener und dazu gehöriger Schrifften zweyter Theil, Nr. 3, S. 253–284; Einleitung der Sittenlehre, S. 76, § 46.

567 So Schmeitzels Einteilung, Versuch zu einer Historie der Gelehrheit, S. 452f.

568 Zum pragmatischen Aspekt der Poesie Witkowski: Geschichte des literarischen Lebens, S. 204ff., 273; ferner Markwardt: Geschichte, Bd. 1, S. 269.

569 Thomasius: Kleine Teutsche Schrifften, S. 243. Vgl. auch Monatsgespräche I (1688), S. 87.

570 Thomasius: Summarischer Entwurff, Kap. IX, S. 62, § 53.

571 Zum Collegium Styli in deutscher Sprache Kleine Teutsche Schrifften, S. 377ff.; Wothge: Über Christian Thomasius und den Unterricht im Deutschen, S. 557.

572 Vgl. Monatsgespräche I (1688), S. 640; Rausch: Thomasius' Bedeutung, S. 269ff.

Oratorie«, die keine rabulistische Sophistik mehr gestattet.[573] Thomasius bewegt sich ganz innerhalb des ›politischen Denkens‹, wenn er das Persuasionsvermögen an die Kenntnis der Affekte und der Real-Erfahrungen bindet, also einen Verbund aus Psychologie (»Erfahrungsseelenkunde«)[574] und subjektiver Empirie anstrebt. Aus diesem Grund verneint Thomasius die Möglichkeit, der Rhetorikschüler könne copiam verborum aus den »gemeinen Rhetoriquen« lernen.[575] Das 9. Kapitel der »Cautelen« führt den im Programm gebotenen Ansatz weiter aus.

Thomasius verwirft die loci communes gleicherweise wie die imitatio (besonders des Ciceronianischen Stils),[576] die mehr Schablonen als situationsangepaßte (pragmatische) Anweisungen geben. Als Vorläufer des eigenen Modells nennt Thomasius Christian Weise und Talander,[577] obwohl deren Redeanweisungen ihm noch nicht pragmatisch genug sind. Der Rhetorikschüler darf ihnen nicht in allem folgen: die Zierlichkeit des Stils lasse sich nicht an »gewisse Schul-Regeln« binden, auch sei der Geschmack der Leute veränderlich. Den eigentlichen Zweck der Rhetorik sieht Thomasius in der Überredung:

> »Es ist aber die Uberredung eine solche Handlung, da man durch Worte und andre Bezeugungen ohne euserliche Gewaltthätigkeit eines andern Gemüthe, auch wieder seinen Willen dermassen einnimmt und gleichsam bindet, daß man es lencken kan wie und wohin man will.«[578]

Der erfolgreiche Redner muß daher stets die Situation bedenken, in der er seine Rede hält, und drei Aspekte berücksichtigen: das »Ansehen des Redners«, d.h. die Art wie sich der Redner verhalten soll, die »Gemüths-Beschaffenheit des Zuhörers«, an dem er sich orientieren muß, und den Vortrag selbst, die »Einrichtung der Rede«.[579] Von diesem pragmatischen Verständnis der Rede als einer gesellschaftlichen Kommunikationssituation her wird deutlich, daß abstrakte Regeln und Anweisungen nicht über den akademischen Bereich hinaus wirken können. Psychologische und soziale Argumente rücken in den Vordergrund. Für die kommunikative Situation ist die Beziehung zwischen Redner und Zuhörer wichtiger als die Rede selbst. Ohne ihre Berücksichtigung nützen oratorische »Kunst-Griffe« nichts. Die den Affekt des Redners offenbarenden Gesten und Mienen bewegen das Herz des Zuhörers stärker als »alle figürliche und gekünstelte Redens-Arten«.[580] Angesichts der Notwendigkeit, persönliche Kontakte herzustellen, fordert Thomasius für den Redner eine andere Ausbildung. Er muß »aller affecten Natur und Eigenschafft« kennen: der eigenen und der Zuhörer, an

---

[573] Thomasius: Kleine Teutsche Schrifften, S. 243f. Thomasius kommt sogar zur Entgegensetzung von Rhetorik und Empirie; Trunz: Überwindung des Barock, S. 234.

[574] Schings: Melancholie und Aufklärung. S. Literaturverzeichnis zu ›psychologischen‹ Schriften des 17. Jahrhunderts; vgl. Literaturverzeichnis bei Rotermund: Affekt und Artistik. Zu Thomasius: Höchstnöthige Cautelen, Kap. IX, S. 163–191.

[575] Thomasius: Kleine Teutsche Schrifften, S. 260.

[576] Thomasius: Höchstnöthige Cautelen, S. 171; vgl. Monatsgespräche I (1688), S. 87, hier Anm. 563.

[577] Thomasius: Höchstnöthige Cautelen, S. 174.

[578] Ebd., S. 178. [579] Ebd., S. 180. [580] Ebd., S. 182.

die er sich wendet. Dazu gehört die Kenntnis des Decorum, von dem die richtige Wort- und Stilwahl abhängt, und der Ethik und der Politik als der Kunst »klüglich zu leben«.[581] Diesen Gegebenheiten ist der mittlere Stil angemessen, mit seinem ausgewogenen Verhältnis von Realien und Worten.[582]

Die »Zierlichkeit«, das beherrschende Modewort der Renaissance und des Barock, erhält ihre ›politische‹ Umprägung: sie bestehe weniger in »gekünstelten Worten und Figuren« als in einer »sittsamen und ungezwungenen Deutlichkeit«. Gedankenreichtum ist höher zu bewerten als Wortreichtum. Der pragmatischen Tendenz entspricht auch der Ratschlag, sich intensiver dem Briefeschreiben als dem Reden zu widmen, da eine Monarchie weniger Möglichkeiten für Beredsamkeit, als eine Demokratie böte.[583] Die gegenrhetorische Wende, wie sie sich erst im Laufe des 18. Jahrhunderts herausgebildet hat, findet sich bei Thomasius als Zweifel an der Notwendigkeit einer ›bürgerlichen‹ Redekunst. In den »Cautelen« verurteilt Thomasius die von der »päpstlichen Geistlichkeit« aufgebrachte Vermischung von Rhetorik und Wahrheitsvermittlung.[584] Fast mit entgegengesetzter Stoßrichtung nimmt er das Argument in einem ›Discurs‹ wieder auf: ein »ehrlicher / vernünfftiger und bescheidener Mann« könne die Rednerkunst »ohne Abbruch seiner guten renomée und seiner Weißheit und Gelahrheit« entbehren.[585]

Thomasius insistiert auf dem Unterschied zwischen dem »weisen / gelehrten / vernünfftigen Mann« und dem »guten / vortrefflichen Redner«. Die »Schmincke« und der »Anstrich« der Rede seien oft zum Schaden von Weisheit und Tugend mißbraucht worden. Thomasius steuert eher das Ideal eines »natürlichen Zieraths« an, dessen erste Stufen »Deutligkeit« und »Artigkeit« sind.[586] In den »Cautelen« fordert er von einer geschickten Rede übereinstimmend Deutlichkeit (perspicuitas), Anständigkeit (decentia) und Nachdruck (gravitas).[587] In der weltlichen Rhetorik, polemisiert Thomasius gegen Morhof, stecke nichts Göttliches.[588] Wohl aber erkennt Thomasius in der Rhetorik der »natürlichen Geschicklichkeit«

---

[581] Ebd., Kap. XVI, S. 405; Kleine Teutsche Schrifften, S. 261. Zum neuen Begriff der ›politischen‹ Oratorie s. Monatsgespräche II (1688), S. 678f. »Hierbey thun die Affecten das vornehmste / und wird einem Orator nicht helffen / wenn er alle figuren und tropos auff einmahl anwürde / wenn er dieselben ungeschickt und mal à propos zusammen fügte, sondern er muß die inclinationes und affecten seiner Zuhörer verstehen / er muß wissen / wie er durch nachdrückliche ausgesuchte Worte uñ Redens-Arten den affect, der zu seinem Endzweck nöthig ist / entweder erwecke / oder nach Gelegenheit hitziger mache / oder wie er den affect, der ihm zuwider ist / austilge / und verringere; er muß wohl innen haben / welche figuren und Redens-Arten zu diesem oder jenem affect gehören / und dieses letzte soll die Rhetoric uns lernen.«

[582] Thomasius: Höchstnöthige Cautelen, S. 167f.

[583] Ebd., S. 168f., S. 183f.

[584] Ebd., S. 186.

[585] Thomasius: Gemischter Discurs bey Intimirung 5. neuer Collegiorum, in: Kleine Teutsche Schrifften, S. 376.

[586] Ebd., S. 376f.

[587] Thomasius: Höchstnöthige Cautelen, S. 163.

[588] Thomasius: Monatsgespräche II (1688), S. 595f.

und dem ingenium (»eine verborgene unbeschreibliche Krafft«) den Vorrang gegenüber Fleiß und Übung zu.[589] Dieselbe – hier jedoch traditionellere – Ansicht vertritt Thomasius im Bereich der *Poesie*. Bemerkenswert am thomasischen Studienplan ist die Behandlung der Poesie nach der Grammatik und vor der Oratorie. Der modernen Entwicklung der Poesie trägt Thomasius Rechnung, indem er außer der herkömmlichen Definition der Poesie als einer gebundenen Rede (oratio ligata) »Gedichte in ungebundener Rede« anerkennt, also das ihn besonders interessierende Genre des Romans einbezieht. Poesie drückt sich im *Gedicht* und in der *Fabel* aus; den beiden, den formalen und den inhaltlichen Aspekt trennenden Definitionen entspricht die »Kunst zu dichten« (Dichtkunst) und die »Kunst Verse zu machen« (Reimkunst), also die Erfindung von Fiktionen und die prosodisch-verbale Fertigkeit.[590]

Dennoch definiert Thomasius Poesie nicht vom Wesen her, vom inneren Gesetz, wie die spätere Wolff-Schule; seiner ›politischen‹ Betrachtungsweise entspricht eine Bestimmung von der *Wirkung* und vom *instrumentellen Charakter* her.

1. Die Frage nach dem Nutzwert der Poesie impliziert folgerichtig die Frage nach der *Legitimation der Poesie*.

Thomasius schätzt den praktischen Wert der Poesie relativ gering ein, da sie fast ausschließlich der Belustigung dient und daher einem philosophischen Kopf nicht recht ansteht.[591] Die Versemacherei (Reimkunst) allein fördert den Juristen so wenig wie die Lektüre poetischer Schriften.[592] Dagegen nützt die *Dichtkunst* dem Juristen bei der Gesetzeserklärung, weil sie bei der Illustration der casuum legis das Ersinnen »scharffsinniger Fictionen« erleichtere.[593] Für die Allgemeinheit bestehe ihr bedeutsamster Nutzen in der Vermittlung philosophischer Wahrheiten an die »Schwachen«, unter denen Thomasius einerseits die geistig Unausgebildeten, mit abstrakten Überlegungen nicht Vertrauten meint, andererseits die politisch Arrivierten, die unverhüllt mitgeteilte Wahrheiten nicht ertragen.[594] Thomasius steht mit seinen poetologischen Anschauungen Christian Weise nahe, verhält sich jedoch gegenüber der Tradition unbefangener. Dem pragmatischen Zug seines Denkens entspricht der Gesichtspunkt der Zweckhaftigkeit, unter dem er die Literatur betrachtet. Aus diesem Grund stehen für Thomasius die Kasualpoesie und die Romanliteratur an erster Stelle. Beide verfolgen seiner Meinung nach außerpoetische Zielsetzungen. Sie, und nicht irgendwelche ästhetischen Zwecke bedingen den Wert von Poesie. Das zeigt sich in der ausführlichen

---

[589] Thomasius: Höchstnöthige Cautelen, S. 180. So auch J. B. v. Rohr: Unterricht, S. 2. »Wo die Phantasie zugleich mit dem Verstande vereiniget, da heist es Ingenium, und dieses braucht man bey der Oratorie, Poesie u.s.w.« Die Oratorie hält Thomasius für wichtiger als die Poesie; Gemischte Händel, Tl. 1, Handel 3 »Merckwürdig Exempel von einem zwar eingebildeten aber ungeschickten Redner«, S. 118–147, bes. S. 119f.

[590] Thomasius: Höchstnöthige Cautelen, S. 149, §§ 2, 3.

[591] Ebd., Kap. VIII, S. 149f., § 5. [592] Ebd., S. 150f., §§ 6, 11.

[593] Ebd., S. 161, §§ 45f. [594] Ebd., S. 152, § 13, bes. Anm. e.

Diskussion, die im ersten Heft der »Monatsgespräche« über den Nutzwert verschiedener Büchersorten geführt wird.[595] Der weltkundige Kaufmann Christoph, der sich zum Befürworter der französischen Romane macht, betont, gegen die Einwände seiner Gesprächspartner, Romane dienten ausschließlich der Belustigung, deren nachweisbaren Nutzen. Sie vereinigten die horazische Forderung nach prodesse et delectare.[596] Auch in deutscher Sprache kann er sich »nichts nützlichers und zugleich anmuthigers« vorstellen als Romane nach dem französischen Muster.[597] Der Nutzen der beiden Hauptklassen – der Liebesgeschichten und der Staatsromane – besteht gleichermaßen darin, »daß nicht allein wegen der artigen inventionen das Gemüthe belustiget, sondern zugleich der Verstand vortrefflich geschärffet wird.«[598] Hinter dieser Wertung steht die Zuversicht, die mittels der Lektüre solcher Bücher erworbene Erfahrung sei auf die Lebenspraxis applizierbar. Ähnlich argumentiert Thomasius in den »Cautelen«. Ein Philosophieliebhaber sei in der Lage, aus den Romanen »die unterschiedene Neigungen und Arten der menschlichen Natur« zu erkennen, seinen Verstand zu schärfen und zum ›politischen‹ Handeln Anleitung zu erhalten.[599] In einer Linie mit den Romanen sieht Thomasius die »Politischen Fabeln«. Sie vermitteln die Kenntnis des Hoflebens und halten zur Vorsicht gegenüber »Betrug und Hinterlist« an.[600]

Bereits aus diesen allgemeinen Hinweisen wird die *Zielrichtung des thomasischen Poesie-Konzepts* deutlich. Es ist eingebaut in das Modell der ›Politischen Klugheit‹ und leistet einen Beitrag 1. zum Erkennen menschlicher Affekte (Psychologie), 2. zur Schärfung des Verstandes, 3. als Anleitung zur politischen Klugheit selbst, also zum vernunftgemäßen und weltklugen Handeln.[601] Romane mit geschickter Charakterzeichnung, gleich ob es sich um tugendhafte oder lasterhafte Charaktere handelt, bieten dem Leser Gelegenheit, »die Kunst derer Leute Gemüther zu erforschen«. Die Affektenlehre oder ›Gemüterforschungskunst‹, die Thomasius als »Grund der wahren Politic« gilt, läßt sich durch Romanlektüre »gleichsam spielende und in Müßiggang« lernen.[602] Bei den gewichtigeren Staatsromanen flicht der Autor ohnehin allerlei politische, moralische, philosophische und theologische Diskurse ein, die ein Leser im Zuge der Lektüre mitaufnimmt, ohne daß ihn dies sonderliche Anstrengung kostet, »weil denn des Menschen Verstand auf dieser Welt so geartet ist, daß er alle Künste und Wissenschafften mehr durch Exempel als Regeln erlernet, und sich imprimiret«.[603]

---

595 Thomasius: Monatsgespräche I (1688), S. 35.
596 Ebd., S. 22ff., 41.
597 Ebd., S. 43. Zu Thomasius' eigenem Entwurf eines Romans vgl. Gerhart Hoffmeister: ›Aristoteles und Olympias‹, S. 249ff.
598 Ebd.
599 Thomasius: Höchstnöthige Cautelen, S. 160, § 43.
600 Ebd., S. 160f., § 44. »Es ist nicht so gefährlich, wenn man politische Dinge unter Fabeln vorstellet, als wenn man schlechterdings davon schreibet.«
601 Voßkamp: Romantheorie in Deutschland, S. 104.
602 Thomasius: Monatsgespräche I (1688), S. 49f.
603 Ebd., S. 44.

2. Von dieser politisch-pragmatischen Zwecksetzung her definiert Thomasius die *Eigenschaften und Voraussetzungen, über die ein Poet verfügen muß.*

Von der humanistischen Verabsolutierung der Poesie als des Sammelbeckens aller Wissenschaften und Künste und der Verherrlichung des Poeten als des centrum eruditionis ist Thomasius gleichermaßen entfernt. Im späten 17. Jahrhundert hat die Kasualpoesie weitaus den Hauptanteil an der poetischen Produktion erreicht. Von daher und durch die politische Tradition ist es verständlich, daß Thomasius bei Poesie zuerst an die Kasualcarmina und deren regelgerechte Herstellung denkt.[604] Gegen die schulmäßigen Herstellungspraktiken wendet sich daher sein Postulat, der Versemacher bedürfe an erster Stelle eines geeigneten *Naturells* (wie der Redner). Als Beleg bedient sich Thomasius des traditionellen Worts »poetae nascuntur«.[605] Diese Forderung entspricht den Überlegungen aus der ›Politischen Klugheit‹, ein jeder müsse wissen, »wie weit seine Kräffte reichen«, und »ohne natürliche Geschickligkeit und Neigung« solle man nichts vornehmen. Allerdings läßt sich nach Thomasius' Meinung auch vieles durch Übung erreichen.[606] Dem Rat, seine Kräfte vor Beginn einer Aufgabe zu prüfen und nichts anzufangen, was man nicht vollführen könne, folgt die Einschränkung, man dürfe jedoch auch nicht von Anfang an vollkommene Ergebnisse erwarten: »Es wird kein Künstler gebohren; und wer niemahls ein schlecht Stück Arbeit machet / wird auch kein Meisterstück zu wege bringen.«[607] Eigene Erfahrung und die guten Beispiele Anderer vermögen weiterzuhelfen.[608]

Die allgemeine Lebensregel läßt sich auch auf die philologisch-poetologischen Anschauungen des Thomasius übertragen. Den Sprachenerwerb durch grammatische Regeln und durch Auswendiglernen hält er für verfehlt;[609] dagegen machen »fleißige Übung im Reden und Schreiben« das meiste.

Dennoch gibt es trotz verschiedener Gemeinsamkeiten zwischen dem ›Rezept‹ des Thomasius und dem humanistischen Standpunkt, ein ausgewogenes Verhältnis zwischen natura und ars herzustellen, gewisse Unterschiede. Stimmen beide noch überein in der Ablehnung übertriebener imitatio (»von närrischer Nachahmung und Ausschreibung der Alten«),[610] so deuten sich doch Divergenzen an bei der Warnung des Thomasius vor »heydnischen Redens-Arten« und »allzuvielen

---

604 Thomasius selbst hat nur gelegentlich, dem akademischen Amt verpflichtet, aus offiziellem Anlaß ›gedichtet‹, etwa die lateinische »Elegia Ultimo Honori Viri Illustris et Excellentissimi, Samuelis Strykii« (Tübingen, Sammelband Kg 86). Der bekannte Hallenser Jurist Samuel Stryk (geb. 1640) starb am 23. Juli 1710.

605 Thomasius: Höchstnöthige Cautelen, S. 150, § 7, S. 152, § 15.

606 Thomasius: Kurtzer Entwurff der politischen Klugheit (1710), S. 82f., §§ 21ff.

607 Ebd., S. 77f., §§ 9, 10; S. 78, § 11; S. 61f. § 38: »Poeten / Redner u.d.g. werden auch besser gebohren als gezogen; die Lehre aber bringet sie zur Vollkommenheit / und ohne dieselbe werden sie keinen hohen Grad in ihrer Kunst erlangen. Bey allen Wissenschafften und Künsten ist dreyerley nöthig: Natürliche Fähigkeit / gute Lehre und fleißige Ubung.«

608 Thomasius: Kurtzer Entwurff der politischen Klugheit (1710), S. 80, § 16.

609 Thomasius: Höchstnöthige Cautelen, S. 143, § 26.

610 Ebd., S. 150, § 9.

Figuren und Gekünstele« und bei der Empfehlung an den Poeten, hauptsächlich auf den Realien- und Gedankengehalt zu achten. Die gegenhumanistische Haltung des Thomasius verschärft sich angesichts seiner Skepsis gegenüber der Kasualpoesie:[611] er lehnt alle mit der ars verbundenen herkömmlichen Lehrbücher und Hilfsmittel ab.

»Loci Communes, Poetisch Schatzkasten, Poetische Trichter und dergleichen Bücher mehr, ingleichen die Imitationes helffen denenjenigen, die kein Poetisch Ingenium haben zu weiter nichts, als daß sie Pritschmeister werden. Wer aber ein Naturell zur Poesie hat, braucht dergleichen armseeligen Vorrath nicht, wann er nur die itzt gegebene wenige Regeln in acht nimmt.«[612]

An dieser Opposition gegen den späthumanistischen Realiengebrauch läßt sich die Gegnerschaft gegen die mit angelesener Gelehrsamkeit befrachteten Poesien ablesen. Dem Gelahrheitsbegriff des Thomasius entspricht konsequenterweise eine *Neukonzeption »gelehrter« Poesie*. Die Ausbildung der natura leisten nicht mehr die positiven detaillierten Anweisungen barocker Poetiken, sondern die *kritischen Regulative*: »Ließ, beurtheile, versuche, ändere.«[613] Sie dienen nur dem Vermeiden törichter Erfindungen, wie sie durch die traditionelle Topik oder die ars Lulliana bereit gehalten wurden. Kritisch sind sie aufgrund ihrer Übereinstimmung mit den diversen thomasischen Klugheits-, Weisheits- und Gelahrheitsdefinitionen, die sämtlich auf dem iudicium und der Erkenntnisfähigkeit basieren. Daß Thomasius Poesie oder auch nur den Roman nicht mit einem Realien- oder gar Raritäten-Kabinett identifiziert, erhellt aus dem Insistieren Christophs auf artigen und klugen inventiones, die der Weltkenntnis und dem scharfen Verstand statt den Belegmuseen antiker Autoren entstammen.[614]

Dieselbe Ablehnung detaillierter und spitzfindiger Regeln begegnet bei den formalen Aspekten der traditionellen Poesie. Thomasius spricht sich entschieden gegen die »mehr subtile als nützliche Praecepta« der Verskunst aus: ein »Liebhaber der Weißheit« könne »ohne Sorge« daran vorbei gehen. Auch in der Emblematik warnt Thomasius vor den »unnützen und subtilen Regeln«, die schließlich in »lächerlichen Spitzfindigkeiten« resultierten ohne »die geringste scharffsinnige Gedancken«.[615]

Positiv und dem pragmatischen Geist entsprechend ist die Anweisung, die *»Gedichte«* und *»Erfindungen«* hätten den Forderungen der *Wahrscheinlichkeit* und der *Annehmlichkeit* zu folgen[616] – wie die Ausdrucksweise zeigt, meint Thomasius diese Regel in formaler und in inhaltlicher Hinsicht. Die Akzentu-

---

611 Ebd., S. 150, § 10; Summarischer Entwurff, S. 56, § 3.

612 Thomasius: Höchstnöthige Cautelen, S. 153, § 18; Summarischer Entwurff, S. 65, § 7.

613 Thomasius: Höchstnöthige Cautelen, S. 153, § 17. Zu Unrecht spricht Markwardt: Geschichte der Deutschen Poetik, Bd. 1, S. 268 von einer »Überschätzung der Kritik als Grundkraft allen Fortschritts« bei Thomasius' Programm der ›negativen‹ Regeln.

614 Thomasius: Monatsgespräche I (1688), S. 25, 44f., 49ff.

615 Thomasius: Höchstnöthige Cautelen, S. 154f., §§ 22, 25, 26.

616 Ebd., S. 152, § 14; S. 154, § 23; ferner S. 156, § 29; S. 159, § 40; Monatsgespräche I (1688), S. 25, 44.

ierung der Verstandeskräfte (iudicium) und des auf ihnen beruhenden Experimentiergeistes negiert die Annahme vom göttlichen Charakter der Poesie und von der Existenz des furor poeticus. Thomasius hat mehrfach diese »irrige Meinung« abgewiesen.[617]

Das in der Rhetorik als »göttlich« Deklarierte ist im Grunde nichts anderes als eine »in gewisse und deutliche Regeln eingeschlossene« Kunst. Die Fehlbezeichnung stammt vom irrigen Gottesverständnis der Heiden ab; doch entschuldigt diese Abstammung den Gebrauch des Attributs »göttlich« durch christliche Dichter nicht. Ihnen rät Thomasius, ihre »raptus Poeticos« nicht als etwas Übernatürliches zu verkennen, und die Wirkungen, »die öffters von einem Glaß Wein oder Brandtwein herrühren / nicht für eine göttliche Krafft« zu halten.[618] Bereits Opitz hatte ja den Wein als inspirationsförderndes Mittel gelten lassen, ohne allerdings damit die Existenz einer himmlischen Inspiration zu bestreiten.[619] Der bei Thomasius sich ankündigende Geist tendiert zur später dominant werdenden rationalistischen Argumentation, die Fantasie oder Einbildungskraft nur als untergeordnetes Seelen- bzw. Geistesvermögen anerkannte.

3. Obwohl Thomasius ein Befürworter des mittleren Stiles war[620] – in der Rhetorik und in der Poesie – rücken ihn seine *literarischen Vorlieben* nur bedingt in den Umkreis des französischen Klassizismus.

Die eigene Schreibweise ist alles andere als unverschnörkelt und klar.[621] Lateinische und französische Brocken sind ständig eingestreut, die Syntax orientiert sich noch wesentlich am lateinischen Periodenbau. An den *kritischen Urteilen über zeitgenössische Literatur* läßt sich indes erkennen, wie sich Thomasius eine progressive, seinen theoretischen Postulaten entsprechende Literatur vorgestellt hat. Es zeugt von Thomasius' Aufgeschlossenheit gegenüber der modernen literarischen Entwicklung, die sich von den herkömmlichen Poetiken her nicht mehr begreifen ließ, daß er in den »Monatsgesprächen« und den »Cautelen« hauptsächlich auf die französische und deutsche *Romanliteratur* einging, den weitverbreiteten lyrischen Gattungen aber keine Rezension widmete. Offenbar kam für Tho-

---

[617] Thomasius: Höchstnöthige Cautelen, S. 153, §§ 19, 20.

[618] Thomasius: Monatsgespräche II (1688), S. 595f.

[619] Opitz: Deutsche Poeterey ed. Alewyn, S. 11f.

[620] Thomasius: Höchstnöthige Cautelen, S. 156, § 28, lobt Lucian wegen seiner »kurtzen und scharffsinnigen« und tadelt Plato wegen bisweilen »schwulstiger« und »hochtrabender« Schreibart.

[621] Zum Stil des Thomasius Blackall: Die Entwicklung des Deutschen, S. 42; Bouterwek: Geschichte der deutschen Poesie, Bd. 3, S. 30. »Aber das Deutsch des Thomasius war [...] jenes galant seyn sollende, damals zur Modesprache gewordene Gemenge von deutschen, lateinischen und französischen Wörtern und Phrasen.« Thomasius selbst kritisiert die Überladenheit des Stils und empfiehlt, man solle ›artig‹ schreiben. Kritik auf der Basis des Wolffschen Schreibstils übt A. G. Kästner: Gesammelte poetische und prosaische schönwissenschaftliche Werke, Tl. 3, S. 165. Kästner glaubt, sein Beispiel habe »in die Bildung deutscher Autoren nicht eben den vortheilhaftesten Einfluß gehabt.«

masius die Gattung Roman dem Prinzip des delectare et prodesse am nächsten. Zwischen dem Traktat von Huet, der durch Happels Übersetzung jedermann zugänglich war,[622] und der einen späteren Entwicklungsstand repräsentierenden Romantheorie Blanckenburgs[623] stellen die Äußerungen Thomasius' die ausführlichste Beschäftigung mit der umstrittenen, noch keineswegs in alle Standardpoetiken aufgenommenen Gattung Roman dar.[624] Thomasius unterscheidet vier Typen: die Volks- und Ritterbücher und die ›Schäfereien‹ auf der einen Seite, den höfisch-historischen und den satirischen Roman auf der anderen Seite. Sonderformen sind die »kleinen französischen Romane«, der enzyklopädische und der utopische Roman. In den »Monatsgesprächen« verficht der Kaufmann Christoph den Nutzwert des aus Frankreich stammenden *psychologischen Kurzromans*,[625] in dessen Zentrum eine Liebeshandlung steht. Der Autor bedarf außer der »Geschickligkeit eines Historici« einer bedeutenden Erfindungsgabe, um die Handlung zu ersinnen oder sie mit den historischen Umständen so »genau« zu verbinden, daß sie auch dem Wahrscheinlichkeitsanspruch des Geschichtskenners genügt. Die von Thomasius dem Romanautor zugesprochene Erfindungsgabe weicht von dem topischen Erfindungsbegriff ab. Es geht nicht mehr um die Zusammenstellung vorfabrizierter ›Realien‹ oder um deren Einbau in eine historisch beglaubigte Geschichte, sondern um das selbständige Ersinnen einer solchen Handlung. Thomasius hält diese Tätigkeit – »etwas zu dichten daß der Wahrheit ähnlich sey« – für schwieriger als die Darstellung »wahrhafftiger Historien«, bei denen der Historiker nur auf die Anordnung und den Stil und die Darstellungskunst zu achten, nicht jedoch sich um die Erfindung selbst zu bekümmern habe.[626] Der Begriff des Erfindens bezieht sich bei Thomasius auf das Ersinnen wahrscheinlicher »Geschichten«, umfaßt also sowohl Handlungen als auch Charaktere. Thomasius' Polemik richtet sich lediglich gegen die schlechten Romanschreiber, die gegen die Wahrscheinlichkeitsregeln verstoßen. Ihre Erfindungen sind wertlos, die Lektüre solcher Bücher stiftet keinen Nutzen.[627] In Thomasius' Verständnis der ›Erfindung‹ ist der moderne Realienbegriff eingegangen, der auf individueller Erfahrung und nachprüfbarer Faktizität beruht.

Das schöpferische Subjekt erhält einen größeren Entfaltungsraum, bleibt aber an die Grenzen der Nachvollziehbarkeit und der Überprüfbarkeit gebunden. Der pragmatische Nutzen, den der Leser aus der Romanlektüre ziehen kann, äußert sich poetologisch als Rückverweisbarkeitspostulat – der Leser kann aus dem

---

[622] Pierre Daniel Huet: Traité de l'origine des romans. Faksimiledruck nach der Erstausgabe von 1670 und der deutschen Übersetzung von 1682 von Eberhard Werner Happel. Huets Abhandlung wurde 1682 von W. Pyrrho ins Lateinische übersetzt.

[623] Friedrich von Blanckenburg: Versuch über den Roman. Faksimiledruck der Originalausgabe von 1774. Mit einem Nachwort von Eberhard Lämmert. Stuttgart 2. Aufl. 1976.

[624] Voßkamp: Romantheorie in Deutschland, Kap. VI, bes. S. 103–120.

[625] Thomasius: Monatsgespräche I (1688), Januarheft; Voßkamp: Romantheorie in Deutschland, S. 112ff.

[626] Thomasius: Monatsgespräche I (1688), S. 44.

[627] Thomasius: Höchstnöthige Cautelen, S. 159f., §§ 40, 41.

Roman »ohne Verdruß« der »Welt Lauff als in einem Spiegel« erlernen.[628] Das Moment der Wiedererkennung bindet den Autor allerdings an einen relativ engen Realitätsbegriff. Thomasius läßt jedoch im Typus *»utopischer Roman«* eine Öffnung dieser Realitätsvorstellung zu.[629] Hier rückt die Glaubwürdigkeit der »vernünfftigen Ersinnung« ausschließlich an die Stelle der kontrollierbaren historisch-geographischen Faktizität.[630] In der Utopie stellt sich Wahrscheinlichkeit ausschließlich aus der Widerspruchsfreiheit der Fiktion her.

Es geht nicht an, die auf subjektiven und objektiven Wahrscheinlichkeitspostulaten beruhende Romanpoetik des Thomasius als »bürgerlich« zu bezeichnen. Sie bezieht ihre Maximen ausschließlich von dem als ›politisch‹ charakterisierten Pragmatismus, der gesellschaftlich die Übergangszone zwischen feudaler und frühbürgerlicher Gesellschaft beherrscht. Die für Thomasius' Poetik maßgeblichen Kriterien sind, wie Voßkamp festgestellt hat, der Begriff einer artifiziellen Fiktion und die gesellschaftliche Applikation.[631] Die konkrete Literaturkritik verdeutlicht diese generelle Maxime. Thomasius lehnt die Romane ab, in denen »viel Auffhebens / viel zierliche Worte / allerhand inventiones, darhinter aber nichts nützliches verborgen / oder aber da keine Wahrscheinligkeit und Leben innen ist.«[632] Zu diesem Negativtypus rechnet Thomasius den *Schäferroman* wegen der »Unwahrscheinligkeiten und gezwungenen inventiones« und des Mangels an »moralia oder Politischer Klugheiten«,[633] und die *phantastischen Ritterromane*, für die stellvertretend der »Amadis« scharfe Kritik erfährt.[634]

Die »albernen Erfindungen« in den Amadisromanen seien der Natur »ganz zuwieder«.[635] Auch manche Autoren höfisch-historischer Romane – Thomasius nennt hier Buchholtz' »Hercules und Herculissus« und Saint-Sorlins »Ariana« – hätten gegen die Wahrscheinlichkeit verstoßen, weil sie in ihrer Darstellung »die Menschen anders vorgestellet / als sie sind / und die Liebes-Begebenheiten sich so abstract eingebildet / daß man kaum einem Engel dergleichen Conduite zutrauen solte«. Ebenso übertrieben positiv schildern sie in ihrer Schwarz-Weiß-Manier die Helden, in ihren Dialogen und Reden beachten sie aber nicht den Charakter der sprechenden Personen. Positiv beurteilt Thomasius im allgemeinen den höfisch-historischen und den satirischen Roman.

Die von Thomasius entworfene, aus der zweiten Phase stammende *Systematik*

---

628 Thomasius: Monatsgespräche I (1688), S. 46; vgl. Monatsgespräche IV (1689), S. 660.

629 Besprechung von Happels Roman »Africanischer Tarnolast«, Monatsgespräche IV (1689), S. 687–806.

630 Voßkamp: Romantheorie in Deutschland, S. 119.

631 Ebd., S. 109.

632 Thomasius: Monatsgespräche IV (1689), S. 655.

633 Ebd., Thomasius polemisiert hier gegen Zesens »Adriatische Rosemund«.

634 Ebd., S. 654; als alberne Romane gelten Thomasius im ersten Discours, Monatsgespräche I (1688), S. 58, die »Amadiese, Ritter Pontus, Melusinen, Adriatische Rosemunden, Dianen, und andere Schäffereyen [...]«.

635 Dies und das folgende aus: Höchstnöthige Cautelen, S. 159 Anm. a; vgl. auch die positive Wertung in: Monatsgespräche I (1688), S. 45.

(Juli 1689) erfährt in der pietistischen Phase, in der er bekanntlich satirische Schriften ablehnte und Kritik an höfisch-historischer Literatur äußerte,[636] eine gewisse Einschränkung. Als höfisch-historische Musterexemplare gelten Barclays »Argenis«, Mad. de Scuderys »Clelie«, Anton Ulrichs von Braunschweig »Aramena« und »Octavia«. Sie enthalten »zierliche Worte / scharffsinnige Erfindungen / und nützliche Lehren«. Mit der notwendigen Anleitung kann die Lektüre der »Octavia« eine Menge ethischer und politischer Lehrbücher ersparen,[637] weil sie die Affektentheorie anschaulich in Handlungen umsetzt, aus denen sich die Lehren der ›politischen Klugheit‹ leicht entnehmen lassen. Der Nutzen der satirischen Schriften besteht nach der Meinung des frühen, optimistischen Thomasius in der anregenden Kraft, durch Darstellung von Torheiten und Lastern den Leser zur »Tugend und Wissenschafft« anzufeuern.[638] Lohensteins »Arminius« sprengt den Rahmen der thomasischen Typologie.[639] Gegenüber den gängigen Romanen verhält sich der »Arminius« wie Arznei gegenüber normaler Mahlzeit – an Heilwirkung wie an Annehmlichkeit lassen sich beide nicht vergleichen. Das metaphorische Urteil hält den Zuwachs belehrend-nützlicher der Reduktion belustigender Elemente entgegen.

> »Mit einem Worte / der Herr von Lohenstein setzt uns in seinem Buch lauter gelehrte / scharffsinnige und tugendhaffte Sachen vor / und überziehet dieselbigen nur mit etwas von einer angenehmen invention. (Es giebt der lehrbegierigen Jugend das thee der Weißheit zu trincken / und damit ihre an dem schmackhafften Wein und andere scharffe Geträncke gewehnete Zunge an dem ungewohnten Geschmack derselben keinen Eckel bekomme / so thut er ein wenig Zucker allerhand Historischer und Politischer inventionen hinein / ümb ihnen den appetit zu erwecken.) Ich kan wohl sagen / daß ich kein Buch in der Welt weiß / darinnen ich soviel Gelahrheit beysammen angetroffen / als in der Thusnelda / und daß ich keinen Roman gelesen / der mehr nachsinnen braucht als der Arminius.«[640]

Die Hochschätzung des *»Arminius«*, die Thomasius an verschiedenen Orten geäußert hat, mag auf den ersten Anblick verwunderlich erscheinen, gilt Lohensteins opus magnum doch seit dem Durchbruch des Klassizismus als monströses Beispiel antiquarischer, »barocker« Gelehrsamkeit,[641] also just des Typus von Gelehrsamkeit, den der neue politisch-pragmatische Geist bekämpfte. Dieser Anschein trügt jedoch und weist auf die weitere Verschiebung der wissenschaftlichen und ästhetischen Normen hin, die zwischen Thomasius und Gottsched

---

636 Thomasius: Monatsgespräche IV (1689), S. 658; vgl. Monatsgespräche I (1688), S. 46ff.; ferner: Summarischer Entwurff, S. 57.

637 Thomasius: Monatsgespräche IV (1689), S. 659; Kafitz: Lohensteins ›Arminius‹, S. 30.

638 Thomasius: Monatsgespräche IV (1689), S. 661, zur Apologie der Satiren S. 662ff.

639 Thomasius: Monatsgespräche IV (1689), S. 664; vgl. zur Hochschätzung Lohensteins den Discours, ed. v. Düffel, S. 17. Zu Thomasius' »Arminius«-Interpretation s. Kafitz: Lohensteins ›Arminius‹, S. 36ff.; Bender: Lohensteins ›Arminius‹, S. 404ff.

640 Thomasius: Monatsgespräche IV (1689), S. 667.

641 Dazu Martino: Daniel Casper Lohenstein, Bd. 1, S. 291ff. Kap. III. Die Kritik der Aufklärung. »Die Lohensteinische schwülstige Schreibart« (1722–1800).

stattgefunden hat. Der pragmatisch-moralische Geist deutet zwar auf Gottsched voraus, die ›politische‹ Denkart weist Thomasius jedoch als Zeitgenossen des ›Politicus‹ Lohenstein aus. Was Gottsched in erster Linie an Lohenstein befehdete, war die »schwülstige« Ausdrucksweise, also ein formales, im Bereich der elocutio befindliches Kriterium, das sich dann auch auf die Bewertung der inhaltlichen Komponente auswirkte.[642] An der formalen Darbietung nimmt Thomasius in der Tat keinen Anstoß. Widersprüchlich ist jedoch, wie es aus der gottschedschen Perspektive erscheinen mochte, seine Position nicht. Denn Thomasius schätzt den »Arminius«-Roman nicht wegen der Überfülle der nützlichen Sachinformation allein, sondern wegen der in ihm sich äußernden Gelehrsamkeitskonzeption, in der er die eigene wiedererkennt. An der vom Leser geforderten Reflexion ist nämlich nicht etwa die »Dunckelheit des Schreibers« schuld, sondern »die Wichtigkeit der entworffenen Sachen« und die Darstellungweise, »daß der Herr von Lohenstein mehrentheils / nachdem er eine Sache auff beyderley Recht erwogen / nichts determiniret, sondern dem Leser dasselbige zuthun überläst.«[643] Das heißt nicht, daß Thomasius die Gelehrsamkeit Lohensteins und die in den Roman eingeschlossene Wissensmasse nicht würdigt.[644] Lohenstein bezieht, so erkennt Thomasius, seine Gelehrsamkeit direkt aus den griechischen und lateinischen Originalquellen, die den Tragödien beigefügten Anmerkungen[645] weisen ihn als »ungemeinen Polyhistor« aus. Doch kommt es Thomasius auf die Stoffülle allein gar nicht an. Er betrachtet sie unter dem Aspekt ihrer Funktionalität. Lohenstein habe mit seinem Buch eine Erziehungslektüre für »junge Standes-Personen« schaffen wollen, die auf »eine geschickte Art« den Lehrstoff vermitteln könne – aus dem Wissen, daß »ernsthaffte« Unterweisungen wie die »Symbola Christiano-Politica« des Spaniers Saavedra und die Opera des Franzosen la Mothe le Vayers bei der Jugend keinen Anklang finden.[646] Lohenstein paßt seine Darstellung der la Mothe le Vayers an, der in den 15 Bänden seiner Anweisungen auch widersprechende Meinungen referiert, je nach der Sekte, der er bei seinen Traktaten und Diskursen gerade folgt. Dies erklärt die Art seiner Darstellung, »bey Uberlegung einer Frage« nichts zu entscheiden, sondern »nach hin und wieder vorgebrachten Ursachen« [Gründen] den Diskurs abzubrechen. Der zum Selbstdenken gebrachte Schüler solle unvoreingenommen seine eigene Entscheidung fällen können.

Einem jungen Leser rät Thomasius, das Buch mit Hilfe eines gelehrten Mannes oder eines Ephorus durchzugehen, der ihm im Zweifelsfalle durch ein erfahrenes Urteil (iudicium) zeige, auf welcher Seite die besseren Argumente sich finden,

---

642 Dazu besonders Peter Schwind: Schwulst-Stil, S. 205–276. Ueding: Einführung in die Rhetorik, S. 92, konstatiert die gesellschaftliche Spitze dieser Kritik, – »weil der hohe Stil des Barock sich mit der ständischen Kategorie des Höfischen identifizieren läßt.«

643 Thomasius: Monatsgespräche IV (1689), S. 668.

644 Ebd., S. 1141; Thomasius spricht von der »seltenen und ungemeinen grossen Gelahrheit und Scharffsinnigkeit«.

645 Ebd., S. 682.

646 Ebd., S. 668, 681.

politische und moralische Lehren verdeutliche oder die nur angetippten Exempel aus der Geschichte ausführlich darstelle.[647]

Die *didaktische Zwecksetzung des »Arminius«* wird hier offenbar, und dieser Überhang des Nutzaspekts über die übliche Belustigung hat die uneingeschränkte Zustimmung des Thomasius gefunden, der im Grunde ja mit seinen populärwissenschaftlichen »Monatsgesprächen« auf ebenfalls ›angenehme‹ Art und Weise zur Erziehung der Leserschaft beizutragen versucht und dabei dasselbe didaktische Prinzip angewendet hat. Nur auf indirekte Weise ist hinter den gegensätzlichen, von verschiedenen Gesprächspartnern vorgetragenen Meinungen die eigene Ansicht des Thomasius zu entdecken – außer im Falle des Schulmannes David, der offenkundig als Satire[648] auf den Pedanten zu erkennen ist. Ist vielleicht die Interpretation des »Arminius« unter dem Aspekt einer neuentwickelten Romanpoetik, die auf Leseraktivität und Vernunftausbildung des Lesers abhebt, etwas überzogen,[649] so bleibt doch die Tatsache des thomasischen Lohenstein-Verständnisses unter dem Blickwinkel der ›annehmlichen‹ Aufklärungsarbeit unanfechtbar.[650]

Die Kurzanzeige des zweiten, posthum erschienenen Teils des »Arminius«-Romans,[651] im Dezemberheft des Jahres 1689 bekräftigt die frühere Ansicht. Neben der »seltenen und ungemeinen grossen Gelahrheit« betont Thomasius die »Scharffsinnigkeit« des Autors: die gelehrten Diskurse und scharfsinnigen inventiones verlangen vom Verstand des Lesers ein Äußerstes, um die Argumentationen und die verwickelten Inventionen zu begreifen.

Was Thomasius am »Arminius« besonders zusagt, ist nicht so sehr die Vermittlung des freilich immensen Wissens, die später als ›barocker Prunk‹ verachtet wurde,[652] sondern die Ausbildung eines zur Bewältigung des praktischen Lebens fähigen iudicium.

Die ›politischen‹ Maximen erklären Thomasius' Hochschätzung des »Arminius« und die Geringschätzung aller dem Wahrscheinlichkeits- und den Nutzenanspruch nicht genügenden Schriften. Darunter fällt in erster Linie die erste Gruppe

---

647 Ebd., S. 685. Ebenso bedürfe die Verschränkung historischer und gegenwärtiger Handlungen und Personen auf einer (symbolischen) Ebene einer kundigen Auflösung.

648 Ebd., S. 1147.

649 S. Voßkamp: Romantheorie in Deutschland, S. 117; Kafitz: Lohensteins ›Arminius‹, macht die ›progressive‹ Rezeption der Zeitgenossen, die im »Arminius« eine »neue Möglichkeit zur Vernunftausbildung der Leser« erblicken, zum Angelpunkt seiner Untersuchung.

650 Thomasius: Monatsgespräche IV (1689), S. 1145; dazu Schwind: Schwulst-Stil, S. 236.

651 Thomasius: Monatsgespräche IV (1689), S. 1141ff. Auch der zweite Teil ist »durch und durch mit den schwersten Fragen / so wohl aus der natürlichen Wissenschafft / als der Sitten-Lehre und der Staats-Klugheit / ja aus der Religion selbst / dann mit erstaunenswürdigen Erfindungen / theils von vorgestelten Schau-Spielen / und Däntzen / theils von verwirreten lustigen und traurigen Geschichten / welche die Tugenden so wohl als die Laster auff das wesentlichste und deutlichste abmahlen / angefüllt.«

652 Vgl. Thomasius' Urteil über zeitgenössische Leser des Romans; Monatsgespräche IV (1689), S. 684.

der thomasischen Romantypologie, die *Volks- und Ritterbücher*. Von letzteren war bereits die Rede. Die Autoren dieses Genres vergleicht Thomasius mit »Sudel-Köchen«, »die für den gemeinen Pöbel zurichten«.[653] Es versteht sich für das in den »Monatsgesprächen« noch stark höfisch orientierte Bildungsideal des Thomasius von selbst, daß Volksbücher oder alte Volkspoeten ein strenges Verdikt erleben. *Hans Sachs* gilt als Inkarnation des ungelehrten Reimens und der handwerklichen Meistersingerei.[654] Voßkamp hat die negative Beurteilung, die Thomasius den ›bürgerlichen‹ Romanen Zesens und Stockfleths entgegenbringt, als »Reflex einer bestimmten Phase in der Entwicklung bürgerlichen Bewußtseins« gedeutet.[655] Solange das Bürgertum, »im Schutz und im Bündnis mit der höfisch-politischen Führungsschicht des absolutistischen Staates«, deren Normen anerkannte und zu übernehmen suchte, habe es paradoxerweise die auf eine spätere Entwicklungsphase bürgerlichen Bewußtseins vorausweisenden literarischen Formen abgelehnt. Diese freilich ein wenig pauschal ausfallende Begründung trifft jedoch die Rezeption der Volksbücher, Ritterromane und Schäfereien nicht in gleicher Weise. Ritterromane und Schäfereien entsprachen wegen ihrer Fantastik nicht den Wahrscheinlichkeitspostulaten, hatten also keinen pragmatischen Nutzwert. Vom späteren Bürgertum der Gottschedzeit, das die Nutzen-Programmatik in christlich-moralischer Variante weiterentwickelte, wurden die Schäferromane nicht aufgewertet. Die Volksbücher dagegen fielen wegen ihrer sozialen Inferiorität, die sich literarisch als Nichtgelehrtheit äußerte, der Mißachtung anheim.

Die von Thomasius in Gang gesetzte Aufwertung des Naturells und des iudicium ist keineswegs gleichbedeutend mit einer Oppositionshaltung gegenüber Gelehrsamkeit schlechthin in der Poesie. Aus der aufgezeigten Umdeutung des Gelehrsamkeitsbegriffs ergibt sich konsequent eine Umprägung des Begriffs der ›gelehrten Poesie‹. Waren die Hilfsmittel der humanistischen, rein antiquarischen Gelehrsamkeit die Topik, die Aerarien und die memoria gewesen, so rückt als Charakteristikum der ›politischen‹ Gelehrsamkeit das *iudicium* in den Vordergrund. Auf poetischer Ebene erfährt die natura eine Aufwertung, allerdings nicht im Sinne einer ungezügelten, frei schweifenden Fantasie.[656] Die inventio, bei den Humanisten eine Resultante aus Topik und Quellenkenntnis, wird zur Sache des iudiciumgeleiteten naturgegebenen Einbildungsvermögens. Aus dieser Umwertung ergibt sich eine Opposition gegenüber ausschließlich humanistischer Gelehrsamkeit, humanistisch-gelehrter Poesie und antiken Poeten selbst als den Ahnen der neuhumanistischen Dichtkunst. Trotz der Hochschätzung, die Thomasius den

---

653 Ebd., S. 654; Thomasius nennt dabei Melusine, Ritter Pontus und Amadis.

654 Bereits im Discours, ed. v. Düffel, S. 17. Thomasius' von Borinski: Gracian und die Hofliteratur, S. 84, als »literarische Rehabilitation« des Hans Sachs bezeichnete Aufwertung in der Abhandlung »Elender Zustand eines in die Atheisterey verfallenen Gelehrten«, in: Juristische Händel, Tl. 1, Nr. XXIV, stellt doch eine Ausnahme dar. Zum positiven Urteil über Sachs s. Eichler: Das Nachleben des Hans Sachs, S. 127ff.

655 Voßkamp: Romantheorie in Deutschland, S. 110.

656 Thomasius: Einleitung zu der Vernunfft-Lehre, S. 37.

Reformatoren und ihrer Schul- und Universitätsreform entgegenbringt, rügt er Melanchthons Lehrplan für klassische Sprachen, weil er – getreu humanistischem Vorbild – hauptsächlich antike griechische und lateinische Autoren empfiehlt.[657]

Der »liebe Mann« habe nicht »weißlich« getan, »daß er die Jugend mit der Thorheit der Grichischen Oratoren und Poeten / ingleichen mit der unnützen Philosophie des Aristotelis aufgehalten / und denen Studiosis nicht klügere Bücher in die Hände gegeben.«[658] Statt der Euripides, Sophokles, Homer und Aristoteles wäre das Neue Testament oder das übersetzte Alte Testament nützlicher gewesen. In die gegenhumanistische Polemik (aus politisch-pragmatischen Gründen) geraten christliche Argumentationen, auch nach der Überwindung der pietistischen Phase; bei der Kommentierung von Osses Testament allerdings ist der theologische Kontext zu berücksichtigen.

> »Ich solte vermeynen, das Buch der Weisheit / der Judith / der Maccabaeer u.s.f. wären so gut / ja noch besser gewesen als der Narre Homerus und die übrigen heydnischen Poeten und Oratores. Ja ich solte meynen / aus dem eintzigen Jesus Syrach / den man doch auch in denen trivial-Schulen den Kindern unter die Hände giebt / mehr gute praecepta Logica, und Moralia auch Politica in eine Ordnung oder in formam artis zu bringen / als aus allen Geschmiere des heydnischen Aristotelis.«[659]

Die Abqualifizierung Homers an dieser pädagogisch-christlich motivierten Stelle ist kein Ausnahmefall. *Homer* (und in dessen Gefolge Vergil) muß immer als Musterbeispiel des überbewerteten Poeten herhalten, der Gedichte voller »absurditäten« verfaßt habe.[660] Thomasius geht sogar so weit, Hans Sachs über Homer zu stellen: »Homerus war so wohl ein Meister-Sänger / als Hans Sachse [...]. Ja ich bin versichert / daß wer Hanß Sachsen und Homerum ohne Vorurtheil lesen wird / wird mehr Artigkeit und Judicium in Hanß Sachsen als in Homero antreffen.«[661] Vier Gründe lassen sich für Thomasius' manischen Haß benennen. Homer war Heide, und ist daher als Schulautor suspekt; Homer war ›Volksdichter‹ wie Hans Sachs, gehört daher nicht zum Kreis der politisch-gelehrten Autoren; Homer war (neben Vergil) jahrhundertaltes Vorbild der humanistisch-gelehrten Autoren; Homer dichtete voller Unwahrscheinlichkeiten und beging – wie ja eine seit der Antike stammende Tradition immer festgestellt hat – so viele »Schnitzer«, daß man aus ihm nichts lernen kann.[662] Thomasius pflichtet Heraklits bekannter Herabsetzung Homers bei: »Homerus wäre werth, daß man ihme Maulschellen gäbe«.[663] Welcher Grund auch immer der jeweils überwiegende war, Thomasius

---

657 Thomasius: D. Melchiors von Osse Testament, S. 332f. Anm. 156.

658 Ebd., S. 338f. Anm. 157.

659 Ebd., S. 339.

660 Thomasius: Höchstnöthige Cautelen, S. 151, § 12 und Anm. d; D. Melchiors von Osse Testament, S. 118 Anm. 58.

661 Thomasius: D. Melchiors von Osse Testament, S. 118.

662 Zu Thomasius' Einschätzung volkstümlich literarischer Werke s. Kawerau: Aus Halles Literaturleben, S. 36f. Bei dem Jesuiten Vavassor findet Thomasius z. B. »gute Gedanken von der albernen Hochachtung und recommendation des Homeri«; D. Melchiors von Osse Testament, S. 118.

663 Thomasius: D. Melchiors von Osse Testament, S. 118 Anm. 58.

bringt der deutschen volkstümlichen Tradition nicht das Verständnis des Literarhistorikers Morhof entgegen.

Die thomasische Poesiekonzeption ist in sich noch keine ›bürgerliche‹ Konzeption, enthält aber verschiedene Tendenzen, die in der frühbürgerlichen Theorie Gottscheds wirksam werden sollten. Poesieimmanent ist das Kriterium der Wahrscheinlichkeit; pragmatisch das Kriterium des Nutzens. Im traditionellen Streit um die Priorität von natura oder ars räumt Thomasius dem Naturell den Vorrang ein. Dennoch bleibt die von ihm ausgesprochene Maxime, das Vortreffliche weiche von der »gemeinen Regel« ab,[664] für die eigene Poetik-Konzeption ohne Konsequenzen, da er mit der prinzipiellen Verpflichtung der Poesie auf die Aufgabe eines ›Mediums der Weisheit‹ den durch Akzentuierung des »poetischen ingeniums« gewonnenen Freiraum alsbald wieder eingrenzt. Die Dichtung wird zum Vehikel der politischen Klugheit und erhält keine Eigenbestimmung. Diese Poesiekonzeption bleibt bis Baumgarten dominierend, denn Gellerts berühmte Formel von der Aufgabe der Fabel, »dem, der nicht viel Verstand besitzt, / Die Wahrheit durch ein Bild zu sagen«, stellt nur eine unter dem Einfluß der wolffschen Philosophie stehende Umprägung des thomasischen Gedankens dar, nur daß bei ihm die Philosophie an die Stelle der Klugheitslehren tritt. Bei Thomasius begegnet auch die Gellertsche Variante. Bei Lektüre der höfisch-historischen Romane ist ihm, als kämen die Zeiten der Griechen wieder, »in welchen die Welt-Weißheit von denen Poeten in anmuthigen Fabeln verstecket wurden«.[665] Die lebendige Anschauung ersetzt die abstrakten Beschreibungen: »Nichts imprimiret sich besser / als was einem vor die Augen gelegt wird.«[666] Wie sehr in Thomasius' Wertehierarchie der Nutzen über die Belustigung dominiert, zeigt sein abschließendes Urteil über den »Arminius«-Roman. Für die vortrefflichen Poeten der »gemeinen Art« schicke sich der Vers »Omne tulit punctum, qui miscuit utile dulci«, da sie die Belustigung zum Hauptzweck ihrer Schriften gemacht hätten. Für Lohenstein dagegen müsse der Vers geändert werden in »Omne tulit punctum, qui miscuit utili dulce«. Die geringfügige Buchstabenvertauschung kennzeichnet die grundsätzliche Priorität der Normen. Dichter seiner Art setzten sich zum Hauptzweck die »Ausbesserung des Menschlichen Verstandes und Willens« und garnierten die nützlichen Dinge nur deshalb ein wenig mit

---

664 Thomasius: Monatsgespräche IV (1689), S. 664. »Denn was auch vortrefflich ist / weicht von der gemeinen Regel ab.«

665 Thomasius: Monatsgespräche IV (1689), S. 658f.; vgl. Höchstnöthige Cautelen, S. 152, § 13.

666 Thomasius: Monatsgespräche IV (1689), S. 659. »Du magst mir zum Exempel von einem Elephanten noch so viel Umbstände vorschreiben als du wilst / so wird es doch schwer hergehen / daß ich dadurch eine solche Erkäntniß kriege / daß ich einen Elephanten / wenn er mir unversehens vor das Gesichte kommen solte / würde nennen können. Hergegen weise einem Kinde oder Bauer nur einmahl das Bild eines Elephantens / so wird er sich / so bald er einen ansichtig wird / dieses viel besser zu Nutze machen können. [...]«

Belustigung, »damit sie wegen der Ungewohnheit dem Verstande des gemeinen Pöbels (ich meine dem Verstande der meisten in allen Ständen von oben biß unten aus) nicht zu unerträglich vorkommen.«[667]

Die allgemeine *Priorität des Nutzenprinzips über das Ergötzungsprinzip* gilt für Thomasius in der Poesie selbst wie in der Wertung der Wissenschaften überhaupt. In der ›Sittenlehre‹ erhält die Poesie lediglich den Rang einer ›Zierrats-Wissenschaft‹, die zum Erreichen menschlicher Glückseligkeit wenig beitrage.[668] Auch aus der Diskussion über die Frage, welche Bücher die höchste Achtung verdienten,[669] und ob in der Belustigung, im Nutzen oder in der Vereinigung beider der höchste Wert zu erblicken sei, geht trotz der positiven Darstellung des Kaufmannes und seiner Meinungen hervor, daß selbst in der Mischung des delectare et prodesse dem Nutzenprinzip das Primat zukommt.[670] Benedict stimmt Christoph zwar in seiner Hochschätzung der »zierlich gesetzten oder mit vielen nützlichen discoursen« gefüllten Romane zu, hält es jedoch nicht für gerechtfertigt, sie über alle anderen Schriften zu stellen.[671] Bei der Romanlektüre übertreffe die Lust den Nutzen zehnmal. Wegen dieser Unproportionalität sei Romanlektüre Verschwendung der kostbaren Zeit, »massen die Klugheit mehr erfordert, daß man seine actiones solcher Gestalt anstelle, daß kaum der zehende Theil der Zeit zu Belustigung, die übrigen Neune aber, und mehr, zu was nützliches employret werde.«[672]

Die von dem (nichtpedantischen) Gelehrten Benedict vorgetragene Meinung deckt sich im wesentlichen mit den Urteilen von Thomasius' »Arminius«-Rezension. Thomasius würdigt den »Arminius« tatsächlich weniger als ein poetisches Werk, denn als ein Medium politischer Wissensvermittlung in inhaltlicher und formaler Hinsicht. Inhaltlich sind die im Roman enthaltenen Klugheitslehren, formal ist die diskursive Darstellung. Die didaktisch-politische Zweck entscheidet über das Urteil, nicht die ästhetische Struktur.

In diese Richtung weist auch Benedicts Vorschlag, die nützlichsten und doch mit »geziemender Belustigung« verbundenen Schriften seien die »Acta Eruditorum«.[673] Obwohl vor der Begründung dieses Urteils der Diskurs abbricht, läßt sich auf die Nähe dieser Meinung zu Thomasius' eigener Ansicht schließen. Nicht von ungefähr steht dieses Plädoyer am Schluß des Eröffnungsheftes der »Monatsgespräche«, und vielleicht ist es auch kein Zufall, daß an dieser Stelle, wo

---

[667] Ebd., S. 1144.
[668] Thomasius: Einleitung zur Sittenlehre, S. 76.
[669] Thomasius: Monatsgespräche I (1688), S. 40–115.
[670] Ebd., S. 40f.
[671] Ebd., S. 56f.
[672] Hellsichtig weist Benedict auf den Schaden hin, den die totale Identifikation von Leser und Romanheld stiften könne: »Nun bedencke aber der Herr / wie viel das lesen der Liebes-Geschichte öffters Unfug angerichtet / und wie mancher Kerl drüber zum Narren worden / daß er sich beredet / er sey ein Heros einer Liebes-Geschichte [...].« Ebd., S. 57.
[673] Ebd., S. 114.

Thomasius Farbe bekennen müßte, die Diskussion »ein beschneietes Ende« findet.

Für die eigene populärwissenschaftliche Schriftstellerei jedenfalls hat Thomasius eine charakteristische Synthese angestrebt. Sein muttersprachliches Journal verbindet Nutzen mit Belustigung, doch kommt auf neun Zehntel unpedantischer Gelehrsamkeit und politischer Welthaltigkeit etwa ein Zehntel »geziemende Belustigung«.

So steht Thomasius an der Grenze zum bürgerlichen Schriftsteller, eine Gestalt des Übergangs, aber stärker als Weise der Zukunft zugewandt. Nicht unpassend hat Schiller sein Wirken charakterisiert. Leben und Werk des Thomasius zeige

> »das interessante Loswinden eines Mannes von Geist und Kraft aus der Pedanterei des Zeitalters, und obgleich die Art, wie er es angreift, selbst noch pedantisch genug ist, so ist er doch, seinen Zeitgenossen gegenüber, ein philosophischer, ja ein schöner Geist zu nennen.«[674]

---

[674] Schiller an Goethe im Brief vom 29. Mai 1799; Briefwechsel zwischen Goethe und Schiller, ed. Beutler, Nr. 599, S. 698. Zur Würdigung des Thomasius im Gottsched-Kreis s. Der Deutschen Gesellschaft in Leipzig Eigene Schriften, S. 283f. »Die Ruhmvollen Verdienste Hern. Christ. Thomasius. Von Johann Victor Krausen.«

V. Wandlungen in Wissenschaftssystem und Poesie der politisch-galanten Epoche (1690–1730)

1. Das Wissenschaftsverständnis der ›politischen‹ Hodegetiken und Gelehrtengeschichten

1.1. Der ›politische‹ Gelehrsamkeitsbegriff in Hodegetik und Gelehrtengeschichte

Keine andere Epoche der Wissenschaftsgeschichte kennt so viele Einführungen in die ›Gelehrsamkeit‹ wie der Zeitraum zwischen dem Auftreten von Thomasius und Christian Wolff. Die Gründe sind wissenschaftsimmanenter und gesellschaftlicher Natur: zum einen etabliert sich in diesem Zeitraum ein neues, durch die Realienbewegung und das ›politische‹ Denken gefördertes Wissenschaftsverständnis, das auf dem Nutzwert der Wissenschaft ›für das Leben‹ als oberster Wertmaxime insistiert, zum andern ist diesem gegen-esoterischen Wissenschaftsbegriff seine Popularisation inhärent. Das Nützlichkeitsideal und das Postulat nach Verbreitung der diesem Ideal dienenden Disziplinen in möglichst weite Kreise des Volkes bedingen sich gegenseitig. Hans Matthias Wolff hat in seinem lesenswerten Buch über die Weltanschauung der Aufklärung das Entstehen kapitalistischer Gedankengänge im Zeitraum zwischen Thomasius und Wolff am Beispiel Johann Adolf Hoffmanns aufgezeigt. Das Erwerbsdenken bedingt einen sehr verengten Wissenschaftsbegriff, indem naturgemäß *die* Disziplinen in den Vordergrund rücken, die einen unmittelbar einsehbaren Nutzwert für die Gesellschaft haben, andere aber, die zwar wissenschaftsperspektivisch langfristig Veränderungen bewirken, kurzfristig jedoch wenig greifbaren Gewinn abwerfen, in den Hintergrund gedrängt werden. Zu diesen Disziplinen gehören die Philosophie und die späteren »schönen Wissenschaften«, die Poesie, die Rhetorik und die klassischen Sprachen, also die Zentralfächer des Humanismus. Die Philosophie hat erst mit Christian Wolff eine zentrale Position erlangt, die fortan die Entwicklung der deutschen Aufklärung geprägt hat. Die ›angenehmen‹ in die ›Nebenstunden‹ abgedrängten Disziplinen vermochten selbst in Wolffs System noch keinen Rang zu erlangen, der der zentralen Stellung von Rhetorik und Poesie im humanistischen Kanon entfernt vergleichbar gewesen wäre. Die Abwertung der Poesie ist einerseits das Ergebnis der verschleißenden Kasualpraxis, andererseits des pragmatisch-politischen Wissenschaftsbegriffs.

Beide Motive sind nicht voneinander trennbar, denn das pragmatische Wissenschaftsverständnis bedingt, wie bei Weise und bei Thomasius erkennbar ist, einen Poesiebegriff, dem gesellschaftliche Verwertung Richtmaß der poetischen Produktion war.

Die Tatsache, daß die meisten der nach Thomasius publizierten Hodegetiken in deutscher Sprache verfaßt sind,[1] beruht sicher nicht auf Zufall, sondern ist durch das in ihnen propagierte Wissenschaftsideal selbst bedingt. Danach soll die Gelehrsamkeit aus dem Besitz eines privilegierten Standes entwunden und zu einem auch breiten Schichten verfügbaren Instrument gemacht werden, mit dem Zweck, individuelle Glückseligkeit und ökonomischen Wohlstand zu verbinden. Fernziel ist die Förderung des Staatswohls, das sich aus den genannten zwei Komponenten und der Vorstellung eines naturrechtlichen Verbandes zusammensetzte.

Der chronologische Überblick über die verschiedenen Definitionen der Gelehrsamkeit basiert auf den repräsentativen Einführungen in die Wissenschaft und den einflußreichsten Gelehrtengeschichten. Der Einbezug lateinischer Hodegetiken erhellt, inwiefern die von Thomasius aufgebrachte Gesinnung sich auf die deutsch-sprachigen – als die ›modernen‹ Werke – beschränkt, oder inwieweit sie auch auf die einer gelehrten Zunft vorbehaltenen Werke übergegriffen hat. Hermann Fischer hat in seiner Untersuchung über den Intellektualwortschatz die Verbreitung der mit Klugheitsvorstellungen verknüpften Wissenschaftsbegriffe herausgearbeiet.[2] Sie sind alle mehr oder weniger von dem französischen Begriff des »savant« beeinflußt und leiten sich entweder direkt aus französischen Quellen oder aus den Schriften Thomasius' ab.

Der später in der Auseinandersetzung mit Christian Wolff unrühmlich bekannt gewordene *Joachim Lange* (1670–1744), ein August Hermann Francke nahestehender Theologe, schreibt, bevor er 1709 Professor in Halle wird, eine lateinische »Medicina mentis« (1704),[3] die er von Tschirnhaus' gleichnamigem Werk bereits in der praefatio absetzt.[4] Wie später beim Zusammenstoß mit Wolff zeigt sich schon hier die Abwehr einer Prävalenz mathematischer Methoden.[5] Die Definition der Gelehrsamkeit weist die ›politischen‹ Züge allerdings in stark theologisch determinierter Variante auf: »Eruditio est actus erudiendi, aut novus habitus seu nova forma rudi materiae inducta; Eruditus idem ac politus, limatus, polite & congrue ad scopum suum adaptatus.«[6] Lange unterscheidet zwischen einer eruditio solida, einer eruditio superficiaria und einer eruditio falsa.[7]

---

[1] Walch: Entwurff der allgemeinen Gelehrsamkeit, Vorrede, nicht paginiert. »Die Sprache, darinnen ich geschrieben und mein Vortrag in Zukunfft geschehen wird, ist meine Muttersprache. Die Lateinische wäre zwar eben so geschickt dazu gewesen; nur habe ich zur Zeit noch nicht sehen können, wie iemand in der Lateinischen Sprache gelehrter reden oder schreiben könne, als in der Teutschen, in welcher so viel Reichthum, Zierlichkeit und Alterthum steckt, als nimmermehr in der Grichischen und Lateinischen.«

[2] Fischer: Der Intellektualwortschatz, S. 88f., zu ›savant‹ S. 100.

[3] Joachim Lange: Medicina mentis. Halle 1704, ²1718. Zu Joachim Lange ADB 17, S. 634f.; Jöcher II, Sp. 2249–51.

[4] Ebd., § 9.

[5] Wundt: Die deutsche Schulphilosophie, S. 76.

[6] Lange: Medicina mentis, S. 482, pars V, § 2.

[7] J. Lange folgt der Einteilung von Poirets Buch »De triplici eruditione, solida, superficia-

»Solida eruditio seu sapientia est novus mentis cultus ac habitus, quo illa, naturali corruptione magis magisque exuta ac deposita, redditur sana, luminosa, polita, ordinata, beata, & ad primarium scopum suum subinde habilior.«[8]

Die wahre mentis medicina sieht Lange in der Theologie.[9] Daher hat die eruditio superficiaria nur einen sekundären Rang;[10] ihr leitendes Prinzip, das ›natürliche Licht‹ der ›menschlichen Vernunft‹, vermag die Roheit des Naturzustandes nicht auszutreiben.

»Eruditio superficiaria seu secundaria est habitus mentis naturali variarum scientiarum cognitione, virtutumque umbratilium exercitio comparatus, qui tamen mentem ad scopum suum haud disponit, nec ejus ruditatem expellit, sed potius tegit ac speciose incrustat.«[11]

Gänzlich verworfen wird die eruditio falsa:

»Eruditio falsa est confusa scientiarum farrago, inordinato rationis usu conquisita, qua mens rudis ac corrupta magis magisque corrumpitur, & ad scopum suum ineptior redditur.«[12]

Ganz anders bietet sich der Stellenwert der Realdisziplinen bei den progressiven Wissenschaftsvertretern an Schule und Unversität dar, den Weiseanern und den Thomasianern. *Johann Christian Lange* (1669–1756), zunächst ein Schüler Weises in Zittau,[13] dann unter pietistischem Einfluß in Leipzig lehrend und dabei Einflüsse von Thomasius aufnehmend, beruft sich in seiner deutschsprachigen »Protheoria eruditionis humanae universae« (1706) auf Thomasius, Budde, Joachim Lange und Tschirnhaus. Neben den offenkundigen Einflüssen Weises, aus dessen Werk er verschiedene Auszüge angefertigt hat,[14] scheint auch Erhard Weigel auf Lange eingewirkt zu haben.[15] Lange erörtert im Zusammenhang mit der Neudefi-

---

ria et falsa« (1694). A. F. Müller: Einleitung in die philosophischen Wissenschaften, Bd. 1, S. 29, § 26, übersetzt eruditio solida mit »gründlicher«, eruditio superficiaria mit »oben hin gelernter« Wissenschaft.

8 Lange: Medicina mentis, S. 483.

9 Ebd., S. 520. »Etsi vero vera Mentis Medicina multa cum Theologia habet communia [...].«

10 Ebd., S. 520f. § 5. »Ea vero eruditio superficiaria seu secundaria est, cujus principium est lumen naturale, partim etiam spirituale, sed mere naturaliter usurpatum; subjectum, humana ratio, nec non reliquiae mentis facultates in statu nude naturali consideratae [...].«

11 Ebd., S. 483, § 5.

12 Ebd., S. 483, § 6.

13 Dazu Wundt: die deutsche Schulphilosophie, S. 116f.; ADB 17 (1889), S. 640f. Johann Christian Lange wurde nach dem Studium in Leipzig (Verbindung mit Francke) ao. Professor in Gießen, 1697 ordentl. Professor der Moral, 1707 Professor der Logik und Metaphysik, 1716 Superintendent und Hofprediger in Idstein; vgl. Meusel VIII, S. 37–45; Jöcher-Rotermund III, Sp. 1219–24; Stolle: Anleitung zur Historie der Gelahrheit, S. 35.

14 Lange: Christiani Weisii Nucleus Ethicae et Politicae (1703), Nucleus Logicae Weisianae (1712).

15 Wundt: Die deutsche Schulphilosophie, S. 116.

nition der Gelehrsamkeit die verschiedenen Begriffe doctus, eruditus, literatus[16] und stellt auch die mittlerweile üblich gewordene Austauschbarkeit der Begriffe doctus und eruditus fest.

Nicht eigentlich »veritable Gelehrte« sind diejenigen Literati, die »an blosser Literalischen Wissenschafft« kleben; die »reale Erudition« dagegen erweise, »wozu einem *Doctrina* und *Literatura* genützet und gedienet habe.«[17] Obwohl Lange von dem Axiom, Erudition stehe allen Menschen zu, ausgeht,[18] hält er an einem besonderen Gelehrtenstand fest, konstatiert allerdings, daß dessen Definition häufig nach falschen Kriterien vorgenommen wird. Als mißbräuchliche Gesichtspunkte für die Bestimmung des Gelehrtentums verurteilt er

1. das bloße Universtitätsstudium und den Besitz eines akademischen Grades;
2. die ausschließliche Kenntnis solcher Wissenschaften, die »mehr eine subtile Activität des Verstandes / als eine äusserliche Hand-Anlegung« erfordern;
3. das allgemeine Ansehen, in »vielen dergleichen Disciplinen« bewandert zu sein;
4. das bloße Studium antiker (und orientalischer) Sprachen;
5. die Belesenheit bzw. Büchergelehrsamkeit.

Auch wer nur als Student die Universität besucht habe, werde zu Unrecht als Gelehrter bezeichnet; ebenso der bloß Schreibfertige oder in gelehrtem Jargon Sprechende.[19]

Insbesondere weist Lange den Anspruch derer, die einige »Rudimenta« der lateinischen Sprache kennen, auf den Gelehrtentitel zurück. Hier sei das allgemeine Vorurteil am größten, weil Latein als »Vernacula Eruditorum«, als »die Frau Mutter-Sprache der Gelehrten« gelte. Das Mißverhältnis in der Bezeichnung werde deutlich, wenn man diese stümperhaften ›Gelehrten‹ mit »Scharffsinnigen erfahrensten und geschicktesten Kauffleuten oder Künstlern« vergleiche, die Italienisch, Spanisch, Englisch, Russisch, Türkisch und andere lebende Sprachen beherrschen, ohne damit den mindesten Anspruch auf den Titel des Gelehrten zu erheben. Der rechte Gebrauch des Gelehrtentitels gründet sich für Lange auf folgenden Kriterien:

1. dem redlichen und fleißigen Betreiben der »vortrefflichsten und allerwürdigsten Studia«, die alle »guten« Wissenschaften fundieren und die »menschliche Wohlfahrt« allgemein begründen;

---

[16] Lange: Protheoria eruditionis, S. 15f. Der Tradition nach bedeute »doctus einen Menschen / der in denen vortrefflichsten und edelsten Studiis wohl geübet und erfahren; eruditus aber einen solchen / der nur durch die erste und gröbste Bereitung ad studium aliquod Humanitatis ist gebracht worden; und endlich Literatus einen solchen / der in Durchgehung gelehrter Schrifften das seinige gethan / oder der viele Bücher lesen kan / und wircklich gelesen hat: Soll also Doctus mehr seyn als Eruditus und Literatus: gleichwie auch Doctrina mehr sey / als Eruditio, und Docere mehr als Erudire.« Darauf bezieht sich auch Schmeitzel: Versuch zu einer Historie der Gelehrheit, S. 77f.

[17] Lange: Protheoria eruditionis, S. 17.

[18] Ebd., S. 80.

[19] Ebd., S. 82f.

2. der Aneignung der hierzu nötigen Hilfsmittel und dem Erwerb einer »wahren Geschicklichkeit«;
3. dem Erweis dieser Fähigkeiten im Lehrberuf.[20]

In einem eigenen Kapitel stellt Lange die Kennzeichen der Erudition dar.[21] Unter Berufung auf verschiedene Gewährsmänner, darunter Vockerodt, Joachim Lange, Morhof und Vossius, faßt Lange seine Ausführungen zusammen: die wahre Erudition erweise sich als gut »gegen aller Menschen Gewissen vor GOtt«, und bezeuge ihr »unbetrügliches Wesen« nicht sowohl »durch leere Worte und Pralereyen / als vielmehr durch die That und Wahrheit.«[22]

In dieser Bestimmung überlagert wiederum der theologische Aspekt den pragmatisch definierten; dieser kommt stärker in der Einzelzuwendung zu den Lehrdisziplinen zum Ausdruck.

Eine historische Darstellung lagert die Gewichte ein wenig anders. *Friedrich Reimmann* (1668–1743; 1708ff.)[23] zählt zur Gelehrsamkeit alle jemals von Menschen betriebenen Wissenschaften, die neuen und die alten, die wahren und die falschen, die guten und die bösen.[24] Diese Ausweitung des Begriffes auf das gesamte Spektrum ist unter dem historischen Aspekt, das »Schicksaal der Gelehrsamkeit und derer Gelehrten« darzustellen, verständlich,[25] ist aber für den ›politischen‹ Zeitraum atypisch.

Deutlich wird das ›politische‹ Ideal in der Einführung von *Dieterich Hermann Kemmerich*, »Neu-eröffnete Academie der Wissenschafften« (1711), deren Untertitel bereits das gesellschaftlich verpflichtete Wissenschaftsprogramm kundtut: »Zu welchen vornemlich Standes-Personen nützlich können angeführet, und zu einer vernünfftigen und wohlanständigen Conduite geschickt gemacht werden.«[26] Kemmerich (1677–1745), den bereits sein Studium der Mathematik, der Historie

---

[20] Ebd., S. 84, vgl. S. 324ff.

[21] Ebd., Kap. XVI, »Von der ERVDITION Ihren Kenn-Zeichen«, S. 849ff.

[22] Ebd., S. 853.

[23] Jacob Friderich Reimmann: Versuch einer Einleitung in die Historiam Literariam insgemein. Reimmann (1668–1743) war lutherischer Theologe zu Halberstadt, Magdeburg und Hildesheim. Jöcher III (1751), Sp. 1980ff., hier Sp. 1981. »Er war ungemein fleißig, und betrat einen Garten, welchen er ausser der Stadt besaß, in mehr als 15 Jahren nicht, studirte den gantzen Tag stehend, und bediente sich in mehr als 30 Jahren auf seiner Studier-Stube keines Stuhles.« Übrigens war Reimmann der erste, der einen klassischen Autor mit deutschen Anmerkungen erläuterte: Epistolae Ciceronis notis germanicis illustratae. Vgl. Theodor Günther: Jakob Friedrich Reimmann (1688–1743). Köln 1974.

[24] Reimmann: Versuch einer Einleitung, Bd. 1, S. 12f.

[25] Ebd., S. 3. Ähnlich weitgefaßt ist das Ziel in Christoph August Heumanns grundlegender Einführung in die Gelehrtengeschichte »Conspectus Reipublicae Literariae«. Hannover 1718, [5]1746, [7]1763, die von Bertram: Anfangs-Lehren der Historie der Gelehrsamkeit, S. 66, und Gundling: Historie der Gelahrheit, S. 233, besonders empfohlen wird. Heumann war Thomasius-Schüler; Jöcher II, Sp. 1978. Er definiert, S. 53: »Historia literaria est Historia literarum et literatorum, sive Narratio de ortu et progressu studiorum literariorum ad nostram usque aetatem.«

[26] Kemmerich: Neu-eröffnete Academie der Wissenschafften, Leipzig 1711.

und der Rechtsgelehrsamkeit als Anhänger der neuen Konzeption ausweist, war zunächst Professor der Moral, Politik und Beredsamkeit an der Erlanger Ritterakademie, wurde 1717 Direktor der Ritterakademie zu Brandenburg, 1719 Professor des Natur- und Völkerrechts in Wittenberg, schließlich Hofrat und Professor in Jena, 1736 dann ordentlicher Professor für Rechtswissenschaft.[27] In Halle, wohin Kemmerich nach dem Erwerb des Leipziger Magistertitels gegangen war, geriet er unter den Einfluß des Thomasius, dessen ›galante‹ Maximen in Kemmerichs »Academie« auf Schritt und Tritt begegnen. Die Ausrichtung an der adeligen Schülerschaft bedingt Kemmerichs Programm im einzelnen; an der Umorientierung des Thomasius von der galanten zur ›bürgerlichen‹ Wissenschaft hat er keinen Anteil.[28] Er stellt die Weisheit über die Gelehrsamkeit; sie setzt sich aus Gelehrsamkeit, Klugheit und Tugend zusammen,[29] und besteht einerseits in der »rechten erkäntniß«, andererseits im »rechten gebrauch der dinge«.[30] Ganz in Thomasius' Fahrwasser bewegt sich die Begründung, rechte Erkenntnis ohne rechten Gebrauch sei eine »unnütze speculation«, die Anwendung ohne vorgängige Erkenntnis sei hingegen ein Ding der Unmöglichkeit.[31] Kemmerich knüpft unmittelbar an die von Thomasius in der »Einleitung in die Vernunfft-Lehre« gegebene Definition der Gelahrheit an. Dannach bedeutet Gelehrsamkeit den verstandesmäßigen Besitz von verschiedenen Wissenschaften, Künsten und Sprachen, deren erkenntnistheoretische Anwendung zum Unterscheiden des Wahren und des Falschen beiträgt. Anders die Weisheit, die »mehr auf die erkenntniß des guten und bösen« abzielt. Weisheit erfordert also eine »tugendhaffte disposition des willens«, während die Gelehrsamkeit hauptsächlich aus einem geschickten Verstand besteht. Ein gelehrter Mann ist für Kemmerich, der auch hierin Thomasius' Ausführung in der »Politischen Klugheit« folgt, wer einige wenige Wahrheiten gewiß weiß, diese zum allgemeinen Nutzen anwenden und aus ihnen andere Wahrheiten ableiten kann, und wer den »leeren wahn« der Welt erkennt. Schließlich gehört ebenso zum Gelehrten das Belegen und Begründen der Wahrheiten und des Wahns.[32]

Enger als Kemmerich schließt sich *Gottfried Polycarp Müller* (1684–1747),[33] ein Anhänger des Thomasius und seit 1723 Direktor des Weiseschen Gymnasiums

---

[27] Zu Kemmerich Rotermund-Jöcher III (1810), Sp. 202–206; Götten: Das Jetztlebende Gelehrte Europa II (1736), S. 508–514.

[28] Zu den ›galanten‹ Hodegetiken s. Brückner: Staatswissenschaften, S. 143ff., die Crusius, Grosser, Kemmerich und Johann David König: Der kürzeste und leichteste Weg die Grundsätze einer gründlichen Moral und Politik zu erlernen. Leipzig 1723, nennt.

[29] Kemmerich: Neu-eröffnete Academie, S. 1, auch S. 10.

[30] Ebd., S. 4.

[31] Ebd., S. 5.

[32] Ebd., S. 11f.

[33] Zu Müller Jöcher III, S. 728f.; Jöcher-Adelung V, S. 52ff.; ADB 22 (1885), S. 669–673. Müller war 1701 Magister in Leipzig, 1704 in Altdorf, unternahm Reisen zwischen 1706 und 1708, war 1714 Assessor der philosophischen Fakultät, 1716 ao. Professor für Dicht- und Redekunst, 1723 Direktor des Gymnasiums in Zittau. 1738 wurde er Bischof der mährischen Brüder. Seit 1716 hielt er verschiedene deutschsprachige Vorlesungen.

in Zittau,[34] der ethischen Gelehrsamkeitsdefinition Thomasius' an (1711). Das führt zur Identifikation von Gelehrsamkeit und Weisheit.[35] Den Titel der Gelehrsamkeit verdienen nur die praktischen Disziplinen.[36] Umgekehrt rechnet Müller die Dinge, die außer der reinen Erkenntnis »zu keinem Nutzen der Menschen können angewendet werden, mehr zur Thorheit als weisen Gelehrsamkeit.«[37] Neben der Vernunft als dem »Licht der Natur« betont Müller den Glauben als das »Licht der Gnade«. Dezidierter und endgültiger als Thomasius vollzieht sich beim späten Müller die Wende von der rationalistischen zur pietistischen Grundhaltung: 1738 wird er Bischof der von Herrnhut beeinflußten mährischen Brüder.

Samuel Grosser (1664–1736), als weiseanischer Philologe[38] Rektor zu Görlitz, widmet in seiner gesprächsweise vorgetragenen »Gründlichen Einleitung zur wahren Erudition« (1712) ganze neunzig Seiten der Beschreibung der »Erudition insgemein«. Die Gesprächsform, die, als ›sokratische Methode‹ verstanden, in zahlreichen Werken mit pädagogischem Impetus (dieser Epoche) gepflegt wird, gilt als Ausdruck der neuen Lehrmethode, den Schüler in den didaktischen Diskurs einzubeziehen und dadurch sein iudicium zu schärfen.[39] Grossers Gelehrsamkeitsdefinition weicht von der Linie der Thomasius-Nachfolger nicht ab:

> »Die Erudition ist eine gründliche und ordentliche Wissenschafft vieler nöthiger und nützlicher Dinge / dadurch das Gemüthe gebessert / und so wohl zu Erkänntniß der Wahrheit / als zu Ausübung des Guten angewiesen wird.«[40]

Nicht das Vielwissen (Polymathie, Polyhistorie) an sich macht den Gelehrten aus: das Was und Wie der Kenntnisse entscheidet darüber. Die gesellschaftliche Legitimation rechtfertigt das individuelle »Belieben«, die persönliche Neigung und Veranlagung.[41] Danach gehört zur Gelehrsamkeit insbesondere die Beschäftigung mit solchen Dingen, die nicht nur zu betreiben möglich, sondern der

---

[34] Weises Nachfolger in Zittau waren: Gottfried Hoffmann (1708–1723), dann Gottfried Polycarp Müller (1723–1738). Vgl. Wünschmann: Gottfried Hoffmanns Leben.

[35] Müller: Academische Klugheit, Tl. 1, S. 2, § 1. »Gelehrsamkeit / welche man auch gar wohl Weißheit nennen kan, ist sondern zweiffel eine lebendige Erkenntniß des warhafften Guten / wodurch der Mensch zu der beständigen leiblichen und geistlichen Glückseligkeit geführet wird.«

[36] Ebd., S. 4. »Indessen werden die, so von diesen vier Facultäten leben oder Profession machen, alleine Gelehrte genennet, ob gleich die wahre Gelehrsamkeit oder Weißheit an keine von allen vieren gebunden ist [...].«

[37] Ebd., S. 2.

[38] Zu Grosser Jöcher II, Sp. 1199f. Er war als Lehrer tätig besonders in Leipzig, Altenburg und Görlitz; verfaßte die umfangreichste zeitgenössische Biographie Christian Weises »Vita Christiani Weisii, Gymnasii Zittaviensis Rectoris [...].« Leipzig 1710.

[39] Grosser: Gründliche Einleitung zur wahren Erudition, S. 8. »Wie denn auch alle treue Lehrer ihre Information einem stetswährenden Gespräche mit den Untergebenen ähnlich machen / damit vornehmlich dem Judicio, durch das Judicium aber der Memoriae geholffen werden möge.« Zur beliebten Dialog-Technik als Darbietungsform s. Beetz: Rhetorische Logik, S. 28.

[40] Grosser: Gründliche Einleitung, S. 20, § 3. Mit Berufung auf Seneca: »Non nititur sapiens in supervacuum, nec se nihil profuturis impendit.« S. 22, § 5.

[41] Ebd., S. 22, § 5.

Aneignung »würdig« sind. Das Befassen mit »Curiositäten« ziemt sich nur für den »curieusen Zeitvertreib«; das Betreiben der lediglich ›angenehmen‹ Wissenschaften wie Numismatik, Thematologie, Geomantie, Altertumskunde und Poesie[42] kommt dem Wert dieser »Nebenwercke« gleich. Nützlich und nötig[43] sind Grosser zufolge die Wissenschaften, die erstens zur Stärkung des christlichen Glaubens, zweitens zur Schärfung des Verstandes und zur »tugendhafften Leitung« des Willens beitragen, und die drittens zur Ausübung eines den individuellen Anlagen und Neigungen entsprechenden Berufes befähigen.[44] Unschwer ist zu erkennen, daß Grosser mit dem ersten und dem zweiten Satz auf die Theologie und die Philosophie zielt; der dritte Satz schließt die drei Hauptfakultäten – sowie von der vierten Fakultät bezeichnenderweise die Oratorie ein. Die »gesunde Vernunfft« gilt als »Mittel-Punct« der natürlichen und bürgerlichen Wissenschaften, das heißt der nicht vom Offenbarungsglauben tangierten Zweige der Gelehrsamkeit.[45] Innerhalb dieser durch die principia rationis verbundenen Disziplinen gibt es eine Hierarchie, wobei einige Fächer als »Fundamental-Stücke«, andere nur als »Conclusiones« oder gar als »Putz-Wercke« fungieren. Die Definition der eruditio in *Christian Junckers* (1688 –1714)[46] lateinischer Einführung »Lineae Primae eruditionis universae [...]« (1714)[47] greift die ›politischen‹ Bestandteile unverändert auf und übernimmt auch die theologische Legitimation.

> »Eruditio, est cognitio seu scientia fundamentalis, & bene ordinata, rerum multarum, necessarium, atque vtilium, certis mediis exculta; per quam HOMO, ante rudis & ignorans, corruptusque adeo intellectu & voluntate, sensim idoneus fit ad bene dignoscendum verum a falso, bonum a malo, & ad dandum caussas rei cognitae vel veras, vel saltim probabiles; eum in finem, ut tuum suum intellectum instruat, voluntatem autem emendet, tum cum aliis quoque ea, quae ipse didicit, perspicue communicare, atque hoc modo suam corporis & animae, vitaeque sociorum, salutatem humanam, (temporalem) aeternamque promouere possit, in honorem DEI Creatoris.«[48]

Das Notwendige und das Nützliche stehen an zentraler Stelle. Das Wahre und das Falsche, das Gute und das Böse sind gleichermaßen Objekte des Erkenntnisstrebens, das demnach – wie bei Thomasius – ethisch fundierte Erkenntniskritik darstellt, nie also reine und damit zweckfreie Erkenntnis sich zur Aufgabe setzt. Philosophie bleibt in dieser Zweckgebundenheit stets eine ancilla utilitatis; sie stellt daher keine Mittel zur radikalen Aufhebung des geltenden Wissenschaftsparadigmas zur Verfügung. In der Anwendung sicherer Wahrheiten und der Ableitung weiterer Wahrheiten aus ihnen erblickt Juncker die einzigen Möglichkeiten einer Erweiterung bzw. Verschiebung im ›Haushalt‹ der Wahrheiten.

---

[42] Ebd., S. 27, §§ 8, 9. [43] Ebd., S. 22, 27, 29ff. [44] Ebd., S. 31, § 11.

[45] Ebd., S. 45, § 18, Unterscheidung nach Wissenschaften ex revelatione und ex ratione.

[46] Zu Juncker Jöcher II, Sp. 2017–19; Juncker war ein Dresdner Schulmann, studierte in Leipzig, wurde 1691 Magister, 1707 Erster Rektor des Eisenacher Gymnasiums, 1713 Direktor des Gymnasiums zu Altenburg.

[47] Juncker: Lineae Primae eruditionis universae et historiae philosophicae ac speciatim [...] Altenburg 1714.

[48] Ebd., S. 4.

Diese lebenspraktische Begrenzung der Gelehrsamkeit wird aus der Definition des Gelehrten, die Juncker aus dem Begriff der Gelehrsamkeit selbst ableitet, deutlich:

»3. Eruditum recte nominari eum, qui, si non omnes, aut multas, attamen aliquas Veritates recte cognitas habet, & certo scit, eas quoque in suam & communem vtilitatem proferre & adplicare, ex iisdem vero, tanquam veris principiis, alias veritates, ceu conclusiones, in aliis scientiarum generibus deriuare potest; neque ignorat, plerosque homines opinionibus, & prae iudiciis auctoritatis / 5 / & praecipitantiae regi, haec omnia vero aliis facile euidenter que valet commonstrare.«[49]

Die 1718 erschienene Hodegetik »Atrium Eruditionis« des Clausthaler Rektors *Johann Just Fahsius*[50] nimmt thomasische Charakteristika des Gelehrsamkeitsbegriffes auf, ohne jedoch dem ›politischen‹ Ideal sich zu verschreiben, ja ohne explizit auf Thomasius' Philosophie zu rekurrieren. Fahsius bezieht die Gelehrsamkeit (eruditio) auf die Kräfte der Seele, des Verstandes und des Willens und versteht unter ihr »eine Herausbringung aus der Ruditä t und wilden Art.«[51] Gelehrsamkeit ist begrifflich von Weisheit kaum mehr zu trennen.[52]

Die Gelehrsamkeitsdefinition faßt die bisherigen Diskussionsbeiträge eklektizistisch zusammen:

»Sie ist eine aus dem Lichte, theils der Natur, theils der Offenbahrung und Gnade erlangte Fertigkeit und Qualificirung der Menschlichen Seele, dadurch dieselbe in Verstande, Willen und Affecten erleuchtet, gebessert, und gereiniget wird, zu fassen und anzunehmen, diejenigen Warheiten, die dem Menschen zu Befoderung seiner eigenen, und anderer zeitlichen und ewigen Glückseligkeit und Ausbreitung der Ehre GOttes nöthig und nützlich sind.«[53]

Der Zweck der Gelehrsamkeit ist dreifach: neben der als »Hauptzweck« erkannten theologischen Zwecksetzung – der »Vereinigung mit Gott« bzw. der »zeitlichen und ewigen Glückseeligkeit«[54] – läßt Fahsius noch den auf das Selbst und auf die Mitmenschen bezogenen Nutzenaspekt zu.[55] Häufig erwähnte Gewährsmänner sind Joachim Lange und Johann Christian Lange[56] – ein Indiz für die noch stark theologisch beeinflußte Ausrichtung der Gelehrsamkeit. Sie manifestiert sich auch in der Annahme zweier, in Gott gegründeter[57] Principia cognoscendi, des lumen naturae und des lumen revelationis,[58] von denen das auf die ratio, den »Menschlichen Verstand« oder die »Vernunfft« bezogene »Licht der Natur«

[49] Ebd., S. 4f.
[50] Johann Just Fahsius: Atrium Eruditionis Oder Vorgemach der Gelehrsamkeit. Goslar 1718. Zu Fahsius s. Jöcher-Adelung II (1787), Sp. 1004. Fahsius lebte demnach in der 1. Hälfte des 17. Jahrhunderts, genauere Daten fehlen.
[51] Fahsius: Atrium Eruditionis, S. 4.
[52] Ebd., S. 4; vgl. S. 89.
[53] Ebd., S. 3.
[54] Ebd., S. 88; 91; vgl. S. 16: »Freilich müste alles Studiren und Bemühung nach der Gelahrsamkeit dahin gehen / daß nemlich das Ebenbild GOttes auf gewisse Masse in uns restaurirt würde [...].«
[55] Ebd., S. 100. [56] Ebd., etwa S. 10, 34, 51.
[57] Ebd., S. 22f., 82, 103. [58] Ebd., S. 22–25.

großen Anfechtungen und Irrtümern ausgesetzt sein kann und ausschließlich dem Erlangen ›menschlicher Gelehrsamkeit‹ dient.[59] Um die wahre Gelehrsamkeit – auch Fahsius unterscheidet zwischen einer eruditio vera, superficiaria und falsa[60] – zu erreichen, muß der Mensch die Seele[61] *und* den Willen in gleichem Maß ausbilden; ein Indiz für die (thomasische) Untrennbarkeit des intellektuellen und des ethischen Aspekts. Die Seele oder der mit ihr identifizierte Geist im weiteren Sinne (ingenium) schließt die drei »Hauptkräffte« Verstand, Willen und Gedächtnis in sich.[62] Der Verstand besteht aus Perzeptivität (Begreiflichkeit) oder Imagination (Einbildungskraft), aus judicium (Urteils- und Reflexionsvermögen) und aus dem Vermögen, Schlußfolgerungen zu ziehen (facultas ratiocinandi);[63] der Wille aus einem appetitus rationalis (bzw. voluntas pura) und einem appetitus sensitivus, d. h. einem Vermögen, das ein nur vom Verstand vorgestelltes bzw. mit den Sinnen empfundenes Gutes oder Böses erfassen oder verwerfen kann;[64] das Gedächtnis aus einer sensualischen und einer mentalischen Komponente.[65] Vis perceptiva, iudicium und Gedächtnis machen ein »fähig und gut Ingenium« aus, sofern sich dazu ein »geneigter Willen« gesellt.[66]

Die Definition der möglichen Gelehrsamkeitsformen verdeutlicht die ethische Grundlegung von Fahsius' Gelehrsamkeitsbegriff. Bei den habitus intellectuales setzt er die Stufen sapientia, intelligentia, scientia, prudentia und ars an, bei den habitus morales die Grade probitas, diligentia, providentia, oboediantia und constantia. Der im Besitz dieser habitus Befindliche gilt Fahsius als »weiser, gelahrter und Tugendhaffter Mann.«[67]

Der Gelehrsamkeitsdefinition korrespondiert die Vorstellung, die Fahsius vom wahren Gelehrten entwickelt.

> »Er muß nach der ausnehmenden und graduirten Idee alles wissen und können, was zur zeitlichen und ewigen Glückseeligkeit nöthig und nützlich ist, oder er muß, nach unserer Definition, die nöthigen und nützlichen Veritates wissen, und selbige ausüben.«[68]

Da eine vollkommene Idee kaum realisierbar ist, schränkt Fahsius den Anspruch an den Gelehrten ein und postuliert:

> »[...] ein recht Gelahrter muß dasjenige wissen und thun, was in seinen Stande, nach seinen Vermögen, Alter und übrigen Umbständen zur wahren Glückseeligkeit nöthig und nützlich ist,«[69]

d. h. die Wahrheiten, die Objekte seines Forschens und Maximen seines Handelns sind, müssen nötig und nützlich, »wenigsten (!) innocuè & honestè jucundae und angenehm« sein. Diesen Werten, besonders dem honestum, entspricht der hohe gesellschaftliche Rang, den Fahsius ihren Trägern zubilligt:

---

[59] Ebd., S. 22f.
[60] Ebd., S. 8ff.
[61] Bzw. Geist und Seele. Fahsius trennt den Menschen nach Leib, Seele und Geist, akzeptiert jedoch auch die von anderen vertretene Einheit von Seele und Geist, S. 26.
[62] Zu den Schwankungen des ingenium-Begriffs s. Fahsius: Atrium Eruditionis, S. 32f., 34f., wo er vier Bedeutungen aufführt.
[63] Ebd., S. 31. [64] Ebd., S. 35f. [65] Ebd., S. 44f. [66] Ebd., S. 38.
[67] Ebd., S. 18ff., 21. [68] Ebd., S. 89. [69] Ebd., S. 89.

»[...] dahero auch die Gelahrten in denen klügsten Republiquen dem Adel an die Seite gesetzet werden.«[70]

Weisheit *und* Gelehrsamkeit, faßt Fahsius zusammen, beruhen auf intellektuellem und ethischem Fundament:

»[...] das Wahre muß man forschen und wissen, das Gute muß man practiciren und ausüben.«[71]

Den wahren Gelehrten machen weder akademische Grade noch die Meinung der Leute oder die eigene Einbildung, vielmehr 1) Deutlichkeit im Lehren und Demonstrieren, 2) Ordnung, 3) Lernbegierde, 4) Frömmigkeit, Artigkeit, Leutseligkeit und Behutsamkeit,[72] schließlich 5) die Freude an der Wahrheitsvermittlung. Unter den Lastern nennt Fahsius insbesondere die beiden Extreme, den traditionellen Pedantismus und den modischen Galantismus,[73] gegen den er sich bereits in der Vorrede mit Verve ausspricht. Das kavaliersmäßige Studium, das aus galanter Konversation und gelegentlicher Lektüre ›politischer‹ Bücher besteht, widerspricht einer »soliden« Gelehrsamkeit. Fahsius erblickt im *Galantismus literarius* eine Gefahr für den Staat, weil er »Libertiner«, d.h. Freigeister ausbildet, die weder »vor Kirchen noch Schulen den geringsten Regard« haben und »mit der Religion und Erudition insonderheit den Armen Clero scholastico ihr Gespötte« treiben.[74] Aus diesem Grunde lehnt Fahsius, anders als Thomasius, in der Vorrede den Privatunterricht durch »heimliche Schleicher und unartige paradoxische Neulinge« ab.[75] Im »Atrium« selbst wägt Fahsius Vor- und Nachteile öffentlicher und privater Schulen vorsichtiger ab, kommt jedoch auch hier zum Ergebnis, daß der öffentliche weniger Fehler als der Privatunterricht aufweise. In der Kombination beider Modelle erblickt Fahsius das noch zu entwickelnde Idealsystem.[76]

Auch der Jenaer Philosophieprofessor *Johann Georg Walch* (1693–1775)[77] widmet in seinem ebenfalls 1718 erschienen »Entwurff der allgemeinen Gelehrsamkeit zu studiren«[78] den Komplex »Gelehrsamkeit und Studiren« ein ganzes Buch.[79] Unter Gelehrsamkeit versteht Walch eine Erkenntnis der nicht gleich in die Augen fallenden Wahrheiten, die ein ethisch fundiertes Handeln garantieren.[80] Den Übergangscharakter der Theorie beleuchtet das Postulat, die Erkennt-

---

70 Ebd., S. 103; zur Notwendigkeit, Nutzbarkeit, Vortrefflichkeit und »Nobilität« S. 102ff.
71 Ebd., S. 90. 72 Ebd., S. 105f. 73 Ebd., S. 107.
74 Ebd., Vorrede, S.)()()(5v ff., bes. S.)()()(7.
75 Ebd., Vorrede, S.)( )( )(6v. Als Gegenbild nennt er die »rechtschaffenen und ordentlich bewährten und constituirten Gewisenhaften Lehrer« der öffentlichen Schulen.
76 Ebd., S. 77ff.
77 Johann Georg Walch (1693–1775), seit 1710 Studium der Theologie, der alten Sprachen, der Philosophie und Geschichte in Leipzig, 1713 Magister, 1718 außerordentl. Professor für Philosophie und Altertümer an der Universität Jena, 1719 ordentl. Professor der Beredsamkeit, 1721 Professor für Dichtkunst, 1724 ao., 1728 o. Prof. der Theologie (seit 1726 mit Dr.-Titel). Zu Walch s. ADB 40 (1896), S. 650ff.; Meusel 14 (1815), S. 360–370.
78 Walch: Entwurff der allgemeinen Gelehrsamkeit und Klugheit zu studiren. Leipzig 1718.
79 Ebd., S. 1–62.
80 Ebd., S. 1, § 3.

nis müsse »judicieus und gründlich« sein. Gelehrte Erkenntnis zeichnet sich vor der ›gemeinen‹ dadurch aus, daß diese auf den Sinnen, auf dem ingenium und dem Gedächtnis beruht, jene dem judicium sich verdankt.

> »Die Gelehrsamkeit ist eigentlich ein Werck des Judicii, welche [!] vor die darzu erforderte haupt=Fähigkeit zu achten; ob wir schon freylich darinnen die Beyhülffe des Ingenii und Gedächtnisses nicht entrathen können, indem diese beyden dem Judicio die Materialien, an welchen es seine nützliche Würckungen zeigen möge, an die Hand geben müssen.«[81]

Aus ethischen und aus gesellschaftlichen Gründen ist der Mensch zur »Ausbesserung seines Leibes und seiner Seelen« verpflichtet,[82] sofern er ein geeignetes »Naturell« besitzt[83] – unbeschadet seines Geschlechtes oder Alters, seines Standes oder seiner finanziellen Situation.[84] Bei der Wahl des Studienfaches entscheiden das Naturell und der gesellschaftliche Nutzwert: die »nothwendigen« Wissenschaften sind den »werckzeuglichen«, den »galanten« und den »eitlen« Wissenschaften selbstverständlich vorzuziehen.[85] Bei einer Fehlentscheidung ist das besserer Einsicht entsprungene »Umsatteln« statthaft – eine Ansicht, mit der Walch in vorderster Front der Hodegetiker steht.[86] Als notwendig gelten die drei höheren Fakultäten, ebenso die philosophische, die allen Spezial-Abteilungen der Gelehrsamkeit die unentbehrliche Grundlage bereitstellt.[87] Symptom für die frühbürgerliche Orientierung Walchs – also den Anschluß an den späteren Thomasius – ist die unüberhörbare Skepsis gegenüber den galanten Disziplinen. Die galante Gelehrsamkeit rechnet Walch lediglich unter die Modeerscheinungen, »welche würcklich geschickte Männer nur äuserlich, als einen Zierath an sich spüren lassen, um sich damit der Welt in Gesellschafft zu zeigen.«[88] Gegen das genetisch höfische Ideal der »Artigkeit« spielt Walch das ›politische‹ Ideal des ›Reellen‹ und das philosophische Ideal des Gründlichen aus:[89] in der Doppelung der Norm bekundet sich wiederum der Übergangscharakter der Lehrziele.

Die studia humaniora fungieren lediglich als Werkzeug der höheren Disziplinen und tragen selbst zur »Beförderung der menschlichen Glückseligkeit« nichts bei.[90] Wenn man also die Humanisten als Gelehrte bezeichnen wolle, so müsse man – folgert Walch – den Begriff der Gelehrsamkeit in einem weiteren Sinne verwenden, der die »werkzeugliche« und die »wahre« Gelehrsamkeit zusammenfasse.[91] Deutlicher läßt sich die Kritik des überkommenen Gelehrsamkeitsideals kaum ausdrücken. Walch fordert eine Proportion zwischen angewandtem Fleiß und zu erwartendem Nutzen. Wer daher zuviel Mühe und Fleiß auf die studia

---

[81] Ebd., S. 2, § 4. [82] Ebd., S. 14f., § 1ff. [83] Ebd., S. 16, § 3. [84] Ebd., S. 17–19.
[85] Ebd., S. 20, § 8, § 9; S. 22, § 13; S. 23, § 14; S. 11, § 25.
[86] Ebd., S. 22, § 12.
[87] Ebd., § 23; auch S. 6, § 14. »Die wesentlichen Stücke sind, ohne welche der gesammte Cörper der Gelehrsamkeit nicht bestehen könte, und die auch an und vor sich unmittelbar zu der Glückseligkeit des Menschen was beytragen, dergleichen die Philosophie, Theologie, Medicin und die Rechtsgelehrsamkeit sind.«
[88] Ebd., S. 11, § 25. [89] Ebd. [90] Ebd., S. 6, § 14. [91] Ebd., S. 6, § 15.

humaniora wendet, anstatt seine Fähigkeiten in einer höheren Disziplin zu üben, »versündigt« sich nach dieser Ansicht geradezu.[92]

In nächster Nähe zu den humanistischen Fächern erblickt Walch die unnützen Fächer der gänzlich abgewirtschafteten Scholastik, die er auf eine Stufe mit »Nativitäts-Stellen«, Geomantie, Chiromantie, Physiognomie und Traumdeuterei stellt.[93]

Aus dem Infragestellen der herkömmlichen Fakultätenhierarchie und der Umorientierung der Normen folgt der für diese frühe Zeit progressive Vorschlag, die studia humaniora und die Mathematik aus der artistischen Fakultät auszugliedern, diese also in eine philosophische umzuwandeln und eine neue Fakultät zu schaffen.[94] Dem Gelehrsamkeitsverständnis Walchs entspricht auch eine Erweiterung des Gelehrtenbegriffs über die Lateinsprachigen hinaus.[95] Für die neue Wissenschaftskonzeption ist es bezeichnend, daß Walch die Polyhistorie unter die »gelehrten Krankheiten« rechnet, zusammen mit Pedanterie, Grillenfängerei und Marktschreierei.[96]

Walch, das zeigt auch die von ihm empfohlene Studiermethode, vertritt innerhalb der ›politischen‹ Hodegetiken einen Standpunkt, der den iudiciumgegründeten Gelehrsamkeitsbegriff nahe an die philosophische Neufassung heranführt. Von Walch bis zu Christian Wolff sind es nur wenige Schritte. Eine fortgeschrittenere Stufe gegenüber dem »Entwurff« stellt die zuerst 1727 erschienene »Einleitung in die Philosophie« dar, die den eigenen Vorschlag einer philosophischen Fakultät aufgreift.[97] Vergleicht man die Definition der Philosophie mit der früheren Begriffsbestimmung der Gelehrsamkeit, so fällt die Zunahme des rational-logischen Moments auf.

> »Indem wir aber die Philosophie eine iudicieuse Erkäntnis nennen, so geben wir damit zu verstehen, daß die Wahrheiten, damit ein Philosophus umgehet, einem nicht so gleich in die Augen fallen; selbige aber gleichwol auf eine gründliche Art müssen erkannt werden, daß man von dem, was man meynet, seine Ursachen anzugeben, und eine Wahrheit mit der andern zu verknüpffen wisse.«[98]

Für ihn bildet weiterhin das allgemeiner gefaßte iudicium die oberste Instanz (dazu Abschnitt 1.2.). Klarer noch wird die Zugehörigkeit Walchs zum judiziösen Paradigma aus der Definition des »Philosophischen Naturells«, dem er eine eigene Abhandlung gewidmet hat.[99]

---

[92] Ebd., S. 22f., § 13. [93] Ebd., S. 23, § 14. [94] Ebd., S. 7f., § 17.

[95] Ebd., S. 41, § 17, zur Erweiterung des ›Gelehrten‹-Begriffes: »Durch die Gelehrte verstehet man nicht schlechterdings diejenigen, die von der so genannten Litteratur, von den Sprachen und andern dergleichen Studiis Profeßion machen, oder sonst eine grosse Bibliothecke besitzen, und in grossen Ruff stehen.« Vgl. ebd., S. 143, § 34.

[96] Ebd., S. 23ff., §§ 15ff., hier S. 24f., § 18.

[97] Walch: Einleitung in die Philosophie. Leipzig 1727, andere Auflage 1730. Als Budde-Schüler neigt Walch zu kritischer Beurteilung Wolffs; Meyring: Politische Weltweisheit, S. 17.

[98] Walch: Einleitung in die Philosophie, S. 23, § II.

[99] Ebd., S. 32, § VII; Walch: Gedancken von dem philosophischen Naturell (1723).

»Wenn aber die Philosophie so nöthig, daß man selbige erlernen muß, so wird zuförderst ein besonderes Naturell dazu erfordert, dessen Beschaffenheit aus dem Wesen der Philosophie zu schliessen, daß wie solche mit der Erkänntnis der Wahrheit beschäfftiget, also ist unter allen Fähigkeiten des Verstands vor andern das *Judicium* nöthig.«[100]

Das philosophische Naturell setzt sich zwar aus ingenium, Gedächtnis und iudicium zusammen, doch überwiegt das iudicium bei weitem als die »Haupt-Fähigkeit«, der die anderen Fähigkeiten dienend zugeordnet sind.[101]

Daß der starke christliche Einschlag sich in dem »Kurtz entworffenen Portrait Aller Wissenschafften« (1724) des *Christoph Crusius* (1689–1770) bemerkbar macht,[102] versteht sich angesichts des seelsorgerischen Berufes – Crusius bekleidete nacheinander das Predigtamt in Drehna, Ortrand und Mitweida – von selbst. Zur Zeit der Abfassung seines – im Vergleich zu den durchschnittlich 600–1000 Seiten umfassenden Hodegetiken – schmalen Abrisses von 80 Seiten war Crusius »hoch-gräfflich promnitzischer Informator«. Das erklärt auch die Berücksichtigung aller ›modischen‹ Disziplinen.[103]

Crusius lehnt Gelehrsamkeit als Mittel zum Erwerb diesseitiger Güter wie Reichtum, Ehre, Ruhm, hoher Lebensstandard, intellektuelle Verführungskunst ab. Der wahre Endzweck der Gelehrsamkeit liegt für ihn im Erreichen von Wahrheit und Frömmigkeit; dieses Ziel hält sich im Rahmen der thomasischen Erkenntniskritik und Ethik.[104]

Kennzeichen der durch Naturell, Unterweisung und Übung erworbenen Gelehrsamkeit sind daher nicht – wie üblich – die akademischen Grade, nicht »die Meynung des Pöbels« und nicht die eigene Einbildung, sondern:

1. »die Deutlichkeit etwas zu demonstriren, zu beweisen und darzuthun« auf eine den Sachen [!] angemessene Weise,
2. »die Ordnung im Lehren und Lernen«, also die Systematik,
3. Fleiß und Beständigkeit bei der Untersuchung,
4. ein ehrenhaftes, moralisches Verhalten, (»honette Aufführung«),
5. die Bereitschaft, das selbst Erlernte weiterzuvermitteln.[105]

Zu den bekannten Eigenschaften der Gelehrsamkeit – Notwendigkeit und Nützlichkeit – treten ›Göttlichkeit‹ und Vielfalt hinzu; jene, weil Wissenschaft einen ethisch-religiösen Ursprung hat, diese, weil die Gelehrsamkeit sich aus den vier Fakultäten zusammensetzt.

---

100 Walch: Einleitung in die Philosophie, S. 32, § VII.

101 Ebd., S. 33.

102 Zu Crusius Jöcher-Adelung II, S. 569. Crusius (1689–1770), geb. zu Roßweida, Studium in Leipzig und Wittenberg, Adjunkt der Chemnitzer Diözese, Pastor zu Drehna, Ortrand (1739) und Mitweida.

103 Crusius: Kurtz entworffenes Portrait Aller Wissenschafften. Dreßden 1724.

104 Ebd., S. 6f. »Die Gelehrsamkeit ist eine gründliche Erkänntniß vieler nöthigen und nützlichen Dinge, damit der Mensch nicht nur seinen Verstand unterweise, und den Willen verbessere, sondern auch, daß er das erlernte andern wiederum deutlich lehren, und auf diese Weise seine zeitliche und ewige Wohlfahrt, wie auch des Nechsten, zur Ehre seines Schöpffers befördern könne.«

105 Ebd., S. 8f.

Deutlicher wird der Einfluß von Thomasius im umfangreichen Werk *Martin Schmeitzels* (1679–1747)[106] »Versuch zu einer Historie der Gelehrheit [...]« (1728).[107] Schmeitzel diskutiert zunächst die verschiedenen Definitionen,[108] ehe er sich der Erörterung der Natur und Beschaffenheit wahrer Gelehrsamkeit zuwendet. Für den ›Realisten‹ Schmeitzel ist die Abkehr vom humanistischen Ideal charakteristisch: Die studia humanitatis begreift er nur als Instrumente zur Erlangung von Gelehrsamkeit. Er hält es für ein ausgesprochenes Vorurteil, jemanden als Gelehrten zu bezeichnen, »der weiter nichts verstehet, als was in diesem Verstand, studia humanitatis genennet« wird.[109] Schmeitzels eigene Definition der Gelehrsamkeit ist alles andere als originell; sie basiert wiederum auf der Erkenntnis als dem Fundament von Gelehrsamkeit und unterscheidet eine natürliche bzw. vernünftige und eine übernatürliche bzw. Offenbarungs-Erkenntnis der nötigen und nützlichen,[110] zum Erlangen zeitlicher und ewiger Glückseligkeit förderlichen Dinge. In verschiedener Hinsicht wendet sich Schmeitzel gegen die Wolff-Schule und deren ausschließlich intellektualistisches Gelehrsamkeitsideal. Er betont den Besitz- und Empfindungscharakter der Erudition gegenüber ihrem Verständnis als einer »Hirn-Erkäntniß«,[111] und er verwahrt sich gegen die Wolffsche Ansicht, wahre Gelehrtheit bestehe »bloß« in der Erkenntnis der Wahrheit.[112] Bei seiner Definition der Erkenntnis als »wahr«, »solide« und »lebendig« greift Schmeitzel wieder das thomasische Konzept der ethisch fundierten Erkenntnis auf: neben die nützlichen Wahrheiten tritt das »wahrhafft Gute« als Erkenntnisziel. Mit »solide« bezeichnet Schmeitzel den besonders von A.F. Müller herausgearbeiteten Sachverhalt der »scharfsinnigen« Erkenntnis, die sich von der auch bei Ungelehrten anzutreffenden »gemeinen«, auf äußerlichen Sinnen und Gedächtnis beruhenden Erkenntnis unterscheidet.[113] Unter »lebendig« versteht

---

[106] Martin Schmeitzel (1679–1747), geboren in Kronstadt/Siebenbürgen, studierte bei Struve in Jena, dann in Wittenberg und Greifswald in den modernen Disziplinen; 1720 Assessur in der philosophischen Fakultät, 1721 ordentlicher Professor der Philosophie, 1731 Professor juris publici et Historiarum in Halle. Zu Schmeitzel s. Jöcher IV, S. 284f.

[107] Schmeitzel: Versuch zu einer Historie der Gelehrheit. Jena 1728; z. B. thomasisch ist seine Bestimmung des Gelehrten; S. 150f. »daß der vor einen gelehrten Mann zu achten sey, der etliche wenige Wahrheiten gewiß weiß, die er zum gemeinen Nutzen anwenden, und daraus in allerhand Wissenschafften andere Wahrheiten wiederherleiten kan.«

[108] Ebd., Kap. 2 »Von denen unterschiedlichen Benennungen der Gelehrheit«, S. 70–82; vgl. Lange: Protheoria Eruditionis, S. 15f. Schmeitzel konstatiert, S. 71, das lateinische eruditio sei das gebräuchlichste Wort; ferner erörtert er die Begriffe sapientia, institutio, doctrina, disciplina, cultura ingenii, studium humanitatis.

[109] Ebd., S. 77, Anm. v; vgl. Grosser: Gründliche Einleitung, Tl. 1, S. 25ff.

[110] Schmeitzel: Versuch zu einer Historie der Gelehrheit, S. 84. Aufgrund der eigenen Erläuterungen, S. 89, muß die Definition um den Zusatz »nötigen [und nützlichen] Dinge« ergänzt werden, der in der Definition selbst (aus Versehen?) ausgefallen ist.

[111] Ebd., S. 85 Anm. 5. »Hieraus erhellet die Thorheit derjenigen, die nur in ihren Gedanken gelehrt seyn.«

[112] Ebd., S. 86, Anm. 8, beruft sich dabei auf Thomasius und Budde.

[113] Ebd., S. 87, § 3. Weniger deutlich als A. F. Müller nennt er als Voraussetzung der gelehrten Erkenntnis den »düchtigen Grund«, der das Beweisen, Verteidigen und Widerlegen erst ermöglicht.

Schmeitzel die moralische Verpflichtung, die Überzeugung der eigenen Erkenntnis mitzuteilen und dadurch die allgemeine Wohlfahrt zu befördern.

August Friedrich Müller (1684–1761)[114] steht wissenschaftsgeschichtlich auf der nächsten Stufe. Wie Thomasius ist auch Müller in erster Linie Jurist, obwohl er seit 1731 den Leipziger Lehrstuhl für Philosophie innehatte. Gemeinsam ist beiden die Beschäftigung mit Gracián – Müller hat 1716–1719 Graciáns Handorakel übersetzt und mit Kommentar herausgegeben.[115] Obwohl zur Erscheinungszeit von Müllers dreibändigem Werk »Einleitung in die philosophischen Wissenschaften« (1728) die deutschen Werke Christian Wolffs bereits erschienen waren, bekennt Müller sich zum Standpunkt des Thomasius-Anhängers Rüdiger, in dessen Lehren neben der Anthropologie (Psychologie, Affektenlehre) im engeren Sinne die modernen Realdisziplinen Ethik und Politik breiten Raum beanspruchen.[116] Allerdings sind Einflüsse Wolffs – wenigstens in verschiedenen Definitionen und Gliederungen – unleugbar vorhanden. Auch Müller trennt die Weisheit begrifflich von der Gelehrsamkeit. Gelehrsamkeit als die auf menschliche Glückseligkeit abzielende »geschickligkeit« leitet er aus der »natur wahrer weißheit« ab.[117] Drei Haupt-Fähigkeiten sind im Menschen verankert: der sinnenbezogene sensus boni, der (passive) ›gute Geschmack‹ in moralischer Hinsicht, die (aktive) willenbezogene Tugend, und der verstandesbezogene sensus veri, das Erkenntnisvermögen.[118] Dessen Objekt unterteilt Müller in die unmittelbar in die Sinne fallenden Wahrheiten und in die »nur durch scharfsinniges nachdencken« auffindbaren und begreifbaren Wahrheiten.[119] Müller hält – angesichts der Unzulänglichkeit der »natürlichen fähigkeit«, eine »gemeine unmittelbar sinnliche wahrheit« zu erkennen – eine durch Regeln und Übung auszubildende »fertige geschickligkeit« für erforderlich.

Diese Überlegung bildet den Grund der Gelehrsamkeit, die nichts anderes ist

> »als eine fertige geschickligkeit, diejenigen zum nuzen des menschlichen lebens nöthigen wahrheiten, die nicht unmittelbar in die sinne fallen, sondern nur durch künstliches nachdencken sich erforschen lassen, scharfsinnig und aus ihrem grunde zu erkennen, zu beförderung wahrer weisheit unter den menschen, und folglich zu erlangung wahrer glückseligkeit.«[120]

---

[114] Zu Müller Rotermund-Jöcher V (1816), S. 26. Müller studierte in Leipzig, wurde 1714 Dr. jur. in Erfurt, lehrte an der Universität Leipzig und wurde 1731 o. Prof. für Philosophie in Leipzig; vgl. Meusel IX (1809), S. 378f.

[115] Wundt: Die deutsche Schulphilosophie, S. 114.

[116] Zu Müllers »Einleitung in die Philosophischen Wissenschaften«, 3 Tle. Leipzig 1728, s. Ludovici: Ausführlicher Entwurf einer vollständigen Historie der Wolffischen Philosophie, Bd. 1, 1, S. 285, § 391, der Müller als einen Kritiker Wolffs charakterisiert. Zu Müllers Rüdiger-Gefolgschaft s. Klassen: Logik und Rhetorik, S. 178, 182f.; Zedlers Universal-Lexicon 22 (1739), Sp. 198f. Johann Andreas Rüdiger (1673–1731) war ein Schüler des Thomasius und ein Gegner Wolffs; ADB 29 (1889), S. 467f., der die Anwendung der mathematischen Methode in den übrigen Disziplinen bekämpfte und die Erfahrung zur Grundlage aller Wissenschaften nahm: alle Vorstellungen und Ideen seien sinnlichen Ursprungs.

[117] Müller: Einleitung in die Philosophischen Wissenschaften, Tl. 1, S. 19.

[118] Ebd., S. 20. [119] Ebd., S. 24. [120] Ebd., S. 25.

Das Zedlersche Universallexikon von 1735 hat Müllers Gelehrsamkeitsdefinition wortwörtlich übernommen.[121]

Müllers Gelehrsamkeitsdefinition weicht von der ethischen Fundierung der thomasischen Definition ab. Für ihn ist die auf den logischen Regeln beruhende Gelehrsamkeit mit einem Denkprozeß verknüpft, der nicht mehr bloß auf einem aufgeweckten iudicium basiert, sondern die Dinge »scharfsinnig« und »aus dem Grund« erkennt. In dieser Feststellung spiegelt sich Wolffs Postulat vom zureichenden Grund. Ein wahrer Gelehrter, kann Müller definieren, dürfe die »gelehrten wahrheiten« »nicht blos auswendig gelernet haben«; er müsse »der wahrheit durch eigene urtheilungs-kraft dergestalt aus dem grunde mächtig seyn, daß er allenfals im stande sey, eine iede wahrheit, wenn sie auch noch nicht erfunden wäre, durch eigenes nachdencken zu finden.«[122] Der Aspekt des Nutzens hat nur den Rang eines Sekundärmotivs. Müller insistiert auf der Erkenntnis des *Wahren* als Kennzeichen der Gelehrsamkeit.[123] Sie ist nicht zu verwechseln mit der Weisheit, die sich in der Verbesserung des Willens und des Geschmacks manifestiert. Da Müller den Sitz der Gelehrsamkeit »allein im Verstande« erblickt und sie selbst als scharfsinniges Nachdenken definiert, entspringt ihr Verbund mit der Weisheit keiner Notwendigkeit. Tugend und Erkenntnisfähigkeit sind zwei getrennte Eigenschaften. Dennoch ist Müller hierin kein Wolffianer, indem er – gleichsam durch die Hintertür – die thomasische Verbindung von ethischer und erkenntniskritischer Gelehrsamkeitsorientierung wiedereinbringt: er identifiziert die *Wahrheit* als das *Gute* und *Böse*, »insofern es als ein gegenstand des verstandes betrachtet wird«.[124]

Er weist die pedantische – als Verbindung von »künstlichen, auch wohl sehr scharfsinnigen gedancken, ohne nuzen« mit »schulfüchsischem eigensinn und hochmuth« definierte – Gelehrsamkeit ab, und zwar mit Hilfe des Postulats, wahre Glückseligkeit sei der Endzweck des menschlichen Strebens bzw. der »wahren weißheit«.[125] Müllers Versuch einer Synthese wolffscher und tho-

---

[121] Zedlersches Universal-Lexicon 10 (1735), Sp. 725, s.v. Gelehrsamkeit. Zedler führt einen weiteren Unterschied der Begriffe an: Unter Gelehrsamkeit verstehe man die Geschicklichkeit, Wahrheiten zu erkennen; unter Gelahrheit oder Gelehrtheit die »schon erlangte Wissenschafft solcher benannten Wahrheiten.« Vgl. auch die Definition in Johann Christoph Adelungs »Grammatisch-kritischem Wörterbuch der Hochdeutschen Mundart«, Tl. 2. Leipzig 1796, 2. Ausgabe, S. 530. »2. Die gründliche Erkenntniß vieler mit einander verbundener nützlicher Wahrheiten. In engerer und der gewöhnlichsten Bedeutung verstehet man nur die gründliche Erkenntniß solcher Wahrheiten darunter, welche nicht unmittelbar in die Sinne fallen.«

[122] Müller: Einleitung in die Philosophischen Wissenschaften, Tl. 1, S. 17.

[123] Ebd., S. 27, S. 30, S. 28: »Folglich muß wahre gelehrsamkeit nothwendig eine scharfsinnige und mit judiciösen nachdencken verbundene erkentnüs der wahrheit seyn«.

[124] Ebd., S. 31; vgl. S. 21, § 18. Das erste Kapitel demonstriere, »daß das gute und böse, das durch die sinne mit lust und unlust empfunden, und durch den willen gesuchet und geflohen werden soll, als ein gegenstand nicht allein der sinne und des willens, sondern zuförderst auch des verstandes betrachtet werden müsse, und daß diese letzte betrachtung der grund der beyden ersten sey.«

[125] Ebd., S. 29f.

masischer Gedanken zeichnet sich ferner durch das Betonen der Sinne als einer Erkenntniskraft aus. Freilich erscheinen sie als minderes Erkenntnisvermögen, das, nicht an scharfsinniges Denken gebunden, jedermann zugänglich ist.[126]

Gemeinsam ist beiden Richtungen, aus denen Müller sein System zusammenbaut, die Wendung gegen die reine Gedächtniswissenschaft. Gedächtniswissen ist eine Sache der Gelehrten wie der Ungelehrten; das mittels des Gedächtnisses Gelernte bietet keine Gewähr für seine Richtigkeit – im Unterschied zur »judiciösen«, auf »eigenem scharfsinnigen begrif gegründeten erkentnüs der wahrheit«.[127] Mit Thomasius und Wolff ist Müller darin einig, daß nur Freiheit die Ausbildung aller Wissenschaften und Künste gewährleistet.[128] Frömmigkeit und Tugend, Klugheit und Kunst bilden die Voraussetzungen eines glückseligen Lebens; sie lassen sich nur in geziemendem Freiraum fördern, durch die Einrichtung öffentlicher Lehranstalten (Kirchen, Schulen, Werkstätten) und eines zwangfreien und sozial geachteten Lehrstandes.[129]

Drei Jahre vor Müller und Schmeitzel veröffentlichte der Pädagoge und Theologe *Johann Friedrich Bertram* (1699–1741) seine »Einleitung in die so genante Schöne Wissenschaften oder Litteras Humaniores« (1725),[130], die, wie die anderen Schriften Bertrams,[131] den Einfluß A. H. Franckes widerspiegeln, an dessen Pädagogium Bertram von 1725 bis 1728 tätig war.[132] Gelehrsamkeit meint nach Bertram »die gründliche Erkenntniß solcher Dinge, durch welche des Menschen äusserliche und innerliche Glückseligkeit befördert und befestiget wird.«[133] Der theologische Primat in der Definition ist unübersehbar; nicht von ungefähr beruft sich Bertram auf die Gelehrsamkeitsdefinition Joachim Langes.[134] In den fünf Jahre danach erschienenen »Anfangs-Lehren der Historie der Gelehrsamkeit« (1730) baut Bertram diesen Ansatz weiter aus,[135] indem er die Gelehrsamkeit in eine höhere und niedrigere, eine wahre und falsche, nützliche und überflüssige, gründliche und unrichtige, Schul- und Welt-Gelehrsamkeit einteilt[136]

---

126 Ebd., S. 26, vgl. S. 42. 127 Ebd., S. 17, § 25. 128 Ebd., Bd. 2, S. 1024f.
129 Ebd., Bd. 2, S. 1025–1029.
130 Johann Friedrich Bertram: Einleitung in die so genante Schöne Wissenschaften oder Litteras Humaniores«. Braunschweig 1725, zweite und vermehrte Auflage 1728.
131 Besonders in diesem Kontext von Bedeutung: Einleitung in die philosophischen Wissenschaften. Braunschweig 1727; Anfangs-Lehren der Historie der Gelehrsamkeit. Braunschweig 1730.
132 Zu Bertram s. ADB 2, S. 551; Jöcher I, Sp. 1040f. Bertram studierte in Halle Theologie und schöne Wissenschaften, war seit 1725 Lehrer an Franckes Pädagogium, seit 1728 Rektor in Aurich, 1729 Hofprediger.
133 Bertram: Einleitung in die [..] schöne Wissenschaften, S. 2, § 1; vgl. ders.: Anfangslehren, S. 6, § XVII: »Der Nutzen der Gelehrsamkeit bestehet kürtzlich darinn; daß man GOtt / sich selbst / andere Menschen und Dinge / besser erkennen / und damit seine äusserliche und innerliche Glückseeligkeit befördern / hingegen was derselben zuwider ist / vermeiden lerne.«
134 Ebd., S. 3, allerdings unter falscher Stellenangabe.
135 Bertram: Anfangs-Lehren, vgl. Anm. 132.
136 Bertram: Anfangs-Lehren, S. 2, § III.

und die bekannte Koppelung von Wissen und Tugend aufgreift, so daß eine Identität von wahrer Gelehrsamkeit und Weisheit entsteht.[137]

Bertram trägt der wissenschaftsgeschichtlichen Entwicklung – Wolffs Neudefinition der philosophischen Fakultät – insofern Rechnung, als er die ursprünglich der artistischen Fakultät unterstellten Disziplinen verselbständigt. In seiner »Einleitung in die Philosophische Wissenschafften« (1727), die unter ausdrücklicher Bezugnahme auf die »Wolffianische Controverse«[138] entsteht, folgt Bertram Johann Buddes Einteilung der Philosophie in eine pars instrumentalis (Philosophiegeschichte, Vernunftlehre, philosophisches Lexikon, Ontologie oder Metaphysik), eine pars theoretica (Natur- und Geisterlehre) und eine pars practica (Moral, natürliches Recht, Klugheitslehre oder Politik).[139] Wie Wolff und Walch, dessen Gedanken vom »philosophischen Naturell« er am nächsten steht, gliedert auch Bertram die Mathematik und die studia humaniora aus den philosophischen Wissenschaften im engeren Sinne aus.[140] Trotz der greifbaren Einflüsse Wolffs bleibt die tiefergehende Orientierung Bertrams an den Pietisten und an Thomasius allenthalben deutlich. Klar geht dies aus seinem Bekenntnis zur eklektischen Philosophie als der »ohne Zweifel« besten Philosophie hervor.[141] In der »Einleitung zu den schönen Wissenschaften« und den »Anfangs-Lehren der Historie der Gelehrsamkeit« wirft er in aller Grundsätzlichkeit die Frage auf, ob die littera humaniora zur »wahren« Gelehrsamkeit zu rechnen seien. Bereits die Fragestellung signalisiert den tiefgreifenden Wandel im Wissenschaftsverständnis.[142] Die Logik bzw. Dialektik hatte in Wolff zwar einen Erneuerer und damit eine neue Legitimation gefunden, die Humanwissenschaften dagegen rückten unwiederbringlich an den Rand des durch Nützlichkeit Legitimierten. Bertram wendet sich gegen die Abwertung der littera humaniora als bloßer Verbal-Wissenschaften, die kaum den Rang von Instrumenten besäßen. Die Gelehrsamkeitsdefinition entscheidet über die Zugehörigkeit der Humandisziplinen zum Kreis der Wissenschaften. Nimmt man eine »auf tüchtigen Gründen ruhende« Erkenntnis, deren Reichweite Vernunft und Offenbarung abstecken, als Kern der Gelehrsamkeit an, so läßt sich auch dem Humanisten der »Titel eines Gelehrten eben nicht leicht disputirlich machen.«[143]

---

[137] Ebd., S. 4f., § XIII.

[138] Bertram: Einleitung in die philosophische Wissenschaften, S. 5. Bertram war Gegner der Wolffschen Philosophie; dazu Jöcher I, S. 1040ff.; Ludovici: Ausführlicher Entwurf, Bd. 1, 2, S. 545, § 603.

[139] Ebd., S. 29ff.

[140] Ebd., S. 56.

[141] Ebd., S. 33, § XI. Ferner Bertram: Anfangs-Lehren, S. 114, zur mit der Gründung Halles eingeleiteten eklektischen Wissenschaftsperiode. Zur eklektischen Methode als der besten Art zu philosophieren, vgl. auch Kap. IV 2.4.(2), bes. Anm. 531 und 532.

[142] Bertram: Einleitung in die schönen Wissenschaften, S. 19–25; ders.: Anfangs-Lehren, S. 4f.

[143] Bertram: Anfangs-Lehren, S. 20, auch S. 21. Ders.: Einleitung in die schönen Wissenschaften, S. 4, § XII. »Die Humaniora sind für eine gründliche Gelehrsamkeit unabdingbar.«

Weniger grundsätzlich ist die Frage nach der Legitimation humanistischer Wissenschaften bei *Nikolaus Hieronymus Gundling* (1671–1729) gestellt.[144] Der Anhänger und mehrjährige Hallenser Berufskollege von Thomasius folgt in seiner, erst posthum von Hempel[145] in erweiterter Form herausgegebenen »Vollständigen Historie der Gelahrheit« (1734–36)[146] dem allgemein geschätzten Abriß »Conspectus Reipublicae« (1718) von Christoph August Heumann.[147] Gundlings Begriff der Gelehrsamkeit bezieht sich auf göttliche und weltliche Dinge, auf »nützliche« und »angenehme« Wissenschaften und hat die Selbstbesserung und den Dienst an Gott und den Mitmenschen zum Zweck.[148] Der Erkenntnis folgt das praktische Handeln: Dieser Verbund von Theorie und Anwendung ist das Spezifikum des gesellschaftlich definierten Wissenschaftsbegriffs der ›Politiker‹ um Thomasius. In dem ebenfalls posthum erschienenen »Collegium Historico-Literarium« (1738),[149] das dem »Kurtzen Entwurf eines Collegii über die Historiam Literariam«[150] von 1703 folgt, erfährt – den veränderten Zeitumständen entsprechend – der Philosoph eine Aufwertung. Er unterscheidet sich vom »gemeinen Mann«, daß er die »causas, cur hoc, vel illud« kennt. Auch vom Gelehrten unterscheidet sich der Philosoph: der homo eruditus sieht zwar viele Dinge, aber er kennt ihre Gründe nicht. Scire als »rem, per causam, cognoscere« gedeutet, umfaßt die Realdisziplinen. Folgerichtig sind für Gundling der Logiker, der

---

[144] Zu Gundling ADB 10, S. 129f.; Jöcher II, S. 1279–81. Ging nach Studium in Altdorff, Jena und Leipzig 1690 nach Halle, wo er bei Thomasius Rechtswissenschaft studierte, 1705 ao., 1706 o. Prof. für Philosophie, 1708 Professor eloquentiae, dann juris naturae et gentium. S. Kawerau: Aus Halles Literaturleben, S. 39–48.

[145] Zum Bearbeiter Hempel s. Stolle: Anmerckungen über D. Heumanns Conspectum Reipublicae literariae. Jena 1738, Vorrede, S.)(2vf. »Daß man des hällischen Sachwalters Herrn Hempels in vier Quartbänden bestehenden Commentarium über dieses Buch nicht vor Gundlingianisch erkennen will, daran bin nicht ich so wohl Ursache, als der gute Geschmack, der eine Zeither bey uns Teutschen zu herrschen angefangen.« Ph. E. Bertram: Entwurf einer Geschichte der Gelahrtheit, S. 6, nennt das Werk eine »Misgeburt D. Hempels«.

[146] D. Nicol. Hieron. Gundlings [...] Vollständige Historie der Gelahrheit, Oder Ausführliche DISCOURSE, So er in verschiedenen Collegiis Literariis, so wohl über seine eigenen Positiones, als auch vornehmlich über Tit. Herrn Inspectoris D. CHRISTOPHORI AUGUSTI HEVMANNI Conspectum Reipublicae Literariae gehalten. Mit nöthigen Anmerckungen erläutert, ergäntzet, und bis auf ietzige Zeiten fortgesetzet, Samt einer ausführlichen Beschreibung des Lebens [...] Franckfurt und Leipzig 1734. Der Editor C. F. H. (= Hempel) stellte das Werk aus Gundlings Nachlaß – am Leitfaden von Heumann – zusammen; kritisch dazu Stolle im Vorwort.

[147] Christoph August Heumann: Conspectus reipublicae litterariae s. via ad historiam litterariam. Hannover 1719, 7. Aufl. 1763; vgl. Jöcher-Adelung II, Sp. 1978. Dazu Bertram: Anfangs-Lehren, S. 66. »Doch ist HERRN HEUMANNS Conspectus rei litterariae unter allen vor das beste und vollkommenste in diesem Stück zuhalten / auch von discentibus am leichtesten anzuschaffen / worauf ein Schul-Mann allerdings mit zusehen Ursach hat.«

[148] Gundling: Historie der Gelahrheit, S. 2.

[149] Gundling: Collegium Historico-Literarium [...]. Bremen 1738.

[150] Gundling: Kurtzer Entwurff Eines Collegii über die Historiam Literariam [...]. Halle 1703.

Physiker und der Mathematiker Philosophen, da sie mit Hilfe des Verstandes, des Experimentes und der Demonstration die Ursachen zu erkennen suchen.[151]

Interessant ist hier die Verschiebung in der Terminologie: die früher noch ausschließlich dem »wahren« Gelehrten zukommenden Eigenschaften werden nun als Attribute des Philosophen ausgegeben. Es ist unwahrscheinlich, daß diese begriffliche Umwertung auf Gundling selbst zurückgeht. Eher ist anzunehmen, daß hier der – von der siegreichen Lehre Christian Wolffs beeinflußte Bearbeiter und Herausgeber Zusätze gemacht und eigene Vorschläge eingebracht hat. Ähnlich wie Thomasius fragt Gundling in berufsbezogener Perspektive, »ob sich ein Studiosus Juris auch auf Humaniora appliciren solle«,[152] und leitet die Beantwortung aus dem an den Realdisziplinen inhaltlich orientierten Gelehrsamkeitsbegriff ab. Grundvoraussetzung einer erfolgreichen Tätigkeit ist die Sprachbeherrschung, die cognitio rerum et ordinis: »Wer Dies nicht kann, ist kein galant homme.«[153] Dieser wohl in den zwanziger Jahre verfaßte, aber immerhin erst 1738 publizierte Passus erweist nochmals die Kontinuität des ›politischen‹ Bildungs- und Gelehrsamkeitskonzeptes, die Koppelung von nützlich-pragmatischem Inhalt und galanter, nach den Regeln des Decorum eingerichteter Form. Alle hier herangezogenen Hodegetiken belegen, daß das politische, meist von Thomasius hergeleitete Gelehrsamkeitsideal auch nach dem Aufkommen der Wolffschen Philosophie einflußreiche Vertreter im Schul- und Universitätsbereich besaß. Erst nach 1740 setzten sich allmählich die um eine Generation jüngeren Schüler Christian Wolffs auch bei den Bemühungen um Wissenschaftspopularisation durch. In den Gelehrtengeschichten machte sich der Paradigmenwandel allerdings kaum bemerkbar, da die Wolffianer aufgrund ihrer Erkenntnis-Orientiertheit weniger als die anthropologisch zentrierten Thomasianer an solchen historischen Darstellungen interessiert waren.

1.2. Veränderungen im akademischen Lehrkanon: Primat des iudicium und der Realienfächer

An den Lehrplänen der Ritterakademien und der von der Realien-Reformbewegung beeinflußten Gymnasien läßt sich der Wandel im Lehrkanon deutlich ablesen. Zwischen 1653 und 1746 wurden im Heiligen Römischen Reich Deutscher Nation 15 *Ritterakademien* gegründet,[154] die später teilweise in Universitäten

[151] Gundling: Collegium Historico-Literarium, S. 873.
[152] Ebd., S. 876f., § II.
[153] Ebd., S. 877.
[154] Gründungsdaten: 1653 Kolberg, 1655 Lüneburg, 1680 Halle (Universität), 1687 Wolfenbüttel, 1699 Erlangen (1743 Universität), 1704 Brandenburg, 1705 Berlin, 1708 Liegnitz, 1709 Kassel, 1711 Ettal, 1714 Hildburghausen, 1725 Dresden, 1744 Kremsmünster, 1745 Braunschweig, 1746 Wien, 1842 Bedburg (bei Köln) als Nachzügler. Dazu Debitsch: Die staatsbürgerliche Erziehung, S. 7; Zorn: Hochschule und Höhere Schule in der deutschen Sozialgeschichte der Neuzeit, bes. S. 327; Lampe: Aristokratie, Hofadel und Staatspatriziat in Kurhannover 1714–1760, S. 23ff.

umgewandelt wurden. Der Lehrplan der Wolfenbütteler Ritterakademie von 1688 sah für den Adel diese Studien und Exerzitien vor: Nach Kursen über Ethik, Politik und öffentliches Recht folgte eine Grundlegung in Theologie und Privatrecht unter besonderer Berücksichtigung des »Usus hodiernus« und der Praxis. Das für einen höheren Beamten in Territorialherrschaften unerläßliche Studium der Geschichte ist mit Genealogie, Chronologie und Geographie gekoppelt.

Beredsamkeit wird mehr durch Praxis als durch Anweisungen gelehrt und an Materien geübt, die im Leben des Adels eine Rolle spielen. Die Mathematik umfaßt sowohl die theoretische als auch die praktische und demonstrierbare, »auf dem Observatorio« oder zu Hause brauchbare Rechenkunst und Physik. Die herkömmlicherweise zu den unfreien Handwerkskünsten zählenden artes mechanicae werden ebenso angeboten wie eine Anleitung zu »Lust- und Ernst-Feuerwercken«. Neben dem obligatorischen Unterricht in Latein, Deutsch, Italienisch und Französisch gibt es Privatkurse in Englisch und Spanisch. Die für Ritterakademien typischen Exerzitien umfassen eine vielseitige Ausbildung im Reiten, das Fechten und Tanzen, die »Exercises du Mousquet & de la Pique«, das Voltigieren und das Scheibenschießen.[155] Ziel der Ausbildung war die Vorbereitung auf ein weltmännisches Leben, zu dem politisch-juristische Tätigkeiten gleicherweise gehörten wie der Umgang mit Angehörigen fremder Nationen und die gesellschaftlich erforderliche »gute und honeste Conversation« über alle möglichen Themen aus dem literarisch-kulturellen Bereich.[156]

Durch die pädagogischen Bemühungen Thomasius' und Franckes fanden zahlreiche Errungenschaften der Ritterakademien auch Einlaß in die traditionellen Lateinschulen und in die Universitäten, die zu jenem Zeitpunkt nicht, etwa im Gegensatz zu den adeligen Ausbildungsstätten, als ›bürgerlich‹ gekennzeichnet werden können. Die Universitäten hatten lediglich die Funktion, Studenten in den vorgeschriebenen Lehrdisziplinen auszubilden; sie dienten apriori keinem gesellschaftlich definierten Interesse. Während des Mittelalters und der frühen Neuzeit kam diese gesellschaftliche Funktionslosigkeit in der Privilegierung des Gelehrtenstandes, in dem Sonderstatus der Gelehrten zum Ausdruck, die zu keinen ›bürgerlichen‹ Pflichten herangezogen werden durften. Erst mit dem Abbau des Privilegienwesens wurden die Universitäten gesellschaftlich funktionsfähig, einsetzbar für staatlich und bürgerlich anerkannte Normen. Eine solche Entwicklung konnte nicht vor dem Erstarken des Territorialfürstentums, nach der Beendigung des dreißigjährigen Krieges, in Gang kommen. Die Landesherren förderten seit der zweiten Hälfte des 17. Jahrhunderts aus ökonomischen Gründen diesen Prozeß, in der Hoffnung, die einheimischen Studenten im Lande behalten und damit die

---

155 Vormbaum: Evangelische Schulordnungen, Bd. 2, Nr. 44, Ordnung der Ritterschule zu Wolfenbüttel (1688), Kap. VI, Von den Studien und Exercitien, so in der Academie getrieben werden sollen, S. 734–736. Dazu Debitsch: Die staatsbürgerliche Erziehung, Kap. 2: Die Stellung der staatsbürgerlichen Studien im Lehrplan der Ritterakademien.

156 Gegen den ›Politicus‹ setzt Bertram, Einleitung in die philosophischen Wissenschaften, S. 54, den klug Handelnden, der einen mit christlichen Prinzipien übereinstimmenden Zustand äußerlicher Glückseligkeit anstrebt.

›Devisenausfuhr‹ verringern zu können, und um auf den eigenen Universitäten eine im eigenen Land einsetzbare Beamtenschaft ausbilden lassen zu können. Das Ideal des »galant homme«,[157] des weltmännischen Kavaliers, erhielt durch die modifizierte Übernahme auf den Universitäten einen staatlich reglementierten Charakter und ging damit seiner eigentlichen freiheitlichen Note verlustig. Das *Erziehungsprogramm der Universitäten* vermengte allerlei aus den Reformbewegungen des 17. Jahrhunderts wichtig gewordene Disziplinen mit den genuin adeligen und galanten Studien[158] bzw. Exerzitien zu dem Hauptzweck, eine territorialstaatliche Beamtenschaft heranzuziehen, sei es in kirchlichen oder in staatlichen Ämtern.

Zweifellos stellte für den ›Politicus‹ das juristische Studium nicht nur das gesellschaftlich angesehenste, sondern auch das für die eigene Karriere nützlichste Studium dar. Die Studieneinführungen Thomasius' und Gundlings sind dementsprechend auch ganz auf den Jus-Studenten ausgerichtet.[159] Von einer genuin wissenschaftlichen Aufgabe, der Erweiterung des Wissensstandes und freier Forschung um ihrer selbst willen, war in den Jahrzehnten zwischen 1670 und 1720 kaum die Rede, wenn es um die praktische Erfüllung des Bildungsauftrages ging. Gerade das Beispiel von Thomasius und später von Christian Wolff zeigt, wie sehr in der Praxis die Forderung nach Freiheit der Lehre eingeschränkt war, wie sehr Orthodoxie und Pietismus über die Aufrechterhaltung der konfessionellen Bevormundung wachten und sich nur zögernd mit einer emanzipierenden Philosophie abfinden konnten.

Als größte Tat des Thomasius bezeichnet Johann Andreas Fabricius in seiner 1752 erschienenen Gelehrsamkeits-Historie die Wiederherstellung der »Freyheit zu philosophiren«[160] und den Aufbau eines Systems der Weltweisheit. Obwohl von den Wolffianern die ›thomasische Philosophie‹ wegen ihres unsystematischen Charakters gering geschätzt wurde, ist das Verdienst des Thomasius, das Denken aus den Fesseln der konfessionellen und vor allem scholastisch-aristotelischen

---

157 Zu diesem Erziehungskomplex s. Steinhausen: Die Idealerziehung im Zeitalter der Perrücke, S. 209–246, bes. S. 214; v. Waldberg: Galante Lyrik, S. 7ff.; Nicolson: Vom Mandarin zum Gentleman, S. 199ff. Zum Begriff des Galanten s. Benjamin Neukirchs »Anweisung zu Teutschen Briefen«, S. 306, auf die auch Rost: Von der Nutzbarkeit des Tantzens, S. 6, hinweist. Vgl. auch die Definitionen in der Vorrede und auf S. 96.

158 Heumann: Politischer Philosophus (1714), Vorrede, bezeichnet die Geographie, Genealogie, neue Historie und Heraldik als ›politische Studia‹; B. v. Rohr: Einleitung zur Ceremonial-Wissenschaft der Privat-Personen, S. 6: »[...] Es bestehet aber die galante Gelehrsamkeit darinnen, dass man sich vornehmlich diejenigen Wissenschaften bekandt mache, die zu der Zeit bei den Hof- und Welt-Leuten in besondern Credit stehen [...].« Vgl. Steinhausen: Die Idealerziehung, S. 224ff.

159 Thomasius: Höchstnöthige Cautelen; Gundling: Kurtzer Entwurff eines Collegii über die Historiam Literariam; ähnlich Tschirnhaus: Anleitung, S. 38: »Das vornehmste ist das Studium Juris, das auf Universitäten getrieben werden soll.« Kemmerich: Neu-eröffnete Academie, S. 434, meint, daß »die Jurisprudenz sonder zweiffel in den Studiis einer Standes-person das Hauptwerk sein müsse.« Ähnlich Hartnaccius: Anweisung der Politischen Jugend.

160 Fabricius: Abriß einer allgemeinen Historie, Bd. 1, S. 421.

Autoritäten befreit zu haben, auch von ihnen nicht bestritten worden. Sie sprachen dem thomasischen Eklektizismus lediglich den Charakter einer ›Philosophie‹ ab. Die Beseitigung der überkommenen Hemmnisse war für sie nicht schon gleichbedeutend mit der Errichtung eines eigenen, auf unwidersprechlichen Prinzipien gegründeten Systems. An diesen von den Wolffianern erhobenen Einwänden gegen das thomasische Denken ist soviel richtig, daß seiner ›Philosophie‹ der Systemcharakter abgeht, daß sie nicht allein auf inneren Prinzipien errichtet ist, sondern ihre Inhalte von den akzidentiellen gesellschaftlichen Bedürfnissen empfängt. Das Klugheitsideal, um das sich – neben dem christlich getönten Glückseligkeitsideal – der Fächerkanon und dessen inhaltliche Bestimmung zentriert, ist eine gesellschaftlich determinierte Norm, die den Anforderungen der zwei maßgeblichen philosophischen Grundsätze von Wolffs Vernunftlehre nicht genügt. Trotz der unterschiedlichen Definition des Bildungszieles (Kavalier, Beamter) blieben die pädagogischen Konzepte der Ritterakademien, der reformierten Gymnasien und Universitäten aufgrund der ›äußerlichen‹ Festlegung der Lehrinhalte einander verwandt, verwandter jedenfalls als das thomasische und das wolffsche Studienprogramm. Betrachtet man die für Universitäten und die für Ritterakademien bzw. Privatinformation (durch Hofmeister) verfaßten Hodegetiken, so zeichnen sie sich trotz der vom unterschiedlichen Bildungsziel geprägten Divergenzen durch eine generelle Übereinkunft in der Aufnahme und Beurteilung der Lehrdisziplinen aus. Gegenüber dem traditionellen System der Fakultäten, insbesondere der artistischen Fakultät, gibt es bezeichnende Erweiterungen und Umwandlungen. Schon im 15. und 16. Jahrhundert waren zu den septem artes liberales Geschichte, Moralphilosophie und Dichtkunst hinzugetreten.[161]

Es waren dies jedoch keine umstürzlerischen Neuerungen, sondern Ergänzungen der humanistischen Ausgestaltung des Studienganges, die unschwer dem alten Trivium angenähert werden konnten. Eine wesentliche Verschiebung dieser alten Hierarchie kam erst mit dem Aufstieg der Realdisziplinen zustande. Die Fächer des Quadriviums schoben die im Scheinverbund des Triviums enthaltene (scholastische) Dialektik und die studia humaniora in den Hintergrund; neu akzentuiert wurden neben den Realdisziplinen konsequenterweise die anthropologischen Fächer Ethik, Politik und die neugeschaffene Ökonomie.

Georg Steinhausen hat für das *Bildungsprogramm dieser Epoche* einen *Kanon* zusammengestellt, der neben den unerläßlichen studia humaniora die ›politischen‹ oder ›galanten‹ Disziplinen ins Zentrum rückt. Danach erhielten die angehenden Kavaliere Unterweisung in 1. Sprachen (vor allem Französisch und Latein, aber auch Italienisch), 2. neuerer Geschichte (mit Genealogie, Geographie und Heraldik), 3. der Staats- und Rechtswissenschaft (Ethik oder Moral, Politik, Naturrecht, Jus-Studium), 4. mathematischen Wissenschaften (Arithmetik, Geometrie, Architektur), 5. Beredsamkeit (Oratorie) und Briefschreibkunst (für Sekretäre sehr wichtig), 6. Exerzitien, 7. der Conduite (gesellschaftliches Verhalten, weltmännische Umgangsformen, Konversation). Diese Aufstellung liegt der folgen-

---

[161] Vgl. Kristeller: Das moderne System der Künste, S. 173; auch Kap. I 2.1.(2).

den Übersicht zugrunde. Ähnliche Schemata finden sich übrigens in den ›politischen‹ Hodegetiken,[162] auch wenn es der Stolz eines jeden Universitätsgelehrten war, ein mehr oder weniger individuelles System zu entwickeln. Beim Durchgang durch die verschiedenen Einführungen muß indes auf Vollständigkeit der Systemdarstellung verzichtet werden; die Abweichungen bewegen sich ohnehin im Rahmen der weiterhin geltenden vier Fakultäten und unter dem Einfluß des von Thomasius in den »Cautelen« entworfenen Systems.

Was die *Sprachen* angeht, so behält das Latein zwar als die »Universal-Sprache aller Gelehrten von Europa« seinen privilegierten Platz; es dient zunächst der Verständigung der Gelehrten; darüber hinaus nützt es als Kommunikationsmittel auf Reisen und erleichtert das Erlernen von Italienisch, Spanisch, Portugiesisch und Französisch.[163] Doch gewinnt für den werdenden Weltmann das Französische als wichtigste lebende Sprache, als Sprache der ersten Kulturnation des Kontinents an praktischer und gesellschaftlicher Bedeutung.[164] Französisch setzt sich auch als diplomatische Sprache international durch und verdrängt die ältere Diplomatensprache Latein. Der ausschließliche Lateindrill wird als Marter angeprangert.[165] Johann Georg Walch wendet sich besonders gegen das Vorurteil, Lateinkenntnis an sich verbürge bereits den Besitz von Gelehrsamkeit.[166] Die in den zwanziger Jahren einsetzende Abnahme der Lateinkenntnisse konstatiert Joh. Fr. Bertram: »Ihr rechter Gebrauch« sei »bloß unter den Gelehrten noch übrig«.[167] Italienisch – die Sprache des Wiener Hofs – nimmt unter den lebenden Sprachen die zweite Stelle ein.[168] Griechisch und Englisch rangieren unter ferner

---

[162] Eine ausgezeichnete Tabelle, die einen Überblick über die verschiedenen Lehrgebiete verschafft, bei Schmeitzel: Versuch zu einer Historie der Gelehrheit, S. 452f.

[163] G. P. Müller: Academische Klugheit, S. 32; Joachim Lange: Medicina mentis, S. 547, § XV. »Graecam Linguam excipit LATINA, hodie per totam Europam inter doctos communis & universalis, adeoque ad sapientiae comparationem, praecipue vero ad ejus propagationem, commodissima ac utilissima, imo in diversarum nationum commercio omnino necessaria: cujus politici usus respectu inter linguas reliquas singulari gaudet praerogativa.« Vgl. Kemmerich: Neu-eröffnete Academie, S. 90; Gundling: Collegium Historico-Literarium, S. 876f.; Fahsius: Atrium Eruditionis, Vorrede, S.)( )( )(7v: »Die Lateinische Sprache ist und bleibt zwar vernacula eruditorum, und wer gelahrten Leuten zu gefallen reden und schreiben will, wird sich freylich des Lateins am besten bedienen können.«

[164] Schröter: Kurtze Anweisung zur Information der Adlichen Jugend, S. 5, 9f., er empfiehlt bes. Französisch, S. 26f., 47f.; G. P. Müller: Academische Klugheit, S. 34f., § 41; Kemmerich: Neu-eröffnete Academie, S. 90f.; weitere Belege bei Steinhausen: Die Idealerziehung, S. 220ff.

[165] »Junge Leute bloss allein mit der Lateinischen Sprache vexieren ist eine rechte Marter, und schrecket die edlesten Ingenia vom studirn ab und irren sich die jenige sehr weit, die sich einbilden die Lateinische Sprache sey das eintzige Fundament wahrer Erudition [...].« Der adelige Hofmeister, zit. nach Steinhausen: Die Idealerziehung, S. 222.

[166] Walch: Entwurff der allgemeinen Gelehrsamkeit, S. 68f., § 4.

[167] Bertram: Anfangs-Lehren, S. 140; Breslauer Poetik, Vorrede, nicht paginiert: »Da doch aber die Lateinische Poesie ziemlich ins Abnehmen geraten will [...].«

[168] Kemmerich: Neu-eröffnete Academie, S. 129.

liefen.[169] Abweichend vom traditionellen Kursus empfiehlt Kemmerich, das Sprachenstudium mit Französisch zu beginnen. Erst dann folgen Latein und Deutsch sowie die weiteren Sprachen.[170]

Besondere Aufmerksamkeit widmen die Einführungen der Ausbildung in der *Muttersprache*,[171] deren Beherrschung vom Redner (und Poeten) ohnehin vorausgesetzt,[172] für den mit Realdisziplinen Beschäftigten indes gleicherweise unabdingbar ist. »Vernacula omnibus aliis est praeferenda«, dekretiert Joachim Lange.[173] Und Gottlieb Stolle betont, unter Hinweis auf Weise und Thomasius, die Eignung des Deutschen zur Wissenschaftssprache, sowohl für die Philosophie als auch für »alle Disciplinen«.[174] Für das Bildungsprogramm ist die von den Realpädagogen vertretene Einstellung bezeichnend: Sachen genießen vor Worten den Vorrang.[175]

Die »Geschicklichkeit des Leibes und der Seelen«, befindet Gottfried Polycarp Müller, besteht »vornehmlich in vieler Sprachen Erkenntniß und Anwendung nicht aber in puren Sprachen«.[176] Dennoch betrachtet er die Kenntnis von Latein

---

169 G. P. Müller: Academische Klugheit, S. 34; Kemmerich: Neu-eröffnete Academie, S. 90f.

170 Kemmerich: Neu-eröffnete Academie, S. 93f.; Bertram: Anfangs-Lehren, S. 140, § VIII. »Hingegen scheinen die Teutsche und Frantzösische Sprache zu unsern Zeiten den grösten Grad ihrer Reinigkeit und Zierde durch viele Bemühung erreichet zu haben.«

171 G. P. Müller: Academische Klugheit, S. 35f.; Walch: Entwurff der allgemeinen Gelehrsamkeit, S. 79ff., §§ 32ff.; Gundling: Collegium Historico-Literarium, Kap. 1: Vom Stilo und denen Sprachen, bes. S. 4–21; Crusius: Kurtz entworffenes Portrait, Pensum XI; Bertram: Anfangs-Lehren, Bd. 2, Kap. 2; Gottschling: Einleitung in die Wissenschaft, Section I; Steinhausen: Die Idealerziehung, S. 220ff.

172 Für das Dichten empfiehlt Stolle: Anleitung zur Historie der Gelahrheit, S. 172, ohnehin die deutsche Sprache: »Ein Teutscher poetisire lieber in seiner als in einer andern Sprache, weil er viel ehe in jener als in dieser zur Vollkommenheit gelangen kan. Will er es aber auch in einer fremden wagen, so versuche er es eher in einer todten als lebenden, und vor allen andern in der lateinischen, als welche unter den Gelehrten die hochgeachteste und allgemeinste ist.«

173 Joachim Lange: Medicina mentis, S. 545, § IX. »Diversarum vero linguarum praestantia ipsarum usu potissimum aestimanda est; unde VERNACULA, ut summus ejus est usus, sic cuilibet merito est praestantissima & summe necessaria, etsi aliis linguis dignitate sit inferior.«

174 Stolle: Anleitung zur Historie der Gelahrheit, S. 114f., § L; vgl. S. 433ff., bes. S. 434, § CI Anm. g. Stolle warnt sogar vor dem Gegenextrem, der gänzlichen Vernachlässigung des Lateins, S. 115. Ähnlich argumentiert Fabricius: Abriß einer allgemeinen Historie, Bd. 1, S. 137ff., für deutschsprachige Wissenschaft.

175 Joachim Lange: Medicina mentis, S. 542. »Ergo quemadmodum opificem aut mechanicum non constituunt instrumenta; sic linguae non faciunt per se hominem eruditum, nec sunt proprie ulla eruditionis pars, sed ejus tantum instrumenta, partim in veri per lectionem & conversationem investigatione & cognitione, partim in ejusdem eum aliis communicatione.«

176 G. P. Müller: Academische Klugheit, S. 10; § 3; Walch: Entwurff der allgemeinen Gelehrsamkeit, S. 69, § 6. »Man wird erweisen, daß viele Sprachen wissen, nicht zur wahren Gelehrsamkeit gehöre, und diejenigen, welche ihre Zeit eintzig und allein darauf wenden, sich gegen GOtt versündigen.«

und Griechisch als notwendige Voraussetzung eines akademischen Studiums. Fahsius schließt sich dieser Meinung an. Er hält beide Extreme – den früheren Usus, ausschließlich antike oder lebende Fremdsprachen zu erlernen, wie auch den gegenwärtigen Trend, angesichts des zunehmenden Unterrichts in der Muttersprache und in modernen Fremdsprachen das Lateinische, Griechische und Hebräische zu vernachlässigen – für gleicherweise verfehlt. Er argumentiert sozial und wissenschaftlich.

Da heutzutage »die meisten öffentlichen Affaires und handlungen in Teutschland« nicht mehr auf Lateinisch verhandelt werden, müssen sowohl Theologen als auch Politiker die deutsche Sprache beherrschen und einen »saubern und zierlichen teutschen Stylum« schreiben können, wenn sie gesellschaftlich angesehene Ämter und Würden erreichen wollen. Der andere, sachbezogene Grund findet sich schon bei Thomasius. Unter Hinweis auf den Aufschwung der französischen Wissenschaft erklärt Fahsius, die Muttersprache vermittle die Sach-Disziplinen zunächst ohne Umweg über andere Sprachen.[177]

Sprachen gelten allgemein als »vehicula rerum«; sie dienen der Vermittlung der Sachgelehrsamkeit.[178] Als einer unter vielen verurteilt Christian Juncker, der Direktor des Altenburger Gymnasiums, die Meinung, Gelehrsamkeit bestehe »in den Sprachen, als Sprache«.[179] Konsequent fordert Kemmerich – ganz in der Tradition der Realpädagogen – das gleichzeitige Lernen von Wörtern und Sachen.[180] Da ein Großteil der studia humaniora als Verbalwissenschaften gegenüber den modern gewordenen Realwissenschaften derart abqualifiziert erscheint, bemühen sich manche Hodegetiker, auch die Berechtigung dieser Disziplinen darzutun.

Unter den humanistischen Fächern genoß die *Geschichte* das größte Ansehen. Deutlich wird in den Programmen ihr instrumentell-›moderner‹ Charakter hervorgehoben. Sie war für den werdenden Politiker aus diplomatischen und aus oratorischen Gründen von großem Nutzen, da sie gleichsam »Auge und Licht aller Wissenschafften« darstellte.[181] In seiner neun Jahre vor Thomasius' »Cautelen« erschienenen »Anweisung der Politischen Jugend, wie ihre Studia humaniora auf

---

177 Fahsius: Atrium Eruditionis, S. 292ff., hierin ganz auf der Linie der ›Realisten‹ vor allem J. B. Schupps.

178 G. P. Müller: Academische Klugheit, S. 32ff.; Joachim Lange: Medicina mentis, S. 537, § XXXVII. »Linguarum ac eloquentiae studium proprie nec in eruditione solida nec superficiaria locum invenit, quia nullam sapientiae partem continet, sed ejus tantum instrumenta.« Reimmann: Einleitung in die Historiam Litterariam, Bd. 1, S. 84f., meint, die Sprachen seien nicht nur die Schalen, in denen der Kern der Wissenschaften enthalten sei, sondern gehörten »fast würcklich mit zu dem Kerne«. Diese Ansicht steht zur communis opinio in keinem Widerspruch, da Reimmann lediglich nach dem Gebrauchswert einer Disziplin für die Gelehrten urteilt, und natürlicherweise spielt hier die Sprachkenntnis eine große Rolle. Vgl. auch Grosser: Gründliche Einleitung, S. 32, und A. F. Müller: Einleitung in die philosophischen Wissenschaften, Bd. 1, S. 25.

179 Juncker: Der wohl-informirte Briefsteller, S. 9.

180 Kemmerich: Neu-eröffnete Academie, S. 94.

181 Fahsius: Atrium Eruditionis, S. 94.

Gymnasiis und Academien zu tractiren« (1690),[182] weist Daniel Hartnaccius (1642–1708),[183] ein pommerscher Schulmann, insbesondere auf den Nutzwert der Historie hin:

»Dieweil aber nicht dasselbe heisset Bered seyn / wenn man von einer Sachen viel Plauderns und Worthe machen kan: sondern die Rede / sonderlich des Politici mit vieler Weißheit angefüllet seyn muß / da man nehmlich mit einiger Arth=Worthe / weiter wincket / alß mit Reden ausführlich macht: so ist zu derselben bey der Jugend kein besserer Anfang alß die Erlernung / und fernere Durchforschung derer Geschichte; und gleich wie der Physicus nicht besser thun kan / alß wenn er seine Propositiones mit unterschiedenen experimentis bestätiget: so sind die Geschichte die Experimenta des Politici.«[184]

Ähnlich stellt für Johann Christian Lange die Geschichte das Studium der Erfahrung dar, das, wo die anderen philosophischen Disziplinen Lehren und Regeln an die Hand geben, die Exempel liefert, mithin als ausgesprochenes Realiensammelbecken fungiert.[185] Die ›Politiker‹ weisen der Geschichte das Erfahrungsprinzip zu – sie gilt ihnen geradezu als Verlängerung der synchronen Disziplinen »Weltklugheit« in die Vergangenheit. Auch für Dieterich Hermann Kemmerich und für Gottfried Polycarp Müller steht die neuere Geschichte im Vordergrund des Lehrinteresses;[186] während für alte und mittlere Geschichte die Anlage eines »klein Compendiums« genügt, muß die neuere »weitläufftiger und accurater« betrieben werden.[187] Verbunden sind mit dem Geschichtsstudium die Disziplinen Chronologie, Geographie und – besonders natürlich für Adelige[188] – Genealogie und Heraldik.[189]

Das Interesse an den neuesten, für den Juristen wie den Kavalier gleichermaßen bedeutsamen historisch-politischen Begebenheiten korreliert der zentralen

---

[182] Hartnaccius: Anweisung der Politischen Jugend, Altona 1690, in: Danielis Hartnaccii Anweisender Bibliothecarius. Stockholm und Hamburg 1690, S. 1–50.

[183] Zu Hartnaccius: Jöcher II, S. 1384–86; ein Schulmann aus Pommern, hatte ein wechselvolles Leben; Aufenthaltsorte sind Berlin, Jena, Frankfurt/Oder, Dresden, Altenburg, Erfurt, Dresden, Bremen, Altona, Schleswig, Bramsted. »Ein unruhiger und lobsüchtiger Mann, besaß eine mittelmäßige Gelehrsamkeit.«

[184] Hartnaccius: Anweisung der Politischen Jugend, S. 19. Als Lektüre empfiehlt er u. a. Christian Weises »Klugen Hofmeister oder Fundamental-Historie«, S. 21; über Geschichte ebd., S. 19–29.

[185] J. Chr. Lange: Protheoria Eruditionis, S. 614; Kemmerich: Neu-eröffnete Academie, S. 26. Die Historie ist ein »fast bey allen Wissenschafften nöthiges instrument, durch welche die allgemeine lehr-sätze können deutlich gemachet und erläutert werden / und in welcher man die menschlichen affecten als in einem abriß und gemählde kennen lernet: welches sehr geschickt macht / die sittenlehre und politique desto leichter zu begreiffen.«

[186] Kemmerich: Neu-eröffnete Academie, S. 338ff.

[187] G. P. Müller: Academische Klugheit, Kap. V, S. 54ff.

[188] Schröter: Gründliche Anweisung zur Information, S. 10ff., S. 14ff.

[189] Rechenberg: De Studiis Academicis, Sectio IV; Kemmerich: Neu-eröffnete Academie, Buch 2, Kap. 23, Kap. 24; Gottschling: Einleitung in die Wissenschaft, Section III; Stolle: Anleitung zur Historie der Gelahrheit, Tl. 1, Kap. 6; Crusius: Kurtz entworffenes Portrait, Pensum 21 und Pensum 22; Gundling: Collegium Historico-Literarium, Kap. 2.

Stellung der *Staatswissenschaften*, die zusammen mit den auf die Privatexistenz bezogenen Disziplinen als Teil der ›praktischen Philosophie‹ gelten.[190] Ethik,[191] Politik, Ökonomie und Decorum-Lehre[192] bei den engeren Thomasius-Schülern, dazuhin Naturrecht und natürliche Theologie bilden die Einzeldisziplinen, die oft in einen privaten und einen öffentlichen Komplex spezialisiert sind. Im privaten Sektor umfaßt das Politik-Studium die bekannten Klugheitslehren, wie persönliches Verhalten und Handeln einzurichten sei, das Ökonomie-Studium die Lehren, wie ein Haushalt zu führen sei;[193] im öffentlichen Sektor beziehen sich die Lehren der Politik und der Ökonomie auf das Führen eines Staatswesens in diplomatisch-verwaltungstechnischer und wirtschaftlicher Rücksicht.[194] Hier gilt Zeitungslektüre als unabdingbares Informationsmittel.[195] Für den Privatmann wie für den eigentlichen ›Politiker‹ ist die von Thomasius im Zusammenhang seiner Klugheits-

---

190 Hartnaccius: Anweisung der Politischen Jugend, S. 39ff., subsumiert Ethik und Politik der Philosophia moralis, vgl. S. 49f.; Rechenberg: De Studiis Academicis, Sectio 3, die Ethik, Politik und Jus Publicum zusammenfaßt; Gottschling: Einleitung in die Wissenschaft, Tl. 2, 2; Stolle: Anleitung zur Historie der Gelahrheit, Tl. 3 zur Praktischen Philosophie (Moral, Naturrecht, Decorum, Ethik, Politik, Ökonomie); Walch: Entwurff der allgemeinen Gelehrsamkeit, Buch III, Kap. 8–10, bes. S. 225–253; F. Budde: Kürtzester und leichtester Weg, die Grundsätze einer gründlichen Moral und Politic zu erlernen. Leipzig 1723. Literaturhinweise bei Stolle, S. 741f.

191 Zur Ethik: Kemmerich: Neu-eröffnete Academie, S. 191ff.; G. P. Müller: Academische Klugheit, Kap. 20; Crusius: Kurtz entworffenes Portrait, Pensum 14; Bertram: Einleitung in die philosophischen Wissenschaften, S. 49f., § X, § XI, unter Bezugnahme auf Thomasius.

192 G. P. Müller: Academische Klugheit, Kap. 24, S. 175–183; Stolle: Anleitung zur Historie der Gelahrheit, S. 694; J. F. Bertram: Einleitung in die philosophischen Wissenschaften, S. 54f., § XII.

193 Kemmerich: Neu-eröffnete Academie, S. 233ff., Kap. 12 »Von erlernung der politischen klugheit in privat- und Staats-affairen«; Kap. 25 »Von der Staats-wissenschafft der heutigen welt«. G. P. Müller: Academische Klugheit, Kap. 25, S. 183–187; Crusius: Kurtz entworffenes Portrait, Pensum 24; A. F. Müller: Einleitung in die philosophischen Wissenschaften, Bd. 1, S. 43f.; Bd. 2, S. 803ff.; Gundling: Collegium Historico-Literarium, Kap. 6 und Kap. 7.

194 Schröter: Gründliche Anweisung zur Information, S. 16ff., S. 25; G. P. Müller: Academische Klugheit, Kap. 26, S. 187–192, vgl. Kap. 15 über Anthropologie; A. F. Müller: Einleitung in die philosophischen Wissenschaften, Bd. 1, S. 43f., Bd. 2, S. 805ff. Die Politik oder Lehre von der Privat- und Staats-Klugheit ist eng verbunden mit der »erkentnus der gemüther«.

195 Schröter: Gründliche Anweisung zur Information, S. 25: »§ 32. Zeitungen müssen wöchentlich gelesen / und aus denselben bey fleißiger Auffschlagung des Neuen Realen Staats- und Zeitungs-Lexici, dergleichen herrliches Werck man in unser Mutter-Sprache noch nicht gesehen hat / Geographica, Genealogica, Historica und Politica, &c. fleißig angemercket werden.« Bei dem von Schröter erwähnten Werk handelt es sich um Johann Hübners »Reales Staats- und Zeitungs-Lexicon« (1704), dessen erweiterte Auflage jetzt in einem Neudruck vorliegt: Johann Hübners Neu-vermehrtes und verbessertes Reales Staats- Zeitungs- und Conversations-Lexicon [...] Regensburg und Wien 1759, Faksimileausgabe Stuttgart 1980. Vgl. auch Stieler: Zeitungs Lust und Nutz; G. P. Müller: Academische Klugheit, S. 45, § 33.

lehre entwickelte ›Gemüterkennungskunst‹, eine Vorstufe praktischer Psychologie, ein nützliches, ja fast unerläßliches Instrument. Zahlreiche Schriften entwikkeln die älteren Affekten- und Temperamentenlehre weiter. Für die politische Motivation von Julius Bernhard von Rohrs bekannter Schrift »Unterricht von der Kunst der Menschen Gemüther zu erforschen«[196] ist die Tatsache bezeichnend, daß von Rohr sein besonderes Augenmerk den Zeremonialwissenschaften widmet.[197]

Die entscheidende Veränderung im Lehrkanon spielt sich im Sektor der *mathematisch-naturwissenschaftlichen Disziplinen* ab. Während die in die Einzelfächer Arithmetik, Geometrie, Astronomie und Musik aufgeteilte Mathematik als Quadrivium eine bis ins Mittelalter reichende Tradition hat, bedeutet der Aufstieg der Physik, die ursprünglich nicht zu den artes liberales gehörte, ein echtes Novum. Die Physik stellte jedoch nicht nur ein zusätzliches Fach dar, das mühelos in den Kanon der traditionellen Lehrfächer integriert werden konnte; sie schloß sich vielfach mit der Mathematik zusammen, deren weiterentwickelte Methoden sie sich zunutze machte. Die größte Uneinheitlichkeit besteht in der Zuweisung der Physik zu übergeordneten Rubriken. Der am Beginn der Kanon-Umgestaltung stehende Hartnaccius äußert sich noch nüchtern-reserviert: Ein Jurist braucht lediglich Teile dieser Disziplinen; wichtiger als Arithmetik und Geometrie sind für ihn die praktischen Teile, die Architektur[198] und die Optik[199] – beides von der Feudalkultur des 17. Jahrhunderts bedingte und geförderte ›modische‹ Wissenschaften. Für Joachim Lange gelten Logik und Ethik, Physik und Mathematik, Politik und Jus, Historie und Ökonomik in gleicher Weise als Teile der eruditio superficiaria.[200] Eine deutlich vom Adelsideal geprägte anonyme »Kurtze Anleitung zu einer guten Conduite« empfiehlt die mathematischen Wissenschaften wegen ihrer Zierde und ihres Nutzens. Typisch ist hier die Einschränkung auf die praktischen und zugleich modischen Anwendungsbereiche:

> »... weil sie aber, wenn man was rechts drinnen thun will, einen gantzen Menschen erfordern, so soll man zum wenigsten das beliebteste daraus lernen als nach begriffener Rechnung, die Fortification und Geometrie.«[201]

---

196 J. B. v. Rohr: Unterricht Von der Kunst der Menschen Gemüther zu erforschen [...] Leipzig 1721.

197 Ders.: Einleitung zur Ceremoniel-Wissenschafft Der Privat-Personen [...] Berlin ²1730; ders.: Einleitung zur Ceremoniel-Wissenschafft Der großen Herren [...] Berlin ²1733; ders.: Einleitung zur Staats-Klugheit [...] Leipzig 1718.

198 Hartnaccius: Anweisung der Politischen Jugend, S. 38. »Die Architectura so wohl Militaris als Civilis mag einem Politico nicht undienlich seyn / so er an Oertern gelangen möchte / wo eine Stadt an zu legen oder dieselbe zu befestigen wäre.«

199 Ebd., S. 38. Die Optik sei nützlich für ›perspektivische Abrisse‹, für Spiegel und Brillen.

200 J. Lange: Medicina mentis, S. 530ff.

201 Kurtze Anleitung zu einer guten Conduite, S. 24, § 49; vgl. Schröter: Gründliche Anweisung zur Information, S. 25. Bereits 1692 erschien Caspar Bussings »Discours von der Information«, der eine mathematische Richtung empfahl. Dazu Hodermann: Universitätsvorlesungen in deutscher Sprache, S. 27ff.

Kemmerich widmet sich den mathematischen Disziplinen besonders ausführlich.[202] Er behandelt die Physik zwischen Logik und praktischer Philosophie, zusammen mit der ›Pneumatik‹.[203] In einer je nach beruflicher Erfordernis getroffenen Auswahl ist die Mathematik nach Kemmerichs Urteil

»eins von den allernützlichsten und lustigsten studiis, wozu junge Leute mit dem grösten plaisir angeführet werden könten, und auch billig von erster jugend angeführet werden solten.«

Obwohl er die Mathematik »nicht eigentlich zu den haupt-stücken der weißheit« zählt, so empfiehlt er sie doch einem »weisen mann« »zur beförderung seiner eigenen und anderer menschen glückseeligkeit«.[204]

Kemmerichs Stellungnahme verdeutlicht den pragmatischen Aspekt, die Anwendungsperspektive, unter der man die einzelnen Zweige der Mathematik für den Beruf, für das gesellschaftliche Fortkommen betrachtet und bewertet. Wenn auch um Nuancen verschoben, bleibt die Perspektive in den für ›bürgerliche‹ Studenten bestimmten Hodegetiken dieselbe.

Die verschiedenen Versuche, die mathematische Methode als das für alle Disziplinen anwendbare Allheilmittel zu propagieren, finden bei den anthropologisch orientierten ›Politikern‹ keine Resonanz. Ihre Anerkennung der Mathematik bezieht sich ausschließlich auf das Lehrfach und dessen eigentlichen Inhalte. Von einer Ausweitung der Methode auf andere Fächer wollen sie, hierin auf den Spuren des Thomasius, nichts wissen. Gottfried Polycarp Müller etwa betont den Nutzen der gesamten Mathematik.[205] Sie dient der Ermunterung und Reinigung der ›jugendlichen Gemüter‹, als Rechenkunst ist sie in jeder Lebenslage erforderlich. Mit einzelnen Erfindungen kann man bei Fürsten sein Glück machen. Diese Begründungen unterscheiden sich nicht von den traditionellen, besonders in den Hofmeisterunterweisungen enthaltenen Argumenten. Ein Novum ist es, daß Müller den Grundlagenwert der Mathematik anerkennt: die »Mathesis pura« gilt ihm als ein »sonderbares Werckzeug aller guten Wissenschafften«; sie übt das ingenium und das iudicium, hilft, die »Vorurtheile der Autorität und der Ubereilung« abzulegen und führt die Menschen auf die »eigene Erfindung unterschiedli-

---

202 Kemmerich: Neu-eröffnete Academie, S. 27. »Die mathematischen wissenschafften: Denn diese haben erstlich so wohl in der haußhaltung, als in der bürgerlichen gesellschafft und in der regierung eines staats grossen nutzen: hernach so schärffen sie auch den verstand, weil sie sich allezeit auff unstreitigen warheiten gründen / und praepariren also denselben, daß er nicht allein so leicht von praejudiciis sich nicht einnehmen lässet / sondern auch daß es ihm nicht so sauer wird, andere rechtschaffene wissenschafften, die ein tieffsinniges nachsinnen erfordern, zu begreiffen.« Vgl. Buch 2, Kap. 13, S. 266–276.

203 Ders.: Neu-eröffnete Academie, Buch 2, Kap. 7, S. 159–178, Über Physik: »Dieses ist ein sehr vortreffliches studium. Denn wer die kräffte der natur wohl kennet, der ist desto geschickter von allen dingen vernünfftig zu raisonniren.«

204 Ebd., S. 269.

205 G. P. Müller: Academische Klugheit, Kap. 13, S. 103–111 »Von der Physica oder der Wißenschafft natürlicher Cörper«.

cher Wahrheiten«.[206] Trotz dieser offenbaren Hochachtung der reinen und der angewandten Mathematik wendet sich Müller ebenso strikt wie Thomasius gegen eine Ausweitung der mathematischen Methode auf andere Disziplinen, die mit natürlichen Körpern und deren Errechnung nichts gemein haben. »Abgötterey« nennt Müller das »übermäßige Lob«, das einige neuere Mathematiker ihr zollen.[207]

Außerhalb der Mathematik, besonders in »vornehmern Dingen«, so argumentiert Müller, hätte die mathematische Methode bisher noch keinen sichtbaren Effekt erzielt.[208] Diese Warnung bezieht sich noch nicht auf die mathematisch angelegte Philosophie Wolffs, von dem erst im Jahr zuvor die »Anfangsgründe aller mathematischen Wissenschafften« (1710)[209] erschienen waren. Eher ist an die »geometrisch« eingerichtete Ethik Spinozas zu denken,[210] teilweise auch an den Tschirnhaus der »Medicina mentis« und an Weigel. Das hält Müller nicht ab, ihre propädeutischen Schriften zu empfehlen, neben den Schriften Euklids, Sturms und vor allem Christian Wolffs.[211] Bezeichnend ist sein Bedenken gegen Weigel: er mache »alzu grossen Staat von der Mathese« und wolle alle Prinzipien nach ihr ausrechnen, auch sei seine Vortragsweise ziemlich dunkel und seine »Demonstrationen« enthielten manche Ungewißheit.[212] Gottlieb Stolle,[213] der die Mathematik zu den herkömmlichen freien Künsten rechnet,[214] betont wie Thomasius den *allgemeinen* Nutzen und hebt u. a. Julius Bernhard von Rohr und Tschirnhaus als typische Vertreter dieser pragmatisch mathematischen Richtung hervor,[215] beides

---

206 Ebd., S. 115f.

207 Ebd., S. 116, § 13. »Sie geben sonderlich die Algebram mit solchem grossen Geschrey vor einen allgemeinen Haupt-Schlüssel der Erfindungs-Kunst neuer und gewisser Warheiten in allen Disciplinen und Facultäten aus / wodurch in geistlichen und Theologischen / in Moralischen und Politischen Dingen der Geist geschickt würde / alle verborgene Künste auffzulösen und können sich daher die gantze Zeit damit schleppen.«

208 Ebd., S. 135, S. 116.

209 Christian Wolff: Anfangsgründe aller mathematischen Wissenschaften. 4 Bde. Halle 1710.

210 Spinoza: Ethica Ordine Geometrico demonstrata (1677); G. P. Müller: Academische Klugheit, S. 135, § 8.

211 G. P. Müller: Academische Klugheit, S. 117f. §§ 15ff.

212 Ebd., S. 117f., § 18.

213 Zu Stolle Jöcher IV, S. 856–858; ADB 36 (1893), S. 408f. Gottlieb Stolle (1673–1744) in Liegnitz geboren, studierte in Leipzig, war Hofmeister in Breslau, lehrte an der Akademie in Halle, unternahm eine Europareise als Hofmeister und war seit 1711 Adjunkt der Philosophischen Fakultät in Jena, 1714 Direktor und Professor am Gymnasium in Hildburghausen, 1717 erhielt er die Professur für Politik in Jena, daneben war er Bibliothekar und Leiter der ›Deutschen Gesellschaft‹.

214 Stolle: Anleitung zur Historie der Gelahrheit, Tl. 1. Von der Historia literaria überhaupt, und der freyen Künste insonderheit, Kap. VII von den Mathematischen Wissenschafften; Tl. 2. Theoretische Philosophie, Kap. IV. Von der Physic oder Natur-Lehre.

215 J. B. von Rohr: Von der Beschaffenheit und dem Nutzen der mathematischen Wissenschafften. Halle 1713; Tschirnhaus: Gründliche Anleitung zu nützlichen Wissenschaften, absonderlich zu der Mathesi und Physica. (1700), 4. Aufl. Frankfurt u. Leipzig 1729.

in ihrer pädagogischen Zielsetzung Verfechter des Ritterakademie- und Hofmeisterideals. Auch Fahsius rühmt – unter Berufung auf Bacon – den Wert der Mathematik und ihrer Zweigdisziplinen, insbesondere weil sie »zu glücklicher Verwaltung des Weltlichen und Häußlichen Standes nicht wohl können gemisset werden.«[216] Crusius gar vertritt die Ansicht, der Schüler erkenne mit Hilfe der Mathematik die Wahrheit »richtiger« als durch den Gebrauch der üblichen Logiken. Nicht von ungefähr bezieht sich Crusius bei seiner Empfehlung auf Tschirnhaus' »Gründliche Anleitung« und weist auf Christian Wolffs »Anfangs-Gründe« hin.[217] Bertram betont den allgemeinen Nutzen der Mathematik – die Applikation logischer Grundsätze – besonders für die Philosophie;[218] in der Physik – »ohnstreitig einer der angenehmsten Disciplinen« – erkennt er die wechselseitige Ergänzung der methodologischen Prinzipien Vernunft und Erfahrung, versucht also eine Synthese der strikt rationalistischen und empirischen Ansätze.[219]

Je unmittelbarer die Einführungen der ›politisch‹ orientierten Autoren im Einflußbereich der Wolffschen Philosophie[220] liegen, desto dezidierter gerät die Abgrenzung vom Anspruch der mathematischen Methode. August Friedrich Müller erkennt vor allem den Nutzen der Physik und der Mathematik für die »gemeinen künste und handwercke«, deren Arbeit sie erleichtern und verbessern.[221] Charakteristisch für Müller, der ja die Bedeutung der Sinnen und der auf den Sinnen beruhenden Erkenntnis betont,[222] ist die Opposition gegen den »gemeinen fehler unserer zeiten«, die Mathematisierung sämtlicher Wissenschaften.[223] Als Ergebnisse dieser mathematischen Betrachtungsweise nennt Müller die Reduktion der Natur auf »mechanische eigenschaften und wirckungen«, der gelehrten Erkenntnis auf »geometrische gewißheit« und als Konsequenzen die Definition der Welt als einer Maschine und der Gelehrsamkeit als einer ausschließlichen »fertigkeit des verstandes«.[224] Gegen den Universalanspruch der Mathematik wendet sich auch der Thomasianer Gundling: aus dem Tatbestand, daß alle Menschen, nicht nur die Mathematiker, Vernunft besäßen, folge, daß auch andere »demonstriren« könnten. Insbesondere eigne sich die Mathematik nicht ad conjecturandum. Der Mathematiker, der »lauter Figuren und gleichsam Certitudinem« vor sich habe, könne in ›politischen‹ Angelegenheiten, wo eben diese auf numeris basierende Eindeutigkeit nicht vorhanden sei, mit seiner

---

216 Fahsius: Atrium Eruditionis, S. 94.
217 Crusius: Kurtz entworffenes Portrait, S. 63.
218 Bertram: Einleitung in die philosophischen Wissenschaften, S. 56, § XIV.
219 Ebd., S. 45ff., § VIII.
220 Wolffs deutsche Schriften zur Philosophie erschienen zwischen 1712 und 1725.
221 A. F. Müller: Einleitung in die philosophischen Wissenschaften, Bd. 1, S. 42f.
222 Ebd., S. 144: »Und lässet sich hieraus leicht urtheilen, wie hoch nöthig es sey, sich zu hüten, daß man nicht bald anfangs bey der sinnlichen betrachtung der dinge etwas versehe.«
223 Ebd., S. 27ff., gegen die Ausschließlichkeit der mathematischen Methode.
224 Ebd., S. 144, § 6. »Alles, was man behauptet, aus unwiedersprechlichen gründen unumstößlich darzuthun« – dieser Satz verweist schon, neben der expliziten Erwähnung von Logik und Metaphysik, auf Wolffs Einfluß.

Methode nicht arbeiten.[225] Am allgemeinen Wert der Mathematik freilich hält auch Gundling fest.

»Es ist, gewiß, keine so grose Kunst, verum a falso distinguere, als falsum, a verosimili, zu unterscheiden. Aber das ist indessen doch wahr: Die Mathematici demonstriren alle ihre Sachen. Und dahero gewöhnen sie sich, von Jugend auf, ad demonstrandum.«[226]

Im Gegensatz zu diesen von der neuen pädagogischen Richtung aufgewerteten Realdisziplinen gehört die *Oratorie oder Eloquenz* zu den Kernfächern der studia humaniora. Es ist jedoch für den politisch-pragmatischen Zeitraum kennzeichnend, daß die Rhetorik noch keine Abwertung erfährt, noch nicht gegen die Sachdisziplinen ausgespielt und für überflüssig erklärt wird. Der Politicus braucht ebenso wie der Jurist und der Theologe die Beredsamkeit für gesellschaftliche Zwecke, außer zu beruflich begründeten Anlässen auch bei verschiedenen anderen Gelegenheiten im öffentlichen Leben eines städtischen Kommunalwesens oder bei Begegungen mit fürstlichen Herrschaften.[227] Für sämtliche Hodegetiker stellt die Rhetorik – bei aller grundsätzlichen Betonung der Priorität von Realdisziplinen – die unabdingbare Voraussetzung einer ›politischen‹ und einer wissenschaftlichen Karriere dar. Realienwissen, das nicht auf sprachlich gewandte Weise vermittelt werden kann – darin sind sich die Hodegetiker einig – taugt für gesellschaftliche Zwecke so gut wie nichts. Darum legen die Hodegetiker großen Wert auf die praktische Übung, weniger auf die abstrakten Regeln.[228] Ein junger Edelmann, konstatiert Schröter, kann seine Gelehrsamkeit nicht besser demonstrieren »als durch eine zierliche teutsche Rede und sinnreiches Gedichte«.[229] Zur Redefertigkeit tritt die Briefschreibekunst.

»Wohl-Redenheit und geschickte Abfassung eines Brieffes sind heutiges Tages der massen nöthig, wenn man in honetter conversation leben will, daß ohne diese beyde, der darinne leben will, schwerlich fortkommen kan«,

heißt es in einer anonymen Anleitung zur »guten Conduite.«[230]

Kemmerich behandelt die Oratorie ausführlich unter dem Aspekt, ob Beredsamkeit einer »Standes-Person« zukomme,[231] und er führt spezifisch ›politische Tugenden an, die sich in ihr äußern. Wer sich bei den zahlreichen tagtäglich

---

225 Gundling: Collegium Historico-Literarium, S. 547ff., § XIIX.
226 Ebd., S. 548.
227 Debitsch: Die staatsbürgerliche Erziehung, Kap. 8: Die Oratorie an den Ritterakademien, S. 107ff. Benutzt werden v. a. Lehrbücher von Weise und Uhse.
228 Hartnaccius: Anweisung der Politischen Jugend, S. 13ff. weist auf die Jesuiten, dann aber auch auf Christian Weise hin, der »seiner Gewohnheit nach gar geschickt zur Praxi anführet. [...] und gewiß es ist auch dermassen war / das fast unnöthig scheinet / wen die so die Eloquenz treiben sollen / die Stunden mehr mit dictatis neuer Praeceptorum und bloßer theoria überhäuffter locorum in ventionis [!] als der Anweisung dieses alles zur Praxi zu bringen.«
229 Schröter: Gründliche Anweisung zur Information, S. 8.
230 Kurtze Anleitung zu einer guten Conduite, S. 24.
231 Kemmerich: Neu-eröffnete Academie, Kap. IV. Von dem Studio Oratorio, S. 131–144.

anfallenden Gelegenheiten »durch eine anständige beredsamkeit« zu »recommendiren« wisse, dessen kluge Meinung müsse »nothwendig eine doppelte grace« haben.[232] Der redegewandte Adelige muß sich jedoch vor einer geschwätzigen und aufgeputzten Schul-Oratorie hüten; sein Ziel besteht in einem »ordentlichen, gründlichen und der fähigkeit derer hörenden gemässen vortrag« von wahren, nützlichen und ›anständigen‹ Sachen. Ethische und pragmatisch-politische Zwecke bestimmen die in der weiseanisch-thomasischen Tradition stehende Oratorie: Moral, Decorum (mit äußerem und innerem aptum) und Nutzwert bieten die Leitlinien. Eine solche Beredsamkeit dient nicht etwa nur zur Zierde, sie ist ein »nöthiges mittel, sich der welt beliebt und nützlich zu machen«.[233] Gottfried Polycarp Müller betont den Nutzen der Oratorie mehr für die Wissenschaft selbst.[234] Im mündlichen und im schriftlichen Gebrauch, im obligatorischen Latein und in der Muttersprache,[235] in privaten und in Staats-Angelegenheiten erreiche eine »wohlgesetzte Vorstellung« vieles Gute.[236] Grosser (der Kollege Weises),[237] Gottschling,[238] Juncker,[239] Stolle,[240] Fahsius,[241] Crusius[242] und Schmeitzel[243] vertreten diese Position mit nur geringen Unterschieden. Fahsius zum Beispiel betont stärker den Sachbezug als die gesellschaftlichen Wirkungen, wenn er die Redekunst als eine Wissenschaft definiert, »so einen lehret, die vernünfftigen Gedankken andern ordentlich / deutlich, zierlich und weitläufftig zu communiciren / um dieselben zu unterrichten oder zu uberreden.«[244] Doch reicht der im Kriterium »zierlich« zum Ausdruck gebrachte gesellschaftliche Aspekt unübersehbar in die Definition hinein. Allerdings Fahsius betont auch den gesellschaftlichen Zweck

---

232 Ebd., S. 131.

233 Ebd., S. 132.

234 G. P. Müller: Academische Klugheit, Kap. III. Von der Rede-Kunst oder Arte Rhetorica und Oratoria, S. 36–45.

235 Ebd., S. 41.

236 Ebd., S. 40f.

237 Grosser: Gründliche Einleitung zur wahren Erudition, Kap. 3. Von der Rhetorica oder Rede-Kunst, S. 219–452.

238 Gottschling: Einleitung in die Wissenschaft, Sectio II, S. 158ff. Gottschling empfiehlt besonders die Werke Weises, daneben auch Talander und Weidling. Von den Briefstellern nennt er Weise, Neukirch und Talander.

239 Juncker: Lineae Primae eruditionis; zudem wichtig Junckers Briefsteller: Der wohlinformirte Briefsteller / Oder Gründliche Anleitung [..] Leipzig [4]1717, in dem er ein Plädoyer für eine deutsche Rede- und Briefkunst hält.

240 Stolle: Anleitung zur Historie der Gelahrheit, Tl. 1, Kap. IV. Von der Rhetoric oder Rede-Kunst.

241 Fahsius: Atrium Eruditionis, Buch III, Kap. II, S. 513ff.

242 Crusius: Kurtz entworffenes Portrait, Pensum 12, S. 53ff. Er empfiehlt die Rhetoriken von Vossius, Weise, G. Lange, J. Hübner, S. Grosser, J. Riemer, Weidling, Wentzel und die Briefsteller von Juncker und Neukirch.

243 Schmeitzel: Versuch zu einer Historie der Gelehrheit, Kap. V, Artikel II; vgl. S. 238 die Bestimmung, Philologie bestehe aus Sprach-Kunst, Redner-Kunst, Dicht-Kunst und Critik.

244 Fahsius: Atrium Eruditionis, S. 513.

explizit: die Rednergabe schafft der Kirche und dem Staat »viel Nutzen«. Bei der Behandlung der inventio arbeitet Fahsius dann den engen Zusammenhang von Logik und Rhetorik heraus.[245]

Johann Georg Walch, der die Persuasion über Überredung als eigentlichen Endzweck der Beredsamkeit deklariert, analysiert die Koppelung der unterschiedlichen Zwecksetzungen. Seiner Ansicht zufolge vermischt die communis opinio die Zwecke der Redekunst mit den Zwecken der Klugheitslehre, indem sie deren Ziel, die Gunst der Mitmenschen zu erwerben, auf die Oratorie überträgt. Er erkennt lediglich die »richtige Ausdrückung der Gedancken« als den »wahren Endzweck« der Rede. In dieser Verabsolutierung des inneren über das äußere aptum weist er auf Christian Wolffs Neubestimmung voraus.[246]

Bei Johann Friedrich Bertram[247] und bei August Friedrich Müller kündigt sich ein Wechsel in der allgemeinen Einstellung zur Beredsamkeit an. Bezeichnend für die neue, von Wolffs System beherrschte Situation ist Müllers apologetischer Versuch, die Rhetorik erneut zu legitimieren. Da gerade in öffentlichen Ämtern die »practische anwendung der gelehrsamkeit« auf der Beredsamkeit beruhe, diese die »todte« Gelehrsamkeit eigentlich erst belebe, sei es nur billig, die unerfindlicherweise aus dem Kanon philosophischer Disziplinen fast beseitigte »hochnöthige und nüzliche Redner-kunst, welche aus der lehre der klugheit, die menschlichen gemüther zu lencken, entspringet«, wieder aufzunehmen.[248] In der positiven Herleitung der Oratorie aus der Affekten- und Gemüterkennungslehre ist die Bezugnahme auf Thomasius offenkundig; ebenso das – allerdings nicht erörterte – Verdikt der Wolffschen Ausgliederung der Rhetorik aus den philosophischen Wissenschaften. Ähnlich wie zur Oratorie stehen die Hodegetiken zur Poesie, wobei der Poesie – unter pragmatischem Aspekt – ein freilich geringerer Nutzwert zugesprochen wird.[249]

Den Nutzen der *Exerzitien* betonen natürlich die für den Adel bestimmten Anweisungen stärker als die allgemeinen Lehrbücher.[250] Für das staatliche Bildungskonzept ist das Faktum erhellend, daß an der 1734 neugegründeten Universität Göttingen, die sich bekanntlich den mathematisch-naturwissenschaftlichen Disziplinen mit besonderem Nachdruck widmete, die Exerzitien einen regulären

---

[245] Ebd., S. 529ff., weist auf R. Agricola, Ramus und Vincentius Placcus hin. S. 533f. nennt er neben Weise eine Reihe empfehlenswerter rhetorischer Lehrbücher, so J. Hübner, G. Lange, S. Grosser, Chr. Weissenborn, J. Riemer, Chr. Weidling.

[246] Walch: Dissertatio de litteris humanioribus (1715) und ders.: Entwurff der allgemeinen Gelehrsamkeit und Klugheit zu studiren (1717), bes. Buch II, Kap. IV, Von der Rede-Kunst, S. 80–89, hier S. 84, § 13.

[247] Bertram: Anfangs-Lehren, Buch 2, Kap. II. Schöne Wissenschafften oder Litterae Humaniora.

[248] A. F. Müller: Einleitung in die philosophischen Wissenschaften, Bd. 1, S. 56f.

[249] Dazu Abschnitt 1.3. dieses Kapitels.

[250] Schröter: Gründliche Anweisung zur Information, S. 5; Kemmerich: Neu-eröffnete Academie, Buch II, Kap. 34. Von denen exercitiis und künsten einer Standes-Person, S. 514ff.; Rost: Von der Nutzbarkeit des Tantzens, S. 1f., § 1. Allgemein dazu Mahler: Die Leibesübungen in den Ritterakademien, S. 174ff.

Platz im Studienprogramm einnahmen.[251] Nicht zufällig schießen in diesen Jahren die Anleitungen zur Tanzkunst aus dem Boden.[252] Daneben gibt es auch skeptische Stimmen. Gottfried Polycarp Müller steht den Exerzitien, die er nach dem Nutzwert und dem Decorum beurteilt, zurückhaltend gegenüber: das Hauptziel, den Körper »anderen angenehmer und beliebter zu machen«, ist für ihn – dies ist denn bezeichnend für die allmähliche Verkehrung des höfisch-galanten Ideals in das bürgerlich-moralische – mit der »Eitelkeit« verbunden, ungeachtet ihrer ursprünglichen »wahrhafften« Nützlichkeit.[253] Exerzitien und Welterfahrung stehen in engem Zusammenhang und richten sich gegen das Pedanten-Syndrom, also die reine Büchergelehrsamkeit. In seiner Anweisung »Der getreue Hoffmeister adelicher und bürgerlicher Jugend« (1706) proklamiert August Bohse (Talander) konsequent, die Gelehrsamkeit alleine nütze nichts, »wenn einer nicht zugleich seine Sitten also poliret / daß er vor einen höflichen / und die *Conversation* wol urtheilenden Menschen passiren kan.«[254] Es versteht sich, daß besonders die höfischen ›Politiker‹ den Hof als Inbegriff galanter Bildung hervorheben [255] und den Gelehrten ohne fürstliches Mäzenatentum einer »Pflantze ohne Licht und Sonne« vergleichen;[256] ebenso, daß die Hofdichter auf die Beziehung der »fürnehmsten von den alten Poeten« zum kaiserlichen Hof größten Wert legen.[257]

Doch setzen die ›Politiker‹ das Ideal der »*galanten Conduite*« und der gesellschaftlichen Konversation[258] in keinen generellen Gegensatz zum Bücherstudium.

---

[251] Paulsen: Geschichte, Bd. 2, S. 14ff.

[252] Meleaton (= Johann Leonhard Rost): Von der Nutzbarkeit des Tantzens. Wie viel selbiges zu einer Galanten und wohlanständigen CONDUITE bey einem jungen Menschen und Frauenzimmer beytrage (1713); Rost handelt zu Beginn den Nutzen der Exerzitien im Zusammenhang mit dem galanten Ideal ab. Für die Gelehrsamkeit verweist Rost auf Kemmerichs »Neu-eröffnete Academie der Wissenschafften«. Dieser, S. 515, konstatiert: »Das Tantzen ist heuntigen Tages fast eine nothwendige Qualität einer Stands-Person / ohne welche man weder bey Hofe / noch in andern vornehmen Gesellschafften / vor ein galant homme passiren kan.« Joh. Pasch: Beschreibung wahrer Tantz-Kunst. Frankfurt 1707; S. R. Behr: L'art de bien danser oder die Kunst, wohl zu tantzen. Leipzig 1713. Auch Locke empfahl Tanzen.

[253] G. P. Müller: Academische Klugheit, Kap. XXVII. Von denen Exercitiis, dem Reiten / Tantzen und Fechten, hier S. 191 (falsch paginiert, muß S. 193 heißen).

[254] A. Bohse: Der getreue Hofmeister (1706), Vorwort, S. 2; zit. nach Martino: Lohenstein, S. 83.

[255] Johann von Besser: Schrifften (1711), Vorrede, »Der Hof ist die eintzige und allersicherste Schule, die Gemüther der Menschen recht zu poliren und aufzuwecken, und durch welchen gantz gewiß alle diejenigen, die sich iemahls durch ihre dergleichen Schrifften berühmt gemacht [...] zu ihrer Vollkommenheit gelanget.« Zit. nach Martino: Lohenstein, S. 84.

[256] J. Riemer: Neu-aufgehender Stern-Redner, Zuschrifft, S. 6.

[257] Benjamin Neukirchs Anthologie »Herrn von Hoffmannswaldau und andrer Deutschen auserlesener und bißher ungedruckter Gedichte erster theil«. Tübingen 1961, S. 7. Zur kritischen Literatur über das Gelehrtentum im ›politischen‹ Zeitraum s. Martino: Lohenstein, S. 82f.

[258] Zum Conduite-Ideal bzw. der Konversation Schröter: Gründliche Anweisung zur Information, S. 29; Kurtze Anleitung zu einer guten Conduite, passim, bes. Kap. 2. Von der

Auch der Edelmann, und weit mehr noch der angehende Beamte benötigen Bücherstudien als unerläßliche Voraussetzung für Beruf und gesellschaftlichen Umgang.[259] Lediglich vor Übertreibungen wird gelegentlich gewarnt: das »stetige studiren in büchern« mache ein »dickes gehirn und verdrießliche leute«.[260]

Den bildenden Wert des *Reisens* betonen die Adelsunterweisungen ebenso wie die allgemeinen Studienführer:[261] das Reisen galt verschiedenen Gesellschaftsmodellen als Erziehungsmittel, das zu Weltvertrautheit und angenehmen Umgangsformen wie zu ernsthafter wissenschaftlicher Fortbildung führen konnte, sei es in der Form der humanistischen »gelehrten Reisen«, der »Kavaliers-Touren« oder der späteren Bildungsreisen.[262]

Allerdings äußern auch zahlreiche Autoren Bedenken gegen die oft jahrelangen Europareisen der jungen Leute. Über Unterhaltung und Vergnügen vergäßen

---

Conversation auf Universitäten. In diesem Band auch wichtig »Nothwendiger Anhang zur Kurtzen Anleitung zu einer guten Conduite«, S. 73–208; Hunold: Die beste Manier in Honnêter Conversation sich höflich und behutsam aufzuführen, und in kluger Conduite zu leben. Hamburg 1725. Kap. 1. Von der Conversation; noch bei A. F. Müller: Einleitung in die philosophischen Wissenschaften, Bd. 1, S. 43, findet sich das Ideal der »klugheit zu conversiren«; Kemmerich: Neu-eröffnete Academie, S. 42f. »Die conversation ist gar eine nothwendige sache vor einen liebhaber der weißheit. Wenn das fundament in büchern und durch unterweisung gelegt ist, so ist dieß die rechte schule der klugheit, und wetzstein der tugend, und man kan in der erkentniß sein selbst und andrer menschen durch die conversation am besten profitiren.« Rost: Von der Nutzbarkeit des Tantzens, S. 18, § 34. »Es bleibet eine ausgemachte Sache: Die Conversation mit honêten und galanten Frauenzimmer ist eine Schule der Höflichkeit / wer diese frequentiret / kan gar gut profitiren.« B. Neukirch: Anweisung zu Teutschen Briefen, S. 588, zur Übung in der Konversation, auch zum »je ne sais quoi«; ferner Walch: Entwurff der allgemeinen Gelehrsamkeit, S. 40ff., §§ 15–18; Lehmann: Kurtze doch Gründliche Anleitung, Section IV. Von der Klugheit in der conversation, S. 114ff. Für eine galante Konversation wurden auch Anthologien mit geistreichen Einfällen zusammengestellt, z. B. Recueil von allerhand Collectaneis und Historien, auch moralcurieux- critic- und lustigen satyrischen Einfällen zu Entretenirung einer galanten Conversation. Das erste –zwölfte Hundert. 1719; s. Goedeke III, S. 267, Nr. 40. Zur Tradition der Konversationskunst s. Zaehle: Knigges Umgang mit Menschen; Henn-Schmölders: Ars conversationis, S. 16ff.; Hirzel: Der Dialog, Bd. 2, S. 385ff.

[259] Schröter: Gründliche Anweisung zur Information, S. 29, § 44. Vgl. Kemmerich: Neu-eröffnete Academie, S. 39f.

[260] Kemmerich: Neu-eröffnete Academie, S. 43.

[261] Kurtze Anleitung zu einer guten Conduite, Kap. III. Von der Conversation auf Reisen; Lehmann: Kurtze doch Gründliche Anleitung, Section V. Von der Klugheit auf Reisen, S. 116ff.; Kemmerich: Neu-eröffnete Academie, S. 527. «En general, daß er die welt kennen lerne, und dadurch klugheit und geschickligkeit, oder mit einem Wort, eine gute conduite erlange.« Gundling: Collegium Historico-Literarium, S. 1095f. Einen guten Einblick vermittelt Georg Andreas Cassius: Ausführliche Lebensbeschreibung des um die gelehrte Welt Hochverdienten D. Christoph August Heumanns. [...] Cassel 1768.

[262] Reise-Literatur gibt reichlich an Philipp Ernst Bertram: Entwurf einer Geschichte der Gelahrheit. Halle 1746, S. 62ff.; ferner Kemmerich: Neu-eröffnete Academie, Buch 3. Von dem Reisen einer Standesperson, S. 522ff.; Gundling: Collegium Historico-Literarium, Kap. XIII, § XLVII. Von Reisen gelehrter Leute, S. 1095–1097; Walch: Entwurff der allgemeinen Gelehrsamkeit, S. 42, § 20. Vgl. Kap. III, Anm. 24.

sie, sich um wesentliche Dinge zu kümmern.[263] So hält Kemmerich, sonst ein strikter Befürworter aller adeligen Erziehungsprinzipien, das Reisen nicht für notwendig. Lediglich die Meinung, durch den Umgang mit vielen Leuten erwerbe man Welt- und Staatserfahrung und erhalte Kenntnis ausländischer Sitten und Gewohnheiten, lasse sich für das Reisen ins Feld führen.[264] Dagegen enthält G. P. Müllers »Academische Klugheit« ein ausführliches Kapitel über die »Reiseklugheit oder ars apodemica«.[265] In ihm handelt er von Sehenswürdigkeiten und Reisekonversation und gibt allgemeine Tips und Empfehlungen.

Ein Studienkursus profiliert sich gleicherweise durch Betonen wie durch Auslassen bestimmter Disziplinen. Zweifellos stehen die pragmatischen Fächer im Zentrum der ›politisch-galanten‹ Erziehung. Von einer ausgesprochenen Opposition gegen die humanistischen Studien kann indes nicht eigentlich die Rede sein, lediglich von einer sehr spezifischen Gewichtsverlagerung, mit der Oratorie als charakteristischer Ausnahme. Die andere Gegenwendung des Thomasius bezog sich auf die scholastischen Disziplinen, auf die aristotelische *Logik* und die *Metaphysik*. Ihre Vertreter waren die eigentlichen Gegner der ›Politiker‹, weniger die Humanisten, deren Programm in einigen Punkten ja Interessenübereinstimmung mit den ›Politikern‹ aufwies. Der Stellenwert, den Dialektik, Metaphysik – und die unfreien Künste – in den politischen Hodegetiken einnehmen, charakterisiert auch den historischen Platz dieses Bildungsprogrammes selbst. Denn diese Disziplinen bildeten in der Wissenschaftsentwicklung, im Mittelalter und in der Renaissance die Grenzzonen, in denen Verharren und Fortschritt in besonders krasser Weise aufeinanderstießen.

Die *Dialektik oder Logik* erfährt in den ›politischen‹ Hodegetiken eben das Schicksal, das bereits Thomasius ihr zugedacht hatte: die restlose Beseitigung der scholastischen Bestandteile, Disqualifizierung der sogenannten »sektiererischen« Methoden der Aristoteliker, der Ramisten, der Lullisten, später der Cartesianer und schließlich der Wolffianer.[266] Dafür setzen die ›Politiker‹ eine an der thomasischen Affektenlehre orientierte, anthropologisch (nicht methodologisch!) definierte Vernunftlehre, deren Spezifikum eine relative Ausgewogenheit zwischen sinnlicher und intellektueller Erkenntnis bildet. Von hierher erhält das sich aus ingenium und iudicium zusammensetzende ›Naturell‹ seine maßgebliche Bedeutung für die einzelnen Disziplinen. Die Wende gegen das herkömmliche Logik-System vollzieht sich in den neunziger Jahren. Während Hartnaccius dem angehenden Juristen noch eine auf den loci Dialectici aufgebaute Logik empfiehlt,[267]

---

[263] Schröter: Gründliche Anweisung zur Information, S. 29, so z. B. würden sie nicht »nach dem innerlichen Zustande eines Staats« fragen.

[264] Kemmerich: Neu-eröffnete Academie, S. 44.

[265] G. P. Müller: Academische Klugheit, Kap. 28, S. 201ff.

[266] Dazu Gundling: Collegium Historico-Literarium, S. 499–509.

[267] Hartnaccius: Anweisung der Politischen Jugend, S. 12; ders.: Einleitung zu denen Philosophischen Wissenschaften, S. 9; vgl. S. 74. Hartnaccius steht den Syllogismen noch positiv gegenüber: »Der gantzen Logic ihr Zweg ist durch den Syllogismum die Wahrheit zuerforschen.«

Joachim Lange ohnehin eine Ausnahmeposition einnimmt,[268] steht Kemmerich der spekulativischen Denkweise generell ablehnend gegenüber. Einem Hofmeister genüge ein »auffgeräumter kopff und gutes judicium«: er braucht durchaus kein »grundgelahrter« Mann zu sein, schon gar nicht muß er sich in die »speculativischen wissenschafften« vertieft haben. Das Postulat der Weltkenntnis und der Versiertheit in praktischen Disziplinen widerspricht dem herkömmlichen Bild des scholastischen Stubengelehrten, des Pedanten und Grillenfängers.[269] Daher seine ganz andersartige Empfehlung für ein Logikstudium – denn die Notwendigkeit der Logik als einer Lehrmeisterin des Verstandes leugnet auch Kemmerich nicht.[270] Bereits seine Definition »Die Logique ist eine kunst wohl zu raisonniren« deutet auf die Abkehr vom strengen Syllogismus hin: Die Logik leitet den Kavalier zum rechten Gebrauch seines Verstandes an – denn ein Kavalier soll seine Weisheit nicht allein aus Büchern ziehen, sondern durch »eignes nachsinnen« auf die Wahrheiten kommen.[271] Für die Lehrpraxis rät Kemmerich praktisches Vorgehen an, das mehr durch Exempel als durch Regeln, mehr durch Übung als durch Theorie Wissen vermittelt.

> »Daß man einen jungen menschen ja nicht in betrachtung und studierung der scholastischen formalitäten und unnützen grillen der gemeinen Logique lang aufhalte!«[272]

Für den Thomasius-Schüler G. P. Müller versteht sich die Wende gegen die scholastische, insbesondere die aristotelische Logik von selbst.[273] Die Syllogistik als künstlicher Vortrag bekannter Wahrheiten führt – ein immer wieder begegnender Vorwurf – nicht zur Erfindung neuer Wahrheiten. Müller leitet, anders als der auf Descartes und Spinoza basierende Tschirnhaus, ähnlich wie Thomasius, die Logik aus der Anthropologie ab. Nicht von ungefähr gilt ihm dessen »Vernunft-Lehre« als das beste Logik-Lehrbuch.[274] Auch der Weiseaner Samuel Grosser steht einer modernisierten Logik positiv gegenüber, übrigens wie Weise selbst, der ja mehrere Logik-Lehrbücher verfaßt hat.[275] In seiner »Gründlichen Einleitung

---

[268] J. Lange: Medicina mentis, S. 530ff., § XXIV.

[269] Kemmerich: Neu-eröffnete Academie, S. 54. Als Grund gibt er an: »weil solche allzugelehrte leute insgemein schlechte geschickligkeit zu den welt-händeln und umgang mit andern leuten haben. Mit einem wort, er soll kein pedant und grillen-fänger seyn.«

[270] Ebd., S. 26. »Die vernunfft-lehre, welche gleichsam ein universalinstrument bey allen studiis ist, indem sie weiset, wie man in allen übrigen wissenschafften und menschlichen verrichtungen seinen verstand recht gebrauchen soll.« Die »Kurtze Anleitung zu einer guten Conduite« dagegen erwähnt die Logik überhaupt nicht.

[271] Ebd., S. 154. [272] Ebd., S. 155.

[273] G. P. Müller: Academische Klugheit, Kap. XVI. Von der Intellectual-Philosophie, sonderlich der Logica oder Lehre von der Wahrheit.« Bes. S. 126, § 11.

[274] Ebd., S. 127, § 15. »Was die Deutlichkeit und Brauchbarkeit anlanget / kömmt keiner dem Herrn Thomasio in der Vernunfft-Lehre bey / denn dessen Philosophia Aulica scheinet nicht so reiff ausgearbeitet zu seyn.«

[275] Christian Weises Logik-Schriften: Doctrina Logica, duabus partibus [...]; exemplis ut plurimum politicis illustrata, Rebusque oratoriis sedulo accomodata. Leipzig 1680; Nucleus Logicae (1691); Curieuse Fragen über die Logica. Welcher gestalt die unvergleichliche Disciplin von Allen Liebhabern der Gelehrsamkeit / sonderlich aber von einem Politico deutlich und nützlich soll erkennet werden [...] Leipzig 1696.

zur wahren Erudition« nimmt das Logik-Kapitel den weitaus größten Platz ein.[276] Danach lassen sich die Hauptlektionen moderner Logik in drei Imperativen zusammenfassen: Considera, judica und ratiocinare. Considerare meint das »allergenaueste« verstandesmäßige Betrachten aller Erkenntnisobjekte, judicare die Reflexion über den Zusammenhang, die wesenhafte Beschaffenheit des Objektes, und ratiocinari die einwandfreie und deutliche Begründung des eigenen Urteils.[277] Dieser Dreischritt ist, wie Grosser selbst zugibt, keine radikale Neuerung, vielmehr eine Modernisierung der mit Abstractivas, Judiciosas und Illativas arbeitenden Logiken – um »geliebter Kürtze« willen und um sachlich unergiebige »Speculationes« zu vermeiden.[278]

Müller und Grosser verdeutlichen einen wesentlichen Unterschied der Weise- und Thomasius-Nachfolger: die Weiseaner suchen, vorsichtig wie ihr Meister selbst, und immer noch eingebunden in die an Schulen naturgemäß zäherlebigen Konventionen, zwischen Reform und Tradition zu vermitteln, so daß als Ergebnis meist ein unschlüssiger Kompromiß steht: die Tradition in modernem Gewand, die nur insoweit inhaltliche Veränderungen erfährt, als dies durch Modifikation der Form überhaupt möglich ist.

Anders die Thomasianer. Sie ändern von Grund auf, setzen an die Stelle der traditionellen Syllogistik die modernen, an keine formalistischen Regeln gebundenen freien Verstandesübungen ›raisonnement‹ oder ›meditation‹. Die Form des Vortrags ergibt sich ihnen aus dem neuen – dem ›psychologischen‹ – Ansatz von selbst.

Gottlieb Stolle ist das Paradebeispiel des Eklektikers, der in seiner ›Gelahrheitsgeschichte‹ zwar nicht unkritisch verfährt, jedoch selbst zu keiner klaren Linie findet. Als brauchbare Logiken empfiehlt er so verschiedene Werke wie Weises lateinische Logik von 1681,[279] Thomasius' »Introductio ad Philosophiam Aulicam« von 1688, Tschirnhaus' »Medicina mentis« von 1687 bzw. 1695, Thomasius' nach eigenem Bekenntnis von ihr beeinflußte »Vernunfftlehre« von 1691/1692,[280] und John Lockes »Versuch vom menschlichen Verstande« von 1690. Am nächsten steht ihm Thomasius – Tschirnhaus, gesteht er selbst, habe er als Nichtmathematiker »nicht verstehen können«;[281] Locke trennt ihm nicht deutlich genug Willen und Verstand.[282] Der Schulmann Fahsius macht den Modetrend mit. Einerseits spricht er sich gegen die »gemeinen Logiquen« mit ihren zahlreichen

---

[276] Grosser: Gründliche Einleitung zur wahren Erudition, S. 453–740; hier steht, rein umfangsmäßig, die Rhetorik an zweiter Stelle, S. 219–452.
[277] Ebd., S. 489.
[278] Ebd., S. 490.
[279] Stolle: Anleitung zur Historie der Gelahrheit, S. 465, erkennt allerdings die erzwungene Vorsicht in Weises Kompromißwerk: »Er gab zu einer Zeit seine Logic heraus, da er sich nicht erkühnen durffte sein eclectisch Gemüthe mit Verwerffung der sectirischen Philosophie an Tag zu legen. Daher hat er sich einer gewissen Vorsichtigkeit bedient.«
[280] Ebd., S. 467f., bezieht sich auf die »Einleitung« (1691) und die »Ausübung« (1692) der ›Vernunftlehre‹.
[281] Stolle: Anleitung zur Historie der Gelahrheit, S. 467 Anm. q.
[282] Ebd., S. 469.

»Grillen«[283] und gegen die Lullistische Kunst aus,[284] andererseits betont er den Wert der Logik ganz prinzipiell. Sie gilt ihm als »das allgemeine Instrument, und so zu sagen, die Hand der gantzen Philosophie und aller Menschlichen Wissenschafften«.[285] Seine vorbehaltliche Empfehlung der Logik Christian Weises, deren Subtilitäten er nicht nachvollzieht, deutet die Auflockerungstendenz der nachthomasischen Phase an.[286]

Im Logik-Kapitel seines »Collegium-Historico-Literarium« distanziert sich auch Gundling vom Erkenntniswert der Syllogismen, mit dem von G. P. Müller her bekannten Argument.[287] Er gesteht ihr allerdings einen Wert als Darstellungsmittel zu. Johann Georg Walch billigt der Logik einen außerordentlichen Platz als Grundlage aller wissenschaftlichen Disziplinen zu.[288] Die Tatsache, daß er sich dezidiert gegen die ›sophistische‹ Logik wendet und doch in Thomasius' »Vernunftlehre« das Fehlen der Schlußfolgerungen und Wahrscheinlichkeitsregeln beanstandet, weist indirekt auf den Einfluß der schon 1712 erschienenen Logik Christian Wolffs hin.[289]

Johann Friedrich Bertram nennt als Bahnbrecher der neuen Logik Ramus, Bacon, Descartes und besonders Thomasius, der die philosophische Welt vom »Aristotelischen Joch« befreit und die »aus unzähligen terminis scholasticis, nominibus nihili, tricis, ante- & post praedicamentis, figuris syllogisticis und locis topicis bestehende Armee« besiegt habe.[290] Obwohl auch August Friedrich Müller in seiner Grundhaltung eher thomasisch ausgerichtet ist, läßt sich der Einfluß der Wolffschen Erkenntnislehre auf seine – bezeichnenderweise – »Einleitung in die *philosophischen* Wissenschaften« genannte Hodegetik nicht abstreiten. Die Logik spielt in seinem System eine so entscheidende Rolle, ein Faktum, das erst aus dem

---

[283] Fahsius: Atrium Eruditionis, S. 405.

[284] Ebd., S. 417f., zu Ramus S. 419f., zu Descartes S. 432f.

[285] Ebd., S. 403.

[286] Ebd., S. 438, S. 482f.

[287] Gundling: Collegium Historico-Literarium, S. 498. »Was man noch, am meisten, in der Aristotelischen Logique, gerühmet, das ist die Syllogismus-Kunst. Hätte man diese simpel weggelehret; So wäre es noch gut gewesen. Auch ist sie kein Medium, wodurch, die Wahrheit erfunden wird. Denn, wenn ich, e. g. sage: Mein Strumpf ist schwartz; So weiß ich diese Conclusion, schon. Unterdessen machet dennoch ein Aristotelicus gleich einen Syllogismum; Nemlich: Was die dunkelste Farbe hatt, das ist schwartz; Mein Strumpf hatt dieselbe; Ergo ist er schwarz. Alleine dis habe ich, schon vorher, ohne den Syllogismum, gewust. Mithin ist es alber. Daher auch WEIGELIUS (Erhard.) Professor. Mathemat. zu Jena, saget; Die Syllogismus-Kunst wäre Nichts; Weil man schon Alles vorher wisse. Sonst aber ist sie ganz gut. Denn sie ist noch wenigstens ein modus proponendi veritatem. Und, in diesem Stücke, sind die Syllogismi noch besser, als die Dialogi.« Zum logikgeschichtlichen Kontext s. Klassen: Logik und Rhetorik der frühen Aufklärung, S. 72ff.; Beetz: Rhetorische Logik, S. 35ff., bes. S. 44ff. antischolastische Polemik.

[288] Walch: Entwurff der allgemeinen Gelehrsamkeit, S. 149, § 8.

[289] Ebd., S. 149, S. 162f., § 51 Hinweis auf Thomasius; § 59 Hinweis auf Wolff. Walch steht allerdings Budde am nächsten; S. 163, § 54.

[290] Bertram: Einleitung in die Philosophischen Wissenschaften, S. 39f., nennt auch Tschirnhaus, Gundling und Wolff.

Zusammenwirken beider Systeme erklärbar wird. Wolffsche Terminologie scheint in der Bestimmung der Logik als der »Lehre von den kräften des menschlichen verstandes und deren rechtem gebrauch« hindurch. Sie gilt Müller als »unstreitig die erste disciplin der gelehrsamkeit«,[291] da sie den Menschen erst zur Erkenntnis der außer ihm gelegenen Dinge befähigt.

Sind gegenüber der traditionellen Logik die Vorbehalte der ›realistischen‹ Gelehrten schon dezidiert genug, so verschärft sich die Opposition gegenüber der *Metaphysik,* die sich nicht einmal – wie die formalistische Logik – auf den ›vernünftigen Grund‹ berufen kann. Manche oppositionelle Hodegetiken fassen Logik und Metaphysik zusammen.[292] In der Ablehnung der reinen und ungegründeten Spekulationen sind sich Adelserzieher und Reformpragmatiker einig. Für die Übergangsphase zwischen Barock und Pragmatismus ist die Ansicht von Hartnaccius kennzeichnend, selbst ein Jurist könne aus der Metaphysik noch einiges lernen.[293] Für den ›politischen‹ Zeitraum ist indes Kemmerichs Meinung[294] typisch: mit Thomasius teilt er die Meinung, einem Juristen könne die Metaphysica Scholastica »wenig nutzen«. Steinhausen führt als weitere Belege den »Methodus Studiorum Nobili maxime Germano commendanda« des Rates B. C. v. Jäger von 1718[295] und die »Einleitung zur Staats-Klugheit« von Julius Bernhard von Rohr auf.[296] Die Geringschätzung der scholastischen Grillen brachte im thomasischen Zeitraum die theoretische Philosophie überhaupt in Mißkredit. Ganz nach Thomasius klingt v. Rohrs Polemik gegen den

> »unnützen, mit blossen Definitionen und Divisionen und andern sterilen Speculationen angefüllten Wörter-Kram, den ein Aristoteles oder ein fauler Münch oder ein ander müssiger Kopff, der die Welt nicht gesehen, in seiner Studier-Stube ausgebrütet und in der Welt nicht sehr zu gebrauchen wäre, da doch solch Zeug von den wahren Welt-Weisen heutiges Tages selbst nicht mehr geachtet wird.«[297]

In den Hodegetiken findet die Metaphysik freilich weiterhin ihren Platz, wenn auch nicht an bevorzugter Stelle.[298] Auf A. F. Müllers Metaphysik-Verständnis

---

[291] A. F. Müller: Einleitung in die philosophischen Wissenschaften, Bd. 1, S. 39.

[292] Kemmerich: Neu-eröffnete Academie, Buch 2, Kap. VI; Stolle: Anleitung zur Historie der Gelahrheit, Buch II, Kap. II. »Von der Logic und Metaphysic.«

[293] Hartnaccius: Anweisung der Politischen Jugend, S. 39.

[294] Kemmerich: Neu-eröffnete Academie, S. 158.

[295] Steinhausen: Die Idealerziehung, S. 231 bzw. S. 218, Anm. 20.

[296] v. Rohr: Einleitung zur Staatsklugheit. Leipzig 1718. Dazu Erhard Dittrich: Die deutschen und österreichischen Kameralisten. Erträge der Forschung 23 (1974), S. 76ff.; ADB 29 (1889), S. 60–62; v. Graevenitz: Innerlichkeit und Öffentlichkeit, S. 30⁺ff.

[297] v. Rohr: Einleitung zur Staatsklugheit, S. 145; zit. nach Steinhausen: Die Idealerziehung, S. 231. Ähnlich spricht sich auch Menantes: Die beste Manier, S. 1, gegen Metaphysik aus.

[298] G. P. Müller: Academische Klugheit, Kap. 12, zwischen Gelehrtenhistorie und Physik (12 »Von der Real-Philosophie und sonderlich der Metaphysica«). Bei Gottschling: Einleitung in die Wissenschaft, steht die Metaphysik als Teil der theoretischen Philosophie zwischen Physik und Mathematik; bei Stolle: Anleitung zur Historie der Gelahrheit, im zweiten Teil zwischen Logik und Pneumatik.

hat wieder Wolffs 1720 erschienene Metaphysik positiv eingewirkt. Müller subsumiert unter Metaphysik den nichtscholastisch gestalteten Bereich der »unmittelbar von göttlicher allmacht« herstammenden »obersten eigenschaften und kräfte der natur«. Gemeinsam mit der »natürlichen Theologie« hat die Metaphysik das Erkenntnisprinzip, ihre Objekte »ihrer Existenz nach« mit dem menschlichen Verstand zu erfassen, nicht jedoch ihrem – übernatürlichen – Wesen nach.[299]

Auf die *artes illiberales* gehen die wenigsten Einführungen gesondert ein; manche artes sind Teile anerkannter Disziplinen und werden insofern als deren ›Anwendungsbereich‹ automatisch mitbehandelt. Das gilt besonders für Physik und Mathematik, die zum Beispiel Mechanik, Architektur, Feuerwerks-Kunst, Wasser-Kunst und Optik umfaßt.[300] Schon Thomasius hatte im Ökonomie-Kapitel der »Höchstnöthigen Cautelen« eine Lanze für die unfreien Künste gebrochen:

> »Man muß sich auch nicht die närrische Meinung derer meisten Gelehrten von dem Vorzug der freyen Künste und der Gelehrsamkeit für die Handwercker in den Kopf setzen.«[301]

Als Beispiel nennt Thomasius den Landbau, der kein Handwerk, sondern »die allerälteste, edelste und unschuldigste Kunst« sei, und der nicht mit der Tätigkeit bzw. dem Stand des Bauern vermengt werden dürfe.[302] Eigens erörtert Johann Christian Lange die Frage, ob »artes mechanicae oder Hand-Wercks-Künste« zur Erudition gehören und gegebenenfalls, welcher Fakultät sie zuzurechnen seien.[303] Für die prekäre Situation, in der sich der Wissenschaftskanon befand, zeugt Langes Geständnis, vor der Behandlung dieser schwierigen Frage habe er sich »schon vorher gefürchtet«.[304] Ausschließen von der Erudition kann Lange diese als nützlich anerkannten Künste nicht, doch will er die »Hand-Wercks-Künstler« auch nicht dem eigentlichen Lehr-Stand zuordnen.[305] Er behilft sich mit einer Sonderung der Künstler in solche, die ihre Kunst »als ein bürgerliches Geschäffte des so-genannten Nähr-Standes« betreiben, und in solche, die über die Ausübung und Verbesserung eine »recht vernünfftige« Aufsicht führen, also in die praktizierenden Handwerker und in die – ebenfalls dem Lehrstand zuzurechnenden – Analytiker des Faches. In seiner, von der üblichen Einteilung der Disziplinen abweichenden Schematik ordnet er die Handwerke der Medizin zu,[306] unter der er die sonst Physik genannte »gantze Theoriam und Praxin circa Res naturales«

---

[299] A. F. Müller: Einleitung in die philosophischen Wissenschaften, Bd. 1, S. 40.

[300] Kemmerich: Neu-eröffnete Academie, S. 18f. In enger Nachbarschaft zur Mathematik bei Crusius: Kurtz entworffenes Portrait, Pensum 19. Pyrotechnik, Mechanik, Pensum 20: Hydraulik, Optik, Astronomie.

[301] Thomasius: Höchstnöthige Cautelen, Kap. 17, § 12, S. 426, bezieht sich auf Agrippa von Nettesheim.

[302] Ebd., S. 427, §§ 14–16.

[303] J. Chr. Lange: Protheoria Eruditionis, Kap. LXXXII, S. 643–654.

[304] Ebd., S. 643.

[305] Ebd., S. 643f.

[306] Ebd., S. 646ff.

versteht.[307] Im Falle sozialer bzw. religiöser Zwecksetzungen sind Jurisprudenz bzw. Theologie für diese »artes mechanicae« zuständig.[308] An der hier im Detail nicht dargelegten Gliederung[309] ist interessant, daß Lange Maler und Bildhauer zusammen mit Buchdruckern und Schreibern den der »Einbildung« und dem »Gedächtniß« dienenden Artes zuteilt.[310] Anfänge eines »modernen Systems der Künste« zeichnen sich also bei Lange noch nicht ab.

Martin Schmeitzel konstatiert, daß die von Künstlern, Handels- und Handwerksleuten ausgeübten artes mechanicae »ex circulo eruditionis« ausgeschlossen sind und daher nicht in die Gruppe der »zum Lehr-Stand gehörigen Wissenschaften« gehören.[311] Er gibt jedoch zu bedenken, daß man die artes illiberales wegen ihres gesellschaftlichen Nutzens (und Ergötzens) »schlechterdiengs von der Gelehrheit nicht ausschliessen könne«.[312] Vom Begriff der Gelehrsamkeit als einer Erkenntnis der nicht unmittelbar in die Sinne fallenden Wahrheiten ausgehend, kommt A. F. Müller zur Feststellung, Künste und Handwerke zählten trotz ihrer Notwendigkeit und ihres Nutzens nicht zu den gelehrten Disziplinen, weil sie fast ausnahmslos auf einer »bloß gemeinen erkentnüs der kräfte und eigenschaften« gründeten. Allerdings kann die Förderung der einzelnen Handwerke – hier folgt er implizit Langes Argumentation – mit Wissenschaften verbunden sein, besonders mit Mathematik und Physik.[313]

Überblickt man die Einstufung der alten und der neuen Disziplinen, so fällt, angesichts der Ablehnung scholastischer Sophistik und humanistischer »Verbalistik«, und angesichts der Zustimmung zu den praktischen und den galanten Fächern unschwer der gemeinsame pragmatische Grundzug auf. Die »gute Conduite« stützt sich neben den gelehrten Disziplinen hauptsächlich auf Weltkenntnis und Klugheit, also auf *Erfahrung* (experientia) und *Urteilsfähigkeit* (iudicium). Diese zwei Prinzipien prägen auch in den bevorzugten Disziplinen den methodischen Zugriff. Sie resultieren aus dem veränderten Begriff der Gelehrsamkeit, die sich nicht mehr auf die abrufbaren Arsenalien humanistischer Belesenheit oder die syllogistischen Findekünste scholastischer Logiken beschränkt.

Realienbegriff und iudicium stehen daher in einem Bezugssystem; das iudicium bedingt als pragmatisches Denkprinzip einen neuen Realienbegriff, der unmittelbar den praktischen Wissenschaften entstammt. Erfahrung als das auf die sinnli-

---

307 Ebd., S. 641; vgl. den folgenden Abschnitt 1.3.

308 Ebd., S. 647.

309 Zur Einteilung der artes mechanicae selbst ebd., S. 649–654.

310 Ebd., S. 654.

311 Schmeitzel: Versuch zu einer Historie der Gelehrheit, S. 226, Anm. 11.

312 Schmeitzel, ebd., verweist auf Lange und auf Thomasius' »Höchstnöthige Cautelen«, Kap. 17, §§ 12ff. Schon G. P. Müller argumentiert so. Er hält die traditionelle Einteilung der Studien in vier Fakultäten für nicht notwendig, da sie die Handwerke und Künste ausschließen, die »doch zur wahren Weißheit und Gelehrsamkeit sowohl als die andern Theile gehören.« Academische Klugheit, S. 4, § 8.

313 A. F. Müller: Einleitung in die philosophischen Wissenschaften, Bd. 1, S. 42f.

che Objektwelt gerichtete Erkenntnismedium korrespondiert dabei dem auf die intellektualistischen Bereiche zentrierten iudicium; beide wirken auf die Beurteilung komplizierter gesellschaftlicher Vorgänge ein. Schröter empfiehlt das Exzerpieren, den vorsichtigen Gebrauch von loci communes-Sammlungen und ›politischen Collectanea‹ sowie die Übersetzung der besten Loca aus den gängigen Fremdsprachen, um das ›Gemüt‹ zu erwecken und das iudicium zu schärfen.[314] Schröter arbeitet mit einem noch in der Tradition des Humanismus stehenden Realienbegriff. Überhaupt verändert sich dieser traditionelle Realienbegriff während der ganzen ›politischen‹ Epoche nur gradweise. Christian Weise hatte ja einen extrem manipulierbaren, auf enzyklopädischer Wissensansammlung beruhenden Realienbegriff propagiert. Bei Thomasius ist der Bezug zur Wissenschaftsentwicklung ungleich lebendiger. Dennoch wendet er sich nur gegen die Verba- und Phrases-Sammlungen, nicht gegen die als Vorformen des ›Konversationslexikons‹ gehandhabten Realien-Bücher.[315] Die Beurteilung der loci communes-Sammlungen fällt ganz unterschiedlich aus, je nachdem, ob der Autor die loci zu den Phrases oder zu den Realien rechnet. Für Schröter führt neben den Studien auch die *Erfahrung* zur »Wissenschaft und Vollkommenheit«; man erwirbt sie auf Reisen, in diplomatischen und militärischen Aktionen, in politischen Ämtern, im Umgang mit klugen und welterfahrenen Leuten und schließlich aus der Kenntnis der vaterländischen Geschichte.[316] Erfahrung ist jedermann, der ein »gutes Naturel« und einen »fähigen Verstand« hat, zugänglich. Die im Zusammenhang mit dem Realienerwerb auch begegnende Formel von natura, disciplina und exercitatio als den notwendigen Voraussetzungen ist noch konventionell;[317] sie leitet allenfalls bei entsprechender Akzentverschiebung auf den Naturell-Begriff, auf ingenium und iudicium als moderne Äquivalente des humanistischen ›natura‹-Terminus hin. Bei Kemmerich macht sich der neue Geist allenthalben bemerkbar. Neben der Bücherlektüre legt er den Nachdruck auf das »eigne nachsinnen«: das

---

[314] Schröter: Gründliche Anweisung zur Information, S. 26f., §§ 37–40. Zur Realien-Imitation, S. 83.

[315] Dazu Kap. IV. 2.2. Als Beispiele für Realiensammlungen nenne ich die Werke von Hederich und Hübner. Benjamin Hederich: Reales Schul-Lexicon (1712); Kurtze Anleitung zu den fürnehmsten, Einem künftigen Bürger und anderen, so nicht eben studiren wollen, dienlichen Sprachen und Wissenschaften (1743); Gründliches Lexicon Mythologicum (1741); Anleitung zu den fürnehmsten philologischen Wissenschaften, nach der Grammatica, Rhetorica und Poetica (1713); Gründliches Antiqvitäten-Lexicon (1743); Anleitungen zu den fürnehmsten historischen Wissenschaften, benanntlich der Geographie, Chronologie ... und der Mythologie (1709); Kenntniß der vornehmsten Schriftsteller vom Anfange der Welt bis zur Wiederherstellung der Wissenschaften. 2 Bde. (^{2}1767). Lexikon und Anleitung, Kompendium und Lehrbuch gehen bei diesem repräsentativen Schriftsteller-Typus ineinander über. J. Hübner: Curieuses und reales Natur- Kunst- Berg- Gewerck- und Handlungs-Lexicon (^{2}1739); Neu-vermehrtes und verbessertes Reales Staats- Zeitungs- und Conversations-Lexicon (1757).

[316] Schröter: Gründliche Anweisung zur Information, S. 28.

[317] J. Chr. Lange: Protheoria Eruditionis, Kap. XII. Von der Erudition ihren Hülffs-Mitteln, S. 727ff., verbleibt noch ganz im herkömmlichen Rahmen.

Gesehene, Gehörte oder Gelesene soll durch »nachdencken im gemüthe lebendig« gemacht werden, entweder durch einfaches Einprägen, durch Analyse des Wahrheitsgehaltes bzw. Schärfung des iudicium, und durch ein mit Hilfe »artiger Erfindungen« vorgenommenes ingenium-Training.[318] Allzuviele Gedächtnisübungen schwächen dagegen das iudicium; besonders schaden die »gekünstelte subsidia mnemonica« oder »artzneyen«.[319] Auch Fahsius spricht sich anläßlich der Behandlung der Gedächtniskünste[320] (»subsidia technica«) für eine solche »memoria artificialis Logica« aus, die er als ein »judiciöses Nachsinnen« definiert und deren Gebrauch er besonders im Wissenschaftsbereich empfiehlt:

> »drum lob ich, wenn man vor allen Dingen sich bemühet, daß dem Gedächtnisse das Judicium zu Hülffe komme, ich will sagen, man lerne nichts auswendig, was man nicht verstehet, man lerne eine Sache fein ordentlich und gründlich einsehen, so wird das Gedächtniß sich über dessen Schwierigkeit nicht beklagen.«[321]

Die positive Lehrpraxis äußert sich für Kemmerich in der Systematik, in der Wiederholung und im richtigen Verständnis des Gelernten.[322] Der Student muß sein Hauptaugenmerk auf die Schärfung des iudicium richten. Als Mittel dazu empfiehlt Kemmerich den Gebrauch deutlicher Begriffe und den Erwerb allgemeiner Prinzipien, die Pflege eines (von Descartes' prinzipiellem Zweifel sorgsam abgesetzten) »vernünfftigen zweifels«, den vernünftig betriebenen Disput und die Lektüre judiziöser Bücher.[323] Ein Hofmeister, der diese Fertigkeiten weitervermitteln soll, muß selbst in ihrem Besitz sein.[324] Bei den Weiseanern und den Thomasianern begegnen die Begriffe der Erfahrung oder Experienz[325] ebenso wie der iudicium-Begriff.[326] Wie Kemmerich stellen sie das iudicium in Gegensatz zur

---

[318] Kemmerich: Neu-eröffnete Academie, S. 40; vgl. Reimmann: Einleitung in die Historiam Litterariam, Bd. 7 (1713!), S. 126.

[319] Kemmerich: Neu-eröffnete Academie, S. 41, nennt exemplarisch die Lullistischen Künste.

[320] Fahsius: Atrium Eruditionis, S. 46ff.

[321] Ebd., S. 48. Auch A. F. Müller: Einleitung in die philosophischen Wissenschaften, Bd. 1, S. 57. In den gemeinen Künsten und Handwerken geht die »blosse empirische gedächtnüs-wissenschaft« noch an, in den »gelehrten wissenschaften« jedoch ist sie »nicht anders als höchst schädlich«.

[322] Kemmerich: Neu-eröffnete Academie, S. 40f., §§ 1–5.

[323] Ebd., S. 41; vgl. zur Übung S. 42. »Doch muß man sich hüten, daß man dem judicio durch solche übung nicht schade, sondern solche sachen erfinde, die wahrscheinlich seyn und ein fundament haben.«

[324] Ebd., S. 53ff., bes. zum iudicium S. 54f.

[325] Grosser: Gründliche Einleitung zur wahren Erudition, S. 304ff., betont die dem Redner erforderliche Experientz; G. P. Müller: Academische Klugheit, S. 142f.

[326] Grosser: Gründliche Einleitung zur wahren Erudition, S. 68ff., S. 77; vgl. S. 45, wo der Begriff der ›gesunden Vernunft‹ auftaucht. Ebd., S. 68: »Das Judicium ist zweyerley / naturale, und habituale. Dieses letztere ist freylich eine Frucht des beständig angewandten Fleisses: jenes aber ist eine natürliche Scharffsinnigkeit des Verstandes: Krafft welches derselbe sich etwas leicht einbilden / erkennen und entscheiden kan.« Bertram: Einleitung in die [...] Schöne Wissenschaften, S. 24, billigt auch der kritischen Beschäftigung innerhalb der litterae humaniores einen »guten Theil« an iudicium zu.

memoria.[327] Der Aufwertung der Klugheitslehre geht die Abwertung der Memorier- oder Gedächtniskunst parallel.[328]

Unter das Verdikt fallen auch die *Loci topici* der logischen bzw. rhetorischen inventio.[329] An ihre Stelle tritt eine *freiere,* vom ingenum hervorgebrachte und vom iudicium korrigierte *›Erfindung‹,* die nicht mehr den Charakter eines Auffindens bereitliegender, nach bestimmten Mustern jedermann zugänglichen Tatsachen oder ›Wahrheiten‹ hat, sondern bereits den Vorschein des individuell hervorgebrachten Produktes dokumentiert.

Insbesondere Johann Georg Walch hat die *»Meditation«* zu einer neben dem Bücherstudium und dem Exzerpieren selbständigen Studiermethode ausgearbeitet.[330] Sie repräsentiert das von den ›politischen‹ Hodegetikern empfohlene, gegenüber Thomasius strengere, jedoch noch nicht ausschließlich durch syllogistische Regeln eingeengte Denken. Das geht bereits aus Walchs Definition hervor; Meditation ist nichts anderes als eine »pracktische Logic«, also eine »vernünfftige und kluge Anwendung der Regeln, welche die theoretische Logic von der Erfindung und Erkäntniß des wahren und falschen vorgeschrieben hat.«[331] Für die Philosophen hat Walch die Funktion der Meditation weiter spezifiziert. Die drei Ziele – Ablegung der Vorurteile, Lust an der Wahrheit, Befreiung von Sorgen – kann der Philosoph auf verschiedene Weise angehen.[332] Der Vorbereitung dienen Erfahrung und Lektüre; danach setzt die »Meditation« ein.

> »Ist die Vorbereitung geschehen, so muß die Meditation selbst vorgenommen werden, welche, wenn man sie in weiterm Verstande nimmt, nichts anders ist, als eine Bemühung

---

327 Grosser: Gründliche Einleitung zur wahren Erudition, S. 69. »Und es wäre zu wünschen / daß alle Praeceptores das Judicium so sehr und mehr als die Memorie zu cultiviren suchten! So aber sieht man / leider! daß / bey dem unvernünfftigen unter Bedrohung harter Straffe anbefohlenen memoriren und recitiren / dem Gedächtnisse nicht gerathen / das Judicium aber überaus gehemmet wird.« Vgl. ebd., S. 84f., wo Grosser die Regeln gibt: »Lege, meditare, scribe, loquere!«

328 G. P. Müller: Academische Klugheit, Kap. XIX. Von der Arte Mnemonica oder der Gedächtnis-Kunst, S. 137–140; Grosser: Gründliche Einleitung zur wahren Erudition, S. 69ff.; A. F. Müller: Einleitung in die philosophischen Wissenschaften, Bd. 1, S. 27.

329 Grosser: Gründliche Einleitung zur wahren Erudition, S. 310ff., s. Kap. V 2.2.; G. P. Müller: Academische Klugheit, S. 139, § 6; Gundling: Collegium Historico-Literarium, S. 551ff., richtet sich hier gegen Weise und Morhof, der bekanntlich ein Befürworter der Topik war. Fahsius: Atrium Eruditionis, S. 495ff., nur vorbehaltlich für Verwendung der Loci Topici. Sie sind »nichts anders als gewisse Register und Classen, nach welchen man die vorkommende Dinge rangiren und sich davon einige ordentliche Concepte formiren kan.« Zur Überwindung herkömmlicher Topik durchs iudicium s. Beetz: Rhetorische Logik, S. 144–161, zur Ersetzung durch eine Sachlogik, S. 209–283.

330 Walch: Entwurff der allgemeinen Gelehrsamkeit, S. 26, § 3. »Zu den Mitteln [des Gelehrsamkeitserwerbs] rechnen wir, die niedrige und hohe Schulen, den Umgang mit gelehrten Leuten, den wahren Gebrauch der Bücher, das Excerpiren und die Meditation.« Vgl. ebd., S. 28–48; über Meditation, S. 48–54. Wiedemann: Topik als Vorschule, S. 237, 244, 249, spricht von einem Paradigmenwechsel zwischen topischem und kausallogischem Denken. Topik bezeichnet er als Wissenschaftsmethode der Klugheitslehren.

331 Walch: Entwurff der allgemeinen Gelehrsamkeit, S. 48, § 1.

332 Walch: Einleitung in die Philosophie, S. 144ff.

des menschlichen Verstands um die Erkänntnis des wahren. Sie geht entweder auf eintzelne Gedancken, oder auf einen Zusammenhang und Verhältnis derselbigen untereinander.«[333]

Theorie und Praxis ergänzen einander. Gegenüber dem von Thomasius betonten Primat der Praxis dominiert in den zwanziger Jahren die Ausgewogenheit zwischen theoretischem und praktischem Aspekt. Das Vordringen theoretischer Elemente manifestiert sich in der Ausgestaltung der freien Meditation zu einer systematischen Meditations-Kunst. Walch nennt den analytischen und den synthetischen Typus (Erfindung neuer Wahrheiten; Prüfung bereits erfundener Wahrheiten), sowie den – am Wahrheitscharakter des untersuchten Objekts orientierten – demonstrativischen und wahrscheinlichen Meditationstypus.[334]

Als Regeln nennt Walch: *vor* der Meditation steht die Selbsterkenntnis (das Verhältnis von ingenium, iudicium und Gedächtnis), *während* der Meditation spielt die Präzision der angewandten Methode die Hauptsache, (d. h. die praktische Umsetzung der theoretischen Logik), *nach* stattgefundener Meditation empfiehlt sich die Aufzeichnung des Ergebnisses.[335] Die Meditation gilt Walch als das wichtigste Mittel, um zur Gelehrsamkeit zu gelangen: »Was die Seele bey dem Menschen, das ist die Meditation bey der wahren Gelehrsamkeit.«[336]

Die auch für die praktische Meditation vorgenommene Systematisierung der Verstandesfähigkeiten zeigt, daß nicht nur Christian Wolff den Zugriff der Logik auf die Bereiche praktischen Denkens ausdehnt, sie zeigt darüber hinaus, daß dem – bei den eigentlichen Thomasianern ungebundenen – iudicium eine fixierte Regelhaftigkeit aufoktroyiert wird. Der »gute natürliche Verstand« allein genügt nicht mehr.[337]

Freilich ist diese gegenüber der Topik selbständigere Art des Selber-Erfindens noch weit vom Vorgang schöpferischen Schaffens entfernt. Immerhin ist mit dem Ausbau der Meditation bzw. iudicium-Lehre eine Ausgangsbasis geschaffen, von der aus die Akzente innerhalb des ›natura‹-Verständnisses zugunsten des ingenium verschoben werden konnten. Das sollte allerdings erst im nachwolffschen Zeitraum, im Zeitraum zwischen Lessing und Herder geschehen. Das Auftauchen einer neuen Fachdisziplin, der zur Philologie rechnenden »Critik«,[338] wie auch die Bevorzugung der Gesprächsform in den Lehrbüchern,[339] signalisiert die neue Gelehrsamkeitskonzeption.

---

[333] Ebd., S. 147, § XXXIX.

[334] Walch: Entwurff der allgemeinen Gelehrsamkeit, S. 49, § 2; S. 50, § 4; ders.: Einleitung in die Philosophie, S. 148ff.

[335] Walch: Entwurff der allgemeinen Gelehrsamkeit, S. 50–52, §§ 5–10.

[336] Ebd., S. 53, § 12.

[337] Ebd., S. 50, § 6.

[338] Schmeitzel: Versuch zu einer Historie der Gelehrheit, S. 238; J. Chr. Lange: Protheoria Eruditionis, S. 638f.; Crusius: Kurtz entworffenes Portrait, Pensum 11. Auch Walch: Entwurff der allgemeinen Gelehrsamkeit, S. 98ff.

[339] Grosser: Gründliche Einleitung zur wahren Erudition, S. 77. »Wer seiner Zuhörer Nachsinnen schärffen / und also auch ihrer Memorie fruchtbarlich auffhelffen will / der muß seiner Information das Ansehen einer beständigen Unterredung geben / und die

Der *Realienbegriff* verändert sich zusehends; zu Beginn der Epoche bildet er noch den Gegenbegriff zu den Wort-Wissenschaften.[340] Reimmann zollt den Ureinwohnern der Erde sein Lob, weil sie »die Weißheit mehr in denen Sachen, als in denen Worten gesucht« hätten, und postuliert daraus – in unverbrämter Opposition zur Rhetorik – die Notwendigkeit und Nützlichkeit einer Denk-, Schweige- und Hör-Kunst.[341] Doch ist die Ablehnung der Rhetorik keineswegs generell; sie verträgt sich, bei zugegebener Einstufung als Instrumentalwissenschaft, mit den Realdisziplinen widerspruchslos. Später setzt sich ein *neuer, auf dem Selbstdenken gegründeter, Realienbegriff* gegen den älteren enzyklopädischen durch. Dieser Wandel läßt sich bei G. P. Müller, Grosser, Walch, Gundling und A. F. Müller aufzeigen. G. P. Müller operiert zwar noch mit dem alten Realienbegriff, wenn er von der »Ausfindung geschickter«, zwischen die Hauptteile der Rede eingestreuter »realien« spricht und auf eigengefertigte »Collecturen von allerhand inventionen« hinweist. Die Wende zum Neuen zeichnet sich jedoch in der Quellenfrage ab. Die von fremder Hand fabrizierten ›Florilegia‹ und ›Collecturen‹[342] lehnt Müller ab; gute Realien erfordern die eigene Suche in Historikern und Rednern. Bis hierher unterscheidet sich das Postulat der aus den Originalquellen geschöpften Realien in nichts vom humanistischen Ideal des ›großen Poeten‹. Erst der Nachsatz, ein »gutes Nachdencken« gehöre auch dazu, »indem es eine übele Meinung ist, daß die testimonia und Exempla oder zusammen getragene similia und hieroglyphica allein realien ausmachen«, deutet den Gesinnungswandel im wissenschaftlichen Sektor an. Wie Christian Weise fordert Samuel Grosser vom Redner eine »eigene kluge Experienz«.[343]

Sein Vergleich des nach topischen Regeln vorgehenden Redners mit dem in Kram-Läden und Buden verkehrenden Käufer demonstriert die Distanz gegenüber dem alten Realienbegriff. Er mahnt, sich durch die Vorliebe für dieses »gemeine oratorische« Hilfsmittel nicht darüber hinwegtäuschen zu lassen, »daß man ausser diesen allgemeinen Läden noch gewisse Haupt-Läden hat / aus denen man die zum Reden dienende Real-Waaren nehmen und erhandeln muß«.[344] Grosser weist den Redner auf die disciplinas principales und die facultates superiores, also auf die drei oberen Fakultäten und die Grund-Fächer der philoso-

---

Untergebene durch allerhand vorgegebene Fragen recht nachdencken / und / vermittelst des Nachdenckens / eine Sache leicht und gründlich fassen / behalten und wieder von sich geben lehren.«

340 Noch relativ spät bei Crusius: Kurtz entworffenes Portrait, S. 4, wo Moral, Geographie, Historie, Geometrie gegen den Latein-Drill ausgespielt wird. Bertram: Einleitung in die [..] Schöne Wissenschaften, S. 23f., führt Oratorie und Poesie als Disziplinen der »Wort-Erkentniß«.

341 Reimmann: Versuch einer Einleitung in die Historiam Literariam, Bd. 7, S. 127.

342 G. P. Müller: Academische Klugheit, S. 44f., nennt Weidling und Männling als Verfasser oratorischer Schatzkammern.

343 Grosser: Gründliche Einleitung zur wahren Erudition, S. 309. Er meint damit die Menschenkenntnis, die das Einstellen auf ein bestimmtes Auditorium erst ermöglicht, und gibt Hinweise auf Weise, Huarte, Thomasius und Barclay.

344 Ebd., S. 310.

phischen Fakultät, womit er Logik und Realdisziplinen meint. Während die Loci topici »leere Fächer« sind, die allenfalls »blosse Register unserer Gedancken« darstellen, vermitteln die Disziplinen selbst erst die sachdienlichen »rechtschaffenen Gründe«.[345] Hier bahnt sich ein Wandel des formelhaften Realienbegriffes zum Ausdruck eines wissenschaftlichen Inhalts an.

Das von Walch entwickelte *Meditationsprinzip* hat in allen Disziplinen Geltung. Für die Rhetorik bedeutet dies die *Abkehr von der* »unordentlichen und unrichtigen« *Topik*[346] und die Negation eines Unterschieds zwischen rhetorischen und logischen Beweisen. Walch anerkennt nur die aus der Logik stammenden gewissen oder wahrscheinlichen Beweise. Die Schuloratorie gilt ihm lediglich als »Pedantische Wäscherey«, »da dergleichen Redner wie die schreyende Hüner auf der Treppe auf= und absteigen, und durch ihren Thon ein nichtswürdiges Gacken erwecken.«[347]

Auf grundsätzliche Weise handelt Gundling [Hempel] den Unterschied zwischen angewandter Topik und Realienkenntnis ab. Die Topik allein lehrt nur »schwatzen«, die ars lulliana, Kirchers ars combinatoria sind, auch wenn sie die ›gemeine Logik‹ übertreffen, ebenfalls bloße »Schwatzkünste«.[348] Gegen Morhofs emphatisches Eintreten für die Topik[349] betont Gundling (bzw. sein Bearbeiter)[350] den Primat der Realdisziplinen im Studiengang (wie Thomasius): es sei »absurd«, daß man aus den locis topicis von Sachen, die man nicht verstehe, reden lernen wolle.[351] Gundlings Angriff fällt so scharf aus, da er dem Vordringen der topischen Künste in die von ihm selbst vertretene Jurisprudenz Einhalt gebieten will. Oppositorisch gegen die herkömmlichen Rhetorik-Kompendien – er nennt hier Weigel, Christian Weise und Johann Hübner[352] – empfiehlt Gundling Bernard Lamys nicht mehr auf die Topik gestützte »L'art de parler«.

Für Gundling ist die Topik »inutilis, periculosa & inepta«; die von ihr handelnden Kompendien taugen allesamt nichts. Auch Leibniz scheint diese Erfahrung gemacht zu haben und auf ihr seine das *Raisonnement* betonende »Ars combinatoria« (1666) aufgebaut zu haben. Gundling basiert seinerseits auf einem Realienbegriff, der nur das als reell anerkennt, was beweisbar und erfahrbar ist. Logische Demonstration und experimentelle Nachprüfbarkeit sind die Hauptinstrumente des eigenen Nachdenkens: aus dem Sachwissen folgt die Rede von alleine.

---

345 Ebd., S. 311f. »So lange auch ein angehender Redner von den Disciplinis und Facultatibus superioribus gar keinen Grund / oder zum wenigsten gar keinen Vorschmack hat / ist sein Reden und Schreiben gleichsam nur ein blosses Vorspiel.«

346 Walch: Entwurff der allgemeinen Gelehrsamkeit, S. 85f., § 17, S. 81, § 4.

347 Ebd., S. 87f., § 21.

348 Gundling: Collegium Historico-Literarium, S. 551–558, hier S. 556.

349 Morhof: Polyhistor Bd. 1, Buch 2, Kap. 4 und Kap. 5.

350 An dieser Stelle weist der Bearbeiter Hempel auf Gundlings erste, gegen Morhof gerichtete Schrift hin. Gegen diese Schrift hatte sich Christian Juncker gewandt.

351 Gundling: Collegium Historico-Literarium, S. 552.

352 Ebd., S. 553ff. »Es ist daher endlich leichte zu erachten; Daß die meisten Compendia Oratoria & Rhetorica, als des Weigels, Christian Weises, Joh. Hübners und Anderer, ebenfalls Nichts bedeuten.« Er verwechselt wohl Weigel mit Weidling; vgl. S. 577, 586.

»Wann ich aber zu demonstriren und mir Cogitationes, ex relationibus variis, zu machen vermögend bin, so kann ich auch reden; Und ist es besser tacere, als wenn ich nicht, zuvor, meditiret und recht gedacht habe.«[353]

Einer ähnlichen Realien-Anschauung begegnet man bei den zeitgenössischen progressiven Rhetorikern; Hallbauers Begriff der Meditation entspricht ziemlich genau Gundlings Raisonnement;[354] beide Methoden entspringen der anthropologischen Vernunftlehre, nicht der »gemeinen Logik«. Für A. F. Müller ist der Erwerb von Klugheit an ein gutes Naturell, an Lehre und Übung gebunden. Der »sinnreiche oder inventiöse kopf« hat ein »aufgewecktes ingenium« und ein »fähiges iudicium«;[355] gute Regeln und Erfahrung müssen hinzutreten. Ingenium, iudicium, praecepta und experientia sind die Leitbegriffe des ›politischen‹ Lebensideals.

In A. F. Müllers philosophischer Terminologie vermischen sich Begriffe aus der politischen Klugheitslehre und der Wolffschen Vernunftlehre. Gelehrsamkeit als »scharffsinnige und mit judiciösen nachdencken verbundene erkentnüs der wahrheit«[356] impliziert einen philosophischen Realienbegriff, der ähnlich in Zedlers Universal-Lexikon, der maßgeblichen Enzyklopädie der frühen Aufklärung, auftaucht. Der Zedlersche Artikel grenzt den neuen gegen den alten Realienbegriff ab. Realien, führt das Lexikon aus, »hiessen denckwürdige und nützliche Sachen, die nicht in blossen Worten bestehen, damit ein Redner oder Schrifftsteller seine Rede oder Schrifft auszuzieren pfleget. Dahin gehörten vor diesem in der Redekunst die Exempla und Testimonia, auch wohl Emblemata, Gleichnisse, Medaillien u. d. g. Heut zu Tage aber hat sich der Geschmack geändert, und man glaubt, daß das reelle einer Rede in einem gründlichen und nach der Klugheit angebrachten Raissonement bestehe.«[357]

Der Zedlersche Artikel stammt von 1741, wiederholt jedoch fast wortwörtlich die Definition aus J. A. Fabricius' »Oratorie« von 1724. Er repräsentiert also einen Stand, der den Übergang von der iudiziös-politischen zur mathematisch-logischen Philosophie signalisiert. Für die ersten beiden Jahrzehnte des 18. Jahrhunderts hat dieser fortschrittliche Realien-Begriff noch keine allgemeine Geltung erlangt. Das belegt der Gebrauch, den die Poetiken von den Realien machen.

1.3. ›Politische‹ Wissenschaftskonzepte und die Position der Poesie

Der Aufstieg der Realdisziplinen, die Erweiterung und Umwertung der im bisherigen Quadrivium enthaltenen Fächer-Kombination hatte die alte Hierarchie

[353] Ebd., S. 558. Vgl. seinen Ausspruch: »Ich halte dafür, dass man lesen, die Sache wohl überlegen, und dann, in demüthiger Furcht vor Gott, tapfer raisonniren müsse.« Zit. nach Kawerau: Aus Halles Literaturleben, S. 42; dort ähnlich lautende Belege gegen eine Wissenschaft der Autoritäten.

[354] Hallbauer: Anweisung zur Verbesserten teutschen Oratorie, S. 244ff., Capitel II.

[355] A. F. Müller: Einleitung in die philosophischen Wissenschaften, Bd. 2, S. 813.

[356] Ebd., Bd. 1, S. 28; vgl. S. 95, § 5, zur Wirkungsweise des iudicium.

[357] Zedlersches Universal-Lexicon 29 (1741), Sp. 1222, s. v. Realien. Zu Fabricius vgl. Kap. VI 2.3., bes. Anm. 293.

der artistischen Fakultät schon lange gesprengt. Die artistische Fakultät umfaßte bereits in der Renaissance mehr Fächer als die mittelalterlichen artes liberales: die studia humanitatis, die philosophischen und die mathematischen Disziplinen.

Die Scholastiker folgten entweder uneingeschränkt der aristotelischen Einteilung, oder sie setzten die artes liberales der in einen theoretischen und einen praktischen Teil gegliederten Philosophie entgegen. Der theoretische Teil enthielt Physik und Metaphysik; der praktische die Ethik, Politik und Ökonomik. Die Ramisten grenzten eine aus Logik, Rhetorik, Grammatik, Arithmetik und Geometrie bestehende Propaedia von einer aus Ethik, Physik, Historie und Poesie zusammengesetzten Paedia ab. Toletus kennt drei Hauptrubriken, eine spekulative Philosophie (Metaphysik, Physik, Mathesis), eine ›aktive‹ (Ethik, Politik, Oeconomie) und eine »factive« (artes liberales). Keckermann unterscheidet eine theoretische von einer praktischen Philosophie; die theoretische gliedert sich in scientiae primariae (Metaphysik) und secundariae (Physik und Mathematik), die praktische in prudentias generales (ethica) und speciales (oeconomia, politica).

Auf Alsted und Thomasius wurde bereits hingewiesen. Alsteds komplizierte Gliederung blieb ohne Nachfolge,[358] während das thomasische Einteilungsprinzip im wesentlichen beibehalten wurde. Thomasius kennt die zwei Hauptteile einer philosophia instrumentalis und principalis; unter erstere subsumiert er Grammatik, Poesie, Rhetorik, Logik und Historie; letztere teilt er in einen theoretischen, aus Metaphysik, Physik und Mathematik zusammengesetzten Teil, und einen praktischen, die Ethik, Politik und Oekonomie enthaltenden Teil ein. Der ebenfalls einen instrumentalen von einem theoretischen und praktischen Sektor unterscheidende Joh. Franz Budde modifiziert die Zuweisung von Disziplinen und Rubriken, zum Beispiel zählt er die Metaphysik zur philosophia instrumentalis.[359] Im ersten Drittel des 18. Jahrhunderts pendelt sich eine Art Standardgliederung ein, von der dann allerdings die einzelnen Hodegetiker sich abzuweichen bemühen; damals wie heute setzte der einzelne Gelehrte seinen größten Stolz in den Entwurf eines eigenen Systems.

Johann Christian Lange bezeichnet als *»gewöhnliche«* Einteilung einen zweiteiligen Aufbau, der aus der Tradition mehrere Bestandteile übernimmt.[360]

Traditionelle Einteilung der Philosophie

1) Philosophia instrumentalis (philologia)

cultura rationis	cultura sermonis	cultura rerum singularum
Logik	Grammatik	Historie
	Rhetorik	Geographie
	Poetik	Chronologie

[358] Vgl. dazu die Tabelle bei Schmeitzel: Versuch zu einer Historie der Gelehrheit, S. 453.

[359] Budde teilt die Philosophie in eine philosophia instrumentalis (Logik, Hermeneutik, Methologie, Metaphysik), eine philosophia theoretica (Physik, Theologia naturalis) und in eine philosophia practica (Ethik, Jus naturae, Politik) ein; Rüdiger kennt die drei

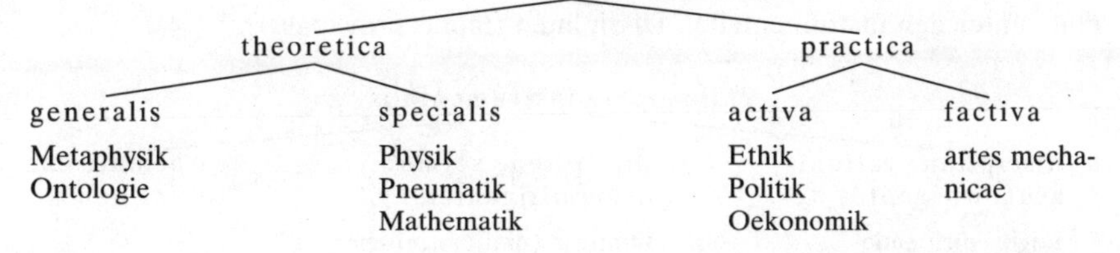

Die Philosophie dient der Verwirklichung des Grundsatzes ›bene vivere‹. Die philosophia principalis dient der Grundlegung sämtlicher Disziplinen auch der höheren Fakultäten; sie hat sich in ihrer theoretischen Ausprägung das ›bene cognoscere‹, in ihrer praktischen das ›bene agere‹ zum Ziel gesetzt. Obwohl Lange auch im Bereich der philosophia principalis (oder organica bzw. minus principalis) vom üblichen System abweicht,[361] steht hier die Gliederung der philosophia instrumentalis im Vordergrund. Die instrumentellen Fächer fungieren als Werkzeuge der materialen Gelehrsamkeit; sie dienen dem ›bene ratiocinari‹, ›bene sermocinari‹ und ›bene experiri‹, also dem »rechtschaffenen Gebrauch« der Vernunft, der Rede und dem Erwerb von Materialien (Erfahrung).[362] Lange faßt die Historie, abweichend von dem als Tradition dargestellten Schema nicht materialiter, sondern ordnet sie, zusammen mit den sprachlich-grammatischen

---

Rubriken sapientia (Logik, Physik), Justitia (Metaphysik, Jus naturae) und prudentia (Ethik, Politik).

360 J. Chr. Lange: Protheoria Eruditionis, S. 888ff.

361 Langes Einteilung der philosophia principalis ebd., S. 611.

philosophia principalis

theoretica		practica	
generalis	specialis	generalis	specialis
Metaphysik Somatologia Pneumatologie	Theologie Jus Medizin	Ethik Jus naturae	Theologia naturalis Politik (Oeconomia socialis) Physik (Oeconomia naturalis)

Ähnlich ist die Gliederung Bertrams: Anfangs-Lehren, S. 219. »Philosophia ist vel instrumentalis vel principalis. Zur Philosophia instrumentalis gehöret Logica und Metaphysica oder Ontologia: Principalis ist vel theoretica vel practica: zur Theoretica gehöret Physica und Pneumatica: zur Practica gehöret Ethica, Jurisprudentia naturalis, Politica, Oeconomica.«

362 J. Chr. Lange: Protheoria Eruditionis, S. 613f. Zu Langes eigener Einteilung der philosophia instrumentalis s. S. 636ff., Nr. 7. Samuel Grosser: Gründliche Einleitung zur wahren Erudition, S. 62, bezeichnet als Instrumental-Disziplinen die Logik, Grammatik, Rhetorik und Poesie; zu Grossers System ebd., S. 63ff.

Fächern, dem Rede-Erwerb zu. Dagegen erhält die Mathematik bei ihm einen Platz unter den instrumentellen Disziplinen (minus principalis!).[363]

Philosophia instrumentalis

1. disciplinae rationis usum dirigentes	2. disciplinae sermonis usum dirigentes	3. mathematische Disziplinen
Logik, dichtende Poetik, Mnemonik, ars signandi et excerpendi	Oratorie (und oratorische Dialektik) Rhetorik, Prosodie, Historie, Kritik (und Philologie)	

Näher als Langes Schema dürfte *Dietrich Hermann Kemmerichs* Einteilung dem ›politischen‹ Standard kommen. Für die philosophische Fakultät nimmt Kemmerich vier Gruppen an: die philologische, die philosophische (im engeren Sinn), die mathematische und die historische. Die philologische Gruppe umfaßt die studia humaniora, die Sprachen und die literarischen Fächer Grammatik, Oratorie und Poesie; die philosophische Gruppe besteht aus der Instrumentalphilosophie (Logik, Hermeneutik), der theoretischen (Physik, Pneumatik, Metaphysik) und der praktischen Philosophie (Moral, allgemeines Natur- und Völkerrecht, Decorum-Lehre und Politik). Die mathematischen Disziplinen werden entweder als vierte Untergruppe der Philosophie oder als selbständige Gruppe der Fakultät geführt; sie bestehen aus 18 Einzellehrfächern.[364] Die historische Gruppe umfaßt allgemeine und fachspezifische Geschichte,[365] dazu kommen etliche Hilfswissenschaften[366] und besondere »Stücke« wie Staatswissenschaft, Religionswissenschaft, Antiquitäten- und Mythologie-Kunde sowie Rechtsgeschichte. Besonderes Lob erteilt Schmeitzel[367] neben Johann Christian Lange der Systematik *Gottfried Polycarp Müllers.* Dieser relativiert sogar die übliche Fakultätenhierarchie; eine Aufwertung des philosophischen Kanons zeichnet sich bereits ab.[368] Die Müllersche Systematik hat eine eigenständige und sehr differenzierte Struktur.[369]

[363] Lange: Protheoria Eruditionis, S. 639, erörtert allerdings auch die Zuordnung der Mathematik zur philosophia principalis, wobei er die mathesis generalis pura ihrer Theorie nach zur philosophia theoretica generalis, ihrer Praxis nach zur philosophia practica generalis bringt. Die impura oder concreta mathesis rechnet er zur Physik oder zur Politik.

[364] Kemmerich: Neu-eröffnete Academie, S. 18f.: Mathesis universalis, Arithmetica, Geometria, Statica und mechanica, Architectura civilis, Architectura militaris, Pyrobolica, Optica, Musica, Cosmographia, Geographia generalis, Chronologia mathematica, Calendariographia, Gnotnonica oder horologiographia, Astrologia judiciaria, Geomantia, Chiromantia, Physiognomia.

[365] Nämlich Historia politica, Historia ecclesiastica, Historia litteraria und philosophica, Historia naturalis, Historia artificialis, Historia miscellanea.

[366] An Subsidien nennt er: Geographia specialis (historische Weltbeschreibung), Chronologia historica, Genealogie, Heraldik.

[367] Schmeitzel: Versuch zu einer Historie der Gelehrheit, S. 226f., Anm. 10.

[368] G. P. Müller: Academische Klugheit, S. 4, bes. §§ 8, 9.

[369] Ebd., Tabellen in der Vorrede, vor S. 1, und S. 6.

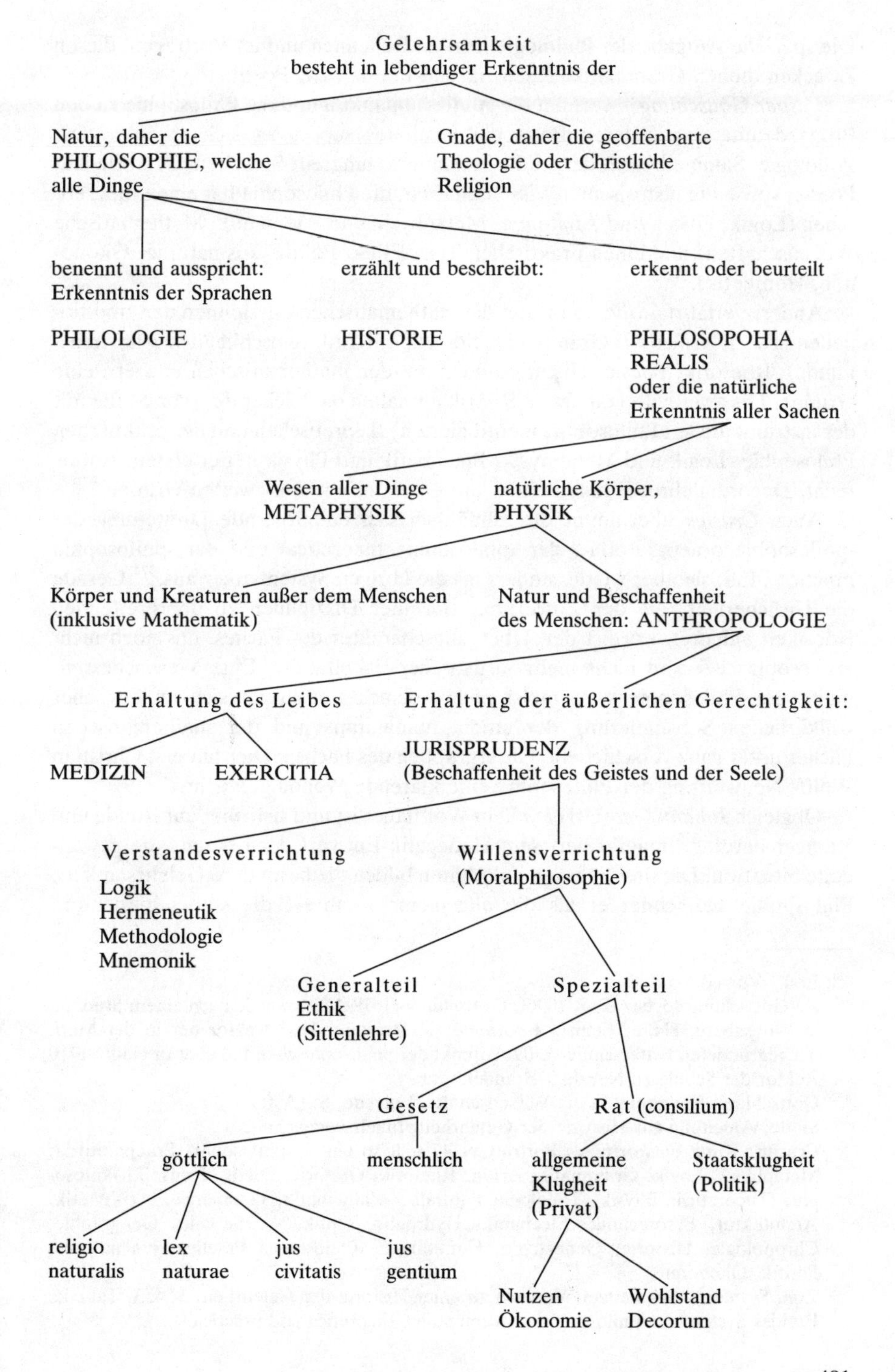

Gelehrsamkeit
besteht in lebendiger Erkenntnis der
Natur, daher die
PHILOSOPHIE, welche
alle Dinge
Gnade, daher die geoffenbarte
Theologie oder Christliche
Religion
benennt und ausspricht:
Erkenntnis der Sprachen
erzählt und beschreibt:
erkennt oder beurteilt
PHILOLOGIE
HISTORIE
PHILOSOPOPHIA
REALIS
oder die natürliche
Erkenntnis aller Sachen
Wesen aller Dinge
METAPHYSIK
natürliche Körper,
PHYSIK
Körper und Kreaturen außer dem Menschen
(inklusive Mathematik)
Natur und Beschaffenheit
des Menschen: ANTHROPOLOGIE
Erhaltung des Leibes
Erhaltung der äußerlichen Gerechtigkeit:
MEDIZIN
EXERCITIA
JURISPRUDENZ
(Beschaffenheit des Geistes und der Seele)
Verstandesverrichtung
Logik
Hermeneutik
Methodologie
Mnemonik
Willensverrichtung
(Moralphilosophie)
Generalteil
Ethik
(Sittenlehre)
Spezialteil
Gesetz
Rat (consilium)
göttlich
menschlich
allgemeine
Klugheit
(Privat)
Staatsklugheit
(Politik)
religio
naturalis
lex
naturae
jus
civitatis
jus
gentium
Nutzen
Ökonomie
Wohlstand
Decorum

Die spezielle Aufgabe der Philologie liegt im Benennen und im Vortragen; diesen Zwecken dienen Grammatik, Rhetorik und Poesie bzw. Poetik.[370]

Caspar Gottschling[371] rechnet die studia humaniora und die Philosophie zu den Propaedeumata, auf deren Basis die facultates superiores sich erheben. Die Philologie, Sammelbegriff der studia humaniora, umgreift Sprachen, Oratorie und Poesie, sowie die historischen Wissenschaften; die Philosophie hat einen theoretischen (Logik, Physik und Anatomie, Metaphysik und Pneumatik, Mathematische Wissenschaften) und einen praktischen Teil (Ethik, Politik, Jus naturae, Ökonomie, Homiletik).[372]

Anders verfährt *Stolle:* er ordnet die mathematischen Disziplinen den traditionellen artes liberales zu: Grammatik, Sprachen, Kritik (einschließlich Altertumskunde), Rhetorik, Poesie, Historie bilden mit den mathematischen Fächern eine Gruppe. Die zweite und die dritte Rubrik enthalten die Fächer der (von Stolle mit der instrumentellen Philosophie identifizierten) theoretischen und der praktischen Philosophie: Logik und Metaphysik, Pneumatik und Physik in der ersten, Naturrecht, Decorumlehre, Ethik, Politik und Ökonomik in der zweiten Gruppe.[373]

Auch *Crusius* übernimmt die allmählich sich einbürgernde Dreiteilung der ›philosophia praeparatoria‹, der ›philosophia theoretica‹ und der ›philosophia practica‹, füllt sie aber wieder anders als die übrigen Systematiker aus.[374] Gerade die Unsicherheit, die der Zuweisung einzelner Disziplinen zu übergreifenden Rubriken anhaftet, erweist den Übergangscharakter des Faches, das noch nicht ›philosophische‹ und nicht mehr ›artistische‹ Fakultät ist. Eine Wesensbestimmung der Philosophie wird meist nicht versucht; das zeigt sich an der eher willkürlichen Subsumierung der studia humanitatis und der mathematischen Fächer unter ganz verschiedene Untergruppen des Faches. Hier hat erst Christian Wolffs Neuwertung der Philosophie eine klärende Wende gebracht.

Obgleich *Johann Georg Walch* kein Wolffianer ist und sich eher auf Budde und Rüdiger beruft,[375] manifestiert sein Hodegetik-Entwurf doch bereits die gewandelte Situation. Die drei höheren Fakultäten bilden die besondere Gelehrsamkeit; Philosophie bezeichnet er als die allgemeine »wahre«, die studia humaniora

---

370 Ebd., Vorrede, § 8.

371 Zu Gottschling Jöcher II, S. 1096f. Gottschling (1679–1739) wurde nach einem Studium in Wittenberg, Halle, Leipzig Informator in Dresden, 1705 Rektor der in der Mark neugegründeten Ritterschule, 1709 Adjunkt der philosophischen Fakultät in Halle, 1710 Rektor der Schule zu Neustadt-Brandenburg.

372 Gottschling: Einleitung in die Wissenschafft, Vorrede, S. (A)ff.

373 Stolle: Anleitung zur Historie der Gelahrheit, Inhaltsverzeichnis.

374 Crusius: Kurtz entworffenes Portrait, S. 47 teilt so ein: 1) Philosophia Praeparatoria: Metaphysik, Logik, Grammatik, Kritik, Rhetorik, Oratorie, Poetik, Ethik; 2) Philosophia Theoretica: Physik, Theologia naturalis, Mathematik, Geometrie, Arithmetik, Architektur, Pyrotechnik, Mechanik, Hydraulik, Optik, Astronomie, Geographie, Chronologie, Historie, Genealogie, Heraldik; 3) Philosophia Practica: jus naturae, Politik, Ökonomie.

375 Zum System s. Schmeitzel: Versuch zu einer Historie der Gelehrheit, S. 453, Tabelle. Buddes System der Philosophia instrumentalis, theoretica und practica.

(Philologie und Geschichte) als die allgemeine »instrumentale« Gelehrsamkeit.[376] Die Mathematik nimmt einen Sonderstatus ein.

Der funktionale Einsatz der Einzelfächer erklärt Walchs hierarchische Anordnung. Während er mit seiner Ansicht, die Philosophie bereite die Basis für alle Wissenschaften, Wolffs Auffassung nahekommt, fungieren für ihn Sprachwissenschaften und Geschichte als notwendiges Werkzeug für Theologie, Jus und Medizin.[377] Das Faktum, daß Redekunst, Poesie und Kritik lediglich »angenehmes Werckzeug« darstellen,[378] motiviert Walchs dezidierte Ablehnung, philologische Fächer in die Philosophie zu integrieren.[379] Seine Wertschätzung der Philosophie läßt ihn sogar eine Identifizierung von Philosophie und Gelehrsamkeit erörtern.[380] Die einzelnen Fächer der Philosophie nützen seiner Ansicht nach sowohl den höheren Disziplinen[381] als auch – in allgemeiner Weise – der ›Beförderung menschlicher Glückseligkeit‹.[382] Walchs Systematik von 1727 schließt, hierin Wolff folgend, studia humaniora und Mathematik aus dem philosophischen Lehrgebäude aus.[383]

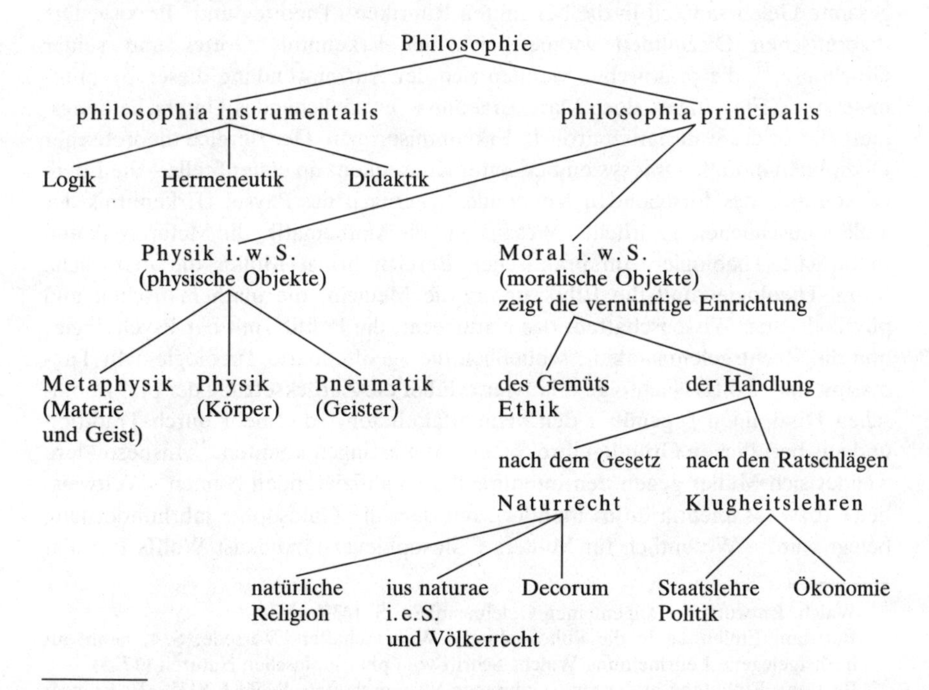

[376] Walch: Entwurff der allgemeinen Gelehrsamkeit, S. 64, § 5.
[377] Ebd., S. 64f., § 10, § 7. [378] Ebd., S. 64, § 8. [379] Ebd., S. 66, § 4.
[380] Ebd., S. 130f., § 5.
[381] Walch nennt hier Logik, Physik, Metaphysik, Ontologie, natürliche Theologie, natürliches Recht, Klugheit zu leben, Ethik, Politik (einschließlich Ökonomik).
[382] Ebd., S. 145f., § 37.
[383] Walch: Einleitung in die Philosophie, S. 45, Tabelle über den Zusammenhang der philosophischen Wissenschaften.

Hier gelten dann keine Standesgrenzen mehr, d. h. die Philosophie wird zum eigentlichen Träger einer aufklärerischen Funktion:

> »Die so genandten Gelehrten sind die, welche Latein verstehen, und nach der gewöhnlichen Art auf Academien studiren. Man wird einen Vorschlag thun, wie man eine Philosophie schreiben könne, daß auch Ungelehrte und das Frauen-Zimmer darinnen könnte unterrichtet werden.«[384]

Dieser Aufwertung der Philosophie können sich auch die Gegner Wolffs nicht entziehen. Von *Johann Friedrich Bertram* war schon die Rede. Sowohl in der »Einleitung in die philosophische Wissenschaften« (1727) als auch in den »Anfangs-Lehren der Historie der Gelehrsamkeit« (1730) propagiert er – wohl in bewußter Anlehnung an Walch[385] – die Besonderung von Philosophie, Humandisziplinen und Mathematik.[386]

An der »Einleitung in die philosophischen Wissenschaften« *August Friedrich Müllers* läßt sich – trotz der Orientierung an Rüdiger – Wolffs Einfluß gerade bei der Kennzeichnung der philosophischen Fakultät erkennen. Müller unterteilt die gesamte Gelehrsamkeit in die bekannten Rubriken »Theorie« und »Praxis«. Die theoretischen Disziplinen widmen sich der Erkenntnis Gottes und seiner Geschöpfe,[387] die praktischen wenden sich der Nutzanwendung dieser Erkenntnisse zu.[388] Einseitiges, doch klare Ergebnisse ermöglichendes Unterscheidungsmerkmal ist das wahrheitszentrierte Erkenntnisprinzip. Der Bereich theoretischer Disziplinen umfaßt – mit systembedingter Konsequenz an erster Stelle – die Logik (Erkenntnis des forschenden Verstandes), hernach die Physik (Erkenntnis der außermenschlichen natürlichen Wesen) und die Mathematik, die Metaphysik und ›natürliche Theologie‹. Im praktischen Bereich bringt Müller die ›natürliche Moral-Theologie‹ und die Ethik unter, die Medizin, die mathematischen und physikalischen Wissenschaften, das Naturrecht, die Politik (mit der Psychologie) und die Rechtsgelehrsamkeit, schließlich die »geoffenbarte Theologie«. In Thomasius' und Wolffs Nachfolge relativiert Müller die Zurücksetzung der philosophischen Disziplinen gegenüber den »Hauptfakultäten«, die mehr durch Tradition und aus beruflichen Gründen ihre Superiorität erringen konnten.[389] Insbesondere wendet sich Müller gegen den intentional abqualifizierenden Namen »Weltweisheit« (bzw. »sapientia hujus mundi«), mit dem die Philosophie jahrhundertlang belegt wurde. Wesentlich für Müllers Philosophieverständnis ist Wolffs Postulat

---

[384] Walch: Entwurff der allgemeinen Gelehrsamkeit, S. 143ff., § 34.

[385] Bertram: Einleitung in die Philosophische Wissenschaften, Vorrede, S. 4, nennt als nächstgelegene Lehrmeinung Walchs Schrift vom philosophischen Naturell (1725).

[386] Bertram: Einleitung in die philosophischen Wissenschaften, S. 56, § XIV. »Es ist zwar die Mathesis unter allen andern Wissenschaften der Philosophie am nächsten verwandt, so wohl wegen der beständigen und genauern application der Logic, als auch des besondern Nutzens, welchen ein Philosophie [sic!] aus der Mathesi nehmen kan: indessen wird sie doch unter die eigentlich also genannte Philosophische Wissenschaften nicht mitgerechnet, sondern als eine besondere Art der Erudition angesehen.« Bertram: Anfangs-Lehren, S. 1ff.

[387] A. F. Müller: Einleitung in die philosophischen Wissenschaften, Bd. 1, S. 34.

[388] Ebd., S. 38. [389] Ebd., S. 45f., bes. S. 47, § 53.

der philosophischen Grundlegung jeglicher Disziplin: Gelehrsamkeit in ihr manifestiert sich nicht als Wissensanhäufung (»gedächtniswissenschaft«), sondern als »tieffe einsicht in die ersten gründe«.[390]

Den Grund der Medizin bilden Logik, Physik und Mathematik, also philosophische Disziplinen: »die Medicin also kan ohne Philosophie nicht scharfsinnig und gründlich begriffen werden«. Ohne philosophische Basis wird sie zur »halbgelehrsamkeit« eines »empiricus« und »blossen medicinischen handwercksmannes«.[391] Ähnliches gilt für die Rechtswissenschaft und selbst für die Theologie.[392] Eine solche fundamentale Rolle hat die Philosophie vor dem Auftreten Christian Wolffs nicht gespielt. In dem alten System war sie »Magd« der höheren Fakultäten gewesen, hatte propädeutische Funktionen ausgeübt, jedoch keine wesenhafte Grundlegung dieser Fächer bewirkt.

Die Wissenschafts- bzw. Gelehrsamkeits-Modelle der ›politischen‹ Epoche bewegen sich zwischen der antiquierten artes liberales-Gliederung und der philosophisch definierten Wissenschaftssystematik. Die geringfügigen Zuordnungsdifferenzen interpretativ herauszuarbeiten verlohnt hier der Mühe nicht. Als allgemeiner Eindruck bleibt festzuhalten: die gravierenden Verschiebungen finden im Bereich der ›praktischen‹ Philosophie statt, also des Teils der artistisch-philosophischen Fakultät, der außerhalb der studia humaniora sich befindet. Ihm wird die Ethik – bisher ein Bestandteil des humanistischen Kanons – zugeschlagen. Infolge des Wechsels zur praktischen Philosophie verwandelt sie sich aus einer moralhistorischen in eine anthropologisch-psychologische Disziplin mit größerer Nähe zu den Gesellschaftswissenschaften.

Fragt man nun, und diese Frage leitet zum zweiten Abschnitt des Kapitels über, *welche Rolle die Poesie in diesen Konzeptionen spielt,* so ist einerseits auf den *Stellenwert im System* selbst, andererseits auf die *Beurteilung,* die *Legitimation* oder die *Apologie der Poesie* zu achten. Das studienbezogene Disziplinen-Schema reicht für eine Antwort auf diese Fragestellung nicht aus. Man muß andere, ebenfalls von den Hodegetikern erörterte Gliederungskriterien hinzuziehen.

Zusammen mit Rhetorik und Grammatik blieb die Poesie – unter wechselnden Etiketten – im instrumentellen Bereich der Gelehrsamkeit,[393] und erfüllte propädeutische Funktionen. Die Abwertung der Verbal – zugunsten der Realwissenschaften hatte zwangsläufig eine *Minderung des sozialen Ansehens der Dichter und des ›wissenschaftlichen‹ Ansehens der Poesie* zur Folge. Allerdings darf diese Entwicklung nicht monokausal unter wissenschaftsgeschichtlichem Aspekt

---

[390] Ebd., S. 49. [391] Ebd., S. 50.

[392] Ebd., S. 51. Müller empfiehlt ein historisches Verständnis der Gesetze und postuliert, »der grund rechtschaffener Rechtsgelehrsamkeit« sei in der Bibel, der Logik, den natürlichen Rechten und der Politik, mithin in der Philosophie zu suchen. Zur Theologie ebd., S. 52ff.; zur Oratorie, S. 57, bes. § 62, auch S. 56, § 60, wo er die Philosophie zur unentbehrlichen Voraussetzung der drei oberen Fakultäten erklärt und behauptet, daß »ohne philosophie keine wahre gründliche gelehrsamkeit, weder in der theologie, noch in den rechten, noch in der medicin, zu hoffen sey.«

[393] Noch bei Hederich: Reales Schul-Lexicon, Sp. 2267.

betrachtet werden. Sie ist ebenso ein Ergebnis des Verschleißprozesses, dem sich das humanistische Dichterideal durch Übernahme gesellschaftlicher Aufgaben auslieferte. Die Klagen über die ausufernde Gelegenheitsdichterei, die Reimeschmiede und Pritschmeister, die auf Bestellung arbeitenden Versemacher und die schlimmeren, besonders aufdringlichen Poeten, die ungebeten zu jeder Situation ein versifiziertes Machwerk anbieten, häufen sich.[394] Die poetae laureati, im humanistischen Zeitraum auf den akademischen Doktorrang emporgehobene Gelehrte, sind nun zu allgemein belächelten Figuren herabgesunken, die ihren Titel in den wenigsten Fällen einem gegründeten Urteil verdanken.[395] Denn die zur Verleihung des Poetentitels berechtigten Pfalzgrafen verstanden in seltenen Fällen etwas von Poesie.[396] Wer etwas auf sich hielt, vermied es, den fragwürdigen Titel anzunehmen oder zu führen.[397] Poeten galten einer auf die Ideale der Nützlichkeit und der Tugend verpflichteten Gesellschaft als ›verachtete Menschen‹.[398] Jeder echte Dichter machte es sich zur eigensten Aufgabe, sich in einer Satire oder in Vorreden von der breiten Masse der ›Gelegenheitsreimer‹ abzusetzen.[399]

Diese Fakten erklären einerseits den Stellenwert der Poesie im Lehrkanon, andererseits die Legitimationsversuche der Dichter. Die Hodegetiker operieren außer mit der offiziellen Hierarchie mit einer *funktionalen Wissenschaftseinteilung:* Man kennt die drei Gruppen der notwendigen, der nützlichen und der angenehmen Wissenschaften.[400] Kemmerich fügt noch eine vierte Klasse hinzu: die unnützen oder vorwitzigen Studien. Notwendig sind die mit der angestrebten menschlichen Glückseligkeit wesentlich verknüpften Wissenschaften, nützlich die »zur beförderung der menschlichen wohlfarth« geeigneten, curieus die zwar entbehrlichen, doch das »gemüth« des Menschen belustigenden Studien, unnütz und vorwitzig schließlich die schädlichen, menschliche Vorurteile verstärkenden und zeitverderberischen Beschäftigungen. Theologie, Ethik, Anthropologie und

---

394 Z. B. Breslauer Anleitung, S. 90ff.; Feind: Deutsche Gedichte, S. 703. »Es reimt die halbe Welt / es reimet groß und klein / ein jeder will mit Macht heut ein Poete seyn.«

395 Neumeister: Die Allerneueste Art, S. 6f., §§ XXVI, XXVIII; Gressel: Kurtze Doch gründliche Anleitung, S. 21.

396 Feind: Deutsche Gedichte, S. 703f.

397 Grosser: Gründliche Einleitung zur wahren Erudition, S. 759. »Ich glaube / mancher liesse sich eher mit sonst einem Titul / als mit dem Nahmen eines Poeten bezeichnen.«

398 Ebd., S. 759.

399 Stolle: Anleitung zur Historie der Gelahrheit, S. 173 zum Unterschied Versifex-Poet; Schmeitzel: Versuch zu einer Historie der Gelehrheit, S. 417, 418 Anm. 7. In diesen Kontext gehören auch die Satiren von Benjamin Neukirch, Barthold Feind, G. W. Sacer, Joachim Rachel und Johann Lauremberg.

400 Kemmerich: Neu-eröffnete Academie, S. 23ff.; G. P. Müller: Academische Klugheit, S. 7, § 14; für Joachim Lange gehört Poesie jedoch nicht, wie die anderen weltlichen Disziplinen, zur eruditio superficiaria: »Lingvarum ac eloquentiae studium proprie nec in eruditione solida nec superficiaria locum invenit, quia nullam sapientiae partem continet, sed ejus tantum instrumenta.« Medicina mentis, S. 537, § XXXVII. Grosser: Gründliche Einleitung zur wahren Erudition, S. 26, S. 33. Walch: Entwurff der allgemeinen Gelehrsamkeit, S. 20, kennt notwendige, werkzeugliche, galante und eitle Wissenschaften.

Medizin, Naturrecht, Politik, Decorumlehre, Ökonomie und Jurisprudenz bilden die Gruppe der notwendigen Wissenschaften; nützlich sind, auch als Hilfsdisziplinen der notwendigen Studien, die Sprachen, die Redekunst, die Logik, die Historie, die Mathematik und die Physik und deren Untergruppen; als curieus bezeichnet Kemmerich die ergötzenden Tätigkeiten ohne instrumentelle Aufgaben: manche Sprachen und Geschichtskenntnisse, die Poesie, die belustigenden Teile der Physik und der Mathematik (Denkaufgaben), besonders die Musik und die Malerei, ferner einige Spezialgebiete wie Antiquitäten-, Medaillen- und Münzkunde, Kriegswissenschaft (!), Pyrotechnik, Bergwerks-, Jagd- und Schifffahrts-Wissenschaft; unnütz und vorwitzig schließlich sind scholastische Philosophie, alle Wahrsagerkünste, Astrologie, Geomantie, Kabbala, Chiromantie, Physiognomie, Oneirocritica (Traumdeutekunst).[401] Die *Poesie* erhält den Rang eines »angenehmen Studiums«, das die sprachlichen Fähigkeiten fördert, der Karriere zugute kommen kann, anderen Menschen bei offiziellen Anlässen und sich selbst in »Nebenstunden« erfreuliche Abwechslung bietet.[402]

Gerade eine adelige Standesperson kennt keinen ›edleren Zeitvertreib‹ als die »edle Poesie«; als Beispiele dienen Kemmerich die adeligen Dichter Lohenstein, Hofmannswaldau, Canitz, Abschatz. Auf die ›wissenschaftliche‹ Inferiorität der studia humaniora weisen Walch,[403] Schmeitzel[404] und Bertram[405] hin. Samuel Grosser, der seine Introductio ganz den philosophischen Studien widmet, nimmt diese Wertung auf: der wahre Gelehrte handelt in seinen Hauptwerken ausschließlich von notwendigen und nützlichen Dingen; lediglich als »curieuser Zeitvertreib« in »Neben-Wercken« ist die Beschäftigung mit »ohnnöthigen, und dem Ansehen nach nicht so gar nützlichen« Dingen gestattet, die den Hauptwissenschaften wenigstens indirekt nutzen kann.

> »Wenn iemand sich vornehmlich auf die Nativität stellende Thematologie, auf die Geomantie, auf die Verbal- und Real-Antiquitäten / auf die Erkänntniß unterschiedener Müntzen / auf die blosse Poesie u. s. f. geleget: hingegen aber in keiner andern nöthigen Wissenschafft Meister-Recht gewonnen hätte: so würde er der Welt gar schlechte Dienste leisten.«[406]

---

401 Kemmerich: Neu-eröffnete Academie, S. 23–29.

402 Ebd., S. 145; vgl. Gundling: Collegium Historico-Literarium, S. 1071. »Man muß auch nicht, blos allein von der Poesie, Profeßion machen.« Beispiele auf S. 1071f. »Die Poesie, muß also, nur als ein Nebenwerk, tractiret werden.« Grosser: Gründliche Einleitung zur wahren Erudition, S. 760.

403 Walch: Entwurff der allgemeinen Gelehrsamkeit, S. 6, 11, 22f., 64.

404 Schmeitzel: Versuch zu einer Historie der Gelehrheit, S. 76f., Anm. v, bezeichnet die studia humaniora bzw. die Philologie (Grammatik, Poesie, Oratorie, Kritik) nur als Instrumente zur Gelehrtheit. »Und ist ein grosses Präjudicium, denjenigen einen wahren Gelehrten zu nennen, der weiter nichts verstehet, als was in diesem Verstand, studia humanitatis genennet werden.«

405 Bertram: Anfangs-Lehren, S. 138, betrachtet immerhin die Philologie an erster Stelle der disciplinae inferiorae. »§ III. Litterae humaniores sind diejenigen Wissenschafften / welche als propaedeumata meistens in der Jugend und auf Schulen getrieben / mithin zum Grund der höhern Wissenschafften / geleget werden.«

406 Grosser: Gründliche Einleitung zur wahren Erudition, S. 27, S. 47f., vergleicht diese Wissenschaft mit ›Wirtshäusern‹, in denen man sich nur vorübergehend aufhält.

Die fundamentalen und prinzipiellen Wissenschaften nehmen den ersten Rang ein; die oratorischen und poetischen Disziplinen liefern gleichsam den »Ausputz«, der gegenüber den Hauptzwecken hintangesetzt werden darf. Logik, Grammatik, Rhetorik und Poesie erhalten für Grosser erst ihre »Importanz«, wenn Vertreter der höheren Fakultäten sich ihrer für notwendige und nützliche Aufgaben bedienen.[407] Poesie, hält in einem fingierten Gespräch Sabinus dem skeptischen Philomusus entgegen, ist zwar nicht »schlechterdinges«, sondern nur »auf gewisse Masse« »nöthig oder nützlich«.[408] Einmal leistet sie der Oratorie Hilfestellung, indem sie ›copiam sermonis‹ vergrößert;[409] zum andern zieht ein Politicus aus den Schriften der antiken Poeten oft mehr Gewinn als aus philosophischen Abhandlungen, da in ihnen »die grösseste Staats-Klugheit« steckt; schließlich braucht ein Politicus poetische Kenntnisse zur Verfertigung erbaulicher, belustigender oder sein »unterthänigstes Gemüthe« bezeugender Gelegenheitsgedichte.[410]
Grossers *Legitimation* der Poesie steht in Weises Nachfolge und ist für die pragmatische Variante sehr typisch. Der ›politische‹ Zweck reduziert die Poesie faktisch auf Kasualpoesie und ordnet sie damit zwangsläufig der Oratorie unter; die Poesie ist nicht mehr Schwester der Eloquenz, sondern Tochter oder gar Dienerin. Betrachtet man die Machart und den Zweck der Kasualpoesie dieses Zeitraums, so besteht diese Abwertung nicht zu Unrecht.

Die Poetiker und Poeten des ›politischen‹ Zeitraums legen der Poesie noch keinen Eigenwert zu; auch die Selbstvergnügung in den ›Nebenstunden‹ war eher ein psychologisch-affekthaft begründeter Wert. Ästhetische Kategorien entwikkeln sie nicht, der pragmatische Wert beherrscht die Poetik wie die Hodegetik. Poesie dient als (geringeres) Instrument zum Aufbau einer politischen Karriere. Der Versuch, die Poesie zu erneuern und ihr Verhältnis zur Rhetorik und zu den Nachbardisziplinen neu zu werten, mußte von einer Wesens- und Zweckbestimmung der Poesie selbst ausgehen.

Die Dichtungsgeschichte verzeichnet in der Folge *zwei Lösungsversuche*. Der erste beherrscht die eigentliche Aufklärungs-Epoche und schließt sich den Kon-

---

[407] Ebd., S. 760. »Ein Politicus, Theologus, Medicus, u.s.f. darff von der Poesi freylich kein Handwerck machen / und mit verfertigten Carminibus principalement sein Brodt zu verdienen suchen: allein / er kan doch GOtt / seinen Nächsten / und auch wohl sich selber damit dienen.« Auch Bertram: Einleitung in die [..] Schöne Wissenschaften, S. 41f., betont den Nutzen der Poesie für die Theologie: »Man hat gewiß kein geringes Theil der Aufnahme christlicher Religion der Poesie zu dancken, als in welche die herrlichsten Wahrheiten derselben bishero eingekleidet, und unter dem vehiculo der Poetischen Delicatesse den Gemüthern beygebracht worden.«

[408] Grosser: Gründliche Einleitung zur wahren Erudition, S. 758.

[409] Das betont auch Bertram: Einleitung in die [..] Schöne Wissenschaften, S. 66; auch Weichmann in der Vorrede zum ersten Band der Anthologie »Poesie der Niedersachsen« (1721), nicht paginiert.

[410] Grosser: Gründliche Einleitung zur wahren Erudition, S. 759; zum Nutzen der Poesie vgl. auch Stolle: Anleitung zur Historie der Gelahrheit, S. 163; vgl. auch die Vorrede zur Anthologie B. Neukirchs »Herrn von Hoffmannswaldau und andrer Deutschen [...] auserlesener Gedichte«, Tl. 6, von Stolle verfaßt.

klusionen der Wolffschen Philosophie an, die die rhetorisch-politische Zwecksetzung der Poesie durch eine moralisch-philosophische ersetzt. Damit war jedoch die Poesie nicht als Poesie aufgewertet; sie blieb weiterhin ein Hilfsmittel. Zwar diente sie unter den veränderten gesellschaftlichen Bedingungen einem ›höheren‹, einem ethisch und philosophisch fundierten Zweck, die »Wahrheit durch ein Bild zu sagen«,[411] doch war damit ihr Eigenwert ebenso wenig erwiesen wie durch eine soziale, stark karrierebetonte Zweckbestimmung.[412] Erst die gegen-philosophische Wende, die sich in der Mitte des Jahrhunderts anbahnte und über Klopstock, Herder und Bürger zum Modell des »autonomen Kunstwerks« führte, vermochte es, die Poesie aus den Fesseln der Tradition und der zeitbezogenen Indienstnahme zu lösen und ihr einen der Wissenschaftshierarchie enthobenen Rang zu verschaffen. Diese Entwicklung geht mit der Auseinanderdividierung von Poesie und Poetik parallel. Der Trennung von Dichtung und Lehre entspricht die Ausbildung des neuen Faches ›Kritik‹, das die poetologischen ›Lehren‹ aufnahm, die von nun an lediglich indirekt auf die Poesie selbst einwirken konnten.

Im ›politischen‹ Zeitraum deuten sich solche Entwicklungen nur sehr verhalten an. Vor einer Überbewertung der von manchen Poetikern prononcierten Begriffe ›Naturell‹ ›natura‹, ›ingenium‹ muß man sich hüten.[413] Viel stärker als die zukunftsweisenden Aspekte sind in dieser Übergangsepoche die traditionalistischen, in die humanistische Vergangenheit zurückweisenden Elemente vertreten. An der für die Poesievorstellung des humanistischen und barocken Zeitraums maßgeblichen Einheit von Rhetorik und Poesie wird nicht gerüttelt.[414] Die Definition der Poesie als einer »oratio ligata« bleibt genauso Allgemeingut,[415] wie die

[411] Wie Thomasius urteilt auch G. P. Müller: Academische Klugheit, S. 48, § 8, Poesie sei fürs Gemüt der Schwachen, Vorklang der Anschauung, Poesie sei versifizierte und leicht verständlich gemachte Philosophie. Auch J. Chr. Lange: Protheoria Eruditionis, S. 637, betont den verstandesmäßig untergeordneten Rang von Poetik und Rhetorik gegenüber der Logik; sie implizieren die »geringern Kräffte / welche der Vernunfft subordiniret sind / (nehmlich der innern und äussern sensuum, und darunter vornehmlich der Imagination und der Memorie /) vermittelst der dichtenden POETIC und wohlbehaltenden MNEMONIC..«

[412] Zum politischen Nutzwert der Poesie s. Schröter: Gründliche Anweisung zur Information, S. 8f. »§ 12 Hernach kan ein junger Edelmann seine Gelehrsamkeit durch nichts bessers zeigen / als durch eine zierliche teutsche Rede und sinnreiches Gedichte.«

[413] So etwa bei Markwardt: Geschichte der Deutschen Poetik, der ›natur‹ immer im Hinblick auf die Herder/Goethesche Genie- und Begabungsanschauung betrachtet.

[414] D. h. an der Gemeinsamkeit des Strukturprinzips inventio, dispositio, elocutio. Grosser: Gründliche Einleitung zur wahren Erudition, S. 765; Juncker: Lineae primae eruditionis, S. 152, § 9; Crusius: Kurtz entworffenes Portrait, S. 53ff.; Schmeitzel: Versuch zu einer Historie der Gelehrheit, S. 419f., bes. Anm. 12.

[415] Kemmerich: Neu-eröffnete Academie, S. 148; Reimmann: Versuch einer Einleitung in die Historiam Literariam, Bd. 3, S. 398; G. P. Müller: Academische Klugheit, S. 46, S. 48, § 7; Grosser: Gründliche Einleitung zur wahren Erudition, S. 765; Stolle: Anleitung zur Historie der Gelahrheit, S. 162, § 1; Crusius: Kurtz entworffenes Portrait, S. 55; Schmeitzel: Versuch zu einer Historie der Gelehrheit, S. 415; Bertram: Anfangs-Lehren, S. 144, § 17, S. 148, § 28.

Anschauung von der Poesie als der ›galanten‹ Schwester der Redekunst.[416] Die wechselnde Zuweisung der modernen Gattung »Roman« zur Rhetorik[417] oder zur Poesie[418] ist nicht nur ein Zeugnis für die Unsicherheit angesichts der neuen Gattung, sondern auch ein Indiz für die enge Verbundenheit beider Disziplinen. Allerdings belegt diese Zuweisung auch den Mangel einer wesenhaften Abgrenzung beider Rede-Bereiche. Denn meistens wird der Roman nur aufgrund seiner Prosasprache zur Oratorie geschlagen. Auch wo für die Poesie ein gegenüber der Oratorie erweiterter Bezirk angenommen wird,[419] steht ihre im Wissenschaftssystem untergeordnete Stellung außer Zweifel. Längst nicht mehr gilt die Poesie als die Krone und der Inbegriff aller Wissenschaften. Auch wo sie mehr als bloßes ›Nebenwerk‹ oder galante Nachbardisziplin der Oratorie gilt, ist sie ihrer erhöhten Position verlustig gegangen. Das heißt jedoch nicht, daß der Poet selbst keinen wissenschaftlichen Anforderungen hätte genügen müssen oder daß die Poesie voraussetzungslos, ohne gelehrte Kenntnisse hätte ausgeübt werden können. Auch ergeben sich unübersehbare Widersprüche zwischen der reduzierten gesellschaftlichen Reputation und dem weiterhin aufrechterhaltenen Anspruch göttlicher Herkunft der Poesie, die ihr den traditionellen Rang gewährleisten sollte. Solche Widersprüche sind für Übergangsphasen kennzeichnend. Ihre Auflösung, die Entscheidung für die eine oder andere Position erfolgt erst nach Erreichen eines neuen, gesellschaftlich und wissenschaftlich neu strukturierten Paradigmas, das schlüssigen Prinzipien folgt. In der Übergangsperiode selbst lassen sich die

---

[416] J. Chr. Lange: Protheoria Eruditionis, S. 638; Kemmerich: Neu-eröffnete Academie, S. 145ff.; Schmeitzel: Versuch zu einer Historie der Gelehrheit, S. 415, 418f.; G. P. Müller: Academische Klugheit, S. 46; vgl. S. 48, § 7.

[417] Kemmerich: Neu-eröffnete Academie, S. 138f.; Ph. E. Bertram: Entwurf einer Geschichte der Gelahrheit, S. 218, § 23, rechnet die Romane zur Rhetorik wegen der Schreibart; er gibt zu, daß sie »andere in Absicht der darinn herrschenden Erdichtung zur Poesie zu rechnen pflegen.«

[418] Stolle: Anleitung zur Historie der Gelahrheit, S. 162, S. 240ff., § LXVI, § LXVII; Schmeitzel: Versuch zu einer Historie der Gelehrheit, S. 419, Anm. 8; G. P. Müller: Academische Klugheit, S. 47, § 5.

[419] G. P. Müller: Academische Klugheit, S. 47, §§ 5, 6; auch S. 51, §§ 18ff. Müller folgt Omeis in der Erweiterung des poetischen Feldes (vgl. Gottschling: Einleitung in die Wissenschafft, S. 174f.) über die Poesie in andere Disziplinen hinaus. Die nicht-metrische Poesie definiert Müller wie Thomasius (»wahrscheinliche und angenehme Bilder«). Entscheidend bei Grosser: Gründliche Einleitung zur wahren Erudition, S. 765f., sind die Unterschiede im Bereich der elocutio, also der Stilhöhe, und im Versmaß; Ansätze zu einer inhaltlichen Trennung zwischen Poesie und Oratorie in der inventio (inventiones dogmaticae, mythico-historicae und affectuosae als spezifisch poetisch). Stolle: Anleitung zur Historie der Gelahrheit, S. 162, § 1, rechnet zur Poesie die oratio ligata und ungebundene Gattungen (wie Thomasius); er gibt indes keine Wesensabgrenzung zwischen Poesie und Oratorie. Ungebundene Poesie sind Lehrgedichte und Romane. Die Poesie werde von vielen »in so weitläufftigem Verstande genommen, daß auch die in ungebundener Schreibart abgefaste Romane, Schauspiele und Satyren zu poetischen Wercken gemacht werden.« Nach Schmeitzel: Versuch zu einer Historie der Gelehrheit, S. 419, Anm. 8, umfaßt die Poesie alle fictiones; das ist, ähnlich wie bei Thomasius, eine Verlegenheitslösung, um die Prosa einzubeziehen.

Wandlungen am deutlichsten wahrnehmen. Eine solche Umorientierung vom traditionellen (humanistischen) auf ein modernes (wissenschaftlich-philosophisches) Poesie-Modell ist für die Anforderungen der ›politischen‹ Poetik an den Poeten charakteristisch. Der Umbruch vollzieht sich in kleinen Schritten. Er ist weniger ablesbar an einem grundlegenden Wandel des Verhältnisses natura – ars, als in der Selektion und Akzentuierung der einzelnen vom Poeten nun verlangten Wissenschaftsdisziplinen und Kenntnisbereiche.

2. ›Politisch‹-pragmatische Gelehrsamkeit und humanistische Tradition in der ›politisch-galanten‹ Poetik

2.1. Gelehrsamkeitspostulat und pragmatischer Wissenschaftsbegriff in der Übergangspoetik

Nicht anders als die Hodegetiker halten auch die ausschließlichen Poetiker einmütig an der Einheit von Rhetorik und Poetik fest.[420] Die Poesie ist entweder die ›galante Schwester‹ oder die ›Tochter‹ der Beredsamkeit,[421] für die erklärten Weiseaner deren »treue Dienerin«.[422] Das rhetorische Strukturprinzip der inventio, dispositio und elocutio wird fast unverändert beibehalten.[423] Abweichungen gibt es erst gegen Ende des Zeitraums. Johann Georg Neukirch geht zwar auch von der Oratorie als Basis der Poesie aus und nimmt auch Identität der oratorischen und der poetischen inventio an, billigt jedoch der Poesie wieder größere Freiheit im Bereich der elocutio zu.[424] Schon 1713 hatte Friedrich Hunold-

---

[420] Vgl. Windfuhr: Barocke Bildlichkeit, S. 372ff., stellt den gemeinsamen Boden der Rhetorik für die Poeten zwischen Hofmannswaldau und Hagedorn fest. Zum Teil werden in diesem Kapitel dieselben Poetiken herangezogen wie im Kapitel III.3.2. über Kasualpoesie, hier aber unter veränderter Fragestellung: Welche *Wandlungen* sich in ihnen bemerkbar gemacht haben, die dem neuen Wissenschaftskonzept entfließen.

[421] Neumeister: Die Allerneueste Art, S. 511; J. G. Neukirch: Anfangs-Gründe zur Reinen Teutschen Poesie (1724), S. 1, S. 342; ders.: Academische Anfangs-Gründe (1729), Vorrede; Weißenborn: Einleitung zu den Anfangs-Gründen; dort wie auch bei Neukirch (1729) die Koppelung beider Bereiche schon im Titel.

[422] Hofmann: Lehr-mässige Anweisung, S. 4, Nr. 8. »Weil zumahl der Mißbrauch eines Dings die Sache an sich selbst nicht aufhebt / oder unbrauchbar machen kan / so ist die Poeterey eine treue Dienerin der Beredtsamkeit / der gülden-mündigen Wohlredenheit / weil sie einen jungen Menschen fürnemlich so wohl anführet / daß er seine Gemüths-Gedancken nicht nur deutlich / sondern auch lieblich / und etlicher massen wunderns-würdig vorzubringen lernet.«

[423] Ludwig: Teutsche Poesie dieser Zeit, S. 381ff., 390ff., 377ff.; J. E. Weise: Unvorgreiffliche Gedancken von Teutschen Versen, S. 12, 31f.; Hübner: Neu-vermehrtes Poetisches Hand-Buch, S. 138; Wahll: Kurtze doch gründliche Einleitung, Vorrede und Kap. 3, 4 und 5; Rottmann: Lustiger Poete, Kap. III, IV, V; Neumeister: Die Allerneueste Art, S. 511; Fischbeck: Ergetzlichkeiten in der höchstangenehmen Poesie, Kap. 1, 2, 3; Neukirch: Anfangs-Gründe zur Reinen Teutschen Poesie, S. 16f. und Kap. III, IV, V; Neukirch: Academische Anfangs-Gründe, Vorrede; Tiemeroth: Kurtze und deutliche Anführung, Kap. 1, 2, 3; Köhler: Deutliche und gründliche Einleitung, S. 325.

[424] Neukirch: Academische Anfangs-Gründe, S. 215, S. 238.

Menantes zwischen poetischer und rhetorischer Erfindung unterschieden.[425] Doch erst die anonyme ›Breslauer Anleitung‹[426] postuliert für alle drei Bereiche Eigenständigkeit gegenüber der Oratorie.[427]

Poesie und Rhetorik werden mit dem alten gemeinsamen Legitimationsgrund des ›pragmatischen Zwecks‹ gerechtfertigt. »Was nutzet aber eigentlich die Poesie?« fragt Erdmann Uhse in seinem beliebten, oftmals aufgelegten Anleitungsbuch »Wohlinformierter Poet«, und er bietet dem Leser die Antwort:

»Mehr, als vielleicht mancher dencken sollte: Denn es bringet uns dieselbe auf allerhand artige Inventionen, manierliche Expressionen, verschaffet uns eine gute copiam verborum, belustiget unser Gemüthe, und machet uns bey andern Leuten offtmals überaus beliebt.«[428]

Die hier gebotene Begründung ist dem ›politischen‹ Gesellschaftsbedürfnis weitgehend angepaßt; die subjektiv nützlichen Gesichtspunkte überwiegen, der ›galante‹ Aspekt des Belustigens ist sekundär.

In seiner umfangreichen Apologie der Poesie hebt Hunold die Beziehung zwischen Philosophie und Poesie hervor und weist deren Unterordnung zurück.[429] Auf dieser Anschauung basiert sein sechs Jahre später geäußertes Urteil, die Poesie schärfe das ingenium.[430] Es gibt keine »vergnügtere und dabey edlere Beschäfftigung« als die Poesie, dem Himmel, sich selbst und den Mitmenschen zur Ergötzung und zum »Ruhm«.[431] Konventioneller und tatsächlich häufiger anzutreffen ist die dreifache Legitimierung der Poesie: zur Ehre Gottes, zum Dienst am Nächsten bei gesellschaftlichen Gelegenheiten, zur eigenen Belustigung. Dieses Raster findet sich bei Johann Ernst Weise, und in der ›Breslauer Anleitung‹,[432] hier in der Abwandlung: Gottespreis,[433] Tugendermunterung und Verstandesausbildung. Während etwa Gottlieb Stolle im Bereden und im Ergötzen den Hauptzweck der Poesie erblickt,[434] erweitert die ›Breslauer Anleitung‹ diesen Katalog

---

425 Hunold: Academische Neben-Stunden, S. 65.

426 Zur anonymen Breslauer Anleitung s. Markwardt: Geschichte, Bd. 1, S. 344–351, 433f.; Herrmann: Naturnachahmung, S. 17, Anm. 22.

427 Breslauer Anleitung, S. 105ff., S. 107; zur inventio bes. S. 97f., zur dispositio S. 107, zur elocutio S. 105f.

428 Uhse: Wohl-informirter Poet, S. 7, Nr. 3.

429 Hunold, Vorrede zu Neumeister: Die Allerneueste Art, S. b 3 (S. 17). Zu Hunold s. Voßkamp: Adelsprojektionen im galanten Roman, S. 83ff.

430 Hunold: Academische Neben-Stunden, Vorrede, S. A 5 v.

431 Hunold, Vorrede zu Neumeister: Die Allerneueste Art, S. e 6 v (S. 72).

432 J. E. Weise: Unvorgreiffliche Gedancken von Teutschen Versen, Kap. II; Breslauer Anleitung, Vorrede.

433 Breslauer Anleitung, Vorrede, Ablehnung der heidnischen Mythologie.

434 Stolle: Vorwort zur Hoffmannswaldauischen Anthologie, Bd. 6, S.)(7. Die Poesie selbst ist etwas Neutrales, auch für den Mißbrauch offen. »Sie ist eine kunst, durch gebundne und abgemeßne worte andre zu bereden oder zu ergetzen.« Vgl. auch S.)(8. »Kan der leser keinen sonderbahren nutzen daraus ziehen, so ist es genung, wenn er eine angenehme und unschuldige belustigung antrifft. Man kan nicht immer ernsthafft seyn und arbeiten. Das gemüthe bedarff der ruhe und erquickung so wohl als der leib.« Die Poesie wird also ganz in die Mußestunden verwiesen.

um die traditionelle dreiteilige Zwecksetzung Ergötzen, Belehren und Bewegen,[435] hier in charakteristisch umgestellter Reihenfolge. Der Umstellung entspricht die Einstufung der Poesie als ›Nebenwerk‹,[436] und die Abgrenzung von der in erster Linie dem Überreden und Belehren dienenden Oratorie.[437] Als objektiven Nutzen der Poesie erklärt Weichmann die Ausbildung einer auf den Werken der Poeten beruhenden Sprache. Kein anderer als der Dichter vermöchte die »innersten Geheimnisse« und die »verborgenen Reichtümer« einer Sprache besser zu ergründen und emporzuheben.

> »Man sollte derhalben billig den Nutzen, dessen sich eine Sprache von ihnen zu erfreuen hat, besser erwegen, und ihre Schriften nicht so kaltsinnig oder wol gar verächtlich ansehen, wie man insgemein zu diesen Zeiten pfleget.«[438]

Im Rahmen dieser mehr oder wenig modifizierten traditionellen Argumente bewegen sich alle vornehmlich dem Schulunterricht, der Anfertigung kasueller und galanter Poesie gewidmeten Poetiken zwischen 1696 und 1734.[439] Bisher wurden die Poetiken dieses Zeitraums meist synoptisch ausgewertet.[440] Tatsächlich spiegeln sie aber Entwicklungen wider, stellen Stufen eines kontinuierlichen Prozesses dar, der vom humanistischen Modell einer gelehrten Poesie zur vernunftbegründeten eines Gottsched führt.

Manfred Windfuhr hat versucht, die Poetiken der Periode zwischen 1690 und 1730 zu systematisieren. Die Rigidität seiner Unterscheidung zwischen Galanten und Klassizisten[441] läßt sich indes nicht aufrecht erhalten; in den ausgesprochen zum Galantheitsideal sich bekennenden Poetiken und in den zur Weisenachfolge rechnenden Schulpoetiken begegnen nur partielle Unterschiede, vor allem im stilistischen Bereich. Die meisten fordern – einem eklektizistischen Ideal entsprechend – die Anpassung des Stils nach den Lehren des Decorum an die jeweilige gesellschaftliche Situation.

Eine Trennung der Poetiken in galante und klassizistische Gruppen erscheint bei der Analyse des Gelehrsamkeitspostulats unergiebig; mögen auch im Bereich der elocutio eher als bei der inventio Divergenzen auftreten, so unterscheidet sich doch die grundsätzliche Einstellung zur Gelehrsamkeit allenfalls nach Nuancen. Problematischer jedoch als Windfuhrs Trennung nach Gruppen ist die Etikettie-

---

435 Breslauer Anleitung, S. 94.

436 Auch Köhler: Deutliche und gründliche Einleitung, S. 2f.

437 Breslauer Anleitung, S. 98; zum Belehren in der Poesie S. 99ff. »Man muß nicht allezeit lehren; denn dieses kommet einem Schulmanne und keinem Poeten zu. Man muß nicht weitläuftige Lehren geben; denn dieses macht den Leser leicht verdrüßlich. Man muß sie auch nicht allenthalben einstreuen denn alle Materien vertragen sie nicht.«

438 Weichmann: Poesie der Nieder-Sachsen, Bd. 1, Vorrede.

439 Hübner: Poetisches Hand-Buch (1696) am Anfang, Köhler: Deutliche und gründliche Einleitung (1734) am Ende.

440 Etwa bei van Ingen: Vanitas und memento mori; teilweise bei Dyck: Ticht-Kunst und Herrmann: Naturnachahmung und Einbildungskraft.

441 Windfuhr: Barocke Bildlichkeit, Kap. 3 Klassizistische Deutlichkeits- und Richtigkeitstendenzen, S. 400–437; Kap. 2 Galante Abdämpfung und Rhythmisierung, S. 376–399.

rung der klassizistischen Gruppe selbst.[442] Er subsumiert unter die Klassizisten Christian Weise und dessen Nachfolger[443] auf der einen Seite *und* die Vorläufer Gottscheds, Gottsched selbst und dessen Kreis auf der anderen Seite. Es geht jedoch nicht an, die politisch-pragmatisch bestimmte Reduktionsstufe Weises mit den Klarheits- und Deutlichkeitsidealen der vom französischen Klassizismus (Boileau!) ausgehenden Gottschedianer in einen Topf zu werfen. Die gesellschaftlichen und kulturellen Voraussetzungen des von den Hofdichtern und Gottsched getragenen Stilideals gehören zu einer Entwicklungsstufe, die Christian Weises Poetik um zwei Generationen hinter sich gelassen hat. Die ›bürgerliche‹ Wende des Thomasius, die zwischen der Weiseschen Pragmatik, dem höfischen Ideal und der bürgerlich-aufklärerischen Position Gottscheds vermittelt, bleibt bei Windfuhrs Zusammenschau außer Betracht. Daher wird hier der Begriff »klassizistisch« nur für die vom französischen Klassizismus beeinflußten deutschen Dichter und Poetiker verwendet; dagegen weiterhin der Begriff »pragmatisch« für Weises weniger an Stilidealen als an gesellschaftlichen Bedürfnisstrukturen orientiertes Modell. Denn gerade auf dem Sektor des Stils sind doch die Divergenzen zwischen dem Weise-Kreis und dem Gottsched-Kreis so gravierend, daß sich die Eigentümlichkeiten beider – später miteinander rivalisierenden – Gruppen nicht unter dem nivellierenden Etikett »Klassizismus« subsumieren lassen können. Bei den Poetiken des politisch-galanten Zeitraums sind indes in der Gesamthaltung zwei verschieden ausgeprägte Tendenzen erkennbar. Die ausgesprochen reaktionäre Gruppe ist entweder religiös-christlich programmiert,[444] oder sie ist aufgrund ihres sozialen Kontextes konservativen Zuschnitts: das trifft besonders auf Schulleute und auf Nicht-Profis zu (also etwa den poetischen Bürgermeister Grüwel).[445] Die ›progressiven‹ Poetiker bilden dagegen Ansätze zur Überwindung der Barockpoetik aus, die zu einer philosophisch orientierten, ›klassizistischen‹ Poesie überleiten. Hier stehen die Gruppen der pragmatischen Poetiker, die den Schulbetrieb ganz auf das gesellschaftliche Bedürfnis ausrichten und die stilistischen Erfordernisse diesem Ziel anpassen (Weise-Kreis), die Gruppen der galanten Poetiker (Thomasianer, v. a. Hunold-Menantes) und die frühen Klassizisten (Chr. Wernicke). Zu diesem Kreis rechnen die im Zusammenhang mit der Weiseschen Rhetorikreform und der thomasischen Wissenschaftsreform einerseits, und andererseits in Verbindung mit der antihumanistischen Realienbewegung stehenden Schul- und Universitätslehrer, alle Anhänger eines entwicklungsgeschichtlich je anders nuancierten ›politischen‹ Ideals.

---

442 Windfuhr: Barocke Bildlichkeit, S. 400f., zieht als Quellen des Klassizismus heran u. a. Schriften von Chr. Weise, J. v. Besser, D. G. Morhof, Canitz, Günther, Gottsched, Haller, Rachel, Riemer, Sacer (!), Wernicke.

443 Weisianer in Rhetorik und Poesie sind, nach Neukirch: Academische Anfangs-Gründe, S. 14, Hübner, Uhse, Hamilton, Weidling, Talander, Menantes, Lange, Müller, Schröder und Neukirch.

444 Z. B. Statius: Der Wohlgebahnte Weg; Fischbeck: Ergetzlichkeiten in der höchstangenehmen Poesie; ders.: Ergetzlichkeiten in der Redekunst.

445 Grüwel: Hochteutsche kurze deutliche und gründliche Vers- Reim- und Dichtkunst, ist derart altmodisch, daß er bereits im Barock-Kapitel behandelt wurde, Kap. III. 3.2.

Es kann nicht die Absicht sein, die Poetiken der Übergangsphase mit derselben Ausführlichkeit wie die Barockpoetiken nach allen traditionellen Gesichtspunkten zu analysieren. Da sie traditionelles Gedankengut weiterführen, ergäben sich lediglich Wiederholungen. Wichtiger für die Analyse poetologischer Entwicklungen sind die *Modifikationen,* die sich im Zusammenhang mit dem politisch-pragmatischen Wissenschaftsverständnis ergeben. Wie wirkt sich das Konzept von der *Priorität der Realdisziplinen* auf die *Gelehrsamkeitsforderungen der Poetik* aus? Gerät nicht die traditionell humanistische Konzeption des »poeta doctus« in Mißkredit? Oder erfährt sie charakteristische Umwandlungen auf ein *moderneres Gelehrsamkeitsverständnis* hin?

Für die Ausgestaltung der Übergangspoetik ist der Einfluß des wissenschaftsgeschichtlichen Kontextes, das Verhältnis zu den Nachbardisziplinen und die Tradition der humanistischen Poetiken selbst wesentlich. Freilich vermindern sich die wissenschaftlichen Einflüsse gerade in den Kasualpoetiken, und um solche handelt es sich in diesem Zeitraum ja überwiegend, da hier Anfänger, Schüler, Studenten und Liebhaber der Poesie das angesprochene Publikum sind, nicht jedoch die großen Poeten selbst.[446] Für diese gilt indes die Gelehrsamkeitsforderung in verstärktem Maße; ebenso das Postulat des guten Naturells. Nicht von ungefähr bleibt Lohenstein während der ganzen Periode das fast uneingeschränkt bewunderte Vorbild.

Thomasius' wissenschaftliches Werk stellt eine der am weitesten in die Zukunft vorgeschobenen Positionen dar. An seinem Beispiel ließ sich die Verflechtung von Wissenschaft und Poetik, von Lehrkanon und Stellenwert der Poesie im berufsbezogenen Studium explizieren. Die Wissenschaftslehren der folgenden Jahrzehnte bis zum Auftreten und zur allgemeinen Rezeption Wolffs spiegeln die thomasischen Einflüsse, repräsentieren politisch-pragmatische, allenfalls politisch-galante Wissenschaft. Die Hodegetiken enthalten meist Poetik-Kapitel. In ihnen ist die Verbundenheit mit dem Wissenschaftssystem und dessen ›politischem‹ Geist deutlicher erkennbar als in den Einzel-Poetiken.

Die Verflochtenheit in den Fächerkanon läßt der Verwirklichung der pragmatischen Prinzipien auch im poetologischen Bereich größeren Spielraum; die Beeinflussung durch den wissenschaftlichen Kontext wiegt die beharrende Kraft der Tradition auf. Diese Erwägung begründet den Einbezug der Poetik-Kapitel der Hodegetiken in die Musterung der pragmatisch-galanten Poetiken.

Die *Poesie* gilt den Hodegetikern und den Poetikern uneingeschränkt *als Wissenschaft. Benjamin Neukirch* geht noch vom barocken Ideal, Poesie als Inbegriff der Wissenschaften, aus.[447] Dementsprechend fordert er, in einem Poeten müßten sich alle Wissenschaften »nicht anders als in einem centro« versammeln.[448] Auch wo diesem nun als übertrieben geltenden und daher aufge-

---

[446] Köhler: Deutliche und gründliche Anleitung, S. 2f., weist auf die Unterschiede zwischen dem Poeten und dem Studenten der Poesie hin, die einer Abgrenzung in Haupt- und Nebenwerk gleichkommen.

[447] B. Neukirch: Vorwort zur Hoffmannswaldauischen Anthologie, Bd. 1, S. 7; vgl. S. 18.

[448] Ebd., vgl. J. G. Neukirch: Anfangs-Gründe zur Reinen Teutschen Poesie, S. 16, § 18.

gebenen Ideal nicht mehr gehuldigt wird, gilt die Poesie weiterhin als eine »herrliche«,[449] eine »nette«,[450] eine »galante«[451] oder eine »edele und galante«,[452] auf jeden Fall aber als »eine Wissenschaft«.[453] Der Poet benötigt – neben der vorausgesetzten natura – Verstand, Tugend und Wissenschaftskenntnis;[454] er soll in allen Disziplinen sich umgesehen haben.[455] *Johann Ernst Weise* will den eigenwissenschaftlichen Anspruch einschränken. Er gesteht dem Einwurf, die Dichtkunst entlehne ihre Zierlichkeit als »eine Bettlerin von andern Wissenschafften«, eine gewisse Berechtigung zu, doch lehnt er ihre daraus möglicherweise abgeleitete Abwertung ab. Eine solche spricht eher aus der (platt)rationalistischen Argumentation bei *Gottlieb Stolle,* die den Anspruch der Poesie auf Göttlichkeit[456] rundheraus, den Wissenschaftscharakter bedingt ablehnt.[457] Den Lobrednern der Poesie hält Stolle entgegen, ob es nicht »der sache zu viel gethan« sei, der Poesie den »vorzug vor allen wissenschafften« zu geben. Sie sei kein »innbegriff aller wissenschafften«.

»Es ist eine leere pralerey der poeten, welche keine wahrheit zum grunde hat. Es solte ja wohl ein jeder dichter ein weiser mann seyn, aber nicht darum, weil er ein dichter, sondern weil er ein mensch ist. Daher hat es viel grosse poeten gegeben, die keine wahrhafftige leute gewesen. Doch es ist hier die rede von den wissenschafften, oder der gelahrheit, und nicht von der weißheit. Es hat aber fast gleiche bewandniß. Denn warum solte ein ungelehrter kein guter poete seyn können.«[458]

Die anschließende Argumentation gegen die übertriebenen Verächter der Poesie relativiert diese Extremmeinung und weist zugleich Stolle selbst der Mittelposition der Übergangsphase zu. Die extremen Positionen fungieren nur noch als Ausgangsbasen für denkspielhafte Bestimmungen des poetologischen Standorts; eine

---

449 So J. G. Neukirch: Anfangs-Gründe zur Reinen Teutschen Poesie, Vorrede S. 1; Hunold, Vorrede zu Neumeister: Die Allerneueste Art, S. a 2 v (S. 2) (»göttliche«).

450 Gressel: Vergnügter Poetischer Zeitvertreib, S. A 3 r; vgl. S. A 4 r.

451 Neukirch: Anfangs-Gründe zur Reinen Teutschen Poesie, S. 1; auch Statius: Der Wohlgebahnte Weg, S. 1, § 1.

452 Neukirch: Academische Anfangs-Gründe, Vorrede.

453 Rottmann: Lustiger Poete, S. 8, § 1; vgl. Bertram: Anfangs-Lehren, S. 148; § XXVII; Gressel: Vergnügter Poetischer Zeitvertreib, Vorrede, S. 4.

454 Zur natura vgl. Abschnitt 2.2. Hunold betont die Tugend; Vorwort zu Neumeister: Die Allerneueste Art, S. a 2 v (S. 2) und in: Academische Neben-Stunden, S. A 3.

455 Wahll: Kurtze doch gründliche Einleitung, S. 136; Neukirch: Anfangs-Gründe zur Reinen Teutschen Poesie, S. 16; Breslauer Anleitung, S. 2; Neukirch: Academische Anfangs-Gründe, S. 28ff.; Weichmann: Poesie der Niedersachsen, Tl. 2, S. 3v.

456 Stolle: Vorwort zur Hoffmannswaldauischen Anthologie, Bd. 6, S.)(2f. Das Argument, Gott habe nicht in Versen gesprochen, begegnet auch in Stolle: Anleitung zur Historie der Gelahrheit, S. 163, § 3.

457 Die Vorrede ist zweiteilig aufgebaut, eine Seite vertritt die Lobredner der Poesie, die andere die Gegner. Stolle hält sich, wie er in der Anleitung zur Historie der Gelahrheit, S. 163, § IV, bekennt, in der Mittelposition. »Zwar es giebt nicht nur Schmeichler, sondern auch Verächter und Feinde der Poesie. Wer klug ist, hält das Mittel.«

458 Stolle: Vorrede zur Hoffmannswaldauischen Anthologie, Bd. 6, S.)(3. Ebenso ders.: Anleitung zur Historie der Gelahrheit, Tl. 1, S. 163: Es sei »irrig, daß die poesie ein innbegriff aller wissenschafften sey.«

tatsächliche innere Berechtigung kommt ihnen im galant-politischen Konzept nicht zu.

Es liegt auf der Hand, daß die Hodegetiker aus dem Kanon der von ihnen empfohlenen nötigen, nützlichen und angenehm-galanten Disziplinen eine der Position des Poeten angemessene Auswahl treffen. Der Poet soll sich nach *Kemmerich* besonders um solche studia kümmern, die ihm einen »reichen vorrath nicht nur an worten und redens=arthen, sondern auch von sachen an die hand geben.«[459] Im einzelnen nennt Kemmerich als ›gelehrte‹ Voraussetzungen eines gelehrten und ›klugen‹ Poeten die Kenntnis der Muttersprache, der wichtigen Fremdsprachen (Französisch, Italienisch, Spanisch, Englisch, Niederländisch), der Oratorie, der Logik,[460] der Physik,[461] der Moral, des Naturrechts, der Politik, der Decorum-Lehre, der Theologie, Jurisprudenz und Medizin, besonders aber der alten und neuen Geschichte und der Mythologie. Daneben hält er auch spezielle Einführungen in die ars poetica für erforderlich, von denen er Morhof, Weise, Uhse, Jänichen, Omeis und besonders Menantes/Neumeister empfiehlt.[462] Bei *Christian Juncker* nimmt die Mathematik neben der Physik einen hervorgehobenen Rang ein.[463]

Die in den Hodegetiken ständig erwähnten Poetiker passen sich ihrerseits dem weiseanisch-thomasischen Klugheitsideal an. Das zeichnet sich deutlich bei *Benjamin Neukirch* ab. Niemand, behauptet er in der Vorrede zur repräsentativen Anthologie »Herrn von Hoffmannswaldau und andrer Deutschen auserlesene und bißher ungedruckte Gedichte«, niemand könne etwas Gutes schreiben, der nicht alles, worüber er schreibe »mit augen gesehen / mit ohren gehöret / und an seiner eigenen person erfahren« habe.[464] Weltkenntnis gesellt sich zur Wissenschaftskenntnis; beide dienen dem Ideal des galant-homme. Ausdrücklich wendet sich Neukirch gegen den im Schulunterricht gelehrten Vorrang der Worte vor der »guten sachen«; solcher Unterricht führt lediglich zur Versmacherei.

Als einer der wenigen wendet sich Neukirch entschieden gegen die gesellschaftliche Vermarktung der Poesie – als Hochzeits- und Begräbnis-Dichterei.[465] Neukirch stellt eine Rangfolge auf: auf der untersten Stufe stehen die bloßen

---

459 Kemmerich: Neu-eröffnete Academie, S. 147.

460 Ebd., S. 148, Nr. 4 »damit er zu richtigen, ordentlichen, und gründlichen gedancken desto geschickter wird.«

461 Ebd., S. 148, Nr. 5 »weil ihm das reich der natur die schönsten inventiones, allegorien und gleichnisse an die hand giebt.«

462 Ebd., S. 149f.

463 Juncker: Lineae primae eruditionis, S. 152, § XV und § XVI. »Bonum poetam necesse est perfecte intelligere linguam, qua scribere carmen destinavit, tum & peregrinas linguas, artemque oratoriam & Logicam, cum Physica & Mathesi, doctrinamq; de moribus, republica, ac superiorum quoque facultatum principia habere sibi perspecta, omnisque historiae, tum verae tum fabulosae, & antiquorum rituum usu, esse instructum.«

464 B. Neukirch: Vorrede zur Hoffmannswaldauischen Anthologie, Bd. 1, S. 7.

465 Ebd., S. 6. »Mit den Hochzeit-, Begräbniß- und Namens-Gedichten / damit sich alle knaben in der schule quälen / ist es fürwahr nicht ausgerichtet.«

Versmacher, die Produzenten von Gelegenheitspoesie; auf der zweiten, höheren Stufe stehen die galanten Dichter. Sie brauchen »feurige« und »auffgeweckte gemüther«, müssen sich in der Galanterie auskennen, sollen kurz »erfinden« und hurtig ausarbeiten können und über »seltzame«, d. h. außergewöhnliche Gedanken verfügen.

Den höchsten Rang nimmt der große Poet ein. Abgesehen von seinen größeren natürlichen Anlagen, der erforderlichen täglichen Freizeit (von Amtsgeschäften) und der geduldigeren Arbeit benötigt er einen aus humanistischen und ›politischen‹ Disziplinen zusammensetzten Wissensfundus. Die großen Poeten müssen

> »viel sprachen verstehen / in allen wissenschafften wohlgegründet / in der welt erfahren / durch eigene zufälle gewitziget / ihrer affecten meister / und in urtheilung anderer leute gebrechen vernünfftig seyn.«[466]

Benjamin Neukirch selbst, der sich vom Schwulstjünger zum Vorläufer des klassizistischen Ideals entwickelt hatte,[467] nahm die neuen Ideale mit vollem Bewußtsein auf. Konventioneller sind die *Schulpoetiken;* sie hinken hinter dem modernen Wissenschaftsbewußtsein her und übernehmen das barocke Gelehrsamkeitsideal in standardisierter Klischeeformel.[468] Indes begegnet hier die Wissenschaftsforderung meist in reduzierter Form; die Schulpoetiken verweisen auf die Realienlexika, die der Poet bei der Ausarbeitung der elocutio heranziehen darf.[469] Freilich steht das Ideal unmittelbarer Wissenschaftskenntnis über der Empfehlung solcher Hilfsmittel. Die fortschrittlichen Poetiken unterlassen es denn auch nicht, ihm verstärkte Aufmerksamkeit zu widmen.

Der neue Wissenschaftsbegriff findet sich bereits in *Omeis'* Resümee der Barockpoetiken. Für den Eklektiker ist es jedoch bezeichnend, daß er die Realdisziplinen nicht etwa der Topik entgegenstellt, sondern sie als zusätzliches Reservoir für »Erfindungen« behandelt.[470] Die wortwörtliche Übernahme der Argumentation aus Christian Weises Poetik[471] zeigt zunächst Omeis' Unselbständigkeit, belegt jedoch immerhin die Reichweite von Weises über die Rhetorik vermitteltem Poesieverständnis. Die staatspolitischen und anthropologischen Disziplinen, sowie die Erfahrung rücken auch bei der Ausbildung des Poeten wie bei der ›Realisierung‹ der Poesie selbst in den Vordergrund.

Freilich verfaßt Omeis hiermit kein neues poetologisches Konzept. Die Wissenschaften – das zeigt gerade deren Zusammenstellung mit der Topik – sind ihm

---

466 Ebd., S. 18f.

467 Zu Benjamin Neukirch Markwardt: Geschichte, Bd. 1, S. 258ff., S. 407f.

468 Hofmann: Lehr-mässige Anweisung, S. (a) 4, Nr. 9. »Dabey ferner dieses wohl zu mercken ist / daß / welcher einen guten Poeten abgeben will / derselbige muß sich / in Erlernung allerhand Wissenschafften / fleißig und unverdrossen üben / damit er den Nahmen mit der That bekomme / und seine Weißheit / Kunst und Geschicklichkeit / auch wohl offt in wenig Versen offenbahren könne.«

469 Besonders Statius: Der Wohlgebahnte Weg, S. 6ff., weist auf Realiensammlungen hin.

470 Omeis: Gründliche Anleitung, S. 138f.

471 Chr. Weise: Curiöse Gedancken von Deutschen Versen, Bd. 2, S. 64; schon Herrmann: Naturnachahmung, S. 43, entdeckte diesen Sachverhalt. Vgl. hier S. 337.

zu reinen Lieferanten von Realien und Versatzstücken zu gelegentlicher Verwendung depraviert. Was bei Opitz und dessen Nachfolgern sich vorwiegend auf die hohe, nicht durch gesellschaftliche Zwecke gebundene Poesie bezogen hat, erscheint hier der ausschließlich pragmatischen Funktionalität ausgeliefert. Dieser Bestimmung entspricht auch Omeis' Akzentuieren der Kunst, Affekte zu erregen. Sie kann aus den Disziplinen Physik, Ethik und Rhetorik erlernt werden. Bei der Affekterregung spielt der Gedanke der Reziprozität eine wichtige Rolle: das ohne innerliche Anteilnahme Verfaßte könne auch nicht mit Bewegung aufgenommen werden; diese Erwägung durchzieht formelhaft die Poetiken.[472]

Was Omeis auf der Universitätsebene propagiert, findet sein beispielhaftes Pendant in *Johann Jänichens* Schulpoetik, die allerdings nur den Aspekt der poetischen Elocution behandelt.[473] Die Brauchbarkeit von Jänichens Werk bezeugt Nathanael Hübners Plagiat.[474] Die Stilvielfalt, die Jänichen zuläßt und für die er Schreibregeln ausarbeitet, charakterisiert seinen eklektizistischen Standort. Von den verschiedenen Arten, der »reinen«, der »deutlichen«, »kurtzgefasten«, »gelehrten«, »zierlichen« und »scharfsinnigen« Elocution interessiert hier besonders der »gelehrte« Stil. Jänichen sucht mit seiner Anweisung die gesteigerten Ansprüche zu befriedigen, die »die Ohren der heutigen Welt« an die Poesie stellen.[475] Sein dreiseitiger Hinweis auf die Wissenschaften selbst deutet auf eine Abkehr von den herkömmlichen ›Realien‹ hin.

Jedenfalls stehen beim Gelehrsamkeitspostulat die Wissenschaftsdisziplinen an erster Stelle. Jänichen nennt Theologie, Jurisprudenz, Medizin, Philosophie als die vier akademischen Fakultäten, ferner die artes mechanicae, opificiae; besonders hervorgehoben erscheint die Historie als »die rechte Schatz-Kammer / in welcher die schönen Zieraten zu einen gelehrten Carmine anzutreffen seyn.«[476] Dieses Geschichtsverständnis korreliert durchaus noch dem alten Realien-Begriff, der allenthalben durchscheint. So gilt Jänichen die Theologie als »vornehmster Brunn«, aus dem der Dichter »Realien« schöpfen kann. An Beispielen erläutert Jänichen, wie der angehende Poet die verschiedenen Disziplinen als Materiallieferant gebrauchen kann.[477] Trotz des verstärkten Wissenschaftsbezugs bleibt Jänichens Wissenschaftsbegriff noch ziemlich äußerlich. Den Sprung vom Realienverständnis zum iudicium-gegründeten Wissenschaftsverständnis schafft er nicht. Traditionell bleibt die Empfehlung, das Erlernte und Gelesene in loci communes-

---

472 Omeis: Gründliche Anleitung, S. 139; Wahll: Kurtze doch gründliche Einleitung, S. 134. Der Poet solle affektenreich schreiben: was nicht von Herzen komme, das gehe auch nicht zu Herzen. Der Poet müsse sich in die Situation versetzen, um bei sich die richtigen Gefühle zu erzeugen, aus denen er effektvoll dichten könne. Hunold: Vorwort zu Neumeister: Die Allerneueste Art, S. 46.

473 Jänichen: Gründliche Anleitung zur Poetischen Elocution. Leipzig 1706.

474 August Nathanael Hübner: Gründliche Anweisung zum Deutschen Stilo. Hannover 1720.

475 Jänichen: Gründliche Anleitung, S. 198.

476 Ebd., S. 199f.

477 Ebd., S. 201ff., §§ 4–10. Jänichen empfiehlt nächst der Bibel theologische Schriften und Kommentare, dann Universalgeschichte.

Sammlungen zusammenzufassen;[478] immerhin rät Jänichen mehrfach, Lektüre und »eignes Nachsinnen« zu verknüpfen.[479]

»Dencke nach / wo diß Exempel in der Oratorie oder Poesie gute Gelegenheit entweder zur Invention eines feinen Thematis oder zur illustration deines Satzes geben könne.«[480]

Die Klassikerkenntnis bildet für Jänichen den Grundstock des Wissens; von den neueren Autoren empfiehlt er geographische Beschreibungen wegen der darin in großer Menge anzutreffenden »herrlichen Realien« und ihrer offenbaren Applikation.[481] Ganz in der Weisenachfolge stehen Jänichens Hinweise auf Emblem- und Sinnspruch-Sammlungen, auf Universallexika,[482] sowie die Anpreisung selbstgefertigter, aus den Exzerpten bedeutender Poeten gespeister Collectanea und Miscellanea.[483] Wer keine solche Hilfsmittel zur Verfügung hat, kann – ultima ratio – durch eigene Reflexion auf natürliche oder künstliche Realien kommen.[484] Dem Nachsinnen muß die theoretische Einteilung der gelehrten Sachen in Gleichnisse (similia) und Historien vorausgehen. Gleichnisse lassen sich mit Hilfe des iudicium erfinden (»erdencken«); Historien bieten die Bibel, die Universalgeschichte und die antiken Klassiker. Der Erfinder von Gleichnissen zieht das ganze Wissenschaftsspektrum heran: die »eruditionem physicam, Astronomicam, Geographicam, Mathematicam, Politicam, Ethicam, Oeconomicam«.[485] Die Aussage eines unglücklichen, in Ungnade gefallenen Hofmannes: »Mein Glück verändert sich«, läßt sich durch Vergleiche aus dem Bereich der Natur und der eruditio philosophica veranschaulichen. Zur Physik gehört die Naturerscheinung des Irrlichts (ignis fatuus); mithin läßt sich dichten:

»Was vor ein Irrlicht hat mich ärmesten verführet?
Ich traute seinem Glantz / nun deckt mich finstre Nacht.«

Die Astronomie handelt von Kometen: »Mein schönes Lustgestirn verkehrt sich in Cometen.«

Fern-Gläser gehören in den Bezirk der Optik:

»Mein falsches Glücke hat / das Fern-Glaß ümgekehret /
Die güldnen Berge sehn kaum wie ein Sandkorn aus.«

---

478 Ebd., S. 204. Die »merckwürdigen Sachen« soll der Schüler in seine Locos communes eintragen; genaue Leseanweisung in 9 Punkten.

479 Ebd., S. 201, S. 205. 480 Ebd., S. 205f.

481 Auch die klassischen Autoren sind von großem Nutzen: »Ja / der eintzige Cornelius Nepos führet ihn in die Persische / Griegische und Römische Historien so glücklich hinein / daß er aus diesem Buche die schönsten Realien zu allerhand Begebenheiten sammlen kann. Von deren nützlichen Anwendung der berühmte Lohenstein in der netten Parentation, die er dem Herrn von Hoffmannswaldau gehalten / eine deutl. Probe abgeleget.« Ebd., S. 206f.

482 Ebd., S. 210, §§ 13, 14.

483 Ebd., S. 224ff., 228. Jänichen drängt geradezu auf die Anlage eigener Kollektaneen und Miszellaneen.

484 Jänichen propagiert sogar ein Verfahren für solche Poeten, die sich keine Kollektaneen oder Miszellaneen angelegt haben; ebd., S. 228. Hier spielt dann das iudicium gegenüber der memoria die größere Rolle; ebd., S. 229, S. 256.

485 Ebd., S. 230.

Die Ethik lehrt, daß das höchste Gut nicht in der zeitlichen Glückseligkeit besteht:

»Der Menschen Glücke ist kein höchstes Gut zu nennen /
Es wehret ja bey mir kaum einen Augenblick.«

Die Affektenlehre liefert folgendes Gleichnis:

»Mein Glück hat gegen mich Affecten spüren lassen.
Das mich sonst angelacht / kehrt mir den Rücken zu.«[486]

Die Verwendung der Wissenschaften als Stichwortgeber für Gleichnisse weist auf ein sehr vordergründiges Wissenschaftsverständnis hin, das die Disziplinen noch ganz als ›Schatzkammern‹ für abrufbare Wissens-Stücke begreift. Ein letzter Abschnitt widmet sich der Beantwortung der Frage, wie die aus Theologie, Jurisprudenz, Medizin, Philosophie usw. gezogene Gelehrsamkeit in ein »wohllautendes Carmen« gebracht werden solle. Jänichen gibt vier Regeln (bzw. Anweisungen):

1. »Führe ein vollkommnes Thema, das du aus einer solchen Disciplin oder Wissenschafft hergeleitet / in deinem Carmine etwas weitläufftig aus / und applicire solches hernach auf dein Vorhaben.
2. Mische zuweilen mitten in der Elaboration einen Locum communem, ingleichen andern apparatum Eruditionis, mit ein / der in solche disciplinen hinein läufft.
3. Suche durch ein Thema allegoricum bald dieses / bald jenes / so auf deinen Zweck wohl kann appliciret werden / manierlich anzuwenden.
4. Siehe daß du zuweilen mitten in der Elaboration dergleichen allegorie ungezwungen an den Mann bringen kannst.«[487]

Jänichen, dessen Poetik hier ausführlicher vorgestellt wurde, steht zu Beginn der Übergangsphase. Die Rolle der Wissenschaften selbst ist gegenüber der Klassikerkenntnis in den Vordergrund gerückt; doch die Applikation bleibt noch äußerlich dem Realienverständnis der Kasualpoetiker bzw. der Polymatiker und Enzyklopädisten verhaftet. Das iudicium-Prinzip des ›politischen‹ Wissenschaftsmodells hat noch keinen essentiellen Ausdruck in der Poetik gefunden. Darüber täuschen auch Jänichens Erwägungen zum Decorum nicht hinweg.[488]

Eine weitere Stufe bildet die von Hunold 1707 herausgegebene Poetik des erst 1756 verstorbenen *Erdmann Neumeister.*[489] Trotz des insgesamt traditionellen

---

[486] Beispiele ebd., S. 239–245. »Dieses alles wird verhoffentlich genug beweisen / welcher gestalt man seine Erudition, die man absonderlich aus der Philosophie erlanget / manierlich / durch dergleichen Allusiones, denen Versen einverleiben könne.« Auf S. 246–257 führt Jänichen Gleichnisse aus dem Bereich der Historie und der Mythologie auf.

[487] Ebd., S. 335f. [488] Ebd., S. 950ff.

[489] Neumeister: Die Allerneueste Art zur reinen und galanten Poesie zu gelangen. Hamburg 1707 (^{2}1717, ^{3}1722, ^{4}1728, ^{5}1735, ^{6}1742); Neumeister wird nach der vierten Auflage von 1728 zitiert. Menantes hat das Manuskript Neumeisters nach Vorlesungen, die dieser 1695 in Leipzig gehalten hat, herausgegeben. Vgl. Gühne: Gottscheds Literaturkritik, S. 74ff.; Witkowski: Geschichte des literarischen Lebens, S. 272ff. »Neumeisters Poetik ist für uns ein getreues Abbild des in Leipzig von ihrer Zeit bis zum Auftreten Gottscheds herrschenden poetischen Geschmacks.« Markwardt: Geschichte, Bd. 1, S. 314ff., S. 421f. Zu Neumeister als Dichter galanter Poesie s. Krausse: »Die unverbotne Lust« – Erdmann Neumeister und die galante Poesie, S. 133ff.

Zuschnitts meldet sich bei Neumeister eine gewisse Skepsis gegenüber dem poetischen Schulbetrieb an. Die besten Illustrationen, also die Ausschmückungen der elocutio, lernt man weder in einem Collegio poetico, noch erhält man sie durch den Enthusiasmus bzw. den poetischen Furor; vielmehr gründen sie in der »Erudition« und der »Experienz«.[490] Bestimmte Themen sind an die Kenntnis bestimmter wissenschaftlicher Disziplinen gebunden, andere an die Erfahrung (z. B. die Liebe). Zum Programm wissenschaftlicher Ausbildung und welthafter Erfahrung paßt die Reserviertheit gegenüber dem üppigen Gebrauch antiker Mythologie[491] und – als Novum – der Tadel an gelehrten Kommentaren und Noten der Dichter.[492]

Diese Absage steht in keinem Widerspruch zu der von Neumeister an anderer Stelle empfohlenen Benutzung von Kollektaneen und »täglicher Conversation«.[493] Beide Hilfsmittel deuten auf den Einfluß des ›politischen Denkens‹ (in seiner Frühform) hin, das sowohl im Ablehnen Homers[494] wie im Befürworten der – allerdings noch ziemlich technisch-mechanisch aufgefaßten – Meditation (»artige Einfälle, darauf der Leser eben nicht gedacht hätte«[495]) einen spezifischen Ausdruck findet. Die Wende gegen die humanistische Kommentier-Praxis leitet sich demnach aus der ›politischen‹ Gelehrsamkeitskritik ab, die das penible Belegverfahren als pedantisches Unwesen anprangert.[496] Ein Kommentar hat nur dort seine Berechtigung, wo er zum besseren Verständnis des Gedichtes beiträgt, etwa zu Erläuterung einer unbekannten »Historie« oder »Haupt-Circumstanz«.[497] Damit ist gegen »echte« Gelehrsamkeit nichts eingewandt. Mit seiner selbsterworbenen und von eigenem Geist durchdrungenen Gelehrsamkeit gehört Lohenstein auch für Neumeisters Herausgeber, den ›moderneren‹ Hunold, zu den vorbildlichen Dichtern.[498]

---

490 Neumeister: Die Allerneueste Art, S. 530, § XXV.

491 Ebd., S. 502; allenfalls die bekannteren Namen dürfen verwendet werden; S. 503, § 86.

492 Ebd., S. 503f., § LXXXIX. »Etliche meinen, es müsse alles mit einer Nota bemerckt seyn, woher man diese oder jene Redens-Art, dieses Reale, diese Historie, diese Allusion, &c. genommen habe. Und da kan mancher über einen Zahn schmuntzscheln, wenn er so viel Auctores nach einander citiret hat, sich einbildend, die Leute würden dencken: Wunder! was dieses vor ein belesener und gelehrter Mensch seyn müsse. Scilicet!«

493 Ebd., S. 531, § 29. Hunold hat ein eigenes Buch darüber verfaßt. Menantes: Die beste MANIER in Honnêter Conversation sich höflich und behutsam aufzuführen, und in kluger CONDUITE zu leben. Aus recht schönen Frantzösischen MAXIMEN und eigenen Einfällen verfertiget von MENANTES. Hamburg 1725.

494 Neumeister: Die Allerneueste Art, S. 606, spricht von den »Saalbadereyen« Homers.

495 Ebd., S. 529, § 17.

496 Ebd., S. 504, § XC. »Denn weil dieses nur eine Prahlerey, ja der Abschaum von der Pedanterey ist, so mercket man schon, was davon zu halten sey. Wer gescheid ist, lässt es bleiben.«

497 Ebd., S. 504, § XCI.

498 Hunold, Vorrede zu Neumeister: Die Allerneueste Poesie, S. b (S. 13); Neumeister rühmt Hofmannswaldau und Lohenstein bei jeder Gelegenheit, warnt jedoch in der »Allerneuesten Art«, S. 472, vor überflüssigen Epitheta; vgl. v. Waldberg: Galante Lyrik, S. 84. Zu Hunold s. Vogel: Christian Friedrich Hunold (Menantes).

Hunold erkennt in gelehrten Gedichten, die voller aus anderen Autoren exzerpierten Sentenzen, Gleichnissen und Historien stecken, nichts Poetisches mehr:

> »denn die Poesie muß aus dem Geiste / und nicht aus andern Büchern kommen / sonst kan ein jeder / weil Reimen und Verse=machen zu lernen nicht so gar schwer / ein Poete werden.«[499]

Belesenheit vermag allenfalls den »Geist« anzufeuern und zu verstärken. Hunold ist denn auch im eigenen poetologischen Entwurf von 1713, der »Einleitung zur Teutschen Poesie«, auf Gelehrtheitsforderungen nicht explizit eingegangen, auch wenn er Kenntnisse in »Wissenschafften« und besonders in der Beredsamkeit für unabdingbar hält.[500] Für ihn wie für die ›Breslauer Anleitung‹[501] bilden »gründliche Wissenschaft« und »rechtschaffene Erfahrung« den Verstand zu einer nicht natur-gegebenen Vollkommenheit. Hunold greift auf das Bild des »Schleifens« zurück, das die Barockpoetiker zur Beschreibung des Verhältnisses von natura und ars verwendet hatten. Bei Hunold ersetzt der Begriff »Verstand« den thomasischen Terminus ›Gelahrheit‹; auch er hat die Aufgabe, »das gute von dem schlimmen zu unterscheiden«.[502] Doch gilt die Poesie weiterhin als »Tochter der Gelehrsamkeit«. Sie äußert sich beim Poeten als Kenntnis der poetischen Regeln (ars), als Belesenheit in hervorragenden (vorbildlichen) Poeten, als Vertrautheit mit politischen, moralischen und »anderen nützlichen Wissenschafften« sowie als Gebrauch »kluger Erfahrung«.[503] Den Leser wiederum unterrichtet ein lehrreiches Gedicht in Moral, Politik, Ökonomik und derartigen Bereichen.[504]

Die religiös motivierte *›Breslauer Anleitung‹* propagiert ein Poesieideal der Tugend. Antike Vorbilder werden durch deutsche ersetzt. Dem christlichen Geist entspricht die Kritik an dem etwas verflachten Nützlichkeitsideal der Galanten.[505] Die neue Ära, in der Bezugnahme auf Gottscheds »Vernünftige Tadlerinnen« namhaft gemacht,[506] kündigt sich hier an.

Das Ideal des Poeten als »centrum eruditionis« erhält bei *Johann George Neukirch* eine ›modernere‹ Ausprägung.[507] Außer der hochdeutschen Sprache[508] und der Oratorie[509] muß der Poet die Realdisziplinen – besonders Physik, Moral

---

[499] Hunold, Vorrede zu Neumeister: Die Allerneueste Art, S. b (S. 13).
[500] Hunold: Academische Neben-Stunden, Vorrede, S. A 3v, Nr. 3.
[501] Breslauer Anleitung, Vorrede, S.)(2v.
[502] Ebd., S. 1, § II. [503] Ebd., S. 1, § III. [504] Ebd., S. 53, § VII.
[505] Ebd., S. 91. »Ja da ohnedem das seculum aureum zu floriren scheinet, wo keine Studia sonsten gelten wollen, als die sich bald an zeitlichen Gütern gnugsam verinteressiren [..]«
[506] Ebd., S. 1, § I.
[507] Neukirch: Anfangs-Gründe zur Reinen Teutschen Poesie, S. 16, § 18. Zu J. G. Neukirch s. Jöcher-Adelung V, Sp. 560; Gühne: Gottscheds Literaturkritik, S. 78f.
[508] Ebd., S. 16. »Diese Hochteutsche Sprache zu excoliren muß er anfangs seine Zuflucht nehmen zu den besten Politicis, Gelehrten und Poeten.«
[509] Ebd., S. 17. »Denn ist die Poesie die Tochter der Wohlredenheit, so muß derjenige, so ihre schöne Tochter haben will, vorher mit der Mutter vertraulich umgegangen seyn, damit sie ihm zu der invention, disposition und elocution den Weg bahne [...]«

und Geschichte – beherrschen und im Besitz von Erfahrung sein. Realienkenntnis und Erfahrung bilden die Basis für Einfallsreichtum in der inventio (»allusion«, »illustration«, »Amplification«),[510] besonders bei der Darstellung der »Gemüths-Bewegungen« und bei der Wahl eines angemessenen Stils.[511] Affekten- und Decorum-Lehre ergänzen die aufgewerteten empirischen Disziplinen; die studia humaniora bilden gleichsam die Präliminarien. Die für Redner und Dichter gleichermaßen geltenden Ausführungen von 1729 verstärken den Real-Aspekt. Wissenschaften, Sprachen und Erfahrung bilden auch hier den Grundstock.[512] Für den Redner hebt Neukirch neben der Sprachkenntnis die Logik, die Moral, Geschichte, Physik, Anthropologie und Politik hervor;[513] für den Poeten die Oratorie, die Historie, Physik, Moral und die »Artefacta«.[514] Das Schreib- und Redeideal erblickt er in der Sprache der »geschicktesten und ansehnlichsten Hof-Leute«, der »vornehmsten Politici« und der »unpedantischen Gelehrten«.[515] Freilich dienen die Disziplinen auch bei Neukirch noch als Reservoir für abrufbares Wissen, trotz der Verschiebung, die sich zugunsten der ›lebendigen Wissenschaft‹ abzeichnet. Die Geschichte liefert weiterhin inventiones, illustrationes und amplificationes. Auch Medaillen, Münzen, Wappen, Antiquitäten, Inschriften, Emblemata rechnen hierzu. Wie schon Jänichen empfiehlt auch Neukirch, die Gleichnisse und Vergleiche aus der Physik zu entnehmen, wozu er die Artefakta, die Kunsthandwerke, hinzuzählt. Das Motiv der Realitätsannäherung wirkt auch im Postulat der Menschen- und Gesellschaftskenntnis.[516] Am klarsten äußert sich der neue Geist in der Betonung der Logik. Wahrheitserkenntnis und -beurteilung, Verbesserung des Verstandes und Vermeidung von Vorurteilen werden die Voraussetzungen des modernen, des ›politischen‹ Redners. Als fester Bestandteil der Oratorie geht die Logik in den postulierten Fächerkanon auch des Poeten ein.[517] Ein besonderer Stellenwert kommt der Erfahrung zu:

---

[510] Ebd., S. 230; wird von Neukirch nicht zur elocutio gerechnet. Die »kenntnis anderer gelehrter Wissenschafften« dient ihm, im Kapitel über die inventio, dazu, «daß der Poet das erfundene Thema durch gute Sachen probiren, illustriren und amplificiren, mithin dem gantzen Gedichte ein Ansehen machen kan.«

[511] Zu Johann Georg Neukirch s. Sinemus: Poetik und Rhetorik, S. 186f.

[512] Neukirch: Academische Anfangs-Gründe, S. 213. An Sprachen nennt Neukirch Latein, Griechisch, Französisch, Italienisch, Deutsch. Vorbildliche Autoren sind Opitz, Hofmannswaldau, Lohenstein, Neukirch, Gryphius, Günther, Besser, Philander von der Linde, Hunold-Menantes.

[513] Neukirch: Academische Anfangs-Gründe, S. 31–34; zur Logik S. 31f. Hervorgehoben wegen ihrer Funktion zur Erkennung von Wahrheit, zur Verstandesverbesserung, Vermeidung von Vorurteilen; Hinweis auf G. P. Müllers »Abriß einer gründlichen Oratorie«. Die ›Moral‹ umfaßt Klugheitslehren und Decorumlehre, Tugend und Laster (Ethik); die Historie dient vor allem zur Illustration und Amplifikation eines Themas.

[514] Ebd., S. 215, § VI mit der Begründung: »weil ihm solche zur Erfindung und Ausbildung Materialia oder Realia schencken.«

[515] Ebd., S. 31.

[516] Ebd., S. 33, Nr. 6.

[517] Ebd., S. 32.

»Denn ein Poet kan nichts gutes dencken und nichts gutes schreiben, welcher nicht alles, was er meditiret und schreibet, mit Augen gesehen, mit Ohren gehöret, und an seiner eignen Person erfahren, oder an andern wahrgenommen hat; Denn soll er von allen schreiben, muß er auch alles wissen und verstehen.«[518]

Zweifellos gab es in der Poetik dieses Zeitraums *keine revolutionären Umbrüche.* Immerhin wirkten die Verschiebungen im Bereich der Wissenschaften auf die poetologischen Gelehrsamkeitspostulate. Der Typus des ›poeta doctus‹ bleibt beherrschend und wird keinesfalls abgelöst vom Typus ›freischaffendes Genie‹ – das zeigt die Behandlung des Natura-Postulats noch genauer; doch erscheint die Umprägung des Attributs ›gelehrt‹ analog der Modifikation des Gelehrsamkeitskonzeptes charakteristisch. Die gegenhumanistische Wende, bei Thomasius als Abneigung gegen antike Klassiker vorgezeichnet, und die politisch-pragmatische Ausprägung der Gelehrsamkeit hatten einerseits die Abkehr von klassischen Sprachen und antiken Autoren zur Folge, andererseits auch die Aufnahme neuer realitätsbezogener Wissenschaften und Künste in den Kanon der gelehrten Disziplinen. Wollte der Dichter die Welt auf eine Art und Weise schildern, daß sie in galanten Kreisen Anklang finden konnte, so mußte sie deren Normen entsprechen.

Die tatsächliche Verschiebung innerhalb des Poesieverständnisses bleibt ohne Einbezug des wissenschaftlichen Kontexts undeutlich. In der *Poesie* äußert sich die *Umwandlung des Gelehrsamkeitsbegriffs* auf dreifache Weise:

1. In den *Anforderungen* an den Poeten selbst, welche *Disziplinen* er vorzüglich beherrschen müsse;
2. In der *Inventio,* wo das alte Prinzip der ›gemeinen Logik‹, das syllogistisch aufgebaute *topische System allmählich in Mißkredit gerät;*
4. In der *Elocutio,* wo eine *Orientierung an der Realität* den alten Phrases- und Realien-Begriff ersetzt und ein *›natürlicher‹ Stil* anvisiert wird.

Wie der Überblick zeigt, bestimmen die Realdisziplinen von Anfang an den geforderten Wissenschaftskatalog. Erst gegen Ende der Periode dringt die Logik als regulative Disziplin in den Vordergrund. Damit dürfte auch eine innere Umwandlung des Wissenschaftsverständnisses zusammenhängen. Während bei Christian Weise und seinen unmittelbaren Nachfolgern das humanistisch-enzyklopädische ›Abrufbarkeits-Ideal‹ vorherrscht, meldet sich bei Thomasius bereits eine neue, dem kritischen Selbstdenken den Vorrang einräumende Konzeption an. Sie verändert das Wesen der Wissenschaften von innen heraus. Diese innere Umwandlung läßt sich weniger am mittlerweile etablierten Realdisziplinen-Kanon ablesen, als an einer veränderten Einstellung zum Realien-Begriff selbst. In den Hodegetiken verläuft die Entwicklung eines neuen Realienbegriffes ebenfalls in Übergängen; die Poetiken vollziehen diesen Umwandlungsprozeß mehr oder weniger konsequent mit.

---

[518] Ebd., S. 215; vgl. den ähnlichen Wortlaut bei Benjamin Neukirch, Vorrede zur Hoffmannswaldauischen Anthologie, Bd. 1, S. 7.

2.2. Die Umwandlung der Realienkonzeption und deren Konsequenz für das Verhältnis von ars und natura

Der in den Wissenschaftseinführungen konstatierte *Wandel des Realienverständnisses* vollzieht sich entsprechend in ihren speziellen Poetik-Kapiteln. Fundorte für Sachen waren bekanntlich die Disziplinen der Wissenschaft selbst, dann die Realien-Sammlungen, schließlich das ausgeklügelte System der Topik. Oft gehen in der Praxis die Realien und die Phrases ineinander über. Als inhaltliche Bestandteile (amplificationes, Gleichnisse, Anspielungen, Exempla) rechnen die Realien zur inventio des Themas oder der Argumente. Werden sie jedoch vom Poeten zur Ausstaffierung eines Themas wie Metaphern und Gleichnisse verwendet, so rechnen sie konsequenterweise zum Bereich der elocutio. Letztlich entscheidet die Funktion über den Behandlungsort, den die Realien in den Poetiken zugewiesen erhalten. Den geringsten Anklang finden die Schatzkammern formaler Schmuckmittel.

Jakob Friedrich Reimmann wendet sich gegen die »Hauffen teutsche Lexica Poetica, Aeraria Poetica, Daedalos, Poetische Trichters, Reim-Register u. d. g.«;[519] mit ihm ziehen gleich in der Verurteilung der Phrases-Sammlungen Gottfried Polycarp Müller,[520] Christian Juncker[521] und Gottlieb Stolle,[522] um nur einige der Namen zu nennen. Reimmanns Begründung mag für alle stehen; »bey der Erwegung der Sache« und der »Uberlegung der Umstände« seien ihm die »Redens=Arten viel besser und geschickter in die Feder geflossen«, als er sie in einem standardisierten Lexikon hätte finden können.[523] Gegenüber den Realien-Sammlungen ist man positiver eingestellt, wie es von Weise her üblich war. Gedruckte und selbstgefertigte Exzerptensammlungen dürfen benutzt werden.[524] »Ein Kluger liebt was reelles« postuliert Gottlieb Stolle, wenn er sich gegen die

---

[519] Reimmann: Versuch einer Einleitung in die Historiam Literariam, Bd. 3, S. 445; vgl. Gottschling: Einleitung in die Wissenschafft, S. (A) 2 vf., empfiehlt besonders Reimmanns »Versuch einer Einleitung«, weil sie »denen curieusen Gemüthern zu einem deutlichen Begriff und Einsicht derer gesamten Wissenschafften« verhilft.

[520] G. P. Müller: Academische Klugheit, S. 49, § 12; gegen Aeraria Poetica, Gradus ad Parnassum, Poetischer Trichter.

[521] Juncker: Lineae primae eruditionis, S. 153, § 22. »Aeraria poetica, Thesauri epithetorum, Floros poetarum, & qui sunt his similes libri, & imitationes verbales, usque adeo non prosunt illis, qui destituuntur ingenio poetico, ut potius ineptos poetas efficiant.«

[522] Stolle: Anleitung zur Historie der Gelahrheit, S. 174, § XVIII. »Manchen will es auch an phrasibus poeticis mangeln, welche daher zu des Melchioris Weinrichii AErario Poetico, oder zu einem teutschen Poetischen Trichter ihre Zuflucht nehmen. Mich aber deucht, daß Leute von dieser Sorte am besten thäten, wenn sie das poetisiren gar bleiben liessen. Denn wer zum Poeten gebohren ist, bedarff dergleichen Bücher eben so wenig, als Virgilius, Ovidius, Opitz, Hoffmannswaldau und andre rechtschaffne Tichter.«

[523] Reimmann: Versuch einer Einleitung in die Historiam Literariam, Bd. 3, S. 445, fährt fort: »und bin ich auch von Natur dazu viel zu eckelhafftig / daß ich als ein Teutscher einen teutschen Allmosen suchen / und ihn üm eine Mund=voll Worte ansprechen solte.«

[524] Kemmerich: Neu-eröffnete Academie, S. 134f., weist auf Weises und Hübners Anleitungen zur Herstellung von excerpta oratoria hin.

beliebten Wort- und Buchstabenspiele ausspricht.[525] Er bevorzugt die selbstangelegten loci communes-Sammlungen.[526] Die neuere selbstdenkerische Tendenz zeigt sich jedoch in der Einschränkung, ein Dichter, der außerdem ein »guter Philosophus« sei, könne auf solche Sammlungen ebenfalls verzichten. Auf die ähnlichen Positionen G. P. Müllers und Samuel Grossers wurde bereits hingewiesen.[527] Müller opponiert gegen die »übele Meynung«, daß die Realien nur aus testimonia und Exempla, similia und hieroglyphica bestünden: »Man gewöhne sich nicht an die alten Florilegia und Collecturen« rät er auf der einen Seite,[528] auf der andern folgt er Morhofs Anleitung zur Selbstfertigung einer Hyle, eines aus einheimischen und ausländischen Poeten zusammengetragenen inventiones-Vorrats.[529] Höher stehen ihm allerdings die Lektüre der Originalschriften und das selbständige Erdenken der inventiones.[530] Auch für Grosser bilden die Wissenschaftsdisziplinen die Hauptquellen des Realwissens.[531]

Ablehnung und Skepsis gegenüber den *Phrases-Sammlungen* findet sich nicht erst in der späten ›Breslauer Anleitung‹;[532] sie begegnet bereits in früheren sogar im Schulbetrieb benutzten Poetiken.[533] Man verspottet das Resultat dieser ›poetischen‹ Praxis als »Flickwerck«, in dem die Gedanken »nicht zum besten aneinander hangen«.[534] Das berüchtigte, für blutige Anfänger geschriebene »Poetische Handbuch« Johann Hübners[535] blieb mit seinem Rat, sich ›Miscellanea Poetica‹ anzulegen, die Ausnahme.[536]

Anders bei den *Realiensammlungen*, die Christian Weise als Hilfsmittel allerdings mehr für die Anfänger zugelassen hatte. In seiner unter Weises Einfluß stehenden »Einleitung zur Oratorie« nennt Gottfried Lange unter den Fundorten für Realien neben Zeitungen und Locis Topicis die Collectanea und Miscellanea. Ein jeder müsse sie in einen solchen Zustand bringen, daß er »sich ihrer im Falle der Noth bedienen kan«.[537] Eine gewisse Vorsicht gegenüber dieser ultima ratio ist unüberhörbar. Johann Hübner nennt als Realien-Sorten »Emblemata, Symbola,

---

525 Stolle: Anleitung zur Historie der Gelahrheit, S. 254, § LXXIV. Vgl. Walch: Entwurff der allgemeinen Gelehrsamkeit, S. 94, § 12. Für die neue Einstellung symptomatisch ist Walchs Verurteilung der Emblematik.

526 Stolle: Anleitung zur Historie der Gelahrheit, S. 174, § XIX.

527 S. Kap. V 1.2.

528 G. P. Müller: Academische Klugheit, S. 45, § 32.

529 Ebd., S. 50f., § 17; auch für den Redner empfiehlt er dieses Verfahren, S. 44f., § 31.

530 Ebd., S. 51; vgl. dazu S. 48, §§ 9, 10.

531 Grosser: Gründliche Einleitung zur wahren Erudition, S. 312.

532 Breslauer Anleitung, S. 101; vgl. S. 5.

533 Ludwig: Teutsche Poesie dieser Zeit, S. 379. Bei »sattsamen Mitteln aus der Oratorie« nutzen die »Poetischen Phrases-Bücher wenig oder gar nichts.« J. E. Weise: Unvorgreiffliche Gedancken von Teutschen Versen, S. 36f., unterscheidet zwischen imitatio formalis (Connexionen und Phrases) und materialis – »da man die artige Worte und schöne Phrases in seinem eigenen Gedicht zu exprimiren suchet.«

534 Breslauer Anleitung, S. 101.

535 Hübner: Poetisches Handbuch, erste Aufl. 1691, zweite Aufl. 1712, etc.

536 Hübner: Poetisches Hand-Buch (1712), S. 186.

537 Lange: Einleitung zur Oratorie, S. 10.

Apophtegmata, Sententias, Inscriptiones, Proverbia, Verba Singularia, Historien, Fabeln, Medaillen, rare Gewächse, Bilder und Statuen.«[538] Realien, definiert der Schulmann Christoph Weißenborn, sind »alle Sachen, die mehr als blose Worte bedeuten«.[539] Auch der Verfasser des galanten »Lustigen Poeten«, Johann Friedrich Rottmann, vertritt die herkömmliche enzyklopädische Auffassung vom apparatus verbalis et realis, den der Dichter besitzen müsse.[540] Für die neu-klassizistischen Bestrebungen ist der Hinweis auf die »Lesung der berühmtesten Poeten« typisch; die Realiensammlungen haben an ›Kurswert‹ eingebüßt.[541]

Einer der letzten, der mit dem traditionellen Realienarsenal arbeitet, ist der Gothaer Gymnasialprofessor Christian Michael Fischbeck, der in seiner für die Schuljugend bestimmten Rhetorik (1724) das Kapitel »De argumentis illustrantibus oder von feinen Realien« der Auf-Findung und Applikation von Realien widmet.[542] Als wichtigste Realienfundorte[543] nennt Fischbeck die Bibel,[544] dann geistliche und weltliche Sammlungen,[545] Historiker und selbstgefertigte Miszellaneen,[546] zuletzt vorgefertigte loci-communes-Sammlungen.[547] Loci communes werden von Fischbeck ganz als Realien aufgefaßt; und damit gegen Phrases abgesetzt. Der Einfluß der neuen wissenschaftlichen Konzeption macht sich jedoch auch bei Fischbeck zaghaft bemerkbar: der Realienbegriff erhält eine sehr spezifische Erweiterung. Die gelehrte Rede soll nicht allein aus »blossen Worten« bestehen; sie muß »geschickte Beweiß-Gründe« enthalten und mit »anmuthigen Materien« ausgeschmückt sein. »Oratoris est docere, movere, et delectare. Und das heisset man Realia.«[548] Mit dieser Erweiterungsform berührt sich die an der Wirklichkeit orientierte Praktik der Kasualpoesie, die Erdmann Uhse empfiehlt.

---

538 Positiv Hübner: Kurtze Fragen aus der Oratorie, S. 4. Auch Wahll: Kurtze doch gründliche Einleitung, S. 88, plädiert für die Ausschmückung mit Realien.

539 Weißenborn: Gründliche Einleitung, S. 247, zählt eine ähnliche Reihe auf: Historien, Fabeln, Sitten, Gebräuche, Stammregister, Stammwappen, Antiquitäten, moralische Sätze, Emblemata, Symbola, Hieroglyphen, rare Müntzen, Gewächse, Bilder, Statuen, Sprichwörter, Wahlsprüche, Apophthegmata. Die Poetik Weißenborns stammt tatsächlich von 1713, nicht, wie das Titelblatt angibt, von 1731. Weißenborn starb 1711. Der Inhalt weist die Poetik eindeutig in die Anfangsperiode des Jahrhunderts.

540 Rottmann: Lustiger Poete, S. 14. Zu den Ausgaben s. Lit.verz.

541 Ebd., S. 105; auch Tiemeroth: Kurtze und deutliche Anführung, S. 61, § 11, empfiehlt dieses Verfahren der Lektüre im Original: »Wer ein Liebhaber ist von Teutschen Versen, der schlage auf die besten Poeten, deren Bücher am Tage liegen; oder sammle gute Carmina von gelehrten Leuten, welche gratuliren und condoliren, so wird durch deroselben Nachfolge die Arbeit um ein grosses leichter werden.«

542 Fischbeck: Ergetzlichkeiten [..] in der Redekunst, Kap. VIII, S. 710–767.

543 Ebd., S. 711, § I.

544 Ebd., § II. »Hier muß ein Redner vor allen Dingen das Buch des HErrn nachschlagen, und in demselben forschen Tag und Nacht. Das ist ein unerschöpffliches Meer aller Weißheit, das ist ein Schatz über alle Schätze, eine reiche Vorraths-Kammer, darinn nicht allein die festesten Beweiß-Gründe in der grösten Abondance beysammen, sondern auch die schönsten Moralia, die nützlichste Gleichnisse, die herrlichste Historien, trefflichste Sententiae und Apophthegmata zu nehmen.«

545 Fischbeck, ebd., S. 713, nennt Weidling, Lange, Beyerling und Zwinger.

546 Ebd., S. 713f. 547 Ebd., S. 729f. 548 Ebd., S. 711f.

Wer keine Hilfsmittel bei der Hand hat, der kann sich im Grunde »bloß« an die vielen »Umstände« halten, in denen sich die bedichtete Person befindet (oder befunden hat).[549] Ein Trauerpoem auf Samuel Pufendorf etwa kann sich auf die Realitätsfakten stützen: er war gelehrt, fromm, schön, fleißig, berühmt und geehrt.[550] Freilich bleibt Uhse völlig im Modell der Kasualpoesie stecken und weitet die Realitätsbindung nicht weiter aus.

Allgemeiner und dem neuen wissenschaftlichen Prinzip wesensmäßig verpflichtet ist die ›Breslauer Anleitung‹, die den Aeraria poetica und den poetischen Trichtern die »Meditationes« entgegensetzt, die vor allem aus der Beschäftigung mit den Wissenschaften selbst oder mit ›prosaischen‹ Sachbüchern erwachsen.[551] Der Anonymus bezieht den Begriff der Aeraria poetica auch auf Sammlungen inhaltlicher Art. Als Indiz für die Skepsis gegenüber dem Umgang mit Realien kann der Tadel an Lohenstein gelten, er habe »so viel Realien und Sentenze auf einander gehäuffet«.[552]

Am entschiedensten wendet sich Johann Georg Neukirch gegen den herkömmlichen Gebrauch der Kollektaneen. Wer da meine, er könne ein guter Redner werden, weil er mit Realien angefüllte Exzerpte, Kollektaneen, gedruckte Florilegien und Schatzkammern besitze, betrüge sich.

> »Denn ob man gleich eine Rede / mit dergleichen Realien gesprickt in Schulen für eine gelehrte Rede passiren lässet: so ist doch der Geschmack heutiger Politicorum gantz anders / als welche diese allein für eine reelle Rede halten / welche gründlich und nach den Regeln der Klugheit ausgeführet ist.«[553]

Neukirch empfiehlt dagegen meditationes, interpretationes, consectaria (Schlußfolgerungen), insinuantia (Empfehlungen), argutiae, auch die traditionelleren loci communes und allusiones. Alle diese Spielformen des Real-Begriffes stammen »aus unserm Kopf« und sind Produkte des eigenen Nachsinnens, setzen also ein »fähiges und geübtes Ingenium« voraus.

> »Dannenhero ist es weit besser / wenn man dergleichen Realia und gute Pensees aus seinem eigenen Kopfe / als aus geschriebenen und gedruckten Büchern hohlet.«[554]

Die Begründung dieser ›realistischen‹ und antihumanistischen Praxis basiert auf dem modernen Wissenschaftsverständnis, das seit der in Frankreich erbittert durchgefochtenen Debatte über die Rangfolge der Alten und der Neuen[555] die

---

549 Uhse: Wohl-informirter Poet, S. 96ff.; empirisch orientiert ist der Ratschlag, S. 99, die Realien der Wirklichkeit zu entnehmen.

550 Ebd., S. 99ff.

551 Breslauer Anleitung, S. 5.

552 Ebd., S. 101, S. 99.

553 Neukirch: Academische Anfangs-Gründe, S. 34f.

554 Ebd., S. 35.

555 H. R. Jauß: Schlegels und Schillers Replik; Ursprung und Bedeutung der Fortschrittsidee; Ästhetische Normen u. geschichtliche Reflexion; Literarische Tradition u. gegenwärtiges Bewußtsein; ferner im Lit.verz. die Titel Kapitzka, Baron, Gillot und Jones; vgl. ferner Buck: Aus der Vorgeschichte, S. 527ff. u. Curtius: Europäische Literatur, S. 256ff.

literarische Entwicklung zusehends beeinflußte. Neukirchs Realienverständnis deckt sich mit der Definition des Zedlerschen Universallexikons.[556]

Danach basiert das *neue Realienverständnis* nicht mehr auf der humanistischen Zitier- und Belegpraxis, gleichgültig ob sich diese nun erster Hand auf die Lektüre der antiken Autoren selbst, oder zweiter Hand auf die Entnahme aus Schatzkammern bezieht, sondern auf der durch Wissenschaften, Sprachen, Erfahrung, Lesen und Meditieren vermittelten *Sachkenntnis* und dem darauf sich abstützenden *Urteilsvermögen*.[557]

Die *Realdisziplinen* – Hauptbasis des neuen Realienbegriffes – sind Neuentwicklungen; ihre Inhalte finden sich – wenigstens in Systemform – bei den antiken Schriftstellern nicht.[558] Schon allein die Neuheit der Materialbasis trägt zur Errichtung einer Trennwand zwischen den Humanisten und den Vertretern des politisch-pragmatischen Wissenschaftsdenkens bei. In der poetischen Praxis der ›politischen‹ Periode dienen die Realiensammlungen eher der Erweiterung der elocutio, der Konkretisation und Illustration, als dem Auffinden der Themen und Argumente.[559] Dagegen bleibt die Topik mit ihren rund 15 Fragestellungen auch in der Übergangsperiode das beständig weiterempfohlene Finde-Verfahren.

Die *inventio* übergreift den engeren Realienbereich; ihre Quellen sind die Worte, die Sachen selbst, die Umstände und die Gleichnisse.[560] Jedoch gilt im ›politischen‹ Zeitraum die Ableitung aus den Worten allgemein als minderwertig und eines wahren Poeten nicht würdig. Insofern rückt – nach wie vor als die »Seele des Gedichtes« empfunden – die inventio[561] näher an den Realienbereich heran. Traditionelle Empfehlungen der Topik finden sich bei Uhse,[562] Omeis,[563] Neumei-

---

556 Zedlers Universal-Lexicon 29 (1741), Sp. 1222; vgl. hier S. 477.

557 Neukirch: Academische Anfangs-Gründe, S. 213.

558 Ebd., S. 35.

559 Ludwig: Teutsche Poesie dieser Zeit, S. 381; Argumente sind für ihn »Probantia, Amplificantia, Applicantia, Commoventia«; Neumeister: Die Allerneueste Art, S. 540; Wahll: Kurtze doch gründliche Einleitung, Kap. III; Rottmann: Lustiger Poete, S. 27.

560 Hofmann: Lehr-mässige Anweisung, S. 27f.; nach Chr. Weise: Curiöse Gedancken von deutschen Versen, Tl. 2, Kap. 6, § 2.

561 Hofmann: Lehr-mässige Anweisung, S. 26; Neukirch: Anfangs-Gründe zur Reinen Teutschen Poesie, S. 6, Vorrede; Stolle: Vorrede zur Hoffmannswaldauischen Anthologie, Bd. 6, S.)(4; Neumeister: Die Allerneueste Art, S. 540; Neukirch: Academische Anfangs-Gründe, Vorrede; Breslauer Anleitung, S. 95.

562 Uhse: Wohl-informirter Poet, S. 103. »Es geschiehet solches durch Hülffe der Locorum Topicorum, da ich die Personen, auf welche ein Carmen soll gemachet werden, nach denenselben durchführe. Wer sich nicht nach den Locis Topicis richten will, der halte sich an den Vers: Quis, quid, ubi, quibus auxiliis, cur quomodo, quando?« Dazu Klassen: Logik und Rhetorik, S. 135f.

563 Omeis: Gründliche Anleitung, Kap. 1, S. 132. Omeis ist für die Übergangszeit charakteristisch. Er empfiehlt einerseits die Anlegung einer »Wörter-Menge« und den Besitz deutscher Aerarien, andererseits bindet er deren Gebrauch an das iudicium: »Doch muß man sich an dergleichen Bücher nicht allzusehr gewehnen; und derselben Beihülfe mit einem guten iudicio gebrauchen: auch immer mehr aus Lesung guter T. Poeten sammlen / und selbst der Sache nachdencken.« S. 145. Auch bei der ›Erfindung‹ von Phrases rät er zum iudiziösen Gebrauch der Aeraria Poetica: »Ist also hierinnen dieses meine Meynung

ster,[564] Statius,[565] Hunold,[566] Fischbeck,[567] bedingt auch bei Weißenborn,[568] Tiemeroth[569] und Köhler.[570] Weißenborn etwa, der die Loci topici für »die besten Erfindungs-Mittel« hält, subsumiert ihnen sowohl den Erfahrungsbereich als die wissenschaftlichen Disziplinen. Nehmen unter den Quellen auch die Disziplinen den obersten Rang ein, so behalten die Loci ihren Wert als »Indices Monitorii«, als Schlüssel zu den einzelnen Wissensbereichen, deren Materialien sie erst verfügbar machen.[571] Für die Kasualpoesie betont noch 1735 der Tangermünder Rektor Andreas Köhler die Geltung der Anweisungen. Große Dichtung bindet sich nicht an Tagesanlässe, sondern gestaltet überzeitliche Themen. Diese sogenannten »Themata libera« – Köhler nennt »de laudibus uxorum, de virgula divinatrice, de noctis ludibriis, de fragmine nubium, de coecitate talparum, de exodo Hamelensi« – arbeiten sie »aus eigener Phantasie« aus. Nur alte (!) und wohlgeübte Meister dürfen sich in solcher Dichtung versuchen. Die Anfänger

---

/ daß ein Liebhaber der Poesie / ratione epithetorum sich nicht so wol an die AEraria Poetica gewehnen / als aus seinem eigenen Gehirne selbige spinnen und erdichten solle; und solches wiederum ex Locis Caussarum, Effectorum, Adjunctorum, Similium &c.« S. 147. Die Empfehlung zeigt noch die enge Nachbarschaft des iudicium-Begriffs zur herkömmlichen Topik, eine Verbindung die sich schon wenig später auflösen sollte.

564 Neumeister: Die Allerneueste Art, S. 7, S. 540ff.; dazu Markwardt: Geschichte der Deutschen Poetik, Bd. 1, S. 316. Die Disziplinen geben nur die Generalia, die Topik dagegen die »Specialia«. J. E. Weise: Unvorgreiffliche Gedancken von Teutschen Versen, S. 14, dagegen skeptisch gegenüber den von S. Grosser ausgearbeiteten Tabellen zum Ersinnen von Allusionen; vgl. S. 31.

565 Statius: Der Wohlgebahnte Weg, S. 86f.

566 Hunold: Einleitung zur Teutschen Oratorie und Brief-Verfassung, S. 64ff., zu den Loci Topici: »Dieses sind Brunnen / woraus so wohl Themata, als Aitiologien fließen.« Vgl. S. 142.

567 Fischbeck: Ergetzlichkeiten [..] in der Redekunst, S. 667ff., §§ 1–17; S. 364f.; ders.: Ergetzlichkeiten in der höchst-angenehmen Poesie, S. 122ff., handelt nur von der inventio thematis, nicht wie Morhof von der inventio der Worte und Phrases. In der Redekunst, S. 670, § V, urteilt er: »Ich weiß wol, daß einige nicht übrig viel davon halten: allein was ist wol in der Welt so herrlich, daß nicht dem Hohn der Stoltzen, und der Verachtung hoffärtiger Leute sich unterwerffen muß? Wir bleiben bey diesem Subsidio, und versuchen es mit einem Exempel.«

568 Weißenborn: Gründliche Einleitung, S. 221f., zählt im § CLXIV elf Loci Topici auf; vgl. van Ingen: Vanitas, S. 150.

569 Tiemeroth: Kurtze und deutliche Anführung, S. 50ff., bes. § 3, empfiehlt für Inventionen die Ableitung aus Sachen, erst hernach die Topik.

570 Köhler: Deutliche und gründliche Einleitung, S. 354f. Topik als »reiche Schatzkammer« empfohlen.

571 Weißenborn: Gründliche Einleitung, S. 222, § CLXIII. »Es mögen demnach etliche Naseweise, welche ihr Thun allein vor ächtes Gold ausgeben, sich über die unschuldigen Locos Dialecticos erboßen, wie sie wollen, und mit einigen Neulingen ihr unzeitiges Judicium wohl durch hunderterley zusammen geraspelte Titulgen auslassen: Sie bleiben deßwegen doch bey allen verständigern und vernünfftigern Leuthen in dem Werthe, worinnen sie zu allen Zeiten nicht unbillig gewesen sind, und bestätiget es die Erfahrung noch täglich, daß wir offtmals vermittelst der Locorum Dialectorum auf solche Gedancken und Inventiones kommen, woran man ohne dieselbigen nimmermehr gedacht hätte.«

dagegen haben sich an themata adstricta zu halten, an Gelegentheitsgedichte.[572]

Am deutlichsten zeigt sich der Einfluß der modernen wissenschaftlichen Prinzipien in den Poetiken von Hunold, dem Breslauer Anonymus und J. G. Neukirch. Gegen das schulfüchsische, an die engen Regeln der Logik gebundene Syllogisieren propagiert man das nach den Regeln der Weltklugheit[573] beschaffene flexible *iudicium*. Die Hodegetiker spielen die »Erwegung«, das kluge Denken, das Urteilsvermögen gegen alle fixierten, in Sammlungen enthaltenen Weisheiten (loci communes) oder schematisierte Denkregeln (Topik) aus.[574] Die Denk-Kunst ist Reimmann wichtiger als die Rede-Kunst.[575] Erscheint bei Stolle (1709) das iudicium noch in seiner gewöhnlichen Funktion als Regulator der sonst übermäßigen imaginatio,[576] so betont Hunold zunächst in der Vorrede zu Neumeisters Poetik die Rolle des ingenium (»Geistes«),[577] in der eigenen Poetik das nicht an bestimmte Regeln gebundene »Nachsinnen«[578] und in der zwei Jahre später erschienenen »Einleitung zur Teutschen Oratorie« die »ungezwungen aus der Sache« fließende, an ein »glücklich Naturell« geknüpfte »Meditation«.[579] Hunold-Menantes orientiert sich nicht mehr ausschließlich an der Kasualpoesie mit ihren ›realen‹ Anlässen und in der Wirklichkeit fest verankerten Ereignissen. Konsequenterweise greift er die Bezeichnung »*Gedicht*« auf und rekurriert nicht mehr, wie die älteren Poetiker, auf den Inventionsbegriff. Thomasius hatte ja schon die Identifizierung der Poesie mit der oratio ligata als zu eng empfunden und sich daher für eine Erweiterung um die »Gedichte in ungebundener Rede« ausgesprochen.

Die Hodegetiker Juncker, Walch und Schmeitzel arbeiten ebenfalls mit den Begriffen *fictio* und *Gedicht*.[580] Alle drei legen auf die Wahrscheinlichkeit großes Gewicht. Diese Modernisierung bzw. Neuinterpretation des verisimile-Kriteriums ist sehr bezeichnend, weil das konsequent aus dem neuen Wissenschaftsverständnis hervorgegangene *Wahrscheinlichkeitsprinzip* den Realitätsgehalt des Gedichteten garantiert. Die an Realien gebundene inventio bedurfte einer solchen

---

572 Köhler: Deutliche und gründliche Einleitung, S. 349, 354.

573 Kemmerich: Neu-eröffnete Academie, S. 146.

574 Reimmann: Versuch einer Einleitung in die Historiam Literariam, Bd. 3, S. 445, propagiert die »Erwegung« statt der Phrases-Sammlungen; Kemmerich: Neu-eröffnete Academie, S. 134; Juncker: Lineae primae eruditionis, S. 151, § 1; Schmeitzel: Versuch zu einer Historie der Gelehrheit, S. 438; Walch: Entwurff der allgemeinen Gelehrsamkeit, S. 85f.

575 Reimmann: Versuch einer Einleitung in die Historiam Literariam, Bd. 7, S. 127.

576 Stolle: Vorrede zur Hoffmannswaldauischen Anthologie, Bd. 6, S.)(6, wie Morhof: Unterricht, S. 325.

577 Hunold: Vorrede zu Neumeister: Die Allerneueste Art, S. b (S. 13), S. b 3 r (S. 18).

578 Hunold: Academische Neben-Stunden, S. 51; dazu oberflächlich Markwardt: Geschichte, Bd. 1, S. 322.

579 Hunold: Einleitung zur Teutschen Oratorie (1715), S. 322f.

580 Juncker: Lineae primae eruditionis, S. 154, § 28; Schmeitzel: Versuch zu einer Historie der Gelehrheit, S. 438; Walch: Entwurff der allgemeinen Gelehrsamkeit, S. 90f., spricht von ungebundener und gebundener Poesie, gibt allerdings den Grundbezug zur Rhetorik nicht auf; Stolle: Vorrede zur Hoffmannswaldauischen Anthologie, Bd. 6, S.)(4.

Rückversicherung nicht, weil Realien in sich der allgemeinen Anschauung zufolge die »Realität« enthielten. Wo aber, wie gegen Ende der ›politischen‹ Periode, der Realienbegriff sich stärker an das iudicium bzw. das Raisonnement als an die dinglichen Gegenstände knüpfte, dort mußte notwendig die Funktion der Wahrscheinlichkeit in den Vordergrund rücken. Das zeigt Walchs kurzes Poesie-Kapitel, das als »Wesen der wahren Poesie« die »artige und geschickte Dicht-Kunst« bezeichnet, und damit den Sachverhalt anspricht, »daß nemlich die Dichtungen wenigstens den Schein einer Wahrscheinlichkeit haben, und der haupt-Sache, welche darunter vorgestellet wird, in allen Stücken gemäß sind.«[581]

Die zunehmende Bedeutung der Wahrscheinlichkeit als Zentralprinzip der Dichtkunst wird auch bei Hunold erkennbar, der zwischen dem »bloßen Gedicht, da die Haupt-Sache mit allen Umständen erfunden worden«, und dem Kasualcarmen mit einer ›wahren Haupt materie‹ unterscheidet. Alles rein Ersonnene, ob es sich nun um die ›Hauptmaterie‹ oder um die Ausschmückungen im Kasualcarmen handelt, muß die Forderungen der Glaublichkeit, des Lehrreichen, der Anmut und der Applizierbarkeit erfüllen.[582] Die Glaublichkeit oder Wahrscheinlichkeit meint das auf »*natürliche* Weise« mögliche Geschehnis.[583] In der noch weitgehend von der imitatio beherrschten politisch-galanten Poetik bildet der Naturbegriff ein neues, immer wesentlicher werdendes Fundament. Die Aufwertung des freien, nicht mehr an Denkschemata gebundenen Nachsinnens[584] setzt die Topik allmählich außer Geltung, und gestaltet den technischen inventio-Begriff um. Aus dem mittels der Findekunst »Gefundenen« wird das vermöge eigenen Nachdenkens »Erfundene« bzw. Erdichtete. In der Breslauer Poetik begegnen die Termini der neuen Vorstellungswelt in sinnvollem Verbund: der Poet muß »allerhand Wahrscheinlichkeiten« geschickt und leicht »erfinden« können.[585] Zwar gelten dem Anonymus die »Erfindungen« weiterhin als »die Seele und das Leben eines Gedichtes«; doch verbessert er bezeichnenderweise sogleich den Terminus »Erfindung«: »oder vielmehr Poetische Dichtungen«, – ein Hinweis auf die Erweiterung des Begriffs um das fiktionale Moment. Die Topik nimmt in einem solchen Dichtungsverständnis nur noch einen minderen Rang ein.[586] Ein Dichter könne

---

581 Walch: Entwurff der allgemeinen Gelehrsamkeit, S. 90, § 1; vgl. ders.: Diatribe philosophica de Litteris Humanioribus, S. 20f. »Poesis est pars philologiae species eloquentiae, soror rhetoricae, quese cogitata mentis sub variis imaginum speciebus & fictionibus non plane alienis, item certa vocum mensura proponit, ut auditoribus adferat commodum & voluptatem, poesis est vel soluta vel ligata.«

582 Hunold: Academische Neben-Stunden, S. 52f.

583 Ebd., S. 53. § VIII. »[...] Nun sehen wir allhier wiederum auf zweyerley: 1) ob es Thaten oder Handlungen der Menschen / fictiones actionum, wie in Romanen: so müssen sie natürlicher Weise möglich seyn / oder ob es eine Erfindung der Sache: fictio rerum.« Vgl. auch Vorrede ebd., S. A 5.

584 Kemmerich: Neu-eröffnete Academie, S. 141; Jänichen: Gründliche Anleitung zur Poetischen Elocution, S. 228; Hunold: Academische Neben-Stunden, S. 52, S. 57.

585 Breslauer Anleitung, S. 2.

586 Ebd., S. 126f. Die Loci topici richten bei Sinngedichten zwar etwas aus, »aber es kommt mehrentheils gezwungen heraus.«

zwar nach den Registern der Topik »einen reichen Vorrath an allerhand guten und schönen Gedancken sich zu wege bringen«, doch gerate sein Endprodukt eher oratorisch als poetisch.[587] Poesie hängt nach der Anschauung des Anonymus weit stärker als Rhetorik vom »Enthusiasmus« ab und dieser nur verleiht die für die Poesie grundlegenden »unverhofften Gedancken«.[588]

Eine ähnliche Entwicklung in diese Richtung läßt sich mit Hilfe des Vergleichs zwischen der ersten (1724) und der zweiten (1729) Veröffentlichung Johann Georg Neukirchs feststellen. In den früheren »Anfangs-Gründen« benutzt Neukirch noch den mechanischen, an die Gelehrsamkeit gebundenen inventio-Begriff.[589] Immerhin stellt er ingenium und iudicium neben die gelehrten Disziplinen.[590] Wie die ›Breslauer Anleitung‹ betont Neukirch Wahrscheinlichkeit und Glaublichkeit der poetischen Fiktion.[591] Das spätere Werk verdeutlicht die Positionen. Als Quellen für die Erfindung eines Themas nennt Neukirch die »gütige Natur«, »gründliche Gelehrsamkeit«, »vernünftige Erfahrung« und »kunstmäßige instrumenta«. Letztere zielen auf die Topik; sie nützen allenfalls den Gelehrten, für die Nichtgelehrten bleiben sie »leere Fächer«. Neukirch erwähnt auch die Ansicht, die »confusen Loci« verhinderten die Meditation und erzeugten dadurch einen Pedantismus.[592] Er selbst – Ausdruck seines eklektizistischen Standpunkts – gesteht der Topik auch einigen Nutzen zu. Das iudicium fungiert wieder als Regulativ eines »allzu luxuriösen« ingenium – beide sollen in ausgewogenem Verhältnis zueinander stehen.[593] Ein »ordentlich, gründlich und gefällig« denkender Redner braucht einen von Vorurteilen gereinigten Verstand,

> »so daß das judicium rein und geschärft / die memorie kräftig und Vermögend und das ingenium munter und hurtig sey / damit solche allemahl auf erfodernden Fall ihre gehörige Wirckungen thun können.«[594]

Mustert man nun die Entwicklung, die sich in den Jahren zwischen 1700 und 1730 beim *Realienbegriff*, bei der *Technik*, sich Wirklichkeit anzueignen, und bei der *Ausbildung des Denkvermögens* vollzogen hat, so ist die *Annäherung des Realienverständnisses an eine von (Real)Wissenschaft und Welterfahrung vermittelte Wirklichkeit* unverkennbar.[595]

---

587 Ebd., S. 97.
588 Ebd., S. 101.
589 Neukirch: Anfangs-Gründe zur Reinen Teutschen Poesie, Vorrede, Vorbericht § 17; Definition auf S. 229.
590 Neukirch: Anfangs-Gründe zur Reinen Teutschen Poesie, S. 230, § 2.
591 Ebd., S. 776, S. 781. Ders.: Academische Anfangs-Gründe, S. 161, zitiert das 33. Stück der Neuen Bibliothec: »Wer sonst keine regulas weiß, als welche Aristoteles und Cicero gegeben / der wird gewiß besser thun / wann er bey seinem natürlichen Verstande bleibet und die Locos Topicos als eine Treppe ansiehet / worauf die schreyende Hüner auf und absingen und durch ihren Thon ein unnützes Jackern verursachen.«
592 Neukirch: Academische Anfangs-Gründe, S. 162f.
593 Ebd., S. 210; vgl. S. 29.
594 Ebd., S. 29.
595 Vgl. Windfuhr: Barocke Bildlichkeit, S. 385f.

Der alles andere als linear verlaufende Prozeß läßt sich in *zwei Haupt-Stadien* einteilen, die beide von einer Orientierung an ›politischen‹ Normen geprägt sind. Der *erste Zustand* ist gekennzeichnet durch die Aufnahme des Weiseschen Reduktionsmodells mit der totalen Abrufbarkeit der Realien zu gesellschaftlich verwertbaren Zwecken. Im *zweiten Zustand* erfolgt die Überwindung des ersten, als Folge einer Annäherung des topischen Realienverständnisses an die Normen der neuentwickelten Realienwissenschaften. Das Indiz für diese Entwicklung ist die zunehmende Reserviertheit gegenüber den aristotelischen und (pseudo)scholastischen Logiken und den antiken Vorbildern. Man orientiert sich nun an den eigenen Dichtern, sofern überhaupt einer Imitation das Wort geredet wird,[596] und man richtet sich nach den Bedürfnissen der gebildeten Gesellschaft. Die Nützlichkeitsmaxime bedingt die Selektion der poetischen Tradition, diese bestätigt wiederum die ›politischen‹ Anschauungen.

Wie wirkten sich diese Verschiebungen innerhalb des doctrina-Sektors auf das übergeordnete *Verhältnis von ars und natura* aus? Schlägt sich die Umwertung der materialen Gelehrsamkeit in einer poetologischen Konzeption nieder?

Die Hodegetiker propagieren konsequent die *Priorität der natura*. Christian Schröter geht vom Axiom aus, niemand werde durch Regeln und Lehrsätze zum Poeten (auch wenn man zum Anfang Opitz' »Poeterey« zur Hand nehmen könne.) Die Natur tue das »beste«, und die Lektüre poetischer Bücher, aus denen der Anfänger den »rechten Griff« lernen könne, bewirke mehr als Prosodien und abstrakte Anleitungen.[597] Die Feststellung, praktische Übung trage mehr Nutzen als »weitläufftige Regeln« – korrespondiert der Praxisorientiertheit der Hodegetiker. Kemmerich nimmt die traditionelle Forderung, zum Redner wie zum Poeten müsse man geboren sein, auf, begründet jedoch den Primat der Natur einleuchtend. Er definiert das *Naturell* als Zusammensetzung aus ingenium (»einbildungs- und erfindungskrafft«), iudicium und memoria.[598] Christian Juncker[599] und Johann Georg Neukirch[600] greifen diese Begriffsbestimmung auf, verzichten allerdings auf das gemeinhin vom Redner verlangte Gedächtnis. Wo das von den

596 Zur imitatio Kemmerich: Neu-eröffnete Academie, S. 147; G. P. Müller: Academische Klugheit, S. 47; Uhse: Wohlinformirter Poet, S. 125 (totale imitatio); Jänichen: Gründliche Anleitung zur Poetischen Elocution, Kap. 9 Von der Imitation bewehrter Poeten, S. 1019–1036; J. E. Weise: Unvorgreiffliche Gedancken von Teutschen Versen, Kap. VI, bes. S. 24, S. 36 (gegen eine blinde imitatio, lediglich Stufe der exercitatio); J. Hübner: Neuvermehrtes Poetisches Hand-Buch, S. 185ff.; Hunold, Vorrede zu Neumeister: Die Allerneueste Art, S. b vf. (S. 14f.); Neumeister, ebd., S. 3f., § XIII; dazu Witkowski: Geschichte des literarischen Lebens, S. 274; Breslauer Anleitung, S. 4; Neukirch: Academische Anfangs-Gründe, S. 37.

597 Schröter: Kurtze Anweisung zur Information, S. 9.

598 Kemmerich: Neu-eröffnete Academie, S. 132.

599 Juncker: Lineae primae eruditionis, S. 151, § I. »Velut ad Grammaticam & Historiam Memoria, & ad Philosophiam Judicium eiusque vis, ita ad Poesin & Ingenium & Judicium requiritur.« § 14 »Poeta, qui magis ingenio suo, seu phantasiae, indulget, ut plurimum destituitur iudicio.«

600 Neukirch: Anfangs-Gründe zur Reinen Teutschen Poesie, S. 230.

Pragmatikern hochgeschätzte iudicium der natura subsumiert ist, erscheint das ›Naturell‹ selbst dort aufgewertet, wo man dem ingenium bzw. der Fantasie oder Imagination noch immer mit Skepsis begegnet.[601] Dem Begriff des ›Naturells‹ entsprechen auch Formulierungen wie »Poetischer Geist«, »natürlicher trieb« oder mit Neigung verbundene »natürliche geschickligkeit«.[602] Kemmerich schlägt als ›philosophische‹ Definition des ›poetischen Geistes‹ die Formulierung vor: »ein scharffsinniges ingenium, oder lebhaffte phantasie, so nicht gantz vom judicio entblösset ist.«[603]

Gewiß gibt es in der *Einschätzung des Verhältnisses* Nuancen; der in der Weise-Tradition stehende Samuel Grosser etwa betont die ars stärker als die Nachfolger des Thomasius. Bei ihm bleiben die Aussagen, Poesie erfordere eine »sonderliche natürliche Geschicklichkeit«, und, wer nicht von Natur aus zur Poesie »gebildet« sei, der erreiche vor Schwierigkeiten seinen Zweck nicht, in stärkerem Maße traditionsgebundene Formeln.[604] Die Darstellung der poetischen Übungen steht bei ihm folgerichtig im Vordergrund: die Lektüre bewährter Poeten, metrische und gattungsspezifische Transpositionen, Übersetzungsübungen, formale und materiale Imitationen und eine nach den oratorischen Regeln vorgehende Eigenproduktion festigen den »Habitus Poesios« – »wo die Natur nur anders die benöthigte Fähigkeit nicht gantz versaget hat«.[605] Die Anforderungen des Weiseaners an den Produzenten von Kasualpoesie sind, dem gesellschaftlichen Zweck entsprechend, minimal; eigentliche ›galante‹ Poesie verlangt dementsprechend höhere ›natürliche‹ Qualitäten. Gegen die Göttlichkeit des poetischen Geistes wenden sich Juncker und Gottlieb Stolle. »Notabile praeiudicium est, divinum aliquid quaerere in Poesi« heißt es bei Juncker,[606] ein »Vorurtheil« nennt Stolle die von den Poeten selbst verbreitete Legende vom göttlichen Ursprung der Poesie.[607] Die Ansicht, daß Kunst nur unterstützende Funktion hat, die Natur aber mehr als aller Fleiß und alle Übung bewirke, vertreten Juncker in seiner lateinisch geschriebenen und Crusius in seiner deutschsprachigen Einführung.[608]

---

[601] Z. B. G. P. Müller: Academische Klugheit, S. 47, § 6, äußert sich reserviert gegenüber der »ausschweifenden imagination«, die er mit einer »durchdringenden und flüchtigen Kraft« identifiziert.

[602] Kemmerich: Neu-eröffnete Academie, S. 145.

[603] Ebd., S. 146.

[604] Grosser: Gründliche Einleitung zur wahren Erudition, S. 762f.

[605] Ebd., S. 788; S. 804 zu Übungen in inventio, dispositio und elocutio.

[606] Juncker: Lineae primae eruditonis, S. 151, § II.

[607] Stolle: Anleitung zur Historie der Gelehrheit, S. 162f.; vgl. Markwardt: Geschichte der Deutschen Poetik, Bd. 1, S. 332ff., S. 429ff.; auch Walch: Entwurff der allgemeinen Gelehrsamkeit, S. 91, § 4. Zur Haltung gegenüber der Göttlichkeitsthese der Poesie Markwardt: Poetik, in Reallexikon, Bd. 1, S. 131.

[608] Juncker: Lineae primae eruditionis, S. 151, § IV »Recte ergo dicitur, nasci poetas aeque ac oratores; hanc autem felicitatem nascendi iuvare Ars debet, & quasi formare foetum.« § VI »Natura cui deest ad scribendum carmen idoneum, hunc ars sane vix efficiet poetam.« Crusius: Kurtz entworffenes Portrait, S. 55f. »Poeten werden gebohren, heist es im alten Sprüchwort, und will so viel sagen, daß zu einem guten Poeten die Natur, und eine angebohrne Gabe mehr thut, als der Fleiß und Ubung.«

Walch fordert vom Redner einen ingenieusen und scharfsinnigen (= iudicieusen) Verstand,[609] vom Poeten ein »gutes Naturell«, das er als natürliche Fähigkeit und »Lust zum Dichten« erklärt.[610] Die »Zusammenreimungskrafft« und das Ingenium bilden das Fundament; Lektüre, Übung, Erfahrung und Wissenschaftskenntnis[611] steigern die Naturanlagen zur »geschickten Fertigkeit«.[612] Die ars besteht in der Ausübung kritischer Regulative.[613] Walch und Schmeitzel setzen die Dichtkunst als ein »Werck der Natur« konsequent der Versemacherei entgegen, wie sie auf den Schulen gelehrt oder als Kasualpoesie gepflegt wird.[614]

Ohne die vom Mutterleibe mitgebrachte Geschicklichkeit werde man kein Dichter, konstatiert Schmeitzel, betont allerdings auch den Wert guter poetischer Lektüre, des Regelstudiums und der Übung.[615] Bertram greift diese Ansicht auf und reklamiert, die Ausübung der Poesie beruhe »mehr auf einem guten ingenio als vieler Kunst und Reguln«.[616] Bei Bertram zeichnet sich bereits innerhalb des Naturell-Begriffs eine Verschiebung ab, die schließlich zur Aufwertung der Fantasie und zur Proklamation des Genies führte.

Es ist bekannt, daß Bruno Markwardts Retroperspektive – das Aufsuchen goethezeitlicher Begriffe in Barock und Aufklärung – der Entwicklung der Poetik zwischen Renaissance und Sturm und Drang nicht gerecht zu werden vermochte.[617] Markwardt erblickt fast immer Zukunftsweisendes, wo nur geringfügige Varianzen der rhetorischen Tradition vorliegen. Besonders deutlich zeigt sich Markwardts ›modernisierender‹ Trend bei der Beurteilung des natura-Begriffes, den er unzulässiger Weise mit ›Begabung‹ identifiziert. Anders Hans Peter Herrmann, der die humanistisch-barocke Tradition ziemlich vollständig aufarbeitet. In seiner Darstellung dominieren die Tradition und deren Stellenwert derma-

---

609 Walch: Entwurff der allgemeinen Gelehrsamkeit, S. 82, 88.

610 Ebd., S. 95, § 14.

611 Ebd., S. 97, § 14. »Von der eignen Erfahrung ist anzumercken, daß die gedichte, wenn ein Poet was schreibet, das er selbst empfunden, mehrern Geist, Leben und Anmuth haben, besonders wenn es verliebte Sachen sind. Unter den Philosophischen Wissenschafften hat ein Poet die Logic nicht bey Seite zu setzen, und die Morale mus ihm den Weg zur Erforschung der menschlichen Gemüther zeigen.«

612 Ebd., S. 95f., § 14.

613 An Thomasius orientiert ist die Skepsis gegenüber den poetologischen Anleitungsbüchern. »Es ist zu zeigen, daß man sich mehr um solche Regeln zu bekümmern, die einem zeigen, was vor Thorheiten bey den Erfindungen zu vermeiden sind [...]« Ebd., S. 96, § 14.

614 »Wie das bekannte Sprüchwort zu verstehen poetae nascuntur, non fiunt, ist zu erklären, auch die üble Gewohnheit in den Schulen, da man alle ohne Unterscheid zur Poesie, oder vielmehr zur Versmacherey anhält, zu beklagen.« Walch: Entwurff der allgemeinen Gelehrsamkeit, S. 95. Schmeitzel: Versuch zu einer Historie der Gelehrheit, S. 418 Anm. 7; vgl. ebd., S. 437, § 4. »Daß es aber auch eine vergebliche Sache sey, wenn einige den Nutzen und Nothwendigkeit der Poesie, so gar sehr allgemein machen wollen, weil es ja unwidertreiblich wahr ist, quod Poetae non fiant sed nascantur.«

615 Schmeitzel: Versuch zu einer Historie der Gelehrheit, S. 421, Anm. 19.

616 Bertram: Anfangs-Lehren, S. 148, § XXVII.

617 S. u. a. K. Gerth in: Euphorion 54 (1960), S. 329–342.

ßen, daß er beinahe einen jahrhundertelangen Stillstand der poetologischen Entwicklung konstatieren muß.[618] Barocke und ›politische‹ Poetiken dienen ihm gleicherweise dazu, eine Synopse der poetologischen Anschauungen zwischen 1624 und 1730 herzustellen. Die Tatsache, daß er die wissenschaftlichen Entwicklungen und deren Auswirkung auf die Poetik selbst nicht berücksichtigt, bildet den Grund dafür, daß er die Unterschiede zwischen humanistischer Barockpoetik und ›politisch-galanter‹ Poetik nicht erkennen kann. Auch wenn keine Revolutionen, keine um ein herausragendes ›kopernikanisches‹ Datum gruppierte Umstürze stattfanden,[619] so haben sich dennoch allmähliche Veränderungen angebahnt, die nach 1730 zur Neukonzeption der Poetik und zur Schaffung einer Ästhetik beigetragen haben. Die Akzentuierung des asyllogistischen Denkens (meditation, iudicium) bietet den Ansatzpunkt für die Umstrukturierung in der Hierarchie poetologischer Prämissen.

Die Hodegetiker gehen von einer *Ausgewogenheit zwischen ingenium und iudicium* aus; beide Momente zusammen begründen die Vorrangigkeit des Naturells gegenüber der ars, insbesondere den technischen Hilfsmitteln. Zu einer derartig geschlossen ›fortschrittlichen‹ Haltung sind die Poetiker selbst noch nicht gelangt. Bei ihnen existiert noch eine Differenz zwischen den traditionellen Schulpoetiken und den um Aufnahme moderner Wissenschaftstrends bemühten ›galanten‹ Poetikern. Nicht über eine *formelhafte Anerkennung der natura* hinaus kommen J.E. Weise,[620] Samuel Wahll,[621] Joh. Hübner,[622] Statius,[623] Stolle,[624] Rottmann[625] und Fischbeck.[626] Weise nennt die drei Voraussetzungen »poetisches Naturel«, »emsige Lesung guter Bücher« und »unverdrossene Ubung«,[627] wobei er das »gute und gewandte Naturel« definiert als eine »von der Natur eingepflanzte Begierde / vermittelst deren ein damit begabter Mensch geschickt ist / in der Poesie

---

618 Herrmann: Naturnachahmung, S. 58ff., S. 80.

619 Ebd., S. 80.

620 J. E. Weise: Unvorgreiffliche Gedancken von Teutschen Versen, Kap. III (Erlernung der Poesie); vgl. auch Hofmann: Lehr-mässige Anweisung, Vorbericht, S.)o(v. Die Poeten werden »Brüder der Natur« genannt, »weil sie nemlich nicht allein ein Ding klug und sinn-reich erfinden und fürstellig machen / als wann sichs in der That und Wahrheit also befände; sondern auch / weil sie der Zeuge-Mutter aller Dinge / der Natur / dergestalt nachahmen / daß sie alles eigentlich u. natürlich vorstellen / wie es an sich selbst ist.«

621 Wahll: Kurtze doch gründliche Einleitung, S. 16. Zu Wahll s. Zedler: Großes Universal-Lexicon 52 (1747), Sp. 726; Gühne: Gottscheds Literaturkritik, S. 77f.

622 Hübner: Neu-vermehrtes Poetisches Hand-Buch, S. 138.

623 Statius: Der Wohlgebahnte Weg, S. 20f. »Wer sich nun will mit unter die Zahl der Poeten zählen, der muß vor allen Dingen Capacität haben / beydes Göttliche / als auch menschliche Dinge geschickt vorzustellen.«

624 Stolle in der Vorrede zur Hoffmannswaldauischen Anthologie, Bd. 6, bes. S.)(2v.

625 Rottmann: Lustiger Poete, S. 66.

626 Fischbeck: Ergetzlichkeiten in der höchst-angenehmen Poesie, S. 3, § 1. »Die Poesie erfordert ein gut Naturell, gute Anweisung, und fleißige Ubung.«

627 J. E. Weise: Unvorgreiffliche Gedancken von Teutschen Versen, Inhaltsverzeichnis, Kapitel III.

nicht ein geringes zu praestiren«.[628] Furor poeticus und natura-Begriff sind also einander angenähert. Zur Erkenntnis des Naturells gelangt man durch Prüfung des Willens (Neigung) und des Verstandes.[629] Der Dichtungsvorgang wird, entsprechend der Kasual-Praxis, technisch-mechanisch aufgefaßt. Um Ausgewogenheit des Naturells zu gewährleisten, muß dem stark betonten iudicium eine Akzentuierung des ingenium, der »guten Phantasie« oder »guten Einbildungs-Krafft«,[630] die Waage halten. Daß es sich hier nicht etwa um eine ungewöhnliche Aufwertung des ingenium handelt, zeigt wiederum die ausgesprochen technische Behandlung des Fantasie-Aspekts. Als Hilfsmittel zur Belebung der Einbildungskraft (»gelehrtes Repositorium«, »worinnen sich die Phantasie vertieffen und manche schöne und artige Sachen hervornehmen könne«) nennt Weise die »Isagoge Styli Romani« von Samuel Grosser, eine tabellarische Anleitung zur Verfertigung »geschickter Allusionen«.[631] Gegen die »selbstwachsenen Poeten« wendet sich Wahll,[632] besonders wenn sie keine »göttliche Ingenia« haben. Stolle hält dem Satz, zum Poeten müsse man geboren sein, die Behauptung entgegen, auch ein Mathematiker oder ein Redner müsse »geboren« sein, »und dennoch bleiben die mathesis und rede-kunst bey allen vernünfftigen leuten gantz natürliche künste.«[633] Stolles Pragmatismus entspricht die rationalistische Erklärung des furor poeticus und die Wendung gegen ein Übermaß an Imagination.[634] Auch bei Fischbeck hat die natura allenfalls ein nominelles Primat; die ars ist jedoch mehr als ein ›unterstützendes‹ Moment des dichterischen Produzierens.[635] Sogar die nachgottschedsche Poetik von Andreas Köhler hebt die Rolle der ars hervor: Natur ohne »Anweisung und Selbst-Ubung« genüge nicht, einen »geschickten Poeten« zu machen.[636] Köhler betont jedoch den bereits angesprochenen Unter-

---

628 Ebd., S. 9f.; er spricht auch von einem heimlichen Trieb.
629 Ebd., S. 12.
630 Ebd., S. 13.
631 Ebd., S. 13f.
632 Wahll: Kurtze doch gründliche Einleitung, S. 16.
633 Stolle: Vorrede zur Hoffmannswaldauischen Anthologie, S.)(2v.
634 Ebd., S.)(4f.,)(6. »Und so ist es auch mit dem punct von der einbildungs-krafft beschaffen. Die meisten poeten lassen sich das feuer ihrer imagination dahin reissen und auf viele abwege verführen, wovon sonderlich Italien viel exempel aufweisen kan. Aber es giebt doch auch vorsichtige dichter, die ihr ingenium durch ein reiffes urtheil zu mäßigen wissen. Der verstand ist eine herrliche krafft der menschlichen seele; das ingenium auch; aber wenn sie von einem schlimmen hertzen geleitet und verderbet werden, so muß man dieses verderben nicht so wohl ihnen, als diesem zuschreiben. Daher ist es ein irrthum, wenn man die einbildungs-krafft blos zur latte der narren, und also auch die poesie zu einem tummen thiere machen will, nach dem sich ein weiser ihrer eben so wohl, und zwar mit grossen nutzen, bedienen kan.«
635 Fischbeck: Ergetzlichkeiten in der höchst-angenehmen Poesie, S. 4f. »Andere Disciplinen kämen auf geschickte Lehren, deutlichen Unterricht, und gute Kunst an; allein ein Poet habe seine Geschicklichkeit von der Natur selbst, und werde durch sein gut Naturell aufgefrischet, und durch seinen aufgeweckten Geist getrieben.«
636 Köhler: Deutliche und gründliche Einleitung, Vorrede, S.)(2; S.)(3; ars und Übung bringen, so meint Köhler, ein kluges Urteil hervor.

schied zwischen dem ›hauptamtlichen‹ Dichter und dem Studenten der Poesie. Große Poesie hat »etwas Göttliches und Majestätisches« an sich; in ihr spielt das ›Handwerkliche‹ eine untergeordnetere Rolle als bei den Menschen, die sich ihrer als eines »recommendablen Nebenwerckes« zu gesellschaftlichen Zwecken, nicht jedoch zum Broterwerb bedienen.[637]

Die eigentliche *Aufwertung des ingenium* setzt – dem Realien- und iudicium-Verständnis entsprechend – bei den galanten Poetiken Hunolds, des Breslauer Anonymus und Johann Georg Neukirchs entschiedener ein. Erdmann Neumeister bildet den Übergang von der reinen Schulpoetik zur ›galanten‹ Poetik. Bei aller Betonung der natura, des »angebohrnen Genius« und der Göttlichkeit der Poesie,[638] nimmt er die humanistische Tradition der ars als einer ›Polierkunst‹ auf.

»Denn sonst möchte ein jedweder Phantaste sich etwas aussinnen, und es andern, als Poetische Gesetze vorlegen wollen, die doch werth wären, daß sie auf des Pontii Pilati geheimde Secretariat-Stube ins Archiv getragen würden.«[639]

Gegenüber der Poetischen Lizenz verhält sich Neumeister skeptisch.[640] Die gelegentlichen Hinweise auf die Bedeutung des ingenium – etwa als einer Quelle für die rationes (neben dem iudicium und den fontes causarum)[641] – oder des »Esprit«,[642] oder die ungewöhnliche Aufwertung des Hans Sachs,[643] sind gleichwohl nichts mehr als ein Vorschein auf die eigentliche Normverschiebung in den ›galanten‹ Poetiken. Deutlich zeigt sich die qualitative Verschiedenheit in der Poetik von Neumeister/Hunold, deren Vorrede und Titel von Hunold-Menantes stammt.[644] Gegenüber den Ausführungen Neumeisters vertritt Hunold einen tatsächlich progressiveren Standpunkt. Ein Indiz für die starke Traditionsverhaftung des Genres ist die Tatsache, daß die Poetiker in Vorworten und Einleitungen fortschrittlichere Ansichten vertreten als in den Poetiken selbst. Das manifestiert sich bereits in Benjamin Neukirchs Vorrede zur Hofmannswaldauischen Anthologie,[645] das zeigt sich in Hunolds und in Barthold Feinds Vorworten.[646] Von Hunolds Plädoyer für den ›poetischen Geist‹ und gegen die (humanistische) Praxis

---

637 Ebd., S. 2f., bes. § 4.

638 Neumeister: Die Allerneueste Art, S. 1f.

639 Ebd., S. 5, § XIX; vgl. ebd. § XVII. »Wie demnach insgemein davor gehalten wird, daß die Poeten gebohren, und nicht gemacht werden, so ist unser Naturel in vielen Stücken wie ein kostbarer Stein, der noch nicht geschnitten und poliret ist. Wenn er aber dermassen ausgearbeitet wird, so spielet er desto schöner. Gleicher Gestalt muß auch in der Poesie die Kunst der Natur die Hand bieten.«

640 Ebd., S. 507, §§ 1–3.

641 Ebd., S. 520, § 20; S. 605 zur Rolle des ingenium in der elaboratio.

642 Ebd., S. 530, § XXIV.

643 Ebd., S. 5f., § XXII. »Hans Sachse, der alte ehrliche Nürnbergische Schuster, hat nicht selten eine solche Emphasin in seinen Reimen, welche uns verwundernd machen kan.« Auch bei Horn: Vorrede zu Weichmanns Poesie der Niedersachsen, Tl. 2, S. 256.

644 Dazu Markwardt: Geschichte, Bd. 1, S. 310.

645 B. Neukirch: Vorwort zur Hoffmannswaldauischen Anthologie, Bd. 1, S. 6, S. 18.

646 B. Feind: Deutsche Gedichte. Samt einer Vorrede Von dem Temperament und Gemühts-Beschaffenheit eines Poeten. (1708).

enzyklopädischer Realienklauberei war schon die Rede.[647] Die ›göttliche‹ Wissenschaft der Poesie ist nur dem gegeben, »der einen gleichen Verstand / und ein erleuchtetes Gemüht hat«.[648] Neu ist bei Hunold – dies hat schon Markwardt gesehen[649] – daß er mit Entschiedenheit die Rolle der Natur gegenüber den poetologischen Regeln verficht. Nüchtern konstatiert Hunold, das Überangebot an Poetiken habe keinesfalls eine Qualitätssteigerung der Poesie bewirkt: »weil diese poetische Scribenten Poeten durch Regeln / und nicht durch die Natur geworden / und also auch andere darzu machen wollen.«[650] Die Behauptung, ihren ›kaltsinnigen‹ Produkten gehe die »Seele« ab, kann nicht allein aus der Opposition gegen die allgemeine Praxis erklärt werden.[651] Vielmehr zeichnet sich bei Hunold die Trennung der humanistischen Einheit von Gelehrten und Poeten ab.[652] Die Frage nach der Priorität von Natur oder Kunst beantwortet Hunold eindeutig. Ohne »glückseelige«, durch »muntern, feurigen und scharffsinnigen Geist« zur Poesie antreibende Natur, könne man kein Dichter werden: »Und wo ein schöner Einfluß des Himmels oder der Sterne keinen Poeten macht / die Menschen thun es wol nicht.«[653] Natürliche Anlage und himmlische Eingebung sind ineins gesehen. Auch Barthold Feinds Temperamentenlehre beruht auf dem Primat des Naturells;[654] er selbst beruft sich bei seinen obskuren, gegen Huartes Position gerichteten Ausführungen über das Blut und den »Nerven-Safft« auf die Temperamenten- und Affektenlehre Buddes, Stahls und Thomasius'.[655] Die Vereinigung eines cholerischen und eines sanguinischen Temperaments scheint ihm für den Poeten die beste Veranlagung zu sein.[656] Wie bei allen Befürwortern der poetischen Lizenz oder eines besonderen poetischen Geistes lockert sich auch bei Feind der Verbund von Poesie und Oratorie im Bereich der elocutio.[657] Den in der Vorrede zu Neumeisters Poetik vorgelegten Ansatz baut Hunold in der eigenen »Anleitung zur vernünftigen Poesie« weiter aus. Der ›politische‹ Einfluß macht sich hier – bei aller Anerkenntnis des »guten Naturells« – bemerkbar als Betonung des Verstandes und seiner korrigierenden Funktionen.[658] Die Kunst soll das Naturell nur

---

[647] Hunold: Vorwort zu Neumeister: Die Allerneueste Art, S. bf. (S. 13f.), S. b 3f. (S. 17f.); vgl. hier S. 540.
[648] Ebd., S. b 3v (S. 18).
[649] Markwardt: Geschichte, Bd. 1, S. 311.
[650] Hunold: Vorrede zu Neumeister: Die Allerneueste Art, S. c 6v (S. 40).
[651] Ebd., S. c 6v (S. 40).
[652] Ebd., S. c 7 (S. 41). »Wenn nun einer bey der Welt vor einen Gelehrten passirt / kan er nicht mit dem Ruhm zu frieden seyn / und muß er eben ein Poet seyn wollen / da die Natur nein dazu spricht?«
[653] Ebd., S. d (S. 45); vgl. auch S. b 2 (S. 15).
[654] Feind: Deutsche Gedichte, Vorrede, S. 2.
[655] Ebd., S. 4, S. 24ff.; zur Definition von Gedächtnis, Judicium, Ingenium und Erfindung S. 13f.
[656] Ebd., S. 64; so auch Heumann: Der Politische Philosophus, S. 32f.
[657] Ebd., S. 66.
[658] Hunold: Academische Neben-Stunden, S. 1f. Zum Naturell, das sich aus ingenium und iudicium zusammensetzt, S. 57.

unterstützen.[659] In der »Satyre wieder die Satyren / oder die edle Poesie« greift Hunold – Menantes diese Position auf:

> »Poeten sind von Gott und von Natur erkies't.
> Des Geistes Hurtigkeit / die Tiefe zu erfinden /
> Die Klarheit / der Verstand / die Anmuth / die hier fließt /
> Sind eine Braut / womit der Himmel zu verbinden.«[660]

Die ›Breslauer Anleitung‹ basiert in entscheidenden Punkten auf der Poetik von Hunold-Menantes.[661] Auch der Anonymus behauptet den Primat des Naturells, das die Kunst lediglich mit Hilfe von Grammatik, Rhetorik und Logik ›poliert‹.[662] Bei der Auswahl unter verschiedenen Erfindungen soll der Dichter dem Enthusiasmus poeticus folgen und die erste als die beste nehmen.[663] Wie Menantes[664] fordert die ›BreslauerAnleitung‹ vom Poeten die Affekt-Imagination, um den Leser selbst den Affekt lebhaft empfinden zu lassen.[665] Die besten, nämlich die »unverhofften« Gedanken stammen aus dem Enthusiasmo poetico, »nicht aus der Kunst und den Locis topicis.«[666] Gute Lektüre vermag zwar einiges zu bewirken: »das meiste aber muß ein gutes Naturell ausrichten«. Dieser Begriff des Naturells darf indes nicht identifiziert werden mit dem natura-Begriff in der auch vom Breslauer Poetiker aufgenommenen Forderung, der Poet müsse sich an der Natur ausrichten.[667] An die Verpflichtung dieses Natur-Begriffs auf die Decorum-Lehre hat Herrmann zu Recht erinnert.[668]

Zwischen der herkömmlichen Schulpoetik und den Verschiebungen im Gefüge des Naturell-Begriffs schwankt Joh. Georg Neukirch.[669] Natura, ars und exercitatio stehen in einem ausgewogenen Verhältnis, das ihn zu einer Revision des

---

659 Ebd., S. 52. »IV. Bey solchen Erfindungen heisset es: Poeta nascitur. Denn sie können niemanden durch millionen Regeln eingeflösset werden / und kommen allein von einem guten Ingenio, oder sinnreichen Kopf. Diesem letztern kan aber ein Unterricht so weit dienen / daß er seine Gedancken besser ausbreiten / die Einfälle prüfen / und die Erfindung wohl einrichten lernet.«

660 Ebd., S. 119.

661 Zur Breslauer Anleitung Markwardt: Geschichte, Bd. 1, S. 344–351, Literaturangaben S. 433f.; Herrmann: Naturnachahmung, S. 26f. Explizite Bezugnahmen auf Hunold-Neumeister, S. 18. S. 86 wird die Poetik von Hunold-Neumeister als »beste Anweisung zur Poesie« empfohlen. »Menantes muß man den Ruhm lassen, daß er vor allen andern die beste Anweisung zur Poesie gegeben.«

662 Breslauer Anleitung, S. 2f., § 3.

663 Ebd., S. 96.

664 Hunold: Vorrede zu Neumeister: Die Allerneueste Art, S. dv (S. 46); Neumeister ebd., S. 4, § XIV; Feind: Deutsche Gedichte, Vorrede, S. 69f., entwickelt sogar eine Art ›Rezeptionsästhetik‹, der Leser könne nur, wenn er selbst poetischen Geist habe, ein Gedicht angemessen aufnehmen.

665 Breslauer Anleitung, S. 97, S. 102f.

666 Ebd., S. 102.

667 Ebd., S. 1, § 1. »Die Poesie ist eine Nachbildung der Natur, vornehmlich zwar in gebundener, doch aber auch in ungebundener Rede. [...] Je mehr sie nun mit der Natur, als ihrer Grund-Regel, übereinstimmt, je mehr verdient sie den Nahmen der Poesie.«

668 Herrmann: Naturnachahmung, S. 27.

669 Zu Neukirch Markwardt: Geschichte, Bd. 1, S. 340.

Satzes »Poeta non fit, sed nascitur« führt: »Poeta & fit & nascitur«.[670] Diese kunsthandwerkliche Perspektive erinnert wiederum an das enzyklopädische Ideal des Lohensteinschülers Männling. Neukirch unterscheidet zwischen dem zeitweiligen Enthusiasmus, der von außen herangetragenen ›göttlichen‹ Inspiration, und dem individuellen – angeborenen und konstanten – Naturell, dem »natürlichen ingenium«.[671] Dieses kann jedoch durch die üblichen Hilfsmittel (Liebesaffekt, Anregungsmittel: Kaffee, Wein, Tee, Bier; Einsamkeit und Lektüre) aufgemuntert und angeregt werden – wiederum ein Indiz für die artifiziell-technische Auffassung auch des ingenium.[672] Das von Neukirch bereits 1724 vertretene Übergewicht der ars wird in der kürzeren Ausgabe von 1729 noch offensichtlicher. Zur Erfindung hilft die »gütige Natur« dem Redner »sehr viel«: ein »gutes ingenium«, ein »aufgeweckter Geist« und ein »erhabener Verstand«;[673] »gründliche Gelehrsamkeit« dagegen trägt »das meiste« bei; es schließen sich die Erfahrung und die »kunstmäßigen instrumente« an.[674] Das Ingenium benötigt der Poet zur Invention, Fiktion, zu guten Einfällen und zur Ausbildung der Worte: es ist also wohlverteilt über das rhetorische Gliederungssystem.[675] Neukirch greift auch die Unterscheidung zwischen Naturell und Enthusiasmus auf: Inspiration ist zeitgebunden und transitorisch, während das »gute Naturell« »immer bey dem Poeten bleibet«. Wann der Enthusiasmus Poeticus sich einmal einstellt, »hat man in einer Stunde mehr schöne Einfälle, als man wohl in etlichen Tagen, obwohl mit vielen Nachsinnen, nicht erhalten kan.«[676] Neukirchs eklektizistisches Werk ist für die Übergangsepoche durchaus symptomatisch. Charakteristisch für sie ist das Nebeneinander von Beharren und Fortschritt, und das Unvermögen, eine geschlossene Grundtendenz herauszuarbeiten. Es ist eigentlich nur konsequent, daß auf dem Boden der eklektizistischen ›politischen‹ Denkmodelle – von denen die Philosophie Thomasius' lediglich die bedeutsamste Ausprägung darstellt – kein schlüssiges poetologisches System entstehen konnte.

---

670 Neukirch: Anfangs-Gründe zur Reinen Teutschen Poesie, S. 11, § 12. »Allein wann wir unsere Zeiten ansehen, dürffte man fast sagen: Poeta & fit & nascitur. Denn wir haben die schönste Gelegenheit, den vollkommensten Apparatum und die deutlichsten Anleitungen dazu, an welchen Uberfluß es den Alten, bey welchen das erste Sprichwort entstanden, gefehlet zu haben scheinet. Wo nun zu diesem apparatu vollends ein glückliches Naturell das seinige beyträgt, kan es nicht fehlen, daß man in dieser edlen Wissenschafft nicht was sonderliches ausrichten solte.« Im § 13 deutet Neukirch das Naturell als göttlichen Einfluß.

671 Ebd., S. 11, § 14, § 17.

672 Ebd., S. 15f., § 17; S. 230: Bei der Invention wirken ingenium und iudicium zusammen.

673 Neukirch: Academische Anfangs-Gründe, S. 159.

674 Ebd., S. 159ff.

675 Ebd., S. 209. Dabei trägt Neukirch der Neubestimmung der Poesie Rechnung, nicht nur oratio ligata, sondern auch fictio zu sein.

676 Ebd., S. 211. Neukirch weist selbst auf die Unklarheit der deutschen Tradition hin, die diesen Unterschied verwischt hat, weil sie den griechischen Ausdruck Enthusiasmos und den lateinischen Ausdruck furor poeticus durch den Terminus ›gutes Naturell‹, ›poetischer Geist oder Trieb‹ wiedergegeben habe.

Als wichtigstes *Ergebnis* der Musterung ›politischer‹ Poetiken läßt sich festhalten, daß hier – trotz aller Konventionalität und trotz der Bindung an das traditionelle rhetorische Schema – via Räsonnement und Erfahrung ein gleichzeitig allgemeiner und individueller Zugang zu der empirisch verstandenen Realität gesucht wird. Die Poetiker lösen zum einen die inventio aus den engen Fesseln der Topik und überantworten sie einer freien, den Gesetzen des Klugheitsdenkens zugeordneten Meditation (iudicium), und wandeln zum andern den Realienbegriff um. Ohne dessen Umformung vom abrufbaren Versatzstück zum wissenschafts- und erfahrungsgegründeten Wirklichkeitspartikel hätte eine Neuorientierung der Poesie nicht gelingen können. Gegenüber der Barockpoetik betonen diese Poetiker zwar die Bedeutung der natura und leiten die Abkehr von der überzogenen Anweisungspraxis ein. Da sie jedoch weiterhin nach dem Nutzwert von Poesie fragen – wozu taugt Poesie im täglichen Leben? – rücken sie in gefährliche Nähe zur Theorie der Gelegenheitsdichtung, obwohl sie sich gegen deren Massenproduktion aussprechen.[677] Trotz der Erweiterung des Poesiebegriffs um das fiktionale Moment gerät die höhere, nicht an Alltagszwecke gebundene Poesie weitgehend aus dem Blick. So bleibt die Dichtung auf die Nebenstunden beschränkt, das Dichten selbst an den Beruf des Gelehrten gekoppelt oder, etwa bei einem Hofbeamten, in die Freizeit verwiesen. Für eine systematische Neukonzeption hatten die ›politischen‹ und pragmatischen Poetiker noch keine philosophische Basis.

2.3. Die ›politische‹ Konzeption in der Poesie: Christian Wernickes Epigramme als Ausdruck des judiziösen Geistes

Wie die Poetik selbst keine einheitliche Prägung im ›politischen‹ Zeitraum aufweist, so divergieren die propagierten *Stilarten* und *poetischen Vorbilder* selbst. Zwischen den begeisterten Anhängern der zweiten schlesischen Schule und den pädagogischen und rhetorisch-poetologischen Schülern Christian Weises existiert ein weites Spektrum von Eklektizisten, die ihre Stilart am pragmatischem Kontext bzw. an den Bedürfnissen des Decorum ausrichten. Diese *stilistische Uneinheitlichkeit* übergreift den engeren rhetorischen und poetologischen Bereich und erstreckt sich auf das ganze Feld literarischer Betätigungen.

Ulrich Wendland hat in seiner älteren Arbeit von 1930 über die Stiltheorien der galanten Epoche zwar Poetiken, Rhetoriken und Briefsteller behandelt, doch läßt er die außerliterarischen Kräfte, die auf die Umstrukturierung der Normen entscheidend einwirken, außer Betracht.[678] Reinhard M. Nickisch hat die Entwicklung für die Briefsteller akribisch nachgezeichnet,[679] und damit die ältere Arbeit von Agnes Roseno[680] überholt. Freilich beschränken sich diese Arbeiten, zu denen auch Windfuhrs verdienstvolle Untersuchung der barocken Bildlichkeit

---

[677] Ketelsen: Poesie und bürgerlicher Kulturanspruch, S. 96.
[678] Wendland: Die Theoretiker und Theorien der sog. galanten Stilepoche.
[679] Nickisch: Die Stilprinzipien in den deutschen Briefstellern.
[680] Roseno: Die Entwicklung der Brieftheorie (1933).

und ihrer Umformung gehört,[681] auf den Bereich der elocutio. An ihr lassen sich die Symptome des Normenwandels am klarsten ablesen, etwa die (erst im Nachhinein dramatisierte) Zweiteilung in Weiseaner und Lohensteinianer, die Formation einer Anti-Schwulstbewegung und die Neuorientierung an den französischen Klassizisten. Die für den poetologischen ›Paradigmawechsel‹ charakteristische Schwulstdebatte hat – ein bereits von Barner aufgezeigtes Desiderat germanistischer Forschung[682] – Peter Schwind in seiner Arbeit über die Produktion und Rezeption manieristischer Sprachformen ausführlich analysiert.[683] Das Stilistische kann daher um so eher unerörtert bleiben, als es nicht eigentlich den Motor der Entwicklung enthält.

Im stilistischen Bereich lassen sich nur die Symptome für die Veränderungen poetologischer Konzepte aufweisen, die eigentlichen paradigmensprengenden Kräfte, die eine Umwandlung auch im stilistischen Sektor bewirkt haben, stammen aus dem Bereich der materialen Wissenschaft. Sie beziehen sich auf den Aufstieg der Realdisziplinen und der praktischen Philosophie, die Verschiebung innerhalb der Lehrkanons und die Modifikation des Wissenschaftsverständnisses überhaupt. Unter diesem Aspekt gewinnen die unter dem Blickwinkel der Stilanalyse eher sekundären Phänomene den primären Rang.[684]

Die Ablösung der ›scholastischen‹ Topik durch das freie Nachsinnen oder Meditieren, die Abkehr von der enzyklopädischen Realien-Gelehrsamkeit und die Hinwendung zu einer realwissenschaftlich und erfahrungsbezogen definierten ›Realität‹ wirkt sich in der Poesie auf die Konzeption des Stils und die Wahl der Gattung überhaupt aus.

Beinahe selbstverständlich ist die Thematisierung des iudicium-Ideals in der Poesie der Periode 1690 bis 1730. Weltkenntnis und Erfahrung, Sachkenntnis und Klugheit bilden die Basis für das ›politische‹ Urteil, dessen Spezifikum die Vereinigung des äußeren und des inneren aptum ist. Die Opposition gegen jede Form der Hyperbolik ist die negative Kehrseite des Programms einer »natürlichen Schreibart«.[685] An die Stelle der antiken Musterautoren[686] rücken – dies ganz im

---

[681] Windfuhr: Die barocke Bildlichkeit und ihre Kritiker (1966), bes. S. 379ff.

[682] Barner: Barockrhetorik, S. 43.

[683] Schwind: Schwulst-Stil. Historische Grundlagen von Produktion und Rezeption manieristischer Sprachformen.

[684] Hierzu wichtig die Arbeiten von Klassen: Logik und Rhetorik der frühen deutschen Aufklärung; Beetz: Rhetorische Logik, die erst nach Abschluß dieser Arbeit erschienen ist und die Logik-Tradition aufarbeitet.

[685] Da das Material zum Stichwort »natürliche Schreibart« derart umfangreich ist, würde es einen Exkurs erfordern. Statt einer seitenlangen Aufzählung von Belegstellen verweise ich auf die Ansätze bei Trunz: Die Überwindung des Barock, S. 194ff. Die ›natürliche‹ Schreibart dringt auch in die anderen rhetorisch geprägten Literaturbereiche ein, etwa in die Briefsteller. Dazu Nickisch: Die Stilprinzipien, S. 115–136 »Die Brieftheoretiker des Übergangs«; S. 141–150 »Von der galanten zur schönen Natürlichkeit«.

[686] Auch hier wäre ein umfangreicher Exkurs angebracht, der den Bezug von Stilwandel und propagiertem Autoren-Kanon behandeln müßte; Hinweise bei Wendland: Die Theoretiker und Theorien, S. 154ff., zur Abkehr vom humanistischen Vorbild der Antike.

Zeichen der nationalen Konsolidierung der ›modernen‹ Wissenschaften – die deutschen Poeten des 17. Jahrhunderts, wobei Opitz nicht mehr die uneingeschränkte Vorrangigkeit zukommt.[687] Zu den epigonalen Lohenstein-Verehrern[688] treten die uneingeschränkten Befürworter der Weiseschen Prosakonstruktions-Regel;[689] daneben machen sich bereits Ansätze eines frühklassizistischen Stilideals bemerkbar.[690] Joh. Georg Neukirch empfiehlt eine reine, deutliche, anständige und kurze Schreibweise;[691] ähnlich der eher konservative Michael Fischbeck.[692] Die Abkehr von den artifiziellen Konstruktionen[693] und die Hinwendung zu einer ungezwungenen, durch Affektenbewegung ausgezeichneten Schreibart[694] charakterisiert den Typus der einerseits die Ideale der ›politischen‹ Gelehrsamkeit aufgreifenden, andererseits das Weisesche Programm der formalen Reduktion variierenden Poetiker und Poeten. Allerdings bewegt sich die Mehrzahl der Poetiker in einem unentschiedenen Raum, der durch das – von der Wissenschaft her bekannte – Eklektizismusideal bestimmt ist.[695]

Die Verbindung des neuen Wissenschaftstypus und der Welterfahrenheit wirkt sich auch auf die Wahl der poetischen Gattungen aus. Nicht von ungefähr rücken – damit die frühere Phase des Thomasius gegen seine pietistisch angehauchte zweite Phase ausspielend – *Satire* und *Epigramm* in den Vordergrund der Produktion und

---

[687] Opitz gilt in diesem Zeitraum sogar als »verstaubte Autorität«; s. Wendland: Die Theoretiker und Theorien, S. 137ff. Interessant ist in unserem Kontext, daß die Breslauer Anleitung, S. 79, Opitz »Vesuvius« jedoch für »ein vollkommenes Meisterstücke« erklärt, damit bereits den Übergang zu Gottschedschem Klassizismus andeutend. Insgesamt beruft man sich im politisch-galanten Zeitraum nicht mehr so ausschließlich auf die antiken – humanistischen Vorbilder, sondern auf die eigenen Poeten (seit Opitz), gemäß der Priorität der Maxime »Lebenszugewandtheit«.

[688] Hier ist insbesondere an Männling, Jänichen, Schröter zu denken, doch gilt gerade Lohenstein auch B. Neukirch, Omeis, Hunold, J. E. Weise, Stolle, J. G. Neukirch, Weißenborn, dem Breslauer Anonymus, Grosser, Gundling und Neumeister als empfehlenswerter Dichter.

[689] Z. B. Uhse: Wohl-informirter Poet, S. 27; J. E. Weise: Unvorgreiffliche Gedancken von Teutschen Versen, S. 21f.; Wahll: Kurtze doch gründliche Einleitung, S. 15; J. G. Neukirch: Academische Anfangs-Gründe, S. 14 zählt die wichtigsten ›Weiseaner‹ auf, vgl. Anm. 443; er selbst und Neumeister gehören ebenfalls zu den Anhängern Weises; s. Witkowski: Geschichte des literarischen Lebens, S. 274ff.

[690] Dazu Windfuhr: Barocke Bildlichkeit, S. 400ff.; Markwardt: Geschichte, Bd. 1, S. 322ff.

[691] J. G. Neukirch: Anfangs-Gründe zur Reinen Teutschen Poesie, S. 85ff.

[692] Fischbeck: Ergetzlichkeiten in der höchst-angenehmen Poesie, Vorrede nicht paginiert.

[693] Insbesondere auch von Bilderreimen; Omeis: Gründliche Anleitung, S. 128. Dazu Windfuhr: Barocke Bildlichkeit, S. 381ff.

[694] Hunold: Vorrede zu Neumeister: Die Allerneueste Art, S. dv (S. 46); Wahll: Kurtze doch gründliche Einleitung, S. 136; Breslauer Anleitung, S. 102ff.

[695] Muster für Eklektizismus bieten Neumeister: Die Allerneueste Art, S. 45; vgl. Witkowski: Geschichte des literarischen Lebens, S. 274ff.; auch Köhler: Deutliche und gründliche Einleitung, S. 14, S. 327; Neukirch: Academische Anfangs-Gründe, S. 215, nennt neben den deutschen Mustern Opitz, Hofmannswaldau, Lohenstein, B. Neukirch, Gryphius, Günther, Besser, Mencke, Hunold auch Corneille und Boileau, Tasso und Marino.

des Leserinteresses.[696] Zugleich kündigt die Vorliebe für Satiren den Anbruch eines vom optimistischen Aufklärungspädagogismus getragenen Geistes an, der sich allerdings erst bei Wolff und Gottsched voll auswirkt. Während des siebzehnten Jahrhunderts gab es nur vereinzelt poetische Satirenproduktion – poetisch im Sinne der traditionellen oratio ligata. Immer wieder wird auf die Satiren Joachim Rachels und Johann Laurembergs hingewiesen; der nicht unbeträchtliche ›Rest‹ bestand aus Prosa-Satiren, die jedoch im Rahmen eines engen Poesie-Begriffs nicht unmittelbar zur Poesie selbst rechneten. Mit dem Aufschwung des ›judiziösen‹ Geistes steigt die satirische Produktion merkbar an, wobei die Themen mit Vorliebe aus dem Wissenschaftssektor und der Poesie-Produktion selbst stammen. An die Stelle der barocken ›Anweisung‹ tritt – auch dies ganz im Sinne der von Thomasius empfohlenen ›negativen‹ Regeln – die aus der pragmatischen Weltanschauung abgeleitete Kritik.

Als Muster des neuen Stil- und Struktur-Ideals führt Blackall die meist – zu Unrecht – als Hofdichter deklarierten Friedrich von Canitz, Benjamin Neukirch und Christian Wernicke auf.[697] Daneben stehen jedoch, ebenso symptomatisch für das Eindringen der neuen, über die ›politische‹ Tradition hinausreichenden und die Gottschedsche Reform vorbereitenden Hinwendung zum französischen Klassizismus, die tatsächlichen Hofdichter Johann von Besser und Johann Ulrich König, der Verfasser der bekannten Abhandlung vom ›Guten Geschmack‹.[698] Sie verkörpern bereits die Endstufe der im Hodegetik-Kapitel aufgewiesenen Wissenschaftsentwicklung, also das Überwiegen des Judiziösen über das Galante. Auffällig und für die soziale Situierung der poetischen Neukonzeption bestimmend ist die Nähe aller der infragekommenden Autoren zum Hof oder zum diplomatischen Dienst. Den Typus des reinen Gelehrten-Poeten trifft man unter den Dichtern der Übergangsphase nicht an.

Die in den Satiren vorgebrachte Kritik wendet sich in erster Linie gegen den Schwulst der zweiten schlesischen Schule, wobei sie die formalen Elemente des Stils von den materialen Elementen der Realien-Gelehrsamkeit nicht exakt scheidet. Die innerhalb der Schwulst-Debatte immer wieder angeführten Zeugnisse gegen die Kasualpoesie und die formale Hyperbolik gehören ebenso in den Zusammenhang der Kritik polyhistorisch-enzyklopädischer Realien-Gelehrsamkeit in der Lohensteinschen Ausprägung originaler, oder in der Weiseschen Version abrufbarer Realienkenntnis. Das Postulat des inneren aptum, das in den zwanziger und dreißiger Jahren zunehmende Bedeutung gewinnt, hat schon bei *Canitz* (1654–1699) den Charakter einer regulativen Norm.

---

[696] Zum Aufkommen der Satire s. Zedler: Grosses Universal-Lexicon 42, Sp. 1778f.; dazu nun Weisz: Das Epigramm.

[697] Blackall: Die Entwicklung des Deutschen, S. 163–174; Backers: Boileaus Einfluß in Deutschland, S. 22–51, zu Canitz, Günther, Besser, Neukirch und Wernicke.

[698] U. König: Untersuchung von dem Guten Geschmack in der Dicht- und Redekunst, S. 382, nennt als Verfechter der antiken Ideale Besser, Canitz und Wernicke. Vgl. Borinski: Gracian und die Hofliteratur, S. 132, zum Eindringen des französischen Klassizismus. Vgl. Rosenmüller: Johann Ulrich von König.

»Man denckt und schreibt nicht mehr / was sich zur Sache schicket /
Es wird nach der Vernunfft kein Einfall ausgedrücket;
Der Bogen ist gefüllt / eh man an sie gedacht;
Was groß ist / das wird klein / was klein ist / groß gemacht [...].«[699]

Die Hyperbolik im Bereich der formalen und der materialen ars, also der Ausschmückung der elocutio mit Phrases und Realien, verhindert gerade die Sachangemessenheit und damit die Wirkung der dargestellten Affekte auf den Leser bzw. Zuhörer:

»[...] Was er von Kindheit an aus Büchern abgeschrieben /
Das wird mit Müh und Zwang in einen Verß getrieben;
Die Seuffzer / wie er meynt / erweichen Kieselstein /
Die voll Gelehrsamkeit und wohl belesen seyn.
Des Aetna Feuer=Klufft muß seiner Liebe gleichen /
Und aller Alpen Eyß / der Liebsten Kälte weichen /
Indessen aber wird das arme Kind bethört /
Und weiß nicht was sie fühlt / wenn sie dergleichen hört [...].«[700]

Auf die im Zusammenhang mit der Hofkritik von Canitz entwickelte Anschauung, die höchste Weisheit finde sich nicht bei den Gelehrten, sondern eher bei den ›unwissenden‹ Bauern, hat Hans-Matthias Wolff hingewiesen.[701] Der »gesunde Witz« ist den philosophischen Spekulationen überlegen.

Von besonderem Interesse ist für die Übergangsepoche das Werk *Benjamin Neukirchs* (1665–1729). Neukirch hat als Gefolgsmann der hochbarocken Schlesier begonnen und sich erst allmählich den neuen klassizistischen Idealen zugewandt.[702] Die Philosophie Christian Thomasius' bildete die Basis seiner ›aufklärerischen‹ Phase, in der er u. a. Boileaus Satiren übersetzte.[703] Nun wendet er sich mehrfach gegen die eilige und massenhafte Produktion von Gelegenheitspoesie. Wie Canitz gegen »Zibeth und Ambra«,[704] so polemisiert Neukirch gegen den »Muscateller Saft« und den »theuren Amber=Kuchen«, den »Zibeth und Bisam« der schlesischen Dichter.[705] Er strebt ein Dichten aus eigener Kraft an und verwirft die als »Bettelkunst«[706] diskreditierte Dichtpraxis seiner frühen Jahre.

»Hier hatte Seneca, dort Plato was gesagt;
Da hatt' ich einen Spruch dem Plautus abgejagt:

---

699 Canitz: Neben-Stunden Unterschiedener Gedichte, S. 64f., aus der zweiten Satire »Von der Poesie«; vgl. auch L. Fulda (Hrsg.): Die Gegner der zweiten schlesischen Schule. Berlin und Stuttgart o. J., S. 408, dazu S. 396.

700 Canitz: Neben-Stunden Unterschiedener Gedichte, S. 66.

701 Wolff: Die Weltanschauung der deutschen Aufklärung, S. 76.

702 Zu Benjamin Neukirch Markwardt: Geschichte, Bd. 1, S. 258–264, S. 407f.; zur Wende zu Boileau Backers: Boileaus Einfluß in Deutschland, S. 42.

703 Wolff: Die Weltanschauung der deutschen Aufklärung, S. 77, auch S. 80.

704 Canitz: Neben-Stunden Unterschiedener Gedichte, S. 66.

705 Neukirch: Auf die Linck- und Reinßische vermählung; in: Herrn von Hoffmanswaldau und anderer Deutschen [...] Gedichte sechster Theil. Leipzig 1743, S. 95–97, hier S. 95. Auch von König zitiert: Untersuchung von dem guten Geschmack, S. 381.

706 B. Neukirch: Satyren und Poetische Briefe, S. 94; vgl. auch S. 99, wo vom »Schwindelgeist der klugen Weisianer« die Rede ist.

Und etwan anderswo den Tacitus bestohlen,
Auf diesen schwachen Grund, ich sag es unverhohlen,
Baut ich von Versen offt damahls ein gantzes Haus,
Und ziert es noch darzu mit Sinnebildern aus.«[707]

Nach der vorübergehenden Herrschaft der italienischen Marinisten erklärt Neukirch Opitz und die antiken Dichter wieder zu den maßgeblichen Vorbildern.[708] In der Satire »An die Dichter« verficht Neukirch dezidiert die erneute Nachfolge auf der »gesetzten Bahn der Alten«. Hier bietet sich die Nachbarschaft des Ethischen und des ästhetisch Vorbildlichen an.[709] Der Marinosche Schwulst gilt als Produkt übertriebener Fantasie, der Regellosigkeit und der Nichtbeachtung des äußeren und inneren aptum.

»So lang ich meinen Vers nach gleicher Art gewogen,
Dem Bilde der Natur die Schminke fürgezogen,
Der Reime dürren Leib mit Purpur ausgeschmückt,
Und abgeborgte Kraft den Wörtern angeflickt:
So war ich auch ein Mann von hohen Dichtergaben;
Allein, so bald ich nur den Spuren nachgegraben,
Auf der man zur Vernunft beschämt zurücke kreucht,
Und endlich nach und nach den Helicon erreicht,
So ist es aus mit mir [...].«[710]

Die Forderung nach Vernünftigkeit tritt zur Gelehrsamkeits- und Erfahrenheitsdoktrin ergänzend hinzu.[711] Ähnliche Verlautbarungen finden sich auch bei den nur wenig jüngeren Zeitgenossen *Barthold Feind* (1678–1721) und *Johann Christian Günther* (1695–1723). Wider die Gelegenheitsreimer dichtet Postels Parteigänger Feind: »Es reimt die halbe Welt / es reimet groß und klein / Ein jeder wil mit Macht heut ein Poete seyn.«[712] Günther weist die Schmarotzer-Praxis der Poeten zurück, und erklärt die Weisheit- und Tugendlehre als eigentliches Amt der Poesie[713] – ein Indiz für die bald dominierende Ansicht, Dichtung habe der Philosophie, nicht mehr der Rhetorik, zu dienen.

In einem vom »wahren Adel« handelnden Willkomm-Gedicht hält Günther dem Geburtsadel vor, ein »durch Kunst und Müh geläuterter Verstand« schmücke auch »Edle von Geburth«.[714] Canitz und Abschatz sind die Muster der »rechten

---

[707] Ebd., S. 382.

[708] Auch bei Canitz gelten die antiken Poeten, im Unterschied zu den Thomasianern, wieder als Vorbild, da bei ihnen die Natur-Regeln am klarsten verwirklicht sind. Die Lebenspraxis hat nicht mehr die *plane* Funktion wie bei den ›Politikern‹.

[709] Neukirch: Satyren und Poetische Briefe. 10. Satire: An die Dichter, S. 94–101, hier S. 96.

[710] Ebd., S. 97.

[711] Blackall: Die Entwicklung des Deutschen, S. 167.

[712] Feind: Deutsche Gedichte, S. 703f.

[713] Günther: Sämtliche Werke Bd. IV, S. 269. »Das Amt der Poesie besteht nicht im Schmarozen, / Worauf nur insgemein die Meistersänger trozen.«

[714] Ebd., S. 235–249, hier S. 236. »Auf die den 15. Aug. A. 1721 in Schlesien glücklich geschehene Wiederkunft des Herrn Ernst Rudolph von Nickisch und Roseneck.« Vgl. Bütler-Schön: Dichtungsverständnis und Selbstdarstellung bei Johann Christian Günther.

Poesie«. Da stilistischer Schwulst und exotisch-enzyklopädische Gelehrsamkeit im humanistisch-polymathischen Wissenschaftsparadigma eine Einheit bilden, richtet sich Günthers Schwulstprotest auch gegen die aufgeschwellte Realienpraxis:

»Nicht rauschend Flittergold noch schwülstige Gedancken,
Nicht Schlüße, die mit Gott und guten Sitten zancken,
Noch andres Puppenwerck, das schlechte Seelen fängt.
Vor diesem hab ich zwar auch mich damit gekränckt
Und mancher Magdalis mit ausstudirten Grifen
Aus Amors Contrapunct ein Ständchen vorgepfifen.
Da drechselt ich mit Fleiß auf einer hohen Spur
Wort, Silben und Verstand auch wieder die Natur.«[715]

»Naturell« und »Erfahrung« bilden auch bei *Christian Friedrich Hunold-Menantes*, dem Gegner Wernickes im ›Hamburger Literaturstreit‹, in Poesie[716] und Lebenspraxis regulative Normen.[717] Hochschätzung Lohensteins[718] und Polemik gegen realiensammelnde Gelegenheitsdichter[719] stehen dabei in keinem Widerspruch, ergänzen sich vielmehr, zumal Hunold sich noch des von Thomasius her bekannten Mischstils bedient, der ausländische Wörter unter Eliminierung der Endung ein-›deutscht‹.

Für die Herausbildung des judiziös-klassizistischen Poesiemodells spielt neben der auch von Peter Schwind betonten höfischen Herkunft die – bisher nicht beachtete – wissenschaftsgeschichtliche Entwicklung eine ebenso bedeutsame Rolle. Bei kaum einem anderen Dichter der Übergangsperiode läßt sich diese

---

[715] Günther: Sämtliche Werke, Bd. IV, S. 238. Weiter heißt es: »Auch schift ich oftermahl auf Dielen über Meer / Und holt ein Gleichnüßwort aus Misisippi her, / Bestahl den Lohenstein wie andre Schulmonarchen, / Und war kein Reim darauf, so flickt ich ihn von Parchen, / So schlimm das Wort auch klang; Marocco, Bengala, / Fez, Bantam, Mexico, Quinsay, Florida, / Die alle musten mir Baum, Steine, Thiere, Linsen / Und was nur kostbar lies in Dichterkasten zinsen. / Da klappte mir kein Vers, der nicht auf Stelzen gieng.« Vgl. ebd., S. 158, S. 184.

[716] Hunold: Vorrede zu Neumeister: Die Allerneueste Art; ders.: Academische Neben-Stunden; ders.: Einleitung zur Teutschen Oratorie und Brief-Verfassung. Zum Lohenstein-Angriff Wernickes und zur Debatte mit Postel und Hunold s. Martino: Lohenstein, S. 234–242; auch Windfuhr: Barocke Bildlichkeit, S. 390f.

[717] Hunold: Die beste Manier in Honnêter Conversation sich höflich und behutsam aufzuführen, und in kluger Conduite zu leben (1725); ders.: Die allerneueste Art / höflich und galant zu Schreiben / Oder: Auserlesene Briefe, In allen vorfallenden, auch curieusen Angelegenheiten nützlich zu gebrauchen (1702); ders.: Die Manier Höflich und wohl zu Reden und Leben, So wohl Mit hohen, vornehmen Personen, seines gleichen und Frauenzimmer (1730); dazu Schwind: Schwulst-Stil, S. 125, S. 128–142.

[718] Hunold: Galante, Verliebte und Satyrische Gedichte, S. 84–87 »Der Poesie rechtmäßige Klage über die gekrönten und andere närrische Poeten«. Hier S. 96 »Die kleinste Sylbe nur / die Lohen-Stein gesetzet / Ist mehr als sein Gehirn an Witz und Geiste reich.«

[719] Ebd., S. 202–211 »Schreiben der Aurora an Phoebus in einer Antwort«. Hier S. 203 »Denn läufft er hin und her und kan vor Angst nicht rasten / Er sucht die Fächer durch in dem Poeten-Kasten.« Die ganze Vorrede ist der Polemik gegen die Kasualpoesie gewidmet. Ähnlich auch J. B. Mencke: Philanders von der Linde Schertzhaffte Gedichte, Zehnte Satire »Wider die unmäßigen Lobes-Erhebungen der Poeten«, S. 64–66; ders.: Vermischte Gedichte, S. 192–197 «Satyre auf den Mißbrauch der Poesie«.

zweifache Herkunft des neuen Poesiemodells so deutlich aufzeigen wie an den Epigrammen *Christian Wernickes* (1661–1725). Wernicke studierte seit 1680 bei Daniel Georg Morhof in Kiel.[720] Dessen wissenschaftlich pragmatischer und poetologisch frühklassizistischer Standpunkt hinterließ freilich in Wernickes Frühwerken keine einheitliche Spur. Immerhin mag Morhof, den Thomasius als Mitkämpfer gegen die – unter der Larve einer ansehnlichen und gravitätischen »Gelehrtigkeit« an den Universitäten breitgemachte – »Pedanterey und Unwissenheit« in den »Monatsgesprächen« gerühmt hatte,[721] die rationalistische Disposition Wernickes begründet haben. Morhof, der die klassizistische Linie Opitz-Tscherning fortsetzt und Christian Weise näher steht als dem schlesischen Hochbarock, hat sicherlich stärker als ›Gelehrter‹ denn als Poet auf Wernicke eingewirkt.[722] Die neuen poetischen Richtlinien empfängt Wernicke durchaus erst in Frankreich, wo er in dänischen Diensten als Diplomat tätig war.[723] Unter dem Einfluß Boileaus (Satiren, »L'art poétique«)[724] löst sich der anfängliche Bewunderer Lohensteins und Hofmannswaldaus[725] von den ›hyperbolischen‹ Vorbildern und strebt eine vom Witz und ›bon sens‹ geprägte satirisch-epigrammatische Dichtung an, deren eigentliches Movens die Kritik bildet. Nicht zufällig begegnen in der Epigrammatik Wernickes zahlreiche literaturkritische Gedichte – dies ein unübersehbares Indiz für die Parallelentwicklung in Poesie und Wissenschaft, wo das Lehrfach ›Critic‹ sich erst zu Beginn des Jahrhunderts als selbständige Disziplin etablierte. Inwiefern neben dem französischen Klassizismus auch die englische, dem bürgerlichen Handelsgeist und dem naturwissenschaftlichen Denken entstammende Pragmatik[726] auf das neue Konzept eingewirkt hat, läßt sich nur vermuten.

Wernicke sucht, das macht seine Position am Ende der ›politischen‹ Periode so charakteristisch,[727] die vorwolffschen Vernunft-Normen und die spät-›politischen‹ iudicium-Maximen in einem eigenen *Dichtungstypus* zu verwirklichen. Dabei dominieren naturgemäß die ›politischen‹ Leitbilder ›Klugheit‹ und ›Erfahrung‹.

---

[720] J. Elias: Christian Wernicke, S. 30ff.; E. Schmidt: Chr. Wernicke (ADB 42), S. 90ff.

[721] Thomasius: Monatsgespräche II (1688), S. 287; ebd., S. 273f.

[722] Vgl. jedoch die Vorrede »An den Leser« in: Christian Wernickes Epigramme. Hrsg. u. eingel. von R. Pechel, S. 114, wo der Anstoß zu Wernickes Epigrammatik doch Morhof zugeschrieben wird.

[723] Seit 1714 weilte Wernicke als dänischer Gesandter in Paris.

[724] Elias: Christian Wernicke, S. 71.

[725] Das läßt sich leicht verfolgen durch Vergleich der verschiedenen Ausgaben der »Ueberschrifften« von 1697, 1701 und 1704. In dem Gedicht »Ursprung und Fortgang der Teutschen Poesie«, Wernickes Epigramme ed. Pechel, S. 403, Nr. 63, werden Lohenstein und Hofmannswaldau uneingeschränkt gepriesen; dazu Wernicke selbst, ebd., S. 315.

[726] Wernicke lebte von zirka 1691 bis Ostern 1696 in London; Elias: Christian Wernicke, S. 75–80.

[727] Zu Wernickes Deklarierung als ›politischer Poet‹ Borinski: Gracian und die Hofliteratur, S. 131f., weist wieder auf Boileaus Einfluß bei der Etablierung der Normen »naturel« und »raisonnable« hin. Generell Neufeld: Christian Wernicke und die literarische Verssatire.

Das neue Wissenschaftsverständnis korreliert dem französischen, auf Descartes zurückgehenden Ideal der clarté.[728] Der Ablösung des Polyhistorismus und des barocken Enzyklopädismus durch den Geist pragmatischer Wissenschaft entspricht dabei die Abkehr von der schlesischen Hyperbolik-Konzeption wie von der Reduktions-Variante der Weiseaner.[729] Der von Wernicke empfohlene ›mittlere Weg‹ orientiert sich an den klassizistischen Dichtern des preußischen Hofes, also an Canitz und Besser.[730] Wernicke postuliert die Überwindung der Wort- und Realien-Hyperbolik und der als zu niedrig abgelehnten Reduktionsform Weises – eine für den weltgewandten Diplomaten typische Haltung. Obwohl Wernicke selbst Kind und Vertreter des ›politischen‹ Zeitalters ist, setzt er sich deutlich von den ›Galanten‹ ab.[731] In seinem reifen Werk verdrängt die rationalistische die galante Komponente. Gegen Ende der ›politischen‹ Periode tritt eine Normenverschiebung vom Galanten und Judiziösen zum Intellektualistischen ein. Wie das detaillierte Aufschlüsseln der ›politischen‹ Hodegetiken gezeigt hat, liegen gegen Ende der Periode die inhaltlichen Voraussetzungen für den Wolffschen Systematisierungsversuch vor. Eine ähnliche Position nimmt in der Poesie die Epigrammatik Wernickes ein: zwischen Thomasius' negativen Regulativen und Gottscheds vernunftgegründeten Regeln.[732]

Über der keineswegs unanfechtbaren[733] Einschätzung Wernickes als ersten dezidierten Schwulst-Gegners[734] darf nicht vernachlässigt werden, daß die Opposition gegen die formale Hyperbolik nur Teil eines größeren geistes- oder exakter wissenschaftsgeschichtlichen Umbruches ist. Hinter Wernickes Frontstellung steht das Konzept einer verstandesorientierten pragmatischen Weltanschauung. *Schwulstkritik* wendet sich daher implizit gegen eine mittlerweile überholte Gelehrsamkeitsauffassung.[735] Dagegen richtet sich die Kritik an Lohensteins

---

[728] Dieses Prinzip war in Thomasius' Wissenschaftskonzept bereits zum Tragen gekommen. Vgl. Stackelberg: Klarheit als Dichtungsideal, S. 257ff.; Cassirer: Descartes, S. 102ff. zum Verhältnis von Descartes und Corneille.

[729] Schmidt: Wernicke, S. 92; zu Wernickes höfisch-›politischer‹ Wendung gegen das Altdeutsche s. Epigramme ed. Pechel, S. 218f.

[730] Wernickes Epigramme ed. Pechel, S. 120f. »Sintemahl sich an demselben einige vornehme Hoffleute hervor gethan, welche Ordnung zu der Erfindung; Verstand und Absehn zur Sinnligkeit; und Nachdruck zur Reinligkeit der Sprache in ihren Gedichten zu setzen gewust.« Vgl. auch die ähnliche Vorrede aus der Sammlung: Uberschrifte Oder Epigrammata In acht Büchern / Nebst einem Anhang von etlichen Schäffer-Gedichten. Hamburg 1701.

[731] Waldberg: Galante Lyrik, S. 140f.; Borinski: Poetik der Renaissance, S. 342ff. Wernicke vertritt die spät-politisch-iudiziöse Phase, in der klassizistischer Einfluß zunimmt.

[732] Blackall: Die Entwicklung des Deutschen, S. 169ff.

[733] Wernicke: Vorrede, Wernickes Epigramme ed. Pechel, S. 122, werden eben Hofmannswaldau und Lohenstein n e b e n Opitz und Gryphius als allgemein geschätzte Vorbilder aufgeführt.

[734] Wernickes Epigramme ed. Pechel, S. 145.

[735] Zur Polemik gegen die Unzeitgemäßheit eines der humanistischen Lateindoktrin ergebenen Gelehrten s. Wernickes Epigramme ed. Pechel, S. 280, Nr. 52 »Auff einen Folianten-Schreiber«. »Was Wunder, das Marin nur vor sich selbsten ist, / Und Durst und

materialer Gelehrsamkeit zunächst nur gegen die Auswüchse, nicht generell gegen sein ›gelehrtes Dichten‹.[736] Wernickes Kritik macht die enge Verbindung formaler und materialer Gelehrsamkeit, also von ars und doctrina, deutlich: er tadelt an Lohenstein, daß er »schöne Sachen zur Unzeit angebracht, und prächtige Worte seinem Verstande zum Nachtheil« in einer Art ›poetischen Raserei‹ geschrieben habe.[737] Realien- und Phrases-Kult gehen ja tatsächlich ineinander über; daher muß Wernicke fast notwendig – auch wenn er nur an Lohensteins Realien-Überfülle Anstoß nimmt – die »eingeführte Schreib-Ahrt«[738] als solche in Frage stellen. Bekannt ist vor allem seine Kritik an Lohensteins Vers »Zinober krönte Milch auf ihren Zucker-Ballen«, der allerdings in dieser Gestalt nicht einmal von Lohenstein selbst stammt.[739] Die Kritik an den unangebrachten Metaphern und Vergleichen[740] kehrt in den Epigrammen selbst wieder.[741] Wernicke rügt die Verwendung der Wörter »Schnee, Marmor, Alabast, Musck, Bisem und Zibeth« usw. wegen ihrer Disfunktionalität im Sinngefüge des Poems; meist haben diese Wörter gar keinen Sinn, weil der Poet sie nur aus klanglichen Gründen gebraucht. Der in der Vorrede vorgebrachten Kritik korrespondiert die Anmerkung zum 55. Gedicht »Auf die Schlesische Poeten« des fünften Buches.[742] Hier wirft Wernicke Lohenstein und Hofmannswaldau vor, von der »reinen und natürlichen Schreibart des Opitz und Griphs« abgewichen zu sein und sich uneingeschränkt an den »Welschen« orientiert zu haben.

> »Nun ist es unstreitig dass dieselbe am wenigsten unter allen andern zu folgen, weil in ihren Schrifften mehr falscher, als wahrer Witz, und vor eine reine Redens-Art hundert rauhe Metaphoren anzutreffen sind.«[743]

Hunger eh' als sein Latein vergisst; / Er lässt ein grosses Buch zu Hall und Leipzig drücken: / Marin hat keine Zeit sich in die Zeit zu schicken.« Provokativ auch das Epigramm »Narren die besten Lehrmeister«, in dem der Satz aufgestellt wird, von Narren lerne man mehr als von Schulfüchsen. In: Wernicke: Gedichte. Bibliothek deutscher Dichter des siebzehnten Jahrhunderts, Bd. XIV, S. 191f.

736 Erb: Die Pointe, S. 14f.; Wernickes Epigramme ed. Pechel, S. 124f. Zur Kritik an den Schlesiern Blackall: Die Entwicklung des Deutschen, S. 169.

737 Wernicke: Vorrede, Wernickes Epigramme ed. Pechel, S. 122.

738 Ebd., S. 120.

739 Windfuhr: Barocke Bildlichkeit, S. 414f.; dazu Martino: Lohenstein, S. 237f. Anm. 151. Richtig heißt der Vers »Zienober krönte Milch auf ihren Liebes-Ballen.«

740 Wernicke: Vorrede, Wernickes Epigramme ed. Pechel, S. 125ff., kritisiert z. B. Ausdrücke wie ›Marmor-Brüste‹, ›Wangen von Alabast‹, ›Perlen-Thränen‹, ›Achat der Augen‹ usw. Zu den unnatürlichen Metaphern vgl. die Gedichte ebd., S. 185f., Nr. 26, und S. 215f., Nr. 7.

741 Wernickes Epigramme ed. Pechel, S. 215f., Nr. 7 »Auf Artemons Deutsche Gedichte«, bes. S. 316ff., zur Kritik an Hofmannswaldaus »harten Metaphoren« und dem »falschen Witz«; zentral auch S. 327f., Nr. 1.

742 Ebd., S. 314–320, Nr. 55; S. 463, Nr. 35 »Blumenreiche Gedichte«. »Man findt, wenn man mit Fleiss die Rosen und Narzissen, / Die unsre deutsche Vers' anfüllen oder schliessen, Mit dem Verstand und Sinn des Tichters überlegt; / Dass ein unfruchtbar Land die meiste Blumen trägt.«

743 Ebd., S. 315.

Dem inneren aptum gilt Wernickes besonderes Augenmerk. Die von Lohenstein »einem unerfahrenen Kinde von zwölf Jahren« zugeordneten Verse

> »Und meiner Adern Brunn für den Krystall nicht rein,
> Und Schwanen fleckigt sind, sol ein Gefässe sein,
> Darin der geile Hengst den Schaum der Unzucht spritze?«[744]

verstoßen gegen das aptum. Einen ähnlichen Verstoß erkennt Wernicke in Hofmannswaldaus Heldenbrief von Eginhard und Emma, der von Emmas Anwesenheit bei geheimen Kabinettsberatungen spricht.[745] Beidemale basiert Wernikkes Kritik auf dem Wahrscheinlichkeitspostulat. Die Kritik als eine rationalen Maximen verpflichtete Verstandestätigkeit begründet Wernickes eigene Poesie-Konzeption. Wie einst Morhof gegen die übertriebene Fantasie bzw. das ungebundene ingenium sich gewandt hatte, so stellt sich Wernicke gegen den unangebrachten »Witz«, das Äquivalent des lateinischen ingenium-Begriffes. »Unzeitiger Witz ist Unverstand« deklariert Wernicke. Für den Aufschwung der französischen – klassizistischen – Poesie macht er ausschließlich die literarische Kritik verantwortlich:

> »Man ist gäntzlich der Meinung, dass was die Frantzösische Schreib-Art zu der heutigen Vollkommenheit gebracht hat, meistentheils daher rühre; dass sobald nicht ein gutes Buch ans Licht kommt, dass nicht demselben eine sogenannte Critique gleich auf den Fuss nachfolgen solte, worinnen man die von dem Verfasser begangene Fehler sittsamlich, und mit aller Höfligkeit und Ehrerbietung anmercket. Sintemahl dadurch ohne alle Ärgernüss dem Leser der Verstand geöffnet, und der Verfasser in gebührenden Schrankken gehalten wird.«[746]

Im Widerstreit, ob dem Witz oder der Klugheit der höhere Rang zukomme, plädiert Wernicke – im Rahmen des ›politischen Denkens‹ – für die Klugheit. Seine Definition des Witzes als »einer gewissen Hitze und Lebhaftigkeit des Gehirns« ist von Wolffs systematischer Witz-Begründung noch weit entfernt und gehört noch ganz in den Kontext der ingenium-Theoreme. Die witzige Gehirn-Tätigkeit ist der »langsam und bedachtsam zu Werck« gehenden Klugheit geradezu entgegengesetzt.

> »Ein witziger Mann, sagt man, verliert lieber zehn Freunde als einen guten Einfall, da hergegen ein kluger Mann lieber zehn gantze Gedichte verbrennen, als einen guten Freund verlieren wolte.«[747]

Wernicke selbst stellt die Äquivalenz vom lateinischen ingenium, französischen esprit und deutschen *Witz* und vom lateinischen iudicium, französischen jugement und deutschen Verstand her.[748] Obwohl Böckmann die Ambivalenz der Wernikkeschen Normen erkennt,[749] muß ihm gegenüber das *Primat der Klugheitsideale*

---

[744] Ebd., Vorrede, S. 122f. [745] Ebd., S. 318f. [746] Ebd., Vorrede, S. 123.
[747] Ebd., S. 145, Anmerkung zu Nr. 28 »Ingeniosa necessitas«; vgl. Böckmann: Formgeschichte, S. 493f.; zum Klugheitsideal s. Wernickes Epigramme ed. Pechel, S. 403, Nr. 64.
[748] Wernickes Epigramme ed. Pechel, S. 238, Nr. 47.
[749] Böckmann: Formgeschichte, S. 495.

stärker betont werden. Wernicke läßt an dieser traditionellen Hierarchie keinen Zweifel. In einem »Witz und Verstand« benannten Epigramm erklärt er:

»Ein Männlicher Verstand im Schreiben überwegt
Weithergesuchten Witz, der jedes Blatt auffschwellet:
Denn jener gleicht der Frucht, die reiff vom Baum abfället,
Und dieser der, die man vom Baum zu schütteln pflegt.«[750]

Dieselbe Hierarchie spricht aus dem Epigramm »An den witzigen Berontes«:

»Ich geb' es gerne nach, Witz hast du mehr als gnug,
Doch schreibst du, wenn du schreibst, als wärst du nicht recht klug;
Dein scharff und spitzer Kiel verletzet den Verstand,
Und ist ein blanckes Schwerdt in eines tollen Hand:
Du schreibst was sinnreich ist, doch was sich nicht geziemt,
Und deine Thorheit wird durch deinen Witz berühmt.«[751]

Für den am Klugheitsideal orientierten Weltmann prävalieren Wahrscheinlichkeit und Angemessenheit als Kategorien des iudicium die scharfsinnigen und witzigen Einfälle, die das ingenium eingibt.

Es versteht sich, daß die in den Hodegetiken so sehr betonte *Erfahrung* auch bei Wernicke eine besondere Bedeutung erhält; sie ist jedoch weniger wissenschaftlich als höfisch geprägt. In dem Epigramm »Auff einen gelehrten aber unerfahrenen Staatsmann« hebt Wernicke auf den Unterschied der Schuloratorie und der ›politischen‹ Beredsamkeit ab: während der Schulredner sich nach den Regeln richtet, und auf Wahrheitsvermittlung bedacht ist, achtet der »Staatsmann« auf die Aufnahmekapazität seiner Zuhörer und orientiert sich deshalb an der Wahrscheinlichkeitskategorie.[752] In drei Epigrammen beleuchtet Wernicke das Verhältnis von Erfahrenheit und Klugheit.[753] Erfahrenheit ohne Klugheit gleicht einem Blinden »auf gewohnter Bahn«; Klugheit ohne Erfahrenheit einem Sehenden »auf frembdem Wege« – die metaphorische Umschreibung scheint fast Vorklang der kantischen Bestimmung von Begrifflichkeit und Empirie zu sein. Das Ideal freilich ist die Vereinigung beider Prinzipien:

»Wer niemand was, noch wie es sey zu thun, darff fragen,
Und nach dem rechten Zweck auf rechtem Wege zieht;
Von dem kan man allein nur sagen,
Dass er mit zweyen Augen sieht.«[754]

In einer umfangreichen Anmerkung expliziert Wernicke die Lehre durch allerlei aus der Erfahrung geholte Beispiele: die Klugheit bestimmt den Zweck der

---

[750] Wernickes Epigramme ed. Pechel, S. 254, Nr. 11 »Witz und Verstand«; vgl. S. 237, Nr. 1 »Vernunft und Witz«.
[751] Ebd., S. 432, Nr. 43.
[752] Ebd., S. 249f., Nr. 3. Zur Wahrscheinlichkeitsforderung und der mit ihr gekoppelten Forderung nach Naturübereinstimmung bei Wernicke s. Windfuhr: Barocke Bildlichkeit, S. 420.
[753] Wernickes Epigramme ed. Pechel, S. 358, Nr. 45, Nr. 46, Nr. 47.
[754] Ebd., S. 358, Nr. 47 »Erfahrenheit und Klugheit zusammen«.

Handlungsweisen, die Erfahrung jedoch lehrt die besten Mittel zu benutzen.[755] Erfahrung und Klugheit sind nicht aus Büchern erlernbar; es bedarf dazu einer auf Menschenkenntnis beruhenden Geschicklichkeit.[756]

Alle die Ideale der Klugheit, der Erfahrung und des Witzes vereinigen sich organisch beim ›edlen Carinus‹:

»Du zeigst, wie Klugheit sich mit Witz verschwistern kan,
Berühmt als ein Poet, berühmter als ein Mann,
Den Musen, aber mehr dem Vatterland ergeben;
Annehmlich wenn du schreibst, doch wenn du redst, noch mehr,
Und was du bist, scheint nicht so sehr
Aus deinem Buch, als deinem Leben:
Dein Witz der dient nur zum Gedicht',
Dein Leben aber zur Geschicht'.«[757]

Geschichte als Inbegriff der Lebenspraxis steht dabei auf einer höheren Stufe als Poesie, nicht zuletzt wegen der aus ihr erlernbaren klugen Lebensführung.

Dieselben Maximen, die in der Lebenspraxis obenan stehen, Klugheit und Erfahrung, sind auch für den Dichter die wichtigsten Erfordernisse, jedenfalls wichtiger als die reine Büchergelehrsamkeit, die artifizielle Formvirtuosität, oder gar die sture Befolgung prosodischer bzw. poetologischer Anweisungen.[758]

Das Inbild des abgelehnten Poeten, der mit allerlei Kollektionen und Hilfsmitteln´arbeitet, ist der »Schul-Fuchs«.

»Dass eine glückliche Natur
Bissweilen grosse Leut' ohn' andre Hülffe machet,
Das glaubt er nicht, und denckt wer bey der Lamp' und Uhr
Nicht manche lange Nächte wachet;
Wer die Poeten nicht, kein Griechisch und Latein
Versteht, noch voller Sinn-Sprüch' ist,
Der sey ein schlechter Tropff: Kurtz, Crato bildt sich ein,
Dass keiner lesen kan, als der mit Brillen lisst.«[759]

Die satirische Darstellung wendet sich gegen die in sämtlichen barocken Poetiken propagierte Kenntnis der ›Alten‹ und die sententiöse Realiengelehrsamkeit. Dagegen setzt Wernicke sein Ideal der Verstandesbegabung (!): »diejenige, die von Natur mit einem herrlichen Verstand begabet sind«, übertreffen diejenigen

---

755 Vgl. ebd., S. 428, Nr. 34 »Glückliche Unwissenheit«.

756 Ebd., S. 268f., Nr. 35. Vgl. S. 156, Nr. 52 »Physica und Ethica«: »Erforsche, wie die Welt, also auch dein Gemühte, / Und sey gelehrt und tugendhafft; / Die Güte der Natur zeig' in der Wissenschafft, / In Wolthun, die Natur der Güte.« Vgl. auch die Anmerkung zu Nr. 4, ebd., S. 171: »Wer an diesem Schluss zweifflet, der muss die Eytelkeit menschlicher Gemüther wenig erkennen, und wenig mit den Leuten umgegangen seyn.«

757 Wernickes Epigramme ed. Pechel, S. 450, Nr. 9 »An den edlen Carinus«.

758 Ebd., S. 242f. Anm. zu Nr. 56; Wernicke spricht sich gegen diejenigen aus, »die nichts von der Deutschen Poesie wissen, als was sie aus einem Poetischen Trichter, oder andern dergleichen einfältigen Anweisungen gelernet haben. [...[Diese guten Leute bilden sich ohne Zweiffel ein, daß man nur der Worte und der Reime, und nicht des Verstandes halber, Verse schmiede [...].«

759 Ebd., S. 187, Nr. 29 »Auf einen Schul-Fuchs«.

bei weitem, die »denselben erst aus Grichschen und Lateinschen Büchern suchen müssen.«[760] Nicht also das ingenium, wie die Wendung »die von Natur [...] begabet sind« nahelegt, sondern das iudicium ist Wernickes primäres Postulat an den Dichter.

Beim Vergleich der frühen Epigramme mit den später entstandenen gesteht Wernicke den Jugendprodukten »mehr Hitze«, den reiferen »mehr Nachdencken« zu. Die Jugendverse zeichnen sich durch mehr Witz, die neuen durch »mehr Verstand und Absehen« aus.[761] Gegen die im Spätbarock übliche Schreibweise – das Spielen mit »eitlen und falschen Wörtern« – empfiehlt Wernicke die besonders von Italienern, Franzosen und Engländern gepflegten Concetti, Pensées oder Thoughts, die er mit dem deutschen Begriff »*Einfälle*« wiedergibt. Es handelt sich um die in der zeitgenössischen Rhetorik als wichtiges Stilmittel genannten »meditationes«, um kurze und unerwartete ›Gedankenblitze‹. Sie stellen für Wernicke die »Seele eines Gedichtes« dar.[762] Hinter dieser Einschätzung steckt unverkennbar die Abkehr von der humanistischen Doktrin, die inventio sei die ›Seele des Gedichtes‹. Die »meditation« oder der »Einfall« ist Ausdruck des Meditations-Ideals, eines freien, von Regeln ungebundenen Denkens, das nur den Klugheitsregeln und dem Erfahrungsfundus verpflichtet ist, jedoch noch nicht dem philosophischen Fundus demonstrativischer Vernunftregeln entstammt. Entsprechend ist das von Wernicke genannte Desideratum die »nachdrückliche und Männliche Ahrt«, die im Gegensatz zum Ideal des »Sinnreichen« steht.

> »Es ist in der That unstreitig, dass die, welche nur grundgelehrt sind, und nebst einem erweckten Geist einen natürlichen Trieb zur Tichtkunst in sich fühlen, dennoch lange nicht so hoch in derselben steigen können, als diejenige, die nebst diesen schönen Eigenschaften entweder selbst von hohem Stande gebohren sind, und eine gleichmässige Aufferziehung gehabt haben; oder mit dergleichen Personen eine lange Zeit umgegangen, und folgends eine vollkommene Wissenschaft der Welt, derer Gebräuche, Sitten und Sprachen sich an Höfen erworben haben.«[763]

Wernicke relativiert das jahrhundertalte humanistische Ideal des ›poeta doctus‹: außer der Gelehrsamkeit und dem Naturell (Anlage und Neigung) bedarf der Poet Weltkenntnis, und zwar einer an den Höfen erworbenen Erfahrung. Die Reform der deutschen Poesie soll also nach Wernickes Vorstellungen von den Höfen ausgehen, keineswegs durch bürgerliche Schichten (anstelle des abgewirtschafteten Gelehrtentums) getragen werden. Den politisch-höfischen Charakter von Wernickes Poesie-Konzeption bezeichnen die Postulate der »Anständlichkeit«, die Beachtung des Decorum, und die Leser-Orientiertheit, wobei eine fast modern zu nennende Ausweitung des Rezeptionscharakters vom Verstand auf die

---

[760] Ebd., Anm. zu Nr. 29, S. 187f.

[761] Ebd., Vorrede, S. 117.

[762] Ebd., Vorrede, S. 120. Wernicke verwirft Epigramme, deren »Sinnschlüsse« auf Wortspielen beruhen und setzt in den Fußnoten der dritten Auflage die Auseinandersetzung mit dem Konzettismus fort. Zu Wernickes Stil als Stufe auf der Entwicklung vom konzettistischen zum witzigen Stil s. Windfuhr: Barocke Bildlichkeit, S. 424f.

[763] Wernickes Epigramme ed. Pechel, Vorrede, S. 121.

zu entzückende »Seele« des Lesers auffällt.[764] Auf stilistischem Sektor wird der Wandel vom barocken argutia-Ideal zum ›politischen‹ *iudicium-Ideal* besonders augenfällig.[765] Windfuhr hat auf den Zusammenhang der Stilkategorien des Deutlichen und der Angemessenheit mit dem iudicium hingewiesen.[766] An die Stelle der rubrizierten inventio tritt die Erörterung des iudicium. Allerdings läßt sich Windfuhrs Gleichsetzung von »Beurtheilungs-Krafft« bzw. iudicium mit »Vernunft« nicht aufrecht erhalten.[767] In der vorwolffschen Diskussion bezeichnet iudicium ausnahmslos den Verstand, der die vom ingenium eingegebenen ›Einfälle‹ selegiert, ordnet und reinigt. Als Bestandteil des ›Naturells‹ hat er individuellen Charakter und ist nicht gleichsetzbar mit der objektiv vorhandenen, auf Identität mit der gottgeschaffenen Natur beruhenden Vernunft, die als objektives Regulativ für jedermann und jederzeit anrufbar ist.

Vor dem Auftreten Christian Wolffs basieren poetologische Diskussionen noch nicht auf einem vernunftgegründeten Regel-System. Auch Wernicke bewegt sich noch im Kreis der subjektivistischen Klugheitslehren. Die erwähnte Abkehr vom Scharfsinnigkeits-Ideal und die Hinwendung zum ›meditativen‹ iudicium bezeichnet jedoch schon um die Jahrhundertwende eine fundamentale Verschiebung im Poesie-Verständnis. Die Poesie, in humanistisch-barocker Theorie der ars und der eruditio primär zugehörig, wird bei Wernicke zur Sache des ›Naturells‹ (des ingenium und des iudicium).[768] Damit verändert sich das Poetenideal, das Poesieideal und die geistesgeschichtliche Einschätzung der Poesie selbst. Der kluge Weltmann verdrängt den in den Klassikern beschlagenen Gelehrten; die ungezwungen-natürliche, auf freier Meditation, gesundem Urteil und »sinnreichen Gedanken« basierende Satire und Epigrammatik tritt an die Stelle der schwerfälligen, mit scharfsinnigen Sprüchen, gesuchten Realien und prunkvollen Phrasen vollgestopften Dichtung.

---

[764] Ebd., S. 121.

[765] Zur ambivalenten Position Wernickes in diesem Ablösungsprozeß Schwind: Schwulst-Stil, S. 180ff. Zu Recht betont Schwind die Simultaneität von »manieristischer Form« im Werk und »gemäßigtem Anspruch stilkontrollierender Art« in der Programmatik Wernickes. Auch Böckmann: Formgeschichte, S. 493 ordnet Christian Weise den ›Sinnspruch‹, Wernicke den ›sinnreichen Einfall‹ zu. Wernicke fordert vom Dichter die »sinnreichen Gedancken und Einfälle, und grossmühtigen und schönen Meinungen«, Wernickes Epigramme ed. Pechel, S. 212, Anm. zu Nr. 1. Schwind: Schwulst-Stil, S. 130f., weist auf die ähnliche Entwicklung bei Hunold hin. Die »ursprünglich von einer starken Gruppe des Gelehrtentums als argutia-Bewegung« getragenen Stilforderungen entkräften sich »zugunsten des Umgangstones der machtpolitisch führenden Schicht.«

[766] Windfuhr: Barocke Bildlichkeit, S. 401f.

[767] Diese Verwechslung ist für Windfuhrs synthetisches Vorgehen typisch. Er versucht die klassizistische Richtung von Weise über Wernicke bis zu Gottsched als Einheit zu begreifen, wobei die *Entwicklungen* unberücksichtigt bleiben. Die wichtigste durch die Wolffsche Vernunftlehre bezeichnete Wende kommt in dieser Zusammenschau nicht in den Blick.

[768] Schwind: Schwulst-Stil, S. 182, deutet Wernickes ›Natürlichkeitsforderung‹ als die Kritik gelehrter obscuritas, nicht als »Reorientierung an der allgemeinen Umgangssprache«. Diese Einschätzung wird durch Wernickes Polemik gegenüber den Weiseanern bestätigt.

Dieser Wandel kündigt zugleich die Loslösung der Poesie aus dem Kanon der Wissenschaften und die Neuzuordnung zum Kanon der Künste an. Der Ursprung des ›modernen Systems der Künste‹ ist in diesem Zeitraum des Übergangs zu suchen. Mit der Ausgliederung der Poesie aus dem engen Zirkel der Wissenschaften ist das Entstehen einer die Künste beurteilenden Disziplin, eben der Kritik, verbunden.

Echte Meditation hat jedoch mit künstlichen Wortspielen, besonders den barocken Anagrammen nichts zu tun. Wernicke disqualifiziert sie als »Kunst der Dudentöpfe«, die ihren Wert allenfalls durch einen ihnen beigegebenen »geschickten und völligen Verstand« erhalten könnten.[769] Gleicherweise verfällt der die Vernunft verkehrende Witz seinem Verdikt;[770] seine Produkte sind »wiederwertige Gedancken«,[771] »widerwärtige Sinn-Schlüsse«.[772] An Christian Weise schätzt Wernicke zwar den »geschickten Kopf« und die »artigen Einfälle«, bedauert aber sein eiliges und massenhaftes Produzieren, das keine ausgereifte Leistung erlaubt habe.[773] Das iudicium verlangt nämlich ein nachdenkliches Produzieren und die Bereitschaft, bereits Geschriebenes zu streichen, zu verbessern und zu verändern. Die Kritik wendet Wernicke auch auf das eigene Werk an. In der zweiten Ausgabe seiner Epigramme von 1697 begründet er die Eliminierung einiger Nummern: die fortgelassenen Epigramme hätten großteils aus ›Wörterspielen‹ bestanden, die ihm nun als »rechtes Kinderspiel« vorkämen,

> »sintemahl ein sinnlicher Schluß nicht auff dem Wort sondern der Sache selbst sol gegründet seyn, daß man ihn in alle Sprachen mit gleichem Nachdruck übersetzen könne.«[774]

Aus den bisher betrachteten wissenschaftsgeschichtlichen Normwandlungen ergibt sich die Frage, ob und wie sich die Aufwertung des iudicium in der Poesie selbst auswirkt. Hat das neue Denkprinzip *strukturkonstitutive* Bedeutung? Und wenn ja, auf welche Weise macht Wernicke die Applikation des politisch-judiziösen Gelehrsamkeitskonzepts auf die Poesie als genuin poetisches Prinzip plausibel?

Mehrfach wurde in der Forschung schon festgestellt, daß Wernicke seinen eigenen Anforderungen an Witz und Verstand nicht vollauf Genüge leistet. Der von Wernicke übrigens selbst benannte Grund ist die Aufnahme auch früher Epigramme in die ›gereinigte‹ Ausgabe von 1704. Hier läßt sich in der Tat von

---

769 Wernickes Epigramme ed. Pechel, S. 382, Nr. 22; gegen die Wortspielereien der Pegnitz-Schäfer richtet sich das Epigramm Nr. 4 »Auf das Wörter-Spiel«, S. 287.

770 Ebd., S. 247, Nr. 1 »Falsche Sinnligkeit in den Uberschrifften«.

771 Ebd., S. 248; hier auch die Ausdrücke »frembde Schmincke« und »kindische Gaukkeley«.

772 Ebd., S. 285; vgl. zu den »spitzfindigen Scheinkonstruktionen« der bekämpften Barockpoeten Erb: Die Pointe, S. 15, 17.

773 Wernickes Epigramme, S. 303f., Nr. 35 Anmerkung.

774 Wernicke: Ueberschrifften (1697), Vorrede, S. 8; zit. nach Erb: Die Pointe, S. 17. Zur Kritik Wernickes am Konzettismus weitere Belege: Wernickes Epigramme ed. Pechel, S. 160f., 248, 252, 290, 318f., 425, 417.

einer Simultaneität ungleichzeitiger Tendenzen sprechen, die Wernicke in den Anmerkungen zum Teil selbst erörtert hat.

Die Anmerkungen, die erst in der dritten Ausgabe von 1704 hinzugetreten sind, enthalten insofern reiner als die Gedichte selbst Wernickes poetologisches Credo. Das Leitmotiv aller die Wirkungsfrage reflektierenden Noten heißt: Die Epigramme sollen *den Leser zum Nachdenken anregen*. Diesem Ziel dienen auch die anders deutbaren stilistischen Phänomene. Die psychische Verwirrung des Porsenna-Attentäters Mucius Scaevola soll gleichsam durch eine »kleine Poetische Raserey« mit Hilfe scheinbarer Unordnung der Worte dargestellt werden. Scaevolas mutiges Verhalten bewirkt bei Porsenna einen Sinneswandel. Das als tugendhafte Handlung ausgelegte Selbstopfer erlaubt die paradoxe Deutung, durch das Verfehlen seines vordergründigen Zweckes (die Ermordung Porsennas) habe Scaevola sein eigentliches Ziel dennoch erreicht – nämlich die Befreiung Roms. Der Vers »Verbrennt', entwaffnete, sein', und des Feindes Hand«, der zunächst wie ein barockes vers rapporté-Spiel anmutet, soll die »unterschiedlichen Wirckungen« der »edlen Verwirrung des Helden« vor Augen stellen.

> »Man wil auch hoffen, dass der Leser aus dieser Uberschrifft und einigen andern von gleicher Art gar leicht ersehen wird, dass die Länge denenselben nicht allezeit nachtheilig ist, sintemahl er darinnen nicht durch weitläufftige und nichts bedeutende Umstände von dem allein klingenden Ende aufgehalten, sondern, weil er fast in jeder Reihe etwas nachzudencken findet, gemeiniglich unvermercket, und unterweilen eh' er es verlanget, zu dem Schluss geführet wird.«[775]

Den Schluß der neuen Version:

> »Und weil die edle Wuht man ihm zur Tugend zehlte,
> Erreicht'er seinen Zweck, in dem er ihn verfehlte«,

zieht Wernicke der ersten Fassung vor, weil er sich dem Verstand (dem iudicium), und nicht, wie der erste Einfall, dem Gedächtnis verdankt:

> »So dass er seinen Feind hier minder überwandt'
> Mit der gewaffneten, als der verbranten Hand.«[776]

Auf solche Einfälle vermögen mehrere Personen zu kommen, da sie im Grunde nur eine Versifizierung der Vorlage darstellen. Das von Wernicke hier namhaft gemachte Prinzip des Nachdenkens zielt nicht unbedingt auf Kürze des Ausdrucks, auf pointenhafte Zuspitzung. Gegenüber der zwölfzeiligen Endfassung zitiert Wernicke noch eine vierzeilige, in den vorhergehenden Ausgaben enthaltene Vorfassung. Ausdrücklich vermerkt Wernicke, der »Witz einer Überschrifft« bestehe nicht in der Kürze allein.[777] Dieser Sachverhalt muß insbesondere gegenüber der Interpretation Böckmanns betont werden, da Böckmann aufgrund seiner rigiden Rubrizierung den »Einfall« eher dem Bereich des Witzes zuordnet und insofern bei Wernicke immer ein »noch nicht« festzustellen hat.

---

775 Wernickes Epigramme ed. Pechel, S. 194.
776 Ebd., S. 195.
777 Ebd., S. 194f.

»Aber nur wenige Epigramme Wernickes sind schon wirklich auf die Pointe ausgerichtet. Sie bleiben vielmehr durchweg Anweisungen zum Nachdenken und erstrecken sich auf die verschiedensten Gebiete.«[778]

Richtig bemerkt Böckmann, daß Wernicke die Anleitung zum eigenen Nachdenken anvisiert; er zieht jedoch daraus nicht die interpretatorischen Konsequenzen. Denn die von ihm vorgelegte Betrachtung der Epigramme Wernickes unter dem Blickwinkel der Pointe wird auch der späteren Produktion Wernickes nicht gerecht, da sie die nachwolffsche Akzentuierung des ingenium auf die vorwolffsche, durch die Herrschaft des iudicium gekennzeichnete Periode rückprojiziert.

Dieses Ideal des Nachdenkens schimmert auch in den ironisch gemeinten Epigrammen hindurch, etwa, wenn der Poet Cornelius Facitus bedichtet wird:

»Wir deuten jedes Wort mit viel Verstand und Müh':
Die Leser machen ihn gelehrter, als er Sie.«[779]

Das iudicium ist der oberste Maßstab, für den Leser so gut wie für den Dichter; das geht aus einem der bekanntesten, wohl gegen die Nachfolger Weises gerichteten, an der schnellgefertigten Kasualpoesie Anstoß nehmenden Epigramme hervor.

»Der Abschnitt? gut. Der Vers? fliesst voll. Der Reim? geschickt.
Die Wort? in Ordnung. Nichts, als der Verstand verrückt.«[780]

Die ausführlichste Darlegung des eigenen Prinzips und dessen stilistischen Äquivalents bietet die Anmerkung zum Epigramm »Auf Scrifax«.[781] Klarheit und Deutlichkeit sind die aus Boileaus Schule übernommenen, auf Quintilian zurückgeführten Stilnormen.[782] Wernicke schließt jedoch die Möglichkeit einer irrtümlichen Rezeption nicht aus; die »unbegreiffliche Dummheit« eines Lesers erkennt oft für Dunkelheit, was in Wahrheit nur Ausdruck eines sinnreichen Denkens ist. Epigramme, oder Überschriften, wie er sie vorlege, müssen in erster Linie »sinnreich« (iudiziös) sein.

»Nun stimmen hierinnen alle, so wol alte als neue, die uns eine Anweisung sinnreich zu schreiben gegeben haben, überein; dass es eine der grösten Sinnligkeiten sey also zu schreiben, dass man allezeit einem geschickten Leser etwas nachzudencken lasse.«[783]

Diese dem iudicium verpflichtete Gesinnung repräsentieren die *Anmerkungen* fast einheitlicher als die Überschriften selbst. Ihre Technik ist zugleich ein adäquater

---

778 Böckmann: Formgeschichte, S. 495.
779 Wernickes Epigramme ed. Pechel, S. 195, Nr. 41.
780 Ebd., S. 252, Nr. 7 »Über gewisse Gedichte«. In anderen Ausgaben unter dem Titel »Kleiner Mangel«, z. B. Bibliothek deutscher Dichter des 17. Jahrhunderts. Bd. XIV, S. 193.
781 Wernickes Epigramme ed. Pechel, S. 465f., Nr. 39.
782 Quintilian: Institutio oratoria, II, 3. Wernicke stellt fest, die erste Forderung an ein Gedicht sei, daß die Verse wohl fließen müßten, ihren Wert erhielten sie jedoch erst durch die Einfälle (»pensées«); Backers: Boileaus Einfluß in Deutschland, S. 49.
783 Wernickes Epigramme ed. Pechel, S. 465.

Ausdruck des neuen Denk- und Stil-Ideals und hebt sie von der früher behandelten Anmerkungstechnik der humanistischen Gelehrten-Poeten ab.

Während Opitz seinen diversen Lehrgedichten Anmerkungen gleichsam als Beleg-Reservoir anfügt, um die ›Reinheit‹ der antiken Quellen für poetische Wendungen darzutun oder um die Deutung von Sachgegebenheiten mit Hilfe wissenschaftlicher Autoritäten zu bekräftigen; während Lohenstein den Radius des Quelleneinzug-Gebietes polymathisch ausdehnt, das Prinzip des Zitier- und Belegverfahrens allenfalls um gelegentlich eingeflochtene Quellen-Erörterungen erweitert, verfolgt Wernicke ein dezidiert nicht-humanistisches Ziel.

An den Anmerkungen läßt sich noch deutlicher als an den Gedichten selbst der Wandel ablesen, den der wissenschaftliche Paradigmenwechsel auch für die poetische Produktion zur Folge hatte. Wernickes Kommentierstil ist ausgesprochen räsonnierend-meditativ. Seine Anmerkungen enthalten nur wenige Zitate. Sie fungieren jedoch kaum als Belege für im Gedicht selbst verwendete Phrasen oder Realien, sondern dienen zur Verstärkung der erläuternden Argumentation,[784] verfolgen also das leserorientierte Ziel der Verdeutlichung. In seiner Vorrede weist Wernicke auf den Zweck der neu hinzugefügten »Anmerckungen und Erklärungen« hin: »Als in welchen letztern man den Leser unterweilen so gar auf des Verfassers eigne Unkosten zu erlustigen; unterweilen zu unterrichten; und unterweilen denjenigen, welche nichts ohne Brillen sehen können, den Star von den Augen zu ziehen beschäfftiget ist.«[785]

Auch die zahlreichen Beispiele (Exempla) beziehen sich weniger auf im Gedicht genannte Sachbezüge, sie verstärken oder illustrieren eher die in den Anmerkungen beigebrachten Argumente, die ihrerseits die ›sinnreichen Gedanken‹ des Epigramms erläutern, d. h. dem Verständnis des Lesers nahebringen.[788]

»Wahrheit zu Hofe.

Die Ursach ist, dass niemand nicht
Dem Fürsten frey ins Auge spricht,
Und dass ihm jederman die Warheit vorenthält;
Weil man eh' ohne Straff' ihm schadet, als missfällt.«[787]

Das Epigramm selbst begründet die vorgetragene Behauptung nicht. Erst die Anmerkung liefert die Begründung nach und wird dadurch zu einem für den

---

[784] Zu den Zitaten vgl. ebd., S. 184, Nr. 23 (ohne Quellenangabe); S. 151, Nr. 42; S. 216, Nr. 7.

[785] Ebd., Vorrede, S. 113f.; einschränkend Weisz: Das Epigramm, S. 46. Wernicke relativiere selbst das unbedingte Klarheitspostulat unter Bezugnahme auf Wernickes Epigramm »Auf Scrifax« und die dortige Anmerkung; Wernickes Epigramme ed. Pechel, S. 465; hier Zitat S. 489 oben.

[786] Vgl. die umfangreiche Anmerkung im bereits zitierten Epigramm »Erfahrenheit und Klugheit zusammen«; Wernickes Epigramme ed. Pechel, S. 358ff., Nr. 47, oder S. 343f., Nr. 21 »Auf den tapferen Marcolphus«, oder S. 268ff., Nr. 35 »An Menalcas«. Vgl. auch zur Erläuterung eines Satzes ebd., S. 160f., Nr. 65, und S. 172 Anm. zu Epigramm Nr. 5. Zu den gelehrten Anmerkungen in Epigrammen allgemein s. Weisz: Das Epigramm, S. 169f.

[787] Wernickes Epigramme ed. Pechel, S. 376f., Nr. 11.

Gedankengang notwendigen Bestandteil. Da die Behauptung nicht logisch begründbar ist, sondern auf Erfahrung beruht, müssen Exempel zum Beweis herhalten.

Wer an dem Schlußsatz zweifelt, beweist für Wernicke Mangel an Menschen- und Hofkenntnis: Ein einziger Fehler gegen die Person des Fürsten wiege doppelt so schwer als hundert Fehler gegen den Staat. Daher halten sich gerissene Hofleute für verloren, sobald ihr Herr ihre geistige Überlegenheit bemerkt.

»Antonio Perez erzehlet, dass ein König von Portugall als er einst einen Brief an den Pabst schicken wollen, einem seiner Geheimen Rähte anbefohlen, dass er einen deswegen aufsetzen solte; dass er selber auch einen schreiben, und hernach den besten an den Pabst abgehen lassen wolte. Als nun beyde zu Papier gebracht waren, so befand der König, dass seines geheimen Rahts Brief besser als sein eigner sey, und beschloss derohalben denselben dem Pabst zuzusenden. Worauf der argwöhnische Raht, so bald er nach Hause kam, alle seine Sachen also anschickte, damit er auf das geschwindeste sich nach Spanien begeben könte; sich festiglich einbildende, dass er nicht sicher in Portugal leben könne, nachdem der König und sein Herr befunden, dass sein Diener klüger als er selber sey.«[788]

Die Argumentation mündet in einen Lobpreis des »tugendhaften« Herrschers, dem der Günstling ungescheut, allerdings auf »ungezwungene und fröliche Art« Wahrheiten offenbaren kann. Wiederum charakteristisch für Wernickes Gebrauch klassischer Belege ist das Zitat aus dem Trajan-Panegyrikus des jüngeren Plinius.[789] Trajan galt jahrhundertelang als Vorbild eines pflichtbewußten und tugendhaften Herrschers. Das Zitat verstärkt die Argumentation und ist daher nicht als funktionslose Realie zu bewerten.

Die ›gelehrten‹ Anmerkungen der Humanisten-Poeten weisen die literarische Tradition nach und beleuchten die Bedeutsamkeit einzelner Partien. Im Selbstverständnis der Dichtergelehrten bilden sie einen wichtigen Bestandteil des Gedichtes. Einem nichthumanistischen Verstehen gelten sie jedoch mit einiger Berechtigung als Appendix, weil sie zur *Sinndeutung* des Gedichtes nichts beitragen.

Anders die Funktion der Anmerkungen in den Gedichten Christian Wernikkes. Sie sind tatsächlich *integrativer Teil* der Gedichte, weil sie deren Sinn erst komplettieren. Ohne sie entrieten verschiedene Epigramme der argumentativen Vollständigkeit.

Gegenüber Lohensteins Enzyklopädismus, dem scheinbar wahllosen Ausbreiten von Quellenkenntnissen, verstärkt sich bei Wernicke das rationalistische Moment dermaßen, daß die Anmerkungen durchweg argumentativen Charakter haben. Sie erheben jedoch noch nicht den Anspruch demonstrativischer Gewißheit und verfolgen nicht das von Wolff erst aufgesteckte Ziel logisch-mathemati-

---

[788] Ebd., S. 376f.

[789] Ebd., S. 377. »Tanta benignitas Principis tanta securitas temporum est, ut ille nos principalis rebus existimet dignos, nos timeamus quod digni esse videmur.« Bezeichnend auch für die völlig unhumanistische Verwendung, daß die exakte Quellenangabe fehlt. Wernicke bemerkt nur: »sagt Plinius von dem Trajanus [..] in Paneg.« D. h. für Wernicke spielt die primäre Rolle der gedankliche Inhalt des Zitates, der die eigene Argumentation fortführt; die philologisch exakte Situierung ist daneben zweitrangig.«

scher Unwiderleglichkeit. Nicht ein Beweisverfahren, vielmehr ein durch Regeln nicht gebundenes *freies Nachdenken* bestimmt den Gang der Argumentation. Eine gewisse Beliebigkeit macht sich daher in der Wahl und Erörterung der Beispiele bemerkbar.

Das Epigramm »Auff den Kayser Zeno«[790] behandelt die Anekdote vom lebend begrabenen Trunkenbold. Zenos Erschrecken gilt der Tatsache, sich »zum erstenmahl erkant« zu haben. Hier bedarf der Leser einer Erläuterung.

> »Mich dünckt, es stecke mehr Witz und Verstand in diesem einfältigen Schluss, als wenn man in demselben auff weit her gesuchte Gründe, ein Wort gegen das andere, und den Verstand derselben, so zu sagen, wider die gesunde Vernunfft gehetzet hätte. Nichts wäre bey dieser Ungemeinen Begebenheit leichter als dieses gewesen. Zeno war in seinem Pallast allezeit voll, und ward nicht ehe nüchtern, als biss er in seine Grufft getragen worden.«[791]

Hier sind zahlreiche »wunderbahre Schlüsse« möglich, die den paradoxen Schlußvers erläutern können; etwa

1) das Grab, das sonst Könige andern Menschen angleicht, habe hier den König erst zu einem Menschen gemacht,
2) wo andere ihr Leben beschließen, dort habe Zeno erst angefangen zu leben,
3) während die Mitmenschen Zeno auf dem Throne, habe er sich »im Grabe vor sich selbsten gescheuet«,
4) der Ernüchterung im Grabe sei ein solches Entsetzen über seinen Zustand gefolgt, daß die Mutmaßung naheliegt zu glauben, er sei zu seinen Sinnen gekommen, um sie vollends zu verlieren,
5) der Schrecken über seinen totenähnlichen Zustand habe bewirkt, daß er mehr tot heraus- als lebendig in die Gruft hineingetragen worden sei.

Die aufgeführten ›Schlüsse‹ nähern sich gewiß dem Denkspiel; sie bezeichnen aber treffend den Unterschied zur Eindeutigkeit anstrebenden Beweismethode der Wolffianer. Den im Epigramm gewählten Schluß rechtfertigt Wernicke einerseits durch seine Sachangemessenheit,[792] andererseits durch seine Polyvalenz. Er ist vieldeutiger, als der erste Anschein dies glauben macht und läßt daher »einem nachdencklichen Leser so zu sagen die Ehre der Erfindung«.

Die Bedeutung der Sachwahrheit, der inneren Angemessenheit, und des »Wohlstandes«, der gesellschaftlichen Schicklichkeit, wird von Epoche zu Epoche verschieden bewertet. Während der ›reine‹ Politicus um des gesellschaftlichen

---

[790] Ebd., S. 189, Nr. 31 »Auff den Käyser Zeno«:
»Der voll war oder auch im Schlaff',
Und mit dem Auge gleich auch seinen Krug auffmacht',
Der ward zuletzt zu seiner Straff'
Der Sinnen gantz beraubt in eine Grufft gebracht:
Als nun der Rauch im Haubt verschwant'
Da ward er gantz entstellt, nicht über die Gefahr
Dass er im Grabe lebend war,
Als weil er sich itzund zum erstenmahl erkant.«

[791] Ebd., S. 190.

[792] Ebd., S. 190 »weil er ohne Zwang von der Natur der Sache geflossen.«

Fortkommens willen zur Verfälschung des Sachbezuges, der Wahrheit, tendiert, steht gerade dieser sachliche Aspekt dem philosophisch-logisch argumentierenden Wolffianer im Vordergrund des Interesses. In der Zeitspanne zwischen Thomasius und Wolff, in den Jahrzehnten zwischen 1700 und 1720 (dem Beginn der Breitenwirkung der Wolffschen Philosophie) hat diese Pendelbewegung eine gewisse Ausgewogenheit erreicht. Die Ambivalenz des Vorgehens, die Beachtung der inneren, der sachlichen Stimmigkeit, und die Betonung des kommunikativen Aspektes, der Leserkompetenz, charakterisiert den politisch-judiziösen Dichter, den Wernicke repräsentiert. Auch er faßt – wie es im politischen Zeitraum üblich ist – die Poesie als Beschäftigung von Nebenstunden auf.[793] Ihrem Hobby-Charakter entspricht die ›freie Meditation‹, die noch nichts von der systematischen Gründlichkeit des Wolffschen Beweisverfahrens an sich hat.

Nicht von ungefähr hat sich darum der bei Wernicke vorfindliche Ansatz bei *Friedrich von Hagedorn* (1708–1754), dem Vertreter einer nebenstündlich verfaßten Anakreontik, zu einem Zeitpunkt noch erhalten, als die Wolffsche Philosophie schon längst ihren Siegeszug angetreten hatte. Die Vorrede seiner bekannten Sammlung von 1729 »Versuch einiger Gedichte oder Erlesene Proben Poetischer Neben-Stunden«[794] macht zwar gewisse Konzessionen an das neu etablierte Vernunftdenken, indem sie den »vernünftigen Leser« anspricht,[795] die Norm des »guten Geschmacks« aufgreift[796] und »Vernunft und Wahrheit« als Leitlinien der eigenen Poesie deklariert.[797] Doch setzt Hagedorn im wesentlichen die Poesie der politisch-galanten Phase fort und entwickelt sie ins Anmutig-Rokokohafte weiter, rückt das Vorbild Horazens an die Stelle Ovids.[798]

Die Phasenverschiebung gegenüber dem Werk Wernickes läßt sich dadurch erklären, daß Wernicke eher Promotor einer neuen Bewegung, der frühe Hagedorn eher deren Mitläufer und Popularisator war.[799] Wie Wernicke fügt auch Hagedorn seinen Gedichten Anmerkungen bei. Den »Unstudierten« unentbehrlich, den Gelehrten immerhin nicht »überflüssig«,[800] verfolgen sie als Endzweck

---

793 Ebd., Vorrede, S. 129. »Ist endlich die Poesie eine Raserey, so ist des Verfassers seine eine der kürtzsten; als welcher zwar einige Verse den Müssiggang zu vertreiben schreiben, aber daraus garnicht ein Handwerck machen wollen.«

794 Hagedorn: Versuch einiger Gedichte, oder Erlesene Proben Poetischer Neben-Stunden. Hamburg 1729. Vgl. Hagedorns Gedicht »An die Dichtkunst«, wo von der »Gespielin meiner Nebenstunden« die Rede ist; dazu Segebrecht: Das Gelegenheitsgedicht, S. 214ff.

795 Hagedorn: Versuch einiger Gedichte, Vorrede, S. 4; zitiert wird nach der Ausgabe in den Deutschen Litteraturdenkmalen des 18. Jahrhunderts. Stuttgart 1883.

796 Ebd., S. 6.

797 Ebd., S. 5.

798 Zum Übergang von der galanten Poesie zur Anakreontik s. Waldberg: Die galante Lyrik, S. 147f.; generell Zeman: Die deutsche anakreontische Dichtung; zum Einfluß Boileaus auf Hagedorn Backers: Boileaus Einfluß in Deutschland, S. 64.

799 Zu Hagedorn als dem Vertreter bürgerlicher Moral Ulrich: Das Lehrgedicht, S. 130ff. Hagedorn war Sekretär einer englischen Handelsgesellschaft in Hamburg. H. M. Wolff: Die Weltanschauung der deutschen Aufklärung, S. 175ff.

800 Hagedorns Poetische Werke, Bd. 1, Schreiben an einen Freund, S. XXXIVf.

das Gefallen (Ergötzen) und den Nutzen. Sie vermitteln »Winke zu weiterem Nachdenken« und begegnen »einem möglichen Widerspruche«[801] bzw. den Fehldeutungen der Einfältigen und der Klügler. Die kurze Abhandlung, in der Hagedorn den Sinn seiner Anmerkungen rechtfertigt, stammt aus dem Jahre 1752. Als Kronzeugen seiner kommentatorischen Praxis nennt er ausdrücklich den geschätzten Christian Wernicke!

»Mir wäre es genug, nur den einzigen Wernicke anzuführen, wenn ich auch die Unwissenden widerlegen wollte, die es als eine Neuerung ansehen und tadeln, daß ich selbst meine Kleinigkeiten erläuterte, und zwar ohne mich an eine bestimmte Länge oder Kürze in Anmerkungen zu binden, in welchen ich dem Leser etwas nützliches oder angenehmes, oder sonst etwas zu sagen habe, das mir alsdann nicht gleichgültig ist.«[802]

Wie die Normen des jungen Hagedorn noch den ›politischen‹ Vorstellungen der ersten Jahrzehnte des Jahrhunderts verhaftet sind, belegt das von ihm propagierte Gelehrsamkeitsideal.[803] In dem Gedicht »Die Vortreflichkeit der mit Gelehrsamkeit verbundenen Klugheit« (von 1729) amalgamieren sich dem politischen Klugheitsideal das Erfahrungspostulat und die Wolffschen Leitprinzipien der Vernunft und des Witzes.

Wissenschaft, so behauptet Hagedorn, werde am meisten durch naturverliehenen Geist und angeborenes Glück gefördert. Um das an sich tote Wissen verwendbar zu machen, müssen freilich Klugheit und Verstand hinzutreten. Erst wer das »Buch der Welt« verstehe, kann die Bücherweisheiten nutzbringend gebrauchen.

»Schmückt die Gelehrten nicht Erfahrung und Vernunft,
So schreibe man sie frey zu der Pedanten Zunft,
Die nur der Klugen Spott mit ihrem Stoltz erreget:
Denn, ohne weisen Geist und eignen Witzes Krafft,
Ist eine jede Kunst, ist jede Wissenschafft
Nicht, als ein güldnes Vlies, das um ein Thier geleget.«[804]

---

801 Ebd., S. XXXV.

802 Ebd., S. XXXVI. Hagedorn hat Wernicke in einem Epigramm gerühmt: »Wer hat nachdenklicher den scharfen Witz erreicht / Und früher aufgehört, durch Wortspiel uns zu äffen? / An Sprach und Wohllaut ist er leicht, / An Geist sehr schwer zu übertreffen.« In: Friedrich von Hagedorn: Gedichte ed. Anger, S. 166.

803 Zu Hagedorns Kritik an pedantischer Schulgelehrsamkeit s. Heubaum: Geschichte des Deutschen Bildungswesens, S. 260. Hagedorn stellt der Lesarten- und Antiquitäten-Sammlerei die Lebensweisheit entgegen, die aus den Schriften der ›Alten‹ zu gewinnen sei. Zu Hagedorns bürgerlicher Stände- und Fürstenkritik s. Ulrich: Das Lehrgedicht, S. 136ff.

804 Hagedorn: Versuch einiger Gedichte (1883), S. 67–69, Nr. X, hier S. 68.

VI. Rhetorik und Poetik im mathematisch-philosophischen Wissenschaftsparadigma

1. Die Rolle Christian Wolffs im Rahmen des Logozentrismus

1.1 Mathematik und Naturwissenschaft in ihrer Bedeutung für die frühaufklärerische Philosophie

Die bisher aufgezeigte Entwicklung in den akademischen Disziplinen hat sich nicht revolutionär vollzogen. Bei individuell verschiedener Akzentuierung orientieren sich die Hodegetiker bis etwa 1730 gemeinsam an der Wissenschaftsentwicklung selbst wie an den gesellschaftlichen, im wesentlichen ständisch gedeuteten Bedürfnissen. Das bedingte einerseits ein Hervorheben der ›politisch-galanten‹ Disziplinen, andererseits die Aufwertung der praktischen Fächer. Gegenüber der ›praktischen Philosophie‹ rückte die ›theoretische‹ in den Hintergrund. Die ›mechanischen‹ Fächer konnten ihre Position als Wissenschaft entscheidend verbessern. Ein solcher Entwicklungstrend ging zu Lasten der herkömmlichen scholastischen Philosophie und der studia humaniora, die immer eindeutiger als rein instrumentale Fächer behandelt wurden. Wie Max Wundt herausgearbeitet hat, ist die erste Periode der Aufklärung durch ein anthropozentrisches Interesse gekennzeichnet.[1] Diese Charakterisierung läßt sich durch den ›pragmatischen‹ Aspekt ergänzen, der eine Hinwendung zu den nützlichen Disziplinen aus gesellschaftlichen, und damit letztlich subjektiven Gründen impliziert. Gegen Ende der Periode ist jedoch ein deutliches Ungenügen an der primär gesellschaftlichen Definition von Wissenschaft spürbar; sie bereitet die Tendenzwende, die Abkehr von den galanten Disziplinen und die Hinwendung zu den philosophischen Fächern vor. An die Stelle anthropozentrischer Subjektivität tritt, zumindest intentional, die naturwissenschaftlich-philosophische Objektivität als wissenschaftliches Credo. Begünstigt wurde dieser Prozeß durch die zwar nicht eindeutig als ›bürgerlich‹ deklarierbare Reform des Bildungswesens, die jedoch faktisch dem Aufstieg des Bürgertums eher entgegen kam als den Sonderinteressen des Adels. In diesem Zusammenhang spielt die vieldiskutierte ›Bürgerlichkeit‹ nur eine sekundäre Rolle; sie macht sich in der Wissenschaft weniger bemerkbar als bei deren Popularisatoren, die ihrer Neigung zu teleologischer oder plan moralischer Erklärung mathematisch-quantitativ gewonnener Feststellungen ungehemmt frönen können. Dieses Phänomen kommt in der Diskussion über das beliebte Kometenthema noch zur Sprache.

---

[1] Wundt: Die deutsche Schulphilosophie; vgl. Pütz: Die deutsche Aufklärung, S. 82f.; nun Kondylis: Die Aufklärung, S. 545–563.

Trotz der entscheidenden methodologischen Veränderungen und der mit ihnen verbundenen Verschiebungen im Lehrkanon gibt es zunächst keinen plötzlichen Bruch in der Wissenschaftsentwicklung. Die mathematisch orientierte Naturwissenschaft und Philosophie haben im 16. und 17. Jahrhundert bereits einflußreiche, allerdings meist stark bekämpfte Vertreter gehabt. Ist Bacon als der Programmatiker der empirisch-pragmatischen Wissenschaftsperiode anzusehen, so geht der Hauptanstoß für die deduktiv-mathematische Periode auf *Descartes* zurück, so entschieden sich auch deren Vertreter von den philosophischen Folgerungen Descartes' distanzierten und ihn und seine Philosophie als ›Sektierer‹ abqualifizierten, während sie sich, in ›politischer‹ Tradition, zu den ›Eklektikern‹ rechneten.[2] Die im »Discours de la méthode« von Descartes ausgesprochenen vier Regeln[3] der Evidenz, der Analyse, der logischen Progression und der Vollständigkeit behielten prinzipiell ihre Gültigkeit, auch wenn Descartes' Ausführungen als unvollständig getadelt wurden.[4]

Die empirische und die mathematische Methode verbanden sich bei den Naturwissenschaftlern des 17. Jahrhunderts in der Praxis bei fortschreitender Akzentuierung des mathematischen Aspektes. William Gilberts Forschungen über den Magnetismus sind zwar empirisch begründet; seine spekulativischen Theorien entsprachen jedoch nicht Bacons Anforderungen an wissenschaftliche Hypothesenbildung.[5] Bei Galilei und Kepler ist die Verbindung offenkundiger. Allen drei Forschern ist die Wendung gegen die traditionellen, durch Autoritäten abgesicherten Lehrmeinungen und die Parteinahme gegen das Bücherwissen und für das selbständige Denken und Experimentieren gemeinsam.[6] In der Astronomie, deren für das Entstehen einer neuen Weltanschauung wichtigste Errungen-

---

[2] Vgl. Kap. IV, Anm. 531. Zu den Sektierern rechnen z. B. für Stolle: Anleitung zur Historie der Gelahrheit, S. 433ff., Aristoteles, Descartes, die Anhänger der Peripatetik; zu den Eklektikern etwa Thomasius, Leibniz und Wolff.

[3] Descartes: De la méthode, S. 18f.; dazu Reichmann: Die Herrschaft der Zahl, S. 14f.

[4] Fetscher: Das französische Descartesbild, S. 12ff.; v. Brockdorff: Descartes und die Fortbildung der kartesianischen Lehre; Lerch: Descartes und Deutschland, S. 5ff.; bei Stolle: Anleitung zur Historie der Gelahrheit, S. 458, ein verkapptes Lob für Descartes: »§ XXII. Franciscus Baconus de Verulamio hat mit seinem Novo Organo Scientiarum der gemeinen Logic wenig geschadet. Cartesius hat ihr schon mehr Abbruch gethan, nachdem er in seinen Meditationibus und den in der dissertation de Methodo gegebnen vier Regeln die so hoch geachtete Syllogismus=Kunst als unnütze an die Seite zu setzen kein Bedencken getragen.«

[5] Mason: Geschichte der Naturwissenschaft, S. 168f.

[6] Ebd., S. 169. William Gilbert etwa widmet sein Buch »De Magnete« solchen Leuten, »die nach dem Wissen nicht in Büchern, sondern in den Dingen selbst« suchen. Zu Kepler ebd., S. 163f.; zu Galilei S. 184ff.; Koyré: Von der geschlossenen Welt, S. 36–105. Speziell zu Keplers Absage an die Autoritäten s. Gerlach: Entstehung der modernen Naturwissenschaften, S. 68ff.; zu Regiomontans Kritik an den ungenauen Beobachtungen der ›Alten‹ und dem Vorschlag, die Überlieferung zu reinigen s. Blumenberg: Die kopernikanische Wende, S. 82. Zur Tradition der ›Erfahrung‹ s. M. Heidelberger: Die Rolle der Erfahrung in der Entstehung der Naturwissenschaften im 16. und 17. Jahrhundert: Experiment und Theorie. In: Heidelberger/Thiessen: Natur und Erfahrung, S. 25–181; zu Tradition und Kontext Crombie: Von Augustinus bis Galilei, S. 338ff., S. 515ff.

schaft das wissenschaftliche Untermauern der kopernikanischen These war, hatte Kepler gegenüber Galilei den mathematischen Standpunkt vertreten, und ein geometrisch angeordnetes Universum angenommen.[7] Er setzt die geometrischen bzw. quantitativen Formen dem vernünftig Seienden gleich.[8] Im 17. Jahrhundert wirkte er allerdings nicht so allgemein wie die augenscheinlicheren Argumente Galileis.[9] Erst das – von Keplers Denken beeinflußte – Werk René Descartes' hatte der mathematischen Methode zum eigentlichen Durchbruch verholfen. Descartes stellt den bisherigen Ansätzen, Mathematik zur Erklärung von Naturphänomenen heranzuziehen, eine genuin mathematisch-geometrische Methodologie entgegen.[10] Wahrheitsanspruch hat nur das unmittelbar Einsichtige (praesens evidentia) und was nach den Regeln der Logik aus evidenten Prämissen gefolgert werden kann. Mit dieser ausschließlich auf Evidenz und Vernunft basierenden Erkenntnismethode[11] spricht Descartes der Tradition jeglichen ›wissenschaftlichen‹ Wert ab und übt implizit die schärfste Kritik an humanistischer Geistesbildung überhaupt.[12]

---

[7] Zu Keplers Ideal der geometrischen Weltschöpfung s. Mühlberger: Kepler in Prag, S. 225f.; Koyré: Von der geschlossenen Welt, S. 63ff. Besonderen Akzent setzen in der ›Weltharmonik‹ die den einzelnen Kapiteln vorangestellten Zitate des Neuplatonikers Proklos, die alle den Nutzen der Mathematik betonen. Dazu Hemleben: Kepler, S. 88ff.; Zilsel: Die sozialen Ursprünge, S. 84f.

[8] Vgl. dazu Keplers Schrift »De stella tertii honoris in Cygno, que usque ad annum 1600 fuit incognita«, Prag 1601.

[9] Mason: Geschichte der Naturwissenschaft, S. 197f. Das widerspricht nicht der Auffassung, daß Galilei prinzipiell kein Empiriker im Sinne Bacons war, sondern seine Lösungen auf mathematisch-geometrischem Wege suchte. Hall: Die Geburt der naturwissenschaftlichen Methode, S. 129, spricht denn auch von den zwei anerkannten naturwissenschaftlichen Methoden des siebzehnten Jahrhunderts: der mathematisch-deduktiven Methode Galileis und der induktiven Methode Bacons. Die Hypothesenbildung geht erst auf Descartes zurück.

[10] Cassirer: Descartes, S. 22; Mason: Geschichte der Naturwissenschaft, Kap. 15: Die mathematische Methode und die mechanistische Philosophie, S. 199ff.; auch zu Descartes' Auseinandersetzung mit Bacon. Zu Descartes' mathematischer Methode: Dijksterhuis: Die Mechanisierung des Weltbildes, S. 452f.; Bense: Die Mathematik in der Kunst, S. 93f.; vgl. S. 32 »Wie Galilei den rhetorischen Humanismus in der Prosa seiner Zeitgenossen überwindet, so erlöst Descartes den rhetorischen Scholastizismus der Gelehrten seiner Zeit.« Descartes wurde in Deutschland vor allem durch Johannes Clauberg (1622–65) verbreitet, der stark auf Leibniz und Christian Wolff eingewirkt hat. Zum allesbeherrschenden Einfluß Descartes' im 17. Jahrhundert Hall: Die Geburt der naturwissenschaftlichen Methode, S. 132f. Exemplarisch ist die positive Beurteilung Descartes' und seines mathematischen Ansatzes bei Gundling: Historie der Gelahrheit, Bd. 1, S. 3216–3234. Zum auch ökonomischen Kontext Borkenau: Der Übergang vom feudalen zum bürgerlichen Weltbild, S. 350ff.; Weizsäcker: Descartes und die neuzeitliche Naturwissenschaft; Schmidt: Aufklärung und Metaphysik; Koyré: Descartes und die Scholastik; Heimsoeth: Descartes' Methode der klaren und deutlichen Erkenntnis; ferner Karl Jungmann: René Descartes. Leipzig 1908; Alfred Kastil: Studien zur neueren Erkenntnistheorie, Bd. 1. Descartes. Halle/S. 1909.

[11] Borkenau: Der Übergang vom feudalen zum bürgerlichen Weltbild, S. 381.

[12] Descartes Humanismuskritik im »Discours de la méthode«, première partie. Dazu Buck: Der Renaissance-Humanismus, S. 228f.

Die *Logik,* einst eine besondere Disziplin im Rahmen der artistischen Fakultät, erhebt sich zur grundlegenden, jede wissenschaftliche Beschäftigung fundierenden Methode des Denkens. An die Stelle des pseudorationalen Syllogismus tritt der geordnete kontinuierliche Denkverlauf, dessen allzeitige Überprüfbarkeit Signum des mathematischen Beweisverfahrens ist.[13] Leibniz hat diese moderne Logik als »Logica inventionis« bezeichnet und der auf beliebigen Kombinationen von Begriffsklassen beruhenden scholastischen Logik gegenübergestellt. Logik, die in der Topik oder der Ars Lulliana als ›Katalog‹, als »Kodifizierung des gegebenen Wissens« begegnet, wird in der cartesischen Ausprägung zum »echten Werkzeug, zum Organon des Wissens«,[14] das tatsächlich die Entdeckung ›neuer‹ Wahrheiten fördert. Die fachübergreifende Bedeutung der cartesischen Logik-Reform liegt vorrangig im Postulat einer logischen Fundierung des Denkens überhaupt, nicht bloß im Aufstellen neuer methodologischer Grundsätze.

In diesem prinzipiellen Anspruch lag die *Ausweitung der Methode* bereits begründet, auch wenn Descartes selbst – trotz der Entwicklung einer mechanistischen Philosophie und einer kinetischen Physiologie[15] – noch nicht an die Verabsolutierung der mathematisch-deduktiven Methode auf alle traditionellen Lehrdisziplinen gedacht hat. Dieser Versuch wurde erst gegen Ende des 17. Jahrhunderts unternommen, bevor die Newtonische Verbindung empirischer und mathematischer Methoden auf dem Kontinent endgültig Fuß faßte und bei Naturwissenschaftlern wie etwa Albrecht von Haller Grundlage der eigenen, die Hypothesenbildung bejahenden Methodik wurde.[16] Historische Darstellungen der Naturwissenschaft berufen sich gerne auf Fontenelles berühmten Satz von 1699, der geometrische Geist sei nicht so sehr an die Geometrie gebunden, daß er nicht von ihr losgelöst und auf andere Wissenschaftszweige übertragen werden könnte.

> »L'esprit géométrique n'est pas si attaché à la géométrie qu'il n'en puisse être tiré, et transporté à d'autres connaissances. Un ouvrage de morale, de politique, de critique, peut-être même d'éloquence, en sera plus beau, toutes choses d'ailleurs égales, s'il est fait de main de géomêtre.«[17]

Ordnung. d. h. Harmonie und Proportionalität nach Vernunft-Gesetzen, Klarheit, Präzision und Exaktheit; Deutlichkeit, Eindeutigkeit, Richtigkeit und Kausalität sind die materialen, bis in die Darstellung sich auswirkenden Leitmaximen.[18] Fontenelle selbst hat eine an der cartesischen Methode orientierte Metapherntheorie entwickelt, nach der die »images fabuleuses« die mittlerweile verbrauchten Inhalte der antiken Mythologie in sich halten, die »images matérielles«

---

13 Descartes: Regulae ad directionem ingenii, S. 379f.

14 Cassirer: Descartes, S. 47. Vgl. Schröder: Französische Aufklärung, S. 375f.

15 Kuznecov: Von Galilei bis Einstein, S. 107ff. zur Physiologie Descartes'; ferner S. 75ff.

16 Haller: Vorrede zu Bernard Buffons »Allgemeiner Historie der Natur«, Tl. 1.

17 B. de Fontenelle: Préface sur l'utilité des mathématiques et de la physique, et sur les travaux de l'Académie des sciences depuis 1699. In: Oeuvres, Bd. 1, Paris 1825, S. 54. Zum Begriff und zur Genealogie des geometrischen Geistes s. Mittelstrass: Neuzeit und Aufklärung, S. 121ff.

18 Zubov: Die cartesianische Physik, S. 269; Reichmann: Die Herrschaft der Zahl, S. 17.

die Begebenheiten in Natur und Geschichte, die »images spirituelles« die Verbindung von Gedanken meinen. Sie wenden sich einerseits an den visuellen Sinn, andererseits an das Erkenntnisvermögen. Über beiden als analytisch charakterisierten Bild-Vermögen stehen die synthetischen »images intellectuelles«, die auf den vernunft-gegründeten Kosmos und seine Ordnung zielen.[19] La Motte grenzt die vier Vermögen Erinnerungskraft, Einbildungskraft, Urteilskraft und Methode in aufsteigender Linie voneinander ab; den untersten Status nimmt das Gedächtnis ein – es zielt auf die traditionelle Praxis der Imitatio antiker Klassiker. Den höchsten Rang hat die ›Methode‹, die gegenüber der sterilen mythologischen Denkart als Ausdruck naturwissenschaftlichen Geistes gilt und die eigenen Ideen in ein Verhältnis zum wissenschaftlichen Progreß stellt.[20]

Die *Mathematik* hatte als methodologischer Zugang in außermathematische, ja in außernaturwissenschaftliche Bereiche bereits bei Malebranche, Locke, Spinoza, Tschirnhaus und Leibniz eine tragende Funktion gehabt und schon längst als ein formales Mittel zur Verstandesbildung gegolten.[21] Erhard Weigel, der die Hochschätzung der Mathematik ja mit Descartes teilte, und z. B. auf Pufendorf eingewirkt hatte,[22] vermochte indes keine allgemein verwendbare Methode zu entwickeln und damit über den engen Kreis der Mathematiker und Naturwissenschaftler hinauszudringen. Die Umsetzung der mathematischen Methode auf die übrigen Disziplinen des philosophischen Kanons im engeren Sinn hat für den deutschen Sprachraum *Christian Wolff* geleistet;[23] Gottsched hat die Methode darnach auch für die instrumentellen Fächer Rhetorik und Poetik fruchtbar gemacht.[24]

Eberhard Reichmann hat die Entwicklung und das Vordringen des mathematischen Denkens in der Wissenschaft, der Philosophie und der Literatur eindringlich dargestellt;[25] seine Untersuchung findet ihr Pendant in der älteren Arbeit Max Benses, der den Auswirkungen des quantitativ-mathematischen Geistes in Kunst und Musik nachgegangen ist.[26] Wenn Bense die Philosophie im Zeitraum von 1630 bis 1750 unter der Herrschaft der Mathematik erblickt,[27] so trifft dies am ehesten

---

[19] Schröder: Französische Aufklärung, S. 376f.

[20] Ebd., S. 375ff.

[21] Heubaum: Geschichte des Deutschen Bildungswesens, S. 191ff. Zur gesellschaftlichen Begründung der Ablösung qualitativer durch quantitative Betrachtungsweise Borkenau: Der Übergang vom feudalen zum bürgerlichen Weltbild, S. 357. Der 1687 vollendete »Essay concerning human understanding« von Locke negiert endgültig die Möglichkeit einer metaphysisch begründbaren Erfahrungswissenschaft.

[22] Döhring: Geschichte der deutschen Rechtspflege, S. 311.

[23] Schrader: Christian Wolff, S. 26.

[24] Vgl. Abschnitt 2. und Kap. VII 1. und 2.

[25] Reichmann: Die Herrschaft der Zahl; vgl. ders.: Die Begründung der deutschen Aufklärungsästhetik, S. 193ff.

[26] Bense: Konturen einer Geistesgeschichte der Mathematik, Bd. 2: Die Mathematik in der Kunst.

[27] Bense: Die Mathematik und die Wissenschaften, S. 54f., zur Rolle der Mathematik in der Philosophie Descartes'.

für die französische Philosophie zu; für die deutsche verringert sich diese Phase auf die Jahre zwischen 1720 und 1760 und ist annähernd identisch mit der Ausbreitung der Wolffschen Philosophie. Sie, die nach 1750 zusehends in Mißkredit geriet, bildet den Kulminationspunkt der mathematischen Methode in der an deutschen Universitäten gelehrten Philosophie. Mag die wissenschaftliche Bedeutung eines Leibniz oder eines Tschirnhaus auch höher zu veranschlagen sein, so haben beide weder mit der Wolffschen Systematik noch mit der Wolffschen pedantischen Gründlichkeit eine Methode ersonnen, die auf jede Disziplin in fast unveränderter Weise übertragen werden konnte. Gerade die Übertragbarkeit, die allseitige Anwendbarkeit einer Methode, die dem Postulat der vernunftgemäßen Gründlichkeit entsprach, hat der Wolffschen Methode die Überlegenheit über die vorhergehenden pragmatischen Theoretiker einschließlich eines Thomasius verliehen. Was Thomasius seiner Philosophie zum Vorteil anrechnete, den pragmatischen Eklektizismus, wurde ihm jedenfalls von den ›Sektierern‹ der Wolff-Schule gerade zum Vorwurf gemacht. Gottsched urteilt im Rückblick, in den Anfängen Wolffs sei die Mathematik »eine ganz unbekannte Sache« gewesen und von der »Gründlichkeit in der Weltweisheit« habe man keinen Begriff gehabt. Thomasius' anti-syllogistische Vernunftlehre habe ein »gar zu ungebundenes und unsicheres raisonniren einführen wollen.«[28] Diese von einem Anhänger der philosophischen Lehrart ausgesprochene Beurteilung findet ihr Pendant in einem Artikel des französischen »Journal des savants« von 1686. Seit die Mathematiker das Geheimnis gefunden hätten, bis in die letzten Winkel, ja sogar in die Salons der Damen vorzudringen, gehe die Rede, daß das Reich der Galanterie in Verfall gerate, da man ja von nichts anderem mehr spreche als von Problemen, Folgerungen, Theoremen, rechten Winkeln, stumpfen Winkeln und Romboiden.[29]

Die von Descartes bereits postulierte Einrichtung einer *axiomatisch-deduktiven Systematik* für die Philosophie hat niemand so umfassend ausgeführt wie Christian Wolff.[30] Grundlage des Systems ist die Entwicklung der sogenannten ›demonstra-

---

[28] Gottsched: Historische Lobschrift, S. 34.

[29] Journal des savans (4. März 1686), S. 80f.; zit. nach Zubov: Die cartesianische Physik, S. 269f.

[30] Zu Christian Wolff verweise ich zunächst auf die Biographien von Wuttke: Christian Wolffs eigene Lebensbeschreibung; Baumeister: Vita, Fata et Scripta Christiani Wolfii Philosophi; Gottsched: Historische Lobschrift; vgl. dazu Schrader: Geschichte der Universität Halle, Bd. 1, S. 191f. Zu Wolffs Wirken und seiner Bedeutung s. die literaturhistorischen und kulturgeschichtlichen Darstellungen von Hettner und Biedermann; ferner Hazard: Die Herrschaft der Vernunft, S. 75ff.; Paulsen: Geschichte, Bd. 1, S. 527ff., S. 541f.; Schrader: Geschichte der Universität Halle, S. 168ff.; Schöffler: Deutsches Geistesleben, S. 184ff., S. 192f.; Böckmann: Formgeschichte, S. 501ff.; Herzberg: Geschichte der Stadt Halle, Bd. 1, S. 94ff.; Lenders: Die analytische Begriffs- und Urteilstheorie, S. 134ff.; Heubaum: Geschichte des Deutschen Bildungswesens, S. 191ff.; Risse: Die Logik der Neuzeit, Bd. 1, S. 579ff.; Wunner: Christian Wolff und die Epoche des Naturrechts; Frauendienst: Christian Wolff als Staatsdenker; Joesten: Christian Wolffs Grundlegung der praktischen Philosophie; Knüper: Grundzüge der Geschichte des Begriffs Vorstellung von Wolff bis Kant; Meyring: Politische Weltweisheit.

tivischen‹ Methode, die eine allgemeine Applikation mathematischer Verfahrensweisen gewährleisten sollte. Die persönliche Entwicklung des Philosophen Christian Wolff ist in diesem Zusammenhang nicht ohne Interesse. Schon in seiner Breslauer Schulzeit wird Wolff von seinen Lehrern Pohl und Neumann auf die Mathematik verwiesen;[31] seit 1696 studiert Wolff in Jena bei Hamberger, dem Verwandten und Nachfolger des kurz zuvor verstorbenen Erhard Weigel die damalige ›Mathematik‹, die allerdings nicht den internationalen Spitzenstand repräsentierte.[32]

Für die geistige Situation ist Wolffs Wunsch bezeichnend, die Mathematik so vollkommen zu erlernen, um »die Theologie auf unwiedersprechliche Gewisheit zu bringen«.[33] Wichtigstes Indiz für dieses Bemühen ist (seit 1700) seine mehrjährige Auseinandersetzung mit der »Medicina mentis« von *Tschirnhaus,* der zweifellos vor Leibniz den tiefsten Einfluß auf Wolff ausgeübt und überhaupt neben Leibniz das Denken Wolffs am nachhaltigsten geprägt hat.[34] Über den in der »Medicina mentis« von Tschirnhaus verwendeten Begriff des concipere kamen beide miteinander ins Gespräch. Die Wolff am meisten interessierende Frage, wie Tschirnhaus die elementa definitionum erhalte, wurde ihm indes von Tschirnhaus bei einer persönlichen Unterredung nicht anders beantwortet, als durch die lakonische Auskunft, »dieses wäre eben die HauptSache«.[35] In etwas scharlatanhaft anmutender Geheimniskrämerei verweist Tschirnhaus auf zwei noch ausstehende Bücher der »Medicina mentis«, in denen er die im ersten Band aufgezeigten »Regeln auf die Mathematick appliciren würde«, und »da sollte die Welt die Augen darüber aufthun und sich verwundern«. Noch mehr aber würde man erstaunen, wenn er seine Methode im dritten Teil auf die Physik anwenden würde.[36] Von diesen so großsprecherisch angekündigten Teilen hat Wolff, der sich um den Nachlaß Tschirnhaus' bekümmert hat, nichts vorgefunden, da Tschirnhaus, hierin seinem Lehrer Spinoza ähnlich, vor seinem Tode seine sämtlichen Papiere verbrannt hatte. Es ist jedoch nicht anzunehmen, daß die angekündigten

---

[31] Wuttke: Christian Wolffs eigene Lebensbeschreibung, S. 114; zu Wolffs Studiengang ebd., S. 81ff.; Gottsched: Historische Lobschrift, S. 12ff.; Kawerau: Aus Halles Literaturleben, S. 142ff.

[32] Wuttke: Christian Wolffs eigene Lebensbeschreibung, S. 120; dazu Schöffler: Deutsches Geistesleben, S. 193; Wundt: Die deutsche Schulphilosophie, S. 126. Gelehrt wurde die Mathematik nach dem Lehrbuch »Mathesis enucleata« (1689) von Christoph Sturm; zu ihm Heubaum: Geschichte des Deutschen Bildungswesens, S. 193.

[33] Wuttke: Christian Wolffs eigene Lebensbeschreibung, S. 121, auch S. 127.

[34] Zur Beziehung zwischen Wolff und Tschirnhaus Wuttke: Christian Wolffs eigene Lebensbeschreibung, S. 116, 123–127, 134–137, 150; Baumeister: Vita, Fata et Scripta Christiani Wolfii, S. 30; Ratio praelectionum Wolfianarum (1718), S. 6; Wolff: Übrige kleine Schriften, S. 610–617; Klüger: Die pädagogischen Ansichten des Philosophen Tschirnhaus, S. 60f.; Wundt: Die deutsche Schulphilosophie, S. 125ff., S. 150; Tschirnhaus: Medicina mentis, S. 333f., Anhang VI; Verweyen: Tschirnhaus als Philosoph, S. 130; Risse: Die Logik der Neuzeit, Bd. 1, S. 582.

[35] Wuttke: Christian Wolffs eigene Lebensbeschreibung, S. 125.

[36] Ebd., S. 126.

Teile schon zu einem über Ansätze hinausreichenden Reifegrad gediehen waren.[37] Der wichtigste Lehrsatz, den Wolff sich aus der »Medicina mentis« aneignete, und der somit seine Anfänge ganz in die Tradition Bacons, Descartes' und Weigels[38] stellt, ist die Tschirnhaus (wie ja auch von Thomasius und den ›Anthropologisten‹) vorgetragene Behauptung, der Syllogismus sei keine statthafte Methode zur Wahrheitsfindung.[39] Da die Conclusio vor der Anwendung des Syllogismus bekannt sei, könne man durch den Syllogismus nichts erfinden, was man nicht zuvor schon wisse.[40] Wolff wertet den Syllogismus von einer Erfindungsmethode zum Mittel, bereits erfundene und bekannte Wahrheiten zu beurteilen, ab.[41] Während Wolff im Lebensbericht einigermaßen gewunden seine Sinneswandlung umschreibt – wohl um die ihm wenig sympathische Nähe zu Leibniz' Philosophie zu vermeiden[42] – weist er in den »Übrigen Kleinen Schriften« mehrmals direkt auf *Leibniz* als den Urheber dieses geistigen Wandels hin. Leibniz nämlich hatte schon 1704 gegenüber Wolff den Syllogismus als Erkenntnismittel rehabilitiert: er sähe die »Schluß-Rede oder Syllogismum keinesweges als etwas unnützes zum Erfinden« an.[43]

Auf der Verbindung syllogistischer und mathematischer Verfahren beruht die spezifische *Wolffsche Methode,*[44] deren definitives Ziel die Erlangung unwiderleglicher Gewißheit in allen Erkenntnisbereichen ist, und die sich daher stärker auf die Darstellungsart als auf das Finden neuer Wahrheiten konzentriert. Trotz Anerkennung von Erfahrung und Experiment als wissenschaftlichen Methoden steht für Wolff das rationalistische Beweis v e r f a h r e n eindeutig im Vordergrund. Deshalb konnte ihm auch die von Weigel und dessen Kreis gepflegte Mathematik nicht genügen, da hier die »Deutlichkeit der Begriffe« und »die Euclideische forma demonstrationum« fehlte.[45] Die von Wolff vermißte ›Gründlichkeit‹ erwies

---

[37] Zu Tschirnhaus' Nachlaß s. Winter: Der Bahnbrecher der deutschen Frühaufklärung, S. 75.

[38] Zu Bacon s. Hazard: Die Herrschaft der Vernunft, S. 197; zu Weigels Opposition gegen den Syllogismus Wuttke: Christian Wolffs eigene Lebensbeschreibung, S. 130f., 136f. Auch Malebranche (»De la recherche de la vérité«) gehört zu den ›positiven Ahnen‹ Wolffs; Wundt: Die deutsche Schulphilosophie, S. 126.

[39] Wuttke: Christian Wolffs eigene Lebensbeschreibung, S. 134ff.; vgl. etwa Weigels »Philosophia mathematica« (1698). In den »Übrigen kleinen Schriften« behandelt Wolff seine Jugendentwicklung ebenfalls mit vielleicht noch größerer Exaktheit, S. 607–629.

[40] Wuttke: Christian Wolffs eigene Lebensbeschreibung, S. 136.

[41] Wolff: Übrige kleine Schriften, S. 610, § 6.

[42] Zur Abgrenzung von Leibniz s. Wolffs Brief an Gehler (1744) wegen der Baumeisterschen Biographie: Vita, fata et scripta Christiani Wolfii, bei Wuttke: Christian Wolffs eigene Lebensbeschreibung, S. 102; Briefwechsel Leibniz-Wolff, S. 12f.

[43] Wolff: Übrige kleine Schriften, S. 617, § 26; auch S. 610, § 9. Am 21. Februar 1705 schreibt Leibniz an Wolff: »non ausim absolute dicere, syllogismum non esse medium inveniendi veritatem«; Briefwechsel Leibniz-Wolff, S. 16; vgl. Wundt: Die deutsche Schulphilosophie, S. 128f., S. 140; Lenders: Die analytische Begriffs- und Urteilstheorie, S. 134ff.; Schrader: Geschichte der Universität Halle, S. 170f.

[44] Risse: Die Logik der Neuzeit, Bd. 1, S. 582, weist auf die Verbindung von Mathematik und Logik hin.

[45] Wuttke: Christian Wolffs eigene Lebensbeschreibung, S. 130f.

sich seiner Meinung zufolge – hier folgt Wolff sicher Tschirnhaus – eben gerade in der Definition selbst und in der ›geometrischen‹ Anlage des Schlußverfahrens. Darauf wird noch einzugehen sein. Will man Wolffs Verdienst und zugleich seine Grenzen einschätzen, so genügt eine Kenntnisnahme seines Systems und seiner ›neuen Wahrheiten‹ nicht. Da gerade die Lehrart sein Eigentlichstes ausmacht, braucht es der Lektüre dieses Werkes im unmittelbaren Vergleich mit Schriften zeitgenössischer Philosophen, am besten eines Thomasius oder eines Gundling. An Exaktheit der (großteils selbstgeschaffenen) Terminologie, an Gründlichkeit der Beweisführung und an Ausführlichkeit didaktischer Zubereitung übertrifft Wolff alle Vorgänger und Zeitgenossen. Freilich gerät, besonders im Rückblick, dieses monströs einseitige Werk, das nichts außer Beweis und Systematik gelten läßt, ständig in die Nähe unfreiwilliger Banalität. Nicht nur, daß triviale Dinge stets gründlich, d. h. für Wolff immer »von Grund auf« hergeleitet, bewiesen und mit Hilfe umfangreicher Querverweise in das System der Beweise eingeordnet werden; die infolge dieses Verfahrens notwendige Wiederholung der axiomatischen Wahrheiten, der Beweise und der Folgerungen stellt den Leser zudem auf eine harte Geduldsprobe. Die Gründlichkeit der Methode und des Systems rächte sich schließlich an Wolff selbst: in den Jahren nach seiner Rückkehr nach Halle verlor der berühmteste und einst überlaufene Lehrer allgemach seine Zuhörerschaft.[46] Was er sagte, war seit den dreißiger Jahren Allgemeingut geworden, und wie er es sagte, war auch nicht dazu angetan, das Bekannte wenigstens menschlich lebendig und sachlich unterhaltsam erscheinen zu lassen. Natürlich hängt dies von der Grundkonstitution des Wolffschen Denkens ab, das nicht gesellschaftlich-psychologisch wie bei Thomasius, sondern mathematisch-naturwissenschaftlich orientiert war. Insofern kam er auch persönlich nicht, wie Thomasius, in die Nähe des ›galant homme‹-Ideals.[47] Aber auch von Newton, den Wolff wenigstens als Physiker zur Kenntnis nahm, grenzte er sich ab.[48] Auch wenn er theoretisch Rationalismus und Empirismus zu verbinden suchte, ist die propagierte Methode doch ein formalisierter Logizismus und steht insofern der scholastischen Logik wesenhaft näher, als Wolff dies selbst wahrhaben mochte.

---

[46] Zum alten Wolff s. Winkler: J. Chr. Gottsched im Spiegelbild seiner Journale, S. 157. »Seine triumphale Rückkehr nach Halle am 6. Dezember 1740 wurde nicht mehr zum Beginn einer erfolgreichen akademischen Wirksamkeit. Er sah sich zuletzt vor leeren Hörsälen und beschäftigte sich damit, mißmutig und vereinsamt, seine zahlreichen lateinischen Alterswerke abzuschließen.«

[47] Wuttke: Christian Wolffs eigene Lebensbeschreibung, S. 66f.

[48] Ebd., S. 67, S. 70. Zur Abgrenzung von Newton vgl. auch den Brief vom 25. März 1741 an J. D. Schumacher, in: Wolff: Briefe aus den Jahren 1719–1753, S. 133f., Nr. 72: »Herr de Voltaire hat den Newton zu einem groszen Metaphysico machen und ihn in diesem studio dem Hn von Leibnitz vorziehen wollen. [...] Puri Mathematici sind wohl zu nichts weniger geschickt, als zur Metaphysick, und ist eben soviel als wenn ein bloszer Poet sich von mathematischen Sachen ein Urtheil anmaszen wollte, davon er keinen Begriff hat.« Ebenso vgl. den Brief an Schumacher, vom 6. Mai 1748, ebd., S. 142f., Nr. 80.

1.2 Die mathematisch-demonstrativische Lehrart und der Wissenschaftsbegriff Christian Wolffs

Das Ungenügen an der herkömmlichen Topik, deren Erfindungskunst lediglich das Gedächtnis stärkt und zu bereits bekannten Wahrheiten führt,[49] bestimmt Wolffs *Wende zur Mathematik*. Aus der Geometrie erhofft er sich ein klares Beweisverfahren, aus der Algebra dagegen zuverlässigere »Kunstgriffe« zur Erfindung noch unbekannter Wahrheiten.[50] Bereits seine frühen mathematischen Lehrbücher enthalten einen Lobpreis auf die Mathematik:

> »Der große und vielfältige Nutzen hat in unsern Tagen die mathematischen Wissenschaften so beliebt gemacht, daß sie wohl niemals in so hohem Werthe gewesen, und mit solchem Eifer getrieben worden sind.«

heißt es im Vorwort zum ersten Teil der »Anfangsgründe«.[51] Den allgemeinsten Nutzen erblickt Wolff in der ›mathematischen Lehrart‹, die zum richtigen Gebrauch der Vernunft hinführt: »wie man nämlich zu klaren, deutlichen und vollständigen Begriffen gelange, und daraus ohne Anstoß die übrigen Sachen herleite.« Rechenkunst, Trigonometrie und Algebra enthalten die allgemeinen Maximen richtigen Denkens; ihr Befolgen verhindert, daß die Sinne und die Imagination das Denken beeinträchtigen.[52] Die in allen naturwissenschaftlichen Disziplinen, insbesondere in der Physik angewandte mathematische Methode dient auch Nicht-Mathematikern: etwa im Haushalt oder auf Reisen; für Kammerräte großer Herren, für Juristen, Ratsherren, Advokaten und Künstler.

> »Mit einem Worte, es wird niemand läugnen, daß die Mathematik der Schlüßel zu den fest verwahrten Schätzen der Natur sey«,

auch nicht,

> »wie der größte Theil der irdischen Glückseligkeit auf die Mathematik erbauet sey, und ohne sie keine Republik wohl bestellt werden kann.«[53]

Das Ziel des allen Studierenden empfohlenen Mathematikstudiums ist die Übung und die Reinigung des Verstandes und schließlich der Erwerb von »Scharfsinnigkeit«[54] oder »Unterscheidungskraft«.[55] Damit der Studierende das für alle Fakul-

---

[49] Wolff: Übrige Kleine Schriften, S. 610, § 11. »Weil man jungen Leuten die so genandten locos topicos, als ein Mittel anrieth, das Mittel-Glied (medium terminum) auszufinden, um dadurch den letzten Satz (conclusium) eines Schlusses zu beweisen; so wollte ich mich derselben auch bedienen; ich ward aber gar zeitig gewahr, daß solche Stellen aus der Topologie nur dazu dienen, daß man ein fertiges Gedächtniß bekommt dasjenige leicht wieder herzusagen, was man vormahls erkant und auswendig gelernet hat. Daher schien mir auch die gemeine Logick dazu keinen Nutzen zu haben, daß man dadurch die Wahrheiten erfinden könte.«

[50] Ebd., S. 611, § 12.

[51] Wolff: Anfangsgründe aller Mathematischen Wissenschaften, Tl. 1, Vorrede, S.)(2.

[52] Ebd., S.)(3 ist gar von der »schädlichen Herrschaft der Imagination« die Rede.

[53] Ebd., S.)(5.

[54] Wolff: Übrige Kleine Schriften, S. 496f.

[55] Ebd., S. 502. »§ 10. Denn wer seinen Verstand durch die mathematischen Lehren wol geschärffet hat, ist im stande, die deutlichen Begriffe von denen undeutlichen, und die vollständigen von den unvollständigen, auch die Wörter von denen Sachen wol zu unterscheiden.«

täten benötigte Urteils- und Denkvermögen gründlich ausbilde, legt Wolff seinen Hörern nahe, das Studium mit der Mathematik zu beginnen[56] – anders als früher, da man mit den Fächern des Triviums anfing. Mathematik gilt Wolff als der beste Weg zur wahren Gelehrsamkeit, die er mit gründlicher Erkenntnis identifiziert.

Von den drei Arten der Erkenntnis, die Wolff unterscheidet – der gemeinen oder historischen, der philosophischen und der mathematischen – gilt ihm die mathematische als die »vollkommenste«.[57] Nicht die Objekte, mit denen man sich beschäftigt, verbessern den Verstand, sondern allein die Art und Weise ihrer Untersuchung.

> »Derjenige bringet demnach seinen Verstand zu keiner Vollkommenheit, der mathematische Sätze, oder auch deren Erweisse und analytische Rechnungen auswendig lernet; sondern wer die Stärcke der Erweisse und der Rechnungen mit dem Verstande begreifet und die Ursachen woraus sie klar und offenbar werden, auch den daraus entstehenden Nutzen mit Aufmercksamkeit untersuchet.«[58]

Wolffs für die Geisteswissenschaften bedeutsame Tat besteht nun eben in der Verbindung des mathematischen Beweisverfahrens und des logischen Schlußverfahrens. Die Einrichtung geometrischer Beweise in Schlußform ist ihm erst nach Überwindung des syllogismus-feindlichen Standpunktes möglich, weil er nun die prinzipielle Verwandtschaft zwischen geometrischen Beweisen und syllogistischen Schlüssen erkennt.[59] Wolff schätzt die mathematische Lehrart als beste Methode zur Vermittlung rechten Vernunftgebrauchs,[60] die sich besser als jede andere Methode zum gründlichen Erweis und zur Demonstration von Wahrheiten eignet.[61] Aus der Übereinstimmung des gewöhnlichen Denkens mit der mathematischen Demonstration folgt für Wolff die Allgemeinheit des mathematisch-demonstrativischen Denkens,[62] das er in einem ersten Schritt als Methode in der Philosophie, und innerhalb dieser nicht von ungefähr zunächst in der Logik

---

[56] Wolff: Übrige Kleine Schriften, S. 499f., §§ 6, 8.

[57] Ebd., S. 502f., § 12.

[58] Ebd., S. 504, § 14.

[59] Ebd., S. 618, §§ 26, 27.

[60] Wolff: Deutsche Logik, Vorrede, S. a 2v f.; ders.: Anfangsgründe, Vorrede, S. a 4v; ders.: Ausführliche Nachricht, S. 68; S. 121ff., S. 651ff.

[61] Wolff: Deutsche Logik, S. a3f.; so auch Locke, vgl. ebd., S. a 5; vgl. auch ebd., S. 9, wo die Mathematik als exaktestes Erkenntnismittel bezeichnet wird. Zu den Grenzen der demonstrativischen Lehrart Schöffler: Deutsches Geistesleben, S. 212f.

[62] Wolff: Ausführliche Nachricht, S. 531; ders.: Übrige Kleine Schriften, S. 624. »Insonderheit beweise ich mit gantz klaren Exempeln, daß auch ausser der Mathematick die Beweise am allerbesten auf eben solche Art, wie man in der Geometrie verfähret, eingerichtet werden können, wenn nemlich der Erweiß in lauter Schlüsse oder Syllogismos gebracht oder zergliedert wird, und dieses so lange dauret, bis die Förder- oder Ober-Sätze (praemissae) entweder Grund-Sätze (axiomata) oder selbst Definitionen sind. Diesem setze ich noch hinzu, wie man vermittelst der Schlüsse alten Irrthümern und Verwirrungen begegnen und vorbeugen könne.« Vgl. S. 86, § 29.

anwendet.[63] Basis des entwickelten Verfahrens ist die Überzeugung, Beweisgründe sollten gemäß dem Verfahren der ›gemeinen Logik‹ mit Hilfe von Syllogismen analysiert werden. In den Schlüssen selbst dürfe jedoch nichts zum Grunde oder »Förder-Satze« (Prämisse) angenommen werden, »welches nicht entweder vorher erwiesen worden, oder bereits auf unstreitiger Erfahrung beruhe.«[64] Nun gesteht Wolff dem syllogistischen Verfahren die früher geleugnete Möglichkeit zu, bei Nichtkenntnis des Schlußsatzes tatsächlich zu neuen Wahrheiten zu kommen.[65] Dies ermöglicht die *Verbindung von Syllogistik und Mathematik*. Wolffs Ziel besteht im Aufstellen »allgemeiner Regeln«, deren Anwendung zu speziellen Wahrheiten führen soll.[66] Wolff legt sein Verfahren selbst mehrmals ausführlich dar. Wie die ›Thomasianer‹ geht er von der Erkenntnis aus, daß das gedächtnishafte Einprägen (topischer) Regeln die wahre ars inveniendi verfehlt. Erst das fleißig geübte Nachdenken oder Meditieren führt zu dieser Kunst. Der grundlegende Unterschied zu den Thomasianern liegt jedoch in der Reglementierung der Meditation, in ihrer Verpflichtung auf bestimmte Regeln, die den Denkenden in Stand setzen, die Gründe und Ursachen der Erfindung zu erkennen. Materialiter basieren die Wolffschen Beweissätze auf dem traditionellen Satz vom Widerspruch und dem von Leibniz übernommenen Satz vom zureichenden Grund.[67] Als Modell des mathematisch-demonstrativischen Verfahrens kristallisiert sich ein *methodologischer Dreischritt* heraus, der zunächst eine begriffliche Definition vorsieht; ihr folgt der Beweis jedes hernach als Prämisse verwendeten Satzes. Den Schluß bildet die beständige Verknüpfung und gegenseitige Herleitung aller Erklärungen und Sätze.[68] Deutliche Erklärung, gründlicher Beweis und ständige Verknüpfung der Wahrheiten bezeichnen das Wesen der sogenannten mathematischen oder demonstrativischen Lehrart, die sich natürlich auch in der *Schreibweise*[69] ausdrückt, einmal duch ein Übermaß an Definitionen und teilweise völlig

[63] Zur Übertragung der mathematischen Lehrart auf die Philosophie Wolff: Deutsche Logik, Vorrede, S. a3f, mit Abgrenzung von Descartes und Spinoza. Vgl. Wolff: Ausführliche Nachricht, S.)(5, S. 50–122, v. a. S. 61ff.; auch S. 531, S. 64, S. 68ff., auch S. 651ff. Vgl. Übrige Kleine Schriften, S. 608, § 4. Zur Logik s. Wundt: Die deutsche Schulphilosophie, S. 134ff.

[64] Wolff: Übrige Kleine Schriften, S. 618, § 27.

[65] Wundt: Die deutsche Schulphilosophie, S. 140.

[66] Wolff: Übrige Kleine Schriften, S. 611, § 12.

[67] Wolff: Deutsche Logik, Vorbericht, S. 1–10; dazu Wuttke: Christian Wolffs eigene Lebensbeschreibung, S. 87. Vgl. Wundt: Die deutsche Schulphilosophie, S. 154f., S. 161f.; Schrader: Geschichte der Universität Halle, S. 174. Zum Satz vom zureichenden Grund Wolff: Ausführliche Nachricht, S. 87–96.

[68] Wolff: Ausführliche Nachricht, Kap. »Von der Lehr-Art des Autoris«, S. 52ff., vgl. S. 541f. Zur Konsistenz der Terminologie, S. 58ff. Vgl. Wundts Einschätzung des Dreischritts Begriff, Urteil, Schluß, Wundt: Die deutsche Schulphilosophie, S. 156, als Anschluß an die Tradition seit Aristoteles und die Scholastik.

[69] Wuttke: Christian Wolffs eigene Lebensbeschreibung, S. 90f. Wolff: Ausführliche Nachricht, S. 108ff., § 34. Zur Beschreibung von Wolffs Methode Ludovici: Ausführlicher Entwurf, Bd. 1, 1, S. 112ff.; ebd., S. 269 zu Thomasius, S. 177f. zu Bertram, den Gegnern Wolffs; zum Maßstab des inneren aptum in Wolffs Sprache Blackall: Die

formalistischen Beweisen, dann durch ein nachgerade undurchschaubares System von Querverweisen, das infolge von Wolffs von Paragraph zu Paragraph fortschreitender Darlegung zu einem unentwirrbaren Paragraphenwald sich aufbläht – denn das logisch entwickelnde Darlegen bedingt die Wiederholung als Prinzip.

Wolffs Anhänger Ludovici, der die Streitigkeiten um die Wolffsche Philosophie mit Wolffscher Pedanterie verzeichnet, nennt einige zur Lektüre der Schriften des Meisters unabdingbare (Leser-)Voraussetzungen, die zugleich ein Licht auf Wolffs Schreibart selbst werfen. Der *Leser* soll sich verhalten, als ob er von allen in den Wolffschen Schriften behandelten Materien »nicht das geringste« wüßte. Sein Gemüt muß von allen Affekten frei sein; er muß die Schriften mit »aller Aufmercksamkeit und Fähigkeit des Verstandes« lesen, um die gegenseitige Verknüpfung der Sätze zu erfassen; er muß die Schriften von Anfang bis Ende lesen, also im Zusammenhang, um die Entwicklung der Gedanken bis zur gesuchten Wahrheit verfolgen zu können; er muß das Vorhergehende stets kennen, ehe er zum Folgenden weiterschreitet.[70]

Für Wolffs Methode ist die Schreibart insofern spezifischer Ausdruck, als er ganz auf die herkömmlichen Anmerkungen, die Belege und Zitate, verzichtet und sich vollständig auf die Darlegung des Textes konzentriert. Definition, Begründung und Schlußfolgerung bedürfen keiner anderen Autoritäten als der in ihnen wirkenden Vernunft. Dieses Prinzip schlägt sich auf die vom Wolffschen System beeinflußte Poesie nieder und unterscheidet sie von der gelehrten Poesie humanistischer Provenienz.

So stark Wolff Begrifflichkeit und damit den Wert der Definition betont, so darf darüber nicht die Bedeutung der *Empirie* völlig übersehen werden, wie es gemeinhin geschieht. Wort-Erklärungen haftet natürlich ein schematisch-formales Element an; dagegen können die von Wolff selbst für wichtiger gehaltenen Sacherklärungen auf demonstrativische und auf empirische Weise gewonnen werden.[71] Die Herleitung der Beweisgründe aus der Erfahrung gilt Wolff – im Vergleich zur abstrakten Demonstration – als das schwierigere und unsicherere Verfahren, weil hier Mangel an Sorgfalt die Reinheit der Erfahrung beeinträchtigen kann, oder weil die Einbildungskraft Eingebildetes als Erfahrung ausgibt.[72] Die von Wolff der Logik beigegebenen Ausführungsbestimmungen lehren vier Methoden zur Schärfung des Erkenntnis- und Urteilsvermögens: Der Erkenntnis des forschenden Subjekts (der eigenen Kräfte oder der Kräfte anderer Leute) folgt die Beurteilungsmethode, die Methode sinnvoller Buchlektüre, schließlich das Widerlegungs- und Disputierverfahren.[73]

Das Wesen der neugestalteten Logik erblickt Wolff in der Unterscheidung des

---

Entwicklung des Deutschen, S. 20–35. Prinzipiell Piur: Studien zur sprachlichen Würdigung Christian Wolffs, der die einzelnen Begriffe untersucht.

[70] Ludovici: Ausführlicher Entwurf, Bd. 1,1, S. 112f.

[71] Wolff: Übrige Kleine Schriften, S. 621f.

[72] Wolff: Ausführliche Nachricht, S. 75ff.

[73] Wolff: Übrige Kleine Schriften, S. 619ff.

Wahren vom Falschen und des Gründlichen vom Seichten,[74] setzt also deutlich von Thomasius' ethischer Definition ab und verficht dagegen einen erkenntnistheoretischen Standpunkt. Freilich bildet die Mathematik nicht nur die unerläßliche Voraussetzung der Logik; Wolff sucht, wie erwähnt, die Lehrart auf alle übrigen Bereiche der Philosophie auszuweiten, und er hat zeitlebens die von ihm gebrauchte allgemeine Lehrart für sein Bestes gehalten.[75] Daß die mathematischen Studien auch den höheren Fakultäten nützten, behauptet Wolff gegen alle diejenigen, die der Mathematik jeglichen Nutzwert außerhalb ihres eigentlichen Fachgebietes absprechen.[76] Theologie, Medizin und Rechtswissenschaft profitieren nach Wolff von einer mathematisch geschärften Denkart wie von der demonstrativischen Methode;[77] er gesteht allerdings zu, daß Erkenntnis in diesen Disziplinen nicht an die mathematische Methode gebunden ist.[78] Immerhin verfaßt er einen Aufsatz, der wie eine Replik auf Thomasius' Einwände klingt: »Wie die bürgerliche Rechtsgelehrsamkeit nach einer beweisenden Lehrart einzurichten sey«.[79]

Für die Philosophie selbst steht die Notwendigkeit der demonstrativischen Lehrart außer Zweifel; ohne die Demonstrationsregeln läßt sich keine »völlige Gewißheit« zur Überzeugung der Fachleute gewinnen.[80] Die Philosophie entlehnt ihre Lehrart nicht von der Mathematik; beide, mathematische und philosophische

---

[74] Ebd., S. 608, § 4.

[75] Schrader: Geschichte der Universität Halle, S. 195, Anm. 96; Brief Wolffs an Manteuffel vom 27. Januar 1741. »Ich halte freylich bei meiner Philosophie für das beste, was vom Methodo herrühret, nemlich dass man von der Wahrheit überzeuget wird, und die Verknüpfung einer mit der anderen einsiehet, auch zu recht vollständigen Begriffen unvermerkt gelanget, und dadurch eine Scharfsinnigkeit erhält, die auf keine andere Weise zu erreichen stehet, welches bisher fast niemand begreifen will, ausser verschiedenen Catholiken, von denen ich absonderlich jetzt aus vielen Orden und Clöstern Briefe erhalte.« Zur Anwendung der mathematischen Lehrart in anderen Disziplinen Wolff: Deutsche Logik, S. a3v; ders.: Ausführliche Nachricht, S. 65; vgl. Wundt: Die deutsche Schulphilosophie, S. 129ff. Beispiele für die Übertragung der mathematischen Lehrart auf andere Disziplinen sind etwa: S. J. Craig: Principia mathematica Theologiae Christianae. London 1699; hier wird bewiesen, daß das Christentum noch 1514 Jahre bestehen werde; und Yvo Gauke: Wie die Medizin auf Mathematische Gewissheit zu bringen sei. Diss. 1712. Auch J. Chr. Dommerich: Entwurf einer Deutschen Dichtkunst (1758) rechnet zum nachwolffschen Zeitraum. Die Publikationsangabe bei Goedeke III, S. 25, Nr. 47, der 1708 angibt, ist falsch; auf die späte Datierung weist bereits Wortschatz und Syntax hin. Dommerich hat auch eine Schrift »Beweis, daß einem geistlichen Redner eine mathematische Kenntniß nöthig sey«, Lemgo 1745, verfaßt.

[76] Wolff: Übrige Kleine Schriften, S. 505, §§ 18, 19, bes. S. 506, § 21.

[77] Wolff: Übrige Kleine Schriften, S. 508, §§ 24, 25; zentral ders.: Ausführliche Nachricht, S. 111–120, §§ 35, 36. Vgl. ders.: Gesammlete kleine philosophische Schriften Bd. 2, S. 739–882 »Von dem Einfluß der Weltweisheit des Verfassers in die höhern Facultäten«, S. 760. »Meine Philosophie aber hat dieses besondere, daß sie einem Begriffe an die Hand gibt, dadurch man die Säze in den höheren Facultäten nicht ohne grosen Nuzen in richtige Lehrbegriffe bringen kan [...].«

[78] Wolff: Ausführliche Nachricht, S. 112f.

[79] Wolff: Gesammlete kleine philosophische Schriften, Bd. 2, Nr. XIV, S. 595–687.

[80] Wolff: Ausführliche Nachricht, S. 114f.

Lehrart entstammen vielmehr einer gemeinsamen Grundlage, der ›richtigen‹ Logik.[81] Wer also ein philosophisches Werk schreiben wolle, dessen Sätze als wahr erkannt werden sollen, der müsse sich, so dekretiert Wolff, nach den »Regeln der Demonstration« richten.[82] Mit unmittelbarer Polemik wendet sich Wolff gegen Thomasius' und Buddes »heute zu Tage einreissende gar seichte Art zu philosophiren«:[83]

> »Sind einige andere, denen die ungewisse Erkenntnis ein Genügen thut, welche zu dem Fortgange der Wissenschafften nichts beyträget, ja ihr vielmehr zuwider läufft, auch keinen andern Nuzen verheiset, als daß man durch einem zweifelhaften Versuche dem Glücke den Fortgang anheim stehet und sein Gemüth offtmahls mit einer eitlen Hofnung tröstet [...].«[84]

Die auf unwiderlegliche Vernunftregeln gebaute Lehrart verleiht der Philosophie einen ganz anderen Anspruch als den bloß propädeutischen Disziplinen und verändert den *Wissenschaftsbegriff* in sich selbst. Ausgehend von der Interpretation des Verstandes als des Vermögens, das Mögliche deutlich vorzustellen,[85] definiert Wolff die Philosophie (oder »Welt-Weißheit«) als die »Wissenschafft aller möglichen Dinge, wie und warum sie möglich sind«. Wissenschaft ist für ihn die »Fertigkeit des Verstandes«, alles Behauptete »aus unwidersprechlichen Gründen unumstößlich darzuthun«.[86] Das Aufzeigen des ›zureichenden Grundes‹ unterscheidet die philosophische von der gewöhnlichen Erkenntnis, die sich auf Einzelbeobachtungen stützt, die Ursachen der Erfahrungstatsache jedoch nicht angeben kann.[87] Die Beziehung der Erkenntnistätigkeit auf das Mögliche, das nicht nur Wirkliche (Erfahrene), sondern alles Denkbare (und damit Demonstrierbare) liegt Wolffs Appell zugrunde, unermüdlich an der Erkenntniszunahme zu arbeiten.[88] Ein *wahrer Gelehrter* ist für Wolff also nur, wer die Kenntnis der

---

[81] Ders.: Gesammlete kleine philosophische Schriften, Bd. 3, S. 601f.; ders.: Anmerkungen zur Deutschen Metaphysik, S. 158f., § 108, ad § 347.

[82] Wolff: Ausführliche Nachricht, S. 115; vgl. S. 123.

[83] Wolff: Ausführliche Nachricht, S. 543, § 194; dazu Wuttke: Christian Wolffs eigene Lebensbeschreibung, S. 15, 83f., 142, 146.

[84] Wolff: Gesammlete kleine philosophische Schriften, Bd. 3, S. 603.

[85] Wolff: Deutsche Logik, S. 5f., § 10 (»ein Vermögen zu gedencken was möglich ist«); vgl. ebd., S. 2, § 3 »Möglich nenne ich alles, was seyn kan, es mag entweder würcklich da seyn, oder nicht.« H. M. Wolff: Die Weltanschauung der deutschen Aufklärung, S. 102.

[86] Wolff: Deutsche Logik, S. 1, §§ 1, 2; ders.: Übrige Kleine Schriften, S. 599, § 3. Ders.: Deutsche Metaphysik, S. 218f., § 361 »Was aus ungezweiffelten Gründen durch richtige Schlüsse heraus gebracht wird, davon pflegen wir zu sagen, daß wir es wissen. Und die Fertigkeit dasjenige, was man behauptet, aus ungezweiffelten Gründen, durch richtige Schlüsse heraus zu bringen, nennet man Wissenschafft.« Vgl. die ähnliche Definition ebd., § 383, und ders.: Deutsche Ethik, S. 190, § 293 »Die Fertigkeit dasjenige, was man behauptet, gründlich zu erweisen, wird die Wissenschaft genennet.« Heubaum: Geschichte des Deutschen Bildungswesens, S. 195ff.

[87] Wolff: Deutsche Logik, S. 2, §§ 5, 6.

[88] Ebd., S. 5, § 9 »Vielmehr wird ein jeder aufgemuntert weiter als seine Vorgänger zu gehen, indem er siehet, daß noch gar viel zu erfinden übrig ist: wie es die gegenwärtigen Zeiten sonderlich bey den Mathematicis zeigen.« Vgl. ders.: Ausführliche Nachricht, S. 125ff.

Dinge in wissenschaftlich begründetem Zusammenhang besitzt, wer sich der Beweisgründe bedienen kann und den Systemcharakter des Vernunftwissens im Blick hat.[89]

Da Wolffs ganzes philosophisches System auf wenigen Axiomen aufbaut, genügt im Grunde die Lektüre der Logik und der Metaphysik; aus ihnen läßt sich die Behandlung anderer Teilgebiete ableiten. Auch die Definitionen und ›Verknüpfungen‹ wiederholen sich ständig. Die Verbindung zwischen den Definitionen des Verstandes und der Verpflichtung, ihn im Dienste der Erkenntnis zu gebrauchen, geht aus der »Ethik« fast deutlicher als aus der »Logik« hervor.

> »Der Verstand ist eine Krafft der Seele, dadurch sie sich das Mögliche deutlich vorstellet. Da er nun um so viel vollkommener ist, je mehr er Dinge deutlich vorstellen kan, und je mehr er in einem Dinge deutlich vorzustellen vermögend ist; so sind wir in Ansehung unseres Verstandes verbunden alles dasjenige zu thun, was die Anzahl und Deutlichkeit der Vorstellungen befördern, und hingegen zu unterlassen, was sie hindern kan.«[90]

In einer Kettenargumentation folgert Wolff, da die Gründlichkeit der Erkenntnisse in der Deutlichkeit der Schlüsse bestehe, diese aber eine Vollkommenheit des Verstandes sei, der Mensch aber »zu den Vollkommenheiten des Verstandes verbunden« sei, so sei er auch zur gründlichen Erkenntnis verpflichtet[91] und somit auch zur Wissenschaft angehalten.[92] Wolff wird nicht müde, seinen Wissenschaftsbegriff zu erläutern. Wissenschaft gründet ausschließlich auf dem erweisbaren Urteil.[93] Die Beweise ersetzen die humanistischen Belege[94] und die empirischen Analogien,[95] das demonstrativische Vorgehen aber erhebt das iudicium, das Meditieren oder das »eigene Nachsinnen«[96] erst auf die Stufe eines wissenschaftlichen, d.h. kontrollierbaren Verfahrens. Die Erfahrung fungiert, wie schon erwähnt, neben dem Verstand nur als unvollkommenes Erkenntnismittel, sie hat jedoch im Demonstrierverfahren die Aufgabe, Vernunftschlüsse auf ihre Richtigkeit hin zu kontrollieren.[97]

---

[89] Heubaum: Geschichte des Deutschen Bildungswesens, S. 195.

[90] Wolff: Deutsche Ethik, S. 164f., § 254.

[91] Ebd., S. 181, § 284.

[92] Ebd., S. 190, § 293.

[93] Ebd., S. 190, § 293; vgl. S. 207, § 315; ders.: Deutsche Metaphysik, §§ 361, 383. Bei Wolff übrigens ist die Angabe der von Auflage zu Auflage gleichbleibenden Paragraphen fast wichtiger als die unterschiedlichen Seitenangaben.

[94] Gegen das Gedächtniswerk Wolff: Deutsche Logik, S. a2v.

[95] Wolff: Deutsche Ethik, S. 207f., § 317 »Es ist wohl wahr, daß der gröste Theil der Menschen beständig und alle Menschen gar ofte in solchen Fällen an statt der Wissenschafft sich der Erwartung ähnlicher Fälle bedienen, ja auch öfters aus Mangel der Erkäntniß bedienen müssen: allein da es hier gar öfters denen fehl schläget, die am gewissesten zu seyn vermeinen; so wird niemand die Erwartung ähnlicher Fälle der Wissenschafft, als einem sicheren Mittel vorziehen, wo er nicht aus Noth angetrieben wird jene zu ergreiffen, weil er diese nicht in seiner Gewalt hat.« Vgl. auch Deutsche Metaphysik, S. 218f.

[96] Wolff: Deutsche Ethik, S. 190, § 294.

[97] Wolff: Deutsche Ethik, S. 181f., § 285.

»Wer bloß durch die Erfahrung etwas erfinden will, der muß acht haben auf das, was in der Welt geschiehet und vieles auf allerley Art und Weise versuchen, bis man endlich etwas heraus bringet. Hingegen wer durch die Vernunfft etwas entdecken will, der muß aus einigen erkandten Wahrheiten andere, die mit ihnen verknüpffet sind, durch richtige Schlüsse herleiten: denn die Vernunfft ist eine Einsicht in den Zusammenhang der Wahrheiten und die Schlüsse legen ihn deutlich vor Augen.«[98]

Aus den hier nicht weiterexplizierten Darlegungen Wolffs geht die Notwendigkeit des demonstrativischen Denkens hervor,[99] zu dessen Erlernung er die eigenen, die mathematischen und philosophischen Schriften empfiehlt.[100] Seinen auf dieser Lehrart gegründeten Wissenschaftsbegriff setzt Wolff dezidiert von Topik und ›gemeiner‹ Logik ab.[101]

Gegen die Topik, die aufgrund eines fixierten Fragekatalogs die ›Wahrheiten‹ auffindbar mache, propagiert Wolff eine Ableitungskunst, deren Wesen in einer »Fertigkeit, unbekandte Wahrheiten aus andern bekandten heraus zu bringen«, besteht, und die er ebenfalls eine »Kunst zu erfinden« nennt.[102] Die mit ihrer Hilfe gewonnenen Erkenntnisse sollen über das Wissen der Vorfahren hinausgehen, den Kenntnisstand also erweitern.[103] Bei inhaltlicher Übereinstimmung mit dem *Erfindungsbegriff* der iudiziösen Hodegetiker – nämlich Erfindung als Entdecken neuer Wahrheiten[104] – gründet der Unterschied und die daraus entspringende Gegnerschaft zwischen den iudiziös-politischen Philosophen und den mathematisch-erkenntnistheoretischen Philosophen, den Thomasianern und den Wolffianern, auf der angewandten Methode. Während bei der pragmatischen Wissenschaft Erfahrungswissen und Vernunftdenken insofern in einem Gleichgewicht sich befinden, als die Meditation unmittelbar der Erfahrung folgt und eigentlich nichts anderes als ein ›praktisches Denken‹ darstellt, das sich freilich darum zu erkenntnistheoretischen Überlegungen denkbar schlecht eignet, hebt Wolff dieses Gleichgewicht radikal auf, indem er nicht nur das Erfahrungswissen als Erkenntnismittel relativiert, sondern auch das Denken auf eine bisher nicht bekannte

---

[98] Ebd., S. 192, § 296; nähere Ausführungen S. 192ff., §§ 297–299.

[99] Ebd., S. 183f., § 288. Zum Lernverfahren S. 184ff.; vgl. Anmerkungen zur Deutschen Metaphysik, S. 158f.

[100] Wolff: Deutsche Ethik, S. 189, § 291.

[101] Vernunftlehre und Erfindungskunst sind nicht identisch; Wolff: Gesammlete kleine philosophische Schriften, Bd. 2, S. 316ff. Zur traditionellen Syllogistik Lenders: Die analytische Begriffs- und Urteilstheorie, S. 134ff.

[102] Wolff: Deutsche Ethik, S. 191, § 294; vgl. ders.: Deutsche Metaphysik, S. 219, § 362.

[103] Wahrheitsfindung soll über die Erkenntnisse der Vorfahren hinausgehen; Wolff: Deutsche Logik, S. 5; ders.: Ausführliche Nachricht, S. 128f.

[104] Wolff: Anmerkungen zur Metaphysik, S. 158, § 107, ad §§ 344, 346. Das gewöhnliche Raisonnieren gilt auch Wolff als Grundlage des wissenschaftlichen Denkens. »Eben hierinnen äussert sich der Unterscheid zwischen dem gemeinen Manne und einem gründlich Gelehrten / daß dieser die natürliche Art zu dencken in Wissenschafften gebrauchen kan / welche jener bloß im gemeinen Leben nutzet: Oder / welches gleich viel ist / daß der Gelehrte die natürliche Art zu dencken zur Erkäntniß allgemeiner Warheiten anwendet / welche der gemeine Mann bey eintzeln historischen Warheiten brauchet. Der gemeine Gelehrte verderbet sich durch Gedächtniß-Werck / und braucht bey seiner Erkänntniß gar nicht sein eigenes Nachdencken.«

Weise systematisiert. »Eigenes Nachsinnen« und freie Meditation genügen dem Erkenntniswillen Wolffs nicht mehr; die von ihm also auch gegen die Pragmatiker propagierte Erfindungskunst lenkt zur strengen Schematik der Scholastiker zurück, setzt freilich an die Stelle ihrer überholten Denkkategorien die Methode des mathematischen Syllogismus. Der mathematische Charakter der neuen Erfindungskunst garantiert die erkenntnistheoretische Grundlage der Erfindung, die somit nicht aus dem Arsenal bereits gewußter und beliebig aufgesammelter Realien abruft. »Man siehet«, kann Wolff stolz erklären, »wie viel weiter man in Wissenschaften heute zu Tage kommen ist, da man die Kunst zu erfinden treibet, als vor diesem, da man nur lernete, was von andern war erfunden worden.«[105]

Das philosophisch-logische Erfinden setzt verschiedene geistige Anlagen und Fertigkeiten voraus. Wolff rechnet außer dem Verstand (iudicium),[106] dem er das logische Schlußverfahren zuordnet,[107] den »Witz« dazu,[108] den er bekanntlich als Vermögen, Ähnlichkeiten wahrzunehmen, definiert.[109] Die Identität der Begriffe darf nicht darüber hinwegtäuschen, daß Wolffs Witzbegriff nicht mit dem traditionell als ›Witz‹ verdeutschten ingenium-Begriff identisch ist. Auf die Bedeutungsverschiebung innerhalb der Terminologie wird bei Erörterung des poetischen Naturells noch einzugehen sein (s. Kapitel VI 3.1.).

Wissenschaft ist ein Mittel, Weisheit zu erlangen;[110] und zwar ein erforderliches Mittel, da sie dem puren Analogie-Denken das begründende Vernunftdenken gegenüberstellt, d.h. auch auf unerwartete Fälle vorbereiten kann.[111] Die Weisheit zielt – hierin unterscheidet sich Wolff von den ›Politikern‹ nicht grundsätzlich – auf das Erreichen irdischer Glückseligkeit.[112] Zur Behutsamkeit im Erwägen der Absichten und der erforderlichen Mittel gesellt sich auch bei Wolff die Klugheit, eine praktische Fertigkeit, die erwählten Mittel anzuwenden.[113] Ihr ist hauptsächlich die Erfahrung zugeordnet.[114] Die von Wolff postulierte Verbundenheit des Menschen zur Ausbildung seiner Scharfsinnigkeit und Gründlichkeit, seines Witzes und seiner Erfindungskunst, seines Erfahrungs- und Sprachvermögens und last not least seiner Fähigkeit, regelgemäß zu denken, fungiert als Basis

---

105 Wolff: Deutsche Ethik, S. 191, § 295.

106 Eine genauere Definition des Verstandes gibt Wolff in der »Ausführlichen Nachricht«, S. 507f. »Man hat insgemein fünff Tugenden des Verstandes, Intelligentiam, Scientiam, Sapientiam, prudentiam, artem, oder das Verständnis, die Wissenschafft, Weißheit, Klugheit und Kunst. Ich finde nöthig, ihre Zahl zu vermehren, und setze noch die Scharffsinnigkeit, die Kunst zu erfinden, die Erfahrungs- und Versuch-Kunst, den Witz, Verständnis der Sprache und Gründlichkeit darzu.«

107 Wolff: Deutsche Metaphysik, S. 223, §§ 366, 367.

108 Wolff: Deutsche Ethik, S. 203, § 308; ders.: Deutsche Metaphysik, S. 223, § 367.

109 Wolff: Deutsche Metaphysik, S. 223, § 366 »Leichtigkeit die Aehnlichkeit wahrzunehmen«.

110 Wolff: Deutsche Ethik, S. 207, § 315; Deutsche Metaphysik, S. 565, § 914.

111 Wolff: Deutsche Ethik, S. 207f., § 317.

112 Ebd., S. 214, § 325.

113 Ebd., S. 215f., § 327; S. 239f., §§ 359, 360.

114 Ebd., S. 218f., §§ 332, 333; S. 241, §§ 362, 363.

für die Aufwertung der Philosophie, die alle diese allgemeinen Fähigkeiten voraussetzt und selbst fördert.

Wolffs neuer Wissenschaftsbegriff bewirkt eine Verschiebung im traditionellen Lehrkanon, die an Universität und Schule institutionell verankert wird und dadurch Bestand erhält. Augenfällig ist an *Wolffs philosophischem System* das Ausscheiden aller humanistischen und mathematischen Disziplinen. Erst Wolff macht den mehr oder weniger gezwungenen Kompromißlösungen zwischen dem herkömmlichen System der septem artes und den neu entwickelten Wissenschaftsdisziplinen ein Ende. Indem er rigoros zwischen eigentlich philosophischen und nichtphilosophischen Disziplinen trennt, schafft er erst den Kanon der philosophischen Fächer. Wolffs philosophisches System bildet die Basis für die Umwandlung der traditionellen Fakultätenhierarchie. Der Wandel manifestiert sich nicht als bloße Umetikettierung. Vielmehr löst sich die heterogene artistische Fakultät in Wolffs System auf. Das unorganische Konglomerat von Wissenschaften und Künsten, das bisher in der artistischen Fakultät zusammen gehalten wurde, zerfällt in drei neue Fakultäten, die humanistische mit den Fächern der bisherigen philosophia instrumentalis oder des Triviums o h n e die Logik, die mathematische ohne die Musik, und die philosophische, in der Logik und Metaphysik einen hervorragenden Platz einnehmen.[115]

Philosophie

Theoretische Philosophie

1. Vernunftlehre (Logik)
2. Hauptwissenschaft (Metaphysik)
   a) Grund-Wissenschaft (Ontologie)
   b) allgemeine Weltlehre (Kosmologie)
   c) Seelenlehre (Psychologie, Pneumatik)
      α) Seelengeschichte (empirisch)
      β) Seelen-Wissenschaft (rational)
   d) Natürliche Gottesgelehrtheit (Theologia naturalis)
3. Naturlehre (Physik)
   a) Versuchkunst (experimentierend)
   b) Naturwissenschaft (dogmatisch)
      α) Ursachen (Kausalität)
      β) Absichten (Teleologie)

Praktische Philosophie

1. Allgemeine praktische Philosophie (Philosophia practica universalis)
2. Sittenlehre (Ethik)
3. Haushaltungslehre (Ökonomik)
4. Staatskunst (Politik)

[115] Die folgende Gliederung stammt von Ludovici: Ausführlicher Entwurf, Bd. 1,1, S. 121f., abweichend von Schmeitzel: Versuch zu einer Historie der Gelehrheit, S. 453; aber übereinstimmend mit Formey: Mémoire abrégé sur la vie et les ouvrages de M. de Wolff dans les Principes du droit de la nature et des gens [...] 3 Bde. Amsterdam 1758, hier Bd. 1, S. XLVI. Vgl. Hazard: Die Herrschaft der Vernunft, S. 76f.

1.3. Das philosophische Bildungsideal

Wolffs entscheidender Fortschritt für das Wissenschaftsverständnis und den Umbau der herkömmlichen Disziplinen-Hierarchie besteht im Umdeklarieren der philosophischen Fakultät von einer propädeutischen Einschulung, wie sie bisher die artistische Fakultät dargestellt hatte, zu einer Einführung in klare Begrifflichkeit und richtiges Denken. Indem die Philosophie auch für die höheren Fakultäten das Fundament legt, verliert sie ihr bisheriges Odium, »Magd« der höheren Fakultäten zu sein.[116] Wolff selbst hat den von den Vertretern der höheren Fakultäten mit Unmut quittierten »Schertz« gebraucht, die Philosophie sei insoweit die Magd der höheren Fakultäten, »in so weit die Frau im finstern tappen müste und öffters fallen würde, wenn ihr die Magd nicht leuchtete.«[117]

Sehr bezeichnend für die Wende ist es, daß Wolff den in diesem Zusammenhang bisher üblichen Ausdruck des ›Politischen‹ duch den des ›Bürgerlichen‹ ersetzt; die Philosophie hat allgemeinere gesellschaftliche Aufgaben wahrzunehmen als die genetisch höfische Klugheitslehre, der noch im Anfang des 18. Jahrhunderts die höfische Aura anhaftete.[118] Den Allgemeingültigkeitsanspruch der Philosophie verficht Wolff in seiner Abhandlung »Von dem Nutzen der Welt-Weißheit«.[119]

Die Philosophie hat einen speziellen und einen allgemeinen Nutzen. Der *spezielle Nutzen* bezieht sich auf das Studium der in den höheren Fakultäten gelehrten Disziplinen. Im Grunde bauen die Argumente Wolffs, in welcher Hinsicht Mathematik, Logik und Philosophie die Berufsstudien fördern, auf der allen drei Disziplinen gemeinsamen Basis auf, eben der demonstrativischen Lehrart: die der Logik eine mathematische und der Philosophie eine logische Struktur verleiht.[120] Ähnlich dem Nutzen »Mathematischer Einsichten des Verstandes« in Theologie, Jurisprudenz und Medizin[121] vermittelt die philosophische Lehrart, die in formaler Hinsicht eine Besonderung der mathematischen darstellt,[122] »einen höhern Grad der Erkäntniß« als die gemeine Erkenntnis, weil sie deutliche und

---

[116] Wolff: Gesammlete kleine philosophische Schriften, Bd. 3, Nr. 1 »In wie ferne die Philosophie keine Magd sey«, S. 3–73. Vgl. ders.: Ausführliche Nachricht, S. 536.

[117] Wolff: Ausführliche Nachricht, S. 536. In Gottscheds Zeitschrift »Der Biedermann«, Bd. 2, S. 122, heißt es, Wolffsche Tendenz popularisierend: »Kurtz die Philosophie macht einen Menschen allererst zu einem rechten Menschen, und ist der Grund und Inbegriff aller übrigen Theile der wahren Gelehrsamkeit. Wer sie also vor unnütze hält, der wird gewiß alle übrige Wissenschafften verwerfen müssen.«

[118] Wolff: Gesammlete kleine philosophische Schriften, Bd. 2, S. 826, § 16; vgl. S. 837.

[119] Wolff: Ausführliche Nachricht, Kap. 13, S. 526ff.

[120] Ebd., S. 533. Erst eine nach den Logik-Regeln eingerichtete Philosophie verhilft zum vernünftigen Urteil; ebd., S. 548f.

[121] Wolff: Übrige Kleine Schriften, S. 506, § 21. Zur Ausbreitung der demonstrativischen Lehrart auch in andern Disziplinen s. Anm. 63 und Anm. 75; s. Wuttke: Christian Wolffs eigene Lebensbeschreibung, S. 98ff.; Wundt: Die deutsche Schulphilosophie, S. 132. Übrigens findet sich mathematischer Touch auch in Thomasius' Hofphilosophie.

[122] Wolff: Übrige Kleine Schriften, S. 598f., § 6 »Ich pflege nemlich die Philosophie nicht durch das materialische, sondern durch das formale Object von der Mathematick, wie

›hinlänglich‹ begründete Erkenntnis gibt.[123] Zum Beispiel versteht erst der Rechtsgelehrte philosophisch die Gesetze, der sie nicht nur auslegt, sie auf Fälle des bürgerlichen Lebens appliziert, sondern der sie in deutliche Begriffe fassen und sie »aus ihren wahren Gründen« herleiten kann.[124] Der Nutzen der Philosophie erstreckt sich über die Universitätsstudien hinaus und bezieht sich auf alle Tätigkeiten des täglichen Lebens.

»Ein Ackers-Mann verlässet sich auf seine Erfahrung, und weiß dadurch wie er den Acker bauen soll, damit ihm der ausgestreuete Saame eine erfreuliche Saat bringe: aber vom Ackerbau philosophiren heisset von allem, was man dabey beobachten muß, den hinlänglichen Grund einsehen. Auf diese Weise kan man von allen menschlichen Beschäfftigungen philosophiren.«[125]

Nicht historisches Wissen, sondern Aneignung deutlicher und gründlicher Erkenntnis gilt Wolff als Kern der Philosophie.[126] Das Studium der Theologie, Jurisprudenz und Medizin kann erst sinnvoll nach Absolvieren der philosophischen Kurse angegangen werden, »weil die Philosophie jeder von diesen Wissenschafften das Licht anzünden und die Gründe darreichen muß.«[127] Der Dogmatischen und der Moral-Theologie kommen Logik und »ausübende Philosophie« zustatten, der ›polemischen Theologie‹ nützen theoretische und praktische Logik, der Rechtswissenschaft die praktische Philosophie (Naturrecht, Ethik, Oeconomik, Politik), der Medizin Physik und Logik.[128] Wolff spricht aus eigener Erfahrung, wenn er die Zeitersparnis betont, die der in Mathematik und Philosophie Beschlagene gegenüber den Unkundigen in solchen Fällen verbuchen kann.[129]

»Denn wer in der Mathesi und Philosophie fleissig gewesen ist, und den Verstand dadurch wohl aufgeräumet hat, daß er Wahres vom Falschen, Gründliches vom seichten genau zu unterscheiden weiß; der kan die Grundlehren der Obern Facultät, zu welchen

---

auch von denen Wissenschafften der höhern Facultäten (wie man sie zu nennen pfleget) und von der gemeinen Kenntniß derer Dinge, nicht durch die vorhabende Dinge selbst, sondern nur durch den Vortrag zu unterscheiden. Die Philosophie hat eine eigene Art zu erkennen, nehmlich eine solche, vermittelst welcher wir den Grund aller möglichen Dinge deutlich einsehen.«

123 Ebd., S. 600, §§ 9, 10.

124 Ebd., S. 599, § 8. Ähnliches gilt für den Arzt und den Moralphilosophen.

125 Wolff: Übrige Kleine Schriften, S. 600, § 8.

126 Ebd., S. 604, § 22. An L. Blumentrost schreibt Wolff am 16. Juni 1725: »Meines Erachtens wird viel darauf ankommen, dasz man die Wiszenschafften in ihrer eigentlichen Forme und nicht, wie leider! bey uns der Brauch ist, blosz historice tractice, dasz man nicht in den Anfangsgründen lernet, was man wieder vergeszen, oder ändern musz, wenn man zu höherer Unterweisung schreitet, dasz man in der andren Disziplin nutzen kan, was man in der einen gelernet [...]« Wolff: Briefe aus den Jahren 1719–1753, Nr. 23, S. 49.

127 Wolff: Übrige Kleine Schriften, S. 604, § 24.

128 Ebd., S. 606, §§ 27–30. Vgl. Wolff: Ausführliche Nachricht, S. 666. »Wer die Theologie ergreifft, der lernet die Logick, Metaphysick und Moral allein. Einer, der sich auf die Rechte leget, nimmet noch die Politick dazu. Wer aber ein Medicus werden will, der schreitet von der Logick, Metaphysick und Physick zur Medizin.«

129 Wolff: Übrige Kleine Schriften, S. 606, § 31.

er sich hält, besser fassen, auch viele Lehren, die bisher nicht weiter als historisch gelehret werden, gründlicher einsehen.«[130]

Auch diesen Gedanken hat Wolff mehrfach ausgesprochen.[131] Im Kapitel »Vom Nutzen der Welt-Weißheit« seiner »Ausführlichen Nachricht« mustert er die einzelnen philosophischen Fächer unter dem Aspekt ihres Nutzwertes für die höheren Fakultäten.[132] Die Ontologie liefert »allgemeine Gründe und Lehren« für alle Teile der Philosophie und der höheren Fakultäten; die Psychologie bestätigt Logik und Ethik und dient dem Theologen, dem Politiker und dem Arzt in gleichem Maße. Beispielsweise lehrt sie den Arzt Rücksichtnahme auf die psychische Beschaffenheit des Patienten – damit dessen »Gemüths-Neigungen« nicht der geplanten Kur »hinderlich fallen« –, und eine der Psyche des Patienten angemessene, d.h. für ihn verkraftbare Behandlung. Mit ähnlicher Ausführlichkeit legt Wolff die besonderen Nutzaspekte der Kosmologie, der natürlichen Theologie, der Metaphysik, der Moral und Politik, der Experimental-Philosophie und der Physik dar. In der Abhandlung »In wie ferne die Philosophie keine Magd sey« fügt Wolff diesem Katalog noch Naturrecht, Gemütserforschung, Ökonomik, Teleologie hinzu.[133] Über den eigentlichen Radius der Philosophie hinaus führt Wolff noch die zur ›philosophischen Fakultät‹ gehörenden Fächer ›Meßkunst‹, Historie, studia humaniora an.[134]

Der *allgemeine Nutzen,* den Wolff dem Philosophiestudium zuspricht, ist für seine eigentliche Intention wichtiger als der fachspezifische, da er erst die grundlegende Bedeutung der Philosophie erkennbar macht. Das Argument des allgemeinen Nutzens erklärt die Vorrangstellung, die Wolff für die Philosophie beansprucht. Wolff begründet den Nutzen auf fünffache Weise. 1) Die gewöhnliche Erkenntnis, die nicht mit klaren und deutlichen Begriffen arbeitet, ist zahlreichen Irrtümern unterworfen, sieht oft die wahren Gründe nicht und wendet daher die Mittel nicht mit der nötigen Umsicht an. 2) Sie erlaubt entweder keine oder nur unsichere, dem Irrtum ausgelieferte Deduktionen. 3) Das dritte Argument zielt auf den »seelischen« Gewinn, den das erkennende Subjekt aus der philosophischen Erkenntnis zieht – sie »kläret auch das Gemüth auf, und überschüttet dasselbe mit so grossem Vergnügen, welches man mit keinem andern vergleichen kan«. Allerdings begründet Wolff anders als etwa Tschirnhaus, dessen Standpunkt, menschliche Glückseligkeit sei in der Wahrheitssuche vermittelt, von Thomasius scharf zurückgewiesen worden war. Wolff knüpft das vom erkennenden Subjekt empfangene Vergnügen an die »Empfindung der Vollkommenheit so wohl unseres Verstandes, als auch anderer Dinge«, d.h. Wolffs teleologische

[130] Ebd., S. 607, § 32.

[131] Wolff: Ausführliche Nachricht, S. 532ff., § 193 »Die Welt-Weißheit macht / daß man die höheren Facultäten geschwinder und gründlicher studiren kan.« Ebd., S. 540. Ferner Gesammlete kleine philosophische Schriften, Bd. 1, S. 7–65.

[132] Wolff: Ausführliche Nachricht, S. 536ff.

[133] Wolff: Übrige Kleine Schriften, S. 23–60. Vgl. Wundt: Die deutsche Schulphilosophie, S. 139.

[134] Wolff: Übrige Kleine Schriften, S. 65f.

Begründung des Vergnügens besteht letztlich in der Erkenntnis der von Gott dem erkennenden Subjekt und dem zu erkennenden Objekt mitgeteilten Vollkommenheit. In der Vermittlung über den erkennenden Verstand sind objektive Vollkommenheit und subjektives Vergnügen reziprok proportional. Diese Begründung blockt von vornherein den Vorwurf ab, die propagierte Erkenntnismethode verabsolutiere die Vernunft und relativiere insofern die Grundlagen der Theologie. 4) Die gemeine Erkenntnis sei zu solch einer – durch philosophische und mathematische Erkenntnis bewirkten – vollkommenen Befriedigung des »lehrbegierigen Gemüthes« nicht in der Lage; 5) auf ihrer Basis sei weder eine deutliche Vermittlung noch eine Demonstration der Behauptungen noch eine Erhärtung gegenüber Einwänden möglich.[135]

Wolffs *Bildungsideal* basiert auf der Vorstellung des allgemeinen Nutzens der Philosophie; allein sie eignet sich zur Ausbildung des Verstandes.[136] Aus dem Postulat einer Vervollkommnung des Verstandes – »der Mensch soll nach aller Vollkommenheit des Verstandes streben«[137] – folgt die Pflicht zur ›gründlichen Erkenntnis‹ (Ethik § 284) und damit zur Wissenschaft (Ethik § 293) und zur philosophischen Bildung überhaupt. Aus der bedeutsamen Forderung nach Universalität der Erkenntnisfähigkeiten[138] leitet Wolff den Anspruch der philosophischen ›Bildung‹ auf eine die fachspezifische ›Ausbildung‹ übergreifende Funktion ab. Prinzipiell setzen nur die eigenen Kräfte und widrige Umstände dem universalen Erkenntnisdrang Grenzen. Im Zweifelsfall dient das berufsbezogene Nutzenprinzip als Selektionsraster bei der Auswahl der in Frage kommenden Erkenntnismöglichkeiten, so daß der Mensch *die* Erkenntnis vorziehen soll, »welche ihm in denen Verrichtungen, die er vermöge seiner Lebens-Art vorzunehmen hat, dienlicher ist.«[139] Allerdings programmiert diese berufsbezogene Selektion lediglich die Priorität des Erkennens, scheidet jedoch im Prinzip die zurückgestellten Erkenntnisse nicht von vornherein aus. Die Nützlichkeitsmaxime dient dem Menschen »keineswegs« als Entschuldigung, Erkenntnisse wegen anscheinend fehlender Berufsbezogenheit zu vernachlässigen – diese Rechtfertigung gilt nur bei Zeitmangel oder Kostenübermaß, nicht aber bei ›zureichenden Kräften‹ und günstigen Umständen.[140] Niemand weiß, ob er die momentan anscheinend nutzlosen Erkenntnisse nicht eines Tages doch gebrauchen kann, oder ob sie ihm im gesellschaftlichen Leben Vorteile, etwa Freundschaft oder Gewogenheit, ver-

---

[135] Ebd., S. 601, §§ 14–18, vor allem gegen die ›Lästerer‹ gewandt, deren Ansicht nach die »gemeine oder historische Erkäntniß« zum Erreichen menschlicher Glückseligkeit genügt.

[136] Wolff: Übrige Kleine Schriften, S. 7, § 2. »Die Verbesserung des Verstandes kan man nirgends anders woher als von der Philosophie erwarten.«

[137] Wolff: Deutsche Ethik, S. 173, § 267; vgl. § 254.

[138] Ebd., S. 165, § 255. Wir müßten »nach so vieler Erkäntniß trachten, als uns zu erlangen möglich ist.« Ebd., S. 170, § 262 »Da nun der Mensch verbunden ist sich um alle Erkäntniß zu bemühen, wo es seine Kräffte und Umstände bey sich ereignender Gelegenheit leiden.«

[139] Ebd., S. 165, § 256. [140] Ebd., S. 166, § 257.

schaffen können.[141] Die Tatsache, daß niemand künftige Bedarfsfälle voraussehen kann und somit irgendeiner Erkenntnis den möglichen Nutzwert absprechen darf,[142] bringen Wolff zu einer grundsätzlichen Offenheit gegenüber allen Erkenntnissen; er erweitert, wie Hans Matthias Wolff es formuliert hat, den Begriff des »nützlichen Wissens« zum Begriff des »potentiell nützlichen Wissens«.[143]

Wolff untermauert dieses Bildungskonzept durch ethische Argumente. Die als göttlich definierte Natur verpflichtet den Menschen zum Ausführen guter und zum Vermeiden böser Handlungsweisen. Notwendig verbindet sie damit den Menschen auch zur vorgängigen Erkenntnis ethischer Normen.[144] Der »Erfolg« einer Handlung wird nicht mehr nach ›politischen‹ Klugheitsmaximen, sondern nach ethischen Grundsätzen beurteilt.

> »Derowegen solte man von Jugend auf dazu geführet werden, daß man alle Handlungen durch ihren Erfolg von einander zu unterscheiden und daraus zu beurtheilen wüste, welche gut und welche böse sind.«[145]

Gegenüber dem im menschlichen Sündenbewußtsein befangenen Thomasius, der ›Gelahrheit‹ ausdrücklich als Erkenntnis des Guten definiert und somit ihre Bindung an erkenntnisfremde ethische Normen akzentuiert hatte, setzt der vom optimistischen Glauben an eine göttliche Vernunft-Natur durchdrungene Wolff die ethische Fundierung der Erkenntnis als Selbstverständlichkeit voraus. Da die in der gottgeschaffenen Natur befindlichen Erkenntnisobjekte a priori vernünftig und auf Vollkommenheit hin angelegt sind, erfolgt auch deren uneingeschränkte Erkenntnis im Zeichen ethischer Prämissen: die Erkenntnis des Wahren und die Erkenntnis des Guten fallen zusammen. Durch dieses Identitätspostulat gewinnt Wolff für den wissenschaftlichen Erkenntnisprozeß ein erweitertes Forschungsfeld, da nun die ganze Natur uneingeschränkt der Erkenntnisbemühung offensteht. Eine weitere Konsequenz zeigt sich in der Ausgestaltung des Erkennens selbst, das ausschließlich auf vernünftigen Regeln aufgebaut werden kann und von der Bevormundung durch religiös-ethische Doktrinen befreit wird. Den Aspekt der Loslösung der philosophischen und damit ›freien‹ Wissenschaft aus den Fesseln der Theologie hat Wolff selbst deutlich gesehen und ist den tatsächlich vorgebrachten Einwänden durch das Argument begegnet: Obwohl die christlichen Wahrheiten aus der Vernunft nicht erweisbar seien, könne man sie doch mit Hilfe der Vernunft verteidigen, »indem sie nicht wider dieselbe sind«.[146] Die gründlich betriebene Weltweisheit – seine eigene – stellte auch die »sicherste Waffen« zur Verfügung, um »Atheisterey und Profanität« zu besiegen.[147]

Dieselbe Identität des Wahren und des Guten, die beim Erkenntnisvorgang zugrundeliegt, wirkt auch beim handelnden Subjekt, insofern nur sachlich ange-

---

141 Ebd., S. 166f., § 258. 142 Ebd., S. 167, § 259.
143 H. M. Wolff: Die Weltanschauung der deutschen Aufklärung, S. 116.
144 Wolff: Deutsche Ethik, S. 170f., § 263; vgl. §§ 29, 30.
145 Ebd., S. 174f., § 271.
146 Wolff: Ausführliche Nachricht, S. 538, § 193.
147 Ebd., S. 553, § 198.

messene (wahre) und ethisch ausgerichtete (gute) Handlungen erfolgreich sein können. Die Weltweisheit macht – diese Doppelfunktion ist für die ganze frühe Aufklärung kennzeichnend – nicht nur geschickt, »ohne Ubereilung und vernünftig zu urtheilen«,[148] sie macht auch »redliche und aufrichtige Leute«.

> »Wo das innere mit dem äusseren überein kommet, da handelt man aufrichtig, und wo man nach der Wahrheit mit andern umgehet, da handelt man redlich.«[149]

Die Verpflichtung des Menschen auf die Verstandesvervollkommnung erstreckt sich über die eigene Person hinaus auf sämtliche Mitmenschen. Das Versäumnis, anderen Menschen mit der eigenen Erkenntnis zu helfen, erklärt Wolff für ein ebenso großes Unrecht wie die Behinderung anderer, in den Besitz der Erkenntnismittel zu gelangen. Vielmehr soll der Einzelne »allen möglichen Fleiß« anwenden, die Erkenntnis zu verbreiten. Aus diesem Grund bedient Wolff sich in den philosophischen Schriften der deutschen Sprache, »damit auch diejenigen, welche nicht studiret haben, dennoch dazu gelangen können«,[150] obgleich er keinesfalls an ein Universitätsstudium für alle denkt.[151] Wolff dehnt das Programm des ›Nächstendienstes‹ von der puren materiellen Hilfeleistung auf die »geistige Förderung« aus.[152]

Der *soziale Nutzen* legitimiert die Philosophie als Grundlage des Berufs und der Lebenspraxis überhaupt. Wolffs Aufwertung der Philosophie zur grundlegenden Disziplin hat im weiteren Verlauf nicht nur zur Errichtung einer allgemeinen Bildungsschule geführt,[153] sie hat auch den bisher als Angehörigen der artistischen Fakultät relativ gering geachteten Philosophen gesellschaftlich legitimiert und auf einen höheren Rang gestellt. Jeder Bürger ist nach Maßgabe seiner Fähigkeiten zur Förderung der ›Gelehrsamkeit‹ angehalten:

> »Derowegen wenn einer die Wissenschaften oder Künste zu verbessern und zu erweitern geschickt ist, und er entweder vor sich reich ist, oder doch sonst durch andere Wege sein reichliches Auskommen hat; so soll er die übrige Zeit auf die Wissenschaften und Künste, nicht aber auf Erwerbung zeitlichen Vermögens anwenden: denn Geld zu erwerben sind wir nicht weiter verbunden, als es ein Mittel ist zur Erhaltung unsers Leibes: hingegen zu Wissenschaften und guten Künsten sind wir schlechterdings verbunden.«[154]

---

148 Ebd., S. 544, § 195; auch S. 549, § 196.

149 Ebd., S. 550, § 197.

150 Ebd., S. 185f., § 289 »[...] und freue mich, wenn ich sehe, daß meine Bemühung erkandt wird und vielen Nutzen schafft.«

151 Wolff: Deutsche Politik, S. 228f., § 295 »Da man davor zu sorgen hat, daß in einem Lande, von einem jeden Stande so viel vorhanden sind, als es die gemeine Wohlfahrt erfodert; absonderlich aber bekand ist, daß Gelehrte, wenn sie nicht in Bedienungen leben, nichts erwerben können, und dannenhero dem Lande nothwendig eine Last sind, weil andere sie unterhalten müssen; so hat man auch zu veranstalten, daß nicht zu viele studiren, und hauptsächlich diejenigen zurücke bleiben müssen, die entweder keine Mittel, oder keine Geschicke haben etwas rechtes zu lernen, am allermeisten aber diejenigen, denen es an beydem fehlet.«

152 Dazu H. M. Wolff: Die Weltanschauung der deutschen Aufklärung, S. 117.

153 Heubaum: Geschichte des Deutschen Bildungswesens, S. 197.

154 Wolff: Deutsche Ethik, S. 357f., § 526; vgl. § 255.

Da jedoch, wie Wolff klar erkennt, diese Möglichkeit nur für die Vermögenden offensteht, folgt aus dem philosophischen Bildungskonzept konsequent die Forderung nach Muße, nach »Freyheit von ordentlichen Verrichtungen«,[155] damit jedermann in den Genuß der geistigen Erkenntnis und damit der menschlichen Vervollkommnung gelangen kann. Auf die wichtige Rolle dieses Konzepts innerhalb der Bildungs- und Kulturgeschichte hat Hans Matthias Wolff aufmerksam gemacht[156] und Christian Wolffs Postulat einer geistigen, der Verstandesausbildung vorbehaltenen Freizone im täglichen Leben als Entprivilegisierung der Bildung gedeutet. Für den dichtungsgeschichtlichen Bereich ergibt sich als Konsequenz aus dem Wolffschen Bildungskonzept die Legitimation der Poesie als einer philosophisch rechtmäßigen Beschäftigung der ›Nebenstunden‹.

Geistige Grundlage des Konzepts bildet die Unabdingbarkeit freien, unbevormundeten Denkens, wie sie die Vernunftregeln gewährleisten.[157] Wolffs Forderung, bei der Wahrheitsermittlung sich nur nach sich und »nicht nach andern« zu richten, die Ablehnung jeglicher auf Autoritäten gestützter Urteile als »Vorurtheil der Autorität«[158] steht in scharfem Widerspruch zur im 17. und 18. Jahrhundert üblichen territorialstaatlichen Einschränkung der *›Geistesfreiheit‹*.[159] Sie und die blinde Übernahme befohlener Wahrheiten gilt Wolff als Sklaverei. Wie ein Vorklang zu Kants Definition der Aufklärung als der Befreiung des denkenden Subjekts aus den Fesseln der Unmündigkeit mutet Wolffs Definition der geistigen Sklaverei an:

> »Und demnach bestehet die Sclaverey im philosophiren in Unterwerffung seines Verstandes dem Urtheile eines andern oder, welches gleichviel ist, in Resolvirung seines Beyfalles in die Autorität eines andern.«[160]

Die Freiheit dagegen gründet sich auf der demonstrativischen Kraft des selbst geführten Beweises; erst dessen vollständige, das erkennende Subjekt überzeugende Ausführung rechtfertigt die öffentliche Kundgabe des als wahr Erkannten.

> »Und demnach besteht die Freyheit zu philosophiren in einem ungehinderten Gebrauche seines Verstandes, oder, welches gleichviel ist, in Resolvirung seines Beyfalles in die *Gründe,* wodurch eine Wahrheit erwiesen wird.«[161]

---

155 Ebd., S. 360, § 529. Müßiggang ist ein Laster, »Musse hingegen nennet man die Freyheit von ordentlichen Verrichtungen.«

156 H. M. Wolff: Die Weltanschauung der deutschen Aufklärung, S. 118f.

157 Wolff: Anfangsgründe aller mathematischen Wissenschaften, Bd. 1, Neue verbesserte und vermehrte Auflage (1750), Vorrede, S. a4v.

158 Wolff: Ausführliche Nachricht, Kap. 4 »Von der Freyheit zu philosophiren, deren sich der Autor bedienet«, S. 124–149, hier S. 127, S. 132.

159 Noch 1737 verbot eine Verordnung des Herzogs Ernst August von Sachsen-Weimar »das vielfältige Raisonniren der Unterthanen bei halbjähriger Zuchthausstrafe«, weil, wie es in dem Befehl weiter heißt, »das Regiment von Uns, nicht aber von den Bauren dependirt und wir keine Raisonneurs zu Unterthanen haben wollen.« Wuttke: Christian Wolffs eigene Lebensbeschreibung, S. 13f., Anm. 2.

160 Wolff: Ausführliche Nachricht, S. 133.

161 Ebd., S. 134.

Der Pflicht, wissentlich keine als Irrtümer erkannten, autoritätsbegründeten ›Wahrheiten‹ zu verbreiten, steht indes – mit Rücksicht auf den gesellschaftlichen Mißbrauch der philosophischen Freiheit – keine Pflicht zur *totalen* Verbreitung vernunftgegründeter Wahrheit gegenüber. Trotz der individualorientierten Rechtfertigung dieser Restriktion bezeugt die ganze Argumentation die nötige Rücksichtnahme und damit das Verhaftetsein Wolffs an die Traditionen obrigkeitsstaatlichen Denkens. Alle der Religion, der Tugend und dem Staat »entgegen stehende Meinungen« (!) fallen unter diese Einschränkung.[162] Die Normen des christlich-abendländischen Kulturkreises (und der feudalstaatlichen Hierarchie) bleiben damit in ihrem Absolutheitsanspruch unangetastet. Das freiheitliche Denken des einzelnen findet also dort seine Grenze, wo allgemeine Rechts- und Kulturgüter in Frage gestellt werden könnten. Die Affinität des Wolffschen Ordnungsdenkens zur konfuzianischen Ethik zeigt sich in dieser konservativ-passivischen Ausrichtung besonders klar.[163] Scharf wendet sich Wolff gegen die »Consequentien«-Macherei, die mißbräuchliche Auslegung gegnerischer Schriften[164] zum Zweck persönlicher Diskreditierung des Autors, wie sie Wolff selbst in reichem Maße erfahren hat. Willfährigkeit gegenüber – aufgrund subjektiver Interpretation – erhobenen Verdächtigungen endet in der Aufhebung philosophischer Freiheit.

Wie Freiheit und Verpflichtung wechselseitig verknüpft sind, zeigt Wolffs Herleitung der ›Akademischen Freiheit‹ aus der Freiheit des Philosophierens.[165] *Akademische Freiheit* hat mit Studentenprivilegien, mit dem Einräumen eines sozialen Sonderstatus für ›Gelehrte‹ nichts zu tun,[166] sie ist vielmehr, abgeleitet aus der Definition der Freiheit als einer »Gewalt des Menschen über sich selbst«, eine »Unabhängigkeit der Handlungen eines Studirenden in seinem studiren von anderer ihrem Willen«.[167] Auf ihre Wahrung muß der Studierende selbst achten, sie unterliegt jedoch denselben Einschränkungen wie die bürgerliche Freiheit und verpflichtet den Studierenden zur Einhaltung der akademischen Gesetze.[168]

Der *Aufwertung* der philosophischen Fakultät entspricht nicht nur die der Philosophie-Professoren, sondern *des Lehrstandes* generell, insbesondere der Schullehrer. Mehrfach hat Wolff als Voraussetzung eines Lehrers fachliche und pädagogische Eignung betont – denn an der Fähigkeit des Lehrstandes entscheidet

---

162 Ebd., S. 133ff., bes. § 42.

163 Wolff: Rede von der Sittenlehre der Sineser, in: Gesammlete kleine philosophische Schriften, Bd. 6, S. 3–320.

164 Wolff: Ausführliche Nachricht, S. 140f. »Denn wer ist in der Geschichte der Gelehrten so unerfahren, daß er nicht wüste, wie man durch die Consequentien-Macherey zu allen Zeiten der Freyheit zu philosophiren Eintrag gethan und dadurch Gelegenheit erhalten, diejenigen zu verfolgen, welche nicht in ihren Meynungen sich denen unterwerffen wollen, welche die weltliche Macht auf der Seite gehabt.« Worauf die Konsequenzenmacherei der Wolff-Gegner gründet, hat Ludovici aufgezeigt. Ludovici: Ausführlicher Entwurf, Bd. 1, 1, S. 114, § 120.

165 Wolff: Von der rechten Erkäntniß der Academischen Freyheit (1731), in: Übrige Kleine Schriften, S. 456–470.

166 Ebd., S. 463f., § 6. 167 Ebd., S. 458, § 3. 168 Ebd., S. 458f.

sich die Prosperität eines Landes.[169] Um den Lehrenden aber Lust zu ihrer »beschweerlichen Arbeit« zu machen, plant Wolff ihre Versorgung mit einem »guten Auskommen« und die Anhebung ihres sozialen Ansehens.[170] Der finanzielle und der soziale Aspekt sind beim Hochschullehrerstand noch wichtiger, da er höhere Ansprüche an die Lehrenden stellt. Wolffs Ausführungen zu diesem Problem möchte man mancher Regierung ins Stammbuch schreiben.

> »Absonderlich ist hiervor auf Academien zu sorgen, wo man Leute zu Lehrern gebraucht, die in Wissenschaften andern überlegen und sie wohl fürzutragen geschickt sind und daher leicht niedergeschlagen werden, wenn sie bey den vortreflichen Gaben, damit sie andern überlegen sind, doch nicht so viel Vortheil haben können, als andere, die ihnen viel nachgeben müssen, bey ihren weit austräglicheren Bedienungen. Am allermeisten aber ist mit hierauf zu sehen, weil diejenigen, welche die Wissenschaften durch Lesen und Nachdencken in Aufnehmen bringen sollen, ruhiges und vergnügtes Gemüths seyn müssen, indem Unruhe und Mißvergnügen das Nachdencken stöhren, und sich daher in einem solchen Zustande befinden, wo ihnen wohl ist.«[171]

Wenn die besten Leute also in den Schuldienst kommen, hebt sich – nach Wolffs Rezept – der Bildungsstand allgemein.

Während Wolffs mathematische Lehrbücher selbst in den Franckeschen Lehranstalten die bisher gebrauchten, von Tschirnhaus empfohlenen Lehrbücher ersetzten,[172] hatte sein bildungspolitisches Programm, das Gedanken von Becher, Pufendorf und Leibniz fortführte, weiterreichende Folgen. Wolffs Vorschläge beschleunigten die seit dem 30jährigen Krieg sich anbahnende Verstaatlichung des preußischen Bildungswesens.[173] Die Errichtung der mit großem Optimismus propagierten staatlich sanktionierten Institutionen sollte die menschliche Glückseligkeit vermehren. Mit dieser sozialethischen Verpflichtung des Lehrstandes hat denn Wolff auch sein eigenes Handeln begründet, wie er noch in einem Schreiben der letzten Lebensjahre bekennt.

> »Ich habe mir hauptsächlich vorgenommen, die jenige Wahrheiten gründlich und überzeugend auszuführen, wodurch die Glückseeligkeit des menschlichen Geschlechtes und eines Staats befördert wird, und suche dadurch keinen Ruhm als eine Belohnung, noch ein anderes Interesse. Mir ist gnung, wenn ich die Wahrheit, die dem Menschen nützlich ist, bekannt mache als Wahrheit.«[174]

---

169 Wolff: Übrige Kleine Schriften, S. 62; Deutsche Politik, S. 210f., § 285.

170 Wolff: Deutsche Politik, S. 211f., § 286; S. 215, § 288. »Denn gleichwie sie mißvergnüget werden, wenn sie bey ihrer sauren und höchstbeschweerlichen Arbeit darben sollen, da andere ihres gleichen in ihren Bedienungen bey vielweniger, oder doch bey weitem nicht so verdrießlicher Arbeit ein weit besseres Auskommen haben; so sind sie hingegen mit ihrem Stande zufrieden, wenn sie versichert sind, daß sie sich nicht verbessern würden, ob sie gleich eine andere Bedienung erhielten, dazu sie so wohl, als zu der ihrigen geschickt wären.« Ebd., S. 211.

171 Wolff: Deutsche Politik, S. 212, § 286.

172 Klüger: Die pädagogischen Ansichten, S. 60.

173 Heubaum: Geschichte des Deutschen Bildungswesens, S. 197f.

174 Wolff an J. D. Schumacher, Brief vom 6. August 1753, in: Wolff: Briefe aus den Jahren 1719–1753, Nr. 92, S. 157.

Die durch Christian Wolffs Lehr- und System-Reform eingeleitete Wissenschaftsperiode stellt indes kein eigenes, in sich abgeschlossenes Wissenschaftsparadigma dar. Obwohl sie sich scheinbar abrupt von der vorhergehenden Wissenschaftspraxis, insbesondere der ›politischen‹ Philosophie, absetzt, bezeichnet sie in Wahrheit keinen Bruch in der Wissenschaftsgeschichte. Wolff verabsolutiert lediglich eine der bereits zuvor entwickelten Komponenten und leitet aus ihr ein eigenes philosophisches System ab, als dessen Kern er charakteristischerweise die Lehrart bezeichnet. Die Methode allein begründet noch kein eigenes Paradigma. Denn die Inhalte und die Zielsetzungen hat Wolff weitgehend mit den Vorgängern gemeinsam, wenn auch unbestreitbar die mathematische Methode eine Akzentverschiebung der inhaltlichen Aspekte zur Folge hat. Wolffs antihumanistischer Trend stammt indes aus anderer Quelle als bei den mit gesellschaftlichen Argumenten operierenden ›Politikern›; er leitet sich aus einem innerwissenschaftlichen Prozeß ab. Wolffs Impetus ist primär wissenschaftsimmanent und entzündet sich an der Frage der Sach-Wahrheit. Während die dem Klugheitsideal verpflichtete pragmatische Wissenschaft zur Anpassung an die Bedürfnisse tendiert, entwickelt die am Wahrheitsideal orientierte Wissenschaft die präzise, ausschließlich der Sacherkenntnis dienliche Methode. Notwendig rückt die theoretische Philosophie als die Disziplin, die sich um Wahrheitserkenntnis bemüht, ins Zentrum und verweist die praktische Sektion ins zweite Glied. Wegen dieser grundsätzlichen Weichenstellung – deren Ausdruck die Übertragbarkeit der Lehrmethode darstellt – ist Christian Wolff für die Entwicklung des gesamten frühaufklärerischen Proto-Idealismus in Deutschland wichtiger geworden, als Newton, dessen materiale Entdeckungen nur indirekt auf die Nachbardisziplinen einwirken konnten.[175] Seit den dreißiger Jahren macht sich der Einfluß der Wolffschen Philosophie im wissenschaftlichen Schrifttum immer deutlicher bemerkbar.[176] Seit den vierziger Jahren löst sie die bisher herrschenden ›politischen‹ Klugheits-Philosophien ab, ein Vorgang, der einerseits begünstigt wird durch das Nachrücken von Wolffs Schülern auf die philosophischen Lehrstühle, andererseits durch die Klarheit und

---

[175] Zur Einschätzung Newtons s. Gottscheds Äußerung: »Der zweyte, den man unserm Freyherrn entgegen stellen kann, ist Isaak Neuton, den Brittannien als seine Zierde verehret. Man kann nicht läugnen, daß dieser ein großer Geist gewesen, wenn man gleich nicht den ganzen Aberglauben seiner Landsleute unterschreibt. Er war ein großer Meßkünstler [...]. Allein bey dem allen war er ein bloßer Naturforscher. Die Lehre von den Grundwahrheiten, die Erkenntniß der Seele und der Geister, von Gott und dem Rechte der Natur, von den Sitten und Staatsverfassungen, hat er nicht einmal berühret. Alles dieses aber hat Hr. Kanzler Wolf in voller Maaße geleistet. Räumet er also Neuton einen Vorzug in der Physik ein: so ist er auf zehn andern Seiten sein Obermeister gewesen.« Gottsched: Lobschrift, S. 150f.

[176] Zur Ausbreitung von Wolffs Philosophie s. Blackall: Die Entwicklung des Deutschen, S. 34f.; Heubaum: Geschichte des Deutschen Bildungswesens, S. 258f. 1742 berichten die »Göttingischen Zeitungen von gelehrten Sachen«, »daß seit einiger Zeit die Anfangsgründe der Mathematik und der Weltweisheit fast von allen, die sich der Gelehrsamkeit widmen wollen, erlernt werden.« Neben Fabricius' Gelehrsamkeitsgeschichte ist hier besonders die von L. A. Baumann: Kurzer Entwurf einer Historie der Gelehrsamkeit zum Gebrauch der Jugend auf Schulen (1762) zu nennen.

Deutlichkeit der Wolffschen Schriften selbst.[177] Die deutsche Sprache, deren er sich in seinen Vorlesungen und Schriften bedient, sichert die Verbreitung seiner Lehre auch gegen die Widerstände konservativer Fakultäten.[178] So wie erst die von Wolff geschaffene deutsche Terminologie die Entwicklung aufklärerischer, auf Popularisierung zielender Philosophie ermöglicht, so setzt sich auch erst seit Wolffs Auftreten die deutsche Sprache an den Universitäten endgültig durch. Im neu gegründeten Göttingen wird seit 1737 überwiegend in deutscher Sprache gelesen,[179] ein Sachverhalt, den die naturwissenschaftliche Ausrichtung der Universität zweifellos begünstigt hat.

2. Auf dem Weg zur ›philosophischen‹ Redekunst: Von der Eloquenz zur Überredungskunst

Vom Humanismus über das Barock bis in die Zeit des ›politischen‹ Pragmatismus blieb die alte Einheit von Rhetorik und Poesie gewahrt; beide galten als Schwesterkünste, wobei mit zunehmender Pragmatisierung die ›Wohlredenheit‹ als einzige Basis auch der Poesie fungierte. Das beide Disziplinen einigende Band war die eloquentia, das Zierlichkeitsideal in gebundener und ungebundener Rede. Wie nicht weiter verwunderlich, versteht Meyfart in seiner 1634 erschienenen Rhetorik den Zierlichkeitsbegriff insofern anders, ›politischer‹ als Opitz, als er Zierlichkeit über das – im Bereich des inneren aptum verbleibende – Stilideal hinausführt auf das Gebiet des äußeren aptum, wo es bereits den Sinn des Decorum annimmt – eine Deutung, die in der Poesie erst nach der Jahrhundertmitte dominiert. Eindeutig definiert Meyfart:

> »Die Rhetorica ist ein Kunst von einem vorgesetzten Ding zierlich zureden / vnd künstlich zuvberreden. Es heisset aber zierlich reden / nicht mit lustigem Gethön die Ohren füllen / sondern mit weisen / scharffen vnd durchdringenden Machtsprüchen: auch

---

177 Wolff fand auch bei den Katholiken Beifall; Stolle: Anleitung zur Historie der Gelahrheit, S. 654 »Endlich haben des weitberühmten Mathematici und Philosophi, Herrn Christian Wolffs vernünfftige Gedancken von der Menschen Thun und Lassen, zu Beförderung ihrer Glückseeligkeit, ein besonder Aufsehen gemacht; indem sie nicht nur bey Protestanten, sondern auch vornehmlich bey Catholicken [Anm.: wie seine Metaphysic] applausum gefunden.« Entgegen Notker Hammersteins These, »die Auswirkungen Christian Wolfs auf die Universitäten des Reichs« und auf die Wissenschaften seien »vergleichsweise unbedeutend« geblieben. Paper zum Arbeitsgespräch »Frühaufklärung« vom November 1978 in Wolfenbüttel.

178 Dies erhellt das 1725 abgegebene Gutachten der Tübinger philosophischen Fakultät über die Schädlichkeit von Wolffs Philosophie. Obwohl man »einen deutschen Vortrag in unsrer Muttersprache in Collegiis und Auditoriis je und je wohl vertragen« habe und auch »mit Nutzen anbringen« könne, so würden doch »sonderlich unsere an das Latein gewöhnte Auditores in disciplinis philosophicis die schwersten Lehren ungleich besser im Lateinischen als Deutschen auffassen.« Wuttke: Christian Wolffs eigene Lebensbeschreibung, S. 94f., Anm. 1.

179 Weithase: Zur Geschichte der gesprochenen deutschen Sprache, Bd. 1, S. 276ff. zum Rückgang der Lateinsprachigkeit an den Universitäten.

mit außerlesenen / zu der Sach dienlichen vnd heilsamen Worten reden: vnd zwar also reden / daß die jenigen / an welche die Rede geschicht / nach Gelegenheit der Zeit / sittliglich vnd gewaltiglich vberredet werden.«[180]

Die stärkere Orientierung der Rhetorik am äußeren aptum ergibt sich aus ihrer exponierten kommunikativen Funktion. Erst die ausgesprochene Gelegenheitsdichtung strebt, auf der Basis einer ähnlich sozialen Legitimation, der Oratorie darin nach. Dieses den Schwesterdisziplinen gemeinsame Prinzip des bene dicere (ars bene dicendi) ließ konsequenterweise keine andere Unterscheidung zwischen Oratorie und Poesie zu als die formale ligatio.

Der eigentliche Neueinsatz beginnt erst jenseits der von dem Gegensatzpaar Lohenstein und Christian Weise charakterisierten Phase. Innerhalb der politisch-pragmatischen Bewegung vollzieht sich eine immer entschiedenere Wendung vom Hofideal zu ›bürgerlichen‹ Interessen, wobei pragmatische Disziplinen (z. B. Ökonomie) die galanten in den Hintergrund drängen. Mit Christian Wolffs Verpflichtung jeglicher Disziplinen auf ihre philosophische Legitimation fällt das Unterscheidungsmerkmal der ligatio zwischen Oratorie und Poesie fort; die Redekunst wird zur Fertigkeit der Überredung, während die Poesie auf die Nachahmung (Mimesis), die Fabel (fictio) oder auf beides verpflichtet wird. Die Müllersche Oratorie (1722) zeigt jedoch, daß die Trennung von Oratorie und Poesie bereits im thomasischen Zeitraum angegangen wurde, daß die Anhänger Wolffs nicht so sehr grundlegende Weichenstellungen vornahmen als vielmehr die angebahnten Entwicklungen systematisierten. Im Rückblick charakterisiert Gottsched diese Entwicklung, die den humanistischen Verbund zugunsten individueller Fachbestimmung auflöste:

»Die Beredsamkeit und Dichtkunst sind längst einigen Gelehrten so nahe verwandt vorgekommen, daß sie die letztere, nur eine gebundene Wohlredenheit, die erste aber eine ungebundene Dichtkunst genennet. Aristoteles der scharfsinnigste unter den alten Welt-Weisen und Kunstrichtern, der sowohl eine Redekunst als eine Dichtkunst geschrieben, hat beyde dem Wesen nach unterschieden; und dem Dichter die Nachahmung, dem Redner aber die Ueberredung zum Eigenthume und Zwecke angewiesen.«[181]

Von der gemeinsamen Basis der Wohlredenheit gingen sowohl ›Weiseaner‹ als auch ›Lohensteinianer‹ aus. Weiseanisch im engeren Sinne waren die Rhetoriken von Gottfried Lange[182] und Christian Weidling;[183] in den Umkreis Weises rechnen

180 Meyfart: Teutsche Rhetorica, S. 59f. Meyfart spricht auf S. Af. davon, daß die Poeterey »durch Beförderung weitberümbter vnd Edler Männer jhre holdseelige Zungen angestimmet / vnd die bißhero vnbewuste Zierlichkeit mit Verminderung der Gelehrten / vnd Bestürtzung der Idioten offenbahret hat.«

181 Gottsched: Das Neueste aus der anmuthigen Gelehrsamkeit 1757, S. 514, Nr. XIII De Poeta.

182 Gottfried Lange: Einleitung zur Oratorie durch Regeln und gnugsame Exempel. Leipzig 1706.

183 Christian Weidling: Oratorischer Hofmeister [...] Frankfurt und Leipzig 1697. Gottsched: Akademische Redekunst, S. 13, rechnet ihn zu den Lohensteinianern.

jedoch auch die Verfasser galanter Rhetoriken wie Talander[184] und Menantes,[185] oder die Autoren reiner Schullehrbücher, Hübner[186] und Uhse.[187] Der vermehrte Gebrauch der von Weise propagierten Chrien-Form ist für diese Lehrbücher charakteristisch, ebenso der verstärkte Einbezug von Realiensammlungen, also von abrufbarem lexikalischem Wissen, das dem Ziel dieser Schule, der Vermittlung einer für die Alltagsgelegenheiten bestimmten Redefertigkeit, ausschließlich dienstbar war.[188] Hielt Johannes Riemer noch am ehesten die Verbindung zwischen Weise und Lohenstein,[189] so propagierten Christian Schröter[190] und Johann Christoph Männling[191] ausschließlich das hyperbolische Realienideal Lohensteins.

In der Grundauffassung der Oratorie stehen Weiseaner und Lohensteinianer – trotz stilistischer Gegensätzlichkeit – näher beisammen als etwa Weiseaner und Wolffianer. Beide Schulen, Weiseaner und Lohensteinianer berücksichtigen die Entwicklung der Realdisziplinen und der modernen Pädagogik insofern, als sie den Realien den unbedingten Vorrang gegenüber den Wörtern zusprechen. Sie stellen die Realienkenntnis jedoch nicht in den Dienst einer Weiterentwicklung der Wissenschaft, also der Wahrheitssuche bzw. des Erkenntnisgewinns, sondern unterstellen sie ganz dem gesellschaftlichen Ziel persönlichen Fortkommens, der ›politischen‹ Karriere. Nicht das Überzeugen des Gesprächspartners von einer Sach-Wahrheit leitet die Rede, als vielmehr die ›Rekommendation‹ der eigenen Person als eines weltklugen und galanten Kavaliers. Realien dienen hier nur zum Ausschmücken der eher als Konversation definierbaren Rede als zum Erstellen eines Wissens-Fundaments für eine sachinformierende Rede.[192] Naturgemäß rük-

---

[184] Talander, d.i. August Bohse: Einleitung zur Teutschen Oratorie. Jena 1708, ^{2}1713; Getreuer Wegmeister zur teutschen Redekunst. Leipzig 1693; Neuesterläuterte teutsche Redekunst. Leipzig 1700.

[185] Menantes, d.i. Friedrich Hunold: Einleitung zur Teutschen Oratorie. Und Brief-Verfassung. Halle und Leipzig 1709, ^{2}1715. Ferner: Johann Georg Neukirch: Academische Anfangs-Gründe, Zur Teutschen Wohlredenheit, Briefverfassung und Poesie. Braunschweig 1729.

[186] Johann Hübner: Kurtze Fragen aus der Oratoria. Leipzig ^{3}1704; ders.: Oratoria, Zur Erleichterung der Information abgefasset. Tl. 1–5. Leipzig 1726–30.

[187] Erdmann Uhse: Wohl-informirter Redner. Leipzig ^{3}1706 (erste Aufl. 1702).

[188] Zu den Weiseanern Sinemus: Poetik und Rhetorik, S. 186ff.; auch Wechsler: Gottscheds Rhetorik, S. 15ff., bes. S. 17.

[189] Johann Riemer: Über-Reicher Schatz-Meister Aller Hohen / Standes und Bürgerlichen Freud- und Leid-Complimente [..] Leipzig / Frankfurt 1681; Lustige Rhetorica Oder Kurtzweiliger Redner. Merseburg 1681; Standes-Rhetorica Oder Vollkommener Hoff- und Regenten-Redner. Leipzig 1685; Neu-aufgehender Stern-Redner / nach dem Regenten Redner erleuchtet. Leipzig 1689; Der Verbesserte und fast auf den dritten Theil Vermehrte Lust-Redner. Merseburg 1689; 5. Aufl., Leipzig 1717.

[190] Christian Schröter: Gründliche Anweisung zur deutschen Oratorie nach dem hohen und Sinnreichen Stylo. Leipzig 1704.

[191] Johann Christoph Männling: Expediter Redner oder Deutliche Anweisung zur galanten Deutschen Wohlredenheit. Frankfurt und Leipzig 1718.

[192] Zur politischen Beredsamkeit Wechsler: Gottscheds Rhetorik, S. 16. »Wissenschaftlichkeit liegt ihnen überhaupt fern, nur Anleitung zur geschickten Konversation im »galanten«, d. h. im privaten und geselligen und im »politischen«, d. h. öffentlichen, gesell-

ken die antiken Klassiker als Realienquellen in den Hintergrund gegenüber den ›galanten‹ Disziplinen, den Neuigkeiten aus Journalen und Zeitungen. Das Amüsant-Kuriöse verdrängt das Belehrend-Gelehrte der alten humanistischen Konzeption.

Gegenüber dem gesellschaftlichen Richtmaß des äußeren aptum rückt zu Beginn des 18. Jahrhunderts das sachliche Kriterium des inneren aptum in den Vordergrund – ein Resultat der Wissenschaftsentwicklung einerseits und der Gesellschaftsumstrukturierung andererseits. Naturwissenschaften und Philosophie, insbesondere Mathematik und Logik fundieren die Wesensbestimmung der Rhetorik, die zunehmende ›Entpolitisierung‹ macht ihre Komplimentierfassade ohnehin überflüssig. Gottfried Polycarp Müller, dessen zwischen 1711 und 1720 erschienene »Akademische Klugheit« thomasische Gedanken weiterführt, nimmt in seiner 1722 publizierten ›Oratorie‹ die philosophische Umgestaltung der Rhetorik zur Kenntnis, ohne sich explizit auf Wolff zu beziehen. So kommt es denn auch zu Gottscheds positivem Urteil gerade über sein Lehrbuch, das zugleich das Ende der ›politischen‹ und den Beginn der ›philosophischen‹ Oratorie bezeichnet.

Während die Weiseaner nach Gottscheds Meinung »gar zu seicht, wässerigt und in gemischter Schreibart« schrieben, waren die Lohensteinianer »zu schwülstig, hochtrabend und voll gezwungener Belesenheit«: »Des einzigen Polykarp Müllers Anleitung zur Redekunst ist aus den gehörigen Quellen geflossen.«[193] Da sich im humanistischen Zeitraum Rhetorik und Poetik nicht grundlegend unterschieden, konnte die Behandlung der barocken Rhetorik außer acht bleiben. Erst mit dem Ansatz einer Wesensbestimmung, und einer Auseinanderentwicklung beider Disziplinen wird der Einbezug auch der Rhetorik unerläßlich, da er ex negativo die Neudefinition der Poesie bzw. Poetik beleuchtet.

Der folgende Überblick über die Rhetoriken des Zeitraums 1720 bis 1740 beschränkt sich daher auf die fortschrittlichen Theorien. Johann Jakob Schatz, Gottfried Polycarp Müller, Friedrich Andreas Hallbauer, Johann Andreas Fabricius, Johann Christoph Gottsched und Daniel Peucer distanzieren sich vom herkömmlichen Inventionsbegriff und gebrauchen ein neues Quellenreservoir ihrer ›materialen‹ Erfindungen.

Drei Gesichtspunkte leiten den Abriß:

1) Die Einstellung zum Realienbegriff und zur Topik,
2) die philosophische Zwecksetzung, d.h. die Neubestimmung der Rhetorik aufgrund der Erkenntnis des rhetorischen Wesens und
3) der philosophische Erfindungsbegriff und dessen wissenschaftliche Quellen.

---

schaftlich-staatlichen Lebenskreise, ist ihr Ziel. Daher die Wichtigkeit der connexions-, amplifications- und variations-Regeln, daher das Streben nach Wortvorrat in Bildern, gelehrten Anspielungen, Exempeln, Pointen, Bonmots und dergleichen: es ist das alte humanistische Prinzip der copia verborum, nur daß die Quelle nicht mehr die klassischen Schriften der Alten, sondern teils die höfische Umgangssprache, teils die polyhistorischen Werke barocker Gelehrter, also beides moderne Erscheinungen sind.« Auch Scholl: Die Rhetorik der Vernunft, S. 217f.

[193] Gottsched: Akademische Redekunst, S. 13, § 29.

Die Texte schließen sich den hodegetischen und poetologischen Texten des vorigen Kapitels an, so daß sie als Gesamtheit den nächsten Schritt auch der Wissenschaftsentwicklung repräsentieren.

2.1. Realien- und Topik-Kritik auf der Basis philosophischer Wirklichkeitserfassung

Gerhard Wechsler hat als Folie für Gottscheds philosophische Redekonzeption die weiseanische Rhetorik Gottfried Langes von 1718 mit ihren für alle tagtäglichen Fälle eingerichteten Chrien und den unverbundenen, aus keinem Einheitsprinzip ableitbaren Regeln benutzt.[194] Im Bereich der inventio argumentorum und der Ausstattung der inventio bzw. elaboratio mit Realien jedoch bietet sich als Folie die nur vier Jahre vor der Oratorie Gottfried Polycarp Müllers erschienene »Anweisung zur Deutschen Wohlredenheit« (1718) des Lohensteinianers Johann Christoph *Männling* an; beide bieten das Beispiel für die Gleichzeitigkeit des Ungleichzeitigen, des Nebeneinanders zweier verschiedener Wissenschaftskonzeptionen.

Männlings ausschließlich am humanistisch-politischen Wohlredenheitsideal orientierte Rhetorik enthält ein umfangreiches Kapitel »Von der Invention oder Erfindung«,[195] das nicht weniger als 41 Quellen für Erfindungen bzw. Realien aufführt.[196] Dazu gesellen sich die Loci Topici, unter Bezugnahme auf Weises »Politischen Redner«.[197] Die »Erfindungen« werden mit Argumenten (argumenta persuadentia, commoventia, conciliantia) versehen und mit Amplifikationen aufgeschwellt; dazu nennt Männling eine ganze Reihe von einschlägigen Standardwerken.[198]

Gegen diese Hilfsmittel, Sammlungen aller Art und insbesondere gegen die Topik sprechen sich sowohl der iudiziös-philosophische *Müller* (1684–1747), als auch die wolffianischen Rhetoriker aus: die Schematik und Beliebigkeit der inventio vermag weder dem Verfechter eines freien iudicium noch dem Vertreter einer streng logischen Denkanleitung zu genügen. Die »gedruckte Collectanea« der sogenannten »oratorischen Realien« sind nach Müllers Dafürhalten »nur vor einfältige / denen man diese oratorischen Trödel-Buden gerne zu ihren Vergnügen

---

194 Wechsler: Gottscheds Rhetorik, S. 24f.

195 Männling: Expediter Redner, S. 10–50.

196 Ebd., S. 11, § 2. »Indeß werden doch die meisten genommen, entweder von dem Alter, Zeit, Jahren, Tagen, Monathen, Ehestande, Nahmen, Ampte, Würde, Zufällen, Begebenheiten, Umständen, Wapffen, Siegel, Gestalt, Geschichten, Bildern, Inscriptionen, Sinnbildern, Symbolis, Emblematibus, Anagrammatibus, Exempeln, Sententien, Sprüch-Wörtern, Apophthegmatibus, Zeitungen, Gebräuchen, Epigrammatibus, Epitaphiis, Historien, Bäumen, Blumen, Steinen, Städten, Medaillen, Müntzen, Schau-Pfennigen, Allegorien, Parabeln, Büchern etc. daß es also eine pure Unmöglichkeit heisset, arm an Erfindung zu seyn, wenn man daran Witz und Kräffte strecket.«

197 Ebd., S. 13, § 4.

198 Ebd., S. 13ff., S. 19f.

überlässet.«[199] Müllers Ablehnung der Kollektaneen ist noch nicht pauschal, er hält die selbstgefertigten, aus Geschichte, Geographie, Moral und Politik herausgezogenen Sammlungen für sinnvoll, verwirft jedoch die schablonenartigen Druckwerke als »Puppen-Spiel der oratorischen Kinder«. Die Realien läßt er höchstens als Nebenwerk gelten,[200] weil sie allenfalls dem Anfänger gewisse Dienste leisten.[201] Von der Topik distanziert Müller sich in Übereinstimmung mit der neueren Philosophie, die weder loci communes noch loci topici zu den demonstrativischen Beweisgründen rechnet.[202]

Mit derselben Vehemenz wendet Johann Andreas *Fabricius* (1696–1769)[203] sich schon in der ersten Auflage seiner ›Oratorie‹ (1724) gegen die diversen Findekünste, die Topik, die ars Lulliana, die inventio analogica, die Kabbala und das Buchstabenspiel,[204] wobei die Topik selbst noch am ehesten Gnade findet, da sie gelegentlich auch das Wesen einer Sache berührt:

> »Aber dieses ist es auch alles was von ihr kan erwartet werden. Wer also die sache nicht versteht, für dem sind alle loci topici leere fächer.«[205]

Wer seine Ausführungen illustrieren wolle, der nehme »aus dem wesen der sache« fließende Erläuterungen, Zeugnisse aus beliebten Autoren, Beispiele aus der Geschichte oder Gleichnisse aus der Naturwissenschaft bzw. -geschichte, jedoch in jedem Fall aus den eigenen, nicht aus fremden vorfabrizierten Exzerptsammlungen.[206] Die zweite Auflage (1739) bekräftigt den Impetus der ersten; sie verwirft alle »scholastische beweißgründe« als »scheingründe«.[207]

---

199 G. P. Müller: Abriß einer gründlichen Oratorie. Leipzig 1722, S. 9f. Zu Müllers Rhetorik s. Breymayer: Pietistische Rhetorik, S. 264ff., bes. S. 267ff.

200 Ebd., S. 26, § 16.

201 Ebd., S. 165, § 11, empfiehlt Weises »Politischen Redner«, den »Erläuterten Politischen Redner«, Riemers »Schatz-Meister« und Weidlings »Emblematischen Lob- und Trauer-Redner«.

202 Ebd., S. 38f., § 19.

203 Fabricius (1696–1769), zur Vita ADB 6, S. 509; Jöcher-Adelung 2, S. 988f. Fabricius war an der Katharinen-Schule in Braunschweig seit 1740, danach, seit 1753 Rektor der Schule zu Northausen. Unter seinen zahlreichen Schriften ist hervorzuheben: Philosophische Oratorie. Jena 1724, zweite Aufl. 1739; Vernunftlehre. Jena 1733; Kritische Bibliothek. Leipzig 1748, in zwei Bdn.; Versuche in der Teutschen Rede-Dicht- und Sprachkunst. Jena 1737; Anweisung zur theoretischen Philosophie. Wolfenbüttel 1746; Auszug aus den Anfangsgründen der allgemeinen Gelehrsamkeit oder Weltweisheit. Wolfenbüttel 1748; Abriß einer allgemeinen Historie der Gelehrsamkeit. Leipzig 1752–54, in drei Bdn.

204 Fabricius: Philosophische Oratorie, S. 40, § 10.

205 Ebd., S. 41, § 10 Anm. b.

206 Ebd., S. 119, § 21 Anm. a »Auf die Theatra, Gradus ad Parnassum, Specula, Polyantheas, Florilegia, Flores, Arcana, Lexica, Nucleos, Seminaria, Bibliothecas, Bellaria, Polymathias, Officinas, Horas succisiuas, Memorabilia, Collectanea, Amphitheatra, Aurifodinas, Thesauros, Recueils, Memoires, Diuersitez curieuses Oeures [!] melés, Lusthäuser, Reisebeschreibungen, Schatz-meister, die in Ana und dergleichen Locorum Communium scriptores, möchte ich nicht alle leute gerne weisen, der geschmack ist nicht bey allen einerley und der verstand vielweniger.« Vgl. S. 89, S. 125f. gegen die Windmacher usw.

207 Fabricius: Philosophische Redekunst, S. 46, § 101.

Den dezidiertesten Angriff gegen das alte topische System hat ein Jahr später Friedrich Andreas *Hallbauer* (1692–1750) vorgetragen, der seit 1721 als Adjunkt der philosophischen Fakultät in Jena wirkte, 1731 Professor der Beredsamkeit und Poesie, 1738 außerordentlicher und 1740 ordentlicher Professor der Theologie wurde.[208] Bereits die Vorrede der »Anweisung zur verbesserten Teutschen Oratorie« (1725), die von »den Mängeln der Schul-Oratorie« handelt, beleuchtet die Abkehr von der Schuloratorie. Detaillierter geht Hallbauer im Kapitel »Von Erfindung der Gedancken« auf die »falschen Quellen der Erfindung« ein – ihnen widmet er ganze 25 Seiten.[209] Wie Fabricius lehnt auch Hallbauer die Topik,[210] die ars Lulliana,[211] die inventio analogica,[212] die Kabbala,[213] das Buchstabenspiel[214] und die Chronosticha[215] ab, geht jedoch in seinem Zweifel gegenüber dem Wert der Kollektaneen noch weiter als Fabricius. Diese Künste sind ihm allenfalls gut zur Rubrizierung bereits vorhandenen Wissens, sie vermögen jedoch keine eigentlichen Erfindungen selbst hervorzubringen, hindern sogar eine »freye Meditation«[216] und eine ungezwungen-natürliche Schreibweise.[217] Ererbte Kollektaneen sind wenigstens billiger als gedruckte, vielleicht auch weniger abgenutzt; jedenfalls taugen beide für »Realien-Crämer« und Ignoranten, die von der Sache selbst nichts verstehen.[218] Auch gegenüber den selbstangefertigten, von Jakob Thomasius wie von Christian Weise gleichermaßen empfohlenen Kollektaneen[219] überwiegen die Bedenken, weil das Verfahren zur Exzerpiersucht verleite. Die Beschreibung, die Hallbauer von diesem Typus gibt, liest sich wie eine satirische Charakterzeichnung:

> »Was ihnen nur zu Gesichte kommt, das schreiben sie ab: sie schreiben ihre eigene Bücher oft mehr, als einmal aus: denn einige tragen es erst in miscellanea, hernach aus diesen in collectanea. Kommen sie zu einem guten Freunde, so stenkern sie ihm gleich die Bücher durch: kaum haben sie eins aufgeschlagen, so greiffen sie schon nach der Schreibtafel, oder nach weissen Pappier, das sie wol zu dem Ende immer bey sich führen: und alsdenn gehet es an ein schreiben. Man kann kein Buch vor ihnen behalten, das sie nicht gleich abschreiben, so bald sie es nur gewahr werden. Sonderlich Journale und Zeitungen müssen gleich brüh-warm excerpiret werden. Sie schreiben eine Sache wol

---

[208] Zu Hallbauer Jöcher 2, Sp. 1332; ADB 10 (1879), S. 415f.; Meusel 5, S. 81ff.; zur Einordnung: Stötzer: Deutsche Redekunst, S. 86ff.

[209] Hallbauer: Anweisung zur Verbesserten Teutschen Oratorie, S. 270–295. Zu Hallbauers und Schatz' Kritik an der Schulrhetorik s. Frank: Dichtung, Sprache, Menschenbildung, Bd. 1, S. 88ff.

[210] Hallbauer: Anweisung zur Verbesserten Teutschen Oratorie, S. b v, S. 231, S. 246f., S. 270ff.

[211] Ebd., S. 274ff. [212] Ebd., S. 277ff. [213] Ebd., S. 283ff. [214] Ebd., S. 285.

[215] Ebd., S. 295. [216] Ebd., S. 273.

[217] Ebd., Vorrede, S. b v. »Aber eben darum reden sie nicht natürlich: eben darum siehet man in ihren Reden so viel Zwang / und so viel unnützes Zeug: eben darum sind sie kraftloß und trocken.«

[218] Ebd., S. 286ff.

[219] Von Jakob Thomasius in der Schrift »Consilium de locis communibus comparandis«; Christian Weise: Gelehrter Redner, S. 539–686.

> etlichemal; aus einem Zettel oder der Schreibtafel in ein Buch; aus einem Buche ins andere; unter verschiedene Titel u.s.f. Ihr ganzes Studium bestehet in schreiben, colligiren, excerpiren, annotiren.«[220]

Abgesehen von der meist nutzlosen Mühe bei der Anfertigung dieser oft zum Selbstzweck erstarrten Sammlungen enthalten die meisten ohnehin statt nützlicher Realien bloße Lappalien: »Emblemata, Müntzen, hieroglyphische Figuren, Wappen«.[221] Hallbauers Ausführungen erweitern und begründen diese in der Vorrede gemachte Andeutung: Exzessives Exzerpieren halte vom Meditieren ab. Eine Kollektaneen-Anthologie gelange doch selten zu innerer Abgeschlossenheit und enthalte aus theoretischem Vollständigkeitszwang unnütze Dinge, während viele praktisch einsetzbare Materien fehlten. In der Jugend angefertigte Kollektaneen ermangeln, so stellt Hallbauer fest, meist des guten iudicium und sind für die Reden reiferer Jahre daher unbrauchbar. Überhaupt gebricht den meisten solcher Realien die oratorische Funktionalität; sie stehen bloß in der Rede, weil sie auch in den Kollektaneen gestanden haben und stören den natürlichen Gedankengang: »Reden aus collectaneis haben gemeiniglich mehr Spielwerck, Vanitäten, unnützes Zeug, als rechte Realien.«[222]

Hallbauers Feststellung, die besten Redner der Antike hätten sich an Gelehrsamkeit und Erfahrung gehalten und ihre Reden mit Hilfe der Meditation angefertigt, bedeutet keine pauschale Opposition gegen das Anfertigen von Notizen. Doch orientiert Hallbauer sein Verfahren am iudiziösen Räsonnement, wobei der Redner einen Musterautor gleichsam als Grundtypus setzt und die anderen Meinungen diesem hinzufügt. Der Studierende soll also im ›Grundbuch‹ oder im »Haupt-Autor« alle übrigen, anderen Autoren entnommenen Bemerkungen eintragen.[223] Die eigentliche Rede soll nach Lektüre dieser Notizen angefertigt werden, nicht als Sammelsurium ringsum angehäufter Exzerpte. Die Angriffe gegen die »Bettelmanns-Röcke« – die aus den Realiensammlungen zusammengeflickten Reden – ziehen sich ebenso wie die Attacken gegen die »schlechten Realien« durch Hallbauers ganzes Lehrbuch.[224] Ihre Annehmlichkeit macht diese Realien beliebt; mit ihnen läßt sich leicht Belesenheit vortäuschen; sie fordern das eigene Denken weniger als eine selbständige Meditation.[225] In der »Anleitung zur Politischen Beredsamkeit« spricht sich Hallbauer ebenfalls gegen den affektierten Gebrauch von Realien und Figuren aus.[226] Für den »pedantischen Mißbrauch« der Realien macht Hallbauer besonders Christian Weise verantwortlich.

---

[220] Hallbauer: Anweisung zur Verbesserten Teutschen Oratorie, S. 289f.
[221] Ebd., Vorrede, S. b 4.
[222] Ebd., S. 293.
[223] Ebd., S. 294.
[224] Ebd., S. 231ff., nimmt auch Bezug auf G. P. Müller und Fabricius, bes. S. 236f.
[225] Ebd., S. 335.
[226] Hallbauer: Anleitung zur Politischen Beredsamkeit, S. 283f. »Er zeiget seine Gelehrsamkeit nicht zu Unrecht, pralet nicht mit fremden Sprachen, und den so genanten Realien.«

»Man höret allenthalben Reden, die fast aus lauter Erläuterungen zusammen gesetzt sind: alles ist mit Exempeln, Gleichnissen, Zeugnissen, allegatis, etc. angefüllet, und es siehet so bund aus, als wenn der heilige Christ bescheret hätte. Die Ursachen, warum man auf dergleichen kindische Reden so viel hält, sind, erstlich, weil man in dem thörichten Vorurtheile stehet, als ob diese Erläuterungen schlechterdings Realien wären. Nun will ein ieder den Ruhm eines reellen Redners davon tragen; daher putzet er seine Rede damit so überflüßig aus.«[227]

Im Vergleich zu Hallbauer ist der vier Jahre später erschienene »Grundriß zu einer vernunfftgemäßen Redekunst« (1729) von Johann Christoph *Gottsched* vergleichsweise konservativer.[228] Gottsched nimmt trotz der Aufnahme des neuen Erfindungsverfahrens eine vermittelnde Position ein und behandelt auch noch das Verfertigen von Chrien.[229] Bezeichnend für seine gemäßigte Haltung ist der Stellenwert der Kritik; während die anderen Rhetoriker sich in eigenen Kapiteln von der Schuloratorie absetzen, integriert Gottsched die herkömmlichen Hilfsmittel in das neue Begründungssystem und bringt dort seine einschränkenden Bedenken an. Dasselbe Verfahren befolgt Gottsched auch in der »Ausführlichen Redekunst« von 1736, die den Entwurf des »Grundrisses« auseinanderfaltet, ohne wesentliche Abweichungen zu enthalten. Gottsched vermerkt lediglich, wem es an Belesenheit mangle, dem habe man »vorzeiten« allerlei Realien-Schatzkammern bereitgestellt oder Anleitungen zum Selbstverfertigen rhetorischer »Nothhelfer« in die Hand gegeben. Die bereits hier unüberhörbare Distanz wächst sich in der Abkehr vom übertriebenen Gebrauch zur Kritik an der »Schulfüchserey« aus:

»Viele haben sich durch ihre so genannten Realien auslachenswürdig gemacht. Und eben deswegen hat man es nicht nöthig, sich viele Sammlungen seltsamer Africanischer und Indianischer Curiositäten, Blumenlesen, Excerpten= und Collectaneen=Bücher zu machen. Hingegen ist es desto besser, wenn man seine Gelehrsamkeit im Kopfe hat, und dieselbe mäßig und mit Verstande anzubringen weiß.«[230]

Von dieser doch recht abgeklärten Opposition zur Schuloratorie sind im Hauptwerk, der »Ausführlichen Redekunst«, nur Relikte geblieben.[231] Gottsched hat sie geschrieben nach der, durch die ›Streit-Rhetoriken‹ von Fabricius und Hallbauer geleisteten Überwindung des topischen Rhetorik-Modells. Lediglich in der – speziell für ›gelehrte‹ Zwecke eingerichteten – »Akademischen Redekunst« von 1759 findet sich ein Nachklang der einstigen Polemik. Gottsched tut hier die

---

[227] Hallbauer: Anweisung zur Verbesserten Teutschen Oratorie, S. 334; vgl. auch S. 335f.

[228] Zu Gottscheds Rhetoriken s. Sinemus: Poetik und Rhetorik, S. 195ff., die er als Fortführung der Fabricius-Hallbauerschen Position versteht; ferner Grosser: Gottscheds Redeschule; Wechsler: Gottscheds Rhetorik; Blackall: Die Entwicklung des Deutschen, S. 113ff.; Frank: Dichtung, Sprache, Menschenbildung, Bd. 1, S. 90ff.

[229] Gottsched: Grundriß zu einer Vernunfftmäßigen Redekunst, Kap. 5, S. 38ff.

[230] Ebd., S. 19f., § 9; bes. polemisch S. 19, § 8. Aus dem Gottsched-Kreis stammt von David Heinrich Günther: Beweis, daß die Methode, aus Collectaneen zu reden, pedantisch, thöricht und auslachenswürdig sey. In: Proben der Beredsamkeit (1738), S. 103–118. Gottsched selbst spricht sich in der »Weltweisheit«, S. 475f., § 896, gegen die Phrases-Sammlungen aus.

[231] Gottsched: Ausführliche Redekunst (1736), S. 133–159, VIII. Hauptstück: Von den Erläuterungen in einer Rede.

einstigen Hauptmittel der rhetorischen Erfindung bloß noch als »altväterisch« ab.[232] Auch die Topik lehnt Gottsched weniger rigoros als die übrigen Rhetoriker ab. Einerseits weiß er sie dem antiken Ursprung der Loci Topici verpflichtet und legitimiert damit das Verfahren gleichsam historisch, andererseits gestattet er noch in der Gegenwart dem Kundigen einen behutsamen Gebrauch solcher Loci, die den Regeln der Wahrscheinlichkeit Genüge leisten.[233] In der »Ausführlichen Redekunst« und in der »Akademischen Redekunst« distanziert sich Gottsched von der Topik etwas deutlicher, ohne sie freilich »ganz und gar« zu verwerfen.[234]

Die Realienkritik erhält jedoch im Zusammenhang mit der Lohenstein-Kritik äußerste Schärfe. Das zeigt deutlich der Abschnitt über die loci communes bzw. sententiae, eine Untergruppe der »Erläuterungen«.[235] Gottsched rechnet sie, deren Zugehörigkeit zu den formalen Figuren oder zu den ›inhaltlichen‹ Realien von je umstritten war, zu den »Erläuterungen« und damit zur modernen Ausprägung der res.[236] Da sie entweder eine »theoretische Wahrheit« oder eine »gute Sittenregel« enthalten, stehen sie dem Verstand und der Gelehrsamkeit näher als der Einbildungskraft und dem Witz. Da nach Gottscheds Ansicht Kürze und Nachdruck diese Sentenzen auszeichnen, fällt seine Rüge am »schwülstigen und hochtrabenden« Stil Lohensteins besonders vehement aus.[237] Unter das Verdikt gerät auch der Lohenstein-Verehrer Männling mit seinem – im Vorwort zum »Arminius Enucleatus« geäußerten – realienbepackten, syntaktisch verqueren Lobpreis Lohensteins und seiner, in der Zueignungsschrift zum »Lohensteinius

---

[232] Gottsched: Akademische Redekunst, S. 71, § 17. »Bey diesen Hauptsätzen nun widerrathe ich durchaus, alle die altväterischen Erfindungsquellen der Weisianer und Weidlingianer. Diese pflegten aus den Wapen, Namen, Wahlsprüchen der Personen, so sie loben wollten, oder wohl gar aus den öffentlichen Zeitungen ihren Witz zu borgen, und allerhand buntscheckigte Sätze daraus zu drechseln. Andre plünderten die Sinnbilder, Münzen, Erleuchtungen, und Ehrenpforten, um schöne Erfindungen daraus zu haschen. Alle diese Kunstgriffe aber sind zum Schimpfe der wahren Beredsamkeit erfunden worden: und alle die sich derselben bedienet haben, sind niemals wahre Redner geworden.«

[233] Gottsched: Grundriß zu einer Vernunfftmäßigen Redekunst, S. 21, § 11, § 12. Vgl. van Ingen: Vanitas,, S. 149; ferner Gottsched: Ausführliche Redekunst S. 143ff.; Beetz: Rhetorische Logik, S. 161.

[234] Gottsched: Ausführliche Redekunst, S. 107, VI. Hauptstück: Von den Beweisgründen. § II. Ders.: Akademische Redekunst, S. 109, § 9; vgl. S. 28, § 7.

[235] Zum Stellenwert der Erläuterungen im rhetorischen System Gottscheds s. S. 599; vgl. Klassen: Logik und Rhetorik, S. 138ff.

[236] Gottsched: Ausführliche Redekunst (1736), S. 153, § XXI.

[237] Ebd., S. 156, § XXIII. Zu Gottscheds Stiltypus der natürlichen Redeweise, die dem inneren aptum entspricht, s. Ausführliche Redekunst, S. 359. »Es bestehet aber die natürliche Schreibart in der gemeinen Art des Ausdruckes, deren man sich im täglichen Umgange bedienet. Man denket in derselben mehr an die Sachen, als an die Wörter [...]« Deutlichkeit tritt bei Gottsched an die Stelle der Zierlichkeit. Zum ›klassizistischen‹ Reformansatz bei Fabricius und Hallbauer s. Schwind: Schwulst-Stil, S. 209–217, besonders zu den Auswirkungen des logischen Ansatzes auf die elocutio-Gestaltung, als argumentativen Stil.

sententiosus« sich ereignenden, einem Paroxysmus verglichenen Gelehrsamkeitseruption.[238]

Lohenstein gilt seit jeher unter dem Aspekt der Schwulst-Kritik als Gegenpol des Gottschedschen Klassizismus.[239] Nicht weniger scharf kritisiert Gottsched die hyperbolische Verwendung exotischer und strukturell funktionsloser Realien. Gegen die Allegorese Lohensteins spielt er die antiken Redner Demosthenes und Cicero als vorbildliche Gegenmuster aus.[240] Nicht von ungefähr erinnert Gottsched in diesem Zusammenhang an Lohensteins Rede auf Hofmannswaldau, die er sechs Jahre zuvor (1732) in den »Beyträgen zur Critischen Historie« einer kritischen Revision unterzogen hatte.[241] Gottsched zollt darin der ›erstaunenden‹ Belesenheit, dem ›wundernswürdigen‹ Gedächtnis, dem ›unerschöpflichen‹ Witz und der ›ganz sonderbaren‹ Arbeitsamkeit Lohensteins seine unverhohlene Bewunderung, schreibt aber die ins Abstruse abgleitende Hyperbolik der Lohensteinschen Schreibart dem ›verderbten‹ Geschmack zu, der Unkenntnis der »wahren Regeln der Natur und Vernunft«.[242] Angefangen von dem auch in der »Ausführlichen Redekunst« beanstandeten Vergleich Hofmannswaldaus mit dem großen Pan ergeht sich Gottsched in einer z. T. berechtigten, z. T. etwas kleinkrämerischen Kritik der allegorisch-metaphorischen, dem Ideal der Realien-Gelehrsamkeit verhafteten Rede, die er nicht müde wird, als »Galimatias«, als »Mischmasch von Metaphoren, Belesenheit, Gleichnissen und spitzfindigen Einfällen« anzuprangern.[243] Gottsched prägt seinen Lesern am Beispiel Lohensteins und seiner Nachtreter ein, die gute Rede enthalte keine Realien-Überfülle (»Erläuterungen«); »wenige und gute« Realien erzielten eine bessere Wirkung.

> »Der vormalige Geschmack unsrer Lohensteinischen, Weisischen und Weidlingischen Schulen ist bereits viel zu lächerlich geworden, als daß man ihn noch fortzupflanzen Ursache hätte. Man hält die überflüßige Belesenheit in Peruanischen, Mexicanischen, Chinesischen und Japonesischen Reisebeschreibungen, vor lauter Stroh und Stoppeln; und das mit dem grösten Rechte. Man fordert wirkliche Realien, das ist, Sachen, Wahrheiten, Gründe, Gedanken; nicht aber Purpur und Gold, Marmor und Porphyr, Blumen und Thiere, Perlen und Edelgesteine, Vögel und Fische, Bäume und Steine etc. Dieses sind Lapalien dargegen zu nennen; daher verderbe man seine Zeit nicht mit Zusammenschreibung solcher Alfanzereyen; sondern lerne lieber gründliche Wissenschaften, die den Verstand aufräumen, und den Geist erweitern.«[244]

---

238 Gottsched: Ausführliche Redekunst, S. 158f., § XXV.

239 Dazu Schwind: Schwulst-Stil, S. 251ff.; Martino: Lohenstein, Kap. III. Die Kritik der Aufklärung, S. 291–435.

240 Gottsched: Ausführliche Redekunst, S. 78, § XIV.

241 Gottsched: Beyträge zur Critischen Historie der deutschen Sprache, Poesie und Beredsamkeit, Bd. 1 (1732), S. 496–526.

242 Ebd., S. 498.

243 Ebd., S. 506, S. 521; vgl. S. 518, wo Gottsched den Gleichnisüberfluß rügt: »Sollte man doch denken, Herr von Lohenstein wolle uns sein ganzes Collectaneenbuch auf einmal mittheilen.« Ebd., zu Lohensteins Hyperbolik.

244 Gottsched: Ausführliche Redekunst, S. 157f., § XXIV; vgl. die fünfte Aufl. der Ausführlichen Redekunst ed. Scholl; dort ist noch die »riemerische« Schule hinzugefügt, ebenso zu den »wirklichen Realien« noch »Erklärungen«, S. 218f.

Gottscheds Abgrenzung von den Realien alten Stils fundiert das Rhetorik-Modell, dessen Instrumentarium zugleich den neuen Ansatz ›wissenschaftlicher‹ Realitätserfassung spiegelt.

Daniel *Peucers* drei Jahre nach Gottscheds Standardwerk erschienene Rhetorik »Anfangs-Gründe der Teutschen Oratorie« (1739) faßt die verschiedenen Errungenschaften der philosophischen Redebestimmung in leicht faßlicher Form zusammen. Peucer kennt vier Zeitalter deutscher Beredsamkeit. Das eiserne Alter reicht bis zu Karl dem Großen, das eherne bis zur Reformation, das silberne beginnt mit Luther und gipfelt in Opitz und Weise, das ›güldene Alter‹ rechnet seit 1720; Peucer nennt insbesondere Gottsched, Fabricius und Hallbauer als die Initiatoren der echten »Wohlredenheit« [!].[245] In der Unkenntnis der eigentlichen Wissenschaften erblickt Peucer den wahren Grund für die Frequentation der »Tröster«, Schatzkammern und Realiensammlungen durch Stümper. Die Lektüre schwülstig-unvernünftiger Romane und poetischer Schriften hindert oft am Erlernen der vernünftigen und brauchbaren Redekunst. Weises Verdienste überwiegen Peucer zufolge seine Fehler. Dem iudiziös-philosophischen Zeitgeist entsprechend, tadelt er die an der selbständigen Meditation hindernde Realiensammlerei, den Sprachmischmasch und die Entfernung vom antiken Vorbild.[246] In seiner Verurteilung der traditionellen Realien als Zeichen eines »verderbten Geschmacks« und der loci dialectici als »leerer Fächer« weicht Peucer in nichts von seinen streitbaren Vorgängern ab; allenfalls repräsentiert seine Identifikation von Erläuterungen und Erweiterungen mit den abgelehnten Realien schlechthin einen Standpunkt, der den philosophisch-argumentativen Geist Wolffs verabsolutiert hat und in den ehemaligen ›Haupt-Sachen‹ nur zufälliges Beiwerk erblickt.[247]

2.2. Die philosophische Begründung der Rhetorik: Überreden zur Wahrheit

Nicht mehr das Erlernen galanter Beredsamkeit ist das vordergründige Ziel der nun publizierten Rhetoriken, vielmehr die Vermittlung einer »gründlichen« Redekunst, die auf den philosophischen, besonders von der Logik bereitgestellten Prinzipien aufbaut. Gottfried Polycarp Müller strebt dezidiert eine Verbindung von Logik und Oratorie an, wenn er als »wahrer, bescheidener und vernünfftiger Philosophus und Redner« für die logische Einrichtung der Redekunst plädiert und eine »vernünfftige Prüfung« der alten und der neuen rhetorischen Konzepte vorschlägt.[248] Maßgeblich bleibt neben der Vernunft der Rekurs auf antike Philosophie und Rhetorik. Ohne ›gründliche und brauchbare‹ Logik genüge kein Redner der Wahrheit – schreibt Müller den Logikern und Rhetorikern ins Stammbuch. Außer Christian Weise hätten die Logiker bisher wenig »zu dieser

---

245 Peucer: Anfangs-Gründe der Teutschen Oratorie, S. 32–44.

246 Ebd., S. 38. Weises Fehler sieht Peucer darin, »daß er die Jugend durch die angepriesene Einsammlung der Realien in die Excerpten- und Miscellaneen-Bücher, bey nahe von dem Meditiren abhielt.« Dies war v. a. Gottscheds kritischer Ansatz.

247 Ebd., S. 46f., § 4; S. 48f., § 6, § 7.

248 G. P. Müller: Abriß einer gründlichen Oratorie, Vorrede, S.)(3,)(4, § 6,)(4v, § 7.

angenehmen Verbindung der Logic und Oratorie« beigetragen.[249] Das später von Gottsched propagierte Bündnis zwischen Logik und Humanismus zeichnet sich schon in Müllers Empfehlungen ab. Er brandmarkt als Fehlentwicklung, daß die Schuloratorie »unserer geliebten Alten Weg« verlassen habe und die Rhetorik nicht mehr als Teil der Philosophie lehre. Die Hauptschuld gibt Müller der »politischen Galanterie«, weil sie das traditionelle System der artes aufgelöst habe[250] – ein auf der Entwicklungsstufe des frühen Thomasius undenkbarer Vorwurf! Gleichwohl repräsentiert Müllers Definition der Oratorie die Übergangsphase zwischen ›politischer‹ und ›philosophischer‹ Wissenschaft, die am besten mit ›iudiziös‹ charakterisiert werden kann. Die Oratorie oder Redekunst, definiert Müller,

»ist eine Klugheit / alle erkannten Warheiten / so einem Wiederspruch unterworfen sind / andern durch Vorstellung derselben nach dero Gemüths-Beschaffenheit / und also durch eine Rede / zu überreden.«[251]

Das Wohlredenheits- bzw. Elegantia-Modell scheint in der Definition nicht mehr durch. Primäre Aufgabe der philosophisch definierten Redekunst ist die Vermittlung von Wahrheiten.[252] Allerdings spielt das ›politische‹ Denken insofern noch eine Rolle, als Müller die Vermittlung selbst als »Klugheit« auffaßt, die auf die psychisch-charakterliche Beschaffenheit des Adressaten Rücksicht nehmen soll – ein Beleg für die ›iudiziöse‹ Verbindung von Pragmatismus und Logik.

Der philosophische Zuschnitt verstärkt sich in Fabricius' Oratorie von 1724, obwohl der Titel noch eine »Anleitung zur gelehrten und galanten Beredsamkeit« verspricht. Charakteristisch für den Schwenk von der ›politischen‹ zur ›philosophischen‹ Redekunst ist die Aufwertung des inneren gegenüber dem äußeren aptum, wie es die Vorrede formuliert: der Autor handle nirgends von den »generibus dicendi, demonstrativo, deliberativo, Judiciali«, vielmehr gehe er »der natur des obiecti« nach.[253] Auch seine Definition der Oratorie als einer auf die Glückseligkeit und das Vergnügen der menschlichen Gesellschaft verpflichteten »vernünftigen anweisung zur beredsamkeit, das ist, zu der geschicklichkeit, solche wörter zugebrauchen, welche mit unsern gedancken genau überein kommen [...]«,[254] rückt vom Wohlredenheitsideal ab und rekurriert auf die später ausgebaute Verbindung von Logik und Oratorie.[255] Für die Umstellung von der ›politischen‹

249 Ebd., S. 6, § 9. 250 Ebd., S. 14, § 16.

251 Ebd., S. 1, § 1; vgl. S. 3, § 5, zum Endzweck der Oratorie: »Die Absicht dabey ist die Uberredung, als ein Beyfall des menschlichen Gemüths durch Empfindung der Ubereinstimmung einer Sache mit seiner eigenen Beschaffenheit des Verstandes und des Willens.« Ebd., S. 15.

252 Ebd., S. 2, § 3. »Ein vernünfftiger Redner suchet andern nur Wahrheiten zu überreden; er kan aber von ihnen weder reden noch wohl reden / wenn sie nicht zuvor von ihm gründlich erkannt worden.«

253 Fabricius: Philosophische Oratorie, Vorrede, S.)(4v.

254 Ebd., S. 2, § 1.

255 Ebd., S. 7f., § 7, wobei die Logik als die Anweisung zum ›vernünftigen Denken‹ im Lehr- und Lernprozeß vorangehen muß. Zur Reform der Rhetorik im frühaufklärerischen Zeitraum von der Logik her s. Beetz: Rhetorische Logik, S. 266–283; Klassen: Logik und Rhetorik, S. 127–188.

auf die Wolffsche Terminologie, wie sie Fabricius in der zweiten Auflage von 1739 vornimmt – darauf wird noch einzugehen sein – ist die Formulierung der prudentia oratoria symptomatisch: 1724 verlangt Fabricius vom vernünftigen Redner die Einrichtung der Rede »nach den unterschiedenen beschaffenheiten der personen und sachen«, 1739 dagegen stellt er die Reihenfolge um – »nach den unterschiedenen beschaffenheiten der sachen und personen« – und ergänzt: »damit er alle theile des ausdruks in eine richtige übereinstimmung bringen, von seinem reden zureichenden grund anzeigen, und seine absichten desto gewisser erreichen könne.«[256] Deutlich wird die verstärkte Objektorientierung, d. h. der Vorrang der Sach- gegenüber den pragmatischen Aspekten, sowie die zusätzliche Betonung des philosophischen Analyseverfahrens.

Entschiedener setzt sich Hallbauer von der galanten Oratorie ab.[257] Auf den fortschrittlichen Charakter der Rhetorik Hallbauers, der in seiner 1736 erschienenen »Politischen Beredsamkeit« den Zusammenhang zwischen Beredsamkeit und jeweiliger Staatsverfassung herausgearbeitet hat, wies bereits Ursula Stötzer hin.[258] Hallbauer läßt, anders als die übrigen Reformer, die antiken Autoritäten Aristoteles und Cicero wegen der veränderten staatlichen Wirklichkeit nicht mehr gelten.[259] Seiner Überzeugung nach muß eine gute Oratorie aus der Philosophie und dem »heutigen Zustande der Republik und Kirche« hergeleitet werden. Neu ist bei Hallbauer daher nicht die – bereits übliche – Fundierung der Oratorie in einer »guten« Logik, vielmehr das Faktum, daß er die geforderte gesellschaftliche Situation selbst berücksichtigt, also die Prinzipien des ›Natürlichen‹, ›Üblichen‹ und ›Nützlichen‹ auf die gegenwärtigen gesellschaftlichen Zustände bezieht.[260]

Gegen die allgemeine Ansicht[!], der Zweck der Beredsamkeit sei die Überredung,[261] propagiert Hallbauer ein synthetisches Konzept, das die herkömmlichen Mittel des delectare, prodesse und movere zur Überzeugung und ethischen Besserung einsetzt.[262]

> »Eine Rede muß nicht bloß vergnügen, oder Verwunderung erwecken, sondern ans Herz greiffen, soll sie rechter Art seyn. Aller Nachdruck der Worte muß auf nichts anders gerichtet seyn, als die verborgenen Triebe, welche die Natur in das Herz der Menschen geleget hat, zu bewegen, wie Cicero redet. Daher gibt ein guter Redner fleißig Achtung, was die Natur thut, wenn sie nicht zurück gehalten und gehemmet wird. Man muß in

---

[256] Fabricius: Philosophische Oratorie, S. 13f., § 13; ders.: Philosophische Redekunst, S. 8, § 13.

[257] Hallbauer: Anweisung zur Verbesserten Teutschen Oratorie, Vorrede, S. b4.

[258] Stötzer: Deutsche Redekunst, S. 81, S. 86–89.

[259] Hallbauer: Anweisung zur Verbesserten Teutschen Oratorie, S. 230. Vgl. ebd., S. 235; auch Hallbauer: Anleitung zur Politischen Beredsamkeit, Vorrede.

[260] Hallbauer: Anweisung zur Verbesserten Teutschen Oratorie, S. 233, § 8. Zur Ausgestaltung der Hallbauerschen Rhetorik nach »dem heutigen Zustande der Republik« s. Sinemus: Poetik und Rhetorik, S. 195.

[261] Ebd., Vorrede, S. a v.

[262] Ebd., S. 240f.; vgl. auch S. 204. Dazu Schwind: Schwulst-Stil, S. 212f., zum Endzweck der Oratorie: nicht Überredung, sondern Überzeugung. Dazu ferner Klassen: Logik und Rhetorik, S. 170–188, speziell zu Hallbauer S. 176.

seinen Reden keine unfruchtbare Gedancken, die nichts zur Unterweisung des Zuhörers schliessen, finden; sondern alles muß dahin zielen, wie man den Zuhörer von der Wahrheit überzeugen, zur Tugend bewegen, und mit einem Worte ihn besser machen möge, als er ist.«[263]

Die Aufgabe der Rhetorik besteht nicht länger in »handwerklicher Reproduktion« vorgegebener und abrufbarer Realien und Figuren, als vielmehr in der vernunftgegründeten Affektenmanipulation (»persuasion passionelle«). Es ist daher nur konsequent, wenn Hallbauer die Rhetorik aus dem artes-Verbund herauslöst und der Philosophie eingliedert.

Derselben Assoziation der Beredsamkeit mit Wahrheit und Tugend redet Gottsched in seinen verschiedenen Rhetoriklehrbüchern das Wort.[264] Im »Grundriß« gilt ihm die Redekunst als eine »vernünftige Anleitung zur wahren Beredsamkeit«, wobei die Beredsamkeit das Vermögen bzw. die Fertigkeit des Überredens meint;[265] ähnlich definiert er in der »Ausführlichen Redekunst« und in der »Akademischen Redekunst«.[266] Vom herkömmlichen Begriff der Redekunst, der sowohl die Beredsamkeit, die Kunst zu überreden, als auch die Wohlredenheit, die Kunst (schön) zu reden, in sich schließt,[267] distanziert sich Gottsched: ein guter Stil, Zierlichkeit und Reinlichkeit der Sprache mache noch lange nicht die Beredsamkeit aus.[268] Die wahre Beredsamkeit richte sich an den Menschen als ein mit Verstand und Willen begabtes Wesen: Den Verstand suche sie mit Beweisen, mit Gründen und Ursachen zu überreden, den Willen mit Bewegungsgründen zu beeinflussen.[269]

»Ein Redner ist also nicht zufrieden, wenn man ihn gerne höret, wenn man seine schöne Schreibart lobet, seine hübschen Gedanken, und sinnreichen Ausdrückungen erhebet. Er geht viel weiter, und fordert ungleich mehr von seinen Zuhörern. Man soll ihm in seinem Vortrage auch vollkommen beypflichten [...].«[270]

Der Zweck wahrer Beredsamkeit ist die Ausbreitung der Wahrheit.[271] Im Unterschied zur Logik darf sich der Redner mit wahrscheinlichen Beweisen begnügen, statt in extenso seine Darlegungen mit demonstrativischen Vernunftschlüssen zu spicken. Die Beredsamkeit verkörpert also nicht den höchsten Stand der philosophischen Wissenschaft, da sie gleichsam ›herabsteigt‹, und die »Wahrheit durch wahrscheinliche Gründe, die ein Zuhörer von mittelmässigem Verstande, ohne

---

[263] Hallbauer: Anweisung zur Verbesserten Teutschen Oratorie, S. 241, § 10.
[264] Gottsched: Ausführliche Redekunst, S. 38, § VIII; Grundriß zu einer Vernunfftmäßigen Redekunst, S. 24f.
[265] Gottsched: Grundriß zu einer Vernunfftmäßigen Redekunst, S. 1, § 1, § 2.
[266] Gottsched: Ausführliche Redekunst, S. 31; zweite Aufl. 1739, S. 73; Akademische Redekunst, S. 24.
[267] Gottsched: Ausführliche Redekunst, S. 32f., § II, S. 34, § IV; Akademische Redekunst, S. 25, § 2.
[268] Mit großer polemischer Verve in der Ausführlichen Redekunst, S. 35f., § V.
[269] Gottsched: Ausführliche Redekunst, S. 36f., § VI; Akademische Redekunst, S. 26f., § 4, § 6.
[270] Gottsched: Ausführliche Redekunst, S. 34f., § IV.
[271] Ebd., S. 38, § VIII.

alle Mühe fassen und einsehen kan«, vermittelt.[272] Deutlicher vielleicht als bei den andern Reformern wird bei Gottsched der Verzicht auf die eloquentia als Basis von Rhetorik und Poesie.[273] Die Neubesinnung auf die persuasio als die eigentliche – die philosophische – Aufgabe des Redners, befreit auch die Poesie aus der undankbaren Partner- bzw. Dienerrolle und setzt sie frei für eine eigene – philosophische – Wesensbestimmung.[274]

2.3 Der neue inventio-Begriff und sein Gelehrsamkeitskorrelat

Der philosophischen Wesensbestimmung der Beredsamkeit korreliert ein verwandelter Erfindungs- und Realienbegriff und ein neuer Disziplinenkanon. An die Stelle der mechanischen Topik und der abgenutzten Realiensammlungen setzen die Reformrhetoriker ein Erfindungs-System, das dem neuen, in den logisch-empirischen Disziplinen entwickelten Erfindungsbegriff entspricht. Wie bisher unterscheiden die Rhetoriker inventio, dispositio, elocutio und actio. Die inventio hat sich um die Themen und die Argumente – in der nun verwendeten Wolffschen Diktion die ›Hauptsätze‹ und die ›Nebensätze‹ – zu bekümmern.[275] Da als Hauptquellen nun die Logik, die Wissenschaften selbst und die Erfahrung gelten, erscheinen die »Sachen«, d.h. die Argumente, meistens in vier Rubriken eingeteilt: die Beweisgründe, die Bewegungsgründe, die Erläuterungsgründe und die Erklärungen. Die Argumente sind nach Müllers Definition »Mittel der künstlichen Uberredung«.[276] Müller weicht lediglich bei den Erklärungen vom Schema

---

[272] Ebd., S. 40, § X; vgl. Akademische Redekunst, S. 30, § 10. Dazu Wechsler: Gottscheds Rhetorik, S. 38, sowie Gottsched: Erste Gründe der gesammten Weltweisheit, Bd. 1, S. 105ff. Deutlich wird die Trennung besonders in der »Akademischen Redekunst«, S. 30. »Diese Ueberredung nun ist von der Ueberführung und Ueberzeugung gewisser maßen unterschieden. Einen überführen heißt nach der Vernunftlehre, einen durch unumstößliche und ungezweifelte Gründe, von einer nothwendigen Wahrheit überweisen. Dergleichen Ueberführungsgründe haben in der mathematischen und einigen philosophischen Wissenschaften statt, und heißen insgemein Demonstrationen. Aber von solchen demonstrativen Wahrheiten bekömmt ein Redner selten Gelegenheit zu reden. Insgemein lassen sich seine Sätze nur durch wahrscheinliche, obgleich nicht ganz unumstößliche Beweise darthun: und daher gehöret für ihn eigentlich die Ueberredung; mit der sich die Menschen in allen ihren Weltgeschäften zu behelfen pflegen.« Zur zeitgenössischen Diskussion von convictio und persuasio Klassen: Logik und Rhetorik, S. 170ff., der auch weitere Belege zu Gottscheds vermittelnder Haltung heranzieht. Vgl. Gottsched: Ausführliche Redekunst (^{5}1759), S. 82.

[273] Zum Prinzip der persuasio bei Gottsched s. Wechsler: Gottscheds Rhetorik, S. 34f.; Klassen: Logik und Rhetorik, S. 187.

[274] Peucer ist eine Nuance unklarer: Anfangs-Gründe der teutschen Oratorie, S. 18f., definiert er als Zweck der Oratorie die Wohlredenheit o d e r Beredsamkeit. Die letztere arbeitet mit Affekten und Gründen. Der Endzweck ist die Verherrlichung der Vollkommenheiten und Wohltaten Gottes, ebd., S. 26.

[275] Fabricius: Philosophische Redekunst, S. 18, § 40, definiert: »Also ist ein nebensatz [argumentum] ein solcher saz, dadurch ein redner sein thema ausführet.« Vgl. Fabricius: Philosophische Oratorie, S. 48, § 1.

[276] G. P. Müller: Abriß einer gründlichen Oratorie, S. 27, § 1. Zur Systematik der Argumente (explicantia, probantia, illustrantia, applicantia) s. Klassen: Logik und Rhetorik, S. 138–158.

ab; an ihre Stelle setzt er Aufmunterungsgründe (argumenta amplificantia), die auf Affekt und Einbildung einwirken sollen.[277] Da gesellschaftliche und staatliche Formen den menschlichen Willen und Verstand unterschiedlich prägen, muß der Redner vor allem diejenigen Fähigkeiten ausbilden, die Verstand und Willen beeinflussen können. Er braucht Menschenerfahrung (Temperamentenlehre, Alter, Gewohnheit, Stand) und Gesellschaftskenntnis, Fantasie[278] und Affektenbeherrschung.[279] Da Beweis, Interesse, Fantasie und Affekte vereint auf Verstand und Willen der Zuhörer einwirken, benötigt der Redner besonders die Kenntnis der argumenta probantia und moventia, der Beweis- und Bewegungsgründe; die illustrierenden und ausmalenden Gründe verstärken lediglich die Effizienz der Überredung. Glaubwürdigkeit, Nutzen und Billigkeit als Wesen der persuasio begründen die neuformulierten drei genera dicendi.[280] Die als Inbegriff der philosophischen Oratorie empfohlene »oratorische Meditation« bedient sich aller erwähnten Mittel, der Gründe, der Schreibart, der Imagination und der Affekte.

Müllers Entwurf erscheint bei Fabricius und Hallbauer wesentlich weiterentwickelt. Die zwei Auflagen von Fabricius' Redelehre machen den Progreß deutlich. Die erste Auflage ist noch ganz im thomasischen Jargon verfaßt, repräsentiert inhaltlich jedoch bereits die Übergangsphase zur philosophischen Lehre Wolffs.[281] Deshalb läßt Fabricius in der Umarbeitung die Inhalte, die Anordnung und die einzelnen Paragraphen unangetastet; er tauscht lediglich die Termini aus, ersetzt thomasische Wörter und Wendungen konsequent durch Wolffsche Begrifflichkeit. Die Tatsache der rein formalen Erneuerung, der Umwechslung des wissenschaftlichen Jargons, demonstriert den Übergangscharakter des Werkes. Die »Philosophische Oratorie« von 1724 weist in die Richtung der demonstrativi-

---

277 G. P. Müller: Abriß einer gründlichen Oratorie, S. 27ff. zu den Beweisgründen; S. 39ff. zu den Bewegungsgründen; S. 52ff. zu den Erläuterungsgründen; S. 64ff. zu den Aufmunterungsgründen.

278 Ebd., S. 19, § 6. »Derowegen suchet die Oratorie ihre Wahrheiten auch der Phantasie / und ihrem Spiele ähnlich zu machen / und durch Erweckung derselben ihren Endzweck zu erhalten. Mit der Phantasie verbindet sich allezeit die Würckung des Ingenii.«

279 Ebd., S. 20, § 7. »Weil die Redner die Hertzen zu rühren, und die Begierden zu erwecken und zu dämpffen, suchen: so haben sie allezeit nicht nur die Begierden selbsten, die in dem menschlichen Leben das Regiment führen, genau beobachtet, sondern auch alle Arten der Minen, Thaten, Vorstellungen etc. derselben einzusehen getrachtet.« Zum Stilideal der Oratorie Müllers s. Sinemus: Poetik und Rhetorik, S. 189. Ebd. auch zu den Voraussetzungen des Redners: Psychologie, Ethik und Politik; vgl. nochmals Müller: Abriß, S. 8f.

280 Müller: Abriß einer gründlichen Oratorie, S. 23ff., §§ 12–14.

281 Fabricius' Oratorie von 1724 bezieht sich im Untertitel (»glückliche erfindung, nette expreßion und ordnung«) auf das alte Dreier-Schema. Zur Umarbeitung von Fabricius' »Philosophischer Oratorie« in die »Philosophische Redekunst« aufgrund von Gottscheds Kritik in den »Vernünftigen Tadlerinnen« Bd. 1 (1725), S. 174, s. Beetz: Rhetorische Logik, S. 111. Sinemus: Poetik und Rhetorik, S. 193f., der die Unterschiede beider Auflagen nicht berücksichtigt und nur die Ausgabe von 1739 benutzt, stellt als Novum die »Einführung des philosophisch begründeten Prinzips der ›Vernünftigkeit‹« fest, also die Aspekte des Überzeugens, des inneren aptum, der Wahrhaftigkeit des Ausdrucks und der Sachangemessenheit.

schen Grundlegung, die »Philosophische Redekunst« von 1739 enthält trotz des veränderten sprachlichen Gewandes immer noch politisch-iudiziöse Partien.[282] Der Jargonaustausch wird deutlich in einem Paragraphen, der über die Verstandesvoraussetzungen des Redners belehrt.

> »Philosophische Oratorie« (1724)
> »In ansehung des verstandes, muß er ordentlich, gründlich, deutlich, artig gedencken, alles muß von einem gesauberten judicio dirigiret werden, das ingenium und memorie müsse nicht zu hefftig würcken, aber auch nicht gar zu schwach seyn.«[283]
> »Philosophische Redekunst« (1739)
> »Ferner in ansehung des verstandes, muß er ordentlich, gründlich, deutlich, artig und sinreich gedenken können, alles muß von einer durch die Vernunftlehre gebesserten Urtheilungskraft gelenket werden, folglich muß die dichtungs- und erfindungskraft nicht zu heftig würken, das gedächtniß nicht mit zu vielen unordentlichen dingen überhäuffet sein, aber beide müssen auch nicht zu schwach sein.«[284]

Größere Kenntnisse benötigt der Redner in der Logik, der Ethik, der Gemüterkennungslehre, der allgemeinen Geschichte und der Wirkungsgeschichte, sowie der Philologie, insbesondere der eigenen Sprache.[285] Er muß sich ein gründliches[286] Wissen über den behandelten Gegenstand zulegen, jedoch keine polyhistorischen Kenntnisse anstreben. Die Erfindung der Themen beruht auf einer Kombination von ingenium und iudicium, letzteres gründet auf Erfahrung, Wissenschaft und Logik.[287] Gegen die traditionellen Erfindungskünste richtet sich

---

[282] Der Schwenk geht bei Fabricius bereits aus dem Titel hervor: 1724 – »Philosophische Oratorie, Das ist: Vernünftige anleitung zur gelehrten und galanten Beredsamkeit«; 1739 – »Philosophische Redekunst, oder Auf die Gründe der Weltweißheit gebauete Anweisung Zur gelehrten und jezo üblichen Beredsamkeit«.

[283] Fabricius: Philosophische Oratorie, S. 9, § 10.

[284] Fabricius: Philosophische Redekunst, S. 7, § 10.

[285] Fabricius: Philosophische Oratorie, S. 11, § 12; Philosophische Redekunst, S. 7f., § 12.

[286] Fabricius: Philosophische Oratorie, S. 8, § 8.

[287] Fabricius: Philosophische Oratorie, S. 31f., § 1. »Die erfindung aller dinge, so weit selbige in die gräntzen menschlicher erkänntniß eingeschlossen, beruhet auf eine fertigkeit des ingenii, sachen nach der möglichkeit zusammen zu verbinden oder aus einander zu setzen. Die schönheit des ingenii, kommt auf die treflichkeit des dabey herfürleuchtenden iudicii an, und die rechte beschaffenheit des iudicii, auf eine gute erfahrung und vernunft-lehre. Wer also dieses bey einander besitzet, kan gut erfinden.« Vgl. Philosophische Redekunst, S. 14, § 29. »Die erfindung aller dinge, so weit selbige in die gränzen menschlicher erkentniß eingeschlossen wird, beruhet auf eine [!] fertigkeit der urtheilungskraft, der dichtungskraft und des wizes, sachen nach der möglichkeit zusammen zu verbinden, oder aus einander zu sezen. Die schönheit des wizes komt auf die treflichkeit der dabei hervorleuchtenden urtheilungskraft an, und die rechte beschaffenheit der urtheilungskraft, auf eine gute erfahrung, wissenschaft und Vernunftlehre. Wer also dieses bei einander besizet, kan gut erfinden, eigentlich ist die erfindung eine geschiklichkeit aus bekanten wahrheiten, andere uns unbekante herzuleiten. Daher muß derjenige, so ein redner sein und in der erfindung glüklich sein wil, die sache davon er reden sol, verstehen, das ist, klare und deutliche begriffe davon haben.« Für die Logik empfiehlt Fabricius übrigens Thomasius' »Einleitung und Ausübung der Vernunftlehre«; Philosophische Oratorie, S. 11, § 12 Anm. a. In der zweiten Auflage fallen, dem Wolffschen Stil entsprechend, die Anmerkungen fort, dafür überzieht ein System der Querverweise die Darstellung.

Fabricius' Maxime, ein mit natürlichen Fähigkeiten ausgestatteter, durch eine »rechte« Logik gebesserter, durch Wissenschaften und Erfahrung bereicherter Verstand sei die »beste Quelle guter Erfindungen«.[288]

Die Argumente oder ›Neben-Sätze‹ teilt Fabricius in die drei Gruppen der argumenta probantia, illustrantia und pathetica (Beweise, Erläuterungen, Bewegungsgründe) ein[289] und begründet das Schema mit ihrer Ausgerichtetheit am Verstand und am Willen der Zuhörer.[290] Dieses logizistische u n d affektorientierte Erfindungsprinzip baut Fabricius zu einem detaillierten, tabellarisch übersichtlich gemachten System aus, zu einer, wie er formuliert, »bessern volkommenen topic nach den abgehandelten gründen«.[291] Probleme wirft in der neuen Einteilung lediglich die Gruppe der Erläuterungsgründe auf, da sie von vielen Rednern – zu Unrecht freilich – mit den herkömmlichen Realien identifiziert wird.[292] Als Realien wurden – nach Fabricius – bisher exempla, testimonia, auch emblemata, similia, medaillen usw. bezeichnet. Die iudiziös-philosophische Oratorie erfordert einen neuen, stärker an empirischer Realität und logischem Erkenntnisvermögen orientierten Realienbegriff.

> »Heut zu tage hat sich der geschmack geändert, und man glaubt, daß das reelle einer rede, in einem gründlichen und nach der klugheit angebrachten raisonnement bestehe.«[293]

Aus dem neuen Wissenschaftsverständnis resultiert eine Gelehrtendefinition, die sich konsequent vom Lateingelehrten alten Schlags absetzt. Gelehrte sind für Fabricius diejenigen, »welche eine iudiciöse, gründliche, scharfsinnige, erkäntniß der abstracten dinge haben, und solche zum nutzen des menschlichen geschlechts anwenden.«[294] Noch einmal erhellt die Definition den Standort Fabricius' am Ausgang der ›politischen‹ und am Beginn der ›philosophischen‹ Phase, die er selbst mit dem Kennwort ›iudiziös‹ charakterisiert.

Friedrich Andreas Hallbauer stellt die Ausführungen über den neuen Erfindungsbegriff unter die zusammenfassende Überschrift »Von der Meditation«. Die

---

288 Fabricius: Philosophische Oratorie, S. 44, § 11; Philosophische Redekunst, S. 17, § 39.

289 Fabricius: Philosophische Oratorie, S. 48ff. »Das andere capitel, von der erfindung der argumentorum überhaupt«, bes. § 3.

290 Fabricius: Philosophische Redekunst, S. 18f., § 42; auch Philosophische Oratorie, S. 50, Anm. b.

291 Fabricius: Philosophische Oratorie, S. 139f., Tabelle; Philosophische Redekunst, S. 63ff. in Wolffscher Manier.

292 Fabricius: Philosophische Oratorie, S. 97ff. »vierdtes capitel, von den erläuterungsgründen«, hier S. 118ff., § 21.

293 Fabricius: Philosophische Oratorie, S. 54, § 7. Der entsprechende Paragraph in der zweiten Auflage lautet, S. 20, § 46: »Man ist sonst bemühet gewesen, so genante realia in seinen reden anzubringen, man hat aber nicht allezeit den rechten begrif von solchen realien. Vor diesem hielte man beispiele, zeugnisse, sinbilder, gleichnisse, münzen, wapen und dergleichen vor realien, iezo hält man gründliche und nach der klugheit angebrachte urtheile, vernünftige schlüsse, davor.«

294 Fabricius: Philosophische Oratorie, S. 176, § 14, Anm. b. Vgl. die Definitionen in Fabricius: Abriß einer allgemeinen Historie der Gelehrsamkeit, Bd. 1, S. 49.

Meditation – das »gedencken, was man reden und schreiben will«[295] – wird zum Leitprinzip des rhetorischen Systems. Erfinden bedeutet für Hallbauer, mit Hilfe des (findenden) ingenium und des (wählenden) iudicium, aus Wissenschaft und Erfahrung Gedanken abzuleiten und zweckmäßig einzusetzen.[296] Natürliche Fähigkeit, Wissenschaftskenntnis und Erfahrung sind die Grundpfeiler;[297] die Oratorie selbst vermittelt lediglich das Wissen, die anderwärts behandelten ›Dinge‹ gezielt zu verwerten. An anderer Stelle bezeichnet Hallbauer Gelehrsamkeit, Erfahrung und »aufgeweckten Verstand« als die »wahren Quellen der Erfindung«.[298] Gelehrsamkeit meint die klare und deutliche Erkenntnis des Wahren und des Guten, ist also im thomasischen Sinne gefaßt, und gliedert sich in die Erkenntnis ohne Beweis (Verständlichkeit) und in die Erkenntnis mit Beweis (Wissenschaft). Trotz dieser modernen Auffassung gibt Hallbauer das traditionell polyhistorische Redner-Ideal nicht völlig auf; in den »Grund-Lehren« zur Oratorie fordert er vom Redner neben der Beherrschung seiner Hauptwissenschaft die Kenntnis aller Wissenschaften, in jedem Falle der Philosophie (besonders der Logik), der Moral, und der Historie.[299] Die Erfahrung nimmt in Hallbauers System einen hohen Stellenwert ein: wer aus eigener Erfahrung spricht, der redet »mit völliger Gewißheit und Überzeugung, und ist in dem Stande, auch andere zu überzeugen«.[300] Schließlich vermag auch der »muntere« Verstand, das »fertige ingenium« eine Fülle nicht vorgegebener Erfindungen hervorzubringen, abgesehen davon, daß er sich der Gelehrsamkeit und der Erfahrung besser zu bedienen weiß.[301] Trotz einer geringfügigen formalen Abweichung von Fabricius – Hallbauer nennt die drei Gruppen der argumenta explicantia [Erklärungen], probantia [Beweise] und illustrantia [Erläuterungen] – stimmen die Systeme beider Reformer materialiter überein, da Hallbauer nur die argumenta illustrantia und probantia als selbständige Klassen gelten läßt, unter letztere aber persuadentia und commoventia subsumiert.[302] An erster Stelle stehen die aus Wissenschaft und Erfahrung entnommenen, in ›gewisse‹ und ›glaubhafte‹ unterteilten Beweise. Die ›unstreitigen‹ Beweise (argumenta demonstrativa) lassen sich in sensualia und abstracta einteilen; erstere umfassen alle empirischen, aus eigener oder fremder Erfahrung stammenden, unmittelbar in die Sinne fallenden Beweise, letztere die

---

[295] Hallbauer: Anweisung zur Verbesserten teutschen Oratorie, S. 244.
[296] Ebd., S. 246, § 1. [297] Ebd., S. 247, § 1, Anm. 1.
[298] Ebd., S. 265, § 8; vgl. S. 229, wo vom »munteren Kopf«, vom »eigenen Nachsinnen«, von »gesunder Vernunft« und »Klugheit« die Rede ist, auch S. 234.
[299] Ebd., S. 220f. [300] Ebd., S. 222f., auch S. 267ff.
[301] Ebd., S. 269f.
[302] Ebd., S. 257, § 5; S. 260, § 7; ganz dezidiert S. 263: Die zur Logik gehörenden Beweistümer sind die Hauptsache. Zu den Erklärungen s. Anm. 2 zu S. 257, § 5: »Man nennet dieselbe gemeiniglich argumenta explicantia, und unterscheidet sie von den argumentis probantibus und illustrantibus: allein es sind vielmehr circumstantiae explicantes, die zum Wesen eines deutlichen Vortrages, Beweises und Erläuterung gehören, und dahero von denselben nicht, als eine besondere Classe der argumentorum, können gesondert werden.«

logischen[303] und mathematischen Beweise;[304] die übrigen, weder durch »unmittelbare Begriffe« (= sinnliche Anschauung) noch durch »definitiones« erweisbaren Wahrheiten müssen aus den »vorhandenen Umständen« glaubhaft dargetan werden. Die Bewegungsgründe (argumenta commoventia bzw. pathetica) zielen auf die Affekte der Zuhörer und erfordern vom Redner ein hohes Maß an Menschenkenntnis und an eigener Affektivität.[305]

Wie Fabricius grenzt sich auch Hallbauer von dem herkömmlichen Realienbegriff ab. Die wichtigsten Erläuterungen sind Exempel, Gleichnisse, Zeugnisse – eben die Realien im herkömmlichen Sinn. Von der Basis des neuen Erfindungs- und Wirklichkeitsverständnisses aus kritisiert Hallbauer diese einseitige Beurteilung: Realien sind nicht mehr die bloßen sprachlichen Versatzstücke, sondern die wissenschaftlich begründeten Realitätspartikel bzw. -strukturen:

> »Man pfleget die Erläuterungen schlechterdings Realien zu nennen, eben als wenn die themata, die Beweisthümer und die Erklärungen keine Realien wären. Diese verdienen gewiß weit eher also genennet zu werden: und eine Rede kann vollkommen seyn, wenn gleich keine Erläuterungen darinne sind. Hingegen wo sonst die Rede nicht gründlich, deutlich und gut ist, werden diese Realien Lappalien seyn.«[306]

Während die schulfüchsischen und pedantischen Reden »ohne eigene Meditation bloß aus Büchern« zusammengeschrieben werden,[307] bedient sich der gute Redner der gründlichen und nützlichen Sachen, der zusammenhängenden Meditation und einer natürlichen Ordnung.[308]

Hallbauer verwirft die illustrantia nicht schlechthin, doch reduziert er ihre Funktion eben auf das Verstärkungsmoment und weist die eigentliche Aufgabe der Überzeugung den Beweisgründen und der Meditation zu. Sein Ideal findet Hallbauer in ständiger Abgrenzung von der traditionellen Schuloratorie.

> »Ich lobe alle diejenigen Erläuterungen, welche zur Uberzeugung und Bewegung dienen, wenn sie an rechtem Orte und in gehöriger Maß angebracht werden: hingegen verwerfe ich alle diejenigen, die zu nichts, als zum Glänzen und Schimmern dienen, mit welchen ein in sich selbst verliebter Redner sich selbst abmahlen, den Zuhörern die Zeit vertreiben, und ihnen bloß wohlgefallen will, an Statt, daß er des Zuhörers Gemüth einig und allein mit der vorhabenden Materie anfüllen soll. Ich halte sie vor Schutt, und solche Redner vor Schutt= oder Schubkärner.«[309]

---

303 Ebd., S. 305, § 11, Anm. 3 a) »Daß der Beweis in der Oratorie nicht, wie in Disputiren förmlich seyn müsse. Es ist genug, wenn Satz und Beweis da ist: an die logicalischen Kunst-Wörter und syllogistische Ordnung bindet sich ein Redner nicht.«

304 Ebd., S. 304, § 11, Anm. 1 »Zu dem gewissen Beweis wird der mathematische gerechnet. Er bestehet darinne, daß man die zur Sache gehörige Beschreibung, und gewisse Grund-Sätze, die aus der Beschreibung nothwendig fliessen (axiomata) oder von denen man versichert seyn kann, daß sie ohne Schwierigkeit werden eingereimet werden (postulata), setzet, und aus diesen allen die zu erweisende Sätze bestättiget.«

305 Ebd., S. 315f. Hallbauer empfiehlt neben den Ethiken Lehmanns, J. C. Langes und Thomasius' die Gemüterkennungslehren von Thomasius, v. Rohr und Trier.

306 Ebd., S. 334, § 18, Anm. 4. 307 Ebd., S. 235f. § 9.

308 Ebd., S. 240f., § 10. 309 Ebd., S. 336, § 18, Anm. 5.

Die Meditation bildet die dem neuen Erfindungsprinzip entsprechende Denkform.[310] Gegenüber der ›freien‹ Meditation knüpft Hallbauer an die strengere Wolffsche Methode an, die dem oratorischen Erfinden den logischen Zusammenhang garantiert.[311] Im Bereich der ›Erläuterungen‹ ersetzt das Prinzip meditativen Selbstfindens[312] durchgängig das veraltete Kollektaneen-Modell; und dort, wo Belesenheit die Basis bildet, tritt es wenigstens als Ordnungsfaktor in Erscheinung.[313] In der Konsequenz verdrängt das funktionalistische Beweis-Prinzip das additive Beleg-Verfahren.

Das gute iudicium vermeidet das ständige Einmengen griechischer und lateinischer Belege.[314] Besondere Vorsicht gebietet Hallbauer bei der Anwendung der fast als Inbegriff des alten Realienverständnisses geltenden loci communes.[315] Den adäquatesten Ausdruck findet das Meditationsprinzip in den speziellen Argument-Typen der sogen. meditatio und der argutia. Der Argument-Typus ›meditatio‹ bezeichnet ein sachgebundenes freies Denken, das am besten mit Reflexion oder ›Räsonnement‹ umschrieben werden kann.[316] Hallbauer fügt die als ›Argumente‹ gedeuteten Argutien in den neuen Erfindungskontext ein: Um ›sinnreiche‹ Reden verfertigen zu können, braucht der Redner in erster Linie »guten Verstand«.

> »Wer ein iudicium hat, wird alles tiefer einsehen, und scharfsinnig gedencken, und folglich auch scharfsinnig reden können, zumal wenn der Affekt des Herzens hinzukommt. Und ein solcher braucht keine Regeln zu Argutien: sein eigener Verstand ist der beste Lehrmeister: doch können ihn solche auf die Spur scharfsinnig zu gedencken bringen.«[317]

Der einzige Autor, mit dessen Rhetorik sich die germanistische Forschung mehrfach beschäftigt hat, ist Gottsched.[318] Es läßt sich recht eindeutig erweisen, daß die Rhetorik Gottscheds nicht aufgrund ihres revolutionären Charakters die Aufmerksamkeit auf sich lenkte; sondern wegen der Position, die der Verfasser im literarischen Leben seiner Zeit eingenommen hat. Gottscheds Rhetorik – vom

---

310 Ebd., S. 244ff., Capitel II. Hallbauer empfiehlt die Meditation auch für den Stil. Dazu Schwind: Schwulst-Stil, S. 213; zu Hallbauers Stiltypen in der Rhetorik s. Sinemus: Poetik und Rhetorik, S. 194f. Sinemus betont die Anverwandlung der ciceronianisch-quintilianischen Rhetorik. Vgl. auch Hallbauer, S. 250f., § 3.

311 Ebd., S. 293, 295ff. 312 Ebd., S. 342, § 20. 313 Ebd., S. 350, § 21.

314 Ebd., S. 333f.; vgl. Wendland: Die Theoretiker und Theorien, S. 155.

315 Hallbauer: Anweisung zur verbesserten teutschen Oratorie, S. 367, § 24.

316 Ebd., S. 379, § 27. »Wenn man allerhand Möglichkeiten bey einer Sache, deren Ursachen, Wirckungen, Eigenschaften und Umständen, erdenckt, heißt es Meditatio. [...] Also verstehet man hierdurch alle artige und geschickte Einfälle, die bey einer Sache meist errathen werden. Sie geben also keine Lebens-Regeln, sondern bestehen bloß aus zufälligen Gedancken. Sie müssen aber nicht zu gemein seyn, daß sie so zu sagen iedermann finden könnte; nicht weit gesucht seyn, sondern ungezwungen aus der Sache fliessen. Denn diese sind die besten, die einem geschickten Kopfe gleichsam von sich selbst einfallen.«

317 Ebd., S. 383, § 28.

318 Besonders die Studien von Wechsler, Grosser, Scholl, Schimansky, E. Wolff, sowie innerhalb der Gottsched-Monographien Waniek, Reichel und Rieck.

frühen »Grundriß« über die mehrfach verbesserten Auflagen der »Ausführlichen Redekunst« bis zur späten »Akademischen Redekunst« – besitzt nicht die Bedeutung seiner Dichtkunst. Gottscheds Rhetorik ist – im Vergleich zu Fabricius und Hallbauer – stärker auf Synthese zwischen Reformbewegung und Tradition bedacht, wobei für Gottsched die zunächst über französische Theoretiker vermittelte Antike in stärkerem Maße als für die anderen Rhetoriker das Vorbild und Muster abgibt.[319] Die monographischen Darstellungen Gottscheds berücksichtigen diesen eher synthetischen als polemischen Charakter seiner Rhetorik nicht, da sie weder den zeitgenössischen Rhetorik-Kontext noch die rhetorische Tradition, die Gottsched weiterführt, miteinbeziehen. Gerade bei der Beurteilung des Innovationscharakters eines Werkes zeigen sich die Grenzen der biographisch-monographischen Perspektive.

Anders als die politisch-pragmatischen Rhetoriker, orientiert Gottsched sich prinzipiell an der von Wolff inaugurierten Objekt-Wahrheit. Als Konsequenz rückt das Deduktionsprinzip an die Stelle der pragmatischen Spielarten, des »subjektivistischen Galantismus« und der »praktischen Experienz«.[320] Die Korrelation von Vernunftgründen und antiken Musterautoren,[321] von antiker Naturauffassung und logischer Begründetheit basiert auf der Annahme einer »unveränderlichen Natur des Menschen«,[322] einer anthropologischen Konstante, deren künstlerische Gestaltung in der Antike vorbildhaft gelungen ist. Mit der Rückkehr zum antiken Vorbild geht die Ablehnung der Weiseschen Reduktionsstufe und der Lohensteinschen Hyperbolik Hand in Hand.[323]

Gottsched integriert die Kritik an der falschen inventio in die Empfehlungen eines richtigen Verfahrens. Seine Rhetoriken enthalten kein selbständiges Polemikkapitel. Die Grundprinzipien des neuen Erfindungs-Systems weichen von

[319] Dies ist gegen Scholl: Die Rhetorik der Vernunft, S. 218f., festzuhalten, die Gottsched die größte Progressivität zuspricht. Vgl. zu Gottscheds Quellen Scholl in: Gottsched, Ausgewählte Werke, Bd. 7, Tl. 3, Ausführliche Redekunst, S. 248; ferner Gottsched: Ausführliche Redekunst, S. 44f., § XV. Zum bildungsgeschichtlichen Ausgangspunkt von Gottscheds Rhetorik s. Schwind: Schwulst-Stil, S. 217–230; auch zum Einfluß rationalistischer Aspekte auf die Stilnormen. Generell Rossmann: Gottscheds Redelehre und ihre antiken Quellen.

[320] Wechsler: Gottscheds Rhetorik, S. 26.

[321] Zu Gottscheds Berufung auf die Antike (Abkehr von der ›silbernen Latinität‹ eines Seneca oder Martial) s. Vorübungen der lateinischen und deutschen Dichtkunst, Vorrede; Ausführliche Redekunst, Titel und Vorrede; Grundriß zu einer Vernunfftmäßigen Redekunst, Vorrede. Dazu Wechsler: Gottscheds Rhetorik, S. 30f.

[322] Gottsched: Ausführliche Redekunst, S. 42f., § XIII.

[323] Gottsched: Akademische Redekunst, S. 12f., § 28. »Christian Weisen habe ich bisher mit Stillschweigen übergangen, aber nicht aus Versehen. So gut es der liebe Mann mit der Jugend gemeynet, und so viel Fuder oratorische Schriften er geliefert: so ist er doch nicht auf dem rechten Wege gewesen. Er kannte theils die alten Griechen und Römer nicht; sondern erdachte sich eine selbstgewachsene Chrien-Wohlredenheit, darinn niemals etwas rechtes abgefasset werden kann theils wollte er Knaben in Schulen zu Rednern machen, die noch weder eine reife Urtheilskraft, noch Stoff im Kopfe haben, etwas taugliches zu machen. Endlich behielt er die Vermengung des Deutschen mit vielen ausländischen Wörtern; bey der unsre Beredsamkeit niemals steigen konnte.«

denen der anderen Reformer nicht ab und sind in allen vier Rhetorik-Lehrbüchern Gottscheds identisch, lediglich nach dem wechselnden Adressatenkreis modifiziert. Für die Erfindung des Themas gilt die Maxime, daß die »natürlichsten« die besten Erfindungen seien.[324] Bei der Erfindung von Nebensätzen oder Argumenten schließt Gottsched sich dem mittlerweile eingebürgerten Verfahren an. Der »Grundriß« nennt Erklärungen, Erläuterungen, Beweistümer und Bewegungsgründe;[325] die »Ausführliche Redekunst« stellt die Reihenfolge um, indem sie die Beweisgründe – »das wichtigste Capitel der ganzen Redekunst«[326] – den Erläuterungen voranstellt.[327] Schon im »Grundriß« weist Gottsched die früher der Topik zugeordneten Beweise der Gelehrsamkeit, der Erfahrung und dem »eigenen Nachsinnen« zu.[328] Loci communes und meditationes, die er bei den Bewegungsgründen behandelt, gelten nicht mehr als Figuren; sie basieren auf dem neuen Realienbegriff: die loci stehen in enger Verbindung zur ›Gelehrsamkeit‹, die meditationes entspringen einem »aufgeweckten Naturelle«.[329] Dem Bemühen, auch der Redekunst zur demonstrativischen Gewißheit zu verhelfen, verdankt die Gruppe der Beweisgründe ihre Aufwertung:

> »Hierauf kommt in der Uberredung alles an, und da diese der Hauptzweck der Beredsamkeit ist, so sieht man leicht, daß der Beweis das rechte Hauptwerk sey, darauf ein Redner allen seinen Fleiß anwenden muß. Alles übrige, was man in einer Rede sagen kan, gehört entweder nur zu den Zierrathen und Nebendingen; oder es ist nur eine Vorbereitung zum Beweise; oder auch eine Folgerung aus demselben. Der Beweis giebt also der ganzen Abhandlung ihre Festigkeit, so wie die Gebeine und Nerven dem menschlichen Körper.«[330]

---

324 Gottsched: Grundriß zu einer Vernunfftmäßigen Redekunst, S. 14, § 15.

325 Gottsched: Grundriß zu einer Vernunfftmäßigen Redekunst, S. 15; Erklärungen, S. 16ff., Erläuterungen S. 18ff., Beweistümer S. 20ff., Bewegungsgründe S. 22ff.

326 Gottsched: Ausführliche Redekunst, S. 106; Akademische Redekunst, S. 104 »Das Wichtigste in der ganzen Rede ist der Beweis.«

327 Gottsched: Ausführliche Redekunst, Erklärungen S. 92ff., Beweisgründe S. 106ff., Erläuterungen S. 133ff., Bewegungsgründe S. 159ff.; neu ist die ›Widerlegung der Einwürfe‹, S. 124ff. Generell unterscheidet Gottsched zwischen philosophischen (dogmatischen) und historischen Sätzen; vgl. Akademische Redekunst, S. 104ff., bei Erklärungen und Beweisgründen. Erläuterungen sind Gleichnisse (comparata), Zeugnisse (testimonia), Exempel (exempla), ähnliche Fälle (similia), das Widerspiel (contraria), gute Einfälle (meditationes), Lehrsprüche (loci communes oder sententiae); Ausführliche Redekunst, S. 134, § II.

328 Gottsched: Grundriß zu einer Vernunfftmäßigen Redekunst, S. 20f., § 10. In der Ausführlichen Redekunst, S. 104, begegnet diese Zuordnung im Kapitel über die Erklärungen, in der Akademischen Redekunst, S. 40, im allgemeinen Teil über die Voraussetzungen des Redners.

329 Gottsched: Grundriß zu einer Vernunfftmäßigen Redekunst, S. 25, § 20; Ausführliche Redekunst, S. 146, § XIV, auch ›Pensées‹ genannt: »Denn wenn man gleich sagen wollte, es wären unerwartete sinnreiche Gedanken von der vorhabenden Materie, die dem Redner von ungefähr eingefallen: So würde man doch vielleicht nicht deutlich genug sehen, was man dadurch verstünde. Noch schwerer ist es einem Regeln zu geben, wie er sie erfinden soll: Denn es kommt dabey fast ganz und gar auf das Naturell an. Ein witziger Kopf, der mit Scharfsinnigkeit versehen ist, und sonst viel gelesen und erfahren hat, kan solche Einfälle von sich selbst, ohne alle Regeln hervorbringen.«

Unter den ›gelehrten‹ Voraussetzungen des Redners rückt konsequent die Logik an die erste Stelle; alle Sätze brauchen einen zureichenden Grund und dürfen den bisher »ausgemachten« Wahrheiten nicht widersprechen.[311]

Diese deutlicher als bei Fabricius und Hallbauer aus Wolffs Philosophie abgeleiteten Voraussetzungen ergeben ein Gelehrsamkeitspostulat, das sich einerseits von der enzyklopädischen Realien-Praxis abhebt, andererseits doch die polyhistorische Tradition nicht verleugnet. Das Kapitel »Von dem Charactere eines Redners und denen ihm dienlichen Vorbereitungen«[332] fordert zunächst Sachkenntnis, wie sie die akademischen vier Fakultäten vermitteln, d.h. der Redner muß ein »gelehrter Mann« sein.[333] Unter der Bedingung absoluter Sachkenntnis billigt Gottsched sogar Unstudierten (»das ist, Leuten, die kein Latein können«) einen Platz unter den Gelehrten zu; in der Regel verfügen sie jedoch lediglich über »Wohlredenheit«.[334] Neben der Sachkompetenz benötigt der Redner Menschenkenntnis;[335] zu ihr verhelfen Logik, Ethik und Psychologie. Mit Cicero und Quintilian verlangt Gottsched Kenntnis aller Wissenschaften und Künste, wobei er besonders die Altertümer, Geschichte, Rechtswissenschaft, Mathematik, Musik und Malerei hervorhebt.[336] An natürlichen Eigenschaften nennt Gottsched die Scharfsinnigkeit, die »starke Einbildungskraft« (imagination) und den »lebhaften Witz« (ingenium).[337] Der Passus macht die Synthese evident, die Gottsched aus den antiken Forderungen und der Wolffschen Philosophie anstrebt. Die Logik, daran läßt Gottsched keinen Zweifel, bildet für die Persuasions-Rhetorik die Basis. Daneben empfiehlt er dem werdenden Redner Psychologie und praktische Philosophie, »zumal nach der heutigen Wolfischen Art«.[338]

Die logozentrisch strukturierte Rede reduziert, wie Schwind für den gesamten ›klassizistischen‹ Reformansatz von Fabricius, Hallbauer und Gottsched festgehal-

---

330 Gottsched: Ausführliche Redekunst, S. 106, § I.

331 Ebd., S. 108, § III. Zur Fundierung von Gottscheds Redelehre durch Mathematik und Logik Schwind: Schwulst-Stil, S. 230ff., S. 248ff.; Klassen: Logik und Rhetorik, S. 170ff.; Beetz: Rhetorische Logik, S. 161ff.

332 Gottsched: Ausführliche Redekunst, S. 46–65.

333 Ebd., S. 47. Die vier Fakultäten und die freien Künste »gehören zur Gelehrsamkeit, und wer sie versteht ist ein Gelehrter.«

334 Ebd., S. 48.

335 Gottsched: Ausführliche Redekunst, 5. Aufl. 1759, S. 268. »Ein Redner muß sich so auszudrücken wissen, wie man in der Welt; nicht aber wie man in der Schule redet.« Weitere Belege bei Schimansky: Gottscheds deutsche Bildungsziele, S. 158.

336 Gottsched: Ausführliche Redekunst, S. 50. Der Redner muß überdies ein ›Fachgelehrter‹ sein, besonders muß er die »Lehre von der menschlichen Seele« (Psychologie, Logik, Ethik) beherrschen; Ausführliche Redekunst, S. 89ff. In der Vorrede zum Grundriß zu einer Vernunfftmäßigen Redekunst heißt es: »Die wahre Beredsamkeit ist gleichsam ein Zusammenfluß aller ernsthaften und anmuthigen Wissenschaften, ja der höchste Gipfel der Gelehrsamkeit.«

337 Gottsched: Ausführliche Redekunst, S. 54.

338 Ebd., S. 63; vgl. die Vorrede zu Gottsched: Vorübungen der lateinischen und deutschen Dichtkunst. Vgl. die aus dem Gottschedkreis stammende Abhandlung von Johann Anton Stolle: Daß ein Redner ein Philosoph und Poet seyn müsse (1734), in: Proben der Beredsamkeit (1738), S. 161–172.

ten hat, die Verständnisproblematik auf die kleine Schicht der »Gebildeten«, erfüllt also keine kasualistischen Funktionen mehr.[339] Naturgemäß verstärkt sich in der »Akademischen Redekunst«, die sich an ein ausschließlich gelehrtes Publikum wendet, der rein ›gelehrte‹ Charakter der Ausbildung. Im Vorwort zur »Akademischen Redekunst« bezeichnet Gottsched die Beredsamkeit als den »Zusammenfluß aller ernsthaften und anmutigen Wissenschaften, ja den höchsten Gipfel der Gelehrsamkeit«[340] und fordert demgemäß vom Redner die Kenntnisse eines Polyhistors, der »fast alles wissen« muß, »was der menschliche Witz erfunden hat«.[341] Dem ›synthetischen‹ Rednerideal entsprechend schaltet Gottsched die einem klassizistischen Geschmack nicht gemäßen Stilarten aus.[342] Dem Rekurs auf die Antike korrespondiert folgerichtig die abermalige Aufwertung humanistischer Tendenzen.

Gottsched hat selbst für die Ausbreitung seiner rhetorischen Reformen durch die eigenen für Schulen und Universitäten verfaßten Lehrbücher gesorgt. Doch lassen sich auch für die anderen Rhetoriken über den Universitätszirkel hinausreichende Wirkungen nachweisen. Fabricius selbst wechselte von der Universität auf die Schule über; nach seiner Tätigkeit als Adjunkt an der Universität Jena übernahm er das Rektorat des Gymnasiums in Northausen. Hallbauers Lehre fand durch die Oratorie von Johann Jakob Schatz Eingang in die höhere Schule.[343] Schatz anerkennt Gottscheds Verdienste um die Rhetorik-Reform,[344] richtet sich selbst jedoch nach Hallbauers Methode, ohne bloß einen Auszug aus dessen Oratorie zu bieten. Anders als Hallbauer rekurriert Schatz unmittelbar auf die antiken Rhetoriker Aristoteles, Cicero und Quintilian; wie dieser verwirft er den »neuen Kram voller kindischen Spielwercks« und wendet sich gegen die modischen Künsteleien, die hieroglyphischen Figuren, die buntscheckigen Embleme, die affektierten Gleichnisse, die »an den Haaren herangezogene« Histörchen, die leeren Wortspiele und gegen die von Weise ausgebaute Methode von thesin et hypothesin, von antecedens et consequens, sowie gegen das Chrien-System.[345] Er selbst empfiehlt als »geschickte und vernünftige« Mittel die Meditation, die Klugheit und die Übung.

---

339 Dies gilt für Poesie und Rede; Schwind: Schwulst-Stil, S. 218; vgl. S. 209ff.

340 Gottsched: Akademische Redekunst, Vorwort; Grundriß zu einer Vernunfftmäßigen Redekunst, Dedikation; vgl. Wechsler: Gottscheds Rhetorik, S. 29.

341 Gottsched: Akademische Redekunst, S. 44, § 7; auch S. 40, S. 111ff.

342 Zur Schreibart s. Ausführliche Redekunst, S. 291–325, XV. Hauptstück: Von der Schreibart, ihren Fehlern und Tugenden; auch im Grundriß und in den Vorübungen handelt Gottsched die Schreibart ab. Weniger: Die drei Stilcharaktere der Antike, S. 44f.; zur Stillehre Gottscheds auch Sinemus: Poetik und Rhetorik, S. 197f. Die ständische gebundene Drei-Stil-Lehre ist hier überwunden und durch ein an der ciceronianisch-quintilianischen Lehre orientiertes Drei-Stil-System ersetzt, das den Stil dem Objekte nach richtet, also das innere aptum an die Stelle des äußeren aptum als Richtmaß setzt.

343 J. J. Schatz: Kurtze und Vernunft-mäßige Anweisung zur ORATORIE. Jena u. Leipzig 1734, Vorrede, S. a 7.

344 Ebd., Vorrede, S. b 2v.

345 Ebd., Vorrede, S. a 5.

Die aus der Logik erlernbare Meditation unterrichtet über die nach Umständen, Unterschied, Wirkung und Zusammenhang bestimmte »wahre Beschaffenheit« der Redethemen; die Klugheit sorgt für eine zweckmäßige, nach pragmatischen Gesichtspunkten getroffene Auswahl der Materien.[346] Der im Inventionskapitel von Schatz vorgenommene Austausch des Realienbegriffs gegen den Begriff »Gedancken«[347] deutet den Wandel des rhetorischen Konzeptes in Richtung eines logisch fundierten iudicium-Programms an. Mit der Neuorientierung stimmt auch Schatz' Definition des ›erfindens‹ als »erinnerns« und »besinnens« auf die je nach Gelegenheit zweckdienlichen Gedanken überein; ferner das von Hallbauer übernommene Argumentationsschema und das rednerische Ideal, »mit wenigen viel« zu sagen, und nichts »ohne hinlänglichen Grund oder überflüßig« anzubringen.

Peucers Oratorie ist wesentlich eklektizistischer; er nennt als positive Muster Gottsched, Fabricius und Hallbauer.[348] Immerhin erweist das an Gymnasien verwendete Werk den totalen Sieg des neuen Inventionssystems und den gewandelten Realienbegriff. Erläuterungen und Erweiterungen als Realien auszugeben, deklariert Peucer, sei eine »höchst-schädliche Einbildung«:

»Denn die Beweisthümer, Erklärungen der Natur einer Sache, und überhaupt eine gründliche und nach den Lehrsätzen einer gesunden Meditation eingerichtete Ausführung eines Thematis verdienen allein den Titul der Realien; nicht aber die Allegata, Gleichnisse, Exempel, Allusionen etc. Jene gehören zum Wesen der Rede: diese aber sind zufällige Theile, die nicht nur wegbleiben; sondern auch offt durchaus wegbleiben müssen.«[349]

Bei der wichtigsten Gruppe der Argumente, den Beweisen, steht denn auch das iudicium als die Verstandeskraft, die ein Denken »nach den Regeln der Methode« garantiert, im Vordergrund.[350] An Peucers Schuloratorie wird deutlich, wie der neue philosophische Geist, trotz der partiell beibehaltenen ›politisch-iudiziösen‹ Terminologie, die Grundlagen der Rhetorik umgebildet hat.

3. Vorbereitungen zu einer ›philosophischen‹ Dichtkunst

3.1. Wolffs Legitimation der ›Dichterkunst‹ im wissenschaftstheoretischen Kontext

Die Trennung von Dichtkunst und Rhetorik vollzieht sich als Folge der Aufnahme Wolffscher Gedanken. Bezeichnend für den Verselbständigungsprozeß ist die stufenweise Ausbildung einer eigenständigen Poesie-Konzeption, an deren Anfang die tastenden Versuche Bodmers und Breitingers in den »Discoursen der

346 Ebd., S. 7f., § 10.
347 Ebd., S. 9, Cap. II »Von der Invention oder Erfindung und Sammlung der zum Vortrag dienlichen Gedancken«.
348 Peucer: Anfangs-Gründe der teutschen Oratorie. S. 20, zum Naturell; S. 21f., zur Gelehrsamkeit; zu Erklärung, Beweis und Erläuterung S. 29.
349 Ebd., S. 49, Nr. 7; vgl. S. 52, Nr. 14 »Die illustrantia kan man nicht wohl vor argumenta ausgeben.«
350 Ebd., S. 30, Nr. I, 2.

Mahler« liegen und an deren Ende die von Baumgarten und Meier entwickelte neue Disziplin der auf der Erkenntnisfunktion beruhenden Ästhetik steht. Einen Höhepunkt der Verselbständigungstendenz bezeichnet die »Critische Dichtkunst« Gottscheds. Um ihren Stellenwert im poetologischen Kontext klarer beurteilen zu können, ist ein Blick auf Wolffs eigene, die Dichtkunst tangierenden Gedanken angebracht.

Die Umwandlung der humanistischen Poetik in eine vernunftgegründete, die Poesie auf ›natürliche‹ Regeln verpflichtende Poetik nimmt ihren Anfang bei Descartes, dem Zeitgenossen Galileis. In ganz anderem Maße als dieser, der in seinen ›Marginalien zu Tasso›[351] einem Natürlichkeitsideal das Wort redet, unterstellt Descartes die Empirie der mathematischen Deduktion und inauguriert damit das Prinzip, für alle wissenschaftlichen Disziplinen vernunftgegründete Regeln aufzustellen.[352] Im »Discours de la méthode« schafft Descartes die Basis für die Umwertung auch des humanistischen Dichter-Gelehrten-Ideals. Gegen die herkömmliche Büchergelehrsamkeit behauptet Descartes, die aus zahleichen Meinungen zusammengehäufte Gelehrsamkeit komme der Wahrheit nicht so nahe wie einfache Urteile, die ein einziger, mit gesundem Verstand begabter Mensch fällen könne. Damit übereinstimmend bezeichnet er denjenigen als den besten Dichter, der die besten ›Einfälle‹ habe, auch wenn er keine Poetik kenne. Rhetorik und Poesie sind für Descartes »des dons de l'esprit plutôt que des fruits de l'étude«.[353] Die Intention, das Autoritäten-Wissen abzubauen und ein vernunftgegründetes Wissenschaftssystem zu errichten, schlägt sich in den berühmten vier Regeln nieder, die das Ideal der klaren und deutlichen Erkenntnis (»clairement et distinctement«) zum wissenschaftlichen Ziel setzen. Boileaus einflußreiche Poetik übertrug die – aus der analytischen Geometrie stammenden – demonstrativisch-quantitativen Prinzipien auf die Poesie. Seine Reduktion des Poetischen auf das Wahre – »Rien n'est beau que le vrai; le vrai seul est aimable«[354] – sollte für die um eine philosophische Poetik bemühten Autoren die maßgebliche Leitlinie abgeben.

Wenn im neuen, mathematisch-logisch gegründeten Wissenschaftssystem Rhetorik und Poesie noch einen berechtigten Platz beanspruchen durften, mußten sie fraglos am erkenntniskritischen philosophischen Denken orientiert sein. Die Übernahme der demonstrativischen Lehrart in Poetik- und Rhetorik-Lehrbüchern

---

[351] Die Kommentare Galileis »Considerazioni al Tasso«, »Postille all'Ariosto« und »Due lezioni all'Accademia Fiorentina circa la figura, sito e grandessa dell'Inferno di Dante« befinden sich in Bd. 9 der Nationalausgabe von Galileis Werken. Vgl. die deutsche Ausgabe: Galileo Galilei: Sidereus Nuncius. Dialog über die Weltsysteme. Vermessung der Hölle Dantes. Marginalien zu Tasso. Hrsg. u. eingel. v. H. Blumenberg. Frankfurt a. M. 1980; ferner Bense: Die Mathematik in der Kunst, S. 31f., besonders zur rationalistischen Tendenz im Tasso-Kommentar. Ein Kapitel, das die technisch-naturwissenschaftlichen Widerstände und Gegenmodelle gegen den Humanismus behandelte, wurde hier weggelassen.

[352] Bense: Die Mathematik in der Kunst, S. 31ff., bes. S. 36f.

[353] Descartes: Discours de la méthode, S. 12.

[354] Boileau: Epitres IX, A. M. le Marquis de Seignelay, V. 45; zit. nach Reichmann: Die Herrschaft der Zahl, S. 49.

war dann nur ein konsequenter Schritt in der Anpassung an das neue Denken. Die Übertragung der ›geometrisch-quantitativen Prinzipien‹ auf die Kunst, stellt Reichmann zu Recht fest, wurde wesentlich durch die Hoffnung bestimmt, »dem Schönen letztlich die Präzision und Geltung der Wissenschaft und des Wahren zu erringen«.[355] Entsprechend der Wissenschaftsentwicklung, die vom freien iudicium (bzw. der freien Meditation) zum vernünftigen Schlußverfahren hinleitet, wandelt sich das Poesie-Ideal: An die Stelle der iudiziösen Poesie tritt die vernünftige, regelgemäße Dichtung, die weniger das gesellschaftlich Angemessene als das sachlich Richtige ins Zentrum ihrer Aussage stellt. Die philosophische Grundlage für diese Umgewichtung hat in Deutschland Christian Wolff geschaffen. Die Bedeutung der Wolffschen Metaphysik als »Ausgangspunkt einer neuen Kunsttheorie« hat Joachim Birke überzeugend dargestellt,[356] so daß sich hier eine weitere Erörterung der gesamten kunstbezüglichen Äußerungen Wolffs erübrigt. Da er selbst keine Poetik verfaßt hat und nur sehr mittelbar über künstlerische Themen sich geäußert hat, stellen alle auf ihn und seine Methode sich berufenden Poetiken Ableitungen aus der »Logik« und »Metaphysik« dar. Die Mittelbarkeit der Ableitung bedingt denn auch die unterschiedliche Akzentuierung der poetologischen Aspekte.

Die unter Christian Wolffs Einfluß entstandenen Poetiken[357] unterscheiden sich in Methode und Auffassung von den Poetiken früherer Epochen. Auf die Inhalte und die ›Machart‹ der Poesie selbst haben allerdings die (philosophischen) Poetiken nicht allein eingewirkt; entscheidender war doch die unmittelbare Kenntnisnahme des Wolffschen Denkens.

Aus der Trennung zwischen den studia humaniora und der mit mathematisch-demonstrativischer Methode behandelten Philosophie resultiert konsequenterweise die Position der Poesie. Sie gehört nicht mehr zur philosophischen Wissenschaft. Wolff rechnet sie zur Kunst und legt mit dieser Neuzuordnung den Grundstein für das im ganzen 18. und 19. Jahrhundert geltende »System der Künste«, das bereits bei Baumgarten und Meier Malerei, Plastik, Architektur, Musik und Poesie umfaßt.[358] Wolff erkennt die Besonderheit der künstlerischen Tätigkeit und grenzt sie implizit als Schaffenskraft vom philosophischen Erkenntnisvermögen ab.

> »Wir finden auch, daß der Mensch geschickt ist, theils durch die Kräfte seiner Seelen, theils durch die Kräfte des Leibes, ein Ding ausser ihm zur Würcklichkeit zu bringen, was ohne ihm seine Würcklichkeit nicht erreichen würde. Die Fertigkeit dergleichen zu thun wird die *Kunst* genennet. Z.E. Durch die Geschicklichkeit eines Poetens kommet ein Gedichte zu seiner Würcklichkeit, welches ohne ihm sonst nimmermehr dieselbe würde erreichet haben. Und diese Geschicklichkeit, dadurch er es bewerckstelliget, heisset seine *Dichter=Kunst.*«[359]

---

355 Reichmann: Die Herrschaft der Zahl, S. 48f.
356 Birke: Christian Wolffs Metaphysik, S. 1–20.
357 Vgl. Abschnitt 3.2., hier S. 609ff.
358 Kristeller: Das moderne System der Künste, S. 196ff.; er geht jedoch nicht auf Wolff ein.

Allerdings ist die Verwirklichung des »ausser ihm« befindlichen »Dinges« an dessen Möglichkeit gebunden. Die Dichterkraft ist eine Sonderart der Einbildungskraft und fällt unter deren Einteilung. In der »Metaphysik« unterscheidet Wolff zwei *Typen der Einbildungskraft,* das bloße, bereits Gedachtes wiedererinnernde Reproduktionsvermögen, und ein ars combinatoria genanntes Vermögen, das die Vorstellung von noch niemals Empfundenem erlaubt (§ 241). Auch die ars combinatoria kennt zwei Unterarten. Die erste besteht im Erdichten nicht möglicher Dinge, das Wolff als »leere Einbildung« abqualifiziert.[360] Als Beispiel für die »leere Einbildungen« produzierende Erdichtungskraft dient ihm die – später auch von Gottsched immer wieder aufgegriffene – Melusinengestalt. Das Zitat erhält in der philosophischen Poetik einen bedeutsamen Stellenwert. »Leere Einbildungen« bestehen nach Wolff darin,

> »daß wir diejenigen Dinge, welche wir entweder würcklich gesehen, oder nur im Bilde vor uns gehabt, nach Gefallen zertheilen, und die Theile von verschiedenen Dingen nach unserm Gefallen zusammen setzen: wodurch etwas heraus kommet, dergleichen wir noch nicht gesehen. Auf solche Weise hat man die Gestalt der Melusine, so halb Mensch und Fisch ist; die Gestalt der Engel, wenn sie als geflügelte Menschen gemahlet werden; die seltsame Gestalten der heydnischen Götter und dergleichen heraus gebracht.«[361]

Der Dichter, der mittels seiner Kunst ›verwirklicht‹, bedarf, um nicht der »leeren Einbildung« zu verfallen, gerade der Garantie für die Möglichkeit des Erdachten. Sie wird durch die Anwendung des Satzes vom zureichenden Grund geliefert. Diese zweite »Manier der Einbildungs-Krafft« produziert ausschließlich »Bilder, darinnen Wahrheit« ist, z.B. das Bild einer Statue, in dem der Bildhauer alle an verschiedenen Menschen wahrgenommenen Schönheiten versammelt (§ 142, § 245),[362] oder das Bild eines Gebäudes, »welches sich der Baumeister den Regeln der Bau-Kunst gemäß in Gedancken vorstellet« (§ 245).

Der aus Scharfsinnigkeit, Einbildungskraft und Gedächtnis zusammengesetzte *Witz* garantiert die Vernünftigkeit einer Erfindung, bindet das Erdichtete an das Ähnlichkeitspostulat.[363] Es steht außer Zweifel, daß Wolff mit seiner – besonders von Böckmann betonten – Ausbildung des Witz-Prinzips in der Tradition der Naturell-Debatte[364] steht, deren Inhalte er jedoch auf gravierende Weise umprägt.

---

[359] Wolff: Deutsche Ethik, S. 242f., § 366.

[360] Wolff: Deutsche Metaphysik, S. 134f., § 242. Vgl. zur reproduzierenden Einbildungskraft auch § 807; zu Wolffs ›kombinatorischer Fantasie‹ s. Mansfeld: Das literarische Barock im kunsttheoretischen Urteil Gottscheds, S. 51.

[361] Wolff: Deutsche Metaphysik, S. 134f., § 242.

[362] Ebd., S. 136, § 245. Zu Wolffs Abgrenzung leerer von vernünftigen Einbildungen Gaede: Humanismus, S. 237f.; Böckmann: Formgeschichte, S. 503.

[363] Zur Begrifflichkeit des ›Witzes‹ s. Deutsche Metaphysik, S. 223, § 366; S. 532, § 858; Anmerkungen zur Deutschen Metaphysik, S. 121, § 71 ad § 230; S. 126, § 77 ad § 245; S. 129, § 79 ad § 249; S. 163, § 113 ad § 366.

[364] Außerdeutsche Belege bei Böckmann: Formgeschichte, S. 508ff. (Locke, Pope, Addison, Bouhours, Boileau).

Das Naturell bestand gemäß der Tradition aus den Teilen ingenium und iudicium. Wolff definiert ingenium (»Witz«) als Zusammensetzung aus imaginatio (Einbildungskraft), acumen (Scharfsinn) und memoria (Gedächtnis),[365] verlagert also nicht allein den Akzent vom iudicium auf das ingenium, sondern holt das ingenium aus der Nähe der mißachteten Fantasie in die (unmittelbare) Nachbarschaft des intellektuellen Erkenntnisvermögens.[366] Tatsächlich rückt das ingenium weitgehend an die Stelle der natura selbst, wobei der Scharfsinn die Funktion der primären Objektwahrnehmung und damit einer Kontrolle der imaginatio übernimmt.

Bei der Lektüre Böckmanns erhält man den Eindruck, als habe Wolff mit der exakten Definition des *ingenium* ein neues dichterisches Prinzip kreiert. Das ist jedoch nur sehr bedingt der Fall. Wolff denkt beim ingenium in erster Linie an die um Wahrheitserfindungen bemühten Wissenschaftler, zu denen der Poet nicht zählt. So entsteht – wenigstens in der »Metaphysik« – der Eindruck, als beschäftige sich der Dichter vor allem mit Nur-Erdichtetem, d.h. Erfindungen, die bloß auf der Einbildung (imaginatio) beruhen und keinen Bezug zur Wirklichkeit haben.[367] Doch grenzt tatsächlich das ingenium als die Fähigkeit, Ähnlichkeiten wahrzunehmen, auch für Wolff den wahren Dichter vom gewöhnlichen Poeten bzw. Redner und vom Pickelhering ab. Den eigentlichen Dichtern bestätigt Wolff, sie seien »im gemeinen Wesen nicht unnütze Leute, die mit ihren Versen bey sich ereignenden Gelegenheiten zugleich ergötzen und Nutzen schaffen.«[368] In der »Ethik« und der »Politik« hat er diese These am Tragödien- und Komödienschreiber konkretisiert. Die verstandesmäßige Erkenntnis des Guten, vorgeführt an »wahren Exempeln« oder »erdichteten Exempeln«, d.h. Fabeln, bewirke die Besserung des Menschen.[369]

---

365 Wolff: Deutsche Metaphysik, S. 532, § 858. Für verfehlt halte ich Bäumlers: Das Irrationalitätsproblem in der Ästhetik, S. 147, Anm. 1, Deutung, der Scharfsinn (acumen) mit Urteilskraft (iudicium) identifiziert und demnach die Urteilsfähigkeit dem ingenium subsumiert. Die Unhaltbarkeit dieser Position zeigt sich deutlicher als bei Wolff bei dessen Schüler Gottsched, der ja Scharfsinn als Teil des zum Urteil rechnenden ingenium von der zum Verstand rechnenden Beurteilungskraft unterscheidet. Der Scharfsinn führt die argutia-Tradition fort, ist ingeniös, während Beurteilungsvermögen und Geschmack aus der iudicium-Lehre weiterentwickelt und teilweise zu dem dem Naturell analogen, selbständigen Verstandesvermögen ›Urteilskraft‹ ausgebildet wurden. Vgl. Kap. VII. 2.1. (2).

366 Vgl. Böckmann: Formgeschichte, S. 505. Wolff bedient sich der Begriffe natura und ars nicht. Birke: Christian Wolffs Metaphysik, S. 16.

367 Wolff: Anmerkungen zur Deutschen Metaphysik, S. 163, § 133 ad § 366. »Wer bloß an Sinnen und Imagination hänget / der gehet auch auf keine weitere Aehnlichkeit als die sich in denen Dingen findet / in so weit sie darinnen vorgestellet werden. Und dergleichen findet sich bey Poeten / Rednern / Pickelheringen und so weiter. Hingegen wo eine Scharffsinnigkeit und Tieffsinnigkeit dazu kommen / da siehet man die innere Aehnlichkeiten der Dinge / und dadurch wird man im Erfinden gefördert.«

368 Wolff: Deutsche Politik, S. 378ff., § 391, hier S. 380.

369 Wolff: Deutsche Ethik, §§ 167, 188, 312, 321, 323, 333, 373, 743. Im § 373 behandelt Wolff den Nutzen der Exempel und der Fabeln und behauptet, der Mensch werde durch

Daß Wolff nicht allen Poeten das ingenium abspricht, wie aus der Formulierung der »Metaphysik« selbst hervorgehen könnte, zeigt die erklärende Verdeutlichung in den »Anmerkungen zur Metaphysik«:[370] Imagination und Gedächtnis alleine bilden lediglich das »gemeine ingenium«, das nur die Ähnlichkeit zwischen »gemeinen Sachen« beobachtet – »wie wir insgemein bey Rednern und Poeten / auch Pickelheringen antreffen / welche letztere durch ihr Ingenium geschickt sind / alles lächerlich zu machen«. Tritt Scharfsinnigkeit hinzu, können verborgene Ähnlichkeiten wahrgenommen werden. Dieses eigentliche ingenium kommt auch den bedeutenden Dichtern zu, wie Wolff selbst, in einem der wenigen Ansätze zu einer demonstrativischen Poetik erkennt:

> »Was ich von dem Witze gelehret habe / dienet nicht allein die Redner und Poeten / auch Comödien- und Tragödien-Schreiber / sondern auch selbst die Autores, welche die Disciplinen und dahin gehörige Sachen beschrieben / zu beurtheilen / [...] Ja / wenn man die Regeln der Redner-Kunst / der Poesie / der Kunst zu erfinden / demonstrativisch untersuchen sollte / so würde man auch nöthig haben / unterweilen diese Gründe zu brauchen.«[371]

In diesem Sinne fordert Wolff – darauf hat Dieter Kimpel mit Nachdruck hingewiesen – in Fällen, wo Sätze zwar »einigen«, jedoch keinen hinreichenden Grund haben, eine »Vernunfft-Kunst des Wahrscheinlichen«, mit deren Hilfe man »die allgemeinen Gründe, die in besonderen Fällen enthalten sind«, aufdecken, in »deutliche Regeln« fassen und weitere Regeln aus ihnen ableiten kann.[372]

Wolff geht sogar so weit, dem Dichten selbst im wissenschaftlichen Erkenntnisprozeß eine Funktion zuzugestehen. Anläßlich der Definition der Größe verweist Wolff auf die Mitwirkung der Einbildungskraft beim Zustandekommen des Begriffs. Größe, ein streng mathematischer Begriff, ist eine Vorstellung von der Kontinuität und Ähnlichkeit der Teile.

> »Man muß sich aber in acht nehmen / daß man nicht alles erdichtete für ungereimt hält / und für irrig ausgiebet: Denn die Fictiones oder Erdichtungen haben ihren grossen Nutzen in Wissenschafften und insonderheit der Erfindungs-Kunst. Sie machen die Imagination oder Einbildungs-Krafft begreifflich / was durch Verstand und Vernunfft

---

die verstandesmäßige Erkenntnis des Guten gebessert, »und das die Exempel viel dazu beytragen; so ist es über die massen dienlich, wenn man solches entweder durch wahre Exempel, oder, wo man dergleichen nicht haben kan, durch erdichtete (welche Fabeln genennet werden) zu erhalten suchet. Und erhellet hieraus der Nutzen der Fabeln, wenn sie so eingerichtet sind, daß der Erfolg der guten und bösen Handlungen dadurch handgreiflich wird.« Harth: Christian Wolffs Begründung des Exempel- und Fabelgebrauchs im Rahmen der Praktischen Philosophie, S. 43ff. Ferner Wolff: Deutsche Politik, S. 268ff., § 328 »Es haben aber Comödien und Tragödien darinnen einen Vorzug für geschriebenen Historien, daß sie einen grössern Eindruck in das Gemüthe des Menschen machen.« Für den Komödiendichter leitet Wolff daraus ab, »daß diejenigen, welche sie erfinden wollen, in den Zufällen des menschlichen Lebens sehr erfahren und in der Sitten-Lehre, auch der Staats-Kunst wohl geübet seyn müssen.«

370 Wolff: Anmerkungen zur Deutschen Metaphysik, S. 489f., § 320 ad § 858ff.

371 Ebd., S. 490, § 320.

372 Wolff: Deutsche Metaphysik, §§ 400, 402. Dieter Kimpel in einem Manuskript »Christian Wolff und das aufklärerische Programm der literarischen Bildung«.

schwer zu erreichen ist / und im Erfinden leichte / ja möglich / was sonst durch Umwege / oder wohl gar nicht heraus zu bringen wäre. Es ist aber freylich ein Unterschied zwischen solchen Fictionibus und andern / die ungereimet heissen / und sie haben ihre gewisse Regeln / dergestalt / daß ich sagen kan / es sey eine besondere Ars fingendi oder Kunst zu erdichten / die nicht einen geringen Theil der Erfindungs-Kunst abgiebet.«[373]

Als Ausgangsbasis für weiterführende Schlußfolgerungen wählt auch der Mathematiker Hypothesenbildungen. Sie können prinzipiell entweder durch »Verkehrungen« – d.h. analogisch verfahrende Umkehrungen, die das unbekannte Gesuchte in etwas gleichwertiges Bekanntes verkehren[374] – oder durch Fiktionen zustande kommen.[375] Solche mit Hilfe der Fiktion bzw. durch »Dichten« gewonnene Hypothesen sind wissenschaftlich nicht verwerfbar, wenn sie mit der Wahrheit übereinkommen.[376] Die Legitimation des Erdichtens durch seinen wissenschaftlichen Nutzwert findet sich später bei Mylius – darauf wird noch einzugehen sein – und in Hallers bedeutender Vorrede zu Buffons Naturgeschichte.[377]

Die Erfindungsregeln gründen Wolff zufolge im Wesen der Dinge; demnach nimmt die Erfindungskunst auch mit dem Wissensprogreß, also mit dem Fortschritt in den Wissenschaften zu.[378] Eine ähnliche Einschätzung setzt sich in der Poetik durch: die auf Regeln gegründete, d.h. den zureichenden Grund beachtende Erdichtung führt in jedem Fall auf die Beschaffenheit der Objekte selbst. Die Gesetzlichkeit der nach Vernunftgründen geschaffenen Objektwelt bildet die Voraussetzung für das später von Gottsched eingeführte Prinzip der objektimmanenten Schönheit und der Objektbindung des ›guten Geschmackes‹. Das ingenium leitet den Philosophen zur Erkenntnis der objektimmanenten Regelhaftigkeit, die ein – nach Maß, Zahl und Gewicht – quantifizierbares System bildet, das mit gutem Recht als »quantitativer Logismus« bezeichnet worden ist.[379] Das Wesen der Weltordnung und damit auch der auf Naturwahrheit verpflichteten Poesie sind quantitative Kategorien der Ordnung, der graduellen Vollkommenheit und der das Mannigfaltige in sich verknüpfenden und den Zusammenhang wahrenden Einheit.[380] Die Übereinkunft einer möglichst großen Anzahl von Regeln definiert daher für Wolff den Grad der Vollkommenheit, der einem

---

373 Wolff: Anmerkungen zur Deutschen Metaphysik, S. 43, § 26 ad § 63.

374 Wolff: Deutsche Metaphysik, S. 221ff., § 364; hier S. 221f. »Dergleichen Regel ist, daß man das unbekandte, so man suchet, in etwas gleichgültiges, so einem bekandt ist, zu verkehren suchet.«

375 Zu den fictiones Wolff: Anmerkungen zur Deutschen Metaphysik, S. 160ff., § 112 ad § 364.

376 Ebd., S. 162, § 112 ad § 364 (»in so weit sie der Wahrheit gleichgültig sind«), mit dem Beispiel des kopernikanischen Systems.

377 Zu Mylius s. Kap. VII 3.3., S. 712ff. Vorrede A. von Hallers zu Bernard Buffon: Allgemeine Historie der Natur nach allen ihren besondern Theilen abgehandelt [..] Tl. 1. Hamburg und Leipzig 1750.

378 Wolff: Anmerkungen zur Deutschen Metaphysik, S. 163f., § 114 ad § 367.

379 Reichmann: Die Herrschaft der Zahl, S. 53.

380 Zu Wolffs Vorstellungen über Ordnung und Vollkommenheit s. Deutsche Metaphysik, S. 68–94, §§ 132–141, §§ 148–175; §§ 68–102; ausführlich dazu Birke: Christian Wolffs Metaphysik, S. 6ff., S. 8ff.

Objekt inhäriert.[381] Mit der Definition, das Wesen eines Dinges sei seine Möglichkeit,[382] fundiert Wolff das von Gottsched wiederaufgegriffene Naturnachahmungsprinzip. Widerspruchsfreie »Zusammenstimmung« der Teile[383] und zureichende Begründung verpflichten das Kunstprodukt von vornherein auf eine der vorhandenen Natur analoge Wirklichkeit, anders gesagt: die Verwirklichung des Möglichen kann sich nur nach den Gesetzen der bekannten Natur ereignen.

Im Umkreis der einflußreichen Gottschedschen Poetik gibt es noch einige weitere Ansätze, den Wolffschen Logizismus für die Poetik fruchtbar zu machen. Unter den zwei Aspekten der Wesensbestimmung von Poesie und den daraus sich ergebenden Konsequenzen für die Gelehrsamkeit des Poeten sind die frühe Schrift Bodmers und Breitingers über die Einbildungskraft sowie die Dichtkunst von Johann Andreas Fabricius von besonderer Bedeutung.

3.2. Wesensbestimmung der Poesie und Gelehrsamkeitspostulat in der philosophischen Poetik

Nachdem bereits in der ›politisch-galanten‹ Poetik im Umkreis des Thomasius die traditionelle, rein formale bzw. nur im Stilistischen festgestellte Abgrenzung zwischen Rhetorik und Poesie aufgelockert und der Fiktionsbegriff gleichberechtigt neben der Redegebundenheit eingeführt wurde, verstärken sich unter dem Einfluß der um exakte Begrifflichkeit bemühten Wolffschen Philosophie auch die Anstrengungen der Poetiker, eine das Wesen der Poesie einfangende Definition zu finden, die Poesie deutlich von Oratorie unterscheiden sollte. Am bekanntesten ist zweifellos Gottscheds rigide Mimesistheorie geworden. Andere, weniger zur Loslösung aus dem rhetorischen Verbund entschlossene Versuche finden sich bei den frühen Schweizern, bei Arnoldt und Fabricius; daneben begegnen immer noch die herkömmlichen, aus der spätbarock-politischen Phase übernommenen Definitionen der Poesie als einer Nachbardisziplin der Rhetorik – so bei Hagedorn (1729), der die Poesie als »Gehülfin der Beredsamkeit« bezeichnet,[384] oder im einflußreichen Universallexikon von Zedler (1741), in dem die Poesie als eine »Art der Wohlredenheit« und als »Schwester der Eloquenz« gilt.[385]

Bodmer und *Breitinger* berufen sich in ihrer Erstlingsschrift »Vernünfftige Gedancken und Urtheile Von der Beredtsamkeit« (1727) zwar unmittelbar auf

---

[381] Wolff: Deutsche Metaphysik, S. 90, § 168. »Da die Regeln aus dem Grunde der Vollkommenheit entstehen (§.164); so ist vollkommener, was den Regeln gemässer ist, und daher machen die Menge der Regeln, die alle zusammen stimmen, Grade der Vollkommenheit aus, aus den Graden aber erwächset eine Grösse (§.106) [...].« § 169. »Weil demnach die Regeln die Vollkommenheit hervor bringen (§.168); so müssen die Ausnahmen von den Regeln Unvollkommenheit machen, und der Grund der Ausnahme ist die Quelle der Unvollkommenheit. [...]«

[382] Wolff: Deutsche Metaphysik, S. 19, § 35.

[383] Ebd., S. 78, § 152.

[384] Hagedorn: Versuch einiger Gedichte, S. 4.

[385] Zedlers Universal-Lexicon 28 (1744), s. v. Poesie, Sp. 977.

Christian Wolff,[386] und betonen die Zugehörigkeit der Beredsamkeit zur Philosophie und die Wichtigkeit, auch sie nach demonstrativischer Methode zu bearbeiten;[387] doch zeigt bereits der Titel auf dem Innenblatt – »Von dem Einfluß und Gebrauche der Einbildungs-Krafft; Zur Ausbesserung des Geschmackes: Oder Genaue Untersuchung Aller Arten Beschreibungen / Worinne Die außerlesenste Stellen Der berühmtesten Poeten dieser Zeit mit gründtlicher Freyheit beurtheilt werden« –, daß sie an keine wesensmäßige Trennung von Poesie und Rhetorik denken. Die Tatsache, daß sie ausschließlich poetische Beispiele heranziehen, deutet auf die fortdauernde Geltung der Wohlredenheit (»eloquentia«) als Oberkategorie für Redekunst und Dichtkunst hin. Gleichermaßen werden indes beide Künste auf Wahrheitsvermittlung verpflichtet: Die Beredsamkeit lehre »die Gedancken und Begrieffe von den Dingen deutlich und kräfftig ausdrücken«, »wodurch die Wahrheit erst ihr wahres Licht und den rechten Nachdruck bekömmt.«[388]

Die Züricher haben bekanntlich ihren Vorsatz, »alle Theile der Beredtsamkeit in mathematischer Gewißheit« darzulegen, nicht ausgeführt, doch stellt ihr Werk eine erste Wendemarke zwischen dem rhetorischen und dem kritischen Poetik-Modell dar. Bodmer und Breitinger visieren die Grundlegung auch der schönen Wissenschaften durch die Philosophie an und nähern Eloquenz und Logik einander an. Die Konsequenz, die sich aus der philosophischen Wesensbestimmung der einzelnen Künste ergeben müßte, die Trennung von Poesie und Rhetorik, ziehen sie noch nicht, vor allem, weil sie ihrem Anspruch einer demonstrativischen Darlegung der Beredsamkeit nicht gerecht werden, die Ausführung vielmehr von empirischen, aus der politisch-pragmatischen Periode bekannten Prinzipien leiten lassen.

Das zeigt sich deutlich an den Forderungen, die die Autoren an den Poeten bzw. den Redner stellen. Besonderes Augenmerk legen die Autoren, dem Titel der Schrift entsprechend, auf die Behandlung der Einbildungskraft, die sie im Anklang an den Wolffschen Terminus noch als Erinnerungskraft definieren.[389] Indem sie Rhetorik und Poesie auf Wahrheitsvermittlung verpflichten, wird das

---

[386] J. J. Bodmer / J. J. Breitinger: Vernünfftige Gedancken und Urtheile Von der Beredtsamkeit; bedeutsam die Widmungsvorrede an Christian Wolff, bes. S. 4f. (bzw. S. a 4v f.). Gottscheds Stellungnahme zu Bodmer/Breitinger findet sich in seiner Zeitschrift »Biedermann«, Tl. 2, S. 21–24.

[387] Zu Bodmers und Breitingers Anwendung mathematischer Methoden bei ästhetischen Fragen s. Cassirer: Freiheit und Form, S. 106.

[388] Bodmer/Breitinger: Vernünfftige Gedancken und Urtheile, S. 5 bzw. S. a5, auch S. 6f. Vgl. S. 13 bzw. S. b. »Diese Gemüthes-Art habe ich zu meinem lang bedachten und spät entschlossenen Vornehmen gebracht / alle Theile der Beredsamkeit in mathematischer Gewißheit auszuführen / und den wahren Quellen so wol des Ergötzens / das uns gute Schrifften geben; als der Kaltsinnigkeit / in welcher uns schlimme Wercke stehen lassen / nachzuspühren.«

[389] Ebd., S. 5. Ein nicht verfaßter 2. und 3. Teil sollte den Witz und den guten Geschmack behandeln.

Nichtgenügen der herkömmlichen[390] poetischen Hilfsmittel offenbar. Die Züricher wenden sich der Natur als der poetischen Objektwelt zu und werten die Sinnes- bzw. Empfindungs-Kräfte als die Mittel adäquater Naturerfassung auf. Konsequent rücken die Erfahrung und die auf ihr gegründeten Disziplinen in den Vordergrund des Gelehrsamkeitspostulats.

Auch die empfohlene Methode entspricht ganz den empirischen Anweisungen Bacons. Der Poet soll – die Autoren nehmen damit die Kritik am Schwulst und seiner hyperbolischen Verwendung von Stilmitteln und Realien auf[391] – sich einen Vorrat von äußeren, also naturnachahmenden Beschreibungen, und von inneren, also ›psychologischen› Beschreibungen anlegen.[392] Beide Verfasser geben verschiedene Beispiele für Objektbeschreibungen, also Muster der sogenannten ›malenden Poesie‹ – etwa zu den Themen »Schlange«, »Geliebte«, »Morgendämmerung«, »militärische Musterung«, »Artilleriewirkung«, »Sturmwind«, »Pest«.[393] Für die Beschreibungen individueller Seelenzustände bieten sie Beispiele aus dem bedeutsamen Bereich der Gestik, und unterscheiden zwischen einer Gestik der eigentlichen und der verstellten Gemütsbewegungen.[394] Gegen das herkömmliche Erlernen einer absoluten Figuren-Lehre empfehlen die Autoren eine Zuordnung von Redeform und Affekt, also die Beachtung der Affekthaltigkeit bestimmter Figuren und ihre Bindung an bestimmte pragmatische Situationen.[395] Als Hilfsmittel kann eine mit philosophischen Anmerkungen versehene Sammlung affektausdrückender Reden dienen.[396] Um aber »bewegend« schreiben und sich der affektiven Beispiele bedienen zu können, muß der Redner-Poet selbst die zu vermittelnden Gefühlsregungen spüren. Die Affiziertheit der Seele bewirkt die »feuerige Einbildungs-Krafft«, die damit zum poetischen Grund-Vermögen avanciert.

> »Auf diese Weise kan ein Schreiber / der eine reiche Einbildungs-Krafft und eine zarte und rege Seele besitzet / Leidenschafften annehmen / wenn und wie er will.«[397]

Diese Doppelung des Verfahrens – die Sammlung von naturgetreuen Musterbeispielen und die Affiziertheit der eigenen Psyche – garantiert die Echtheit der dargestellten Affekte (Leidenschaften) und die Vermeidung der »gekünstelten und grillenhaften Einfälle«, also der manieristischen bzw. hyperbolischen Ausdrucksweise.[398] Die philosophische Grundlegung der Poesie behauptet den Vorrang des inneren vor dem äußeren aptum, stellt also die Wahrheit der dargestell-

---

390 Ebd., Vorrede, S. 18. »Also ist kein Wunder / daß bey unsern Poeten der Geschmack so elende ist / da sie die Philosophie / die den Verstand reinigt und erhöhet / verachten / oder versaumt haben: Da sie an statt der Logick die Rhetorischen Blumen und Figurn eingesetzt haben / und die Qualitäten der Sachen von denen sie reden / nicht aus der Natur der Dingen / sondern den Lexicis der Bey-Wörter herholen.«

391 Ebd., S. 47f., Kritik an Lohenstein; S. 50, positive Berufung auf Opitz.

392 Ebd., S. 21ff., S. 10, unter Bezugnahme auf »Bildnisse und Gemählde der Dinge« nach der Art der Maler.

393 Ebd., S. 33–87. 394 Ebd., S. 99f.

395 Ebd., S. 115. 396 Ebd., S. 115. 397 Ebd., S. 118f.

398 Ebd., S. 136f., Kritik an Gryphius und besonders an Lohenstein, S. 142ff., an Hofmannswaldau, S. 145ff.

ten Situation vor das Erreichen gesellschaftlicher Zwecke. Reden sollen die handelnden Personen charakterisieren. An Hofmannswaldaus und Lohensteins Charakteren kritisieren die Züricher besonders die ›Gleichheit‹ aller Personen sowie den Mangel an innerer Stimmigkeit: Gelehrter Firnis (»gelehrte Sprüche und belesene Metaphorn«) überdecke die Leblosigkeit ihrer Charaktere.[399] Affektenlehre und Menschenkenntnis, Temperamentenlehre und Charakterlehre – als Vorstufen der Psychologie – gewinnen für den Poeten an Bedeutung. Moralische und historische Sittenbeschreibungen[400] gehören zum weiteren Bereich der Moral, die nicht auf den eingeengten Sinn, den das 19. Jahrhundert ihr gab, eingeschränkt werden darf. Die Sittenlehre (oder die Moral) vermittelt das Wissen von den Tugenden und Lastern und ermöglicht dadurch erst die Deutung von Gebärden und Handlungsweisen. Montaigne, Locke und besonders Christian Wolff bieten das theoretische Fundament einer Psychologie;[401] die antiken Historiker (Plutarch, Livius, Sallust) liefern die Exempla.

Für die Gelehrsamkeitsforderung rücken also eindeutig die empirischen Disziplinen in den Vordergrund (eigentlich entgegen der durch die Dedikation erweckten Erwartung). Diesem Trend entspricht sogar die Umdeutung des furor poeticus, der in den rationalistischen Rahmen der Wolffschen Philosophie ohnehin schlecht einzuordnen ist,[402] in eine hochgesteigerte, sogar zu prophetischen Aussagen fähige Einbildungskraft.

> »Der Poetische Enthusiasmus ist nichts anders / als die äusserst starcke Leidenschafft / womit das gantze Gemüth eines Authors für seine Materie eingenommen und angefüllet ist / diese bindet die äussern Sinnen / daß sie von denen umstehenden Dingen nicht gerührt werden; sie jaget die Einbildungs-Krafft in eine ausserordentliche Hitze / und führet den Dichter gleichsam ausser sich selbst / daß er die Einbildungen von den Empfindungen nicht unterscheiden kan / die Gerichts von dem Gegenstand / den wir wircklich vor dem Gesicht haben / abkommen; sondern meinet er sehe und fühle die Dinge gegenwärtig.«[403]

Auch in der Poetik der zwanziger und dreißiger Jahre vollzieht sich, wie in der frühaufklärerischen Rhetorik, die definitive Abkehr von der topischen Realiengelehrtheit, an deren Stelle individuelle Erfahrung und pragmatische Disziplinen treten. Gemäß Wolffs logozentrischer Neudefinition des ingenium erhalten Dichtungskraft und Einbildungskraft fast identische Funktionen. Heinrich Samuel Brück etwa, ein Mitglied in Gottscheds »Deutscher Gesellschaft« zu Leipzig, versteht unter Dichtungskraft das Reproduktionsvermögen, billigt ihr jedoch – ganz im Sinne der Schweizer Ausführungen über die Einbildungskraft – besonders

---

[399] Ebd., S. 221ff., S. 230.

[400] Ebd., S. 151ff. Für die historische Charakterkunde empfehlen sie Theophrast, Aristophanes, Plautus, Terenz, Horaz, Juvenal, Persius, von neueren Autoren Swift und Molière, Opitz, Rachel und Canitz.

[401] Ebd., S. 183, Wolff: Vernünftige Gedanken von der Menschen Tun und Lassen (Deutsche Ethik).

[402] Wie Gottscheds »Critische Dichtkunst« erweist.

[403] Bodmer/Breitinger: Vernünfftige Gedancken und Urtheile, S. 238.

affektanregende Wirkung zu.[404] Johann Ludwig Langguth, demselben Kreis entstammend, erkennt in der Dichtungskraft eine die Möglichkeit erzeugende Fähigkeit, die den Verstand auf realiter nicht existente Dinge leitet. Langguths Formulierung[405] meint jedoch nicht die freischaffende Fantasie, sondern die von Wolff neben das bloße Reproduktionsvermögen gestellte imaginatio combinatoria.

Daniel Heinrich *Arnoldt* verspricht in der Neubearbeitung (1741) seiner zuerst 1732 erschienenen Poetik[406] zwar eine »nach demonstrativischer Lehrart« entworfene Poetik, doch bewegt er sich mit seinen Definitionen nicht streng im Umkreis der Wolffschen Philosophie, nimmt Sätze aus der galanten und sogar noch aus der traditionellen Schulpoetik auf. Immerhin versucht Arnoldt auch, von der äußerlichen Definition der Poesie als einer oratio ligata fortzukommen. Ein Gedicht läßt sich nach »innerer Beschaffenheit« und äußerer Gestalt definieren. Jene gilt Arnoldt als »Hauptsache«[407] oder »Seele« und besteht aus einer »lebhaften und beweglichen Vorstellung der Sache«.[408] In der Definition der »Vorstellung« greift Arnoldt Gottscheds Anregung auf und erkennt die Naturnachahmung als ihren wesentlichen Teil:

»Man würde also nicht irren, wenn man mit dem Aristoteles das Hauptwerk eines Gedichtes in die Nachahmung setzte, denn diese ist das vornehmste bey der lebhaften Vorstellung, die lebhafte Vorstellung aber ist wiederum das vornehmste bey einem Gedichte.«[409]

Überschreitet der Poet die ihm bekannten Umstände, so bedient er sich der Fiktionen, d.h. wahrscheinlicher und möglicher Vorstellungen, die jedoch innerhalb der »Grenzen der Wahrheit« bleiben müssen.[410] Dem Hauptzweck der

---

404 H. S. Bruck: Gedanken von der Dichtkunst überhaupt, in: Der Deutschen Gesellschaft in Leipzig Eigene Schriften und Übersetzungen. Leipzig 1730, S. 1–31, hier S. 6. »Die ein verschwundnes Bild fast sinnlich wieder schafft.« Zur Dichtungskraft bes. S. 17–20; S. 17 heißt es: »Die schnelle Dichtungskraft beweget das Gemüthe, / Ermuntert Sinn und Geist, erhitzet das Geblüte, / Putzt, kleidet, schmücket aus, und herrschet, wie sie will, / Sie fürchtet kein Gesetz, kein weit gestecktes Ziel. / Ja, was die Sinne nicht vor sich erreichen können, / Was in den Herzen wohnt, was wir Begierde nennen, / Furcht, Hoffnung, Traurigkeit, Neid, Liebe, Schrecken, Haß, / Die stellt sie sichtbar vor, und bildet dieß und das.«

405 J. L. Langguth: Gedichte von den wesentlichen Eigenschaften eines Poeten, in: Der Deutschen Gesellschaft in Leipzig Eigene Schriften, S. 112–120, hier S. 116. »Es ist die Dichtungskraft, der Dichtkunst auch verwandt, / Sie zeugt die Möglichkeit, und führet den Verstand / Auf Dinge, welche wir nicht so gebildet finden, / Als die Poeten sie durch ihren Kiel verbinden.«

406 D. H. Arnoldt: Versuch einer systematischen Anleitung zur deutschen Poesie überhaupt (1732); Versuch einer, nach demonstrativischer Lehrart entworfenen, Anleitung zur Poesie der Deutschen. Vermehrte und verbesserte Aufl. (1741). Dazu Markwardt: Geschichte, Bd. 2, S. 500. Bemerkenswert ist die Dedikation Arnoldts an Friedrich II. von Preußen.

407 Arnoldt: Versuch einer [...] Anleitung (1741), S. 52, § 189.

408 Ebd., S. 2, § 8; S. 52, § 189.

409 Ebd., S. 3, § 11.

410 Ebd., S. 3f., § 12.

Poesie, zu bessern, zu ergötzen und zu bewegen,[411] ordnet Arnoldt die über die Rednerpostulate hinausgehenden Forderungen an den Dichter zu.[412] Der Hervorhebung des movere entspricht die wichtige Rolle, die Arnoldt den Affekten zubilligt.[413] Hier wie beim Betonen der Einbildungskraft basiert Arnoldt auf Bodmer und Breitinger.[414] Ebenfalls folgt er den Schweizern, wenn er die Einbildungskraft, die Wolff und Gottsched als Teil des ingenium (Witz) auffassen, gleichberechtigt dem ingenium und dem iudicium zuordnet und diese Dreiheit als poetisches Naturell bezeichnet.[415] Die Einbildungskraft fungiert als Hauptmedium bei der Nachahmung »nach dem Leben« (also als reines Reproduktionsvermögen), während das ingenium bei den wahrscheinlichen und möglichen Fiktionen, wo es um die Erstellung von Analogien geht, in Aktion tritt; das iudicium hingegen achtet auf die Richtigkeit, Zweckmäßigkeit und Klugheit der Analogieschlüsse.[416]

An speziellen »wissenschaftlichen« Voraussetzungen fordert Arnoldt Kenntnis der Vernunftlehre (Logik) – des besten Mittels, »ordentlich und gründlich« zu denken und einem ausschweifenden ingenium entgegenzuwirken –, der Grammatik und der eloquentia. Mit Berufung auf König und Gottsched führt auch Arnoldt den guten Geschmack als eine Unterscheidungs- und Prüfungsinstanz ein. Den eklektischen Standpunkt, wie er für die kleineren Poetiken nach Gottsched charakteristisch ist, beleuchtet auch die Wiederaufnahme der alten Forderung, ein vollkommener Dichter müsse »von allen Wissenschaften zulängliche Nachricht« besitzen, besonders aber in der Theologie – Arnoldt selbst war Theologieprofessor und königlich preußischer Hofprediger –, der Physik, der Sittenlehre und hier besonders der Menschenkenntnis und der Geschichte.[417] Lektüre in guten Dichtern und beständige Übung sollen dieses Programm traditionskonform abrunden.[418]

Die Umbruch-Position Arnoldts verdeutlichen mehrere Hinweise auf Arbeitstechniken. Einerseits empfiehlt Arnoldt dem angehenden Poeten Reimregister (Zesen, Hübner und Männling)[419] und Real-Lexika oder Kollektaneen aus »bewährtesten« Dichtern,[420] um vor allem Beiwörter (Epitheta), Umschreibungen und loci communes zu finden; andererseits spricht er sich gegen »weitläuftige Anmerkungen« in Gedichten aus; sie sollen lediglich unbekannte Beispiele und Geschichten erklären.

> »Das störet aber den Leser sehr, als welcher erst die Anmerkung bey einer jeden Zeile durchlesen muß, ehe er weiter gehen, und die folgende lesen kann. Man setzt auch jetzo keine Zierde eines Gedichtes mehr darinn, und siehet es nicht als eine grosse Gelehrsamkeit an, wenn man vieles aus den Reisebeschreibungen und Chronicken zusammen tragen kann.«[421]

---

411 Ebd., S. 140, § 528, zur poetischen Schreibart: »Der Poet sucht nicht sowol zu unterrichten, als zu ergötzen und bewegen.« Vgl. S. 8, § 31.

412 Ebd., S. 5, § 16; vgl. S. 2, § 5. 413 Ebd., S. 91–120. 414 Ebd., S. 5, § 18, Anm.

415 Ebd., S. 6, § 21. 416 Ebd., S. 6, § 20. 417 Ebd., S. 8, § 29.

418 Ebd., S. 7, § 25. 419 Ebd., S. 51, § 188, Anm.

420 Ebd., S. 74, § 267 und Anm.

421 Ebd., S. 127, § 478.

Hier kündigt sich ein neues Dichtungsverständnis an, das zwischen Poesie und Gelehrsamkeit wesensmäßig unterscheidet und nach der Funktion der einen für die andere fragt, nicht mehr beide als vorgegebene Einheit betrachtet. Ein Vergleich verschiedener (in diesem Zusammenhang besonders ergiebiger) Lehrgedichte zeigt, daß sich der Wandel im Wissenschaftsdenken auf die Struktur der Dichtung, nicht nur auf die von ihr vermittelten Inhalte auswirkt.[422]

Die Trennung beider Bereiche scheint auch in der ausführlichen Erörterung der »nöthigen als nützlichen Eigenschafften der Poesie« durch, die der Sammlung von Johann Christian Günthers Gedichten voransteht.[423] Sie behandelt die zwei Thesen:

1) alle Wissenschaften nehmen Einfluß auf die Poesie, und
2) alle übrigen ›Professionen‹ des menschlichen Lebens beeinflussen ebenfalls die Poesie.

Der Herausgeber zählt in ungewöhnlicher Ausführlichkeit sämtliche Wissenschaftsdisziplinen und sozialen Umstände an. Dem philosophischen Wissenschaftsverständnis entspricht die Aufwertung der theoretischen und der praktischen Philosophie, wobei Logik, Metaphysik und natürliche Theologie neues Ansehen gewinnen, Kosmologie und Physik die Entwicklung der Naturwissenschaften repräsentieren, die Mathematik aber einen besonderen Rang erhält.[424] Sie schärft den Verstand und liefert dem Poeten zahlreiche Erfindungen – beim Ersinnen eines Themas wie auch bei dessen Unterstützung durch »unumstößliche« Beweise – oder sie schmückt den poetischen Stil mit Einfällen voller »annehmlicher Allusionen« oder »sinnreicher Gedancken«. Auch bei der Umkehrung der Frageperspektive: welchen Nutzen die Poesie für die Wissenschaften und Professionen, ja für das gesamte menschliche Leben habe, zeigt sich teils der formale, teils der materiale Nutzen. Freilich wird gerade beim letzten Punkt Poesie noch ganz inhaltlich, als bloßer Wissensträger aufgefaßt. So dient die zum »Hülffs-Mittel aller Wahrheiten« avancierte (nicht degradierte!) Poesie allen Menschen beispielsweise als bequemste Lehrart der Moral oder als Verbreitungsmedium der Religion. Philosophisch ist allenfalls die Deutung der Poesie als eines Vermitt-

---

422 Dazu Kap. VII. 3.3. Kästners Kometengedicht.

423 Sammlung von Johann Christian Günthers [...] Gedichten. 3. Aufl. Breßlau und Leipzig 1742; 1. Aufl. 1735. Die Vorrede, S. a 2v, zitiert Weichmanns Vorrede zum zweiten Teil der ›Poesie der Nieder-Sachsen‹: »Daß, so wenig ein lebendiger Cörper ohne einem [!] ihn belebenden Geist, auch so wenig die Poesie, wenn sie mit Recht diesen Namen verdienen soll, ohne dem Grund der allermeisten Wissenschafften bestehen könne.«

424 Ebd., Vorrede, S. a 3ff., unter den Wissenschaften werden aufgezählt 1) Sprachen (Griechisch, Lateinisch, Deutsch, Italienisch, Französisch, Englisch, Holländisch), dazu Grammatik, Rhetorik und Poetik; 2) Historie (einschließlich Geographie, Chronologie, Genealogie, Wappenkunst, Altertümer, Mythologie); 3) Philosophie (Logik, Metaphysik u. Kosmologie, Psychologie, natürliche Theologie, Physik, Mathematik u. Musik, Natur- und Völkerrecht, Ethik, Ökonomie, Politik; 4) die drei höheren Fakultäten. Übrigens kennt das Vorwort keine wesensmäßigen Unterschiede zwischen Rede und Poesie; inventio und dispositio sind beiden gemeinsam; die Dichtkunst wird jedoch als »der höchste Grad der Wohlredenheit« bezeichnet; S. b 6f.

lungsinstrumentes im Dienste der Wissensverteilung mit den beiden Aufgaben, Wahrheit dem Gedächtnis und dem »Gemüt« einzuprägen.

Friedrich Andreas Hallbauer hat keine Poetik verfaßt, wohl aber hat sein Schüler Johann Jacob *Schatz* seiner Oratorie einen kurzen Abriß »Von der Poesie oder Dicht-Kunst« eingefügt.[425] Schatz' Versuch belegt indes, daß man trotz des von Hallbauer gelegten Fundaments den entscheidenden Schritt einer wesenhaften Differenzierung von Poesie und Oratorie nicht vollziehen mußte. Schatz subsumiert nämlich die Poesie der rhetorischen elocutio, sie gilt ihm als Unterart der Oratorie. Die Unterscheidung zwischen Rede und Poesie bleibt äußerlich, im traditionellen Bereich des Stils. Die Anweisungen, was zu einem guten Poeten erforderlich sei, sind dementsprechend konventionell.[426]

Einen Schritt weiter auf dem Weg zur Eigenbestimmung der Poesie führt die Poetik von Johann Andreas *Fabricius*. Er fügt der zweiten, mit dem Wolffschen Begriffsvokabular arbeitenden Auflage seiner »Philosophischen Redekunst« von 1739 einen Anhang über die Dichtkunst an, der in der bekannten demonstrativischen Manier die inhaltlichen Konsequenzen für das Poesieverständnis zieht.[427] Ausgehend von Wolffs Vollkommenheitsbegriff fundiert Fabricius die Poesie auf der »vollkommenheit der rede«, der »Wohlredenheit« (§ 3) und definiert sie als eine ihren Gegenstand unter »erdichteten umständen« oder mit »allerhand erdichtungen und bildern« vorstellende Art der Beredsamkeit. Dichten, erläutert Fabricius, heißt »die begriffe auf allerhand mögliche art, wilkürlich, nach gewissen ähnlichkeiten (tertiis) mit einander verknüpfen« (§ 8). Die Dichtungskraft ist die Fähigkeit des Verstandes, solche Verbindungen zu ersinnen, meint also den Wolffschen ingenium-Begriff. Je mehr solcher Ähnlichkeiten der Verstand (des Lesers) entdeckt, desto größeres Vergnügen empfindet er über die Artigkeit des Gedichteten – hier wirkt Wolffs Quantifizierungsdenken unmittelbar herein.[428] Unter diesen Voraussetzungen ist die Poesie »eine art der beredsamkeit, etwas mit artigen erdichtungen vorzustellen« (§ 10)[429], d.h. Fabricius läßt von den zwei Poesie-Definitionen des Thomasius nur noch die Fiktionsbestimmung gelten. Das traditionelle Formkonstitutiv der oratio ligata gibt er auf, billigt ihm lediglich akzidentielle Funktion zu.[430] Die Unterscheidung zwischen ›gemeiner‹, also kasueller, und ›hoher‹ Poesie ermöglicht ihm ein weiteres Differenzieren der Fiktionen. Bei der Kasualpoesie sind die »sachen an sich selbst wahr«, und nur die

---

[425] J. J. Schatz: Anweisung zur Oratorie, S. 222ff. Kap. IV Elocution, § 24 »Von der Poesie oder Dicht-Kunst«.

[426] Ebd., S. 235, § 35.

[427] J. A. Fabricius: Philosophische Redekunst, S. 381–410 »Das erste hauptstük, von der Dichtkunst, und zwar von der Dichtkunst überhaupt.«

[428] Wolff: Deutsche Metaphysik, § 168; vgl. Anm. 381. Dazu Reichmann: Die Herrschaft der Zahl, S. 50f.

[429] Fabricius: Dichtkunst, S. 382, § 10; vgl. S. 398, § 103.

[430] Lediglich als poesieinternes Unterscheidungsmerkmal behält die Silbenbindung ihre Funktion; ebd., S. 384, § 19.

Nebensätze bzw. Argumente sind erdichtet,[431] bei der hohen Poesie sind auch die »sachen«, d.h. die Hauptgegenstände oder Themen (»Hauptsätze«) erdichtet.[432] ›Hohe‹ Poesie zeichnet sich also vor der Kasualpoesie durch einen höheren Grad der Erdichtung aus.[433]

Im übrigen verpflichtet Fabricius wenigstens die »ungebundene Poesie« (§ 73) – er denkt in erster Linie an Romane und Fabeln – auf Einhaltung der Wahrscheinlichkeit. Den von Gottsched nicht immer ganz deutlich gemachten Begriff definiert Fabricius nicht bloß als Widerspruchsfreiheit, sondern als Übereinstimmung mit sämtlichen Umständen (§ 74); er faßt also die Wahrscheinlichkeit enger als die bloße Möglichkeit. Sie wird, wie bei Gottsched, zum Garanten des Ähnlichkeitsbezuges. Immerhin ist Fabricius auch zu Zugeständnissen bereit: Schauspiele und Opern werden in Sinne einer – bei Fabeln schon eingeführten – weiteren Auffassung von Fiktion als »Begebenheiten aus einer andern möglichen welt« anerkannt (§ 170).

Mit der Fiktion als Wesenskriterium erreicht Fabricius einerseits eine deutliche Abgrenzung von der Rhetorik, ohne doch andererseits die Verbindung zu ihr aufzugeben. Die gemeinsame rhetorische Basis, die Fabricius trotz der philosophischen Wesensbestimmung[434] und Zwecksetzung – Förderung von Wahrheit und Tugend[435] – beibehält, äußert sich grundsätzlich in der Auffassung, Poesie sei eine wie die Beredsamkeit erlernbare Fertigkeit, in der Ablehnung der Ansicht, »Poet werde man blos durch die geburt« (§ 12),[436] und folglich im Glauben an die Geltung aller rhetorischen Regeln für die Poesie selbst (§ 15). Aus der strukturellen Verwandtschaft beider Disziplinen ergibt sich auch die Identität der Voraussetzungen für Redner und Poeten (§ 16). Abgesehen von der spezifischen Dichtungskraft braucht daher ein Poet dieselben Fertigkeiten und Kenntnisse wie ein Redner, insbesondere »urtheilungskraft« (iudicium), Vernunftlehre und Wissenschaftskenntnis.[437] Bereits diese Aufzählung, die andernorts Variationen

---

[431] Ebd., S. 385, § 23.

[432] Ebd., S. 383, § 18. Zu ihr zählen Fabeln, Romane, Schäfergedichte, Komödien, Tragödien und Opern, aber auch emblematische und Bilder-Gedichte. Vgl. S. 385, § 24.

[433] Ebd., S. 387, § 40.

[434] Ebd., S. 382, § 11 »Die wissenschaft der regeln der Poesie heist die Dichtkunst, welche wenn sie auf die gründe der Weltweißheit gebauet wird, eine Philosophische Dichtkunst heisset.«

[435] Ebd., S. 409, § 175.

[436] Anders urteilt hierin Hallbauer in seinem der Oratorie von 1725 angehängten Abriß »Von der teutschen Poesie«, S. 770ff. Bes. S. 774f., § 2 »Zur teutschen Poesie wird eine angeborne Geschicklichkeit erfordert, ohne welche alle Regeln und Ubung vergebens sind. Die Poesie hat was gantz besonders, daß sich Niemand selbst geben kan, sondern es von der Natur erhält. Das ist eben das Göttliche, welches man der Poesie gemeiniglich beyleget. [...] Hat aber einer gar kein Naturel zur Poesie, der lasse das Versmachen bleiben: will er aber mit Gewalt ein Poet werden, so lasse er sich für einige Thaler bey einem Comite Palatino Caesareo dazu krönen.«

[437] Fabricius: Dichtkunst, S. 383, § 17.

erfährt,[438] läßt Wolffs Einfluß erkennen: Das iudicium ist nicht mehr als eine dem ingenium gleichgeordnete natürliche Eigenschaft dem Naturell subsumiert, und die Logik bildet nicht mehr lediglich eine Spezialwissenschaft unter anderen, sie stellt vielmehr die Grundwissenschaft dar, auf der die übrigen Disziplinen aufbauen.

Der neue Gelehrsamkeitsbegriff, den Fabricius von Wolff übernimmt, äußert sich also sowohl in der Erfindung der Hauptsätze, der Themen des Gedichtes, als auch in der Erfindung der Nebensätze, der Argumente oder der materialen Ausführung (im Unterschied zur formalen elocutio).[439] Der Erfindungsbegriff selbst schließt sich den naturwissenschaftlich-mathematischen Formulierungen von Tschirnhaus und Wolff an – Erfinden heiße, »aus bekanten wahrheiten, andere unbekante herleiten«[440] – und bedeutet eine Absage an die topischen Formeln der inventio.

In der ›hohen Poesie‹ spielt die Absicht des Dichters eine wichtige Rolle. Da sie die ersten Argumente vermittelt (§ 25), muß das Begriffsvokabular vollständig und deutlich sein (§ 29). Wegen der fiktionalen Struktur ›hoher Poesie‹ muß der Dichter »besondere quellen der erfindung« aufsuchen, die ihm die ›Verknüpfung‹ seines Gegenstandes mit passenden Dingen, Personen und Begebenheiten erlauben (§ 31). Im einzelnen nennt Fabricius die »ausbildungs- oder bildungskunst« (Ikonologie), die Mythologie, die Naturlehre (Physik), die Sittenlehre, die Historie, ferner Träume, Gemälde, Sinnbilder und Wappen (§§ 32–37); sie alle können die Fiktion mitkonstituieren.

Für die Argumentenerfindung, den Vortrag »artig erdichteter umstände«, gelten in Poesie und Rhetorik prinzipiell dieselben Regeln – nämlich die bekannten drei Gruppen der Beweisgründe, der Erläuterungsgründe und der Bewegungsgründe.[441] Die vor allem für die Kasualpoesie wichtigen Erläuterungsgründe enthalten bekanntlich die eigentlichen Realien – »beschreibungen, abschilderungen, eintheilungen, die gemeinen begriffe, die unterarten, die algemeinen lehren, die schlüsse, folgerungen und sinreichen einfälle« (§ 45) – und die außerhalb der Sache selbst gelegenen, nur durch die Ähnlichkeitsstruktur mit ihr verbundenen Realien wie Gleichnisse, Exempel und Kontradiktionen. Bei der Disposition spielt zwar der »freie einfall« die wesentlichste Rolle, wird jedoch durch die Vernunftlehre verbessert (§§ 56, 57). So sehr die Logisierung der Meditation

---

438 Ebd., S. 383, § 16, nennt Weltweisheit, Vernunft- und Sittenlehre und Sachkenntnis. Vgl. S. 409, § 174 »Wer die Poesie erlernen wil, muß zuförderst um eine gute Weltweißheit, gelehrsamkeit und lebhafte beredsamkeit sich bemühen, und sich zugleich die exempel vortreflicher Poeten bekant machen.«

439 Zur Definition ebd., S. 390, § 53, § 55. Vgl. S. 388, § 42 »In allen diesen [Gattungen, G. G.] dichtet man erstlich die sachen, nach der absicht die man dabei hat, (§. 29) aus den vorhin gezeigten quellen, und erdenket sich gewisse säze, hernach sinnet man auf die ausführung, wie man nemlich das erdichtete, unter ebenfals artig erdichteten umständen, vorstellen möge.«

440 Ebd., S. 385, § 26.

441 Vgl. Kap. VI 2.3.

wiederum auf den Einfluß der Wolffschen Philosophie hinweist, so deuten doch die aus der rhetorischen Tradition übernommenen Dispositions-Hilfsmittel – der Syllogismus, die Weiseanischen Chrien, die aphthonianischen Vorübungen, die philosophischen, synthetischen und analytischen Ordnungen (§ 58) – auf den Eklektizismus von Fabricius hin, der letztlich aus seiner, deutlich an der ersten Fassung der Oratorie von 1724 ablesbaren iudiziösen Position herstammt. Das bestätigen auch die herkömmlichen Ratschläge, der Poet solle sich durch Lektüre guter Poeten und deren Nachahmung zu eigenen »artigen gedancken« anregen lassen (§ 59).

Im übrigen war die Poetik von Fabricius nicht ohne jegliche Wirkung. Ihre Definitionen haben den Artikel »Poesie, Dichtkunst, Poeterey« des Zedlerschen Lexikons von 1741 deutlich beeinflußt.[442] Bodmers und Breitingers Frühschrift, die Poetik Arnoldts und Fabricius' repräsentieren alle mehr oder weniger konsequent den Geist der Wolffschen Philosophie. Keine von ihnen war indes so umfassend und hatte eine so weitreichende und tiefgehende Resonanz wie Gottscheds »Critische Dichtkunst«. Wie keine andere Poetik verarbeitet sie sämtliche historischen und zeitgenössischen Einflüsse – von der Antike (Aristoteles, Horaz) über die italienische Renaissance und die deutsche Barockpoetik bis zum französischen Klassizismus und zur englischen Geschmacksdiskussion – und versucht sie, mit wechselndem Erfolg, auf eine gemeinsame philosophische Grundlage zu verpflichten. Für eine Analyse, die nach der spezifisch philosophischen Orientierung der frühaufklärerischen Poetik fragt, steht daher die »Critische Dichtkunst« nach wie vor im Zentrum.

---

[442] Zedlers Universal-Lexicon 28 (1741), Sp. 977–986; hier Sp. 977 »Poesie, die Dichtkunst, Poeterey, Lat. Poesis, ist eine Art der Wohlredenheit, da wir durch Hülffe des Ingenii unsere Haupt-Gedancken in allerhand sinnreichen und artigen Neben-Gedancken, oder Bildern und Vorstellungen einkleiden, es geschehe dieses in ungebundener oder gebundener Rede. Das Wesen der wahren Poesie bestehet in der Art und Weise artig und geschickt zu dichten, daß nemlich die Dichtungen wenigstens den Schein einer Wahrscheinlichkeit haben, und der Haupt-Sache, welche darunter vorgestellet wird, in allen Sachen gemäß sind.«

VII. Gottscheds »Critische Dichtkunst« und die Vernunft-Poesie der Frühaufklärung

1. Gottscheds philosophische Begründung der Poetik

1.1. Zur wissenschaftsgeschichtlichen Einordnung der »Critischen Dichtkunst«

An Weite und Tiefe des Einflusses hat in der frühaufklärerischen, von der Philosophie Christian Wolffs geprägten Epoche, keine andere Poetik die »Critische Dichtkunst« Gottscheds von 1729 erreicht.[1]

Nach den großen monographischen Darstellungen Wanieks und Reichels und den poetikgeschichtlichen Untersuchungen von Wolff, Servaes und Braitmaier[2] war zunächst ein Stillstand in der Gottschedforschung eingetreten. Seit sich aber das sozial- und literaturgeschichtliche Interesse der Aufklärungsepoche zugewandt hat, ist auch Gottsched verstärkt ins Blickfeld literaturwissenschaftlicher Arbeit gerückt. Das belegen die monographischen Arbeiten von Birke, Rieck, Freier und Borjans-Heuser,[3] ebenso wie die sachthematischen Untersuchungen von Herrmann, Hohner, Bruck, Sinemus, Gaede und Wetterer, um nur einige Titel zu nennen,[4] die Gottscheds Poetik unter bestimmten Gesichtspunkten

---

[1] Gottsched: Versuch einer Critischen Dichtkunst vor die Deutschen; Darinnen erstlich die allgemeinen Regeln der Poesie, hernach alle besondere Gattungen der Gedichte, abgehandelt und mit Exempeln erläutert worden: Überall aber gezeiget wird Daß das innere Wesen der Poesie in einer Nachahmung der Natur bestehe. Anstatt einer Einleitung ist Horatii Dichtkunst in deutsche Verse übersetzt, und mit Anmerkungen erläutert von M. Joh. Christoph Gottsched. Leipzig 1730 Verlegts Bernhard Christoph Breitkopf. Obwohl das Buch die Jahreszahl 1730 auf dem Titelblatt trägt, ist es bereits 1729 zur Michaelismesse erschienen. Im weiteren wird die »Critische Dichtkunst« als CD zitiert.

[2] Waniek: Gottsched und die deutsche Literatur seiner Zeit (1897); Reichel: Gottsched, 2 Bde. (1908/12); Wolff: Gottscheds Stellung im deutschen Bildungsleben, 2 Bde. (1895/97); Servaes: Die Poetik Gottscheds und der Schweizer (1887); Braitmaier: Geschichte der Poetischen Theorie und Kritik, 2 Tle. (1888/89); ein kritisches Referat der Gottschedliteratur bis 1923 enthält Schimansky: Gottscheds deutsche Bildungsziele, S. 1–21. Ferner Hiebel: Individualität und Totalität.

[3] Birke: Christian Wolffs Metaphysik (1966); Rieck: Johann Christoph Gottsched (1972); Freier: Kritische Poetik. Legitimation und Kritik der Poesie in Gottscheds Dichtkunst (1973): Borjans-Heuser: Bürgerliche Produktivität (1981).

[4] Herrmann: Naturnachahmung und Einbildungskraft (1970); Hohner: Zur Problematik der Naturnachahmung (1976); Bruck: Der aristotelische Mimesisbegriff und die Nachahmungstheorie (1972); Sinemus: Poetik und Rhetorik im frühmodernen deutschen Staat (1978); Gaede: Poetik und Logik (1978); Wetterer: Publikumsbezug und Wahrheitsanspruch (1981).

erörtern. Eine Gesamtdarstellung der Gottschedschen Wirkung, die sich ja weit über den poetologischen Sektor erstreckt, ist hier nicht am Platze; die hier vorgebrachten Reflexionen ergeben sich aus dem bisherigen Untersuchungsgang und aus der kritischen Musterung vor allem der neueren Gottsched-Literatur.

Für die ältere Forschung stand mit wenigen Ausnahmen[5] der Charakter der CD als einer Kompilation fest,[6] die sich vor allem aus antiken und zeitgenössischen französischen und englischen Quellen speiste. Deutliches Zeichen der Kompilation sei die Tatsache, daß die einzelnen Kapitel der CD in unterschiedlichem Maße den verschiedenen Einflüssen unterworfen seien und sich nicht eindeutig auf einen Nenner bringen ließen. Gottscheds Intention sei zwar die Schaffung einer philosophisch gegründeten Dichtkunst gewesen, die sich von den rhetorisch fundierten Poetiken der Vorgänger abgrenzen sollte, doch sei ihm diese Neubestimmung nur unvollkommen gelungen, da er sein philosophisches Nachahmungsprinzip nicht in jedem Teilbereich der Poesie konsequent angewendet und bedeutsame Partien aus der rhetorischen Tradition unverändert übernommen habe – besonders die Ausführungen über die Voraussetzungen eines Poeten, die das Verhältnis von Natur und Gelehrsamkeit betreffen.

In der Diskussion der letzten Jahre rückte die CD unter entgegengesetzten Aspekten wieder in den Blickpunkt des Interesses. Joachim Birke interpretierte sie ganz als Werk unter dem Einfluß der Wolffschen Philosophie, deren Äquivalent sie auf poetologischem Sektor darstellen sollte. Dagegen deutete Herrmann sie vorwiegend unter dem Aspekt der rhetorischen Tradition, deren kontinuierliche Fortsetzung sie ihm zu bilden schien. In der z. T. umfangreichen Debatte fand Herrmann keine Anhänger.[7] Die Zuordnung der CD zur ›modernen‹ Wolffschen Philosophie – eine von Waniek noch strikt abgelehnte Position,[8] die aber bereits Danzel vertreten hatte[9] – wird von dem neuerdings aktuell gewordenen Trend zur sozialgeschichtlichen Untersuchung begünstigt. Die Monographien Riecks und Freiers, die nach der Bedeutung Gottscheds für die Konstitution einer frühbürgerlichen Gesellschaft fragen, stehen im Gegensatz zu Herrmann, wie auch zur gesamten älteren »Einflußforschung«. An den Rand gedrängt wurde dabei allerdings die früher stets präsente Einsicht in der Abhängigkeit Gottscheds von ausländischen Ästhetikern,[10] deren unmittelbarer Einfluß von der älteren Forschung größer veranschlagt wurde als der eher indirekt wirkende Einfluß Wolffs

---

[5] Servaes: Die Poetik Gottscheds und der Schweizer.

[6] Zum kompilatorischen Charakter Waniek: Gottsched, S. 127ff.; Servaes: Die Poetik Gottscheds, S. 10.

[7] Die Darstellungen von Bruck, Rieck, Freier und nun Borjans-Heuser; ferner die Rezensionen des Herrmannschen Buches (Anm. 73).

[8] Waniek: Gottsched, S. 129.

[9] Danzel: Gottsched, S. 9ff.

[10] Zur französischen Tradition der clarté s. von Stackelberg: Klarheit als Dichtungsideal, S. 257ff.; zum Einfluß Boileaus auf Gottsched vgl. Schenker: Charles Batteux und seine Nachahmungstheorie in Deutschland, S. 2f., S. 51, S. 70; Bollacher: Lessing: Vernunft und Geschichte, S. 210ff.

und der Einfluß der deutschen Poetik-Tradition. Erst neuerdings hat Jan Bruck auf die Bedeutung der aristotelischen Poetik für den Nachahmungsbegriff und das Wahrscheinlichkeitspostulat hingewiesen und ihre konstituierende Funktion für die CD behauptet.[11]

Fragt man nach den gesellschaftlichen Funktionen von Gottscheds poetologischem Konzept, so erhält seine Eigenleistung ein größeres Gewicht. Daß unter diesem Blickwinkel allerdings die ›bürgerlichen‹ Intentionen Gottscheds über Gebühr in den Vordergrund rücken, versteht sich nahezu von selbst. Die ausschließlich funktionale, an der Gegenwart orientierte Fragestellung ignoriert jedoch ihrerseits die Tradition, aus der Gottsched als Gelehrter stammt und der er sich selbst zugerechnet hat, und gerät damit in die Gefahr, Intentionen der Lessingzeit in das Werk Gottscheds rückzuprojizieren. Die CD ist jedoch kein revolutionäres Werk, obwohl sie einen bedeutsamen Schritt in der Entwicklung einer ästhetischen Wissenschaft leistet. Das Janusartige des Werkes zeigt eine Analyse des Textes selbst, erhellt aber auch aus der Einschätzung des Werkes durch die Zeitgenossen und den Verfasser selbst. Die zeitgenössischen Wissenschaftshistoriker betrachteten das Werk nicht als einen revolutionären Neubeginn, sondern als ›krönenden Abschluß‹ einer poetologischen Tradition, die es philosophisch fundierte und damit verbesserte, das vom ›rechten Weg‹ Abgewichene aussonderte und den klassischen Vorbildern wieder zu ihrem – außerdem vernünftig begründeten – Recht verhalf.[12] Die CD galt insofern als das beste Poetik-Lehrbuch, eine Ansicht, die etwa Johann Friedrich Bertrams Hodegetik schon 1730 vertritt: Die CD sei die »neueste«, »beste und gründlichste« Poetik, da sie auf »tüchtige principia philosophica« gebaut sei.[13] Zwischen Anweisungskorpus und philosophischer Begründung bestand für die meisten Beurteiler kein Widerspruch. Wie sehr Gottscheds CD in einer Reihe mit den Handwerkspoetiken gesehen wurde, zeigt Goethes Erinnerung in »Dichtung und Wahrheit«, wo er die CD wegen ihrer Brauchbarkeit der »Critischen Dichtkunst« Johann Jakob Breitingers fast vorzieht.[14] Noch Karl Goedekes »Grundriß« behält diese Periodisierung

---

[11] Zum Verhältnis von Gottsched zu Aristoteles Wolff: Gottscheds Stellung im deutschen Bildungsleben, Bd. 2, S. 24; Bing: Die Naturnachahmungstheorie bei Gottsched, S. 17f.; Fuhrmann: Einführung in die antike Dichtungstheorie, S. 258. Anders als Bruck: Der aristotelische Mimesisbegriff, bin ich der Meinung, Gottsched habe das Wahrscheinlichkeitspostulat aus Wolffs Philosophie abgeleitet bzw. definiert.

[12] Etwa G. W. Goetten im: »Jetztlebenden gelehrten Europa«, 2. Tl., Braunschweig und Hildesheim 1736, S. 79, über Gottsched: »Wenn die Nachwelt merken wird, daß von diesen Zeiten an eine besondere Veränderung in der Sprache, Rede- und Dichtkunst der Deutschen vorgegangen, so wird sie alle Zeit auf ihn billig zurückzusehen haben, als auf einen der vornehmsten Urheber dieser schönen Veränderung.« Zur allgemeinen Würdigung von Gottscheds Reformen s. Schimansky: Gottscheds deutsche Bildungsziele, S. 168; Bäumler: Das Irrationalitätsproblem in der Ästhetik, S. 71.

[13] Joh. Fr. Bertram: Anfangs-Lehren der Historie der Gelehrsamkeit, S. 149, § XXIX.

[14] Goethe: Dichtung und Wahrheit. Zweiter Teil, Siebentes Buch. Goethes Werke. Festausgabe. Hrsg. v. Robert Petsch, Bd. 15. Bearb. v. Ewald A. Boucke. Leipzig 1926, S. 245. Übrigens urteilt Gottsched selbst ähnlich, wenn er im Vorwort zur dritten

bei; die CD steht bei ihm am Schlußpunkt der Barockpoetiken, während Bodmer und Breitinger die neue Ära einleiten.[15] Neuerdings hat, durch seinen poetikimmanenten Blickwinkel bedingt, Herrmann diese Einteilung wiederaufgenommen. Obwohl diese Einstufung im ganzen verfehlt ist, enthält sie doch ein richtiges Moment. Gottsched strebt eine Synthese aus rhetorisch-humanistischer Poetik-Tradition und aus philosophischer Neubestimmung an, indem er die traditionellen Postulate mit den neuen Wissenschaftsprinzipien zu begründen versucht.

Die wissenschaftsgeschichtliche Erörterung bedingt auch den Blickwinkel, unter dem die CD behandelt wird. Es geht hier also *nicht* um ihre *allgemeine* Würdigung, sondern um die Frage, inwieweit sie noch zur rhetorischen Tradition rechnet und inwieweit sie als Ausdruck einer philosophischen Konzeption den Anfang einer neuen poetologischen Entwicklung bezeichnet. Diese Fragestellung bedingt auch den Einbezug der übrigen Materialien zum Standort Gottscheds.

Die Frage nach der *Zuordnung der CD* ist nicht einfach zu beantworten. Auf den ersten Anschein steht die CD ganz in der Tradition der barocken Anweisungspoetiken, deren Schreibart sie weitgehend beibehält.[16] Weder Gottscheds Rhetorik-Lehrbücher noch seine Poetik sind in der Wolffschen demonstrativischen Schreibart angelegt, sondern folgen der Gattungs-Tradition, die sie – nach den wissenschaftlichen Gesichtspunkten der Zeit – modernisieren. Erst die »Weltweisheit«, Gottscheds philosophisches Lehrbuch, arbeitet mit dem Wolffschen Querverweis-System. Dieser Sachverhalt scheint Herrmanns allgemein zurückgewiesene These von der Eigentradition der jeweiligen Gattungen zu bestätigen. Mithin ergäbe sich das Bild einer Poetik, die einerseits in der humanistischen Poetik-Tradition stünde, andererseits die zahlreichen modernen ausländischen Einflüsse aufnähme, und mit Hilfe der aristotelischen Poesie-Definition und der Wolffschen Philosophie versuchte, das Anweisungssystem philosophisch zu untermauern und zu rechtfertigen.

Gegenüber dieser vor allem auf das Disparate abhebenden Ansicht, die den faktischen Mangel an Übereinstimmung, an einheitlicher Konstituiertheit aller Kapitel ins Zentrum rückt, akzentuiert die neuere Forschung Gottscheds Intention, einerseits die philosophische Grundlegung, andererseits den ›bürgerlichen‹

Auflage der CD diese in die Tradition der Anweisungspoetiken stellt. CD ([4]1751), S. XX; vgl. Backers: Boileaus Einfluß in Deutschland, S. 74. Werner Rieck, u. a.: Geschichte der deutschen Literatur, Bd. 6, S. 188f., behaupten sogar, Gottscheds CD stelle gegenüber den Regelpoetiken von Rotth, Omeis und Weise einen Rückschritt dar, weil er sich, anders als jene, nicht an der zeitgenössischen Literaturproduktion orientiert habe.

[15] Goedeke: Grundrisz zur Geschichte der deutschen Dichtung, Bd. 3, S. 357ff., § 199, endet mit Gottscheds Werk; Bd. 4,1, S. 7ff., § 203 beginnt mit Bodmers und Breitingers Schriften.

[16] Gottscheds Poetik ist die letzte bedeutsame Anweisungspoetik, die ihre Lehrsätze nicht auf die rhetorische Tradition und die exempla allein (wie die Barockpoetiker) stellt, doch die philosophische Grundlegung hinzunimmt. Zur Abgrenzung von der Anweisungspoetik s. Birke: Gottscheds Neuorientierung der deutschen Poetik an der Philosophie Wolffs, S. 564; Borjans-Heuser: Bürgerliche Produktivität, S. 8ff.

Charakter. Neu an der CD ist in der Tat, daß Gottsched die poetischen Gattungen auf einen philosophischen Wesensgrund verpflichtet und dadurch erst eine Abgrenzung von Poesie und Rhetorik ermöglicht. Ob diese Neudefinition als ›bürgerliche‹ Tat intendiert war oder als solche gedeutet werden kann, steht auf einem anderen Blatt.

Bei der Antwort auf die Frage, ob Gottsched insgesamt ans Ende oder an den Anfang einer neuen Literaturepoche zu setzen sei, ging die negative Einschätzung vom späteren, starren Gottschedianismus aus, wie er in den Streitigkeiten mit den Schweizern und durch die Brille Lessings sich zeigt.[17] Erst die neuere, auf den frühen Gottsched konzentrierte Forschung vermochte das Neue, Zukunftsweisende seiner zwischen 1725 und 1736 eingenommenen Position herauszuarbeiten. Gottsched selbst vollzog die Wende vom ›Progreß‹ zum ›Regreß‹[18] in der mittleren Phase seiner unbedingten Wolff-Nachfolge. Es mag am Wesen dieser ausschließlich vernunftorientierten Position liegen, daß in ihr – das belegt auch das philosophische Werk Christian Wolffs – keine Entwicklungen mehr möglich waren. Gottsched selbst hat in seiner CD immer den Neubeginn einer philosophischen Poetik erblickt;[19] nirgends sieht er sich lediglich als Vollender der rhetorischen Poetiken. In der Vorrede zur ersten Auflage der CD reiht er sein Werk in ältere Bestrebungen ein, die Poetik auf der wesenhaften Erfassung von Poesie zu gründen. Er erwähnt insbesondere den Plan des Königsberger Poesieprofessors Johann Valentin Pietsch, eine »Anweisung zur Poesie« zu verfassen

> »Nicht zwar auf den Schlag, als die gewöhnlichen Anleitungen wären, daran wir keinen Mangel hätten; sondern so, daß darinn der innere Character und das wahre Wesen eines jeden Gedichtes gewiesen würde.«[20]

Der poetische Rückblick des Jahres 1750 bringt *Gottscheds Selbsteinschätzung* mit aller Deutlichkeit zum Ausdruck.

> »Hier brach mein Eifer los! der Weise von Stagir,
> Und sein unsterblich Buch vom Dichten, winkten mir.
> Ich las es öffentlich, und sucht es einzuschärfen,
> Und lehrte den Geschmack des Pöbelvolks verwerfen.

---

[17] Dazu Mehring: Die Lessing-Legende, S. 247. »Herr Erich Schmidt weiß es besser [in seinem Lessing-Buch]; er sagt mit seiner glücklichen Begabung, die Dinge immer gerade auf den Kopf zu stellen, von Gottsched: ›Ihm war bestimmt, abzuschließen, nicht zu eröffnen.‹ Und doch hat Gottsched die Epoche unserer klassischen Literatur eröffnet.«

[18] Winkler: Gottsched im Spiegelbild seiner kritischen Journale, S. 191, vielleicht zu dezidiert: »Der Weg Gottscheds führte von der kühnen, bahnbrechenden Thomasius-Nachfolge zum Anachronismus einer verspäteten Leibniz-Wolff-Apologie, von der engen Bindung an die Denker der französischen Frühaufklärung zur Abwendung von der konsequenten französischen Spätaufklärung, von der Grundsteinlegung einer bürgerlichen deutschen Nationalliteratur zur erbitterten Polemik gegen ihren ersten deutschen Repräsentanten.«

[19] Bing: Die Naturnachahmungstheorie bei Gottsched, S. 9. Zu Gottscheds eigener Einschätzung der CD vgl. Birke: Christian Wolffs Metaphysik, S. 24f.

[20] CD 1730, Vorrede, S. *v. Ein großer Teil der Vorrede handelt denn auch vom Unterschied der Dichtkunst und der Versmacher-Kunst.

Zum Muster wies ich an, die Schönheit der Natur;
Wie meine Dichtkunst schon auf der Lateiner Spur
Aus dem Horaz gezeigt. So ward der Wust verdrungen,
Der kurz vorher Vernunft und Tugend fast bezwungen.
Ganz Leipzig dankte mir; man tat die Augen auf;
Der richtige Geschmack gewann nun freyen Lauf;
Halb Deutschland fiel uns bey, und eiferte mit Sachsen,
Wo Geist, Vernunft und Witz am schönsten könnte wachsen.«[21]

Auch in diesem relativ späten Zeugnis ist nicht von einer Umsetzung der Wolffschen Philosophie auf den Sektor der Poesie oder von einer Poetik im Geiste Wolffs die Rede; viel eher bestätigt sich hier die These Jan Brucks von der Aristoteles-Nachfolge Gottscheds. Daß indes die Zurückhaltung im Nennen Christian Wolffs ihre wissenschaftstheoretischen Gründe hatte, wird noch zu zeigen sein (s. S. 668f.). Sein Einfluß auf die CD ist unleugbar, macht sich jedoch in vermittelterer Weise geltend, als dies Joachim Birke gemeint hat. Die Einwände, die Herrmann gegen den Aufweis von Parallelen zwischen CD und »Weltweisheit« vorbringt,[22] vermögen die Wolffsche Basis, auf der Gottsched nachweislich schon die CD verfaßt hat, nicht in Zweifel zu ziehen. Wohl aber gibt es Gründe, wieso sich Gottsched nur vorsichtig der Wolffschen Terminologie, und überhaupt nicht seiner demonstrativischen Methode bedient.

Wurde von der älteren Forschung der Einschnitt in der poetologischen Entwicklung zwischen Gottsched und den Schweizern gesetzt,[23] so hat sich die neuere Forschung ziemlich eindeutig für die Vorverlegung dieser Zäsur vor der CD Gottscheds ausgesprochen. Bezieht man in die Beurteilung, und anders geht es methodologisch nicht, auch Gottscheds außerpoetologischen Texte, die wissenschaftsgeschichtlichen, pädagogischen und journalistischen Arbeiten mit emanzipatorischer Verve ein, so besteht diese Wertung zu Recht. Nur dürfen über ihr die vorhandenen Traditionsrelikte nicht übersehen werden, auch nicht das Faktum, daß die Wolffsche Philosophie in der Poetik Gottscheds keinen Bruch mit der Tradition bewirkt hat, vielmehr diese in ein zeitgemäßes Wissenschaftsparadigma transponiert. Die Zwitterhaftigkeit der CD – einerseits Schlußglied der Reihe barocker Lehrpoetiken, andererseits als kritische, zwar noch nicht analytische, doch beurteilende Poetik Anfangsglied einer philosophischen Literaturbetrachtung – macht ihre Einstufung so schwierig und hat bei den Interpreten fast dieselbe Widersprüchlichkeit hervorgerufen, als sie die CD selbst in sich birgt. All die

---

21 Schreiben an Franz Christoph von Scheyb. 1750 im Oktober: in: Gedichte ed. Reichel, S. 162; Gedichte ed. Birke, S. 366.

22 Herrmann: Naturnachahmung, S. 134.

23 Scherer: Geschichte der deutschen Literatur, läßt Kap. 10 »Die Anfänge der modernen Literatur«, mit Gottsched enden; Kapitel 11 »Das ZA Friedrichs des Großen«, behandelt die Züricher. Hermann Hettner: Geschichte der deutschen Literatur, Bd. 1, läßt das Kapitel »Vom Westfälischen Frieden bis zur Thronbesteigung Friedrichs des Großen (1648–1740)« mit Gottsched und den Schweizern enden, S. 290ff. Bd. 2. Das ZA Friedrichs des Großen, behandelt nur die Nachwirkungen ihrer Auseinandersetzung, S. 76ff.

Versuche, der CD ein schlüssiges Konzept zu unterstellen, haben im einzelnen recht, und im ganzen dennoch Unrecht, weil die verschiedenen Einflüsse eben zu keinem völlig widerspruchsfreien System zusammenfinden. Sie prägen die einzelnen Kapitel in unterschiedlicher Stärke, je nachdem in welchem Traditions- und Bezugsrahmen der abgehandelte Gegenstand steht. Gleichwohl ist Gottscheds Bemühen um philosophisch schlüssige Vereinheitlichung nicht zu bestreiten. Erst in jüngerer Zeit hat Gaede überzeugend nachgewiesen, daß die von Birke behauptete Übernahme der Wolffschen Philosophie auch für die einzelnen Arten der Nachahmung zutrifft.[24]

1.2. Die poetologische Umsetzung von Gottscheds Wissenschaftsbegriff: Naturnachahmung und Naturbegriff

Über die Beeinflussung der CD durch die Wolffsche Philosophie herrscht heute ein allgemeiner Konsens;[25] auseinander gehen die Meinungen lediglich über den Grad der Abhängigkeit. Nicht jeder wird so weit gehen wie Birke, der Gottscheds »sklavische Abhängigkeit von Wolff« behauptet hat,[26] oder wie Schwind, der für Poetik und Rhetorik Gottscheds einen einheitlichen, theoretisch in der »Weltweisheit« entwickelten logozentrischen Ansatz annimmt.[27] Dennoch hat Gottsched selbst keine Zweifel an seiner grundsätzlichen Übereinstimmung mit der Wolffschen Philosophie gelassen;[28] seine »Weltweisheit« stellt nichts anderes als eine leichter verständliche Zusammenfassung der Wolffschen Lehren dar.[29] In der 1755 zum Gedenken Christian Wolffs verfaßten »Lobschrift« bekennt Gottsched:

> »Alle meine Zweifel, womit ich mich vorhin gequälet hatte, löseten sich allmählich auf. Ich hub an Ordnung und Wahrheit in der Welt zu sehen, die mir vorher wie ein Labyrinth und Traum vorgekommen war.«[30]

Seine Beschäftigung mit der Wolffschen Philosophie reicht weit in die Zeit vor Abfassung des philosophischen Lehrbuchs zurück, liegt auch, wie sich an den

---

[24] Gaede: Poetik und Logik; ders.: Gottscheds Nachahmungstheorie und die Logik.

[25] Grimminger in: Sozialgeschichte der deutschen Literatur, Bd. 3, S. 43ff.; Siegrist ebd., S. 280ff.; Kimpel in: Deutsche Literatur. Eine Sozialgeschichte. Hrsg. v. H. A. Glaser, Bd. 4, S. 110ff. Zum Charakter von Gottscheds Wolff-Anhängerschaft Dessoir: Geschichte der neueren deutschen Psychologie, S. 84. Gottsched stellte Wolff über Descartes und Leibniz; Das Neueste (Wonnemonat 1754), S. 342.

[26] Birke: Gottscheds Nachahmungstheorie und die Logik, S. 566. Hohner: Zur Problematik der Naturnachahmung, S. 7ff., bestätigt und belegt Birkes Einschätzung von Gottscheds Verhältnis zur Philosophie Wolffs.

[27] Schwind: Schwulst-Stil, S. 230–247, S. 248–257. Über die rationalistische Grundstruktur der CD Graefe: Die rationalistische Kontrolle der Metapher, S. 83f.

[28] Grosser: Gottscheds Redeschule, S. 16f.; Winkler: Gottsched im Spiegelbild seiner kritischen Journale, S. 154.

[29] Gottsched: Erste Gründe der gesammten Weltweisheit (1733/34, ^{5}1748).

[30] Gottsched: Historische Lobschrift des weiland hoch- und wohlgebohrnen Herrn Herrn Christians, des H. R. R. Freyherrn von Wolf (1755), S. 85; vgl. Siegrist: Das Lehrgedicht der Aufklärung, S. 7.

Zeitschriften nachweisen läßt, vor Abfassung der CD.[31] Nach den Hinweisen von Danzel hat, lange vor Birke, bereits 1887 Servaes den grundsätzlichen Zusammenhang der Gottschedschen Kompendien mit der Wolffschen Philosophie herausgearbeitet.[32] Für die Übereinstimmung in den tragenden Begriffen der Ordnung, der Vollkommenheit, der Möglichkeit, der Zusammensetzung und Beschaffenheit der Dinge sei auf die Untersuchung Birkes verwiesen, deren Ergebnisse hier vorausgesetzt werden können.[33]

Die Philosophie ist für Gottsched der »Inbegriff aller übrigen so genannten höhern Facultäten«,[34] und die mathematische Methode gilt ihm als »die wahre philosophische Methode, die uns die Vernunftlehre vorschreibet.«[35] Wenn Gottsched gleich zu Beginn der CD die Poesie als eine der »wichtigsten freyen Künste«, als den »vornehmsten Theil der Gelehrsamkeit« bezeichnet,[36] so darf sein *Wissenschaftsbegriff*, der die Übernahme dieses traditionellen Topos gestattete, nicht unerörtert bleiben. Dazu muß allerdings der Blick über die Poetik hinaus auf den Zusammenhang der wissenschaftlichen Disziplinen – zu denen Gottsched die Poesie offenkundig rechnet – gelenkt werden, besonders muß die »Weltweisheit« als die Systematisierung von Gottscheds Wissenschaftsdenken

---

31 Über seinen Bildungsgang berichtet Gottsched ausführlich in der Vorrede zu »Erste Gründe der Weltweisheit«, Praktischer Teil, Leipzig 1762. Dazu M. Beyer-Fröhlich: Die Entwicklung der deutschen Selbstzeugnisse. Nachdruck der Ausgabe Leipzig 1930. Darmstadt 1970, S. 187f. Das Verhältnis der »Vernünfftigen Tadlerinnen« zur CD behandelt Gühne: Gottscheds Literaturkritik, S. 388–398.

32 Servaes: Die Poetik Gottscheds und der Schweizer; über Gottscheds Verhältnis zur Philosophie bereits Danzel: Gottsched, S. 7ff., ebd., S. 10, zur philosophisch-mathematischen Grundlegung der Poetik: »Gottsched ist in seiner Dichtungslehre von der Philosophie seiner Zeit ausgegangen, die alles auf mathematische Weise d. h. mit absoluter Denknothwendigkeit herzuleiten suchte [...].« Vgl. auch Grucker: Histoire des Doctrines littéraires, S. 443ff.

33 Birke: Christian Wolffs Metaphysik, S. 8ff., S. 32ff.

34 Gottsched: »Ein Jurist muß ein Philosoph seyn«, in: Gesammelte Reden, Gottscheds Werke ed. Reichel, Bd. 6, S. 61. »Dergestalt hält nun die Weltweisheit alles dasjenige in sich, was die übrigen Facultäten nur stückweise abhandeln: und ohne sie kann und pflegt nicht viel gründliches gesagt zu werden. [...] Und wer dem hellen Sonnenkörper einen Vorzug vor allen dunkeln Planetenkugeln einräumt, die alle ihr Licht und Leben von seinen Strahlen empfangen, der wird auch der Weltweisheit vor allen übrigen Teilen der Gelehrsamkeit ihren Vorrang nicht absprechen können.«

35 Gottsched: Weltweisheit, Bd. 1, S. 77, § 150. Wolffisch ist Gottscheds Hinweis auf den Nutzen der Mathematik, die nicht nur durch ihren Inhalt zur Verbesserung des Verstandes, sondern bereits durch ihre gute Ordnung, mit der sie ihre Wahrheiten vorträgt, beitrage. Weltweisheit, Bd. 1, § 941; vgl. Römer: Gottscheds pädagogische Ideen, S. 133. Symptomatisch ist es, daß in einer Allegorie Gottscheds im »Biedermann« der Geist der Wahrheit, der Wissenschaft und der Vernunft mathematische Symbole tragen (Fernglas, Meßschnur; Zirkel, Lineal, Brennglas); Der Biedermann, Bd. 1, S. 175. Vgl. ferner Gottscheds Gedicht »Auf Herrn M. Stübners Magister-Promotion«, in: Gottsched: Gesammelte Schriften, ed. Reichel, Bd. 5, S. 180, wo behauptet wird, Philosophen müßten Geometer sein.

36 CD (1730), S. 57.

einbezogen werden. In ihr definiert Gottsched die Wissenschaft in einer für die Bestimmung der CD sehr aufschlußreichen Weise:

> »§ 4. Die Wissenschaft ist ein gründliches Erkenntniß eines Dinges; oder die Fertigkeit des Verstandes, alles was man behauptet *unwiedersprechlich* darzuthun. *Ein Weltweiser ist also nicht mit einer blossen Wahrscheinlichkeit seiner Lehren zufrieden*; sondern strebet allezeit nach dem *grösten Grade der Gewißheit*. Daher gründet man auch die Weltweisheit nicht auf die Meynungen neuer oder alter Weltweisen; sondern auf die *gründlichsten Vernunftschlüsse* und auf *ungezweifelte Erfahrungen*, daraus man ihre Lehren ganz augenscheinlich erweisen kan.«[37]

Wissenschaft, definiert Gottsched an anderer Stelle, ist eine Fertigkeit, das Behauptete »aus den ersten Gründen darzuthun und zu demonstriren«.[38] Die zweite Definition relativiert und erläutert zugleich die erste. Reinster Wolffianismus ist die Verpflichtung der Wissenschaft auf die gründlichen Vernunftschlüsse, den demonstrativischen Logizismus.[39] Ein Zugeständnis an den Empirismus der Naturwissenschaften, die für Gottsched eine bedeutsame, bisher meist übersehene Rolle gespielt haben und in seinen Journalen stark vertreten sind,[40] ist die Aufnahme des Erfahrungsbeweises, der bei Wolff ja gegenüber dem logischen Beweis nur eine untergeordnete und vorläufige Funktion hatte.[41] Die zweite Definition tut jedoch dar, daß die eigentliche Gewißheit, nach der Wissenschaft strebt, nur durch den Vernunftbeweis erbracht werden kann, daß also die empirischen Beweise die logischen stützen, ihnen vorarbeiten und sie illustrieren können, sie jedoch nicht zu ersetzen vermögen. Diese Folgerung, mit der sich Gottsched dann doch, wenn auch weniger schroff, der Wolffschen Wertung anschließt, läßt sich zweifelsfrei belegen. Schon in der Einleitung zur »Weltweisheit« betont Gottsched den Wert der *Logik* als der ersten Voraussetzung zur Ausbildung des Verstandes und zur Wahrheitserkenntnis,[42] und nennt in der »Einleitung zur Vernunftlehre« vier Gründe, das Studium der Logik zu betreiben,[43] darunter auch das Vermögen, aus Erfahrung und Vernunftschlüssen Wahrheiten zu erfinden. Eindeutig bekundet Gottsched die Unterlegenheit der Erfahrung gegenüber dem Syllogismus im Kapitel über die »Vernunft und die Erfindungskraft«.

> »§ 931. Da wir uns nun in den meisten Dingen auf die Erfahrung verlassen, und aus klaren Empfindungen, vermittelst der Einbildungskraft und des Witzes, auf die Aehn-

---

[37] Weltweisheit (1733), Bd. 1, S. 4f., § 4. Im übrigen sind die Paragraphen und die Seitenzahlen der ersten und der hier gewöhnlich benutzten fünften Auflage identisch. Der hier zitierte Text weicht in der fünften Auflage, S. 5, nur in der Wendung »auf die ungewissen Meynungen« von der Erstauflage ab.

[38] Weltweisheit (1734), Bd. 2, S. 314, § 468.

[39] Auch Siegrist: Das Lehrgedicht, S. 6ff. und ders.: Gottscheds Literaturreform, in: Grimminger, Sozialgeschichte der deutschen Literatur, Bd. 3, S. 280f., betont den methodologischen Charakter der CD als philosophisch-deduktiv.

[40] Zu Gottscheds Beschäftigung mit naturwissenschaftlichen Themen Rieck: Gottsched, S. 74ff.

[41] Hohner: Zur Problematik der Naturnachahmung, S. 16.

[42] Weltweisheit (1733), Bd. 1, S. 6, § 7.

[43] Ebd., S. 16, § 23.

lichkeit der Fälle, und dessen, was darinn zu geschehen pflegt, schließen: so erweisen wir uns mehrentheils *empirisch*; *nicht aber ganz vernünftig*. Denn wir stellen uns doch die Sache nebst ihren Umständen, und was damit verknüpfet zu seyn pflegt, *nur klar; nicht* aber *so deutlich* vor, *daß es ein Vernunftschluß* genennet zu werden verdienet. Man nennt es also nur die Vermuthung ähnlicher Fälle; und nimmt sie auch bey allen unvernünftigen Thieren wahr.«[44]

Trotz der prinzipiellen Zulässigkeit zweier Erkenntnismöglichkeiten[45] erreicht für Gottsched der empirische Beweis, der an die zwar klaren, aber nicht deutlichen Empfindungen gekoppelt ist, nicht den Gewißheitsgrad des logischen. An Stelle dieser bisher üblichen »unzulänglichen« Wahrscheinlichkeitsbeweise empfiehlt Gottsched dem Wissenschaftler die mathematischen Beweise, die ihm, wie Christian Wolff, als »Beweise von der größten Schärfe« gelten.[46] Erst die mathematisch-logische ›Demonstration‹ überführt den Verstand völlig. Obwohl Gottsched den Wunsch ausspricht, daß auch die ›freien Künste‹ und die höheren Fakultäten auf demonstrativische Weise behandelt werden sollten, ist er sich des zurückgebliebenen Standorts gerade der ›schönen Wissenschaften‹ bewußt, der ein solches Verfahren noch nicht anzuwenden erlaubt.[47] Trotz der augenscheinlichen Abhängigkeit von Wolff ist gegenüber Reichmanns pauschaler Folgerung Skepsis angebracht, Gottsched habe mit Hilfe der mathematischen Methode den Berechtigungsnachweis für die Dichtung angetreten und die Poetik zur Wissenschaft erhoben.[48] Bodmer und Breitinger zwar intendieren in ihrer Frühschrift, Rhetorik und Poesie »in mathematischer Gewißheit« zu behandeln,[49] doch Gottsched ist wesentlich vorsichtiger. In der Vorrede zur ersten Auflage der CD legt Gottsched seine Intentionen deutlich dar, die er mit seiner »Critischen« Dichtkunst verfolgt. Die strengen Wissenschaften, zu denen Gottsched die früher auch zu den ›freien Künsten‹ gerechnete Geometrie zählt, bedienen sich schon längst des demonstrativischen Verfahrens; während die jetzigen ›freien Künste‹ Grammatik, Poesie, Redekunst, Historie, Musik und Malerei noch auf dem Status der Empfindung bzw. der Erfahrungsurteile verharren.[50]

Der strenge demonstrativische Beweis, der in der Arithmetik und der Geometrie seinen Platz hat – »wo man aus deutlich erkannten Grund-Wahrheiten die strengesten Demonstrationen zu machen vermögend ist« – findet in der Poesie,

---

[44] Weltweisheit, Bd. 1, S. 489, § 931.

[45] Ebd., Bd. 2, S. 328, § 490.

[46] Ebd., Bd. 1, S. 62, § 119. »Man nennet dieselben daher mathematische Beweise oder Demonstrationen: nicht, als ob sie allein in der Mathematik statt fänden: sondern weil sie bisher fast allein von den Lehrern derselben sind gebrauchet worden. Von rechts wegen sollte man sie logische Beweise heißen, weil die Vernunftlehre uns die Regeln davon beobachten lehret [...].« Vgl. ebd., Bd. 1, S. 77, § 150. Ganz abgelehnt wird die Beweiskraft der Autoritäten. CD (1730), Vorrede, S. ** 3v.

[47] Ebd., Bd. 1, S. 63, § 121; vgl. Schwind: Schwulst-Stil, S. 234.

[48] Reichmann: Die Herrschaft der Zahl, S. 52f.

[49] Bodmer/Breitinger: Vernünfftige Gedancken und Urtheile von der Beredsamkeit, Vorrede, S. 13.

[50] CD (1730), Vorrede, S. * 5v.

der Beredsamkeit, Musik, Malerei und der Architektur das Analogon des nach der ›bloßen Empfindung‹ urteilenden Geschmacks. »So bald eine Sache allgemeinen Beyfall erhält und vor was demonstrirtes gehalten wird, so hört man auch auf, sie zum Geschmacke zu ziehen.«[51] In der vorwiegend mit »sinnlichen Dingen« beschäftigten *Poesie*[52] spielte die Erfahrung, die Empirie, bisher die bedeutendere Rolle als der Vernunftschluß. Gottscheds Bemühen richtet sich auf die Verwissenschaftlichung auch der Poesie, auf die Beweisbarkeit ihrer Regeln nach logischem Verfahren.[53] Die Poesie soll schließlich aus dem Umkreis der bloßen Geschmacks-Disziplinen in den Sektor der demonstrativischen Disziplinen überführt werden,[54] der Geschmack zum ›richtigen Geschmack‹, d. h. zum vernunftgegründeten Urteil geläutert werden. Dessen Träger ist in erster Linie der Kritiker, nach Gottscheds Beschreibung »ein Gelehrter, der die Regeln der freyen Künste philosophisch eingesehen hat« und auf dieser Grundlage alle Kunstwerke auf ihre Schönheiten und Fehler hin »vernünftig« prüfen und »richtig« beurteilen kann.[55] Die Dichtkunst dient also dem Kritiker zur Beurteilung von Kunstwerken; sie ist nicht bloße Anleitung zum Dichten, sondern liefert die in Regeln faßbare Einsicht in das Wesen der Poesie.

Beim Versuch, eine auf Vernunft und Natur gegründete *Poetik* zu schaffen, greift Gottsched die zwei methodischen Hauptprinzipien der Wolffschen Philosophie auf, erstens den Satz vom Widerspruch, der die Möglichkeit einer Erdichtung garantiert, und zweitens den Satz vom zureichenden Grund. Ihn kann er jedoch, da es sich beim poetischen Material (noch) nicht um logisch beweisbare, sondern um sinnlich-empirische Sätze (= zusammengesetzte Begriffe) handelt, nicht in

---

[51] CD (1730), S. 102.

[52] Ebd., S. 101. Poesie ist nicht rein sinnlich, doch gemischt.

[53] Zur Verwissenschaftlichungstendenz CD (1730), S. 11. »In der Beredsamkeit und Poesie geht es nicht anders. Kan hier gleich das Verhältniß nicht mit Zahlen und Linien ausgedrücket, mit Zirckel und Lineal abgemessen, und so handgreiflich gemacht werden, als in den andern Dingen, wo man durch Hülfe der Geometrie alles sehr ins Licht setzen kan: So folgt doch deßwegen nicht, daß hier alles willkührlich sey. Unsre Gedancken sind so vieler Harmonie, Ordnung, Abmessung und Verhältniß fähig, als Figuren und Thöne. Nur es gehören scharfsinnigere Köpfe dazu, die Schönheiten solcher Dinge, die man weder fühlen noch greifen kan, recht auszugrüblen, und in ihren ersten Quellen zu untersuchen.«

[54] Übereinstimmend die Aussagen der Gottschedianer, z. B. M. G. C. Ibbeken in der »Rede von dem Einfluße der Wissenschaften in die Glückseligkeit der Länder« (1739) über den Einfluß der Philosophie auf die allgemeine Auffassung von Dichtkunst, in: Der Deutschen Gesellschaft in Leipzig Eigene Schriften und Uebersetzungen in gebundener und ungebundener Schreibart. Der Dritte Theil. Leipzig 1739, S. 20–56, hier S. 34f. »Aller Fleiß in der Dichtkunst ist umsonst, ja die ganze Kunst wird thöricht und vergeblich, wofern sie nicht durch die Lehren der Weltweisheit bereichert, durch ihre Gründe unterstützet, und durch ihre Regeln gelenket wird. Kein Dichter kann ohne die Weltweisheit vernünftig und nützlich; aber ein Weltweiser kann schon für sich selber dem gemeinen Wesen ersprießlich seyn.«

[55] CD (1730), Vorrede; Kap. II, S. 79ff., bes. S. 81.

seiner mathematischen Form übernehmen.[56] Aus dem logischen Defizit der Poesie entspringt die Wahrscheinlichkeitsforderung, das der Naturnachahmung äquivalente, aber nur quasi-logische Begründungsprinzip.[57] Wo die Wahrheit nicht demonstrativisch bewiesen werden kann, muß sich der Poetiker mit dem empirischen Analogon zum logischen Grund, der Wahrscheinlichkeit, begnügen (dazu S. 645ff.). Obwohl als Schlagwort die ›Naturnachahmung‹ auch in vielen Barockpoetiken mitgeschleppt wurde, zieht doch erst Gottsched aus diesem Postulat die nötigen Konsequenzen.

Daß Gottsched sich gerade dieses Prinzips zur philosophischen Grundlegung bedient, und nicht etwa sich mit dem Ausbau der Wolffschen »Dichter-Kunst« begnügt, läßt sich durch den Wunsch erklären, gegenüber Wolffs weitgehend negativer Bestimmung des Dichtens ein philosophisch legitimes Konzept auch für die Poesie zu entwickeln,[58] ihr also zum Rang einer auch logisch abgesicherten Disziplin zu verhelfen. Erst das Nachahmungsprinzip ermöglicht Gottsched auf schlüssige Weise, den jahrhundertlangen Verbund Oratorie/Poesie aufzugeben, die Poesie aus den allmählich zu Fesseln erstarrten rhetorischen Anweisungsformeln zu lösen und der poetischen inventio dadurch einen größeren Spielraum zu verschaffen. Freilich bedeutet die Verpflichtung der Poesie auf die Vernunftregeln eine schließlich nicht minder starke Einbindung dichterischer Freiheit. Die Naturnachahmung als erste *poetologische Wesensbestimmung*, die Oratorie und Poesie nicht von Äußerlichkeiten her scheidet, beendet die jahrhundertlange humanistisch-rhetorische Tradition und stellt den entscheidenden Sprung zwischen barokker und frühaufklärerischer Poetik dar. Wo die rhetorische Basis, wie in allen barocken, politisch-galanten Poetiken, ja noch in den Rhetoriken von Hallbauer[59] und Schatz,[60] unangefochten galt, die ars bene dicendi das gemeinsame Ideal darstellte, und inventio, dispositio und elocutio die gemeinsamen Techniken boten, blieb tatsächlich kein anderes Unterscheidungsmerkmal zwischen Poesie

---

[56] Ebd., S. 147f. »Uberhaupt sind die Musen nicht Göttinnen der Weisheit oder der Wissenschafften; sondern der Poesie, der Music und der Geschichte, mit einem Worte, der freyen Künste. Man muß also von ihnen nichts fordern als was ihnen zugehört. Die Vernunftschlüsse gehören vor die weise Pallas [...]«

[57] Bruck: Der aristotelische Mimesisbegriff, S. 86f., betont zu Recht die Äquivalenz des Wahrscheinlichkeitsprinzips und der Naturnachahmung, irrt sich jedoch in der Behauptung, die Forschung habe das bisher nicht richtig erkannt. Schon Servaes hat das Verhältnis der Wahrscheinlichkeit als Kriterium der Naturnachahmung herausgearbeitet. Das Wahrscheinliche sei »der eifrigste Vasall des Nachahmungsprinzips und das wirksamste Gegenmittel wider das Wunderbare.« Servaes: Die Poetik Gottscheds, S. 31f.

[58] Zur Legitimation der Poesie durch Gottsched, als Antwort auf Wolff: Deutsche Metaphysik, §§ 156, 168; Birke: Christian Wolffs Metaphysik, S. 13.

[59] Hallbauer: Anweisung zur Verbesserten Teutschen Oratorie (1725).

[60] Schatz: Anweisung zur Oratorie (1734). Schatz belegt, wie man auf Hallbauers Basis dennoch den entscheidenden Schritt der Trennung von Poesie und Oratorie dem Wesen nach nicht vollziehen konnte. Für Schatz ist die Poesie eine Unterart der Oratorie (wie auch für Fabricius); konsequent behandelt er die Poesie im rhetorischen elocutio-Kapitel; die Unterscheidung lag also im stilistischen Bereich.

und Oratorie als Prosodie, Reimkunst und stilistische Besonderheit.[61] Während noch 1764 der Hodegetiker Philipp Ernst Bertram die Romane aufgrund der Prosa und der Wohlredenheit zur Rhetorik rechnen konnte[62] – eben weil er den Wesensunterschied zwischen Poesie und Oratorie nicht akzeptierte, stand für Gottsched außer Zweifel, daß auch Prosatexte zur Poesie gehörten, wenn sie die Form der Fiktion (Fabel) hatten und in der Naturnachahmung ihren Grund erhielten.[63] Durch die *Wesens*bestimmung rückt das Unterscheidungskriterium (die gebundene Rede) aus dem Sektor der elocutio,[64] wo es in den rhetorischen Poetiken sich findet, in den Sektor der inventio, die dadurch erst eine genuin poetologische Ausprägung erhält. Dieser Schritt reduziert die noch bei Thomasius vorhandene zweifache Begründung der Poesie (Gebundenheit der Rede *und* Fiktion) auf die Fiktion, entzieht sie aber infolge ihrer Verpflichtung auf die Wahrscheinlichkeit zugleich dem Vorwurf der verachteten ›wilden‹ Fantasie. Fast automatisch hat die Nachahmung, die sich in der Fabel am ausgeprägtesten äußert, eine Abkehr von der vielgeübten Kasualpoesie zur Folge; selbstverständlich ist eine Aufwertung der ›hohen‹ Poesie. Schenker will sogar die Betonung des Nachahmungsprinzips aus der »Opposition gegen die platte Auffassung der Poesie als einer äußerlichen Verskunst« herleiten.[65]

Wenn Oppositionen auch für die Inaugurierung eines neuen Prinzips mitverantwortlich sind, so nimmt neben der abqualifizierten Reimemacher-Kunst die wirklichkeitsferne Hyperbolik einen gleichberechtigten Stellenwert ein. Nicht von ungefähr erscheinen Weise und Lohenstein als die gemeinsamen Väter der heftig bekämpften Stilrichtungen, einerseits der abgenutzten, mit Realiensammlungen und Kollektaneen ›arbeitenden‹ Gelegenheitsdichterei, andererseits der materiell und formell gleicherweise exzessiven schlesischen Schwulstdichtung.[66] Positiv

---

[61] Vgl. Anm. 148.

[62] Bertram: Entwurf einer Geschichte der Gelahrheit, S. 218ff.

[63] CD (1730), Vorrede, S. ** 2. »Alle Romane sind weder um des Sylbenmaßes noch des Reimes wegen, sondern bloß um der Fabel halber zur Poesie zu rechnen.« Im elften Kapitel »Von der poetischen Schreibart« unterscheidet Gottsched zwischen 1) dichterischer (poetischer) Schreibart: a) gebundene, b) »ungebunden poetische Schreibart« und 2) undichterische (prosaische), ungebundene Schreibart. Dazu Brauer: Geschichte des Prosabegriffes, Kap. 1. Von Gottsched bis Baumgarten, S. 7f.

[64] CD (1730), S. 78. »Die Verße machen das Wesen der Poesie nicht aus, viel weniger die Reime.« Vgl. Brauer: Geschichte des Prosabegriffes, S. 8.

[65] Schenker: Charles Batteux und die Nachahmungstheorie, S. 50. Dazu CD (1730), Vorrede, S. ** 2. »Ich weiß, wie schwer dieses allen denjenigen eingehet, welche die Versmacher-Kunst und Poesie vor einerley ansehen; die von keinem Prosaischen Gedichte, und von keiner gereimten Prosa was hören wollen: ungeachtet beydes so gemein ist, als was seyn kan.« Servaes: Die Poetik Gottscheds, S. 19ff., arbeitet die Legitimation der Poesie durch Gottsched heraus. Die fast verachtete, geringgeschätzte Poesie ohne erkennbaren gesellschaftlichen Nutzen erhält nun einen ganz deutlichen sozialen Zweck: die Wahrheitsförderung, die moralische Aufrüstung. Poesie wird zur sittlichen Macht. Vgl. hier Abschnitt 1.3.2. Diesen Aspekt betont auch Siegrist in: Grimminger, Sozialgeschichte der deutschen Literatur, Bd. 3, S. 286f.

[66] Schwind: Schwulst-Stil, S. 253f.; Gottsched in den »Vernünftigen Tadlerinnen«, Bd. 1, S. 92f. Vgl. Gottsched: Grundriß zu einer Vernunfftmäßigen Redekunst, S. 50.

haben jedoch zwei wissenschaftsgeschichtliche Bewegungen das Einführen des Mimesis-Prinzips erst ermöglicht: einerseits die Wolffsche Philosophie, die für jede Fabel eine zureichende Begründung forderte, andererseits die empirische Betrachtungsweise der Naturwissenschaften, die eben diesen Grund in der Natur gegeben sah und das Ähnlichkeitsverhältnis in der Form des Wahrscheinlichkeitskriteriums methodologisch plausibel machte. Die pragmatische Wissenschaft der iudiziösen Periode hat den Realienbegriff aus seiner Formelhaftigkeit, zu der er in den Händen der Humanisten, der Scholastiker und vieler Polyhistoren erstarrt war, herausgelöst und der politisch-empirischen Wirklichkeit angenähert.[67] Im »Grundriß« von 1729 wendet sich Gottsched von der rhetorisch-topischen Gelehrsamkeit ab und vertritt den Realienbegriff der iudiziös-pragmatischen Hodegetiker, den er zunehmend mit Hilfe der Wolffschen Philosophie logisch systematisiert. Die Aufwertung der Realdisziplinen und die Annäherung der Realien an die wissenschaftlich erforschbare Natur-Realität mündete in die zwangsläufige Konsequenz, alle im Lehrkanon enthaltenen Disziplinen auf den pragmatisch-philosophischen Realienbegriff zu verpflichten. Die Empirisierung des res-Realien-Begriffs führte daher Gottsched *notwendig* zur Naturnachahmung als dem materialen Prinzip der legitimierungsbedürftigen Poesie, deren fiktivem Kern sie den substantiellen Grund gewährte. Auch hierin hatten die Hodegetiker und die fortschrittlichen Poetiker der iudiziösen Periode Gottsched vorgearbeitet, indem sie für die »Gedichte« das Wahrscheinlichkeitspostulat aufstellten. Diese wissenschaftsgeschichtliche Tendenz dürfte die Erweiterung des aristotelischen Nachahmungsprinzips zur durchgängig benutzten Formel der ›*Natur*nachahmung‹ erklären, sowie den noch zu erörternden Tatbestand, daß Natur auf keinen Fall ein bloß formales Ordnungsprinzip (Herrmann)[68] darstellt, sondern im Gegenteil als substantielle Natur sich dezidiert vom formalen Realienbegriff der Humanisten und damit auch der Rhetoriker absetzt.

Das poetologische Äquivalent zum rhetorischen »Grundriß« findet sich im zweiten Teil des ebenfalls 1729 erschienenen »Biedermann«. Dort trägt in einer Diskussion der als ›gelehrter Bauer‹ charakterisierte Herr Habermann die herkömmliche Ansicht vor, gebundene Rede sei das Hauptmerkmal der Poesie. Biedermann dagegen setzt auf die Kritik, die »ganz auf philosophische Gründe gebaut« ist und »alle ihre Regeln aus der Vernunftlehre« deduziert, und stellt Habermann eine eng der Wahrheit und der Tugend verbundene, nach den »Regeln der Weltweisheit« eingerichtete Poesiekonzeption entgegen.[69] Die philo-

[67] In seiner »Rede zum Lobe der Weltweisheit« propagiert Gottsched den Sturz der scholastischen Lehrmethode, in: J. Chr. Gottscheds Gesammlete Reden, Abteilung 3, S. 457ff.

[68] Herrmann: Naturnachahmung, S. 127.

[69] Der Biedermann, Bd. 2, S. 157f.; dazu Mattenklott/Scherpe: Westberliner Projekt: Grundkurs 18. Jahrhundert, S. 88. Grucker: Histoire des doctrines littéraires et esthétiques, S. 444, charakterisiert das von Gottsched intendierte Kunstprodukt zutreffend: »L'oeuvre [...] n'est guère qu'une combinaison logique, un travail de réflexion, la conception d'un philosophe et non celle d'un artiste.«

sophische Begründung erfolgte dann ein Jahr darauf in der CD, mit Hilfe des Prinzips, auf dessen Inaugurierung Gottsched sein ganzes Leben lang stolz blieb. Noch 1754, im »Auszug aus Batteux' schönen Künsten«, macht er auf die unerhörte Neuheit dieses Prinzips aufmerksam.

> »Als ich in meiner Dichtkunst 1730 zuerst den Grundsatz der Alten von der Nachahmung vortrug, schien er ganz Deutschland neu und fremde zu sein. Jedermann meinte, die Poesie, sei eine Kunst, Verse zu machen, und weiter nichts. Alle unsere vorigen Dichtkünste hätten so gelehrt.«[70]

Was versteht Gottsched unter *Natur*? Über diese Frage haben sich in der Diskussion der letzten Jahre vor allem zwei Positionen herausgebildet, die eine, die einen substantiellen, die andere, die einen formal-regulativen Naturbegriff vertritt.[71] Obwohl sich die Forschung mit zahlreichen Argumenten gegen Herrmanns regulativen Naturbegriff[72] ausgesprochen hat,[73] ist seine Auffassung in allgemeine Darstellungen oder in andere Spezialarbeiten eingedrungen.[74] Erst neuerdings hat Gaede den von Birke herausgearbeiteten Bezug des Naturbegriffs auf die Wolffsche Philosophie bestätigt.[75] Herrmanns Fehldeutung des Naturbegriffs resultiert fast zwangsläufig aus dem von ihm angewandten poetikimmanenten Verfahren, das außer den poetologischen Zeugnissen keine wissenschaftsgeschichtlichen Quellen heranzieht. Er berücksichtigt nicht die wissenschaftsgeschichtlichen Veränderungen, die paradigmatischen Verschiebungen im Wissenschaftskanon, den Aufstieg der Realdisziplinen und der Empirie, nicht die Etablierung der mathematischen Wissenschaft und die damit verbundene Aufwertung der Philosophie, insbesondere der Logik.

Die aufgezeigte Verschiebung im Wissenschaftsgefüge wirkt sich innerhalb der studia humaniora dergestalt aus, daß die rhetorische durch die logische Struktur ersetzt wird, nicht alleine in der Poetik, sondern in der Rhetorik selbst. Die Begriffe erhalten – das zeigte die Umwertung des Realienbegriffes –, einen anderen Inhalt bei terminologischer Identität. Am *Realienbegriff* läßt sich am

---

[70] Gottsched: Auszug aus Batteux' schönen Künsten, S. 74, zit. nach Waniek: Gottsched, S. 177.

[71] Die Deutung des Gottschedschen Naturbegriffs als »Vernunftnatur« durch Bing: Die Naturnachahmungstheorie bei Gottsched, S. 3, gilt i. a. als etwas überzogen, stellt jedoch den substantiellen Kern richtig dar.

[72] Herrmann: Naturnachahmung, S. 133f.

[73] Kritik an Herrmann äußert Hohner: Zur Problematik der Naturnachahmung, S. 9f. Hohner fordert die Berücksichtigung des von der zeitgenössischen Philosophie, auf die sich Gottsched beruft, entwickelten Naturbegriffs. Zu Herrmann kritisch Christoph Perels, Rezension in: Daphnis 3 (1974), S. 124ff.; Bruck/Feldmeier/Hiebel: Der Mimesisbegriff Gottscheds und der Schweizer, S. 563–578; Siegrist: Das Lehrgedicht, S. 6ff.; zur Kontroverse Birke – Herrmann s. Sinemus: Poetik und Rhetorik, S. 369f., Anm. 96; Mattenklott/Scherpe: Westberliner Projekt: Grundkurs 18. Jahrhundert, S. 113f.; Haßelbeck: Illusion und Fiktion, S. 23, S. 168f. Anm. 2.

[74] K. Richter: Literatur und Naturwissenschaft, S. 204; W. Barner u. a.: Lessing. Epoche – Werk – Wirkung, 1.–3. Auflage, S. 129.

[75] Gaede: Gottscheds Nachahmungstheorie, S. 105+ff.

deutlichsten belegen, daß Gottsched sich völlig von der rhetorischen und topischen Tradition gelöst hat und einen dezidiert philosophisch-empirischen Realienbegriff vertritt. Bei Herrmann bleibt sein prinzipielles Votum für philosophische Grundlegung und sein ständiges Absetzen von den rhetorischen Anweisungspoetiken mit ihren ausschließlich formalen Kategorien außer acht. Wie im »Grundriß« wendet sich Gottsched auch in der CD selbst gegen Realiensammlungen[76] und gegen die Realiengelehrsamkeit selbst.

»Es ist thöricht auf Worte zu sinnen, wenn man die Sachen nicht versteht. Wer die Materien, davon er schreiben will, wohl inne hat, und voll guter Gedancken ist, der wird leicht Worte finden, sie an den Tag zu legen. Was taugen also die Poetischen Lexica von schönen Redensarten, Beywörtern, Beschreibungen und andern solchen Raritäten?«[77]

Gottscheds ›*logozentrisch*‹ definiertes Realienverständnis stammt aus anderen Quellen als der rhetorischen Tradition; aus der Naturwissenschaft, für die sich Gottsched – ein meistens übersehenes Faktum – sein Leben lang interessiert hat,[78] und aus der mathematisch strukturierten Philosophie.

Die exakteste Beschreibung, ja Definition des ›Natur‹-Begriffes findet sich im Kapitel über den Geschmack; auf sie wird immer wieder zurückzukommen sein.

»Die Schönheit eines künstlichen Werckes beruht nicht auf einem leeren Dünckel; sondern hat ihren festen und nothwendigen Grund in der Natur der Dinge. GOtt hat alles nach *Zahl, Maaß und Gewicht* geschaffen. Die natürlichen Dinge sind schön; und wenn also die Kunst auch was schönes hervor bringen will, muß sie dem Muster der Natur nachahmen. Das genaue Verhältniß, die Ordnung und richtige Abmessung aller Theile daraus ein Ding besteht, ist die Quelle aller Schönheit. Die Nachahmung der Natur, kan also einem künstlichen Wercke die Vollkommenheit geben, dadurch es dem Verstande gefällig und angenehm wird.«[79]

»Die Regeln nehmlich, die auch in freyen Künsten eingeführet worden, kommen nicht auf den bloßen Eigensinn der Menschen an: sondern haben ihren Grund in der unveränderlichen Natur der Dinge selbst; in der Ubereinstimmung des Mannigfaltigen; in der Ordnung und Harmonie.«[80]

Der eine der Stammväter dieser mathematisch-logischen Naturdefinition ist Descartes mit seinem Modell einer ›Mathesis universalis‹.[81] Deren Grundbegriff ist die Proportion, das Verhältnis von Größen zueinander; die Verhältnisse wiederum sind eingeteilt nach Ordnung und Maß. Die Größenverhältnisse erkennt man durch »Größenvergleich«; im Vergleichen erblickt Descartes die »Grundfunktion des menschlichen Verstandes«.[82] Der andere, wesentlich unmittelbarer

---

[76] CD (1751), S. 250; auch S. 622f.

[77] CD (1730), S. 39 Anm. V. 438; CD (1751), S. 47 Anm. 122. Vgl. Weltweisheit, Bd. 1, S. 475f., § 896; ferner CD (1751), S. 138, 263f., 348f.

[78] Gottsched galt als Sachverständiger in physikalischen Fragen; Danzel: Gottsched, S. 13. Zu Gottscheds naturwissenschaftlichen Tätigkeiten nun Borjans-Heuser: Bürgerliche Produktivität, S. 47–140.

[79] CD (1730), S. 110.

[80] Ebd., S. 103.

[81] Perels: Rezension Daphnis 3 (1974), S. 125, weist ebenfalls auf die descartische Herkunft von Gottscheds Regelbegriff hin.

[82] René Descartes: Regeln zur Ausrichtung der Erkenntniskraft; Einleitung von Lüder Gäbe, S. XXVII; Regulae 14, 21.

auf Gottsched einwirkende Vorfahr ist Christian Wolff mit seinem logisch-quantitativen Denken. Man braucht indes Wolff gar nicht zu zitieren, um den mathematischen Geist dieser Ausführungen zu erkennen. Die mathematische, Natur als quantifizierbares Gefüge begreifende Erkenntnismethode war Allgemeingut. Der schweizerische Naturwissenschaftler Johann Jakob Scheuchzer vertritt in seinem einflußreichen Kompendium dasselbe Dogma, daß »Gott alles in ordentlicher Zahl, Maß und Gewicht erschaffen« habe.[83] In den 1742–45 erschienenen »Night Thoughts« verherrlicht Edward Young entsprechend »the mathematic glory of the skies, in number, weight, and measure, all ordained.«[84] Auf die aus der Mathematik stammende Vorliebe Gottscheds für Numeralien- und Quantitätsbegriffe wie ›Abmessung, Abstand, Gewicht, Grad, Maß, Teil, Verhältnis, Zahl‹ hat Reichmann hingewiesen.[85]

Herrmann verwendet zur Erklärung der Formel »Zahl, Maaß und Gewicht« einen Beleg aus der »Weisheit Salomonis«: »Aber du hast alles geordnet mit mas, zal und gewicht«.[86] Seltsam ist es, daß Reichmann, der ja den Zusammenhang von Gottscheds Poetik mit der Mathematik herausarbeitet, diese Quelle übernimmt.[87] Geradezu abstrus aber wird es, wenn Herrmann zur Deutung dieser Stelle die mittelalterliche Zahlenmystik heranzieht und gerade sie zur Erklärung von Gottscheds Umstellung der Begriffe »Zahl, Maaß und Gewicht« gegenüber der Salomonischen Formulierung bemüht.[88] Die drei Schlagwörter repräsentieren nichts anderes als den neuen mathematischen Geist der Wissenschaft; daß der Zahlenbegriff an erster Stelle rangiert, ist dabei nur selbstverständlich.

Unzweifelhaft eignet der mathematisch-logisch definierten Natur ein formales Moment, doch als Ausdruck der vernünftigen Ordnung ist sie zugleich *inhaltlich* festgelegt. Das geht einerseits aus der bei Gottsched häufig anzutreffenden Koppelung der Begriffe Natur und Vernunft und Wahrheit hervor,[89] das erhellt exemplarisch ein Lehrgedicht Gottscheds aus der Gedichtsammlung von 1736.

»Ich weis, gelehrter Freund! du liebst die Wissenschaft,
Du kennt des Menschen Geist, des Körpers Bau und Kraft,
Die Pracht des Erdenballs, des Himmels Wunderwerke,
Und schliessest dann daraus des Schöpfers Macht und Stärke.

---

[83] Scheuchzer: Physica, oder Natur-Wissenschaft, Vorrede, S. a 4. Zur Tradition Blumenberg: Der Prozeß der theoretischen Neugierde, S. 162.

[84] Edward Young: Night Thoughts on Life, Death, and Immortality; Night IX, V. 1080f. In: E. Young, The Complete Works. Poetry and Prose. Ed. by J. Nichols. Vol. 1. London 1854. Reprint Hildesheim 1968, S. 212.

[85] Reichmann: Die Herrschaft der Zahl, S. 55.

[86] Herrmann: Naturnachahmung und Einbildungskraft, S. 141; Weisheit Salomonis, Kap. XI, V. 22. Auch Platon hält den Schöpfer für einen ›Geometer‹.

[87] Reichmann: Die Herrschaft der Zahl, S. 53.

[88] Herrmann: Naturnachahmung, S. 142.

[89] Belege z. B. in Gottscheds Gedichten. Gottsched: Ausgewählte Werke ed. Birke, Bd. 1, S. 570; Vernünftige Tadlerinnen, Bd. 1, S. 61; Beyträge 4, S. 448. Zur Naturauffassung auch Rieck: Gottsched, S. 166ff., der sich Birke anschließt.

[90] Gottsched: Gedichte (1736), S. 616.

Du siehst Natur und Welt mit andern Augen an,
Als mancher, der nichts denkt, als was er greifen kan;
Und findest mit Vernunft, in jedem Körnchen Sandes,
Die sonnenklare Spur des ewigen Verstandes.
Euclides, den du liebst, hat dich geschickt gemacht,
Die Schönheit dieser Welt, an Ordnung, Glanz und Pracht,
Nach *Maaß*, *Gewicht und Zahl* zu prüfen, zu ergründen,
Und täglich größre Lust in dem Bemühn zu finden.«[90]

Eben aus der Vollkommenheit der Erde und des Himmels schließt Gottsched auf die Macht und die Stärke Gottes. In allen Minipartikeln der Schöpfung findet sich die Spur seines »ewigen Verstandes«. Schönheit und Vollkommenheit sind meßbarer Ausdruck der göttlichen Vernunft.[91] Das Zitat erweist eindeutig den mathematischen Charakter und die mathematische Herkunft der Formel von »Zahl, Maß und Gewicht«.[92] *Euklid* ist hier ihr Stammvater, nicht etwa Salomo. Doch ist der Hinweis auf die »Weisheit Salomonis« nicht funktionslos. Biblische Tradition und mathematisches ›Glaubensbekenntnis‹ vereinen sich in der Formel von Zahl, Maß und Gewicht und signalisieren die *Einheit* der inhaltlichen und formalen Aspekte des Naturbegriffs. Inhaltliche Bestimmung der Natur als ›vernünftige‹ Natur und formale Bestimmung der Natur als harmonisch und proportional geordnete Natur fallen im mathematisch-logischen Denken zusammen, sind nur zwei Seiten ein und desselben Prinzips. Die solcherart gemessene Natur ist – wie die Mathematik und die nach ihren Regeln verfahrende Logik – Inbegriff und Ausdruck der Vernunft bzw. der Wahrheit. Die mathematische Naturbestimmung propagiert die *Identität substantieller und formaler Prinzipien*, anders gesagt, Qualität erscheint als Funktion der Quantität, indem Vernunft als Zahlen- und Größenverhältnis bestimmbar wird.

Gottscheds die Vernunft einbegreifender Naturbegriff begegnet lange vor der »Weltweisheit« in den Wochenschriften. Es wäre bei einem Poetiker, der solchen Wert auf die philosophische Grundlegung seiner Dichtkunst legte, in der Tat sonderbar und fast »schizophren«, wenn er sich in allen seinen Schriften eines philosophisch-substantiellen Naturbegriffes bediente, jedoch ausgerechnet in der

---

[91] Auch Hohner: Zur Problematik der Naturnachahmung, S. 15, faßt Vernunft als »Entsprechung zur objektiven, vernünftigen Natur« auf. Vgl. CD (1751), S. 97. Alle von Aristoteles vorgeschriebenen Regeln basieren auf der »unveränderlichen Natur der Menschen« und auf der »gesunden Vernunft«. Zur logischen Beschaffenheit der Natur auch bei Gottsched ebd., S. 10ff.; zur Regelhaftigkeit Weltweisheit, Bd. 1, S. 215, § 427 »Wo Vollkommenheit ist, da sind auch Regeln (256. §); die Regeln aber entstehen aus den gleichförmigen Bestimmungen der Dinge, welche sich auf die Aehnlichkeit gründen (254. §). Wo aber Aehnlichkeit unter demjenigen ist, was vorhergeht und nachfolget, oder neben einander ist, da ist Ordnung (269. §).«

[92] Zur Formel ›Maß, Zahl und Gewicht‹ vgl. Ulrich: Das Lehrgedicht, S. 40, S. 44; Geißler: Comenius und die Sprache, S. 83. In der »Pampaedia« betont Komensky die Rolle der Mathematik besonders: »Ohne Kenntnis von Zahlen, Maßen und Gewichten ist es nicht möglich, die Geheimnisse der Welt zu erforschen, in der alles durch Gottes Kunst nach Zahl, Maß und Gewicht gemacht ist.« Zur naturwissenschaftlichen Genese von Zahl, Maß und Gewicht nun auch Wetterer: Publikumsbezug, S. 90f.

CD, mit der er sich gegen die Tradition der formalistischen Poetiken wandte, just deren formalen Naturbegriff übernähme (wie Herrmann suggeriert).[93]

Die Verknüpfung des inhaltlichen mit dem formalen Aspekt der Naturauffassung spiegelt sich in den, auch in der CD ständig begegnenden Begriffspaaren von »Natur und Vernunft«,[94] sie kommt jedoch besonders deutlich zum Ausdruck in Gottscheds direkt auf Wolffs »Metaphysik« zurückverweisenden Ausführungen über *Vollkommenheit* und *Ordnung*.[95] Die Änderung des bereits zitierten Satzes »Die Nachahmung der Natur kan also einem künstlichen Wercke die Vollkommenheit geben [...]« seit der dritten Auflage von 1742 in »Die Nachahmung der vollkommenen Natur kann also einem künstlichen Wercke die Vollkommenheit geben [...]« berücksichtigt den Unterschied zwischen empirischer Erfahrungs- oder Tatsachenwahrheit und logischer oder Vernunftwahrheit. Ordnung besteht nach Christian Wolff in der »Aehnlichkeit des mannigfaltigen in dessen Folge auf und nach einander«;[96] Vollkommenheit in der »zusammenstimmung des mannigfaltigen«.[97] Für Gottscheds Postulat der Naturnachahmung ist Wolffs Bezugsetzung beider Begriffe von grundlegender Bedeutung.

»In der Vollkommenheit ist lauter Ordnung. Denn wo eine Vollkommenheit ist, da beziehet sich alles auf einen gemeinen Grund, daraus man erklären kan, warum eines neben dem andern zugleich da ist, oder eines auf das andere folget (§ 152). Und hierinnen ist das mannigfaltige, so in einem angetroffen wird, einander ähnlich (§ 18). Derowegen da die Ordnung in der Aehnlichkeit bestehet, wie das mannigfaltige neben einander und auf einander folget (§ 132); so ist in der Vollkommenheit lauter Ordnung.«[98]

Den von Wolff übernommenen Vollkommenheitsbegriff faßt Gottsched ganz im substantiellen Sinne auf. Im »Biedermann« betrachtet er die »voller Schönheit, Ordnung und Vollkommenheit« steckende Welt und erkennt beim Menschen, in der Natur und erst recht bei Gott Harmonie, Schönheit, Übereinstimmung, Proportion, Ordnung, Vernunft und Vollkommenheit.[99] Die ständige Parallelisie-

---

[93] Herrmann: Naturnachahmung, S. 134f. Zu der von Gottsched in *allen* Künsten und Wissenschaften propagierten mathematischen Methode Borjans-Heuser: Bürgerliche Produktivität, S. 105ff.

[94] CD (1730), S. 80, 108, 110, 157; auch Markwardt: Geschichte, Bd. 2, S. 56, deutet Natur als ›Vernunftnatur‹ und geht von Wolffs Philosophie als der Basis Gottscheds aus. Zum inhaltlich-materialen Verständnis der Koppelung »Natur und Wahrheit« s. Gottsched: Gedichte (1736), S. 570f.; Birke: Gottscheds Neuorientierung, S. 575. Weitere Belege: CD (1730), Vorrede; Grundriß zu einer Vernunfftmäßigen Redekunst, S. 63; Ausführliche Redekunst, S. 307. Vgl. Gottsched: Weltweisheit, Bd. 2 (1734), S. 25, § 35. »Das Gesetz der Natur ist endlich auch einerley mit demjenigen, was einem die gesunde Vernunft giebt, oder lehret.« Daraus leitet sich die Strukturgleichheit von Natur und Kunst ab. Blumenberg: ›Nachahmung der Natur‹, S. 266f.

[95] Zur Begründung von Gottscheds Harmonielehre Wundt: Die deutsche Schulphilosophie, S. 163f., S. 172.

[96] Wolff: Deutsche Metaphysik, 3. Aufl. 1725, S. 68, § 132.

[97] Ebd., S. 78, § 152.

[98] Ebd., S. 81f., § 156.

[99] Der Biedermann, Bd. 1, S. 35f.

rung formaler und inhaltlicher Kategorien signalisiert ihre weitgehende, teleologisch begründete Identität.[100] Ist begrifflich und faktisch also Natur schlechthin nicht identisch mit Vernunft, so konvergieren dafür in jedem Falle Vernunft und *»vollkommene Natur«*;[101] *diese* aber erklärt Gottsched zum Vorbild des ›naturnachahmenden‹ Dichters.

Der Begriff der Naturnachahmung darf allerdings nicht dazu verleiten, die Natur als pure Faktizität, als konkrete und historische Wirklichkeit aufzufassen. Natur bezeichnet das ›empirisch Mögliche‹, d.h. was in *dieser* Welt unter den gegebenen Umständen geschehen *kann*. Natur steht für eine durch die Erfüllung der Möglichkeits- und der Wahrscheinlichkeitsforderung gewährleistete Existenzform. Naturnachahmung bedeutet somit, in Wolff-Gottschedschen Kategorien gesprochen, die Produktion eines Kunstwerks nach dem Vorbild der vollkommenen Natur,[102] d.h. die Verknüpfung der mannigfaltigen Teile nach den Prinzipien der Ähnlichkeit und der logischen Stringenz (»zusammenstimmung«). Die Relation der Poesie zur Natur erschöpft sich daher nicht in einem Abbild-Verhältnis, sie ist eher als *Strukturübereinstimmung* zu charakterisieren.[103] Gottsched hat die besondere Bedeutung der Mimesis mehrfach zum Ausdruck gebracht,[104] die nicht Kopie von Äußerlichkeiten, sondern Orientierung am *Wesen* zum Inhalt hat.

> »Nachahmen geht mehr auf die Art und Weise, die man bey einer Handlung beobachtet; nachthun auf die Handlung selbst; gleichthun auf die genaue Ähnlichkeit beyder Handlungen unter einander [...]. Ein Dichter soll die Natur nachahmen; das heißt, er

---

[100] Der Biedermann, Bd. 2, S. 43, S. 48: Die ganze Welt zeuge von einem allmächtigen, weisen und gütigen Schöpfer.

[101] Der Biedermann, Bd. 2, S. 126. Zwar sei die ganze Welt ein Zeichen ihres göttlichen Schöpfers, doch sei besonders der »vernünfftige Theil der darinn enthaltenen Geschöpfe« Schauplatz der göttlichen Güte. Der vernünftige Teil der Welt ist somit vollkommener; Gottsched kennt also innerhalb der Natur Grade der Vollkommenheit. Vgl. Bing: Die Naturnachahmungstheorie bei Gottsched, S. 25, 29, 31f. Gottsched begrenzt diesen Naturbegriff auf die ›schöne‹ Natur: »Es ist aber auch leicht zu denken, daß man hier nur die schöne Natur versteht, der alle Künstler nachzuahmen pflegen; nicht aber die häßliche, die sich in der Sprache des Pöbels, die demselben natürlich ist, zeiget.« CD (1751), S. 357.

[102] Aus Gottscheds Kreis stammt die entsprechende Definition der Poesie. Chr. Andreas Teuber: Abhandlung von der vollkommenen Poesie der Deutschen, in: Beyträge, Bd. 5 (1738), S. 387, § 1, definiert: »Die vollkommene Poesie ist eine Wissenschaft, ein Gedichte zu machen, an welchem kein gelehrter Poet etwas erhebliches auszusetzen finden kann.«

[103] Ähnlich urteilt Bruck: Der aristotelische Mimesisbegriff, S. 106. »Die Natur ist nicht der Gegenstand der Nachahmung, wie man die Formel irrtümlich deuten könnte – Objekte der Nachahmung sind primär die Handlungen und Charaktere – mit dem Ausdruck ›Natur‹ wird hier vielmehr die Modalität, d.h. der Wahrscheinlichkeitscharakter des Gegenstandes der Nachahmung bezeichnet.« Vgl. Rieck: Gottsched, S. 167.

[104] CD (1751), S. 99. »Der Dichter ganz allein, hat dieses zu einer Haupteigenschaft, daß er der Natur nachahmet, und sie in allen seinen Beschreibungen, Fabeln und Gedanken sein einziges Muster seyn läßt.« Dieser verdeutlichende Passus fehlt in der ersten Auflage. Vgl. Auszug aus des Herrn Batteux [...] Schönen Künsten, S. 15.

soll in dem, was er schreibt, ihre Art auf das genaueste beobachten, und nie von derselben abgehen.«[105]

Die aufs Naturgesetzliche zielende Naturnachahmung erlaubt ein Abweichen von der jeweiligen Faktizität. Auf der Basis der Leibniz-Wolffschen Philosophie erfährt der Naturbegriff eine Ausweitung vom Wirklichen auf das Mögliche, wenn er den Prinzipien der Widerspruchsfreiheit und des zureichenden Grundes genügt. Der Möglichkeitscharakter der nachzuahmenden Natur impliziert die Expansion ihrer substantiellen Beschaffenheit, gestattet also dem Dichter Ausflüge in den Bezirk ›trans-empirischer‹ Realität, jedoch nur im Rahmen des Wahrscheinlichen.[106] Die Erörterung des Wunderbaren wird die Widersprüchlichkeit dieser Konstellation aufweisen.

Zusammenfassend läßt sich das Naturnachahmungsprinzip einerseits als Ausdruck des nach unverbrüchlichen Gesetzen Ausschau haltenden exakt-mathematischen Wissenschafts*geistes* deuten, der die »unveränderliche Natur der Dinge« in der »Übereinstimmung des Mannigfaltigen, in der Ordnung und Harmonie« erkennt,[107] andererseits als Ausdruck eines religiös motivierten Vernunft*glaubens*, der gottgeschaffene Natur als »beste aller Welten« interpretiert und aus ihr die allgemeinen sittlichen Forderungen ableitet. »GOtt hat alles nach Zahl, Maaß und Gewicht geschaffen« – in dieser Feststellung vereinen sich der religiöse und der mathematische Erklärungsmodus.

In ihrer Gesamtheit jedenfalls ist die regelgegründete Poetik, wie Gottsched sie intendierte, ein Produkt des mathematischen Geistes, ob sie nun exakt der

---

[105] Gottsched: Beobachtungen über den Gebrauch und Mißbrauch vieler deutscher Wörter und Redensarten. Straßburg und Leipzig 1758, S. 198; zitiert nach Bruck: Der aristotelische Mimesisbegriff, S. 185. Naturnachahmung heißt so viel wie »nach Art der Natur«. Auch Hohner: Zur Problematik der Naturnachahmung, S. 20, urteilt, die künstlerische Nachahmung der Natur sei nichts anderes »als die Beachtung der allgemeinen Wahrheitsbeziehungen, der objektiven Geregeltheit«, eben des die Naturgegebenheiten zusammenfassenden Regelsystems. Ebd., S. 23, S. 29. »Die Nachahmung der Natur ist insofern in erster Linie die Wiederholung der vernünftigen Beziehungen der Dinge der Natur in der Dichtung, bzw. dem Kunstwerk.« Weitere Belege bei Borjans-Heuser: Bürgerliche Produktivität, S. 128ff., 193.

[106] Steht die barocke Poetik wie die Rhetorik gemeinsam unter der formalen Maxime des bene dicere und gestattet diese einen großen Spielraum im Inhaltlichen, so bedeutet die Verpflichtung der Poesie auf das Nachahmungsprinzip eine Einschränkung des materialen Bereichs. Die Definition des poetischen Gegenstandes als einer ›möglichen Welt‹ erweitert den Stoffbereich nur geringfügig, da er sofort durch die Verpflichtung auf Wahrscheinlichkeit an das Gängelband des Rationalen, des Beweisbaren und des Erfahrbaren genommen wird.

[107] CD (1730), S. 103. Gottsched gründet bei seiner Annahme unveränderlicher Naturgesetze auf der zeitgenössischen Physik; z. B. Krüger: Naturlehre. Halle 1748, S. 18. »Die Natur einer Unordnung beschuldigen, heisst dieselbe nicht kennen. Wer aber ordentlich handelt, handelt nach Regeln. Es giebt demnach gewisse unveränderliche Gesetze der Natur, welche die Cörper bey ihrer Bewegung beständig in acht nehmen.« Zit. nach Schatzberg: Scientific Themes, S. 58.

Wolffschen Philosophie entspricht oder ob sie Abweichungen aufweist.[108] Diese Erkenntnis hat Abraham Gotthelf Kästner, von dem auch eine distanziert-verständnisvolle Würdigung Gottscheds stammt, ganz prinzipiell ausgesprochen.

»Der Geist, der sein Vergnügen darin findet, Wahrheiten zu erkennen und aus einander zu folgern, bildet sich dadurch einen Geschmack, dem auch außer der Mathematik nichts gefällt, wo er nicht Wahrheit, Zusammenhang und Vernunft antrifft. Denn auch da, wo keine geometrischen Beweise stattfinden, läßt sich eine hypothetische Wahrheit, eine Uebereinstimmung des Folgenden mit dem Vorhergehenden, und eine Verbindung, die ein Ganzes macht, beobachten [...].«[109]

1.3. Konsequenzen des Naturnachahmungsprinzips für Beschaffenheit und Zweck der Poesie

(1) Die Neudefinition der inventio: Fiktion und Fabel

Die Grund-Lehrsätze von Wolffs Philosophie haben die Struktur der CD so nachhaltig geprägt, daß sich von keiner oberflächlichen Kompilation reden läßt. Aus der mimetischen Wesensbestimmung der Poesie ergibt sich für Gottsched eine *Stufenfolge der Naturnachahmung*, der früher allgemein Willkür vorgeworfen worden ist.[110] Noch Markwardt hatte Gottscheds dreiteiligen Aufbau der »Verworrenheit« bezichtigt.[111] Neuerdings hat Gaede jedoch die tiefergehende Übereinstimmung von Gottscheds drei Nachahmungstypen mit der dreistufigen Hierarchie der Wolffschen Lehrmethode plausibel gemacht.

Die abgestufte Nachahmung entspricht Wolffs Hierarchie, der Überordnung des logischen über den empirischen Wahrheitsbegriff.[112] Die *Beschreibung* (oder Abschilderung) liegt auf der Ebene des durch die Einbildungskraft hervorgebrachten *Begriffs*, das *Rollenspiel* (oder die *Charakterzeichnung*) entspricht dem durch Witz (ingenium) und Urteilsvermögen (iudicium) erzeugten *Urteil*.[113] Beide Nachahmungsarten bezieht Gaede auf die Leibniz'schen »Tatsachenwahrheiten«; da sie nur »gegenständliche Nachahmung« leisten können, bleiben sie auf einer unteren – empirischen und vordemonstrativischen – Stufe stehen. Die *Fabel* als »Zusam-

---

[108] Das Gemeinsame der Poetiken dieses Zeitraums ist das kritische Verfahren. Zum kulturgeschichtlichen Zusammenhang der Regel-Poesie s. Jacob Falke: Die deutsche Trachten- und Modenwelt, Tl. 2. Die Neuzeit, S. 265f. Falke macht insbesondere auf Parallelen im Etikettenwesen, in der geometrischen Komposition der Kunst und der Mode aufmerksam.

[109] Kästner: Ueber den Werth der Mathematik, wenn man sie als einen Zeitvertreib betrachtet, in: Gesammelte Werke, Bd. 2, S. 86.

[110] Schon von Georg Friedrich Meier im Jahre 1747; vgl. Gaede: Poetik und Logik, S. 99; Servaes: Die Poetik Gottscheds und der Schweizer.

[111] Markwardt: Geschichte, Bd. 2, S. 57.

[112] Gaede: Poetik und Logik, S. 143f. Anm. 4; vgl. Schwind: Schwulst-Stil, S. 233ff.; Borjans-Heuser: Bürgerliche Produktivität, S. 202ff.

[113] Weltweisheit, Bd. 1, S. 540, § 1039. Der Verstand hat drei Kräfte: 1) Vorstellung der *Begriffe* durch Einbildungskraft, Empfindung und Scharfsinn, 2) Vorstellung der *Urteile* durch Witz und Urteilskraft, § 542, 3) Vorstellung der Schlüsse durch Vernunft, § 494.

mensetzung oder Verbindung der Sachen«[114] ist die höchste Nachahmungsart; sie bezieht sich auf die Vernunftwahrheiten und korreliert dem *Syllogismus*, dem die ordnungsstiftende Verknüpfung der Dinge obliegt.[115]

Gaede macht auf die historische Tatsache aufmerksam, daß der Syllogismus erst zu dem Zeitpunkt diese tragende Funktion einnehmen konnte, da die Welt als vernünftige Welt verstanden wurde: Gottscheds Inaugurierung der Fabel als Nachahmungsart basiert auf der Anerkenntnis des logischen (syllogistischen) Verknüpfungsprinzips als eines Seinsprinzips. Aus dem Sachverhalt der Analogie zwischen Fabel und Vernunftschluß, die beide auf logische Verknüpfung der Dinge zielen,[116] erklärt sich die absolute *Überordnung der Fabel* über die anderen Nachahmungsarten. Sie gilt Gottsched als »Seele der ganzen Dichtkunst«, als »Hauptwerck in der ganzen Poesie«.[117] Anders als Aristoteles, der den Mythos lediglich als die Seele der Tragödie bezeichnet hatte,[118] verallgemeinert Gottsched – trotz seiner Bezugnahme auf Aristoteles – dessen Feststellung und setzt die Fabel an die Stelle der alten inventio, die traditionell als »Seele des Gedichtes« gegolten hatte. Eine philosophisch definierte inventio mußte die Erfindung bzw. Vermittlung von Wahrheit zum Zweck haben, und mußte den durch Nichtwahrheit gekennzeichneten Charakter der Fiktion[119] mit Hilfe der mimetischen Bindung ›aufheben‹. Diesen Anforderungen entspricht in Gottscheds System die Fabel.

Wer die Fähigkeit nicht besitze, »gute Fabeln zu erfinden«, erklärt Gottsched, der verdiene den Namen eines Poeten nicht, »wenn er gleich die schönsten Verße von der Welt machte«.[120] Servaes' Behauptung, Gottsched werfe die Begriffe Erfindung, Fabel und Nachahmung »unterschiedslos« zusammen, ist nicht aufrecht zu erhalten;[121] sie erklärt sich jedoch aus Gottscheds zuweilen schwankender Terminologie. Tatsächlich läßt sich, trotz der gelegentlichen Unklarheiten, Gottscheds logisch und mimetisch in Form der Fabel legitimierte inventio begrifflich

---

[114] CD (1730), S. 123.

[115] Gaede: Gottscheds Nachahmungstheorie, S. 108–112, bes. S. 111; zur Verknüpfungsarbeit bei Leibniz Gaede: Poetik und Logik, S. 90ff.

[116] CD (1730), S. 124. »Diese Dinge müssen verknüpfet und verbunden werden, so daß sie einen Zusammenhang bekommen, und alsdann entsteht eine Fabel daraus.« Vgl. Weltweisheit, Bd. 1, S. 544, § 1048. »Durch die Vernunftschlüsse sieht man den Zusammenhang allgemeiner Wahrheiten ein, welches das Amt der Vernunft ist.«

[117] CD (1730), S. 77, 123, *133*, 138. Dazu Bing: Die Naturnachahmungstheorie bei Gottsched, S. 38, 42–54; Birke: Gottscheds Neuorientierung, S. 568f.

[118] Aristoteles: Poetik, Kap. 6; vgl. Fuhrmann: Einführung in die antike Dichtungstheorie, S. 17ff.

[119] CD (1730), S. 123f. »In der That muß eine jede Fabel was wahres und was falsches in sich haben: nehmlich einen moralischen Lehrsatz, der gewiß wahr seyn muß; und eine Einkleidung desselben in eine gewisse Begebenheit, die sich aber niemahls zugetragen hat, und also falsch ist.«

[120] CD (1730), S. 124; vgl. S. 140. »Es muß was eigenes, es muß eine neue poetische Fabel seyn, deren Erfindung und geschickte Ausführung nur den Nahmen eines Dichters erwerben soll.«

[121] Servaes: Die Poetik Gottscheds, S. 26.

exakt auseinanderlegen. *Gottscheds Definition*, die Fabel sei »eine unter gewissen Umständen mögliche, aber nicht wircklich vorgefallene Begebenheit, darunter eine nützliche moralische Wahrheit verborgen liegt«,[122] nennt die wichtigsten Bestandteile, leider nicht in der erforderlichen begrifflichen Klarheit. Erst durch Zusatzerläuterungen verdeutlicht Gottsched die Beschaffenheit der Fiktion, der »nicht wircklich vorgefallenen Begebenheit«. Die erdichtete Begebenheit (Fiktion) bedarf zur ihrer Legitimation der philosophischen Begründung. Gottsched folgt der Leibniz-Wolffschen Begründungsmethode, er stützt sich also auf die zwei Sätze von der Widerspruchsfreiheit und vom zureichenden Grund – Gottsched übernimmt auch hinsichtlich der Erdichung von Fiktionen Wolffs Unterscheidungen – der Vergleich mit Wolffs Ausführungen über die Dichtungskraft zeigt das deutlich (Kap. VI. 3.1.).

Wie Wolff kennt auch Gottsched *zwei Möglichkeitsbegriffe*, einen *logisch* und einen *empirisch* definierten.[123] Logische Möglichkeit meint das in sich Widerspruchsfreie und Denkbare[124] und ist die unabdingbare Voraussetzung für die ›innere Stimmigkeit‹ von Fiktionen. Sie ist mittels vernünftiger Schlüsse demonstrierbar. Spricht Gottsched von diesem logischen Bezug, so gebraucht er die Begriffe »Gereimt(heit)« »Widersinnisch(keit)«[125] neben dem mehrdeutigen und daher Verwechslungen ausgesetzten Möglichkeitsbegriff. Empirische Möglichkeit meint den engeren Bereich des in dieser Welt Möglichen; eben dessen, was wirklich geschehen kann. Prinzipielle Voraussetzung jeglicher Erdichtung ist somit die logische Möglichkeit (logische Stringenz). Doch ist nicht alles logisch Mögliche auch empirisch möglich. Es gibt Erdichtungen, die zwar widerspruchsfrei sind, doch aller Erfahrung widersprechen. Sie sind »in dieser Welt« nicht möglich, wohl aber »in anderen Welten«. Man hat also in der Fiktion zu unterscheiden

I. Das *logisch Unmögliche* (in sich Widerspruchsvolle), das nirgendwo verwirklicht werden kann,
II. Das *logisch Mögliche* (Widerspruchsfreie), das
   1) in *dieser* Welt verwirklicht werden *kann* (›*empirische Möglichkeit*‹ des Erdichteten), oder das
   2) in *anderen* Welten verwirklicht werden kann, nicht jedoch in dieser Welt (bloße [= transempirisch-] ›*logische*‹ *Möglichkeit* des Erdichteten).

---

122 CD (1730), S. 125.

123 Ich greife Brucks: Der aristotelische Mimesisbegriff, S. 95f., Unterscheidung des ›empirisch‹ und des ›logisch‹ Möglichen auf, ohne mich seinen Abgrenzungen zur Wahrscheinlichkeit anzuschließen.

124 Gottsched: Weltweisheit, Bd. 1, S. 132, § 226, unter Bezugnahme auf Wolffs »Deutsche Logik«: »Möglich nennet man, was keinen Widerspruch in sich hat, und sich also gedenken läßt. Z. E. Ein steinernes Haus; ein dreyeckigtes Holz; ein warmes Wasser. Unmöglich hergegen nennet man, was einen Widerspruch (222. §) in sich begreift: als z. E. eisern Holz, ein Berg ohne Thal, ein gemalter Schall.« Auch ebd., § 227. »Die Wirklichkeit also, oder das Daseyn eines Dinges, ist die Erfüllung seiner Möglichkeit.«

125 CD (1730), S. 154, 164.

Christian Wolff wertet die Romane, deren Fiktionen der erfahrbaren Welt widersprechen, immerhin als Erzählungen »von etwas, so in einer anderen Welt sich zutragen kan«,[126] billigt ihnen also logische Möglichkeit zu, d. h. die Möglichkeit, unter anderen Umständen ›wirklich‹ sein zu können. Gottsched weicht in dieser Einschätzung nicht von Wolff ab.[127] Fabeln sind für ihn »Stücke aus einer andern Welt«, deren in dieser Welt nichtgeschehende, jedoch widerspruchsfreie Begebenheiten »unter gewissen Bedingungen möglich sind, in einer andern Welt zu Hause gehören, und Theile davon ausmachen.«[128]

An den von ihm »Hirngespinste« genannten ›leeren Einbildungen‹ verdeutlicht Gottsched die Bedingtheit der Erdichtungen.

> »Ein Ding, welches nicht vorhanden ist, aber welches man *erdichtet,* als *ob* es vorhanden wäre, heißt ein *Hirngespinst* [Wolffs ›Leere Einbildung‹]: z. E. Ein Pferd mit Flügeln, oder ein Pegasus, ein Centaurus, ein Sphynx, ein Cerberus. Indem wir aber ein Hirngespinst ein Ding nennen, so geben wir zu, daß es etwas *mögliches* sey (226. §. [= logische Möglichkeit]); aber oft unter ganz andern Umständen und Bedingungen, als wirklich vorhanden sind. Sind aber diejenigen *Umstände,* unter welchen man es für möglich hält, *nicht zulänglich;* so wird es auch wohl gar unmöglich, und man hat nur Schlösser in die Luft gebauet. Z. E. dienen die Reisebeschreibung von Schlaraffenland, das Märchen von Hexen etc.«[129]

Gottsched hält also logisch mögliche (widerspruchsfreie) Dinge und Begebenheiten in anderen Welten, d. h. unter anderen als den in dieser Welt gegebenen Bedingungen für verwirklichbar. Reichen jedoch die Bedingungen nicht aus, Dinge und Begebenheiten als ›transempirisch‹ verwirklichbar erscheinen zu lassen, so kommt ihnen nicht einmal der Grad der ›logischen Möglichkeit‹ zu. Während sich aus der Wirklichkeit einer Sache ohne weiteres der Schluß auf ihre (logische) Möglichkeit folgern läßt, geht der umgekehrte Schluß aus der (logischen) Möglichkeit auf die Wirklichkeit nicht an.[130] Um in der Fiktion den Status der bloßen logischen Möglichkeit in den Status der ›empirischen Möglichkeit‹ – denn in der Fiktion ist kein anderer Wirklichkeitsgrad erreichbar – umwandeln zu können, müssen ›gewisse Umstände‹ beachtet werden,[131] d. h. es muß ein zureichender Grund gegeben sein.[132]

Die Wirklichkeit, definiert Gottsched, »oder das Daseyn eines Dinges, ist die

---

126 Wolff: Deutsche Metaphysik, S. 350, § 571.

127 Dazu besonders Birke: Wolffs Metaphysik, S. 32f.

128 CD (1730), S. 125.

129 Weltweisheit, Bd. 1, S. 133f., § 229.

130 Ebd., S. 133, § 228.

131 Ebd., S. 133, § 227. »Nicht alle mögliche Dinge sind wirklich vorhanden, wie die Erfahrung sattsam zeiget; es gehört nämlich noch etwas mehr dazu, wenn das Mögliche erfüllet werden, und in der That zum Stande kommen soll.«

132 Wolff: Deutsche Metaphysik, S. 16f., § 30. »Wo etwas vorhanden ist, woraus man begreiffen kan, warum es ist, das hat einen zureichenden Grund. [...] Da nun unmöglich ist, daß aus nichts etwas werden kan; so muß auch alles / was ist / seinen zureichenden Grund haben / warum es ist / das ist, es muß allezeit etwas seyn, daraus man verstehen kan, warum es würcklich werden kan.«

Erfüllung seiner Möglichkeit.«[133] Der Dichter, der die »Fertigkeit« besitzt, »gewisse mögliche Dinge zur Wirklichkeit zu bringen«,[134] bedarf – so erklären Wolff und Gottsched übereinstimmend –,[135] um ›wahre Bilder‹ statt »leerer Einbildungen« zu schaffen[136] (Metaphysik § 245), um ›vernünftige Dichtungen bzw. Erfindungen‹ statt ›Träume‹ und ›Phantasien‹ zu ersinnen, des »zureichenden Grundes«.

> »Die eine Art, sich etwas ohne Beobachtung eines zureichenden Grundes einzubilden, heißt eigentlich träumen, oder phantasiren: weil man im Schlafe oder im hitzigen Fieber dergleichen Einfälle zu haben pflegt.
> [...]
> Ganz anders verhält sichs, wo man nach dem *Satze des zureichenden Grundes* in seinen Einbildungen verfährt: woraus nämlich eine vernünftige *Dicht- und Erfindungskraft* entsteht. So pflegen geschickte Poeten die *wahrscheinlichsten Fabeln,* nach dem Muster der Natur; vernünftige Tonkünstler ihre Stücke nach der Vorschrift menschlicher Leidenschaften; die Comödianten und Maler gleichfalls die anmuthigsten Vorstellungen und Schildereyen, *nach dem Vorbilde der wirklich vorhandenen Dinge;* darinn alles zu leben scheint; und die Baumeister die schönsten Risse zu neuen Gebäuden, aus allerley bekannten Gebäuden oder Rissen, aber nach den besten Regeln der Baukunst, zu erfinden.«[137]

Das Zitat macht in aller wünschenswerten Klarheit deutlich, daß der geforderte zureichende Grund in nichts anderem besteht als in der *Ähnlichkeit* der Fiktion mit der Natur. Das »Muster der Natur«, die »Vorschrift menschlicher Leidenschaften«, das »Vorbild der wirklich vorhandenen Dinge«, das Vorbild der bekannten, »nach den besten Regeln der Baukunst« errichteten Gebäude und Risse[138] – diese Wendungen bezeichnen exakt die Art des angestrebten Ähnlichkeitsbezugs: die Nachahmung nach ›Art der Natur‹, den Gesetzen dieser Welt entsprechend. Das Kriterium, das die Einhaltung des in der Naturnachahmung implizierten Ähnlichkeitsverhältnisses garantiert, ist die *Wahrscheinlichkeit.*[139]

---

[133] Weltweisheit, Bd. 1, S. 133, § 227.

[134] Weltweisheit, Bd. 2, S. 324, § 484.

[135] Weltweisheit, Bd. 1, S. 474ff., §§ 893–896; basiert auf Wolff: Deutsche Metaphysik, S. 134ff., §§ 241–248.

[136] Wolff: Deutsche Metaphysik, S. 136, § 245; vgl. Kap. VI. 3.1.

[137] Gottsched: Weltweisheit, Bd. 1, S. 475, §§ 894, 895.

[138] Dieses Beispiel hat Gottsched unmittelbar von Wolff übernommen; Deutsche Metaphysik, S. 136, § 245.

[139] »Ich verstehe nehmlich durch die poetische Wahrscheinlichkeit nichts anders, als die Aehnlichkeit des Erdichteten, mit dem, was wircklich zu geschehen pflegt; oder die Übereinstimmung der Fabel mit der Natur.« CD (1730), S. 164. Vgl. Gottsched: Beyträge (1734), 10. Stück, wo er die Wahrscheinlichkeit für die fiktionsimmanente Begründung bezieht. »Nach der Weltweisheit entsteht alle Wahrscheinlichkeit aus dem Satze des zureichenden Grundes. Wo man also alles ineinander, d. h. das Folgende von einer jeden Begebenheit in dem vorhergehenden auf eine begreifliche Weise gegründet antrifft; da ist eine Wahrscheinlichkeit.« Zit. nach Bing: Die Naturnachahmungstheorie bei Gottsched, S. 44. Den Ähnlichkeitsbezug als den Kern des Wahrscheinlichkeitspostulates hat Gottsched auch in der CD deutlich gemacht. CD (1730), S. 77. »Die Fabel selbst, die von andern vor die Seele eines Gedichtes gehalten wird, ist nichts anders als eine Nachahmung der Natur. Denn wenn eine Fabel nicht wahrscheinlich ist, so taugt sie

Jan Bruck hat sich um eine subtile begriffliche Unterscheidung zwischen dem Wahrscheinlichen und dem ›empirisch Möglichen‹ bemüht,[140] muß aber einräumen, daß Gottsched beide Begriffe nicht streng voneinander trennt.[141] Dies erschwert zweifellos das Verständnis mancher Partien, weil einmal ›möglich‹ im Sinne von ›widerspruchsfrei‹, ein ander Mal im Sinne von ›wahrscheinlich‹ (= empirisch möglich) benutzt wird. Wenn Gottsched etwa für das Wunderbare verlangt, es dürfe weder »unmöglich« noch »widersinnisch« aussehen, so bezeichnet »widersinnisch« die logische Unmöglichkeit, »unmöglich« dagegen die empirische Unmöglichkeit, die eine Folge des Fehlens eines zureichenden Grundes ist. Ohne den zureichenden Grund, ohne die Wahrscheinlichkeit wird die Fabel für Gottsched – ohne logische Notwendigkeit – geradezu »ungereimt«, d. h. logisch unmöglich. Erklärlich ist dieser Tatbestand dann, wenn man von der ›vollkommenen Natur‹ als dem Vorbild der Nachahmung ausgeht.[142] Die Ähnlichkeit der Fiktion mit der ›vollkommenen Natur‹, über die die Wahrscheinlichkeit wacht,

---

nichts: Wie kan sie aber wahrscheinlich seyn, wenn sie nicht die Natur zum Vorbilde nimmt, und ihr Fuß vor Fuß nachgehet.« Diese Definition der Erstauflage erweitert Gottsched um das wichtige Zwischenglied des Ähnlichkeitsbezuges. Nach dem ersten Satz schiebt er die Erläuterung ein: »Dieß wird sie nun durch die Aehnlichkeit mit derselben; und wenn sie diese hat, so heißt sie wahrscheinlich. Die Wahrscheinlichkeit ist also die Haupteigenschaft aller Fabeln; und wenn eine Fabel nicht wahrscheinlich ist, so taugt sie nichts.« CD (1751), S. 92, § 33. Vgl. übrigens Zedlers Universal-Lexicon 42 (1744), Sp. 1789, s.v. Teutsche Dichtkunst, das der CD von 1730 wörtlich folgt. Zur Differenzierung des Gottschedschen Wahrscheinlichkeitsbegriffs nun Haßelbeck: Illusion und Fiktion, S. 24ff.

[140] Bruck: Der aristotelische Mimesisbegriff, S. 88–97, hier S. 90. »Die Dichtung ist also ›wahrscheinlich‹, weil sie fiktiv und zugleich der Wirklichkeit ähnlich ist.« Grosser: Gottscheds Redeschule, S. 17, identifiziert: »möglich« mit »widerspruchsfrei«; vgl. auch Mansfeld: Das literarische Barock, S. 51. Bruck, S. 83, leitet Möglichkeit und Wahrscheinlichkeit von Aristoteles ab, erkennt jedoch nicht, daß die Übernahme beider Prinzipien erst durch die Wolffsche Philosophie ermöglicht worden ist. Gottsched selbst definiert Wahrscheinlichkeit als »Schein der Möglichkeit«, CD (1751), S. 199. Wetterer: Publikumsbezug, S. 93ff., zum Verhältnis von Naturnachahmung und Wahrscheinlichkeit. Zur Fortführung der Mimesis-Tradition vgl. Preisendanz: Mimesis und Poiesis, S. 537ff.; ferner Schnupp: Die Überwindung des Rationalismus, S. 13f.

[141] Bruck: Der aristotelische Mimesisbegriff, S. 90f., S. 96, S. 98f. Besonders S. 91: »Diese Verwechslung der Prädikatoren ›möglich‹ und ›wahrscheinlich‹ ist zwar umgangssprachlich vertraut, sie sollte jedoch in dichtungstheoretischem Kontext vermieden werden. Deshalb kann man auch häufig nicht entscheiden, ob Gottsched die empirische Wahrscheinlichkeit oder nur die Möglichkeit als Bedingung der Mimesis fordert.« Natürlich ist dieser Vorwurf unhistorisch – von Gottsched läßt sich Kants begriffliche Exaktheit nicht gut verlangen. Deshalb wird hier auch nicht die subtile Begrifflichkeit Brucks benutzt, die eben letztlich Gottscheds in seiner Begrifflichkeit schwankenden, tastenden, und mitunter unklaren Text verfehlt. Ebd., S. 125. »Die Termini ›möglich‹ und ›wahrscheinlich‹ unterscheidet Gottsched nicht immer streng genug; häufig nennt er eine Sache ›wahrscheinlich‹, wenn sie nur ›möglich‹ ist, d.h. keinen Widerspruch enthält.«

[142] Gottscheds Nachahmungslehre stützt sich später auf Batteux; Schenker: Charles Batteux und die Nachahmungstheorie in Deutschland, S. 49ff., S. 66ff. Besonders ausführlich legt Gottsched die in der CD erst im Ansatz entwickelten Gedanken anläßlich der Übersetzung der Batteux'schen Theorie dar; ebd., S. 25f.

garantiert auch die vernünftige – logisch einwandfreie – Struktur der Fabel. Wo also die Wahrscheinlichkeit fehlt, dort liegt der Mangel auch an logischer Stringenz nahe.

Gottscheds Wahl des Wahrscheinlichkeitsbeweises als Äquivalent des zureichenden Grundes läßt sich aus dem Charakter der Poesie mitbegründen. Da in der Poesie (laut Vorrede zur CD) keine »demonstrative Gewißheit« erreichbar ist, setzt Gottsched an die Stelle des logischen Grundes den Wahrscheinlichkeitsbeweis als das empirische Äquivalent der Demonstration.[143] In der Wissenschaft sind die wahrscheinlichen Urteile minderen Ranges;[144] sie gelten, da sie von geringerer Gewißheit als ›wahre‹ Sätze sind, als »Zeichen unserer unvollkommenen Einsicht«.[145] Sie sind nicht durch »gründliche Schlüsse« erweisbar, sie überreden nur, statt zu überzeugen, und vermögen nur das wahr Scheinende anzubieten, das Subjektive, vom Meinen und Glauben des Urteilenden Abhängige, nicht aber das Objektive, logisch Beweisbare.[146]

Die für die Poesie zur Normativität erhobene Funktion der Wahrscheinlichkeit erklärt Bruck mit der auf Aristoteles zurückgehenden Unterscheidung des Wahrscheinlichen vom Notwendigen und vom bloß Zufälligen, die in der Wolffschen Version sich als eine vom Falschen über das Wahrscheinliche zum Wahren aufsteigende Hierarchie präsentiert. Danach bezeichnet das Wahrscheinliche im poetologischen Kontext den vom nur Möglichen-Zufälligen unterschiedenen Bereich. Wichtiger als der modallogische Aspekt ist jedoch der empirische, der im Begriff des poetisch Wahrscheinlichen Aufnahme findet: danach besteht die poetische Wahrscheinlichkeit in der »Ähnlichkeit des Erdichteten, mit dem, was wirklich zu geschehen pflegt«, also der mutmaßlichen Wirklichkeit.[147] Über die logische Unvollkommenheit des Wahrscheinlichkeitsbeweises hilft sich Gottsched indes hinweg, indem er nicht Natur schlechthin, sondern sehr bewußt die »vollkommene Natur« als Ähnlichkeitsbezug und Nachahmungsmuster empfiehlt. Wo die Natur als ›vollkommene Natur‹, als eine nach Vernunftregeln und mathematisch demonstrierbaren Größen – Zahl, Maß und Gewicht – ›zusammengesetzte‹ Ordnung verstanden ist, dort erreicht der bei tatsächlicher Wahrscheinlichkeit der

[143] Weltweisheit, Bd. 1, S. 108, § 179. »Zu den vermischten Büchern rechnet man hauptsächlich die Reden und Gedichte, darinn historische und dogmatische Wahrheiten unter einander vorkommen. [...] Nun behalten zwar diese beyden Gattungen überhaupt die Regeln, so ihnen bisher vorgeschrieben worden: doch fordert man in dieser Vermischung nicht allemal die größte Schärfe.«

[144] Weltweisheit, Bd. 1, S. 62, § 118. »Gesetzt aber, daß die meisten Menschen in ihren Handlungen mit dieser Wahrscheinlichkeit zufrieden sind: so sollen doch die Gelehrten, zum wenigsten die Weltweisen, einen höhern Grad der Gewißheit in ihrem Erkenntnisse zu erreichen suchen.«

[145] Weltweisheit, Bd. 1, S. 37, § 66.

[146] Wolff: Deutsche Metaphysik, S. 242, § 399. »Wenn wir von einem Satze einigen Grund, jedoch keinen zureichenden haben; so nennen wir ihn wahrscheinlich weil es nehmlich den Schein hat, als wenn er mit andern Wahrheiten zusammen hinge.« Vgl. Bing: Die Naturnachahmungstheorie bei Gottsched, S. 44.

[147] Bruck: Der aristotelische Mimesisbegriff, S. 88f.

Fiktion maximal vorhandene Ähnlichkeitsbezug die logische Stringenz einer demonstrativischen Begründung. Mithin kann bei vorliegender Konvergenz von Vernunft und Natur der eigentlich empirische, auf das Ähnlichkeitsverhältnis achtende ›Wahrscheinlichkeitsbeweis‹ im Sinne des Satzes vom zureichenden Grund logisch befriedigend fungieren: Das der vollkommenen Natur Ähnliche ist automatisch vernünftig in sich, ihre Nachahmung enthält daher implizit den logischen Schluß. Die wahrscheinliche Fiktion ist daher empirisch *und* (unabhängig davon) logisch möglich.

Die Bedeutung, aber zugleich auch die Grenze des Wahrscheinlichkeitsbeweises zeigen sich deutlich bei Gottscheds Erörterung des Wunderbaren, das der Forderung nach Naturnachahmung zu widersprechen scheint. Bekanntlich behilft sich Gottsched mit der bereits von den Zeitgenossen kritisierten Annahme einer *»hypothetischen Wahrscheinlichkeit«,* die das Transponieren logisch einwandfreier, jedoch nur »in anderen Welten« möglicher Begebenheiten in die empirische Möglichkeit erlaubt.[148] Das im Beispiel der äsopischen Fabel genannte Faktum der sprechenden Tiere und Bäume ist in dieser Welt nicht möglich, wohl aber »unter gewissen Umständen« wahrscheinlich.[149] Nimmt man den Umstand als gegeben an, Tiere und Bäume könnten sprechen, so wird die Fabel als Ganzes auch in dieser Welt »möglich und wahrscheinlich«.[150] Die hypothetische Wahrscheinlichkeit bezieht sich auf die Außenrelation, die Übereinstimmung der Fiktion mit den Bedingungen dieser Welt. Hypothetisch ist in Gottscheds Konstruktion die Empirie der nachzuahmenden Bezugsebene, die Hypothese selbst besteht im Setzen einer Wirklichkeitsbedingung, die das Herstellen des Ähnlichkeitsverhältnisses erlaubt. Allerdings darf der Dichter nur eine einzige Bedingung unterstellen, um das Eintreten der empirischen Möglichkeit zu bewirken.[151] Die beschriebenen Dinge müssen der ›Natur der Dinge‹ entsprechen, die Charaktere in sich widerspruchsfrei sein, die Handlungen nach den Kategorien der Ordnung,[152] des Maßes und der Proportionalität verlaufen.

---

[148] Aus der Verlegenheit, Poesie einerseits als oratio ligata, andererseits als fictio zu bezeichnen (auch um der Prosagattung Roman gerecht zu werden), zieht erst Gottsched die Konsequenzen, indem er Poesie aus ihrem Wesen neu bestimmt und von der Rhetorik dem Wesen nach abgrenzt, unter Rückgriff auf Aristoteles. Dabei geht es, da Gottsched das rationalistische Wahrscheinlichkeitsgebot zum Regulativ der Mimesis macht, nicht ohne Tricks ab – eben die »hypothetische Wahrscheinlichkeit« in den Fabeln. Schon Georg Friedrich Meier: Beurtheilung der Gottschedischen Dichtkunst (1747), S. 142ff., bemängelt den Kunstkniff der ›hypothetischen Wahrscheinlichkeit‹. Vgl. Markwardt: Geschichte, Bd. 2, S. 120f., zu Brämers Einwänden gegen die ›hypothetische Wahrscheinlichkeit‹. Bezeichnenderweise stützt Brämer: Gründliche Untersuchung von dem wahren Begriffe der Dichtkunst«, Danzig 1744, sich auf den Empirismus Bacons gegen den Rationalismus Wolffs. Ferner Bing: Die Naturnachahmungstheorie bei Gottsched, S. 47f., 53f. [149] CD (1730), S. 165ff.

[150] Hier meint Gottsched sowohl logische als auch empirische Möglichkeit.

[151] CD (1730), S. 154, S. 165f.

[152] Die innere, logische Stimmigkeit nennt Gottsched auch »Ordnung«; CD (1730), S. 176, Ariosts Epos wird abgelehnt, »weil weder Wahrscheinlichkeit noch Ordnung darinn anzutreffen ist.«

Wo diese innere Logik fehlt, kann die hypothetische Wahrscheinlichkeit nicht beansprucht werden, etwa in Horazens Beispiel eines aus Pferdehals, Menschenkopf, Fischschwanz und Flügeln zusammengesetzten Wesens,[153] oder in Homers Schilderung von Achills Schild.[154] Als Inbegriff des logisch Unmöglichen, des ›Ungereimten‹, gilt Gottsched die *Oper,* die er leidenschaftlich bekämpft.[155] Um ihr zur Wahrscheinlichkeit zu verhelfen, würde eine allzugroße Anzahl von Hypothesen erforderlich sein: »Wenn wir eine Oper in ihrem Zusammenhange ansehen, so müssen wir uns einbilden, wir wären in einer andern Welt: so gar unnatürlich ist alles.« Ihr fehlt die »Ordnung« und der »zulängliche Grund in allen Stücken« –, d. h. sowohl logische Stringenz (Möglichkeit) als auch jegliche Übereinstimmung (Ähnlichkeit) mit der Natur. In eine Reihe mit den Opern stellt er Abenteuerromane und Zaubermärchen in der Art des Dr. Faust, die nur noch den »Pöbel« zu belustigen vermögen.[156] Rationalität wird so zum Kennzeichen der gebildeten Gesellschaftsschicht. Fabeln, in denen nichts ›Widersinnisches‹ oder ›Ungereimtes‹ vorkommt, wird man nicht von vornherein verwerfen[157] – doch muß ihr Wunderbares, um glaubhaft zu erscheinen, »in den Schranken der Natur« bleiben; sie müssen der Wahrscheinlichkeitsforderung als dem zu erfüllenden zureichenden Grund genügen.

Hatte Gottsched, hierin Wolff folgend, die ›leeren Einbildungen‹ oder Fantasien als bloße Ausgeburten der Einbildungskraft zurückgewiesen, so läßt er, mit Einführung der hypothetischen Wahrscheinlichkeit, dennoch einen *erweiterten Fiktionsbegriff* zu, der das *Wunderbare* unter gewissen Bedingungen legitimiert und damit einen auf Abbildgleichheit reflektierenden Realismus oder Naturalismus ausschließt.[158]

---

[153] CD (1730), S. 149, 164. »Die göttliche Macht erstreckt sich auf alles mögliche, aber auf nichts unmögliches; daher muß man sich nicht auf sie beruffen, um seine ungereimte Einfälle zu rechtfertigen.«

[154] Ebd., S. 150. In Widerspruch verstrickt sich Gottsched allerdings, wenn er Vergil Ungereimtheiten vorwirft wie »Die Vögel prophezeyhen mit menschlicher Stimme und Sprache« – denn just diesen Fall läßt er ja im Beispiel der äsopischen Fabel als hypothetisch wahrscheinlich gelten.

[155] CD (1751), S. 739f.; vgl. CD (1730), S. 153, 156. Gottscheds Haupteinwand gegen die Oper zielt auf die Häufung widersinniger und unvernünftiger Dinge. Zu Gottscheds Ablehnung der Oper B. Bauer: Geschichte der Politik, Cultur und Aufklärung, Bd. 1, S. 284ff.; Die Auseinandersetzung mit der feudalabsolutistischen Repräsentationskunst in J. Chr. Gottscheds Literaturprogramm, in: Mattenklott/Scherpe: Westberliner Projekt: Grundkurs 18. Jahrhundert, S. 74ff.

[156] CD (1730), S. 153. »Das Mährchen von D. Faust hat lange genug den Pöbel belustiget, und man hat ziemlicher maßen aufgehört solche Alfanzereyen gern anzusehen.« Vgl. Der Biedermann, Bd. 2, S. 43, mit ausführlicher Begründung des Geschmackswandels.

[157] CD (1730), S. 154; hier heißt es »wiedersinnisches«.

[158] CD (1751), S. 153. »Er schränket seinen Witz also nicht in den Lauf der wirklich vorhandenen Natur ein.« Dieser verdeutlichende Zusatz steht erst in der vierten Auflage. Primär ist die innere Logizität der Fiktion: Wo nichts »wiedersprechendes in der Begebenheit« sei, dort sei »folglich auch nichts unwahrscheinliches«, simplifiziert Gottsched das Verhältnis zwischen logischer Möglichkeit und Wahrscheinlichkeit. CD (1730), S. 166. Genauer meint Gottsched: Die ›logische Möglichkeit‹ wird durch Vorschalten

Die Inkonsequenz von Gottscheds Fiktionsbegriff kommt in seiner Verurteilung der Harlekinfigur zum Ausdruck und signalisiert seine prinzipielle Skepsis gegenüber allem Wunderbaren.[159] Der Grund, warum Gottsched hier nicht die Hilfskonstruktion der ›hypothetischen Wahrscheinlichkeit‹ heranzieht, mag in der Existenz zweier Prinzipien zu suchen sein, deren er sich zur Legitimation der Poesie bedient, des kausal-logischen und des final-moralischen Prinzips. Gottsched selbst spricht mit wünschenswerter Deutlichkeit diese Legitimation an: das Wunderbare sei erlaubt, wenn es mit einer Besserungs- und Lehrabsicht verbunden sei. Mochte die Figur des Harlekin auch in sich und im Handlungsgang des Schauspiels ›stimmig‹ sein, so hatte sie nach Gottscheds Meinung nur die Absicht, »den Pöbel zum Gelächter« zu reizen, jedoch keinen bessernden oder lehrhaften Zweck. Im Zweifelsfall vernachlässigt Gottsched das ästhetische Prinzip innerer Logik und mimetischer Beschaffenheit zugunsten der außerästhetischen pädagogisch-philosophischen Bestimmung von Poesie.[160] Völlig verfehlt ist Gaedes Behauptung, Gottsched habe den zureichenden Grund der Dichtung »in Form des moralischen Lehrsatzes« gesetzt.[161] Die von Gaede selbst angestellte Analogie mit Christian Wolffs Uhrenbeispiel, wonach die Vollkommenheit sich als Zweckmäßigkeit aller Teile darstellt, verdeutlicht vielmehr die Zweck-Funktion des Lehrsatzes. Der Beweis ist unschwer zu erbringen: Wäre der moralische Lehrsatz tatsächlich der zureichende Grund der Nachahmungsarten, so hätte ausschließlich die dritte Nachahmungsart, die Fabel, einen solchen. Tatsächlich kommt er im

---

einer Bedingung in eine empirische Möglichkeit verwandelt und damit der Natur ähnlich gemacht; folglich ist sie wahrscheinlich. Gottsched verwechselt hier ›logische‹ und ›empirische‹ Möglichkeit.

[159] CD (1730), S. 141, 155; Gedichte (1736), S. 598: »Der Wunder sind wir selbst, Natur und Welt so voll, / Daß niemand ihre Zahl so leicht ergründen soll.« Vgl. CD (1730), S. 151: »Ein heutiger Poet hat also große Ursache in dergleichen Wunderdingen sparsam zu seyn.« Ebd., S. 152: »Das erste Welt-Alter hat bey allen Völckern das Vorrecht, daß man ihm gern viel wunderbares zuschreibet; ja was man itzo seinen eigenen Augen nicht glauben würde, das düncket den meisten sehr möglich und wahrscheinlich, wenn es nur vor drey oder vier tausend Jahren geschehen seyn soll.« Vgl. Waniek: Gottsched, S. 168f.

[160] Ein pragmatischer Grund mag in diesem Fall auch darin zu sehen sein, daß Gottsched, um der Gegnerschaft der protestantischen Orthodoxie zu begegnen, die ›Fratzen‹ aus der schönen Literatur entfernen wollte. Beispielsweise empfiehlt Gottsched eine Abweichung vom Nachahmungsprinzip zugunsten des Lehrprinzips beim Dichten von Schäfergedichten: Nicht die gegenwärtigen, elenden Landleute solle der Poet abschildern. »Es müssen ganz andere Schäfer seyn, die ein Poet abschildern, und deren Lebensart er in seinen Gedichten nachahmen soll.« CD (1751), S. 582. Dazu Servaes: Die Poetik Gottscheds, S. 22f.; Schimansky: Gottscheds deutsche Bildungsziele, S. 146.

[161] Gaede: Gottscheds Nachahmungstheorie, S. 114+; Gaede: Poetik und Logik, S. 103. Es handelt sich lediglich um eine Assoziation aufgrund der Gottschedschen Formulierung »Zu allererst wehle man sich einen lehrreichen moralischen Satz, der in dem gantzen Gedichte *zum Grunde liegen* soll, nach Beschaffenheit der *Absichten*, die man sich zu erlangen vorgenommen.« CD (1730), S. 133. Gaedes falsche Meinung, der moralische Lehrsatz, d.h. die didaktische Absicht sei der zureichende Grund der Dichtung, taucht auch in seiner Literaturgeschichte: Humanismus, Barock, Aufklärung, S. 241, auf. Das Uhrenbeispiel stammt aus der Weltweisheit, Bd. 1, S. 144, § 256, vgl. § 249.

Wahrscheinlichkeitsbeweis implizierte zureichende Grund – die Ähnlichkeit mit der Natur – allen drei Nachahmungsgruppen Gottscheds zu.

(2) *Der poetologische Zweck: Vermittlung praktischer Philosophie*

Gottscheds zahlreiche Äußerungen über die *Zweckhaftigkeit* der Poesie lassen keinen Zweifel zu, daß für ihn die alte Tradition des docere et delectare noch Leben besaß.[162] Eindeutig ist die Belustigung der Belehrung untergeordnet: Ihre poetischen Hilfsmittel – das Neue, Seltsame, Ungemeine und Wunderbare – sind erst durch die Koppelung an den lehrhaften Endzweck gerechtfertigt, sind geradezu Vehikel der lehrhaften Tendenz.[163] Im allgemeinen identifiziert die einschlägige Forschung die in der Poesie enthaltene ›Lehre‹ zu einspurig mit Moral und interpretiert dazuhin den Moralbegriff zu eng, nämlich vom Standpunkt des 19., statt des 18. Jahrhunderts.[164] Waniek und Servaes sprechen von Gottscheds »Moralitätsprincip«,[165] Böckmann von Moral und Erbaulichkeit als Gottscheds Zielen,[166] Werner Rieck von der »Tendenz zur Moraldidaktik«,[167] und noch Hans Freier von der »Rigidität moralischer Normen«, die er, seiner These von Gottscheds Bürgerlichkeit entsprechend, als »bürgerliche Moral« klassifiziert.[168] Einzig Eugen Reichel vertritt einen anderen, umfassenderen Moralbegriff, allerdings, wie bei ihm nicht weiter verwunderlich, in der Absicht, Gottscheds ›Meistertum‹ auch hierin zu erweisen.

> »Moral war für Gottsched eben nichts anderes als eine, auf die genaueste Kenntnis des Menschen und der ihn beherrschenden natürlichen Gesetze sich beziehende Weltklugheit oder Weltweisheit, durch welche ›die vernünftigen Einwohner der Welt zu rechten Menschen gemacht‹ werden sollten. Moral war für ihn vor allem ein praktischer Seelenbesitz, eine aus der sorgfältigsten Selbstbeobachtung und nicht zum wenigsten auch der Beobachtung anderer Menschen sich ergebende Seelenkenntnis (Psychologie).«[169]

---

162 Herrmann: Naturnachahmung, S. 133.

163 CD (1730), S. 141. »An sich selbst aber ist dergleichen Mittel, die Leute aufmercksam zu machen, erlaubt: wenn man nur den Endzweck hat, sie bey der Belustigung zu bessern und zu lehren.« Vgl. CD (1751), S. 503. »Der Poet erzählt eine Fabel, seine Leser zu ergetzen, zu lehren und zu bessern.« Zur Funktion des Vergnügens bei und nach Gottsched H. M. Wolff: Die Weltanschauung der deutschen Aufklärung, S. 143–154.

164 Waniek: Gottsched, S. 151.

165 Ebd., S. 151; Servaes: Die Poetik Gottscheds, S. 19ff.

166 Böckmann: Formgeschichte, S. 517. Vgl. Birke: Gottscheds Neuorientierung der deutschen Poetik, S. 574f.; Bing: Die Naturnachahmungstheorie bei Gottsched, S. 30; auch H. M. Wolff: Die Weltanschauung der deutschen Aufklärung, S. 144, erblickt in der Morallehre den Hauptzweck der Poesie nach Gottscheds Verständnis.

167 Rieck: Gottsched, S. 169; vgl. S. 180, 183ff., wo vom »Mittel zur Anerziehung ethischer Ideale des jungen Bürgertums« die Rede ist.

168 Freier: Kritische Poetik, S. 47; vgl. S. 51f., u. ö.; auch Sinemus: Poetik und Rhetorik, S. 371, Anm. 118.

169 Reichel: Gottsched, Bd. 1, S. 526; vgl. S. 523ff.; einschränkend Schimansky: Gottscheds deutsche Bildungsziele, S. 145. »Richtig ist freilich, daß Moral für Gottsched noch nicht der enge, verknöcherte Begriff späterer Zeiten war.«

Die communis opinio, das docere in Gottscheds Fabeltheorie bestünde in der Vermittlung von Moral bzw. moralischen Lehrsätzen, hängt sich vor allem an die eine, in der Tat reichlich platte Anweisung für den Fabeldichter, er solle »zuallererst« »einen lehrreichen moralischen Satz« wählen, ihn dem Gedicht zugrundelegen und dazu eine »gantz allgemeine Begebenheit« ersinnen, die den Lehrsatz in sinnliche Handlung umsetzen könnte.[170] Diese zentrale Stelle läßt sich (wie fast alles bei Gottsched) durch ähnliche Belege leicht abstützen: durch Beispiele aus Gottscheds frühen Wochenschriften oder durch Parallelstellen in der CD selbst, wo von ›moralischen Absichten‹ der Fabel die Rede ist.[171] Betrachtet man jedoch drei maßgebliche Definitionen der Fabel, so läßt sich dartun, daß Gottscheds Begriff der poetischen Zwecksetzung der wissenschaftsgeschichtlichen Entwicklung weit entschiedener Rechnung trägt, als dies bisher wahrgenommen wurde.

Critische Dichtkunst: Die Fabel ist »eine unter gewissen Umständen mögliche, aber nicht wircklich vorgefallene Begebenheit, darunter eine *nützliche moralische Wahrheit* verborgen liegt.«[172]

Weltweisheit: »In Gedichten herrschen mehrentheils Fabeln, d. i. Begebenheiten, die zwar möglich und wahrscheinlich, aber dabey auch wunderbar klingen, außerdem aber auch lehrreich sind; und zwar in der *Absicht,* gewisse *nützliche Wahrheiten* darunter *sinnlich* zu machen. [...] Diese poetischen Fabeln aber müssen wahrscheinlich seyn, das ist, die Natur aufs genaueste nachahmen: weil sie sonst zur Absicht des Poeten ungeschickt seyn würden. Die Hauptwahrheiten aber, nebst denen, die nur darneben mit eingestreuet werden, müssen sonst *gegründet,* und dem Menschen *nützlich* seyn [...].«[173]

Vorübungen: »Eine Fabel ist eine erdichtete Begebenheit, die sich aber in gewissen Umständen begeben haben könnte; und die da geschickt ist, eine *Wahrheit,* oder *Sittenlehre* dadurch vorzutragen.«[174]

Hier erweist sich, daß die Identifikation des docere mit Morallehre nicht ausreicht. Aristoteles folgend, allerdings Philosophie in der zeitgenössischen Modifikation als System lehrbarer Wahrheiten auffassend, stellt Gottsched die Poesie zwischen Philosophie und Historie,[175] und erkennt als ihren wichtigsten Zweck die (popularisierende) Vermittlung der Wahrheiten,[176] welche die Philosophie nur den wenigen abstraktionsfähigen Lesern zuträgt.

»Die gründlichste Sittenlehre ist vor den großen Haufen der Menschen viel zu mager und trocken. Denn die Schärfe in Vernunftschlüssen ist nicht vor den gemeinen Verstand unstudirter Leute. Die nackte Wahrheit gefällt ihnen nicht; Es müssen philosophische Köpfe seyn, die sich daran vergnügen.«[177]

---

170 CD (1730), S. 133.

171 Vernünftige Tadlerinnen, Bd. 1, S. 17; weitere Belege bei Servaes: Die Poetik Gottscheds und der Schweizer, S. 19ff. CD (1730), S. 124 (»moralischer Lehrsatz«); S. 131 (»moralische Absichten«); CD (1751), S. 473 (»moralische Lehren« in der Odyssee).

172 CD (1730), S. 125.

173 Weltweisheit, Bd. 1, S. 109, § 181.

174 Vorübungen der lateinischen und deutschen Dichtkunst, S. 63, § 2.

175 CD (1730), S. 82ff., 138f.; nach Aristoteles: Poetik, Kap. 3. Dazu Fuhrmann: Einführung in die antike Dichtungstheorie, S. 261f.

176 Schimansky: Gottscheds deutsche Bildungsziele, S. 146f.

177 CD (1730), S. 139. Die 4. Aufl. (1751), S. 167, enthält geringfügige Abweichungen.

Damit reiht sich die Dichtung in den Kontext der aufklärerischen Wissenschaftsbemühungen. Die Dichter, formuliert Gottsched bereits im »Biedermann«, gebrauchen die »Fabel zum Dienste der Wahrheit, und erklären dadurch die wichtigsten Lehr-Sätze der Weißheit«.[178] Gottsched vertritt also die aus Gellerts Formulierung her bekannte Ansicht, die Poesie bezwecke, den Ungebildeten »die Wahrheit durch ein Bild« verständlich zu machen.[179] Gottsched führt diese Intention noch näher aus. Die Poeten, heißt es im »Biedermann«,

> »haben eine Gabe die tiefsinnigsten Wahrheiten der *Philosophie* und *Moral* auch unstudirten Leuten begreiflich zu machen. Anstatt subtiler Vernunfft-Schlüsse, die dem meisten Theile der Menschen mager und trocken vorkommen, erdencken sie lebhaffte Bilder, die besser in die Sinne fallen.«[180]

Den drei zitierten Fabel-Definitionen ist einzig der Wahrheitsbegriff gemeinsam, in den näheren Bestimmungen dieser Wahrheit weisen sie gewisse Unterschiede auf. Faßt man die Definitionen zusammen, so müssen die Wahrheiten *gegründet, moralisch* und *nützlich* sein. Engt Gottsched die »allgemeinen philosophischen Wahrheiten«, deren Mitteilung Aristoteles der Poesie zubilligt,[181] zwar auf einen Teilbereich ein, so geht Fuhrmann doch in seiner Behauptung, die Kategorie des ›Philosophischen‹ verenge sich bei Gottsched zum »moralischen Lehrbuch«, zu weit, folgt dem allgemeinen Vorurteil.[182] Philosophie ist, wie jedes andere wissenschaftliche Lehrfach, inhaltlichen und institutionellen Änderungen unterworfen. Vergleicht man nun die von Gottsched angesprochenen Wahrheitsdefinitionen mit den im V. Kapitel dargestellten Wissenschaftssystemen des ersten Drittels des 18. Jahrhunderts, so zeigt sich, daß die Definitionen exakt die Lehrziele der sogenannten praktischen Philosophie umschreiben, wie sie von Thomasius, Budde, und besonders von Christian Wolff kanonisiert wurde. Wolff faßte unter ›Praktischer Philosophie‹ die »allgemeine praktische Philosophie« (Philosophia practica universalis – inklusive des Natur- und Völkerrechts), »Sittenlehre« (Ethik), »Haushaltungslehre« (Ökonomik) und »Staatskunst« (Politik) zusammen – also genau den Bereich, den Gottsched mit »Wahrheiten« (= allgemeine praktische Philosophie), »moralischen Wahrheiten« (= Ethik oder Moral) und

---

178 Der Biedermann, Bd. 1, S. 57.

179 Die bekannte Formulierung stammt aus Gellerts Fabel »Die Biene und die Henne«, V. 51f., in: Chr. F. Gellert: Fabeln und Erzählungen ed. Scheibe, S. 128; ähnlich Triller: Neue Aesopische Fabeln. Hier wird dem Fabeldichter auferlegt, »scherzhaft, unter Bildern, / Den Ernst der Wahrheit abzuschildern.«

180 Der Biedermann, Bd. 2, S. 57; ebd., S. 123. Zur Funktion der Dichtung, eine »Art der Nachhilfe für Unaufgeklärte«, Siegrist: Das Lehrgedicht, S. 12ff. Poesie als ›Philosophie der Unstudierten‹ propagiert Gottsched auch in den »Vorübungen der lateinischen und deutschen Dichtkunst«, S. 55. »Die Poesie soll nämlich die Philosophie der Einfältigen sein, die durch Fabeln und Nachahmungen zugleich ergetzet und belehret werden müssen.« Übereinstimmend Breitingers »Critische Dichtkunst«, Bd. 1, S. 8f.

181 Aristoteles: Poetik, Kp. 9.

182 Fuhrmann: Einführung in die antike Dichtungstheorie, S. 261; vgl. S. 266f.

»nützlichen Wahrheiten« (= Politik und Ökonomik) angibt.[183] Mit der Bemerkung, daß diese Wahrheiten »gegründet« sein müßten, berücksichtigt Gottsched die Wolffsche Fundierung der gesamten Philosophie durch die Logik in gebührendem Maße. Gottscheds Definition des philosophischen Zwecks der Poesie greift also, ganz im Rahmen der Wissenschaftsanschauung seiner Zeit bleibend, den institutionalisierten Lehrkanon der Philosophie auf. Poesie dient demnach der *Vermittlung praktischer Philosophie,* wozu sie ihr »sinnliches«, aus konkreten, leicht verständlichen Bildern und Handlungen bestehendes Wesen besonders prädestiniert. Gegenüber der primären Funktion, Wahrheit zu vermitteln, bedeuten die attributiven Bestimmungen lediglich sekundäre Bestandteile. Wenn dabei Moral oder Ethik gleichwohl eine wesentliche Rolle spielen, so liegt dies an der seit Thomasius zunehmenden Ethisierung der Klugheitslehre. Doch darf über der – selbstverständlich auch aus apologetischen Zwecken – immer wieder hervorgehobenen Moralität nicht die Allgemeinheit der praktischen Lehren (anders versteht die zeitgenössische Philosophie ›Wahrheit‹ nicht[184]) vernachlässigt werden. Die ganze praktische Philosophie der Zeit zielte letztlich ja auf eine ethisch fundierte Pragmatik, und so ist der Austausch der Einzelbezeichnungen, die vertretende Benennung aller Bereiche durch einen, durchaus nichts Ungewöhnliches (»Moral« bezieht dann die Nachbardisziplinen, besonders die Verhaltensklugheit mit ein).

Gottscheds Insistieren auf der Vermittlung von Wahrheit und Moral durch die Poesie ist fast notwendige Konsequenz seiner Bildungskonzeption und der damit verbundenen Abkehr von der Weiseschen Gelegenheitsdichterei. Anders als für Weise[185] stellt für Gottsched die Poesie nicht mehr ein Instrument zur Erreichung individueller gesellschaftlicher Zwecke, zum persönlichen Erfolg (Effect) dar, sondern sie hat eine allgemein-gesellschaftliche Funktion, die ihr einen sozial und philosophisch ›zureichenden‹ Grund verleiht: die *Popularisierung philosophischer Wahrheiten.*

Mit der Umwandlung der Poesie aus einem utilitaristischen Karriereinstrument in ein Medium praktischer Philosophie geht eine Rangerhöhung im Kanon der ›gelehrten‹ Disziplinen einher.[186] Erst als die apologetische Tendenz, die Notwendigkeit einer (sozial und philosophisch) kombinierten Legitimation nicht mehr vonnöten war, konnte Baumgarten darangehen, das philosophische Prinzip noch stringenter als Gottsched durchzusetzen, indem er das Schöne als Erkenntnisform bezeichnet, also nicht mehr praktische, sondern theoretische Philosophie zum Ausgangspunkt seiner Definition (Wesensbestimmung) wählt.

Daß Lehre *und* Besserung[187] Ausdruck und Konsequenz des von der prakti-

---

[183] Zum Nützlichkeitsdenken bei Gottsched in Rhetorik und Dichtung Grosser: Gottscheds Redeschule, S. 20.

[184] So auch Rieck: Gottsched, S. 184, der die Austauschbarkeit der Begriffe ›Wahrheit‹ und ›Lehre‹ feststellt; z. B. CD (1751), S. 157 (»moralische Wahrheit«).

[185] Fischer: Gebundene Rede, S. 247.

[186] Ulrich: Das Lehrgedicht, S. 99.

[187] CD (1730), S. 141; vgl. hier Anm. 163. Zahlreiche Hinweise enthält das zehnte Kapitel »Von Tragödien oder Trauerspielen« auf den moralischen Lehrsatz.

schen Philosophie gelehrten Wahrheitsbegriffes sind, geht auch aus anderen Zeugnissen hervor.[188] Schon in den »Tadlerinnen« weist Gottsched auf das enge Verhältnis von Wahrheit und Tugend hin.

»Hat jemand die Wahrheit lieb gewonnen, so wird sie ihm selbst die Schönheiten ihrer Schwester, der Tugend, solange anpreisen, bis er sie gleichfalls zu ehren und zu lieben anfängt. Die Tugend hergegen will von niemandem verehret seyn, als von dem, der vorhin ihre ältere Schwester geliebet hat.«[189]

Die in der CD und den übrigen Lehrbüchern verwendete Zweckbestimmung findet sich auch in anderen einschlägigen Schriften Gottscheds, besonders in den Reden. Die von aufklärerischem Impetus beseelte Gedächtnisrede auf Martin Opitz von 1739 bietet in nuce dasselbe Bild wie die theoretischen Ausführungen Gottscheds.[190] Die Wissenschaft soll kein Geheimnis einer kleinen Kaste sein, wie im alten Ägypten. Wer »gute Schriften« in seiner Muttersprache abfaßt, macht sich um die Ausbreitung von »Gelehrsamkeit und Wissenschaft« unter die nichtgelehrten Schichten des Volkes, die unstudierten Nichtlateiner, besonders verdient. Unter den »nützlichen und erbaulichen Schriften«, die den »ganzen übrigen Haufen der Einwohner unsers Vaterlandes« – nach Gottsched der »größte und edelste Teil eines Volkes« – aus »wüster Barbarei« herausziehen, nehmen die »sinnreichen«, durch »witzige Gedanken« und »geistreiche und lebhafte Schreibart« ausgezeichneten Schriften einen hervorragenden Rang ein.

»So ist auch ein geistreiches Buch, wo viel witzige Einfälle die nützlichsten Wahrheiten zieren und wo die erbaulichsten Lehren in einer sinnreichen und schönen Schreibart vorgetragen werden, allen andern Schriften vorzuziehen, wo nur ein trockener Vortrag ohne Lebhaftigkeit und Anmut herrschet.«[191]

Homer, Vergil, Pindar, Horaz stehen darum höher als Aristoteles, Varro, Euklid oder Vitruv, da sie ein größeres Publikum ansprechen; und Plato, Cicero, Theophrast und Seneca haben sich deshalb um eine schöne Schreibart bemüht, um »durch die Künste der Dichter und Redner ihre an sich trocknen Wahrheiten auszuschmücken.«[192] Opitz' Gedichte sind nutzvoll, anmutsvoll, sinnreich und geisterfüllt, lehrreich und witzerfüllt; sie enthalten die »vortrefflichsten Lehren und Wahrheiten, die je ein deutscher Mund ausgesprochen und ein deutscher Kiel

---

[188] Vernünftige Tadlerinnen, Bd. 2, S. 130. »Die Gelehrsamkeit ist gleichfalls eine Sache, die dem menschlichen Geschlechte fast unentbehrlich ist. Ich verstehe dieses aber wiederum von einer wahren Gelehrsamkeit, welche nicht weniger die Tugend als das Wissen zum Endzwecke hat.« Vgl. Gaede: Poetik und Logik, S. 106.

[189] Vernünftige Tadlerinnen, Bd. 2, S. 169f.

[190] Gedächtnisrede auf Martin Opitzen von Boberfeld, in: J. Chr. Gottsched: Schriften zur Literatur ed. Steinmetz, S. 212–238.

[191] Ebd., S. 226. Vgl. Gottscheds Ode »Daß die Poesie am geschicktesten sey, die Weisheit unter den rohen Menschen fort zu pflanzen. Womit in der Deutschen Gesellschaft zu Leipzig der Preis der Dichtkunst erhalten worden. Den 7 Oct. des 1733 Jahres.« In: Gottsched: Ausgewählte Werke ed. Birke, Bd. 1. Gedichte und Gedichtübertragungen, S. 103–116.

[192] Gedächtnisrede auf Martin Opitzen, S. 227.

zu Papier gebracht hat.«[193] Da sie zugleich »erbaulich« und »angenehm« ist, belehrt und belustigt, eignet sich die Poesie für »Gelehrte und Ungelehrte«.[194]

Lehre und Besserung – die zwei genannten Zweckbestimmungen der Poesie – charakterisieren Gottscheds vom frühaufklärerischen Optimismus getragene Auffassung, Poesie sei ein Vermittlungsinstrument allgemeiner praktischer Wahrheiten und diene dadurch der *Tugenderziehung*. Für die vernunftgläubigen und pädagogisch engagierten Frühaufklärer verstand es sich von alleine, daß der Wahrheitserkenntnis die Umsetzung in individuelles – moralisches – Verhalten zu folgen habe.

Der Dichter muß, folgert Gottsched daraus, um durch seine Fabeln Wahrheit und damit Tugend zu fördern, ein Weltweiser, ein Philosoph sein.[195] Im übrigen steht diese Zweckbestimmung Gottscheds nicht allein. Auch Breitinger betont in seiner »Critischen Dichtkunst« die Aufgabe der Poesie, Wahrheiten zu verbreiten, zu popularisieren.[196] Natürlich darf bei dieser Indienststellung der Poesie für außerästhetische Zwecke der gesellschaftliche Grund nicht außer acht gelassen werden, die apologetische Absicht, die Poesie gegen die vor allem von theologischer Seite jahrhundertlang vorgebrachten Vorwürfe zu verteidigen.[197] Herrmann hat aus den gelegentlichen Widersprüchen, die die Existenz zweier Legitimationsprinzipien mit sich brachte, die Rivalität beider Prinzipien behauptet und den mimetischen Grund der lehrhaften Tendenz untergeordnet: »Am docere, nicht an der mimesis hängt bei Gottsched der Wahrheitsanspruch der Poesie.«[198] Eine solche Behauptung ergibt sich als Konsequenz aus dem von Herrmann angenommenen regulativen Naturbegriff. Eine Aufgliederung in primäres Ziel ›moralische Wahrheit‹ und sekundären Zweck ›Naturnachahmung‹ ist nur möglich, wenn man Natur ganz formalistisch auffaßt.

Tatsächlich entspricht jedoch die philosophische Zweckbestimmung, Poesie sei Vermittlungsinstrument praktischer Philosophie, völlig der philosophischen Wesensbestimmung, Poesie sei Naturnachahmung, wenn man den substantiellen Naturbegriff, der für Gottsched erwiesen ist, zugrundegelegt. Danach ist die Nachahmung der (vollkommenen) Natur identisch mit der Vermittlung praktischer philosophischer Wahrheiten, weil beide Objekte, vorbildliche Natur und nachgebildete Fiktion, dieselbe logische (Verknüpfungs-)Struktur, dieselben teleologischen (moralischen und nützlichen) Bestimmungen aufweisen. Die gelegentliche Überordnung der Zweckbestimmung über die Wesensbestimmung dient

[193] Ebd., S. 227, S. 234, S. 238.
[194] CD (1751), S. 169.
[195] CD (1751), S. 790. Die Poesie wird also aus der ancilla orationis zur ancilla philosophiae.
[196] Breitinger: Critische Dichtkunst, Bd. 1, S. 125.
[197] Dazu Freier: Kritische Poetik, S. 56–64.
[198] Herrmann: Naturnachahmung S. 133. Zum Verhältnis Mimesis – Lehrsatz s. H. M. Wolff: Die Weltanschauung der deutschen Aufklärung, S. 144f.; er hält die Wahrscheinlichkeit nur für ein Mittel der Morallehre. Zum Widerspruch zwischen Vernünftigkeitsfundament und Publikumswirksamkeit, zwischen moralisch nützlichem und vernünftigwahrem Aspekt in Gottscheds Poetik-Konzeption nun Wetterer: Publikumsbezug und Wahrheitsanspruch.

ausschließlich der Absicht, die mit der (vollkommenen) Natur unvereinbaren ›wunderbaren‹ Erfindungen abzuwehren, deren Unwahrscheinlichkeiten manchen Lesern nicht in die Augen gefallen wären, also in Fällen, wo mit Hilfe der (problematischen) »hypothetischen Wahrscheinlichkeit« gar deren Wahrscheinlichkeit hätte erwiesen werden können. Eine generelle Priorität des Zweckprinzips ließe sich allenfalls darin erkennen, daß es die Art der Naturnachahmung als Mimesis der ›vollkommenen‹ Natur prägt, also selegierende Funktionen übernimmt. Dennoch ist Vorsicht gegenüber dem Gegeneinander-Ausspielen beider Prinzipien geboten. Gottscheds Infragestellung des reinen Lehrgedichtes als Poesie erweist ja gerade den Rang der Mimesis als des die poetische Wahrheit konstituierenden Prinzips, während die Lehre der Poesie lediglich außerästhetische Legitimation verleiht: Die *Lehrgedichte* sind »eigentlich« keine Gedichte, »weil sie nichts gedichtetes, das ist, keine Fabeln sind.«

> »Es sind philosophische Abhandlungen gewisser Materien, Vernunftschlüsse, Untersuchungen, Muthmaßungen der Weltweisen, Ermahnungen zur Tugend, Trostreden im Unglücke; aber keine Gedichte, keine Nachahmungen der Natur.«[199]

Den Lehrgedichten bleibt die poetische Legitimation nur äußerlich – als Erfüllung traditioneller Formpostulate. Sie fallen damit unter die von Gottsched verworfene Definition der Poesie als »oratio ligata«.[200] Tatsächlich hängt der Wahrheitsanspruch der Poesie, ihr Anspruch, Teil einer philosophisch definierten Wissenschaft zu sein, an Lehre und Mimesis; denn moralich-praktische Lehre kann nur die Dichtung leisten, die ihre Fiktion als wahrscheinlich begründet und widerspruchsfrei darstellt.

Gottscheds Bezeichnung der Poesie als einer *Wissenschaft* liegt durchaus im Rahmen der humanistischen Poetik-Tradition. Dennoch kommt seiner Einschätzung eine kulturgeschichtliche Bedeutsamkeit zu. Zum einen hatte er gegen die alten theologischen Vorurteile zu kämpfen, gegen die Opitz und seine Nachfolger schon die Poesie mühsam verteidigen mußten, zum andern mußte Gottsched die ›eigentliche‹ Poesie von der Hauptmasse der kaum mehr gelehrt zu nennenden Gelegenheitspoesie abgrenzen. Sie vor allem hatte zum ständigen wachsenden Mißkredit der Dichtung überhaupt beigetragen. Zum dritten schließlich, und dies war zugleich die schwerste Aufgabe, mußte Gottsched die Wissenschaftlichkeit der Poesie selbst beweisen, und zwar die Wissenschaftlichkeit im neuen, durch Wolff eingeführten philosophischen Sinne. Die drei Oppositionssysteme, gegen die Gottsched anzugehen hatte, erklären das Nebeneinander traditionalistischer (dem artistischen Kanon entnommener), moralischer und philosophischer Argumente. Das eigentlich Neue an Gottscheds Poetik ist daher der Versuch, die Poesie in das neue Wissenschaftsparadigma der durch Wolff logisch gegründeten

---

[199] CD (1751), S. 575; vgl. CD (1730), S. 72f.

[200] Lediglich aufgrund konventioneller Systematik haben sie ihren Platz in der Poesie, wie auch Oden, Elegien und heroische Briefe, denen nur selten eine Fabel zugrunde liegt. Die Ausklammerung der Lyrik ist eine Hauptschwäche von Gottscheds Nachahmungsprinzip.

Disziplinen einzuführen. Daher die nicht widerspruchsfreien Mühen, mit Hilfe von Regeln und Beweisen wenigstens einen der Demonstration sich nähernden Gewißheitsgrad zu erreichen. Die von Gottsched vorgenommene philosophische Begründung der Poesie hatte indes für deren Institutionalisierung im Wissenschaftskanon gravierende Folgen: An die Stelle des noch im politisch-iudiziösen Zeitraum geltenden (genuin rhetorischen) Lernziels der institutionalisierten Poesie: Sprachausbildung und Ausdrucksbeherrschung, setzte Gottsched eindeutig die Wahrheitsvermittlung. Damit rückte die Poesie von der Stufe einer Instrumentalwissenschaft in den voll anerkannten Rang einer *philosophischen Disziplin* auf, ohne allerdings den Status einer Beschäftigung für die Nebenstunden abzulegen.[201] Dem ›politischen‹ Denken bedeutete die Verskunst ein leicht handhabbares Mittel, um außerpoetische Zwecke zu erreichen. Seit Gottscheds Versuch, Poesie philosophisch zu bestimmen und auf Erkenntnisvermittlung zu verpflichten, begann der Dichtkunst die Würde, die Opitz ihr einst verschafft hatte, erneut zuzufließen. Für den Dichter selbst hatte diese Aufwertung oder Umwertung ebenfalls Folgen. Abgesehen von der verstärkten Bedeutung, die in seinem Bildungsgang die Philosophie einnahm, ergaben sich auch Konsequenzen für die übrigen Voraussetzungen des Dichters.

2. Konsequenzen der philosophischen Poetik-Konzeption für den ›gelehrten Poeten‹

2.1 Gottscheds Gelehrsamkeitsforderungen an den Poeten in der »Critischen Dichtkunst«

Gottscheds Dichtungsverständnis stellt keinen prinzipiellen Bruch mit der Tradition ›gelehrter Poesie‹ dar, berücksichtigt jedoch die wissenschaftlichen Entwicklungen. Zu undifferenziert ist die Ansicht, die bloße Aufnahme von Gelehrsamkeitspostulaten reihe Gottsched bereits in die neulateinische und neusprachliche Gelehrtenpoesie ein – »durch die Auffassung der Poesie als eines bloßen angeneh-

[201] Zur Aufwertung der Poesie äußert sich Kästner: »Den deutschen Philosophen zeigte Gottsched, glaube ich, zuerst, daß man Philosophie und schöne Wissenschaften verbinden könne. Denn weil die damaligen Philosophen nur dachten, oder eigentlich: zu denken glaubten, und nicht empfanden, so hatten sie diese Wahrheit in Leibnitzens Schriften nicht gefühlt, und in Wolf's Metaphysik entdeckte erst lange darnach ein scharfsinniger Geist die Anfangsgründe der Aesthetik.« Kästner: Gesammelte Werke, Bd. 2, S. 171; vgl. Gottsched: Neuer Büchersaal, Bd. 1, Vorrede, S. 7. Danach bestehen die schönen Wissenschaften und freien Künste aus Dichtkunst, Beredsamkeit, Geschichte, Altertümern, Musik, Malerkunst und Sprachkunst. Zu Gottscheds Eingliederung der ›Ästhetik‹ in die Philosophie der Aufklärung H. M. Wolff: Die Weltanschauung der deutschen Aufklärung, S. 142f. Zur Nebenstunden-Poesie vgl. Vorrede zur ersten Auflage der CD (1730): »Da ich übrigens die Poesie allezeit vor eine Brodtlose Kunst gehalten, so habe ich sie auch nur als ein Neben-Werck getrieben und nicht mehr Zeit darauf gewandt, als ich von andern ernsthafftern Verrichtungen erübern konnte.«

men Zeitvertreibs und als einer Art von Gelehrsamkeit« gehöre er »noch ganz der alten Zeit« an.[202] Dies ist nur scheinbar der Fall. Gottsched denkt zwar von vorneherein an ›gelehrte Poesie‹,[203] jedoch auf der Basis der neudefinierten Gelehrsamkeit, einerseits durch Einbezug naturwissenschaftlich-empirischer Tendenzen, die sich als mimetische Grundstruktur von Poesie manifestieren, andererseits durch logische Fundierung der poetischen Fiktion. Gottscheds eigene wissenschaftliche Beschäftigung als Naturwissenschaftler – in der Vorrede zur Weltweisheit kündigt er etwa eine Übersetzung von Tschirnhaus' »Medicina mentis« an[204] – und als Philosoph in der Wolff-Nachfolge garantieren diese beiden ›modernen‹ wissenschaftlichen Tendenzen. So versteht er Realität im Sinne vernunftgemäßer Ordnung, und Realitäten im Sinne von ›Bestandteilen einer logisch aufgebauten Welt‹. *Realien* sind also nicht mehr, wie bei den Denkern der iudiziösen Phase, lediglich Urteile und Räsonnements, sondern *logisch begründete Einsichten,* die sich zur Fabel, zur logisch verknüpften Handlung, zusammensetzen.

Die empirisch-logozentrische Prägung von Gottscheds Poesieideal[205] läßt sich an den *Vorlieben* und *Abneigungen* in gleichem Maße ablesen wie an den Regelforderungen selbst. Wie andernorts wendet Gottsched sich mehrfach in der CD gegen die falsche Gelehrsamkeit, die für ihn sowohl in der Lohensteinischen Hyperbolik als auch in der Weiseschen Reduktionsform gegeben war. Die Anhänger der hochbarocken Schlesier »stopften insgemein ihre Sachen auf gut lohensteinisch, ja noch weit ärger, voller Gelehrsamkeit«.[206] Die mit »lauter falschen Gedanken« und »weithergesuchter Gelehrsamkeit« bepackten »Putzwerke« sollten nach ihrer Meinung auch noch »mit dem herrlichen Namen der Realien beehrt« werden.[207] Noch im »Handlexicon« von 1760 macht Gottsched insbesondere die »schwulstigen und hochtrabenden«, mit »gar vieler Schulgelehrsamkeit vollgepfropften« Werke Lohensteins für den Gelehrsamkeitsverfall verantwortlich. Seine Trauerspiele etwa enthalten so viele »gelehrte Sachen« und »Anspielungen«, daß sie ohne die Anmerkungen unverständlich und folglich ungespielt

[202] Braitmaier: Geschichte der Poetischen Theorie, Bd. 1, S. 45. Braitmaiers Behauptung, die für die traditionelle Einschätzung Gottscheds symptomatisch ist, übersieht die von Gottsched vorgenommene Anpassung des Poesiekonzepts an die wissenschaftsgeschichtliche Entwicklung; ebenso in diese Kerbe haut die Bemerkung, »für den verzopften Gelehrtendünkel« sei es »besonders bezeichnend, daß der Dichter auch alle Wissenschaften und Künste verstehen muß.« Ebd., S. 99.

[203] Zum Ideal ›gelehrter Poesie‹ äußert sich Gottsched auch gegenüber Breitinger in einem Schreiben vom 30. Oktober 1739: Barthold Hinrich Brockes finde Beifall nur »bey andächtigen Matronen, unstudirten Bürgern und Landleuten« – ein Grund für Gottsched, ihn, wie auch Johann Ulrich von König abzulehnen; zitiert nach E. Wolff: Gottscheds Stellung im deutschen Bildungsleben, Bd. 2, S. 239.

[204] Weltweisheit, Bd. 2, Vorrede.

[205] Als Nachlese zur Kontroverse zwischen Birke und Herrmann s. Rieck: Gottsched, S. 166ff.

[206] CD (1751), S. 138.

[207] CD (1751), S. 371. Auch Bodmer und Breitinger sprechen sich selbstverständlich gegen die Realien im alten Sinne aus. Bodmer/Breitinger: Von dem Einfluß und dem Gebrauche der Einbildungs-Krafft, S. 18.

bleiben.[208] Formal äußert sich diese Gelehrsamkeit in »verblümten Reden« und »schwülstigen Ausdrückungen«[209] – sie stellen, wie die üppigen Gleichnisse, die Exempel und die allen Personen in den Mund gelegte Belesenheit einen Verstoß gegen die Wahrscheinlichkeit der Charaktere dar.[210]

Die herkömmliche – humanistische – Realiengelehrsamkeit steht für Gottsched geradezu im Widerspruch zur Mimesisforderung. Ihre Ablehnung erklärt auch Gottscheds Opposition gegen die ›gelehrte‹ Poesie, die nur mit Hilfe von Anmerkungen verstanden werden kann.[211] Ebenfalls fällt unter Gottscheds Verdikt eine seichte, ohne philosophische Basis geschriebene Dichtung – wie sie Christian Weises antikeferne Poesie verkörpert.[212]

Für sein empirisch-mimetisches und logisch strukturiertes Poesie-Modell propagiert Gottsched die *›natürliche Schreibart‹*, deren Maximen Deutlichkeit, Leichtigkeit, Klarheit, Verständlichkeit sind.[213] Die Gedanken bedingen die Worte und die Wortverknüpfungen. Bereits im »Biedermann« stellt Gottsched die Maxime auf: »Alle die schön geschrieben haben, haben auch wohl gedacht«;[214] sie kehrt leicht variiert in der CD wieder: »Kein Mensch kann besser schreiben, als er vorher gedacht hat«.[215] Für die gesamte Epoche der Aufklärung behalten diese Postulate über den logischen Zusammenhang des Denkens mit dem sprachlichen Ausdruck ihre Geltung. In der Sprachreinigung erblickt denn auch Abraham Gotthelf Kästner eines der Hauptverdienste Gottscheds.[216] Die von Gottsched geforderte Gelehrsamkeit kann also nicht identisch sein mit der von den traditionellen ›gelehrten Poeten‹ und den barocken Poetiken propagierten Gelehrsamkeit. Es liegt, wenn man diese Differenz der Gelehrsamkeitsinhalte berücksich-

---

[208] Handlexicon, S. 1027f.

[209] CD (1751), S. 278; vgl. Windfuhr: Barocke Bildlichkeit, S. 424f.

[210] »Hergegen Lohenstein und Seneca sind fast überall voll davon: wodurch denn abermal ihre Schreibart die unnatürlichste von der Welt wird. Eben das ist von der Gelehrsamkeit und Belesenheit zu merken, welche diese beyden Tragödienschreiber ihren Personen zu leihen pflegen. Sie schicket sich für dieselben durchaus nicht, zumal wenn sie im Affecte reden; und könnte an bequemere Örter versparet werden.« CD (1751), S. 623.

[211] Handlexicon, S. 1028.

[212] Ebd., S. 1642f. Zum Verhältnis Gottsched-Weise s. M. Kaiser: Mitternacht, Zeidler, Weise. Das protestantische Schultheater, S. 171f. Vgl. CD (1751), S. 257, S. 642. Schaefer: Das Gesellschaftsbild, S. 145f. deutet Gottscheds Stilideal als Weiterentwicklung der von Weise eingeleiteten Tendenz.

[213] Gottscheds Stilideal Waniek: Gottsched, S. 137ff.; Markwardt: Geschichte, Bd. 2; Schwind: Schwulst-Stil, S. 205ff. Allgemein wurde Gottsched ein Verdienst um Sprachreinigung zuerkannt; typisch dafür die Würdigung bei Jöcher-Adelung, Bd. 2 (1787), Sp. 1544. »Indessen hatte doch Gottsched das Verdienst, daß er nach langer Zeit zuerst wieder Aufmerksamkeit auf die Reinigkeit und Richtigkeit der Sprache verbreitete, so incorrect und platt er auch selbst schrieb, und den guten Geschmack nach den Regeln des Schönen und nach den Mustern der Alten empfahl, so wenig er auch selbst beyde befolgen konnte.«

[214] Der Biedermann, Bd. 2, S. 123. Dazu vgl. Schimansky: Gottscheds deutsche Bildungsziele, S. 155f.

[215] CD (1751), S. 346.

[216] Kästner: Gesammelte Werke, Bd. 2, S. 165f.

tigt, kein Widerspruch vor zwischen der Gottschedschen Gelehrsamkeitsforderung und der Verurteilung gelehrter poetischer Praktiken.

Gottsched gesteht der Gelehrsamkeit eine andere Funktion zu als die Barockpoetiker. Bei ihnen sorgte die Gelehrsamkeit vor allem für die Ausschmückung des Themas, für die Masse der Argumente, der Realien und der poetischen Wendungen, war also trotz ihrer Zugehörigkeit zum Sektor der inventio stark formal geprägt. Ihre tatsächlich dominante Verwendung in der elocutio bestätigt diesen Sachverhalt. Gottsched dagegen ordnet die Gelehrsamkeit dem Mimesispostulat unter; sie fungiert ihm als Mittel, die Nachahmung der Natur möglichst getreu und wissenschaftlich nachprüfbar zu leisten. Konsequent müßte sich aus der mimetischen Wesensbestimmung die Forderung ergeben, der Poet müsse alle *die* Wissenschaften sich aneignen, die zur Erkenntnis der Natur förderlich sind, also in erster Linie Naturwissenschaften, Psychologie (menschliche Natur) und Mathematik (zur Erkenntnis der logischen Struktur der Begebenheiten). Auch für die naturgegebenen Fähigkeiten müßten sich aus der mimetischen Forderung Konsequenzen ergeben, schließlich auch für das Verhältnis von natura und doctrina selbst.

In der CD widmet Gottsched dem Poeten zwei Kapitel. Im Kapitel »Von dem Charactere eines Poeten« versucht er, die Tradition dem ›mimetischen‹ Entwurf zu ›versöhnen‹, im Kapitel »Vom guten Geschmacke eines Poeten« bringt er einen zusätzlich von der neueren poetologisch-ästhetischen Diskussion aufgebrachten Gesichtspunkt in das im anderen Kapitel lediglich modifizierte Schema natura-ars ein.

Insbesondere das allgemeine Kapitel über den Charakter des Poeten bedarf einer genaueren Analyse, da hier die Neuerung weniger ins Auge fällt als im Geschmacks-Kapitel. Fuhrmann hat ja behauptet, außer den Reflexionen über die poetische »Beobachtungs- und Kombinationsfähigkeit« enthalte das Kapitel »den gewöhnlichen Katalog erwerbbarer Voraussetzungen.«[217] Auskunft über den Poeten und seine natürlichen und wissenschaftlichen Voraussetzungen (seinen »Charakter«) gibt am besten der Kritiker, der von den freien Künsten philosophierende Gelehrte. Aus der Bestimmung der Poesie als einer Nachahmung der Natur, insbesondere der ›menschlichen Handlungen‹[218] folgt die Definition des Poeten als eines »geschickten Nachahmers aller natürlichen Dinge«. Die erforderlichen Fähigkeiten[219] und Kenntnisse sind aus dieser Definition abgeleitet; sie stehen im Dienste der Mimesis.

---

217 Fuhrmann: Einführung in die antike Dichtungstheorie, S. 260.

218 Die nachzuahmende Natur ist für Gottsched in erster Linie die Natur des Menschen, erst in zweiter Linie das »Außermenschlich-Objektive«. Bruck, Feldmeier, Hiebel, Stahl: Der Mimesisbegriff Gottscheds und der Schweizer, S. 569. Menschliches Handeln gilt als wichtigster poetischer Gegenstand.

219 CD (1730), S. 82. Zu den Charakteristika des Poeten Rieck: Gottsched, S. 159ff.; Schimansky: Gottscheds deutsche Bildungsziele, S. 173ff.

(1) Naturell

Der Poet braucht als Grundvoraussetzung ein »gutes und zum Nachahmen geschicktes Naturell«. Schon in den »Vernünftigen Tadlerinnen« hatte Gottsched auf die Bedeutung des Naturells hingewiesen, das den wahren Dichter vom bloßen Versmacher unterscheidet.[220]

> »Es gehört dazu eine mehr als gemeine Geschicklichkeit, ein sonderbares Naturell, ein richtiger, durchdringender, gründlicher und allgemeiner Verstand: ein [!] fruchtbare, lebhafte und lautere Einbildungskraft. Diese hohe Gabe wird weder durch die Kunst, noch durch das Studiren zu wege gebracht. Sie ist schlechterdings ein Geschenk des Himmels, und zeiget einen grossen Geist an.«[221]

In der CD präzisiert Gottsched diese Angaben. Er reduziert den göttlichen Trieb vollständig auf das »gute Naturell«, das infolge der konsequenten Rationalisierung furor poeticus bzw. poetischen Enthusiasmus und natura zusammenfaßt.[222] Das »gute Naturell« oder der »fähige Kopf« setzt sich aus verschiedenen einzelnen »natürlichen Geschicklichkeiten« zusammen, aus Witz, Scharfsinnigkeit und Einbildungskraft, die Gottsched weniger als Wolff in ein Unterordnungsverhältnis bringt.[223] Wolff hatte den Witz ja als eine aus Scharfsinnigkeit, Einbildungskraft und Gedächtnis[224] zusammengesetzte Eigenschaft definiert[225] (Kap. VI. 3.1.). Obwohl Gottscheds Formulierung in der CD den drei Vermögen Einbildungskraft, Scharfsinn und Witz relative Selbständigkeit zuzubilligen scheint,[226] übernimmt er doch den von Wolff stammenden *Witzbegriff* vollständig und definiert ihn als eine »Gemüths-Krafft«, »welche die Ähnlichkeit der Dinge *leicht* wahrnehmen und also eine Vergleichung zwischen ihnen anstellen kan.«[227] Faktisch bildet der Witz auch bei Gottsched den Oberbegriff für Scharfsinn und Einbildungskraft. Die *Scharfsinnigkeit* (acumen) ist das »Vermögen der Seelen«, an den Gegenstän-

---

220 Zur Abgrenzung Versmacher – wahrer Dichter s. Vorübungen zur lateinischen und deutschen Dichtkunst, S. 161; Vernünftige Tadlerinnen, Bd. 1, S. 389ff. Der wahre Dichter unterscheide sich vom Versmacher »durch eine poetische Erfindungskraft, und durch einen lebhaften Witz im Ausdrucke.«

221 Vernünftige Tadlerinnen, Bd. 2, S. 61.

222 CD (1730), S. 86f. Das Göttliche ist »eine besondere Fähigkeit einer menschlichen Seelen.« Vernünftige Tadlerinnen, Bd. 2, S. 135.

223 Vgl. CD (1730), S. 88. Einbildungskraft, Scharfsinnigkeit und Witz bilden den »Grund« der Geschicklichkeit des Poeten, »den die Natur legt«.

224 Zum Gedächtnis s. Weltweisheit, Bd. 1, S. 476, § 897.

225 Zum Verhältnis von Scharfsinn, Einbildungskraft und Witz bei Wolff, Gottsched und Breitinger Mansfeld: Das literarische Barock, S. 40ff.; besonders zur begrifflichen Verwirrung, S. 47. Witz und Einbildungskraft verschmelzen fast miteinander, auf der anderen Seite rücken Scharfsinn und Beurteilungskraft zusammen.

226 CD (1730), S. 86.

227 Wolff: Deutsche Metaphysik, S. 532, § 858. »Derowegen da die Leichtigkeit die Aehnlichkeit wahrzunehmen der Witz ist; so ist klar, daß Witz aus einer Scharffsinnigkeit und guten Einbildungs-Krafft und Gedächtniß entstehet.« Vgl. ebd., S. 533, § 861; CD (1730), S. 86.

den vieles wahrzunehmen;[228] das *Gedächtnis* sammelt diese Eindrücke, und die zunächst als Reproduktionsvermögen (1) definierte *Einbildungskraft* vergegenwärtigt die ähnlichen Empfindungen, Vorstellungen und Begriffe,[229] oder erweitert die durch den Scharfsinn von den gegenwärtigen Objekten vermittelten deutlichen Begriffe zu allgemeinen Begriffen.

> »Denn indem man sich die Merkmaale eines Dinges, vermöge einer scharfsinnigen Betrachtung, so *klar* vorstellet, so bringt die Einbildungskraft, vermöge ihrer Regel, (892. §.) uns auch die vormaligen Empfindungen von ähnlichen Dingen wiederum hervor. Indem wir nun auf die Aehnlichkeit der vergangenen und gegenwärtigen Begriffe ins besondre sehen, so sondern wir dieselben von dem Unähnlichen ab: und so entsteht ein allgemeiner Begriff, von einer Art oder Gattung.«[230]

Der Witz oder das – wie es in der vierten Auflage heißt – »ingenium et mens divinior«,[231] ein spezielles auf die »Aehnlichkeiten der Dinge« achtendes Vermögen, äußert sich auch in der Einbildungskraft. Der von Gottsched eingeschobene Satz, »welches sich in der Einbildungskraft auch äußert«, ist zur Unterscheidung der zwei Typen kombinatorischer Einbildung (2), die über das Reproduktionsvermögen hinausgehen, notwendig.[232] Wie Wolff trennt auch Gottsched zwischen ›leeren Einbildungen‹, Träumen und Phantasien (imaginationes absurdae) auf der einen, und vernünftigen Erdichtungen bzw. Erfindungen (fictiones egregiae) auf der anderen Seite.[233] Im Witz erblickt Gottsched das Vermögen, das die bloße Einbildungskraft in die vernünftige imaginatio combinatoria wandelt und den ›zureichenden Grund‹ für eine vernünftige Erfindung beschafft.[234] Hier fungiert

---

[228] CD (1730), S. 86; CD (1751), S. 351; Weltweisheit, Bd. 1, S. 481. »Die Scharfsinnigkeit ist also eine Kraft der Seele, in kurzer Zeit viel an einem Dinge wahrzunehmen; oder eine Fertigkeit, ein Ding sehr geschwinde zu überdenken.« Zur Rolle des acumen als Kontrolle des ingenium s. Servaes: Die Poetik Gottscheds, S. 46.

[229] CD (1730), S. 86; CD (1751), S. 351; Weltweisheit, Bd. 1, S. 472–478, §§ 887–904.

[230] Weltweisheit, Bd. 1, S. 481f., § 912.

[231] In der vierten Auflage verdeutlicht Gottsched den ingenium-Begriff. CD (1730), S. 86: »oder ein lebhaffter Witz, wie ein Weltweiser sprechen möchte.« CD (1751), S. 102 »[...] möchte: das ist, was oben beym Horaz, Ingenium et mens divinior hieß.«

[232] Weltweisheit, Bd. 1, S. 482, § 914. »Das Vermögen, die Aehnlichkeiten der Dinge leicht wahrzunehmen, welches sich in der Einbildungskraft auch äußert, nennen wir den Witz: und ein witziger Kopf muß also derjenige heißen, der leicht sehen kann; was mit einander übereinkömmt, oder nicht.« Zur kombinatorischen Einbildung ebd., S. 474, § 893, unter Bezugnahme auf die in § 892 formulierte Regel: »vermöge derselben [Regel der Einbildungskraft] muß bei einem ähnlichen Dinge das andre, und bey einem Theile einer vormaligen Empfindung die ganze damalige Vorstellung einfallen.«

[233] Weltweisheit, Bd. 1, S. 475, §§ 894, 895; auch »fictiones absurdae« und bestimmt ihre Herkunft: »Oriuntur secundum regulam imaginationis« im Unterschied zu den »fictiones egregiae«.

[234] Ebd., Bd. 1, S. 475, § 895. Servaes: Die Poetik Gottscheds, S. 48, definiert zutreffend: »Erfindungskraft ist demnach die vom Verstande geleitete imaginatio combinatoria.« Wo der Witz wirkt, d. h. die Einbildungskraft mit einem zureichenden Grund versieht, ist nicht mehr von »Einbildungskraft« zu sprechen, sondern von »Dicht- und Erfindungskraft« (facultas fingendi). Der Witz bildet dann einen Teil der vernünftigen Erfindungsbzw. Dichtkraft.

der Scharfsinn dann über die bloße Wahrnehmung hinaus als Kontrolle der ungezügelten, ins Fantastische ausschweifenden Einbildungskraft.[235] Es versteht sich, daß ein bedeutendes Beobachtungsvermögen auch die Fähigkeit der Ähnlichkeitswahrnehmung verstärkt.[236] In der »Weltweisheit« hat Gottsched den Witz im selben Sinne für die philosophischen Disziplinen definiert und zugleich seine besondere Wichtigkeit für Redner, Poeten, Bildhauer, Musiker und Komödianten hervorgehoben bei ihrem Bestreben, »ihre Kunstwerke der Natur ähnlich, das ist, natürlich schön« machen zu wollen.[237] Aus der Bestimmung der Poesie als einer Naturnachahmung erhellt die zentrale Bedeutung des Witzbegriffes. Eben indem er auf das Ähnlichkeitsverhältnis zwischen Nachahmung und Natur achtet, garantiert er die Einhaltung des mimetischen Prinzips. Der Witz konstituiert geradezu die von der prosaischen strikt abgegrenzte poetische Schreibart.[238]

Auch bei Gottscheds *Erdichtungsbegriff,* der auf der imaginatio combinatoria beruht, darf nie die rationalistische Struktur aus dem Blick geraten. Mit der auf dem Fantasiebegriff aufbauenden Ästhetik haben daher Gottscheds Ausführungen über die ›Erdichtung‹ nichts gemein. Die Erdichtung ist eine Untergruppe der Erfindungskunst, der Fertigkeit, aus bekannten unbekannte Wahrheiten herzuleiten. Ein sprechendes Beispiel einer »Erdichtung« (fictio) ist der in der »Weltweisheit« diskutierte Fall:

> »Als z. E. wann sichs fragt, wie man die Verlassenschaft eines Vaters eintheilen solle, der eine schwangere Frau und etliche Kinder hinterläßt. Hier darf man nur den Fall erdichten, daß die Frau schon gebohren habe.«[239]

Obwohl Gottsched hier den außerpoetischen Zweck von Fiktionen – ganz ähnlich wie Thomasius in den »Cautelen« – behandelt und bestimmt, eignet der poetischen Fiktion grundsätzlich dieselbe Beschaffenheit. Was Gottsched zur ›philosophischen‹ Fiktion ausführt, gilt für die poetische Fiktion im gleichen Maße, wie er ausdrücklich betont.

> »Hieraus erhellet aber, daß hiebey auch der Witz nöthig sey, damit man die Aehnlichkeiten der Fälle und Fragen einsehen könne. Es müssen also alle Erfinder witzige, und folglich auch scharfsinnige Köpfe haben (914.§): es wäre denn, daß sie nur anderer Leute Kunstgriffe in ähnlichen Fällen nachahmen wollten. Doch gehört auch hierzu Witz, indem man theils die Aehnlichkeit der Fälle; theils auch die Aehnlichkeit des Musters

[235] Ebd., Bd. 1, S. 481, § 910. Vgl. Wolff: Anmerkungen zur Metaphysik, S. 489f., § 320. »Allein wo keine Scharffsinnigkeit dabey ist / da ist nur ein gemeines Ingenium [...] Hingegen wo sich Scharffsinnigkeit darzu gesellet / da siehet man verborgene Aehnlichkeiten ein / und nimmet der Witz mit der Scharffsinnigkeit und Tieffsinnigkeit zu.«

[236] CD (1730), S. 86. »Je grösser nun diese Scharfsinnigkeit bey einem jungen Menschen ist, je aufgeweckter sein Kopf ist, wie man zu reden pflegt; desto grösser kan auch sein Witz werden, desto sinnreicher werden seine Gedancken seyn. Denn wo man viel Eigenschafften der Dinge angemercket hat [...] da kan man desto leichter die Aehnlichkeit einer solchen Person, Handlung, Begebenheit oder Sache mit andern dergleichen Dingen wahrnehmen.«

[237] Weltweisheit, Bd. 2, S. 322f., § 481.

[238] CD (1751), S. 351.

[239] Weltweisheit, Bd. 1, S. 497, § 949.

mit seiner Nachahmung einsehen muß: wie die Exempel der Maler, Bildhauer, Baumeister, Poeten, Redner und Comödianten solches erweisen.«[240]

Böckmanns Feststellung, der mit »allgemeiner Kombinatorik« definierte Witz-Begriff sei »das eigentliche Formprinzip« Gottscheds, trifft also etwas Wesentliches an der mimetischen Fiktionserzeugung. Er überzieht jedoch die Funktion des Witzes, wenn er die Gottschedsche Poesiekonzeption nach »Gehalt und Form« mit »erbaulicher Absicht« und »Spiel des Witzes« umschreibt.[241] Der Witz ist bei Gottsched keineswegs ein Formprinzip, er fungiert lediglich als menschliches Vermögen zur Herstellung des poetischen Mimesis-Prinzips. Die Fantasie, die ein freies »*Spiel* des Witzes« voraussetzen muß, kam historisch ja erst zur Geltung, nachdem der Witz, der für den zureichenden Grund der Fiktionen sorgt und sie dadurch an die rationale Natur bindet, in seiner Wolffschen Definition aufgegeben oder von der mimetischen auf eine fiktionsimmanente Ebene verlagert wurde.

Das Verhältnis von ingenium und iudicium als gleichberechtigten Bestandteilen des Naturells, wie es die poetologische Tradition vorgab, wurde von Gottsched modifiziert. Einerseits rückt auch bei ihm, in Anlehnung an Wolffs Begriffsdefinition, die imaginatio weitgehend an die Stelle des alten ingenium-Begriffs, andererseits nähert sich das rationalisierte ingenium dem iudicium. Jedenfalls taucht das iudicium nicht explizit als eine dem ingenium gleichgeordnete Eigenschaft des »Naturells« auf. Die Neueinstufung des iudicium ist jedoch eine Konsequenz der logisch-wissenschaftlichen Basis, auf der Gottscheds Poetik gründet.

(2) Verstandeseigenschaften

Die Verwandtschaft beider Begriffe erhellt eine Änderung, die Gottsched in den späteren Ausgaben der CD vorgenommen hat. In der ersten Ausgabe hieß es – anläßlich der Beschreibung der zweiten Nachahmungsart, der Charakterzeichnung – der Witz sei eine wichtige Voraussetzung zur Beobachtung der Wahrscheinlichkeit, da er »diejenige Gemüths-Krafft« sei, »die mit den Aehnlichkeiten der Dinge« zu tun habe und daher »die Abrisse ihren Urbildern ähnlich machen, oder diese in jenen nachahmen« müsse.[242] In den späteren Fassungen parallelisiert Gottsched »Witz« und »Urtheilungskraft« und spricht dieser eine Funktion zu, die in der ersten Ausgabe der Witz allein ausgeübt hatte, nämlich ebenfalls die Beachtung des Ähnlichkeitsverhältnisses. Diese Änderung muß als Verdeutlichung verstanden werden. Es heißt nun:

> »Ich schließe bey dem allen den Witz und die Urtheilungskraft nicht aus: denn jener [früher: dieser] ist diejenige Gemüthskraft, die mit den *Aehnlichkeiten der Dinge* zu thun hat, und folglich auch die Abrisse ihren Vorbildern ähnlich machen, oder diese in jenen nachahmen muß. Ohne diese [nun bezogen auf »Beurtheilungskraft«] hergegen wird man unfehlbar in *den* Fehler verfallen, den dort Kanitz an den meisten unsrer Poeten tadelt«,

---

240 Ebd., S. 497, § 950.
241 Böckmann: Formgeschichte, S. 516f.
242 CD (1730), S. 122f.

in den Fehler, die Ähnlichkeitsbeziehung zur Natur außer acht zu lassen.[243] Die Verteilung der Aufgabe, das Ähnlichkeitsverhältnis zu überwachen, auf zwei Vermögen, deutet den graduellen Unterschied an. Der Witz ist eine Gemütskraft, achtet also auf die »Ähnlichkeit der Dinge« mehr oder wengier unbewußt. Dagegen scheint die ›Beurteilungskraft‹ sowohl deutlichere Erkenntnis der Nachahmungsbeschaffenheit zu gewähren als auch auf die ›zur Sache schicklichen‹ Erfindungen zu sehen; ohne sie gleitet der Poet »unfehlbar« in die ›leere Einbildung‹ ab.[244]

Bei Musterung der *Charaktereigenschaften* betont Gottsched, der Dichter müsse eine starke *Beurteilungskraft* besitzen,[245] um die ungleichartigen »Einfälle« (des Witzes) zu ›richten‹. Die Erläuterung dazu ist verräterisch. In ihr *scheint* Gottsched die Wolffsche Neudefinition des Witzbegriffes fast zu vergessen und Witz-ingenium mit Einbildungskraft-imaginatio, ganz im Sinne der Tradition zu verbinden.

> »Es würde nichts helfen witzig und scharfsinnig zu seyn; wenn der Witz übel angebracht würde, oder gar nicht rechter Art wäre. Eine gar zu hitzige Einbildungs-Krafft macht unsinnige Dichter; dafern das Feuer der Phantasie nicht durch eine gesunde Vernunft gemäßiget wird.«[246]

Zieht man jedoch die »Weltweisheit« mit zur Begriffsbestimmung heran, so läßt sich in die scheinbare Wirrnis der Gottschedschen Terminologie und Systematik einiges Licht werfen.

Der Witz ist, wie Gottsched in allen Definitionen betont, eine »Gemüthskraft«, die Ähnlichkeiten der Dinge *»leicht«* wahrzunehmen. Die Urteilskraft dagegen ist eine Verstandeseigenschaft, die befähigt, Urteile zu fällen, nämlich Erfahrungsurteile und »symbolische Urtheile«.[247] Obwohl es hier fast auf der Hand liegt, Witz, Scharfsinn und Einbildungskraft als »Gemütsvermögen« vom Verstandesvermögen »Beurtheilungskraft« abzugrenzen, trifft Gottsched diese Unterscheidung nicht.

> »Die Kraft unsrer Seelen, sich etwas *deutlich* vorzustellen, nennen wir den *Verstand.* [intellectus] Es ist nämlich diejenige Vorstellung deutlich, wo ich im Stande bin, die Merkmaale anzugeben, daran ich die empfundene Sache *von andern unterscheide.* Und dieses ist ohne Zweifel ein höherer Grad der erkennenden Kraft unsrer Seelen, als wenn wir uns die Dinge *nur klar* vorstellen könnten. Dieses geschieht auch durch die *Sinne* und durch die *Einbildungskraft:* zu jenem aber gehört auch Aufmerksamkeit, Scharfsinnigkeit und Witz; obgleich nicht allemal in sehr hohem Grade.«[248]

---

[243] CD (1751), S. 148, § 6.

[244] Ebd., S. 148. Hier zitiert Gottsched Canitz' Satire »Von der Poesie«, jedoch ungenau. Bezeichnenderweise zitiert Gottsched »Man redt und schreibt nicht mehr, was sich zur sache schicket, / Es wird nach der Natur kein Einfall ausgedrücket [...]«; während es bei Canitz selbst heißt: »Man denckt und schreibt nicht mehr / was sich zur Sache schicket / Es wird nach der V e r n u n f f t kein Einfall ausgedrücket [...]« Fr. R. v. Canitz: Neben-Stunden Unterschiedener Gedichte, S. 64f.

[245] CD (1730), S. 91.

[246] Ebd., S. 91.

[247] Weltweisheit, Bd. 1, S. 487f., §§ 925–927. [248] Ebd., Bd. 1, S. 483, § 915.

Die Sinne und die bloße Einbildungskraft vermitteln eine *klare* Vorstellung der Dinge. Aufmerksamkeit, Scharfsinn und Witz vermitteln einen minderen Grad *deutlicher* Erkenntnis. Im Naturell finden sich also graduell verschiedenartige Erkenntnisvermögen zusammen, die eine leichte, klare und nicht sehr deutliche Wahrnehmung garantieren. Auf wesentlich höherer Stufe steht das ›Beurteilungsvermögen‹, das eine Anzahl weiterer Voraussetzungen wie »Tiefsinnigkeit« (profunditas), »Absonderungskraft« (separatio similium a dissimilibus) u. a. erfordert, um *deutlich* und *klar* erkennen zu können.[249]

Witz und Beurteilungskraft stellen also auf verschiedenem Niveau die Ähnlichkeitsbezüge zwischen poetischer Nachahmung und vorbildlicher Natur fest. In diese Hierarchie läßt sich der *›gute Geschmack‹*, der in der deutschen Poetik einen ganz neuen Terminus bildet, unschwer einordnen.[250] Schon der Dresdener Hofdichter Johann Ulrich von König, dem die Einführung des Begriffes in die deutsche Ästhetik zu verdanken ist, hat in seiner eher zeremonienmeisterhaften, als philosophischen »Untersuchung von dem guten Geschmack« den Geschmack als eine »aus gesundem Witz und scharfer Urtheilungs-Krafft erzeugte Fertigkeit des Verstandes« definiert[251] und damit bereits auf die Zwischenposition des Geschmackes hingewiesen.

Gottsched apostrophiert den Geschmack als selbständige, weder dem Witz, noch der Einbildungskraft, weder dem Gedächtnis noch der Vernunft zuzurechnende Erkenntniskraft.[252] Wie die zitierte Definition des Verstandes belegt, ist Gottscheds Zuordnung des Geschmacks zum Verstand keineswegs eine Verlegenheitslösung, wie es die Formulierung der CD nahelegt. Der Geschmack ist für Gottsched der »mit klaren, aber nicht gantz deutlichen Begriffen« befaßte, »von der Schönheit eines Dinges nach der bloßen Empfindung richtig urtheilende Verstand«.[253] Damit steht er als Verstandeskraft auf einer Stufe mit der Gemütskraft ›Witz‹, der die leichte, klare und ›nicht ganz deutliche‹ Wahrnehmung der Natur-Ähnlichkeit garantiert – jedoch mit dem Unterschied, daß sein Erkenntnisziel sich nicht auf die Ähnlichkeit, sondern auf die *Schönheit* des Kunstproduktes richtet. Im Grunde ist freilich auch dieser Unterschied nur perspektivisch bedingt.

Das ingenium dient dem Dichter während des Produktionsprozesses, der Geschmack hat eher kontrollierende Funktion. Die Kongruenz ihrer Funktionen beim Erweis vollkommener Kunst erhellt aus der Naturorientiertheit beider Fähigkeiten. Wie für den Witz ist auch für den Geschmack »die unveränderliche Natur der Dinge« mit ihrer Einheit des ›Mannigfaltigen‹, ihrer »Ordnung« und

---

[249] Ebd., Bd. 1, S. 483ff., §§ 916ff.

[250] Zum Geschmacksbegriff Schümmer: Die Entwicklung des Geschmacksbegriffs, S. 120ff. (geht v. a. auf Gracian, Boileau, Bouhours ein); Nivelle: Literaturästhetik der europäischen Aufklärung, S. 55ff.; Sinemus: Poetik und Rhetorik, S. 173ff.; Bäumler: Das Irrationalitätsproblem in der Ästhetik, S. 72; Backers: Der Einfluß Boileaus, S. 63ff.; Rosenmüller: J. U. von König; Gabler: Geschmack und Gesellschaft, passim.

[251] J. U. v. König: Untersuchung von dem guten Geschmacke, S. 405.

[252] CD (1730), S. 104; in der Vorrede geht Gottsched auf seine ausländischen Quellen ein.

[253] CD (1730), S. 102, S. 104.

»Harmonie« das Richtmaß.[254] Den »Probierstein« des Geschmacksurteils findet Gottsched in den vernunftgegründeten »Regeln der Vollkommenheit«.[255] Der *gute Geschmack* stimmt demnach immer mit den von der Vernunft festgesetzten Regeln überein.[256] Da jedoch auch der ›gute Geschmack‹ nur ein nach der »bloßen Empfindung« richtig urteilender Verstand ist und auf keiner »deutlichen und gründlichen Erkenntnis« beruht, stellt auch er nur eine Vorstufe zur »Beurtheilungskraft« dar. Diese auf die freien Künste bezogene, von Gottsched *»Critick«* genannte »Beurtheilungs-Kunst« setzt »nothwendig eine Prüfung oder Untersuchung eines Dinges nach seinen gehörigen Grundregeln« voraus.[257] Allerdings vermag sie trotz ihrer philosophischen Fundiertheit ihre Urteile nicht mit »demonstrativer Gewißheit« vorzubringen. Das demonstrativische Verfahren bleibt den Wissenschaften vorbehalten. Die spätere Analogiesetzung Gottscheds bringt in die hier entwickelte Relation eher wieder Unklarheit: »Der [gute, GG] Geschmack ist also in freyen Künsten ebendas, was in den Wissenschaften die Urtheilungskraft ist.«[258] Tatsächlich hat man folgende Hierarchie der Urteile anzusetzen:

In den *freien Künsten:*	*Geschmack* (zufälliger, einmal richtig, einmal falsch urteilend)
	guter Geschmack (immer richtig urteilend, aber bloß nach Empfindungen)
	Kritik oder Beurteilungskunst (nach den Vernunftregeln, deutlich und nachprüfbar urteilend).
In den *Wissenschaften:*	*Urteilungskraft* (iudicium; primär empirisch fundiert)
	Vernunftschluß (logischer Beweis)

Der gute Geschmack stellt für Gottsched also das Analogon zur wissenschaftlichen Urteilskraft, die Kritik das Analogon zum Vernunftschluß dar, mit dem *gravierenden Unterschied,* daß die Urteile der ›freien Künste‹ jeweils eine Stufe unter den entsprechenden wissenschaftlichen Urteilen stehen. Dem guten Geschmack fehlt die Deutlichkeit des wissenschaftlichen Urteils, der ›Kritik‹ fehlt die Gründlichkeit, d. h. die demonstrativische Gewißheit des nur in Wissenschaften möglichen logischen Schlusses.[259] Diese Hierarchie liefert den Beleg für die

---

[254] Ebd., S. 103. Vgl. Weltweisheit, Bd. 1, S. 144, § 256. »Wenn eine solche Vollkommenheit [d. h. Übereinstimmung des Mannigfaltigen] in die Sinne fällt, und, ohne deutlich eingesehen zu werden, nur klar empfunden wird, so heißt sie eine Schönheit.« Zum Verhältnis von Naturnachahmung und Schönheit s. Wetterer: Publikumsbezug, S. 127ff.

[255] CD (1730), S. 80, S. 105. [256] Ebd., S. 104f.

[257] Ebd., Vorrede. Analog ist der Kritiker »ein Gelehrter, der die Regeln der freyen Künste philosophisch eingesehen hat, und also im Stande ist, die Schönheiten und Fehler aller vorkommenden Meisterstücke oder Kunstwercke, vernünftig darnach zu prüfen und richtig zu beurtheilen.«

[258] Handlexicon, S. 759.

[259] CD (1730), S. 101f. »So bald eine Sache allgemeinen Beyfall erhält, und vor was demonstrirtes gehalten wird, so hört man auch auf sie zum Geschmacke zu ziehen.« Gottscheds Tendenz ist es, den Geschmack ins Urteil, das Urteil aber in den Vernunftschluß, den demonstrativischen Beweis zu überführen. Er befindet sich daher selbst noch zwischen iudicium und Demonstration.

Durchdachtheit von Gottscheds Wolff-Nachfolge: in der »Weltweisheit« wählte er die demonstrativische Lehrmethode, in der Poetik hielt er sie nicht für angebracht.[260]

Gottsched erstrebt für die Laien eine Läuterung des bloßen Geschmacks in den *guten* Geschmack, für die Kenner dagegen die Ersetzung des Geschmacks überhaupt durch die Kritik.[261] Der Poet selbst bedarf nur des guten Geschmacks, der Kunstrichter (oder Kritiker) dagegen der Urteilskraft, um über den Status des nur klar Empfundenen hinaus und zu einem deutlichen, auf Übereinstimmung mit den Regeln beruhenden Urteil zu kommen.[262] Die Rückbindung des guten Geschmacks an rationalistische Urteilskriterien wie die objektivierbare Natur oder die beweisbaren Vernunftregeln deutet jedoch die Tendenz Gottscheds an, auch die Poetik zu ›verwissenschaftlichen‹. Wer im Besitz der naturgegründeten, und damit außersubjektiven und nachprüfbaren »Kunst-Regeln« ist, wird imstande sein, »aus den Kunst-Regeln unumstößlich zu erweisen«, reicht also an die demonstrativische Gewißheit der exakten Wissenschaften heran.[263]

Ebenso symptomatisch für Gottscheds strikten Wolffianismus ist die Auffassung von der ausschließlichen Objektbedingtheit des – eher subjektiven – Geschmacksurteils.[264] Obwohl Gottsched den vorwissenschaftlichen, ja subjektiven Charakter des Geschmacks einsieht, versucht er ihn zu ›objektivieren‹. Vermöge der mit der Natur übereinstimmenden Vernunftregeln erklärt er ihn aus dem Objekt heraus für beweisbar. Der gute Geschmack, die Vorstufe des Urteils, läßt sich anerziehen, einerseits durch ständigen Gebrauch der »gesunden Vernunft«,[265] andererseits durch Nachahmung vorbildlicher Poeten,[266] d.h. solcher Autoren, die selbst im Besitze des ›guten Geschmackes‹ gewesen sind.

---

[260] Dieter Kimpel: Christian Wolff und das aufklärerische Programm der literarischen Bildung, Mskr., S. 15, stellt dagegen fest, Gottsched habe Wolffs »vorsichtige Kennzeichnung der ars inveniendi a priori auf die Dichtkunst einfach« übertragen. »Indem er, nimmt man die unkritische Übertragung ernst, zwischen wissenschaftlicher Naturerkenntnis und künstlerischer Naturnachahmung methodisch kaum unterscheidet, wird diese zur raison gebracht.«

[261] Zu den sozialen Voraussetzungen von Gottscheds Geschmacksbegriff s. Wölfel: Moralische Anstalt, S. 54f. Zur Abgrenzung vom Pöbel s. hier S. 677ff.

[262] CD (1730), S. 105. Die Feststellung, der Poet benötige den guten Geschmack, schließt natürlich nicht aus, daß er auch im Besitze einer ›Urteilskraft‹ sein könne. CD (1730), S. 81, ist bei der Definition des Criticus von »philosophischen Poeten« oder »Poesieverständigen Philosophen« die Rede.

[263] CD (1730), S. 113; vgl. zur Mathematisierung des Geschmacks bei Gottsched Reichmann: Die Herrschaft der Zahl, S. 54.

[264] CD (1730), Vorrede, S. ** 3v. »[...] und daß endlich der gute Geschmack sich auf critische Regeln gründe und darnach geprüfet werden müsse: daher es denn unwidersprechlich folget, daß zwey wiederwärtige Urtheile des Geschmackes, von der Schönheit gewisser Dinge, unmöglich zugleich wahr und richtig seyn können.« Wölfel: Moralische Anstalt, S. 54f., führt Gottscheds »strikte objektivistische Kunstlehre« auf das Fehlen des literarischen Publikums in Deutschland zurück, die ihn das ästhetische Objekt von seiner Beschaffenheit her definieren und durch den Kritiker erkennen ließ.

[265] CD (1730), S. 107.

»Das sind die Muster die man jungen Leuten zur Nachfolge vorlegen muß. [...] Dadurch wird man der Jugend unvermerckt eine Geschicklichkeit wohl zu urtheilen beybringen. Nichts wird ihr hernach gefallen können, was nicht eine wirckliche Schönheit hat. Und wenn sie gleich die innern Regeln der darinn befindlichen Vollkommenheit nicht eingesehen, so wird sie doch fähig seyn, durch eine zärtliche Empfindung wahrzunehmen, ob dieselben in einem Gedichte, Gedancken, oder Ausputze desselben beobachtet worden oder nicht.«[267]

Die unübertroffenen Vorbilder sind die Griechen, die »vernünftigsten Leute von der Welt«.[268] Ihren Kunstwerken liegt die durch »Ordnung« (logische Stringenz) und »Übereinstimmung« (Mimesis) erzeugte »Vollkommenheit« zugrunde. Ähnlich Scaliger versöhnt Gottsched das mimetische Prinzip mit der traditionellen imitatio von Musterautoren durch strikte Selektion der Vorbilder. Die *Imitatio* hat bei Gottsched die Funktion einer Einübung des guten Geschmackes; ihr Ergebnis trifft sich mit der Ausbildung des Verstandes, der über die Einhaltung der Kunstregeln zu wachen hat.[269] Freilich brauchen nur die Kenner, die Kunstrichter, die Regeln gegründet zu wissen. Den ausübenden Poeten und den Kunstliebhabern genügen die »Regeln der Alten« und die »Exempel großer Dichter«.[270]

Die Tatsache, daß Gottsched im Kapitel über den Charakter des Poeten die »Beurtheilungs-Kraft« nicht dem Naturell subsumiert und dazuhin erst an dritter Stelle, nach den angeborenen ›Gemütskräften‹ und nach den Wissenschaften behandelt, zeigt zum einen die gegenüber der Tradition veränderte Funktion des iudicium, zum andern die Funktion der Wissenschaften für das iudicium selbst.

Gottsched baut gegen das Überwuchern der Einbildungskraft zwei Kontrollinstanzen ein. Im ›Witz‹ selbst zügelt der Scharfsinn die Einbildungskraft. Darüber hinaus schaltet Gottsched dem Witz (und den ›witzigen Einfällen‹) in der Beurteilungskraft eine zweite Sicherheitsinstanz vor, die für den Einsatz der »gesunden Vernunft« sorgt.[271] Die Beurteilungskraft dient der adäquaten Einfügung der ›witzigen‹ Einfälle in die pragmatische Situation, setzt also auf der gesellschaftlichen Ebene (und zwar poesieintern wie auch im externen Kommunikationsverhältnis) die Aufgaben des ›politischen‹ iudicium fort. Das iudicium übernimmt, über die reine Kontrollfunktion hinaus, auf einer höheren Ebene die Funktionen des Witzes und des Geschmacks, nämlich auf das Ähnlichkeitsverhältnis zu achten und die Regelgegründetheit zu garantieren, zwei faktisch konvergierende Funktionen. Die Kongruenz kommt schon in einer frühen Bemerkung Gottscheds zum Ausdruck, im Entwurf des »Rechtschaffenen Poeten« in den »Vernünftigen Tadlerinnen«. Dort proklamiert Gottsched, »groß« sei der Poet »in der Beurtheilungskraft, welche sich alles vernünftig, das ist der Wahrheit und Natur gemäß

---

266 Ebd., S. 109; Gottsched nennt eine Reihe ausländischer und deutscher Autoren.

267 Ebd., S. 109.

268 Ebd., S. 107; vgl. S. 112; die Athenienser waren »das gescheuteste Volck auf dem Erdboden«.

269 Ebd., S. 111; so läßt sich der »Grund« der Regeln in der Empfindung und der gesunden Vernunft dartun.

270 Ebd., S. 108f., S. 116.

271 H. M. Wolff: Die Weltanschauung der deutschen Aufklärung, S. 145.

vorstellet«.[272] Um diese beiden Aufgaben, die Kontrolle der Naturähnlichkeit und der logischen Wahrheit nicht bloß klar und nach der bloßen Empfindung, sondern deutlich und nachprüfbar leisten zu können, bedarf das iudicium einer wissenschaftlichen Ausbildung, die über die bloße Geschmacksbildung hinausgeht.

(3) Wissenschaftskenntnis

Gottscheds Forderungen an die Wissenschaftskenntnis eines Poeten entsprechen exakt den Bedürfnissen einer mimetischen Poesie.[273] Sie lassen sich in verschiedene, je nach dem Ausbildungsziel divergierende Gruppen einteilen.

Wie die Betrachtung der Geschmackserziehung gezeigt hat, kommt den »sinnreichen Schriften« überhaupt und vor allem den vorbildlichen Poeten eine besondere Bedeutung zu.[274] Gottsched empfiehlt sie zwar zur »Nachfolge«,[275] er weicht von der traditionellen Poetik jedoch im zweiten Teil der exercitatio ab. Statt der auf die lectio folgenden Imitationsübung[276] empfiehlt Gottsched die Übung im »Zeichnen oder Reißen«, um Scharfsinn und Witz zu üben.

> »Durch dergleichen Ubung und Bemühung erlangt man also einen hohen Grad der Aufmercksamkeit auf jede vorfallende Sache; welche endlich zu einer Fertigkeit gedeyhet, in grosser Geschwindigkeit, und fast im Augenblicke viel an einer Sache wahrzunehmen; welche Fertigkeit wir vorhin die Scharfsinnigkeit genannt. Indem aber ein solcher Knabe sich ferner bemühet, seinen Riß, dem vorgelegten Musterbilde ähnlich zu machen; so muß er die Aehnlichkeiten zwischen beyden wahrnehmen lernen: das ist seinen Witz üben.«[277]

Gottsched verlagert hier die Ausbildung des Naturells von der imitatorischen auf die mimetische Funktion.[278] Dieselbe Tendenz herrscht auch in der Bestimmung der eigentlich wissenschaftlichen Disziplinen. Auch sie dienen einerseits der exakten Erkenntnis der Natur und ihrer Beschaffenheit selbst, andererseits der Überwachung der Naturähnlichkeit des Kunstwerks.

Einen Katalog von auf die *Natur- bzw. Sachkenntnis* gerichteten Wissenschaften führt Gottsched bereits in den »Vernünftigen Tadlerinnen« auf:

---

272 Vernünftige Tadlerinnen, Bd. 2, S. 61.
273 So auch Rieck: Gottsched, S. 161.
274 CD (1730), S. 87: »Man kan aber junge Knaben beyzeiten aufwecken, wenn man ihnen bald allerley sinnreiche Schrifften zu lesen giebt; wenn man sie auf die trefflichsten Stellen derselben aufmercksam machet; ihnen die Schönheit derselben recht vor Augen stellet, und durch ein vernünftiges Lob ihrer Verfasser, sie anspornet nach gleicher Ehre zu streben.«
275 Ebd., S. 109.
276 Gottsched zur imitatio s. Ausführliche Redekunst, 4. Aufl. (1750), S. 350; jedoch tritt nun das Ideal des »Originals« an Stelle des eklektizistischen. Vgl. van Ingen: Vanitas, S. 41; Schwind: Schwulst-Stil, S. 258ff., macht auf die Verbindung von Originalitätsforderung und eigentumsrechtlichen Vorstellungen aufmerksam.
277 CD (1730), S. 87f.
278 Andernorts bezieht Gottsched jedoch auch die Übung in der Poesie in den Katalog der Fertigkeiten ein; CD (1730), S. 99f.

»Ein rechter Poet muß alle Historische, Mathematische, Philosophische Wissenschafften, alle freye Künste und Handthierungen den Ackerbau die Fischerey und das Jagdwesen, die Kriegeskünste und Politic ja wohl gar die Artzneykunst und Gottesgelahrheit verstehen, wenn er sich nicht in Gefahr setzen will alle Augenblicke zu verstoßen.«[279]

In der CD beläßt Gottsched es bei der mehr konventionellen Bemerkung, es sei »keine Wissenschafft von seinem Bezircke gantz ausgeschlossen«; der Poet müsse wenigstens von allen Disziplinen einen Teil verstehen und sich in allen Teilen der »Gelahrtheit« auskennen.[280] Zieht man die übrigen, in den allgemeinen Kapiteln der CD enthaltenen Ausführungen hinzu, so zeigt sich, daß Gottsched auf einige Kenntnisse und Disziplinen besonderen Wert legt. Die eigens hervorgehobenen Fertigkeiten entsprechen der Hierarchie der drei Nachahmungsarten.

Der *Beschreibung* einzelner Sachen nützt die erwähnte Übung im *Zeichnen* und *Malen,* weil sie den Blick für die Beschaffenheit der Dinge schärft. Nicht von ungefähr nennt Gottsched das Schildern die »Mahlerey eines Poeten«.[281] Die *Charakterzeichnung* hingegen lernt der Poet am besten aus der *»Sitten-Lehre«* und aus der *»Erfahrung«.*[282] Der enge Verbund zwischen Ethik und Erfahrung ist in der politisch-pragmatischen Philosophie vorgezeichnet. Wie Gottsched im zweiten Kapitel expliziert, erlangt der Poet die »nöthige, ja gantz unentbehrliche« »gründliche Erkenntniß des Menschen«, also die *Gemüts- und Affektenkenntnis,* indem er die Regungen der Sinne und die Beschaffenheit des Willens, die »Meynungen und Urtheile des Verstandes« und die »Gemüths-Kräffte« kennenlernt.[283] Zur Beurteilung der von diesen Charaktereigenschaften herrührenden Handlungen dienen die drei Fächer *Naturrecht, Sittenlehre* und *Staatskunst,*[284] also die von Wolff in der ›praktischen Philosophie‹ zusammengefaßten Disziplinen. Die Einzeldisziplin »Sittenlehre«, die Gottsched später alleine nennt, bezeichnet stellvertretend – wie in den Ausführungen über die Zweckbestimmung der Poesie – den ganzen Bereich der praktischen Philosophie. Die Ethik erhält diese stellvertretende Funktion, weil sie im Verständnis des 18. Jahrhunderts eine wesentlich umfassendere Disziplin war als nach dem rein philosophischen Verständnis des 19. und 20. Jahrhunderts. So gehörte – bei Thomasius wie bei Wolff – eben die Affektenlehre oder Gemüterkennungskunst, die Vorstufe einer wissenschaftlichen Psychologie, zum Lehrbereich der Ethik oder Moral. Und so versteht es sich auch, daß die für die Zuschauer oder Leser gedachten ›Lehren‹ vorwiegend aus

---

279 Vernünftige Tadlerinnen, Bd. 2, S. 135f. dazu Gühne: Gottscheds Literaturkritik, S. 95f.

280 CD (1730), S. 88.

281 Ebd., S. 119, S. 87f.

282 Ebd., S. 122. Die Sittenlehre »zeiget uns die herrschenden Neigungen der Kinder, Jünglinge, Männer und Alten«; die Erfahrung »lehret sowohl die Natur der Affecten, als die Pflichten aller Menschen in allen Ständen«.

283 Ebd., S. 90; vgl. S. 99 zu den »Kräfften der menschlichen Seelen«; dazu Rieck: Gottsched, S. 156f.

284 Ebd., S. 90f.

diesem Wissenschaftssektor, und zwar über die Vermittlung typisierter Charaktere, herstammten.[285]

Hatte die Kenntnis der Affektenlehre in Weises ›politischem‹ Poesie-Modell besonders dem Kommunikationsverhältnis zwischen Poet und Publikum gegolten – sich also auf das iudicium externum bezogen –, um dem Poeten den gesellschaftlichen Erfolg zu garantieren, so dient die Menschenkenntnis in Gottscheds Modell der Herstellung einer mimetisch ›stimmigen‹ Fabel bzw. Charakterzeichnung – bezieht sich also auf das iudicium internum (Nachahmung menschlicher Charaktere und menschlicher Handlungen). Zur Herstellung einer *Fabel* als der höchsten Nachahmungsart braucht der Poet außer der Kenntnis menschlicher Handlungsweisen[286] einen umfassenden Einblick in die Ordnung der Natur, zu der ihm außer der *Philosophie* im Grunde die gesamte Kenntnis aller Disziplinen vonnöten ist. Die *Logik* spielt hier eine bevorzugte Rolle, weil sie auf die notwendige Verknüpfung der Einzelteile zu einem stringenten Ganzen achtet und damit die Ähnlichkeit der Fiktion mit der Natur garantiert.[287] Dies haben Gottscheds Ausführungen über die Wahrscheinlichkeit und die Widerspruchsfreiheit zum Thema.

Die im Zusammenhang mit der Geschmacksdefinition (auch vom Poeten) verlangte »Fertigkeit in der Vernunftlehre«[288] befähigt den Poeten generell, seine natürlichen Verstandesfähigkeiten zu entwickeln und sein iudicium zu einem Instrument auszubilden, das die Ähnlichkeitsbezüge aller seiner Nachahmungen kontrolliert. Ein »wahrer Dichter« muß daher in größerem Maße als die übrigen, nicht mit Schreiben (bzw. Dichten) befaßten Menschen »eine gesunde Vernunft, richtige Begriffe von Dingen, und eine große Kenntniß von Künsten und Wissenschaften« haben; jede Zeile muß von ihrem »vernünftigen Vater« zeugen.[289] Das Urteilsvermögen steht bei Gottsched in einem engeren Bezug zur Wissenschaftskenntnis als zum ingenium – anders als in der poetologischen Tradition. Zusammen mit den durch die Wissenschaftsdisziplinen ausgebildeten Fertigkeiten gilt die »Beurtheilungs-Kraft« daher als Verstandeseigenschaft. Angesichts solch philosophischer Grundausbildung erhält das herkömmliche philologisch-antiquarische Wissen, das über die selbstverständliche Kenntnis der natur- und vernunftgemäßen Meisterwerke der Antike hinausgeht, lediglich sekundären Rang.

Gegenüber den bisher aufgeführten natürlichen oder erworbenen Eigenschaf-

---

[285] Ebd., S. 90. »Daher muß derselbe ja die Natur und Beschaffenheit des Willens, der sinnlichen Begierde, und des sinnlichen Abscheues in allen ihren mannigfaltigen Gestalten gründlich einsehen lernen. Wie würde es ihm sonst möglich seyn, einen Geitzigen, Stoltzen, Verschwendrischen, Zänckischen, Verliebten, Traurigen, Verzagten u.s.w. recht zu characterisiren?«

[286] Denn die Nachahmung gilt in erster Linie den menschlichen Handlungen, nach Aristoteles; CD (1730), S. 81ff.

[287] CD (1730), S. 124; ebd. bemüht Gottsched Aristoteles, der die Fabel als »die Zusammensetzung oder Verbindung der Sachen« definiert. Gaede: Poetik und Logik, S. 99, deutet Gottscheds Forderung, CD (1730), S. 99f., als »Verbindung von Logik oder Erkenntnislehre mit literarischer Erfahrung und Kenntnis«.

[288] CD (1730), S. 99.

[289] CD (1751), S. 348f.; vgl. CD (1730), S. 282.

ten, die sich sämtlich auf die Begründung der Poesie gerichtet haben, stellt die in der apologetischen Tradition stehende Forderung, der Poet müsse ein »ehrliches tugendliebendes Gemüthe« haben,[290] das Analogon zur Zweckbestimmung der Poesie dar. Auf die Entsprechung zwischen der wahrheitsvermittelnden Tendenz der Poesie und dem *›moralischen‹ Charakter des Poeten* weist Gottsched selbst hin:

»Allein da es möglich ist die Lust mit dem Nutzen zu verbinden, und ein Poet nach der bereits gegebenen Beschreibung auch ein rechtschaffener Bürger und redlicher Mann seyn muß: So wird er nicht unterlassen seine Fabeln so lehrreich zu machen, als es ihm möglich ist; ja keine einzige ersinnen, darunter nicht eine wichtige Wahrheit verborgen läge.«[291]

Auch diese Forderung begründet Gottsched mit dem Axiom der Naturähnlichkeit. Stellte ein Dichter die guten Handlungen nicht als gut, und die bösen nicht als böse dar, »so würde er die Aehnlichkeit gantz aus den Augen setzen, und die Natur derselben sehr übel ausdrücken«.[292] Die Zweckbestimmung der Poesie folgt, nach Gottscheds Beweis, mechanisch aus der Wesensbestimmung; jedenfalls bieten beide Definitionen, wie ausgeführt, die zwei einander entsprechenden Kriterien einer an Vernunft und Natur ausgerichteten Poesie.

Die von Gottsched geforderte Gelehrsamkeit hat also eine exakte Funktion in der philosophisch definierten Poetik. Durch Betonen der natura bzw. der im allgemeinen Urteil mit ihr identifizierten ›wilden Fantasie‹ hätte Gottsched den beiden Richtungen der Geschmacksverrohung, dem Schwulst und der Gelegenheitsreimerei, nicht entgegentreten können. So spielt zwar bei ihm – wie in der traditionellen Humanistenpoetik – die ars gegenüber der natura die übergeordnete Rolle,[293] jedoch, und dies setzt Gottscheds Modell vom humanistischen doch wiederum ab, in einer wissenschaftsspezifischen Neudefinition. Ars bezieht sich nicht mehr auf die Handhabung der rhetorischen Techniken als vielmehr auf die Herstellung naturähnlicher, vollkommener, mithin schöner und wahrhafter Nachahmungen. Hier setzt der Dichter seine verschiedenen Fähigkeiten zur Kontrolle der Ähnlichkeitsbezüge des Kunstwerks ein.[294] Allerdings bleibt trotz der wissenschaftsgeschichtlich bedingten Neudefinition von Gelehrsamkeit die traditionelle Wertung erhalten. Die CD stellt darum im Hinblick auf das Verhältnis von ars bzw. doctrina und natura keinen Umbruch dar.

---

[290] CD (1730), S. 92; vgl. S. 95. »Diese tugendhaffte Gemüthsart eines Poeten muß sich zu allerletzt auch darinn zeigen, daß er weder ein Schmeichler noch ein Lästerer werde.«

[291] Ebd., S. 132.

[292] Ebd., S. 93; vgl. S. 96. »Vielmehr erfordert es seine Pflicht, die ihm als einem redlichen Bürger obliegt, die Tugendhafften auf eine vernünftige Art zu loben, ihr Gedächtniß zu verewigen, und durch die Beschreibung ihrer ruhmwürdigen Exempel, theils die zu ihrer Zeit Lebenden, theils auch die Nachkommen zu löblichen Thaten aufzumuntern.«

[293] Gottsched: Beiträge (1734), 10. Stück. L. Fr. Hudemanns Probe einiger Gedanken und poetischen Übersetzungen (1732); Bing: Die Naturnachahmung bei Gottsched, S. 15.

[294] Bei Gottsched stehen Regeln und Kontrolle des Verstandes über dem Naturell. M. L. Linn: A. G. Baumgartens »Aesthetica« und die antike Rhetorik, S. 113; Baumgarten hingegen tendiert zum ingenium.

[Ein hier weggelassenes Kapitel untersucht die ›schizophrene‹ Haltung Gottscheds in der Frage der Kasualpoesie. Wegen ihrer geschmacksverrohenden Wirkung und ihrer antiquierten ›Realien‹-Gelehrsamkeit lehnt er sie rigoros ab. Paradoxerweise trägt er den Angriff selbst in der Form von Gelegenheitsgedichten vor, denen er – im Unterschied zu den barocken Anweisungspoetiken – kein eigenes Kapitel in der CD einräumt. Zunächst erklärt sich das seltsame Phänomen aus der objektiven Konfliktlage, daß Gottsched als Inhaber der Poesie-Professur aus der Not eine Tugend machte und die Dichtart, zu der ihn sein Amt verpflichtete, zur Propagierung des neuen Wissenschaftsmodells benutzte, also gewissermaßen die Tradition von innen heraus ›aushöhlte‹. Wahrscheinlicher ist es jedoch – dafür spricht auch seine spätere Verteidigung der Kasualpoesie gegenüber G. F. Meier (1746; auch CD, Vorrede zur 4. Aufl.) – daß er als Dichter die selbst aufgestellten ästhetischen Postulate nicht konsequent einlöste – vielleicht, weil er den ursächlichen Zusammenhang zwischen der Gattung und der bekämpften poetischen Praxis nicht erkannte. Lessings ironische Rezension seiner Gedichte (1751) indiziert, daß Gottsched die Kasualpoesie nicht aus bürgerlich-antifeudalen Gründen ablehnt, daß er lediglich Verschleißerscheinungen und Massenhaftigkeit an ihr rügt. Gottscheds inkonsequente Haltung läßt sich noch am ehesten durch die ›nobilitas literaria‹-Ideologie erklären, die ihn denn auch dazu bringt, allen Nichtgelehrten in Sachen des guten Geschmacks ein Mitspracherecht zu verweigern.]

2.2. Zur sozialen Position des Gottschedschen Gelehrten- und Poetentums

Das von Gottsched praktizierte ›Gelehrtentum‹ verdeutlicht die Zwischenposition, die er, am Wendepunkt einer Zeit, zwischen den verschiedenen Kräften einnimmt, dem aufsteigenden Bürgertum, dem herrschenden Adel und dem eigenen, seine Privilegien kaum mehr nominell innehabenden Gelehrtenstand.[295]

Die aufklärerischen und pädagogischen Betätigungen[296] Gottscheds – etwa die Herausgabe moralischer Wochenschriften, wissenschaftlicher Rezensionsjournale, die Anfertigung von Lehrbüchern für Unterrichtszwecke an Universitäten und Gymnasien[297] haben in den neueren Darstellungen übereinstimmend das Etikett ›bürgerlich‹ im Sinne eines o b j e k t i v e n Dienstes an der Entwicklung eines bürgerlichen Klassenbewußtseins erhalten.[298] Der Sachverhalt, daß Gottscheds

---

[295] Zum gesellschaftlichen Standort Gottscheds Winkler: Gottsched im Spiegelbild seiner kritischen Journale, S. 141; Rieck: Gottsched, S. 52ff.; Schwind: Schwulst-Stil, S. 267, bezeichnet die Übergangsposition von Gottscheds ›Gelehrtentum‹ zutreffend. Indiz für das gesunkene Ansehen ist etwa das von Riesbeck festgestellte Faktum, daß in Wien »die Gelehrten und Friseurs in einem Rang roulieren«. Obwohl dies für die zweite Jahrhunderthälfte notierte Urteil noch nicht völlig auf die erste übertragen werden kann, zeichnet sich doch hier bereits der überbordende Gebrauch des Gelehrtentitels ab. Riesbeck: Briefe eines reisenden Franzosen, S. 310ff., vgl. S. 281.

[296] Römer: Gottscheds pädagogische Ideen, S. 128ff. Der Hochschullehrer und seine Aufgabe.

[297] Für die Popularisierungstendenz Gottscheds charakteristisch sind seine zahlreichen Handbücher, Lexika, Schulbücher und Kompendien. Rieck: Gottsched, S. 48, 87, 79ff.; Schwind: Schwulst-Stil, S. 267ff.; Winkler: Gottsched im Spiegelbild seiner kritischen Journale, S. 145ff., besonders zur aufklärerischen Tendenz S. 146, 176, 191.

[298] Rieck: Gottsched, S. 176; Freier: Kritische Poetik, S. 52; Sinemus: Poetik und Rhetorik, S. 181. Zum objektiven Verdienst Gottscheds um die Entwicklung eines bürgerlichen Selbstbewußtseins Garber: Martin Opitz, S. 48: Die von Gottsched übernommenen poetischen Normen werden nicht als historische, sondern als »metahistorisch-vernünf-

zahlreiche kulturpolitischen Bemühungen diese ›bürgerliche‹ Funktion gehabt haben, soll auch gar nicht bestritten werden.

Vorsicht ist lediglich geboten bei der Annahme, auch Gottscheds Intentionen seien ausschließlich ›bürgerlich‹ gewesen.[299] Dagegen spricht allein die Tatsache, daß das Bürgertum als Klasse in der ersten Hälfte des 18. Jahrhunderts sich noch nicht konstituiert hatte, daß das *Publikum,* an das Gottsched sich wandte, nur teilweise aus den Schichten, die das historische Bürgertum repräsentierten, teilweise aber aus anderen gesellschaftlichen Schichten stammte. Gottsched selbst gebraucht die Begriffe ›Bürger‹, ›Bürgertum‹ oder ›bürgerlich‹ meist nicht als Standesbegriffe (oder gar als Klassenbezeichnung), vielmehr im Sinne von ›Untertanen‹.[300]

Freier hat Gottscheds Verquickung der klassizistischen Regeln (Nachahmung, Wahrscheinlichkeit, Vernunft, Natur) mit der »bürgerlichen Morallehre« als »Verbürgerlichung« gedeutet.[301] Demgegenüber erscheint es angemessener, Gottscheds dem hodegetischen Kanon entnommene »Morallehre« (wie sein ganzes Bildungskonzept) nicht pauschal als ›bürgerlich‹ zu bezeichnen, sondern eher als ›staatsbürgerlich‹, da sie sich auf alle Staatsuntertanen, alle Mitglieder des – Gelehrte und Adel in gleicher Weise umfassenden – Gemeinwesens bezieht.[302]

---

tige« rekonstruiert. »Eben deshalb können sie nicht länger durch eine gelehrte Kaste monopolisiert werden, sondern sind prinzipiell jedem vernünftigen Wesen zugänglich. In der Fundierung der alten humanistischen Regelpoetik auf ein Regelsystem, das seine Legitimation aus der objektiven Gesetzlichkeit der Vernunft bezieht, liegt die Voraussetzung für die Formierung einer bürgerlichen Öffentlichkeit im weiteren Sinn, die unabhängig von traditionellen Spielregeln einzig auf der Basis eines vernünftigen Diskurses miteinander kommuniziert.« Vgl. Freier: Kritische Poetik, S. 38: »Der Regeluniversalismus – so hinderlich er später den emanzipatorischen Ansprüchen eines selbstbewußten Publikums und selbstbewußter bürgerlicher Produzenten wurde – hatte objektiv den geschichtlichen Sinn, die literarische Institution als sozialen Machtfaktor des Bürgertums zu etablieren.«

299 So auch Braunbehrens: Nationalbildung und Nationalliteratur, S. 15.

300 Rieck: Gottsched, S. 175. Dies wird besonders evident im Begriff des »rechtschaffenen Bürgers«. Zur Disparatheit bürgerlicher Positionen v. Graevenitz: Innerlichkeit und Öffentlichkeit, S. 70+; Habermas: Strukturwandel der Öffentlichkeit, S. 43. Generell zum Begriff ›Bürger‹ Riedel: Bürger, Staatsbürger, Bürgertum, in: Geschichtliche Grundbegriffe, Bd. 1, S. 672ff. Von Interesse das Streiflicht auf v. Loen: Von dem bürgerlichen Stand, in: Freye Gedanken vom Hof, S. 24ff. »Unter dem Wort Bürger werden im allgemeinen Sinn alle und jede Glieder eines gemeinen Wesens verstanden.« Spezieller die Verwendung für jemanden, »der bürgerliche Nahrung und Handthierung treibet, und in einer Stadt wohnet«, also Kaufleute und Handwerker.

301 Freier: Kritische Poetik, S. 54, vgl. S. 51f.; Garber: Martin Opitz, S. 54, spricht vom »gehobenen Bürgertum«. Die vielfach gerühmte Untersuchung Freiers ist indes keine auf Quellenstudium gegründete Arbeit. Dies macht ihre Thesen und Behauptungen stringenter, als die Quellenlage sie gestattet. Da Freier die Tradition, auf der Gottsched fußt, nicht berücksichtigt, sondern die CD aus ihrer zeitgeschichtlichen Funktionalität interpretiert, erscheint ihm manches neu, was bereits in der Tradition vorgeformt war.

302 Das geht auch aus Gottscheds Annahme einer überhistorischen, allgemeinmenschlichen Vernunft bzw. einer konstanten menschlichen Natur hervor. An ihr haben alle Stände in

Jürgen Habermas und neuerdings Kurt Wölfel haben mit Nachdruck darauf hingewiesen, daß – wie übrigens auch die Wortgeschichte spiegelt – im Deutschland des frühen 18. Jahrhunderts nur Rudimente eines literarischen Publikums existierten.[303] Gottscheds Postulat, der Dichter müsse »den Geschmack seines Vaterlandes, seines Hofes, seiner Stadt zu läutern« suchen,[304] enthält eine entschiedene Absage an den geschmacklosen Pöbel.[305] Gottsched selbst wendet sich an Gruppen bzw. Leserschichten, die er mit »klassenmäßig unspezifischen Kollektivbegriffen« anspricht, wie »Leute«, »Personen«, »Bürger«, »Land«, »Nation« und »Volk«. Erst durch Urteilsfähigkeit erwirbt der einzelne die Qualifikation, zu den Kennern, den Leuten mit ›gutem Geschmack‹ gerechnet zu werden. Für Gottscheds überständische Aufklärungskonzeption ist das Denken in *Bildungskategorien,* nicht in Klassenkategorien charakteristisch. Die Kenner, die Gebildeten, die Träger des guten Geschmackes finden sich sowohl in den engeren Gelehrtenkreisen (Hochschulprofessoren), in den gehobenen Schichten des Bürgertums (Kaufleute, städtische Beamte, Gelehrte im weiteren Sinne wie Ärzte, Juristen, Theologen),[306] sie finden sich aber selbstverständlich auch beim Adel und Hochadel. Daher geht Gottscheds Appell an ein gebildetes Publikum quer durch alle bildungswilligen und bildungsfähigen Schichten.[307]

Trotz des Anspruchs, die gesamte Nation in das Bildungskonzept einzubeziehen, beschränkt sich faktisch die Bildungsvermittlung auf

> »wohlerzogene, gesittete, und wo nicht gelehrte, doch nicht ganz unwissende Leute [...], welche sich so wohl in Gedanken und Worten, als in Kleidung und Sitten vom Pöbel unterscheiden«,[308]

---

gleichem Maße Teil. Daraus erklärt sich Gottscheds Etablierung eines überständischen Normensystems: Moral, Vernunft und Natur. Dazu Lemcke: Von Opitz bis Klopstock, S. 392f. Gottsched habe im ganzen den bürgerlich-gelehrten Sinn bewahrt.

303 Zum Publikum Wölfel: Moralische Anstalt, S. 52ff.; J. Habermas: Strukturwandel der Öffentlichkeit, S. 36.

304 CD (1730), S. 113; CD (1751), S. 135.

305 Wölfel: Moralische Anstalt, S. 54. Gottsched spricht in seiner dritten, in die CD aufgenommenen Satire »An Thalia«, eine eindeutige Sprache: »Ich mag nicht, daß Hans Dumm und Simplex und Nicoll / Mein Tichten, meine Kunst, erhöhn und rühmen soll.« CD (1730), S. 480. Den Nichtgelehrten verweigert Gottsched in Sachen des guten Geschmacks strikt ein Mitspracherecht.

306 Eine sächsische Statistik von 1786 gibt Einblick in die prozentuale Verteilung der Berufe: 2% Adel, Staatsbedienstete, Magistrate, Ärzte, Advokaten; 5,9% Militär-Etat; 4% Lehrer, Geistliche; 1,8% Kaufleute, Gastwirte; 10,2% Großbauern (14–30 ha); 11,4% Mittelbauern (7–14 ha); 22,6% Häusler und Kleinbauern (bis 7 ha); 22,2% Handwerker; 3,0% Bergarbeiter; 4,3% Kattun- und Leinenweber; 2,2% Livreebediente; 10,2% Tagelöhner und Handarbeiter. Friedrich Anton von Heynitz: Tabellen über die Staatswirtschaft eines europäischen Staates der vierten Größe, nebst Betrachtungen darüber; zit. nach de Voss: Die frühe Literaturkritik der Aufklärung, S. 92.

307 Zu *Gottscheds* Publikum Garber: Martin Opitz, S. 47ff.; Rieck: Gottsched, S. 45ff., 70ff., 163ff.

308 Handlexicon, S. 140f.

auf die »artigsten Leute itzigster Zeit«,[309] kurz auf den »gesitteten Bürgerstand« (adliger oder nichtadliger Herkunft!), der den moralischen Führungsanspruch im aufgeklärt absolutistischen Staatswesen erhebt. Eva Maria de Voss hat plausibel gemacht, daß für Gottsched der »gesittete Bürgerstand« auch Adelige einschließt, und daß also der Gottschedianismus »in seinem pädagogischen Bemühen durchaus keinen Unterschied zwischen Vertretern des Adels und dem ›gesitteten Bürgerstand‹ im engeren Sinne« macht.[310] Die später – von einem dezidiert bürgerlichen Standpunkt aus – karikierte Haltung Gottscheds gegenüber dem Adel und insbesondere den Höfen (Wien, Berlin)[311] steht zu dem skizzierten, auf soziale Schranken keine Rücksicht nehmenden Konzept einer allgemeinen Kulturverbreitung in keinem Widerspruch.[312]

Gottsched versucht die Aufklärung gemeinsam mit Adel *und* Gelehrten zu praktizieren;[313] Indiz dafür ist seit 1727 die verstärkte Aufnahme von Adeligen in die von Gottsched geleitete »Deutsche Gesellschaft«.[314] Das schließt eine Kritik

---

309 Ebd.; zum Publikum von Gottscheds Rhetoriken s. Schwind: Schwulst-Stil, S. 238. Als normbildend läßt Gottsched nur den Umgangston »vernünftiger und gesetzter Leute« zu; Akademische Redekunst, S. 258.

310 De Voss: Die frühe Literaturkritik der Aufklärung, S. 92. Der Begriff ›gesitteter Bürgerstand‹ stammt von Resewitz: Die Erziehung des Bürgers zum Gebrauch des gesunden Verstandes, und zur gemeinnützigen Geschäfftigkeit, zweyte veränderte Auflage. Kopenhagen 1776, S. 89. Vorsicht geboten ist gegenüber der Feststellung von de Voss, S. 75, in Gottscheds Literaturkritik trete das »traditionelle Kenner-Pöbel-Schema erstmals zurück«, und die ›Nation‹ stelle das Publikum für Dichtung und Kritik dar. Gottscheds Haltung blieb immer die eines ex cathedra sprechenden Gelehrten, der nicht als Angehöriger eines Standes sprach, sondern als Inhaber des ›reinen Geschmackes‹. Die Potentialität des Publikums darf nicht über die faktisch aufrechterhaltene Trennung zwischen Pöbel und Kennern hinwegtäuschen. De Voss selbst relativiert, S. 109: »Die ›Nation‹ als Objekt der Geschmackserziehung [...] ist eine Fiktion [...].«

311 Zur Stellung Gottscheds gegenüber den Höfen auch Hettner: Geschichte der deutschen Literatur, Tl. 2, 3,1, S. 362; Danzel: Gottsched, S. 3, S. 279f. betont, daß Servilismus zeitübliches Requisit war (dies erhellt auch aus den Brief-Grußformeln Lessings, der bestimmt nicht im Geruch der Servilität steht). Zur höfischen Orientierung des beamteten Bürgertums der ersten Hälfte des 19. Jahrhunderts Rieck: Gottsched, S. 32ff., 170ff.; Freier: Kritische Poetik, S. 51ff. Speziell zu Gottscheds Verhältnis zu Friedrich II. F. Muncker: Friedrich II. und Gottsched, S. 51ff.; Rieck: Gottsched und Friedrich II., S. 221ff.; Dokumente der Gespräche Gottscheds mit Friedrich II. in: Gespräche Friedrichs des Großen. Hrsg. v. Friedrich v. Oppeln-Bronikowski u. Gustav Berthold Volz. Berlin 1919, S. 232–239 (Oktober 1757, November 1757). Zum Wiener Aufenthalt Gottscheds Waniek: Gottsched und die deutsche Literatur seiner Zeit, S. 553f.; Danzel: Gottsched, S. 279ff.

312 De Voss: Die frühe Literaturkritik der Aufklärung, S. 120ff. »Die Gelehrtenrepublik als bürgerlicher Freiraum«; weitere Belege bei Rieck: Gottsched, S. 46f.

313 So schon Danzel: Gottsched, S. 283.

314 Zur Deutschen Gesellschaft Rieck: Gottsched, S. 26ff. Bis 1724 umfaßte sie fast nur Bürgerliche, seit 1727 Eintritt zahlreicher Adeliger; zwischen 1727 und 1737 wurden 22 Adelige und 64 Bürgerliche aufgenommen. Vgl. Danzel: Gottsched und seine Zeit, S. 74ff. Die neukonstituierte Deutsche Gesellschaft in Leipzig (1727) bestand aus 13 Alt-

an Adeligen[315] wie an Gelehrten[316] nicht aus. Jedenfalls ist Gottsched nicht prinzipiell gegen den Adel (oder gar gegen das Gelehrtentum) eingestellt (wie später Lessing). Die Adeligen gewidmeten Dedikationen gelten den »um die Kunst und Wissenschaft« verdienten Männer.[317]

Gottscheds dezidierte Kritik gilt dem *Pöbel,* mit welchem Begriff er keineswegs bloß die niedersten sozialen Schichten meint, sondern die Ungebildeten aller Stände bezeichnet, Adelige und Gelehrte gleicherweise.[318] Geschmacksbildung, die sich somit auf alle bildungswilligen Staatsbürger bezieht, ist daher auch dem Adel und dem Gelehrtentum notwendig. Bereits in den »Tadlerinnen« bekundet Gottsched seine Verachtung gegenüber dem »studirten Pöbel«, den überheblichen, lernunwilligen Gelehrten ohne Geschmack.[319]

Gottscheds *Korrespondenz* belegt die standesübergreifende *Allgemeinheit seiner Bildungskonzeption.*[320] Zu ihr zählen außer Universitäts- und Privatgelehrten auch Adelige, Vertreter des gehobenen Bürgertums, Schullehrer und Schauspieler.[321] Wolff hatte sowohl die Obrigkeit aufgefordert, im ›gemeinen Wesen‹ »den Verstand und das Erkenntniß ihrer Bürger« zu fördern,[322] als auch die Bürger selbst zur Verbreitung ihrer Kenntnisse verpflichtet.[323] In diesem Sinne bezieht Gottsched die »Ungelehrten« in sein Bildungsprogramm ein, hierin eher die

---

mitgliedern, 9 Neumitgliedern, von denen 6 Adelige waren – »denn neben dem Geistesadel wünschte Gottsched auch den Geburtsadel Deutschlands seinen nationalen Zielen zuzuführen.« Kroker: Zweihundert Jahre Deutscher Gesellschaft, S. 11f. Die Namen der Mitglieder, die 1728/29/30 aufgenommen wurden, stehen in der Vorrede von »Der Deutschen Gesellschaft in Leipzig Eigene Schriften und Uebersetzungen, in gebundener und ungebundener Schreibart: ans Licht gestellet und mit einer Vorrede versehen, von Johann Christoph Gottsched. Leipzig 1730». Danach sind von den 9 Neumitgliedern 1728 5 Adelige, von den 5 Neumitgliedern 1719 2 Adelige und 2 Magister, von den 8 Neumitgliedern 1730 3 Adelige, 2 Magister und 1 Doktor.

[315] Zur Adelskritik Rieck: Gottsched, S. 175f.

[316] De Voss: Die frühe Literaturkritik der Aufklärung, S. 46ff.

[317] Rieck: Gottsched, S. 176f.

[318] Belege finden sich zahlreiche; Vernünftige Tadlerinnen, Bd. 2, S. 132; Gesamlete Reden (1749), S. 469; Auszug aus Batteux Schönen Künsten, S. 136: »studierter Pöbel«, »gelehrter Pöbel«, »Logenpöbel«. Weitere Belege bei Rieck: Gottsched, S. 172f., 175f. Zum Begriff ›Pöbel‹ s. Zedlers Universal-Lexicon, Bd. 28 (1741), Sp. 948f.

[319] Vernünftige Tadlerinnen, Bd. 2, S. 128.

[320] Römer: Gottscheds pädagogische Ideen, passim; Braunbehrens: Nationalbildung und Nationalliteratur.

[321] Rieck: Gottsched, S. 47, nach Wehr: J. Chr. Gottscheds Briefwechsel. Danach waren die Adressaten von Gottscheds Korrespondenz aus den Jahren 1731–1733: 14 arrivierte Akademiker (Hochschullehrer, Gelehrte); 14 Pädagogen im mittleren und niederen Schuldienst; 16 Juristen, Sekretäre, höfische Beamte und Bedienstete; 11 Theologen und Prediger; 11 Studenten; 4 Poeten und Schauspieler; 3 Mathematiker und Mediziner; 2 Publizisten; 1 Informator; 1 Händler; 2 Ausländer; 8 Sonstige. Später kommen, nach Suchiers Belegen, mehr Adelige und Ausländer hinzu. W. Suchier: Gottscheds Korrespondenten. Berlin 1912.

[322] Dazu Kap. VI 1.3.; hier Gottsched: Weltweisheit, Bd. 2, S. 513, § 758.

[323] Rieck: Gottsched, S. 179.

Bestrebungen des Thomasius als Opitz' fortsetzend.[324] Den Allgemeinheitsanspruch formuliet die Vorrede des »Handlexikons«:

»Nicht die Handvoll wahrer und gründlicher Gelehrten, die unsre Universitäten bewohnen, machen die Welt gescheid, und die ganze Nation gewitzt, und wohlgesittet: sondern größtentheils die so genannten Ungelehrten, die aber von freyen Künsten und Wissenschaften, etwas wissen; welches zu ihrer Lebensart, in Weltgeschäfften, und zu einem artigen und aufgeweckten Umgange nöthig ist.«[325]

Zugleich macht die Vorrede auf die weiterhin aufrechterhaltene Trennung zwischen eigentlichem Gelehrtenstand und der Menge der aufgeklärten ›Staatsbürger‹ aufmerksam.

In einem zu Übungszwecken an Gymnasien bestimmten Musterbeispiel exerziert Gottsched im syllogistischen Beweisverfahren zwei das Gelehrtentum charakterisierende Sätze durch.[326] Der erste Satz, »Ein künftiger Gelehrter muß Latein lernen«, steht in der humanistischen Gelehrtentradition. Als Beweis gilt die Tatsache, daß die besten Schriften in der Antike wie in der neueren Wissenschaft auf Lateinisch verfaßt seien. Der zweite Satz bezieht sich auf die wissenschaftsgeschichtliche Entwicklung: »Daß ein Gelehrter seine Muttersprache nicht vernachläßigen müsse«. An Gottscheds Argumentation mag zunächst seltsam erscheinen, daß ihm das Beherrschen der Muttersprache primär zur Unterscheidung des Gelehrten vom Pöbel dient, also die bereits durch die Lateinkenntnis manifeste Trennung unterstützt.

»Schlußsatz. Ist es nun dergestalt die Pflicht eines Gelehrten, sich auf eine tugendhafte und vernünftige Art vom Pöbel zu unterscheiden; und ist es hingegen, wie ich oben gewiesen, eine wahre Schande, in der Sprache dem einfältigen Haufen des Volkes gleich zu seyn; das ist, so schlecht zu reden und zu schreiben, als der Pöbel spricht: so wird ja niemand läugnen können, daß ein Gelehrter sich auch in diesem Stücke von demselben trennen, und sich also mit Fleiß auf seine Muttersprache legen müsse.«[327]

---

[324] Zu Gottscheds Beziehung zu Thomasius Bienert: Die Philosophie des Christian Thomasius, S. 76f.; Danzel: Gottsched, S. 329ff. Bei der Bemühung beider um die Muttersprache wird jedoch als Unterschied deutlich: Für Thomasius gilt Sprache lediglich als Mittel zum Zweck der Wissensverbreitung, bei Gottsched stehen nationale Motive im Vordergrund. Ferner: Reichel: Gottsched, Bd. 1, S. 72, 89, 669; Bd. 2, S. 588f., vgl. ebd., S. 59, 410, 126; Schimansky: Gottscheds deutsche Bildungsziele, S. 58; Witkowski: Geschichte des literarischen Lebens, S. 241. Die »Beyträge« heben besonders Thomasius' Verdienst um die deutsche Sprache hervor. Beyträge zur Critischen Historie, Bd. 3 (1734), 10. Stück, Nr. 5, S. 348–358 »Christian Thomasens kleine deutsche Schriften, mit Fleiß zusammen getragen, und zum andernmale gedruckt. Halle 1707.« Gottsched setzte nicht direkt Opitz' rein humanistische Bestrebungen fort. Dazu Sinemus: Poetik und Rhetorik, S. 179, und Garber: Martin Opitz, S. 45ff. Beide verweisen auf die ›Vereinnahmung‹ Opitz' für Gottscheds Tendenzen, die Koppelung des kulturpolitisch-nationalen mit dem aufklärerisch-pädagogischen Aspekt. Die »Gedächtnisrede auf Martin Opitzen von Boberfeld« formt Opitz als »Präfiguration« von Gottsched selbst um. Vgl. auch Windfuhr: Barocke Bildlichkeit, S. 376ff.; Rieck: Gottsched, S. 62.

[325] Handlexicon, Vorrede unpag.

[326] Vorübungen der Beredsamkeit, S. 156ff.

[327] Ebd., S. 158f.

Sogar die Muttersprache, deren Ausbildung ein zentraler Programmpunkt Gottscheds ist,[328] muß dazu herhalten, die Kluft zwischen den Ungebildeten und den Gebildeten, dem eigentlich anvisierten Publikum, zu kennzeichnen, ja zu vergrößern.

Die neue Funktion, die Gottsched dem *Gelehrtentum* in dieser bildungspolitischen Konzeption zuweist, nämlich als *Geschmacksbildner* dem bildungswilligen Teil der Nation voranzugehen,[329] entspricht der gesellschaftlichen Situation des ›Gelehrtenstandes‹ zu Beginn des 18. Jahrhunderts, der sich – allen theoretischen Manifestationen[330] zum Trotz – längst nicht mehr im privilegierten Status der mittelalterlichen oder frühneuzeitlichen Gelehrten (Graduierten) befand. Auf die seit der Mitte des 17. Jahrhunderts gesunkene Geltung des Gelehrtenstandes wurde mehrfach hingewiesen. Indizien für seine Geringschätzung durch die Territorialfürsten sind z. B. die Behandlung der Gelehrten durch Friedrich Wilhelm von Preußen – Gundling als königlicher Hofnarr, akademische Disputationen zur Belustigung des Hofes, die Ausweisung Christian Wolffs – sowie die Herabstufung der Gelehrten in diversen Kleiderordnungen, die ja objektive Gradmesser sozialen Ansehens darstellen.

Die Gründe sind nicht allein in der seit dem Dreißigjährigen Krieg eingetretenen Erstarrung und Qualitätsminderung der Wissenschaften zu suchen, sie sind auch Folgen einer sozialen Entwicklung, die im Lauf der Jahrhunderte die Exemtion des Gelehrtenstandes von staatlichen Verpflichtungen stufenweise aufgehoben und damit zum Abbau der Gelehrten-Privilegien geführt hat. Der ausschließlich nationalsprachlich organisierte Wissenschaftsbetrieb kam diesem Integrationstrend weitgehend entgegen.[331]

Mit der Einbindung des Gelehrten in den absolutistischen Staat wuchs einerseits die staatliche Verpflichtung des Gelehrten zu allen ›bürgerlichen‹ Aufgaben, andererseits wurde dadurch das Verantwortungsbewußtsein der Gelehrten

---

[328] Insbesondere Gottscheds »Aufmunterungsrede an die Gesellschaft der freyen Künste in der ersten Versammlung des 1753sten Jahres«, in: Sammlung einiger Ausgesuchten Stücke, der Gesellschaft der freyen Künste zu Leipzig, Bd. 1, (1754), S. 94–106. Zur Muttersprachpflege Wolff: Gottscheds Stellung im deutschen Bildungsleben, Bd. 1, S. 2–12; Danzel: Gottsched, S. 77.

[329] Römer: Gottscheds pädagogische Ideen, S. 128ff.; de Voss: Die frühe Literaturkritik der Aufklärung, S. 17ff.

[330] Sinemus: Poetik und Rhetorik, S. 236ff., 178f. für die Übergangszeit zwischen Barock und Aufklärung; für die Aufklärungsepoche Haferkorn: Zur Entstehung der bürgerlich-literarischen Intelligenz, S. 215ff. v. Gravenitz betrachtet die »repräsentative Selbstdarbietung des Gelehrtentums« lediglich als »Sonderfall höfischer Repräsentation«. Dessen »Interessendarstellung in Form quasi-feudaler Repräsentation« gilt als Folge des »besonderen Untertanenstatus der Universitätsgelehrten«. v. Graevenitz: Innerlichkeit und Öffentlichkeit, S. 68⁺. Wichtig auch die von v. Graevenitz hervorgehobene Ambivalenz des Gelehrtenstatus: einerseits aufgrund der Lehrmeinungen potentiell antihöfisch, andererseits aufgrund des Sozialstatus hofabhängig zu sein.

[331] Schmoller: Der preußische Beamtenstaat unter Friedrich Wilhelm I, S. 148ff., 253ff., 538ff.

erweckt, sich über den bloßen Dienst an der Wissenschaft für deren Nutzwert in der Gesellschaft zu kümmern – eine Frage, die sich ein eximierter Gelehrter nicht zu stellen brauchte. Das Verantwortungsbewußtsein der Gelehrten für die Mitbürger äußert sich als Aufklärungsarbeit, als Tätigkeit nicht nur im Dienste der *Wissenschaftsvermehrung,* doch auch und v. a. der Wissenschafts*verbreitung* und *-popularisierung.*[332] Dieses von Thomasius und Wolff entwickelte Konzept übernimmt auch Gottsched[333] und trägt durch seine organisatorischen Fähigkeiten zu dessen tatsächlicher Realisierung bei. Damit war die Basis für einen erneuten Sonderstatus des Gelehrtentums geschaffen, der seine Legitimation in der Bildungsvermittlung fand. Neues Privileg wurde das Zugeständnis der *Geistes- und Lehrfreiheit.*

> »Die Gelehrten, in so ferne man sie nicht als Bürger und Einwohner eines gewissen Landes, sondern nur als Gelehrte betrachtet, sind eben so frey, als die größten Monarchen der Welt. Gleichwie diese niemand als Gott und das Schwerdt für ihren Oberherrn erkennen: so erkennt auch ein Gelehrter, in Ansehung dieser Eigenschaft, niemand als die Vernunft und eine mächtigere Feder für seinen Obern. Er kann als ein Gelehrter denken, schließen, glauben, lehren und schreiben was er will, wenn er sich dasselbe nur vor dem großen Richterstuhle der Vernunft zu verantworten getrauet, und wenn ihn keine mächtigere Feder dergestalt in die Enge treibt, daß er der Gewalt ihrer Schlüsse nachgeben und gehorchen muß.«[334]

Eine Einschränkung erfährt diese postulierte Geistesfreiheit lediglich durch die Rücksicht auf die staatliche Wohlfahrt. Sie trägt der Doppeltheit des ›modernen‹ Gelehrten, der zugleich Wissenschaftler und Staatsbürger ist, gebührend Rechnung. Gottsched und sein Kreis versuchen also, hierin die Ansätze des Thomasius

---

[332] Gottsched: Gedichte (1736), S. 598; de Voss: Die frühe Literaturkritik der Aufklärung, S. 73ff. Zu den Postulaten der Wissensausbreitung in den ›Moralischen Wochenschriften‹ Martens: Die Botschaft der Tugend, S. 418ff. Als treffendes Beispiel zitiert Haferkorn: Zur Entstehung der bürgerlich-literarischen Intelligenz, S. 218, ein Gedicht von J. P. Uz, welches das »moralische Berufungsbewußtsein des ständischen Dichters« und die moralisch-erzieherische Wirkung der Poesie ausdrückt: »Der Dichter soll des Volkes Herzen rühren, / Doch klüger sein, nicht folgen, sondern führen; / Und sein Gesang, von reinrem Licht gelehrt, / Muß, fern von Wahn, der unsern Gott entehrt, / Die Poesie bis zum Begriff erheben, / Den uns Vernunft und Offenbarung geben [...]« J. P. Uz: Sämtliche Werke. Hrsg. v. A. Sauer. Heilbronn 1890, S. 383.

[333] De Voss: Die frühe Literaturkritik der Aufklärung, S. 120ff.; Habermas: Strukturwandel der Öffentlichkeit, S. 45, 95f. zum bürgerlichen Freiraum. Intendiert ist die Ausdehnung des ›gelehrten‹ Freiraums auf die bürgerliche Gesellschaft. – Vorausgesetzt ist dabei die allgemeine Vernünftigkeit, d. h. Kritikfähigkeit der Menschen.

[334] Johann Heinrich Gottlob von Justi: Die Beschaffenheit und Verfassung der Republik der Gelehrten, in: Ergetzungen der vernünftigen Seele, Bd. 1, S. 396; zit. nach Rieck: Gottsched, S. 46; zur Verfasserschaft des Artikels ebd., S. 259f., Anm. 80. Rieck erschließt die Verfasserschaft über die Siglen; eindeutig wird sie jedoch durch die Tatsache, daß dieser Aufsatz auch in Justis eigene Schriften aufgenommen ist: Scherzhafte und Satyrische Schriften, Bd. 2 (1760), S. 341–374; hier steht das Zitat auf S. 342. Zur Aufwertung des Lehrstandes auch A. F. Müller: Einleitung in die philosophischen Wissenschaften, Bd. 2, S. 1020–1031.

von einer ›Gelehrtenrepublik‹ innerhalb des Staates aufgreifend,[335] die beamteten Gelehrten über das Konstrukt der Geistesfreiheit, d. h. der bloßen Verpflichtung ihres Denkens und Lehrens auf die Vernunft und das Allgemeinwohl (›Moral‹), von den sozialen Gegebenheiten, der ökonomischen und sozialen Entprivilegisierung und der politischen Unfreiheit zu distanzieren. Von hierher erklärt sich das Faktum, daß Gottsched erneut auf den humanistischen Topos von der ›nobilitas literaria‹ zurückgreift[336] und ihn dem Konzept der Geschmacksbildung zu integrieren strebt,[337] und vielleicht der Versuch, den humanistischen Brauch der Dichterkrönung wiederaufleben zu lassen.[338] Diese sonderbare Verquickung überlebter Formen mit neuem gesellschaftlichem Anspruch des Gelehrten- und Dichtertums gibt dem späteren Wirken Gottscheds den Anschein des Unzeitgemäßen und überholt Rückwärtsgewandten.[339]

So groß indes der Einfluß Gottscheds auf die gehobenen Schichten des Bürgertums war, so gering blieb er auf die Höfe, die er sich zu Bundesgenossen seiner Reform gewünscht hatte.[340] Hier genoß das Gelehrtentum noch längst nicht den Kredit, um als gleichberechtigter Partner empfunden zu werden, als Mitarbeiter im Dienste des allgemeinen Nutzens. Erst durch eine entschiedenere Loslösung des Gelehrtentums aus seinen eigenen Traditionen und seiner Devotion gegenüber Hof und Adel vermochte sich ein Stand herauszubilden, der auch

---

335 Vgl. Kap. IV 2.3. (2); vgl. Weise: Politische Fragen, S. 468; Sinemus: Poetik und Rhetorik, S. 580.

336 Rieck: Gottsched, S. 62ff.; auch Garber: Martin Opitz, S. 50f.; vgl. Anm. 324.

337 Auf den sozialen Aspekt des Geschmacksbegriffes weist ebenfalls Sinemus: Poetik und Rhetorik, S. 179, hin. Im Vergleich zu der aptum- und iudicium-Lehre des 17. Jahrhunderts wurde mit dem Geschmacksbegriff »für den Kampf der ›nobilitas literaria‹ um die Berechtigung ständischer Privilegien ein neuartiges und weiterreichendes Instrument entwickelt«. Das Verdienst der Geschmackskonzeption sei die Ausweitung der »literaturpolitischen Strategie der ›nobilitas literaria‹ von einer gruppenpartikularistischen zu einer allgemeinen«, auf eine »überständische ›societas literaria‹, im Zeichen allgemeinmenschlicher Vernunftfähigkeit und guten Geschmacks.« Vgl. zur Implikation der Geschmackserziehung als einer Waffe gegen die herrschende Standeshierarchie de Voss: Die frühe Literaturkritik der Aufklärung, S. 84–97.

338 Zur Dichterkrönung Schönaichs erschien die Schrift »Der Lorberkranz, welchen der Hoch- und Wohlgeb. Herr Christoph Otto, des H. R. R. Freyherr von Schönaich, von einer löbl. philosoph. Facultät in Leipzig erhalten hat. Leipzig 1752.« Besprochen in: Das Neueste aus der anmuthigen Gelehrsamkeit (Wintermonat 1753), Nr. IV, S. 46–57.

339 Zu den Fakten Waniek: Gottsched, S. 580f. Sinemus: Poetik und Rhetorik, S. 241, deutet Gottscheds Uminterpretation als Radikalisierung der alten ›nobilitas literaria‹-Argumente – indem er »mit der Annahme einer allgemeinen Fähigkeit des Menschen zum guten Geschmack die partikularistische Aufstiegsideologie ständisch« egalisiere und in ein »vom Kunstrichter zu lenkendes allgemeines Erziehungsprogramm« umwandle, ohne damit »die Grundlagen der ständischen Gesellschaftsordnung überhaupt antasten zu wollen.« Vgl. Anm. 330.

340 Autorenkollektiv: Der Hof als Adressat großbürgerlicher Aufklärung. Die Auseinandersetzung mit der feudalabsolutistischen Repräsentationskunst in J. Chr. Gottscheds Literaturprogramm, in: Mattenklott/Scherpe: Westberliner Projekt: Grundkurs 18. Jahrhundert, bes. S. 76ff.

intentional zur Konstituierung einer bürgerlichen Klasse beitrug: der Stand des freien Schriftstellers. Das Wirken Lessings zeigt am eindrucksvollsten, daß dieser ›Stand‹ ohne die Rechte eines solchen zwar eindeutiger soziale und politische Kritik äußern konnte, indes einer weit größeren sozialen und ökonomischen Gefährdung ausgesetzt war als die mit ihrem Staatsdienerstatus sich allmählich abfindende Gelehrtenschaft.

3. ›Gelehrte Poesie‹ im mathematisch-empirischen Wissenschaftsparadigma

3.1. Naturwissenschaftliche Thematik in der frühaufklärerischen Dichtung

Die wichtigsten Konsequenzen, die sich für die Poetik aus der Neuformierung des Wissenschaftskanons ergaben, sind einmal in der Auflösung des jahrhundertlangen humanistischen Verbundes von Rhetorik und Poesie zu erblicken, zum andern, gleichsam als positive Kehrseite dieser Negativ-Abgrenzung, in der Definition der Poesie aus allein ihr eigenen Wesenskriterien, zum dritten schließlich in der gesellschaftlich legitimierenden Zweckbestimmung. Alle drei Abgrenzungs- und Profilierungsaspekte sind aus einem der mathematisierten Logik verpflichteten philosophischen Geist hervorgegangen, der die traditionellen Definitionen und Abgrenzungen eines der ›gemeinen‹ Logik und der Rhetorik verhafteten Systems strikt verwarf. Nicht in Frage gestellt wurde dabei der ›gelehrte‹ Charakter der Poesie selbst. Der Wandel des Wissenschaftsverständnisses hatte lediglich die Modifikation der ›Machart‹ zur Folge, noch nicht die grundsätzliche Abkehr vom Modus der Gelehrsamkeit überhaupt. Die Veränderung des Wissenschaftsbegriffes äußerte sich sowohl material als auch formal.

Der materiale Aspekt hatte sich an der Entwicklung des Realienbegriffes aufzeigen lassen. Die *Realie* war vom allzeit abrufbaren, einem entwicklungslosen, in sich jahrhundertlang gleichbleibenden Arsenal entnommenen und bis zur Formelhaftigkeit erstarrten *Versatzstück* über die freie, dem individuellen iudicium überlassene *Meditation* zu einem den logischen Sätzen der Widerspruchsfreiheit und der zureichenden Begründung verpflichteten *Argument* weiterentwickelt worden. Der formale Aspekt ist an der Stilentwicklung unschwer nachzuzeichnen. Eine Verbindung beider Gesichtspunkte manifestiert sich in der dispositio, der Großstruktur der Poesie. Die Modifikation des philosophisch definierten Typus ›gelehrte Poesie‹ gegenüber dem traditionellen humanistischen Typus ist demnach am material-quantitativen, am formal-verbalen und am strukturellen Aspekt abzulesen. Zunächst der *materiale Aspekt;* der formale und strukturelle kommen bei der Analyse eines für die neue ›Wissenschaftlichkeit‹ exemplarischen Gedichtes ins Blickfeld.

Die folgenreichste Verschiebung im Gefüge der akademischen Disziplinen hat sich während des 17. und 18. Jahrhunderts im Bereich der artistischen Fakultät zugetragen. Im 17. Jahrhundert vollzog sich, zunächst außerhalb der Universität, der Aufstieg der mechanischen und der empirisch-experimentellen Disziplinen, die sich der Erforschung des Mikro- und des Makrokosmos widmeten und in der Etablierung der Lehrfächer Physik und Biologie bzw. Anatomie gipfelten. Im Rahmen der artistischen Fakultät dagegen erfolgte die Umwandlung und Aufwertung der Mathematik zur schließlich fundamentalen, die neue Logik begründenden Wissenschaft der meßbaren Quantitäten. Reichmann hat auf die Konsequenzen des gewandelten Zahlen-Verständnisses hingewiesen, dessen ›säkularisiertem‹ Gebrauch ›rechenschaftlicher‹ Größen der ganze im Barock signifikante Bereich der Zahlensymbolik zum Opfer fiel.[341] Statt der Sinn-Spekulation dient nun die Zahl dem demonstrativischen Beweis. Die Mathematik fungiert nicht allein als »universelle Hilfswissenschaft«, sie verkörpert »gleichzeitig das Ideal aller Wissenschaftlichkeit, ja des logischen Denkens überhaupt.«[342] In Deutschland etablieren sich Mathematik und Physik als Fundamentalwissenschaften an der neugegründeten Universität Göttingen, die einerseits als Modell einer aus naturwissenschaftlichem Geist konzipierten Hochschule gelten konnte, andererseits dem Reformhumanismus Gesners ebenso aufgeschlossen gegenüberstand.[343]

Vorausgegangen war eine Entwicklung, die von Galilei, Kepler und Descartes bis zu den Physikern und Astronomen des ausgehenden 17. Jahrhunderts reichte, zu Weigel und Tschirnhaus, zu Leibniz und Newton, und die bis zum Auftreten Newtons gleichsam einen vorparadigmatischen Status repräsentiert. Traditionsverhaftung und Wissenschaftsprogression lassen sich etwa am Werk Johannes Keplers dartun. Obwohl in seiner Abkehr von allem Autoritätsglauben dem neuen Wissenschaftskonzept zugehörig, verschließt Kepler sich weder der Astrologie – und sei es auch nur aus Gründen der bloßen Existenzerhaltung – noch der mystischen Spekulation über den Sinn der göttlichen Weltordnung. Zukunftsweisend in seinen grundsätzlichen Ausführungen ist jedoch die Deutung des »mathematisch faßbaren Naturgesetzes« als eines »Inbegriffs der Notwendigkeit«.[344]

Die Reduktion ontologischer Qualitäten auf ›rechenschaftlich‹ erfaßbare Quantitäten hatte per se noch keine Paradigmatisierung des Quantifikationsdenkens zur Folge. Zum wissenschaftlichen Paradigma erhoben wird das Denken nach ›Zahl, Maß und Gewicht‹[345] erst durch die Aufnahme des Begründungssatzes (bei Leibniz) und dessen Geltendmachung für alle, auch die außermathematischen Bereiche des Lebens. Mit dem Prinzip vom zureichenden Grund erhält der Mensch ein Instrument, die göttliche Vernunft sich selbst einsichtig, d.h. objektiv nachprüfbar zu machen und sie, sofern ihre Erprobung zum Negativurteil führt, entweder in Frage zu stellen oder den Begründungszusammenhang als ›unzureichend‹ zu erweisen. Die Tatsache, daß im frühen 18. Jahrhundert nur letzteres

---

[341] Reichmann: Die Herrschaft der Zahl, S. 62.

[342] Richter: Literatur und Naturwissenschaft, S. 183. Generell s. Schimanek: Stand und Entwicklung der Naturwissenschaften im Zeitalter der Aufklärung, S. 30–76.

[343] Matthias Gesner lehrte seit 1734 in Göttingen als Professor für Poesie und Beredsamkeit.

[344] Kepler an Mästlin, vom 19. April 1597; zitiert nach Blumenberg: Der Prozeß der theoretischen Neugierde, S. 210.

[345] Zur Tradition Blumenberg: Der Prozeß der theoretischen Neugierde, S. 162f.

Praxis wurde, ist eine Folge der Überlagerung des logischen Modus durch das genuin theologische Axiom, alle gottgeschaffenen Welten und Existenzen seien teleologisch strukturiert. So dient in zahlreichen philosophischen und vor allem poetischen Verlautbarungen das Offenlegen der quantitativen Struktur der Schöpfung gerade dem Nachweis ihrer teleologischen Zielsetzung. In der *Astronomie* vereinigen sich beide Prinzipien des modernen Wissenschaftsdenkens: das empirische (-experimentelle) und das mathematisch-logische Prinzip. Newtons Hauptwerk, die »Philosophiae Naturalis Principia Mathematica«, beruht letztlich auf Mathematik und Logik, keineswegs auf einer nicht über die sammelnde Anschauung hinauslangenden Induktion. Wolffs gelegentlich geringschätzig klingenden Äußerungen über Newton gründen daher nicht etwa in einer Abgrenzung des Mathematikers vom Empiriker;[346] sie beziehen sich jedoch auf das Faktum, daß Newtons Anhänger dessen Physik bereits als Philosophie ausgaben.[347] Für Wolff, der als Mathematiker mit sämtlichen Bereichen der Physik wohl vertraut war, bestand kein Zweifel, daß die Physik nur eine aus der Mathematik abgeleitete Spezialdisziplin war, die den an die Philosophie gestellten Anspruch nicht einlösen konnte. Für die Zeit bis 1750, also den Wirkungszeitraum der Wolffschen Philosophie, ist jegliche philosophisch definierte Disziplin, sowohl Naturwissenschaften als auch ›schöne Wissenschaften‹, von der »mathematisierten Weltweisheit« abhängig.[348]

Stärker empirisch ausgerichtet sind Medizin und Biologie und deren Nachbardisziplinen. Nicht von ungefähr stammt daher die wichtigste malend-beschreibende Poesie von Albrecht von Haller, der seit 1736 an der Göttinger Universität die Professur für Anatomie, Chirurgie und Botanik innehatte. Indes überwog im *allgemeinen* Interesse für die modernen Wissenschaften die Astronomie alle um die Publikumsgunst rivalisierenden Fächer, eine Tatsache, die sich mühelos an der Fülle astronomischer Literatur ablesen läßt, die in diesem Zeitraum in England, Frankreich und Deutschland erschienen ist. Der auch an den zahlreichen Besprechungen in allgemeineren Zeitschriften ablesbare »Boom« für astronomische Literatur läßt sich einerseits aus der Eingestimmtheit einer breiteren Öffentlichkeit auf mathematische Probleme erklären, andererseits jedoch auch aus dem Faktum, daß mit Hilfe eben der Anwendung mathematischer Prinzipien in dieser Disziplin die aufsehenerregendsten Fortschritte erzielt werden konnten. Für die Situation der Astronomie um die Jahrhundertwende und in der ersten Hälfte des 18. Jahrhunderts ist die Tatsache charakteristisch, daß nicht allein zahlreiche Nichtfachleute über Astronomie – teilweise abenteuerliche Dinge – publizierten,

---

[346] Wolff propagierte selbst die naturwissenschaftlichen Entdeckungen Newtons in Deutschland; Schatzberg: Gottsched as a Popularizer, S. 757.

[347] Zur Kritik Leibniz' an Newtons ›Philosophie‹ und der Ausbreitung derselben auf dem Kontinent s. Hall: Die Geburt der naturwissenschaftlichen Methode, S. 357f.

[348] Reichmann: Die Herrschaft der Zahl, S. 61; vgl. Danzel: Gottsched, S. 12f. Die philosophische Orientierung der Zeit war großteils naturwissenschaftlich. Zur Naturwissenschaft als integralem Bestandteil von Gottscheds Philosophie s. Borjans-Heuser: Bürgerliche Produktivität, S. 55ff.

sondern daß auch mehrere Amateure zu wissenschaftlich anerkannten Berechnungen oder Entdeckungen gelangten. Der im damaligen Deutschland als Vorläufer Newtons betrachtete Samuel Dörfel, ein Pastor, ist ein solcher Fall; ein anderer, ungleich extremerer Fall ist der ›Bauernastronom‹ Johann Georg Palitzsch.[349]

Der endgültige Durchbruch des kopernikanischen Weltsystems[350] bezeichnet die Wendemarke zwischen 17. und 18. Jahrhundert und bildet die maßgebliche Voraussetzung für die *praktische* Verwertung der Mathematik und die Exaktheit der astronomischen Berechnungen. Wie früher die Dichter der Antike und des Humanismus, so werden nun die großen Mathematiker und Astronomen in hymnischer Enkomiastik gefeiert. Parallelisierung zwischen ihnen und den antiken Vorbildern begegnen nicht selten; Newton etwa gilt Wieland als »Solon der Planeten«, Shaftesbury wird von Withof als »Platon deutscher Briten« bezeichnet, und Lessing vergleicht Newton mit Homer, wobei beide Namen die geistigen Höhepunkte ihrer Epochen signalisieren sollen.[351]

An der Spitze der in den Status säkularisierter ›Heiliger‹ erhobenen Naturwissenschaftler steht unangefochten Isaac Newton;[352] ihm folgen Leibniz,[353] Bacon,[354] Wolff und zahlreiche andere, vor allem im Bereich der Astronomie erfolgreiche Forscher. Christlob Mylius' Essay »Betrachtungen über die Majestät Gottes, insofern sie sich durch fleißige Anschauung und Erforschung der Natur offenbaret« endet mit einem Panegyrikus auf die Leistung der Naturwissenschaftler:

> »Habet Dank, ihr die ihr eure Bemühungen, eure Kräfte, euer Leben auf die Erforschung der Natur gewandt habet, und noch wendet! habet Dank, ihr, die ihr insonderheit die Größe und Pracht des Weltgebäudes, durch unermüdete Beobachtungen, in ein so helles Licht gesetzet habet! Copernicus, Hevel, Hugen, Newton, Whiston werden um

---

[349] Ley: Die Himmelskunde, S. 167, 169.

[350] Zinner: Entstehung und Ausbreitung der coppernicanischen Lehre. Übrigens wurde das Werk des Kopernikus im Jahre 1757 vom Index abgesetzt; Junker: Das Weltraumbild in der deutschen Lyrik, S. 13.

[351] Dazu Siegrist: Das Lehrgedicht, S. 144. Lessings Vergleich von Newton und Homer findet sich in dem Fragment »Aus einem Gedichte an den Herrn M[ylius]«; in: Lessing: Sämtliche Werke LM, Bd. 1, S. 243.

[352] Belege bei Siegrist: Das Lehrgedicht, S. 143f.; Broich: Das Lehrgedicht als Teil der epischen Tradition, S. 157ff.; Nicholson: Newton demands the Muses. History of Ideas, Series 3. Princeton 1946. Haller z. B. dichtet: »Ein Newton übersteigt das Ziel erschaffner Geister, / Findt die Natur im Werk und scheint des Weltbaus Meister. / Er wiegt die innre Kraft, die sich im Körper regt, / Den einen sinken macht und den im Kreis bewegt, / Und schlägt die Tafeln auf der ewigen Gesetze, / Die Gott einmal gemacht, daß er sie nie verletze [...].« Haller: Versuch Schweizerischer Gedichte, in: Gedichte ed. Hirzel, S. 46. Vgl. Kindermann: Vollständige Astronomie, S. 349: »Der berühmte Newton, der beynahe mehr als natürlichen Verstand besessen [...].« Zur Ausbreitung der Gedanken Newtons in englischer Literatur Meadows: The High Firmament, Kap. VI, S. 117–148.

[353] Siegrist: Das Lehrgedicht, S. 144.

[354] Diskussionsbeitrag Blumenberg zu Fabian: Das Lehrgedicht als Problem der Poetik, S. 557. »Mit Bacon beginnt jene Auffassung des Naturwissenschaftlers als säkularen Heilbringers, die das Selbstverständnis der jungen Royal Society so nachhaltig bestimmte. [...] und die ihren Höhepunkt in der Apotheose Newtons erreichte.«

ihrer Verdienste willen, unsterblich seyn: und dein Ruhm, großer Wolf! wird sich zu keiner Zeit in einige Grenzen einschließen lassen.«[355]

Und Gottsched dichtet:

«In Deutschland hub die Klarheit an;
Copernik war der grosse Mann,
Dem Keplers Fleiss bald nachgekommen;
Bis Gerke, Scheiner, Marius,
Und Tschirnhaus, und Hevelius,
Thomas' und Leibnitz Platz genommen:
Daraus das heitre Licht entspringt,
Das itzt in aller Augen dringt.«[356]

Astronomische Thematik findet sich bei allen der Aufklärungsbewegung zugehörigen Dichtern.[357] Sie reicht von Spekulationen über die Vielzahl der Welten und deren Bewohnbarkeit, über Darstellungen des neuerschlossenen Weltsystems bis zur Erörterung kosmologischer Theorien oder astronomischer Spezialprobleme.[358] Noch stark theologisch beeinflußt sind die neun Bände des »Irdischen Vergnügens in Gott« von *Barthold Hinrich Brockes,* die zwischen 1721 und 1748 erschienen und zum Zweck teleologischen Gottespreises katalogartig alle Naturphänomene ausbreiten und beschreiben.[359] Der Naturbegriff, der Brockes' empirischer Naturanschauung zugrundeliegt, ist indes noch nicht allzuweit entfernt vom bloßen »Raritäten-Cabinet«;[360] zu einer wissenschaftlichen Durchdringung des mit Sammlerleidenschaft beobachteten Materials gelangt Brockes nirgends.

»Und ist ja wie bekannt, Saturnus Durchschnitt bloß,
Nebst drey und zwantzig tausend Meilen
Drey hundert zwey und sechzig groß.
Den Durchschnitt Jupiters auf gleiche Art zu theilen,
So lässt sich sicherlich so viel von ihm entdecken,
Daß dessen Meilen sich
Sechshundert drey und sechzig mehr,
Als zwey und dreissig tausend strecken.
Entsetzlich ist ja diese Grösse,

355 Mylius: Vermischte Schriften, S. 1–42, hier S. 42.

356 Gottsched: Ode. Auf [...] Herrn Christophs, des [...] Grafen von Manteufel Hohes Geburtsfest; in: Gottsched: Gedichte, Bd. 2 (1751), S. 107; zit. Schatzberg: Scientific Themes, S. 172.

357 Dazu Junker: Das Weltraumbild in der deutschen Lyrik, passim; Schatzberg: Scientific Themes, S. 149ff.; Richter: Literatur und Naturwissenschaft, S. 122, 131–139.

358 McColley: The Seventeenth-Century Doctrine of a Plurality of Worlds; Guthke: Die Mehrheit der Welten; Koyré: Von der geschlossenen Welt zum unendlichen Universum.

359 Brockes: Irdisches Vergnügen in Gott, bestehend in Physikalisch- und Moralischen Gedichten. 9 Bde. Hamburg 1721–48; dazu Junker: Das Weltraumbild, S. 43–78. Tendenziell ähnliche Werke haben Johann Albert Fabricius, Christian Friedrich Lesser, Peter Ahlwart, Ernst Ludwig Rathlef, Adam Gottlob Schirach und William Derham verfaßt, z. B. Lessers »Testaceo-Theologia, oder Gründlicher Beweis des Daseyns und der vollkommensten Eigenschaften eines göttlichen Wesens, aus natürlicher und geistlicher Betrachtung der Schnecken und Muscheln« (1744).

360 Bauer: Geschichte der Politik, Bd. 1, S. 304.

Zumahl wenn ich die gantze Fläch' ermesse,
Als die, wenn man es wol erwegt,
Auf drey und zwanzig Billionen
Und noch an Millionen drüber
Drey hundert achtzig sich beträgt.
[...]
So weiß man, daß vom Kreis', den Jupiter durchstreichet,
Der Durchschnitt an der Zahl
Zwey hundert tausend tausend tausend mahl,
Nebst drey und zwantzig tausend mahl noch tausend, ja
Noch sieben hundert drey und achtzig tausend reichet
Benebst fünff hundert noch.«[361]

Eine solche vermeintlich auf »Newtons Pfad«[362] wandelnde Naturbetrachtung verharrt im Aufzählen eindrucksvoller Quantitäten; der Geist der Mathematik bleibt dem Material äußerlich und wird nirgends zum Struktur- und Erkenntnisprinzip. In *Gottscheds* Gedichten spielt die astronomische Thematik zunächst ebenfalls rein quantitativ eine bedeutsame Rolle. Gottsched, der sich, wie noch zu zeigen sein wird, mehrfach mit Astronomie auf populärwissenschaftlicher Basis beschäftigt hat, fußt durchaus auf den Entdeckungen der modernen Wissenschaft, wobei er sowohl die empirischen wie auch die mathematischen Komponenten einbezieht.[363] Die erkenntnistheoretische Bedeutung der naturwissenschaftlichen Methode spricht Gottsched in seiner »Gedächtnißrede auf den unsterblich verdienten Domherrn in Frauenberg Nicolaus Copernicus als den Erfinder des wahren Weltbaues«[364] an; Kopernikus habe mit seiner Erkenntnis »zu der heutigen Verbesserung der Wissenschaften den ersten Grund gelegt; und [...] ganz Europa auf die Spur geholfen, wie man die Werke Gottes in der Natur, in ihrer erstaunlichen Größe anzusehen, und daraus die Herrlichkeit des Schöpfers mit *Vernunft* und *Einsicht* zu erkennen hätte.« Auch für Gottsched gilt die Mannigfaltigkeit, die Geordnetheit und die Quantifizierbarkeit der Welt (»zahl, maß und gewicht«) als Ausweis der Vollkommenheit des göttlichen Schöpfungsplanes. Die

---

[361] Brockes: Die aus der Grösse der himlischen Cörper und Herrlichkeit der Geister hervorleuchtende Grösse und Herrlichkeit des Schöpfers. Neu-Jahrs-Gedicht. 1730. In: Irdisches Vergnügen. Vierter Theil. 2. Aufl. Nachdruck Bern 1970, S. 463f. und S. 468. Im Jahresgedicht »Einige Natur-Kräffte, Gesetze und Eigenschaften, zu Ehren ihres allmächtigen Beherrschers, bey dem Jahrs-Wechsel des 1731. Jahrs betrachtet.« Ebd., S. 492ff., beschreibt Brockes den Mikrokosmos in ähnlich arithmetischer Verzückung.

[362] In Hallers Gedicht »An Herrn D. Gessner« (1734); s. Schatzberg: Scientific Themes, S. 189.

[363] Zu Gottsched: Schatzberg: Scientific Themes, S. 170ff.; ders.: Gottsched as a Popularizer of Science, S. 752ff. Natürlich spielt, wie bei Brockes, auch bei Gottsched die reine Zahl eine bedeutsame Rolle; Heyn: Versuch Einer Betrachtung über die Cometen, S. 26f., zitiert Gottscheds Gedicht über den Weltenbau. Gottsched: Ausgewählte Werke, ed. Birke, Bd. 1 Gedichte und Gedichtübertragungen, S. 110f. Übrigens ist das Anwachsen von Gottscheds naturwissenschaftlichen Interessen besonders deutlich an den von ihm herausgegebenen Zeitschriften ablesbar; Mitchell: J. Chr. Gottsched, S. 50f.; vgl. Römer: Gottscheds pädagogische Ideen, S. 126.

[364] Leipzig 1743, S. 13.

Vernünftigkeit manifestiert sich einerseits in der Begründetheit alles Wirklichen (als des mit zureichendem Grund ausgestatteten Möglichen) und andererseits in der Zweckhaftigkeit alles Seienden. Der jedoch immer anthropozentrisch orientierte Zweckgedanke – bei Wolff hat er seine grotesken ›Blüten‹ getrieben[365] – wird in der zeitgenössischen Pseudo- und Populär-Wissenschaft gleichberechtigt neben Erfahrung und Demonstration verwendet. In seiner zum eigenen 50. Geburtstag verfaßten ›Geburtstagsode‹ argumentiert Gottsched bei der Darlegung der Newtonschen Gravitationskraft mit der teleologischen Struktur der Welt:

»Wer hing der Wandelsterne Lauf
In ungleich großen Höhen auf,
Und hieß sie um die Sonne fließen?
Wer wies doch jedem seinen Kreis,
So kräftig, daß sie Bahn und Gleis
Im Schwunge nicht verlassen müssen?
Da sonst, was sich mit Schleudern regt,
Den Mittelpunct zu fliehen pflegt.
[...]
O Schöpfer! Deine Weisheit bloß
Gab dort und hier den ersten Stoß,
Davon die Kugeln seitwärts rollten;
Das machts, wenn sich der Erdball dreht,
Daß Lenz und Sommer erst entsteht,
Dann Herbst und Winter folgen sollten;
Indem die Nord- und Süderwelt,
Sich wechselnd nach der Sonne stellt.«[366]

Christlob Mylius und der junge Lessing beschäftigen sich mehrfach mit astronomischen Themen. Mylius koppelt wiederum die Ausbreitung der modernen Wissenschaft mit dem »Lob der Muttersprache«: Die »Pflicht eines Gelehrten« erfordere es, Künste und Wissenschaften in der Muttersprache zu lehren. »Was könnte demnach für Schaden und Gefahr angerichtet werden, gesetzt daß alle Schriften in der Landessprache geschrieben würden, wenn sie nur auf die Fortpflanzung der Künste und Wissenschaften abzielten.«[367] Zum ›thomasischen‹ gesellt sich das ›wolffische‹ Argument von der Deutlichkeit der Begriffe: es sei »leichter«, »die Wissenschaften zu fassen, wenn sie in der Muttersprache vorgetragen würden«, wegen der Klarheit und Unmißverständlichkeit der Terminologie.[368] Der mathe-

---

[365] So bezeichnet Wolff als den Zweck des Mondes, er ersetze nachts die Straßenbeleuchtung.

[366] Gottsched: Als der Verfasser Sein Funfzigstes Jahr zurücklegte. Den 2 Febr. des 1750 Jahres. In: Gottsched: Ausgewählte Werke. ed. Birke, Bd. 1 Gedichte und Gedichtübertragungen, S. 224–237, hier S. 225f.

[367] Mylius: »Betrachtung über den Anfang des ersten Buches des Cicero vom höchsten Gute und vom höchsten Uebel. Daß es allerdings löblich sey, Künste und Wissenschaften in der Muttersprache zu lehren«; in: Mylius: Vermischte Schriften, S. 310–332, hier S. 316f.

[368] Mylius: Lob der Muttersprache, ebd., S. 333–346, hier S. 341f.; vgl. S. 345. »Wenn in der Muttersprache Künste und Wissenschaften gelehret werden, so müssen nothwendig die Begriffe davon uns leichter, deutlicher und verständlicher seyn, weil wir nicht erst die Sprache lernen dürfen, um die Schriften davon lesen zu können.«

matische Geist bemächtigt sich in Mylius' Forderungen bereits des stilistischen Bereiches, ein Sachverhalt, der in Abraham Gotthelf Kästners vom Geiste der Mathematik geprägten Poesie augenfällig wird.

Lessings naturwissenschaftlicher Thematik gewidmete Gedichte stammen zum großen Teil aus der anakreontischen Entwicklungsphase und bedienen sich meist der astronomischen Termini und Problemkreise zum witzigen Spiel. In diese Gruppe gehören die Lieder »Die Planetenbewohner«[369] und »Die lehrende Astronomie«.[370] Die Diskrepanz zwischen sinnlicher Anschauung und abstrakter Erkenntnis hat Lessing mehrfach beschäftigt. In einem an Mylius gerichteten Fragment versucht Lessing diesen Gegenstz zu ›versöhnen‹. Homer, der Vertreter der sinnlichen Anschauung, und Newton, der Exponent des mathematisch-naturwissenschaftlichen Denkens, sind einander komplementär. Der Gegensatz ist nur scheinbar:

»Der Dinge Flächen nur und Schein gefallen dir.
Wie sie das Auge sieht, dem Geiste vorzumahlen,
Bleibst du den Sinnen treu, und machst auch Geistern Schalen.
Ins innre der Natur dringt nie dein kurzer Blick;
Dein Wissen ist zu leicht, und nur des Pöbels Glück.
Allein mit kühnem Aug ins Heiligthum zu blicken,
Wo die Natur im Werk, bemüht mit Meisterstücken,
Bey dunkler Heimlichkeit, der ewgen Richtschnur treu,
Zu unserm Räthsel wird, und Kunst ihr kommt nicht bey;
Der Himmel Kenner seyn; bekannt mit Mond und Sternen,
Ihr Gleis, Zeit, Größ und Licht, durch glücklichs Rathen lernen; [...]
Dazu gehöret mehr, als wenn beym Glase Wein,
Der Dichter ruhig singt, besorgt nur um den Schein.«[371]

Das Verbindungsglied zwischen Dichter und Naturwissenschaftler besteht in der Verstandeseigenschaft des ›Witzes‹, den Lessing für den Dichter, den Philosophen und den Naturwissenschaftler reklamiert:

»Der Dichtern nöthge Geist, der Möglichkeiten dichtet,
Und sie durch feinen Schwung der Wahrheit gleich entrichtet,
Der schöpferische Geist, der sie beseelen muß,
Sprich, Mylius, du weists, braucht den kein Physicus?«[372]

Die Annahme des Witzes als der gemeinsamen Eigenschaft erlaubt denn auch Lessings Mutmaßung, Homer wäre ein Newton geworden, Newton ein Homer, wenn beide sich nur dazu hätten entschließen wollen.[373] Lessings Behauptung, die Dichterkraft sei dem Naturwissenschaftler genauso notwendig wie dem Dichter selbst, greift natürlich auf die bei Wolff vorfindlichen Äußerungen zurück; sie findet sich auch beim gleichgesinnten Mylius. Seine Ausführungen im Lehrgedicht »Von den Bewohnern der Kometen« beruhen auf der Erdichtung, der poetischen

---

[369] Lessing: Sämtliche Werke LM I, S. 75.
[370] Ebd., S. 124–126.
[371] »Aus einem Gedichte an den Herrn M++«; ebd., S. 243–248, hier S. 244.
[372] Ebd., S. 247. Lessing bestätigt Mylius' ›Hypothesen‹-Theorem, auch der Naturwissenschaftler brauche ›dichterischen Geist‹.
[373] Ebd., S. 243.

Fiktion, auch wenn er sie im Gewand logischer Schlußfolgerungen vorträgt.[374] Albrecht von Haller schließlich hat die dichterische Fiktion als Form wissenschaftlicher Hypothesenbildung legitimiert (1750).[375] Die Berechtigung beider Erkenntnisformen, der sinnlichen Anschauung und der logischen Schlußfolgerung bzw. mathematischen Demonstration legt Lessing in dem frühen »Weitläuftigen Gedichte über die Mehrheit der Welten« dar und weist insofern den naheliegenden Vorwurf, der Dichter sei vom »Betruge der Sinnen« abhängig, zurück:

»Deswegen gab dir Gott des Geistes schärfres Auge,
Daß es das leibliche dir zu verbesssern tauge.
Wann du mit diesem siehst, zieh jenes auch zu Rath,
Durch beydes siehst du recht, wann eines Mängel hat.«[376]

Der rationalistische Geist, der in Mathematik und Astronomie waltete, bemächtigte sich mit besonderer Vorliebe derjenigen Phänomene, die jahrhundertelang Gegenstand wilder Spekulationen gewesen waren. Nicht von ungefähr rückten in der ersten Hälfte des 18. Jahrhunderts daher die Kometen ins Zentrum wissenschaftlichen und poetischen Interesses, eines Interesses, das durch die überdurchschnittliche Häufigkeit der Kometenerscheinungen verstärkt wurde. In der ›naturwissenschaftlichen‹ Poesie Gottscheds, Bodmers, Trillers, Langes, Mylius' u. a. spielen die Kometen eine hervorragende Rolle.[377] Während das Kometen-Gedicht von Mylius mit Hilfe teleologisch strukturierter Schlußfolgerungen dem Geist der Spekulation verhaftet bleibt, stellt Abraham Gotthelf Kästners »Philosophisches Gedicht von den Kometen« ein gelungenes poetisches Äquivalent für die mathematisch-empirische Ausprägung des modernen naturwissenschaftlichen Geistes dar.

Bei Martin Opitz waren – wie gezeigt wurde – wissenschaftliche Tradition und eigener, in der Poesie vertretener Standpunkt identisch gewesen. Während in der Vulkanologie tatsächlich bis ins 18. Jahrhundert hinein nur unwesentliche Fortschritte erzielt wurden, gelangte die Astronomie und mit ihr die Kometenforschung erheblich über den Wissensstand der Antike hinaus. An Kästners Lehrgedicht läßt sich dieser Auseinanderfall einer bis in die Vorantike zurückreichenden Tradition und der ›lebendigen‹ Wissenschaft der Gegenwart klar nachweisen.

3.2. Kästners Poesie-Begriff im Umfeld rationalistischer Lehrdichtung

Der mathematisch-philosophische Geist, der zur Neudefinition der Poesie geführt hat, findet sich, den Kategorien des Zwecks und des Grundes entsprechend, auf zweifache Weise in der nachgottschedschen Dichtung.

---

374 Mylius: »Lehrgedicht von den Bewohnern der Kometen«, in: Vermischte Schriften, S. 349–362.

375 Hallers Vorrede zu Bernard Buffon: Allgemeine Historie der Natur nach allen ihren besondern Theilen abgehandelt [...] Bd. 1.

376 Lessing: Aus einem Gedicht über die Mehrheit der Welten, LM I, S. 272.

377 Dazu Schatzberg: Scientific Themes, S. 155, 164f., 173, 176f., 215f., 234, 240f. Zur Tradition der Kometenforschung Calder: Das Geheimnis der Kometen; Grimm: Gottes flammende Bußprediger.

An den beiden gewählten Gattungen, dem Lehrgedicht und der Satire, läßt sich der verschieden gefaßte philosophische Zweck der Wahrheitsvermittlung darlegen. Die mimetische Begründung dagegen bleibt der Satire allein vorbehalten. Für die Untersuchung der Modifikation ›gelehrten Dichtens‹ im Sinne des neuen philosophisch-demonstrativischen Denkens, konkret des Bezugs von Wissenschaftsparadigma, poetischer Struktur und Schreibart, eignet sich wiederum das *Lehrgedicht* in besonderer Weise, weil bei ihm sowohl der Wissenschafts*inhalt* als auch die – poetisch umgesetzte – Wissenschaftsform als *Denkmethode* ins Blickfeld rücken. An einem anderen Lyrik-Typus ließe sich der materiale und formale Wissenschaftscharakter vielleicht weniger unvermittelt aufzeigen. Ein weiterer Vorteil im Rahmen dieser Darstellung besteht in der Parallelität der behandelten Thematik. Dem für das humanistische Paradigma exemplarischen ›Vulkan-Gedicht‹ von Opitz steht das für rationalistisch-mathematisches Denken typische ›Kometen-Gedicht‹ Kästners gegenüber – beides also naturwissenschaftliche Lehrgedichte aus der Hand zweier für das zeitgenössische Wissenschaftsverständnis repräsentativer Gelehrten! Dieses Faktum garantiert, daß beide Gedichte materialiter den fortgeschrittensten Forschungsstand festhalten; und möglicherweise, daß die Dichter ein diesem Wissen entsprechendes poetologisch-methodologisches Verfahren wählen.

Gottscheds ambivalente Haltung wurde bereits erwähnt. Einerseits mußte der didaktische Charakter des Lehrgedichtes seinen Beifall finden, andererseits entsprach die versifizierte Wissenschaft nicht dem Mimesis-Postulat.[378] Gottsched teilt prinzipiell die ablehnende Haltung, die Aristoteles gegenüber den Lehrgedichten des Empedokles eingenommen hat. Bezeichnend für ihn ist jedoch der Kompromiß, den er für die praktische Zuordnung der Lehrdichtung zur Poesie findet.

Für sein Abweichen von der sonst strikt durchgehaltenen Systematik lassen sich drei Gründe anführen. Eine auf den Generalnenner ›naturnachahmende Fabel‹ gebrachte Poesie hätte keine Rubrik für Lyrik und Lehrdichtung gehabt. Gottsched hilft sich aus diesem Dilemma durch Wiederaufnahme der *traditionellen Einteilung* poetischer Gattungen. Die Tradition rechnete, wie Gottsched selbst angibt, die diversen lyrischen Formen der Ode, der Elegie und des Heldenbriefes ausschließlich wegen ihrer *»poetischen Schreibart«* zur Poesie.

> »Der Ausputz, die Zierrathe, der geistreiche und angenehme Vortrag der allerernsthafftesten Lehren, macht daß sie Poesien werden.«[379]

Der Mangel des Mimesisprinzips, den gesamten Bereich der Poesie abzudecken, und die (sonst abgelehnte) traditionelle poetologische Einteilung kamen sich hier entgegen, so daß Gottsched die Lehrdichtung in dürrer Analogie zur Lyrik in den Kanon poetischer Gattungen aufnimmt. Wesentlich positiver ist der dritte Grund, der das zweite Legitimationsargument Gottschedscher Poetik verifiziert: den *aufklärerischen Auftrag,* den die Poesie als Instrument der Wahrheitsvermittlung

---

[378] Gottsched: CD (1730), S. 513.
[379] Gottsched: CD (1730), S. 514.

übernommen hat. Wenn Lehrdichtung lediglich Natur-Erklärung statt Naturnachahmung bietet, also der Wesensbestimmung von Poesie nicht gerecht wird, so erfüllt sie gerade darum das an die Zweckbestimmung der Poesie gebundene Postulat, Träger pädagogisch-wissenschaftlicher Tendenzen zu sein. Das Lehrgedicht genügt insofern nicht allein der Zweckforderung, es verabsolutiert die finalistische Definition.

In einem weiteren, die poetologische Diskussion überschreitenden, gesellschaftlich bestimmten Rahmen dienen alle ›lehrhaften‹ Dichtarten – Fabel, Satire, Komödie und besonders das Lehrgedicht – dem Bildungsziel, das Gottsched mit seinem gesamten, dem wissenschaftlichen, poetischen und pädagogischen Wirken anstrebte.[380] Für die Poesie hat er es in dem großen Preisgedicht »Daß die Poesie am geschicktesten sey, die Weisheit unter den rohen Menschen fortzupflanzen«,[381] programmatisch festgehalten. In diesem Gedicht schildert Gottsched die Dichtkunst als schöne, mit den Insignien Apollos und Minervas ausgestattete Frau, »ein *Seytenspiel* in den *gelehrten* Händen«.[382] Ihre Gelehrsamkeit hat die Verbreitung von Vernunft und Tugend zum Zweck; das »Seytenspiel« deutet auf die Kunst hin, »der Welt die Weisheit l e i c h t« zu machen, also die Wissenschaft und Sittenlehre mit Hilfe des Vergnügens fortzupflanzen. Das Gedicht gipfelt in einem Hymnus auf die Herrschaft der Dichtkunst:

»O! was für Heil und Wohlfahrt blüht!
O! was für Lust beherrscht den Kreis der Erden!
Wohin ein witzig Auge sieht,
Da scheint die ganze Welt ein Paradies zu werden.
Es scheint nicht nur; sie wirds auch seyn,
Wenn fernerhin die Dichtkunst Weisheit lehret.«[383]

Für Gottsched und seine Zeitgenossen steht der von Vernunftoptimismus getragene,[384] *bildungspraktische Zweck* der Poesie außer Zweifel. Auch Breitinger stimmt der von Wolff für die Gelehrten postulierten Aufgabe, »Verstand und Tugend unter den Menschen gemein zu machen«,[385] prinzipiell zu, indem er die Dichtkunst als eine der »artes populares« definiert, »welche ihre Absichten auf den gemeinen Haufen gerichtet haben, weil durch ihren Dienst Tugend und

---

[380] Daraus erklärt sich auch die auffallende Vorliebe der Aufklärung für diese didaktisch-vergnüglichen Dichtarten. Vgl. Siegrist: Das Lehrgedicht, S. 17f.; Ulrich: Das Lehrgedicht, S. 100. Zur gesellschaftlichen Bestimmung ebd., S. 98f.; Brüggemann: Der Kampf um die bürgerliche Welt- und Lebensanschauung, S. 98; Weil: Die Entstehung des deutschen Bildungsprinzips. Bonn 1930.

[381] Gottsched: Daß die Poesie am geschicktesten sey, die Weisheit unter den rohen Menschen fortzupflanzen. Womit in der Deutschen Gesellschaft zu Leipzig der Preis der Dichtkunst erhalten worden. Den 7 Oct. des 1733 Jahres. In: Ausgewählte Werke ed. Birke, Bd. 1, Gedichte und Gedichtübertragungen, S. 103–116.

[382] Ebd., S. 104.

[383] Ebd., S. 116, vgl. S. 114.

[384] Zur optimistischen Basis der Lehrgedichte Wolff: Die Weltanschauung der deutschen Aufklärung, S. 103f.

[385] Wolff: Deutsche Ethik, Vorrede.

Wahrheit allgemein gemachet werden.«[386] Bereits Christian Wolff hatte ja die Poeten für »im gemeinen Wesen nicht unnütze Leute« gehalten, »die mit ihren Versen bey sich ereignenden Gelegenheiten zugleich ergötzen und Nutzen schaffen.«[387] Gottsched, Bodmer und Breitinger haben bekanntlich dieses Argument ständig benutzt.[388] Die Zunahme des Wissensstandes und die Entwicklung wissenschaftlicher Methoden selbst erweitern damit auch den didaktischen Sektor der Poesie wesentlich. Die inventio im Lehrgedicht bleibt jedoch formal, da sie materialiter ausschließlich auf die vorfabrizierten Resultate der Wissenschaften rekurriert.[389]

In einer von *Breitinger* aufgestellten Liste, die der Entwicklung vor allem der Naturwissenschaften Rechnung trägt, heißt es:

> »Die Künste und Wissenschaften sind durch den Fleiß der Menschen auf das höchste gestiegen, [...] die Welt ist itzo unendlich weiter, als sie ehemals war, und wir sehen alles in einer andern Ordnung, und mit andern Augen an; die festen und crystallenen Himmel, vormahls die ewige Wohnung einer Menge vergötterter Hirn-Geburthen, sind itzo nichts weiter, als ein unermeßlicher und rinnender Raum, in welchem tausend neue Welten, die eben so wohl als unsere Erde bevölkert seyn können, herum schwimmen; dieselbe Sonne leuchtet uns zwar noch, die ehmals leuchtete, aber wir haben ihr einen andern Lauf gewiesen; statt daß sie vormahls in das Meer zu schlaffen eilete, gehet sie anitzo, einer anderen Welt den Tag zu bringen; die Erde, die vordessen in der Einbildung der Leute unbeweglich stund, dreht sich heutigen Tages in unserer Einbildung und nichts kommt ihr an Schnelligkeit der Bewegung gleich. Ein kleines holgeschliffenes Glas machet uns mit den himmlischen Cörpern so bekannt, und führet sie so nahe zu uns herzu, daß wir ihre unendliche Anzahl, Ordnung, Verschiedenheit, Größe, Bewegung, auf das genaueste abmessen können. [...].«[390]

Breitinger macht hier besonders auf den Bereich aufmerksam, den das Auseinanderklaffen sinnlicher Anschauung und rationaler Erkenntnis als Gegenstand moderner Lehrdichtung hinzugewinnt. Für *Gottsched* versteht sich von Anfang an, daß die von ihm »dogmatische Poesie« genannte Lehrdichtung keine eigentlich wissenschaftlichen Aufgaben erfüllen kann, auch die Verbreitung wissenschaftli-

---

386 Breitinger: Critische Dichtkunst, Bd. 1, S. 8f.

387 Wolff: Deutsche Politik, S. 380, § 391; vgl. Kap. VI. 3.1.

388 Gottsched: CD (1730), S. 138f.; Bodmer: Critische Betrachtungen über die poetischen Gemählde der Dichter, S. 140; Bodmer/Breitinger: Von dem Einfluß und Gebrauche der Einbildungskrafft, S. 16. Weitere Belege zur allgemeinen Ansicht über die Belehrungsaufgabe der Poesie s. Siegrist: Das Lehrgedicht, S. 14–18. Vgl. Waniek: Gottsched, S. 130. Breitinger: Critische Dichtkunst, Bd. 1, S. 10: »Der Poet ist derowegen alleine darinne von dem Weltweisen, dem Sitten- und dem Staats-Lehrer unterschieden, daß er diejenigen moralischen und politischen Wahrheiten, die das Gemüthe zum guten lencken können, auf eine angenehm-ergezende, allgemeine und sinnliche Weise vorstellet.« Speziell dann S. 88: »[...] die Lehrgedichte unterrichten uns auf eine ergezende und leichte Weise von den Geheimnissen gantzer Wissenschafften oder besonderer Stücke derselben.«

389 Vgl. Vontobel: Von Brockes bis Herder, S. 101.

390 Breitinger: Critische Abhandlung von der Natur, den Absichten und dem Gebrauch der Gleichnisse, S. 286ff.; die orthographisch abweichende Version zitiert nach Siegrist: Das Lehrgedicht, S. 25.

cher Erkenntnisse nur in einem, auf den Verständnishorizont eines Laienpublikums eingestellten Niveau vornehmen kann. Der in allen Auflagen[391] unveränderte Passus lautet:

> »Ich gebe es also zu, daß man eine Wissenschafft mit völliger Gründlichkeit, weder synthetisch noch analytisch in Poesien abhandeln könne. Wer ein Freund einer so strengen Lehr=Art ist, wo man nichts unerklärt und unerwiesen annimmt; der muß solche poetische Abhandlungen nicht lesen. Die Poeten bescheiden sichs auch gar leicht, daß sie *keine geometrische Methode* in Ausführung ihrer Materien beobachten. Das würde sehr trockene Verse und einen schläfrigen Vortrag geben. Die tiefsinnigsten philosophischen Geister mögen sich also nur an ihre ordentliche prosaische Schreib=Art halten. Wenn sich die Poeten in ihre Wissenschafften mengen, so thun sie es *nur den mittelmäßigen Köpfen zu gefallen,* die nur einiger massen was davon wissen wollen; und sich *um den höchsten Grad der Gründlichkeit nicht bekümmern.* Diese machen allezeit den grösten Theil des menschlichen Geschlechts aus, und da ist es genug, wenn man ihnen nur nichts falsches sagt; *das Wahre aber in solcher Ordnung* vorträgt, daß man sie ziemlich verstehen und ihren Zusammenhang wenigstens klar einsehen könne; dabey aber alles mit *Zierrathen einer poetischen Schreib=Art* so lebhafft und sinnreich ausbildet; daß man es mit Lust und Vergnügen lesen könne. Da nun auch die bittersten Wahrheiten, sonderlich in moralischen Sachen, auf solche Art gleichsam verzuckert und übergüldet werden: so sieht man wohl, daß es nicht undienlich sey dergleichen Schrifften zu verfertigen; und also das Erkänntniß und die Tugend der Welt gleichsam spielend beyzubringen.«[392]

Als Forderungen an die Machart, die *strukturelle Formung* und die *stilistische Ausgestaltung* kristallisieren sich das vernünftige Ordnungsprinzip heraus, das gedankliche Klarheit und damit Verständlichkeit garantiert, sowie die lebhafte und iudiziös-meditative Schreibweise, die mit Hilfe von Vergnügen und Ergötzen das Interesse des Lesers erweckt und wachhält. Die Poesie befindet sich damit – dies stimmt mit Gottscheds in der CD vorgebrachten Erwägungen zum Wissenschaftscharakter der Poesie überein – in einem *vorparadigmatischen* Zustand, der an die Stelle des logisch exakten Vernunftschlusses die freie Meditation setzt. Selbstverständlich muß sich die meditative Darstellung an die Prinzipien der Vernunft und der Ordnung halten, um dem Laien Einblick in die Verknüpfungsstruktur wissenschaftlicher Erkenntnisse zu gewähren. Die Dominanz des Sachaspektes prägt auch den Stil, die poetische Schreibweise. Ulrich konstatiert zu Recht für das Lehrgedicht der Aufklärung eine »Abkehr der Dichtung vom

---

391 Siegrists Behauptung, Das Lehrgedicht, S. 22, Gottsched habe die »wenigen Bemerkungen« zu den »dogmatischen, heroischen und anderen größeren Gedichten« in den ersten drei Auflagen der CD erst in der vierten Auflage zu einem »selbständigen Kapitel *Von dogmatischen Poesien*« erweitert, ist nicht haltbar. Die vierte Auflage fügt dem von der ersten Auflage an selbständigen Kapitel nur wenige Zusätze an.

392 Gottsched (1730), S. 515f.; vgl. CD (1751), S. 576f., § 11. Vgl. auch Breitinger: Critische Dichtkunst, Bd. 1, S. 8. »Da die dogmatische und schließende Lehrart dagegen viel zu mühsam, beschwerlich, und für den großen Haufen der Menschen gantz dunckel und unvernehmlich gefunden wird; [...] ist es nicht zu verwundern, daß die Rede- und Dicht-Kunst zu allen Zeiten vor allgemeine Dollmetscherinnen der Weisheit und vor Lehrerinnen der Tugend angesehen und geehrt worden, weil sie die klugen und heilsamen Lehren des Verstandes auf eine so angenehme und der menschlichen Natur so anständige Weise dem Gemüthe der Menschen einspielen.«

rhetorischen Repräsentationsstil zu einer der normalen Rede angenäherten Sprechauffassung«, worin er ein »Durchsetzen des Verstandesprinzips« erblickt.[393] Gerade das Faktum, daß der Lehrdichter keine ›gründlichen‹, d.h. logisch-demonstrativischen Beweisführungen vorbringen kann, ermöglicht erst die ›Anwendung‹ des poetischen Stils und erleichtert die Synthese zwischen wissenschaftlicher und ästhetischer Darstellung. Die Vernunft, bei Weigel noch als »rechenschaftliches« Prinzip gehandhabt, wird bei Wolff zur alle Wissenschaften regelnden Größe, die über den Sektor der praktischen Philosophie hinaus auf die Gesellschaftsordnung selbst einwirkt. Wissenschaft und bürgerliche Gesellschaft, beide intentional vom selben Vernunftprinzip strukturiert, fördern und legitimieren die Übertragung eben dieses Prinzips auf die Poesie, wo es die inhaltliche und die formale Seite der Darstellung reguliert. Das von Max Bense schon für das gesamte 17. Jahrhundert betonte Faktum, nicht »Seele, Herz und Leidenschaft« stünden im Vordergrund des poetologischen Interesses, sondern die *»Autorität der Regel«* und die *Klarheit,* gewinnt im Deutschland der frühen Aufklärung verstärkte Geltung. In der Erziehung zu diesem neuen Wert, konstatiert Bense, rangiert »der Mathematiker als der erste Künstler vor dem Poeten«.[394]

In dem nicht zufällig an den Mathematiker Abraham Gotthelf Kästner gerichteten »Schreiben an einen Freund« stellt *Johann Elias Schlegel* die These auf, »daß die Mathematik einem Dichter nützlich sey«.[395] Er weist die gängige Meinung, wer die höhere Mathematik beherrsche, »den kennt Apollo nicht«, zurück und beruft sich dabei auf das Beispiel des selbst dichtenden Universalgelehrten Leibniz.

> »Die Dichtkunst ist gerecht und kann die Kunst nicht hassen,
> Die ihr so manchen Schmuck und Zierrath überlassen.
> Du weist, wie vieles dem, den ihre Glut erhitzt,
> Die hohe Wissenschaft verglichner Größen nützt.«[396]

Diese These beweist Schlegel durch ein philosophisches Axiom, die Einheitlichkeit der Wahrheit. Aus ihr leitet er die Allgemeingültigkeit der vernünftigen Regelhaftigkeit ab,[397] deren sich konsequenterweise auch der Dichter bedienen muß: »Die Sach ist mannigfalt, die Regel einerley«.[398] Für den Dichter bedeutet das konkret, daß Regeln die Ordnung der Teile garantieren, die Ausschmückung von Gedanken und Ausdrücken (res und verba!) kontrollieren, und jegliche die Argumentationsklarheit beeinträchtigende Verbalhyperbolik abweisen.

---

[393] Ulrich: Das Lehrgedicht, S. 107. Zur Tendenz der Prosaisierung von Poesie Windfuhr: Barocke Bildlichkeit, S. 432f.; er nennt als eine Ursache den Einzug des Wissenschafts- und Prosa-Geistes.

[394] Bense: Die Mathematik in der Kunst, S. 33.

[395] In: Belustigungen des Verstandes und des Witzes. Auf das Jahr 1742, S. 337–343; auch in: Johann Elias Schlegels Werke, Vierter Theil. Hrsg. von Johann Heinrich Schlegel. Kopenhagen und Leipzig 1766, S. 107–113.

[396] Ebd., S. 338. Zu Leibniz s. Hankins: Leibniz as Baroque Poet.

[397] Ebd., S. 339. »Sagt, daß nur die Vernunft der Dichtkunst Richtschnur sey, / Und macht aus Sach und Wort ein künstliches Gebäu.«

[398] Ebd., S. 339.

Für die *poetische Darstellung* hat die Orientierung am mathematisch-empirischen Wissenschaftsbegriff gravierende Folgen. Die Diskrepanz zwischen wissenschaftlicher Erkenntnis und sinnlicher Anschauung erlaubt den modernen Dichtern nicht mehr, in der Art antiker Poeten zu dichten, also von dem goldenen Sonnenwagen zu singen oder den Kometenschweif als drohendes Himmelsschwert zu deuten.[399] Für den modernen Dichter verbietet sich folglich eine imitatio der antiken Bild- und Denkstruktur,[400] die sich als Einheit von Wissenschaft und Anschauung erweisen.

»Doch wißt, daß einerley nicht einerley verbleibet,
Wenn es ein andrer thut. Die Alten preist man zwar.
Sie folgten dem Begriff, den ihre Zeit gebahr.
Die Bilder ihres Kiels, die mit der Wahrheit streiten,
Sind Bilder von der Nacht des Irrthums ihrer Zeiten.«[401]

Der wissenschaftliche Fortschritt fordert von den Dichtern eine Darstellung, die dem gegenwärtigen Erkenntnisstand Genüge leistet, die ihn in poetische Strukturen und Bilder zu transformieren sucht.

»Drum müßt ihr, Dichter, euch nach euren Zeiten richten,
Und zu dem Tage nicht der Nächte Farben dichten.
Doch wer beweist wohl recht, was er nicht weis und kennt,
Wer vom Saturnus spricht, muß wissen, was er nennt;
Und niemand denket gut und richtig von den Sternen;
Er muß die Wissenschaft der Himmelskörper lernen.«[402]

Boileaus Satire auf die Astronomen gilt als abschreckendes Beispiel; hier bricht der Mangel an Fachkenntnis der Satire die Spitze ab und wendet sich letztlich gegen den Autor selbst. Die von Schlegel an den modernen Dichter, nicht den seine Glückwünschpoemata mit Wissensfloskeln verbrämenden Gelegenheitsdichter, erhobene Forderung nach Kenntnis der ›lebendigen Wissenschaft‹[403] deckt sich mit Gottscheds besonders dem Lehrdichter geltenden Postulat, »daß der Poet die Sache wohl verstehe, und sich nicht unterfange etwas auszuführen, dem er nicht gewachsen ist.«[404]

Reflektiert man nun Gottscheds in theoretischer und Schlegels in poetischer Form erhobene Forderungen, so müßte *Abraham Gotthelf Kästner* eigentlich der ideale Dichter des neuen Wissenschaftskonzeptes gewesen sein, da er in seiner

---

[399] Vgl. Gottscheds eigene Überzeugung, Gestirne, insbesondere unheilverkündende Kometen, seien heutzutage kein Gegenstand für die Darstellung des Wunderbaren. »Man verstund dazumal die Naturlehre sehr schlecht: allein ietzo würde es eine Schande für den Poeten seyn, wenn er uns viel von dem Einflusse des Himmels reden [..] wollte.« CD (1751), S. 196.

[400] Belustigungen des Verstandes und des Witzes 1742, S. 440, 442. »Wer brauchts, daß wenn dein Geist einst für ein Gleichniß sorget, / Er es vom Maro stiehlt und vom Homer erborget? / Daß dein verwegner Kiel, entblößt von Wissenschaft, / Der alten Dichter Fleiß in eins zusammenrafft? / Und wenn er Wort an Wort und Reim an Reime flicket, / Sich mit dem Opitz putzt und den Horaz zerstücket?«

[401] Ebd., S. 340. [402] Ebd., S. 340f.

[403] Schatzberg: Scientific Themes, S. 90.

[404] Gottsched: CD (1730), S. 516.

Person den neuen Typus des Dichter-Gelehrten verkörpert, Mathematiker und Naturwissenschaftler auf der einen, Epigrammatiker, Satiriker und Lehrdichter auf der anderen Seite.

Denkbar wäre immerhin die Frage, wieso im Umfeld des rationalistischen *und* empirischen Wissenschaftskonzeptes gerade Kästner gewählt wurde und nicht die dichtungsgeschichtlich bedeutsameren Barthold Hinrich Brockes, Christian Fürchtegott Gellert oder gar Albrecht von Haller, der wie Kästner Dichter- und Gelehrtentum in seiner Person vereint. Dafür gibt es mehrere Gründe. Brockes, der die theologisch-teleologische Variante frühaufklärerischer Dichtung repräsentiert, bedürfte einer anders perspektivierten Einordnung, als es eine den säkularisierten Wissenszweigen gewidmete Untersuchung leisten will. Über Gellert schließlich existieren zahlreiche Einzel-Beiträge, die sich der Entwicklung des neuen Stils in Komödien und Briefstellern widmen.[405] Der in Gellerts Werk wirksame pietistische Einschlag würde, ähnlich wie bei Brockes, auf die hier ausgesparte Tradition religiöser Oppositionen verweisen. Auch repräsentiert Gellert eine über Gottscheds Regel-Ideal hinausweisende Entwicklungsstufe, die den Sentimentalisierungs- und Natürlichkeits-Trend der Lessing-Zeit begründet. Albrecht von Hallers auf empirischer Grundlage errichtetes Poetik-Konzept wurde von Karl Richter bereits gründlich untersucht; hier wäre nur weniges hinzuzufügen.[406] Zudem tragen bei Haller die empirischen Momente eine von Gottscheds Poetik abweichende Nuancierung herein, während Kästner den im Frührationalismus symptomatischen Typus des reinen, vernunftorientierten Gottschedianismus verkörpert. Wissenschaftsgeschichtlich führt der Empiriker Haller – von Berufs wegen Botaniker, Chemiker und Arzt[407] – die Entwicklungslinie Bacon – Tschirnhaus – Newton fort; Gellert verbürgerlicht die ethisch-gesellschaftliche Linie der ›politischen‹ Theorie eines Thomasius und Heumann. Kästner jedoch repräsentiert die Linie Descartes – Wolff – Gottsched. Als Mathematiker und mathematisch (vorwiegend theoretisch) orientierter Naturwissenschaftler entspricht er wie kein anderer Dichter seiner Zeit dem Paradigma der mathematisch-demonstrativischen Vernunft. Haller und Gellert führen die Entwicklung weiter; Kästner ist ein Endpunkt. An ihm läßt sich die ›Umsetzung‹ des theoretisch von Gottsched formulierten Ideals mit fast ›demonstrativischer‹ Exaktheit nachweisen.

Die Zeitgenossen schätzten Kästner, der in seiner Person den Mathematiker, den Philosophen und den Poeten zu vereinigen wußte, als Genie.[408] Hat er sich auch in späteren Jahren von Gottsched distanziert,[409] so verhehlte er doch niemals

[405] Schlingmann: Gellert. Eine literatur-historische Revision; Nickisch: Die Stilprinzipien in den deutschen Briefstellern.

[406] Richter: Literatur und Naturwissenschaft.

[407] Zu Haller s. Siegrist: Albrecht von Haller, S. 5–17.

[408] Witkowski: Geschichte des literarischen Lebens, S. 377; Dyck: Mathematics and literature.

[409] F. Winter: A. G. Kästner und Gottsched, S. 488–491. Jedoch stammt von Kästner der gerechteste und objektiv wohlgesonnenste Nachruf auf Gottsched: »Betrachtungen über Gottsched's Charakter« (1667), in: Gesammelte Werke, Tl. 2, S. 165–172.

die entscheidende Bedeutung, die Gottsched für sein Frühwerk hatte. In seiner Selbstbiographie bekennt er sich geradezu als Schüler Gottscheds.[410] Zum Entstehungszeitpunkt des Kometengedichtes bestand jedenfalls noch eine enge Verbindung zwischen Gottsched und Kästner;[411] außerdem beschäftigten sich beide in diesen Jahren, angeregt durch das Auftauchen verschiedener Kometen, mit Astronomie und insbesondere mit der Kometenproblematik.[412]

In seiner Einschätzung vom Nutzen der Wissenschaften überhaupt, insbesondere der Philosophie und Mathematik, bleibt Kästner also der Gottschedschen Linie treu, verstärkt jedoch, wie nicht anders zu erwarten, die rein wissenschaftlichen Akzente. Naturkenntnis, so behauptet er im Vorwort zum ersten Band der von ihm herausgegebenen Zeitschrift »Hamburgisches Magazin«,[413] sei die Quelle der Poesie, der Mathematik, der Tugend und der Frömmigkeit.

> »[...] Ihre *unwandelbare Ordnung* erwecket unsere Aufmerksamkeit, und gewöhnet unsere *ausschweifende Dichtungskraft* zu einer gewissen standhaften Reihe von Gedanken, die *der Natur ähnlich* ist. Diese *unvergleichliche Ordnung* ist es, die zu der *Mathematik* Anlass gegeben hat; einer Wissenschaft, dadurch das menschliche Geschlecht mehr als einmal, gegen den gänzlichen Verfall in eine fast viehische Unwissenheit, ist verwahret worden. Wie sehr reizt nicht das Versteckte in natürlichen Dingen die Neugier der Menschen und wie entzückend belustiget nicht die *Mannigfaltigkeit* und *Schönheit* derselben. Ja wir getrauen uns sogar zu behaupten, dass die Erkenntniss der Natur es ist, die den Menschen gottselig, tugendhaft und gottgefällig machet.«[414]

---

410 Baldinger: Biographien jetzt lebender Ärzte und Naturforscher. Jena 1772, Bd. 1, S. 53. »Ich mache mir keine Schande daraus, in der Dichtkunst und Beredsamkeit sein Schüler gewesen zu sein. Dass ich deswegen nicht in allen Stücken wie er dachte, hat er schon damals (in den vierziger Jahren) gewusst; noch jetzo aber werde ich allezeit behaupten, dass ihm Deutschland in diesen beiden Künsten sehr viel zu danken hat, wie auch Leute solches ansehen mögen, die zu gering sind, seine Verdienste zu kennen.«

411 Dies dokumentiert sich etwa durch Kästners Vortrag in Gottscheds Rednergesellschaft »Erweis, dass der Redner ein Philosoph seyn söllte.« Zuerst in: Schriften der Teutschen Gesellschaft zu Leipzig 1742; und in »Hillen's neuen Proben der Beredsamkeit«. Leipzig 1748; Vgl. Meusel 6 (1806), zu Kästner S. 369–382, hier S. 375. Kästner selbst erwähnt die Rede in einem 1748 publizierten Brief an den Hamburger Correspondenten; Winter: A. G. Kästner und Gottsched, S. 490. Kästner stand etwa seit 1740 in Leipzig unter Gottscheds Einfluß; Schatzberg: Scientific Themes, S. 106. Distanz bekundet sich in den fünfziger Jahren, z. B. in der »Abhandlung von den Pflichten, wozu uns die Erkenntniß verbindet, daß in der Welt kein blinder Zufall stattfinde, sondern Alles von der göttlichen Vorsicht regiert werde« (1751). In: Kästner: Gesammelte Werke (GW), Tl. 3, S. 58–79.

412 Die Vorrede Gottscheds zu Heyns Kometenbuch stammt vom Mai 1742; Kästners »Betrachtung Bey Gelegenheit des Kometen« ebenfalls vom Mai 1742, in: Belustigungen des Verstandes und des Witzes (1742), S. 428f.; vgl. auch Gottscheds in der dritten Auflage der »Weltweisheit« erweitertes Kometenkapitel.

413 Hamburgisches Magazin, oder gesammlete Schriften zum Unterricht und Vergnügen aus der Naturforschung und den angenehmen Wissenschaften überhaupt. Hrsg. A. G. Kästner. 26 Bde. Hamburg und Leipzig 1747–1767.

414 Ebd., Bd. 1, Vorrede; zit. nach Schatzberg: Scientific Themes, S. 107. Vgl. Kästners Aufsatz »Ueber den Gebrauch des Witzes in ernsthaften Wissenschaften«; in: A. G. Kästner: Einige Vorlesungen. In der Koeniglichen deutschen Gesellschaft zu Göttingen gehalten. Altenburg 1768, S. 27–36.

Die Natur erscheint hier ganz in den Kategorien der ›Größenwissenschaft‹ erfaßt; die ästhetischen und moralischen Qualitäten stehen in unmittelbarer Beziehung zu ihr.

Kästner verficht auf den Spuren Newtons eine mathematisch strukturierte Naturwissenschaft, d. h. eine Naturerkenntnis, die sich der »mathematischen Einsichten« bedient.[415] Mathematik lehrt »von mehr Sachen richtig zu denken«[416] und bildet insofern das Denkvermögen des Naturwissenschaftlers,[417] aber auch des Vertreters anderer Wissenschaften und Künste aus.[418] Da die *Mathematik,* wo andere Wissenschaften oftmals nur Mutmaßungen vermitteln, »sichere Wahrheiten« vorbringt, ist auch ihr Wert als »Zeitvertreib« hoch einzustufen.[419] Die Beschäftigung mit ihr trägt zur Aufklärung einer Nation bei[420] und wirkt sich auf alle geistigen Tätigkeiten aus: Wem Wahrheitserkenntnisse und Schlußfolgerungen Vergnügen bereiten, bildet sich »einen Geschmack, dem auch außer der Mathematik nichts gefällt, wo er nicht Wahrheit, Zusammenhang und Vernunft antrifft.«[421] Die Feststellung: »Denn auch da, wo keine geometrischen Beweise stattfinden, läßt sich eine hypothetische Wahrheit, eine Uebereinstimmung des Folgenden mit dem Vorhergehenden, und eine Verbindung, die ein Ganzes macht, beobachten«, liest sich beinahe wie eine Gebrauchsanleitung für den vom Geist der Mathematik angewehten Dichter, der alle »sich selbst widersprechenden Erdichtungen« – die »leeren Erdichtungen« Wolffs – verwirft.[422] So versteht es sich, daß Kästner die an ihn gerichtete Frage, ob er verlange, »daß man bey einem Gedichte eben so nachdenken solle wie bey einer mathematischen Demonstration«, unbedenklich bejaht.[423]

Auch in seiner *Zweckbestimmung der Poesie* unterscheidet sich Kästner in nichts von Gottsched. Der Nutzen der ›schönen Wissenschaften‹ besteht in der

---

415 Kästner: Ueber die Verbindung der Mathematik und Naturlehre (1768); in: GW, Tl. 3, S. 101–106, hier S. 104.

416 Kästner: Ueber den Gebrauch des mathematischen Geistes außer der Mathematik (1768); in: GW, Tl. 2, S. 173–179, hier S. 178.

417 GW, Tl. 2, S. 173ff.

418 Ebd., S. 176; z. B. im Falle von Evidenzprüfungen auch in der Geschichtswissenschaft.

419 Kästner: Ueber den Werth der Mathematik, wenn man sie als einen Zeitvertreib betrachtet (1759); in: GW, Tl. 3, S. 80–94, bes. S. 85f., 92.

420 Zu Kästners Bildungsideal: Im Gedicht »Ueber die gegenseitige Verachtung der Philosophen und Kritiker« wendet er sich gegen das einseitige Bildungsideal des humanistischen Ciceronianers und propagiert eine Synthese aus antiker Tradition und mathematischem Geist. Auch hierin folgt er Gottscheds Bemühen um Synthese beider Bildungskonzeptionen; GW, Tl. 2, S. 96–100. Vgl. die Ausführungen in der Abhandlung »Ueber den Gebrauch des mathematischen Geistes«, ebd., S. 179.

421 Ebd., Tl. 2, S. 186.

422 Ebd., Tl. 3, S. 86; vgl. Tl. 2, S. 82. »Nimm für den Dichtertrieb nicht Leichtigkeit zu Reimen, / An kühnen Einfalls Statt ein Heer von wilden Träumen [...].«

423 Kästner: Antwort auf das [...] an ihn gerichtete Schreiben; in: Bemühungen zur Beförderung der Critik und des guten Geschmacks (1746), S. 562f.; zit. nach Siegrist: Das Lehrgedicht, S. 83.

angenehmen, für den »schwächern Geist« bestimmten *Erkenntnisvermittlung.*[424] Historisch jedoch, auch hierin schließt Kästner sich Gottscheds Einleitungskapitel zur CD an, geht die poetische Belehrung der philosophischen voraus.[425] Diese Aufgabe expliziert Kästner für den Poeten selbst in dem Lehrgedicht »Ueber einige Pflichten eines Dichters«,[426] das, weil es die Verbreitung von Tugend und Wahrheit als Zweck der Poesie erkennt, ebendiese moralische Beschaffenheit und wissenschaftlichen Kenntnisse auch vom Dichter verlangt.[427] Kenntnis antiker Klassiker und Beherrschung poetischer Regeln versteht sich für den Gottsched-Jünger von allein.[428]

Die *Schreibart,* die Kästner aus diesen Forderungen ableitet, orientiert sich indes nicht am Ideal einer um jeden Preis erkauften Deutlichkeit.[429] Das Kästnersche Idealgedicht – »ein Lied von tiefem Denken voll«, »das hohe Wahrheit singt« – braucht nicht jedermann verständlich, nicht so deutlich zu sein, daß der Unkundige es versteht. Der intendierte Adressat bestimmt den Schwierigkeitsgrad der Schreibart, d. h. der Autor muß sich am Zielpublikum orientieren, nicht jedoch an einer amorphen Leserschaft, schon gar nicht an der breiten ›unwissenden‹ Masse, dem »Pöbel«.[430]

»Es folgt nicht, daß kein Lied mit Nutzen Lust verbindet,
Wo der gemeinste Geist nicht jeden Satz empfindet;
Genug, trifft er für sich da gute Lehren an,
Wo manches ihm zu hoch, Gelehrte rühren kann.
Doch niemand zieht vielleicht den Dichter ganz zur Erden:
Er soll kein Lehrer nicht des schlechten Pöbels werden.«[431]

Beim Abwägen der Gründe, welche Zwecke Poesie erfüllen soll – Erweckung von Emotionen und Gefühlen,[432] Befriedigung eines ›richtig denkenden‹ und ›zärtlich fühlenden‹ Lesers, Unterrichtung und Belehrung[433] – entscheidet sich Kästner für

---

424 Kästner: Der Nutzen der schönen Wissenschaften beym Vortrage philosophischer Lehren; in: GW, Tl. 2; S. 93–95.

425 Ebd., Tl. 2, S. 95. »Der Dichtkunst altes Recht ist, von der Tugend spielen; / Den Menschen lehrte sie längst seine Pflichten fühlen, / Eh' ein Gelehrter noch mit Arbeit ohne Frucht / Vom Rechte der Natur den ersten Satz gesucht, / Durch Schlüsse kann das Kind nicht gut und böses trennen; / Es wird den Unterschied in ihrer Fabel kennen.«

426 GW, Tl. 2, S. 82–84.

427 Ebd., Tl. 2, S. 83. »Von Tugend sey dein Herz, der Geist von Kenntniß voll, / Wofern uns dein Bemühn ergötzend nützen soll [...].« Daher rührt auch Kästners Hochschätzung von Martin Opitz.

428 Ebd., Tl. 2, S. 82, 84.

429 Kästner: Gedanken über die Verbindlichkeit der Dichter, allen Lesern deutlich zu seyn; in: GW, Tl. 2, S. 76–82.

430 Ebd., Tl. 2, S. 78. »Der Leser, dem man schreibt, bestimmt des Autors Pflicht.«

431 Ebd., Tl. 2, S. 79.

432 Ebd., Tl. 2, S. 83. Das Gelehrsamkeitsideal scheint durch im Lobpreis von Opitz. »Wie kommt's, daß unter ihm der muntre Günther steht? / Weil ihn die Dichtkunst nur, und sonsten nichts erhöht. / Umsonst, daß Dichtergluth in einem Sinne brennet, / Der nicht des Staatsmanns Welt, die Welt des Weisen kennet; / Der von Gedanken leer, nie dem Verstande singt, / Und nur ein leichtes Blut in kurzes Wallen bringt.«

433 Ebd., Tl. 2, S. 79.

eine ausschließlich nach Bildungsprinzipien selegierte *Leserschaft.*[434] Kästner distanziert sich eindeutig vom nicht-gelehrten Publikum, macht indes die Konzession, daß Dichtung sich der schwierigen Beweisführungen und der Überfülle »tiefer Sätze« enthalten müsse. Der Vers soll die Mitte halten zwischen unverständlicher Gedrängtheit und geschwätziger, jedes Selbstdenken verhindernder Überdeutlichkeit.[435] Die auch von Kästner unterstützten aufklärerischen Bildungsziele kulminieren schließlich in der Verbindung von Vergnügen und Denken.

»Schreib', daß dich Die verstehn, die Witz und Dichtkunst kennen;
Wer jedes Carmen liest, den laß dich dunkel nennen.
Dein Scherz sey von der Art, die den Verstand auch rührt,
Dein Ernst sey allemal durch muntern Witz geziert.
Voll Feuer, voll Vernunft, bemüh' dich, daß dein Spielen
Die Schöne denken lehrt, den Philosophen fühlen.«[436]

3.3 Poetische Struktur im Zeichen des demonstrativischen Geistes: A. G. Kästners »Philosophisches Gedicht von den Kometen«

Kästners Kometengedicht bietet sich als Beispiel des neuen wissenschaftlichen und poetologischen Verständnisses an. Wegen der 1737, 1739, 1742, 1743 und 1744 auftauchenden Kometen war dieses astronomische Thema besonders aktuell.[437] Am Kometengedicht, in dem Kästner auf die Tradition der Kometendeutung eingeht und zum modernen Forschungsstand Stellung bezieht, läßt sich der Wandel, den der Wissenschaftsbegriff unter dem Einfluß der mathematisch-philosophischen Definition mitgemacht hat, nachweisen und gegenüber dem durch Opitz' Lehrgedicht »Vesuvius« repräsentierten humanistischen Wissenschaftsbegriff abgrenzen. Der Umschlag aus der anthropozentrischen *Deutung* wissenschaftlich vorerst unerklärlicher Phänomene, wie sie Volksglauben und Astrologie praktizierten, in die sachbezogene *Erklärung,* läßt sich am Kometen, dem in Antike und Mittelalter zum Unglücksboten schlechthin stilisierten Naturphänomen, besonders deutlich aufzeigen.

Kästners »Philosophisches Gedicht von den Kometen« erschien im Märzheft der »Belustigungen des Verstandes und des Witzes« von 1744. Veranlaßt wurde es

---

[434] Ebd., Tl. 2, S. 80. »Euch mißfällt, wenn mein Vers von Newton's Lehren spricht: / So braucht im Trauerspiel Geschicht' und Fabel nicht. / Soll ein Gelehrter nur vor euren Schauplatz gehen: / So sey auch Der gelehrt, der will mein Lied verstehen. / Den Leser wähl' ich mir; sagt, ob ich strafbar bin?« Zutreffend bemerkt Siegrist: Das Lehrgedicht, S. 84. »Kästner bejaht eine gewisse Popularisierung, ist aber nicht bereit, unter ein bestimmtes Niveau zu gehen: eine Vorleistung an Bildung muß vom Leser erbracht werden – anders wird die Dichtung ihrem Erziehungsauftrag nicht gerecht, reduziert sie sich selbst auf die passive Ergötzung.« Folglich appelliert das Lehrgedicht von vornherein an einen kleineren Leserkreis; Martens: Die Botschaft der Tugend, S. 147ff.

[435] GW, Tl. 2, S. 80.

[436] Ebd., Tl. 2, S. 83.

[437] Leonhard Euler: Theorie der Planeten und Cometen. Wien 1781; Tabellen S. 177ff.

durch den Kometen von 1744.[438] Christlob Mylius hat im Maiheft derselben Zeitschrift sein »Lehrgedicht von den Bewohnern der Kometen« als unmittelbare Erwiderung auf Kästners Kometengedicht publiziert.[439] Kästners Lehrgedicht fand Gottscheds uneingeschränkten Beifall. Die von ihm herausgegebene Zeitschrift »Das Neueste aus der anmuthigen Gelehrsamkeit« urteilt, anläßlich der Edition von Kästners »Vermischten Schriften«, im Jahre 1755:

> »Dieß Gedicht ist wirklich schön; und stellet auch diese philosophische Lehre in einer so leichten Schreibart dar, daß sie nicht nur Naturkündigern und Sternsehern; sondern auch mittelmäßigen Lesern verständlich wird, die nicht einmal Halbgelehrte zu seyn begehren. Das ist nun aber das Amt der Poesie, daß sie die Philosophie der großen Welt werden; nicht aber nur in die wenigen und engen Studierstuben der Gelehrten eingesperret bleiben soll. [...]«.[440]

Kästner ordnet das Kometengedicht einem bestimmten Adressatenkreis zu: der gebildeten, jedoch nicht über fachspezifisches Wissen verfügenden Leserschaft. Die Distanz zum Pöbel bekundet sich in der Ablehnung der abergläubischen, dem Kometen entgegengebrachten Vorurteile,[441] und in der Zuordnung des Gedichtes in die Tradition gelehrter Poesie. Opitz' Lehrgedicht »Vesuvius« gilt Kästner als ein gelungenes Beispiel ›gelehrter Dichtung‹.[442] Angesichts dieser angestrebten *Exklusivität* ist zu fragen, wie Kästner dem aufklärerischen Anspruch, die Wissenschaft auf ›poetische‹ Weise zu *verbreiten,* gerecht zu werden vermag, konkret, ob das Kometengedicht die modernen astronomischen Erkenntnisse auch dem Nicht-

---

[438] Kästner: Philosophisches Gedichte von den Kometen; in: Belustigungen des Verstandes und des Witzes (März 1744), S. 278–284. Zum Vergleich mit Kästners Gedicht interessant ist die über denselben Kometen verfaßte Schrift von J. Fr. Wucherer (/ Gottfried Büchner): Gründliche Erörterung der Frage: Ob die Cometen nichts gutes bedeuten? Nebst schriftmäßiger Beantwortung der Fragen: Ob die Cometen Vorboten des Jüngsten Tages? Und ob dieser in dem ietztlaufenden 1744ten Jahre einbrechen werde? Mit einer Vorrede: Ob die Cometen in H. Schrift vorkom̄en? herausgegeben von Ferromonte. Jena 1744. Der Verfasser, Johann Friedrich Wucherer (1682–1737), war Professor der Theologie und der Physik in Jena. Die erste lateinische Ausgabe erschien 1722 (»Dissertatio de cometis malorum nunciis«); die deutsche Übersetzung und Bearbeitung stammt von dem Theologen Gottfried Büchner (1701–1780). Die Schrift wendet sich gegen »astrologische Torheit, Windmacherei« und gegen den Aberglauben.

[439] Mylius: Lehrgedicht von den Bewohnern der Kometen; in: Belustigungen des Verstandes und des Witzes (Mai 1744), S. 383–392.

[440] Das Neueste aus der anmuthigen Gelehrsamkeit (Wonnemonat 1755), Nr. IV, S. 358–365, zu Kästners »Vermischten Schriften«, hier S. 360. Kästners Lehrgedicht vom Kometen hat später Gauss zu der Bemerkung veranlaßt, »Kästner war unter den Dichtern seiner Zeit der beste Mathematiker, unter den Mathematikern seiner Zeit der beste Dichter.« Auch Lessing äußert sich über Kästners Kometengedicht sehr positiv: »Es ist in der That ein Gedicht; und in der That philosophisch. Sein Verfasser hat sich längst den nächsten Platz nach Hallern erworben, und Reimen und Denken nie getrennt.« Lessing: Sämtliche Werke LM, Bd. 4, S. 398.

[441] Kästner: Philosophisches Lehrgedicht von den Kometen; in: GW, Tl. 2, S. 69–76, hier S. 69f. Nach dieser Ausgabe wird im folgenden zitiert. Es handelt sich um die Verse 4, 9–30.

[442] Ebd., S. 69f., V. 6–8.

fachmann vermitteln kann. Witkowski sieht das Kometengedicht in direkter Abhängigkeit von Opitz' Vorbild: Kästner habe die »astronomische Weisheit in leicht verständliche Alexandriner« gekleidet und »mit moralischen Sentenzen und gelehrten Anmerkungen nach dem Muster von Opitzens altem ›Vesuvius‹« geschmückt.[443] Beide Fragen, die Frage nach der Verbindung zwischen *gelehrtem Anspruch* und *Popularisierungsauftrag,* und die Frage nach der Einordnung des Gedichtes in die *wissenschaftsgeschichtliche Entwicklung,* fungieren als Leitlinien für Analyse und Vergleich. Sozialgeschichtlicher und wissenschaftsgeschichtlicher Aspekt sind bei der Untersuchung der poetischen Struktur einander komplementär zugeordnet. Kästners eigene wissenschaftlichen Darlegungen zur Astronomie dienen als Folie der poetischen Gestaltung.[444]

An der Wissenschaftlichkeit seines Vorhabens – gleichsam garantiert durch die Berufung auf Newton – läßt Kästner keinen Zweifel aufkommen. Die poetische Darstellung soll modernen wissenschaftlichen Ansprüchen genügen,

»Zwar nicht von Rechnung voll, nicht in Beweisen scharf,
Doch gründlich, wie man es in Versen werden darf.«[445]

Der Dichter, der nicht wie der Gelehrte verfahren soll, die Wahrheiten also nicht selbst zu entdecken, sondern nur zu vermitteln hat, muß auf den reduzierten Wissensstand seines Publikums Rücksicht nehmen. Der Dichter darf das Beweisverfahren nur in aufgelockerter Form vortragen; er bedient sich besser sinnlicher Bilder als komplizierter logischer Beweise. Jäger konstatiert zu Recht: »Die Disposition des Lehrdichters hat anders auszusehen als die kausal und logisch verknüpfende und zum System zusammenbindende des Philosophen«.[446] Die Wahrheit muß verlebendigt, veranschaulicht werden, damit auch das weniger gelehrte Publikum sie mit Vergnügen aufnehmen kann. Das ›Ergötzen‹, das auch Kästner neben dem ›Belehren‹ als Zweck der Lehrdichtung nennt und das die Verbreitung der Erkenntnis erleichtert, äußert sich sowohl im *Witz* als auch in der *Bildhaftigkeit* des Stils. Anders als im Epigramm kann sich der Witz im Lehrge-

---

443 Witkowski: Geschichte des literarischen Lebens, S. 377.

444 A. G. Kästner: Anfangsgründe der angewandten Mathematik. Zweyter Theil. 1. Abtlg. Mechanische und Optische Wissenschaften. Göttingen [3]1780 (erste Aufl. 1759), Von den Kometen, S. 273–286. Kästner verweist den Anfänger auf Wolffs Schriften und charakterisiert die eigene Intention: »Ich habe in den Gränzen, die ich mir setzen mußte, das Verfahren des Freiherrn von Wolf nachzuahmen, Einiges in grösseres Licht zu setzen, und neue Entdeckungen, die er seinen Schriften nicht einverleiben konnte, so wohl da, als in der Geographie, wenigstens anzuzeigen gesucht.« Ebd., Vorrede.

445 Philosophisches Lehrgedicht von den Kometen, GW, Tl. 2, S. 72, V. 83/84. Zum poetologischen Kontext Siegrist: Das Lehrgedicht, S. 54ff., 75f. Vgl. Aussagen von G. F. Meier: Anfangsgründe aller schönen Wissenschaften. 3 Bde. Halle 1748; Bd. 1, S. 356f.; vgl. J. J. Eschenburg: Entwurf einer Theorie und Litteratur der schönen Wissenschaften, S. 128 »[Er muß] seine philosophischen Wahrheiten nicht in schulgerechten Ausdrücken, Erklärungen, Beweisen, Sätzen oder Schlüssen, auch nicht in einer zu strengen Ordnung, vortragen, sondern mehr auf Leben und Erfahrung hinführen, nie kalt und trocken zergliedern, sondern erwärmt und lebhaft rühren und überzeugen.«

446 Jäger: Zur Poetik der Lehrdichtung, S. 558.

dicht nur vermittelt zeigen. Kästner kombiniert ihn mit der Bildstruktur, die auf Versinnlichung abstrakter Erkenntnisse zielt.[447] Was sei ein Lehrgedicht »ohne Bilder, ohne Schilderungen, ohne Schmuck, ohne geschickte Einkleidung der vorzutragenden Sätze?«, fragt etwa Jakob Mauvillon.[448] Bilder, Vergleiche und Exempel sind die häufigsten Formen poetischer Konkretisierung.[449] Freilich findet Albertsen in Kästners Kometengedicht »nur ganz wenige schöne Stellen«. Er nennt den Vergleich des nur aufgrund entlehnten Lichtes (allerdings matt) leuchtenden Kometen mit dem Gelegenheitsdichter, »der manches Alphabet mit leeren Reimen füllt« (V. 131–134), und er führt das Bild des pfeifenrauchenden »Raufbolds« an, womit Kästner die Ätiologie des Kometenschweifes illustriert (V. 179–183).[450] Der Kenner weiß die Feinheit dieses Gleichnisses zu würdigen; klingt es doch an ein ähnliches, von Newton selbst verwendetes Bild an. Newton nämlich vergleicht die Entstehung des Kometenschweifes mit der aus einem Kamin emporwirbelnden Rauchwolke.[451]

Für den funktionalistischen Gebrauch dieser Auflockerungspartikel ist die *Reduktion mythologischer Bilder und Anspielungen* typisch.[452] Kästner benutzt nur einmal, gleich zu Beginn des Gedichtes, einen mythologischen Namen. Sehr wahrscheinlich um der Abwechslung willen umschreibt er das »Sonnenlicht« eine Zeile später mit der Wendung »Phöbus Glanz« (V. 14/15). Sonst herrscht ausschließlich das Prinzip der direkten Benennung, was den nüchternen Kästner vom bilderreichen Stil der Barockpoesie rigoros abgrenzt. Dem entspricht auch die auffallende Schlichtheit des Stils. Sie präsentiert sich gegenüber dem – am äußeren aptum orientierten – barocken Zierstil als eine ›versifizierte Prosarede‹, die ausschließlich dem inneren aptum, der Sachangemessenheit dient. Ulrich hat diese »Abkehr der Dichtung vom rhetorischen Repräsentationsstil zu einer der normalen Rede angenäherten Sprachauffassung« als eine Konsequenz der dominant werdenden Verstandesprinzipien plausibel gemacht.[453]

Ein über bloße Auflockerung hinausgehendes poetisches Mittel ist die *Apostrophe,* die Anrufung göttlicher oder menschlicher Autoritäten;[454] in ihr schlägt sich das wissenschaftliche Konzept bekenntnishaft nieder. Gottsched hatte dieses Problem in der CD ausführlich erörtert.[455] Die Anrufung der Musen in Lehrge-

---

447 Zur poetischen Konkretisierung Siegrist: Das Lehrgedicht, S. 72f.

448 Mauvillon/Unzer: Über den Werth einiger deutschen Dichter, 1. Stück, S. 194; vgl. 2. Stück, S. 91.

449 Zu den Exempla Siegrist: Das Lehrgedicht, S. 136ff.

450 Albertsen: Das Lehrgedicht, S. 274f. Albertsens Bemerkungen tragen zur Aufhellung der Struktur des Poems nichts bei.

451 Newton: Principia, S. 494.

452 Zum Verschwinden der antiken Mythologie aus der Bildstruktur der Lyriker Junker: Das Weltraumbild in der deutschen Lyrik, S. 16. Die neue Wissenschaftshaltung schlägt sich in der Form nieder: Kästner vermeidet üppige Bilder und Vergleiche; nur sparsam benutzt er schmückende Beiwörter.

453 Ulrich: Das Lehrgedicht, S. 107.

454 Generell dazu Siegrist: Das Lehrgedicht, S. 142ff.

455 Gottsched: CD (1730), S. 147.

dichten lehnt er ab, da sie keine »Göttinnen der Weisheit oder der Wissenschafften; sondern der Poesie, der Music und der Geschichte, mit einem Worte, der freyen Künste« seien.[456] Die materiale Gelehrsamkeit fällt ins Ressort der ›Götter‹, die Logik etwa der Pallas Athene, der Feldbau etwa der Feldgötter. Absurd ist es für Gottsched, daß Vergil bei der Beschreibung der Bienenzucht die Musen befragt.[457] Im Kapitel über die ›dogmatischen‹ Gedichte greift Gottsched das Thema wieder auf und exerziert es am Musterbeispiel deutscher Lehrdichtung, an Opitzens »Vesuvius« durch.[458] Zu Recht rufe Opitz die Natur an, »weil er von natürlichen Wundern« schreiben wolle. Leider habe er es dabei »nicht bewenden« lassen, denn er appelliere – völlig unnötigerweise – an Apollo und die Musen, die nach Gottscheds rationalistischem Dichtungsverständnis »doch bey dieser Materie vom Vesuvius nichts zu sagen haben«.[459] Gottsched plädiert für einen maßvollen und dem Sachbezug angemessenen Gebrauch der Apostrophe. Diese Maxime hat Kästner sich offenbar angeeignet. Er beruft sich stets auf solche Männer, die innerhalb des thematischen Kontextes Autoritäten waren oder Vorbildfunktion ausübten. Opitz, der Dichter des »Vesuvius«, gilt als Schöpfer des mustergültigen Lehrgedichtes (V. 6). Namentlich erwähnt, nicht jedoch angerufen wird eine ganze Reihe hervorragender astronomischer Gelehrter: der mit dem ehrenvollen Attribut »der Wolf vergangner Zeiten« ausgezeichnete Aristoteles, Euklid, Tycho, Kepler, Dörfel, Hevel, Apian, Whiston, Cluver und Heyn.[460] Die Ehre eines namentlichen Anrufes gesteht Kästner nur Newton zu.

---

456 Ebd., S. 148. 457 Ebd., S. 148. 458 Ebd., S. 517f.

459 Ebd.; Gottsched zitiert den betreffenden Passus.

460 Galilei hatte noch die aristotelische Lehre, Kometen seien aufsteigende Erddünste, deren Gestalt durch die Sonnenbeleuchtung zustande gebracht würde, verteidigt. Dazu: The controversy on the comets of 1618. Translated by Stillman Drake and C. D. O'Malley. Philadelphia 1960. Aufgrund der Beobachtungen Regiomontans (Johannes Müllers) von 1472 über Kometenbahnen und Peter Apians von 1540 über die sonnenabgekehrte Schweifstellung und der exakten Meßdaten Tycho Brahes über den Kometen von 1577 konnte Johannes Kepler in seiner »Ährenlese zum Saggiatore« Galileis Ansicht zurückweisen und die These von der Körperhaftigkeit der Kometen erhärten. Kepler: De Cometis libelli tres. Augsburg 1619; vgl.: The controversy on the Comets, S. 337ff. Der Plauener Pfarrer Samuel Dörffel sprach sich bereits 1680 in seiner Schrift »Astronomische Beobachtungen des Großen Cometen« für eine parabolische Kometenbahn aus. Der Danziger Astronom (und Bierbrauer) Johann Hevelius hatte für eine gekrümmte Linie votiert; Prodromus cometicus, sive historia cometae Anno 1654, cum dissertatione de cometarum omnium motu, generatione variisque phaenomenis. Danzig 1665; Cometographia, cometarum naturam et omnium a mundo condito historiam exhibens. Danzig 1668, bes. Kap. VIII, S. 437ff. De Cometarum Caudis. William Whiston: Nova Telluris Theoria – A New Theory of the Earth. London 1696. Deutsche Übersetzung: Wilhelm Whistons / Hochberühmten Engelländers / NOVA TELLURIS THEORIA Das ist: Neue Betrachtung der Erde / Nach ihren Ursprung und Fortgang biß Hervorbringung aller Dinge [...] Franckfurt 1713. Ein Referat der Schrift befindet sich auch in Gottscheds »Weltweisheit« (^{5}1748), §§ 601–618, S. 312–323. Er bezieht sich auf die englische Ausgabe von 1725. Zu Whiston s. Meadows: The High Firmament, S. 124f.; Schatzberg: Scientific Themes, S. 24ff. Zu Cluver s. Kästners eigene Anmerkung. Der Geistliche Johann Heyn (1709–1746) verbreitete in Deutschland Whistons Gedanken; Versuch

»Du, der unendlich mehr, als Menschen sonst gelang,
Ins Innre der Natur mit kühnen Blicken drang,
O Newton!« (V. 79–81)[461]

Steht Opitz gleichsam für die Schönheit des ›gelehrten Verses‹, so steht Newton eben für die Gelehrtheit selbst; er garantiert die Gründlichkeit der vorgebrachten Argumente und Beweisführungen. Newtons Apostrophierung signalisiert wissenschafts- und dichtungsgeschichtlich eine charakteristische Wegmarke. Für die Kometenforschung beendet Newton die Periode unsicheren Tastens und astrologischen Aberglaubens und leitet die exakt-nachprüfbare Wissenschaft ein. Für die Dichtung stellt darum er, als der erste Naturwissenschaftler seiner Zeit, die anerkannte Autorität dar, deren Anrufung das Zitieren der Götter und der Musen erübrigt und ersetzt. Die am demonstrativischen Paradigma orientierte Poesie bezieht sich auf Wissenschaftler, die den neuesten Stand der Forschung repräsentieren. Diese Haltung ist symptomatisch für ein dichtungstechnisches Verfahren, das die humanistische, auf wissenschaftliche Autoritäten der Antike gestützte Zitier- und Belegmethode verwirft, und an deren Stelle das empirisch-logisch gegründete Beweisverfahren setzt.

Charakteristisch dafür ist die Abkehr vom apodiktischen Anruf und die Einführung des *Frage-Antwort-Prinzips,* in dessen Vollzug der Autor die Fragen schlüssig zu beantworten sucht. Bei Musterung des jahrhundertlangen Aberglaubens etwa stellt sich die Frage:

»Wie aber, daß darin ihn Männer selbst bestärkten,
Die auf des Himmels Lauf geschickt und ämsig merkten?« (V. 25/26)

Zur Beantwortung der Frage weist Kästner auf die Tatsache hin, daß »Andacht« oft die Vorurteile unterstütze, der Glaube also die Naturkenner ebenso »wie dummes Volk« von der Erkenntnis abhalte. So hat beispielsweise das »Vorurtheil«, der Himmel sei unzerstörlich und rein, das Vergängliche jedoch irdisch, zu dem »falschen Schluß« geführt, Kometen seien innerhalb der (sublunarischen) Atmosphäre entzündete Schwefeldampfwolken – ein Vorurteil, dem Aristoteles und das christliche Mittelalter anhingen (V. 65–72). Unausgesprochene Kehrseite dieser Feststellung ist ein Appell an den Leser, alleine der Vernunft zu vertrauen, wo es um die Erkenntnis natürlicher Wahrheiten geht. Newton wird zum leuchtenden Vorbild dieser vernunftgegründeten Naturbetrachtung.

Das Frage-Antwort-Prinzip ist Kästners wichtigstes, das ganze Gedicht beherrschendes technisches Darstellungsmittel.[462] Musterhaft wendet Kästner dieses, jeden größeren Problembereich einleitende Frage-Antwort-Prinzip bei der

---

Einer Betrachtung über Die Cometen, die Sündflut und das Vorspiel des jüngsten Gerichts (1742); Gesamlete Briefe von den Cometen, der Sündflut und dem Vorspiel des jüngsten Gerichts (1745). Zu Heyn s. Schatzberg: Scientific Themes, S. 121f., und F. J. Schneider: Kometenwunder und Seelenschlaf, S. 201ff.

461 Kästner: Philosophisches Gedicht von den Kometen, in: GW, Tl. 2, S. 73, V. 119–121, wo Kästner die Meßkünstler anruft.

462 Fragen enthalten die Verse 65–68, 105–109, 139–148, 152–158, 165–168, 173, 183/184, 208, 218, 234.

Behandlung des Kometenschweifes an. Zunächst erörtert er die Beschaffenheit des Kometenkerns (V. 135–140) und schließt darauf – ebenfalls in Form einer Frage – auf die Rauchsubstanz des Schweifes (V. 141–142). Eine Reihe weiterer Fragen erhärtet diesen für Kästner ausgemachten Tatbestand (V. 143–146). Die von der Wissenschaftstradition – Kästner nennt Kepler und Hevelius – aufgestellte Gegenposition bei der Erklärung der Kernsubstanz lehnt Kästner nicht etwa apodiktisch oder argumentativ ab –, er bringt sie vielmehr als Einwendungen in Frageform vor (V. 147–154), die er jedoch selbst durch Gegenfragen widerlegt (V. 155–158). Newtons Beweis, die Schweife müßten Sonnenlicht reflektierende Materie sein, erhält die ebenfalls von Newton erörterte und dann abgelehnte Äthertheorie zur Seite gestellt. Da die Einwendung in Frageform geschieht und selbst wieder in Frage gestellt wird, vermittelt Kästner dem Leser einen Anklang an wissenschaftliches Arbeiten, das ständig die gefundenen Ergebnisse anzweifelt, die alten Fragen durch neue ersetzt und diese dann selbst wieder befragt. Aus dem Komplex der verwirrenden, jedes Ergebnis scheinbar im Keim schon wieder in Zweifel ziehenden Fragen löst sich schließlich, und zwar als Ergebnis zielbewußten, methodisch eingesetzten Fragens, die wissenschaftlich überprüfbare Antwort. Fragen und Konjunktive sind hier zum ersten Mal aufgegeben. Das Resultat wird als indikativische und damit gewißheitliche Aussage, als ›demonstrierter Satz‹ vorgetragen.

»Wie aber, könnte man wohl da ein Licht erblicken,
Wo keine Körper sind, die es zur Erde schicken?
[= Newtons Schluß]
Füllt ihr, die Newton's Schluß nicht überführen kann,
Den weiten Himmelsraum mit zartem Aether an?
[= Gegenposition]
Doch sollt' er uns so stark das Licht zurücke senden,
So würd' ein steter Glanz die Augen uns verblenden.
[= 1. Widerlegung der Gegenposition]
Wird doch von uns kein Licht in grober Luft gefühlt,
Als wo im Sonnenstrahl ein Haufen Stäubchen spielt:
Wie sollte dorten wohl ein dünner Aether glänzen?
[= 2. Widerlegung und zugleich Widerlegung der 1. Widerlegung]
Ein Wesen dichter Art strahlt in Kometenschwänzen.«
[= Resultat]

Die Fragen zielten auf Widerlegung der Gegenpositionen. Die anfangs als These aufgestellte Newtonsche Ansicht gilt damit als erwiesen. Das Verfahren erinnert an eine logische Disputation, deren Ergebnis die Form eines »quod erat demonstrandum«-Urteils hat. Dieses hier vorgeführte Frage-Antwort-Prinzip leitet zur Analyse der Makrostruktur des Gedichtes über, der ›dispositio‹. Sie entspricht exakt dem in der Mikrostruktur angewandten Beweis-Prinzip. Beide sind Ausdruck des mathematisch-logischen Wissenschaftskonzeptes. Damit aber, daß die Makro- und die Mikrostruktur notwendiger Ausdruck des zugrundegelegten Denkmodells sind, verlieren sie ihren nur-formalen Charakter, den die humanistische Poetik ihnen, als dispositio und elocutio, zugesprochen hatte.

Kästner behandelt im Kometengedicht verschiedene Problembereiche: Die im Volksglauben und in der Astrologie dominierende Frage nach der *Bedeutung* des Kometen, die in der Popularastronomie vielbehandelte Frage nach der *Bewohnbarkeit* und nach der *Auswirkung* von Kometen, und die in der wissenschaftlichen Astronomie zentralen Probleme der *Entstehung* des Kometen, der *Beschaffenheit* des *Kernes,* des *Schweifes* und der *Umlaufbahn.* Die Ordnung, in der diese Themenkomplexe behandelt sind, bilden die Makrostruktur oder den dichterischen ›Plan‹, den die Poetiker und Dichter selbst als die wesentliche Voraussetzung für das Lehrgedicht betrachten.[463] Siegrists Feststellung ist zuzustimmen, die Lehrdichter würden im allgemeinen ihre Ordnung »bis zu einem gewissen Grad« verbergen, um den Anschein des Abgemessenen und Abgezirkelten zu vermeiden (Batteux). Freilich soll der allgemeinen poetologischen Ansicht nach die zugrundeliegende »rationale Struktur« »durchschimmern« und nachweisbar sein – »weil anders der Zweck der Dichtung verloren gehen müßte.«[464]

Diese *Struktur* des Kästnerschen Gedichtes, die alle Forderungen der zeitgenössischen Poetik erfüllt, wurde bisher nicht erkannt. Albertsen erblickt in Kästners Gedicht ohnehin nur ein »Mustergedicht« in der Art des Martin Opitz;[465] seine marginalen Bemerkungen gelangen nicht zur Erkenntnis der Struktur selbst, sondern verharren im Referat und im beiläufigen Konstatieren »schöner Stellen« – ein Verfahren, das zumindest Kästners Intention völlig verfehlt. Ulrich Vontobel referiert das Gedicht exakter und kommt dadurch dem zugrundeliegenden (als Darstellungsstruktur sich äußernden) Denkprozeß erheblich näher, ohne ihn jedoch als Strukturprinzip kenntlich zu machen.[466] Seine Deutung des Gedichtes – Kästner habe an einem Beispiel darstellen wollen, wie sich wissenschaftliche Arbeit gegenüber dem gewöhnlichen Bedürfnis nach fertigen Lösungen verhalte, und die »Frage nach den Grenzen menschlicher, wissenschaftlicher Erkenntnis« erörtert – verabsolutiert indes den von Kästner als Ausklang gleichsam angehängten Teil, der gegenüber dem im Gedicht selbst referierten sicheren Wissensstand die bisher noch offenen, in der Zukunft erst zu lösenden Fragen benennt: die Fragen nach dem Endzweck und der Genese (»Lauf«) von Kometen (V. 221–238). Kästner betont im Gegenteil die Gewißheit der menschlichen Erkenntnisfähigkeit, wenn sie sich des wissenschaftlich legitimierten Verfahrens bedient. Auch wenn die Gegenwart noch nicht alle »Geheimnisse« der Natur enträtselt hat, wird der Vernunft eines Tages auch die Beantwortung der offenen Fragen gelingen: »Denn Himmel und Natur schließt nach und nach sich auf« (V. 235).

Kästners Gedicht behandelt den *Fortschritt der Wissenschaft* bei der Enträtselung einer früher unverständlichen und daher gefürchteten Natur. Das Verfahren, dessen er sich darstellerisch bedient, entspricht der Methode, die Newton, der größte und für das wissenschaftliche Arbeiten repräsentative Gelehrte, in seinen

[463] Dazu Siegrist: Das Lehrgedicht, S. 69ff.
[464] Ebd., S. 71.
[465] Albertsen: Das Lehrgedicht, S. 274.
[466] Vontobel: Von Brockes bis Herder, S. 148ff.

astronomischen Untersuchungen selbst angewandt hat: dem *empirisch-demonstrativischen Vorgehen.* Wie Newton in seiner Forschung geht Kästner in seiner Darstellung vom empirisch nachgewiesenen und rechnerisch sichergestellten Faktum aus und leitet daraus, in der Form logischer Schlußfolgerungen, die Antworten auf die übrigen Fragen ab.

Der Tradition volkstümlicher (V. 9–24), religiös bestärkter (V. 25–30) und astrologischer (V. 31–32) Spekulationen über die *Bedeutung* eines Kometen[467] stellt Kästner die These entgegen, der Mensch sei nicht »der Zweck von Millionen Sternen« (V. 33, V. 34–36). Was Kästner dagegen anbietet, basiert auf den Entdeckungen der »Meßkunst«, ist primär quantifizierbar und nachweisbar. Seine Analyse des Naturphänomens gründet Kästner auf das einzig erwiesene *Faktum:* die Bahnberechnung Newtons, die den Kometen als einen supralunarischen und festen Himmelskörper ausweist. Das zureichend Begründete gilt ihm als Basis für die denkerische Lösung der übrigen Probleme. Von hier aus bewertet er die traditionellen Ansichten über Kometen. Auch die für das Lehrgedicht postulierte »Integration der einzelnen Teile zu einem wirkungsvollen Ganzen«[468] erreicht Kästner, indem er sämtliche vorgebrachten Lehren als Ergebnisse eines schlußfolgernden Verfahrens darstellt, die sich um die eine sicher erwiesene Tatsache der Bahnberechnung gruppieren.

Die antiken, vor allem aristotelischen Vermutungen über die Entstehung und Beschaffenheit des Kometen sind danach unhaltbar (V. 37–56):[469] empirisch hat dies zunächst Tycho Brahe (V. 45/46), rechnerisch Isaac Newton nachgewiesen (V. 95–96, 116).[470] Gegenüber den willkürlich und unregelmäßig bewegten Schwefeldämpfen, Wolken- und Luftgebilden (V. 49–55) besitzt der Komet eine geregelte, aufgrund von Berechnungen voraussagbare Bahn (V. 62–64) – er erscheint stets »ordentlich verrückt« (V. 62). Der Vermutung über die Regelhaftigkeit der Kometenbahn schickt Kästner die Erklärung hinterher; sie wie auch die weiteren Folgerungen sollen – so Kästners programmatische These – nicht mathematisch und syllogistisch, doch gerade so gründlich, wie es der Poesie ansteht, vorgetragen werden.

Die von Newton entdeckte Gravitationskraft, die für alle Himmelskörper gilt, erklärt auch die *Laufbahn* des Kometen und macht sie zum gesicherten Faktum:

---

467 Selbstverständlich lehnt auch Kästner die Deutung des Kometen als eines Unglücksboten ab. »Den Wahn, daß Kometen Unglück bedeuteten, hat man seiner Allgemeinheit wegen, mühsamer widerlegen müssen, als er sonst verdiente. [...]« Anfangsgründe der angewandten Mathematik, Tl. 2, S. 284f., § 312; auch § 313 über Lubienietz' »Theatrum Cometicum« (1681) als ein ›frühaufklärerisches‹ Werk.

468 Siegrist: Das Lehrgedicht, S. 70.

469 Aristoteles: de meteor. I, 7; Seneca: nat. quaest. VII. Dazu Zinner: Astronomie. Geschichte ihrer Probleme, S. 290ff.

470 Zu Brahe Ley: Himmelskunde, S. 163ff.; Wurm: Die Kometen, S. 32f. Unangefochtenes Standardwerk wurde Newtons »Philosophiae Naturalis Principia Mathematica«. (1687). Heyn: Versuch Einer Betrachtung über die Cometen, S. 73, erklärt, daß »die ganze Welt« Newton »für ihren Lehrmeister in der Theorie der Cometen erkennen muß.«

»Ein ähnliches Gesetz beherrschet den Komet,
Der, nur in längrer Bahn, auch um die Sonne geht,
Bald näher zu ihr kommt, als kein Planet sich waget,
Bald hinflieht, wo es nie von ihrem Lichte taget.« (V. 95–98)[471]

En passant weist Kästner – in einer Art national motivierter Ehrenrettung – auf die Priorität des Deutschen Samuel Dörfel bei der Bestimmung der Kometenbahn hin, freilich ohne das Verdienst des Briten damit zu schmälern.[472] Nun hat Kästner die Basis gefunden, die übrigen wissenschaftlichen und populärwissenschaftlichen Fragestellungen abzuhandeln.

Die beliebte Frage nach der *Bewohnbarkeit* läßt sich für die Kometen, anders als für die Planeten – für Mars und Venus nimmt auch Kästner die Existenz von Lebewesen an (V. 104) – aus der Bahnberechnung nicht eindeutig beantworten. Wohl aber leitet er aus der zwischen nächster Sonnennähe und größter Sonnenferne schwankenden Bahn die Unwahrscheinlichkeit lebender Wesen ab. Indiz ist ihm eine von irdischen Bedingungen geprägte Unvorstellbarkeit, daß ein Lebewesen Hitze- und Kälteresistenz in solch hohem Maße besitzen könnte. Zur Erklärung ließe sich allenfalls die Whistonsche, Heynsche bzw. Kindermannsche These vorbringen, der Komet sei ein aus der Bahn geworfener brennender Planet, dessen überlebende Wesen eine qualvolle Existenz führen müßten (V. 99–114).[473] Es versteht sich, daß ein ernster Wissenschaftler wie Kästner einen ›Däniken‹ wie Kindermann nicht namentlich nennt, wenn er auch hypothetisch dessen These erwägt.[474] Kästners skeptische Haltung in der Bewohnbarkeitsfrage ist nicht erstaunlich: Der exakte Mathematiker gestattet nur Beweis und Erfahrung und spricht sich daher gegen die verbreitete Analogieannahme einer Bewohnbarkeit aus.

Anders der eher spekulative Naturforscher *Christlob Mylius*.[475] In seinem »Lehrgedicht von den Bewohnern der Planeten«, das eine direkte Erwiderung auf

---

[471] Mit dieser Aussage stehen die drei Schlußzeilen V. 236–238 nicht im Widerspruch, wie auch aus Kästners ausführlichen Darlegungen in den »Anfangsgründen« über die Kometenbahn hervorgeht. Anfangsgründe der angewandten Mathematik, Tl. 2, S. 276ff., §§ 305–308.

[472] A. G. Kästner: Nachrichten von Georg Samuel Dörfel, einem Geistlichen zu Plauen im Voigtlande, welcher die wahre Gestalt der Kometenbahnen zuerst entdecket hat. In: Sammlung einiger Ausgesuchten Stücke der Gesellschaft der freyen Künste zu Leipzig, Bd. 3 (1756), Nr. XIII, S. 252–263.

[473] Whistons NOVA TELLURIS THEORIA, S. 206ff.; vgl. Zedlers Universal-Lexicon 6 (1733), s.v. Comet, Sp. 811; Heyn: Versuch Einer Betrachtung über Die Cometen; Kindermann: Vollständige Astronomie, S. 321, S. 355ff.

[474] Kästner: Anfangsgründe der angewandten Mathematik, Tl. 2, S. 281f., § 309 IV. In der Schrift »Über den Gebrauch des mathematischen Geistes« (1768) bezeichnet Kästner: Gesammelte Werke, Bd. 2, S. 177, Kindermann ironisch als »K. Pohln. Ch. S. Hofastronomus«, der als einziger in einer Nacht einen Kometen gesehen haben wollte. Vgl. Schatzberg: Scientific Themes, S. 120; Guthke: Die Mehrheit der Welten, S. 177f.; zur Bewohntheitsfrage Zedlers Universal-Lexicon 28 (1741), s.v. Planet, Sp. 624ff.

[475] Zu Mylius Trillmich: Christlob Mylius, S. 30ff., besonders zum Kometengedicht; Schatzberg: Scientific Themes, S. 238f. Zitiert wird sein »Lehrgedicht von den Bewohnern der Kometen« nach der Ausgabe: Vermischte Schriften (1754), S. 349–362.

Kästners Skepsis darstellt, plädiert er für die Bewohnbarkeit. Er bedient sich der aus der Forschung bekannten Beweisführungen, des Analogieschlusses und der teleologischen Bestimmung. Letztere taucht mehrfach auf:

»Sagt, die ihr aus der Welt des Schöpfers Weisheit schließet
Und ihre Spur auch nicht in Wurm und Staub vermisset;
Sagt, sollten sie ein Heer von leeren Kugeln seyn,
Und nur ihr furchtbar Licht auf die Planeten streun?« (V. 89–92)

Oder:

»Was hilft ein lichter Punct, der hoch am Himmel steht?
Was nützt der größte Stern, der ewig müßig geht?« (V. 103/104)

Daraus ergibt sich für Mylius ein müheloser Übergang zum Analogieschluß:

»Das Wesen unsrer Erd ist der Planeten Wesen,
Nicht sie allein hat Gott, bewohnt zu seyn, erlesen;
Auch diese reichen dar, was Leben giebt und nährt:
Ist nun ihr Rund nicht auch beseelter Wesen werth?
So urtheilt die Vernunft, und so schließt sie mit Rechte.« (V. 105–109)

Analogie und Teleologie gehen bei der schließlichen ›Urteilsfindung‹ Hand in Hand: Die Analogie allein ist noch nicht zwingend, weil sich die Wirklichkeit noch nicht allein aus der Möglichkeit ergibt. Mithin setzt Mylius die Zweckbestimmung gewissermaßen als ›zureichenden Grund‹ ein:

»Was aber zeigt und preist des Schöpfers Weisheit mehr?
Ein groß Kometenheer, das von Geschöpfen leer,
Todt und ein Chaos ist? Wie? nicht ein Heer von Kreisen,
Auf welchen Wesen sind, die seine Größe preisen?« (V. 115–118)

Die große Anzahl der Kometen macht ihre Zweckhaftigkeit noch wahrscheinlicher; die Bestimmung zum »Gebrauch«, die Absichtlichkeit gehören zu Gottes Vollkommenheit und erweisen erst auch die Vollkommenheit der Schöpfung. Daraus folgert Mylius:

»Und Gott, die Weisheit selbst, sollt ein Kometenheer,
Ohn Absicht, ohne Grund, ganz von Geschöpfen leer,
Im schönen Bau der Welt erleuchtend wärmen lassen?
Nein, wer den Schöpfer kennt, kann dieß unmöglich fassen.« (V. 127–130)

Die von Kästner gegen eine solche abstrakte Annahme vorgebrachten empirischen Einwände weist Mylius zurück, wenn er das Unzureichende dieser ausschließlich irdischen Erfahrung betont. Punkt für Punkt widerlegt er Kästners ›empirischen Rationalismus‹:

»Wie schwach ist euer Schluß, daß, was auf unsrer Erde
Nicht die Erfahrung lehrt, auch nirgends wirklich werde!
Die Mannigfaltigkeit der prächtigen Natur
Zeigt uns im Kleinen auch verschiedner Wesen Spur,
Die, wenn sie Hitz und Frost in gleicher Stärke rühren,
In ihrer Körper Bau nicht gleiche Wirkung spüren.
Da, wo der Lappe schwitzt, friert der verbrannte Mohr.
Der eine stellt sich kaum die Kraft als möglich vor,
Die jenes Körper stärkt, in heissen Sommertagen,
In rauher Winterszeit, die Wittrung zu ertragen.
Sind darum Nubien und Novazembla leer?« (V. 149–159)

Wer seinen Erfahrungsbegriff über die bloße Empfindung erweitert und den vorgebrachten Schlüssen vertraut,

»Er weis, daß in der Welt Geschöpfe möglich seyn,
Die uns fast ähnlich sind [...].« (V. 175/176)

Daraus folgt die durch den teleologisch strukturierten Vernunft- und den empirisch definierten Analogieschluß ›erwiesene‹ Wahrheit, daß auf Kometen ein besonders »hartes Volk« haust, oder daß Gott die Bewohner durch besondere Hilfsmaßnahmen schützt, etwa durch Frost und Feuchtigkeit vor der Hitze, oder durch ein inneres Feuer vor der Kälte. Heyns von Kästner aufgegriffene Mutmaßung, eine Existenz auf brennenden Kometen gemahne an die Höllenvisionen, lehnt Mylius als unzulängliche Hypothese ab.[476] Derselben teleologischen Begründungsargumente bedient Mylius sich übrigens auch in seinem Essay »Betrachtungen über die Majestät Gottes, insofern sie sich durch fleißige Anschauung und Erforschung der Natur offenbaret«,[477] um an den Kometen Gottes Weisheit zu demonstrieren.[478] Zu den Beweisargumenten stellt Mylius die dichterische Erfindung als Basis wissenschaftlicher Arbeitshypothesen und liefert damit für Wolffs gleichlautenden Vorschlag die Probe aufs Exempel (vgl. S. 607f.). Während Kästner sich streng an das empirisch Nachgewiesene und das logisch Erweisbare hält, die Frage nach der Bewohnbarkeit der Kometen daher offen lassen muß, geht Mylius einen Schritt weiter. Für den Fall, wo die Empirie nicht zureicht, legitimiert er die Fiktion.[479] Sie veranschaulicht und versinnlicht die abstrakten Gründe und Beweise und vermag das nur Gedachte auch der Vorstellung plausibel zu machen.[480] Freilich bedarf die Fiktion der vernünftigen Begründung – hierin bleibt auch Mylius den Maximen Wolffs und Gottscheds treu.

»Sey du vergnügt, mein Geist, wenn dich ein süßer Traum
In die Kometen rückt, dir ihren weiten Raum,
Und was vielleicht da lebt, entzückt vor Augen stellet,
Wo seine Dunkelheit gebrochnes Licht erhellet.
Nur Newtons großer Geist ists, dessen wahrer Schluß
Der Welt Versuch und Zeit empfindlich machen muß.«

Im übrigen schließt sich Gottsched seinerseits der Mylius'schen bzw. Heynschen Hypothese an: Auch seine im Jahrestaggedicht von 1750 vorgebrachte Begründung ist deistisch und geht von der teleologischen Zwecksetzung aus:

---

476 Ebd., S. 362. »Macht die Kometen nun noch insgesammt zu Höllen, / Auf deren Umkreis sich die Bösen nur gesellen, / Ihr, die ihr sie nicht kennt! Muß denn nur Schmerz und Pein, / Wie falscher Wahn euch lehrt, auf den Kometen seyn?«

477 Ebd., S. 1–42.

478 Ebd., S. 38ff. zu den Kometen.

479 Ebd., S. 1ff.

480 Ebd., S. 351. »Doch, kann der Leib gleich nicht dieß ferne Land durchreisen, / Bis Zeit und Witz und Kunst ihm einst die Straße weisen, / Durch die er es erreicht: so schwingt sich das Gemüth / Bis zu den Sonnen auf, die Hevel selbst nicht sieht. / Wohlan! so schwing dich denn, mein Geist, mit kühnem Fluge, / Durch tausend Welten auf [...]« Das folgende Zitat ebd., S. 353.

«Genug! die Weisheit schuff die Welt,
Die doch viel mehr noch in sich hält,
Als lauter Sonnen und Planeten.
Wo bleibt die ungemeine Zahl
Der durch den blassen Dunst und Stral,
Geschwänzt und bärtigen Kometen?
Darauf, o Gott! Dein Allmachtruff,
Nicht minder Creaturen schuff.

Ihr seltner Lauf entrückt sie nur,
Auf einer langgestreckten Spur,
Viel Jahre durch, dem Blick der Erden.
Doch können sie, bald kalt, bald warm,
Durch Deiner Güte Vaterarm,
Wohl an Geschöpfen fruchtbar werden:
Wenn selbst der Dampf, der uns erschreckt,
Sie vor der Sonnenhitze deckt.«[481]

Während Kästner sich in der Bewohnbarkeitsfrage keine positive Antwort verstattet, vermag er zwei andere, streng wissenschaftliche Fragen eindeutig zu beantworten, die Fragen nach der *Beschaffenheit des Kometenkernes* und des *Kometenschweifes*. Der Beweis für die Körperhaftigkeit und gegen die inneratmosphärische Entzündung von Schwefeldampf folgt aus der Regelhaftigkeit der Kometenbahn (V. 69/70). In der Begründung der Substantialität des Kometen schließt Kästner sich Newtons Überlegungen an: der Kometenkopf besteht aus einem glühenden, Dämpfe entsendenden Ball, dessen konfuses Licht jedoch auf fremde Bestrahlung schließen läßt (V. 122–130, V. 139/140).[482] Damit fällt auch Keplers und Hevelius' These, der Kometenkern sei bloße Verdichtung planetarischer Dünste, gleichsam »entflammter Duft« (V. 147–158).[483] Auch in der Beweisführung für die Substantialität des Schweifes folgt Kästner den Argumenten Newtons.[484] Der Schweif reflektiert weder den sonnenbestrahlten Kern, noch einen

[481] Gottsched: Als der Verfasser Sein Funfzigstes Jahr zurücklegte (1752); in: Ausgewählte Werke ed. Birke, Bd. 1 Gedichte und Gedichtübertragungen, S. 229f.

[482] Der Kern des Kometen besteht für Newton aus fester Substanz, die sich in Sonnennähe (Perihel) ungeheuer erhitzt; der Schweif erhält im Perihel seine größte Ausdehnung. Daraus schließt Newton, daß die Erhitzung des Kometen seine Schweifgröße bedinge, und daß der Schweif ein leichter, vom Kern des Kometen ausgesandter Dampf sei. Newton: Principia, S. 488, vgl. S. 559f.

[483] Gegen die These Aristoteles' von der atmosphärischen Substanz wendet sich Kästner: Anfangsgründe der angewandten Mathematik, Tl. 2, S. 273.

[484] Wichtig für Kästners Stellungnahme ist Newtons Diskussion der drei traditionellen Theorien über die Entstehung des Kometenschweifes. Der ersten Lehrmeinung zufolge stellt der Schweif das durch den leuchtenden Kometenkopf sich fortpflanzende Sonnenlicht dar; nach der zweiten ist er ein Erzeugnis der Lichtbrechung, nach der dritten eine vom Kometenkopf aufsteigende Wolke oder ein Dampf. Newton: Principia, S. 489f., 560ff. Das mit der Bewegung von Rauch verglichene Aufsteigen des Schweifes leitet Newton aus der Verdünnung der Schweifmaterie ab; ebd., S. 494f., 564. Vgl. Kästner: Anfangsgründe der angewandten Mathematik, Tl. 2, S. 281f., § 309 IV. »Es ist also wohl sehr wahrscheinlich, daß Materie des Kometen, durch die Sonnenhitze in Dünste aufgelöst wird, die sich in den Schweif zusammenziehen.«

den Himmelsraum erfüllenden Äther; er besteht aus reflektierender, dem Kern entstammender, rauchartig bewegter Materie. Als Hauptargument zieht Kästner die Tatsache heran, daß der Schweif auch während der Kometenbewegung subsistent sei, und zwar besonders im Perihel, wo eine körperlose Masse, ein »leichter Dampf«, von der Sonne zerstäubt würde. Im Einklang mit der Substantialität des Kernes befindet sich die von Kepler und Hevelius abweichende Annahme einer relativ »dichten« Masse auch für den Schweif. Die drei der strengen Wissenschaft zugehörigen Fragenkomplexe zur Kometenbahn, zum Kometenkopf und zum Schweif lassen sich aufgrund der bekannten Fakten mit großer Gewißheit beantworten.

Etwas anderes ist es mit den Fragen, die der *Popularwissenschaft* entstammen. Alles, was sich aus dem empirisch und logisch Erkannten *nicht* ableiten läßt, bleibt unbeweisbare Hypothese. Zu ihr rechnet Kästner die Bewohnbarkeitsfrage, die sich unter der Perspektive einer empirisch gegründeten Analogie als unwahrscheinliche Spekulation herausstellt. Ähnlich verhält es sich mit der Frage nach der *Genese* des Kometen (V. 111–114) und der Frage nach dem *Zweck* bzw. der *Auswirkung,* die an die Stelle der traditionellen Bedeutungshypothese getreten ist (V. 203/206). Auf diesem Sektor, wo noch keine Erfahrungen vorliegen, sieht Kästner ein weites und legitimes Feld für die dichterische Fantasie (V. 195–202). Die Spekulationen Whistons, Heyns und Kindermanns, die für die exakte Wissenschaft allenfalls »Möglichkeiten«, denen der zureichende Grund mangelt, darstellen (V. 196), eignen sich als Vorlagen dichterischer Ausgestaltungen.[485] Immerhin billigt Kästner – vorsichtig auch in seinen Äußerungen zu bloßen Hypothesen – den empirieübersteigenden Mutmaßungen immerhin Möglichkeitswert zu:

»Wahr ist es, daß wir noch dergleichen nicht gesehn;
Allein, wie folgt der Schluß, drum könn' es nie geschehn?« (V. 207/208)

Für den strengen Wissenschaftler bleiben die Fragen nach der Bestimmung, nach dem Zweck, kurz nach der Deutung des Kometen noch unbeantwortbar.

Ähnlich wie bei der Bewohnbarkeitsfrage, wagt Kästner auch an der Wahrscheinlichkeit der Theorie zu zweifeln, die für alle Veränderungen im Weltsystem Kometen verantwortlich macht.[486] Letztendlich entsteht auch der Komet aus einer

---

[485] Zu Heyns Spekulationen ebd., S. 282f., § 311 I. »Ein Komet, welcher der Erde sehr nahe käme, würde durch die anziehende Kraft ihren Gang beträchtlich ändern, vielleicht so weit, daß sie in Gegenden des Himmelsraums geriethe, wo sie ihre jetzige Beschaffenheit nicht mehr behalten, Menschen nicht mehr zur Wohnung dienen könnte. Diese auch schon whistonische Gedanken, hat Joh. Heyn sehr ausführlich vorgetragen: Versuch einer Betrachtung über die Kometen, Sündfluth und Vorspiel des jüngsten Gerichts 1742. H. besaß bey lebhaften Witze nur sehr mässig mathematische Einsichten. Er bekam Gegner, die in diesem Stücke noch weniger wussten als er, z. E. Guttmann vern. Gedanken über die neue Kometenlehre Hrn. Heyns, 1744; und so glänzte er eine kurze Zeit.« Zu Whiston und Detlev Cluver s. § 310.

[486] Ebd., S. 284, § 311 III. »Was uns bisher von Kometen bekannt ist, giebt also keine Gründe zu der Furcht, daß ein Komet unserer Erde gefährlich werden möchte. Nimmt man die Kometen für beständige nur uns selten zu Gesicht kommende Planeten an, so

anderen Ursache als der Begegnung mit einem anderen Kometen (V. 213–220). Ebenso wahrscheinlich läßt sich als positive Auswirkung einer Kometenannäherung etwa die Fruchtbarkeitszunahme machen. Wie die Zweckbestimmung sind vom Standpunkt des Wissenschaftlers auch Entstehung, Auswirkung und die mit ihnen verbundenen Problemkreise noch nicht lösbar. Der Zweifel Newtons setzt dem Einsatz logischer Schlußfolgerungen Grenzen und überweist diese Komplexe »ins weite Reich der Möglichkeiten« (V. 196).

Die strenge Beweisstruktur, deren Kästner sich bedient, setzt jedoch der Interpretation des Himmelskörpers Grenzen und beläßt ihn im Zustand des phänomenologisch Konstatierten. In der zeitgenössischen Astronomie begegnen drei Beweisverfahren, die zur Deutung himmlischer Phänomene herangezogen werden:

1) der *Analogieschluß,* der aufgrund der Regelhaftigkeit einer unveränderlichen Natur irdische Verhältnisse verallgemeinert;
2) der *teleologische Schluß,* der die Frage nach dem cui bono aufgrund der Zweckhaftigkeit der Schöpfung beantwortet;
3) der *Vollkommenheits-Schluß,* der mit den Kriterien der Harmonie, der Ordnung und der Mannigfaltigkeit argumentiert.

Alle drei Verfahren arbeiten einander zu und gehen in den praktischen Ausführungen oftmals ineinander über. Im Gegensatz zu Mylius[487] gebraucht Kästner den Analogieschluß (V. 95) allenfalls komplementär, bei der Bewohnbarkeitsfrage sogar zum Negativerweis. Kästner steht am Endpunkt der Entwicklung von der astrologischen zur mathematisch betriebenen Astronomie, während Erhard Weigel etwa eine Zwischenstufe repräsentiert.[487a]

Für den strengen Wissenschaftler Kästner ist es charakteristisch, daß er sich bei seinem Beweisverfahren nicht des relativ unsicheren Analogieschlusses bedient, wohl aber des ordentlichen Syllogismus und des apagogischen Beweises.[488] Dieser hauptsächlich mit logischen Schlußfolgerungen und Widerlegungen von Gegenthesen (so besonders im zitierten Passus V. 159–174) arbeitenden Beweismethode entsprechen die sparsamen, dem Gedicht beigefügten *Anmerkungen*. In ihnen bekundet sich ein von den Anmerkungen Opitz' und Wernickes durchaus ver-

---

dürfen wir eher hoffen, daß sie sich mit uns eben so friedlich um die Sonne bewegen werden, als unsere andern länger bekannten Gesellschafter.«

[487] Mylius: Vermischte Schriften, S. 40. Im übrigen bedient sich Mylius sehr bezeichnend, zum Erweis von Gottes Majestät, lauter mathematisch-quantitativer Größen: ›unzählige‹ Sterne, ›unendliche‹ und ›mannigfaltige‹ Geschöpfe, ›höchstweise‹ Ordnung und Übereinstimmung im ganzen.

[487a] Zu Weigels astronomischen Vorstellungen – er war Anhänger des tychonischen Systems – vgl. die Schriften »Erd-Spiegel«, Jena 1665 [24: Geogr. oct 7714], und »Himmels Spiegel«, Jena 1681 [50: M 462]; ferner Dr. Bartholomaei: Erhard Weigel. Ein Beitrag zur Geschichte der mathematischen Wissenschaften auf den deutschen Universitäten im 17. Jahrhundert. In: Zs. f. Mathematik und Physik, Jg. 13, Supplement (1868), S. 1–44.

[488] Zu den Beweisformen Siegrist: Das Lehrgedicht, S. 155ff. Bei der Bewohnbarkeitshypothese wird der übliche Analogieschluß angewendet.

schiedenes Wissenschaftsverständnis. Die im Erstdruck zwei, in der endgültigen Redaktion fünf bzw. sechs Anmerkungen[489] erläutern einzelne, im Gedicht aufgegriffene wissenschaftliche Hypothesen und Begriffe (Anm. 2, 3) oder bestimmen den wissenschaftsgeschichtlichen Zusammenhang einzelner astronomischer Leistungen (Anm. 4) und geben biographische und bibliographische Hinweise (Anm. 4, 5, 6). Die ursprünglichen zwei Anmerkungen (Anm. 3 und 6) enthalten eine Sacherklärung und einen bibliographischen Hinweis. Diese und die später hinzugefügten Anmerkungen entsprechen daher nicht in toto dem Zweck, den etwa Georg Friedrich Meier den Anmerkungen zubilligt, nur solche Dinge zu offerieren, ohne die niemand die Gedanken des Dichters verstehe – andernfalls seien sie »pedantische Auskramung der Gelehrsamkeit« und »Scholiastencharlatanerie«.[490] Kästner belegt weder wie Opitz seine Darlegungen noch erörtert er wie Wernicke die im Gedicht selbst nur angetippten Probleme; er gibt lediglich weiterführende Hinweise. Ohne sie wäre das Gedicht genauso verständlich; sie sind kein strukturrelevanter Bestandteil des Gedichtes – dafür spricht bereits die Tatsache ihrer nachträglichen Vermehrung.

Gegen die weitläufigen Anmerkungen in der Poesie hatten sich bereits Gottsched und Arnoldt ausgesprochen[491] und den ästhetischen *gegen* den ›gelehrten‹ Gesichtspunkt ausgespielt. Vergleicht man Opitz' »Vesuvius« mit Kästners ›Kometengedicht‹ unter dem Aspekt der Selbst-Kommentare, so zeigt sich eine Differenz trotz der Gattungsgemeinsamkeit und trotz der von Kästner anerkannten Vorbildhaftigkeit von Opitz. Die Unterschiedlichkeit der poetischen Gestalt reflektiert den zugrundeliegenden wissenschaftsgeschichtlichen Wandel, ob man ihn nun als Paradigmenwechsel bezeichnen will oder als Ablösungsprozeß. Sie wirkt sich nicht bloß auf den behandelten Stoff aus, sondern – dies ist für die Analyse der dichtungsgeschichtlichen Entwicklung ungleich wichtiger – beeinflußt die Struktur und die Schreibweise. Kästners Lehrgedicht enthält alle zum Verständnis notwendigen Argumente und Hinweise auf Autoritäten der Tradition und der Forschung selbst. Weil der poetische Text in sich schlüssig ist, alle Beweise und Folgerungen in sich entwickelt, sind zum Verständnis keine Beigaben, Belege und Zitate nötig. Kästners poetische, mit Beweisen arbeitende Schreibweise entspricht exakt der von Paragraphen zu Paragraphen fortschreiten-

---

[489] Erstdruck des Kometengedichts s. Anm. 438; ebenso in: A. G. Kästner: Vermischte Schriften. 2 Teile. Altenburg 1755/1772, Tl. 1 (1755), S. 69–76. Die Erweiterungen nahm Kästner erst in der zweiten Auflage des ersten Teils von 1772 vor. Vgl. das Vorwort zu GW (1841). Die erste Anmerkung, die den Erstdruck nennt, gehört eigentlich nicht in die Reihe der übrigen Anmerkungen.

[490] Meier: Anfangsgründe aller schönen Wissenschaften, Bd. 3, S. 32.

[491] Bereits Neumeister: Die Allerneueste Art, S. 504, einschränkend. Vgl. Kap. V, Anm. 492, 496. Gottsched: CD (1730), Vorrede, S. ** 3v. »Es ist ohnedem unnütze, mit Zeugen etwas auszumachen, was durch Gründe erwiesen werden muß; und man bedient sich derselben in solchem Falle nur gegen die, so noch in dem Vorurtheile des Ansehens stecken, und nicht im Stande sind, die Krafft gründlicher Beweise recht bey sich wircken zu lassen.« Arnoldt: Versuch einer, nach demonstrativischer Lehrart entworfenen, Anleitung zur Poesie der Deutschen, S. 127, § 478.

den demonstrativischen Lehrart Christian Wolffs, die bewußt auf alle Anmerkungen und Belege verzichtet.[492] Hierin offenbart sich ein gravierender Unterschied zur humanistischen Schreibweise Martin Opitz'. Vier Argumenten-Gruppen stehen dem Lehrdichter zur Verfügung: die Beweisgründe, die Erklärungen, die Erläuterungen und die Bewegungsgründe. Opitz hatte in erster Linie die dritte Gruppe, die Erläuterungen und Realien, zur Ausstattung herangezogen und den poetischen Text fortlaufend durch Zitate und Belege unterbrochen. Kästner dagegen bedient sich fast ausschließlich der *Beweisgründe,* als der mathematischem Denken einzig adäquaten Argumentationsform.

Während für den Humanisten Opitz noch kein Bruch zwischen antiker und zeitgenössischer Wissenschaft existierte, er also zur Stützung seiner Argumente sich ständig auf antike Autoren berufen konnte, hat für Kästner dieser Autoritäten-Kanon keine Geltung mehr. Die Forschungsergebnisse moderner Naturwissenschaft stimmen mit den antiken Erkenntnissen nicht länger überein und machen den Rekurs auf sie unmöglich. Die zu Opitz' Zeit noch herrschende Einheit von Tradition und gegenwärtiger Wissenschaft verlangte das Bemühen um antike Quellen. Die für den Humanismus charakteristische, Antike und Gegenwart überspannende Einheit ist im empirisch-mathematischen Zeitraum verloren gegangen. Ihr Auseinanderfall verbot geradezu die Bezugnahme auf die antiken Lehrautoritäten, außer in negativer, abgrenzender Absicht. Ein Kometengedicht von Opitz würde sich in erster Linie auf Aristoteles gestützt und die übrigen antiken Autoren ergänzend hinzugezogen haben – wahrscheinlich würde es die von Seneca vorgetragenen Erwägungen verworfen haben. Die Belegstruktur seiner Anmerkungen hätte mindestens denselben ›wissenschaftlichen‹ Wert wie die im Poem selbst aufgeführten Beweise. Kästner hingegen wendet sich gegen die Tradition immer dort, wo sie mit den modernen, durch Newton geprägten Erkenntnissen nicht mehr übereinstimmt. Dem gewählten Beweisverfahren entspricht der Rekurs auf die wissenschaftlich anerkannten Autoren.

Trotz dieser Unterschiede in poetischer Schreibweise und Struktur gibt es eine *Gemeinsamkeit* zwischen den Lehrdichtungen des Dichter-Gelehrten Opitz und des Dichter-Philosophen Kästner, die beide dem Typus der ›gelehrten Poesie‹ zuweist. Es ist das Vertrauen beider Gelehrter auf die Kraft der Vernunft, die allem Aberglauben den Kampf ansagt und den Sieg davonträgt. Opitz hatte die volkstümliche Interpretation des Vulkanismus, Vulkanausbrüche und Erdbeben bedeuteten allerlei Unglück, ebenso abgelehnt wie Kästner die bekannten volkstümlichen Kometendeutungen. Der Rationalismus humanistischer Prägung trifft sich mit dem Rationalismus des Naturwissenschaftlers und Mathematikers. Ledig-

---

[492] Kästner umschreibt das selbständige, von fremder Nachahmung (und deren Nachweis) befreite Lehrgedicht: »Du, der in deutschem Reim die tieffste Wahrheit führet, / Durch den uns fester Schluß im kühnen Liede rühret, / Der wenn er sein Gedicht, durch fremden Witz versorgt, / Den Stoff von Leibniz nimmt, den Schmuck von Newton borgt, / Dich muß die Dichtkunst so, wie sie die Weisheit, ehren, / Ihr schreibt das, was ihr denkt, nicht was euch andre lehren.« Kästner: Wider die poetischen Übersetzungen; in: Belustigungen des Verstandes und des Witzes (1742), S. 238–244, hier S. 244.

lich die angewandte Wissenschaftsmethode unterscheidet die Präsentation desselben rationalistischen Kerns. Auf dieser Gemeinsamkeit beruht denn auch erst die von Gottsched und Kästner propagierte Synthese aus Humanismus und exakter Naturwissenschaft. Beide gelten ihrem vernünftigen Wesen nach nicht als Gegner, doch als Verbündete. Ein anderes ist die Frage nach der Einordnung beider Dichtungstypen in den, durch die Wissenschaftsentwicklung vorangetriebenen Säkularisationsprozeß. Kästners Lehrgedicht bleibt innerweltlich und enthält keinen moralphilosophischen Appell wie Opitz' »Vesuvius«. Indem er die scheinbar übernatürlichen Phänomene wissenschaftlich erklärt, macht Kästner die transzendenten Werte allenfalls innerweltlich evident. Sie haben jedoch nicht mehr den Zweck, die irdische Objektwelt zu relativieren.

4. Mimesis und Belehrung: Die Gelehrtensatire

4.1. Zur frühaufklärerischen Satirentheorie

Neben der Lehrdichtung war im Zeitraum der Aufklärung überhaupt die Satire zweifellos eine der beliebtesten Dichtungsformen. Dieser Tatbestand läßt sich zunächst durch die geistig-intentionale Nachbarschaft beider Gattungen erklären. Aber während die Lehrdichtung die philosophischen Maximen auf paradigmenspezifische, und das heißt hier demonstrativische Art und Weise direkt vermittelt, erfüllt die Satire – darin spezifischer die Forderungen Gottscheds einlösend – eine mimetische Funktion.

> »Sie ist nehmlich ein moralisches Strafgedichte über einreissende Laster, darinn entweder das lächerliche derselben entdecket, oder das abscheuliche Wesen der Bosheit mit lebhafften Farben abgeschildert wird. [...]«[493]

Sie erschöpft sich jedoch nicht in der Mimesis, da sie ja immer ein über die Naturschilderung hinausgehendes, oder besser, abweichendes Moment enthält. Die Satire schildert die Wirklicheit gerade so getreu ab, daß man sie erkennt, verzerrt sie aber gerade so viel, daß man ihre Schilderung mit der Wirklichkeit nicht mehr identifizieren kann. Diese These muß in Theorie und poetischer Gestaltung überprüft werden.

Daß im Rahmen dieser Untersuchung gerade die Gelehrtensatire als Exemplum gewählt ist, hat seinen guten Grund.

Inhaltlich-thematisch bildet sie den Abschluß des Modifikationsprozesses, den das Gelehrtentum als soziales und als wissenschaftsparadigmatisches Phänomen durchgemacht hat. *Formal-strukturell* läßt sich an ihr einerseits ein Gattungstypus betrachten, der die Kontraposition zum Lobgedicht und zum Lehrgedicht einnimmt, andererseits die spezifische Machart, die diese Dichtform am Ausgang des humanistisch-rhetorischen Zeitraums von früheren Dichtformen unterscheidet.

Die Gelehrtensatire der Frühen Aufklärung, die auf der popularisierten Philosophie Christian Wolffs basierte, dabei jedoch die älteren Ansätze des Thoma-

---

[493] Gottsched: CD (1730), S. 460; vgl. CD (1751), S. 557.

sius fortführte, repräsentiert den Umschlagpunkt zwischen dem traditionellen Verständnis des ›Gelehrten‹ und der modernen Auffassung des ins Bürgertum integrierten Wissenschaftlers, dessen Forschen und Lehren gesellschaftlichen Zwecken dienen sollte. Sie steht am Ende einer jahrhundertlangen Entwicklung von Wissenschaft und Poesie, die mit der Verpflichtung der Wissenschaft auf Erkenntnis (Wahrheit) und Nutzen (Moral) abgeschlossen wurde.

Indem die Gelehrtensatire die Basis der ›gelehrten Poesie‹, eben das Verständnis des ›Gelehrtentums‹, infragestellt, fungiert sie zugleich als Gelenkstück zwischen der ›gelehrten Poesie‹ und einer von Gelehrsamkeit befreiten Dichtung. Die aufklärerische Gelehrten- und Poeten-Satire beendet die fakultätsübergreifende Herrschaft des humanistischen Paradigmas. Die Philosophie, die an die Stelle historischer Philologie trat, ersetzt die antiken Autoritäten durch das (jedem zugängliche) Leitprinzip der Vernunft, das in mehr oder weniger systematisierter Form alle Einzelfächer zu organisieren begann. Die Satire schafft dadurch, daß sie die Poesie auf die Prinzipien der ›gesunden‹ Vernunft und der Moral verpflichtet – eine Entwicklung, die im Zeitraum zwischen Thomasius und Lessing unterschiedliche Ausprägung und Gewichtung erhielt – die Voraussetzung für ein nichtgelehrtes Poesie-Modell.

Die vergleichsweise dominierende Stellung, welche die Satire in der ersten Hälfte des 18. Jahrhunderts einnahm, muß als Folge des sich anbahnenden Normenwandels verstanden werden. Im 17. Jahrhundert bleiben die Normsysteme relativ unangefochten, während der allgemeine Umbruch gegen Ende des Jahrhunderts einsetzt und mit Thomasius und Wolff seine Höhepunkte erreicht. Die Positionskämpfe alter und neuer Konzeptionen finden außerhalb der eigentlichen Wissenschaftsdebatte in publikumsorientierten Journalen, besonders in den ›moralischen Wochenschriften‹ statt. Die Satire, die sich auf der literarischen Ebene zum Bundesgenossen des vernunftgegründeten Wissenschaftskonzeptes macht, dient dem aufklärerischen Zweck, Grundnormen und -maximen zu verbreiten, in besonders wirkungsvoller Weise. Sie stellt die Kehrseite des Lehrgedichtes dar, das dieselben Zwecke mit entgegengesetzten Mitteln verfolgt. So verwundert es nicht, daß Gottsched in der CD die Satiren oder »Strafgedichte« in unmittelbarer Nachbarschaft von »Lobgedichten« und »Lehrgedichten« abhandelt.[494] Die Satire ist beider Gegenteil in der Form und beider Analogon in der Idee. Die unmittelbare Zielgerichtetheit, die Zweckhaftigkeit, ein Publikum zu erziehen und zu bessern, verbindet die drei Dichtungsarten.

---

[494] Gottsched: Critische Dichtkunst (1751), Tl. 2, Abschnitt 1, Kap. VI, S. 529–547, S. 543, § 10. »Was nun den Inhalt solcher Gedichte betrifft; so muß zuförderst der, so jemanden loben will, wissen, was für Eigenschaften eigentlich ein wahres Lob verdienen: denn sonst läuft er Gefahr, auch scheinbare Laster als große Tugenden heraus zu streichen, und dadurch bey den Verständigen zum Gelächter zu werden; bey Unverständigen aber viel Schaden zu stiften. Zweytens muß man den Character derjenigen Person wohl kennen, die man loben will; damit man ihr nicht unrechte Eigenschaften beylege.« VII. Hauptstück »Von Satiren oder Strafgedichten«, S. 548–565; VIII. Hauptstück »Von dogmatischen Gedichten«, S. 566–580. Beide Gattungen gehören zum genus demonstrativum.

Seit Thomasius' schwankendem Gebrauch der satirischen Schreibweise gerät die Satire immer wieder in den Zwang apologetischer Legitimation. Auch Gottscheds Ausführungen stehen in der Tradition der Satirenapologie. Die Satire darf sich nur lasterhaften und törichten Leuten kritisch zuwenden.[495] Ihre Basis ist die »gesunde Vernunft«, die »gute Moral«, die »Wahrheit« und ein »ziemlicher Geschmack«.[496]

»Man kann also sagen, die Satire sey eine Abschilderung lasterhafter Handlungen, oder das Gegentheil von den Lobgedichten: welche nur die guten und löblichen Thaten der Menschen abschildern und erheben. Beyde sind also zu Ausbreitung und Fortpflanzung der Tugend erfunden, ob sie wohl verschiedene Mittel dazu wählen.«[497]

Als Gegenteil des Lehrgedichtes kann die Satire gelten, wenn ihr Gegenstand nicht die Darstellung des Menschen mit seiner Tugend und Moral, sondern Lehren, Ideen, Institutionen, also programmatische Maximen sind:

»Nicht nur das moralische Böse; sondern auch alle Ungereimtheiten in den Wissenschaften, freyen Künsten, Schriften, Gewohnheiten und Verrichtungen der Menschen, laufen in die Satire.«[498]

Die moralische und vernünftige Basis unterscheidet die Satire vom Pasquill, dem Instrument ›unedler‹, persönlicher Rachegedanken. Wie auch immer in der Realität die Satirenproduktion motiviert sein mochte, legitimiert wird sie erst durch die moralischen bzw. aufklärerischen Zwecke. Diese Einstellung erklärt auch die größere Beliebtheit der sogenannten ›allgemeinen‹ Satire eines Rabener gegenüber der persönlichen Satire eines Liscow. Die allgemeine Satire, die sich nicht gegen bestimmte Personen richtet und keine realen Figuren oder Verhältnisse abschildert, vielmehr ihre Gestalten aus Realitätspartikeln zusammensetzt, tendiert – dies hat Lazarowicz herausgearbeitet – zur ergötzlichen Unterhaltung der Leser. Lazarowicz hat diesen Typus daher auch »gefallende Satire« genannt.[499] Die persönliche Satire steht in gefährlicher Nähe zum Pasquill, insofern beider Motive in persönlichem Aggressionsbedürfnis angesiedelt sein dürften. Die Wahrheit dieses – von Brummack betonten Sachverhaltes – läßt sich an Liscows angelegentlicher Bemühung um moralische Rechtfertigung seines doch eher unmoralisch-aggressiven Vorgehens ablesen.[500] Die »Vorrede« zu den Gesammelten Schriften von 1739, die Satire »Von der Nohtwendigkeit der elenden Scribenten« – übrigens Liscows einzige allgemeine Satire – und die »Unparteyische Untersuchung« geben vom apologetischen Legitimationsbedürfnis gerade

---

[495] Ebd., S. 550. [496] Ebd., S. 552, vgl. S. 557. [497] Ebd., S. 557. [498] Ebd., S. 560.

[499] Lazarowicz: Verkehrte Welt, S. 95ff.

[500] Brummack: Vernunft und Aggression, S. 118^{+}ff.; Liscow: Sammlung Satyrischer und Ernsthafter Schriften, Vorrede, S. 57. »Ich habe gespottet: ich bekenne es; aber auf eine solche Art, daß, wenn ich gleich die Ernsthaftigkeit, die einem Christen so wohl anstehen soll, aus den Augen gesetzet habe, mein Spotten dennoch mit dem sanftmühtigen Geiste, mit welchem man seinen Bruder, der von einem Fehl übereilet wird, wieder zurecht zu helfen verbunden ist, sehr wohl bestehen kann. Ich gehe mit meinen Gegnern um, als ein Vater mit seinem Kinde.« Vgl. ebd., S. 58.

der persönlichen Satire Zeugnis.[501] Rabener, der ausschließlich den allgemeinen, den ›gefallenden‹ Typus der Satire gepflegt hat, müht sich nicht weniger um Rechtfertigung des – mit den moralischen Prinzipien scheinbar wenig zu vereinbarenden – kritischen und tadelnden Vorgehens. Beweisführung und mehr noch Satirenpraxis belegen, daß die allgemeine Satire nicht der Aggression entspringt, sondern die Umkehr des Lehrgedichtes darstellt. Besserung, Belehrung, nicht verletzende Polemik, sind die erklärten Ziele; Moral fungiert nicht, wie bei Liscow, als Kaschierung von Aggression. Das satirische Vorgehen soll »ohne Rachgier, und ohne Parteylichkeit« erfolgen; motiviert wird es lediglich vom objektiven Tatbestand der Normwidrigkeit: der Beseitigung von Lastern und Torheiten.[502]

Der Satiriker selbst braucht keine besondere, durch gesellschaftliche, staatliche oder wissenschaftliche Prämissen erworbene Erlaubnis. Vielmehr ist »jeder rechtschaffene Bürger« verpflichtet, sein Möglichstes zur »Aufnahme und Wohlfahrt der Republik« zu leisten. Seine persönlichen Voraussetzungen sind »Einsicht in moralische Dinge«, »Liebe zur Tugend« und »heftiger Abscheu vor den herrschenden Lastern« und ein »reifes Urtheil«.[503] Um die gründliche Einsicht in die Normen, die es zu verteidigen, zu verfechten oder zu bekämpfen gilt, zu erlangen, muß der Satirenschreiber ein Philosoph, ein »Weltweiser« sein.[504] Johann Harboe führt diese Forderung Gottscheds in einem Aufsatz »Von dem Nutzen der Satiren« eigens aus.[505] Auch Liscow stimmt mit Gottsched in der

---

[501] Ebd., S. 3ff.; vgl. Freund: ›Die Vortrefflichkeit und Nothwendigkeit der elenden Scribenten‹. Zum Verhältnis von Prosasatire und Rhetorik, S. 161ff. Dazu auch Grimm: Satiren der Aufklärung, S. 205ff. Der volle Titel der Liscowschen Satire lautet »Unparteyische Untersuchung der Frage: Ob die bekannte Satyre, Briontes der Jüngere, oder Lobrede auf den Hrn. D. Joh. Ernst Philippi, mit entsetzlichen Religionsspöttereyen angefüllet, und eine strafbare Schrift sey?« Leipzig 1733.

[502] Gottsched: Critische Dichtkunst (1751), S. 561.

[503] Ebd., S. 558f.

[504] Ebd., S. 559; vgl. dazu Schönert: Roman und Satire im 18. Jahrhundert, S. 53ff.

[505] Johann Harboe: Von dem Nutzen der Satiren, in: Gottsched (Hrsg.): Proben der Beredsamkeit (1738), S. 377–392, bes. S. 383. »Die Satire ist nichts anders, als ein moralisches Strafgedichte. Sie hat zum Gegenstande alle Laster, die das Wohl der Bürger, und die Ruhe des Stats hindern; alle Bosheiten, die in der Republik verübet werden; alle Thorheiten, welche die Gewohnheit, oder ein fälschlich eingebildeter Wohlstand, im gemeinen Leben einführen; alles Unanständige in den menschlichen Sitten, alles, was der Ehrbarkeit in dem Wohlstande zuwider läuft, kurz, alle Ungereimtheiten, die in der Republik vorgehen. Ein Satirenschreiber muß allemal die Beförderung der allgemeinen Glückseligkeit; das Wachsthum der Tugend; den Flor des Stats, und die Bequemlichkeit seiner Mitbürger zum Endzwecke haben. So bald er diesen aus den Augen läßt; So bald höret er auch auf, ein Satirenschreiber zu seyn. Er hält sich nicht bey Kleinigkeiten auf; er tadelt nicht gemeine menschliche Fehler und Schwachheiten; er verlachet nicht natürliche Gebrechen und Mängel; er ist nicht rachgierig, nicht neidisch, nicht eigennützig; eine aufrichtige Liebe zur Tugend, ist die einzige Treibfeder aller seiner Handlungen; er suchet nicht seine Mitbürger lächerlich und verächtlich zu machen; sondern ihre Laster, ihre Thorheiten, ihre vorsetzliche Fehler sind es, die er im Scherze und Lachen durchzieht; er überläßt einem jeden, die Deutung auf sich zu machen, und sich daraus zu bessern.«

Legitimation des Satirikers überein: jeder vernunftbegabte Mensch ist zur Satire vernunftwidriger Narrheiten berechtigt.[506]

Wie das Lehrgedicht beim nicht-gelehrten Volk die besseren Chancen als die strenge Wissenschaft hat, wissenschaftliche Inhalte zu vermitteln, ebenso hat die Satire bessere Erfolgs-Aussichten als eine abstrakte Moral-Abhandlung.[507] Für die Satire selbst bilden Vernünftigkeit und Nützlichkeit die legitimierenden Faktoren. Vernünftig ist eine mimetische Poesie, die den Naturbezug, die Ähnlichkeitsverhältnisse aufrechterhält; nützlich, wenn sie sozialen Zwecken, eben der Moral- und Wahrheitsvermittlung dient. Während für eine persönliche Satire der Ähnlichkeitsbezug unschwer festzustellen ist, dagegen der ›moralische Endzweck‹ umstritten bleibt, hat die ›allgemeine Satire‹ genau mit den entgegengesetzten Legitimationsschwierigkeiten zu kämpfen. Ihr ›moralischer Zweck‹ bleibt außer Zweifel, wogegen ihr Wirklichkeitsbezug schwerer zu bestimmen sein dürfte. Rabener hat sich der Erläuterung des mimetischen Verfahrens auch der allgemeinen Satire mit besonderem Nachdruck gewidmet. Obwohl er mit allgemeinen Merkmalen des Lasters operiert und seine fiktiven Gestalten aus verschiedenen Einzelzügen realer Personen zusammensetzt,[508] betont er stets die Wirklichkeitsnähe seiner Kunstprodukte: »Die abgebildeten Personen sind nach dem Leben gezeichnet«;[509] oder er erläutert: »Meine Begriffe, meine Ausdrückungen, meine

---

[506] Liscow: Sammlung Satyrischer und Ernsthafter Schriften, Vorrede, S. 51f. »Aber man muß wissen, daß ein Mensch, der lesen und schreiben, und von einem Buche urtheilen kann, auf seine Art, eben sowohl ein geistlicher König, als ein Christ, und seine Feder so wenig umsonst führet, als die Obrigkeit ihr Schwerd.« Der erwähnte Harboe (Anm. 505), S. 391, argumentiert: »Ein Satirenschreiber ist ein Mitglied des gemeinen Wesens. Hier sehen sie seinen Beruf. Ein jeder Bürger in der Republik, muß, so viel an ihm ist, das allgemeine Beste befördern: Dazu verbindet ihm das Recht der Natur.« Ähnlich Liscow: Unpartheyische Untersuchung, in: Liscow: Schriften ed. Müchler, Bd. 2, S. 163f. u. S. 174 »Ein Gelehrter hat eine unumschränkte Gewalt, über alle Scribenten und ihre Bücher zu urtheilen. Es stehet ihm also frey, sie zu richten, wie er sie findet.«

[507] Harboe: Von dem Nutzen der Satiren, S. 387 »Meynen Sie nicht, meine Herren, daß eine solche Beschreibung einen großen Eindruck in die Gemüther der Leser machen wird? Ja meynen sie nicht, daß sie bey vielen mehr ausrichten wird, als die gründlichsten Schlüsse eines Weltweisen?«

[508] Rabener: Satiren, Bd. 1, Von dem Mißbrauche der Satire, S. 33f. »Ich habe mich vor persönlichen Satiren in meinen Schriften mit allem Fleisse gehütet. Die Charaktere meiner Thoren sind allgemein: nicht ein einziger ist darunter, auf welchen nicht zehn Narren zugleich billig Anspruch machen können. Zeichne ich das Bild eines Hochmüthigen, so nehme ich die unverschämte Stirne von Baven, die stolzen Augenbraunen von Mäven, die vornehm-dummen Blicke von Gargil, die aufgeblasenen Backen vom Crispin, die trotzige Unterkehle vom Kleanth, den aufgeblähten Bauch von Adrasten, den gebieterischen Gang von Neran; und aus diesen sieben schaffe ich einen hochmüthigen Narren, der heißt Suffen. Können Bav und Mäv, können die übrigen sagen, daß ich sie gezeichnet habe? Suffen wird noch leben, wenn sie alle todt sind, und ein jeder von ihnen wird wohl thun, wenn er sich denjenigen Fehler abgewöhnt, welchen er in dieser Copie lächerlich findet.«

[509] Ebd., S. 37.

ganze Arbeit wird viel lebhafter seyn, wenn ich ein Urbild vor mir sehe.«[510] Der empirische Einschlag verdeutlicht die abstrakten Demonstrationen guter und böser Handlungsweisen.

Moral und Vernunft, die beiden Stützen satirischer Schreibweise, begegnen mit geringen Verschiebungen der Argumentationshierarchie, in der nachgottschedschen Satirenproduktion und -theorie. Liscow wendet seine Satire gegen »Mangel an Vernunft«,[511] gegen Hochmut und Stolz;[512] seine Apologie verteidigt den Satiriker gegen die Vorbehalte der Theologen, satirischer Tadel verstoße gegen die christlichen Grundsätze.[513] Er bekennt, christliche Liebe verbinde ihn nicht,

> »die Thorheiten dieser Leute mit dem Mantel der Liebe zuzudecken, die sie, als Weisheit, vor den Augen aller Welt auskramen, und mit welchen sie sich brüsten.«[514]

Diese Aussage und die unverhüllte Bloßlegung seiner aggressiven Intention in der Frage: »Warum wollte man sich dann ein Gewissen machen, das gelehrte Ungeziefer auszurotten?«,[515] entsprechen eher der geübten satirischen Vernichtungsstrategie als der beschönigende Sermon, auch persönliche Satire sei notwendig, sei konzentrierte Nachahmung des Getadelten, mit der ein Vater sein ungehorsames und uneinsichtiges Kind bekehre, sei »liebreiche und sanftmühtige Spötterey«, mit deren Hilfe er den Fehler des Kindes lächerlich mache und es dadurch bessere.[516]

In der Abhandlung »Unparteyische Untersuchung der Frage: Ob die bekannte Satyre, Briontes der Jüngere [...] mit entsetzlichen Religionsspöttereyen angefüllet, und eine strafbare Schrift sey?«[517] diskutiert Liscow die Vorbehalte gegen die Satire am Beispiel der Philippi-Fehde in aller Deutlichkeit.[518] Die Vernunft ist die »Königinn« der Gelehrten;[519] sie verleiht die Befugnis zur Kritik und gestattet, die »beleidigte Vernunft« zu rächen.[520] Für Rabener gilt die Satire, entsprechend ihrer Fundierung durch die Gellertsche Moral,[521] als »Schwester der Moral«.[522] Ihrer Wahrhaftigkeit und ihrer Verpflichtung,[523] auch bittere Erkenntnisse zu vermitteln, setzen die Klugheitsregeln Grenzen:

---

510 Rabener: Sendschreiben von der Zulässigkeit der Satire, ebd., Bd. 1, S. 198. Er fährt fort: »ich tadle alsdann nicht die Person, ich tadle das Laster, welches diese an sich hat.« Dazu Tronskaja: Die deutsche Prosasatire, S. 66f.

511 Liscow: Sammlung Satyrischer und Ernsthafter Schriften, Vorrede, S. 40, 42, 47, 55.

512 Ebd., S. 55. 513 Ebd., S. 48ff. 514 Ebd., S. 54. 515 Ebd., S. 53.

516 Ebd., S. 58.

517 Liscow: Schriften ed. Müchler, Bd. 2, S. 83–258.

518 Ebd., S. 86ff.

519 Ebd., S. 163.

520 Ebd., S. 179. Nach Danzel: Gottsched, S. 187, stellte Liscow »das allgemeine Recht des Menschen zu kritisieren« auf.

521 Dazu Tronskaja: Die deutsche Prosasatire, S. 52–60, S. 86.

522 Rabener: Satiren, Tl. 4, Vorbericht, S.)(4v. Zur weltanschaulich-gesellschaftlichen Begründung des Vernunft- und Moral-Optimismus, s. Ulrich: Das Lehrgedicht, S. 97ff.

523 Rabener: Satiren, Tl. 2, S. 199 »Wenn die Satire die Laster der Menschen straft; so vertritt sie die Stelle der Wahrheit.«

»So verhaßt mir die Lügen ist, so unbesonnen scheint es zu seyn, wenn ich allemal die Wahrheit reden wollte. Kann ich durch ein vernünftiges Stillschweigen so wohl meinen Pflichten, als der geselligen Klugheit, Genüge thun; so thue ich am besten, wenn ich schweige. [...] Die Pflichten gegen uns sind stärker, als die Pflichten, welche wir andern schuldig sind; und der Schade, welchen wir durch eine unüberlegte Freymüthigkeit uns selbst augenscheinlich zuziehen, ist wichtiger, als der ungewisse Nutzen, den wir durch eine unbedachtsame Satire zu schaffen suchen.«[524]

Politische Klugheitslehre und philosophische Aufklärungsarbeit verschmelzen in Rabeners Satirenprogramm, das ihn zwar als »Menschenfreund« ausweist,[525] seiner Satire jedoch die abschreckende Schärfe, mit der Liscow bewußt rechnet,[526] nimmt.

Die Satiriker der ersten Jahrhunderthälfte folgten Rabeners ›ergötzender‹ Satire und seinem rational-moralischen Begründungsversuch.[527] Das zeigt sich exemplarisch am Entwurf einer ›Gelehrtenrepublik‹, den der vielseitige Gelehrte und Staatsmann Johann Heinrich Gottlob von Justi vorgelegt hat.[528] Bei ihm sind die Gelehrten keiner anderen Autorität als der Vernunft verantwortlich; sie ist die höchste Göttin, und ihre Verehrung macht den »Gottesdienst« der Gelehrten aus.[529] Das Ziel der gelehrten Republik ist die Ausrottung der Vorurteile, die Ausbreitung der menschlichen Glückseligkeit, die Aufklärung auf breiter Basis. Die Gelehrsamkeit, früher – schon durch die Lateinsprachigkeit – vom ›Pöbel‹ hermetisch abgeriegelt, erhält nun geradezu die Funktion, die »Wohlfahrt der bürgerlichen Welt« zu fördern.[530]

4.2 Kritik am Stand und am Individualverhalten

Die Folie zur Gelehrtensatire selbst bilden die unzähligen lateinischen Dissertationen über Leben, Krankheit und Tod, über Verdienste und Fehler der Gelehrten, die Hodegetiken und die Gelehrtengeschichten. Die einschlägigen Kapitel über die Gelehrten, ihre Tätigkeiten, persönlichen Eigenarten und Krankheiten sind eine Art Nabelschau, ein epigonaler Ausklang der Polyhistorie.[531] Die Standessa-

---

[524] Ebd. Tl. 1, S. 199f.; dazu Lazarowicz: Verkehrte Welt, S. 101f.

[525] Lazarowicz: Verkehrte Welt, S. 96.

[526] Liscow: Sammlung Satyrischer und Ernsthafter Schriften, Vorrede, S. 56.

[527] Grimm: Satiren der Aufklärung, zur Theorie S. 355–377, bes. S. 365ff.

[528] Die Beschaffenheit und Verfassung der Republik der Gelehrten, in: Justi: Scherzhafte und Satyrische Schriften, Bd. 2, S. 341–374.

[529] Ebd., S. 347f. [530] Ebd., S. 367.

[531] Aus der uferlosen Literatur zu den Gelehrten weise ich hier hin auf den Artikel »Gelehrsamkeit« von Scheidler, in: Ersch und Gruber, Encyclopädie der Wissenschaften und Künste, S. 422. Scheidler zählt besonders auf Bibliomanie, Systemsucht, Servilismus, Wissensdünkel, Ideologie, Prinzipienreiterei, Paradoxie, Charlatanerie, Mikrologie, Misologie, Pedanterie, Originalitätssucht. Zu Lebensbeschreibungen von Gelehrten s. Fabricius: Abriß einer allgemeinen Historie der Gelehrsamkeit, Bd. 1, S. 667–671, § CXXIII; ferner A. F. Müller: Einleitung in die philosophischen Wissenschaften, Bd. 2, S. 671f. zur »curiösen oder gelehrten Wollust«; zu Gelehrtenviten auch Stolle: Anleitung zur Historie der Gelahrheit, S. 50f.; J. A. Bernhard: Kurtzgefaste Curieuse Historie derer Gelehrten; ferner die Nachschlagewerke von Jöcher, Jöcher – Adelung – Roter-

tire knüpft an diese ›Krankheitsbeschreibungen‹ an und weitet sie zu einer Kritik am Gelehrtenstand aus; sie wendet sich jedoch auch gegen den elitären Anspruch eines privilegierten, von den allgemeinen bürgerlichen Pflichten eximierten Standes, gegen die soziale Höherstellung der Inhaber akademischer Grade.[532] Die Kritik nutzloser Gelehrter hält sich mit Vorliebe an ihrer Ungeselligkeit, ihrer Weltfremdheit und ihrer ewigen Stubenhockerei auf.[533]

Sehr bezeichnend ist es, wenn Rabener die gegensätzlichen Einstellungen zu Welt und Wissenschaft am Thema der Eifersucht zwischen dem Gelehrten und dem Kaufmann erörtert. Der Gelehrte verachtet zwar den Kaufmann, doch trägt dessen Fleiß für die Allgemeinheit nützlichere Früchte:

> »Er weis Geld zu verdienen – eine Kunst, um welcher willen wir Gelehrte Tag und Nacht Quartanten lesen, und Folianten schreiben, und doch oft in einem ganzen Jahre mit unserm Griechischen und Lateine so viel nicht verdienen, als der Kaufmann in einem Tage durch Provision verdient.«[534]

Diese Utilitaritätserwägung mag ziemlich platt erscheinen, so häufig sie auch im Zeitraum der Frühaufklärung angestellt wird. Sie zeigt immerhin, daß der Marktwert der Wissenschaft nicht mehr wie früher ausschließlich nach ›gelehrten‹ Kriterien bemessen wird, sondern nach ökonomischen und damit unter zwar veräußerlichten, aber zugleich auch funktionalistischen Gesichtspunkten. Das Musterbeispiel eines für die Gesellschaft absolut nutzlosen Gelehrten zeichnet Rabener im Porträt des Hans Erichson:

> »Ein fleißiger Mann. Er war in Sammlung und Lesung alter Bücher unermüdet, lebte in seiner Studierstube zwey und siebenzig Jahre, und ward nach seinem Tode nicht vermißt, weil er in seinem Leben der Welt mit nichts genutzt hat. Unter seinen Papieren hat man einen Aufsatz gefunden, welcher den Titel führet: Unumstößlicher Beweis, daß ein gründlich Gelehrter nicht für andre Leute, sondern nur für sich erschaffen sey.«[535]

Der Philologe David Ruhnken hat dem Kalmäuser, dem Stubenhocker und Kopfhänger, eine eigene Abhandlung gewidmet, die berühmte Rede über den »Doctor umbraticus«, dessen Schattendasein ein griesgrämiges Aussehen, linkisches Benehmen, vernachlässigte, ja schmutzige Kleidung, sowie Menschenscheu, Unhöflichkeit, Starrsinn und Hochmut entspricht.[536] Von Lessings ›Jungem Gelehrten‹ sagt der Bediente Anton: »Er hat alles gelesen, nur kein Komplimentierbuch.«[537] Und Johann Carl Wezel charakterisiert ebenfalls den gelehrten Stand

---

mund, Meusel und Hirsching. Meine selbständige Studie über die Gelehrtenopposition wird ein Verzeichnis zahlreicher Einzelschriften enthalten.

[532] Martens: Von Thomasius bis Lichtenberg, S. 23–30.

[533] Ebd., S. 28f.

[534] Rabener: Satiren, Bd. 4, S. 284.

[535] Rabener: Satiren, Bd. 1, S. 223.

[536] Oratio De Doctore Umbratico. In: Davidis Ruhnkenii Opuscula Oratoria, S. 105–134. Gottsched hat einen Auszug aus dieser Rede in seiner Zeitschrift »Das Neueste aus der anmuthigen Gelehrsamkeit« (1762), S. 701ff. veranstaltet. Das Thema selbst behandelt früher bereits Daniel Fridericus Janus: De Doctoribus umbraticis eorumque variis incommodis in Republica litteraria, Commentarius, acc. eiusdem Dissertatio de nimio latinitatis studio, accessionibus aucta. Wittenberg 1720.

[537] Lessing: Der junge Gelehrte I 1.

als den einzigen, in dem keine ›Politesse‹ herrsche.[538] Johann Michael von Loen tadelt besonders die »ungesittete Lebens-Art« der Gelehrten; es sei natürlich, daß Leute, die statt mit andern Menschen umzugehen, zu Hause über ihren Büchern säßen und sich dort in ihre eingebildete Vortrefflichkeit verliebten, »nach und nach unbelebt, finster und lächerlich« würden.[539]

Um die Wende des 18. Jahrhunderts erkennt ein scharfsinniger Beobachter, die »überfleißigen Gelehrten« würden andere Menschen so wenig zu Gesicht bekommen, »daß sie in Rücksicht des geselligen Lebens beständig eine Art von Halbwilden bleiben«, und er vermutet, es fehle noch vieles, »daß der größte Teil der akademischen Gelehrten aus Männern bestünde, die man außer ihrem Kreise in gemischte Gesellschaften führen könnte, ohne daß sie Anstoß oder Stoff zum Lächeln gäben.«[540]

Die Gelehrtensatire hat für diese »Schattenkinder« eine Reihe charakterisierender Tiernamen bereitgestellt: Gelehrte Käuze, Eulen, Fledermäuse, aber auch »gelehrtes Rindvieh« und »gelehrtes Rhinozeros«, Vergleiche, die bildkräftig Weltfremdheit und Ungeselligkeit mit Unbrauchbarkeit und Grobheit zusammenbündeln.[541]

In die Kritik der Lebensuntüchtigkeit fließt besonders der breite Strom volkstümlicher Gelehrtenschelte ein.[542] Dem an bloßen Nützlichkeitsmaximen orientierten Volk waren ja die Gelehrten schon jahrhundertelang als die »Verkehrten« erschienen, zum Teil zweifellos aus berechtigtem Mißtrauen gegenüber der offenbaren Zwecklosigkeit gelehrten Tuns, zum Teil aus traditioneller Abneigung der Nichtgelehrten gegenüber allen Studierten.[543]

Aus dieser Perspektive ist der Vorwurf des Stolzes und des Hochmutes besonders verständlich: Gelehrte halten sich für unfehlbar, und zwar für um so unfehlbarer, je höher ihr Sozialprestige ist. Grundlage bildet neben dem äußeren Ansehen die »innerliche Ueberzeugung«, das Selbstwertgefühl der Gelehrten. Dieses ist wiederum, zirkelschlußartig, abhängig vom Sozialstatus.[544]

Ebenfalls standeskritisch muß die Opposition gegen die Gelehrtensprache

---

[538] Johann Carl Wezel: Lebensgeschichte Tobias Knauts, Bd. 3. Leipzig 1775, S. 170f.

[539] v. Loen: Von der Verbesserung eines Staats, in: Freye Gedanken vom Hof, S. 21.

[540] Zit. nach Reicke: Der Gelehrte, S. 142.

[541] Schon bei Fischart: Geschichtklitterung, Kap. 19, S. 212. Rabener: Abhandlung von Buchdruckerstöcken, in: Rabener: Satiren, Bd. 2, S. 108. Runken: De Doctore Umbratico, in Gottscheds Referat: Das Neueste aus der anmuthigen Gelehrsamkeit (1762), S. 704; Grimm: Deutsches Wörterbuch, Bd. IV, 1, 2, Sp. 2972, s. v. volkstümlich.

[542] Lehmann: Florilegium Politicum s. v. Geschickligkeit / Gelehrt, S. 291–299, hier S. 294, Nr. 41 »Mancher ist gelehrt gnug / aber nicht geschickt gnug / er weiß sein Wahr nicht zu Marckt zu bringen / vnnd ist zu geschåfften so viel nůtz / als ein Kuh zum Galliard tantz.« Nr. 43 »Ein lehre Nuß vnd gelehrter Philosophus werden beyde zu Geschåfften nicht gebraucht.« Vgl. auch Wander: Deutsches Sprichwörter-Lexikon, Bd. 1, s. v. Gelehrsamkeit, Gelehrt, Gelehrter, Sp. 1531–1536.

[543] Zur volkstümlichen Kritik vgl. Grimm: Deutsches Wörterbuch, Bd. IV, 1, 2, Sp. 2970ff.

[544] Justi: Schreiben an einen berühmten Mann, von der Unfehlbarkeit großer Gelehrten, in: Justi: Schriften, Bd. 1, S. 3–15.

Latein aufgefaßt werden. Ein Muster dieser Sorte ist Rabeners Professor Titus Manlius Vermicularis, der nur mit Magd und Hausknecht Deutsch spricht, weil sie zum »Pöbel« gehören.[545]

Die Verachtung und der Tadel der bürgerlichen Satiriker wendet sich immer nur gegen die Auswüchse und die funktionslosen Traditionen des Gelehrtentums, nicht jedoch gegen die Korporation der Gelehrten, wenn sie den Anspruch auf Privilegierung aufgibt. Anders die Mißachtung der weltungewandten Gelehrten durch Hof und Adel. Alles, was nicht in den Bereich der galanten und weltmännischen Disziplinen gehörte, verfiel unweigerlich dem Verdikt der Pedanterie und der Unbrauchbarkeit. Bekannt wurden die Beispiele, wo Professoren als Hofnarren fungierten oder wo die Diskussion zur Belustigung hoher Herrschaften diente.[546] Kurfürst Karl Ludwig von der Pfalz etwa erwiderte auf die Frage, wieso er sich keine Hofnarren halte, er lasse sich, wenn er lachen wolle, einige seiner Professoren aufs Schloß kommen und miteinander disputieren.[547] Das Ideal Christian Thomasius' vom weltgewandten Gelehrten, der seine Wissenschaften unter dem Aspekt des gesellschaftlichen Nutzens betreibt und daher auch die Welt kennen muß, war eben faktisch noch eine Ausnahmeerscheinung.

Der Standessatire korrespondiert die Kritik am Individualverhalten der einzelnen Gelehrten. Zum Glauben an die eigene Unfehlbarkeit gesellen sich die Zank- und die Tadelsucht, meist wegen Quisquilien, Eigensinn, Empfindlichkeit, Neid, Widerspruchsmanie, Eitelkeit und Wissensdünkel.[548] Besonders Servilismus, Intrigantentum, Titel- und Originalitätssucht entspringen der durch Eigenbrötelei hervorgerufenen Selbstüberschätzung.[549] Unter den Gelehrten gibt es die ver-

---

545 Rabener: Versuch eines deutschen Wörterbuchs, in: Rabener: Satiren, Bd. 2, S. 191. Zur exklusiven Gelehrtensprache s. Schlosser: Ueber Pedanterie und Pedanten, S. 24.

546 Hieronymus von Gundlings älterer Bruder Jacob Paul, Präsident des Oberheraldamtes, fungierte als Hofnarr bei Friedrich Wilhelm I. von Preußen; seine Vita hat Martin Stade in dem Roman »Der König und sein Narr« anschaulich geschildert. Dazu Kawerau: Aus Halles Litteraturleben, S. 40. Bereits früher hatte der Wittenberger Professor für Poesie, Friedrich Taubmann († 1613) den »kurzweiligen Rat« am sächsischen Hof gespielt; Reicke: Der Gelehrte, S. 122; v. Boehn: Deutschland im 18. Jahrhundert, S. 579f.

547 v. Loen: Freye Gedanken vom Hof, S. 21.

548 Mencke: Zwey Reden von der Charlatanerie oder Marcktschreierey der Gelehrten, S. 115f. »Allein dergleichen Leute nennen dieses eine Freyheit, welche sonderlich in der Republick der Gelehrten vollkommen und gantz unumschränckt seyn müsse: Daß man nehmlich andere um der geringsten Ursache willen ungestrafft lästern und beschimpfen und, wie jener Spötter bey dem Catullus that, nach Belieben muthwillige Händel anfangen dörffe.« Zur Tadelsucht vgl. ebd., S. 151. Zur Zanksucht s. Justus Christoph Böhmer: Prolusio de bellis litterariis, in: Prolusiones, Bd. VII. Helmstedt 1707.

549 Mencke: Zwey Reden von der Charlatanerie, S. 21ff., 135. Thomasius: Monatsgespräche IV (1690), S. 23–86; Rabener: Von der Vortrefflichkeit der Glückwünschungsschreiben, in: Satiren, Bd. 1, S. 65ff.; ders.: Zueignungsschrift an des großen Sancho Panßa großen Esel, in: Satiren, Bd. 4, S. 3ff. Versuch eines deutschen Wörterbuchs, Bd. 2, S. 182f. C. H. Heegius: De titulomania eruditorum, vulgo Titelsucht derer Gelehrten. Leipzig 1723; Frankfurt 1742; Fabricius: Abriß einer allgemeinen Historie der Gelehrsamkeit, Bd. 1, S. 20, Anm. 35, mit Literaturangaben, ebd., S. 734. – Zum Intrigantentum ebd., S. 18, Anm. 28, mit Literaturangaben. Zum Nepotismus an Unversitäten s. bes. Just van

schiedenen Typen des Vielschreibers – Lichtenberg charakterisiert die Polygraphie als »unglückliche Verbindung des Autortriebs mit dem Trieb der Fortpflanzung«[550] – und seines Gegenteils, des Agraphen, d.h. des Schreibunlustigen, der zwar immer behauptet, die Schreibtischschublade voller Manuskripte zu haben, tatsächlich aber leere Fächer hinterläßt;[551] ferner des Zitatendreschers, des Notenmachers, der wie Rabeners Gelehrter Hinkmar von Repgow »Noten ohne Text« anfertigt.[552] Die Bibliomanie ist ein besonders dankbares Thema der Gelehrtensatire von Sebastian Brants »Narrenschiff« bis zu Elias Canettis Roman »Die Blendung«; konsequent zählt Johann Burkhardt Mencke in seinem berühmten Werk »De charlataneria eruditorum« die Büchernarren unter die Scharlatane.[553] Die Windmacherei oder Marktschreierei ist eine häufig kritisierte gelehrte Untugend, die Georg Paul Hönn in seinem »Betrugs-Lexicon« nicht zu Unrecht in enge Beziehung zur Betrügerei stellt.[554] Ernst Johann Philippi, der berüchtigte, von Liscow bis zur beruflichen Existenzvernichtung bekämpfte Rhetorik-Professor,[555] aber auch der im Gebiet der Naturwissenschaften dilettierende Prediger Heinrich Sievers,[556] sind solche Scharlatane, deren gelehrter Ruf auf Prahlerei gründet,[557]

Effen: Ironie über die Erbherrschaft und Fortgesetzte Ironie von dem Erbprofessorate. In: Der vernünftige Philosoph, oder auserlesene Abhandlungen. Aus den franz. Schriften des... Just van Effen gezogen von Osterländer. Bd. 2, Frankfurt und Leipzig 1754, S. 318–345; Karl Heinrich Heydenreich: Vorschlag eines Patrioten die Professuren auf Universitäten erblich zu machen. In: Deutsche Monatsschrift. Leipzig 1798, S. 273–280; auch in: Hinterlassene Papiere eines philosophischen Landpredigers. Leipzig 1799, S. 258–267. – Michael Lilienthal: De Machiavellismo literario sive de perversis quorundam in republica literaria inclarescendi artibus. Königsberg und Leipzig 1713; Joh. Friedrich Hertel: De rabulistica cathedrali. Jena 1732; Joh. Friedlieb Stübel: De Machiavellismo scholastico. Annaberg 1727.

[550] Zu Polygraphen s. Fabricius: Abriß einer allgemeinen Historie der Gelehrsamkeit, Bd. 1, S. 690. Unter Lichtenbergs zahlreichen Bemerkungen zur Vielschreiberei und Kompendienschreiberei vgl. bes. die Sudelbücher; Lichtenberg: Schriften ed. Promies, Bd. 1, B 132 (S. 82), B 204 (S. 103), D 175 (S. 257), E 232 (S. 397), F 996 (S. 603), J 917 (S. 781), L 545 (S. 926).

[551] Ebd., S. 690, § CXXXI.

[552] Rabener: Hinkmars von Repgow Noten ohne Text, Satiren, Bd. 2, S. 113ff.; ders.: Von der Vortrefflichkeit der Glückwünschungsschreiben, Satiren, Bd. 1, S. 81ff. Auch Liscow: Klägliche Geschichte von der jämmerlichen Zerstörung der Stadt Jerusalem, mit Anmerkungen; Liscow: Schriften ed. Müchler, Bd. 1, S. 105–172. Dazu Tronskaja: Die deutsche Prosasatire der Aufklärung, S. 32; Martens: Von Thomasius bis Lichtenberg, S. 18f.; Wellmanns: Studien zur deutschen Satire, S. 71.

[553] Mencke: Zwey Reden von der Charlatanerie oder Marcktschreierey der Gelehrten, S. 92ff., z.B. die den Namen eines Gelehrten beanspruchenden Büchersammler. Mencke kritisiert mehr die moralische, als die wissenschaftstheoretische Haltung der Gelehrten; vgl. Kühlmann: Gelehrtenrepublik, S. 448ff.

[554] Hönn: Betrugs-Lexicon, S. 101–106; auch Fabricius: Abriß einer allgemeinen Historie der Gelehrsamkeit, Bd. 1, S. 703ff., § CXXXVI, Von gelehrten Betrügern.

[555] Zur Philippi-Fehde Liscows s. Tronskaja: Die deutsche Prosasatire der Aufklärung, S. 24f.; Grimm: Satiren der Aufklärung, S. 205–214, mit Literaturangaben; Brummack: Vernunft und Aggression, S. 118⁺ff.

[556] Liscow: Vitrea fracta oder Schreiben des Ritters Robert Clifton an einen gelehrten

in Wirklichkeit aber pure Unwissenheit verbirgt.[558] Ständiges Lateinzitieren – wie es Chrysander, der Vater des ›Jungen Gelehrten‹ pflegt – und dunkle Schreibart, die den Anschein von Tiefsinn zu erwecken sucht, rechnen ebenfalls zur gelehrten Betrügerei.[559]

Es ist eigentlich selbstverständlich, daß Gottsched, der starre Dogmatiker des Rationalismus, in seiner späteren Phase beliebte Zielscheibe satirischen Spottes wurde. Schon Johann Jakob Bodmer hatte Popes Blankverssatire »The Dunciad« ins Deutsche übersetzt und mit speziell gegen Gottsched und seine Anhänger gerichteten Anmerkungen versehen.[560] Der Begriff, der vom englischen ›dunce‹ [Dummkopf] oder vom ahd. Verb dinsen (part. praet. [aufge]dunsen) abgeleitet ist, bezeichnet einen aufgeblasenen, eingebildeten und geistlosen Gelehrten und taucht in zahlreichen Gottsched-Satiren auf.[561]

Rabeners Beschreibung eines Scharlatans in der umfangreichen Satire »Ein Traum von den Beschäftigungen der abgeschiednen Seelen«[562] wurde seit Bodmers parteiischer Identifizierung meist auf Gottsched bezogen.[563] Auf seiner Traumreise durch die Seelen- und Geister-Region gelangen der Erzähler und die ihn leitende Seele in eine Gegend, die besonders von einer »durch Geschrey und Ungestüm« auffallende Seele beherrscht wird.

> »Ich sah auf einem hohen Gerüste eine Seele in der gewöhnlichen Pracht eines Marktschreyers, für welchen ich ihn gewiß gehalten haben würde, wenn nicht [...] mein Führer mir vorher gesagt hätte, daß es ein Charlatan des guten Geschmacks sey.«[564]

Samojeden, in: Liscow: Schriften ed. Müchler, Bd. 1, S. 173–234; dazu Tronskaja: Die deutsche Prosasatire, S. 33ff.

557 Friedrich Andreas Walther: De nonnullis eruditorum quorundam vitiis, praesertim de Thrasonismo eorum. Göttingen 1723.

558 Schmeitzel: Versuch zu einer Historie der Gelehrheit, S. 192f., definiert: »Der Charletanerismus bestehet eigentlich in der so genandten Windmacherey, welche theils in einer groben Prahlerey, theils in der Gewohnheit derjenigen bestehet, die da nichts solides verstehen, sondern, wenn es auf Grund und Demonstrationes ankommt, allerhand Possen und Schnickschnack hermachen, ut videantur aliquid dixisse, dum nihil dicunt.« Literaturhinweise und Erläuterungen in den Anmerkungen 14–17; zur Unwissenheit vgl. S. 188f.; eine Bibliographie bei Philipp Ernst Bertram: Entwurf einer Geschichte der Gelahrheit, S. 54f.

559 Hönn: Betrugs-Lexicon, S. 105, Nr. 23.

560 Johann Jakob Bodmer: Das Banket der Dunse. o. O. [Berlin] 1758.

561 Grimm DWB 2 (1860), s.v. Duns, Sp. 1557f. Grimm: Satiren der Aufklärung, S. 260, Anm. 20. Auch Lessing hat unter dem Titel »Antwort auf die Frage: wer ist der grosse Duns?« (LM VII, S. 5) ein Pamphlet verfaßt.

562 Rabener: Ein Traum von den Beschäftigungen der abgeschiedenen Seelen, in: Satiren, Bd. 2, S. 10–76. Nicht von ungefähr deutete Bodmer diese Satire gegen Gottsched. Hagedorns Werke, hrsg. v. Eschenburg, Bd. 5. Hamburg 1800, S. 189. Bodmer im Brief an Hagedorn vom 12. April 1745. Vgl. Kühne: Studien über den Moralsatiriker Rabener, S. 57f. Zu Rabeners Mitwirkung an der Kampagne gegen Gottsched Biergann: Gottlieb Wilhelm Rabeners Satiren, S. 93f.

563 Allgemein zu Rabeners Traum-Satire Kühne: Studien, S. 57–59, v.a. Biergann: Rabeners Satiren, S. 100–106.

564 Rabener: Satiren, Bd. 2, S. 30.

Rabener gibt eine genaue Schilderung des Podestes, dessen Architektur er als »sehr gotisch und abgeschmackt« abqualifiziert. Einige der prächtigen »Schnitzwerke« stammten aus »alten Tempeln«, in denen sie als »merkwürdige Ueberreste der griechischen und römischen Architektur« aufbewahrt worden seien, andere seien in London oder Paris gestohlen worden. Obwohl seine Dieberei und sogar die Herkunft der Beute bekannt sei, gebe er sie »für seiner eignen Hände Arbeit« aus. Mühlhaus hat Rabeners Anspielung auf Gottscheds stofflich in der antiken Geschichte angesiedelte Tragödie »Der sterbende Cato« bezogen, die er bekanntlich mit »Kleister und Scheere« aus Deschamps »Caton d'Utique« und Addisons »Cato« verfertigt hatte.[565] Die fremden Verzierungen machen jedoch nur ein Viertel der Architektur aus; zu drei Vierteln besteht das Podest aus »Klötzern und ungehobelten Bretern«, zum Teil aus »Puppenwerk« und Kinderspielzeug – ein Hinweis auf das unorganische und trivial-unreife Fundament von Gottscheds Werk.

»Alles dieses war sehr unordentlich zusammen genagelt, und es schien so baufällig zu seyn, daß es alle Augenblicke einzufallen drohte.«[566]

Helfershelfer stützen das Gebäude ab, daß es doch die Last des »mit starken Schritten« darauf hin und her schreitenden gewichtigen Mannes trägt. Dieser übermütige und sehr häßliche Scharlatan, der sich gleichwohl für den »schönsten Charlatan seiner Zeit« hält, steckt in einer Kleidung, die wie »das fürstliche Gewand eines von denen theatralischen Prinzen« aussieht.

»Sie war an verschiedenen Orten dergestalt zerrissen, daß sie nicht einmal seine Blöße völlig bedeckte, welchem Uebel er dadurch abzuhelfen suchte, daß er über die Löcher verschiedne Sinngedichte und Heldenoden klebte, welche seine Anhänger ihm zu Ehren verfertigt hatten.«[567]

Das Theater dieses Marktschreiers klebt voller Widmungen und Vorreden, und sein mit Lorbeerzweigen bekränztes Bildnis hängt an allen in die Augen fallenden Stellen – ein deutlicher Hieb gegen Gottscheds Eitelkeit und Ruhmsucht. Auf dem Theater steht ein augenloses weibliches Götzenbild – wohl eine Inkarnation der Dummheit[568] – das in der rechten Hand ein Tintenfaß hält. All denen, die es nicht als eine Gottheit anerkennen wollen, schüttet es Tinte in die Augen. Dieses Götzenbild betet der Oberscharlatan mit eben der Niederträchtigkeit an, »mit welcher er selbst verehrt seyn wollte«. Der Wundermann verordnet den Leuten Pillen und wickelt sie in die ihm gewidmeten Lobschriften – eine Anspielung auf Gottscheds Methode, seine Theorien und literarischen Dogmen unter gleichzeiti-

---

[565] Mühlhaus: Gottlieb Wilhelm Rabener, S. 67.
[566] Rabener: Satiren, Bd. 2, S. 31.
[567] Ebd., S. 32.
[568] Kühne: Studien, S. 58; Biergann: Rabeners Satiren, S. 102. Das Götzenbild stammt entweder direkt aus Popes »Dunciade« oder aus dem Spectator, St. 63.

gem Hinweis auf die eigene Bedeutung zu empfehlen. Die Patienten verspüren nach der Einnahme der verabreichten Arznei »ein heftiges Grimmen im Gehirne«, das so lange anhält, bis die »Unreinigkeiten« auf einem besonderen Wege – nämlich »durch die Finger« verschwinden. Die mit Papier aufgefangenen »Unreinigkeiten« werden dem »Arzte« mit demütiger Verbeugung gewidmet »und zu fernerer Beförderung des guten Geschmacks« überreicht.[569] Er erteilt ihnen darauf die Vollmacht, selbst – wenn auch unter seiner Aufsicht – kurieren zu dürfen; wobei die Proselyten oftmals fanatischer sich gebärden als der Meister selbst.

Wahrscheinlich entspricht die einseitige Interpretation des ›Charlatans‹ als Verkörperung Gottscheds – darin ist Jacobs zuzustimmen[569a] – nicht Rabeners Intention. Die Fakten der marktschreierisch betriebenen Wissenschaft, der Proselytenmacherei und des lobhudelnden Gebarens der Jünger treffen fast ebenso auf die Züricher Kritiker zu. Es wird sich daher – übereinstimmend mit Rabeners Satirentheorie – eher um ›freie Mimesis‹ handeln – eine Form der Nachahmung, die nicht an sklavischer Abschilderung des Objektäußeren interessiert ist, vielmehr den gemeinsamen Kern verschiedener Objekte darstellen will. Dieser Absicht dient zweifellos das in »lebhafften Farben«[570] gehaltene Porträt, das eine ganze Reihe charakteristischer Einzelzüge zusammenbündelt. Indem die mimetische Variation immanent eine Interpretation mitliefert, genügt sie dem philosophischen Zweck: der Aufklärung über die konzentriert dargebotene, verbesserungsbedürftige Wirklichkeit.

In der zweiten Jahrhunderthälfte hat sich gegenüber dem satirischen, äußerlich bleibenden Blickwinkel eine mehr um Verständnis bemühte Betrachtungsweise herausgebildet: die medizinisch-psychologische Analyse gelehrter Krankheiten, wie sie etwa Johann Georg Zimmermann in seiner Schrift »Von der Einsamkeit«[571] oder der Genfer Arzt Samuel Tissot in seinem Werk »De la santé des gens de lettres«[572] betrieben haben. Die wichtigsten psychischen Krankheiten der

---

[569] Eine Anspielung auf Gottscheds Monatsschrift »Hällische Bemühungen zur Beförderung der Critik und des guten Verstandes«. Biergann: Rabeners Satiren, S. 104.

[569a] Jacobs: Die Laster auf ihrer lächerlichen Seite, S. 277.

[570] Die folgende Episode des »Traums«, die vom Kampf zweier Bierschröter – im vorigen Leben »Kritici und ganz abscheulich gelehrte Männer« – hat Biergann auf die Streitigkeiten der Kritiker Gottsched und Bodmer bezogen. Biergann: Rabeners Satiren, S. 105f. Allerdings ist es unwahrscheinlich, daß Rabener in einer Satire mit zwei verschiedenen Figuren auf Gottsched anspielt. Der Anlaß des Streites, ob Vergils Turnus-Gestalt blaue oder schwarze Augen habe, deutet auf philologisch-antiquarische Zänkereien. Zudem bezeichnet der Sieger (»ein so berühmter Scholiast«) den Unterlegenen als seinen Schüler – eine für das Verhältnis zwischen Bodmer und Gottsched inadäquate Bezugsetzung.

[571] Zimmermann: Ueber die Einsamkeit. Zweyter Theil. Frankfurt und Leipzig 1785, S. 10f.; exemplarisch im Ausspruch eines Professors »vita extra academia non est vita«. Die Ausgaben von 1773 und 1777 tragen den Titel »Von der Einsamkeit«; die Erstausgabe heißt »Betrachtungen über die Einsamkeit«. Zürich 1756.

[572] Samuel A. A. D. Tissot: De la santé des gens de lettres. Lausanne 1768; deutsche Ausgabe: Von der Gesundheit der Gelehrten. Leipzig, Zürich 1768; Leipzig ^{2}1770.

Gelehrten sind Hypochondrie, Melancholie und Misanthropie. Hypochondrie, als ›gelehrte Krankheit‹ schlechthin bezeichnet,[573] findet sich wie Melancholie, die neuerdings zur Epochenkrankheit stilisiert wurde,[574] besonders bei den in erzwungener Einsamkeit arbeitenden Gelehrten.[575] Tissot kennt zwei Typen gelehrter Krankheiten: die Nervenkrankheiten und die aus der ungesunden Lebensführung resultierenden Leibeskrankheiten.[576] Der Gelehrte muß sich – so konstatiert der Arzt – besonders hüten vor übermäßiger Nervenanspannung, Leibesuntätigkeit, gekrümmter Haltung, ständiger Nachtarbeit, modriger Bücherluft, Hygienemangel, Lektüre während des Essens, Zurückhalten des Harns und Vermeiden gesellschaftlichen Umgangs.[577] Die Beispiele, die sich aus den Gelehrtenbiographien des 17. und 18. Jahrhunderts versammeln lassen, sind imponierend und kurios genug.[578]

So hinderten sich einige Berühmtheiten künstlich am Schlaf, der sie von ihren geliebten Schwarten trennte; andere sperrten sich freiwillig in ihr muffiges Arbeitszimmer ein, um nicht durch das Treiben der Welt von ihrem Studium abgelenkt zu werden. Daß solch monomanisches Verhalten schließlich zur geistigen und physischen Erstarrung führt, bewies der holländische Mediziner Jan Swammerdam, dessen Lunge dermaßen ›versteinte‹, daß er selbst Steinchen spie. Außerdem plagte ihn die ›schwarze Galle‹, die Hypochondrie. Er saß wie verstummt auf seinem Lehrstuhl und würdigte die Fragenden keiner Antwort. Schließlich fiel er in »melancholische Raserey« und verbrannte seine eigenen Schriften.[579]

In der Gestalt des ›Jungen Gelehrten‹ versammelt Lessing alle die Untugenden, die aus volkstümlicher Perspektive und in der kritischen Satiren- und

---

[573] Belege bei Grimm: Deutsches Wörterbuch, Bd. IV, 1, 2, Sp. 2976f.; vgl. Schings: Melancholie und Aufklärung, S. 48f., S. 70f.; K. J. Weber: Demokritos. Die Berufsstände, Nr. XVI, S. 260–284, hier S. 275ff.; Johann Ulrich Bilgner: Nachrichten an das Publikum in Absicht der Hypochondrie. Kopenhagen 1767. Vgl. dazu Nassen: Zum medizinischen und literarischen Diskurs über Hypochondrie im 18. Jahrhundert, S. 171ff.

[574] Wolf Lepenies: Melancholie und Gesellschaft, passim; dazu Schings: Melancholie und Aufklärung, S. 3f.; Leibbrand-Wettley: Der Wahnsinn, S. 365.

[575] Erdmann Uhse: De solitudine eruditorum. Leipzig 1718.

[576] Tissot: Von der Gesundheit der Gelehrten, S. 16, § 3. »Die Krankheiten der Gelehrten haben zwo Hauptquellen; die emsige Beschäftigungen des Geistes, und die stete Ruhe des Leibes; um ein genaues Gemählde davon zu entwerfen, braucht es weiter nichts, als die schädlichen Würkungen dieser beyden Ursachen umständlich zu erzählen.« Zu Nervenkrankheiten, S. 16–62; zu Leibeskrankheiten, S. 62–130.

[577] Ebd., S. 87–102.

[578] Zahlreiche Beispiele finden sich bei Johann Adam Bernhard: Kurtzgefaste Curieuse Historie derer Gelehrten. Frankfurt a. M. 1718. Weitere Titel etwa sind: Adolph Clarmundus: Lebens-Beschreibung etlicher Hauptgelehrten Männer / so von der Literatur profess gemacht. Wittenberg 1708, sowie die einschlägigen Kapitel bei Gundling: Historie der Gelahrheit, und Fabricius: Abriß einer allgemeinen Historie der Gelehrsamkeit.

[579] Tissot: Von der Gesundheit der Gelehrten, S. 75, S. 78.

Komödientradition den gelehrten Pedanten[580] zugelegt werden und die noch nicht ausgewachsene Krankheiten, sondern erst »Grillen« darstellen.[581] Damis ist gleicherweise von Ehr- und Ruhmsucht zerfressen (I,6; II,13; III,15; II,11; II,13; III,4); seiner Selbstüberschätzung (I,6; III,3) entspricht das Verlangen nach fortwährendem Lob, das er sich nötigenfalls selbst spendet (I,4; II,6; III,4; III,15); das negative Pendant bildet der Hochmut (II,10) und die Tadelsucht (II,4). Der junge Bücherwurm (III,1) – der Bediente Anton nennt ihn einen »überstudierten Pickelhering« (III,4) – frönt typischen ›gelehrten‹ Untugenden: in seinem »Mangel an Soziabilität«[582] simuliert er ständige Überbeschäftigtheit (III,4), dadurch erzeugte Zerstreutheit (I,5; III,7), kann sogar bei Tisch nicht von der Lektüre lassen (III,1), strebt immerzu in die Einsamkeit, in die »gelehrte Ruhe« (II,13) und meidet den Umgang mit Frauenzimmern, also den Wesen, die allgemeiner Anschauung nach gesellschaftlichen Schliff verleihen (I,2). Damis ist, wie ein echter Jung-Misanthrop, unhöflich und grob (I,1; III,14), und entschließt sich nur deshalb zur Heirat mit einer angeblich bösen Frau, um dermaleinst in einer Gelehrtenhistorie zu den ›Gelehrten mit Hauskreuz‹[583] gerechnet zu werden (I,6; II,11; III,4). Weitere typische Gelehrtenuntugenden sind seine Schreibsucht, die Viel- und Schnell-Schreiberei (II,3; I,14; III,15) und das unverständliche Kauderwelsch, das in den Ohren der mit gesundem Menschenverstand begabten Juliane wie »Galimathias« klingt (III,8; III,15). Typisch für Damis' gesellschaftliche Haltung ist das Urteil über den Vetter Valer – jenen Nebenbuhler, der schließlich Juliane heimführen darf,

> »Die Zeiten sind vorbei, da ich ihn hochschätzte. Er hat seit einigen Jahren die Bücher bei Seite gelegt; er hat sich das Vorurteil in den Kopf setzen lassen, daß man sich vollends durch den Umgang, und durch die Kenntnis der Welt, geschickt machen müsse, dem Staate nützliche Dienste zu leisten.« (II,12)

Die von Damis verworfenen Ideale und Maximen sind just die Normen, die Lessing dem eingeschränkten Gelehrten entgegensetzt. Valer, der gebildete Weltmann, Lisette, die derbverständige Zofe, und selbst Chrysander, der mit gelehrten lateinischen Floskeln sich produzierende Vater, von Haus aus ein Kaufmann, vertreten die vernünftig-pragmatische Gegenseite. Chrysander bekennt, er wäre

---

[580] Zu Lessing: Der junge Gelehrte s. Wiedemann: Polyhistors Glück, S. 233ff.; Brüggemann: Die sächsische Komödie, S. 211–217, S. 130–139 zur Tradition; Erich Schmidt: Lessing, Bd. 1 (2. Aufl. 1899), S. 135–141, bes. S. 136 zur Pedantentradition, zu der etwa Holbergs »Erasmus Montanus«, Gottscheds »Der Witzling« und J. E. Schlegels »Der geschäfftige Müßiggänger« gehören.

[581] Zur Gelehrtensatire in Lessings: Der junge Gelehrte s. Neuhaus-Koch: Lessing, S. 147–152. Tissot: Von der Gesundheit der Gelehrten, S. 61f., zur äußeren Erscheinung des Pedanten.

[582] Neuhaus-Koch: Lessing, S. 150f.

[583] Vgl. Gottfried Boettner: De malis eruditorum uxoribus. Leipzig 1730; Der vom Frauenzimmer unschuldig verfolgte, geplagte und endlich ins gröste Elend gestürzte Gelehrte oder wahrhaffte Geschichte eines nicht unbekannten Rechts-Gelehrten, einer grossen und Weltberühmten Hanse-Stadt, aus dessen eigenhändigen hinterlassenen Nachrichten ans Licht gestellet, von Talino. Frankfurt und Leipzig 1754.

der Mann nicht geworden, der er immerhin sei, hätte ihn »das Frauenzimmer nicht vollends zugestutzt«, und er gibt Damis den Rat: »Du hast tote Bücher genug gelesen; guck einmal in ein lebendiges!« (I,2). Ins selbe Horn stößt Lisette:

»Über den Büchern können Sie doch unmöglich die ganze Zeit liegen. Die Bücher, die toten Gesellschafter! Nein, ich lobe mir das Lebendige [...].« (I,4)

Den weltanschaulichen Gegensatz auf eine Formel bringend, hält Lisette dem seine Gelehrsamkeit rühmenden Damis entgegen, er sei zwar überaus gelehrt – und das mit erst zwanzig Jahren –, jedoch »noch nicht klug« – und das mit schon zwanzig Jahren! (III,3)

Lessings ›Junger Gelehrter‹ verkörpert nicht nur die äußeren Charakteristika des *Pedanten*. In ihm kulminiert die gelehrtensatirische Typisierungskunst. Was für die mittelalterliche, religiös begründete Weltanschauung der hybride Gelehrte war (Bidermanns »Cenodoxus« etwa), das ist für die Aufklärung der Pedant. Der Unterschied weist auf den gravierenden Wandel weltanschaulicher Normen hin. Die Hybris galt als Erhebung des Menschen über Gott aufgrund der Überschätzung seiner eigenen Erkenntnisfähigkeit, letztlich als eine strafbare Überbewertung der Vernunft über Glauben und Offenbarung. In der Aufklärung verkehrt sich die Wertehierarchie konsequent: Der Rationalismus wird oberstes Wissenschafts- und Denkprinzip. Der Normverstoß besteht nun in der Mißachtung und Geringschätzung menschlichen Erkennens und seiner Grundlage, der Vernunft. Für Thomasius hatte die Pedanterie eine Verbindung von sachlicher Inkompetenz und persönlicher Eitelkeit bedeutet. Bei Kant hat sich der vordergründige Aspekt der Grillenfängerei schon verselbständigt. Er definiert die Pedanterie als »grüblerische Peinlichkeit und unnütze Genauigkeit in Formalien.«[584] In der frühen Aufklärung überwiegt jedoch der inhaltliche Aspekt: Nikolaus Hieronymus Gundling, selbst Professor der Jurisprudenz in Halle, betont am ›Pedantismus‹ den Mangel an Urteilsvermögen bei überdimensionalem Imponiergehabe.[585] Der Pedantismus kommt übrigens in allen Wissenschaftsbereichen vor, sowohl bei den Scholastikern wie bei den Humanisten, und überall äußert er sich auf spezifische Art und Weise: Bei den Scholastikern als Spitzfindigkeit im Ersinnen von Problemen und Lösungen, bei den Humanisten als philologisch-antiquarische Kleinkrämerei.[586] In seiner Tübinger Antrittsvorlesung »Oratio inauguralis de Universitati-

---

[584] Kant: Werke ed. Hartenstein, Bd. 1, S. 372.

[585] Gundling: Collegium Historico-Literarium, S. 1043, § XXI. Vgl. die Bibliographie zum Pedantismus bei Philipp Ernst Bertram: Entwurf einer Geschichte der Gelahrheit, S. 54f.

[586] Mencke: Zwey Reden von der Charlatanerie, S. 157f. über den humanistischen Quisquilienkrämer unter Bezugnahme auf Antonius Binaeus; S. 222f., über spitzfindige Pedanten. Vielgenannt die Schrift von Gottlieb Christoph Harles: De pedantismo philologico, entstanden zwischen 1765 und 1768; in: Harles: Opuscula varii argumenti. Halle 1773; darin auch der Traktat: De galantismo aesthetico et philologico. Auf Ulrich Hubers Schrift: Oratio de pedantismo (1678) wurde bereits im Thomasius-Kapitel hingewiesen; Thomasius hat sie in der »Einleitung zur Hoffphilosophie« (1712) verdeutscht. Zur Rezeption von Thomasius' Pedantismus-Kritik bei Huber, Werenfels, Böhmer, Mencke, J. Fr. Bertram nun Kühlmann: Gelehrtenrepublik, S. 452f.

bus scholasticis emenandis et paedantismo literario ex iisdem eliminando« (1720) prangert Christoph Pfaff die auf Universitäten »gebräuchliche« Pedanterie an[587] und bezeichnet sie als unstreitigen Ursprung aller akademischen Fehler: des gelehrten Hochmuts, des Geizes, der sophistischen Disputationen, der Vernachlässigung der nützlichen und gründlichen Studien gegenüber den amüsanten und kuriösen Tätigkeiten, der ebenso unnützen wie unordentlichen Weitläufigkeit. Pfaff bezieht den Pedantismus auf die verschiedenartigen wissenschaftsgeschichtlichen Traditionen, betrachtet ihn also nicht als genuin eigenständiges Phänomen, sondern als eine in jeder Disziplin mögliche Entartung und Übersteigerung.

Weitere Ausprägungen der Pedanterie sind die Misologie, die Feindschaft gegen vernünftiges Argumentieren, die Autodidaktik und die Mikrologie,[588] die David Ruhnken den »unsinnigen Trieb zu Kleinigkeiten« nennt, der »müßigen Buchstäblern so eigen« sei.[589] Noch Johann Georg Schlosser, Goethes Schwager, gilt der Pedant als Gegenbild des Weltmannes.[590] Er ist ein Gelehrter, dessen immanentistische Art, Wissenschaft zu betreiben, keine gesellschaftliche Funktion hat.

Zwar verschwindet im Laufe des 18. Jahrhunderts die Pedantengestalt allmählich aus der Satire – bei Lichtenberg etwa hat sie der Gestalt des Schwärmers Platz gemacht – doch heißt das nicht, daß sie nur an die traditionellen Wissenschaftsparadigmen gebunden war. Auch in Thomasius' galantem Entwurf der Gelehrsamkeit oder in Christian Wolffs logisch orientiertem Wissenschaftsmodell gab es Auswüchse und Übersteigerungen, die Platz genug für Pedanten und andere Grillenfänger ließen.

4.3. Satire auf wissenschaftliche Paradigmen

Wendet sich die soziale Gelehrtenkritik gegen den nichtintegrationsgewillten Gelehrtenstand und die ›ungeselligen‹ Eigenschaften seiner Mitglieder, so richtet sich die Wissenschaftssatire gegen die von solchen Gelehrten vertretene ›Gelehrsamkeit‹. Beide Aspekte korrelieren einander: Gelehrtensatire und Wissenschaftskritik sind die Kehrseiten *einer* Sache. Der grillenhafte Sonderling vertritt meist eine ähnlich schrullige und gesellschaftlich nutzlose Wissenschaft. Gesellschaftlicher und wissenschaftsimmanenter Aspekt – Weltunbrauchbarkeit und

---

[587] Pfaff: Oratio inauguralis de Universitatibus scholasticis emenandis et paedantismo literario ex iisdem eliminando; deutsch: Rede von der Verbesserung der hohen Schulen und Ausrottung der Pedanterey auf denselben, S. 79.

[588] Ruhnken: Oratio de doctore umbratico, in: Das Neueste aus der anmuthigen Gelehrsamkeit (1762), S. 756f.; Mencke: Zwey Reden von der Charlatanerie oder Marcktschreierey der Gelehrten, S. 152. »Das schlimmste ist, daß sich diese Mücken-sauger insgemein nur mit Kleinigkeiten und Bagatellen müde arbeiten.« Vgl. Johann Gottfried Buchner: Micrologiae literariae. Frankfurt 1718; Johann Jakob Dusch: Die gelehrten Micrologen. Gespräch in Versen. Altona 1769.

[589] Ruhnken: Oratio de doctore umbratico, in: Das Neueste, S. 707.

[590] J. G. Schlosser: Ueber Pedanterie und Pedanten [...] Basel 1787; dazu Kühlmann: Gelehrtenrepublik, S. 470ff.

Erkenntnisunfähigkeit – d. h. Mangel an Klugheit und Mangel an Kompetenz, entspringen beide dem Vernunftdefizit. Da in der reinen Wissenschaftssatire der personal-mimetische Charakter nur indirekt zum Ausdruck kommt, stärker jedoch der paradigmenkritische Aspekt, genügt ein skizzenhafter Abriß.

In der Wissenschaftssatire der Frühaufklärung lassen sich mehr oder weniger deutlich fünf oppositionelle Gruppierungen erkennen.

Selten begegnet die reine Scholastikersatire. Ein symptomatisches Scholastikerproblem ist etwa die Frage, wieviel Millionen Engel auf einer Nadelspitze wohl ein Menuett tanzen könnten – übrigens eine Problemstellung mit langer Tradition.[591] Der Basler Theologe Samuel Werenfels hat dieser begrifflichen Haarspalterei eine einschlägige Untersuchung gewidmet.[592]

Das Gros der Gelehrtensatiren wendet sich gegen den Humanismus und dessen Auswüchse. Nicht von ungefähr, da ja die meisten Satiriker den Kursus der artistischen Fakultät durchlaufen hatten, sich dort am besten auskannten und von daher ihre kritischen Angriffe am gezieltesten starten konnten. Basis aller humanistischen Gelehrsamkeit ist die Lateinkenntnis. Kein Wunder also, wenn besonders gegen die Verherrlichung des Lateins auf Kosten der Muttersprache am heftigsten Sturm gelaufen wird. Was nutzen die toten Sprachen Griechisch und Latein, wenn der sprachkundige Gelehrte sich mit ihnen nicht in der heutigen Welt zurechtfinden kann – so lautet schon damals ein berechtigter Einwand gegen die Verabsolutierung der ausschließlich historisch-antiquarisch betriebenen Wissenschaft.[593] Die unzeitgemäßen »Ciceronianer« waren ja seit Erasmus von Rotterdam dem Spott der Pragmatiker und Klugheitstheoretiker ausgesetzt. Mustertyp ist Rabeners Humulfo Humblus – »ein lateinischer Mann und geschworner Feind seiner Muttersprache«:

> »Wenn er aber sah, daß jemand im Lateinischen ein D. für ein T. setzte; so schlug er die Hände über dem Kopf zusammen, und vergoß die bittersten Thränen über den Verfall der schönen Wissenschaften. Keinen Gedanken hielt er für artig, den man nicht aus dem Cicero beweisen konnte. Niemand verdiente, nach seiner Meinung, den Namen eines Gelehrten, der nicht zum wenigsten einen auctorem classicum edirt hatte.«[594]

Die von allem inhaltlichen Wissen abgekommenen, rein auf Verbalismus beschränkten Humanisten erblicken in Belesenheit und Polyglottie ihr Gelehrsamkeitsideal.[595] Wissenschaftlich erschöpfen sie ihre Tätigkeit im Sammeln gram-

---

591 Friedrich Justus Riedel: Umständlicher Beweiß, daß im heiligen Römischen Reiche viele Narren sind. In: Grimm, Satiren der Aufklärung, S. 119.

592 Samuel Werenfels: Dissertatio philosophica De logomachiis eruditorum. Amsterdam 1688, 1694, 1702; Frankfurt 1736. Zu Werenfels (1657–1740) s. ADB 42, S. 5–8; Hirsching: Historisch-litterarisches Handbuch berühmter und denkwürdiger Personen, Bd. 16, S. 193–195.

593 Rabener: Satiren, Bd. 1, S. 172, S. 174f.

594 Rabener: Eine Todtenliste von Nicolaus Klimen, in: Satiren, Bd. 1, S. 233.

595 Mencke: Zwey Reden von der Charlatanerie, S. 162; Rabener: Von der Vortrefflichkeit der Glückwünschungsschreiben, in: Satiren, Bd. 1, S. 84ff.; Lessing: Der junge Gelehrte I, 1. Damis kann bei seinen zwanzig Jahren bereits sechs Sprachen: Lateinisch, Griechisch, Hebräisch, Französisch, Italienisch, Englisch – außer der Muttersprache Deutsch, die freilich nicht als Zeichen der Gelehrsamkeit gilt.

matischer Schnitzer, lexikalischer oder syntaktischer Besonderheiten aus den Schriften griechischer oder römischer Klassiker.[596]

Stärker inhaltlich orientiert ist der Antiquitätensammler, der selbst ganz in der Vergangenheit lebt. Friedrich Justus Riedel beschreibt ihn einprägsam:

> »Wenn man von Dingen redete, die nicht wenigstens einige hundert Jahre alt waren, da war er so stumm, wie eine Statue. Soviel konnte er sich noch zur Noth erinnern, daß vor einiger Zeit ein gewisser Luther gelebet, der willens gewesen, den Pabst zu stürzen; ob das aber würklich geschehen und was wir heutzutage vor eine Religion haben, das wuste er nicht.«[597]

Eine andere Ausprägung des Humanisten ist der Mikrologe, der Verfasser von Abhandlungen über unwichtigen Kleinkram. Der erwähnte Humulfo Humblus behandelt etwa das gravierende Problem »Ob Horaz die triefichten Augen von dem Rauche seiner Öllampe, oder von den gesalznen Fischen bekommen habe, die er in seiner Jugend bei seinem Vater gegessen«;[598] oder Lessings ›Junger Gelehrter‹ will beweisen, »daß sich Kleopatra die Schlangen an den Arm, und nicht an die Brust gesetzt hat.«[599] In diese Reihe gehört auch Lichtenbergs bekannte, gegen den Homerübersetzer Johann Heinrich Voß gerichtete Satire »Über die Pronunciation der Schöpse«, in der er die Streitigkeiten verspottet, ob das griechische η als offenes ä oder als geschlossenes e auszusprechen sei.[600] David Ruhnken leitet diese eitlen, ja lächerlichen Fragen aus der formalisierten Weise ab, wie Wissenschaft betrieben wird. Nicht die Beschäftigung mit der Antike an sich erscheint ihm als verwerflich, wohl aber der übertriebene Eifer, der blinde Fanatismus, der über der Vergangenheit alles Lebende, alle Gegenwart vernachlässigt, ja vergißt.[601]

---

[596] Eine Variante bietet Rabener im »Versuch eines deutschen Wörterbuchs«, in: Satiren, Bd. 2, S. 188–199, hier S. 190f. Professor Titus Manlius Vermicularis sammelt seit 53 Jahren »mit unermüdetem Eifer, Tag und Nacht, mit Zusetzung seiner eignen Gesundheit, bloß aus Liebe zum gemeinen Besten, und der Nachwelt zur Warnung, Donatschnitzer« aus »den besten lateinischen Schriften der gelehrten Männer unsrer Zeit.«

[597] Riedel: Umständlicher Beweis, in: Grimm, Satiren der Aufklärung, S. 112f.

[598] Rabener: Eine Todtenliste, in: Satiren, Bd. 1, S. 233. Vgl. Dusch: Die gelehrten Micrologen, S. 16f.

[599] Lessing: Der junge Gelehrte III, 4.

[600] G. Chr. Lichtenberg: Über die Pronunciation der Schöpse des alten Griechenlands verglichen mit der Pronunciation ihrer neuern Brüder an der Elbe: oder über Beh, Beh und Bäh, Bäh, eine literarische Untersuchung von dem Konzipienten des Sendschreibens an den Mond. In: G. Chr. Lichtenberg: Schriften ed. W. Promies, Bd. 3, S. 296–308; vgl. Bodmer: Mahler der Sitten (1746), S. 412. »Grammateus kann die geglücktesten Gedichte, die voller Poesie sind, wieder in Prose verwandeln. Er hat einen neuen Buchstaben in das Alphabeth gebracht, mit welchem er sich über die griechischen und lateinischen Grammaticos erhebet. [...] Er schreibt Dissertationen, ob man an einem Orte At oder Aut lesen solle; ob im cano das a oder das o leise auszusprechen sey [...].«

[601] Ruhnken: Oratio de doctore umbratico, S. 117f. »Ex quo fabularum studio ortae sunt vanae & ridiculae talium Grammaticorum quaestiones, veterum etiam ludibrio explosae: Quid Sirenes cantare sint solitae? quot Ulysses remiges habuerit? Quae nomina fuerint heroum in equo Trojano abditorum? An canes aluerit Cyclops? O! minutos magistellorum animos! o! stultum laborem ineptiarum!« Ruhnken übernimmt einige Themen von Mencke: Zwey Reden von der Charlatanerie, S. 122ff.; vgl. auch die anonyme Schrift »Der Gelehrte Narr« (1729); dazu Martens: Von Thomasius bis Lichtenberg, S. 12.

Gipfel traditioneller Gelehrsamkeit war das Ideal des Polyhistors. Während Morhofs voluminöses Werk tatsächlich eine Synthese, eine Zusammenschau der wichtigsten, der traditionellen wie der neueren Wissenschaftsdisziplinen geliefert hatte, erschöpften die meisten seiner Nachfolger sich im Verfassen umfangreicher Gelehrtengeschichten oder alphabetisch angelegter Sammelwerke, denen das einigende Band fehlte. Vor allem blieben die meisten Polyhistoren in reiner Buchwissenschaft, im Ausschreiben und Katalogisieren stecken, nahmen also von der Naturwissenschaft kaum Notiz und trugen selbst zur Weiterentwicklung der Disziplinen nichts bei. Lichtenberg, einer der schärfsten Kritiker des Kompilationswesens, betonte, hierin Lessings Ansätze fortführend, gegenüber dem selbstzweckhaften Vielwissen und dem blinden Sammeleifer ständig den Nutzen des Selbstdenkens. Schon Zedlers Großes Universal-Lexikon hält dem besessenen Wissenshorten entgegen, die Polyhistoren beschäftigten sich meist mit »Allotrien«. Ausfluß dieser Wissenshaltung ist das Kuriositätensammeln, das für den Zeitraum 1680–1730 symptomatisch ist. Das Lexikon empfiehlt:

> »Die Polyhistorey ist eine Sache, darauf man sich nicht zu legen. Denn in allen Theilen der Gelehrsamkeit zeigt sich die Wahrheit in solcher Menge, und die Meditation, so dabey erfordert wird, ist so mühsam, daß das menschliche Leben viel zu kurtz, als daß jemand in vielen Theilen der Gelehrsamkeit zugleich nur mäßige Gelehrsamkeit erlangen solte.«[602]

Musterbeispiel ist wieder Lessings ›Junger Gelehrter‹, der seine Preisarbeit über die Monadenlehre nicht philosophisch anlegt, sondern etymologisch, antiquarisch und historisch. Selbstverständlich hält Damis sich selbst für einen Polyhistor. Gegenüber der Zofe Lisette streicht er seine Universalität heraus: er spricht sieben Sprachen, kennt sich im ganzen Umfang der Geschichte und ihrer Nachbardisziplinen aus, hat in Theologie, Jurisprudenz und Medizin disputiert, ist Doktor der Philosophie, verfügt über eine »mehr als demosthenische Beredsamkeit« und erhebt in der Poesie Anspruch auf den »unvergänglichen Lorbeer«. »Kurz«, beendet Damis sein Selbstlob, »ich bin ein Philolog, ein Geschichtskundiger, ein Weltweiser, ein Redner, ein Dichter.«[603] Verlauf und Ausgang des ›Jungen Gelehrten‹ illustrieren die »Vertreibung des Polyhistors von der Zeitbühne«,[604] allerdings eines bereits epigonalen Polyhistors, dessen enzyklopädisches Wissen ausschließlich den ›toten‹ (philologisch-antiquarischen) Büchern entstammt und daher dem modernen Begriff von vernunft- und erfahrungsgegründeter Wissenschaftlichkeit nicht mehr genügt.

Gerade die ›kuriöse‹ Variante der Wissenschaft resultiert aus der Verbindung des Humanismus mit der ›politischen Bewegung‹. Schon Thomasius' eigenes Auftreten – im Kavaliershabit mit umgeschnalltem Degen – mißfiel den konserva-

---

602 Zedlersches Universal-Lexicon 28 (1741), s. v. Polyhistorie, Sp. 1319.

603 Lessing: Der junge Gelehrte III, 3. Vgl. Neuhaus-Koch: G. E. Lessing. Die Sozialstrukturen in seinen Dramen, S. 148f. Bezeichnenderweise dichtet Damis philosophische Lehrgedichte, satirische Lobreden und Hochzeitsgedichte.

604 So Wiedemann: Polyhistors Glück, S. 217.

tiven Gelehrten gleichermaßen wie den frömmelnden Pietisten. Die Gefahr solch einer weltzugewandten Gelehrtheit, die vor allem für den galanten Gebrauch, also für Konversation in höfisch-adeligen Kreisen oder in patrizisch-bürgerlichen Salons bestimmt war, lag im Stutzertum und in der Oberflächlichkeit. So ist denn auch Mangel an Gründlichkeit einer der Hauptvorwürfe, den die streng mathematischen Anhänger Christian Wolffs gegen den sogenannten ›Galantismus‹ erhoben.[605]

Der angenehme Geck galt in gesellschaftlichen Zirkeln mehr als der gründlich-trockene Gelehrte. Der ›Galantismus‹ artete dazu aus, daß den Studenten der Erwerb von Kenntnissen im Brett- und Kartenspiel und in der Konversation mit den ›Frauenzimmern‹ wichtiger als ihr Studium erschien.[606] Ein sich getroffen fühlender Schulmann charakterisiert diese Richtung:

> »Es scheinet fast, als wenn einige neue überkluge Geister die Welt heutiges Tages persuadiren wollen, die Gelarsamkeit und in allen Ständen erfoderte Geschicklichkeit werde hinführo wie die Aepffel und Birn auf den Bäumen wachsen, und wenn die jungen Stützerchen mit ihren Informatore bißweilen â la promenade drunter hin passiren, und einen gelahrten Discurs miteinander anstellen, so würde immer ein Stück nach dem andern herab und ihnen ins Maul fallen.«[607]

Wie weit schließlich die unter dem Einfluß des Wolffianismus um sich greifende Verachtung der galanten Studien gehen konnte, demonstriert ebenfalls Rabener an der Gestalt eines »finstern Mathematikers, welcher in seinem Leben zum erstenmale lachte, als er hörte, dass man eine witzige Monatsschrift unter die gelehrten Bücher rechnen wollte.«[608] Zu den Gegnern der galanten Gelehrsamkeit gehörten, das versteht sich, alle anderen solide und pedantisch betriebenen Wissenschaften. Neben dem traditionellen Humanismus war das besonders das neue philosophische Paradigma, das die Allmacht der Logik auf seine Fahnen geschrieben hatte.

Aber gerade der Erfolg des ›demonstrativischen‹ Denkens, das alle Probleme mit mathematisch-logischer Exaktheit untersuchte, bildete auch den Anlaß zu zahlreichen satirischen Ausfällen gegen Wolffs lederne Schreibweise, seine

---

[605] Johann Christian Lange: Schediasma Academicum De eo quod est moris novissimum in republica litteraria: Sive Von der neuesten Mode bey der Gelehrten Welt. Gießen 1712, [2]1714; Gottlieb Christoph Harles: De galantismo aesthetico et philologico, in: Opuscula varii argumenti. Halle 1733, S. 1–67; J. J. Brendel: De Pedantismo et Galantismo, utroque scholis noxio. Hannover 1737; zur galanten Gelehrsamkeit, die in einen Zusammenhang mit Freidenkerei gebracht wird, s. Literaturangaben bei Fabricius: Abriß zu einer allgemeinen Historie der Gelehrsamkeit, Bd. 1, S. 19, Anm. 32. Noch 1788 lud an der Hohen Karlsschule der Professor eloquentiae Haug mit dem Programm ein »De galantismo litterario eruditioni periculoso«; Paulsen: Geschichte des Gelehrten Unterrichts, Bd. 1, S. 583; jetzt auch: Wilhelm Kühlmann: Gelehrtenrepublik, S. 452f.

[606] Schmeitzel weist auf weitere Spezialliteratur hin, etwa Bierlings »Dissertatio de eruditione politica oder wie man Cavallierement studieren solle«, auf Fahsius' »Atrium Eruditionis« und auf Johann Hübners »Observationes de Pedantismo & Galantismo«.

[607] Fahsius: Atrium Eruditionis, Vorbericht, S.)( )( )(5vf.

[608] Rabener: Versuch eines deutschen Wörterbuchs, in: Satiren, Bd. 2, S. 198f.

Definitionssucht und seine mühsam von Paragraph zu Paragraph fortschreitende Argumentation, die sich nicht selten zu neoscholastischer Spitzfindigkeit auswuchs und in allen möglichen Gebieten, die mit logischer Präzision gar nichts gemein hatten, auszubreiten suchte. Riedel etwa mokiert sich über den »scientifischen« Charakter der von Wolffs Philosophie beeinflußten Disziplinen – in der Theologie bedürfe es nun außer der »Grund- und Dinger-Lehre« lediglich der Kunst, »ein gewaltiges Heer von Axiomen, Theoremen und Scholien in eine demonstrativische Schlachtordnung« zu stellen.[609] Ironisch bedient er sich selbst der mathematischen Beweisführung, um den Schreibtrieb der Gelehrten als Folge ihres Hungers zu erklären:

> »Ein rechter Autor soll nach der weisen Vorschrift seines Magens keinen Tag vorbeigehen lassen, ohne etwas zu schreiben. [...] Nicht eine Linie – nein ganze Bogen voller Linien soll ein Autor täglich schreiben. Wo zu würde ihm sonst die innere Stärke in der Kraft seiner Finger dienen, wenn er dieselbe nicht zum Besten der Welt und seines Magens anwenden wolte? [...] Wir sind nämlich verbunden, alles das zu thun, was die Grundtriebe der Natur erheischen. Nun haben wir alle, und besonders die Autors einen gewissen natürlichen Trieb im Magen, den man den Hunger nennet. Wir sind also verbunden, uns nach unsern Umständen dererjenigen Mittel zu bedienen, wodurch unser Hunger kan gestillet werden. Da nun dies bei einem Gelehrten durch das Schreiben geschiehet, so ist er verbunden, zu schreiben, und zwar, so oft er hungert, das ist, täglich. W.Z.E.W.«[610]

Diese Formel – ›Was zu erweisen war‹ als Verdeutschung von ›Quod erat demonstrandum‹ – nimmt geradezu magische Züge an.[611] Rabener behauptet: »Man setze nur zum Schlusse W.Z.E.W. so schreibt man mathematisch.«[612]

Eine treffende Satire auf das Demonstrierverfahren, mit dem auch völlig unsinnige Behauptungen ›schlüssig‹ bewiesen werden können, liefert Christlob Mylius. Sein Beweis, daß galante ›junge Herren‹ »Naturkundige«, d. h. Naturforscher seien, besteht im Aufstellen einer formalen Beweiskette:

> »Die jungen Herren können küssen, und küssen auch wirklich. Küsse sind physikalische Versuche. Wer also küsset, der macht physikalische Versuche. Wer aber physikalische Versuche macht, der ist ein Naturkundiger. Dannenhero sind die jungen Herren Naturkundige. W.Z.E.W.«[613]

Wer sich mit einem Logiker dieses Schlags anlegt, muß gewärtig sein, daß dieser »methodo mathematica« dem Gegner schließlich beweist, er sei kein Mensch, sondern ein unvernünftiges Tier.[614] Auch Gellert bedient sich ironisch des logi-

---

609 Riedel: Umständlicher Beweiß, in Grimm: Satiren der Aufklärung, S. 120. Die naturwissenschaftliche Quisquiliensammlerei à la Sievers verspottet Riedel in der Satire »Brion-tes der Dritte« (1765).

610 Riedel: Umständlicher Beweiß, S. 117.

611 Quod erat demonstrandum: Was zu erweisen war. Zuerst in Euklids Elementa; die lateinische Formel begegnet zuerst in der lateinischen Übersetzung des Euklid durch Zamberti, im 3. Buch, Kap. 4, Theorema XIII. (Venedig 1500).

612 Rabener: Satiren, Bd. 1, S. 73, Anm. 8.

613 Mylius: Anfangsgründe der Physikopetitmaitrick, in: Vermischte Schriften, S. 272f.

614 Rabener: Abhandlung von Buchdruckerstöcken, in: Satiren, Bd. 2, S. 103f.

schen Schluß-Verfahrens, wenn er den Magister im Lustspiel »Die zärtlichen Schwestern« Julchen vom Sinn der Ehe zu überzeugen sucht: Das menschliche Geschlecht soll erhalten bleiben.

> »Dieses ist ein Zweck, den uns die Natur lehrt. Das Mittel dazu ist die Liebe. Wer den Zweck will, der muß auch das Mittel wollen, wenn er anders verständig ist.«[615]

Für den syllogistischen Magister ist das Herz der »größte Betrüger«. Julchen dagegen betont das Recht des natürlichen Empfindens mit den Worten »Ich will ungelehrt lieben«. Gellert propagiert hier ein von ausschließlicher Vernunftleitung gelöstes Verhalten, eine Verbindung von ›Vernunft‹ und ›Herz‹ – Lessing hat sie dann in »Minna von Barnhelm« unkonventionell und frei von Komödientypik entfaltet.[616]

Gellerts frühe Rationalismuskritik bezeichnet den Punkt, wo die Kritik in eine grundsätzliche Abkehr vom Gelehrtenideal umschlägt. Nicht von ungefähr findet sich bei Lessing der unerwartete Ausspruch, er sei nicht gelehrt und beabsichtige nicht, gelehrt zu werden.[617] Lediglich ein ›gelehrtes Buch‹ wolle er gebrauchen können. Dem Ideal der toten Büchergelehrsamkeit stellt er die lebendige Weisheit entgegen, die einen Nutzwert hat und aus Erfahrung gespeist wird. Das kleinste Kapital an eigener Erfahrung, heißt es sinngemäß in Lessings Aufzeichnungen, sei mehr wert, als alle Büchergelehrsamkeit.[618] In der Gestalt des Nathan schafft Lessing dann die Synthese aus bürgerlicher Erwerbstätigkeit und philosophischer Kontemplation – den weisen Kaufmann, der Philosoph und Geschäftsmann zugleich ist. Lessings Ideal des Weltweisen verbindet Weltklugheit und bürgerlich-ökonomisches Handeln, relativiert also das bloße Gelehrtsein und den reinen Kaufmannsgeist.[619]

---

615 Gellert: Die zärtlichen Schwestern I, 9; in: Lustspiele, S. 25.
616 Schon Chrysander im »Jungen Gelehrten« empfiehlt seinem Sohn Damis: »Antworte aus dem Herzen, und nicht aus dem Buche.« I, 5.
617 Lessings sämtliche Schriften. LM, Bd. 16, S. 535.
618 Ebd., S. 535.
519 Wessels: Lessings Nathan der Weise, S. 336ff.

Ausblick: Die gegen-gelehrte Wende in der Dichtung

Während in einem vom Humanismus bis ins erste Drittel des 18. Jahrhunderts reichenden Zeitraum das Ideal des ›gelehrten Dichters‹ trotz der verschiedenen Oppositionsströmungen beherrschend war, kündigt sich vor der Mitte des Jahrhunderts ein grundlegender Wandel der zwischen Leben und Wissenschaft vermittelnden Normen an.

Die Bindung der Philosophie als der neuen Fundamentaldisziplin an Quantitäts-Einheiten und an logische Denkstruktur ließ ein poetisches Schaffen nur im Sinne und im Rahmen der vernünftigen, der geordneten und quantitativ erfaßbaren Natur zu. Kunstschaffen mußte Naturnachahmung bleiben, die Art und Weise, in der sie vorgenommen wurde, blieb mechanisch. Erst die Verstärkung der empirischen Komponente auf der Objektseite und der individuellen auf der Subjektseite führte zu einem Typus des ›Schaffens‹, der mit den Kategorien der Meßbarkeit und des Vernunftschlusses nicht mehr in den Griff zu bekommen war. Die relativ früh nach Wolffs allgemeiner Rezeption bemerkbare Opposition gegen das ausufernde Demonstrationsverfahren bereitet die Basis für einen um empirische Elemente erweiterten Wissenschaftsbegriff.

Auf seiner – der rationalistischen *und* der empirischen – Basis, der allmählichen Ablösung bzw. Ergänzung der Wolffschen durch die Newtonsche Schule,[1] stand die Universität *Göttingen*, die nach der Jahrhundertmitte den Universitäten Halle und Leipzig den Rang ablief.[2] Nicht von ungefähr war Albrecht von Haller, der Vertreter einer empirisch-deskriptiven Poesie, als international anerkannter Gelehrter und Forscher, Professor für Naturwissenschaften in Göttingen.[3] Die Erweiterung des rationalistischen Schlußverfahrens um die empirischen Methoden (Beobachtung, Experimente, Hypothesenbildung) wirkt sich ebenfalls in der Poetik aus. Sie kündigt sich bereits in den kritischen Schriften Bodmers und Breitingers an, deren Erfindungsbegriff gegenüber dem Gottschedschen stärker

---

[1] Hazard: Krise der Vernunft, S. 195ff.; auch Richter: Literatur und Naturwissenschaft, S. 19ff.

[2] In Göttingen wurden die Vorlesungen in deutscher Sprache gehalten; Paulsen: Geschichte, Bd. 2, S. 14; seit 1734 gab es hier auch das Lehrfach Klassische Altertumswissenschaft, vertreten durch Matthias Gesner. Durch seinen Einfluß nahm die philosophische Fakultät in Göttingen einen Aufschwung – sie wurde besonders durch philologisch-historische Disziplinen erweitert. Dazu Paulsen: Geschichte, Bd. 2, S. 15ff.; Heubaum: Geschichte des Deutschen Bildungswesens, S. 244–257; zur Abnahme der humanistischen Studien im 18. Jahrhundert generell s. Reicke: Der Gelehrte, S. 126f.

[3] Zu Hallers Newton-Rezeption Richter: Literatur und Naturwissenschaft, S. 60ff.

von den Elementen des Neuen und des Wunderbaren geprägt ist.[4] Damit rückt der Erfindungsbegriff noch weiter als bei Gottsched vom bloßen Kunstgriff ab, vorgeprägte Formeln und Realien aufzusuchen, und entfernt sich auch von Gottscheds logizistischem Kombinationsvermögen, ›Erfindungen‹ mit Hilfe von ›Witz und Scharfsinn‹ hervorzubringen, gleichsam logisch zu entwickeln. Die Verbindung des Neuen mit dem Wunderbaren verstärkt vielmehr das Moment der im Wolff-Gottsched-Umkreis relativ gering geschätzten ›Einbildungskraft‹ und leistet damit einer Aufwertung der *Phantasie* Vorschub.

Auch wenn man der Epochengliederung Herrmanns, der die Zäsur zwischen Barock- und Aufklärungs-Poetik nicht bei Gottsched, sondern erst bei den Schweizern ansetzt, nicht zustimmt,[5] so behält seine Feststellung, der poetologische Zeitraum von Opitz bis zu Gottsched sei wesentlich durch die Dominanz der Rhetorik geprägt, ihre Gültigkeit, mit der entscheidenden Ausnahme Gottscheds selbst. Gottscheds Schwierigkeiten bei der Einordnung der Lehrdichtung (»dogmatische Poesie«) in sein poetologisches System[6] weisen auf den *philosophischen,* nicht mehr rhetorischen Kern seiner Poesie-Auffassung hin. Der wesenhafte Verbund von Rhetorik und Poesie ist nicht erst bei Bodmer und Breitinger, er ist bereits bei Gottsched aufgelöst, ohne daß Gottsched allerdings ein neues übergreifendes System anzubieten gehabt hätte. Indes konnten auch die Schweizer einen solchen systematischen Neuansatz nicht entwickeln. Die ›kanonische‹ Neubestimmung des Systems der Wissenschaften und der Künste ist erst von Baumgarten und Meier – in Weiterentwicklung der bei Wolff angelegten Struktur – geleistet worden. Indem sie die unteren Seelenkräfte zwar aufwerteten, ohne sie jedoch gleichrangig den oberen zur Seite zu stellen, blieben auch sie dem hierarchischen Denken der Frühaufklärung verhaftet. Wolffianisch an Baumgartens Ästhetik ist die Prävalenz des Rationalen.

Wir stehen hier am Ende der Untersuchung, die sich der Modifikation des Gelehrsamkeitsverständnisses und dessen Auswirkung auf die Poesie gewidmet hat. Das rationalistische Wissenschaftsverständnis hat die rhetorische Topik abgelöst. Die Poesie wird nicht mehr nach den rhetorischen Anweisungen der Lehrbücher und nach den Mustern der antiken Autoritäten angefertigt. Sie folgt den vernunftgegründeten Regeln der Natur und allen diese Natur ausdrückenden Autoren. Diese Verschiebung bewirkt kaum einen Wandel im Musterkanon – die antiken, mit der Natur übereinstimmenden Autoren bleiben nach wie vor Autoritäten; wohl aber eine Änderung des Nachahmungsverfahrens selbst. Nicht mehr Wortschatz und Sachaussage gelten als vorbildhaft und nachahmenswert, vielmehr die eher formale Kategorie der Proportionalität, der Regelgemäßheit, Quantitäts-

---

[4] Herrmann: Naturnachahmung, S. 176ff., bes. S. 266ff.; Markwardt: Geschichte, Bd. 2, S. 82f.

[5] Herrmann: Naturnachahmung, S. 277.

[6] Ebd., S. 279. »Eine auf rhetorische Vermittlung von Lehre ausgerichtete Poetik setzt die prinzipielle Gültigkeit von Lehre als selbstverständlich voraus.« Dagegen ist einzuwenden, daß Gottscheds Vorbehalte gegen die Lehrdichtung vielmehr den philosophischen Kern seiner Poetik belegen.

beziehungen, die der Natur wie den Kunstwerken, wenn sie Anspruch auf Vollkommenheit erheben, in gleicher Weise zugrundeliegen.

Der Abkehr des poetischen Ideals von den humanistisch-rhetorischen Prinzipien hat die *Gelehrtensatire* in zweifacher Weise vorgearbeitet. Wissenschaftsparadigmatisch hat die Kritik an der traditionell ausgeübten Wissenschaft das Modell einer vernünftigen und nützlichen, auf den Fortschritt, d. h. die ›Erfindung neuer Wahrheiten‹, und auf das bürgerliche Gemeinwohl verpflichteten Wissenschaft anvisiert. Sozialgeschichtlich haben Satire und Kritik die Ablösung des privilegierten Gelehrtensonderstatus vorangetrieben und die Integration des Gelehrten ins Bürgertum gefördert. Die rationalistische Kritik der Aufklärer am Gelehrtentum wandte sich selbstverständlich noch nicht gegen Gelehrsamkeit überhaupt; sie plädierte lediglich für eine vernünftig betriebene Wissenschaft. Die Konsequenzen für die Poesie reichten von ihrer Lösung aus den rhetorischen Bindungen bis zur Vernachlässigung aller Gelehrsamkeitspostulate. Gottscheds philosophische Wesensbestimmung der Poesie – mit Vernunft und Moral als deren Grund und Zweck – verpflichtete den Dichter auf Naturkenntnis und Wahrheitsvermittlung. Damit blieb zwar weiterhin der Gelehrsamkeitscharakter der Poesie gewahrt, freilich verlor die Poesie im philosophischen Wissenschaftssystem ihre frühere Bedeutung.

Charakteristisch für die Entwicklung, die das Verhältnis von Poesie/Poetik und Gelehrtentum in der nachgottschedschen Ära durchmachte, ist einerseits die Tendenz zur Überwindung des rationalistischen Regelgebäudes und der Trend zum Subjektivismus, andererseits die Abkehr von der Standesexklusivität und die Hinwendung zum ›Volk‹. Beide Tendenzen – die eine primär auf ästhetischem, die andere auf sozialem Felde – entsprechen einander. Sie können hier nur in ihrer gegenseitigen Verflochtenheit, ja Abhängigkeit aufgezeigt, nicht jedoch philosophie- und sozialgeschichtlich analysiert werden.

1. Ästhetische Konsequenzen: Vom Objektivismus zum Subjektivismus

Die Fortentwicklung der Wolffschen Systematik durch Baumgarten und Meier hatte für das etablierte *Lehrsystem* an Schulen und Universitäten gravierende Folgen. Die Poesie löste sich aus dem traditionellen Gefüge der artes, besonders aus dem Verband mit der Rhetorik. Von hier an datiert die legitime Desavouierung der Rhetorik als eines dichtungsfeindlichen, der ›Wahrheit‹ entgegengesetzten Prinzips. Das neu etablierte ›System der Künste‹, das Baumgarten und Meier nur anvisierten, aufgrund fehlender Kenntnisse in den außerliterarischen Künsten nicht schon theoretisch ausführten, schloß Dichtung, Musik und bildende Künste in einer schließlich von Sulzer[7] kanonisch gemachten Weise zusammen. Poesie

[7] Johann Georg Sulzer: Allgemeine Theorie der Schönen Künste in einzeln, nach alphabetischer Ordnung der Kunstwörter auf einander folgenden, Artikeln abgehandelt, ... 2 Bde., Leipzig 1771/1774. Zweite Aufl. in 4 Bden., Leipzig 1777ff.

und Musik stammten aus dem traditionellen Kreis der artes; die bildenden Künste dagegen kamen vom Handwerk her und waren erst durch ihre Verbindung mit den mathematischen Disziplinen aufgewertet worden.[8] Diese Systematik, die Poesie und Musik aus dem Zirkel der mathematisch und empirisch neudefinierten Wissenschaftsdisziplinen ausschloß, leitete die zunächst nur theoretische Trennung von Dichtung und Wissenschaft ein. Goethe hat diese Entwicklung in dem Satz »Poesie und Wissenschaft erschienen als die größten Widersacher« festgehalten, sich selbst jedoch in späteren Jahren um eine Aufhebung dieser Spaltung bemüht. Dem systematischen Auseinanderdividieren von Künsten und Wissenschaften entsprach eine innere Tendenz, die die ›subjektiven‹ Künste von den objektiven Wissenschaften entfernte.

Die Aufwertung der empirisch-sensualistischen Elemente wirkte sich auf die *Dichtung* selbst aus: als Befreiung der inventio aus den Grenzen einer rigid-rationalistischen Mimesis. Mit der Aufnahme produktiver Elemente in den Fantasiebegriff leiten Bodmer und Breitinger die Ablösung der Mimesis-Poetik durch eine Poesis-Theorie ein. Dem Geltungszuwachs, den die schöpferische (nicht bloß kombinatorische) Einbildungskraft, die Fantasie, auf der Subjektseite erfährt, entspricht die Neudefinition der Natur als eines organischen Gebildes, das nicht bloß mit Hilfe mechanischer Regeln und abstrakter Gesetze erfaßbar ist.

Vorausgegangen war bereits die Abkehr von den Realien, den Abziehbildern der Realität. Mit der Etablierung eines sensualistisch-empirischen Naturbegriffes wurde jedoch nicht nur der Realien-Usus, es wurde auch der einseitig logizistisch gegründete Wirklichkeitsbegriff der Wolffianer überwunden. Dieser Wandel signalisiert den Beginn einer voraussetzungslosen, auf die Gelehrsamkeitspostulate verzichtenden und lediglich am ›Naturell‹ orientierten Poesie, in der die *Fantasie* an die Stelle der vernunftgegründeten ›Erfindung‹ rückt. In der Theorie entspricht diesem Trend die Ausbildung einer autonomen, philosophisch unabhängigen *Ästhetik*. Im wesentlichen lassen sich in der poetologischen Entwicklung zwei Phasen unterscheiden. Die erste, durch den Einfluß englischer Philosophie (Locke, Shaftesbury, Hume) stärker sensualistisch geprägte Phase,[9] in der auch pietistische Merkmale durchscheinen, charakterisieren Schlagworte wie Herz, Gefühl und Tugend. In ihr bilden sich die Voraussetzungen zu einer Natur-Schwärmerei, die zusammen mit dem neu-entwickelten Ich-Bewußtsein die gegengelehrte Wendung einleitet. Der Prozeß, der beide Komponenten ästhetischer Welterfassung vereint – gewachsene und lebendige Natur als poetisches Objekt und ganzheitliches Ich als erkennendes und schöpferisches Subjekt – verläuft von der ›Empfindsamkeit‹ zum Genie-Programm mit seinem gesteigerten, ins Amoralisch-Übergesetzliche aufgeblähten Individualismus. Während zu Beginn der Bewegung die Objektseite deutlich überwiegt, das erkennend-gestaltende Ich der

---

[8] Dazu Kristeller: Das moderne System der Künste, S. 177ff., zu Baumgarten und Sulzer S. 196ff. Zur Umwandlung der artes in das dichotomische System der Wissenschaften und der Künste s. Huizinga: Holländische Kultur im siebzehnten Jahrhundert, S. 99.

[9] Pascal: Der Sturm und Drang, S. 165.

Naturbetrachtung fast passiv ›hingegeben‹ wirkt, drängt sich im ›Sturm und Drang‹ das Subjekt gewaltsam über das Objekt seiner Darstellung. Natur und Welt erscheinen nur noch wirklich in der Aneignung durch das produzierende Subjekt, das kraftvolle und schöpferische Ich. Nicht zufällig ist die Sturm- und Drang-Bewegung von lauter Jugendgestalten getragen, sind seine dichterischen Helden selbst Jugendliche. Goethe hat im Rückblick das ›gärende‹ Jugend-Bewußtsein in der Gestalt des Baccalaureus in »Faust II« ironisch charakterisiert. In der Endphase der Subjekt-Entwicklung gilt auch die Welt der Erfahrungen nichts mehr gegenüber der allbeherrschenden, ›Geist‹ genannten Begeisterung und Einbildungskraft (»Faust II«, V. 6758f.).

Der Subjektivismus erschöpft sich indes nicht in der hierarchischen Überordnung des Subjektes über das Objekt, er knüpft – in einer dichtungsgeschichtlich interessanten Parallelbewegung – an die Ideale des Renaissance-Humanismus an, indem er das *Ganzheits-Ideal* zum Programm erhebt. Das Subjekt legitimiert sich erst in der Entfaltung aller seiner individuellen Anlagen. Nicht einzelne Fähigkeiten erheben das Ich zum ›uomo universale‹; die gesamte Palette der individuellen Anlagen, mit einer zu ihrer Verwirklichung bestimmten Kraft gepaart, charakterisieren den ›ganzen Kerl‹, das ›Kraftgenie‹.[10] Die Überordnung des Menschen über den Gelehrten, des Ganzheitsideals über das einseitig intellektualistische Wissenschaftsideal führt auf einer höheren Stufe zur Ausbildung der Persönlichkeit. Die auch dichtungsthematisch wirksame Gelehrsamkeitsopposition macht sich nicht mehr bloß als Vernunft-Kritik an den Auswüchsen von Wissenschaftstraditionen oder -paradigmen bemerkbar; sie erhält ihren Elan aus außerwissenschaftlichem Bezirk. Sie gründet auf dem – mit Fortentwicklung der Disziplinen immer virulenter werdenden Gegensatz zwischen ›Leben‹ und ›Wissenschaft‹, zwischen ›Natur‹ und Überlieferung. Immer dort, wo Wissenschaftstraditionen sich in einem solchen Maße institutionalisiert haben, daß dem ›freien‹ Denken wenig Chancen zukommen, gewinnt die antiwissenschaftliche Opposition an ›philosophischer‹ Resonanz. Nietzsches Opposition gegen das verknöcherte Gelehrtentum seiner Tage belegt die offenbare Zyklik dieser Frontstellung. Im 18. Jahrhundert hat den philosophischen Part Jean Jacques Rousseau übernommen, die Stürmer und Dränger haben aus seiner Position die poetologischen Konsequenzen und auch diese nur partiell gezogen. Für die Entwicklung spielen – der Name Rousseaus signalisiert die Breite der Tendenzen – außerästhetische Veränderungen eine maßgebliche Rolle. Der sozialgeschichtliche Normenwandel beleuchtet die Verflochtenheit von Ästhetik und Gesellschaftlichkeit.

2. Soziale Konsequenzen: Von der Bildungsexklusivität zum Volk

Die Umkehr im Subjekt-Objekt-Bezug läßt sich auch durch soziale Veränderungen begründen. Die Objektdominanz – in der zeitgenössischen Wissenschaft als

[10] Ebd., S. 165ff., S. 169.

philosophisch-naturwissenschaftlicher Kausalzusammenhang systematisiert – wird im gesellschaftlichen Bezugsfeld als ein naturhaft hingenommenes Herrschaftsverhältnis verinnert und führt speziell in den bürgerlichen und den gelehrten Schichten zu den vielzitierten Phänomenen der eher bürgerlichen Melancholie und der eher gelehrten Hypochondrie. Gleichwohl lassen sich diese Zeitstimmungen nicht ohne weiteres verallgemeinern; Schings hat mit Recht Lepenies' allzu pauschale Zuweisung von Melancholie und frühem Bürgertum kritisiert.[11] Die ideologische Wandlung, die sich in den Jahrzehnten zwischen Gellert und den Dichtern des ›Sturm und Drang‹ vollzieht, ist indes unübersehbar. Während »Werther« mit seinen sentimentalischen Zügen noch ein Ausläufer der weichlich-hinnehmenden Gellert-Phase ist, die gesellschaftlichen Zwänge und Drückungen unter Hinweis auf religiöse und moralische Normen zu sublimieren sucht, erhebt sich auf der Höhe des ›Sturm und Drang‹ ein gesellschaftliches Aufbegehren, das die ständische Ordnung mit Argumenten, die nicht bloß aus subjektivistischen Empfindungen stammen, in Frage stellt. Die Einzelprozesse im Verständnis der sozialen Herrschaftsordnung lassen sich ebenfalls in zwei Phasen aufgliedern.

1) Die erste Phase auf dem Weg zum neuen, gesellschaftlich legitimierten Dichterverständnis zeigt eine *Verbürgerlichung des Gelehrtenstandes,* zu dem die Poeten immer noch zählten. Aus der Entprivilegisierung resultiert die Integration des Gelehrten in die allmählich zum Sammelbecken aller ehemals eximierten Stände gewordene bürgerliche Schicht. Der *Loslösung des Poeten aus der Gelehrtenzunft* und seiner Integration in die bürgerliche Gesellschaft als (›freier‹) Schriftsteller entspricht ein Wandel der Adressatenschaft. Nicht mehr Hof und Gelehrtenzunft sind die zuerst Angesprochenen. Als Folge der bildungspädagogischen Bemühungen der Frühaufklärer war ein bürgerliches *Lesepublikum* herangewachsen, das eine auf Honorarbasis gestellte Schriftstellerexistenz erst ermöglichte. Der Preis, den der Autor für die Unabhängigkeit vom fürstlichen Mäzen zahlen mußte, hieß: Orientierung am Geschmack des Publikums, eine Bedingung, die gerade die ›Freiheit‹ auf indirektem Wege einschränkte. Dennoch rekrutierte sich das Publikum noch immer aus ›Kennern‹, aus überfachlich interessierten Gelehrten, aus Adelskreisen und aus den bürgerlichen Kreisen vor allem der Handels-, Residenz- und Universitätsstädte. Die Integration des Gelehrten ins Bürgertum, die nur als allmähliche Eingliederung, als zögernd vonstatten gehender Bewußtseinsprozeß zu denken ist, bewirkte auf die Dauer die gesellschaftliche Angleichung von Gelehrten und Nicht-Gelehrten – eine Konsequenz, die bei Gottsched noch nicht auftaucht.[12]

Hans-Jürgen Haferkorn unterscheidet in seiner wichtigen Studie über die Herausbildung des ›Freien Schriftsteller‹-Standes verschiedene Integrationsstufen: den ständischen Dichter, der »dichterisches Schaffen als Nebenbeschäftigung«[13] noch betrieb (Personalunion von Magister und Dichter: Gottsched,

[11] Schings: Melancholie und Aufklärung, S. 4.
[12] Martens: Von Thomasius bis Lichtenberg, S. 28f.
[13] Haferkorn: Zur Entstehung der bürgerlich-literarischen Intelligenz, S. 217.

Bodmer, Ramler, Gellert – wobei das Amt in geistigem Bezug zum Dichten stand; Personalunion von Wissenschaftler und Dichter, wobei die Wissenschaft keine unmittelbare Relation zum Dichten hatte: A. v. Haller, A. G. Kästner, G. Chr. Lichtenberg), und den freien Schriftsteller, der die Dichtkunst aus dem Pferch der ›schönen Wissenschaften‹, wohin Gottsched sie gezwängt und damit der Vormundschaft der Wissenschaften unterstellt hatte, befreite und ihr als Kunst eine von der Wissenschaft unabhängige, ebenbürtige Stellung zuwies. Der Nachteil der Befreiung war offenkundig; wenn Schreiben zum Beruf wurde, war der Schriftsteller den Zwängen des literarischen Marktes ausgeliefert. Johann Heinrich Voß und Lessing sind bekannte Beispiele für gescheiterte Karrieren freier Schriftsteller. Doch selbst Wieland, der eine relativ einträgliche Schriftstellerei betrieb, klagte noch 1795 über den fragwürdigen Status des auf seine scheinbar unabhängige Produktion angewiesenen freien Schriftstellers:

»Wenn ich überlege, was wir armen Bücherwürmer und Stubenphilosophen für elende Wichte gegen einen solchen praktischen Mann sind, so halte ich es schier für ein Sacrilège, ihm Einwürfe zu machen und zu widersprechen. – Überhaupt sind wir Gelehrte und Büchermacher doch eigentlich zu gar nichts nütze und nur eine Ausgeburt überfeinerter Staaten.«[14]

2) *Rousseau* hat den Zweifel am Wissenschaftsglauben der Frühaufklärer mit der Kritik am Feudalstaat gekoppelt. Gegen die gesellschaftlichen und wissenschaftlichen Traditionen spielt er die scheinbar von ihren Zwängen unangegriffene *Natur* und das Subjekt im Urzustand aus. Er verbindet die Hinwendung zur Natur und zum ursprünglichen Gefühl mit einer neuen Einschätzung des ›unverbildeten‹ Volkes und mit einer Kritik an den Bildungsinstitutionen, an Pädagogik und Wissenschaft. Seine Gesellschaftskritik tendiert zur Ausweitung des Bürger-Begriffs in Richtung ›Volk‹ und ›Nation‹.[15]

Ein solchermaßen bürgerlicher Standpunkt prägt Friedrich Nicolais vehementen Angriff auf das nutzlose Treiben der Gelehrtenzunft.

»Dieses gelehrte Völkchen von Lehrern und Lernenden, das etwa 20000 Menschen stark ist, verachtet die übrigen 20 Millionen Menschen, die außer ihnen deutsch reden, so herzlich, daß es sich nicht die Mühe nimmt, für sie zu schreiben; und wenn es zuweilen geschiehet, so riecht das Werk gemeiniglich dermaßen nach der Lampe, daß es niemand anrühren will. Die 20 Millionen Ungelehrte vergelten den 20000 Gelehrten Verachtung mit Vergessenheit, sie wissen kaum, daß die Gelehrten in der Welt sind.«[16]

Die Schriftsteller und ihr Publikum machen den ›gelehrten‹ Teil des Volkes aus. Gegen diese Kennergruppe opponieren die Vertreter der ›Gefühlsphilosophie‹,

---

[14] Karl August Böttiger: Literarische Zustände und Zeitgenossen, Bd. 1. Leipzig 1838. Nachdruck Frankfurt a. M. 1972, S. 170. Dazu Böttigers Kommentar: »Dies macht, Wieland hatte nie bei seinem literarischen Leben eine eigentliche Function, ein Amt, einen Actenkasten.«

[15] Jean Jacques Rousseau: Schriften zur Kulturkritik. Hrsg. v. K. Weigand; Ritzel: Rousseau, S. 15ff.

[16] Friedrich Nicolai: Das Leben und die Meinungen des Herrn Sebaldus Nothanker, S. 72.

ob sie sich primär als Gegner des Rationalismus oder bereits als Verfechter einer ›natürlichen‹ Gesellschaft sehen.

Bis zu Gottsched blieb die Gelehrtenkultur unangetastet, auch wenn sie Modifikationen erfuhr und andere, gesellschaftlich begründete Funktionen erhielt. Seit Lessing, Klopstock und Herder kommt die Legitimation des Dichtens nicht mehr den Gelehrten und der Gelehrtheit zu. Opitz' Vision, die Zukunft gehöre der einen und unverfälschten deutschen Sprache, wird erst von Herder konsequent zu Ende gedacht. Er fragt nämlich nach den Trägern dieser ›unverfälschten‹ Sprache und entdeckt dabei das Volk in seiner kulturproduktiven Bedeutung. Aus sozialer Perspektive ermöglicht erst Herders Entdeckung die Abkehr von der gelehrten, privilegierten Kreisen vorbehaltenen Poesie. Eine Konsequenz, die sich aus den angedeuteten ästhetischen und gesellschaftlichen Entwicklungen ergibt, ist die Verschmelzung von Subjektivismus und Popularisierungstendenz im *Programm* einer *›volkstümlichen Poesie‹*. Das Schöpfer-Genie erhebt sich damit zum ›Dichter des Volkes‹, wird Sprachrohr einer ganzen Nation – ein Ziel, das denkbar weit entfernt ist vom internationalen und exklusiven Ideal ›gelehrter Poesie‹. Die von den Gelehrten verachteten Themen und Stoffe der Volkstradition erreichen eine bisher nicht gekannte Wertschätzung: die Volksbücher, die Volkslieder, Sagen und Märchen und die aus ihnen entstammenden Motive und Gestalten.[17] Im Fauststoff, der von Gottsched erwähnt, aber erst durch Lessing programmatische Geltung erlangt hatte, verdichtet sich das künstlerische Streben der Stürmer und Dränger.[18] Für die damit einhergehende Kanonverschiebung ist das Aufwerten des ›Volksdichters‹ Hans Sachs symptomatisch.[19] Goethes Apotheose des Schuhmacher-Poeten repräsentiert den volkstümlichen Trend des ›Sturm und Drang‹. Die pauschale Annahme einer ›esoterischen‹ Grundhaltung ist für den ›Sturm und Drang‹ jedenfalls unhaltbar.[20] Allerdings bedeutet das Popularitätsideal einen Schritt über den Verbürgerlichungsprozeß hinaus, den nicht allein die Negation des Gelehrtentums erklärt. Verantwortlich hierfür sind Wissenschafts- und Gesellschaftsprozesse, deren Wirksamkeit Jürgen Habermas an der Entstehung einer literarischen Öffentlichkeit exemplarisch nachgewiesen hat.[21] Sie bilden die Voraussetzung zu einem mit Zivilisationskritik gekoppelten Irrationalismustrend, der die weithin unbestimmten Werte des Gefühls und der Empfindung zum Genie-Kult hinaufgesteigert und mit einem

[17] Kurz: ›Volkspoesie‹-Programme, S. 254ff.

[18] Rieck: Das Faustbild Gottscheds, S. 197ff.; G. Mahal: Lessings Faust, S. 525ff. Zur dichterischen Gestaltung des Fauststoffs im Sturm und Drang s. die Anthologie: Die Faustdichtung vor, neben und nach Goethe. 4 Bde. Nachdruck Darmstadt 1967 (zuerst 1913).

[19] Goethe: Erklärung eines alten Holzschnittes, vorstellend Hans Sachsens poetische Sendung. (März/April 1776). In: Goethes Werke. Festausgabe. Hrsg. v. R. Petsch. Bd. 2. Hrsg. v. E. Boucke. Leipzig 1926, S. 291–296.

[20] Kiesel/Münch: Gesellschaft und Literatur, S. 96. Zu den volkstümlichen Komponenten s. Pascal: Der Sturm und Drang, S. 75–112; H. A. Korff: Geist der Goethezeit, Bd. 1. Sturm und Drang, S. 134ff.

[21] Habermas: Strukturwandel der Öffentlichkeit.

ahistorischen Begriff des Volkes kombiniert hat. Konkretisieren lassen sie sich an den Erfahrungen der Literaturfehden, des ›freien‹ Schriftstellers Lessing und des ›subventionierten‹ Dichters Klopstock.

Unter diesem Aspekt läßt sich die Entwicklung des Verhältnisses von Literatur und Gelehrtentum beispielhaft an Gellert, dem Repräsentanten der nachgottschedschen Phase,[22] an Lessing, dem ›bürgerlichen‹ Kritiker und ›Überwinder‹ des poetologischen Regelsystems und des Gelehrtentums,[23] an Herder und Bürger, den Programmatikern der Genie- und Volkspoesie, aufzeigen.[24] Sie stehen in ansteigender Linie für die aufbrechende Gegnerschaft zwischen Dichtung und Gelehrtentum, die ihren Gipfel in den siebziger Jahren erreicht und mit der Umsiedlung Herders nach Weimar und der Auseinandersetzung Schillers mit Bürger ihr vorläufiges Ende findet.

Mehr als eine unvollständige Skizze wollte die Schlußbetrachtung nicht geben. Die Geschichte der ›Krise gelehrter Poesie‹ und ihre Überwindung durch die von Herder, Goethe, Schiller, Humboldt und Fichte entwickelte Bildungsprogrammatik bedürfte einer eigenen Darstellung. Sie ist noch nicht geschrieben.

---

[22] Wobei Gellert selbst noch kein ›freier Schriftsteller‹ war; bezeichnenderweise vertrat er die Auffassung, der Autor dürfe ein Honorar nur im Sinne eines Ehrensolds annehmen; Schlingmann: Gellert, S. 35.

[23] Barner u. a.: Lessing. Epoche – Werk – Wirkung, 4. Aufl., München 1981.

[24] Dazu Korff: Geist der Goethezeit, Bd. 1, S. 122–194.

Verzeichnis der von Opitz im »Vesuvius« herangezogenen Quellen

Im einzelnen ergibt sich aus den von Opitz zitierten, in seiner Schreibweise verzeichneten Autoren – er nennt nicht alle von ihm benutzten Schriften (dazu Langer: Der Vesuvius von Martin Opitz, S. 16f.) – für seine Quellenbenutzung folgendes Bild:

Griechische Naturforscher (Sammler und Wissenschaftler)

Artemidoros (aus Ephesus stammender Traumdeuter der 2. Hälfte des 2. Jahrh. n. Chr.
Pausanias (geb. 115 n. Chr.; Verfasser einer Perihegese Griechenlands um 170/80)
Ptolemaios (um 100–170 n. Chr.; Astronom, Geograph, Naturwissenschaftler)
Suidas (Name eines in Konstantinopel um 100 n. Chr. entstandenen enzyklopädischen Sprach- und Real-Lexikons)

Römische Naturforscher

Marcianus von Heraclea (zwischen 250–450 n. Chr.; Geograph, Verfasser des Epitomes aus dem Geographen Artemidoros)
Plinius d. Ä. (23/24–79 n. Chr.; Naturforscher, Verfasser der 37bändigen Naturalis historia)
C. Julius Solinus (bei Opitz: Selinus; um 200 n. Chr.; Verfasser eines geographischen Lehrbuchs »Collectanea rerum memorabilium«, ein Auszug der von Plinius beschriebenen Natur-Merkwürdigkeiten, nach dem Vorbild des Pomponius Mela als Küstenbeschreibung angelegt)[1]
Strabo (64/63 v. Chr. – nach 23/26 n. Chr.; Historiker und Geograph, Verfasser historischer und geographischer Kommentare und einer Beschreibung der Ökumene)
M. Terentius Varro (116 v. Chr. – 27. v. Chr.; Gelehrter und Dichter, Verfasser von »De lingua latina«)
Vitruvius Pollio (1. Jahrh. v. Chr.; römischer Architekt und Ingenieur, »De architectura«)

Griechische Philosophen

Aristoteles (384–322 v. Chr.)
Epictetus (50–120 n. Chr.; Stoiker, verfaßte ›Lehrgespräche‹. Diatriben und Encheiridion)
Parmenides von Elea (515–445 v. Chr.; Kosmologie)
Plotinus (205–270 n. Chr.; »Enneaden«)
Plutarch (45–125 n. Chr.; Traktate)
Porphyrius (Malchus aus Tyros, 234–301/305 n. Chr.; Anhänger Plotins, Kommentare zu Homer und Ptolemaios)
Pythagoras (570/60–480 v. Chr.)

Römische Philosophen

Aelianus (Claudius Aelianus; 170–235 n. Chr.; Sophist, Schüler des Pausanias in Rom, schrieb (griechisch) 17 Bücher über Tierleben und 14 Bücher ›Bunte Historia‹)

---

[1] Opitz bezeichnet ihn als Kommentator des Apollonios Rhodios, in dessen »Argonautica« geographisch-antiquarische Gelehrsamkeit verarbeitet ist, weil seine Kollektaneen nach dem Vorbild des Pomponius Mela als Küstenbeschreibung angelegt sind.

Seneca (4. v. – 65 n. Chr.; Philosoph und Tragödiendichter, verfaßte auch Naturforschungen »Naturales Quaestiones«)

Griechische Historiker

Dio (Dio Cassius; 2. Hälfte des 2. Jahrhunderts n. Chr. – nach 229/235; verfaßte eine römische Geschichte in griechischer Sprache in 80 Büchern)

Diodorus Siculus (1. Jahrhundert v. Chr. – 21. v. Chr.; Verfasser der »Bibliotheke«, einer Universalgeschichte in 40 Büchern bis zu Caesars Gallienkrieg)

Procopius (von Caesarea; 490/507 – nach 542 n. Chr.; griechischer Historiker, schrieb über Justinians Regentenzeit)

Römische Historiker

Cassiodor (Flavius Magnus Aurelius; 490–583 n. Chr.; Geheimsekretär Theoderichs, Verfasser einer Gotengeschichte, einer Weltchronik und einer Kirchengeschichte)

Florus (Lucius Anneus; 2. Jahrhundert n. Chr. während der Regierung Hadrians; Historiker, Schulredner und Dichter, Verfasser einer »Epitoma de Tito Livio« in zwei Büchern, bis Augustus reichend)

Justinus (M. Junianus J.; frühes 3. Jahrhundert n. Chr.; Verfasser des »Epitome Historiarum Philippicarum« des Pompeius Trogus)

Marcellinus Comes (1. Hälfte des 6. Jahrhunderts n. Chr.; Illyrier, Kanzler Justinians, schrieb über oströmische Geschichte)

Philostratus (Flavius Philostratus II; wohl 2. Jahrhundert n. Chr.; umstrittene Verfasserschaft der unter Ph. laufenden Werke, Vita des Apollonius von Tyana in acht Büchern)

Sueton (C. Suetonius Tranquillus; 1. Hälfte des 2. Jahrhunderts n. Chr.; Biograph der römischen Kaiser)

Tacitus (P. Cornelius Tacitus; 61/62 n. – nach 117 n. Chr.; verfaßte »Annales« und »Historiae«, über die römische Kaisergeschichte)

Trogus (Pompeius Trogus; jüngerer Zeitgenosse des Livius 59 v. – 17 n. Chr.; römischer Historiker, schrieb 44 Bücher »Historiae Philippicae«, eine außerrömische Universalgeschichte, reichend bis ins 4. Jahrhundert v. Chr., sein Werk faßbar in der Epitome des Justinus)

Christliche Historiker

Jornandes (Jordanes; Bischof im 6. Jahrhundert n. Chr.; gotischer Historiker, verfaßte eine Weltgeschichte, ein Kompendium aus Cassiodors verlorenem Werk »De origine actibusque Getarum«)

Paul Warnefried (Paulus Diaconus, Warnefrieds Sohn, 720–797 n. Chr.; langobardischer Historiker am Hofe Karls d. Gr.; »Historia Langobardorum«, »Historia Romana« als Fortsetzung von Eutrop, Homiliensammlung, »Gesta Episcoporum Mettensium«)

Photius (Photios; 820–891 n. Chr.; Patriarch von Konstantinopel, Verfasser des Werkes »Bibliotheke«)

Psellus (Michael Psellos; 11. Jahrhundert; Philosoph, Rhetor, Theologe, historisches Hauptwerk »Chronographie«)

Theophylactus (Theophylaktos Simokattes aus Ägypten; 1. Hälfte des 7. Jahrhunderts n. Chr.; Eparch, schrieb acht Bücher Historien über die Maurikios-Zeit 582–602 n. Chr.)

Xiphilinus (11. Jahrhundert; Mönch, Neffe des Patriarchen, verfaßte einen Auszug aus den Büchern 36–80 des Dio Cassius)

Andere christliche Autoren

Basilius (der Heilige; 330–379 n. Chr.; Bischof, Verfasser dogmatischer Schriften. Rademann, S. 9. vermutet, es sei einer der zwölf Schüler des Asmenius gemeint, »die ihrem Lehrer in den ›Versus duodecim sapientium de diversis causis‹ ein poetisches Turnier darbringen.« Die Themen: Jahreszeiten, Regenbogen, Sonnenaufgang usw.)
Cyprianus (Thascius Caecilius; 205–258 n. Chr.; Bischof von Carthago, Verfasser einer Kirchengeschichte und erbaulicher Schriften und Briefe)
Dionysius der Einsiedel (?; entweder der Karthäuser-Prior Dionysius 1402–1471 n. Chr. oder der spanische Augustiner-Eremit Dionysius de Murcia 1363 Erzbischof von Messina, gest. 1380, Verfasser von »Commentaria super libros sententiarum« und »Sermones«; wohl nicht D. Exiguus 500–545 n. Chr., Mönch, unter dessen Namen eine Sammlung von Kirchenrechtsquellen und chronologischen Schriften läuft)
Pacianus (der Heilige; 360–390 n. Chr.; Bischof von Barcelona, »Paraenesis, sive exhortationis libellus, ad poenitentiam«)
Lucas (1. Jahrhundert n. Chr.; Evangelist)
Petrus (1. Jahrhundert n. Chr.; Petrusbriefe)
Tertullianus (Q. Septimius Florens; 160–220 n. Chr.; Verfasser dogmatischer Schriften)

Griechische Dichter/Redner

Apollonius (Rhodius; um 295–215 v. Chr.; Gelehrter und Dichter des »Argonautica«-Epos in vier Büchern
Aristophanes (und sein Scholiastes; 445–387/86 v. Chr.; Verfasser griechischer Komödien)
Dionysios Perihegetes (erste Hälfte des 2. Jahrhunderts n. Chr.; Bibliothekar unter Trajan, Dichter z. Z. Hadrians, schrieb eine Beschreibung der Oikumene »Perihegese« in 1187 Hexametern, das als Schulbuch verwendet wurde)
Homer (8. Jahrhundert v. Chr. ?)
Lycophron (von Chalkis; 1. Hälfte des 3. Jahrhunderts v. Chr.; hellenistischer Gelehrter und Dichter; verfaßte eine Tragödie »Kassandreis«, erhalten »Alexandra«)
Sibyllinische Orakel (Sammlung griechischer Orakel in 14 Büchern aus den ersten nachchristlichen Jahrhunderten)

Römische Dichter/Redner

Cicero (Marcus Tullius Cicero; 106–43 v. Chr.)
Claudianus (2. Hälfte des 4. und 5. Jahrhunderts n. Chr., nach 404 ohne Spuren; ägyptischer Halbgrieche, verfaßte lateinische Panegyrik und mythologische Epik)
Ennius (239–169 v. Chr.; römischer Epen- und Tragödiendichter)
Juvenalis (D. Junius Juvenalis; 58 n. – 138 n. Chr.; Rhetor, Satiriker)
Lucanus (M. Annaeus Lucanus; 39–65 n. Chr.; Neffe Senecas, schrieb das Epos vom Bürgerkrieg »Pharsalia«)
Lucretius (T. Lucretius Carus; 97–55 v. Chr.; Lehrgedicht »De rerum natura« in sechs Büchern)
Martialis (M. Valerius Martialis; 38/41–102/103 n. Chr.; Epigrammatiker)
Ovidius (P. Ovidius Naso; 43 v. – 17/18 n. Chr.; 8 n. Chr. verbannt; Liebesdichtungen, Erzähldichtungen und Elegien)
Plinius d. J. (C. Plinius Caecilius Secundus; 61/62–112 n. Chr.; Redner, Panegyriker, Briefsammlung)
Properz (Sextus Propertius; 50 v. – nach 16 v. Chr.; Elegiendichter)
Severus (angeblicher Verfasser der pseudovirgilischen Ätnadichtung vor 79 n. Chr., unter dem Einfluß des Lukrez)
Silius Italicus (Tiberius Catius S. Italicus; um 25–101 n. Chr., Konsul 69 n. Chr.; Epiker, schrieb das Epos der punischen Kriege »Punica«, 17 Bücher »de secundo bello Punico«)

Statius (P. Papinius Statius; Mitte 1. Jahrhundert n. Chr. – nach 96 n. Chr.; Epiker, »Thebais«, »Achilleis«, »Silvae«: Gelegenheitsgedichte in fünf Büchern)
Symposius (Symphosius; 4./5. Jahrhundert n. Chr.; Verfasser einer hexametrischen Rätselsammlung)
Virgilius (P. Vergilius Maro; 70 v. – 19. v. Chr.; Epiker, Lehrdichter)

Christliche Dichter

Orientius (Oriens; um 400 n. Chr. – 439 n. Chr. nachgewiesen; Bischof von Auch, Aquitanien; verfaßte ein paränetisches Lehrgedicht in Distichen, das sogen. »Commonitorium« in zwei Büchern)
Pisidas (Georgius Pisides; 610–640 n. Chr. Diakon in Konstantinopel, Historiker und Poet, verfaßte eine Beschreibung des Weltbaues, die 1590 von Hieronymus Brunellus in Rom herausgegeben wurde)
Sidonius (C. Sollius Modestus Apollinaris Sidonius; 431–486 n. Chr.; Bischof von Clermont, neun Bücher, Briefe und Gedichte)

Jüdische Autoren

Elcha (10./11. Jahrhundert; ein gelehrter Rabbi, dessen Werk »Dies Domini« von Jacob Gaffarellus ins Lateinische übersetzt 1629 zu Paris erschien)
Job (Buch Hiob, frühestens 7. Jahrhundert v. Chr., kaum nach dem 4. Jahrhundert v. Chr.)
Josephus (Flavius Josephus; 36/38 – Anfang 2. Jahrhundert n. Chr.; jüdischer Historiker, verfaßte »Bellum Judaicum« und »Antiquitates«)
Philo (Philon aus Alexandria; 25 v. – 40 n. Chr.; Hauptvertreter der hellenist.-jüdischen Philosophie, folgt Platons Vulkantheorie)
Psalter (Psalmen; liturgisches Gesangbuch der vorchristlichen Synagoge, Redaktion im 2. Jahrhundert v. Chr. mit Liedern des Zeitraums 1000–165 v. Chr.)

Kommentare

Eustatius (Eustathios; 12. Jahrhundert n. Chr.; Diakon und Redelehrer in Konstantinopel, Erzbischof von Thessaloniki; schrieb Kommentare zu Pindar, Dionysios Perihegetes, Ilias, Odyssee)
Selinus (→ Solinus)
Servius (um 400 n. Chr.; lateinischer Grammatiker, Verfasser eines Vergilkommentars)
Stobaeus (Joannes Stobaios, von Stoboi; 5. Jahrhundert n. Chr.; »Anthologie« in fünf Büchern, enthält ein Sachkapitel über die Literatur von Homer bis ins 4. Jahrhundert n. Chr., auch über Physik, Metaphysik u. a.)

Literaturverzeichnis

Verzeichnis der verwendeten Siglen

1a Berlin (West) Staatsbibliothek Preußischer Kulturbesitz
3 Halle (Saale), Universitäts- und Landesbibliothek Sachsen-Anhalt
4 Marburg, Universitätsbibliothek
5 Bonn, Universitätsbibliothek
7 Göttingen, Niedersächsische Staats- und Universitätsbibliothek
9 Greifswald, Universitätsbibliothek
12 München, Bayrische Staatsbibliothek
14 Dresden, Sächsische Landesbibliothek
16 Heidelberg, Universitätsbibliothek
21 Tübingen, Universitätsbibliothek
22 Bamberg, Staatliche Bibliothek
23 Wolfenbüttel, Herzog August Bibliothek
24 Stuttgart, Württembergische Landesbibliothek
25 Freiburg (Breisgau), Universitätsbibliothek
29 Erlangen, Universitätsbibliothek
35 Hannover, Niedersächsische Landesbibliothek
37 Augsburg, Staats- und Stadtbibliothek
43 Wiesbaden, Hessische Landesbibliothek
45 Oldenburg, Landesbibliothek
46 Bremen, Staats- und Universitätsbibliothek
50 Donaueschingen, Fürstlich Fürstenbergische Hofbibliothek
51 Detmold, Lippische Landesbibliothek
54 Amberg, Provinzialbibliothek
75 Nürnberg, Stadtbibliothek
122 Ulm, Wissenschaftliche Stadtbibliothek
146 Konstanz, Wessenberg-Bibliothek
154 Passau, Staatliche Bibliothek
155 Regensburg, Staatliche Bibliothek
180 Mannheim, Universitätsbibliothek
278 Soest, Stadtarchiv und Stadtbibliothek
293 Reutlingen, Stadtbibliothek
Zw1 Bibliotheca Bipontina Zweibrücken

Texte und Quellen

Aus Gründen der Raum- und der Kostenersparnis sind die ausufernden Barocktitel hier in Kurzfassung verzeichnet. In Klammer gesetzte (Erst-)Auflagen oder Nachdruck-Ausgaben wurden *nicht* benutzt, jedoch der bibliographischen Vollständigkeit wegen genannt. Standortsiglen sind bei Werken vor 1700 und bei seltenen Schriften des 18. Jahrhunderts angegeben.

Abel, Caspar: Auserlesene satirische Gedichte [...] Quedlinburg, Aschersleben 1714. [24: d. D. oct 1]

Abraham a Sancta Clara: Centifolium Stultorum In Quarto Oder Hundert Ausbündige Narren In Folio [...] Nürnberg 1709. Nachdruck Darmstadt 1978.

Adelung, Johann Christoph: Versuch eines vollständigen grammatisch-kritischen Wörterbuches der hochdeutschen Mundart. 5 Bde. Leipzig 1774–86.

Ders.: Grammatisch-kritisches Wörterbuch der hochdeutschen Mundart, mit beständiger Vergleichung der übrigen Mundarten, besonders der Oberdeutschen. Mit D. W. Soltau's Beyträgen rev. u. berichtiget v. Franz Xaver Schönberger. 8 Tle. Wien 1808.

Aetna. Hrsg. u. übers. v. Will Richter. Berlin 1963.

Agricola, Georg: Zwölf Bücher vom Berg- und Hüttenwesen. Übers. u. bearb. v. Carl Schiffner. München 1977.

Agrippa von Nettesheim, Heinrich Cornelius: Die Eitelkeit und Unsicherheit der Wissenschaften und die Verteidigungsschrift. Hrsg. v. Fritz Mauthner. 2 Bde. München 1913.

Albertinus, Aegidius: Lucifers Königreich und Seelengejaidt. (1516). Hrsg. v. Rochus Freiherrn v. Liliencron. Berlin, Stuttgart 1884.

Allgemeine deutsche Real-Enzyklopädie für die gebildeten Stände. Bd. 4. F – Gz. Leipzig [8]1834.

Alsted, Johann Heinrich: Encyclopaedia. Septem tomis distincta [...] Herborn 1630. [21: Aa 21 Fol.]

Amman, Jost: Das Ständebuch. Hrsg. v. Manfred Lemmer. Nachdruck der Ausgabe Frankfurt a. M. 1568. Frankfurt a. M. 1976.

Andreae, Johann Valentin: Turbo Sive Moleste et Frustra per Cuncta Divagans Ingenium in Theatrum Productum. o. O. 1616. [Dk II 341 a ang.]

Ders.: Theophilus. Lat. u. Dt. Eingel. u. hrsg. v. Richard van Dülmen. Stuttgart 1973.

Ders.: Menippus Sive Dialogorum Satyricorum centuria. Inanitatum nostratium speculum. o. O. 1617. [21: Dk II 341 a]

Ders.: Christianopolis 1619. Originaltext u. Übertr. nach D. S. Georgi 1741. Eingel. u. hrsg. v. Richard van Dülmen. Stuttgart 1972.

Anleitung zur Poesie / Darinnen ihr Ursprung / Wachsthum / Beschaffenheit und rechter Gebrauch untersuchet und gezeiget wird. Breßlau 1725 (= Breslauer Anleitung). [7: Aesthet. 5097]

Anonym: Der Ruchlose Student. Oder Der hochstraffbare und nichtswürdige Selbst-Ruhm / Eines in allen Uppigkeiten und Lastern ersoffenen Welt-Bruders [...] o. O. 1681. Nachdruck Lindau 1979.

Aristoteles: Poetik. Eingel., übers. u. erl. v. Manfred Fuhrmann. München 1976.

Ders.: Rhetorik. Übers., mit einer Bibliographie, Erl. u. e. Nachwort v. Franz Günter Sieveke. München 1980.

Ders.: Meteorologie. Übers. v. Paul Gohlke. Paderborn 1955.

Arnoldt, Daniel Heinrich: Versuch einer, nach demonstrativischer Lehrart entworfenen, Anleitung zur Poesie der Deutschen. Vermehrte und verbesserte Aufl. Königsberg 1741. (1. Aufl. u. d. T.: Versuch einer systematischen Anleitung zur deutschen Poesie überhaupt. 1732). [7: Aesthet: 5104]

Bacon, Francis: The Works. Ed. by J. Spedding, R. L. Ellis, D. D. Heath. 10 Bde. London 1858–74.

Ders.: Neues Organon der Wissenschaften. Übers. u. hrsg. v. A. T. Brück. Leipzig 1830. Reprint Darmstadt 1974.
Ders.: Essays. Introduction by Michael J. Hawkins. London 1972.
Baumann, L[udwig] A[dolf]: Kurzer Entwurf einer Historie der Gelehrsamkeit zum Gebrauch der Jugend auf Schulen. Brandenburg, Leipzig 1762. [21: Ke I 87]
Baumgarten, Alexander Gottlieb: Aesthetica. Unveränd. reprograph. Nachdruck der Ausgabe Frankfurt a.M. 1750. Hildesheim 1961.
Bayle, Pierre: Herrn Peter Baylens [...] verschiedene Gedanken bey Gelegenheit des Cometen, der im Christmonate 1680 erschienen, an einen Doctor der Sorbonne gerichtet. Aus dem Französischen übersetzet, und mit Anmerkungen und einer Vorrede ans Licht gestellet, von Joh. Christoph Gottscheden. Hamburg 1741. [21: Aa 815]
Bebel, Heinrich: Ars uersificandi et carminum condendorum. Tübingen 1510. [21: Ce 34]
Becher, Johann Joachim: Methodus Didactica, Das ist: Gründlicher Beweiß / Daß die Weg vnd Mittel / welche die Schulen bißhero ins gemein gebraucht / die Jugend zu Erlernung der Sprachen [...] zuführen / nicht gewiß / noch sicher seyen [...] Frankfurt 1668, ^{2}1674. [24: HB 2439]
Ders.: Novum Organum Philologicum Pro Verborum Copia in quavis Materia acquirenda, Das ist: Neuer Werkzeug Der Wohlredenheit [...] Frankfurt 1674. [24: HB 2439]
Ders.: PSYCHOSOPHIA Oder Seelen-Weißheit / Wie nemlich ein jeder Mensch aus Betrachtung seiner Seelen selbst allein alle Wissenschafft und Weißheit gründlich und beständig erlangen könne. Hamburg ^{2}1705 (^{1}1683). [21: Aa 899; 24: Misc. oct 158]
Bechmann, Johann Volkmar: Tractatus historico-iuridicus De Privilegiis ac iuribus Studiosorum. Von denen Besondern Vorrechten, Freyheiten und Gerechtigkeiten derer Studenten auf Academien und andern Orten. Jena 1741. [21: Ka I 60]
Beer, Johann: Sein Leben, von ihm selbst erzählt. Hrsg. v. A. Schmiedecke. Mit einem Nachwort v. R. Alewyn. Göttingen 1965.
Beisnerus, Adolph Christian: Specimen philologico-litterarium, Splendidum Polyhistoris Nomen [...] Lübeck 1725 [21: Ke I 70]
Belustigungen des Verstandes und des Witzes. Hrsg. v. Joh. Joach. Schwabe. Auf d. Jahr 1742 u. 1744. Leipzig. [24: Kb 62b]
Cyrano de Bergerac: L'autre monde ou Les états et empires de la lune et du soleil. Nouv. Ed. Avec une notice biobibliographique. Par Frédéric Lachèvre. Paris 1932.
Bergmann, Michael: Deutsches Aerarium Poeticum oder Poetische Schatzkammer [...] Landsberg an der Warthe ^{2}1676. [24: Phil. oct 3075]
Bernhard, Johann Adam: Kurtzgefaste Curieuse Historie derer Gelehrten. Frankfurt a.M. 1718. [21: Ke I 53]
Bertram, Johann Friedrich: Einleitung in die Philosophische Wissenschaften [...] Braunschweig 1727. [12: Ph. U. 48]
Ders.: Einleitung in die so genante Schöne Wissenschaften oder Litteras Humaniores. Braunschweig ^{2}1728. [24: HB 5345]
Ders.: Anfangs-Lehren Der Historie der Gelehrsamkeit [...] Braunschweig 1730. [21: Ke I 88]
Ders.: Abgedrungene Abfertigung einiger Wolffischen Historien- und Legenden-Schreiber [...] Bremen 1738. [46: Brem. c. 4404]
Bertram, Philipp Ernst: Entwurf einer Geschichte der Gelahrheit [...] Tl. 1. Halle 1764. [16: 788]
Birken, Sigmund von: Teutsche Rede-bind und Dicht-Kunst / oder Kurtze Anweisung zur Teutschen Poesy / mit Geistlichen Exempeln [...] Nürnberg 1679. Nachdruck Hildesheim 1973.
Ders.: Tagebücher. 2 Bde. Bearb. v. Joachim Kröll. Würzburg 1871/74.
Bodmer, Johann Jakob / Johann Jakob Breitinger: Vernünfftige Gedancken und Urtheile Von der Beredtsamkeit. (Innentitel: Von dem Einfluß und Gebrauche Der Einbildungs-Krafft; Zur Ausbesserung des Geschmackes: Oder Genaue Untersuchung Aller Arten

Beschreibungen / Worinne Die Außerlesenste Stellen Der berühmtesten Poeten dieser Zeit mit gründtlicher Freyheit beurtheilt werden.) Franckfurt, Leipzig 1727. [7: Aesthet. 2017]

Dies.: Die Discourse der Mahlern. 4 Tle. Zürch 1721–23. [!] (Nachdruck Hildesheim 1969). [24: Misc. oct 599]

Bodmer, Johann Jakob: Critische Betrachtungen über die Poetischen Gemählde der Dichter. Mit e. Vorrede von J. J. Breitinger. Zürich 1741. Nachdruck Frankfurt a. M. 1971.

Ders.: Critische Abhandlung von dem Wunderbaren in der Poesie und dessen Verbindung mit dem Wahrscheinlichen [...] Zürich 1740. Faksimiledruck nach der Ausg. v. 1740. Mit e. Nachwort v. Wolfgang Bender. Stuttgart 1966.

Ders. / Johann Jakob Breitinger: Critische Briefe. Reprograph. Nachdruck d. Ausg. Zürich 1746. Hildesheim 1969.

Boetius, Henning (Hrsg.): Dichtungstheorien der Aufklärung. Tübingen 1971.

Bohse, August (Talander): Der allzeitfertige Brieffsteller [...] Franckfurt, Leipzig 1692. [24: Phil. oct 6331]

Ders.: Getreuer Wegweiser zur Teutschen Rede-Kunst und Brieffverfassung [...] Leipzig 1695. [24: HB 2612]

Ders.: Der getreue Hoffmeister adelicher und bürgerlicher Jugend [...] Leipzig 1706. [12: Paed. Pr. 482]

Boileau-Despréaux, Nicolas: Satires. Texte établi et présenté par Charles-H. Boudhors. Paris 1952.

Ders.: L'art poetique. Die Dichtkunst. Franz. u. dt. Übers. u. hrsg. v. Ute u. Heinz-Ludwig Arnold. Stuttgart 1967.

Bormann, Alexander v. (Hrsg.): Vom Laienurteil zum Kunstgefühl. Texte zur deutschen Geschmacksdebatte im 18. Jahrhundert. Tübingen 1974.

Brant, Sebastian: Das Narrenschiff. Nach der Erstausgabe (Basel 1494) mit den Zusätzen der Ausgaben von 1495 und 1499. Hrsg. v. Manfred Lemmer. Tübingen ^{2}1968.

Braun, Heinrich: Anleitung zur deutschen Dicht- und Versekunst [...] München o. J. (nach Heinsius 1: 1778). [12: P. o. germ. 163]

Breitinger, Johann Jakob: CRITISCHE Dichtkunst Worinnen die Poetische Mahlerey in Absicht auf die Erfindung Im Grunde untersuchet und mit Beyspielen aus den berühmtesten Alten und Neuern erläutert wird. [...] 2 Bde. Zürich 1740. Nachdruck Stuttgart 1966.

Ders.: Critische Abhandlung von der Natur, den Absichten und dem Gebrauch der Gleichnisse. Zürich 1740. Nachdruck Stuttgart 1967.

Brockes, Barthold Heinrich: Auszug der vornehmsten Gedichte aus dem von Herrn Barthold Heinrich Brockes in fünf Theilen herausgegebenen Irdischen Vergnügen in GOTT [...] Hamburg 1738. Faksimiledruck nach der Ausg. von 1738. Mit e. Nachwort von Dietrich Bode. Stuttgart 1965.

Brück, Heinrich Samuel: Gedanken von der Dichtkunst überhaupt. In: Der Deutschen Gesellschaft in Leipzig Eigene Schriften und Übersetzungen. Leipzig 1730, S. 1ff. [24: Misc. oct. 2585]

Brüggemann, Fritz (Hrsg.): Aus der Frühzeit der Deutschen Aufklärung. Christian Thomasius und Christian Weise. Leipzig ^{2}1938. Nachdruck Darmstadt 1972. (DLE, Reihe Aufklärung, Bd. 1).

Bruni, Leonardo: Humanistisch-philosophische Schriften. Hrsg. v. Hans Baron. Leipzig, Berlin 1928.

Bucher, Caspar: Antimenippus sive oratorio: atrocissimorum et virulentissimorum maledictorum et calumniarum, quas Menippus in litteratos et humanitatis doctores inique ac injuste effundit, justam retorsionem continens. Tübingen 1617. [21: Dk XI 135]

Buchner, August: Anleitung Zur Deutschen Poeterey [...] hrsg. von Othone Prätorio. Wittenberg 1665. Nachdruck. Hrsg. v. Marian Szyrocki. Tübingen 1966.

Ders.: Poet. Aus dessen nachgelassener Bibliothek heraus gegeben von Othone Prätorio.

Wittenberg 1665. Nachdruck. Hrsg. v. Marian Szyrocki. Tübingen 1966 (Dt. Neudr., Reihe Barock, Bd. 5).
Ders.: Kurzer Weg-Weiser zur Deutschen Tichtkunst [...] hervorgegeben durch M. Georg Gözen. Jena 1663 (auch Nachdruck Berlin (Ost) 1977). [23: 866]
Büchner, Johann Gottfried: Schediasma historico-literarium de vitiorum inter eruditos occurentium scriptoribus, [...] Leipzig 1768. [21: Ke I 102]
Bürger, Gottfried August: Werke und Briefe. Auswahl. Hrsg. v. Wolfgang Friedrich. Leipzig 1958.
Büschel, Johann Gabriel: Über die Charlatanerie der Gelehrten seit Mencken. Leipzig 1791. [21: Ke I 6b]
Buffon, Bernard: Allgemeine Historie der Natur nach allen ihren besondern Theilen abgehandelt [...] Tl. 1. Hamburg, Leipzig 1750. [21: Bg 2R]
Campe, Joachim Heinrich: Wörterbuch der Deutschen Sprache. 5 Bde. Braunschweig 1807–11.
Canitz, Friedrich Rudolf v.: Neben-Stunden Unterschiedener Gedichte. Berlin 1700. [35: Lh 677]
Ders.: Sämtliche Gedichte. Bern 1772. [21: Dk XI 113]
Cassius, Georg Andreas: Ausführliche Lebensbeschreibung des um die gelehrte Welt Hochverdienten D. Christoph Heumanns, [...] Cassell 1768. [4: VII n C 1517]
Castelvetro, Lodovico: Opere varie critiche. Berna 1727. Nachdruck München 1969.
Ders.: Poetica d'Aristotele vulgarizzata, et sposta. Basel 1546. [24: HBF 1459]
Castiglione, Baldesar: Il Libro del Cortegiano con una scelta delle Opere minori di Baldesar Castiglione. A cura di Bruno Maier. Seconda edizione. Torino 1964.
Ders.: Das Buch vom Hofmann. Übers., eingel. u. erl. v. Fritz Baumgart. Berlin u. a. 1960.
Celtis, Konrad: Der Briefwechsel des Konrad Celtis. Ges., hrsg. u. erl. v. Hans Rupprich. München 1934.
Ders.: Fünf Bücher Epigramme. Hrsg. v. Karl Hartfelder. Berlin 1881. Nachdruck Hildesheim 1963.
Cicero, Marcus Tullius: De oratore. Über den Redner. Lat. u. dt. Übers., komm. u. mit e. Einl. hrsg. v. Harald Merklin. Stuttgart 1976.
Ders.: Orator. Als Ersatz der Ausgabe von Otto Jahn erklärt v. Wilhelm Kroll. Berlin 1913.
Ders.: Incerti auctoris de ratione dicendi ad C. Herennium libri 4. Ed. Fridericus Marx. Leipzig 1894.
Comenius, Johann Amos s. Komensky.
Corpus Reformatorum. Ed. Carolus Gottlieb Bretschneider u. a. Bd. 1–98. Halle, Braunschweig, Berlin, Leipzig 1834–1935.
Crusius, Christoph: Kurtz entworffenes Portrait Aller Wissenschafften/und derer darzu nöthigsten Bücher [...] Dresden 1724. [24: Paed. oct. 669]
Crusius, Thomas Theodor: Vergnügung Müßiger Stunden, Oder Allerhand nützliche Zur heutigen galanten Gelehrsamkeit dienende Anmerckungen. 12 Tle. Leipzig 1713–18. [21: Kg 21b]
Czepko von Reigersfeld, Daniel: Geistliche Schriften. Hrsg. v. Werner Milch. Breslau 1930.
Ders.: Weltliche Schriften. Hrsg. v. Werner Milch. Breslau 1932. Nachdruck Darmstadt 1963.
Cysarz, Herbert (Hrsg.): Barocklyrik. 3 Bde. Leipzig 1937 (DLE, R. Barock). Nachdruck Hildesheim 1964.
Dach, Simon: Gedichte. 4 Bde. Hrsg. v. Walther Ziesemer. 4 Bde. Halle/ S. 1936–38.
Dahlmann, Peter: Schauplatz der masquirten und demasquirten Gelehrten bei ihren verdeckten und nunmehro entdeckten Schriften. Leipzig 1710. [21: Ke XVII 168]
Dante Alighieri: De vulgari Eloquentia. Lat. u. ital. Ridotto a miglior lezione, comm. e. trad. da Aristide Marigo. Con introd., analisi metrica della canzone, studio della lingua e glossario. 3. ed. con app. di aggiorn. a cura di Pier Giorgio Ricci. Florenz 1957.
Ders.: Über das Dichten in der Muttersprache. De vulgari eloquentia. Übers. u. erl. v.

Franz Dornseiff u. Joseph Balogh. Darmstadt 1966.
Descartes, René: Discours de la méthode. Pour bien conduire sa raison et chercher la vérité dans les sciences. Méditations métaphysiques. Hrsg. v. W. Weischedel. Reutlingen 1948.
Ders.: Discours de la Méthode. Von der Methode des richtigen Vernunftgebrauchs und der wissenschaftlichen Forschung. Übers. u. hrsg. v. Lüder Gäbe. Hamburg 1960.
Ders.: Die Prinzipien der Philosophie. Übers. u. erl. v. Artur Buchenau. Hamburg 1955.
Ders.: Regulae ad directionem ingenii. Lat. u. dt. Regeln zur Ausrichtung der Erkenntniskraft. Übers. u. hrsg. v. Lüder Gäbe. Hamburg 1972.
Der Deutschen Gesellschaft in Leipzig Eigene Schriften und Übersetzungen. Leipzig 1730. Dritter Teil. Leipzig 1739. [7: Scr. var. arg. III 850]
Deutsche Volksbücher. 3 Bde. Hrsg. v. Peter Suchsland. Berlin (Ost) 1975.
Dithmar, Justus Christian: Einleitung in die öconomischen, Policey- und Cameral-Wissenschaften [...] Frankfurt/Oder [6]1769. [21: Ea 25]
Dommerich, Johan Christoph: Entwurf einer Deutschen Dichtkunst [...] Braunschweig 1758. (Fälschlich 1708 bei Goedeke III, S. 25, Nr. 47) [23: Um 26]
Dunkel, Johann Gottlob Wilhelm: Historische critische Nachrichten von verstorbenen Gelehrten und deren Schriften. 3 Bde. Cöthen 1753. [21: Ke 40]
Dusch, Johann Jakob: Die gelehrten Micrologen, ein Gespräch in Versen. Altona und Hamburg 1766. [24: d. D. oct 1988]
Emblemata. Handbuch zur Sinnbildkunst des XVI. und XVII. Jahrhunderts. Hrsg. v. Arthur Henkel u. Albrecht Schöne. Stuttgart 1962.
Enea Silvio Piccolomini, s. Piccolomini.
Erasmus von Rotterdam, Desiderius: Ausgewählte Schriften. Lat. u. dt. Hrsg. v. Werner Welzig. 8 Bde. Darmstadt 1968ff.
Ders.: De ratione studij ac legendi interpretandique autores libellus aureus. Straßburg 1512. [24: Paed. oct 909]
Ders.: De duplici Copia verborum ac rerum, Commentarii duo. De ratione studij, deque pueris instituendis Cōmentariolus, ad Petrum Viterium Gallum. Basel 1519. [24: Phil. qt. 109]
Ders.: Das Lob der Torheit. Encomium Moriae. Stuttgart 1966.
Ders.: Opus epistolarum Des. Erasmi Roterodami. Ed. by Percy Stafford Allen. 12 Bde. Oxonii 1906–58.
Ders.: Ausgewählte pädagogische Schriften. Allgem. Einl., Biographie, Übers. u. Erl. v. Dietrich Reichling. 1896. (Bibliothek der kathol. Pädagogik 8).
Ders.: Briefe. Verdeutscht u. hrsg. v. Walther Köhler, Leipzig 1938.
Eschenburg, Johann Joachim: Entwurf einer Theorie und Litteratur der schönen Wissenschaften. Zur Grundlage bey Vorlesungen. Berlin und Stettin 1783. [21: Dh 148a]
L'Etna. Poème. Texte établi par. J. Vessereau. Paris 1923.
Euler, Leonhard: Theoria motuum planetarum et cometarum. Berlin 1744.
Ders.: Theorie der Planeten und Cometen von Johann Freyherrn von Pacassi übers., u. m. e. Anhange und Tafeln vermehrt. Wien 1781.
Fabricius, Andreas: Der Heylige / Kluge / vnd Gelehrte Teuffel [...] In: Theatrum diabolorum (1750), S. 164ff.
Fabricius, Johann Andreas: Philosophische Oratorie, Das ist: Vernünftige anleitung zur gelehrten und galanten Beredsamkeit [...] Leipzig 1724. Nachdruck Kronberg/Ts. 1974.
Ders.: Philosophische Redekunst, oder Auf die Gründe der Weltweißheit gebauete Anweisung, Zur gelehrten und jezo üblichen Beredsamkeit, In unstreitig erwiesenen Regeln [...] Nebst einem Entwurfe einer Teutschen Dicht- und Sprachkunst. Leipzig 1739. [7: Ling. VII 9214]
Ders.: Auszug aus den Anfangsgründen der Algemeinen Gelehrsamkeit oder Weltweißheit, besonders der Practischen. Wolfenbüttel 1748. [21: Aa 619]
Ders.: Abriß einer allgemeinen Historie der Gelehrsamkeit. 3 Bde. Leipzig 1752–54. Nachdruck Hildesheim, New York 1978. [21: Ke I 43]

Fahsius, Johann Justus: Atrium Eruditionis. Oder Vorgemach Der Gelehrsamkeit [...] 3 Tle. Goslar 1718–21; bes. Tl. 1. [3: 27048]
Feind, Barthold: Deutsche Gedichte [...] Sammt einer Vorrede Von dem Temperament und Gemühts-Beschaffenheit eines Poeten [...] Tl. 1. Stade 1708. [7: Poet. Germ. III 2056]
Fichte, Johann Gottlieb: Von den Pflichten der Gelehrten. Jenaer Vorlesungen 1794/95. Hrsg. v. Reinhard Lauth, Hans Jacob, Peter K. Schneider. Hamburg 1971.
Fischart, Johann: Geschichtklitterung (Gargantua). Text der Ausgabe letzter Hand von 1590. Mit e. Glossar hrsg. v. Ute Nyssen. Nachwort v. Hugo Sommerhalder. Darmstadt 1977.
Fischbeck, Christian Michael: Der studirenden Jugend GOTT-gefällige und Frucht bringende Ergetzlichkeiten / so in der Rede-Kunst und Poesie zu geniessen. [...] Gotha 1724. [35: Bu 1363]
Ders.: Der studirenden Jugend GOTT-gefällige und erbauliche Ergetzlichkeiten, in der höchst-angenehmen POESIE zu finden [...] Gotha 1724. [35: Bu 1363]
Fleming, Paul: Geist- und Weltliche Poemata, Paul Flemmings Med. D. & Poet. Laur. Caes. An itzo wieder Auffs neue [...] außgefertiget. Jena 1660. [21: Dk XI 493]
Ders.: Teutsche Poemata. Lübeck 1642. Nachdruck Hildesheim 1969.
Fontenelle, Bernard de: Textes choisis et commenté par Emile Faguet. Paris 1912.
Ders.: Dialogen über die Mehrheit der Welten. Mit Anmerkungen und Kupfertafeln v. Johann Elert Bode. Berlin 1780. [21: Bd 25]
Franck, Sebastian: Außführlicher Bericht / Was von Künsten und menschlicher Weißheit zu halten sey [...] Frankfurt am Main 1619. [23: 465 Theol.]
Ders.: Sprichwörter / Schöne / Weise Klügreden. Darinnen Teutscher vnnd anderer Sprachen Höflichkeit / Zier / Höchste Vernunfft vnd Klügheit [...] Franckfurt 1548. Nachdruck Darmstadt 1972.
Ders.: Weltbuch: spiegel und bildtniss des gantzen erdbodens [...] Tübingen 1534. [21: Fa 2 Fol Rarum]
Francke, August Hermann: Schriften über Erziehung und Unterricht. Bearb. u. mit Erl. vers. v. Karl Richter, Berlin 1871.
Ders.: Pädagogische Schriften. Nebst einer Darstellung seines Lebens und seiner Stiftungen. Hrsg. v. G. Kramer. Langensalza 1876.
Ders.: Besonders curieuses Gespräch Im Reich der Todten, Zwischen zweyen im Reich der Lebendigen hochberühmten Männern, Christian Thomasio, Und August Hermann Francken. 1729. Der Andere Theil / Oder Die ächte und rechte Continuation des besonders-curieusen Gesprächs [...] Franckfurth und Leipzig 1729. [21: Kg 326b]
Franckenberg, Abraham von: Metamorphosis Oder Von Verwandlung des Menschen [...] Amsterdam o.J. (1677). [24: Theol. oct 5479]
Ders.: Oculus Aeternitatis Das ist Geistliche Erkäntnüs Gottes [...] Amsterdam 1677. [24: Theol. oct 5480]
Ders.: Getreue Warnung vor dem Betrug der Menschlichen Vernunfft in geistlichen Sachen zu meiden [...] Newhauß 1684. [24: Theol. oct 5482]
Frangk, Fabian: Ein Cantzley vnd Titel buechlin / Darinnen gelernt wird / wie man Sendbriefe foermlich schreiben / vnd einem jedlichen seinen gebuerlichen Titel geben soll. Wittenberg 1531.
Französische Poetiken. Tl. 1. Texte zur Dichtungstheorie vom 16. bis zum Beginn des 19. Jahrhunderts. Hrsg. v. Frank-Rutger Hausmann, Elisabeth Gräfin Mandelsloh und Hans Staub. Stuttgart 1975.
Friedrich's des Großen Pädagogische Schriften und Äußerungen. Hrsg. v. Jürgen Bona Meyer. Langensalza 1885.
Ders.: Briefwechsel Friedrichs des Großen mit Voltaire. Hrsg. v. Reinhold Koser und Hans Droysen. 3 Bde. Leipzig 1908–1911.
Ders.: Gespräche. Hrsg. v. Friedrich von Oppeln-Bronikowski und Gustav Berthold Volz. Berlin 1919.

Ders.: De la littérature allemande (1780). Darmstadt 1969.
Frischlin, Nicodemus: Oratio de exercitationibus oratoriis et poeticis, ad imitationem veterum, rectè vtiliterq; instituendis, Recitata [...] in Academia Vutebergensi. VVitebergae 1587. [21: Dh 288]
Frohnius, Johann Adolph: Kurtze und leichte METHODE GRAMMATICAM LATINAM durch meistentheils Teutsche Regeln der zarten Jugend beyzubringen [...] samt angehengter Anweisung zur Teutschen Poesi zum Druck befördert [...] Mühlhausen o.J. (1692). [7: Ling. IV 1987]
Galilei, Galileo: Le Opere di Galileo Galilei. Edizione Nazionale. Vol. IX. Scritti Letterari. Florenz 1899; Nr. VI. Il Saggiatore, S. 197–372.
Ders.: Sidereus Nuncius (Nachricht von neuen Sternen). Dialog über die Weltsysteme (Auswahl). Vermessung der Hölle Dantes. Marginalien zu Tasso. Hrsg. u. eingel. v. Hans Blumenberg. Frankfurt a.M. 1980.
Gegner der zweiten schlesischen Schule, Die: Chr. Weise, B. H. Brockes, Fr. R. L. Freiherr v. Canitz, B. Neukirch, Chr. Wernicke. Hrsg. v. Ludwig Fulda. Berlin, Stuttgart o.J. (DNL Bd. 39).
Gellert, Christian Fürchtegott: Sämmtliche Schriften, 10 Bde. Leipzig 1769–74.
Ders.: Sämmtliche Schriften. Tl. 5. Neue verb. Aufl. Leipzig 1784.
Ders.: Lustspiele. Faksimiledruck nach der Ausgabe von 1747. Mit e. Nachwort v. Horst Steinmetz. Stuttgart 1966.
Ders.: Sämtliche Fabeln und Erzählungen. Geistliche Oden und Lieder. Hrsg. v. Herbert Klinkhardt. München o.J.
Goethe, Johann Wolfgang: Briefwechsel mit Friedrich Schiller. Hrsg. v. Ernst Beutler. Stuttgart, Zürich, Salzburg 1964.
Ders.: Werke. Festausgabe. 18 Bde. Hrsg. v. Robert Petsch. Leipzig 1926.
Goetz, Georg Heinrich: Museum eruditi variis memorabilibus conspicuum, Vel Die Denckwürdige Studier-Stube. Lübeck 1712. [21: Ke I 70]
Gottsched, Johann Christoph: Grundriß Zu einer Vernunfftmäßigen Redekunst [...] Hannover 1729. [24: Phil. oct 4207]
Ders.: Versuch einer Critischen Dichtkunst vor die Deutschen [...] Leipzig 1730. [24: HB 5757]
Ders.: Versuch einer Critischen Dichtkunst [...] Vierte sehr vermehrte Aufl. Leipzig 1751. Nachdruck Darmstadt 1962.
Ders.: Ausführliche Redekunst, Nach Anleitung der alten Griechen und Römer, wie auch der neuern Ausländer [...] Leipzig 1736. Reprint Hildesheim, New York 1973. Nach dieser Ausgabe zitiert, falls nicht anders angegeben.
Ders.: Ausführliche Redekunst. Leipzig ²1739. [21: Dh 141c]
Ders.: Ausführliche Redekunst. Leipzig ⁵1759. In: Gottsched: Ausgewählte Werke. Hrsg. v. P. M. Mitchell. Bd. 7, 1–3. Bearb. v. Rosemarie Scholl. Berlin, New York 1975.
Ders.: Gedichte, gesammlet und hrsg. v. Johann Joachim Schwabe. Leipzig 1736. [21: Dk XI 488a]
Ders.: Erste Gründe der gesammten Weltweisheit, darinn alle philosophische Wissenschaften, in ihrer natürlichen Verknüpfung, in zweyen Theilen abgehandelt werden. [...] (Reprint der ersten Ausgabe Leipzig 1733 / 1734. Frankfurt a.M. 1965). Theoretischer Theil. Fünfte vermehrte und verb. Aufl. Leipzig 1748; Praktischer Theil. Fünfte Aufl. Leipzig 1749. [21: Aa 68a]
Ders.: Gesam̄lete Reden in Dreyen Abtheilungen, nochmals von ihm selbst übersehen und verbessert. Leipzig 1749. [24: HB 5756]
Ders.: Neueste Gedichte auf verschiedene Vorfälle. Regensburg 1749. [24: d. D. qt. 110]
Ders.: Historische Lobschrift des weiland hoch- und wohlgebohrnen Herrn Herrn Christians, des H. R. R. Freyherrn von Wolf. Halle 1755. [25: B 2488]
Ders.: Grundlegung einer Deutschen Sprachkunst, Nach den Mustern der besten Schriftstel-

ler des vorigen und jetzigen Jahrhunderts abgefasset [...] Leipzig ³1752. [24: Phil. oct 4204]
Ders.: Vorübungen der lateinischen und deutschen Dichtkunst, Zum Gebrauche der Schulen entworfen. Leipzig 1756. [Zw 1: L 1374]
Ders.: Vorübungen der Beredsamkeit, zum Gebrauche der Gymnasien und größern Schulen. Leipzig ²1756. [21: Dh 141]
Ders.: Akademische Redekunst, zum Gebrauche der Vorlesungen auf hohen Schulen als ein bequemes Handbuch eingerichtet [...] Leipzig 1759. [16: G. 260]
Ders.: Kern der Deutschen Sprachkunst, aus der ausführlichen Sprachkunst [...] von ihm selbst ins Kurze gezogen. Leipzig ³1759. [Zw 1: L 1374]
Ders.: Handlexikon oder Kurzgefaßtes Wörterbuch der schönen Wissenschaften und freyen Künste. [...] Leipzig 1760. [24: Misc. oct 974]
Ders.: Gesammelte Schriften in 6 Bdn. Hrsg. v. Eugen Reichel. Berlin 1902–07.
Ders.: Ausgewählte Werke. Hrsg. v. Joachim Birke. Bd. 1. Gedichte und Gedichtübertragungen. Berlin 1968.
Ders.: Schriften zur Literatur. Hrsg. v. Horst Steinmetz. Stuttgart 1972.
Ders.: (Hrsg.): Die vernünfftigen Tadlerinnen Jg. 1725/26; Jg. 1726/27. Leipzig 1726/27. [24: Misc. oct 2758]
Ders.: (Hrsg.): Der Biedermann. Faksimileabdruck der Original-Ausgabe Leipzig 1727–1729. Mit e. Nachwort und Erl. hrsg. v. Wolfgang Martens. Stuttgart 1975.
Ders.: (Hrsg.): Der Deutschen Gesellschaft in Leipzig Eigene Schriften und Uebersetzungen, in gebundener und ungebundner Schreibart [...] Leipzig 1730. [24: Misc. oct 2585]
Ders. (Hrsg.): Beyträge zur Critischen Historie Der Deutschen Sprache, Poesie und Beredsamkeit. Hrsg. v. Einigen Mitgliedern der Deutschen Gesellschaft in Leipzig. 8 Bde. Leipzig 1732–44. [24: Phil. oct 3105]
Ders.: (Hrsg.): Proben der Beredsamkeit, welche in einer Gesellschaft guter Freunde, unter der Aufsicht Sr. Hochedl. Herrn Prof. Gottscheds, sind abgelegt worden. Leipzig 1738. [24: Misc. oct 975]
Ders.: (Hrsg.): Neuer Büchersaal der schönen Wissenschaften und freyen Künste. 10 Bde. Leipzig 1745–50 [21: Da 2]
Ders. (Hrsg.): Das Neueste aus der anmuthigen Gelehrsamkeit. 12 Bde. Leipzig 1751–62. [16: H 336]
Ders. (Hrsg.): Sammlung einiger Ausgesuchten Stücke, der Gesellschaft der freyen Künste zu Leipzig. 3 Bde. Leipzig 1754–56. [24: Misc. oct 2482]
Ders.: Neues aus der Zopfzeit. Gottscheds Briefwechsel mit dem Nürnberger Naturforscher Martin Frobenius Ledermüller und dessen seltsame Lebensschicksale. Im Anhang: Gottscheds Briefe und ein Schreiben Gellerts an den Altdorfer Professor Georg Andreas Will. Eingel. u. hrsg. v. Dr. Emil Reicke. Leipzig 1923.
Gottsched, Luise Adelgunde Victorie: Briefe der Frau L. A. V. Gottsched gebohrne Kulmus. Hrsg. v. Dorothee Henriette von Runckel. 3 Tle. Dresden 1771–72.
Gottschling, Caspar: Kurtze Nachricht Von denen Academien und Universitäten überhaupt. Halle 1709. [21: Ka I 23]
Ders.: Einleitung in die Wissenschaft guter und meistentheils neuer Bücher [...] Dreßden und Leipzig ²1713. [16: F 7863³]
Gracián, Baltasar: Handorakel und Kunst der Weltklugheit [...] Treu und sorgfältig übers. v. Arthur Schopenhauer. Hrsg. v. Arthur Hübscher. Stuttgart 1968.
Ders.: Criticón oder Über die allgemeinen Laster des Menschen. Erstmals ins Deutsche übertragen v. Hans Studniczka. Mit einem Essay ›Zum Verständnis des Werkes‹ und einer Bibliographie von Hugo Friedrich. Hamburg 1957.
Greflinger, Georg: Complementier-Büchlein [...] Hamburg 1649. [278: V × 5.17]; Ausgabe 1651 [12: P. o. germ. 236f.]
Gressel, Johann Georg (Musophilus): Vergnügter Poetischer Zeitvertreib [...] Nebst einer

kurtzen doch deutlichen Unterweisung Zur reinen Poesie. Dreßden und Leipzig 1717. [24: d. D. oct 8677]

Grimm, Gunter (Hrsg.): Satiren der Aufklärung. Stuttgart [2]1979.

Grimm, Jakob u. Wilhelm (Hrsg.): Deutsches Wörterbuch. 16 Bde. in 32 Tln. Leipzig 1854ff.

Grimmelshausen, Hans Jakob Christoffel von: Satyrischer Pilgram. Hrsg. v. Wolfgang Bender. Tübingen 1970.

Ders.: Dess Weltberuffenen Simplicissimi Pralerey und Gepräng mit seinem teutschen Michel. Hrsg. v. Rolf Tarot. Abdruck der Erstausgabe von 1673. Tübingen 1976.

Grob, Johannes: Reinholds von Freientahl Poetisches Spazierwäldlein [...] o.O. 1700. [7: 8° Poet. Germ. III, 36]

Ders.: Epigramme. Nebst einer Auswahl aus seinen übrigen Gedichten. Hrsg. u. eingel. v. Axel Lindqvist. Leipzig 1929.

Grosser, Samuel: Vita Christiani Weisii, Gymnasii Zittaviensis Rectoris [...] Leipzig 1710. [21: Kg 377]

Ders.: Gründliche Einleitung Zur wahren Erudition, Darinnen in allerhand Unterredungen / Denen Angehenden zu nöthigem Unterricht / denen Fortgehenden aber zu anmuthiger Repetition Anlaß gegeben wird [...] Leipzig u. Görlitz 1712. [7: Did. 200/1]

Grüwel, Johann: Hochteutsche Kurze / deutliche und gründliche Vers- Reim- und Dichtkunst [...] Neuen-Ruppin 1709. [45: Spr V 68]

Gryphius, Andreas: Gesamtausgabe der deutschsprachigen Werke. Hrsg. v. Marian Szyrocki und Hugh Powell. 10 Bde. Tübingen 1963ff.

Gryphius, Christian: Der Deutschen Sprache unterschiedene Alter und nach und nach zunehmendes Wachsthum [...] Breßlau 1708. [21: Ck XI 48]

Ders.: Poetische Wälder. Franckfurt und Leipzig 1698. [21: Dk XI 15a]

Gueintz, Christian: Deutscher Sprachlehre Entwurf. Cöthen 1641. [24: Phil. oct 4311]

Günther, David Heinrich: Beweis, daß die Methode, aus Collectaneen zu reden, pedantisch, thöricht und auslachenswürdig sey. In: Gottsched (Hrsg.), Proben der Beredsamkeit, S. 103ff.

Günther, Johann Christian: Sammlung von J. Chr. Günthers, aus Schlesien, Theils noch nie gedruckten, theils schon herausgegebenen Deutschen und Lateinischen Gedichten. Franckfurt und Leipzig [5]1733. [24: d. D. oct 4344]

Ders.: Sammlung von J. Chr. Günthers / aus Schlesien, bis anhero herausgegebenen Gedichten, Auf das neue übersehen, und in einer bessern Wahl und Ordnung an das Licht gestellet [...] Nebst einer Vorrede von den so nöthigen als nützlichen Eigenschafften der Poesie, wie auch bei dieser Dritten Auflage mit des Autoris Leben vermehrt. Breßlau und Leipzig 1742. [21: Dk XI 157a]

Ders.: Sämtliche Werke. Historisch-kritische Gesamt-Ausgabe. Hrsg. v. Wilhelm Krämer. 6 Bde. Leipzig 1930–37. Nachdruck Darmstadt 1964.

Gundling, Nikolaus Hieronymus: Kurtzer Entwurff eines Collegii über die Historiam Literariam vor die Studiosos Juris, samt einer Vorrede / Darinnen er sein Vorhaben deutlicher entdecket. Halle 1703. [21: Hb 25]

Ders.: Collegium Historico-Literarium oder Ausführliche Discourse über die Vornehmsten Wissenschaften und besonders die Rechtsgelahrheit. [...] Bremen 1738. [21: Ke I 19c]

Ders.: Vollständige Historie der Gelahrheit, Oder Ausführliche DISCOURSE, So er in verschiedenen Collegiis Literariis so wohl über seine eigenen Positiones, als auch vornehmlich über Tit. Herrn Inspectoris D. CHRISTOPHORI AUGUSTI HEVMANNI Conspectum Reipublicae Literariae gehalten [...] 4 Tle. Franckfurt und Leipzig 1734–36. [21: Ke I 19]

Ders.: Fortgesetzte Historie der Gelahrheit, worinnen Nicht nur diese ausgebessert, und mehr ergäntzet, sondern auch aufs neue hinzugethan worden [...] bis 1746. Franckfurth und Leipzig 1746. [21: Ke I 19a]

Ders.: Umständliches Leben und Schriften, Collegia, Studia, Inventa und Refutationen [...]. Franckfurt und Leipzig 1735. [21: Ke I 19b]

Hadewig, Johan Henrich: Kurtze und richtige Anleitung / Wie in unser Teutschen Muttersprache Ein Teutsches Getichte zierlich und ohne Fehler könne verfertiget werden. Rinteln 1650. [7: Poet. Germ. I 30; 43: Kg 7325]

Ders.: Wolgegründete teutsche Versekunst / oder Eine nüzliche und ausfürliche Anleitung wi in unser teutschen Muttersprache ein teutsches Getichte zirlich und ohne Fehler könne gescriben und verfertigt werden [...] Bremen 1660. [24: Phil. oct 4339]

Hagedorn, Friedrich von: Poetische Werke. 3 Tle. Carlsruhe 1775 (Sammlung der besten deutschen prosaischen Schriftsteller und Dichter, 16. Tl.).

Ders.: Versuch / einiger / Gedichte / oder / Erlesene Proben Poetischer Neben-Stunden. Hamburg 1729. Neudruck: Versuch einiger Gedichte. Stuttgart 1883 (Dt. Litt.denkmale des 18. Jahrhunderts. Bd. 10).

Ders.: Gedichte. Hrsg. von Alfred Anger. Stuttgart 1968.

Hallbauer, Friedrich Andreas: Anweisung zur Verbesserten Teutschen Oratorie, Nebst einer Vorrede von Den Mängeln Der Schul-Oratorie. Jena 1725. [24: Phil. oct 4350]

Ders.: Anleitung zur Politischen Beredsamkeit [...] Jena und Leipzig 1736 (auch Nachdruck Kronberg / Ts. 1974). [24: Phil. oct 4349]

Haller, Albrecht von: Versuch Schweizerischer Gedichte. In: A. v. H., Gedichte. Hrsg. v. Ludwig Hirzel. Frauenfeld 1882 (Bibliothek älterer Schriftwerke der deutschen Schweiz Bd. 3).

Hamann, Johann Georg: Poetisches Lexicon oder nützlicher und brauchbarer Vorrath von allerhand Poetischen Redens-Arten [...] Leipzig ^{2}1737 [7: 8° Poet. Germ. I. 1828]; (^{1}1725 [21: Dh 78]).

Hamberger / Meusel: Das gelehrte Teutschland oder Lexikon der jetzt lebenden teutschen Schriftsteller. Angefangen von Georg Christoph Hamberger, fortgeführt von Johann Georg Meusel. 12 Bde. Lemgo ^{5}1796–1806.

Hancke, Gottfried Benjamin: Poetischer Staar-Stecher, In welchem sowohl Die Schlesische Poesie überhaupt, als auch Der Herr von Lohenstein und Herr Hoffrath Neukirch Gegen die Junckerische Untersuchung verthaydiget [...] werden. Breßlau und Leipzig 1730 [35: Lg 1658]

Happel, Eberhard Werner: Der akademische Roman. Bearb. von Günter E. Scholz. Bern, Stuttgart, Wien 1962.

Harsdörffer, Georg Philipp: Poetischer Trichter / Die Teutsche Dicht- und ReimKunst / ohne Behuf der Lateinischen Sprache / in VI. Stunden einzugiessen. [...] 3 Tle. Nürnberg 1647–1653. Nachdruck Darmstadt 1975.

Ders.: Frauenzimmer Gesprächspiele. 8 Tle. Nürnberg 1641–49. Nachdruck. Hrsg. v. Irmgard Böttcher. Tübingen 1968–69. (Dt. Neudrucke, R. Barock. 13–20).

Hartnaccius, Daniel: Einleitung zu denen Philosophischen Wissenschafften. Zelle 1688. [22: Ph. o. 175]

Ders.: Anweisender Bibliothecarius Der studirenden Jugend / Durch die Vornehmsten Wissenschafften / Sammt der bequemsten METHODE, Wie dieselbe zu erlernen von einem zukünfftigen THEOLOGO, JURISCONSULTO, und MEDICO [...] Stockholm und Hamburg 1690. [35: Ba – A 348]

Ders.: Anweisung der Politischen Jugend Wie ihre Studia Humaniora auf Gymnasiis und Academien zu tractiren. Altona 1690. [35: Ba – A 348ang.]

Hausmann, Frank-Rutger, Elisabeth Gräfin Mandelsloh und Hans Straub (Hrsg.): Französische Poetiken. Tl. 1. Texte zur Dichtungstheorie vom 16. bis zum Beginn des 19. Jahrhunderts. Stuttgart 1975.

Hederich, Benjamin: Anleitungen zu den fürnehmsten historischen Wissenschaften, benanntlich der Geographie, Chronologie [...] und der Mythologie. Berlin 1709. [24: Misc. oct 1095]

Ders.: Reales Schul-LEXICON, Worinne nicht allein Von den Ländern, Städten, Schlössern [...] wie auch von den Zeiten, Völckern [...] Göttern, Göttinnen und anderen [...] Merckwürdigkeiten [...] eine nöthige Nachricht gegeben. Leipzig 1717. [24: HB 5816]

Ders.: Kurtze Anleitung zu den fürnehmsten, Einem künftigen Bürger und anderen, so nicht eben studiren wollen, dienlichen Sprachen und Wissenschaften [...] Berlin 1743. [24: Misc. oct 1095]

Ders.: Gründliches Antiqvitäten-LEXIKON, Worinne die merckwürdigsten Alterthümer der Jüden, Griechen, Römer, Teutschen und ersten Christen zulänglich beschrieben, und mit ihren Auctoribus bewiesen werden. Leipzig 1743. [24: Altert. oct 948]

Ders.: Kenntniß der vornehmsten Schriftsteller vom Anfange der Welt bis zur Wiederherstellung der Wissenschaften. 2 Bde. Wittenberg ²1767. [21: Ke I 85 a]

Heger, Hedwig (Hrsg.): Spätmittelalter, Humanismus, Reformation. 2 Bde. München 1975/78 (Die deutsche Literatur. Texte und Zeugnisse II, 1/2).

Heidegger, Gotthard: MYTHOSCOPIA ROMANTICA oder Discours von den so benanten Romans. Faksimileausgabe nach dem Originaldruck von Zürich 1698. Hrsg. v. Walter Ernst Schäfer. Bad Homburg v. d. H., Berlin, Zürich 1969.

Herder, Johann Gottfried: Sämtliche Werke. Hrsg. v. Bernhard Suphan. 32 Bde. Berlin 1877–99. Bd. 33 hrsg. v. R. Steig 1913 (Zit. SWS).

Ders.: Von und an Herder. Ungedruckte Briefe aus Herders Nachlaß. Hrsg. v. Heinrich Düntzer und Ferdinand Gottfried v. Herder. 2 Bde. Leipzig 1861.

Ders.: Briefe. Ausgew., eingel. u. erl. v. Wilhelm Dobbek. Weimar 1959.

Ders.: Journal meiner Reise im Jahr 1769. Histor.-krit. Ausgabe. Hrsg. v. Katharina Mommsen u. Mitarbeit v. Momme Mommsen u. Georg Wackerl. Stuttgart 1976.

Ders.: »Stimmen der Völker in Lieder.« Volkslieder. Zwei Teile 1778/79. Hrsg. v. Heinz Rölleke. Stuttgart 1975.

Heumann, Christoph August: Der Politische PHILOSOPHUS, Das ist, Vernunfftmäßige Anweisung Zur Klugheit Im gemeinen Leben, Ehemals aufgesetzet. 3. Aufl. Franckfurt und Leipzig 1724. Nachdruck Frankfurt a. M. 1972.

Ders.: Conspectus Reipublicae Literariae sive via ad historiam literariam iuventuti studiosae aperta. Hannover ⁵1746 (¹1718). [21: Ke I 32]

Hevelius, Johannes: Cometographia, totam naturam Cometarum [...]. Danzig 1668. [21: Bd 33]

Heyn, Johann: Versuch Einer Betrachtung über die Cometen, die Sündflut und das Vorspiel des jüngsten Gerichts, Nach astronomischen Gründen und der heiligen Schrift angestellet, und mit HERRN Johann Christoph Gottscheds [...] Vorrede begleitet. Berlin und Leipzig 1742. [24: Theol. oct 8060]

Hille, Carl Gustav v.: Der Teutsche Palmbaum: / Das ist / Lobschrift Von der Hochlöblichen / Fruchtbringenden Gesellschaft Anfang / Satzungen / Vorhaben / Namen / Sprüchen / Gemählen / Schriften und unverwelkbarlichem Tugendruhm. [...] Nürnberg 1647. Nachdruck München 1970.

Hirsching, Friedrich Carl Gottlob, u. J. H. M. Ernesti: Historisch-litterarisches Handbuch berühmter und denkwürdiger Personen, welche in dem achtzehnten Jahrhunderte gelebt haben [...] 17 Bde. Leipzig 1794–1815.

Hönn, D. Georg Paul: Betrugs-Lexicon, worinnen die meisten Betrügereyen in allen Ständen, nebst denen darwider guten Theils dienenden Mitteln, entdecket [...] Coburg ²1761. Nachdruck München 1977.

Hofmann, Johann: Lehr-mässige Anweisung / Zu der Teutschen Verß- und Ticht-Kunst [...] Nürnberg 1702. [122: Besserer 888]

Hofmannswaldau, Christian Hofmann von: Deutsche Ubersetzungen und Getichte. Breslau 1684. [21: Dk XI 22 c]

Ders.: Deutsche Rede-Übungen, Lob-Schriften vornehmer Standes-Personen und Proben der Beredsamkeit. Leipzig 1695. Nachdruck Kronberg/Ts. 1974.

Ders.: Herrn von Hoffmannswaldau und anderer Deutschen [...] Gedichte, s. B. Neukirch.

Hofmannswaldau, Christian Hofmann von: Gedichte. Auswahl und Nachwort von Manfred Windfuhr. Stuttgart 1969.
Horaz (Quintus Horatius Flaccus): Ars Poetica. Die Dichtkunst. Lat. u. dt. Übers. u. mit e. Nachwort hrsg. v. Eckart Schäfer. Stuttgart 1972.
Huarte, Juan: Prüfung der Köpfe zu den Wissenschaften. Übers. v. G. E. Lessing. Nachdruck der Ausgabe Zerbst 1752 mit e. krit. Einl. u. Bibl. v. Martin Franzbach. München 1968.
Hübner, August Nathanael: Gründliche Anweisung zum Deutschen Stilo. Hannover 1720. [7: Hl u. III, 510]
Hübner, Johann: Neu-vermehrtes Poetisches Hand-Buch, Das ist, eine kurtzgefaste Anleitung zur Deutschen Poesie [...] Leipzig 1731 ([1]1696). [21: Dh 300]
Ders.: Kurtze Fragen aus der Oratoria, zu Erleichterung der Information abgefasset [...] Leipzig [7]1716. [21: Dh 240]
Ders.: Reales Staats- und Zeitungslexicon [...] Leipzig 1704. Nachdruck Bern 1972.
Hugen, Christian: Cosmotheoros Oder Welt-betrachtende Muthmassungen von denen himmlischen Erd-Kugeln und deren Schmuck [...] Leipzig [2]1743. [21: Bd 147]
Huet, Pierre Daniel: Traité de l'origine des romans. Faksimiledruck nach der Erstausgabe von 1670 und der deutschen Übersetzung von 1682 von Eberhard Werner Happel. Mit e. Nachwort v. Hans Hinterhäuser. Stuttgart 1966.
Hunold, Christian Friedrich (Menantes): Vorrede zu Erdmann Neumeister: Die allerneueste Art / zur Reinen und Galanten Poesie zu gelangen. Hamburg 1707. [146: 9384]
Ders.: Galante, Verliebte / Und Satyrische Gedichte / Erster und Anderer Theil / Von Menantes. Hamburg [3]1711. [24: d. D. oct 5970]
Ders.: Academische Neben-Stunden allerhand neuer Gedichte / Nebst einer Anleitung zur vernünftigen Poesie. Halle und Leipzig 1713. [24: d. D. oct 5974]
Ders.: Einleitung zur Teutschen ORATORIE Und Brief-Verfassung. [...] Halle und Leipzig [2]1715. [16: Reservata 67 A 1187]
Ders.: Die beste MANIER in Honnêter Conversation sich höflich und behutsam aufzuführen, und in kluger CONDUITE zu leben. [...] Hamburg 1725. [24: HB 5888]
Ders.: Die allerneueste Art / höflich und galant zu Schreiben / Oder: Auserlesene Briefe [...] Hamburg 1739. [25: E 3469 ah]
Hutten, Ulrich von: Deutsche Schriften. Hrsg. u. mit Anmerkungen vers. v. Peter Ukena. Nachwort v. Dietrich Kurze. München 1970.
Ders.: Werke in zwei Bänden. Hrsg. v. Siegfried Streller. Berlin (Ost) 1975.
Ibbeken, G. C.: Rede von dem Einfluße der Wissenschaften in die Glückseligkeit der Länder. In: Der Deutschen Gesellschaft in Leipzig Eigene Schriften und Uebersetzungen. Tl. 3., S. 20ff.
Iselin, Isaak: Filosofische und Patriotische Träume eines Menschenfreundes. Freiburg 1755. [21: Dk XI 759]
Ders.: Pädagogische Schriften. Hrsg. v. Hugo Göring. Langensalza 1882.
Itter, Johann Christian: Diatriba De Gradibus Academicis, Ubi De omnium Facultatum Doctoribus, Licentiatis, Magistris, & Baccalaureis disseritur, eorundem dignitas ab insultibus Adversariorum vindicatur [...] Giessae 1679. [21: Ka I 10]
Ders.: De Honoribus Sive Gradibus Academicis Liber, Ea ratione atque instituto scriptus, ut non Jurisprudentiae tantum, sed aliarum etiam disciplinarum Cultoribus usui esse queat. Editio Nova. [...] Francofurti ad Moenum 1698. [21: Ka I 2]
Jablonsky, Johann Theodor: Allgemeines LEXICON der Künste und Wissenschaften [...] Leipzig 1721. [24: Misc. qt 255]
Jänichen, M. Johann: Gründliche Anleitung zur Poetischen Elocution [...] Leipzig 1706. [22: Phil. o. 661[a]]
Jöcher, Christian Gottlieb: Allgemeines Gelehrten-Lexicon [...] 4 Tle. Leipzig 1750. Fortsetzung und Ergänzung [...] von Johann Christoph Adelung. 2 Tle. Leipzig 1784/87.

Dass. fortgesetzt von Heinrich Wilhelm Rotermund. Tl. 3. Delmenhorst 1810, Tl. 4–7. Bremen 1813–1897.
Juncker, Christian: Lineae Primae eruditionis universae et historiae philosophicae ac speciatim earum Disciplinarum in quibus necesse est atque vtile instrui ac praeparari Juvenes studiosos in Academiis & Gymnasiis illustribus. Altenburg 1714. [24: Misc. qt 335]
Ders.: Der wohl-informirte Briefsteller / Oder Gründliche Anleitung, wie ein Brieff geschickt abzufassen [...] Leipzig 41717. [24: Phil. oct 4603]
Justi, Johann Heinrich Gottlob von: Grundsätze der Policey-Wissenschaft. Göttingen 21759. [21: Ed 4]
Ders.: Scherzhafte und Satyrische Schriften. 3 Bde. Berlin, Stettin, Leipzig 1760. [24: d. D. oct 6188]
Kästner, Abraham Gotthelf: Vermischte Schriften. 2 Tle. Altenburg 1755/72. [21: Kf IV 140]
Ders.: Einige Vorlesungen. In der Königl. deutschen Gesellschaft zu Göttingen gehalten. Altenburg 1768. [24: Misc. oct 1312]
Ders.: Anfangsgründe der angewandten Mathematik. 2. Teil. 1. Abtlg. Mechanische und Optische Wissenschaften. Göttingen 31780. 2. Abtl. Astronomie, Geographie, Chronologie und Gnonomik. Göttingen 31781. [24: HBF 2568]
Ders.: Geschichte der Mathematik. 4 Bde. Göttingen 1796–1800. [24: A 15/1273]
Ders.: Gesammelte poetische und prosaische schönwissenschaftliche Werke. 4 Tle. Berlin 1841. Nachdruck Frankfurt a. M. 1971.
Kaldenbach, Christoph: Deutsche Grab-Getichte. 2 Tle. Elbing 1648. [21: Dk XI 204]
Ders.: POETICE GERMANICA, Seu De ratione scribendi Carminis Teutonici LIBRI DUO, Cum Dispositionum Carminumq; varii argumenti farragine, pro exercendo Stylo Poetico. Nürnberg 1674. [24: fr. D. oct 5821]
Ders.: Deutsche Lieder und Getichte [...] Tübingen 1683. [21: Dk XI 203]
Kant, Immanuel: Werke. Sorgfältig revidirte Gesammtausgabe in zehn Bänden. Mit e. Vorrede v. G. Hartenstein. Leipzig 1838–39.
Kemmerich, Dieterich Hermann: Neu-eröffnete Academie Der Wissenschafften, Zu welchen vornemlich Standes-Personen nützlich können angeführet, und zu einer vernünfftigen und wohlanständigen Conduite geschickt gemacht werden. Leipzig 1711. [21: Kd 24]
Kempe, Martin: Neugrünender Palm-Zweig der Teutschen Helden-Sprache und Poeterey / In einer Gebundenen Lob-Rede vorgestellet Und mit Philologischen Anmerkungen erkläret. Jena 1664. [35: Lh 3150]
Ders.: Poetische Lust-Gedancken in Madrigalen und Einem anmuthigen Spatziergang / Zu belieblicher Ergetzung und Be-Ehrung der reinen deutschen Helden-Sprache hervor geben. Zeitz 1665. [35: Lh 3150]
Kepler, Johann: De cometis libelli tres. Augustae Vindelicorum 1619. [21: R Bd 57.4⁰]
Ders.: Somnium, Seu Opus Posthumum de Astronomia Lunari. Divulgatum à M. Ludovico Kepplero Filio, Medicinae Candidato. o. O. 1634. [24: R 16 Kep 16]
Kindermann, Balthasar: Der Christliche Studente! In dreyen unterschiedenen Büchern fürgestellet [...] Wittenberg 1660. [35: Lh 3150]
Ders.: Der Deutsche Poet [...] Wittenberg 1664 (auch Nachdruck Hildesheim, New York 1973). [21: Dh 63]
Ders.: Der Deutsche Redner [...] Wittenberg 31665 (auch Nachdruck Kronberg/Ts. 1974). [21: Dh 96]
Kindermann, Eberhard Christian: Reise in Gedancken durch die eröffneten allgemeinen Himmels-Kugeln [...] Rudolstadt 1739. [7: Astron. I 1615]
Ders.: Die Geschwinde Reise auff dem Lufft-Schiff nach der obern Welt [...] 1744. Nachdruck München 1923.
Ders.: Vollständige Astronomie, Oder: Sonderbare Betrachtungen derer vornehmsten an dem Firmament befindlichen Planeten und Sternen [...] Rudolstadt 1744. [1a: Oh 6039]
Kindleben, Christian Wilhelm: Studenten-Lexicon. Aus den hinterlassenen Papieren eines

unglücklichen Philosophen, Florido genannt. Nachdruck der Ausgabe 1781. Leipzig 1973.

Klaj, Johann: Lobrede der Teutschen Poeterey / Abgefasset und in Nürnberg Einer Hochansehnlich-Volkreichen Versamlung vorgetragen. Nürnberg 1645. Nachdruck in: J. K., Redeoratorien und Lobrede der Teutschen Poeterey. Hrsg. von C. Wiedemann. Tübingen 1965 (Dt. Neudr., R. Barock 4), S. 377ff.

Knigge, Adolph von: Über den Umgang mit Menschen. Eingel. von Max Rychner. Bremen 1964 (Nachdruck der 3. Aufl. von 1790).

Köhler, Andreas: Deutliche und gründliche Einleitung zu der reinen deutschen Poesie [...] Halle 1734. [7: Poet. Germ. I 130]

König, Johann David: Der kürzeste und leichteste Weg die Grundsätze und Beschaffenheit einer gründlichen Moral und Politik zu erlernen. Leipzig 1723.

König, Johann Ulrich von: Untersuchung von dem Guten Geschmack In der Dicht- und Rede-Kunst. In: Friedrich Ludwig Freiherr von Canitz, Gedichte, Mehrentheils aus seinen eigenhändigen Schriften verbessert und vermehret [...]. Nebst Dessen Leben, und einer Untersuchung von dem guten Geschmack in der Dicht- und Rede-Kunst, ausgefertiget von J. U. K. Berlin und Leipzig ^{2}1734. [155: 222 Germ. A 247; 7: 8^{0} Poet. Germ. II, 9751]

Komensky, Jan Amos: Opera didactica omnia. Editio anni 1657 lucis ope expressa. 2 Bde. Prag 1957.

Ders.: ORBIS SENSUALIUM PICTUS. [...] Die sichtbare Welt / Das ist / Aller vornehmsten Welt-Dinge und Lebens-Verrichtungen Vorbildung und Benahmung. Nürnberg 1658. Nachdruck Dortmund 1978.

Ders.: Magna Didactica. Ex editione Amstelodamensi anni 1657 omnes libros didacticos complectente nunc primum separatim edidit Fridericus Carolus Hultgren. Leipzig 1894.

Ders.: Grosse Didaktik. Übers. u. hrsg. v. Andreas Flitner. Düsseldorf und München 1954.

Ders.: Pampaedia. Lat. u. dt. Hrsg. v. Dmitrij Tschizewskij in Gemeinschaft mit Heinrich Geissler und Klaus Schaller. Heidelberg ^{2}1965.

Ders.: Das Labyrinth der Welt [...] und Das Paradies des Herzens (1623). Mit e. Vorwort von Pavel Kohout. Luzern, Frankfurt a. M. 1970.

Kornfeld, Theodor: Selbst-Lehrende Alt-Neue Poesie Oder Vers-Kunst Der Edlen Teutschen Helden-Sprache [...] Bremen 1685. [7: Poet. Germ. I 1319]

Krüger, Johann Gottlob: Naturlehre. Halle ^{2}1744. [21: Ba 166]

Ders.: Träume. Mit e. Vorrede von Johann August Eberhard. Neue verb. Aufl. Halle 1785 (^{1}1754). [12: P. o. germ. 777 d]

Kuhlmann, Quirinus: Himmlische Libes-Küsse [...] Jehna 1671. Hrsg. v. Birgit Biehl-Werner. Nachdruck Tübingen 1971.

Ders.: Der Hohen Weißheit Fürtreffliche Lehr Hoff In sich haltend Schöne Tugendblumen Geistlicher und Weltlicher Moral Discursen [...] Jena 1672. [24: Allg. G. oct 1271]

Ders.: Q.K.s Breslauers Lehrreicher Geschicht-Herold / Oder Freudige und traurige Begebenheiten Hoher und Nidriger Personen [...] Breslau 1673. [24: allg. Gesch. oct 1271]

Ders.: Der Kühlpsalter. 1.–15. und 73.–93. Psalm. Hrsg. v. Heinz Ludwig Arnold. Stuttgart 1973.

Kundmann, Johann Christian: Die Hohen und Niedern Schulen Teutschlandes, Insonderheit des Hertzogthums Schlesien. Breßlau 1741. [24: Allg. g. 1161]

Kurtze Anleitung zu einer guten Conduite Nach welcher Ein junger Mensch so wohl überhaupt gegen alle Leute und an allen Orthen, als auch insonderheit auf Academien und Reisen sich allzeit honet und sittsam zu bezeigen hat. Leipzig 1724. Nothwendiger Anhang zur kurtzen Anleitung. Von Claringo. Leipzig 1716. [24: Misc. oct 67]

Lambecius, Petrus: Podromus Historiae Literariae. Leipzig und Frankfurt 1710. [21: Ke I 2]

Lange, Gottfried: Einleitung zur ORATORIE durch Regeln und gnugsame Exempel. Leipzig 1706. [24: Phil. 4839]

Lange, Joachim: Medicina mentis, Qua Praepostera philosophandi methodo ostensa ac rejecta, secundum Sanioris Philosophiae Principia [...] Berlin 1704. [Zw 1: H 25]

Lange, Johann Christian: Protheoria Eruditionis Humanae universae / Oder Fragen von der Gelehrsamkeit der Menschen ins gemein [...] Giessen 1706. [24: Misc. oct 1428]

Langguth, Johann Ludwig: Gedichte Von den wesentlichen Eigenschaften eines Poeten. In: Der Deutschen Gesellschaft in Leipzig Eigene Schriften. Leipzig 1730, S. 112–120. [24: Misc. oct 2585]

Lauremberg, Johann: Niederdeutsche Scherzgedichte (1652). Mit Einl., Anmerkungen u. Glossar v. Wilhelm Braune. Halle a. S. 1879.

Lehmann, Christoph: Florilegium Politicum: Politischer Blumen Garten [...] o. O. 1637. [21: Ec 319 a]

Lehmann, Johann Jakob: Kurtze, doch gründliche Anleitung, die wahre allgemeine und sonderlich die Staatsklugheit gründlich zu erlernen und leicht zu praktizieren. Jena 1714. [24: Politik oct 2976]

Leibniz, Gottfried Wilhelm: Sämtliche Schriften und Briefe, Hrsg. von der Dt. Akademie der Wiss. zu Berlin. Berlin (Ost), Leipzig 1950ff.

Ders.: Vernunftprinzipien der Natur und der Gnade. Monadologie. Hrsg. v. Herbert Herring. Hamburg 1956.

Ders.: Ermahnung an die Deutschen. Von deutscher Sprachpflege. Darmstadt 1967 (Libelli CCXVI).

Ders. Briefwechsel zwischen Leibniz und Christian Wolf. Aus den Handschriften der Königl. Bibliothek zu Hannover hrsg. v. C. J. Gerhardt. Halle 1860.

Leonardo da Vinci: Der Denker, Forscher und Poet. Nach den veroeffentlichten Handschriften. Auswahl, Übersetzung u. Einl. v. Marie Herzfeld. Jena [3]1911.

Ders.: Tagebücher und Aufzeichnungen. Nach den italienischen Handschriften übers. u. hrsg. v. Theodor Lücke. Leipzig 1940.

Ders.: Der Paragone. Der Wettstreit der Künste. Düsseldorf 1948.

Ders.: Philosophische Tagebücher. Italien. u. Dt. Zus. gest., übers., hrsg. v. Giuseppe Zamboni. Hamburg 1958.

Lessing, Gotthold Ephraim: Sämtliche Schriften. Hrsg. v. Karl Lachmann. 3., aufs neue durchges. u. verm. Aufl. besorgt durch Franz Muncker. 23 Bde. Stuttgart, Berlin u. Leipzig. 1886–1924 (Zit. LM).

Lichtenberg, Georg Christoph: Schriften und Briefe. 4 Bde. Hrsg. v. Wolfgang Promies. München 1967ff.

Lilienthal, Michael: De machiavellismo literario sive de perversis quorundam in republica literaria inclarescendi artibus. Königsberg und Leipzig 1713. [21: Ke I 94 a]

Lindner, Kaspar Gottlieb: Umständliche Nachricht von des weltberühmten Schlesiers Martin Opitz von Boberfeld, Leben, Tode und Schriften, nebst einigen alten und neuen Lobgedichten auf Ihn. 2 Tle. Hirschberg 1740/41. [25: E 6825]

Liscow, Christian Ludwig: Sammlung Satyrischer und Ernsthafter Schriften. Frankfurt und Leipzig 1739. [24: d. D. oct 7816]

Ders.: Schriften. Hrsg. v. Carl Müchler. 3 Bde. Berlin 1806. Nachdruck Frankfurt a. M. 1972.

Locke, John: The educational writings. A critical ed. with introd. and notes by James L. Axtell. Cambridge 1968.

Loen, Johann Michael von: Gesammlete Kleine Schriften. Besorgt u. hrsg. v. J. C. Schneidern u. J. B. Müllern. 4 Bde. Frankfurt u. Leipzig 1749–52. Nachdruck Frankfurt a. M. 1972.

Ders.: Freye Gedanken vom Hof, der Policey, dem gelehrten- bürgerlichen- und Bauren-Stande, von der Religion und einem beständigen Frieden in Europa, mit e. Anhange Von dem Verfalle der Staaten bey dieser dritten Auflage vermehrt. Frankfurt und Leipzig 1768.

Logau, Friedrich von: Deutscher Sinn-Getichte Drey Tausend. Breßlau o. J. (1654). [24: d. D. oct 7889]

Ders.: Sämmtliche Sinngedichte. Hrsg. v. Gustav Eitner. Tübingen 1872 (Bibl. d. litt. Vereins in Stuttgart. Bd. 113).

Lohenstein, Daniel Casper von: Sämmtliche Gedichte. Bresslau 1680–85. Darin: D.C.s von Lohenstein Blumen. Breßlau 1680. [43: Kr 1964]

Ders.: Lob-Rede Bey Des Weiland HochEdelgebohrnen / Gestrengen und Hochbenambten Herrn Christians von Hofmannswaldau [...] Den 30. April. Anno 1679. in Breßlau Hoch-Adelich gehaltenen Leichbegängnüße. (Breßlau 1679). [21: Dk XI 22c]

Ders.: Lebens-Lauff Deß sel. Autoris. In: D.C.v.L., Ibrahim Sultan, Agrippina, Epicharis. Breslau 1685. [1: Yi 8089]

Ders.: Großmüthiger Feldherr Arminius oder Herrmann [...] 1. Tl. Leipzig 1689. Anderer Teil. 1690 (Nachdruck 2 Bde. Hildesheim, New York 1973). [21: Dk XI 23]

Ders.: Anmerckungen über Herrn D.C.v.L. Arminius: Nebenst beygefügtem Register derer in selbigem Werck befindlichen Merckwürdigen Nahmen und Sachen. Leipzig 1690. [21: Dk XI 23]

Ders.: Dramen. Hrsg. v. Klaus Günter Just. Bd. 3. Afrikanische Trauerspiele. Cleopatra, Sophonisbe. Berlin, New York 1957.

Ders.: Cleopatra. Trauerspiel. Text der Erstfassung von 1661, besorgt v. Ilse-Marie Barth. Nachwort v. Willi Flemming. Stuttgart 1965.

Ders.: Sophonisbe. Trauerspiel (1680). Hrsg. v. Rolf Tarot. Stuttgart 1970.

Lubienietz, Stanislaus de: Theatrum Cometicum. 2 Tle. Leiden 1681. [21: Bd. 16. Fol.]

Ludovici, Carl Günther: Ausführlicher Entwurf einer vollständigen Historie der Wolffischen Philosophie. 3 Tle. Leipzig 1737/38. Nachdruck Hildesheim, New York 1977.

Ludwig, Gottfried: Teutsche Poesie dieser Zeit [...] Leipzig 1703. [29: Nspr. 23g]

Ludwig von Anhalt-Cöthen: Kurtze Anleitung Zur Deutschen Poesie oder Reim-Kunst [...] Cöthen 1640. Auch in G. Krause: Der Fruchtbringenden Gesellschaft ältester Ertzschrein, S. 219–227. [24: HB 2301]

Ders.: Der Fruchtbringenden Gesellschaft Nahmen, Vorhaben, Gemählde und Wörter. Nach jedes Einnahme ordentlich in Kupfer gestochen und in 8zeilige Reimgesetze verf. bey Mattheo Merian. Nachdruck der Ausgabe Frankfurt/Main 1646. München 1971.

Lünig, Johann Christian: Collectio Nova, Worinn der Mittelbahren, oder Landsäßigen Ritterschaft in Teutschland [...]. Sonderbahre Praerogativen und Gerechtsame, auch Privilegia und Freyheiten, enthalten sind, und was deme mehr anhängig. Franckfurt und Leipzig 1730. [21: Hg 188]

Luther, Martin: Sämtliche Schriften. Hrsg. v. Johann Georg Walch. 24 Bde. Halle 1740–53.

Ders.: Werke in Auswahl. Unter Mitwirkung v. Albert Leitzmann hrsg. v. Otto Clemen. 8 Bde. Berlin 1950ff.

Ders.: Briefwechsel. In: M. L., Sämmtliche Werke. 7. Abtlg. Hrsg. v. E. L. Enders und G. Kawerau. Bd. 9 (Briefe von 1531–1534). Calw und Stuttgart 1903.

Ders.: An den christlichen Adel deutscher Nation und andere Schriften. Hrsg. v. Ernst Kähler. Stuttgart 1960.

Männling, Johann Christoph: Der Europäische Helicon, Oder Musen-Berg / Das ist Kurtze und deutliche Anweisung Zu der Deutschen Dicht-Kunst [...] Alten Stettin 1704. [7: Poet. Germ. I 92]

Ders.: Arminius Enucleatus, Das ist: Des unvergleichlichen Daniel Caspari von Lohenstein Herrliche Realia, Köstliche Similia, Vortreffliche Historien [...] aus dessen deutschen [...] Arminii Ersterem Theile / anderm Theil. 2 Bde. Stargardt und Leipzig 1708. [24: d. D. oct 7905]

Ders.: Außerlesenster Curiositäten Merckwürdiger Traum-Tempel Nebst seinen Denckwürdigen Nebenzimmern / Von allerhand Sonderbahren Träumen [...] Franckfurth und Leipzig 1714. [24: Misc. oct 1566]

Ders.: Poetischer Blumen-Garten / Oder: Teutsche Gedichte [...] Breßlau 1717. [24: d. D. oct 8003]

Ders.: Expediter Redner Oder Deutliche Anweisung zur galanten Deutschen Wohlredenheit Nebst darstellenden Deutlichen Praeceptis und Regeln [...] Franckfurt und Leipzig 1718. Nachdruck Kronberg/Ts. 1974.

Ders.: Poetisches LEXICON. Darinnen Die Schönsten REALIA und auserlesensten Phrases Aus denen berühmtesten Poeten Schlesiens [...] Franckfurt und Leipzig ²1719 (¹1715). [24: HB 6135]

Ders.: CURIOSITÄTEN=ALPHABETH, Das ist: Eine angenehme Schau=Bühne Historischer Ergetzlichkeiten, Bestehend aus sowohl einheimischen, als meist auerlesenen fremden Geschichten, welche völlige Locos Communes machen, und daneben klar und deutlich weisen, wie man die gelesenen Historien und Realia colligiren, und dann in öffentlichen Reden geschickt appliciren und anwenden könne [...]. Teil 1–3. Bresslau 1720–1721. [24: Misc. oct 1565]

Masen, Jakob: Palaestra Eloquentiae Ligatae, Novam ac facilem tam concipiendi, quam scribendi quovis Stylo poetico methodum ac rationem complectitur, viamque ad solutam eloquentiam aperit. Köln 1661. [21: Dh 166]

Mauvillon, Jakob, und Ludwig August Unzer: Ueber den Werth einiger Deutschen Dichter und über andere Gegenstände den Geschmack und die schöne Litteratur betreffend. Ein Briefwechsel. Frankfurt und Leipzig 1771 (anonym erschienen). [51: Lg 436]

Maximilian I.: Theuerdank (1517). Nachdruck. Mit einem Nachwort v. Horst Appuhn. Dortmund 1979.

Meier, Georg Friedrich: Untersuchung Einiger Ursachen des verdorbenen Geschmacks der Deutschen, in Absicht auf die schönen Wissenschaften. Halle 1740. [21: Ad 29]

Ders.: Beurteilung der Gottschedschen Dichtkunst. Halle 1747. (Nachdruck Hildesheim, New York 1975). [21: Dg 9]

Ders.: Anfangsgründe aller schönen Wissenschaften. 3 Bde. Halle 1754–59. Nachdruck Hildesheim, New York 1976.

Meister, Johann Gottlieb: Unvorgreiffliche Gedancken Von Teutschen EPIGRAMMATIBUS, In deutlichen Regeln und annehmlichen Exempeln / nebst einem Vorbericht Von dem Esprit der Teutschen. Leipzig 1698. [35: Lh 677]

Melanchthon, Philipp: De Dialectica libri quatuor, postremo recogniti & aucti. Accesserunt enim caeteris aeditionibus praeter Regulas consequentiarum. Regulae de causis. Formae distinctionum, et Locus insignis Thucydidis. Straßburg 1545. [21: Ab 50]

Ders.: Opera quae supersunt omnia. Corpus Reformatorum. Edidit Carolus Gottlieb Bretschneider. Vol. XI. Declamationes Philippi Melanthonis. Usque ad An. 1552. Halle 1843.

Ders.: s. Corpus Reformatorum, Bd. I, IX, XI, XIII, XX.

Ders.: Humanistische Schriften. Hrsg. v. R. Nürnberger. Gütersloh 1961 (Werke in Auswahl. Hrsg. v. R. Stupperich u. a. Bd. 3).

Ders.: De Rhetorica libri tres. Wittenberg 1519. [24: Phil. qt 219]

Ders.: Elementorum Rhetorices libri duo recens recogniti ab autore. Argentorati 1546. [21: Dh 56 a]

Mencke, Johann Burckhard: Philanders von der Linde Schertzhaffte Gedichte, Darinnen So wol einige Satyren, als auch Hochzeit- und Schertz-Gedichte, Nebst einer Ausführlichen Vertheidigung Satyrischer Schrifften enthalten. Andere und vermehrte Aufl. Leipzig ²1713. [24: d. D. oct 9274]

Ders.: Philanders von der Linde Galante Gedichte. 2. Aufl. Leipzig 1710. (5: Fa 581/1)

Ders.: Zwey Reden von der Charlatanerie oder Marcktschreyerei der Gelehrten. Nebst verschiedner Autoren Anmerckungen. [...] Leipzig 1727. [21: Ke I 6 a]

Mertens, Hieronymus Andreas: Hodegetischer Entwurf einer vollständigen Geschichte der Gelehrsamkeit [...] 2 Bde. Augsburg 1779/80. [21: Ke I 95]

Meusel, Johann Georg: Lexikon der vom Jahr 1750 bis 1800 verstorbenen Teutschen Schriftsteller. Ausgearb. v. J.G.M. 15 Bde. Leipzig 1802–16.

Ders.: Das Gelehrte Teutschland oder Lexikon der jetzt lebenden Teutschen Schriftsteller. Angefangen von Georg Christoph Hamberger. Fortgesetzt von J.G.M. Fünfte, durchaus vermehrte und verb. Ausgabe. 23 Bde. Lemgo 1796–1834.

Meyfart, Johann Matthäus: Teutsche Rhetorica oder Redekunst [...] Coburg 1634. Hrsg. v. Erich Trunz. Tübingen 1977. (Dt. Neudrucke, Reihe Barock 25). [auch 24: HB I 2242]

Meyling, Johann Martin: Leben und Schriften verstorbener besonders auswärtiger Gelehrten, welche in dem allgemeinen Gelehrten-Lexico theils noch nicht stehen, theils unvollständig beschrieben sind. Berlin 1756. [21: Ke I 62]

Michaelis, Johann David: Raisonnement über die protestantischen Universitäten in Deutschland. 4 Tle. Frankfurt und Leipzig 1768–76. [21: Ka I 18]

Micraelius, Johannes: Agathander Pro Sebasta Vincens, et cum virtutibus triumphans, Pomeridos & Partheniae Continuatio. Ein New Poetisch Spiel / Von dem Siegreichen Helden Agathander. [...] o. O. 1633. [54: Hist. Germ. 432]

Minturno, Antonio Sebastiano: De poeta, ad Hectorem Pigatellum libri sex. Venetiis 1559. [21: Ce 263.4^{0}]

Ders.: L'arte poetica (1564). Nachdruck München 1971 (Poetiken des Cinquecento Bd. 6).

Mitternacht, Johann Sebastian: Kurtzer / iedoch verhoffentlich deutlicher / und zum Anfange gnugsamer Bericht von der Teutschen Reime-Kunst: aus dem Teutschen Helicon Herrn P. Caesii gezogen und in XLIV Sätze eingeschlossen. Leipzig 1653. [24: Phil. oct Kaps. 361]

Moller, Alhardus: Tyrocinium Poeseos Teutonicae, Das ist: Eine kunst- und grund-richtige Einleitung Zur Deutschen Verß- und Reimkunst [...] Braunschweig 1656. [21: Dh 14]

Montaigne, Michel de: Essais. Edition par Maurice Rat. 2 Bde. Paris 1962.

Morhof, Daniel Georg: Teutsche Gedichte. Kiel 1682. [21: Dk XI 48]

Ders.: Unterricht Von Der Teutschen Sprache und Poesie / deren Uhrsprung / Fortgang und Lehrsätzen. [...] Kiel 1682. [24: Phil. oct 5234]

Ders.: Unterricht von der Teutschen Sprache und Poesie / Deren Ursprung / Fortgang und Lehrsätzen / Sampt dessen Teutschen Gedichten / Jetzo von neuem vermehret und verbessert [...] Lübeck und Franckfurt 1700. Zitiert wird nach dem Neudruck. Hrsg. v. Henning Boetius. Bad Homburg v.d.H., Berlin, Zürich 1969 (Ars poetica. Texte 1). [auch 21: Dk XI 48b]

Ders.: Auserlesene Gedichte von Johann Rist und Daniel Georg Morhof. Hrsg. v. Wilhelm Müller. Leipzig 1826 (Bibl. dt. Dichter des 17. Jahrh. s. Bd. 8). [24: d. D. oct 8571]

Ders.: Polyhistor. Sive de notitia auctorum et rerum commentarii. Lübeck ^{2}1695. [21: Ke I 22]

Ders.: Polyhistor literarius, philosophicus et practicus. Cum accessionibus a Johannes Frick et Johannes Moller. Nachdruck der 4. Ausgabe Lübeck 1747. 2 Bde. Aalen 1970. Nach dieser Ausgabe wird zitiert.

Ders.: OPERA POETICA, quae in unum collata & ad Auctoris mentem disposita ab haeredibus eduntur cum Praefatione Henrici Muhlii. Lübeck 1697. [24: fr. D. oct 6191]

Moscherosch, Johann Michael: VISIONES DE DON QUEVEDO. Wunderliche vnd Warhafftige Gesichte Philanders von Sittewalt [...] Straßburg ^{2}1642. Nachdruck Hildesheim, New York 1974.

Ders.: Les Visiones Don de Quevedo. Continuatio. Satyrische Gesichte Philanders vom [!] Sittewalt. III vnd IIII theil. Frankfurt 1645. [21: Dk XI 54]

Ders.: INSOMNIS. CURA. PARENTUM. Christliches Vermächtnusz. Oder / Schuldige Vorsorge Eines Treuen Vatters. Bey jetzigen Hochbetrübtesten gefährlichsten Zeiten den Seinigen Zur letzten Nachricht hinderlassen. Straßburg 1653 (^{1}1643). [24: Theol. oct 12470]

Ders.: Insomnis. Cura. Parentum. Abdruck der ersten Ausgabe (1643). Hrsg. v. Ludwig Pariser. Halle a. S. 1893 (Neudrucke dt. Litt.werke des 16. u. 17. Jahrh.s Nr. 108 u. 109).

Moser, Johann Jacob: Nebenstunden von Teutschen Staats-Sachen So sich an dem Kayserlichen Hof, bey Reichs- und Crayß-Conventen, bey denen höchsten Reichs-Gerichten, auch sonsten, zugetragen haben, und noch zutragen möchten. 6 Tle. Frankfurt, Leipzig 1757/58. [24: A 3/2662; 21: Hg 1067]

Ders.: Von der Teutschen Reichs-Stände Landen, deren Landständen, Unterthanen, Landes- Freyheiten, Beschwerden, Schulden und Zusammenkünfften (Neues teutsches Staatsrecht. Bd. 13). Frankfurt a. M., Leipzig 1769. [21: Hg 222]

Ders.: Von der Teutschen Unterthanen Rechten und Pflichten (Neues teutsches Staatsrecht, Bd. 17). Frankfurt 1774. [21: Hg 222]

Mühlpfort, Heinrich: Teutsche Gedichte. Breßlau 1686. [24: d. D. oct 8496]

Ders.: H.M.s Poetischer Gedichte Ander Theil. Franckfurt 1687. [24: d. D. oct 8496]

Müller, August Friedrich: Einleitung in die Philosophischen Wissenschaften. 3 Tle. Leipzig [2]1733. [25: B 1807a; 12: Ph. J. 364]

Müller, Gottfried Polycarp: Academische Klugheit in Erkenntnis und Erlernung Nützlicher Wissenschafften / Darinnen Die Methode sie zu erlernen, und von allen Facultäten wohl zu urtheilen gewiesen wird. Erster Theil. Leipzig 1711. [37: 4⁰ Phil. 262 Müller 1717]

Ders.: Abriß einer gründlichen ORATORIE, zum Academischen Gebrauch entworffen und mit Anmerckungen versehen. Leipzig 1722. [35: Bu 1398]

Müller, Peter: De Gradu Doctoris. Jena 1687. [21: Ka I 60]

Murner, Thomas: Narrenbeschwörung (1512). Mit Einleitung, Anmerkungen u. Glossar von M. Spanier. Halle/S. 1894 (Neudr. dt. Litt.werke des 16. u. 17. Jahrh.s Nr. 119–124).

Ders.: Der Gäuchmatt (1519). Hrsg. v. Wilhelm Uhl. Leipzig 1896.

Ders.: Schelmenzunft. Nach den beiden ältesten Drucken. Zweite Ausgabe von M. Spanier. Halle/S. 1912 (Neudr. dt. Litt.werke des 16. u. 17. Jahrh.s Nr. 85).

Mylius, Christlob: Vermischte Schriften gesammelt von Gotthold Ephraim Lessing. Berlin 1754. Nachdruck Frankfurt a. M. 1971.

Neukirch, Benjamin: Anweisung zu Teutschen Briefen. Nürnberg 1741 ([1]1695). [21: Dh 142]

Ders. (Hrsg.): Herrn von Hoffmannswaldau und andrer Deutschen auserlesener und bißher ungedruckter Gedichte erster theil / nebenst einer vorrede von der deutschen Poesie. [von B.N.] Leipzig 1697. Neudr. mit e. krit. Einl. u. Lesarten. Hrsg. v. A.G. de Capua u. E.A. Philippson. Tübingen 1961 (NdL., N.F. 1). 6. Teil. Nebenst einer Vorrede wider die Schmeichler und Tadler der Poesie. [von G. Stolle] Leipzig 1743 ([1]1709). [24: d. D. oct 5723]

Ders.: Satyren und Poetische Briefe. Frankfurt und Leipzig 1757, [24: d. D. oct 8769]

Neukirch, Johann George: Anfangs-Gründe zur Reinen Teutschen POESIE Itziger Zeit [...] Halle 1724. [24: Phil. oct 5331]

Ders.: Academische Anfangs-Gründe, Zur Teutschen Wohlredenheit, Brief-Verfassung und Poesie [...] Braunschweig 1729. [23: Ac 265; 24: Elv 540]

Neumark, Georg: Poetische TAFELN / Oder Grundliche Anweisung zur Teutschen Verskunst aus den vornehmsten Authorn in funfzehen Tafeln zusammen gefasset [...] Jena 1667. Nachdruck. Hrsg. v. Joachim Dyck. Frankfurt a. M. 1971

Ders.: Der Neu-Sprossende Palmbaum. Oder Ausführlicher Bericht / Von der Hochlöblichen Fruchtbringenden Gesellschaft Anfang / Absehn / Satzungen / Eigenschaft / und deroselben Fortpflantzung [...] Nürnberg 1668. Nachdruck München 1970.

Neumeister, Erdmann: SPECIMEN DISSERTATIONIS Historico-Criticae DE POETIS GERMANICIS hujus seculi praecipuis, Nuper admodum in Academia quadam celeberrima publice ventilatum. o. O. 1695. (Nachdruck. Hrsg. v. Franz Heiduk in Zus.arb. mit Günter Merwald. Bern 1978). [21: Dg 9. 4°]

Ders.: Die Allerneueste Art / zur Reinen und Galanten Poesie zu gelangen [...] Mit überaus deutlichen Regeln / und angenehmen Exempeln ans Licht gestellet. Von Menantes. Hamburg [3]1728 ([1]1707). [24: Phil. oct 5139]

Newton, Isaac: Philosophiae Naturalis Principia Mathematica. Auctore Isaaco Newtono. Editio ultima. Amsterdam 1714. [21: Ba 8. 4°]

Ders.: Mathematische Prinzipien der Naturlehre. Mit Bemerk. u. Erl. v. Jakob Philipp Wolfers. Berlin 1872. Nachdruck Darmstadt 1963.

Nicolai, Friedrich: Das Leben und die Meinungen des Herrn Magisters Sebaldus Nothanker. Hrsg. v. Fritz Brüggemann. Leipzig 1938. Nachdruck Darmstadt 1967 (DLE, Reihe Aufklärung, Bd. 15).

Omeis, Magnus Daniel: Gründliche Anleitung zur Teutschen accuraten Reim- und Dicht-Kunst [...] Nürnberg 1704. [24: HB 6314; 21: Dh 41]

Opitz, Martin: Buch von der Deutschen Poeterey. In welchem alle jhre eigenschafft vnd zuegehör gründtlich erzehlet / vnd mit exempeln außgeführet wird. Breßlaw 1624. Neudr. Nach der Edition v. W. Braune neu hrsg. v. R. Alewyn. Tübingen ^{2}1966 (NdL., N.F. 8).

Ders.: Aristarchus sive de contemptu linguae Teutonicae und Buch von der Deutschen Poeterey. Hrsg. v. Georg Witkowski. Leipzig 1888.

Ders.: Teutsche Poemata und Aristarchus wieder die Verachtung teutscher Sprach. Nachdruck der Ausgabe Straßburg 1624. Hildesheim, New York 1975.

Ders.: Teutsche Poemata. Abdruck der Ausgabe von 1624 mit den Varianten der Einzeldrucke und der späteren Ausgaben. Hrsg. v. Georg Witkowski. Halle 1902 (Neudr. dt. Litt.werke des 16. u. 17. Jahrh.s Nr. 189–192).

Ders.: Weltliche Poemata (1644). Nachdruck Erster Teil. Unter Mitwirkung v. Christine Eisner hrsg. v. Erich Trunz. Tübingen 1967 (Dt. Neudr., Reihe Barock 2).

Ders.: Weltliche Poemata (1644). Nachdruck Zweiter Teil. Mit einem Anhang: Florilegium variorum epigrammatum. Unter Mitwirkung von Irmgard Böttcher und Marian Szyrocki hrsg. v. Erich Trunz. Tübingen 1975 (Dt. Neudrucke, Reihe Barock 3).

Ders.: Gesammelte Werke. Kritische Ausgabe. Hrsg. v. George Schulz-Behrend. Bd. 1: Die Werke von 1614–1621. Stuttgart 1968 (Bibl. d. Litt. Vereins in Stuttgart 295).

Ders.: Gedichte. Eine Auswahl. Hrsg. v. Jan-Dirk Müller. Stuttgart 1970.

Orléans, Elisabeth Charlotte von: Briefe. Hrsg. v. Wilhelm Ludwig Holland. 6 Bde. Stuttgart 1867–81.

Otto, Johann Christoph: De aestimanda veterum ac recentiorum eruditione. Leipzig 1716. [21: Ke I 70]

Peschwitz, Gottfried von: Jüngst-Erbauter Hoch-Teutscher Parnasz / Das ist / Anmuthige Formeln / Sinnreiche Poetische Beschreibungen / und Kunst-zierliche verblühmte Arten zu reden [...] Jena 1663. [22: Bip. L.g.o. 140]

Petrarca, Francesco: Scritti inediti di F.P. Hrsg. v. A. Hortis. Triest 1874.

Peucer, Daniel: Erläuterte Anfangs-Gründe der Teutschen Oratorie in kurzen Regeln und deutlichen Exempeln [...] Dresden ^{4}1765 (^{1}1736, ^{2}1739). Nachdruck Kronberg/Ts. 1974.

Pfaff, Christoph Matthäus: Oratio inauguralis de Universitatibus scholasticis emendandis et paedantismo literario ex iisdem eliminando. Rede von der Verbesserung der hohen Schulen und Ausrottung der Pedanterey auf denselben. Nach dem Latein. ins Teutsche übersetzet. Tübingen 1720. [21: Ka I 6]

Piccolomini, Enea Silvio: Opera quae extant omnia, nunc demum post corruptissimas editiones summa diligentia castigata & in unum corpus redacta. Basel 1551. [21: Kf II 6]

Ders.: Der Briefwechsel des Eneas Silvius Piccolomini. Hrsg. v. Rudolf Wolkan. 1. Abtlg. Briefe aus der Laienzeit (1431–1445). Bd. 1. Privatbriefe. Wien 1909.

Ders.: Ausgewählte Texte aus seinen Schriften. Hrsg., übers. und biogr. eingel. v. Berthe Widmer. Basel, Stuttgart 1960.

Ders.: Briefe. Dichtungen. Aus dem Latein. übertr. v. Max Mell u. Ursula Abel u. mit e. Nachwort vers. v. Gerhart Bürck. München 1966.

Platon: Sämtliche Werke. Hrsg. v. Erich Loewenthal. 3 Bde. Heidelberg ^{6}1969.

Platter, Thomas: Lebensgeschichte. Von ihm selbst erzählt. 2. Aufl. Zürich 1910.

Ders. u. Felix Platter: Selbstbiographie. Hrsg. v. Heinrich Boos. Leipzig 1878.

Dies., Johannes Butzbach, Lucas Geizkofler: Fahrende Schüler zu Beginn der Neuzeit. Selbstzeugnisse aus dem 16. Jahrhundert. Bearb. v. Hein Retter. Heidenheim 1972.

Poiret, Petrus (Pierre): De eruditione triplici solida, superficiaria et falsa libri tres. Acc. Chr. Thomasii Nova Praefatio. Frankfurt und Leipzig 1708 ([1]1694). [21: Aa 274]

Pontanus, Jacobus: Poeticarum Institutionum Libri Tres. Ingolstadt 1594. [21: Dh 138]

Portmann, Christian: Bibliotheca Poetica. Das ist Ein angenehmer Poetischer Bücher-Vorrath [...] Chemnitz 1702. [35: Lh 677]

Prasch, Johann Ludwig: Gründliche Anzeige / Von Fürtrefflichkeit und Verbesserung Teutscher Poesie [...] Regenspurg 1680. [12: P. o. germ. 1095f.]

Pütter, Johann Stephan: Versuch einer academischen Gelehrten-Geschichte von der Georg-Augustus-Universität zu Göttingen. 4 Bde. Göttingen 1765–1838. (Bd. 3 u. 4 von Saalfeld und Oesterley). [21: Ka XI 3]

Ders.: Ueber den Unterschied der Stände, besonders des hohen und des niedern Adels in Teutschland. Zur Grundlage einer Abhandlung von Mißheirathen Teutscher Fürsten und Grafen. Göttingen 1795. [21: Hg 473]

Pufendorf, Samuel: Die Verfassung des deutschen Reiches. Übers., Anmerkungen u. Nachwort v. Horst Denzer. Stuttgart 1976.

Ders.: Briefe S.P.s an Christian Thomasius (1687–1693). Hrsg. u. erklärt v. Emil Gigas. München und Leipzig 1897.

Quevedo, Francisco de: Die Träume. Die Fortuna mit Hirn oder die Stunde aller. Frankfurt a.M. 1966.

Quintilian, M. Fabius: Institutio oratoria X. Lehrbuch der Redekunst. Buch 10. Lat. u. dt. Übers., komm. u. mit e. Einl. hrsg. v. Franz Loretto. Stuttgart 1974.

Ders.: Institutionis oratoriae libri XII. Ausbildung des Redners. Hrsg. und übers. von Helmut Rahn. 2 Tle. Darmstadt 1972/75.

Rabener, Gottlieb Wilhelm: Satiren. 4 Tle. Reutlingen 1777.

Ders.: Freundschaftliche Briefe samt dessen Leben und Schriften. Hrsg. v. Christian Felix Weisse. Carlsruhe 1777.

Rachel, Joachim: Satyrische Gedichte. Nach den Ausgaben von 1664 und 1677 hrsg. v. Karl Drescher. Halle/S. 1903 (Neudrucke dt. Lit.werke des 16. u. 17. Jahrh.s Nr. 200–02).

Ramus, Petrus: Dialecticae Institutiones. Aristotelicae Animadversiones. Faksimile-Neudruck der Ausgabe Paris 1543 mit e. Einl. v. Wilhelm Risse. Stuttgart-Bad Cannstatt 1964.

Ders.: The Logike of the moste Excellent Philosopher P. Ramus Martyr. London 1574. Nachdruck Amsterdam, New York 1969.

Rathlef, Ernst Ludwig: Geschichte jetztlebender Gelehrten 1740–1744. Weitergeführt von Joh. Christian Strodtmann, ab Tl. 9, 1745–48. 12 Tle. Zelle 1740–47. [21: Ke I 15]

Ratke, Wolfgang (Ratichius): Ratichianische Schriften. Hrsg. v. Paul Stötzner. 2 Bde. Leipzig 1892/93 (Neudr. pädagog. Schriften 9 u. 12).

Ders.: W.R., der Vorgänger des Amos Comenius, bearb. v. G. Vogt. Langensalza 1894 (Die Klassiker der Pädagogik. 17).

Ders.: Die neue Lehrart. Pädagogische Schriften Wolfgang Ratkes. Eingel. v. Gerd Hohendorf. Berlin 1957.

Ders.: Schriften zur deutschen Grammatik (1612–1630). Hrsg. v. Erika Ising. 2 Tle. Berlin 1959.

Ders.: Kleine pädagogische Schriften. Hrsg. v. Karl Seiler. Bad Heilbrunn 1967.

Ders.: Allunterweisung. Schriften zur Bildungs-, Wissenschafts- und Gesellschaftsreform. Tl. 1. Hrsg. v. Gerd Hohendorf u. Franz Hofmann. Bearb. v. Christa Breschke. Berlin (Ost) 1970.

Rebuffus, Petrus: Privilegia Universitatum, collegiorum, bibliopolarum, & omnium demum qui studiosis adiumento sunt. Frankfurt 1585. [21: Ka I 102]

Rechenberg, Adam: De Studiis Academiis. Liber singularis. Leipzig [3]1701. [24: HB 6441]

Redtel, Friderich: Ein Nothwendiger Unterricht von der Teutschen Verskunst. Stettin 1704. [9: BK 272]

Reichs-Abschiede: Aller des Heiligen Römischen Reichs gehaltenen Reichs-Täger, Abschiede und Satzungen samt andern Constitutionen, wie die vom Jahr 1356 bis 1654 auffgericht worden. Frankfurt am Mayn 1720. [21: Hg 277]

Reifferscheid, Alexander (Hrsg.): Quellen zur Geschichte des geistigen Lebens in Deutschland während des 17. Jahrhunderts. Briefe G.M. Lingelheims, M. Berneggers und ihrer Freunde. Heilbronn 1889.

Reimmann, Jacob Friedrich: Poesis Germanorum Canonica & Apocrypha. Bekandte und Unbekandte Poesie der Teutschen. Leipzig 1703. [7: Poet. Germ. I 1324]

Ders.: Versuch einer Einleitung in die Historiam Literariam insgemein. 7 Bde. Halle 1708–1713. [21: Ke I 41]

Reinhard, Johann Paul: Einleitung zu einer allgemeinen Geschichte der Gelehrsamkeit. Bd. 1. Erlangen 1779. [21: Ke I 41.4^{0}]

Riemer, Johannes: Standes- RHETORICA Oder Vollkommener Hoff- und Regenten-Redner [...] Leipzig 1685. [24: Phil. oct 5777]

Ders.: Neu-aufgehender Stern-Redner [...] Leipzig 1689. [12: L. eleg. g. 573p]

Riesbeck, Johann Kaspar: Briefe eines reisenden Franzosen über Deutschland (1783). Hrsg. v. Jochen Golz. Berlin (Ost) 1976.

Rist, Johann: Poetischer Lust-Garte Das ist: Allerhand anmuhtige Gedichte auch warhafftige Geschichte auß Alten vnd Newē beglaubten Geschichtschreibern / mit fleiß außerlesen [...] Hamburg 1638. [24: d. D. oct 9912]

Ders.: Baptistae Armati, Vatis Thalosi. Rettung der Edlen Teütschen Hauptsprache / Wider alle deroselben muhtwillige Verderber und allamodesirende Auffschneider [...] Hamburg 1642. [24: HBF 2241]

Ders.: Poetischer Schauplatz / Auff welchem allerhand Waaren / Gute und Böse / Kleine und Grosse / Freude und Leid-zeugende zufinden. Hamburg 1646. [24: d. D. oct 9914]

Ders.: Neuer Teutscher Parnass / Auff welchem befindlich Ehr' und Lehr / Schertz und Schmertz / Leid- und Freuden- Gewächse [...] Lüneburg 1652 (Nachdruck Hildesheim, New York 1978). [24: d. D. oct 9913]

Ders.: Das AllerEdelste Leben der gantzen Welt / Vermittelst eines anmuhtigen und erbaulichen Gespräches [...] Beschriben und fürgestellet. Hamburg 1663. [24: Misc. oct 2396]

Ders.: Auserlesene Gedichte. Hrsg. v. Wilhelm Müller. Leipzig 1826 (Bibl. dt. Dichter des 17. Jahrhs. 8).

Ders.: Lob-, Trauer und Klaggedicht über gar zu frühzeitiges, jedoch seliges Absterben des weiland Edlen, Grossachtbaren und Hochgelahrten Herren Martin Opitzen. 1639. In: K.G. Lindner, Umständliche Nachricht, Tl. 2. S. 133ff.

Rohr, Julius Bernhard von: Unterricht Von der Kunst der Menschen Gemüther zu erforschen [...] Leipzig ^{3}1721. [24: HB 6502]

Ders.: Einleitung zur Ceremonial- Wissenschafft Der Privat-Personen [...] Berlin ^{2}1730. [21: Hk 256]

Ronsard, Pierre de: Oeuvres complètes. Ed. critique avec introduction et commentaire par Paul Laumonier. Bd. 14. Paris 1949. (L'art poetique françois); Bd. 16. 2 Tle. Paris 1950/52. (La Franciade).

Rost, Johann Leonhard (Meleaton): Von der Nutzbarkeit des Tantzens. Wie viel selbiges zu einer Galanten und wohlanständigen CONDUITE bey einem jungen Menschen und Frauenzimmer beytrage [...] Franckfurt und Leipzig 1723. [24: Misc. oct 1842]

Ders.: Schauplatz der galanten und gelehrten Welt. Nürnberg 1711. [24: Misc. oct 1843]

Rotth, Albrecht Christian: Vollständige Deutsche Poesie / in drey Theilen / Deren der I. Eine Vorbereitung / In welcher die gantze Prosodia enthalten / und was sonst in dergleichen Sachen pflegt geschrieben zu werden? II. Eine fernere Anleitung zu den insgemein üblichen Gedichten. Dabey gewiesen wird was deren Materie sey / wo sie könne hergenommen / und wie sie könne ausgearbeitet werden. III. Eine richtige

Einleitung zu den vor andern so beniemten Poetischen Gedichten [...] Leipzig 1688. [24: HBF 678]
Rottmann, Johann Friedrich: Lustiger Poete / Worinn die vornehmsten Reguln der Poesie Mit allerhand lustigen Exempeln / Der angehenden Poetisirenden Jugend zu mehrer Auffmunterung / zur Poesie [...] o.O. 1718 ([1]1711, angeh. an Portmann, Bibliotheca Poetica (35): Lh 677. Goedeke III, S. 25, Nr. 55 kennt nur die Ausgabe von 1718). [16: Waldberg 2433]
Rousseau, Jean-Jacques: Schriften zur Kulturkritik. Franz.-dt. Discours sur les Sciences et les Arts; Discours sur l'Origine de l'Inégalité parmi les Hommes. Hamburg 1971.
Ruhnken, David: Opuscula Oratoria, Philologica, Critica. Lugduni Batavorum 1807. [21: Cl 73]
Sacer, Gottfried Wilhelm: Nützliche Erinnerungen Wegen der Deutschen Poeterey / Kurtz / doch deutlich zusammen getragen [...] Alten Stettin 1661. [154: La (b) 499]
Ders.: Reime dich, oder ich fresse dich / Das ist / deutlicher zu geben / ANTIPERICATAMETANAPARBEUGEDAMPHIRRIBIFICATIONES POETICAE, oder Schellen- und Scheltenswürdige Thorheit Boeotischer Poeten in Deutschland / Hans Wursten / Zu sonderbahren Nutzen und Ehren / Zu keinem Nachtheil der Edlen Poesie / unsrer löblichen Muttersprache / oder einiges rechtschaffenen / gelehrten Poetens / Zu belachen und zu verwerffen vorgestellet von Hartmann Reinholden / dem Franckfurther. Northausen 1673. [7: Poet. Germ. I 1870]
Sachs, Hans: Fastnachtsspiele. Ausgew. u. hrsg. v. Theo Schumacher. Tübingen 1957 (Dt. Texte 6).
Sachsenspiegel. Landrecht. Hrsg. v. Karl August Eckhardt. Göttingen 1955.
Sambach, Johann Georg: Wegweiser Zu Etlichen Kunst-Wissenschafften [...] Jena 1706. [12: L. gen. 82]
Scaliger, Julius Caesar: Poetices libri septem. Lyon 1561. [21: Ce 337 Fol.]
Ders.: Poetices libri septem. Faksimile-Neudruck der Ausgabe von Lyon 1561, mit e. Einl. v. August Buck. Stuttgart-Bad Cannstatt 1964.
Schatz, Johann Jacob: Kurtze und Vernunft-mäßige Anweisung Zur ORATORIE oder Beredsamkeit [...] Jena und Leipzig 1734. [29: Paed. 460]
Schedel, Hartmann: Die Schedelsche Weltchronik. Nachdruck der deutschen Ausgabe. Nürnberg 1493. Mit e. Nachwort v. Rudolf Pörtner. Dortmund 1978.
Scheffler, Johannes (Angelus Silesius): Sämtliche poetische Werke. Hrsg. u. eingel. v. H.L. Held. 3 Bde. München [3]1949.
Schelwig, Samuel: Entwurff / Der Lehrmäßigen Anweisung Zur Teutschen Ticht-Kunst. Wittenberg 1671. [29: Kr 1755]
Scherer, Wilhelm: Poetik. Berlin 1888. Mit e. Einl. u. Materialien zur Rezeptionsgeschichte hrsg. v. Gunter Reiss. Tübingen 1977.
Scheuchzer, Johann Jakob: Kern der Naturwissenschaften. Zürich 1711. [21: Ba 184]
Ders.: Physica, oder Natur-Wissenschaft. Zürich [4]1743 ([1]1703). [24: HBF 357[4]]
Schlegel, Johann Elias: Werke. Hrsg. v. Johann Heinrich Schlegel. 5 Bde. Kopenhagen und Leipzig 1761–70. (Nachdruck Frankfurt a. M. 1971).
Ders.: Ästhetische und dramaturgische Schriften. Hrsg. v. Joh. v. Antoniewicz. Heilbronn 1887 (Dt. Lit. denkmale d. 18. u. 19. Jahrh.s Nr. 26).
Schlesischer Helicon: Des Schlesischen Helicons auserlesene Gedichte, Oder Etlicher vortreflicher Schlesier biß anhero ohnbekandte Poetische Galanterien / Nebst einer Vorrede von Vortrefligkeit der Neueren Deutschen Poeten. Franckfurt und Leipzig 1699. [12: P.o.germ. 426g]
Schlosser, Johann Georg: Ueber Pedanterie und Pedanten, als eine Wahrnung für die Gelehrten des XVIII. Jahrhunderts. Basel 1787.
Schmeitzel, Martin: Versuch Zu einer Historie der Gelehrheit, Darinnen überhaupt von dem Gantzen Cörper der Gelehrheit, und denn von allen dessen Theilen [...] hinlängliche Nachricht gegeben wird. [...] Jena 1728. [21: Ke I 97]

Schmersahl, Elias Friedrich: Zuverläßige Nachrichten von jüngst verstorbenen Gelehrten. 4 Bde. Zelle 1748.

Schmölders, Claudia (Hrsg.): Die Kunst des Gesprächs. Texte zur Geschichte der europäischen Konversationstheorie. München 1979.

Schnur, Harry C. (Hrsg.): Lateinische Gedichte deutscher Humanisten. Lat. u. dt. Ausgew., übers. u. erl. v. H.C. S. Stuttgart 1966.

Schoch, Johann Georg: Comoedia vom Studentenleben. Nach der Ausg. v. 1658, mit Einl. u. Erl. hrsg. v. W. Fabricius. München 1892

Schöne, Albrecht (Hrsg.): Das Zeitalter des Barock. Texte und Zeugnisse. München 1963 (Die dt. Lit. Texte und Zeugnisse 3).

Schorer, Christoph: Der Vnartig Teutscher Sprach-Verderber. Beschrieben Durch einen Liebhaber der redlichen alten Teutschen Sprach. o.O. 1643. [12: Med. q. 239]

Schottel, Justus Georg: Teutsche Sprach Kunst / Vielfaltig vermehret und verbessert / darin von allen Eigenschaften der so wortreichen und prächtigen Teutschen Hauptsprache ausführlich und gründlich gehandelt wird. [...] Braunschweig ^{2}1651 (^{1}1641). [21: Ck XI 16]

Ders.: Teutsche Vers- oder Reim Kunst [...] Franckfurt ^{2}1656 (^{1}1645). (Nachdruck Hildesheim, New York 1976). [24: Phil. oct 6061]

Ders.: Ausführliche Arbeit Von der Teutschen HaubtSprache / Worin enthalten Gemelter dieser HaubtSprache Uhrankunft / Uhraltertuhm [...] Braunschweig 1663. Nachdruck. Hrsg. v. W. Hecht. 2 Bde. Tübingen 1967 (Dt. Neudrucke, Reihe Barock. 11 u. 12).

Schröter, Christian: Kurtze Anweisung zur INFORMATION Der Adlichen Jugend. Leipzig 1704. [7: 8^{0} Ling VII 9373]

Ders.: Gründliche Anweisung zur deutschen ORATORIE nach dem hohen und Sinnreichen Stylo Der unvergleichlichen Redner unsers Vaterlandes [...] Leipzig 1704. [24: Phil. oct 6076]

Schupp, Johann Balthasar: Schrifften o.O. o.J. (um 1660). [21: Kf IV 4]

Ders.: Schrifften 2 Bde. Hanau 1663. [21: Kf IV 4a]

Ders.: Lehrreicher Schrifften / Anderer Theil. o.O. 1726. [24: Misc. oct 2602]

Ders.: Der Teutsche Lehrmeister. Mit einer Einleitung und Anmerkungen hrsg. von Paul Stötzner. Leipzig 1891.

Schurzfleisch, Conrad Samuel: Introductio in notitiam scriptorum variarum artium atque scientiarum. 3 Bde. Wittenberg 1736/37. [21: Ke I 99]

Schweser, Christoph Heinrich: Der kluge Beamte / Oder Informatorium Juridicum Officiale. 5 Tle. Nürnberg ^{2}1705. [21: Hh 190]

Seckendorff, Veit Ludwig von: Teutscher Fürsten-Stat / Oder: Gründliche und kurtze Beschreibung / Welcher Gestalt Fürstenthümer / Graf- und Herrschafften [...] regieret / zu werden pflegen [...] Franckfurt ^{2}1660 (^{1}1655). [24: Politik 8^{0} 4898]

Ders.: Deutscher Fürstenstaat. Samt des Autors Zugabe sonderbarer und wichtiger Materien. Verbessert, mit Anmerkungen, Summarien und Register vers. v. Andres Simson von Biechling. Jena 1737. Nachdruck Aalen 1972.

Semler, Christian Gottlieb: ASTROGNOSIA NOVA oder Ausführliche Beschreibung des gantzen Fixstern und Planeten Himmels [...] Halle 1742. [21: Bd 178]

Silberrad, Elias: Moralitas Graduum Academicorum. Straßburg 1713. [21: Ka I 60]

Spangenberg, Cyriacus: Adels-Spiegel. Historischer Ausfürlicher Bericht: Was Adel sey und heisse / Woher er komme / Wie mancherley er sey [...] 2 Bde. Schmalkalden 1591. [21: Hd 6]

Speidel, Johann Jacob: Speculum Juridico-Politico- Philologico- Historicarum et Notabilium. Nürnberg 1657. [21: Hb 25fol.]

Ders.: Continuatio Speculi Speideliani Otium Actuosum quinquennale, continens Supplementum Speidelianum, Sive Rari-Chari-Thecium [...] per Christophorum Ludovicum Dietherrum. Nürnberg 1686. [21: Hb 25]

Sporenberg, Jacob: Titul- Vnd Namenbuch / Darauß Eines Jeden / so wol Geist- als

Weltlichen Stands-Person / jhr gebürlicher Titel schrifftlich zugeben [...] Köln 1659. [23: 101.4 Rhet]
Statius, Johann Joachim: Der Wohlgebahnte Weg zu der Teutschen Poesie / Das ist: Eine zwar kurtze / doch aber sehr deutliche Nachricht und Anweisung / Wie [...] allerhand Genera Carmina, Nach der nun in Flor gebrachten richtigsten Methode zu verfertigen. [...] Bremen 1716. [14: Linqu. Germ. rec. 630]
Stenzel, Jürgen (Hrsg.): Gedichte 1700–1770. Nach den Erstdrucken in zeitlicher Folge. München 1969 (Epochen der deutschen Lyrik Bd. 5).
Stieler, Kaspar: Teutsche Sekretariat-Kunst / Was sie sey? Wovon sie handele? was darzu gehöre? [...] Nürnberg 1681. [21: Dh 17]
Ders.: Der Allzeitfertige Secretarius Oder: Anweisung / auf was masse ein ieder halbgelehrter bey Fürsten / Herrn / Gemeinden und in seinem Sonderleben / nach ietziger Art / einen guten / wolklingenden und hinlänglichen Brief schreiben und verfassen könne [...] Nürnberg 1680. [25: E 3508]
Ders.: Der Teutschen Sprache Stammbaum und Fortwachs oder teutscher Sprachschatz. 3 Bde. Nürnberg 1691. Nachdruck mit e. Nachwort v. Stefan Sonderegger. München 1968.
Ders.: Zeitungs Lust und Nutz. Vollständiger Neudruck der Originalausgabe von 1695. Hrsg. v. Gert Hagelweide. Bremen 1969.
Ders.: Die Dichtkunst des Spaten (1685). Hrsg. v. Herbert Zeman. Wien 1975.
Stolle, Gottlieb: Anleitung zur Historie der Gelahr(t)heit. Zum viertenmal verbessert, (Mit) Gantz neue Zusätze und Ausbesserungen der Historie der Philosophischen Gelahrtheit. 3 Tle. in 1 Bd. Jena ^{4}1736 (^{1}1718). [21: Ke I 100a]
Ders.: Anmerkungen über D. Heumanns Conspectum Reipublicae literariae, allen Liebhabern der Historie der Gelahrheit zu Liebe an den Tag gegeben. Jena 1738. [21: Ke I 32a]
Strodtmann, Johann Christoph: Das neue gelehrte Europa, 4 Bde. Wolfenbüttel 1752. [21: Ke I 156]
Struve, Burkhard Gotthelf: Introductio ad notitiam rei litterariae & usum bibliothecarum. Jena 1704. [21: Ke XIX 45]
Sturm, Johann Joachim: De Professorum Privilegiis. Rostock 1752. [21: Ka I 60]
Sturm, Johannes: De literarum ludis recte aperiendis, 1538; in: Vormbaum (Hrsg.), Evangelische Schulordnungen. Bd. 1, S. 653ff.
Ders.: Classicarum epistolarum libri tres, 1565; ebd., S. 678ff.
Sulzer, Johann Georg: Kurzer Begriff aller Wissenschaften und andern Theile der Gelehrsamkeit. Leipzig ^{2}1759 (^{1}1745). [21: Ka I 18]
Szyrocki, Marian (Hrsg.): Poetik des Barock. o.O. [Reinbek] 1968. (rokl 508/509).
Ders. (Hrsg.): Lyrik des Barock. 2 Bde. Reinbek bei Hamburg 1971 (rokl 538/539).
Tesauro, Emanuele: Il Cannocchiale Aristotelico. Hrsg. u. eingel. v. August Buck. Faksimile-Ausgabe der Ausgabe Turin 1670. Bad Homburg v. d. Höhe 1968.
Theatrum Diabolorum, Das ist: Ein sehr verstendiges / Buch / darauß ein jeder Christ / sonderlich vnnd fleissig zu lernen / wie daß wir in dieser Welt nicht mit Keysern / Königen / Fürsten vnd Herren / oder andern Potentaten / sondern mit dem aller mechtigsten Fürsten dieser Welt / dem Teuffel zukempffen vnd zustreiten [...] Franckfurt a. M. 1569. [21: Gf 236a]
Thomasius, Christian: Introductio ad Philosophiam aulicam, seu Lineae primae libri de Prudentia cogitandi et ratiocinandi [...] Editio altera, Addita est Ulrici Huberi [...] Oratio De Paedantismo. Halle, Magdeburg 1702. [21: Aa 274]
Ders.: Einleitung zur Hof-Philosophie, Oder / Kurtzer Entwurff und die ersten Linien Von Der Klugheit zu Bedencken und vernünfftig zu schliessen [...] Statt eines Anhangs ist noch hinzugekommen Herrn Ulrich Hubers / [...] Rede Von dem Laster der Pedanterey / Aus dem Lateinischen ins Teutsche übersetzet von P.D. Franckfurt und Leipzig 1712. [155: Philos. 3298; 23: Qu N 539(1)]
Ders.: Freimütige, lustige und ernsthafte, jedoch vernunftmässige Gedanken oder Monatsgespräche über allerhand, fürnehmlich aber neue Bücher, durch alle 12 Monate des 1688.

und 1689. Jahres durchgeführet. Nachdruck in 4 Bdn. Frankfurt a. M. 1972 (Die Monatsgespräche erschienen seit März 1688 unter wechselnden Titeln bei Salfeld in Halle; 1690 wurden sie unter dem hier genannten Titel gesammelt herausgegeben).

Ders.: Einleitung zu der Vernunfft-Lehre / Worinnen durch eine leichte / und allen vernünfftigen Menschen [...] verständliche Manier der Weg gezeiget wird / ohne die Syllogisticâ das wahre / wahrscheinliche und falsche von einander zu entscheiden / und neue Warheiten zu erfinden [...] Halle 1691. Nachdruck u. d. T.: Einleitung zur Vernunftlehre. Mit e. Vorwort v. Werner Schneiders. Hildesheim 1968.

Ders.: Auszübung Der Vernunfft-Lehre / Oder: Kurtze / deutliche und wohlgegründete Handgriffe / wie man in seinen Kopffe aufräumen und sich zu Erforschung der Wahrheit geschickt machen; die erkandte Warheit andern beybringen; andere verstehen und auslegen; von anderer ihren Meinungen urtheilen / und die Irrthümer geschicklich widerlegen solle. [...] Halle 1691. Nachdruck u. d. T.: Ausübung der Vernunftlehre. Mit e. Vorwort von Werner Schneiders. Hildesheim 1968.

Ders.: Von der Kunst Vernünftig und Tugendhaft zu lieben, Als dem eintzigen Mittel zu einem glückseeligen, galanten und vergnügten Leben zu gelangen; Oder: Einleitung Der Sitten-Lehre [...] Halle [8]1727 ([1]1692). (Auch unter d. Titel: Einleitung zur Sittenlehre [...]). [21: Af 90]

Ders.: Historie der Weiszheit und Thorheit / zusammen getragen von Chr. Th. 3 Tle. Halle 1693. [21: Kf IV 198]

Ders.: Von der Artzeney wider die unvernünfftige Liebe und der zuvor nöthigen Erkäntniß Sein Selbst oder: Ausübung der Sittenlehre. Halle 1696. [21: Af 90]

Ders.: Bericht von Einrichtung des Paedagogii zu Glaucha an Halle / Nebst der Von einem gelehrten Manne verlangten Erinnerung über solche Einrichtung. Franckfurt und Leipzig 1699. [23: Ts 192]

Ders.: Summarischer Entwurff Derer Grund-Lehren / Die einem Studioso Juris zu wissen / und auff Universitäten zu lernen nöthig. Halle 1699. [12: Jur. is. 195]

Ders.: Versuch vom Wesen des Geistes, oder Grund-Lehren, so wohl zur natürlichen Wissenschafft, als der Sitten-Lehre. Halle 1699. (auch in: Rotth, Chr. Thomasius portentosus, 1700). [24: Misc. oct 2803]

Ders.: Thomasius portentosus & suis ipsius scriptis de portentis illis convictus [...] M. Albrecht Christian Rotth. Leipzig 1700. [24: Theol. oct 15164]

Ders.: Allerhand bißher publicirte Kleine Teutsche Schrifften / Mit Fleiß colligiret und zusammen getragen; Nebst etlichen Beylagen und einer Vorrede. Halle 1701. [21: Kf IV 60; 24: Misc. oct 2808]

Ders.: Auserlesener Anmerckungen Uber allerhand wichtige Materien und Schrifften. 2 Tle. Franckfurt und Leipzig 1704/1705. [21: Kh 53]

Ders.: Kurtzer Entwurff der Politischen Klugheit / sich selbst und andern in allen Menschlichen Gesellschafften wohl zu rathen / und zu einer gescheiden Conduite zu gelangen. Frankfurt und Leipzig 1710. Nachdruck Frankfurt a. M. 1971. Nach dieser Ausgabe wird zitiert.

Ders.: Kurtzer Entwurf der Politischen Klugheit, sich selbst und andern in allen Menschlichen Gesellschafften wohl zu rathen, Und zu einer gescheidten Conduite zu gelangen. Franckfurt und Leipzig [3]1720. [24: HBF 1162; 155: Philos. 3298]

Ders.: Außerlesene und in Deutsch noch nie gedruckte Schriften. Tl. 1. Halle 1705. (enth. ›Versuch vom Wesen des Geistes‹) [21: Kf IV 174; 24: Misc. oct 2803]

Ders.: Außerlesener Und dazu gehöriger Schrifften Zweyter Theil. Franckfurt und Leipzig 1714. [293: 1763]

Ders.: Cautelae circa Praecognita Jurisprudentiae in usum auditorii Thomasiani. Halle 1710. [21: Hb 105]

Ders.: Höchstnöthige Cautelen Welche ein Studiosus Juris, Der sich zu Erlernung Der Rechts-Gelahrheit Auf eine kluge und geschickte Weise vorbereiten will, zu beobachten hat. Halle [2]1729 ([1]1710). [21: Hb 287]

Ders.: Elegia Ultimo Honori Viri Illustris et Excellentissimi, Samuelis Strykii [...] scripta a Christiano Thomasio. o.O. (1710). [21: Kg 86]

Ders.: D. Melchiors von Osse Testament gegen Hertzog Augusto Churfürsten zu Sachsen. Zum Gebrauch des Thomasischen AUDITORII. Halle 1717. [7: Polit. II 5495]

Ders.: Ernsthaffte / aber doch Muntere und Vernünfftige Thomasische Gedancken und Erinnerungen über allerhand außerlesene Juristische Händel. 4 Tle. Halle ^{2}1723–25 (^{1}1720/21). [23: Ra 184]

Ders.: Vernünfftige und Christliche aber nicht Scheinheilige Thomasische Gedancken und Erinnerungen Uber allerhand Gemischte Philosophische und Juristische Händel. 3 Tle. Halle 1723–25. [23: O 30a Helmst. 8^{0}; 24: Misc. oct 2804]

Ders.: Besonders curieuses Gespräch [...] s. Francke, A. H.

Ders.: Deutsche Schriften. Ausgew. u. hrsg. v. Peter von Düffel. Stuttgart 1970.

Ders.: s. Fritz Brüggemann (Hrsg.), Aus der Frühzeit der deutschen Aufklärung.

Tiemeroth, M. J. H.: Kurtze und deutliche Anführung zur Teutschen Poesie [...] Franckfurt und Leipzig 1732. [7: Poet. Germ. I 125]

Tissot, Samuel Auguste André David: Von der Gesundheit der Gelehrten. Zürich 1768. Reprint Zürich und München 1976.

Titz, Johann Peter: Zwey Bücher Von der Kunst Hochdeutsche Verse und Lieder zu machen. Danzig 1642. [21: Dh 102]

Treuer, M. Gotthilf: Deutscher Dädalus, Oder Poetisches Lexicon, Begreiffend ein Vollständig-Poetisches Wörter-Buch in 1300. Tituln / aus der berühmten Poeten [...] Schrifften gesammlet [...] 2 Bde. Berlin ^{2}1675 (^{1}1660). [24: Phil. oct 6416]

Tscherning, Andreas: Deutscher Getichte Früling. Breßlau 1642. [24: d. D. oct 9912]

Ders.: Unvorgreiffliches Bedencken über etliche mißbräuche in der deutschen Schreib- und Sprach-Kunst, insonderheit der edlen Poeterey, Wie auch Kurtzer Entwurff oder Abrieß einer deutschen Schatzkammer / Von schönen und zierlichen Poetischen redens-arten [...] Lübeck 1659. [21: Dh 79]

Tschirnhaus, Ehrenfried Walther von: MEDICINA MENTIS SIVE Tentamen genuinae Logicae, in quâ disseretur DE Methodo detegendi incognitas veritates. Amsterdam 1687. [21: Aa 96]

Ders.: Medicina mentis sive artis inveniendi praecepta generalia. Editio nova. Leipzig 1695. Erstmalig vollst. ins Deutsche übers. und komm. v. Johannes Haussleiter. Halle/S. Mit [...] e. biogr. Einführung sowie mehreren Anhängen von Rudolph Zaunick. Leipzig 1963.

Ders.: Gründliche Anleitung Zu nützlichen Wissenschafften, absonderlich zu der Mathesi und Physica, Wie sie anitzo von den Gelehrtesten abgehandelt werden. Frankfurt und Leipzig ^{4}1729 (^{1}1700). [21: Ba 14]

Tschirnhauß, Wolff Bernhard von: Getreuer Hofmeister auf Academien und Reisen, Welcher Hn. Ehrenfried Walthers von Tschirnhauß auf Kißlingswaldau etc., Für Studierende und Reisende, sonderlich Standes-Personen, und Deroselben Hofmeister, zu einer sichern Anleitung zur anständigen Conduite auf Universitäten und Reisen, in Manuscripto hinterlassene XXX. Nützliche Anmerckungen mit XLVI Erläuterungen und XII. Beylagen vermehrter, wohlmeinend ans Licht stellet. Hannover 1727. [21: Ah I 141]

Uhse, Erdmann: Wohl- informirter Poet / worinnen Die Poetischen Kunst-Griffe / vom kleinesten bis zum grösten durch Frag und Antwort vorgestellet, und alle Regeln mit Exempeln erkläret werden. Leipzig 1731. (^{1}1703; Goedeke III, S. 25, Nr. 56a. kennt nur die Ausg. von 1619.). [24: Phil. oct 6436]

Ders.: Wohl-informirter Redner, worinnen die Oratorischen Kunst-Griffe [...] vorgetragen werden. Leipzig ^{7}1719. [24: Phil. oct 6437]

Vives, Johannes Ludovicus: Introductio ad sapientiam. Satellitium sive Symbola. Epistolae duae de ratione studij puerilis. Tria capita addita initio Suetonij Tranquilli. Paris 1527. [24: HB 2148]

Ders.: De Disciplinis Libri XX, in tres Tomos distincti, quorum ordinem uersa pagella indicabit. Köln 1586. [24: HB 2149]
Vossius, Gerhard Johannes: Poeticarum institutionum, libri tres. Amsterdam 1647. [12: L. eleg. g. 72]
Wagenknecht, Christian (Hrsg.): Gedichte 1600 – 1700. Nach den Erstdrucken in zeitlicher Folge. München 1969 (Epochen der deutschen Lyrik Bd. 4).
Wagenseil, Johann Christoph: Pera Librorum Juvenilium: Qua Ingenuos, viamque ad eruditionem et bonam mentem affectantes donat [...] Bd. 1. Altdorf, Nürnberg 1695. [7: Did. 196/71]
Ders.: Von der Teutschen Dicht- oder Reimkunst. In: Ders., Pera Librorum [...] Bd. 1, S. 680ff.
Ders.: Buch von der Meister-Singer Holdseligen Kunst (1696). In: Wagenseil, De civitate Noribergensi commentatio. Altdorf 1697. Hrsg. v. Horst Brunner. Göppingen 1975.
Wahll, Johann Samuel: Kurtze doch gründliche Einleitung zu der rechten / reinen und galanten Teutschen POESIE [...] Chemnitz [2]1715 ([1]1709). [24: Phil. oct 6602]
Walch, Johann Georg: Diatribe philosophica de Litteris Humanioribus. Rudolstadt 1715. [278: 4 Nn 2–8]
Ders.: Entwurff der allgemeinen Gelehrsamkeit und Klugheit zu studiren, Zum Gebrauch eines Academischen Collegii aufgesetzet. Leipzig 1718. [75: Solg. 1569]
Ders.: Einleitung In die Philosophie, Worinnen Alle Theile derselbigen Nach ihrem richtigen Zusammenhang erkläret und der Ursprung nebst dem Fortgang einer ieden Disciplin zugleich erzehlet werden. Leipzig [2]1730. [16: M 634]
Ders.: Philosophisches LEXICON, worinnen die in allen Theilen der Philosophie, vorkommenden Materien und Kunstwörter erkläret, aus der Historie erläutert [...] 2 Bde. Leipzig [4]1775/1804. [21: Aa 92]
Walther, Georg Christoph: Tractatus Juridico-Politico-Historicus de statu, juribus et privilegiis doctorum omnium facultatum. Nürnberg 1641. [25: B 8774]
Wander, Karl Friedrich Wilhelm (Hrsg.): Deutsches Sprichwörter-Lexikon. 5 Bde. Leipzig 1867–1880.
Weckherlin, Georg Rodolf: Gedichte. Ausgewählt und hrsg. von Christian Wagenknecht. Stuttgart 1972.
Weichmann, C. F. (Hrsg.): Poesie der Nieder-Sachsen, oder allerhand, mehrentheils noch nie gedruckte Gedichte von den berühmtesten Nieder-Sachsen [...] Hamburg 1725. [21: Dk XI 150; 24: d. D. oct 13223]
Weigel, Christoff: Abbildung der Gemein-Nützlichen Haupt-Stände Von denen Regenten Und ihren So in Friedens- als Kriegs-Zeiten angeordneten Bedienten an / biß auf alle Künstler Und Handwerker [...] Regenspurg 1698. [21: El 73; 24: R 17 Wei 1]
Weigel, Erhard: Gesammelte pädagogische Schriften. Hrsg. v. H. Schüling. Gießen 1970 (Berichte und Arbeiten aus der Universitätsbibliothek Gießen 19).
Weinrich, Johann Michael: Erleichterte Methode Die humaniora Mit Nutzen zu treiben [...] Coburg 1721. [29: Paed. 384]
Weise, Christian: Die drei ärgsten Erznarren in der ganzen Welt. Abdruck der Ausgabe von 1673. Hrsg. v. Wilhelm Braune. Halle/S. 1878 (Neudr. dt. Litt.werke des 16. u. 17. Jahrh.s Nr. 12–14.).
Ders.: Die drey Haupt-Verderber in Teutschland / Vorgestellet von Siegmund Gleichviel. o.O. 1673. [24: HB 5099]
Ders.: Die Drey Klügsten Leute in der gantzen Welt / Aus vielen Schein-klugen Begebenheiten hervor gesucht [...] Leipzig 1675. [24: HB 5099]
Ders.: Der Kluge Hoff-Meister / Das ist / Kurtze und eigentliche Nachricht / wie ein sorgfältiger Hoffmeister seine Untergebenen in den Historien unterrichten / und sie noch bey junger Zeit anführen sol / damit sie hernach ohne Verhindernüs die Historien selbst lesen und nützlich anwenden können. [...] Franckfurt und Leipzig 1676. [21: Fr 48a; 24: allg. Gesch. oct 2412]

Ders.: Der grünenden Jugend überflüssige Gedanken. Abdruck der Ausgabe von 1678. Eingel. v. Max Freiherr von Waldberg. Halle/S. 1914 (Neudr. dt. Litt.werke des 16. u. 17. Jahrh.s Nr. 242–245). (Erstdruck 1668).

Ders.: Reiffe Gedancken / Das ist / Allerhand Ehren- Lust- Trauer- und Lehr-Gedichte / Bey männlichen Jahren nach unterschiedner Gelegenheit aufgesetzet / Und numehr zu Verbesserung Der Überflüssigen Gedancken heraus gegeben. Leipzig 1683. [21: Dk XI 92]

Ders.: Politischer Academicus, Das ist: Kurtze Nachricht / wie ein zukünftiger Politicus seine Zeit und Geld auff der Universität wohl anwenden könne. Amsterdam 1684. [180: Ac 2490]

Ders.: Der Grünenden Jugend Nothwendige Gedancken / Denen Uberflüßigen Gedancken entgegen gesetzt / und Zu gebührender Nachfolge / so wohl in gebundenen als ungebundenen Reden / allen curiösen Gemüthern recommendirt. Leipzig 1690 ([1]1675). [24: d. D. oct 13261]

Ders.: Curiöse Gedancken Von Deutschen Brieffen / Wie ein junger Mensch / sonderlich ein zukünfftiger POLITICUS, Die galante Welt wohl vergnügen soll. In kurtzen und zulänglichen Regeln So dann In anständigen und practicablen Exempeln ausführlich vorgestellet. Erster und Andrer Theil. Dreßden 1691. [24: HB 5100; 50: R 78]

Ders.: Curiöse Gedancken Von Deutschen Versen / Welcher gestalt Ein Studierender In dem galantesten Theile der Beredsamkeit was anständiges und practicables finden sol / damit er Gute Verse vor sich erkennen / selbige leicht und geschickt nachmachen / endlich eine kluge Masse darinn halten kan [...] Leipzig [2]1702 ([1]1692). [25: E 3518 bk]

Ders.: Gelehrter Redner / Das ist: Ausführliche und getreue Nachricht / wie sich ein junger Mensch Jn seinen Reden klug und complaisant aufführen soll / Wenn er zur Beförderung seines Glückes die Opinion eines Gelehrten vonnöten hat [...] Leipzig [2]1693 ([1]1692). [180: Sch 101/205; 24: Phil. oct. 6657]

Ders.: Politische Nachricht von Sorgfältigen Briefen / Wie man sich in odieusen und favorablen Dingen einer klugen Behutsamkeit gebrauchen / und Bey Oratorischen oder Epistolischen Regeln die politischen Exceptiones geschickt anbringen soll [...] Dreßden und Leipzig 1693. [24: HB 5100]

Ders.: Politischer Näscher / Aus Unterschiedenen Gedancken hervor gerückt / Und Allen Liebhabern zur Lust / Allen Interessenten zu Nutz / Nunmehro in Druck befördert. Leipzig 1693. [21: Dk XI 92a]

Ders.: Politischer Redner / Das ist: Kurtze und eigentliche Nachricht / wie ein sorgfältiger Hofmeister seine Untergebene zu der Wolredenheit anführen soll [...] Leipzig 1694 ([1]1677). (Nachdr. d. Ausg. 1683 Kronberg/Ts. 1974). [24: Phil. oct 6659]

Ders.: Neu-Erleuterter Politischer Redner / Das ist: Unterschiedene Kunstgriffe welche in gedachten Buche entweder gar nicht oder nicht so deutlich vorkommen [...] Leipzig 1684. Nachdruck der Ausg. 1684 Kronberg/Ts. 1974.

Ders.: Curieuse Fragen über die LOGICA Welcher gestalt die unvergleichliche Disciplin von Allen Liebhabern der Gelehrsamkeit / sonderlich aber von einem POLITICO deutlich und nützlich sol erkennet werden [...] Leipzig 1696. [21: Ab 129]

Ders.: Curiöse Gedancken von der IMITATION, welcher gestalt Die Lateinischen Auctores von der studierenden / sonderlich von der Politischen Jugend mit Nutzen gelesen mit gutem Verstande erkläret / und mit einer gelehrten Freyheit im Stylo selbst gebrauchet werden. Leipzig 1698. [24: alte Phil. oct 2694]

Ders.: Politische Fragen / Das ist: Gründliche Nachricht Von der POLITICA, Welcher Gestalt Vornehme und wolgezogene Jugend hierinne Einen Grund legen / So dann aus den heutigē Republiqven gute Exempel erkennen / Endlich auch in practicablē Stats-Regeln den Anfang treffen soll [...] Dresten [!] 1698 ([1]1691). [24: Politik oct 5748]

Ders.: Oratorisches SYSTEMA, Darinne Die vortreffliche Disciplin Jn ihrer Vollkommenen Ordnung aus richtigen Principiis vorgestellet, Und mit lauter neuen Exempeln erkläret wird [...] Leipzig 1707. [24: Phil. oct 6660]

Ders.: Subsidium Juvenile, De Artificio et Usu Chriarum in eorum gratiam, qui tandem ad Institutiones oratorias faciliori cursu tum ipsi pergere, tum aliis informatione vel consilio praeire volunt, publice juris factum. Leipzig 1715. [24: alte Phil. oct 2696]
Ders.: Sämtliche Werke. Hrsg. v. John D. Lindberg. Berlin 1971ff.
Ders.: Lustspiel Von einer zweyfachen Poeten-Zunfft. (1693). In Weise, Sämtliche Werke ed. Lindberg. Bd. 11. Berlin, New York 1979, S. 163–244.
Ders.: Masaniello. Trauerspiel (1683). Hrsg. v. Fritz Martini. Stuttgart 1972.
Weise, Johann Ernst: Unvorgreiffliche Gedancken Von Teutschen Versen [...] Ulm 1708. [7: Poet. Germ. I 95]
Weißenborn, M. Christoph: Gründliche Einleitung zur Teutschen und Lateinischen ORATORIE und POESIE, Welche nach dem Vorgange, so wohl der Alten, als sonderlich der Neuesten Redner und Poeten, Durch deutliche Reguln und Exempel Frag- und Antworts-weise der studirenden Jugend zum Besten ausgeführet [...] Dreßden und Leipzig 1731 (richtig 1713, wie Goedeke III, S. 25, Nr. 50 angibt). [25: E 3518h]
Wentzel, Johann Christian: Lorbeer-Hayn Oder Poetischer Vorraht Von Verschiedenen teutschen Poematibus. Welche bey PROMOTIONEN, Antritt der Ehren-Aemter / Geburts- und Nahmens-Tagen usw. Meistens im Nahmen anderer verfertiget worden. Jena 1700. [29: Sch. L. 412]
Ders.: Zypressen-Wald / In sich haltend Diejenige POEMATA, Welche bey Beerdigung seelig entschlaffener Christen auffgesetzet werden. Jena 1701. [24: d. D. oct 13396]
Werenfels, Samuel: Dissertatio de Logomachiis Eruditorum. Basel 1688. [21: Ke I 70]
Wernicke, Christian: Uberschrifte Oder Epigrammata In acht Büchern / Nebst einem Anhang von etlichen Schäffer-Gedichten [...] Hamburg 1701. [122: Besserer 887]
Ders.: Epigramme. Hrsg. u. eingel. v. Rudolf Pechel. Berlin 1909 (Palaestra 71).
Ders.: Gedichte. Begonnen v. Wilhelm Müller, fortges. v. Karl Förster. Leipzig 1838 (Bibl. dt. Dichter des 17. Jahrh.s, Bd. 14).
Whiston, William: A new theory of the Earth. New York 1978. Nachdruck der Ausgabe London 1696.
Ders.: Nova Telluris Theoria. Das ist: Neue Betrachtung der Erde / Nach ihren Ursprung und Fortgang. Franckfurt 1713. [21: Ba 103]
Wiedemann, Conrad (Hrsg.): Der galante Stil 1680–1730. Tübingen 1969.
Wimpfeling, Jakob: Adolescentia. Unter Mitwirkung v. F. Worstbrock eingel., komm. u. hrsg. v. O. Herding. München 1965.
Wokenius, Franciscus: Anleitung zur Teutschen Poesie, zum bequemen Gebrauch seiner Auditorum entworfen. Leipzig 1716 (bespr. in Gottsched, Beyträge zur Crit. Historie, Bd. 1, 4, Nr. 9).
Wolff, Christian: Anfangsgründe aller mathematischen Wissenschaften. 4 Tle. Franckfurt und Leipzig ^{7}1750–57 (^{1}1710) (Nachdruck Hildesheim, New York 1973). [21: Ba 13]
Ders.: Vernünfftige Gedancken Von den Kräfften des menschlichen Verstandes Und Ihrem richtigen Gebrauche In Erkäntniß der Wahrheit [...] Halle ^{9}1738 (^{1}1712) (= Deutsche Logik). [21: Ab 196]
Ders.: Vernünfftige Gedancken von GOtt, Der Welt und der Seele des Menschen, Auch allen Dingen überhaupt [...] Franckfurt und Leipzig ^{5}1733 (^{1}1720; Halle ^{3}1725) (= Deutsche Metaphysik). [21: Ac 286]
Ders.: Anmerckungen über vernünfftige Gedancken von Gott, der Welt und der Seele des Menschen [...] Franckfurt a. M. 1724. [21: Ac 287]
Ders.: Vernünfftige Gedancken Von des Menschen Thun und Lassen, Zu Beförderung ihrer Glückseeligkeit, den Liebhabern der Wahrheit mitgetheilet. Halle ^{2}1747 (^{1}1720) (= Deutsche Ethik bzw. Deutsche Moral). [21: Af 238]
Ders.: Vernünfftige Gedancken Von dem gesellschaftlichen Leben der Menschen Und insonderheit Dem gemeinen Wesen Zu Beförderung der Glückseeligkeit des menschlichen Geschlechtes [...] Franckfurt und Leipzig ^{5}1740; zitiert wird nach dem Nachdruck der Erstausgabe: Vernünftige Gedanken von dem gesellschaftlichen Leben der Men-

schen und insonderheit dem gemeinen Wesen. Halle 1721. Nachdruck Frankfurt a. M. 1971. (= Deutsche Politik). [21: Ag 231]
Ders.: Vernünfftige Gedancken Von den Würckungen der Natur [...] Halle 1723 (= Physik 1); Vernünfftige Gedancken von den Absichten der natürlichen Dinge. Halle [2]1726 ([1]1724) (= Physik 2); Vernünfftige Gedancken von dem Gebrauche der Theile in Menschen, Thieren und Pflanzen. Halle 1725 (= Physik 3). [21: Be 76]
Ders.: Allerhand Nützliche Versuche, Dadurch Zu genauer Erkäntnis Der Natur und Kunst Der Weg gebähnet wird. 2 Tle. Halle 1727 ([1]1721). [21: Be 73]
Ders.: Ausführliche Nachricht von seinen eigenen Schrifften, die er in deutscher Sprache von den verschiedenen Theilen der Welt-Weißheit heraus gegeben. (Frankfurt 1726 [21: Aa 64]). Nachdruck der 2. Ausg. von 1733, mit e. Einl. v. Hans Werner Arndt. Hildesheim, New York 1973. Nach dieser Ausgabe wird zitiert.
Ders.: Gesammlete kleine philosophische Schriften. Hrsg. v. G. F. Hagen. 6 Bde. Halle 1736–40. [23: Li 9916]
Ders.: Übrige theils noch gefundene Kleine Schriften und Einzele Betrachtungen zur Verbesserung der Wissenschaften. Halle 1755. [25: B 2422]
Ders.: Kurtzer Unterricht von den vornehmsten mathematischen Schriften. Hrsg. u. mit e. Vorwort u. Register vers. v. J. E. Hofmann. Nachdruck der Ausgabe Frankfurt und Leipzig 1750. Hildesheim, New York 1973.
Ders.: Vita, Fata et Scripta Christiani Wolfii Philosophi. Leipzig und Breslau 1739. [21: Ab 5]
Ders.: Christian Wolffs eigene Lebensbeschreibung. Hrsg. mit e. Abhandlung über Wolff v. Heinrich Wuttke. Leipzig 1841.
Ders.: Briefwechsel zwischen Leibniz und Christian Wolf. Aus den Handschriften der Koenigl. Bibliothek zu Hannover. Hrsg. v. C. J. Gebhardt. Halle 1860.
Ders.: Briefe aus den Jahren 1719–1753. Ein Beitrag zur Geschichte der Wissenschaften zu St. Petersburg. St. Petersburg 1860. Nachdruck Hildesheim, New York 1971.
Zaunschlifferus, Otto Philipp: Tractatio juridica de Privilegiis Professorum. Magdeburg 1734. [21: Ka I 60]
Zedler, Johann Heinrich (Hrsg.): Grosses vollständiges UNIVERSAL-LEXICON Aller Wissenschafften und Künste [...] 64. Bde. u. 4 Supplemente. Halle u. Leipzig 1731–54. Nachdruck Graz 1961.
Zeidler, Johann Gottfried: Sieben Böse Geister / Welche heutiges Tages guten Theils die Küster / oder so genandte Dorff-Schulmeister regieren [...] Zschopau 1880 (Sammlung selten gewordener pädagog. Schriften des 16. u. 17. Jahrh.s 7).
Zesen, Philipp von: Durchaus vermehrter und zum viert- und letzten mahl in vier theilen ausgefärtigter Hoch-Deutscher Helikon / oder Grund-richtige Anleitung zur Hochdeutschen Dicht- und Reim-Kunst. Jena [4]1656 ([1]1640). [21: Dh 15]
Ders.: Hoch-deutscher Helikon. Bearb. v. Ulrich Maché. 2 Tle. Berlin 1977 (Sämtliche Werke Philipps von Zesen. Unter Mitwirkung v. Ulrich Maché hrsg. v. Ferdinand van Ingen. Bd. 10).
Ders.: Hochdeutsche Helikonische Hechel / oder des Rosenmohndes zweite Woche: darinnen von der Hochdeutschen reinen Dichtkunst / und derselben fehlern / die sich / durch Pritschmeisterei / auch sonsten in dieselbe eingeschlichen ja wie solche zu verbessern [...] gehandelt wird. Hamburg 1668. (Sämtliche Werke. Bd. 11. Berlin 1973). [24: Phil. oct 6808]
Ders.: Assenat; das ist Derselben / und des Josefs Heilige Stahts- Lieb- und Lebens-geschicht [...] Amsterdam. Nachdruck hrsg. v. Volker Meid. Tübingen 1967 (Dt. Neudrucke Reihe Barock 9).
Ziegler und Kliphausen, Heinrich Anselm von: Täglicher Schauplatz der Zeit. Leipzig 1695. [21: Fr. 3 Fol]
Zimmermann, Johann Georg: Ueber die Einsamkeit. Zweiter Theil. Frankfurt u. Leipzig 1785. [21: Af 174]

Zinkgräf, Julius Wilhelm: Teutsche Apophthegmata das ist Der Teutschen Scharfsinnige kluge Sprüche In zwei Teil Zusammengetragen [...] anitzo noch mit dem Dritten Teile vermehret Durch Johan Leonhard Weidnern. Amsterdam 1653. [24: HB 5168]

Forschungsliteratur

Akten des V. Internationalen Germanisten-Kongresses Cambridge 1975. Hrsg. v. Leonard Forster und Hans-Gert Roloff. 4 Bde. Bern, Frankfurt a. M., München 1976.
Albertsen, Leif Ludwig: Das Lehrgedicht. Eine Geschichte der antikisierenden Sachepik in der neueren deutschen Literatur mit einem unbekannten Gedicht Albrecht von Hallers. Aarhus 1967.
Alewyn, Richard: Gestalt als Gehalt. Der Roman des Barock. In: R. A., Probleme und Gestalten. Essays. Frankfurt a. M. 1974, S. 117ff.; auch in: Pikarische Welt. Schriften zum europäischen Schelmenroman. Hrsg. v. Helmut Heidenreich. Darmstadt 1969 (Wege der Forschung Bd. CLXIII), S. 397ff. Zuerst in: Formkräfte der Deutschen Dichtung vom Barock bis zur Gegenwart. Hrsg. v. Hans Steffen. Göttingen 1963, S. 21ff.
Ders. (Hrsg.): Deutsche Barockforschung. Dokumentation einer Epoche. Köln, Berlin [2]1966 (Die Beiträge sind hier nicht einzeln verzeichnet).
Ders.: Das große Welttheater. Die Epoche der höfischen Feste in Dokument und Deutung. Hamburg 1959.
Ders. (Hrsg.): Aus der Welt des Barock. Stuttgart 1957.
Ders.: Johann Beer. Studien zum Roman des 17. Jahrhunderts. Leipzig 1932.
Ders.: Vorbarocker Klassizismus und griechische Tragödie. Analyse der Antigone-Übersetzung des Martin Opitz. Heidelberg 1926.
Alt, Robert: Der fortschrittliche Charakter der Pädagogik Komenskys. Berlin (Ost) 1953.
Andreas, Willy: Graf Baldassare Castiglione und die Renaissance. In: Archiv für Kulturgeschichte 10 (1912), S. 245ff.
Ders.: Deutschland vor der Reformation. Eine Zeitenwende. Berlin [4]1943.
Appel, Benedikt: Das Bildungs- und Erziehungsideal Quintilians nach der institutio oratoria. Donauwörth 1914.
Arbusow, Leonid: Colores rhetorici. Eine Auswahl rhetorischer Figuren und Gemeinplätze als Hilfsmittel für akademische Übungen an mittelalterlichen Texten. Durchges. u. verm. Aufl., hrsg. v. H. Peter. Göttingen [2]1963.
Archenhold, F. S.: Kometen, Weltuntergangsprophezeiungen und der Halleysche Komet. Treptow-Berlin 1910.
Aretin, Karl Otmar Freiherr von (Hrsg.): Der Aufgeklärte Absolutismus. Köln 1974.
Arndt, Jürgen: Zur Entwicklung des kaiserlichen Hofpfalzgrafenamtes von 1355–1806. In: Hofpfalzgrafenregister. Hrsg. vom Heroldsausschuß der Deutschen Wappenrolle. Bd. 1. Neustadt a. d. Aisch 1964, S. Vff.
Arnoldt, Daniel Heinrich: Ausführliche und mit Urkunden versehene Historie der Königsbergischen Universität. 2 Tle. Königsberg i. Preußen 1746.
Aschbach, Joseph: Geschichte der Wiener Universität. 3 Bde. Wien 1865, 1877, 1888.
Asmuth, Bernhard: Daniel Casper von Lohenstein. Stuttgart 1971.
Atkins, John William Hey: Literary Criticism in Antiquity. A Sketch of its Development. 2 Bde. Cambridge 1934. Reprint London 1952 und Gloucester 1961.
Aubin, Hermann, und Wolfgang Zorn (Hrsg.): Handbuch der deutschen Wirtschafts- und Sozialgeschichte. Bd. 1. Von der Frühzeit bis zum Ende des 18. Jahrhunderts. Stuttgart 1971.
Auerbach, Erich: Mimesis. Dargestellte Wirklichkeit in der abendländischen Literatur. Bern und München [3]1964.
Ders.: Literatursprache und Publikum in der lateinischen Spätantike und im Mittelalter. Bern 1958.

Baberadt, Friedrich: Hans Sachs im Andenken der Nachwelt. Mit besonderer Berücksichtigung des Dramas des XIX. Jahrhunderts. Diss. Rostock. Halle 1906.
Bach, Adolf: Geschichte der deutschen Sprache. Heidelberg [8]1965.
Bach, Ursula: Martin Opitz von Boberfeld 1597–1639. Kleine Beiträge. Andernach 1959.
Bachem, Rolf: Dichtung als verborgene Theologie. Ein dichtungstheoretischer Topos vom Barock bis zur Goethezeit und seine Vorbilder. Diss. Bonn 1955.
Bachmann, Hanns-Martin: Die naturrechtliche Staatslehre Christian Wolffs. Berlin 1977.
Backers, Hermann: Boileaus Einfluß in Deutschland bis auf Lessing. Diss. Greifswald 1910.
Baesecke, Georg: Wie das Teutsche in denen Schriften Thomasii recht zu verstehen, d.h. Bemerkungen zum Deutsch des Thomasius. In: M. Fleischmann: Christian Thomasius. Leben und Lebenswerk, S. 283ff.
Bäumler, Alfred: Ästhetik. 1 Teil. Reprint München 1972 ([1]1934).
Ders.: Das Irrationalitätsproblem in der Ästhetik und Logik des 18. Jahrhunderts bis zur Kritik der Urteilskraft. Halle, S. 1923, 2. durchges. Aufl. Tübingen 1967. Neudruck der 2. Aufl. Darmstadt 1974.
Bahner, Werner: Zur Einordnung der ›Aufklärung‹ in der literar-historischen Periodisierung. In: W. B. (Hrsg.), Renaissance, Barock, Aufklärung. Epochen und Periodisierungsfragen. Kronberg/Ts. 1976, S. 60ff.
Bainton, Roland H.: Erasmus. Reformer zwischen den Fronten. Göttingen 1972.
Baldet, F., G. de Obaldia: Catalogue général des orbites des comètes de l'an 466 à 1952. Paris 1953.
Baldinger, Ernst Gottfried: Biographien jetzt lebender Ärzte und Naturforscher in und ausser Deutschland. Bd. 1. Jena 1772.
Baldwin, Charles Sears: Ancient Rhetoric and Poetic. Interpreted from representative works. New York 1929; Reprint Gloucester/Mass. 1959.
Ders.: Renaissance literary theory and practice: classicisme in the rhetoric and poetic in Italy, France and England 1400–1600. New York 1939.
Balet, Leo, u. E. Gerhard: Die Verbürgerlichung der deutschen Kunst, Literatur und Musik im 18. Jahrhundert. Hrsg. u. eingeleitet v. Gert Mattenklott. Frankfurt a. M., Berlin, Wien 1973 ([1]1936).
Balss, Heinrich: Antike Astronomie. Aus griechischen und lateinischen Quellen mit Text, Übersetzung und Erläuterungen geschichtlich dargestellt. München 1949.
Barmeyer, Eike: Die Musen. Ein Beitrag zur Inspirationstheorie. München 1968.
Barner, Wilfried: Lessing zwischen Bürgerlichkeit und Gelehrtheit. In: Bürgertum und Bürgerlichkeit im Zeitalter der Aufklärung. Hrsg. v. Rudolf Vierhaus. Heidelberg 1982, S. 165ff.
Ders.: Rhetorische Aspekte der Schlagwortanalyse, an Texten der Aufklärung. In: Kopenhagener Beiträge zur germanistischen Linguistik 9 (1977), S. 104ff.
Ders.: Einführendes Referat zum Rahmenthema: Schule und Literatur im 17. Jahrhundert. In: Schöne (Hrsg.), Stadt – Schule – Universität – Buchwesen, S. 175ff.
Ders.: Lessing und sein Publikum in den frühen kritischen Schriften. In: Lessing in heutiger Sicht. Internationale Lessing-Konferenz Cincinnati, Ohio 1976, S. 323ff.
Ders.: (Hrsg.): Der literarische Barockbegriff. Darmstadt 1975, Einleitung S. 1ff.
Ders.: Stilbegriffe und ihre Grenzen. Am Beispiel ›Barock‹. In: DVjs 45 (1971) H. 2, S. 302ff.
Ders.: Tübinger Poesie und Eloquenz im 17. Jahrhundert: Christoph Kaldenbach. In: Attempto 35/36 (1979), S. 98ff.
Ders.: Barockrhetorik. Untersuchungen zu ihren geschichtlichen Grundlagen. Tübingen 1970.
Ders., G. Grimm, H. Kiesel, M. Kramer: Lessing. Epoche – Werk – Wirkung. München [3]1977.
Baron, Hans: The ›Querelle‹ of the Ancients and the Moderns as a Problem for Renaissance Scholarship. In: Journal of the History of Ideas 20 (1959), S. 3ff.

Ders.: The Crisis of the Early Italian Renaissance. Princeton 1955.
Ders.: Humanistic and Political Literature in Florence and Venice at the Beginning of the Quattrocento. Cambridge/Mass. 1955.
Ders.: Forschungen über Leonardo Bruno Aretino – Eine Erwiderung. In: Archiv für Kulturgeschichte 22 (1932) H. 3, S. 352ff.
Barth, Paul: Die Geschichte der Erziehung in soziologischer und geistesgeschichtlicher Beleuchtung. Leipzig 1911.
Barthold, Friedrich Wilhelm: Geschichte der deutschen Städte und des deutschen Bürgertums. 4 Tle. in 2 Bdn. Neudruck der 2. Ausgabe 1859. Wien 1976.
Ders.: Geschichte der Fruchtbringenden Gesellschaft. Sitten, Geschmacksbildung und schöne Redekünste deutscher Vornehmen vom Ende des XVI. bis über die Mitte des XVII. Jahrhunderts. Berlin 1848. Nachdruck Hildesheim, New York 1969.
Bartsch, Ludwig: Sächsische Kleiderordnungen aus der Zeit von 1450 bis 1750. In: 39. Bericht über die Königl. Realschule I. O. nebst Progymnasium zu Annaberg 1882. Programm Nr. 487.
Barwick, Kurt: Das rednerische Bildungsideal Ciceros. Leipzig 1963 (Abh. Leipzig, Phil.-hist. Klasse 54/3).
Ders.: Die Gliederung der rhetorischen τέχνη und die horazische Epistula ad Pisones. In: Hermes 57 (1922), S. 1ff.
Baschnagel, Georg: ›Narrenschiff‹ und ›Lob der Torheit‹: Zusammenhänge und Beziehungen. Frankfurt a. M., Bern 1979.
Bauch, Gustav: Die Universität Erfurt im Zeitalter des Frühhumanismus. Breslau 1904.
Bauer, Bruno: Geschichte der Politik, Cultur und Aufklärung des achtzehnten Jahrhunderts. 2 Bde. Charlottenburg 1843f. Bes. Bd. 1 Deutschland während der ersten vierzig Jahre des achtzehnten Jahrhunderts.
Bauer, Gerhard u. Sibylle (Hrsg.): Gotthold Ephraim Lessing. Darmstadt 1968 (Wege der Forschung Bd. CCXI).
Baumert, Dieter Paul: Die Entstehung des deutschen Journalismus. Eine sozialgeschichtliche Studie. München, Leipzig 1928.
Baumgart, Wolfgang: Der Gelehrte als Herrscher. Fausts griechischer Traum. In: Festschrift Rainer Gruenter. Hrsg. v. B. Fabian. Heidelberg 1978, S. 58ff.
Baur, Ernst: Johann Gottfried Herder. Stuttgart 1960.
Baur, Veronika: Kleiderordnungen in Bayern: Vom 14. bis zum 19. Jahrhundert. München 1975 (Miscellanea Bavarica Monacensia 62).
Baur, Wilhelm: Das deutsche evangelische Pfarrhaus. Seine Gründung, seine Entfaltung und sein Bestand. 2. durchges. Aufl. Bremen 1878.
Bebermeyer, Gustav: Tübinger Dichterhumanisten. Bebel, Frischlin, Hayder. Tübingen 1927. Nachdruck Hildesheim 1967.
Ders.: Narrenliteratur. In: Reallexikon der deutschen Literaturgeschichte Bd. 2 (1926/28), S. 445ff.; 2. Aufl. Berlin 1965, S. 592ff.
Bechtel, Heinrich: Wirtschaftsgeschichte Deutschlands. 3 Bde. München 1951–56.
Bechtold, Artur: Grimmelshausen und seine Zeit. Heidelberg 1914; München [2]1919.
Becker, Peter Jörg: Bibliotheksreisen in Deutschland im 18. Jahrhundert. In: Archiv f. Geschichte des Buchwesens 21 (1980), Sp. 1361ff.
Becker, Philipp August: Gottsched, Bayle und die Enzyklopädie. In: Mitteilungen der Deutschen Gesellschaft zur Erforschung Vaterländischer Sprache und Altertümer in Leipzig Bd. 12. Leipzig 1927, S. 94ff.
Becker, Walter: Thomasius-Bibliographie. In: M. Fleischmann (Hrsg.), Christian Thomasius. Leben und Lebenswerk, S. 511ff.
Beckherrn, Richard: Martin Opitz, Pierre Ronsard und Daniel Heinsius. Diss. Königsberg 1888.
Beckmann, Adelheid: Motive und Formen der deutschen Lyrik des 17. Jahrhunderts und ihre Entsprechungen in der französischen Lyrik seit Ronsard. Tübingen 1960.

Beetz, Manfred: Rhetorische Logik. Prämissen der deutschen Lyrik im Übergang vom 17. zum 18. Jahrhundert. Tübingen 1980.
Behrens, Irene: Die Lehre von der Einteilung der Dichtkunst, vornehmlich vom 16. bis 19. Jahrhundert. Studien zur Geschichte der poetischen Gattungen. Halle/S. 1940.
Bender, Hermann: Geschichte des Gelehrtenschulwesens in Deutschland seit der Reformation. In: K. A. Schmid (Hrsg.), Geschichte der Erziehung. Bd. 5,1. Stuttgart 1901, S. 1ff.
Bender, Wolfgang: J. J. Bodmer und J. J. Breitinger. Stuttgart 1973.
Ders.: Lohensteins Arminius. Bemerkungen zum „Höfisch-Historischen" Roman. In: Rezeption und Produktion zwischen 1570 und 1730. Festschrift für Günther Weydt. Hrsg. v. Wolfdietrich Rasch, Hans Geulen und Klaus Haberkamm. Bern u. München 1972, S. 381ff.
Ders.: Zu Lessings frühen kritisch-ästhetischen Schriften. In: ZfdtPh 90 (1971), S. 161ff.
Benjamin, Walter: Ursprung des deutschen Trauerspiels. Revid. Ausg., besorgt v. R. Tiedemann. Frankfurt a. M. 1969.
Benrath, G.: Die Universität der Reformationszeit. In: Archiv für Reformationsgeschichte 57 (1966), S. 32ff.
Bense, Max: Konturen einer Geistesgeschichte der Mathematik. Bd. 1. Die Mathematik und die Wissenschaften. Hamburg 1946; Bd. 2. Die Mathematik in der Kunst. Hamburg 1949.
Benz, Richard: Deutsches Barock. Kultur des 18. Jahrhunderts bis 1750. Stuttgart 1949.
Beranek, Viktor: Martin Opitz in seinem Verhältnis zu Scaliger und Ronsard. Programm Wien 1883.
Berger, Kurt: Zur Antikenauffassung in der Kunsttheorie und Dichtung des frühen 18. Jahrhunderts. In: ZfÄsth. 37 (1943), S. 55ff.
Berges, Wilhelm: Die Fürstenspiegel des hohen und späten Mittelalters. Leipzig 1938.
Berghahn, Klaus L.: Von der Naturnachahmung zum Realismus. Zur Wandlung eines kunsttheoretischen Axioms im 18. Jahrhundert. In: Realismustheorien. Hrsg. v. R. Grimm u. J. Hermand. Stuttgart 1975, S. 16ff.
Ders.: Volkstümlichkeit ohne Volk? Kritische Überlegungen zu einem Kulturkonzept Schillers. In: Popularität und Trivialität. Hrsg. v. R. Grimm und J. Hermand. Frankfurt a. M. 1974, S. 51ff.
Berghoeffer, Christian Wilhelm: Martin Opitz' Buch von der deutschen Poeterey. Diss. Frankfurt a. M. 1888.
Bergmann, Ernst: Die antike Nachahmungstheorie in der Ästhetik des 18. Jahrhunderts. In: Neue Jb. f. d. klass. Altertumswiss. 27 (1911), S. 120ff.
Ders.: Die Begründung der deutschen Ästhetik durch A. G. Baumgarten und G. F. Meier. Leipzig 1911.
Bernal, John Desmond: Sozialgeschichte der Wissenschaften. Bd. 2. Die Geburt der modernen Wissenschaft und Industrie. Reinbek bei Hamburg 1970; auch u. d. T. Die Wissenschaft in der Geschichte. Berlin (Ost) 1967.
Berns, Jörg Jochen: Zur Tradition der deutschen Sozietätsbewegung im 17. Jahrhundert. In: Bircher, M. (Hrsg.), Sprachgesellschaften, S. 53ff.
Ders. (Hrsg.) unter Mitarbeit von Wolfgang Borm: Justus Georg Schottel. Ein teutscher Gelehrter am Wolfenbütteler Hof. Ausstellung der Herzog August Bibliothek. Wolfenbüttel 1976.
Bernstein, Eckhard: Die Literatur des deutschen Frühhumanismus. Stuttgart 1978.
Beyer-Fröhlich, Marianne: Die Entwicklung der deutschen Selbstzeugnisse. Leipzig 1930. Nachdruck Darmstadt 1970 (Deutsche Literatur in Entwicklungsreihen, Reihe Deutsche Selbstzeugnisse Bd. 1).
Bianco, Franz Josef von: Die alte Universität Köln und die spätern Gelehrtenschulen dieser Stadt. 2 Bde. Köln 1856.
Bieber, Günther: Staat und Gesellschaft bei Christian Thomasius. Ein Beitrag zur Ideengeschichte des preußischen Staates. Diss. Gießen. Krefeld 1931.

Biedermann, Karl: Deutschland im achtzehnten Jahrhundert. 2 Tle. in 4 Bdn. Leipzig [2]1880; Nachdruck Aalen 1969. Bes. Tl. 1. Bis zur Thronbesteigung Friedrichs des Großen (1740). Zweite, vermehrte und verbesserte Auflage. Leipzig 1880.

Biehl-Werner, Birgit: ›Himmlische Libes-Küsse‹. Untersuchungen zu Sprache und Bildlichkeit im Jugendwerk Quirin Kuhlmanns. Diss. Hamburg 1970.

Bienert, Walther: Die Philosophie des Christian Thomasius. Diss. Halle-Wittenberg. Halle/S. 1934.

Bierbüsse, Gisbert: Grimmelshausens ›Teutscher Michel‹. Untersuchungen seiner Benutzung der Quellen und seiner Stellung zu den Sprachproblemen des 17. Jahrhunderts. Diss. Bonn 1958.

Biergann, Armin: Gottlieb Wilhelm Rabeners Satiren. Diss. Köln 1961.

Binder, Herbert: Der ›Teutsche Michel‹ und die Sprachbewegungen der Zeit. Diss. Wien 1939.

Binding, K. (Hrsg.): Die Feier des 500jährigen Bestehens der Universität Leipzig. Amtlicher Bericht im Auftrage des akademischen Senates. Leipzig 1910.

Bing, Susi: Die Naturnachahmungstheorie bei Gottsched und den Schweizern und ihre Beziehung zu der Dichtungstheorie der Zeit. Diss. Köln. Würzburg 1934.

Bircher, Martin: Zur Quellen- und Forschungslage bei den Sprachgesellschaften. In: Bircher, M. (Hrsg.), Sprachgesellschaften, S. 27ff.

Ders. (Hrsg.): Deutsche Drucke des Barock 1600–1720. Bd. 2. s.v. Astronomica: Cometenschriften, Nendeln 1979, S. 14ff.

Ders. (Hrsg.): Sprachgesellschaften, Sozietäten, Dichtergruppen. Arbeitsgespräch in der Herzog August Bibliothek Wolfenbüttel 1977. Hrsg. v. M. B. u. Ferdinand van Ingen. Hamburg 1978 (Wolfenbütteler Arbeiten zur Barockforschung Bd. 7).

Ders.: Die Poetik des ›Taurenden‹. In: Wolfenbütteler Barock-Nachrichten 4 (1977), S. 112f.

Ders.: Die Fruchtbringende Gesellschaft. Neue Forschungsergebnisse. In: Akten des V. Internationalen Germanisten-Kongresses (1976), Bd. 3, S. 103ff.

Ders.: Soziologische Aspekte der Fruchtbringenden Gesellschaft. In: Neue Zürcher Zeitung 1972, Nr. 73, Fernausgabe Nr. 43, vom 13. Februar, S. 49f.

Birke, Joachim: Der junge Lessing als Kritiker Gottscheds. In: Euphorion 62 (1968), H. 1, S. 392ff.

Ders.: Gottscheds Neuorientierung der deutschen Poetik an der Philosophie Wolffs. In: ZfdtPh. 85 (1966), S. 560ff.

Ders.: Christian Wolffs Metaphysik und die zeitgenössische Literatur- und Musiktheorie: Gottsched, Scheibe, Mizler. Berlin 1966.

Birrer, Josef Bernhard: Die Beurteilung von Martin Opitz in der deutschen Literaturgeschichte. Diss. Freiburg/Schweiz. Willisam 1940.

Bischoff, Theodor: Georg Philipp Harsdörfer. Ein Zeitbild aus dem 17. Jahrhundert. In: Festschrift zur 250jährigen Jubelfeier des Pegnesischen Blumenordens gegründet in Nürnberg am 16. Oktober 1644. Hrsg. im Auftrage des Ordens v. Th. B. und August Schmidt. Nürnberg 1894, S. Vff.

Ders.: Johann Balthasar Schupp. Beiträge zu seiner Würdigung. Nürnberg 1890.

Black, Ingrid, u. Peter M. Daly: Gelegenheit und Geständnis. Unveröffentlichte Gelegenheitsgedichte als verschleierter Spiegel des Lebens und Wirkens der Catharina Regina von Greiffenberg. Bern u. Frankfurt a. M. 1971.

Blackall, Eric A.: Die Entwicklung des Deutschen zu Literatursprache 1700–1775. Mit einem Bericht über neue Forschungsergebnisse 1955–1964 von Dieter Kimpel. Stuttgart 1966.

Blättner, Fritz: Geschichte der Pädagogik. Heidelberg [2]1953.

Blanck, Karl: Der französische Einfluß im zweiten Teil von Gottscheds Critischer Dichtkunst. Diss. München 1909.

Bleicher, Thomas: Homer in der deutschen Literatur (1450–1740). Zur Rezeption der Antike und zur Poetologie der Neuzeit. Stuttgart 1972.
Blickle, Peter: Landschaften im alten Reich. Die staatliche Funktion des gemeinen Mannes in Oberdeutschland. München 1973.
Bloch, Ernst: Naturrecht und menschliche Würde. Frankfurt a. M. 1977.
Ders.: Christian Thomasius. Ein deutscher Gelehrter ohne Misere. Berlin 1953; Frankfurt a. M. 1967.
Blochmann, Elisabeth: Die deutsche Volksdichtungsbewegung in Sturm und Drang und Romantik. In: DVjs 1 (1923), S. 419ff.
Blumenberg, Hans: Rechtfertigungen der Neugierde als Vorbereitungen der Aufklärung. In: Erforschung der deutschen Aufklärung. Hrsg. v. Peter Pütz. Königstein 1980, S. 81ff.
Ders.: Die Genesis der kopernikanischen Welt. Frankfurt a. M. 1975.
Ders.: Säkularisation und Selbstbehauptung. Frankfurt a. M. 1974 (Erweiterte und überarb. Neuausgabe von ›Die Legitimität der Neuzeit‹, Tl. 1 u. 2).
Ders.: Der Prozeß der theoretischen Neugierde. Erw. u. überarb. Neuausgabe von ›Die Legitimität der Neuzeit‹, Tl. 3. Frankfurt 1973.
Ders.: Die Vorbereitung der Aufklärung als Rechtfertigung der theoretischen Neugierde. In: Europäische Aufklärung. H. Dieckmann zum 60. Geburtstag. München 1967, S. 23ff.
Ders.: Die kopernikanische Wende. Frankfurt a. M. 1965.
Ders.: Säkularisation. Kritik einer Kategorie historischer Illegitimität. In: H. Kuhn u. F. Wiedmann (Hrsg.), Die Philosophie und die Frage nach dem Fortschritt. München 1964, S. 240ff.
Ders.: Nachahmung der Natur. Zur Vorgeschichte der Idee des schöpferischen Menschen. In: Studium generale 10 (1957), S. 266ff.
Boas, Marie: Die Renaissance der Naturwissenschaften 1450 bis 1630. Das Zeitalter des Kopernikus. Gütersloh 1965.
Bock, Gisela: Thomas Campanella. Politisches Interesse und philosophische Spekulation. Tübingen 1974.
Bodmer, Hans: Die Gesellschaft der Maler in Zürich und ihre Diskurse (1721 bis 1723). Frauenfeld 1895.
Bodmer, Hermann: Johann Jakob Breitinger (1701–1776). Sein Leben und seine literarische Bedeutung. Tl. 1. Diss. Zürich 1897.
Boeckh, J. G., u. G. Albrecht, K. Böttcher, K. Gysi, P. G. Krohn, H. Strobach: Geschichte der deutschen Literatur von den Anfängen bis zur Gegenwart. Bd. 5. Geschichte der deutschen Literatur 1600–1700. Berlin 1963.
Ders. (Hrsg.) u. a.: Geschichte der deutschen Literatur von den Anfängen bis zur Gegenwart. Bd. 4. Geschichte der deutschen Literatur von 1480–1600. Berlin 1961.
Böckmann, Paul: Anfänge der Naturlyrik bei Brockes, Haller und Günther. In: Literatur und Geistesgeschichte. Festgabe für H. O. Burger. Hrsg. v. R. Grimm u. C. Wiedemann. Berlin 1968, S. 110ff.
Ders.: Formgeschichte der Deutschen Dichtung. Bd. 1. Von der Sinnbildsprache zur Ausdruckssprache. Der Wandel der literarischen Formensprache vom Mittelalter zur Neuzeit. Hamburg [3]1967 ([1]1949).
Ders.: Dichterische Gestaltungskräfte in Grimmelshausens Simplicissimus. In: Zs. f. dt. Bildung 18 (1942), S. 226ff.
Böhm, Benno: Sokrates im achtzehnten Jahrhundert. Studien zum Werdegange des modernen Persönlichkeitsbewußtseins. Neumünster [2]1966 ([1]1928).
Böhm, Laetitia: Libertas Scholastica und Negotium Scholare. Entstehung und Sozialprestige des Akademischen Standes im Mittelalter. In: H. Rößler u. G. Franz (Hrsg.), Universität und Gelehrtenstand, S. 15ff.
Dies.: De negotio scholaris. Zur Entstehung von Berufsbewußtsein und Rechtsstand des Universitätsgelehrten im Mittelalter. In: Festiva Lanx. Festschrift Johannes Spörl. Hrsg. v. Karl Schnith. München 1966, S. 29ff.

Dies.: Die Verleihung akademischer Grade an den Universitäten des 14. – 16. Jahrhunderts. In: Chronik der Ludwigs-Maximilians-Universität München 1958/1959. München 1959, S. 164ff.
Böhme, Gernot, W. van den Daele, W. Krohn: Experimentelle Philosophie. Ursprünge autonomer Wissenschaftsentwicklung. Frankfurt a. M. 1977.
Böhn, Max von: Deutschland im 18. Jahrhundert. Bd. 1. Das Heilige Römische Reich Deutscher Nation; Bd. 2. Die Aufklärung. Berlin 1921f.
Ders.: Die Mode, Menschen und Mode. 8 Bde. München 1923ff.
Bök, August Friedrich: Geschichte der herzogl. Würtenbergischen Eberhard Carls Universität zu Tübingen im Grundrisse. Tübingen 1774.
Boll, Franz: Sternglaube und Sterndeutung. Hrsg. v. W. Gundel. Leipzig [4]1931.
Ders.: Die Entwicklung des astronomischen Weltbildes im Zusammenhang mit Religion und Philosophie. In: Kultur der Gegenwart, Tl. 3., Bd. 3. Astronomie. Hrsg. v. J. Hartmann. Leipzig und Berlin 1921, S.1ff.
Bollacher, Martin: Lessing: Vernunft und Geschichte. Untersuchungen zum Problem religiöser Aufklärung in den Spätschriften. Tübingen 1978.
Bolte, Johannes: Eine ungedruckte Poetik Kaspar Stielers. In: Sitzungsberichte der preussischen Akademie der Wissenschaften 1926 (15. Sitzung der philosophisch-historischen Klasse), S. 97ff.
Borchardt, Knut: Grundriß der deutschen Wirtschaftsgeschichte. Göttingen 1978.
Borcherdt, Hans Heinrich: Das Schriftstellertum von der Mitte des 18. Jahrhunderts bis zur Gründung des Deutschen Reiches. In: Ludwig Sinzheimer (Hrsg.): Die geistigen Arbeiter. München und Leipzig 1922, S. 1ff.
Ders.: Augustus Buchner und seine Bedeutung für die deutsche Literatur des 17. Jahrhunderts. München 1919.
Ders.: Andreas Tscherning. Ein Beitrag zur Literatur- und Kultur-Geschichte des 17. Jahrhunderts. München, Leipzig 1912.
Borinski, Karl: Die Antike in Poetik und Kunsttheorie vom Ausgang des klassischen Altertums bis auf Goethe und Wilhelm von Humboldt. 2 Bde. Leipzig 1914/24. Nachdruck Darmstadt 1965.
Ders.: Baltasar Gracian und die Hoflitteratur in Deutschland. Halle/S. 1894.
Ders.: Die Poetik der Renaissance und die Anfänge der litterarischen Kritik in Deutschland. Berlin 1886. Nachdruck Hildesheim 1967.
Ders.: Die Kunstlehre der Renaissance in Opitz' ›Buch von der Teutschen Poeterey‹. Diss. München 1883.
Borjans-Heuser, Peter: Bürgerliche Produktivität und Dichtungstheorie. Strukturmerkmale der poietischen Rationalität im Werk von Johann Christoph Gottsched. Frankfurt a. M., Bern 1981.
Borkenau, Franz: Der Übergang vom feudalen zum bürgerlichen Weltbild. Studien zur Geschichte der Philosophie der Manufakturperiode. Paris 1934. Nachdruck Stuttgart o. J. Mit einem Anhang: Henryk Grossmann: Die gesellschaftlichen Grundlagen der mechanistischen Philosophie und der Manufaktur.
Bormann, D. Robert: A rhetoric of the German enlightenment. Johann Christoph Gottsched's Ausführliche Redekunst. In: Speech Monographs 38 (1971), S. 92ff.
Bornemann, Ulrich: Anlehnung und Abgrenzung. Untersuchungen zur Rezeption der niederländischen Literatur in der deutschen Dichtungsreform des 17. Jahrhunderts. Assen/Amsterdam 1976.
Bornkamm, Heinrich: Mystik, Spiritualismus und die Anfänge des Pietismus im Luthertum. Gießen 1926.
Bornscheuer, Lothar: Topik. Zur Struktur der gesellschaftlichen Einbildungskraft. Frankfurt a. M. 1976.
Borst, Arno: Lebensformen im Mittelalter. Frankfurt a. M., Berlin, Wien 1979.
Bosl, Karl (Hrsg.): Gesellschaft, Kultur, Literatur. Rezeption und Originalität im Wachsen

einer europäischen Literatur und Geistigkeit. Stuttgart 1975 (Monographien zur Geschichte des Mittelalters 11).
Ders. u. Eberhard Weis: Die Gesellschaft in Deutschland. Bd. 1. Von der fränkischen Zeit bis 1848. München 1976.
Ders.: Staat, Gesellschaft, Wirtschaft im deutschen Mittelalter. In: Bruno Gebhardt (Hrsg.), Handbuch der deutschen Geschichte. Bd. 1. Frühzeit und Mittelalter. Stuttgart ^{8}1954, S. 585ff.
Bouillier, Victor: La renommée de Montaigne en Allemagne. Paris 1921.
Bouterwek, Friedrich: Geschichte der Poesie und Beredsamkeit seit dem Ende des dreizehnten Jahrhunderts. Bd. 9 u. 10. Göttingen 1812/1817.
Bowen, Barbara C.: Cornelius Agrippa's De vanitate: polemic or paradox? In: Bibl. d'Humanisme et Renaissance 34 (1972), S. 249ff.
Bowen, James: A History of Western Education. Bd. 1 The Ancient World. Orient and Mediterranean, 2000 B. C. – A. D. 1054; Bd. 2. Civilization of Europe. Sixth to Sixteenth Century. London 1975.
Bradish, Joseph von: Der ›Erzhumanist‹ Celtes und das Wiener ›Dichter-Kollegium‹. Ein Beitrag zur deutschen Kulturkunde. In: J. v. B., Von Walther von der Vogelweide bis Wildgans. Aufsätze und Vorträge aus fünf Jahrzehnten. Wien 1965, S. 21ff.
Ders.: Dichterkrönungen im Wien des Humanismus. In: J. v. B., Von Walther von der Vogelweide bis Wildgans, S. 33ff.; zuerst in: JEGP 36 (1937), S. 367ff.
Bräker, Jakob: Der erzieherische Gehalt in J. J. Breitingers ›Critischer Dichtkunst‹. Diss. Zürich 1950.
Bragg, M. H.: The concept of the profession of poet in Germany during the 18th century and the evolution of a new theory of literature. Berkeley, Univ. of California 1966 (Diss. masch.).
Braitmaier, Friedrich: Geschichte der Poetischen Theorie und Kritik von den Diskursen der Maler bis auf Lessing. 2 Tle. Frauenfeld 1888/1889.
Ders.: Über die Schätzung Homers und Vergils von J. C. Scaliger bis Herder. Tübingen 1886.
Brancaforte, Charlotte: Lohensteins Preisgedicht ›Venus‹. Kritischer Text und Untersuchung. München 1974.
Brandau, Heinrich-Wilhelm: Die mittlere Bildung in Deutschland. Historisch-systematische Untersuchung einiger ihrer Probleme. Weinheim, Berlin 1959.
Brandes, Helga: Die Gesellschaft der Maler und ihr literarischer Beitrag zur Aufklärung. Bremen 1974.
Brates, Georg: Die Barockpoetik als Dichtkunst, Reimkunst, Sprachkunst. In: ZfdPh 53 (1928), S. 346ff.
Braubach, Max: Vom Westfälischen Frieden bis zur Französischen Revolution. In: Gebhardt, Handbuch der deutschen Geschichte, Bd. 2, S. 203ff.
Brauer, Walter: Geschichte des Prosabegriffes von Gottsched bis zum Jungen Deutschland. Frankfurt a. M. 1938; Nachdruck Hildesheim 1974.
Braunbehrens, Volkmar: Nationalbildung und Nationalliteratur. Zur Rezeption der Literatur des 17. Jahrhunderts von Gottsched bis Gervinus. Diss. Berlin 1974.
Brauneck, Manfred: Deutsche Literatur des 17. Jahrhunderts – Revision eines Epochenbildes. Ein Forschungsbericht 1945–1970. In: DVjs 45 (1971), Sonderheft Forschungsreferate, S. 378ff.
Ders.: Barockforschung. Ein Literaturbericht 1962–1967. In: Das 17. Jahrhundert in neuer Sicht. Stuttgart 1969, S. 93ff.
Breen, Q.: Some aspects of humanistic rhetoric and the Reformation. In: Nederlands Archief voor Kerkgeschiedenis N. S. 43 (1960), S. 1ff.
Breen, Quirinus: The Subordination of Philosophy to Rhetoric in Melanchton. A Study of his Reply to G. Pico della Mirandola. In: Archiv für Reformationsgeschichte 43 (1952) H. 1, S. 13ff.

Breitenbürger, Gerd: Metaphora. Die Rezeption des aristotelischen Begriffs in den Poetiken des Cinquecento. Mit einem Vorwort von Hugo Friedrich. Meisenheim am Glan 1975.

Breuer, Dieter: Adam Contzens Staatsroman. Zur Funktion der Poesie im absolutistischen Staat. In: Literatur und Gesellschaft (1979), S. 77ff.

Ders.: Gibt es eine bürgerliche Literatur im Deutschland des 17. Jahrhunderts? Über die Grenzen eines sozialgeschichtlichen Interpretationsschemas. In: GRM. NF. 30 (1980), H. 2, S. 211ff.

Breymayer, Reinhard: Pietistische Rhetorik als Eloquentia nov-antiqua. Mit besonderer Berücksichtigung Gottfried Polykarp Müllers (1684–1747). In: Festschrift Winfried Zeller. Traditio – Krisis – Renovatio aus theologischer Sicht. Hrsg. von Bernd Jaspert und Rudolf Mohr. Marburg 1976, S. 258ff.

Bringemeier, Martha: Priester- und Gelehrtenkleidung. Tunika – Sutane – Schaube – Talar. Ein Beitrag zu einer geistesgeschichtlichen Kostümforschung. Münster 1974.

Brinkmann, Hennig: Zu Wesen und Form mittelalterlicher Dichtung. Halle/S. 1928.

Brinkschulte, Eduard: Julius Caesar Scaligers kunsttheoretische Anschauungen und deren Hauptquellen. Diss. Bonn 1913.

Brockdorff, Baron Cay v.: Descartes und die Fortbildung der kartesianischen Lehre. München 1923.

Brockmeyer, Rainer: Geschichte des deutschen Briefes von Gottsched bis zum Sturm und Drang. Diss. Münster 1961.

Broich, Ulrich: Das Lehrgedicht als Teil der epischen Tradition des englischen Klassizismus. In: GRM. NF 13 (1963), S. 147ff.

Bruck, Jan: Der aristotelische Mimesisbegriff und die Nachahmungstheorie Gottscheds und der Schweizer. Diss. Erlangen – Nürnberg 1972.

Ders., E. Feldmeier, H. Hiebel, K. H. Stahl: Der Mimesisbegriff Gottscheds und der Schweizer. Kritische Überlegungen zu H. P. Herrmann Naturnachahmung und Einbildungskraft. In: ZfdPh 90 (1971), S. 563ff.

Brückner, Jutta: Staatswissenschaften, Kameralismus und Naturrecht. Ein Beitrag zur Geschichte der Politischen Wissenschaft im Deutschland des späten 17. und frühen 18. Jahrhunderts. München 1977.

Brügel, Julius: Bildungsbestrebungen in Deutschland während des Dreißigjährigen Krieges. In: K. A. Schmid (Hrsg.), Geschichte der Erziehung vom Anfang bis auf unsere Zeit. Bd. 4, 1. Stuttgart 1896, S. 1ff.

Ders.: Johann Valentin Andreä; ebd., Bd. 3, 2. Stuttgart 1892, S. 147ff.

Brüggemann, Diethelm: Vom Herzen direkt in die Feder. Die Deutschen in ihren Briefstellern. München 1968.

Ders.: Gellert, der gute Geschmack und die üblen Briefsteller. Zur Geschichte der Rhetorik in der Moderne. In: DVjs 45 (1971), S. 117ff.

Ders.: Die sächsische Komödie. Studien zum Sprachstil. Köln, Wien 1970.

Brüggemann, Fritz: Einleitung zu: Aus der Frühzeit der deutschen Aufklärung. Christian Thomasius und Christian Weise (DLE R. Aufklärung. Bd. 1). Leipzig 1928, S. 5ff.

Ders.: Der Kampf um die bürgerliche Welt- und Lebensanschauung in der deutschen Literatur des achtzehnten Jahrhunderts. In: DVjs 3 (1925), S. 94ff.

Brüssow, Lotte: Die Auffassung von Einbildungskraft und Verstand und ihr gegenseitiges Verhältnis bei Hume, Kant und Fichte. Diss. Greifswald 1922.

Bruford, Walter H.: Die gesellschaftlichen Grundlagen der Goethezeit. Frankfurt a. M., Berlin, Wien 1975.

Ders.: The German Tradition of Self-Cultivation. ›Bildung‹ from Humboldt to Thomas Mann. Cambridge 1975.

Bruhn, Wolfgang, Helmut Scarbina: Kostüm und Mode. Bamberg 1938.

Ders., u. Max Tilke: Kostümgeschichte in Bildern. Neue Ausgabe von: Das Kostümwerk. Tübingen 1955.

Brummack, Jürgen: Satire. In: Merker-Stammler, Reallexikon der deutschen Literaturgeschichte. Bd. 3. Berlin, New York [2]1977, S. 601ff.
Ders.: Vernunft und Aggression: Über den Satiriker Liscow. In: DVjs Sonderheft »18. Jahrhundert« 49 (1975), S. 118*ff.
Brunner, Otto: Adeliges Landleben und Europäischer Geist. Leben und Werk Wolf Helmhards von Hohberg 1612–1688. Salzburg 1949.
Ders.: Zum Begriff des Bürgertums. In: Untersuchungen zur gesellschaftlichen Struktur der mittelalterlichen Städte in Europa. Reichenau-Vorträge 1963–64. Stuttgart 1966, S. 13ff.
Ders.: Neue Wege der Sozialgeschichte. Vorträge und Aufsätze. Göttingen 1956.
Ders., W. Conze, R. Koselleck (Hrsg.): Geschichtliche Grundbegriffe. Historisches Lexikon zur politisch-sozialen Sprache in Deutschland. Bd. 1ff. Stuttgart 1972ff.
Brunner, Hugo: Ueber academische Romane des 18. Jahrhunderts als Quellen für die Geschichte des studentischen Lebens, sowie über deren Verfasser. In: Academische Monatshefte 7 (1891), S. 66ff., 125ff., 192ff.
Brunschwig, Henri: Gesellschaft und Romantik in Preußen im 18. Jahrhundert. Frankfurt a. M., Berlin, Wien 1976 (Paris [1]1947).
Buck, August: Studia humanitatis. Gesammelte Aufsätze 1973–1980. Festgabe zum 70. Geburtstag, hrsg. v. B. Guthmüller, K. Kohut und O. Roth. Wiesbaden 1981.
Ders. (Hrsg.): Petrarca. Darmstadt 1976 (Wege der Forschung Bd. CCCLIII).
Ders.: Der italienische Humanismus. In: humanismusforschung seit 1945, S. 11ff.
Ders.: Barock und Manierismus: die Anti-Renaissance. In: W. Barner (Hrsg.), Der literarische Barockbegriff, S. 501ff.
Ders.: Der Wissenschaftsbegriff des Renaissance-Humanismus. In: Wolfenbütteler Beiträge 2 (1973), S. 45ff.
Ders. (Hrsg.): Renaissance und Barock. 2 Tle. bes. Tl. 1. Frankfurt a. M. 1972 (Neues Handbuch der Literaturwissenschaft Bd. 9). Darin Einleitung S. 1ff.
Ders.: Dichtungslehren der Renaissance und des Barocks, ebd., S. 28ff.
Ders. (Hrsg.): Zu Begriff und Problem der Renaissance. Darmstadt 1969 (Wege der Forschung Bd. CCIV).
Ders.: Die humanistische Polemik gegen die Naturwissenschaften. In: A. B., Die humanistische Tradition in der Romania. Bad Homburg v. d. Höhe 1968, S. 150ff.
Ders.: Il concetto di ›poeta eruditus‹ nella poetica del rinascimento italiano. In: Atti e memorie. Arcadia. Accademia letteraria italiana. Ser. 3a. Vol. 4, fasc. 4 (1967). Roma, S. 86ff.
Ders.: Die ›studia humanitatis‹ und ihre Methode. In: Bibl. d'Humanisme et Renaissance 21 (1959), S. 273ff.
Ders.: Aus der Vorgeschichte der ›Querelle des Ancients et des Modernes‹ in Mittelalter und Renaissance. In: Bibliothèque d'Humanisme et de Renaissance 20 (1958), S. 527ff.
Ders.: Der Renaissance-Humanismus und die Wissenschaften. In: Zs. f. Pädagogik 1 (1955), S. 215ff.
Ders.: Italienische Dichtungslehren vom Mittelalter bis zum Ausgang der Renaissance. Tübingen 1952.
Bütler-Schön, Helga: Dichtungsverständnis und Selbstdarstellung bei Johann Christian Günther. Studien zu seinen Auftragsgedichten, Satiren und Klageliedern. Bonn 1980.
Bütow, Adolf a. Pyritz: Die Entwicklung der mittelalterlichen Briefsteller bis zur Mitte des 12. Jahrhunderts, mit besonderer Berücksichtigung der Theorien der ars dictandi. Diss. Greifswald 1908.
Bulling, Klaus: Bibliographie zur Fruchtbringenden Gesellschaft. In: Marginalien. Blätter der Pirckheimer Gesellschaft, Heft 20 (Oktober 1965). Berlin und Weimar 1965.
Burckhardt, Carl J.: Der Honnête Homme. In: C. J. B., Gestalten und Mächte. Zürich 1961, S. 339ff.
Burckhardt, Jakob: Die Kultur der Renaissance in Italien. Ein Versuch. Berlin o. J.
Burdach, Konrad: Reformation, Renaissance, Humanismus. Berlin [2]1926 ([1]1918).

Ders. (Hrsg.): Vom Mittelalter zur Reformation. Forschungen zur Geschichte der deutschen Bildung. Bd. 1. Halle 1893.
Ders.: Deutsche Renaissance. Betrachtungen über unsere künftige Bildung. Berlin 1916.
Burger, Heinz Otto: Renaissance, Humanismus, Reformation. Deutsche Literatur im europäischen Kontext. Bad Homburg v. d. Höhe, Berlin, Zürich 1969.
Ders.: Deutsche Aufklärung im Widerspiel zu Barock und Neubarock. In: H. Steffen (Hrsg.): Formkräfte der deutschen Dichtung vom Barock bis zur Gegenwart, S. 56ff.
Ders.: Die Geschichte der unvergnügten Seele. In: DVjs 34 (1960), S. 1ff.
Bursian, Conrad: Geschichte der klassischen Philologie in Deutschland von den Anfängen bis zur Gegenwart. 2 Bde. München und Leipzig 1883.
Busch, Alexander: Die Geschichte des Privatdozenten. Eine soziologische Studie zur großbetrieblichen Entwicklung der deutschen Universitäten. Stuttgart 1959.
Bush, John Nash Douglas: Science and English Poetry. A historical sketch, 1590–1950. Oxford Univ. Press. New York 1950.
Butterfield, Herbert: The Origins of Modern Science 1300–1800. London 1949.
Buyken, Thea: Enea Silvio Piccolomini. Sein Leben und Werden bis zum Episkopat. Bonn u. Köln 1931.
Calder, Nigel: Das Geheimnis der Kometen. Wahn und Wirklichkeit. Frankfurt a. M. 1981.
Carl, Philipp: Repertorium der Cometen-Astronomie. München 1864.
Carlsson, Anni: Die deutsche Buchkritik. Bd. 1. Von den Anfängen bis 1850. Stuttgart 1963.
Cassirer, Ernst: Descartes. Lehre, Persönlichkeit, Wirkung. Stockholm 1939.
Ders.: Die Philosophie der Aufklärung. Tübingen [2]1932.
Ders.: Individuum und Kosmos in der Philosophie der Renaissance. Leipzig, Berlin 1927.
Ders.: Das Erkenntnisproblem in der Philosophie und Wissenschaft der neueren Zeit. 3 Bde. Berlin [2]1911/1920. Reprint New Haven 1974.
Ders.: Freiheit und Form. Studien zur deutschen Geistesgeschichte. Berlin 1916.
Charlton, Henry Buckley: Castelvetro's Theory of Poetry. Manchester 1913.
Cholevius, Carl Leo: Die bedeutendsten deutschen Romane des 17. Jahrhunderts. Ein Beitrag zur Geschichte der deutschen Literatur. Reprogr. Nachdruck Darmstadt 1965 ([1]1866).
Ders.: Geschichte der deutschen Poesie nach ihren antiken Elementen. 2 Tle. Leipzig 1854 u. 1856; Nachdruck Darmstadt 1968.
Christensen, Sigrid Flamand: Die männliche Kleidung in der süddeutschen Renaissance. Kunstwiss. Studien 15. Berlin 1934.
Clark, Donald Lemen: Rhetoric in Greco-Roman Education. New York 1957.
Ders.: Rhetoric and Poetry in the Renaissance. A Study of Rhetorical Terms in English Renaissance Literary Criticism. New York 1922.
Clarke, Martin Lowther: Die Rhetorik bei den Römern. Ein historischer Abriß. Göttingen 1968.
Clasen, Sophronius O. F. M.: Der Studiengang an der Kölner Artistenfakultät. In: J. Koch (Hrsg.): Artes liberales, S. 124ff.
Classen, P.: Die Hohen Schulen und die Gesellschaft im 12. Jahrhundert. In: Nachrichten der Gießener Hochschulgesellschaft 33 (1964), S. 145ff.
Clemen, Otto: Leipziger Kleiderordnung von 1506. In: Neues Archiv für Sächsische Geschichte und Altertumswissenschaft 28 (1907), S. 305ff.
Cobban, Alfred (Hrsg.): Das 18. Jahrhundert. Aufklärung, Rokoko und Revolution. München und Zürich 1971.
Cohn, Egon: Gesellschaftsideale und Gesellschaftsroman des 17. Jahrhunderts. Studien zur deutschen Bildungsgeschichte. Berlin 1921. Nachdruck Nendeln 1967.
Conermann, Klaus: War die Fruchtbringende Gesellschaft eine Akademie? Über das Verhältnis der Fruchtbringenden Gesellschaft zu den italienischen Akademien. In: M. Bircher (Hrsg.), Sprachgesellschaften, S. 103ff.

Ders.: Metamorphosen eines Hochzeitsgedichts. In: Wolfenbütteler Barock-Nachrichten 2 (1975), S. 123f.
Ders.: Der Poet und die Maschine. Zum Verhältnis von Literatur und Technik in der Renaissance und im Barock. In: Teilnahme und Spiegelung. Festschrift f. H. Rüdiger. Hrsg. v. Beda Allemann und E. Koppen. Berlin, New York 1975, S. 173ff.
Conrads, Norbert: Ritterakademien und Sprachgesellschaften. Ein Vergleich. In: M. Bircher (Hrsg.); Sprachgesellschaften, S. 75ff.
Conrady, Karl Otto: Lateinische Dichtungstradition und deutsche Lyrik des 17. Jahrhunderts. Bonn 1962.
Cosacchi, Stephan: Makabertanz. Der Totentanz in Kunst, Poesie und Brauchtum des Mittelalters. Königstein/Ts. 1965.
Coseriu, Eugenio: Die Geschichte der Sprachphilosophie von der Antike bis zur Gegenwart. Eine Übersicht. Tübingen 1975.
Cramer, Johann Andreas: Gellerts Leben. Leipzig 1774.
Crombie, Alistair C.: Von Augustinus bis Galilei. Die Emanzipation der Naturwissenschaft. München 1980.
Crusius, Daniel R.: The concept of the poet in Baroque literature. In: Monatshefte für Deutschen Unterricht, Deutsche Sprache und Literatur 47 (1955), Nr. 8, S. 393ff.
Curtius, Ernst Robert: Mittelalterlicher und barocker Dichtungsstil. In: W. Barner (Hrsg.): Der literarische Barockbegriff, S. 220ff.
Ders.: Europäische Literatur und lateinisches Mittelalter. Bern und München [6]1967 ([1]1948).
Ders.: Die Lehre von den drei Stilen in Altertum und Mittelalter. In: Romanische Forschungen 64 (1952), S. 57ff.
Ders.: Dichtung und Rhetorik im Mittelalter. In: DVjs 16 (1938), S. 435ff.
Cysarz, Herbert: Martin Opitz. Drei Sonette. In: Die deutsche Lyrik. Hrsg. v. Benno v. Wiese. Bd. 1. Düsseldorf 1956, S.109ff.
Ders.: Daniel Casper von Lohenstein. In: Schlesische Lebensbilder. Bd. 3. Breslau 1928, S. 126ff.
Ders.: Deutsche Barockdichtung. Leipzig 1924.
Ders.: Vom Geist des deutschen Literaturbarocks. In: DVjs 1 (1923), S. 143ff.
Dachsel, Joachim: Der Künstler am Hofe als Gestalt der neueren deutschen Dichtung. Ein Beitrag zur Geschichte des Verhältnisses von Kunst, Gemeinschaft und Staat zueinander. Diss. Leipzig 1945.
Dahinten, Egon: Studien zum Sprachstil der Iliasübertragungen Bürgers, Stolbergs und Vossens. Unter Berücksichtigung der Übersetzungstheorien des 18. Jahrhunderts. Diss. masch. Göttingen 1957.
Dahlke, Hans: Johann Christian Günther. Seine dichterische Entwicklung. Berlin 1960.
Daly, Lowrie J.: The Medieval University 1200–1400. With an Introduction by Pearl Kibre. New York 1961.
Damaschke, Alfred: Geschichte der Redekunst. Eine erste Einführung. Jena 1921.
Dangelmayr, Siegfried: Methode und System. Wissenschaftsklassifikation bei Bacon, Hobbes und Locke. Meisenheim am Glan 1974.
Danzel, Theodor W.: Gottsched und seine Zeit. Auszüge aus seinem Briefwechsel. Zus. gest. u. erl. v. T. W. D. Nebst einem Anhange: D. W. Trillers Anmerkungen zu Klopstocks Gelehrtenrepublik. Leipzig 1848. Nachdruck Hildesheim New York 1970.
Daube, Anna: Der Aufstieg der Muttersprache im deutschen Denken des 15. und 16. Jahrhunderts. Diss. Rostock 1939. Frankfurt a. M. 1940.
Daunicht, Richard (Hrsg.): Lessing im Gespräch. Berichte und Urteile von Freunden und Zeitgenossen. München 1971.
Ders.: Die Entstehung des bürgerlichen Trauerspiels in Deutschland. Berlin [2]1965.
David, Claude: Lob der Philologie und des Humanismus. In: Dt. Akad. f. Sprache und Dichtung, Jb. 1978, S. 54ff.

Debitsch, Friedrich: Die staatsbürgerliche Erziehung an den deutschen Ritterakademien. Diss. Halle 1927.

Dedner, Burghard: Topos, Ideal und Realitätspostulat. Studien zur Darstellung des Landlebens im Roman des 18. Jahrhunderts. Tübingen 1969.

Delambre, Jean Baptiste Joseph: Histoire de L'Astronomie au dix-huitième Siècle. Paris 1827.

Delatte, Armand: Les Conceptions de l'enthousiasme chez les philosophes présocratiques. Paris 1934.

Denk, Victor Martin Otto: Fürst Ludwig zu Anhalt-Cöthen und der erste deutsche Sprachverein. Marburg 1917.

Denze, Horst: Moralphilosophie und Naturrecht bei S. Pufendorf. Eine geisteswissenschaftliche Untersuchung zur Geburt des Naturrechts aus der Praktischen Philosophie. München 1972.

Dessoir, Max: Geschichte der neueren deutschen Psychologie. Bd. 1. Von Leibniz bis Kant. Berlin 1894; 2. völlig umgearb. Aufl. Berlin 1902.

Deutsches Fremdwörterbuch. Begonnen von Hans Schulz, fortgef. von Otto Basler, Bd. 2. Berlin 1942.

Dieck: Artikel ›Doktor‹. In: Ersch-Gruber, Allgemeine Encyklopädie der Wissenschaften und Künste, Sektion 1, Bd. 26, Sp. 237ff.

Dieckmann, Herbert: Die Wandlung des Nachahmungsbegriffs in der französischen Ästhetik des 18. Jahrhunderts. In: H. D., Studien zur europäischen Aufklärung. München 1974, S. 275ff.

Diederich, Werner (Hrsg.): Theorie – Diskussion. Theorien der Wissenschaftsgeschichte. Beiträge zur diachronen Wissenschaftstheorie. Frankfurt a. M. 1974.

Diehl, Adolf: Überblick über die Geschichte des humanistischen Schulwesens in Württemberg. Die Zeit der Scholastik. In: Geschichte des humanistischen Schulwesens in Württemberg. Bd. 1. Stuttgart 1912, S. 1ff.

Dierse, Ulrich: Enzyklopädie. Zur Geschichte eines philosophischen und wissenschaftstheoretischen Begriffs. Bonn 1977.

Dietrich, Theo (Hrsg.): Zur Geschichte der Volksschule. 2 Bde. Bad Heilbrunn [2]1972/1974.

Dietze, Walter: Quirinus Kuhlmann, Ketzer und Poet. Versuch einer monographischen Darstellung von Leben und Werk. Berlin (Ost) 1963.

Dijksterhuis, Eduard Jan: Die Mechanisierung des Weltbildes. Berlin 1956.

Dilthey, Wilhelm: Gottfried August Bürger und sein Kreis. In: W. D., Die große Phantasiedichtung. Göttingen 1954, S. 229ff.

Ders.: Weltanschauung und Analyse des Menschen seit Renaissance und Reformation. (Gesammelte Schriften Bd. 2). Stuttgart [9]1970.

Dissel, Karl: Die sprachreinigenden Bestrebungen im 17. Jahrhundert. Festschrift des Wilhelm-Gymnasiums in Hamburg 1885, S. 97ff.

Dittrich, Paul: Plautus und Terenz in Pädagogik und Schulwesen der deutschen Humanisten. Leipzig 1915.

Dobler, Eberhard: Das kaiserliche Hofpfalzgrafenamt und der Briefadel im alten Deutschen Reich vor 1806 in rechtshistorischer und soziologischer Sicht. Diss. Freiburg 1950.

Dockhorn, Klaus: Macht und Wirkung der Rhetorik. Vier Aufsätze zur Ideengeschichte der Vormoderne. Bad Homburg, Berlin, Zürich 1968 (Respublica literaria Bd. 2).

Ders.: Die Rhetorik als Quelle des vorromantischen Irrationalismus in der Literatur- und Geistesgeschichte. In: Nachrichten der Akademie der Wiss. in Göttingen. Phil.-hist. Klasse Jg. 1948 (1949), Nr. 5, S. 110ff.

Döberl, Michael u. a. (Hrsg.): Das akademische Deutschland. 4 Bde. Berlin 1930/31.

Döhring, Erich: Geschichte der deutschen Rechtspflege seit 1500. Berlin 1953.

Dörrie, Heinrich: Der heroische Brief. Bestandsaufnahme, Geschichte, Kritik einer humanistisch-barocken Literaturgattung. Berlin 1968.

Dorn, Max: Der Tugendbegriff Gellerts auf der Grundlage des Tugendbegriffs der Zeit. Diss. Greifswald 1919.
Dorn, Wilhelm: Benjamin Neukirch. Sein Leben und seine Werke. Ein Beitrag zur Geschichte der zweiten schlesischen Schule. Weimar 1897.
Dorner, Rainer: Doktor Faust. Zur Sozialgeschichte des deutschen Intellektuellen zwischen frühbürgerlicher Revolution und Reichsgründung. Kronberg/Ts. 1976.
Dostal, Franz: Studien zur weltlichen Lyrik Simon Dachs. Diss. Wien 1958.
Drees, Jan: Deutschsprachige Gelegenheitsdichtung des 17. Jahrhunderts in Stockholm und Uppsala. In: Dokumente des Internat. Arbeitskreises f. dt. Barocklit. 3 (1977), S. 294ff.
Dreitzel, Horst: Protestantischer Aristotelismus und Absoluter Staat. Die ›Politica‹ des Henning Arnisaeus (ca. 1575–1636). Wiesbaden 1970.
Dresden, Sam: Erasmianische Humanitas und aufklärerische Humanität. In: Aufklärung und Humanismus. Studien zur Aufklärung VI (1980), S. 147ff.
Ders.: Humanismus und Renaissance. München 1968.
Dries, Karl Heinz: Die Rechtslehre des Thomasius unter besonderer Berücksichtigung der Veränderungen seines Rechtsbegriffes. Diss. Köln 1963.
Droege, Georg: Deutsche Wirtschafts- und Sozialgeschichte. Frankfurt a. M., Berlin, Wien 1972.
Druvins, Ute: Volksüberlieferung und Gesellschaftskritik in der Ballade. In: W. Hinck (Hrsg.), Sturm und Drang, S. 117ff.
Drux, Rudolf: Nachgeahmte Natur und vorgestellte Staatsform. Zur Struktur und Funktion der Naturphänomene in der weltlichen Lyrik des Martin Opitz. In: Naturlyrik und Gesellschaft. Hrsg. v. Norbert Mecklenburg. Stuttgart 1977, S. 33ff.
Ders.: Martin Opitz und sein poetisches Regelsystem. Diss. Köln, Bonn 1976.
Dülmen, Richard van: Die Utopie einer christlichen Gesellschaft. Johann Valentin Andreae (1586–1654). Tl. 1. Stuttgart-Bad Cannstatt 1978.
Durach, Moritz: Christian Fürchtegott Gellert, Dichter und Erzieher. Dresden 1938.
Durant, Will und Ariel: Das Zeitalter Ludwigs XIV. Bern und München 1966.
Dvoretzky, Edward (Hrsg.): Lessing. Dokumente zur Wirkungsgeschichte 1755–1968. 2 Tle. Göppingen 1971.
Dyck, Joachim: Athen und Jerusalem. Die Tradition der argumentativen Verknüpfung von Bibel und Poesie im 17. und 18. Jahrhundert. München 1977.
Ders.: Zum Funktionswandel der Universitäten vom 17. zum 18. Jahrhundert. Am Beispiel Halle. In: A. Schöne (Hrsg.), Stadt – Schule – Universität – Buchwesen. S. 371ff.
Ders.: Rhetorische Argumentation und poetische Legitimation. Zur Genese und Funktion zweier Argumente in der Literaturtheorie des 17. Jahrhunderts. In: H. Schanze (Hrsg.), Rhetorik. Frankfurt a. M. 1974, S. 69ff.; zuerst u. d. T. Apologetic argumentation in the literary theory of the German Baroque. In: JEGP 68 (1969), S. 197ff.
Ders.: Die Rolle der Topik in der literarischen Theorie und Praxis des 17. Jahrhunderts in Deutschland. In: Peter Schwind (Hrsg.): Toposforschung. Eine Dokumentation. Frankfurt a. M. 1972, S. 121ff.
Ders.: Rezension von L. Fischer: Gebundene Rede. In: Anzeiger für deutsches Altertum und deutsche Literatur 80, in: ZfdA 98 (1969), S.68ff.
Ders.: Philosoph, Historiker, Orator und Poet. Rhetorik als Verständigungshorizont der Literaturtheorie des 17. Jahrhunderts. In: arcadia 4 (1969), S. 1ff.
Ders.: Ticht-Kunst. Deutsche Barockpoetik und Rhetorische Tradition. Bad Homburg v. d. Höhe, Berlin, Zürich [2]1969.
Ders.: Ornatus und Decorum im protestantischen Predigtstil des 17. Jahrhunderts. In: ZfdA 94 (1965), S. 225ff.
Dyck, Martin: Mathematics and literature in the German enlightenment. Abraham Gotthelf Kästner (1719–1800). In: Studies on Voltaire and the eighteenth century 190 (1980), S. 508ff.

Ebel, Wilhelm: Der Göttinger Professor Johann Stephan Pütter aus Iserlohn. Göttingen 1975.
Ders.: Über die Göttinger Dichterkrönungen. In: Georgia Augusta (Nachrichtenblatt des Universitätsbundes) 1967, S. 31ff.
Ebeling, Friedrich Wilhelm: Geschichte der Komischen Literatur in Deutschland während der 2. Hälfte des 18. Jahrhunderts. 3 Bde. Leipzig 1869; Nachdruck Hildesheim 1971.
Eberle, Josef: Poeta laureatus. In: Attempto 12 (1963), S. 11ff.
Eckard, Rudolf: Die Lehrdichtung, ihr Wesen und ihre Vertreter. Glückstadt 1909.
Eckert, Paul Willehad: Erasmus von Rotterdam. Werk und Wirkung. 2 Bde. Köln 1967.
Eckstein, F. A.: Pedanterie. In: Ersch-Gruber, Allgemeine Encyklopädie der Wissenschaften und Künste, Sektion 3, Tl. 14. Leipzig 1840, S. 406ff.
Eckstein, Friedrich August: Chronik der Stadt Halle. Eine Fortsetzung der Dreyhauptschen Beschreibung des Saalkreises. Halle 1842ff.
Edighoffer, Roland: De l'humanisme au Frühbarock. In: EG 19 (1964/1965), S. 463ff.
Effenberger, Hubert: Studien zum Einfluß von Gesellschaft und Wirtschaft auf das literarische Leben des 18. Jahrhunderts. Diss. Wien 1950.
Eggers, Dietrich: Das Breslauer Schultheater unter Christian Gryphius: Literaturgeschichte als Bildungsauftrag. In: A. Schöne (Hrsg.), Stadt – Schule – Universität – Buchwesen, S. 210ff.
Ehrenzeller, Hans: Studien zur Romanvorrede von Grimmelshausen bis Jean Paul. Bern 1955.
Eibl, Karl: Prodesse et delectare. Lyrik des 18. Jahrhunderts vor der Schwelle zur Autonomieästhetik. In: Historizität in Sprach- und Literaturwissenschaft. München 1974, S. 281ff.
Eichler, Ferdinand: Das Nachleben des Hans Sachs vom XVI bis ins XIX Jahrhundert. Eine Untersuchung zur Geschichte der deutschen Literatur. Leipzig 1904.
Eiermann, Walter: Gellerts Briefstil. Diss. Kiel. Leipzig 1912.
Eisenbach, Heinrich Friedrich: Beschreibung und Geschichte der Universität und Stadt Tübingen. Tübingen 1822.
Eisenbart, Liselotte Constanze: Kleiderordnungen der deutschen Städte zwischen 1350 und 1700. Ein Beitrag zur Kulturgeschichte des deutschen Bürgertums. Göttingen 1962.
Eisenhut, Werner: Einführung in die antike Rhetorik und ihre Geschichte. Zweite Aufl. Darmstadt 1977.
Eizereif, Heinrich: Kunst: Eine andere Natur. Historische Untersuchungen zu einem dichtungs-theoretischen Grundbegriff. Diss. Bonn 1952.
Elias, Julius: Christian Wernicke. Diss. München 1888.
Ders.: Der Briefwechsel zwischen Elisabeth Charlotte von Orléans und Christian Wernicke. In: Romanische Forschungen 5 (1890), S. 285ff.
Elias, Norbert: Über den Prozeß der Zivilisation. Soziogenetische und psychogenetische Untersuchungen. 2 Bde. Frankfurt a. M. 1976.
Ders.: Die höfische Gesellschaft. Untersuchungen zur Soziologie des Königtums und der höfischen Aristokratie. Neuwied, Berlin 1969.
Ellinger, Georg: Geschichte der neulateinischen Literatur Deutschlands im 16. Jahrhundert. 3 Bde. Leipzig 1929.
Ders.: Dichterkrönung. In: Reallexikon der deutschen Literaturgeschichte, Bd. 1, Berlin 1925/26, S. 193ff; erw. Fassung ebd., 2. Aufl. Bd. 1, Berlin 1958, S. 261f.
Ders.: Philipp Melanchthon. Ein Lebensbild. Berlin 1902.
Eloesser, Arthur: Die deutsche Literatur vom Barock bis zur Gegenwart, Bd. 1. Berlin 1930.
Elsasser, Robert: Die Anfänge der deutschen politischen Bildungsreisen nach England. Diss. Heidelberg 1917.
Elschenbroich, Adalbert: Imitatio und Disputatio in Nikodemus Frischlins Religionskomödie »Phasma«. Späthumanistisches Drama und akademische Unterrichtsmethode in

Tübingen am Ausgang des 16. Jahrhunderts. In: A. Schöne (Hrsg.): Stadt – Schule – Universität – Buchwesen, S. 335ff.
Enders, Carl: Deutsche Gelegenheitsdichtung bis zu Goethe. In: GRM 1 (1909), S. 292ff.
Engel, Josef (Hrsg.): Die Entstehung des neuzeitlichen Europa. Stuttgart 1971 (Handbuch der europäischen Geschichte, Bd. 3).
Engel, James E.: Das Zeitalter der Renaissance, des Humanismus und der Reformation. Bern und München 1969 (Handbuch der deutschen Literaturgeschichte, Abtl. Bibliographie 4).
Engel-Janosi, Friedrich u. Grete Klingenstein (Hrsg.): Fürst, Bürger, Mensch. Untersuchungen zu politischen und sozio-kulturellen Wandlungsprozessen im vorrevolutionären Europa. Wien, München 1975.
Engelberg, Ernst (Hrsg.): Karl-Marx-Universität Leipzig 1409–1959. Beiträge zur Universitätsgeschichte. Bd. 1. Leipzig 1959.
Engelsing, Rolf: Der literarische Arbeiter. Bd. 1. Arbeit, Zeit und Werk im literarischen Beruf. Göttingen 1976.
Ders.: Der Bürger als Leser. Lesergeschichte in Deutschland 1500–1800. Stuttgart 1974.
Ders.: Zur Sozialgeschichte deutscher Mittel- und Unterschichten. Göttingen 1973.
Ders.: Analphabetentum und Lektüre. Zur Sozialgeschichte des Lesens zwischen feudaler und industrieller Gesellschaft. Stuttgart 1973.
Entner, Heinz: Zum Dichtungsbegriff des deutschen Humanismus. Theoretische Aussagen der neulateinischen Poetik zwischen K. Celtis und M. Opitz. In: Grundpositionen der deutschen Literatur im 16. Jahrhundert. Berlin (Ost) und Weimar 1972, S. 330ff.
Enzensberger, Hans Magnus: Poesie und Politik. In: H. M. E., Einzelheiten II, Poesie und Politik. Frankfurt a. M. ^{3}1970, S. 113ff.
Eppelsheimer, Hanns W.: Petrarca. Frankfurt a. M. ^{2}1934.
Erasmus von Rotterdam. Gedenkschrift zum 400. Todestag. Hrsg. von der Hist. u. Antiquar. Gesellschaft zu Basel. Basel 1936.
Erb, Therese: Die Pointe in Epigramm, Fabel, Verserzählung und Lyrik von Barock und Aufklärung. Diss. Bonn 1928.
Erdberg-Krczenciewski, R. v.: Johann Joachim Becher. Ein Beitrag zur Geschichte der Nationalökonomik. Jena 1896 (Staatswissenschaftliche Studien Bd. 6, H. 2).
Erdmannsdörffer, Bernhard: Deutsche Geschichte vom Westfälischen Frieden bis zum Regierungsantritt Friedrichs des Großen 1648–1740. 2 Bde. Meersburg, Naunhof, Leipzig 1932.
Erhard, Heinrich August: Geschichte des Wiederaufblühens wissenschaftlicher Bildung, vornehmlich in Teutschland bis zum Anfange der Reformation. 3 Bde. Magdeburg 1827–32.
Erman-Horn: Bibliographie der deutschen Universitäten. Systematisch geordnetes Verzeichnis der bis Ende 1899 gedruckten Bücher und Aufsätze über das deutsche Universitätswesen. Bearb. v. Wilhelm Erman und Ewald Horn. 3 Bde. Leipzig, Berlin 1904/1905.
Ermatinger, Emil: Deutsche Kultur im Zeitalter der Aufklärung. Potsdam 1935. Bearb. v. E. Thurnher u. Paul Stapf. Mit einer Einleitung von A. Wandruszka. Frankfurt a. M. 1969.
Ders.: Deutsche Dichter 1700–1900. Eine Geistesgeschichte in Lebensbildern. Tl. 1. Vom Beginn der Aufklärung bis zu Goethes Tod. Bonn 1948.
Ders.: Lessing und der Geist der Wissenschaft. In: Jahrbuch der Literarischen Vereinigung Winterthur 1931, S. 5ff.
Ders.: Barock und Rokoko in der deutschen Dichtung. Leipzig, Berlin 1926.
Erren, Manfred: Untersuchungen zum antiken Lehrgedicht. Diss. Freiburg i. Br. 1956.
Ersch-Gruber (Hrsg.): Allgemeine Encyklopädie der Wissenschaften und Künste. Hrsg. v. J. S. Ersch und J. G. Gruber, Sektion 1, Bd. 1–99, Sektion 2, Bd. 1–43, Sektion 3, Bd. 1–25. Leipzig 1818–1889.
Eschweiler, Karl: Die Philosophie der spanischen Spätscholastik auf den deutschen Univer-

sitäten des 17. Jahrhunderts. In: Spanische Forschungen der Görres-Gesellschaft, Bd. 1, Reihe 1 (1928), S. 251ff.
Eucken, Rudolf: Geschichte der philosophischen Terminologie im Umriß. Leipzig 1879.
Eulenburg, Friedrich: Die Frequenz der deutschen Universitäten von ihrer Gründung bis zur Gegenwart. Leipzig 1904.
Eymer, Wenzel: D. G. Morhof und sein Polyhistor. In: XXII. Programm des K. K. dt. Staatsgymnasiums in Budweis 1893, S. 1ff.
Faber du Faur, Curt v.: Der Aristarchus. Eine Neuwertung. In: PMLA 69 (1954), S. 566ff.
Ders.: Johann Michael Moscherosch, der Geängstigte. In: Euphorion 51 (1957), S. 233ff.
Ders.: Monarch, Patron and Poet. In: GR 24 (1949), S. 249ff.
Fabian, Bernhard: Der Gelehrte als Leser. In: Librarium 19 (1976), S. 160ff.
Ders.: Das Lehrgedicht als Problem der Poetik. In: Die nicht mehr schönen Künste. Hrsg. v. H. R. Jauß. München 1968, S. 67ff.; Diskussion S. 549ff.
Faivre, Antoine, u. Rolf Christian Zimmermann (Hrsg.): Epochen der Naturmystik. Hermetische Tradition im wissenschaftlichen Fortschritt. Bielefeld 1979.
Falke, Jacob: Die deutsche Trachten- und Modenwelt. Ein Beitrag zur deutschen Culturgeschichte. 2 Bde. Leipzig 1858.
Ders.: Monsieur Alamode, der Stutzer des dreißigjähr. Krieges. In: Zs. f. dt. Kulturgesch. 1 (1831), S. 157ff.
Faral, Edmond: Les arts poétiques du XIIe et du XIIIe siècle. Paris 1923.
Farrington, Benjamin: Francis Bacon. Philosopher of Industrial Science. London, New York 1973 ([1]1951).
Faust, August: Der Möglichkeitsgedanke. Systemgeschichtliche Untersuchungen. 2 Bde. Heidelberg 1932.
Fechner, Jörg-Ulrich: Der Lehr- und Lektüreplan des Schönaichianums in Beuthen als bildungsgeschichtliche Voraussetzung der Literatur. In: A. Schöne (Hrsg.), Stadt – Schule – Universität – Buchwesen, S. 324ff.
Ders.: Unbekannte Opitiana. Edition und Kommentar. In: Daphnis 1 (1972), S.23ff.
Ders.: Von Petrarca zum Antipetrarkismus. Bemerkungen zu Opitz ›An eine Jungfraw‹. In: Euphorion 62 (1968), S. 54ff.
Ferschmann, Siegfried: Die Poetik Georg Philipp Harsdörffers. Ein Beitrag zur Dichtungstheorie des Barock. Diss. Wien 1964.
Fertig, Ludwig: Die Hofmeister. Ein Beitrag zur Geschichte des Lehrerstandes und der bürgerlichen Intelligenz. Stuttgart 1980.
Fetscher, Iring: Das französische Descartesbild und der deutsche Anticartesianismus. In: Antares 4 (1956), S. 12ff.
Finsler, Georg: Platon und die aristotelische Poetik. Leipzig 1900.
Ders.: Homer in der Neuzeit von Dante bis Goethe. Leipzig, Berlin 1912.
Fischer-Lexikon, Das. Literatur 2/1 und 2. Hrsg. v. W.-H. Friedrich u. W. Killy. Frankfurt a. M. 1965.
Fischer, Hermann: Der Intellektualwortschatz im Deutschen und Französischen des 17. Jahrhunderts, untersucht an Gerzans und Zesens »Sofonisbe«. Diss. Münster 1938; Berlin 1938.
Fischer, Kuno: Gottfried Wilhelm Leibniz. Heidelberg [3]1889.
Ders.: Descartes' Leben, Werke und Lehre. Heidelberg [4]1897.
Ders.: Francis Bacon und seine Nachfolger. 2. völlig umgearb. Aufl. Leipzig 1875.
Fischer, Ludwig: Gebundene Rede. Dichtung und Rhetorik in der literar. Theorie des Barock in Deutschland. Tübingen 1968.
Fiske, Georg C., Mary A. Grant: Cicero's de oratore and Horace's ars poetica. Cambridge/ Mass. 1924.
Fleischmann, Max (Hrsg.): Christian Thomasius. Leben und Lebenswerk. Abhandlungen und Aufsätze. Halle 1931.
Ders.: Christian Thomasius. In: M. F. (Hrsg.), Christian Thomasius, S. 1ff.

Ders.: Christian Thomasius. Rede zur 200. Wiederkehr von Thomasius' Todestag (23. September 1728). Halle/S. 1929 (Hallische Universitätsreden 39).
Ders.: Christian Thomasius und die akademischen Vorlesungen in deutscher Sprache. In: ZRG. GA 30 (1909), S. 315ff.
Flemming, Willi: Einblicke in den deutschen Literaturbarock. Meisenheim am Glan 1975.
Ders.: Das Jahrhundert des Barock 1600–1700. In: Annalen der deutschen Literatur. Hrsg. v. H. O. Burger. Stuttgart [2]1962, S. 339ff.
Ders.: Deutsche Kultur im Zeitalter des Barock. Handbuch der Kulturgeschichte. 1. Abtl. Bd. 3. Geschichte des Deutschen Lebens. Potsdam 1937, Konstanz [2]1960.
Ders.: Die deutsche Barockzeit. Köln 1942.
Ders.: Die deutsche Seele des Barock. In: Von deutscher Art in Sprache und Dichtung. Bd. 3. Stuttgart u. Berlin 1941, S. 171ff.
Ders.: Der Wandel des deutschen Naturgefühls vom 17. zum 18. Jahrhundert. Halle 1931.
Ders.: Die Auffassung des Menschen im 17. Jahrhundert. In: DVjs 6 (1928), S. 403ff.; auch in: W. F., Einblicke in den deutschen Literaturbarock, S. 5ff.
Ders.: Gelehrtendichtung. In: Reallexikon der deutschen Literaturgeschichte. Bd. 1. Berlin 1925/26, S. 428ff; ebd., Bd. 1. Berlin [2]1958, S. 549ff.
Flitner, Andreas: Die politische Erziehung in Deutschland. Tübingen 1957.
Flögel, Carl Friedrich: Geschichte der komischen Litteratur. 4 Bde. Liegnitz und Leipzig 1784–87; Nachdruck Hildesheim, New York 1978.
Floerke, Hanns: Der Mensch der Renaissance und seine Kleidung. München 1924.
Förster, Johann Christian: Übersicht der Geschichte der Universität Halle in ihrem ersten Jahrhundert. Halle [2]1799.
Foerster, Rolf Hellmut: Die Welt des Barock. München 1970.
Forssmann, Knut: Baltasar Gracian und die deutsche Literatur zwischen Barock und Aufklärung. Barcelona 1977.
Forster, Leonard: Die Bedeutung des Neulateinischen in der deutschen Barockliteratur. In: Deutsche Barockliteratur und Europäische Kultur. Dokumente des Internat. Arbeitskreises f. dt. Barocklit. 3 (1977), S. 53ff.
Ders.: Fremdsprache und Muttersprache. Zur Frage der polyglotten Dichtung in Renaissance und Barock. In: Neophilologus 45 (1961), S. 177ff.
Francke, Kuno: Die Kulturwerte der deutschen Literatur in ihrer geschichtlichen Entwicklung. 2 Bde. Berlin 1925/23.
Francke, Otto: Geschichte des Wilhelm-Ernst-Gymnasiums in Weimar. Weimar 1916.
Frank, Horst Joachim: Dichtung, Sprache, Menschenbildung. Geschichte des Deutschunterrichts von den Anfängen bis 1945. 2 Bde. München 1976.
Franke, Ursula: Von der Metaphysik zur Ästhetik. Der Schritt von Leibniz zu Baumgarten. In: Studia Leibnitiana Supplementa XIV (1975), S. 229ff.
Frauendienst, Werner: Christian Wolff als Staatsdenker. Berlin 1927.
Freier, Hans: Ästhetik und Autonomie. Ein Beitrag zur idealistischen Entfremdungskritik. In: B. Lutz (Hrsg.), Deutsches Bürgertum und literarische Intelligenz, S. 329ff.
Ders.: Kritische Poetik. Legitimation und Kritik der Poesie in Gottscheds Dichtkunst. Stuttgart 1973.
Freiesleben, Hans Christian: Galileo Galilei. Physik und Glaube an der Wende zur Neuzeit. Stuttgart 1956 ([2]1969),
Frenzel, Elisabeth: Motive der Weltliteratur. Stuttgart 1976.
Freudenthal, J.: Über den Begriff des Wortes φαντασία bei Aristoteles. Diss. Göttingen 1863.
Freund, Wilfried: ›Die Vortrefflichkeit und Nothwendigkeit der elenden Scribenten‹. Zum Verhältnis von Prosasatire und Rhetorik in der Frühaufklärung. In: ZfdPh 96 (1977), S. 161ff.
Ders.: Die deutsche Verssatire im Zeitalter des Barock. Düsseldorf 1972.

Freydank, Hanns: Christian Thomasius als Journalist. In: M. Fleischmann (Hrsg.), Christian Thomasius, S. 345ff.
Fricke, Gerhard: Die Bildlichkeit in der Dichtung des Andreas Gryphius. Materalien und Studien zum Formproblem des deutschen Literaturbarock. Berlin 1933.
Fried, Johannes: Die Entstehung des Juristenstandes im 12. Jahrhundert: zur sozialen Stellung und politischen Bedeutung gelehrter Juristen in Bologna und Modena. Köln, Wien 1974.
Friedell, Egon: Kulturgeschichte der Neuzeit. 2 Bde. München 1929.
Friedensburg, Walter: Geschichte der Universität Wittenberg. Halle 1917.
Friedrich, Hugo: Manierismus. In: Fischer-Lexikon 2, 2, S. 353ff.
Ders.: Montaigne. Bern 1949.
Friedrich, Karl: Die Entwicklung des Realienunterrichts bis zu den ersten Realschulgründungen in der Mitte des 18. Jahrhunderts. Diss. Leipzig 1913.
Friedrich, Wolfgang: Motive des Volksglaubens in der Dichtung der Stürmer und Dränger. In: WB 7 (1961), S. 61ff.
Fritsch, Otto: Martin Opitzen's Buch von der deutschen Poeterey. Ein kritischer Versuch. Diss. Halle 1884.
Fritz, Joseph: Zu Opitzens philologischen Studien. In: Euphorion 26 (1925), S. 102ff.
Froese, Leonhard u. Werner Krawietz (Hrsg.): Deutsche Schulgesetzgebung. Bd. 1. Brandenburg, Preußen und Deutsches Reich bis 1945. Weinheim, Berlin, Basel 1968.
Frost, Dorette, u. Gerhard Knoll (Hrsg.): Gelegenheitsdichtung. Referate der Arbeitsgruppe 6 auf dem Kongreß des Internationalen Arbeitskreises für Dt. Barocklit. Wolfenbüttel 28. 8.–31. 8. 1976. Bremen 1977.
Frost, Walter: Bacon und die Naturphilosophie. München 1927.
Frühsorge, Gotthardt: Der politische Körper. Zum Begriff des Politischen im 17. Jahrhundert und in den Romanen Christian Weises. Stuttgart 1974.
Fürstenwald, Maria (Hrsg.): Trauerreden des Barock. Wiesbaden 1973.
Fuhrmann, Manfred: Einführung in die antike Dichtungstheorie. Darmstadt 1973.
Fulda, Ludwig (Hrsg.): Die Gegner der zweiten schlesischen Schule. Tl. 2. (DNL 39).
Funke, Gerhard: Der Möglichkeitsbegriff in Leibnizens System. Diss. Bonn 1938.
Gabriel, Astrid L.: ›Via antiqua‹ und ›via moderna‹ and the Migration of Paris Students and Masters to the German Universities in the Fifteenth Century. In: Antiqui und moderni. Traditionsbewußtsein und Fortschrittlichkeitsbewußtsein im späten Mittelalter. Berlin, New York 1974, S. 439ff.
Gadol, Joan: The unity of the renaissance: Humanism, natural science and art. In: From the renaissance to the counter-reformation. Essays in honour of G. Mattingly, ed. by C. H. Carter. New York 1965, S. 29ff. Deutsch: Die Einheit der Renaissance: Humanismus, Naturwissenschaft und Kunst. In: A. Buck (Hrsg.): Zu Begriff und Problem der Renaissance, S. 395ff.
Gaede, Friedrich: Poetik und Logik. Zu den Grundlagen der literarischen Entwicklung im 17. und 18. Jahrhundert. Bern u. München 1978.
Ders.: Gottscheds Nachahmungstheorie und die Logik. In DVjs 49 (1975), Sonderheft ›18. Jahrhundert‹, S. 105*ff.
Ders.: Humanismus, Barock, Aufklärung. Geschichte der deutschen Literatur vom 16. bis zum 18. Jahrhundert. Bern und München 1971 (Handbuch der dt. Literaturgeschichte, Abtl. 1, Darstellungen, Bd. 2).
Gaier, Ulrich: Studien zu Sebastian Brants ›Narrenschiff‹. Tübingen 1966.
Gans, August: Das ökonomische Motiv in der preußischen Pädagogik des achtzehnten Jahrhunderts. Halle 1930.
Garber, Klaus: Martin Opitz – »der Vater der deutschen Dichtung«. Eine kritische Studie zur Wissenschaftsgeschichte der Germanistik. Stuttgart 1976.
Garin, Eugenio: Geschichte und Dokumente der abendländischen Pädagogik. Bd. 1. Mittel-

alter, Bd. 2. Humanismus, Bd. 3. Von der Reformation bis John Locke. Reinbek bei Hamburg 1964ff.
Ders.: Der italienische Humanismus. Bern 1947; italien. Ausgabe: L'umanesimo italiano. Bari 1952.
Garrity, H. A.: Taste and a case for understatement in Bouhours »La manière de bien penser«. In: Romance Notes 14 (1972), S. 136ff.
Gebauer, Curt: Deutsche Kulturgeschichte der Neuzeit vom Ende des 15. Jahrhunderts bis zur Gegenwart. Berlin 1932.
Ders.: Geistige Strömungen und Sittlichkeit im 18. Jahrhundert. Beiträge zur deutschen Moralgeschichte. Berlin 1931.
Ders.: Studien zur Geschichte der bürgerlichen Sittenreform im 18. Jahrhundert. In: Archiv für Kulturgeschichte 15 (1923), S. 97ff.; 20 (1030), S. 36ff.
Ders.: Geschichte des französischen Kultureinflusses auf Deutschland von der Reformation bis zum dreißigjährigen Kriege. Straßburg 1911.
Ders.: Quellenstudien zur Geschichte des französischen Kultureinflusses auf die deutsche Literatur seit dem dreißigjährigen Kriege. In: Archiv für Kulturgeschichte 9 (1911), S. 404ff.
Gebauer, Hans Dieter: Bücherauktionen in Deutschland im 17. Jahrhundert. Bonn 1981.
Gebhardt, Bruno (Hrsg.): Handbuch der deutschen Geschichte. Bd. 2. Von der Reformation bis zum Ende des Absolutismus. Achte Aufl. Stuttgart 1965.
Geehrts, Hans Jürgen: Schiller und das Problem der Volkstümlichkeit, dargestellt an der Rezension „Über Bürgers Gedichte". In: Wiss. Zeitschrift der Friedrich-Schiller-Universität Jena, Jg. 5 (1955/56), Gesellsch. u. sprachwiss. Reihe, H. 1, S. 169ff.
Geibel, Hedwig: Der Einfluß Marinos auf Christian Hofmann von Hofmannswaldau. Gießen 1938.
Geiger, Ludwig: Johann Reuchlin. Sein Leben und seine Werke. Berlin 1871.
Ders.: Petrarka. Leipzig 1874.
Ders.: Renaissance und Humanismus in Italien und Deutschland. Berlin 1882.
Geißler, Friedrich Arno: Die Theorien Boileaus. Diss. Leipzig 1909.
Geissler, Heinrich: Comenius und die Sprache. Heidelberg 1959 (Pädagogische Forschungen 10).
Geldner, Ferdinand: Die Staatsauffassung und Fürstenlehre des Erasmus von Rotterdam. Berlin 1930.
Gellinek, Janis Little: Die weltliche Lyrik des Martin Opitz. Bern, München 1973.
Georges, Karl Ernst: Kleines Lateinisch-deutsches Handwörterbuch. Neunte verb. u. verm. Aufl. v. Heinrich Georges. Hannover u. Leipzig 1909.
Gerhard, Dietrich: Amtsträger zwischen Krongewalt und Ständen – ein europäisches Problem. In: Alteuropa und die moderne Gesellschaft. Festschrift f. Otto Brunner. Göttingen 1963, S. 230ff.
Gerlach, Walther: Entstehung und Entwicklung der modernen Naturwissenschaften. In: Geisteswissenschaft und Naturwissenschaft. Ihre Bedeutung für den Menschen von heute. Hrsg. v. Wolfgang Laskowski. Berlin 1970, S. 63ff.
Germann, Maximilian: Kurfürstliche Kleiderordnungen und ihre Durchführung in Meißen. In: Mitteilungen des Vereins für Geschichte der Stadt Meißen. Bd. 5, H. 1 (1889).
Gersh, Gabriel: The meaning of art and nature in German Baroque. In: Comparative Literature Studies 4 (1967), S. 259ff.
Gerth, Hans: Bürgerliche Intelligenz um 1800. Zur Soziologie des deutschen Frühliberalismus. Mit einem Vorwort und einer ergänzenden Bibliographie. Hrsg. v. Ulrich Herrmann. Göttingen 1976. Urspr. Diss. Frankfurt a. M. 1935.
Gervinus, Georg Gottfried: Geschichte der deutschen Dichtung. 5 Bde. 4. Aufl. Leipzig 1853.
Geschichte der deutschen Literatur 1600 bis 1700. Von Joachim G. Boeckh, Günter Al-

brecht, Kurt Böttcher, Klaus Gysi, Paul Günter Krohn, Hermann Strobach. Berlin (Ost) 1963.

Geschichte des humanistischen Schulwesens in Württemberg. Hrsg. von der Württemberg. Kommission für Landesgeschichte. 2 Bde. Stuttgart 1912/20.

Geulen, Hans: Erzählkunst der frühen Neuzeit. Zur Geschichte epischer Darbietungsweisen und Formen im Roman der Renaissance und des Barock. Tübingen 1975.

Gigas, Emil (Hrsg.): Briefe Samuel Pufendorfs an Christian Thomasius. München u. Leipzig 1897.

Gille, Klaus F.: Schillers Rezension „Über Bürgers Gedichte" im Lichte der zeitgenössischen Bürger-Kritik. In: Wissen aus Erfahrungen. Festschrift f. Herman Meyer. Tübingen 1976, S. 174ff.

Gillies, Alexander: Herder. Der Mensch und sein Werk. Hamburg 1949.

Glaser, Horst Albert (Hrsg.): Deutsche Literatur. Eine Sozialgeschichte. Bd. 4. Zwischen Absolutismus und Aufklärung: Rationalismus, Empfindsamkeit, Sturm und Drang 1740–1786. Hrsg. v. Ralph-Rainer Wuthenow. Reinbek bei Hamburg 1980.

Gleichen-Russwurm, Alexander v.: Das galante Europa. Geselligkeiten der grossen Welt 1600–1789. Stuttgart 1911.

Glöckler, Johann Philipp: Johann Valentin Andreä. Ein Lebensbild. Stuttgart 1886.

Gmelin, Hermann: Das Prinzip der imitatio in den romanischen Literaturen der Renaissance. In: Romanische Forschungen 46 (1932), S. 83ff.

Goedeke, Karl: Grundrisz zur Geschichte der Deutschen Dichtung. Aus den Quellen. Bd. 3. Vom dreißigjährigen bis zum siebenjährigen Kriege. Dresden [2]1887. Nachdruck Nendeln 1975.

Ders.: Gottfried August Bürger in Göttingen und Gelliehausen. Aus Urkunden. Hannover 1873.

Göpfert, Herbert G. (Hrsg.): Buch und Leser. Vorträge des ersten Jahrestreffens des Wolfenbütteler Arbeitskreises für Geschichte des Buchwesens, 13. u. 14. Mai 1976. Hamburg 1977.

Gössmann, Elisabeth: Antiqui et Moderni im Mittelalter. Eine geschichtliche Standortbestimmung. München 1974.

Götze, Alfred: Der Begriff des Volkslieds. Ein Wort zur Verständigung. In: Zs. f. d. dt. Unterricht 28 (1914), S. 577ff.

Götze, Walter: Die Begründung der Volksbildung in der Aufklärungsbewegung. Langensalza 1932.

Goldfriedrich, Johann: Geschichte des Deutschen Buchhandels vom Beginn der klassischen Litteraturperiode bis zum Beginn der Fremdherrschaft (1740–1804). Leipzig 1909. Nachdruck Leipzig 1970.

Ders.: Geschichte des Deutschen Buchhandels vom Westfälischen Frieden bis zum Beginn der klassischen Litteraturperiode (1648–1740). Leipzig 1908.

Gose, Walter: Dacia Antiqua. Ein verschollenes Hauptwerk von Martin Opitz. In: Südostdeutsches Archiv 2 (1960), S. 127ff.

Gothein, Eberhard: Staat und Gesellschaft der neueren Zeit. Kultur der Gegenwart. Tl. 2. Abtlg. 5, 1. Berlin, Leipzig 1908.

Gottsched, Hermann: Die pädagogischen Grundgedanken des Amos Comenius. Magdeburg 1879.

Grabmann, Martin: Mittelalterliches Geistesleben. Abhandlungen zur Geschichte der Scholastik und Mystik. 3 Bde. München 1926/1936/1956.

Ders.: Die Geschichte der scholastischen Methode. 2 Bde. Freiburg i. Br. 1909/1911. Nachdruck Graz 1957.

Graefe, Ulf: Die rationalistische Kontrolle der Metapher in der kritischen Poetik Gottscheds. In: Kommunikative Metaphorik. Die Funktion des literar. Bildes in der dt. Literatur von ihren Anfängen bis zur Gegenwart. Hrsg. v. Holger A. Pausch. Bonn 1976, S. 81ff.

Graevenitz, Gerhart v.: Innerlichkeit und Öffentlichkeit. Aspekte deutscher ›bürgerlicher‹ Literatur im frühen 18. Jahrh. In: DVjs 49 (1975), Sonderheft ›18. Jahrhundert‹, S. 1*ff.
Gramsch, A.: Gelegenheitsgedichte. In: Reallexikon der deutschen Literaturgeschichte, Bd. 1. Berlin 1925/26, S. 426ff.
Greiner (Prof. Dr.): Geschichte der Ulmer Schule. In: Geschichte des humanistischen Schulwesens in Württemberg, Bd. 2, 1, S. 1ff.
Gretschel, Karl Christian Carus: Die Universität Leipzig in der Vergangenheit und Gegenwart. Dresden 1830.
Greuner, Hans: Rangverhältnisse im städtischen Bürgertum der Barockzeit unter bes. Berücksichtigung der Freien Reichsstadt Frankfurt am Main. Diss. Frankfurt a. M. 1957.
Grimm, Gunter: Gottes flammende Bußprediger. Kometenforschung zwischen Aberglauben und Science-fiction. Sonntagsbeilage der Stuttgarter Zeitung vom 2. Januar 1982.
Ders.: Pedanten, Kalmäuser und Scharlatane. Zur Gelehrtensatire der Aufklärung. Sonntagsbeilage der Stuttgarter Zeitung vom 5. September 1981.
Grimm, Harold: The Human Element in Luther's Sermons. In: Archiv f. Reform. Geschichte 49 (1958), S. 50ff.
Grimm, Heinrich: Ulrich von Hutten. Persönlichkeit und Geschichte. Bd. 60/61. Göttingen 1971.
Grimm, Reinhold (Hrsg.): Deutsche Romantheorien. Beiträge zu einer historischen Poetik in Deutschland. Frankfurt a. M. 1968.
Grimm, Reinhold: Bild und Bildlichkeit im Barock. Zu einigen neueren Arbeiten. In: GRM NF 19 (1964), S. 379ff.
Grimminger, Rolf (Hrsg.): Hansers Sozialgeschichte der deutschen Literatur vom 16. Jahrhundert bis zur Gegenwart. Bd. 3. Deutsche Aufklärung bis zur Französischen Revolution 1680–1789. München 1980.
Groethuysen, Bernhard: Die Entstehung der bürgerlichen Welt- und Lebensanschauung in Frankreich. 2 Bde. Halle 1927/30.
Grohmann, Johann Christian August: Annalen der Universität zu Wittenberg. Bd. 1. Meissen 1801–1802.
Groothoff, Hans-Hermann: Untersuchungen über die philosophische Wesensbestimmung der Kunst bei Plato und Aristoteles und ihre Bedeutung für die neuzeitliche Poetik und Philosophie der Kunst. Diss. Kiel 1951.
Große, Wilhelm: Studien zu Klopstocks Poetik. München 1977.
Grosser, Bertold: Gottscheds Redeschule. Studien zur Geschichte der deutschen Beredsamkeit in der Zeit der Aufklärung. Diss. Greifswald 1932.
Grucker, Emile: Histoire des Doctrines littéraires et esthétiques en Allemagne. Paris 1883.
Gruenter, Rainer: Die ›Narrheit‹ in Sebastian Brants Narrenschiff. In: Neophilologus 43 (1959), S. 207ff.
Grundmann, Herbert: Vom Ursprung der Universität im Mittelalter. 2. erw. Aufl. Darmstadt 1960.
Ders.: Sacerdotium- Regnum-Studium. Zur Wertung der Wissenschaft im 13. Jahrhundert. In: Archiv für Kulturgesch. 34 (1952), S. 5ff.
Gühne, Ekkehard: Gottscheds Literaturkritik in den „Vernünfftigen Tadlerinnen" (1725/26). Stuttgart 1978.
Günther, Karl-Heinz, Franz Hofmann, Gerd Hohendorf, Helmut König, Heinz Schiffenhauer: Geschichte der Erziehung. Berlin (Ost) [10]1971.
Günther, Theodor: Jacob Friedrich Reimmann (1668–1743). Mühsal und Frucht. o.O. [Köln] o. J. [1974].
Guhrauer, Gottschalk Eduard: Gottfried Wilhelm Leibniz. 2 Bde. Breslau 1846.
Gumbel, Heinrich: Deutsche Kultur vom Zeitalter der Mystik bis zur Gegenreformation. Potsdam 1936.
Gundel: Artikel ›Kometen‹. In: Pauly-Wissowa, Real-Enzyklopädie Bd. 11, 1 (1921), Sp. 1143ff.

Gundolf, Friedrich: Martin Opitz. München u. Leipzig 1923.
Gurlitt, Cornelius: Geschichte des Barockstiles, des Rococo und des Klassicismus. 3 Bde. Stuttgart 1887/89.
Guthke, Karl S.: »Die Mehrheit der Welten«: Ein literarisches Thema im 18. Jahrh. In: Ders., Das Abenteuer der Literatur: Studien zum literarischen Leben der deutschsprachigen Länder von der Aufklärung bis zum Exil. Bern, München 1981, S. 159ff.
Ders.: Literarisches Leben im 18. Jahrhundert in Deutschland und in der Schweiz. Bern u. München 1975.
Ders.: Friedrich von Hagedorn und das literarische Leben seiner Zeit im Lichte unveröffentlichter Briefe an Johann Jakob Bodmer. In: Jahrb. des Freien Dt. Hochstifts 1966, S. 1ff.
Guyénot, Emile: Les sciences de la vie aux 17e et 18e siècles. L'idée d'évolution. Paris 1941.

Haaß, Robert: Die geistige Haltung der katholischen Universitäten Deutschlands im 18. Jahrhundert. Ein Beitrag zur Geschichte der Aufklärung. Freiburg i. Br. 1952.
Haberkamm, Klaus: Sensus astrologicus. Zum Verhältnis von Literatur und Astrologie in Renaissance und Barock. Bonn 1972.
Habermas, Jürgen: Strukturwandel der Öffentlichkeit. Untersuchungen zu einer Kategorie der bürgerlichen Gesellschaft. Neuwied u. Berlin ^{5}1971.
Ders.: Vom sozialen Wandel akademischer Bildung. In: Wider die Untertanenfabrik. Hrsg. von S. Leibfried. Köln 1967, S. 10ff.
Hacken, Richard D.: The Religious Thought of Martin Opitz as the Determinant of his Poetic Theory and Practice. Stuttgart 1976.
Haeckel, Hanns: Johann Michael von Loen und die deutsche Aufklärung. In: Zeitschrift f. Religions- und Geistesgeschichte 6 (1954), S. 36ff.
Haendcke, Berthold: Deutsche Kultur im Zeitalter des dreißigjährigen Krieges. Ein Beitrag zur Geschichte des siebzehnten Jahrhunderts. Leipzig 1906.
Haertel, Wilhelm: Johann von Besser. Sein Leben und seine Werke. Berlin 1912.
Haferkorn, Hans Jürgen: Freiheit und soziale Determination. In: P. Pütz (Hrsg.): Erforschung der deutschen Aufklärung, S. 176ff.
Ders.: Zur Entstehung der bürgerlich-literarischen Intelligenz und des Schriftstellers im Deutschland zwischen 1750 und 1800. In: B. Lutz (Hrsg.), Deutsches Bürgertum und literarische Intelligenz, S. 113ff. Zuerst u.d.T.: Der freie Schriftsteller. Eine literatursoziolog. Studie über seine Entstehung und Lage in Deutschland zwischen 1750 und 1800. In: Archiv für Geschichte des Buchwesens. Bd. 5. Frankfurt a. M. 1964, Sp. 523ff. Diss. Göttingen 1959.

Hagen, Karl: Deutschlands literarische und religiöse Verhältnisse im Reformationszeitalter. 3 Bde. Frankfurt a. M. ^{2}1868.
Hall, Rupert A.: The Scholar and the Craftsman in the Scientific Revolution. In: M. Clagett (Hrsg.), Critical Problems in the History of Science. Madison, Milwaukee and London, 1959, S. 3ff.
Ders.: The Scientific Revolution 1500–1800. Boston 1966.
Ders.: Die Geburt der naturwissenschaftlichen Methode 1630–1720. Von Galilei bis Newton. Gütersloh 1965.

Hall, Vernon: Scaliger's defense of poetry. In: PMLA 63 (1948), S. 1125ff.

Haller, Johannes: Die Anfänge der Universität Tübingen 1477–1537. 2 Tle. Stgt. 1927/29.

Haller, Rudolf: Hofdichter. In: Reallexikon der dt. Literaturgeschichte Bd. 1. Berlin ^{2}1958, S. 687ff.
Ders.: Geschichte der deutschen Lyrik vom Ausgang des Mittelalters bis zu Goethes Tod. Bern u. München 1967.
Ders.: Gelegenheitsdichtung. In: Reallexikon der dt. Literaturgeschichte. Bd. 1. Berlin ^{2}1958, S. 547ff.

Hammerstein, Notker: Reichspublicistik und humanistische Tradition. In: Aufklärung und Humanismus. Studien zur Aufklärung VI (1980), S. 69ff.
Ders.: Aufklärung und katholisches Reich. Untersuchungen zur Universitätsreform und Politik katholischer Territorien des Hl. Röm. Reiches dt. Nation im 18. Jahrhundert. Berlin 1977.
Ders.: Jus und Historie. Ein Beitrag zur Geschichte des historischen Denkens an deutschen Universitäten im späten 17. und 18. Jahrhundert. Göttingen 1972.
Ders.: Zur Geschichte der deutschen Universität im Zeitalter der Aufklärung. In: H. Rößler (Hrsg.), Universität und Gelehrtenstand, S. 145ff.
Hankamer, Paul: Deutsche Gegenreformation und deutsches Barock. Die deutsche Literatur im Zeitraum des 17. Jahrhunderts. Epochen der deutschen Literatur 2, 2. Stuttgart [3]1964.
Ders.: Die Sprache. Ihr Begriff und ihre Deutung im 16. und 17. Jahrhundert. Ein Beitrag zur Frage der literarhistorischen Gliederung des Zeitraums. Bonn 1927.
Hankins, Olan Brent: Leibniz as Baroque Poet. An Interpretation of his German Epicedium on the Death of Queen Sophie Charlotte. Bern 1973.
Hanns, R.: Beiträge zur Geschichte des deutsch-sprachlichen Unterrichts im siebzehnten Jahrhundert. Diss. Leipzig 1881.
Hantz, Johann Friedrich: Geschichte der Universität Heidelberg. Nach handschriftl. Quellen nebst wichtigsten Urkunden [...] nach dessen Tode hrsg. von K. A. Freiherr von Reichlin-Meldegg. 2 Bde. Mannheim 1862/64.
Harnack, Adolf: Martin Luther in seiner Bedeutung für die Geschichte der Wissenschaft und der Bildung. Gießen 1904.
Harnack, Otto: Opitz und Meyfart. In: Archiv für das Studium der neueren Sprachen und Literaturen. Jg. 63, Bd. 123, NF Bd. 23 (1909), S. 151ff.
Hartfelder, Karl: Philipp Melanchthon als Praeceptor Germaniae. Nieuwkoop 1964 (zuerst 1889).
Harth, Dietrich: Christian Wolffs Begründung des Exempel- und Fabelgebrauchs im Rahmen der Praktischen Philosophie. In: DVjs 52 (1978), S. 43ff.
Hartmann, Fritz, u. Rudolf Vierhaus (Hrsg.): Der Akademiegedanke im 17. und 18. Jahrhundert. Bremen und Wolfenbüttel 1977.
Hartmann, K., F. Nyssen, H. Waldeyer (Hrsg.): Schule und Staat im 18. Jahrhundert. Frankfurt a. M. 1974.
Hartung, Fritz: Deutsche Verfassungsgeschichte vom 15. Jahrhundert bis zur Gegenwart. Stuttgart [8]1964.
Hartung, Wilhelm: Die deutschen moralischen Wochenschriften als Vorbild Gottlieb Wilhelm Rabeners. Halle/S. 1911.
Haslinger, Adolf: Epische Formen im höfischen Barockroman. Anton Ulrichs Romane als Modell. München 1970.
Hasse, Karl Paul: Die deutsche Renaissance. 2 Tle. Meerane 1920/25; bes. Bd. 1. Ihre Begründung durch den Humanismus.
Haßelbeck, Otto: Illusion und Fiktion. Lessings Beitrag zur poetologischen Diskussion über das Verhältnis von Kunst und Wirklichkeit. München 1979.
Hassinger, Erich (Hrsg.): Bibliographie zur Universitätsgeschichte. Verzeichnis der im Gebiet der BRD 1945–1971 veröffentlichten Literatur. Bearbeitet von Edwin Starck. Freiburg, München 1974.
Ders.: Das Werden des neuzeitlichen Europa 1300–1600. Braunschweig [2]1964.
Hassinger, Herbert: Johann Joachim Becher, ein Beitrag zur Geschichte des Merkantilismus. Wien 1951.
Hauffe, Hans Günter: Der Künstler und sein Recht. München 1956.
Hauser, Arnold: Der Manierismus. Die Krise der Renaissance und der Ursprung der modernen Kunst. München 1964.
Ders.: Sozialgeschichte der Kunst und Literatur. 2 Bde. München 1958.

Hausmann, Frank-Rutger: Enea Silvio Piccolomini ›Poeta‹ und die Rezeption der heidnischen Antike. In: Bibl. d'Humanisme et Renaissance 35 (1973), S. 441ff.
Haussherr, Hans: Wirtschaftsgeschichte der Neuzeit vom Ende des 14. bis zur Höhe des 19. Jahrhunderts. Weimar [2]1955.
Hay, Denis: Geschichte Italiens in der Renaissance. Stuttgart 1962.
Haym, Rudolf: Herder nach seinem Leben und seinen Werken. 2 Bde. Berlin 1880/1885. Neudruck Berlin (Ost) 1954.
Hayn, Hugo: Die deutsche Räthsel-Litteratur. Versuch einer bibliographischen Übersicht bis zur Neuzeit. Nebst einem Verzeichnisse deutscher Loos-, Tranchir- und Complimentir-Bücher. In: Centralblatt f. Bibl.wesen 7 (1890), S. 551ff.
Hazard, Paul: Die Herrschaft der Vernunft. Das europäische Denken im 18. Jahrhundert. Heidelberg 1949.
Ders.: Die Krise des europäischen Geistes. Hamburg 1939.
Hecht, Wolfgang: Das Persönlichkeitsideal von Aufklärung und Klassik. In: Das Ideal der allseitig entwickelten Persönlichkeit – seine Entstehung und sozialistische Verwirklichung. Hrsg. v. Joh. Irmscher. Berlin (Ost) 1976, S. 47ff.
Hechtenberg, Klara: Der Briefstil im 17. Jahrhundert. Ein Beitrag zur Fremdwörterfrage. Berlin 1903.
Heckel, Hans: Geschichte der deutschen Literatur in Schlesien. Bd. 1. Von den Anfängen bis zum Ausgang des Barock. Breslau 1929.
Heer, Friedrich: Europäische Geistesgeschichte. Stuttgart 1953.
Hehle: Der schwäbische Humanist Jakob Locher, Philomusus. Programm Ehingen 1872–75.
Hehle (Dr.): Geschichte des Benediktinergymnasiums bzw. Lyzeums in Ehingen a. D. (1686–1812). In: Geschichte des humanistischen Schulwesens in Württemberg, Bd. 2,2, S. 674ff.
Heidelberger, Michael, und Sigrun Thiessen: Natur und Erfahrung. Von der mittelalterlichen zur neuzeitlichen Naturwissenschaft. Reinbek bei Hamburg 1981.
Heidloff, Günter: Untersuchungen zu Leben und Werk des Humanisten Jakob Locher Philomusus (1471–1528). Diss. Freiburg i. Br. 1975. Münster 1975.
Heiduk, Franz: Hoffmannswaldau und die Überlieferung seiner Werke. Eine kritische Untersuchung mit dem Abdruck zweier bisher unbekannter Gedichte sowie einem Gesamtverzeichnis der Handschriften und ersten Drucke. In: Jahrb. des Freien Dt. Hochstifts 1975, S. 1ff.
Ders.: Die Dichter der galanten Lyrik. Studien zur Neukirchschen Sammlung. Bern 1971.
Heimsoeth, Heinz: Descartes' Methode der klaren und deutlichen Erkenntnis. Diss. Marburg 1911.
Ders.: Die Methode der Erkenntnis bei Descartes und Leibniz. Tl. 2. Leibniz' Methode der formalen Begründung, Erkenntnislehre und Monadologie. Gießen 1914.
Heinemann, L.: Luther als Pädagoge. Eine Festgabe an Eltern und Lehrer zu Luthers 400. Geburtstage. Braunschweig 1883.
Heinig, Willi: Die Bildung Grimmelshausens. Diss. Bonn 1965.
Heinisch, Klaus J. (Hrsg.): Der utopische Staat. Morus: Utopia; Campanella: Sonnenstaat; Bacon: Neu-Atlantis. Reinbek bei Hamburg 1960.
Heinlein, Otto: August Bohse-Talander als Romanschriftsteller der galanten Zeit. Diss. Greifswald 1939. Bochum 1939.
Heinsius, Theodor: Geschichte der Sprach-, Dicht- und Redekunst der Deutschen. Berlin [2]1818.
Heitmann, Klaus: Fortuna und Virtus. Eine Studie zu Petrarcas Lebensweisheit. Köln 1958 (Studi Italiani Bd. 1).
Heitner, Robert R.: A Gottschedian Reply to Lessing's Seventeenth ›Literaturbrief‹. In: Studies in Germanic Languages and Literatures. In Memory of Fred O. Nolte. Ed. by Erich Hofacker and Liselotte Dieckmann. St. Louis 1963, S. 43ff.

Helbig, Herbert: Die Reformation der Universität Leipzig im 16. Jahrhundert. Gütersloh 1953.

Held, Marieluise: Das Narrenthema in der Satire am Vorabend und in der Frühzeit der Reformation. Diss. Marburg 1945.

Heller, Joseph: Gelehrten- und Künstler-Belohnungen im 16ten und 17ten Jahrhundert. In: Archiv f. Gesch. u. Altertumskunde des Obermainkreises 2 (1836), S. 69ff.

Henkel, Arthur, und Albrecht Schöne (Hrsg.): Emblemata. Handbuch zur Sinnbildkunst des XVI. und XVII. Jahrhunderts. Stuttgart 1967.

Henn-Schmölders, Claudia: Ars conversationis. Zur Geschichte des sprachlichen Umgangs. In: arcadia 10 (1975), S. 16ff.

Henne am Rhyn, Otto: Kulturgeschichte des deutschen Volkes. Berlin ^{2}1897.

Hennemann, Gerhard: Grundzüge einer Geschichte der Naturphilosophie und ihrer Hauptprobleme. Berlin 1975.

Hennis, Wilhelm: Politik und praktische Philosophie. Eine Studie zur Rekonstruktion der politischen Wissenschaft. Neuwied 1963.

Hentschel, Curt: Johann Balthasar Schupp. Ein Beitrag zur Geschichte der Pädagogik des siebzehnten Jahrhunderts. In: Siebenter Bericht über die Kgl. Realschule 1. Ordng. zu Döbeln. 1876, S. Iff.

Heppe, Heinrich: Geschichte des deutschen Volksschulwesens. 5 Bde. Gotha 1858–60.

Herding, Otto, u. Robert Stupperich (Hrsg.): Die Humanisten in ihrer politischen und sozialen Umwelt. Boppard 1976.

Ders.: Der elsässische Humanist Jakob Wimpfeling und seine Erziehungsschrift ›Adolescentia‹. In: Zeitschrift f. wttmbg. Landesgeschichte 22 (1963), S. 1ff.

Ders.: Über einige Richtlinien in der Erforschung des deutschen Humanismus seit etwa 1950. In: humanismusforschung seit 1945, S. 59ff.

Hermes, Agnes-Hermine: Johann Burkhard Mencke in seiner Zeit. Diss. Frankfurt a. M. 1934.

Herrlitz, Hans-Georg: Neuere sozialgeschichtliche Untersuchungen zur Entstehung des deutschen Schulsystems im 18. und 19. Jahrhundert. In: IASL 3 (1978), S. 180ff.

Ders.: Der Lektüre-Kanon des Deutschunterrichts am Gymnasium. Ein Beitrag zur Geschichte der muttersprachlichen Schulliteratur. Heidelberg 1964.

Herrmann, Dieter B.: Geschichte der Astronomie von Herschel bis Hertzsprung. Berlin ^{2}1978.

Herrmann, Ernst: Die Werkstatt Vulkans. Vulkanismus und Probleme der Erdkruste und des Erdinnern. Berlin 1963.

Herrmann, Hans Peter: Naturnachahmung und Einbildungskraft. Zur Entwicklung der deutschen Poetik von 1670 bis 1740. Bad Homburg v. d. Höhe, Berlin, Zürich 1970.

Hertel, Herbert: Die Danziger Gelegenheitsdichtung der Barockzeit. Diss. Danzig 1935. Leipzig 1939. Auch in: Deutsche Lit. in Entwicklungsreihen. Reihe Barock. Barocklyrik. Erg.-Bd.: Danziger Barockdichtung. Hrsg. v. H. Kindermann (1939). S. 165ff.

Hertl, Wolf: Sokrates in der deutschen Dichtung des 18. Jahrhunderts. Diss. München 1921.

Hertner, Peter: Stadtwirtschaft zwischen Reich und Frankreich. Wirtschaft und Gesellschaft Straßburgs 1650–1714. Köln und Wien 1973.

Hertzberg, Gustav Friedrich: Geschichte der Universität Halle a. d. S. bis zur Mitte des 19. Jahrhunderts. Halle 1894.

Ders.: Geschichte der Stadt Halle. 3 Bde. Halle 1889–1893.

Hertzfeld, Marie: Leonardo da Vinci. Der Denker, Forscher und Poet. Nach den veröffentlichten Handschriften. Auswahl, Übersetzung u. Einleitung. 3. umgearb. Aufl. Jena 1911.

Herzog, Urs: Deutsche Barocklyrik. Eine Einführung. München 1979.

Ders.: Der deutsche Roman des 17. Jahrhunderts. Eine Einführung. Stuttgart, Berlin, Köln, Mainz 1976.

Ders.: Literatur in Isolation und Einsamkeit. Catharina Regina von Greiffenberg und ihr literarischer Freundeskreis. In: DVjs 45 (1971), S. 515ff.
Hess, Günter: Deutsch-lateinische Narrenzunft. München 1971.
Hettner, Hermann: Geschichte der deutschen Literatur im achtzehnten Jahrhundert. 3 Bde. Braunschweig 1862–1869. Bes. Bd. 1. Vom Westfälischen Frieden bis zur Thronbesteigung Friedrichs des Großen (1648–1740).
Heubaum, Alfred: Geschichte des Deutschen Bildungswesens seit der Mitte des siebzehnten Jahrhunderts, bis zum Beginn der allgemeinen Unterrichtsreform unter Friedrich dem Großen 1763ff. Bd. 1. Das Zeitalter der Standes- und Berufserziehung. Berlin 1905. Nachdruck Aalen 1973.
Ders.: Johann Joachim Becher. Ein Beitrag zur Geistesgeschichte des 17. Jahrhunderts. In: Monatshefte der Comeniusgesellschaft 9 (1900), S. 154ff.
Heusler, Andreas: Deutsche Versgeschichte. Bd. 3. Berlin 1929.
Heydenreich, Ludwig Heinrich: Italienische Renaissance. Anfänge und Entfaltung in der Zeit von 1400 bis 1460. München 1972.
Heydorn, Heinz-Joachim, Gernot Koneffke: Studien zur Sozialgeschichte und Philosophie der Bildung. Bd. 1. Zur Pädagogik der Aufklärung. München 1973.
Hiebel, Hans: Individualität und Totalität. Zur Geschichte und Kritik des bürgerlichen Poesiebegriffs von Gottsched bis Hegel anhand der Theorien über Epos und Roman. Diss. Erlangen – Nürnberg. Bonn 1974.
Ders.: Johann Christoph Gottsched. In: H. Turk (Hrsg.), Klassiker der Literaturtheorie, S. 23ff.
Hildebrandt-Günther, Renate: Antike Rhetorik und deutsche literarische Theorie im 17. Jahrhundert. Marburg 1966.
Hiller, Helmut: Zur Sozialgeschichte von Buch und Buchhandel. Bonn 1966.
Hinck, Walter (Hrsg.): Europäische Aufklärung. Tl. 1. Frankfurt a. M. 1974 (Neues Handbuch der Literaturwissenschaft Bd. 11).
Ders. (Hrsg.): Sturm und Drang. Ein literaturwissenschaftliches Studienbuch. Kronberg/Ts. 1978.
Ders.: Das deutsche Lustspiel des 17. und 18. Jahrhunderts und die italienische Komödie. Commedia dell'arte und Théâtre italien. Stuttgart 1965.
Hinrichs, Carl: Das Bild des Bürgers in der Auseinandersetzung zwischen Christian Thomasius und August Hermann Francke. In: Historische Forschungen und Probleme. Festschrift f. Peter Rassow. Wiesbaden 1961, S. 88ff.
Hinz, Gerhard (Hrsg.): Aus der Geschichte der Universität Heidelberg und ihrer Fakultäten. Heidelberg 1961.
Hinze, Wilhelm: Moscherosch und seine deutschen Vorbilder in der Satire. Eine Quellenstudie. Diss. Rostock 1903.
Hirsch, Arnold: Bürgertum und Barock im deutschen Roman. Ein Beitrag zur Entstehungsgeschichte des bürgerlichen Weltbildes. 2. Aufl. besorgt v. H. Singer. Köln u. Graz 1957 (Literatur und Leben NF. 1) 3. unver. Aufl. Köln, Wien 1978.
Ders.: Barockroman und Aufklärungsroman. In: Études Germaniques 9 (1954), S. 97ff.
Hirschmann, Gerhard: Das Nürnberger Patriziat. In: H. Rößler (Hrsg.), Deutsches Patriziat, S. 257ff.
Hirzel, Rudolf: Der Dialog. Ein literarhistorischer Versuch. 2 Bde. Leipzig 1895.
Hocke, Gustav René: Manierismus in der Literatur. Sprach-Alchemie und esoterische Kombinationskunst. Beiträge zur vergleichenden europäischen Literaturgeschichte. Reinbek bei Hamburg 1959.
Ders.: Die Welt als Labyrinth. Manier und Manie in der europäischen Kunst. Von 1520 bis 1650 und in der Gegenwart. Hamburg 1957.
Hodeige, Fritz: Zur Stellung von Dichter und Buch in der Gesellschaft. In: Archiv f. Gesch. d. Buchwesens Bd. 1 (1958), S. 141ff.; zuerst Diss. Marburg 1949.

Hodermann, Richard: Universitätsvorlesungen in deutscher Sprache um die Wende des 17. Jahrhunderts. Diss. Jena. Friedrichsroda 1891.
Höck, Wilhelm: »... und Poet dazu«. Wissenschaft und Dichtung in Personalunion. Tl. 5. G. E. Lessing. In: Börsenblatt f. d. Dt. Buchhandel. Frankfurter Ausgabe. Beilage »Der junge Buchhandel« Jg. 19 (1966), Nr. 8, S. J114ff.
Höpfner, Ernst: Reformbestrebungen auf dem Gebiete der deutschen Dichtung des XVI. und XVII. Jahrhunderts. In: K. Wilhelms-Gymnasium in Berlin. VI. Jahresbericht. Berlin 1866, S. 3ff.
Hoff, Kay: Die Wandlung des dichterischen Selbstverständnisses in der ersten Hälfte des 18. Jahrhunderts dargestellt an der Lyrik dieser Zeit. Diss. Kiel 1949.
Hoffbauer, Johann Christoph: Geschichte der Universität zu Halle bis zum Jahre 1805. Halle 1805.
Hoffmann, Dietrich: Lessing im Gespräch mit Naturforschern. In: Wolfenbütteler Studien zur Aufklärung 2 (1975), S. 250ff.
Hoffmann, Julius: Die ›Hausväterliteratur‹ und die ›Predigten über den christlichen Hausstand‹. Weinheim, Berlin 1959.
Hoffmann, Max: Gesellschaftsideale und Gesellschaftskritik in den Satiren Rabeners und im deutschen rationalistischen Roman von Gellert bis Nicolai. Diss. Halle 1924.
Hoffmann v. Fallersleben, H.: Martin Opitz als Hochzeits- und Leichendichter. In: Weimarisches Jahrbuch für dt. Sprache, Lit. u. Kunst 3 (1855), S. 133ff.
Hoffmeister, Gerhart: ›Aristoteles und Olympias‹ – Christian Thomasius' dynamischer Entwurf eines heroi-komischen Kurzromans (1688). In: Argenis 2 (1978), S. 249ff.
Ders. (Hrsg.): The Renaissance and Reformation in Germany. An introduction. New York 1977.
Ders. (Hrsg.): Europäische Tradition und deutscher Literaturbarock. Bern, München 1973.
Ders.: Petrarkistische Lyrik. Stuttgart 1973.
Hofmann, Franz: Wolfgang Ratkes Entwurf einer Wissenschafts- und Bildungsreform. In: W. Rathke: Allunterweisung. Schriften zur Bildungs-, Wissenschafts- und Gesellschaftsreform. Tl. 1. Hrsg. v. Gerd Hohendorf u. F. H., Bearb. v. Christa Breschke. Berlin (Ost) 1970, S. 7ff.
Hofmann, Hans Hubert: Nobiles Norimbergenses. Betrachtungen zur Struktur der reichsstädtischen Oberschicht. In: Zeitschrift f. bayr. Landesgesch. 28 (1965), S. 114ff.
Ders.: Adelige Herrschaft und souveräner Staat. München 1962.
Ders. (Hrsg.): Die Entstehung des modernen souveränen Staates. Köln, Berlin 1967.
Hofmann, Hasso: Repräsentation. Studien zur Wort- und Begriffsgeschichte von der Antike bis ins 19. Jahrhundert. Berlin 1974.
Hohendorf, Gerd: Die pädagogischen und bildungspolitischen Leistungen Wolfgang Ratkes. In: W. Ratke: Allunterweisung. Tl. 2. Berlin 1971, S. 463ff.
Hohner, Ulrich: Zur Problematik der Naturnachahmung in der Ästhetik des 18. Jahrhunderts. Erlangen 1976.
Holborn, Hajo: Ulrich von Hutten. Göttingen 1968.
Homann, Holger: Studien zur Emblematik des 16. Jahrhunderts – Sebastian Brant, Andrea Alciati, Johannes Sambucus, Mathias Holtzwart, Nicolaus Taurellus. Utrecht, Leyden 1971.
Hommel, Hildebrecht: Artikel ›Rhetorik‹ in: Lexikon der Alten Welt, Sp. 2611ff.
Honegger, Johann Jakob: Kritische Geschichte der französischen Kultureinflüsse in den letzten Jahrhunderten. Berlin 1875.
Horn, Franz: Geschichte und Kritik der deutschen Poesie und Beredsamkeit der Deutschen, von Luthers Zeit bis zur Gegenwart. 4 Bde. Berlin 1822/29.
Horn, Hans Arno: Christian Weise als Erneuerer des deutschen Gymnasiums im Zeitalter des Barock. Der Politicus als Bildungsideal. Weinheim 1966.
Hornstein, Walter: Vom ›Jungen Herrn‹ zum ›Hoffnungsvollen Jüngling‹. Wandlungen des Jugendlebens im 18. Jahrhundert. Heidelberg 1965.

Hossbach, Wilhelm. Johann Valentin Andreä und sein Zeitalter. Berlin 1819.
Hoßfeld, Paul: Francis Bacon und die Entwicklung der naturwissenschaftlichen Methode. In: Philosophia naturalis 4 (1957), S. 140ff.
Hottenroth, Friedrich: Handbuch der deutschen Tracht. Stuttgart 1883.
Howell, Wilbur S.: Logic and Rhetoric in England 1500–1700. New York 1961.
Hoyer, Walter: Gotthold Ephraim Lessing und die Volkskunst. In: Volkskunst 4 (1954), Nr. 1, S. 40ff.
Hubatsch, Walther: »Barock« als Epochenbezeichnung. In: W. Barner (Hrsg.), Der literarische Barockbegriff, S. 360ff.
Ders.: Das Zeitalter des Absolutismus 1600–1789. Braunschweig [3]1970.
Ders. (Hrsg.): Absolutismus. Darmstadt 1973 (Wege der Forschung Bd. CCCXIV).
Ders.: Das Zeitgefühl bei Christian Thomasius. In: Wiss. Zs. d. Martin-Luther-Univ. Halle-Wittenberg. Gesellsch. u. sprachwiss. Reihe, Jg. 4 (1955), H. 4, S. 507f.
Huber-Abrahamovicz, Else: Das Problem der Kunst bei Platon. Wintherthur 1957.
Hübner, Alfred: Das erste deutsche Schäferidyll und seine Quellen. Diss. Königsberg 1910.
Hübscher, Arthur: Barock als Gestaltung antithetischen Lebensgefühls. Grundlegung einer Phaseologie der Geistesgeschichte. In: Euphorion 24 (1922), S. 517ff., S. 759ff.
Ders.: Das Problem der geistesgeschichtlichen Pseudomorphose in Renaissance und Barock. In: Euphorion 26 (1925), S. 367ff.
Hueck, Monika: Textstruktur und Gattungsproblem. Studien zum Verhältnis von Emblem und Fabel im 16. und 17. Jahrhundert. Kronberg/Ts. 1975.
Hüllmann, Carl: Valentin Andreae als Paedagog. 1. Tl. Diss. Leipzig 1884. 2. Tl. Abhandlung zu dem Jahresberichte des Thomas-Gymnasiums in Leipzig für das Schuljahr Ostern 1892 bis Ostern 1893. Leipzig 1893.
Hüllmann, Karl Dietrich: Geschichte des Ursprungs der Stände in Deutschland. 3 Tle. Leipzig 1806–1808.
Huizinga, Johan: Holländische Kultur im siebzehnten Jahrhundert. Eine Skizze. Frankfurt a. M. 1977.
Ders.: Herbst des Mittelalters. Studien über Lebens- und Geistesformen des 14. und 15. Jahrhunderts in Frankreich und in den Niederlanden. Hrsg. v. Kurt Köster. Stuttgart [9]1965.
Ders.: Europäischer Humanismus: Erasmus. Hamburg 1958.
humanismusforschung seit 1945. Ein Bericht aus interdisziplinärer Sicht. Kommission für humanismusforschung mitteilung II. Boppard 1975.
Husung, M. J.: Kaiserlich gekrönte Dichter. In: Zeitschrift f. Bücherfreunde NF. 10 (1918), S. 40ff.
Ibel, Rudolf: Christian Hofmann von Hofmannswaldau. Berlin 1928.
Ide, Heinz, Bodo Lecke (Hrsg.): Ökonomie und Literatur. Lesebuch zur Sozialgeschichte und Literatursoziologie der Aufklärung und Klassik. Frankfurt a. M. 1973.
Ihm, Georg: Der Humanist Rudolf Agricola, sein Leben und seine Schriften. Paderborn 1893.
Ijsewijn, Josef: Companion to Neo-Latin Studies. Amsterdam, New York, Oxford 1977.
Ingen, Ferdinand van: Philipp von Zesen. Stuttgart 1970.
Ders.: Aus der Frühzeit der Fruchtbringenden Gesellschaft. In: Jahrb. d. Dt. Schiller-Gesellschaft 22 (1978), S. 56ff.
Ders.: Die Sprachgesellschaften des 17. Jahrhunderts. Versuch einer Korrektur. In: Daphnis 1 (1972), H. 1, S. 14ff.
Ders.: Die Erforschung der Sprachgesellschaften unter sozialgeschichtlichem Aspekt. In: M. Bircher (Hrsg.), Sprachgesellschaften, S. 9ff.
Ders.: Überlegungen zur Erforschung der Sprachgesellschaften. In: Internat. Arbeitskreis f. dt. Barocklit. 1 (1973), S. 83ff.
Ders.: Vanitas und memento mori in der deutschen Barocklyrik. Groningen 1966.

Irmscher, Hans Dietrich: Johann Gottfried Herder. In: B. v. Wiese (Hrsg.), Deutsche Dichter des 18. Jahrhunderts, S. 524ff.
Ising, Erika: Wolfgang Ratkes Schriften zur Deutschen Grammatik 1612–30. Berlin (Ost) 1959.
Israel, August: Die pädagogischen Bestrebungen Erhard Weigels. Programm Zschopau 1884.
Jacob, Herbert: Lohensteins Romanprosa. Der Stil eines Barockschriftstellers. Diss. Berlin 1949.
Jacobs, Jürgen: ›Die Laster auf ihrer lächerlichen Seite‹. Zur Satire der deutschen Frühaufklärung. In: P. Pütz (Hrsg.): Erforschung der deutschen Aufklärung, S. 271ff.
Ders.: Prosa der Aufklärung. Moralische Wochenschriften. Autobiographie. Satire. Roman. Kommentar zu einer Epoche. München 1976.
Ders.: Gellerts Dichtungstheorie. In: Lit. wiss. Jahrb. 10 (1969), S. 95ff.
Ders.: Zur Satire der frühen Aufklärung: Rabener und Liscow. In: GRM NF 18 (1968), S. 1ff.
Jäger, Georg: Empfindsamkeit und Roman. Wortgeschichte, Theorie und Kritik im 18. und frühen 19. Jahrhundert. Stuttgart, Berlin, Köln, Mainz 1969.
Ders. (Hrsg.): Der Deutschunterricht auf dem Gymnasium der Goethezeit. Eine Anthologie. Hildesheim 1977.
Jäger, Hans-Wolf: Zur Poetik der Lehrdichtung in Deutschland. In kritischen Zusätzen zu L. L. Albertsens Buch „Das Lehrgedicht". In: DVjs 44 (1970), S. 544ff.
Jaeger, Werner: Paideia. Die Formung des griechischen Menschen. 3 Bde. Berlin 1933–1947. Nachdruck Berlin, New York 1973.
Jaitner, Wilhelm Rudolf: Thomasius, Rüdiger, Hoffmann und Crusius. Studien zur Menschenkunde und Theorie der Lebensführung im 18. Jahrhundert. Diss. Köln. Bleicherode/Harz 1939.
Jansen, Helmut: Die Grundbegriffe des Baltasar Gracián. Genf und Paris 1959.
Janssen, Johannes: Geschichte des deutschen Volkes. 6 Bde. Bes. Bd. 1. Die allgemeinen Zustände des deutschen Volkes beim Ausgang des Mittelalters. Freiburg 1878; Bd. 6. Culturzustände des deutschen Volkes seit dem Ausgang des Mittelalters bis zum Beginn des dreißigjährigen Krieges. Freiburg 1898.
Janssen, Wilhelm: Die Anfänge des modernen Völkerrechts und der neuzeitlichen Diplomatie. Ein Forschungsbericht. In: DVjs 38 (1964), S. 450ff. und S. 591ff.
Jantz, Herbert: German Renaissance Literature. In: Modern Languages Notes 81 (1966), S. 398ff.
Jardine, Lisa: Francis Bacon. Discovery and the Art of Discourse. London 1974.
Jaumann, Herbert: Die Entstehung der literarhistorischen Barockkategorie und die Frühphase der Barockumwertung. Ein begriffsgeschichtliches Resümee. In: Archiv für Begriffsgeschichte 20 (1976), S. 17ff.
Ders.: Bürgerlicher Alltag im deutschen Schäferroman? Gattungsgeschichtliche Thesen zu ›Damon und Lisille‹. In: Dokumente des Internat. Arbeitskreises f. dt. Barocklit. 3 (1977), S. 272ff.
Ders.: Die deutsche Barockliteratur. Wertung, Umwertung. Eine wertungsgeschichtliche Studie in systematischer Absicht. Diss. München. Bonn 1975.
Jauß, Hans Robert (Hrsg.): Nachahmung und Illusion. Kolloquium Gießen Juni 1963. Vorlagen und Verhandlungen. München [2]1969.
Ders.: Literarische Tradition und gegenwärtiges Bewußtsein der Modernität. In: H. R. J., Literaturgeschichte als Provokation. Frankfurt a. M. 1970, S. 11ff.
Ders.: Ursprung und Bedeutung der Fortschrittsidee in der ›Querelle des Anciens et des Modernes‹. In: H. Kuhn u. F. Wiedmann (Hrsg.): Die Philosophie und die Frage nach dem Fortschritt. München 1964, S. 51ff.
Ders.: Ästhetische Normen und geschichtliche Reflexion in der ›Querelle des Anciens et des

Modernes‹. Einleitung zu Charles Perrault: Parallèle des Anciens et des Modernes. Nachdruck München 1964, S. 8ff.
Jens, Walter: Artikel ›Rhetorik‹. In: Reallexikon der dt. Lit.-gesch. Bd. 3. Berlin 1977, S. 432ff.
Ders.: Lessing und die Antike. In: Text & Kontext 6 (1978), S. 42ff.
Ders.: Eine deutsche Universität. 500 Jahre Tübinger Gelehrtenrepublik. München [2]1977.
Jentzsch, Rudolf: Der deutsch-lateinische Büchermarkt nach den Leipziger Ostermeß-Katalogen von 1740, 1770 und 1800 in seiner Gliederung und Wandlung. Leipzig 1912.
Jericke, Alfred: Johann Rists Monatsgespräche. Diss. Leipzig 1923, Berlin, Leipzig 1928.
Joachimsen, Paul: Gesammelte Aufsätze. Beiträge zu Renaissance, Humanismus und Reformation; zur Historiographie und zum deutschen Staatsgedanken. Hrsg. u. eingel. v. Notker Hammerstein. Wien 1970.
Ders.: Der Humanismus und die Entwicklung des deutschen Geistes. In: DVjs 8 (1930), S. 419ff. Nachdruck Darmstadt 1969.
Ders.: Loci communes. Eine Untersuchung zur Geistesgeschichte des Humanismus und der Reformation. In: Jahrb. der Luther-Gesellschaft 8 (1926), S. 27ff.
Ders.: Aus der Vorgeschichte des ›Formulare und Deutsch Rhetorica‹. In: ZfdA 37 (1893), S. 24ff.
Joel, Karl: Wandlungen der Weltanschauung. Eine Philosophiegeschichte als Geschichtsphilosophie. 2 Bde. Tübingen 1929.
Jöns, Dietrich Walter: Das ›Sinnen-Bild‹. Studien zur allegorischen Bildlichkeit bei Andreas Gryphius. Stuttgart 1966.
Joesten, Clara: Christian Wolffs Grundlegung der praktischen Philosophie. Leipzig 1931.
Joseph, Albrecht: Sprachformen der deutschen Barocklyrik. In: R. Alewyn (Hrsg.), Deutsche Barockforschung, S. 284ff.; zuerst in: A. J., Sprachformen der deutschen Barocklyrik. Rottach 1930.
Jürg, Hedwig: Das Pegnesische Schäfergedicht (1644) von Strefon und Clajus. Diss. Wien 1947.
Junker, Christof: Das Weltraumbild in der deutschen Lyrik von Opitz bis Klopstock. Berlin 1932.
Juretzka, Joerg C.: Daniel Casper von Lohenstein: »Cleopatra« – 1661 und 1680. Meisenheim am Glan 1976.
Just, Klaus Günther: Die Trauerspiele Lohensteins. Versuch einer Interpretation. Berlin 1961.
Kaczerowsky, Klaus: Bürgerliche Romankunst im Zeitalter des Barock. Philipp von Zesens Adriatische Rosemund. München 1969.
Kaegi, Werner: Erasmus im 18. Jahrhundert. In: Gedenkschrift zum 400. Todestag des Erasmus von Rotterdam. Basel 1936, S. 205ff.
Ders.: Humanistische Kontinuität im konfessionellen Zeitalter. Basel 1954.
Kähler, Hans: Das Eliteproblem in der Erziehung. Diss. Göttingen 1952.
Kaemmel, Heinrich Julius: Geschichte des Deutschen Schulwesens im Uebergange vom Mittelalter zur Neuzeit. Hrsg. von Otto Kaemmel. Leipzig 1882.
Kämmel, Otto: Christian Weise. Ein sächsischer Gymnasialrektor aus der Reformzeit des 17. Jahrhunderts. Leipzig 1897.
Ders.: Christian Weise (als Schulmann). In: ADB 41 (1896), S. 534ff.
Kafitz, Dieter: Lohensteins ›Arminius‹. Disputatorisches Verfahren und Lehrgehalt in einem Roman zwischen Barock und Aufklärung. Stuttgart 1970.
Kaim-Kloock, Lore: Gottfried August Bürger. Zum Problem der Volkstümlichkeit in der Lyrik. Berlin (Ost) 1963.
Kaiser, Gerhard: Von der Aufklärung bis zum Sturm und Drang 1730–1785. Gütersloh 1966.
Ders.: Pietismus und Patriotismus im literarischen Deutschland. Ein Beitrag zum Problem der Säkularisation. Wiesbaden 1961.

Kaiser, Marianne: Mitternacht / Zeidler / Weise. Das protestantische Schultheater nach 1648 im Kampf gegen höfische Kultur und absolutistisches Regiment. Göttingen 1972.

Kamnitzer, Heinz: Lessing und die Nation. In: Neue Deutsche Literatur 2 (1954), H. 1, S. 115ff.

Kampschulte, Franz Wilhelm: Die Universität Erfurt in ihrem Verhältnisse zu dem Humanismus und der Reformation. Aus den Quellen dargestellt. Tl. 1. Der Humanismus. Tl. 2. Die Reformation. 2 Bde. Trier 1858/1860.

Kanduth, Erika: Der kaiserliche Hofdichter im 18. Jahrhundert. In: Die österreichische Literatur. Ihr Profil an der Wende vom 18. zum 19. Jahrhundert. Hrsg. v. Herbert Zeman. Graz 1979, S. 307ff.

Kanduth, Erika: Der Petrarkismus in der Lyrik des deutschen Frühbarock. Vorbereitung, Entwicklung, Auswirkungen. Diss. Wien 1953.

Kapitzka, Peter K.: Ein bürgerlicher Krieg in der gelehrten Welt. Zur Geschichte der Querelle des anciens et des modernes in Deutschland. München 1980.

Ders.: Dichtung als Bienenwerk. Traditionelle Bildlichkeit in der Imitatio-Lehre. In: Jean-Paul-Jahrbuch 9 (1974), S. 79–101.

Kaspers, Heinrich, unter Mitarbeit von Wilhelm Schmidt-Thomé und Hans Gerig: Vom Sachsenspiegel zum Code Napoléon. Kleine Rechtsgeschichte im Spiegel alter Rechtsbücher. Köln 1961.

Katz, Max-Otto: Zur Weltanschauung Daniel Caspars von Lohenstein. Studien zur deutschen Barockliteratur. Diss. Breslau 1933.

Kauffeldt, A.: Die Naturwissenschaft im 17. Jahrhundert und Tschirnhaus. In: E. Winter (Hrsg.), E. W. v. Tschirnhaus, S. 319ff.

Kaufmann, Georg: Zwei katholische und zwei protestantische Universitäten vom 16. – 18. Jahrhundert. In: Sitzungsberichte der Bayrischen Akademie der Wissenschaften. Philosophisch-philologische Klasse Jg. 1920, 5. Abhandlung.

Ders.: Die Geschichte der Deutschen Universitäten. 2 Bde. Stuttgart 1888/1896. Bes. Bd. 2. Entstehung und Entwicklung der deutschen Universitäten bis zum Ausgang des Mittelalters.

Kawerau, Waldemar: Balthasar Kindermann. Ein Kulturbild aus dem siebzehnten Jahrhundert. In: Geschichts-Blätter für Stadt und Land Magdeburg. Mittlgn. des Vereins f. Gesch. u. Altertumskunde des Herzogtums und Erzstifts Magdeburg 27 (1892), S. 131ff.

Ders.: Culturbilder aus dem Zeitalter der Aufklärung. Bd. 2. Aus Halles Litteraturleben. Halle 1888.

Kayser, Rudolf: Christian Thomasius und der Pietismus. Diss. Hamburg 1900.

Kayser, Wolfgang: Die Klangmalerei bei Harsdörffer. Ein Beitrag zur Geschichte der Literatur, Poetik und Sprachgeschichte der Barockzeit. Leipzig 1932. Nachdruck Göttingen 1962. Kap. 2. Der rhetorische Grundzug von Harsdörffers Zeit und die gattungsgebundene Haltung. In: R. Alewyn (Hrsg.), Deutsche Barockforschung, S. 324ff.

Ders.: Lohensteins Sophonisbe als Geschichts-Tragödie. In: GRM NF 29 (1941), S. 20ff.

Kedrow, B. M.: Klassifizierung der Wissenschaften. 2 Bde. Köln 1975/1976.

Kegel-Vogel, Marlies: Der Erziehungsoptimismus in der deutschen Aufklärung. Nachgewiesen an Johann Christoph Gottsched und Johann Elias Schlegel. Diss. Greifswald 1957.

Keller, Ludwig: Die Deutschen Gesellschaften des 18. Jahrhunderts und die moralischen Wochenschriften. Ein Beitrag zur Geschichte des deutschen Bildungslebens. Berlin 1900.

Kelsch, Wolfgang: Gottfried Wilhelm Sacer: »Reime dich oder ich fresse dich«. Der Wolfenbütteler Jurist G. W. Sacer als Verfasser einer barocken Literatursatire. In: Braunschweigisches Jahrbuch 60 (1979), S. 85ff.

Kerckhoffs, August: Daniel Casper von Lohensteins Trauerspiele, mit besonderer Berücksichtigung der ›Cleopatra‹. Paderborn 1877.

Kern, Arthur (Hrsg.): Deutsche Hofordnungen des 16. und 17. Jahrhunderts. 2 Bde. Berlin

1905/1907 (Denkmäler der deutschen Kulturgeschichte. Hrsg. v. Georg Steinhausen. Abtlg. 2, Bd. 1 u. 2).
Kern, Marie: Daniel Georg Morhof. Diss. Freiburg i. B., Landau-Pfalz 1928.
Kessler, Eckhard: Petrarca und die Geschichte. Geschichtsschreibung, Rhetorik, Philosophie im Übergang vom Mittelalter zur Neuzeit. München 1978.
Ketelsen, Uwe K.: Poesie und bürgerlicher Kulturanspruch. Die Kritik an der rhetorischen Gelegenheitspoesie in der frühbürgerlichen Literaturdiskussion. In: Lessing Yearbook 8 (1976), S. 89ff.
Ders.: Die Naturpoesie der norddeutschen Frühaufklärung. Poesie als Sprache der Versöhnung: alter Universalismus und neues Weltbild. Stuttgart 1974.
Kibre, Pearl: Scholarly Privileges in the Middle Ages. The Rights, Privileges, and Immunities of Scholars and Universities at Bologna, Padua, Paris and Oxford. London 1961.
Dies.: Scholarly Privileges. Their Roman origins and Medieval Expression. In: American Historical Review LIX (1954), S. 543ff.
Kiesel, Helmuth: ›Bei Hof, bei Höll‹. Untersuchungen zur literarischen Hofkritik von Sebastian Brant bis Friedrich Schiller. Tübingen 1979.
Ders./Paul Münch: Gesellschaft und Literatur im 18. Jahrhundert. Voraussetzungen und Entstehung des literarischen Markts in Deutschland. München 1977.
Kimpel, Dieter: Christian Wolff und das aufklärerische Programm der literarischen Bildung. Manuskript.
Ders.: Philosophie, Ästhetik und Literaturtheorie. In: H. A. Glaser (Hrsg.): Deutsche Literatur. Bd. 4, S. 101ff.
Ders.: Der Roman der Aufklärung. Stuttgart 1967.
Kindermann, Heinz: Die Danziger Barockdichtung. In: Dichtung und Volkstum. NF. des Euphorion 37 (1936), S. 296ff.
Kink, Rudolf: Geschichte der kaiserlichen Universität zu Wien. Bd. 1. Geschichtliche Darstellung der Entstehung und Entwicklung der Universität bis zur Neuzeit. Samt urkundlichen Beilagen. Wien 1854. Bd. 2. Statutenbuch. Wien 1854.
Kirchner, Joachim: Deutschlands erste Literatur-Zeitschrift. Die Monatsgespräche des Christian Thomasius. In: Welt und Wort 15 (1960), S. 37ff.
Kissel, Karl: Grimmelshausens Lektüre. Diss. Gießen 1928.
Klamroth, Heinz: Beiträge zur Entwicklungsgeschichte der Traumsatire im 17. und 18. Jahrhundert. Diss. Bonn 1912.
Klaniczay, Tibor: Renaissance und Manierismus. Zum Verhältnis von Gesellschaftsstruktur, Poetik und Stil. Berlin (Ost) 1977.
Klassen, Peter: Die Grundlagen des aufgeklärten Absolutismus. Jena 1929.
Klassen, Rainer: Logik und Rhetorik der frühen deutschen Aufklärung. Diss. München 1974.
Klebel, Ernst: Das Ständewesen. In: Führungsschicht und Eliteproblem. Jahrb. III der Ranke-Gesellschaft (1957), S. 48ff.
Klein, Johannes: Geschichte der deutschen Lyrik. Von Luther bis zum Ausgang des zweiten Weltkriegs. Wiesbaden 1957.
Klein, Robert: Les humanistes et la science. In: Bibl. d'Humanisme et Renaissance 23 (1961), S. 7ff.
Kleinschmidt, Erich: Gelehrtentum und Volkssprache in der frühneuzeitlichen Stadt. Zur literaturgesellschaftlichen Funktion Johann Fischarts in Straßburg. In: Lili 10 (1980), H. 37, S. 128ff.
Klopsch, Paul: Einführung in die Dichtungslehren des lateinischen Mittelalters. Darmstadt 1980.
Kluckhohn, Paul: Dichterberuf und bürgerliche Existenz. Stuttgart 1949.
Klüger, Richard: Die pädagogischen Ansichten des Philosophen Tschirnhaus. Diss. Leipzig. Borna – Leipzig 1913.
Klüpfel, Karl: Geschichte und Beschreibung der Universität Tübingen. Tübingen 1849.

Kluge, Otto: Die Antike in der Bildungstheorie des Erasmus. Zum Gedächtnis der 400jährigen Wiederkehr seines Todestages 12. Juli 1536. In: Das humanistische Gymnasium, 47 (1936), S. 135ff.
Knepper, Josef: Jakob Wimpfeling (1450–1528). Sein Leben und seine Werke nach den Quellen dargestellt. Freiburg i. Br. 1902. Nachdruck Nieuwkoop 1965.
Knight, K. G.: Georg Philipp Harsdörffers Frauenzimmergesprächspiele. In: GLL 13 (1959/60), S. 116ff.
Knopf, Jan: Frühzeit des Bürgers: erfahrene und verleugnete Realität in den Romanen Wickrams, Grimmelshausens, Schnabels. Stuttgart 1979.
Knüfer, Carl: Grundzüge der Geschichte des Begriffs Vorstellung von Wolff bis Kant. Ein Beitrag zur Geschichte der philosophischen Terminologie. Diss. Berlin 1911. Nachdruck Hildesheim 1975.
Koberstein, August: Grundriss der Geschichte der deutschen Nationalliteratur, umgearb. v. K. Bartsch. Bd. 2. Leipzig [5]1872.
Koch, Johann Friedrich Wilhelm: Die preußischen Universitäten. Sammlung der Verordnungen, welche die Verfassung und Verwaltung dieser Anstalten betreffen. 3 Bde. Berlin 1839.
Koch, Josef (Hrsg.): Artes liberales. Von der antiken Bildung zur Wissenschaft des Mittelalters. Leiden, Köln 1959.
Koch, Max: Gottsched und die Reform der deutschen Literatur im 18. Jahrhundert. Hamburg 1887.
Koch, Walter: Die klerikalen Standesprivilegien. Freiburg 1949.
Kocka, Jürgen: Sozialgeschichte. Begriff – Entwicklung – Probleme. Göttingen 1977.
Köhler, Erich: Je ne sais quoi. Ein Kapitel aus der Begriffsgeschichte des Unbegreiflichen. In: Rom. Jahrb. 6 (1953/54), S. 21ff.
Köllmann, Wolfgang, Peter Marschalek (Hrsg.): Bevölkerungsgeschichte. Köln 1972.
König, Helmut: Zur Geschichte der Nationalerziehung in Deutschland im letzten Drittel des 18. Jahrhunderts. Berlin 1860.
König, René: Kleider und Leute. Zur Soziologie der Mode. Frankfurt a. M. 1967.
Könnecke, Gustav: Quellen und Forschungen zur Lebensgeschichte Grimmelshausens. Hrsg. v. J. H. Scholte. 2 Bde. Leipzig 1926 und 1928.
Könneker, Barbara: Die deutsche Literatur der Reformationszeit. Kommentar zu einer Epoche. München 1975.
Dies.: Deutsche Literatur im Zeitalter des Humanismus und der Reformation. In: A. Buck (Hrsg.), Renaissance und Barock. Bd. 2. Frankfurt a. M. 1962, S. 145ff.
Dies.: Wesen und Wandlung der Narrenidee im Zeitalter des Humanismus: Brant, Murner, Erasmus. Wiesbaden 1966.
Koeppler, H.: Frederick Barbarossa and the Schools of Bologna. Some Remarks on the ›Authentica Habita‹. In: English Historical Review LIV (1939), S. 577ff.
Köpf, Gerhard: Friedrich Schiller: ›Über Bürgers Gedichte‹. Historizität als Norm einer Theorie des Lesers. In: Goethe-Jahrb. Wien 81/83 (1977/79), S. 263ff.
Köster, Albert: Die deutsche Literatur der Aufklärungszeit. Fünf Kapitel aus der Literaturgeschichte des 18. Jahrhunderts mit einem Anhang: Die allgemeinen Tendenzen der Geniebewegung. Heidelberg 1925.
Ders.: Von der kritischen Dichtkunst zur Hamburgischen Dramaturgie. In: Festschrift Johannes Volkelt. Hrsg. v. P. Barth u. a. München 1918, S. 58ff.
Ders.: Lessing und Gottsched. In: Euphorion 1 (1894), H. 1, S. 64ff.
Kofler, Leo: Zur Geschichte der bürgerlichen Gesellschaft. Versuch einer verstehenden Deutung der Neuzeit. Neuwied und Berlin [4]1971.
Kohl, Stephan: Realismus: Theorie und Geschichte. München 1977.
Kohlmeyer, Ernst: Kosmos und Kosmogonie bei Christian Wolff. Ein Beitrag zur Geschichte der Philosophie und Theologie des Aufklärungszeitalters. Göttingen 1912.

Kohlschmidt, Werner: Geschichte der deutschen Literatur vom Barock bis zur Klassik. Stuttgart 1965 (Geschichte der dt. Lit. von den Anfängen bis zur Gegenwart Bd. 2).
Kollektiv für Literaturgeschichte (Hrsg.): Aufklärung. Erläuterungen zur deutschen Literatur. Berlin [4]1974.
Koller, Hermann: Die Mimesislehre in der Antike. Nachahmung, Darstellung, Ausdruck. Bern 1954.
Kondylis, Panajotis: Die Aufklärung im Rahmen des neuzeitlichen Rationalismus. Stuttgart 1981.
Kopitzsch, Franklin (Hrsg.): Aufklärung, Absolutismus und Bürgertum in Deutschland. 12 Aufsätze. München 1976. Darin Einleitung: Die Sozialgeschichte der deutschen Aufklärung als Forschungsaufgabe, S. 11ff.
Koppitz, Hans-Joachim: Schriftsteller im 17. Jahrhundert. In: Zeitschr. f. dt. Wortforschung 19 (1963), S. 175ff.
Koretzki, Gerd-Rüdiger: Kasualdrucke: Ihre Verbreitungsformen und ihre Leser. In: D. Frost / G. Knoll (Hrsg.), Gelegenheitsdichtung, S. 37ff.
Korff, Hermann August: Geist der Goethezeit. Versuch einer ideellen Entwicklung der klassisch-romantischen Literaturgeschichte. 5 Bde. Leipzig [8]1966.
Kornhardt, Hildegard: Exemplum. Eine bedeutungsgeschichtliche Studie. Diss. Göttingen 1936.
Koschlig, Manfred: Der Mythos vom ›Bauernpoeten‹ Grimmelshausen. In: Jahrb. d. Dt. Schillerges. 9 (1965), S. 33ff.
Koselleck, Reinhart: Kritik und Krise. Ein Beitrag zur Pathogenese der bürgerlichen Welt. Freiburg, München [2]1969.
Kossmann, Bernhard: Deutsche Universallexika des 18. Jahrhunderts. Ihr Wesen und ihr Informationswert dargestellt am Beispiel der Werke von Jablonski und Zedler. In: Archiv für Geschichte des Buchwesens 9 (1969), S. 1154ff.
Koszyk, Kurt: Vorläufer der Massenpresse. Ökonomie und Publizistik zwischen Reformation und Französischer Revolution. Öffentliche Kommunikation im Zeitalter des Feudalismus. München 1972.
Koyré, Alexander: Von der geschlossenen Welt zum unendlichen Universum. Frankfurt a. M. 1980.
Ders.: Descartes und die Scholastik. Bonn 1923. Nachdruck Darmstadt 1971.
Krabbe, Otto: Die Universität Rostock im fünfzehnten und sechzehnten Jahrhundert. 2 Bde. Rostock 1854.
Krafft, Fritz: Renaissance der Naturwissenschaften – Naturwissenschaften der Renaissance. Ein Überblick über die Nachkriegsliteratur. In: humanismusforschung, S. 111ff.
Kralik, Richard von: Dichterkrönungen im humanistischen Wien. In: Die Kultur 14 (1913), S. 389ff.
Kramer, Gustav: August Hermann Franckes pädagogische Schriften. Langensalza [2]1885.
Ders.: August Hermann Francke. Ein Lebensbild. 2 Bde. Halle 1880.
Ders.: Neue Beiträge zur Geschichte August Hermann Franckes. Halle 1875.
Krapf, Ludwig: Germanenmythos und Reichsideologie. Frühhumanistische Rezeptionsweisen der taciteischen »Germania«. Tübingen 1979.
Krapp, Albert: Die ästhetischen Tendenzen Harsdörffers. Berlin 1903.
Kraus, Andreas: Bürgerlicher Geist und Wissenschaft. Wissenschaftliches Leben im Zeitalter des Barocks und der Aufklärung in Augsburg, Regensburg und Nürnberg. In: Archiv f. Kulturgesch. 49 (1967), S. 340ff.
Krause, Carl: Helius Eobanus Hessus, sein Leben und seine Werke. Ein Beitrag zur Cultur- und Gelehrtengeschichte des 16. Jahrhunderts. 2 Bde. Gotha 1879.
Krause, Gottlieb: Wolfgang Ratichius oder Ratke im Lichte seiner und der Zeitgenossen Briefe und als Didacticus in Köthen und Magdeburg. Leipzig 1872.
Ders.: Der Fruchtbringenden Gesellschaft ältester Ertzschrein. Briefe, Devisen und anderweitige Schriftstücke. Urkundlicher Beitrag zur Geschichte der deutschen Sprachgesell-

schaften im 17. Jahrhunderte. Hrsg. nach den Originalien der Herzogl. Bibliothek zu Cöthen. Leipzig 1855. Nachdruck Hildesheim, New York 1973.

Krause, Helmut: Feder kontra Degen. Zur literarischen Vermittlung des bürgerlichen Weltbildes im Werk Johannes Riemers. Berlin 1979.

Ders.: Mutmaßungen über Riemer. Zu Hans-Dieter Brackers Aufsatz ›Johannes Riemers satirische Romane‹ (Jb. d. DSG 19 [1975], S. 138ff.). In: Daphnis 6 (1977), S. 147ff.

Krause, Maria: Studien zur deutschen und lateinischen Gelegenheitsdichtung von Martin Opitz. Diss. Breslau 1942.

Krause, Siegfried: Das Problem des Irrationalen in Lessings Poetik. Diss. Köln 1962.

Krauss, Werner: Perspektiven und Probleme. Zur französischen und deutschen Aufklärung und andere Aufsätze. Neuwied und Berlin 1965.

Ders.: Graciáns Lebenslehre. Frankfurt a. M. 1947.

Krausse, Helmut K.: ›Die unverbotne Lust‹. Erdmann Neumeister und die galante Poesie. In: Daphnis 9 (1980), S. 133ff.

Krebs, Albert: August Hermann Francke und Friedrich Wilhelm I. Ein Beitrag zur Geschichte des Schul- und Anstaltswesens. Langensalza 1925.

Krenn, Therese Maria: Die rhetorischen Stilprinzipien in Kaspar Stielers Brief- und Dichtlehre. Ein Vergleich. Diss. Graz 1976.

Kreußler, Heinrich Gottlieb: Geschichte der Universität Leipzig von ihrem Ursprunge bis auf unsre Zeiten. Dessau 1810.

Krieg, Walter: Materialien zu einer Entwicklungsgeschichte der Bücherpreise und des Autorenhonorars vom 15. bis 20. Jahrhundert. Wien 1953.

Kristeller, Paul Oskar: Studien zur Geschichte der Rhetorik und zum Begriff des Menschen in der Renaissance. Göttingen 1981.

Ders.: Humanismus und Renaissance. 2 Bde. Bd. 1. Die antiken und mittelalterlichen Quellen. München 1974. Bd. 2. Philosophie, Bildung und Kunst. München 1976. (Hrsg. v. Eckhard Keßler). Engl. Ausgabe: Renaissance and Thought. 2 Bde. Scranton, New York 1961/65.

Ders.: The Modern System of the Arts. In: Renaissance and Thought. Bd. 2, S. 163ff.; dt.: Das moderne System der Künste. In: Humanismus und Renaissance. Bd. 2, S. 164ff.

Ders.: Die Rolle des klassischen Humanismus in der Wissenschaft der Renaissance. In: A. Buck (Hrsg.), Zu Begriff und Problem der Renaissance, S. 222ff.

Ders.: Der Gelehrte und sein Publikum im späten Mittelalter und in der Renaissance. In: Medium aevum vivum. Festschrift f. Walter Bulst. Hrsg. H. R. Jauss u. D. Schaller. Heidelberg 1960, S. 212ff.

Ders.: Die italienischen Universitäten der Renaissance. Krefeld 1953.

Kroker, Ernst: Zweihundert Jahre Deutscher Gesellschaft. In: Mitteilg. der Dt. Gesellschaft zur Erforschung Vaterländ. Sprache und Altertümer in Leipzig 12 (1927), S. 7ff.

Ders.: Leipziger Kleiderordnungen. In: Mitteilgn. der Dt. Gesellschaft zur Erforschung Vaterländ. Sprache und Altertümer in Leipzig 10 (1912), S. 18ff.

Kroll, Wilhelm: Artikel ›Rhetorik‹. In: Paulys Realencyclopädie der class. Altertumswiss., neue Bearb. Georg Wissowa. Suppl. Bd. VII, Stuttgart 1940, Sp. 1039ff.

Ders.: Studien zum Verständnis der römischen Literatur. Stuttgart 1924.

Ders.: Die historische Stellung von Horazens Ars Poetica. In: Sokrates 71 (1918), S. 81ff.

Ders.: Cicero und die Rhetorik. In: Neue Jahrb. f. d. Klass. Altertum 11 (1903), S. 681ff.

Kruedener, Jürgen Freiherr von: Die Rolle des Hofes im Absolutismus. Stuttgart 1973.

Krüger, Lorenz: Der Begriff des Empirismus. Erkenntnistheoretische Studien am Beispiel John Lockes. Berlin, New York 1973.

Krummacher, Hans-Henrik: Einführendes Referat zum Rahmenthema Universität und Literatur im 17. Jahrhundert. In: A. Schöne (Hrsg.), Stadt – Schule – Universität – Buchwesen, S. 313ff.

Ders.: Das barocke Epicedium. Rhetorische Tradition und deutsche Gelegenheitsdichtung im 17. Jahrhundert. In: Jahrb. der Dt. Schillerges. 18 (1974), S. 89ff.

Kühlmann, Wilhelm: Gelehrtenrepublik und Fürstenstaat. Entwicklung und Kritik des deutschen Späthumanismus in der Literatur des Barockzeitalters. Tübingen 1982.

Ders.: Apologie und Kritik des Lateins im Schrifttum des deutschen Späthumanismus. Argumentationsmuster und sozialgeschichtlicher Zusammenhang. In: Daphnis 9 (1980), S. 33ff.

Ders.: Happels „Academischer Roman" und die Krise der späthumanistischen Gelehrtenkultur. In: A. Schöne (Hrsg.), Stadt – Schule – Universität – Buchwesen, S. 383ff.

Kühne, Karl: Studien über den Moralsatiriker Gottlieb Wilhelm Rabener 1740–1755. Diss. Berlin 1914.

Küster, Karl: Lessing als Philolog. Eine literarhistorische Studie. Programm Siegen 1874.

Kuhlmann, Walter: Die theologischen Voraussetzungen von Gottscheds Critischer Dichtkunst. Diss. Münster. Bochum 1935.

Kuhn, Thomas S.: Die Struktur wissenschaftlicher Revolutionen. Zweite rev. und um das Postskriptum von 1969 erg. Aufl. Frankfurt a. M. 1976; engl. Ausgabe: The structure of scientific revolutions. Chicago & London 1962.

Kulischer, Joseph: Allgemeine Wirtschaftsgeschichte des Mittelalters und der Neuzeit. München [2]1958.

Kullmann, Wolfgang: Wissenschaft und Methode. Interpretationen zur aristotelischen Theorie der Naturwissenschaft. Berlin, New York 1974.

Kunz, Hans: Die anthropologische Bedeutung der Phantasie. 2 Bde. Basel 1946.

Kurz, Gerhard: ›Volkspoesie‹-Programme. In: Glaser (Hrsg.), Deutsche Literatur. Eine Sozialgeschichte, Bd. 4, S. 254ff.

Kuznecov, Boris Grigorevic: Von Galilei bis Einstein. Entwicklung der physikalischen Ideen. Basel 1970.

Laas, Ernst: Die Pädagogik des Johannes Sturm. Berlin 1972.

Lachmann, Hans: Gottscheds Bedeutung für die Geschichte der deutschen Philologie. Mittlg. der Dt. Gesellschaft zur Erforschung Vaterländ. Sprache und Altertümer in Leipzig. Bd. 13. Leipzig 1931.

Lämmert, Eberhard u.a. (Hrsg.): Romantheorie. Dokumentation ihrer Geschichte in Deutschland 1620–1880. Köln, Berlin 1971.

Lakatos, Imre: Die Geschichte der Wissenschaft und ihre rationale Rekonstruktion. In: W. Diederich (Hrsg.), Theorien der Wissenschaftsgeschichte, S. 1ff.

Lampe, Joachim: Aristokratie, Hofadel und Staatspatriziat in Kurhannover [...] 1714–1750. 2 Bde. Göttingen 1963.

Landwehr, John: German Emblem Books 1531–1888. A Bibliography. Utrecht, Leyden 1972.

Lang, Gustav: Geschichte des Gymnasiums der Reichsstadt Heilbronn. In: Geschichte des humanistischen Schulwesens in Württemberg. Bd. 2,1. Stuttgart 1920, S. 91ff.

Lange, Hans-Joachim: Aemulatio veterum sive de optimo genere dicendi. Die Entstehung des Barockstils im XVI. Jahrhundert durch eine Geschmacksverschiebung in Richtung der Stile des manieristischen Typs. Diss. Bonn. Frankfurt 1974.

Lange, Konrad: Die ästhetische Illusion im 18. Jahrhundert. In: ZfÄsth. 1 (1906), S. 30ff.

Lange, Klaus-Peter: Theoretiker des literarischen Manierismus. Tesauros und Pellegrinis Lehre von der ›acutezza‹ oder von der Macht der Sprache. München 1968.

Langen, August: Anschauungsformen in der deutschen Dichtung des 18. Jahrhunderts. Rahmenschau und Rationalismus. Jena 1934. Nachdruck Darmstadt 1968.

Ders.: Zum Problem der sprachlichen Säkularisation in der deutschen Dichtung des 18. und 19. Jahrhunderts. In: ZfdPh 83 (1964), Sonderbd., S. 24ff.

Langendörfer, Hans: Zur Theorie der produktiven Einbildungskraft. Diss. Bonn 1941.

Langenohl, Hanno: Die Anfänge der deutschen Volksbildungsbewegung im Spiegel der moralischen Wochenschriften. Beiträge zur Erziehungswissenschaft. Diss. Münster. Ratingen bei Düsseldorf 1964.

Langer, Leo: Der Vesuvius von Martin Opitz. In: 25. Jahresber. des k. k. zweiten deutschen Obergymnasiums in Brünn für das Schuljahr 1895/96. Brünn 1896, S. 13ff.
Laporte, Louise: Lohensteins „Arminius". Ein Dokument des deutschen Literaturbarock. Berlin 1927.
Laspeyres: Artikel ›Ordinarius‹. In: Ersch-Gruber, Allgemeine Encyklopädie der Wissenschaften und Künste. Dritte Section, Vierter Teil. Leipzig 1833, S. 511ff.
Lauffer, Otto: Ausstattung nach Rang und Stand. In: Wirtschaft und Kultur. Festschrift für Alfons Dopsch. Baden bei Wien, Leipzig 1938, S. 512ff.
Lausberg, Heinrich: Handbuch der literarischen Rhetorik. Eine Grundlegung der Literaturwissenschaft. 2 Bde. München 1960.
Ders.: Elemente der literarischen Rhetorik. Eine Einführung für Studierende der klassischen, romanischen, englischen und deutschen Philologie. München [2]1963.
Ders.: Artikel ›Rhetorik‹. In: Das Fischer-Lexikon. Literatur 2,2, S. 474ff.
Laver, James (Hrsg.): Das Kostüm. Eine Geschichte der Mode, Renaissance und Frühbarock. München 1951.
Lazarowicz, Klaus: Verkehrte Welt. Vorstudien zu einer Geschichte der deutschen Satire. Tübingen 1963.
Lefèvre, Eckard (Hrsg.): Der Einfluß Senecas auf das europäische Drama. Darmstadt 1978.
Lehmann, Hartmut: Probleme einer Sozial- und Verfassungsgeschichte des Alten Reichs. In: Zeitschrift f. Hist. Forschung 3 (1976), S. 233ff.
Lehmann, Oskar: Die deutschen moralischen Wochenschriften des achtzehnten Jahrhunderts als pädagogische Reformschriften. Leipzig 1893.
Lehmann, Paul: Mittelalterliche Beinamen und Ehrentitel. In: Hist. Jahrb. 49 (1929), S. 215ff.; und in: P. L., Erforschung des Mittelalters. Ausgewählte Abhandlungen und Aufsätze. Leipzig, Stuttgart 1941, S. 129ff.
Lehnerdt, Albert: Die deutsche Dichtung des 17. und 18. Jahrhunderts in ihren Beziehungen zu Horaz. Programm des Kgl. Friedrichs-Kollegiums zu Königsberg i. Pr. 1882.
Leibbrand, Werner, und Annemarie Wettley: Der Wahnsinn. Geschichte der abendländischen Psychopathologie. Freiburg, München 1961.
Leighton, Joseph: Gelegenheitssonette aus Breslau und Danzig in der Zeit zwischen 1624 und 1675. In: A. Schöne (Hrsg.), Stadt – Schule – Universität – Buchwesen, S. 536ff.
Ders.: Das barocke Sonett als Gelegenheitsgedicht. In: Dokumente des Internat. Arbeitskreises f. dt. Barocklit. 3 (1977), S. 141ff.
Lemcke, Carl: Von Opitz bis Klopstock. Ein Beitrag zur Geschichte der deutschen Dichtung. Neue Ausgabe Leipzig 1882.
Lempicki, Sigmund von: Geschichte der deutschen Literaturwissenschaft bis zum Ende des 18. Jahrhunderts. 2. durchges. Aufl. Göttingen 1968 ([1]1920).
Lenders, Winfried: Die analytische Begriffs- und Urteilstheorie von Gottfried Wilhelm Leibniz und Christian Wolff. Hildesheim, New York 1971.
Lepenies, Wolf: Melancholie und Gesellschaft. Frankfurt a. M. 1972.
Ders.: Das Ende der Naturgeschichte – Wandel kultureller Selbstverständlichkeiten in den Wissenschaften des 18. und 19. Jahrhunderts. München 1976.
Lerch, Eugen: Descartes und Deutschland. In: Das Buch 2 (1950), S. 5ff.
Lexikon der Alten Welt. Hrsg. v. Carl Andresen, Hartmut Erbse u. a. Zürich, Stuttgart 1965.
Ley, Willy: Die Himmelskunde. Die Geschichte der Astronomie von Babylon bis zum Raumfahrtzeitalter. Düsseldorf & Wien 1965.
Lhotsky, Alphons: Die Wiener Artistenfakultät 1365–1497. Wien 1965.
Lieberwirth, Rolf: Christian Thomasius' Leipziger Streitigkeiten. In: Wiss. Zeitschrift d. Martin-Luther-Universität Halle-Wittenberg, Ges. u. sprachwiss. Reihe, Jg. 3 (1953/54), S. 155ff.
Ders.: Christian Thomasius' Verhältnis zur Universität Leipzig. In: Karl-Marx-Universität Leipzig 1409–1959. Beiträge zur Universitätsgeschichte. Bd. 1. Leipzig 1959, S. 71ff.

Ders.: Christian Thomasius. Sein wissenschaftliches Lebenswerk. Eine Bibliographie. Weimar 1955.

Liepmann, Hans W.: Lessing und die mittelalterliche Philosophie. Studien zur Wissenschaftlichen Rezeptions- und Arbeitsweise Lessings und seiner Zeit. Stuttgart 1931.

Ders.: Der Gelehrte und seine Bestimmung bei Gotthold Ephraim Lessing. In: Die Hilfe 35 (1929), S. 47ff.

Lindberg, John D.: Höfisch oder gegenhöfisch? Christian Weise in neuer Sicht. In: Literatur als Dialog. Festschrift zum 50. Geb. v. Karl Tober. Hrsg. v. Reingard Nethersole. Johannesburg 1979, S. 159ff.

Lindhardt, Jan: Rhetor, poeta, historicus. Studien über rhetorische Erkenntnis und Lebensanschauung im italienischen Renaissancehumanismus. Leiden 1979.

Link, Thomas: Die Pädagogik des Philosophen Christian Wolff (Halle) aus seinen Werken zusammengestellt und durch seine Philosophie erläutert. Diss. Erlangen 1906. Bamberg 1906.

Linn, Marie Luise: Alexander G. Baumgartens »Aesthetica« und die antike Rhetorik. In: H. Schanze (Hrsg.), Rhetorik, S. 105ff.

Lipperheide, Franz von: Spruchwörterbuch. Berlin [8]1976.

Lippert, Max: Johann Heinrich Alsteds pädagogisch-didaktische Reform-Bestrebungen und ihr Einfluss auf Johann Amos Comenius. Diss. Leipzig 1898.

Litzmann, Berthold: Christian Ludwig Liscow in seiner litterarischen Laufbahn. Hamburg und Leipzig 1883.

Lohmeier, Anke-Marie: Beatus ille. Studien zum ›Lob des Landlebens‹ in der Literatur des absolutistischen Zeitalters. Tübingen 1981. (Hermaea N. F. 44).

Loos, Erich: Baldassare Castigliones ›Libro del Cortegiano‹. Studien zur Tugendauffassung des Cinquecento. Frankfurt a. M. 1955.

Lossius, Kaspar Friedrich: Helius Eoban Hessus und seine Zeitgenossen. Ein Beitrag zur Erfurthischen Gelehrten- und Reformationsgeschichte. Gotha [2]1817.

Lotz, Albert: Geschichte des Deutschen Beamtentums. Berlin 1909.

Lotze, Ernst: Veit Ludwig von Seckendorff und sein Anteil an der pietistischen Bewegung des XVII. Jahrhunderts. Ein Beitrag zur Geschichte des Pietismus. Diss. Erlangen. Quedlinburg 1911.

Lotze, Hermann: Geschichte der Aesthetik in Deutschland. München 1868. Nachdruck New York, London 1965.

Luden, Heinrich: Christian Thomasius nach seinen Schicksalen und Schriften dargestellt. Mit einer Vorrede von Johannes v. Müller. Berlin 1805.

Lübbe, Hermann: Säkularisierung. Geschichte eines ideenpolitischen Begriffs. Freiburg, München 1965.

Lücke, Johannes: Beiträge zur Geschichte der genera dicendi und genera compositionis. Diss. Hamburg 1952.

Lüders, Eva: Die Auffassung des Menschen im 17. Jahrhundert. Dargestellt an Hand der Poetischen Wörterbücher. Diss. Köln. Düsseldorf 1934.

Lühe, Irmela von der: Natur und Nachahmung in der ästhetischen Theorie zwischen Aufklärung und Sturm und Drang. Untersuchungen zur Batteux-Rezeption in Deutschland. Bonn 1979.

Lühmann, Johann: Johann Balthasar Schupp. Beiträge zu seiner Würdigung. Marburg 1907.

Lütge, Friedrich: Deutsche Sozial- und Wirtschaftsgeschichte. Heidelberg [2]1960.

Lüthi, Walter: Ein Beitrag zur Geschichte der Stimmungen im 18. Jahrhundert. Die Entfaltung des Lyrischen. Diss. Zürich 1951.

Lundgren, Peter: Historische Bildungsforschung. In: Histor. Sozialwissenschaft. Hrsg. v. Reinhard Rürup. Göttingen 1977, S. 96ff.

Lunding, Erik: Stand und Aufgaben der deutschen Barockforschung. In: Orbis Litterarum 8 (1950), S. 27ff.

Ders.: Die deutsche Barockforschung. Ergebnisse und Probleme In: WW 2 (1951/52), S. 298ff.
Ders.: Das schlesische Kunstdrama. Eine Darstellung und Deutung. Kopenhagen 1940.
Lutz, Bernd (Hrsg.): Literaturwissenschaft und Sozialwissenschaften 3. Deutsches Bürgertum und literarische Intelligenz. Stuttgart 1974.
Lutz, Valentin: Friedrich Rudolf Ludwig von Canitz. Diss. Heidelberg 1887.
Maack, Heinrich: Grundlagen des studentischen Disziplinarrechts. Freiburg/Br. 1956.
Maassen, Johannes: Drama und Theater der Humanistenschulen in Deutschland. Augsburg 1929.
Maché, Ulrich: Zesens Bedeutung für die Entwicklungsgeschichte der Poetik im 17. Jahrhundert. In: Philipp von Zesen 1619–1969. Beiträge zu seinem Leben und Werk. Hrsg. v. Ferdinand van Ingen. Wiesbaden 1972, S. 193ff.; Neufassung des Aufsatzes: Zesen als Politiker. In: DVjs 41 (1967), S. 391ff.
Ders.: Zesens Hoch-Deutscher Helikon. Poetik zwischen Opitz und Gottsched. Diss. Princeton 1963 (Selbstreferat: Germanistik 6, 1965, S. 299).
Mackenroth, Gerhard: Bevölkerungslehre. Theorie, Soziologie und Statistik der Bevölkerung. Berlin u. a. 1953.
Magendie, Maurice: La politesse mondaine et les théories de l'honnêteté en France au XVIIe siècle de 1600–1660. Paris 1925.
Mahal, Günther: Lessings Faust. Planen, Ringen, Scheitern. In: Faust-Blätter NF. (1972), H. 11, S. 525ff.
Mahler, Bruno: Die Leibesübungen in den Ritterakademien. In: Zeitschrift f. Gesch. der Erziehung und des Unterrichts 8/9 (1918/19), S. 170ff.
Mahnke, Dietrich: Der Barock-Universalismus des Comenius I/II. In: Zeitschrift f. Gesch. d. Erziehung u. d. Unterrichts 21 (1931), S. 97ff., S. 253ff.; 22 (1932), S. 61ff.
Ders.: Leibniz als Gegner der Gelehrteneinseitigkeit. Stade 1912.
Maier, Anneliese: Die Mechanisierung des Weltbildes im 17. Jahrhundert. Leipzig 1938.
Maier, Hans: Die Lehre der Politik an den deutschen Universitäten vornehmlich vom 16. bis 18. Jahrhundert. In: Wissenschaftliche Politik. Eine Einführung in Grundfragen ihrer Tradition und Theorie. Hrsg. v. D. Oberndörfer. Freiburg i. Br. 1962, S. 59ff.
Mainusch, Herbert: Dichtung als Nachahmung. Ein Beitrag zum Verständnis der Renaissancepoetik. In: GRM NF 10 (1960), S. 122ff.
Maiworm, Heinrich: Die Wiederbelebung des Epos im 18. Jahrhundert. Mit besonderer Berücksichtigung von Klopstocks Messias und dem Versuch einer Epostheorie. Diss. Tübingen 1949.
Makdisi, George: The Scholastic Method in Medieval Education. An Inquiry into its Origins in Law and Theology. In: Speculum (Cambridge/Mass.) 49 (1974), S. 640ff.
Mandrou, Robert: Staatsräson und Vernunft 1649–1775. Frankfurt a. M. 1976 (Propyläen Weltgeschichte Bd. 2).
Mankowski, Hermann: Martin Opitz und die Fruchtbringende Gesellschaft. In: Literar. Handweiser 47 (1909), S. 637ff.
Mann, Otto: Lessing und die moderne Wissenschaft. In: Gotthold Ephraim Lessing. Hrsg. v. Gerhard u. Sibylle Bauer. Darmstadt 1968 (Wege der Forschung CCXI), S. 312ff.
Mannack, Eberhard: Andreas Gryphius. Stuttgart 1968.
Mansfeld, Franz: Das literarische Barock im kunsttheoretischen Urteil Gottscheds und der Schweizer. Diss. Halle-Wittenberg. Halle 1928.
Manz, Luise: Der Ordo-Gedanke. Ein Beitrag zur Frage des mittelalterlichen Ständegedankens. Diss. Heidelberg 1937.
Markwardt, Bruno: Poetik. In: Reallexikon der deutschen Literaturgeschichte. Hrsg. v. Werner Kohlschmidt u. Wolfgang Mohr. Bd. 3. Berlin, New York 1977, S. 126ff.
Ders.: Artikel ›Geschmack‹. In: Reallexikon der dt. Lit. gesch. Bd. 1. Berlin ^{2}1958, S. 556ff.
Ders.: Geschichte der Deutschen Poetik. Bd. 1. Barock und Frühaufklärung. Berlin ^{3}1964.

Ders.: Geschichte der Deutschen Poetik. Bd. 2. Aufklärung, Rokoko, Sturm und Drang. Berlin ²1970.

Marrou, Henri Irénée: Geschichte der Erziehung im klassischen Altertum. Hrsg. v. R. Harder. München, Freiburg 1957.

Martens, Wolfgang: Von Thomasius bis Lichtenberg: Zur Gelehrtensatire der Aufklärung. In: Lessing Yearbook 10 (1978), S. 7ff.

Ders.: Lessing als Aufklärer. Zu Lessings Kritik an den Moralischen Wochenschriften. In: Lessing in heutiger Sicht. Beiträge zur Internat. Lessing-Konferenz. Cincinnati, Ohio 1976. Bremen und Wolfenbüttel 1977, S. 237ff.

Ders.: Der gute Ton und die Literatur. Anstandsbücher als Quelle für die Leseforschung. In: Buch und Leser. Vorträge des 1. Jahrestreffens des Wolfenbütteler Arbeitskreises für Geschichte des Buchwesens. Hrsg. v. H. Göpfert. Hamburg 1977, S. 203ff.

Ders.: Bürgerlichkeit in der frühen Aufklärung. In: F. Kopitzsch. (Hrsg.), Aufklärung, Absolutismus und Bürgertum, S. 347ff.

Ders.: Die Botschaft der Tugend. Die Aufklärung im Spiegel der deutschen Moralischen Wochenschriften. Stuttgart 1968; Studienausgabe Stuttgart 1971.

Martin, Alfred von: Soziologie der Renaissance. München ³1974.

Ders.: Zur Soziologie der höfischen Kultur. In: Archiv für Sozialwissenschaft 64 (1930), S. 155ff.

Martin, Josef: Antike Rhetorik. Technik und Methode. München 1974 (Handbuch der Altertumswissenschaft. Bd. 2,3).

Martin, Walther: Der Stil in den Dramen Lohensteins. Diss. Leipzig. Königsbrück 1927.

Martines, Lauro: The social world of the Florentine humanists 1390–1460. Princeton/N. J. 1963.

Martini, Fritz: Poetik. In: Deutsche Philologie im Aufriß. Hrsg. von W. Stammler. Bd. 1. Berlin ²1957, S. 223ff.

Martino, Alberto: Daniel Casper von Lohenstein. Geschichte seiner Rezeption. Bd. 1. (1661–1800). Aus dem Italien. übersetzt von H. Streicher. Tübingen 1978. Italien. Ausgabe: Daniel Casper von Lohenstein. Storia della sua ricezione. Vol. 1. 1661–1800. Pisa 1975.

Ders.: Barockpoesie, Publikum und Verbürgerlichung der literarischen Intelligenz. In: IASL 1 (1976), S. 107ff.

Martinson, Steven D.: German poetry in transition: Canitz, Besser, and the early Aufklärer. In: Michigan Germanic Studies 6 (1980), S. 40ff.

Ders.: On imitation, imagination and beauty. A critical reassessment of the concept of the literary artist during the early German ›Aufklärung‹. Bonn 1977.

Mason, Stephen F.: Geschichte der Naturwissenschaft in der Entwicklung ihrer Denkweisen. Dt. Ausg. unter Mitwirkung von Klaus M. Meyer-Abuch bes. v. Bernhard Sticker. Stuttgart ²1974.

Mattenklott, Gert u. Klaus R. Scherpe (Hrsg.): Westberliner Projekt: Grundkurs 18. Jahrhundert. Die Funktion der Literatur bei der Formierung der bürgerlichen Klasse Deutschlands im 18. Jahrhundert. 2 Bde. Kronberg/Ts. ²1976.

Dies. (Hrsg.): Literatur der bürgerlichen Emanzipation im 18. Jahrhundert. Literatur im historischen Prozeß. Ansätze materialistischer Wissenschaft. Analysen, Materialien, Studienmodelle. Kronberg/Ts. 1973.

Matthias, Alfred: Geschichte des deutschen Unterrichts. München 1907 (Handbuch des dt. Unterrichts Bd. 1,1).

Matthias, Peter (Hrsg.): Science and Society 1600–1900. Cambridge 1972.

Maurer, Wilhelm: Melanchthon und die Naturwissenschaft seiner Zeit. In: Archiv f. Kulturgesch. 44 (1962), S. 199ff.

Mauser, Wolfram: Dichtung, Religion und Gesellschaft im 17. Jahrhundert. Die ›Sonnete‹ des Andreas Gryphius. München 1976.

Ders.: Opitz und der Beginn der deutschsprachigen Barockliteratur. Ein Versuch. In: Filologia e critica. Studi in onore di Vittorio Santoli. Bd. 2. Rom 1976, S. 281ff.

May, Kurt: Lessings und Herders kunsttheoretische Gedanken in ihrem Zusammenhang. Diss. Berlin 1923. Nachdruck Nendeln 1967.

Mayer, Hans: Faust, Aufklärung, Sturm und Drang. In: Sinn und Form 13 (1961), S. 101ff.

Mayer, Otto: Geschichte des humanistischen Schulwesens in der freien Reichsstadt Eßlingen 1267–1803. In: Geschichte des humanistischen Schulwesens in Württemberg. Bd. 2,1. Stuttgart 1920, S. 204ff.

Maylender, Michele: Storia delle Accademie d'Italia. Bd. 2. Certi, Filotomi, Bologna 1926/1930.

Mazingue, Étienne: De la Renaissance Opitzienne au Frührokoko. In: Études Germaniques XIX (1964), S. 482ff.

McColley, Grant: The Seventeenth-Century Doctrine of a Plurality of Worlds. In: Annals of Science 1 (1936), S. 385ff.

McKeon, Richard: Literary Criticism and the Concept of Imitation in Antiquity. In: Modern Philology 34 (1936), S. 1ff.

Mead, William Edward: The Grand Tour in the Eighteenth Century. Boston and New York 1914.

Meadows, Arthur Jack: The High Firmament. A Survey of Astronomy in English Literature. Leicester University Press 1969.

Medick, Hans: Naturzustand und Naturgeschichte der bürgerlichen Gesellschaft. Die Ursprünge der bürgerlichen Sozialtheorie als Geschichtsphilosophie und Sozialwissenschaft bei Samuel Pufendorf, John Locke und Adam Smith. Göttingen 1973.

Mehring, Franz: Die Lessing-Legende. Berlin 1963.

Ders.: Deutsche Geschichte vom Ausgang des Mittelalters. Berlin 1951.

Meid, Volker: Der deutsche Barockroman. Stuttgart 1974.

Meinecke, Friedrich: Die Idee der Staatsräson in der neueren Geschichte. Hrsg. u. eingel. v. W. Hofer. München [3]1963.

Meiners, Christoph: Kurze Darstellung der Entwicklung der hohen Schulen des protestantischen Deutschlands besonders der hohen Schule zu Göttingen. Göttingen 1808.

Ders.: Geschichte der Entstehung und Entwicklung der hohen Schulen unseres Erdteils. 4 Bde. Göttingen 1802–1804. Nachdruck Aalen 1973.

Ders.: Ueber Verfaßung und Verwaltung deutscher Universitäten. 2 Bde. Göttingen 1801 u. 1802. Nachdruck Wien 1970.

Ders.: Geschichte der Ungleichheit der Stände unter den vornehmsten Europäischen Völkern. Bd. 1. Hannover 1792.

Meinhold, Franz Louis: Hagedorns Gedanken von sittlicher und geistiger Bildung. Diss. Leipzig 1894.

Meissinger, Karl August: Erasmus von Rotterdam. Berlin [2]1948.

Meissner, Paul: England im Zeitalter von Humanismus, Renaissance und Reformation. Heidelberg 1952.

Mentz, Georg: Deutsche Geschichte im Zeitalter der Reformation, der Gegenreformation und des Dreißigjährigen Krieges 1493–1648. Tübingen 1913.

Mertens, F.: Zu Lessings Jungem Gelehrten. In: Zeitschr. f. d. dt. Unterr. 10 (1896), S. 512f.

Mertner, Edgar: Topos and Commonplace. In: Strena Anglica. Festschrift Otto Ritter. Halle 1956, S. 178ff.

Mertz, Georg: Das Schulwesen der deutschen Reformation im 16. Jahrhundert. Heidelberg 1902.

Meyer, Gerhard: Die Entwicklung der Straßburger Universität aus dem Gymnasium und der Akademie des Johann Sturm. Heidelberg 1926.

Meyer, Heinrich: Der deutsche Schäferroman des 17. Jahrhunderts. Diss. Freiburg i. Br. 1928.

Meyer, Wilhelm: Erdbeben und Vulkane. Stuttgart 1908.
Meyhöfer, Max: Die kaiserlichen Stiftungsprivilegien für Universitäten. In: Archiv für Urkundenforschung 4 (1912), S. 291ff.
Meyring, Diethild Maria: Politische Weltweisheit. Studien zur Deutschen politischen Philosophie des 18. Jahrhunderts. Diss. Münster 1965.
Michel, Gerhard: Wolfgang Ratke: Die Muttersprache in Schule, Staat und Wissenschaft. In: A. Schöne (Hrsg.), Stadt – Schule – Universität – Buchwesen, S. 185ff.
Minor, Jakob: Christian Thomasius. In: Vierteljahrsschrift f. Litteraturgesch. 1 (1888), S. 1ff.
Mitchell, P. M.: Johann Christoph Gottsched. In: B. v. Wiese (Hrsg.), Deutsche Dichter des 18. Jahrhunderts, S. 35ff.
Mitteis, Heinrich / Heinz Lieberich: Deutsche Rechtsgeschichte. Ein Studienbuch. 8. erg. Aufl. München 1963.
Mittelstraß, Jürgen: Konvergente Bedingungen neuzeitlicher Erfahrungsbegriffe. In: Erfahrung und Erfahrungswissenschaft. Die Frage des Zusammenhangs wissenschaftlicher und gesellschaftlicher Entwicklung. Hrsg. v. Rolf E. Vente. Stuttgart 1974, S. 142ff.
Ders.: Neuzeit und Aufklärung. Berlin u. New York 1970.
Möhrke, Max: Jan Amos Komenius und Johann Valentin Andreae. Ihre Pädagogik und ihr Verhältnis zueinander. Diss. Leipzig 1904.
Moehsen, Johann Carl Wilhelm: Geschichte der Wissenschaften in der Mark Brandenburg. Berlin 1781.
Mönch, Walter: Deutsche Kultur von der Aufklärung bis zur Gegenwart. Ereignisse, Gestalten, Strömungen. München 1962.
Mönkemöller, Otto: Narren und Toren in Satire, Sprichwort und Humor. Halle [2]1912.
Mohl, Ruth: The Three Estates in Medieval and Renaissance Literature. New York 1962.
Monumenta Germaniae Paedagogica. Hrsg. v. K. Kehrbach. Bd. 1ff. Berlin 1886ff.
Moog, Willy: Geschichte der Pädagogik. Bd. 2. Die Pädagogik der Neuzeit von der Renaissance bis zum Ende des 17. Jahrhunderts. Neu hrsg. v. Franz-Josef Holtkemper. Ratingen bei Düsseldorf [8]1967.
Mottek, Hans: Wirtschaftsgeschichte Deutschlands. Ein Grundriß. Bd. 1. Von den Anfängen bis zur Zeit der Französischen Revolution. Berlin [5]1974.
Mühlberger, Josef: Kepler in Prag. In: Schwäbische Heimat 22 (1971), H. 4, S. 218ff.
Mühlhaus, Julius: Gottlieb Wilhelm Rabener. Ein Beitrag zur Literatur- und Kulturgeschichte des 18. Jahrhunderts. Diss. Marburg 1908.
Mühlpfordt, Günther: Die deutsche Aufklärung und ihr Zentrum Halle – Leipzig. In: Wiss. Annalen 2 (1953) H. 6, S. 370ff.
Müller, Agnes M.: Das Ethos der guldenen Sendschreiben von Antonio de Guevara. Nach der Übersetzung von Aegidius Albertinus. Diss. Freiburg i. Schw./Uznach 1930.
Müller, Conrad: Beiträge zum Leben und Dichten Daniel Caspers von Lohenstein. Breslau 1882.
Müller, Gregor: Bildung und Erziehung im Humanismus der italienischen Renaissance. Grundlagen – Motive – Quellen. Wiesbaden 1969.
Müller, Günther: Geschichte des deutschen Liedes vom Zeitalter des Barock bis zur Gegenwart. München 1925. Nachdruck Darmstadt 1959.
Ders.: Geschichte der deutschen Seele. Vom Faustbuch zu Goethes Faust. Freiburg i. Br. 1939.
Ders.: Die Wende vom Barock zur Aufklärung. In: Literaturwiss. Jahrb. der Görres-Gesellschaft 8 (1936), S. 58ff.
Ders./Hans Naumann: Höfische Kultur. Halle 1929, S. 79ff.
Ders.: Höfische Kultur der Barockzeit. In: R. Alewyn (Hrsg.), Deutsche Barockforschung, S. 147ff.
Ders.: Deutsche Dichtung von der Renaissance bis zum Ausgang des Barock. Potsdam 1926/28 (Handbuch der Literaturwiss. 3). Nachdruck Darmstadt 1957.

Müller, Helmut: Studien über die Lyrik Daniel Caspers von Lohenstein. Diss. Greifswald 1922.
Müller, Hans v.: Zehn Generationen deutscher Dichter und Denker, die Geburtsjahrgänge 1561–1892 in 45 Altersgruppen zusammengefaßt. Berlin 1928.
Müller, Hans-Harald: Barockforschung. Ideologie und Methode. Darmstadt 1973.
Müller, Hans-Heinrich: Akademie und Wirtschaft im 18. Jahrhundert. Agrarökonomische Preisaufgaben und Preisschriften der Preußischen Akademie der Wiss. Berlin 1975.
Müller, Jan-Dirk: Johann Jakob Bodmers Poetik und die Wiederentdeckung mittelhochdeutscher Epen. In: Euphorion 71 (1977), S. 336ff.
Müller, Jörg Jochen: Fürstenerziehung im 17. Jahrhundert. Am Beispiel Herzog Anton Ulrichs von Braunschweig und Lüneburg. In: A. Schöne (Hrsg.), Stadt – Schule – Universität – Buchwesen, S. 243ff.
Müller, Johannes: Vor- und frühreformatorische Schulordnungen und Schulverträge 1296–1523. Zschopau 1886.
Ders.: Quellenschriften und Geschichte des deutschsprachigen Unterrichts bis zur Mitte des 16. Jahrhunderts. Gotha 1882.
Müller, Klaus-Detlef: Autobiographie und Roman. Studien zur literarischen Autobiographie der Goethezeit. Tübingen 1976.
Müller, Rainer: Universität und Adel. Eine soziokulturelle Studie zur Geschichte der bayerischen Landesuniversität Ingolstadt 1472–1648. Berlin 1974.
Müller-Seidel, Walter: Schillers Kontroverse mit Bürger und ihr geschichtlicher Sinn. In: Formenwandel. Festschr. zum 65. Geburtstag v. Paul Böckmann. Hamburg 1964, S. 294ff.
Müllner, Karl: Reden und Briefe italienischer Humanisten. Ein Beitrag zur Geschichte der Pädagogik des Humanismus. Wien 1899. Nachdruck München 1970.
Münch, Wilhelm (Hrsg.): Gedanken über Fürstenerziehung aus alter und neuer Zeit. München 1909.
Mulagk, Karl-Heinz: Phänomene des politischen Menschen im 17. Jahrhundert. Propädeutische Studien zum Werk Lohensteins unter besonderer Berücksichtigung Diego Saavedra Fajardos und Baltasar Graciáns. Berlin 1973.
Muncker, Franz: Friedrich II. und Gottsched. In: Im Neuen Reich 2 (1880), S. 51ff.
Ders.: Martin Opitz. In: ADB 24 (1887), S. 370ff.
Mundt, Theodor: Geschichte der deutschen Stände nach ihrer gesellschaftlichen Entwicklung und politischen Vertretung. Berlin 1854.
Mundorf, G.: Bemerkungen zu einer pädagogischen Schrift von E. W. v. Tschirnhaus. In: E. Winter (Hrsg.), E. W. v. Tschirnhaus, S. 108ff.
Munteano, Basil: Humanisme et Rhétorique. La survie littéraire des rhéteurs anciens. In: Revue d'Histoire Litt. de la France 58 (1958), S. 145ff.
Muth, J. Bernhard: Über das Verhältnis von Martin Opitz zu Dan. Heinsius. Diss. Leipzig 1872.
Nahler, Horst: Das Lehrgedicht bei Martin Opitz. Diss. Jena 1961.
Narciß, Adolf: Studien zu den Frauenzimmergesprächsspielen Georg Philipp Harsdörffers (1607–1658). Ein Beitrag zur deutschen Literaturgeschichte des 17. Jahrhunderts. Leipzig 1928.
Nassen, Ulrich: Zum medizinischen und literarischen Diskurs über Hypochondrie im 18. Jahrhundert. In: Fugen. Deutsch-Französisches Jahrb. für Text-Analytik. 1980, S. 171ff.
Natorp, Paul: Descartes' Erkenntnistheorie. Eine Studie zur Vorgeschichte des Kriticismus. Marburg 1882.
Naumann, Hans/ Günther Müller: Höfische Kultur. Halle 1929.
Nebe, August: Thomasius in seinem Verhältnis zu August Hermann Francke. In: M. Fleischmann (Hrsg.), Thomasius. Leben und Lebenswerk, S. 383ff.

Neisser, Liselotte: Christian Thomasius und seine Beziehungen zum Pietismus. Diss. Heidelberg 1928.

Nelson, Benjamin: Der Ursprung der Moderne. Vergleichende Studien zum Zivilisationsprozeß. Frankfurt a. M. 1977.

Nettesheim, Josefine: Poeta doctus oder die Poetisierung der Wissenschaft von Musäus bis Benn. Berlin 1975.

Neufeld, Dietrich: Wernicke und die literarische Verssatire in der ersten Hälfte des 18. Jahrhunderts. Eine Studie zur Kenntnis des Entwicklungsganges der literarischen Kritik in Deutschland. Diss. Jena 1922.

Neuhaus-Koch, Ariane: Gotthold Ephraim Lessing. Die Sozialstrukturen in seinen Dramen. Bonn 1977.

Neumeister, Heddy: Geistlichkeit und Literatur. Zur Literatursoziologie des 17. Jahrhunderts. Münster 1931.

Neuß, Erich: Christian Thomasius' Beziehungen zur Stadt Halle. In: M. Fleischmann (Hrsg.), Chr. Thomasius. Leben und Lebenswerk, S. 453ff.

Newald, Richard: Probleme und Gestalten des deutschen Humanismus. Berlin 1963.

Ders.: Nachleben des antiken Geistes im Abendland bis zum Beginn des Humanismus. Eine Überschau. Tübingen 1960.

Ders.: Artikel ›Dichterkrönung‹. In: Reallexikon der dt. Lit. gesch. Bd. 1. Berlin [2]1958, S. 261ff.

Ders.: Von Klopstock bis zu Goethes Tod 1750–1832. Erster Teil. Ende der Aufklärung und Vorbereitung der Klassik. München [4]1964 (Geschichte der deutschen Literatur. Bd. 6,1).

Ders.: Die deutsche Literatur vom Späthumanismus bis zur Empfindsamkeit 1570–1750. München [5]1965 (Gesch. d. dt. Lit. Bd. 5).

Ders.: Erasmus Roterodamus. Freiburg 1947.

Ders.: Deutscher Horaz in fünf Jahrhunderten. Berlin 1933.

Nick, Friedrich: Die Hof- und Volks-Narren samt den närrischen Lustbarkeiten der verschiedenen Stände aller Völker und Zeiten. 2 Bde. Stuttgart 1861.

Nickisch, Reinhard M. G.: Die Frau als Briefschreiberin im Zeitalter der deutschen Aufklärung. In: Wolfenbütteler Studien zur Aufklärung 3 (1976), S. 29ff.

Ders.: Die Stilprinzipien in den deutschen Briefstellern des 17. Jahrhunderts. Göttingen 1969.

Nicoladoni, A.: Christian Thomasius. Ein Beitrag zur Geschichte der Aufklärung. Berlin 1888.

Nicolson, Harold: Das Zeitalter der Vernunft. München, Wien, Basel 1961.

Ders.: Vom Mandarin zum Gentleman. Formen der Lebensart in drei Jahrtausenden. München 1958.

Nicolson, Marjorie Hope: Newton demands the Muses. History of Ideas. Series 3. Princeton 1946.

Dies.: The Telescope and Imagination. In: Modern Philology 32 (1935), S. 233ff.

Dies.: The New Astronomy and English Literary Imagination. In: Studies in Philology 32 (1935), S. 428ff.

Niggl, Günther: Geschichte der deutschen Autobiographie im 18. Jahrhundert. Theoretische Grundlegung und literarische Entfaltung. Stuttgart 1977.

Nimtz, Herbert: Motive des Studentenlebens in der deutschen Literatur von den Anfängen bis zum Ende des 18. Jahrhunderts. Diss. Berlin 1937.

Nivelle, Armand: Literaturästhetik der europäischen Aufklärung. Wiesbaden 1977 (Auszug aus: Neues Handbuch der Literaturwissenschaft. Bd. 11, S. 15ff.).

Ders.: Kunst- und Dichtungstheorien zwischen Aufklärung und Klassik. Neu bearb. Ausg. Berlin 1960.

Norden, Eduard: Lessing als klassischer Philologe. In: Neue Jahrbücher f. Wiss. und

Jugendbildung 5 (1929), S. 257ff.; auch in: E. N., Kleine Schriften zum klassischen Altertum. Berlin 1966, S. 621ff.
Ders.: Die antike Kunstprosa. 2 Bde. Leipzig [2]1909. Nachdruck Darmstadt 1958.
Northcott, Kenneth: The Fool in Early New German Literature. In: Essays in German Literature. Bd. 1. Hrsg. v. F. Norman. London 1965, S. 29ff.
Nuglisch, Oskar: Barocke Stilelemente in der dramatischen Kunst von Andreas Gryphius und Daniel Casper von Lohenstein. Breslau 1938.
Oelmüller, Willi: Die unbefriedigte Aufklärung. Beiträge zu einer Theorie der Moderne von Lessing, Kant und Hegel. Frankfurt a. M. 1969.
Oestreich, Gerhard: Policey und Prudentia civilis in der barocken Gesellschaft von Stadt und Staat. In: A. Schöne (Hrsg.), Stadt – Schule – Universität – Buchwesen, S. 10ff.
Ders.: Verfassungsgeschichte vom Ende des Mittelalters bis zum Ende des alten Reiches. In: B. Gebhardt (Hrsg.), Handbuch der deutschen Geschichte. Bd. 2 ([9]1970), S. 360ff.
Ders.: Ständetum und Staatsbildung in Deutschland. In: G. O., Geist und Gestalt des frühmodernen Staates. Berlin 1969, S. 277ff.
Olschki, Leonardo: Der geometrische Geist in Literatur und Kunst. In: DVjs 8 (1930), S. 516ff.
Ders.: Geschichte der neusprachlichen wissenschaftlichen Literatur. 2 Bde. Heidelberg 1919/22. Bes. Bd. 2. Bildung und Wissenschaft im Zeitalter der Renaissance in Italien.
Ders.: Galilei und seine Zeit. Halle/S. 1927. (Geschichte der neusprachl. wiss. Literatur. Bd. 3).
Ong, Walter J.: Ramus, method, and the decay of dialogue. From the art of discourse to the art of reason. Cambridge/Mass. 1958.
Opahle, Oswald: Die Pädagogik Michel de Montaignes in systematischer Würdigung. In: Vierteljahrsschr. f. Wiss. Pädagogik 2 (1926), S. 499ff.
Opel, Otto J. (Hrsg.): Christian Thomasius, kleine deutsche Schriften. Festschrift der Hist. Kommission der Provinz Sachsen. Halle 1894.
Ornstein, Martha: The Role of Scientific Societies in the 17th Century. New York 1913.
Otto, Eduard: Frau Gottsched über Erziehung, Frauenberuf und Frauenbildung. In: Zeitschr. f. Kulturgesch. 9 (o. J.), S. 173ff.
Otto, Karl F. jr.: Soziologisches zu den Sprachgesellschaften. Die Deutschgesinnete Genossenschaft. In: M. Bircher (Hrsg.), Sprachgesellschaften, S. 151ff.
Otto, Karl F.: Die Sprachgesellschaften des 17. Jahrhunderts. Stuttgart 1972.
Pahner, Richard: Veit Ludwig von Seckendorff und seine Gedanken über Erziehung und Unterricht. Ein Beitrag zur Geschichte der Pädagogik des 17. Jahrhunderts. Diss. Leipzig 1892.
Palm, Hermann: Beiträge zur Geschichte der deutschen Literatur des 16. und 17. Jahrhunderts. Breslau 1877.
Ders.: Martin Opitz. In: H. P., Beiträge zur Geschichte, S. 129ff.
Ders.: Christian Weise. Eine litterar-historische Abhandlung. In: H. P., Beiträge zur Geschichte, S. 1ff.
Ders.: Daniel Czepko von Reigersfeld. In: H. P., Beiträge zur Geschichte, S. 261ff.
Panofsky, E.: Galileo as a critic of the arts. Aesthetic attitude and scientific thought. In: Isis 47 (1956), S. 3ff.
Pariser, Ludwig: Beiträge zu einer Biographie von H. M. Moscherosch. Diss. München 1891.
Pascal, Roy: Der Sturm und Drang. Stuttgart [2]1977.
Patterson, F. W.: Three Centuries of French Poetic Theory (1328–1630). Univ. of Michigan Press. 1935.
Paulsen, Friedrich: Geschichte des Gelehrten Unterrichts auf den deutschen Schulen und Universitäten vom Ausgang des Mittelalters bis zur Gegenwart. Mit besonderer Rücksicht auf den klassischen Unterricht. 2 Bde. Leipzig [2]1896/97 (3. erw. Aufl. Hrsg. v. R. Lehmann, 2 Bde. Leipzig, Berlin 1919/21. Nachdruck Berlin 1965).

Ders.: Das deutsche Bildungswesen in seiner geschichtlichen Entwicklung. Leipzig, Berlin 1920.
Pellegrini, Alessandro: Gottsched, Bodmer, Breitinger e la Poetica dell'Aufklärung. Università di Catania. 1952.
Pelz, Alfred: Die vier Auflagen von Gottscheds Critischer Dichtkunst in vergleichender Betrachtung. Ein Beitrag zur Geistesgeschichte. Diss. Breslau 1929.
Perels, Christoph: Rezension zu H. P. Herrmann, Naturnachahmung und Einbildungskraft. In: Daphnis 3 (1974), S. 124ff.
Petersen, Peter: Geschichte der Aristotelischen Philosophie im protestantischen Deutschland. Leipzig 1921.
Petry, Ludwig: Die Reformation als Epoche der deutschen Universitätsgeschichte. Eine Zwischenbilanz. In: Festgabe Joseph Lortz. Bd. 2. Glaube und Geschichte. Baden-Baden 1958, S. 317ff.
Petsch, Robert: Lessings Faustdichtung. Mit erl. Beigaben. Heidelberg 1911.
Peuckert, Will-Erich: Die Grosse Wende. Das apokalyptische Saeculum und Luther. 2 Bde. Hamburg 1948. Nachdruck Darmstadt 1966.
Ders.: Pansophie. Ein Versuch zur Geschichte der weißen und schwarzen Magie. Berlin [2]1956.
Peveling, Adolfine: Bürgers Beziehungen zu Herder. Diss. Münster. Weimar 1917.
Pfaff, Karl: Versuch einer Geschichte des gelehrten Unterrichtswesens in Württemberg in ältern Zeiten. Ulm 1842.
Ders.: Geschichte der Reichsstadt Eßlingen. Mit Archivalurkunden und andern bewährten Quellen. Eßlingen a. N. 1840.
Pfeiffer, Rudolf: Erasmus und die Einheit der klassischen und der christlichen Renaissance. In: Hist. Jahrb. 74 (1955), S. 175ff.
Pfeil, Leopold: Gottfried Wilhelm Sacer's »Reime dich, oder ich fresse dich [...] Northausen 1673.« Diss. Heidelberg 1914.
Phelps, Leland R.: Gottsched to Herder. The changing conception of metaphor in 18th century Germany. In: Monatshefte für deutschen Unterricht, deutsche Sprache und Literatur 44 (1952), S. 129ff.
Pichler, Hans: Möglichkeit und Widerspruchslosigkeit. Leipzig 1912.
Piltz, Anders: The world of medieval learning. Oxford 1981.
Pieper, Josef: Begeisterung und göttlicher Wahnsinn. Über den Dialog »Phaidros«. München 1962.
Pietsch, Paul: Leibniz und die deutsche Sprache. In: Wiss. Beihefte zur Zeitschr. d. Allg. Dt. Sprachvereins, R. 4, H. 29 (1907), S. 265ff.
Piur, Paul: Studien zur sprachlichen Würdigung Christian Wolffs. Ein Beitr. z. Gesch. d. nhd. Sprache. Halle/S. 1903.
Plett, Heinrich F. (Hrsg.): Rhetorik. Kritische Positionen zum Stand der Forschung. München 1977.
Ders.: Textwissenschaft und Textanalyse. Semiotik, Linguistik, Rhetorik. Heidelberg 1975.
Plodeck, Karin: Hofstruktur und Hofzeremoniell in Brandenburg-Ansbach vom 16. bis zum 18. Jahrhundert. Zur Rolle des Herrschaftskultes im absolutistischen Gesellschafts- und Herrschaftssystem. Ansbach 1972.
Pons, Georges: Lessing: un érudit malgré lui. In: Recherches Germaniques 9 (1979), S. 30ff.
Poppe, Bernhard: Alexander Gottlieb Baumgarten. Seine Bedeutung und Stellung in der Leibniz-Wolffischen Philosophie und seine Beziehungen zu Kant. Nebst Veröffentlichung einer bisher unbekannten Handschrift der Ästhetik Baumgartens. Diss. Münster 1907.
Post, Paul: Herkunft und Wesen der Schaube. In: Zeitschr. f. Hist. Waffen- und Kostümkunde 10 NF. 1 (1923/25), S. 42ff.
Pott, Clarence K.: Martin Opitz' Translations from the Dutch. In: Kentucky Foreign Language Quarterly 4 (1957), S. 91ff.

Powell, Hugh: Observations on the erudition of Andreas Gryphius. In: Orbis litterarum 25 (1970), S. 115ff.
Prange, Cornelie: Ein Jahrzehnt deutscher Sprachreinigung. Von 1640–1650. Ein Spiegel der gleichzeitigen Streitschriften- und Satirenliteratur gegen das Fremdwort. Diss. (masch). Freiburg 1922.
Prantl, Carl: Geschichte der Ludwig-Maximilians-Universität in Ingolstadt, Landshut, München. 2 Bde. München 1972.
Ders.: Geschichte der Logik im Abendlande. 4 Bde. Leipzig 1855–70.
Preisendanz, Wolfgang: Mimesis und Poiesis in der deutschen Dichtungstheorie des 18. Jahrhunderts. In: Rezeption und Produktion zwischen 1570 und 1730. Festschrift f. G. Weydt zum 65. Geburtstag. Hrsg. v. W. Rasch, H. Geulen, K. Haberkamm. Bern u. München 1972, S. 537ff.
Promies, Wolfgang: Die Bürger und der Narr oder Das Risiko der Phantasie. Eine Untersuchung über das Irrationale in der Literatur des Rationalismus. Diss. München 1962.
Pross, Wolfgang: ›Natur‹, Naturrecht und Geschichte. Zur Entwicklung der Naturwissenschaften und der sozialen Selbstinterpretation im Zeitalter des Naturrechts (1600–1800). In: IASL 3 (1978), S.38ff.
Prutz, Robert: Geschichte des deutschen Journalismus. Bd. 1. Hannover 1845.
Prys, Joseph: Der Staatsroman des 16. und 17. Jahrhunderts und sein Erziehungsideal. Diss. Würzburg 1913. Reprint Leipzig 1973.
Pütz, Peter (Hrsg.): Erforschung der deutschen Aufklärung. Königstein/Ts. 1980.
Ders.: Die deutsche Aufklärung. Darmstadt 1978 (Erträge der Forschung. Bd. 81).
Quadlbauer, Franz: Die antike Theorie der genera dicendi im lateinischen Mittelalter. In: Österr. Akad. d. Wiss., Phil.-hist. Klasse, SB 241, Bd. 2. Wien 1962.
Raabe, Paul, u. Wilhelm Schmidt-Biggemann (Hrsg.): Aufklärung in Deutschland. Bonn 1979.
Raabe, Paul: Lessing und die Gelehrsamkeit. Bemerkungen zu einem Forschungsthema. In: Lessing in heutiger Sicht. Beiträge zur Internat. Lessing-Konferenz Cincinnati, Ohio 1976. Bremen u. Wolfenbüttel 1977, S. 65ff.
Ders.: Bücherlust und Lesefreuden in höfischer Welt und bürgerlichem Leben. Leser und Lektüre in Wolfenbüttel im 18. und 19. Jahrhundert. In: Buch und Leser. Schriften des Wolfenbütt. Arbeitskr. f. Gesch. d. Buchwesens 1 (1977), S. 11ff.
Ders. (Hrsg.): Öffentliche und Private Bibliotheken im 17. und 18. Jahrhundert. Raritätenkammern, Forschungsinstrumente oder Bildungsstätten? Vorträge Wolfenbüttel 1975. Bremen u. Wolfenbüttel 1977.
Ders.: Lorbeerkranz und Denkmal. Wandlungen der Dichterhuldigung in Deutschland. In: Festschrift f. Klaus Ziegler. Hrsg. v. E. Catholy u. W. Hellmann. Tübingen 1968, S. 411ff.
Rademann, Herbert: Versuch eines Gesamtbildes über das Verhältnis von Martin Opitz zur Antike. Diss. Jena 1926.
Rakusin, M. A.: Die Verherrlichung der exakten Wissenschaften durch Lessing. In: Archiv f. Gesch. der Mathematik, der Naturwiss. und der Technik. Bd. 11 (= NF Bd. 2), Leipzig 1929, S. 247ff.; dazu R. Stein: Berichtigung betreffs Lessing. Ebd. Bd. 12 (= NF Bd. 3), Leipzig 1930, S. 215ff.
Raschke, Walter: Der Danziger Dichterkreis des 17. Jahrhunderts. Diss. Rostock 1921.
Rashdall, Hastings: The universities of Europe in the middle ages. 2 Bde. Oxford 1895.
Raumer, Rudolf v.: Geschichte der Germanischen Philologie vorzugsweise in Deutschland. München 1870.
Raumer, Karl v.: Geschichte der Pädagogik. 5 Bde. Stuttgart 1846–97. Bes. Bd. 4. Die deutschen Universitäten. Stuttgart 1854.
Rausch, Alfred: Christian Thomasius' Bedeutung für deutsches Geistesleben und deutsche

Erziehung. In: M. Fleischmann (Hrsg.), Chr. Thomasius. Leben und Lebenswerk, S. 249ff.
Rauscher, Anton (Hrsg.): Säkularisierung und Säkularisation vor 1800. München u. a. 1976.
Reallexikon der deutschen Literaturgeschichte. Begr. von Paul Merker und Wolfgang Stammler. 2. Aufl. neu bearb. und unter red. Mitarb. von Klaus Kanzog sowie Mitw. zahlreicher Fachgelehrter hrsg. von Werner Kohlschmidt und Wolfgang Mohr. Bd. 1ff. Berlin 1955ff. (1. Aufl. 4 Bde. Berlin 1925–31).
Reber, Josef: Jan Amos Comenius und seine Beziehungen zu den Sprachgesellschaften. Leipzig 1895.
Reble, Albert: Geschichte der Pädagogik. Stuttgart [5]1960.
Rechtmann, Heinrich: Geschichte der Pädagogik. Wandlungen der deutschen Bildung. 3. neubearb. Aufl. unter Mitw. von H.-J. Ipfling. München 1969.
Reichel, Eugen: Gottsched. 2 Bde. Berlin 1908/12.
Reichling, Dietrich: Das Doctrinale des Alexander de Villa-Dei. Berlin 1893.
Reichmann, Eberhard: Die Herrschaft der Zahl. Quantitatives Denken in der deutschen Aufklärung. Stuttgart 1968.
Ders.: Die Begründung der deutschen Aufklärungsästhetik aus dem Geist der Zahl. In: Monatshefte 59 (1967), S. 193ff.
Reicke, Emil: Magister und Scholaren. Illustrierte Geschichte des Unterrichtswesens. Leipzig 1901. Nachdruck Düsseldorf, Köln 1971.
Ders.: Der Gelehrte in der deutschen Vergangenheit. Mit 130 Abbildungen und Beilagen nach den Originalen aus dem 15. bis 18. Jahrhundert. Leipzig 1900. Nachdruck der 2. Aufl. Leipzig 1925. Bayreuth o. J.
Reicke, Johannes: Zu Johann Christoph Gottsched's Lehrjahren auf der Königsberger Universität. In: Altpreussische Monatsschrift 1892, S. 70ff.
Reiff, Arno: Interpretatio, imitatio, aemulatio. Begriff und Vorstellung literarischer Abhängigkeit bei den Römern. Diss. Würzburg 1959.
Reifferscheid, Alexander: Quellen zur Geschichte des geistigen Lebens (s. Texte und Quellen).
Rentner, Georg: Artikel ›Gelegenheitsdichtung‹. In: Handlexikon zur Literaturwissenschaft. Hrsg. v. D. Krywalski. München 1974, S. 156ff.
Rentschler, Robert Eric: Lessing's fragmented norm. A reexamination of ›Der junge Gelehrte‹. In: GR 50 (1975), S. 165ff.
Reumont, Alfred von: Zur Geschichte der Akademie der Crusca. In: A. v. R., Beiträge zur italienischen Geschichte. Bd. 6. Berlin 1857, S. 141ff.
Richter, Karl: Literatur und Naturwissenschaft. Eine Studie zur Lyrik der Aufklärung. München 1972.
Richter, L.: E. W. v. Tschirnhaus als Pädagoge und seine Beziehungen zu Christian Weise. In: E. Winter (Hrsg.), E. W. v. Tschirnhaus, S. 121ff.
Richter, Nikolaus B.: Statistik und Physik der Kometen. Leipzig 1954.
Rieck, Werner, und Hans-Heinrich Reuter (Hrsg.): Geschichte der deutschen Literatur. Bd. 6. Vom Ausgang des 17. Jahrhunderts bis 1789. Von einem Autorenkollektiv. Berlin (Ost) 1979.
Rieck, Werner: Oper und Musik im System Gottschedscher Weltanschauung und Dichtungstheorie. In: Germanica Wratislavensia Nr. 32 (1978), S. 53ff.
Ders.: Die Poetik der frühen Aufklärung und ihre wichtigsten Tendenzen. In: Wiss. Zeitschrift d. Päd. Hochschule Potsdam 18 (1974), S. 227ff.
Ders.: Johann Christoph Gottsched. Eine kritische Würdigung seines Werkes. Berlin (Ost) 1972.
Ders.: Zur Entstehungsgeschichte und zur Anlage von Gottscheds Critischer Dichtkunst. In: Wiss. Zeitschr. d. Päd. Hochschule Potsdam 12 (1968), S. 711ff.
Ders.: Gottsched und Friedrich II. In: Wiss. Zeitschr. d. Päd. Hochschule Potsdam 10 (1966), S. 221ff.

Ders.: Das Faustbild Gottscheds. In: Goethe – Neue Folge des Jahrb.s der Goethe-Gesellschaft. Hrsg. v. Andreas B. Wachsmuth. 28 (1966), S. 197ff.

Ders.: Eugen Reichel als Gottschedforscher. In: Wiss. Zeitschr. d. Päd. Hochsch. Potsdam 10 (1966), S. 231ff.

Ders.: Gottsched und die ›Societas incognitorum‹ in Olmütz. In: Forschungen und Fortschritte 40 (1966), S. 82ff.

Riedel, Manfred: Artikel ›Bürger‹. In: O. Brunner, W. Conze, R. Koselleck (Hrsg.): Geschichtliche Grundbegriffe. Hist. Lexikon zur polit.-sozialen Sprache in Deutschland. Bd. 1. Stuttgart 1972, S. 672ff.

Riedel, Volker: Lessing und die römische Literatur. Weimar 1976.

Riedenauer, Erwin: Kaiserliche Standeserhebungen für Reichsständische Bürger 1519–1740. Ein statistischer Vorbericht zum Thema ›Kaiser und Patriziat‹. In: H. Rößler (Hrsg.), Deutsches Patriziat, S. 27ff.

Riefstahl, Hermann: Dichter und Publikum in der ersten Hälfte des 18. Jahrhunderts, dargestellt an der Geschichte der Vorrede. Diss. Frankfurt a. M. Limburg a. d. Lahn 1934.

Riehl, Wilhelm Heinrich: Die bürgerliche Gesellschaft. Hrsg. und eingel. von Peter Steinbach. Frankfurt a. M., Berlin, Wien 1976.

Riess, Hedwig: Motive des patriotischen Stolzes bei den deutschen Humanisten. Diss. Freiburg. Berlin 1934.

Riemann, Albert: Die Ästhetik Alexander Gottlieb Baumgartens: unter bes. Berücks. d. Meditationes philosophicae de nonnullis ad poema pertinentibus nebst e. Übers. dieser Schrift. Halle/S. 1928. Nachdruck Walluf b. Wiesbaden 1973.

Rilla, Paul: Lessing und sein Zeitalter. Berlin 1958.

Rimbach, Günther C.: Das Epigramm und die Barockpoetik. Ansätze zu einer Wirkungsästhetik für das Zeitalter. In: Jahrb. der dt. Schillerges. 14 (1970), S. 100ff.

Risse, Wilhelm: Die Logik der Neuzeit. 2 Bde. Stuttgart-Bad Cannstatt 1964/70.

Ders.: Georg Philipp Harsdörffer und die humanistische Tradition. In: Worte und Werte. Bruno Markwardt zum 60. Geburtstag. Hrsg. v. Gustav Ehrismann u. Alfons Eichstaed. Berlin 1961, S. 334ff.

Ritter, Gerhard: Via antiqua und via moderna auf den deutschen Universitäten des XV. Jahrhunderts. Heidelberg 1922. Nachdruck Darmstadt 1963.

Rittmann, Alfred: Vulkane und ihre Tätigkeit. Zweite umgearb. und erw. Aufl. Stuttgart 1960.

Ritzel, Wolfgang: Jean-Jacques Rousseau. Stuttgart, Berlin, Köln, Mainz [2]1971.

Rockinger, Ludwig: Briefsteller und formelbücher des eilften bis vierzehnten jahrhunderts. 2 Abtlgn. München 1863/64. Nachdruck New York 1961.

Röd, Wolfgang: Die Philosophie der Neuzeit. 1. Von Bacon bis Spinoza. München 1978 (Geschichte der Philosophie. Bd. 7).

Ders.: Geometrischer Geist und Naturrecht. Methodengeschichtliche Untersuchungen zur Staatsphilosophie im 17. und 18. Jahrhundert. München 1970.

Römer, Alfred: Gottscheds pädagogische Ideen. Ein Beitrag zur Würdigung J. C. Gottscheds. Diss. Leipzig 1911. Halle/S. 1911.

Rörig, Fritz: Die europäische Stadt und die Kultur des Bürgertums im Mittelalter. Göttingen [2]1955.

Rößler, Hellmuth, u. Günther Franz (Hrsg.): Universität und Gelehrtenstand 1400–1800. Büdinger Vorträge 1966. Limburg 1970.

Ders. (Hrsg.): Deutsches Patriziat 1430–1740. Büdinger Vorträge 1965. Limburg 1968.

Ders. (Hrsg.): Deutscher Adel 1555–1740. Büdinger Vorträge 1964. Darmstadt 1965.

Ders.: Europa im Zeitalter der Renaissance, Reformation und Gegenreformation 1450–1650. München 1956.

Rötzer, Hans Gerd: Traditionalität und Modernität in der europäischen Literatur. Ein

Überblick vom Attizismus-Asianismus-Streit bis zur „Querelle des anciens et des modernes“. Darmstadt 1979.
Ders.: Schwerpunkte der neueren Barockforschung. In: IASL 3 (1978), S. 167ff.
Ders.: Der Roman des Barock 1600–1700. München 1972.
Rogge, Helmuth: Fingierte Briefe als Mittel politischer Satire. München 1966.
Rogge, Joachim: Philipp Melanchthon. Berlin 1960.
Romano, Ruggiero u. Alberto Tenenti: Die Grundlegung der modernen Welt. Spätmittelalter, Renaissance, Reformation. Frankfurt a. M. 1967 (Fischer Weltgeschichte. Bd. 12).
Rommel, Heinz: Das Schulbuch im 18. Jahrhundert. Wiesbaden-Dotzheim 1968.
Roos, Heinrich: Die Stellung der Grammatik im Lehrbetrieb des 13. Jahrhunderts. In: J. Koch (Hrsg.), Artes liberales, S. 94ff.
Roosbroeck, Robert v.: Die Beziehungen der Niederländer und der niederländischen Emigranten zur deutschen gelehrten Welt im XVI. Jahrhundert. In: H. Rößler (Hrsg.), Universität und Gelehrtenstand, S. 107ff.
Roscher, Wilhelm: Geschichte der Nationalökonomik in Deutschland. München 1874.
Rosenbauer, Andreas: Die poetischen Theorien der Plejade nach Ronsard und Dubelley. Ein Beitrag zur Geschichte der Renaissancepoetik in Frankreich. Erlangen, Leipzig 1895.
Rosenberg, Hans: Bureaucracy, Aristocracy and Autocracy. The Prussian Experience 1660–1815. Cambridge/Mass. 1958.
Rosenfeld, Hellmut: Zur Geschichte von Nachdruck und Plagiat. In: Börsenblatt für den deutschen Buchhandel (Frankfurt) 25 (1969), S. 321ff.
Ders.: Tod und Totentanz in Dichtung und Kunst. Bibliographie. In: H. R., Der mittelalterliche Totentanz. Entstehung, Entwicklung, Bedeutung. Münster 1954, S. 337ff.
Ders.: Das deutsche Bildgedicht. Seine antiken Vorbilder und seine Entwicklung bis zur Gegenwart. Aus dem Grenzgebiet zwischen bildender Kunst und Dichtung. Leipzig 1935.
Rosenmüller, Max: Johann Ulrich von König. Ein Beitrag zur Litteraturgeschichte des 18. Jahrhunderts. Diss. Leipzig 1896.
Roseno, Agnes: Die Entwicklung der Brieftheorie von 1655–1709 (Dargestellt an Hand der Briefsteller von Georg Philipp Harsdörffer, Kaspar Stieler, Christian Weise und Benjamin Neukirch). Diss. Köln. Würzburg 1933.
Rossmann, Isabella: Gottscheds Redelehre und ihre antiken Quellen. Diss. Graz 1971.
Rotermund, Erwin: Christian Hofmann von Hofmannswaldau. Stuttgart 1963.
Ders.: Affekt und Artistik. Studien zur Leidenschaftsdarstellung und zum Argumentationsverfahren bei Hofmann von Hofmannswaldau. München 1972.
Roth, Oskar: Die Gesellschaft der honnetes gens. Zur sozialethischen Grundlegung des honnêteté-Ideals bei La Rochefoucauld. Heidelberg 1982.
Roth, Rudolf (Hrsg.): Urkunden zur Geschichte der Universität Tübingen aus den Jahren 1476 bis 1550. Tübingen 1877.
Rubensohn, Max: Der junge Opitz. 1. und 2. Tl. In: Euphorion 2 (1895), S. 57ff.; 6 (1899), S. 24ff., S. 221ff.
Ruckensteiner, Chr.: Simon Dachs Freundschafts- und Gelegenheitsdichtung. Diss. Innsbruck 1957.
Rüdiger, Horst: Die Wiederentdeckung der antiken Literatur im Zeitalter der Renaissance. In: Geschichte der Textüberlieferung der antiken und mittelalterlichen Literatur. Bd. 1. Hrsg. v. M. Meier. Zürich 1961, S. 511ff.
Ders.: Martin Opitz' »Aristarchus« und die deutsche Bildung. In: H. R., Wesen und Wandlung des Humanismus. Hamburg 1937, S. 137ff.
Rüegg, August: Die umstrittene Leistung des Erasmus für den Humanismus. In: Schweizer Rundschau 60 (1960), S. 245ff.
Rüegg, Walter: Das antike Vorbild im Mittelalter und Humanismus. In: Agorà 5 (1959) H. 12, S. 11ff.

Ders.: Cicero und der Humanismus. Formale Untersuchungen über Petrarca und Erasmus. Diss. Zürich 1946.
Rüping, Hinrich: Die Naturrechtslehre des Christian Thomasius und ihre Fortbildung in der Thomasius-Schule. Bonn 1968.
Rürup, Reinhard (Hrsg.): Historische Sozialwissenschaft. Beiträge zur Einführung in die Forschungspraxis. Göttingen 1977.
Rüthing, Heinrich (Hrsg.): Die mittelalterliche Universität. Eingel. u. zus. gest. Göttingen 1973.
Rumpf, Walther: Das literarische Publikum der sechziger Jahre des achtzehnten Jahrhunderts in Deutschland. In: Euphorion 28 (1927), S. 540ff.
Ders.: Das literarische Publikum und sein Geschmack in den Jahren 1760–1770. Diss. Frankfurt a. M. 1924.
Rupprich, Hans: Die Deutsche Literatur vom späten Mittelalter bis zum Barock. Erster Teil. Das Ausgehende Mittelalter, Humanismus und Renaissance 1370–1520. München 1970 (de Boor/Newald: Geschichte der deutschen Literatur. Bd. 4,1).
Ders.: Die Deutsche Literatur vom späten Mittelalter bis zum Barock. Zweiter Teil. Das Zeitalter der Reformation 1520–1570. München 1973 (de Boor/Newald: Geschichte der deutschen Literatur. Bd. 4,2).
Ders.: Die Frühzeit des Humanismus und der Renaissance. Leipzig 1938. Nachdruck Darmstadt 1964.
Ders.: Humanismus und Renaissance in den deutschen Städten und an den Universitäten. Leipzig 1935. Nachdruck Darmstadt 1964.
Saame, O.: Satiren und Preisgesänge. Leibniz als Gelegenheitsdichter. In: Stuttgarter Ztg. vom 7. 12. 1963.
Saine, Thomas P.: Christian Ludwig Liscow: The First German Swift. In: Lessing Yearbook 4 (1972), S. 122ff.
Ders.: Christian Ludwig Liscow. In: B. v. Wiese (Hrsg.), Deutsche Dichter des 18. Jahrhunderts, S. 62ff.
Ders.: Natural science and the ideology of nature in the German enlightenment. In: Lessing Yearbook 8 (1976), S. 61ff.
Ders.: Scholarship on the German Enlightenment as Cultural History. An Essay. In: Lessing Yearbook 6 (1974), S. 139ff.
Saintsbury, George: A History of Criticism and Literary Taste in Europe. 3 Bde. Edinburgh 1900/04.
Sandvoss, Ernst: Gottfried Wilhelm Leibniz: Jurist, Naturwissenschaftler, Politiker, Philosoph, Historiker, Theologe. Göttingen, Zürich, Frankfurt a. M. 1976.
Sapper, Karl: Vulkankunde. Stuttgart 1927.
Ders.: Katalog der geschichtlichen Vulkanausbrüche. Straßburg 1917 (Schriften der Wiss. Gesellsch. in Straßburg H. 27).
Sarton, George: Appreciation of Ancient and Medieval Science during the Renaissance. 1450–1600. New York 1961.
Sauder, Gerhard: Sozialgeschichtliche Aspekte der Literatur im 18. Jahrhundert. In: IASL 4 (1979), S. 197ff.
Ders.: Argumente der Fiktionskritik 1680–1730 und 1690–70. In: GRM NF 26 (1976), S. 129ff.
Sauter, Johann: Die philosophischen Grundlagen des Naturrechts. Frankfurt a. M. 1966.
Schaaf, Paul: Das philosophische Gedicht. In: DVjs 6 (1928), S. 270ff.
Schaarschmidt, Ilse: Der Bedeutungswandel der Worte ›bilden‹ und ›Bildung‹ in der Literaturepoche von Gottsched bis Herder. Elbing 1931.
Schaefer, Klaus: Das Gesellschaftsbild in den dichterischen Werken Christian Weises. Diss. Berlin 1960.
Schäfer, Walter Ernst: Straßburg und die Tannengesellschaft. In: Daphnis 5 (1976), S. 531ff.

Ders.: Hinweg nun Amadis und deinesgleichen Grillen! Die Polemik gegen den Roman im 17. Jahrhundert. In: GRM NF 15 (1965), S. 366ff.
Ders.: Die sogen. »heroisch-galanten« Romane Grimmelshausens. Untersuchungen zur antihöfischen Richtung im Werk des Dichters. Diss. Bonn 1957.
Schaer, Wolfgang: Die Gesellschaft im deutschen bürgerlichen Drama des 18. Jahrhunderts. Grundlagen und Bedrohung im Spiegel der dramatischen Literatur. Bonn 1963.
Schalk, Fritz: Zur Entwicklung der Artes in Frankreich und Italien. In: J. Koch (Hrsg.), Artes liberales, S. 137ff.
Ders.: Studien zur französischen Aufklärung. München 1964.
Ders.: Das Publikum im italienischen Humanismus. Krefeld 1955.
Schaller, Klaus: Johann Balthasar Schupp: Muttersprache und realistische Bildung. In: A. Schöne (Hrsg.), Stadt – Schule – Universität – Buchwesen, S. 198ff.
Ders.: Die Pädagogik des Johann Amos Comenius und die Anfänge des pädagogischen Realismus im 17. Jahrhundert. 2. durchges. Aufl. Heidelberg 1967.
Schanze, Helmut (Hrsg.): Rhetorik. Beiträge zu ihrer Geschichte in Deutschland vom 16.–20. Jahrhundert. Frankfurt a. M. 1974.
Schatzberg, Walter: Scientific Themes in the Popular Literature and the Poetry of the German Enlightenment, 1720–1760. Bern 1973.
Ders.: Gottsched as a popularizer of science. In: MLN 83 (1968), S. 752ff.
Scheel, Otto: Die deutschen Universitäten von ihren Anfängen bis zur Gegenwart. In: Das akademische Deutschland. Hrsg. v. Mich. Döberl u. a. Bd. 1. Berlin 1930, S. 28ff.
Ders.: Luther und die Schule seiner Zeit. In: Luther-Jahrb. Jb. d. Luther-Gesellsch. 7 (1925), S. 141ff.
Scheffers, Henning: Höfische Konvention und die Aufklärung. Wandlungen des honnête-homme-Ideals im 17. und 18. Jahrhundert. Bonn 1980.
Scheidler, Karl Hermann: Gelehrsamkeit. In: Ersch-Gruber, Encyklopädie der Wiss. u. Künste. Sektion 1, Tl. 55. Leipzig 1852, S. 413ff.
Ders.: Grundlinien der Hodegetik. Jena ^{3}1847.
Schenda, Rudolf: Volk ohne Buch. Studien zur Sozialgeschichte der populären Lesestoffe. 1770–1910. Frankfurt a. M. 1970.
Schenker, Manfred: Charles Batteux und seine Nachahmungstheorie in Deutschland. Leipzig 1909.
Scherer, Wilhelm: Poetik (1888). Hrsg. v. Gunter Reiss. Tübingen 1977.
Ders.: Geschichte der deutschen Litteratur. Berlin ^{3}1885 (^{1}1883, ^{14}1921).
Scherpe, Klaus: Theorie und Kritik der Gattungen in der deutschen Poetik des 18. Jahrhunderts. Diss. Berlin. U. d. T.: Gattungspoetik im 18. Jahrhundert. Historische Entwicklung von Gottsched bis Herder. Stuttgart 1968.
Scherr, Johannes: Deutsche Kultur- und Sittengeschichte. Neue Bearb. Stuttgart 1948.
Schiele, Friedrich Michael: Aus dem Thomasischen Collegio. In: Preuß. Jahrb. 114 (1903), S. 426ff.
Schimank, Hans: Stand und Entwicklung der Naturwissenschaften im Zeitalter der Aufklärung. In: Lessing und die Zeit der Aufklärung. Vorträge geh. auf der Tagung der J. Jungius-Gesellsch. Hamburg 1967. Göttingen 1968, S. 30ff.
Schimansky, Gerhard: Gottscheds deutsche Bildungsziele. Königsberg, Berlin 1939 (Schriften der Albertus-Univ. Geisteswiss. Reihe. Bd. 22).
Schindel, Ulrich: Antike Historie im Unterricht der Gelehrten Schulen des 17. Jahrhunderts. In: A. Schöne (Hrsg.), Stadt – Schule – Universität – Buchwesen, S. 225ff.
Schings, Hans-Jürgen: Melancholie und Aufklärung. Literarische Erfahrungsseelenkunde und Melancholie im 18. Jahrhundert. Stuttgart 1977.
Ders.: Consolatio Tragoediae. Zur Theorie des barocken Trauerspiels. In: Deutsche Dramentheorien. Hrsg. v. R. Grimm. Frankfurt a. M. 1971, S. 1ff.
Schlaffer, Heinz: Der Bürger als Held. Sozialgeschichtliche Auflösungen literarischer Widersprüche. Frankfurt a. M. 1973.

Schlenther, Paul: Frau Gottsched und die bürgerliche Komödie. Ein Kulturbild aus der Zopfzeit. Berlin 1886.
Schlingmann, Carsten: Gellert. Eine literar-historische Revision. Bad Homburg, Berlin, Zürich 1967.
Schlumbohm, Jürgen: Freiheit. Die Anfänge der bürgerlichen Emanzipationsbewegung in Deutschland im Spiegel ihres Leitwortes. Düsseldorf 1975.
Schmelzeisen, Gustav Klemens: Polizeiordnungen und Privatrecht. Münster, Köln 1955.
Schmid, Karl Adolph (Hrsg.): Encyclopädie des gesamten Erziehungs- und Unterrichtswesens, bearb. v. einer Anzahl Schulmänner und Gelehrten. 11 Bde. Gotha ^{2}1876ff.
Ders.: Geschichte der Erziehung vom Anfang bis auf unsere Zeit. 5 Bde. Stuttgart 1884–1902.
Schmidt, Albert-Marie: La Poésie scientifique en France au XVIe Siècle. Mulhouse 1970.
Schmidt, Charles: La Vie et les travaux de Jean Sturm, premier recteur du Gymnase et de l'Académie de Strasbourg. Straßburg 1855.
Schmidt, Erich: Lessing. Geschichte seines Lebens und seiner Schriften. 2 Bde. Berlin ^{2}1899.
Ders.: Christian Wernicke. In: ADB 42 (1897), S. 90ff.
Ders.: Christian Weise. In: ADB 41 (1896), S. 523ff.
Ders.: Der Kampf gegen die Mode in der deutschen Literatur des 17. Jahrhunderts. In: Im Neuen Reich 2 (1880), S. 457ff.
Schmidt, Gerhart: Aufklärung und Metaphysik. Die Neubegründung des Wissens durch Descartes. Tübingen 1965.
Schmidt, Heiner (Hrsg.): Bibliographie zur literarischen Erziehung. Gesamtverzeichnis 1900 bis 1965. Zürich u.a. 1967.
Schmidt, Josef: Humanismus and popular culture. In: The renaissance and reformation in Germany (1977), S. 177ff.
Schmidt, Julian: Geschichte der deutschen Literatur von Leibniz bis auf unsere Zeit. 5 Bde. Berlin 1886–1896.
Schmidt, Reiner: Deutsche ars poetica. Zur Konstituierung einer deutschen Poetik aus humanistischem Geist im 17. Jahrhundert. Meisenheim 1980.
Schmidt-Dengler, Wendelin: Genius. Zur Wirkungsgeschichte antiker Mythologeme in der Goethe-Zeit. München 1978.
Schmitz, H.-G.: Phantasie und Melancholie. Barocke Dichtung im Dienste der Diätetik. In: Medizin. hist. Journal 4 (1969), S. 210ff.
Schmölders, Claudia (Hrsg.): Die Kunst des Gesprächs. Texte zur Geschichte der europäischen Konversationstheorie. München 1979.
Schmoller, Gustav: Ueber Behördenorganisation, Amtswesen und Beamtenthum im Allgemeinen und speciell in Deutschland und Preußen bis zum Jahre 1713. In: Acta Borussica. Behördenorganisation und allgemeine Staatsverwaltung. Bd. 1 (1894), S. 13ff.
Ders.: Der preußische Beamtenstaat unter Friedrich Wilhelm I. In: Preußische Jahrbücher 26 (1870), S. 148ff., 253ff., 538ff.
Schneider, Ferdinand Josef: Kometenwunder und Seelenschlaf (Johann Heyn als Wegbereiter Lessings). In: DVjs 8 (1940), S. 201ff.
Ders.: Die deutsche Dichtung der Geniezeit. Stuttgart 1952 (Epochen der deutschen Literatur, Bd. 3, 2).
Ders.: Die deutsche Dichtung der Aufklärungszeit. Stuttgart ^{2}1948 (Epochen der deutschen Literatur. Bd. 3, 1).
Ders.: Die deutsche Dichtung vom Ausgang des Barocks bis zum Beginn des Klassizismus 1700–1785. Stuttgart 1924.
Schneider, Gerhard: Der Libertin. Zur Geistes- und Sozialgeschichte des Bürgertums im 16. und 17. Jahrhundert. Darmstadt 1970.
Schneiders, Werner: Die wahre Aufklärung. Zum Selbstverständnis der deutschen Aufklärung. Freiburg, München 1974.

Ders.: Naturrecht und Liebesethik. Zur Geschichte der praktischen Philosophie im Hinblick auf Christian Thomasius. Hildesheim, New York 1971.
Schnupp, Wilhelm: Die Überwindung des Rationalismus in der Dichtkunst. Ein Beitrag zur inneren Geschichte der deutschen Literatur von Gottsched bis Goethe. Wiss. Beil. zum Jahresber. des K. alten Gymn. in Würzburg 1910/11. Würzburg 1911.
Schöffler, Herbert: Deutscher Geist im 18. Jahrhundert. Essays zur Geistes- und Religionsgeschichte. Göttingen ²1967.
Ders.: Deutsches Geistesleben zwischen Reformation und Aufklärung. Von Martin Opitz zu Christian Wolff. Frankfurt a. M. ²1956.
Ders.: Das literarische Zürich 1700–1750. Leipzig 1925.
Schöler, Walter: Geschichte des naturwissenschaftlichen Unterrichts im 17. bis 19. Jahrhundert. Erziehungstheoretische Grundlegung und schulgeschichtliche Entwicklung. Berlin 1970.
Schöne, Albrecht (Hrsg.): Stadt – Schule – Universität – Buchwesen und die deutsche Literatur im 17. Jahrhundert. Vorlagen und Diskussionen eines Barock-Symposions der Dt. Forschungsgem. 1974 in Wolfenbüttel. München 1976.
Ders.: Kürbishütte und Königsberg. Ebd., S. 601ff.
Ders.: Emblematik und Drama im Zeitalter des Barock. München ²1968.
Schönert, Jörg: Roman und Satire im 18. Jahrhundert. Ein Beitrag zur Poetik. Stuttgart 1969.
Schönfeld, Ingeborg: Die malende Poesie im 18. Jahrhundert und ihre Überwindung durch den Sturm und Drang. Diss. München 1920.
Schoeps, Hans-Joachim: Deutsche Geistesgeschichte der Neuzeit. Bd. 2. Das Zeitalter des Barock. Zwischen Reformation und Aufklärung. Mainz 1978.
Scholl, Rosemary: Die Rhetorik der Vernunft. Gottsched und die Rhetorik im frühen 18. Jahrhundert. In: Akten des V. Intern. Germanistenkongresses. Bd. 3, S. 217ff.
Scholte, Jan Hendrik: Artikel ›Alamode-Literatur‹. In: Reallexikon der dt. Lit. gesch. Bd. 1. Berlin 1928, S.21f.
Scholz, Felix: Grimmelshausens Verhältnis zu den Sprachgesellschaften und sein ›Teutscher Michel‹. In: Euphorion Erg. Heft 17 (1924), S. 79ff.
Schottenloher, Karl: Die Widmungsvorrede im Buch des 16. Jahrhunderts. München 1953.
Ders.: Kaiserliche Dichterkrönungen im Hl. Röm. Reiche dt. Nation. In: Papsttum und Kaisertum. Forschungen zur politischen Geschichte und Geisteskultur des Mittelalters. Paul Kehr zum 65. Geb. Hrsg. v. A. Brackmann. München 1926, S. 648ff.
Schottenloher, Otto: Erasmus im Ringen um die humanistische Bildungsform. Ein Beitrag zum Verständnis seiner geistigen Entwicklung. Münster 1933.
Schrade, Hubert: Beiträge zu den deutschen Mystikern des 17. Jahrhunderts. II. Abraham von Franckenberg. Diss. Heidelberg 1922.
Schrader, Wilhelm: Christian Wolff. In: ADB 44 (1898), S. 12ff.
Ders.: Geschichte der Friedrichs-Universität zu Halle. 2 Tle. Berlin 1894.
Schramm, Fritz: Schlagworte der Alamodezeit. Straßburg 1914 (6. Beih. zu Bd. 15 der Zeitschr. f. dt. Wortforschung).
Schreiber, Arndt: Petrarca und Erasmus. Der Humanismus in Italien und im Norden. Heidelberg 1947.
Schreiber, Heinrich: Geschichte der Albert-Ludwigs-Universität zu Freiburg im Breisgau. 3 Bde. Freiburg 1857–60.
Schreyer-Mühlpfordt, Brigitta: Zur politischen Begriffsbildung im Deutschland des 18. Jahrhunderts. In: Wiss. Zeitschr. d. Martin-Luther-Univ. Halle-Wittenberg. Ges. u. sprachwiss. Reihe, 10 (1961), H. 4, S. 965ff.
Schröder, Edward: Cyriacus Spangenberg. In: ADB 35 (1893), S. 37ff.
Schröder, Gerhard: Die Exploration des Möglichen. In: Literaturmagazin 6. Die Literatur und die Wissenschaften. Hrsg. v. Nicolas Born u. Heinz Schlaffer. Reinbek b. Hamburg 1976, S. 87ff.

Schröder, Jürgen: Lessing (1729–1781). In: H. Turk (Hrsg.), Klassiker der Literaturtheorie, S. 62ff.
Schröder, Winfried (Hrsg.): Französische Aufklärung. Bürgerliche Emanzipation, Literatur und Bewußtseinsbildung. Leipzig 1974.
Schubart-Fikentscher, Gertrud: Christian Thomasius. Seine Bedeutung als Hochschullehrer am Beginn der deutschen Aufklärung. Berlin 1977.
Dies.: Decorum Thomasii. In: Wiss. Zeitschr. d. Martin-Luther-Universität Halle-Wittenberg. Ges.-sprachwiss. Reihe, 7 (1957/58), S. 173ff.
Dies.: Christian Thomasius. Ebd. Jg. 4 (1955), S. 499ff.
Dies.: Zum 300. Geburtstag von Christian Thomasius. In: Wiss. Zeitschr. d. M.-Luther-Universität Halle-Wittenberg, Gesellsch.- u. sprachwiss. Reihe Jg. 4 (1954/55), H. 1, S. 1ff.
Dies.: Unbekannter Thomasius. Ebd. Jg. 3 (1953/54), S. 139ff.
Dies.: Unbekannter Thomasius. Weimar 1954.
Schubert, Ernst: Augustus Bohse, genannt Talander. Ein Beitrag zur Geschichte der galanten Zeit in Deutschland. Diss. Breslau 1911.
Schubert, Hans v.: Reformation und Humanismus. In: Luther-Jahrb. 8 (1926), S. 1ff.
Schubert, Werner: Sprichwort oder Zitat? Zur lateinischen Rede im „Bäurischen Machiavellus“ von Christian Weise. In: WB 15 (1969), S. 148ff.
Schück, Robert: Gelegenheitsgedichte von Martin Opitz. In: Archiv für die Geschichte dt. Sprache u. Dichtung 1 (1873), S. 523ff.
Schücking, Levin L.: Literaturgeschichte und Geschmacksgeschichte. Ein Versuch zu einer neuen Problemstellung. In: GRM 5 (1913), S. 561ff.
Schümmer, Franz: Die Entwicklung des Geschmacksbegriffs in der Philosophie des 17. und 18. Jahrhunderts. In: Archiv f. Begriffsgesch. 1 (1955), S. 120ff.
Schuler, Philipp Heinrich: Geschichte der Veränderungen des Geschmacks im Predigen insonderheit unter den Protestanten in Deutschland. 3 Tle. Halle 1792/94.
Schulte, Hans K.: Orator. Untersuchungen über das ciceronianische Bildungsideal. Frankfurt a. M. 1935.
Schultz, Hans: Die Bestrebungen der Sprachgesellschaften des 17. Jahrhunderts für Reinigung der dt. Sprache. Göttingen 1888. Nachdruck Leipzig 1975.
Schulz-Behrend, George: Opitz' ›Zlatna‹. In: MLN 77 (1962), S. 398ff.
Ders.: Daten einiger Dichterkrönungen. In: MLN 69 (1954), S. 273ff.
Schulz-Burkhardt, Dora: Das Bild des Herrschers in der deutschen Tragödie vom Barock bis zur Zeit des Irrationalismus. Diss. München 1931.
Schulz-Buschhaus, Ulrich: Honnête Homme und Poeta doctus. Zum Verhältnis von Boileaus und Menzinis poetologischen Lehrbüchern. In: arcadia 9 (1974), S. 113ff.
Schulz-Falkenthal, Heinz: Christian Thomasius – Gesellschafts- und Zeitkritik in seinen „Monatsgesprächen“ 1688/89. In: Wiss. Zeitschr. d. Martin-Luther-Univ. Halle-Wittenberg. Ges. u. sprachwiss. Reihe 4 (1955), S. 533ff.
Ders.: Zum Nachleben der Antike in Deutschland. Die antike Bildung und Erziehung im Spiegel der wiss. Literatur z. Z. der Aufklärung. Ebd.14 (1966), S. 333ff.
Schulze, Johann Daniel: Abriß einer Geschichte der Leipziger Universität im Laufe des achtzehnten Jahrhunderts. Leipzig [2]1810.
Schumann, Hans-Gerd: Gentleman wider Honnête Homme. In: Archiv f. Kulturgesch. 44 (1962), S. 393ff.
Schweitzer, Bernhard: Mimesis und Phantasia. In: Philologus 89 NF 43 (1934), S. 286ff.
Schweizer, Hans Rudolf: Ästhetik als Philosophie der sinnlichen Erkenntnis. Eine Interpretation der „Aesthetica“ A. G. Baumgartens mit teilweiser Wiedergabe des latein. Textes und deutscher Übersetzung. Basel, Stuttgart 1973.
Schwer, Wilhelm: Stand und Ständeordnung im Weltbild des Mittelalters. (Schriften der Görres-Gesellsch. Veröff. der Sekt. f. Sozial- u. Wirtschaftswiss. 7). Paderborn 1934.

```
_081
777906347 0

*** START OF SPOOLING MACHINE ***
caes43
***  END OF SPOOLING MACHINE  ***

***  START OF PLOT ATTRIBUTES ***
00080000              PRINTER   lp
00080001            SITE_NAME
00080002            USER_NAME   reif
00010003          OBJ_TYPE_ID   16
00080004          OBJ_TYPEREP   mgc_sheet
00080005             OBJ_PATH   $REIF/c10
00080006          OBJ_VERSION   v8.2_1.43
00080007             OBJ_VIEW
00080008    JOB_CFG_FILE_PATH   /a4lokal
00080009         EXTRA_STRING
0001000C             PRIORITY   0
0001000D           NUM_COPIES   1
0001000E          ORIENTATION   0
00010011           ALARM_TYPE   1
00020013                SCALE   -1.000000
0008002E           PAPER_TRAY
00040031               DUPLEX   0
***   END OF PLOT ATTRIBUTES  ***

***  START OF JOB CONFIG FILE ***
# job config file a4 fuer lokalen Postscr
post_job_command              /usr/spool/mgc
***   END OF JOB CONFIG FILE  ***

***     START OF JDF PATH     ***
/usr2/idea_8.2/tmp/lp.reif.sheet1.mfd
```

Schwind, Peter: Schwulst-Stil. Historische Grundlagen von Produktion und Rezeption manieristischer Sprachformen in Deutschland. 1624–1738. Bonn 1977.
Ders.: Lohensteins Lobrede auf Hofmannswaldau als Beispiel argumentativen Figureneinsatzes barocker Gelegenheitsrede. In: D. Frost u. G. Knoll (Hrsg.), Gelegenheitsdichtung, S. 121ff.; auch in: Dokumente des Internat. Arbeitskreises f. dt. Barockliteratur 3 (1977), S. 303ff.
Seck, Friedrich: Johannes Kepler zum 400. Geburtstag. In: Schwäbische Heimat 22 (1971) H. 4, S. 201ff.
Segall, Joseph: Geschichte und Strafrecht der Reichspolizeiordnungen von 1530, 1548, 1577. Diss. Gießen 1914.
Segebrecht, Wulf: Das Gelegenheitsgedicht. Ein Beitrag zur Geschichte und Poetik der deutschen Lyrik. Stuttgart 1977.
Seibert, Peter: Der »tichter« und »poeta« am Beginn der Neuzeit. In: Lili Jg. 11 (1981) H. 42, S. 13ff.
Seidel, Bruno: Wirkungen des Barock. Deprivilegierung, Unterbürgerlichkeit und Aufstiegswille im Zeitalter des Spätbarock und der frühbürgerlichen Gesellschaft. In: Wider die Ächtung der Geschichte. Festschr. z. 60. Geburtstag v. H.-J. Schoeps. Hrsg. v. K. Töpner. München, Esslingen 1969, S. 129ff.
Seidlmayer, Michael: Wege und Wandlungen des Humanismus. Studien zu seinen politischen, ethischen, religiösen Problemen. Mit einem Gedenkwort v. Hans Barion. Göttingen 1965.
Seiferheld, Otto: Geschichte der Lateinschule Crailsheim. In: Geschichte des humanist. Schulwesens in Württemberg. Bd. 2,2. Stuttgart 1920, S. 636ff.
Seifert, Arno: Die Universität Ingolstadt im 15. und 16. Jahrhundert. Texte und Regesten. Berlin 1973.
Seiler, Karl: Das pädagogische System Wolfgang Ratkes. Nach den handschr. Quellen im Zus.-hang der europ. Geistesgesch. dargest. Diss. Erlangen 1929.
Selle, Götz v.: Die Georg-August-Universität zu Göttingen 1737–1937. Göttingen 1937.
Semel, Heinz: Die Realienprogramme im 17. und 18. Jahrhundert. Ein Beitrag zur Ideengeschichte des Schulunterrichts in der deutschen Volksschule. Diss. Hamburg 1964.
Servaes, Franz: Die Poetik Gottscheds und der Schweizer. Straßburg 1887.
Shawcross, John T.: The Poet as Orator: One Phase of His Judicial Pose. In: The Rhetoric of Renaissance Poetry. From Wyatt to Milton. Ed. by Thomas O. Sloan and Raymond B. Waddington. Berkeley, Los Angeles, London 1974, S. 5ff.
Sichtermann, Hellmut: Lessing und die Antike. In: Lessing und die Zeit der Aufklärung. Vorträge geh. auf d. Tagung der J. Jungius-Gesellsch. der Wiss. Hamburg 1967. Hamburg 1968, S. 168ff.
Sieber, Siegfried: Johann Michael von Loen. Goethes Großoheim (1694–1776), sein Leben, sein Wirken und eine Auswahl aus seinen Schriften. Leipzig 1922.
Sieburg, Heinz-Otto: Geschichte Frankreichs. Stuttgart 1975.
Siegrist, Christoph: Lehrdichtung. In: H. A. Glaser (Hrsg.): Die deutsche Literatur. Eine Sozialgeschichte. Bd. 4, S. 219ff.
Ders.: Poetik und Ästhetik von Gottsched bis Baumgarten. Ebd., S. 280ff.
Ders.: Das Lehrgedicht der Aufklärung. Stuttgart 1974.
Ders.: Batteux-Rezeption und Nachahmungslehre in Deutschland. In: Geistesgeschichtliche Perspektiven. Rückblick – Augenblick – Ausblick. Festgabe f. R. Fahrner zu s. 65. Geburtstag. Bonn 1969, S. 171ff.
Ders.: Albrecht von Haller. Stuttgart 1967.
Sieveke, Franz Günter: Philipp von Zesens „Assenat". Doctrina und Eruditio im Dienste des ›Exemplificare‹. In: Philipp von Zesen 1619–1969. Beitr. zu seinem Leben und Werk. Hrsg. v. Ferdinand van Ingen. Wiesbaden 1972; zuerst in: Jahrb. d. Dt. Schillerges. 13 (1969), S. 115ff.
Ders.: Topik im Dienst poetischer Erfindung. Zum Verhältnis rhetorischer Konstanten und

ihrer funktionsbedingten Auswahl und Erweiterung (Omeis – Richter – Harsdörffer). In: Jahrb. f. Internat. Germanistik 8 (1976), H. 2, S. 17ff.
Sinemus, Volker: Poetik und Rhetorik im frühmodernen deutschen Staat. Sozialgeschichtliche Bedingungen des Normenwandels im 17. Jahrhundert. Göttingen 1978.
Ders.: Stilordnung, Kleiderordnung und Gesellschaftsordnung im 17. Jahrhundert. In: A. Schöne (Hrsg.), Stadt – Schule – Universität – Buchwesen, S. 22ff.
Singer, Herbert: Der deutsche Roman zwischen Barock und Rokoko. Köln, Graz 1963.
Skalweit, Stephan: Das Zeitalter des Absolutismus als Forschungsproblem. In: DVjs 35 (1961), S. 198ff.
Skalweit, Stefan: Das Herrscherbild des 17. Jahrhunderts. In: HZ 184 (1957), S. 65ff.
Sloan, Thomas O., Raymond B. Waddington (Hrsg.): The Rhetoric of Renaissance Poetry. From Wyatt to Milton. Berkeley, Los Angeles, London 1974.
Sohm, Walter: Die Schule Johann Sturms und die Kirche Straßburgs in ihrem gegenseitigen Verhältnis 1530–1581. München, Berlin 1912.
Sombart, Werner: Der moderne Kapitalismus. 3 Bde. Berlin [2]1928. Nachdruck Berlin 1969.
Sommer, Robert: Grundzüge einer Geschichte der deutschen Psychologie und Ästhetik von Wolff-Baumgarten bis Kant-Schiller. Würzburg 1892. Nachdruck Hildesheim 1975.
Spaethling, Robert: On Christian Thomasius and his alleged offspring. The German enlightenment. In: Lessing Yearbook 3 (1971), S. 194ff.
Spahr, Blake Lee: Nürnbergs Stellung im literarischen Leben des 17. Jahrhunderts. In: A. Schöne (Hrsg.), Stadt – Schule – Universität – Buchwesen, S. 73ff.
Ders.: The Archives of the Pegnesischer Blumenorden. A Survey and reference guide. Berkeley, Los Angeles 1960 (Publications in Modern Philology 57).
Specht, Reinhold: Dichterkrönungen bis zum Ausgang des Mittelalters. Zerbst 1928.
Spellerberg, Gerhard: Verhängnis und Geschichte: Untersuchungen zu den Trauerspielen und dem ›Arminius‹-Roman Daniel Caspers von Lohenstein. Bad Homburg v. d. H. 1970.
Speter, Max: Grimmelshausens Einfluß auf Christian Weises Schriften. In: Neophilologus 11 (1926), S. 116f.
Spiegel, Marianne: Der Roman und sein Publikum im frühen 18. Jahrhundert. 1700–1767. Bonn 1967.
Spingarn, Joel E.: A History of Literary Criticism in the Renaissance. Hrsg. v. B. Weinberg. New York 1963.
Sprachgesellschaften, Sozietäten, Dichtergruppen. Arbeitsgespräch in der Herzog August Bibliothek Wolfenbüttel 28. bis 30. Juni 1977. Vorträge u. Berichte. Hrsg. v. Martin Bircher u. Ferdinand van Ingen. Hamburg 1978.
Srbik, Heinrich Ritter von: Geist und Geschichte. Vom deutschen Humanismus bis zur Gegenwart. 2 Bde. München 1950.
Stackelberg, Jürgen von: Boileau-Despréaux (1636–1711). In: H. Turk (Hrsg.), Klassiker der Literaturtheorie, S. 10ff.
Ders.: Klarheit als Dichtungsideal. Rhetorik und Rationalismus in der Literaturtheorie der französischen Renaissance. In: Ideen und Formen. Festschr. f. H. Friedrich. Frankfurt a. M. 1965, S. 257ff.
Ders.: Das Bienengleichnis. Ein Beitrag zur Geschichte der literarischen Imitatio. In: RF 68 (1956), S. 271ff.
Stählin, Friedrich: Die Stellung der Poesie in der platonischen Philosophie. München 1901.
Stahl, Karl-Heinz: Das Wunderbare als Problem und Gegenstand der deutschen Poetik des 17. und 18. Jahrhunderts. Frankfurt a. M. 1975.
Staiger, Emil: Der neue Geist in Herders Frühwerk. In: Jahrb. der Dt. Schillerges. 6 (1962), S. 66ff.; auch in: E. S., Stilwandel. Zürich, Freiburg 1963, S. 121ff.
Stammler, Wolfgang: Von der Mystik zum Barock 1400–1600. Stuttgart 1927 (Epochen der deutschen Literatur. Bd. 2,1).
Ders.: Politische Schlagworte in der Zeit der Aufklärung. In: Lebenskräfte in der abendlän-

dischen Geistesgeschichte. Dank- u. Erinnerungsgabe an W. Goetz zum 80. Geburtstag. Marburg 1948, S. 199ff.
Stein, Karl Heinrich von: Die Entstehung der neueren Ästhetik. Stuttgart 1886.
Stein, Robert: Naturwissenschaftliches bei Lessing und Herder. In: Historische Studien und Skizzen zu Natur- und Heilwissenschaft. Festgabe G. Sticker zum 70. Geburtstag. Berlin 1930, S. 112ff.
Ders.: Lessings Stellung zur Naturwissenschaft. In: Neue pädagogische Studien 1 (1929), S. 470ff.
Steinbach, Franz: Geburtsstand, Berufsstand, Leistungsgemeinschaft. In: Rheinische Vierteljahrsblätter 14 (1949), S. 35ff.
Steinhausen, Georg: Geschichte der Deutschen Kultur. Bd. 2. Vom 14. Jahrhundert bis zur Gegenwart. Leipzig, Berlin [2]1913.
Ders.: Galant, curiös, politisch. Drei Schlag- und Modeworte des Perrücken-Zeitalters. In: Zeitschr. f. d. dt. Unterr. 9 (1895), S. 22ff.
Ders.: Die Idealerziehung im Zeitalter der Perrücke. In: Mitteilungen der Gesellsch. f. dt. Erziehungs- u. Schulgesch. 4 (1894), S. 209ff.
Steinmetz, Horst: Gotthold Ephraim Lessing. In: B. v. Wiese (Hrsg.), Deutsche Dichter des 18. Jahrhunderts, S. 210ff.
Ders.: Die Komödie der Aufklärung. Stuttgart 1966.
Stemplinger, Eduard: Horaz im Urteil der Jahrhunderte. Leipzig 1921.
Ders.: Martin Opitz und die Antike. In: Blätter für das (Bayerische) Gymnasialschulwesen 41 (1905), S. 177ff.
Stern, Adolf: Beiträge zur Literaturgeschichte des 17. und 18. Jahrhunderts. Leipzig 1893.
Stern, Leo: Philipp Melanchthon: Humanist, Reformator, Praeceptor Germaniae. Halle 1960.
Stiehler, G.: Tschirnhaus als Philosoph. In: E. Winter (Hrsg.), E. W. v. Tschirnhaus, S. 83ff.
Stockar, Jürg: Kultur und Kleidung der Barockzeit. Zürich, Stuttgart 1964.
Stockinger, Ludwig: Entwicklungsprobleme der Schäferpoesie vom 17. zum 18. Jahrhundert im Lichte zeitgenössischer Äußerungen. In: Dokumente des Internat. Arbeitskreises f. dt. Barocklit. 3 (1977), S. 285ff.
Stöckl, Albert: Geschichte der neueren Philosophie von Baco und Cartesius bis zur Gegenwart. Mainz 1883.
Störig, Hans Joachim: Kleine Weltgeschichte der Wissenschaft. Stuttgart, Berlin, Köln, Mainz [3]1965.
Stössel, Adam: Die Weltanschauung des Martin Opitz, besonders in seinen Trostgedichten in Widerwärtigkeit des Krieges. Diss. Erlangen 1918.
Stötzer, Ursula: Deutsche Redekunst im 17. und 18. Jahrhundert. Halle/S. 1962.
Stötzner, Paul: Beiträge zur Würdigung von Johann Balthasar Schupps Lehrreichen Schriften. Diss. Leipzig 1890.
Ders.: Christian Thomasius und sein Verdienst um die deutsche Sprache. In: Zeitschr. d. allg. dt. Sprachvereins Bd. 2 (Jg. 3/1888), S. 86ff.
Stoll, Christoph: Sprachgesellschaften im Deutschland des 17. Jahrhunderts. München 1973.
Stolleis, Michael: Arcana imperii und Ratio status. Bemerkungen zur politischen Theorie des frühen 17. Jahrhunderts. Göttingen 1980.
Stolt, Birgit: Tradition und Ursprünglichkeit. Ein Überblick über das Schrifttum zur Rhetorik in den 60er Jahren im Bereich der Germanistik. In: Stud. neophil. 41 (1969), S. 325ff.
Stoltenberg, Hans L.: Christian Thomas. Ein Vorkämpfer freier deutscher Bildung (1655–1728). In: Zeitschr. f. Deutsche Bildung 9 (1933), S. 234ff.
Stoltz, Günter: Von den nachbarocken Schulmeisterpoetiken zur Dichtungstheorie Klopstocks. Sechs Kernbegriffe der Dichtungstheorie einer Übergangszeit. Diss. phil. St. Louis/Miss. 1971.

Storz, Gerhard: Martin Opitz und die deutsche Dichtung. In: G. S., Figuren und Prospekte. Stuttgart 1963, S. 40ff.
Straub, Eberhard: Repraesentatio Maiestatis oder churbayerische Freudenfeste. Die höfischen Feste in der Münchner Residenz vom 16. bis zum Ende des 18. Jahrhunderts. München 1963.
Strauss, Gerald: Reformation and Pedagogy. Educational Thought and Practice in the Lutheran Reformation. In: Charles Trinkaus u. Heiko A. Oberman (Hrsg.), The Pursuit of Holiness in Late Medieval and Renaissance Religion. Leiden 1974, S. 272ff.
Strauß, Leo: Naturrecht und Geschichte. Stuttgart 1956.
Streckenbach, Gerhard: Stiltheorie und Rhetorik der Römer im Spiegel der humanistischen Schülergespräche. Göttingen 1979.
Ders.: Stiltheorie und Rhetorik der Römer als Gegenstand der imitatio im Bereich des deutschen Humanismus. Diss. Berlin 1932.
Strehlke, Friedrich: Martin Opitz. Eine Monographie. Leipzig 1856.
Streisand, Joachim: Geschichtliches Denken von der deutschen Frühaufklärung bis zur Klassik. Berlin 1964.
Strich, Fritz: Der lyrische Stil des 17. Jahrhunderts. In: R. Alewyn (Hrsg.), Deutsche Barockforschung, S. 229ff.; zuerst in: Abhandlungen zur dt. Lit. gesch. Franz Muncker zum 60. Geburtstag. München 1916, S. 21ff.
Strübel, Bruno (Hrsg.): Urkundenbuch der Universität Leipzig von 1409–1555. Leipzig 1879.
Stuke, Horst: Artikel »Aufklärung«. In: O. Brunner u. a. (Hrsg.), Geschichtliche Grundbegriffe Bd. 1. Stuttgart 1972, S. 243ff.
Stupperich, Robert: Der unbekannte Melanchthon. Wirken und Denken des Praeceptor Germaniae in neuer Sicht. Berlin 1961.
Suchier, Wolfram: Dr. Christoph Philipp Hoester. Ein deutscher kaiserlich gekrönter Dichter des 18. Jahrhunderts. Borna-Leipzig 1918.
Ders.: Gottsched's Korrespondenten. Alphabetisches Absenderregister zur Gottschedschen Briefsammlung in der Universitätsbibliothek zu Leipzig. Mit Vorwort von D. Debes. Leipzig 1910/12. Nachdruck Leipzig 1971.
Sulzer, Dieter: Literaturbericht: Emblematik und Komparatistik. In: arcadia 9 (1974), S. 60ff.
Ders.: Zu einer Geschichte der Emblemtheorien. In: Euphorion 64 (1970), S. 23ff.
Szarota, Elida Maria: Lohensteins Arminius als Zeitroman. Sichtweisen des Spätbarock. Bern 1970.
Dies.: Lohenstein und die Habsburger. In: Colloquia Germanica 1 (1967), S. 263ff.
Szyrocki, Marian: Die deutsche Literatur des Barock. Eine Einführung. Stuttgart 1979. (zuerst Reinbek 1968).
Ders.: Buchproduktion und das literarische Publikum im 17. Jahrhundert. In: Probleme der Literatursoziologie und der literarischen Wirkung. Hrsg. v. Thomas Höhle u. Dieter Sommer. Halle 1978, S. 19ff.
Ders.: Deutsche Barockliteratur in der Universitätsbibliothek Wroclaw (= Breslau). In: Daphnis 7 (1978), S. 361ff.
Ders.: Martin Opitz. München ²1974 (zuerst Berlin 1956).
Tarot, Rolf: Literatur zum deutschen Drama und Theater des 16. und 17. Jahrhunderts. Ein Forschungsbericht (1945–62). In: Euphorion 57 (1963), S. 411ff.
Ders.: Jakob Bidermanns ›Cenodoxus‹. Diss. Köln 1960.
Taylor, Archer: Problems in German literary history of the 15th and 16th centuries. New York 1939.
Thiersch, Friedrich: Über gelehrte Schulen, mit besonderer Rücksicht auf Bayern. 3 Bde. Stuttgart 1938.
Tholuck, August: Das akademische Leben des siebzehnten Jahrhunderts mit besonderer

Beziehung auf die protestantisch-theologischen Fakultäten Deutschlands, nach handschriftlichen Quellen. 2 Bde. Halle 1853/1854.
Thomasius, Christian: Katalog der Thomasius-Ausstellung. Christian Thomasius. Person und Werk in Schrift, Buch und Bild. Halle 1928.
Thümmel, Hans-Wolf: Universität und Stadt Tübingen. In: Beiträge zur Geschichte der Universität Tübingen 1477–1977. Hrsg. v. H. M. Decker-Hauff, G. Fichtner u. K. Schreiner. Bd. 1. Tübingen 1977, S. 33ff.
Tiemann, Heinrich: Die heroisch-galanten Romane August Bohses als Ausdruck der seelischen Entwicklung in der Generation von 1680 bis 1710. Diss. Kiel 1932.
Tiemann, Hermann: Das spanische Schrifttum in Deutschland von der Renaissance bis zur Romantik. Eine Vortragsreihe. Hamburg 1936 (Ibero-Amerikanische Studien 6).
Tisch-Wackernagel, J. H.: Johann Christoph Gottsched. Seine dramatische Theorie und Praxis zwischen Barock und Aufklärung. Univ. of Tasmania 1966.
Tittmann, Julius: Die Nürnberger Dichterschule. Harsdörffer, Klaj, Birken. Beitrag zur deutschen Literatur- und Kulturgeschichte des 17. Jahrhunderts. Kleine Schriften zur deutschen Literatur- und Kulturgeschichte 1. Göttingen 1847. Nachdruck Wiesbaden 1965.
Toellner, Richard (Hrsg.): Aufklärung und Humanismus. Wolfenbütteler Studien zur Aufklärung VI. Heidelberg 1980.
Toffanin, Giuseppe: Storia dell'umanesimo dal 13 al 16 secolo. Napoli 1933. Dt. Ausg.: Geschichte des Humanismus. Amsterdam 1941.
Tonnelat, Ernest: Deux imitateurs allemands de Ronsard, G. R. Weckherlin et Martin Opitz. In: Revue de littérature comparée 4 (1924), S. 557ff.
Toulmin, Stephan, June Goodfield: Entdeckung der Zeit. München 1970.
Dies.: Modelle des Kosmos. München 1970. Engl. Aus.: The fabric of the heavens. London 1961.
Treitschke, Richard: Burkhard Mencke, Professor der Geschichte und Herausgeber der Acta Eruditorum. Leipzig 1842.
Trelle, Maria: Zwei Feldgefüge im Sinnbezirk des Verstandes bei Philipp von Zesen. Diss. Münster 1935.
Treue, Wilhelm: Kulturgeschichte des Alltags im Barock. In: R. Alewyn (Hrsg.), Aus der Welt des Barock, S. 192ff.
Ders.: Wirtschafts- und Sozialgeschichte vom 16. bis zum 18. Jahrhundert. In: B. Gebhardt (Hrsg.), Handbuch der deutschen Geschichte. Bd. 2 (^{8}1955), S. 366ff.
Trier, Jost: Die Idee der Klugheit in ihrer sprachlichen Entfaltung. In: Zeitschr. f. Deutschkunde 46 (1932), S. 625ff.
Ders.: Der deutsche Wortschatz im Sinnbezirk des Verstandes. Die Geschichte eines sprachlichen Feldes. Bd. 1. Heidelberg 1931.
Ders.: Die Worte des Wissens. In: Mitteilungen des Universitätsbundes Marburg 1931, S. 33ff.
Trillmilch, Rudolf: Christlob Mylius. Ein Beitrag zur Kenntnis seines Lebens und seiner Schriften. Diss. Halle/S. 1914.
Tronskaja, Maria L.: Die deutsche Prosasatire der Aufklärung. Berlin 1969 (Neue Beitr. zur Lit. wiss. Bd. 28).
Trunz, Erich: Der deutsche Späthumanismus um 1600 als Standeskultur. In: R. Alewyn (Hrsg.), Deutsche Barockforschung, S. 147ff.; zuerst in: Zeitschr. f. Gesch. d. Erziehung u. d. Unterrichts 21 (1931), S. 17ff.
Ders.: Weltbild und Dichtung im deutschen Barock. In: R. Alewyn (Hrsg.), Aus der Welt des Barock, S. 1ff.
Ders.: Die Überwindung des Barock in der deutschen Lyrik. In: Zeitschr. f. Ästhetik u. allg. Kunstwiss. 35 (1941), S. 192ff., S. 227ff.
Ders.: Die Erforschung der deutschen Barockdichtung. Ein Bericht über Ergebnisse und

Aufgaben. In: DVjs 18 (1940), Referatenheft, S. 1ff.; Teilabdruck in: R. Alewyn (Hrsg.), Deutsche Barockforschung, S. 449ff.
Ders.: Studien zur Geschichte der deutschen gelehrten Dichtung des 16. und beginnenden 17. Jahrhunderts. I. Ambrosius Lobwasser. Diss. Königsberg 1932.
Tubach, Frederic C.: Die Nachahmungstheorie: Batteux und die Berliner Rationalisten. In: GRM NF 13 (1963), S. 262ff.
Tumarkin, Anna: Die Überwindung der Mimesislehre in der Kunsttheorie des 18. Jahrhunderts. In: Festschrift S. Singer. Tübingen 1930, S. 40ff.
Turk, Horst (Hrsg.): Klassiker der Literaturtheorie. Von Boileau bis Barthes. München 1979.
Tworek, Paul: Leben und Werke des Johann Christoph Männling. Ein Beitrag zur Literaturgeschichte des schlesischen Hochbarock. Diss. Breslau 1938.
Ueberweg, Friedrich (Hrsg.): Grundriß der Geschichte der Philosophie. 5 Bde. Berlin [12]1923/28.
Ueding, Gert: Einführung in die Rhetorik. Geschichte, Technik, Methode. Stuttgart 1976.
Uhlig, Claus: Moral und Politik in der europäischen Hoferziehung. In: Literatur als Kritik des Lebens. Festschr. L. Borinski. Heidelberg 1975, S. 27ff.
Ulbrich, Franz: Die Belustigungen des Verstandes und des Witzes. Ein Beitrag zur Journalistik des 18. Jahrhunderts. Leipzig 1911.
Ullman, Berthold Louis: Studies in the Italian Renaissance. Roma 1955.
Ullmann, Walter: Individuum und Gesellschaft im Mittelalter. Göttingen 1974.
Ulrich, Wolfgang: Studien zur Geschichte des deutschen Lehrgedichts im 17. und 18. Jahrhundert. Diss. Kiel 1961.
Ungern-Sternberg, Wolfgang von: Schriftstelleremanzipation und Buchkultur im 18. Jahrhundert. In: Jahrb. der Internat. Germanistik 8 (1976), H. 1, S. 72ff.
Valjavec, Fritz: Geschichte der abendländischen Aufklärung. Wien, München 1961.
Varwig, Freyr Roland: Der rhetorische Naturbegriff bei Quintilian. Studien zu einem Argumentationstopos in der rhetorischen Bildung der Antike. Heidelberg 1976.
Vehse, Eduard: Geschichte der deutschen Höfe seit der Reformation. 48 Bde. Hamburg 1851ff.
Verdenius, Willem Jacob: Mimesis. Plato's doctrine of artistic imitation and its meaning to us. Leiden 1972 ([1]1949).
Verhofstadt, Edward: Daniel Casper von Lohenstein. Untergehende Wertwelt und ästhetischer Illusionismus. Fragestellung und dichterische Interpretation. Brügge 1964.
Ders.: Stilistische Betrachtung über einen Monolog in Lohensteins ›Sophonisbe‹. In: Revue des langues vivantes 25 (1959), S. 307ff.
Verosta, Rudolf: Der Phantasiebegriff bei den Schweizern Bodmer und Breitinger. In: 57. Jahresber. über die k. k. Staatsrealschule im III. Bezirk in Wien. Wien 1908, S. 3ff.
Verweyen, Johannes: Ehrenfried Walter Tschirnhaus als Philosoph. Diss. Bonn 1905.
Verweyen, Theodor: Dichterkrönung. Rechts- und sozialgeschichtliche Aspekte literarischen Lebens in Deutschland. In: Literatur und Gesellschaft im deutschen Barock. Hrsg. v. C. Wiedemann. GRM Beiheft 1. Heidelberg 1977, S. 7ff.
Ders.: Barockes Herrscherlob. Rhetorische Tradition, sozialgeschichtliche Aspekte, Gattungsprobleme. In: Der Deutschunterricht 28 (1976), H. 2, S. 25ff.
Ders.: Apophthegmata und Scherzrede. Die Geschichte einer einfachen Gattungsform und ihre Entfaltung im 17. Jahrhundert. Bad Homburg v. d. H. 1970.
Vial, Alexander: Johann Balthasar Schuppius, ein Vorläufer Speners, für unsere Zeit dargestellt. Mainz 1857.
Vierhaus, Rudolf: Deutschland im Zeitalter des Absolutismus (1648–1763). Göttingen 1978.
Ders. (Hrsg.): Der Akademiegedanke im 17. und 18. Jahrhundert. Vorträge gehalten anl. des 2. Wolfenbütteler Symposions vom 9.–12. Dezember 1975, in der Herzog-August-Bibliothek. Hrsg. von Fritz Hartmann u. R. V. Bremen, Wolfenbüttel 1977.

Ders. (Hrsg.): Der Adel vor der Revolution. Zur sozialen und politischen Funktion des Adels im vorrevolutionären Europa. Göttingen 1971.
Ders.: Deutschland im 18. Jahrhundert: soziales Gefüge, politische Verfassung, geistige Bewegung. In: Lessing und die Zeit der Aufklärung. Göttingen 1968, S. 12ff.
Vietor, Karl: Probleme der deutschen Barockliteratur, Leipzig 1928.
Vischer, Wilhelm: Geschichte der Universität Basel von der Gründung 1460 bis zur Reformation 1529. Basel 1860.
Vogel, Hermann: Christian Friedrich Hunold (Menantes). Sein Leben und seine Werke. Diss. Leipzig 1897.
Vogler, F. W.: The cult of taste in Bouhours' »Pensées ingénieuses des anciens et des modernes«. In: Renaissance and other studies in honor of W. L. Wiley. Univ. of North Carolina Press 1968, S. 241ff.
Vogt, Carl: Johann Balthasar Schupps Bedeutung für die Pädagogik. In: Zeitschr. f. Gesch. d. Erziehung u. d. Unterrichts 4 (1914), S. 1ff.
Ders.: Johann Balthasar Schupp. Neue Beiträge zu seiner Würdigung. In: Euphorion 16 (1909), S. 6ff., S. 245ff., S. 673ff., Euphorion 17 (1910), S. 1ff., S. 251ff., S. 473ff., Euphorion 21 (1914), S. 419ff.
Vogt, Erika: Die gegenhöfische Strömung in der deutschen Barockliteratur. Von deutscher Poeterey. Forschungen und Darstellungen aus dem Gesamtgebiet der deutschen Philologie. Bd. 11. Leipzig 1932.
Vogt, Gideon: Wolfgang Ratichius, der Vorgänger des Amos Comenius. Langensalza 1894.
Voigt, Georg: Die Wiederbelebung des classischen Alterthums oder Das erste Jahrhundert des Humanismus. 2 Bde. Berlin ^{3}1893.
Ders.: Enea Silvio de Piccolomini als Papst Pius der Zweite und sein Zeitalter. 3 Bde. Berlin 1856–63.
Volk, O.: Tschirnhaus als Mathematiker und Physiker. In: E. Winter (Hrsg.), E. W. v. Tschirnhaus, S. 247ff.
Volkmann, Otto Felix: Johann Christian Günther im Rahmen seiner Zeit. Berlin 1907.
Volkmann, Richard: Die Rhetorik der Griechen und Römer in systematischer Übersicht dargestellt. Leipzig ^{2}1885. Nachdruck Hildesheim 1963.
Vontobel, Georg Willy: Von Brockes bis Herder. Studien über die Lehrdichter des 18. Jahrhunderts. Diss. Bern 1942.
Vorländer, Karl: Geschichte der Philosophie. Bd. 2–5. Reinbek b. Hamburg 1964–67.
Vormbaum, Reinhold (Hrsg.): Evangelische Schulordnungen. 3 Bde. Gütersloh 1860–64.
Voss, Eva-Maria de: Die frühe Literaturkritik der Aufklärung. Untersuchungen zu ihrem Selbstverständnis und zu ihrer Funktion im bürgerlichen Emanzipationsprozeß. Diss. Bonn 1975.
Voßkamp, Wilhelm: Adelsprojektionen im galanten Roman bei Christian Friedrich Hunold. (Zum Funktionswandel des ›hohen‹ Romans im Übergang vom 17. zum 18. Jahrhundert). In: Legitimationskrisen des deutschen Adels 1200–1900. Hrsg. von Peter Uwe Hohendahl und Paul Michael Lützeler. Stuttgart 1979 (Literaturwissenschaft und Sozialwissenschaften 11), S. 83ff.
Ders.: Landadel und Bürgertum im deutschen Schäferroman des 17. Jahrhunderts. In: A. Schöne (Hrsg.), Stadt – Schule – Universität – Buchwesen, S. 99ff.
Ders.: Romantheorie in Deutschland. Von Martin Opitz bis Friedrich von Blanckenburg. Stuttgart 1973.
Ders.: Untersuchungen zur Zeit- und Geschichtsauffassung im 17. Jahrhundert (Andreas Gryphius und Daniel Casper von Lohenstein). Diss. Kiel. Bonn 1967.
Voßler, Karl: Poetische Theorien in der italienischen Frührenaissance. Berlin 1900.
Wagman, Frederick, Herbert: Magic and Natural Science in German Baroque Literature. New York 1966.
Wagner, B. A.: Christian Thomasius. Ein Beitrag zur Würdigung seiner Verdienste um die deutsche Literatur. Berliner Schulprogramm. Berlin 1872.

Wagner, Fritz: Europa im Zeitalter des Humanismus und der Aufklärung. Stuttgart 1968 (Handbuch der europ. Geschichte. Hrsg. v. Th. Schieder. Bd. 4).
Wagner, Georg: Erhard Weigel, ein Erzieher aus dem 17. Jahrhunderte. Leipzig 1903.
Wagner, Julius: Überblick über die Geschichte des humanistischen Schulwesens in Württemberg. Die Zeit des Humanismus vor der Reformation. In: Geschichte des humanist. Schulwesens in Württemberg. Bd. 1, Stuttgart 1912, S. 257ff.
Wagner, J. M.: Johann Christoph Gottsched's Bibliothek. In: Neuer Anzeiger für Bibliographie und Bibliothekswiss. (Juni 1872), S. 200ff.; (Juli 1872), S. 225ff.
Waldberg, Max von: Eine deutsch-französische Literaturfehde. In: Deutschkundliches. Friedrich Panzer zum 60. Geburtstag. Heidelberg 1930, S. 87ff.
Ders.: Gottlieb Stolle. In: ADB 36 (1893), S. 408f.
Ders.: Die Deutsche Renaissance-Lyrik. Berlin 1888.
Ders.: Die galante Lyrik. Beiträge zu ihrer Geschichte und Charakteristik. Straßburg 1885.
Wallace, Karl R.: Francis Bacon on Communication and Rhetoric. Chapel Hill 1943.
Walzel, Oskar: Deutsche Dichtung von Gottsched bis zur Gegenwart. 2 Bde. Potsdam 1927.
Waniek, Gustav: Gottsched und die deutsche Litteratur seiner Zeit. Leipzig 1897. Nachdruck Leipzig 1972.
Warburg, Aby: Heidnisch-Antike Weissagung in Wort und Bild zu Luthers Zeiten. In: A. W., Gesammelte Schriften Bd. 2. Die Erneuerung der heidnischen Antike. Leipzig, Berlin 1932, S. 489ff.
Ward, Albert: Book production, fiction and the German reading public, 1740–1800. Oxford 1974.
Wattenbach, Wilhelm: Peter Luder, der erste humanistische Lehrer in Heidelberg, Erfurt, Leipzig und Basel. In: Zeitschr. f. d. Gesch. d. Oberrheins 22 (1869), S. 33ff.
Ders.: Über Briefsteller des Mittelalters. Anhang zu: Iter Austriacum 1853. In: Archiv f. Kunde österr. Geschichtsquellen. Bd. 14 (1855), S. 29ff.
Weber, Emil: Die philosophische Scholastik des deutschen Protestantismus im Zeitalter der Orthodoxie. Leipzig 1907.
Weber, Karl Julius: Demokritos oder Hinterlassene Papiere eines lachenden Philosophen. In neuer Anordnung hrsg. v. Dr. Karl Martin Schiller. 12 Bde. Leipzig 1927.
Wechsler, Gerhard: Johann Christoph Gottscheds Rhetorik. Diss. Heidelberg. Leipzig 1933.
Wedemeyer, Irmgard: Das Menschenbild des Christian Thomasius. In: Wiss. Zeitschr. d. Martin-Luther-Universität Halle-Wittenberg. Gesellsch.- u. sprachwiss. Reihe, Jg. 4 (1954/55), H. 4, S. 509ff.
Weevers, Theodor: Some aspects of Heinsius' influence on the style of Opitz. In: The Modern Language Review 34 (1939), S. 230ff.
Ders.: The influence of Heinsius in two genres of the German baroque. In: Journal 37 (1938), S. 524ff.
Wegener, Bernd: Lesen und historische Anfänge »weiblicher« Bildung. Literarische Aussagen über die Lektüre der Frau. In: Bertelsmann Briefe 103 (1980), S. 36ff.
Wehl, Feodor: Hamburgs Literaturleben im achtzehnten Jahrhundert. Leipzig 1856.
Wehr, Marianne: Johann Christoph Gottscheds Briefwechsel. Ein Beitrag zur Geschichte der deutschen Frühaufklärung. 2 Tle. Diss. Leipzig 1966.
Wehrli, Fritz: Der erhabene und der schlichte Stil in der poetisch-rhetorischen Theorie der Antike. In: Phyllobolia. Festschr. Peter von der Mühll zum 60. Geburtstag. Basel 1946, S. 9ff.
Wehrli, Max: Latein und Deutsch in der Barockliteratur. In: Akten des V. Internat. Germanisten-Kongresses Cambridge 1975. Bd. 1, S. 134ff.
Ders.: Deutsche und lateinische Dichtung im 16. und 17. Jahrhundert. In: Das Erbe der Antike. Ringvorlesung philos. Fakultät I der Univ. Zürich. WS 1961/62. Zürich 1963, S. 135ff.
Ders.: Das barocke Geschichtsbild in Lohensteins ›Arminius‹. Frankenfeld/Leipzig 1938.

Ders.: Johann Jakob Bodmer und die Geschichte der Literatur. Frauenfeld 1936.
Weil, Hans: Die Entstehung des deutschen Bildungsprinzips. Bonn 1930.
Weinberg, Bernard: A History of Literary Criticism in the Italian Renaissance. 2 Bde. Chicago 1961.
Weinhold, Karl: Martin Opitz von Boberfeld. Kiel 1862.
Weisbach, Werner: Vom Geschmack und seinen Wandlungen. Basel 1947.
Weiss, Roberto: The Renaissance discovery of classical antiquity. Oxford 1969.
Weisz, Jutta: Das deutsche Epigramm des 17. Jahrhunderts. Stuttgart 1979.
Weißenborn, B.: Die Bibliothek des Christian Thomasius. In: M. Fleischmann (Hrsg.), Chr. Thomasius. Leben und Lebenswerk, S. 421ff.
Weithase, Irmgard: Zur Geschichte der gesprochenen deutschen Sprache. 2 Bde. Tübingen 1961.
Dies.: Die Pflege der gesprochenen deutschen Sprache durch die Gelehrten-Dichter des Barock. In: Wiss. Zeitschr. der Friedrich-Schiller-Univ. Jena. Ges. u. sprachwiss. Reihe 5 (1955/56), H. 6, S. 649ff.
Weizsäcker, Carl Friedrich v.: Descartes und die neuzeitliche Naturwissenschaft. Hamburg 1958.
Wellek, René: Geschichte der Literaturkritik 1750–1830. Darmstadt, Neuwied, Berlin 1959.
Wellmans, Günter Theodor: Studien zur deutschen Satire im Zeitalter der Aufklärung. Theorie – Stoffe – Form und Stil. Diss. Bonn. München 1969.
Wels, Kurt: Die patriotische Strömung in der deutschen Literatur des dreißigjährigen Kriegs. Diss. Greifswald 1913.
Ders.: Opitz und die stoische Philosophie. In: Euphorion 21 (1914), S. 86ff.
Welzel, Hans: Die Naturrechtslehre Samuel Pufendorfs. Ein Beitrag zur Ideengeschichte des 17. und 18. Jahrhunderts. Berlin 1958.
Welzig, Werner: Einige Aspekte barocker Romanregister. In: A. Schöne (Hrsg.), Stadt – Schule – Universität – Buchwesen, S. 562ff.
Wenderoth, Georg: Die poetischen Theorien der französischen Plejade in Martin Opitz' deutscher Poeterei. In: Euphorion 13 (1906), S. 445ff.
Wendland, Ulrich: Die Theoretiker und Theorien der sogen. galanten Stilepoche und die deutsche Sprache. Ein Beitrag zur Erkenntnis der Sprachreformbestrebungen vor Gottsched. Leipzig 1930.
Weniger, Heinz: Die drei Stilcharaktere der Antike in ihrer geistesgeschichtlichen Bedeutung. Diss. Göttingen 1932.
Wentzlaff-Eggebert, Friedrich-Wilhelm: Emblematik und Rhetorik. Zu Jakob Friedrich Reimanns ›Bekandte und Unbekandte Poesie der Deutschen‹ (1703). In: W. Rasch u. a. (Hrsg.), Rezeption und Produktion. Festschrift G. Weydt. Bern, München 1972, S. 493ff.
Ders.: Dichtung und Sprache des jungen Gryphius. Die Überwindung der lateinischen Tradition und die Entwicklung zum deutschen Stil. Berlin [2]1966.
Wessels, Hans-Friedrich: Lessings ›Nathan der Weise‹. Seine Wirkungsgeschichte bis zum Ende der Goethezeit. Königstein/Ts. 1979.
Wetterer, Angelika: Publikumsbezug und Wahrheitsanspruch. Der Widerspruch zwischen rhetorischem Ansatz und philosophischem Anspruch bei Gottsched und den Schweizern. Tübingen 1981.
Weydt, Günther: Hans Jacob Christoffel von Grimmelshausen. Stuttgart 1971.
Ders.: Nachahmung und Schöpfung im Barock. Studien um Grimmelshausen. Bern, München 1968.
Ders.: Nachahmung und Schöpfung bei Opitz. Die frühen Sonette und das Werk der Veronica Gambara. In: Euphorion 50 (1956), S. 1ff.
Wich, Joachim: Studien zu den Dramen Christian Weises. Diss. Erlangen 1961.
Wichmann, O.: Gottscheds Benützung der Boileau'schen »Art poétique« in seiner Kritischen Dichtkunst. Berlin 1879.

Wichmann, Ottomar: Platos Lehre von Instinkt und Genie. Diss. Halle-Wittenberg. Halle 1917.
Wiebecke, Ferdinand: Die Poetik Georg Friedrich Meiers (1718–1777). Ein Beitrag zur Geschichte der Dichtungstheorie im 18. Jahrhundert. Diss. Göttingen 1967.
Wieckenberg, Ernst-Peter: Zur Geschichte der Kapitelüberschrift im deutschen Roman vom 15. Jahrhundert bis zum Ausgang des Barock. Göttingen 1969.
Wiedemann, Conrad: Topik als Vorschule der Interpretation. Überlegungen zur Funktion von Toposkatalogen. In: Dieter Breuer / Helmut Schanze: Topik. Beiträge zur interdisziplinären Diskussion. München 1981, S. 233ff.
Ders. (Hrsg.): Literatur und Gesellschaft im deutschen Barock. GRM-Beiheft 1. Heidelberg 1979.
Ders.: Das schäferliche Rollensprechen im barocken Liebesgedicht, vom Versuch seiner Überwindung her gesehen. In: Dokumente des Internat. Arbeitskreises f. dt. Barocklit. 3 (1977), S. 279ff.
Ders.: Zur Schreibsituation Grimmelshausens. In: Daphnis 5 (1976), H. 1, S. 707ff.
Ders.: Barocksprache, Systemdenken, Staatsmentalität. Perspektiven der Forschung nach Barners ›Barockrhetorik‹. In: Internat. Arbeitskreis f. dt. Barocklit. Vorträge und Berichte. Wolfenbüttel 1973, S. 21ff.
Ders.: Barockdichtung in Deutschland. In: A. Buck (Hrsg.), Renaissance und Barock. Tl. 2. (Neues Handbuch der Literaturwissenschaft. Bd. 10). Frankfurt a. M. 1972, S. 177ff.
Ders.: Vorspiel der Anthologie. Konstruktivistische, repräsentative und anthologische Sammelformen in der deutschen Literatur des 17. Jahrhunderts. In: Die deutschsprachige Anthologie. Hrsg. v. J. Bark u. D. Pforte. Bd. 2. Studien zu ihrer Geschichte und Wirkungsform. Frankfurt a. M. 1969, S. 1ff.
Ders. (Hrsg.): Der galante Stil 1680–1730. Tübingen 1969, S. 160ff.
Ders.: Engel, Geist und Feuer. Zum Dichterverständnis bei Johann Klaj, Catharina von Greiffenberg und Quirinus Kuhlmann. In: Literatur und Geistesgeschichte. Festschr. f. H. O. Burger. Berlin 1968, S. 85ff.
Ders.: Polyhistors Glück und Ende. Von Daniel Georg Morhof zum jungen Lessing. In: Festschr. Gottfried Weber. Homburg v. d. H. u. a. 1967, S. 215ff.
Ders.: Johann Klaj und seine Redeoratorien. Untersuchungen zur Dichtung eines deutschen Barockmanieristen. Nürnberg 1966.
Wiegmann, Hermann: Geschichte der Poetik. Ein Abriß. Stuttgart 1977.
Wierlacher, Alois: Über die Bedeutung des Lehrgedichtes für die theoretische Begründung des bürgerlichen Dramas. In: GRM NF 17 (1967), S. 365ff.
Ders.: Zum Gebrauch der Begriffe ›Bürger‹ und ›bürgerlich‹ bei Lessing. In: Neophil. 51 (1967), S. 147ff.
Wiese, Benno v. (Hrsg.): Deutsche Dichter des 18. Jahrhunderts. Ihr Leben und Werk. Berlin 1977.
Wiese, Leopold v.: Gesellschaftliche Klassen und Stände. München 1950.
Wieser, Max: Der sentimentale Mensch, gesehen aus der Welt holländischer und deutscher Mystiker im 18. Jahrhundert. Gotha 1924.
Wilkins, Ernest Hatch: Life of Petrarch. Chicago 1961.
Willmann, Otto: Didaktik als Bildungslehre nach ihren Beziehungen zur Socialforschung und zur Geschichte der Bildung. 2 Bde. Braunschweig [2]1894/95.
Windel, Rudolf: Der ›Theophilus‹ des Johann Valentin Andreae, bes. in seiner Bedeutung für die Pädagogik des 17. Jahrhunderts. In: Festschr. 200 Jahre Franckesche Stiftungen. Halle/S. 1898, S. 39ff.
Windelband, Wilhelm: Lehrbuch der Geschichte der Philosophie. Hrsg. v. H. Heimsoeth. Tübingen 1948.
Windfuhr, Manfred: Die barocke Bildlichkeit und ihre Kritiker. Stilhaltungen in der deutschen Literatur des 17. und 18. Jahrhunderts. Stuttgart 1966.
Winkler, Marianne: Johann Christoph Gottsched im Spiegelbild seiner kritischen Journale.

Eine Teilunters. zum gesellschaftl. und philosoph. Standort des Gottschedianismus. In: Karl-Marx-Universität Leipzig 1409–1959. Bd. 1. Leipzig 1959, S. 145ff.
Winter, Eduard: Frühaufklärung. Der Kampf gegen den Konfessionalismus in Mittel- und Osteuropa und die deutsch-slawische Begegnung. Berlin (Ost) 1966.
Ders. (Hrsg.): Ehrenfried Walther von Tschirnhaus und die Frühaufklärung in Mittel- und Osteuropa. Berlin (Ost) 1960.
Ders.: Der Bahnbrecher der deutschen Frühaufklärung E. W. v. Tschirnhaus und die Frühaufklärung in Mittel- und Osteuropa. Ebd., S. 1ff.
Winter, Fritz: Abraham Gottlieb Kästner und Gottsched. In: Vierteljahrsschr. f. Litt.-gesch. 1 (1888) H. 3 u. 4, S. 488ff.
Wiskowatoff, Paul v.: Jacob Wimpfeling, sein Leben und seine Schriften. Berlin 1867.
Witkop, Philipp: Die neuere deutsche Lyrik. 2 Bde. Leipzig, Berlin 1910/13.
Witkowski, Georg: Geschichte des literarischen Lebens in Leipzig. Leipzig, Berlin 1909.
Ders.: Opitzens Aristarchus [...] und Buch von der deutschen Poeterey. Leipzig 1888, S. 1ff.
Ders.: Diederich von dem Werder. Ein Beitrag zur Deutschen Literaturgeschichte des siebzehnten Jahrhunderts. Leipzig 1887.
Wittmann, Walter: Beruf und Buch im 18. Jahrhundert. Ein Beitrag zur Erfassung und Gliederung der Leserschaft im 18. Jahrhundert, insbes. unter Berücksichtigung des Einflusses auf die Buchproduktion [...] Diss. Frankfurt a. M. 1934.
Wölffel, Kurt: Moralische Anstalt. Zur Dramaturgie von Gottsched bis Lessing. In: R. Grimm (Hrsg.), Deutsche Dramentheorien. Bd. 1. Frankfurt a. M. 1967, S. 45ff.
Wohlwill, Emil: Galilei und sein Kampf für die copernikanische Lehre. 2 Bde. Leipzig 1909/26.
Woitkewitsch, Thomas: Thomasius' »Monatsgespräche«. Eine Charakteristik. In: Archiv f. Gesch. d. Buchwesens 10 (1969), S. 655ff.
Wolf, Erik: Große Rechtsdenker der deutschen Geistesgeschichte. Tübingen [3]1951.
Ders.: Grotius, Pufendorf, Thomasius. Tübingen 1927.
Wolf, Herman: Die Genielehre des jungen Herder. In: DVjs 3 (1925), S. 401ff.
Wolf, Rudolf: Geschichte der Astronomie. München 1877.
Wolff, Eugen: Gottscheds Stellung im deutschen Bildungsleben. 2 Bde. Kiel, Leipzig 1895/97.
Wolff, Friedrich v.: Der Vulkanismus. 2 Bde. Bes. Bd. 1. Allgemeiner Teil. Stuttgart 1914.
Wolff, Hans: Der Purismus in der deutschen Litteratur des 17. Jahrhunderts. Diss. Straßburg 1888.
Wolff, Hans-Matthias: Die Weltanschauung der deutschen Aufklärung in geschichtlicher Entwicklung. München 1949 (Bonn u. München [3]1963).
Wothge, Rosemarie: Über Christian Thomasius und den Unterricht im Deutschen. In: Wiss. Zeitschr. d. Martin-Luther-Univ. Halle-Wittenberg. Ges. u. sprachwiss. Reihe 4 (1955), S. 555ff.
Wretschko, A. V.: Universitätsprivilegien der Kaiser aus der Zeit von 1412–1456. In: Festschrift zum 70. Geburtstag Otto Gierkes. Weimar 1916, S. 793ff.
Wucherpfennig, Wolf: Nathan, der weise Händler. In: Akten des 6. Internationalen Germanisten-Kongresses 1980. Bd. 4. Bern 1980, S. 57ff.
Ders.: Klugheit und Weltordnung. Das Problem politischen Handelns in Lohensteins »Arminius«. Freiburg i. Br. 1973.
Wünschmann, Max: Gottfried Hoffmanns Leben und Bedeutung für das Bildungswesen und die pädagogische Theorie seiner Zeit, mit eingehender Berücksichtigung seines Zittauer Vorgängers und Lehrers Christian Weise. Ein Beitr. zur Gesch. der Pädagogik und des Schul- und Bildungswesens im 17. und 18. Jahrhundert. Tl. 1, 1. Hälfte. Diss. Leipzig 1895.
Wundt, Max: Die deutsche Schulphilosophie im Zeitalter der Aufklärung. Tübingen 1945. Nachdruck Hildesheim 1964.
Wurm, Karl: Die Kometen. Berlin, Göttingen, Heidelberg 1954.

Wuthenow, Ralph-Rainer: Europäische Autobiographie und Selbstdarstellung im 18. Jahrhundert. München 1974.
Ders.: Rousseau im ›Sturm und Drang‹. In: W. Hinck (Hrsg.), Sturm und Drang, S. 14ff.
Wuttke, Dieter: Deutsche Germanistik und Renaissance-Forschung. Ein Vortrag zur Forschungslage. Bad Homburg v. d. H., Berlin, Zürich 1968.
Wuttke, Heinrich: Christian Wolffs eigene Lebensbeschreibung. Hrsg. mit einer Abhandlung über Wolff. Leipzig 1841.
Wychgram, Marianne: Quintilian in der deutschen und französischen Literatur des Barock und der Aufklärung. Langensalza 1921.
Zaehle, Barbara: Knigges Umgang mit Menschen und seine Vorläufer. Ein Beitrag zur Geschichte der Gesellschaftsethik. Heidelberg 1933.
Zarncke, Friedrich (Hrsg.): Die Statutenbücher der Universität Leipzig aus den ersten 150 Jahren ihres Bestehens. Leipzig 1861.
Ders.: Die deutschen Universitäten im Mittelalter. Leipzig 1857.
Zarneckow, Margarete: Christian Weises ›Politica Christiana‹ und der Pietismus. Diss. Leipzig 1924.
Zeeden, Ernst Walter: Das Zeitalter der Glaubenskämpfe. In: B. Gebhardt (Hrsg.), Handbuch der dt. Gesch. Bd. 2. Stuttgart [8]1963, S. 105ff.
Zeller, Andreas Christoph: Ausführliche Merckwürdigkeiten der Hochfürstl. Würtemberg. Universität und Stadt Tübingen. Tübingen 1743.
Zeller, Eduard: Wolffs Vertreibung aus Halle. In ders.: Vorträge und Abhandlungen. Erste Sammlung. Leipzig 1875, S. 117ff.
Zeller, Konradin: Pädagogik und Drama. Untersuchungen zur Schulcomödie Christian Weises. Tübingen 1980.
Zeller, Rosmarie: Spiel und Konversation im Barock. Untersuchungen zu Harsdörffers ›Gesprächspielen‹. Berlin, New York 1974.
Zeman, Herbert: Die Entfaltung der deutschen anakreontischen Dichtung des 17. Jahrhunderts an den Universitäten und ihre Wirkung im städtischen Lebensbereich. In: A. Schöne (Hrsg.), Stadt – Schule – Universität – Schulwesen, S. 396ff.
Ders.: Die deutsche anakreontische Dichtung. Ein Versuch zur Erfassung ihrer ästhetischen und literarhistorischen Erscheinungsformen im 18. Jahrhundert. Stuttgart 1972.
Ziegler, Theobald: Geschichte der Pädagogik mit besonderer Rücksicht auf das höhere Unterrichtswesen. München 1895.
Zielinski, Thaddaeus: Cicero im Wandel der Jahrhunderte. Leipzig [3]1912. Nachdruck Darmstadt 1967.
Ziemendorff, Ingeborg: Die Metapher bei den weltlichen Lyrikern des deutschen Barock. Berlin 1933. Nachdruck Nendeln 1967.
Ziemssen, Ludwig (Hrsg.): Geschichte des humanistischen Schulwesens in Württemberg. 2 Bde. Stuttgart 1912/20.
Zilsel, Edgar: Die Entstehung des Geniebegriffs. Ein Beitrag zur Ideengeschichte der Antike und des Frühkapitalismus. Tübingen 1926.
Ders.: Die sozialen Ursprünge der neuzeitlichen Wissenschaft. Hrsg. v. W. Krohn. Frankfurt a. M. 1976.
Zinner, Ernst: Entstehung und Ausbreitung der Coppernicanischen Lehre. Erlangen 1943.
Ders.: Geschichte und Bibliographie der astronomischen Literatur in Deutschland zur Zeit der Renaissance. 2. unver. Aufl. der Erstaufl. 1941. Stuttgart 1964.
Ders.: Astronomie. Geschichte ihrer Probleme. Freiburg, München 1951.
Ders.: Die Geschichte der Sternkunde. Von den ersten Anfängen bis zur Gegenwart. Berlin 1931.
Zöllner, Friedrich: Einrichtung und Verfassung der Fruchtbringenden Gesellschaft unter dem Fürsten Ludwig zu Anhalt-Cöthen. Berlin 1899.
Zorn, Wolfgang: Die soziale Stellung der Humanisten in Nürnberg und Augsburg. In: Die

Humanisten in ihrer politischen und sozialen Umwelt. Hrsg. v. O. Herding u. R. Stupperich. Boppard 1976, S. 35ff.
Ders.: Hochschule und Höhere Schule in der deutschen Sozialgeschichte der Neuzeit. In: Spiegel der Geschichte. Festgabe f. Max Braubach. Münster 1964, S. 321ff.
Zubov, V. P.: Die cartesianische Physik und Tschirnhaus. In: E. Winter (Hrsg.), E. W. v. Tschirnhaus, S. 266ff.
Zycha, Adolf: Über die Anfänge der kapitalistischen Ständebildung in Deutschland. In: Vierteljahrsschrift für Sozial- und Wirtschaftsgeschichte 31 (1938), S. 105ff., S. 209ff.

Nachträge

Behrens, Rudolf: Problematische Rhetorik. Studien zur französischen Theoriebildung der Affektrhetorik zwischen Cartesianismus und Frühaufklärung. München 1982.
Conrads, Norbert: Ritterakademien der Frühen Neuzeit. Bildung als Standesprivileg im 16. und 17. Jahrhundert. Göttingen 1982.
Dens, Jean-Pierre: L'Honnête Homme et la critique du goût. Esthétique et société au XVIIe siècle. Paris 1982.
Gabler, Hans-Jürgen: Geschmack und Gesellschaft. Rhetorische und sozialgeschichtliche Aspekte der frühaufklärerischen Geschmackskategorie. Frankfurt a. M. 1982.
Guthke, Karl S.: Der Mythos der Neuzeit. Das Thema der Mehrheit der Welten in der Literatur- und Geistesgeschichte von der kopernikanischen Wende bis zur Science Fiction. Bern, München 1982.
Merker, Nikolao: Die Aufklärung in Deutschland. München 1982. Ital. Ausgabe u. d. T.: L'illuminismo tedesco. Età di Lessing. Rom 1974.
Möller, Uwe: Rhetorische Überlieferung und Dichtungstheorie im frühen 18. Jahrhundert. Studien zu Gottsched, Breitinger und Georg Friedrich Meier. München 1983.
Schmidt-Biggemann, Wolfgang: Topica Universalis. Eine Modellgeschichte humanistischer und barocker Wissenschaft. Hamburg 1983.

Editorische Notiz

Die vorliegende Studie entstand zwischen 1977 und 1980 im Rahmen eines von der Deutschen Forschungsgemeinschaft gewährten Habilitandenstipendiums. Eine gegenüber der 1650 Seiten umfangreichen Urfassung um 500 Seiten gekürzte Version wurde im Sommer-Semester 1981 von der Neuphilologischen Fakultät der Universität Tübingen als Habilitationsschrift angenommen. Die als Buch erscheinende Synthese greift in mehreren Partien auf die Erstfassung zurück, verzichtet dagegen wieder auf verschiedene Teile der Zweitfassung. Nicht aufgenommen ist in die Druckfassung die Behandlung der wissenschaftstheoretischen Gegenmodelle zum humanistisch-rhetorischen Wissenschafts- und Dichtungs-Paradigma – einerseits im Zeitraum der Renaissance die mechanistisch-naturwissenschaftlich begründeten Positionen Leonardos und Galileis, andererseits im 17. Jahrhundert die realhumanistischen und realpädagogischen Trends (Vives, Montaigne; Bacon; Ratke, Andreae, Comenius, Schupp, Becher, Seckendorff und Weigel) und die naturwissenschaftliche Entwicklung (besonders Tschirnhaus). Ebenso blieben ausgespart die Kapitel, die sozial begründete Gegenmodelle – nämlich volkstümliche Poesie-Konzeptionen (Moscherosch, Grimmelshausen u. a.) – erörtern, ferner der gelehrsamkeitskritische, mit erstem und zweitem Bereich verknüpfte Strang – die Gelehrtensatire als Motor der Umwandlung von Wissenschaftsparadigmen und Erscheinungsbild des Gelehrten (Volksbücher, Murner, Fischart; Moscherosch, Schorer; das Kapitel über Satiren der frühen Aufklärung wurde als Beispiel mimetischer Poesie in verknappter Form der Darstellung integriert); schließlich der Ausblick auf die Stationen gegen-gelehrter Dichtung (Gellert, Lessing, Herder, Sturm und Drang). Vielleicht ergibt sich einmal die Gelegenheit, den Strang der gelehrsamkeits- und gelehrtenkritischen Tradition in Wissenschaft und Literatur als selbständige Studie zu publizieren. Die weiteren fortgelassenen Kapitel und Abschnitte müssen hier nicht im einzelnen aufgezählt werden. Die zum Verständnis der vorliegenden Ausführungen notwendigen Partien sind in die Darstellung selbst oder in die Anmerkungen integriert. Abgeschlossen wurde die Redaktion dieser Fassung im wesentlichen im Oktober 1981; einige Nachträge konnten bis zum Mai 1982 in die Anmerkungen noch eingearbeitet werden.

Großen Dank schulde ich der Deutschen Forschungsgemeinschaft für die Gewährung des zweijährigen Habilitandenstipendiums. Die ›Initialzündung‹ zur Arbeit wurde durch Prof. Wilfried Barner ausgelöst; er hat die Untersuchung mit gutem Rat gefördert. Nächst ihm bin ich zu besonderem Dank den weiteren Gutachtern verpflichtet, Prof. Richard Brinkmann, Prof. Wido Hempel und Prof. Jürgen Schröder, deren Anregungen die Gestalt der vorliegenden Fassung maßgeblich bestimmt haben. Herrn Georg Braungart danke ich für die Erstellung des Registers und das Aufspüren verborgener Druckfehler. Auch meiner Frau, die mich dem ›Leben‹ erhalten hat, sei ausdrücklich gedankt.

Januar 1983

Personenregister

Die aufrechten Zahlen beziehen sich auf den Text (ohne den Anhang); die kursiven Zahlen verweisen auf Stellen in den Fußnoten, die inhaltliche Aussagen über bestimmte historische Personen oder Auseinandersetzungen mit Positionen der Forschung enthalten. Bloße Belegangaben sind nicht aufgenommen.

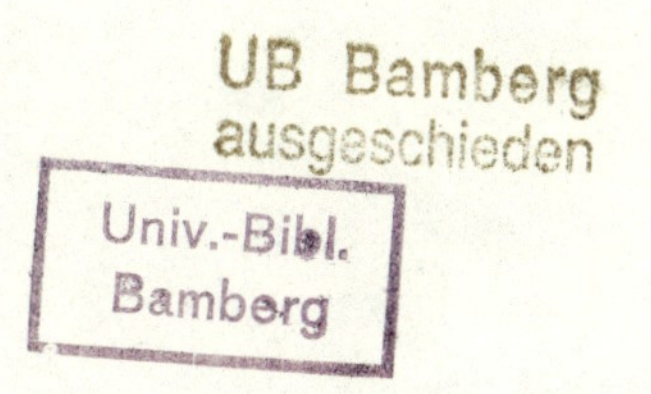